왜 wɛ	외 we	요 jo	우 u	워 wɔ	웨 we	위 wi	유 ju	으 ɯ	의 ɰi, i, e	이 i
괘 kwɛ, gwɛ	괴 kwe, gwe	교 kjo, gjo	구 ku, gu	궈 kwɔ, gwɔ	궤 kwe, gwe	귀 kwi, gwi	규 kju, gju	그 kɯ, gɯ	긔 ki, gi	기 ki, gi
꽤 k'wɛ	꾀 k'we	꾜 k'jo	꾸 k'u	꿔 k'wɔ	꿰 k'we	뀌 k'wi	뀨 k'ju	끄 k'ɯ	끠 k'i	끼 k'i
놰 nwɛ	뇌 nwe	뇨 njo	누 nu	눠 nwɔ	눼 nwe	뉘 nwi	뉴 nju	느 nɯ	늬 ni	니 ni
돼 twɛ, dwɛ	되 twe, dwe	됴 tjo, djo	두 tu, du	둬 twɔ, dwɔ	뒈 twe, dwe	뒤 twi, dwi	듀 tju, dju	드 tɯ, dɯ	듸 ti, di	디 ti, di
뙈 t'wɛ	뙤 t'we	뚀 t'jo	뚜 t'u	뚸 t'wɔ	뛔 t'we	뛰 t'wi	뜌 t'ju	뜨 t'ɯ	띄 t'i	띠 t'i
뢔 lwɛ, rwɛ	뢰 lwe, rwe	료 ljo, rjo	루 lu, ru	뤄 lwɔ, rwɔ	뤠 lwe, rwe	뤼 lwi, rwi	류 lju, rju	르 lɯ, rɯ	릐 li, ri	리 li, ri
뫠 mwɛ	뫼 mwe	묘 mjo	무 mu	뭐 mwɔ	뭬 mwe	뮈 mwi	뮤 mju	므 mɯ	믜 mi	미 mi
봬 pwɛ, bwɛ	뵈 pwe, bwe	뵤 pjo, bjo	부 pu, bu	붜 pwɔ, bwɔ	붸 pwe, bwe	뷔 pwi, bwi	뷰 pju, bju	브 pɯ, bɯ	븨 pi, bi	비 pi, bi
뽸 p'wɛ	뾔 p'we	뾰 p'jo	뿌 p'u	뿨 p'wɔ	쀄 p'we	쀠 p'wi	쀼 p'ju	쁘 p'ɯ	쁴 p'i	삐 p'i
쇄 swɛ	쇠 swe	쇼 ʃo	수 su	숴 swɔ	쉐 swe	쉬 ʃwi	슈 ʃu	스 sɯ	싀 ʃi	시 ʃi
쐐 s'wɛ	쐬 s'we	쑈 ʃ'o	쑤 s'u	쒀 s'wɔ	쒜 s'we	쒸 ʃ'wi	쓔 ʃ'u	쓰 s'ɯ	씌 ʃ'i	씨 ʃ'i
왜 wɛ	외 we	요 jo	우 u	워 wɔ	웨 we	위 wi	유 ju	으 ɯ	의 ɰi, i, e	이 i
좨 tʃwɛ, dʒwɛ	죄 tʃwe, dʒwe	죠 tʃo, dʒo	주 tʃu, dʒu	줘 tʃwɔ, dʒwɔ	줴 tʃwe, dʒwe	쥐 tʃwi, dʒwi	쥬 tʃu, dʒu	즈 tʃɯ, dʒɯ	즤 tʃi, dʒi	지 tʃi, dʒi
쫴 tʃ'wɛ	쬐 tʃ'we	쬬 tʃ'o	쭈 tʃ'u	쭤 tʃ'wɔ	쮀 tʃ'we	쮜 tʃ'wi	쮸 tʃ'u	쯔 tʃ'ɯ	쯰 tʃ'i	찌 tʃ'i
쵀 tʃʰwɛ	최 tʃʰwe	쵸 tʃʰo	추 tʃʰu	춰 tʃʰwɔ	췌 tʃʰwe	취 tʃʰwi	츄 tʃʰu	츠 tʃʰɯ	츼 tʃʰi	치 tʃʰi
쾌 kʰwɛ	쾨 kʰwe	쿄 kʰjo	쿠 kʰu	쿼 kʰwɔ	퀘 kʰwe	퀴 kʰwi	큐 kʰju	크 kʰɯ	킈 kʰi	키 kʰi
퇘 hwɛ	퇴 tʰwe	툐 tʰjo	투 tʰu	퉈 tʰwɔ	퉤 tʰwe	튀 tʰwi		트 tʰɯ		
퐤 pʰwɛ	푀 pʰwe	표 pʰjo	푸 pʰu	풔 pʰwɔ	풰 pʰwe					
홰 hwɛ	회 hwe	효 hjo	후 hu	훠 hwɔ	훼 hwe					

標準
韓国語辞典

KOREAN-JAPANESE DICTIONARY

朱信源(チュ シヌォン) 編著

白帝社

韓日辞典

KOREAN-JAPANESE DICTIONARY

朱信源 編著

白帝社

ま え が き

　日本は古くから韓国・朝鮮と密接な関係にあり，また近年の国際的な政治・経済・社会・文化の流れの中で両者間の交流・協力・相互理解は日本にとっても重要な位置を占め，これに伴い隣国のことばを学ぶ必要性はますます強く認識されてきています．

　このことに起因し，ここ数年間で韓国・朝鮮語学習人口は飛躍的に増加しましたが，一方では，よりよい学習書が不足している現状も否定できませんでした．特に，韓国・朝鮮語は発音しにくい言語だと言われ，入門期の学習者の大きな障壁となっていることが容易に考えられることから，単に語彙や基本文型・文法の情報にとどまらず，実際の発音をハングルだけではなく国際音声記号と日本語のカタカナを用い発音の要領を併記し，これまでにない日本人学習者のための韓国・朝鮮語辞典の必要性を深く感じ，本書を編むことを決意しました．

　本書の特徴は次のとおりです．

1　見出し語と，見出し語に属する基本形および用例すべての韓国・朝鮮語に国際音声記号と日本語のカタカナを併記しました．このことにより，発音の変化や連音の原則が容易に理解でき，かなりの学習効果が期待できるはずです．
2　日常よく用いられる現代韓国語を中核に据えました．また，韓国の新聞・雑誌に頻出する新語・外来語も収め，さらに学習・実務に必要な専門語・慣用句・ことわざも取り扱い，幅広いニーズにこたえられるようにしました．
3　欧米の場合と異なり，韓国・朝鮮の文化があまり知られていないことを考慮し，学習者が最低限知るべきと考えられる文化的語彙も収録しました．
4　語彙の用例は日常用いられるものをできるだけ単語ごとに収録しました．ついでその派生語・複合語も豊富に採録しました．

　本書は発音において初めての試みが多いため不備な点が多々あるかと思われますが，今後学習者の皆様のご協力により版を重ねて完備できるものと期しております．

　本書が学習者とともに日韓両国の理想に向かって今後さらに成長していくことを心から願っています．

　なお，本書を執筆するにあたり白帝社佐藤康夫社長，編集部のご協力をいただきました．紙面を借りてお礼申し上げます．

2005年　新緑の5月

朱　信　源

● 3刷にあたって

　月日が経つのは早いもので，発音記号・カナ読み付き『標準韓国語辞典』を白帝社より出版してから 4年の年月が過ぎています．

　辞典の内容が韓国語の発音の根本にふれていることが，多くの読者の方々の共感を得たのではないかと思っています．

　しかし，品詞は韓国の学校文法に基について編集していたので，3刷にあたって日本の韓国語学習者に合うよう全面的に直すことにしました．まだ気付いた限りの誤記・誤植なども改めました．

　今回の加筆訂正で存在詞・指定詞はもちろん，用言のㄹ語幹も示され，その活用リストを付録に収録しました．こうした補足を加えることで，基礎的な韓国語の表現がもっとわかりやすく会得できるよう工夫しました．この度こうした部分の補訂によって入門者のための韓国語が一層身につくことでしょう．

　なお，本辞典を企画し，また今回新たな加筆修正をお許しくださった白帝社企画室の方々に心よりお礼を申し上げます．

2008年 5月

朱　信　源

凡　例

1. 収録語の範囲

　本辞典は韓国・朝鮮人の日常生活の基礎となる現代韓国語を中核に据えた．韓国語の基本語として新聞・雑誌に頻出する新語・外来語の充実に努め，さらに学習・実務に必要とする専門語・慣用句・ことわざの採録にも努力し，学習者向けとして初級者から上級者までも使える辞典とした．

2. 見出し語

1) **配例**：初声　ㄱ ㄲ ㄴ ㄷ ㄸ ㄹ ㅁ ㅂ ㅃ ㅅ ㅆ ㅇ ㅈ ㅉ ㅊ ㅋ ㅌ ㅍ ㅎ
　　　　　中声　ㅏ ㅐ ㅑ ㅒ ㅓ ㅔ ㅕ ㅖ ㅗ ㅘ ㅙ ㅚ ㅛ ㅜ ㅝ ㅞ ㅟ ㅠ ㅡ
　　　　　　　　ㅢ ㅣ
　　　　　終声　ㄱ ㄲ ㄳ ㄴ ㄵ ㄶ ㄷ ㄹ ㄺ ㄻ ㄼ ㄽ ㄾ ㄿ ㅀ ㅁ ㅂ ㅄ
　　　　　　　　ㅅ ㅆ ㅇ ㅈ ㅊ ㅋ ㅌ ㅍ ㅎ

2) **表記**

① 見出し語が漢字語であれば[　]に韓国漢字語を併記した．
　　학생[學生][haks'ɛŋ ハクセン] 名 学生；生徒．

② 語幹と語尾に分けられるものは，その間に「-」を入れて示した．
　　좋아-하다[tʃoːahada チョーアハダ] 他 ① うれしがる；喜ぶ ② 好む．

③ 基本見出し語と付属見出し語と間に「-」を入れて示した．
　　왼-손[weːnson ウェーンソン] 名 左手．
　　전조-등[前照燈][tʃɔndʒodɯŋ チョンジョドゥン] 名 前照灯．

④ 見出し語と関連する派生語・合成語・複合語は基本見出し語の終わりに「—」を入れて示した．
　　가족[家族][kadʒok カジョク] 名 家族 **—계획**[(kadʒo) k'eːhwek ケーフェク] 名 家族計画 **—법**[p'ɔp ポプ] 名 家族法 **—수당**[s'udaŋ スダン] 名 家族手当．

⑤ 同一の語彙でありながら，形の異なるものは，「・」，「=」，または省略が許容される語は(　)に入れて表記した．
　　아무려면[aːmurjɔmjɔn アームリョミョン]・**아무련**[aːmurjɔn アームリョン] 感 もちろん；むろん．
　　해오라기[hɛoragi ヘオラギ] 名〈鳥〉サギ=**백로**(白鷺)[pɛŋno ペンノ]．
　　아리랑(타령[打令])[ariraŋ(tʰaːrjɔŋ) アリラン(ターリョン)] 名〈楽〉アリランの歌・'아리랑, 아리랑 타령'と示す同義語．
　　이든(지)[idun(dʒi) イドゥン(ジ)] 助 …でも；…したら；…なり(とも)
　　　　이든[idun イドゥン]，**이든지**[idundʒi イドゥンジ]と示す同義語．
　　이따(가)[it'a(ga) イッタ(ガ)] 副 すこし後で；のちほど．
　　　　이따[it'a イッタ]，**이따가**[it'aga イッタガ]と示す同義語．
　　(으)니까[(ɯ)nik'a (ウ)ニッカ] 語尾 …ので；…したら；…だから=・**(으)니깐**[(ɯ)nik'an (ウ)ニッカン]=-(으)니까는，-(으)니깐，-니까，니까는，니깐，全部同義語．

3. 関連語の指示：接辞を伴って他品詞の語を造る場合は次のように示した．

자유[自由][tʃaju チャユ] 名 自由 **―롭다**[ropt'a ロㇷ゚タ] 形 ㅂ変 自由だ **―로이**[roi ロイ] 副 自由に.
자랑[tʃaraŋ チャラン] 名 自慢; 誇り **―하다**[hada ハダ] 他 誇る; 自慢する **―스럽다**[swrəpt'a スロㇷ゚タ] 形 ㅂ変 誇らしい.

4. **用例の表示**：見出し語に相当する部分を「~」で置き換えた.

자유[自由][tʃaju チャユ] 名 自由 ¶ ~의 여신[~e jəʃin ~エ ヨシン] 自由の女神.

ただし, 活用語について終止形以外で用いられた例は, そのまま表記したり,「-」を入れて示した.

작다[tʃa:kt'a チャークタ] 形 小さい ¶ 작은 돌[tʃa:gwn to:l チャーグン トール] 小さな石; 小石.
잠잠-하다[酒潛―][tʃamdʒamhada チャムジャムハダ] 形 여変 静かだ; ひっそりしている ¶ ~한 밤거리[~-han pamk'əri ~-ハン パムコリ] ひっそりしている夜道.

また, 関連語・合成語の用例で「~」表示は, その関連語・合成語全体を表わす.
정돈[整頓][tʃəːŋdon チョーンドン] 名 整頓 **―하다**[hada ハダ] 他 整頓する ¶ 책장을 ~[tʃɛkt'ʃaŋwl ~ チェクチャンウル ~] 本棚を整頓する.
저작[著作][tʃəːdʒak チョージャク] 名 自他 著作 **―권**[k'wən クォン] 他 ¶ ~ 소유[~ so:ju ~ ソーユ] 著作権所有.

また, 関連語, 用例の中に( )内に補足された漢字は, 韓国の漢字語と日本の言葉が異なり, 特に提示したほうが望ましいものに限り, 編者がヒントとして示した.

어머니[əməni オモニ] 名 母; お母さん; 母親 **―교실**(教室)[gjo:ʃil ギョーシㇽ] 他 母親学校.
얌전-하다[jamdʒənhada ヤムジョンハダ] 形 여変 ① おとなしい; 淑やかだ; 慎ましやかだ ¶ 저 처녀(處女)는 ~[tʃə tʃʰənjənwn ~ チョ チョーニョヌン ~] あの娘は淑やかである.

5. **品詞一覧**(品詞・その他)

名 名詞	하形自 하다形形容詞・自動詞	助 助詞
代 代名詞	存 存在詞	接 接続詞
依名 依存名詞	補存 補助存在詞	冠 冠形詞
形 形容詞	受動 受動形・被動詞	数 助数詞
補形 補助形容詞	使役 使役形・使役動詞	児 幼児語
하形 하다形形容詞	副 副詞	慣 慣用句・成句
스形 스럽다形形容詞	하副 하다形副詞	諺 ことわざ
自 自動詞	感 感歎詞	俗 俗語
他 他動詞	接頭 接頭語	卑 卑語
補動 補助動詞	接尾 接尾語	略 略語, 縮約語
하自 하다形自動詞	語尾 語尾	〈書〉書き言葉
하他 하다形他動詞	指 指定詞	〈話〉話し言葉
하自他 하다形自他動詞	共 朝鮮民主主義人民共和国で用いられる語	

品詞の意味:

依名 依存名詞； ① 권「冊・巻」, 마리「匹・羽」などの助数詞 ② 것「こと・もの」, 분「(お)方・様」など修飾語を必要とする名詞.
存 存在詞； 있다「ある」, 없다「ない」, 계시다「おられる」など形容詞と動詞のどち

らにも収まりきらない範ちゅうの品詞.
- 指 指定詞; **-이다**「…である・だ」, **-아니다**「…ではない」など体言に付く品詞.
- 補動 補助動詞; **-가다**「…つつある」, **-두다**「…(して)おく」など進行・終結などの動詞.
- 補形 補助形容詞; **-고 싶다**「…(し)たい」, **-지 않다**「…(し)ない」など希望・否定などの形容詞.
- 補存 補助存在詞; **-고 있다**「…ている」, **-계시다**「…(して)いらっしゃる」など進行中の動作や状態を示す存在詞.
- 助 助詞; **-가・は**「…が・は」, **-은・는**「…は」, **-을・를**「…を・が・に」など主語・目的語との関係を示す品詞.
- ㄹ語幹 ㄹ語幹; ㄹで終わる語幹; **가늘다**「細い」, **만들다**「つくる」, **길다**「長い」, **멀다**「遠い」など.

6. 変則活用

他 ㄷ変 ㄷ変則他動詞	形 ㅂ変 ㅂ変則形容詞	形 여変 여変則形容詞
自 ㄷ変 ㄷ変則自動詞	他 ㅅ変 ㅅ変則他動詞	他 으変 으変則他動詞
形 ㄷ変 ㄷ変則形容詞	自 ㅅ変 ㅅ変則自動詞	形 으変 으変則形容詞
他 르変 르変則他動詞	形 ㅅ変 ㅅ変則形容詞	러変 러変則用言
自 르変 르変則自動詞	他 ㅎ変 ㅎ変則他動詞	우変 우変則用言
形 르変 르変則形容詞	自 ㅎ変 ㅎ変則自動詞	ㄹ語幹 ㄹ語幹
他 ㅂ変 ㅂ変則他動詞	形 ㅎ変 ㅎ変則形容詞	
自 ㅂ変 ㅂ変則自動詞	自 여変 여変則自動詞	

7. 専門語

〈医〉医学	〈基〉基督(キリスト)教	〈工〉工学・工法
〈生〉生理・生化学	〈電〉電気工学	〈法〉法律
〈楽〉音楽・楽器	〈魚〉魚類	〈史〉歴史
〈体〉体育	〈動〉動物	〈民〉民俗
〈貝〉貝類	〈経〉経済	〈宗〉宗教
〈地〉地学・地名	〈古〉古語	〈野〉野球
〈化〉化学	〈建〉建築・土木	〈植〉植物
〈鳥〉鳥類	〈美〉美術・工芸	〈論〉論理
〈漢医〉漢方医学	〈言〉言語学	〈心〉心理
〈哲〉哲学	〈物〉物理	〈気〉気象
〈鉱〉鉱物	〈数〉数学	〈天〉天文
〈仏〉仏教語	〈文〉文学	〈語〉語法・文法

8. 外来語略語

〈イ〉イタリア語	〈ド〉ドイツ語	〈ラ〉ラテン語
〈オ〉オランダ語	〈フ〉フランス語	〈ロ〉ロシア語
〈ス〉スペイン語	〈ポ〉ポルトガル語	* 英語は省略した.

9. 記号・略語一覧

- [　] 見出し韓国漢字語.
- [　] 発音記号を示す.
- [　] 直前の語と置換可能であることを示す.

凡例	
( )	省略可能・補足説明、または語義の直後かっこでくくられている語彙は、類義語であることを示す。
〈 〉	専門語を示す。
[○○—]	漢字語の省略。
[←○○]	原音・語源・俗音の前に付けて示した。
「 」	日本語の意味。
～	見出し語の省略(前出の語の一部省略はハイフン使用〜-)。
/	用例の区分。
-	見出し語の語構成; 語幹・語尾・接頭辞・接尾辞・補助語幹の前後に付く。
―	見出し語の語構成。
¶	用例の始め。
—○○	関連語・合成語で見出し語の省略。
⇨	該当見出し語参照。
↔	反義語・対意語を示す。
=	同義語を示す。
<	語彙の意味は同じながら表現上の感じが大きい語(陰性母音)。
>	語彙の意味は同じながら表現上の感じが大きい語(陽性母音)。

    파랗다[pʰaːratʰa パーラッタ] 形 非常に青い。＜퍼렇다。
    퍼렇다[pʰɔːrɔtʰa ポーロッタ] 形 ひどく青い。＞파랗다。

×	非標準語、誤りの前に付けて示した。
' '	本辞典見出し語(韓国・朝鮮語)。
*＊	語彙頻度を基に最重要語(約1530語)は*、基本語(約4419語)は＊見出し語の前に付けて示した。

文字と発音

I. 文字・字母の名称

1) 子音字　ㄱ 기역 [kijɔk キヨㄱ]
　　　　　　　*기윽 [kiɯk キウㄱ]
　　　　　ㄲ 쌍기역 [s'aŋgijɔk ッサンギヨㄱ]
　　　　　　　*된기윽 [twengiɯk トゥェンギウㄱ]
　　　　　ㄴ 니은 [niɯn ニウン]
　　　　　ㄷ 디귿 [tigɯt ティグッ]
　　　　　　　*디읃 [tiɯt ティウッ]
　　　　　ㄸ 쌍디귿 [s'aŋdigɯt ッサンディグッ]
　　　　　　　*된디읃 [twendiɯt トゥェンディウッ]
　　　　　ㄹ 리을 [riɯl リウル]
　　　　　ㅁ 미음 [miɯm ミウム]
　　　　　ㅂ 비읍 [piɯp ピウㇷ゚]
　　　　　ㅃ 쌍비읍 [s'aŋbiɯp ッサンビウㇷ゚]
　　　　　　　*된비읍 [twenbiɯp トゥェンビウㇷ゚]
　　　　　ㅅ 시옷 [ʃiot シオッ]
　　　　　　　*시읏 [ʃiɯt シウッ]
　　　　　ㅆ 쌍시옷 [s'aŋʃiot ッサンシオッ]
　　　　　　　*된시읏 [twenʃiɯt トゥェンシウッ]
　　　　　ㅇ 이응 [iɯŋ イウン]
　　　　　ㅈ 지읒 [tʃiɯt チウッ]
　　　　　ㅉ 쌍지읒 [s'aŋdʒiɯt ッサンジウッ]
　　　　　　　*된지읒 [twendʒiɯt トゥェンジウッ]
　　　　　ㅊ 치읓 [tʃʰiɯt チウッ]
　　　　　ㅋ 키읔 [kʰiɯk キウㄱ]
　　　　　ㅌ 티읕 [tʰiɯt ティウッ]
　　　　　ㅍ 피읖 [pʰiɯp ピウㇷ゚]
　　　　　ㅎ 히읗 [hiɯt ヒウッ]　(*は共和国の名称)
　　(共和国)　ㄱㄴㄷㄹㅁㅂㅅㅈㅊㅋㅌㅍㅎㄲㄸㅃㅆㅉㅇ

2) 母音字　韓　国：ㅏㅐㅑㅒㅓㅔㅕㅖㅗㅘㅙㅚㅛㅜㅝㅞㅟㅠㅡㅢㅣ
　　　　　　共和国：ㅏㅑㅓㅕㅗㅛㅜㅠㅡㅣㅐㅒㅔㅖㅚㅟㅢㅘㅝㅙㅞ

II. 発音

1 母音

1) 単母音　ㅏ　[a ア]　日本語のアとほぼ同じ．
　　　　　　　　　　　아래 [arɛ アレ]「下」．
　　　　　ㅓ　[ɔ オ]　日本語のアとオの中間的な音．
　　　　　　　　　　　어머니 [ɔmɔni オモニ]「母」．
　　　　　ㅗ　[o オ]　日本語のオよりも唇を丸めて発音する．
　　　　　　　　　　　소리 [sori ソリ]「声；音」．
　　　　　ㅜ　[u ウ]　日本語のウよりも唇を丸めて前につき出す．
　　　　　　　　　　　우유 [uju ウユ]「牛乳」．
　　　　　ㅡ　[ɯ ウ] 日本語のウ，ク，ス，ツ，ヌ，フ，ム，ユ，ルの音に近い．

으레 [ɯre ウレ]「いつも」/ 글 [kɯl クル]「文(字)」.
| ㅣ [i イ] 日本語のイとほぼ同じ.
이웃 [iut イウッ]「隣」.
| ㅐ [ɛ エ] 日本語のエよりも口を大きく開けて発音する.
애기 [ɛgi エギ]「坊や」.
| ㅔ [e エ] 日本語のエとほぼ同じ.
메밀 [memil メミル]「ソバ」.

2) 長母音・短母音

① 母音の長短は意味を区別して発音する. 長母音は第1音節にあるのが原則としている. ただし, 若い世代は短かく発音する傾向がある.
눈 [nu:n ヌーン]「雪」— [nun ヌン]「目」.
굴 [ku:l クール]「洞窟」— [kul クル]「カキ(牡蠣)」.
말 [ma:l マール]「言葉」— [mal マル]「馬」.
밤나무 [pa:mnamu パームナム]「栗の木」.
많다 [ma:ntʰa マーンタ]「多い」.
멀리 [mɔ:lli モールリ]「遠く」.
벌리다 [pɔ:llida ポールリダ]「あける・広げる」.
외국 [we:guk ウェーグク]「外国」.
건강 [kɔ:ngaŋ コーンガン]「健康」.

ただし, 次の場合は短音に発音する.
첫눈 [tʃʰɔnnun チョンヌン]「初雪」.
참말 [tʃʰammal チャムマル]「本当の話」.
쌍동밤 [s'aŋdoŋbam ッサンドンバム]「二子栗」.
수많이 [su:mani スーマニ]「無数に」.
눈멀다 [nunmɔlda ヌンモルダ]「目が見えなくなる」.
떠벌리다 [t'ɔbɔllida ットボルリダ]「大げさに構える」.

② 次の縮約形・略語は長音に発音する.
보아 → 봐 [pwa: プァー]「見て」.
되어 → 돼 [twɛ: トゥェー]「なって」.
두어 → 둬 [twɔ: トゥォー]「置いて」.
하여 → 해 [hɛ: ヘー]「して」.
ただし, 와 [wa ワ]「来て」は長音にならない.

③ 長音に発音する用言の間に語尾がつく場合は短音に発音する.
감다 [ka:mt'a カームタ] — 감으니 [kamuni カムニ]「巻いて」.
밟다 [pa:pt'a パープタ] — 밟아 [palba パルバ]「踏んで」.
신다 [ʃi:nt'a シーンタ] — 신어 [ʃinɔ シノ]「履いて」.
알다 [a:lda アールダ] — 알아 [ara アラ]「知って」.

ただし, 次の場合は例外としている.
끌다 [k'ɯ:lda ックールダ] — 끌어 [k'ɯ:rɔ ックーロ]「引いて」.
떫다 [t'ɔ:lt'a ットールタ] — 떫어 [t'ɔ:lbɔ ットールボ]「渋くて」.
벌다 [pɔ:lda ポールダ] — 벌어 [pɔ:rɔ ポーロ]「稼いで」.
썰다 [s'ɔ:lda ッソールダ] — 썰어 [s'ɔ:rɔ ッソーロ]「刻んで」.
없다 [ɔ:pt'a オープタ] — 없으니 [ɔ:ps'uni オープスニ]「なくて」.

④ 用語の間に被動・使動の接尾辞がつく場合は短音に発音する.

감다[ka:mt'a カームタ] —감기다[kamgida カムギタ]「巻かれる」.
꼬다[k'o:da ッコーダ] —꼬이다[k'oida ッコイダ]「よられる」.
밟다[pa:pt'a パープタ] —밟히다[palpʰida パルピタ]「踏まれる」.

ただし，次の場合は例外としている.
끌다[k'ɯ:lda ックールダ] —끌리다[k'ɯ:llida ックールリダ]「引かれる」.
벌다[pɔ:lda ポールダ] —벌리다[pɔ:llida ポールリダ]「もうかる」.
없다[ɔ:pt'a オープタ] —없애다[ɔ:ps'ɛda オープセダ]「なくす」.

⑤ 次の合成語はもとは長音であっても短音にする.
밀-물[milmul ミルムル]「満ち潮」.
썰-물[s'ɔlmul ッソルムル]「引き潮」.
쏜-살-같이[s'onsalgatʃʰi ッソンサルガチ]「矢のように」.
작은-아버지[tʃagun abɔdʒi チャグナボジ]「叔父」.

3) **重母音** ㅑ [ja ヤ]　　야구[ja:gu ヤーグ]「野球」.
　　　　　ㅕ [jɔ ヨ]　　여우[jou ヨウ]「キツネ」.
　　　　　ㅛ [jo ヨ]　　요리[jori ヨリ]「料理」.
　　　　　ㅠ [ju ユ]　　유리[juri ユリ]「ガラス」.
　　　　　ㅒ [jɛ イェ]　 얘기[jɛ:gi イェーギ]「話」.
　　　　　ㅖ [je イェ]　 예술[je:sul イェースル]「芸術」.
　　　　　ㅘ [wa ワ]　　日本語のワとほぼ同じ.
　　　　　　　　　　　 완성[wa:nsɔŋ ワーンソン]「完成」.
　　　　　ㅝ [wɔ ウォ]　日本語のウに続けてオと発音する.
　　　　　　　　　　　 원인[wɔnin ウォニン]「原因」.
　　　　　ㅙ [wɛ ウェ]　日本語のウに続けてエと発音する.
　　　　　　　　　　　 왜[wɛ: ウェー]「なぜ」.
　　　　　ㅞ [we ウェ]　日本語のウェとほぼ同じ.
　　　　　　　　　　　 웬일[we:nnil ウェーンニル]「何ごと」.
　　　　　ㅚ [oe / we ウェ] 唇を丸くしたままウェと発音する.
　　　　　　　　　　　 외교[we:gjo ウェーギョ]「外交」.
　　　　　ㅟ [wi ウィ]　唇を丸くしたままウィと発音する.
　　　　　　　　　　　 위기[wigi ウィギ]「危機」.
　　　　　ㅢ [ɯi ウィ]　語頭で子音を伴わない場合はウとイを一気に発音する.
　　　　　　　　　　　 의사[ɯisa ウィサ]「医師」.
　　　　　　 [i イ]　　語中または子音を伴った場合はイと発音する.
　　　　　　　　　　　 주의[tʃu:i チューイ]「注意」/ 희다[hida ヒダ]「白い」.
　　　　　　 [e エ]　　助詞として用いられる場合はエと発音する.
　　　　　　　　　　　 나의[nae ナエ]「私の」.

2. 子音

1) **平音** 가 [ka カ]　　日本語のカとほぼ同じ.
   (語頭)　　　　　　　 가게[ka:ge カーゲ]「店」.
　　　　　다 [ta タ]　　日本語のタとほぼ同じ.
　　　　　　　　　　　 다리[tari タリ]「足；橋」.
　　　　　바 [pa パ]　　日本語のパとほぼ同じ.
　　　　　　　　　　　 바다[pada パダ]「海」.
　　　　　자 [tʃa チャ]　日本語のチャとほぼ同じ.

(語中)	가 [ga ガ]		자다 [tʃada チャダ]「寝る」. 日本語のガとほぼ同じ. 여가 [jɔga ヨガ]「ひま」.
	다 [da ダ]		日本語のダとほぼ同じ. 가다 [kada カダ]「行く」.
	바 [ba バ]		日本語のバとほぼ同じ. 수박 [su:bak スーバク]「スイカ」.
	자 [dʒa ジャ]		日本語のジャとほぼ同じ. 여자 [jɔdʒa ヨジャ]「女性」.
(語頭・語中)	사 [sa サ]		日本語のサとほぼ同じ. 사과 [sagwa サグァ]「リンゴ」/ 가사 [kasa カサ]「家事」/ 사다 [sada サダ]「買う」.

2) **激音** カ [kʰa カ] 息を強く出したカ.
  카메라 [kʰamera カメラ]「カメラ」.
  タ [tʰa タ] 息を強く出したタ.
  타다 [tʰada タダ]「燃える; 乗る」.
  파 [pʰa パ] 息を強く出したパ.
  파 [pʰa パ]「ねぎ」.
  차 [tʃʰa チャ] 息を強く出したチャ.
  차다 [tʃʰada チャダ]「冷たい; 蹴る」/ 기차 [kitʃʰa キチャ]「汽車」.

3) **濃音** 까 [k'a ッカ] 「まっか」の「っか」.
  까치 [k'a:tʃʰi ッカーチ]「かささぎ」.
  따 [t'a ッタ] 「あった」の「った」.
  이따금 [it'agum イッタグム]「時々」.
  빠 [p'a ッパ] 「かっぱ」の「っぱ」.
  오빠 [op'a オッパ]「兄さん」.
  짜 [tʃ'a ッチャ]「まっちゃ」の「っちゃ」.
  짜다 [tʃ'ada ッチャダ]「塩辛い; 絞る」.
  싸 [s'a ッサ] 「いっさい」の「っさ」.
  싸다 [s'ada ッサダ]「安い; 包む」.

4) **有声音** 나 [na ナ] 日本語のナ行とほぼ同じ.
  나비 [nabi ナビ]「ちょうちょう」.

  * 韓国の頭音法則によって;
    남녀 [namnjɔ ナムニョ]「男女」→여자(女子) [jɔdʒa ヨジャ]「女(性)」; 녀→여(語頭)に変わる.
    (共和国では 녀자 [njɔdʒa ニョジャ]として変わらない.)
    매년 [mɛ:njɔn メーニョン]「毎年」→연말 [jɔnmal ヨンマル]「年末」; 년→연(語頭)

  라 [ra / la ラ] 日本語のラとほぼ同じ.
    나라 [nara ナラ]「国」/ 난로 [na:llo ナールロ]「ストーブ」.

  * 韓国の頭音法則によって:
    사리 [sa:ri サーリ]「事理」→이해 [i:hɛ イーヘ]「理解」; 리→이(語頭)に変わる.
    (共和国では 리해 [ri:hɛ リーヘ]として変わらない).
  * 韓国では「r」+母音は外来語の場合を除き語頭に立つこと

　　　　　　　　　はない.
　　　　　　　　　이 씨 [iːʃʼi イーッシ]「李さん」/ 㑂 리동무 [riːdoŋmu リードンム]「李さん」. ただし, 韓国でもこのごろ姓だけは「リー」とする傾向がある.
　　　마 [ma マ]　日本語のマ行とほぼ同じ.
　　　　　　　　　마차 [maːtʃʰa マーチャ]「馬車」

5) 終声(末音)・받침 [patʃʰim パッチム]

　　ㄴ [n ン]　「はんだ」の「ン」. 舌先が歯の間から見えるくらい, しっかりと舌を歯に押しあてた鼻音.
　　　　　　　산 [san サン]「山」

　　ㅁ [m ム]　「とんび」の「ン」=「ム」. 唇を閉じた鼻音.
　　　　　　　밤 [pam パム]「夜」/ 밤 [paːm パーム]「クリ(栗)」/ 엄마 [ɔmma オムマ]「ママ」.

　　ㅇ [ŋ ン]　「リンゴ」の「ン」. 唇を閉じず, 舌先を引っ込める. 舌の付け根が上顎の奥(軟口蓋)についた鼻音.
　　　　　　　강 [kaŋ カン]「川」/ 농구(籠球) [noŋgu ノング]「バスケットボール」

　　ㄹ [l / r ル]　英語「l」を発音するよりも舌先を歯茎の後ろに押しつける.
　　　　　　　달 [tal タル]「月」/ 물 [mul ムル]「水」/ 말 [maːl マール]「ことば」.
　　　　　　「r」は日本語のラ行の子音とほぼ同じ, 「h」の前に現われる.
　　　　　　　말하다 [maːrhada マールハダ]「話す; 言う」/ 올해 [orhɛ オルヘ・オレ]「今年」.

　　ㄱ/ㅋ/ㄲ [k ク]　「まっか」「ッ」=「ク」. 唇を閉じず, 舌先を引っ込める. 舌の付け根が上顎の奥についた状態.
　　　　　　　약 [jak ヤク]「薬」/ 부엌 [puɔk プオク]「台所」/ 밖 [pak パク]「外」.

　　ㄷ/ㅌ/ㅅ/ㅆ/ㅈ/ㅊ/ㅎ [t ッ]　「ばった」の「ッ」. 舌先が歯の間から見えるくらい, しっかりと舌を歯に押しあてる.
　　　　　　　숟가락 [sutkʼarak スッカラク]「スプーン」/ 팥 [pʰat パッ]「アズキ」/ 맛 [mat マッ]「味」/ 갔다 [katʼa カッタ]「行った」/ 낮 [nat ナッ]「昼」/ 숯 [sut スッ]「炭」/ 놓다 [notʰa ノッタ]「置く」.

　　ㅂ/ㅍ [p プ]　「らっぱ」の「ッ」=「プ」.
　　　　　　　집 [tʃip チプ]「家」/ 밥 [pap パプ]「飯」/ 옆 [jɔp ヨプ]「横」.

　　　＊ 終声発音の変化：(末音法則による)
　　　　　부엌 [puɔk プオク]「台所」→ 부엌에 [(puɔ)kʰe ～ゲ]〈書〉・부엌에 [(puɔŋ)e (プオ)ゲ]〈話〉「台所で」/ 부엌일 [(puɔŋ)nil (プオン)ニル]「台所仕事」.
　　　　　本辞典では見出し語の体言を( )で囲んで発音の変化を理解するようにした.

●둘받침 [tuːlbatʃʰim トゥールパッチム](二文字の받침)と発音の変化

　　ㄲ [k ク]　낚시 [nakʃʼi ナクシ]「釣り(針)」/ 낚은 [nakʼɯn ナックン]

「釣って」.

ㄳ [k ク]   넋[nɔk ノク]「魂」/ 넋은[nɔks'ɯn ノクスン]「魂が」/ 넋이[nɔk'i ノクシ]「魂の」/ 넋만[nɔŋman ノンマン]「魂だけ」/ 넋놓다[nɔŋnotʰa ノンノッタ]「ぼうっとしている」/ 넋없다[nɔgɔpt'a ノゴプタ]「ぼんやりしている」.

ㄵ [n ン]   앉다[ant'a アンタ]「座る」/ 앉아[andʒa アンジャ]「座って」/ 앉히다[antʃʰida アンチダ]「座らせる」.

ㄶ [n ン]   않다[antʰa アンタ]「しない」/ 않아[ana アナ]「…しない;…でない」/ 않는다[annɯnda アンヌンダ]「…ではない」.
많다[ma:ntʰa マーンタ]「多い」/ 많은[ma:nɯn マーヌン]「多い」/ 많고[ma:nkʰo マーンコ]「多くて」.

ㄺ [k ク]   읽다[ikt'a イクタ]「読む」/ 읽어[ilgɔ イルゴ]「読んで」/ 읽
    [l ル]   는[innɯn インヌン]「読む」/ 읽고[ilk'o イルコ]「読んで」/ 〈興〉읽고[ik'o イッコ]「読んで」/ 안 읽다[an(n)ikt'a ア(ン)ニクタ]「読まない」/ 못 읽다[mo:nnikt'a モーンニクタ]「読むことができない」/ 읽히다[ilkʰida イルキダ]「読まれる」.
닭[tak タク]「ニワトリ」/ 닭이[talgi タルギ]〈書〉・닭이[tagi タギ]〈話〉「ニワトリが」/ 닭만[taŋman タンマン]「ニワトリだけ」.

ㄻ [m ム]   젊다[tʃɔ:mt'a チョームタ]「若い」/ 젊어[tʃɔlmɔ チョルモ]「若いので」/ 젊은[tʃɔlmɯn チョルムン]「若い」.
    [l ル]

ㄼ [l ル]   넓다[nɔlt'a ノルタ]「広い」/ 〈興〉넓다[nɔpt'a ノプタ]「広い」/ 넓은[nɔlbɯn ノルブン]「広い」/ 널리[nɔlli ノルリ]「広く」/ 넓히다[nɔlpʰida ノルピダ]「広める」.
    [p プ]
밟다[pa:pt'a パープタ]「踏む」.

ㄽ [l ル]   곬[kol コル]「ひたむき; 一途」/ 외곬[wegol ウェゴル]「一筋(に)」/ 외곬으로[wegols'ɯro ウェゴルスロ]「一筋に」.

ㄾ [l ル]   핥다[halt'a ハルタ]「なめる」/ 핥아[haltʰa ハルタ]「なめる」/ 핥는[hallɯn ハルルン]「なめる」.
훑다[hult'a フルタ]「むしる; しごく」/ 훑이다[hultʃʰida フルチダ]「しごかれる」.

ㄿ [p プ]   읊다[ɯpt'a ウプタ]「詠む; 詠[吟]ずる」/ 읊어[ɯlpʰɔ ウルポ]「詠む」/ 읊는[ɯmnɯn ウムヌン]「吟ずる・詠ずる」.

ㅀ [l/r ル]   싫다[ʃiltʰa シルタ]「嫌いだ」/ 싫어[ʃirɔ シロ]「いやだ」.
옳다[oltʰa オルタ]「正しい」/ 옳은[orɯn オルン]「正しい」.
잃다[iltʰa イルタ]「失なう」/ 잃는[illɯn イルルン]「なくしている」.

ㅄ [p プ]   값[kap カプ]「値段」/ 값이[kapʃ'i カプシ]〈書〉・값이[kabi カビ]〈話〉「値段が」/ 값만[kamman カムマン]「値段だけ」/ 값어치[kabɔtʃʰi カボチ]「値打ち」.
없다[ɔ:pt'a オープタ]「ない」/ 없어[ɔ:ps'ɔ オープソ]「ない」/ 없는[ɔ:mnɯn オームヌン]「ない」.

ㅆ [t ッ]   있다[it'a イッタ]「ある; いる」/ 있어[is'ɔ イッソ]「あって; いて」/ 있는[innɯn インヌン]「ある; いる」/ 있지[itʃ'i イッチ]〈話〉「ほら; さあ」/ 있었다[isɔt'a イッソッタ]「あった」.

3 連音

1) 일본어 [ilbɔnɔ イルボノ]「日本語」/ 음악 [ɯmak ウマク]「音楽」.〈連音化〉

2) 옷이 [oʃi オシ]「服が」/ 꽃이 [k'otʃhi ッコチ]「花が」.〈連音化〉

3) 맏아들 [madadɯl マダドゥル]「長男」/ 꽃아래 [k'odarɛ ッコダレ]「花の下」/ 무릎위에 [murɯbwie ムルブィエ]「膝の上に」/ 맛없다 [madɔpt'a マドプタ]「おいしくない」/ 맛있다 [madit'a / maʃit'a マディッタ / マシッタ]「おいしい」/ 값오르다 [kabɔrɯda カボルダ]「値段が上がる」.〈連音化〉

4) 꽃잎 [k'onnip ッコンニプ]「花びら」/ 담요 [tamnjo タムニョ]「布団」/ 나뭇잎 [namunnip ナムンニプ]「木の葉」.〈n挿入連音化・鼻音化〉

5) 솔잎 [sollip ソルリプ]「松葉」/ 물약 [mulljak ムルリャク]「水薬」/ 서울역 [sɔulljɔk ソウルリョク]「ソウル駅」.〈l挿入連音化・舌側音化〉

4 発音の変化

1) 激音化

① ㅎパッチム(받침)がㄱ(k)・ㄷ(t)・ㅈ(tʃ)と続けばㅋ(kʰ)・ㅌ(tʰ)・ㅊ(tʃʰ)と激音化する.
놓고 [nokʰo ノッコ]「置いて」.
놓다 [notʰa ノッタ]「置く」.
놓지 [notʃʰi ノッチ]「置か(ない)」.

② ㅎを含む二文字のパッチム(받침)ㄶ・ㅀに平音が続くとㅋ(kʰ)・ㅌ(tʰ)・ㅊ(tʃʰ)と激音化される.
많고 [ma:nkʰo マーンコ]「多くて」.
많다 [ma:ntʰa マーンタ]「多い」.
많지 [ma:ntʃʰi マーンチ]「多く(ない)」.
옳고 [olkʰo オルコ]「正しく」.
옳다 [oltʰa オルタ]「正しい」.
옳지 [oltʃʰi オルチ]「正しく(ない)」.

③ パッチム(받침)ㄱ(k)・ㄷㅅㅈㅊ(t)・ㅂ(p)などがㅎ(h)に続くと(kʰ)・ㅌ(tʰ)・ㅍ(pʰ)と激音化される.
국회 [kukʰwe ククウェ]「国会」.
받히다 [patʃʰida パッチダ]「突かれる」.×[patʰida パッティダ].
못해요 [mo:tʰɛjo モーッテヨ]「できません」.
잊히다 [itʃʰida イッチダ]「忘れる」.
꽃하고 [k'otʰago ッコッタゴ]「花と」.
입학 [ipʰak イパク]「入学」.

④ パッチム(받침)ㄱ(k)・ㅅ(t)・ㅂ(p)などが하다 [hada ハダ]・해요 [hɛjo ヘヨ]・해서 [hɛsɔ ヘソ]・하여 [hajo ハヨ]・하고 [hago ハゴ]・하니 [hani ハニ]などのㅎ(h)に続けばㅋ(kʰ)・ㅌ(tʰ)・ㅍ(pʰ)と激音化される.
생각하다 [sɛŋgakʰada センガクカダ]「考える」.
생각해요 [sɛŋgakʰɛjo センガクケヨ]「考えます」.
생각해서 [sɛŋgakʰɛsɔ センガクケソ]「考えて」.
생각하여 [sɛŋgakʰajo センガクカヨ]「考えて」.
생각하고 [sɛŋgakʰago センガクカゴ]「考えて」.
생각하니 [sɛŋgakʰani センガクカニ]「考えると」.
못 하다 [mo:tʰada モーッタダ]「できない」.

급하다[kɯpʰada クプハダ]「急だ」.

⑤ パッチム(받침)ㄱ(리)・ㅂ(ㄼ)・ㅅ(ㄳ)に히다[hida ヒダ]が続くと次のように激音化される.
먹히다[mɔkʰida モクヒダ]「食われる」.
읽히다[ilkʰida イルキダ]「読まれる」.
좁히다[tʃopʰida チョプヒダ]「狭める」.
넓히다[nɔlpʰida ノルピダ]「広げる」.
꽂히다[k'otʃʰida ッコッチダ]「挿される」.
앉히다[antʃʰida アンチダ]「座らせる」.

⑥ パッチム(받침)ㄷ(t)に히다[hida ヒダ]が続くと티다[tʰida ティダ]となるはずだが、ここでは次のように激音化される.
굳히다[kutʃʰida クッチダ]「固める」.
닫히다[tatʃʰida タッチダ]「閉められる」.
묻히다[mutʃʰida ムッチダ]「埋もれる」.

⑦ パッチム(받침)ㅅㅈㅊㅌ(t)がㅎ(h)に続くとㅌ(tʰ)と激音化される.
옷 한 벌[o tʰan bɔl オッ タン ボル]「服1着」.
낮 한 때[na tʰan t'ɛ ナッ タン ッテ]「昼のひととき」.
꽃 한 송이[k'o tʰan soɲi ッコッ タン ソンイ]「花1輪」.
숱하다[sutʰada スッタダ]「数多い」.

2) 濃音化
① パッチム(받침)ㄱ(ㄲ, ㅋ, ㄳ, ㄺ)・ㄷ(ㅅ, ㅆ, ㅈ, ㅊ, ㅌ)・ㅂ(ㅍ, ㄼ, ㄿ, ㅄ)に続くㄱ・ㄷ・ㅂ・ㅅ・ㅈは濃音化される.(「ッ」は省略した)
국밥[kukp'ap ククパプ]「クッパ・汁ご飯」.
학교[hak'jo ハクキョ]「学校」.
목숨[moks'um モクスム]「命」.
낙지[naktʃ'i ナクチ]「タコ」.
낚시[nakʃ'i ナクシ]「釣り」.
삯돈[sakt'on サクトン]「賃金」.
닭장[taktʃ'aŋ タクチャン]「鶏舎」.
칡범[tʃʰikp'ɔm チクポム]「トラ」.
뻗대다[p'ot'ɛda ッポッテダ]「意地を張る」.
옷소매[os'omɛ オッソメ]「袖口」.
있던[it'ɔn イットン]「あった」.
꽂고[k'otk'o ッコッコ]「挿して」.
꽃다발[k'ot'abal ッコッタバル]「花束」.
밭갈이[patk'ari パッカリ]「畑を耕すこと」.
곱돌[kopt'ol コプトル]「ろう石」.
덮개[tɔpk'ɛ トプケ]「カバー」.
넓죽하다[nɔptʃ'ukʰada ノプチュクカダ]「長めに平たい」.
읊조리다[ɯptʃ'orida ウプチョリダ]「詠ずる・吟ずる」.
값지다[kaptʃ'ida カプチダ]「値打ちがある」.

ただし、좁쌀[tʃops'al チョプサル]「アワ(粟)」、색깔[sɛk'al セクカル]「色」などㄱ・ㄷ・ㅂに続く濃音は「ッ」を入れず発音記号に「'」を入れて示した.

② パッチム(받침)ㄴ(ㄵ)・ㅁ(ㄻ)に続くㄱ・ㄷ・ㅅ・ㅈは濃音化する.
삼고[sa:mk'o サームコ]「…として」.(以下「ッ」は省略した).

신고 [ʃi:nk'o シーンコ] 「履いて」.
앉고 [a:nk'o アーンコ] 「座って」.
닮고 [ta:mk'o タームコ] 「似て」.
안다 [a:nt'a アーンタ] 「抱く」.
젊다 [tʃɔ:mt'a チョームタ] 「若い」.

  ただし, 被動・使動に用いられる接尾辞-기-[gi ギ]は有声音化する.
안기다 [angida アンギダ] 「抱かれる」.
감기다 [kamgida カムギダ] 「巻かれる・髪を洗わせる」.
옮기다 [omgida オムギダ] 「移す」.
굶기다 [kumgida クムギダ] 「飢えさせる」.

③ パッチム(받침) 래・ㄾ に続くㄱ・ㄷ・ㅅ・ㅈは濃音化する.
넓게 [nɔlk'e ノルケ] 「広く」. (以下「ッ」は省略した).
떫지 [t'ɔltʃ'i ットルチ] 「渋く(ない)」.
핥다 [halt'a ハルタ] 「なめる」.
홅소 [huls'o フルソ] 「しごく」.

  ただし, ㄹ の後に続くㄱ・ㄷ・ㅅは有声音化する.
알고 [a:lgo アールゴ] 「知って」.
말다 [ma:lda マールダ] 「やめる」.
멀지 [mɔ:ldʒi モールジ] 「遠く(ない)」.

④ 漢字語の場合, ㄹパッチムの後に続くㄷ・ㅅ・ㅈは濃音化する.
발달 [palt'al パルタル] 「発達」.
말살 [mals'al マルッサル] 「抹殺」.
물질 [multʃ'il ムルチル] 「物質」.

  ただし, 重なった語彙は有声音化する.
절절하다 [tʃɔldʒɔrhada チョルジョルハダ] 「切々としている」.

⑤ 未来形・冠詞形-ㄹ・을に続くㄱ・ㄷ・ㅂ・ㅅ・ㅈは濃音化する.
할 것을 [hal k'ɔsɯl ハル コスル] 「することを」.
갈 데가 [kal t'ega カル テガ] 「行くところが」.
할 바를 [hal p'arɯl ハル パルル] 「するすべを」.
할 수는 [hal s'unɯn ハルッスヌン] 「するより」.
할 적에 [hal tʃ'ɔge ハル チョゲ] 「するときに」.
만날 사람 [nannal s'a:ram マンナル ッサーラム] 「会う人」.

  ただし, ゆっくり語彙を区切って話す場合は有声音になる. 本辞典では便宜上ㄹ+ㅅの場合, 特に濃音化の強い場合のみ「ッ」を入れて, 他の場合は発音記号に「'」を入れて示した.

  次のㄹ[l ル]・을[ɯl ウル]で始まる語彙も濃音化する.
할걸 [halk'ɔl ハルコル] 「すればよかったのに」.
할밖에 [halp'ak'e ハルパクケ] 「するしか」.
할수록 [hals'urok ハルッスロク] 「すればするほどに」.
할지라도 [hatʃ'irada ハルチラド] 「であっても」.

⑥ 合成語の場合, ㄴ・ㄹ・ㅁ・ㅇに続くㄱ・ㄷ・ㅂ・ㅅ・ㅈは濃音化する.
문-고리 [munk'ori ムンコリ] 「取っ手」. (以下「ッ」は省略した).
눈-동자 [nunt'oŋdʒa ヌントンジャ] 「ひとみ」.
신-바람 [ʃinp'aram シンパラム] 「意気揚々」.

산-새 [sansʼɛ サンセ]「山鳥」.
손-재주 [sontʃʼɛdʒu ソンチェジュ]「手先が器用なこと」.
길-가 [kilkʼa キルカ]「道端」.
물-동이 [multʼoŋi ムルトンイ]「水がめ」.
발-바닥 [palpʼadak パルパダク]「足の裏」.
굴-속 [kulsʼok クルソク]「洞穴の中」.
술-잔 [sultʃʼan スルチャン]「杯」.
바람-결 [paramkʼjʌl パラムキョル]「風の便り」.
그믐-달 [kumɯmtʼal クムムタル]「月末ごろの月」.
아침-밥 [atʃʰimpʼap アチムパプ]「朝ご飯」.
잠-자리 [tʃamtʃʼari チャムチャリ]「寝床」.
강-가 [kaŋkʼa カンカ]「川辺」.
초승-달 [tʃʰosɯŋtʼal チョスンタル]「三日月」.
등-불 [tɯŋpʼul トゥンプル]「明かり」.
창-살 [tʃʰaŋsʼal チャンッサル]「窓の桟」.
강-줄기 [kaŋtʃʼulgi カンチュルギ]「川筋」.

3) **鼻音化**

① パッチム(받침)ㄱ(ㄲ, ㅋ, ㄳ, ㄺ)・ㄷ(ㅅ, ㅆ, ㅈ, ㅊ, ㅌ, ㅎ)・ㅂ(ㅍ, ㄼ, ㄿ, ㅄ)はㄴ・ㅁ前ではㅇ・ㄴ・ㅁに鼻音化する.

작년 [tʃaŋnjʌn チャンニョン]「昨年」.
국물 [kuŋmul クンムル]「汁」.
깎는 [kʼaŋnɯn ッカンヌン]「削って」.
부엌만 [puʌŋman プオンマン]「台所だけ」.
몫몫이 [moŋmokʃʼi モンモクシ]「一人分ずつ」.
읽는 [iŋnɯn インヌン]「読んで」.
흙만 [hɯŋman フンマン]「土だけ」.
닫는 [tannɯn タンヌン]「閉める」.
옛날 [jeːnnal イェーンナル]「昔」.
옷맵시 [onmɛpʃʼi オンメプシ]「身なり」.
있는 [innɯn インヌン]「ある・いる」.
맞는 [mannɯn マンヌン]「当たる・合う」.
젖먹이 [tʃʌnmʌgi チョンモギ]「乳飲み子」.
쫓는 [tʃʼonnɯn ッチョンヌン]「追う」.
꽃망울 [kʼonmaŋul ッコンマンウル]「花のつぼみ」.
붙는 [punnɯn プンヌン]「くっつく」.
놓는 [nonnɯn ノンヌン]「置く」.
집념 [tʃimnjʌm チムニョム]「執念」.
입문 [immun イムムン]「入門」.
앞날 [amnal アムナル]「将来」.
앞마당 [ammadaŋ アムマダン]「前庭」.
밟는 [paːmnɯn パームヌン]「踏む」.
읊는 [ɯmnɯn ウムヌン]「詠む」.
없는 [ʌːmnɯn オームヌン]「(持って)いない・ない」.
값매다 [kammɛda カムメダ]「値段をつける」.

　　また, 2語からなり, 語句として発音するときも鼻音化する.
책 넣는다 [tʃʰɛŋ nʌnnɯnda チェン ノンヌンダ]「本を入れる」.
흙 말리다 [hɯŋ mallida フン マルリダ]「土を乾かす」.
옷 맞추다 [on matʃʰuda オン マッチュダ]「服をあつらえる」.
밥 먹는다 [pam mʌŋnɯnda パム モンヌンダ]「ご飯を食べる」.

값 매기다 [kam mɛgida カム メギタ] 「値段をつける」.

② パッチム(받침)ㅁ・ㅇ後に続くㄹはㄴに発音する.
침략 [tʃˀimnjak チムニャク] 「侵略」; ㏂ [tʃʰimrjak チムリャク].
항로 [haŋno ハンノ] 「航路」; ㏂ [haŋro ハンロ].

また, パッチム(받침)ㄱ・ㅂ後に続くㄹもㄴに発音する.
극락 [극낙→긍낙] [kuŋnak クンナク] 「極楽」.
독립 [독닙→동닙] [toŋnip トンニプ] 「独立」.
협력 [협녁→혐녁] [hjɔmnjok ヒョムニョク] 「協力」.
십리 [십니→심니] [ʃimni シムニ] 「10里・1里」.
㏂ 막론 [maŋron マンロン] / 독립 [toŋrip トンリプ].
협력 [hjɔmrjok ヒョムリョク] / 십리 [ʃimri シムリ].

4) 舌側音化

① パッチムㄴはㄹの前, また後に来てもㄹと発音する.
  a. 난로 [na:llo ナールロ] 「ストーブ」.
    신라 [ʃilla シルラ] 「新羅」.
    천리 [tʃʰɔlli チョルリ] 「千里」.
  b. 칼날 [kʰallal カルラル] 「刃」.
    물난리 [mullalli ムルラルリ] 「洪水騒ぎ」.
    물놀이 [mullori ムルロリ] 「水遊び」.
    줄넘기 [tʃullɔmk'i チュルロムキ] 「なわ跳び」.
    할는지 [hallundʒi ハルルンジ] 「するかどうか」.

    また, ㅀ・ㄾがㄴに続く場合もㄴはㄹと発音する.
    뚫는다 [t'ullunda ットゥルルンダ] 「穴をあける」.
    핥는다 [hallunda ハルルンダ] 「なめる」.

② 漢字語に漢字語接尾辞がつく場合ㄹをㄴに発音する(共和国ではㄹそのまま発音する).
생산량 [sɛŋsannjaŋ センサンニャン] 「生産量」
  ㏂ [sɛŋsanrjaŋ センサンリャン].
의견란 [ɯiːgjɔnnan ウィーギョンナン] 「意見欄」.
결단력 [kjɔlt'annjok キョルタンニョク] 「決断力」.
동원력 [toːŋwɔnnjok トーンウォンニョク] 「動員力」.
횡단로 [hwɛŋdanno フィンダンノ] 「横断路」.
입원료 [ibwɔnnjo イブォンニョ] 「入院料」.
공권력 [koŋk'wɔnnjok コンクォンニョク] 「公権力」.
  ただし, 권력 [kwɔlljok クォルリョク] 「権力」となるのに注意.

5) 口蓋音化

パッチム(받침)ㄷ・ㅌ(ㄾ)が助詞・接尾辞の母音이 [i イ] と合わせるとき지 [dʒi ジ]・치 [tʃʰi チ] と発音する.
굳이 [kudʒi クジ] 「あえて」.
미닫이 [midadʒi ミダジ] 「引き戸」.
해돋이 [hɛdodʒi ヘドジ] 「月の出」.
같이 [katʃʰi カチ] 「一緒に」.
밭이 [patʃʰi パチ] 「畑が」.
훑이다 [hultʃʰida フルチダ] 「はぎ取られる」.

文字と発音

6) ㅎの無音化, 弱化

① パッチム(받침)ㅎ(ㄶ, ㅀ)の後に母音の語尾・接尾辞がつくと無音化される.

낳은[naun ナウン]「生んだ」.
놓아[noa ノア]「置いて」.
좋아요[tʃoːajo チョーアヨ]「良いです」.
쌓이다[s'aida ッサイダ]「積まれる・積もる」.
많이[maːni マーニ]「たくさん」.
않은[anun アヌン]「ない」.
닳아[tara タラ]「すれて」.
싫어도[ʃirodo シロド]「いや[嫌い]でも」.
잃어 버리다[irɔ bɔrida イロ ボリダ]「なくしてしまう」.

② 子音ㅎ[h]は母音やㄴ・ㅁ・ㄹ・ㅇにつくと無音化または弱化される. ただし, ゆっくり語彙を区切って話す場合はㅎ[h]の音が残る.

기후[기우→[kihu キウ]「気候」. *[キフ]
전화[전와→저놔[tʃɔːnhwa チョーヌァ]「電話」. *[チョーンファ]
만화[만와→마놔[maːnhwa マーヌァ]「漫画」. *[マーンファ]
미안해요[미안애요→미아내요[mianɛjo ミアネヨ]「すみません」. *[ミアンヘヨ]
은행[은앵→으넹[ɯnhɛŋ ウネン]「銀行」. *[ウンヘン]
번호[번오→버노[pɔnho ポノ]「番号」. *[ポンホ]
실현[실연→시련[ʃirhjɔn シリョン]「実現」. *[シルヒョン]
결혼[결온→겨론[kjɔrhon キョロン]「結婚」. *[キルホン]
열심히[열씨미→[jɔlʃ'imhi ヨルッシミ]「熱心に」. *[jɔlʃ'imi]
영화[영와→[jɔŋhwa ヨンワ]「映画」. *[ヨンファ]
안녕히[안녕이→[annjɔŋhi アンニョンイ]「お元気で」. *[annjɔŋi]
ただし; 本辞典では*のように示した.

★ 本辞典で取り扱ったハングル字母・見出し語または文章の綴り方・音声記号・長音などはKBS(韓国放送公社)編『ハングル発音大辞典』と1989年3月に韓国文教部(文部省)で施行された『ハングル正書法』を主に準拠した. ハングル学会編『ウリマルクンサジョン』〈語文閣刊〉も参照し本辞典を編集したことを付記する.

ㄱ

ㄱ [kijɔk キョク] 名 ハングル子音の第一番目の文字.

*가¹ [k'a ッカ] 接尾 ① 縁; へり; 際; 端; =가장 자리 [ka:dʒaŋdʒari カージャンジャリ] ¶책상~ [tʰɛks'aŋ~ チェクサン~] 机のへり [はし] / 창~ [tʃʰaŋ~ チャン~] 窓際 / 우물~ [umul~ ウムル~] 井戸端 ② そば; あたり; 近所; 辺 ¶강~ [kaŋ~ カン~] 川辺 / 입~을 닦다 [ip~rul tak-t'a イプ~ルル タクタ] 口もとをふく.

*가² [ga ガ] 助 ① …が ¶해~ 뜬다 [hɛ~ t'unda ヘ~ ットゥンダ] 日が昇る ② …に ¶작가~ 되다 [tʃak'a~ tweda チャッカ~ トゥェダ] 作家になる ③ …では ¶바다~ 아니다 [pada~ anida パダ~ アニダ] 海ではない ④ …を; …が ¶영화~ 보고 싶다 [jɔŋ-hwa~ pogo ʃipt'a ヨンファ~ ポゴシプタ] 映画を見たい / 사과~ 먹고 싶다 [sagwa~ mɔk'o ʃipt'a サグァ~ モクコシプタ] リンゴが食べたい.

가³ [ka: カー] 略 行って=가아 [kaa カア] ¶~ 보아라 [~ boara ~ ボアラ] 行ってみなさい.

가 [ka: カー] 名 形 可 ① よし; よろしい ¶미성년자 입장~ [mi:sɔŋnjɔn-dʒa iptʃ'aŋ(ga) ミーソンニョンジャ イプチャン(ガ)] 未成年者でも入場してよろしい ② 成績評価基準の1つ ¶우량~ [urjaŋ(ga) ウリャン(ガ)] 優良可 ③ 賛成 ¶~부를 논하다 [~burul nonhada ~ブルル ノンハダ] 可否を論じる.

가 [ka カ] 名 他 加 ¶이자를 ~하다 [i:dʒarul ~hada イージャルル ~ハダ] 利子を加える [加算する].

*-가 [家] [ga ガ] 接尾 …家 ¶소설~ [so:sɔl~ ソーソル~] 小説家 / 전문~ [tʃɔnmun~ チョンムン~] 専門家 / 전략~ [tʃ'ɔ:llja(k'a) チョールリャク(カ)] 戦略家 / 대~ [tɛ:~ テー~] 大家.

-가 [哥] [ga ガ] 接尾 姓の後につけその姓を表わす語 ¶김(金)~ [kim~ キム~] キムさん / 박(朴)~ [pa(k'a) パク(カ)] パクと言う姓.

-가 [街] [ga ガ] 接尾 …丁目; 街 ¶종로 2~ [tʃoŋno i:~ チョンノ イー~] 鐘路チョン2丁目 / 서점~ [sɔdʒɔm~ ソジョム~] 書店街.

-가 [歌] [ka カ] 接尾 歌 ¶애국~ [ɛ:gu(k'a) エーグク~] 愛国歌 / 유행~ [juhɛŋ(ga) ユヘン(ガ)] 流行歌 / 자장~ [tʃʰadʒaŋ(ga) チャジャン(ガ)] 子守歌.

가가 [家家] [kaga カガ] 名 家ごと —호호 [戶戶] [hoho ホホ] 副 毎戶; 家ごと(に) ¶~ 찾아 다니다 [~ tʃʰadʒa danida ~ チャジャ ダニダ] 1軒1軒訪ね回る.

가감 [加減] [kagam カガム] 名 他 加減 ¶공급량을 ~하다 [ko:ŋgumnjaŋ-ul ~hada コーングムニャンウル ~ハダ] 供給量を加減する.

가-건물 [假建物] [ka:gɔnmul カーゴンムル] 名 仮に建てた建物; 仮小屋.

*가게 [ka:ge カーゲ] 名 店; たな; 店舗 ¶구멍~ [kumɔŋ(k'a:ge) クモン~] 軒店; 小店ःムセ / 생선~ [sɛŋsɔn(k'a:ge) センソン~] 魚屋.

가격 [加擊] [kagjɔk カギョク] 名 他 ① (手・棒などで)なぐる [たたく] こと ② 攻撃 ¶진지를 ~하다 [tʃindʒirul (kagjɔ)kʰada チンジルル ~カダ] 陣地に攻撃を加える.

*가격 [價格] [kagjɔk カギョク] 名 価格; 値・価; 値段; プライス (price) ¶적정~ [tʃɔktʃ'ɔŋ(k'agjɔk) チョクチョン~] 適正価格 / 도매(都賣)~ [tomɛ(k'agjɔk) トメー~] おろし値(段) / 구입(購入)~ [kuip(k'agjɔk) クイプ~] 元値; 買い値 —인상 [引上] [(kagjɔ)-insaŋ (カギョ)ギンサン] 名 値上げ —인하 [引下] [(kagjɔg)inha (カギョ)ギンハ] 名 値下げ —차 [익] [tʃʰa (ik) チャ(イク)] 名 価格の差(益) —폭 [幅] [pʰok ポク] 名 価格幅 —표 [表] [pʰjo ピョ] 名 価格表; 値札.

가결 [可決] [ka:gjɔl カーギョル] 名 他 可決 ¶만장 일치로 ~하다 [ma:ndʒaŋ-iltʃʰiro (ka:gjɔr) hada マーンジャンイルチロ ~ハダ] 満場一致で可決する.

가경[可驚] [ka:gjʌŋ カーギョン] 名 하形 驚くべきこと ¶~할 사건[~hal sa:k'ʌn ~ハル サーコン] 驚くべき事件.

가경[佳境] [ka:gjʌŋ カーギョン] 名 佳境 ¶점입(漸入)~[tʃʌ:mip (k'a:gjʌŋ) チョーミプ ~] いよいよ佳境に入ること; だんだん興味深くなること.

가계[家計] [kage カゲ] 名 家計; 暮らし —**부**[bu ブ] 名 家計簿.

가-계약[假契約] [ka:gejak カーゲヤク] 名 하他 仮契約.

*가곡[歌曲] [kagok カゴク] 名 歌曲 ① 歌; 歌の調べ ② 声楽曲; リート ¶슈베르트의 ~[ʃuːberutʰɯe ~ シューベルトゥエー] シューベルトのリート ③ 韓国・朝鮮の伝統音楽の1つ —**집**[tʃip チプ] 名 歌曲集.

*가공[加工] [kagoŋ カゴン] 名 하他 加工 ¶보세 ~[po:se (gagoŋ) ポーセ(ガゴン)] 保税加工 —**무역**[mu:jʌk ムーヨク] 名 加工貿易 —**비**[bi ビ] 名 加工費 —**수출입**[sutʃʰurip スチュリプ] 名 加工輸出入 —**식품**[ʃikpʰum シクプム] 名 加工食品 —**품**[pʰum プム] 名 加工品.

가공[可恐] [kagoŋ カーゴン] 名 하形 恐るべき ¶~할 핵무기[~hal hɛŋmugi ~ハル ヘンムギ] 恐るべき核兵器.

가공[架空] [kagoŋ カゴン] 名 하他 架空 ¶~의 인물[~e inmul ~エインムル] 架空の人物 / ~의 이야기[~e ijagi ~エイヤギ] 架空の話.

가관[可觀] [ka:gwan カーグァン] 名 ① 見もの; 見る値打ちのあること ¶경치가 ~이다[kjʌŋtʃʰiga ~ida キョンチガ (カーグァ)ニダ] 景色が見ものだ[すばらしい] ② (反語的に)見苦しいさま; ぶざまなようす; 見もの ¶잘난체하는 꼴이 ~이다[tʃallantʃʰe hanun k'ori ~ida チャルランチェ ハヌン ッコリ (カーグァ)ニダ] いばりちらすさまは見ちゃいられない —**스럽다**[sɯrʌpt'a スロプタ] 形 ㅂ変 見るに値する; 一見に値する; 見ものである ¶해돋이는 정말 ~[hɛdodʒinun tʃʌːŋmal ~ ヘトジヌン チョーンマル ~] 日の出は実に見ものである —**스러이**[sɯrʌi スロイ]・—**스레**[sure スレ] 副 見もので; 見るに値して.

가교[架橋] [kagjo カギョ] 名 하自 架橋; 掛け橋 ¶~ 공사[~ goŋsa ~ ゴンサ] 架橋工事.

가구[家口] [kagu カグ] 名 ① 一家の家族 ② 所帯; 世帯 ¶~수[~su ~ス] 所帯の数 —**주**[dʒu ジュ] 名 世帯主.

*가구[家具] [kagu カグ] 名 家具 —**점**(店)[dʒʌm ジョム] 名 家具店.

가극[歌劇] [kaguk カグク] 名 歌劇; オペラ —**단**[t'an タン] 名 歌劇団.

*가급-적[可及的] [ka:gɯptʃʌk カーグプチョク] 名 冠 可及的; なるべく; できるだけ —**이면**[(ka:gɯptʃʌg) imjʌn (カーグプチョ)ギミョン] 副 なるべく(なら); できれば; ことならば ¶~ 빨리[~ p'alli ~ ッパルリ] なるべく速く.

*가까스로[kak'asuro カッカスロ] 副 やっと; 辛うじて; ようやく ¶~ 버스를 탔다[~ bʌsurul tʰat'a ~ ボスルル タッタ] やっとバスに乗れた / ~ 이기다[~ igida ~ イギダ] 辛うじて勝つ.

가까워-지다[kak'awʌdʒida カッカウォジダ] 自 近くなる; 近づく; 迫る; 親しくなる ¶목적지가 ~[moktʃ'ʌktʃ'iga ~ モクチョクチガ ~] 目的地が近づく / 마감날이 ~[magamnari ~ マガムナリ ~] 締め切りが迫る / 그녀와 ~[kɯnjʌwa ~ クニョワ ~] 彼女と親しくなる.

*가까이[kak'ai カッカイ] 副 近く; 親しく ¶~ 가다[~ kada ~ カダ] 近づく —**하다**[hada ハダ] 他 여変 近づける; 寄せつける; 親しむ ¶여자친구를 ~[jʌdʒa tʰʰingurul ~ ヨジャ チングルル ~] ガールフレンドと親しくつき合う / 책을 ~[tʃʰɛgul ~ チェグル ~] 本に親しむ.

*가깝다[kak'apt'a カッカプタ] 形 ㅂ変 ① (時間・空間的に) 近い ¶학교는 우리 집에서 ~[hak'jonun uri dʒibesʌ ~ ハクキョヌン ウリジベソ ~] 学校は私の家から近い / 가장 가까운 역[kadʒaŋ kak'aun njʌk カジャン カッカウン ニョク] 最寄りの駅 / 가까운 장래[kak'aun tʃaŋnɛ カッカウン チャンネ] 近い将来 ② 似ている ¶스승의 화풍에 ~[susuŋne hwa:pʰuŋe ~ ススンエ ファープンエ ~] 師匠の画風に似ている ③ 親しい ¶아주 가까운 사이[adʒu kak'aun sai アジュ カッカウン サイ] ごく近い[親しい]間柄 ④ (血縁関係が)密接だ ¶가까운 친척[ka-

가깝다가깝다 k'aun tʃʰintʃʰɔk カッカウン チンチョク] 近い親類.

가깝다-가깝다 [kak'apt'igak'apt'a カッカプティガッカプタ] [形][ㅂ変] きわめて近い; ごく近い; 非常に親しい ¶ ~-가까운 거리 [~-gak'aun kɔːri ~-ガッカウン コーリ] ごく近い距離 / ~-가까운 사이 [~-gak'aun sai ~-ガッカウン サイ] 非常に親しい間柄.

*가꾸다 [kak'uda カックダ] [他] ① 栽培する; 培う; 作(造)る; よく育てる ¶ 채소를 ~ [tʃʰeːsoruɯl ~ チェーソルル ~] 菜を作る ② 装う; 飾る; 手入れをする ¶ 몸을 ~ [momɯl ~ モムル ~] 身を装う; 身なりを整える / 잘 가꾼 정원 [tʃal gak'un tʃɔŋwɔn チャル ガックン チョンウォン] 手入れの行き届いた庭.

*가끔 [kak'ɯm カックム] [副] ① 時たま; (時)たまに; 時折; 時々 ¶ ~ 만나는 친구 [~ mananɯn tʃʰingu ~ マンナヌン チング] 時たま会う友達 ② しばしば; ちょいちょい; たびたび ¶ 그러한 일이 ~ 있다 [kɯrɔhan niːri ~ it'a クロハン ニーリ (カック) ミッタ] そういうことがちょいちょい[間々]ある ~ 가다(가) [gada(ga) ガダ(ガ) / ~-씩 [ʃ'ik ッシク] [副] 時たまに; 時として ¶ ~ 부수입도 있다 [~ puːsuipt'o it'a ~ プースイプト イッタ] たまには副収入もある.

가나다-순 [—順] [kanadasun カナダスン] [名] ハングルのかなだ順; イロハ順.

가나-오나 [kanaona カナオナ] [副] どこへ行くにしても; いつも; =오나가나 [onagana オナガナ] ¶ ~ 말썽이다 [~ maːlsʼɔŋida ~ マールソンイダ] どこへ行こうと[いつも]問題を引き起こす.

*가난 [kanan カナン] [名] [하][形] 貧乏; 貧しいこと ¶ 집이 ~하다 [tʃibi ~-hada チビ ~ハダ] 家が貧しい / ~한 살림 [~han sallim ~ハン サルリム] 貧しい暮らし / ~한 집 [~han tʃip ~ ハン チプ] 貧乏な家 **—(이) 들다** [(kanani) dɯlda (カナニ) ドゥルダ] [自] 貧しくなる; 求めにくくなる; 乏しい ¶ 인재의 가난이 들다 kanani tɯlda インジェエ カナニ トゥルダ] 人材が求めにくい **—뱅이** [bɛŋi ベンイ] [名] 貧乏たれ; 貧乏を見下げて言う語 **—살이** [sari サリ] [名] [하] 貧乏暮らし.

가내 [家内] [kanɛ カネ] [名] 家内(妻の意味はない); 家族 ¶ ~ 건강을 빌다 [~ kɔːngaŋɯl piːlda ~ コーンガンウル ピールダ] 家内健康を祈る **—공업** [goŋɔp ゴンオプ] [名] 家内工業.

가냘프다 [kanjalpʰuda カニャルプダ] [形] [으変] 細い; か細い; 弱弱しい ¶ 가냘픈 몸 [kanjalpʰun mom カニャルプン モム] ほっそりしてか弱い体(格) / 가냘픈 목소리 [kanjalpʰun moksʼori カニャルプン モクソリ] か細い声.

*가누다 [kanuda カヌダ] [他] ① (心や体を)やっと支える; 保つ ¶ 간신히 몸을 가누었다 [kanʃini momɯl kanuːtʼa カンジニ モムル カヌオッタ] 辛うじて体をやっと支えることができた[立ち直った] / 정신(精神)을 ~ [tʃɔŋʃinɯl ~ チョンシヌル ~] 気を取り直す ② (家事や仕事を)よく切り回す; やりくりする.

*가느-다랗다 [kanudaratʰa カヌダラッタ] [形] [ㅎ変] 極めて細い; ほっそりしている ¶ ~-다란 실 [~-daran ʃiːl ~-ダラン シール] ごく細い糸.

가느스름-하다 [kanusɯrɯmhada カヌスルムハダ] [形] [여変] やや細い; 少し細めである ¶ 눈을 ~-하게 뜨고 바라보다 [nunɯl ~-hage tʼugo parabodaヌヌル ~-ハゲットゥゴ パラボダ] 目を細めに開けて眺める.

가는귀-먹다 [kanɯngwimɔkt'a カヌングィモクタ] [自] 耳が少し遠い ¶ ~-먹은 노인 [~-mɔgɯn noːin ~-モグン ノーイン] 耳が少し遠い老人.

가는-눈 [kanɯnnun カヌンヌン] [名] 細目 ¶ ~을 뜨고 보다 [~-ɯl t'ugo boda ~-ヌヌルットゥゴ ボダ] 細目を開けて見る; 目を細めて見る.

*가늘다 [kanɯlda カヌルダ] [形] [ㄹ語幹] ① 細い ¶ 실이 ~ [ʃiːri ~ シーリ ~] 糸が細い / 가는 허리 [kanɯn hɔri カヌン ホリ] すんなりした腰; 柳腰 ② 細かい ¶ 가는 소금 [kanɯn sogum カヌン ソグム] 粒の細かい塩 ③ (音・動作が)細い; か細い; 弱々しい ¶ 가는 목소리 [kanɯn moksʼori カヌン モクソリ] か細い[低い]声 / 가는 신음 소리 [kanɯn ʃinɯmsori カヌン シヌムソリ] かすかなうめき声 ④ (木目・織り目が)細かい ¶ 가늘게 짜다 [kanɯlge tʃʼada カヌルゲッチャダ] 細かく編む.

가늘디-가늘다 [kanɯldiganɯlda カヌルディガヌルダ] [形] 極めて細い; 非常

에 細かい; '가늘다'の強調語.

***가늠**[kanɯm カヌム] 名 ① ねらい; 照準 ¶~이 빗나가다[~i pinnagada (カヌ)ミ ピンナガダ] ねらいがはずれる ② 見当; 予想; 見積もり; 見計らい **―보다**[boda ボダ] **・잡다**[dʒapt'a ジャプタ] 他 ① ねらう; ねらいをさだめる ② 見当をする; 予想する; 見計らう **―하다**[hada ハダ] 他 ① ねらう; ねらいをつける ② 見積もる; 見計らう; 見当をつける ¶~-할 수가 없다[~-hal s'uga ŏːpt'a ~-ハル ッスガ オープタ] 見当がつかない **―구멍**[k'umʌŋ クモン] 名 (小銃の)照門 **―쇠**[swe スェ] 名 (銃砲の)照準器; 照星 **―자**[dʒa ジャ] 名 (銃砲の)照尺.

***가능**[可能][kaːnɯŋ カーヌン] 名 可能 ¶실행 ~한 일[ʃirhɛŋ (gaːnɯŋ)han niːl シルヘン (ガーヌン)ハン ニール] 実行可能なこと **―하다**[hada ハダ] 形 可能だ; できる; 利く ¶물세탁이 ~[mulsʼetʰagi ~ ムルセタギ ~] 水洗いが利く **―성**[sʼʌŋ ソン] 名 可能性 ¶~이 없다[~i ŏːpt'a ~イ オープタ] 可能性がない.

***가다**[1][kada カダ] 1 自 ① 行く; 進む; 参る ¶학교에 ~[hak'joe ~ ハッキョエ ~] 学校へ行く/집으로 ~[tʃiburo ~ チブロ ~] 家に帰る/대학에 ~[tɛːhage ~ テーハゲ ~] 大学に進学する/시집을 ~[ʃidʒibul ~ シジブル ~] 嫁に行く/절에 ~[tʃore ~ チョレ ~] 寺参りをする ② (年月が)経つ ¶세월이 ~[seːwʌri ~ セーウォリ ~] 歳月が経つ ③ 死ぬ ¶저승으로 ~[tʃʌsɯŋɯro ~ チョスンウロ ~] あの世へ逝く ④ (情報・消息などが)伝わる; 広がる; 届く ¶기별이 ~[kibjʌri ~ キビョリ ~] 便りが伝わる/연락이 ~[jʌllagi ~ ヨルラギ ~] 連絡がつく[届く] ⑤ 通じる ¶역으로 가는 길[jʌguro kanɯn kil ヨグロ カヌン キル] 駅へ行く道 ⑥ こうむる ¶손해가 ~[soːnhega ~ ソーンヘガ ~] 損害をこうむる ⑦ (ひび・しみ・しわなどが)できる; 入る; つく; 寄る ¶접시에 금이 ~[tʃʌpsʰie kɯmi ~ チョプシエ クミ ~] 皿にひびが入る/얼룩이 ~[ʌllugi ~ オルルギ ~] (洋服に)しみがつく ⑧ (味が落ちる; 変わる ¶우유맛이 갔다[uju maʃi kat'a ウユ マシ カッタ] 牛乳の味が変わった ⑨ (視線・関心・推測などが)いく; 向く; 寄せる; 引く ¶눈길이 ~[nunk'iri ~ ヌンキリ ~] 視線がいく/관심이 ~[kwanʃimi ~ クァンシミ ~] 関心を寄せる/호감이 ~[hoːgami ~ ホーガミ ~] 好感が持てる ⑩ (火が)消える ¶전깃불이 ~[tʃʌngitpʼuri ~ チョーンギップリ ~] 電灯が消える ⑪ 続く; 保つ; 持つ ¶오래 가는 구두[ore ganɯn kudu オレ ガヌン クドゥ] 長く持ちこたえる靴 ⑫ (手間などが)かかる; 要する ¶손이 많이 가는 일[soni maːni ganɯn niːl ソニ マーニ ガヌン ニール] 手の込んだ仕事; 手間がたくさんかかる仕事 ⑬ (値段が)掛かる; (いくら)する ¶7만원은 간다[tʃʰilmanwʌnɯn kanda チルマノォヌン カンダ] 7万ウォンはする/얼마나 갈까요?[ʌːlmana kalkʼajo オールマナ カルッカヨ] いくらぐらいでしょうか ⑭ 発つ; 立つ; 去る ¶가족을 두고 ~[kadʒogɯl tugo (gada) カジョグル トゥゴ (ガダ)] 家族をおいて去る ⑮ (順番とか等級などが)そのくらいだ ¶첫째 ~[tʃʌtʃʼɛ (gada) チョッチェ (ガダ)] 一番だ; 一位だ; トップを切る 2 他 ① (目的に向かって)行く; 歩く ¶밤길을 ~[pamkʼirul ~ パムキルル ~] 夜道を歩く ② ある状態が続く ¶사흘도 못~[sahɯldo moːt(k'ada) サフルド モーッ~] 3日も続かない.

***가다**[2][gada ガダ] 補助 …しつつある; …していく ¶병이 나아~[pjʌːŋi naaː~ ピョーンイ ナアー~] 病気がなおりつつある/밤이 깊어~[pami kipʰʌ~ パミ キポー~] 夜が更けていく[深まる].

가다가[kadaga カダガ] 副 たまには; 時には; 時折; 時たま ¶~ 그런 일도 있다[~ kɯrʌn niːldo it'a ~ クロン ニールド イッタ] たまにはそういうこともある.

***가다듬다**[kadadɯmtʼa カダドゥムタ] 他 ① (心・興奮を)落ち着ける; 静める; 引き締める ¶흥분한 마음을 ~[hɯŋbunhan maɯmul ~ フンブンハン マウムル ~] 興奮した気持ちを落ち着ける ② 気を取り直す =¶ 정신을 ~[tʃʌŋʃinul ~ チョンシヌル ~] ③ (声を)つくろう; 整える ¶목소리를 가다듬고[moksʼorirul kadadɯmkʼo モクソリルル カダドゥムコ] 声を整えて(歌を歌う) ④ (身なりなどを)整える

¶몸을 ~[momul ~ モムル ~] 身なりをきちんと整える.

가다랭이[kadarɛŋi カダレンイ] 名〈魚〉カツオ(鰹)(サバ科の海の魚).

***가닥**[kadak カダク] 名 依размер (糸などの)より; 糸筋; 筋; 本; 条 ¶한 ~의 실[han (gadag)e ʃi:l ハン(ガダ)ゲ シール] 一筋の糸 / 한 ~의 희망(希望)[han (gadag)e himaŋ ハン(ガダ)ゲ ヒマン] 一縷の望み.

가담[加擔][kadam カダム] 名 荷担; 加担 ー**하다**[hada ハダ] 自 加担する; 与する ¶나쁜 일에 ~[nap'um ni:re ~ ナップンニーレ ~] 悪事に加担する.

가당[可當][ka:daŋ カーダン] 名 하形 ① 適切な・当然な・もっともなこと; ふさわしいこと ¶ー한 말[~han ma:l ハン マール] もっともな話 / ー한 취직 자리[~han tɕʰwi:dʑik tɕ'ari ハン チュィージク チャリ] ふさわしい(よい)勤め口 ②(任務などに)当たり得・堪えられること ー**찮다**[tɕʰantɕʰa tɕʰanta チャンタ] 形 가당하지 아니하다[ka:daŋhadʑi anihada カーダンハジ アニハダ]の略 ① とんでもない; 当たっていない; 不当だ; 法外だ ¶ー찮은 비평[~-tɕʰanun pi:pʰjɔŋ ~チャンヌン ピーピョン] とんでもない批評 ② ひどい; 並大抵でない ¶추위가 ー[tɕʰu-wiga ~ チュィガ ~] 寒さがひどい.

가동[可動][ka:doŋ カードン] 名 可動 ¶ー 장치[~ dʑaŋtɕʰi ~ ジャンチ] 可動装置.

가동[稼動][kadoŋ カドン] 名 하自他 稼働; 稼動 ー**력**[njɔk ニョク] 名 稼働力 ー**률**[njul ニュル] 名 稼働率 ー**인구**[ingu イング] 名 稼働人口 ー**일수**[ils'u イルッス] 名 稼働日数.

***가두**[街頭][ka:du カードゥ] 名 街頭; 町かど ー**선전**[sɔndʑɔn ソンジョン] 名 街頭宣伝; つじ宣伝 ー**시위**[示威][ʃi:wi シーウィ] 名 街頭デモ ー**연설**[jɔ:nsɔl ヨーンソル] 名 街頭演説; つじ演説 ー**진출**[dʑi:ntɕʰul ジーンチュル] 名 街頭進出 ー**판매**[pʰanmɛ パンメ] 名 街頭販売; 立ち売り=略 가판(街判)[ka:pʰan カーパン].

***가두다**[kaduda カドゥダ] 他 ① 閉じ込める; 封じ込める; 囲う ¶감옥에 ~[kamoge ~ カモゲ ~] ろうやに閉じ込める[つなぐ] / 돼지를 우리에 ~[twɛ:dʑirɯl urie ~ トゥェージルル ウリエ ~] 豚を小屋に囲う ②(水流をせき止めて)溜ためる ¶눈물을 ~[nonmur-ul ~ ノンムルル ~] 田に水を溜める.

***가득**[kaduk カドゥク] 副 いっぱい(に); ぎっしり; たっぷり; なみなみ ¶장내에 ~찬 관객[tɕaŋnɛɛ ~tɕʰan kwan-gɛk チャンネエ ~チャン クァンゲク] 場内をぎっしり埋めた観客 / 저수지에 물이 ~차다[tɕɔ:sudʑie muri ~tɕʰada チョースジエ ムリ ~チャダ] 貯水池が満水になる ー**가득**[(kaduɯ)k'aduɯk カドゥク] 副 하形 ぎっしり; なみなみ; たっぷり ¶ー 담아라[~ t'amara ~ タマラ] ぎっしり入れろ ー**하다**[(kaduɯ)-kʰada カダ] 形 여変 いっぱいだ; 満ちている ¶손님이 방에 ~[sonnimi paŋe ~ ソンニミ パンエ ~] お客で部屋がいっぱいだ ー**히**[(kaduɯ)kʰi キ] 副 いっぱいに; ぎっしりと; なみなみと; たっぷりと ¶잔에 ~ 붓다[tɕane ~ p'u:t'a チャネ ~ プッタ] 杯になみなみと注ぐ.

가뜩[kat'uk カットゥク] 副 ① '가득'の強調語 ② '가뜩이나'の略 ー**가뜩**[(kat'ɯ)k'at'uk カットゥク] 副 하形 '가득가득'の強調語.

가뜩-에[kat'uge カットゥゲ] 副 なおまた; その上; おまけに; ='가뜩이나'.

가뜩-이[kat'ugi カットゥギ] 副 ① '가득히'の強調語 ② '가뜩이나'の略.

***가뜩-이나**[kat'ugina カットゥギナ] 副 そうでなくても; その上(に); 加えて; おまけに ¶ー 지쳐는 데 ~ tɕitɕʰɔn-nunde ~ チーチョンヌンデ] それでなくても疲れているのに / 굶주리는 데 ~ 병까지 생겼다[ku:mdʑurinunde ~ pjɔ:ŋk'adʑi sɛŋɡjɔtɕ'a クームジュリヌンデ ~ ピョーンッカジ センギョタ] 飢えに加えて病気まで生じた.

가뜩-하다[kat'ukʰada カットゥクカダ] 形 여変 '가득하다'の強調語.

가뜩-한데[kat'ukʰande カットゥクカンデ] 副 おまけに; その上; さらに ¶ー 병충해만도 ~[pjɔ:ŋtɕʰuŋhɛmando ~ ピョーンチュンヘマンド ~] 病虫害だけでもぎりぎりなのに(風水害まで重なった).

가뜬-하다[kat'unhada カットゥンハダ] 形 여変 身軽だ; 気軽だ; 手軽だ ¶ー한 복장[~-han poktɕ'aŋ ~-ハン ポクチャン] 身軽な服装 **가뜬-히**[kat'uni カットゥニ] 副 軽く; やす

やすと ¶ 들어 올리다 [~ tɯro ollida ~ トゥロ オルリダ] 軽く持ち上げる.

가라사대 [garasadɛ ガラサデ] 自 いわく; のたまわく; '가로되'の尊敬語 ¶ 공자 ~ [koːndʒa~ コーンジャ~] 孔子いわく.

***가라-앉다** [karaantʼa カラアンタ] 自 ① 沈む; 没する ¶ 배가 ~ [pɛga ~ ペガ ~] 船が沈む ② 静[鎮]まる; 収まる; なぐ ¶ 마음[소동]이 ~ [maum[sodoŋ]i ~ マウミ[ソドンイ] ~] 心が[騷ぎが]静まる / 바람이 ~ [parami ~ パラミ ~] 風が収まる; 風がなぐ ③ (腫れなが)引く; 散る ¶ 부기가 ~ [pugiga ~ プギガ ~] 腫れが散る.

***가라-앉히다** [karaantʃʰida カラアンチダ] 他 ① 沈める='가라앉다'の使役 ¶ 배를 ~ [pɛrul ~ ペルル ~] 船を沈める ② 静[鎮]める; 落ち着ける; 収める ¶ 마음을 ~ [maumul ~ マウムル ~] 心を静める ③ (腫れ物などを)散らす ¶ 부기를 ~ [pugirul ~ プギルル ~] 腫れを散らす.

***가락**[1] [karak カラク] **1** 名 ① (糸車の)管; 錘 ② 細長い棒状または筒状のものの1個 ¶ 젓~ [tʃot (kʼarak) チョッ~] / 숟~ [sut (kʼarak) スッ~] さじ ③ 手足の末端の分かれた部分 ¶ 손~ [son (kʼarak) ソン~] 指 / 발~ [pal (kʼarak) パル~] 足の指 **2** 依名 棒状の物を数える単位 ¶ 엿 한 ~ [jɔ tʰan (garak) ヨッ タン(ガラク)] 飴ぁん棒1本 —**국수** [(kara) kʼuksʼu ククス] 名 (太めにうった)うどん類 —**엿** [(karaŋ) njɔt (カラン)ニョッ] 名 棒飴.

***가락**[2] [karak カラク] 名 調子 ① 曲; 節; 拍子; 調べ ¶ 소리의 ~ [sorie ~ ソリエ ~] 音の調子 / 낮은 ~ 로 [nadʒun (karaŋ) uro ナジュン(カラ)グロ] 低い調べで / ~을 붙이다 [(karaŋ) ul putʰida (カラ)グル プチダ] 節をつける / ~을 맞추다 [(karaŋ) ul matʃʰuda (カラ)グルマッチュダ] 調子を合わせる ② (踊り・身振りの)リズム; 律動 ¶ 춤~이 맞는다 [tʃʰum (kʼarag) i mannunda チュムガ マンヌンダ] 踊りのリズムが合っている ③ (慣れた)調子; 手ぎわ; 手並み ¶ 옛날 ~이 되살아나다 [jeːnnal (kʼarag) i twesaranada イェーンナル(カラ)ギトゥェサラナダ] 昔の手並みがよみがえる

④ (仕事の)能率 ¶ ~이 나다[붙다] [(karag) i nada[putʼa] (カラ)ギ ナダ[プッタ]] 調子づく; 脂が乗る —**(을)떼다** [(karagul) tʼeda (カラグル)ッテダ] 慣 ① (興がわく最初の動作を)始める ② 歌や奏楽を始める ¶ 자네가 먼저 가락을 떼게 [tʃanega mɔndʒo karagul tʼege チャネガ モンジョ カラグルッテゲ] 君がまず音頭を取れよ.

가락지 [karaktʃʼi カラクチ] 名 (2つ1組の)指輪; 반지(斑指) [pandʒi パンジ] = 1つの輪からなる指輪 ¶ ~를 끼다 [~rul kʼida ~ルル ッキダ] 指輪をはめる.

가랑-눈 [karaŋnun カランヌン] 名 粉雪; 泡雪; 小雪.

***가랑-비** [karaŋbi カランビ] 名 小雨; ぬか雨; 細雨.

***가랑이** [karaŋi カランイ] 名 股[叉]ま ① 1つの本から2つ以上分かれている部分 ¶ 바짓~ [padʒit (kʼaraŋi) パジッ~] ズボンの股 / 股座誌 ¶ ~를 크게 벌리다 [~rul kʰɯge pɔːllida ~ルル クゲ ポールリダ] 大またを開く —**(가) 찢어지다** [(ga) tʃʼidʒɔdʒida (ガ)ッチジョジダ] 慣 ① 赤貧洗うがごとし= ¶ ~가 찢어지게 가난하다 [~ga tʃʼidʒɔdʒige kananhada ~ガッチジョジゲ カナンハダ] ② 非常に忙しい; (仕事が)手に余る.

가랑-잎 [karaŋnip カランニプ] 名 ① (広葉樹の)枯れ葉; 落ち葉 ② 柏紧の枯れ葉.

가래[1] [karɛ カレ] 名 鋤薯 —**질** [dʒil ジル] 名 해自 鋤で土をすき起こすこと.

***가래**[2] [karɛ カレ] 名 〈生〉痰た= 담 [taːm ターム] —**침** [tʃʰim チム] 名 痰唾缮 ¶ ~을 뱉다 [~ul pɛtʼa ~-(チ)ムル ペッタ] 痰唾を吐く.

가래[3] [karɛ カレ] 名 (もち・飴ぁなどを棒状に延ばして切った)1切れ ¶ 떡 ~ [tʼɔ(kʼare) ットク~] 白い棒状のもちの1切れ —**떡** [tʼɔk ットク] 名 白い棒状のもち —**엿** [jɔt ヨッ] 名 棒飴.

가래-톳 [karɛtʰot カレトッ] 名 〈医〉横根; 便毒(鼠蹊談リンパ節の腫れ・ぐりぐり) —**(이) 서다** [(karɛtʰoʃi) sɔda (カレトシ) ソダ] 慣 横根が生ずる; 鼠蹊部のリンパ腺にぐりぐりができる.

가량[1] [假量] [kaːrjaŋ カーリャン] 名 해自 およその見積もり・見当; 当て推量; 推し量ること —**없다** [ɔpʼtʼa オプ

夕] 죈 ① 考えられない; とんでもない ¶ ~-없는 실수(失手) [~-ɔmnun ṣils'u ~-オムヌン シルッス] とんでもない間違い ② 計り知れない; 見当がつかない ¶ 높이가 ~ [nopʰiga ~ ノピガ ~] 高さがちょっと見当もつかない **—없이** [ɔpṣ'i オㇷ゚シ] 副 計り知れないほどに; 見当のつかないほどに; すごく, ひどく; 法外に.

*가량²[假量][ka:rjaŋ カーリャン] 依名 …ばかり; …ほど; …くらい ¶ 2말 ~ [tu: mal (k'a:rjaŋ) トゥー マル (カリャン)] 2斗ばかり/30 ~ 의 사나이 [samʃip (k'a:rjaŋ)e sanai サムシㇷ゚ (カーリャン)エ サナイ] 30がらみの男.

*가려-내다[karjɔnɛda カリョネダ] 他 ① 選ぎり分ける; 選より分ける ¶ 불량품을 ~ [pulljaŋpʰumul ~ プルリャンプムル ~] 不良品をより分ける[選び出す] ② (善し悪しを)明らかにする; ただす ¶ 선악을 ~ [sɔ:nagul ~ ソーナグル ~] 善悪を明らかにする.

가려-먹다[karjɔmɔkt'a カリョモクタ] 他 (選ぎり好みして)好きなものだけ食べる; 偏食する ¶ ~-먹는 나쁜 습관 [~-mɔŋnun nap'un sɯpk'wan ~-モンヌン ナップン スㇷ゚クァン] 偏食する悪い習慣.

*가련-하다[可憐—][ka:rjɔnhada カーリョンハダ] 形 여変 可憐だ; 哀れだ; かわいそうだ; 気の毒だ ¶ ~-한 신세(身世) [~-han ʃinse ~-ハン シンセ] 気の毒な身の上 **가련-히** [ka:rjɔni カーリョニ] 副 可憐に; 哀れに; かわいそうに.

*가렵다[karjɔpt'a カリョㇷ゚タ] 形 ㅂ変 かゆい ¶ 등이 ~ [tɯŋi ~ トゥンイ ~] 背中がかゆい **가려워-하다** [ka-rjɔwɔhada カリョウォハダ] 自 여変 かゆがる; かゆさを感じる.

*가령[假令][ka:rjɔŋ カーリョン] 副 たとえ(ば); たとい; 仮に; もしも ¶ 그렇다 하더라도 [~ kɯrɔtʰa hadɔ-rado ~ クロッタハドラド] たとえそうだとしても.

*가로[karo カロ] 名 副 横(に) ¶ ~ 쓰다 [~ s'uda ~ ッスダ] 横に書く **—글씨** [gɯlṣ'i グㇽッシ] 名 横文字 **—무늬** [muni ムニ] 名 横文様 **—세로** [sero セロ] 名 副 横と縦; 縦横に **—쓰기** [s'ɯgi ッスギ] 名 横書き=횡서(橫書) [hweŋsɔ フェンソ] **—줄**

[dʒul ヂュㇽ] 名 横線; 横筋.

*가로[街路][karo カロ] 名 街路; 通り ¶ 넓은 ~ [nɔlbɯn ~ ノㇽブン ~] 広い通り **—등** [dɯŋ ドゥン] 名 街灯 **—변** [bjɔn ビョン] 名 大通りの道端 **—수** [su ス] 名 並木; 街路樹.

가로-놓다[karonotʰa カロノッタ] 他 横に置く; 横たえる.

가로-놓이다[karonoida カロノイダ] 自 横たわる ¶ 장애물(障碍物)이 가로 놓여 있다 [tʃaŋɛmuri karo njɔ it'a チャンエムリ カロ ニョ イッタ] 障害物が横たわっている.

가로-눕다[karonupt'a カロヌㇷ゚タ] 自 ㅂ変 横に寝る; 横たえる; 横たわる ¶ 가로수가 보도에 가로 누워있다 [karosuga po:doe karo nuwɔ it'a カロスガ ポードエ カロ ヌウォイッタ] 街路樹が歩道に横たわっている **가로-누이다**[karo nuida カロ ヌイダ] 他 横たえる; '가로 눕다'の使役形.

가로되[garodwe ガロドゥェ] 自 いわく; 言うには ¶ 공자 ~ [ko:ndʒa ~ コーンヂャ ~] 孔子いわく.

*가로-막다[karomakt'a カロマクタ] 他 ① (前を)ふさぐ; 隔てる ¶ 길을 ~ [kirul ~ キルㇽ ~] 道をふさぐ ② 遮る; 妨げる ¶ 발언을 ~ [parɔnul ~ パロヌㇽ ~] 発言を遮る.

가로-막히다[karomakʰida カロマクキダ] 自 立ちふさがれる; 隔てられる; 遮られる; '가로 막다'の受動 ¶ 담에 ~-막혀 보이지 않다 [tame ~-ma-kʰjɔ poidʒi antʰa タメ ~-マクキョ ポイジ アンタ] 塀に隔てられて見えない.

가로-맡다[karomat'a カロマッタ] 他 ① 買って出る; (一手に)引き受ける ¶ 싸움을 ~ [s'aumul ~ ッサウムㇽ ~] けんかを一手に引き受ける; けんかを買って出る ② (他人のことに)干渉する; 横やりを入れる; くちばしを入れる ¶ 네가 왜 이 일을 가로 맡고 나서느냐? [nega wɛ: i irɯl karo matk'o naso-nɯnja ネガ ウェー イ イーㇽㇽ カロ マッコ ナソヌニャ] なんでお前がこのことにくちばしを入れるのか.

*가로-지르다[karodʒirɯda カロジルダ] 他 르変 ① 横にさし渡す ¶ 빗장을 ~ [pitʃ'aŋul ~ ピッチャンウㇽ ~] かんぬきを掛ける ② 横切る; 貫く; 突っ切る ¶ 행렬을 ~ [hɛŋnjɔrɯl ~ ヘンニョルㇽ ~] 行列を横切る.

***가로-채다** [karotʃʰɛda カロチェダ] 他 ① 引ったくる; 取る; 奪う; 俗 ふんだくる ¶가방을 꽥 ~ [kabaŋɯl hwɛ(k'arotʃʰɛda) カバヌル フェク(カロチェダ)] カバンをふんだくる ② 横取りする ¶유산을 ~ [jusanɯl ~ ユサヌル ~] 遺産を横取りする ③ 人の話の腰を折る.

가로-채이다 [karotʃʰɛida カロチェイダ] 自 横取られる; 引ったくられる; 奪われる; '가로 채다'の受動 ¶상대방 선수에게 공을 ~ [saŋdɛbaŋ sənsuege koŋɯl ~ サンデバン ソーンスエゲ コーンウル ~] 相手側の選手にボールを奪われる.

가로-퍼지다 [karopʰədʒida カロポジダ] 自 ① 横に広がる ② ずんぐりする; 横に太る.

****가루** [karu カル] 名 粉; 粉末 ¶밀~ [mil(k'aru) ミル~] 小麦粉/콩~ [kʰoŋ(k'aru) コン~] きな粉 **—비누** [binu ビヌ] 名 粉せっけん; 洗い粉 **—약** [jak ヤク] 名 粉薬; 散薬; 散剤 **—우유** [uju ウユ] 名 粉ミルク=분유(粉乳) [punju プニュ].

****가르다** [karɯda カルダ] 他 르変 ① 割る; 裂く; かっ切る ¶대를 ~ [tɛrɯl ~ テルル ~] 竹を割る/생선의 배를 ~ [sɛŋsəne pɛrɯl ~ センソネ ペルル ~] 魚の腹を裂く ② 分配する; 分ける ¶돈을 둘이서 ~ [tonɯl tu:risə ~ トーヌル トゥーリソ ~] 金を2人で分ける ③ (良し悪しを)見分ける ④ 分類する; 仕分ける.

가르마 [karɯma カルマ] 名 (髪の)分け目. ×가리마 **—타다** [tʰada タダ] 自 髪を分ける[振り分ける].

****가르치다** [karɯtʃʰida カルチダ] 他 ① 教える; 仕込む ¶영어를 ~ [jəŋəɾɯl ~ ヨンオルル ~] 英語を教える ② 教え導く; 指導する ¶아이들을 ~ [aidɯrɯl ~ アイドゥルル ~] 子供を導く. ×가르키다・가리키다.

***가르침** [karɯtʃʰim カルチム] 名 教え; 仕込み ¶스승의 ~ [sɯsɯŋe ~ ススンエ ~] 師の教え.

***가름-하다** [karɯmhada カルムハダ] 他 ① 分ける ② 区別[分別]する; 識別する; 判断する ¶문제를 ~-해서 처리하다 [mu:ndʒerɯl ~-hɛsə tʃʰə:riɦada ムーンジェルル ~-ヘソ チーリハダ] 問題を分別して処理する.

가리-개 [karigɛ カリゲ] 名 (部屋の隅や枕元などに立てる)2枚仕立ての屏風 병풍.

***가리다**[1] [karida カリダ] 自他 遮る; 隠す; 覆う; 塞ぐ ¶햇빛을 ~ [hɛp'itʃʰɯl ~ ヘッピチュル ~] 日光を遮る/흉터를 ~ [hjuŋtʰərɯl ~ ヒュントルル ~] 傷跡を隠す/귀를 ~ [kwirɯl ~ クィルル ~] 耳を覆う.

***가리다**[2] [karida カリダ] 他 ① 選ぶ; 選より分ける ¶쌀에 섞인 뉘를 ~ [s'are səkʰin nwirɯl ~ ッサレ ソキン ヌィルル ~] 米に混じっているもみをより分ける/수단을 가리지 않다 [sudanɯl karidʒi antʰa スダヌル カリジ アンタ] 手段を選ばない ② (幼児が)人見知りをする; 人おじする; なつかない ¶낯을 ~ [natʃʰɯl ~ ナチュル ~] 人見知りをする ③ (幼子が大小便をわきまえる; 漏らさない ¶똥오줌을 잘 가린다 [t'oŋodʒumɯl tʃal garinda ットンオジュムル チャル ガリンダ] めったに大小便を漏らさない ④ わきまえる; 分かつ; 見分ける ¶선악을 ~ [sənagɯl ~ ソーナグル ~] 善悪をわきまえる/시비를 ~ [ʃi:birɯl ~ シービルル ~] 是非を弁じる; 理非を分かつ ⑤ (食べ物の)えり好みをする ¶음식을 가린다 [u:mʃigɯl karinda ウームシグル カリンダ] 食べ物にやかましい.

가리다[3] [karida カリダ] 他 ① 清算する; (勘定を)済ませる ¶빚을 ~ [pidʒɯl ~ ピジュル ~] 借金を済ませる[返す] ② (穀物を)積み重ねる ③ (髪を)すく; とく; とかす ¶아침마다 머리를 ~ [atʃʰimmada mərirɯl ~ アチムマダ モリルル ~] 毎朝髪をすく.

가리마 [karima カリマ] 名 (髪の)分け目 = '가르마'の誤用. 「ガイ(帆立貝).

가리비 [karibi カリビ] 名 〈貝〉ホタテ

가리우다 [kariuda カリウダ] 他 遮る; 覆う; '가리다[1]'の使役形 ¶빛을 ~ [pitʃʰɯl ~ ピチュル ~] 光を遮る.

가리워-지다 [kariwədʒida カリウォジダ] 自 遮られる; 隠される; 塞がる; 覆われる; 包まれる; 略 가려지다 [karjədʒida カリョジダ] ¶안개 속에 ~ [a:ŋgɛ soge ~ アーンゲ ソゲ ~] 霧に包まれる.

****가리키다** [karikʰida カリキダ] 他 ① 指す; 指し示す; 指令する ¶방향을 ~ [paŋhjaŋɯl ~ パンヒャンウル ~] 方向を指し示す ② (方向や時刻などを)知らせる; 示す ¶길을 ~ [kirɯl

~ キルル ~] 道(の方向)を示す ③ ('…을[를] 가리켜'の形で) …を指[称]して; …ことを ¶공자를 가리켜 [koːŋdʑarɯl karikʰjʌ コーンジャルル カリキョ] 孔子のことを(聖人と言う). ×가르치다・가르키다.

***가마**[kama カマ] 名 ① (ご飯を炊く)釜; = **가마솥** [kamasot カマソッ] ② (炭・瓦・煉瓦・陶器などを焼く)窯 ③ 鎔鉱炉 **—터**[tʰʌ ト] 名 窯跡.

가마[kama カマ] 名 旋毛; つむじ.

가마[kama カマ] 依名 叺ᅪᆷヒᆼ, 俵ᅲᇂᆼᆻᇂ; 叺を数える単位; = '가마니' ¶쌀 2~[s'al tuː(gama) ッサル トゥー(ガマ)] 米2叺.

***가마**[kaːma カーマ] 名 駕籠ᇂᇃᇂᇃᅡ; 輿ᆽᇂᆳ ¶ ~를 메다[~rul meːda ~ルル メダ] 駕籠[輿]をかつぐ **—꾼**[kʼun ックン] 名 駕籠かき; 輿をかつぐ人.

가마니[kamani カマニ] 名 叺ᅮᆮ ¶쌀을 ~에 담다[s'arul ~e taːmt'a ッサルル ~エ タームタ] 米を叺に入れる.

가마(아)득-하다[kama(a)dɯkhada カマ(ア)ドゥックカダ] 形 여変 ① (距離が)はるかに遠い ② (時間的に)遠い; 記憶がかすかである ¶~-한 옛날[~kʰan njeːnnal ~カンニェーンナル] 久しい[はるか・遠い]昔 **가마(아)득-히**[kama(a)dɯkhi カマ(ア)ドゥッキ] 副 はるか[かなた]に; 久しく; 遠く.

가마우지[kamaudʑi カマウジ] 名〈鳥〉ウ(鵜); ウ科の水鳥の総称.

가막-소[kamaks'o カマクソ] 名 刑務所の俗っぽい語.

가만[kaman カマン] **1** 副 そっと(そのまま) ¶그대로 ~ 자거라[kɯdɛro ~ tɕagora クデロ ~ チャゴラ] そっとそのまま寝なさい **2** 感 まあ, ちょっと ¶~, 그리 서두르지 마라[~, kɯri sʌduɾɯdʑi maɾa ~, クリ ソドゥルジ マラ] ちょっとそう急ぐな.

가만-가만(히)[kamangaman(i) カマンガマン[カマンガマニ]] 副 静々と; こそこそと; ひそかに ¶~ 걷다[~ kʌːtʼa ~ コッタ] 静々と歩く.

가만-두다[kamanduda カマンドゥダ] 他 そっとしておく; そのままにしておく; ほうつておく ¶~-두어라[~-duʌra ~-ドゥオラ] そっとしておきなさい.

*가만-있다[kamanitʼa カマニッタ] 存 黙っている; おとなしくしている ¶떠들지 말고 ~-있어 [tʼʌːdɯldʑi malgo ~-isʼɔːtー ドゥルジ マルゴ (カマ)ニッソ] 騒がずにおとなしくしていなさい.

가만-있자[kamanitʼa カマニッチャ] 感 さて; おや; はて; ええと; (考えがぱっと浮かばないときに使う語; = 가만있어 [kamanisʼɔ カマニッソ]・가만있거라[kamanitkʼora カマニッコラ] ¶~, 누구더라[~, nugudʌra ~, ヌグドラ] さて, 誰だったけ.

가만-하다[kamanhada カマンハダ] 形 여変 静かだ; ひそかだ; 穏やかだ. **가만-히**[kamani カマニ] 副 じっと; 静かに; 黙って; ひそかに ¶~ 있어요 [~ isʼʌjo ~ イッソヨ] じっとしていなさい / ~ 걷다[~ kʌːtʼa ~ コッタ] そうっと歩く / ~ (생각해) 보니까[~ (sɛŋgakhe) bonikʼa ~ (センガクケ)ボニッカ] じっと(考えて)みると.

가망[可望][kaːmaŋ カーマン] 名 見込み; 望み; 可能性 ¶~이 없다[~i ʌːpta ~イ オープタ] 見込みがない / 아직 ~은 있다[adʑik (kʼaːmaŋ) itʼa アジク ~ウン イッタ] まだ望みはある / ~이 적다[~i tɕʌːkt'a ~イ チョークタ] 可能性が少ない.

*가맣다[kaːmathʰa カーマッタ] 形 ㅎ変 ① (色が)黒い ¶가만 눈동자[kaːman nuntʼoŋdʑa カーマン ヌントンジャ] 黒い瞳ᄔᆞᇂ ② (時間・距離などが)果てしなく遠い; はるかに遠い ¶가맣게 먼 나라[kaːmakʰe mʌːn naɾa カーマッケ モーン ナラ] はるかに遠い国 ③ 全く; すっかり; 完全に ¶가맣게 잊고 있다[kaːmakʰe itkʼ oitʼa カーマッケ イッコ イッタ] すっかり忘れている ④ (内容を)全然知らない ¶법률에 대해서는 아주 ~[pʌmnjure tɛːhɛsʌnun adʑu ~ ポムニュレ テーヘソヌン アジュ ~] 法律については全く知らない.

가-매장[假埋葬][kaːmɛdʑaŋ カーメジャン] 名 하他 仮(埋)葬; 仮埋め.

가매-지다[kaːmɛdʑida カーメジダ] 自 (色が)黒くなる; 黒ずむ.

가맹[加盟][kameŋ カメン] 名 하自 加盟 ¶~국[~guk ~グク] 加盟国.

*가면[假面][kaːmjʌn カーミョン] 名 ① 仮面; 面; マスク; = 탈[tʰaːl タール] ¶~을 쓰다[벗다][~ɯl sʼɯda[pʌtʼa] (カーミョ) ヌル ッス ダ[ポッタ]] 仮面をかぶる[脱ぐ]; 本心・本体を隠す[現わす] ② 装った[偽りの]態度; う

そ偽り ¶ ~으로 하는 말이 아니다 [~uro hanun ma:ri anida (カーミョ)ヌロ ハヌン マーリ アニダ] うそ偽りで言っているのではない 一극 [guk グク] 名 仮面劇 一무 [mu ム] 名 仮面をかぶって踊る舞＝탈춤 [tʰa:ltʃhum ターㇽチュㇺ] 一무도회 [mu:dohwe ムードフェ] 名 仮面舞踏会.

가명[假名][ka:mjoŋ カーミョン] 名 仮名; 偽名 ¶ ~을 쓰다 [~ul s'uda ~ウㇽッスダ] 偽名を使う.

가명[家名][kamjoŋ カミョン] 名 家名 ¶ ~을 더럽히다 [~ul tɔrophida ~ウㇽ トロピダ] 家名を汚す.

가묘[家廟][kamjo カミョ] 名 一家の祖先を祭るみたまや.

가무[歌舞][kamu カム] 名 自 歌舞; 歌と舞 一단 [dan ダン] 名 歌舞団 一연 [jɔn ヨン] 名 歌と踊りで興ずる宴会 一음곡 [umgok ウムゴㇰ] 名 歌舞音曲.

가무대대-하다 [kamudɛdɛhada カムデデハダ] 形 変 (みすぼらしく)黒ずんでいる; 黒みがかっている.

가무댕댕-하다 [kamudɛŋdɛŋhada カムデンデンハダ] 形 変 (不釣り合いにきたならしく)黒ずんでいる.

가무러-지다 [kamurɔdʒida カムロジダ] 自 ① 気が遠くなる; 意識がもうろうとなる ② 気力が抜ける ③ (ろうそくの火などが小さくなって)消えそうになる.

가무러-치다 [kamurɔtʃhida カムロチダ] 自 失神[失心]する; 気絶する; 気を失う ¶ 놀란 나머지 가무러졌다 [no:llan namɔdʒi kamurɔtʃhɔt'a ノーㇽラン ナモジ カムロチョッタ] 驚きのあまり気を失った.

가무레-하다 [kamurehada カムレハダ] 形 変 薄黒い; 黒みがかっている.

가무스레-하다 [kamusɯrehada カムスレハダ] 形 変 ⇨ '가무스름하다'.

가무스름-하다 [kamusɯrɯmhada カムスルㇺハダ] 形 変 やや黒い; 浅黒い.

가무잡잡-하다 [kamudʒaptʃ'aphada カムジャプチャプハダ] 形 変 (顔色が)やや黒くてぱっとしない; 薄黒い.

가무족족-하다 [kamudʒokt͡ʃ'okhada カムジョクチョクハダ] 形 変 (肌の色が)薄黒く澄んでいない.

가무칙칙-하다 [kamutʃhiktʃhikhada カムチクチクハダ] 形 変 どす黒い; 黒ずんでにごっている.

가무퇴퇴-하다 [kamutʰwetʰwehada カムトゥェトゥェハダ] 形 薄黒くどんよりしている; うす汚れて黒い.

*가문[家門][kamun カムン] 名 家門 ¶ ~의 명예 [~e mjɔŋe ~エ ミョンエ] 家門の名誉.

가문비(-나무) [kamunbi(namu) カムンビ(ナム)] 名 〈植〉エゾマツ(蝦夷松).

*가물[kamul カムㇽ] 名 かんばつ; 日照り; ＝가물음 [kamurɯm カムルㇺ] ・가뭄 [kamum カムㇺ] ¶ ~이 계속되다 [(kamuri) ke:sokt'weda (カムリ)ケーソクトゥェダ] 日照りが続く 一(을) 타다 [(kamurɯl) tʰada (カムルㇽ)タダ] 慣 かんばつの影響をたやすく受ける; 日照りに弱い 一(이) 들다 [(kamuri) dulda (カムリ) ドゥㇽダ] 慣 ① 日照り込む; 日照りが続く ② かんばつの影響で農作物の出来が悪くなる.

가물-가물 [kamulgamul カムㇽガムㇽ] 副 自 ① (灯火などが)ちらちら ¶ ~ 흔들리는 등잔불 [~ hundulli-nun tuŋdʒanp'ul ~ フンドゥㇽリヌン トゥンジャンプㇽ] かすかにちらちら揺れる灯火 ② (意識や記憶が)ぼうっと; とぎれとぎれに ¶ 기억이 ~하다 [kiogi ~-(gamur)hada キオギ ~ハダ] 記憶がとぎれとぎれだ／의식이 ~하다 [ɯi:ʃigi ~-(gamur)hada ウィーシギ ~ハダ] 意識がぼうっとしている.

*가물-거리다 [kamulgɔrida カムㇽゴリダ] 自 ① (火・明かりなどが)ちらちら[ゆらゆら]する; 揺らめく; ＝가물대다 [kamuldɛda カムㇽデダ] ¶ ~-거리는 불빛 [~-gorinum pulp'it ~-ゴリヌン プㇽピッ] 揺らめく灯火 ② (遠くの物がりぼんやり)見える; ちらちら見える; ちらつく; かすむ; しょぼつく ¶ 눈이 ~ [nuni ~ ヌニ ~] 目がちらつく; 目がちらちらする[しょぼつく] ③ (気が)ぼうっとする; もうろうとなる ¶ 의식이 ~ [ɯi:ʃigi ~ ウィーシギ ~] 意識がもうろうとする.

*가물다 [kamulda カムㇽダ] 自 かんばつが続く; 日照りが続く '가물음'・'가뭄' 名 ⇨ '가물'.

가물치 [kamultʃhi カムㇽチ] 名 〈魚〉カムルチー; 雷魚.

가뭇-가뭇 [kamutk'amut カムッカムッ] 副 自形 (黒い斑点などが)点々と; ところどころ黒く ¶ ~한 주근깨가 있다

[~-(k'amu)tʰan tʃuɡɯnk'ɛga it'a ~タン チュグンッケガ イッタ] 点々とそばかすがある.
가뭇-하다 [kamutʰada カムッタダ] [形] [여변] =⇨'가무스름하다'.
가미 [加味] [kami カミ] [名] [하他] 加味 ¶단맛을 ~하다[tanmasɯl ~hada タンマスル ~ハダ] 甘みを加味する/법에 인정을 ~하다[pɔbe indʒɔŋɯl ~hada ポベ インジョンウル ~ハダ] 法に人情を加味する. 「ウイッグ(wig).
가발 [假髮] [ka:bal カーバル] [名] かつら;
***가방** [kabaŋ カバン] [名] カバン; バッグ ¶손~[son(k'abaŋ) ソン~] 手提げカバン/책~[tʃʰɛ(k'abaŋ) チェク~] 本を入れるカバン.
***가볍다** [kabjɔpt'a カビョプタ] [形] [ㅂ変] ① 軽い ¶기름은 물보다 ~[kirumɯn mulboda ~ キルムン ムルボダ~] 油は水より軽い ② 軽微だ ¶가벼운 손해[kabjoun so:nhɛ カビョウン ソーンヘ] 軽い損害 ③ 軽率だ ¶입이 ~[ibi ~ イビ~] 口が軽い ④ 気軽だ; 手軽だ; 軽快だ ¶가벼운 옷차림[kabjoun otʃʰarim カビョウンオッチャリム] 軽い身なり **가볍-게** [kabjɔpk'e カビョプケ] [副] 軽く; 軽々と ¶~들어 올리다[~ turo ollida ~ トゥロ オルリダ] 軽々と持ち上げる.
가볍디-가볍다 [kabjɔpt'iɡabjɔpt'a カビョプティガビョプタ] [形] [ㅂ変] 非常に軽い; '가볍다'의強調語.
가봉 [假縫] [ka:boŋ カーボン] [名] [하他] 仮縫い; 下縫い ¶양복을 ~하다 [jaŋboɡɯl ~hada ヤンボグル ~ハダ] 洋服の仮縫いをする.
가부 [可否] [ka:bu カーブ] [名] 可否 ① 是非; 良し悪し; 賛成と反対 ¶~를 결정하다[~rul kjɔltʃ'ɔŋhada ~ルル キョルチョンハダ] 可否を決める **—간** (間) [gan ガン] [副] いずれにしても; いずれにせよ; とにかく ¶~ 통지해 주세요 ~ tʰɔndʒihɛ dʒusejo ~ トンジヘ ジュセヨ] 可であれ不可であれとにかくお知らせください.
가분-하다 [kabunhada カブンハダ] [形] [여변] ほどよく軽い ¶~-한 모피 외투[~-han mopʰi we:tʰu ~ハン モピ ウェートゥ] 軽い毛皮のコート/마음이 ~[maumi ~ マウミ~] 気がせいせいする.< '가뿐하다' **가분-히** [kabuni カブニ] [副] やや軽く; 軽やかに.

가불 [假拂] [ka:bul カーブル] [名] [하他] 前借り; 先借り; 前貸し ¶월급에서 ~한 돈[wɔlgubesɔ (ka:bur) han to:n ウォルグベソ (カーブル) ハン トーン] 月給から前借りしたお金 **—금** [ɡɯm グム] [名] 前借り金.
가빠-지다 [kap'adʒida カッパジダ] [自] 息苦しくなる; 息が急せく ¶숨이 ~ [su:mi ~ スーミ~] 息が急く.
가뿐-하다 [kap'unhada カップンハダ] [形] [여변] ほどよく軽い ¶짐이 ~[tʃimi ~ チミ~] 荷物が軽い **가뿐-가뿐** [kap'ungap'un カップンカップン] [하形] [副] 軽々と; 軽やかに **가뿐-히** [kap'uni カップニ] [副] 軽やかに; 軽快に.
***가쁘다** [kap'ɯda カップダ] [形] ① 息苦しい; 息が切れる ¶숨이 ~[su:mi ~ スーミ~] 息が切れる ② (仕事などが)手に余って苦しい; きつい ¶가쁜 일[kap'un ni:l カップン ニール] 手に余る仕事 **가삐** [kap'i カッピ] [副] 息苦しく; **가쁘게** [kap'ɯge カップゲ] の略.
가사 [家事] [kasa カサ] [名] 家事; 奥向きのこと ¶~를 돕다[~rul to:pt'a ~ルル トープタ] 家事の手伝いをする **—노동** [nodoŋ ノドン] [名] 家事労働 **—사건** [sa:k'ɔn サーコン] [名] 家事事件.
가사 [假死] [ka:sa カーサ] [名] 仮死 **—상태** [~saŋtʰe ~サンテ] 仮死の状態.
가사 [歌詞] [kasa カサ] [名] ① 歌詞 ¶~를 짓다[~rul tʃit'a ~ルルチータ] 作詞する ② 古雅な長編の歌の1つ.
가산 [加算] [kasan カサン] [名] [하他] 加算する ¶이자를 ~하다[i:dʒarul ~hada イージャルル ~ハダ] 利子を加算する **—금** [ɡɯm グム] [名] 加算金 **—세** [s'e セ] [名] 加算税.
가산 [家産] [kasan カサン] [名] 家産; 身代; 屋台骨 ¶~이 기울다[~i kiulda (カサ)ニ キウルダ] 家産が傾く; 屋台骨がゆむ/~을 탕진하다[~ul tʰa:ŋdʒinhada (カサ)ヌル ターンジンハダ] 身上[身代]をつぶす.
가상 [假想] [ka:saŋ カーサン] [名] [하他] 仮想 **—극** [ɡɯk グク] [名] 仮想劇.
가상 [嘉尚・嘉賞] [kasaŋ カサン] [名] **1** [하形] 嘉尚ヵシャゥ; けなげな・奇特なこと ¶~한 소년이로군[~han so:njɔnirogun ~ハン ソーニョニログン] けなげな少年だな **2** [하他] 嘉賞ヵショゥ; ほめたたえること **—히** [i イ] [副] けなげに; よみして ¶뜻을 ~ 여기다[t'ɯsɯl ~

가석방 jogida ットゥスル ~ ヨギタ] 志をけなげなに・奇特に思う[よみする・ほめる].

가-석방[假釋放] [ka:sɔkp'aŋ カーソクパン] 名 仮釈放; 仮出獄.

가설랑(은) [kasɔllaŋ(ɯn) カソルラン(ウン)] 感 (声を出して) さて…となると; …では; それに…; ええと…; 略 **가서(는)** [kasɔ(nun) カソ(ヌン)] 1 하나요, 둘이요, 셋이요 [hanajo, tu:rijo, se:ʃijo ハナヨ, トゥーリヨ, ~, セーシヨ] 1つでしょ, 2つでしょ, ええと[では]3つつですね.

*가소-롭다 [可笑~] [kasoropt'a カーソロプタ] 形 ㅂ変 (ちゃんちゃら) おかしい; ばかげている; 笑わせる ¶ ~-롭기 짝이 없는 사람 [~-ropk'i tʃ'agi ɔ:mnɯn sa:ram ~-ロプキ ッチャギ オームヌン サーラム] 笑止千万な人 / 그가 입후보하다니 ~ [kɯga iphubohadani ~ クガ イププホハダニ ~] 彼が立候補するとはちゃんちゃらおかしい **가소-로이** [ka:soroi カーソロイ] 副 おかしく, ばかばかしく.

가속 [加速] [kasok カソク] 名 하自他 加速 ¶ 고속 도로에서 ~ 하다 [kosokt'o:roesɔ (kaso)khada コソクトーロエソ ~カダ] 高速道路で加速する.

가솔린 [gasollin ガソルリン] gasoline 名 ガソリン **-스탠드** [suthɛndɯ ステンドゥ] 名 ガソリンスタンド; 給油所.

가쇄 [假刷] [ka:swɛ カースェ] 名 하他 仮刷り; 試し [テスト] 刷り.

*가수 [歌手] [kasu カス] 名 歌手 ¶ 유행 ~ [juhɛŋ (gasu) ユヘン (ガス)] 流行歌手.

가-수요 (자) [假需要(者)] [ka:sujo(dʒa) カースヨ(ジャ)] 名 仮の需要 (者).

*가스 [gasɯ ガス] gas 名 ガス ¶도시 ~ [toʃi ~ トシ~] 都市ガス / 천연 ~ [tʃhɔnjɔn ~ チョニョン~] 天然ガス **-계량기** (計量器) [ge:rjaŋgi ゲーリャンギ] 名 ガス量計; ガスメーター **-난로** (煖爐) [na:llo ナールロ] 名 ガスストーブ **-등** (燈) [dɯŋ ドゥン] 名 ガス灯; ガスランプ **-램프** [lɛmphɯ レムプ] **-라이터** [laithɔ ライト] 名 ガスライター **-버너** [bɔ:nɔ ボーノ] 名 ガスバーナー **-연료** [jolljo ヨルリョ] 名 ガス燃料 **-중독** [dʒuŋdok ジュンドク] 名 ガス中毒 **-탱크** [thɛŋkhɯ テンク] 名 ガスタンク.

*가슴 [kasɯm カスム] 名 胸 ¶~을 펴다 [~ɯl phjɔda (カス)ムル ピョダ] 胸を張る / ~이 두근거리다 [~i tuguŋgɔrida (カス)ミ トゥグンゴリダ] 胸がどきどきする / ~이 쓰리다 [~i s'urida (カス)ミ ッスリダ] 胸が焼ける; 胸が痛む / ~이 답답하다 [~i tapt'aphada (カス)ミ タプタプハダ] 胸が苦しい **—에 맺히다** [e mɛthida (カス)メ メッチダ] 慣 (恨み・悲しみが) 胸に深くこびりつく **—에 불이 붙다** [e puri put'a (カス)メ プリ プッタ] 慣 胸が熱くなる (非常に感情が激すること) **—을 앓다** [ul altha (カス)ムル アルタ] 慣 (恨みや後悔で) 胸を痛める; ひどく心配する **—을 에다** [ul eda (カス)ムル エダ] 慣 (恨みや悲しみで) 肺腑をえぐる **—을 짓찧다** [ul tʃitʃ'itha (カス)ムル チッチダ] 慣 心に激しい苦痛を受ける **—을 털어놓다** [ul thɔrɔnotha (カス)ムル トロノッタ] 慣 胸中を吐露する **—이 내려앉다** [i nɛrjɔant'a (カス)ミ ネリョアンタ] 慣 がっかりする **—이 두근반 세근반 한다** [tu:gunban se:gunban handa (カス)ミ トゥーグンバン セーグンバン ハンダ] 慣 胸がどきどきする **—이 뜨끔하다** [i t'uk'ɯmhada (カス)ミ ットゥックムハダ] 慣 胸がどきっとする **—이 미어지다** [i miɔdʒida (カス)ミ ミオジダ] 慣 胸が裂ける **—(이) 뿌듯하다** [(i) p'uduthada (カ)スミ ップドゥッタ] 慣 (物足りて, 満足して) 胸がいっぱいだ **—(이) 설레다** [(i) sɔlleda (カスミ) ソルレダ] 慣 胸がさわぐ; そわそわする **—이 섬득하다** [i sɔmt'ɯkhada (カス)ミ ソムットゥクカダ] 慣 ぞっとする **—(이) 아프다** [(i) aphuda カスムプダ[カスミ アプダ] 慣 胸が痛む; いたわしくやるせない **—앓이** [ari (カス)マリ] 名 胸焼け; 胸痛 **—통** [thoŋ トン] 名 ① 胸の前面; 胸板 ② 胸囲 **—패기** [phɛgi ペギ] 名 '가슴'の俗っぽい語; 胸元; 胸先.

*가시[1] [kaʃi カシ] 名 ① とげ ¶장미의 ~ [tʃaŋmie ~ チャンミエ ~] バラのとげ / ~돋친 말 [~dotʃhin ma:l ~ ドッチン マール] とげのある[針を含んだ] 言葉 ② (魚の) 骨, 小骨; のぎ ¶목에 ~가 걸리다 [moge ~ga kɔllida モゲ ~ガ コルリダ] のどに小骨がつかえる ③ 憎い人のたとえ ¶눈엣 ~ [nunet

가시² (k'aʃi) ヌネッ~] 目の上のこぶ; 目の敵^{かたき} **—(가) 세다** [(ga) se:da (ガ)セーダ] 慣 強情だ; 鼻っ柱が強くて素直でない **—고기** [gogi ゴギ] 名 〈魚〉トゲウオ **—나무** [namu ナム] 名 いばら; 〈植〉シラカシ **—덤불** [dəmbul ドムブル] 名 いばらの藪 **—덤불-밭** [bat バッ] 名 いばらの藪原 **—길** [~k'il ~キル] いばらの道; 険しい人生航路.

가시² [kaʃi カシ] 名 (食物につく)小さなウジ; 響子き ¶ 된장에 ~가 생겼다 [twe:ndʒaŋe ~ga sɛŋtɕʰa trウェーンジャンエ ~ガ センギョッタ] みそにウジがわいている.

가시 [可視] [ka:ʃi カーシ] 名 可視 **—거리** [gə:ri ゴーリ] 名 可視距離.

*가시다 [kaʃida カシダ] 1 自 去る; 失せる; なくなる ¶ 아픔이 ~ [apʰumi ~ アプミ ~] 痛みが取れる; 苦痛が去る 2 他 すすぐ; ゆすぐ; そそぐ; 洗う ¶ 입을 ~ [ibul ~ イブル ~] 口をすすぐ / 그릇을 ~ [kuɾuɯsul ~ クルスル ~] 食器を洗う.

가식 [假飾] [ka:ʃik カーシク] 名 하타 虚飾; 飾り気 ¶ ~이 없는 사람 [(ka:ʃig)i ɔ:mnuɯn sa:ram (カーシ)ギ オームヌン サーラム] 飾り(気)のない人.

가신 [家臣] [kaʃin カシン] 名 家臣; 宰相に仕える人; 郎等(郎党).

가-압류 [假押留] [ka:amnju カーアムニュ] 名 하타 〈法〉仮差し押さえ.

가야-금 [伽倻琴] [kajagum カヤグム] 名 〈楽〉伽耶琴(韓国・朝鮮固有の弦楽器, 桐で長い共鳴胴を作りその上に12本の弦を張る) ¶ ~을 타다 [~ɯl tʰa-da (カヤグ)ムルタダ] カヤグムを弾く.

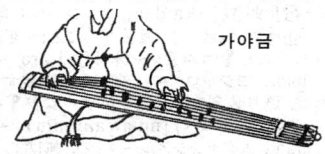

가야금

가약 [佳約] [ka:jak カーヤク] 名 하타 ① 佳^よい約束 ② 恋人と会う約束 ③ 夫婦の契り ¶ 백년(百年) ~을 맺다 [pɛŋnjən (ga:jag)ul mɛt'a ペンニョン(ガーヤ)グル メッタ] 夫婦の契りを結ぶ.

가업 [家業] [kaəp カオプ] 名 家業 ¶ ~을 잇다 [(kaəb)ul i:t'a (カオ)ブル イータ] 家業を継ぐ.

가-없다 [ka:ɔpt'a カーオプタ] 形 果てしない; 限りない **가-없이** [ka:ɔpʃ'i カーオプシ] 副 果てしなく; 限りなく ¶ ~ 넓은 바다 [~ nɔlbun pada ~ ノルブン パダ] 果てしなく広い海.

가연 [可燃] [ka:jən カーヨン] 名 可燃 **—성** [sɔŋ ソン] 名 可燃性 ¶ ~ 가스 [~ gasuɯ ~ ガス] 可燃性ガス.

*가열 [加熱] [kajəl カヨル] 名 하타 **—하다** [(kajər)hada ハダ] 自他 加熱する; 熱する **—살균** [salgjun サルギュン] 名 加熱殺菌.

*가엾다 [ka:jəpt'a カーヨプタ] 形 かわいそうだ; 哀れだ; ふびんだ; 気の毒だ; 痛ましい; = 가엽다 ¶ 가엾게 여기다 [ka:jəpk'e jəgida カーヨプケ ヨギダ] かわいそうに思う; 哀れに思う **가엾이** [ka:jəpʃ'i カーヨプシ] 副 かわいそうに; 哀れに; ふびんに; 気の毒に ¶ ~ 생각하다 [~ sɛŋgakʰada ~ センガクカダ] かわいそうに思う.

가오리 [kaori カオリ] 名 〈魚〉エイ(エイ科に属する軟骨魚類の総称) **—무침** [mutɕʰim ムチム] 名 干しアカエイを細かく切って薬味であえた料理 **—연(鳶)** [jən ヨン] 名 エイ形のたこ.

가옥 [家屋] [kaok カオク] 名 家屋; 家 ¶ ~을 매매하다 [(kaog)ul mɛmɛhada (カオ)グル メメハダ] 家屋の売買をする **—대장** [t'ɛdʒaŋ テジャン] 名 家屋台帳 **—세** [s'e セ] 名 家屋税.

가외 [加外] [kawe カウェ] 名 余分; 余計; 一定のものの外にもっと加えること **—수입** [~suip ~スイプ] 余禄 / **~ 지출** [~dʒitɕʰul ~ジチュル] 余分の支出 **가욋-사람** [kawes'aram カウェッサラム] 名 余計な人; 余分の人 **가욋-일** [kawennil カウェンニル] 名 余計な仕事; 不必要な事柄 ¶ 그것은 ~이다 [kɯgəsun (kawennir)ida クゴスン (カウェンニ)リダ] それは不必要なことだ.

*가요 [歌謠] [kajo カヨ] 名 歌謠 ¶ ~곡 [~gok ~ゴク] 歌謠曲.

가운 [家運] [kaun カウン] 名 家運 ¶ ~이 기울다 [~i kiulda (カウ)ニ キウルダ] 家運が傾く.

*가운데 [kaunde カウンデ] 名 ① 中; 真ん中 = 한가운데 [haŋaunde ハンガウンデ] ¶ 방 한~ [paŋ han(gaunde) パン ハン(ガウンデ)] 部屋の真ん中 / 바쁘신 ~(에) [pap'uʃin ~ (e) パップシン ~(エ)] 忙しい中を(来ていただい

가웃 [gaut ガウッ] (依名) (ます・尺など単位の半分を表わして)半; 半分 ¶1되 ~[han dwe ~ ハン ドゥェ ~] 1升半 / 2자 ~ [tu: dʒa ~ トゥー ジャ ~] 2尺半.

***가위**¹ [kawi カウィ] 名 はさみ ¶~로 자르다 [~ro tʃaruda ~ロ チャルダ] はさみで切る ━━바위-보 [bawibo バウィボ] 名 じゃんけん(ぽん); グー・チョキ・パー ━━질 [dʒil ジル] 名(하)(自) はさみ仕事 ━━표(標) [pʰjo ピョ] 名 かけるし(×).

가위² [kawi カウィ] 名 陰暦8月15日の祝日; 仲秋; =추석(秋夕) [tʃʰusok チュソク] **가윗-날** [kawinnal カウィンナル] 名 陰暦8月15日の'추석'(秋夕).

가위[可謂] [ka:wi カーウィ] 副 ①果たして; 本当に; 実に ¶~ 놀랄 만한 일이다 [~ no:llal manhan ni:rida ~ ノールラル マンハン ニーリダ] 実に驚くべきことだ ②いわゆる; いわば; 言うなれば ¶그것이 ~ 신사의 행실이다 [kwgoʃi ~ ʃi:nsae hɛnʃirida クゴシ ~ シーンサエ ヘンシリダ] 言うなればそれが紳士の行ないだ.

가으-내 [kauɯne カウネ] 名 秋中ずっと =가을내 [kaɯlle カウルレ]

***가을** [kaul カウル] 名 秋 ¶ 초~ [tʃʰo(gaul) チョ(ガウル)] 初秋 / 늦~ [nɯt(k'aul) ヌッ~] 晩秋 / ~ 하늘 [~ hanul ~ ハヌル] 秋の空 ━━갈이 [gari ガリ] 名 하)(自他) 秋耕 ━━걷이 [gɔdʒi コジ] 名 하)(自他) 秋の取り入れ=추수(秋收) [tʃʰusu チュス] ━━날 [lal ラル] 名 秋の日 ━━바람 [p'aram パラム] 名 秋の風 ━━밤 [p'am パム] 名 秋の夜 ━━볕 [p'jot ピョッ] 名 秋の日差し; 秋陽 ━━비 [p'i ピ] 名 秋雨 ━━빛 [p'it ピッ] 名 秋の景色; 秋の色; 秋の気配 ━━장마 [tʃ'aŋma チャンマ] 名 秋の長雨 ━━철 [tʃʰol チョル] 名 秋(の季節) ━━하다 [(kaur)hada ハダ] (自)(他) 秋の取り入れをする.

가이-없다 [kaiɔptʃ'a カイオプタ] 形 果てし(かりな); 限りがない; ='가없다' ¶~없는 부모(父母)의 사랑 [~-ɔmnun pumoe saraŋ ~-オムヌン ブモエ サラン] 果てしなき親の愛情 **가이-없이** [kaiopʃi カイオプシ] 副 果てしなく; 限りなく.

가인[佳人] [ka:in カーイン] 名 佳人; 美人 ¶절세의 ~ [tʃ'ɔls'ee ~ チョルセエ ~] 絶世の佳人 ━━박명 [baŋmjɔŋ バンミョン] 名 佳人薄命 ━━재자 [dʒɛ-dʒa ジェジャ] 名 才子佳人; 才知の優れた男と美しい女.

가일[佳日] [ka:il カーイル] 名 佳日; よい日; めでたい日; 吉日.

***가-일층[加一層]** [kailtʃʰuŋ カイルチュン] 1 副 なお一層 ¶ ~ 노력하다 [~ norjokhada ~ ノリョクハダ] なお一層努力する 2 名 하)(他) なお加えること ¶ ~의 애정을 기울이다 [~e ɛ:dʒɔŋɯl kiurida ~エ エージョンウル キウリダ] なお一層の愛情を傾ける.

***가입[加入]** [kaip カイプ] 名 하)(自) 加入 ¶조합에 ~하다 [tʃohabe (kai)pʰada チョハベ ~パダ] 組合に加入する ━━금 [k'um クム] 名 加入金 ━━신청 (申請) [ʃintʃʰɔŋ シンチョン] 名 加入申し込み ━━자 [tʃ'a チャ] 名 加入者.

가자미 [kadʒami カジャミ] 名 〈魚〉カレイ ━━눈 [nun ヌン] 慣 にらむ目.

가작[佳作] [ka:dʒak カージャク] 名 佳作 ¶선외 ~ [sɔ:nwe (ga:dʒak) ソーヌェ (ガージャク)] 選外佳作.

가장[家長] [kadʒaŋ カジャン] 名 家長 ①一家のあるじ; 世帯主 ② 夫; 主人.

***가장[假裝]** [ka:dʒaŋ カージャン] 名 하)(自)(他) 仮装 ① 仮装すること; 変装すること ¶여자로 ~하다 [jɔdʒaro ~-hada ヨジャロ ~ハダ] 女に変装する ② 偽り装うこと; 見せかけ; ふり ¶무관심을 ~하다 [mugwanʃimɯl ~-hada ムグァンシムル ~ハダ] 無関心を装う / 병자를 ~하다 [pjɔ:ŋdʒarul ~-hada ピョーンジャルル ~ハダ] 病人のふりをする ━━무도회 [mu:dohwe ムードフェ] 名 仮装舞踏会 ━━행렬 [hɛŋnjɔl ヘンニョル] 名 仮装行列 ━━행위 [hɛŋwi ヘンウィ] 名 仮装行為.

***가장** [kadʒaŋ カジャン] 副 最も; 一番; 何より ¶ ~ 큰 사건 [~ kʰun sa:k'ɔn ~ クン サーコン] 最も大きな

事件 / ~ 높은 산 [~ nopʰun san ~ ノプン サン] 一番高い山.

*가장자리 [ka:dʒaŋdʒari カージャンジャリ] 图 縁; へり; 端; まわり ¶ 책상의 ~ [tʃʰeks'aŋe ~ チェクサンエ ~] 机のへり / 아래쪽 ~ [arɛtʃ'o(k'a:dʒaŋdʒari) アレッチョク ~] 下縁.

가재 [ka:dʒɛ カージェ] 图 〈動〉ザリガニ; エビガニ.

*가재 [家財] [kadʒɛ カジェ] 图 家財 ¶ ~ 도구 [~ do:gu ~ ドーグ] 家財道具.

가전 제품 [家電製品] [kadʒɔn dʒe:pʰum カジョン ジェープム] 图 家電製品.

가절 [佳節] [ka:dʒɔl カージョル] 图 佳節 ¶ 중추 ~ [tʃuŋtʃʰu (ga:dʒɔl) チュンチュ (ガージョル)] 仲秋のよい日[佳節].

가정 [家政] [kadʒɔŋ カジョン] 图 家政 **—과** [k'wa クァ] 图 家政科 **—부** [bu ブ] 图 家政婦; お手伝い **—학** [hak ハク] 图 家政学.

*가정 [家庭] [kadʒɔŋ カジョン] 图 家庭 **—교사** [gjo:sa ギョーサ] 图 家庭教師 **—교육** [gjo:juk ギョーユク] 图 家庭教育 **—교훈** [gjo:hun ギョーフン] 图 家庭教訓; 庭訓; 家訓='가훈' **—극** [guuk グク] 图 家庭劇; ホームドラマ **—방문** [ba:ŋmun バーンムン] 图 家庭訪問 **—법원** [法院] [bɔbwɔn ボブォン] 图 〈法〉家庭裁判所; 家裁 **—부인** [婦人] [buin ブイン] 图 家庭夫人; 主婦.

*가정 [假定] [ka:dʒɔŋ カージョン] 图 ハ 自他 仮定 ¶ 그렇다고 ~ 하더라도 [kɯrɔtʰago ~hadɔrado クロッタゴ ~ハドラド] そうだと仮定しても.

*가져-가다 [kadʒɔgada カジョガダ] 他 持っていく ① 移していく; 移す; 運ぶ ¶ 나이프를 ~ [naipʰurul ~ ナイプルル ~] ナイフを持っていく ② (ある状態に)持っていく; 導く; 引きずり込む ¶ 노동 문제를 정치 마당으로 ~ [nodoŋ mu:ndʒerul tʃɔŋtʃʰimadaŋuuro ~ ノドン ムンジェルル チョンチマダンウロ ~] 労働問題を政治の場に引きずり込む.

*가져-오다 [kadʒɔɔda カジョオダ] 他 持って来る ① 移して来る; 持参する ¶ 신문을 가져오너라 [sinmunuul kadʒɔ-onora シンムヌル カジョオノラ] 新聞を持って来なさい ② (ある状態・結果を)もたらす; 引き起こす; 生じさせる; 持ち込む ¶ 좋은 결과를 ~ [tʃo:ɯn kjɔlgwarul ~ チョーウン キョルグァルル ~] 良い結果をもたらす.

*가족 [家族] [kadʒok カジョク] 图 家族 **—핵** [hɛ(k'adʒok) ヘク~] 核家族 / ~을 부양(扶養)하다 [(kadʒog)ul pujaŋhada (カジョ)グルプヤンハダ] 家族を養う **—계획** [kadʒo)k'e:hwek ケーフェク] 图 家族計画 **—법** [p'ɔp ポプ] 图 家族法 **—석** [s'ɔk ソク] 图 家族席 **—수당** [s'udaŋ スダン] 图 家族手当 **—탕** [湯] [tʰaŋ タン] 图 家族風呂 **—회의** [(kadʒo)kʰwe:i クェーイ] 图 家族会議.

*가죽 [kadʒuk カジュク] 图 ① (人・動物の)皮 ¶ 살 ~ [sal(k'adʒuk) サル~] 皮膚 / 낯~이 두껍다 [nat(k'adʒug)i tuk'ɔpt'a ナッ(カジュ)ギ トゥッコプタ] 面の皮が厚い ② 皮革; (なめし)革 ¶ ~끈 [(kadʒu)k'un ~クン] 革ひも **—띠** [t'i ティ] 图 革ベルト; 革バンド **—옷** [(kadʒug)ot (カジュ)ゴッ] 图 皮衣类 **—점퍼** [dʒɔmpʰɔ ジョムポ] 图 革ジャンパー.

가중 [加重] [kadʒuŋ カジュン] 图 ハ 自他 加重 ¶ 책임이 ~되다 [tʃʰɛgimi ~ dweda チェギミ ~ドゥェダ] 責任が加重される[増す] **—처벌** [tʃʰɔ:bɔl チョーボル] 图 加重処罰 **—치** [tʃʰi チ] 图 加重値 **—평균** [pʰjɔŋgjun ピョンギュン] 图 〈数〉加重平均 **—형** [hjɔŋ ヒョン] 图 加重刑.

가증 [可憎] [kadʒuŋ カージュン] 图 憎(た)らしいこと; 卑劣なこと **—맞다** [mat'a マッタ] 形 憎らしい; 憎たらしい **—스럽다** [sɯrɔpt'a スロプタ] 形 ㅂ変 憎らしい; 卑劣だ; =**—하다** [hada ハダ] 形 ¶ ~스러운 행위 [~surɔun hɛŋwi ~スロウン ヘンウィ] 憎むべき[卑劣な]行為 **—스러이** [suu-rɔi スロイ] 副 憎たらしく=**—스레** [sure スレ].

*가지¹ [kadʒi カジ] 图 枝 ¶ 나뭇~ [namut(k'adʒi) ナムッ~] 木の枝 / ~가 뻗다 [~ga p'ɔt'a ~ガッポッタ] 枝が伸びる **—가지¹** [gadʒi ガジ] 副 枝ごとに ¶ 밤이 ~ 열리다 [pa:mi ~ jollida パーミ ~ ヨルリダ] 栗が枝ごとになっている **—치기** [tʃʰigi チギ] 图 枝打ち; せんてい **—하다** [~ hada ~ ハダ] 枝打ち[せんてい]する **—치다** [tʃʰida チダ] 自 ① 枝が茂る; 枝が伸びる ② 枝打ち[せんてい]する.

가지² [kadʒi カジ] 图〈植〉ナス(茄子); ナスの実; なすび **―나물** [namul ナムル] 图 ナスのあえもの.

＊**가지³** [kadʒi カジ] 依名 種類; 種 ¶여러 ~ [ɔrɔ(gadʒi) ヨロ(ガジ)] いろいろ, もろもろ, いろんな種類 / 수백 ~ 물건 [suːbɛ(k'adʒi) mulgɔn スーベク～ムルゴン] 数百種の品 / 3 ~ 방법 [se(gadʒi) paŋbɔp セ(ガジ)パンボプ] 3つの方法 **―가지²** [gadʒi ガジ] **1** 图 種々; いろいろ; さまざま ¶맛도 ~다 [mat'o ~da マット～ダ] 味もいろいろだ / 취미도 ~다 [tʃʰwiːmido ~da チュィーミド～ダ] 趣味もさまざまである **2** 冠 種々の; いろいろな[の]; さまざまな[の] ¶ ~ 생각이 난다 [~ sɛŋgagi nanda ～センガギ ナンダ] 種々の想念が浮かぶ **―가지로** [gadʒiro ガジロ] 副 さまざまに; いろいろと; 種々の **―각색(各色)** [gaks'ɛk ガクセク] 图 さまざま; まちまち; とりどり; いろいろ ¶ 옷차림이 ~이다 [otʃʰarimi ~-(gaksʼɛg) ギダ] 身なりがまちまちだ **가짓-수(數)** [kadʒisʼu カジッス] 图 種類 ¶ ~가 많다 [~ga maːntʰa ～ガ マーンタ] 種類が多い.

가지고 [gadʒigo ガジゴ] 補動 持って; もらって ¶책을 넣어 ~ 왔다 [tʃʰɛgul nɔɔ ~ wat'a チェグル ノオ ～ ワッタ] 本を入れて持って来た / 돈을 받아 ~ 왔다 [toːnul pada ~ wat'a トーヌル パダ ～ ワッタ] お金をもらって来た.

＊**가지다** [kadʒida カジダ] 他 ① (手に)持つ; 取る; 携える ¶책을 가지고 있다 [tʃʰɛgul kadʒigo it'a チェグル カジゴ イッタ] 本を持っている / 가지고 다니다 [kadʒigo danida カジゴ ダニダ] 携えて歩く ② 持つ; 抱く ¶희망을 ~ [himaŋul ~ ヒマンウル ～] 希望を持つ / 야심을 ~ [jaːʃimul ~ ヤーシムル ～] 野心を抱く ③ 所有する; 有する ¶집을 ~ [tʃibul ~ チブル ～] 家を持つ ④ 保つ ¶여자와 관계를 ~ [jɔdʒawa kwangerul ~ ヨジャワ クァンゲルル ～] 女性と関係を持つ ⑤ 行なう ¶졸업식을 ~ [tʃorɔpʼʃigul ~ チョロプシグル ～] 卒業式を行なう ⑥ はらむ, 身ごもる ¶아이를 ~ [airul ~ アイルル ～] 身ごもる.

가지런-하다 [kadʒirɔnhada カジロンハダ] 形 여変 整っている; そろっている; 並んでいる ¶벤 자리가 ~ [peːn tʃariga ~ ペーン チャリガ ～] 切り跡がそろって[整って]いる **가지런-히** [kadʒirɔni カジロニ] 副 きちんと; そろって; 一様に; 整然と ¶길이를 ~ 하다 [kirirul ~ hada キリルル ～ ハダ] 長さをそろえる / ~ 서다 [~ sɔda ～ ソダ] 整然と並ぶ.

가짓-말 [kaːdʒinmal カージンマル] 图 하自 嘘을; 偽り; 空言; 虚言. <'거짓말'> ¶ ~을 하다 [(kaːdʒinmar)ul hada (カージンマ)ルル ハダ] うそをつく; 偽る **―쟁이** [dʒɛŋi ジェンイ] うそつき ¶그녀는 ~이다 [kunjɔnun ~ida クニョヌン ～イダ] 彼女はうそつきだ **가짓-부렁(이)** [kaːdʒitpʼurɔŋ(i) カージップロン(イ)] 图 '가짓말'の俗っぽい語.

＊**가짜(假―)** [kaːtʃʼa カーッチャ] 图 偽物; 替え玉; まがい物 ¶ ~ 물건 [~ mulgɔn ～ムルゴン] 偽物 / ~ 돈 [~ don ～ ドン] にせ金 / ~ 시계 [~ ʃige ～シゲ] てんぷら[いんちき]時計 / 진짜와 ~ [tʃintʃʼawa ~ チンッチャワ ～] 本物と偽物.

가차-없다 (假借―) [kaːtʃʼɔpʼtʼa カーチャオプタ] 形 容赦ない **가차-없이** [kaːtʃʼɔpʼsʼi カーチャオプシ] 副 容赦なく; びしびし(と) ¶ ~ 처벌하다 [~ tʃʰɔːbɔrhada ～ チョーボルハダ] 容赦なく罰する.

가창 (歌唱) [katʃʰaŋ カチャン] 图 하自 歌唱 ¶ ~ 지도 [~ dʒido ～ ジド] 歌唱指導.

가책 (呵責) [kaːtʃʰɛk カーチェク] 图 하他 呵責셱; ¶양심의 ~을 느끼다 [jaŋʃime (kaːtʃʰɛg)ul nuk'ida ヤンシメ (カーチェ)グル ヌッキダ] 良心の呵責を感じる; やましい.

＊**가축 (家畜)** [katʃʰuk カチュク] 图 家畜; 畜類 ¶ ~을 기르다 [(katʃʰug)ul kiruda (カチュ)グル キルダ] 家畜を飼う.

가출 (家出) [katʃʰul カチュル] 图 하自 家出 ¶ ~ 소녀 [~ sʼoːnjɔ ～ ソーニョ] 家出少女.

＊**가치 (價値)** [katʃʰi カチ] 图 価値; 値打ち ¶ ~도 없다 [aːmu ~ doːpʼtʼa アーム ～ド オプタ] 何の価値もない **―관 (觀)** [gwan グァン] 图 価値観.

가친 (家親) [katʃʰin カチン] 图 父; 家君; 自分の父を他人に対して言う語.

가칠가칠-하다 [katʃʰilgatʃʰirhada カチルガチルハダ] 形 여変 (肌が) がさがさだ ¶피부가 ~[pʰibuga ~ ピブガ ~] 肌ががさがさしている.

가칭 [假稱] [ka:tʃʰiŋ カーチン] 名 하他 仮称; 仮の名で呼ぶこと.

가타-부타 [可一否一] [katʰabutʰa カタブタ] 副 여変 可とか否とか; 正しいとか間違ったとか ¶~ 말이 없다 [~ ma:ri ɔ:ptʼa ~ マーリ オープタ] うんともすんとも言わない; 可否の反応がない.

가탈 [katʰal カタル] 名 邪魔; 障害; 妨げ; =까탈 [kʼatʰal ッカタル] ¶~ 도 많다 [~do ma:ntʰa ~ド マーンタ] (初めての仕事なので) 差し障りが多い ──**부리다** [burida ブリダ] 他 邪魔立てをする ──**스럽다** [suɾɔptʼa スロプタ] 形 ㅂ変 邪魔くさい; やっかいだ ──**스레** [sure スレ] 副 面倒に; ややこしく ──**지다** [dʒida ジダ] 自 邪魔が入る.

가택 [家宅] [katʰɛk カテク] 名 家宅; 住まい ──**수색** [sʼusɛk スセク] 名 家宅捜索 ¶~ 영장 [~-(sʼusɛk)njɔŋtʃʼaŋ ~-(スセク)ニョンチャン] 家宅捜索令状 ──**침입** [tʃʰimip チミブ] 名 家宅侵入.

가톨릭 [katʰollik カトルリク] Catholic 名 〈宗〉カトリック ──**교(회)** [(katʰolli)kʰjo:(hwe) キョー(フェ)] 名 カトリック教(会) =천주교(天主教) [tʃʰondʒugjo チョンジュギョ].

*가파르다 [kapʰaruda カパルダ] 形 르変 (山や道の勾配が) 急だ ¶가파른 비탈길 [kapʰarun pitʰalkʼil カパルン ピタルキル] 急な坂道.

가판 [街販] [ka:pʰan カーパン] 名 立ち売り; 가두 판매(街頭販賣) [ka:dupʰanmɛ カードゥパンメ] の略 ¶~ 신문 [~ ʃinmun ~ シンムン] 立ち売り新聞.

가팔막 [kapʰalmak カパルマク] 名 急傾斜の地面; 急勾配의地 ──**지다** [tʃʼida チダ] 形 坂が急勾配になっている =가팔지다 [kapʰaldʒida カパルジダ].

가표 [可票] [ka:pʰjo カーピョ] 名 賛成票.

가풍 [家風] [kapʰuŋ カプン] 名 家風 =가품 (家品) [kapʰum カプム].

가필 [加筆] [kapʰil カピル] 名 하他 加筆 ¶원고에 ~하다 [wongoe (kapʰir)hada ウォンゴエ ~ハダ] 原稿に加筆する.

가-하다 [可一] [ka:hada カーハダ] 形 여変 よろしい; よしとする; 賛成する

*가-히 [ka:i カーイ] 副 ① かなり; 十分に; よく; まさに ¶~ 이해할 만하다 [~ i:hɛhal manhada ~ イーヘハル マンハダ] 十分理解しえる ② なるほど; 決して; どうして ¶어찌 ~ [ɔtʃʼi (ga:i) オッチ (ガーイ)] どうして.

*가-하다 [加一] [kahada カハダ] 他 여変 加える; かける ¶타격을 ~ [tʰa:gjɔgul ~ ターギョグル ~] 打撃を加える / 박차를 ~ [paktʃʰarul ~ パクチャルル ~] 拍車をかける.

가해 [加害] [kahɛ カヘ] 名 加害 ──**하다** [hada ハダ] 自 危害を加える; 傷つける ──**자** [dʒa ジャ] 名 加害者 ──**행위** [hɛŋwi ヘンウィ] 名 加害行為.

가호 [加護] [kaho カホ] 名 하自他 加護 ¶신의 ~로 [ʃine ~ro シネ ~ロ] 神に見守られて[加護で].

*가혹 [苛酷] [ka:hok カーホク] 名 苛酷さ; 過酷 ──**하다** [(ka:ho)kʰada カダ] 形 苛酷だ; ひどい; 手ひどい; むごい ¶~-한 처분 [~-kʰan tʃʰɔ:bun ~-カン チョーブン] 苛酷な処分 / ~-한 시련 [~-kʰan ʃi:rjɔn ~-カン シーリョン] きびしい試練 / ~-하게 굴다 [~-kʰage kulda ~-カゲ クールダ] つらく当たる ──**히** [(ka:ho)kʰi キ] 副 手ひどく; つらく.

가화 [佳話] [ka:hwa カーファ] 名 佳話; 美談 ¶인정 ~ [indʒɔŋ(ga:hwa) インジョン (ガーファ)] 人情佳話.

가화-만사성 [家和萬事成] [kahwa-ma:nsasɔŋ カファマーンサソン] 家和して[むつまやかな家庭]万事成る.

가훈 [家訓] [kahun カフン] 名 家訓; 家庭の教訓.

*각 [各] [kak カク] 1 冠 各; おのおの; それぞれ ¶~ 문제를 풀었다 [(kaŋ) mu:ndʒerul pʰurɔtʼa (カン) ムーンジェルル プロッタ] 各問を解いた 2 接頭 各; おのおの; それぞれ; べつべつ ¶~ 가정 [(ka)kʼadʒɔŋ ~カジョン] それぞれの家庭 / ~ 지방 [~ tʃʼibaŋ ~ チバン] 各地方 ──**각** [(ka)kʼak カク] 副 おのおの; 各自; べつべつに ¶~ 다른 일 [~ tʼarun ni:l ~ タルン ニール] べつべつの仕事.

*각-가지 [各一] [kak'adʒi カクカジ] 名 いろいろ ¶~ 물건 [~ mulgɔn ~ ムルゴン] いろとりどりの品物.

각각-으로[刻刻—][kak'aguɯro カクカグロ] 副 刻々と; 一刻ごとに; 刻一刻 ¶시시 — 변하다 [ʃiʃi(gak'aguɯro) pjɔːnhada] 一刻ごとに変わる.

각계[各界][kak'e カクケ] 名 各界 ¶~ 각층 [~ gaktsʰuɯŋ ~ ガクチュン] 各界各層.

각광[脚光][kak'waŋ カククァン] 名 脚光 ¶~을 받다 [~ɯl pat'a ~ウル パッタ] 脚光を浴びる.

*__각국__[各國][kak'uk カククク] 名 各国 ¶세계 ~ [seːge(gak'uk) セーゲ ~] 世界各国. /__각 클라스__.

각급[各級][kak'ɯp カククプ] 名 各級.

*__각기__[各其][kak'i カキ] 名 副 おのおの; それぞれ; 各自 ¶~의 일 [~e iːl ~エイール] それぞれの仕事.

*__각도__[角度][kakt'o カクト] 名 角度 ¶~를 재다 [~rɯl tʃɛːda ~ルル チェーダ] 角度を測る.

각료[閣僚][kaŋnjo カンニョ] 名 閣僚 ¶~ 회의 [~ hweːi ~ フェーイ] 閣僚会議.

각막[角膜][kaŋmak カンマク] 名 〈生〉角膜 **一염**[(kaŋmaŋ)njɔm (カンマン) ニョム] 名 角膜炎 **一이식**[(kaŋmagi)ʃik (カンマ) ギシク] 名 角膜移植.

각목[角木][kaŋmok カンモク] 名 角材の木.

각박[刻薄][kakp'ak カクパク] 名 하形 하副 ① 世知辛いこと; 厳しいこと ¶~한 세상 인정 [(kakp'a)kʰan seːsaŋ indʒɔŋ ~カン セーサン インジョン] 世知辛い世の人情 /~한 세상 [(kakp'a)kʰan seːsaŋ ~カン セーサン] 厳しい世の中 ② 非常にけちくさいこと; 薄情なこと.

각방[各房][kakp'aŋ カクパン] 名 おのおのの部屋; それぞれの部屋 ¶~을 쓰다 [~ɯl s'uda ~ウルッスダ] それぞれ別の部屋を使う.

각-방면[各方面][kakp'aŋmjɔn カクパンミョン] 名 各方面; 四方八方.

*__각별__[各別·恪別][kakp'jɔl カクピョル] 名 ① 格別; 格段; 特別 ¶~한 호의 [(kakp'jɔr)han hoːi ~ハン ホーイ] 格別な好意 /~한 관계 [kakp'jɔr)han kwaŋgε ~ハン クァンゲ] 特別な関係 ② 礼儀正しいこと; 丁寧なこと ¶손을 맞이하는 태도가 ~하다 [sonɯl madʒihanɯn tʰɛːdoga (kakp'jɔr)hada ソヌル マジハヌン テードガ ~ハダ] お客を迎える態度が丁寧だ **一하다**[(kakp'jɔr)hada ハダ] 形 ① 格別だ; 特別だ ② 礼儀正しい; 丁寧だ **一히**[(kakp'jɔr)i (カクピョ)リ] 副 ① 格別に; 特に ¶~ 조심해라 [~ tʃoːʃimhɛra ~ チョーシムヘラ] 特に気をつけなさい /~ 친한 사이 [~ tʃʰinhan sai ~ チンハン サイ] 別懇の間柄 ② 礼儀正しく; 丁寧に.

각본[脚本][kakp'on カクポン] 名 ① 脚本 = 극본(劇本)[kɯkp'on ククポン] ② シナリオー**一가**[ga ガ] 名 脚本家; シナリオライター.

각-사탕[←角砂糖][kaks'atʰaŋ カクサタン] 名 角砂糖 = **각설탕**[←角雪糖)[kaks'ɔltʰaŋ カクソルタン].

각색[各色][kaks'ɛk カクセク] 名 ① いろいろな色 ② 各様 ¶각인~ [kagin(gaks'ɛk) カギン(ガクセク)] 各人各様; 三者三様 **一각양**[(kaks'ɛ)k'agjaŋ カクセヤン] 名 いろいろ; さまざま; 色とりどり.

각색[脚色][kaks'ɛk カクセク] 名 하他 脚色; 脚本化 **一가**[(kaks'ɛ)k'a ガ] 名 脚本家.

각서[覚書][kaks'ɔ カクソ] 名 覚え書き ¶~를 주고 받다 [~rɯl tʃugo bat'a ~ルル チュゴ パッタ] 覚え書きを取り交わす.

각선-미[脚線美][kaks'ɔnmi カクソンミ] 名 脚線美.

각설[却説][kaks'ɔl カクソル] 하自 副 話題を変えること; さて; ところで ¶~하고 다음 주제로 갑시다 [(kaks'ɔr)-hago taɯm tʃudʒero kapʃida ~ハゴ タウム チュジェロ カプシダ] さて, 次の主題に移りましょう **一이**[(kaks'ɔr)i (カクソ)リ] 名 (旧時)門付け; 市場や門前で俗謡 [각설이 타령[kaks'ɔri tʰaːrjɔŋ カクソリ ターリョン]]などを歌いながら物乞いをする人.

각성[覚醒][kaks'ɔŋ カクソン] 名 하自 覚醒ᠬ; 目覚め ¶~을 촉구하다 [~-ɯl tʰokʼuhada ~ウル チョククハダ] 覚醒を促す **一제**[dʒe ジェ] 名 〈薬〉覚醒剤; 気つけ薬.

각시[kakʃ'i カクシ] 名 ① 花嫁 ② 小さな花嫁人形 ③ 囵 新婦; 幼い女の子; 若い女 **一놀음**[norum ノルム] 名 하自 人形遊び **一도령**[doːrjɔŋ ドーリョン] 名 男装をした娘の別称 **一방**

(房)[baŋ バン] 名 新妻部屋.

각양[各樣][kagjaŋ カギャン] 名 各樣 **―각색**(各色)[gaks'ɛk ガクセク] 名 色とりどり ¶ ~의 옷차림[~-(gaks'ɛg)e otsʰarim ~-(ガクセ)ゲ オッチャリム] 色とりどりの身なり.

***각오**[覺悟][kago カゴ] 名 他也 覺悟; 觀念 ¶ 죽음을 ~하다[tsugumɯl ~-hada チュグムル ~ハダ] 死を覺悟する.

각위[各位][kagwi カグィ] 名 ① 各位; 皆樣方; それぞれの地位 ¶ 會員 ~[hwe:wɔn(gagwi) フェーウォン (ガグィ)] 會員各位 ② おのおのの位牌.

각의[閣議][kagi カギ] 名 閣議 ¶ 정례 ~[tsɔ:ŋne (gagi) チョーンネ (ガギ)] 定例閣議.

각인[各人][kagin カギン] 名 各人 ¶ ~ 각양[~ gagjaŋ ~ ガギャン] 各人各樣 **―각색**(各色)[gaks'ɛk ガクセク] 名 十人十色; 三者三樣.

***각자**[各自][kaktsʼa カクチャ] 名 副 各自; 各員; おのおの; めいめい ¶ 점심은 ~ 지참하다[tsɔ:msimɯn ~ tsitsʰamhanda チョームシムン ~ チチャムハンダ] 晝食は各自持參する.

***각종**[各種][kaktsʼoŋ カクチョン] 名 各種 ¶ ~ 시험[~ sihɔm ~ シホム] 各種試驗.

각주[脚註・脚注][kaktsʼu カクチュ] 名 脚注; フットノート.

***각지**[各地][kaktsʼi カクチ] 名 各地 ¶ 전국 ~[tsɔ:ŋgu (k'aktsʼi) チョングク ~] 全國各地. **― ∥ ∥** 各地方.

각-지방[各地方][kaktsʼibaŋ カクチバン]

***각처**[各處][kaktsʼʰɔ カクチョ] 名 各所 ¶ 시내 ~[ʃi:nɛ (gaktsʼʰɔ) シーネ (ガクチョ)] 市內各所.

각축[角逐][kaktsʰuk カクチュク] 名 他自 角逐 ¶ 동업자끼리 ~을 벌이다[to:ŋɔptsʼakʼiri (kaktsʰug)ɯl pɔ:-rida トーンオプチャッキリ (カクチュ)グル ポーリダ] 同業者同士で角逐する.

각층[各層][kaktsʰɯŋ カクチュン] 名 各層 ¶ 각계 ~[kakʼe (gaktsʰɯŋ) カクケ (ガクチュン)] 各界各層 / 아파트의 ~[apʰa:tʰɯe ~ アパートゥエ ~] アパートの各階.

각하[閣下][kakʰa カクハ] 名 閣下 ¶ 대통령 ~[tɛ:tʰoŋnjɔŋ (gakʰa) テートンニョン (ガクハ)] 大統領閣下.

***간**[kan カン] 名 ① 塩辛い調味料 ② 塩加減; 鹽梅[按配]; 塩氣 ¶ ~이 짜다[~i tsʼada (カ)ニ チッチャダ] 塩辛い / ~이 싱겁다[~i ʃiŋgɔpt'a (カ)ニ シンゴプタ] 塩味が薄く水っぽい; 塩氣が足りない **―(을) 보다**[(ɯl) boda (カヌル) ボダ] 自 鹽梅を見る; 味を見る **―(을) 맞추다**[(ɯl) matsʰuda (カヌル) マッチュダ] 他 塩加減をする **―(이) 맞다**[(i) mat'a (カ)ニ マッタ] 形 塩加減がほどよい **―하다**[hada ハダ] 他 塩加減をする; 按配をする.

***간**[肝][ka:n カーン] 名 ① 肝臟; 肝 ¶ 소의 생 ~[soe sɛŋ (gan) ソエ セン (ガン)] 牛の生肝 ② 肝っ玉; 膽力; 勇氣 ¶ ~ 큰 사람[~ kʰɯn sa:ram ~ クン サーラム] 肝っ玉の太い人; 度胸がある人 / ~이 작다[~i tsʼa:kt'a (カ)ニ チャークタ] 肝っ玉が小さい; 大變膽病だ / ~ 떨어지다[~ t'ɔrɔdʒida ~ ットロヂダ] 肝をつぶす **―에 기별도 아니가다**[e kibjɔldo anigada (カー)ネ キピョルド アニガダ] 慣 蛇が蚊を飲んだようだ; 食物の量が少なくて食べた氣がしないことのたとえ **―에도 차지 않다**[edo tsʰadʒi antʰa (カー)ネド チャジ アンタ] 慣 (食物が十分だとの感じがしない **―이 콩알만해지다**[i kʰoŋalmanhɛdʒida (カー)ニ コンアルマンヘジダ] 肝が豆粒ほどになる; 非常に怖氣づいてびくつくことのたとえ **―이라도 빼어 먹이겠다**[irado p'ɛɔmɔgigetʼa (カー)ニラドッペオモギゲッダ] 慣 肝でも出して食べさせたい; ごく親しい間柄なのでいくら大事なものを與えても悔いはないとの意.

간[間][kan カン] **1** 名 ⇨ 칸[kʰan カン] **2** 依名 (距離・時間の)あいだ; 間 ¶ 10년 ~[ʃimnjɔn(gan) シムニョン (ガン)] 10年間.

간-[kan カン] 接頭 昨… ¶ ~밤[~bam ~バム] 昨夜; 昨晚.

***-간**[間][kan カン] 接尾 間 ① 間柄; 2つの間; 間柄 ¶ 친척 ~[tsʰintsʰɔk(k'an) チンチョク~] 親戚の間柄 / 학생들 ~[haksʼɛŋdɯl(gan) ハクセンドゥル(ガン)] 學生たちの間 ② 2つの間のどれか; …の中; いずれにせよ; とにかく ¶ 이러나 저러나 ~에[irona tsɔrona (gan)e イロナ チョロナ (ガ)ネ] いずれにせよ; とにかく / 있고 없고 ~에[ikʼo ɔ:pkʼo (gan)e イッコ オプコ (ガ)ネ] 有ろうが無かろうがともかく / 양자(兩者)~에[ja:ŋdʒa(gan)e ヤーンヂャ(ガン)エ

ジャ(カ ネ] 2つの中で ③ …屋 ¶마구~[ma:gu (k'an] マーグ~] 馬屋 / 외양~[we:jaŋ(k'an] ウェーヤン~] 牛小屋.

-간[刊][kan カン] [接尾] …刊 ¶조~[tʃo(gan) チョ(ガン)] 朝刊 / 석~[sɔ(k'an) ソク~] 夕刊.

***간간(이)[間間][ka:ngan(i) カーンガン[カーンガニ]]** [副] ① ときどき; たまに; ときたま ¶소식은 ~ 듣고 있다[soʃigun ~ tuk'o it'a ソシグン ~ トゥッコ イッタ] 便りはときたま聞いている / 말소리가 간간이 들린다[ma:lsʼoriga ka:ngani tuːllinda マールソリガ カーンガニ トゥルリンダ] 話声がときおり聞こえる; 話声が絶え絶えに聞こえる ② まばらに ¶집이 간간이 있다 [tʃibi ka:ngani it'a チビ カーンガニ イッタ] 家がまばらに[所々に]ある.

간간-하다[kanganhada カンガンハダ] [形][여変] ① やや塩辛い; 塩気がややきいて舌触り[口当たり]がいい ¶~해서 맛있다[~hɛsɔ maʃit'a (madit'a] ~ヘソ マシッタ[マディッタ]] 塩気がきいておいしい ② かなり面白い ③ ぞくぞくするほど危なっかしい.

***간격[間隔][kangjɔk カンギョク]** [名] 間隔; 隔たり; 間; ギャップ(gap) ¶일정한 ~[iltʃʼɔŋhan ~ イルチョンハン ~] 一定の間隔 / ~이 생기다[(kangjɔg)i sɛŋgida (カンギョ)ギ センギダ] 隔たりができる.

***간결[簡潔][kangjɔl カンギョル]** [名][하形][하副] 簡潔 ¶문장이 ~하다[mundʒaŋi (kangjɔr)hada ムンジャンイ ~ハダ] 文章が簡潔だ.

***간곡[懇曲][ka:ngok カーンゴク]** [名][하形] 懇切; 懇到; ねんごろ ¶~히 타이르다[(ka:ngo)kʰi tʰai-ruda ~キ タイルダ] 懇々とさとす / ~히 부탁하다[(ka:ngo)kʰi put'akʰada ~キ プータクカダ] ねんごろに頼む.

간곳-없다[kangodɔpt'a カンゴドプタ] [存] (急に姿が消えて)行方が知れない
간곳-없이[kangodɔpʃi カンゴドプシ] [副] 行方知れずに.

***간과[看過][kangwa カングァ]** [名][하他] 看過; 見過[見逃]すこと ¶과실을 ~하다[kwa:ʃirul ~hada クァーシルル ~ハダ] 過ちを見逃す.

간교[奸巧][kangjo カンギョ] [名][하形] 悪賢いこと ¶~한 술책(術策)[~han sultʃʰɛk ~ハン スルチェク] 悪賢いたくらみ.

간극[間隙][kaŋɯk カングク] [名] 間隙; すきま ¶~을 메우다[(kaŋɯg)-ul meuda (カング)グル メウダ] 間隙を埋める.

간난 신고[艱難辛苦][kannanʃingo カンナンシンゴ] [名][하自] 艱難辛苦 ¶~를 이겨내다[~rul igjɔneda ~ル イギョネダ] 艱難辛苦を耐え抜く.

간단[間斷][kandan カンダン] [名][하自] 間断; 切れ間; 絶え間 **―없다[ɔpt'a (カンダ) ノプタ]** [存] 絶え間がない ¶~-없는 총소리[~ɔmnun tʃʰoŋsori (カンダ) ノムヌン チョンソリ] 絶え間のない銃声 **―없이[ɔpʃi (カンダ) ノプシ]** [副] 絶え間なく; ひっきりなしに ¶~ 계속되다[~ ke:sokt'weda ~ ケーソクトゥェダ] 絶え間なく続く.

***간단[簡單][kandan カンダン]** [名] 簡単; 手短 ¶~한 문제[~han muːndʒe ~ハン ムーンジェ] 簡単な問題 **―하다[hada ハダ]** [形] 簡単だ; 造作ない; たやすい; 軽い ¶그런 일은 ~-하게 할 수 있다[kurɔn niːrun ~-hage hal s'u it'a クロン ニールン ~-ハゲ ハルスイッタ] そんなことは造作なくやれる **―히[i (カンダ)ニ]** [副] 簡単に; 造作なく; たやすく; 手短に ¶~ 말하면[~ ma:rhamjɔn ~ マールハミョン] 早い話が; 簡単に言えば / ~ 요점만 말하다[~ jotʃʼɔmman ma:r-hada ~ ヨッチョムマン マールハダ] 手短に要点だけ述べる **―명료[mjɔŋnjo ミョンニョ]** [名][하形] 簡単明瞭.

간담[肝膽][ka:ndam カーンダム] [名] 肝胆 ① 肝と胆 ② 心の奥底; 度胆 ¶~을 서늘케 하다[~ul sɔnurkʰe hada (カーンダ) ムル ソヌルケ ハダ] 肝胆[心胆]を寒からしめる; 荒肝をひしぐ / ~이 서늘하다[~i sɔnurhada (カーダ) ミ ソヌルハダ] 肝を冷やす; ひどく怖おじ気づく.

***간담-회[懇談會][ka:ndamhwe カーンダムフェ]** [名] 懇談会; 懇話会.

간-덩이[肝―][ka:ntʼɔŋi カーントンイ] [名][俗] 肝っ玉 **―(가) 붓다[(ga) bu:tʼa (カ) ブータ]** [慣] (肝が据わって)大胆になる; くそ度胸がある **―(가) 크다[(ga) kʰɯda (カ) クダ]** [慣] 肝っ玉が太い; 腹が太い.

간데-없다[kandeɔpt'a カンデオプタ]

간데없이 [kandeɔptʃ'i カンデオプシ] 副 急に消え失せて; なくなって.

간데온데-없다 [kandeondeɔpt'a カンデオンデオプタ] 固 どこへ行ったのか知らない; どこかへ消え失せている.

간데-족족 [kandedʒokt'ʃok カンデジョクチョク] 副 行く先ごとに; どこへ行こうと; 至る所 ¶ ~ 대환영이다 [~ t'ɛːhwaɲjɔŋida ~ テーファニョンイダ] 行く先ごとに大歓迎である.

간드러-지다 [kandɯrɔdʒida カンドゥロジダ] 形 (声やスタイルが)目見よくなまめかしい; しなやかだ; びらしゃらする; 魅力的だ ¶ ~-진 웃음소리 [-dʒin usɯmsʼori ~-ジン ウスムソリ] なまめかしい笑い声 / ~-진 몸맵시 [~-dʒin mommɛpʃ'i ~-ジン モムメプシ] なまめかしい身なり.

*__간략__ [簡略] [kalljak カルリャク] 名 하形 簡略; 手短 ¶ ~한 내용 [(kallja)kʰan nɛːjoŋ ~カン ネーヨン] 簡略な内容 **—히** [(kallja)kʰi ヒ] 副 手短に; 手軽に ¶ 요점만 ~ 말하다 [jotʃ'ɔmman ~ maːrhada ヨッチョムマン ~マールハダ] 要点だけを手短に述べる.

간-막이 [間—] [kanmagi カンマギ] 名 하自他 仕切り; 間仕切り; ついたて ¶ ~ 커튼 [~ kʰɔːtʰɯn ~ コートゥン] 仕切りカーテン / ~를 세우다 [~rul seuda ~ルル セウダ] ついたてで仕切る / ~를 하다 [~rul hada ~ルル ハダ] 間仕切りをする.

간만 [干満] [kanman カンマン] 名 干満; 満ち干 ¶ ~의 차 [~e tʃʰa カンマ ネチャ] 干満の差.

간발 [間髪] [kanbal カンバル] 名 間一髪 ¶ ~의 차 [(kanbal)e tʃʰa カンバレ チャ] 間一髪の差.

*__간-밤__ [kanbam カンバム] 名 昨夜; ゆうべ ¶ ~의 비 [~e pi カンバメ ビ] 昨夜の雨.

간병 [看病] [kanbjɔŋ カンビョン] 名 하自他 看病; 介抱 **—인** [in イン] 名 看病人.

*__간부__ [幹部] [kanbu カンブ] 名 幹部 ¶ ~사원 [~sawɔn ~サウォン] 幹部社員.

간사 [奸邪] [kansa カンサ] 名 하形 ずるくて不正直なこと; よこしまなこと ¶ ~한 놈 [~han nom ~ハン ノム] よこしまなやつ **—스럽다** [surɔptʼa スロプタ] 形 ㅂ変 よこしまだ **—스레** [sure スレ] 副 よこしまに **—히** [i イ] 副 よこしまに.

*__간사__ [奸許] [kansa カンサ] 名 奸許; 悪巧み **—하다** [hada ハダ] 形 ずるい; 悪賢い ¶ ~한 인간 [~-han ingan ~-ハン インガン] ずる賢い者; 佞奸 **—(를) 떨다** [(rul) tʼɔːlda (ルル) ットールダ] 慣 ずる賢くへつらう **—(를) 부리다** [(rul) burida (ルル) ブリダ] 慣 ずる賢いことをする **—스럽다** [surɔpt'a スロプタ] 形 ㅂ変 ずるい; 悪賢い **—스레** [sure スレ]・ **—히** [i イ] 副 ずるく; 悪賢い.

간살 [kansal カンサル] 名 お世辞; おべっか; おあいそ; へつらいこびること **—부리다** [burida ブリダ] 自 お世辞を言う; おべっかを使う ¶ ~부리는 웃음 [~-burinɯn usɯm ~-ブリヌン ウスム] おべっか笑い / 상사에게 ~ [saːŋsaege ~ サーンサエゲ ~] 上役におべんちゃらを言う **—스럽다** [surɔpt'a スロプタ] 形 ㅂ変 おべんちゃららしい; よくおべっかを使うたちだ **—쟁이** [dʒɛŋi ジェンイ] 名 お世辞者; おべっか使い.

간석-지 [干潟地] [kansɔktʃ'i カンソクチ] 名 干潟; 海水の出入りする浜.

간선 [幹線] [kansɔn カンソン] 名 幹線 ¶ ~도로 [~doːro ~ドーロ] 幹線道路.

*__간섭__ [干渉] [kansɔp カンソプ] 名 하自他 干渉; 立ち入ること ¶ 남의 일에 ~하다 [name iːre (kansɔ)pʰada ナメ イーレ ~パダ] 人のことに干渉する / 관계없는 일에 ~하다 [kwangeɔmnɯn niːre (kansɔ)pʰada クァンゲオムヌン ニーレ ~パダ] 横やりを入れる / 쓸데 없는 ~이다 [sʼultʼe ɔmnɯn (kansɔb)ida ッスルテオムヌン (カンソブ)ビダ] 大きな世話だ.

*__간소__ [簡素] [kanso カンソ] 名 하形 簡素 ¶ ~한 생활 [~han sɛŋhwal ~ハン センファル] 簡素な生活.

간수 [kansu カンス] 名 保管; しまっておくこと **—하다** [hada ハダ] 他 保管する; しまう ¶ 옷을 옷장에 ~ [osul otʃ'aŋe ~ オスル オッチャンエ ~] 着物をたんすにしまう.

간수 [看守] [kansu カンス] 名 看守; 刑務官.

간수 [—水] [kansu カンス] 名 苦汁; 苦塩.

간식 [間食] [kaːnʃik カーンシク] 名 하自他 間食; おやつ ¶ ~ 시간 [~ʃ'igan ~

シガン] おやつの時間.

***간신-히**[艱辛―][kanɕini カンシニ] 副 辛うじて; やっと(のことで); 命からがら; ようやく; からくも ¶~ 도망치다[~ tomantɕʰida ~ トマンチダ] 辛うじて逃れる; 命からがら逃げ出す.

간악[奸惡][kanak カナク] 名 ス形 ハ形 ヒ副 奸悪ホネヒ ¶~한 사람[(ka-na)kʰan sa:ram ~カン サーラム] 奸悪な人.

간암[肝癌][ka:nam カーナム] 名 〈医〉肝臓がん.

간약[簡約][kanjak カニャク] 名 ハ形 ヒ副 簡約; 簡潔簡単.

간언[間言][ka:nɔn カーノン] 名 仲たがいさせる言葉.

간언[諫言][ka:nɔn カーノン] 名 ハ他 諫言ネホ; 諫ミめ(る言葉).

*간여[干與][kanjɔ カニョ] 名 ハ自 関与; 干与; かかわりをもつこと ¶정치에 ~하다[tɕɔŋtɕʰie ~hada チョンチエ ~ハダ] 政治に関与する.

간염[肝炎][ka:njom カーニョム] 名 肝炎; 肝臓炎.

간음[姦淫][ka:nɯm カーヌム] 名 ハ他自 姦淫カネ.

간이[簡易][ka:ni カーニ] 名 ハ形 簡易 ¶~ 숙박소[~ sup'aks'o ~スクパクソ] 簡易宿所; 倭 どや ―식당[ɕikt'aŋ シクタン] 名 簡易食堂 ―역[jɔk ヨク] 名 簡易駅.

*간-장[―醬][kandʑaŋ カンジャン] 名 しょう油 ¶~을 치다[~ɯl tɕʰida ~ウル チダ] しょう油をかける.

간장[肝腸][ka:ndʑaŋ カーンジャン] 名 ① 〈生〉肝臓と腸 ② 気; 心; 思い ―을 끊다[ɯl k'ɯntʰa ウル ックンタ] 慣 はらわたがちぎれそうに悲しい ¶~을 끊는 슬픔[~ɯl k'ɯnnɯn sɯlpʰɯm ~ウル ックンヌン スルプム] 断腸の悲しみ ―을 녹이다[ɯl nogida ウル ノギダ] 慣 ①(相手の)心を奪う[とろかす] ¶사나이의 ~[sanaie ~ サナイエ ~] 男を魅了させて心をとろかす ② 気苦労させる ―을 태우다[ɯl tʰɛuda ウル テウダ] 慣 胸を焦がす; 心配[やきもき]させる.

간장[肝臟][ka:ndʑaŋ カーンジャン] 名 〈生〉肝臟; 肝.

*간절[懇切][ka:ndʑɔl カーンジョル] 名 ハ形 切(実)な・胸いっぱいなこと ¶~한 소원[(ka:ndʑɔr)han so:wɔn ~ハン ソーウォン] 切な願い ―히[(ka:n-dʑɔr)i (カーンジョ)リ] 副 切に; ひたえに; ひたすら.

*간접[間接][ka:ndʑɔp カーンジョプ] 名 間接 ¶~으로 얻은 정보[(ka:ndʑɔb)-ɯro ɔdɯn tɕɔŋbo (カーンジョプ)ブロ オドゥン チョンボ] 間接に得た情報 / ~적으로 듣・다[~tɕ'ogɯro tɯtt'a ~チョグロ トゥッタ] よそながら聞く; 又聞きする / ~적인 부탁[~tɕ'ogin pu:tʰak ~チョギン プータク] 又頼み ―세[s'e セ] 名 間接税 ―조명[tɕ'o:mjɔŋ チョーミョン] 名 間接照明.

간조[干潮][kandʑo カンジョ] 名 干潮; 潮干; 引き潮.

간주-곡[間奏曲][ka:ndʑugok カーンジュゴク] 名 〈楽〉間奏曲.

*간주-하다[看做―][kandʑuhada カンジュハダ] 自 見なす; …と思う; 見立てる ¶무승부(無勝負)로 ~[musɯŋ-buro ~ ムスンブロ ~] 引き分けと見なす.

간지럼[kandʑirɔm カンジロム] 名 くすぐったいこと ¶~ 타다[~tʰada ~タダ] くすぐったがる.

*간지럽다[kandʑirɔpt'a カンジロプタ] 形 ビ変 くすぐったい; こそばゆい; 面はゆい; 照れくさい ¶발이 ~[pari ~ パリ ~] 足がくすぐったい / 등이 ~[tɯŋi ~ トゥンイ ~] 背中がこそばゆい / 너무 칭찬을 받아서 낯~[nɔ-mu tɕʰiŋtɕʰanɯl padasɔ nat (k'an-dʑirɔpt'a) ノム チンチャヌル パダソ ナッ~] あまりほめられて照れくさい.

간지르다[kandʑirɯda カンジルダ] 他 ⇨'간질이다'. ×간지럽히다.

*간직-하다[kandʑikʰada カンジクハダ] 他 여変 (大切に)しまっておく; 保管する; 納(収)める; しまう ¶창고에 ~-해 두다[tɕʰaŋgoe ~kʰɛ duda チャンゴエ ~ケ ドゥダ] 倉庫にしまっておく / 마음 속에 ~[mauːm so:ge ~ マウム ソーゲ ~] 腹に収める; 心に留めておく.

간질[癎疾][ka:ndʑil カーンジル] 名 精神障害; 癲癇ネメ.

간질이다[kandʑirida カンジリダ] 他 くすぐる; こそげる; ×간지르다 ¶겨드랑을 ~[kjɔdɯraŋɯl ~ キョドゥランウル ~] わきの下をくすぐる / 남의 마음을 ~[name mauːmɯl ~ ナメ マウムル ~] 人の気持ちをくすぐる.

간-처녑[肝―][ka:ntɕʰɔnjɔp カーンチョ

ニョプ] 名 牛の肝臓とセンマイ[葉胃・重弁胃・第3胃]、またそのなます.

간척[干拓][kantʃʰok カンチョク] 名 하他 干拓する **―지**[tʃ'i チ] 名 干拓地.

***간첩**[間諜][ka:ntʃʰʌp カーンチョプ] 名 間諜ᄁᆞᆫᄎᆑᆸ; スパイ; 回し者; 間者 ¶ **～활동**[(ka:ntʃʰo) pʰwalt'oŋ ～プァルトン] スパイ活動.

간청[懇請][ka:ntʃʰʌŋ カーンチョン] 名 하他 懇請する ¶ 원조를 ～하다[wɔ:ndʒorul ～hada ウォンジョルル ～ハダ] 援助を懇請する.

***간-추리다**[kantʃʰurida カンチュリダ] 他 きちんと整理する; 簡単にまとめる; 要約する ¶ 요점을 ～[jotʃ'ʌmul ～ ヨッチョムル ～] 要点を取りまとめる.

간-치다[kantʃʰida カンチダ] 他 塩加減を適当にする.

간통[姦通][ka:ntʰoŋ カーントン] 名 하自 姦通ᄁᆞᆫᄐᆑᆼ.

간파-하다[看破―][kanpʰahada カンパハダ] 他 看破―; 見破る; 見抜く; 見透かす ¶ 정체를 ～[tʃʌ:ŋtʃʰerul ～ チョーンチェルル ～] 正体を見破る / 진의를 ～[tʃinirul ～ チニルル ～] 真意を見抜く / 상대방의 속마음을 ～[saŋdɛbaŋe so:ŋmaumul ～ サンデバンエ ソーンマウムル ～] 相手方の腹を見透かす.

***간판**[看板][kanpʰan カンパン] 名 看板 ¶ ～을 [ip(k'anpʰan) イプ～] 立て看板.

***간편**[簡便][kanpʰjʌn カンピョン] 名 하形 하副 簡便; ハンディー ¶ ～한 방법 [～han paŋbʌp ～ハン パンボプ] 簡便な方法 / ～한 사전 [～han sadʒʌn ～ハン サジョン] ハンディーな辞書.

간-하다[kanhada カンハダ] 他 여変 (食べ物に)塩加減をする; あんばいをする.

간-하다[諫―][ka:nhada カーンハダ] 他 여変 諫ᅵᆻめる; 諫言ᅵᆻᅵᆫする ¶ 술을 끊도록 ～[surul k'untʰoro (k'a:nhada) スルル ックントロク ～] 酒をやめるよう諫める.

***간행**[刊行][kanhɛŋ カンヘン] 名 하他 刊行 **―물**[mul ムル] 名 刊行物 **―본**[bon ボン] 名 刊行本.

***간호**[看護][kanho カンホ] 名 看護; 看病; 看取り **―하다**[hada ハダ] 他 看護する; 看取る ¶ 병자를 ～[pjʌ:ŋdʒarul ～ ピョーンジャルル ～] 病人を看病する **―사**(師)[sa サ] 名 看護師; 看病婦.

***간혹**[間或][ka:nhok カーンホク] 副 たまに; 時折; 時々 ¶ ～ 그런 일도 있지 [(ka:nho) k'urʌn ni:ldo itʃ'i ～ クロン ニールド イッチ] たまにはそんなこともあるさ / ～ 찾아오는 친구 [～ tʃʰadʒaonun tʃʰingu ～ チャジャオヌン チング] 時折訪ねてくる友達.

***갇히다**[katʃʰida カッチダ] 自 閉じ込められる; 監禁される; ＝가두다[kaduda カドゥダ]「閉じ込める」の被動 ¶ 감옥에 ～[kamoge ～ カモゲ ～] ろう屋に監禁される / 비에 ～[pie ～ ピエ ～] 雨で閉じ込められる **갇힌-물**[katʃʰinmul カッチンムル] 名 溜まり水.

갈-가리[ka:lgari カールガリ] 副 八つ裂きに; ずたずたに ¶ ～ 찢다[～ tʃ'it'a ～ ッチッタ] 八つ裂きにする.

갈-가마귀[kalgamagwi カルガマグィ] 名〈鳥〉コクマルガラス(黒丸鳥).

갈기-갈기[kalgigalgi カルギガルギ] 副 ずたずた; ちぎれちぎれ; きれぎれ; 八つ裂きに ¶ ～ 찢긴 옷[～ tʃ'ik'in ot ～ ッチッキン オッ] ずたずたに破れた服.

***갈기다**[kalgida カルギダ] 他 ①ぶん殴る; 張る ¶ 뺨을 ～[p'jamul ～ ッピャムル ～] ほっぺたを張り飛ばす ② (銃などを)打ちまくる; 発射する ¶ 총을 ～[tʃʰoŋul ～ チョンウル ～] 銃をぶっぱなす ③ 殴り書きする ¶ 글씨를 갈겨 쓰다[kulʃ'irul kalgjʌ s'uda クルッシルル カルギョ ッスダ] 字を殴り書きする; 走り書きする ④〈俗〉(小便などを)する ¶ 오줌을 ～[odʒumul ～ オジュムル ～] やたらに小便をする.

***갈다**[1][kalda カルダ] 他 ㄹ語幹 替える; 取り替える; (名前などを)改める ¶ 침목을 ～[tʃʰi:mmogul ～ チームモグル ～] まくら木を取り替える / 갈아 입다[kara ipt'a カライプタ] 着替える.

***갈다**[2][ka:lda カールダ] 他 ㄹ語幹 ①(刃を)研ぐ; 磨く ¶ 식칼을 ～[ʃikʰarul ～ シクカルル ～] 包丁を研ぐ / 옥을 ～[ogul ～ オグル ～] 玉を磨く ②(うすで)ひく ¶ 콩을 ～[kʰoŋul ～ コンウル ～] 豆をひく ③歯ぎしりする ¶ 이를 ～[irul ～ イルル ～] ④(大根などを)下ろす ¶ 무를 ～[mu:rul ～ ムールル ～] 大根を下ろす ⑤墨を擦する＝ ¶ 먹을 ～[mʌgul ～ モグル ～] ⑥(学問・技芸などを)磨く; 錬磨

갈다³ 24 갈비¹

する ¶갈고 닦은 기예 [ka:lgo ta-k'uɯn kie カールゴ タックン キエ] 磨いて上達させた技芸.

*갈다³ [ka:lda カールダ] 他 (ㄹ語幹) 耕す; 種をまく ¶밭을 ~ [pathɯl ~ パットゥル ~] 畑を耕す / 보리를 ~ [porirɯl ~ ポリルル ~] 麦をまく.

갈-대 [kalt'ɛ カルテ] 名 〈植〉アシ(葦); ヨシ ━발 [bal バル] 名 よしず; アシのすだれ ━발 [bat バッ] 名 アシ原.

갈등[葛藤] [kalt'uŋ カルトゥン] 名 葛藤; もつれ; 悶着; 争い; いざこざ ¶감정의 ~ [ka:mdʒoŋe ~ カームジョンエ ~] 感情のもつれ / ~이 생기다 [~i sɛŋgida ~イ センギダ] 葛藤が起こる; もつれる ━나다 [nada ナダ] 自 葛藤が起こる; いざこざが生じる.

갈라-내다 [kallanɛda カルラネダ] 他 取り分ける; より分ける.

갈라-놓다 [kallanotha カルラノッタ] 他 引き離す; 引き裂く ¶부모와 자식을 ~ [pumowa tʃasigɯl ~ プモワ チャシグル ~] 親と子を引き離す / 사랑하는 둘 사이를 ~ [saraŋhanɯn tu: s'airɯl ~ サランハヌン トゥール サイルル ~] 愛し合う2人の仲を引き裂く; 生木を裂く.

갈라-붙이다 [kallabutʃhida カルラブチダ] 他 両方に分ける ¶머리를 ~ [mɔrirɯl ~ モリルル ~] 髪を両方に.

갈라-서다 [kallasɔda カルラソダ] 自 ① (2つ以上に)分かれる ¶두 줄로 ~ [tu: dʒullo ~ トゥー ジュルロ ~] 2列に分かれる ② 関係を断つ; 離婚する; 別れる ¶부부가 ~ [pubuga ~ ププガ ~] 夫婦が離婚する.

*갈라-지다 [kalladʒida カルラジダ] 自 ① 割れる; 裂ける ¶얼음이 ~ [ɔrumi ~ オルミ ~] 氷が割れる / 땅이 ~ [t'aŋi ~ ッタンイ ~] (地震で)地面が裂ける ② 分かれる; 分岐する ¶의견이 ~ [ɯigjɔni ~ ウィーギョニ ~] 意見が分かれる / 길이 사방으로 ~ [kiri sa:baŋuro ~ キリ サーバンウロ ~] 道が四方に分岐する ③ 別れる; 別々になる; 離れる ¶남편과 ~ [namphjɔŋgwa ~ ナムピョングァ ~] (彼女は)夫と別れる.

*갈래 [kallɛ カルレ] 名 股; 分岐; 系統; 分類 ¶두 ~ 길 [tu: (gallɛ) k'il tu: (ガルレ) キル] 二股の道; 枝道.

갈리다¹ [kallida カルリダ] 自 ① 分かれる; 分けられる; =가르다 [karɯda カルダ]の受動 ¶길이 두 갈래로 ~ [kiri tu: gallero ~ キリ トゥーガルレロ ~] 道が二股鉄に分かれる ② 分かれる ¶의견이 구구하게 ~ [ɯi:gjɔni kuguhage ~ ウィーギョニ クグハゲ ~] 意見がまちまちに分かれる.

갈리다² [kallida カルリダ] 自 ① 取り替えさせる ='갈다'の使役形 ② 取り替えられる ='갈다'の受動 ¶교장이 ~ [kjo:dʒaŋi ~ キョージャンイ ~] 校長が替わる.

갈리다³ [kallida カルリダ] 自 ① 磨かせる; 削らせる; ='갈다'の使役形 ② 磨かれる; 研がれる; ='갈다'の受動 ¶식칼이 잘 갈린다 [ʃikhari tʃal gallinda シクカリ チャル ガルリンダ] 包丁がよく研がれる / 분해서 이가 ~ [pu:nhɛsɔ iga ~ プーンヘソ イガ ~] 悔しくて歯ぎしりする.

갈리다⁴ [kallida カルリダ] 自 ① 耕させる ='갈다³'の使役形 ¶밭을 ~ [pathɯl ~ パトゥル ~] 畑を耕させる ② 耕される ='갈다³'の受動 ¶논이 잘 ~ [noni tʃal (gallida) ノニ チャル (ガルリダ)] 田が耕しやすい.

*갈림-길 [kallimk'il カルリムキル] 名 別れ道; 岐路 ¶생사의 ~ [sɛŋsae ~ センサエ ~] 生死の別れ目 / 운명의 ~ [u:nmjɔŋe ~ ウーンミョンエ ~] 運命の岐路 / 인생의 ~ [insɛŋe ~ インセンエ ~] 人生の角番 [別れ道].

*갈망[渴望] [kalmaŋ カルマン] 名 하他 渴望; 切望 ¶귀국을 ~하다 [kwi:guguɯl ~hada クィーググル ~ハダ] 帰国を切望する.

*갈매기 [kalmɛgi カルメギ] 名 〈鳥〉カモメ(鷗).

갈무리 [kalmuri カルムリ] 名 하他 ① 蓄えておくこと ② 物をよく始末しておくこと ③ 仕上げ; 締めくくり ¶일을 잘 ~하다 [i:rɯl tʃal (galmuri) hada イールル チャル (ガルムリ) ハダ] (複雑な)ことをよく締めくくる ④ 処理; 片づけること.

갈보 [kalbo カルボ] 名 売春婦 ¶양~ [jaŋ (galbo) ヤン(ガルボ)] 西洋人を相手にする売春婦.

*갈비¹ [kalbi カルビ] 名 ① あばら骨; 肋骨 ② カルビ; 牛の骨つきあばら肉(焼き肉・煮込みなどに用いる) ━구이

[gui グイ] 名 カルビ焼き；牛の骨つきあばらの焼き肉 **―뼈**[p'jɔ ッピョ] 名 あばら骨；肋骨 **―찜**[tʃ'im ッチム] 名 牛カルビの煮込み **―탕**(湯)[tʰaŋ タン] 名 牛のあばら肉をぶつ切りにして煮込んだ汁を飯にかけた食べ物 **갈빗-대**[kalbit'ɛ カルビッテ] 名 肋骨の1つ1つの骨 ¶**~가 휘다**[~ga hwida ~ガ フィダ] 荷が重すぎて骨が折れる.

갈비²[kalbi カルビ] 名 焚き付けに用いる枯れた松の落ち葉.

***갈색**[褐色][kals'ɛk カルセク] 名 褐色；茶色 ¶**짙은 ~**[tʃitʰɯn ~ チトゥン ~] 焦げ茶(色).

갈수[渴水][kals'u カルス] 名 渇水 **―기**[gi ギ] 名 渇水期.

갈-수록[kals'urok カルッスロク] 副 ますます；より一層；行けば行くほど；日増し ¶**경기는 ~ 좋아지다**[kjɔŋginɯn ~ tʃ'oːadʒida キョンギヌン ~ チョーアジダ] 景気が日増しによくなってくる/**이 문제는 ~ 어려워진다**[i muːndʒenɯn ~ ɔrjɔwɔdʒinda イムンジェヌン ~ オリョウォジンダ] この問題はますます難しくなる **―태산이다**[tʰɛsanida テサニダ] 慣 一難去ってまた一難.

갈아-내다[karanɛda カラネダ] 他 (新しいものに)入れ替える；取り替える ¶**타이어를 ~**[tʰaiɔrɯl ~ タイオルル ~] タイヤを取り替える.

갈아-넣다[karanɔtʰa カラノッタ] 他 (新しいものを)入れ替える ¶**차를 ~**[tʃʰarɯl ~ チャルル ~] お茶を入れ替える.

갈아-들다[karadɯlda カラドゥルダ] 自 入れ替わる ¶**사람이 ~**[saːrami ~ サーラミ ~] 人が入れ替わる.

갈아-붙이다[karabutʰida カラブチダ] 他 張り替える ¶**광고를 ~**[kwaːŋgorɯl ~ クァーンゴルル ~]広告を張り替える.

갈아-엎다[karaɔpt'a カラオプタ] 他 耕し返す，鋤き返す；掘り返す ¶**논을 ~**[nonɯl ~ ノヌル ~] 田をすき返す.

***갈아-입다**[karaipt'a カライプタ] 他 着替える ¶**새옷으로 ~**[sɛosɯro ~ セオスロ ~] 新しい服に着替える.

갈아-주다[karadʒuda カラジュダ] 他 ① (新しいものに)取り替えてやる ¶**아기의 기저귀를 ~**[agie kidʒɔgwirɯl ~ アギエ キジョグィルル ~] 赤ん坊のおむつを取り替えてやる ② (売り手に利が残るような値段で)品物を買ってやる ¶**구두 한 켤레를 ~**[kudu han kʰjɔllerɯl ~ クドゥ ハン キョルレルル ~] 靴1足を買ってやる.

갈아-치우다[karatʃʰiuda カラチウダ] 他 交替させる；交代させる；取り替える ¶**선수를 ~**[sɔːnsurul ~ ソーンスルル ~] 選手を交替させる/**감독을 ~**[kamdogɯl ~ カムドグル ~] 監督を交代させる.

***갈아-타다**[karatʰada カラタダ] 他 乗り換える＝환승(換乘)하다 ¶**팬스를 ~**[hwaːnsɯŋhada ファーンスンハダ]/**버스로 ~**[bɔːsɯro ~ ボースロ ~] バスに乗り換える.

갈음[karɯm カルム] 名 取り替え[置き替え]ること **―하다**[hada ハダ] 自他 代える；代わりにする.

갈이¹[kari カリ] 依名 取り替え ¶**구두의 창~**[kudue tʃʰaŋ(gari) クドゥエ チャン(ガリ)] 靴底の取り替え.

갈이²[kari カリ] 名 田畑を耕すこと ¶**밭~ 하다**[patk'ari hada パッ~ ハダ] 畑を耕す.

갈-잎[kaːllip カールリプ] 名 枯れ葉；落ち葉；＝가랑잎[karaŋnip カランニプ]の略 **―나무**[(kaːllim)namu (カールリム)ナム] 名〈植〉落葉樹.

갈증[渴症][kaltʃ'ɯŋ カルチュン] 名 ① 渇；喉の渇き ¶**~을 풀다**[~ul pʰulda ~ウル プルダ] 喉の渇きをいやす ② 喉から手が出るほど欲しい心情 **―(이)나다**[(i)nada (イ)ナダ] 自 渇する；渇きを覚える；喉が渇く.

갈지자-걸음[―之字―][kaltʃ'itʃ'aːgɔrɯm カルチチャーゴルム] 名 千鳥足；ひょろひょろ歩き ¶**취해서 ~으로 걷다**[tʃʰwiːhɛsɔ ~uro kɔtːt'a チュィーヘソ ~(ゴル) ムロ コッタ] 酔ってひょろひょろと歩く.

갈지자-형[―之字形][kaltʃ'itʃ'aːhjɔŋ カルチチャヒョン] 名 ジグザグ形.

갈채[喝采][kaltʃʰɛ カルチェ] 名他 喝采 ¶**박수 ~**[paksu (galtʃʰɛ) パクス(ガルチェ)] 拍手喝采/**~를 받다**[~rul pat'a ~ルル パッタ] 喝采を博する.

갈치[kaltʃʰi カルチ] 名〈魚〉タチウオ(太刀魚).

갈치

갈퀴[kalkʰwi カルクィ] 名 (竹の)熊手ぐま; こまざらい; 松葉かき.

갈파[喝破]kalpʰa カルパ] 名他動 喝破 ¶진리를 ~하다[tʃilliɾul ~hada チルリルル ~ハダ] 真理を喝破する.

***갈팡-질팡**[kalpʰaŋdʒilpʰaŋ カルパンジルパン] 副他自 うろうろ; どぎまぎ; まごまご; へどもど; 右往左往 ¶어절 줄 몰라 ~하다[ɔtʃʼɔltʃʼul molla ~hada オッチョルチュル モルラ ~ハダ] なすすべを知らずうろうろする; (急に) どうしていいのかわからなくてどぎまぎする / 길을 잃고 ~하다[kirul lilkʰo ~hada キルル リルコ ~ハダ] 道に迷ってまごつく[うろうろする].

갈포[葛布]kalpʰo カルポ] 名 葛布くずぬ・ぐふ; クズの繊維で織った布.

***갈피**[kalpʰi カルピ] 名 ① 要領; 分別; 筋道; 物事の見分け ¶~를 못잡다 [~rul motʃʼaptʼa ~ルル モーッチャプタ] 筋道がつかめない[要領を得ない] / 그의 말은 ~를 잡을 수 없다 [kue maːrun ~rul tʃabul sʼu ɔptʼa クエ マールン ~ルル チャブルッス オプタ] 彼の言うことは見当がつかない ② ページ間 ¶책 ~[tʃʰeɡ(kʼalpʰi) チェク~] 本のページ間; しおり —**갈피**[galpʰi ガルピ] 副 ページごとに; あいだごとに.

갉다[kaktʼa カクタ] 他 ① かじる ¶쥐가 기둥을 ~[tʃwiga kiduŋul ~ チュイガ キドゥンウル~] ネズミが柱をかじる ② (熊手などで)かき集める ¶낙엽을 갉아 모으다[nagjəbul kalga mouda ナギョブル カルガ モウダ] 落ち葉をかき集める ③ そしる; けなす ¶남의 업적을 ~[name ɔptʃʼɔŋɡul ~ ナメ オプチョグル ~] 他人の業績をけなす ④ (人の財物を)少しずつかすめ取る; しぼり取る.＜긁다[kultʼa ククタ].

갉아-대다[kalgadɛda カルガデダ] 他 しきりにかき[かじり]続ける.＜긁어대다 [kulgɔdɛda クルゴデダ].

갉아-먹다[kalgəmɔktʼa カルガモクタ] 他 ① かじって食べる; かじる ¶쥐가 호박을 ~[tʃwiga hoːbagul ~ チュイガ ホーバグル ~] ネズミがカボチャをかじって食う ② (人の財物を)少しずつ(かすめ)取る.＜긁어먹다[kul gəmɔktʼa クルゴモクタ].

갉죽-거리다[kaktʃʼukʼɔrida カクチュクコリダ] 他 ① やたらにかき[かじり]続ける ② (人の弱点などを)こづいてかき立てる・しきりにつづく.

갉히다[kalkʰida カルキダ] 自他 引っ掻かれる; かじれる; ＝'갉다'の受動 ¶얼굴을 ~[ɔlgurul ~ オルグルル ~] 顔を引っ掻かれる.

***감**¹[kaːm カーム] 名〈植〉カキ(柿) ¶곶 ~[koːt(kʼam) コーッ(カム)] 干しガキ / 떫은[날] ~[tʼɔːlbun[nal] (gam) ットルブン[ナル](ガム)] 渋ガキ / 단~[tan(gam) タン(ガム)] 甘ガキ / ~이 열리다[~i jɔllida (カー)ミ ヨルリダ] カキがなる.

***감**²[kʼam カム] 名 ① がね; 物事の材料; 種・元となるもの ¶신랑~[ʃillaŋ~ シルラン~] 婿がね / 며느릿~[mjɔnurit~ ミョヌリッ~] 嫁がね / 신붓~[ʃinbut~ シンブッ~] 花嫁に適する人 / 양복~[jaŋbo~ ヤンボ~] 洋服生地 / 옷~[ot~ オッ~] 服地 ② (依存名詞的に)…分 ¶코트 2벌~[kʰoːtʰu tuː bɔl~ コートゥ トゥー ボル~] コート2着分.

감[減][kaːm カーム] 名下自他 減少; 減じること; 減る[減らす]こと ¶1할을 ~하다[irharul ~hada イルハルル ~ハダ] 1割を減らす.

감[感][kaːm カーム] 名 感 ① 感じ; 思い; 気持ち ¶이상한 ~이 든다 [iːsaŋhan ~i tunda イーサンハン (カー)ミ トゥンダ] 変な感じがする ② 感度 ¶~이 좋은 라디오[~i tʃoːun radio (カー)ミ チョーウン ラディオ] 感度の良いラジオ.

감가[減價][kaːmkʼa カームカ] 名下他 減価; 値引き; 値下げ —**상각**[saŋgak サンガク] 名〈経〉減価償却.

***감각**[感覺][kaːmgak カームガク] 名下他 感覚 ¶~이 낡았다[(kaːmgag)i nalgatʼa (カームガ)ギ ナルガッタ] 感覚が古い / 미적 ~[miːtʃʼɔ(kʼaːmgak) ミーチョク~] 美的感覚 **—기관**[(kaːmga) kʼigwan キグァン] 名 感覚器官 **—기능**[(kaːmga) kʼinuŋ キヌン] 名 感覚機能 **—마비**[(kaːmgaŋ) maːbi (カームガン)マービ] 名 感覚麻痺まひ **—묘사**[(kaːmgaŋ) mjɔːsa (カームガン) ミョーサ] 名 感覚描写 **—세포**[sʼeːpʰo セーポ] 名 感覚細胞.

감감[kamgam カムガム] 副 ① 遠くはるかに ¶고깃배가 ~ 멀어지다[kogitpɛga ~ mɔrɔdʒida コギッペガ ~ モロジダ] 漁船が遠くはるかだ ② 全く知ら

ない ¶사실을 ~ 모르다[saːʃirul ~ moruda サーシルル ~ モルダ] 事実を全然知らない ③ 消息が ない[~ soʃigi ɔːptʼa ~ ソシギ オープタ] まるっきり便りがない —**무소식**(無消息)[musoʃik ムソシク] 名 便りが全くないこと =—**소식**(消息)[soʃigi ~ ソシギ] 名 消息がとだえること;梨のつぶて. < 깜깜(무)소식[kʼamkʼam-(mu)soʃik ッカムッカム(ム)ソシク].

감감-하다[kamgamhada カムガムハダ] 形 여変 ① 大変遠くはるかだ;遥遠だ ¶멀어서 눈에 ~[~ nune ~ モロソ ヌネ ~] 遥遠としてはっきり見えない ② すっかり忘れている;まったく知らない ¶기억이 ~[kiɔgi ~ キオギ ~] 覚えがはっきりしない ③ 便りがまるっきりない=¶소식(消息)이 ~[soʃigi ~ ソシギ ~] ④ 途方に暮れている ¶할일이 많아 ~-해 하고 있다[halliri maːna ~-hɛ hago itʼa ハルリリ マーナ ~-ヘ ハゴ イッタ] 仕事が山のようで途方に暮れている **감감-히**[kamgami カムガミ] 副 全然;まるっきり;はるかに;全く;どっさり(と).

감개[感慨][kaːmgɛ カームゲ] 名 하自 感慨 ¶~에 잠기다[~e tʃamgida ~エ チャムギダ] 感慨に浸る —**무량**[murjaŋ ムリャン] 名 하形 感慨無量.

*감격[感激][kaːmgjɔk カームギョク] 名 하自 感激 ¶~의 눈물[(kaːmgjɔg)e nunmul (カームギョ)ゲ ヌンムル] 感激の涙 —**스러이**[sʼurɔi スロイ] 感動的に —**스럽다**[sʼurɔpʼtʼa スロプタ] 形 ㅂ変 感激[感動]的だ;感激にたえない —**적**(的)[tʃʼɔk チョク] 名 冠 感動的 ¶~인 장면[~-(tʃʼɔg)in tʃaŋmjɔn ~-(チョ)ギン チャンミョン] 感激の場面.

감귤[柑橘][kamgjul カムギュル] 名 <植> 柑橘; ミカン.

감금[監禁][kamgum カムグム] 名 監禁 ¶불법 ~[pulbɔp(kʼamgum) プルボプ ~] 不法監禁 —**하다**[hada ハダ] 他 監禁する; 取りこめる.

*감기[感氣][kaːmgi カームギ] 名 風邪;感冒 ¶~ 기운[~giun ~ギウン] 風邪気味 /~들다[걸리다][~-dulda[gɔllida] ~ドゥルダ[ゴルリダ] 風邪を引く.

감-나무[kaːmnamu カームナム] 名 <植> 柿の木.

*감다[1][kaːmtʼa カームタ] 他 目を閉じる; つぶる =¶눈을 ~[nunul~ ヌヌル~] **감기다**[1][kamgida カムギダ] ① 自 被動 目が閉じられる;眠気がさす;眠くてまぶたが合わさる ¶졸려서 눈이 ~[tʃɔːlljɔsɔ nuni ~ チョールリョソ ヌニ~] 眠気がさして目が塞がる ② 他 便役 目を閉じさせる ¶죽은 이의 눈을 ~[tʃugunie nunul ~ チュグニエ ヌヌル ~] 死者の目をつぶらせる.

*감다[2][kaːmtʼa カームタ] 他 (体や髪を)洗う ¶머리(를) ~[mɔri(rul) ~ モリ(ルル) ~] 髪を洗う / 멱(을) ~[mjɔk(kʼamtʼa) [mjɔːgul ~]] [ミョーク(カムタ)[ミョーグル ~]] (川などで)水浴びをする **감기다**[2][kamgida カムギダ] ① 他 便役 洗わせる; 洗ってやる ¶머리를 ~[morirul ~ モリルル ~] 髪を洗わせる[洗ってやる] / 멱을 ~[mjɔːgul ~ ミョーグル ~] 水浴びをさせる ② 自 受動 洗われる ¶머리가 억지로 감겨졌다[moriga ɔktʃʼiro kaːmgjɔdʒɔtʼa モリガ オクチロ カームギョジョッタ] 髪を無理やり洗われた.

*감다[3][kaːmtʼa カームタ] 1 他 巻く;繰る ¶시계 태엽을 ~[ʃige tʰɛjɔbul ~ シゲ テヨブル ~] 時計のぜんまいを巻く / 실을 ~[ʃiːrul ~ シールル ~] 糸を繰る[巻く] **감기다**[3][kamgida カムギダ] 2 自 受動 巻かれる ¶실패에 감긴 실[ʃiːlpʰɛe kamgin ʃil シールペエ カムギン シール] 糸巻きに巻かれた糸 3 他 便役 巻かせる ¶아이에게 실을 ~[aiege ʃiːrul ~ アイエゲ シールル ~] 子供に糸を巻かせる 4 自 絡みつく.

*감당[堪當][kamdaŋ カムダン] 名 하他 十分に成しおえること; 果たし得る[耐える]こと ¶그 역할을 ~-해 낼 수 없다[ku jɔkʰarul ~-hɛ nɛːl suːɔːptʼa ク ヨクカルル ~-ヘ ネールッス オープタ] その役を成しおえない.

*감독[監督][kamdok カムドク] 名 하他 監督;マネージャー(manager) ¶야구 ~[jaːgu (gamdok) ヤーグ(ガムドク)] 野球の監督 / 무대(舞臺) ~[muːdɛ(gamdok) ムーデ(ガムドク)] ステージマネージャー(stage manager).

*감-돌다[kaːmdolda カームドルダ] 1 自 ㄹ語幹 漂う; 垂れこめる ¶따뜻한 분위기가 ~[tʼatʼutʰan punwigiga ~ ッタットゥタン プヌィギガ ~] なごやかな雰囲気が漂う / 전운이 ~[tʃɔːnuni ~ チョーヌニ ~] 戦雲が垂

れこめる **2** 他 ㄹ語幹 (河流などが)曲がって流れる ¶산기슭을 감돌아 흐르는 강[sank'isɯlgɯl ka:mdora hurunun kaŋ サンキスルグル カームドラフルヌン カン] 山のふもとをうねって流れる川.

*감동[感動] [ka:mdoŋ カームドン] 名 하自 感動 ¶~을 주다[~ɯl tɕuda ~ウル チュダ] 感動を与える.

감량[減量] [ka:mnjaŋ カームニャン] 名 하自他 減量 —경영(經營)[gjəŋjəŋ ギョンヨン] 名 企業体が不況につれて企業の規模を適当に調節すること.

감로[甘露] [kamno カムノ] 名 甘露 —수[su ス] 名 甘露水 —주[dʑu ヂュ] 名 甘露酒.

감리[監理] [kamni カムニ] 名 하他 監理 ¶공사 ~[koŋsa (gamni) コンサ (ガムニ)] 工事監理 —교[gjo ギョ] 名 メソジスト(Methodist) 教会[派].

감면[減免] [ka:mmjən カームミョン] 名 하他 減免 ¶세금의 ~[se:gɯme ~ セーグメ ~] 税金の減免.

*감명[感銘] [ka:mmjəŋ カームミョン] 名 하自 感銘[肝銘] ¶깊은 ~을 받다[kiphɯn ~ɯl patʰa キプン ~ウル パッタ] 深い感銘を受ける.

감미[甘味] [kammi カムミ] 名 甘味 ¶~가 돌다[~ga to:lda ~ガ トールダ] 少し甘味が感じられる —로이[roi ロイ] 副 甘く —롭다[ropt'a ロプタ] 形 ㅂ変 甘い; 甘い感じがする ¶~-로운 과실(果實)[~-roun kwa:ɕil ~-ロウン クァーシル] 甘い果物.

감미[甘美] [kammi カムミ] 名 하形 甘美 —롭다[ropt'a ロプタ] 形 ㅂ変 甘美だ; 甘美な感じがする ¶~-로운 음악[~-roun ɯmak ~-ロウン ウマク] 甘美な音楽.

감방[監房] [kambaŋ カムバン] 名 監房; おり ¶~에 갇히다[~e katɕʰida ~エ カッチダ] 監房に閉じ込められる.

감별[鑑別] [kambjəl カムビョル] 名 하他 鑑別 ¶~법[~p'əp ~ポプ] 鑑別法.

감복[感服] [ka:mbok カームボク] 名 하自 感服; 感心 ¶~시키다[~ɕikʰida ~シキダ] 感服させる.

감봉[減俸] [ka:mboŋ カームボン] 名 하自他 減俸; 減給 ¶~ 처분[~ tɕʰo:bun ~ チョーブン] 減俸[減給]処分.

*감사[感謝] [ka:msa カームサ] 名 感謝 ¶진심(眞心)으로 ~(의 말씀을) 드립니다[tɕinɕimɯro ~ (e ma:lsʼɯmɯl) dɯrimnida チンシムロ ~ (エ マールッスムル) ドゥリムニダ] 心から感謝(のお言葉)を申し上げます —하다[hada ハダ] **1** 形 ありがたい **2** 自他 感謝する ¶~-합니다[~-hamnida ~-ハムニダ] 感謝します; ありがとうございます —히[i イ] 副 ありがたく —장[tɕʰaŋ チャン] 名 感謝状 —패[pʰɛ ペ] 名 感謝の牌状.

*감상[感想] [ka:msaŋ カームサン] 名 感想 ¶~문[~mun ~ムン] 感想文.

감상[感傷] [ka:msaŋ カームサン] 名 하自他 感傷 ¶~에 잠기다[~e tɕamgida ~エ チャムギダ] 感傷にふける.

감상[鑑賞] [kamsaŋ カムサン] 名 하他 鑑賞 ¶명곡을 ~하다[mjəŋgogɯl ~hada ミョンゴグル ~ハダ] 名曲を鑑賞する.

감색[紺色] [kamsɛk カムセク] 名 紺色.

감성-돔[kamsəŋ dom カムソンドム] 名〈魚〉クロダイ(黒鯛).

감소[減少] [ka:mso カームソ] 名 하自他 減少 ¶수입이 ~하다[suibi ~hada スイビ ~ハダ] 収入が減少する.

감수[甘受] [kamsu カムス] 名 하他 甘受 ¶고난을 ~하다[konanɯl ~hada コナヌル ~ハダ] 苦難を甘受する.

감수[感受] [ka:msu カームス] 名 感受 —성[səŋ ソン] 名 感受性.

감수[監修] [kamsu カムス] 名 하他 監修 ¶사전을 ~하다[sadʑənɯl ~hada サジョヌル ~ハダ] 辞典を監修する.

감시[監視] [kamɕi カムシ] 名 하他 監視; 見張り ¶~가 매우 심하다[~ga mɛu ɕi:mhada ~ガ メウ シームハダ] 監視が非常に厳しい —하다[hada ハダ] 他 監視する, (見)張る —대(臺)[dɛ デ] 名 見張り台 —레이더[reidə レイド] 名 監視レーダー —망[maŋ マン] 名 監視網 —초[tɕʰo チョ] 名 監視哨; 見張り所.

감식[減食] [ka:mɕik カームシク] 名 하自他 減食 —요법[ka:mɕiŋ njop'ɔp (カームシン) ニョポプ] 名 減食療法 —주의[tɕʰui チュイ] 名 減食主義.

감식[鑑識] [kamɕik カムシク] 名 鑑識; 目利き ¶미술품의 진가를 ~하다[mi:sulpʰume tɕinkaʼrul (kamɕi)kʰada ミースルプメ チンカルル ~カダ] 美術品の真贋を鑑識する —력[(kamɕiŋ) njək (カムシン) ニョク] 名 鑑識力; 鑑定し見分ける能力.

감실-거리다 [kamʃilgɔrida カムシルゴリダ] 自 遠くてかすかに揺れ動く；ちらつく；ちらちらする ¶ 멀리서 ~-거리는 불빛 [mɔːllisɔ ~-gɔrinum pulp'it モールリソ ~-ゴリヌン プルビッ] 遠くでちらちら揺れる灯.

*감-싸다 [kaːmsʼada カームッサダ] 他 ① くるむ；覆いかぶせる ¶ 아기를 타월에 ~ [agirɯl tʰawɔre ~ アギルル タウォレ ~] 赤ん坊をタオルにくるむ ② かばう；庇護する；包み隠す ¶ 허물[잘못]을 ~ [hɔmurɯl[tʃalmosɯl] ~ ホムルル[チャルモスル] ~] 過ちをかばう **감싸고-돌다** [kaːmsʼago dolda カームッサゴ ドルダ] 他 (ㄹ語幹) (過ちを) かばう[かばってやる]；かばい立てをする；庇護する **감싸-주다** [kaːmsʼadʒuda カームッサジュダ] 他 かばってやる；ひいきする；取り繕ってやる ¶ 그 사람만 ~ [kɯ saːramman ~ ク サーラムマン ~] 彼ばかりかばってやる / 상사의 실수를 ~ [saːŋsae ʃilsʼurɯl ~ サーンサエ シルスルル ~] 上役のしくじりを取り繕ってやる.

감안 [勘案] [kaman カマン] 名 하타 勘案；考え合わせること ¶ 사정을 ~하다 [saːdʒɔŋɯl ~hada サージョンウル ~ハダ] 事情を勘案[考慮]する.

감액 [減額] [kaːmɛk カーメク] 名 하타 減額.

감언 [甘言] [kamɔn カモン] 名 甘言；甘口；美言 ¶ ~에 유혹되다 [~e juhokt'weda (カモ) ネ ユホクトゥェダ] 甘言に釣られる / 남의 ~에 넘어가다 [name ~e nɔmɔgada ナメ (カモ) ネ ノモガダ] 人の甘口にだまされる **—이설** (利説) [niːsɔl ニーソル] 名 口車 ¶ ~에 넘어가다 [(kamɔnni:sɔl)e nɔmɔgada (カモンニーソ)レ ノモガダ] 口車に乗せられる.

감염 [感染] [kaːmjɔm カーミョム] 名 하타 感染 ¶ 전염병에 ~되다 [tʃɔnjɔmp'jɔŋe ~dweda チョニョムビョンエ ~ドゥェダ] 伝染病に感染する.

감옥 [監獄] [kamok カモク] 名 監獄；刑務所 **—살이** [sʼari サリ] 名 하타 監獄暮らし **—소** [sʼo ソ] 名 俗 監獄.

감원 [減員] [kaːmwɔn カームォン] 名 하타 減員 ¶ 사원을 대폭 ~하다 [saːwɔnɯl tɛːpʰo (k'aːmwɔn)hada サウォヌル テーポク ~ハダ] 社員を大幅に減らす.

*감자 [kamdʒa カムジャ] 名 〈植〉 イモ；ジャガイモ；バレイショ；ポテト.

감-잡다 [kaːmdʒapt'a カームジャプタ] 他 ① 推測する；見当をつける ② 弱味につけ込む.

감-잡히다 [kaːmdʒapʰida カームジャプピダ] 自 受動 ① 見当がつく ② 弱点をつかまれる；弱味につけ込まれる.

감전 [感電] [kaːmdʒɔn カームジョン] 名 하자 感電 **—사** [sa サ] 名 感電死.

감점 [減點] [kaːmtʃʼɔm カームチョム] 名 하타 減点 ¶ ~당하다 [~daŋhada ~ダンハダ] 減点される.

*감정 [感情] [kaːmdʒɔŋ カームジョン] 名 感情 ¶ ~에 끌리다 [~e kʼɯːllida ~ エックールリダ] 感情にかられる / ~에 흐르다 [~e hɯrɯda ~エ フルダ] 感情に流れる / ~을 누르다 [~ɯl nuːrɯda ~ウル ヌールダ] 感情を抑える / ~을 해치다 [~ɯl hɛːtʃʰida ~ウル ヘーチダ] 感情を害する.

감정 [憾情] [kaːmdʒɔŋ カームジョン] 名 (不満・不平・反感などによる) 不快；憤怒 ¶ ~을 품다 [~ɯl pʰuːmtʼa ~ウル プームタ] 不満を抱く；不快に思う **—(이) 나다** [(i) nada (イ) ナダ] 自 不満[不快]で腹が立つ[怒る] **—(을) 내다** [(ɯl) nɛːda (ウル) ネーダ] 不満[不快]で腹を立てる **—(을) 사다** [(ɯl) sada (ウル) サダ] 自 恨み[怒り]を買う；(相手にして) 憤慨させる；腹を立たせる **—(이) 있다** [(i) itʼa (イ) イッタ] 存 不快[不快]だ **—(이) 풀리다** [(i) pʰullida (イ) プルリダ] 自 怒りが静まる；わだかまりが解ける.

감정 [鑑定] [kamdʒɔŋ カムジョン] 名 하타 鑑定 ¶ 보석을 ~하다 [poːsɔgɯl ~hada ポーソグル ~ハダ] 宝石を鑑定する / 필적 ~ [pʰiltʃʼɔ (kʼamdʒɔŋ) ピルチョク ~] 筆跡鑑定 **—가** [ga ガ] 名 鑑定家 **—가 (격)** [kʼa (gjɔk) カ (ギョク)] 名 鑑定価 (格) **—료** [njo ニョ] 名 鑑定料 **—서** [sɔ ソ] 名 鑑定書 **—인** [in イン] 名 鑑定人.

감주 [甘酒] [kamdʒu カムジュ] 名 甘酒 =단술 [tansul タンスル].

감지 [感知] [kaːmdʒi カームジ] 名 하타 感知；気づくこと ¶ 지진을 ~하다 [tʃʰidʒinɯl ~hada チジヌル ~ハダ] 地震を感知する.

감지-덕지 [感之德之] [kaːmdʒidɔktʃʼi カームジドクチ] 副 하타 この上なくあ

감질[疳疾][kamdʒil カムジル] 名 物の欲しさにもどかしがる心 **—나다**[lada ラダ] 自 じれったい; 歯がゆい; 欲しくてたまらない; もどかしくなる ¶~나는 이야기[~-lanun nijagi ~-ラヌン ニヤギ] じれったい話/~-난다, 빨리 해라[~-landa, p'alli hɛːra ~-ランダ, ッパルリ ヘーラ] じれったい, 早くやれ/1잔으론 ~-난다[handʒanuron ~-landa ハンジャヌロン ~-ランダ] 1杯じゃ物足りない/비가 ~-나게 오네[piga ~-lage one ピガ ~-ラゲ オネ] 雨がたっぷり降らない.

감쪽-같다[kamtʼokʼatʼa カムッチョッカッタ] 形 全くそっくりだ; 少しも違わ(ちがわ)ない ¶솜씨가 ~[somʼiga ~ ソムッシガ ~] (模造品をつくる)手並みがうまくて本物そっくりだ **감쪽-같이**[kamtʼokʼatʼi カムッチョッカチ] 副 まんまと; 元どおりに; うまうまと ¶~ 속았다[~ sogatʼa ~ ソガッタ] まんまとだまされた / ~ 해 놓았다[~ hɛː noatʼa ~ ヘー ノアッタ] そっくり元のどおりにやってのけた[しておいた].

감찰[監察][kamtʃʰal カムチャル] 하他 監察 **—관**[gwan グァン] 名 監察官; 目付け役.

감찰[鑑札][kamtʃʰal カムチャル] 名 鑑札 ¶영업 ~[jɔŋɔp (kʼamtʃʰal) ヨンオプ~] 営業鑑札.

감천[感天][kamtʃʰɔn カムチョン] 名 하自 (誠実さに天が感動すること ¶지성(至誠)이면 ~이라[tʃisɔŋimiɔn ~ira チソンイミョン (カームチョ)ニラ] 至誠天に通ず.

감초[甘草][kamtʃʰo カムチョ] 名 〈植〉 ① カンゾウ; あまくさ ② 〈漢方〉 甘草の根 ③ (甘草がすべての漢方薬に入ることから, 何事にも一役かって出る人の意で)出しゃばり.

감촉[感觸][kamtʃʰok カームチョク] 名 하他 感触; 手触り ¶~이 부드러운 담요[(kaːmtʃʰog)i pudurɔun taːmnjo (カームチョ)ギ プドゥロウン タームニョ] 手触りがよい毛布; 感触が柔かい毛布 / 꺼칠꺼칠한 ~[kʼotʃʰilkʼotʃʰirhan ~ ッコチルッコチルハン ~] ざらざらした感触 / 축축한 ~[tʃʰoktʃʰokhan ~ チョクチョクカン ~] しっとりした感触.

***감추다**[kamtʃʰuda カムチュダ] 他 ① 隠す ¶돈을 서랍 속에 ~[toːnul sɔrapʼsʼoge ~ トーヌル ソラプソゲ ~] お金を引き出しの中に隠す ② くらます ¶행방을 ~[hɛŋbaŋul ~ ヘンバンウル ~] 行方をくらます ③ (感情を)隠す; 抑える ¶눈물을 감추지 못한다[nunmurul kamtʃʰudʒi motʰanda ヌンムル カムチュジ モーッタンダ] 涙を抑えきれない.

감칠-맛[kaːmtʃʰilmat カームチルマッ] 名 ① (食物の)うまみ; 舌鼓を打つほどの味; こくのある味 ¶~ 나는 술[(kaːmtʃʰilman) nanun sul (カームチルマン) ナヌン スル] 口当たりのいい酒. ② こくのある酒 ② 人の心を引きつける力; 魅力; 妙味 ¶~이 나는 이야기[(kaːmtʃʰilmaʒ)i nanun nijagi (カームチルマ) シ ナヌン ニヤギ] 味わいのある話.

***감탄**[感歎][kaːmtʰan カームタン] 名 하自 感嘆 ¶~할 만한 솜씨[~hal manhan somʼʃi ~ハル マンハン ソムッシ] 感嘆するほどの腕前.

감퇴[減退][kaːmtʰwe カームトゥェ] 名 하自 減退 ¶정력 ~[tʃɔŋnjo(kʼaːmtʰwe) チョンニョク ~] 精力減退.

감투[kamtʰu カムトゥ] 名 ① 昔, 平民がかぶった冠[小帽子]の一種 ② 俗 官位; 官職; 役職 ¶~를 벗다[~rul pɔtʼa ~ルル ポッタ] 官庁の職位をやめる **—싸움**[sʼaum ッサウム] 名 役職争い **—(를) 쓰다**[(rul) sʼuda (ルル)ッスダ] 自 (からかって)役職に就く.

감투[敢鬪][kaːmtʰu カームトゥ] 名 하自 敢鬪 ¶~ 정신[~ dʒɔŋʃin ~ ジョンシン] 敢鬪精神 **—상**[saŋ サン] 名 敢鬪賞.

감-하다[減一][kaːmhada カームハダ] 1 自 減ずる; 減る 2 他 減らす ¶1할을 ~[irharul ~ イルハル ~] 1割を減らす.

감행[敢行][kaːmhɛŋ カームヘン] 名 하他 敢行 ¶상륙을 ~하다[saːŋnjugul ~hada サーンニュグル ~ハダ] 上陸を敢行する.

감호[監護][kamho カムホ] 名 하他 監護 ¶요(要)~자[jo(gamho)dʒa ヨ(ガムホ)ジャ] 監護を必要とする者.

감화[感化][kaːmhwa カームファ] 名 하自他 感化 **—교육**[gjoːjuk ギョーユ

ク] ⓝ 感化教育 **—원**[wɔn ウォン] ⓝ 感化院.

감회[感懷][ka:mhwe カームフェ] ⓝ 感懷 ¶ ~를 말하다[~rɯl ma:rha-da ~ル マールハダ] 感懷を述べる.

***감-히**[敢—][ka:mi カーミ] ⓐ ① 敢ぁぇて; 強いて; 思いきって ¶ ~ 도전하다[~ todʒɔnhada ~ トジョンハダ] 敢えて挑戦する / ~ 말한다면[~ ma:rhandamjɔn ~ マールハンダミョン] 強いて言うなら ② おそれ多くも ¶ ~ 아뢰옵니다[~ arweomnida ~ アルェオムニダ] おそれ多くも申し上げます.

갑[甲][kap カプ] ⓝ 甲 ① 十干の第一; きのえ ② 順序の初め; 等級の第一位 ③ 2つ以上のうち, その1つの名前の代わりに使う語 ¶ 以下 원고를 ~, 피고를 을…[i:ha wɔngorɯl ~, phi:gorɯl ɯl… イーハ ウォンゴルル ~, ピーゴルル ウル…] 以下原告を甲, 被告を乙(と称する).

갑[匣][kap カプ] ⓝ 匣ごう; 小箱; ケース; …箱 ¶ 성냥~[sɔŋnjaŋ(k'ap) ソンニャン~] マッチ箱 / 담배 2~[ta:mbɛ du: (gap) タームベ ドゥー (ガプ)] タバコ2箱.

갑갑-증[—症][kapk'aptʃ'ɯŋ カプカプチュン] ⓝ うっとうしさ; いらだち; もどかしさ ¶ ~이 나서 못 견디다[~i nasɔ mot k'jɔndida ~イ ナソ モーッ キョンディダ] うっとうしくて[もどかしくて]耐えられ[たまら]ない.

***갑갑-하다**[kapk'aphada カプカプハダ] ⓕ 여변 ① 息づまる; 窮屈だ ¶ ~, 창문을 열어라[~, tʃhaŋmunɯl jɔra ~, チャンムヌル ヨロラ] 息がつまりそうだ, 窓を開けなさい / 이 옷은 ~[i osɯn ~ イ オスン ~] この服は窮屈だ ② 退屈だ ¶ 그를 기다리기가 몹시 ~[kɯrɯl kidarigiga mo:pʃi ~ クルル キダリギガ モープシ ~] 彼を待つのが非常に退屈だ ③ 苦しい; つかえる ¶ 체해서 가슴이 ~[tʃhehɛsɔ ka-sɯmi ~ チェヘソ カスミ ~] 食あたりで胸がつかえる ④ じれったい ¶ 합격인지 아닌지 몰라 ~[hapk'jɔgindʒi anindʒi molla ~ ハプキョギンジ アニンジ モルラ ~] 合格かどうかわからないのでじれったい ⑤ うんざりする ¶ 그런 것도 모르다니 정말 ~[kɯrɔngɔt'o morɯdani tʃɔ:ŋmal ~ クロンゴット モルダニ チョーンマル ~] そんなことも知らないとは本当にうんざりする.

갑론-을박[甲論乙駁][kamnonɯlbak カムノ ヌルバク] ⓝ 甲論ぷ乙駁はく; 議論がなかなかまとまらないこと.

갑부[甲富][kap'u カプブ] ⓝ 大金持ち.

갑옷[甲—][kabot カボッ] ⓝ 鎧よろ ¶ ~을 입다[(kabos)ɯl ipt'a (カボス)ル イプタ] よろいを着る.

***갑자기**[kaptʃ'agi カプチャギ] ⓐ 突然; にわかに; 急に; いきなり; ついと ¶ ~ 비가 내리다[~ piga nɛrida ~ ピガ ネリダ] 急に[にわかに]雨が降り出す / ~ 뺨을 치다[~ p'jamɯl tʃhida ~ ッピャムル チダ] いきなりびんたを張る / ~ 일어서서 가다[~ irɔsɔsɔ ka-da ~ イロソソ カダ] ついと立って行く.

갑작-스럽다[kaptʃ'aksɯrɔpt'a カプチャクスロプタ] ⓕ 日変 急だ, 突然だ; 不意だ; だしぬけだ ¶ ~-스런 이야기[~-sɯrɔn nijagi ~-スロン ニヤギ] 突然な話 / ~-스런 손님[~-sɯrɔn sonnim ~-スロン ソンニム] 不意の来客.

***갑절**[kaptʃ'ɔl カプチョル] 1 ⓝ 하他 倍; 2倍 ¶ 크기가 꼭 ~ 이다[khɯ:giga k'o (k'aptʃ'ɔr)ida クキガ ッコク (カプチョ)リダ] 大きさがちょうど(2)倍である 2 ⓐ 倍に, 一倍 ¶ ~이나 많다[(kaptʃ'ɔr)ina ma:ntha (カプチョ)リナ マーンタ] 倍ほども多い / 남보다 ~ 일하다[namboda ~ i:rhada ナムボダ ~ イールハダ] 人一倍働く.

갑판[甲板][kaphan カプパン] ⓝ 甲板; デッキ(deck).

***값**[kap カプ] ⓝ ① 価値; 値打ち; 値 ¶ 그만한 ~은 있다[kɯmanhan ~-s'un it'a クマンハン ~スン イッタ] それだけの値打ちはある ② 代金; 料金; 料; 代 ¶ 물~[mul(k'ap) ムル~] 水道料 / 방~[paŋ(k'ap) パン~] 部屋代 ③ 価格; 値段; 値ゎ ¶ 도매~[tomɛ(k'ap) トメ~] おろし値 / ~을 깎다[~s'ɯl k'akt'a ~スル ッカクタ] 値切る / ~이 오르다[내리다][~ʃ'i oruda[nɛrida] ~シ オルダ[ネリダ]] 値が上がる[下がる] ④ 代価 ¶ 일한 ~[i:rhan ~ イールハン ~] 働いた代価 ⑤〈数〉値ぁた ¶ x의 ~을 구하라[eks'we ~s'ɯl kuhara エクスエ ~スル クハラ] xの値を求めよ.

값(이)-나가다[kam (kapʃ'i) nagada カム [カプシ] ナガダ] ⓥ ① 値打ちがあ

값(을)-놓다 [kamnotʰa [kapsɯl notʰa] カムノッタ[カプスル ノッタ]] 自 (買い手が)値段をつける; 値*を言う ¶ 값놓기만 하고 사지 않는다 [kamnokʰiman hago sadʒi annɯnda カムノッキマン ハゴ サジ アンヌンダ] 値だけつけて買わない.

값(이)-닿다 [kaptʼatʰa [kaʃi taːtʰa] カプ(シ) タ(ー)ッタ] 自 予定の[適当な]値段になる ¶ 값닿으면 팔겠소 [kaptʼaɯmjən pʰalgesʼo カプタウミョン パルゲッソ] 適当な値段だったら売ります.

값(을)-매기다 [kam [kapsɯl] mɛgida カム[カプスル] メギダ] 自他 値段をつける[踏む].

값(을)-보다 [kapʼoda [kapsɯl poda] カプ(スル) ポダ] 自他 値踏みする; 値積もりをする; 値段を調べる.

값(을)-부르다 [kapʼurɯda [kapsɯl purɯda] カプ(スル) プルダ] 自他 値段を言う; 値を呼ぶ; 値をつける.

값(이)-비싸다 [kapʼisʼada [kapʃi pisʼada] カプ(シ) ピッサダ] 形 値が高い[張る]; 高価だ ¶ 값비싼 차 [kapʼisʼan tʃʰa カプピッサン チャ] 高価な車.

값(이)-싸다 [kap(ʃi)sʼada カプ(シ)ッサダ] 形 値段が[値]が安い; 安っぽい; 俗 ちゃちだ ¶ 값싼 가구 [kapsʼan kagu カプサン カグ] 安っぽい家具 / 값싼 물건 [kapsʼan mulgən カプサン ムルゴン] ちゃちな品 / 값싼 동정 [kapsʼan toːŋdʒəŋ カプサン トンジョン] 安価な[安っぽい]同情.

값-어치 [kabətʃi カボチ] 名 値打ち; 価値 ¶ 읽어 볼 ~가 있다 [ilgəbol ~ga itʼa イルゴ ボル ~ガ イッタ] 読んでみる値打ちがある.

값(이)-없다 [kabəpʼta [kapʃi ɔːptʼa] カボプタ[カプシ オープタ]] 存 ① 値がつけられないほど貴重だ; 大切だ ② 値打ちがない; 無価値だ; ただ同然だ ¶ 배추가 너무 많아 ~ [pɛtʃʰuga nəmu maːna ~ ペチュガ ノム マーナ ~] 白菜が有り余ってただも同然だ **값-없이** [kabəpʼʃi カボプシ] 副 たいへん貴重に ¶ ~ 귀한 것 [~ kwiːhan gət ~ クィーハン ゴッ] たいへん貴重なもの; 値がつけられないほど貴重なもの.

값(이)-있다 [kabitʼa [kapʃi itʼa] カビッタ [カプシ イッタ]] 存 ① 値打ちがある; 貴重だ ② やりがいがある.

값-지다 [kaptʃʼida カプチダ] 形 高価だ; めぼしい; 貴い; 貴重だ ¶ 값진 물건 [kaptʃʼin mulgən カプチン ムルゴン] 高価な[めぼしい物]; 値打ちのある品物 / 값진 체험 [kaptʃʼin tʃʰehəm カプチン チェホム] 貴い体験.

값(을)-치다 [kap(sʼul)tʃʰida カプ(スル)チダ] 他 値段をきめる; 値をつける; 値踏みする; 評価する; 見積もる.

값(을)-치르다 [kap(sʼul)tʃʰirɯda カプ(スル)チルダ] 他 代金を支払う.

값(을)-하다 [kapʰada [kapsɯl hada] カプハダ[カプスル ハダ]] 自 …に値する; …にふさわしい役割を果たす; 値に相当することをする ¶ 돈 값하다 [toːn kʼapʰada トーン カプハダ] お金に値するだけのことはする.

****갓¹** [kat カッ] 名 ① (昔,成年男子が頭にかぶった)冠; かさ ¶ 삿~ [satkʼat サッカッ] あじろがさ ② (ランプなどの)かさ ③ 〈植〉(キノコの)かさ.

갓² [kat カッ] 名 〈植〉カラシナ(芥子菜); 高菜 ¶ ~김치 [~kʼimtʃʰi ~キムチ] カラシナに薬味・塩辛汁を加えて一様に混ぜ合わせたキムチ.

****갓³** [kat カッ] 副 ただ今; 今すぐ; …したばかりの; …立て ¶ ~지은 밥 [(ka)tʃʼiun pap ~ チウン パプ] 炊き立てのご飯 / ~태어난 아기 [~ tʰɛənan agi ~ テオナン アギ] 生まれたばかりの赤ちゃん.

갓- [kat カッ] 接頭 ① (年齢を表わす 20・30・40などの数詞の前に付いて)ちょうど; きっちり; やっと ¶ ~스물 [(ka)sʼumul ~スムル] やっと20 / ~마흔 [(kan)mahɯn (カン)マフン] ちょうど40歳 ② …したばかりの; 今しがた ¶ ~난애 [(kan)nanɛ (カン)ナネ] 生まれたばかりの赤ちゃん.

갓-길 [katkʼil カッキル] 名 路肩; 道のはし.

갓-끈 [katkʼɯn カックン] 名 えい; 冠のひも ¶ ~을 매다 [~ɯl mɛːda (カ)ック ヌル メーダ] 冠のひも結ぶ.

갓-나다 [kannada カンナダ] 自 たった今生まれたばかりである.

갓난-아기 [kannanagi カンナナギ] 名 赤ちゃん; 赤ん坊; '간난아이'の愛称.

간난-아이 [kannanai カンナナイ] 名 嬰児ポ; みどりご; あかご; 略 **간난애** [kannanɛ カンナネ]・**간난이** [kannani カンナニ].

***강**[江] [kaŋ カン] 名 江; 川[河] ¶ ~줄기 [~tʃulgi ~チュルギ] 河の流れ / ~을 건너다 [~ɯl kɔːnnɔda ~ウル コンノダ] 川を渡る / ~건너 불구경 [~gɔnnɔ pulgujɔŋ ~ゴンノ プルグギョン] 諺 対岸の火事; 高みの見物.

강- [kaŋ カン] 接頭 ① ひどい…; こわい…; 厳しい… ¶ ~추위 [~tʃʰuwi ~チュウィ] 厳しい寒さ ② 混ざりけのない; 純粋な ¶ ~보리밥 [~boribap ~ボリパプ] 麦だけを炊いたご飯.

강- [江] [kaŋ カン] 接頭 川の ¶ ~나루 [~naru ~ナル] 川の渡し場 / ~바람 [~pʼaram ~パラム] 川の風.

강- [強] [kaŋ カン] 接頭 強(い) ¶ ~타자 [~tʰadʒa ~タジャ] 強打者 / ~편치 [~pʰɔntʃʰi ~ポンチ] 強いパンチ / ~행군 [~hɛŋgun ~ヘングン] 強行軍.

강-가 [江—] [kaŋkʼa カンカ] 名 川辺; 川のほとり; 川岸; 河岸.

강간 [強姦] [kaːŋgan カーンガン] 名 也他 乱暴; 暴行; 手込め **—범** [pɔm ポム] 名 強姦犯 **—죄** [tʃʼwe チュェ] 名 強姦罪.

강강-수월래 [kaŋgaŋsuwɔllɛ カンガンスウォルレ] 名〈民〉婦女子らが手に手を取って踊る民俗円舞, また, その歌 = **강강술래** [kaŋgaŋsullɛ カンガンスルレ].

강강수월래

강경 [強勁・強硬] [kaŋgjɔŋ カンギョン] 名 形動 副 強硬; 強腰 ¶ ~히 주장하다 [~i tʃudʒaŋhada ~イ チュジャンハダ] 強硬に言い張る / ~하게 나오다 [~hage naoda ~ハゲ ナオダ] 強腰に出る **—책** [tʃʰɛk チェク] 名 強硬策 ¶ ~을 쓰다 [~-(tʃʰeg)ɯl sʼɯda ~-(チェ)グルッスダ] 強硬策をとる **—파** [pʰa パ] 名 強硬派; たか派.

강공 [強攻] [kaŋgoŋ カンゴン] 名 [하]他 強攻 ¶ ~책을 쓰다 [~tʃʰɛgul sʼuda ~チェグルッスダ] 強攻策をとる.

***강구-하다** [講究—] [kaːŋguhada カーングハダ] 他 講究する; 深く考え巡らす; 講ずる; 練る ¶ 수단을 ~ [sudanul ~ スダヌル ~] 手段を講ずる / 비책을 ~ [piːtʃʰɛgul ~ ピーチェグル ~] 秘策を練る [講究する].

강-기슭 [江—] [kaŋkʼisɯk カンキスク] 名 川辺; 川岸; 河岸.

강-나루 [江—] [kaŋnaru カンナル] 名 川の渡し場.

강남-콩 [kaŋnaŋkʰoŋ カンナンコン] 名〈植〉インゲンマメ(隠元豆); いんげん(ささげ); 三度豆. ×'강남콩'.

강냉이 [kaŋnɛŋi カンネンイ] 名〈植〉トウモロコシ = **옥수수** [oksʼusu オクスス].

강단 [kaːŋdan カーンダン] 名 講壇 ¶ 대학 ~에 서다 [tɛːha(kʼaːŋdan)e sɔda テーハク (カーンダン)ネ ソダ] 大学の講壇に立つ.

강당 [講堂] [kaːŋdaŋ カーンダン] 名 講堂 ¶ ~에 집합하다 [~e tʃiphaphada ~エ チプハプハダ] 講堂に集合する.

강대 [強大] [kaŋdɛ カンデ] 名 [하]形 [하]副 強大 ¶ ~국 [~guk ~グク] 強大国.

강도 [強度] [kaŋdo カンド] 名 強度 ¶ ~를 측정하다 [~rul tʃʰɯktʃʼɔŋhada ~ルル チュクチョンハダ] 強度を測定する.

강도 [強盗] [kaːŋdo カード] 名 強盗 ¶ 살인 ~ [sarin (gaːŋdo) サリン(ガード)] 強盗殺人 / ~질하다 [~dʒirhada ~ジルハダ] 強盗を働く **—범** [bɔm ボム] 名 強盗犯 **—죄** [tʃʼwe チュェ] 名 強盗罪.

***강력** [強力] [kaŋnjɔk カンニョク] 名 [하]形 強力 ¶ ~한 에너지 [(kaŋnjɔ)-kʰan enɔdʒi ~カン エノジ] 強力なエネルギー **—범** [pʼom ポム] 名 強力犯 **—히** [(kaŋnjɔ)kʰi キ] 副 強力に ¶ 계획을 ~ 추진하다 [keːhwegul ~ tʰudʒinhada ケーフェグル ~ チュジンハダ] 計画を強力に推進する.

강렬 [強烈] [kaŋnjɔl カンニョル] 名 [하]形 強烈 ¶ ~한 자극 [(kaŋnjɔr)-han tʃaːguk ~ハン チャーグク] 強烈な刺激 **—히** [(kaŋnjɔr)i (カンニョ)リ] 副 強烈に; 強く.

강-마르다 [kaŋmaɯda カンマルダ] [形][으変] ①すっかり乾く; 干からびる ¶강마른 논바닥 [kaŋmaruɯn nonp'adak カンマルン ノンパダク] 干からびた田 ②ひどくやせている ¶강마른 사람 [kaŋmaruɯn sa:ram カンマルン サーラム] ひどくやせている人 ③荒く強情だ.

강매 [強賣] [ka:ŋmɛ カーンメ] [名][하他] 強売; 押し売り.

강-물 [江-] [kaŋmul カンムル] [名] 川の水 ¶~이 오염되다 [(kaŋmur)i o:jəmdweda (カンム)リ オーヨムドゥェダ] 川の水が汚染される.

강-바닥 [江-] [kaŋp'adak カンパダク] [名] 川底; 川床; 河床.

강-바람 [江-] [kaŋp'aram カンパラム] [名] 川風; 川おろし.

강박 [強迫] [kaŋbak カンバク] [名][하他] 強迫 **—관념** [(kaŋba)k'wannjəm クァンニョム] [名] 強迫観念 **—상태** [s'aŋtʰe サンテ] [名] 強迫状態.

강변 [江邊] [kaŋbjən カンビョン] [名] 川岸; 川辺[河辺] **—도로** [do:ro ドーロ] [名] 川沿いの道路.

강사 [講士] [ka:ŋsa カーンサ] [名] (演説会などでの)講師; 弁士.

강사 [講師] [ka:ŋsa カーンサ] [名] 講師 ¶대학 ~ [tɛ:ha(k'a:ŋsa) テーハク~] 大学講師 / 전임 ~ [tʃənim(ga:ŋsa) チョニム(ガーンサ)] 専任講師 / 시간(時間) ~ [ʃigan(ga:ŋsa) シガン(ガーンサ)] (大学の)非常勤講師.

*__강산__ [江山] [kaŋsan カンサン] [名] 山河; 国土 **—풍월**(風月) [pʰuŋwəl プンウォル] [名] 自然の美しい風景.

강설 [降雪] [ka:ŋsəl カーンソル] [名][하他] 降雪 **—량** [rjaŋ リャン] [名] 降雪量.

강세 [強勢] [kaŋse カンセ] [名] 強勢; 強気 ¶주식 시세가 ~를 보인다 [tʃuʃik ʃ'isega ~ruɯl poinda チュシク シセガ ~ルル ポインダ] 株式相場が強気を見せる.

강-속구 [強速球] [kaŋsok'u カンソック] [名] (野球で)剛速球.

강수 [降水] [ka:ŋsu カーンス] [名] 降水 **—량** [rjaŋ リャン] [名] 降水量.

강-술 [kaŋsul カンスル] [名] 肴なしに飲む酒 = [俗] 깡술 [k'aŋsul ッカンスル].

강습 [強襲] [kaŋsɯp カンスプ] [名][하自他] 強襲 ¶적진을 ~하다 [tʃəktʃ'inɯl (kaŋsɯ) pʰada チョクチヌル ~パダ] 敵陣を強襲する.

강습 [講習] [ka:ŋsup カーンスプ] [名][하他] 講習 **—생** [s'εŋ セン] [名] 講習生 **—소** [s'o ソ] [名] 講習所 **—회** [(ka:ŋsɯ) pʰwe プェ] [名] 講習会.

강-심장 [強心臟] [kaŋʃimdʒaŋ カンシムジャン] [名] 心臟が強い人, また, そのような性格; 厚かましくて物怖ぁじしない性格, また, そのような人.

강심-제 [強心劑] [kaŋʃimdʒe カンシムジェ] [名] 強心劑 ¶~를 놓다 [~ruɯl notʰa ~ルル ノッタ] 強心劑を打つ[注射する].

*__강아지__ [kaŋadʒi カンアジ] [名] 子犬; [俗] 犬ころ ¶~를 기르다 [~ruɯl kiruɯda ~ルル キルダ] 子犬を飼う.

강압 [強壓] [ka:ŋap カーンアプ] 強圧 **—적으로 나오다** [~tʃ'ɔguro naoda ~チョグロ ナオダ] 強圧的に出る; かさに掛かる.

강연 [講演] [ka:ŋjən カーンヨン] [名][하他] 講演 **—회** [hwe フェ] [名]講演会.

강요 [強要] [ka:ŋjo カーンヨ] 強要 ¶~된 사퇴 [~dwen satʰwe ~ドゥェン サテ] 強いられた[強要された]辞退.

*__강의__ [講義] [ka:ŋi カーンイ] [名][하他] 講義 **—실** [ʃil シル] [名] 講義室.

강인 [強韌] [kaŋin カンイン] [名] 強靭 **—하다** [hada ハダ] [形] 強靭だ; しぶとい; きつい ¶~-한 의지 [~-han ɯi:dʒi ~-ハン ウィージ] 強靭な意志 / ~-한 인간이다 [~-han inganida ~-ハン インガニダ] しぶとい人間だ.

강자 [強者] [kaŋdʒa カンジャ] [名] 強者; つわもの; 実力者.

강장 [強壯] [kaŋdʒaŋ カンジャン] [名][하形] 強壯 **—음료** [ɯ:mnjo ウームニョ] [名] 強壯飲料 **—제** [dʒe ジェ] [名] 強壯劑.

강적 [強敵] [kaŋdʒɔk カンジョク] [名] 強敵; 大敵 ¶~과 싸우다 [(kaŋdʒɔ)-k'wa s'auda ~クァッサウダ] 強敵と戦う.

*__강점__ [強點] [kaŋtʃ'ɔm カンチョム] [名] 強み ¶영어는 말할 줄 아는 것이 ~이다 [jɔŋɔrɯl haltʃ'ur a:nun koʃi-ida ヨンオルル ハルチュ ラーヌンコシ (カンチョ)ミダ] 英語で話せるのが強みだ.

강정 [kaŋdʒɔŋ カンジョン] [名] ①韓国・朝鮮民俗菓子の一種(こねたもち米を適当に切り, 油で揚げ蜜ろに浸し, ゴマ・き

な粉・松の粉をまぶしたもの) ②ゴマ・豆・松の実などを水飴で固めたお菓子.

***강제**[強制][ka:ŋdʒe カーンジェ] 名 強制 **―하다**[hada ハダ] 他 強制する; 強いる ¶퇴거를 ~하다[tʰwe:gorul ~ トウェーゴルル ~] 立ち退きを強制する.

***강조**[強調][ka:ŋdʒo カーンジョ] 名 [하他] 強調 **―주간**[dʒugan ジュガン] 名 強調週間.

***강좌**[講座][ka:ŋdʒwa カーンジュア] 名 講座 ¶어학 ~[o:ha(k'a:ŋdʒwa) オーハク~] 語学講座.

강직[剛直][kaŋdʒik カンジク] 名 [하形] 剛直 ¶~한 사람[(kaŋdʒi) kʰan sa:ram ~カン サーラム] 剛直な人; 堅人 / ~한 성격[(kaŋdʒi) kʰan sɔ:ŋk'jɔk ~カン ソーンキョク] 生一本な性格.

***강짜**[kaŋtʃ'a カンッチャ] 名 焼きもち; ねたみ ¶~를 부리다[~rul purida ~ルル プリダ] 焼きもちを焼く; 強情を張る.

강철[鋼鐵][kaŋtʃʰɔl カンチョル] 名 鋼鉄; スチール(steel); 鋼鉄.

강촌[江村][kaŋtʃʰon カンチョン] 名 江村; 川や入り江に沿った村.

강-추위[kaŋtʃʰuwi カンチュウィ] 名 厳しい寒さ; 酷寒.

강타[強打][kaŋtʰa カンタ] 名 [하他] 強打 ¶~자[~dʒa ~ジャ] 強打者.

강탈[強奪][ka:ŋtʰal カーンタル] 名 [하他] 強奪 ¶핸드백을 ~당했다[hɛndubɛgul ~daŋhɛt'a ヘンドゥベグル ~ダンヘッタ] ハンドバッグを強奪された[ひったくられた].

강-태공[姜太公][kaŋtʰɛgoŋ カンテゴン] 名 ① 太公望 ② 俗 釣り人.

강판[薑板][ka:ŋpʰan カーンパン] 名 下ろし金 ¶~으로 무를 갈다[~uro mu:dʒubul nɛ:da (カンパ)ヌロ ムージュブル ネーダ] 下ろし金で大根おろしをつくる.

강평[講評][ka:ŋpʰjɔŋ カーンピョン] 名 [하他] 講評 ¶문예 작품의 ~[muneːdʒakpʰume ~ ムネジャクプメ~] 文芸作品の講評.

***강-하다**[強一][kaŋhada カンハダ] 形 [여変] 強い; 手強い ¶힘이 ~[himi ~ ヒミ~] 力が強い / 햇볕이 ~[hɛp'jɔtʃʰi ~ ヘッピョチ~] 日差しが強い / 추위에 ~[tʃʰuwie ~ チュウィエ~] 寒さに強い.

강행[強行][ka:ŋhɛŋ カーンヘン] 名 [하他] 強行 ¶시합을 ~하다[ʃihabul ~ シハブル ~ハダ] 試合を強行する **―군**[gun グン] 名 強行軍.

강호[江湖][kaŋho カンホ] 名 江湖 ① 自然; 田舎 ¶~에 묻혀 살다[~e mutʃʰo sa:lda ~エ ムチョ サールダ] 田舎にうずもれて暮らす ② 世の中; 世間 ¶~에 호평을 받다[~e ho:pʰjoŋul pat'a ~エ ホーピョンウル パッタ] 江湖の好評を博する.

강호[強豪][kaŋho カンホ] 名 強豪 ¶~끼리의 대전[~k'irie tɛ:dʒɔn ~ッキリエ テージョン] 強豪同士の対戦.

***강화**[強化][kaŋhwa カンファ] 名 [하自他] 強化; 強めること ¶선수진을 ~하다[sɔ:nsudʒinul ~hada ソーンスジヌル ~ハダ] 選手陣を強化する **―훈련**[hu:lljon フールリョン] 名 強化訓練.

강화[講和][ka:ŋhwa カーンファ] 名 [하自] 講和 ¶~를 맺다[~rul mɛt'a ~ルル メッタ] 講和を結ぶ **―조약**[dʒojak ジョヤク] 名 講和条約 **―회의**[hwe:i フェーイ] 名 講和会議.

갖-[kat カッ] 接頭 材料が皮であることを表わす昔の言葉 ¶~신[(ka)ʃ'in ~シン] 革靴.

***갖-가지**[katk'adʒi カッカジ] 名 冠 いろいろ; さまざま; とりどり; 가지가지[kadʒigadʒi カジガジ]の略 ¶~ 음식[~ ɯmʃik ~ ウームシク] いろいろな食べ物 **―로**[ro ロ] 副 いろいろと ¶상품을 ~ 진열하다[saŋpʰumul ~tʃi:njɔrhada サンプムル ~チーニョルハダ] 商品を色とりどりに並べる.

***갖다**[kat'a カッタ] 1 他 持つ; 가지다[kadʒida カジダ]の略 ¶자신을 ~[tʃaʃinul ~ チャシヌル ~] 自信を持つ / 공포심을 ~[koŋpʰoʃimul ~ コンポシムル ~] 恐怖心を抱く 2 形 取りそろえている; 具備している ¶최신 장비를 갖고 있다[tʃʰwe:ʃin tʃaŋbirul katk'o it'a チェーシン チャンビルル カッコ イッタ] 最新の装備を具備している 3 略 もたらす; 持って来て[行って] ¶공을 갖다줘[ko:ŋul kat'adʒwo コーンウル カッタジュォ] ボールを持って来て[行って]. 「革靴屋.

갖-바치[katp'atʃʰi カッパッチ] 名 (昔の)

갖-신[kaʃ'in カッシン] 名 (昔の)革靴.

갖-옷[kadot カドッ] 名 裏に毛皮を当てた服; 皮衣 = '가죽옷'.

***갖은**[kadʒɯn カジュン] 冠 いろいろな;

갖추 36 같잖다

さまざまな; あらゆる ¶ ~ 수단을 다 쓰다 [~ sudanul ta: s'uda ~ スダヌル タースッダ] あらゆる手段をみな尽くす / ~ 고생 [~ kosɛŋ ~ コセン] さまざまな苦労 **—것** [got ゴッ] 名 すべてのもの; あらゆるもの **—소리** [sori ソリ] 名 ¶ あらゆる言葉 ¶ ~ 해가며 우는 아이 [~rul ta: hɛgamjəu:nun ai ~ルル ター ヘガミョ ウーヌナイ] いろいろなことを言いながら泣く子ども ② 何もないくせにもったいらしく言う言葉 ¶ 빌려쓰는 주제에 무슨 ~냐? [pilljəs'umun tʃudʒee musun ~nja ピルリョッスヌン チュジェエ ムスン ~ニャ] (人の物を)借りるくせに何をもったいぶるのか **—양념** [njaŋnjəm ニャンニョム] 名 いろいろな薬味.

갖추 [katʃhu カッチュ] 副 すべて取りそろえて; いろいろ; みな; すっかり ¶ 음식을 ~ 장만하다 [u:mʃigul ~ tʃaŋmanhada ウームシグル ~ チャンマンハダ] ごちそうをいろいろ用意する.

*갖추다 [katʃhuda カッチュダ] 他 整える; 取りそろえる; 備える ¶ 필수품을 ~ [pʰilsuʰumul ~ ピルスプムル ~] 必需品を取り備える / 태세를 ~ [tʰɛːserul ~ テーセルル ~] 態勢を整える.

*같다 [kat'a カッタ] 形 ① 同じだ; 等しい ¶ 이것과 같은 책 [igəkʼwa katʰun tʃʰɛk イゴックァ カトゥン チェク] これと同じ本 ② (前と)変わりがない ¶ 10년전과 ~ [ʃimnjənʤʌŋgwa ~ シムニョンジョングァ ~] 10年前と変わらない ③ ···らしい; ···ようだ; みたいだ ¶ 거짓말 ~ [kəːdʒinmal (gatʼa) コージンマル (ガッタ)] うそみたいだ / 죽은 것 ~ [tʃugun gət (kʼatʼa) チュグン ゴッ ~] 死んだようだ ④ ···だったら; ···なら ¶ 나 같으면 [na gatʰumjən ナ ガトゥミョン] わたしだったら ⑤ 似ている; ···ようだ ¶ 성인과 같은 인품 [səːŋingwa katʰun inpʰum ソーンイングァ カトゥン インプム] 聖人のような人柄.

같아-지다 [katʰadʒida カタジダ] 自 同じになる; 等しくなる; 似てくる; ···らしくなる ¶ 자랄수록 어머니와 같아진다 [tʃarals'urok əməniwa katʰadʒinda チャラルッスロク オモニワ カタジンダ] (彼女は)育つにつれ母に似てくる.

같으니 [gatʰuni ガトゥニ] 助 ···奴め (が); '같으니라고'의 略 ¶ 나쁜놈 ~ [napʼunnom ~ ナップンノム ~] 悪党めが; 悪いやつめ.

같으니라고 [gatʰunirago ガトゥニラゴ] 助 ① 独り言で人の悪口を言うときに用いる語; ···めが; ···だ ¶ 괘씸한 놈 ~ [kwɛʃʼimhan nom ~ クェッシムハン ノム~] けしからんやつめが; 横着なやつめ ② 親しい間柄でちょっとからかいぎみに使う語 ¶ 실없는 사람 ~ [ʃirəmnun saːram ~ シロムヌン サーラム ~] 当てにならん人だねえ.

같은-값에 [katʰun kapsʼe カトゥン カプセ] 副 どうせ同じことなのに ¶ ~ 왜 반대하나? [~ wɛː paːndɛhana ~ ウェー パーンデハナ] どうせ同じことなのになぜ反対するのか.

같은-값이면 [katʰun kapsʼimjən カトゥン カプシミョン] 副 同じことなら; どうせ同じならば ¶ ~ 잘 해라 [~ tʃar hɛːra ~ チャル ヘーラ] どうせやるならうまくやれ.

같은-또래 [katʰuntʼorɛ カトゥントレ] 名 同じ年ごろの人; 同年輩 ¶ 나와 ~이다 [nawa ~ida ナワ ~イダ] (彼は)私と同じ年ごろだ.

*같이 [katʃhi カチ] 1 副 ① 同じく; 同一に; 同様に; 等しく ¶ 이것과 ~ 그려보아라 [igəkʼwa ~ kuːrjəboara イゴックァ ~ クーリョボアラ] これと同じく描いてごらん ② 共に; 一緒に ¶ ~ 가자 [~ kadʒa ~ カジャ] 一緒に行こう / 공부한 친구 [~ koŋbuhan tʃʰingu ~ コンブハン チング] ともに学んだ友 ③ ···のとおりに ¶ 예상했던 바와 ~ [jeːsaŋhetʼon bawa (gatʃhi) イェーサンヘットン パワ (ガチ)] 予想していたとおりに 2 助 ···のように; ···のごとく ¶ 눈~ 희다 [nuːn (gatʃhi) hida ヌーン (ガチ) ヒダ] 雪のように白い / 새벽 ~ 떠나다 [sɛbjək (kʼatʃhi) tʼənada セビョク~ ットナダ] 朝っぱらから出発する.

같이-하다 [katʃhihada カチハダ] 他 여変 ともにする; 同じくする; 一緒にする ¶ 일을 ~ [iːrul ~ イールル ~] 仕事を一緒にする / 운명을 ~ [uːnmjəŋul ~ ウーンミョンウル ~] 運命をともにする.

같-잖다 [katʃʼantʰa カッチャンタ] 形 ① あほ(ばか)らしい; きざだ ¶ 말하는 투가 ~ [maːrhanun tʰuga ~ マール

ハヌン トゥガ ～] しゃべりかたがきざだ ②つまらない，くだらない ¶갚아넘석[katʃ'anɯn njɔsɔk カッチャヌン ニョソク] つまらない[けしからん]やつ．

＊**갚다**[kapt'a カプタ] 他 ① 返す；戻す；返済する ¶빚을 ～[pidʒɯl ～ ピジュル ～] 借金を返す ② 報いる ¶은혜를 ～[ɯnherɯl ～ ウンヘルル ～] 恩に報いる ③ 討つ ¶원수를 ～[wɔːnsurɯl ～ ウォーンスルル ～] 仇を取る；仇を討つ．

＊**개**[kɛ ケー] 〈動〉 ① 犬 ¶～집[～dʒip ～ ジプ] 犬小屋／사냥～[sanjaŋ(k'ɛ) サニャン(ケ)] 猟犬／삽살～[sapsʼal(gɛ) サプサル(ゲ)] むく犬／～죽음[～dʒugɯm ～ ジュグム] 犬死に／～소리[～sori ～ ソリ] わたごと；愚にもつかない話 ② 回し者；スパイ ¶경찰의 ～[kjɔːntʃʰare ～ キョーンチャレ ～] 警察の手先 ③ 俗 たちの悪い人 ¶술 먹은 ～[sulmɔgun ～ スルモグン ～] 酔いどれのろくでなし．

＊**개**[介・個・箇][kɛ ケー] 依名 個 ¶5～[tasɔt(k'ɛ) タソッ～] 5つ；5個／사과 2～[sagwa tuː(gɛ) サグヮ トゥー(ゲ)] リンゴ2個．

개-[kɛː ケー] 接頭 質のよくない・にせの・野生の ¶～살구[～salgu ～ サルグ] 野生のアンズ／～꿈[～kʼum ～ ックム] つまらない夢／～떡[～tʼɔk ～ ットク] 麦などで作ったまずいもち．

-개[gɛ ゲ] 接尾 簡単な器具であることを表わす語 ¶지우～[tʃiu～ チウ～] 消しゴム／가리～[kari～ カリ～] 覆い．

개가[改嫁][kɛːga ケーガ] 名 改嫁；女性の再婚 **一하다**[hada ハダ] 自 改めて嫁ぐ．

개가[凱歌][kɛːga ケーガ] 名 凱歌；かちどき ¶～를 부르다[～rɯl puruda ～ルル プルダ] 凱歌を奏する／～를 올리다[～rɯl ollida ～ルル オルリダ] 凱歌[成果]をあげる；かちどきの声[歓声]をあげる；勝利する．

개-가죽[kɛːgadʒuk ケーガジュク] 名 ① 犬の皮 ② 俗 面皮；面の皮．

개각[開閣][kɛːgak ケーガク] 名 하他 内閣の更迭[改造]．

개간[開墾][kɛgan ケガン] 名 하他 開墾 **一지**[dʒi ジ] 名 開墾地．

개-값[kɛːkʼap ケーカプ] 名 捨て値；法外に安い値段；二束三文 ¶～에 팔다[～sʼe pʰalda ～セ パルダ] 二束三文でたたき売る．

개강[開講][kɛgaŋ ケガン] 名 하他 開講 **一식**[～ʃik ～ シク] 開講式．

개개[箇箇][kɛːgɛ ケーゲ] 名 個々；1つ1つ **一이**[i イ] 副 いちいち **一인**[in イン] 名 ひとりひとり；おのおの．

개-고기[kɛːgogi ケーゴギ] 名 ① 犬の肉 ② ならず者；悪たれっ子．

개골-개골[kɛgolgɛgol ケゴルゲゴル] 副 하自 けろけろ；カエルの鳴き声．〈개굴개굴[kɛgulgɛgul ケグルゲグル]．

개골-산[皆骨山][kɛgolsʼan ケゴルサン] 名 冬の金剛山の別称．

개-골창[kɛgoltʃʰaŋ ケゴルチャン] 名 どぶ；溝；どぶ川；下水道．

개과[改過][kɛːgwa ケーグヮ] 名 하自 改悛 **一천선**[遷善][tʃʰɔːnsɔn チョーンソン] 名 하自 過ちを悔い改めてよくなる[真人間になる]こと．

개교[開校][kɛːgjo ケーギョ] 名 하自 開校 ¶～기념일[～ginjɔmil ～ギニョミル] 開校記念日．

＊**개구리**[kɛguri ケグリ] 名 〈動〉カエル；かわず ¶청～[tʃʰɔŋ(gɛguri) チョン(ゲグリ)] アマガエル **一헤엄**[heɔm ヘオム] 名 平泳ぎ；カエル泳ぎ．

개-구멍[kɛgumɔŋ ケグモン] 名 犬くぐり **一받이**[badʒi バジ] 名 捨て子；拾い子．

개구쟁이[kɛgudʒɛŋi ケグジェンイ] 名 いたずらっ子；腕白；餓鬼．

개그[kɛːgɯ ケーグ] 名 gag ギャグ **一맨**[mɛn メン] 名 ギャグマン．

개근[皆勤][kɛgɯn ケグン] 名 하自 皆勤 **一상**[saŋ サン] 名 皆勤賞．

개-기름[kɛːgirɯm ケーギルム] 名 顔にべっとり浸み出る脂．

개-꿈[kɛːkʼum ケーックム] 名 つまらない夢；とりとめのない夢；ばかげた夢．

＊**개나리**[kɛːnari ケーナリ] 名 〈植〉レンギョウ．

＊**개다**[kɛːda ケーダ] 自 晴れる；(雨が)上がる；照る ¶날이 ～[nari ～ ナリ ～] 晴れる／마음이 활짝 ～[maɯmi hwaltʃʼa (kʼɛːda) マウミ ファルッチャ ク ～] 気分がからりと晴れる．

개다[2][kɛːda ケーダ] 他 練る；溶く ¶풀을 ～[pʰurɯl ～ プルル ～] 糊を練る／가루약을 물에 ～[karujagɯl mure ～ カルヤグル ムレ ～] 粉薬を溶く．

개다[3][kɛːda ケーダ] 他 畳む；折り畳む ¶이불을 ～[iburɯl ～ イブルル

개당[個當][kɛdaŋ ケダン] 名 副 1個 当たり ¶ ~ 1,000원 [~ tɕʰɔnwɔn ~ チョヌォン] 1個当たり1,000ウォン.

개도-국[開途國][kɛdoguk ケドグク] 名 開発途上国の略.

개-돼지[kɛ:dwedʑi ケードゥェジ] 名 ① 犬と豚 ② (人をけなして)畜生 ¶ ~나 진배없다[~na tɕinbɛɔpt'a ナ チンベオプタ] 犬畜生とかわらない.

개-떡[kɛ:t'ɔk ケートク] 名 麦などで作ったまずいもち —같다[(kɛ:t'ɔk')k'at'a カッタ] 形 つまらない; くだらない; 取るに足らない ¶ ~-같은 놈[~-k'atʰɯn nom ~-カトゥン ノム] くだらないやつ.

*개-똥[kɛ:t'oŋ ケートン] 名 ① 犬のくそ ② くだらないもの ¶ ~같이 여기다 [~gatʰi jɔgida ~ガチ ヨギダ] (…を)何とも思わない; 物ともしない; 頭から無視してしまう —이[i イ] 名 (親がわが子に丈夫に育ってくれることを願って用いる語で)かわいい子.

개똥-벌레[kɛ:t'oŋbolle ケートンボルレ] 名 〈虫〉 ホタル(蛍) = 반딧불이[panditp'uri パンディップリ].

*개량[改良][kɛ:rjaŋ ケーリャン] 名 하他 改良 ¶ 품종 ~[pʰu:mdʑoŋ (gɛ:rjaŋ) プームジョン (ゲーリャン)] 品種改良.

개런티[gɛronthi: ゲロンティー] guarantee 名 ギャランティー.

개막[開幕][kɛmak ケマク] 名 하他 開幕 ¶ ~ 시간[~ɕigan ~シガン] 開幕時間↔폐막(閉幕) [pʰe:mak ペーマク].

개-망나니[kɛ:maŋnani ケーマンナニ] 名 ならず者; ろくでなし; ごろつき.

개-망신[一亡身][kɛ:maŋɕin ケーマンシン] 名 ひどい恥さらし ¶ ~을 당하다 [~ɯl taŋhada ~ウル タンハダ] 大恥[赤恥]をかく.

개명[改名][kɛ:mjɔŋ ケーミョン] 名 하自 改名 ¶ ~ 신고(申告) [~ɕingo ~シンゴ] 改名届.

*개미[kɛ:mi ケーミ] 名 〈虫〉 アリ ¶ ~처럼 일하다[~tɕʰɔrɔm i:rhada ~チョロム イールハダ] アリのようにまめに働く.

*개발[開發][kɛbal ケバル] 名 하他 開発 ¶ 경제 ~[kjɔŋdʑe (gɛbal) キョンジェ (ゲバル)] 経済開発 —도상국[do:saŋguk ドーサングク] 名 開発途上国; 略 개도국(開途國) [kɛdoguk ケドグク].

*개방[開放][kɛbaŋ ケバン] 名 하他 開放 —경제[gjɔŋdʑe ギョンジェ] 名 開放経済.

개벽[開闢][kɛbjɔk ケビョク] 名 하自 開闢 ¶ 천지 ~[tɕʰɔndʑi (gɛbjɔk) チョンジ (ゲビョク)] 天地開闢; 天地の開け始め; 世の始まり.

개별[個別][kɛ:bjɔl ケービョル] 名 個別 —면담[mjɔndam ミョーンダム] 名 個別面談 —심사[ɕi:msa シームサ] 名 個別審査 —지도[dʑido ジド] 名 個別指導.

개봉[開封][kɛboŋ ケボン] 名 하他 開封; 口切り; 封切り ¶ 편지를 ~하다 [pʰjɔndʑirɯl ~hada ピョンジルル ~ハダ] 手紙を開封する —관[gwan グァン] 名 封切り館; 1番館.

*개비[kɛbi ケビ] 1 名 細く割った木片 ¶ 성냥 ~[sɔŋnjaŋ (k'ɛbi) ソンニャン ~] マッチ棒 / 장작 ~[tɕaŋdʑa (k'ɛbi) チャンジャク ~] (1本1本の)薪 2 依名 本; 割り木を数える単位 ¶ 성냥 1~[sɔŋnjaŋ han(gɛbi) ソンニャン ハン(ゲビ)] マッチ1本.

개-뿔[kɛ:p'ul ケープル] 名 俗 くだらないもの; つまらないもの ¶ ~같은 소리[~gatʰun sori ~ガトゥン ソリ] くだらない話 / ~도 아니다[~do anida ~ド アニダ] 大したことじゃない.

*개-새끼[kɛ:sɛk'i ケーセッキ] 名 ① 子犬; 犬の子 ② 俗 (人をひどく軽べつして)犬畜生 ¶ 이 ~![i ~ イ~] こいつめ, このやろう!

*개선[改善][kɛ:sɔn ケーソン] 名 하他 改善; 改めること ¶ 대우를 ~하다 [tɛ:urul ~hada テーウルル ~ハダ] 待遇を改善する.

개선[凱旋][kɛ:sɔn ケーソン] 名 하自 凱旋 —문[mun ムン] 名 凱旋門 —장군[dʑaŋgun ジャングン] 名 凱旋将軍.

개설[開設][kɛ:sɔl ケーソル] 名 開設 ¶ 계좌(計座)의 ~[ke:dʑwae ~ ケージュァエ ~] 口座の開設.

*개성[個性][kɛ:sɔŋ ケーソン] 名 個性 ¶ ~이 강한 여성[~i kaŋhan njɔsɔŋ ~イ カンハン ニョソン] 個性の強い女性 —분석[bunsɔk ブンソク] 名 個性分析 —존중[dʑondʑuŋ ジョンジュン] 名 個性尊重.

개소[個所·箇所][kɛsɔ ケソ] 依名 箇所; か所 ¶ 4,5~ [sa:o(gɛso) サーオ(ゲソ)] 4,5か所.

개수[改修][kɛ:su ケース] 名 하他 改

修 ¶~공사[~ goŋsa ~ ゴンサ] 改修工事.

개수[箇數][kɛːu ケッス] 名 個數 ¶짐의 ~를 세다[tɕime ~rul seːda チメ ~ルル セーダ] 荷物の個數を數える.

개-수작[—酬酌][kɛːsudʑak ケースジャク] 名 하自 でたらめな[ふざけた]言動[真似乱]; 理屈に合わない言動 ¶~하지 마라[(kɛːsudʑa)kʰadʑi mara ~カジ マラ] ふざけたまねをするな.

*__개시__[開始][kɛɕi ケシ] 名 開始; ふた明け; 皮切り ¶시합 ~[ɕihap(kʼɛɕi)シハプ~] 試合開始 / 이야기의 ~[~ijagie ~ イヤギエ~] 話の皮切り **—하다** [hada ハダ] 他 開始する; 口火を切る ¶공격을 ~[koːŋgjʌgul ~ コーンギョグル ~] 攻撃を開始する / 반론을 ~[paːllonul ~ パールロヌル ~] 反論の口火を切る.

개신[改新][kɛɕin ケーシン] 名 하他 改新 **—교**(教)[gjo ギョ] 名〈基〉プロテスタント(protestant); 新教.

개심[改心][kɛɕim ケーシム] 名 하自 改心; 過ちを悔い改めて, 心を入れ替えること ¶~하여 일에 힘쓰다[~hajʌ iːre himsʼuda ~ハヨ イーレ ヒムッスダ] 改心して仕事に励む.

개-싸움[kɛːsʼaum ケーッサウム] 名 하自 ① 犬同士のけんか ② 欲望のための醜悪な争い; 泥仕合.

개악[改惡][kɛak ケーアク] 名 하他 改惡 ¶법률을 ~하다[pʌmnjurul (kɛːa)kʰada ポムニュルル ~カダ] 法律を改惡する.

개업[開業][kɛʌp ケオプ] 名 하自他 開業; 開店; オープン ¶~중[~tɕʼuŋ ~チュン] 開業中 **—의**[(kɛʌb)ɯi (ケオプ)ィ] 開業醫.

개요[槪要][kɛːjo ケーヨ] 名 概要; あらまし ¶~를 설명하다[~rul sʌlmjʌŋhada ~ルル ソルミョンハダ] あらましを説明する.

*__개운-하다__[kɛunhada ケウンハダ] 形 여変 ① 気分がさっぱりする; すっきりする; 晴れ晴れする ¶~-한 기분[~-han kibun ~-ハン キブン] さっぱりした気分 / 마음이[속이] ~[maumi(soːgi) ~ マウミ(ソーギ) ~] 心が晴れやかだ[胸のつかえがとれる] ② (食べ物の)口当たりがあっさりしている= ¶입안이 ~[ibani ~ イバニ ~].

개운-히[kɛuni ケウニ] 副 さっぱりと; すきっと; あっさりと.

*__개울__[kɛul ケウル] 名 谷川; 小川 **—가**[kʼa カ] 小川のほとり **—물**[mul ムル] 名 小川[谷川]の水.

개원[開院][kɛwʌn ケウォン] 名 하自 開院 ¶~식[~ɕik ~シク] 開院式.

개으르다[kɛɯruda ケウルダ] 形 르変 怠けている. ➪ '게으르다'.

개으름[kɛɯrɯm ケウルム] 名 怠惰 ➪ '게으름' **—뱅이**[bɛŋi ベンイ] 名 怠けもの **—부리다**[burida ブリダ] 自 怠ける **—피우다**[pʰiuda ピウダ] 自 怠ける.

개울러-빠지다[kɛullʌpʼadʑida ケウルロッパジダ] 形 非常に怠ける=**개울러터지다**[kɛullʌtʰʌdʑida ケウルロトジダ]. ➪ '게을러터지다'.

*__개의__[介意][kɛi ケーイ] 名 介意; 頓着とんちゃく; 気にすること; 気にかけること ¶전연 ~치 않다[tɕʌnjʌn ~tɕʰi antʰa チョニョン ~チ アンタ] 全然気にかけない / 남이 무어라 하든 ~치 말아라[nami muʌra hadɯn ~tɕʰi marara ナミ ムオラ ハドゥン ~チ マララ] 人が何と言おうが気にするな **—하다** [hada ハダ] 自他 介意する; 頓着する; 意に介する; 気にかける.

*__개인__[個人][kɛin ケーイン] 名 個人 **—교수**[gjoːsu ギョース] 名 個人教授 **—전**[dʑʌn ジョン] 名 個人展覧会; 個展 **—주의**[dʑui ジュイ] 名 個人主義 **—플레이**[pʰullei プルレイ] 名 個人プレー.

개입[介入][kɛip ケーイプ] 名 介入 **—하다**[(kɛi)pʰada パダ] 自 介入する; 割り込む; 立ち入る ¶사건에 ~[saːkʼʌne ~ サーコネ ~] 事件に介入する / 사생활에 ~하지 말아라[sasɛŋhware ~pʰadʑi marara サセンファレ ~パジ マララ] 私生活に立ち入るな. 「'겨자'.

개자[芥子][kɛdʑa ケジャ] 名 からし=

개작[改作][kɛdʑak ケージャク] 名 하他 改作 ¶소설을 ~하다[soːsʌrul (kɛːdʑa)kʰada ソーソルル ~カダ] 小説を改作する.

개장[開場][kɛdʑaŋ ケジャン] 名 하他 開場 ¶풀 ~[pʰuːl (gɛdʑaŋ) プール (ゲジャン)] プール開き; プールオープン.

개재[介在][kɛːdʑɛ ケージェ] 名 하自 介在 ¶많은 장해가 ~하다[maːnɯn tɕaŋhɛga ~hada マーヌン チャンヘガ

개전[改悛][kɛːdʒɔn ケージョン] 명 하자 改悛^{しゅん}. ¶~의 정[~e tʃɔŋ (ケージョン)ネチョン] 改悛の情.

개점[開店][kɛdʒɔm ケジョム] 명 하자타 開店 **—시간**[igan シガン] 명 開店時間 **—휴업**[hjuɔp ヒュオプ] 명 開店休業.

*개정[改正][kɛːdʒɔŋ ケージョン] 명 하자타 改正 ¶법률을 ~하다[pɔmnjurul ~ hada ポムニュルル ~ハダ] 法律を改正する **—안**[an アン] 명 改正案.

개정[改訂][kɛːdʒɔŋ ケージョン] 명 하자타 改訂 **—판**[pʰan パン] 명 改訂版.

개조[改造][kɛːdʒo ケージョ] 명 하자타 改造 ¶의식의 ~[ɯiːʃige ~ ウィーシゲ ~] 意識の改造.

개-죽음[kɛːdʒugum ケージュグム] 명 하자 犬死に; 無駄死に.

*개중[個中・箇中][kɛːdʒuŋ ケージュン] 명 数ある中 ¶~에는 더러 좋은 것도 있다[~enun tɔrɔ tʃoːun gɔt'o it'a ~エヌン トロ チョーウン ゴット イッタ] 中にはたまに良いものもある.

개-지랄[kɛːdʒiral ケージラル] 명 하자 でたらめでめちゃくちゃな行為; 話しにならない乱暴な行動.

개진[開陳][kɛdʒin ケジン] 명 하자타 開陳 ¶의견을 ~하다[ɯigjɔnɯl ~ hada ウィーギョヌル ~ハダ] 意見を開陳する.

개-차반[kɛːtʃʰaban ケーチャバン] 명 (犬のくその意で)自堕落な人をそしって言う悪口; ふしだら; だらしがないこと ¶술취한 ~[sultʃʰwihan ~ スルチュィハン ~] 酔っぱらい[酒浸り]の自堕落な人.

*개찰[改札][kɛːtʃʰal ケーチャル] 명 하자타 改札 **—구**[gu グ] 명 改札口.

*개척[開拓][kɛtʃʰɔk ケチョク] 명 開拓 **—하다**[(kɛtʃʰɔ) kʰada カダ] 타 開拓する; 開く; 切り開く ¶판로를 ~[pʰallorul ~ パルロルル ~] 販路を開拓する / 운명을 ~[uːnmjɔŋul ~ ウーンミョンウル ~] 運命を開く **—민**[(kɛtʃʰɔŋ) min (ケチョン)ミン] 명 開拓民 **—자**[tʃ'a チャ] 명 開拓者 **—정신**[tʃ'ɔŋʃin チョンシン] 명 開拓精神.

*개천[開川][kɛtʃʰɔn ケチョン] 명 ① 下水路; どぶ; 溝 ¶~에서 용 난다[~esɔ jɔŋ nanda (ケチョ)ネソ ヨン ナンダ] 諺 (どぶから竜が生まれるの意で)鳶^{とび}が鷹^{たか}を生む; 地位の低い家から立派な人物が出る ② 小川 ¶~에서 놀다[~esɔ noːlda (ケチョ)ネソ ノールダ] 小川で遊ぶ **—가**[k'a カ] 명 小川辺; 溝のほとり.

개천-절[開天節][kɛtʃʰɔndʒɔl ケチョンジョル] 명 韓国の建国記念日(10月3日).

*개최[開催][kɛtʃʰwe ケチュェ] 명 開催 **—하다**[hada ハダ] 타 開催する; 催す ¶전람회를 ~[tʃɔːllamhwerul ~ チョールラムフェルル ~] 展覧会を催す.

개축[改築][kɛːtʃʰuk ケーチュク] 명 하자타 改築; 建て直し; 建て替え ¶~공사[(kɛtʃʰu) k'oŋsa ~コンサ] 改築工事 / 극장을 ~하다[kuktʃ'aŋul (kɛːtʃʰu) kʰada ククチャンウル ~カダ] 劇場を改築する.

개-코[kɛːkʰo ケーコ] 명 '구두'[kudu クドゥ]『靴』の隠語 **—같다**[gat'a ガッタ] 형 何の値打ちもない; つまらない; くだらない; 下手だ ¶글씨가 ~[kulʃ'iga ~ クルッシガ ~] 字が下手くそだ **—같이**[gatʃʰi ガチ] 부 つまらなく; くだらなく; 下手に **—망신**(亡身)[maŋʃin マンシン] 명 하자 赤恥; ひどく恥をかくこと. '개망신'の強調語.

*개키다[kɛkʰida ケキダ] 타 畳む; 折り畳む ¶이불을 ~[iburul ~ イブル ~] 布団を畳む / 옷을 ~[osul ~ オスル ~] 衣服を折り畳む.

*개탄[慨嘆・慨歎][kɛːtʰan ケータン] 명 하자타 慨嘆; 憂い嘆くこと ¶세태(世態)를 ~하다[sɛːtʰerul ~hada セーテルル ~ハダ] 世を憂い嘆く.

개통[開通][kɛtʰoŋ ケトン] 명 하자자타 開通; 通ること ¶고속 도로를 ~하다[kosoktʼoːrorul ~hada コソクトーロルル ~ハダ] 高速道路が開通する / 지하철이 ~되다[tʃihatʃʰori ~dweda チハチョリ ~ドゥェダ] 地下鉄が開通する.

개-판[kɛːpʰan ケーパン] 명 俗 乱雑でたらめな状態 ¶세상은 ~이다[sɛːsaŋun ~ida セーサンウン (ケーパン)ダ] でたらめな世の中だ; 世はおしまいだ.

개펄[kɛpʰɔl ケポル] 명 干潟地; 潟.

개편[改編][kɛːpʰjɔn ケーピョン] 명 하자타 改編 ¶교과서를 ~하다[kjoːgwasɔrul ~hada キョーグァソルル ~ハダ] 教科書を改編する.

개평[kɛpʰjɔŋ ケピョン] 명 人の分け前からただで少し分けてもらうもの ¶~을

얻다[떼다] [~ul ɔːt'a[t'eda] ～ウルオーッタ[ッテダ]] 人の分け前からただで少し分けてもらう **一꾼**[k'un ックン] 名 人の分け前からただもらいをする人.

개표[開票][kɛphjo ケピョ] 名[하자] 開票 ¶～ 현황[～ hjɔːnhwaŋ ～ ヒョーンファン] 開票の現況.

개표[改票][kɛphjo ケピョ] 名[하자] 改札 ¶～구[～gu ～グ] 改札口.

개피[kɛphi ケピ] [依名] …本は '개비'.

개피-떡[kɛphit'ɔk ケピットク] 名 こねた米粉を薄くのばしてアズキ・豆などのあんを入れ半月形に作りあげたもち.

*개학[開學][kɛhak ケハク] 名[하자] ① (学校の)始業 ¶～식[～ʃik ～シク] 始業式 ② 開校.

개항[開港][kɛhaŋ ケハン] 名[하자] 開港 ¶～ 100년을 맞이하다[～ bɛŋnjɔnul madʒihada ～ ベンニョヌル マジハダ] 開港100年を迎える.

개헌[改憲][kɛːhɔn ケーホン] 名[하자] 改憲 **—안**[an ケーホンナン] 名 改憲案.

*개혁[改革][kɛːhjɔk ケーヒョク] 名[하자] 改革 ¶토지 ～[thɔdʒi (gɛːhjɔk) トジ (ゲーヒョク)] 土地改革.

*개화[開化][kɛhwa ケファ] 名[하자] 開化 ¶～의 물결[～e mulk'jɔl ～エ ムルキョル] 開化の波.

개화[開花][kɛhwa ケファ] 名[하자] 開花 ¶～기[～gi ～ギ] 開花期.

개황[概況][kɛːhwaŋ ケーファン] 名 概況 ¶일기 ～[ilgi (gɛːhwaŋ)] イルギ ～ケーファン] 天気概況.

개회[開會][kɛhwe ケフェ] 名[하자타] 開会 **—사**[sa サ] 名 開会の辞 **—식**[ʃik シク] 名 開会式.

객[客][kɛk ケク] 名 客 ¶낯선～[nas'ɔn (gɛk) ナッソン(ゲク)] 見知らぬ客.

객-[客][kɛk ケク] [接頭] つまらない; 無駄な ¶～담[～t'am ～タム] 無駄話 / ～식구[～ʃik'u ～シク] 居候 / ～소리[～s'ori ～ソリ] 無駄口.

-객[客][gɛk ゲク] [接尾] …客 ¶불청(不請)～[pulthɔŋ～ プルチョン～] 招かざる客 / 주～[tʃu～ チュ～] 酒飲み; 酔っぱらい.

객관[客觀][kɛk'wan ケククァン] 名 客観 **—묘사**[mjoːsa ミョーサ] 名 客観描写 **—성**[s'ɔŋ ソン] 名 客観性 **—적**[dʒɔk ジョク] 名 客観的 ¶～ 타당성[～ thaːdaŋsɔŋ ～ ターダンソン] 客観的妥当性 **—주의**[dʒui ジュイ] 名 客観主義.

객기[客氣][kɛk'i ケキ] 名 客気; 空元気 ¶～를 부리다[～rul purida ～ルル プリダ] 客気にはやる; 羽目をはずす / ～에 이끌리다[～e ik'ullida ～エ イックルリダ] 客気にかられる.

객사[客死][kɛks'a ケクサ] 名[하자] 客死; のたれ死に ¶파리에서 ～하다[phariesɔ ～hada パリエソ ～ハダ] パリで客死する.

객석[客席][kɛks'ɔk ケクソク] 名 客席 ¶장내의 ～[tʃaŋnɛe ～ チャンネエ ～] 場内の客席.

객-소리[客―][kɛks'ori ケクソリ] 名[하자] 無駄口; つまらないおしゃべり ¶～ 마라[～ mara ～ マラ] 無駄口をたたくな.

객-식구[客食口][kɛkʃik'u ケクシクク] 名 食客; 居候; = '군식구'.

객실[客室][kɛkʃil ケクシル] 名 客室; 客間.

객원[客員][kɛgwɔn ケグォン] 名 客員 **—교수**[gjoːsu ギョース] 名 客員教授.

*객지[客地][kɛktʃi ケクチ] 名 旅の空; 旅先; 他郷[異郷] ¶～에서 앓다[～esɔ altha ～エソ アルタ] 旅の空に[客地で]病む.

갯-가[kɛtk'a ケッカ] 名 ① 海辺; 浜辺; 潟 ② 水際.

갯-값[kɛːtk'ap ケーックァプ] 名[俗] ひどい安値; 二束三文; 捨て値 ¶～에 팔다[～s'e phalda ～セ パルダ] 二束三文でたたき売る.

갯-마을[kɛnmaul ケンマウル] 名 海辺の村; 漁村.

갯-물[kɛnmul ケンムル] 名 河口や干潟に流れる潮水.

갯-바닥[kɛtp'adak ケッパダク] 名 潟; 干潟.

갯-바람[kɛtp'aram ケッパラム] 名 浜風; 潮風.

갯-버들[kɛtp'ɔdɯl ケッポドゥル] 名 〈植〉ネコ[カワ]ヤナギ; 〈動〉ウミヤナギ.

갯-벌[kɛtp'ɔl ケッポル] 名 (海水が出入りする)砂州; 干潟.

갯-지렁이[kɛtʃ'irɔŋi ケッチロンイ] 名 〈動〉ゴカイ(沙蚕) = **갯지네**[kɛtʃ'ine ケッチネ].

갱내[坑内][kɛŋnɛ ケンネ] 名 〈鉱〉坑内 ¶～ 작업[～ dʒagɔp ～ ジャゴプ] 坑内作業.

갱년-기[更年期][kɛːɲjʌŋgi ケーンニョンギ] 图 更年期 **—장애**(障礙)[dʒaŋɛ ジャンエ] 图 更年期障害.

***갱생**[更生][kɛːŋsɛŋ ケーンセン] 图 하自他 更生 ¶자력 ~ [tɕarjʌk(kʼɛːŋsɛŋ) チャリョク ~] 自力更生.

***갱신**[更新][kɛːŋʃin ケーンシン] 图 하自他 更新; 改めて新しくする[新しくなる]こと; ='경신(更新)'「記録などの更新」¶면허증의 ~ [mjʌːnhʌtɕʼɯŋe ミョーンホチュンエ ~] 免許証の更新 / 계약의 ~ [keːjage ケーヤゲ ~] 契約の更新.

갱-영화[―映畫][kɛŋjʌŋhwa ケンニョンファ] 图 ギャング(gang)映画.

갱지[更紙][kɛːŋdʑi ケンジ] 图 ざら(紙), わら半紙.

***갸륵-하다**[kjaːrɯkhada キャールクカダ] 形 여変 殊勝だ; けなげだ; 立派だ; 心がけがよく感心だ ¶~-한 마음씨[~-kʰan maɯmɕʼi ~-カン マウムッシ] 殊勝な[けなげな]心がけ **갸륵-히**[kjaːrɯkhi キャールクキ] 副 奇特に(も); けなげに(も) ¶그의 효성(孝誠)을 ~ 여기다[kɯe hjoːsʌŋɯl ~ jʌgida クエ ヒョーソンウル ~ ヨギダ] 彼の孝心をけなげに[奇特に]思う.

***갸름-하다**[kjarɯmhada キャルムハダ] 形 여変 やや長めだ ¶~-한 얼굴의 미인[~-han ʌlgure miːin ~-ハン オルグレ ミーイン] 面長の美人.

갸우뚱[kjautʼuŋ キャウットゥン] 副 やや斜めに(傾きさま) ¶고개를 ~ 숙이다[kogɛrul ~ sugida コゲルル ~ スギダ] 首をちょっとかしげる **—거리다**[gʌrida ゴリダ] 自他 (体・物が)あちこちに揺れながら傾く; しきりに首をかしげる ¶개가 머리를 ~ [kɛːga mʌrirul ~ ケーガ モリルル ~] 犬が首をしきりにかしげる **—하다**[hada ハダ] 1 形 片方に少し傾いている ¶~-하게 매달려 있다[~-hage mɛːdalljʌitʼa ~-ハゲ メーダルリョ イッタ] 片方にいくらか傾いてぶら下がっている 2 自他 少し傾ける; かしげる.

갸웃[kjaut キャウッ] 副 首をかしげるようす ¶고개를 ~ 숙이다[kogɛrul ~ sʼugida コゲルル ~ スギダ] 首をちょっとかしげる **—거리다**[kʼʌrida コリダ] 自他 (何かを見ようとして)しきりに首をかしげる; 首を傾ける **=—대다**[(kjau)tʼɛda テダ] ¶고개를 ~ [kogɛrul ~ コゲルル ~] しきりに首をかしげる **—하다**[(kjau)tʰada タダ] 1 形 やや傾いている 2 形 やや傾ける; かしげる ¶고개를 ~ [kogɛrul ~ コゲルル ~] 首をかしげる **—이**[(kjauɕ)i (キャウ)シ] 副 ややかしげて; いくぶん傾けて.

갹출[醵出][kjaktɕʰul キャクチュル] 图 하他 醵出じょう ¶의연금을 ~하다[ɯiːjʌngɯmul (kjaktɕʰur)hada ウィーヨングムル ~ハダ] 義援金を醵出する.

갈쭉-하다[kjaltɕʼukhada キャルッチュクカダ] 形 やや長い; 長めである; <'길쭉하다' **갈쭉스름-하다**[kjaltɕʼuksʼurɯmhada キャルッチュクスルムハダ] 形 여変 ほどよく細長い; 心持ち長めである **갈쭉-이**[kjaltɕʼugi キャルッチュギ] 副 やや長く; やや長め.

갈쯔막-하다[kjaltɕʼumakhada キャルッチュマクカダ] 形 여変 かなり長い.

갈쯤-하다[kjaltɕʼumhada キャルッチュムハダ] 形 여変 かなり(細)長い.

개[kɛ ケー] 略 その子=그 애[아이] [kɯ ɛː[ai] ク エー[アイ]の略 ¶~가 온다[~ga onda ~ガ オンダ] その子が来る.

갠[kɛn ケン] 略 その子は=그 애[아이]는[kɯ ɛː[ai]nɯn ク エー[アイ]ヌン]の略 ¶~ 예쁘다[~ jeːpʼuda ~ イェープダ] その子はかわいい.

갤[kɛl ケル] 略 その子を=그 애[아이]를[kɯ ɛː[ai]rul ク エー[アイ]ルル]の略 ¶~ 잡아라[~ tɕabara ~ チャバラ] その子をつかまえなさい.

***거**[kʌ コ] 1 依名 もの; こと; =것[tʌt ゴッ]の略 ¶가진 ~라곤 아무 것도 없다[kadʑin ~ragon aːmu ɡʌtʼoːɔptʼa カジン ~ラゴン アーム ゴット オープタ] 何一つ持っていない 2 代 そこ; それ ¶~ 좀 보여주게[~ dʑom pojʌdʑuge ~ ジョム ポヨジュゲ] それをちょっと見せてくれ 3 感 そりゃ; そら; ='그것'の略 ¶~ 봐라[~-bwara ~ ブァラ] そら見ろ / ~ 좋다[~ dʑoːtʰa ~ ジョータ] そりゃいいね.

거개[擧皆][kʌːgɛ コーゲ] 图 副 ほとんど全部, 大部分 ¶~가 대학생이다[~-ga tɛːhaksʼɛŋida ~ガ テーハクセンイダ] ほとんど大学生だ.

거구[巨軀][kʌːgu コーグ] 图 巨軀きょ; 巨体 ¶6척 남짓한 ~ [juktɕʰʌŋ namdʑitʰan ~ ユクチョン ナムジッタン ~]

6尺あまりの巨軀.

거국[擧國][kɔːguk コーグク] 名 自 挙国; 一国全体 **―일치**[(kɔːgug)iltʃʰi (コーグ)ギルチ] 名 挙国一致.

거금[巨金][kɔːgɯm コーグム] 名 巨額の金; 大金 ¶~을 희사하다[~ɯl hisahada (コーグ)ムル ヒサハダ] 大金を喜捨する.

‡**거기**[kɔgi コギ] **1** 代 そこ ¶~가 중요(重要)하다[~ga tʃuːnjohada ~ガ チューンヨハダ] そこが大切だ **2** 副 そこに ¶~ 서 있거라[~ sɔ itkʼɔra ~ ソ イッコラ] そこに立っていなさい.

거꾸러-뜨리다[kɔkʼurɔtʼurida コックロットゥリダ] 他 ① (打ち)倒す; (打ち)負かす ¶상대방을 ~[sangdɛbaŋul ~ サンデバンウル ~] 相手を打ち負かす ② 俗 殺す ③ つんのめらせる.

*__거꾸러-지다__[kɔkʼurɔdʒida コックロジダ] 自 ① 前の方へ[うつむけに]倒れる; ばったりと倒れる ¶어린애가 ~[ɔrinɛga ~ オリネガ ~] 子供が前に倒れる ② 打ち倒される; 打ち負かされる; 滅びる ¶왕조가 ~[waŋdʒoga ~ ワンジョガ ~] 王朝が滅びる ③ 俗 死ぬ; くたばる ¶그 놈 결국 ~-졌군[kɯ nom kjɔlgu (kʼɔuro) dʒɔtkʼun クノム キョルグク ~-ジョックン] やつもとうとうくたばったな.

*__거꾸로__[kɔkʼuro コックロ] 副 ① (上下を)逆さまに; 逆に; あべこべに ¶~ 붙이다[~ putʃʰida ~ プチダ] 逆さまに貼る / ~ 매달다[~ mɛːdalda ~ メーダルダ] 逆さまにつるす ② (前後・左右・裏表を)逆に; 裏返しに; 裏腹に; 反対に ¶구두를 ~ 신다[kudurul ~ ʃinːtʼa クドゥルル ~ シンタ] くつを反対にはく ③ (順序を)逆に ¶~ 헤아리다[~ hearida ~ ヘアリダ] 逆に数える.

거꾸로-박히다[kɔkʼuro bakʰida コックロ パクキダ] 自 逆さまに落ち込む ¶머리가 ~- 박혔다[mɔriga ~-bakʰjɔtʼa モリガ ~-パクキョッタ] 頭が逆さまに落ち込んだ.

*__-거나__[gona ゴナ] 語尾 …ようと; …ろうが; …でも; 略 -건[gɔn ゴン] ¶먹~ 말~[mɔ(kʼɔna) maːl~ モク(コナ) マール~] 食べようと食べまいと / 춥~ 덥~[tʃʰup(kʼɔna) tɔːp(kʼɔna) チュプ(コナ) トープ(コナ)] 寒かろうが暑かろうが / 커피~ 홍차~[kʰɔːpʰi~

hoŋtʃʰa~ コーピ~ ホンチャ~] コーヒーでも紅茶でも.

*__거나-하다__[kɔnahada コナハダ] 形 여変 ほろ酔い機嫌である; かなり酔っている ¶~-한 기분[~-han kibun ~-ハン キブン] ほろ酔い機嫌.

*__거느리다__[kɔnɯrida コヌリダ] 他 率いる; 従える; 抱える ¶부하를 ~[puharul ~ プハルル ~] 部下を率いる / 많은 식구(食口)를 ~[maːnɯn ʃikʼurul ~ マーヌン シックルル ~] 多くの家族を抱える.

-거늘[gonɯl ゴヌル] 語尾 ① …のに ¶이미 허락하였~[imi hɔrakʰajɔt(kʼɔnɯl) イミ ホラクカヨッ(コヌル)~] 既に許したのに ② …にもかかわらず; …(だ)のに ¶그리 일렀~[(kʼɔnɯl)] クリ イルロッ(コヌル)] そう言ったのに(もかかわらず).

-거니[goni ゴニ] 語尾 ① …であろうと ¶그들은 자매~ 생각된다[kɯdɯrɯn tʃamɛ~ sɛŋgakʼtʼwenda クドゥルン チャメ~ センガクトゥェンダ] 彼女らは姉妹であろうと思う ② …だもの ¶우리는 젊었~[urinɯn tʃɔlmɔt(kʼɔni) ウリヌン チョルモッ(コニ)] われらは若いんだもの ③ …たり; …だの ¶권커니 잣~[kwɔːnkʰoni tʃaːt(kʼɔni) クォーンコニ チャーッ(コニ)] 勧めたり勧められたり.

*__-거니와__[gɔniwa ゴニワ] 語尾 …けれども; …だが ¶이것은 알 수 있~[igɔsɯn aːl sʼu it(kʼɔniwa) イゴスン アールッス イッ(コニワ)] これはわかるけれども / 산도 좋~[sando tʃoː(kʰɔniwa) サンド チョーッ(コニワ)] 山もよいが.

*__거닐다__[kɔːnilda コーニルダ] 自 ㄹ語幹 ぶらつく; 散歩する ¶공원을 ~[koŋwɔnul ~ コンウォヌル ~] 公園をぶらつく.

거대[巨大][kɔːdɛ コーデ] 名 하形 巨大 ¶~-한 건물[~-han kɔːnmul ~ハン コーンムル] 巨大な建物 **―도시**[doʃi ドシ] 名 巨大都市; マンモス都市.

거덜거덜-하다[kɔdɔlgɔdɔrhada コドルゴドルハダ] 形 여変 (暮らしむき・物事がぐらついて)危なっかしい; つぶれそうだ ¶회사가 ~[hwɛːsaga ~ フェーサガ ~] 会社が(今にも)つぶれそうだ.

거덜-나다[kɔdɔllada コドルラダ] 自 倒れる; つぶれる; 倒産する; 破綻する ¶가게가 ~[kaːgega ~ カーゲガ

거동 [擧動] [kɔdoŋ コードン] 名 ᄒᆞᄅ 擧動; 振るまい ¶~이 수상한 자 [~i susanhan dʒa ~イ スサンハン ジャ] 挙動が怪しい者.

거두 [巨頭] [kɔːdu コードゥ] 名 巨頭 ¶정계의 ~ [tʃɔŋgee ~ チョンゲエ ~] 政界の巨頭.

＊거두다 [kɔduda コドゥダ] 他 ① (結果・成果などを)得る; 収める ¶성공을 ~ [sɔŋgoŋul ~ ソンゴンウル ~] 成功を得る / 승리를 ~ [suŋnirul ~ スンニルル ~] 勝利を収める ② (金などを)取り立てる ¶세금을 ~ [seːgumul ~ セーグムル ~] 税金を取り立てる; 税金を徴収する ③ 世話をする; 引き取る ¶아이를 ~ [airul ~ アイルル ~] 子供を引き取る; 子供の世話をする ④ (武器や涙などを)おさめる ¶칼을[창을] ~ [kʰarul[tʃʰaŋul] ~ カルル[チャンウル] ~] 剣[槍]をおさめる / 눈물을 거두고 일어서다 [nunmurul kɔdugo irɔsɔda ヌンムルル コドゥゴ イロソダ] 涙を払って立ち上がる ⑤ 引き取る ¶숨을 ~ [suːmul ~ スームル ~] 息を引き取る; 死ぬ.

거두어-들이다 [kɔduɔduɾida コドゥオドゥリダ] 他 (散らばったものを)取り入れる; 集め収める; ＝略 **거둬들이다** [kɔdwɔduɾida コドゥオドゥリダ] ¶벼를 ~ [pjɔrul ~ ピョルル ~] 稲を取り入れる / 빨래를 ~ [pʼalleɾul ~ パルレルル ~] 洗濯物を取り込む.

거두-절미 [去頭截尾] [kɔːdudʒɔlmi コードゥジョルミ] 名 ᄒᆞᄅ (頭と尾を断ち切るとの意から)前後の細かいことは省いて要点だけを述べること; 単刀直入 ¶~하고 요점만 말하다 [~hago jotʃʰɔmman maːrhada ~ハゴ ヨッチョムマン マールハダ] 単刀直入に[枝葉末節は除いて]要点だけを述べる.

거드럭-거리다 [kɔduɾɔkʼoɾida コドゥロッコリダ] 自 もったいぶる; いばる; ＝ **거드럭대다** [kɔduɾɔktʼɛda コドゥロクテダ] ¶~-거리며 말하다 [~-kʼoɾimjɔ maːrhada ~-コリミョ マールハダ] もったいぶって話す.

거드름 [kɔduɾum コードゥルム] 名 傲慢な態度; 尊大な態度; もったい **—부리다** [buɾida ブリダ] 自 傲慢な態度を取る; 尊大ぶる; もったいぶる; 気取る; ＝ **—피우다** [pʰiuda ピウダ] 自 ¶~-피우는 데가 조금도 없다 [~-pʰiunun dega tʃogumdo ɔːptʼa ~-ピウヌン デガ チョグムド オープタ] 気取りが少しもない.

＊-거든 [gɔdɯn ゴドゥン] 語尾 ① …たら; …れば ¶비가 그치~ 가자 [piga kutʃʰi~ kadʒa ピガ クチ~ カジャ] 雨が止んだら行こう / 나쁘~ 바꾸어라 [napʼu~ pakʼuɔɾa ナップ~ パックオラ] 悪ければ取り替えなさい ② …のに ¶어린 아이도 해내~ [ɔɾin aido hɛːnɛ~ オリナイド ヘーネ~] 子供でもできるのに ③ …だもの; …だね ¶아무리 생각해도 알 수 없~ [aːmuɾi sɛŋgakʰedo aːlsʼu ɔːp(kʼodɯn) アームリ センガクケド アールッス オープ(コドゥン)] いくら考えてもわからないんだよ.

＊거들다 [kɔːduɾlda コードゥルダ] 他 ᄅ語幹 ① 手伝う ¶집안일을 ~ [tʃibannirul ~ チバンニルル ~] うちの仕事を手伝う ② (横から)口出しする; 口添えをする; 口を挟む ¶말을 ~ [maːrul ~ マールル ~] 口添えをする.

거들떠-보다 [kɔduɾltʼɔboda コドゥルットボダ] 他 関心をもって見る; ちょっと目をくれる ¶~-보지도 않다 [~-bodʒido antʰa ~-ボジド アンタ] 目もくれない; 見向きもしない; 無視する.

-거들랑 [kɔduɾllaŋ コドゥルラン] 語尾 …ならば; …たら ¶시험에 붙~ 한턱 내게 [ʃihome put(kʼodɯllaŋ) hantʰɔŋnɛːge シホメ プッ~ ハントン ネーゲ] 試験に受かったら一杯おごれよ.

거들먹-거리다 [kɔduɾlmɔkʼoɾida コドゥルモクコリダ] 自 (得意になって)偉[高]ぶる; のさばる; いばり散らす ¶입선이 되었다고 ~ [ipsʼɔni twɛtʼago ~ イプソニ トゥェオッタゴ ~] 入選したといって偉ぶる.

＊거듭 [kɔdɯp コドゥプ] 副 重ねて; 再び; 更に; 繰り返し ¶~ 사과드립니다 [~ sʼaːgwaduɾimnida ~ サーグァドゥリムニダ] 重ねておわび致します / ~ 말하거니와 [(kɔdɯp) maːrhagoniwa (コドゥプ) マールハゴニワ] 繰り返して言いますが / ~ 간청하다 [~ kaːntʃʰɔŋhada ~ カーンチョンハダ] 更に懇請する **—하다** [(kɔdɯp)pʰada パダ] 他 重ねる; 繰り返す; 反復する.

거듭-나다 [kɔdɯmnada コドゥムナダ]

自 (精神的に)新しい人間になる; 生まれ変わる; よみがえる.

거듭-되다 [kɔdɯpt'weda コドゥプトゥェダ] 自 繰り返される; 反復される; 度重なる ¶ 실수가 ~ [ʃils'uga ~ シルッスガ ~] へまが繰り返される / ~-되는 불행 [~-t'wenɯn purhɛŋ ~-トゥェヌン プルヘン] 度重なる不幸.

*거뜬-하다** [kɔt'ɯnhada コットゥンハダ] 形 [여변] 見かけより軽い; 身軽な感じだ; さっぱりした; すっきりした ¶ 몸이 아주 ~ [momi adʒu ~ モミ アジュ ~] 体が非常にすっきりした **거뜬-히** [kɔt'ɯni コットゥニ] 副 軽く; 身軽く, 手軽に; たやすく; すっきり.

-거라 [gɔra ゴラ] 語尾 …なさい ¶ 가~ [ka~ カ~] 行きなさい / 잘 있~ [tʃar it(k'ɔra) チャ リッ(コラ)] さようなら; ご機嫌よう.

*거래[去來]** [kɔːrɛ コーレ] 名 하自他 取り引き ¶ 상품이 ~되다 [saŋpʰumi ~dweda サンプミ ~ドゥェダ] 商品が取り引きされる / 실물[선물] ~ [ʃilmul (sɔnmul) (gɔːrɛ) シルムル〔ソンムル〕(ゴーレ)] 実物[先物]取引 / 정치적 ~ [tʃɔŋtʃhidʒɔk'(k'ɔːrɛ) チョンチジョク~] 政治的取引 / 편지 ~가 잦다 [pʰjɔːndʒi (gɔːrɛ) ga tʃat'a ピョーンジ(ゴーレ) ガ チャッタ] 手紙の往来がしきりである **-선[처]** [sɔn (tʃʰɔ) ソン(チョ)] 名 取引先 **-트다** [tʰɯda トゥダ] 名 取り引きを始める.

*거룩-하다** [kɔːrukhada コールクハダ] 形 [여변] 神々しい; 神聖である; 偉大だ ¶ ~-하신 하나님 [~-kʰaʃin hananim ~-カシン ハナニム] 聖なる神 / ~-한 마음 [~-kʰan maɯm ~-カン マウム] 聖なる心 / ~-한 공적 [~-kʰan kɔŋdʒɔk ~-カン コンジョク] 偉大な功績.

거룻-배 [kɔrutpʼɛ コルッペ] 名 伝馬船; 荷足船; はしけ船 ¶ ~로 건너다 [~ro kɔnnɔda ~ロ コーンノダ] はしけ船[小船]で渡る.

거류[居留] [kɔrju コリュ] 名 하自 居留 **-민** [min ミン] 名 居留民 **-민단** [mindan ミンダン] 名 居留民団 **-지** [dʒi ジ] 名 居留地.

*거르다¹** [kɔrɯda コルダ] 他 [르変] (ふるいなどに掛けて)濾す; 濾過する ¶ 술을 체에 ~ [surɯl tʃʰee ~ スルル チェエ ~] 酒をふるいで濾す **거름-종이** [kɔrɯmdʒɔŋi コルムジョンイ] 名 濾(し)紙; 濾過紙.

*거르다²** [kɔrɯda コルダ] 他 [르変] (順序を)飛ばす; 抜かす; 欠かす; おく ¶ 점심을 ~ [tʃɔːmʃimul ~ チョームシムル ~] 昼飯を抜かす / 한 줄 걸러 [handʒul gɔllɔ ハンジュル ゴルロ] 1行おいて / 하루 걸러 [haru gɔllɔ ハル ゴルロ] 隔日に; 1日おきに.

*거름** [kɔrɯm コルム] 名 肥; 肥料; 肥やし; =비료(肥料) [piːrjo ピーリョ] ¶ 밑~ [mit (k'ɔrum) ミッ~] 元肥 / ~을 주다 [~ɯl tʃuda (コル) ムル チュダ] 肥やしをやる; 施肥する **-하다** [hada ハダ] 自 (田畑に)肥料[肥やし]をやる **-기** [k'i キ] 名 肥沃度; 肥やしの養分 **-더미** [dɔmi ドミ] 名 肥塚 **-발** [p'al パル] 名 肥料の効き目; 肥やしとしての成分 ¶ ~(이) 나다 [(kɔrump'ari nada) kɔrump'allada [コルムパリ ナダ] コルムパルラダ] 肥料の効き目が現われる **-통(桶)** [tʰoŋ トン] 名 肥桶こえ・肥おけ.

*거리¹** [kɔri コリ] 名 町[街]; 市街; 通り; 市井; 巷ちまた; =길거리 [kilk'ɔri キルコリ] の略 ¶ ~의 불량배(不良輩) [~e pulljaŋbɛ ~エ プルリャンベ] 街のよた者[ならず者] / 환락의 ~ [hwallage ~ ファルラゲ~] 歓楽のちまた **-선전** [sɔndʒɔn ソンジョン] 名 街頭宣伝 **-제** [dʒe ジェ] 名 柩ひつぎを墓地まで運ぶ途中路上で柩のそばに供物を供えて行なう祭祀ごと.

*거리²** [kɔri コリ] 名 ① 材料; 料; 種 ¶ 국~ [ku(k'ɔri) クク~] お汁の材料 / (반)찬~ [(pan)tʃʰaːn (k'ɔri) (パン)チャーン~] おかずの種 ② 物種; 種; …ぐさ; 俗 ねた ¶ 기사~를 찾다 [kisa (k'ɔri) rul tʃʰat'a キサ~ルル チャッタ] ねたをさがす / 이야깃~ [ijagit (k'ɔri) イヤギッ~] 話の種 / 핑곗~ [pʰiŋget (k'ɔri) ピンゲッ~] 言い種くさ / 웃음~ [usɯm (k'ɔri) ウスム~] お笑い種; 笑い草 / 웃음~가 되다 [usɯm (k'ɔri) ga tweda ウスム~ガ トゥェダ] 物笑いの種になる / 걱정~ [kɔktʃ'ɔŋ (k'ɔri) コクチョン~] 心配ごと.

*거리[距離]** [kɔri コーリ] 名 距離; 道のり; 隔たり ¶ ~를 재다 [~rul tʃɛːda ~ルル チェーダ] 距離を測る / 10리 ~ [ʃimni (gɔːri) シムニ(ゴーリ)] 1里の道のり / ~감을 느끼게 되다 [~-

gamul nuk'ige tweda ～ガムル ヌッキゲ トゥェダ] 隔たりを覚えるようになる **一표** [pʰjo ピョ] 图 距離表; ある起点からの距離を表わす標識; 里程標.

***거리끼다** [kɔrik'ida コリッキダ] 固① 邪魔になる ¶일하는데 거리끼는 것이 많다 [i:rhanunde kɔrik'inɯn kɔʃi ma:ntʰa イールハヌンデ コリッキヌン コシ マーンタ] 仕事するのに邪魔になるものが多い ② 気にかかる; はばかる ¶아무래도 마음에 ～ [a:mɯrɛdo maɯme ～ アームレド マウメ ～] どうしても気にかかる **거리낌-없이** [kɔrik'imɔpʃi コリッキモプシ] 副 気がねなく; はばかりなく ¶～ 말하다 [～ ma:rhada ～ マールハダ] はばかりなく言う; あたり構わず言いまくる.

*-**거리다** [gɔrida ゴリダ] 語尾 …する=-**대다** [dɛda デダ] ¶가슴이 두근～ [kasɯmi tugɯn～ カスミ トゥグン～] 胸がどきどきする / 흔들～ [hɯndɯl～ フンドゥル～] ゆらゆらする / 소곤～ [sogon～ ソゴン～] ささやく.

거마 [車馬] [kɔma コマ] 图 車馬 **一비** (費) [bi ビ] 图 車代; 足代; 交通費.

***거만** [倨慢] [kɔ:man コーマン] 图 하形 傲慢オゴン; 高慢; 横柄 ¶～한 태도 [～han tʰɛ:do ～ハン テード] 傲慢な態度; 横柄な態度 **一스럽다** [sɯrɔpt'a スロプタ] 形 ㅂ変 傲慢だ; 横柄だ ¶～스럽게 말하다 [～sɯrɔpk'e ma:rhada ～スロプケ マールハダ] 横柄な口をきく; かさ高に物を言う.

거머리 [kɔ:mɔri コーモリ] 图 ①〈動〉ヒル(蛭) ② 人につきまとって苦しめる人.

***거머-잡다** [kɔmɔdʒapt'a コモジャプタ] 他 むんずと引っつかむ ¶소매를 ～ [somɛrul ～ ソメルル ～] 袖を引っつかむ.

거머-쥐다 [kɔmɔdʒwida コモジュィダ] 他 わしづかみにする; ぎゅっと握り締める ¶멱살을 ～ [mjɔks'arul ～ ミョクサルル ～] 胸ぐらをつかむ.

거머-채다 [kɔmɔtʃʰɛda コモチェダ] 他 ぐっとひったくる[ふんだくる].

거멓다 [kɔ:mɔtʰa コーモッタ] 形 ㅎ変 薄黒い; 黒っぽい.

거메-지다 [kɔ:medʒida コーメジダ] 固 黒くなる ¶얼굴이 ～ [ɔlguri ～ オルグリ ～] 顔が黒くなる.

거목 [巨木] [kɔ:mok コーモク] 图 巨木; 巨樹; 大物; 偉大な人物 ¶～이 쓰러지다 [(kɔ:mog)i s'ɯrɔdʒida (コーモ)ギ ッスロジダ] 巨木[偉大な人物]が倒れる.

거무끄름-하다 [kɔmuk'ɯrumhada コムックルムハダ] 形 여変 やや濃い目に薄黒い; 少し黒っぽい.

거무데데-하다 [kɔmudedehada コムデデハダ] 形 여変 薄汚く黒ずんでいる; 黒ずんでさっぱりしない.

거무뎅뎅-하다 [kɔmudeŋdeŋhada コムデンデンハダ] 形 여変 (不似合に)黒みを帯びている.

거무레-하다 [kɔmurehada コムレハダ] 形 여変 薄黒い; 黒みがかっている.

거무스름-하다 [kɔmusurumhada コムスルムハダ] 形 여変 やや黒い; 浅黒い ¶～한 얼굴 [～han ɔlgul ～ハン オルグル] 浅黒い顔.

거무접접-하다 [kɔmudʒɔptʃ'ɔphada コムジョプチョプハダ] 形 여変 (顔色などが)やや黒くてぱっとしない.

거무죽죽-하다 [kɔmudʒuktʃ'ukhada コムジュクチュクハダ] 形 여変 濁ったように黒ずんでいる.

거무충충-하다 [kɔmutʃʰuŋtʃʰuŋhada コムチュンチュンハダ] 形 여変 どす黒い; 黒くくすんでいる ¶～한 피 [～han pʰi ～ハン ピ] どす黒い血.

거무칙칙-하다 [kɔmutʃʰiktʃʰikhada コムチクチクハダ] 形 여変 黒みがかって薄汚い; どす黒い ¶～한 얼굴 [～khan ɔlgul ～カン オルグル] 黒みがかって薄汚い顔.

거무튀튀-하다 [kɔmutʰwitʰwihada コムトゥイトゥィハダ] 形 여変 薄黒くどんよりしている.

***거문고** [kɔmungo コムンゴ] 图〈楽〉(韓国・朝鮮の)琴ミン.

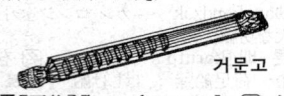

거문고

거물 [巨物] [kɔ:mul コームル] 图 大物; 大立て物 ¶정계의 ～ [tʃɔŋgee ～ チョンゲエ ～] 政界の大物[大立て物].

***거미** [kɔmi コミ] 图〈動〉クモ **一줄** [dʒul ジュル] 图 クモの糸 ¶～치다 [～tʃʰida ～ チダ] ① クモが巣をかける ②（犯人を捕らえるために）非常線を張り巡らす **一집** [dʒip ジプ] 图 クモの巣.

거반 [居半] [kɔban コバン] 副 ほとんど='거지반'의略 ¶～ 다 됐다 [～ ta:

dwet'a ~ ター ドゥエッタ] ほとんど終わった[出来あがった].

거-봐(라) [kɔbwa:(ra) コブァー(ラ)] 感 それみろ; それごらん; =그것 보아라 [kɯgɔt p'oara クゴッ ボアラ]の略 ¶~, 내가 말한 대로지[~, nɛga ma:rhan dɛrodʒi ~, ネガ マールハン デロジ] それみろ, 私の言ったとおりでしょ.

거부[巨富][kɔ:bu コーブ] 名 巨富; 富豪; 大金持ち.

*거부[拒否][kɔ:bu コーブ] 名 拒否 ¶승차 ~ [sɯntʃha(gɔ:bu) スンチャ(ゴーブ)] 乗車拒否 **―하다** [hada ハダ] 他 拒否する; 拒む ¶요구를 ~ [jogurul ~ ヨグルル ~] 要求を拒む **―권**[k'wɔn クォン] 名 拒否権 **―반응**[ba:nɯŋ バーヌン] 名〈医〉拒絶[拒否]反応.

*거북[kɔbuk コブク] 名〈動〉カメ(亀) **―선**[s'ɔn ソン] 名〈史〉亀甲船; 文禄・慶長の役[壬辰倭乱]のころ, 李舜臣提督が造った亀形の鉄甲船.

거북선

거북살-스럽다 [kɔ:buks'alsɯrɔpt'a コーブクサルスロプタ] 形 ㅂ変 非常に窮屈だ, 大変気まずい.

*거북-하다 [kɔ:bukhada コーブクカダ] 形 여変 気まずい; (言い)にくい; (体の)具合が悪い ¶~-한 생각이 들다[~-khan sɛŋgagi tulda ~-カン センガキ トゥルダ] 気まずい思いをする / 거절하기가 ~[kɔ:dʒɔrhagiga ~ コージョルハギガ ~] 断わりにくい / 속이 ~ [so:gi ~ ソーギ ~] 腹の具合が悪い; 胃がもたれる **거북-스럽다** [kɔ:buks'urɔpt'a コーブクスロプタ] 形 ㅂ変 居心地が悪い; 具合が悪いようだ; 窮屈だ.

거사[擧事][kɔ:sa コーサ] 名 하自 大事を起こすこと, 旗揚げ.

거상[巨商][kɔ:saŋ コーサン] 名 巨商.

거성[巨星][kɔ:sɔŋ コーソン] 名 巨星; 大人物 ¶문단의 ~ [mundane ~ ムンダネ ~] 文壇の巨星.

거세[去勢][kɔ:se コーセ] 名 하他 去勢; 取り除くこと ¶~-한 말[~-hanmal ~ハン マル] 俗 金切り馬 / 반대세력을 ~하다 [pa:ndɛ se:rjɔgul ~-hada パーンデ セーリョグル ~ハダ] 反対勢力を取り除く.

*거세다 [kɔseda コセダ] 形 荒い; 荒くて強い; 猛々しい; 激しい ¶거센파도 [kɔsen phado コセン パド] 荒波 / 거센 반항[kosen pa:nhaŋ コセン パーンハン] 強い反抗 / 거센 바람[kosen param コセン パラム] 激しい風.

거수[擧手][kɔ:su コース] 名 하自 擧手 **―가결**[ga:gjɔl ガーギョル] 名 擧手による可決 **―경례**[gjɔ:ŋne ギョーンネ] 名 擧手の礼.

*거스르다 [kɔsɯrɯda コスルダ] 他 르変 ① 逆らう ¶부모에게 ~ [pumoege ~ プモエゲ ~] 親に逆らう ② 反する; はずれる ¶도리를 ~ [to:rirul ~ トーリルル ~] 道理にはずれている ③ 釣り銭を出す ¶잔액을 거슬러 받다 [tʃanɛgul kɔsullo pat'a チャネグル コスロ パッタ] お釣りをもらう.

*거스름(-돈) [kɔsɯrɯm(t'on) コスルム(トン)] 名 釣り銭; お釣り.

*거슬러-올라가다 [kɔsɯllo ollagada コスルロ オルラガダ] 自他 さかのぼる ¶강물을 ~ [kaŋmurul ~ カンムルル ~] 川をさかのぼる / 옛날로 ~ [je:nnallo ~ イェーンナルロ ~] 昔にさかのぼる.

*거슬리다 [kɔsɯllida コスルリダ] 自 気に入らない; 障る; 触れる ¶눈에 거슬리는 행동 [nune kɔsullinun hɛŋdoŋ ヌネ コスルリヌン ヘンドン] 目障りな行動 / 비위에 ~ [pi:wie ~ ビーウィエ ~] (人の)気に触れる; 気に障る / 귀에 ~ [kwie ~ クィエ ~] 聞きづらい; 耳に逆らう.

거시기 [kɔʃigi コシギ] 1 代 (なんとかいう)あの人; それ ¶~-가 어디 사는지 [~-ga ɔdi sa:nɯndʒi ~ガ オディ サーヌンジ] あの人, どこに住んでいるの 2 感 あのう; ええと ¶저, ~ 뭐라더라 [tʃɔ, ~ mwɔ:radɔra チョー, ~ ムォーラドラ] あのう, 何といったっけ.

거실[居室][kɔʃil コシル] 名 居室; 居間.

거액[巨額][kɔ:ɛk コーエク] 名 巨額; 多額 ¶~-의 헌금 [(kɔ:ɛ)e nɯŋgum (コーエ)ゲ ホーングム] 巨額の献金.

거역[拒逆][kɔ:jɔk コーヨク] 名 하他 (命令などに)逆らうこと; 背くこと ¶명령을 ~하다 [mjɔ:ŋnjɔŋul (kɔ:jɔ)-

거울 / 거짓말

kʰada ミョーンニョンウル ～カダ] 命令に逆らう/부모를 ～하다[pumorul kʰada プモルル ～カダ] 親に背く.

*거울 [koul コウル] 名 ① 鏡 ¶～을 보다[(kour)ul poda (コウ)ルル ポダ] 鏡をのぞく ② 亀鑑ᵏᵃɴ; 鑑ᵏᵃɴ; 模範; 教訓の意味; 手本 ¶학생의 ～[haks'eɲe (kour) i tweda ハクセンエ (コウ) リ トゥェダ] 学生の模範となる **─삼다** [samt'a サウタ] 他 教訓[鑑]とする.

거위 [kɔwi コウィ] 名 **1** 〈鳥〉 ガチョウ (鵝鳥) **2** 〈動〉 回虫.

*거의 [kɔi コイ] 副 ほとんど; ほぼ; 大部分; 大方; おおよそ ¶～ 완성(完成)되었다[～ wansoŋdweot'a ～ ワンソンドゥェオッタ] 九分九厘まで出来あがった/～ 틀림없다[～ tʰullimopt'a ～ トゥルリモプタ] ほとんど間違いない/～ 오지 않는다[～ odʒi annunda ～ オジ アンヌンダ] めったに来ない.

거인[巨人][kɔin コーイン] 名 巨人 ¶문단의 ～[mundane ～ ムンダネ ～] 文壇の巨人.

거장[巨匠][kɔːdʒaŋ コージャン] 名 巨匠; 大家 ¶음악의 ～[umage ～ ウマゲ ～] 音楽の巨匠.

*거저 [kɔːdʒɔ コジョ] 副 ① ただで; 無料で ¶～ 얻었다[～ tobɛt'a ～ オドッタ] ただでもらった ② 手ぶらで; 素手で **─먹기** [mɔk'i モッキ] 名 朝飯前=식은죽 먹기[ʃigumbuk mɔk'i シグンジュン モッキ] ¶그 정도는 ～다[kɯ tʃoŋdonum ～da ク チョンドヌン ～ダ] それくらいは朝飯前だ **─먹다** [mɔkt'a モクタ] 他 (努力せずに)ただで手に入れる ¶남의 재산을 ～[name tʃesanɯl ～ ナメ チェサヌル ～] 他人の財産をただで手に入れる.

거적 [kɔdʒɔk コジョク] 名 むしろ; こも ¶～을 깔다 [(kɔdʒɔg)ul k'alda (コジョ)グル ッカルダ] むしろを敷く/～으로 싸다 [(kɔdʒɔg)uro s'ada (コジョ)グロ ッサダ] こも包みをする **─때기** [t'ɛgi ッテギ] 名 1枚1枚のむしろ.

*거절[拒絶][kɔːdʒɔl コージョル] 名 拒絶; 断り **─하다**[(kɔːdʒɔr)hada (コージョル)ハダ] 他 拒絶する; 断る; 謝する ¶면회를 ～[mjɔːnhwerul ～ ミョーンフェルル ～] 面会を断る/청을 ～[tʃʰɔŋul ～ チョンウル ～] 申し出を謝する.

거점[據點][kɔːtʃ'ɔm コーッチョム] 拠点; 足場 ¶군사 ～[kunsa (gɔːtʃ'ɔm) クンサ (ゴーッチョム)] 軍事拠点.

거족[擧族][kɔːdʒok コージョク] 名 全民族 ¶～적인 환영 ～[tʃ'ɔgin hwanjoŋ ～チョギン ファニョン] 朝野を挙げての歓迎/～적인 행사 [～tʃ'ɔgin hɛŋsa ～チョギン ヘンサ] 全民族的な行事.

*거주[居住][kɔːdʒu コージュ] [漢] 名 居住; 住むこと **─민** [min ミン] 名 居住民 **─지** [dʒi ジ] 名 居住地.

*거죽 [kɔdʒuk コジュク] 名 表; 表面; 表皮; 外側 ¶옷～[ot (k'ɔdʒuk) オッ ～] 衣服の表.

*거지 [kɔːdʒi コージ] 名 乞食ᴋɪᴄ **─같다** [gat'a ガッタ] 形 つまらない; くだらない ¶～ 같은 자식[～gatʰun tʃaʃik ～ガトゥン チャシク] くだらないやつ **─같이** [gatʃʰi ガチ] ① 副 乞食のように; つまらなく; くだらなく ② 感 こいつ; ちえっ ¶～, 이게 뭐람[～, ige mwɔːram ～, イゲ ムォーラム] ちえっ, なんだこのざまは **─꼴** [k'ol ッコル] 名 (乞食のような)みすぼらしい格好 **─발싸개** [balsʼagɛ バルッサゲ] 名 乞食の足を包む布(ひどく汚らしい人や物をののしっていう語) ¶～ 같은 자식 [～gatʰun tʃaʃik ～ガトゥン チャシク] くだらないやつめ.

거지-반[居之半][kɔdʒiban コジバン] 副 ほとんど; ほぼ; おおよそ; 大半; ='거의' ·'거반' ¶일이 ～ 끝났다[iːri ～ k'unnat'a イーリ ～ ックンナッタ] 仕事がほとんど終わった[仕上がった].

*거짓 [kɔːdʒit コージッ] **1** 名 うそ; 偽り; 虚偽 ¶～ 신고[～ ʃʼingo ～ シンゴ] うその申告/～ 보고[～ pʼoːgo ～ ポーゴ] 偽りの報告/～ 증언[～ tʃʼɯŋɔn ～ チュンオン] 虚偽の証言/～없는 고백 [(kɔːdʒid) ɔmnɯn koːbɛk (コージ)ドムヌン コーベク] ありのままの告白 **2** 副 偽って; だまして; まことしやかに ¶～ 맹세하다 [(kɔːdʒin) mɛŋsehada (コージン) メンセハダ] 偽って[まことしやかに]誓う **─부렁(이)** [pʼurɔŋ(i) プロン(イ)] 名 俗 うそ.

*거짓-말[kɔːdʒinmal コージンマル] 名 うそ; 空言; 虚言 ¶～을 늘어 놓다 [(kɔːdʒinmar) nɯrɔ notʰa (コージンマ)ル ヌロノッタ] うそ八百を並べ(立て)る **─보태다** [botʰɛda ボテダ] 他 大げさにいう; (事実を曲げて)誇張する **─하다** [-(mar)hada ハダ] 自他

うそをつく **―쟁이** [dʒɛŋi ジェンイ] 图 うそつき; ほらふき **―탐지기** (探知機) [tʰamdʒigi タムジギ] 图 うそ発見機.

거짓-없다 [kɔːdʒidəptʰa コージドプタ] 形 うそ偽りない; 率直だ **거짓-없이** [kɔːdʒidəpʃi コージドプシ] 副 うそ偽りなく, 率直に.

***거-참** [kɔtʃʰam コーチャム] 感 それはそれは; それは本当に, いやはや; はてさて; =그것 참 [kɯgɔ tʃʰam クゴッチャム]の略 ¶ ～ 안됐다 [~ andwetʰa ～アンドウェッタ] それは本当に気の毒だ.

***거창** [巨創] [kɔtʃʰaŋ コーチャン] 图 하形 雄大 [巨大] なこと; ご大層に [大げさに] ふるまう [いう] こと ¶ ～한 사업 [~-han saːɔp ～ハン サーオプ] 大事業.

***거처** [居處] [kɔtʃʰɔ コチョ] 图 居所; 居場所 ¶ ～가 없다 [~-ga ɔːptʰa ～ガ オープタ] 居場所がない **―하다** [hada ハダ] 自 住む; 暮らす ¶ ～하는 방 [~-hanɯn paŋ ～ハヌン パン] 暮らしている部屋; 居室.

거쳐-가다 [kɔtʃʰɔgada コチョガダ] 他 (ある所を) 経て行く; 経る; 立ち寄って行く; 経由する.

거쳐-오다 [kɔtʃʰɔoda コチョオダ] 他 (ある所に) 立ち寄ってくる; 経てくる.

거추장-스럽다 [kɔtʃʰudʒaŋsɯrɔptʰa コーチュジャンスロプタ] 形 ㅂ変 面倒だ, やっかいだ; 手に余る; 足手まといだ ¶ ～스러운 짐 [~-sɯroun tʃim ～スロウン チム] やっかいな荷物 / 가방이 너무 커서 ～ [kabaŋi nɔmu kʰɔsɔ ~ カバンイ ノム コソ ～] カバンがあまり大きくて面倒だ [扱いにくい].

거취 [去就] [kɔtʃʰwi コーチュイ] 图 去就; 進退 ¶ ～를 망설이다 [~rɯl maŋsɔrida ～ルル マンソリダ] 去就に迷う.

거치 [据置] [gɔtʃʰi ゴチ] 图 하他 据え置き ¶ 5년 ～ 10년 분할 상환 [oːnjɔn ~ ʃimnjɔn bunhal saŋhwan オーニョン ～ シムニョン ブンハル サンファン] 5年据え置き10年分割償還.

※**거치다** [kɔtʃʰida コチダ] 1 自 (何かに引っかかって) 触れる; こすれる ¶ 돌맹이에 거치어 넘어지다 [toːlmɛŋie kɔtʃʰiɔ nɔmɔdʒida トールメンイエ コチオ ノモジダ] 石ころに触れてつまずく 2 他 立ち寄る; 経る; 経由する ¶ 도쿄를 거쳐 미국에 돌아가다 [toːkʰjoːrɯl kɔtʃʰɔ miːguge toragada トーキョールル コチョ ミーグゲ トラガダ] 東京を経てアメリカに帰る.

거치적-거리다 [kɔtʃʰidʒɔkkʰɔrida コチジョッコリダ] 自 まつわりつく; うるさくひっかかる; 邪魔になる ¶ 강아지가 발에 ～-거려서 귀찮다 [kaŋadʒiga pare ~-kʰɔrjɔsɔ kwitʃʰantʰa カンアジガ パレ ～-コリョソ クィチャンタ] 子犬がまつわりついてうるさい / ～-거리는 나뭇가지 [~-kʰɔrinɯn namutkʰadʒi ～-コリヌン ナムッカジ] 邪魔になる枝.

***거칠다** [kɔtʃʰilda コチルダ] 形 ㄹ語幹 ① 粗い; 細かくない ¶ 살결이 ～ [salkʰjɔri ～ サルキョリ ～] 肌が粗い / 손이 거칠어지다 [soni kɔtʃʰirɔdʒida ソニ コチロジダ] 手が荒れる ② 荒い ¶ 성질이 ～ [sɔːŋdʒiri ～ ソーンジリ ～] 気性が荒っぽい ③ おおまかだ ¶ 솜씨가 ～ [somʃiga ～ ソムッシガ ～] 手並みがおおまかだ ④ 手くせが悪い ¶ 손이 ～ [soni ～ ソニ ～] 手くせがよくない ⑤ 粗雑だ ¶ 일이 ～ [iːri ～ イーリ ～] 仕事が粗雑だ [ぞんさいだ].

거칠-하다 [kɔtʃʰirhada コチルハダ] 形 여変 (皮膚や毛が) つやけがない; がさがさだ ¶ 살갗이 ～-해졌다 [salkʰatʃʰi ~-hɛdʒɔtʰa サルカチ コチルヘジョッタ] 肌がかさがさになった **거칠-거칠** [kɔtʃʰilgɔtʃʰil コチルゴチル] 副 하形 がさがさ ¶ 피부가 ～-해지다 [pʰibuga ~-gɔtʃʰir)hɛdʒida ピブガ ～-ヘジダ] 皮膚ががさがさになる.

거침 [kɔtʃʰim コチム] 图 妨げ; 支障; 邪魔; 差し障り **―새** [sɛ セ] 图 滞り; 差し障り; 邪魔もの ¶ 조금도 ～가 없다 [tʃogumdo ~ga ɔːptʰa チョグムド ～ガ オープタ] 少しも滞りがない **―(이) 없다** [(kɔtʃʰimi)(ː) ptʰa コチミ オープタ] 形 ① ひっかかることがない; 差し支え [差し障り] がない ¶ 일이 잘 풀려서 ～ [iːri tʃal pʰulljɔsɔ ～ イーリ チャル プルリョソ ～] (すべてが) 円満に運んで差し障りがない ② 気遣うことがない; はばかるものがない ¶ 어디를 가더라도 아무런 ～ [ɔdirul kadɔrado aːmurɔn ～ オディルル カドラド アームロン ～] どこへ行っても何一つはばかるものがない **―없이** [ɔpʃi (コチ) モプシ] 副 ① 差し支えなく; 滞りなく; 障りなく; すらすら (と) ¶ 일이 ～ 진행되었다 [iːri ~ tʃiːnhɛŋdwetʰa イーリ ～ チーンヘンドゥエオッタ] 事が滞りなくはかどった ② 気遣

거탈 うことなく; はばかることなく ¶ ~ 거짓말을 하다 [~ kɔːdʒinmarɯl hada ~ コージンマルル ハダ] 平気でうそをつく.

거탈 [kɔthal コタル] 名 見(せ)かけ; うわべ; 外見 ¶ 이 장치는 ~뿐이다 [itʃaŋtʃhinɯn ~p'unida イ チャンチヌン ~プニダ] この装置は見せかけだけだ.

거푸 [kɔphu コプ] 副 重ねて; 続けて ¶ 물을 ~ 마시다 [murɯl ~ maʃida ムルル ~ マシダ] 水を立て続けに飲む.

*거품 [kɔphum コプム] 名 泡; 気泡 ¶ 맥주 ~ [mɛktʃ'u (gɔphum) メクチュ (コプム)] ビールの泡 / ~이 일다 [~i ilda (コプ)ミ イルダ] 泡が立つ —경기 [gjɔŋgi ギョンギ] 名 泡景気; バブル景気.

거한 [巨漢] [kɔːhan コーハン] 名 巨漢.

*거행 [擧行] [kɔːhɛŋ コーヘン] 名 挙行 —하다 [hada ハダ] 他 挙行する; 挙げる; 執り行なう; 行なう ¶ 결혼식을 ~ [kjɔrhonʃigɯl ~ キョルホンシグル ~] 結婚式を執り行なう / 성대히 ~ [sɔːndɛi ~ ソーンデイ ~] 盛大に行なう.

*걱정 [kɔktʃ'ɔŋ コクチョン] 名 ① 心配; 気がかり; 気遣い; 懸念 ¶ ~을 끼치다 [~ɯl k'itʃhida ~ ウルッキチダ] 心配をかける ② 叱ること; 小言 ¶ ~을 듣다 [~ɯl tɯt'a ~ ウル トゥッタ] 叱られる; 小言を食(ら)う —스럽다 [surɔpt'a スロプタ] 形 ㅂ変 気遣わしい; 心配だ; 気になる; 嘆かわしい —없다 [ɔpt'a オプタ] 形 大丈夫だ; 平気だ —하다 [hada ハダ] 自他 心配する; 気遣う; 気にする[かける] ¶ 안부를 ~ [anburɯl ~ アンブルル ~] 安否を気遣う —거리 [k'ɔri コリ] 名 心配事 ¶ ~가 많다 [~ga maːntha ~ガ マーンタ] 心配事が多い —덩어리 [t'ɔŋɔri トンオリ] 名 大きな心配事; いつも人に心配をかける人; 心配の種になる人.

*건 [kɔn コン] 略 ① ~のは; …ことは; =것은 [kɔsɯn コスン] ¶ 내 ~ 좋다 [nɛ(k'ɔn) tʃoːtha ネ~ チョーッタ] 私のは良い ② それは=그것은 [kɯgɔsɯn コグスン] ¶ ~ 크네 [~ kʰɯne ~ クネ] それは大きいね.

*-건 [gɔn ゴン] 語尾 ① …ならば; …ければ; =-거든 [gɔdɯn ゴドゥン] ¶ 좋~ 사라 [tʃoː(khɔn) sara チョーッ(コン) サラ] 良ければ買いなさい ② …ても; …(し)ようが; =-거나 [gɔna ゴナ] ¶ 오~ 말~ [o~ maːl~ オ~ マール~] 来ようが来まいが.

건 [件] [k'ɔn コン] 1 名 件; 事がら ¶ 표기의 ~ [phjogie ~ ピョギエ ~] 表記の件 2 依存 …件 ¶ 사고 2~ [saːgo du: ~ サーゴ ドゥー ~] 事故2件.

*건강 [健康] [kɔːngaŋ コーンガン] 名 하形 健康; 元気; 丈夫 ¶ ~한 몸 [~han mom ~ハン モム] 元気(丈夫)な体 / ~을 해치다 [~ɯl hɛːtʃhida ~ウルヘーチダ] 健康を損なう —히 [iːi] 副 健康に; 元気に —관리 [gwalli クァルリ] 名 健康管理 —미 [miː] 名 健康美 —법 [p'ɔp ポプ] 名 健康法 —식 [ik シク] 名 健康食 —진단 [dʒiːndan ジーンダン] 名 健康診断 —체 [tʃhe チェ] 名 健康体.

건건-하다 [kɔngɔnhada コンゴンハダ] 形 여変 やや塩辛い; 塩味がきいて口当たりがいい. > '간간하다'.

건국 [建國] [kɔːnguk コーングㇰ] 名 하自 建国 —이념 [(kɔːngug)iːnjm (コーンググ)ギーニョム] 名 建国理念.

*건너 [kɔːnnɔ コーンノ] 名 向こう(側) ¶ 강~ 마을 [kaŋ(gɔnnɔ) mawl カン(ゴンノ) マウル] 川向こうの村 —편(便) [phjɔn ピョン] 名 向かい側; 向こう 건넛-마을 [kɔːnnɔnː mawl コーンノン マウル] 名 向こうの村 건넛-방 [kɔːnnɔtp'aŋ コーンノッパン] 名 向かい側の部屋 건넛-집 [kɔːnnɔtʃʰip コーンノッチㇷ゚] 名 向こうの家.

*건너-가다 [kɔːnnɔgada コーンノガダ] 他 渡る; 渡って行く; 横切る ¶ 강을 ~ [kaŋɯl ~ カンウル ~] 川を渡る.

*건너다 [kɔːnnɔda コーンノダ] 他 ① 渡る; 越える; 横切る ¶ 강을 ~ [kaŋɯl ~ カンウル ~] 川を渡る / 길을 ~ [kirɯl ~ キルル ~] 道を横切る ② 食事を抜く ¶ 2끼를 ~ [tuː k'irɯl ~ トゥー ッキルル ~] 2度の食事を抜く ③ ('건너'の形で) …おきに; …を経て.

건너-뛰다 [kɔːnnɔt'wida コーンノットゥィダ] 他 ① 飛び越える; 飛び渡る ¶ 내를 ~ [nɛːrɯl ~ ネールル ~] 小川を飛び渡る ② 飛ばす; 抜かす ¶ 순서를 ~ [suːnsɔrɯl ~ スーンソルル ~] 順序を飛ばす.

건너(다)-보다 [kɔːnnɔ(da)boda コーンノ(ダ)ボダ] 他 ① 眺める ¶ 저편 마을을 ~ [tʃɔphjɔn mawrɯl ~ チョピョン マウルル ~] 向こう(側)の村を眺める ② (人のものを)ねたみ欲しがる

¶남의 재산을 ~[name tɕɛsanɯl ~ ナメ チェサヌル ~] 人の財産を欲しがる.

***건너-오다**[kɔːnnəoda コーンノオダ] 他 渡ってくる ¶강을 ~[kaŋɯl ~ カン ウル ~] 川を渡ってくる.

건너-짚다[kɔːnədʑipt'a コーンノジプタ] 他 ① 腕を伸ばしてつかむ ② (他人の 心中を)推し量る ¶그녀의 의향을 ~[kɯnjoe ɰihjaŋɯl ~ クニョエ ウィーヒャンウル ~] 彼女の意向を推し量る.

***건넌-방**[-房][kɔːnnənbaŋ コーンノンバン] 名 (韓国・朝鮮式家屋で)안방[anp'aŋ アンパン]「奥の間」と向かいあっている部屋.

***건널-목**[kɔːnnəlmok コーンノルモク] 名 踏み切り; 交差点 ¶~을 건너다[~-(mog) ɯl kɔːnnəda ~-(モ)グル コーンノダ] 踏み切りを渡る; 交差点を横切る.

***건네다**[kɔːnneda コーンネダ] 他 **1** ① (話を)かける ¶남에게 말을 ~[namege maːrɯl ~ ナメゲ マールル ~] 人に言葉をかける ② 渡す; 手渡す ¶아내에게 돈을 ~[anɛege toːnɯl ~ アネエゲ トーヌル ~] 妻にお金を渡す **2** 使役 渡してやる; 渡す('건너다'「渡る」) ¶나룻배로 사람을 ~[narutp'ɛro saːramɯl ~ ナルップェ サーラムル ~] 渡し舟で人を渡す(渡してやる).

***건네-주다**[kɔːnedʑuda コーンネジュダ] 他 渡してやる ¶배로 사람을 ~[pɛro saːramɯl ~ ペロ サーラムル ~] 渡し舟で人を渡してやる(渡す).

건달[乾達][kɔndal コンダル] 名 ① 遊び人; ごろつき; よた者; やくざ ¶~자식[~tɕ'aʑik ~チャジク] のらくら[どら]息子 ② すっからかん; すかんぴん ¶사업 실패로 이 되었다[saːɔp ɕ'ilpʰɛro (kondar)i tweət'a サーオプ シルペロ (コンダ)リ トゥェオッタ] 事業をしくじりすかんぴん[一文なし]になった **―꾼**[k'un ックン] 名 ごろつき; 遊び人 **―패**[pʰɛ ペ] 名 よた者たち; やくざ連中.

-건대[gəndɛ ゴンデ] 語尾 …れば; …るに ¶생각하~[sɛŋgakʰa~ センガクカ~] 思うに; 考えれば / 보~[po~ ポ~] 見る(から)に; 見れば / 듣~[tɯt(k'əndɛ) トゥッ(コンデ)] 聞いたところによれば.

***건더기**[kəndəgi コンドギ] 名 ① お汁の実[具]; 浮かし ② 液体に混じっている塊 ③ 俗 中身; 値打ち; 種 ¶말

할 ~가 없다[maːrhal ~ga ɔːpt'a マールハル ~ ガ オープタ] 話の種がつきる; 言うだけの中身がない.

***건드리다**[kɔːndɯrida コーンドゥリダ] 他 ① 触れる; 触る ¶이것을 건드리지 마라[igəsɯl kɔːndɯridʑi mara イゴスル コーンドゥリジ マラ] これに触るな / 아픈 곳을 ~[apʰɯŋgosɯl ~ アプンゴスル ~] 痛いところに触れる ②(女性に)手を出す; 手をつける ¶여자를 ~[jədʑarɯl ~ ヨジャルル ~] 女性に手を出す ③ (感情などを)刺激する=¶비위를 ~[piːwirɯl ~ ピーウィルル ~].

***건립**[建立][kɔːllip コールリプ] 名 하他 建立ᡣ᷿; 建てること ¶마을 회관을 ~하다[maɯl hweːgwanɯl ~(kɔːlli)pʰada マウル フェーグァヌル ~パダ] 村の会館を建てる.

*-**건만**[gənman ゴンマン] 語尾 …だけれども; …だのに; …であるにもかかわらず; =-건다는[-gənmanɯn ゴンマヌン] ¶사람은 많~[saːramɯn maːn(kʰonman) サーラムン マーン(コンマン)] 人は多いけれども(人材は少ない) / 형제이~[hjɔŋdʑei~ ヒョンジェイ~] 兄弟であるにもかかわらず(仲が悪い).

건망-증[健忘症][kɔːnmaŋtɕʰɯŋ コーンマンチュン] 名 健忘症 ¶~이 심하다[~i ɕiːmhada ~イ シームハダ] ひどい健忘症だ; もの忘れがひどい.

*건물[建物][kɔːnmul コーンムル] 名 建物.

***건방-지다**[kənbaŋdʑida コンバンジダ] 形 生意気だ; 横柄だ; 尊大だ ¶~진 태도[~-dʑin tʰɛːdo ~-ジン テード] 生意気[尊大]な態度 / ~-지게 굴다[~-dʑige kuːlda ~ジゲ クールダ] 横柄にふるまう **건방-떨다**[kənbaŋt'əlda コンバンットルダ] 自 うぬぼれた生意気な態度をとる.

건배[乾杯][kɔnbɛ コンベ] 名 하自 乾杯.

***건사-하다**[kɔnsahada コンサハダ] 他 ① (仕事の)段取りをつけてやる; (人の)面倒をみる; 治める ② よくわきまえて処理する ¶제 몸하나 ~-하지도 못하는 주제에[tɕe momhana ~-hadʑido moːtʰanɯn tɕudʑee チェ モム ハナ ~-ハジド モッタヌン チュジェエ] 自分の体を持て余しているくせに(人のことに口を挟む) ③ 保つ; 保存する ¶썩지 않게 잘 ~[s'ɔktɕ'i ankʰe tɕal (gənsahada) ッソクチ アンケ チャル

(ゴンサハダ)] 腐らないようによく(手入れして)保管する.

***건설**[建設][kɔ:nsʌl コーンソル] 名 하他 建設 **—공사**[goŋsa ゴンサ] 名 建設工事 **—업**[(kɔ:nsʌr)ʌp (コーンソ)ロプ] 名 建設業 **—적**[tʃʌk チョク] 名 冠 建設的.

건성[kɔnsʌŋ コンソン] 名 副 うわの空 ¶ 남의 말을 ~으로 듣다[name ma:rul ~uro tuttʼa ナメ マールル ~ウロ トゥッタ] 人の話をうわの空で聞く[空聞きする] / ~으로 울다[~uro u:lda ~ウロ ウールダ] 空泣きする / ~ 대답[~ dɛ:dap ~ データプ] 生返事 **—건성**[gʌnsʌŋ ゴンソン] 副 適当に; 漫然と ¶ ~ 해치우다[~ hɛ:tʃhiuda ~ ヘーチウダ] 適当に[いいかげんに]片づける.

건수[件數][kɔns'u コンスッ] 名 件数 ¶ 사고 ~[sa:go (k'ʌns'u) サーゴ~] 事故の件数 / 취급 ~[tʃhwi:gɯp (k'ʌns'u) チュイーグプ ~] 取り扱い件数.

건승[健勝][kɔ:nsɯŋ コーンスン] 名 하形 健勝 ¶ ~을 빕니다[~ɯl pi:mnida ~ウル ピームニダ] ご健勝を祈ります.

***건실-하다**[健實-][kɔ:nʃirhada コーンシルハダ] 形 여охы ① 健全で着実だ ¶ ~한 청년[~-han tʃhʌŋnjʌn ~ハン チョンニョン] 健全でまじめな青年 ② 健康だ **건실-히**[kɔ:nʃiri コーンシリ] 副 ① 健全で着実に ② 健康に.

건-어물[kɔnʌmul コノムル] 名 乾魚物; 干し魚.

건의[建議][kɔ:ni コーニ] 名 하他 建議 **—문**[mun ムン] 名 建議文 **—서**[sʌ ソ] 名 建議書 **—안**[an アン] 名 建議案.

건재-상[建材商][kɔ:ndʒɛsaŋ コーンジェサン] 名 建材商; 建築材料店.

건재-약국[乾材藥局][kɔndʒɛjakʼuk コンジェヤクク] 名 漢方の薬料[薬剤]を売る薬局.

***건전**[健全][kɔ:ndʒʌn コーンジョン] 名 하形 健全 ¶ ~ 재정[~ dʒɛdʒʌŋ ~ ジェジョン] 健全財政 **—히**[i (コーンジョ)ニ] 副 健全に; 健やかに.

건-전지[乾電池][kɔndʒʌndʒi コンジョンジ] 名 乾電池; バッテリー.

***건져-내다**[kɔndʒʌnɛda コンジョネダ] 他 ① (水の中から)取り出す; 引き揚げる ¶ 물에 빠진 것을 ~[mure pʼa:dʒiŋ kʌsɯl ムレッパージン コスル ~] 水の中に沈んだものを引き揚げる ② 救う; 救い出す ¶ 물에 빠진 사람을 ~[mure pʼa:dʒin sa:ramul ~ ムレッパージン サーラムル ~] 溺れかかった人を救い出す ③ (金魚などを)すくい出す; 汲み取る.

건조[建造][kɔ:ndʒo コーンジョ] 名 하他 建造 **—물**[mul ムル] 名 建造物.

*** 건조**[乾燥][kɔndʒo コンジョ] 名 하形 하自他 乾燥 ¶ 공기가 ~하다[kʌŋgiga ~hada コンギガ ~ハダ] 空気が乾燥している[乾燥する] / ~ 주의보 ~[~ dʒu:ibo ~ ジューイボ] 乾燥注意報 / ~가 빠르다[~ga pʼaruda ~ ガッパルダ] 乾きが速い.

*** 건지다**[kɔndʒida コンジダ] 他 ① (水の中から)つまみ出す; 引き揚げる; 取り上げる; すくう ¶ 그물로 금붕어를 ~[kɯmullo kɯmbuŋʌrɯl ~ クムルロ クムブンオルル ~] 網で金魚をすくう ② 救う; (命を)拾う ¶ 목숨을 ~[moks'umul ~ モクスムル ~] 命を拾う[取り留める] ③ 取り戻す; 回収する ¶ 본전을 ~[pondʒʌnɯl ~ ポンジョヌル ~] 元手を回収する.

*** 건축**[建築][kɔ:ntʃhuk コーンチュク] 名 하他 建築 **—가**[(kɔ:ntʃhu)kʼa カ] 名 建築家 **—물**[(kɔ:ntʃhuŋ)mul (コーンチュン)ムル] 名 建築物; 建造物 **—사**[sʼa サ] 名 建築士; 建築技師 **—양식**[(kɔ:ntʃhuŋ)njaŋʃik (コーンチュン)ニャンシク] 名 建築様式 **—업**[(kɔ:ntʃhuɡ)ʌp (コーンチュ)ゴプ] 名 建築業 **—재**[tʃʼɛ チェ] 名 建(築)材.

*** 건투**[健鬪][kɔ:ntʰu コーントゥ] 名 하自 健鬪 ¶ ~를 빌다[~rul pi:lda ~ルル ピールダ] 健鬪を祈る.

건평[建坪][kɔ:nphjʌŋ コーンピョン] 名 建坪 ¶ ~ 40평[~ sa:ʃiphjʌŋ ~ サーシプピョン] 建坪40坪.

건폐-율[建蔽率][kɔ:nphejul コーンペユル] 名 建蔽率.

건포[乾布][kɔnpho コンポ] 名 乾布 ¶ ~ 마찰[~ ma:tʃhal ~ マーチャル] 乾布摩擦. 「名 干しブドウ.

건-포도[乾葡萄][kɔnphodo コンポド]

*** 걷다¹**[kʌ:tʼa コッタ] 自 도変 ① 歩く ¶ 산길을 ~[sank'irul ~ サンキルル ~] 山道を歩く ② 歩む; 進む ¶ 고난의 길을 ~[konane kirul ~ コナネ キルル ~] 苦難の道を歩む.

*** 걷다²**[kʌtʼa コッタ] 他 ① 取りのける ¶

걷어 붙이다 / **걸레**

상보를 ~ [saŋp'orul ~ サンポルル ~] お膳の覆いを取りのける ② まくる; 巻き上げる; たくし上げる ¶ 소매를 걷어 올리다 [somɛrul kɔdɔollida ソメルル コドオルリダ] 袖をたくし上げる ③ 畳む; 片づける ¶ 멍석을 ~ [mɔŋsɔgul ~ モンソグル ~] むしろを畳む ④ 取り立てる ¶ 회비를 ~ [hwe:birul ~ フェービルル ~] 会費を取り立てる.

걷어-붙이다 [kɔdɔbutɕʰida コドブチダ] 他 (袖·ズボンなどを)たくし上げる; まくり上げる; まくる ¶ 팔을 ~ [pʰarul ~ パルル ~] 腕をまくる.

걷어-차다 [kɔdɔtɕʰada コドチャダ] 他 ① (足で)蹴る; 蹴飛ばす ¶ 정강이를 ~ [tɕɔŋgaŋirul ~ チョンガンイルル ~] 向こう脛を蹴飛ばす ② 関係を断つ ¶ 여자를 ~ [jɔdʑarul ~ ヨジャルル ~] 女性との関係を断つ.

걷어-채다 [kɔdɔtɕʰɛda コドチェダ] 自 受動 蹴られる; 蹴飛ばされる; = **걷어 차이다** [kɔdɔ tɕʰaida コドチャイダ] ¶ 말에 ~ [mare ~ マレ ~] 馬に蹴飛ばされる ② 拒否される.

걷어-치우다 [kɔdɔtɕʰiuda コドチウダ] 他 ① (散らばっているものを)片づける; 取り除く; 取り払う; 取り込む ¶ 도로의 장애물을 ~ [to:roe tɕaŋɛmurul ~ トーロエ チャンエムルル ~] 道路の邪魔物を取り払う / 빨래를 ~ [p'allɛrul ~ ッパルレルル ~] 洗濯物を取り込む / 이부자리를 ~ [ibudʑarirul ~ イブジャリルル ~] 布団を片づける ② (していたことを)やめる; 畳む; 中断する ¶ 학업을 ~ [hagɔbul ~ ハゴブル ~] 学業を中断する / 가게를 ~ [ka:gerul ~ カーゲルル ~] 店を畳む.

-걷이 [gɔdʑi ゴジ] 接尾 …取り入れ ¶ 가을 ~ [kaul ~ カウル ~] 秋の取り入れ / 밭 ~ [pat (k'ɔdʑi) パッ(コジ)] 畑の取り入れ.

***걷-잡다** [kɔtɕ'apt'a コッチャプタ] 他 取り留める; 食い止める; 収拾する ¶ 일이 걷잡을 수 없게 되다 [i:ri kɔtɕ'abul s'u ɔ:pk'e tweda イーリ コッチャブルッス オープケ トゥェダ] 事が取り留めようもなくなる; 収拾できなくなる; 手のほどこしようもない.

***걷히다** [kɔtɕʰida コッチダ] 自 ① 晴れる = '걷다²'의 受動 ¶ 안개가 ~ [a:ngɛga ~ アーンゲガ ~] 霧が晴れる ② 集まる ¶ 세금이 잘 걷히지 않는다 [se:- gumi tɕal gɔtɕʰidʑi annunda セーグミ チャル ゴッチジ アンヌンダ] 税金がよく集まらない[うまく取り立てられない].

걸 [gɔːl ゴール] girl 名 ガール **—스카웃** [suːkʰaut スーカウッ] 名 ガールスカウト **—프렌드** [pʰurendu プレンドゥ] 名 ガールフレンド.

***걸** [kɔl コル] 略 =것을[kɔsul コスル]; ものを; ことを; のを ¶ 그 ~ [kɯ(gɔl) ク(ゴル)] それを.

걸-기대 [乞期待] [kɔlgidɛ コルギデ] 名 ご期待を請う; 期待されよ.

***걸다¹** [kɔːlda コールダ] 他 ㄹ語幹 ① 掛ける ¶ 간판을 ~ [kanpʰanul ~ カンパヌル ~] 看板を掛ける / 빗장을 ~ [pitɕ'aŋul ~ ピッチャンウル ~] かんぬきを掛ける / 현상금을 ~ [hjɔnsaŋgumul ~ ヒョンサングムル ~] 懸賞金を掛ける / 엔진을 ~ [endʑinul ~ エンジヌル ~] エンジンをかける / 희망을 ~ [himaŋul ~ ヒマンウル ~] 望みを掛ける / 전화를 ~ [tɕɔnhwarul ~ チョーンファルル ~] 電話をかける ② (けんかを)吹っ掛ける[仕掛ける] ¶ 싸움을 ~ [s'aumul ~ ッサウムル ~] けんかを売る / 시비를 ~ [ɕibirul ~ シービルル ~] 文句をつける / 농을 ~ [noːŋul ~ ノーンウル ~] 冗談を言う ③ 掲げる ¶ 국기를 ~ [kuk'irul ~ クッキルル ~] 国旗を掲げる.

***걸다²** [kɔːlda コールダ] 形 ㄹ語幹 ① 土地が肥えている = ¶ 땅이 ~ [t'aŋi ~ ッタンイ ~] ② (液体が)濃い ¶ 국물이 ~ [kuŋmuri ~ クンムリ ~] おつゆが濃い ③ (手並みが)見事だ; 手性がいい; 手さばきが上手だ ¶ 손이 ~ [soni ~ ソニ ~] 手並みがあざやかだ; 心づかいがこせこせしないで大らかだ ④ 口汚い; 口さがない ¶ 입이 건 남자 [ibi kɔn namdʑa イビ コーン ナムジャ] 口汚い男.

-걸랑 [gɔllaŋ ゴルラン] 助 …だったら; …したら; …すれば; = '-거들랑' ¶ 일이 끝나~ 쉬게 [i:ri k'unna~ ʃwi:ge イーリ ックンナ~ シュィーゲ] 仕事が終わったら休みなさい.

걸러 [kɔllɔ コルロ] 副 おき(に) ¶ 하루 ~ [haru(gollo) ハル(ゴルロ)] 1日おき **—뛰다** [t'wida ットゥィダ] 他 (順序を)飛ばす; 抜かす.

***걸레** [kɔlle コルレ] 名 雑巾 ¶ 마른 ~ [marun ~ マルン ~] 乾いた雑巾

걸려 들다　　　　　　　　　　　54　　　　　　　　　　걸치다

/ 젖은 ~[tʃədʒuɯn ~ チョジュン ~] ぬれ雑巾/~ 같은 자식[~ gathɯn tʃajik ~ ガトゥン チャシク] 汚らわしい奴ら **—(질)치다**[(dʒil)tʃhida (ジル)チダ] 他 雑巾をかける.

걸려-들다[kəlljədɯlda コルリョドゥルダ] 自 ㄹ語幹 ひっかかる; はまる[陥る] ¶ 그물에 ~[kɯmure ~ クムレ ~] 網にひっかかる/계략에 ~[kerjage ~ ケーリャゲ ~] 計略にはまる[陥る].

걸로[gollo ゴルロ] 略 …で; (も)のを; ことを; =것으로[kəsuro コスロ] ¶ 그 ~ 하자[kɯ ~ hadʒa ク ~ ハジャ] それでやろう; それにしよう.

＊**걸리다**¹[kəllida コルリダ] 自 ① かかる ¶ 고기가 낚시에 ~[kogiga nakʃ'ie ~ コギガ ナクシエ ~] 魚が釣り針にかかる/병에 ~[pjɔ:ŋe ~ ピョーンエ ~] 病気にかかる/시간이 ~[ʃigani ~ シガニ ~] 時間がかかる; 暇どる/사기에 ~[sagie ~ サギエ ~] 詐欺にかかる/마음에 ~[maɯme ~ マウメ ~] 気にかかる ② ひっかかる ¶ 물고기가 그물에 [mulk'ogiga kɯmure ~ ムルコギガ クムレ ~] 魚が網にひっかかる/검열에 ~[kɔ:mjəne ~ コーミョレ ~] 検閲にひっかかる/깡패에게 ~[k'aŋphɛege ~ ッカンペエゲ ~] やくざにひっかかる ③ 引く; はまる, 陥る ¶ 감기에 ~[ka:mgie ~ カームギエ ~] かぜにかかる; かぜを引く/계략에 ~[ke:rjage ~ ケーリャゲ ~] 計略に陥る[かかる].

걸리다²[kəllida コルリダ] 他 ① 歩かせる='걷다¹'의 使役形 ¶ 아이를 ~[airɯl ~ アイルル ~] 子供を歩かせる ② (野球で)歩かせる.

걸림-돌[kəllimt'ol コルリムトル] 名 (足にひっかかる石ころの意で)障害物; (何かをするのに)妨げになるものや人.

걸-맞다[kɔ:lmat'a コールマッタ] 形 ふさわしい; 相応だ; 似合っている ¶ 신분에 걸맞지 않는 행동[ʃinbune kɔ:lmatʃ'i annɯn hɛŋdoŋ シンブネ コールマッチ アンヌン ヘンドン] 身分不相応な行動.

＊**걸머-지다**[kəlmədʒida コルモジダ] 他 ① 背負う ¶ 배낭을 ~[pɛ:naŋɯl ~ ペーナンウル ~] リュックを担ぐ/빚을 ~[pidʒɯl ~ ビジュル ~] 借金を背負う ② (責任などを)引き受ける; 担う; 背負う ¶ 무거운 책임을 ~[mu-gəun tʃhegimɯl ~ ムゴウン チェギムル ~] 重い責任を背負う.

＊**걸상**[—床][kɔ:lsʼaŋ コールサン] 名 腰掛け; 椅子ゲ.

걸식[乞食][kɔlʃ'ik コルシク] 名 하自他 乞食する: 食べ物を請うこと ¶ ~하며 살다[(kɔlʃ'i)khamjə sa:lda ~カミョ サールダ] 乞食をして暮らす.

걸신[乞神][kɔlʃ'in コルシン] 名 食い意地 ¶ ~들리다[~dullida ドゥルリダ] 食い意地が張る、がっつく/~들린 듯이 먹다[~dullindɯʃi mɔkt'a ~ドゥルリンドゥシ モクタ] がつがつ[むさぼり]食う.

＊**걸어-가다**[kɔrəgada コロガダ] 自他 歩いて行く; 歩む ¶ 함께 ~[hamk'e ~ ハムッケ ~] 連れだって行く.

＊**걸어-오다**[kɔrəoda コロオダ] 自他 ① 歩いて来る ② (けんかを)ふっかけてくる.

＊**걸음**[kɔrum コルム] 名 歩み; 歩行; 歩; 足 ¶ 첫[헛] ~[tʃhət[hət] ʃ'k'ɔ:rum] チョッ[ホッ]~] 第一歩[無駄足]/빠른 ~[p'arɯn ~ ッパルン ~] 早足/~을 옮기다[~ɯl omgida (コル)ムル オムギダ] 歩を進める; 足を運ぶ/~이 빠르다 [~ p'aruda (コル)ミッパルダ] 足が速い **—걸이**[gɔri ゴリ]. **—새**[sɛ セ] 名 歩きぶり; 足どり **—마**[ma マ] 1 名 あんよ; 幼児の歩き方 2 感 あんよは上手.

-걸이[kɔri コリ] 接尾 …かけ ¶ 옷~[ot(k'ɔri) オッ~] ハンガー.

걸인[乞人][kɔrin コリン] 名 乞食ケジダ.

＊**걸작**[傑作][kɔltʃ'ak コルチャク] 名 傑作 —品[phum プム] 名 傑作品.

걸쭉-하다[kɔltʃ'ukhada コルチュクカダ] 形 여変 (液体が)非常に濃い; どろどろだ; どろりとしている ¶ ~-한 국물[~-khan kuŋmul ~-カン クンムル] どろどろの汁 **걸쭉-히**[kɔltʃ'ukhi コルチュクヒ] どろどろに; どろりと.

＊**걸치다**[kɔ:ltʃhida コールチダ] 1 自 ① またがる; かかる; ='걸다¹'の受動 ¶ 큰 강에 걸쳐 있는 다리[kɯn kaŋe kɔ:ltʃhəinnɯn tari クン カンエ コールチョ インヌン タリ] 大川にまたがる橋 ② わたる; 及ぶ ¶ 1시간에 걸친 회의[han ʃigane kɔ:ltʃhin hwe:i ハン シガネ コールチン フェーイ] 1時間にわたる会議 2 他 ① かける; 渡す; 及ばせる; ='걸다¹'の強調語 ¶ 두 다리를 ~[tu: darirɯl ~ トゥーダリルル ~]

二またをかける ②まとう; 着ける; ひっかける ¶나들이 옷을 ～[naduri osul ～ ナドゥリ オスル ～] 晴れ着をまとう[着ける] / 1잔 ～[han dʒan ～ ハン ジャン ～] 1杯ひっかける.

*걸터-앉다 [kɔ:ltʰɔantʼa コールトアンタ] 自 腰かける ¶책상에 ～[tʃʰɛksʼaŋe ～ チェクサンエ ～] 机に腰かける.

걸핏-하면 [kɔlpʰitʰamjʌn コルピッタミョン] 副 ともすれば; ややもすれば; ＝툭하면[tʰukʰamjʌn トゥクカミョン] ¶～ 넘어진다[～ nʌmʌdʒinda ～ ノモジンダ] ともすれば転ぶ / ～ 쉰다[～ ʃwinda ～ シュィーンダ] ともすると休む.

검 [劍] [kɔm コーム] 名 剣; 長刀 ¶～을 휘두르다 [～ul hwiduruda (コー)ムル フィドゥルダ] 剣を振り回す.

검거 [檢擧] [kɔ:mgʌ コームゴ] 名 하他 検挙 ¶범인 ～[pɔ:min (gɔ:mgʌ) ポーミン (ゴームゴ)] 犯人検挙.

*검다 [kɔ:mtʼa コームタ] 形 ①(色が)黒い ¶검은 색 [kɔmun sɛk コムン セク] 黒い色 ②腹黒い ¶속이 검은 사람 [sogi kɔmun sa:ram ソーギ コムン サーラム] 腹の黒い[腹黒い]人 ③(体・衣服が)汚れている; 汚い.

검둥-이 [kɔmduŋi コムドゥンイ] 名 ①黒い犬の愛称; くろ ②肌色の黒い人.

검문 [檢問] [kɔ:mmun コームムン] 名 하他 検問 ¶불심(不審) ～[pulʃʼim (gɔ:mmun) プルシム (ゴームムン)] 職務質問 —소 [so ソ] 名 検問所.

검-붉다 [kɔ:mbukt'a コームブクタ] 形 赤黒い ¶검붉은 얼굴 [kɔ:mbulgun ʌlgul コームブルグン オルグル] 赤黒い顔.

검사 [檢事] [kɔ:msa コームサ] 名 検事 —장 [dʒaŋ ジャン] 名 検事長.

*검사 [檢査] [kɔ:msa コームサ] 名 하他 検査 ¶신체 ～[ʃintʃʰe (gɔ:msa) シンチェ (ゴームサ)] 身体検査 —필(畢) [pʰil ピル] 名 検査済み.

검색 [檢索] [kɔ:msɛk コームセク] 名 하他 ①検索 ¶색인 ～[sɛgin (gɔ:msɛk) セギン (ゴームセク)] インデックス検索 / 가두 ～[ka:du (gɔ:msɛk) カードゥ (ゴームセク)] 街頭検索 ②家宅捜索をすること.

*검소 [儉素] [kɔ:mso コームソ] 名 倹素; 質素 —하다 [hada ハダ] 形 倹素だ; 質素だ; つつましやかだ; つましい ¶～-하게 살다 [～-hage sa:lda ～- ハゲ サールダ] つましく[つつましやかに]暮らす / ～-한 차림 [～-han tʃʰarim ～-ハン チャリム] 質素な身なり —히 [i イ] 副 質素に; つつましやかに; つましく.

검약 [儉約] [kɔ:mjak コーミャク] 名 하他 倹約; 節約; 締まり —가 [(kɔ:mja)kʼa カ] 名 倹約家; 締まり屋.

검역 [檢疫] [kɔ:mjʌk コーミョク] 名 하他 検疫 —소 [sʼo ソ] 名 検疫所 —원 [(kɔ:mjʌg)wʌn (コーミョ)グォン] 名 検疫員.

검열 [檢閱] [kɔ:mjʌl コーミョル] 名 検閲 —하다 [(kɔ:mjʌr) hada ハダ] 他 検閲する; 閲っする —관 [gwan グァン] 名 検閲官.

검은-깨 [kɔmunkʼɛ コムンッケ] 名 黒ゴマ.

검은-머리 [kɔmun mʌri コムン モリ] 名 黒髪 ¶～ 파뿌리 되도록 [～ pʰapʼuri dwedorok ～ パップリドゥェドロク] 黒髪がネギの根みたいに白くなるまで; 共白髪.

검은-빛 [kɔmunbit コムンビッ] 名 黒い色.

검은-손 [kɔmunson コムンソン] 名 黒い手; 魔手.

검은-콩 [kɔmunkʰoŋ コムンコン] 名 黒豆.

검인 [檢印] [kɔ:min コーミン] 名 検印 ¶～을 찍다 [～ul tʃʼikt'a (コーミ)ヌルッチクタ] 検印を押す.

검-인정 [檢認定] [kɔ:mindʒʌŋ コーミンジョン] 名 하他 (教科書の査閲で)検定・認定すること —교과서 [gjo:gwasʌ ギョーグァソ] 名 検定教科書・認定教科書 —필(畢) [pʰil ピル] 名 検定・認定済み.

검정 [kɔ:mdʒʌŋ コームジョン] 名 黒; 黒色の染料 —말 [mal マル] 名 ①〈動〉黒馬; 黒毛 ②〈植〉クロモ(黒藻) —빛 [bit ピッ] 名 黒色 —콩 [kʰoŋ コン] 名 黒豆.

검정 [檢定] [kɔ:mdʒʌŋ コームジョン] 名 하他 検定 —고시(考試) [go:ʃi コーシ]・—시험 [ʃihʌm シホム] 名 検定試験 —교과서 [gjo:gwasʌ ギョーグァソ] 名 検定教科書 —필(畢) [pʰil ピル] 名 検定済み.

검지 [—指] [kɔ:mdʒi コームジ] 名 人差[人指]し指 = 집게손가락 [tʃʼipkʼesonkʼarak チプケソンカラク].

검진 [檢診] [kɔ:mdʒin コームジン] 名 하他 検診 ¶집단 ～[tʃiptʼan (gɔ:mdʒin) チプタン (ゴームジン)] 集団検診.

검찰[檢察][kɔːmtʃʰal コームチャル] 名 하自他 検察 **—관**[gwan グァン] 名 検察官 ① 検事 ② 軍法会議での法務将校 **—청**[tʃʰɔŋ チョン] 名 検察庁 **—총장**[tʃʰoːŋdʒaŋ チョーンジャン] 名 検事総長.

*검토[檢討][kɔːmtʰo コームト] 名 検討 **—하다**[hada ハダ] 他 検討する; 調べる ¶자세히 ~[tʃasei ~ チャセイ ~] 詳しく検討する.

검표[檢票][kɔːmpʰjo コームピョ] 名 하自他 検札; 車内検札.

검-푸르다[kɔːmpʰuruda コームプルダ] 形 러変 青黒い; 紺碧さだ ¶검푸른 바다[kɔːmpʰurun pada コームプルンパダ] 紺碧の海.

*겁[怯][kɔp コプ] 名 おじけ; 恐怖心; 臆病 ¶~많은 아이[(kɔm) manun ai (コム)マヌン アイ] 臆病な子供 **—없이**[(kɔb)ɔpʃ'i (コ)ボプシ] 副 恐れ気もなく; 向こう見ずに.

겁-결[怯—][kɔpk'jɔl コプキョル] 名 おじけづいたはずみ; 怖がって; 恐れのあまり ¶~에 악 소리를 지르다[(kɔpk'jɔr)e ak s'orirul tʃiruda (コプキョ)レ アク ソリルル チルダ] 恐怖のあまりあっと声を上げる.

*겁-나다[怯—][kɔmnada コムナダ] 自 おじける; 怖い; 恐ろしい ¶겁나서 달아나다[kɔmnasɔ taranada コムナソ タラナダ] 怖く(恐ろしく)て逃げる / 겁나게 하다[kɔmnage hada コムナゲ ハダ] 怖がらせる; 怖がらせを言う.

겁-내다[怯—][kɔmneda コムネダ] 他 恐れる; 怖がる; おじる; 臆する ¶죽음을 ~[tʃugumul ~ チュグムル ~] 死を恐れる.

겁-먹다[怯—][kɔmmɔkt'a コムモクタ] 自 おじける; おじけづく; びくつく; 怖がる; 恐れる ¶겁먹고 말을 못하다[kɔmmɔk'o maːrul moːtʰada コムモクコ マールル モータダ] おじけてものも言えない / 나를 겁먹게 하다[narul kɔmmɔk'e hada ナルル コムモクケ ハダ] 私をおじけづかせる.

겁-쟁이[怯—][kɔptʃ'ɛŋi コプチェンイ] 名 臆病者 = **겁보**[kɔp'o コプボ].

겁-주다[怯—][kɔptʃ'uda コプチュダ] 自 脅かす; 恐れさせる; 怖がらせる ¶죽인다고 ~[tʃugindago ~ チュギンダゴ ~] 殺すぞと脅かす.

겁탈[劫奪][kɔptʰal コプタル] 名 하他 ① 強奪 ② 乱暴; 暴行.

*것[kɔt コッ] 依名 ① (前の語の代わり)もの; こと ¶아무 —도 없다[aːmu (go)t'o ɔːpt'a アーム(ゴッ)ト オープタ] 何もない / 이~과 저~[i(gɛt) k'wa tʃɔ(gɛt) イ(ゴッ)クァ チョ(ゴッ)] これとあれ ②〈所有物〉…のもの ¶내~[nɛ(gɔt) ネ(ゴッ)] 私の物 ③ 者; やつ ¶젊은 ~[tʃɔlmun (gɔt) チョルムン(ゴッ)] 若い者 / 어린 ~[ɔrin(gɔt) オリン(ゴッ)] 幼子 ④ …だろう ¶좋을 —이다[tʃoːul (k'ɔ)ʃida チョーウル(コ)シダ] よかろう / 눈이 올 —이다[nuːni ol(k'ɔ)ʃida ヌーニ オル(コ)シダ] 雪が降るだろう ⑤〈命令〉…こと ¶빨리 갈 ~[p'alli kal(k'ɔt) ッパルリ カル~] 速く行くこと.

-것다[kɔt'a コッタ] 語尾 ①〈終結語尾〉…ね ¶네가 그랬 ~[nega kurɛt-(k'ɔt'a) ネガ クレッ~] 君がそう言ったのだね ② …だろう ③〈接続語尾〉…し ¶돈 있 — 학력 좋 ~[toːn it(k'ɔt) haŋnjɔk tʃoː(kʰɔt'a) トーニッ~ ハンニョクチョーッ~] 金はあるし学歴はいいし.

*겉[kɔt コッ] 名 表; うわべ; 表面 ¶~만 꾸미다[(kɔn) man k'umida (コン)マン ックミダ] うわべだけを飾る / ~다르고 속다르다[(kɔ)t'arugo soːkt'aruda ~ タルゴ ソークタルダ] 諺 表裏が同じくないことのたとえ.

겉-[kɔt ~ コッ] 接頭 ① おおよそ; だいたい ¶~짐작[(kɔ) tʃimdʒak ~ チムジャク] おおよその推測 ② うわべだけ; 外見だけ ¶~약다[(kɔn) njakt'a (コン)ニャクタ] うわべばかり小利口である / ~늙다[(kɔn) nukt'a (コン) ヌクタ] 年の割りには老けて見える ③ 1人で…; からで… ¶~돌다[(kɔ) t'olda ~ トルダ] 空回りする; 交ざらない; 1人ぽっちだ ④ もみつきの…; 殻つきの…; 皮つきの… ¶~보리[~p'ori ~ポリ] もみ麦; 殻麦.「表皮; 外皮.

겉-가죽[kɔtk'adʒuk コッカジュク] 名

겉-넓이[kɔnnɔlbi コンノルビ] 名 物体の表面の広さ; 表面積.

겉-놀다[kɔnnolda コンノルダ] 自 르語幹 ① (つきあいが)しっくりいかない; (不和で)別々に行動する ② (釘やねじなどが)ぴったり合わない; がたつく.

겉-늙다[kɔnnukt'a コンヌクタ] 自 ① 年の割りには老けて見える ② 無為に年ばかりとる ¶60평생을 겉늙었다

[jukʃ'ipʰjɔŋsɛŋul kɔnmɯlgɔt'a ユクシプピョンセンウル コンヌルゴッタ] 60の人生を無駄に年ばかり食ってしまった.

걸-돌다 [kɔt'olda コットルダ] 自 ㄹ語幹 ① 空回りする ¶ 바퀴가 ~ [pakʰwiga ~ パクィガ ~] 輪が空回りする ② 仲間はずれになる ¶ 혼자 ~ [hondʑa ~ ホンジャ ~] 1人ぼっちになる.

걸-똑똑이 [kɔt'okt'ogi コットクトギ] 名 利口ぶる人; 知ったかぶりをする人.

걸-마르다 [kɔnmarɯda コンマルダ] 自 르變 ① 表面だけが乾く; 生乾きになる ¶ 빨래가 아직 걸말랐다 [p'allega adʑik k'ɔnmallat'a ッパルレガ アジク コンマルラッタ] 洗濯物がまだ生乾きだ ② 穀物が実らないうちに乾く ¶ 날이 가물어 벼가 ~ [nari kamurɔ pjɔga ~ ナリ カムロ ピョガ ~] かんばつで稲が実らないうちに乾く.

걸-말 [kɔnmal コンマル] 名 하自 口先だけの言葉; 空世辞.

걸-면[一面][kɔnmjɔn コンミョン] 名 表面; 外面; 表おもて.

*걸-모양[一模様・一貌様][kɔnmojaŋ コンモヤン] 名 外貌がいぼう; 外見; 外観 ¶ ~를 꾸미다 [~ul k'umida ~ウルックミダ] 見えを張る; 体裁を繕う **-(을) 내다** [(ɯl) nɛːda (ウル) ネーダ] 他 外見を繕う; 見かけがよくなるようにする; おめかしをする.

걸-발림 [kɔt'allim コッパルリム] 名 하自 うわべだけを取り繕うこと ¶ ~으로 하는 말[~ɯro hanɯn maːl (コッパルリ) ムロ ハヌン マール] うわべだけのお世辞; おべっか; 空世辞.

*걸-보기 [kɔtp'ogi コッポギ] 名 外観; 外見; うわべ; 見かけ ¶ ~에는 좋다 [~enɯn tɕoːtʰa ~エヌン チョーッタ] 見た目には[見かけは]いい.

걸-보리 [kɔtp'ori コッポリ] 名 ① 殻のままの麦; 殻麦 ② 大麦.

걸-봉[一封][kɔtp'oŋ コッポン] 名 ① 封皮 ② 封筒の表; 封筒.

걸-약다 [kɔnnjakt'a コンニャクタ] 形 うわべばかり小利口である; 利口ばかだ.

*걸-옷 [kɔdot コドッ] 名 外衣; 上着.

걸-장 [kɔtɕ'aŋ コッチャン] 名 ① 表の紙 ② 表紙; カバー.

걸-절이 [kɔtɕ'ori コッチョリ] 名 (二十日大根・白菜などの)浅漬けを薬味であえたもの **-다** [da ダ] 他 ① (キムチを漬ける前に野菜を)一度塩漬けにする ② 浅漬けにする.

걸-짐작 [kɔtɕ'imdʑak コッチムジャク] 名 하他 当て推量; あてずっぽう; おおよその見当[見積もり].

걸-치레 [kɔtɕʰire コッチレ] 名 하自他 見え; 見せかけ; 虚飾 ¶ ~ 인사를 하다 [~ insarul hada ~ インサルル ハダ] 通り一遍のあいさつをする.

걸-치장[一治粧・治装][kɔtɕʰidʑaŋ コッチジャン] 名 하自 外飾り; うわべばかりの装い ¶ ~만 하다 [~man hada ~マン ハダ] うわべばかり繕う.

걸-핥다[kɔtʰaltʰa コッタルタ] 他 生半可に理解する.

*게¹ [keː ケー] 名 〈動〉 カニ ¶ 꽃~ [k'ot'(k'e) ッコッ(ケ)] ワタリガニ.

게² [ke ケ] **1** 副 そこ=거기 [kogi コギ] ¶ ~ 앉아라 [~ andʑara ~ アンジャラ] そこに座りなさい **2** 代 お前; そっち ¶ ~가 무엇을 안다고 그래 [~ga muɔsɯl aːndago kurɛ ~ガ ムオスル アーンダゴ クレ] そっちが何を知っているというのだ.

게³ [ge ゲ] 助 …に=에게 [ege エゲ] ¶ 내 ~ 맡겨라 [nɛ~ matk'jɔra ネ~ マッキョラ] 私に任せなさい.

게⁴ [ge ゲ] 略 ~의 것이 [goʃi ゴシ] ¶ 누 ~냐 [kuː ~ nwiː~nja クー ニュィー~ニャ] それは誰のものかね.

-게¹ [ge ゲ] 接尾 ① 住家を表わす語 ¶ 우리네~는 [urine~nɯn ウリネ~ヌン] 私たちの所は ② 道具を表わす語 ¶ 지~ [tɕi~ チ~] 背負子しょいこ.

*-게² [ge ゲ] 語尾 ① …せよ; …なさい ¶ 많이 먹~ [maːni mɔ(k'e) マーニ モク(ケ)] たくさん食べなさい ② …ように[え 알아듣~ 하자 [taː aradɯt~(k'e) hadʑa ター アラドゥッ(ケ) ハジャ] みんなが聞きとれるようにしよう ③ (もし)…だが ¶ 그럼 좋~ [kɯrɔm tɕoː(kʰe) クロム チョーッ(ケ)] そうならいいんだが; そうならどんなにかありそう ④ 〈疑問形〉 …するのか ¶ 그것으로 무엇하~? [kɯgɔsɯro muɔtʰa~ クゴスロ ムオッタ~] それで何をするつもりかね ⑤ …に(なる) ¶ 훌륭하~ 되다 [hulljuŋha~ tweda フルリュンハ~ トェダ] 立派になる.

게걸 [kegɔl ケゴル] 名 食い意地; (意地汚く)がつがつすること **-거리다** [gɔrida ゴリダ] **-대다** [dɛda デダ] 自 意地汚しくしきりにがつがつする **-들**

다 [dɯlda ドゥルダ] 自 食い意地が張っている **━들리다** [dɯllida ドゥルリダ] 自 がつがつと意地汚くなる; むやみにむさぼり食いたくる **━스럽다** [sɯrəpt'a スロプタ] 形 [ㅂ変] がつがつしている; 意地汚い ¶ ~-스럽게 먹다 [~-sɯrəpk'e mɔkt'a ~スロプケモクタ] むさぼり[がつがつ]食う.

-게끔 [kek'um ケックム] 語尾 '-게'の強調語; …ように ¶ 탈이 없~ [tʰa:ri ɔ:p(k'ek'um) ターリ オプ~] 差し障りのないように.

-게나 [gena ゲナ] 語尾 …なさい; …しろよ; '-게'よりも親密な言い方 ¶ 놀러 오~ [no:llo o~ ノールロ オ~] 遊びに来なさいね.

게나-예나 [kenajena ケナイェナ] 副 そこもここも ¶ ~ 사람 살기는 마찬가지다 [~ sa:ram salginɯn matʃʰangadʒida ~ サーラム サルギヌン マチャンガジダ] そこもここも人が住んでいるのは同じただ.

게네 [kene ケネ] 代 彼ら; やつら ¶ ~가 나쁘다 [~ga nap'uda ~ガ ナップダ] やつらが悪い.

*게다 (가) [keda(ga) ケダ(ガ)] 副 ① そこへ; そこに; =거기에다가 [kɔgiedaga コギエダガ] の略 ¶ ~ 놓아라 [~ noara ~ ノアラ] そこに置きなさい ② それに; その上に; なおかつ; さらに ¶ 머리도 아프고 ~ 감기도 있다 [mɔrido apʰugo ~ ka:mgido it'a モリド アプゴ ~ カームギド イッタ] 頭も痛いしそれにかぜ気味だ.

게-딱지 [ke:t'aktʃ'i ケーックタクチ] 名 カニの甲羅 **━같다** [gat'a ガッタ] **━만하다** [manhada マンハダ] 形 (家などが)非常に小さい; ちっぽけだ.

게릴라 [kerilla ケリルラ] 〈ス〉 guerrilla 名 ゲリラ **━전** [dʒɔn ジョン] 名 ゲリラ戦 **━전술** [dʒɔ:nsul ジョーンスル] 名 ゲリラ戦術; 遊撃戦法.

게-살 [ke:sal ケーサル] カニ肉; カニの干し肉.

게서 [kesɔ ケソ] 略 そこで=거기에서 [kɔgiesɔ コギエソ] ¶ ~ 놀아라 [~ norara ~ ノララ] そこで遊びなさい.

게시 [ke:ʃi ケーシ] 名 하他 掲示 ¶ ~판 [~pʰan ~ パン] 掲示板.

게양 [ke:jaŋ ケーヤン] 名 掲揚 **━하다** [hada ハダ] 他 掲揚する; 掲げる ¶ 국기를 ~ [kuk'irul ~ ククキルル ~] 国旗を揚げる.

게우다 [keuda ケウダ] 他 吐き出す; 吐く; 返す; 戻す ¶ 게울 것 같다 [keul k'ɔt k'at'a ケウル コッ カッタ] 戻し[吐き]そうだ.

*게으르다 [keuruda ケウルダ] 形 [르変] 怠けている; 怠慢だ; 怠惰だ; 無精だ ¶ 그는 언제나 ~ [kunun ɔ:ndʒena ~ クヌン オーンジェナ ~] 彼はいつも怠けている / 게으른 사람 [keurun sa:ram ケーウルン サーラム] 怠け者; ものぐきな人.

게으름 [keurum ケウルム] 名 怠慢; 無精; ものぐさ ¶ ~을 부리다 [피우다] [~ul purida [pʰiuda] (ケウル)ム ル プリダ [ピウダ]] 怠ける; 怠る; 俗 サボる **━뱅이** [bɛŋi ベンイ] 俗 怠け者; のらくら者; ものぐき太郎.

게을러-빠지다 [터지다] [kɛullɔp'adʒida [tʰɔdʒida] ケウルロッパジダ [トジダ]] 形 ひどく怠けている; 極めて怠慢[無精]だ.

*게을리 [kɛulli ケウルリ] 副 怠って; おろそかに **━하다** [hada ハダ] 他 怠る; おろそかにする ¶ 주의를 ~ [tʃu:irul ~ チューイルル ~] 用心を怠る / 학업을 ~ [hagɔbul ~ ハゴブル ~] 学業をおろそかにする.

게-장 [━醬] [ke:dʒaŋ ケージャン] 名 カニのしょう油漬け='게젓'. また、そのしょう油; カニの塩辛.

*게재 [揭載] [ke:dʒɛ ケージェ] 名 하他 掲載 ¶ 신문에 ~하다 [jinmune ~hada シンムネ ~ハダ] 新聞に掲載する.

게-젓 [ke:dʒɔt ケージョッ] 名 沸かして冷やした薄いしょう油に漬けこんだカニ.

겐 [ken ケン] ① そこは=거기는 [kɔginun コギヌン] ¶ ~ 아무도 없다 [~ a:mudo ɔ:pt'a ~ アームド オープタ] そこは誰もいない ② …には ¶ 네 ~ 없다 [ne(gen) ɔ:pt'a ネ(ゲ)ノープタ] 君にはない.

-겐 [gen ゲン] 略 …のところは=-게는 [genun ゲヌン] ¶ 우리~ 풍년이다 [uri~ pʰuŋnjɔnida ウリ~ プンニョニダ] うちらのところは豊年だよ.

-겠- [get ゲッ] 接尾 ①〈未来の意〉 ¶ 내일 가~다 [nɛil ka(ge)t'a ネイル カ~タ] 明日いくつもりだ ②〈推測の意〉 ¶ 아마 틀리~지 [ama tʰulli(ge)tʃ'i アマ トゥルリ~チ] 多分違うだろうな ③〈意志を表わす語〉 ¶ 꼭 갚아 드리

~습니다[k'ok'ap^haduri(ge)s'ɯmnida ッコク カパドゥリ〜スムニダ] きっとお返しします ④〈可能性を表わす語〉¶할 수 있~니[hal s'u it(k'en)ni ハル ッス イッ(ケン)ニ] やれるかね.

겨[kjɔ キョ] 名 糠; こぬか; もみがら.

겨냥[kjɔ:njaŋ キョーニャン] 名 ① ねらい ¶~이 빗나가다[~i pinnagada ~イ ピンナガダ] ねらいがはずれる ――하다[hada ハダ] 他 ねらう; ねらいをつける ¶참새를 ~[tʃʰamsɛrul ~ チャムセルル ~] スズメをねらう ¶見取りの寸法と樣式; 見本 ¶~을 재다[~ɯl tʃɛ:da ~ウル チェーダ] 寸法をはかる ――대다[dɛda デダ] 他 ① 目的物を見計らう ② ねらいを定める ――보다[boda ボダ] 他 当たり(ねらい)をつけてみる; (標準に)比べ合わせて見る.

*겨누다[kjɔnuda キョヌダ] 他 ① ねらう; ねらいをつける ¶적을 겨누어 쏘다[tʃɔgɯl kjɔnuɔ s'oda チョグル キョヌオ ッソダ] 敵をねらって射つ ② (長さなどを)比べ合わせて見る.

겨눠-보다[kjɔnwɔboda キョヌォボダ] 他 ① ねらって見る; 見つめる ② (長さ広さなどを)見比べる; 比べ合わせて見る.

*겨드랑(이)[kjɔdɯraŋ(i) キョドゥラン(イ)] 名 ① わき(の下) ¶~ 털[~ tʰɔl ~ トル] わき毛 / ~ 밑[~ mit ~ ミッ] わきの下 ② 衣服のわき.

*겨레[kjɔre キョレ] 名 同胞; はらから=¶ 한~[han(gjɔre) ハン(ギョレ)].

*겨루다[kjɔruda キョルダ] 他 競う; 争う; 張り合う ¶기술을 ~[kisurɯl ~ キスルル ~] 技術を競う / 성적을 ~[sɔŋdʒɔgɯl ~ ソンジョグル ~] 成績を張り合う **겨룸**[kjɔrum キョルム] 名 競うこと; 競争.

겨를[kjɔrɯl キョルル] 名 暇; 余暇; 間 ¶쉴 ~도 없다[wi:l ~ (k'jɔrul) do ɔ:pt'a シュイール ~ド オープタ] 休む暇もない.

*겨우[kjɔu キョウ] 副 やっと; ようやく; 辛うじて; わずか ¶~ 살아났다[~ saranat'a ~ サラナッタ] 辛うじて生きのびた / ~ 3일간[~ samilgan ~ サミルガン] わずか3日間.

겨우-내[kjɔunɛ キョウネ] 副 冬の間ずっと; 冬中; =겨울내[kjɔullɛ キョウルレ].

겨우-살이[kjɔusari キョウサリ] 名 冬着; 冬物; 越冬; 冬越し ¶~를 장만하다[~rul tʃaŋmanhada ~ルル チャンマンハダ] 冬じたくをする.

*겨울[kjɔul キョウル] 名 冬 ¶~이 되다[kjɔur)i tweda (キョウ)リ トゥェダ] 冬になる / ~나다[~lada ~ラダ] 冬を越す / 한~[han(gjɔul) ハン(ギョウル)] 真冬 ――날[lal ラル] 名 冬の日(和) ――방학(放學)[p'aŋhak パンハク] 名 冬休み ――철[tʃʰɔl チョル] 名 冬季; 冬の季節.

겨워-하다[kjɔwɔhada キョウォハダ] 他 여変 ① 力に余る; 手に負えない; 持て余す ¶힘에 ~[hime ~ ヒメ ~] 力に余る ② (感情があふれて)抑えられない ¶눈물 ~[numul (gjɔwɔhada) ヌンムル (ギョウォハダ)] 涙ぐましい.

겨자[kjɔdʒa キョジャ] 名 ①〈植〉カラシナ(芥子菜) ② からし(粉).

*격[格][kjɔk キョク] 名 格 ¶~이 떨어지다[(kjɔg)i t'ɔrɔdʒida (キョ)ギ ットロジダ] 格が落ちる / ~에 맞다[(kjɔg)e mat'a (キョ)ゲ マッタ] 格式に合う; 柄に合う; ふさわしい.

격감[激減][kjɔk'am キョクカム] 名 하自他 激減 ¶수입량이 ~하다[suimnjaŋi ~hada スイムニャンイ ~ハダ] 輸入量が激減する.

격노[激怒][kjɔŋno キョンノ] 名 하自 激怒 ¶그의 말에 ~하다[kɯe ma:re ~hada クエ マーレ ~ハダ] 彼の言葉に激怒する.

격돌[激突][kjɔkt'ol キョクトル] 名 하自他 激突.

격동[激動][kjɔkt'oŋ キョクトン] 名 하自他 激動 ¶~기[gi ギ] 激動期.

격려[激勵][kjɔŋnjɔ キョンニョ] 名 激勵 ¶~문[~mun ~ムン] 激勵文 ――하다[hada ハダ] 他 激勵する; 励ます ――사(辭)[sa サ] 名 激勵の言葉.

격렬[激烈][kjɔŋnjɔl キョンニョル] 名 激烈 ――하다[hada ハダ] 形 激烈する; 激しい ――히[(kjɔŋnjɔr)i (キョニョ)リ] 副 激烈に; 激しく.

격론[激論][kjɔŋnon キョンノン] 名 하自 激論 ¶~을 펴다[~ul pʰjoda (キョンニョル) ヌル ピョダ] 激論を闘わせる.

격류[激流][kjɔŋnju キョンニュ] 名 激流 ¶~에 휩쓸리다[~e hwips'ullida ~エ フィプッスルリダ] 激流にのまれる.

격리[隔離][kjɔŋni キョンニ] 名 하他 隔離 ¶환자를 ~하다[hwa:dʒarul

격멸[撃滅][kjɔŋmjəl キョンミョル] 名 하他 撃滅 ¶적을 ~하다[tʃɔgul (kjɔŋmjər)hada チョグル(キョンミョル)ハダ] 敵を撃滅する.

격무[激務][kjɔŋmu キョンム] 名 激務 ¶~에 시달리다[~e ʃidallida ~エ シダルリダ] 激務に追われる.

격문[檄文][kjɔŋmun キョンムン] 名 檄文げきぶん; 檄.

격변[激變][kjɔkpˊjən キョクピョン] 名 하自 激變 ¶~하는 세계[~hanun se:ge ~ハヌン セーゲ] 激変する世界.

격분[激憤][kjɔkpˊun キョクプン] 名 하自 激憤; 憤激 ¶~을 달래다[~ul talleda (キョクプ)ヌル タルレダ] 激憤をなだめる.

격분[激奮][kjɔkpˊun キョクプン] 名 하自 激高; いきり立つこと ¶모욕을 당하고 ~하였다[mojogul taŋhago ~hajɔtˊa モヨグル タンハゴ ~ハヨッタ] 侮辱を受けていきり立った.

격상[格上][kjɔksˊaŋ キョクサン] 名 하他 格上げ. ↔'격하'(格下).

격세[隔世][kjɔks'e キョクセ] 名 隔世 隔世 **―지감**(之感) [dʒigam ジガム] 名 隔世の感.

*__격식__[格式][kjɔkʃˊik キョクシク] 名 格式; 様式 ¶~을 차리다[(kjɔkʃˊig)ul tʃˊharida (キョクシ)グル チャリダ] 格式[様式]張る; 改まる.

격심[激甚][kjɔkʃˊim キョクシム] 名 激甚[劇甚] **―하다**[hada ハダ] 形 激甚だ; 激しい; 甚大だ; 甚だしい ¶~-한 경쟁[~han kjɔːŋdʒeŋ ~ハン キョーンジェン] 激しい競争.

격앙[激昂][kjɔgaŋ キョガン] 名 하自 激高[激昂げっこう]. 金言.

격언[格言][kjɔgən キョゴン] 名 格言;

격의[隔意][kjɔgi キョギ] 名 隔意 ¶~없이 이야기하다[~ɔpʃˊi ijagihada ~オプシ イヤギハダ] 隔意[心置き]なく話す.

격일[隔日][kjɔgil キョギル] 名 하自 隔日; 1日おき.

격자[格子][kjɔktʃˊa キョクチャ] 名 格子 ¶~ 모양의 그물[~mojaŋe kumul ~モヤンエ クムル] 格子状の網 **―문**[mun ムン] 名 障子; 格子戸 **―무늬**[muni ム二] 名 格子縞き.

격전[激戰][kjɔktʃˊɔn キョクチョン] 名 하自 激戰 ¶~지[~dʒi ~ジ] 激戦地.

격정[激情][kjɔktʃˊɔŋ キョクチョン] 名 激情 ¶솟아오르는 ~[sosaorumnun ~ ソサオルヌン ~] 沸き上がる激情.

격조[格調][kjɔktʃˊo キョクチョ] 名 格調 ¶~ 높은 시[~ nophun ʃi ~ ノプン シ] 格調高い詩.

격조[隔阻][kjɔktʃˊo キョクチョ] 名 하自 ① 遠く離れて相通じないこと ② ごぶさた ¶오랫동안 ~했습니다[orɛtˊoŋan ~hɛsˊumnida オレットンアン ~ヘッスムニダ] 長らくごぶさたいたしました.

격주[隔週][kjɔktʃˊu キョクチュ] 名 하自 隔週; 1週間おき.

격증[激增][kjɔktʃˊɯŋ キョクチュン] 名 하自 激増 ¶인구의 ~[inguːe ~ イングエ ~] 人口の激増.

*__격차__[格差][kjɔktʃˊha キョクチャ] 名 格差 ¶임금 ~[iːmgum (gjɔktʃˊha) イームグム(ギョクチャ)] 賃金の格差.

*__격차__[隔差][kjɔktʃˊha キョクチャ] 名 隔たり; 開き ¶우열의 ~[ujəre ~ ウヨレ ~] 優劣の開き.

격찬[激讚][kjɔktʃˊhan キョクチャン] 名 激賞; 絶賛 ¶~을 받다[~ul patˊa (キョクチャン)ヌル パッタ] 激賞を浴びる **―하다**[hada ハダ] 他 激賞する; 誉めちぎる ¶입을 모아 ~[ibul moa ~ イブル モア ~] 口をそろえて誉めちぎる.

격추[擊墜][kjɔktʃˊhu キョクチュ] 名 하他 擊墜 ¶적기를 ~시키다[tʃˊokˊirul ~ʃikˊhida チョクキルル ~シキダ] 敵機を撃墜させる.

격침[擊沈][kjɔktʃˊhim キョクチム] 名 하他 擊沈 ¶~ 당하다[~ daŋhada ~ダンハダ] 撃沈される.

격통[激痛][kjɔkthoŋ キョクトン] 名 激痛 ¶~을 느끼다[~ul nukˊida ~ウル ヌッキダ] 激痛を覚える.

격퇴[擊退][kjɔkthwe キョクトェ] 名 하他 擊退 ¶적군을 ~하다[tʃˊokˊunˊul ~hada チョックヌル ~ハダ] 敵軍を撃退する.

격투[格鬪][kjɔkthu キョクトゥ] 名 하自 格鬪 ¶도둑과 ~하다[todukˊwa ~hada トドゥックァ ~ハダ] 泥棒と格闘する **―기**[gi ギ] 名 格闘技.

격파[擊破][kjɔkpha キョクパ] 名 하他 擊破 ¶적을 ~하다[tʃˊogul ~hada チョグル ~ハダ] 敵を撃破する.

격하[格下][kjɔkha キョクカ] 名 하自他 格下げ ¶과장으로 ~시키다[kwa-

격-하다[激—][kjəkhada キョクハダ] **1** 形[여변] 激しい ¶격한 성격[kjəkhan səŋk'jək キョクカン ソーンキョク] 激しい性格 **2** 自[여변] 激する; 怒る ¶감정이 ~[ka:mdʒəŋi ~ カームジョンイ ~] 感情が激しく興奮する.

＊격다[kjəkt'a キョクタ] 他 経験する; 経る; なめる; 味わう; つきあう ¶온갖 고초를 ~[o:ngat k'otʃhorul ~ オーンガッ コチョルル ~] あらゆる辛酸[難儀]をなめる/심한 고통을 ~[ʃi:mhan kothoŋul ~ シームハン コトンウル ~] ひどい苦痛を味わう/여러가지 일을 ~[jərəgadʒi i:rul ~ ヨロガジ イールル ~] いろいろなことを経験する.

견고[堅固][kjəŋgo キョンゴ] 名 하形 堅固 ¶~한 수비[~han subi ~ハン スビ] 堅固な守り **—히**[i イ] 副 堅固に; 堅く.

＊견디다[kjəndida キョンディダ] **1** 自 ① 長持ちする; 持ち堪える; 保つ; 耐える ¶오랜 사용에 ~[orɛn sa:joŋe ~ オレン サーヨンエ ~] 長く使用に耐える ② (辛うじて)暮らしていく ¶간신히 ~[kanʃini ~ カンシニ ~] 辛うじて食っていく **2** 他 我慢する; 堪える ¶아픔을 ~[aphumul ~ アプムル ~] 痛みを堪える/더 이상 견딜 수 없다[tə i:saŋ kjəndil s'u ə:pt'a ト イーサン キョンディル ッス オープタ] これ以上我慢できない[耐えられない].

견뎌-내다[kjəndjənɛda キョンディョネダ] 自他 耐え抜く.

견문[見聞][kjə:nmun キョーンムン] 名 하他 見聞 ¶~을 넓히다[~ul nəlphida (キョーンム)ヌル ノルピダ] 見聞を広める **—록**[nok ノク] 名 見聞録.

견물-생심[見物生心][kjə:nmulsɛŋʃim キョーンムルセンシム] 名 物を見ると欲が生じることの意.

＊견본[見本][kjə:nbon キョーンボン] 名 見本; サンプル ¶상품의 ~[saŋphume ~ サンプメ ~] 商品の見本 **—시(장)**[ʃi:(dʒaŋ) シー(ジャン)] 名 見本市.

견습[見習][kjə:nsɯp キョーンスプ] 名 見習い=**견습생**(見習生)[kjə:nsɯps'ɛŋ キョーンスプセン] **—하다**[(kjə:nsɯ)phada パダ] 他 見習う **—공**[k'oŋ コン] 名 見習工 **—기간**[k'igan キガン] 名 見習い期間 **—사원**[s'awən サウォン] 名 見習い社員.

견식[見識][kjə:nʃik キョーンシク] 名 見識; 識見 ¶~이 넓다[(kjə:nʃig)i nəlt'a (キョーンシ)ギ ノルタ] 見識が広い.

견실[堅實][kjənʃil キョンシル] 名 하形 堅実 ¶~하게 살아가다[(kjənʃir)-hage saragada ~ハゲ サラガダ] 堅実に暮らす **—히**[(kjənʃir)i (キョンシ)リ] 副 堅実に.

견우(성)[牽牛(星)][kjənu(səŋ) キョヌ(ソン)] 名 牽牛星ぎゅう; ひこ星; アルタイル **—직녀(성)**[dʒiŋnjə(səŋ) ジンニョ(ソン)] 名 牽牛星と織女星; ひこ星と織姫(星); 夫婦おぉ星.

견원지-간[犬猿之間][kjənwəndʒigan キョヌォンジガン] 名 犬猿の仲; 犬と猿の間のように仲の悪い関係.

견인[牽引][kjənin キョニン] 名 하他 牽引ぎん **—력**[njək ニョク] 名 牽引力 **—차**[tʃha チャ] 名 牽引車; レッカー車; トラクター.

견적[見積][kjə:ndʒək キョーンジョク] 名 하他 見積もり; 見積もること ¶~을 뽑아보다[(kjə:ndʒəg)ɯl p'obaboda (キョーンジョ)グル ッポバボタ] 見積もりを出してみる **—가격**[(kjə:ndʒə)k'agjək カギョク] 名 見積価格 **—서**[s'ə ソ] 名 見積書.

견제[牽制][kjəndʒe キョンジェ] 名 하他 牽制けんせい ¶서로 ~하다[sərə ~-hada ソロ ~ハダ] 互いに牽制する **—구**[gu ク] 名 〈野〉牽制球.

＊견주다[kjəndʒuda キョンジュダ] 他 ① 比較する; 比べる ¶키를 견주어 보다[khirul kjəndʒuə boda キルル キョンジュオ ボダ] 背を比べて見る ② 競う; 張り合う ¶실력을 ~[ʃilljəgul ~ シルリョグル ~] 実力を競う.

견지[見地][kjə:ndʒi キョーンジ] 名 見地 ¶교육적인 ~[kjo:juktʃ'əgin ~ キョーユクチョギン ~] 教育的な見地.

견지[堅持][kjəndʒi キョンジ] 名 하他 堅持 ¶전통을 ~하다[tʃənthoŋul ~-hada チョントンウル ~ハダ] 伝統を堅持する.

견-직물[絹織物][kjəndʒiŋmul キョンジンムル] 名 絹織物.

견질-어음[見質—][kjə:ndʒirɯɯm キョーンジロウム] 名 見返り担保としてさし出された手形.

견책[譴責][kjə:ntʃhɛk キョーンチェク]

견학 | 62 | **결벽**

名 他 譴責けん ¶ ~처분을 받다[~ tɕʰɔːbunul patʼa ~ チョーブヌル パッ タ] 譴責処分を受ける.

*견학[見學][kjɔːnhak キョーンハク] 名 他 見学 —단[tʼan タン] 名 見学団.

*견해[見解][kjɔːnhɛ キョーンヘ] 名 見解 ¶ ~의 차이(差異)[~e tɕʰai ~ エ チャイ] 見解の相違.

*겯다[kjɔːtʼa キョッタ] 自 他 ㄷ変 ① (汗·脂気が)染み込む ¶ 땀에 결은 옷 [tʼame kjɔrun ot ッタメ キョル ノッ] 汗で汚れた服 ② 編む ¶ 대바구니를 ~[tɛbagunirɯl ~ テバグニルル ~] 竹かごを編む.

겯-지르다[kɔtʼʑiruda キョッチルダ] 他 르変 ① 横に差し通す ② 筋交いにかける[差し込む].

*결[kjɔl キョル] 1 名 ① 木目; きめ = 나뭇~[namut(kʼ)jɔl ナムッ~] ② 気·動き ¶ 성(性)~[sɔːŋ(kʼ)jɔl ソーン~] 気立て; 性格 / 물~[mul(kʼ)jɔl ムル~] 波 / 숨~[suːm(kʼ)jɔl スーム~] 息遣い 2 依名 …の間·折·際; …しがら ¶ 아침 ~에[atɕʰim (kʼ)jɔr e アチム (キョ)レ] 朝の間に / 꿈~에[kʼum-(kʼ)jɔr)e ックム(キョ)レ] 夢の間に / 지나는 ~에 들르다[tɕinanɯn (kjɔr)e tulluda チナヌン (キョ)レ トゥルルダ] 道すがら[通りがかりに]立ち寄る.

결격[缺格][kjɔlkʼjɔk キョルキョク] 名 他 自 欠格 ¶ ~자[~tɕʼa ~チャ] 欠格者 / ~ 조건[~ tɕʼokʼɔn ~ チョコン] 欠格条件.

*결과[結果][kjɔlgwa キョルグァ] 名 結果 ¶ 좋은 ~[tɕoːɯn ~ チョーウン ~] よい結果.

*결국[結局][kjɔlguk キョルグク] 名 結局 ¶ ~은 마찬가지다[(kjɔlgug)ɯn matɕʰangadʑida (キョルグ)グン マチャンガジダ] 結局は同じだ 2 副 とうとう; ついに; つまり; 結局 ¶ ~ 네가 나쁘다[(kjɔlgun) nega napʼuda (キョルグン) ネガ ナップダ] 結局君が悪い.

결근[缺勤][kjɔlgɯn キョルグン] 名 他 自 欠勤 ¶ ~자[~dʑa ~ジャ] 欠勤者 / 무단 ~[mudan ~ (gjɔlgɯn) ム ダン (ギョルグン)] 無断[無届け]欠勤.

*결단[決斷][kjɔltʼan キョルッタン] 名 決断; 踏ん切り ¶ ~력[~njɔk ~ニョク] 決断力 —코[kʰo コ] 副 決して; 断じて(否定·肯定にも用いる) ¶ ~ 그렇지 않다[~ kɯrɔtɕʰi antʰa ~ クロッチ アンタ] 決してそうじゃない.

*결딴[kjɔltʼan キョルッタン] 名 全く駄目に[使えなく]なること; 台無しになること ¶ ~난 집안[~nan tɕiban ~ナン チバン] 没落した家; 落ちぶれた家 / 차를 ~내다[tɕʰarul ~nɛda チャルル ~ネダ] 車を壊す.

결렬[決裂][kjɔlljɔl キョルリョル] 名 他 自 決裂; 物別れ ¶ 회담이 ~되다 [hwɛːdami ~dwɛda フェーダミ ~ド ウェダ] 会談が決裂する / ~되고 말았다[~dwego maratʼa ~ドゥェゴ マラッタ] 物別れとなった.

결례[缺禮][kjɔlle キョルレ] 名 他 自 欠礼; 失礼 ¶ ~했습니다[~hɛsʼɯmni-da ~ヘッスムニダ] 失礼致しました.

*결론[結論][kjɔllon キョルロン] 名 他 自 結論 —나다[nada ナダ] 自 結論が出る; けりがつく —내다[nɛda ネダ] 他 結論を出す; けりをつける —짓다 [dʑitʼa ジッタ] 他 人変 結論づける; 結びをつける; 結論を下す ¶ 종합하여 ~[tɕoŋhapʰajo ~ チョンハプハヨ ~] 総合して結論を下す.

결리다[kjɔllida キョルリダ] 自 ① (体の一部が)ずきずき痛む; 凝る; 張る ¶ 어깨가 ~[ɔkʼɛga ~ オッケガ ~] 肩凝りがする ② ひるむ; すくむ.

*결말[結末][kjɔlmal キョルマル] 名 結末; けり; らち ¶ 사건의 ~[saːkʼɔne ~ サーコネ ~] 事件の結末[けり] —나다[lada ラダ] 自 結末[けり·決まり·決着·片]がつく; らちがあく ¶ ~이 나지 않다[(kjɔlmar) i nadʑi antʰa (キョルマ) リ ナジ アンタ] らちがあかない —내다[lɛda レダ] 他 結末[けり·片]をつける; 始めくくる —짓다 [dʑitʼa ジッタ] 他 人変 結末[けり·決着·らち·メド]をつける; まとめる ¶ 이야기를 ~[ijagirɯl ~ イヤギルル ~] 話を締めくくる; 話のけりをつける.

결명[決明][kjɔlmjɔŋ キョルミョン] —자[子][dʑa ジャ] 名〈漢方〉決明子(エビス草の種) —차(茶)[tɕʰa チャ] 名〈植〉エビス草.

결박[結縛][kjɔlbak キョルバク] 名 他 自 両手を縛り上げること —짓다 [tɕʼitʼa チッタ] 他 両手を縛り上げる.

결백[潔白][kjɔlbɛk キョルベク] 名 他 形 潔白 ¶ 청렴 ~[tɕʰɔŋnjɔm(gjɔlbɛk) チョンニョム(ギョルベク)] 清廉潔白.

결벽[潔癖][kjɔlbjɔk キョルビョク] 名 他 形

潔癖 ¶~성 [~s'ɔŋ ~ンン] 潔癖性.

결별[訣別] [kjəlbjəl] 名[하][自] 訣別; 別れ ¶~을 고하다 [(kjəl-bjər)ul ko:hada (キョルビョ)ルル コーハダ] 別れを告げる.

***결부**[結付] [kjəlbu キョルブ] 名[하][他] 結びつけること ¶그 사건과 ~시키다 [kuɯ sa:k'əŋgwa ~ʃikʰida クサーコングヮ ~シキダ] その事件と結びつける.

결빙[結氷] [kjəlbiŋ キョルビン] 名[하][自] 結氷 **—기** [gi ギ] 名 結氷期.

결사[決死] [kjəls'a キョルサ] 名 決死; 死を決すること ¶~적으로 싸우다 [~dʒəgɯro s'auda ~ジョグロッサウダ] 死を決して戦[闘]う.

결사[結社] [kjəls'a キョルサ] 名[하][自] 結社 ¶~의 자유 [~e tʃaju ~エチャユ] 結社の自由.

결산[決算] [kjəls'an キョルサン] 名[하][他] 決算; 帳締め; 仕切り ¶~장부 [~dʒaŋbu ~ジャンブ] 仕切り帳 **—기** [gi ギ] 名 決算期 **—보고** [bo:go ボーゴ] 名 決算報告 **—서** [sɔ ソ] 名 決算書 **—표** [pʰjo ピョ] 名 決算表.

***결석**[缺席] [kjəls'ɔk キョルソク] 名[하][他] 欠席 ¶무단 ~ [mudan (gjəls'ɔk) ~ムダン (ギョルソク)] 無断欠席.

결선[決選] [kjəls'ən キョルソン] 名[하][他] 決選; 本選 ¶~ 투표 [~ tʰupʰjo ~ トゥピョ] 決選投票.

***결성**[結成] [kjəls'əŋ キョルソン] 名[하][他] 結成 ¶~식 [~ʃik ~シク] 結成式.

결속[結束] [kjəls'ok キョルソク] 名[하][自][他] 結束 ¶당의 ~ [taŋe ~ タンエ ~] 党の結束.

결손[缺損] [kjəls'on キョルソン] 名 欠損 ¶~이 나다 [~i nada (キョルソン)ィナダ] 欠損が生じる[出る]; 穴があく.

결승[決勝] [kjəls'ɯŋ キョルスン] 名[하][自] 決勝 ¶준~ [tʃu:n (gjəls'ɯŋ) チューン (ギョルスン)] 準決勝 **—전** [dʒɔn ジョン] 名 決勝戦.

결식[缺食] [kjəlʃ'ik キョルシク] 名[하][自] 欠食 **—아동** [(kjəlʃ'ig) adoŋ (キョルシ) ガドン] 名 欠食児童.

***결실**[結實] [kjəlʃ'il キョルシル] 名[하][自] 結実 ¶~의 가을 [(kjəlʃ'ir)e kaɯl (キョルシ)レ カウル] 実りの秋.

***결심**[決心] [kjəlʃ'im キョルシム] 名[하][自][他] 決心 ¶굳은 ~ [kudɯn ~ クドゥン ~] 固い決心 **—서다** [sɔda ソダ] 自 決心がつく.

***결여**[缺如] [kjərjə キョリョ] 名[하][他] 欠如 ¶객관성의 ~ [kɛk'wans'əŋe ~ ケックヮンソンエ ~] 客観性の欠如.

결연[結緣] [kjərjən キョリョン] 名[하][自] 縁結び; 縁組; 結縁 ¶자매~ [tʃamɛ (gjərjən) チャメ (ギョリョン)] 姉妹縁組.

결연-하다[決然—] [kjərjənhada キョリョンハダ] 形[여변] 決然としている; きっぱり[覚悟]している ¶~-한 태도 [~-han tʰɛ:do ~-ハン テード] 決然とした態度 **결연-히** [kjərjəni キョリョニ] 副 決然と ¶~ 일어서다 [~ irəsəda ~ イロソダ] 決然と立ち上がる.

결원[缺員] [kjərwon キョロォン] 名[하][自] 欠員 ¶~을 보충하다 [~ɯl po:tʰuŋhada (キョロォン)ヌル ポーチュンハダ] 欠員を補充する.

결의[決意] [kjəri キョリ] 名[하][自][他] 決意 ¶굳은 ~ [kudɯn ~ クドゥン ~] 固い決意 / ~를 다지다 [~rɯl tadʒida ~ルル タジダ] 決意を固める.

***결의**[決議] [kjəri キョリ] 名[하][自][他] 決議 ¶불신임안을 ~하다 [pulʃ'inimanɯl ~hada プルシニマヌル ~ハダ] 不信任案を決議する **—안** [an アン] 名 決議案.

결자-해지[結者解之] [kjəltʃ'ahɛ:dʒi キョルチャヘージ] 慣 結んだ者が自らそれを解くべきだの意 [自分がしでかしたことは自分で解決しなければならない].

결재[決裁] [kjəltʃ'ɛ キョルチェ] 名[하][他] 決裁 ¶~필 [~pʰil ~ピル] 決裁済み.

결전[決戰] [kjəltʃ'ən キョルチョン] 名[하][自] 決戦 ¶최후의 ~ [tʃʰwe:hue ~ チューェーフエ ~] 最後の決戦.

***결점**[缺點] [kjəltʃ'ɔm キョルチョム] 名 欠点 ¶~ 투성이다 [~ tʰusəŋida ~ トゥソンイダ] 欠点だらけである.

***결정**[決定] [kjəltʃ'əŋ キョルチョン] 名[하][他] 決定 ¶~을 짓다 [~ɯl tʃiːtʼa ~ウル チータ] 決定する; 定まりをつける **—권** [kʼwən クォン] 名 決定権 ¶~을 쥐다 [~ɯl tʃwi:da ~ヌル チュィーダ] 決定権を握る **—적** [dʒɔk ジョク] 名冠 決定的 ¶~인 증거 [~-(dʒəg)in tʃɯŋgɔ ~-(ジョ)ギン チュンゴ] 決定的な証拠 **—판** [pʰan パン] 名 決定版.

결정[結晶] [kjəltʃ'əŋ キョルチョン] 名[하][自] 結晶 ¶사랑의 ~ [saraŋe ~ サランエ ~] 愛の結晶 / 땀의 ~ [t'ame ~ ッタメ ~] 汗の結晶 **—체**

[tɕʰe チェ] 名 結晶体.
결제[決濟][kjoltɕ'e キョルチェ] 名 하他 決濟 ¶어음을 ~하다 [ɔumul ~hada オウムル ~ハダ] 手形を決済する.
결집[結集][kjoltɕip キョルチプ] 名 하自他 結集 ¶힘의 ~ [hime ~ ヒメ ~] 力の結集.
결초-보은[結草報恩][kjoltɕʰobo:un キョルチョボーウン] 名 하自 死後でも[命をかけて]恩に報いること.
***결-코**[決―][kjolkʰo キョルコ] 副 (否定語を伴って)決して; 絶対に; 断じて; ='결단코'(肯定語にも用いる) ¶~ 잊지 않겠다 [~ itɕ'i ankʰet'a イッチ アンケッタ] 決して忘れません / ~ 그렇지 않다 [~ kɯrotɕʰi antʰa ~ クロッチ アンタ] 絶対そうじゃない.
결탁[結託][kjoltʰak キョルタク] 名 하自 結託 ¶동료와 ~하다 [toŋjowa (kjoltʰa)kʰada トンニョワ ~カダ] 仲間と結託する.
결투[決鬪][kjoltʰu キョルトゥ] 名 하自 決鬪 ¶~를 신청하다 [~rul ɕintɕʰoŋhada ~ルル シンチョンハダ] 決鬪を申し込む.
결판[決判][kjolpʰan キョルパン] 名 하自 決判 事の是非を判定すること ―나다 [nada ナダ] 自 是非の決まりがつく; けり[勝負・決着]がつく ―내다 [nɛda ネダ] 他 是非の決まり[勝負・決着]をつける ¶승부를 ~ [sɯŋburul ~ スンブル ~] 勝負を決める.
결핍[缺乏][kjolpʰip キョルピプ] 名 하自 欠乏 ¶식량의 ~ [ɕiŋnjaŋe ~ シンニャンエ ~] 食糧の欠乏.
결-하다[缺―][kjorhada キョルハダ] 形 欠ける; 欠く ¶예를 ~ [jerul iɛllul ~ イェルル ~] 礼を欠く; 欠礼する.
***결함**[缺陷][kjorham キョルハム] 名 欠陷; 欠点 ¶상품에 ~이 있다 [saŋpʰume ~i it'a サンプメ (キョルハ)ミ イッタ] 商品に欠陷がある.
***결합**[結合][kjorhap キョルハプ] 名 하自他 結合 ―되다 [t'weda トゥェダ] 自 結合する ―체 [tɕʰe チェ] 名 結合体.
결항[缺航][kjorhaŋ キョルハン] 名 하自 欠航 ¶항공기의 ~ [ha:ŋgoŋgie ~ ハーンゴンギエ ~] 航空機の欠航.
결핵[結核][kjorhɛk キョルヘク] 名 〈医〉 結核 ―요양소 [(kjorhɛŋ) njojaŋso (キョルヘン) ニョヤンソ] 名 結核療養所.

결행[決行][kjorhɛŋ キョルヘン] 名 하他 決行 ¶우천 ~ [u:tɕʰon (gjorhɛŋ) ウーチョン (ギョルヘン)] 雨天決行.
***결혼**[結婚][kjorhon キョルホン] 名 하自他 結婚 ―연애― [ɔ:nɛ (gjorhon) ヨーネ (ギョルホン)] 恋愛結婚 / 딸을 ~시키다 [t'arul ~ɕikʰida ッタルル ~シキダ] 娘を嫁がせる ―관 [gwan グァン] 名 結婚観 ―기념일 [ginjəmil ギニョミル] 名 結婚記念日 ―반지 [bandʑi バンジ] 名 結婚指輪 ―사진 [sadʑin サジン] 名 結婚写真 ―상담소 [saŋdamso サンダムソ] 名 結婚相談所 ―식 [ɕik シク] 名 結婚式 ―연령 [njɔlljəŋ ニョルリョン] 名 結婚年齢 ―적령기 [dʑɔŋnjəŋgi ジョンニョンギ] 名 結婚適齢期 ―피로연 [pʰirojɔn ピロヨン] 名 結婚披露宴 ―행진곡 [hɛndʑiŋgok ヘンジンゴク] 名 結婚行進曲; ウエディングマーチ.
***겸**[兼][gjəm キョム] 名 [依] ① 兼; 兼ねること ¶수상 ~ 외상 [susaŋ ~ wesaŋ スサン ~ ウェーサン] 首相兼外相 / 아침 ~ 점심 [atɕʰim ~ tɕɔːmɕim アチム ~ チョームシム] 朝食を兼ねた昼食 ② …かたがた; …ついでに ¶인사드릴~ 찾아 뵙다 [insa duŋil (k'jəm) tɕʰadʑa bwept'a インサドゥリル(キョム) チャジャ ブェプタ] お礼かたがたお伺いする / 임도 볼~ 뽕도 딸~ [imdo pol(k'jəm) p'oŋdo t'al(k'jəm) イムドポル(キョム) ポンドッタル(キョム)] 恋人に会うついでに桑の葉も摘む.
겸무[兼務][kjəmmu キョムム] 名 하他 兼務 ¶경리를 ~하다 [kjəŋnirul ~hada キョンニルル ~ハダ] 経理係を兼務する.
겸비[兼備][kjəmbi キョムビ] 名 하自他 兼備 ¶재색을 ~한 규수 [tɕʰɛsɛgul ~han kjusu チェセグル ~ハン キュス] 才色兼備の娘.
겸사[謙辭][kjəmsa キョムサ] 名 하自 ① 謙辞; へりくだった言葉 ② 丁重に辞退すること ―말 [mal マル] 名 謙譲語.
겸사-겸사[kjəmsagjəmsa キョムサギョムサ] 副 兼ねて; ついでに; かたがた ¶너도 보고 볼일도 볼겸 ~ 왔지 [nɔdo pogo po:llildo polk'jəm ~ watɕ'i ノド ポゴ ポールリルド ポルキョム ~ ワッチ] 君にも会えるし用事もあるからついでに来たのさ.
겸상[兼床][kjəmsaŋ キョムサン] 名

겸손 (하自他) 2人以上が1つの膳ぜをはさんで食事をすること、またその食膳.

*겸손[謙遜] [kjɔmson キョムソン] 名 하形 謙遜 ¶~한 태도 [~han tʰɛːdo ~ハン テード] へりくだった態度 ─히 [i (キョムソニ)] 副 へりくだって.

겸양[謙讓] [kjɔmjaŋ キョミャン] 名 하他 謙讓 ¶~의 미덕 [~e miːdɔk ~エ ミードク] 謙讓の美徳.

겸업[兼業] [kjɔmɔp キョモプ] 名 하自他 兼業 ─농가[~ (kjɔmɔm)noŋga (キョモム) ノンガ] 名 兼業農家.

겸연-쩍다[慊然─] [kʌmjɔntɕʰʌkʰtɕa キョミョンッチョクタ] 形 照れ臭い; くすぐったい; 気まずい; きまりが悪い ¶너무 칭찬을 들으니 어쩐지 ~ [nɔmu tɕʰiŋtɕʰanɯl tɯrɯni ɔtɕːondʑi ~ ノム チンチャヌル トゥルニ オッチョンジ ~] あまり誉められてなんだかくすぐったい/~-쩍은 듯이 쓴 웃음을 짓다 [~-tɕʰɯgɯn dusi sːɯn usɯmɯl tɕiːtʰa ~ッチョグン ドゥシ ッスヌスムル チータ] 照れ臭そうに苦笑する.

겸용[兼用] [kjɔmjoŋ キョミョン] 名 하他 兼用 ¶양산 ~ 우산 [jaŋsan (gjɔmjoŋ) uːsan ヤンサン (ギョミョン) ウーサン] 晴雨兼用の.

겸임[兼任] [kjɔmim キョミム] 名 하他 兼任 ¶외상은 수상이 ~하다 [weːsaŋun susaŋi ~hada ウェーサンウン ススァンイ ~ハダ] 外相は首相が兼任する.

겸직[兼職] [kjɔmdʑik キョムジク] 名 하他 兼職 =`겸임'「兼任」.

*겸-하다[兼─] [kjɔmhada キョムハダ] 他 여変 兼ねる ¶수상이 외상을 ~ [susaŋi weːsaŋul ~ スサンイ ウェーサンウル ~] 首相が外相を兼ねる/재색을 ~ [tɕɛsɛgɯl ~ チェセグル ~] 才色を備える.

겸허[謙虛] [kjɔmhɔ キョムホ] 名 하形 謙虛 ¶~한 태도 [~han tʰɛːdo ~ハン テード] 謙虛な態度.

겹[kjɔp キョプ] 1 名 重なり; 重なること 2 依名 重なり; 重なり; 重ね ¶한 ~ [han (gjɔp) ハン (ギョプ)] 一重ひと / 여러 ~ [ɔrɔ (gjɔp) ヨロ (ギョプ)] 多重たじゅう / 두 ~ [tuː (gjɔp) トゥー (ギョプ)] 2重.

겹겹-이[kjɔpkjɔbi キョプキョビ] 副 幾重にも; 重なり合って ¶~ 에워싸다 [~ ewɔsːada ~ エウォッサダ] 十重とえ 二十重はたえに取り囲む.

겹-꽃[kjɔpkːot キョプコッ] 名〈植〉重弁花; 八重咲きの花.

*겹다[kjɔpːtˀa キョプタ] 形 ㅂ変 ① 力に余る; 持てあます; 手に負えない ¶힘에 ~ [hime ~ ヒメ ~] 手に余る ②(込み上げる感情を抑えがたい) ¶눈물 겨운 노력 [nunmulgjɔun nɔrjɔk ヌンムルギョウン ノリョク] 涙ぐましい努力.

-겹다[gjɔptˀa キョプタ] 接尾 (名詞を形容詞に変える) ¶눈물~ [nunmul~ ヌンムル ~] 涙ぐましい/정~ [tɕɔŋ~ チョン~] 情があふれる/흥~ [hɯːŋ~ フーン~] 興に乗る/힘~ [him~ ヒム~] 手に余る; 手に負えない.

겹-벚꽃[kjɔpːɔtkːot キョプボッコッ] 名 八重桜.

겹-사돈[─查頓] [kjɔpsˀadon キョプサドン] 名 婚姻関係にある人同士がまた婚姻を結んだ関係. 「いない祐きゃ.

겹-옷[kjɔbot キョボッ] 名 綿の入って

겹-이불[kjɔmnibul キョムニブル] 名 綿を入れずに裏地だけつけた掛け布団.

겹쳐-지다[kjɔptɕʰʌdʑida キョプチョジダ] 自 重なる ¶일요일과 공휴일이 ~ [irjoilgwa koŋhjuiri ~ イリョイルグァ コンフュイリ ~] 日曜日と公休日が重なる.

*겹-치다[kjɔptɕʰida キョプチダ] 自他 ① 重ねる ¶손을 ~ [sonnɯl ~ ソヌル ~] 手を重ねる ② 重なる; かち合う; 折り畳む ¶일이 ~ [iːri ~ イーリ ~] 仕事が重なる/예정이 ~ [jeːdʑɔŋi ~ イェージョンイ ~] 予定がかち合う/신문지를 ~ [ɕinmundʑirɯl ~ シンムンジルル ~] 新聞紙を折り畳む 겹치-기[kjɔptɕʰigi キョプチギ] 名 掛け持ち ¶~ 출연 [~ tɕʰurjɔn ~ チュリョン ~] 掛け持ち出演.

경[黥] [kjɔŋ キョン] 名 ひどく叱るること ¶~을 치다 [~ɯl tɕʰida ~ウル チダ] ひどい目にあわせる/~(을) 칠 놈 [~ (ɯl) tɕʰillom ~ (ウル) チルロム] ひどい目にあわせるべき奴.

*-경[頃] [gjɔŋ キョン] 接尾 …ころ; …あたり ¶내 달~ [nɛdal~ ネダル~] 来月あたり/오후 1시~ [oːhu han ɕi ~ オーフ ハン シ ~] 午後1時ごろ.

경각[頃刻] [kjɔŋgak キョンガク] 名 寸刻; 寸時; 一刻 ¶목숨이 ~에 달려 있다 [moksˀumi (kjɔŋgag)e talljɔ itˀa モクスミ (キョンガ)ゲタルリョ イッタ] 命めい 旦夕たんせきに迫る; 死が寸刻に迫る.

경각-심[警覺心] [kjɔːŋgakɕʼim キョーン

ガクシム] 名 警しめて覚ましめる心掛け.

경감[輕減][kjəŋgam キョンガム] 名 하他 軽減 ¶ 세금을 ~하다 [se:gumul ~hada セーグムル ~ハダ] 税金を軽減する.

경거[輕擧][kjəŋgə キョンゴ] 名 하自 軽挙 ¶ ~함을 삼가다 [~hamul samgada ~ハムル サムガダ] 軽はずみな行動を慎む ━**망동**[ma:ndoŋ マーンドン] 名 하自 軽挙妄動 ¶ ~해서는 안 된다 [~hɛsənun andwɛnda ~ヘソヌン アンドゥェンタ] 軽挙妄動してはいかん.

경건[敬虔][kjəŋgən キョンゴン] 名 하他 하形 敬虔 ¶ ~한 신자 [~han ʃindʒa ~ハン シーンジャ] 敬虔な信者 ━**히**[i (キョンゴ)ニ] 副 敬虔に ¶ ~기도하다 [~ kidohada ~ キドハダ] 敬虔に祈る.

***경계**[境界][kjəŋge キョンゲ] 名 境界; 境目 ¶ ~선 [~sən ~ソン] 境界線 / 이웃 나라와의 ~ [iun narawae ~ イウン ナラワエ ~] 隣の国との境目.

***경계**[警戒][kjə:ŋge キョーンゲ] 名 하自他 警戒; 戒め ¶ 삼엄한 ~ [sam:əmhan ~ サモムハン ~] 物々しい警戒 ━**경보**[gjə:ŋbo キョンボ] 名 警戒警報 ━**망**[maŋ マン] 名 警戒網 ¶ ~을 펴다 [~ul pʰjəda ~ウル ピョダ] 警戒網を張る ━**색**[sɛk セク] 名 警戒(保護)色 ━**선**[sən ソン] 名 警戒線 ━**수위**[suwi スウィ] 名 警戒水位 ━**신호**[ʃi:nho シーンホ] 名 警戒信号 ━**심**[ʃim シム] 名 警戒心.

경고[警告][kjə:ŋgo キョーンゴ] 名 하他 警告 ¶ 위험 ~ [wihəm (gjə:ŋgo) ウィホム(ギョーンゴ)] 危険警告 / 심판의 ~ [ʃi:mpʰane ~ シームパネ ~] 審判が下す注意(警告).

경-공업[輕工業][kjəŋgoŋəp キョンゴンオプ] 名 軽工業.

***경과**[經過][kjəŋgwa キョングァ] 名 하自他 経過 ¶ 병의 ~ [pjə:ŋe ~ ピョーンエ ~] 病気の経過 / 사건의 ~ [sa:k'əne ~ サーコネ ~] 事件のあらまし ━**규정**[gjudʒəŋ ギュジョン] 名 経過規定 ━**보고**[bo:go ボーゴ] 名 経過報告.

경관[景觀][kjəŋgwan キョングァン] 名 景観 ¶ 웅대한 ~ [uŋdɛhan ~ ウンデハン ~] 雄大な景観.

경관[警官][kjə:ŋgwan キョーングァン] 名 警(察)官.

***경기**[景氣][kjəŋgi キョンギ] 名 景気 ¶ 불[호]~ [pul[ho:] (gjəŋgi) プル[ホー](ギョンギ)] 不[好]景気 ━**대책**[dɛ:tʰɛk デーチェク] 名 景気対策 ━**동향**[do:ŋhjaŋ ドーンヒャン] 名 景気動向 ━**변동**[bjə:ndoŋ ビョーンドン] 名 景気変動 ━**예측**[je:tʃʰuk イェーチュク] 名 景気予測 ━**지수**[dʒisu ジス] 名 景気指数 ━**지표**[dʒipʰjo ジピョ] 名 景気指標 ━**회복**[hwebok フェボク] 名 景気回復 ━**후퇴**[hu:tʰwe フートェ] 名 景気後退.

***경기**[競技][kjə:ŋgi キョーンギ] 名 하自他 競技 ¶ 육상 ~ [juks'aŋ (gjə:ŋgi) ユクサン(ギョーンギ)] 陸上競技 / 일방적(一方的)인 ~ [ilbaŋdʒəgin ~ イルバンジョギン ~] ワンサイドゲーム ━**장**[dʒaŋ ジャン] 名 競技場 ━**종목**[dʒo:ŋmok ジョーンモク] 名 競技種目.

경내[境內][kjəŋnɛ キョンネ] 名 境内 ¶ 사찰의 ~ [satʃʰare ~ サチャレ ~] 寺の境内.

경단[瓊團][kjə:ŋdan キョーンダン] 名 団子 ¶ 수수 ~ [susu (gjə:ŋdan) ススス(ギョーンダン)] きび団子.

경대[鏡臺][kjə:ŋdɛ キョーンデ] 名 鏡台.

경락[競落][kjə:ŋnak キョーンナク] 名 하他 競落 ━**가격**[(kjə:ŋna)k'agjək カギョク] 名 競落価格 ━**기일**[(kjə:ŋna)k'iil キイル] 名 競落期日 ━**물**[(kjə:ŋnan) mul (キョーンナン)ムル] 名 競り落とされた物 ━**인**[(kjə:ŋnag)in (キョーンナ)ギン] 名 競落人.

경량[輕量][kjəŋnjaŋ キョンニャン] 名 軽量 ¶ ~급 선수 [~k'up s'ɔ:nsu ~クプ ソーンス] 軽量級の選手.

***경력**[經歷][kjəŋnjək キョンニョク] 名 하自他 経歴 ¶ ~을 쌓다 [(kjəŋnjək)-ul s'atʰa (キョンニョク)グル ッサッタ] 経歴を積む ━**사원**[s'awən サウォン] 名 経験のある社員 ━**자**[tʃ'a チャ] 名 経歴者 ━**직**[tʃ'ik チク] 名 経歴職.

경련[痙攣][kjəŋnjən キョンニョン] 名 <医> けいれん ¶ 위~ [wi (gjəŋnjən) ウィ(ギョンニョン)] 胃けいれん.

경례[敬禮][kjə:ŋne キョーンネ] 名 하他 敬礼 ¶ 거수~를 하다 [kɔ:su (gjə:ŋne) rul hada コース(ギョーンネ)ルル ハダ] 挙手敬礼をする.

***경로**[經路][kjəŋno キョンノ] 名 経路 ¶ 입수 ~ [ips'u (gjəŋno) イプス(ギョンノ)] 入手経路.

경로[敬老] [kjɔːŋno キョーンノ] 名 하自 敬老 **―당**(堂) [daŋ ダン] 名 敬老を旨として建てた、老人たちの休息所 **―회**[hwe フェ] 名 敬老会.

경륜[經綸] [kjɔŋnjun キョンニュン] 名 하他 経綸 **―가**[ga ガ] 名 経綸家.

경리[經理] [kjɔŋni キョンニ] 名 하自 経理 **―과**[kʼwa クァ] 名 経理課 **―사무**[saːmu サーム] 名 経理事務.

경마[kjɔŋma キョンマ] 名 人の乗った馬を駆るために取る手綱；差し綱[わな] **―잡다**[dʒaptʼa ジャプタ] 自 馬の手綱を取って馬を駆る **―잡히다**[dʒapʰida ジャプピダ] 自 馬の手綱を取らせる ¶ 말 타면 ~-잡히고 싶다 [maltʰamjon ~-dʒapʰigo ʃiptʼa マルタミョン ~-ジャプピゴ シプタ] 諺 馬に乗れば馬子まで欲しくなる［千石取れば万石羨む；隴を得て蜀を望む].

경마[競馬] [kjɔːŋma キョーンマ] 名 競馬 ¶ ~-말 [~-mal ~-マル] 賭馬 / ~-를 하다 [~-rul hada ~-ルル ハダ] 競馬をする **―장**[dʒaŋ ジャン] 名 競馬場；馬場.

경망-하다[輕妄―] [kjɔŋmaŋhada キョンマンハダ] 形 ㅅ形 軽はずみだ；粗忽だ［軽率］だ ¶ ~-한 행동 [~-han hɛndoŋ ~-ハン ヘンドン] 軽はずみな行動 / ~-한 사람 [~-han saːram ~-ハン サーラム] 脳天気 **경망-히**[kjɔŋmaŋi キョンマンイ] 副 軽はずみに；そこつ［うかつ］に.

경매[競賣] [kjɔːŋmɛ キョーンメ] 名 하他 競売 ¶ 우표 ~ [upʰjo (gjɔːŋmɛ) ウピョ (ギョーンメ)] 切手のオークション **―시장**(市場) [ʃiːdʒaŋ シージャン] 名 競り市 **―인**[in イン] 名 競売人.

＊경멸[輕蔑] [kjɔŋmjɔl キョンミョル] 名 하他 軽蔑 ¶ ~-의 눈초리 [(kjɔŋmjɔr)e nuntʃʰori (キョンミョレ) ヌンチョリ] 軽蔑のまなざし.

경미[輕微] [kjɔŋmi キョンミ] 名 하形 軽微；軽々かな・かすかなこと ¶ ~-한 손해 [~-han soːnhɛ ~-ハン ソーンヘ] 軽微な損害.

경박[輕薄] [kjɔŋbak キョンバク] 名 하形 하自副 軽薄 ¶ ~-한 사람 [(kjɔŋba)kʰan saːram ~-カン サーラム] お調子者.

경-범죄[輕犯罪] [kjɔŋbɔmtʃʰwe キョンボムチュェ] 名 〈法〉軽犯罪.

경보[競步] [kjɔːŋbo キョーンボ] 名 競歩；ウォーキングレース.

경보[警報] [kjɔːŋbo キョーンボ] 名 警報 ¶ ~-를 발하다 [~-rul parhada ~-ルル パルハダ] 警報を発する **―기**[gi ギ] 名 警報器.

＊경비[經費] [kjɔŋbi キョンビ] 名 経費 ¶ ~ 절감 [~-dʒɔlgam ~-ジョルガム] 経費節減 / ~-를 들이다 [~-rul turida ~-ルル トゥリダ] 経費をかける.

경비[警備] [kjɔːŋbi キョーンビ] 名 하他 警備 ¶ ~-가 엄하다 [~-ga ɔmhada ~-ガ オムハダ] 警備が厳しい **―대**[dɛ デ] 名 警備隊 **―망**[maŋ マン] 名 警備網；非常線 **―병**[bjɔŋ ビョン] 名 警備兵 **―원**[wɔn ウォン] 名 警備員 **―정**[dʒɔŋ ジョン] 名 警備艇 **―함**[ham ハム] 名 警備艦.

경-비행기[輕飛行機] [kjɔŋbihɛŋgi キョンビヘンギ] 名 軽飛行機.

＊경사[傾斜] [kjɔŋsa キョンサ] 名 傾斜；傾き ¶ 가파른 ~ [kapʰarun ~ カパルン ~] 急な傾斜 **―지다**[dʒida ジダ] 自 傾斜する；一方に傾く；斜めになる ¶ ~-진 땅 [~-dʒin tʼaŋ ~-ジン ッタン] 傾斜した土地 **―도**[do ド] 名 傾斜度 **―면**[mjɔn ミョン] 名 傾斜面.

＊경사[慶事] [kjɔːŋsa キョーンサ] 名 慶事；おめでた；祝いごと ¶ 나라의 ~ [narae ~ ナラエ ~] 国の慶事 / ~-가 나다 [~-ga nada ~-ガ ナダ] おめでたいこと［祝いごと］がある **―롭다**[ropt'a [surropt'a] ロプタ [スロプタ]] 形 ㅂ変 喜ばしい；めでたい **―로이**[스레] [roi [sure] ロイ [スレ]] 副 喜ばしく；めでたく.

경상[經常] [kjɔŋsaŋ キョンサン] 名 経常 **―거래**(去來) [gɔːrɛ ゴーレ] 名 経常取引 **―계정**[geːdʒɔŋ ゲージョン] 名 経常勘定 **―비**[bi ビ] 名 経常費 **―수입**[suip スイプ] 名 経常収入 **―수지**[sudʒi スジ] 名 経常収支 **―적**[dʒɔk ジョク] 名 冠 経常的な ¶ ~-인 지출 [~-(dʒɔŋ)in tʃitʃʰul ~-(ジョ)ギン チチュル] 経常的な支出.

경색[梗塞] [kjɔŋsɛk キョンセク] 名 하自 梗塞 ¶ ~-된 정국 [~-twen tʃɔŋguk ~-トゥェン チョングク] 梗塞した政局 / 심근 ~ [ʃimgun (gjɔŋsɛk) シムグン (ギョンセク)] 心筋梗塞.

＊경솔-하다[輕率―] [kjɔŋsorhada キョンソルハダ] 形 軽率だ；軽はずみだ ¶ ~-한 짓 [~-han tʃiːt ~-ハン チー

경승-지[景勝地][kjəŋsɯŋdʑi キョンスンジ] 图 景勝の地; 景色のよいところ.

경시-하다[輕視—][kjəŋʃihada キョンシハダ] 他 軽視する; 侮る ¶남을 ~[namɯl ~ ナムル ~] 人を軽く見る.

경신[更新] 圀他 (記録の)更新; 新しく改めること; 갱신(更新)[kɛ:ŋʃin ケーンシン]「契約・免許証などの更新」¶ 기록을 ~하다[kirogɯl ~ hada キログル ~ハダ] 記録を更新する.

경악[驚愕][kjəŋak キョンアク] 图 圀自 驚愕きょうがく ¶~을 금치 못하다[(kjəŋag)ɯl kɯːmtʰi moːtʰada (キョンア)グル クームチモッタダ] 驚愕に耐えない; 驚愕を禁じ得ない.

경애[敬愛][kjɔːŋɛ キョーンエ] 图 圀他 敬愛 ¶~하는 선생님[~hanun sɔnsɛŋnim ~ハヌン ソンセンニム] 敬愛する先生.

***경-양식**[輕洋食][kjəŋjaŋʃik キョンヤンシク] 图 簡単な[軽い]洋食.

***경어**[敬語][kjɔːŋə キョーンオ] 图 敬語; 尊敬語 ¶윗사람한테는 ~를 쓴다[wis'aramhatʰenun ~rul s'unda ウィッサラムハンテヌン ~ルルッスンダ] 目上の人には敬語を使う —법[pˀɔp ポプ] 图 敬語法 —체[tʃʰe チェ] 图 敬語体.

경연[競演][kjɔːŋjən キョーンヨン] 图 圀他 競演 ¶~ 대회[~ dɛːhwe ~ デーフェ] コンテスト/음악 ~ 대회[uma(kˀjɔːŋjən) dɛːhwe ウマクキョーンヨン ~ デーフェ] 音楽コンテスト[コンクール].

***경영**[經營][kjəŋjəŋ キョンヨン] 图 圀他 経営; 営むこと ¶ 회사를 ~하다[hweːsarɯl ~hada フェーサルル ~ハダ] 会社を経営する —관리[gwalli グァルリ] 图 経営管理 —권[kˀwən クォン] 图 経営権 —난[nan ナン] 图 経営難 —분석[bunsɔk ブンソク] 图 経営分析 —자[dʑa ジャ] 图 経営者 —자금[dʑagɯm ジャグム] 图 経営資金 —전략[dʑɔːlljak ジョーリャク] 图 経営戦略 —정책[dʑɔŋtʃʰek ジョンチェク] 图 経営政策 —주[dʑu ジュ] 图 経営主 —학[hak ハク] 图 経営学 —합리화[hamnihwa ハムニファ] 图 経営合理化.

***경우**[境遇][kjəŋu キョンウ] 图 ① 場合; 立場; 事情 ¶ 만일의 ~[maːnire ~ マーニレ ~] 万一の場合/이것과 그것은 ~가 다르다[igɔkˀwa kugɔsɯn ~ga taruda イゴックァ クゴスン ~ガ タルダ] これとそれは事情が違う ② '경우'. ➪'경위'(涇渭).

경운-기[耕耘機][kjəŋungi キョンウンギ] 图 耕耘機こううん; 小型トラクター.

경원[敬遠][kjɔːŋwən キョーンウォン] 图 圀他 敬遠 ① 敬って遠ざけること; 表面に敬う様子で実際は嫌がって近づかないこと ¶ 사장을 ~하다[sadʑaŋul ~hada サジャンウル ~ハダ] 社長を敬遠する/서로 ~하는 사이[sɔro ~hanun sai ソロ ~ハヌン サイ] お互いに敬遠する間柄 ② (野球で)投手が打者に故意に四球を与えて出塁させること ¶ 투수가 타자를 ~하다[tʰusuga tʰaːdʑarul ~hada トゥスガ ターヂャルル ~ハダ] 投手がバッターを歩かせる.

경위[涇渭][kjəŋwi キョンウィ] 图 筋道の善し悪し; 是非の見分け='경우' ¶~에 밝은 사람[~e palgun saːram ~エ パルグン サーラム] 是非の分別が明らかな人; 道理をよくわきまえる人.

***경위**[經緯][kjəŋwi キョンウィ] 图 経緯 ① いきさつ ¶ 사건의 ~를 설명하다[saːkˀone ~rul sɔlmjəŋhada サーコネ ~ルル ソルミョンハダ] 事件のいきさつ[顛末ちっ]を説明する ② 縦糸と横糸 ③ 経線と緯線 —도[do ド] 图 経緯度 —선[sɔn ソン] 图 経・緯線.

***경유**[經由][kjəŋju キョンユ] 图 圀他 経由 ¶ ~지[~dʑi ~ ジ] 経由地.

경유[輕油][kjəŋju キョンユ] 图 軽油 ¶ ~ 발동기[~ baltˀoŋgi ~バルトンギ] 軽油発動機; ディーゼルエンジン.

경-음악[輕音樂][kjəŋɯmak キョンウマク] 图 軽音楽.

경의[敬意][kjɔːŋi キョーンイ] 图 敬意 ¶ ~를 표하다[~rul pʰjohada ~ル ピョハダ] 敬意を払う[表する].

경이[驚異][kjɔːŋi キョーンイ] 图 圀自 驚異 ¶ 대자연의 ~[tɛːdʑajəne ~ テーヂャヨネ ~] 大自然の驚異 —롭다[ropt'a ロプタ] 圈 ㅂ変 驚くべきだ; ものすごい —적[dʑɔk ジョク] 冠 驚異的 ¶ ~인 기록[~-(dʑɔg) in kirok

경작[耕作] [kjɔŋdʒak キョンジャク] 名 하他 耕作 ¶밭을 ~하다[patʰul (kjɔŋdʒa)kʰada パトゥル ~カダ] 畑を耕す **—면적**[(kjɔŋdʒaŋ) mjɔ:ndʒɔk (キョンジャン)ミョーンジョク] 名 耕作面積 **—자**[tʃ'a チャ] 名 耕作者 **—지**[tʃ'i チ] 名 耕作地.

***경쟁[競爭]** [kjɔ:ndʒɛŋ キョーンジェン] 名 하自 競爭 ¶격렬하게 ~하다 [kjɔŋnjɔrhage ~hada キョンニョルハゲ ~ハダ] 激しく競争する **—가격** [k'agjɔk カギョク] 名 競爭価格 **—국**[guk グク] 名 競爭国 **—력**[njɔk ニョク] 名 競爭力 **—률**[njul ニュル] 名 競爭率 **—리(裡)**[ni ニ] 副 競爭する中に **—심**[ʃim シム] 名 競爭心 ¶~을 부채질하다[북돋우다][~ul putʃʰɛdʒirhada[pukt'oduda] ~-(シ)ムル プチェジルハダ[プクトドウダ]] 競爭心をあおる[かき立てる] / ~이 강한 사람[~i kaŋhan sa:ram ~イ(シ)ミ カンハン サーラム] 負けん気の強い人 **—입찰**[iptʰal イプチャル] 名 競爭入札 **—자**[dʒa ジャ] 名 競爭者.

경적[警笛] [kjɔ:ndʒɔk キョーンジョク] 名 警笛 ¶~을 울리다[(kjɔŋdʒɔg)-ul ullida (キョーンジョン)グル ウルリダ] 警笛を鳴らす.

경전[經典] [kjɔŋdʒɔn キョンジョン] 名 経典 ¶불교[유교]의 ~[pulgjo[ju-gjo]e ~ プルギョ[ユギョ]エ ~] 仏教[儒教]の経典 / 이슬람교의 ~[isullamgjoe ~ イスルラムギョエ ~] コーラン; イスラム教の経典[聖典].

경정[更正] [kjɔŋdʒɔŋ キョンジョン] 名 하他 更正 **—예산**[ne:san ネーサン] 名 更正予算.

***경제[經濟]** [kjɔŋdʒe キョンジェ] 名 하自 経済 ¶자유 ~[tʃaju (gjɔŋdʒe) チャユ(ギョンジェ)] 自由経済 **—개발**[gɛbal ゲバル] 名 経済開発 **—계**[ge ゲ] 名 経済界 ¶~의 거물[~e kɔ:mul ~エ コームル] 経済界の大立て物 **—계획**[ge:hwek ゲーフェク] 名 経済計画 **—공황**[go:ŋhwaŋ ゴーンファン] 名 経済恐慌; パニック **—권**[k'wɔn クォン] 名 経済権 **—난**[nan ナン] 名 経済難 ¶~에 허덕이다[~e hɔdɔgida ~-(ナ)ネ ホドギダ] 経済的困難にあえぐ **—대국**[dɛ:guk デーグク] 名 経済大国 **—란[面]**[ran[mjɔn] ラン[ミョン]] 名 経済欄[面] ¶신문의 경제란[면]ネ[tʃinmune ~ シンムネ ~] 新聞の経済欄[面] **—력**[rjɔk リョク] 名 経済力; 財力 ¶풍부한 ~[pʰuŋbuhan ~ プンブハン ~] 豊かな経済力 **—백서**[bɛks'ɔ ベクソ] 名 経済白書 **—법칙**[bɔptʃʰik ポプチク] 名 経済法則 **—변동**[bjɔ:ndoŋ ビョーンドン] 名 経済変動 **—봉쇄**[boŋswɛ ボンスェ] 名 経済封鎖 **—블록**[bullok ブルロク] 名 経済ブロック(bloc) **—사범**[sa:bɔm サーボム] 名 〈法〉経済事犯 ¶~을 단속하다[~ul tansokʰada ~-(サーボ)ムル タンソクカダ] 経済事犯を取り締まる **—성**[sɔŋ ソン] 名 経済性 ¶~이 없는 사업[~i ɔ:mnun sa:ɔp ~イ オームヌン サーオプ] 経済性のない事業 **—성장률**[sɔŋdʒaŋnjul ソンジャンニュル] 名 経済成長率 **—원조**[wɔ:ndʒo ウォーンジョ] 名 経済援助 **—원칙**[wɔntʃʰik ウォンチク] 名 経済原則 **—인**[in イン] 名 経済人 ¶~ 연합회[~ njɔnhapʰwe ~ ニョンハプェ] 経済人連合会 **—적**[dʒɔk ジョク] 名 冠 経済的; エコノミカル ¶~ 타격[~ tʰa:gjɔk ~ ターギョク] 経済的な打撃 / ~이 생활[~-(dʒɔg) in sɛŋhwal ~-(ジョ)ギン センファル] 経済的な生活 **—정책**[dʒɔŋtʃʰɛk ジョンチェク] 名 経済政策 **—제재**[dʒe:-dʒɛ ジェージェ] 名 経済制裁 **—통계**[tʰo:ŋge トーンゲ] 名 経済統計 **—학**[hak ハク] 名 経済学 **—협력 개발 기구**[hjɔmnjɔ k'ɛbal gigu ヒョムニョク ゲバル ギグ] 名 経済協力開発機構(OECD).

경조[敬弔] [kjɔ:ndʒo キョーンジョ] 名 하他 敬弔; つつしんで弔うこと.

경조[慶弔] [kjɔ:ndʒo キョーンジョ] 名 慶弔; 慶弔と弔問 ¶~비[~bi ~ビ] 慶弔費.

경종[警鐘] [kjɔ:ndʒoŋ キョーンジョン] 名 警鐘 ¶~을 울리다[~ul ullida ~ウル ウルリダ] 警鐘を鳴らす; 危険を知らせるために[過ちを警告させたりするために]警告[注意]をうながす.

경주[傾注] [kjɔŋdʒu キョンジュ] 名 하自他 傾注 ¶전력을 ~하다[tʃɔlljɔgul ~hada チョルリョグル ~ハダ] 全力を傾注する.

경주[競走] [kjɔ:ndʒu キョーンジュ] 名 하自 競走; 駆けっこ; レース ¶~에

경중[輕重][kjəŋdzuŋ キョンジュン] 名 軽重 ¶ 인명에 ～은 없다[inmjəŋe ～ɯn ɔːpt'a インミョンエ ～ウン オープタ] 人の命に軽重はない.

경증[輕症][kjəŋdzuŋ キョンジュン] 名 軽症 ¶ ～ 환자[～ hwaːndʒa ～ ファーンジャ] 軽症患者.

경지[耕地][kjəŋdʒi キョンジ] 名 耕地; 耕作地 ¶ ～ 면적[～ mjəːndʒɔk ～ ミョーンジョク] 耕地面積 **ㅡ정리**[dʒɔːŋni ジョーンニ] 名 耕地整理.

경지[境地][kjəŋdʒi キョンジ] 名 境地 ¶ 새로운 ～를 개척하다[seroun ～ rɯl kɛtʃʰɔkʰada セロウン ～ルル ケチョクカダ] 新しい境地を切り開く / 매우 어려운 ～에 놓이다[mɛu ɔrjəun ～e noida メウ オリョウン ～エ ノイダ] ごく難しい立場に置かれている.

경직[硬直][kjəŋdʒik キョンジク] 名 硬直 ¶ 사후 ～[saːhu (gjəŋdʒik) サーフ (ギョンジク)] 死後硬直 / ～된 분위기[～t'wen punwigi ～トゥェン プヌィギ] 硬直した雰囲気.

경진[競進][kjəːŋdʒin キョーンジン] 名 共進 **ㅡ대회**(大會)[dɛːhwe デーフェ] 共進会; 生産品や製品の優劣を競うコンテスト[品評する会].

경질[更迭][kjəŋdʒil キョンジル] 名 更迭 ¶ 장관을 ～하다[tʃaːŋgwanɯl (kjəŋdʒir)hada チャーングァヌル ～ハダ] 大臣を更迭する.

＊**경찰**[警察][kjəːŋtʃʰal キョーンチャル] 名 警察 **ㅡ관**[gwan グァン] 名 警察官; 警官 ¶ 사복 ～[sabo (k'jəːŋtʃʰalgwan) サボク ～] 私服警察官 / 여자 ～[jɔdʒa (gjəːŋtʃʰalgwan) ヨジャ(ギョーンチャルグァン)] 婦人警察官; 略 여경[jəgjəŋ ヨギョン] 婦警 **ㅡ서**[s'ɔ ソ] 名 警察署 **ㅡ서장**[sɔːdʒaŋ ソージャン] 名 警察署長.

경청[傾聽][kjəŋtʃʰəŋ キョンチョン] 名 他 傾聽 ¶ 조용히 ～하다[tʃojoŋi ～hada チョヨンイ ～ハダ] 静かに傾聴する / ～할 만한[～hal manhan ～ハル マンハン] 傾聴すべき.

경축[慶祝][kjəːŋtʃʰuk キョーンチュク] 名 他 慶祝 ¶ ～ 행사[(kjəːŋtʃʰu)kʰɛŋsa ～ ケンサ] 慶祝行事 **ㅡ일**[(kjəːŋtʃʰug)il (キョーンチュ)ギル] 名 慶祝日; 祝日.

＊**경치**[景致][kjəːŋtʃʰi キョンチ] 名 景色; 眺め; 風景; 山水 ¶ 아름다운 ～[arɯmdaun ～ アルムダウン ～] 美しい景色 / 시골 ～[ʃigol(gjəŋtʃʰi) シゴル(ギョンチ)] 田舎の風景.

경-치다[黥—][kjəŋtʃʰida キョンチダ] 自 ひどい目にあう ¶ 호되게 ～[hodwege ～ ホドウェゲ ～] 散々な目にあう / ～-칠 놈[～-tʃʰillom ～-チルロム] けしからん奴; 横着な奴.

경칭[敬稱][kjəːŋtʃʰiŋ キョーンチン] 名 敬称 ¶ 敬称; 尊称 ¶ ～ 생략[～ sɛŋnjak ～ センニャク] 敬称略 / ～을 쓰다[～ɯl s'ɯda ～ウル ッスダ] 敬称を用いる.

경쾌[輕快][kjəŋkʰwɛ キョンクェ] 名 形 軽快 ¶ ～한 음악[～han ɯmak ～ハン ウマク] 軽快な音楽 **ㅡ히**[i イ] 副 軽快に; 身軽に ¶ ～ 뛰다[～ t'wida ～ ットゥィダ] 軽快に走る.

경탄[驚歎][kjəŋtʰan キョンタン] 名 驚嘆 ¶ 사람들을 ～시키다[saːramdɯrɯl ～ʃikʰida サーラムドゥルル ～シキダ] 人々を驚嘆させる / ～할 만한[～hal manhan ～ハル マンハン] 驚嘆すべき; 驚嘆に値する.

경품[景品][kjəːŋpʰum キョーンプム] 名 景品; おまけ ¶ ～부 세일[～bu seil ～ブ セイル] 景品付きセール; サービスセール **ㅡ권**[k'wɔn クォン] 名 景品券.

경하[慶賀][kjəːŋha キョーンハ] 名 他 慶賀 ¶ ～하여 마지않습니다[～hajə madʒianːs'ɯmnida ～ハヨ マジアンッスムニダ] 慶賀に堪えません.

경-하다[輕—][kjəŋhada キョンハダ] 形 여変 軽い; 軽率だ ¶ 사람됨이 ～[saːramdwemi ～ サーラムドゥェミ ～] 人となりが軽はずみである.

경합[競合][kjəːŋhap キョーンハプ] 名 他 競り合い; 競合 ¶ 수출 시장의 ～[sutʃʰul ʃidʒaŋe ～ スチュル シージャンエ ～] 輸出市場の競合.

경향[京鄕][kjəŋhjaŋ キョンヒャン] 名 都と地方 ¶ ～ 각지[～ gaktʃ'i ～ ガクチ] 都と各地方; 全国各地.

＊**경향**[傾向][kjəŋhjaŋ キョンヒャン] 名 傾向 ¶ 일반적인 ～[ilbandʒɔgin ～ イルバンジョギン ～] 一般の傾向.

＊**경험**[經驗][kjəŋhəm キョンホム] 名 他 経験 ¶ ～이 있다[～i it'a (キョンホ)ミ イッタ] 経験がある / ～이 많다[～i maːntʰa (キョンホ)ミ マーン

夕] 経験に富む／～을 살리다[~ul sallida (キョンホ)ムル サルリダ] 経験を生かす／～을 쌓다[~ul s'atʰa (キョンホ)ムル ッサッタ] 経験を積む；場数を踏む **—담**[dam ダム] 名 経験談 **—론**[non ノン] 名 経験論 **—자**[dʒa ジャ] 名 経験者．

경호[警護][kjɔːŋho キョーンホ] 名 하他 警護 ¶ ～를 붙이다[~rul putʰida ~ルル プチダ] 警護をつける．

경화[硬化][kjɔŋhwa キョンファ] 名 하自 硬化 ¶ 동맥 ～[toːŋmek (k'jɔŋhwa) トーンメク～] 動脈硬化．

경황[景況][kjɔŋhwaŋ キョンファン] 名 興味のそそぐ状況；心を使うゆとり；余裕 ¶ 무슨 ～으로 놀러 가겠나[musun ~uro noːllɔ kagenna ムスン ～ウロ ノールロ カゲンナ] 遊びになんか行けるゆとりがあるのかね **—없다**[ɔpt'a オプタ] 存 興味がわかない；(心を使う)ゆとり[余裕]がない；忙しい ¶ 그런데 갈 ～[kurɔnde kal ～ クロンデカル ～] そんな所に行く余裕がない／～없는 중에[~ɔmnun tʃuŋe ～オムヌン チュンエ] 他に心を使うゆとりのない中で **—없이**[ɔpʃ'i オプシ] 副 暇[余裕]なく；忙しく ¶ 요즈음 ～ 세월을 보낸다[jodʒuum ~ seːwɔrul ponenda ヨジュウム ～ セーウォルル ポネンダ] 最近忙しく時を過ごす．

＊**곁**[kjɔt キョッ] 名 そば；わき；はた；横；傍ら；元 ¶ 책상 ～에 놓다[tʃʰeksʼaŋ(gjɔ)the notʰa チェクサン(ギョ)テノッタ] 机のそばに置く／～에서 말참견하다[(kjɔ) tʰesɔ maːltʃʰamgjɔnhada (キョ)テソ マールチャムギョンハダ] 横[横合い]から口を出す；横やりを入れる／～에서 보기에도 딱하다[(kjɔ)tʰesɔ pogiedo t'akʰada (キョ)テソ ポギエド ッタクカダ] はた目にも気の毒だ／어린이를 ～으로 부르다[ɔrinirul (kjɔ)tʰuro puruda オリニルル (キョ)ロ プルダ] 子供を傍らに呼びつける／～을 떠나다[(kjɔ)tʰul t'ɔnada (キョ)トゥル ットナダ] (親の)ひざ元を離れる；死ぬ／～을 비우다[(bida)/ (kjɔ)tʰul piuda(piːda) (キョ)トゥル ピウダ(ピーダ)] その場を離れる；手を離す．

곁-[kjɔt キョッ] 接頭 付随・副次的な意味 ¶ ～길[~k'il ～キル] 横道．

곁-가지[kjɔtkʼadʒi キョッカジ] 名 (わきの)枝；横から伸びた小枝 ¶ ～를 치

다[~rul tʃʰida ～ルル チダ] 小枝を切る；剪定ジム゙する．

곁-길[kjɔtkʼil キョッキル] 名 わき道；横道 ¶ ～로 빠지다[~lo pʼaːdʒida ～ロッパージダ] 横道へそれる．

곁-눈[kjɔnnun キョンヌン] 名 横目；わき目 ¶ ～으로 보다[~uro poda (キョンヌ)ヌロ ポダ] 横目で見る／～팔지 마라[~ pʰaldʒi mara ～ パルジ マラ] わき目をするな／～을 주다[~ul tʃuda (キョンヌ)ヌル チュダ] ① 目で合図する ② 流し目を使って誘惑する；秋波を送る **—질**[dʒil ジル] 名 하他 よそ見；わき見；横目；流し目．

곁-다리[kjɔtt'ari キョッタリ] 名 ① つけたり；付属した物 ② (当事者でない)まわりの人 ¶ ～ 들다 ~ dulda ～ ドゥルダ] まわりの者がくちばしをはさむ．

곁-들다[kjɔt'ulda キョットゥルダ] 自 他 語幹 ① 助けて持ってやる ¶ 짐을 ～[tʃimul ～ チムル ～] 荷物を手助けして持ってやる ② そばで手伝う．

＊**곁-들이다**[kjɔt'uːrida キョットゥリダ] 他 ① 添える；あしらう ¶ 꽃을 ～[kʼotʃʰul ～ ッコチュル ～] 花を添える／고기 요리에 야채를 ～[kogi jorieːjaːtʃʰerul ～ コギ ヨリエ ヤーチェルル ～] 肉料理に野菜をあしらう ② 兼ねる．

곁-방[—房][kjɔtpʼaŋ キョッパン] 名 ① 奥の部屋に付いている小部屋；わき部屋 ② 間借り部屋 **—살이**[sari サリ] 名 하自 間借り住まい．

곁-부축[kjɔtpʼutʃʰuk キョップチュク] 名 하他 ① (体が不自由な人の)わきを抱えて助け歩くこと ② そばから仕事を助けたり助言したりすること．

곁-상[—床][kjɔsʼaŋ キョッサン] 名 脇膳ホネ゙;本膳に添えて出す小膳．

곁-하다[kjɔtʰada キョッタダ] 1 自 으変 近づく 2 形 近くにいる．

＊**계**[契][ke ケー] 名 契；頼母子講タメキシ; 多数の人が金品を出し合ってそれを運用する相互扶助組織 ¶ ～를 타다[~rul tʰada ～ルル タダ] 契で取り分を受け取る[引き落とす] **—원**(員)[wɔn ウォン] 名 契のメンバー **—주**(主)[dʒu ジュ] 名 講元；講親 **곗-날**[keːnnal ケーンナル] 名 頼母子講中の定期会合の日 **곗-돈**[keːtʼon ケートン] 名 ① 頼母子講の掛け金 ② 頼母子講が当たって受け取る積み金 ③ 頼母子講の金．

-계[系][ge ゲ] 接尾 …系 ¶ 동양～

[toŋjaŋ~ トンヤン~] 東洋系／문과[이과]~ [munk'wa[i:k'wa]~ ムンクァ[イークァ]~] 文科[理科]系.

-계[界] [ge ゲ] 接尾 …界 ¶언론~ [ɔllon~ オルロン~] 言論界／출판~ [tʃʰulpʰan~ チュルパン~] 出版界／학~ [ha(k'e) ハ(ケ)] 学界.

계간[季刊] [ke:gan ケーガン] 名 季刊 **—지** [dʒi ジ] 名 季刊誌；クォータリー.

계고[戒告] [ke:go ケーゴ] 名 하他 戒告 **—장** [tʃ'aŋ チャン] 名 戒告状.

***계곡[渓谷]** [kegok ケゴク] 名 渓谷；谷間 ¶산과 ~ [sangwa ~ サングァ ~] 山と渓谷.

계관-시인[桂冠詩人] [ke:gwan ʃiin ケーグァン シイン] 名 桂冠詩人.

계교[計巧] [ke:gjo ケーギョ] 名 計略 ¶~를 꾸미다 [~rɯl k'umida ~ルル クックミダ] 策を巡らす／~를 부리다 [~rɯl purida ~ルル プリダ] 計略を働かす.

***계급[階級]** [kegɯp ケグㇷ゚] 名 階級 ¶~이 오르다 [(kegɯb)i orɯda (ケグ)ビ オルダ] 階級が上がる／노동자~ [nodoŋdʒa (gegɯp) ノドンジャ (ゲグㇷ゚)] 労働者階級／지식~ [tʃiʃi (ke:gɯp) チシク~] 知識階級 **—의식** [(kegɯb) ɯiʃik (ケグ)ブィーシク] 名 階級意識 **—장** [tʃ'aŋ チャン] 名 階級章 **—제도** [tʃ'e:do チェード] 名 階級制度 **—타파** [tʰa:pʰa ターパ] 名 階級打破 **—투쟁** [tʰudʒɛŋ トゥジェン] 名 階級闘争.

계기[計器] [ke:gi ケーギ] 名 計器 **—비행** [bihɛŋ ビヘン] 名 計器飛行 **—속도** [sokt'o ソクト] 名 計器速度.

***계기[契機]** [ke:gi ケーギ] 名 契機；きっかけ；動機；モーメント ¶실패를 ~로 삼아 [ʃilpʰɛrɯl ~ro sama シㇽペルル ~ロ サマ] 失敗を契機として／사건의 ~ [sa:k'one ~ サーコネ ~] 事件のきっかけ.

***계단[階段]** [kedan ケダン] 名 階段；段々 ¶~을 오르내리다 [~ɯl orɯnɛrida (ケダ)ヌㇽ オルネリダ] 階段を上り下りする **—경작** [gjoŋdʒak ギョンジャク] 名 階段耕作 **—교실** [gjo:ʃil ギョーシㇽ] 名 階段教室 **—식** [ʃik シク] 名 階段式 ¶**—밭** [~p'at ~パッ] 段々畑.

***계란[鶏卵]** [keran ケラン] 名 鶏卵；卵；=달걀 [talgjal タㇽギャㇽ] ¶삶은 ~ [salmuɯn ~ サㇽムン ~] ゆで卵／~ 반숙 [~ba:nsuk ~バーンスㇰ] 半熟の卵／~ 부침 [~butʃʰim ~ブチㇺ] 卵焼き／~ 후라이 [~hurai ~フライ] 目玉焼き／~을 깨다 [~ɯl k'ɛda (ケラ)ヌㇽ ッケダ] 卵を割る／~을 풀다 [~ɯl pʰulda (ケラ)ヌㇽ プㇽダ] 卵を溶く **—덮밥** [dɔp'ap トㇷ゚パㇷ゚] 名 卵どんぶり.

***계략[計略]** [ke:rjak ケーリャㇰ] 名 計略；はかりごと；トリック ¶~에 빠지다 [(ke:rja)e p'a:dʒida (ケーリャ)ゲッパージダ] 計略に陥る；わなに落ちる／~을 꾸미다 [(ke:rjag)ɯl k'umida (ケーリャ)グㇽックミダ] 計略[はかりごと]を巡らす／~에 걸려 들다 [(ke:rjag)e kɔljɔdɯlda (ケーリャ)ゲ コルリョドゥㇽダ] トリック[策略]にかかる.

계량[計量] [ke:rjaŋ ケーリャン] 名 하他 計量 ¶짐을 ~하다 [tʃimɯl ~hada チムㇽ ~ハダ] 荷物をはかる **—기** [gi ギ] 名 計量器 **—스푼** [supʰu:n スプーン] 名 計量スプーン **—컵** [kʰɔp コㇷ゚] 名 計量カップ.

계리-사[計理士] [ke:risa ケーリサ] 名 計理士.

***계모[継母]** [ke:mo ケーモ] 名 継母 ¶~ 밑에서 자란 아이 [~ mitʰesɔ tʃaran ai ~ ミッテソ チャラナイ] 継母育ちの子.

***계몽[啓蒙]** [ke:moŋ ケーモン] 名 하他 啓蒙思想 ¶대중을 ~하다 [tɛ:dʒuŋɯl ~hada テージュンウㇽ ~ハダ] 大衆を啓蒙する **—문학** [munhak ムンハㇰ] 名 啓蒙文学 **—사상** [sa:saŋ サーサン] 名 啓蒙思想 **—운동** [u:ndoŋ ウーンドン] 名 啓蒙運動 **—주의** [dʒui ジュイ] 名 啓蒙主義.

계발[啓発] [ke:bal ケーバㇽ] 名 하他 啓発 **—교육** [gjo:juk ギョーユㇰ] 名 啓発教育.

계부[継父] [ke:bu ケーブ] 名 継父.

***계산[計算]** [ke:san ケーサン] 名 하他 計算；勘定 ¶~이 맞다[틀렸다] [~i mat'a[tʰɯlljɔt'a] (ケーサ)ニ マッタ[トゥㇽリョッタ]] 計算が合う[間違っている]／~은 얼마입니까? [~ɯn ɔ:lmaimnik'a (ケーサ)ヌン オーㇽマイㇺニッカ] お勘定はいくらですか **—기** [gi ギ] 名 計算器[機] **—서** [sɔ ソ] 名 計算書；勘定書.

***계속[継続]** [ke:sok ケーソㇰ] **1** 名 継続

¶~ 비행[~ p'iheŋ ~ ピヘン] 継続飛行; 無着陸飛行 **2** 圓 (引き)続き; …し続ける ¶~ 걷다[(ke:so) k'ɔt'a ~ コーッタ] 歩き続ける **—되다**[t'weda トゥェダ] 自受動 継続する; 続く **—하다**[(ke:so)kʰada カダ] 自他 継続する; 続ける; 続く ¶연구를 ~[jɔ:ngururul ~ ヨーングルル ~] 研究を続ける.

계수[係數][ke:su ケース] 名 係数 ¶엥겔 ~[eŋgel(ge:su) エンゲル(ゲース)] エンゲル係数.

계수-나무[桂樹-][ke:sunamu ケースナム] 名 ① 〈植〉カツラ; (トンキン)肉桂ﾆ; ② 月の中に生えているというカツラの木; 月のカツラ(桂)[月桂].

*계승-하다[繼承-][ke:suŋhada ケースンハダ] 他 継承する; 受け継ぐ; 引き継ぐ ¶전통을 ~[t'jɔnthoŋul ~ チョントンウル ~] 伝統を継承する / 유지를 ~[judʒirul ~ ユジルル ~] 遺志を受け継ぐ.

계시[啓示][ke:ʃi ケーシ] 名 他 啓示; 黙示; お告げ ¶신의 ~를 받다[ʃine ~rul pat'a シネ ~ルル パッタ] 神の啓示を受ける **—록**[rok ロク] 名 〈基〉黙示録.

*계시다[ke:ʃida ケーシダ] 形 自 おられる; いらっしゃる; まします; 있다[it'a イッタ]「いる」の尊敬語 ¶선생님 계십니까?[sɔnsɛŋnim ke:ʃimnik'a ソンセンニム ケーシムニッカ] 先生いらっしゃいますか / 안 계세요[angesejo アンゲセヨ] いらっしゃいません / 서재에 ~[sɔdʒɛe ~ ソジェエ ~] 書斎にいらっしゃる / 읽고 ~[ilk'o ~ イルコ ~] 読んでいらっしゃる / 하늘에 계신 하나님[hanure ke:ʃin hananim ハヌレ ケーシン ハナニム] 天にまします神 / 안녕히 계세요[annjɔŋi ke:sejo アンニョンイ ケーセヨ] さようなら(とどまる人に対して).

계씨[季氏][ke:ʃ'i ケーッシ] 名 貴弟; 弟さん; 成年になった他人の弟の敬称.

*계약[契約][ke:jak ケーヤク] 名 他 契約; 約束すること; 契り ¶~을 맺다[(ke:jag)ul mɛt'a (ケーヤ)グル メッタ] 契約を結ぶ / ~을 위반하다[(ke:jag)ul wibanhada (ケーヤ)グル ウィバンハダ] 契約に違反する **—금[보증금]**[k'um[p'o:dʒuŋgum] クム[ポージュングム]] 名 契約金[契約保証金]; 手付け; 前渡し; 頭金 **—서**[s'ɔ ソ] 名 契約書 **—위반**[(ke:jag)- wiban (ケーヤ)ギバン] 名 契約違反 **—이행**[(ke:jag)i:hεŋ (ケーヤ)ギーヘン] 名 契約履行 **—해제**[(ke:ja)- kʰedʒe ケージェ] 名 契約解除.

계엄[戒嚴][ke:ɔm ケーオム] 名 他 戒厳 **—령**[njɔŋ ニョン] 名 戒厳令.

계열[系列][ke:jɔl ケーヨル] 名 系列 **—금융**[gumjuŋ[gumnjuŋ] グミュン[グミュニュン]] 名 系列金融 **—기업**[giɔp ギオプ] 名 系列企業 **—사[회사]**[s'a[hwe:sa] サ[フェーサ]] 名 系列社[系列会社].

계영[繼泳][ke:jɔŋ ケーヨン] 名 自他 継泳; 水泳のリレー(競技) ¶400미터 ~[sa:bεŋmi:tʰo (ge:jɔŋ) サーベンミートゥ (ゲーヨン)] 400メートルリレー.

*계원[係員][ke:wɔn ケーウォン] 名 係員; 担当者 ¶접수 ~[tʃɔps'u(ge:wɔn) チョプス(ゲーウォン)] 受付係(り).

계율[戒律][ke:jul ケーユル] 名 〈仏〉戒律 ¶~을 지키다[(ke:jur)ul tʃikʰida (ケーユ)ルル チキダ] 戒律を守る.

계인[契印][ke:in ケーイン] 名 契印; 割り印[判].

*계절[季節][ke:dʒɔl ケージョル] 名 季節 ¶독서의 ~[toks'ɔe ~ トクソエ ~] 読書の季節 / 신록의 ~[ʃilloge ~ シルロゲ ~] 新緑の季節; 若葉の時 / 결실의 ~[kjɔlʃ'ire ~ キョルシレ ~] 実りの季節.

*계제[階梯][kedʒe ケジェ] 名 ① 機会; 折 ¶~를 보아[~rul poa ~ルル ポア] 折を見て / 이 ~에[i ~e イ ~エ] これを機会に; この際に; これをきっかけに ② 階梯ﾃｲ; 順序・段階・手順.

계좌[計座][ke:dʒwa ケージュァ] 名 〈経〉口座 ¶~를 개설하다[~rul kɛsɔrhada ~ルル ケソルハダ] 口座を開く.

계주[繼走][ke:dʒu ケージュ] 名 自他 継走; リレー ¶400미터 ~[sa:bεŋmi:tʰo (ge:dʒu) サーベンミートゥ (ゲージュ)] 400メートルリレー.

*계집[ke:dʒip ケージプ] 名 ① (卑しめていう)女; おなご ¶~과 사내[~k'wa sanɛ ~クァ サネ] 女と男 ② 女房 ¶~과 서방[~k'wa sɔbaŋ ~クァ ソバン] 女房と亭主 ③ 卑しい人の妻 **—년**[(ke:dʒim) njɔn (ケージム) ニョン] 名 尼っ子 **—아이**[(ke:dʒib) ai (ケージ) バイ] 名 女の子; 女児; 娘 **—애**[(ke:dʒib)ε (ケージ)ベ] 名 '계

집아이'의 略 ¶~한테는 약하다 [~~hantʰenun jakʰada ~ハンテヌン ヤクカダ] 女の子には弱い **―자식** [tʃʻaʃik チャシク] 图 妻子·娘の俗っぽい言い方 **―종** [tʃʻoŋ チョン] 图 昔, 少女の召し使い **―질** [tʃʻil チル] 图 하自 男の浮気; (妻のある男が女遊びをすること.

계책[計策][keːtʃʻek ケーチェク] 图 計策; はかりごと; 計略 ¶~을 꾸미다 [(keːtʃʻeg)ul kʻumida (ケーチェ)グルックミダ] はかりごとを巡らす.

계천[溪川][ketʃʻon ケチョン] 图 谷川; 渓流. '개천'(開川)「どぶ·下水路」

***계층**[階層][ketʃʻɯŋ ケチュン] 图 階層 ¶지식~ [tʃiʃi(kʻetʃʻɯŋ) チシク~] 知識階層.

***계통**[系統][keːtʰoŋ ケートン] 图 系統; 筋 ¶명령 ~ [mjɔːŋnjɔŋ (geːtʰoŋ) ミョーンニョン (ゲートン)] 命令系統 / 그 ~ [kɯ ~ ク~] その(血)筋.

계피[桂皮][keːpʰi ケーピ] 图〈漢方〉桂皮; ニッケイの樹皮; シナモン.

***계획**[計畫][keːhwek ケーフェク] 图 計画 ¶경제 ~ [kjɔŋdʒe (geːhwek) キョンジェ(ゲーフェク)] 経済計画 **―하다** [(keːhwe)kʰada カダ] 他 計画する; 企てる; 企てる; もくろむ ¶사업을 ~ [saːɔbul ~ サーオブル ~] 事業を企てる **―경제** [(keːhwe) kʻjɔŋdʒe キョンジェ] 图 計画経済 **―량** [(keːhweŋ) njaŋ (ケーフェン)ニャン] 图 計画量 **―성** [sʻoŋ ソン] 图 計画性 **―안** [(keːhweg) an (ケーフェ) ガン] 图 計画案 **―적** [tʃʻok チョク] 图冠 計画的 **―표** [pʰjo ピョ] 图 計画表.

고[ko コ] 冠 (卑しめたり小さいものを指していう)それ; その ¶~녀석 [~ njɔsok ~ ニョソク] そいつ; そやつ / 겨우 ~정도냐? [kjou ~dʒoŋdonja キョウ ~ジョンドニャ] やっとその程度かね.

***고**[go コ] 助 ① …と; …とて ¶좋다~생각하다 [tʃoːtʰa~ seŋgakʰada チョーッター センガクカダ] いいと思う ② …て ¶학자~시인이다 [haktʃʻa~ ʃiinida ハクチャ~ シイニダ] 学者にして詩人である ③ …も; …でも ¶소 ― 돼지 ― 말 ― 모두 [soː~ tweːdʒi~ modu ソ~ トゥェージ~ モドゥ] 牛も豚もみんな.

***―고**[go コ] 語尾 ① …たり ¶먹~ 마시~ 하다 [mɔ(kʻo) maʃi~ hada モ(コ) マシ~ ハダ] 食べたり飲んだりする ② …て ¶싸~ 맛있다 [sʻa~ maʃitʻa ッサ~ マシッタ] 安くておいしい ③ …つ ¶쫓~ 쫓기며 [tʃʻo(kʻo) tʃʻok'imjɔ ッチョッ(コ) ッチョッキミョ] 追いつ追われつ ④ …に ¶너를 믿~ 왔다 [nɔrul mit(kʻo) watʻa ノルル ミッ(コ) ワッタ] 君を頼りに来た ⑤ ~+있다〈動作の進行〉; ~+나다〈動作の終わり〉; ~+싶다〈動作の希望〉 ¶글쓰~ 있다 [kuls'u~ itʻa クルッス~ イッタ] 文を書いている / 울~ 나니 [uːl~ nani ウール~ ナニ] 泣いてしまったら / 울~ 싶다 [uːl~ ʃiptʻa ウール~ シプタ] 泣きたい.

고가[高架][koga コガ] 图 高架 ¶~사다리 [~ sadari ~ サダリ] 高架はしご **―도로** [doːro ドーロ] 图 高架道路 **―전차** [dʒɔːntʃʻa ジョーンチャ] 图 高架電車 **―철도** [tʃʻolto チョルト] 图 高架鉄道.

고가[高價][kokʻa コカ] 图 高価 ¶~품 [~pʰum ~プム] 高価品.

고갈[枯渇][kogal コガル] 图 하自 枯渇 ¶인재의 ~ [indʒɛe ~ インジェエ ~] 人材の枯渇 **―되다** [dweda ドゥェダ] 自 枯渇する; 枯れる.

***고개**[1][kogɛ コゲ] 图 峠; 坂 ¶~를 넘다 [~rul nomtʻa ~ルル ノムタ] 峠を越える / 50~를 바라보다 [oːʃip (kʻogɛ) rul paraboda オーシプ~ルル パラボダ] 50の坂にさしかかる **―너머** [nomɔ ノモ] 图 峠の向こう **―턱** [tʰok トク] 图 峠の頂 ¶고개 중턱 [kogɛ dʒuŋtʰok コゲ ジュントク] 峠の中ほどの坂道 **―티** [tʰi ティ] 图 峠の坂道 **고갯-길** [kogɛtkʻil コゲッキル] 图 坂道; 峠道 **고갯-마루** [kogɛnmaru コゲンマル] 图 山や峠などの頂 ¶~의 찻집 [~e tʃʻatʃʻip ~エ チャッチプ] 峠の茶屋.

***고개**[2][kogɛ コゲ] 图颌 首; 頭; 顔; うなじ ¶~를 떨구다 [~rul tʻolguda ~ルル ットルグダ] うなだれる / ~를 끄덕이다 [~rul kʻɯdogida ~ルル ックドギダ] 首[頭]を縦に振る; うなずく / ~를 돌리다 [~rul tollida ~ルル トルリダ] 顔をそむける; そっぽを向く / ~가 수그러지다 [~ga sugɯ rodʒida ~ガ スグロジダ] (敬服して)頭が下がる / ~를 들다 [~rul tulda ~ルル トゥルダ] 頭をもたげる; 勢力をもり上げる / ~ 숙이다 [~ sugida ~ スギダ] 頭を下げる; おじぎをする; 屈服

する; 物価が下がる / ～를 젓다[~-rul tʃɔ:t'a ～ルル チョッタ] 頭を横に振る; 反対・拒絶・否定の意を示す / ～ 하나 까딱하지 않는다[~ hana k'at'akʰadʒi annunda ～ ハナ カッタクカジ アンヌンダ] びくともしない; ちっとも驚かない **고갯-장단**(長短) [kogetʃ'aŋdan コゲッチャンダン] 图 頭を動かしてとる拍子 ¶ ～을 맞추며[~ɯl matʃʰumjə ～-(チャング) ヌル マッチュミョ] 頭で拍子をとりながら

고 갯-짓 [kogetʃ'it コゲッチッ] 图 하画 頭を振ったりうなずいたりする動作 ¶ ～으로 뜻을 나타내다[~-(tʃ'is)ɯro t'ɯsɯl natʰanɛda ～-(チ)スロットゥスル ナタネダ] 首を動かして意を表わす.

고객[顧客] [kogɛk コゲク] 图 顧客; お客; 常客 ¶ ～을 소중히 하다[(kogɛg)ul so:dʒuŋi hada (コゲグル ソージュンイ ハダ] 常客を大切にする.

고-건 [kogən コゴン] 代 それは; そいつは; =고것은[kogəsɯn コゴスン]の略 ¶ ～ 못쓰겠다[~ mo:s'ɯget'a ～ モーッスゲッタ] それは[そいつは]役に立たない.

고-걸 [kogəl コゴル] 代 それを; そいつを; =고것을[kogəsɯl コゴスル]の略 ¶ ～ 그냥 둘 수는 없다[~ kɯnjaŋ tul s'unɯn ɔ:pt'a ～ クニャン トゥルッスヌン オープタ] それ[そいつ]をこのままにはおけない.

고걸-로 [kogəllo コゴルロ] 代 それで; 고것으로[kogəsuro コゴスロ]の略 ¶ ～는 생활비도 안 된다[~nɯn sɛŋhwalbido andwenda ～ロヌン センファルビド アンドゥェンダ] それっぽちでは生活費にも足りない.

고-것[kogət コゴッ] 代 それ; そいつ; 그것[kɯgət クゴッ]を見くびるか, またはかわいがって言う語 ¶ ～도 모르더니?[(kogə)t'o morudani ～ト モルダニ] それも知らないとは / ～ 참 예쁘다[~ tʃʰam je:p'uda ～ チャム イェープダ] あいつほんとにかわいいね.

고-게 [koge コゲ] 代 それが; そいつが; 고것이[kogəi コゴシ]の略 ¶ ～ 뭘 안다고[~ mwəl a:ndago ～ ムォーランダゴ] そいつが何を知っているって / ～ 뭐야[~ mwə:ja ～ ムォーヤ] なあんだ, それ[それっぽち].

고고-학[考古學] [ko:gohak コーゴハク] 图 考古学 ¶ ～자[~tʃ'a ～チャ] 考古学者.

고관[高官] [kogwan コグァン] 图 高官; 顯官; 顯職 **—대작**(大爵) [dɛ:dʒakデージャク] 图 地位が高く立派な職.

*고교[高校] [kogjo コギョ] 图 高校 ¶ ～생[~sɛŋ ～セン] 高校生.

*고구려[高句麗] [kogurjə コグリョ] 高句麗려:(新羅니:·百濟제:とともに韓国・朝鮮古代三国時代の一国(B.C.37～A.D.668)).

*고구마[ko:guma コーグマ] 图 〈植〉サツマイモ **—덩굴** [dəŋgul ドングル] 图 〈植〉サツマイモのつる.

*고국[故國] [ko:guk コーグク] 图 故国; 母国 ¶ ～ 산천 ～ s'antʃʰɔn ～ サンチョン] 故国山河; 故国の風景.

고군[孤軍] [kogun コグン] 图 孤軍 **—분투** [bu:ntʰu ブーントゥ] 图 하自 孤軍奮闘. 「故宮.

고궁[古宮・故宮] [ko:guŋ コーグン] 图

고귀[高貴] [kogwi コグィ] 图 하形 高貴 ¶ ～하신 분[~haʃin pun ～ハシン ブン] 高貴な方; 尊いお方.

*고금[古今] [ko:gum コーグム] 图 古今 ¶ 동서 ～[toŋsə (go:gum) トンソ (ゴーグム)] 東西古今.

*고급[高級] [kogɯp コグプ] 图 高級.

*고기¹ [kogi コギ] 图 ① (食用の) 肉 ¶ 쇠[돼지] ～[swe:[twe:dʒi] (gogi) スェー[トゥェージ](ゴギ)] 牛肉[豚肉] ② 魚 = 물고기[mulk'ogi ムルコギ]の略 **—구이** [gui グイ] 图 牛肉・豚肉の焼き肉 **—밥** [bap バプ] 图 魚に与えるえさ; 釣餌낚2" = 미끼[mik'i ミッキ] **—잡이** [dʒabi ジャビ] 图 하自 漁労; 漁師 **～ 배** [~ bɛ ～ ベ] 漁船 **고깃-간** [kogitk'an コギッカン] 图 肉屋 **고깃-국** [kogitk'uk コギックク] 图 肉汁 **고깃-덩이** [덩어리] [kogit'əŋi[t'əŋəri] コギットンイ[トンオリ]] 图 (動物の) 肉の塊; 太った人・でぶ; 肉体 **고깃-배** [kogitp'ɛ コギッペ] 图 漁船 **고깃-점** [kogitʃ'əm コギッチョム] 图 肉片.

고기² [kogi コギ] 1 代 そこ ¶ ～가 나쁘다[~ga nap'uda ～ガ ナップダ] そこが悪い 2 副 そこに ¶ ～ 서라[~ sora ～ ソラ] そこに止まれ.

고-기압[高氣壓] [kogiap コギアプ] 图 高気圧 ¶ 이동성 ～[idoŋsəŋ (gogiap) イトンソン (ゴギアプ)] 移動性高気圧.

고-까지로 [kok'adʒiro コッカジロ] 副 たったそれくらい(だけ)で ¶ ～ 할 바에는 그만둬라 [～hal p'aenɯn kɯmandwɔra ～ハル パエヌン クマンドゥォラ] たったそれくらいするなら止めてしまえ.

고-까짓 [kok'adʒit コッカジッ] 冠 それしきの ¶ ～것 가지고 뭘 그래 [～-k'ɔt k'adʒigo mwɔːl kɯrɛ ～ コッカジゴ ムォール クレ] それしきのことでなんたるざまだ.

고깔 [kok'al コッカル] 名 僧侶や尼僧の山形のかぶりもの.

고깝다 [kok'apt'a コッカプタ] 形 [ㅂ変] うらめしい; つれない; 薄情な感がある ¶ 고깝게 생각지 마세요 [kok'apk'e sɛŋgaktʃ'i maːsejo コッカプケ センガクチ マーセヨ] つれないと思わないでください.

고꾸라-지다 [kok'uradʒida コックラジダ] 自 ① 前に[うつむけに]倒れる; (つん)のめる; ばったり倒れる ¶ 앞으로 ～[apʰɯro ～ アプロ ～] 前にのめる; 前の方へつんのめる ② くたばる; 俗 死ぬ ¶ 악당이 ～-졌다 [akt'aŋi ～-dʒɔt'a アクタンイ ～-ジョッタ] 悪党がくたばった **고꾸라-뜨리다** [kok'uratʼɯrida コックラットゥリダ] 他 ① 打ち倒す; 前にぶっ倒す; のめす; つんのめさせる ¶ 라이벌을 일격에 ～ [raibɔrɯl ilgjɔge ～ ライボルル イルギョゲ ～] ライバルを一撃で打ちのめす.

고난 [苦難] [konan コナン] 名 苦難 ¶ ～을 견디다 [～ɯl kjɔndida (コナ)ヌル キョンディダ] 苦難に耐える.

고뇌 [苦惱] [konwe コヌェ] 名 (하)自他 苦悩 ¶ ～를 이겨내다 [～rɯl igjɔnɛda ～ルル イギョネダ] 悩みを耐え抜く.

***-고는** [gonɯn ゴヌン] [語尾] …(し)ては; …では; '-고'의 強調語 ¶ 마시～ 싫지만 참다 [maʃi～ ʃiptʃ'iman tʃʰaːmt'a マシ～ シプチマン チャームタ] (本当のところ酒が)飲みたいが我慢する.

고니 [koni コニ] 名 〈鳥〉白鳥; スワン.

***고다** [koːda コーダ] 他 ① (肉などを)煮込む ¶ 고기를 ～ [kogirɯl ～ コギル ～] 肉が溶けるまで煮る ② エキスになるまで煮詰める ③ 焼酎をつくる.

***고단-하다** [kodanhada コダンハダ] 形 [여変] 疲れる; くたびれる; 疲れてだるい.

***고달프다** [kodalpʰɯda コダルプダ] 形 [으変] ひどく疲れてだるい; つらい; きつい ¶ 고달픈 인생 [kodalpʰɯn insɛŋ コダルプン インセン] つらい人生 **고달파-지다** [kodalpʰadʒida コダルパジダ] 自 疲れ切ってだるくなる; 疲れて苦しくなる **고달파-하다** [kodalpʰahada コダルパハダ] 他 つらがる.

***고대** [古代] [koːdɛ コーデ] 名 古代 **—국가** [guk'a グクカ] 名 古代国家 **—사** [sa サ] 名 古代史 **—소설** [soːsɔl ソーソル] 名 古代小説.

***고대** [苦待] [kodɛ コデ] 名 (하)他 待ちこがれること ¶ 학수 (鶴首) ～하다 [haksʼu (godɛ)hada ハクス (ゴデ)ハダ] 首を長くして待ちこがれる.

고-대로 [kodɛro コデロ] 副 変わらずそのまま(に); そっくり ¶ 옛날 ～ 남아 있다 [jeːnnal ～ nama itʼa イェーンナル ～ ナマ イッタ] 相変わらず昔のまま残っている.

***고도** [孤島] [kodo コド] 名 孤島 ¶ 절해의 ～ [tʃʰɔrhɛe ～ チョルヘエ ～] 絶海の孤島.

***고도** [高度] [kodo コド] 名 高度 ¶ ～를 높이다 [～rɯl nopʰida ～ルル ノピダ] 高度を上げる / ～의 기술 [～e kisul ～エ キスル] 高度の技術 **—계** [ge ゲ] 名 高度計 **—성장** [sɔŋdʒaŋ ソンジャン] 名 高度成長 **—자본주의** [dʒabondʒui ジャボンジュイ] 名 高度資本主義 **—화** [hwa ファ] 名 (하)自他 高度化.

***고독** [孤獨] [kodok コドク] 名 孤独 ¶ ～감 [(kodo)k'am ～カム] 孤独感 **—하다** [(kodo)kʰada カダ] 形 孤独だ; 寂しい ¶ ～하게 살다 [～-kʰage saːlda ～-カゲ サールダ] 寂しく暮らす / ～-한 노인 [(kodo)kʰan noːin ～-カン ノーイン] 孤独な老人 **—히** [(kodo)kʰi キ] 副 孤独に; 寂しく.

고동 [kodoŋ コドン] 名 ① 汽笛; サイレン ¶ 배가 ～을 울리다 [pɛga ～ɯl ullida ペガ ～ウル ウルリダ] 船が汽笛を鳴らす ② 栓; ねじ; スイッチ ¶ ～을 틀다 [～ɯl tʰɯlda ～ウル トゥルダ] ねじをまわす; (ガス・水道の栓をあける[締める]; 汽笛を鳴らす; 慣 (物事の)要点をつかむ.

고동 [鼓動] [kodoŋ コドン] 名 (하)自他 鼓動 ¶ 심장의 ～ [ʃimdʒaŋe ～ シムジャンエ ～] 心臓の鼓動 **—치다**

[tʃhida チダ] 自 (心臟が)鼓動する.

***고되다** [kodweda コドゥェダ] 形 (仕事などが)手に余る; つらい; 耐えがたい ¶고된 일[kodwen niːl コドゥェンニール] 手に余る仕事; 苦しい仕事.

고둥 [koduŋ コドゥン] 名 〈貝〉 サザエ・タニシなどの巻き貝の総称.

고드름 [kodɯrum コドゥルム] 名 つらら; 氷柱.

고들-빼기 [kodɯlpʼɛgi コドゥルッペギ] 名 〈植〉 イヌヤクシソウ(キク科の2年草); 苦菜(「苦菜キムチ」の蔬菜名).

***고등** [高等] [koduŋ コドゥン] 名 하形 高等 **—검찰청** [gɔːmtʃhaltʃhɔŋ ゴームチャルチョン] 名 高等検察庁 **—교육** [gjoːjuk ギョーユク] 名 高等教育 **—법원** (法院) [bɔbwɔn ボブォン] 名 高等裁判所 **—판무관** [phanmugwan パンムグァン] 名 高等弁務官 **—학교** [hakʼjo ハクキョ] 名 高等学校.

***고등어** [koduŋo コドゥンオ] 名 〈魚〉 サバ(鯖) ¶자반(佐飯)~ [ʦaːban (goduŋo) チャーバン (ゴドゥンオ)] 塩サバ.

고딕 [kodik コディク] Gothic 名 ゴシック; ゴチック ¶~ 활자[(kodi) khwalʦʼa ~クァルチャ] ゴシック活字 **—건축** [(kodi) kʼɔːntʃhuk コーンチュク] 名 ゴシック建築 **—체** [tʃhɛ チェ] 名 ゴシック体 「ロ(牙獐).

고라니 [korani コラニ] 名 〈動〉 キバノ

고락 [苦樂] [korak コラク] 名 苦楽 ¶~을 같이하다 [(korag) ul katʃhihada (コラ)グル カチハダ] 苦楽を共にする.

고란-초 [皐蘭草] [korantʃho コランチョ] 名 〈植〉 ミツデウラボシ(三つ手裏星).

고랑 [koraŋ コラン] 名 畝(間) ¶밭~에 거름을 주다 [pat (kʼoraŋ) e kɔrumul tʃuda パッ~エ コルムル チュダ] 畝に肥やしをやる **—창** [tʃhaŋ チャン] 名 狭くて深い畝間.

***고래** [korɛ コレ] 名 ① 〈動〉 クジラ(鯨) ② 俗 大酒飲み ¶~ = [sul(gorɛ) ~ スル(ゴレ) ~] 飲んべえ **—잡이** [dʒabi ジャビ] 名 하自 捕鯨 ¶~배 [~ bɛ ~ ベ] 捕鯨船.

고래-고래 [korɛgorɛ コレゴレ] 副 大声でわめき立てるさま ¶~ 고함지르다 [~ kohamdʒiruda ~ コハムジルダ] 大声でわめき立てる.

고랭지-농업 [高冷地農業] [koreŋdʒinoŋɔp コレンジノンオプ] 名 高冷地農業.

고러다(가) [korɔda(ga) コロダ(ガ)] 副 そのようにしては; そんなことしては ¶~ 큰일나지 [~ khunilladʒi ~ クニルラジ] そんなことしては大変なことになるんだ.

고럴다 [korɔtʃha コロッタ] 形 ㅎ変 そうだ; そのとおりだ ¶~니까 [~nikʼa ~ニッカ] そうだとも.

*고려 [考慮] [korjɔ コリョ] 名 하他 考慮 ¶~할 여지가 있다 [~hal ljɔdʒiga itʼa ~ハル リョジガ イッタ] 考慮の余地がある.

*고려 [高麗] [korjɔ コリョ] 名 〈史〉 韓国・朝鮮中世の王朝(918~1392年);高麗 —コマ **—대장경** (大藏經) [dɛːdʒaŋgjɔŋ デージャンギョン] 名 高麗時代に仏教の三蔵を漢訳したもの **—자기** [dʒaːgi ジャーギ] 名 高麗磁器 **—장** (葬) [dʒaŋ ジャン] 名 ① 老衰者を山の墓室に捨てて死後そのまま葬った高句麗時代の風俗[日本の姥捨山の伝説]; 生きたまま人を葬ること ② 大きな土墳の俗称 **—청자** [tʃhɔŋdʒa チョンジャ] 名 高麗青磁; 象嵌青磁.

고려-인삼 [高麗人蔘] [korjɔinsam コリョインサム] 名 韓国・朝鮮開城産の高麗人参の商品名; 韓国・朝鮮産人参の通称, 人参(ginseng).

고령 [高齢] [korjɔŋ コリョン] 名 高齢; 年寄り **—자** [dʒa ジャ] 名 高齢者 **—화 사회** [hwa sahwe ファ サフェ] 名 高齢化社会.

고령-토 [高嶺土] [korjɔŋtho コリョントー] 名 〈鉱〉 陶磁器の原料になる土; 陶土; カオリン.

*고로 [故―] [koro コロ] 副 ゆえに; ために; =그러므로 [kɯrɔmuro クロムロ] ~ [kurɔn (goro) ~ クロン (ゴロ) ~] それゆえに.

고로쇠-나무 [koroswenamu コロスェナム] 名 〈植〉 イタヤカエデ; トキワカエデ; ツタモミジ(カエデ科の落葉高木).

*고루 [koru コル] 副 おしなべて; 等しく; 平等に; 同じく ¶~ 분배하다 [~ punbɛhada ~ プンペハダ] 平等に分配する **—고루** [goru ゴル] 副 (みんなに)等しく='골고루' ¶~ 나누다 [~ nanuda ~ ナヌダ] 等しく分ける / ~ 칠하다 [~ tʃhirhada ~ チルハダ] (ペンキを)むらなく[満遍なく]塗る.

*고르다[1] [koruda コルダ] 他 르変 ① 選ぶ; 選択する; よ[え]り分ける ¶물건을 ~[mulgɔnul ~ ムルゴヌル ~]

고르다²

品物を選ぶ ② さがす; 見立てる ¶신랑감을 ~ [ʃillaŋk'amul シルランカムル ~] 婿にふさわしい人をさがす.

*고르다² [koruda コルダ] **1** 他 [르変] ならす; 水平にする ¶땅을 ~ [t'aŋul ッタンウル ~] 地をならす **2** 形 [르変] 均一だ; 均等だ ¶성적이 ~ [sɔŋdʒɔgi ソンジョギ ~] 成績が均等である; 成績にむらがない.

*고름 [korum コルム] 名 うみ; 膿汁 ¶~을 짜내다 [~ul tʃ'anɛda (コルムル) ッチャネダ] うみをしぼり出す **—집** [tʃ'ip チプ] 名 化膿してうみがたまったところ.

고리 [kori コリ] 名 輪; 環; リングなどのもの; 取っ手 ¶문~ [mun (k'ori) ムン~] 取っ手; 引き手.

고리 [高利] [kori コリ] 名 高利 **—대금** (貸金) [dɛːgum テーグム] 名 ① 利子の高い貸し金 ② 高利貸し ¶—업(자) [~ɔp(tʃ'a) (コリデーグ) モプ(チャ)] 高利貸し業 [高利貸し] **—채** (債) [tʃʰɛ チェ] 名 高利の借金.

고리다 [korida コリダ] 形 ① 臭い; (足指の間のくさみのように)いやなにおいがする; 腐ったような悪臭がする ② (することや考えなどが)けち臭い; 汚い; 卑劣でみにくい.

고리타분-하다 [korithabunhada コリタブンハダ] 形 [여変] ① 偏狭で古くさい; 陳腐だ ¶~한 생각 [~-han sɛŋgak ~ハン センガク] 偏狭で古くさい考え ② 腐ったにおいがして不快だ.

고리탑탑-하다 [korithapthaphada コリタプタプハダ] 形 [여変] ① あまりにも古くさくてつまらない; ひどくせせこましい ② いやなにおいがして非常に不快だ.

고리-짝 [koritʃ'ak コリッチャク] 名 行李 (竹・柳などで編んだ物入れ).

고린-내 [korinnɛ コリンネ] 名 ① (足から出る)臭気で不快なにおい ② (物の)腐ったにおい.

고릴라 [gorilla ゴリルラ] gorilla 名 〈動〉ゴリラ.

*고립 [孤立] [korip コリプ] 名 [하自] 孤立 ¶~된 지역 [~t'wen tʃijɔk ~トゥェン チヨク] 孤立した地域.

고릿-적 [koritʃ'ɔk コリッチョク] 名 ずっと昔; ひと昔 ¶~ 이야기는 듣기 싫다 [(koritʃ'ɔg) ijaginun tuɯk'i ʃiltʰa (コリッチョ) ギヤギヌン トゥッキ シルタ] ひと昔の話なんか聞きたくない.

고마움 [koːmaum コーマウム] 名 ありがたみ; ありがたさ ¶부모님의 ~ [pumonime ~ プモニメ ~] 親のありがたさ.

고마워-하다 [koːmawɔhada コーマウォハダ] 他 ありがたがる; ありがたく思う ¶사소한 일에도 ~ [sasohan niːrɛdo ~ サソハン ニーレド ~] ちょっとしたことでもありがたがる. 「〈貝〉.

고막 [komak コマク] 名 〈貝〉ハイガイ

고막 [鼓膜] [komak コマク] 名 〈生〉鼓膜 **—염** [(komaŋ) njɔm (コマン) ニョム] 名 〈医〉鼓膜炎.

고만¹ [koman コマン] 冠 それくらい[ほど]の; それしきの; = 고만한 [komanhan コマンハン]の略. <그만 [kɯman クマン] ¶~ 일에 성내다니 [~ niːrɛ sɔːŋnɛdani ~ ニーレ ソーンネダニ] それくらいのことで怒っては.

*고만² [koman コマン] **1** 副 ① それくらいで; その程度で ¶이제 ~해라 [idʒe ~hera イジェ ~ヘラ] もうそれくらいでやめなさい ② そのまま; これで; もう. <그만 [kɯman クマン] ¶바쁘니 ~ 가야겠소 [pap'uni ~ kajages'o パップニ ~ カヤゲッソ] 忙しいからこれでおいとまします **2** 名 ① 満足; 充分 ¶돈만 있으면 ~이다 [toːnman is'ɯmjɔn ~ida トーンマン イッスミョン (コマン)ニダ] 金さえ持っていればそれで充分だ ② 一番; 最上 ¶며느릿감으로는 ~이야 [mjɔnɯritk'amɯronun ~ija ニョヌリッカムロヌン (コマ)ニヤ] 嫁候補としては一番だよ.

-고만 [goman ゴマン] 語尾 …(し)だけ, …(し)てばかり ¶보~ 있다 [poː~ it'a ポー イッタ] 見ているだけだ / 웃~ 있다 [uː(k'oman) it'a ウーッ(コマン) イッタ] 笑ってばかりいる.

고만 [高慢] [koman コマン] 名 [하形] 高慢 ¶~한 태도 [~han tʰɛːdo ~ハン テード] 高慢な態度.

고만고만-하다 [komangomanhada コマンゴマンハダ] 形 [여変] 似たり寄ったりだ; まあまあ[そこそこ]だ ¶키가 모두 ~ [kʰiga modu ~ キガ モドゥ ~] 背丈が皆似たり寄ったりだ.

*고만-두다 [komanduda コマンドゥダ] 他 やめる; 中止する ¶회사를 ~ [hweːsarul ~ フェーサルル ~] 会社を辞める.

*고만-하다 [komanhada コマンハダ] 形 [여変] それくらいだ; まあまあ[そこそ

こ]だ; 同じ程度だ ¶길이는 ~[kirinun ~ キリヌン ~] 長さはそれくらいだ.

-고-말고 [gomalgo ゴマルゴ] 語尾 …(だ)とも ¶물론 가-요[mullon ka~jo ムルロン カ~ヨ] もちろん行きますとも/아, 좋~[a, tʃo:(kʰomalgo) ア, チョー(コマルゴ)] ああ, いいですとも.

고맘-때 [komamt'ɛ コマムッテ] 名 (ちょうど)そのころ[時] ¶어제 ~[ɔdʒe ~ オジェ ~] 昨日のそのころ.

*__고맙다__ [ko:mapt'a コーマプタ] 形 ㅂ変 ありがたい; 感謝する ¶정말 ~[tʃɔ:ŋmal ~ チョーンマル ~] どうもありがとう/대단히 고맙습니다[tɛdani ko:maps'umnida テーダニ コーマプスムニダ] どうもありがとうございます/고마운 말씀[ko:maun ma:ls'um コーマウン マールッスム] ありがたいお言葉 **고마이 [고맙게]** [ko:mai[ko:mapk'e] コーマイ[コーマプケ]] 副 ありがたく ¶~여기다[~ jɔgida ~ ヨギダ] ありがたく思う.

고명-딸 [komjɔŋt'al コミョンッタル] 名 息子の多い家の1人娘.

*__고모__ [姑母] [komo コモ] 名 おば(父の姉妹) ¶우리 ~는[uri ~nun ウリ ~ヌン] 私のおばは/~님[~nim ~ニム] おば様 **—부(夫)** [bu ブ] 名 おじ('고모'の夫) ¶~님[~nim ~ニム] おじ様.

고목 [古木] [ko:mok コーモク] 名 古木.

고목 [枯木] [komok コモク] 名 枯れ木.

고무 [鼓舞] [komu コム] 名 하他 鼓舞 ¶사기를 ~하다[sa:girul ~hada サーギルル ~ハダ] 士気を鼓舞する **—적** [dʒɔk ジョク] 名 冠 勇気づけるような ¶매우 ~이다[mɛu ~-(dʒɔg)ida メウ ~-(ジョグ)イダ] 大変勇気づける[とても励みになる]ものだ.

*__고무__ [gomu ゴム] 名 ゴム **—공** [goŋ ゴン] 名 ゴムまり **—다리** [dari ダリ] 名 ゴム義足 **—도장** [dodʒaŋ ドジャン] 名 ゴム印 **—마개** [magɛ マゲ] 名 ゴム栓 **—밴드** [bɛndu ベンドゥ] 名 ゴムバンド **—신** [jin シン] 名 ゴム靴 **—장갑** [dʒa:ŋgap ジャーンガプ] 名 ゴム手袋 **—장화** [dʒaŋhwa ジャンファ] 名 ゴム長 **—줄** [dʒul ジュル] 名 ゴム紐 ¶~놀이[~rori ~ロリ] ゴム飛び; ゴム段 **—지우개** [dʒiugɛ ジウゲ] 名 消しゴム **—총** [tʃʰoŋ チョン] 名 ゴム銃; パチンコ **—풍선** [pʰuŋsɔn プンソン] 名 ゴム風船.

고무락-거리다 [komurak'ɔrida コムラクコリダ] 自他 ① 体をしきりにもぞもぞ動かす ¶발가락을 ~[palk'aragul ~ パルカラグル ~] 足の指をもぞもぞ動かす ② ぐずぐずする.

고문 [古文] [ko:mun コームン] 名 古文 ¶~ 독해[~ dokʰe ~ ドクヘ] 古文読解; 古文読み **—서** [sɔ ソ] 名 古文書 **—헌** [hɔn ホン] 名 古文献.

고문 [拷問] [komun コムン] 名 하他 拷問; 責め ¶~ 당하다[~ daŋhada ~ ダンハダ] 拷問を受ける/용의자를 ~하다[joŋidʒarul ~hada ヨンイジャルル ~ハダ] 容疑者を拷問する[拷問にかける] **—치사** [tʃʰi:sa チーサ] 名 하他 拷問致死.

고문 [顧問] [komun コムン] 名 顧問 ¶~ 변호사[~ bjɔ:nhosa ~ ビョーンホサ] 顧問弁護士 **—역** [njɔk ニョク] 名 顧問役.

고물 [komul コムル] 名 (もちや団子などに用いる)まぶし粉 ¶~을 묻히다[kʰoŋ(k'omur)ul mutʃʰida コン(コム)ルル ムッチダ] きな粉をまぶす.

고물 [古物] [ko:mul コームル] 名 古物; 古品; ぼろ ¶~차[~tʃʰa ~チャ] ぼろ車, ぽんこつ車 **—단지** [t'andʒi タンジ] 名 (嘲笑ちょうして)時代遅れの人間 **—상** [s'aŋ サン] 名 古物商; 古物屋.

고물-거리다 [komulgɔrida コムルゴリダ] 自他 体をもぞもぞ動かす; もたもた・ぐずぐずする; = '꾸물거리다' ¶궁둥이를 ~[kuŋduŋirul ~ クンドゥンイルル ~] 尻りをもぞもぞ動かす/무엇을 시켜도 ~[muɔsul ʃikʰjɔdo ~ ムオスル シキョド ~] 何をやらせてももたもたしている/벌레가 ~[pɔllega ~ ポルレガ ~] 虫がもぞもぞと動く.

*__고민__ [苦悶] [komin コミン] 名 하自 苦悶くもん; 悩み ¶마음의 ~(거리)[ma:ume ~(k'ɔri) マウメ ~(コリ)] 心の悩み(の種) /가정 불화로 ~하다[kadʒɔŋ burhwaro ~hada カジョン ブルファロ ~ハダ] 家庭の不和に悩む.

고발 [告發] [ko:bal コーバル] 名 하他 告発 ¶교통 위반으로 ~당하다[kjɔ:tʰoŋwibanuro ~daŋhada キョトンウィバヌロ ~ダンハダ] 交通違反で告発される **—정신** [dʒɔŋʃin ジョンシン] 名 告発精神.

고배 [苦杯] [kobɛ コベ] 名 苦杯 ¶낙선의 ~를 마시다[naks'ɔne ~rul

maʃida ナクソネ ~ルル マシダ] 落選の苦杯をなめる.

***고백**[告白][ko:bɛk コーペク] 名 하他 告白; 打ち明けること ¶사랑의 ~ [saraŋe ~ サラŋエ ~] 愛の告白 / 죄를 ~하다[tʃwe:rɯl (ko:bɛ)kʰada チュェールル ~カダ] 罪を告白する / 잘못을 ~하다[tʃalmosɯl (ko:bɛ)kʰada チャルモスル ~カダ] 過ちを打ち明ける.

고별[告別][ko:bjəl コービョル] 名 告別 **—하다**[(ko:bjər) hada ハダ] 自 告別する; 別れを告げる; いとまごいをする **—사**[sʼa サ] 名 告別の辞. 「古書.

고본[古本][ko:bon コーポン] 名 古本;

고부[姑婦][kobu コブ] 名 姑と嫁 **—간**[gan ガン] 名 姑と嫁の折り合い [間柄] ¶~의 말다툼 [~e ma:ldatʰum ~エ マールダトゥム] 姑と嫁のいさかい.

***고부라-**[kobura コブラ] **—들다**[dɯlda ドゥルダ] 自 ㄹ語幹] 内側に曲がる **—뜨리다**[tʼɯrida ットゥリダ] 他 ひん曲げる ¶안쪽으로 ~ [antsʼoɡɯro ~ アンッチョグロ ~] 内側に曲げる **—지다**[dʒida ジダ] 自 (内側または一方に)曲がる ¶~-진 길 [~-dʒin kil ~ジン キル] 曲がった道 / 허리가 ~ [həriga ~ ホリガ ~] 腰が曲がる.

고부랑-하다[koburaŋhada コブランハダ] 形 여変] 少し折れ曲がっている.

고부리다[koburida コブリダ] 他 (内側または一方に)折り曲げる. く'구부리다' 몸을 ~ [momɯl ~ モムル ~] 体を折り曲げる.

고부장-하다[kobudʒaŋhada コブジャンハダ] 形 여変] ① やや曲がっている; ややたわんでいる. く'구부정하다' ② 少しひがんでいる; (心が少しひねくれて[ゆがんで]いる ¶속이 ~-한 사람 [so:ɡi ~-han sa:ram ソーギ ~-ハン サーラム] 心のゆがんだ人.

***고분**[古墳][ko:bun コーブン] 名 古墳 ¶~의 발굴 조사 [~e palɡul dʒosa (コープ)ネ パルグル ジョサ] 古墳の発掘調査.

고분-고분[kobuŋɡobun コブンゴブン] 副 素直に; 従順に ¶말을 ~ 잘 듣는다 [ma:rɯl ~ tʃal dɯnnɯnda マールル ~ チャル ドゥンヌンダ] いいつけを素直によくきく **—하다**[hada ハダ] 形 人の言いなりになる; 素直だ; 従順だ ¶~-한 태도 [~-han tʰɛ:do ~-ハン

テード] 素直な態度 **—히**[i (コブンゴブ)ニ] 副 素直に; 従順に.

***고비**¹[kobi コビ] 名 やま; 峠; 盛り; 瀬戸際 ¶병이 ~를 넘기다[pjə:ŋi ~-rɯl nəmɡida ピョーŋイ ~ルル ノムギダ] 病気が峠を越す / 꽃철은 지금이 ~다 [pʼotkʼotʃʰɯn tʃiɡumi ~-da ポッコチュン チグミ ~ダ] 桜は今が盛りだ / 생사의 ~에 서다 [seŋsae ~-e səda センサエ ~エ ソダ] 生死の瀬戸際に立つ.

고비²[kobi コビ] 名 〈植〉ゼンマイ(薇) **—나물**[namul ナムル] 名 ゼンマイの浸し[あえもの].

고삐[kopʼi コッピ] 名 手綱 ¶~를 당기다[죄다] [~rɯl taŋɡida(tʃwe:da) ~ルル タンギダ(チュェーダ)] 手綱を引く[締める] / ~를 늦추다 [~rɯl nɯtʃʰuda ~ルル ヌッチュダ] 手綱を緩める; 緊張や見張りの目を緩める.

고사[考査][ko:sa コーサ] 名 하他 考査; 試験 ¶기말 [kimal(ɡo:sa) キマル(ゴーサ)] 期末考査 / 학력 ~ [haŋnjə(kʼo:sa) ハンニョㇰ~] 学力試験 **—장**[dʒaŋ ジャン] 名 試験場.

고사[告祀][ko:sa コーサ] 名 하自他 厄運を祓い幸運を神霊に祈る祭祀 ¶~지내다 [~-dʒinɛda ~ジネダ] 自 供え物[もち・酒・干したスケトウダラなど]を供えて祈願の祭祀を執り行なう **—떡** [tʼək ットㇰ] 名 '고사'に供えるもち.

***고사리**[kosari コサリ] 名 〈植〉ワラビ ¶~ 나물[~ namul ~ ナムル] ワラビ[ゼンマイ]のあえもの / ~ 같은 손 [~ ɡatʰɯn son ~ ガトゥン ソン] ワラビのような手; 赤ちゃんのかわいい紅葉のような手.

***고사-하고**[姑捨—][kosahaɡo コサハゴ] 副 …おろか; …どころか; …さておき ¶집은 ~ 땅까지 잃다[tʃibun ~ tʼaŋkʼadʒi iltʰa チブン ~ ッタンッカジ イルタ] 家はおろか土地まで失う / 네 사람은 ~ 한 사람도 안 왔다 [ne: saramun ~ han saramdo anwatʼa ネー サラムン ~ ハン サラムド アヌァッタ] 4人どころか1人も来なかった.

고산[高山][kosan コサン] 名 高山 **—기후**[ɡihu ギフ] 名 高山気候 **—병** [pʼjəŋ ピョン] 名 高山病 **—식물** [ʃinmul シンムル] 名 高山植物.

***고상-하다**[高尙—][kosaŋhada コサンハダ] 形 高尚だ; 上品だ ¶~-한 취

미 [~-han tɕʰwi:mi ～-ハン チュイーミ] 高尚な趣味.
고-새 [kosɛ コセ] 名 副 その間; その後; **고사이** [kosai コサイ] の略. <'그새' ¶～ 가버렸다 [~ ka bɔrjɔt'a ～ カボリョッタ] その間に行ってしまった.
고색-창연 [古色蒼然] [ko:sɛktɕʰaŋjɔn コーセクチャンヨン] 名 形動 古色蒼然 ¶ ～한 고궁 [~han ko:guŋ ～ハン コーグン] 古色蒼然たる古宮.
***고생** [苦生] [kosɛŋ コセン] 名 苦労 ¶～을 모르다 [~ɯl morɯda ～ウル モルダ] 苦労を知らない / ～이 끊이지 않다 [~i k'ɯnidʑi antʰa ～イ ックニジ アンタ] 苦労が絶えない / ～을 시키다 [~ɯl ʃikʰida ～ウル シキダ] 苦労をかける / ～을 마다하지 않다 [~ɯl ma:dahadʑi antʰa ～ウル マーダハジ アンタ] 苦労をいとわない / ～이 많다 [~i ma:ntʰa ～イ マーンタ] 苦労が多い / ～ 끝에 낙이 온다 [~ k'ɯtʰe nagi onda ～ックッテ ナギ オンダ] 諺 苦労の末に楽が来る; 苦は楽の種 **-스럽다** [sɯrɔpt'a スロプタ] 形 ㅂ変 苦しい; つらい **-하다** [hada ハダ] 自 苦労する; 苦しむ; 骨折る ¶～한 보람이 없다 [~-han porami ɔ:pt'a ～-ハン ポラミ オープタ] 苦労のかいがない / 큰 눈으로 ~ [kʰɯn nu:nɯro ～ クン ヌーヌロ] 大雪で苦労[難儀]する **-길** [k'il キル] 名 いばらの道 **-문(門)** [mun ムン] 名 苦労する運命 ¶～이 훤하다 [~i hwɔ:nhada ～-(ム)ニ フォーンハダ] 明らかに苦労する運命にある; いばらの道がはっきり見える **-살이** [sari サリ] 名 苦しい暮らし **-주머니[바가지]** [tɕumɔni [p'agadʑi] チュモニ[パガジ]] 名 一生苦労が絶えない人; やることなすことすべて苦労ばかりする人.
***-고서** [kosɔ コソ] 語尾 …して; …てから ¶밥이나 먹 ~ 놀러 가자 [pabina mɔk'ɔsɔ no:llɔgadʑa パビナ モク～ ノールロガジャ] ご飯を食べてから遊びに行こう.
고-서적 [古書籍] [ko:sɔdʑɔk コーソジョク] 名 古書; 古い書籍.
고-서화 [古書畵] [ko:sɔhwa コーソフア] 名 古い書画.
고성 [高聲] [kosɔŋ コソン] 名 高声 ¶～방가 [~ba:ŋga ～バーンガ] 高声放歌.
고-성능 [高性能] [kosɔŋnɯŋ コソンヌン] 名 高性能 ¶～폭탄 [~ pʰokʰtʰan ～ ポクタン] 高性能爆弾.
고소 [告訴] [ko:so コーソ] 名 他 〈法〉告訴 **-인** [in イン] 名 告訴人 **-장** [tɕ'aŋ チャン] 名 告訴状 **-취하** [tɕʰwi:ha チュイーハ] 名 告訴の取り下げ.
고소 [苦笑] [ko:so コーソ] 名 自 苦笑 ¶～를 금할 수 없다 [~rɯl kɯ:mhal s'u ɔ:pt'a ～ルル クームハル ッス オープタ] 苦笑を禁じ得ない.
고소 [高所] [ko:so コソ] 名 高所 ¶～공포증 [~ goŋpʰotɕ'ɯŋ ～ コンポチュン] 高所恐怖症.
고-소득 [高所得] [kosoduk コソドゥク] 名 高所得.
***고소-하다** [kosohada コソハダ] 形 여変 ① 香ばしい ¶～한 맛 [~-han mat ～-ハン マッ] 香ばしい味 / ～한 참기름 [~-han tɕʰamgirɯm ～-ハン チャムギルム] 香ばしいにおいのゴマ油 / 콩볶는 ～한 냄새 [kʰoŋboŋnɯn ~-han nɛ:msɛ コンボンヌン ～-ハン ネームセ] 豆を炒る香ばしいにおい ② 好い気味だ; 小気味よい ¶그가 실패해서 ~ [kɯga ʃilpʰɛhɛsɔ ～ クガ シルペヘソ ～] 彼の失敗で小気味よい ③ 楽しい; 気持ちがいい ¶～한 신접 살림 [~-han ʃindʑɔp s'allim ～-ハン シンジョプ サルリム] 楽しい新所帯.
***고속** [高速] [kosok コソク] 名 高速 **-도로** [t'o:ro トーロ] 名 高速道路 **-도 촬영** [t'o tɕʰwarjɔŋ ト チュアリョン] 名 高速度撮影 **-버스** [bɔsɯ ボス] 名 高速バス **-전철** [tɕ'ɔ:ntɕʰɔl チョーンチョル] 名 高速電鉄 **-철도** [tɕʰɔlt'o チョルト] 名 高速鉄道.
고수 [固守] [kosu コス] 名 他 固守 ¶진지를 ~하다 [tɕindʑirɯl ~hada チンジルル ～ハダ] 陣地を固守する.
고수 [高手] [kosu コス] 名 高段(者) ¶바둑의 [무예의] ~ [paduge [mu:jee] ～ パトゥゲ [ムーイェエ] ～] 囲碁の[武芸の]高段者[上手].
고수레 [kosure コスレ] 名 他自 (巫女が厄払いをするときや人が野外で物を食べる前に鬼神に最初にささげる意味で)食べ物を少しちぎって四方に撒きながら唱える語, その動作.
고수-머리 [kosumɔri コスモリ] 名 縮れ毛(の人); ≒ '곱슬머리'.
고수-부지 [高水敷地] [kosubudʑi コスブジ] 名 高水位のときだけ水につかる

河川敷=둔치 [tuntɕʰi トゥンチ].

***고스란-히** [kosɯrani コスラニ] **副** そっくりそのまま; 余すところなく ¶옛 모습이 ~ 남아 있다 [jeːn mosɯbi ~ namait'a イェーン モスビ ~ ナマイッタ] 昔の面影がそっくりそのまま残っている/ ~ 벌다 [~ pɔːlda ~ ポールダ] 丸もうけする.

고-스톱 [goːsɯtʰop ゴーストプ] go+stop **名** ① 花札遊び方の一つ ② 交通整理の信号.

고슬-고슬 [kosɯlgosɯl コスルゴスル] **副** **하形** ご飯がほどよく炊けたさま; ふっくらと ¶~한 밥 [~-(gosɯr) han pap ~ハン パプ] ふっくらとよく炊けたご飯.

고슴도치 [kosɯmdotɕʰi コスムドチ] **名** 〈動〉ハリネズミ〔針鼠〕.

고시 [告示] [koːɕi コーシ] **名** **하他** 告示 ¶~ 가격 [~ k'agjʌk ~ カギョク] 告示価格.

*고심 [苦心] [koɕim コシム] **名** **하自** 苦心; 腐心 ¶~의 작품 [~e tɕakpʰum (コシ)メ チャクプム] 苦心の作品 / 진학 문제로 ~하다 [tɕinːhaŋ munːdʑero ~hada チーンハン ムーンジェロ ~ハダ] 進学問題で苦心する.

고아 [孤兒] [koa コア] **名** 孤児; みなしご **―원** [won ウォン] **名** 孤児院; 養護施設の旧称; 保育院の旧称.

고안 [考案] [koan コアン] **名** **하他** 考案; 工夫 ¶새로 ~한 디자인 [sɛro ~han didʑain セロ ~ハン ディジャイン] 新しく考案したデザイン.

고압 [高壓] [koap コアプ] **名** 高圧 ¶~ 가스 [~gasɯ ~ガス] 高圧ガス / ~적인 태도 [말투] [~tɕ'ʌgin tʰɛːdo [maːltʰu]] ~チョギン テード [マールトゥ]] 高圧的な態度 [言葉つき] **―선** [sʌn ソン] **名** 高圧線.

고애-자 [孤哀子] [koɛdʑa コエジャ] **名** 父母が亡くなった男の人の喪中の自称.

고액 [高額] [koɛk コエク] **名** 高額 **―권** [지폐] [k'wʌn [tɕ'ipʰe] クォン [チペ]] **名** 高額紙幣 **―납세자** [(koɛŋ) napsˈedʑa (コエン) ナプセジャ] **名** 高額納税者 **―소득자** [sˈoːdɯkt͡ɕ'a ソードゥクチャ] **名** 高額所得者.

-고야 [goja ゴヤ] **語尾** ① …で(どうして) ¶그러~ 어떻게 합격하겠니? [kɯrʌ~ ʌt'ʌkʰe hapk'jʌkʰagennːa クロ~ オットケ ハプキョクカゲンナ] そんなことでどうして合格できようか ② (말다 [malda マルダ] を付けて) 必ず…してみせる; してしまう ¶이기고야 말겠다 [kiɡoːkʰo igi~ malget'a キゴコ イギ~ マルゲッタ] きっと勝ってみせる / 끝내 지~ 말았다 [k'ɯnnɛ tɕi~ marat'a ックンネ チ~ マラッタ] とうとう負けてしまった.

*고약-하다 [koːjakʰada コーヤクハダ] **形** **여変** ① (におい・味・音などが) ひどい; 悪い; 不快だ ¶~한 냄새 [~-kʰan nɛːmsɛ ~-カン ネームセ] ひどいにおい / 맛이 ~ [maɕi ~ マシ ~] 味が悪い ② 不届きだ ¶~한 태도 [~-kʰan tʰɛːdo ~-カン テード] 不届きな態度 / 말투가 ~ [maːltʰuga ~ マールトゥガ ~] 話しぶりがけしからん / ~한 놈 [~-kʰan nom ~-カン ノム] 横着 [不届き] なやつ ③ 悪い; 不順だ ¶성질이 ~한 사람 [sʌːŋdʑiri ~-kʰan saːram ソーンジリ ~-カン サーラム] たちの悪い人 / ~한 날씨 [~-kʰan naɕ'i ~-カン ナルッシ] 不順な天気 / 인상이 ~ [insaŋi ~ インサンイ ~] 人相が悪い [険しい] ④ (仕事などが) 厄介だ ¶~한 일 [~-kʰan niːl ~-カン ニール] 厄介な仕事

고약-스럽다 [koːjaksˈurʌpt'a コーヤクスロプタ] **形** **ㅂ変** 悪い; 不快だ; 醜い; 面倒だ **고약-놈** [koːjan nom コーヤンノム] **名** 不届きな [悪い] やつ.

*고양이 [kojaŋi コヤンイ] **名** 〈動〉ネコ (猫) ¶도둑 (k'ojaŋi) トドゥク~] 野良ネコ; 泥棒ネコ.

고역 [苦役] [kojʌk コヨク] **名** 苦役 ¶~을 치르다 [(kojʌg)ɯl tɕʰirɯda (コヨ)グル チルダ] 苦役に服する; さんざんな目にあう; 苦しい経験をなめる.

고열 [高熱] [kojʌl コヨル] **名** 高熱 ¶~로 신음하다 [~lo ɕinɯmhada ~ロ シヌムハダ] 高熱で苦しむ.

*고요 [kojo コヨ] **名** 静けさ; 静寂 ¶밤의 ~ [pame ~ パメ ~] 夜の静寂 **―하다** [hada ハダ] **形** **여変** 静かだ; 物静かだ; 穏やかだ ¶~한 달밤 [~-han talp'am ~-ハン タルパム] 静かな月夜 / ~한 가정 [~-han kadʑʌŋ ~-ハン カジョン] 平和な家庭 **―히** [i ィ] **副** 静かに; しめやかに.

고용 [雇用] [kojoŋ コヨン] **名** **하他** 雇用; 人を雇うこと **―인** [in イン] **名** 使用人; 雇われた人 **―주** [dʑu ジュ] **名** 雇い主; 人を雇って使う人.

고용[雇傭][kojoŋ コヨン] 名 하自 雇用; 人に雇われること **—계약**[ge:jak ゲーヤク] 名 雇用契約 **—살이**[sari サリ] 名 하自 サラリーマン生活; 宮仕えの身 **—원**[wɔn ウォン] 名 被雇用者 **—인**[in イン] 名 従業員 **—자**[dʒa ジャ] 名 従業員 **—조건**[dʒok'ɔn ジョコン] 名 雇用条件 **—직**[dʒik ジク] 名 単純な労働に従事する公務員.

고운-말[ko:unmal コーウンマル] 名 上品な言葉; 美しい言葉.

고원[雇員][kowɔn コウォン] 名 (官庁の)雇員 ¶ 〜에서 공무원이 되다[〜esɔ kɔŋmuwɔni tweda ～エソ コンムウォニ トゥェダ] 雇員から公務員になる.

고위[高位][kowi コウィ] 名 高位 ¶ 〜 당직자 〜 daŋdʒiktʃ'a ～ ダンジクチャ] 党の高位役職にある人 / **—급(級)회담**[〜k'ɯp pʰwe:dam ～クプフェーダム] 高官会談 **—층**[tʃʰɯŋ チュン] 名 高位階層; 地位の高い人たち.

*고유[固有][koju コユ] 名 하形 固有 ¶ 민족 〜한 풍속[mindʒo (k'oju) han pʰuŋsok ミンジョク ～ハン プンソク] 民族固有の風俗.

고육지계(之計)[책(策)][kojuk コユク] 名 苦肉 **—[책(策)]**[tʃ'ige(tʃʰek] チゲ(チェク)] 名 苦肉の策.

고을[koɯl コウル] 名 ① (韓国の地方自治団体の)郡 ②〈史〉昔の府・州・郡・県[縣]の行政区域の名にあたる所; (日本の)郡; (昔の)郡ネ ¶ 〜 사람[〜 sa:ram ～ サーラム] 郡の人.

고의[故意][ko:i コーイ] 名 故意 ¶ —냐 과실이냐?[〜nja kwaʃirinja ～ニャ クァーシリニャ] 故意か過失か **—로**[ro ロ] 副 わざと; 故意に ¶ **—부딪치다**[〜 puditʃʰida ～ プディッチダ] わざとぶつかる.

*고이[ko:i コーイ] 副 ① 大事に; 大切に ¶ 〜 간직하다[〜 kandʒikʰada ～ カンジクカダ] 大切にしまっておく / 〜 키운 딸[〜 kʰiun t'al ～ キウンッタル] 大事に育てた娘 ② 素直に; きれいに; 美しく ¶ 〜 자라다[〜 tʃarada ～ チャラダ] 素直に育つ ③ そのまま ¶ 〜 돌려드리다[〜 tolljodɯrida ～ トルリョドゥリダ] そのままちゃんと返してあげる ④ 安らかに; 静かに ¶ 〜 잠드소서[〜 tʃamdɯsosɔ ～ チャムドゥソソ] 安らかに眠りたまえ / 〜 잠든 바다[〜 tʃamdɯn pada ～ チャムドゥン パダ] 静かになぎた海.

고이다[koida コイダ] 自他 (水・液体などが)溜まる; (物を)支える; 略 괴다 [kwe:da クェーダ] ¶ 빗물이 〜[pinmuri ～ ピンムリ ～] 雨水が溜まる.

고인[故人][ko:in コーイン] 名 故人; 亡き人 ¶ —의 명복을 빌다[〜e mjɔŋbogɯl pi:lda (コーイ)ネ ミョンボグル ピールダ] 故人の冥福を祈る.

고인-돌[koindol コインドル] 名〈史〉ドルメン; 支石墓 =지석묘 [tʃisɔŋmjo チソンミョ].

*고자[告者][ko:dʒa コージャ] 名 告げ口する人 **—쟁이**[dʒɛŋi ジェンイ] 名 告げ口屋 **—질**[dʒil ジル] 名 하自他 告げ口すること; 言いつけること ¶ 선생님에게 —하다[sɔnsɛŋnimege 〜(dʒir)hada ソンセンニムゲ ～ハダ] 先生に告げ口する[言いつける].

고자[鼓子][kodʒa コジャ] 名 生殖器の不完全な男; 宦官ネ.

*—고자[godʒa ゴジャ] 語尾 …しようと; …したいと ¶ 〜가 〜 한다[ka〜 handa カ〜 ハンダ] 行こうとする / 여행가 〜 한다[jɔhɛŋga〜 handa ヨヘンガ〜 ハンダ] 旅に出るつもりだ.

고-자세[高姿勢][kodʒase コジャセ] 名 高姿勢; 高飛車; 居丈高 ¶ 〜로 임(臨)하다[〜ro imhada ～ロ イムハダ] 高姿勢で臨む / 〜로 나오다[〜ro naoda ～ロ ナオダ] 高飛車に出る / 〜로 딱딱거리다[〜ro t'akt'ak'ɔrida ～ロッタクタクコリダ] 居丈高にものを言う.

*고작(해야)[kodʒak(kodʒakʰeja) コジャク(ケヤ)] 副 ① せいせい ¶ 계속하더라도 〜 사흘이다[ke:sokʰadɔrado 〜 s'ahɯrida ケーソクカドラド ～ サフリダ] 続けてやってもせいぜい3日だ ② やっとのこと ¶ 〜 10리 걸었다[〜 ʃimni kɔrɔt'a ～ シムニ コロッタ] やっとのことで1里歩いた ③ 精一杯 ¶ 그날그날 살아가는 것이 (고작)이다[kɯnalgɯnal saraganɯnɔʃi (kodʒag)ida クナルグナル サラガヌン ゴシ (コジャク)ギダ] その日暮らしが精一杯だ.

*고장[kodʒaŋ コジャン] 名 ① 地方; 地元 ¶ 정든 〜[tʃɔŋdɯn ～ チョンドゥン 〜] なじみの土地 ② ふるさと; 出身地 ¶ 내 —사람들[nɛ 〜 sa:ramdul ネ ～ サーラムドゥル] うちのくにの人々 ③ 本場; 産地 ¶ 배의 —[pɛe

~ ペエ ~] ナシの(名)産地.

***고장**[故障][ko:dʒaŋ コージャン] 名 故障; 狂い ¶기계의 ~[kigee ~ キゲエ ~] 機械の故障[狂い] **—(이)나다** [(i)nada (イ)ナダ] 自 故障を起こす; 故障する; (体の調子が悪くなる); 壊れる ¶~-난 차[~-nan tʃʰa ~-ナンチャ] 故障を起こした[えんこした]車.

고쟁이 [kodʒɛŋi コジェンイ] 名 股下たした が幅の広いズボン様の女性下着の一種 (속곳 [so:k'ot ソークッコッ]「肌着」の上, 단속곳 [tansok'ot タンソクコッ]「下着」の下に着る).

고적[古蹟・古跡][ko:dʒɔk コージョク] 名 古跡 ¶~을 찾다 [(ko:dʒɔŋ)ɯl tʃʰat'a (コージョン)グル チャッタ] 古跡を探る / 명승 ~[mjɔŋsɯŋ (go:dʒɔk) ミョンスン (ゴージョク)] 名勝古跡.

고적[孤寂][kodʒɔk コジョク] 名 하形 孤独で[身寄りがなく]寂しいこと ¶~함을 느끼다 [(kodʒɔ)kʰamɯl nuk'ida ~-カムル ヌッキタ] 孤独を感じる.

고적-대[鼓笛隊][kodʒɔkt'ɛ コジョクテ] 名 鼓笛隊.

***고전**[古典][ko:dʒɔn コージョン] 名 古典 ¶~을 읽다[~-ɯl ikt'a (コージョ)ヌル イクタ] 古典を読む / 동양의 ~ [toŋjaŋe ~ トンヤンエ ~] 東洋の古典 **—문학** [munhak ムンハク] 名 古典文学 **—미** [mi ミ] 名 古典美.

고전[苦戦][kodʒɔn コジョン] 名 하自 苦戦; 苦闘 ¶자금난으로 ~하다 [tʃagumnanɯro ~hada チャグムナヌロ ~ハダ] 資金難で苦闘する.

***고정**[固定][kodʒɔŋ コジョン] 名 하他 ① 固定 ¶나사로 ~시키다 [nasaro ~ʃikʰida ナサロ ~シキダ] ネジで固定させる ② 据え付けること ¶~시켜 놓은 책장[~ʃikʰjɔ noun tʃʰɛktʃaŋ ~シキョノウン チェクチャン] 据え付けの本棚 ③ 目上の人が興奮や怒りを静めること ¶이제 그만 ~하십시오 [idʒe kuman ~ haʃipʃ'io イジェ クマン ~ハシプシオ] まあまあここいらでどうぞお気を取りなおしてください **—관념** [gwannjɔm グァンニョム] 名 固定観念 ¶~에 사로잡히다 [~-e sarodʒapʰida ~-(グァンニョン)メ サロジャプピダ] 固定観念にとらわれる **—급** [gup グプ] 名 固定給 **—독자** [doktʃ'a ドクチャ] 名 固定読者 **—란** [nan ナン] 名 固定欄.

***고조**[高調][kodʒo コジョ] 名 하他 高調; 高まること ¶~된 감정 [~-dwen ka:mdʒɔŋ ~-ドゥェン カームジョン] 高まった感情 / 사기를 ~시키다 [sa:giɾɯl ~ʃikʰida サーギルル ~シキダ] 士気を高める.

고조[高潮][kodʒo コジョ] 名 高潮 ¶감정이 최~에 달하다 [ka:mdʒɔŋi tʃʰwe:(godʒo)e tarhada カームジョンイ チュェー(ゴジョ)エ タルハダ] 感情の最高潮に達する.

고종[姑従][kodʒoŋ コジョン] 名 いとこ **—사촌**(四寸) [sa:tʃʰon サーチョン] 名 いとこ; 父の姉妹[父方のおば]の息子や娘.

고주-망태 [kodʒumantʰɛ コジュマンテ] 名 へべれけ; 酔いどれ ¶~가 되다 [~-ga tweda ~ガ トゥェダ] へべれけに酔う; 酔いつぶれる.

고주알-미주알 [kodʒualmidʒual コジュアルミジュアル] 副 根掘り葉掘り ¶~ 캐어묻다 [~ kʰɛomut'a ~ ケオムッタ] 根掘り葉掘り聞きただす.

고-주파[高周波][kodʒupʰa コジュパ] 名 〈物〉高周波 **—머신** [mɔʃi:n モシーン] 名 高周波接着機械 **—전류** [dʒɔ:lljɔ ジョールリュ] 名 高周波電流.

고증[考證][kodʒɯŋ コジュン] 名 하他 考証 **—학** [hak ハク] 名 考証学.

고지[告知][ko:dʒi コージ] 名 하他 告知 **—서** [sɔ ソ] 名 告知書.

고지[高地][kodʒi コジ] 名 高地; (輸出の)目標 ¶평지와 ~ [pʰjɔŋdʒiwa ~ ピョンジワ ~] 平地と高地 **고-지대**(高地帯) [kodʒidɛ コジデ] 名 高台.

***고지식-하다** [kodʒiʃikhada コジシクカダ] 形 여變 きまじめだ; ばかまじめだ ¶~-한 사람 [~-kʰan sa:ram ~-カン サーラム] ばかまじめで融通性のない人.

고진-감래[苦盡甘來] [kodʒingamnɛ コジンガムネ] 名 하自 苦しみが尽きれば甘いもの[幸せ・喜び]が訪れること; 苦あれば楽あり.

고질[痼疾] [kodʒil コジル] 名 痼疾 ① 持病 ¶~인 당뇨병 [(kodʒir)in taŋnjop'jɔŋ (コジリン タンニョピョン)] 持病の糖尿病 ② こり固まった悪い癖 ¶~이 된 술버릇 [(kodʒir)i twen sulp'ɔɾɯt (コジリ トゥェン スルポルッ)] 病み付きになった酒癖.

***고집**[固執] [kodʒip コジプ] 名 固執;

意志；我が ¶ ～부리다[(kodʒi) p'uri-da ～プリダ] 我を張る／～세다[～s'eda ～セダ] 我が強い／～을 세우다[(kodʒib)ul seuda (コジ)ブル セウダ] 我を張って譲らない ━하다[(kodʒi) pʰada バダ] 他 固執する；我を通す；我を張る ━불통(不通)[(kodʒi)p'ultʰoŋ ブルトン] 名 意地っ張りで融通がきかないこと ¶ ～인 영감[～-in njɔːŋgam ～イン ニョーンガム] 頑固一徹なおやじ ━쟁이[tʃ'ɛŋi チェンイ] 名 意地っ張り；強情っ張り；= 고집통이[kodʒiptʰoŋi コジプトンイ]・고집통머리[kodʒiptʰoŋmɔri コジプトンモリ].

고리[古利][koːri コーリ] 名 古利きを．古く由緒ある寺.

***고찰**[考察][kotʃʰal コチャル] 名 하他 考察 ¶ 원인 ～[wɔnin (gotʃʰal) ウォニン (ゴチャル)] 原因の考察.

고참[古參][kotʃʰam コーチャム] 名 古参；古株；古顔 ¶ 최 ━[tʃʰweːgotʃʰam] チュエー(ゴチャム)] 最古参／～이 되다[～i tweda (コーチャ)ミトゥエダ] 古株になる ━사원[sawɔn サウォン] 名 古参の社員.

고철[古鐵][koːtʃʰɔl コーチョル] 名 古鉄；くず鉄 ━상(商)[s'aŋ サン] 名 古鉄買い.

고체[固體][kotʃʰe コチェ] 名 固体 ━연료[jollyo ヨルリョ] 名 固体燃料.

고초[苦楚][kotʃʰo コチョ] 名 苦楚；苦しみ；苦労；苦難 ¶ 갖은 ～를 겪다[kadʒun ～rul kjɔkt'a カジュン ～ルル キョクタ] あらゆる苦しみ[辛苦]をなめる[経る].

*고추[kotʃʰu コチュ] 名 ①〈植〉トウガラシ(唐辛子) ② おちんちん ━냉이[nɛŋi ネンイ] 名〈植〉ワサビ ━씨[ʃ'i ッシ] 名 トウガラシの種 ━자지[dʒadʒi ジャジ] 名 おちんちん；子供の陰茎の愛称 ━잠자리[dʒamdʒari ジャムジャリ] 名 赤トンボ ━장(醬)[dʒaŋ ジャン] 名 トウガラシみそ 고춧━가루[kotʃʰutk'aru コチュッカル] 名 トウガラシの粉 고춧━잎[kotʃʰunnip コチュンニプ] 名 トウガラシの葉.

고충[苦衷][kotʃʰuŋ コチュン] 名 苦衷 ¶ ～을 헤아리다[～ul heːarida ～ウル ヘーアリダ] 苦衷を察する.

고취[鼓吹][kotʃʰwi コチュィ] 名 하他 鼓吹 ¶ 사기를 ～하다[saːgirul ～hada サーギルル ～ハダ] 士気を鼓吹する.

*고층[高層][kotʃʰuŋ コチュン] 名 高層 ━건물[gɔːnmul ゴーンムル] 名 高層建築物 ━아파트[apʰaːtʰu アパートゥ] 名 高層アパート[マンション].

*고치다[kotʃʰida コチダ] 他 ① 直す ¶ 시계를 ～[ʃigerul ～ シゲルル ～] 時計を直す／버릇을 ～[pɔrusul ～ ポルスル ～] 癖を直す／문장을 ～[mundʒaŋul ～ ムンジャンウル ～] 文章を直す[正す] ② やり直す ¶ 고쳐 읽다[kotʃʰɔ ikt'a コチョ イクタ] 読み直す ③ 治す ¶ 병을 ～[pjɔːŋul ～ ピョーンウル ～] 病気を治す ④ 正す ¶ 잘못을 ～[tʃ'almosul ～ チャルモスル ～] 誤りを正す／자세를 ～[tʃ'aːserul ～ チャーセルル ～] 姿勢を正す ⑤ 改める ¶ 규칙을 ～[kjutʃʰigul ～ キュチグル ～] 規則を改める ⑥ 変える ¶ 시간표를 ～[ʃiganpʰjorul ～ シガンピョルル ～] 時間割を変える 고쳐━지다[kotʃʰjɔdʒida コチョジダ] 自受動 (癖が)直る；(制度が)改まる；(病気が)治る.

*고통[苦痛][kotʰoŋ コトン] 名 苦痛 ¶ ～을 견디어 내다[～ul kjɔndiɔ nɛda ～ウル キョンディオ ネダ] 苦痛に耐え抜く ━스럽다[sɯrɔpt'a スロプタ] 形 ㅂ変 苦痛だ；苦しい；辛い.

*고프다[kopʰɯda コプダ] 形 으変 ひもじい ¶ 배가 몹시 ～[pɛga moːpʃ'i ～ ペガ モープシ ～] お腹がぺこぺこだ.

고하[高下][koha コハ] 名 高下 ¶ 신분의 ～를 막론하고[ʃinbune ～rul maŋnonhago シンブネ ～ルル マンノンハゴ] 身分の高下[上下]を問わず／값은 ～간에[kaps'un ～gane カプスン ～ガネ] 値段の高下[高い安い]はさておいて；値段にかかわらず.

고－하다[告－][koːhada コーハダ] 他 여変 ① 告げる ¶ 이별을 ～[ibjɔrul ～ イビョルル ～] 別れを告げる／종막을 ～[tʃ'oŋmagul ～ チョンマグル ～] 終幕を告げる／재학생에게 고함[tʃɛːhakʃ'ɛŋege koːham チェーハクセンエゲ コーハム] 在学生に告ぐ ② 申し上げる ¶ 어머님께 사실대로 ～[ɔmɔnimk'e saːʃildɛro ～ オモニムッケ サーシルデロ ～] お母さまにありのまま申し上げる ③ 告げ口する ¶ 선생님께 고해 바치다[sɔnsɛŋnimk'e koːhɛ batʃʰida ソンセンニムッケ コーヘ バチダ] 先生に告げ口する[言いつける].

고학[苦學][kohak コハク] 名 하自 苦

学 ¶~생[~s'ɛŋ ~セン] 苦学生; アルバイトの学生.

*고함[高喊][koham コハム] 图 大声; 怒鳴ること **―지르다**[dʒiruda ジルダ] 自 大声で叫ぶ; 怒鳴る; わめく ¶화가 나서 ~[hwa:ga nasɔ ~ ファーガナソ ~] 腹を立てて怒鳴る **―치다**[tʃʰida チダ] 自 大声で怒鳴る; 怒鳴りつける ¶아무리 ~-쳐도 소용없다 [a:muri ~-tʃʰɔdo so:joŋtp'a アームリ ~-チョド ソーヨンオプタ] いくら怒鳴っても駄目だ **―소리**[s'ori ソリ] 图 わめき声; 怒鳴る声; 叫び声.

고해[苦海][kohɛ コヘ] 图〈仏〉苦海 ¶인생은 ~다[insɛŋun ~da インセンウン ~ダ] 人生は苦海である.

고해-성사[告解聖事][ko:hɛsɔ:ŋsa コーヘソンーサ] 图〈基〉告解.

고행[苦行][kohɛŋ コヘン] 图 하自 苦行 ① 苦しい仕事 ¶난행~[nanhɛŋ (gohɛŋ) ナンヘン(コヘン)] 難行苦行 ②〈仏〉肉体的苦痛に耐え, 悟りを開くための修行 ¶~승[~suŋ ~スン] 苦行僧.

*고향[故郷][kohjaŋ コヒャン] 图 故郷; ふるさと; くに ¶~을 그리다[~ul kuːrida ~ウル クーリダ] 故郷をしのぶ / 마음의 ~[maume ~ マウメ ~] 心のふるさと.

고-혈압[高血圧][kohjɔrap コヒョラプ] 图 高血圧 **―증**[tʃ'uŋ チュン] 图 高血圧症.

고환[睾丸][kohwan コファン] 图〈生〉睾丸說 = 불알[pural プラル].

고희[古稀][ko:hi コーヒ] 图 古稀誌; 数え年70の称 **―연**(宴)[jɔn ヨン] 图 古稀の祝宴.

*곡[曲][kok コク] 图 曲; 楽曲 ¶씩씩한 ~[ʃ'ikʃ'ikʰan ~ ッシクシクカン ~] 勇ましい曲 / 슬픈 ~[sulpʰun ~ スルプン ~] 悲しい曲 / 한~ 부르다[han(gok) p'uruda ハン(ゴク) プルダ] 1曲歌う.

곡[哭][kok コク] 图 哭誌; 哭泣誌 ① 大声で泣くこと, またその声 ② 人の死を悲しんで声を上げて泣く礼, またその声 **―하다**[(ko)kʰada カダ] 自 哭する.

곡-괭이[kok'wɛŋi コククェンイ] 图 つるはし; 唐ぐわ.

곡마-단[曲馬團][koŋmadan コンマダン] 图 曲馬団; サーカス.

곡명[曲名][koŋmjɔŋ コンミョン] 图 曲名.

곡목[曲目][koŋmok コンモク] 图 曲目; 曲名; 演奏会などのプログラム.

*곡물[穀物][koŋmul コンムル] 图 穀物 **―상**[s'aŋ サン] 图 穀物商.

*곡선[曲線][koks'ɔn コクソン] 图 曲線 ¶~을 그리다[~ul kuːrida (コクソ)ヌル クーリダ] 曲線を描く **―미**[mi ミ] 图 曲線美.

곡성[哭聲][koks'ɔŋ コクソン] 图 哭声誌; 人の死を悲しんで泣き叫ぶ声.

*곡식[穀―][koks'ik コクシク] 图 穀物 ¶쌀은 중요한 ~이다[s'arun tʃuːnjohan (koks'ig)ida ッサルン チューンヨハン (コクシ)ギダ] 米は重要な穀物である **―알**[(koks'ig)al (コクシ)ガル] 图 穀粒; 穀物の粒.

곡예[曲藝][koge コゲ] 图 曲芸 **―댄스**[dɛnsɯ デンス] 图 曲芸ダンス **―비행**[bihɛŋ ビヘン] 图 曲芸飛行; アクロバット飛行 **―사**[sa サ] 图 曲芸師; 軽業師; アクロバット.

*곡절[曲折][koktʃ'ɔl コクチョル] 图 曲折 ① 物事の込み入った事情と内容 ¶우여~[ujo(goktʃ'ɔl) ウヨ(ゴクチョル)] 紆余曲折 / ~이 많은 인생[(koktʃ'ɔr)i maːnun insɛŋ (コクチョ)リマーヌン インセン] 込み入った事情の多い人生 / ~을 겪다[(koktʃ'ɔr)ul kjɔkt'a (コクチョ)ルル キョクタ] 曲折を経る ② 理由; 訳 ¶~을 알 수 없다[(koktʃ'ɔr)ul aːl s'u ɔːpt'a (コクチョ)ルル アールッ ス オープタ] 訳がわからない ③ 文脈などに変化の多いこと.

*곡조[曲調][koktʃ'o コクチョ] 图 曲(調); 調べ; 調子; 節回し ¶슬픈 ~[sulpʰun ~ スルプン ~] 悲しい調べ / ~가 어렵다[~ga ɔrjɔpt'a ~ガ オリョプタ] 節回しが難しい / ~가 안 맞는 노래[~ga an mannun norɛ ~ガ アン マンヌン ノレ] 調子はずれの歌.

곡주[穀酒][koktʃ'u コクチュ] 图 穀物で醸した酒; 穀類でつくった醸造酒.

곡창[穀倉][koktʃʰaŋ コクチャン] 图 穀倉 ¶~지대[~dʒidɛ ~ジデ] 穀倉地帯.

곡-하다[曲―][kokʰada コクカダ] 形 여휀 ① 道理にはずれている; 理屈が立たない; ひねくれている ¶곡한 마음[kokʰan maum コクカン マウム] ひねくれた心 ② うらめしい; つれない; = 고깝다[kok'apt'a コッカプタ].

곡해[曲解][kokʰɛ コクケ] 图 하他 曲解 ¶그의 호의를 모욕으로 ~하다

[kuwe ho:irul mo:joguro ~hada クエ ホーイルル モーヨグロ ~ハダ] 彼の厚意を侮辱と曲解する.

-곤[1] [gon ゴン] [語尾] …たり(する) ¶밤이면 잘 울~ 한다[paminjən tʃal u:l ~ handa パミニョン チャル ウールハンダ] 夜になればよく泣いたりする.

***-곤**[2] [gon ゴン] [語尾] ① …とは; -고는 [gonɯn ゴヌン]の略 ¶너하~ 안 간다[nɔha~ an ganda ノハ~ アン ガンダ] 君とは行かない ② …しているが; …では ¶이것만 가지~ [igonman kadʒi~ イゴンマン カジ~] これだけでは / 먹~ 있지만 [mɔ(k'on) itʃ'iman モク(コン) イッチマン] 食べてはいるが.

곤경[困境] [ko:ngjəŋ コーンギョン] [名] 苦境; 苦しい破目 ¶~에 처하다[~e tʃhə:hada ~エ チョーハダ] 苦境に立つ / ~에 빠지다 [~e p'a:dʒida ~エッパージダ] 苦しい破目に陥る.

곤궁[困窮] [ko:nguŋ コーングン] [名] [하形] 困窮; 窮乏 ¶생활이 ~하다 [sɛŋhwari ~hada センファリ ~ハダ] 生活に困窮する; 貧乏で苦しんでいる.

곤두박-질[kondubaktʃ'il コンドゥバクチル] [名] [하形] (体・物体が)急にまっさかさまに落ち込むこと ¶지붕에서 ~하여 떨어지다[tʃibuŋesɔ ~ (tʃ'ir)-hajə t'ɔrɔdʒida チブンエソ ~ハヨットロジダ] 屋根からまっさかさまに落ち込む **-치다** [tʃhida チダ] [自他] まっさかさまに落ちる(ように走り出す).

곤두-서다 [kondusɔda コンドゥソダ] [自] 逆立つ; 立つ ¶머리털이 ~ [morithɔri ~ モリトリ ~] 髪の毛が逆立つ / 신경이 ~ [ʃingjəŋi ~ シンギョンイ ~] 気が立つ; 神経がとがる.

***곤두-세우다** [konduseuda コンドゥセウダ] [他] 逆立てる; (神経を)とがらせる ¶눈썹을 ~ [nuns'ɔbul ~ ヌンッソブル ~] まゆを逆立てる / 신경을 ~ [ʃingjəŋul ~ シンギョンウル ~] 神経をとがらせる.

곤드라-지다 [kondɯradʒida コンドゥラジダ] [自] (過労・酒で)正体なく眠りこける; へべれけになる ¶술에 ~ [sure ~ スレ ~] 酒に酔いつぶれる.

곤드레-만드레 [kondɯremandɯre コンドゥレマンドゥレ] [副] [하形] 酒に酔って正体をなくしたさま; ぐでんぐでん(に); へべれけに ¶~ 취하다 [~ tʃhwi:hada ~ チュィーハダ] ぐでんぐ

でんに酔う; 酔いつぶれる.

***곤란**[困難] [ko:llan コーッラン] [名] 困難 ¶~을 이겨내다[~ɯl igjɔnɛda (コーッラ) ヌル イギョネダ] 困難に打ち勝つ **-하다**[hada ハダ] [形] 困る; 難儀だ; 苦しい ¶생활이 ~ [sɛŋhwari ~ センファリ ~] 暮らしが苦しい / 처치 ~ [tʃhɔ:tʃhi (go:)llanhada) チョーチ (ゴーランハダ)] 処置に困る; 始末に負えない **-히** [i (コーッラ) ニ] [副] 困難に; 苦しく; 難しく.

곤-색[-色] [konsɛk コンセク] [名] 紺色 ¶~ 바지 [~ p'adʒi ~ バジ] 紺のズボン.

곤약[蒟蒻] [konjak コニャク] [名] ①〈植〉コンニャク ② (食品の)コンニャク.

곤욕[困辱] [ko:njok コーンジョク] [名] ひどい侮辱; ひどい目にあうこと ¶만원 전차에서 ~을 치르다 [ma:nwɔn dʒɔ:ntʃhaesɔ (ko:njog)ul tʃhirɯda マーヌォン ジョンチャエソ (コーニョ) グル チルダ] 満員電車でひどい目にあう [辱めを受ける] / ~을 당하다 [(ko:njog)ul taŋhada (コーニョ)グル タンハダ] 侮辱される; 侮辱を受ける; ひどい目にあう.

곤장[棍杖] [kondʒaŋ コンジャン] [名]〈史〉昔の笞刑・杖刑に使った刑具の1つ罪人の尻を打つ平たいむち・棒.

곤죽[-粥] [kondʒuk コンジュク] [名] ① どろどろ; どろんこ ¶길이 ~이 되다 [kiri (kondʒug)i tweda キリ (コンジュ)ギ トゥェダ] 道がどろどろになる ② へべれけ; ぐでんぐでん ¶술에 ~이 되다 [sure (kondʒug)i tweda スレ (コンジュ)ギ トゥェダ] 酒に酔ってぐでんぐでんだ ③ (非常に疲れて)くたくた; へとへと ¶피로로 ~이 되다 [phiroro (kondʒug)i tweda ピロロ (コンジュ)ギ トゥェダ] 非常に疲れてくたくたになる ④ めちゃくちゃ ¶사업이 ~이 되다 [sa:ɔbi (kondʒug)i tweda サーオビ (コンジュ)ギ トゥェダ] 事業がめちゃくちゃになる.

곤지 [kondʒi コンジ] [名] (伝統的な婚礼で)花嫁の額につける丸紅.

***곤충**[昆蟲] [kontʃhuŋ コンチュン] [名] 昆虫 **-기**[gi ギ] [名] 昆虫記 **-류** [nju ニュ] [名] 昆虫類 **-채집** [tʃhɛ:dʒip チェージブ] [名] 昆虫採集.

곤-하다[困-] [ko:nhada コーンハダ] [形] [여變] だるい; 疲れている; =피곤하다 [phigonhada ピゴンハダ] ¶몸이

~ [moni ～ モミ] 体がだるい/몸시 ~ [moːpʃi ～ モープシ] ひどく疲れている **곤-히** [koːni コーニ] 副 ぐっすり; ぐったり ¶ ~ 자고 있다 [~ tɕago itˀa ～ チャゴ イッタ] 疲れてぐっすり寝ている.

곤혹[**困惑**] [koːnhok コーンホク] 名 하自 스形 困惑 ¶~ 스런 표정 [~sˀɯrən pʰjodʑoŋ ～スロン ピョジョン] 困惑した顔つき[表情].

***곧** [kot コッ] 副 ① すぐ(に); ただちに; じき(に); 早速 ¶ ~ 가겠습니다 [~ kˀagesˀɯmnida ～ カゲッスムニダ] すぐ参ります/~ 떠나요 [~ tˀənajo ～ ットナヨ] ただちに出発します ② やがて; まもなく; 遠からず ¶ ~ 소식이 있겠지요 [~ sˀoɕigi itkˀetɕˀijo ～ ソシギ イッケッチヨ] 遠からず便りがあるでしょう/~ 회의가 시작됩니다 [~ hweːiga ɕiːdʑaktˀwemnida ～ フェーイガ シージャクトゥェムニダ] まもなく会議が始まります ③ すなわち、つまり ¶ 서울 ~ 한국의 수도 [soul ~ haːnguge sudo ソウル ～ ハーングゲ スド] ソウルすなわち韓国の首都.

***곧다** [koˈta コッタ] 形 ① まっすぐだ; 正しい ① 曲がっていない ¶ 곧은 자세 [kodɯn tɕaːse コドゥン チャーセ] 正しい[まっすぐな]姿勢 ② 正直だ; 生一本だ ¶ 그는 곧은 사람이다 [kɯnɯn kodɯn saːramida クヌン コドゥン サーラミダ] 彼は正直な[正しい]人だ/곧은 성질 [kodɯn sɔːndʑil コドゥン ソンジル] 生一本な性格.

***곧-바로** [kotpˀaro コッパロ] 副 ① まっすぐに; すぐ ¶ ~ 집으로 돌아가다 [~ tɕiburo toragada ～ チブロ トラガダ] まっすぐ(に)(寄り道をしないで)家に帰る ② ありのまま(に); 偽りなく ¶ ~ 말씀드리다 [~ maːlsˀɯmdɯrida ～ マールスムドゥリダ] ありのままに申し上げる ③ (曲がらず)正しく ¶ ~ 앉다 [~ antˀa ～ アンタ] 正しく座る.

곧은-길 [kodɯn kil コドゥン キル] 名 まっすぐな道.

***곧이** [kodʑi コジ] 副 ① まっすぐに; 率直に ② 正しく ③ 偽りなく ━**곧대로** [gotˀɛro ゴッテロ] 副 ① 率直に; 偽りなく; ありのままに ¶ ~ 말하다 [~ maːrhada ～ マールハダ] 率直に[ありのままに]話す ② 気ままに; 気がねなく; はばかりなく ¶ ~ 행동하다 [~ hɛŋdoŋhada ～ ヘンドンハダ] ありのまま振るまう ━**듣다** [dutˀa ドゥッタ] 他 ㄷ変 真に受ける; 本気にする; そのまま信じる ¶ 그의 말을 ~ [kɯ maːrɯl ～ クエ マールル ～] 彼の話を真に受ける/그 말을 ~ [kɯ maːrɯl ～ ク マールル ～] その話を本気にする[そのまま信じる].

***곧잘** [kotɕˀal コッチャル] 副 ① よく; しばしば ¶ ~ 화를 낸다 [~ hwaːrɯl nɛːnda ～ ファールル ネーンダ] よく怒る ② かなり[なかなか]よく ¶ 이 약이 ~ 듣는다 [i jagi ~ dɯnnɯnda イ ヤギ ～ ドゥンヌンダ] この薬がかなりよく効く.

***곧장** [kotɕˀaŋ コッチャン] 副 ① まっすぐ(に); 直ちに ¶ 이 길로 ~ 가세요 [i killo ~ kasejo イ キルロ ～ カセヨ] この道をまっすぐに行きなさい/~ 집으로 가다 [~ tɕiburo kada ～ チブロ カダ] (寄り道などしないで)まっすぐ家に帰る ② (休まないで)ずっと.

곧추 [kotɕʰu コッチュ] 副 (上下を)まっすぐ[垂直]に; 直立させて ━**서다** [sɔda ソダ] 自 まっすぐに立つ ¶ 말이 놀라서 ~ [mari noːllasɔ ～ マリ ノーッラソ ～] 馬が驚いて棒立ちになる ━**세우다** [seuda セウダ] 他 まっすぐに立てる; 直立させる ━**앉다** [antˀa アンタ] 自 背をまっすぐにして座る ¶ ~-앉아서 묵념을 올리다 [~-andʑasɔ muŋnjəmɯl ollida ～-アンジャソ ムンニョムル オルリダ] 正座して黙禱を捧げる.

골¹ [kol コル] 名 頭; 脳みそ ¶ ~이 아프다 [(kor)i apʰɯda (コ)リ アプダ] 頭が痛い ━**비다** [bida ビダ] 形 頭が空っぽだ; 愚かだ.

골² [kol コル] 名 怒り ¶ ~을 내다 [(kor)ɯl nɛːda (コ)ルル ネーダ] 怒る; 腹を立てる; =**골내다** [kollɛda コルレダ] /~이 나다 [(kor)i nada (コ)リ ナダ] 腹が立つ=**골나다** [kollada コルラダ].

골³ [koːl コール] 名 ① 谷 ¶ ~이 깊다 [(koːr)i kiptˀa (コー)リ キプタ] 谷が深い ② 溝 ¶ ~을 파다 [(koːr)ɯl pʰada (コー)ルル パダ] 溝を掘る ③ 深い穴 ¶ ~로 가다 [~lo kada ～ロ カダ] 死ぬ; くたばる; 一敗地にまみれる.

-골 [kˀol ッコル] 接尾 …村・里[谷]; '고을'の略 ¶ 밤나무 ~ [paːmnamu

골격[骨格][kolgjək] 图 骨格; 骨組み ¶ ~이 튼튼한 사나이 [(kolgjəŋ)i tʰuntʰunhan sanai (コルギョ)ギ トゥントゥンハン サナイ] 骨格のがっしりした男 / 건물의 ~ [kɔ:n-mure ~ コーンムレ ~] 建物の骨組み.

*골고루**[kolgoru コルゴル] 副 もれなく; 等しく; 均等に; いちいち; ='고루고루'の略. ¶ ~ 나누다 [~ nanuda ~ ナヌダ] 等しく[もれなく]分ける.

골-골[ko:lgol コールゴル] 副 하데 ① 長患いで病勢がひどくなったりよくなったりするさま ② 病気勝ちで体がいつも弱いさま ¶ ~하는 아이 [~-(gor)hanun ai ~ハヌナイ] 病気勝ちの子供 **—거리다** [gorida ゴリダ] 自 (長患いの)病状が一進一退する; 体が弱くてよく病気になる; 病気勝ちである.

*골다**[ko:lda コールダ] 他 (ㄹ語幹) いびきをかく ¶ ~ 시코 ~ [~ kʰorul ~ コルル ~] / 코 고는 소리 [kʰo gonun sori コ ゴヌン ソリ] いびき(の音).

골동-품[骨董品][kolt'oŋpʰum コルトンプム] 图 骨董品こっとう.

*골똘-하다**[kolt'orhada コルットルハダ] 形 여変 夢中だ; 一生懸命[熱心]だ ¶ 연구에 ~ [jəːngue ~ ヨーングエ ~] 研究に夢中だ **골똘-히**[kolt'ori コルットリ] 副 夢中[熱心]に ¶ ~ 생각하다 [~ sɛŋgakʰada ~ センガクカダ] 熱心に考える; 考えに没頭している.

*골라-내다**[ko:llanɛda コーラネダ] 他 えり抜く; 選び出す ¶ 물건을 ~ [mulgənul ~ ムルゴヌル ~] 物を選び出す.

골라-잡다[ko:lladʒapt'a コーラジャプタ] 他 選より取る; 選び取る ¶ ~잡아 1개 1,000원 [~-dʒaba hangɛ tʃʰonwən ~-ジャバ ハンゲ チョヌォン] より取りで1つ1,000ウォン / 마음대로 ~ [maumdɛro ~ マウムデロ ~] より取り見取りする; 気の向くままにより取る.

골-마루[ko:lmaru コールマル] 图 ① (部屋に付いている)狭い板の間 ② 狭い廊下.

골-머리[kolməri コルモリ] 图 俗 頭; 脳みそ; =머릿골 [məritk'ol モリッコル] ¶ ~ 아프다 [~ apʰuda ~ アプダ] 頭痛がする / ~ 앓다 [~ altʰa ~ アルタ] 頭を悩ます; どうしていいかわからず頭が痛い; 困りきる.

*골목**[ko:lmok コールモク] 图 横町; 路地 ¶ 2번째 ~ [tu:bəntʃ'ɛ (go:lmok) トゥーボンチェ (ゴールモク)] 2つ目の路地 / 막다른 ~ [makt'arun (go:lmok) マクタルン (ゴールモク)] 袋小路 / ~안에 살다 [(ko:lmog)ane sa:lda (コールモ) ガネ サールダ] 路地裏に住む **—골목** [(ko:lmo)k'olmok コルモク] 图 副 路地ごと(に) ¶ ~마다 아이들이 놀고 있다 [~-(k'olmoŋ)mada aiduri no:lgo it'a ~-(コルモン) マダ アイドゥリ ノールゴ イッタ] どの路地も子供たちが遊んでいる **—길** [(ko:lmo)k'il キル] 图 小道; 小路; 横町 ¶ ~로 질러가다 [~-lo tʃilləgada ~-チルロガダ] 横町から近道をする **—대장** [t'ɛ:dʒaŋ テージャン] 图 餓鬼大将.

*골몰-하다**[汨沒—][kolmorhada コルモルハダ] 自 (1つのことに)没頭する; 熱中する ¶ 시험 공부에 ~ [jihəm goŋbue ~ シホム ゴンブエ ~] 試験勉強に没頭する **골몰-히**[kolmori コルモリ] 副 熱心に; 夢中に; 凝って.

*골무**[kolmu コルム] 图 (裁縫で使う)指ぬき ¶ ~를 끼다 [~-rul k'ida ~-ルル ッキダ] 指ぬきをはめる.

골-방[—房][ko:lbaŋ コールバン] 图 (家具などをしまっておく)小[わき]部屋.

골-백번[—百番][kolbɛkp'ən コルベクポン] 图 何百回; 何度も; 「幾度も」を強調する語 ¶ ~ 일러줘도 소용없다 [~ illədʒwədo so:joŋəpt'a ~ イルロジュォド ソーヨンオプタ] 何度繰り返して教えてやっても効き目がない.

골-병[—病][kolbjəŋ コルビョン] 图 治りにくい内攻した重症 **—들다** [dulda ドゥルダ] 自 ① 治りにくい病気にかかる; 病膏肓こうこうに入る ¶ 교통 사고로 ~ [kjotʰoŋ sa:goro ~ キョトン サーゴロ ~] 交通事故で病こうこうに入る ② 致命的な打撃を受ける ¶ 그 사건으로 ~-들었다 [ku sa:k'ənuro ~-durət'a ク サーコヌロ ~-ドゥロッタ] その事件でひどい打撃を受けた.

골수[骨髓][kols'u コルッス] 图 ① 骨髓 ② 心の底; 心中 ¶ 원한이 ~에 사무치다 [맺히다] [wə:nhani ~e samutʃʰida [mɛtʃʰida] ウォーンハニ ~エ サムチダ [メッチダ]] 恨みが骨の髄まで[心に深く]染み込む[刻み込まれる] ③ 核心; 骨字 **—분자**(分子)

골육 / 끓아 떨어지다

[bundʒa ブンジャ] 名 核心要員.

골육[骨肉][korjuk コリュク] 名 骨肉 ¶~의 정 [(korjug)e tʃoŋ (コリュ)ゲチョン] 骨肉[肉親]の情 **—상잔**(相殘)[s'andʒan サンジャン] 名 骨肉相食むこと; 親族同士が殺しあうこと.

골자[骨子][koltʃ'a コルチャ] 名 骨子; 要点; 骨組み ¶연설의 ~ [jɔːnsɔre ~] 演説の骨子 / ~만 말하다 [~man maːrhada ~マン マールハダ] 要点だけ述べる.

골재[骨材][koltʃ'ɛ コルチェ] 名 骨材 ¶천연 ~ [tʃʰɔnjɔn (goltʃ'ɛ) チョニョン (ゴルチェ)] 天然骨材.

골절[骨折][koltʃ'ɔl コルチョル] 名 自 骨折 ¶차에 치여 ~하다 [tʃʰae tʃʰijɔ (koltʃ'ɔr)hada チャエ チョ〜ハダ] 車にはねられて骨折する.

***골짜기**[koltʃ'agi コルチャギ] 名 谷; 谷間; 渓谷; = 略 **골짝**[koltʃ'ak コルチャク] ¶가파른 ~ [kapʰarun ~カパルン ~] 両側の切り立った谷.

골-초[—草][koltʃʰo コルチョ] 名 ① (愛煙家をからかって) 大変なタバコ好きな人; ヘビースモーカー ② 質の悪いタバコ.

골치[koltʃʰi コルチ] 名 頭; 머릿골 [mɔritk'ol モリッコル]の俗っぽい語 ¶~(가)아프다 [~(ga)apʰuda ~(ガ)アプダ] 頭が痛い; 非常に面倒でうるさい / ~(를) 앓다 [~(rul) altʰa ~(ルル) アルタ] 頭を悩ます; どうにもけりがつかず悩む / ~를 썩이다 [~rul s'ɔgida ~ルル ッソギダ] 頭を悩ます **골칫-거리[덩이]**[koltʃʰitk'ɔri[tɔŋi] コルチッコリ[トンイ]] 名 困り者; やっかい者; 難物 ¶집안의 ~ [tʃibane ~ チバネ ~] 一家の困り者 / 수학은 ~다 [suːhagun ~da スーハグン ~ダ] 数学は難物だ.

***골탕**[koltʰaŋ コルタン] 名 ひどい迷惑や損害・思わぬ痛手や困難の俗っぽい語 **—먹다**[mɔkt'a モクタ] 自俗 ひどい損害を被る; ひどい目にあう; 煮え湯を飲まされる ¶문제가 어려워 ~ [munːdʒega ɔrjɔwɔ ~ ムーンジェガ オリョウォ ~] 問題が難しいので困る **—먹이다**[mɔgida モギダ] 他 ひどい目にあわせる; 懲らしめる ¶그 친구를 ~-먹이겠다 [kɯ tʃʰingurɯl ~-mɔgigetʰa ク チングル ~-モギゲッタ] あいつを懲らしめてやるぞ.

골-판지[—板紙][koːlpʰandʒi コールパンジ] 名 段ボール.

***골프**[kolpʰɯ コルプ] golf 名 ゴルフ **—장**(場)[dʒaŋ ジャン] 名 ゴルフリンク **—클럽**[kʰɯllɔp クルロプ] 名 ゴルフクラブ **골퍼**[kolpʰɔ コルポ] 名 ゴルファー(golfer).

곪다[koːmt'a コーㇺタ] 自 ① 膿む; 化膿する ¶상처가 ~ [saŋtʃʰɔga ~ サンチョガ ~] 傷が膿む[化膿する] ② (物が)腐る; 腐敗する ¶정계가 ~ [tʃɔŋgega ~ チョンゲガ ~] 政界が腐る **곪아-터지다**[kolmatʰɔdʒida コルマトジダ] 自 ① 傷口がすっかり化膿して(うみが)噴き出す ② (内部の腐敗が)積もり積もって破裂する ¶정계가 ~ [tʃɔŋgega ~ チョンゲガ ~] 政界の腐敗が積もり積もって破裂する.

곬[kol コル] 名 ① 一方向へ向かう道筋; ひた向き; 一途; 一筋 ¶외~으로 생각하다 [we(gol)s'uro sɛŋgakhada ウェ(ゴル)ッスロ センガクカダ] 一途に思い込む / 외~으로만 나아가다 [we(gol)s'uroman naagada ウェ(ゴル)ッスロマン ナアガダ] ひた向きに進む; 一点張りで通す ② (水の)流れ道; 水路 ¶물은 ~을 따라 흐른다 [murun (kol)s'ul t'ara hɯrunda ムルン (コル)ッスルッタラ フルンダ] 水は水路に沿って流れる ③ (物事の)元; 由来.

곯다¹[koltʰa コルタ] 自 ① (中身から)腐る; 傷む ¶계란이 곯았다 [kerani korat'a ケラニ コラッタ] 卵が腐った / 배가 ~ [pɛga ~ ペガ ~] ナシが傷む ② (人知れず)痛手を受ける; (知らぬ間に)損をする ¶나만 곯는다 [naman kollunda ナマン コルルンダ] 僕だけが損をする **곯리다¹**[kollida コルリダ] 他(便役) ① 中身が傷んで腐るようにする ② 損を与える; 痛手を負わせる; 懲らしめる ¶그 놈을 곯려 주다 [kɯ nomul kolljɔdʒuda ク ノムル コルリョジュダ] そいつを懲らしめてやる.

곯다²[koltʰa コルタ] 1 形 容量が足りない 2 他 (食べ物が不足して)腹をすかす ¶식량난으로 배를 ~ [ʃiŋnjaŋnanuro pɛrul ~ シンニャンナヌロ ペルル ~] 食糧難で腹をすかす **곯리다²**[kollida コルリダ] 他(便役) ① 容量を減らす ② 腹をすかせる=¶ 배를 ~ [pɛrul ~ ペルル ~].

곯아-떨어지다[korat'ɔrɔdʒida コラッ

トロジダ] 自 (疲れ果てて, 酒に酔って)正体もなく眠りこける ¶ 술에 ~ [sure ~ スレ ~] 酔いつぶれる.

*곰¹ [ko:m コーム] 名 ① 〈動〉クマ(熊) ② 愚鈍な人をあざける語.

곰² [ko:m コーム] 名 肉や魚などをよく煮詰めた濃い汁物 —거리 [k'ɔri コリ] 名 煮込む肉汁の材料になる牛の骨と肉 —국 [k'uk クク] 名 牛の肉・内臓をじっくり煮込んだスープ.

*곰곰-이 [ko:mgomi コームゴミ] 副 じっくり(と); つくづく(と) ¶ 앞일을 ~ 생각하다 [amnirul ~ sɛŋgakhada アムニルル ~ センガクカダ] 行く先[将来の事]をじっくりと考える.

곰배팔-이 [kombɛphari コムペパリ] 名 腕が曲がっていて屈伸のできない人; 腕に障害のある人.

곰보(-딱지) [ko:mbo (t'akt͡ɕi) コームボ(ッタクチ)] 名 顔に (ひどい) あばたのある人(あざける語・あばたつら).

*곰-탕 [—湯] [ko:mthaŋ コームタン] 名 コムタン; 牛の肉・内臓などをじっくり煮込んだスープ. また, そのスープにご飯をまぜた料理.

*곰팡(-이) [ko:mphaŋ(i) コームパン(イ)] 名 〈植〉カビ ¶ ~ 나다 [~ nada ~ ナダ] かびが生える; かびる / ~ 슬다 [~ sulda ~ スルダ] かびが広がっている; かびが生える / ~ 피다 [~ phida ~ ピダ] かびが(いっぱい)生える —내 [냄새] [nɛ [nɛ:msɛ] ネ[ネームセ]] 名 ① かび臭いにおい ② 時代に掛け離れた行動や思想 ¶ ~ 나는 사상 [~ nanun sa:saŋ ~ ナヌン サーサン] 時代遅れの[古臭い]思想.

*곱 [kop コプ] 名 倍 ¶ 3의 ~은 6 [same (kob)un njuk サメ (コ)ブンニュク] 3の倍は6 / 3 ~ [se:(gop) セー(ゴプ)] 3倍 —잡다 [t͡ɕ'apt'a チャプタ] 他 倍に見積もる —하다 [(ko) phada パダ] 他 掛ける; 乗ずる; 倍する.

곱다¹ [kopt'a コプタ] 形 ① (寒さで手足が)かじかむ; 凍える ¶ 곱은 손을 녹이다 [kobun sonul nogida コブン ソヌル ノギダ] かじかんだ[凍えた]手を暖める ② ゆがんでいる; 曲がっている; <'굽다') ¶ 등이 ~ [tuŋi ~ トゥンイ ~] 背が曲がっている.

*곱다² [ko:pt'a コープタ] 形 ㅂ変 ① 美しい; きれいだ ¶ 색이 ~ [sɛgi ~ セギ ~] 色彩が美しい / 고운 목소리 [ko:un moks'ori コーウン モクソリ] きれいな声 ② やさしい ¶ 마음씨가 ~ [maɯmʃiga ~ マウムッシガ ~] 気立てがやさしい ③ (肌のきめ・粉・織り目・木目などが)細かい ¶ 살결이 ~ [salk'ɔri ~ サルキョリ ~] 肌のきめが細かい; 肌がきれいだ / 고운 모래 [ko:un morɛ コーウン モレ] 細かい砂 / 올이[나뭇결이] ~ [o:ri [namutk'ɔri] ~ オーリ[ナムッキョリ] ~] 織り目[木目]が細かい ④ 安らかだ; 素直だ ¶ 고이 잠들다 [ko:i t͡ɕamdulda コーイ チャムドゥルダ] 安らかに眠る / 고이 [곱게] 자라다 [ko:i [ko:pk'e] t͡ɕarada コーイ[コープケ] チャラダ] 素直に[苦労を知らずに]育つ 곱게 [ko:pk'e コープケ] 副 きれいに; つつがなく.

곱-다랗다 [ko:pt'arat͡ɕa コープタラッタ] 形 ㅎ変 ① とてもきれいだ ② 元のままだ 곱-다랗게 [ko:pt'arakhe コープタラッケ] 副 ① きれいに ¶ 그녀는 ~ 생겼다 [kunjɔnun ~ sɛŋgjɔt'a クニョヌン ~ センギョッタ] 彼女はとてもきれいだ ② 元のままに ¶ ~ [곱게] 간직하다 [~ [ko:pk'e] kand͡ʑikhada ~ [コープケ] カンジクカダ] 元のとおりに[きれいに]保管する.

곱-돌 [kopt'ol コプトル] 名 〈鉱〉蠟石 ¶ ~ 냄비[솥] [~ lɛmbi [sot] ~ レムビ[ソッ]] 蠟石製の鍋[釜].

곱-되다 [kopt'weda コプトゥェダ] 自 (数や量が)倍になる; 倍にかさむ.

곱-들다 [kopt'ulda コプトゥルダ] 自 倍もかかる; 2倍かかる ¶ 예산보다 ~ [je:sanboda ~ イェーサンボダ ~] 予算より倍もかかる.

곱-들이다 [kopt'ullida コプトゥリダ] 他 (費用・材料などを)2倍かける.

*곱-빼기 [kopp'ɛgi コプペギ] 名 2人分の食べ物; ダブル; 盛り ¶ 소고기 덮밥 ~ 하나 주세요 [sogogi dɔp'ap (k'o-p'ɛgi) hana t͡ɕusejo ソゴギ ドパプ ~ ハナ チョセヨ] 牛どん盛り[大盛りで]1丁お願いします.

곱사-등(이) [kops'adɯŋ(i) コプサドゥン(イ)] 名 くる病で曲がった背[その人].

곱살-하다 [ko:ps'arhada コープサラダ] 形 여変 (顔立ちや気立てが)やさしくきれいだ 곱살-스럽다 [ko:ps'al-sɯrɔpt'a コープサルスロプタ] 形 ㅂ変 (顔が)やさしくできれいだ; きれいでしとやかだ; 穏やかで美しい感じだ.

***곱-셈** [kops'em コプセム] 名 掛け算; 乗算↔**나눗셈** [nanus'em ナヌッセム] 「割り算、除算」 **—하다** [hada ハダ] 他 掛け算をする; 掛け合わせる.

곱슬곱슬-하다 [kops'ɯlgops'ɯrhada コプスルゴプスルハダ] 形 [여変] (髪・糸などが)縮れている; 縮くれている ¶머리가 ~ [mɔriga ~ モリガ ~] 髪が縮くれている.

곱슬-머리 [kops'ɯlmɔri コプスルモリ] 名 縮れ髪(の人). ×'고수머리'.

곱쟁이 [koptʃ'ɛŋi コプチェンイ] 名 倍の数量 ¶물가가 ~로 올랐다 [mulk'aga ~ ro ollat'a ムルカガ ~ ロ オルラッタ] 物価が倍に跳ね上がった.

곱절 [koptʃ'ɔl コプチョル] 名 [하動] 倍(数) ¶3 ~이 되다 [se: (goptʃ'ɔr)i tweda セー (コプチョ)リ トゥェダ] 3倍になる.

곱-창 [koptʃʰaŋ コプチャン] 名 牛の小腸 **—구이** [gui グイ] 同 牛のホルモン焼き(料理) **—전골** [dʒɔŋgol ジョーンゴル] 名 牛もつ寄せ鍋(料理).

곱-치다 [koptʃʰida コプチダ] 他 ① 2つに折り合わせる ② 倍にする ¶물건값을 곱쳐 주다 [mulgɔnk'aps'ɯl koptʃʰɔ dʒuda ムルゴンカプスル コプチョ ジュダ] 品物の値段を倍にして支払う.

곱-하기 [kopʰagi コプハギ] 名 ① 掛け算 ② 掛けること ¶3 ~ 3은 9 [sam (gopʰagi) samun ku サム (コプハギ) サムン ク] 3掛け3は9.

***곳** [kot コッ] 名 [依名] 所; 場所; …か所 ¶높은 ~ [nopʰɯn ~ ノプン ~] 高い所/이 ~ [i (got) イ (ゴッ)] ここ/저 ~ [tʃ'ɔ (got) チョ (ゴッ)] あそこ.

곳간 [庫間] [kotk'an コッカン] 名 蔵 [倉]; 物置 ¶쌀 ~ [s'al (gotk'an) ッサル (ゴッカン)] 米蔵/배의 ~ [pɛe ~ ペエ ~] 船倉 **—차** [tʃʰa チャ] 名 有蓋貨車.

*****곳-곳** [kotk'ot コッコッ] 名 あち(ら)こち(ら); 至る所; 所々; 方々 ¶~에서 사고가 났다 [(kotk'os)esɔ sa:goga nat'a (コッコ)セソ サーゴガ ナッタ] あちこちで事故が起こった/~에 샘물이 있다 [(kotk'os)e se:mmuri it'a (コッコ)セ セームムリ イッタ] 至る所に泉がある **—이** [(kotk'oʃ)i (コッコ)シ] 副 至る所(に); 所々(に); 方々(に) ¶~ 다 절경이다 [~ ta: dʒɔlgjɔŋida ~ ター ジョルギョンイダ] 至る所景色がみなすばらしい.

*****공** [ko:ŋ コーン] 名 ① まり; 球; ボール ¶고무 ~ [gomu (goŋ) ゴム (ゴン)] ゴムまり/당구~ [taŋgu (goŋ) タング (ゴン)] 玉突きの球; ビリヤードのたま/야구~ [ja:gu (goŋ) ヤーグ (ゴン)] 野球のボール ② 鐘; ゴング (gong) ¶3라운드의 ~이 울리다 [samraundɯe ~ i ullida サムラウンドゥエ ~ イ ウルリダ] 3ラウンドの鐘がなる.

공 [公] [koŋ コン] 1 名 公 ¶~과 사의 구별 [~gwa sae kubjɔl ~グァ サ エ クビョル] 公私の区別 2 代 公 ¶귀~ [kwi: (goŋ) クィー (ゴン)] 貴公.

공 [功] [koŋ コン] 名 功; 功名; 手柄 ¶~을 세우다 [닦다・쌓다]; [~ɯl se-uda [takt'a・s'atʰa] ~ウル セウダ [タクタ・ッサッタ]] 手柄を立てる [努力する・努力を重ねる].

*****공** [空] [koŋ コン] 名 ① 空; 空き ¶~병 [~bjɔŋ ~ビョン] 空きびん/~터 [~tʰo ~ト] 空き地 ② 代価のないもの; ただ ¶~것 [~k'ɔt ~コッ] ただで得たもの/~술 [~sul ~スル] ただで飲む酒 ③ 無駄; むなしいこと ¶오늘은 ~ 쳤다 [onurɯn ~ tʃʰɔt'a オヌルン ~ チョッタ] 今日は棒に振った; 今日はお茶を挽いた [芸者などが客がなくて暇でいること]/~치다 [~tʃʰida ~チダ] 丸印をつける; 得ものがない ④ 零; ゼロ ¶02 [~ i ~ イ] 02.

*****공간** [空間] [koŋgan コンガン] 名 空間 ¶시간과 ~ [ʃigangwa ~ シガングァ ~] 時間と空間 **—미** [mi ミ] 名 空間美 **—예술** [ne:sul ネースル] 名 空間芸術.

*****공갈** [恐喝] [ko:ŋgal コーンガル] 名 [하他] ① 恐喝; 脅し ¶~ 협박 [~ hjɔp'ak ~ ヒョッパク] 恐喝と脅迫 ② 俗 嘘 ¶~ 치지 마 [~ tʃʰidʒi ma: ~ チジマー] うそつくな/~이다 [ta: (go:ŋgar)-ida ター (ゴーンガリ)ダ] みんなうそだ **—놓다** [lotʰa ロッタ]・**—때리다** [t'ɛrida ッテリダ]・**—치다** [tʃʰida チダ] 他 脅す; うそをつく **—죄** [tʃ'we チュェ] 名 〈法〉 恐喝罪.

공감 [共感] [ko:ŋgam コーンガム] 名 [하自] 共感 ¶~을 느끼다 [얻다] [~ul nuk'ida [ɔ:t'a] (コーンガ)ル ヌッキダ [オーッタ]] 共感を覚える [得る].

*****공개** [公開] [koŋgɛ コンゲ] 名 [하他] 公開 ¶비~ [pi: (goŋge) ピー (ゴンゲ)]

非公開 **―강좌** [ga:ŋdʒwa ガーンジュァ] 名 公開講座 **―경쟁** [gjo:ŋdʒeŋ ギョーンジェン] 名 公開競争 **―방송** [ba:ŋsoŋ バーンソン] 名 公開放送.

***공격** [攻擊] [ko:ŋgjok コーンギョク] 名 攻擊 ¶ ~의 대상으로 삼다 [(ko:ŋgjok sa:ŋuro sa:mt'a (コーンギョ)ゲテーサンウロ サームタ] 攻擊の対象にする; 攻擊のやり玉にあげる / ~ 당하다 [~ t'aŋhada タンハダ] 攻擊される **―하다** [(ko:ŋgjok)kʰada カダ] 他 攻擊する; 攻める.

***공경-하다** [恭敬―] [koŋgjoŋhada コンギョンハダ] 他 恭敬する; 敬う; 尊ぶ ¶ 어른을 ~ [ɔ:runul ~ オールヌル ~] 目上の人を敬う.

공고 [公告] [koŋgo コンゴ] 名 하他 公告 ¶ ~문 [~mun ~ムン] 公告文.

공고 [鞏固] [ko:ŋgo コーンゴ] 名 하形 強固 ¶ ~한 의지 [~han ɯi:dʒi ~ハン ウィージ] 強固な意志 **공고-히** [ko:ŋgoi コーンゴイ] 副 強固に ¶ 국방을 ~ 하다 [kukp'aŋul ~hada ククパンウル ~ハダ] 国防を固める.

공공 [公共] [koŋgoŋ コンゴン] 名 公共 ¶ ~의 이익 [~e i:ik ~エ イーイク] 公共の利益 **―건물** [gɔ:nmul ゴーンムル] 名 公共の建物 **―기업체** [giɔpt͡ʃʰe ギオプチェ] 名 公共企業体 **―단체** [dant͡ʃʰe ダンチェ] 名 公共団体 **―방송** [ba:ŋsoŋ バーンソン] 名 公共放送 **―복지** [bokt͡ʃ'i ボクチ] 名 公共の福祉 **―사업** [sa:ɔp サーオプ] 名 公共事業 **―시설** [ʃi:sɔl シーソル] 名 公共施設 **―요금** [njo:gɯm ニョーグム] 名 公共料金 **―자금** [dʒagɯm ジャグム] 名 公共資金 **―재산** [dʒɛsan ジェサン] 名 公共財産 **―투자** [tʰudʒa トゥジャ] 名 公共投資.

공공연-하다 [公公然―] [koŋgoŋjɔnhada コンゴンヨンハダ] 形 公然だ; おおぴらだ; 表向きだ ¶ ~한 사실 [비밀] [~han sa:ʃil[pi:mil] ~ハン サーシル[ピーミル]] 公然たる事実[秘密] **공공연-히** [koŋgoŋjoni コンゴンヨニー] 副 公然と; おおっぴらに; あらわに ¶ ~ 반대하다 [~ pa:ndɛhada ~ パーンデハダ] あらわに反対する.

공과 [工科] [koŋk'wa コンクァ] 名 工科 **―대학** [dɛ:hak デーハク] 名 工学部; 略 **공대** [koŋdɛ コンデ]「工業大」.

공관 [公館] [koŋgwan コングァン] 名 公館; 官邸 ¶ 총리 ~ [tʰo:ŋni (goŋ)gwan) チョーンニ (ゴンゴァン)] 総理官邸 / 재외 ~ [t͡ʃɛ:we (goŋgwan) チェーウェ (ゴンガァン)] 在外公館 **―장** [dʒaŋ ジャン] 名 公館長.

***공교-롭다** [工巧―] [koŋgjoropt'a コンギョロプタ] 形 ㅂ変 あいにくだ; 意外だ; 偶然だ; 思いがけない; 具合が悪い [よい] **공교-롭게(도)** [koŋgjoropk'e(do) コンギョロプケ(ド)] 副 折あしく; 折よく; あいにく; 都合悪く; =**공교로이** [koŋgjoroi コンギョロイ] ~ 그를 만나다니 [~ kurrul mannadani ~ クルルマンナダニ] 折あしく彼にあうとは / ~도 출타중(出他中)이었다 [~do tʰultʰadʒuɲit'a ~ ドチュルタジュンイオッタ] あいにく留守だった / ~ 일이 겹치다 [~ iri kjɔptʰida ~ イーリ キョプチダ] 都合悪く仕事が重なる.

***공교-하다** [工巧―] [koŋgjohada コンギョハダ] 形 여変 ① 巧みだ; 巧妙だ; 精巧だ ¶ ~한 솜씨 [~han somʃ'i ~ハン ソムッシ] 巧みな手並み / ~하고 아름답다 [~hago arɯmdapt'a ~ハゴ アルムダプタ] 精巧で美しい ② 意外だ; 具合が悪い [よい].

공군 [空軍] [koŋgun コングン] 名 空軍 **―기지** [gidʒi ギジ] 名 空軍基地.

공권 [公權] [koŋk'wɔn コンクォン] 名 公權 **―력** [njɔk ニョク] 名 公權力.

공금 [公金] [koŋgum コングム] 名 公金 **―유용** [njujoŋ ニュヨン] 名 公金流用 **―횡령** [hweŋnjɔŋ フェンニョン] 名 公金橫領.

***공급** [供給] [ko:ŋgup コーングプ] 名 供給 ¶ 식량의 ~ [ʃiŋnjaŋe ~ シンニャンエ ~] 食糧の供給 / ~받다 [(ko:ŋgu)p'at'a ~パッタ] 供給を受ける; 供給される **―하다** [(ko:ŋgu)pʰada バダ] 他 供給する; 給する **―계약** [k'e:jak ケーヤク] 名 供給契約 **―과잉** [k'wa:iŋ クァーイン] 名 供給過剰 **―원** [(ko:ŋgub)wɔn (コーングブ)ヲン] 名 供給源.

공기 [ko:ŋgi コーンギ] 名 ① 石の子遊びの石 ②(お)手玉 **―놀다** [nolda ノルダ] 自語幹 ① 石な子をして遊ぶ ② お手玉をもって遊ぶ **―놀이** [nori ノリ] 名 石な子遊び[お手玉]遊び.

***공기** [空器] [koŋgi コンギ] 名 ① 椀; 茶碗 ¶ 밥~ [pap(k'oŋgi) パプ~] ご飯茶碗 / 1~ [pa pʰan (goŋgi) パ パン (ゴンギ)] ご飯1わん; 1膳めし.

공기[空氣][koŋgi コンギ] 名 空気 ① 大気 ¶신선한 ~[ʃinsɔnhan ~ シンソンハン ~] 新鮮な空気 / ~가 나쁘다[맑다][~ga nap'uda[makt'a] ~ガ ナップダ[マクタ]] 空気が悪い[澄んでいる] ② (会場・職場などの)雰囲気.

공납-금[公納金][koŋnapk'um コンナプクム] 名 ① 役所に義務的に納めるお金 ② 学生が学校に納めるお金.

공노[共怒][ko:ŋno コーノ] 名 하自 共に怒ること ¶천인~할 일[tʃhonin ~hal li:l チョニン ~ハル リール] 天人共に怒るべきこと.

공단[工團][koŋdan コンダン] 名 工業団地.

공대-공[空對空][koŋdεgoŋ コンデゴン] 名 空対空 —**미사일**[misail ミサイル] 名 空対空ミサイル(missile).

공덕[功德][koŋdɔk コンドク] 名 〈仏〉 功徳 ¶부처님의 ~[putʃhɔnime ~ プチョニメ ~] 仏の功徳 / ~을 기리다[베풀다·쌓다][(koŋdɔg)ul kirida[pephulda·s'atha] (コンドグ)グル キリダ[ペプルダ·ッサッタ]] 功徳を誉め称える[施す·積む] —**심**[ʃim シム] 名 多くの人に善行を施そうとする心.

공-돈[空—][koŋt'on コントン] 名 労せず入った金; ただで得た金; あぶく銭.

***공동**[共同][ko:ŋdoŋ コーンドン] 名 하他 共同 ¶~으로 쓰다[~uro s'uda ~ウロッスダ] 共同で使う —**가입**[gaip ガイプ] 名 共同加入 —**경영**[gjɔŋjoŋ ギョンヨン] 名 共同経営 —**기업**[giɔp ギオプ] 名 共同企業 —**대표**[dεphjo デーピョ] 名 共同代表 —**묘지**[mjo:dʒi ミョージ] 名 共同墓地 —**보조**[bo:dʒo ボージョ] 名 共同歩調 —**상속**[saŋsok サンソク] 名 共同相続 —**생활**[sεŋwal センファル] 名 共同生活 —**선언**[sɔnɔn ソノン] 名 共同宣言 —**성명**[sɔŋmjɔŋ ソンミョン] 名 共同声明 —**소유**[so:ju ソーユ] 名 共同所有 —**우승**[usuŋ ウスン] 名 共同優勝 —**운명**[u:nmjɔŋ ウーンミョン] 名 共同運命 —**작업**[dʒagɔp ジャゴプ] 名 共同作業 —**작전**[dʒakt'ʃɔn ジャクチョン] 名 共同作戦 —**전선**[dʒɔ:nsɔn ジョーンソン] 名 共同戦線 —**제작**[dʒe:dʒak ジェージャク] 名 共同製作 —**조사**[dʒosa ジョサ] 名 共同調査 —**주최**[dʒutʃhwe ジュチュェ] 名 共同主催 —**주택**[dʒu:thεk ジューテク] 名 共同住宅 —**책임**[tʃhε-gim チェギム] 名 共同責任 —**체**[tʃhe チェ] 名 共同体 —**판매**[phanmε パンメ] 名 共同販売.

공-들다[功—][koŋdulda コンドゥルダ] 自 ㄹ語幹 誠意がこもる **공든-탑**(塔)[koŋdun nthap コンドゥンタプ] 名 ① 念を入れた塔 ② 骨折って成した仕事 ¶~이 무너지랴[(koŋdun-thab)i munɔdʒirja(コンドゥンタ) ビムノジリャ] 諺 念入りに築き上げた塔[骨折って成した仕事]が崩れるものか.

공-들이다[功—][koŋdurida コンドゥリダ] 自 念を入れる; 真心を込める; 誠意を尽す; 骨折る ¶공들인 작품[koŋdurin tʃakphum コンドゥリン チャクプム] 誠意を尽した[念をこらした]作品; 真心を込めて作った作品.

공-뜨다[空—][koŋt'uda コンットゥダ] 自 ① 宙に浮く ¶만원이 ~[ma:nwɔni ~ マーヌォニ ~] 1万ウォンが宙に浮く ② 根も葉もない(うわき).

공란[空欄][koŋnan コンナン] 名 空欄; ブランク ¶~에 써 넣다[~e s'ɔ notha (コーンナ)ネッソ ノッタ] 空欄に書き込む.

공람[供覽][ko:ŋnam コーンナム] 名 하他 供覧 ¶서류를 ~하다[sɔrjuruI ~hada ソリュルル ~ハダ] 書類を供覧する.

공랭-식[空冷式][koŋnεŋʃik コンネンシク] 名 空冷式 ¶~엔진[(koŋnεŋʃig)enʒin (コンネンシ)ゲンジン] 空冷式エンジン.

공략[攻略][ko:ŋnjak コーンニャク] 名 하他 攻略 ¶~전[~tʃ'ɔn ~チョン] 攻略戦.

***공로**[功勞][koŋno コンノ] 名 功労; 功; 手柄 ¶~자[~dʒa ~ジャ] 功労者 —**상**[saŋ サン] 名 功労賞.

공론[公論][koŋnon コンノン] 名 公論 ¶~에 따르다[~e t'aruda (コンノ)ネッタルダ] 公論に従う.

공론[空論][koŋnon コンノン] 名 하他 空論 ¶탁상(卓上) ~[thaks'aŋ (goŋnon) タクサン (ゴンノン)] 机上の空論.

공룡[恐龍][ko:ŋnjoŋ コーンニョン] 名 恐竜 ¶~시대[~ ʃidε ~ シデ] 恐竜時代.

공리[功利][koŋni コンニ] 功利 —**주의**[dʒui ジュイ] 名 功利主義; 幸福[功名]と利益を人生の主たる目的[価値の標準]とする倫理・政治思想.

공립[公立][koŋnip コンニプ] 名 公立 ↔사립[sarip サリプ]「私立」—**학교**[(koŋni)pʰakʲjo パクキョ] 名 公立学校.

공매[公賣][koŋmɛ コンメ] 名 하他 公売 —**처분**[tʃʰɔːbun チョーブン] 名 公売処分.

공명[公明][koŋmjɔŋ コンミョン] 하形 하副 公明 —**선거**[sɔːngɔ ソンゴ] 名 公明選挙 —**정대**[dʒɔːŋdɛ ジョーンデ] 名 하形 公明正大.

공명[功名][koŋmjɔŋ コンミョン] 하自 功名 —**심**[ʃim シム] 功名心.

공모[公募][koŋmo コンモ] 名 하他 公募 —**전**[dʒɔn ジョン] 名 公募展.

공모[共謀][koːŋmo コーンモ] 名 共謀 —**하다**[hada ハダ] 他 共謀する; グルになる; 馴れ合う ¶~해서 남을 속이다[~-hɛsɔ namul sogida ~-ヘソ ナムル ソギダ] 馴れ合って人をだます —**자**[dʒa ジャ] 名 共謀者.

****공무**[公務][koŋmu コンム] 名 公務 ¶~출장[~ tʃʰultʃʼaŋ ~ チュルチャン] 公務による出張 —**수행**[suhɛŋ スヘン] 名 公務遂行 —**원**[wɔn ウォン] 名 公務員 ¶말단 ~[malt'an (goŋmuwɔn) マルタン (ゴンムウォン)] 小役人 —**집행**[dʒipʰɛŋ ジプペン] 名 公務執行.

공문-서[公文書][koŋmunsɔ コンムンソ] 名 公文書 —**위조**[widʒo ウィジョ] 名 公文書偽造.

공박[攻駁][koːŋbak コーンバク] 名 하他 人の過ちを詰たり責める[攻撃する]こと ¶정치적 ~[tʃɔŋtʃʰidʒɔ (k'oːŋbak) チョンチジョク ~] 政治的攻撃.

공-밥[空—][koŋp'ap コンパプ] 名 ただ飯 ¶~을 먹다[(koŋp'ab)ul mɔkt'a (コンパブ)ル モクタ] ただ食いをする; 働かず報酬だけ取る; 居候する.

공방[攻防][koːŋbaŋ コーンバン] 名 하他 攻防 —**전**[dʒɔn ジョン] 名 攻防戦.

공방[空房][koŋbaŋ コンバン] 名 空房 ¶독수(獨守) ~[toks'u (goŋbaŋ) トクス (ゴンバン)] 孤閨を守ること; 女性が1人で寂しく夜を過ごす部屋.

공백[空白][koŋbɛk コンベク] 名 空白; ブランク ¶~을 메우다[(koŋbɛg)ul meuda (コンベグ)ル メウダ] 空白を埋める.

공범[共犯][koːŋbɔm コーンボム] 名 共犯 —**자**[dʒa ジャ] 名 共犯者.

공보[公報][koŋbo コンボ] 名 公報; 広報 —**관**[원][gwan[wɔn] グァン[ウォン]] 名 公報館[院].

공복[公僕][koŋbok コンボク] 名 公僕 ¶민중의 ~[mindʒuŋe ~ ミンジュンエ ~] 民衆の公僕.

공복[空腹][koŋbok コンボク] 名 空腹; すき腹 ¶~에 먹는 약[(koŋbog)e mɔŋnun njak (コンボ)ゲモンヌン ニャク] 空腹に飲む薬.

****공부**[工夫][koŋbu コンブ] 名 하自他 勉強 ¶시험 ~[ʃihɔm (goŋbu) シホム (ゴンブ)] 試験勉強 / ~ 벌레[~ bɔlle ~ ボルレ] 勉強の虫 / 벼락치기 ~[pjɔraktʃʰigi (goŋbu) ビョラクチギ (ゴンブ)] にわか勉強; 一夜漬け.

****공사**[工事][koŋsa コンサ] 名 하自 工事 ¶도로 ~[toːro (goŋsa) トーロ (ゴンサ)] 道路工事; 道路普請 / 날림 ~[nallim (goŋsa) ナルリム (ゴンサ)] やっつけ工事; 安普請 —**비**[bi ビ] 名 工事費 —**장**[dʒaŋ ジャン] 名 工事場 —**관**[pʰan パン] 名 工事現場.

공사[公私][koŋsa コンサ] 名 公私 ¶~ 다망[~ damaŋ ~ ダマン] 公私多忙 / ~의 구별[~e kubjɔl ~エ クビョル] 公私の区別[けじめ].

공사[公使][koŋsa コンサ] 名 公使 ¶주일 ~[tʃuːil (goŋsa) チューイル (ゴンサ)] 駐日公使 —**관**[gwan グァン] 名 公使館.

공산[公算][koŋsan コンサン] 名 公算 ¶이길 ~이 크다[igil ~i kʰuda イギル (コンサ)ニ クダ] 勝つ公算が大きい.

공산[共産][koːŋsan コーンサン] 名 共産 —**국가**[guk'a グクカ] 名 共産国家 —**당**[daŋ ダン] 名 共産党 —**주의(자)**[dʒui(dʒa) ジュイ(ジャ)] 名 共産主義(者).

공산-명월[空山明月][koŋsan mjɔŋwɔl コンサン ミョンウォル] 名 ① 空山の明月 ② 山に満月を描いた花札の1つ ③ はげ頭をこっけいに言う語.

공산-물[품][工産物[品]][koŋsanmul[pʰum] コンサンムル[プム]] 名 工業製品.

공상[空想][koŋsaŋ コンサン] 名 하自他 空想 ¶~에 잠기다[~e tʃamgida ~エ チャムギダ] 空想にふける —**가**[ga ガ] 名 空想家 —**과학**[gwahak グァハク] 名 空想科学 ¶~ 소설[~ sʼɔːsɔl ~ ソーソル] 空想科学小説 / ~ 영화[~-(gwhaŋ) njɔŋhwa ~-

(グァハン) ニョンファ] 空想科学映画.
공서 양속[公序良俗][koŋsɔ jɔŋsok コンソ ヤンソク] 名 公序良俗. 「欠員.
공석[空席][koŋsɔk コンソク] 名 空席;
공세[攻勢][ko:ŋse コーンセ] 名 攻勢 ¶ 평화 ~ [pʰjɔŋhwa (go:ŋse) ピョンファ (ゴーンセ)] 平和攻勢.
공소[公訴][koŋso コンソ] 名 하他 〈法〉 公訴 **—권** [k'wɔn クォン] 名 公訴権 **—기각** [gi:gak ギーガク] 名 公訴棄却 **—시효** [ʃihjo シヒョ] 名 公訴時効.
*공손-하다[恭遜—][koŋsonhada コンソンハダ] 形 丁寧だ; 恭しい ¶ ~-한 인사 [~-han insa ~-ハン インサ] 丁寧なあいさつ / ~-한 태도 [~-han tʰɛ:do ~-ハン テード] 穏やかな [謙遜な] 態度 **공손-히** [koŋsoni コンソニ] 副 丁寧に; 丁重に; 恭しく.
공수[攻守][ko:ŋsu コーンス] 名 攻守 ¶ ~-가 다 강한 팀 [~-ga ta: gaŋhan tʰi:m ~ ガター ガンハン ティーム] 攻守共に強いチーム.
공수[空手][koŋsu コンス] 名 空手; 素手; 手ぶら ¶ ~-래 ~-거 (空手來空手去) [~-rɛ (goŋsu) gɔ ~-レ (ゴンス) ゴ] 手ぶらで生まれて手ぶらで死ぬ (仏教で人のはかないことをいう語).
공수[空輸][koŋsu コンス] 名 하他 空輸 ¶ 물자를 ~하다 [multʃ'arul ~-hada ムルチャルル ~-ハダ] 物資を空輸する **—부대** [budɛ ブデ] 名 空輸部隊 **—작전** [dʒaktʃ'ɔn ジャクチョン] 名 空輸作戦 **—특전단** (特戦團) [tʰuktʃ'ɔndan トゥクチョンダン] 名 空輸特別戦闘部隊; 落下傘で敵地に降下して特殊な作戦を行なう空挺部隊.
공-수표[空手票][koŋsupʰjo コンスピョ] 名 ① 空手形 ② 実行を伴なわない約束; 空約束 ¶ ~-를 떼다 [~-rul t'eda ~-ルル ッテダ] 空手形を切る; 約束を守らない.
공습[空襲][koŋsup コンスプ] 名 하他 空襲 **—경보** [k'jɔːŋbo キョーンボ] 名 空襲警報.
공시[公示][koŋʃi コンシ] 名 하他 公示 ¶ 선거일을 ~하다 [sɔ:ŋgoirul ~-hada ソーンゴイルル ~ハダ] 選挙期日を公示する.
*공식[公式][koŋʃik コンシク] 名 公式 ¶ ~ 회담 [(koŋʃi)kʰwe:dam ~ クェーダム] 公式会談 **—적** [tʃ'ɔk チョク]

名 冠 公式的 ¶ ~-인 답변 [~-(tʃ'ɔg)-in tap'jɔn ~-(チョ)ギン タプピョン] 公式的な答弁.
공신[公信][koŋʃin コンシン] 名 公共の信用 **—력** [njɔk ニョク] 名 公信力.
공안[公安][koŋan コンアン] 名 公安 **—사범** [sa:bɔm サーボム] 名 時局事件や対共秩序に違反した犯罪 **—정국** (政局) [dʒɔŋguk ジョングク] 名 主に対共問題を政治化した政局.
공약[公約][koŋjak コンヤク] 名 하他 公約 ¶ 선거 ~ [sɔ:ŋgɔ (goŋjak) ソーンゴ (ゴンヤク)] 選挙公約.
공양[供養][ko:ŋjaŋ コーンヤン] 名 하自他 ① 供養꾕;目上の人に食物でもてなすこと; 養うこと ② 供養꾕; 仏様に供物を供えること ③ 僧侶が1日3回の食事をすること **—(을)드리다** [(ɯl) dɯrida (ウル)ドゥリダ] 慣「供養する」の尊敬語; 養う **—미** (米) [mi ミ] 名 供米쑉 **—주** (主) [dʒu ジュ] 名 ① 供養の施主 ② 寺でご飯を炊く僧.
공언[公言][koŋɔn コンオン] 名 公言 **—하다** [hada ハダ] 他 公言する.
*공업[工業][koŋɔp コンオプ] 名 工業 ¶ 가내 ~ [kanɛ (goŋɔp) カネ(ゴンオプ)] 家内工業 / 경[중] ~ [kjɔŋ[tʃuŋ](goŋɔp) キョン[チューン] (ゴンオプ)] 軽[重]工業 **—단지** [t'andʒi タンジ] 名 工業団地; (略)'공단'(工團) **—약품** [(koŋɔm) njakpʰum (コンオム)ニャクプム] 名 工業薬品 **—용수** [(koŋɔm) njo:ŋsu (コンオム) ニョーンス] 名 工業用水 **—제품** [tʃ'e:pʰum チェープム] 名 工業製品＝'공산품' **—폐수** [(koŋɔ) pʰe:su ペース] 名 工業廃水 **—화** [(koŋɔ) pʰwa プァ] 名 工業化 **—화학** [(koŋɔ) pʰwa:hak プァーハク] 名 工業化学.
*공연[公演][koŋjɔn コンヨン] 名 하自 公演 ¶ ~-중인 연극 [~-dʒuŋin njɔŋguk ~ジュンイン ニョーングク] 公演中の劇.
공연[公然][koŋjɔn コンヨン] 하形 公然 ¶ ~-한 비밀 [~-han pi:mil ~-ハン ピーミル] 公然の秘密.
*공연-하다[空然—][koŋjɔnhada コンヨンハダ] 形 여形 無駄だ; 空しい; 不必要だ ¶ ~-한 걱정 [~-han kɔk-tʃ'ɔŋ ~-ハン コクチョン] つまらない [よけいな] 心配 / ~-한 짓을 하다 [~-han tʃi:sul hada ~-ハン チースル ハダ] つまらない [要らぬ] ことをする 공

연-히[konjoni コンヨニ] 副 空しく; いたずらに; 何となく ¶~ 화를 내다[~ hwa:rɯl nɛ:da ~ ファールル ネーダ] わけもなく腹を立てる/ ~ 화가 나다[~ hwa:ga nada ~ ファーガ ナダ] 無性に腹が立つ/ ~ 서두르다[~ sɔduruɯda ~ ソドゥルダ] いたずらに急ぐ.

공-염불[空念佛][koŋnjɔmbul コンニョムブル] 名 空念仏 ¶~로 끝나다[~lo k'ɯnnada ~ロックンナダ] 空念仏に終わる **—하다**[(koŋnjɔmbur)hada ハダ] 自 空念仏を唱える.

공영[公營][koŋjɔŋ コンヨン] 名 他 公営 **—기업**[giɔp ギオプ] 名 公営企業 **—방송**[ba:ŋsoŋ バーンソン] 名 公営放送 **—선거**[sɔ:ngɔ ソーンゴ] 名 公営選挙.

공예[工藝][koŋe コンエ] 名 工芸 ¶도자기 ~[todʒagi (goŋe) トジャギ (コンエ)] 陶磁器工芸 / 미술 ~[mi:sul (goe) ミースル (ゴンエ)] 美術工芸 **—가**[ga ガ] 名 工芸家 **—품**[pʰum プム] 名 工芸品.

공용[公用][koŋjoŋ コンヨン] 名 他 公用 ¶~으로 쓰다[~ɯro s'uda ~ウロ ッスダ] 公用に使う **—문**[mun ムン] 名 公用文 **—어**[ɔ オ] 名 公用語.

공용[共用][ko:ŋjoŋ コーンヨン] 名 他 共用 ¶남녀 ~[namnjɔ (go:ŋjoŋ) ナムニョ (ゴーンヨン)] 男女共用.

공원[工員][koŋwɔn コンウォン] 名 工員; 工場従業員.

***공원**[公園][koŋwɔn コンウォン] 名 公園 ¶국립 ~[kuŋnip (k'oŋwɔn) クンニプ ~] 国立公園 **—묘지**[mjo:dʒi ミョージ] 名 公園墓地.

공익[公益][koŋik コンイク] 名 公益 **—단체**[t'antʃʰe タンチェ] 名 公益団体 **—사업**[s'a:ɔp サーオプ] 名 公益事業.

공인[公人][koŋin コンイン] 名 公人 ¶~으로서의 행동[~ɯrosɛ heŋdoŋ (コンイ)ヌロソエ ヘンドン] 公人としての行動.

공인[公認][koŋin コンイン] 名 他 公認 **—노무사**[nomusa ノムサ] 名 公認労務士 **—회계사**[hwe:gesa フェーゲサ] 名 公認会計士.

공일(-날)[空日—][koŋil(lal) コンイル(ラル)] 名 日曜日; 休日.

공임[工賃][koŋim コンイム] 名 工賃 ¶~이 싸다[비싸다][~i s'ada[pis'ada] (コンイ)ミ ッサダ[ピッサダ]] 工賃が安い[高い].

공작[工作][kondʒak コンジャク] 名 他 (物を作る)工作; (政治的な)工作 ¶지하 ~[tʃiha (gondʒak) チハ (ゴンジャク)] 地下工作 **—교육**[k'jo:juk キョーユク] 名 工作教育 **—금**[k'ɯm クム] 名 工作金 **—기계**[k'ige キゲ] 名 工作機械 **—물**[(kondʒaŋ) mul (コンジャン) ムル] 名 工作物 **—선**[s'ɔn ソン] 名 工作船 **—실**[ʃ'il シル] 名 工作室 **—원**[(kondʒaŋ) wɔn (コンジャン) グォン] 名 スパイ **—창**[tʰaŋ チャン] 名 (鉄道の)工作廠.

공작[孔雀][ko:ŋdʒak コーンジャク] 〈鳥〉クジャク(孔雀) **—부인**[夫人][p'uin プイン] 名 はでやかな洋装婦人 **—새**[s'ɛ セ] 名 〈鳥〉クジャク.

***공장**[工場][koŋdʒaŋ コンジャン] 名 工場 ¶제조 ~[tʃe:dʒo (goŋdʒaŋ) チェージョ (ゴンジャン)] 製造工場 / 하청 ~[hatʃʰɔŋ (goŋdʒaŋ) ハーチョン (ゴンジャン)] 下請け工場 **—공해**[goŋhɛ ゴンヘ] 名 工場公害 **—노동자**[nodoŋdʒa ノドンジャ] 名 工場労働者 **—도**[do ド] 名 工場渡し ¶~가격[~ gagjɔk ~ ガギョク] 工場渡し価格 **—장**[dʒaŋ ジャン] 名 工場長 **—폐쇄**[pʰe:swɛ ペースェ] 名 工場閉鎖; ロックアウト **—폐수**[pʰe:su ペス] 工場廃水.

공저[共著][ko:ŋdʒɔ コーンジョ] 名 他 共著 **—자**[dʒa ジャ] 名 共著者.

공적[公的][koŋtʃ'ɔk コンチョク] 名 冠 公的 ¶~ 견해[(koŋtʃ'ɔ) k'jɔ:nhɛ ~ キョーンヘ] 公的見解.

공적[功績][koŋdʒɔk コンジョク] 名 功績 ¶~이 있는 사원[(koŋdʒɔŋ)i innɯn sawɔn ~ギ インヌン サウォン] 功績のある社員.

공전[空前][kondʒɔn コンジョン] 名 空前 ¶~의 쾌거[~e kʰwɛgɔ (コンジョ)ネ クェゴ] 空前の快挙 **—절후**[dʒɔrhu ジョルフ] 名 空前絶後 = 전무후무(前無後無) [tʃɔnmuhumu チョンムフム] ¶~의 대사건[~e tɛ:sak'ɔn ~エ テーサコン] 空前絶後の大事件.

공전[空轉][kondʒɔn コンジョン] 名 他 自 空転 ¶바퀴가 ~하다[pakʰwiga ~hada パクィガ ~ハダ] 車輪が空

공정[工程] [koŋdʒʌŋ コンジョン] 名 工程; プロセス ¶제조 ~[tʃeːdʒo (goŋdʒʌŋ) チェージョ (ゴンジョン)] 製造工程 **—관리** [gwalli グァルリ] 名 工程管理 **—표** [pʰjo ピョ] 名 工程表.

공정[公正] [koŋdʒʌŋ コンジョン] 名 [하形] [하副] 公正 ¶~한 평가[~han pʰjʌŋkʼa ~ハン ピョンカ] 公正な評価 **—거래**(去來) [goːrɛ ゴーレ] 名 公正取引 ¶~ 위원회[~ wiwʌnhwe ~ ウィウォンフェ] 公正取引委員会.

공정[公定] [koŋdʒʌŋ コンジョン] 名 [하他] 公定 **—가격** [kʼagjʌk カギョク] 名 公定価格 **—시세** [ʃise シセ] 名 公定相場 **—이율[금리]** [niːjul[gumni] ニーユル[グムニ]] 名 公定歩合 **—환율**(換率) [hwaːnnjul ファーンニュル] 名 固定為替相場; 固定為替レート.

공제[控除] [koːndʒe コーンジェ] 名 [하他] ① 控除; 差し引き; 天引き ¶~액[~ɛk ~エク] 控除額 ② (碁の)込み ¶5호 반 ~[oːho ban (goːndʒe) オーホ バン (ゴーンジェ)] 5目半の込み.

공조[共助] [koːndʒo コーンジョ] 名 [하他] 共助 ¶~ 수사[~ susa ~ スサ] 共助捜査.

공존[共存] [koːndʒon コーンジョン] 名 [하他] 共存 ¶ 평화 ~[pʰjʌŋhwa (goːndʒon) ピョンファ (ゴーンジョン)] 平和共存.

*__공주[公主]__ [koŋdʒu コンジュ] 名 公主; 王女; 姫 ¶~같이 자라난 딸 [~gatʃʰi tʃaranan tʼal ~ガチ チャラナン ッタル] お姫様のように育った娘.

*__공중[公衆]__ [koŋdʒuŋ コンジュン] 名 公衆 **—도덕** [doːdʌk ドードク] 名 公衆道徳 **—변소** [bjʌnso ビョンソ] 名 公衆便所 **—위생** [wisɛŋ ウィセン] 名 公衆衛生.

*__공중[空中]__ [koŋdʒuŋ コンジュン] 名 空中 ¶~을 날다[~ul nalda ~ウル ナルダ] 空中を飛ぶ/ 발이 ~에 뜨다[pari ~e tʼuda パリ ~エ ットゥダ] 足が宙に浮く **—뜨다** [tʼuda ッ トゥダ] 自 (受け取るべきものが)取り戻せなくなる; 倒れになる; ふいになる **—전** [dʒʌn ジョン] 名 空中戦 **—정찰** [dʒʌŋtʃʰal ジョンチャル] 名 空中偵察 **—촬영** [tʃʰwarjʌŋ チュァリョン] 名 空中撮影 **—투하** [tʰuha トゥハ] 名 空中投下 **—폭격** [pʰokʼjʌk ポクキョク] 名 空中爆撃.

공증[公證] [koŋdʒuŋ コンジュン] 名 [하他] 公証 **—문서** [munsʌ ムンソ] 名 公証文書 **—인** [in イン] 名 公証人.

공지-사실[사항] [公知事實[事項]] [koŋdʒi saːʃil[saːhaŋ] コンジ サーシル[サーハン]] 名 公知の事実[お知らせ].

공직[公職] [koŋdʒik コンジク] 名 公職 ¶~에 취임하다[(koŋdʒig)e tʃʰwiːimhada (コンジ)ゲ チュィーイムハダ] 公職につく.

*__공짜[空—]__ [koŋtʃʼa コンッチャ] 名 ただ; ただで得たもの ¶이 사과는 ~다[i sagwanun ~da イ サグァヌン ~ダ] このリンゴはただだ **—로** [ro ロ] 副 ただで ¶~ 얻다[~ ʌːtʼa ~オーッタ] ただでもらう「手に入れる」 **—배기** [bɛgi ベギ] '공짜'の俗っぽい語.

공채[公採] [koŋtʃʰɛ コンチェ] 名 [하他] 공개 채용[koŋgɛ tʃʰɛːjʌŋ コンゲ チェーヨン]「公開採用」の略.

*__공책[空冊]__ [koŋtʃʰɛk コンチェク] 名 ノート; 筆記帳; 帳面.

공처-가[恐妻家] [koːntʃʰʌga コーンチョガ] 名 恐妻家.

공천[公薦] [koŋtʃʰʌn コンチョン] 名 [하他] 公共の推薦; 政党の公認 ¶당~ 후보 [taŋ(goŋtʃʰʌn) huːbo タン(ゴンチョン) フーボ] 党の公認候補.

공청-회[公聽會] [koŋtʃʰʌŋhwe コンチョンフェ] 名 公聽会 ¶~를 열다[~rul jʌːlda ~ルル ヨールダ] 公聽会を開く; 球戲; 球技.

공-치기 [koːntʃʰigi コーンチギ] 名 [하他]

공-치다[空—] [koŋtʃʰida コンチダ] ① 他 (印として)丸を付ける ¶맞는 것에 ~[mannun kose ~ マンヌン コセ ~] 正しいものに○を付ける ② 自 当てが外れる; 無駄[徒労]に終わる ¶오늘도 또 공쳤다 [onuldo tʼo koŋtʃʰʌtʼa オヌルド ット コンチョッタ] 今日もまた徒労に終わった「棒に振った・当てが外れた」.

공-치사 [koːntʃʰisa コーンチサ] 名 [하自他] 空世辞; 心にもない口先だけのお世辞 ¶~를 하다[~rul hada ~ルル ハダ] 空世辞を言う.

공치사[功致辭] [koŋtʃʰisa コンチサ] 名 [하自他] (自分の手柄を)人前で自慢すること ¶자기의 공을 너무 ~한다

[tʃagie koŋul nɔmu ~handa チャギエ コンウル ノム ~ハンダ] 自分の功を(人に)自賛すぎる.

공-터[空—][koŋtʰɔ コントー] 图 空き地 ¶~에서 놀다[~esɔ no:lda ~エソ ノールダ] 空き地で遊ぶ.

*공통[共通][ko:ŋtʰoŋ コートン] 图 [하][他] 共通 ¶~의 목적[~e mokt ʃʰɔk ~エ モクチョク] 共通の目的 —**성**[sɔŋ ソン] 图 共通性 —**어**[ɔ オ] 图 共通語 —**점**[tʃʰɔm チョム] 图 共通点.

공판[公判][koŋpʰan コンパン] 图 [하][他] 公判 ¶~이 열리다[~i jollida コンパニ ヨルリダ] 公判が開かれる.

*공평[公平][koŋpʰjɔŋ コンピョン] 图 [하][形][히][副] 公平 ¶~한 재판[~han tʃɛpʰan ~ハン チェパン] 公平な裁判 —**무사**[musa ムサ] 图 [하][形][히][副] 公平無私 ¶~한 태도[~han tʰɛ:do ~ハン テード] 公平無私な態度.

공포[公布][koŋpʰo コンポ] 图 [하][他] 公布 ¶법령의 ~[pɔmnjɔŋe ~ ポムニョンエ ~] 法令の公布.

공포[空砲][koŋpʰo コンポ] 图 空砲 ¶~를 쏘다[~rɯl s'oda ~ルル ッソダ] 空砲を放つ[撃つ] —**(를) 놓다**[(rɯl) notʰa (ルル) ノッタ] 他 ① 空砲を撃つ ② 慣 恐喝する; 脅す.

*공포[恐怖][ko:ŋpʰo コーンポ] 图 恐怖 ¶~에 떨다[~e t'ɔ:lda ~エットール ダ] 恐怖におののく —**감**[gam ガム] 图 恐怖感 —**심**[ʃim シム] 图 恐怖心 ¶~을 갖다[~ɯl kat'a ~-(シ)ムル カッタ] 恐怖を抱く; おじける —**증**[tʃ'ɯŋ チュン] 图 恐怖症.

공표[公表][koŋpʰjo コンピョ] 图 [하][他] 公表 ¶성적을 ~하다[sɔ:ŋdʒɔgɯl ~-hada ソーンジョグル ~ハダ] 成績を公表する/결혼을 ~하다[kjɔrhonɯl ~-hada キョルホヌル ~ハダ] 結婚を披露する.

공표[空票][koŋpʰjo コンピョ] 图 ① ただでもらった切符や入場券 ② 空くじ **공-표(標)**[koŋpʰjo コンピョ] 图 丸印(○).

공학[工學][koŋhak コンハク] 图 工学 ¶기계[전자] ~[kige[tʃɔ:ndʒa] (goŋ-hak) キゲ[チョーンジャ] (ゴンハク)] 機械[電子]工学 —**박사**[p'aks'a パクサ] 图 工学博士; 工博.

공학[共學][ko:ŋhak コーンハク] 图 [하][自] 共学 ¶남녀 ~[namnjɔ (go:ŋ-hak) ナムニョ (ゴーンハク)] 男女共学.

공한[公翰][koŋhan コンハン] 图 公的書簡; 公式の手紙 ¶~을 띄우다[~-ɯl t'iuda (koŋhan) ヌル ッティウダ] 公的書簡を出す.

*공항[空港][koŋhaŋ コンハン] 图 空港; エアポート ¶인천 국제 ~[intʃʰɔn gukt ʃ'e(goŋhaŋ) インチョン グクチェ (ゴンハン)] 仁川국제国際空港.

*공해[公害][koŋɦɛ コンヘ] 图 公害 ¶매연(煤煙) ~[mɛjɔn (goŋɦɛ) メヨン (ゴンヘ)] スモッグ公害 —**병**[p'jɔŋ ピョン] 图 公害病 —**산업**[sa:nɔp サーノプ] 图 公害産業.

공허[空虛][koŋɦɔ コンホ] 图 [하][形] 空虛; 虛ろ —**한 이론**[~han i:ron ~ハン イーロン] 空虛な理論 / ~한 마음[~han maɯm ~ハン マウム] 虛ろな気持ち —**감**[gam ガム] 图 空虛感; むなしさ.

*공헌[貢獻][ko:ŋhɔn コーンホン] 图 [하][自他] 貢獻 ¶사회에 ~하다[sa-hwee ~hada サフェエ ~ハダ] 社会に貢獻する.

공화[共和][ko:ŋhwa コーンファ] 图 共和 ¶민주[인민] ~국 [mindʒu[in-min] (go:ŋhwa)guk ミンジュ[インミン] (ゴーンファ)グク] 民主[人民]共和国 —**당**[daŋ ダン] 图 共和党 —**정체**[dʒɔŋtʃʰe ジョンチェ] 图 共和政体.

공황[恐慌][ko:ŋhwaŋ コーンファン] 图 恐慌; パニック ¶금융 ~[kɯm(n)-juŋ (go:ŋhwaŋ) クムニュン[クムニュン] (ゴーンファン)] 金融恐慌.

공회[公會][koŋhwe コンフェ] 图 公衆の会合 —**당**[daŋ ダン] 图 公会堂.

공훈[功勳][koŋhun コンフン] 图 功勳; 手柄 ¶~을 세우다[~ɯl seuda (koŋhu) ヌル セウダ] 手柄を立てる.

공휴(-일)[公休(日)][koŋhju(il) コンヒュ(イル)] 图 公休; 公休日.

공-히[共—][koŋi コーンイ] 副 共に ¶명실 ~[mjɔŋʃil(go:ŋi) ミョンシル(ゴーンイ)] 名実共に.

-곶[串][kot コッ] [接尾] 地名＋岬 ¶장산 ~[tʃaŋsan (got) チャンサン (ゴッ)] 長山장산岬 干し柿.

*곶-감[ko:tk'am コーッカム] 图 串柿곶;

-곺다[gopt'a ゴプタ] [接尾] …(し)たい =-고 싶다[go ʃiptʰa ゴ シプタ]の略 ¶가곺아[kagopʰa カゴパ] 行きたい.

*과[gwa グァ] 助 …と; …の ¶형~

과감[果敢][kwa:gam クァーガム] 名 하形 果敢 ¶~한 개혁[~han kɛ:hjɔk ~ハン ケーヒョク] 果敢な改革 **—스럽다**[sɯ rɔpt'a スロプタ] 形 ㅂ変 果敢だ **—히**[i (クァーガ)ミ] 副 果敢に; 思い切って.

과객[過客][kwa:gek クァーゲク] 名 過客; 旅人 ¶지나가는 ~ [tɕinaganɯn ~ チナガヌン ~] 行きずりの旅人.

*__과거__[科擧][kwagɔ クァゴ] 名 하自 〈史〉科擧; 高麗・朝鮮王朝末期まで行なわれた高級官吏登用の学科試験制度 ¶~보다[~boda ~ボダ] 科擧の試驗を受ける / ~에 급제[장원 급제]하다[~e kɯptɕ'e[tɕaŋwɔn ɡɯptɕ'e]hada ~エ クプチェ[チャンウォン グプチェ]ハダ] 科擧に及第[首席で合格]する.

*__과거__[過去][kwa:gɔ クァーゴ] 名 過去 ¶~를 묻지 않다[~rɯl mutɕ'i antʰa ~ルル ムーッチ アンタ] 過去を問わない / ~가 있는 여자[~ga innɯn njɔdʑa ~ガ インヌン ニョジャ] いわくのある女性 **—사**(事)[sa サ] 名 過去のこと; すぎ去ったこと.

과격[過激][kwa:gjɔk クァーギョク] 名 하形 하副 過激 ¶~한 행동[(kwa:gjɔ)kʰan hɛŋdoŋ ~カン ヘンドン] 過激な行動 **—파**[pʰa パ] 名 過激派.

과-꽃[kwa:k'ot クァーッコッ] 名 〈植〉エゾギク(蝦夷菊); アスター(aster).

*__과녁__[kwa:njɔk クァーニョク] 名 的; 標的 ¶~을 맞히다[(kwa:njɔg)ul matɕʰida (クァーニョ)グル マッチダ] 的を当てる; 的を射る.

과년[瓜年][kwanjɔn クァニョン] 名 女性の結婚適齡期 **—차다**[tɕʰada チャダ] 自 女性が結婚適齡期[年ごろ]になる.

과년[過年][kwa:njɔn クァーニョン] 名 하形 女性が婚期を逃がすこと ¶~한 딸[~han t'al ~ハン ッタル] 婚期を逃がした娘.

과다[過多][kwa:da クァーダ] 名 過多 ¶위산 ~[wisan (gwa:da) ウィサン (クァーダ)] 胃酸過多 **—하다**[hada ハダ] 形 過多だ; 多過ぎる ¶공급이 ~[kɔːŋgɯbi ~ コーングビ ~] 供給が多過ぎる **—히**[i イ] 副 過多に.

과당[過當][kwa:daŋ クァーダン] 名 하形 過當 ¶~ 경쟁[~ gjɔːŋdʑɛŋ ~ ギョンジェン] 過當競爭.

과대[過大][kwa:dɛ クァーデ] 名 하形 하副 過大 ¶~한 기대[~han kidɛ ~ハン キデ] 過大な期待 **—평가**[pʰjɔːŋk'a ピョンカ] 名 하他 過大評價.

과대[誇大][kwa:dɛ クァーデ] 名 하形 誇大; 大げさ ¶~ 선전[~ sɔndʑɔn ~ ソンジョン] 誇大な宣傳 **—광고**[gwaːŋgo グァーンゴ] 名 誇大な廣告 **—망상**[maŋsaŋ マンサン] 名 하自 誇大妄想.

과도[過度][kwa:do クァード] 名 하形 하副 過度; 度を越していること ¶~한 운동[~han uːndoŋ ~ハン ウーンドン] 過度な運動 **—히**[i イ] 副 過度に.

과도[過渡][kwa:do クァード] 名 過渡 **—기**[gi ギ] 名 過渡期 **—적**[dʑɔk ジョク] 名 冠 過渡の ¶~인 현상[~-(dʑɔg)in hjɔːnsaŋ ~-(ジョ)ギン ヒョーンサン] 過渡的な現象 **—정부**[dʑɔŋbu ジョンブ] 名 過渡政府.

과로[過勞][kwa:ro クァーロ] 名 하自 過勞 ¶~사[~sa ~サ] 過勞死.

과목[科目][kwamok クァモク] 名 科目 ¶필수(必須)[전공] ~ [pʰilsʼu [tɕɔngon] (gwamok) ピルス [チョンゴン] (グァモク)] 必修課目[專攻科目].

과묵[寡默][kwa:muk クァームク] 名 하形 寡默 ¶~한 사람[(kwa:mu)kʰan saːram ~カン サーラム] 寡默な人.

과민[過敏][kwa:min クァーミン] 名 하形 過敏 ¶신경 ~ [ɕingjɔŋ (gwaːmin) シンギョン (グァーミン)] 神經過敏 **—성 체질**[sʼɔŋ tɕʰedʑil ソン チェジル] 名 過敏性體質.

과밀[過密][kwa:mil クァーミル] 名 하形 過密 ¶인구 ~ [ingu (gwaːmil) イング (グァーミル)] 人口過密.

과반[過半][kwa:ban クァーバン] 名 過半; 大半 ¶~을 차지하다[~ul tɕʰadʑihada (クァーバ)ヌル チャジハダ] 過半を占める **—수**[su ス] 名 過半數.

*__과부__[寡婦][kwa:bu クァーブ] 名 未亡人; 寡婦 ¶젊은 ~ [tɕɔlmun ~ チョルムン ~] 若い寡婦 **—댁**(宅)[tʼɛk テク] 名 寡婦の尊稱 **= 과수댁**(寡守宅)[kwaːsutʼɛk クァーステク].

과-부족[過不足][kwaːbudʑok クァーブジョク] 名 하形 過不足 ¶~이 없다[(kwaːbudʑog)i ɔːptʼa (クァーブジ

과분[過分][kwa:bun クァーブン] 名 過分 **—하다**[hada ハダ] 形 過分だ; 分に過ぎる; もったいない ¶~-한 칭찬[~-han tɕʰintɕʰan ~-ハン チンチャン] 過分なお褒め/~-한 말씀[~-han ma:lsʼɯm ~-ハン マールスム] もったいない[身に余る]お言葉 **—히**[i (クァーブ)ニ] 副 過分に.

과세[過歲][kwa:se クァーセ] 名 自 新年を迎えること ¶~ 안녕하십니까?[~ annjɔŋhaɕimnikʼa ~ アンニョンハシムニッカ]新年おめでとうございます.

과세[課稅][kwase クァセ] 名 自 課稅 ¶누진 ~[nu:dʑin (gwase) ヌージン(グァセ)] 累進課稅 **—표준**[pʰjodʑun ピョジュン] 名 課稅標準.

과소[過小][kwa:so クァーソ] 名 自形 過小 **—평가**[pʰjɔŋkʼa ピョンカ] 名 過小評価.

과속[過速][kwa:sok クァーソク] 名 自 制限速度以上の速度; 超高速度.

과수-원[果樹園][kwa:suwɔn クァースウォン] 名 果樹園.

과시[誇示][kwa:ɕi クァーシ] 名 他 誇示 ¶권력을 ~하다[kwɔlljɔgɯl ~-hada クォルリョグル ~-ハダ] 權力を誇示する.

과식[過食][kwa:ɕik クァーシク] 名 自他 過食; 食べ過ぎ ¶저녁을 ~-하다[tɕʌnjɔgɯl (kwa:ɕi)kʰada チョニョグル ~-カダ] 夕食を食べ過ぎる.

과신[過信][kwa:ɕin クァーシン] 名 自他 過信 ¶능력을 ~하다[nɯŋnjɔgɯl ~-hada ヌンニョグル ~-ハダ] 能力を過信する.

***과실**[果實][kwa:ɕil クァーシル] 名 果實; 果物 ¶~ 수확[~ suhwak ~ スファク] 果實の收穫 / 법정 ~[pɔptɕʼɔŋ (gwa:ɕil) ポプチョン (グァーシル)] 法定果實 **—시럽**[ɕirɔp シロプ] 名 果實シロップ **—음료**[(kwa:ɕir) ɯ:mnjo (クァーシ)ルームニョ] 名 果實飲料 **—주**[tɕʼu チュ] 名 果實酒.

과실[過失][kwa:ɕil クァーシル] 名 過失; しくじり; 過ち ¶~을 범하다[(kwa:ɕil) ɯl pɔ:mhada (クァーシ)ル ポームハダ] 過ちを犯す **—범**[bɔm ボム] 名 過失犯 **—상계**(相計)[saŋge サンゲ] 名 過失相殺 **—책임**[tɕʰɛgim チェギム] 名 過失責任 **—치사**[tɕʰi:sa チーサ] 名 過失致死.

ヨ)ギ オープタ] 過不足がない.

***과언**[過言][kwa:ɔn クァーオン] 名 自 過言; 言い過ぎ ¶미인이라 해도 ~이 아니다[mi:inira hɛ:do ~i anida ミーイニラ ヘード (クァーオ)ニ アニダ] 美人と言っても過言[言い過ぎ]ではない.

***과연**[果然][kwa:jon クァーヨン] 副 果然; さすが; なるほど; いかにも; 果たして; やっぱり ¶~ 그렇군[~ kɯrɔkʰun ~ クロックン] やっぱりそうだ.

과열[過熱][kwa:jol クァーヨル] 名 自他 過熱 ¶엔진 ~[endʑin (gwa:jol) エンジン (グァーヨル)] エンジンの過熱/~-된 응원[~tʼwen ɯ:ŋwɔn ~トゥェン ウーンウォン] 過熱した応援.

과오[過誤][kwa:o クァーオ] 名 過誤; 過ち ¶~를 범하다[~rul pɔ:mhada ~ルル ポームハダ] 過ちを犯す.

과외[課外][kwawe クァウェ] 名 課外 **—공부**[goŋbu ゴンブ] 名 家庭教師の指導による勉強 **—수업**[suɔp スオプ] 名 課外授業 **—활동**[hwaltʼoŋ ファルトン] 名 課外活動.

과욕[過慾][kwa:jok クァーヨク] 名 自形 多欲; 欲が深いこと; 欲張り.

과용[過用][kwa:joŋ クァーヨン] 名 自他 使い過ぎ.

***과음**[過飮][kwa:ɯm クァーウム] 名 自他 過飮; 飮み過ぎ.

***과일**[kwa:il クァーイル] 名 果物; フルーツ.

과잉[過剩][kwa:iŋ クァーイン] 名 自形 過剩; 有り余ること **—방위**[baŋwi バンウィ] 名 過剩防衛 **—생산**[sɛŋsan センサン] 名 過剩生產 **—인구**[ingu イング] 名 過剩人口 **—투자**[tʰudʑa トゥジャ] 名 過剩投資.

***과자**[菓子][kwadʑa クァジャ] 名 菓子; ケーキ.

***과장**[課長][kwadʑaŋ クァジャン] 名 課長.

***과장**[誇張][kwa:dʑaŋ クァージャン] 名 他 誇張; 大げさ ¶~-된 선전[~dwen sɔndʑɔn ~-ドゥェン ソンジョン] 誇張された宣伝.

***과정**[過程][kwa:dʑɔŋ クァージョン] 名 過程; プロセス ¶생산 ~[sɛŋsan(gwa:dʑɔŋ) センサン(グァージョン)]生産過程.

과정[課程][kwadʑɔŋ クァジョン] 名 課程 ¶교육 ~[kjo:ju (kʼwadʑɔŋ) キョーユク ~] 教育課程.

***과제**[課題][kwadʑe クァジェ] 名 課題 ¶당면한 ~[taŋmjɔnhan ~ タンミョンハン ~] 当面の課題.

과중[過重][kwa:dʑuŋ クァージュン] 名

과중[하形] 過重 ¶~한 노동[~han nodoŋ ~ハン ノドン] 過重な労働 **—히**[i イ] 副 過重に. 「果汁; ジュース.
과즙[果汁][kwa:dʒuɯp クァージュプ] 名
과찬[過讚][kwa:tɕʰan クァーチャン] 名 [하他] 過賞; 褒め過ぎ.
과-하다[科—][kwahada クァハダ] 他 [여変] 科する ¶벌금을 ~[pʌlgɯmɯl ~ ポルグムル ~] 罰金を科する.
과-하다[課—][kwahada クァハダ] 他 [여変] 課する ¶세금을 ~[se:gumul ~ セーグムル ~] 税金を課する/책임을 ~[tɕʰɛgimɯl ~ チェギムル ~] 責任を負わせる.
과-하다[過—][kwa:hada クァーハダ] 形 [여変] 過度だ; あんまりだ ¶술이 ~[suri ~ スリ ~] 度を越して酒を飲む.
과-히[kwa:i クァーイ] 副 あまり ¶~ 크지 않다[~ kʰɯdʑi antʰa ~ クジ アンタ] あまり大きくない.
***과학**[科學][kwahak クァハク] 名 科学 **—자**[tɕʼa チャ] 名 科学者.
과혹[過酷][kwa:hok クァーホク] 名 [하形] 過酷; 厳しすぎるさま ¶~한 형벌[(kwa:ho)kʰan hjʌŋbʌl ~カン ヒョンボル] 過酷な刑罰. 「観客.
관객[觀客][kwangɛk クァンゲク] 名
***관계**[關係][kwange クァンゲ] 名 [하自] 関係; かかわり; 掛かり合い ¶가족 ~[kadʑo (kʼwange) カジョク ~] 家族関係[間柄]/쓸데없는 일에 ~하다[sʼɯltʼɛomnɯn ni:re ~hada ッスルテオㇺヌン ニーレ ~ハダ] つまらないことに掛かり合う/남의 일에 ~하다[name i:re ~hada ナメ イーレ ~ハダ] 人のことに立ち入る **—(도)**[(do) ɔptʼa (ド) オプタ] ① 関係ない; かかわりない ¶그녀와 아무 ~[kɯnjʌwa a:mu ~ クニョワ アーム ~] 彼女とは何のかかわりもない ② 構わない; 心配無用だ **—없이**[ʌpɕi オプシ] 副 関係なく; かかわらず.
관공-서[官公署][kwangoŋsʌ クァンゴンソ] 名 官公署; 役所.
***관광**[觀光][kwangwaŋ クァングァン] 名 [하他] 観光 **—객**[gɛk ゲク] 名 観光客 ¶~를 유치하다[~ (gɛg)ɯl jutɕʰihada ~-(ゲグ)ル ユチハダ] 観光客を誘致する **—국**[guk グㇰ] 名 観光国 **—단**[dan ダン] 名 観光団 **—버스**[bʌsɯ ボス] 名 観光バス **—사업**[산업][sa:ɔp[sa:nɔp] サーオプ[サーノプ]] 名 観光事業[産業] **—시설**[ɕi:sʌl シーソル] 名 観光施設 **—여행**[jʌhɛŋ ヨヘン] 名 観光旅行 **—자원**[dʑawʌn ジャウォン] 名 観光資源 **—지**[dʑi ジ] 名 観光地.
관권[官權][kwank'wʌn クァンクォン] 名 官権 ¶~ 남용[~ na:mjʌŋ ナーミョン] 官権濫用.
***관념**[觀念][kwannjʌm クァンニョㇺ] 名 観念 ¶시간의 ~이 없다[ɕigane ~i ɔ:ptʼa シガネ(クァンニョ) ミ オープタ] 時間の観念がない/고정 ~[kodʑʌŋ (gwannjʌm) コジョン (グァンニョㇺ)] 固定観念 **—론**[non ノン] 名 観念論.
관능[官能][kwannɯŋ クァンヌン] 名 官能 ¶~파 여배우[~pʰa jʌbeu ~ パ ヨベウ] 官能派女優 **—미**[mi ミ] 名 官能美 **—적**[dʑʌk ジョク] ¶~인 표현[~-(dʑʌɡ)in pʰjʌhjʌn ~-(ジョ)ギン ピョヒョン] 官能的な表現.
관대[寬大][kwandɛ クァンデ] 名 [하形] 寛大 ¶~한 조치[~han tɕʰotɕʰi ~ハン チョチ] 寛大な処置.
관데[gwandɛ グァンデ] 助 …なのに; …で ¶네가 뭐~ 대드느냐[nega mwʌ:~ tɛ:dɯnɯnja ネガ ムォー~ テードゥヌニャ] 一体お前がなんで食ってかかるのか.
***관-두다**[kwa:nduda クァーンドゥダ] 他 やめる; やめてしまう; 그만두다[kɯmanduda クマンドゥダ]の略 ¶싫으면 관둬요[ɕirɯmjʌn kwa:ndwʌjo シルミョン クァーンドゥォヨ] いやならやめなさい.
관람[觀覽][kwallam クァルラㇺ] 名 [하他] 観覧 **—객**[gɛk ゲク] 名 観客; 見物客 **—료**[njo ニョ] 名 観覧料 **—석**[sok ソク] 名 観覧席; 桟敷.
***관련**[關聯][kwalljʌn クァルリョン] 名 [하自] 関連 ¶~ 사건[~ sa:kʼʌn ~ サーコン] 関連事件 **—성**[sʼʌŋ ソン] 名 関連性.
관례[慣例][kwa:lle クァールレ] 名 慣例 **—법**[pʼʌp ポプ] 名 慣習法.
관록[貫祿][kwa:llok クァールロク] 名 貫祿 ¶왕자의 ~[waŋdʑae ~ ワンジャエ ~] 王者の貫祿.
관료[官僚][kwalljo クァルリョ] 名 官僚 ¶~ 출신[~ tɕʰulɕin ~ チュルシン] 官僚出身 **—적**[dʑʌk ジョク] 名 冠 官僚的.
관리[官吏][kwalli クァルリ] 名 官吏;

役人 ¶고급 ~ [kogɯp (k'walli) コグァ~] 高級官吏.

*관리[管理][kwa:lli クァーㇽリ] 名 하他 管理; 取り仕切ること ¶건강[인사・품질] ~ [kɔ:ŋgaŋ[insa・pʰu:mdʒil] (gwa:lli) コーンガン[インサ・プームジㇽ] (グァーㇽリ)] 健康[人事・品質]管理 **—부** [bu ブ] 名 管理部 **—인** [in イン] 名 管理人 **—직** [dʒik ジㇰ] 名 管理職.

관망[觀望][kwanmaŋ クァンマン] 名 하他 觀望 ¶정세를 ~하다 [tʃɔŋserɯl ~hada チョンセルㇽ ~ハダ] 情勢を観望する.

관문[關門][kwanmun クァンムン] 名 關門; 難關 ¶입시의 ~을 통과하다 [ipʃie ~ɯl tʰoŋgwahada イㇷ゚シエ (クァンム)ヌㇽ トングァハダ] 入試の関門をパスする / 서울의 ~ [sɔure ~ ソウレ ~] ソウルの関門.

관민[官民][kwanmin クァンミン] 名 官民 ¶~ 일치[~ iltʃʰi (クァンミ)ニㇽチ] 官民一致.

관변[官邊][kwanbjɔn クァンビョン] 名 官辺 ¶~ 소식통[~ soʃiktʰoŋ ソシクトン] 官辺消息筋 **—측** [tʃʰɯk チュㇰ] 名 政府側[筋]; 官辺筋.

관보[官報][kwanbo クァンボ] 名 官報 ¶~에 싣다 [~e ʃi:t'a ~エ シーッタ] 官報に載せる.

관상[觀相][kwansaŋ クァンサン] 名 自他 観相; 人相見 **—가(家)**[ga ガ] 名 人相見; 観相家; = 俗 -쟁이 [dʒɛŋi ジェンイ] **—술** [sul スㇽ] 名 観相術.

관상-대[觀象臺][kwansaŋdɛ クァンサンデ] 名 気象台='기상대'.

관상[觀賞][kwansaŋ クァンサン] 名 하他 觀賞 ¶열대어를 ~하다 [jɔlt'ɛɔrɯl ~hada ヨㇽテオルㇽ ~ハダ] 熱帯魚を観賞する **—식물** [ʃiŋmul シンムㇽ] 名 観賞植物 **—어** [ɔ オ] 名 観賞魚.

*관세[關稅][kwansɛ クァンセ] 名 関税 **—율** [jul ユㇽ] 名 関税率 **—장벽** [dʒaŋbjɔk ジャンビョㇰ] 名 関税障壁 **—청** [tʃʰɔŋ チョン] 名 関税庁(日本の財務省関税局に当たる).

관세음-보살[觀世音菩薩][kwanseumbosal クァンセウㇺボサㇽ] 名 〈仏〉観世音菩薩ぼさつ.

*관습[慣習][kwa:nsɯp クァーンスㇷ゚] 名 慣習; しきたり; 習わし ¶사회적 ~ [sahwedʒɔ (k'wa:nsɯp) サフェジョㇰ ~] 社会的慣習 **—법** [(kwa:nsu)p'ɔp ポㇷ゚] 〈法〉慣習法.

*관심[關心][kwanʃim クァンシㇺ] 名 自他 関心 ¶~이 높다[없다][~i nopt'a [ɔ:pt'a] (クァンシ)ミ ノㇷ゚タ[オㇷ゚タ]] 関心が高い[ない] **—거리** [k'ɔri コリ] 名 関心の対象; 関心事 **—사** [sa サ] 名 関心事.

관악-기[管樂器][kwanak'i クァナㇰキ] 名 管楽器.

*관여[關與][kwanjɔ クァニョ] 名 하自 関与; かかわること ¶경영에 ~하고 있다 [kjɔŋjɔŋe ~hago it'a キョンヨンエ ~ハゴ イッタ] 経営に関与している / ~하고 싶지 않다 [~hago ʃipt'ʃi antʰa ~ハゴ シㇷ゚チ アンタ] かかわりたくありません.

관용[慣用][kwa:njoŋ クァーニョン] 名 하他 慣用; 習わし ¶흔히 ~되고 있다 [huni ~dwego it'a フニ ~ドゥェゴ イッタ] よく慣用されている **—구** [gu グ] 名 慣用句 **—어** [ɔ オ] 慣用語.

관용[寬容][kwanjoŋ クァニョン] 名 寛容 ¶~을 베풀다 [~ɯl pepʰulda ~ウㇽ ペプㇽダ] 寛容を施す; 大目に見てやる **—하다** [hada ハダ] 他 寛容に受け入れる; 寛大に許す; 大目に見る.

관운[官運][kwanun クァヌン] 名 官職に恵まれる運 ¶~이 트이다 [~i tʰɯida (クァヌ)ニ トゥイダ] 官職の運が開ける.

관장[館長][kwandʒaŋ クァンジャン] 名 館長 ¶도서[박물] ~ [tosɔ[paŋmul] (gwandʒaŋ)] トソ[パンムㇽ] (グァンジャン)] 図書[博物]館長.

관저[官邸][kwandʒɔ クァンジョ] 名 官邸 ¶총리[수상] ~ [tʰo:ŋni[susaŋ] (gwandʒɔ) チョーンニ[スサン] (クァンジョ)] 総理[首相]官邸.

관전[觀戰][kwandʒɔn クァンジョン] 名 하自他 観戦 **—기** [gi ギ] 名 観戦記 **—평** [pʰjɔŋ ピョン] 名 観戦評.

관절[關節][kwandʒɔl クァンジョㇽ] 名 〈生〉関節 ¶~이 빠지다 [(kwandʒɔr)i p'a:dʒida (クァンジョ)リ ッパージダ] 関節がはずれる **—류머티즘** [rju:mɔtʰidʒɯm リューモティジュㇺ] 他 関節リューマチ **—뼈** [p'jɔ ッピョ] 名 関節骨 **—신경통** [ʃiŋgjɔŋtʰoŋ シンギョントン] 名 関節神経痛 **—염** [ljɔm リョㇺ] 名 関節炎.

*관점[觀點][kwantʃ'ɔm クァンチョㇺ] 名 観点; 見地; 見方 ¶객관적인 ~

관제탑

[kɛk'wandʒɔgin ~ ケクァンジョギン ~] 客観的な観点[見地] / 다른 ~에서 보다[tarun ~eso poda タルン (クァンチョ)メソ ポダ] 他の見方からみる.

관제-탑[管制塔][kwa:ndʒethap クァーンジェタプ] 名 管制塔; コントロールタワー.

관중[観衆][kwandʒuŋ クァンジュン] 名 観衆 ¶ 많은 ~[ma:nɯn ~ マーヌン ~] 大勢の観衆.

관직[官職][kwandʒik クァンジク] 名 官職 ¶ ~에 앉다[(kwandʒig)e an't'a (クァンジ)ゲ アンタ] 官職につく.

관찰[観察][kwantʃhal クァンチャル] 名 他 観察 **―력**[ljɔk リョク] 名 観察力.

관철[貫徹][kwa:ntʃhɔl クァーンチョル] 名 他 貫徹 ¶ 초지를 ~ 하다[tʃhodʒirɯl (kwantʃhɔr)hada チョジルル ~ハダ] 初志を貫徹する.

관청[官廳][kwantʃhɔŋ クァンチョン] 名 官庁; 役所 ¶ 행정[중앙・주무] ~ [hɛŋdʒɔŋ[tʃuŋaŋ・tʃumu] (gwantʃhɔŋ) ヘンジョン[チュンアン・チュム] (グァンチョン)] 行政[中央・主務]官庁[役所].

관측[観測][kwantʃhɯk クァンチュク] 名 他 観測 **―소**[s'o ソ] 名 観測所.

관통[貫通][kwa:nthoŋ クァーントン] 名 **―하다**[hada ハダ] 自 他 貫通する; 貫く; 突き抜ける ¶ 터널이 ~ [되다] [thɔnɔri ~ [dweda] トノリ ~ [ドゥェダ]] トンネルが貫通する.

관하[管下][kwa:nha クァーンハ] 名 管下 ¶ ~ 각 기관[~ ka k'igwan ~ カク キグァン] 管下の各機関.

관-하다[關―][kwanhada クァンハダ] 自 여変 ① 관하여[kwanhajʌ クァンハヨ] 関して(の形で) ¶ 업무에 ~ 협의하다[ɔmmue ~ hjɔbihada オムムエ ~ ヒョビハダ] 業務に関して協議する ② 관해서[kwanhɛsɔ クァンヘソ] ついて(の形で) ¶ 하나하나에 ~ [hanahanae ~ ハナハナエ ~] ひとつひとつについて ③ 관한[kwanhan クァンハン] 関する(の形で) ¶ 건강에 ~ 문제[kɔ:ngaŋe ~ mu:ndʒe コーンガンエ ~ ムーンジェ] 健康に関する問題.

관할[管轄][kwa:nhal クァーンハル] 名 他 管轄; 所轄 ¶ ~하에 들다 [(kwanhar)hae tɯlda ~ハエ トゥルダ] 管轄下に入る **―관청**[gwantʃhɔŋ

グァンチョン] 名 管轄官庁 **―구역**[gujɔk グヨク] 名 管轄区域 **―권**[k'wɔn クォン] 名 管轄権 **―법원**(法院)[bɔbwɔn ボブォン] 名 管轄裁判所 **―서**[sɔ ソ] 名 管轄署 **―지**[dʒi ジ] 名 管轄地.

관행[慣行][kwa:nhɛŋ クァーンヘン] 名 他 慣行; 習わし ¶ ~을 깨다[~ɯl k'ɛda ~ウル ッケダ] 慣行を破る / 국제적 ~[kuktʃ'edʒɔk (k'wa:nhɛŋ) ククチェジョク クァーンヘン] 国際的の慣行.

관현-악[管弦樂][kwa:nhjɔnak クァーンヒョナク] 名 管弦楽 ¶ ~단[~t'an ~タン] 管弦楽団; オーケストラ.

관-혼[冠婚][kwanhon クァンホン] 名 冠婚 **―상-제**(喪祭)[saŋdʒe サンジェ] 名 冠婚葬祭.

괄괄-하다[kwalgwarhada クァルグァルハダ] 形 여変 ① (気性が) 荒っぽくて激しい; きびきびしている ② 声が太く力強い ¶ ~한 목소리[~-han moks'ori ~ハン モクソリ] 太くて力強く響く声; がらがらした声.

괄다[kwa:lda クァールダ] 形 己語幹 火の勢いが強い ¶ 숯불이 ~ [sutp'uri ~スップリ ~] 炭火の火が強い.

괄목[刮目][kwalmok クァルモク] 名 他 自 刮目 ¶ ~할 만하다[(kwalmo)khal manhada ~カル マンハダ] 刮目に値する.

괄시[恝視][kwalʃ'i クァルシ] 名 蔑視 **―하다**[hada ハダ] 他 軽視[蔑視]する; 見下げる ¶ 남을 ~[namɯl ~ ナムル ~] 人をないがしろにする.

괄호[括弧][karho クァルホ] 名 括弧 ¶ ~ 안에 써 넣어라[~ ane s'ɔ nɔɔra ~ アネ ッソ ノオラ] 括弧の中に書き入れなさい.

광[kwa:ŋ クァーン] 名 物置; 納屋; 蔵[倉] ¶ 농기구를 ~에 두다[noŋgiguruɯl ~e tuda ノンギグルル ~エ トゥダ] 農機具を物置にしまう.

-광[狂][kwaŋ クァン] 接尾 マニア ¶ 야구~[ja:gu(gwaŋ) ヤーグ(グァン)] 野球マニア / 수집~[sudʒip(k'waŋ) スジプ(クァン)] コレクトマニア.

광경[光景][kwaŋgjɔŋ クァンギョン] 名 光景; シーン ¶ 무서운 ~[musɔun ~ ムソウン ~] 恐ろしい光景.

광고[廣告][kwa:ŋgo クァーンゴ] 名 他 ① 広告 ¶ 모집 ~[modʒip (k'wa:ŋgo) モジプ ~] 募集広告 ②

광-공업[鑛工業][kwa:ŋgoŋəp クァーンゴンオㇷ゚] 图 鉱工業.

광고[廣告][kwaŋgo クァンゴ] 图 広告; 広告文; 自家広告; 自己宣伝 ¶ 약 ~[ja(k'wa:ŋgo) ヤク~] 薬の宣伝 **―란**[ran ラン] 图 広告欄 **―문**[mun ムン] 图 広告文 **―주**[dʒu ジュ] 图 広告主 **―지**[dʒi ジ] 图 広告紙; 散らし; ビラ; 引き札 **―탑**[tʰap タㇷ゚] 图 広告塔 **―효과**[hjo:k'wa ヒョークァ] 图 広告効果.

광-공업[鑛工業][kwa:ŋgoŋəp クァーンゴンオㇷ゚] 图 鉱工業.

광기[狂氣][kwaŋk'i クァンキ] 图 狂気 ¶ ~를 부리다[~rul purida ~ルル プリダ] 狂気じみたことをする.

*__광-나다__[光―][kwa:ŋnada クァーンナダ] 自 ① 光が出る ② つやが出る.

*__광-내다__[光―][kwa:ŋnɛda クァーンネダ] 他 ① 光[つや]を出す ¶ 구두를 ~ [kuduruɭ ― クドゥルル ~] 靴を磨いてつやを出す ② 俗 めかしする.

광대[廣大][kwa:ŋdɛ クァーンデ] 图 [하形] 広大な ¶ ~한 사막[~han samak ~ハン サマク] 広大な砂漠.

*__광대__[kwa:ŋdɛ クァーンデ] 图 〈民〉 ① 昔, 人形劇や仮面劇などの演劇, または綱渡り・逆とんぼ・판소리[pʰansori パンソリ]などの演技者[芸能人・役者] ② 役者をさげすんでいう語; 役者が舞台化粧をすること ③ 仮面 ④ 俗 顔(たち); 面 **―놀음**[norum ノルㇺ] 图 旧暦の正月15日韓国南部の湖南ᆢ地方で行なわれる民俗祭り(悪鬼をはらい福を迎え入れるという).

광대-뼈[kwa:ŋdɛp'jo クァーンデッピョ] 图 頬骨뺜; 頬骨뾮 ¶ ~가 튀어 나오다[~ga tʰwiɔ naoda ~ガ トゥイオ ナオダ] 頬骨が出ている[高い].

광란[狂亂][kwaŋnan クァンナン] 图 [하自] 狂乱 ¶ ~의 도가니로 화하다[~e toganiro hwa:hada (クァンナ)ネ トガニロ ファーハダ] 狂乱のるつぼと化する.

광맥[鑛脈][kwa:ŋmɛk クァーンメク] 图 鉱脈 ¶ ~을 찾아내다[(kwa:ŋmɛɡ)-uɭ tʃʰadʒanɛda (クァーンメ)グル チャジャネダ] 鉱脈を見つける.

광명[光明][kwaŋmjəŋ クァンミョン] 图 [하形] 光明 ¶ ~을 잃다[~uɭ iltʰa ~ウㇽ イㇽタ] 光明を失う.

*__광물__[鑛物][kwa:ŋmul クァーンムㇽ] 图 鉱物 **―질**[tʃ'iɭ チㇽ] 图 鉱物質.

광범[廣範][kwa:ŋbəm クァーンボㇺ] 图 [하形] [하副] 広範 ¶ ~한 지역[~han tɕiɔk ~ハン チヨク] 広範な地域.

*__광-범위__[廣範圍][kwa:ŋbəmwi クァーンボムィ] 图 [하形] 広範(囲) ¶ ~하게 미치다[걸치다] [~hage mitʃʰida [kɔ:ltʃʰida] ~ハゲ ミチダ[コーㇽチダ]] 広範囲に及ぶ[わたる].

광복[光復][kwaŋbok クァンボク] 图 [하他] 奪われた国権を回復すること; 独立・解放 **―군**[k'un クン] 图 光復軍; 中国に亡命した大韓民国臨時政府の抗日独立を目指す軍隊 **―절**[tʃ'ɔl チョㇽ] 图 光復節; 韓国が日本統治から国権を回復したことを記念する日(8月15日). 「鉱山労働者.

광부[鑛夫][kwa:ŋbu クァーンブ] 图

광분[狂奔][kwaŋbun クァーンブン] 图 [하自他] 狂奔 ¶ 돈 마련에 ~하다[to:n marjone ~hada トーン マリョネ ~ハダ] 金策に狂奔する.

광산[鑛山][kwa:ŋsan クァーンサン] 图 鉱山 **―촌**[(村)][tʃʰon チョン] 图 鉱山を中心に発達した集落.

광상-곡[狂想曲][kwaŋsaŋɡok クァンサンゴク] 图 狂想曲; カプリッチォ.

*__광선__[光線][kwaŋsɔn クァンソン] 图 光線 ¶ 반사[직사] ~[pa:nsa[tʃiks'a] (gwaŋsɔn) パーンサ[チクサ] (グァンソン)] 反射[直射]光線.

광신[狂信][kwaŋʃin クァンシン] 图 [하他] 狂信 **―도**[자][do[dʒa] ド[ジャ]] 图 狂信徒[者].

광야[廣野][kwa:ŋja クァーンヤ] 图 広野 ¶ 눈 덮인 ~[nu:n dəpʰin ~ ヌーン ドピン ~] 雪に埋もれた広野.

*__광어__[廣魚][kwa:ŋɔ クァーンオ] 图 〈魚〉ヒラメ(平目・鮃). 「鉱業.

광업[鑛業][kwa:ŋəp クァーンオㇷ゚] 图

광역[廣域][kwa:ŋjɔk クァーンヨク] 图 広域 **―도시**[t'oʃi トシ] 图 広域都市.

광열-비[光熱費][kwaŋjɔlbi クァンヨㇽビ] 图 光熱費.

광음[光陰][kwaŋum クァンウㇺ] 图 光陰; 歳月; 年月; 時間.

*__광장__[廣場][kwa:ŋdʒaŋ クァーンジャン] 图 広場 ¶ 서울역 ~[sɔulljɔk (k'wa:ŋdʒaŋ) ソウㇽリョク ~] ソウル駅前の広場 / 대화의 ~[tɛ:hwae ~ テーファエ ~] 対話の広場.

광적[狂的][kwatʃ'ɔk クァンチョク] 图 冠 狂的の ¶ ~인 행동[(kwatʃ'ɔɡ)-in hɛŋdoŋ (クァンチョ)ギン ヘンドン] 狂的な行動.

광주리 [kwaŋdʒuri クァンジュリ] 名 竹・ハギ・柳などで編んだ丸い籠.

광채[光彩] [kwaŋtʃʰɛ クァンチェ] 名 光彩 ¶～를 내다[～rul nɛ:da ～ルル ネーダ] 光彩を放つ／～가 나다[～-ga nada ～ガ ナダ] 光彩が出る；きらめく；ぴかぴか光る.

광태[狂態] [kwaŋtʰɛ クァンテ] 名 狂態 ¶～를 부리다[～rul purida ～ルル プリダ] 狂態を演じる.

광택[光澤] [kwaŋtʰɛk クァンテク] 名 光沢；つや ¶～을 내다[(kwaŋtʰɛg)-ul nɛ:da (クァンテグ)グル ネーダ] つやを出す.

광활[廣闊] [kwa:ŋhwal クァーンファル] 名 하形 広闊こうかつ ¶～한 평야[(kwa:ŋhwar)-han pʰjɔŋja ～ハン ピョンヤ] 広闊[広大]な平野.

***괘씸-하다** [kwɛʃʼimhada クェッシムハダ] 形 여変 けしからん；ふらちだ；不都合だ；無礼だ；不届きだ ¶～하게 굴다[～-hage ku:lda ～-ハゲ クールダ] ふらちに振るまう／～한 짓을 하다[～-han tʃiːsul hada ～-ハン チースル ハダ] 無礼を働く／～한 놈[～-han nom ～-ハン ノム] けしからんやつ；ふらち者.

***괜찮다** [kwɛntʃʰantʰa クェンチャンタ] 形 ① 構わない；差し支えない ¶괜찮아(요)[kwɛntʃʰana(jo) クェンチャナ(ヨ)] いいとも；いいよ／가도 ～[ka-do ～ カド ～] 行っても構わない ② 悪くない；まあまあだ ¶괜찮은 솜씨 [kwɛntʃʰanun somʃʼi クェンチャヌン ソムッシ] 悪くない[結構な・まあまあの]出来ばえ[腕前]／생김새가 ～ [sɛŋgimsɛga ～ センギムセガ ～] 顔つき[見かけ]が悪くない.

***괜-하다** [kwɛ:nhada クェーンハダ] 形 여変 괜한 [kwɛ:nhan クェーンハン] (の形で)要らない；つまらない；よけいな；無駄な ¶～ 걱정 [～ kɔktʃʼɔŋ ～ コクチョン] 要らない[無駄な]心配／～ 참견이다[～ tʃʰamgjɔnida ～ チャムギョニダ] いらぬ[よけいな]世話だ **괜-히** [kwɛ:ni クェーニ] 副 無駄に；むなしく；わけもなく ¶～ 무섭다 [～ musɔptʼa ～ ムソプタ] わけもなく怖い.

괭이 [kwɛŋi クェンイ] 名 鍬くわ ¶～로 파다[～ro pʰada ～ロ パダ] くわで掘る.

괴기[怪奇] [kwe:gi クェーギ] 名 하形 怪奇；奇怪；ミステリー **—소설**[so:sɔl ソーソル] 名 怪奇小説 **—영화** [jɔŋhwa ヨンファ] 名 怪奇映画.

괴-까다롭다 [kwek'adaropt'a クェッカダロプタ] 形 ㅂ変 変に気難しい；いやにややこしい ¶괴까다로운 문제 [kwek'adaroun mu:ndʒe クェッカダロウン ムーンジェ] いやにややこしい問題 **괴-까다로이** [kwek'adaroi クェッカダロイ] 副 変に気難しく；ややこしく ¶～ 굴다[～ ku:lda ～ クールダ] 変に気難しく振るまう.

***괴나리 (-봇짐)** [kwenari(botʃʼim) クェナリ(ボッチム)] 名 昔、旅人が背負った[肩に担いだ]小さな包み.

괴다[1] [kwe:da クェーダ] 自 ① たまる；涙ぐむ ¶빗물이 ～[pinmuri ～ ピンムリ ～] 雨水がたまる ② 発酵する ¶술이 ～[suri ～ スリ ～] 酒が発酵する.

***괴다[2]** [kwe:da クェーダ] 他 ① (物を)支える ¶턱을 ～[tʰɔgul ～ トグル ～] 頬杖ほおづえを突く ② (食べ物などを)盛る ¶떡을 ～[tʼɔgul ～ ットグル ～] もちを盛り上げる.

***괴로워-하다** [kwerowɔhada クェロウォハダ] 自 여変 苦しむ；悩む；煩う ¶병으로 ～[pjɔːŋuro ～ ピョーンウロ ～] 病気に苦しむ／사랑 때문에 ～[saraŋ t'ɛmune ～ サラン ッテムネ ～] 恋に悩む.

***괴롭다** [kwerɔpt'a クェロプタ] 形 ㅂ変 ① 苦しい；つらい；しんどい ¶숨쉬기가 ～ [su:mʃwigiga ～ スームスュィギガ ～] 息が苦しい／이별이 ～ [ibjɔri ～ イビョリ ～] 別れがつらい／몸이 ～ [momi ～ モミ ～] 体がしんどい ② きつい ¶서서 일하기가 ～ [sɔsɔiːrhagiga ～ ソソ イールハギガ ～] 立ってする仕事はきつい ③ 面倒くさい ¶괴로운 일 [kweroun niːl クェロウン ニール] 面倒くさい[苦しい]仕事 **괴로움** [kweroum クェロウム] 名 苦痛；苦しみ；悩み；煩い ¶마음의 ～[ma:ume ～ マウメ ～] 心の悩み／～을 견디다 [～ul kjɔndida (クェロウ)ムル キョンディダ] 苦痛に耐える **괴로-이** [kweroi クェロイ] 副 苦しく；つらく；悩ましく；煩わしく.

***괴롭-히다** [kwerophida クェロプヒダ] 他 苦しめる；悩ます；煩わす；いじめる；なぶる ¶마음을 ～[ma:umul ～ マウムル ～] 心を苦しめる[煩わす]／남을 ～[namul ～ ナムル ～] 人をい

괴물[怪物][kwe:mul クェーム ル] 名 怪物 ¶ 정계의 ~[tʃɔŋgee ~ チョンゲエ ~] 政界の怪物.

***괴상-하다**[怪常—][kwe:saŋhada クェーサンハダ] 形 [여변] 不思議だ; 奇怪だ; 妙だ; 変だ; 怪しい ¶ ~-한 사건[~-han sa:k'ɔn ~-ハン サーコン] 奇怪な事件 / 날씨가 ~[nalʃ'iga ~ ナルッシガ ~] 天気が怪しい **괴상망측-하다**[kwe:saŋmaŋtʃʰɯkʰada クェーサンマンチュクタダ] 形 奇怪千万だ ¶ ~-한 옷차림[~-kʰan otʃʰarim ~-カン オッチャリム] 奇怪千万な身なり **괴상야릇-하다**[kwe:saŋŋjaruthada クェーサンニャルッタダ] 形 奇妙だ ¶ ~-한 이야기[~-tʰan nijagi ~-タン ニヤギ] 奇妙な話 **괴상-히**[kwe:saŋi クェーサンイ] 副 変に; 怪しく.

***괴짜**[怪—][kwe:tʃ'a クェーッチャ] 名 変人; 変わり者[物] ¶ 그는 ~-다[kunun ~da クヌン ~ダ] 彼は変人だ.

괴팍-하다[←乖愎—][kwe:pʰakhada クェーパクカダ] 形 性格が気難かしくへんてこだ; 偏屈だ; =**괴팍-스럽다**[kwe:pʰaks'urɔpta クェーパクスロプタ] 形 [ㅂ변] ¶ 성미가 ~[~sɔ:ŋmiga ~ ソーンミガ ~] 性格が偏屈だ.

괴한[怪漢][kwe:han クェーハン] 名 怪しい男; 怪漢 ¶ ~을 붙잡다[~ul putʃ'apt'a (クェーハ)ヌル プッチャプタ] 怪漢を取り押さえる.

굄[kwe:m クェーム] 名 支え; 支えること[もの] **—돌**[t'ol トル] 名 支え石; 滑り止め **—목**[mok モク] 名 支え木; 滑り止め.

굉음[轟音][kweŋum クェンウム] 名 ごう音 ¶ 비행기의 ~[pihɛŋgie ~ ピヘンギエ ~] 飛行機のごう音.

***굉장-하다**[宏壯—][kweŋdʒaŋhada クェンジャンハダ] 形 [여변] 広壮だ; すごい; 大変だ; 素晴らしい ¶ ~-한 저택[~-han tʃɔ:tʰɛk ~-ハン チョーテク] 広壮な[すごく立派な]邸宅 / ~-한 미인[~-han mi:in ~-ハン ミーイン] すごい美人 / ~-한 인기[~-han ink'i ~-ハン インキ] 素晴らしい人気 **굉장-히**[kweŋdʒaŋi クェンジャンイ] 副 ものすごく; 実に; 大変; 素晴らしく ¶ ~ 아름답다[~ arumdapt'a ~ アルムダプタ] 素晴らしく美しい / ~ 재미있다[~ tʃɛmiit'a ~ チェミイッタ] とても面白い / ~ 어렵다[~ ɔrjɔpt'a ~ オリョプタ] めっぽう難かしい.

교가[校歌][kjo:ga キョーガ] 名 校歌 ¶ ~ 제창[~ dʒetʃʰaŋ ~ ジェチャン] 校歌斉唱.

교감[交感][kjogam キョガム] 名 [하자] 交感 **—신경**[ʃingjɔŋ シンギョン] 名 交感神経.

교감[校監][kjo:gam キョーガム] 名 教頭 ¶ ~ 선생님[~ sɔnsɛŋnim ~ ソンセンニム] 教頭先生.

***교과**[教科][kjo:gwa キョーグァ] 名 教科 **—과정**[gwadʒɔŋ グァジョン] 名 教科課程; カリキュラム **—목**[mok モク] 名 学習課目 **—서**[sɔ ソ] 名 教科書.

교권[教權][kjo:k'wɔn キョークォン] 名 教権 ¶ ~을 확립하다[~ul hwaŋnipʰada (キョークォ)ヌル ファンニプハダ] 教権を確立する.

교내[校內][kjo:nɛ キョーネ] 名 校内 ¶ ~ 활동[~ hwalt'oŋ ~ ファルトン] 校内活動.

교단[教壇][kjo:dan キョーダン] 名 教壇 ¶ ~ 생활[~ sɛŋhwal ~ センファル] 教員生活 / ~에 서다[~e sɔda (キョーダ)ネ ソダ] 教壇に立つ / ~을 떠나다[~ul t'ɔnada (キョーダ)ヌルットナダ] 教壇を去る; 教員をやめる.

***교대**[交代][kjodɛ キョデ] 名 交代[交替]; 入れ替わり ¶ ~ 교대로[~ gjodɛro ~ ギョデロ] 入れ替わり立ち替わり **—하다**[hada ハダ] 自他 交代する; 入れ替わる; 立ち替わる ¶ 선수를 ~[sɔ:nsurul ~ ソーンスルル ~] 選手を交代する.

교도[教徒][kjo:do キョード] 名 教徒; 信徒 ¶ 불~[pul(gjodo) プル(ギョド)] 仏教徒 / 가톨릭 ~[katʰolli(k'jo:do) カトルリ(クキョード)] カトリック教徒.

교도[教導][kjo:do キョード] 名 [하자] 教導하다 ¶ 신자를 ~-하다[ʃindʒarul ~hada シンジャルル ~ハダ] 信者を教導する / 학생을 ~-하다[haks'ɛŋul ~hada ハクセンウル ~ハダ] 学生を教導する.

교도[矯導][kjo:do キョード] 名 刑務所に勤務する矯正職公務員の階級の一つ; 看守 **—관**(官)[gwan グァン] 名 矯正職公務員の総称; 刑務官; 看守 **—소**[so ソ] 名 刑務所.

교두-보[橋頭堡][kjodubo キョドゥボ]

교란 〈軍〉橋頭堡(교두보) ¶~를 구축하다 [~rul kutʰukʰada ~ルル クチュクカダ] 橋頭堡を築く.

교란[攪亂][kjoran キョラン] 名 하他 攪乱ㆍ교란 ¶질서를 ~하다[tʃilsʌ-rul ~hada チルソルル ~ハダ] 秩序を攪乱する.

교량[橋梁][kjorjaŋ キョリャン] 名 橋梁(きょうりょう); 架け橋; 橋 ¶~ 공사[~ goŋsa ~ ゴンサ] 橋梁工事.

***교류**[交流][kjorju キョリュ] 名 하自 交流 ¶문화 ~[munhwa (gjorju) ムンファ (ギョリュ)] 文化交流.

교리[敎理][kjo:ri キョーリ] 名 教理 ¶종교의 ~[tʃoŋgjoe ~ チョンギョエ ~] 宗教の教理.

***교만**[驕慢][kjoman キョマン] 名 驕慢(きょうまん) ¶~한 태도[~han tʰɛ:do ~ハン テード] 驕慢な態度 **━스럽다** [surʌpt'a スロプタ] 形 ㅂ変ㆍ**━하다**[hada ハダ] 形 驕慢[驕傲(きょうごう)]だ **━을 부리다**[ul purida (キョマン) ヌル プリダ] 慣 驕慢にふるまう; おごりたかぶる.

교명[校名][kjo:mjʌŋ キョーミョン] 名 校名; 学校の名.

***교묘-하다**[巧妙—][kjomjohada キョミョハダ] 形 巧妙だ; 巧みだ ¶~한 수법[~-han supʼʌp ~-ハン スポブ] 巧妙な手立て **교묘-히**[kjomjoi キョミョイ] 副 巧妙に; 巧みに ¶~ 남을 속이다[~ namul sogida ~ ナムル ソギダ] 巧みに人をだます.

교무[敎務][kjo:mu キョーム] 名 教務 **━실**[ʃil シル] 名 教職員室.

교문[校門][kjo:mun キョームン] 名 校門 ¶~을 나서다[~ul nasʌda (キョーム)ヌル ナソダ] 校門を出る; 学校を卒業する.

교미[交尾][kjomi キョミ] 名 交尾 **━하다**[hada ハダ] 自 交尾する; つがう; つるむ **━기**[gi ギ] 名 交尾期.

교민[僑民][kjomin キョミン] 名 僑民(きょうみん); 僑胞; 外国に居住している同胞 **━회**[hwe フェ] 名 僑民会.

교복[校服][kjo:bok キョーボク] 名 校服; 制服 ¶여름 ~[jʌrum (gjo:bok) ヨルム (ギョーボク)] 夏の制服.

교본[敎本][kjo:bon キョーボン] 名 教本 ¶피아노 ~[pʰiano (gjo:bon) ピアノ (ギョーボン)] ピアノ教本.

교부[交付][kjobu キョブ] 名 하他 交付 **━금**[gum グム] 名 交付金.

교분[交分][kjobun キョブン] 名 交分; 交わり; よしみ ¶~이 두텁다[~i tutʰʌptʼa (キョブ)ニ トゥトプタ] 交分[交わり]が厚い.

교사[校舍][kjo:sa キョーサ] 名 校舎.

***교사**[敎師][kjo:sa キョーサ] 名 教師 ¶훌륭한 ~[hulljuŋhan ~ フルリュンハン ~] 素晴らしい教師.

교사-하다[敎唆—][kjo:sahada キョーサハダ] 他 教唆する; そそのかす ¶범행을 ~[pʌ:mhɛŋul ~ ポームヘンウル ~] 犯行を教唆する.

교살[絞殺][kjosal キョサル] 名 하他 絞殺; 締め殺すこと ¶~되다[dweda ドゥェダ] 絞殺される.

교섭[交涉][kjosʌp キョソプ] 名 하自他 交渉 ¶단체 ~[tantʃʰe (gjosʌp) タンチェ (ギョソプ)] 団体交渉 **━단체** [tʼantʃʰe タンチェ] 名 交渉団体.

***교수**[敎授][kjo:su キョース] 名 教授 ¶조~[tʃo:(gjosu) チョー(ギョス)] 准教授 **━하다**[hada ハダ] 他 教授する.

교수-형[絞首刑][kjosuhjʌŋ キョスヒョン] 名 絞首刑 ¶~에 처하다[~e tʃʰʌ:hada ~エ チョーハダ] 絞首刑に処する.

교습[敎習][kjo:suɯp キョースプ] 名 하他 教習; レッスン ¶~을 받다 [(kjo:sɯb)ɯl patʼa (キョース)ブル パッタ] 教習を受ける.

***교시**[校時][kjo:ʃi キョーシ] 依名 学校の授業時間の順序; 時限; 校時.

교시[敎示][kjo:ʃi キョーシ] 名 하他 教示 ¶~를 바라다[~rul parada ~ルル パラダ] 教示を請う.

교신[交信][kjoʃin キョシン] 名 하自 交信 ¶~ 중[~ dʒuŋ ~ ジュン] 交信中.

***교실**[敎室][kjo:ʃil キョーシル] 名 教室 ¶음악 ~[ɯmak(kʼjo:ʃil) ウマク ~] 音楽教室.

***교양**[敎養][kjo:jaŋ キョーヤン] 名 하他 教養 ¶~이 있다[없다][~i itʼa[ʌ:ptʼa] ~イ イッタ[オプタ] 教養がある [ない] / ~ 프로[~ pʰuro ~ プロ] 教養番組 **━과목**[kʼwamok クァモク] 名 教養科目 **━서적**[sʌdʒʌk ソジョク] 名 教養書籍 **━소설**[so:sʌl ソーソル] 名 教養小説 **━인**[in イン] 名 教養人.

교역[交易][kjojʌk キョヨク] 名 하他 交易 **━조건**[tʃʼokʼʌn チョコン] 名 交易条件.

***교외**[郊外][kjowe キョウェ] 名 郊外;

町外れ ¶서울의 ~[sɔure ~ ソウレ ~] ソウルの郊外.
교외[校外][kjo:we キョーウェ] 图 校外 ¶~ 지도[~ dʒido ~ ジド] 校外指導.
교원[教員][kjo:wɔn キョーウォン] 图 教員; 教師 ¶~ 연수원 [~ njo:nsu-wɔn ~ ニョーンスウォン] 教員研修院.
교유[交遊][kjoju キョユ] 图 하자 交遊 ¶명사와의 ~[mjɔŋsawae ~ ミョンサワエ ~] 名士との交遊.
***교육**[教育][kjo:juk キョーユク] 图 하타 教育 ¶유아 ~[jua (gjo:juk) ユア (ギョーユク)] 幼児教育 / 재~[tʃɛ:-(gjojuk) チェ-(ギョーユク)] 再教育 **—가**[(kjo:ju)kʼa カ] 图 教育家 **—감**[(kjo:ju)kʼam カㇺ] 图 教育監 **—계**[(kjo:ju)kʼe ケ] 图 教育界 **—공무원**[(kjo:ju)kʼoŋmuwɔn コンムウォン] 图 教育公務員 **—구청**[(kjo:ju)kʼu-tʃʰɔŋ クチョン] 图 教育区庁; 地方自治団体に設置された教育行政担当の官庁 **—대학**[tʼɛhak テーハク] 图 教育大学 **—방송**[pʼa:ŋsoŋ パーンソン] 图 教育放送 **—법**[pʼɔp ポㇷ゚] 图 教育法 **—보험**[pʼo:hɔm ポーホㇺ] 图 教育保険 **—비**[pʼi ビ] 图 教育費 **—심리학**[ʃʼimnihak シㇺニハク] 图 教育心理学 **—연령**[(kjo:juŋ) njɔlljɔŋ (キョーユン) ニョㇽリョン] 图 教育年齢 **—열**[(kjo:juŋ) njɔl (キョーユン) ニョㇽ] 图 教育熱 **—영화**[(kjo:juŋ) njɔŋ-hwa (キョーユン) ニョンファ] 图 教育映画 **—예산**[(kjo:juŋ) ne:san (キョーユン) ネーサン] 图 教育予算 **—위원회**[(kjo:jug) wiwɔnhwe (キョーユㇰ) ギウォンフェ] 图 教育委員会 **—자**[tʃʼa チャ] 图 教育者 **—제도**[tʃʼe:do チェード] 图 教育制度 **—지도**[tʃʼido チド] 图 教育指導 **—학**[(kjo:ju)kʰak カㇰ] 图 教育学 **—행정**[(kjo:ju)kʰɛŋdʒɔŋ ケンジョン] 图 教育行政 **—한자**[(kjo:ju)kʰa:ntʃʼa カーンチャ] 图 教育漢字(1,800字) **—헌장**[(kjo:ju)kʰɔ:ndʒaŋ コーンジャン] 图 教育憲章.
교인[教人][kjo:in キョーイン] 图 教徒.
교자[交子][kjodʒa キョジャ] 图 台盤に載せられた会席料理 **—상**[saŋ サン] 图 長方形の大きな会席膳;台盤.
***교장**[校長][kjo:dʒaŋ キョージャン] 图 校長 **—선생님**[sɔnsɛŋnim ソンセンニㇺ] 图 校長先生(呼びかけにも用いられる) ¶~의 훈시[~e hu:nʃi ~-(ソンセンニ) メフーンシ] 校長先生の訓示.
교재[教材][kjo:dʒɛ キョージェ] 图 教材; テキスト **—비**[bi ビ] 图 教材費.
교전[交戦][kjodʒɔn キョジョン] 图 하자 交戦 **—국**[guk グㇰ] 图 交戦国 **—상태**[saŋtʰɛ サンテ] 图 交戦状態.
교정[校正][kjo:dʒɔŋ キョージョン] 图 하타 校正 **—본**[bon ボン] 图 校正本 **—쇄**[swɛ スェ] 图 校正刷り **—지**[dʒi ジ] 图 校正紙; プルーフ.
교정[校庭][kjo:dʒɔŋ キョージョン] 图 校庭; キャンパス.
교정[矯正][kjo:dʒɔŋ キョージョン] 图 하타 矯正 ¶~ 교육[~ gjo:juk ~ ギョーユク] 矯正教育 / 치열 ~[tʃʰijɔl (gjo:dʒɔŋ) チヨㇽ (ギョージョン)] 歯列矯正.
***교제**[交際][kjodʒe キョジェ] 图 하자 交際; 交わり; 近付き; 付き合い ¶~가 넓다[~ga nɔlta ~ガ ノㇽタ] 交際[顔]が広い / ~를 끊다[~rul kʼuntʰa ~ルㇽ ックンタ] 交わり[交際]を絶つ / ~를 트다[~rul tʰuda ~ルㇽ トゥダ] 付き合いはじめる.
교주[教主][kjo:dʒu キョージュ] 图 〈宗〉教主; 教祖; 宗祖.
교직[教職][kjo:dʒik キョージㇰ] 图 教職 **—과목**[(kjo:dʒi)kʼwamok クァモㇰ] 图 教職科目 **—원**[(kjo:dʒig) wɔn (キョージ)グォン] 图 教職員.
교차[交叉][kjotʃʰa キョチャ] 图 하자타 交差; 交わること ¶도로가 ~하다[to:roga ~hada トーロガ ~ハダ] 道路が交差する / 만감이 ~하다[ma:ngami ~hada マーンガミ ~ハダ] 万感入り乱れる **—로**[ro ロ] 图 交差路 **—승인**[suŋin スンイン] 图 クロス承認 **—점**[tʃʼɔm チョㇺ] 图 交差点.
교차[較差][kjotʃʰa キョチャ] 图 較差 ¶기온의 ~[kione ~ キオネ ~] 気温の較差.
교착[膠着][kjotʃʰak キョチャㇰ] 图 하자 膠着 ¶~ 상태[~ sʼaŋtʰɛ ~ サンテ] 膠着状態.
***교체**[交替][kjotʃʰe キョチェ] 图 交替[交代] ¶내각이 ~되다[nɛ:gagi ~-dweda ネーガギ ~ドゥェダ] 内閣が交替する **—하다**[hada ハダ] 自他 交替[交代]する; 入れ替わる; 入れ替える.
교칙[校則][kjo:tʃʰik キョーチㇰ] 图 校則

교태 [嬌態] [kjotʰɛ 쿄테] 图 嬌態; 色気; こび ¶ ~를 부리다 [~rul purida ~ルル プリダ] こびを示す[売る].

*__**교통**__ [交通] [kjotʰoŋ 쿄통] 图 交通 **—경찰** [gjo:ŋtʃʰal 쿄ーンチャル] 图 交通警察 **—난** [nan ナン] 图 交通難 **—단속** (團束) [dansok ダンソク] 图 交通の取り締まり **—도덕** [do:dɔk ドードク] 图 交通道徳 **—량** [njaŋ ニャン] 图 交通量 **—마비** [ma:bi マービ] 图 交通麻痺 **—망** [maŋ マン] 图 交通網 **—법규** [bɔpk'ju ボプキュ] 图 交通法規 **—비** [bi ビ] 图 交通費 ¶ ~가 들다 [~ga tulda ~ガ トゥルダ] 足代がかかる **—사고** [sa:go サーゴ] 图 交通事故 ¶ ~를 내다[당하다] [~rul nɛ:da(taŋhada) ~ルル ネーダ(タンハダ)] 交通事故を起こす[に遭う] **—순경** [suŋjoŋ スンギョン] 图 交通巡査 **—신호** [ʃi:nho シーンホ] 图 交通信号 **—정리** [dʒɔ:ŋni ジョーンニ] 图 交通整理 **—지옥** [dʒiok ジオク] 图 交通地獄 **—차단** [tʃʰa:dan チャーダン] 图 交通遮断 **—체증** (滯症) [tʃʰetʃ'uŋ チェチュン] 图 交通渋滞 **—행정** [hɛŋdʒɔŋ ヘンジョン] 图 交通行政.

교편 [教鞭] [kjo:pʰjɔn キョーピョン] 图 教鞭 ¶ ~을 잡다 [~ul tʃapt'a (キョービョ) ヌルチャプタ] 教鞭を執る; 教師になって学生を教える **—생활** [sɛŋhwal センファル] 图 教師としての生活.

*__**교포**__ [僑胞] [kjopʰo 쿄포] 图 僑胞; 海外同胞; 外国に住んでいる同胞.

교풍 [校風] [kjo:pʰuŋ 쿄ープン] 图 校風 ¶ ~에 어긋나다 [~e ɔgunnada ~エ オグンナダ] 校風に反する.

교향 [交響] [kjohjaŋ 쿄ヒャン] 图 交響 **—곡** [gok ゴク] 图 〈楽〉交響曲; シンフォニー **—시** [ʃi シ] 图 交響詩 **—악** [ak アク] 图 交響楽 ¶ ~단 [~t'an ~タン] 交響楽団.

*__**교환**__ [交換] [kjohwan 쿄ファン] 图 [하他] 交換; 引き取り替え; 代え ¶ 물물 ~ [mulmul (gjohwan) ムルムル (ギョファン)] 物々交換 / ~권 [~k'wɔn ~クォン] 引き替え券 / 각서가 ~되다 [kaks'ɔga ~dweda カクソガ ~ドゥェダ] 覚え書きが取り交わされる **—교수** [gjo:su 쿄ース] 图 交換教授 **—학생** [haks'ɛŋ ハクセン] 图 交換学生.

교환 [交歡・交驩] [kjohwan 쿄ファン] 图 [하自] 交歡 ¶ 한일 ~경기 [ha:nil (gjohwan) gjɔ:ŋgi ハーニル (ギョファン) ギョーンギ] 韓日交歓競技.

교활-하다 [狡猾—] [kjohwalhada 쿄ファルハダ] 形 狡猾だ; こすい; ずるい; ずる[悪]賢い ¶ ~한 수단 [~han sudan ~ーハン スダン] 狡猾な手口; ずるい手段 / ~한 놈 [~han nom ~ーハン ノム] ずるい奴 / ~하게 굴다 [~hage ku:lda ~ーハゲ クールダ] 狡猾に立ち回る.

교황 [教皇] [kjo:hwaŋ 쿄ーファン] 图 〈基〉法王; 教皇 **—사절** [sa:dʒɔl サージョル] 图 法王使節 **—청** [tʃʰoŋ チョン] 图 法王[教皇]庁.

*__**교회**__ [教會] [kjo:hwe 쿄ーフェ] 图 教会 **—당** [daŋ ダン] 图 教会[礼拝]堂 **—음악** [umak ウマク] 图 教会音楽.

*__**교훈**__ [教訓] [kjo:hun 쿄ーフン] 图 [하他] 教訓; 教え; 戒め ¶ 따끔한 ~ [t'ak'umhan ~ ッタックムハン ~] 手痛い教訓 / 부모의 ~ [pumoe ~ プモエ ~] 親の戒め.

*__**구**__ [九] [ku 쿠] 数 9. 九つ.

구- [舊] [ku: クー] 接頭 旧… ¶ ~식 [~ʃik ~シク] 旧式.

-구- [k'u ク] 接尾 自動詞を他動詞・使役動詞にかえる接尾詞 ¶ 땅을 돋~다 [t'aŋul tot~da ッタンウル トッ~ダ] 地面を高める / 쇠를 달~다 [swerul tal(gu)da スェルル タル(グ)ダ] 鉄を熱する / 솟~다 [sot~da ソッ~ダ] (体を)跳ねあがらせる / 일~다 [il(gu)da イル(グ)ダ] (田畑を作るために荒れ土地を)起こす.

-구 [gu グ] 語尾 …て ¶ 싸~ 맛있다 [s'a~ maʃit'a ッサ~ マシッタ] 安くておいしい. ⇨ -고 [go ゴ] 語尾.

-구 [區] [gu ク] 語尾 区 ¶ 종로~ [tʃoŋno~ チョンノ~] 鐘路区(地名).

구가 [謳歌] [kuga クガ] 图 [하他] 謳歌 ¶ 평화를 ~하다 [pʰjɔŋhwarul ~hada ピョンファルル ~ハダ] 平和を謳歌する.

구간 [區間] [kugan クガン] 图 区間 ¶ 불통~ [pultʰoŋ (gugan) プルトン (グガン)] 不通区間 / 전~ 차표 [tʃɔn(gugan) tʃʰapʰjo チョン(グガン) チャピョ] 通し切符.

구강-위생[口腔衛生][ku:gaŋwiseŋ クーガンウィセン] 名 口腔衛生.

구걸[求乞][kugəl クゴル] 名 하他 物ごい; そでこい.

*****구겨-지다**[kugjədʒida クギョジダ] 自 ① しわくちゃ[もみくちゃ]になる; しわむ; ＝'구기다'の受動 ¶ ~-진 종이[~-dʒin tʃoŋi ~-ジン チョンイ] もみくちゃの紙 / ~-진 양복[~-dʒin jaŋbok ~-ジン ヤンボク] しわくちゃになった洋服 ② 憂うつになる; 台無したなる.

구격[具格][kuk'jək クキョク] 名 格式が備わること; 格式に合うこと.

*****구경**[ku:gjəŋ クーギョン] 名 하他 見物; 物見; 見学 ¶ ~-꾼[~k'un ~ックン] 見物人 / 공장 ~-[kondʒaŋ (gu:gjəŋ) コンジャン (グーギョン)] 工場見学 / 꽃 ~-[k'ot(k'ugjəŋ) ッコッ(クギョン)] 花見 **—가다**[gada ガダ] 自 見物に行く; 見に行く **—감[거리]**[k'am[k'əri] カム[コリ]] 名 見もの; 見せ物 ¶ ~-이[가] 되다[~i[ga] tweda ~-(カ)ミ[ガ] トゥェダ] 見せ物になる / 남의 ~-이[가] 되다[name ~i[ga] tweda ナメ ~-(カ)ミ[ガ] トゥェダ] さらし者になる.

구곡-간장[九曲肝腸][kugok'andʒaŋ クゴクカンジャン] 名 深い心の奥底 ¶ ~-을 녹이다[~ɯl nogida ~ウル ノギダ] (人の)心をとりこにする; 心をとろかす; 恋い焦がれる; 悩殺する.

구관[舊官][ku:gwan クーグァン] 名 前官; 前任者 ¶ ~-이 명관(名官)이다[~i mjəŋgwanida ~-イ ミョングァニダ] 諺 前官が名官である[やはり経験が物を言うものだの意].

구관[舊館][ku:gwan クーグァン] 名 旧館↔신관[ʃingwan シングァン]「新館」.

구관-조[九官鳥][kugwandʒo クグァンジョ] 名〈鳥〉九官鳥.

구교[舊敎][ku:gjo クーギョ] 名 旧教; カトリック教. ↔신교(新教)[ʃingjo シンギョ]・개신교(改新教)[kɛ:ʃingjo ケーシンギョ].

*****구구**[區區][kugu クグ] 名 区々; まちまち ¶ ~-한 억측[~han əktʃʰuk ~ハン オクチュク] 区々たる憶測 **—하다**[hada ハダ] 形 まちまちだ; つまらない; くだらない ¶ 의견이 ~[ɯi:gjəni ~ ウィーギョニ ~] 意見がまちまちだ / ~-한 문제[~-han mu:ndʒe ~-ハン ムーンジェ] つまらない問題 **—히**[i イ] 副 まちまちに; くだくだと ¶ ~-변명하다[~ pjə:nmjəŋhada ~ ピョーンミョンハダ] くだくだと[くどくどく]弁解する **—사정**(私情)[sadʒəŋ サジョン] 名 些細な私情; 取るに足らない個人的な事情. [구구. 九九.

*****구구-법**[九九法][kugup'jop クグポプ] 名

구구-절절이[句句節節—][kugudʒəl-dʒəri クグジョルジョリ] 副 句節ごとに; 一句一句すべて.

구국[救國][ku:guk クーグク] 名 하自他 救国 ¶ ~-의 영웅[(ku:gug)e jəŋuŋ (クークグ)ゲ ヨンウン] 救国の英雄.

구근[球根][kugɯn クグン] 名〈植〉球根 **—류**[nju ニュ] 名 球根類 **—식물**[ʃiŋmul シンムル] 名 球根植物 **—초**[tʃʰo チョ] 名 球根草.

구금[拘禁][kugɯm クグム] 名 하他 拘禁 ¶ 용의자를 ~-하다[joŋidʒarɯl ~hada ヨンイジャルル ~ハダ] 容疑者を拘禁する.

구급[救急][ku:gɯp クーグプ] 名 하他 救急 **—법**[(ku:gɯ)p'əp ポプ] 名 救急法＝응급 치료법(應急治療法)[ɯ:ŋgɯptʃʰirjop'əp ウーングプチリョポプ] **—상비약**[s'aŋbijak サンビヤク] 名 救急用の常備薬 **—상자**[s'aŋdʒa サンジャ] 名 救急箱 **—약**[(ku:gɯm)njak (クーグム)ニャク] 名 救急薬 **—차**[tʃʰa チャ] 名 救急車 **—치료**(治療)[tʃʰirjo チリョ] 名 応急手当＝응급 치료(應急治療)[ɯ:ŋgɯptʃʰirjo ウーングプチリョ].

구기[枸杞][kugi クギ] 名〈植〉クコ(枸杞) **—자**(子)[dʒa ジャ] 名 クコ(の実) ¶ ~-나무[~namu ~ナム] クコー木 **—차**[tʃʰa チャ] 名 クコ茶.

구기[球技][kugi クギ] 名 球技 **—시합**[ʃihap シハプ] 名 球技試合.

구기다[¹][kugida クギダ] 自 (仕事・暮らし向きなどが)苦しくなる; 台無しになる; 気分を損ねる ¶ 신세를 ~[ʃinserɯl ~ シンセルル ~] 身を持ちくずす.

*****구기다**[²][kugida クギダ] **1** 他 もむ; しわくちゃにする ¶ 종이를 ~[tʃoŋirɯl ~ チョンイルル ~] 紙をしわくちゃにする **2** 自 しわが寄る; しわむ; しわくむ ¶ 옷을 ~[osɯl ~ オスル ~] 服にしわが寄る; 着物がしわくちゃになる **구김**[kugim クギム] 名 しわ＝'구김살'.

구기적-거리다[kugidʒək'ərida クギジョクコリダ] 他 しきりにもんでしわくち

구김살 [kugims'al クギムサル] 名 ① しわ ¶ ~을 펴다 [(kugims'ar) ul pʰjoda (クギムサ)ルル ピョダ] しわを伸ばす ② 心や顔色に映った暗い影 ¶ ~ 없는 밝은 표정 [(kugims'ar)ɔmnunpalgun pʰjodʒɔŋ (クギムサ)ロムヌン パルグン ピョジョン] 暗い影のない明るい表情 / ~없이 자라다 [(kugims'ar)-ɔpʃ'i tʃarada (クギムサ)ロプシ チャラダ] 明るく育つ ③ ひび ¶우호관계에 ~지다 [u:hogwangee ~dʒida ウーホグァンゲエ ~ジダ] 友好関係にひびが入る ④ ゆとり ¶ ~없는 생활 [(kugimsar)-ɔmmun seŋhwal ~(クギムサ)ロムヌン センファル] ゆとりのある生活 **구김-새** [kugimsɛ クギムセ] 名 しわの寄ったようす, またその具合.

구깃-거리다 [kugitkʼɔrida クギッコリダ] 他 もんでしわくちゃにする **구깃-구깃** [kugitkʼugit クギックギッ] 副 他 しわくちゃにする[なる]さま.

***구나** [kuna クナ] 語尾 …(だ)ね; …(だ)な ¶참 맛있~ [tʃʰam maʃit(kʼuna) チャム マシッ~] とてもおいしいね / 달이 밝~ [tari pal(kʼuna) タリ パル~] 月が明るいな.

구난 [救難] [ku:nan クーナン] 名 他 救難 ¶ ~ 훈련 [~ hu:lljɔn ~ フールリョン] 救難訓練.

구내 [構内] [kunɛ クネ] 名 構内 ¶ 역~ [jɔ(kʼunɛ) ヨク~] 駅の構内 / 대학~ [tɛ:ha(kʼunɛ) テーハク~] 大学の構内 **—매점** [mɛ:dʒɔm メージョム] 名 構内売店 **—식당** [ʃiktʼaŋ シクタン] 名 構内食堂 **—전화** [dʒɔ:nhwa ジョーンファ] 名 内線; 構内電話.

구단 [球團] [kudan クダン] 名 (プロ野球の)球団 **—주** [dʒu ジュ] 名 球団主.

구더기 [kudɔgi クドギ] 名 〈虫〉ウジ.

구덩이 [kudɔŋi クドンイ] 名 ① くぼみ; へこみ; 穴 ② 〈鉱〉坑.

구도 [求道] [ku:do クード] 名 他 自 〈仏〉求道 **—자** [dʒa ジャ] 名 求道者.

구도 [構圖] [kudo クド] 名 構図 ¶소설의 ~ [so:sore ソーソレ ~] 小説の構図.

구독 [購讀] [kudok クドク] 名 他 購読 ¶정기 ~ [tʃɔ:ŋgi (gudok) チョーンギ (グドク)] 定期購読 **—료** [(kudoŋ)-njo (クドン)ニョ] 名 購読料 **—자** [tʃʼa チャ] 名 購読者.

***구두** [kudu クドゥ] 名 靴 **—닦기** [dakʼi ダクキ] 名 靴みがき **—약** (藥) [jak ヤク] 名 靴クリーム; 靴墨 **—창** [tʃʰaŋ チャン] 名 靴底 **구둣-발** [kudutpʼal クドゥッパル] 名 靴履きの足 **구둣-발길** [kudutpʼalkʼil クドゥッパルキル] 名 靴履きの蹴足 **구둣-방** [kudutpʼaŋ クドゥッパン] 名 靴屋 **구둣-솔** [kudusʼol クドゥッソル] 名 靴ブラシ **구둣-주걱** [kudutʃʼugɔk クドゥッチュゴク] 名 靴べら; 靴すべり.

구두 [口頭] [ku:du クードゥ] 名 口頭; 口上 **—계약** [ge:jak ゲーヤク] 名 口頭契約 **—변론** [bjo:llon ビョールロン] 名 口頭弁論 **—선** (禪) [sɔn ソン] 名 ① 口頭禅 ② 口先だけの言葉 **—시험** [ʃihɔm シホム] 名 口頭試問; 口述試験 **—약속** [jaksʼok ヤクソク] 名 口約束.

구두 [句讀] [kudu クドゥ] 名 句読 **—법** [pʼɔp ポプ] 名 句読法 **—점** [tʃʼɔm チョム] 名 句読点; 読点 ¶ ~을 찍다 [~ul tʃʼiktʼa ~-(チョ)ムル ッチクタ] 句読を切る[つける].

구두-쇠 [kuduswe クドゥスェ] 名 けち[しわん]坊; 守銭奴; しみったれ ¶ ~ 영감 [~ jɔ:ŋgam ~ ヨーンガム] しみったれじい; けちな老人.

구들 [kudɯl クドゥル] 名 温突_{ドル}=방구들 [paŋkʼudul パンクドゥル]の略 **—골** [kʼol コル] 名 オンドルの煙道 **—돌** [tʼol トル] 名 オンドルの石 **—목** [mok モク] 名 オンドル部屋の焚き口の近い部分=아랫목 [arɛnmok アレンモク] **—바닥** [pʼadak パダク] 名 油紙を張っていないオンドルの床 **—방** [pʼaŋ パン] 名 オンドル部屋 **—장** [tʃʼaŋ チャン] 名 オンドルの板状の石 ¶ ~을 지다 [~ul tʃida ~ウル チダ] 慣 ('구들장'を背負うの意) ① オンドル部屋に寝そべる ② 病気で床にふす ③ 死ぬ.

***구라파** [歐羅巴] [kurapʰa クラパ] 名 ヨーロッパ(유럽 [ju:rɔp ユーロプ]の音訳) **—인종** [indʒoŋ インジョン] 名 ヨーロッパ人種 **—전쟁** [dʒɔ:ndʒɛŋ ジョーンジェン] 名 ① 欧州戦争 ② けんか騒ぎのたとえ; いさかい; もめ事.

구렁 [kurɔŋ クロン] 名 くぼみ; 深み; 淵_{ふち}; へこみ ¶절망의 ~속에 빠지다 [tʃɔlmaŋe ~soge pʼa:dʒida チョルマン

エ ~ソゲッパージダ] 絶望の淵に沈む **―텅이** [tʰɔŋi トニイ] 名 どん底; 深い洞穴 ¶불행의 ~에 빠지다 [purhɛŋe ~e pʼaːdʑida プルヘンエ ~エッパージダ] 不運のどん底に陥る.

***구렁이** [kurɔŋi クロンイ] 名 ①〈動〉大蛇; 青大将 ② 腹黒い人を皮肉る語 ¶~ 담 넘어가듯 한다 [~ tam nɔmɔgaduttʰanda ~ タム ノモガドゥッタンダ] 諺 大蛇が塀を這って越えるよう [はっきりせず陰で物事をこっそりといい加減に処理してしまうことのたとえ].

구레-나룻 [kurenarut クレナルッ] 名 頬ひげ.

-구려 [kurjɔ クリョ] 語尾 ① …ですね ¶참 덥~ [tʰam tɔp (kʼurjɔ) チャム トーブ~] ほんとに暑いですね ② …なさいよ ¶빨리 가~ [pʼalli ka (gurjɔ) パルリ カ (グリョ)] 早く行きなさいよ.

구력 [舊曆] [kuːrjɔk クーリョㇰ] 名 旧暦; 陰暦.

구령 [口令] [kuːrjɔŋ クーリョン] 名 하자他 号令 ¶~을 붙이다 [~ɯl putʰida ~ウㇽ プチダ] 号令をかける.

구류 [拘留] [kurju クリュ] 名 하他 拘留 **―기간** [gigan ギガン] 拘留期間.

***구르다**[1] [kurɯda クルダ] 自変 転がる; 転ぶ; 転ずる ¶공이 ~ [koːŋi ~ コーンイ ~] ボールが転がる / 굴러 떨어지다 [kullɔ tʼɔrɔdʑida クルロ ットロジダ] 転がり落ちる.

구르다[2] [kurɯda クルダ] 他変 踏み鳴らす ¶발을 동동 ~ [parul toŋdoŋ ~ パルㇽ トンドン ~] 地団太を踏む; 足を踏み鳴らす.

***구름** [kurɯm クルㇺ] 名 雲 ¶엷은 ~ [jɔlbɯn ~ ヨㇽブン ~] うす雲 / ~이 끼다 [~i kʼiːda ~ クル ミッキーダ] 雲がかかる; 雲におおわれる **―결** [kʼjɔl キョㇽ] 名 ① 雲が過ぎ去るような短い間 ② 薄くきれいな雲のあや [模様・流れ] **―다리** [dari ダリ] 名 高架橋, 歩道橋; 陸橋 **―바다** [bada バダ] 名 雲海 **―비** [bi ビ] 名 雲雨 **―장** [tɕʼaŋ チャン] 名 雲の固まり.

구릉 [丘陵] [kurɯŋ クルン] 名 丘; 丘陵 **―지** [dʑi ジ] 名 丘陵地.

***구리** [kuri クリ] 名 銅; あかがね **―줄** [dʑul ジュㇽ] 名 銅線 **―철사** [鐵絲] [tɕʰɔlsʼa チョㇽサ] 名 銅線; 銅の針金 **구릿-빛** [kuritpʼit クリッピッ] 名 あかがね色; (赤) 銅色.

***구리다** [kurida クリダ] 形 ① 臭い ¶구린 냄새 [내] [kurin nɛːmsɛ [nɛ] クリン ネームセ [ネ]] 臭いにおい ② (やり口が) 汚い; いやらしい ¶근성이 ~ [kɯnsɔŋi ~ クンソンイ ~] 根性が汚らしい ③ (言動が) 怪しい; 後ろ暗い ¶행동이 ~ [hɛŋdoŋi ~ ヘンドンイ ~] 行動が怪しい.

***구린-내** [kurinnɛ クリンネ] 名 臭いにおい; 悪臭 ¶~를 피우다 [~rul pʰiuda ~ルㇽ ピウダ] 悪臭を放つ **―나다** [nada ナダ] 自 臭いにおいがする ¶~-나는 입김 [~-nanum ipkʼim ~- ナヌン イプキㇺ] 臭い息.

구린-입 [kurinnip クリンニㇷ゚] 名 息の臭いこと; 困った立場で口を開けないこと.

구매 [購買] [kumɛ クメ] 名 하他 購買 **―력** [rjɔk リョㇰ] 名 購買力 ¶~이 떨어지다 [~-(rjɔg) i tʼɔrɔdʑida ~-(リョ) ギットロジダ] 購買力が落ちる **―욕** [jok ヨㇰ] 名 購買欲 **―층** [tɕʰɯŋ チュン] 名 購買層.

-구먼 [kumɔn クモン] 語尾 …ね; …な ¶많~ [maːn (kʰumɔn) マーン~] 多いね / 드디어 도착했~ [tɯudiɔ toːtʰakʰɛ (kʼumɔn) トゥディオ トーチャㇰケッ~] ついに到着した.

***구멍** [kumɔŋ クモン] 名 ① 穴 ¶단추~ [tantɕʰut (kʼumɔŋ) タンチュッ~] ボタン穴 / ~을 뚫다 [~ɯl tʼultʰa ~ウㇽトゥㇽタ] 穴を開ける ② 抜け穴; 逃げ道 ¶빠져 나갈 ~은 있다 [pʼaːdʑɔ nagal ~ɯn itʼa ~ッパージョ ナガㇽ ~ウン イッタ] 抜け穴はある ③ 欠点 ¶~ 투성이 [~ tʰusɔŋi ~ トゥソンイ] 欠点だらけ **―(이) 나다** [(i) nada (イ) ナダ] ① 穴があく ② 破綻する; つまずく **―(을) 내다** [(ɯl) nɛːda (ウㇽ) ネーダ] 穴をあける **―가게** [kʼaːge カーゲ] 名 (雑貨扱いの) 小店; 軒店.

구면 [舊面] [kuːmjɔn クーミョン] 名 旧知; 顔 [昔] なじみ ¶~ 사이 [~ sai ~ サイ] 旧知の間柄.

구명 [究明] [kumjɔŋ クミョン] 名 하他 究明 ¶진상을 ~하다 [tɕinsaŋɯl ~hada チンサンウㇽ ~ハダ] 真相を究明する.

구명 [救命] [kuːmjɔŋ クーミョン] 名 하自他 救命; 助命 ¶정치범의 ~ [tɕɔŋtɕʰibɔme ~ チョンチボメ ~] 政治犯の助命 **―기 [구]** [gi [gu] ギ [グ]] 名 救命器 [具] **―동의** [doːŋi ドーンイ]

[名] 救命胴衣 **―부대**(浮帶) [budɛ ブデ] [名] 救命袋; 浮き袋 **―부이**(浮標) [buipʰjo ブピョ] [名] 救命ブイ **―점** [dʒoŋ ジョン] [名] 救命艇; ライフボート **―조끼** [dʒok'i ジョッキ] [名] 救命胴衣.

*구미[口味] [ku:mi クーミ] [名] ① 食欲; 口当たり ¶ ~에 맞는 음식 [~e man-nun ɯ:mʃik ~エ マンヌン ウームシク] 口に合う食べ物 ② 興味 ¶ ~가 당기는 이야기 [~ga taŋginɯn nijagi ~ガ タンギヌン ニヤギ] 興味のわく話 **―가 나다** [ga nada ガ ナダ] [慣] ① 食欲がわく ② 食欲が出る **―가 당기다** [ga taŋgida ガ タンギダ] [慣] 興味がわく **―가 돌다** [ga to:lda ガ トールダ] [慣] ① 食欲が出る ② 食欲がわく **―가 동하다** [ga to:ŋhada ガ トーンハダ] [慣] ① 食欲が出て食べたくなる ② (何かを)所有したい気持ちになる **―(를) 돋우다** [돋구다] [rul toduda [tok'uda] ルル トドゥダ[トックダ]] [慣] ① 食欲[興味]をそそる ② 欲を起こさせる.

*구미[歐美] [kumi クミ] [名] 欧米 ¶ ~문학 [~ munhak ~ ムンハク] 欧米文学.

구박[驅迫] [kubak クバク] [名] 虐待 **―하다** [(kuba)kʰada カダ] [他] 虐待する; いじめる; いびる ¶ 며느리를 ~ [mjonɯrirɯl ~ ミョヌリルル ~] 嫁いびりをする; 嫁をいじめる.

구변[口辯] [ku:bjon クービョン] [名] 口弁; 弁舌 ¶ ~이 좋은 사람 [~i tʃo:ɯn sa:ram (クービョ)ニ チョーウン サーラム] 口達者(な人) **―머리** [mori モリ] [名] [俗] 口弁 ¶ ~가 없다 [~ga ə:pt'a ~ガ オープタ] 口下手だ.

*구별[區別] [kubjol クビョル] [名] 区別; けじめ; 差別 ¶ ~을 못 짓다 [(kubjor) ul mo:tʃit'a (クビョ)ルル モッチッタ] けじめがつかない / 아들 딸 ~ 말고 [adɯl t'al ~malgo アドゥルッタル ~マルゴ] 息子娘にこだわらず **―하다** [(kubjor)hada ハダ] [他] 区別する; けじめをつける; 弁ずる ¶ 선악을 ~ [sɔ:nagɯl ~ ソーナグル ~] 善悪をわきまえる.

구보[驅歩] [kubo クボ] [名] [하自] 駆け足 ¶ ~로 올라가다 [~ro ollagada ~ロ オルラガダ] 駆け足でのぼる.

구부러-뜨리다 [kuburət'ɯrida クブロットリダ] [他] 曲げてしまう; 折り曲げる.

*구부러-지다 [kuburədʒida クブロジダ] [自] (一方に) 曲がる ¶ 길이 ~ [kiri ~ キリ ~] 道が曲がる.

구부렁-하다 [kuburɔŋhada クブロンハダ] [形] [여変] 弓なりにやや曲がっている.

구부리다 [kuburida クブリダ] [他] 曲げる; (体を) かがめる ¶ 팔을 ~ [pʰarɯl ~ パルル ~] 腕を曲げる / 몸을 ~ [momɯl ~ モムル ~] 体をかがめる.

구부스름-하다 [kubusurɯmhada クブスルムハダ] [形] [여変] やや曲がったようだ; 曲がり加減だ.

구부정-하다 [kubudʒɔŋhada クブジョンハダ] [形] [여変] やや曲がっている; 少しかがんでいる ¶ 허리가 ~ [hɔriga ~ ホリガ ~] 腰が少しかがんでいる.

*구분[區分] [kubun クブン] [名] [하他] 区分; 区分け; けじめ ¶ 시대 ~ (gubun) シデ (グブン)] 時代区分.

구불-거리다 [kubulgɔrida クブルゴリダ] [自] 曲がりくねる **구불-구불** [kubulgubul クブルグブル] [副] [하自] [하形] 曲がりくねっているさま ¶ ~한 길 [~-(gubur) han kil ~ハン キル] 曲がりくねった[くねくねとした]道.

구불텅-하다 [kubultʰɔŋhada クブルトンハダ] [形] [여変] ゆるやかに曲がっている ¶ ~한 산길 [~-han sank'il ~-ハン サンキル] ゆるやかに曲がっている山道.

*구비[口碑] [ku:bi クービ] [名] 口碑; 口頭伝承 **―동화** [do:ŋhwa ドーンファ] [名] 口碑童話 **―문학** [munhak ムンハク] [名] 口碑文学; 口承文芸; 昔話.

*구비[具備] [kubi クビ] [名] [하自他] 具備 ¶ ~서류 [~ sɔrju ~ ソリュ] 具備書類 / 자격을 ~하다 [tʃagjəgɯl ~-hada チャギョグル ~ハダ] 資格を備える.

*구사[驅使] [kusa クサ] [名] 駆使 **―하다** [hada ハダ] [他] 駆使する; 使いこなす ¶ 한국어・조선어를 자유로이 ~ [ha:ŋgugo・tʃosɔnɔrɯl tʃajuroi ~ ハーングゴ・チョソノルル チャユロイ ~] 韓国語・朝鮮語を自由にこなす.

구사-일생[九死一生] [kusails'ɛŋ クサイルセン] [名] [하自] 九死に一生を得ること; 命拾い ¶ ~으로 살아나다 [~-uro saranada ~ウロ サラナダ] 十死に一生を得る; かろうじて命拾いをする.

*구상[求償] [kusaŋ クサン] [名] [하他] 求償 **―권** [k'wɔn クォン] [名] 求償権 **―무역** [mu:jɔk ムーヨク] [名] 求償[バ

구상[kusaŋ クサン] 名 具象 **―예술**[neːsul ネースル] 名 具象芸術.

구상[構想][kusaŋ クサン] 名 하他 構想; プロット(plot) ¶사업의 ~[saːɔbe サーオベ ~] 事業の構想.

구색[具色][kusɛk クセㇰ] 名 하他 品物を取りそろえること ¶~을 맞추다[kusɛɡ ɯl matʃʰuda (クセグ ル マッチュダ] 品物をもれなく取りそろえる.

*구석[kusɔk クソㇰ] 名 隅; 隅っこ ¶방 ~[paŋ (kʼusɔk) パン ~] 部屋の隅[すみっこ] / 방 ~에만 틀어박혀 있다[paŋ (kʼusɔɡ)eman tʰɯrɔbakʰjɔitʼa パン (クソ)ゲマン トゥロバクキョイッタ] 部屋の中にばかり閉じこもっている / 시골 ~에서 살다[ɕiɡol (kʼusɔɡ)esɔ saːlda シゴル (クソ)ゲソ サールダ] 片田舎で暮らす **―구석**[(kusɔ)kʼusɔk クソㇰ] 副 すみずみ; くまなく ¶~까지 잘 닦다[~-(kʼusɔ)kʼadʑi tʃal dakta ~-カジ チャル ダクタ] すみずみまでよく磨く **―방**[pʼaŋ パン] 名 家屋の角にある部屋 **―장**[tʃʼaŋ チャン] 名 部屋の片隅に置くたんす.

구석기[舊石器][kuːsɔkʼi クーソキ] 名〈史〉旧石器 **―시대**[ɕidɛ シデ] 名 旧石器時代.

구석-지다[kusɔktʃʼida クソㇰチダ] 形 奥まっている ¶~-진 방[~-tʃʼin paŋ ~-チン パン] 奥まった部屋.

구설[口舌][kuːsul クーソㇽ] 名 (人の口に上る)そしり; 非難; 悪口 ¶남의 ~을 듣다[name (kuːsɔr)ɯl tɯtʼa ナメ (クーソ)ルル トゥッタ] 人のそしりを受ける **―수**(數)[ˈsu ㅅ] 名 (人から)非難やそしりを受ける悪運 ¶~에 오르다[~e orɯda ~エ オルダ] 世間のうわさになる.

*구성[構成][kusɔŋ クソン] 名 構成 ¶문장의 ~[mundʑaŋe ~ ムンジャンエ ~] 文章の構成 **―하다**[hada ハダ] 他 構成する; 仕組む; 作る ¶사건을 극으로 ~[saːkʼɔnɯl kɯɡɯro ~ サーコヌル クグロ ~] 事件を劇に仕組む **―요소**[njoːso ニョーソ] 名 構成要素 **―원**[wɔn ウォン] 名 構成員 **―체**[tʃʰe チェ] 名 構成体.

구성-지다[kusɔndʑida クソンジダ] 形 (歌声などが)粋で哀れだ; 自然に情味[趣]がある ¶~-진 피리 소리[~-dʑin pʰiri sori ~-ジン ピリ ソリ] 粋で哀れをおびた[しっとりした]笛の音.

구세[救世][kuːse クーセ] 名 救世 **―군**[ɡun グン] 名〈基〉救世軍; キリスト教プロテスタントの一派 **―주**[dʑu ジュ] 名 救世主; キリスト; メシア ¶~ 예수[~ jeːsu ~ イェース] 救い主イエスキリスト.

*구속[拘束][kusok クソㇰ] 名 하他 拘束; 束縛 ¶신병을 ~하다[ɕinbjɔŋɯl (kuso)kʰada シンビョンウル ~カダ] 身柄を拘束する / ~ 당하다[~ tʼaŋhada ~ タンハダ] 縛られる **―력**[(kuson)njok (クソン)ニョㇰ] 名 拘束力 **―영장**(令狀)[(kusoŋ) njɔŋtʃʼaŋ (クソン) ニョンチャン] 名 逮捕状.

*구수-하다[kusuhada クスハダ] 形 여중 ① 香ばしいにおいだ; おいしそうな風味のよい ¶커피 끓이는 ~-한 냄새[kʰɔːpʰi kʼɯrinɯn ~-han nɛːmsɛ コーピ ックリヌン ~-ハン ネームセ] コーヒーを沸かすいいにおい ② (話が)もっともらしい; 面白い ¶~-한 이야기[~-han nijaɡi ~-ハン ニヤギ] 情味があって面白い話.

구수-회의[鳩首會議][kusuhweːi クスフェーイ] 名 하他 鳩首회ゅ会議.

구술[口述][kuːsul クースㇽ] 名 하他 口述 **―서**[sɔ ソ] 名 口述書 **―시험**[ɕihɔm シホㇺ] 名 口述試験.

*구슬[kusul クスㇽ] 名 玉; ビー玉 ¶~같은 물방울[~-ɡatʰɯn mulpʼaŋul ~-ガトゥン ムルパンウル] 玉のような滴 / ~치기 하다[~-tʃʰiɡi hada ~-チギ ハダ] ビー玉遊びをする **―땀**[tʼam ッタㇺ] 名 玉の汗; 大粒の汗.

구슬리다[kusullida クスㇽリダ] 他 うまく口説き落とす; おだてあげる; 丸め込む; 言いくるめる ¶상대를 잘 ~[saŋdɛrɯl tʃal ~ サンデルㇽ チャル ~] 相手をうまく丸め込む / 살살 ~[saːlsal サーㇽサㇽ ~] うまく言いくるめる **구슬려-내다**[kusullijɔnɛda クスㇽリョネダ] 他 (うまい言葉で)おびき出す; 甘い言葉で誘い出す **구슬려-대다**[kusullijɔdɛda クスㇽリョデダ] 他 (しきりに)おだてる; なだめる; そそのかす **구슬려-삶다**[kusulljɔsamtʼa クスㇽリョサムタ] 他 うまい言葉で口説き落とす; 丸め込む ¶반대파를 ~[paːndɛpʰarul ~ パーンデパルㇽ ~] 反対派を丸め込む **구슬려-세다**[kusulljɔseda クスㇽリョセダ] 他 し

きりにおだてあげる.

*구슬프다[kusɯlpʰɯda クスルプダ] 形 ㉡変 もの悲しい; もの寂しい; しめやかだ ¶구슬픈 피리 소리[kusɯlpʰɯn pʰiri sori クスルプン ピリ ソリ] もの悲しい笛の音 **구슬피**[kusɯlpʰi クスルピ] 副 もの悲しく; 哀れげに ¶〜 울다 [〜 u:nda 〜 ウーンダ] 哀れげに泣く.

구-시가[舊市街][ku:ʃiga クーシガ] 图 旧市街. 旧時代.

구-시대[舊時代][ku:ʃidɛ クーシデ] 图

구시렁-거리다[kuʃirəŋɡorida クシロンゴリダ] 圓 しつこく小言を並べたてる; くどくど小言を言う.

구시-월[九十月][kuʃiwəl クシウォル] 图 9月と10月.

*구식[舊式][ku:ʃik クーシㇰ] 图 旧式 ¶〜 무기[(ku:ʃiŋ) mu:gi (クーシン) ムーギ] 旧式の兵器.

*구실[kuʃil クシル] 图 役割; 役目; 用 ¶부모의 〜을 하다[pumoe (kuʃir)ul hada プモエ (クシ) ルル ハダ] 親としての役目[務め]を果たす.

*구실[口實][ku:ʃil クーシル] 图 口実; 言い訳; 理屈 ¶그럴듯한 〜[kɯrəltʰɯtʰan 〜 クロルトゥッタン 〜] もっともらしい口実 **—삼다**[samt'a サㇺタ] 他 口実にする, かこつける; 事寄せる ¶병을 —삼아[pjə:ŋɯl 〜-sama ピョーンウル 〜-サマ] 病気に事寄せて; 病気を口実にして(欠席した).

구악[舊惡][ku:ak クーアㇰ] 图 旧悪 ¶〜이 드러나다[(ku:ag)i tɯrənada (クーア)ギ トゥロナダ] 旧悪がばれる.

구애[求愛][kuɛ クエ] 图 ⦅하他⦆ 求愛 ¶〜의 편지[〜e pʰjənʤi 〜エ ピョーンジ] 求愛の手紙 **—하다**[hada ハダ] 圓 求愛する; 言い寄る; 口説く ¶아가씨에게 〜 하다[agaʃ'iege 〜 アガッシエゲ 〜] 娘に言い寄る.

*구애[拘礙][kuɛ クエ] 图 こだわり ¶사소한 일에 —받지 않는다[sasohan ni:re 〜batʃ'i anɯnda サソハン ニーレ 〜バッチ アンヌンダ] ささいなことにこだわらない **—하다**[hada ハダ] 圓 拘泥する; こだわる; なずむ; かかわる.

구약-성서[舊約聖書][ku:jaks'ə:ŋsə クーヤㇰソーンソ] 图 〈基〉旧約聖書.

구어[口語][ku:ə クーオ] 图 口語; 口言葉 **—문**[mun ムン] 图 口語文 **—체**[tʃʰe チェ] 图 口語体.

*구역[區域][kujək クヨㇰ] 图 区域 ¶위험 〜[wihəm (gujək) ウィホㇺ (グヨㇰ)] 危険区域 / 담당 〜[tamdaŋ (gujək) タㇺダン (グヨㇰ)] 担当[受け持ち]区域.

구역[嘔逆][kujək クヨㇰ] 图 吐き気; むかつき **—나다**[(kujəŋ)nada (クヨン)ナダ] 圓 むかつく; 吐き気がする **—증**[tʃ'ɯŋ チュン] 图 吐き気 **—질**[tʃ'il チㇽ] 图 ⦅하自⦆反吐를; 嘔吐질 ¶〜 나다[〜 lada 〜 ラダ] 吐き気を催す; 反吐が出る; むかつく.

구연[口演][ku:jon クーヨン] 图 ⦅하他⦆ 口演 **—동화**[do:ŋhwa ドーンファ] 图 口演の童話; 語って聞かせる童話.

구완[←救援][kuwan クワン] 图 ⦅하他⦆ (病人・産婦などの)世話や介抱をすること; 看護; 看病 ¶병〜[〜pjə:ŋ (gu-wan) ピョーン (グワン)] 看病.

구워-삶다[kuwəsamt'a クウォサㇺタ] 他 (あらゆる手段を尽くして相手を)丸め込む; 口車に乗せる ¶친구를 〜-삶아 함께 떠나다[tʃʰinɡurɯl 〜-salma hamk'e t'ənada チングルル 〜-サㇽマ ハㇺッケ ットナダ] 友達を口車に乗せて一緒に出掛ける.

구원[久遠][ku:wən クーウォン] 图 ⦅하形⦆ 久遠ᵏᵘᵒⁿ ¶〜의 여성[〜e jəsəŋ (クーウォ)ネ ヨソン]永遠[久遠]の女性.

구원[救援][ku:wən クーウォン] 图 ⦅하他⦆ 救援; 救い ¶〜의 손[〜e son (クーウォ)ネ ソン] 救いの手 **—대**[dɛ デ] 图 救援隊 **—물자**[mulʧ'a ムㇽチャ] 图 救援物資 **—투수**[tʰusu トゥス] 图〈野〉救援投手; リリーフ.

구원[舊怨][ku:wən クーウォン] 图 旧怨ᵏʸᵘᵉⁿ ¶〜을 풀다[〜ɯl pulda (クーウォ) ヌㇽ プㇽダ] 旧怨を晴らす.

*구월[九月][kuwəl クウォㇽ] 图 9月.

*구이[kui クイ] 图 焼き物; 焼き ¶소금 〜[sogɯm (gui) ソグㇺ (グイ)] 塩焼き / 꼬치 〜[k'otʃʰi (gui) ッコチ (グイ)] 串焼き; 焼きとり.

구인[求人][kuin クイン] 图 ⦅하自⦆ 求人 **—광고**[gwa:ŋgo グァーンゴ] 图 求人広告 **—난**[nan ナン] 图 求人難 **—란**[nan ナン] 图 求人欄.

구인[拘引][kuin クイン] 图 ⦅하他⦆ 拘引 **—장**[tʃ'aŋ チャン] 图 拘引状.

*구입[購入][kuip クイㇷ゚] 图 ⦅하他⦆ 購入; 仕入れ; 買い入れ ¶물품 〜[mulpʰum (guip) ムㇽプㇺ (グイㇷ゚)] 物品の購入 / 〜처[〜tʃʰə 〜チョ] 仕

入れ先.

구장[球場][kudʒaŋ クジャン] 名 球場; (特に)野球場 ¶잔디 ~[tʃandi (gudʒaŋ) チャンディ(グジャン)] 芝生のグラウンド.

구전[口傳][ku:dʒon クージョン] 名 他 口伝; 口伝え ━문학[munhak ムンハク] 名 口伝文学 ━민요[minjo ミニョ] 名 口伝[口承・伝承]民謡.

구전[口錢][ku:dʒon クージョン] 名 口銭; 仲介料; 手数料; コミッション ¶~을 받다[~ɯl pat'a (クージョン)ヌル パッタ] 仲介料をもらう; 歩を取る / ~을 떼다[~ɯl t'eda (クージョン)ヌル ッテダ] 手数料を取る; 頭をはねる.

구절-판[九折坂][kudʒolpʰan クジョルパン] 名 '구절판'の重箱に盛られた9種類の食べ物 ━찬합[tʃʰa:nhap チャーンハプ] 名 '구절판'を盛る重箱(中心部は八角形で, その周辺は8つに区切られている; 中央の薄皮で具を包んで食べる).

구절판

구접-스럽다[kudʒops'ɯrɔpt'a クジョプスロプタ] 形 ㅂ変 ① うす汚い; むさくるしい ¶방이 ~[paŋi ~ パンイ ~] 部屋がうす汚い ② (やることが)汚らしい; だらしない ¶하는 짓이 ~[hanɯn tʃiʃi ~ ハヌン チーシ ~] やり方が汚らしい.

구정[舊正][ku:dʒoŋ クージョン] 名 ① 陰暦の元旦=설날[sɔ:llal ソールラル] ② 旧暦の1月.

구정[舊情][ku:dʒoŋ クージョン] 名 旧情; かつての情愛 ¶~을 새롭게 하다[~ɯl sɛropk'e hada ~ウル セロプケ ハダ] 旧情を温める.「汚水; 下水.

구정-물[kudʒoŋmul クジョンムル] 名

***구제**[救濟][ku:dʒe クージェ] 名 他 救済 ¶실업자를 ~하다[ʃirɔptʃ'arul ~hada シロプチャルル ~ハダ] 失業者を救済する ━사업[sa:ɔp サーオプ] 名 救済事業 ━품[pʰum プム] 名 救済品; 救援物資.

***구조**[救助][ku:dʒo クージョ] 名 他 救助; 助け; 救い ¶인명을 ~하다[inmjɔŋɯl ~hada インミョンウル ~ハダ] 人命を救助する ━대(袋)[dɛ デ] 名 救助袋 ━사다리[sadari サダリ] 名 救助ばしご ━선[sɔn ソン] 名 助け船; 救い船; 救助船.

***구조**[構造][kudʒo クジョ] 名 他 構造; 仕組み; 構え; 造り; 掛かり ¶사회의 ~[sahwee ~ サフェエ ~] 社会の仕組み / 기계의 ~[kigee ~ キゲエ ~] 機械の構造 / 집 ~[tʃip (k'udʒo) チプ ~] 家の構え.

구주[救主][ku:dʒu クージュ] 名〈基〉救い主; 救世主.「ヨーロッパ.

구주[歐洲][kudʒu クジュ] 名 欧州;

구중-궁궐[九重宮闕][kudʒuŋguŋgwɔl クジュングングォル] 名 九重の宮中; 皇居; 天子の住む所.

구중중-하다[kudʒuŋdʒuŋhada クジュンジュンハダ] 形 ㅇ変 湿っぽい; じめじめとしている; うす汚い ¶~-한 날씨[~-han nalʃ'i ~-ハン ナルッシ] じめじめした天気 / ~-한 방[~-han paŋ ~-ハン パン] うす汚い部屋.

구지렁-물[kudʒirɔŋmul クジロンムル] 名 腐った[よごれた]汚い水.

구지레-하다[kudʒirehada クジレハダ] 形 ㅇ変 うす汚い; 乱雑で不潔だ ¶방이 너무 ~[paŋi nɔmu ~ パンイ ノム ~] 部屋があまり乱雑で不潔だ.

구직[求職][kudʒik クジク] 名 他 自 求職 ¶~ 광고[(kudʒi) k'wa:ŋgo ~ クァーンゴ] 求職広告.

구질구질-하다[kudʒilgudʒirhada クジルグジルハダ] 形 乱雑で不潔だ; 汚らしい; じめじめしている; しつこく ¶~-한 골목길[~-han ko:lmok'il ~-ハン コールモクキル] 汚らしい路地 / ~-한 날씨[~-han nalʃ'i ~-ハン ナルッシ] じめじめした天気 / ~-하게 따라다니다[~-hage t'aradanida ~-ハゲッタラダニダ] しつこくつきまとう.

***구차-하다**[苟且-][ku:tʃʰahada クーチャハダ] 形 ㅇ変 ① 窮屈だ; つまらない ¶~-한 변명[~-han pjo:nmjɔŋ ~-ハン ピョーンミョン] 窮屈な[くだらない]言い訳[弁解] ② 貧しい ¶~-한 살림[~-han sallim ~-ハン サルリム] 貧しい暮らし **구차-히**[ku:tʃʰai クーチャイ] 副 窮屈に; 貧しく.

구청[區廳][kutʃʰɔŋ クチョン] 名 区役所 ━장[dʒaŋ ジャン] 名 区長.

***구체**[具體][kutʃʰe クチェ] 名 具体 ━론[ron ロン] 名 具体論 ━성[sɔŋ

ソン] 名 具体性 **—안** [an アン] 名 具体案 **—적** [dʒɔk ジョク] 名冠 具体的 ¶ ~으로 설명하다 [~-(dʒɔg)-uro sɔlmjʌŋhada ~-(ジョ)グロ ソルミョンハダ] 具体的に説明する **—화** [hwa ファ] 名他自他 具体化.

구체 [軀體] [kutɕʰe クチェ] 名 体.

구축-하다 [構築—] [kutɕʰukʰada クチュクカダ] 他 構築する; 築く ¶ 지반을 ~ [tɕibanɯl ~ チバヌル ~] 地盤を築く.

구축-하다 [驅逐—] [kutɕʰukʰada クチュクカダ] 他 駆逐する ¶ 반대 세력을 ~ [pandɛ seːrjɔgɯl ~ パーンデ セーリョグル ~] 反対勢力を駆逐する.

구출-하다 [救出—] [kutɕʰurhada クチュルハダ] 他 救出[救助]する; 救い出す ¶ 인질을 ~ [indʑirɯl ~ インジルル ~] 人質を救い出す.

구충-제 [驅蟲劑] [kutɕʰuŋdʑe クチュンジェ] 名 駆虫剤; 虫下し.

구취 [口臭] [kuːtɕʰwi クーチュィ] 名 口臭.

구층-탑 [九層塔] [kutɕʰɯŋtʰap クチュンタプ] 名 9層[9重]の塔.

구치-소 [拘置所] [kutɕʰiso クチソ] 名 拘置所.

구타 [毆打] [kutʰa クタ] 名 殴打 **—하다** [hada ハダ] 他 殴打する; 殴る.

구태 [舊態] [kuːtʰɛ クーテ] 名 旧態 **—의연** [ɯijʌn ウィヨン] 名他形 旧態依然 ¶ ~한 정책 [~han tɕɔŋtɕʰɛk ~ハン チョンチェク] 旧態依然な政策.

*****구태 (여)** [kutʰɛ(jɔ) クテ(ヨ)] 副 わざわざ; 強いて; 敢えて; 求めて ¶ ~ 올 필요는 없다 [~ ol pʰirjonɯn ɔːptɕʰa ~ オル ピリョヌノープタ] わざわざ来る必要はない.

구토 [嘔吐] [kutʰo クト] 名 嘔吐; 反吐 **—하다** [hada ハダ] 他 嘔吐する; もどす **—증** [tɕʰɯŋ チュン] 名 嘔吐の症状; むかつき.

*****구-하다** [求—] [kuhada クハダ] 他 여변 ① 求める; 探す ¶ 직업을 ~ [tɕigɔbɯl ~ チゴブル ~] 職を求める / 하숙을 ~ [hasugɯl ~ ハースグル ~] 下宿を探す ② 願う ③ 買う.

*****구-하다** [救—] [kuːhada クーハダ] 他 여변 救う ¶ 목숨을 ~ [moksʼumɯl ~ モクスムル ~] 命を救う[助ける] / 구해 내다 [kuːhɛ nɛːda クーヘ ネーダ] 救い出す; 救い上げる.

구현 [具現・具顯] [kuhjʌn クヒョン] 名他他 具現 ¶ 민주주의의 ~ [mindʑudʑuie ~ ミンジュジュイエ ~] 民主主義の具現.

*****구형** [求刑] [kuhjʌŋ クヒョン] 名他自他 求刑.

구형 [舊形・舊型] [kuːhjʌŋ クーヒョン] 名 旧型; 古い型; 旧式の型.

구호 [口號] [kuːho クーホ] 名 掛け声; スローガン ¶ ~를 외치다 [~rɯl weːtɕʰida ~ルル ウェーチダ] 掛け声を掛ける; スローガンを叫ぶ.

구호 [救護] [kuːho クーホ] 名他他 救護 **—금** [gɯm グム] 名 義援金 **—기관** [gigwan ギグァン] 名 救護機関 **—사업** [saːɔp サーオプ] 名 救護事業 **—시설** [ɕiːsɔl シーソル] 名 救護施設 **—양곡** [jaŋgok ヤンゴク] 名 救護用の穀物.

구혼 [求婚] [kuhon クホン] 名他自 求婚; プロポーズ.

*****구획** [區畫・區劃] [kuhwek クフェク] 名他他 区画; 区切り ¶ ~을 짓다 [(kuhweg) ul tɕiːtʼa (クフェ)グル チーッタ] 仕切る; くぎる **—정리** [tɕʼɔːŋni チョーンニ] 名他他 区画整理.

*****국** [kuk ククリ] 名 汁; スープ; あつもの; おつゆ ¶ 된장~ [tweːdʑaŋ(kʼuk) トゥェーンジャン~] みそ汁 **—거리** [(ku) kʼɔri コリ] 名 お汁の材料; (汁の) 具.

*****국가** [國家] [kuk'a ククカ] 名 国家 ¶ 법치 ~ [pɔptɕʰi (guk'a) ポプチ (グクカ)] 法治国家 **—공무원** [goŋmuwɔn ゴンムウォン] 名 国家公務員 **—배상법** [bɛsaŋpʼɔp ベサンポプ] 名 〈法〉国家賠償法 **—비상 사태** [biːsaŋ saːtʰɛ ビーサンサーテ] 名 国家非常事態.

국가 [國歌] [kuk'a ククカ] 名 国歌.

국-건더기 [kuk'ɔndɔgi ククコンドギ] 名 お汁の実.

국경 [國境] [kuk'jʌŋ ククキョン] 名 国境 **—선** [sɔn ソン] 名 国境線.

국경-일 [國慶日] [kuk'jʌŋil ククキョンイル] 名 旗日; 国民の祝日; 祝祭日.

국고 [國庫] [kuk'o ククコ] 名 国庫 **—금** [gɯm グム] 名 国庫金 **—보조** [boːdʑo ボージョ] 名 国庫補助 **—수입** [suip スイプ] 名 国庫収入 **—지출** [dʑitɕʰul ジチュル] 名 国庫支出.

국교 [國交] [kuk'jo ククキョ] 名 国交 **—단절** [daːndʑɔl ダーンジョル] 名他他 国交断絶 **—수립** [surip スリプ] 名 国交樹立 **—정상화** [dʑɔːŋsaŋhwa ジョーンサンファ] 名 国交正常化 **—화**

국군 회복[hwebok フェボク] 名 国交回復.

국군[國軍][kuk'un ククグン] 名 国軍; 韓国軍 **—의 날**[e nal (ククグ)ネ ナル] 名 国軍の日(韓国軍創設記念日, 10月1日).

국-그릇[kuk'ɯrɯt ククルッ] 名 お汁のわん.

*__국기__[國旗][kuk'i ククキ] 名 国旗 ¶~를 게양하다[~rɯl ke:jaŋhada ~ルル ケーヤンハダ] 国旗を掲げる[掲揚する].

국난[國難][kuŋnan クンナン] 名 国難 ¶~을 구하다[~ɯl ku:hada (クンナ)ヌル クーハダ] 国難を救う.

*__국내__[國內][kuŋnɛ クンネ] 名 国内 **—문제**[mu:ndʒe ムーンジェ] 名 国内問題 **—법**[p'ɔp ポプ] 名 国内法.

국-내외[國內外][kuŋnɛwe クンネウェ] 名 国の内外.

*__국력__[國力][kuŋnjɔk クンニョク] 名 国力 ¶~을 기르다[(kuŋnjɔg)ɯl kiruda (クンニョ)グル キルダ] 国力を養う **—신장**[ʃ'indʒaŋ シンジャン] 名 国力伸張.

국론[國論][kuŋnon クンノン] 名 国論 ¶~이 분열되다[~i punjɔldweda (クンノ)ニ プニョルドウェダ] 国論が分かれる.

*__국립__[國立][kuŋnip クンニプ] 名 国立 **—공원**[k'oŋwɔn コンウォン] 名 国立公園 **—악원**[k'ugagwɔn クガグォン] 名 国立国楽院 **—극장**[k'ukt͡ʃ'aŋ ククチャン] 名 国立劇場 **—대학**[t'ɛ:hak テーハク] 名 国立大学 **—도서관**[t'osɔgwan トソグァン] 名 国立図書館 **—묘지[현충원]**[(kuŋnim)mjo:dʒi[hjɔ:nt͡ʃʰuŋwɔn](クンニム)ミョ:ジ[ヒョーンチュンウォン] 名(戦死者および国家功労者の霊を祭る)国立墓地[顕忠院] **—박물관**[(kuŋni) p'aŋmulgwan パンムルグァン] 名 国立博物館.

국-말이[kuŋmari クンマリ] 名 お汁[スープ]をかけたご飯やうどん.

국면[局面][kuŋmjɔn クンミョン] 名 局面; 局 ¶중대한 ~[t͡ʃuːŋdɛhan ~ チューンデハン ~] 重大な局面.

국무[國務][kuŋmu クンム] 名 国務 **—장관**[dʒa:ŋgwan ジャーングァン] 名 国務長官[大臣] **—총리**[t͡ʃʰo:ŋni チョーンニ] 名 国務総理 **—회의**[hwe:i フェーイ] 名 国務会議.

국-문학[國文學][kuŋmunhak クンムンハク] 名 国文学 **—과**[k'wa クァ] 名 国文学科 **—사**[s'a サ] 名 国文学史.

*__국-물__[kuŋmul クンムル] 名 ① 汁; 煮汁; 出し(汁) ¶조개 ~[t͡ʃogɛ (guŋmul) チョゲ (グンムル)] 貝を使った汁物 ② 余得; 役得; おこぼれ ¶~이 생기는 일[(kuŋmur)i sɛŋginɯn ni:l (クンム)リ センギヌン ニール] 役得のある仕事.

*__국민__[國民][kuŋmin クンミン] 名 国民; 民 **—감정**[ga:mdʒɔŋ ガームジョン] 名 国民感情 **—경제**[gjɔŋdʒe ギョンジェ] 名 国民経済 **—교육 헌장**[gjo:jukʰɔ:ndʒaŋ ギョーユクコーンジャン] 名 国民教育憲章 **—복지 연금**[bokt͡ʃ'i jongɯm ボクチ ヨングム] 名 国民福祉年金 **—생활**[sɛŋhwal センファル] 名 国民生活 **—성**[sɔŋ ソン] 名 国民性 **—소득**[so:dɯk ソードゥク] 名 国民所得 **—총생산**[t͡ʃʰo:ŋsɛŋsan チョーンセンサン] 名 国民総生産; GNP **—화합**[hwahap ファハプ] 名 国民和合.

국-밥[kukp'ap ククパプ] 名 クッパ; お汁をかけたご飯; スープかけご飯.

국방[國防][kukp'aŋ ククパン] 名 国防 **—력**[njɔk ニョク] 名 国防力 **—부(部)**[bu ブ] 名 国防部(防衛庁に当たる) ¶~ 장관[dʒa:ŋgwan ジャーングァン] 国防部長官 **—비**[bi ビ] 名 国防費 **—색**[sɛk セク] 名 国防色; カーキ色.

국번[局番][kukp'on ククポン] 名 局番.

국법[國法][kukp'ɔp ククポプ] 名 国法 ¶~을 지키다[(kukp'ɔb)ɯl t͡ʃikʰida (ククポ)ブル チキダ] 国法を守る.

*__국보__[國寶][kukp'o ククポ] 名 国宝 **—적 존재**[dʒɔk t͡ʃ'ondʒɛ ジョク チョンジェ] 国宝的存在.

국부[局部][kukp'u ククプ] 名 局部; 局所 ¶~적 조치[~dʒɔk t͡ʃ'ot͡ʃʰi ~ ジョク チョチ] 局部的措置 / ~를 가리다[~rɯl karida ~ルル カリダ] 前を隠す **—마취**[ma:t͡ʃʰwi マーチュィ] 名 局部麻酔.

국빈[國賓][kukp'in ククピン] 名 国賓 ¶~ 대우[~ dɛ:u ~ テーウ] 国賓待遇.

국사[國史][kuks'a ククサ] 名 国史.

*__국산__[國産][kuks'an ククサン] 名 国産 ¶~차[~t͡ʃʰa ~チャ] 国産車 / ~ 영화[~ njɔŋhwa ~ ニョンファ] 邦画 / ~ 장려[~ dʒa:ŋnjɔ ~ ジャーンニョ] 国産奨励 **—품**[pʰum プム] 名 国産品.

국선-변호인[國選辯護人][kuksʼɔnbjɔːnhoin ククソンビョーンホイン] 图 国選弁護人.

국세[國稅][kuksʼe ククセ] 图 国税. **—청**[tʃʰɔŋ チョン] 图 国税庁 **—체납 처분**[tʃʰenaptʃʰoːbun チェナプチョーブン] 图 国税滞納処分.

*국수 [kuksʼu ククス] 图 麺類 ⸢ᅇᆫ⸥の総称; うどん・そば・そうめん類. ¶ ~를 말다[~rul malda ~ルル マルダ] めんに汁をかける / ~를 먹다[~rul mokʼta ~ルル モクタ] めんを食べる、 慣 (結婚式の披露宴でよくめんを出すことから) 結婚式を挙げる. **국숫-집**[kuksʼutʃʼip ククススッチプ] 图 うどん屋; そば屋.

국수-주의[國粹主義][kuksʼudʒui ククスジュイ] 图 国粋主義.

국시[國是][kuksʼi ククシ] 图 国是. ¶ 중립을 ~로 하다[tʃuŋnibul ~ro hada チュンニブル ~ロ ハダ] 中立を国是とする.

국악[國樂][kugak クガク] 图 国楽; 西洋音楽に対して韓国固有[伝統]の音楽. **—원**[(kugag)wɔn (クガ)グォン] 图 国楽を学ぶ国立の音楽院.

*국어 [國語][kugɔ クゴ] 图 国語. **—교육**[gjoːjuk ギョーユク] 图 国語教育 **—국문학**[guŋmunhak グンムンハク] 图 国語国文学 **—사전**[sadʒɔn サジョン] 图 国語辞典 **—순화**(醇化)[sunhwa スンファ] 图 国語純化.

국역[國譯][kugjɔk クギョク] 图 ᅘᅡ他 国訳; 古典の漢文をハングル表記に改めること **—본**[pʼon ポン] 图 国訳本.

국영[國營][kugjɔŋ クギョン] 图 国営. ¶ **— 기업체**[~ giɔptʃʰe ~ ギオプチェ] 国営企業体 **—방송**[baːsoŋ バーソン] 图 国営放送.

국왕[國王][kugwaŋ クグァン] 图 国王; 王; 君.

국외[局外][kugwe クグェ] 图 局外. ¶ **—자**[~dʒa ~ジャ] 局外者; アウトサイダー.

국외[國外][kugwe クグェ] 图 国外. ¶ ~로 추방[탈출]하다[~ro tʃʰubaŋ[tʰaltʃʰur]hada ~ロ チュバン[タルチュル]ハダ] 国外に追放[脱出]する.

국운[國運][kugun クグン] 图 国運. ¶ ~의 융성[~e juŋsɔŋ (クグ)ネ ユンソン] 国運の隆盛 / ~을 걸다[~ul kɔːlda (クグ)ヌル コールダ] 国運をかける.

국위[國威][kugwi クグィ] 图 国威. ¶ **— 선양**[~ sɔnjaŋ ~ ソニャン] 国威宣揚.

국유[國有][kugju クギュ] 图 国有. **—림**[rim リム] 图 国有林 **—재산**[dʒɛsan ジェサン] 图 国有財産 **—지**[dʒi ジ] 图 国有地 **—철도**[tʃʰɔltʼo チョルト] 图 国有鉄道; 国鉄.

국익[國益][kugik クギク] 图 国益. ¶ ~에 반하다[(kugig)e paːnhada (クギ)ゲ パーンハダ] 国益に反する.

*국자 [kuktʃʼa ククチャ] 图 ひしゃく; 杓子ᅮᅦᆨ. ¶ ~로 국을 뜨다[~ro kuguːl tʼuda ~ロ クグル ットゥダ] しゃくしで汁をすくう.

*국적 [國籍][kuktʃʼɔk ククチョク] 图 国籍. ¶ **— 불명**[~ pʼuːlmjɔŋ ~ プルミョン] 国籍不明 **—변경**[pʼjɔːngjɔŋ ピョーンギョン] 图 国籍変更 **—상실**[sʼaŋʃil サンシル] 图 国籍喪失 **—이탈**[(kuktʃʼɔg) itʰal (ククチョ) ギタル] 图 国籍離脱 **—취득**[tʃʰwiːduk チゥィードゥク] 图 国籍取得 **—회복**[(kuktʃʼɔ)kʰwebok クェボク] 图 国籍回復.

국전[國展][kuktʃʼɔn ククチョン] 图 国が主催する美術展覧会の略.

국정[國定][kuktʃʼɔŋ ククチョン] 图 国定 **—교과서**[gjoːgwasɔ ギョーグァソ] 图 国定教科書.

국정[國政][kuktʃʼɔŋ ククチョン] 图 国政 **—감사(권)**[gamsa(kʼwɔn) ガムサ(クォン)] 图 国政調査(権).

*국제 [國際][kuktʃʼe ククチェ] 图 国際 **—가격**[kʼagjɔk カギョク] 图 国際価格 **—결혼**[gjɔrhon ギョルホン] 图 国際結婚 **—경제**[gjɔŋdʒe ギョンジェ] 图 国際経済 **—공항**[goŋhaŋ ゴンハン] 图 国際空港 **—관계**[gwaŋge グァンゲ] 图 国際関係 **—관례**[gwalle グァルレ] 图 国際慣例 **—노동 기구**[nodoŋgigu ノドンギグ] 图 国際労働機関(ILO) **—무역 기구**[muːjɔ kʼigu ムーヨクキグ] 图 世界貿易機構(WTO) **—문제**[muːndʒe ムーンジェ] 图 国際問題 **—법**[pʼɔp ポプ] 图 国際法 **—분쟁**[bundʒeŋ ブンジェン] 图 国際紛争 **—사회**[sahwe サフェ] 图 国際社会 **—선**[sɔn ソン] 图 国際線 **—수지**[sudʒi スジ] 图 国際収支 **—시장**[ʃiːdʒaŋ シージャン] 图 国際市場 **—연합**(聯合)[jɔnhap ヨンハプ] 图 国際連合; 国連(UN) ¶ ~ 안전 보장

이사회 [~ andʒɔn bo:dʒaŋ i:sahwe ~ アンジョン ボージャン イーサフェ] 国際連合安全保障理事会 / ~ 총회 [~ tʃhoːŋhwe ~ チョーンフェ] 国際連合総会 / ~ 헌장 [~-(jɔnha) phɔːndʒaŋ ポーンジャン] 国際連合憲章 **—영화제** [jɔŋhwadʒe ヨンファジェ] 国際映画祭 **—올림픽 위원회** [ollimphig wiwɔnhwe オルリムピ グィウォンフェ] 图 国際オリンピック委員会(IOC) **—우편** [uphjɔn ウピョン] 图 国際郵便 **—원자력 기구** [wɔndʒarjɔk'igu ウォンジャリョクギグ] 图 国際原子力機関(IAEA) **—적** [dʒɔk ジョク] 冠 国際的 **—적십자** [dʒɔkʃ'iptʃ'a ジョクシプチャ] 图 国際赤十字(IRC) **—전화** [dʒɔːnhwa ジョーンファ] 图 国際電話 **—정세** [dʒɔŋse ジョンセ] 图 国際情勢 **—조약** [dʒɔjak ジョヤク] 图 国際条約 **—통화 기금** [thoŋhwa gigum トンファ ギグム] 图 国際通貨基金(IMF) **—펜클럽** [phenkhulɔp ペンクルロプ] 图 国際ペンクラブ **—협력** [hjɔmnjɔk ヒョムニョク] 图 国際協力 **—회의** [hweːi フェーイ] 图 国際会議.

국지 [局地] [kuktʃ'i ククチ] 图 局地 **—전(쟁)** [dʒɔːn (dʒɛŋ) ジョーン (ジェン)] 图 局地戦(争).

국채 [國債] [kuktʃhɛ ククチェ] 图 国債 **—증권** [dʒuŋk'wɔn ジュンクォン] 图 国債証券.

*__국토__ [國土] [kuktho ククト] 图 国土 **—계획** [ge:hwek ゲーフェク] 图 国土計画.

국한 [局限] [kukhan ククカン] 图 하自他 局限; 限定 ¶~된 지역 [~dwen tʃijɔk ~ドゥェン チヨク] 局限された地域.

국-한문 [kukhanmun ククカンムン] 图 国文と漢文 **—혼용 (混用)** [ho:njɔŋ ホーニョン] 图 国文[ハングル]と漢字を混用して[交ぜて]書くこと.

*__국화__ [菊花] [kukhwa ククァ] 图 ⟨植⟩ キク(菊) ¶~꽃 [~k'ot ~ッコッ] 菊の花.   「(韓国はムクゲ).

국화 [國花] [kukhwa ククァ] 图 国花.

*__국회__ [國會] [kukhwe ククェ] 图 国会 ¶정기[임시] ~ [tʃɔːŋgi[imʃi] (gukhwe) チョーンギ[イムシ] (グクェ)] 定期[臨時]国会 **—의사당** [uisadaŋ ウィサダン] 图 国会議事堂 **—의원** [uiwɔn ウィウォン] 图 国会議員; 代議士 **—의장** [uidʒaŋ ウィジャン] 图 国会議長.

*__군__ [君] [kun クン] 依名 君く; 同輩または目下の男の姓や名の下に付ける呼称 ¶김~ [kim(gun) キム(グン)] 金く君.

*__군-__ [ku:n クーン] 接頭 「余計な; 余分の」の意 ¶~말 [~mal ~マル] 無駄口 / ~식구 [~ʃik'u ~シクク] 余計な家族; 居候 / ~살 [~sal ~サル] ぜい肉.

*__-군__ [kun クン] 語尾 …だね; …だな(あ) ¶참 좋~ [tʃham tʃo:(khun) チャム チョー~] 本当にいいね / 매우 아름답 ~ [mɛu arɯmdap(k'un) メウ アルムダプ~] 実に[本当に]きれいだなあ.

군가 [軍歌] [kunga クンガ] 图 軍歌.

군것-질 [ku:ngɔtʃ'il クーンゴッチル] 图 하自 間食; おやつ; 買い食い ¶아이들의 ~ [aidure ~ アイドゥレ ~] 子供の買い食い.

군계-일학 [群鶏一鶴] [kungeirhak クンゲイルハク] 慣 鶏群の一鶴; 凡人の中にただ1人だけ優れた人が混じっていることのたとえ.

군-고구마 [ku:ngoguma クーンゴグマ] 图 焼き芋; 八里半; 十三里.

군국-주의 [軍國主義] [kunguktʃ'ui クングクチュイ] 图 軍国主義; ミリタリズム.

군기 [軍紀] [kungi クンギ] 图 軍紀・軍規; 軍律 ¶~가 문란해지다 [~ga mullanhedʒida ~ガ ムルランヘジダ] 軍規が乱れる.

군-내 [ku:nnɛ クーンネ] 图 (漬物などが古くなって出る)臭いにおい.

*__군대__ [軍隊] [kundɛ クンデ] 图 軍隊 ¶~밥을 먹다 [~babɯl mɔkt'a ~バブル モクタ] 軍隊の飯を食う.

군-더더기 [ku:ndɔdɔgi クーンドドギ] 图 ① 余計な[無駄な]もの; 蛇足 ¶~없는 문장 [~ ɔmnɯn mundʒaŋ ~ オムヌン ムンジャン] 無駄のない文章 ② やたらに人につきまとう者.

*__군데__ [kunde クンデ] 依名 …か所 ¶몇 ~ [mjɔt(k'unde) ミョッ~] 何か所 **—군데** [gunde グンデ] 副 所々 ¶~ 녹이 슬다 [~ nogi sɯlda ~ ノギ スルダ] 所々さびている.

군도 [群島] [kundo クンド] 图 群島 ¶남양 ~ [namjaŋ (gundo) ナミャン (グンド)] 南洋群島.

군락 [群落] [kullak クルラク] 图 群落 ¶식물의 ~ [ʃiŋmure ~ シンムレ ~] 植物の群落.

군량-미[軍糧米][kulljaŋmi クリャンミ] 名 軍糧米.

군령[軍令][kulljɔŋ クルリョン] 名 軍令 ¶엄한 ~[ɔmhan ~ オムハン ~] 厳しい軍令.

군림[君臨][kullim クルリム] 名 하自 君臨 ¶~하되 통치하지 않는다[~hadwe tʰo:tʃʰihadʒi annunda ~ハドゥェ トーンチハジ アンヌンダ] 君臨すれど統治せず.

군-만두[―饅頭][ku:nmandu クーンマンドゥ] 名 焼きギョーザ.

군-말[ku:nmal クーンマル] 名 無駄口; 贅言 ¶~ 마라[~ mara マラ] 無駄口をたたくな / ~이 필요없다[(ku:nmar)i pʰirjɔɔpt'a (クーンマ)リ ピリョオプタ] 贅言を要しない; 贅言するまでもない **―하다**[(ku:nmar) hada ハダ] 自 無駄口をきく[たたく].

군-밤[ku:nbam クーンバム] 名 焼き栗.

군번[軍番][kunbɔn クンボン] 名 (軍人それぞれの)通し番号・認識の票.

군법[軍法][kunp'ɔp クンポプ] 名 軍法; 軍隊関係に適用する刑法・軍律.

군-법무관[軍法務官][kunbɔmmugwan クンボムムグァン] 名 陸・海・空軍の法務将校.

군-법정[軍法廷][kunbɔptʃ'ɔŋ クンボプチョン] 名 軍事裁判所の法廷.

군복[軍服][kunbok クンボク] 名 軍服 ¶~차림[~tʃʰarim ~チャリム] 軍服姿 / ~을 벗다[입다][(kunbog)ɯl pɔt'a [ipt'a] (クンボ)グル ポッタ[イプタ]] 軍服を脱ぐ[着る]; 除隊する[入隊する].

군부[軍部][kunbu クンブ] 名 軍部.

군-불[ku:nbul クーンブル] 名 温突の部屋を暖めるためにたく火 **―아궁이**[(ku:nbur) aguŋi (クーンブ)ラグンイ] 名 温突のたき口.

군비[軍備][kunbi クンビ] 名 軍備 **―제한**[dʒe:han ジェーハン] 名 軍備制限 **―축소**[tʃʰuks'o チュクソ] 名 軍備縮小; 軍縮.

*__**군사**__[軍事][kunsa クンサ] 名 軍事 **―경계선**[gjɔŋgesɔn ギョンゲソン] 名 軍事境界線 **―고문**[gomun ゴムン] 名 軍事顧問 **―교육**[gjo:juk ギョーユク] 名 軍事教育 **―기지**[gidʒi ギジ] 名 軍事基地 **―동맹**[do:ŋmeŋ ドーンメン] 名 軍事同盟 **―력**[rjɔk リョク] 名 軍事力 **―법원**(法院)[bɔbwɔn ポブォン] 名 軍人・軍属を裁く特別刑事裁判所 **―분계선**[bungesɔn ブンゲソン] 名 軍事分界線 **―우편**[upʰjɔn ウピョン] 名 軍事郵便 **―원조**[wɔ:ndʒo ウォーンジョ] 名 軍事援助 **―재판**[dʒɛpʰan ジェパン] 名 軍事裁判; 軍裁 **―정보**[dʒɔŋbo ジョンボ] 名 軍事情報 **―첩보**[tʃʰɔp'o チョプボ] 名 軍事諜報 **―행동**[hɛŋdoŋ ヘンドン] 名 軍事行動 **―혁명**[hjɔŋmjɔŋ ヒョンミョン] 名 軍事革命.

군-사령관[부][軍司令官[部]][kunsarjɔŋgwan[bu] クンサリョングァン[ブ]] 名 軍司令官[部].

*__**군-살**__[ku:nsal クーンサル] 名 ぜい肉 ¶~을 빼다[~-(sar)ɯl p'ɛ:da ~-(サ)ルル ッペーダ] ぜい肉をとる.

*__**군색**__[窘塞][ku:nsɛk クーンセク] 하形 스形 히副 ① (暮らしが立たず)貧しいさま ¶~한 생활[(ku:nsɛ)kʰan sɛŋhwal ~カン センファル] 貧乏暮らし ② (言い訳などがけちっぽいさま) ¶~한 변명[(ku:nsɛ)kʰan pjɔ:nmjɔŋ ~カン ピョーンミョン] 窮屈な弁解 ③ (事が思うとおりにならず)苦しいさま.

군소[群小][kunso クンソ] 名 群小 ¶~ 정당[~ dʒɔŋdaŋ ~ ジョンダン] 群小政党.

*__**군-소리**__[ku:nsori クーンソリ] 名 하自 ① 無駄口 ② つまらない話 ③ 寝言; (病人などの)うわごと.

군수[軍需][kunsu クンス] 名 軍需 **―공급**[goŋgɯp ゴンオプ] 名 軍需工業 **―공장**[goŋdʒaŋ ゴンジャン] 名 軍需工場 **―물자**[multʃ'a ムルチャ] 名 軍需物資 **―산업**[sa:nɔp サーノプ] 名 軍需産業 **―품**[pʰum プム] 名 軍需品.

군수[郡守][kunsu クンス] 名 村長.

군-식구[―食口][ku:nʃik'u クーンシク] 名 食客; 居候.

군악-대[軍樂隊][kunaktɛ クナクテ] 名 軍楽隊 ¶~장[~dʒaŋ ~ジャン] 軍楽隊長.

*__**-군요**__[kunjo / kunnjo クニョ / クンニョ] 語尾 …ですねえ; …ますねえ ¶좋~[tʃo:(kʰunnjo) チョーッ(クンニョ)] いいですねえ / 너무 젊~[nɔmu tʃɔ:m(k'unnjo) ノム チョーム(クンニョ)] 若すぎますねえ.

군용[軍用][kunjoŋ クニョン] 名 軍用 **―견**[gjɔn ギョン] 名 軍用犬 **―기**[gi ギ] 名 軍用機 **―도로**[do:ro ドーロ] 名 軍用道路 **―열차**[njɔltʃʰa ニ

ョルチャ] 名 軍用列車 **—지**[dʒi ジ] 名 軍用地 **—차(량)**[tʰa(rjaŋ) チャ(リャン)] 名 軍用車(両) **—철도**[tʃʰɔlt'o チョルト] 名 軍用鉄道.

군웅-할거[群雄割拠][kunuŋhalgɔ クヌンハルゴ] 名 群雄割拠.

군-음식[一飲食][ku:nɯmʃik クーヌムシク] 名 食事のとき以外に取るもち・菓子などの食べ物; 間食; おやつ.

군의-관[軍醫官][kunigwan クニグァン] 名 軍医.

*군인[軍人][kunin クニン] 名 軍人 ¶ 직업 ~[tʃigɔp (k')unin) チゴァ ~] 職業軍人.

군-일[ku:nnil クーンニル] 名 無駄なこと; 無駄な仕事 **—하다**[(ku:nnir) hada ハダ] 自 無駄なことをする.

군-입[ku:nnip クーンニァ] 名 何も食べていない口; 寝覚めの口 ② 間食を取った後の口 **—다시다**[t'aʃida タシダ] 自 ① おやつを食べる; 間食する ¶ ~-다셨더니 밥맛이 없다[~-t'aʃa:ʃtɯni pammaʃi ɔ:pt'a ~-タショットニ パムマシ オープタ] 間食をしたのでご飯がまずい ② (何かを)食べたくて舌を鳴らす・欲しがる **—질 하다**[tʃ'irhada チルハダ] 自 しょっちゅう何かを口にする.

군자[君子][kundʒa クンジャ] 名 君子 **—연(然)하다**[jɔnhada ヨンハダ] 自 君子然とする; 君子ぶる; 君子を気取る **—대로행**[dɛ:rohɛŋ デーロヘン] 名 君子は大道を歩む; 徳の高い人は横道を行かず大道を行く[正しくちゃんと行動すべきである].

군자-금[軍資金][kundʒagɯm クンジャグム] 名 軍資金.

군자-란[君子蘭][kundʒaran クンジャラン] 名 〈植〉君子蘭.

군정[軍政][kundʒɔŋ クンジョン] 名 軍政 **—관**[gwan グァン] 名 軍政官.

군주[君主][kundʒu クンジュ] 名 君主 **—국**[guk グク] 名 君主国 **—전제**[dʒɔndʒe ジョンジェ] 名 君主専制 **—정치**[dʒɔŋtʃʰi ジョンチ] 名 君主政治 **—제**[dʒe ジェ] 名 君主制 **—주의**[dʒui ジュイ] 名 君主主義.

군중[群衆][kundʒuŋ クンジュン] 名 群衆[群集] **—대회**[dɛ:hwe テーフェ] 名 群衆大会 **—심리**[ʃimni シムニ] 名 群衆[群集]心理.

군집[群集][kundʒip クンジプ] 名 群集 **—하다**[(kundʒi)pʰada パダ] 自 群がる; 群がり集まる; 群れる.

군-짓[ku:ndʒit クーンジッ] 名 要らぬ仕草; 無駄な仕業 **—하다**[(ku:ndʒi)tʰada タダ] 自 余計なことをする.

군청[郡廳][ku:ntʃʰɔŋ クーンチョン] 名 町・村[郡]の行政をつかさどる役所.

군청-색[群青色][kuntʃʰɔŋsɛk クンチョンセク] 名 群青色; 鮮やかな濃い青色.

군축[軍縮][kuntʃʰuk クンチュク] 名 [하다] 軍縮 **—회담**[(kuntʃʰu) kʰwe:dam クェーダム] 名 軍縮会談.

*군-침[ku:ntʃʰim クーンチム] 生つば; よだれ ¶ ~을 흘리다[~ɯl hɯllida (クーンチ) ムル フルリダ] よだれを垂らす / ~을 삼키다[~ɯl samkʰida (クーンチ) ムル サムキダ] ① (食べたくて)生つばを飲み込む ② 慣 (利益や人の財産を)非常に欲しがる / ~이 돌다[~i to:lda (クーンチ) ミ トールダ] ① 食欲が生じる; のどが鳴る ② 慣 (利益・財物への)欲が出る.

군함[軍艦][kunham クンハム] 名 軍艦 **—기**[gi ギ] 名 軍艦旗.

군항[軍港][kunhaŋ クンハン] 名 軍港.

군화[軍靴][kunhwa クンファ] 名 軍靴.

*굳건-하다[kutk'ɔnhada クッコンハダ] 形 여변 (人・意志などが)堅い; 強い; しっかりしている; ぐらつかない ¶ ~-한 정신[~-han tʃɔŋʃin ~-ハンチョンシン] しっかりした精神[心] / ~-한 의지[~-han ɯi:dʒi ~-ハンウィージ] 堅固な意志 **굳건-히**[kutk'ɔni クッコニ] 副 しっかり; 堅固に.

굳-기름[kutk'irɯm クッキルム] 名 脂; 脂肪 =지방[tʃibaŋ チバン].

*굳다[1][kut'a クッタ] 自 ① (物が)固くなる; (やわらかいはずのものが)こわばる ¶ 떡이 ~[t'ɔgi ~ ットギ ~] もちが固くなる / 자세가 ~[tʃa:sega ~ チャーセガ ~] 姿勢がこわばる ② (癖・習わしが)固まる; 習慣になる; 癖になる ¶ 말버릇이 굳어 버리다[ma:lp'ɯrɯʃi kudɔ bɔrida マールポルシ クドボリダ] 口癖になる ③ 凝結する; 凝る; 固まる ¶ 기름이 ~[kirɯmi ~ キルミ ~] 脂が固まる ④ (お金などがなくらずに自分のものとしてたまる ¶ 용돈이 ~[jo:ŋt'oni ~ ヨーントニ ~] 小遣いのお金が(節約したので)たまる.

*굳다[2][kut'a クッタ] 形 ① 堅[固]い ¶ 굳은 떡[kudɯn t'ɔk クドゥンットク]

固いもち / 굳은 결심 [kuduɯn kjʌlɕ'im クドゥヌン キョルシム] 堅い決心. ② (表情などが)こわばっている ¶굳은 표정 [kuduɯn pʰjʌdʑɔŋ クドゥン ピョジョン] こわばった顔つき; 硬い表情.

***굳-세다** [kus'eda クッセダ] 形 ① (意志が)強い; 力強い; 堅固だ; 不屈だ ¶의지가 ~ [ɯi:dʑiga ~ ウィージガ ~] 意志が堅固だ / 굳세게 살아가다 [kus'ege saragada クッセゲ サラガダ] 力強く生きていく; 雄々しく生きる ② 屈強だ; (体の)丈夫だ; 頑丈だ ¶굳센 체격 [kus'en tɕʰegjʌk クッセン チェギョク] 頑丈な体 / 굳센 젊은이 [kus'en tɕʌlmuni クッセン チョルムニ] 屈強の[意志の強い]若者.

굳어-지다 [kudʌdʑida クドジダ] 自 固[堅]くなる; 固まる; こわばる ¶땅이 ~ [t'aŋi ~ ッタンイ ~] 地面が固まる / 표정이 ~ [pʰjʌdʑɔŋi ~ ピョジョンイ ~] 表情がこわばる.

굳은-살 [kuduɯnsal クドゥンサル] 名 たこ ¶손에 ~이 박히다 [sone (kuduɯnsar)i pakʰida ソネ (クドゥンサ)リ パッキダ] 手にたこができる.

***굳이** [kudʑi クジ] 副 ① 固く; 頑固に ¶~ 말리다 [~ mallida ~ マルリダ] 固くとめる / 관직을 ~ 사양하다 [kwandʑiguɯl ~ sajaŋhada クァンジグル ~ サヤンハダ] 官職を固く断わる ② 強いて; 無理に; 敢えて ¶~ 말한다면 [~ ma:rhandamjʌn ~ マールハンダミョン] 強いて言うとするならば.

굳-히다 [kutɕʰida クッチダ] 他 固める; 固くする ¶결심을 ~ [kjʌlɕ'imuɯl ~ キョルシムル ~] 決心を固める.

*굴 [kul クル] 名 〈貝〉① カキ ② カキの身 ¶~밥 [~bap ~パプ] カキご飯.

굴 [窟] [ku:l クール] 名 ① 洞窟; 洞穴 ② トンネル ③ 獣の住みか ¶너구리의 ~ [noguriɯi ~ ノグリエ ~] 狸の穴.

굴곡 [屈曲] [kulgok クルゴク] 名 形 自 屈曲; 出入り; 起伏 ¶~이 심한 해안선 [(kulgog)i ɕi:mhan hɛ:ansʌn (クルゴ)ギ シームハン ヘーアンソン] 出入りの多い海岸線.

굴다 [ku:lda クールダ] 補動 已語幹 ふるまう ¶제멋대로 ~ [tɕemʌt'ɛro ~ チェモッテロ ~] 自分勝手にふるまう / 건방지게 ~ [kʌnbaŋdʑige ~ コンバンジゲ ~] 生意気[横柄]にふるまう.

굴-다리 [窟―] [ku:lt'ari クールタリ] 名 (トンネル形の)陸橋; ガード.

*굴뚝 [ku:lt'uk クールットゥク] 名 煙突 ¶아니 땐 ~에 연기나랴 [ani t'ɛ:n (ku:lt'ug)e jʌŋginarja アニッテーン (クールットゥ)ゲ ヨンギナリャ] 諺 火のない所には煙は立たぬ[原因があってこそ結果があるということのたとえ] —같다 [(ku:lt'uk)k'atʰa カッタ] 慣 (何かを)やりたくてたまらない ¶사고싶은 마음은 ~-같지만 [sagoɕipʰuɯn ma-uɯmun ~-k'atɕ'iman サゴシプン マウムン ~-カッチマン] 買いたいのはやまやまであるが….

굴러-가다 [ku:llʌgada クールロガダ] 自 転がっていく; 転がる; 転ぶ.

굴러-다니다 [ku:llʌdanida クールロダニダ] 自 (物があちこち)転がり回る; 転って[散らかって]いる ¶공이 ~ [ko:ŋi ~ コーンイ ~] ボールが転がり回る.

굴러-먹다 [ku:llʌmʌkt'a クールロモクタ] 自 (方々を放浪しながら、またあれこれ辛い経験をしながら)やっと暮らす ¶어디서 ~-먹던 녀석이냐? [ʌdisʌ ~-mʌkt'ʌn njʌsʌginja オディソ ~-モクトン ニョソギニャ] どこの馬の骨か.

굴렁-쇠 [ku:llʌŋswe クールロンスェ] 名 (輪回しの)輪.

굴레 [kulle クルレ] 名 ① (牛馬の)面繋 ② 絆; 羈絆; 束縛; 拘束 ¶의리와 인정의 ~ [ɯi:riwa indʑʌŋɛ ~ ウィーリワ インジョンエ ~] 義理と人情の絆 [がんじがらめ] / ~를 벗어나다 [~ruɯl pʌsʌnada ~ルル ポソナダ] 羈絆を脱する; 束縛から逃れる / ~ 벗은 말 [~ pʌsuɯn mal ~ ポスン マル] 諺 面繋をはずされた馬; 束縛されていない自由な人; 荒っぽくふるまう人 —쓰다 [s'uda ッスダ] 自 仕事に縛られる; 束縛される —씌우다 [ɕ'iuda ッシウダ] 他 仕事に縛り込む; 仕事に縛りつける; 拘束する.

*굴리다 [ku:llida クールリダ] 他 ① 転がす; 転ばす ¶차를 ~ [tɕʰaruɯl ~ チャルル ~] 車を転がす[運転する] / 구슬을 굴리는 듯한 목소리 [kusuɯruɯl ku:llinuɯn duthan moks'ori クスルル クールリヌン ドゥッタン モクソリ] 玉を転がすような声 ② 金貸しをする; 利子でお金を回す ¶1할 이자로 ~ [irhar i:dʑaro ~ イルハル リージャロ ~] 1割の利子でお金を回す ③ 持つ ¶차를 2대 ~ [tɕʰaruɯl tu:dɛ ~ チャ

굴복[屈服][kulbok クルボク] 名 屈服 **―하다**[(kulbo)kʰada カダ] 自 屈服する; 屈する ¶ 권력에[힘에] ~ [kwɔlljɔge[hime] ~ クォルリョゲ[ヒメ] ~] 権力に[力に]屈する.

굴비 [kulbi クビ] 名 (塩漬けの)日干しイシモチ(石持・石首魚, ニベ・シログチの異名).

굴-속[窟―][ku:l-s'ok クールソク] 名 洞穴の中; 暗い所.

굴욕[屈辱][kurjok クリョク] 名 屈辱 ¶ ~을 당하다[(kurjog)ul tanhada (クリョ)グル タンハダ] 屈辱を受ける.

굴절[屈折][kultɕ'ɔl クルチョル] 名 하自 屈折 ¶ 빛의 ~ [pitɕʰe ~ ピチェ ~] 光の屈折.

굴-젓[kuldʑɔt クルジョッ] 名 (海産物の)カキの塩辛.

굴-조개[kuldʑogɛ クルジョゲ] 名 〈貝〉マガキ(真牡蠣).

굴지[屈指][kultɕ'i クルチ] 名 하自 屈指; 指折り ¶ ~의 대학자 [~e tɛ:haktɕ'a ~エ テーハクチャ] 屈指の大学者.

굴착[掘鑿][kultɕʰak クルチャク] 名 하他 掘削 ¶ ~기 [(kultɕʰa)k'i ~キ] 掘削機.

굴-하다[屈―][kurhada クルハダ] 自他 여変 ① 屈する; 屈服する ¶ 난관에 굴하지 않고 [nangwane kurhadʑi ankʰo ナングァネ クルハジ アンコ] 困難に屈することなく(立ち上がる) ② (体を)曲げる; かがめる.

*굵다 [kukt'a ククタ] 形 ① 太い ¶ 굵은 실 [kulgɯn ɕil クルグン シル] 太い糸 / 다리가 ~ [tariga ~ タリガ ~] 足が太い ② 大きい; 粗い ¶ 밤알이 ~ [pa:mari ~ パーマリ ~] 栗の粒が大きい / 올이 ~ [o:ri ~ オーリ ~] 布目が粗い **굵기** [kulk'i クルキ] 名 太さ.

굵-다랗다[kut'aratʰa ククタラッタ] 形 ㅎ変 太くて大きい ¶ 무우를 굵다랗게 자르다 [mu:rul kut'arakʰe tɕaruda ムールル ククタラッケ チャルダ] 大根を大ぶりに切る / 굵다란 새끼줄 [kut'aran sɛk'idʑul ククタラン セッキジュル] かなり太いなわ.

굵어-지다[kulgɔdʑida クルゴジダ] 自 太くなる ¶ 다리가 ~ [tariga ~ タリガ ~] 足が太くなる.

굵직-하다[kuktɕ'ikʰada ククチクハダ] 形 여変 かなり[大分]太い; 太めだ ¶ ~-한 통나무 [~-kʰan tʰoŋnamu ~-カン トンナム] かなり太い丸太 / ~-하게 뜨다 [~-kʰage t'uda ~-カゲットゥダ] 太めに編む.

굶기다 [kumgida クムギダ] 他 飢えさせる ¶ 처자를 ~ [tɕʰɔdʑarul ~ チョジャルル ~] 妻子を飢えさせる.

*굶다 [kumt'a クムタ] 自他 飢える; 食事を欠かす ¶ 바빠서 점심을 ~ [pap'asɔ tɕɔ:mɕimul ~ パッパソ チョームシムル ~] 忙しくて昼食を抜く / 굶어 죽다 [kulmɔ dʑukt'a クルモ ジュクタ] 飢え死にする.

*굶-주리다 [kumdʑurida クムジュリダ] 自 飢える; かつえる ¶ 굶주린 아이들 [kumdʑurin aidul クムジュリン アイドゥル] 飢えた子供たち / 애정에 굶주려 있다 [ɛ:dʑɔŋe kumdʑurjɔ it'a エージョンエ クムジュリョ イッタ] 愛情にかつえて[飢えて・渇して]いる.

굶주림 [kumdʑurim クムジュリム] 名 飢え; ひもじさ ¶ ~에 시달리다 [~e ɕidallida (クムジュリ)メ シダルリダ] 飢えに苦しむ.

굼벵이 [ku:mbeŋi クームベンイ] 名 ① 〈虫〉セミの幼虫 ② 俗 のろい人; のろま.

굼실-거리다 [kumɕilgɔrida クムシルゴリダ] 自 (虫などが)うごめく; もぞもぞする.

굼지럭-거리다 [kumdʑirɔk'ɔrida クムジロクコリダ] 自 のろのろ動く; のそのそする.

굼틀 [kumtʰul クムトゥル] 副 (体に)よろりと; ぴくっと; ぴくぴく **―거리다** [gɔrida ゴリダ] 自他 しきりにのたくる; くねらせる; ぴくぴくする ¶ 벌레가 ~ [pɔllega ~ ポルレガ ~] 虫が(体を)くねらせる **―하다** [(kumtʰur)hada ハダ] 自他 여変 ぴくっとさせる; のたくる; くねらせる.

*굽 [kup クプ] 名 ① (牛・馬などの)ひづめ ¶ 말 발~ [mal bal(gup) マル バル(グ プ)] 馬のひづめ ② (靴の)かかと; きびす; ヒール ¶ ~ 높은 구두 [(kum) nopʰɯn kudu ~ (クム) ノプン クドゥ] かかとの高い靴 ③ (器などの)足; 糸底.

*굽다¹ [ku:pt'a クープタ] 他 ㅂ変 焼く; あぶる ¶ 소고기를 숯불에 ~ [sogogirul sutpʰure ~ ソゴギルル スップレ

~] 牛肉を炭火で焼く / 김을 ~[ki:mul ~ キームル ~] のりをあぶる / 구운 떡 [kuun t'ɔk クウントㇰ] 焼きもち / 숯을 ~[sutʃʰul ~ スチュル ~] 炭を焼く **구워-지다** [kuwɔdʒida クウォジダ] 自受動 焼かれる.

*** 굽다**[kupt'a クプタ] 形 ① 曲がっている; かがんでたわんで いる ¶등이 굽은 노인 [tuŋi kubun no:in トゥンイ クブン ノーイン] 背中が曲がった老人 / 팔이 안으로 굽는다 [pʰari anuro kumnunda パリ アヌロ クムヌンダ] 慣 腕が内側に曲がる[血は水よりも濃い] **굽어-지다**[kubɔdʒida クボジダ] 自 曲がる.

굽실[kupʃil クプシル] 副 ぺこぺこ; ぺこんと; こびへつらうさま ¶~ 절하다 [~ tʃɔrhada ~ チョルハダ] ぺこんとおじぎをする **—하다**[(kupʃ'ir)hada ハダ] 自他 ぺこぺこ頭を下げる **—거리다**[gɔrida ゴリダ] 自他 ぺこぺこする; へいこらする ¶상사에게 ~[sa:ŋsaege ~ サーンサエゲ ~] 上役にぺこぺこする **—굽실**[gupʃ'il グプシル] 副 副自他 ぴょこぴょこ, ぺこぺこ ¶~ 절을 하다 [~ tʃɔrul hada ~ チョルラダ] ぺこぺこおじぎをする.

굽어-보다[kubɔboda クボボダ] 他 ① 身をかがめて下を見る; 見下ろす ¶산에서 ~[sanesɔ ~ サネソ ~] 山から見下ろす ② (目下の者を) 思いやる.

굽어-살피다[kubɔsalpʰida クボサルピダ] 他 察する; 思いやる; 照覧する ¶신이여, ~-살피소서 [ʃiniyɔ, ~-salpʰisosɔ シニヨ, ~-サルピソソ] 神よ, 照覧あれ.

굽이[kubi クビ] 名 曲がり; 湾曲 **—감다**[gamt'a ガムタ] 自他 (流れが) 曲がった所でぐるぐる渦巻く; (物を) 曲げてぐるぐる巻く **—돌다**[dolda ドルダ] 自他 (流れが) 曲がりくねる **—지다** [dʒida ジダ] (流れが) 入り江になる; 曲がる **—치다**[tʃʰida チダ] 自 (流れが) 曲がりくねる; うねる ¶파도가 ~[pʰadoga ~ パドガ ~] 波がうねる **—굽이**[gubi グビ] 副 ① 曲がり角ごとに; あちこち ¶~ 안개낀 산길 [~ a:ŋgek'in sank'il ~ アーンゲッキン サンキル] 谷あいごとにもやの立ち込んだ山道 ② くねくね ¶강물이 흐르다 [kaŋmuri ~ hurruda カンムリ ~ フルダ] 川水がくねくね流れる.

굽적[kuptʃ'ɔk クプチョㇰ] 副 (頭を) ぺこり(と) ¶그는 ~ 절했다 [kunnun ~ tʃ'ɔrhɛt'a クヌン ~ チョルヘッタ] 彼は頭をぺこりと下げておじぎをした **—거리다**[(kuptʃ'ɔ)k'ɔrida コリダ] 自他 しきりに腰をかがめる.

*** 굽히다**[kupʰida クピダ] 他 曲げる; かがめる, 折る ¶팔을 ~[pʰarul ~ パルル ~] 腕を曲げる / 허리를 ~ [hɔrirul ~ ホリルル ~] 腰をかがめる[折る] / 뜻을 ~[t'usul ~ ットゥスル ~] 志を曲げる.

*** 굿**[kut クッ] 名 ① 巫女の祈りの儀式 ② 見もの; 見せもの **—하다**[(ku)tʰada タダ] 自 巫女が供物を供え歌舞を演じて神に祈り願う儀式をする **—거리**[k'ɔri コリ] 名 ① 巫女が祈りの儀式を行うときに鳴らす拍子 ② (民俗舞踊・農楽の) 鼓で調子を取る拍子の1つ=굿거리 장단 (長短)[kutk'ɔri dʒaŋdan クッコリ ジャンダン].

굿-보다[kutp'oda クッポダ] 自 ① 巫女の儀式 '굿'を見る ② (他人のことに立ち入らないで) 見てばかりいる; 傍観する ¶굿이나 보고 떡이나 먹지 [kuʃina pogo t'ɔgina mɔkt'ʃ'i クシナ ポゴッ ギナモㇰチ] よその巫女の儀式を見物してもちでも貰って食べよ [他人のことに立ち入らずおのれの利を計れ; いらぬおせっかいはよした方がいいということ].

궁궐[宮闕][kuŋgwɔl クングォル] 名 宮闕=궁정; 大内 ¶~의 문 [(kuŋgwɔ)e mun (クングォ) レムン] 禁門 / 구중 ~[kudʒuŋ(guŋgwɔl) クジュン (グングォル)] 九重の奥; 奥深い宮殿; 宮中.

궁극[窮極][kuŋguk クングㇰ] 名 究極; とどのつまり; 窮まり ¶~에 가서는 [(kuŋgug)e kasɔnun (クンググ) ゲ カソヌン] とどのつまりは; 最後は.

궁금-증[-症][kuŋgumtʃ'uŋ クングムチュン] 名 気がかり; 心配; もどかしさ ¶~을 풀다 [~ul pʰulda ~ウル プルダ] 気がかりを晴らす.

*** 궁금-하다**[kuŋgumhada クングムハダ] 形 ① 気になる; 気がかりだ; 心配だ; 気遣わしい ¶집 소식이 ~[tʃip s'oʃigi ~ チㇷ゚ ソシギ ~] 家からの便りが気がかりだ[気遣わしい] / 결과가 ~ [kjɔlgwaga ~ キョルグァガ ~] 結果が気になる[心配だ] ② (腹が減って) 何か食べたい **궁금-히**[kuŋgumi クングミ] 副 気遣わしく.

궁금해-지다 [kuŋgɯmhɛdʑida クングムヘジダ] 自 気がかりで[気に]なる；心配になる．気遣われる ¶ 소식이 ~ [soʃigi ~ ソシギ ~] 消息が気になる．

궁금해-하다 [kuŋgɯmhɛhada クングメハダ] 他 気がかりだ．心配する．

궁녀 [宮女] [kuŋnjɔ クンニョ] 名 宮女；女官；官女．

궁도 [弓道] [kuŋdo クンド] 名 弓道；弓術 ① 弓術の練磨 ② 弓術の奥義．

***궁둥이** [kuŋduŋi クンドゥンイ] 名 尻 ¶ ~가 무겁다 [~ga mugɔpt'a ~ガ ムゴプタ] 尻が重い；慣 動作が鈍くてなかなか腰を上げない / ~가 질기다 [~ga tʃilgida ~ガ チルギダ] 尻が長[重]い；慣 長居をする．

***궁리** [窮理] [kuŋni クンニ] 名 하다 ① 究理 ② 思案[工夫]すること；思い巡らすこと ¶ 살아갈 ~ [saragal ~ サラガル ~] 暮らしを立てる工夫 / 이리저리 ~하다 [iridʑɔri ~hada イリジョリ ~ハダ] あれやこれやと思い巡らす[思案する].

궁상 [窮狀] [kuŋsaŋ クンサン] 名 窮状；貧乏な・貧乏たらしいさま **—떨다** [t'ɔlda ットルダ] 自 いやに自分の貧乏らしいさまをあらわにする；困った振りをする ¶ 그렇게 ~-떨지 마라 [kɯrɔkhɛ ~-t'ɔldʑi mara クロッケ ~-ットルジマラ] そんなに泣き言をいうな；そんなに貧乏臭いまねをするな **—맞다** [mat'a マッタ] 形 貧乏たらしい；いやに貧乏臭い ¶ ~-맞은 얼굴 [~-madʑɯn ɔlgul ~-マジュン オルグル] 貧乏たらしい顔；貧相な顔 **—스럽다** [sɯrɔpt'a スロプタ] 形 ㅂ変 貧乏たらしい；貧乏臭い；貧相だ ¶ ~-스럽게 굴다 [~-sɯrɔpkʰe ku:ld ~-スロプケ クールダ] 貧乏たらしくふるまう．

궁색 [窮塞] [kuŋsɛk クンセク] 名 하다形 히副 貧窮；ひどく困窮していること ¶ 살림이 ~하다 [sallimi (kuŋsɛ)kʰada サルリミ ~カダ] 暮らしがひどく貧しい．

궁술 [弓術] [kuŋsul クンスル] 名 弓術；弓道 ¶ ~ 대회 [~ dɛ:hwe ~ デーフェ] 弓術大会．

궁여지-책 [窮餘之策] [kuŋjɔdʑitʃʰɛk クンヨジチェク] 名 窮余の策；困り切ったあげくの策；俗 最後っぺ．

궁전 [宮殿] [kuŋdʑɔn クンジョン] 名 宮殿 ¶ 베르사유 ~ [pɛrɯsa:ju (guŋdʑɔn) ペルサーユ (グンジョン)] ベルサイユ宮殿．

궁중 [宮中] [kuŋdʑuŋ クンジュン] 名 宮中；禁中 ¶ ~의 일 [~e i:l ~エ イール] 雲の上のこと **—문학** [munhak ムンハク] 名 宮廷文学 **—어** [ɔ オ] 名 宮廷の用語 ¶ 밥상 [paps'aŋ パッサン] 「食膳」→수라상 [surasaŋ スラサン] **—요리** [njori ニョリ] 名 宮中料理 **—정치** [dʑɔŋtʃʰi ジョンチ] 名 宮中の貴族や大臣らによって行なわれる政治．

궁지 [窮地] [kuŋdʑi クンジ] 名 窮地；窮境；苦境 ¶ ~에 몰리다 [~e mollida ~エ モルリダ] せっぱ詰まる；窮地に追われる / ~에 빠지다 [~e p'a:dʑida ~エ ッパージダ] 窮地に陥る / ~를 벗어 나다 [~rɯl pɔsɔ nada ~ルル ポソナダ] 窮地を脱する / ~로 몰아 넣다 [~ro mora nɔtʰa ~ロ モラ ノッタ] 窮地に追い込む．

궁체 [宮體] [kuŋtʃʰe クンチェ] 名 宮体；朝鮮王朝時代に宮女たちが書いたハングルの字体 (草書体の一種).「の趾．

궁-터 [宮—] [kuŋtʰɔ クント] 名 宮殿

궁핍 [窮乏] [kuŋpʰip クンピプ] 名 窮乏 ¶ ~한 살림살이 [(kuŋpʰi)pʰan sallimsari ~パン サルリムサリ] ひどく貧乏な生活 **—하다** [(kuŋpʰi)pʰada パダ] 形 窮乏する．

***궁-하다** [窮—] [kuŋhada クンハダ] 形 여変 ① 窮する；貧しい；貧乏だ ¶ 돈에 ~ [to:ne ~ トーネ ~] 金に窮する / 궁한 살림 [kuŋhan sallim クンハン サルリム] 貧しい暮らし ② (足りなくて)困っている ¶ 용돈에 ~ [jo:ŋt'one ~ ヨーントネ ~] ポケットマネー[小遣い]に困っている ③ なすすべがない；行き詰まっている；困り切っている ¶ 답변에 ~ [tap'jɔne ~ タプピョネ ~] 返答に窮する / 궁하면 통한다 [kuŋhamjɔn tʰoŋhanda クンハミョン トンハンダ] 窮すれば通じる **궁해-지다** [kuŋhɛdʑida クンヘジダ] 自 貧しくなる；困る．

***궁합** [宮合] [kuŋhap クンハプ] 名 (伝統的慣例の)男女の相性占い；相性 ¶ ~이 좋다[맞다] [(kuŋhab)i tʃo:tʰa [mat'a] (クンハ)ビ チョータ[マッタ] 相性がよい[合う] / ~을 보다 [(kuŋhab)ɯl poda (クンハ)ブル ポダ] 相性の良し悪しを占う[みてもらう].

***궂다** [kut'a クッタ] 形 ① (雨や雪で)天気が悪い ¶ 궂은 날씨가 계속되다 [kudʑɯn nalʃ'iga ke:sokt'weda クジ

궂은 비

궂은-비 [kudʒumbi クジュンビ] 名 じめじめと降り続くうっとうしい雨.

궂은-일 [kudʒumnil クジュンニル] 名 ① 悪いこと; 汚らしく嫌なこと; 忌まわしいこと ¶좋은 일 ~ 치운 일 [tʃo:um nil ~ tʃo:um nil] 良いこと悪いこと ② 人の死亡などの忌まわしい仕事.

권[勸][kwɔn クォーン] 名 他 勧め; 勧誘 ¶착한 일은 ~한다 [tʃhakhan niɾun ~ handa チャクカン ニールン ~ハンダ] 善いことは勧める / ~커니 잣거니 [~khɔni dʒatk'ɔni ~コニ ジャッコニ] (杯を)差しつさされつ.

*권[卷][kwɔn クォーン] 依名 ① 巻 ¶상[하]~ [sa:ŋ[ha](gwɔn) サーン[ハ](グォン)] 上[下]巻 ② 冊 ¶1~ [han(gwɔn) ハン(グォン)] 1冊.

-권[券][k'wɔn クォーン] 接尾 券; 札 ¶입장~ [iptʃ'aŋ~ イブチャン~] 入場券 / 만원~ [ma:nwɔn~ マーヌォン~] 1万ウォン札.

-권[圏][k'wɔn クォーン] 接尾 圏 ¶수도~ [sudo~ スド~] 首都圏 / 태풍~ [thɛphuŋ~ テプン~] 台風圏.

-권[權][k'wɔn クォーン] 權 ¶선거~ [sɔ:ngɔ~ ソーンゴ~] 選挙権.

권고[勸告][kwɔ:ngo クォーンゴ] 名 他 勧告; アドバイス ¶~ 사직 [~ sadʒik ~ サジク] 勧告辞職 / 의사의 ~에 따라 [uisae ~e t'ara ウィサエ ~エッタラ] 医者の勧告に従って.

권내[圏内][kwɔ:nnɛ クォーンネ] 名 圏内 ¶합격 ~에 들다 [hapk'jɔ (k'wɔ:nnɛ)e tulda ハブキョク ~エ トゥルダ] 合格圏内に入る.

권농[勸農][kwɔ:nnoŋ クォーンノン] 名 他自 勧農; 農業を奨励すること **—일** [il イル] 名 勧農の日 = **권농의 날** [kwɔ:nnoŋe nal クォーンノンエ ナル].

권능[權能][kwɔnnuŋ クォーンヌン] 權能 ¶신의 ~ [ʃine ~ シネ ~] 神の権能.

*권력[權力][kwɔlljɔk クォルリョク] 名 權力 ¶~ 다툼 [~ t'athum ~ タトゥム] 權力争い / ~을 쥐다 [휘두르다] [(kwɔlljɔg) ɯl tʃwi:da [hwiduru:da] (クォルリョ)グル チュイーダ [フィドゥルダ]] 權力を握る[ふるう] / ~을 남용하다 [(kwɔlljɔg) ɯl na:mjoŋhada (クォルリョ)グル ナーミョンハダ] 權力をむやみに行使する **—가** [(kwɔlljɔ)k'a カ] 名 權力家 **—욕** [(kwɔlljɔŋ)njok (クォルリョン)ニョク] 名 權力欲 **—자** [tʃ'a チャ] 名 權力者 **—투쟁** [thudʒɛŋ トゥジェン] 名 權力闘争.

*권리[權利][kwɔlli クォルリ] 名 權利 ¶평등한 ~ [phjɔŋdɯŋhan ~ ピョンドゥンハン ~] 平等な權利 / ~를 포기하다 [~rul pho:gihada ~ルル ポーギハダ] 權利を放棄する **—금** [gɯm グム] 名 權利金 **—남용** [na:mjoŋ ナーミョン] 名 權利の濫用 **—능력** [nuŋnjok ヌンニョク] 名 權利能力 **—선언** [sɔnɔn ソノン] 名 權利宣言 **—자** [dʒa ジャ] 名 權利者 **—증** [tʃ'ɯŋ チュン] 名 權利書; 登記済証 **—침해** [tʃhimhɛ チムヘ] 名 權利侵害.

권말[卷末][kwɔnmal クォンマル] 名 卷末 **—부록** [bu:rok ブーロク] 名 卷末付録.

권모[權謀][kwɔnmo クォンモ] 名 權謀 **—술수** [sulsu スルッス] 名 權謀術数 ¶~에 능하다 [~e nuŋhada ~エ ヌンハダ] 權謀術数に長ける.

권문[權門][kwɔnmun クォンムン] 名 權門 **—세가** [se:ga セーガ] 名 權門(勢家); 権勢のある家柄 **—자제** [dʒadʒe ジャジェ] 名 權門の子弟.

권세[權勢][kwɔnse クォンセ] 名 權勢 ¶~를 부리다 [~rul purida ~ルル プリダ] 權勢をふるう.

권외[圏外][kwɔ:nwe クォーヌェ] 名 圏外 ¶당선 ~ [taŋsɔn (k'wɔ:nwe) タンソン ~] 当選圏外.

*권위[權威][kwɔnwi クォヌイ] 名 權威 ¶~있는 학설 [~innun haks'ɔl ~インヌン ハクソル] 權威ある学説 **—자** [dʒa ジャ] 名 權威者 ¶사계의 ~ [sagee ~ サゲエ ~] 斯界の權威者 **—주의** [dʒui ジュイ] 名 權威主義.

*권유[勸誘][kwɔ:nju クォーンニュ] 名 勧誘; 勧め ¶간절한 ~ [ka:ndʒɔrhan ~ カーンジョルハン ~] 切なる勧め **—하다** [hada ハダ] 他 勧誘する; 誘う; 勧める ¶가입을 ~ [kaibul ~ カイブル ~] 加入を勧める.

권익[權益][kwɔnik クォニク] 名 權益 ¶~을 옹호하다 [(kwɔnig) ɯl o:ŋhohada (クォニ)グル オーンホハダ] 權益を擁護する.

권장[勸奬][kwɔ:ndʒaŋ クォーンジャン]

권좌[權座][kwɔndʒwa クォンジュァ] 图 権力の座 ¶ ~에 오르다[~e oruda ~エ オルダ] 権力の座につく.

권주-가[勸酒歌][kwɔndʒuga クォンジュガ] 图 酒を勧めるときに歌う歌.

권총[拳銃][kwɔ:ntʃʰoŋ クォーンチョン] 图 拳銃じゅう; 短銃; ピストル ¶ ~을 쏘다[~ul s'oda ~ウル ッソダ] ピストルを射つ.

권태[倦怠][kwɔ:ntʰɛ クォーンテ] 图 倦怠なん ¶ ~를 느끼다[~rul nuk'id ~ルル ヌッキダ] 倦怠を覚える —**감**[gam ガム] 图 倦怠感 —**기**[gi ギ] 图 倦怠期 —**증**[tʃ'uŋ チュン] 图 倦怠症; 体がだるい症状.

권투[拳鬪][kwɔ:ntʰu クォーントゥ] 图 拳闘とう; ボクシング —**경기**[gjɔ:ŋgi ギョーンギ] 图 ボクシング試合 —**선수**[sɔ:nsu ソーンス] 图 ボクサー —**장**[dʒaŋ ジャン] 图 リング.

*__권-하다[勸—]__[kwɔ:nhada クォーンハダ] 他 勧める ¶ 독서를 ~[toks'orul ~ トクソルル ~] 読書を勧める.

*__권한[權限]__[kwɔnhan クォンハン] 图 権限 ¶ ~이 있다[없다][~i it'a[~:pt'a] (クォンハ)ニ イッタ[オープタ]] 権限がある[ない] —**내**[nɛ ネ] 图 権限内 —**외**[we (クォンハ)ヌェ] 图 権限外.

궐기[蹶起][kwɔlgi クォルギ] 图 自他 決起 ¶ ~ 대회[~ dɛ:hwe ~ テーフェ] 決起大会.

궐련[←卷煙][kwɔ:lljon クォールリョン] 图 巻きタバコ; シガレット.

궐석[闕席][kwɔls'ɔk クォルソク] 图 自他 欠席 —**재판**[tʃ'ɛphan チェパン] 图〈法〉欠席裁判 —**판결**[pʰangjɔl パンギョル] 图〈法〉欠席判決.

궤[櫃][kwe: クェー] 图 櫃ひつ; 箱 ¶ 쌀 ~[s'al(k'we) ッサル(クェ)] 米櫃.

*__궤도[軌道]__[kwe:do クェード] 图 軌道 ¶ 전차의 ~[tʃɔ:ntʃʰae ~ チョーンチャエ ~] 電車の軌道 / 사업이 ~에 오르다[sa:ɔbi ~e oruda サーオビ ~エ オルダ] 事業が軌道に乗る[調子つく] —**차**[tʰa チャ] 图 軌道車.

궤멸[潰滅][kwe:mjɔl クェーミョル] 图 自他 壊滅 ¶ ~ 상태에 빠지다[~ saŋtʰɛ p'adʒida ~ サンテエ ッパージダ] 壊滅状態に陥る.

궤변[詭辯][kwe:bjɔn クェービョン] 图 詭弁べん ¶ ~을 늘어놓다[~ul nuru-notʰa (クェービョ)ヌル ヌロノッタ] 詭弁を弄ろうする.

궤양[潰瘍][kwe:jaŋ クェーヤン] 图〈医〉潰瘍なう ¶ 위~[wi(gwejaŋ) ウィ(グェヤン)] 胃潰瘍.

궤적[軌跡][kwe:dʒɔk クェージョク] 图 軌跡 ¶ 위인의 ~[wiine ~ ウィイネ ~] 偉人の軌跡.

궤-짝[櫃—][kwe:tʃ'ak クェーッチャク] 图 (木)箱; 櫃ひつ(米櫃など) ¶ 돈~[to:n (gwetʃ'ak)] トーン (グェーッチャク)] 金箱; 貴重品箱.

*__귀__[kwi クィ] 图 ① 耳 ¶ ~로 듣다[~ro tut'a ~ロ トゥッタ] 耳で聞く / ~(가) 가렵다[~(ga) karjɔpt'a ~(ガ) カリョプタ] 耳がかゆい; 慣 誰かが私の悪口をしゃべっているようだ / ~가 뚫리다[~ga t'ullida ~ガットゥルリダ] 耳が空く; 慣 言葉が聞き分けられるようになる / ~가 멀다[~ga mɔ:lda ~ガ モールダ] 慣 耳が遠い / ~가 솔깃하다[~ga solgitʰada ~ガ ソルギッタダ] 慣 なるほどと心が引かれる / ~가 열리다[~ga jɔllida ~ガ ヨルリダ] 耳が開く; 慣 世間のことに通じるようになる / ~가 절벽이다[~ga tʃɔlbjɔgida ~ガ チョルビョギダ] 耳が絶壁だ; 慣 わからず屋だ / ~를 막다[~rul makt'a ~ルル マクタ] 耳をふさぐ / ~를 의심하다[~rul uiʃimhada ~ルル ウィシムハダ] 耳を疑う / ~를 후비다[~rul hubida ~ルル フビダ] 耳をほじくる / ~ 밖으로 듣다[~ bak'uro tut'a ~ バックロ トゥッタ] 慣 聞くふりをする; 聞き流す / ~에 못이 박히다[~e moʃi pakʰida ~エ モシ パクィダ] 耳にたこができる; 慣 いやになるほど聞かされてうんざりする ② (針の); 針目 ¶ 바늘 ~[panul (k'wi) パヌル ~] 針の穴 ③ 注ぎ口 ¶ 도가니의 ~[togonie ~ トガニエ ~] るつぼの注ぐ口 ④ (織物・紙の) 耳 ¶ 종이의 ~를 맞추다[tʃoŋie ~rul matʃʰuda チョンイエ ~ルル マッチュダ] 紙の耳をそろえる ⑤ (碁盤の) 隅 ¶ 4~[ne:(gwi) ネー(グィ)] 4隅 ⑥ (まとまった金の) 端じ ¶ 100만원에 ~가 달리다[pɛŋmanwɔne ~ga tallida ペンマヌォネ ~ガ タルリダ] 100万ウォンにはした金がつく.

귀가[歸家][kwi:ga クィーガ] 名 ㉠自 帰宅; 帰り; 戻り ¶밤중에 ~하다 [pamtʃuŋe ~hada パムチュンエ ~ハダ] 深夜に帰宅する.

귀감[龜鑑][kwigam クィガム] 名 亀鑑かん; 鑑かがみ; 手本; 模範 ¶교육자의 ~ [kjo:juktʃ'ae ~ キョーユクチャエ ~] 教育者の亀鑑.

귀거래[歸去來][kwi:gɔrɛ クィーゴレ] 名 帰去来; 官職を辞して故郷へ帰ること **―사**[sa サ] 名 帰去来の辞.

귀-거슬리다[kwigɔsɯllida クィゴスルリダ] 自 (人の言うことが)耳障りだ; 聞きづらい; 耳に逆らう ¶귀에 거슬리는 이야기 [kwie kɔsɯllinɯn nijagi クィエ ゴスルリヌン ニヤギ] 耳障りな話.

귀-거칠다[kwigɔtʃʰilda クィゴチルダ] 形 聞き苦しい; 聞くに耐えない.

귀-걸리다[kwigɔllida クィゴルリダ] 自 聞いたことが気にかかる.

***귀-걸이**[kwigɔri クィゴリ] 名 ① 耳飾り; イヤリング ② 耳当て; 耳袋 **―안경**[a:ngjɔŋ アーンギョン] 名 ひもで耳にかけるめがね.

***귀결**[歸結][kwi:gjɔl クィーギョル] 名 ㉠自 帰結 ¶당연한 ~로서 [taŋjɔnhan ~losɔ タンヨンハン ~ロソ] 当然の帰結として **―나다**[lada ラダ] 自 決着[決まり]がつく **―짓다**[dʒit'a ジッタ] 他 決着[決まり]をつける **―점**[tʃ'ɔm チョム] 名 帰結点.

귀경[歸京][kwi:gjɔŋ クィーギョン] 名 ㉠自 帰京; 地方から都に帰ること.

귀-고리[kwigori クィゴリ] 名 耳輪; 耳飾り; イヤリング.

귀골[貴骨][kwi:gol クィーゴル] 名 ① 高貴な育ちの人 ② 貴人になれる骨相.

귀-공자[貴公子][kwi:goŋdʒa クィーゴンジャ] 名 貴公子 ¶~ 다운[~ daun ~ ダウン] 貴公子然たる.

귀관[貴官][kwi:gwan クィーグァン] 代 貴官; (軍隊などで)上官が部下を呼ぶ呼称; 官吏に対する尊敬語.

귀국[貴國][kwi:guk クィーグク] 名 貴国 ¶~의 협력에 감사합니다 [(kwi:gug)e hjɔmnjɔge ka:msahamnida (クィーグ)ケ ヒョムニョゲ カームサハムニダ] 貴国の協力に感謝します.

***귀국**[歸國][kwi:guk クィーグク] 名 ㉠自 帰国; 帰朝 ¶~담[~t'am ~タム] 帰国談 / ~ 보고회[~ p'o:gohwe ~ ポーゴフェ] 帰国報告会.

귀-금속[貴金屬][kwi:gɯmsok クィーグムソク] 名 貴金属.

귀-기울이다[kwigiurida クィギウリダ] 他 耳を傾ける[澄ます]; 聞き入る; 耳をそばだてる ¶안내 방송에 ~ [a:nnɛ ba:ŋsoŋe ~ アーンネ バーンソンエ ~] 案内放送に聞き入る.

귀납[歸納][kwi:nap クィーナプ] 名 ㉠他 帰納 **―적**[tʃ'ɔk チョク] 名 冠 帰納的 ¶~ 논리 [~-(tʃ'ɔŋ)ŋc] nolli ~-(チョン) ノルリ] 帰納的論理.

귀넘어-듣다[kwinɔmɔduʈ'a クィノモドゥッタ] 他 ㄷ変 上の空で聞く; 聞き流す ¶잔소리를 ~ [tʃansorirɯl ~ チャンソリルル ~] 小言を聞き流す.

귀농[歸農][kwi:noŋ クィーノン] 名 ㉠自 帰農; 帰郷して再び農作業に従事すること.

귀-담다[kwidamt'a クィダムタ] 他 聞いて心に留める; 心に刻みつける.

귀담아-듣다[kwidamaduʈ'a クィダマドゥッタ] 他 ㄷ変 注意深く聞く; 心して聞く; 耳に留める; 傾聴する.

귀댁[貴宅][kwi:dɛk クィーデク] 名 貴宅; お宅 ¶~의 만복을 빕니다 [(kwi:dɛg)e ma:nbogɯl pi:mnida (クィーデ)ゲ マーンボグル ピームニダ] お宅の万福をお祈り致します.

귀-동냥[kwidoŋnjaŋ クィドンニャン] 名 ㉠他 耳学問; 聞き覚え ¶~으로 배우다 [~ɯro pɛuda ~ウロ ペウダ] 耳学問で覚える.

귀-동자[貴童子][kwi:doŋdʒa クィードンジャ] 名 (良家の)かわいがられている一方の男の子 **―답다**[dapt'a ダプタ] 形 かわいらしい顔つきだ.

귀-따갑다[kwit'agapt'a クィッタガプタ] 形 ㅂ変 ① (音が鋭くて)耳をつんざくほどだ ② (いやになるほど聞かされて)耳が痛い; ひどく耳に障る.

귀-때기[kwit'ɛgi クィッテギ] 名 俗 耳 ¶~를 갈기다 [~rɯl kalgida ~ルル カルギダ] 耳をひっぱたく; びんたを張る.

귀-떨어지다[kwit'ɔrɔdʒida クィットロジダ] 自 縁が欠ける ¶~-떨어진 잔[돈][~-t'ɔrɔdʒin tʃan[to:n] ~-ットロジン チャン[トーン]] 縁の欠けたコップ[端はしのちぎれた紙幣].

***귀뚜라미**[kwit'urami クィットゥラミ] 名 コオロギ; キリギリス **귀뚤-귀뚤**[kwit'ulgwit'ul クィットゥルグィットゥル] 副 ㉠自 ころころ ¶귀뚜라미가

～ 울다[kwit'uramiga ~ u:lda クィットゥラミガ ～ ウールダ] コオロギがころころと鳴く.

귀-뜨이다[kwit'ɯida クィットウイダ] 自 (物音・話し声に)気がそられる.

***귀-뜸**[kwit'im クィッティム] 名 하他 耳打ち; ほのめかし; ヒント ¶ 피하라고 ～하다[pʰi:harago ~hada ピーハラゴ ～ハダ] 逃げるようにほのめかす [そっと知らせる] / ～을 받다[~ɯl pat'a (クィッティ)ムル パッタ] 耳打ちされる.

귀로[歸路][kwi:ro クィーロ] 名 帰路; 帰途; 帰り道 ¶ ～에 오르다[~e oruda ~エ オルダ] 帰路につく.

귀리[kwi:ri クィーリ] 名 〈植〉エンバク(燕麦); オートムギ; カラスムギ(烏麦).

***귀-머거리**[kwimɔgɔri クィモゴリ] 名 耳の不自由な人; 聾者.

***귀-먹다**[kwimɔkt'a クィモクタ] 自 ① 耳が聞こえなくなる ¶～-잡수시다 [~-dʒaps'uʃida ~-ジャプスシダ] (目上の人の)耳が聞こえなくなる ② 人の言うことが理解できない **귀먹은-체**[kwimɔgɯntɕʰe クィモグンチェ] 名 하自 聞こえない振りをすること.

귀-밝다[kwibakt'a クィバクタ] 形 耳ざとい ¶ 잠～[tɕam (k'wibakt'a) チャム～] 寝耳がきとい **귀-밝이(술)** [kwibalgi(sul) クィバルギ(スル)] 名 旧暦の正月15日の朝に耳さとくなるようにと飲むお酒.

귀-부인[貴婦人][kwi:buin クィーブイン] 名 貴婦人; 身分の高い女性 ¶～답다[~dapt'a ~ダプタ] 貴婦人らしい.

귀-부인[貴夫人][kwi:buin クィーブイン] 名 貴夫人; 人の夫人を敬っていう語; 令夫人.

귀빈[貴賓][kwi:bin クィービン] 名 貴賓 **—관**[gwan グァン] 名 貴賓を迎えもてなす館; 迎賓館 **—석**[sɔk ソク] 名 貴賓席 **—실**[ʃil シル] 名 貴賓室.

귀-빠지다[kwip'adʒida クィッパジダ] 自 俗 (「耳が抜け出る」の意で)生まれる ¶ 귀빠진 날[kwip'adʒin nal クィッパジン ナル] 俗 誕生日.

귀사[貴社][kwi:sa クィーサ] 名 貴社 ¶～의 발전을 빕니다[~e paltɕ'ɔnɯl pi:mnida ～エ パルチョヌル ピームニダ] 貴社の発展をお祈りします.

귀살머리-스럽다[kwisalmɔrisɯrɔpt'a クィサルモリスロプタ] 形 ㅂ変 ひどく混乱して落ちつかない感じがする; あわただしい; =**귀살스럽다**[kwisalsɯrɔpt'a クィサルスロプタ] の低めて言う語 **귀살머리-쩍다**[kwisalmɔritɕ'ɔkt'a クィサルモリッチョクタ] 形 ひどく入り乱れて落ちつかない; 乱雑だ; 混乱している; =**귀살쩍다**[kwisaltɕ'ɔkt'a クィサルッチョクタ] の低めて言う語.

귀-살이[kwisari クィサリ] 名 하自 (囲碁で)隅で生きること.

귀-설다[kwisɔlda クィソルダ] 形 ㄹ語幹 聞き慣れない; 初耳だ ¶ 귀에선 목소리다[kwie sɔ:n moks'orida クィエソーン モクソリダ] 聞き慣れない声だ.

귀성[歸省][kwi:sɔŋ クィーソン] 名 하自 帰省; 帰郷; 里帰り ¶～객[~gɛk ~ゲク] 帰省客 **—열차**[njɔltɕʰa ニョルチャ] 名 帰省列車.

귀속[歸屬][kwi:sok クィーソク] 名 하自 帰属 ¶ 영토의 ～[jɔŋtʰoe ~ ヨントエ ～] 領土の帰属.

귀순[歸順][kwi:sun クィースン] 名 하自 帰順 **—간첩**[ga:ntɕʰɔp ガーンチョプ] 名 帰順したスパイ **—병**[bjɔŋ ビョン] 名 帰順兵; 投降兵.

***귀신**[鬼神][kwi:ʃin クィーシン] 名 鬼神 ① 死者の霊; 幽霊; 亡霊 ¶～이 나오다[~i naoda (クィーシ)ニ ナオダ] 幽霊がでる / ～이 곡할 일[~i kokʰalli:l (クィーシ)ニ コクカルリール] 奇妙で不可思議[不思議]なこと / ～에게 홀리다[~ege hollida (クィーシ)ネゲ ホルリダ] 鬼神に魅入られる ② 特別な才能のある人; 鬼才; 神様; …の鬼 ¶ 연극에는 ～이다[jɔ:ngɯgenɯn ~ida ヨーングゲヌン (クィーシ)ニダ] 演劇では神様である / 수사에는 ～이다[susaenɯn ~ida スサエヌン (クィーシ)ニダ] 捜査の鬼だ ③ お化け; 化け物 ¶ 몰골이 꼭 ～ 같구나[molgori k'o (k'wi:ʃin) gak'una モルゴリ ッコク ～ ガックナ] かっこうがまるでお化けだね **—같다**[gat'a ガッタ] 形 さながら神技だ ¶ 참으로 ～[tɕʰamuro ~ チャムロ ～] 鬼を欺く(技である) **—도 모르게**[~do morɯge ～ド モルゲ] 副 誰も知らぬうちこっそりと; 誰も知らぬほどすばやく; ひそかに; 隠密に ¶ ～ 해치우다[~ hɛːtɕʰiuda ～ ヘーチウダ] 誰も知らぬほどすばやく片づける **—들리다**[dɯllida ドゥルリダ] 自 鬼神に[物の怪に]取りつかれる; 神懸か

りになる.

귀-싸대기 [kwis'adɛgi クィッサデギ] 名俗 横っ面; ほっぺた ¶~를 때리다 [~rul t'erida ~ルルッテリダ] びんたを食わす; 横っ面をひっぱたく.

귀-아프다 [kwiaphɯda クィアプダ] 形 ① (騒がしくて)耳が痛い ② (小言を)がみがみ言われて聞き苦しい; 耳にたこができる; 聞き飽きる ¶그 말은 ~-아프도록 들었다 [kɯ ma:rɯn ~-aphɯdorok t'ɯrɔt'a クマールン ~-アプドロク トゥロッタ] その話は耳にたこができるほど聞いた[聞き飽きた].

*귀양[←歸鄉] [kwijaŋ クィヤン] 名 〈史〉流配; 島流し; 流刑 **—가다** [gada ガダ] 自 流刑にされて行く; 島流しにされる **—보내다** [boneda ボネダ] 他 流刑[流罪]に処する; 流す **—살다** [salda サルダ] 自 謫居する; 島流され不自由な生活をする **—살이** [sari サリ] 名 하自 ① 謫居; 島流しの生活 ¶~-하다 [tʃweːɔpʃ'i ~hada チュエーオプシ ~ハダ] 罪なくして配所の月を見る ② へんぴな片田舎で世俗とかけ離れて暮らすことのたとえ.

귀-어둡다 [kwiɔdupt'a クィオドゥプタ] 形 ㅂ変 ① 耳が遠い ② 人の話がすぐ理解できない; のみこみが遅い ③ (時代におくれて)世事に疎い.

귀에 익다 [kwie ikt'a クィエ イクタ] 形 耳慣れる ¶귀에 익은 목소리 [kwie igɯn moks'ori クィエ イグン モクソリ] 耳慣れた声.

귀엣-말 [kwienmal クィエンマル] 名 耳打ち; ささやき; ないしょ話; 雑談 ¶~을 하다 [(kwienmar)ɯl hada (クィエンマ)ルル ハダ] 耳打ちする; 耳こすりをする / 살짝 ~로 소곤대다 [saltʃ'a (k'wienmal)lo sogondeda サルッチャク ~ロ ソゴンデダ] そっとささやく; 小声で話をする; 耳打ちする.

귀여겨-듣다 [kwijɔgjɔdɯt'a クィヨギョドゥッタ] 他 ㄷ変 耳を澄まして・注意してよく聞く; 耳を傾ける ¶선생님의 말씀을 ~ [sɔnsɛŋnime maːls'ɯmɯl ~ ソンセンニメ マールッスムル ~] 先生のお言葉を耳を澄ましてよく聞く.

귀-여리다 [kwijɔrida クィヨリダ] 形 人の言うことを真に受けやすい; だまされやすい ¶~-가 여려서 남에게 잘 속는다 [~-ga jɔrjɔsɔ nameɡe tʃal soŋnɯnda ~-ガ ヨリョソ ナメゲ チャル ソンヌンダ] 耳うぶで人によくだまされる.

*귀여워-하다 [kwijɔwɔhada クィーヨウォハダ] 他 여変 かわいがる; 慈しむ; いとしがる; いとおしむ ¶개를 ~ [kɛːrul ~ ケールル ~] 犬をかわいがる / 막내를 ~ [naŋnɛrul ~ マンネルル ~] 末っ子をいとおしむ.

귀염 [kwiːjɔm クィーヨム] 名 かわいらしさ; 愛らしさ; 寵愛 ¶~을 받다 [~ul pat'a (クィーヨ)ムル パッタ] かわいがられる **—둥이** [duŋi ドゥンイ] 名 非常にかわいい子; かわいがられる子 **—성** [sɔŋ ソン] 名 스形 かわいらしいところ; かわいさ ¶그 아이는 ~-이 있다 [kɯ ainɯn ~-i it'a クアイヌン ~-イ イッタ] その子にはかわいらしいところがある.

*귀엽다 [kwiːjɔpt'a クィーヨプタ] 形 ㅂ変 かわいい; かわいらしい; 愛らしい; いとしい ¶귀여운 강아지 [kwiːjɔun kaŋadʒi クィーヨウン カンアジ] かわいい小犬 / 귀여운 자식은 여행[고생]을 시켜라 [kwiːjɔun tʃaʃigun jɔhɛŋ[kosɛŋ]ul ʃikhjɔra クィーヨウン チャシグン ヨヘン[コセン]ウル シキョラ] かわいい子には旅をさせよ.

귀-울다 [kwiulda クィウルダ] 自 ① 耳鳴りがする ② 縫い物の角が歪む **귀-울음** [kwiurɯm クィウルム] 名 耳鳴り.

귀의[歸依] [kwiːi クィーイ] 名 帰依 **—하다** [hada ハダ] 自 帰依する; 帰する ¶불문에 ~ [pulmune ~ プルムネ ~] 仏門に帰依する.

귀인[貴人] [kwiːin クィーイン] 名 貴人 **—상** [saŋ サン] 名 貴人の相.

귀일[歸一] [kwiːil クィーイル] 名 하自 帰一 **—법** [p'ɔp ポプ] 帰一法.

귀임[歸任] [kwiːim クィーイム] 名 하自 帰任 ¶본사에 ~-하다 [ponsae ~-hada ポンサエ ~-ハダ] 本社に帰任する.

귀-잠 [kwidʒam クィジャム] 名 深い眠り; 熟睡 **—들다** [dɯlda ドゥルダ] 自 熟睡する.

*귀재[鬼才] [kwiːdʒɛ クィージェ] 名 鬼才 ¶화단의 ~ [hwaːdane ~ ファーダネ ~] 画壇の鬼才.

귀접-스럽다 [kwidʒɔps'ɯrɔpt'a クィジョプスロプタ] 形 ㅂ変 汚らわしい; 仕草が卑しくて嫌らしい; 下品だ ¶~-스러운 짓 [~-s'ɯrɔun tʃiːt ~-スロウン チーッ] 卑しいこと.

귀정[歸正] [kwiːdʒɔŋ クィージョン] 名

[하自] (誤ったものが)正道に戻ること ¶ 사필(事必) ~ [sa:pʰil (gwi:dʒɔŋ) サービル (グィージョン)] 物事は必ず正道に戻る ──**나다**[nada ナダ] [自] 正しい結末がつく ──**짓다**[dʒit'a ジッタ] [他] 正しく結末をつける.

***귀족**[貴族][kwi:dʒok クィージョク] [名] 貴族 ¶ ~ 출신 [~ tʰulʃ'in ~ チュルシン] 貴族の出 ──**계급**[(kwi:dʒo)k'e-ɡɯp ケグプ] [名] 貴族階級 ──**적**[tʃ'ok チョク] [冠] 貴族的 ¶ ~ 인 취미 [~-(tʃ'oɡ)in tʃʰwi:mi ~-(チョ)ギン チュィーミ] 貴族的な趣味. ↔서민적 [sɔ:mindʒok ソーミンジョク]「庶民的」.

***귀중**[貴中][kwi:dʒuŋ クィージュン] [名] 御中 ¶교육청(敎育廳) ~ [kjo:juktʃʰoŋ (gwi:dʒuŋ) キョーユクチョン (グィージュン)] 教育庁御中.

***귀중**[貴重][kwi:dʒuŋ クィージュン] [名] 貴重 ¶ ~ 품 [~pʰum ~プム] 貴重品 ──**하다**[hada ハダ] [形] 貴重だ; 大切だ; 尊い ¶ ~-하게 여기다 [~-hage jogida ~-ハゲ ヨギダ] 珍重がる / ~-한 시간 [~-han ʃigan ~-ハン シガン] 貴重な時間 ──**히**[i イ] [副] 大切に; 貴重に; 珍重に ¶ ~ 기르다 [~ kiruda ~ キルダ] 大切に育てる.

귀지[kwidʒi クィジ] [名] 耳あか.

귀지[貴紙][貴誌][kwi:dʒi クィージ] [名] 貴紙[貴誌] ¶ ~-의 보도 [~e po:do ~エ ポード] 貴紙の報道.

***귀착**[歸着][kwi:tʃʰak クィーチャク] [名] [하自] 帰着 ──**점**[tʃ'ɔm チョム] [名] 帰着点 ¶~-은 같다 [~-ɯn kat'a ~-(チョ)ムン カッタ] 帰着する所は同じだ.

***귀찮다**[kwitʃʰantʰa クィチャンタ] [形] 煩わしい; 面倒だ; やっかいだ; うるさい ¶귀찮아 하다 [kwitʃʰana hada クィチャナ ハダ] 面倒くさがる / 귀찮게 묻다 [kwitʃʰankʰe mu:t'a クィチャンケ ムータ] 小うるさく聞く / 귀찮게 굴다 [kwitʃʰankʰe ku:lda クィチャンケ クールダ] うるさくする / 귀찮은 일 [kwitʃʰanɯn ni:l クィチャヌン ニール] やっかいな仕事.

귀천[貴賤][kwi:tʃʰɔn クィーチョン] [名] 貴賤; 貴いことと賤しいこと ¶ 직업에는 ~-이 없다 [tʃigɔbenɯn ~-i ɔ:pt'a チゴベヌン (クィーチョ)ニ オープタ] 職業に貴賤はない.

귀-청[kwi:tʃʰɔŋ クィチョン] [名] 鼓膜 ¶ ~-이 떨어지겠다 [~-i t'ɔrɔdʒiget'a ~-イット ロジゲッタ] 鼓膜が破れそうだ.

귀추[歸趨][kwi:tʃʰu クィーチュ] [名] 帰趨き; 成り行き ¶ ~-가 주목된다 [~-ga tʃu:mokt'wenda ~ガ チューモクトウェンダ] 帰趨が注目される.

귀측[貴側][kwi:tʃʰuk クィーチュク] [名] そちら側 ¶ ~-의 의견 [(kwi:tʃʰɯɡ)e ɯi:gjɔn (クィーチュ)ゲ ウィーギョン] そちら側の意見.

귀퉁이[kwitʰuŋi クィトゥンイ] [名] ① 耳もと ② (物の)隅や角 ¶방안의 4 ~ [paŋane ne:(gwitʰuŋi) パンアネ ネー(グィトゥンイ)] 部屋の4隅 / 책상 ~ [tʃʰɛks'aŋ (gwitʰuŋi) チェクサン (グィトゥンイ)] 机の角 ③ (心の)片隅.

***귀하**[貴下][kwi:ha クィーハ] [名] [代] ① 貴殿 ¶ ~-의 발전을 빕니다 [~e paltʃ'ɔnɯl pi:mnida ~エ パルチョヌル ピームニダ] 貴殿の発展をお祈り申し上げます ② (男女別なく封筒に)…様; …殿 ¶김선달 ~ [kimsɔndal (gwi:ha) キムソンダル (グィーハ)] 金先達様.

***귀-하다**[貴一][kwi:hada クィーハダ] [形] [여変] ① 尊い; 高い; 大切だ ¶ ~-하신 몸 [~-haʃin mom ~-ハシン モム] 尊いお方 / ~-한 손님 [~-han sonnim ~-ハン ソンニム] 大切なお客様 ② 珍しい; 貴重だ ¶ ~-한 물건 [~-han mulgɔn ~-ハン ムルゴン] 珍しい物 ③ かわいらしい ¶ ~-한 자식 [~-han tʃaʃik ~-ハン チャシク] かわいい子 ④ (命・宝などが)貴い.

귀향[歸鄕][kwi:hjaŋ クィーヒャン] [名] [하自] 帰郷 ¶설에 ~-하다 [sɔ:re ~-hada ソーレ ~ハダ] お正月に帰郷する.

귀화[歸化][kwi:hwa クィーファ] [名] [하自] 帰化 ¶일본에 ~-하다 [ilbone ~-hada イルボネ ~-ハダ] 日本に帰化する ──**인**[in イン] [名] 渡来人.

귀환[歸還][kwi:hwan クィーファン] [名] [하自] 帰還; 引き揚げること ¶외국에서 ~-하다 [we:gugesɔ ~-hada ウェーグゲソ ~ハダ] 外国から引き揚げる.

귓-가[kwitk'a クィッカ] [名] 耳もと; 耳のまわり ¶ ~-를 스치는 바람 [~-rul sɯtʃʰinɯn param ~ルル スチヌン パラム] 耳もとをかすめる風の音 ──**로 듣다**[ro tutt'a ロ トゥッタ] [慣] 注意を傾けずうわの空で聞く; 聞き流す.

귓-결[kwitk'jɔl クィッキョル] [名] ふと耳にすること; 小耳にはさむこと ¶ 언뜻 ~-에 듣다 [ɔntʰɯt (k'witk'jɔr)e

귓-구멍 [kwitk'umɔŋ クィックモン] 名 耳の穴 **—이 넓다** [i nɔlt'a イ ノルタ] ① 形 耳の穴が広い ② 慣 人の話を素直に聞く; だまされやすい.

귓-불 [kwitp'ul クィップル] 名 耳たぶ **—만 만지다** [man mandʒida マン マンジダ] ① 他 耳たぶだけいじくる ② 慣 苦境に陥ったときその対策に困って成り行きに任せるとの意.

귓-속 [kwis'ok クィッソク] 名 耳の中 **—말** [(kwis'oŋ)mal (クィッソン)マル] 名 耳他自 耳打ち; ささやき ¶~을 주고받다 [~-(mar)ɯl tʃugobat'a ~-(マ)ル チュゴバッタ] ひそひそ話をする; 互いに耳打ちし合う.

귓-전 [kwitʃ'ɔn クィッチョン] 名 耳もと ¶~에 대고 속삭이다 [~e tɛːgo soks'agida (クィッチョ)ネ テーゴ ソクサギダ] 耳もとでささやく **—으로 듣다** [uro tuɯt'a (クィッチ)ヌロ トゥッタ] 慣 うわの空で聞く; 聞き流す **—을 때리다** [ɯl t'ɛrida (クィッチョ)ヌルッテリダ] 慣 耳に高く聞こえる **—을 울리다** [ɯl ullida (クィッチョ)ヌル ウルリダ] あたかも近くで音が殷々としと耳に聞こえる.

*__규격__ [規格] [kjugjɔk キュギョク] 名 規格; サイズ ¶~에 맞다 [(kjugjɔg)e mat'a (キュギョ)ゲ マッタ] 規格に合う **—품** [pʰum プム] 名 規格品 **—화** [(kjugjɔ)kʰwa クァ] 名 他自 規格化.

규명 [糾明] [kjumjɔŋ キュミョン] 名 糾明 **—하다** [hada ハダ] 他 糾明する; ただす ¶원인을 ~ [wɔninɯl ~ ウォニヌル ~] 原因を糾明する.

*__규모__ [規模] [kjumo キュモ] 名 ① 規模 ¶공장의 ~ [kɔndʒaŋe ~ コンジャンエ ~] 工場の規模 ② 模範; 節度.

규방 [閨房] [kjubaŋ キュバン] 名 閨房; (女性の)居室・寝室 **—문학** [munhak ムンハク] 名 閨房文学; 昔, 上流階級の女性が自らの生活を描いた文学.

*__규범__ [規範] [kjubɔm キュボム] 名 規範 ¶사회 ~ [sahwe (gjubɔm) サフェ (ギュボム)] 社会規範.

규수 [閨秀] [kjusu キュス] 名 ① 娘 ¶김씨댁 ~ [kimʃ'idɛk (k'jusu) キムシデク ~] 金氏宅の娘 [閨秀じょう] ② 閨秀; 学芸に優れた女性 **—시인** [ʃiin シイン]・**화가** [hwaːga ファーガ]・**작가** [dʒakʼa ジャクカ] 名 閨秀 [女流] 詩人・画家・作家.

규약 [規約] [kjujak キュヤク] 名 規約 ¶~ 위반 [(kjujag) wiban (キュヤ) グィバン] 規約違反.

규율 [規律] [kjujul キュユル] 名 規律 ¶~은 지켜야 한다 [(kjujur)ɯn tʃikʰjɔja handa (キュユ)ルン チキョヤ ハンダ] 規律は守らなければならない.

*__규정__ [規定] [kjudʒɔŋ キュジョン] 名 他自 規定; 決まり; 定め ¶도서 대출 ~ [tosɔ dɛːtʃʰul (gjudʒɔŋ) トソ デーチュル (ギュジョン)] 図書貸し出し規定 **—(을) 짓다** [(ɯl) tʃiːt'a (ウル) チーッタ] 他 規定する; 事を決める.

규제 [規制] [kjudʒe キュジェ] 名 他自 規制 ¶교통을 ~하다 [kjotʰoŋɯl ~hada キョトンウル ~ハダ] 交通を規制する **—당하다** [daŋhada ダンハダ]・**—받다** [bat'a バッタ] 受動 規制される.

규준 [規準] [kjudʒun キュジュン] 名 規準 ¶도덕의 ~ [tɔːdɔge ~ トードゲ ~] 道徳の規準.

규중 [閨中] [kjudʒuŋ キュジュン] 名 閨中けいちゅう; 女性の居間 [部屋・寝室] **—부인** [buin ブイン] 名 閨中の婦人 **—처녀** [處女] [tʃʰɔːnjɔ チョーニョ] 名 深窓の令嬢; 箱入り娘 ¶~같다 [~gat'a ~ガッタ] 慣 箱入り娘のようだ; 世間知らずだ.

*__규칙__ [規則] [kjutʃʰik キュチク] 名 規則; 決まり; おきて; 定め; ルール ¶회사의 ~ [hwesae ~ フェーサエ ~] 会社の定め / ~ 바르게 [~ pʼarɯge ~ パルゲ] 規則正しく; きちんきちんと / 야구 ~ [jaːgu (gjutʃʰik) ヤーグ (ギュチク)] 野球のルール.

규탄 [糾彈] [kjutʰan キュタン] 名 他他 糾弾 ¶부정을 ~하다 [pudʒɔŋɯl ~ hada プジョンウル ~ハダ] 不正を糾弾する.

규합 [糾合] [kjuhap キュハプ] 名 他自 糾合 ¶동지를 ~하다 [toːŋdʒirɯl (kjuha) pʰada トーンジルル ~パダ] 同志を糾合する.

규환 [叫喚] [kjuhwan キュファン] 名 他他 叫喚; 叫びわめくこと ¶아비 ~ [abi(gjuhwan) アビ(ギュファン)] 阿鼻叫喚きょうかん.

균등 [均等] [kjundɯŋ キュンドゥン] 名 他形 均等 ¶기회 ~ [kihwe (gjundɯŋ) キフェ (ギュンドゥン)] 機会均

균열 等／～하게 나누다 [~hage nanuda ～ハゲ ナヌダ] 均等に分ける **—히** [i イ] 副 均等に; 等しく.

균열[龜裂] [kjunjɔl キュニョル] 名 ｜自｜ 龜裂ᄒᆞᆫ; 裂け目; ひび割れ ¶ 벽에 ～이 생겼다 [pjɔge (kjunjɔr) i sɛŋgjɔtˀa ～ウル センギョッタ] 壁に割れ目[龜裂]ができた.

균일[均一] [kjunil キュニル] 名 ｜形｜ 均一; 一様 ¶ 값은 ～하다 [kapsˀun (kjunir) hada カプスン ～ハダ] 値段は均一[一様]である.

균점[均霑] [kjundʒɔm キュンジョム] 名 ｜他｜ 均霑ᄒᆞᆫ ¶ 이익의 ～ [iːige ～ イーイゲ ～] 利益の均霑.

*__**균형**[均衡] [kjunhjɔŋ キュンヒョン] 名 均衡; 釣り合い; 平衡; バランス ¶ 수지의 ～ [sudʒie ～ スジエ ～] 収支の均衡 ／～을 유지하다 [～ɯl judʒihada ～ウル ユジハダ] 均衡[釣り合い]を保つ **—예산** [neːsan ネーサン] 名 均衡予算 **—재정** [dʒɛdʒɔŋ ジェジョン] 名 均衡財政.

*__**귤**[橘] [kjul キュル] 名 〈植〉ミカン(蜜柑) ¶ ～ 상자 [～ saŋdʒa ～ サンジャ] ミカン箱 **—나무** [amu ラム] 名 〈植〉ミカンの木; タチバナ.

*__**그** [kɯ ク] **1** 冠 その; あの ¶ ～날 [～ nal ～ナル] あの[その]日／～ 사람 [～ saːram ～ サーラム] あの人／～처럼 [～tʃʰɔrɔm ～ チョロム] そのように／～ 얼마 전에 [～ ɔːlma dʒɔne ～ オールマ ジョネ] あのいくらか前に **2** 代 ① 彼; 彼女 ¶ ～는 [～nɯn ～ ヌン] 彼は〈書き言葉〉／～녀는 [～njɔnɯn ～ニョヌン] 彼女は〈書き言葉〉／～와 함께 [～wa hamkˀe ～ ワ ハムッケ] 彼と共に ② それ ¶ ～와 같은 물건 [～wa katʰun mulgɔn ～ ワ カトゥン ムルゴン] そのようなもの; それと同じ品物 **3** 慣 ¶ ～이가 ～이다 [～iga ～ida ～イガ ～イダ] 彼が彼だ／～옷이 ～옷이다 [～oʃi ～oʃida ～ オシ ～オシダ] どの服も同じだ.

그-간[—間] [kɯgan クガン] 名 その間 ¶ ～의 소식 [～e soʃik (クガ)ネ ソシク] その間の便り.

*__**그-거** [kɯgɔ クゴ] 代 それ; '그것'의略 ¶ ～ 주세요 [～ tʃusejo ～ チュセヨ] それください.

그-건 [kɯgɔn クゴン] 略 それは; '그것은'의略 ¶ ～ 작다 [～ tʃjaːktˀa ～ チャークタ] それは小さい.

그-걸 [kɯgɔl クゴル] 略 それを; '그것을'의略 ¶ ～ 모르다니 [～ morɯdani ～ モルダニ] それを知らないとは.

*__**그-것** [kɯgɔt クゴッ] 代 ① それ ¶ ～은 무엇입니까? [(kɯgɔ)sɯn muɔʃimnikˀa (クゴ)スン ムオシムニッカ] それは何ですか ② それ; あれ ～ 뿐이다 [～ pˀunida ～ プニダ] それだけだ／아뇨, ～은 시청이에요 [aːnjo, (kɯgɔ)sɯn ʃiːtʃʰɔŋiejo アーニョ, (クゴ)スン シーチョンイエヨ] いいえ, あれは市庁です ③ やつ; あいつ; そいつ ¶ ～이 그런 말을 하던가 [(kɯgɔ)ʃi kɯrɔn maːrul hadɔnga (クゴ)シ クロン マールル ハドンガ] あいつ[そいつ]がそんなことを言ったかね ④ その坊やお嬢ちゃん; その子 ¶ ～ 참 귀엽다 [(kɯgɔ) tʃʰam kwiːjɔptˀa ～ チャム クィーヨプタ] その子ほんとにかわいいね.

그것-참 [kɯgɔtʃʰam クゴッチャム] 感 本当に; 全く ¶ ～, 좋구나 [～, tʃoːkʰuna ～, チョークナ] 本当にいいねえ.

그-게 [kɯge クゲ] 略 ① それが; それは; 그것이 [kɯgɔʃi クゴシ]의略 ¶ ～ 정말인가 [～ tʃɔːŋmaringa ～ チョーンマリンガ] それは本当かね ② そいつが.

그-글피 [kɯgɯlpʰi クグルピ] 名 しあさっての次の日／모레 [moːre モーレ] 「あさって; 明後日」／글피 [kɯlpʰi クルピ]「しあさって; 明々後日」.

그-까지로 [kɯkˀadʒiro クッカジロ] 副 それくらいで; それしきのことで ¶ ～ 우느냐 [～ uːnɯnja ～ ウーヌニャ] それしきのことで泣くのか.

*__**그-까짓** [kɯkˀadʒit クッカジッ] 冠 それしきの(の); その程度の; それくらいの ¶ 뭘 ～걸 가지고 그러느냐 [mwɔːl ～kˀɔl kadʒigo kɯrɔnɯnja ムォール ～コル カジゴ クロヌニャ] なんでそれしきのことでそんなこと言うのかね／～ 일로 화를 내다니 [(kɯ kˀadʒin) niːllo hwaːrul nɛːdani (クッカジン) ニールロ ファールル ネーダニ] それしきのことで怒るとは….

그-그저께 [kɯkˀɯdʒɔkˀe クックジョッケ] 名 一昨々日; さきおととい.

그-나마 [kɯnama クナマ] 副 それさえ(も); それまでも; だけでも; その上にまた ¶ ～ 안 주더군요 [～ an dʒudɔgunjo ～ アン ジュドグンニョ] それさえもくれませんでした／길은 먼데, ～ 먹

을 것은 떨어지고[kirun mɔ:nde, ~ mogul k'ɔnusc t'ɔrodʒigo キルン モーンデ, ~ モグル コスン ノットロジゴ] 道は遠いのだが、その上食べ物は切れたし…

그-날 [kɯnal クナル] 名 その日; 当日; 即日 ¶~ 중으로[~ dʒuŋuro ~ ジュンウロ] その日のうちに / ~로 처리하다[~lo tʃʰɔ:rihada ~ロ チョーリハダ] 即日に片づける **━그날** [gɯnal グナル] 名 副 その日その日; 毎日 ¶~이 괴롭다[~-(gɯnar)i kweropt'a ~-(グナ)リ クェロプタ] 毎日が辛い / ~ 겨우 벌어먹고 산다[~ kjɔu pɔ:rɔmck'o sa:nda ~ キョウ ポーロモッコ サーンダ] その日その日の稼ぎでやっと食いつないでいく.

*그냥 [kɯnjaŋ クニャン] 副 ① そのまま; ありのまま(に); ただ(でさえ) ¶그 서류는 ~ 두어라[kɯ sɔrjunun ~ duɔra ク ソリュヌン ~ ドゥオラ] その書類はそのまま放っておけ / ~도 무거운데…[~do mugɔunde ~ド ムゴウンデ] ただでさえ[そのままでも]重いのに… ② (そのまま)ずっと(続けて) ¶~ 이기기만 한다[~ igigiman handa ~ イギギマン ハンダ] ずっと勝ち続けている ③ ただで; 無料で ¶~ 드리겠습니다[~ tɯriges'umnida ~ トゥリゲッスムニダ] ただで差しあげます ④ 容赦なく; 思いきり ¶~ 때려주다[~ t'ɛrjodʒuda ~ッテリョジュダ] 容赦なく張り飛ばす[殴ってやる].

*그네¹ [kɯ:ne クーネ] 名 ぶらんこ ¶~를 뛰다[~rul t'wida ~ルル ットゥィダ] ぶらんこ乗りをする **━뛰기** [t'wigi ットゥィギ] 名 ぶらんこ乗り **그넷줄** [kɯnetʃ'ul クネッチュル] 名 ぶらんこの(2本の)綱.

그네² [kɯne クネ] 代 彼ら **━들** [dɯl ドゥル] 名 その人たち; 彼ら. 「その女.

*그-녀¹ [—女] [kɯnjɔ クニョ] 代 彼女

그-년 [kɯnjɔn クニョン] 名 あの[その]あま[女郎].

*그-놈 [kɯnom クノム] 名 そいつ; あい

*그늘 [kɯnɯl クヌル] 名 ① 陰; 物陰 ¶나무 ~[namu (gɯnul) ナム (グヌル)] 木陰 ② 膝元誌; おかげ ¶부모의 ~에서 지내다[pumoe (kɯnur)esɔ tʃi:neda プモエ (クヌ)レソ チーネダ] 親のもとで暮らしている ③ (人目に触れない)日陰 ¶~에서 사신 어머님의 일생[(kɯnur)esɔ sa:ʃin ɔmɔnime ils'eŋ (クヌ)レソ サーシン オモニメ イルセン] 日陰で終えた母の一生 **━지다** [dʒida ジダ] 自 ① 陰ができる; 陰になる ¶~-진 곳에서 놀다[~-dʒin kosesɔ no:lda ~-ジン コセソ ノールダ] 物陰で遊ぶ ② (陰に隠れて)表立たない; 表面にあらわれない ③ (性格が)陰のある ¶~-진 얼굴[~-dʒin ɔlgul ~-ジン オルグル] 陰りのある顔.

*그-다지 [kɯdadʒi クダジ] 副 ① さして; 大して; そんなに ¶~ 뜨겁지 않다[~ t'ɯgopt'ʃi antʰa ~ ットゥゴプチ アンタ] さして熱くない / ~ 멀진 않다[~ mɔ:ldʒin antʰa ~ モールジン アンタ] 大して遠くはない ② それほど; さほど; 別に; あまり ¶~ 춥지 않다[~ tʃʰupt'ʃinun antʰa ~ チュプチヌン アンタ] それほど寒くはない / ~ 먹고 싶지 않다[~ mɔk'o ʃipt'ʃi antʰa ~ モッコ シプチ アンタ] 別に食べたくない / ~ 싫지는 않다[~ ʃiltʃʰinun antʰa ~ シルチヌン アンタ] あまり嫌いではない; まんざらいやでもない **━도** [do ド] 副 そんなにまでも ¶~ 싫으냐?[~ ʃirunja ~ シルニャ] そんなにでも嫌いなのか.

*그대 [kɯdɛ クデ] 代 ① そなた; そち; 君; 너[nɔ ノ]「お前」・당신[taŋʃin タンシン]「あなた」よりやや丁寧な語 ¶~의 이름은[~e irumun ~エイルムン] そち[君]の名は ② 君; あなた; 恋人たち・親しい仲で情を込めて言う語 ¶나의 사랑하는 ~[nae saraŋhanun ~ ナエ サランハヌン ~] わが愛する君[ひと] / ~를 그리워하다[~rul kɯriwɔhada ~ルル クリウォハダ] あなたを思う.

*그-대로 [kɯdɛro クデロ] 副 そのとおりに; そのまま(で) ¶~ 두다[~ tuda ~ トゥダ] そのままにしておく; そのまま放っておく / 문자 ~[muntʃ'a (gɯdɛro) ムンチャ (グデロ)] 文字どおり / 있는 ~의 맛[innun ~e mat イッヌン ~エマッ] ありのままの味.

*그-동안 [kɯdoŋan クドンアン] 副 その間﹅; その後 ¶~ 어떠세요[~ ɔt'ɔsejo ~ オットセヨ] その間どうでしたか.

그득 [kɯduk クドゥク] 副 いっぱい(に); なみなみ(と); ＞가득 [kaduk カドゥク] ¶밥을 ~ 담다[pabul ~ t'a:mt'a パブル ~ ターㇺタ] ご飯をいっぱい盛る / 술을 ~ 붇다[surul ~

p'u:t'a スルル ~ プーッタ] 酒をなみなみと注ぐ **―하다** [(kuduɰ)kʰada クダ] 㓜 [여변] ① 満ちている; なみなみである; いっぱいだ ¶논에 물이 ~ [none muri ~ ノネ ムリ ~] 田に水がいっぱいだ ②(おなかが)ぶくっとしてもたれる ¶속이 ~ [so:gi ~ ソーギ ~] ぶくっと腹にもたれる **―히** [(kuduɰ)kʰi キ] 副 いっぱいに; なみなみと.

그-들 [kuduɰ クドゥル] 代 ① 彼ら; 彼女ら ¶젊은 ~ [tʃʌlmun ~ チョルムン ~] 若い彼ら ② それら; あれ.

그-따위 [kɯt'awi クッタウィ] 名 冠 そんな; そんな物(の) ¶~ 버릇 [~ bɔrut ~ ボルッ] そんな癖 / ~ 물건 [~ mulgɔn ~ ムルゴン] そんな物.

*그-때 [kɯt'e クッテ] 名 その時 ¶~ 마다 [~mada ~マダ] その時ごと(に) / 바로 ~ [paro ~ パロ ~] ちょうどその時 **―그때** [gɯt'ɛ グッテ] 名 副 その時その時 ¶~ 처리하다 [~ tʃʰɔrihada ~ チョーリハダ] その時その時に[そのつど]処理する.

그뜩 [kɯt'uk クットゥク] 副 いっぱいに; なみなみと; '그득'の強調語 ¶~ 붇다 [~ p'uːt'a ~ プーッタ] なみなみと注ぐ **―하다** [(kɯt'u)kʰada カダ] 㓜 [여변] いっぱいだ ¶쌀이 ~ [s'ari ~ ッサリ ~] 米がいっぱいだ.

*그래[1] [kɯrɛ クレ] 副 それで; そうして; そして ¶~ 어떻게 했니? [~ ɔt'ɔkʰe hɛ:nni ~ オットッケ ヘーンニ] そして, どうしたの ― 가지고선 ~ gadʒigosʌn ~ ガジゴソン ~] そのようにしては.

그래[2] [kɯrɛ クレ] 感 ① うん; ええ; あ; 友人や目下に答える語 ¶~ 알았어 [~ aras'ɔ ~ アラッソ] うん, わかったよ ②じゃ; で ¶~, 그렇게 하지 [~, kurokʰe hadʒi ~, クロッケハジ] じゃ, そうしなさい ③そう; そうか ¶~ 그게 좋겠다 [~ kuge tʃo:kʰet'a ~ クゲ チョーッケッタ ~] そう, それがよかろう ④…なんだよ; …だな ¶참 재미있더군 ~ [tʃʰam tʃɛmiit'ʌgun (gurɛ) チャム チェミイットグン (グレ)] ほんとに面白かったんだよ / 너, 왜~ [nɔ, wɛ:(gurɛ) ノ, ウェー(グレ)] 君, どうしたんだね **―그래** [gɯrɛ グレ] 感 そうそう; うんうん ¶~, 네 말이 옳다 [~, ne ma:ri oltʰa ~, ネ マーリ オルタ] そうそう, 君の言うとおりだ.

그래도 [kɯrɛdo クレド] 副 ① それでも ¶~ 우리 집이 좋아요 [~ uridʒibi tʃo:ajo ~ ウリジビ チョーアヨ] それでもうちがいいよ ② そうであっても ¶~ 희망은 있어요 [~ himaŋun is'ɔjo ~ ヒマヌン イッソヨ] そうであっても望みはあるよ.

*그래서 [kɯrɛsɔ クレソ] 副 ① それで ¶~ 어떻게 했어 [~ ɔt'ɔkʰe hɛ:s'ɔ ~ オットッケ ヘーッソ] それでどうした(の) ② そうして; そうやって ¶학생이 ~ (야) 되겠느냐? [haks'ɛŋi ~ (ja) twegennɯnja ハクセンイ ~ (ヤ) トゥェゲンヌニャ] 学生がそうして(も)いいのか.

그래야 [kɯrɛja クレヤ] 副 ① それでこそ ¶~ 네가 성공할 수 있다 [~ nega soŋgoŋhal s'u it'a ~ ネガ ソンゴンハルッス イッタ] それでこそ君は成功できる ② そうしなければ ¶군인은 ~ 한다 [kuninɯn ~ handa クニヌン ~ ハンダ] 軍人はそうしなければいけない ③いくら…でも; それにしても; せいぜい ¶~ 만원밖에 못 벌었다 [~ ma:nwɔnbakʰe mo:t p'ɔrɔt'a ~ マーヌォンバッケ モーッポロッタ] せいぜい1万ウォンしかもうけていない.

그래-저래 [kɯrɛdʒɔrɛ クレジョレ] 副 そうこうするうちに; なんとかかんとか ¶~ 날이 밝았다 [~ nari palgat'a ~ ナリ パルガッタ] そうこうするうちに夜が明けた.

그래프 [gɯrɛpʰɯ グレプ] graph 名 グラフ ¶~ 용지 [~ jo:ŋdʒi ~ ヨーンジ] グラフ用紙.

그래픽 [gɯrɛpʰik グレピク] graphic 名 グラフィック **―디자이너** [didʒainɔ ディジャイノ] 名 グラフィックデザイナー **―디자인** [didʒain ディジャイン] 名 グラフィックデザイン.

그랜 [kɯrɛn クレン] 副 そんなには; そ(のよ)うには ¶~ 못 팔아요 [~ mo:t pʰarajo ~ モーッ パラヨ] そんなには売りません.

그랜드 [gɯrɛndɯ グレンドゥ] grand 名 グランド; 大規模の; 大型の **―오페라** [opʰera オペラ] 名 グランドオペラ **―피아노** [pʰiano ピアノ] 名 グランドピアノ.

그램 [gɯrɛm グレム] gram 依据 〈数〉「グラム.

그랬다-저랬다 [kɯrɛt'a dʒɔrɛt'a クレッタ ジョレッタ] 副 ああだこうだと; ああしたりこうしたり ¶~ 믿을 수 없다 [~ midul s'u ɔ:pt'a ~ ミドゥルッ

그랬더니 [kurɛt'ɔni クレットニ] 副 そうしたら ¶ ~ 웃더라 [~ u:t'ɔra ウーットラ] そうしたら笑ったよ.

그러고 [kurɔgo クロゴ] 副 すると; それで; そ(う)して ¶ ~도 학생이냐 [~do haks'ɛŋinja ~ド ハクセンイニャ] それでも学生のつもりかね / ~ 보니, 범인은 너로구나 [~ boni, pɔ:minɯn nɔroguna ~ ボニ, ポーミヌン ノログナ] すると犯人はお前だったか **―나서** [nasɔ ナソ] 副 そうしてから; それから.

그러그러-하다 [kurɔgurɔhada クログロハダ] 形 [여変] 似たり寄ったりだ; まあまあの程度だ; そこそこだ ¶ ~-한 물건 [~-han mulgɔn ~-ハン ムルゴン] 似たり寄ったりの品 / ~-한 작품 [~-han tʃakpʰum ~-ハン チャクプム] まあまあの作品.

그러기-에 [kurɔgie クロギエ] 副 だから; それで ¶ ~ 실패한 것이다 [~ ʃilpʰɛhan kɔʃida ~ シルペハン コシダ] それで失敗したのだ.

그러께 [kurɔk'e クロッケ] 副 おととし, 一昨年.

*__그러나__ [kurɔna クロナ] 副 しかし(ながら); だが; けれど ¶ ~ 나도 가겠다 [~ nado kaget'a ~ ナド カゲッタ] しかし僕も行くよ / ~ 말입니다 [~ marimnida ~ マリムニダ] ところがですね / ~ 말이야 [~ marija ~ マリヤ] だがね **―저러나** [dʒɔrɔna ジョロナ] 副 いずれにしても; とにかく ¶ ~ 네 책임이야 [~ ne tʃʰɛgimija ~ ネ チェギミヤ] いずれにしてもお前の責任だよ.

*__그러니__ [kurɔni クロニ] 副 だから ¶ ~ 어찌하면 좋지 [~ ɔtʃ'ihamjɔn tʃo:tʃ'i ~ オッチハミョン チョーッチ] だからどうすればいいの **―저러니** [dʒɔrɔni ジョロニ] 副 かれこれ, と(や)かく, なんのかの; いろいろ ¶ ~ 하다 [~ hada ~ ハダ] かれこれいう / ~ 말도 많다 [~ ma:ldo ma:ntʰa ~ マールド マンタ] とかくうわさが多い.

*__그러니까__ [kurɔnik'a クロニッカ] 副 だから ¶ ~ 내말대로 해라 [~ nɛmaldɛro hɛ:ra ~ ネマルデロ ヘーラ] だから僕の言うとおりにしなさい.

*__그러다__ [kurɔda クロダ] 他 ① そうする ¶ 그러지 말라고 [kurɔdʒi ma:llago クロジ マールラゴ] そうしないように / 그러던 중에 [kurɔdɔn tʃuŋe クロドン チュンエ] そうするうちに ② そう言う; 言う ¶ 못가겠다고 그럽디다 [mo:tk'aget'ago kurɔpt'ida モーッカゲッタゴ クロプティダ] 来られ[行かれ]ないと言っていました.

그러다가 [kurɔdaga クロダガ] 副 そう(こう)するうちに; そうして ¶ ~ 그녀는 시집을 갔대요 [~ kunjɔnɯn ʃidʒibul kat'ɔrejo ~ クニョヌン シジブル カットレヨ] そうこうするうちに彼女は結婚してしまったそうです.

그러-담다 [kurɔdamt'a クロダムタ] 他 かき(集めて)入れる ¶ 낙엽을 가마니에 ~ [nagjɔbul kamanie ~ ナギョブル カマニエ ~] 落ち葉をかき集めてかますに入れる.

그러-당기다 [kurɔdaŋgida クロダンギダ] 他 かき[抱き]寄せる; 引きつける.

그러-들이다 [kurɔdɯrida クロドゥリダ] 他 かき入れる, (仲間に)引き込む.

*__그러면__ [kurɔmjɔn クロミョン] 副 (それ)では; (それ)じゃ; しからば; そうすれば, さらば ¶ ~ 시작합시다 [~ ʃi:dʒakʰapʃ'ida ~ シージャクカプシダ] では始めましょう / ~ 갔다 오겠습니다 [~ kat'a oges'umnida ~ カッタ オゲッスムニダ] (それ)じゃ行って来ます / 구하라, ~ 얻을 것이다 [kuhara, ~ ɔdɯlk'ɔʃida クハラ, ~ オドゥルコシダ] 求めよ, さらば与えられん **―그렇지** [gurɔtʃʰi グロッチ] 感 やっぱり(そう)だ; 思ったとおりだ ¶ ~, 손대서 안 될리 있나 [~, sondɛsɔ andwelli inna ~, ソンデソ アンドウェルリ インナ] やっぱりそうだ, 手をつけてできないはずはないよ.

그러면서 [kurɔmjɔnsɔ クロミョンソ] 副 それなのに; そうしながら; その癖 ¶ ~ 왜 학교를 쉬었니 [~ wɛ: hak'jorul ʃwionni ~ ウェー ハクキョルル スゥィオンニ] それなのに何で学校を休んだの.

그러-모으다 [kurɔmoɯda クロモウダ] 他 かき込む; かき集める ¶ 낙엽을 ~ [nagjɔbul ~ ナギョブル ~] 落ち葉をかき込む / 자금을 ~ [tʃagumul ~ チャグムル ~] 資金をかき集める.

*__그러므로__ [kurɔmuro クロムロ] 副 それゆえ; それで; だから ¶ ~ 열심히 노력해야 한다 [~ jɔlʃ'imi norjɔkʰeja handa ~ ヨルッシミ ノリョクケヤ ハン

그러-안다 [kɯrɔant'a クロアンタ] 他 (しっかり)抱き込む; 抱きしめる ¶아기를 ~ [agirɯl ~ アギルル ~] 赤ん坊を抱きしめる.

*__그러자__ [kɯrɔdʒa クロジャ] 副 (そう)すると; そうしようと ¶~ 그가 나왔다 [~ kɯga nawat'a ~ クガ ナワッタ] すると彼が出て来た / ~고 그가 주장했다 [~go kɯga tʃudʒaŋhɛt'a ~ ゴ クガ チュジャンヘッタ] そうしようと彼が主張した.

그러잖아도 [kɯrɔdʒanado クロジャナド] 副 そうでなくても; そうしなくても ¶~ 전화하려던 참이다 [~ tʃɔnhwahrjɔdɔn tʃhamida ~ チョーンファハリョドン チャミダ] そうでなくてもお電話しようとしていたところだ / ~ 된다 [~ twɛnda ~ トゥェンダ] そうしなくていい.

그러-잡다 [kɯrɔdʒapt'a クロジャプタ] 他 引っつかむ ¶손을 ~ [sonnɯl ~ ソヌル ~] 手を引っつかむ.

그러저러-하다 [kɯrɔdʒɔrɔhada クロジョロハダ] 形 [여변] かくかくである; しかじかである ¶~-한 사정 [~-han sa:dʒɔŋ ~-ハン サージョン] かくかくしかじかの事情.

그러-쥐다 [kɯrɔdʒwida クロジュィダ] 他 引っつかむ; 引き寄せて握る; こぶしを握る ¶고삐를 ~ [kop'irɯl ~ コッピルル ~] 手綱を引っつかむ.

*__그러-하다__ [kɯrɔhada クロハダ] 形 [여변] そのようだ; そのとおりだ ¶~-한 까닭에 [~-han k'adalge ~-ハン ッカダルゲ] そのような訳で / 내용인즉 ~ [nɛ:joŋindʒɯk (k'ɯrɔhada) ネーヨンインジュク ~] 内容を言えばそのとおりだ.

그러한-즉 [kɯrɔhandʒɯk クロハンジュク] 副 (そう)だから; そのゆえに; ='그런즉' ¶사정이 ~ [sa:dʒɔŋi ~ サージョンイ ~] 訳がそうだから.

*__그럭-저럭__ [kɯrɔktʃ'ɔrɔk クロクチョロク] 副 そんなこんな; どうにかこうにか; かれこれ ¶지냅니다 [~ tʃ'i:nɛmnida ~ チーネムニダ] どうにか暮しています; まあぼちぼちやっています / ~ 1년이 되었다 [~ illjɔni twɛɔt'a ~ イルリョニ トゥェオッタ] かれこれ1年経った —**하다** [(kɯrɔktʃ'ɔrɔk)hada クロクチョロ]カダ] 自 どうにかこうにかする; とやかくする ¶~-하는 동안에 [~-(tʃ'ɔrɔ)khanɯn toŋane ~-カヌン トンアネ] とやかくするうちに; そのうちにいつのまにか.

*__그런__ [kɯrɔn クロン] 冠 そんな; そのような [kɯrɔhan クロハン]の略 ¶~ 사람 [~ sa:ram ~ サーラム] そんな人 —**고로** [goro ゴロ] 副 それゆえに.

*__그런-대로__ [kɯrɔndɛro クロンデロ] 副 それなりに; まあまあ ¶~ 재미있다 [~ tʃɛmiit'a ~ チェミイッタ] それなりに面白い / ~ 생활은 됩니다 [~ sɛŋhwarɯn twɛmnida ~ センファルン トゥェムニダ] まあまあ生活はできます.

*__그런데__ [kɯrɔnde クロンデ] 副 ①ところで; で ¶~ 그건 어떻게 되었어요? [~ kɯgɔn ɔt'ɔkhe twɛɔs'ɔjɔ ~ クゴン オットッケ トゥェオッソヨ] ところでそれはどうなりましたか ②しかし; だが ¶~ 좀 나쁩니다 [~ tʃom nap'ɯmnida ~ チョム ナップニダ] だがちょっと悪いです ③それなのに ¶~ 가려고 해요 [~ karjɔgo hɛ:jo ~ カリョゴ ヘーヨ] それなのに行こうとします —**도** [do ド] 副 それなのに; それにもかかわらず; それでも ¶~ 가버렸어요 [~ kabɔrjɔs'ɔjo ~ カボリョッソヨ] それなのに行ってしまいました.

그런듯-만듯 [kɯrɔndɯnmandɯt クロンドゥンマンドゥッ] 副 ありそうなさそうでもあって, どっちつかずの(の) ¶~-한 대답 [~-(mandu)than tɛ:dap ~-タン テーダプ] どっちつかずの返事.

그런-양으로 [kɯrɔnnjaŋɯro クロンニャンウロ] 副 そのように; さように ¶~ 한다면 [~ handamjɔn ~ ハンダミョン] そのようにしたら.

그런-즉 [kɯrɔndʒɯk クロンジュク] 副 であるから; だから; ='그러한즉'.

*__그럴-듯하다__ [kɯrɔlt'ɯthada クロルトゥッタダ] 形 [여변] ①もっともらしい; まことしやかだ ¶~-듯한 이유 [~-t'ɯthan i:ju ~-トゥッタン イーユ] もっともらしい理由 ②(似つかわしくて)粋だ; すてきだ ¶~-듯한 양복 [~-t'ɯthan jaŋbok ~-トゥッタン ヤンボク] 粋な洋服 ③そうらしい; まあまあだ.

그럴싸-하다 [kɯrɔls'ahada クロルッサハダ] 形 [여변] もっともらしい; ='그럴듯하다' ¶~-한 거짓말 [~-han kɔ:dʒinmal ~-ハン コージンマル] もっ

ともらしい[まことしやかな]うそ.

***그럼** [kurɯm クロム] **1** 副 では; '그러면'の略 ¶ 나도 가야지 [~ nado kajadʒi ~ ナド カヤジ] では私も行かなくちゃ **2** 感 そう; そうだ ¶ ~, 그렇고 말고 [~, kurɯkʰo malgo ~, クロッコ マルゴ] ああ, そうだとも.

***그렇게** [kurɔkʰe クロッケ] 副 そのように; それほど; さほど; そう ¶ ~ 생각합니다 [~ sɛŋgakʰamnida ~ センガクカムニダ] そう考えます / ~ 만나고 싶으냐? [~ mannago sipʰɯnja ~ マンナゴ シプニャ] それほど会いたいかね.

그렇고-말고 [kurɔkʰomalgo クロッコマルゴ] 感 そう(だ)とも; まさにそうだ.

*‡**그렇다** [kurɔtʰa クロッタ] 形 ㅎ変 そうだ; そのようだ; そのとおりだ; '그러하다'の略 ¶ 가령 ~ 치더라도 [ka:rjɔŋ ~ tʰidɔrado カーリョン ~ チドラド] たとえ[よし]そうであろうとも / ~고 해서 [~go hɛːsɔ ~ゴ ヘーソ] さればと言って / 그건 ~ [kɯgɔn ~ クゴン ~] それはそうだ(よ) ─**면** [mjɔn ミョン] 副 だとすれば ¶ ~ 어떻게 하지 [~ ɔt'ɔkʰe hadʒi ~ オットッケ ハジ] だとすればどうしようか / ~ 저도 찬성해요 [~ tʃɔdo tʃʰaːnsɔŋhɛjo ~ チョド チャーンソンヘヨ] それならば私も賛成します ─**저렇다** [dʒɔrɔtʰa ジョロッタ] 副 ああだこうの; かれこれ; なにか ¶ ~ 말이 없다 [~ maːri ɔːpt'a ~ マーリ オープタ] ああだこうのと一切語らない.

그럴-듯이 [kurɔtʰɯʃi クロットゥシ] 副 そうであるように; そのように; それほど(に) ¶ 누구나 다 ~ [nuguna taː (gurɔtʰɯʃi) ヌグナ ター (グロトゥシ)] 誰でもみなそうであるように….

그렇잖다 [kurɔtʃʰantʰa クロッチャンタ] 形 そうで(は)ない; そうじゃない ¶ 사실은 ~ [saːʃirɯn ~ サーシルン ~] 事実はそうじゃない.

그렇지 [kurɔtʃi クロッチ] 感 そうだとも; そうとも ¶ 그러면 ~ [kurɔmjɔn ~ クロミョン ~] やっぱりそうだ, 思ったとおりだ.

그렇지-만 [kurɔtʃʰiman クロッチマン] 副 そうではあるが; しかし(ながら); でも; だが; だけど ¶ ~ 난 싫어 [~ nan ʃirɔ ~ ナン シロ] だけど私は嫌いなんだよ / ~ 이상한데 [~ iːsaŋhande ~ イーサンハンデ] しかしおかしいね.

그렇지-않다 [kurɔtʃʰi antʰa クロッチアンタ] 形 そうで[そうじゃ]ない; ='그렇잖다'.

그려 [gurjɔ グリョ] 助 …だね; …しようよ ¶ 참 잘하네 ~ [tʃʰam tʃarhane ~ チャム チャルハネ ~] 実に上手だね / 가 봅시다 ~ [ka bopʃ'ida ~ カ ボプシダ ~] 行って見ましょうよ.

***그루** [kuru クル] **1** 名 (木・草などの)幹; 茎の根元 **2** 依名 株; 本; 樹木を数える語; 作付の回数 ¶ 한 ~ [gari ガリ] 名 하他 二毛作 ─**터기** [tʰɔgi トギ] 名 切り株; 株; 刈り株.

그룹 [gurwp グループ] group 名 グループ ─**학습** [haksɯp ハクスプ] 名 グループ学習.

*‡**그르다** [kurɯda クルダ] 形 르変 ① 正しくない; 誤って[間違って]いる ¶ 네가 ~ [nega ~ ネガ ~] 君が間違って[誤って]いる / 옳고 그른 것 [olkʰo kurɯn kɔt オルコ クルン コッ] 正しいか間違っているか[正しくないか] ② よくない ¶ 맛이 글렀다 [maʃi kullɔt'a マシ クルロッタ] 味がよくない ③ 見込み[望み]がない; 駄目だ ¶ 회복하기는 글렀다 [hwebokʰaginun kullɔt'a フェボクカギヌン クルロッタ] 回復の見込みがない / 저 놈은 글렀다 [tʃɔnomun kullɔt'a チョノムン クルロッタ] あいつは駄目だ.

***그르치다** [kurɯtʃʰida クルチダ] 他 誤って事を悪くする; 誤る; しそこなう; しくじる ¶ 몸을 ~ [momul ~ モムル ~] 身を誤る / 사업을 ~ [saːɔbul ~ サーオブル ~] 事業をしくじる.

*‡**그릇**[1] [kurɯt クルッ] **1** 名 器; 器量 ¶ 질 ~ [tʃil (gurɯt) チル (グルッ)] 土器 / 사기 ~ [sagi (gurɯt) サギ (グルッ)] 瀬戸物 / ~에 담다 [(kurɯ) setaːmt'a (クル) セタームタ] 用器に盛る / 그는 ~이 크다 [kunɯn (kurɯ)i kʰɯda クヌン (クル)イ クダ] 彼は器量が大きい **2** 依名 わん・杯

***그릇**[2] [kurɯt クルッ] 副 하他 間違って; 誤って ¶ ~ 판단하다 [~ pʰandanhada ~ パンダンハダ] 判断を誤る ─**되다** [(kurɯ) tʼweda トゥェダ] 自 正しくない; 間違う; 誤っている; しくじりが生ずる ¶ ~-된 생각 [~-tʼwen sɛŋgak ~トゥェン センガク] 間違った考え / ~-된 해석 [~-tʼwen hɛːsɔk

~-トゥェン ヘーソク] 誤った解釈.

그리 [kɯri クリ] 副 ① あまり; そのように; そう; さほど ¶ ~ 하세요 [~ hasejo ~ ハセヨ] そうしなさい / 비싸지 않다 [~ pis'adʒi antʰa ~ ピッサジ アンタ] そう[あまり]高くない ② そこに; そちらへ ¶ ~ -로 갈까? [~ro kalk'a ~ロ カルッカ] そちらへ行こうか.

그리고 [kɯrigo クリゴ] 副 そして; それから; また ¶ 노트 ~ 연필을 샀다 [notʰɯ ~ jɔnpʰirɯl sat'a ~ ヨンピルル サッタ] ノート, それから鉛筆を買った ━나서 [naso ナソ] 副 そうしてから ━서 [so ソ] 副 そうして.

그리다[1] [kɯrida クリダ] 他 描く ¶ 그림을 ~ [kɯrimɯl ~ クーリムル ~] 絵を描く / 눈썹을 ~ [nuns'ɔbɯl ~ ヌンッソブル ~] まゆを描く[引く].

그리다[2] [kɯrida クリダ] 他 恋しがる; 恋い慕う; 思いこがれる; しのぶ ¶ 고향을 ~ [kohjaŋɯl ~ コヒャンウル ~] 故郷をしのぶ / 연인을 ~ [jɔːninɯl ~ ヨーニヌル ~] 恋人を恋しがる.

그리도 [kɯrido クリド] 副 それほど; そんなに ¶ ~ 보고싶나? [~ pogoʃimna ~ ポゴシムナ] それほど見たいかね.

그리-로 [kɯriro クリロ] 副 そちらへ; そっちへ ¶ ~ 가세요 [~ kasejo ~ カセヨ] そっちへ行きなさい.

그리움 [kɯrium クリウム] 名 恋しさ; 懐かしさ ¶ ~에 잠기다 [~e tʃamgida (クリウ)メ チャムギダ] 恋しさ[懐かしさ]に耽ける.

그리워-지다 [kɯriwɔdʒida クリウォジダ] 自 恋しく[懐かしく]なる.

그리워-하다 [kɯriwohada クリウォハダ] 他 [여変] 恋し[懐かし]がる; 恋しく思う; 懐かしむ; しのぶ ¶ 옛날을 ~ [jeːnnarɯl ~ イェーンナルル ~] 昔を懐かしむ / 연인을 ~ [jɔːninɯl ~ ヨーニヌル ~] 恋人を恋しがる / 모습을 ~ [mosɯbɯl ~ モスブル ~] 面影をしのぶ.

그리-하다 [kɯrihada クリハダ] 自 そうする; そのようにする ¶ ~-하여 [~hajo ~ハヨ] そのようにして; そうして.

그림 [kɯːrim クーリム] 名 絵; 絵画 ¶ ~을 그리다 [~ɯl kɯːrida (クーリ)ムル クーリダ] 絵を描く[画く] ━물감 [mulk'am ムルカム] 名 絵の具 ━엽서 [njɔps'ɔ ニョプッソ] 名 絵葉書 ━일기 [ilgi (クーリ)ミルギ] 名 絵入りの日記帳 ━쟁이 [dʒɛŋi ジェンイ] 名 俗 絵かき ━책 [tʃʰɛk チェク] 名 絵本.

그림자 [kɯrimdʒa クリムジャ] 名 影 ¶ 나무 ~ [namu (gɯrimdʒa) ナム (グリムジャ)] 木の影; 木陰 / ~가 비치다 [~ga pitʃʰida ~ガ ピチダ] 影が差す ━를 감추다 [rɯl kamtʃʰuda ルル カムチュダ] 慣 跡形をなくす ━밟기 [baːpk'i バープキ] 名 影踏み(鬼になった子が他の子の影を踏む遊び).

그립다 [kɯript'a クリプタ] 形 [ㅂ変] 恋しい; 懐かしい ¶ 어머니가 ~ [ɔmɔniga ~ オモニガ ~] 母が恋しい / 그리운 내 고향 [kɯriun nɛ gohjaŋ クリウン ネ ゴヒャン] 懐かしいわがふるさと.

그만[1] [kɯman クマン] 冠 それくらいの; それしきの; その程度の; 그만한 [kɯmanhan クマンハン] の略 ¶ ~ 일에 화를 내다니 [~ niːre hwaːrɯl nɛːdani ~ ニーレ ファールル ネーダニ] それくらいのことで怒るとは / ~ 일에 왜 우니? [~ niːre wɛː uːni ~ ニーレ ウェーウーニ] それしきのことでなぜ泣くの.

그만[2] [kɯman クマン] 副 ① それくらいに(して); その程度に(やめる) ¶ ~ 잡수세요 [~ tʃaps'usejo ~ チャプスセヨ] 食べるのはもうおやめなさい / 그만! [kɯman クマン] やめて! ② すぐ; つい; うっかり ¶ ~ 가보겠습니다 [~ kaboges'ɯmnida ~ カボゲッスムニダ] これで失礼いたします / 그 말에 ~ 화를 냈다 [kɯ maːre ~ hwaːrɯl nɛːt'a クマーレ ~ ファールル ネッタ] その話にすぐ怒り出した / ~ 입을 놀렸다 [~ ibɯl nolljɔt'a ~ イブル ノルリョッタ] つい口をすべらした / ~ 지나쳐 버렸다 [~ tʃinatʃʰjɔ bɔrjɔt'a ~ チナチョ ボリョッタ] うっかりして通り過ぎた.

그만그만-하다 [kɯmangɯmanhada クマングマンハダ] 形 [여変] ほぼ同じだ; 似たり寄ったりだ ¶ 키가 ~ [kʰiga ~ キガ ~] 背の高さがほぼ同じだ / 수학 실력이 모두 ~ [suːhak ʃʰilljɔgi modu ~ スーハク シルリョギ モドゥ ~] 数学の実力は皆似たり寄ったりだ.

그만-두다 [kɯmanduda クマンドゥダ] 他 ① やめる; 中止する; 取りやめる ¶ 회사를 ~ [hweːsarɯl ~ フェーサルル ~] 会社を辞める / 회의를 ~ [hweːirɯl ~ フェーイルル ~] 会議を取りやめる ② (食事を)食べない; 欠かす ¶ 아침은 ~-두겠다 [atʃʰimɯn

그만-이다 [kɯmanida クマニダ] 形 ① 申し分のない; 最高である ¶ 맛은 ~ [masun ~ マスン ~] 味は申し分ない / 자네는 ~-이야 [tʃanenun ~ -ija チャネヌン (クマ)ニヤ] 君は最高だよ ② 十分[満足]だ ¶ 사주시면 ~-이에요 [sadʒuʃimjʌn ~ -iejo サジュシミョン (クマ)ニエヨ] 買って下されば満足です ③ 終わり[おしまい]だ ¶ 오늘은 이것으로 ~ [onurɯn igʌsɯro ~ オヌルン イゴスロ ~] 今日はこれでおしまいだ / 무너지면 ~ [munʌdʒimjʌn ~ ムノジミョン ~] 崩れたら最後だ.

그만-저만 [kɯmandʒʌman クマンジョマン] 副[하形] それくらいで; その程度で ¶ 성적이 ~-하다 [sʌŋdʒʌgi ~ hada ソンジョギ ~ハダ] 成績がまあまあだ.

****그-만큼** [kɯmankʰɯm クマンクム] 副 それくらい; それほど; それだけ ¶ ~ 친하다 [~ tʃʰinhada ~ チンハダ] それくらい親しい / ~ 말했는데도 [~ ma:rhɛnnɯndedo ~ マールヘンヌンデド] あれほど言ったのに / 노력하면 ~ 실력이 붙는다 [norjʌkʰamjʌn ~ ʃilljʌgi punnɯnda ノリョカミョン ~ シルリョギ プンヌンダ] 努力すればそれだけ実力がつく.

****그만-하다** [kɯmanhada クマンハダ] 形[어変] ① それくらい[程度]だ; それだけだ ¶ ~-한 돈 [~ -han to:n ~ -ハン トーン] それくらいのお金 / ~-한 이유 [~ -han i:ju ~ -ハン イーユ] それだけの理由 / ~-한 대우 [~ -han tɛ:u ~ -ハン テーウ] それ相当の待遇 ② まずまず[まあまあ]というところだ ¶ 그저 ~-한 솜씨다 [kɯdʒʌ ~ -han somʃʼida クジョ ~ -ハン ソムッシダ] まあまあの出来だ / 병세가 ~ [pjʌŋsega ~ ピョーンセガ ~] 病状はまずまずというところだ.

그맘-때 [kɯmamtʼɛ クマムッテ] 名 その時分; そのころ ¶ 작년 ~ [tʃaŋnjʌn (kɯmamtʼɛ) チャンニョン (グマムッテ)] 去年のその時分.

****그물** [kɯmul クムル] 名 ① 網 ¶ 새 ~ [sɛ:(gumul) セー(グムル)] 鳥網; じゃくら / ~-을 치다 [(kumur)ɯl tʃʰida (クム)ルル チダ] 網を張る[かける・打つ] / ~-을 뜨다 [(kumur)ɯl tʼɯda (クム)ルルットゥダ] 網を結*く[編む] ② 非常線 ¶ 범인이 ~-에 걸리다 [pʌ:mini (kumur)e kʌllida ポーミニ (クム)レ コルリダ] 犯人が非常線にかかる **-눈** [lun ルン] 名 網の目 **-질** [dʒil ジル] 名[하自] 網打ち; 網で魚をとること **-채** [tʃʰɛ tʃɛ] 名 網の柄.

****그믐** [kɯmɯm クムム] 名 みそか ¶ 섣달 ~ [sʌːtʼal (gumɯm) ソッタル (グムム)] 大みそか **-께** [kʼe ッケ] 名 みそかごろ; 月末あたり **-날** [nal ナル] 名 みそか; つごもり ¶ 3월 ~ [samwʌl (gumɯmnal) サムォル (グムムナル)] 3月尽日[末日] **-밤** [pʼam パム] 名 みそかの夜 ¶ ~-에 홍두께 내민다 [~ -e hoŋdukʼe nɛ:minda ~ -(ハ)メ ホンドゥッケ ネーミンダ] 真っ暗な夜に砧ৡ^{きぬた}棒を突き出す; 慣 やぶから棒.

그-분 [kɯbun クブン] 代 ① その方 ¶ 옆에 계신 ~ [jopʰe ke:ʃin ~ ヨペ ケーシン ~] そばにおられるその方 ② あのお方 ¶ ~-의 견해 [~ -e kjʌ:nhɛ (ク ブ)ネ キョーンヘ] あの方の見解.

그-사이 [kɯsai クサイ] 名 その間; 略 **그 새** [kɯ sɛ クセ].

그슬다 [kɯsulda クスルダ] 他 (火で)表面だけきっと焦がす; (火に)あぶって表だけ少しくすべる.

그슬리다 [kɯsɯllida クスルリダ] **1** 自[受動] (火に)あぶられる; 表を軽く焼かれる ¶ 얼굴이 햇볕에 ~ [ʌlguri hɛtʼpjʌtʰe ~ オルグリ ヘッピョテ ~] 顔が日焼けする **2** 他[使役] 火であぶる; 表を軽く焼く ¶ 생선을 불에 ~ [sɛŋsʌnɯl pure ~ センソヌル プレ ~] 火で魚をあぶる.

그야 [kuja クヤ] 副感 それは; そりゃ ¶ ~ 물론이지 [~ mullonidʒi ~ ムルロニジ] それはもちろんだ / ~ 그렇짆지 [~ kɯrokʰetʃʼi ~ クロッケッチ] そりゃそうだろう.

****그야말로** [kɯjamallo クヤマルロ] 副 ① まさに; 本当に; 実に ¶ ~ 크다 [~ kʰuda ~ クダ] 実に大きい ② それこそ ¶ ~ 큰일이다 [~ kʰɯnirida ~ クニリダ] それこそ大変だ.

그예 [kɯje クイェ] 副 ついに; とうとう; 結局は ¶ ~ 큰일을 저질렀다 [~ kʰɯnirɯl tʃʌdʒillʌtʼa ~ クニルル チョジルロッタ] ついに大変なことをしでかした / ~ 떠나버렸다 [~ tʼʌnabʌrjʌtʼa ~ ットナボリョッタ] とうとう行ってしまった / ~ 실패하고 말았다 [~

ʃilpʰɛhago marat'a ~ シルペハゴ マラッタ] 結局は失敗してしまった.

그윽-하다 [kuɯkhada クウクカダ] 形 [ㅇ変] ① 奥深くて静かだ; 奥ゆかしい, もの静かだ ¶ ~-한 거처 [~-kʰan kɔːtʃʰo ~-カン コーチョ] 奥ゆかしい住まい / ~-한 정취 [~-kʰan tʃɔŋtʃʰwi ~-カン チョンチュイ] 奥ゆかしい情趣[趣] ②(香りなどが)ほのかだ ¶ ~-한 국화 향기 [~-kʰan kukʰwa hjaŋgi ~-カン クククァ ヒャンギ] ほのかな菊の香り ③ 奥深い ¶ ~-한 살골 짜기 [~-kʰan sankʼoltʃ'agi ~-カン サン コルッチャギ] 奥深い山あい **그윽-이** [kuɯgi クウギ] 副 奥ゆかしく; 奥深く; ほのかに; =그윽하게 [kuɯkʰage クウクハゲ].

그을다 [kuɯlda クウルダ] 自 [ㄹ語幹] ①(煙に)くすぶる; すすける ¶ 천장이 그을었다 [tʰɔndʒaŋi kuɯrɔt'a チョンジャンイ クウロッタ] 天井がすすけた ② 日焼ける ¶ 살갗이 ~ [salgatʃʰi ~ サルガチ ~] 肌が日焼ける / 그을은 얼굴 [kuɯrun ɔlgul クウルン オルグル] 日焼けした顔 **그을음** [kuɯrum クウルム] 名 ① 煤 ¶ ~-이 끼다 [~ i kʼida (クウル)ミッキーダ] すすける ② 墨, よごれ ¶ 냄비의 ~ [nɛmbie ~ ネムビエ ~] 鍋などの墨.

***그을리다** [kuɯllida クウルリダ] **1** 自 [受動] くすぶる; すすける; 日焼けする ¶ 연기에 ~ [jɔŋie ~ ヨンギエ ~] 煙にくすぶる **2** 他 [使動] くすぶらす; すすけさせる; 日焼けさす ¶ 얼굴을 햇볕에 ~ [ɔlgurul hɛtpʼjɔtʰe ~ オルグルル ヘッピョテ ~] 顔を日焼けする.

***그-이** [kɯi クイ] 代 あの人; 彼; 彼氏, ダーリン ¶ 당신의 ~ [taŋʃine ~ タンシネ ~] あなたの彼氏 **―들** [dɯl ドゥル] 代 彼ら; その人たち.

그-자 [—者][kɯdʒa クジャ] 代 そいつ; あいつ; その者; 彼 ¶ ~의 직업은? [~e tʃigɔbun ~エ チゴブン?] そいつ[あいつ]の職業は.

그-자리 [kɯdʒari クジャリ] 名 ① その場; 現場 ¶ 마침 ~에 있었다 [matʃʰim ~e isʼɔtʼa マチム ~エ イッソッタ] 折よくその場にいた / 사건이 있었던 ~ [saːkʼɔni isʼtʼɔn ~ サーコニ イッソットン ~] 事件のあった現場 ② 即座; 当座 ¶ ~에서 계약하다 [~esɔ keː-jakʰada ~エソ ケーヤクハダ] その場で[即座に]契約をする.

***그저** [kɯdʒɔ クジョ] 副 ① ひたすら(に); ただ ¶ ~ 울기만 한다 [~ uːlgiman handa ~ ウールギマン ハンダ] ただ泣いてばかりいる ② ただで ¶ ~ 얻었다 [~ ɔːdʒʼtʼa ~ オードッタ] ただでもらった ③ ずっと ¶ ~ 잠자고 있다 [~ tʃamdʒago itʼa ~ チャムジャゴ イッタ] ずっと寝ている ④ どうか ¶ ~ 한번만 용서해 주세요 [~ hanbɔnman jɔŋsɔhɛ tʃusejo ~ ハンボンマン ヨンソヘ チュセヨ] どうか一度だけお許しください ⑤ まあまあ; まずまず ¶ ~ 그래요 [~ gɯrɛjo ~ グレヨ] まあまあだ / ~ 그만하다 [~ gɯmanhada ~ グマンハダ] まずまずのところだ ⑥ ほんの ¶ ~ 성의표시일 뿐입니다 [~ sɔŋiphjoʃiil pʼunimnida ~ ソンイピョシイル ップニムニダ] ほんのおしるしです.

***그저께** [kɯdʒɔkʼe クジョッケ] 名 おととい; 一昨日; [略] **그제** [kɯdʒe クジェ] ¶ 그저껫 밤 [kɯdʒɔkʼet pʼam クジョッケッ パム] おとといの夜.

그-전 [—前][kɯdʒɔn クジョン] 名 以前; 前; その[この]前; ひと昔(前) ¶ ~같이 친해졌다 [~gatʃʰi tʃʰinhɛdʒɔtʼa ~ガチ チンヘジョッタ] 以前のように親しくなれた / ~에 본적이 있다 [~e pontʃʼɔgi itʼa (クジョ)ネ ポンチョギ イッタ] 前に見たことがある / ~엔 부자였다 [~en puːdʒatʃʼtʼa (クジョ)ネン プージャヨッタ] その前までは金持ちだった / ~에는 밭이었다 [~-enun patʃʰidʒʼtʼa (クジョ)ネヌン パチヨッタ] 昔は畑だった.

그제-야 [kɯdʒeja クジェヤ] 副 ようやく; やっと; 初めて ¶ ~ 입을 열기 시작했다 [~ ibuːlgi ʃiːdʒakʰɛtʼa ~ イブル ヨールギ シージャクケッタ] やっと(初めて)口を切り出した[割った].

그-중 [—中][kɯdʒuŋ クジュン] **1** 名 その中 ¶ ~의 한 사람 [~e han saːram ~エ ハン サーラム] その中の1人 **2** 副 なかでも; 最も; とりわけ ¶ ~ 많다 [~ maːntʰa ~ マーンタ] とりわけ多い / 이 꽃이 ~ 곱다 [i kʼotʃʰi ~ koːpʼtʼa イッコチ ~ コープタ] この花が最もきれいだ.

***그지-없다** [kɯdʒiɔpʼtʼa クジオプタ] 存 ① 限りが[極まり]ない; この上ない; 計り知れない ¶ 어머니의 사랑은 ~ [ɔmɔnie saraŋun ~ オモニエ サラン

ウン ~] 母の愛は限りがない[極まりない] / ~-없는 영광[~-ɔmnɯn jɔŋgwaŋ ~-オムヌン ヨングァン] この上ない光栄 ② 言い尽せない ¶ 분하기 ~ [puːnhagi ~ プーンハギ ~] くやしくてたまらない **그지-없이** [kɯ dʒiɔpɕ'i クジオプシ] 副 限りなく; 果てしなく; この上なく; 言い尽くせないほど.

***그치다**[kɯtɕʰida クチダ] **1** 自 やむ; とどまる; 終わる; 途絶える ¶ 비가 ~ [piga ~ ピガ ~] 雨がやむ / 소식이 ~ [soɕigi ~ ソシギ ~] 便りが途絶える **2** 他 やめる; とどめる ¶ 울음을 ~ [urɯmɯl ~ ウルムル ~] 泣きやむ.

***그토록**[kɯtʰorok クトロク] 副 それ[あれ]ほど; そんなに; さしも; さほど ¶ ~ 사랑했다[~ saraŋhɛtʼa ~ サランヘッタ] それほど愛していた / ~ 일렀는데도 … [~ tʰaillonnɯndedo ~ タイルロンヌンデド] そうまで[あれほど]諭したのに….

극[極][kɯk クク] 名 極; 果て; 極み ¶ 사치 풍조가 ~에 달하다[satɕʰi pʰundʒoga (kug)e tarhada サチ プンジョガ (ク)ゲ タルハダ] 奢侈の風潮が極まる[極みに達する].

극[劇][kɯk クク] 名 劇; ドラマ ¶ 인형 ~ [inhjɔŋ(gɯk) インヒョン(グク)] 人形劇.

극구[極口][kɯkʼu ククク] 副 口を極めて; 言葉を尽くして **—변명**(辯明) [bjɔːnmjɔŋ ビョンミョン] 名 한他 言葉を尽くして弁解すること **—칭찬**(稱讚) [tɕʰiŋtɕʰan チンチャン] 名 한他 口を極めて[言葉を尽くして]ほめたたえること ¶ 이번 공로를 ~하다 [ibɔn koŋnorɯl ~hada イボン コンノルル ~ハダ] この度の功労を口を極めて賞賛する.

극기[克己][kɯkʼi クッキ] 名 한自 克己 ¶ ~심이 강하다[~ɕimi kaŋhada ~シミ カンハダ] 克己心が強い.

극단[極端][kɯkʼtan ククタン] 名 極端, 極度 ¶ 가난이 ~에 이르다[kanani ~e iruda カナニ (ククタ)ネ イルダ] 貧困が極限に達する **—론**[non ノン] 名 極(端な議)論 **—적**[dʒɔk ジョク] 名冠 極端 ¶ 성격이 ~이다[sɔːŋkʼjɔgi ~-(dʒɔg)ida ソーンキョギ ~-(ジョ)ギダ] 性格が極端である.

극단[劇團][kɯkʼtan ククタン] 名 劇団 ¶ 유랑 ~ [juraŋ (gɯkʼtan) ユラン (グクタン)] 流浪劇団.

극대[極大][kɯkʼtɛ ククテ] 名 한形 極大 ¶ ~화 하다 [~hwa hada ~ファ ハダ] 極大化する.

***극도**[極度][kɯkʼto ククト] 名 極度 ¶ ~의 피로[~e pʰiro ~エ ピロ] 極度の疲労 / ~로 흥분하다[~ro hɯŋbunhada ~ロ フンブンハダ] 極度に興奮する.

극동[極東][kɯkʼtoŋ ククトン] 名 極東 ¶ ~ 정세[~ dʒɔŋse ~ ジョンセ] 極東情勢.

극락[極樂][kɯŋnak クンナク] 名 極楽 **—세계**[sʼeːge セーゲ] 名 極楽世界 **—왕생**[(kɯŋnag)waːŋsɛŋ (クンナ)グァーンセン] 名 極楽往生 ¶ ~을 빌다[~ɯl piːlda ~ウル ピールダ] 後生を願う **—전**[tɕʼɔn チョン] 名 阿弥陀仏を祭った法堂; 阿弥陀堂 **—조**[tɕʼo チョ] 名 〈鳥〉極楽鳥.

극력[極力][kɯŋnjɔk クンニョク] 名 한自 副 極力; 尽力すること; できるだけ ¶ 전쟁을 ~ 피하다[tɕʼɔːndʒɛŋɯl ~ pʰiːhada チョーンジェンウル ~ ピーハダ] 戦争を極力避ける.

극렬[極烈][kɯŋnjɔl クンニョル] 名 한形 副 極めて激しい[熱烈な]こと **—분자**[bundʒa ブンジャ] 名 過激分子.

***극복**[克服][kɯkʼpok ククポク] 名 한他 克服; 乗り切ること ¶ 난관을 ~하다 [naŋgwanɯl (kɯkʼpo)kʰada ナングァヌル ~カダ] 難関を克服する[越える].

극본[劇本][kɯkʼpon ククポン] 名 脚本; 台本; シナリオ.

극비[極祕][kɯkʼpi ククピ] 名 極秘 ¶ ~리[~ri ~リ] 極秘のうちに; 極秘裏に / ~에 부치다[~e putɕʰida ~エ プチダ] 極秘に付する.

극빈[極貧][kɯkʼpin ククピン] 名 한形 極貧; 赤貧 ¶ ~에 허덕이다[~e hɔdɔgida (ククピ)ネ ホドギダ] 極貧にあえぐ.

***극성**[極盛][kɯksʼɔŋ ククソン] 名 ① (勢いが)極めて盛んなこと ② (性質が)甚だしく過激なこと **—(을)떨다[부리다]** [(ɯl)tʼɔːlda[purida] (ウル)ットールダ[プリダ]] 自 過激にふるまう; 猛烈を極める; 甚だしいところを現わす **—맞다[스럽다]** [matʼa[sɯrɔpʼtʼa] マッタ[スロプタ]] 形 過激だ; 押しが強い; 甚だしいところがある ¶ 성격이 ~[sɔːŋkʼjɔgi ~ ソーンキョギ ~] 性

格が非常に過激だ／어머니는 ~-스럽기로 유명하다[ɔmɔniniun ~-suɾɔpk'iro juːmjɔŋhada オモニヌン ~-スロプキロ ユーミョンハダ] 母はやかまし屋[教育ママ]として有名だ.

극심[極甚・劇甚][kukʃ'im ククシム] 名 하形 스形 激甚; 極めて激しいこと ¶~한 더위[~-han tɔwi ~ハントウィ] 激しい暑さ.

극악[極惡][kugak クガク] 名 하形 極惡 ¶~무도한 강도[(kugaŋ) mudohan kaːŋdo (クガン) ムドハン カンド] 極惡非道な強盗.

극약[劇藥][kugjak クギャク] 名 劇藥 ¶~을 엄중히 간수하다[(kugjag) ul ɔmdʒuŋi kansuhada (クギャ)グル オムジュンイ カンスハダ] 劇藥を厳重にしまう.

극언[極言][kugɔn クゴン] 名 하自他 極言 ¶독재자라고 ~하다[tokt∫'ɛdʒarago ~hada トクチェジャラゴ ~ハダ] 独裁者だと極言する.

극-영화[劇映畫][kuŋnjɔŋhwa クンニョンファ] 名 劇映画.

극우[極右][kugu クグ] 名 極右 **―단체**[dant∫ʰe ダンチェ] 名 極右団体.

극-음악[劇音樂][kugumak クグマク] 名 劇音樂.

극작-가[劇作家][kukt∫'ak'a ククチャッカ] 名 劇作家.

***극장**[劇場][kukt∫'aŋ ククチャン] 名 劇場; 映画館 ¶~ 앞에서 만나자[~ apʰesɔ manadʒa ~ アペソ マンナジャ] 映画館の前で会いましょう.

극적[劇的][kukt∫'ɔk ククチョク] 名 冠 劇的; ドラマチック ¶~ 장면[~ t∫'aŋmjɔn ~ チャンミョン] 劇的シーン.

극중[劇中][kukt∫'uŋ ククチュン] 名 劇中 ¶~의 인물[~e inmul ~エ インムル] 劇中の人物.

극지[極地][kukt∫'i ククチ] 名 極地 ¶~ 탐험[~ tʰamhɔm ~ タムホム] 極地探検.

***극진-하다**[極盡―][kukt∫'inhada ククチナダ] 形 手厚い; 丁重だ ¶~-한 간호[~-han kanho ~-ハン カンホ] 手厚い看護／~-한 대우[~-han tɛːu ~-ハン テーウ] 丁重なもてなし／그의 대접은 ~[kue tɛːdʒɔbun ~ クエ テージョブン ~] 彼のもてなしは至れり尽くせりだ **극진-히**[kukt∫'ini ククチニ] 副 手厚く; 丁重に.

극찬-하다[極讚―][kukt∫ʰanhada ククチャンハダ] 他 激賞する; ほめちぎる ¶입을 모아 ~[ibul moa ~ イブル モア ~] 口をそろえて激賞する[ほめちぎる].

극치[極致][kukt∫ʰi ククチ] 名 極致 ¶예술의 ~[jeːsure ~ イェースレ ~] 芸術の極致／감격의 ~[kaːmgjɔge ~ カームギョゲ ~] 感激の至り.

극친[極親][kukt∫ʰin ククチン] 名 하形 ごく親しいこと ¶~-한 사이[~-han sai ~-ハン サイ] ごく親しい仲.

***극-하다**[極―][kukʰada ククハダ] 自 極める; この上ない ¶사치를 ~[sat∫ʰirul ~ サチルル ~] 奢侈を極める **극-히**[kukʰi ククキ] 副 極めて; ひどく ¶~ 어려운 문제[~ ɔrjoun muːndʒe ~ オリョウン ムーンジェ] 極めて難しい問題.

극한[極限][kukʰan ククカン] 名 極限 ¶~에 달하다[~e tarhada (クッカ)ネ タルハダ] 極限に達する **―상황**[saŋhwaŋ サンファン] 名 極限状況 **―투쟁**[tʰudʒɛŋ トゥジェン] 名 極限闘争.

극한[極寒・劇寒][kukʰan ククカン] 名 極寒 **―기후**[gihu ギフ] 名 極寒気候.

극형[極刑][kukʰjɔŋ ククキョン] 名 極刑 ¶~에 처하다[~e t∫ʰɔːhada ~ エ チョーハダ] 極刑に処する.

극화[劇化][kukʰwa ククファ] 名 하他 劇化 ¶소설을 ~하다[soːsɔrul ~-hada ソーソルル ~ハダ] 小説を劇化する.

극화[劇畫][kukʰwa ククファ] 名 劇画; 紙芝居.

근[近][kuːn クーン] 冠 ほぼ; およそ; …近く ¶~ 1시간 기다렸다[~ hanʃigan kidarjɔt'a ~ ハンシガン キダリョッタ] 1時間近く待った.

***근**[斤][kun クン] 依名 斤(600グラム・375グラム) ¶쇠고기 2~[sweːgogi tuː(gun) スェーゴギ トゥー(グン)] 牛肉2斤.

근간[近刊][kuːŋgan クーンガン] 名 하他 近刊 ¶~ 도서[~ dosɔ ~ ドソ] 近刊図書.

근간[近間][kuːŋgan クーンガン] 名 副 近ごろ; 近い[その]うち; 近々 ¶~의 동정[~e toːŋdʒɔŋ (クーンガ)ネ トーンジョン] 近ごろの動き.

근간[根幹][kɯngan クンガン] 图 根幹 ¶ 사상의 ~[sa:saŋe ～ サーサンエ ～] 思想の根幹.

*__근거__[根據][kɯngɔ クンゴ] 图 하自 ① 根拠 ¶ ~ 없는 소문[~ ɔmnun so:mun ～ オムヌン ソームン] 根拠のない風聞; 根も葉もないうわさ ② 本拠 ¶ 생활의 ~[seŋhware ～ センファレ ～] 生活の本拠 ―지[dʒi チ] 图 根拠地; 本拠地; 地盤; 地元; 策源地; 根城; 足だまり ¶ 자기의 ~[tʃagie ～ チャギエ ～] 自分の地元 / 악의 ~[age ～ アゲ ～] 悪の策源地 / 산적의 ~[sandʒɔge ～ サンジョゲ ～] 山賊の根城 / 강도 행각의 ~[ka:ndo hɛŋgage ～ カーンド ヘンガゲ ～] 強盗を働く所の足だまり.

근-거리[近距離][kɯ:ŋɔri クーンゴリ] 图 近距離 ¶ ~ 전화[~ dʒɔ:nhwa ～ ジョーンファ] 近距離電話.

근검[勤儉][kɯ:ngɔm クーンゴム] 图 하形 勤儉 ¶ ~ 절약 생활을 하다[dʒɔrjak s'ɛŋhwarul hada ～ ジョリャク センファルル ハダ] 勤儉節約の生活をする ―저축[dʒɔ:tʃʰuk ジョーチュク] 图 勤儉貯蓄.

근교[近郊][kɯ:ŋgjo クーンギョ] 图 近郊; 町はずれ ¶ 도시 ~에 살다[toʃi (gɯ:ŋgjo)e sa:lda トシ (グーンギョ)エ サールダ] 都市の近郊に住む ―농업[noŋɔp ノンオプ] 图 近郊農業.

근근[僅僅][kɯ:ngɯn クーングン] 副 僅々に; やっと; かろうじて; わずか ¶ ~꾸리는 살림[~ k'urinɯn sallim ～ ックリヌン サルリム] ほそぼそとした暮らし / ~이 살아가다[~i saragada (クーン)ニ サラガダ] やっと暮らしていく; 露命をつなぐ; なんとか生活していく.

근기[根氣][kɯngi クンギ] 图 ① 根気 ¶ ~ 있게 기다리다[~itk'e kidarida ～ イッケ キダリダ] 根気よく待つ ② 根本となる力 ③ (食べ物の)腹持ち.

근년[近年][kɯ:nnjɔn クーンニョン] 图 近年 ¶ ~에 없는 풍어[~e ɔmnun pʰuŋɔ (クーンニョ)ネ オームヌン プンオ] 近年にない豊漁.「ウ(不断草).

근대[kɯndɛ クンデ] 图 〈植〉フダンソ

*__근대__[近代][kɯ:ndɛ クーンデ] 图 近代 ―국가[guk'a グッカ] 图 近代国家 ―문명[munmjɔŋ ムンミョン] 图 近代文明 ―문학[munhak ムンハク] 图 近代文学 ―사[sa サ] 图 近代史 ―사상[sa:saŋ サーサン] 图 近代思想 ―산업[sa:nɔp サーノプ] 图 近代産業 ―소설[so:sɔl ソーソル] 图 近代小説 ―적[dʒɔk ジョク] 图 冠 近代的 ¶ ~ 빌딩[~ bildiŋ ～ ビルディン] 近代的ビル ―화[hwa ファ] 图 하自他 近代化.

근데[kunde クンデ] 副 ところで; ところが; さて; 그런데[kɯrɔnde クロンデ]の略 ¶ ~ 말이야[~ marija ～ マリヤ] ところがね.

근동[近東][kɯ:ndoŋ クーンドン] 图 〈地〉近東 ¶ ~의 산유국[~e sa:nju:guk ～エ サーニュグク] 近東の産油国.

근래[近來][kɯ:llɛ クールレ] 图 近来; 近ごろ ¶ ~에 드문 추위[~e tumun tʃʰuwi チュウィ] 近来まれな寒さ.「量; 目方.

근량[斤量][kɯlljaŋ クルリャン] 图 近

근력[筋力][kɯlljɔk クルリョク] 图 ① 筋力; 体力 ¶ ~ 테스트[~ tʰesutʰu ～ テストゥ] 筋力テスト ② 元気; 気力 ¶ ~이 좋다[(kɯlljɔg)i tʃo:tʰa (クルリョ)ギ チョータ] 気力がいい.

*__근로__[勤勞][kɯ:llo クールロ] 图 勤労 ―자[dʒa ジャ] 图 勤労者; 労働者.

근린[近鄰][kɯ:llin クールリン] 图 近隣 ―공원[goŋwɔn ゴンウォン] 图 住宅地の近隣に設けた小公園.

근면[勤勉][kɯ:nmjɔn クーンミョン] 图 하自 하形 勤勉 ¶ ~한 성격[~han sɔ:ŋk'jɔk ～ハン ソーンキョク] 勤勉なる性格[まめまめしい]性格.

근무[勤務][kɯ:nmu クーンム] 图 하自 勤務; 勤め ¶ 야간 ~[ja:gan (gɯ:nmu) ヤーガン (グーンム)] 夜間勤務.

근방[近方][kɯ:nbaŋ クーンバン] 图 近所; 近く; あたり ¶ 그 집 ~에 있다[kɯ tʃip (k'ɯ:nbaŋ)e it'a クチプ ～エ イッタ] その家の近所[近く]にある / 이 ~의 공원[i ~e koŋwɔn イ ～エ コンウォン] このあたりの公園.

*__근본__[根本][kunbon クンボン] 图 根本 ¶ ~ 문제[~ mu:ndʒe ～ ムーンジェ] 根本問題 ―적[dʒɔk ジョク] 图 冠 根本的.

*__근사__[近似][kɯ:nsa クーンサ] 图 ① 近似; 類似 ¶ 인간에 가장 ~한 동물[ingane kadʒaŋ ~han to:ŋmul インガネ カジャン ～ハン トーンムル] 人間に最も近似した動物 ② 俗 似合っていて見よいさま ―하다[hada ハダ]

形 ① 俗 すてきだ; すばらしい; 格好いい ¶차림새가 아주 ~ [tʃʰarimsɛga adʒu ~ チャリムセガ アジュ ~] 身なりがすばらしい ② 似通っている; 似る.

근성[根性][kɯːnsɔŋ クンソン] 名 根性; 性根 ¶관료 ~ [kwalljo (gun-sɔŋ) クァルリョ (グンソン)] 役人根性.

근세[近世][kɯːnse クーンセ] 名 近世 **―사**[sa サ] 名 近世史.

근소[僅少][kɯːnso クーンソ] 名 僅少 **―하다**[hada ハダ] 形 僅少だ; わずかだ ¶~-한 차로 이기다 [~-han tʃʰaro igida ~-ハン チャロ イギダ] わずかの差で勝つ.

근속[勤續][kɯːnsok クーンソク] 名 하自 勤続 ¶장기 ~-자 [tʃaŋgi (gɯːn-sok) tʃʼa チャンギ (グーンソク) チャ] 長期勤続者.

근-수[斤數][kɯːnsʼu クンッス] 名 目方; 斤目ぎん; 斤量 ¶~가 나가다 [모자라다] [~ga nagada [moːdʒarada] ~ ガ ナガダ [モージャラダ] 目方がかかる [切れる].

근시[近視][kɯːnʃi クーンシ] 名 近視 **―안-적**[andʒɔk アンジョク] 名 冠 近視眼的の ¶~-(ㅈ)ㄴ 발상 [~-(dʒɔŋ) in palsʼaŋ ~-(ジョ)ギン パルサン] 近視眼的な発想.

*근심[kɯnʃim クンシム] 名 하自他 心配; 懸念; 気がかり; 憂い ¶쓸데없는 ~ [sʼultʼeɔmnɯn ~ ッスルテオムヌン ~] よけいな心配 **―되다**[dweda ドゥェダ] 自 心配になる ¶~이 되어 잠이 안온다 [~i twɛ tʃami anonda (クンシ) ミ トゥェオ チャミ アノンダ] 心配で眠れない **―스럽다**[sɯrɔptʼa スロプタ] 形 ㅂ変 心配そうだ; 不安げだ ¶~-스러운 표정 [~-sɯrɔun pʰjo-dʒɔŋ ~-スロウン ピョジョン] 心配そうな顔つき **―거리**[kʼɔri コリ] 名 心配事; 心配の種; 憂い事; = 걱정 거리 [kɔktʃʼɔŋkʼɔri コクチョンコリ].

근엄[謹嚴][kɯːnɔm クーノム] 名 하形 하副 謹厳 ¶~한 법관 [~han pɔp-kʼwan ~ハン ポプクァン] 謹厳な裁判官.

근원[根源][kɯnwɔn クヲォン] 名 根源; 源 **―지**[dʒi ジ] 名 根源地.

근위[近衛][kɯːnwi クーヌィ] 名 近衛ごえ **―대**[dɛ デ] 名 近衛隊 **―병**[bjɔŋ ビョン] 名 近衛兵.

*근육[筋肉][kɯnjuk クニュク] 名 筋肉 **―노동**[(kunjuŋ) nodoŋ (クニュン) ノドン] 名 筋肉労働 **―주사**[tʃʼuːsa チューサ] 名 筋肉注射.

근일[近日][kɯːnil クーニル] 名 近日 ¶~ 개점 [~ gɛdʒɔm ~ ケジョム] 近日開店.

근자[近者][kɯːndʒa クーンジャ] 名 近ごろ; このごろ; 最近.

근절[根絶][kɯndʒɔl クンジョル] 名 하他 根絶 ¶화근을 ~-하다 [hwaː-gunul (kɯndʒɔr) hada ファーグヌル (クンジョル) ハダ] 禍根を根絶する.

근접-하다[近接―][kɯːndʒɔpʰada クーンジョプハダ] 自 近接する; 近寄る ¶태풍이 ~ [tʰɛpʰuŋi ~ テプンイ ~] 台風が近接する. 「하他 謹呈.

근정[謹呈][kɯːndʒɔŋ クーンジョン] 名

근조[謹弔][kɯːndʒo クーンジョ] 名 하自 謹んで弔うこと.

근지럽다[kɯndʒirɔptʼa クンジロプタ] 形 ㅂ変 ① かゆい; むずかゆい ¶등이 ~ [tɯŋi ~ トゥンイ ~] 背中がかゆい ② (何かしきりにやりたくて)むずむずする ¶일하고 싶어서 손이 ~ [iːrhago ʃipʰɔsɔ soni ~ イールハゴ シポソ ソニ ~] 仕事がやりたくて腕がむずむずする.

근질-거리다[kɯndʒilgɔrida クンジルゴリダ] 自 ① むず(むず)かゆい ¶머리가 ~ [mɔriga ~ モリガ ~] 頭がむずむずかゆい ② 何かしたくてたまらない

근질-근질[kɯndʒilgɯndʒil クンジルグンジル] 副 하自 むずむず; むずつく ¶등이 ~ 하다 [tɯŋi ~-(gɯndʒir)-hada トゥンイ ~ハダ] 背中がむずつく / 일하고 싶어서 몸이 ~ 하다 [iːrhago ʃipʰɔsɔ momi ~-(gɯndʒir)hada イールハゴ シポソ モミ ~-ハダ] 仕事がしたくて腕がむずむずする; しきりに仕事をしたがる.

*근처[近處][kɯːntʃʰɔ クーンチョ] 名 近所; 付近; あたり ¶학교 ~ [hakʼjo (gɯːntʃʰo) ハクキョ (グーンチョ)] 学校の近所 **―도 못 가다**[do moːt kʼada ド モーッカダ] 慣 足もとにも及ばない.

근치[根治][kɯntʃʰi クンチ] 名 하他 根治 ¶병을 ~-하다 [pjɔːŋul ~-hada ピョーングル ~ハダ] 病気を根治する; 病の根を切る.

근친[近親][kɯːntʃʰin クーンチン] 名 近親 ¶~간의 결혼 금지 [~gane kjɔrhon gɯːmdʒi ~ガネ キョルホン グ

근하-신년[謹賀新年][kɯːnhaʃinnjən クーンハシンニョン] 名 謹賀新年.

근해[近海][kɯːnhɛ クーンヘ] 名 近海. **—어업**[—業] ɔpː オオブ] 名 近海漁業.

근황[近況][kɯːnhwaŋ クーンファン] 名 近況. ¶~을 알리다[~ɯl allida ~ウル アルリダ] 近況を知らせる. **—보고**[bɔgo ボーゴ] 名 近況報告.

*글[kɯl クル] 名 ① 文; 文章. ¶~을 읽다[(kɯr)ɯl ikt'a (ク)ルル イクタ] 文を読む / ~을 잘 쓰다[(kɯr)ɯl tʃal s'ɯda (ク)ルル チャルッスタ] 文章がうまい; 筆が立つ ② 文字 ¶말과 ~[maːlgwa ~ マールグァ ~] 言葉と文字 / 한~[han(gɯl) ハン(グル)] 韓国の文字; ハングル ③ 学; 学問; 学識 ¶~을 하다[(kɯr)ɯl hada (ク)ル ハダ] 学問をする.

글-공부[—工夫][kɯlkʼoŋbu クルコンブ] 名 하形 勉強 ① 学問を修めること. ¶~를 시작하다[~rɯl ʃiːdʒakʰada ~ルル シージャクカダ] 学問を始める ② うわべだけの勉強.

글-귀[—句][kɯlkʼwi クルクィ] 名 文句; 文言 ¶~를 다듬다[~rɯl tadumtʼa ~ルル タドゥムタ] 文句[文章]を練る / ~가 밝다[ʌdupta・tʰɯida][~ga paktʼa [ɔduptʼa・tʰɯida]] ~ガ パクタ[オドゥプタ・トゥイダ]] (学問について) 理解が早い[理解が遅い・理解力がつく].

글-동무[kɯltʼoŋmu クルトンム] 名 勉強友達; 学友.

글라스[gɯllasɯ グラス] glass 名 ① グラス ¶위스키 ~[wisɯkʰi ~ ウィスキー ~] ウィスキーグラス ② ガラス= 유리[juri ユリ] ¶젖빛 유리[tʃɔtpʼin njuri チョッピン ニュリ] すりガラス ③ めがね; 双眼鏡; サングラス.

글러-지다[kɯllɔdʒida クルロジダ] 自 ① (物事が)順調に運ばない; まずく行く; 駄目になる ¶계획이 ~[keːhwegi ~ ケーフェギ ~] 計画が食い違う ② (病状が)こじれる; 悪化する.

글로[kɯllo クルロ] 略 そちらに; そこへ; 그리로[kɯriro クリロ]の略 ¶~ 가세요[~ kasejo ~ カセヨ] そちらに行きなさい. 「文章語; 文語.

글-말[kɯlmal クルマル] 名 書き言葉;

글-발[kɯlpʼal クルパル] 名 ① 書; 書き物 ② 文字の跡形 ¶~이 뚜렷하다[(kɯlpʼar)i tʼurjʌtʰada (クルパリ)トゥリョッタダ] 文字[筆跡]が鮮やかだ ③ 文脈 ¶~이 서다[(kɯlpʼar)i sʌda (クルパリ)ソダ] 文脈[文章の筋道]が立つ; 文脈が通じる.

글-방[—房][kɯlpʼaŋ クルパン] 名 漢文を教えた私塾; 寺子屋; =서당(書堂)[sɔdaŋ ソダン].

글썽[kɯls'ʌŋ クルッソン] 副 하形 涙がたまるさま; 涙ぐむさま ¶눈물이 ~해지다[nunmuri ~hedʒida ヌンムリ ~ヘジダ] 涙ぐむ; ほろりとする **—거리다**[gɔrida ゴリダ] 自 涙ぐむ ¶눈물을 ~[nunmurɯl ~ ヌンムルル ~] 涙ぐむ; 目に涙をうかべる.

*글쎄[kɯls'e クルッセ] 感 (自分の態度や知識がはっきりしない時に) はて; そうだな; さあ ¶~, 누구더라?[~, nugudɔra ~, ヌグドラ] はて, 誰だったけ / ~, 할 수 있을까[~, halsʼu isʼɯlkʼa ~, ハルスイッスルッカ] さあ, できるかな **—다**[da ダ] 感 そうだね; さあね ¶~, 어쩌면 좋을까[~, ɔtʃʼɔmjɔn tʃoːɯlkʼa ~, オッチョミョン チョーウルッカ] そうだね, どうすればよいのだろう **—올씨다**[olʼʃida オルッシダ] 感 そうですね; そうでございますね **—요**[jo ヨ] 感 そうですな; そうですね ¶~, 잘 모르겠는데요[~, tʃal morɯgennɯndejo ~, チャル モルゲンヌンデヨ] はっきりわかりませんね.

글-쓰다[kɯlsʼɯda クルッスダ] 他 書き物をする; 文や文字を書く ¶~-쓰고 있어요[~-sʼɯgo isʼɔjo ~-ッスゴ イッソヨ] 文[字]を書いています.

*글씨[kɯlʼʃi クルッシ] 名 ① 字; 文字; 書 ¶~를 배우다[~rɯl pɛuda ~ルル ペウダ] 書[習字]を習う / ~가 서투르다[~ga sʌtʰurɯda ~ガ ソトゥルダ] 字が下手だ **—본**[bon ボン] 名 字を書く手本; 習字の手本 **—체**[tʃʰe チェ] 名 書体; 筆法; 書風.

글월[kɯrwɔl クルォル] 名 ① 文; 文章 ② 手紙 ③ 字; 文字.

*글-자[—字][kɯlʼtʃʼa クルチャ] 名 字; 文字 **—그대로**[gudero グデロ] 副 文字どおり ¶~ 발디딜 곳도 없다[~ paldidil kotʼo ɔːptʼa ~ パルディディル コット オープタ] 文字どおり足の踏み場もない.

글-재주[—才—][kɯltʃʼɛdʒu クルチェジュ] 名 文才; 学問を理解する能力.

글-짓기 [kɯldʒitk'i クルジッキ] 名 作文；つづり方.

***글피** [kɯlpʰi クルピ] 名 しあさって；明明後日.

***긁다** [kɯkt'a ククタ] 他 ① (引っ) 掻く；こそげる ¶가려운 등을 ~[karjʌun tɯŋɯl ~ カリョウン トゥンウル ~] かゆい背中をかく / 누룽지를 ~[nuruŋdʒirɯl ~ ヌルンジルル ~] お焦げをこそげる / 긁어 부스럼 [kɯlgʌ pusɯrʌm クルゴ プスロム] 諺 やぶ蛇 ② 小言をいう ¶남편에게 바가지를 ~[namphjʌnege pagadʒirɯl ~ ナムピョネゲ パガジルル ~] 夫にがみがみ小言を言う；夫をなじる ③ 傷つける ¶동료의 비위를 ~[toŋrjoe pi:wirɯl ~ トンニョエ ピーウィルル ~] 同僚の感情を傷つける ④ 弱い者の金品を搾り取る ¶재물을 긁어들이다 [tʃɛmurɯl kɯlgʌdɯrida チェムルル クルゴドゥリダ] 財物をかき集める **긁어 내다** [kɯlgʌnɛda クルゴネダ] 他 ① かき出す；こそげる ② (金品を) 搾り取る **긁어 먹다** [kɯlgʌ mʌkt'a クルゴ モクタ] 他 ① かじって食べる；削り取って食う ② (人の財産を) 搾り取る；だまし取る **긁어 모으다** [kɯlgʌ moɯda クルゴ モウダ] 他 ① かき寄せる；かき集める ¶낙엽을 ~[nagjʌbɯl ~ ナギョブル ~] 落ち葉をかき集める ② (財産など) をかき集める.

긁어-대다 [kɯlgʌdɛda クルゴデダ] 他 (かゆい所を) しきりに掻く；= **긁적대다** [kɯktʃ'ʌkt'ɛda ククチョクテダ]

긁적-거리다 [kɯktʃ'ʌk'ʌrida ククチョクコリダ] 他 ① (かゆい所を) しきりに掻く ¶머리를 ~[mʌrirɯl ~ モリルル ~] 頭を掻く ② 字や文などをしきりに書きなぐる.

긁적-이다 [kɯktʃ'ʌgida ククチョギダ] 他 あちこち掻く；掻き散らす.

긁히다 [kɯlkʰida クルキダ] 自他 掻かれる；引っ掻かれる；'긁다'の受動 ¶얼굴을 ~[ʌlgurɯl ~ オルグルル ~] 顔を引っ掻かれる.

금¹ [kɯm クム] 名 値；値段 ¶~을 놓다 [~ɯl notʰa (ク) ムル ノッタ] 値をつける / ~을 맞추다 [~ɯl matʃʰuda (ク) ムル マッチュダ] (同種の・他のものと) 値段を合わせる / ~을 보다 [~ɯl poda (ク) ムル ポダ] 値段を調べる [見積もる] / ~이 나다 [~i nada (ク) ミ ナダ] 売り値が決まる；値がつく / ~이 낮다 [높다][~i nat'a [nopt'a] (ク) ミ ナッタ [ノプタ] 値段が安い [高い] / ~이 닿다 [~i ta:tʰa (ク) ミ タータッ] 値段の折り合いがつく；手ごろな値段になる.

***금²** [kɯm クム] 名 ① 折り目；線 ¶~을 긋다 [~ɯl kɯt'a (ク) ムル クッタ] 線を引く；限度や限界を決める ② 割れ目；裂け目；ひび ──**(이)가다** [(i)gada [kada] ガダ [(クミ) カダ]] 自 ① (物が割れて) ひびが入る ¶벽에 ~[pjʌge ~ ピョゲ ~] 壁にひびが入る ② 仲たがいする ¶우정에 ~[u:dʒʌŋe ~ ウージョンエ ~] 友情にひびが入る ──**(이)나다** [~(i)nada (クミ)ナダ] 自 ① しわが寄る ② ひびが入る.

***금** [kɯm クム] 名 金；黄金 ¶~반지 [~ bandʒi ~ バンジ] 金の指輪 / ~이야 옥(玉)이야 하고 키우다 [~ija ogija hago kʰiuda (ク) ミヤ オギヤ ハゴ キウダ] 蝶よ花よと育てる.

-금 [gɯm グム] 接尾 (その語を強める語) ¶다시~[taʃi~ タシ~] 再び；再度 / 그로 하여~[kuro hajʌ~ クロ ハヨ~] 彼をして.

금-가락지 [kɯm—][kɯmgaraktʃ'i クムガラクチ] 名 金の指輪.

금-값 [kɯm—][kɯmk'ap クムカプ] 名 ① 金の相場 [値段] ② 最高の値段 ¶배추 값이 ~이다 [pɛtʃʰu k'apʃ'i ~ʃ'ida ペチュッカプシ ~シダ] 白菜の値段が非常に高い.

금강 [금剛][kɯmgaŋ クムガン] 名 極めて堅固で壊れないこと；最も硬い物 ──**경** [gjʌŋ ギョン] 名 〈仏〉金剛経 ──**반야경** [banjagjʌŋ バニャギョン] 名 〈仏〉金剛般若経 ──**사** [sa サ] 名 金剛砂 (研磨に使う；エメリー) ──**산** [san サン] 名 〈地〉金剛山 ¶~도 식후경(食後景) [~do ʃikʰugjʌŋ]

금강산

~ド シククギョン] 諺 (金剛山も食後の見物)花より団子 **一석** [sɔk ソク] 名 〈鉱〉 金剛石; ダイヤモンド **一역사** [njɔks'a ニョクサ] 名 〈仏〉 金剛力士; 仏法を守護する強大な力をもった二神; 仁王.

금고[金庫][kɯmgo クムゴ] 名 金庫 ¶ 탁상 ~ [tʰaks'aŋ (gumgo) タクサン (グムゴ)] 手提げ金庫 / 신용 ~ [ʃi:njoŋ (gumgo) シーニョン (グムゴ)] 信用金庫(金融企業の1つ).

금고[禁錮][kɯ:mgo クームゴ] 名 〈法〉 禁固 **一형** [hjɔŋ ヒョン] 名 禁固刑.

금과-옥조[金科玉條][kɯmgwaoktʃ'o クムグァオクチョ] 名 金科玉条 ¶ ~로 삼다 [~ro sa:mtʰa ~ロ サームタ] 金科玉条とする.

금관[金冠][kɯmgwan クムグァン] 名 金冠 ¶ 신라의 ~ [ʃillae ~ シルラエ~] 新羅(韓国・朝鮮古代の王国)の金冠.

금관 악기[金管樂器][kɯmgwan ak'i クムグァ ナクキ] 名 〈楽〉 金管楽器; ブラス.

금광[金鑛][kɯmgwaŋ クムグァン] 名 〈鉱〉 金鉱 **一상** [saŋ サン] 名 金鉱床 **一석** [sɔk ソク] 名 金鉱石 **一업** [ɔp オプ] 名 金鉱業.

금괴[金塊][kɯmgwe クムグェ] 名 金塊; 金のインゴット(ingot).

금권[金權][kɯmk'wɔn クムクォン] 名 金権; 金力 **一만능** [ma:nnɯŋ マーンヌン] 名 金権万能 **一정치** [dʒʌŋtʃʰi ジョンチ] 名 金権政治.

금궤[金櫃][kɯmgwe クムグェ] 名 金で装飾した櫃; 金箱.

금기[禁忌][kɯ:mgi クームギ] 名 하他 禁忌; タブー ¶ ~를 깨다 [~rul k'ɛ-da ~ルルッケダ] タブーを破る.

금-난초[金蘭草][kɯmnantʰo クムナンチョ] 名 〈植〉 キンラン(金蘭).

금남[禁男][kɯ:mnam クームナム] 名 禁男 ¶ ~의 집 [~e tʃip (クームナ)メチプ] 禁男の家.

금낭-화[錦囊花][kɯ:mnaŋhwa クームナンファ] 名 〈植〉 ケマンソウ(華鬘草).

***금년**[今年][kɯmnjɔn クムニョン] 名 今年; 当年 ¶ ~ 봄 [~ bom ~ ボム] 今年の春 **一도** [do ド] 名 今年度 **一생** [sɛŋ セン] 名 今年生まれ.

금단[禁斷][kɯ:mdan クームダン] 名 하他 禁断 ¶ ~의 열매 [~e jɔlmɛ (クームタ)ネ ヨルメ] 禁断の木の実.

금당[金堂][kɯmdaŋ クムダン] 名 〈仏〉 金堂청; 本堂 ¶ ~의 벽화 [~e pjɔkʰwa ~エ ピョックァ] 金堂の壁画.

금-더미[金一][kɯ mt'ɔmi クムトミ] 名 うずたかく積み重ねた金塊.

금-덩이[金一][kɯmt'ɔŋi クムトンイ] 名 金塊; 金のインゴット(ingot).

금-도금[金鍍金][kɯmdogɯm クムドグム] 名 하他 金メッキ.

금동[金銅][kɯmdoŋ クムドン] 名 金銅청 ¶ ~불 [~bul ~ブル] 金銅仏.

금-딱지[金一][kɯmt'akt∫'i クムッタクチ] 名 金製のふた; (時計などの)金の側 ¶ ~시계 [~ ʃige ~ シゲ] 金側の時計.

금력[金力][kɯmnjɔk クムニョク] 名 金力 ¶ ~으로 좌우되다 [(kɯmnjɔg)- uro tʃwa:udweda (クムニョ)グロ チュアーウドウェダ] 金力で左右される.

금렵[禁獵][kɯ:mnjɔp クームニョプ] 名 하自 禁猟 **一구** [k'u ク] 名 禁猟区 **一기** [k'i キ] 名 禁猟期.

금리[金利][kɯmni クムニ] 名 金利 **一생활자** [sɛŋhwaltʃ'a センファルチャ] 名 金利生活者 **一인상[인하]** [insaŋ[inha] インサン[インハ]] 名 利上げ[金利引き下げ].

금-매화[金梅花][kɯmmɛhwa クムメファ] 名 〈植〉 キンバイソウ(金梅草).

금맥[金脈][kɯmmɛk クムメク] 名 金脈 ① 〈鉱〉 金の鉱脈 ② 資金の出どころ, またその人; 金づる.

금-메달[金一][kɯmmedal クムメダル] 名 金メダル; 金牌ぱい.

금명[今明][kɯmmjɔŋ クムミョン] 名 今明; 今日と明日; 今日か明日 **一간** [gan ガン] 副 今日明日中; 一両日中 ¶ ~에 해결된다 [~e hɛ:gjɔl-dwenda ~(ガ ネ へ)ーギョルドウェンダ] 一両日の中に解決される **一년** [njɔn ニョン] 名 今年か来年(中) **一일** [il イル] 名 今日と明日; 今日明日.

금-모래[金一][kɯ mmorɛ クムモレ] 名 ① 砂金 ② 金みたいにぴかぴか光る砂.

금문[金文][kɯmmun クムムン] 名 金文, 青銅器などに刻まれた銘文.

금물[禁物][kɯ:mmul クームムル] 名 禁物 ¶ 방심(放心)은 ~이다 [pa:ŋ-ʃimun (kɯ:mmur)ida パーンシムン (クームム)リダ] 油断は禁物だ.

금박[金箔][kɯmbak クムバク] 名 金

금반[今般] [kɯmban クムバン] 图 今般; この度; 今度; 今回; =**금번**(今番) [kɯmbɔn クムボン].

금-반지[金斑指] [kɯmbandʒi クムバンジ] 图 金の指輪.

금발[金髮] [kɯmbal クムバル] 图 金髮; ブロンド **—미인**[miːin ミーイン] 图 金髮美人.

***금방**[今方] [kɯmbaŋ クムバン] 副 今し方; たった今; すぐに; 今すぐ ¶ ~ 가셨습니다[~ kaʃɔsʼumnida ~ カショッスムニダ] たった今帰られました / ~ 옵니다[~ omnida ~ オムニダ] 今すぐ来ます.

금-부처[金—] [kɯmbutʃʰɔ クムブチョ] 图 黃金の[金メッキの]仏像.

금분[金粉] [kɯmbun クムブン] 图 金粉 ¶ ~을 입히다[~ɯl ipʰida (クムブ)ヌル イピダ] 金粉をまぶす.

금불[金佛] [kɯmbul クムブル] 图 黃金の仏像; 金メッキを施した仏像.

***금-붕어**[金—] [kɯmbuŋɔ クムブンオ] 图 金魚.

금-붙이[金—] [kɯmbutʃʰi クムブチ] 图 金でこしらえた裝身具; 金製の物.

금비[金肥] [kɯmbi クムビ] 图 金肥きん; 化学[有機]肥料.

금-비녀[金—] [kɯmbinjɔ クムビニョ] 图 金のかんざし.

금상첨화[錦上添花] [kuːmsaŋtʃʰɔmhwa クームサンチョムファ] 图 錦上花を添えること; よいものにさらによいものを添える[立派にする]こと.

금새 [kɯmsɛ クムセ] 图 値段; 価格 ¶ ~가 오르다[~ga orɯda ~ガ オルダ] 値段が上がる; 相場が上がる.

금석[金石] [kɯmsɔk クムソク] 图 金石 ① 金屬(器)と石(器) ② 文字の刻まれた石や金属(石碑・鐘など) ③ 非常に堅いことのたとえ ④ 金が含まれている鉱石 **—같다**[(kɯmsɔ)kʼatʰa カッタ] 形 (友情・約束などが)固く変わることがない **—맹약**[(kɯmsɔŋ) mɛŋjak (クムソン)メンヤク] 图 金石の盟約 **—문**(자)[(kɯmsɔŋ) mun(tʃʼa) (クムソン) ムン(チャ)] 图 金石文(字).

금석지-감[今昔之感] [kɯmsɔktʃʼigam クムソクチガム] 图 今昔の感 ¶ ~을 금할 수 없다[~ɯl kuːmhal sʼu ɔːptʼa ~-(カ)ムル クームハルッス オープタ] 今昔の感に堪えない.

금성[金星] [kɯmsɔŋ クムソン] 图 金星; ビーナス ¶ 초저녁의 ~[tʃʰodʒɔnjɔge ~ チョジョニョゲ ~] 宵の明星 / 새벽의 ~[sɛbjɔge ~ セビョゲ ~] 明けの明星.

금세 [kɯmse クムセ] 副 たちまち; ただちに; すぐ; **금시에**[kɯmʃie クムシエ] の略 ¶ ~ 갔다올께[~ katʼaolkʼe ~ カッタオルッケ] すぐ行って来るよ.

금-세공[金細工] [kɯmsegoŋ クムセゴン] 图 金細工.

금-세기[今世紀] [kɯmsegi クムセギ] 图 今世紀; この世紀.

***금속**[金属] [kɯmsok クムソク] 图 金属 ¶ 귀[경]~[kwi:[kjɔŋ] (gumsok) クィ[キョン](グムソク)] 貴[軽]金属 **—공업**[(kɯmso)kʼɔŋɔp コンオプ] 图 金属工業 **—공예**[(kɯmso)kʼone コンエ] 图 金属工芸 **—광물**[(kɯmso)kʼwaːŋmul カーンムル] 图 金属鉱物 **—광상**[(kɯmso)kʼwaːŋsaŋ カーンサン] 图 金属鉱床 **—광택**[(kɯmso)kʼwaŋtʰek クァンテク] 图 金属光澤 **—성**[sʼɔŋ ソン] 图 金属性 **—활자**[(kɯmso)kʰwaltʃʼa クァルチャ] 图 金属活字.

금수[禁輸] [kuːmsu クームス] 图 [하](他) 禁輸 **—품**[pʰum プム] 图 禁輸品.

금수[禽獸] [kɯmsu クムス] 图 禽獸きんじゅう **—같다**[gatʼa ガッタ] 形 禽獸に等しい; 道理・恩義を心得なく行動をする ¶ ~-같은 놈[~-gatʰɯn nom ~-ガットゥン ノム] 禽獸同然の奴.

금수-강산[錦繡江山] [kuːmsuganʃan クームスガンサン] 图 錦繡きんしゅうのように美しい山河 ② 韓国・朝鮮の美称 = 삼천리(三千里) ~[samtʃʰɔlli (guːmsuganʃan) サムチョルリ (グームスガンサン)].

금슬[琴瑟] [kɯmsɯl クムスル] 图 琴瑟きんしつ ① 琴ことと瑟しつ ② 夫婦の仲のいいこと = '금실'.

금시[今時] [gɯmʃi クムシ] 图 副 今時; いま(にも); すぐ ¶ 오자마자 ~ 떠났다[odʒamadʒa ~ tʼnatʼa オジャマジャ ~ ットナッタ] 着いてからすぐ発たった **—초문**[初聞] [tʃʰomun チョムン] 图 初耳 ¶ 그 이야기는 ~이다

금-시계[金時計][kɯmʃige クムシゲ] 名 金時計.

금식[禁食][kɯːmʃik クームシク] 名 하자 断食.

금실[←琴瑟][kɯmʃil クムシル] 名 琴瑟きん='금슬': 夫婦の仲のいいこと ¶부부간에 ~이 좋다[pubugane (kɯmʃir) i tʃoːtʰa プブガネ (クムシ) リ チョーッタ] 夫婦(の)仲がごくむつまじい; 琴瑟相和す.

금-싸라기[金一][kɯmsʼaragi クムッサラギ] 名 黄金の粒; 米粒; (転じて) きわめて貴重なもの ¶~ 땅[~ tʼaŋ ~ ッタン] 非常に高価な都心の土地.

*__금액__[金額][kɯmɛk クメク] 名 金額; 金高 ¶~이 크다[(kɯmɛg) i kʰɯda (クメ) ギ クダ] 金額が大きい / ~이 안 맞는다[(kɯmɛg) i an mannɯnda (クメ) ギ アン マンヌンダ] 金額が合わない.

금언[金言][kɯmɔn クモン] 名 金言; 金句; 名言 ¶고인의 ~[koːine ~ コーイネ ~] 古人の金言[名言].

*__금연__[禁煙][kɯːmjɔn クーミョン] 名 하자 禁煙 ¶차내 ~[tʃʰanɛ ~ (gɯːmjɔn) チャネ (グーミョン)] 車内禁煙.

*__금-요일__[金曜日][kɯmjoil クミョイル] 名 金曜日.

금욕[禁慾][kɯːmjok クーミョク] 名 하자 禁慾 ¶~생활[sʼɛŋhwal センファル] 禁慾生活 ¶~주의[tʃʼui チュイ] 名 禁慾主義.

금월[今月][kɯmwɔl クムォル] 名 今月; 当月 ¶~ 말까지[~ malkʼadʒi ~ マルッカジ] 今月末まで.

*__금융__[金融][kɯmjuŋ / kɯmnjuŋ クミュン / クムニュン] 名 金融 ¶~계[ge ゲ] 名 金融界 ¶~공황[goːŋhwaŋ ゴーンファン] 名 金融恐慌 ¶~기관[gigwan ギグァン] 名 金融機関 ¶~단[dan ダン] 名 金融団体 ¶~시장[ʃiːdʒaŋ シージャン] 名 金融市場 ¶~실명제[ʃilmjɔŋdʒe シルミョンジェ] 名 金融実名制 ¶~업[ɔp オブ] 名 金融業 ¶~자금[dʒagɯm ジャグム] 名 金融資金 ¶~자본[dʒabon ジャボン] 名 金融資本 ¶~정책[dʒɔŋtʃʰek ジョンチェク] 名 金融政策 ¶~채권[tʃʰɛːkʼwɔn チェークォン] 名 金融債権 ¶~회사[hweːsa フェーサ] 名 金融会社.

금-은[金銀][kɯmɯn クムン] 名 金銀 ¶~방(房)[pʼaŋ パン] 名 金銀に細工を施した装身具を売買する店.

금의-환향[錦衣還郷][kɯːmihwanhjaŋ クーミファンヒャン] 名 ~하다 [hada ハダ] 自 錦衣きんを着て故郷に帰る; 故郷に錦を飾る.

금일[今日][kɯmil クミル] 名 今日こんち; 本日 ¶~ 휴업[~ hjuɔp ~ フュオブ] 本日休業.

금-일봉[金一封][kɯmilboŋ クミルボン] 名 金一封; 包み金.

금자-탑[金字塔][kɯmdʒatʰap クムジャタブ] 名 金字塔 ¶불멸의 ~[pulmjɔre ~ プルミョレ ~]不滅の金字塔.

금자둥-이[金子—][kɯmdʒadɯŋi クムジャドゥンイ] 名 非常に大切な子.

금작-화[金雀花][kɯmdʒakʰwa クムジャックァ] 名 〈植〉エニシダ(金雀児).

금-잔디[金一][kɯmdʒandi クムジャンディ] 名 黄色みがかっている美しい芝生.

금잔-화[金盞花][kɯmdʒanhwa クムジャンファ] 名 〈植〉キンセンカ.

금-장식[金粧飾][kɯmdʒaŋʃik クムジャンシク] 名 ~하자하 金の飾り.

금전[金錢][kɯmdʒɔn クムジョン] 名 金銭; お金 ¶~신탁[ʃintʰak シンタク] 名 金銭信託 ¶~채무[tʃʰɛːmu チェーム] 名 金銭債務.

금족-령[禁足令][kɯːmdʒoŋnjɔŋ クームジョンニョン] 名 禁足令.

금주[今週][kɯmdʒu クムジュ] 名 今週 ¶~의 목표[~e mokpʰjo ~エ モクピョ] 今週の目標.

금주[禁酒][kɯːmdʒu クームジュ] 名 하자 禁酒 ¶~의 맹세[~e mɛŋse ~エ メンセ] 禁酒の誓い.

*__금지__[禁止][kɯːmdʒi クームジ] 名 하타 禁止; 差し止め ¶외인 출입 ~[weːin tʃʰurip (kʼɯːmdʒi) ウェーイン チュリブ ~] 関係者以外立ち入り禁止.

금테-안경[金—眼鏡][kɯmtʰe aːngjɔŋ クムテ アーンギョン] 名 金縁めがね.

금-팔찌[金—][kɯmpʰaltʼi クムパルッチ] 名 金の腕輪.

금패[金牌][kɯmpʰɛ クムペ] 名 金牌きん; 金の賞牌しょう; 金メダル.

금-패물[金佩物][kɯmpʰɛmul クムペムル] 名 ① (主に女性の)金製の装身具 ② 玉を数珠つなぎにした飾り物.

금품[金品][kɯmpʰum クムプム] 名 金品 ¶~을 사취하다[~ɯl satʃʰwihada（クムプ）ムル サチュィハダ］金品をだまし取る．

금-하다[禁—][kɯ:mhada クームハダ］他 禁ずる；止める；耐える；抑える ¶입장을 ～[iptɕ'aŋɯl ～ イプチャンウル ～] 入場を禁ずる／분노를 금할 수 없다［pu:noɾɯl kɯ:mhal s'u ɔ:pt'a プーンノルル クームハルッス オープタ] 怒りを抑えることができない；怒りを禁じ得ない．

금혼-식[金婚式][kɯmhonɕik クムホンシク] 名 金婚式．

금후[今後][kɯmhu クムフ] 名 副 今後；これから ¶～의 문제[～e mu:ndʑe ～エ ムーンジェ] 今後の問題．

-급[級][k'ɯp クプ] 接尾 …級 ¶헤비～[hebi～ ヘビ～] 重量級／장관～[tɕa:ŋgwan～ チャーングァン～] 長官（大臣）級；長官（大臣）クラス．

급[急][kɯp クプ] 名 하形 하副 急 ¶～브레이크[～bureikʰɯ ～ブレイク] 急ブレーキ／～커브[～kʰɔ:bɯ ～コーブ] 急カーブ／～템포[～tʰempʰo ～テンポ] 急テンポ．

급감[急減][kɯpk'am クプカム] 名 하自他 急減 ¶환자가 ～하다[hwandʑaga ～hada ファーンジャガ ～ハダ] 患者が急に減る．

급-강하[急降下][kɯpk'aŋha クプカンハ] 名 하自 急降下 ¶온도가 ～하다[ondoga ～hada オンドガ ～ハダ] 温度が急降下する［急に下がる］．

급거[急遽][kɯpk'ɔ クプコ] 副 急遽；にわかに；あわただしく；急いで ¶～귀국하다[～ kwi:gukʰada ～ クィーグクハダ] 急遽帰国する．

***급격**[急激][kɯpk'jɔk クプキョク] 名 하形 急激 ¶～한 변동[(kɯpk'jɔ)kʰan pjɔ:ndoŋ ～カン ピョーンドン] 急激な変動 —히 [(kɯpk'jɔ)kʰi キ] 副 急激に．

급-경사[急傾斜][kɯpk'jɔŋsa クプキョンサ] 名 急な傾斜；急勾配 ¶～진 언덕[～dʑin ɔndɔk ～ジン オンドク] 急勾配の坂．

급구[急求][kɯpk'u クプク] 名 하他 急募 ¶사원 ～[sawɔn (gɯpk'u) サウォン（グプク）] 社員急募．

급급-하다[汲汲—][kɯpk'ɯpʰada クプクプハダ] 形 여変 汲々としている；あくせくしている ¶돈벌이에 ～[to:np'ɔɾie ～ トーンポリエ ～] 金も

うけにきゅうきゅうとしている．

급기야[及其也][kɯpk'ija クプキヤ] 副 とうとう；ついに；結局 ¶～ 헤어지고 말았다[～ hɛɔdʑigo maɾat'a ～ ヘオジゴ マラッタ] 結局別れてしまった．

급등[急騰][kɯpt'ɯŋ クプトゥン] 名 하自 急騰 ¶물가의 ～[mulk'ae ～ ムルカエ ～] 物価の跳ね上がり —세(勢)[se セ] 名 物価の跳ね上がる気勢；急騰勢．

급락[急落][kɯmnak クムナク] 名 하自 急落；がた落ち ¶주식이 ～하다[tɕuɕigi (kɯmna)kʰada チュシギ ～カダ] 株が急落する．

급랭[急冷][kɯmnɛŋ クムネン] 名 하自他 急冷．

***급료**[給料][kɯmnjo クムニョ] 名 給料；サラリー；ペイ ¶～가 박하다[～ga pakʰada ～ガ パカダ] 給料が悪い．

급류[急流][kɯmnju クムニュ] 名 하自 急流 ¶～에 휩쓸리다[～e hwips'ɯllida ～エ フィプスルリダ] 急流にのまれる．

급매[急賣][kɯmmɛ クムメ] 名 하他 （品物・家などを）急いで売ること．

급모[急募][kɯmmo クムモ] 名 하他 急募 ¶사원 ～[sawɔn (gɯmmo) サウォン（グムモ）] 社員急募．

급박-하다[急迫—][kɯp'akʰada クプパクハダ] 形 여変 切迫して［差し迫って］いる ¶사태가 ～[sa:tʰɛga ～ サーテガ ～] 事態が切迫している．

급변-하다[急變—][kɯpʰjɔnhada クプピョンハダ] 自 여変 急変する ¶날씨가 ～[naɭɕ'iga ～ ナルッシガ ～] 天気が急変する．

급보[急報][kɯp'o クプポ] 名 하他 急報 ¶～에 접하다[～e tɕɔpʰada ～エ チョプパダ] 急報に接する．

급부[給付][kɯp'u クププ] 名 하他 給付 ¶반대 ～[pa:ndɛ (gɯp'u) パーンデ（グプブ）] 反対給付．

급사[急死][kɯps'a クプサ] 名 하自 急死 ¶객지에서 ～하다[kɛktɕ'iesɔ ～hada ケクチエソ ～ハダ] 旅先で急死する．

급살[急煞][kɯps'al クプサル] 名 ① 不吉な星；不運の神 ② 思いがけぬ災難；急死 ¶～ 맞다[～ mat'a ～ マッタ] にわかに死ぬ；頓死ᅳする；ぽっくりいく／～ 맞아라[～ madʑara ～ マジャラ] くたばってしまえ．

급-상승[急上昇][kɯps'aŋsɯŋ クプサ

급서[急逝][kɯps'ɔ クプソ] 名 하自 急逝 ¶뇌출혈로 ~하셨다[nwetɕʰurhjollo ~haɕʰt'a ヌェチュルヒョルロ ~ハショッタ] 脳出血で急逝なさった.

*급-선무[急先務][kɯps'ɔnmu クプソンム] 名 急務 ¶실업 대책이 ~이다[ɕirɔp t'ɛːtɕʰɛgi ~ida シロプ テーチェギ ~イダ] 失業対策が急務である.

급-선회[急旋回][kɯps'ɔnhwe クプソンフェ] 名 하自 急旋回 ¶비행기가 ~하다[pihɛŋgiga ~hada ピヘンギガ ~ハダ] 飛行機が急旋回する.

급소[急所][kɯps'o クプソ] 名 急所 ¶문제의 ~[muːndʒee ~ ムーンジェエ ~] 問題の急所 / ~를 노리다[~rul norida ~ルル ノリダ] 急所をねらう.

*급속[急速][kɯps'ok クプソク] 名 하形 急速 ¶~한 성장[(kɯps'o)kʰan sɔŋdʒaŋ) ~カン ソンジャン] 急速な成長 **—히**[(kɯps'o)kʰi キ] 副 急速に **—도**[t'o ト] 名 急な速さ; 急速.

급수[給水][kɯps'u クプス] 名 하自 給水 **—관**[gwan グァン] 名 給水管.

급습[急襲][kɯps'ɯp クプスプ] 名 하他 急襲 ¶아지트를 ~하다[adʒitʰɯrul (kɯps'ɯ)pʰada アジトゥルル ~パダ] アジトを急襲する.

급식[給食][kɯpɕ'ik クプシク] 名 하他 給食 ¶학교 ~[hakˈjo (gɯpɕ'ik) ハクキョ (グプシク)] 学校給食.

급여[給与][kɯbjɔ クビョ] **1** 名 給与 サラリー; 給料 **2** 하他 金品などを与えること ¶제복을 ~하다[tɕeːbogul ~hada チェーボグル ~ハダ] 制服を給与する.

급우[級友][kɯbu クブ] 名 級友; クラスメート.

급유[給油][kɯbju クビュ] 名 하自 給油 **—소**[sɔ ソ] 名 給油所.

급작-스럽다[kɯtɕ'aks'ɯrɔpt'a クプチャクスロプタ] 形 ㅂ変 突然だ; 出し抜けだ ¶~-스러운 일[~-s'ɯroun niːl ~スロウン ニール] 突然の出来事.

급전[急銭][kɯptɕ'ɔn クプチョン] 名 急に必要なお金; 急に用立てるお金.

급전[急轉][kɯptɕ'ɔn クプチョン] 名 하自 急転 ¶사태가 ~하다[saːtʰɛga ~hada サーテガ ~ハダ] 事態が急転する **—직하**[dʒikʰa ジクカ] 名 하自 急転直下 ¶사건은 ~로 해결되었다 [saːk'ɔnun ~ro hɛːgjɔldwɛɔtt'a サーコヌン ~ロ ヘーギョルドゥェオッタ] 事件は急転直下に解決した.

급-정거[急停車][kɯptɕ'ɔŋgɔ クプチョンゴ] 名 하自他 急停車; 急停止.

급제[及第][kɯptɕ'e クプチェ] 名 하自 及第; 合格 ¶겨우 ~했다[kjou ~hɛt'a キョウ ~ヘッタ] 辛うじて及第した.

급-조[急造][kɯptɕ'o クプチョ] 名 하他 急造 ¶~한 무대[~han muːdɛ ~ハン ムーデ] 急ごしらえの舞台.

급증[急増][kɯptɕ'ɯŋ クプチュン] 名 하自他 急増 ¶인구가 ~하다[inguga ~hada イングガ ~ハダ] 人口が急増する.

급진[急進][kɯptɕ'in クプチン] 名 하自 急進 **—사상**[saːsaŋ サーサン] 名 急進思想 **—정당**[dʒɔŋdaŋ ジョンダン] 名 急進政党 **—적**[dʒɔk ジョク] 冠 急進的な ¶~인 생각[~(dʒɔg)in sɛŋgak] ~(ジョ)ギン センガク] 急進的な考え **—주의**[dʒui ジュイ] 名 急進主義 **—파**[pʰa パ] 名 急進派.

급-진전[急進展][kɯptɕ'indʒɔn クプチンジョン] 名 速い進展; 局面が速く進行し発展すること ¶수사에 ~을 보이다[suːsae ~ul poida スサエ (クプチンジョ)ヌル ボイダ] 捜査に速い進展を示す.

급체[急滯][kɯptɕʰe クプチェ] 名 急な食あたり.

급파[急派][kɯpʰa クパ] 名 하他 急派 ¶현지에 ~하다[hjɔːndʒie ~hada ヒョンジエ ~ハダ] 現地に急派する.

*급-하다[急—][kɯpʰada クパダ] 形 여変 ① 急だ ¶급한 일[kɯpʰan niːl クパン ニール] 急な用事 / 급한 걸음으로[kɯpʰan kɔrumuro クパン コルムロ] 急ぎ足で ② 差し迫っている ¶급한 문제[kɯpʰan muːndʒe クパン ムーンジェ] 差し迫った問題 / 급한 불을 끄다[kɯpʰan purul k'uda クパン プルル ックダ] 慣 差し迫った急務を片づける ③ 窮迫している ¶돈이 ~[toːni ~ トーニ ~] 金が至急必要だ ④ (気持ちが)急いている; はやる ¶마음이 ~[maumi ~ マウミ ~] 気が急く / 급한 마음을 가라앉히다[kɯpʰan maumul karaantɕʰida クプパン マウムル カラアンチダ] はやる気持ちを静める[抑える] ⑤ せっかちだ;

気が短い ¶ 급한 성미 [kɯpʰan sɔːmi クプァン ソーンミ] せっかちな気質 / 성미가 ~ [sɔːmiga ~ ソーンミガ ~] 気が短い ⑥ (病気·傾斜が)急だ ¶ 급한 환자 [kɯpʰan hwaːndʒa クプァン ファーンジャ] 急患 / 급한 비탈길 [kɯpʰan pitʰalkʼil クプァン ピタルキル] 急な坂道 **급-히** [急히][kɯpʰi クプィ] 副 急に; 速く; 急いで ¶ ~ 오너라 [~ onɔra ~ オノラ] 速く来い.

***급행** [急行][kɯpʰɛŋ クプェン] 名 急行 **―권** [kʼwɔn クォン] 名 急行券 **―(열)차** [(njɔl)tʃʰa (ニョル)チャ] 名 急行列車 **―요금** [njoːɡɯm ニョーグム] 名 急行料金.

급환 [急患][kɯpʰwan クプァン] 名 急患; 急病の患者.

급-회전 [急回轉][kɯpʰwedʒɔn クプフェジョン] 名 하 自他 急回転.

*굿다 [kɯːtʼa クーッタ] 他 人変 ① (線を)引く ¶ 선을 ~ [sɔnɯl ~ ソヌル ~] 線を引く ② 切る ¶ 십자를 ~ [ʃiptʃʼarɯl ~ シプチャルル ~] 十字を切る ③ マッチを擦る = 성냥을 ~ [sɔŋnjaŋɯl ~ ソンニャンウル ~] ④ (通い·掛け帳簿に)つける ¶ 긋고 마시다 [kɯːtkʼo maʃida クーッコ マシダ] 掛けて[つけて]飲む.

긍긍-하다 [兢兢―][kɯŋɡɯŋhada クーングンハダ] 自 여変 兢兢する; びくびくする ¶ 전전 ~ [tʃɔːndʒɔn (ɡɯŋ)ɡɯŋhada チョーンジョン (グン)グンハダ] 戦々兢々[戦々恐々]する.

*긍정 [肯定][kɯːŋdʒɔŋ クーンジョン] 名 하他 肯定 ¶ ~도 부정도 안했다 [~do puːdʒɔŋdo anhɛtʼa ~ ドプージョンド アンヘッタ] 肯定も否定もしなかった **―문** [mun ムン] 名 肯定文 **―적** [dʒɔk ジョク] 名 冠 肯定的 ¶ ~인 대답 [~ (dʒɔŋ)in tɛːdap ~ (ジョ)ギン テーダプ] 肯定的な答.

*긍지 [矜持][kɯːndʒi クーンジ] 名 矜持; 誇り; プライド ¶ 학자로서의 ~ [haktʃʼarosɔe ~ ハクチャロソエ ~] 学者としての誇り.

*기 [氣][ki キ] 名 気 ① 〈哲〉東洋哲学で言う万物を生成する根元のエネルギー [気] ② 気; 気力; 生気 ¶ ~가 넘치다 [~ɡa nɔmtʃʰida ~ ガ ノムチダ] 生気があふれる / ~를 [가] 꺾다 [꺾이다][~rɯl[ɡa] kʼɔktʼa[kʼɔkʼida] ~ ルル[ガ] ッコクタ[ッコッキダ]] 気をくじく [気がくじける; 意気消沈する] / ~가 등등하다 [~ɡa tɯŋdɯŋhada ~ ガ トゥンドゥンハダ] 威勢がよい / ~가 죽다 [~ɡa tʃukt'a ~ ガ チュクタ] 気がめいる; 気が沈む ③ ありったけの力 ¶ ~를 쓰다 [~rɯl sʼɯda ~ ルル ッスダ] 気負い立つ; 躍起になる ④ おじけ ¶ ~가 질리다 [~ɡa tʃillida ~ ガ チルリダ] おじけて小さくなる; (恐れて)気がくじける.

기 [旗][ki キ] 名 旗; 旗印 ¶ ~를 걸다 [달다][~rɯl kɔːlda[talda] ~ ルル コールダ[タルダ]] 旗を掲げる.

-기- [ki キ] 接尾 …される; …させる; (他動詞を受動·使役にする) ¶ 감다 [kaːmtʼa カームタ] 「巻く」→감기다 [kamɡida カムギダ] 「巻かれる」/ 끊다 [kʼɯntʰa ックンタ] 「絶つ」→끊기다 [kʼɯnkʰida ックンキダ] 「絶たれる」/ 남다 [naːmtʼa ナームタ] 「残る」→남기다 [namɡida ナムギダ] 「残す」/ 뜯다 [tʼɯtʼa ットゥタ] 「むしる」→뜯기다 [tʼɯtkʼida トゥッキダ] 「むしられる」/ 맡다 [matʼa マッタ] 「引き受ける」→맡기다 [matkʼida マッキダ] 「まかす」/ 벗다 [pɔtʼa ポッタ] 「脱ぐ」→벗기다 [pɔtkʼida ポッキダ] 「脱がす」/ 삶다 [saːmtʼa サームタ] 「煮る」→삶기다 [samɡida サムギダ] 「煮える」/ 숨다 [suːmtʼa スームタ] 「隠れる」→숨기다 [sumɡida スムギダ] 「隠す」/ 신다 [ʃinʼtʼa シーンタ] 「履く」→신기다 [ʃinkʼida シンキダ] 「履かせる」/ 씻다 [ʃʼitʼa ッシッタ] 「洗う」→씻기다 [ʃʼitkʼida ッシッキダ] 「洗わせる」/ 안다 [aːntʼa アーンタ] 「抱く」→안기다 [anɡida アンギダ] 「抱かせる·抱かれる」/ 옮다 [oːmtʼa オームタ] 「移る」→옮기다 [omɡida オムギダ] 「移す」/ 웃다 [uːtʼa ウータ] 「笑う」→웃기다 [utkʼida ウッキダ] 「笑わせる」/ 쫓다 [tʃʼotʼa ッチョッタ] 「追う」→쫓기다 [tʃʼotkʼida ッチョッキダ] 「追われる」/ 찢다 [tʃʼitʼa ッチッタ] 「裂く」→찢기다 [tʃʼitkʼida ッチッキダ] 「裂かれる」.

*-기 [ki キ] 接尾 ① …すること ¶ 먹다 [mɔktʼa モクタ] 「食べる」→먹기 [mɔkʼi モッキ] 「食べること; 食うこと」/ 누워서 떡 먹기 [nuwɔsɔ tʼɔk mɔkʼi ヌウォソ ットン モッキ] 諺 寝そべってもちを食べること [食う]; 朝飯前 / 읽기와 쓰기 [ilkʼiwa sʼɯɡi イルキワ ッス

ギ] 読み書き ② …するのだ; …するのか ¶혼자 먹기냐? 그래, 혼자 먹기다 [hondʒa mɔk'inja? kɯrɛ, hondʒa mɔk'ida ホンジャ モッキニャ? クレ, ホンジャ モッキダ] 1人で食う気, そうだよ, 1人で食うんだ.

기각[棄却][kigak キガヶ] 名 하他 棄却 **—공소**[ko:ŋso (gigak) コーンソ (ギガヶ)] 控訴棄却.

기간[基幹][kigan キガン] 名 基幹 **—산업**[sa:nɔp サーノプ] 名 基幹産業.

기간[既刊][kigan キガン] 名 既刊 ¶~ 도서[~ dosɔ ~ ドソ] 既刊の図書.

*기간[期間][kigan キガン] 名 期間 ¶시험 ~[ʃihɔm (gigan) シホム (ギガン)] 試験の期間 / 체재 ~[tʃʰedʒɛ (gigan) チェジェ (ギガン)] 滞在期間.

기갈[飢渇][kigal キガル] 名 飢渇 ¶~을 면하다[(kigar)ɯl mjɔ:nhada (キガルル ミョーンハダ] 飢渇を免れる / ~이 나다[들다][(kigar)i nada [tɯlda] (キカリナダ [トゥルダ]] 慣 空腹で食べたがる; 非常に飢えている.

기강[紀綱][kigaŋ キガン] 名 綱紀 ¶~의 문란[~e mu:llan ~エ ムールラン] 綱紀の乱れ / ~을 바로잡다[~ɯl parodʒapt'a ~ウル パロジャプタ] 綱紀を正す.

기개[氣慨][kigɛ キゲ] 名 気概; 気骨 ¶사나이의 ~[sanaie ~ サナイエ ~] 男児の気概.

기거[起居][kigɔ キゴ] 名 하自 起居 ¶~를 같이하다[~rɯl katʃʰihada ~ルル カチハダ] 起居を共にする.

기겁[氣怯][kigɔp キゴプ] 名 하自 びっくり仰天すること ¶~을 하고 놀라다[(kigɔb)ɯl hago no:llada (キゴブル ハゴ ノールラダ] びっくり仰天する.

기결[既決][kigjɔl キギョル] 名 하他 既決 **—사항**[sa:haŋ サーハン] 名 既決事項.

기계[器械][kige キゲ] 名 器械 ¶의료 ~[ɯirjo (gige) ウィリョ (ギゲ)] 医療器械 **—체조**[tʃʰedʒo チェジョ] 名 器械体操.

*기계[機械][kige キゲ] 名 機械; マシン ¶~를 조작하다[~rɯl tʃodʒakʰada ~ルル チョジャクハダ] 機械を操作する **—공업**[공학][goŋɔp [goŋhak] ゴンオプ [ゴンハク]] 名 機械工業 [工学] **—적**[dʒɔk ジョク] 名 冠 機械的ギ] ¶~인 사고 방식[~-(dʒɔg) in sago baŋʃik ~-(ジョ)ギン サゴ バンシク] 機械的な考え方 **—화**[hwa ファ] 名 하自他 機械化 ¶~ 농업[~ noŋɔp ~ ノンオプ] 機械化農業.

기고[寄稿][kigo キゴ] 名 하自他 寄稿 **—가**[ga ガ] 名 寄稿家 **—란**[ran ラン] 名 寄稿欄.

기고-만장[氣高萬丈][kigoma:ndʒaŋ キゴマーンジャン] 名 하形 怒り狂うこと; 得意の絶頂にあること; 有頂天 ¶승자의 한 태도[sɯŋdʒae ~han tʰɛ:do スンジャエ ~ハン テード] 勝者の得意絶頂な態度.

기골[氣骨][kigol キゴル] 名 ① 血色と骨格 ¶~이 장대하다[(kigor)i tsa:ŋdɛhada (キゴ)リ チャーンデハダ] 体格が大きく逞しい ② 気骨; 強い意気; 気概 ¶늠름한 ~[nɯ:mnɯmhan ~ ヌームヌムハン ~] 稜々凜たる気骨.

기공[起工][kigoŋ キゴン] 名 하他 起工; 着工 ¶~식[~ʃik ~シク] 起工式.

기관[汽罐][kigwan キグァン] 名 汽缶; ボイラー ¶증기 ~[tʃɯŋgi (gigwan) チュンギ (ギグァン)] 蒸気汽缶 **—실**[ʃil シル] 名 汽缶室; ボイラー室.

기관[器官][kigwan キグァン] 名 器官 ¶호흡 ~[hohɯp (k'igwan) ホフプ ~] 呼吸器官.

*기관[機關][kigwan キグァン] 名 機関 ¶내연 ~[nɛ:jɔn (gigwan) ネーヨン (ギグァン)] 内燃機関 / 보도 ~[po:do (gigwan) ポード (ギグァン)] 報道機関 **—사**[수][sa [su] サ [ス]] 名 機関士 **—실**[ʃil シル] 名 機関室 **—장**[dʒaŋ ジャン] 名 機関長 **—지**[dʒi ジ] 名 機関紙 [誌] **—차**[tʃʰa チャ] 名 機関車 **—총**[tʃʰoŋ チョン] 名 機関銃; マシンガン.

기관-지[氣管支][kigwandʒi キグァンジ] 名 〈生〉気管支 **—염**[jɔm ヨム] 名 〈医〉気管支炎 **—천식**[tʃʰɔ:nʃik チョーンシク] 名 〈医〉気管支喘息.

기괴[奇怪][kigwe キグェ] 名 **—하다**[hada ハダ] 形 奇怪だ; 怪しい; 不思議だ ¶~-한 행동[~-han hɛŋdoŋ ~-ハン ヘンドン] 奇怪な行動 **—망측**[罔測][maŋtʃʰɯk マンチュク] 名 하形 奇怪千万; 極めて奇怪なこと.

기교[技巧][kigjo キギョ] 名 하形 技巧; 技量; テクニック ¶~를 부리다[다하다][~rɯl purida [ta:hada] ~

ルル プリダ[ターハダ]] 技巧を弄^{ろう}する [凝らす・巧^{たく}む].

기구[氣球][kigu キグ] 名 気球；風船 **―관측**[gwantʃʰuk グァンチュク] 名 気球観測 **―위성**[wisɔŋ ウィソン] 名 気球衛星.

기구[崎嶇][kigu キグ] 하形 運命が数奇なこと；崎嶇^{き く} ¶~한 운명[~-han u:nmjəm ~ハン ウーンミョン] 数奇な運命 **―망측**(罔測)[maŋtʃʰuk マンチュク] 名 하形 즈形 ① 運が極めて数奇なこと ② 山道が険しいこと.

***기구**[器具][kigu キグ] 名 器具；所帯道具 ¶조명 ~[tʃoːmjəŋ (gigu) チョーミョン (ギグ)] 照明器具.

기구[機構][kigu キグ] 名 機構 ¶유통 ~[jutʰoŋ (gigu) ユトン (ギグ)] 流通機構.

기권[棄權][kik'wɔn キクォン] 名 自自 棄權 ¶~자[~dʒa ~ジャ] 棄権者.

기근[飢饉・饑饉][kiguɯn キグン] 名 飢饉^{き きん} ¶물~[mul(gigun) ムル(ギグン)] 水飢饉.

기금[基金][kiguɯm キグム] 名 基金 ¶국제 통화 ~[kuktʃʼe tʰoŋhwa (gi-gum) ククチェ トンファ (ギグム)] 国際通貨基金(IMF).

기기[奇奇][kigi キギ] 名 하形 奇々 **―괴괴**[gwegwe グェグェ] 名 하形 奇々怪々 ¶~한 사건[~han saːk'ən ~ハン サーコン] 奇々怪々な事件 **―묘묘**[mjoːmjo ミョーミョ] 名 하形 奇々妙々 ¶~한 수법을 쓰다[~-han supʼəbul sʼuda ~ハン スポブルッスダ] 非常に奇妙な術策を弄^{ろう}する.

기꺼워-하다[kik'ɔwɔhada キッコウォハダ] 動 여変 うれしく思う；喜ぶ ¶편지를 받고 ~[pʰjəːndʒirul patkʼo ~ ピョーンジルル パッコ ~] 手紙を受けて喜ぶ.

***기껍다**[kikʼəptʼa キッコプタ] 形 ㅂ変 喜ばしい；うれしい **기꺼-이**[kikʼəi キッコイ] 副 喜んで；好んで；快く ¶~ 승낙하다[~ suŋnakʰada ~ スンナクァダ] 快く承諾する.

기-껏[kikʼət キッコッ] 副 ① せっかく；わざわざ ¶~ 모은 돈을 다 써버리다 [(kikʼən) moun toːnul taː sʼɔbrida (キッコン) モウン トーヌル ターッソボリダ] せっかくためたお金を使い果たしてしまう ② あらん限り；精一杯 ¶~ 힘을 내다[~ himul nɛːda ~ ヒムル ネーダ] あらん限りの力を出す / ~ 일하고도[(kikʼon) niːrhagodo (キッコン)ニールハゴド] 精一杯働いたが….

***기껏-해야**[kikʼɔtʰɛja キッコッテヤ] 副 せいぜい；たかだか；たかが ¶걸어서도 ~ 10분정도[kɔrɔsɛdo ~ ʃipʼund-ʒɔŋdo コロソド ~ シップンジョンド] 歩いてもせいぜい10分ぐらい.

기나-긴[kiːnagin キーナギン] 冠 長い長い；長々しい ¶~ 겨울 밤[~ kjəːul pʼam ~ キョウル パム] 長い長い冬の夜.

기내[機内][kinɛ キネ] 名 機内 **―식**[ʃik シク] 名 機内食.

***기념**[紀念・記念][kinjɔm キニョム] 名 하他 記念 ¶결혼 ~[kjɔrhon (ginjɔm) キョルホン (ギニョム)] 結婚記念 **―관**[gwan グァン] 名 記念館 ¶독립 ~[toŋnip (kʼinjɔmgwan) トンニプ ~] 独立記念館 **―논문집**[non-mundʒip ノンムンジプ] 名 記念論文集 **―물**[mul ムル] 名 記念物 **―비**[bi ビ] 名 記念碑 **―스탬프**[suː-tʰɛmpʰu ステンプ] 名 記念スタンプ **―식**[ʃik シク] 名 記念式 **―우표**(郵票)[~ upʰo (キニョ) ムピョ] 名 記念切手 **―일**[il (キニョ) ミル] 名 記念日 **―탑**[tʰap タプ] 名 記念塔 **―패**[pʰɛ ペ] 名 記念牌^{はい} **―품**[pʰum プム] 名 記念品 **―행사**[hɛŋsa ヘンサ] 名 記念行事 **―호**[ho ホ] 名 (雑誌などの)記念号.

***기능**[技能][kinuɯŋ キヌン] 名 技能；技量 ¶~공[~goŋ ~ゴン] 技能工員；熟練工員 **―올림픽**[ollimpik オルリムピク] 名 技能オリンピック **―직**[dʒik ジク] 名 技能職.

기능[機能][kinuɯŋ キヌン] 名 機能；働き ¶폐의 ~[pʰeːe ~ ペーエ ~] 肺の働き / 생산 ~[sɛŋsan (ginuɯŋ) センサン (ギヌン)] 生産機能.

***기다**[kida キダ] 動 自他 這^はう ¶갓난아기가 ~[kannanagiga ~ カンナナギガ ~] 赤ん坊が這う / 암벽을 기어오르다[ambjɔgul kiɔruda アムビョグル キオルダ] 岩壁をよじ登る / 기어가다[kiɔgada キオガダ] 這って行く / 기어다니다[kiɔdanida キオダニダ] 這い回る / 기어오다[kiɔoda キオオダ] 這って来る / 기어오르다[kiɔoruda キオオルダ] 這い[よじ]登る；つけあがる；のぼせあがる / 설설 ~[sɔlsɔl ~ ソル

기다랗다 [kidarat^ha キーダラッタ] 形 [ㅎ変] (非常に)長い; 長たらしい; 長々しい. <'길다랗다' ¶ 기다란 장대 [kidaran tʃaŋt'ɛ キーダラン チャンテ] 長い竿.

＊기다리다 [kidarida キダリダ] 他 ① 待つ ¶ 사람을 ~ [saːramul ~ サーラムル ~] 人を待つ / 때를 ~ [t'ɛrul ~ ッテルル ~] 時を待つ / 오래 기다리셨습니다 [orɛ kidariʃʌs'umnida オレ キダリショッスムニダ] 長らくお待ちをいたしました ② (期限を)延ばす ¶ 하루만 기다려 주세요 [haruman kidarjʌ dʒusejo ハルマン キダリョ ジュセヨ] 1日だけ延ばしてください. **기다려지다** [kidarjʌdʒida キダリョジダ] 自待たれる; 待ち遠しい. (お正月が楽しみです.

＊기대 [期待] [kidɛ キデ] 名 [하他] 期待; 積もり; 当て; 望み ¶ ~에 어그러지다 [~e ʌgurʌdʒida ~エ オグロジダ] 期待に背く[反する] / ~에 어긋나다 [~e ʌgunnada ~エ オグンナダ] 当て[期待]がはずれる / 큰 ~를 걸다 [kʰun ~rul kʌːlda クン ~ルル コールダ] 大きな期待をかける.

＊기대다 [kidɛda キデダ] 自他 ① (…に)もたれる; 寄りかかる; 寄りかからせる ¶ 벽에 ~ [~pjʌge ~ ピョゲ ~] 壁にもたれる / 몸을 벽에 ~ [momul pjʌge ~ モムル ピョゲ ~] 体を壁に寄りかからせる / 난간에 ~ [nangwane ~ ナングヮネ ~] 欄干に寄りかかる / 기대 서다 [kidɛ sʌda キーデ ソダ] もたれて立つ / 기대 앉다 [kidɛ ant'a キーデ アンタ] (壁などに)もたれて座る ② 頼る; 頼りにする ¶ 부모에게 ~ [pumoege ~ プモエゲ ~] 親に頼る.

＊기도 [企圖] [kido キド] 名 [하他] 企図; 企て; たくらみ ¶ 탈출을 ~ 하다 [tʰaltʃʰurul ~hada タルチュルル ~ハダ] 脱出を企てる / 자살을 ~ 하다 [tʃasarul ~hada チャサルル ~ハダ] 自殺をはかる.

＊기도 [祈禱] [kido キド] 名 [하他] 祈禱きとう; 祈り ¶ 단식 ~ [taːnʃi (k'ido) ターンシク ~] 断食祈禱 **—문** [mun ムン] 名 ① 祈禱文 ② 主の祈り.

＊기독-교 [基督敎] [kidok'jo キドクキョ] 名 キリスト[プロテスタント]教 **—국** [guk グク] 名 キリスト教国 **—도** [do ド] 名 キリスト教の信徒 **—회** [hwe フェ] 名 キリスト教の教会.

기동 [起動] [kidoŋ キドン] 名 [하自] ① 起動; 始動 ¶ ~력 [~njʌk ~ニョク] 起動力 ② 立ち動くこと ¶ ~을 못하는 환자 [~ul moːtʰanun hwaːndʒa ~ウル モータヌン ファーンジャ] 足腰の立たない病人; 身動きできない患者.

기동 [機動] [kidoŋ キドン] 名 機動 **—력** [njʌk ニョク] 名 機動力 **—부대** [budɛ ブデ] 名 機動部隊 **—성** [sʌŋ ソン] 名 機動性 **—연습** [njʌnsup ニョンスプ] 名 機動演習 **—작전** [dʒaktʃ'ʌn ジャクチョン] 名 機動作戦 **—전략** [dʒʌːlljak ジョールリャク] 名 機動戦略 **—타격대** [tʰaːgjʌkt'ɛ ターギョクテ] 名 機動打撃隊 **—훈련** [huːlljʌn フーリョン] 名 機動訓練.

＊기둥 [kiduŋ キドゥン] 名 ① 柱 ¶ ~을 세우다 [~ul seuda ~ウル セウダ] 柱を立てる ② 頼りとなる人物; 柱石; 大黒柱 ¶ 나라의 ~ [narae ~ ナラエ ~] 国家の柱石 / 한 집안에 ~ [han dʒibane ~ ハン ジバネ ~] 一家の柱 [大黒柱] **—감** [k'am ッカム] 名 ① 柱の材 ② 全体を支える人; 頼りとされる人 **—머리** [mʌri モリ] 名 柱頭 **—목** [mok モク] 名 柱の材になる頑丈な木 **—뿌리** [p'uri ップリ] 名 柱の下端 **—서방** [書房] [sʌbaŋ ソバン] 名 技女ぎじょ・娼妓しょうぎの面倒を見ている男.

기득-권 [旣得權] [kiduk'wʌn キドゥククォン] 名 旣得權 ¶ ~을 확보하다 [~ul hwakp'ohada (キドゥククォ)ヌル ファクポハダ] 既得権を確保する.

기라-성 [綺羅星] [kirasʌŋ キラソン] 名 綺羅星 ¶ 각계의 명사가 ~같이 모였다 [kak'ee mjʌŋsaga ~gatʃʰi mojʌt'a カクケエ ミョンサガ ~ガチ モヨッタ] 各界の名士が綺羅星のごとく集まった.

기량 [技倆] [kirjaŋ キリャン] 名 技量; 腕(前); 手並み ¶ ~을 닦다 [~ul takt'a ~ウル タクタ] 技量を磨く / ~을 겨루다 [~ul kjʌruda ~ウル キョルダ] 技を競う.

기량 [器量] [kirjaŋ キリャン] 名 器量 ¶ ~이 있는 사람 [~i innun saːram ~イ インヌン サーラム] 器量のある人.

＊기러기 [kirʌgi キロギ] 名〈鳥〉ガン(雁); カリ ¶ ~가 울다 [~ga uːlda ~ ウールダ] ガンが鳴く **—아빠** [ap'a ア

ッパ] 俗 (妻を海外に留学させて)渡り鳥のように国内で苦労の絶えない1人ぼっちの夫[父] **기럭-기럭**[kirək-k'irək キロクキロク] 副 ガンの鳴き声；キーキー **기럭-아비**[kirəgabi キロガビ] 名 伝統の婚礼のとき木製のガンを持って花婿を花嫁の家に導く人.

기력[氣力][kirjək キリョク] 名 気力；元気 ¶~을 잃다[(kirjəg)ɯl iltʰa (キリョ)グル イルタ] 気力を失う / ~이 왕성하다[(kirjəg)i waːŋsəŋhada (キリョ)ギ ワーンソンハダ] 元気[気力]旺盛だ.

기로[岐路][kiro キロ] 名 岐路；分かれ道；境 ¶운명의 ~에 서다[uːnmjəŋe ~ e səda ウーンミョンエ ~ エ ソダ] 運命の岐路に立つ / 생사의 ~[sɛŋsae ~ センサエ ~] 生死の境.

*-기로[kiro キロ] 語尾 ① …だから；…(な)ので ¶비가 오겠~[piga oget(k'iro) ピガ オゲッ~] 雨が降りそうだから ② いくら…だって；…とはいえ ¶아무리 많~ 내던지다니[aːmuri maːn (kʰiro) nɛːdəndʑidani アームリ マーン ネードンジダニ] いかに多いとはいえ投げ捨てるとは ③ …ことで ¶아름답~ 유명하다[arɯmdap(k'iro) juːmjəŋhada アルムダプ~ ユーミョンハダ] 美しいことで有名だ ④ …ことに(する) ¶일쩍 떠나~ 했다[iltɕ'ik t'ərna(giro) hɛt'a イルッチョクットナ(ギロ) ヘーッタ] 早く出かけることにした **—서니**[səni ソニ] 語尾 '-기로'の強調語 **—선들**[səndɯl ソンドゥル] 語尾 '-기로서니'の強調語；…でも ¶아무리 힘이 새~[aːmuri himi sɛː(girosondɯl) アームリ ヒミ セー(ギロソンドゥル)] いくら力が強くても.

*기록[記錄][kirok キロク] 名 記録 ¶회의의 ~[hweːie ~ フェーイエ ~] 会議の記録 / 세계 신~을 세우다[seːge ʃin(girog)ɯl seuda セーゲ シン(ギロ)グル セウダ] 世界の新記録を打ち立てる / ~을 깨뜨리다[(kirog)ɯl k'ɛt'urida (キロ)グル ッケットゥリダ] 記録を破る **—하다**[(kiro)kʰada カダ] 他 記録する；記録を取る；マークする **—경신**[(kiro) k'jəŋʃin キョンシン] 名 記録更新 **—문학**[(kiroŋ) munhak (キロン)ムンハク] 名 記録文学 **—사진**[s'adʑin サジン] 名 記録写真 **—영화**[(kiroŋ) njəŋhwa (キロン) ニョンファ] 名 記録映画 **—원**[(kirog) wən (キロ)グォン] 名 記録係員 **—적**[tɕ'ək チョク] 名 冠 記録的.

기뢰[機雷][kirwe キルェ] 名 機雷 **—정**[dʑəŋ ジョン] 名 機雷艇 **—탐지기**[tʰamdʑigi タムジギ] 名 機雷探知機.

기류[氣流][kirju キリュ] 名 気流 ¶난~[nan(girju) ナン(ギリュ)] 乱気流 / 제트 ~[dʑetʰɯ (girju) ジェトゥ(ギリュ)] ジェット気流.

*기르다[kirɯda キルダ] 他 [三変] ① 育てる；養う ¶아이를 ~[airul ~ アイルル ~] 子供を育てる / 인재를 ~[indʑerul ~ インジェルル ~] 人材を養う[養成する] ② 飼う ¶새를 ~[sɛːrul ~ セールル ~] 小鳥を飼う ③ 栽培する ¶꽃을 ~[k'otɕʰul ~ ッコチュル ~] 花を栽培する ④ (習慣・癖などを)身につける ¶좋은 습관을 ~[tɕoːun sɯpk'wanɯl ~ チョーウン スプクァヌル ~] よい習慣を身につける ⑤ (髪・ひげなどを)生やす；伸ばす ¶머리를 ~[mərirul ~ モリルル ~] 髪を伸ばす / 수염을 ~[sujəmul ~ スヨムル ~] ひげを生やす ⑥ 病気をこじらせる ¶병을 ~[pjəːŋul ~ ピョーンウル ~].

기르스름-하다[kirɯsɯrɯmhada キルスルムハダ] 形 [으変] やや長めだ ¶얼굴이 ~[əlguri ~ オルグリ ~] 面長だ.

*-기를[girul ギルル] 語尾 …では ¶그가 말하~[kɯga maːrha~ クガ マールハ~] 彼の言うことでは.

*기름[kirum キルム] 名 **1** 油；脂 ¶참~을 짜다[tɕʰam (girum)ul tɕ'ada チャム(ギルム)ル ッチャダ] ごま油をしぼる / ~을 짜다[~ul tɕ'ada (キル)ムル ッチャダ] 慣 ① 大勢の人が一所に集まってもみ合う ② 搾取する / ~을 먹이다[~ul mʌgida (キル)ムル モギダ] 慣 紙や布などにニスなどの油を染み込ませる / ~을 치다[~ul tɕʰida (キル)ムル チダ] 慣 ① (機械などに)潤滑油をさす ② (食物の味をよくするために)ごま油をかける ③ 俗 賄賂を つかう **2** 石油；ガソリン ¶차에 ~을 넣다[tɕʰae ~ul nəːtʰa チャエ (キル)ムル ノータ] 車にガソリンを入れる **—걸레**[gəlle ゴルレ] 名 油(をふき取る)ぞうきん **—기**[k'i キ] 名 ① 脂身 ② 油[脂]気 ¶~가 많다[~ga maːntʰa

기름지다

~가 マーンタ] 油[脂]っこい / ~가 돌다[~ga to:lda ~ガ トールダ] 油[脂]ぎる; 生活が豊かになる / ~가 적다[~ga tʃɔ:kt'a ~ガ チョークタ] 油[脂]気が少ない **━내**[nɛ ネ] 图 油のにおい **━때**[t'ɛ ッテ] 图 油あか[汚れ] **━종이**[dʒoŋi ジョンイ] 图 油紙 **━콩**[kʰoŋ コン] 图 マヤシ用の豆.

***기름-지다**[kirumdʒida キルムジダ] 形 ① 油[脂]っこい; (肉に)脂肪が多い ② (土地が)肥えている ¶ ~-진 땅[~-dʒin t'aŋ ~-ジン ッタン] 肥えた土地.

기름-하다[kirumhada キルムハダ] 形 [여변] 長めである ¶ 약간 ~-한 외투[jak'an ~-han we:tʰu ヤクカン ~-ハン ウェートゥ] 少し長めのコート.

기리다[kirida キリダ] 他 たたえる ¶ 덕을 ~[tɔgul ~ トグル ~] 徳をたたえる.

기린[麒麟][kirin キリン] 图 ① <動>キリン ② 聖人が生まれる前兆として現われるという想像上のめでたい動物 **━아**[a (キリ)ナ] 图 きりん児; 神童.

기마[騎馬][kima キマ] 图 騎馬 **━경찰대**[gjɔ:ŋtʃʰalt'ɛ ギョーンチャルッテ] 图 騎馬警察隊 **━전**[dʒɔn ジョン] 图 騎馬戦 **━행렬**[hɛŋnjɔl ヘンニョル] 图 騎馬行列.

***기-막히다**[氣━][kimakʰida キマクキダ] 1 形 ① あきれ(返)る; ぼうぜんとする ¶ 기막혀 말도 못하다[kimakʰjɔ ma:ldo mo:tʰada キマクキョ マールド モーッタダ] あきれて物も言えない ② (非常に)すばらしい; ものすごい ¶ 기막히게 아름답다[kimakʰige arumdapt'a キマクキゲ アルムダプタ] ものすごく美しい 2 自 息が詰まる ¶ 기가[숨이] 막히다[kiga [su:mi] makʰida キガ[スーミ] マクキダ].

기만[欺瞞][kiman キマン] 图 [하타] 欺瞞ぎまん; 瞞着まんちゃく; 欺く・だますこと ¶ 국민을 ~하다[kuŋminul ~hada クンミヌル ~ハダ] 国民を欺瞞する[欺く] / 남을 ~하다[namul ~hada ナムル ~ハダ] 人を瞞着する[だます] **━정책**[dʒɔŋtʃʰɛk ジョンチェク] 图 欺瞞政策.

기말[期末][kimal キマル] 图 期末 **━시험**[ʃihɔm シホム] 图 期末試験.

기명[記名][kimjɔŋ キミョン] 图 [하자] 記名 **━날인**[narin ナリン] 图 記名捺印.

기묘-하다[奇妙━][kimjohada キミョ

하다] 形 奇妙だ ¶ ~-한 풍습[~-han pʰuŋsup ~-ハン プンスプ] 奇妙な風習 **기묘-히**[kimjoi キミョイ] 副 奇妙に; 巧みに; 上手に.

기물[器物][kimul キムル] 图 器物; うつわ ¶ ~을 파손하다[(kimur) ɯl pʰa:sonhada (キム)ルル パーソンハダ] 器物を破損する **━손괴죄**[so:ŋgwe-tʃ'we ソーングェチュェ] 图 <法> 器物損壊罪.

기미[kimi キミ] 图 (肌にできる)しみ; 茶色の斑点 ¶ 얼굴에 ~가 끼다[ɔlgure ~ga k'ida オルグレ ~ガ ッキダ] 顔にしみができる.

***기미**[幾微・機微][kimi キミ] 图 気配; 兆し ¶ 주가 하락의 ~가 보이다[tʃuk'a ha:rage ~ga poinda チュッカ ハーラゲ ~ガ ポインダ] 株価下落の気配が見える.

기미[氣味][kimi キミ] 图 ① 気味; 気持ち; 感じ; 趣味 ¶ ~가 통하다[~ga tʰoŋhada ~ガ トンハダ] 趣味[意気]が合う ② においと味.

기민[機敏][kimin キミン] 图 [하형] 機敏 ¶ ~한 동작[~han to:ŋdʒak ~ハン トーンジャク] 機敏な動作.

기밀[機密][kimil キミル] 图 [하형] [하부] 機密 ¶ ~을 누설하다 [(kimir) ɯl nu:sɔrhada (キミ)ルル ヌーソルハダ] 機密を漏らす **━누설**[lu:sɔl ルーソル] 图 機密漏泄 **━문서**[munsɔ ムンソ] 图 機密文書 **━비**[bi ビ] 图 機密費 **━실**[ʃil シル] 图 機密室.

기반[基盤][kiban キバン] 图 基盤; 土台 ¶ 경제 ~이 약하다[kjɔŋdʒe (giban)i jakʰada キョンジェ (ギバン)イ ヤクカダ] 経済基盤が弱い.

기발[奇拔][kibal キバル] 图 [하형] 奇抜 ¶ ~한 아이디어[(kibar)han aidiɔ ~ハン アイディオ] 奇抜なアイデア[思いつき].

기백[氣魄][kibɛk キベク] 图 気迫; 気概 ¶ ~에 넘치다[(kibɛg)e nɔ:mtʃʰida (キベ)ゲ ノームチダ] 気迫にあふれる.

기법[技法][kip'ɔp キポプ] 图 技法 ¶ 창작 ~[tʃʰaːŋdʒa (k'ip'ɔp) チャーンジャク ~] 創作技法.

***기별**[奇別・寄別][kibjɔl キビョル] 图 [하타] 便り; 消息; 沙汰さた; 知らせ ¶ 무사하다는 ~[musahadanɯn ~ ムサハダヌン ~] 無事との便り / ~도 없다[~do ɔ:pt'a ~ド オープタ] 音沙汰も

ない —**꾼**[k'un ックン] 名 便り[知らせ]を伝える人.

기병[騎兵][kibjəŋ キビョン] 名 騎兵 ¶~대 [~dɛ ~デ] 騎兵隊.

기복[起伏][kibok キボク] 名 하자 起伏 ¶~이 심한 땅 [(kibog)i ʃiːmhan t'aŋ (キボ)ギ シームハン ッタン] 起伏の甚だしい土地 / ~이 많은 인생 [(kibog)i maːnɯn insɛŋ (キボ)ギ マーヌン インセン] 起伏に富んだ人生.

***기본**[基本][kibon キボン] 名 基本 ¶~이 되어 있지 않다 [~i twɛi itʃ'i antʰa (キボ)ニトゥェオ イッチ アンタ] 基本ができていない —**급**[kɯp クプ] 名 本給, 本俸 —**단위**[danwi ダヌィ] 名 基本単位 —**법**[p'ɔp ポプ] 名 基本法 —**어휘**[ɔːhwi (キボ)ノーフィ] 名 基本語彙 —**연습**[njɔːnsɯp ニョーンスプ] 名 基本練習 —**요금**[njoːgum ニョーグム] 名 基本料金 —**자세**[dʒaːse ジャーセ] 名 基本姿勢 —**자유**[dʒaju ジャユ] 名 基本自由 —**재산**[dʒɛsan ジェサン] 名 基本財産 —**적**[dʒɔk ジョク] 名 冠 基本的 ¶~ 인권 [~-(dʒɔg) ink'wɔn ~-(ジョ)ギンクォン] 〈法〉基本的人権.

기부[寄附][kibu キブ] 名 하자 寄付; 寄進 —**금**[gɯm グム] 名 寄付金 —**행위**[hɛŋwi ヘンウィ] 名 寄付行為.

***기분**[氣分][kibun キブン] 名 ① 気分, 気持ち; 機嫌 ¶~이 상쾌하다 [~i saːŋkʰwɛhada (キブ)ニ サーンクェハダ] 気分爽快だ / 산뜻한 ~ [santˀɯtʰan ~ サントゥッタン ~] さっぱりした気持ち ② 感じ; 雰囲気 ¶봄 ~ [pom (gibun) ポム (ギブン)] 春の感じ / ~을 내다 [~ɯl nɛːda (キブ)ヌル ネーダ] 感じを出す / 축제 ~ [tʃʰuktʃˀe (gibun) チュクチェ (ギブン)] お祭りの雰囲気 —**파**(派)[pʰa パ] 名 気分屋; お天気屋.

***기뻐-하다**[kip'ɔhada キッポハダ] 自他 여변 喜ぶ; うれしがる ¶합격을 ~ [hapk'jɔgɯl ~ ハプキョグル ~] 合格を喜ぶ.

***기쁘다**[kip'ɯda キップダ] 形 으변 喜ばしい; うれしい ¶기쁜 소식 [kip'ɯn soʃik キップン ソシク] 喜ばしい[うれしい]便り / 일이 잘 되어 ~ [iːri tʃal dwɛɔ ~ イーリ チャル ドゥェオ ~] うまく事が運んでうれしい.

***기쁨**[kip'ɯm キップム] 名 喜び; うれしさ ¶~이 넘치다 [~i nɔːmtʃʰida (キッ)プ ミ ノームチダ] 喜びがあふれる / ~의 눈물 [~e nunmul (キッ)プメ ヌンムル] うれしい涙.

기사[技士][kisa キサ] 名 ① 技術系公務員の職級名の1つ ② 運転手の美称 ¶~ 운전 ~ [uːndʒɔn (gisa) ウーンジョ (ギサ)] —**님**[nim ニム] 名 運転手さん.

***기사**[技師][kisa キサ] 名 技師; エンジニア ¶건축 ~ [kɔːntʃʰuk (k'isa) コーンチュク (キサ)] 建築技師.

***기사**[記事][kisa キサ] 名 하타 記事 —**광고**[gwaːŋgo グァーンゴ] 名 記事広告; 記事体広告 —**문**[mun ムン] 名 記事文 **기사-거리**[kisatk'ɔri キサッコリ] 名 記事の種.

기사[騎士][kisa キサ] 名 騎士; ナイト —**도**[do ド] 名 騎士道.

기산[起算][kisan キサン] 名 하타 起算 —**일**[il (キサ)ニル] 名 起算日 —**점**[tʃ'ɔm チョム] 名 起算点.

기상[起床][kisaŋ キサン] 名 하자 起床 —**나팔**[napʰal ナパル] 名 起床ラッパ.

기상[氣象][kisaŋ キサン] 名 気象 ¶~을 관측하다 [~ɯl kwantʃʰukʰada ~ウル クァンチュクカダ] 気象を観測する —**개황**[gɛːhwaŋ ゲーファン] 名 気象概況 —**관측**[gwantʃʰuk グァンチュク] 名 気象観測 —**대**[dɛ デ] 名 気象台 —**위성**[wisɔŋ ウィソン] 名 気象衛星 —**재해**[dʒɛhɛ ジェヘ] 名 気象災害 —**주의보[경보]**[dʒuːibo [gjɔːŋbo] ジューイボ [ギョーンボ]] 名 気象注意報[警報] —**청**[tʃʰɔŋ チョン] 名 気象庁 —**통보**[tʰoŋbo トンボ] 名 気象情報[通報] —**특보**[tʰɯkp'o トゥクポ] 名 気象特報 —**학**[hak ハク] 名 気象学.

기상[氣像][kisaŋ キサン] 名 気性と品位 ¶진취적인 ~ [tʃiːntʃʰwidʒɔgin チーンチュィジョグン ~] 進取の気性.

기상-천외[奇想天外][kisaŋtʰɔnwe キサンチョヌェ] 名 하형 奇想天外 ¶~한 묘안 [~han mjoːan ~ハン ミョーアン] 奇想天外の妙案.

***기색**[氣色][kisɛk キセク] 名 顔色; 顔つき; 素振り; 気配 ¶~이 좋지 않다 [(kisɛg)i tʃoːtʃʰi antʰa (キセ)ギ チョーッチ アンタ] 顔色がよくない[悪い] / 상대의 ~을 살피다 [saŋdɛe (ki-

기생[妓生][ki:sɛŋ キーセン] 名 ① 芸技; 妓女뜻. ¶~노릇을 하다[~ no-rusɯl hada ~ ノルスル ハダ] 芸技・妓女になる; 左づまをとる ② キーセン(技生) —방(房)[p'aŋ パン] 名 キーセンの家 —집[tɕ'ip チプ] 名 キーセンの家; キーセンのいる酒屋 —퇴물(退物)[tʰwe:mul トゥェームル] 名 キーセン上がり.

기생[寄生][kisɛŋ キセン] 名[하[자] 寄生 ¶벌레가 ~하다[pɔllega ~hada ポルレガ ~ハダ] 虫が寄生する —식물[ʃinmul シンムル] 名 寄生植物 —충[tɕʰuŋ チュン] 名 寄生虫.

기선[汽船][kisɔn キソン] 名 汽船; 蒸気船.

기선[機先][kisɔn キソン] 名 機先 ¶~을 잡다[~ɯl tɕapt'a (キソ) ヌルチャプタ] 機先を制する.

기설[既設][kisɔl キソル] 名[하[타] 既設 ¶~ 철도선[~ tʰɔlt'osɔn ~ チョルトソン] 既設鉄道線.

*기성[既成][kisɔŋ キソン] 名[하[자[타] 既成 —복[bok ボク] 名 既製服; レディーメード —사실[sa:ʃil サーシル] 名 既成の事実 —세대[se:dɛ セーデ] 名 既成世代 —세력[se:rjɔk セーリョク] 名 既成勢力 —작가[dʒak'a ジャクカ] 名 既成作家 —화[hwa ファ] 名 既製の靴.

기세[氣勢][kise キセ] 名 気勢 ¶~가 오르다[~ga orɯda ~ガ オルダ] 気勢が揚がる/~를 부리다[~-rul purida ~ルル プリダ] 威張る; 気勢を張る.

*기소[起訴][kiso キソ] 名[하[타] 起訴 ¶검사가 ~하다[kɔ:msaga ~hada コームサガ ~ハダ] 検事が起訴する —유예[jue ユエ] 名 起訴猶予.

기수[奇數][kisu キス] 名 奇數=홀수[hols'u ホルッス].

기수[旗手][kisu キス] 名 旗手; リーダー ¶평화 운동의 ~[pʰjɔŋhwa u:ndoŋe ~ ピョンファ ウーンドンエ ~] 平和運動の旗手.

기수[機首][kisu キス] 名 機首 ¶~를 내리다[~-rul nɛrida ~ルル ネリダ] 機首を下げる.

기수[騎手][kisu キス] 名 騎手 ¶~생활[~ sɛŋhwal ~ センファル] 騎手生活.

*기숙[寄宿][kisuk キスク] 名[하[자] 寄宿 —사[s'a サ] 名 寄宿舎; 寮 —생[s'ɛŋ セン] 名 寄宿生; 寮生.

*기술[技術][kisul キスル] 名 技術 ¶~을 배우다[(kisur)ul pɛuda (キス)ルル ペウダ] 技術を学ぶ —공[goŋ ゴン] 名 技術工(員) —교육[gjo:juk ギョーユク] 名 技術教育 —도입[do:ip ドーイプ] 名 技術導入 —원조[(kisur)wɔ:ndʒo ~ウォーンジョ] 名 技術援助 —자[tʃ'a チャ] 名 技術者; エンジニア ¶~의 부족[~e pudʒok ~エ プジョク] 技術者の不足 —적[tʃ'ɔk チョク] 名[冠] 技術的 ¶~인 문제[~-(tʃ'ɔg)in mu:ndʒe ~-(チョギ)ン ムーンジェ] 技術的な問題 —정보[dʒɔŋbo ジョンボ] 名 技術情報 —제휴[dʒehju ジェヒュ] 名 技術提携 —학교[(kisur)hak'jo ハクキョ] 名 技術学校 —혁신[(kisur)hjɔkʃ'in ヒョクシン] 名 技術革新.

*기술[記述][kisul キスル] 名[하[타] 記述 ¶사실을 ~하다[sa:ʃirul (kisur)hada サーシルル ~ハダ] 事実を記述する.

기술[既述][kisul キスル] 名[하[타] 既述 ¶~한 바와 같이…[(kisur)han bawa gatʃʰi ~ハン パワ ガチ] すでに述べたように; 既述のとおり.

*기슭[kisuk キスク] 名 ふもと; 岸 ¶산~[san (k'isuk) ~ サン(キスク)] 山のふもと/강~에[kaŋ(k'isulg)e カン(キスル)ゲ] 川岸に.

기습[奇襲][kisup キスプ] 名[하[타] 奇襲; 不意打ち —작전[tʃ'aktʃ'ɔn チャクチョン] 名 奇襲作戦.

*기승[氣勝][kisuŋ キスン] 名[하[형] [으]形 勝ち気; 負けず気 —(을)떨다[(ul)t'ɔ:lda (ウル)ットールダ] 自 勝ち気な行動をする; 勝ち気ままにふるまう —(을)부리다[(ul)burida (ウル)ブリダ] 自 勝ち気にふるまう; 猛威をふるう ¶더욱 바람이 ~[tɔuk p'arami ~ トウク パラミ ~] ますます風が猛威をふるう.

*기실[其實][kiʃil キシル] 副 その実は ¶~은 난처하다[(kiʃir)un na:ntʃʰo-hada (キシ)ルン ナーンチョハダ] その

実は[実際]困ったものだ.

기-쓰다[氣―][kis'ɯda キッスダ] 他 力を込める; 躍起になる ¶기를 쓰고 변명하다[kirɯl s'ɯgo pjɔ:nmjɔnhada キルル ッスゴ ピョーンミョンハダ] 必死になって弁解する / 기를 쓰고 공부하다[kirɯl s'ɯgo koŋbuhada キルル ッスゴ コンブハダ] 躍起になって勉強する / 신경(神經)을 쓰다[ʃiŋgjɔŋɯl s'ɯda シンギョヌルッスダ] 気を使う.

기아[棄兒][kia キア] 名 捨て子.

기아[飢餓・饑餓][kia キア] 名 飢餓; 飢え ¶~선상을 헤매다[~sɔnsaŋɯl hemɛda ~ソンサンウル ヘメダ] 飢餓線上にさまよう.

기악[器樂][kiaɡ キアク] 名 器樂 **―곡**[(kia)k'ok コク] 名 器楽曲.

기안[起案][kian キアン] 名 する他 起案 ¶~ 용지[~ njo:ŋdʒi ~ ニョーンジ] 起案用紙.

기암[奇岩][kiam キアム] 名 奇岩 **―괴석**[ɡwe:sɔk クェーソク] 名 奇岩怪石.

기압[氣壓][kiap キアプ] 名 気圧 **―계**[k'e ケ] 名 気圧計; バロメーター **―골**[k'ol コル] 名 気圧の谷 **―배치**[(kia) p'ɛ:tʃʰi ペーチ] 名 気圧配置.

***기약**[期約][kijak キヤク] 名 する他 期(待)すること ¶성공을 ~하다[sɔŋgoŋɯl (kija)kʰada ソンゴンウル ~カダ] 成功を期する[約束する].

***기어-이**[期於―][kiɔi キオイ] 副 ① きっと; 必ず; 是非(とも); 誓って; = **기어코**[kiɔkʰo キオコ] ¶ 이겨야겠다[~ igjɔjaɡet'a ~ イギョヤゲッタ] きっと勝ってやる / ~ 사고야 말겠다[~ sagoja malɡet'a ~ サゴヤ マルゲッタ] 必ず[是非とも]買ってみせる ② とうとう; ついに ¶노력하여 ~ 해냈다[norjɔkʰajɔ ~ hɛnɛt'a ノリョクハヨ ~ ヘーネッタ] 努力してついにやり遂げた.

***기억**[記憶][kiɔk キオク] 名 する他 記憶; 覚え ¶확실히 ~하다[hwakʃ'iri (kiɔ)kʰada ファクシリ ~カダ] しっかり記憶する / ~을 더듬다[(kiɔɡ)ɯl tɔdɯmt'a ~グル トドゥムタ] 記憶をたどる / 그런 말을 한 ~이 없다[kɯrɔn ma:rɯl han ~i ɔ:pt'a クロン マールル ハン (キオ)ギ オープタ] そんなことを言った覚えがない / ~나다[(kiɔŋ) nada (キオン)ナダ] 思い出す **―력**[(kiɔŋ)njɔk (キオン)ニョク] 名 記憶力; 物覚え ¶~이 좋다[~-(njɔŋ) i tʃo:tʰa ~-(ニョ)ギ チョーッタ] 物覚えがいい **―상실**[s'aŋʃil サンシル] 名 記憶喪失 **―술**[s'ul スル] 名 記憶術 **―장치**[tʃ'aŋtʃʰi チャンチ] 名 記憶装置.

***기업**[企業][kiɔp キオプ] 名 企業 ¶중소[대] ~[tʃuŋso[tɛ:] (ɡiɔp) チュンソ[テー](ギオプ) 中小[大]企業 **―가**[k'a カ] 名 企業家 **―경영**[k'jɔŋjɔŋ キョンヨン] 名 企業経営 **―소득**[s'o:-dɯk ソードゥク] 名 企業所得 **―주**[tʃ'u チュ] 名 企業主 **―진단**[tʃ'i:n-dan チーンダン] 名 企業診断 **―체**[tʃʰe チェ] 名 企業体 **―화**[(kiɔ)-pʰwa プァ] 名 する自他 企業化.

***-기에**[kie キエ] 語尾 ① …ので; …であるから ¶클 것 같~ 줄였다[kʰɯl k'ɔtk'at(k'ie) tʃurjɔt'a クル コッカッ~ チュリョッタ] 大きそうなので縮めだ ② どうして; なぜ; 何で ¶무엇을 했~ 손이 더러우냐[muɔsɯl hɛt(k'ie) soni tɔrɔunja ムオスル ヘッ~ ソニ トロウニャ] 何で手がよごれたの.

-기에 망정이지[kie maŋdʒɔŋidʒi キエ マンジョンイジ] 慣 幸いそれで[…したので]よかったもの(さもなければ) ¶불을 껐~ 큰일날 뻔했다[purɯl k'ɔt(k'ie)~ kʰɯnillal p'ɔnhɛt'a プルル ッコッ~ クニルラル ッポンヘッタ] 火を消したのでよかったものの, (さもなければ)大変なことになるところだった.

기여[寄與][kijɔ キヨ] 名 する他自 寄与 ¶사회에 ~하다[sahwee ~hada サフェー ~ハダ] 社会に寄与する.

기역[kijɔk キヨク] 名 ハングル字母'ㄱ'の称 **―니은**[niɯn ニウン] 名 ① 'ㄱ'と'ㄴ' ② ハングル ¶~도 모르는 사람[~do morɯnɯn sa:ram ~ド モルヌン サーラム] ハングルを全然知らない / ~순[~sun ~スン] ㄱㄴ順.

기연[奇緣・機緣][kijɔn キヨン] 名 奇緣・機緣; 不思議な縁・きっかけ ¶이것을 ~으로 교제를 시작하다[iɡɔsɯl ~ɯro kjodʒerɯl ʃi:dʒakʰada イゴスル (キヨ)ヌロ キョジェルル シージャクタダ] これを機緣[奇緣]に交際を始める.

기염[氣焰][kijɔm キヨム] 名 気炎; 気勢 ¶~을 토하다[~ɯl tʰo:hada (キヨ)ムル トーハダ] 気炎を吐く; 熱を吹く; 気勢を上げる.

기예[技藝][kie キエ] 名 技芸 ¶~에

기예 기예[氣銳][kie キエ] 名 [하形] 気鋭 ¶신진 ~의 실업가[ʃindʒin (gie)e ʃirɔpk'a シンジン (ギエ)エ シロプカ] 新進気鋭の実業家.

*기온[氣溫][kion キオン] 名 気温 ¶~의 변화[~e pjɔ:nhwa (キオ)ネ ピョーンファ] 気温の変化 —편차[pʰjɔntʃʰa ピョンチャ] 名 気温偏差.

*기와[kiwa キワ] 名 瓦 ¶~ 지붕[~dʒibuŋ ~ ジブン] かわら屋根 —집[dʒip ジプ] 名 かわら屋 기왓-장[kiwatʃʼaŋ キワッチャン] 名 1枚1枚のかわら.

*기왕[旣往][kiwaŋ キワン] 1 名 既往; 以前; 過去 ¶~의 일은 묻지 않겠다[~e i:run mu:tʃʼi ankʰet'a ~エ イールン ムーッチ アンケッタ] 過去のことは問わない 2 副 すでに; どうせ; =—에[e エ] ~ 알고 있었다[~ al-go is'ɔt'a ~ アールゴイッソッタ] すでに[どうせ]わかっていた —이면[imjɔn イミョン] 副 どうせやることなら; どうせのこと[同じこと]なら ¶~ 잘 해라[~ tʃar hɛ:ra ~ チャル ヘーラ] どうせやることならしっかりやれ —지사(之事)[dʒisa ジサ] 名 すでに済んだこと; 副 どうせ ¶그것은 ~다[kɯgɔsɯn ~da クゴスン ~ダ] それはすでに済んだことだ / ~ 그렇게 된 바에야[~ kɯrɔkʰe twen baeja ~ クロッケ トゥェン バエヤ] どうせそうなった以上は.

기용[起用][kijoŋ キヨン] 名 [하他] 起用 ¶신인을 ~하다[ʃininɯl ~hada シニヌル ~ハダ] 新人を起用する.

기우[杞憂][kiu キウ] 名 杞憂 ¶~에 지나지 않다[~e tʃinadʒi antʰa ~エ チナジ アンタ] 杞憂に過ぎない.

기우뚱[kiut'uŋ キウットゥン] 副 傾けて —하다¹[hada ハダ] 自他 傾ける ¶고개를 ~-하며 듣고 있다[kogɛrul ~-hamjɔ tuk'o it'a コゲルル ~-ハミョ トゥッコ イッタ] 首を傾けて聞き入る —하다²[hada ハダ] 形 やや傾いている =기우뚬하다[kiudumhada キウドゥムハダ] ¶기둥이 ~[kiduŋi ~ キドゥンイ ~] 柱がやや傾いている —거리다[gɔrida ゴリダ] 自他 ① 傾ける; かしげる ¶고개를 ~[kogɛrul ~ コゲルル ~] 首をかしげる ② ぐらつく; ぐらぐらする ¶배가 ~[pɛga ~ ペガ ~] 船がぐらつく / 버스가 ~[bɔsuga ~ ボスガ ~] バスがぐらぐらする.

*기운[kiun キウン] 名 ① 力; 体力 ¶~이 세다[~i se:da (キウ)ニ セーダ] 力が強い / ~이 빠지다[~i p'a:dʒida (キウ)ニ パージダ] 力が抜ける ② 元気; 生気 ¶~이 없다[~i ɔ:pt'a (キウ)ニ オープタ] 元気がない / ~이 나다[~i nada (キウ)ニ ナダ] 元気が出る / ~을 잃다[~ɯl iltʰa (キウ)ヌル イルタ] 生気を失う ③ 気; 気味; 気配; 勢い ¶감기 ~[ka:mgi (giun) カームギ (ギウン)] 風邪気味 / 봄의 ~[pome ~ ポメ ~] 春の気配 / 술 ~[sul (k'iun) スル ~] 酒の勢い / 불 ~[pul (k'iun) プル ~] 火の気 —차다[tʃʰada チャダ] 形 力強い; 元気だ ¶~-찬 행동[~-tʃʰan hɛndoŋ ~-チャン ヘンドン] 力強い行動 / ~-찬 아이들[~-tʃʰan aidul ~-チャン アイドゥル] 元気な子供たち.

*기울다[kiulda キウルダ] 自形[ㄹ語幹] ① 傾く ¶배가 ~[pɛga ~ ペガ ~] 船が傾く / 가운이 ~[kauni ~ カウニ ~] 家運が傾く / 마음이 ~[maɯmi ~ マウミ ~] 心が傾く ② 暮れる; 欠ける ¶해가[달이] ~[hɛga[tari] ~ ヘガ[タリ] ~] 日が暮れる[月が欠ける].

기울어-뜨리다[kiurot'urida キウロットゥリダ] 他 傾ける ¶물통을 ~[multʰoŋul ~ ムルトンウル ~] 水桶を傾ける.

*기울어-지다[kiurodʒida キウロジダ] 自 傾く ¶기둥이 ~[kiduŋi ~ キドゥンイ ~] 柱が傾く.

*기울-이다[kiurida キウリダ] 他 傾ける ¶고개를 ~[kogɛrul ~ コゲルル ~] 首をかしげる / 귀를 ~[kwirul ~ クィルル ~] 耳を傾ける / 잔을 ~[tʃanul ~ チャヌル ~] 杯を傾ける / 전력을 ~[쏟다] [tʃɔlljogul ~[s'ot'a] チョルリョグル ~[ッソッタ]] 全力を傾ける[注ぐ].

기웃[kiut キウッ] 副 何かをのぞこう[見よう]と首をかしげるさま —하다¹[(kiu)tʰada タダ] 他 (のぞこうとして)首をかしげる= ¶고개를 ~[kogɛrul ~ コゲルル ~] —하다²[(kiu)tʰada タダ] 形 やや傾いている ¶기둥이 ~[kiduŋi ~ キドゥンイ ~] 柱がやや傾いている —거리다[k'ɔrida コリダ] 自他 しきりに[あっ

ちこっちを]のぞく＝**기웃기웃하다** [kiutk'iutʰada キウッキウッタダ] ¶남의 집을 ～[name tɕibuɾ ～ ナメ チブル ～] 人の家をしきりにのぞく —**이** [(kiu)ɕi (キウ)シ] 副 やや傾いて; やや傾けて; かしげて.

기원[紀元][kiwɔn キウォン] 图 紀元 —**전** [dʑɔn ジョン] 图 紀元前; B.C. —**후** [hu フ] 图 紀元後; A.D..

*기원[祈願][kiwɔn キウォン] 图 하他 祈願; 祈ること; 願い ¶신에게 ～하다 [ɕinege ～ シネゲ ～ハダ] 神に祈る.

*기원[起源][kiwɔn キウォン] 图 하自 起源 ¶종의 ～[tɕoŋe ～ チョンエ ～] 種の起源.

기원[棋院・碁院][kiwɔn キウォン] 图 「棋院; 碁会所.

기율[紀律][kijul キユル] 图 規律[紀律] ¶～을 지키다[어기다][kijuɾ ul tɕikʰida[ɔgida] (キユ)ルル チキダ[オギダ] 規律を守る[破る].

기이[奇異][kii キイ] 图 하形 奇異; 奇妙 ¶～한 풍습[～han pʰuŋsɯp ～ハン プンスプ] 奇異な風習.

기인[起因][kiin キイン] 图 하自 起因 ¶교통 사고는 음주 운전에 ～한다 [kjotʰoŋ sa:gonɯn ɯ:mdʑu u:ndʑɔne ～handa キョトン サーゴヌン ウームジュ ウーンジョネ ～ハンダ] 交通事故は飲酒運転に起因する.

기일[忌日][kiil キイル] 图 忌日; 命日; 忌み日 ¶조부의 ～[tɕobue ～ チョブエ ～] 祖父の命日.

기일[期日][kiil キイル] 图 期日; 日限 ¶～내에 지불하다[～lɛe tɕiburhada ～レエ チブルハダ] 期日内に支払う.

기입[記入][kiip キイプ] 图 하他 記入; 書き入れ ¶날짜를 ～하다[naltɕ'arɯl (kii)pʰada ナルッチャルル ～パダ] 日付を記入する[書き入れる] —**란** [(kiim)nan (キイム)ナン] 图 記入欄 —**장** [tɕ'aŋ チャン] 图 記入帳.

*기자[記者][kidʑa キジャ] 图 記者 ¶신문[잡지] ～[ɕinmun[tɕʰaptɕ'i] (gidʑa) シンムン[チャプチ] (ギジャ)] 新聞[雑誌]記者 / 사이비 ～[sa:ibi (gidʑa) サーイビ (ギジャ)] えせ記者 —**단** [dan ダン] 图 記者団; 記者クラブ.

기장[kidʑaŋ キジャン] 图 衣服の丈[長さ]=¶옷의 ～[ose ～ オセ ～].

기장[記帳][kidʑaŋ キジャン] 图 하他 記帳 ¶매상고를 ～하다[mɛ:saŋgorɯl ～hada メーサンゴルル ～ハダ] 売上高を記帳する.

기재[記載][kidʑɛ キジェ] 图 하他 記載 ¶～ 사항[～ sa:haŋ ～ サーハン] 記載事項.

기재[器材][kidʑɛ キジェ] 图 器材 ¶실험용 ～[ɕirhɔmnjoŋ (gidʑɛ) シルホムニョン (ギジェ)] 実験用の器材.

기재[機材][kidʑɛ キジェ] 图 機材 ¶건축용 ～[kɔ:ntɕʰuŋnjoŋ (gidʑɛ) コーンチュンニョン (ギジェ)] 建築用の機材.

*기저귀[kidʑɔgwi キジョグィ] 图 おむつ; おしめ ¶～를 채우다[～rul tɕʰɛ-uda ～ルル チェウダ] おむつを当てる.

기적[汽笛][kidʑɔk キジョク] 图 汽笛 ¶～을 울리다[(kidʑɔŋ)ɯl ullida (キジョ)グル ウルリダ] 汽笛を鳴らす.

*기적[奇蹟][kidʑɔk キジョク] 图 奇跡 ¶～이 일어나다[(kidʑɔŋ)i irɔnada (キジョ)ギ イロナダ] 奇跡が起こる —**적** [tɕ'ɔk チョク] 图 冠 奇跡的 ¶～으로 살아나다[～-(tɕ'ɔŋ) uro sara-nada ～-(チョ) グロ サラナダ] 奇跡的に助かる[生還する].

기절[氣絕][kidʑɔl キジョル] 图 気絶 —**하다** [(kidʑɔr) hada ～ ハダ] 图 自 気絶する; 気を失う; 失神する ¶놀란 나머지 ～[no:llan namɔdʑi ～ ノールラン ナモジ ～] 驚きのあまり気絶する —**초풍** [tɕʰopʰuŋ チョプン] 图 하自 びっくり仰天すること.

기점[起點][kitɕ'ɔm キチョム] 图 起点 ¶철도의 ～[tɕʰɔlt'oe ～ チョルトエ ～] 鉄道の起点.

기점[基點][kitɕ'ɔm キチョム] 图 基点 ¶방위 ～[paŋwi (gitɕ'ɔm) パンウィ (ギチョム)] 方位基点.

기정[旣定][kidʑɔŋ キジョン] 图 하他 既定 —**방침** [baŋtɕʰim バンチム] 图 既定方針 —**사실** [sa:ɕil サーシル] 图 既定の事実.

기제(사)[忌祭(祀)][kidʑe(sa) キジェ(サ)] 图 忌祭; 年忌の祭祀៉.

기조[基調][kidʑo キジョ] 图 基調 —**연설** [jɔ:nsɔl ヨーンソル] 图 基調演説.

기존[旣存][kidʑon キジョン] 图 하他 既存 —**시설** [ɕi:sɔl シーソル] 图 既存の施設.

기-죽다[氣—][kidʑukt'a キジュクタ] 自 気がめいる; しょげる; 弱気になる

기-죽이다 [kidʑugida キジュギダ] 他 '기죽다' の使役形 ¶아이를 기죽이

지 마라[airɯl kidʒugidʒi mara ~ アイルル キジュギジ マラ] 子供の気(力)をくじくな.

‡**기준**[基準][kidʒun キジュン] 名 基準 ¶ 판단의 ~[pʰandane ~ パンダネ ~] 判断の基準 —**가격**[k'agjok カギョク] 名 基準価格 —**량**[njaŋ ニャン] 名 基準量 —**선**[sɔn ソン] 名 基準線.

기중[忌中][kidʒuŋ キジュン] 名 忌中; 喪中.

기중-기[起重機][kidʒuŋgi キジュンギ] 名 起重機; クレーン.

기증[寄贈][kidʒuŋ キジュン] 名 하他 寄贈 ¶ ~**품**[~pʰum ~プム] 寄贈品.

기지[基地][kidʒi キジ] 名 基地 ¶ 군사 ~[kunsa (gidʒi) クンサ (ギジ)] 軍事基地 / 남극 ~[namgɯ (k'idʒi) ナムグク ~] 南極基地 —**창**[tʰaŋ チャン] 名 軍の補給部隊 —**촌**[tʰon チョン] 名 外国軍基地のあたり村.

기지[既知][kidʒi キジ] 名 하他 既知 ¶ ~**의 사실**[~e sa:ʃil ~エ サーシル] 既知の事実 —**수**[su ス] 名 既知数.

기지[機智][kidʒi キジ] 名 機智; 機転; ウイット ¶ ~**가 넘치는 대화**[~ga nɔ:mtʃʰinɯn tɛ:hwa ~ガ ノームチヌン テーファ] 機智に富んだ対話 / ~**가 있다**[~ga it'a ~ガ イッタ] 機転がきく; ウイットがある.

***기지개**[ki:dʒige キージゲ] 名 伸び —**(를) 하다 [켜다]**[(rɯl) hada [kʰjɔda]] (ルル) ハダ [キョダ] 自 伸びをする.

기진-맥진[氣盡脈盡][kidʒinmɛktʃ'in キジンメクチン] 名 하自 疲労困憊; 気力が尽きてへとへとになること.

기질[氣質][kidʒil キジル] 名 ① 気質; 気性; 気立て ② 気質かたぎ ¶ **장인(匠人)** ~[tʃaŋin (gidʒil) チャンイン (ギジル)] 職人気質 / **학자** ~**인 사람**[haktʃ'a (gidʒir)in sa:ram ハクチャ (ギジリ)ン サーラム] 学者肌の人.

‡**기차**[汽車][kitʃʰa キチャ] 名 汽車(列車の古い通称); 列車 ¶ ~ **여행**[~ jɔhɛŋ ~ ヨヘン] 列車旅行 **기찻-길**[kitʃʰatk'il キチャックキル] 名 鉄道; 線路 —**표**[pʰjo ピョ] 名 列車の切符.

기-차다[氣一][kitʃʰada キチャダ] 形 自 あきれる; あっけにとられる ¶ **기차게 비싸다**[kitʃʰage pis'ada キチャゲ ピッサダ] べらぼうに高い / **기가 차서 말도 안 나온다**[kiga tʰasɔ ma:ldo an naonda キガ チャソ マールド アン ナオンダ] あきれてものも言えない / **노래를 기차게 부른다**[norerɯl kitʃʰage purɯnda ノレルル キチャゲ プルンダ] 驚くほど歌がうまい.

기착[寄着][kitʃʰak キチャク] 名 하自 目的地へ行く途中立ち寄ること ¶ **홍콩에 잠시 ~하다**[hoŋkʰoŋe tʃa:mʃi (kitʃʰa)kʰada ホンコンエ チャームシ ~カダ] しばしホンコンに立ち寄る —**지**[tʃ'i チ] 名 立ち寄るところ; 経由地.

***기척**[kitʃʰɔk キチョク] 名 気配 ¶ **인** ~[in (k'itʃʰɔk) イン~] 人の気配.

기체[氣體][kitʃʰe キチェ] **1** 名〈物〉気体 ¶ ~ **연료**[~ jɔlljo ~ヨルリョ] 気体燃料 **2** 名 ご機嫌 ¶ ~ **만안하십니까?**[~ ma:nanhaʃimnik'a ~ マーナンハシムニッカ] ご機嫌いかがでございますか.

기체[機體][kitʃʰe キチェ] 名 機体 ¶ ~**의 잔해**[~e tʃanhɛ ~エ チャンヘ] 機体の残骸ざんがい.

기초[起草][kitʃʰo キチョ] 名 하他 起草 ¶ **법안을 ~하다**[pɔbanɯl ~-hada ポバヌル ~ハダ] 法案を起草する.

‡**기초**[基礎][kitʃʰo キチョ] 名 基礎 —**공사**[goŋsa コンサ] 名 基礎工事 —**공제**[go:ŋdʒe ゴーンジェ] 名 基礎控除 —**교육**[gjo:juk ギョーユク] 名 基礎教育 —**산업**[sa:nɔp サーノプ] 名 基礎産業 —**지식**[dʒiʃik ジシク] 名 基礎知識 —**화장**[hwa:dʒaŋ ファージャン] 名 基礎化粧.

기총[機銃][kitʃʰoŋ キチョン] 名 機銃; 機関銃 —**소사**[so:sa ソーサ] 名 하他 機銃掃射.

기치[旗幟][kitʃʰi キチ] 名 旗幟きし; 旗印 ¶ **자유의** ~[tʃajue ~ チャユエ ~] 自由の旗印.

‡**기침**[kitʃʰim キチム] 名 하自 咳せき; しわぶき ¶ ~**이 나다**[~i nada (キチ)ミナダ] 咳が出る —**약**[njak ニャク] 名 咳(止め)の薬.

***기타**[其他][kitʰa キタ] 名 その他; そのほか ¶ ~**의 문제**[~e mu:ndʒe ~エ ムーンジェ] その他の問題.

기탁[寄託][kitʰak キタク] 名 하他 寄託 —**금**[(kitʰa)k'ɯm クム] 名 寄託金.

기탄[忌憚][kitʰan キタン] 名 하他 忌憚きたん; 遠慮 ¶ ~ **없는 의견**[~ɔmnɯn ɯi:gjɔn (キタ)ノムヌン ウィーギョン] 忌憚のない意見 —**없이**[ɔpʃ'i (キタ)ノプシ] 副 忌憚[はばかり]なく; 遠慮

なく ¶~ 말하자면 [~ ma:rhadʒamjʌn ~ マールハジャミョン] 忌憚なく言えば / ~ 말하세요 [~ ma:rhage ~ マールハゲ] 遠慮なく話しなさい.

*기특-하다[奇特―][kitʰwkhada キトゥクダ] 形 여変 奇特だ; 殊勝だ; 感心だ; けなげだ ¶ ~ 한 마음씨 [~-kʰan maumʃ'i ~-カン マウムシ] 殊勝な[けなげな]心がけ / 공부한다니 참 ~[koŋbuhandani tʃʰam ~] コンブハンダニ チャム ~] 勉強をするそうだなかなか感心なことだ ―히 [(kitʰw)kʰi キ キ] 副 殊勝に; けなげに.

*기틀[kitʰwl キトゥル] 名 基礎; 土台; 物事の最も重要な要所 ¶ ~ 이 마련되어 있다 [(kitʰwr)i marjʌndwe it'a (キトゥ)リ マリョンドゥェ イッタ] 基礎ができている ―이 잡히다 [(kitʰwr)i tʃapʰida (キトゥ)リ チャプピダ] 自 (物事の)骨[基礎]が築かれる; 基盤が安定する ¶ 생활의 ~[sɛŋhware ~ センファレ ~] 生活の基盤が安定する.

기-펴다[氣―][kipʰjʌda キピョダ] 自 ① (何にもはばかることなく)意のままに暮らす; 羽を伸ばす ¶ 불합격으로 기를 못 펴다[purhapk'ʌgwro kirwl mɔːt pʰjʌda プルハプキョグロ キルル モーッ ピョダ] 落第で気がくじけて小さくなる ② (苦境から脱して)安心する; 気楽になる ¶ 기를 펴고 살게 되었다 [kirwl pʰjʌgo sa:lge twɛːt'a キルル ピョゴ サールゲ トゥェオッタ] 一安心して人並みに暮らせるようになった.

기품[氣稟][kipʰum キプム] 名 気稟きひん; 気性; 天性 ¶ 뛰어난 ~[t'wiʌnan ~ ットゥィオナン ~] 優れた天性.

기품[氣品][kipʰum キプム] 名 気品; 品格 ¶ 점잖은 ~[tʃʌmdʒanwn ~ チョームジャヌン ~] 穏やかな気品.

기풍[氣風][kipʰuŋ キプン] 名 気風 ¶ 학교의 ~[hak'joe ~ ハクキョエ ~] 校風.

기피[忌避][kipʰi キピ] 名 하他 忌避 ¶ 병역 ~[pjʌŋjʌk (k'ipʰi) ピョンヨク ~] 兵役忌避 ―자[dʒa ジャ] 名 忌避した人; 特に兵役を忌避した者.

기필-코[期必―][kipʰilkʰo キピルコ] 副 必ず; きっと ¶ ~ 합격하고 말겠다 [~ hapk'jʌkhago malget'a ~ ハプキョクカゴ マルゲッタ] 必ず合格してみせる.

기하[幾何][kiha キハ] 名 〈数〉幾何

―급수[gwps'u グプス] 名 幾何級数 ¶ ~ 적으로 불어나다 [~dʒɔgwro punʌnada ~ ジョグロ プロナダ] ねずみ算式[幾何級数的]に増える ―학[hak ハク] 名 幾何学 ¶ ~ 적 무늬 [~tʃ'ʌŋ muni ~チョン ムニ] 幾何(学的)文様[模様].

기-하다[期―][kihada キハダ] 他 여変 期する ¶ 필승을 ~[pʰils'uŋwl ~ ピルッスンウル ~] 必勝を期する.

*기한[期限][kihan キハン] 名 하他 期限 ¶ ~ 이 끝나다 [~i k'unnada (キハ)ニ ックンナダ] 期限が切れる[尽きる] ―부[bu ブ] 名 期限付き; 日切り ¶ ~ 로 책을 빌리다 [~ro tʃʰɛgwl pillida ~ロ チェグル ピルリダ] 期限付きで本を借りる.

기합[氣合][kihap キハプ] 名 気合い ¶ ~ 을 넣다[받다] [(kihab)wl nɔːtʰa [pat'a] (キハ)ブル ノータ[パッタ]] 気合い[体罰]を入れる[受ける].

기행[紀行][kihɛŋ キヘン] 名 紀行 ¶ 아프리카 ~[apʰurikʰa (gihɛŋ) アプリカ (ギヘン)] アフリカ紀行 ―문 [mun ムン] 名 紀行文.

기-현상[奇現象][kihjʌnsaŋ キヒョンサン] 名 奇異な現象.

기형[畸型・奇形][kihjʌŋ キヒョン] 名 奇形 ―아[a ア] 名 奇形児.

*기호[記號][kiho キホ] 名 記号 ¶ 발음 ~[parwm (giho) パルム (ギホ)] 発音記号.

기호[嗜好][ki:ho キーホ] 名 하他 嗜好しこう; 好み; たしなみ ¶ ~ 가 바뀌다 [~ga pak'wida ~ガ パックィダ] 嗜好が変わる / ~ 에 맞다 [~e mat'a ~エ マッタ] 好みに合う; 嗜好にかなう ―(식)품 [(ʃik) pʰum (シク) プム] 名 嗜好品.

기혼[既婚][kihon キホン] 名 하自 既婚 ―자[dʒa ジャ] 名 既婚者.

기화[奇貨][kihwa キファ] 名 奇貨; 珍しい財宝 ―로[ro ロ] 慣 …につけこんで[乗じて]; …をいいことに ¶ 상대방의 실책을 ~[saŋdɛbaŋe ʃiltʃʰɛgwl ~ サンデバンエ シルチェグル ~] 相手の失敗につけこんで / 약점을 ~ 하다 [jakt'ʃ'ɔmul ~ hada ヤクチョムル ~ ハダ] 弱点につけ入る.

*기회[機會][kihwe キフェ] 名 機会; 折; チャンス ¶ 절호의 ~[tʃɔrhoe ~ チョルホエ ~] 絶好の機会 ―에 [e エ]

慣 …するついでに[際に] ¶가는 ~[kanun ~ カヌン ~] 行くついでに **一균등** [gjundɯŋ ギュンドゥン] 图 機会均等 **一주의** [dʒui ジュイ] 图 日和見主義.

***기획**[企劃][kihwek キフェク] 图 하他 企画; 企て; プラン ¶~을 세우다 [(kihweg)ɯl seuda (キフェ)グル セウダ] 企画を立てる.

‡**기후**[氣候][kihu キフ] 图 気候 ¶~의 변화[~e pjɔːnhwa ~エ ピョーンファ] 気候の変化.

긴가-민가[kingaminga キンガミンガ] 副 하形 (そうかでないか)はっきりしないさま ¶~할 때에는 사전을 보라[~hal t'ɛenɯn sadʒɔnɯl pora ~ハル ッテエヌン サジョヌル ボラ] はっきりしない時には辞書を引け.

***긴급**[緊急][kingɯp キングプ] 图 하形 緊急 ¶~을 요하다[(kingɯb)ɯl johada (キング)ブル ヨハダ] 緊急を要する **一히**[(kingɯ)pʰi ピ] 副 緊急に; いち早く; 素早く **一수배하다**[~s'ubɛhada ~ スベハダ] 緊急に手配する **一구속**[k'usok クソク] 图 하他〈法〉緊急拘束 **一동의**[t'o:ŋi トーンイ] 图 하自 緊急動議 **一사태**[s'aːtʰɛ サーテ] 图 緊急事態 **一조치**[tʃ'otʃʰi チョチ] 图 하他 緊急措置 **一체포**[tʃʰepʰo チェポ] 图 하他 緊急逮捕 **一피난**[pʰiːnan ピーナン] 图 하自 緊急避難 **一회의**[(kingɯ) pʰweːi プェーイ] 图 緊急会議.

긴-긴[kiːngin キーンギン] 冠 ひどく長い, 長々しい; =기나긴[kiːnagin キーナギン]の略 ¶~ 겨울밤[~ kjəulp'am ~ キョウルパム] 冬の夜長 / ~ 날[~ nal ~ ナル] 長い日; 日長 / ~ 밤[~ pam ~ パム] 夜長 / ~ 해[~ hɛ ~ ヘ] 長い日; 日長.

긴-말[kiːnmal キーンマル] 图 하自 長話; くだくだしい話 ¶~할 것 없다[(kiːnmar)hal k'ɔdpt'a ~ハル コドプタ] くだくだしい話は無用だ.

긴밀[緊密][kinmil キンミル] 图 하形 緊密 ¶~한 관계[(kinmir) han kwange ~ハン クァンゲ] 緊密な関係 **一히**[(kinmir)i (キンミ)リ] 副 緊密に.

긴박[緊迫][kinbak キンバク] 图 하自 緊迫 ¶~한 국제 정세[(kinba)kʰan kukt'ʃ'e dʒɔŋse ~カン ククチェ ジョンセ] 緊迫した国際情勢 **一감**[(kinba)-k'am カム] 图 緊迫感.

***긴요**[緊要][kinjo キンヨ] 图 하形 緊要; 肝要 ¶~한 문제[~han muːndʒe ~ハン ムーンジェ] 緊要な問題 **一히**[i イ] 副 緊要[肝要]に; 大切に.

***긴장**[緊張][kindʒaŋ キンジャン] 图 하他 緊張 ¶~된 표정[~dwen pʰjodʒoŋ ~ドゥェン ピョジョン] 緊張した顔つき **一완화**[waːnhwa ワーンファ] 图 緊張緩和.

긴축[緊縮][kintʃʰuk キンチュク] 图 하自 緊縮; 引き締める・切り詰めること ¶~ 생활을 하다[~ sɛ̃ɲhwarɯl hada ~ センファルル ハダ] 切り詰めた生活をする **一예산**[(kintʃʰun) neːsan (キンチュン) ネーサン] 图 緊縮予算 **一재정**[tʃ'ɛdʒɔŋ チェジョン] 图 緊縮財政 **一정책**[tʃ'ɔŋtʃʰɛk チョンチェク] 图 緊縮政策.

긴-하다[緊一][kinhada キンハダ] 形 여変 ① 緊要だ; 緊切だ ¶긴한 물건[kinhan mulgɔn キンハン ムルゴン] 肝要な物 / 긴한 볼일[kinhan poːlil キンハン ポールリル] 大切な用事 ② 緊密だ ¶긴한 사이[kinhan sai キンハン サイ] ごく近い間柄 **긴-히**[kini キニ] 副 折り入って; 特別に ¶~ 부탁할 일[~ puːtʰakʰal liːl ~ プータクカル リール] 折り入ってお願いしたいこと.

***긷다**[kiːt'a キータ] 他 ㄷ変 (水を)くむ; くみ上げる; くみ出す ¶두레박으로 물을 ~[turebaguro murɯl ~ トゥレバグロ ムルル ~] つるべで水をくむ / 물을 길으러 가다[murɯl kiruro kada ムルル キルロ カダ] (井戸・水道などへ) 水をくみに行く / 물을 푸다[murɯl pʰuda ムルル プダ] 水をくみ出す[すくう] / 물을 뜨다[murɯl t'uda ムルル ットゥダ] (小さな器などで)水をくむ[しゃくる].

‡**길**[kil キル] 图 ① 道 ¶~가[~k'a ~カ] 道端 / ~을 묻다[(kir)ɯl muːt'a (キ)ルル ムータ] 道を尋ねる / 나아갈 ~[naːagal k'il ナアガル キル] 進むべき道 / ~을 닦다[(kir)ɯl takt'a (キ)ルル タクタ] 道をならす[修める] ② 途中 ¶가는 ~에 들르다[kanun (kir)e tullɯda カヌン (キ)レ トゥルルダ] 行く途中に立ち寄る; 行き掛けに寄る ③ 方法; 手段 ¶타협할 ~이 없다[tʰaːhjɔpʰal (k'ir)i ɔːpt'a ターヒョッパル (キ)リ オープタ] 妥協の方法はない ④ 旅程; 道のり ¶미국 방문

길-다랗다 [ki:ldaratʰa キールダラッタ] 形[b変] 非常に長い; ➤'기다랗다'.

길-동무 [kilt'oŋmu キルトンム] 名 道連れ; 同行者 **—하다** [hada ハダ] 自他 連れ立つ; 道連れになる; 同行する.

길-들다 [kilduɯlda キルドゥルダ] 自 [ㄹ語幹] ① (手入れが行き届いて)つやが出る; 使いよくなる ¶잘 길든 세간 [tʃal kilduɯn se:gan チャル キルドゥン セーガン] 手入れが行き届いた所帯道具 ② (動物などが)手なずく; よくなつく ¶길든 망아지 [kilduɯn maŋadʒi キルドゥン マンアジ] よく手なずけた小馬 ③ 手慣れる; 熟達する.

길-들이다 [kilduɯrida キルドゥリダ] 他 ① 飼い慣らす; 手なずける; 仕込む ¶개를 ～ [kɛ:rul ケールル] 犬を飼い慣らす ② (手入れして)使いよくする ③ 熟達させる; 手慣らす.

길-떠나다 [kilt'ɔnada キルットナダ] 自他 発たつ; 旅立つ ¶～-떠난 나그네 [～-t'ɔnan nagune ～-ットナン ナグネ] 旅先の旅人.

길라-잡이 [killadʒabi キルラジャビ] 名 道しるべ; 道案内(人); 略 '길잡이'.

-길래 [killɛ キルレ] 語尾 …なので ¶대학이 이렇～ [tɛ:hagi irɔt (kʰillɛ) テーハギ イロッ(キルレ)] 大学がこんなふうなので(やめた) / 착한 애～ [tʃʰakʰan ɛ:(gillɛ) チャクカネー(ギルレ)] いい子なので(お菓子をやった).

길러-내다 [지다] [killɔnɛda [dʒida] キルロネダ [ジダ]] 自他 育て上げる [育てられる]; 養成する[成長する].

길-모퉁이 [kilmotʰuŋi キルモトゥンイ] 名 町角; 曲がり角 ¶～ 파출소 [～ pʰatʰulso ～ パチュルソ] 町角の交番.

*길-목 [kilmok キルモク] 名 道の要所 ¶～을 지키다 [(kilmog)ɯl tʃikʰida (キルモ)グル チキダ] 道の要所を守る.

길-바닥 [kilp'adak キルパダク] 名 路面; 路上 ¶～-이 미끄럽다 [(kilp'adag)i mik'ɯrɔpt'a (キルパダ)ギ ミックロプタ] 路面が滑らかだ.

길-섶 [kils'ɔp キルソプ] 名 道の側; 道のわき; 道端; 路辺 ¶～에 주저앉다 [(kils'ɔb)e tʃudʒɔant'a (キルソ)ベ チュジョアンタ] 道端に座り込む.

길-속 [kils'ok キルソク] 名 (専門的な)事の内情; 裏 ¶～을 모르다 [(kilsog)ɯl morɯda (キルソ)グル モルダ] 仕事の裏[事情・要領]を知らない.

의 ～ [mi:guk p'a:ŋmue ～ ミーグク パンムエ ～] アメリカ訪問の旅程 ⑤ 分野; 方向 ¶그 ～의 전문가 [kɯ (kir)e tʃɔnmunga ク (キ)レ チョンムンガ] その分野[道]の達人 **—을 뚫다** [(kir)ɯl t'ultʰa (キ)ルル ットゥルタ] 道を通す[つける]. 他 取るべき手段・方法を探し出す **—을 재촉하다** [(kir)ɯl tʃɛtʃʰokʰada (キ)ル チェチョクカダ] 道を急ぐ; 他 速く行くよう急ぐ **—이 바쁘다** [(kir)i pap'ɯda (キ)リ パップダ] 他 道を急がなければならない **—이 열리다** [(kir)i jɔllida (キ)リ ヨルリダ] 道が開ける; 他 解決の方法が見つかる.

길² [kil キル] 名 ① (手入れなどによる)つや; 光沢 ② (動物の)飼い慣らし; 仕込み ¶～들인 개 [～dɯrin kɛ: ～ ドゥリン ケー] 手なずけた犬 ③ 手慣れ ¶～든 볼펜 [～dɯn bo:lpʰen ～ ドゥン ボールペン] 使い慣れたボールペン.

길³ [kil キル] 依名 ① 成人の背丈くらいの深さ; 尋장 ¶한 ～이 넘는 못 [han (gir)i nɔ:mnɯn mot ハン (ギ)リ ノムヌン モッ] 1尋以上の深さがある池 ② 長さの単位 (8尺または10尺をいう).

길-가 [kilk'a キルカ] 名 道端; 路傍.

길-거리 [kilk'ɔri キルコリ] 名 街頭; 路上; 通り ¶～에서 헤메다 [～esɔ hemɛda ～エソ ヘメダ] 路頭に迷う.

길길-이 [kilːgiri キールギリ] 副 ① かなり高く; うず高く ¶잡초가 ～ 자랐다 [tʃaptʃʰoga ～ tʃaratʼa チャプチョガ ～ チャラッタ] 雑草がかなり高く伸びた / 눈이 ～ 쌓였다 [nu:ni ～ s'ajɯtʰa ヌーニ ～ ッサヨッタ] 雪がうず高く積もった ② かんかん(怒るさま) ¶화가 나서 ～ 뛰다 [hwa:ga nasɔ ～ t'wida ファーガ ナソ ～ ットゥイダ] かんかんになって怒る; 腹が立って地団太を踏む.

길-나다 [killada キルラダ] 自 ① 癖[習慣]になる ② つやが出る ③ 使い慣れる.

길-눈 [killun キルルン] 名 道を見分ける目 ¶～이 밝다 [어둡다] [～i pakt'a [ɔdupt'a] (キル)ニ パクタ [オドゥプタ]] 道筋の覚えが良い[悪い].

*길다 [ki:lda キールダ] 形 [ㄹ語幹] 長い ¶끈이 ～ [k'ɯni ～ ックニ ～] ひもが長い / 긴 머리 [ki:n mɔri キーン モリ] 長い髪 / 해가 ～ [hɛga ～ ヘガ ～] 日が長い / 회의가 길어지다 [hwe:iga kirɔdʒida フェーイガ キロジダ] 会議が長びく.

길-손 [kilsʼon キルソン] 图 旅人; 旅行者.

길쌈 [kilsʼam キルッサム] 图 [하다] 機織り ¶ ~하는 여자 [~hanɯn njɔdʒa ~ハヌン ニョジャ] 機織り女性.

길-안내 [一案內][kiranɛ キランネ] 图 [하다] 道案内.

길-앞잡이 [kiraptʃʼabi キラプチャビ] 图 道案内;略 '길잡이'.

길운 [吉運][kirun キルン] 图 幸運.

***길이¹** [kiri キリ] 图 長さ ¶ 소매 ~ [somɛ (giri) ソメ (ギリ)] そでの長さ / 옷~ [ot(kʼiri) オッ~] 着物の丈 / 낮~가 짧다 [nat(kʼiriga) tʃʼaltʼa ナッ~ガッチャルタ] 昼の間が短い.

***길이²** [kiri キリ] 圓 長く; 久しく; 永遠に ¶ 그 이름은 ~ 남다 [kɯ irumɯn ~ na:mtʼa クイルムン ~ ナームタ] その名は永遠に残る ─**길이** [giri ギリ] 圓 永久に; 永遠に; とこしえに.

길일 [吉日][kiril キリル] 图 吉日; めでたい日 ¶ ~을 택하다 [(kirir) ɯl tʰɛkʰada (キリ)ルル テクカダ] 吉日をトぶ[選ぶ].

길-잃다 [kiriltʰa キリルタ] 他 道に迷う; 迷子になる.

***길-잡이** [kildʒabi キルジャビ] 图 ① 道しるべ; 道標; 手引き; ='길라잡이' ¶ 강을 ~로 삼고 [kaŋul ~ro sa:mkʼo カンウル ~ロ サームコ] 川を道しるべにして / 영어의 ~ [jɔŋɛ ~ ヨンオエ ~] 英語の手引き ② 道案内(をする人) ¶ 등산의 ~ [tɯŋsanɛ ~ トゥンサンネ ~] 登山の道案内(人).

길조 [吉兆][kiltʃʼo キルチョ] 图 吉兆; よい兆し ¶ 좋은 ~다 [tʃo:un ~da チョーウン ~ダ] 幸先ぎさいい.

길-짐승 [kiltʃʼimsɯŋ キルチムスン] 图 蛇・トカゲのように這う獣[動物].

길쭉스름-하다 [kiltʃʼuksʼɯrɯmhada キルッチュクスルムハダ] 形 [여변] 少し長めである ¶ 얼굴이 ~ [olguri ~ オルグリ ~] 顔がやや長めである.

길쭉-하다 [kiltʃʼukʰada キルッチュカダ] 形 [여변] やや細長い ¶ ~한 지팡이 [~kʰan tʃipʰaŋi ~カン チパンイ] 細長めの杖 ─**길쭉-이** [kiltʃʼugi キルッチュギ] 圓 やや細長く; 長めに.

길쯔막-하다 [kiltʃʼɯmakʰada キルッチュマクカダ] 形 [여변] 十分長い.

길쯤-하다 [kiltʃʼɯmhada キルッチュムハダ] 形 [여변] かなり長めだ.

길-하다 [吉一][kirhada キルハダ] 形 [여변] めでたい; 縁起がよい.

길-흉 [吉凶][kirhjuŋ キルヒュン] 图 吉凶 ¶ ~을 점치다 [~ul tʃɔmtʃʰida ~ウル チョムチダ] 吉凶を占う.

***김¹** [kim キーム] 图 ① 湯気; 水蒸気 ¶ ~이 나다 [~i nada (キー)ミ ナダ] 湯気が立つ ② 息 ¶ ~ [~kʰot(kʼim) コッ(キム)] 鼻息 ③ (特有の)風味・香り.

***김²** [kim キーム] 图 〈植〉ノリ(海苔) ¶ ~밥 [~pʼap ~パッ] 海苔巻(ずし).

김³ [kim キーム] 图 (田畑の)雑草 ¶ ~매다 [~mɛda ~メダ] 草取りする ─**매기** [megi メギ] 图 田畑の草取り.

***김⁴** [kim キム] 依名 (事の)はずみ; ついで; 折 ¶ 홧~에 [(hwat(kʼim)e ファーッ(キ)メ] 怒ったはずみで; 腹立ちまぎれに / 일하는 ~에 [i:rhanɯn ~e イールハヌン (キ)メ] 事のついでに.

김[金] [kim キム] 图 〈姓〉キム; 金.

김-나가다 [ki:mnagada キームナガダ] 自 (飲食物の)香り・風味がなくなる.

김-나다 [ki:mnada キームナダ] 自 湯気が立つ; (口から)暖かい息が出る.

김-빠지다 [kimpʼadʒida キームッパジダ] 自 ① 湯気が抜ける ② 気[味]が抜ける ¶ ~-빠진 맥주 [~-pʼadʒin mɛktʃʼu ~ッパジン メクチュ] 気[味]が抜けたビール ③ 間が抜けている ¶ ~-빠진 이야기 [~-pʼadʒin nijagi ~ッパジン ニヤギ] 間延びした話 / ~-빠진 모임 [~-pʼadʒin moim ~ッパジン モイム] 興ざめした集い.

김-새다 [ki:msɛda キームセダ] 自俗 興ざめる; 気が抜ける; 意欲がなくなる; 嫌になる ¶ ~-새는 말 [~-sɛnɯn ma:l ~-セヌン マール] 興ざめ話.

***김장** [kimdʒaŋ キムジャン] 图 [하다] (越冬用の)キムチを漬けること, また, そのキムチ ─**감** [kʼam カム] 图 キムチにする野菜類 = **김장거리** [kimdʒaŋkʼɔri キムジャンコリ] ─**김치** [gimtʃʰi ギムチ] 图 越冬用のキムチ ─**독** [tʼok トク] 图 キムチを漬けるかめ ─**때** [철] [tʼɛ(tʃʰɔl) ッテ(チョル)] 图 越冬用のキムチを漬ける時期(立冬の前後).

***김치** [kimtʃʰi キムチ] 图 キムチ; 韓国・朝鮮特有の漬け物の一種[白菜・大根を主な材料とし, トウガラシ・ニンニク・ネギ・ショウガ・塩辛などを使って漬ける] ─**냉장고** [nɛːndʒaŋgo ネーンジャンゴ] 图 キムチ用の冷蔵庫 ─**말이** [mari マリ] 图 めんやご飯にキムチ汁

をかけた食べ物 **―볶음밥** [bok'umbap ボックムバプ] 名 炒めたご飯に細切りの牛肉[豚肉]・キムチを加えて一様にかき混ぜてさらに炒めた焼飯[キムチチャーハン] **―찌개** [tʃ'igɛ ッチゲ] 名 キムチの鍋なべもの **김칫-거리** [kimtʃ'hit-k'ɔri キムチッコリ] 名 キムチの材料 **김칫-국** [kimtʃ'hitk'uk キムチックク] 名 キムチのお汁 **김칫-독** [kimtʃ'hit'ok キムチットク] 名 キムチを漬けるかめ.

****깁다** [ki:pt'a キープタ] 他 ㅂ変 継ぎ当てる; 繕う ¶헤진 옷을 ～ [he:dʒin osɯl ～ ヘージン オスル ～] ほころんだ着物に継ぎを当てる / 양말을 ～ [jaŋmarɯl ～ ヤンマルル ～] 靴下を繕う.

****깃**[1] [kit キッ] 名 羽毛 = '짓털'; 鳥の巣.

****깃**[2] [kit キッ] 名 ① (衣服の)襟 ¶옷을 여미다 [ot (k')is)ɯl jɔmida オッ(キ)スル ヨミダ] 襟を正す ② (布団の)襟.

깃-대[旗―] [kit'ɛ キッテ] 名 旗竿はたざお ¶～를 세우다 [～rɯl seuda ～ルル セウダ] 旗竿を立てる.

****깃-들다** [kit'ɯlda キットゥルダ] 自 ㄹ語幹 ① 宿る ¶행복이 ～ [hɛŋbogi ～ ヘーンボギ ～] 幸福が宿る ② 包む; こもる ¶안개가 ～ [an:gɛga ～ アーンゲガ ～] 霧に包まれる / 정성이 ～ [tʃɔŋsɔŋi ～ チョンソンイ ～] 真心がこもる.

****깃-들이다** [kit'ɯrida キットゥリダ] 自 他 巣くう; 巣ごもる; ねぐらにつく; 宿る ¶새가 새집에 ～ [sɛ:ga sɛ:dʒibe ～ セーガ セージベ ～] 鳥がねぐらにつく.

****깃-발[旗―]** [kitp'al キッパル] 名 旗 ¶승리의 ～을 날리다 [sɯŋnie (kip'ar)-ɯl nallida スンニエ (キッパ)ルル ナルリダ] 勝利の旗をひるがえす **―날리다** [lallida ラルリダ] 自 ① 意気揚々とする ② 威勢を張って偉そうに威張る.

깃-털 [kithɔl キットル] 名 ① 羽と毛 ② 羽毛; 鳥の羽.

‡**깊다** [kipt'a キプタ] 形 ① 深い ¶깊은 바다 [kiphɯn pada キプン パダ] 深い海 / 생각이 ～ [sɛŋgagi ～ センガギ ～] 考えが深い / 깊은 사이 [kiphɯn sai キプン サイ] 深い仲 / 가을이 ～ [kaɯri ～ カウリ ～] 秋が深い / 학문이 ～ [haŋmuni ～ ハンムニ ～] 学問が深い ② 濃い ¶안개가 ～ [a:ngɛga ～ アーンゲガ ～] 霧が濃い.

깊-다랗다 [kipt'aratha キプタラッタ] 形 ㅎ変 (思ったよりも)かなり深い.

****깊숙-하다** [kips'ukhada キプスクハダ] 形 여ㅂ 奥深い; 奥まっている ¶동굴이 ～ [to:nguri ～ トーングリ ～] 洞窟どうくつが奥深い / ～한 방 [～khan paŋ ～-カン パン] 奥まった部屋 **깊숙-이** [kips'ugi キプスギ] 副 奥深く; 奥まって; 深々と ¶～ 머리를 숙이다 [～ mɔrirɯl sugida ～ モリルル スギダ] 深々と頭を下げる.

깊어-가다 [kiphɔgada キポガダ] 自 更ける; 深まる ¶～-가는 가을밤 [～-ganɯn kaɯlp'am ～-ガヌン カウルパム] 更けゆく秋の夜.

깊어-지다 [kiphɔdʒida キポジダ] 自 更ける; 深まる; 深くなる ¶밤이 ～ [pami ～ パミ ～] 夜が更ける.

****깊이** [kiphi キピ] 1 名 深さ; 深み ¶바다의 ～ [padae ～ パダエ ～] 海の深さ / ～가 있는 사람 [～ga innɯn sa:ram ～ガ インヌン サーラム] 深みのある人 2 副 ① 深く ¶～ 사랑하다 [～ saraŋhada ～ サランハダ] 深く愛する / ～ 잠들다 [～ tʃamdɯlda ～ チャムドゥルダ] ぐっすり寝込む ② よく; 詳しく ¶～ 모릅니다 [～ morumnida ～ モルムニダ] よく[詳しく]わかりません.

-까 [k'a ッカ] 語尾 …しようか ¶가[갈]～? [ka[kal]～ カ[カル]～] 行こうか / 주[줄]～? [tʃu[tʃul]～ チュ[チュル]～] やりましょうか.

까까-머리[중] [k'ak'amɔri[dʒuŋ] ッカッカモリ[ジュン]] 名 いがぐりの頭; 坊さんの頭(の僧).

까나리 [k'anari ッカナリ] 名 〈魚〉イカナゴ(海魚) **―액젓** [ɛktʃ'ɔt エクチョッ] 名 イカナゴの塩辛液.

까-놓다 [k'anotha ッカノッタ] 自 他 ① (秘密などを)打ち明ける; ありのままに話す ¶까놓고 말하다 [k'anokhoma:rhada ッカノッコ マールハダ] ありていに[あけすけに・ざっくばらんに]話す ② (外皮を)むいて置く.

‡**까다** [k'ada ッカダ] 他 ① むく; 割る ¶껍질을 ～ [k'ɔptʃ'irɯl ～ ッコプチルル ～] 皮をむく / 호두를 ～ [hodurɯl ～ ホドゥルル ～] クルミを割る ② ひなを孵화えす = ¶병아리를 ～ [pjɔŋarirɯl ～ ピョンアリルル ～] ③ 蹴ける ¶정강이를 ～ [tʃɔŋganirɯl ～ チョンガンイルル ～] 脛はぎを蹴る ④ あばく ¶부정을 ～ [pudʒɔŋɯl ～ プジョンウル ～] 不正をあばく ⑤ (目を)むく ¶눈을 까고

까다롭다

덤비다 [nunwi k'ago tombida ヌヌルッカゴ トムビダ] 目をひんむいて食ってかかる ⑥ 差し引く ¶이자를 ~ [i:dʒaruɫ ~ イージャルル ~] 利子を差し引く ⑦ 口先だけでしゃべる ¶입만 깐 사람 [imman k'an sa:ram イムマン ッカン サーラム] 口先だけの人.

＊까다롭다 [k'a:daropt'a ッカーダロプタ] 形 [ㅂ変] ① ややこしい ¶절차가 ~ [tʃʰɔltʃʰaga ~ チョルチャガ ~] 手続きがややこしい [複雑だ] ② 気難しい ¶식성이 ~ [ʃiksʲɔŋi ~ シクソンイ ~] 食べ物に気難しい ③ やかましい ¶노인은 매우 ~ [no:inɯn mɛu ~ ノーイヌン メウ ~] 老人はひどくやかましい **까다로-이** [k'a:daroi ッカーダロイ] 副 ややこしく; (気) 難しく; やかましく.

＊까닭 [k'adak ッカダク] **1** 名 わけ; 理由 ¶~도 없이 [~t'o ɔ:pʃ'i ～ト オープシ] わけなく / 무슨 ~인지 모르지만 [mɯsɯn k'adalgindʒi morɯdʒiman ムスン ッカダルギンジ モルジマン] どういうわけか知らないが / ~없이 싫다 [k'adalgɔpʃ'i ʃiltʰa ッカダルゴプシ シルタ] わけなくいやだ; 何となく虫が好かない **2** [依名] ゆえ(に); …(の)ため(に) ¶그 ~에 [kɯ (k'adal)ge ク (ッカダル)ゲ] それゆえに.

＊까딱[1] [k'at'ak ッカタク] 副 ① うなずくさま; こっくり ② 微動するさま ¶~도 하지 않는다 [~t'o hadʒi annɯnda ～ト ハジ アンヌンダ] びくともしない **—하다** [(k'at'a)kʰada カダ] 他 こっくりうなずく **—없다** [(k'at'ag)ɔpt'a (ッカタ)ゴプタ] 形 びくともしない; 平気だ ¶그만한 일에는 ~ [kɯmanhan ni:renun ~ クマンハン ニーレヌン ~] そんなことではびくともしない **—없이** [(k'at'ag)ɔpʃ'i (ッカッタ)ゴプシ] 副 びくともせず; 平気で.

＊까딱[2] [k'at'ak ッカタク] 副 [하他] ひょっと; うっかり; 危うく ¶~ 차에 치일 뻔했다 [~ tʃʰae tʃʰi:l p'ɔnhɛt'a ～ チャエ チール ッポンヘッタ] 危うく車にひかれるところだった **—하면** [(k'at'a)kʰamjɔn カミョン] ひょっとしたら; やや(と)もすれば; まかり間違えば ¶~ 큰일 날 뻔했다 [~ kʰunillal p'ɔnhɛt'a ~ クニルラル ッポンヘッタ] ひょっとすれば大変なことになるところだった / ~ 목숨을 잃게 된다 [~ moks'umul ilkʰe twenda ～ モクスムル イルケ トゥェンダ] まかり間違えば命をなくすことになる.

＊까마귀 [k'amagwi ッカマグィ] 名 〈鳥〉 カラス(烏) ¶~떼 [~t'ɛ ～ッテ] カラスの群れ / ~손 [발] [~ son[bal] ～ ソン[パル]] 黒ずんだ [汚れた] 手 [足] / ~밥이 되다 [~ babi tweda ～ バビ トゥェダ] カラスのえさになる; 慣 引き取る人のいない死体となって捨てられる.

까마(아)득-하다 [k'ama(a)dukʰada ッカマ(ア) ドゥクカダ] 形 (へたたって)はるかだ; はるかに遠い; (久しくて)おぼろげだ; 記憶がかすかである ¶~-한 옛날 [~kʰan je:nnal ～カン イェーンナル] はるかな昔 **까마득-히** [k'amadukʰi ッカマドゥクヒ] 副 はるか(遠く)に; おぼろげに ¶섬이 ~ 보인다 [sɔ:mi ~ poinda ソーミ ~ ポインダ] 島がはるかかなたに見える.

까막- [k'amak ッカマク] 接頭 真っ黒・真っ暗・皆無などの意(名詞に付く).

까막-눈 [k'amaŋnun ッカマンヌン] 名 無学の人; 字をまったく読めない人 **—이** [i (ッカマンヌ)ニ] 名 ① 無学の人; 非識字者 ② ある部門では無知な人.

＊까맣다 [k'a:matʰa ッカーマタ] 形 [ㅎ変] ① 真っ黒い ¶까만 눈동자 [k'a:man nunt'oŋdʒa ッカーマン ヌントンジャ] 黒いひとみ ② はるかに遠い; かすかだ **까맣게** [k'a:makʰe ッカーマッケ] 副 ① 真っ黒に ② すっかり ¶~ 모르다 [~ morɯda ～ モルダ] 全然知らない / ~ 잊다 [~ it'a ～ イッタ] すっかり [ど・とんと] 忘れる ③ 切に ¶~ 기다리다 [~ kidarida ～ キダリダ] 待ち焦がれる.

까매-지다 [k'a:mɛdʒida ッカーメジダ] 自 真っ黒くなる; 黒ずむ ¶얼굴이 ~ [olguri ~ オルグリ ~] 顔が黒ずむ.

＊까-먹다 [k'amɔkt'a ッカモクタ] 他 ① 皮をむいて [殻を割って] 食べる ¶밤을 ~ [pa:mul ~ パームル ~] 栗らを炒って食べる / 호두를 ~ [hodurul ~ ホドゥルル ~] クルミを割って食べる ② 使い果たす; つぶす; なくす ¶본전까지 ~ [pondʒɔnk'adʒi ~ ポンジョンッカジ ~] 元手まで食いつぶす ③ すっかり [ど] 忘れる ¶약속을 ~ [jaks'ogul ~ ヤクソグル ~] 約束をすっかり忘れてしまう ④ (子供が) 買い食いをする.

까무러-뜨리다 [k'amurɔt'uridа ッカムロットゥリダ] 他 気絶 [失神] させる

¶ 급소를 쳐서 ~ [kɯps'orɯl tʃʰɔsɔ ~ クプソルル チョソ ~] 急所を打って気絶させる.

까무러-지다 [k'amurɔdʒida ッカムロジダ] 自 気が遠くなる; 気を失う; 失神する; (明かりが)消えかかる.

까무러-치다 [k'amurɔtʃʰida ッカムロチダ] 自 気絶する; 気を失う.

까-뭉개다 [k'amuŋgeda ッカムンゲダ] 他 切り崩す ¶ 언덕을 ~ [ɔndɔgɯl ~ オンドグル ~] 坂を切り崩す.

까-바치다 [k'abatʃʰida ッカバチダ] 他 俗 告げ口する; 言いつける ¶ 엄마한테 ~ [ɔmmahantʰe ~ オムマハンテ ~] おかあちゃんに言いつける.

까-발리다 [k'aballida ッカバルリダ] 他 ① 割って中身をむき出す ¶ 밤송이를 ~ [pa:msoŋirɯl ~ パームソンイル ~] 栗のいがをむく ② 暴露する; 暴く ¶ 부정을 ~ [pudʒɔŋɯl ~ プジョンウル ~] 不正を暴露する.

까부라-지다 [k'aburadʒida ッカブラジダ] **1** 自 ① (量が)だんだん減る ② 元気がなくなる ¶ 몸이 착 ~ [momi tʃʰa (k'aburadʒida) モミ チャク ~] 力が抜けて体がぐったりする **2** 形 意地[根が]悪い; ひねくれている ¶ ~ -진 성격 [~ -dʒin sɔ:ŋk'jok ~ -ジン ソーンキョク] ひねくれた性格.

까부르다 [k'aburɯda ッカブルダ] 他 르変 簸る; 箕で吹き分ける ¶ 콩을 ~ [kʰoŋɯl ~ コンウル ~] 豆を簸る.

까불-거리다 [k'abulgɔrida ッカブルゴリダ] 自他 軽率に振るまう; そそっかしくふざける; (ゆらゆらと)揺れる.

*****까불다** [k'abulda ッカブルダ] **1** 自 ㄹ語幹 ① 軽薄に振るまう; (そそっかしく)ふざける[たわける] ¶ 까불지 마라 [k'abuldʒi mara ッカブルジ マラ] ふざけるな ② 激しく上下に揺れる; (車などが)がたつく ¶ 차가 몹시 ~ [tʃʰaga mo:pʃ'i ~ チャガ モープシ ~] 車がひどくがたつく[揺れる] **2** 他 ① 激しく上下に揺り動かす② '까부르다' の略.

까옥-까옥 [k'aok'aok ッカオクカオク] 副 擬声 カーカー; カラスの鳴き声 ¶ 까마귀가 ~ 운다 [k'amagwiga ~ -(k'aog) u:nda ッカマグィガ ~ -(カオ)グーンダ] カラスがカーカー鳴く.

*****까지** [k'adʒi ッカジ] 助 …まで ¶ 서울 ~ [sɔul ~ ソウル ~] ソウルまで / 끝 ~ 싸우다 [k'ɯt ~ s'auda ック ~ ッサウダ] あくまで戦う / 1시 ~ [hanʃi ~ ハンシ ~] 1時まで / 이달 말 ~ [idal mal ~ イダル マル ~] 今月末限り / 벌금 ~ 물었다 [pɔlgɯm ~ murɔt'a ポルグム ~ ムロッタ] 罰金まで取られた / ~ 가 [~ ga ~ ガ] …までが / ~ 는 [~ nɯn ~ ヌン] …までに)は= **까진** [k'adʒin カジン] / ~ 도 [~ do ~ ド] …までも / ~ 야 [~ ja ~ ヤ] …まで(に)は / ~ 의 [~ e ~ エ] …までの / 조차 ~ [~ dʒotʃʰa ~ ジョチャ] …まで(に)さえ.

까-지다 [k'adʒida ッカジダ] **1** 自 ① (皮が)むける ¶ 무릎이 ~ [murɯbi ~ ムルビ ~] ひざが擦りむける ② (財産などが)減る ¶ 재산이 많이 ~ [tʃɛsani ma:ni ~ チェサニ マーニ ~] 財産がずいぶん減る **2** 形 小賢しい; こましゃくれている; ませている ¶ 저 아이는 몹시 까졌다 [tʃɔ ainɯn mo:pʃ'i k'adʒɔt'a チョ アイヌン モープシッカ ジョッタ] あの子はとてもませている.

까짓 [k'adʒit ッカジッ] 冠 それしきの; =그까짓 [kɯk'adʒit クッカジッ]の略 ¶ ~ 일도 못해내느냐 [(k'adʒin) ni:ldo mo:tʰɛnɛnɯnja (ッカジン) ニールド モーッテネヌニャ] それしきのことができないのか.

-까짓 [k'adʒit ッカジッ] 接尾 …くらい; …しきの ¶ 이 ~ 돈 [i (k'adʒi) t'o:n イ~ トーン] これしきの金 / 네 ~ 놈 [ne (k'adʒi) nom ネ~(ッカジン) ノム] あんな取るに足らない奴 / 네 ~ 따위에게 질까보냐 [ne (k'adʒi) t'awiege tʃilk'abonja ネ~ タウィエゲ チルッカボニャ] 君なぞに負けるものか.

*****까치** [k'a:tʃʰi ッカーチ] 名 鳥 カササギ(鵲) — **걸음** [gɔrɯm コルム] 名 (子供たちがうれしいときなど)両足をそろえて飛ぶように歩くこと; 一足飛び ¶ ~ 을 치며 좋아한다 [~ɯl tʃʰimjɔ tʃo:ahanda ~ -(コル)ムル チミョ チョーアハンダ] ぴょんぴょん跳ねまわって喜ぶ —**놀** [nol ノル] 名 夕焼け —**설날** [sɔ:llal ソールラル] 名 お正月の前日; 大晦日の小児語 —**설빔** [sɔ:lbim ソールビム] 名 お正月の前日[大晦日]に着る子供たちの晴れ着.

까칠까칠-하다 [k'a:tʃʰilk'atʃʰirhada ッカチルッカチルハダ] 形 여варイ (肌・物の表が)ざらざら[かさかさ]している ¶ 피부가 ~ [pʰibuga ~ ピブガ ~] 肌がかさかさしている.

까칠-하다 [k'atʃʰirhada ッカチルハダ] 形 [여변] (やつれて) ざらざらした肌につやがない ¶병으로 몹시 ~-해지다 [pjɔːŋuro moːpʃi ~-hedʒida ピョーンウロ モーpシ ~-ヘジダ] 病気でひどくやつれている.

까탈 [k'atʰal ッカタル] 名 故障; 障害; 邪魔立て **—부리다** [burida ブリダ] 自 言い掛かりをつける; 邪魔立てをする **—스럽다** [sɯrɔpt'a スロpタ] 形 [ㅂ변] 面倒臭い; 非常に難しい **—지다** [dʒida ジダ] 自 面倒なことになる; 厄介なことになる; ややこしい.

까투리 [k'atʰuri ッカトゥリ] 名 〈鳥〉メスキジ = 암꿩 [amk'wɔŋ アムックォン].

까풀 [k'apʰul ッカプル] 名 ① (外側を包んでいる)膜やうすい皮の層. < '꺼풀' ¶눈~ [nun~ ヌン~] まぶた / 쌍~ [s'aŋ~ ッサン~] 2重まぶた ② …皮(外皮の層を数える単位) ¶한 ~ 벗기다 [han ~ pɔtk'ida ハン ~ ポッキダ] ひと皮をむく [はがす].

***깍두기** [k'akt'ugi ッカクトゥギ] 名 カクテギ; キムチの一種(大根をさいころみたいに切ったものを塩漬けにして, 各種の香辛料であえて漬ける).

깍듯-하다 [k'akt'ɯtʰada ッカクトゥッタダ] 形 [여변] 礼儀正しい; 丁重だ ¶인사가 ~-한 학생 [insaga ~-tʰan haks'ɛŋ インサガ ~-タン ハクセン] きちんとした礼儀のある学生 **깍듯-이** [k'akt'ɯʃi ッカクトゥッシ] 副 礼儀正しく; 丁重に ¶~ 인사하다 [~ insahada ~ インサハダ] 丁重に[礼儀正しく]あいさつする.

깍쟁이 [k'aktʃ'ɛŋi ッカクチェンイ] 名 ① 抜け目のない人; ちゃっかりした人 ② けちで利己的な人; けちんぼ; しみったれ ¶부자인데도 ~-이다 [pudʒaindedo ~-ida プージャインデド ~-イダ] 金持ちのくせにけち臭い.

깍지 [k'aktʃ'i ッカクチ] **1** 名 ① (実のない)さや ② 殻 ¶콩~ [kʰoŋ~ コン~] 豆がら **2** 名 弓懸 **—끼다** [k'ida ッキダ] 他 ① 親指にゆがけをはめる ② 手を組む; 両手の指を組み合わせる.

***깎다** [k'akt'a ッカクタ] 他 ① 削る; 切る; そぐ ¶연필을 ~ [jɔnpʰirɯl ~ ヨンピルル ~] 鉛筆を削る / 손톱을 ~ [sontʰobɯl ~ ソントブル ~] つめを切る ② そる; 刈る ¶머리를 짧게 ~ [mɔrirɯl tʃ'alk'e ~ モリルル ッチャルケ ~] 髪を短く刈る / 수염을 ~ [sujɔmɯl ~ スヨムル ~] ひげをそる ③ 値切る; 削る ¶값을 ~ [kaps'ɯl ~ カプスル ~] 値切る / 예산을 ~ [jeːsanɯl ~ イェーサヌル ~] 予算を削る ④ むく ¶사과를 ~ [sagwarɯl ~ サグァルル ~] リンゴをむく ⑤ (面目・名誉を)傷つける; けなす ¶체면을 ~ [tʃʰemjɔnɯl ~ チェミョヌル ~] 体面をよごす / 남의 작품을 ~ [nameː tʃakpʰumɯl ~ ナメ チャクプムル ~] 人の作品をけなす.

깎아-지르다 [k'ak'adʒirɯda ッカッカジルダ] 他 [르변] まっすぐに切り立つ [切り立てる] **깎아-지른 듯한** [k'ak'adʒirɯndɯtʰan ッカッカジルンドゥッタン] 冠 切り立ったように険しい ¶~ 절벽 [~ tʃɔlbjɔk ~ チョルビョク] 切り立ったように険しい絶壁.

깎이다 [k'ak'ida ッカッキダ] **1** 自[受動] ① 削られる; 切られる; そげる ¶연필이 잘 ~ [jɔnpʰiri tʃal ~ ヨンピリ チャル ~] 鉛筆がよく削られる ② そられる; 刈られる ③ 値切られる = ¶값이 ~ [kapʃ'i ~ カプシ ~] ④ 傷つけられる; けなされる ¶체면이 ~ [tʃʰemjɔni ~ チェミョニ ~] 体面が損なわれる **2** 他[使動] ① 削らせる; そがせる ② 刈らせる; そらせる ¶머리를 ~ [mɔrirɯl ~ モリルル ~] 髪を刈らせる / 수염을 ~ [sujɔmɯl ~ スヨムル ~] ひげをそらせる ③ (名誉などを)傷つかせる.

깐 [k'an ッカン] 名 …なりの考え・見当・積もり ¶제 ~에는 [tʃe ~enɯn チェ (ッカン ネヌン] 自分なりの考え[見当]では; 自分では.

깐깐-하다 [k'ank'anhada ッカンッカンハダ] 形 [여변] ① 粘っこい ② しつこくてあっさりしない; 頑固だ ¶성질이 ~ [~sɔŋdʒiri ~ ソーンジリ ~] 性格が頑固だ[気難しい・しつこい] **깐깐-히** [k'ank'ani ッカンッカニ] 副 しつこく; 粘っこく ¶~ 캐묻다 [~ kʰɛːmut'a ~ ケームッタ] しつこく問いただす **깐깐-이** [k'ank'ani ッカンッカニ] 名 しつこい人; ねちねちした人.

-깔 [k'al ッカル] 接尾 (格好や根本の意) ¶빛~ [pit~ ピ~] 色 / 성~ [sɔːŋ~ ソーン~] 性質.

깔개 [k'alɡɛ ッカルゲ] 名 敷物 ¶~를 깔고 앉다 [~rɯl k'algo antʰa ~ルル

깔기다 [k'algida ッカルギダ] (ところかまわず)小便をする ¶개가 함부로 오줌을 ~ [kɛ:ga hamburo odʒumul ~ ケーガ ハムブロ オジュムル ~] 犬がところかまわず小便を垂らす.

깔깔 [k'alk'al ッカルッカル] 副 からから **━거리다** [gorida ゴリダ] 自 からから笑う=**깔깔대다** [k'alk'aldɛda ッカルッカルデダ].

깔깔-하다 [k'alk'arhada ッカルッカルハダ] 形 [여変] ① がさがさ[ざらざら]している; 粗い ¶손이 ~ [soni ~ ソニ ~] 手ががさがさしている / ~-한 천 [~-han tʃʰɔn ~-ハン チョン] 粗い布 / 혀가 ~ [hjɔga ~ ヒョガ ~] 舌がざらざらする ② (気性が)さっぱり[こちこち]している ¶성격이 ~ [sɔ:ŋ-k'jogi ~ ソーンキョギ ~] 性格がこちこちしている; ばか真面目だ.

깔고럽다 [k'alk'urɔpt'a ッカルックロプタ] 形 [ㅂ変] ① (髪の毛や芒-などが体について)ちくちくする ② (肌触りが)干からびて滑らかでない; がさがさしている ③ (性質が)気難しくしつこい.

***깔끔-하다** [k'alk'umhada ッカルックムハダ] 形 [여変] ① (性格が)さっぱりしている; スマートだ ¶~-한 성격 [~-han sɔ:ŋk'jɔk ~-ハン ソーンキョク] さっぱりした気性 / ~-한 옷차림 [~-han otʃʰarim ~-ハン オッチャリム] スマートな[すっきりした]身なり ② 器用だ; 巧みだ ¶~-한 솜씨 [~-han somʃ'i ~-ハン ソムッシ] 見事な腕前

깔끔-히 [k'alk'umi ッカルックミ] 副 さっぱりと; スマートに; 器用に ¶~ 차리고 나서다 [~ tʃʰarigo nasɔda ~ チャリゴ ナソダ] スマートに身ごしらえして出かける.

***깔다** [k'alda ッカルダ] 他 [ㄹ語幹] ① 敷く ¶요를 ~ [jorul ~ ヨルル ~] 敷き布団を敷く / 자리를 ~ [tʃarirul ~ チャリルル ~] 床を取る[延べる] ② 下に押し付ける ¶남편을 깔고 앉다 [namphjɔnul k'algo ant'a ナムビョヌル ッカルゴ アンタ] 亭主を尻に敷く.

깔딱 [k'alt'ak ッカルッタク] 副 [하]自他 ① ごくり ¶약을 ~ 마시다 [jagul (k'alt'aŋ) maʃida ヤグル(ッカルッタン) マシダ] 薬をごくりと飲み下す ② はあはあ; 息も絶え絶えあえぐさま **━거리다** [(k'alt'a)k'ɔrida コリダ] 自 ごくりごくりと飲み込む; 息も絶え絶えにあえぐ.

***깔리다** [k'allida ッカルリダ] 自 ① (組み)敷かれる; 轢かれる ¶차에 ~ [tʃʰae ~ チャエ ~] 車に轢かれる / 구름이 낮게 ~ [kurumi natk'e ~ クルミ ナッケ ~] 雲が垂れ込む ② 散らばる ¶낙엽이 깔린 오솔길 [nagjɔbi k'allin osolk'il ナギョビ ッカルリン オソルキル] 落ち葉が散らばっている細道.

***깔-보다** [k'alboda ッカルボダ] 他 侮る; 見下す; 見くびる ¶사람을 ~ [sa:ramul ~ サーラムル ~] 人を下目に見る / 약하다고 ~ [jakʰadago ~ ヤカダゴ ~] 弱いと見て侮る.

깔아-뭉개다 [k'aramuŋgɛda ッカラムンゲダ] 他 ① 握りつぶす ¶요구를 ~ [jogurul ~ ヨグルル ~] 要求を握りつぶす ② 尻に敷く; 踏みつぶす; 押えつける.

***깜깜** [k'amk'am ッカムッカム] 副 ① 真っ暗なさま **━하다**¹ [hada ハダ] 形 真っ暗である ¶~-한 밤 [~-han pam ~-ハン パム] 真っ暗な夜 ② 何も知らない状態 ¶소식이 ~-이다 [soʃigi ~ida ソシギ ッカムッカム イダ] 便りがなくて何も知らない **━하다**² [hada ハダ] 形 全然知らない **━(무)소식** [(mu)soʃik (ム)ソシク] まったく便りがない[絶えている]こと; なしのつぶて **━부지** (不知) [budʒi ブジ] 名 まったく知らないこと **━절벽** (絶壁) [dʒɔlbjɔk ジョルビョク] 名 ① 全然話が通じない相手 ② 耳が遠くて人の話が聞きとれない人.

감다 [k'a:mt'a ッカームタ] **1** 他 洗う ¶머리를 ~ [mɔrirul ~ モリルル ~] 髪を洗う / 멱을 ~ [mjɔ:gul ~ ミョーグル ~] 水浴びをする **2** 形 真っ黒い.

***깜빡** [k'amp'ak ッカムッパク] 副 [하]自他 ① ちらっと ¶촛불이 바람에 ~-하다 [tʃʰotp'uri parame (k'amp'a)kʰada チョップリ パラメ ッカムッパカダ] ろうそくの火が風にちらっとする ② ぱちりと; ぱちっと; まじろぐ; 瞬く ¶눈을 ~거리다 [nunul (k'amp'a)k'ɔrida ヌヌル ~コリダ] 目をしばたたく ③ うっかり; ちょっと ¶약속을 ~ 잊었다 [jaks'ogul (k'amp'ag) idʒɔt'a ヤクソグル (ッカムッパ) ギジョッタ] 約束をうっかり忘れた / ~ 졸았다 [~ tʃ'orat'a ~ チョラッタ] ちょっとまどろんだ **━거리다** [(k'amp'a)k'ɔrida コリダ] 自他 し

깜빡이다 きりに瞬く; しきりに目をしばたたく —**깜빡** [(k'ampa)k'amp'ak ッカムパク] 副 하自他 ちらちら; うかうか; ぱちぱち.

깜빡-이다 [k'amp'agida ッカムッパギダ] 自他 (明かりなどが)ちらつく; 瞬く; (目を)しばたかせる ¶~-이는 별 [~-inun pjɔːl (ッカムッパ)ギヌンビョール] 瞬く星 / 눈 ~ [nunul ~ ヌヌル ~] 目をぱちぱちさせる.

***깜짝** [k'amtʃ'ak ッカムッチャク] 副 **1** 하自 びっくり・ぎょっとするさま ¶~ 놀라다 [(k'amtʃ'a)k nɔːllada (ッカムッチャン) ノールラダ] びっくり(仰天)する / 앗, ~이야 [at, (k'amtʃ'ag)ija アッ, (ッカムッチャク) ギヤ] ああ, びっくりした **2** 하他 まばたく; (目を)ぱちぱちさせるさま ¶눈 ~할 사이에 [nun (k'amtʃ'a)kʰal saie ヌン ~カル サイエ] 瞬く間に; あっという間に.

깜짝-이다 [k'amtʃ'agida ッカムッチャギダ] 他 目をしばたかせる・ぱちぱちさせる=¶눈 ~ [nunul ~ ヌヌル ~].

깜찍-하다 [k'amtʃ'ikʰada ッカムッチクカダ] 形 어변 ① ませてちゃっかりしている ¶~-한 아이 [~-kʰan ai ~-カナイ] ちゃっかりませた子 / ~-한 계집아이 [~-kʰan keːdʒibai ~-カン ケージバイ] おしゃま(な女の子) ② こすくてみみっちい **깜찍-스럽다** [k'amtʃ'iksˈurɔpta ッカムッチクスロプタ] 形 ㅂ변 ませている; ちゃっかりして[こましゃくれて] いる **깜찍-이** [k'amtʃ'igi ッカムッチギ] 副 ませて; こざかしく.

깡그리 [k'aŋɡuri ッカングリ] 副 すっかり; ことごとく ¶~ 잊고 있었다 [~ itkʰo isˈɔtˈa ~ イッコ イッソッタ] すっかり忘れていた.

깡그리다 [k'aŋɡurida ッカングリダ] 他 (物事を)まとめる; 締めくくる; 区切りをつけて仕上げる.

깡깡이 [k'aŋkʰaŋi ッカンッカンイ] 名 〈楽〉民俗楽器の1つ; 胡弓 $_{きゅう}$ に似た小形の2弦の弦楽器=해금(奚琴) [hɛɡum ヘグム].

깡다구 [k'aŋdagu ッカンダグ] 名 強情っぱり; しぶとい負けん気 ¶~(가) 세다 [~ (ga) seːda ~ (カ) セーダ] しぶとく強情っぱりである / ~(를) 부리다 [~ (rul) burida ~ (ルル) ブリダ] しぶとくたて突く; 粘り強くこらえる.

깡-마르다 [k'aŋmaruda ッカンマルダ] 形 르변 ひどくやせこけている; やせほそっている ¶~-마른 몸 [~-marun mom ~-マルン モム] やせこけた体.

깡술 [k'aŋsul ッカンスル] 名 肴 $_{さかな}$ なしに飲む酒; 空酒.

***깡충** [k'aŋtʃʰuŋ ッカンチュン] 副 ぴょん(と)(跳ね上がるさま) —**거리다** [ɡɔrida ゴリダ] 自 ぴょんぴょんと跳ねる —**깡충** [k'aŋtʃʰuŋ ッカンチュン] 副 하自 ぴょんぴょん ¶토끼가 ~ 뛰어가다 [tʰok'iga ~ t'wiɔɡada トッキガ ~ ットゥィオガダ] ウサギがぴょんぴょん跳ねて行く.

깡통 [k'aŋtʰoŋ ッカントン] 名 俗 ① (缶詰などの)缶 ¶빈 깡(통) [piːn k'aŋ(tʰoŋ) ピーン ッカン(トン)] 空き缶 ② 頭のからっぽな人をあざける語 ¶이 ~아, 그것도 몰라? [i ~a, kɯɡɔtˈo molla イ ~ア, クゴット モルラ] このとんまめ, それも知らんのか —**차다** [tʰada チャダ] 自 (乞食 $_{こじき}$ が空き缶などを腰につって物乞いをすることから) 乞食になる —**따개** [t'aɡe ッタゲ] 名 缶切り.

***깡패** [k'aŋpʰe ッカンペ] 名 ごろつき; 愚連隊; 与太者; やくざ(者); 暴力団員 ¶~ 족속 [~ dʒoksˈok ~ ジョクソク] 与太者の類.

***깨** [k'ɛ ッケ] 名 〈植〉ゴマ(胡麻); エゴマ(荏胡麻) ¶~를 볶다[빻다] [~rul pokt'a[p'aːtʰa] ~ルル ポクタ[ッパータ]] ゴマを炒 $_{い}$ る[する] —**강정** [ɡaŋdʒɔŋ ガンジョン] 名 炒りゴマをあめで固めた菓子 —**고물** [ɡomul ゴムル] 名 ゴマのまぶし粉 —**소금** [soɡum ソグム] 名 ゴマ塩 **깻-잎** [k'ɛnnip ッケンニプ] 名 ゴマの葉; エゴマの葉.

깨갱 [k'ɛɡɛŋ ッケゲン] 副 하自 キャンキャン; 犬がひどく打たれたりしたとき鳴く声 **깨갱** [k'ɛɡɛŋ ッケゲン] 副 하自 キャン; 小犬の鳴き声 ¶~거리다 [~ɡɔrida ~ゴリダ] キャンキャンと鳴く.

깨깨 [k'ɛkˈɛ ッケッケ] 副 ぎすぎす; ひどくやせたさま ¶~ 마른 여자 [~ marun njɔdʒa ~ マルン ニョジャ] ぎすぎすした[やせさらばえた]女性.

깨끔-하다 [k'ɛkˈumhada ッケックムハダ] 形 어변 すっきり[さっぱり]している ¶~-한 복장 [~-han poktʃ'aŋ ~-ハン ポクチャン] ぱりっとした服装 **깨끔-스럽다** [-surɔpt'a -スロプタ] 形 ㅂ변 さっぱりして清潔だ **깨끔-찰**

다 [tɕʰantʰa -チャンタ] 形 清潔でない; きれいでない **깨끔-히** [-i (ッケック)ミ] 副 さっぱりと ¶방을 ~ 치우다 [paŋɯl ~ tɕʰiuda パヌル ~ チウダ] 部屋をさっぱりと[きちんと]片づける.

***깨끗-하다** [k'ɛk'ɯtʰada ッケックッタダ] 形 [여변] ① きれいだ ¶~ 한 물 [~-tʰan mul ~-タン ムル] きれいな水 / ~-하게 하다 [~-tʰage hada ~-タゲ ハダ] きれいにする / ~-하게 잊다[갚다] [~-tʰage itɕ'a[kapt'a] ~-タゲ イッタ[カプタ]] きれいに忘れる[返す] ② 清い; 清らかだ ¶~-한 교제 [~-tʰan kjodʑe ~-タン キョジェ] 清いつき合い / 마음이[정신이] ~ [maɯmi[tɕɔŋʃini] ~ マウミ[チョンシニ] ~] 心が[精神が]清らかだ ③ 澄んでいる ¶~-한 하늘[공기] [~-tʰan hannɯl[koŋgi] ~-タン ハヌル[コンギ] ~] 澄んだ[澄んで清らかな]空[空気] ④ 潔い ¶~-한 승부 [~-tʰan sɯŋbu ~-タン スンブ] 潔い勝負 ⑤ 潔白である ¶나는 ~ [nanɯn ~ ナヌン ~] 私は潔白である **깨끗-이** [(k'ɛk'ɯʃ)i (ッケック)シ] 副 きれいに; あっさり(と); さっぱり(と) ¶~ 먹어 치우다 [~ mɔgɔ tɕʰiuda ~ モゴ チウダ] きれいに平らげる / 손을 ~ 씻다 [sonɯl ~ ʃit'a ソヌル ~ ッシッタ] 手をきれいに洗う / 병이 ~ 나았다 [pjɔːŋi ~ naatt'a ピョーンイ ~ ナアッタ] 病気がきれいに治った / ~ 거 절당하다 [~ kɔdʑɔltaŋhada ~ コジョルタンハダ] あっさり断わられる / ~ 잊어버리다 [~ idʑɔbɔrida ~ イジョボリダ] きれいさっぱり忘れる **깨끗-잖다** [**찮다**] [(k'ɛk'ɯ)tɕ'antʰa [tɕʰantʰa] (ッケックッ)チャンタ] 形 清潔でない; さっぱり[すっきり]しない ¶몸이 아직 ~ [momi adʑik ~ モミ アジク ~] (病み上がりで)まだすっきりしない.

깨끼-바지[**저고리**] [k'ɛk'ibadʑi[dʑɔgori] ッケッキ バジ[ジョゴリ]] 名 薄絹でつくった夏向きの袷の バジ「ズボン」[チョゴリ「上着」].

-깨나 [k'ɛna ッケナ] 接尾 「ある程度・いくらかの・ちょっとした・かなり」の意 ¶힘 ~ 있겠다 [him ~ itk'ett'a ヒム ~ イッケッタ] 小力はありそうだ / 돈 ~ 있는 것 같다 [toːn ~ innɯn kɔt k'att'a トーン ~ インヌン コッ カッタ] かなりの金はありそうだ; ちょっとした金

持ちに見える.

***깨-나다** [k'ɛːnada ッケーナダ] 自 ① (夢・眠りから)覚める; = '깨어나다'の略 ¶꿈에서[잠에서] ~ [k'umesɔ[tɕamesɔ] ~ ックメソ[チャメソ] ~] 夢[眠り]から覚める ② (酔いから)覚める; 蘇生する ③ (迷いから)覚める.

깨나른-하다 [k'ɛnarɯnhada ッケナルンハダ] 形 [여변] だるい; けだるい ¶몸이 ~ [momi ~ モミ ~] 体がだるい[けだるい].

***깨다**[^1] [k'ɛːda ッケーダ] **1** 自 ① 覚める ¶잠이 ~ [tɕami ~ チャミ ~] 目が覚める / 술이 ~ [suri ~ スリ ~] 酔いが覚める ② (学んで)人知が開ける; 悟る ¶머리가 깬 사람 [moriga k'ɛːn saːram モリガ ッケーン サーラム] 頭のはやい人; 視野の広い人; 悟った人; 物わかりのいい人 **2** 他 ① (目を)覚ます ¶빗소리에 잠을 ~ [pisˈorie tɕamɯl ~ ピッソリエ チャムル ~] 雨の音に目を覚ます ② 覚めさせる; 起こす; ='깨우다' ¶두들겨 ~ [tudɯlgjɔ ~ トゥドゥルギョ ~] たたき起こす.

***깨다**[^2] [k'ɛda ッケダ] 他 ① 割る; 壊す; 砕く ¶접시를 ~ [tɕɔpɕ'irɯl ~ チョプシルル ~] 皿を割る / 꽃병을 ~ [k'otpˈjɔŋɯl ~ ッコッピョンウル ~] 花瓶を壊す / 산산 조각으로 ~ [saːnsandʑogaguro ~ サーンサンジョガグロ ~] こっぱみじんに砕く ② 駄目にする ¶산통을 ~ [saːntʰoŋul ~ サーントンウル ~] 物事をおじゃんにする / 흥을 ~ [hɯːŋɯl ~ フーンウル ~] 興を冷ます ③ 傷つける ¶이마를 ~ [imarɯl ~ イマルル ~] 額を傷つける ④ 破る ¶약속을 ~ [jaksˈogɯl ~ ヤクソグル ~] 約束を破る / 기록을 ~ [kirogɯl ~ キログル ~] 記録を破る.

***깨닫다** [k'ɛdatt'a ッケダッタ] 他 [ㄷ변] ① 〈仏〉悟る ¶진리를 ~ [tɕilːlirɯl ~ チルリルル ~] 真理を悟る ② わかる; 目覚める; 気づく ¶사정을 ~ [saːdʑɔŋɯl ~ サージョンウル ~] 事情を了解する / 현실을 ~ [hjɔːnɕirɯl ~ ヒョーンシルル ~] 現実に目覚める / 위험을 ~ [wihɔmɯl ~ ウィホムル ~] 危険を気づく ③ 察知する; 予感する **깨달음** [k'ɛdarɯm ッケダルム] 名 悟り; 思いつくこと; 思い及ぶこと.

***깨-뜨리다** [k'ɛt'ɯrida ッケットゥリダ] 他 '깨다[^2]'の強調語 ¶기록을 ~ [kirogɯl

깨물다 [k'ɛmulda ッケムルダ] 他 ㄹ語幹 かむ; かみしめる ¶혀를 ~ [hjɔrul ~ ヒョルル ~] 舌をかむ/입술을 꼭 ~ [ipsʼurul k'o ~ イプスルル ッコク ~] 唇をかみしめる **깨물리다** [k'ɛmullida ッケムルリダ] 自(使役) かまれる.

깨-부수다 [k'ɛbusuda ッケブスダ] 他 たたき壊す[割る]; ぶち壊す; 打ち砕く ¶유리창을 ~ [juritɕʰaŋul ~ ユリチャンウル ~] 窓ガラスをたたき割る.

깨소금-맛 [k'ɛsogummat ッケソグムマッ] 名 ① 香ばしい炒りゴマの味 ② (他人の失敗・不幸に対して)非常にいい気味になること.

깨-알 [k'ɛal ッケアル] 名 ゴマ粒 **—같다** [gat'a ガッタ] 形 ゴマ粒のようだ; 非常に小さい ¶~같은 글씨 [~gatʰun kulɕi ~ガトゥン クルッシ] 非常に小さい字.

깨어-나다 [k'ɛɔnada ッケオナダ] 自 覚める ⇒ [略] '깨나다'.

깨어-지다 [k'ɛɔdʑida ッケオジダ] 自 [略] '깨지다' ① 壊れる ¶접시가 ~ [tɕɔpɕʼiga ~ チョプシガ ~] 皿が壊れる ② 冷める ¶흥이 ~ [huŋi ~ フーニイ ~] 座が白ける; 興が冷める.

***깨우다** [k'ɛuda ッケウダ] 他 起こす; 覚ます; '깨다'の使役形 ¶아이를 ~ [airul ~ アイルル ~] 子を起こす/술을 ~ [sul ~ スル ~] 酔いを覚ます.

깨우치다 [k'ɛutɕʰida ッケウチダ] 他 悟らせる; 覚ます ¶사리를 ~ [sa:rirul ~ サーリルル ~] 道理を悟らせる.

깨-죽 [—粥] [k'ɛdʑuk ッケジュク] 名 ゴマと米を一緒にひいて炊いた粥.

깨죽-거리다 [k'ɛdʑukʼɔrida ッケジュクコリダ] **1** 自 しきりに不平・不満をこぼす; ぶつぶつ言う ¶맡은 일은 하지 않고 ~ [matʰun n ni:run hadʑi ankʰo ~ マトゥン ニールン ハジ アンコ ~] 任された仕事をしないでしきりにぶつぶつ言う **2** 他 いやいや食べる.

***깨-지다** [k'ɛ:dʑida ッケージダ] 自 ① 壊れる; 割れる; 砕ける; '깨어지다'の略 ¶유리가 ~ [juriga ~ ユリガ ~] ガラスが割れる/산산이 ~ [sa:nsani ~ サーンサニ ~] 粉々に砕ける[割れる]/계란이 ~ [kerani ~ ケラニ ~] 卵がつぶれる ② 破れる ¶교섭이 ~ [kjosɔbi ~ キョソビ ~] 交渉が破れる/혼담이 ~ [hondami ~ ホンダミ ~] 縁談が壊れる[破れる]; 破談になる/기록이 ~ [kirogi ~ キロギ ~] 記録が破れる.

깨치다 [k'ɛtɕʰida ッケチダ] 他 悟る; 会得する ¶진리를 ~ [tɕillirul ~ チルリルル ~] 真理を悟る/한글을 ~ [hangurul ~ ハングルル ~] ハングルを会得する[理解する].

깩 [k'ɛk ッケク] 副 きゃっ ¶~하고 쓰러지다 [(k'ɛ)kʰago sʼurudʑida ~カゴッスロジダ] きゃっと叫んで倒れる **—깩** [(k'ɛ)kʰɛk ケク] 副 [하自] きゃっきゃっ; きゃあきゃあ ¶~ 비명을 지르다 [~ pʼi:mjɔŋul tɕiruda ~ ピーミョンウルチルダ] きゃあきゃあと悲鳴をあげる.

깩-소리 [k'ɛksʼori ッケクソリ] 名 言い返す言葉; 反論(否定・禁ずる語を伴う) ¶~ 못하다 [~ mo:tʰada ~ モータダ] ぐうの音も出ない/~ 마라 [~ mara ~ マラ] 文句言うな.

깻-묵 [k'ɛnmuk ッケンムク] 名 (ゴマ・豆などの)油かす・搾りかす ¶콩~ [kʰoŋ~ コン~] 豆かす.

꺼 [k'ɔ ッコ] 他 끄다 [k'uda ックダ] 「消す」の略 ¶불을 ~라 [purul ~ra プルル ~ラ] 火を消せ/불이 ~졌다 [puri ~dʑɔt'a プリ ~ジョッタ] 火が消えた.

***꺼-내다** [k'ɔ:nɛda ッコーネダ] 他 取り[持ち]出す; 引き[切り]出す ¶돈을 ~ [to:nul ~ トーヌル ~] 金を取り出す/혼담을 ~ [hondamul ~ ホンダムル ~] 縁談を持ち出す/말을 ~ [ma:rul ~ マールル ~] 話を切り出す.

꺼떡-거리다[대다] [k'ɔt'ɔk'ɔrida[t'ɛda] ッコットゥコリダ[テダ]] 自 偉ぶる.

꺼-뜨리다 [k'ɔt'urida ッコットゥリダ] 他 (誤って)火を消してしまう; 火を切らす; = 꺼트리다 [k'ɔtʰurida ッコトゥリダ] ¶불씨를 ~ [pulɕʼirul ~ プルッシルル ~] 火種を切らす.

***꺼리다** [k'ɔ:rida ッコーリダ] 他 はばかる; 嫌う; 渋る; 避ける ¶남의 눈을 ~ [name nunul ~ ナメ ヌヌル ~] 人目をはばかる/말을 ~ [ma:rul ~ マールル ~] 言い渋る/만나기를 ~ [mannagirul ~ マンナギルル ~] 会うのを避ける.

***꺼림칙-하다** [k'ɔrimtɕʰikʰada ッコリムチカダ] 形 여변 (何となく)気にかかる; 気が差す; 忌まわしい ¶마음이 ~ [maumi ~ マウミ ~] 気が差す/~-한 추억 [~-kʰan tɕʰuɔk ~-カン

꺼림-하다 [k'ɔrimhada ッコリムハダ] 形 変 ① 気にかかる; (疑わしくて)すっきりしない ¶먹기가 ~[mɔk'iga ~ モッキガ ~] 食べるのに気がかかる[気が差す] ② 気乗りしない ¶참석하기가 ~[tʃʰamsɔkhagiga ~ チャムソクカギガ ~] 参加するのは気乗りしない.

꺼멓다 [k'ɔːmɔtʰa ッコーモッタ] 形 ㅎ変 真っ黒い. ＞'까맣다'.

꺼메-지다 [k'ɔːmedʒida ッコーメジダ] 自 (色が)黒ずむ. ＞'까매지다'.

꺼벙-하다 [k'ɔːbɔŋhada ッコーボンハダ] 形 変 体つきは大きいが締まりがない; 大柄でだらしがない; ぼんやりしている ¶~-해 보인다[~-hɛ po-inda ~-ヘ ポインダ] 見かけはほんやりしている; 見るからにだらしがない.

*__꺼지다__¹ [k'ɔːdʒid ッコージダ] 自 ① (火・泡などが)消える ¶불이[거품이] ~[puri[kɔpʰumi] ~ プリ[コプミ] ~] 火[泡]が消える ② 俗(目の前から消え失せる ¶썩 꺼저 버려[s'ɔk'ɔːdʒɔ bɔrjɔ ッソクッコージョ ボリョ] とっとと消え失せろ.

꺼지다² [k'ɔdʒida ッコジダ] 自 くぼむ; 落ち込む; へこむ; 割れる ¶땅이 ~[t'aŋi ~ ッタンイ ~] 地面がへこむ[落ち込む] / 얼음이 ~[ɔrumi ~ オルミ ~] 氷が割れる / 눈이 ~[nuni ~ ヌニ ~] 目がくぼむ / 배가 ~[pɛga ~ ペガ ~] 腹がすいてへこむ.

꺼칠-하다 [k'ɔtʃʰirhada ッコチルハダ] 形 変 やつれて脂気[潤い]がない ¶피부가 ~[pʰibuga ~ ピブガ ~] 肌がかさかさしている.

꺼풀 [k'ɔpʰul ッコプル] 名 膜; 皮; 外皮; ＞'까풀' ¶~이 두껍다[(k'ɔpʰur)i tuk'ɔpt'a (ッコプル)リ トゥッコプタ] 外皮が厚い/ 한 ~ 벗기다[han ~ pɔtk'ida ハン ~ ポッキダ] ひと皮をむく **-지다** [dʒida ジダ] 自 皮・殻などが層をなす; 膜を張る.

꺽다리 [k'ɔkt'ari ッコクタリ] 名 俗 のっぽ＝키꺽다리[kʰik'ɔkt'ari キッコクタリ]

꺾-꽂이 [k'ɔk'odʒi ッコクコジ] 名 하他 〈植〉挿し木.

*__꺾다__ [k'ɔkt'a ッコクタ] 他 ① 折る; 手折る ¶꽃을 ~[k'otʃʰul ~ ッコチュル ~] 花を折る[手折る] ② (方向を)直角に変える ¶핸들을 ~[hɛndurul ~ ヘンドゥルル ~] ハンドルを切る ③ かがめる ¶허리를 ~[hɔrirul ~ ホリルル ~] 腰をかがめる ④ 挫く; 抑える ¶기를 ~[kirul ~ キルル ~] 気をくじく / 남의 주장을 ~[namɛ tʃudʒaŋul ~ ナメ チュジャンウル ~] 人の主張を抑える ⑤ (相手を)破る.

꺾-쇠 [k'ɔks'we ッコクスェ] 名 ① かすがい; 止め金; かけ金 ② のっぽ; 背の高い人をからかう語.

꺾어-지다 [k'ɔk'ɔdʒida ッコクコジダ] 自 折れる ¶가지가 ~[kadʒiga ~ カジガ ~] 枝が折れる.

*__꺾이다__ [k'ɔk'ida ッコクキダ] 自 受動 折れる ¶가지가 바람에 ~[kadʒiga parame ~ カジガ パラメ ~] 枝が風に折れる / 기세가 ~[kisega ~ キセガ ~] 気勢がそがれる / 의욕이 ~[ɯijogi ~ ウィーヨギ ~] 心がくじける; 意気込みが砕ける / 상대 팀에게 ~[saŋdɛ tʰimege ~ サンデ ティーメゲ ~] 相手のチームに破られる **꺾임** [k'ɔk'im ッコクキム] 名 折れること ¶~새[~-sɛ ~-セ] 折れ具合; 折れたようす[形]; 折り目.

껄껄 [k'ɔlk'ɔl ッコルッコル] 副 からから; 高らかに笑う声 **-거리다** [gɔrida ゴリダ] 自 あっはっはと笑う **-웃다** [(k'ɔlk'ɔr)uːt'a (ッコルッコル)ルータ] 自 豪傑笑いをする ¶호탕하게 ~[hotʰaŋhage ~ ホタンハゲ ~] あっはっはと豪傑笑いをする.

껄껄-하다 [k'ɔlk'ɔrhada ッコルッコルハダ] 形 変 粗[荒]い; ざらざらしている ¶~-한 살결[~-han salk'jɔl ~-ハン サルキョル] ざらざらした肌 / 성질이 ~[sɔːŋdʒiri ~ ソーンジリ ~] 性質が荒々しい[荒っぽい].

껄끄럽다 [k'ɔlk'ɯrɔpt'a ッコルックロプタ] 形 ㅂ変 (肌に芒などがついて)ちくちくする; 粗い; (性格が)気難しい.

껄렁껄렁-하다 [k'ɔlləŋk'ɔlləŋhada ッコルロンッコルロンハダ] 形 変 非常にぐうたらだ; ふしだらだ; だらしない; 不まじめだ; = **껄렁하다** [k'ɔlləŋ-hada ッコルロンハダ].

껄렁-이 [k'ɔlləŋi ッコルロンイ] 名 人となりや言動がふしだらな人; ろくでなし; のらくら者.

껄렁-패 [-牌][k'ɔlləŋpʰɛ ッコルロンペ] 名 不良の仲間; 愚連隊.

*__껌__ [k'ɔm ッコム] gum 名 ガム ¶~을

껌껌하다 / 180 / 꼬꼬

씹다 [~ɯl ʃipt'a (ッコ) ムル ッシプタ] ガムをかむ.

껌껌-하다 [k'ɔmk'ɔmhada ッコムッコムハダ] 形 여变 ① 真っ暗だ ¶ ~-한 밤 [~-han pam ~-ハン パム] 真っ暗な夜 ② 腹黒い ¶ 심보가 ~-한 사람 [ʃimp'oga ~-han sa:ram シムポガ ~-ハン サーラム] 腹黒い人.

껌다 [k'ɔ:mt'a ッコームタ] 形 (色が)黒い; 真っ黒い; 腹黒い.

껌둥-이 [k'ɔmduŋi ッコムドゥンイ] 名 黒犬の愛称; 肌色の黒い人; 黒人.

껌벅 [k'ɔmbɔk ッコムボク] 副 ちらっと **—거리다** [(k'ɔmbɔ)k'ɔrida コリダ] ちらつく; ぱちぱちする[させる] **—이다** [(k'ɔmbɔɡ)ida (ッコムボ)ギダ] 自他 (星が)ちらつく; (目を)瞬く.

껌정 [k'ɔmdʒɔŋ ッコムジョン] 名 黒; 黒色の染料や絵の具 **—이** [i イ] 名 黒いもの.

***껍데기** [k'ɔpt'egi ッコプテギ] 名 殻; 皮; カバー ¶ 조개 ~ [tʃogɛ ~ チョゲ ~] 貝殻 / 이불 ~ [ibul ~ イブル ~] 布団のカバー / 화투 ~ [hwatʰu ~ ファトゥ ~] カルタ[花札]のから札 [かす].

껍적-거리다 [k'ɔptʃ'ɔk'ɔrida ッコプチョックコリダ] 自他 ① 出しゃばり続ける ¶ 잘 알지도 못하면서 ~ [tʃar a:ldʒido mɔ:tʰamjɔnsɔ ~ チャラールジド モーッタミョンソ ~] よく知りもせぬくせに出しゃばり続ける ② でたらめなことをする.

껍죽-거리다 [k'ɔptʃ'uk'ɔrida ッコプチュクコリダ] 自他 ① 偉そうにふるまう ¶ 잘난 체 ~ [tʃallan tʃʰe ~ チャルラン チェ ~] でかい面をする; 偉そうにふるまう ② 調子に乗って騒ぎたてる.

***껍질** [k'ɔptʃ'il ッコプチル] 名 皮; 表皮; 殻 ¶ 귤 ~ [kjul ~ キュル ~] ミカンの皮 / 호도 ~ [hodo ~ ホド ~] クルミの殻 / 콩 ~ [kʰoŋ ~ コン ~] 豆のさや / 나무 ~ [namu ~ ナム ~] 木の肌, 樹皮; 木皮 **—눈** [lun ルン] 名 〈植〉皮目; 皮孔.

***-껏** [k'ɔt ッコッ] 接尾 …の限り; …いっぱい ¶ 마음~ [maɯm~ マウム~] 心の限り; 心ゆくまで; 意のままに; 思いどおり / 힘~ [him~ ヒム~] 力の限り; 精いっぱい / 정성~ [tʃɔŋsɔŋ~ チョンソン~] 真心[誠]を尽くして.

***껑충** [k'ɔŋtʃʰuŋ ッコンチュン] 副 ぴょんと; ひょろっと ¶ ~ 뛰어 건너다 [~ t'wiɔ kɔnnoda ~ ットゥィオ コンノダ] ぴょんと跳び渡る / 키만 ~ 크다 [kʰiman ~ kʰuda キマン ~ クダ] 背丈ばかりひょろっと高い.

***께** [k'e ッケ] 助 …に; …에게 [ege エゲ] の尊敬語 ¶ 선생님 ~ 드리다 [sɔnsɛŋnim~ tɯrida ソンセンニム~ トゥリダ] 先生に差し上げる.

-께[1] [k'e ッケ] 接尾 …ごろ[あたり] ¶ 보름~ [porum~ ポルム~] 15日ごろ.

-께[2] [k'e ッケ] 語尾 …するから; …するよ ¶ 곧 다녀 올~ [ko t'anjɔ ol~ コッ タニョ オル~] すぐ行って来るから[来るよ].

께름칙-하다 [k'erɯmtʃʰikʰada ッケルムチカダ] 形 여变 気にかかる; 気になる; 心にひっかかる; ='꺼림칙하다'.

께름-하다 [k'erɯmhada ッケルムハダ] 形 여变 気にかかる; 気が進まない; ためらう; ='꺼림하다'.

***께서** [k'esɔ ッケソ] 助 …が; …は ¶ 선생님 ~ 말씀하셨습니다 [sɔnsɛŋmin~ ma:ls'umhaʃɔs'umnida ソンセンニム~ マールッスムハショッスムニダ] 先生がおっしゃいました.

껜 [k'en ッケン] 助 …には; 께는 [k'enɯn ッケヌン] の略 ¶ 어머님~ 말씀드렸다 [ɔmɔnim~ ma:ls'umdurjɔt'a オモニム~ マールッスムドゥリョッタ] 母には申し上げた.

-껜 [k'en ッケン] 接尾 …ころには; -께는 [k'enɯn ッケヌン] の略 ¶ 보름~ 가겠다 [porum~ kaget'a ポルム~ カゲッタ] 15日ごろには行くよ.

***껴-안다** [k'jɔant'a ッキョアンタ] 他 抱きしむ; 抱き締める; 抱え込む ¶ 힘껏 ~ [himk'ɔt ~ ヒムッコ ~] しっかり抱き締める / 너무 많은 일을 ~ [nɔ:mu ma:nɯn ni:rɯl ~ ノム マーヌン ニールル ~] あまり多くの仕事を抱え込む.

껴-입다 [k'jɔipt'a ッキョイプタ] 他 着込む ¶ 셔츠위에 ~ [ɔ:tʃʰuwie ~ ショーチュウィエ ~] シャツの上に着込む.

꼬기다 [k'ogida ッコギダ] 自他 (紙などが)しわくちゃになる[する].

꼬까 [k'ok'a ッコッカ] 名 子供の晴れ着 **—신** [ʃin シン] 名 色とりどりの子供の履物 **—옷** [ot オッ] 名 子供の晴れ着; =때때옷 [t'ɛt'ɛot ッテッテオッ].

꼬꼬 [k'ok'o ッコッコ] 1 名 ニワトリの幼児語 2 副 コッコッ; メンドリの鳴き声 **—댁** [dɛk デク] 副 コッコッ; メ

ンドリが驚いたり卵を産んだあとに鳴く声 ¶ 닭이 ～ 거리며 싸움 돈다 [ta(l)gi k'ok'odɛ] k'ɔrimjɔssaunda タ(ル)ギ ～ コリミョッサウンダ ニワトリがコッコッと鳴きながらけんかをしている.

꾸라-지다 [k'ok'uradʒida ッコックラジダ] 自 つんのめる; 倒れる **꾸라-뜨리다** [k'ok'urat'urida ッコックラッ トゥリダ] 他 打ち倒す; たたきのめす.

꾸꼬 [k'ok'io ッコッキオ] 副 ハ自 コケコッコウ; オンドリの鳴く声; 略 꾸꼬 [k'ok'jo ッコッキョ].

***꼬다** [k'o:da ッコーダ] 他 ①なう; よる, よじる ¶ 새끼를 ～ [sɛk'irɯl ～ セッキルル ～] 縄をなう / 실을 ～ [ji:rɯl ～ シールル ～] 糸をよる / 끈을 ～ [k'ɯnɯl ～ ックヌル ～] ひもをよじる ②(身を)よじる, ねじる ¶ 몸을 ～ [momɯl ～ モムル ～] 体をよじる / 다리를 ～ [tarirɯl ～ タリルル ～] 足を組む.

꼬드기다 [k'odɯgida ッコドゥギダ] 他 そそのかす; おだてる; 扇動する ¶ 데모에 참가하라고 ～ [demoe t'amgaharago ～ デモエ チャムガハラゴ ～] デモに加わるよう扇動する.

꼬들-꼬들 [k'odɯlk'odɯl ッコドゥルッコドゥル] 副 ハ形 飯粒などの固いさま.

꼬락서니 [k'oraks'ɔni ッコラクソニ] 名 俗 体たらく; ざま; 格好; ＝'꼴' ¶ 무슨 ～ [musun ～ram ムスン ～ラム] 何という体たらくだ ¶ 그 ～ 가 뭐냐? [kɯ ～ga mwɔ:nja ク ～ガ モーニャ] 何というさま[格好]だ.

꼬랑이 [k'oraŋi ッコランイ] 名 俗 しっぽ; ＝'꼬리'.

꼬랑지 [k'oraŋdʒi ッコランジ] 名 俗 鳥の尾; ＝'꽁지'.

꼬르륵 [k'orɯrɯk ッコルルク] 副 ハ自 ①(腹がすいたりして)ぐうぐう; ごろごろ ¶ 배에서 ～ 소리가 난다 [pɛesɔ ～ s'origa nanda ペエソ ～ ソリガ ナンダ] お腹がぐうぐう鳴る ②ごぼごぼ; ちょろちょろ(と)(水などが流れ出る音).

***꼬리** [k'ori ッコリ] 名 尾; しっぽ ¶ 개가 ～를 흔들다 [ke:ga ～rɯl hɯndɯlda ケーガ ～ルル フンドゥルダ] 犬がしっぽを振る / ～가 길다 [～ga ki:lda ～ガ キールダ] 尾が長い; 慣 事が長びくこと; 戸をきちんと閉めない人のこと / ～가 길면 밟힌다 [～ga ki:lmjɔn palpʰinda ～ガ キールミョン パルピンダ] しっぽが長ければ踏まれる; 慣 悪いことが長く続くと必ずばれるものだ / ～를 감추다 [～rɯl kamtɕʰuda ～ルル カムチュダ] しっぽを隠す; 慣 姿をくらます / ～를 달다 [～rɯl talda ～ルル タルダ] 慣 (何かを)つけ加えて話す; 新しい条件をつけ加える / ～를 물다 [～rɯl mulda ～ルル ムルダ] 慣 長々と続く; 次から次に起こる; 相次ぐ / ～를 밟히다 [～rɯl palpʰida ～ルル パルピダ] しっぽを踏まれる; 慣 悪いことがばれる / ～를 사리다 [～rɯl sarida ～ルル サリダ] しっぽをぐるぐる巻く; 慣 万一のときを考えて用心する / ～를 잡다 [～rɯl tɕapt'a ～ルル チャプタ] しっぽをつかむ; 慣 弱点をにぎる / 말～를 잡다 [ma:l ～rɯl tɕapt'a マール ～ルル チャプタ] 言葉じりをとらえる

―치다 [tɕʰida チダ] 自 しっぽを振る; 慣 へつらう; 媚を売る; 機嫌をとる; 誘惑する; (女性が)色目を使う **―곰탕** [go:mtʰaŋ ゴームタン] 名 牛の尾を煮込んだスープ **―표** [pʰjo ピョ] 名 荷札; 付け札 ¶ ～를 달다 [～rɯl talda ～ルル タルダ] 荷札を付ける / ～가 붙다 [～ga put'a ～ガ プッタ] 札つきになる; 慣 よくない評判がなされる.

꼬리타분-하다 [k'oritʰabunhada ッコリタブンハダ] 形 とても陳腐で狭量だ; 臭気がひどい.＜**꼬리탑탑하다** [k'oritʰaptʰapʰada ッコリタプタプハダ].

***꼬마** [k'oma ッコマ] 名 ①小形 [小型] ¶ ～ 자동차 [～ dʒadoŋtɕʰa ～ ジャドンチャ] 豆自動車 ②俗 子供; ちびっこ; じゃり; 幼い子供の愛称 ③―**둥이** [duŋi ドゥンイ] 名 (お)ちびちゃん; ＝**꼬맹이** [k'omɛŋi ッコメンイ] ¶ 우리집 ～ [uridʒip ～ ウリジプ ～] うちのおちびちゃん.

꼬매다 [k'omɛda ッコメダ] 他 俗 縫う; 繕う; ＝'꿰매다'.

꼬무락-거리다 [k'omurak'ɔrida ッコムラクコリダ] 自他 (体を)もぞもぞする; もぞもぞさせる; ぐずぐずする.

꼬물-거리다 [k'omulgɔrida ッコムルゴリダ] 自他 もぞもぞ・くねくね・もたもた・ぐずぐずする.

꼬박[1] [k'obak ッコバク] 副 まる; ぶっ通し; ＝**꼬박이** [k'obagi ッコバギ] ¶ ～ 2시간 걸리다 [～ t'u:ʃigan kɔllida ～ トゥーシガン コルリダ] まる2時間費やす / ～ 3시간을 자다 [～ s'e:ʃiganɯl tʃada ~ セーシガヌル チャダ] ぶっ通し3時間を眠る / ~ 밤새우다[~ p'amsɛuda ~ パムセウダ] まんじりともせず夜を明かす.

꼬박² [k'obak ッコバク] 副 하自他 こくり; ぺこり; <'꾸벅' ¶ ~ 절하다[~ tʃʰorhada ~ チョルハダ] ぺこりとお辞儀をする.

***꼬박-꼬박** [k'obak'obak ッコバクコバク] 1 副 ① きちんと; まじめに; 忠実に; (言いつけ・おきて・期日などを)よく守るさま ¶ 세금을 ~ 내다[seːgumul ~-(k'obaɲ) nɛːda セーグムル ~-(ッコバン) ネーダ] 税金をきちんきちんと納める ② 長時間待ち続けるさま 2 副 하自他 ぺこぺこ(する) さま.

꼬부라-들다 [k'oburadɯlda ッコブラドゥルダ] 自[ㄹ語幹] 内側に曲がり込む.

꼬부라-뜨리다 [k'oburat'ɯrida ッコブラットゥリダ] 他 内側に折り曲げる.

***꼬부라-지다** [k'oburadʒida ッコブラジダ] 自 内側に曲がる; 性格がゆがむ.

꼬부랑 글자[-字] [k'oburaŋ gultʃ'a ッコブラン グルチャ] 名 ① 下手な字; みみず書き ② 俗 西洋文字; 横文字.

꼬부랑-길 [k'oburaŋk'il ッコブランキル] 名 曲がりくねった道.

꼬부랑 늙은이 [k'oburaŋ nɯlgɯni ッコブラン ヌルグニ] 名 腰の曲がった[かがんだ]老人.

꼬부랑-이 [k'oburaŋi ッコブランイ] 名 ① 曲がった物 ② 腰の曲がった人 ③ つむじ曲がり; 心のゆがんだ人.

꼬부랑-하다 [k'oburaŋhada ッコブランハダ] 形 (内側に)曲がっている **꼬부랑-꼬부랑** [k'oburaŋk'oburaŋ ッコブランッコブラン] 副 하形 くねくね; 曲がりくねって[折り曲がって]いるさま.

꼬부랑 할미 [k'oburaŋ halmi ッコブラン ハルミ] 名 腰の曲がった[かがんだ]おばあさん.

꼬부리다 [k'oburida ッコブリダ] 他 曲げる. <'꾸부리다'.

꼬부장-하다 [k'obudʒaŋhada ッコブジャンハダ] 形 ① やや曲がり気味である ② 心がゆがんでいる. <'꾸부정하다'.

***꼬불-꼬불** [k'obulk'obul ッコブルッコブル] 副 하形 하自 くねくね(と) ¶ ~한 길[~-(k'obur) han kil ~ハン キル] くねくね曲がった道.

꼬여-내다 [k'ojɔnɛda ッコヨネダ] 他 誘い出す; おびき出す; ='꾀어 내다'.

꼬이다 [k'oida ッコイダ] 1 自 ① (事が)順調に運ばない; 狂う; こじれる; 略 '꾀다' ¶ 일이 ~[iːri ~ イーリ ~] 事がこじれる ② (心・感情が)悪くなる; ねじける; ひねくれる ¶ 속이 ~[soːgi ~ ソーギ ~] 感情がねじける [こじれる] ③ (糸・ひもなどが)からむ; もつれる ¶ 실이 ~[iːri ~ シーリ ~] 糸がもつれる 2 自[受動] よじられる; ねじれる; よ(ら)れる; '꼬다'の被動 ¶ 옷자락이 ~[otʃ'aragi ~ オッチャラギ ~] 裾がよれる.

꼬장-꼬장 [k'odʒaŋk'odʒaŋ ッコジャンッコジャン] 副 하形 ① 細長くまっすぐなさま ¶ ~한 회초리[~han hwetʃʰori ~ハン フェチョリ] 細長くまっすぐな鞭 ② (老人が腰も曲がらずに)しゃんとしているさま; かくしゃくとしたさま ¶ 팔십 노인이 ~하다[pʰalʃim noːini ~hada パルシム ノーイニ ~ハダ] 80歳の老人が腰も曲がらずしゃんとしている ③ 片意地で融通のきかないさま ¶ 성격이 ~하다[sɔːŋkʲogi ~-hada ソーンキョギ ~ハダ] 性格が片意地で融通がきかない; 剛直で一本気だ.

꼬질-꼬질 [k'odʒilk'odʒil ッコジルッコジル] 副 하形 ① (性格が)ひどくいじけているさま ② (身なりが)しわくちゃに; くちゃくちゃ ¶ ~맷국이 흐르는 옷[~ tʃɛtkʼugi hɯrɯnɯn ot ~ ッテックギ フルヌン オッ] しわくちゃで垢だらけの服.

***꼬집다** [k'odʒipt'a ッコジプタ] 他 ① つねる ¶ 팔을 ~[pʰarul ~ パルル ~] 腕をつねる ② 皮肉を言う; (人の)弱点をつく ¶ 너무 꼬집어 말하지 마라[nɔmu k'odʒibɔ maːrhadʒi mara ノム ッコジボ マールハジ マラ] あまり皮肉ねるな **꼬집히다** [k'odʒipʰida ッコジピダ] 自他[受動] つねられる.

꼬챙이 [k'otʰɛŋi ッコチェンイ] 名 串; 略 '꼬치' ¶ ~에 꿰다[~e k'weːda ~エ ックェーダ] 串刺しにする.

꼬치 [k'otʃʰi ッコチ] 名 ① 串; '꼬챙이'の略 ② 串刺しの食べ物 ③ おでん **—구이** [gui クイ] 名 串焼き; 焼きとり **—백반**(白飯) [bɛkpʼan ベクパン] 名 (串刺しの)おでん飯 **—안주**(按酒) [andʒu アンジュ] 名 (肴 さかな としての)おでん.

꼬치-꼬치 [k'otʃhik'otʃhi ッコチッコチ] 副 ① がりがり; 体のやせこけたさま ¶~ 마르다[야위다][~ maruda(jawida)] ~ マルタ[ヤウィダ]] やせさらばえる; がりがりにやせ衰える ② 根掘り葉掘り ¶~ 캐묻다[~ kʰɛ:mut'a ~ ケームッタ] 根掘り葉掘り問いただす.

꼬투리 [k'otʰuri ッコトゥリ] 名 **1** ① (事の)きっかけ; 原因 ¶~를 캐다[~-rul kʰɛ:da ~ルル ケーダ] 原因[手がかり]を突きとめる ② 言葉じり ¶말 ~을 잡다[ma:l ~rul tʃapt'a マール ~ルル チャプタ] 言葉じりを捕らえる; 揚げ足を取る **2** 〈植〉サヤ(マメ科植物).

*__꼭__ [k'ok ッコク] 副 ① しっかりと; ぎゅっと; 固く ¶~ 붙들다[~ p'ut'ulda ~ プットゥルダ] しっかりつかむ / ~ 묶다[매다][(k'oŋ) mukt'a [mɛ:da] (ッコン) ムクタ[メーダ]] しっかり縛る[結ぶ] ② 必ず; きっと; 間違いなく ¶약속을 ~ 지켜라[jaks'ogul ~ tʃʰikʰjɔra ヤクソグル ~ チキョラ] 約束を必ず守れ / 돈을 ~ 갚다[to:nul (k'o) k'apt'a トーヌル ~ カプタ] お金を間違いなく返す ③ ちょうど; ぴたり ¶~ 2시간 걸렸다[~ t'u: ʃigan kɔlljɔt'a ~ トゥー シガン コルリョッタ] ちょうど2時間かかった / 양복이 ~ 맞다[jaŋbogi (k'oŋ) mat'a ヤンボギ (ッコン) マッタ] 洋服がぴたりと合う ④ じっと ¶아픔을 ~ 참다[apʰumul ~ tʃʰa:mt'a アプムル ~ チャームタ] 痛みをじっと堪える ⑤ 是非 ¶~ 만나고 싶다[(k'oŋ) mannago ʃipt'a (ッコン) マンナゴ シプタ] 是非お会いしたい / ~ 해내겠다[(k'o) kʰɛ:nɛget'a ~ ケーネゲッタ] 是が非でもやりとげる ⑥ あたかも ¶~ 봄 같다[~ p'om gat'a ~ ポム ガッタ] あたかも春のようだ.

꼭-꼭 [k'ok'ok ッコッコク] 副 ① しっかり; きりきり; ぎゅうぎゅう ¶붕대로 ~ 감다[puŋdɛro ~-(k'o) k'a:mt'a プンデロ ~ カームタ] ほうたいをきりきりと巻く ② きちんと; ちゃんと ¶~ 숨어라[~ s'umɔra ~ スモラ] ちゃんと隠れろ(隠れんぼをするときのかけ声).

*__꼭대기__ [k'okt'ɛgi ッコクテギ] 名 ① てっぺん; いただき ¶산 ~[san ~ サン ~] 山頂; 山のいただき[てっぺん] ② かしら; 首領.

*__꼭두-각시__ [k'okt'ugakʃ'i ッコクトゥガクシ] 名 ① あやつり人形 ② 人形劇に出てくるあばた面の女房役の人形 ③ 傀儡ぐう ¶남의 ~ 노릇을 하다[name ~ norusul hada ナメ ~ ノルスル ハダ] 人の手先[傀儡]になって動きまわる __-놀음__ [norum ノルム] 名 俳自 ① 人形劇(民俗演劇の1つ) ② 人の意のままに手先として使われる[使う]こと.

꼭두-새벽 [k'okt'usɛbjɔk ッコクトゥセビョク] 名 早暁; 早朝; 朝っぱら; 明け方 ¶~에 일어나다[~-(sɛbjɔg)e irɔnada ~-(セビョッ)ゲ イロナダ] 明け方に起きる.

*__꼭지__ [k'oktʃ'i ッコクチ] **1** 名 ① 取っ手; つまみ ¶냄비 ~[nɛmbi ~ ネムビ ~] なべぶたのつまみ ② へた; がく; ほぞ ¶감 ~[ka:m ~ カーム ~] 柿 ^{かき} のへた **2** 依名 …束 ¶미역 2~[mijɔk t'u: ~ ミヨク トゥー ~] ワカメ2束 __-점__ [dʒɔm ジョム] 名 頂点.

*__꼴__ [k'ol ッコル] 名 形; さま; 格好; 体たらく ¶세모~[se:mo~ セーモ~] 三角形 / 이게 무슨 ~이냐?[ige musun (k'or)inja イゲ ムスン (ッコ)リニャ] これは何たるざまだ.

__-꼴__ [k'ol ッコル] 接尾 …当たり ¶하나에 100원 ~이다[hanae pɛgwɔn (k'or)ida ハナエ ペグォン (ッコ)リダ] 1個当たり100ウォンだ.

꼴값-하다 [k'olk'apʰada ッコルカプパダ] 自 顔つきにふさわしい行ないをする ¶~-도 못한다[~-t'o mo:tʰanda ~-ト モータンダ] 似合わないことをする; 何というざまだ.

꼴-같잖다 [k'olgatʃ'antʰa ッコルガッチャンタ] 形 不格好だ; ぶざまだ; 見苦しい; 気に食わない; みっともない.

꼴깍 [k'olk'ak ッコルッカク] 副 俳自他 ① ごくりと(水やつばなどを一息に飲み下すさま). <'꿀꺽' ¶침을 ~ 삼켰다[tʃʰimul ~ s'amkʰjɔt'a チムル ~ サムキョッタ] つばをごくりと飲み込んだ ② ぐっと(怒りをこらえるさま).

꼴딱 [k'olt'ak ッコルッタク] 副 俳自他 ① ごくり; ごくごく ¶약을 ~ 마시다[jagul (k'olt'aŋ) maʃida ヤグル (ッコルッタン) マシダ] 薬をごくりと飲む ② とっぷり; すっかり ¶해가 ~ 넘어갔다[hɛga (k'olt'aŋ) nɔmɔgat'a ヘガ (ッコルッタン) ノモガッタ] 日がとっぷり暮れた ③ 何も食べずにそのまま飢えるさま ¶이틀을 ~ 굶었다[itʰurul (k'olt'a) k'ulmtɕʰa イトゥルル ~ クル

モッタ] まる2日間飲まず食わずだ[全然食べていない].

꼴뚜기 [k'olt'ugi ッコルットゥギ] 图〈動〉イイダコ(飯蛸) **—장수** [dʒaŋsu ジャンス] 图 ① イイダコ売り ② (軽蔑的に)身代をつぶして[商売の元手をはたいて]落ちぶれた[貧しく暮らす]人.

꼴리다 [k'ollida ッコルリダ] 自 ① 怒りがこみ上がる; 腹が立つ ¶배알이 ~ [pɛari ~ ペアリ ~] 腹が煮えくり返る ② (陰茎が)勃起する[立つ].

꼴-불견[一不見] [k'olbulgjən ッコルブルギョン] 图 なりやしぐさが不格好で見苦しい・みっともないこと.

꼴-사납다 [k'olsanapt'a ッコルサナプタ] 形 [ㅂ変] みっともない; 不格好だ ¶~-사나운 짓 작작해라 [~-sanaun tɕiːt tɕ'aktɕ'akhɛra ~-サナウン チーッ チャクチャクケラ] みっともないふるまいはほどほどにしろ.

꼴-좋다 [k'oldʒothʰa ッコルジョッタ] 形 (皮肉で)みっともない; 何てざまだ; いいつらの皮だ ¶울다니 ~ [uːldani ~ ウールダニ ~] 泣くとはみっともない.

*꼴찌 [k'oltɕ'i ッコルッチ] 图 びり; どんじり; しんがり ¶~로 졸업하다 [~ro tɕorophada ~ロ チョロパダ] びりで卒業する.

꼼꼼-하다 [k'omk'omhada ッコムッコムハダ] 形 [여변] きちょうめんで抜け目がない; 緻密である ¶~-한 남자 [~-han namdʒa ~-ハン ナムジャ] きちょうめんな男 **꼼꼼-히** [k'omk'omi ッコムッコミ] 副 抜け目なく; きちょうめんに ¶일기를 ~ 쓰다 [ilgirul ~ s'uda イルギルル ~ ッスダ] 日記をまめにつける.

꼼-수 [k'omsu ッコムス] 图 けち臭い手段・方法; みみっちいやり口.

꼼실-거리다 [k'omɕilgərida ッコムシルゴリダ] 自 虫がもぞもぞうごめく.

꼼지락-거리다 [k'omdʒirak'ərida ッコムジラクコリダ] 自他 (体を)動かす; ぐずぐずする.＜'꿈지럭거리다'.

*꼼짝 [k'omtɕ'ak ッコムッチャク] 副 [하][自動] ちょっと動くさま ¶~할 수 없다 [(k'omtɕ'a)kʰal suː ɔːpt'a ~カル スー オープタ] 身動きができない / 마라 [(k'omtɕ'aŋ) mara (ッコムッチャン) マラ] (やれ) 動くな **—거리다** [(k'omtɕ'a)k'ərida 自他 身じろぎ[身動き]する **—달싹** [t'als'ak タルッサク] 副 [하][自動] 微動するさま ¶~ 할 수 없다 [~- (t'als'a) kʰal suː ɔːpt'a ~カルッス オープタ] 全然身動きができない **—없이** [(k'omtɕ'aŋ) ɔp.i (ッコムッチャ) ゴプシ] 副 なすすべもなく.

꼼짝도 않다 [k'omtɕ'akt'o antʰa ッコムッチャクト アンタ] 慣 身動きも[微動だに]しない ¶손가락 하나 ~ [sonk'arakhana ~ ソンカラク カナ ~] 指ひとつ動かさない; ちっとも働かない.

*꼼짝 못하다 [k'omtɕ'aŋ motʰada ッコムッチャン モッタダ] 慣 ① 身動きができない; 少しも動けない ¶아파서 ~ [apʰasɔ ~ アパソ ~] 痛くて身動きができない ② どうすることもできない ¶빚 때문에 ~ [pitɛmune ~ ピッテムネ ~] 借金で首が回らない.

*꼽다 [k'opt'a ッコプタ] 他 ① (数えるため)指を折る; 指折り数える ¶손 (을)꼽아 기다리다 [son(ɯl)k'oba kidarida ソン[ソヌル]ッコパ キダリダ] 指折り数えて待つ ② 指す ¶손꼽는 부자(富者) [sonk'omnun puːdʒa ソンッコムヌン プージャ] 屈指の素封家; 指折りの金持ち **꼽히다** [k'ophida ッコピダ] 受動 (指折り)数えられる.

꼽추 [k'optɕhu ッコプチュ] 图 背が曲がった人; =곱사등이 [kopsaduŋi コプサドゥンイ].

꼽치다 [k'optɕhida ッコプチダ] 他 ① 半分に折り畳む ② 倍にする.

*꼿꼿-하다 [k'otk'othada ッコッコッタダ] 形 [여변] ① まっすぐだ ¶~-한 대나무 [~-tʰan tɛnamu ~-タン テナム] まっすぐな竹 ② 剛直だ ¶~-한 성격 [~-tʰan sɔːŋk'jɔk ~-タン ソーンキョク] 剛直な性格 ③ (水分がなくなって)固い ④ 融通がきかない **꼿꼿-이** [k'otk'oɕi ッコッコッシ] 副 まっすぐに; 剛直に.

꽁꽁[1] [k'oŋk'oŋ ッコンッコン] 副 ① かちかち; こちんこちん ¶~ 얼다 [~ ɔːlda ~ オールダ] かちかちに凍る ② うまく隠れるさま ¶~ 숨어라 [~ sumɔra ~ スモラ] しっかり隠れろ(子供たちが隠れんぼをするかけ声) ③ ぎゅうぎゅう ¶~ 묶다 [~ mukt'a ~ ムクタ] ぎゅうぎゅう縛りつける.

꽁꽁[2] [k'oːŋk'oŋ ッコーンッコン] 副 [하][自] うんうん; うめく声 ¶~ 앓았다 [~ arat'a ~ アラッタ] うんうんうめいた **—거리다** [gərida ゴリダ] 自 うんうんとうめく.

*꽁다리 [k'oŋdari ッコンダリ] 图 (使い残りの)切れ端; かけら ¶무~ [mu:~ ムー~] 大根の切れ端 / 연필 ~ [jɔnpʰil ~ ヨンピル ~] ちびた鉛筆.

*꽁무니 [k'oŋmuni ッコンムニ] 图 ① 尻ﾉ ¶여자의 ~를 따라다니다 [jɔdʒae ~rul t'aradanida ヨジャエ ~ルル タラダニダ] 女性の尻を追い回す ② 最後; びり; どんじり ¶행렬의 ~에 붙다 [hɛŋnjɔre ~ e put'a ヘンニョレ ~エ プッタ] 行列のどんじりに付く **—(를)빼다** [(rul) p'ɛ:da (ルル)ッペーダ] 圁 身を引く; しり込みする; 逃げる **—(를)사리다** [(rul) sarida (ルル)サリダ] 圁 ひそかに身を引こうと[抜け出そうと]する.

꽁-보리밥 [k'oŋboribap ッコンボリバプ] 图 麦だけで炊いたご飯; 麦飯.

꽁-생원 [一生員] [k'oŋsɛŋwɔn ッコンセンウォン] 图 無口で狭量の人をあざける語; むっつりした人.

꽁지 [k'oŋdʒi ッコンジ] 图 鳥の尾 ¶~빠진 새 같다 [~p'a:dʒin sɛ: gat'a ~ッパージン セー ガッタ] 尾の抜けた鳥のようだ. 慣 みすぼらしいなりのたとえ.

*꽁초 [一草] [k'oŋtsʰo ッコンチョ] 图 (タバコの)吸い殻.

*꽁치 [k'o:ntsʰi ッコーンチ] 图〈魚〉サンマ(秋刀魚).

꽁-하다 [k'o:ŋhada ッコーンハダ] 围 여変 むっつりしている; 根に持って忘れない ¶~-하게 생각하다 [~- hage sɛŋgakʰada ~-ハゲ センガクカダ] 根に持つ/ ~-한 감정이 풀리다 [~-han ka:mdʒɔŋi pʰullida ~-ハン カームジョンイ プルリダ] 心のわだかまりが解ける.

*꽂다 [k'ot'a ッコッタ] 他 ① 挿[差]す ¶꽃을 ~ [k'otsʰul ~ ッコチュル ~] 花を挿す[生ける] ② 立てる[かかげる] ¶기를 ~ [kirul ~ キルル ~] 旗を立てる ③ 差し込む ¶책을 ~ [tsʰɛgul ~ チェグル ~] 本を差し込む ④ 刺す ¶침을 ~ [tsʰimul ~ チムル ~] 鍼을 刺す[打つ].

꽂히다 [k'otsʰida ッコチダ] 圁 差[刺・挿]さ(れ)る; '꽂다'の受動 ¶가시가 ~ [kaʃiga ~ カシガ ~] とげに刺さる.

*꽃 [k'ot ッコッ] 图 花[華] ¶~이 피다[지다] [(k'o) tsʰi pʰida [tʃida] (ッコ)チ ピダ[チダ]] 花が咲く[散る] / 사교계의 ~ [sagjogee ~ サギョゲエ ~] 社交界の花(形) / 이야기에 ~을 피우다 [ijagie (k'o) tsʰul pʰiuda イヤギエ (ッコ)チュル ピウダ] 話に花を咲かす **—가게** [k'age カゲ] 图 花屋 **—가루** [k'aru カル] 图 花粉 **—구경** [k'ugjɔŋ クギョン] 图 花見 **—꽂이** [k'odʒi コジ] 图 生け花 **—나무** [(k'on) namu (ッコン)ナム] 图 花木; 花樹; 草花 **—놀이** [(k'on) nori (ッコン)ノリ] 图 하自 花見 **—눈** [(k'on) nun (ッコン)ヌン] 图 花芽 **—다발** [(k'o) t'abal タバル] 图 花束; ブーケ **—돗자리** [(k'o) t'otsʼari トッチャリ] 图 花ござ **—동산** [(k'o) t'oŋsan トンサン] 图 花園 **—말** [(k'on) mal (ッコン)マル] 图 花言葉 **—망울** [(k'on) maŋul (ッコン)マンウル] 图 花の幼いつぼみ **—모늬** [(k'on) muni (ッコン)ムニ] 图 花模様 **—바구니** [p'aguni パグニ] 图 花かご **—바람** [p'aram パラム] 图 花咲くころの春風 **—방석** [p'aŋsɔk パンソク] 图 花模様の座布団[むしろ] **—병** [p'jɔŋ ピョン] 图 花瓶 **—봉오리** [p'oŋori ポンオリ] 图 つぼみ **—송이** [(k'o) -s'oŋi ソンイ] 图 花房 **—씨** [(k'o) ʃi シ] 图 花の種 **—잎** [(k'on) nip (ッコン)ニプ] 图 花びら; 花弁 **—집** [(k'o) tʃipl チプ] 图 花屋 **—철** [(k'o) tsʰɔl チョル] 图 花時; 花の季節.

꽃-게 [k'otk'e ッコッケ] 图〈動〉ワタリガニ; カザミ.

꽃-구름 [k'otk'urum ッコックルム] 图 彩雲.

꽃-다지 [k'ot'adʒi ッコッタジ] 图 (キュウリ・カボチャなどの)初なり; 初物.

꽃-답다 [k'ot'apt'a ッコッタプタ] 围 日変 (花のように)美しい; 麗しい ¶꽃다운 나이 [k'ot'aun nai ッコッタウン ナイ] 芳年; 若いときの歳月.

꽃-밭 [k'otp'at ッコッパッ] 图 ① 花畑; 花壇 ② 阁 若い女性の多い場所.

꽃-샘 [k'os'ɛm ッコッセム] 图 하自 花冷え; 花が咲くころの寒さ **—바람** [baram バラム] 图 花あらし **—잎샘** [nipsʼɛm ニプセム] 图 하自 花が咲き若葉が出るころの寒さ; 春先き寒さ **—추위** [tsʰuwi チュイ] 图 花冷え.

꽃-전 [一煎] [k'otsʰɔn ッコッチョン] 图 ① 花弁もち; もち米の粉をこねフライパンで花形に焼き上げた菓子 ② ナツメとツツジや菊の花びらをあしらって焼き上げたもち.

꽃-창포[—菖蒲][k'otʰaŋpʰo ッコッチャンポ]《名》〈植〉ハナショウブ(花菖蒲).

꽃-피다[k'otpʰida ッコピダ]《自》花が咲く; 盛んになる; もっと華やかな状態になる ¶ 젊음이 ~-피는 시절[tɕʌlmumi ~-pʰinun ɕidʑʌl チルムミ ~-ピヌン シジョル] 青春の花咲く時代.

꽃-피우다[k'otpʰiuda ッコピウダ]《他》花を咲かせる; 盛んにする; 名をあげる ¶ 젊음을 ~[tɕʌlmumul ~ チョルムムル ~] 青春の花を咲かせる.

꽈리[k'wa:ri ックァーリ]《名》〈植〉ホオズキ.

***꽉**[k'wak ックァク]《副》① ぎゅっと; しっかり; ひしと ¶ ~ 누르다[(k'waŋ) nuruda (ックァン) ヌルダ] ぎゅっと押えつける / ~ 쥐다[~ tɕ'wi:da ~ チュィーダ] しっかり握る[握りしめる] / ~ 껴안다[(k'wa) k'jʌant'a ~ッキョアンタ] ひしと抱く[抱きしめる] ② ぎっしり; いっぱい ¶ ~ 차 있다[~ tɕʰa it'a ~ チャ イッタ] ぎっしり詰まっている; いっぱいだ ③ ぐっと; ぎゅっと; じっと ¶ 아픔을 ~ 참다[apʰumul ~ tɕʰa:mt'a アプムル ~ チャーㇺタ] 痛みをじっとこらえる ―**꽉**[(k'wa)-k'wak ックァクァク]《副》① ぎゅうぎゅう ¶ ~ 죄다[~ tɕ'we:da ~ チュェーダ] ぎゅうぎゅうと締める ② ぎっしり; きっちり ¶ ~ 밀어 넣다[~-(k'waŋ) mirʌnotʰa ~-(ックァン) ミロノッタ] ぎっしり押し詰める.

꽉-차다[k'waktɕʰada ックァクチャダ]《自》いっぱいだ; ぎっしり詰まる ¶ 젊음이 ~[tɕʌlmumi ~ チョㇽムミ ~] 若さがいっぱいだ / 광장은 사람으로 ~[kwa:ŋdʑaŋun sa:ramuro ~ クァーンジャンウン サーラムロ ~] 広場には人でいっぱいだ / 상자에 ~-채우다[saŋdʑae ~-tɕʰeuda サンジャエ ~-チェウダ] 箱にぎっしりと詰める.

꽝[k'waŋ ックァン]《名》空くじ; はずれ ¶ 복권이 모두 ~-이다[pok'wʌni modu ~ida ポックォニ モドゥ ~イダ] 宝くじがみんなはずれだ.

꽝²[k'waŋ ックァン]《副》《하自》① どかん; ずどん ¶ ~-하고 터지다[~hago tʰo:dʑida ~ハゴ トージダ] どかんと破裂する / ~하고 떨어지다[~hago t'ʌrʌdʑida ~ハゴ ットロジダ] どかんと落ちる ② ぱたん; びしゃり ¶ 문을 ~ 닫다[munul ~ tat'a ムヌル ~ タッタ] 戸をぱたんと締める ―**꽝**[k'waŋ

ックァン]《副》《하自他》① どかんどかん(銃砲の破裂音) ② ぱたんぱたん; どんどん(打ち鳴らす・ぶつかる際の音) ―**꽝-거리다**[k'waŋgʌrida ックァンゴリダ]《自他》しきりにどかんどかん[どんどん・ぱたんぱたん]と鳴らす.

***꽤**[k'we ックェ]《副》① かなり; よほど; ずいぶん; だいぶ ¶ ~ 많은 돈[~ ma:nun to:n ~ マーヌン トーン] かなりの金額 / ~ 오래된 집[~ oredwen tɕip ~ オレドゥェン チプ] ずいぶん古びた家 ② わり(あい)に; 比較的(に); やや ¶ ~ 재미있는 책[~ tɕɛmiinnun tɕʰɛk ~ チェミインヌン チェク] わりに[なかなか]面白い本 / ~ 어려운 문제[~ ʌrjʌun mu:ndʑe ~ オリョウン ムーンジェ] わりあい[かなり]難しい問題.

꽥[k'we:k ックェーク]《副》《하自》わあっ; ぎゃっ(ショック・驚いて鋭く叫ぶ声) ¶ ~ 소리지르다[~ s'oridʑiruda ~ ソリジルダ] ギャッと叫ぶ.

꽹과리[k'wɛŋgwari ックェングァリ]《名》鉦; たたきがね; 小さな金だらい状態の楽器; ≒ 동고(銅鼓) [toŋgo トンゴ] ―**치다**[tɕʰida チダ]《自》鉦を打ち鳴らす.

꽹과리

***꾀**[k'we ックェ]《名》知恵; 知謀; 計略; 気転; 要領; はかりごと ¶ 얕은 ~[jatʰun ~ ヤトゥン ~] 浅知恵 / ~-가 늘다[~ga nulda ~ガ ヌルダ] だんだん知恵が働くようになる[悪賢くなる] / 제 ~-에 제가 넘어간다[tɕi ~e tɕega nʌmʌganda チェ ~エ チェガ ノモガンダ]《諺》自分の計略に自分がはまる; 策士, 策に溺れる / ~ 많은 사람[~ manun sa:ram ~ マヌン サーラム] 知謀に富む人.

꾀-까다롭다[k'wek'adaropt'a ックェッカダロプタ]《形》《ㅂ変》いやにややこしい; いやに気難かしい; ≒ **꾀까닭스럽다**[k'wek'adaksɯrʌpt'a ックェッカダクスロプタ] ¶ 꾀까다롭게 굴다[k'wek'adaropk'e ku:lda ックェッカダロプケ クールダ] いやに気難かしくふるまう ―**꾀-까다로이**[k'wek'adaroi ックェッカダロイ]《副》いやにややこしく[気難かしく].

***꾀꼬리**[k'wek'ori ックェッコリ]《名》〈鳥〉ウグイス **꾀꼴**[k'wek'ol ックェッ

피다¹ [k'we:da ックェーダ] **1** 自 こじれる; 順調に運ばない; ねじける; '꼬이다"の略 ¶일이 자꾸 ~ [i:ri tʃak'u ~ イーリ チャック ~] 仕事がとんとんまく運ばない; 事がこじれる **2** 他 受動 なえる; ねじれる; '꼬이다²'の略 ¶새끼가 잘 ~ [sɛk'iga tʃal ~ セッキガ チャル ~] なわがよくなえる.

피다² [k'we:da ックェーダ] 他 誘う; いざなう; 惑わす; たらす; そそのかす ¶여자를 ~ [jɔdʒarul ~ ヨジャルル ~] 女性をたらす / 못된 길로 ~ [mo:t'wen killo ~ モーットゥェン キルロ ~] 悪の道に誘う[いざなう].

피다³ [k'we:da ックェーダ] 自 たかる; すだく; わく ¶비듬이 ~ [pidumi ~ ピドゥミ ~] ふけがわく.

피-병[一病] [k'webjɔŋ ックェビョン] 名 하自 仮病; 偽りの病気 ¶~으로 학교를 쉬다 [~uro hak'jorul ʃwi:da ~ウロ ハクキョルル スゥィーダ] 仮病を使って学校を休む / ~을 부리다 [~ul purida ~ウル プリダ] 仮病を使う.

피-보 [k'webo ックェボ] 名 ① 知恵者; 利口者; 小才の利く者 ② ずるけ者; ずる賢い人.

피-부리다 [k'weburida ックェブリダ] 自 ① ずるける; サボる ¶청소 당번을 피부려 빠지다 [tʃʰɔŋsɔ daŋbɔnul k'weburjɔ p'a:dʒida チョンソ ダンボヌル ックェブリョ ッパージダ] 掃除当番をずるける ② 気転を利かせる.

피-쓰다 [k'wes'uda ックェッスダ] 自 ① 気転を利かす ② ずるける; サボる.

피어-내다 [k'weɔnɛda ックェオネダ] 他 誘い出す; おびき出す ¶감언으로 ~ [kamɔnuro ~ カモヌロ ~] 甘言で誘い出す / 술집으로 ~ [sultʃ'iburo ~ スルチブロ ~] 飲み屋に誘い出す / 적을 성에서 ~ [tʃʌgul sɔŋesɔ ~ チョグル ソンエソ ~] 敵を城からおびき出す.

피이다 [k'weida ックェイダ] **1** 自 受動 (甘い言葉に)だまされる; 誘われる; そそのかされる ¶그의 감언에 피여 넘어갔다 [kuɯe kamɔne k'wejɔ nɔmɔgat't'a クエ カモネ ックェヨ ノモガッタ] 彼の甘い言葉にだまされた **2** 他 だます; あやつる; そそのかす; だぶらかす.

피-잠 [k'wedʒam ックェジャム] 名 空寝; タヌキ寝入り; (偽って)寝るふりをすること.

피죄죄-하다 [k'wedʒwedʒwehada ックェジュェジュェハダ] 形 여変 ひどくみすぼらしい; 大変薄汚い ¶~-한 옷차림 [~-han otʃʰarim ~-ハン オッチャリム] みすぼらしい身なり.

피죄-하다 [k'wedʒwehada ックェジュェハダ] 形 여変 みすぼらしい; だらしがなく薄汚い ¶~-한 차림의 사나이 [~-han tʃʰarime sanai ~-ハン チャリメ サナイ] みすぼらしい身なりの男.

피-피우다 [k'wepʰiuda ックェピウダ] 自 策を弄ずる; ずるける.

피-하다 [k'wehada ックェハダ] 他 여変 図[謀]る; もくろむ; 企てる; たくらむ ¶경제의 신장을 ~ [kjɔŋdʒee ʃindʒaŋul ~ キョンジェエ シンジャンウル ~] 経済の伸長を図る / 음모를 ~ [ummorul ~ ウムモルル ~] 陰謀をたくらむ.

삠 [k'wem ックェム] 名 誘い; 誘惑; そそのかすこと ¶~에 빠지다 [~e p'a:dʒida (ックェ)メッパージダ] 誘惑に乗る; そそのかされる; だまされる.

꾸기다 [k'ugida ックギダ] 自他 もむ; しわむ; ='구기다' ¶종이를 ~ [tʃɔŋirul ~ チョンイルル ~] 紙をしわくちゃにする **꾸겨지다** [k'ugjɔdʒida ックギョジダ] 自 受動 しわくちゃになる; しわが寄る; 台無しになる; うっとうしく気がめいる.

꾸김 [k'ugim ックギム] 名 しわ='구김'の強調語; '꾸김살'の略 **―살** [s'al ッサル] 名 しわ **―새** [sɛ セ] 名 しわになったよう **―없다** [ɔpt'a (ックギ)モプタ] 形 素直だ; のびのびしている **―없이** [ɔps'i (ックギ)モプシ] 副 素直に ¶~ 자라다 [~ tʃarada ~ チャラダ] 素直に育つ.

***꾸다¹** [k'uda ックダ] 他 夢を見る ¶자주 꿈을 ~ [tʃadʒu k'umul ~ チャジュックムル ~] よく夢を見る / 꿈꾸는 기분이다 [k'umk'unun kibunida ックムックヌン キブニダ] 夢見るような気持ちだ.

***꾸다²** [k'uda ックダ] 他 借りる ¶돈을 ~ [to:nul ~ トーヌル ~] 借金する; 金を借りる / 꾼돈을 갚다 [k'undonul kapt'a ックンドヌル カプタ] 借りた金を返す.

꾸덕-꾸덕 [k'udɔk'udɔk ックドックドク] 副 形 水気のあるものの表面が幾分乾いたさま ¶떡이 ~해졌다 [t'ɔgi ~-

(k'ʌdʌ)kʰɛdʒʌtʃ'a ットギ ～ケジョッタ] もちがやや硬くなった.

꾸드러-지다 [k'udɯrʌdʒida ックドゥロジダ] 自 乾いて硬くなる; (ご飯などが)強くなる

꾸들-꾸들 [k'udɯlk'udɯl ックドゥルックドゥル] 副 하形 (ご飯などの)強いさま.

***-꾸러기** [k'urʌgi ックロギ] 接尾 性質・癖のある人 ¶ 잠～[tʃam～ チャム～] 寝坊 / 장난～[tʃaŋnan～ チャンナン～] いたずらっ子 / 말썽～[ma:lsʼʌŋ～ マールッソン～] やっかい者 / 욕심～[jokʃ'im～ ヨクシム～] 欲張り.

꾸러미 [k'urʌmi ックロミ] 名 包み; 束 ¶ 열쇠～[jɔ:lsʼwe ヨールッスェ～] かぎ束.

꾸리 [k'uri ックリ] 名 (おだまきのように巻いた)糸のかたまり ¶ 실～[ʃi:l～ シール～] 糸玉; おだまき / 실 한 ～[ʃi:l han～ シール ハン～] 糸1巻き.

***꾸리다** [k'urida ックリダ] 他 ① (荷物などを)包む; まとめて括る; 荷造りをする ¶ 이삿짐을 ～[isatʃ'imul～ イサッチムル～] 引っ越しの荷造りをする / 꾸려 매다[k'urjʌ mɛda ックリョ メダ] 荷造りをする ② (事を)処理する; 切り盛りする; (暮らしを)立てる ¶ 살림을 꾸려 나가다[sallimul k'urjʌ nagada サルリムル ックリョ ナガダ] 家事を切り盛りする.

꾸며-내다 [k'umjʌnɛda ックミョネダ] 他 つくり上げる; 俗 でっち上げる ¶ ～낸 이야기[～-nɛn nijagi ～-ネン ニヤギ] でっち上げの話.

꾸며-대다 [k'umjʌdɛda ックミョデダ] 他 言い繕う; 適当に嘘をついてごまかす ¶ ～댄 거짓말[～-dɛn kʌdʒinmal ～-デン コージンマル] つくり上げたうそ; でっち上げのうそ.

꾸물-거리다 [k'umulgʌrida ックムルゴリダ] 自他 (人が)ぐずつく; ぐずぐずする; (虫が)うごめく; =**꾸무럭거리다** [k'umurʌk'ʌrida ックムロッコリダ] ¶ ～-거리지 말라[～-gʌridʒi ma:lla ～-ゴリジ マールラ] ぐずぐずするな

꾸물-대다 [k'umuldɛda ックムルデダ] 自他 ='꾸물거리다' 꾸물대서는 안된다[k'umuldɛsʌnun andwenda ックムルデソヌン アンドェンダ] ぐずぐずしてはいけない

꾸물-꾸물 [k'umulk'umul ックムルックムル] 副 하形 自他 ぐずぐず; もぐもぐ; もぞもぞ.

꾸미개 [k'umigɛ ックミゲ] 名 着物・ござなどの縁をとる飾り布; 装身具.

***꾸미다** [k'umida ックミダ] 他 ① (見掛けを)繕う; 飾る; 作り立てる; 整える; 装う ¶ 옷차림을 ～[otʃʰarimul～ オッチャリムル～] 身なりを繕う / 겉을 ～[kʌtʰul～ コトゥル～] 上辺を飾る / 요란하게 꾸민 집 [joranhage k'umin tʃip ヨランハゲ ックミン チプ] けばけばしく作り立てた家 / 진짜처럼 ～[tʃintʃ'atʃʰʌrʌm～ チンッチャチョロム～] 本物らしく装う ② 構える ¶ 정원을 ～[tʃʌŋwʌnul～ チョンウォヌル～] 庭をつくる / 살림을 ～[sallimul～ サルリムル～] 世帯を構える ③ たくらむ ¶ 음모를 ～[ɯmmorul～ ウムモルル～] 陰謀をたくらむ ④ 縫い上げる ¶ 이불을 ～[iburul～ イブルル～] 掛け布団を縫い上げる.

꾸밈 [k'umim ックミム] 名 ① 見せかけをよくすること ② 巧むこと ③ 飾り **—없다** [ʌpt'a ックミ モプタ] 存 ① 飾りがない; 巧まない; 装わない ② 率直だ; 飾り気がない **—말** [mal マル] 名〈語〉修飾語 **—새** [sɛ セ] 名 飾り立て; 作[造]り; 構え.

***꾸벅** [k'ubʌk ックボク] 副 하形自他 こくり; ぺこり; 居眠り・お辞儀をするさま ¶ ～ 절하다[～ tʃʰʌrhada ～ チョルハダ] ぺこりとお辞儀をする **—거리다** [(k'ubʌk) k'ʌrida コリダ] 自他 こくりこくり[ぺこぺこ]する=**꾸벅이다** [k'ubʌgida ックボギダ] 他 ¶ 머리를 ～[mʌrirul～ モリルル～] 頭をぺこぺこする **—꾸벅** [(k'ubʌk) k'ubʌk ックボク ックボク] 副 하形自他 こくりこくり; ぺこぺこ ¶ ～ 졸다[～ tʃo:lda ～ チョールダ] こくりこくりと居眠りをする / ～ 절하다[～ tʃʰʌrhada ～ チョルハダ] ぴょこぴょこお辞儀をする.

꾸부러-뜨리다 [k'ubʌrtʃ'urida ックブロットゥリダ] 他 押し[折り]曲げる; '구부러뜨리다'の強調語.

꾸부러-지다 [k'uburʌdʒida ックブロジダ] 自 曲がる; ゆがむ; ねじれる; '구부러지다'の強調語 ¶ 길이 꾸불꾸불 ～[kiri k'ubulk'ubul～ キリ ックブルックブル～] 道がくねくね曲がる.

꾸부렁-하다 [k'ubʌrʌŋhada ックブロンハダ] 形 여変 (折れ)曲がっている; '구부렁하다'の強調語＞'꼬부랑하다'.

꾸부리다 [k'uburida ックブリダ] 他 (ものを)折り曲げる; (体を)かがめる; '구부리다'の強調語 ¶허리를 ~ [hɔrirul ~ ホリルル ~] 腰をかがめる.

꾸부정-하다 [k'ubudʒɔŋhada ックブジョンハダ] 形 여변 少し曲がっている; '구부정하다'の強調語 ¶허리가 약간 ~ [hɔriga jak'an ~ ホリガ ヤクカン ~] 腰がやや曲がっている.

꾸불-거리다 [k'ubulgɔrida ックブルゴリダ] 自 曲がりくねる; くねくねする; '구불거리다'の強調語 **꾸불-꾸불** [k'ubulk'ubul ックブルックブル] 副 하자 曲がりくねるさま; くねくね ¶~한 산길 [~-(k'ubur)han sank'il ~ハン サンキル] 曲がりくねった山道.

꾸불퉁-하다 [k'ubulthɔŋhada ックブルトンハダ] 形 여변 緩く折れ曲っている; '구불퉁하다'の強調語.

꾸뻑 [k'up'ɔk ックッポク] 副 하자타 こっくり; ぴょこんと; ぺこりと; 居眠り[お辞儀]をするさま; '꾸벅'の強調語.

꾸역-꾸역 [k'ujɔk'ujɔk ックヨクヨク] 副 ① どっと; 続々(と) ¶~ 모여들다 [~-(k'ujɔŋ) mojɔdɯlda ~-(クヨン) モヨドゥルダ] 続々と押し寄せてくる ② むかむかと; むくむくと; どんどん ¶~ 욕심이 생긴다 [~ jokʃ'imi sɛŋginda ~ ヨクシミ センギンダ] むくむくと欲が起きる.

꾸이다 [k'uida ックイダ] 略 '뀌다' 1 自 夢に現われる 2 他 貸す; 貸してやる.

*__꾸준-하다__ [k'udʒunhada ックジュンハダ] 形 여변 ① 粘り強い; 辛抱強い; 根気がある; うまずたゆまない ¶그는 언제나 ~ [kunun ɔːndʒena ~ クヌン オーンジェナ ~] 彼はいつも辛抱強い ② 着実だ; 手堅い; 堅実である ¶~한 성격 [~-han sɔːŋk'jɔk ~ハン ソーンキョク] 堅実な[粘り強い]性格 **꾸준-히** [k'udʒuniː ックジュニー] 副 (うまず)たゆまず; 粘り強く; 勤勉に ¶~ 노력하다 [~ nɔrjɔkʰada ~ ノリョカダ] たゆまず努力する.

*__꾸중__ [k'udʒuŋ ックジュン] 名 お叱り; '꾸지람'の尊敬語 ¶선생님께서 ~ 하시다 [sɔnsɛŋnimk'esɔ ~haʃida ~ センセンニムッケソ ~ハシダ] 先生からお叱りになる / ~을 듣다 [~ul tutt'a ~ ウル トゥッタ] 叱られる **-하다** [hada ハダ] 他 叱る.

*__꾸지람__ [k'udʒiram ックジラム] 名 하자 お叱り; 叱ること; 小言 ¶~을 듣다 [~ul tutt'a (ックジラ)ムル トゥッタ] 叱られる.

*__꾸짖다__ [k'udʒitʰa ックジッタ] 他 叱る; とがめる ¶너무 꾸짖지 마세요 [nɔmu k'udʒitʃ'i maːsejo ノム ックジッチ マーセヨ] あまり叱らないでください.

꾹 [k'uk ックク] 副 ① ぎゅっと; ぐっと; 堅く ¶목을 ~ 조르다 [mogɯl ~ tʃ'oruda モグル ~ チョルダ] 首をぎゅっと締めつける / 입을 ~ 다물다 [ibul ~ t'amulda イブル ~ タムルダ] 口を堅く[ぎゅっと]しめる ② じっと; ぐっと ¶~ 참다 [~ tʃʰaːmt'a ~ チャームタ] じっと忍ぶ; ぐっとこらえる.

*__-꾼__ [k'un ックン] 接尾 ① 職業・習慣的に行なう人を指す語 ¶나무~ [namu~ ナム~] 木こり / 술~ [sul~ スル~] 飲べえ / 일~ [iːl~ イール~] 働き手; 労働者 / 씨름~ [ʃ'irum~ ッシルム~] 相撲取り / 사기~ [sagi~ サギ~] 詐欺師 / 노름~ [norum~ ノルム~] ばくち打ち / 짐~ [tʃim~ チム~] 荷物運び人 ② 集まる人を指す語 ¶구경~ [kuːgjɔŋ~ クーギョン~] 見物人.

*__꿀__ [k'ul ックル] 名 はちみつ **—물** [mul ムル] 名 蜜を溶かした水 **—벌** [bɔl ボル] 名 〈虫〉ミツバチ(蜜蜂) ¶(꿀)벌을 치다 [(k'ul)bɔːrul tʃʰida (ックル)ボールル チダ] ミツバチを飼う.

*__꿀꺽__ [k'ulk'ɔk ックルコク] 副 하자타 ① ごくり; ごっくり ¶물을 ~ 마시다 [murul (k'ulk'ɔŋ) maʃida ムルル (ックルッコン) マシダ] 水をごくりと飲む ② じっと ¶분을 ~ 참다 [puːnul ~ tʃʰaːmt'a プーヌル ~ チャームタ] 憤り[怒り]をじっとこらえる.

꿀-꿀 [k'ulk'ul ックルックル] 副 하자 ブーブー; 豚の鳴き声 ¶돼지가 ~ 거리다 [twɛːdʒiga ~gɔrida トゥェージガ ~ゴリダ] 豚がブーブー鼻を鳴らす.

꿀꿀-이 [k'ulk'uri ックルックリ] 名 ① (幼児語で)豚; ブーブー ② 欲張り **—죽** [dʒuk ジュク] 名 ① かゆ状の豚のえさ ② いろいろ食べ残りを炊いてかゆみたいにしたもの.

꿀-단지 [k'ult'andʒi ックルタンジ] 名 はちみつを入れるつぼ.

꿀-떡[1] [k'ult'ɔk ックルットク] 名 蜜で味をつけたもち; もち米の粉にクリ・ナ

ツメなどを混ぜて, 蜜や砂糖で味をつけて蒸したもち.

꿀떡² [k'ult'ok ックルットク] 副 하自他 ぐっと; ぐいと ¶알약을 ~ 삼키다 [alljagɯl ~ s'amkʰida アルリャグル ~ サムキダ] 丸薬をぐっと飲み下す.

꿀렁-거리다 [k'ulɔŋgɔrida ックルロンゴリダ] 自 (桶などの水などが)ゆれ動く; だぶつく; (張り紙が)ぶかぶかする.

꿀리다 [k'ullida ックルリダ] 自 ① しわくちゃになる ¶스커트가 ~ [sukʰɔːtʰɯga ~ スコートゥガ ~] スカートがしわくちゃになる ② 金や暮らしに窮する ¶돈에 ~ [toːne ~ トーネ ~] 金に困る ③ 気が引ける ¶꿀리는 데가 있다 [k'ullinɯn dɛga it'a ックルリヌン デガ イッタ] 気が引けるところがある ④ 劣る; 不利になる ¶실력이 ~ [silljɔgi ~ シルリョギ ~] 実力が劣る.

꿀-밤 [k'ulbam ックルバム] 名 (愛らしさやいたずらのつもりで)げんこつで軽く頭をたたくこと.

***꿇다** [k'ultʰa ックルタ] 他 ひざまずく ¶무릎을 ~ [murɯbɯl ~ ムルブル ~] ひざまずく; ひざを屈する.

꿇리다 [k'ullida ックルリダ] 1 他 使役 ① ひざまずかせる ② 圧倒する ③ 服従させる 2 自 受動 ひざまずかされる.

꿇어-앉다 [k'urɔant'a ックロアンタ] 自 ひざをついて座る; ひざまずく; 略 꿇앉다 [k'urant'a ックランタ].

꿇어-앉히다 [k'urɔantʰida ックロアンチダ] 他 使役 ひざをついて座らせる; ひざまずかせる; 略 꿇앉히다 [k'urantʰida ックランチダ].

***꿈** [k'um ックム] 名 夢 ¶~을 꾸다 [~ɯl k'uda (ック)ムル ックダ] 夢を見る / ~ 해몽 [~ hɛmoŋ ~ ヘモン]; 夢占い; 夢あわせ; 夢解き / ~인가 생시인가 [~inga sɛŋʃiinga (ック)ミンガ センシインガ] 夢かうつつか / ~ 밖이다 [~ bak'ida ~ バクキダ] 夢にも思わなかったことだ / ~에도 몰랐다 [~-edo mollat'a (ック)メド モルラッタ] 夢にも[夢さら・全然]知らなかった.

꿈-같다 [k'umgatʼa ックムガッタ] 形 夢のようだ ¶꿈같은 말을 하다 [k'umgatʰɯn maːrul hada ックムガトゥン マールル ハダ] 夢みたいなことを言う.

꿈-결 [k'umk'jɔl ックムキョル] 名 夢うつつ; 夢のよう; 夢中 ¶~에 듣다 [(k'umk'jɔr)e tɯt'a (ックムキョ)レ トゥッタ] 夢うつつに聞く.

꿈-길 [k'umk'il ックムキル] 名 夢路 ¶~을 더듬다 [(k'umk'ir)ɯl tɔdɯmtʼa (ックムキ)ルル トドゥムタ] 夢路をたどる.

꿈-꾸다 [k'umk'uda ックムックダ] 自他 夢見る; 夢を結ぶ; 志す ¶미래를 ~ [miːrɛrɯl ~ ミーレルル ~] 未来を夢見る / 성공을 ~ [sɔŋgoŋɯl ~ ソンゴンウル ~] 成功を志す / 좋은 꿈을 꾸다 [tʃoːɯn k'umɯl k'uda チョーウン ックムル ックダ] 夢見がいい.

꿈-나라 [k'umnara ックムナラ] 名 ① 夢の国 ② 理想[幻想]の世界 ③ 眠り(の中の世界) ¶~로 가다 [~ro kada ~ロ カダ] 深く寝入る.

꿈-땜 [k'umtʼɛm ックムッテム] 名 하自 何か悪いことが起こった場合それを悪夢のせいだと埋め合わせること.

꿈-속 [k'umsok ックムソク] 名 夢の中[間] ¶~에서 여행하다 [(k'umsog)-esɔ jɔhɛŋhada (ックムソ)ゲソ ヨヘンハダ] 夢の中で旅行する / 어머니가 ~에 나타났다 [ɔmɔniga (k'umsog)e natʰanatʼa オモニガ (ックムソ)ゲ ナタナッタ] 母が夢枕に立った.

꿈실-거리다 [k'umʃilgɔrida ックムシルゴリダ] 自 (虫などが)もぞもぞする.

꿈-자리 [k'umdʒari ックムジャリ] 名 夢見; 夢のあと; 夢に現われた内容 ¶~가 사납다 [~ga saːnaptʼa ~ガ サーナプタ] 夢見が悪い / ~가 좋다 [~ga tʃoːtʰa ~ガ チョータ] 夢見がいい.

꿈지럭-거리다 [k'umdʒirɔkʼɔrida ックムジロクコリダ] 自他 のそのそする; っそりのっそり動く; ぐずぐずする ¶~거리지 말고 빨리 가라 [~-kʼoridʒi maːlgo pʼalli kara ~コリジ マールゴ ッパルリ カラ] ぐずぐずせずに早く行け.

꿈쩍 [k'umtʃʼok ックムッチョク] 副 하自他 ぴくっと ¶그런 일에 ~도 않는다 [kurɔn niːre ~tʼo annɯnda クロン ニーレ ~ト アンヌンダ] そんなことでびくともしない ━못하다 [(k'umtʃʼoŋ) motʰada (ックムッチョン) モッタダ] 自 身じろぎもできない; 動きがとれない; 手も足も出ない ¶권력앞에 ~ [kwɔlljɔgapʰe ~ クォルリョガペ ~] 権力に手も足も出ない.

꿈틀 [k'umtʰɯl ックムトゥル] 副 하自他 ぴくり(うごめくさま) ¶지렁이도 밟으면 ~ 한다 [tʃirɔŋido palbɯmjɔn

꿉실거리다 (k'umthur)handa チロンイド パルブミョン ～ハンダ [諺] ミミズも踏めばぴくりとうごめく；一寸の虫にも五分の魂

―거리다 [gərida ゴリダ] [自他] ① のたくる；くねくね[にょろにょろ]と動く ② (波が)うねる；(感情が)揺れる.

꿉실-거리다 [k'upʃ'ilgərida ックプシルゴリダ] [自他] ぺこぺこ頭を下げる.

꿉적-거리다 [k'uptʃ'ɔk'ɔrida ックプチョクコリダ] [自他] 腰をかがめてぺこぺこする.

꿋꿋-하다 [k'utk'uthada ックックッタダ] [形] [ㅅ変] ① 意志が強くて屈しない[ひるまない] ¶～-한 인물 [～-thaninmul ～-タン インムル] 意志が強くて屈しない人物，腹のすわった人物 ② 気丈だ ¶～-한 성질 [～-than sə:ŋdʒil ～-タン ソーンジル] 気丈な性質 **꿋꿋-이** [k'utk'uʃi ックックッシ] [副] 屈せず；ひるまず.

꿍꽝-거리다 [k'uŋk'waŋgərida ックンックァンゴリダ] [自他] しきりにどんどん[どかんどかん]と鳴る[鳴らす].

꿍꿍-거리다 [k'uŋk'uŋgərida ックンックンゴリダ] [自] ① うんうん唸る[呻く] ② (大砲・太鼓の音が)どしんどしん[どかんどかん]と鳴る[鳴らす].

꿍꿍이 [k'uŋk'uɲi ックンックンイ] [名] 胸算用；=**꿍꿍이 셈** [k'uŋk'uɲi sɛm ックンックンイ セム] **―속** [sok ソク] [名] 胸中に秘めた目論見[たくらみ]；胸算用 ¶무슨 ―인지 모르겠다 [musun ～-(sog) indʒi morugetʼa ムスン ～-(ソ)ギンジ モルゲッタ] どういうつもりか[もくろみか]知らない **―수작** [sudʒak スジャク] [名] 胸中に秘めたたくらみ[もくろみ].

꿍-하다 [k'u:ŋhada ックーンハダ] [形] [ㅅ変] 不機嫌でむっつりしている；仏頂面をしている.

＊꿩 [k'wɔŋ ックォン] [名] 〈鳥〉キジ(雉) ¶～-대신 닭 [～-dɛʃin tak ～-デシン タク] [諺] キジの代わりにニワトリ[似た物で代用すること] / ～-먹고 알먹고 [～-mɔk'o almɔk'o ～-モクコ アルモクコ] [諺] キジも食べ、その卵も食べる；一挙両得，一石二鳥 **―사냥** [sanjaŋ サニャン] [名] キジ狩り；キジを狩る人.

＊꿰다 [k'we:da ックェーダ] [他] ① (穴に)通す；つける；つなぐ ¶바늘 귀를 ～ [panuɫk'wirul ～ パヌルクィルル ～] 針穴に糸を通す / 낚싯 바늘에 미끼를 ～ [nakʃ'itp'anure mik'irul ～ ナクシパヌレ ミッキルル ～] 釣針に餌をつける / 구슬을 ～ [kusurul ～ クスルル ～] 玉をつなぐ ② 串刺しにする；つき通す ¶고기를 꼬챙이에 ～ [kogirul k'otʃhɛɲie ～ コギルル ッコチェンイエ ～] 肉を串刺しにする ③ (衣類を)着る；履く；引っ掛ける ¶바지를 꿰입다 [padʒirul k'we:ipt'a パジルル ックェーイプタ] ズボンを履く.

꿰-뚫다 [k'we:t'ultha ックェーットゥルタ] [他] ① 貫く；突き抜く；貫通する ¶총알이 벽을 ～ [tʃhɔŋari pjɔgul ～ チョンアリ ピョグル ～] 弾が壁を貫く ② (事や事情を)見抜く；見透かす；見通す ¶남의 마음을 꿰뚫어 보다 [name mauɯul k'we:t'uro boda ナメ マウムル ックェーットゥロ ボダ] 人の心を見抜く.

＊꿰-매다 [k'we:mɛda ックェーメダ] [他] ① 縫う；繕う ¶옷을 ～ [osul ～ オスル ～] 着物を縫う ② 取り繕う ③ 口止めする；口を封ずる.

꿰-차다 [k'we:tʃhada ックェーチャダ] [他] ① ひもを通してつないだりして腰に下げる ② [俗] 自分の物にする；連れる.

＊뀌다 [k'wi:da ックィーダ] [他] ひる ¶방귀를 ～ [pa:ŋgwirul ～ パーングィルル ～] へをひる；おならをする **2** [自] '꾸미다'の略.

끄나풀 [k'unaphul ックナプル] [名] ① ひもの切れ端 ② 手先 ¶형사 ～ [hjɔŋsa ～ ヒョンサ ～] 刑事の手先.

＊끄다 [k'uda ックダ] [他] ① 消す ¶불을 ～ [purul ～ プルル ～] 火を消す / 전등을 ～ [tʃɔ:ndɯŋul ～ チョーンドゥンウル ～] 電灯を消す ② 止める；切る ¶가스를 ～ [gasurul ～ ガスルル ～] ガスを止める / 스위치를 ～ [suwitʃhirul ～ スウィチルル ～] スイッチを切る.

＊끄덕-이다 [k'udɔgida ックドギダ] [自他] こっくりさせる；うなずく ¶고개를 ～ [kogɛrul ～ コゲルル ～] 首を縦に振る[こっくりさせる]；うなずく.

끄덩이 [k'udɔɲi ックドンイ] [名] ① 髪の端 ¶머리 ～를 잡고 싸우다 [mɔri ～rul tʃapk'o s'auda モリ ～ルル チャプコッサウダ] 髪の毛を引っつかみ合ってけんかをする ② もつれた糸の元.

끄떡 [k'ut'ɔk ックットク] [副] [하]自他] 首を強く縦に振るさま；こっくり **―거리**

꼬르다 / 끊다

다[(k'ɯt'ɔ)k'ɔrida コリダ] 自他 こくりこくりする **―없다**[(k'ɯt'ɔg)ɔpt'a (ックット)ゴプタ] 形 平気だ; 大丈夫だ; びくともしない ¶사건후에도 회사는 ~[sak'ɔnhuedo hweːsanɯn ~ サーコンフエド フェーサヌン ~] 事件後も会社はびくともしない **―없이**[(k'ɯt'ɔg)ɔps'i (ックット)ゴプシ] 副 びくともせず; 平気で; しっかりと **―이다**[(k'ɯt'ɔg)ida (ックット)ギダ] 自他 首をこっくりする; うなずく.

끄르다[k'ɯrɯda ックルダ] 他 三変 ① 解く; ほどく ¶보따리를 ~[pot'arirɯl ~ ポッタリルル ~] 包みを解く / 매듭을 ~[mɛdɯbɯl ~ メドゥブル ~] 結び目をほどく ② はずす; 開ける ¶단추를 ~[tantsʰurɯl ~ タンチュルル ~] ボタンをはずす / 자물쇠를 ~[tʃamulsʼwerɯl ~ チャムルッスェルル ~] 錠前を開ける.

끄물―거리다[k'ɯmulgɔrida ックムルゴリダ] 自 (天気が)ぐずつく; 曇りがちだ.

끄집어[k'ɯdʒibɔ ックジボ] 接頭 「取る; つかむ; 寄せる」の意 **―내다**[nɛda ネダ] 他 ① 取り[引き]出す; つかみ[つまみ]出す ¶돈을 ~[toːnɯl ~ トーヌル ~] 金を取り出す ② 切り出す; 持ち出す; ほじくり出す ¶이야기를 ~[ijagirɯl ~ イヤギルル ~] 話を切り出す / 서류를 ~[sɔrjurɯl ~ ソリュルル ~] 書類を持ち出す / 남의 허점을 ~[name kjɔltʃʼɔmul ~ ナメ キョルチョムル ~] 人の欠点をほじくり出す **―내리다**[nɛrida ネリダ] 他 (取り)下ろす **―당기다**[daŋgida ダンギダ] 他 取り[引き]寄せる **―들이다**[dɯrida ドゥリダ] 他 取り[つかみ]入れる **―올리다**[ollida オルリダ] 他 取り[つかみ]上げる.

끄트머리[k'ɯtʰɯmɔri ックトゥモリ] 名 ① 端 ¶장대의 ~[tʃaŋtʼɛ ~ チャンッテエ ~] さおの端 ② (物事の)端緒; 糸口 ¶사건의 ~[sakʼɔne ~ サーコネ ~] 事件の糸口.

*끈[k'ɯn ックン] 名 ① ひも; 緒 ¶―으로 묶다[~uro mukt'a (ック)ヌロ ムクタ] ひもで縛る ② 生計の道; 稼ぎ; 職 ③ 手づる; 頼みの綱; 頼り.

끈―기[―氣][k'ɯngi ックンギ] 名 粘り(気); 根気 ¶~있는 사람[~innɯn saːram ~インヌン サーラム] 粘り強い人 / ~있게[~itkʼe ~イッケ] 根気よく; 粘り強く.

끈끈―하다[k'ɯnkʼɯnhada ックンクンハダ] 形 여変 ① 粘っこい; ねばねばする ¶~―한 풀[~han pʰul ~ハン プル] ねばねばした糊, ② しつこい ¶성질이 ~―한 사람[sɔːŋdʒiri ~han saːram ソーンジリ ~ハン サーラム] 性格がしつこい人.

끈덕―지다[k'ɯndɔktʃʼida ックンドクチダ] 形 根気がある; 粘り強い; しつこい ¶~―진 기질[~tʃʼin kidʒil ~チン キジル] 粘り強い気質.

*끈적―거리다[k'ɯndʒɔkʼɔrida ックンジョクコリダ] 自 粘つく; べたつく; べとつく ¶풀이 ~[pʰuri ~ プリ ~] のりが粘つく / 땀으로 손이 ~[tʼamuro soni ~ッタムロ ソニ ~] 汗で手がべたつく[べとつく].

*끈적―이다[k'ɯndʒɔgida ックンジョギダ] 自 ① 粘つく; べたつく ¶페인트가 아직 ~[pʰeintʰɯga adʒik ~ ペイントゥガ アジク ~] ペンキがまだ粘つく ② 執念深くあきらめがつかない; しつこくつきまとう.

끈지다[k'ɯndʒida ックンジダ] 形 粘り強い; しつこい; 根気強い.

끈―질기다[k'ɯndʒilgida ックンジルギダ] 形 粘り強い; しつこい ¶끈질긴 사내[k'ɯndʒilgin sanɛ ックンジルギン サネ] 粘り強い男 / 끈질기게 조르다[k'ɯndʒilgige tʃʼorɯda ックンジルギゲ チョルダ] しつこくねだる.

끊기다[k'ɯnkʰida ックンキダ] 自 切(ら)れる; 断たれる; 絶える ¶끈이 ~[kʼuni ~ ックニ ~] ひもが切れる / 물이 ~[muri ~ ムリ ~] 水が絶える.

*끊다[k'ɯntʰa ックンタ] 他 ① 切る; 断つ ¶테이프를 ~[tʰeipʰɯrɯl ~ テイプルル ~] テープを切る / 전화를 ~[tʃɔːnhwarɯl ~ チョーンファルル ~] 電話を切る / 연락을 ~[jɔllagɯl ~ ヨルラグル ~] 連絡を断つ / 목숨을 ~[moksʼumul ~ モクスムル ~] 命を断つ ② やめる ¶담배를 ~[taːmbɛrul ~ タームベルル ~] タバコをやめる / 술을 ~[surul ~ スルル ~] 酒をやめる ③ 買う ¶차표를 ~[tʃʰapʰjorul ~ チャピョルル ~] 切符を買う / 옷감을 ~[otkʼamul ~ オッカムル ~] 服地を買う ④ (手形・小切手などを)振り出す; 切る ¶어음을 ~[ɔumul ~ オウムル ~] 手形を切る.

끊어-지다 [k'unədʒida ックノジダ] 自 ① 切れる ¶실이 뚝 ~ [ʃi:ri t'u ~ シーリ ットゥク ~] 糸がぷっつり切れる ② 絶える ¶숨이 ~ [su:mi ~ スーミ ~] 息が絶える[切れる] ③ 途絶える; 断たれる ¶소식이 ~ [soʃigi ~ ソシギ ~] 便りが途絶える[切れる] / 도로가 ~ [to:roga トーロガ ~] 道路が断たれる.

끊이다 [k'unida ックニダ] 自 切れる; 絶える; 断たれる; 途切れる; =「끊어지다」¶끊일 새 없다 [k'unil s'ɛ ɔ:pt'a ックニルッセ オープタ] 絶え間ない.

*끊임-없다 [k'unimɔpt'a ックニモプタ] 存 絶え間(がな)い ¶~없는 노력 [~ɔmnɯn norjɔk ックニモムヌン ノリョク] 絶え間ない努力 **끊임-없이** [k'unimɔpʃi ックニモプシ] 副 絶え間なく ¶비가 ~ 내리다 [piga ~ nɛrida ピガ ~ ネリダ] 雨が絶え間なく降り続く / ~ 노력하다 [~ norjɔkhada ~ ノリョクカダ] 絶えず努力する.

끌 [k'ɯl ックル] 图 のみ ¶~로 파다 [~lo phada ~ロ パダ] のみで彫る **—질** [dʒil ジル] 图 하自 のみ仕事.

*끌다 [k'ɯ:lda ックールダ] 他 ① 引く; 引っ張る ¶줄을 ~ [tʃurul ~ チュルル ~] 綱を引く / 수레를 ~ [surerul ~ スレルル ~] 車を引く / 남의 눈을 ~ [name nunul ~ ナメ ヌヌル ~] 人目を引く / 물을 ~ [murul ~ ムルル ~] 水を引く / 손님을 ~ [sonnimul ~ ソンニムル ~] 客を引く ② 引きずる ¶옷자락을 질질 ~ [otʃ'aragul tʃi:ldʒil ~ オッチャラグル チールジル ~] 着物のすそを引きずる[引く] ③ 引きつける; 呼ぶ ¶인기를 ~ [ink'irul ~ インキルル ~] 人気を呼ぶ ④ 長引かせる; 延ばす ¶시간을 ~ [ʃiganul ~ シガヌル ~] 時を稼ぐ / 날짜를 ~ [naltʃ'arul ~ ナルッチャルル ~] 日にちを延ばす.

끌러-지다 [k'ullədʒida ックルロジダ] 自 解ける; ほどける ¶매듭이 ~ [mɛdɯbi ~ メドゥビ ~] 結び目がほどける / 허리띠가 ~ [hɔrit'iga ~ ホリッティガ ~] 帯が解ける / 단추가 ~ [tantʃhuga ~ タンチュガ ~] ボタンがはずれる.

끌려-가다 [k'u:lljɔgada ックールリョガダ] 自 引っ張られていく ¶경찰에게 ~ [kjɔ:ŋtʃharege ~ キョーンチャレゲ ~] 警察に引っ張られる.

끌려-들다 [k'u:lljɔdɯlda ックールリョドゥルダ] 自 己語幹 引き[巻き・釣り]込まれる ¶공상의 세계로 ~ [koŋsaŋe se:gero ~ コンサンエ セーゲロ ~] 空想の世界に引き込まれる / 싸움에 ~ [s'aume ~ ッサウメ ~] けんかに巻き込まれる / 재미있는 이야기에 ~ [tʃemiinnun nijagie ~ チェミインヌン ニヤギエ ~] 面白い話に釣り込まれる.

*끌리다 [k'u:llida ックーリダ] 自 ① 引かれる; '끌다'の受動 ¶마음이 ~ [maumi ~ マウミ ~] 心が引かれる[魅せられる] / 정에 ~ [tʃɔŋe ~ チョンエ ~] 情に引かれる[ほだされる] ② 引きずられる ¶옷자락이 땅에 ~ [otʃ'aragi t'aŋe ~ オッチャラギ ッタンエ ~] 着物のすそが地面にずれる.

*끌어 [k'ɯ:rɔ ックーロ] 接頭 「引き」の意 **—내다** [nɛda ネダ] 他 引っ張り[引きずり・持ち・駆り・おびき]出す ¶집에서 ~ [tʃibesɔ ~ チベソ ~] 家から引っ張り[引きずり]出す **—내리다** [nɛrida ネリダ] 他 引き[引きずり]下ろす ¶차에서 ~ [tʃhaesɔ ~ チャエソ ~] 車から引きずり下ろす **—넣다** [nɔtha ノッタ] 他 引き入れる; (事件に)巻き込む ¶차를 차고에 ~ [tʃharul tʃhagoe ~ チャルル チャゴエ ~] 車を車庫に引き入れる **—당기다** [daŋgida ダンギダ] 他 引き[繰り]寄せる; 引きつける ¶의자를 ~ [ɯidʒarul ~ ウィジャルル ~] 椅子を引き寄せる **—대다** [dɛda デダ] 他 かき集める; 工面する ¶자본을 ~ [tʃabonul ~ チャボヌル ~] 資本をかき集める **—들이다** [dɯrida ドゥリダ] 他 引き入れる; 引き込む ¶수도를 ~ [sudorul ~ スドルル ~] 水道を引き込む / 동지로 ~ [to:ŋdʒiro ~ トーンジロ ~] 同志に引き入れる / 손님을 ~ [sonnimul ~ ソンニムル ~] 客を釣り込む **—매다** [mɛda メダ] 他 縫い合わせる **—안다** [ant'a アンタ] 他 抱き寄せる[しめる] ¶어린이를 ~ [ɔrinirul ~ オリニルル ~] 子供を抱きしめる **—올리다** [ollida オルリダ] 他 引き上げる ¶옥상으로 ~ [oks'aŋuro ~ オクサンウロ ~] 屋上に引き上げる.

끌쩍-거리다 [k'ultʃ'ɔk'ɔrida ックルッチョクコリダ] 他 しきりに搔く; 搔き続けて傷をつける.

끓다

*끓다 [k'ultʰa ックルタ] 自 ① 沸く; 煮え返る ¶물이 ~ [muri ~ ムリ ~] 湯が沸く ② 熱い; 熱くなる ¶몸이 ~ [momi ~ モミ ~] (体の)熱が高い ③ 湧わく ¶피가 ~ [pʰiga ~ ピガ ~] 血がわく ④ 腹が立つ; 煮えくり返る ¶화가 나서 속이 ~ [hwa:ga naso so:gi ~ ファーガ ナソ ソーギ ~] しゃくに障って腹の底が煮えくり返る ⑤ (腹の調子が悪くて)ごろごろ鳴る ¶배가 ~ [pɛga ~ ペガ ~] 腹がごろごろ鳴る ⑥ 痰たんが支つかえてぜいぜいする= ¶가래가 ~ [karεga ~ カレガ ~] ⑦ (虫などが)わく; たかる ¶구더기가 ~ [kudɔgiga ~ クドギガ ~] うじがわく.

끓어-오르다 [k'urɔoruda ックロオルダ] 自[르変] ① 沸き上がる[立つ]; 煮え立つ ¶물이 ~ [muri ~ ムリ ~] 湯が沸き立つ ② 煮え(くり)返える; たぎる ¶분노가 ~ [puːnnoga ~ プーンノガ ~] 怒りが沸き上がる / 젊은 피가 ~ [tʃɔlmun pʰiga ~ チョルムン ピガ ~] 若い血がたぎる.

*끓이다 [k'urida ックリダ] 他 ① 煮る; 沸かす ¶물을 ~ [murul ~ ムルル ~] 湯を沸かす / 죽을 ~ [tʃugul ~ チュグル ~] かゆを煮る ② 作る; たてる, 炊く ¶국을 ~ [kugul ~ クグル ~] スープを作る / 차를 ~ [tʃʰarul ~ チャルル ~] お茶を立てる[沸かす] / 밥을 ~ [pabul ~ パブル ~] ご飯を炊く ③ 気に病む; 苦しむ ¶남의 속을 ~ [name so:gul ~ ナメ ソーグル ~] 人を苦しめる; 人の気を病む[もむ].

끔벅 [끔뻑] [k'umbɔk[k'umpˀɔk] ックムボク[ックムッポク]] ① ちらっと, (明かり・星の光などが)瞬間的に暗くなって明るむさま ② ぱちっと, (目を)またたくさま. >'깜박[깜빡]' **—거리다** [(k'umbɔ)k'ɔriŋda コリダ] 自他 ちらちらく; しばたたく; ぱちぱちする[させる]; ぱちくりする **—이다** [(k'umbɔg)ida (ックムボ)ギダ] 自他 ① (星などが)ちらつく ② ぱちくりする ③ (目を)またたく.

*끔찍-하다 [k'umtʃik̚ʰada ックムッチクハダ] 形[여変] ① ものすごい; ひどい; むご(たらし)い ¶~-한 사건 [~-kʰan sa:k'ɔn ~-カン サーコン] むごたらしい事件 / ~-하게 춥다 [~-kʰage tʃʰup̚t'a ~-カゲ チュプタ] ひどく寒い ② この上ない; 手厚い ¶~-한 대접을 받다 [~-kʰan tɛ:dʒɔbul pat'a ~-カン テージョブル パッタ] 手厚いもてなしを受ける **끔찍-스럽다** [k'umtʃik̚s'urɔp̚t'a ックムッチクスロプタ] 形 [ㅂ変] むご(たらし)い **끔찍-이** [k'umtʃ'igi ックムッチギ] 副 非常に; 大変; 心から ¶~ 사랑하다 [~ saraŋhada ~ サランハダ] 非常に愛する / ~ 위하다 [~ wihada ~ ウィハダ] 非常に大事にする.

끗-발 [k'ut̚p'al ックッパル] 名 (かけごとで)よい点数が続いて出ること **—세다** [s'eda セダ] 慣 ① (かけごとで)つきがよい; 非常に手がよい; 引き続きよい点数が出る ② 羽振りをきかせる; 権勢をふるっている.

끙끙-거리다 [k'uŋk'uŋɔrida ックンックンゴリダ] 自 うんうんうめく[力む] ¶몹시 아픈지 [mo:pʃi apʰundʒi ~ モープシ アプンジ ~] ひどく痛いのか, うんうんうめく.

*끝 [k'ut̚ ックッ] 名 ① 終わり; しまい; 果て; 最後 ¶처음부터 ~까지 [tʃʰɔːumbutʰɔ ~k'adʒi チョーウムブト ~ カジ] 始めから終わりまで; ピンからキリまで / ~까지 싸우다 [~k'adʒi s'auda ~カジッサウダ] 最後まで戦う ② 先; 端; ふち ¶장대 ~ [tʃaŋt'ɛ ~ チャンッテ ~] さお先 / 창 ~ [tʃʰaːŋ ~ チャーン ~] やりの穂 ③ …末 ¶생각한 ~에 [sɛŋgakʰan (k'u)tʰe センガックカン ~テ] 考えた末….

끝끝-내 [k'ut̚k'unnɛ ックックンネ] 副 終わり[しまい]まで; ついに; とうとう ¶~ 만나지 못했다 [~ mannadʒi mo:tʰɛt'a ~ マンナジ モーテッタ] ついに会うことはなかった.

*끝-나다 [k'unnada ックンナダ] 自 ① 終わる; 済む ¶일이 ~ [iːri ~ イーリ ~] 仕事が終わる / 시험이 ~ [ʃihomi ~ シホミ ~] 試験が済む ② 切れる; 明ける; 尽きる ¶임기가 ~ [iːmgiga ~ イームギガ ~] 任期が切れる[明ける] / 길이 ~ [kiri ~ キリ ~] 道が尽きる[途切れる].

끝-내 [k'unnɛ ックンネ] 副 とうとう; ついに; ずっと ¶~ 말을 못했다 [~ ma:rul mo:tʰɛt'a ~ マールル モーッテッタ] とうとう話はできなかった.

끝-내기 [k'unnɛgi ックンネギ] 名 ① 終結すること; けりをつけること ② (碁の)寄せ ③ (野球の)さよなら.

끝-내다 [k'ɯnnɛda ックンネダ] 他 終える; 済ませる; 果たす ¶일을 ~ [i:rɯl ~ イールル ~] 仕事を終える/ 볼일을 ~ [po:llirɯl ~ ポールリルル ~] 用事を済ませる.

끝내-주다 [k'ɯnnɛdʒuda ックンネジュダ] 自他 ① 終えてやる ② 俗 最高の気分にさせてくれる =죽여주다 [tʃugjədʒuda チュギョジュダ].

끝-닿다 [k'ɯt'atʰa ックッタッタ] 自 いちばん終わりまで至る; 果てる.

끝-돈 [k'ɯt'on ックットン] 名 残金 ¶~을 치르다 [~ɯl tʃʰiruda ックット ヌル チルダ] 残金を払う.

끝-마감 [k'ɯnmagam ックンマガム] 名 하|他 仕上げ; 締めくくり; =끝마무리 [k'ɯnmamuri ックンマムリ].

끝-마무르다 [k'ɯnmamurɯda ックンマムリダ] 他 (事の)けりをつける.

끝-마치다 [k'ɯnmatʰida ックンマチダ] 終える; 済ませる ¶일을 ~ [i:rɯl ~ イールル ~] 仕事を終える.

끝-막다 [k'ɯnmakt'a ックンマクタ] 他 締め切る; 終える; (事の)けりをつける.

끝-막음 [k'ɯnmagɯm ックンマグム] 名 終えること; 終結 **—하다** [hada ハダ] 他 終結する; 結ぶ; 決着をつける.

끝-맺다 [k'ɯnmɛt'a ックンメッタ] 他 (物事を)終結する; 締めくくる.

끝-머리 [k'ɯnmɔri ックンモリ] 名 末尾; 終わり.

끝-물 [k'ɯnmul ックンムル] 名 (果物·野菜などが)旬が過ぎて実ったもの, また, 遅く出回る[季節はずれの]もの.

끝-손질 [k'ɯs'ondʒil ックッソンジル] 名 하|自他 仕上げ; 最後の手入れ.

끝-없다 [k'ɯdɔpt'a ックドプタ] 存 切り[限り]がない; 果てしない ¶끝없는 사랑 [k'ɯdɔmnɯn saraŋ ックドムヌン サラン] 果てしなき愛 **끝-없이** [k'ɯdɔps'i ックドプシ] 限り[果てし]なく ¶~ 이어지는 길 [~ iɔdʒinɯn kil ~ イオジヌン キル] 果てしなく続く道.

끝-일 [k'ɯnnil ックンニル] 名 最後の仕事; 片づけ仕事; 後始末.

끝-자리 [k'ɯt'ʃari ックッチャリ] 名 ① 数値の末の桁 ② 末位; 末席; 下座.

*끝-장 [k'ɯtʃ'aŋ ックッチャン] 名 ① 終わり; おしまい; けり; 結末 ¶~을 보다 [~ɯl poda ~ウル ポダ] 終わりを告げる; けりがつくのを見る/이것으로 ~이다 [igɔsɯro ~ida イゴスロ ~ イダ] これでおしまいだ ② 死; 失敗; 失望 **—나다** [nada ナダ] 自 終わる; おしまいになる; 駄目になる; けりがつく **—내다** [nɛda ネダ] 他 終える; 結末[けり]をつける. 「金; =끝돈」.

끝-전 [k'ɯtʃ'ɔn ックッチョン] 名 残

끝-판 [k'ɯtpʰan ックッパン] 名 ① 終局; 終盤; 最後の場 ¶연회의 ~에 왔다 [jɔ:nhwee ~e wat'a ヨーンフェ エ (ックッパ)ネ ワッタ] 宴会の終わりごろに来た ② (碁の)大詰め; 終局.

끼[1] [k'i ッキ] 名 俗 浮気 ¶~가 있는 여자 [~ga innɯn njɔdʒa ~ガ インヌン ニョジャ] 浮気の女(性).

*끼[2] [k'i ッキ] 依名 …食 ¶한 ~를 거르다 [han ~rɯl kɔrɯda ハン ~ルル コルダ] 1食を抜く.

*끼니 [k'ini ッキニ] 名 決まった食事 ¶~를 굶다 [~rɯl kumt'a ~ルル クムタ] 食事を欠かす; 飢える **—때** [t'ɛ ッテ] 名 食事のとき; ご飯どき.

*끼다[1] [k'i:da ッキーダ] 自 ① 立ち込める ¶안개가 ~ [a:ngɛga ~ アーンゲガ ~] 霧が立ち込める/연기가 ~ [jɔngiga ~ ヨンギガ ~] 煙る; 煙が立ち込める/(垢·ほこりなどが)つく; たまる ¶먼지가 ~ [mɔndʒiga ~ モンジガ ~] ほこりがたまる/때가 ~ [t'ɛga ~ ッテガ ~] 垢じみる ③ (コケ·カビなどが)生える; むす ¶이끼 낀 바위 [ik'i k'in pawi イッキ ッキン パウィ] コケのむした岩.

‡**끼다**[2] [k'i:da ッキーダ] 自 挟まる; 加わる; 列する; '끼이다'の略 ¶손이 문틈에 ~ [sonni muntʰɯme ~ ソニ ムントゥメ ~] 手が戸のすき間に挟まる/일행에 ~ [irhɛŋe ~ イルヘンエ ~] 一行に加わる/강국에 ~ [kaŋgu-ge ~ カングゲ ~] 強国に列する.

‡**끼다**[3] [k'i:da ッキーダ] 他 ① 挟む; 差し込む; '끼이다'の略 ¶책갈피를 ~ [tʃʰɛk'alpʰirɯl ~ チェクカルピルル ~] しおりを挟む/강을 ~ [kaŋɯl ~ カンウル ~] 川を挟む; 沿う/강을 끼고 있다 [kaŋɯl k'i:go it'a カンウル ッキーゴ イッタ] 川を挟んでいる/강을 끼고 올라가다 [kaŋɯl k'i:go ollagada カンウル ッキーゴ オルラガダ] 川に沿って上って行く/귀에 ~ [kwie ~ クィエ ~] 耳に差し込む ② はめる ¶반지를 ~ [pandʒirɯl ~ パンジルル ~] 指輪をはめる ③ 組む ¶팔짱을 ~ [pʰaltʃ'aŋɯl

~ パルッチャンウル ~] 腕を組む ④ (眼鏡を)かける ¶안경을 ~ [a:ngyəngul ~ アーンギョンウル ~] 眼鏡をかける.

*-끼리 [k'iri ッキリ] 語尾 …同士 ¶아이들~ 놀고 있다 [aidɯl~ no:lgo it'a アイドゥル~ ノールゴ イッタ] 子供同士で遊んでいる / 우리들 ~ [uridɯl~ ウリドゥル~] 私たち同士.

끼리-끼리 [k'irik'iri ッキリッキリ] 副 似たもの同士; 仲間同士(で) ¶~ 모여 살다 [~ mojə salda ~ モヨ サルダ] 似たもの同士が集って暮らす / ~ 모이다 [~ moida ~ モイダ] 仲間同士が集まる; 類は友を呼ぶ.

끼-얹다 [k'iəntˢa ッキオンタ] 他 (水・粉などを)振り掛ける; 振りまく; 浴びせる ¶물을 ~ [mu rul ~ ムルル ~] 水を(ぶっ)掛ける[浴びせる].

*끼우다 [k'iuda ッキウダ] **1** 他 差し込む; はめ込む; 挟む ¶유리를 ~ [jurirul ~ ユリルル ~] ガラスをはめ込む / 단추를 ~ [tantˢʰurul ~ タンチュルル ~] ボタンを掛ける **2** 他 差し込める; はめさせる; '끼다' の使役形.

끼우뚱-거리다 [k'iut'uŋgərida ッキウットゥンゴリダ] 自他 揺れる; ぐらつく ¶책상이 ~ [tˢʰɛks'aŋi ~ チェクサンイ ~] 机がぐらつく.

끼울다 [k'iulda ッキウルダ] 形自 傾く; 傾いている; かたよっている; '기울다' の強調語.

끼웃-거리다 [k'iutk'ərida ッキウッコリダ] 自他 (あちらこちらを)しきりにのぞく; しきりに首や体をかしげる.

끼웃-하다 [k'iutʰada ッキウッタダ] **1** 形 傾き加減だ **2** 副 少し傾ける. **끼웃-이** [k'iuʃi ッキウシ] 副 少し傾き加減に.

끼이다 [k'iida ッキイダ] **1** 自 挟まる; 差し込まる; はまる; '끼다²' の受動 ¶음식물이 잇새에 ~ [ɯmʃiŋmuri is'ɛe ~ ウームシンムリ イッセエ ~] 食べ物が歯に挟まる **2** 自 仲間入りをする; 加わる; 列する; 略 '끼다²'.

끼치다¹ [k'itˢʰida ッキチダ] 自 (鳥肌が)立つ; よだつ ¶무서워 소름이 ~ [musəwɔ so:rumi ~ ムソウォ ソールミ ~] 恐ろしくて身の毛がよだつ.

*끼치다² [k'itˢʰida ッキチダ] 他 ① かける ¶폐를 ~ [pʰerul ~ ペールル ~] 迷惑をかける / 걱정을 ~ [kəktʃ'əŋul ~ コクチョンウル ~] 心配をかける ② 及ぼす; 残す ¶영향을 ~ [jɔːŋɦjaŋul ~ ヨーンヒャンウル ~] 影響を及ぼす / 후세에 이름을 ~ [hu:see irumul ~ フーセエ イルムル ~] 後世に名を残す ③ 与える ¶손해를 ~ [so:nhɛrul ~ ソーンヘルル ~] 損害を与える.

끽-소리 [k'iks'ori ッキクソリ] 名 ぐうの音; うんともすんとも ¶~도 못한다 [~do mo:tʰanda ~ド モータンダ] ぐうの音も出せない; うんともすんとも言えない; いささかの反論もできない.

끽연 [喫煙] [k'igjən ッキギョン] 名 ［한자］ 喫煙= 흡연(吸煙) [hɯbjən フビョン] ¶~실 [~ʃil ~シル] 喫煙室.

끽-해야 [k'ikʰɛja ッキクヘヤ] 副 せいぜい; たかだか ¶~ 만원 정도 [~ ma:nwən dʒəŋdo ~ マーヌォン ジョンド] たかだか[せいぜい]1万ウォンぐらい.

*낄낄 [k'ilk'il ッキルッキル] 副 ［한자］自 笑いを抑えて, 声をひそめて笑うさま; くすくす(と) ¶남은 속상한데 ~ 웃는다 [namun so:ks'aŋhande (k'ilk'ir) u:nnɯnda ナムン ソークサンハンデ (ッキルッキ) ルーンヌンダ] 人は腹が立っているのにくすくす笑う **—거리다** [gərida ゴリダ] 自 くすくす笑う ¶무엇이 우스운지 ~ [muʃi u:sɯundʒi ~ ムオシ ウースウンジ ~] 何がおかしいのかくすくす笑う.

*낌새 [k'imsɛ ッキムセ] 名 気配; 気色 ¶개각의 ~ [kɛ:gage ~ ケーガゲ ~] 改閣の気配 / 비가 올 ~ [piga ol ~ ピガ オル ~] 雨模様; 雨催 / ~를 엿보다 [~rul jətp'oda ~ルル ヨッポダ] ようすをうかがう **—보다** [boda ボダ] 自 気配[顔色]をうかがう; ようすをさぐる **—채다** [tˢʰɛda チェダ] 自 けどる; 気づく; 感づく; かぎつける ¶아무런 낌새도 채지 못한 것 같다 [a:murən k'imsɛdo tˢʰɛ:dʒi mo:tʰan kət k'at'a アームロン ッキムセド チェージ モータン コッ カッタ] 何の気配も感じていないらしい.

낑낑-거리다¹ [k'iŋk'iŋgərida ッキンッキンゴリダ] 自 うんうんとうめく ¶무거운 짐을 들고 ~ [mugəun tʃimul tɯlgo ~ ムゴウン チムル トゥルゴ ~] 重い荷物を持ってうんうんと力んでいる.

낑낑-거리다² [k'iŋk'iŋgərida ッキンッキンゴリダ] 自 だだをこねる; むずかる ¶공을 사 달라고 ~ [ko:ŋul sadallago ~ コーンウル サダルラゴ ~] ボールを買ってくれとだだをこねる.

ㄴ

ㄴ [n ン] **助** …は ¶이건[igə~ イゴ~] これは / 난 가요[na~ kajo ナ～ カヨ] 私は行くよ.

-ㄴ [n ン] **語尾** ① …した ¶떠난 사람[t'ɔna~ sa:ram ッㇳナ～ サーラム] 去った人 ② …い; …な; …の; …である ¶흰 꽃[hi~ k'ot ヒ～ ッコッ] 白い花 ③ 親しみのある表現 ¶이리 온[iri o~ イリ オ~] こっちへおいで; 온＝오너라[onɔra オノラ]の略.

*-**ㄴ가** [nga ンガ] **語尾** …(の)が ¶기쁜~?[kip'ɯ~ キッㇷ゚~] うれしい(の)か ─**보다** [boda ボダ] **慣** …(である)らしい; …のようだ[ように見える] ¶작은~[tʃaːgɯ~ チャーグ~] 小さいように見える.

-**ㄴ거나** [ngɔnja ンゴニャ] **慣** …(した)のか ¶간~, 안 간~?[ka~ an ga~ カ～ アン ガ~] 行ったのか行かなかったのか.

-**ㄴ거야** [ngɔja ンゴヤ] **慣** …だよ; …だな ¶그런~[kɯrɔ~ クロ~] そうなんだよ; そういうものさ.

-**ㄴ걸** [ngɔl ンゴル] **語尾** ① …よ; …ね ¶꽤 큰~[k'wɛ kʰɯ~ ッケ ク~] 相当大きいね ② …のを; …だから ¶싫은~ 어쩌나[ʃirɯ~ ɔtʃ'ɔna シル～ オッチョナ] 嫌なのをどうする.

*-**ㄴ다** [nda ンダ] **語尾** …(す)る ¶눈이 온~[nuːni o~ ヌーニ オ~] 雪が降る.

-**ㄴ다거나** [ndagɔna ンダゴナ] **語尾** …というか; …といっても; …するといったり ¶간~ 안 간~[ka~ an ga~ カ～ アン ガ~] 行くといったり行かないといったり.

-**ㄴ다거든** [ndagɔdɯn ンダゴドゥン] **語尾** …というなら ¶그 분도 가신~[kɯ bundo kaʃi~ ク ブンド カシ~] あの方もいらっしゃるというなら.

*-**ㄴ다고** [ndago ンダゴ] **語尾** …といって; …あるんだって ¶누가 온~[nuga o~ ヌガ オ~] 誰が来るんだって… / 오늘 오신~요[onɯl oʃi~jo オヌル オシ～ヨ] 今日いらっしゃるんですって.

-**ㄴ다기** [ndagi ンダギ] **語尾** …という(こと)¶그를 안~보다는[kɯrɯl a:~bodanɯn クル アーボダヌン] 彼を知っているというよりは.

-**ㄴ다네** [ndane ンダネ] **語尾** …というう; …そうだ; …するんだよ ¶그가 돈을 낸~[kɯga toːnɯl nɛ:~ クガ トーヌル ネー~] 彼がお金を出すそうだ / 오늘 못간~[onɯl mo:tk'a~ オヌル モーッカ~] 今日行けないんだよ.

-**ㄴ다느냐** [ndanɯnja ンダヌニャ] **語尾** …というのか ¶소풍은 어디로 간~?[sopʰunɯn ɔdiro ka~ ソプヌン オディロ カ~] 遠足はどこへ行くというのかね.

-**ㄴ다느니** [ndanɯni ンダヌニ] **語尾** …と言ったり ¶간~ 안 간~[ka~ an ga~ カ～ アン ガ~] 行くと言ったり行かないと言ったり.

*-**ㄴ다는** [ndanɯn ンダヌン] **語尾** …と言う; …との ¶온~ 소식[o~ soʃik オ～ ソシク] 来るとの便り.

-**ㄴ다는데** [ndanɯnde ンダヌンデ] **語尾** …というが; …というのに; …そうだが ¶그도 간~[kɯdo ka~ クド カ~] 彼も行くというのに / 돈이 많이 든~[toːni maːni tɯ~ トーニ マーニ トゥ~] お金が随分いるそうだが.

*-**ㄴ다니** [ndani ンダニ] **語尾** …とは; …とのことで; …というから; …なので ¶와준~ 정말 고맙다[wadʒu~ tʃɔːnmal ko:mapt'a ワジュ～ チョーンマル コーマプタ] 来てくれるとは本当にありがたい.

*-**ㄴ다니까** [ndanik'a ンダニッカ] **語尾** …というから; …と言ったはずだ; …(する)ってば ¶꼭 온~[k'og o~ ッコゴ~] きっと来るそうだから; 必ず来ると言ったはずだ; 必ず来るってば.

-**ㄴ다더군** [ndadɔgun ンダドグン] **語尾** …だってなあ; …そうだねえ ¶그걸 충분히 안~[kɯgɔl tʃʰunbuni a:~ クゴル チュンブニ アー~] それを十分知っているそうだねえ.

-**ㄴ다더냐** [ndadɔnja ンダドニャ] **語尾** …と言ったか; …そうだったか ¶그 사실을 안~?[kɯ saːʃirɯl a:~ クサー

- ㄴ다더니 [ndadɔni ンダドニ] [語尾] …というが; …そうだが ¶김치는 못 먹는~ [kimtʃhinɯn moːn mɔŋnɯ~ キムチヌン モーン モンヌ~] キムチは食べられないと言っていましたが.

- ㄴ다더라 [ndadɔra ンダドラ] [語尾] …と言っていた; …そうだ; …するんだって ¶내일도 비가 온~ [nɛildo piga o~ ネイルド ピガ オ~] あしたも雨が降るんだって.

- ㄴ다던 [ndadɔn ンダドン] [語尾] …と言っていた ¶꼭 온~ 애인 [k'og o~ ɛːin ッコ ゴ~ エーイン] 必ず来ると言っていた恋人.

- ㄴ다던데 [ndadɔnde ンダドンデ] [語尾] …というが; …そうだが ¶올해는 눈이 일찍 온~ [orhɛnɯn nuːni iltʃ'ig o~ オルヘヌン ヌーニ イルッチ ゴ~] 今年は早く雪が降ると言っていたが.

- ㄴ다든지 [ndadɯndʒi ンダドゥンジ] [語尾] …とか ¶내가 한~ 네가 한~ 해야 [nɛga ha~ nega ha~ hɛːja ネガ ハ~ ネガ ハ~ ヘーヤ] 僕がするとか君がするとかしないと.

- ㄴ다마는 [ndamanɯn ンダマヌン] [語尾] …だけれども; することはするが; …にしても ¶가기는 간~ [kaginɯn ka~ カギヌン カ~] 行くのは行くけれども.

*- ㄴ다며 [ndamjɔ ンダミョ] [語尾] …するんだって; (する)と言って ¶너 서울 간~? [nɔ soul ka~ ノ ソウルカ~] お前ソウルへ行くんだって.

*- ㄴ다면 [ndamjɔn ンダミョン] [語尾] …(という)ならば; …なら ¶비가 온~ [piga o~ ピガ オ~] 雨が降るんだったら.

*- ㄴ다면서 [ndamjɔnsɔ ンダミョンソ] [語尾] …と言いながら; …と言って; …するんだって ¶친구를 만난~ 나갔다 [tʃhingurɯl manna~ nagat'a チングルル マンナ~ ナガッタ] 友達に会うと言って出かけた / 내일 떠난~? [nɛil t'ɔna~ ネイル ットナ~] あした出発するんだって.

- ㄴ다손 [ndason ンダソン] [語尾] …するといっても; …するとしても ¶자네가 한~치더라도 [tʃanega ha~ tʃhidɔrado チャネガ ハ~チドラド] 君がするとしても.

- ㄴ다지 [ndadʒi ンダジ] [語尾] …そうだよ; …するんだって ¶그 분이 오신~ [kɯ buni oʃi~ クブニ オシ~] あの方がいらっしゃるそうだよ / 그가 간~ 않아요? [kɯga ka~ anajo クガ カ~ アナヨ] 彼が行くんだって(いうのではありませんか.

- ㄴ다지만 [ndadʒiman ンダジマン] [語尾] …そうだが; …というが ¶그가 일본어를 배운~ [kɯga ilbonɔrɯl pɛu~ クガ イルボノルル ペウ~] 彼が日本語を勉強しているそうだが.

- ㄴ단 [ndan ンダン] [語尾] …という;'-ㄴ다는'略 ¶다 먹는~ 말인가? [taː mɔŋnɯ~ maːringa ターモンヌ~マーリンガ] みんな食べるというのか.

*- ㄴ단다 [ndanda ンダンダ] [語尾] ① …そうだ; …という ¶누님이 시집간~ [nuːnimi ʃidʒipk'a~ ヌーニミ シジプカ~] 姉がお嫁に行くそうだ / 기어이 간~ [kiɔi ka~ キオイ カ~] たって行くというのだ ② …だね; …のよ ¶잘 산~ [tʃal saː~ チャル サー~] よく暮らしているのよ.

- ㄴ담 [ndam ンダム] [語尾] …のかね; …のだ ¶이 일을 어찌 한~ [i iːrul ɔtʃ'i ha~ イ イールル オッチ ハ~] これをどうすればいいのかね.

- ㄴ답니까 [ndamnik'a ンダムニッカ] [語尾] …と言うんですか; …ようですか ¶몇시에 오는~? [mjɔtʃ'ie o~ ミョッシエ オ~] 何時に来ると言うんですか / 그 분도 참가하신~? [kɯ bundo tʃhamgahaʃi~ クブンド チャムガハシ~] あの方も参加なさるようですか.

- ㄴ답니다 [ndamnida ンダムニダ] [語尾] …そうです; …するんです(よ) ¶그는 일본에 간~ [kɯnɯn ilbone ka~ クヌヌン イルボネ カ~] 彼は日本に行くそうです / 그녀는 내년 결혼한~ [kɯnjɔnɯn nɛnjɔn kjɔrhonha~ クニョヌン ネニョン キョルホン ハ~] 彼女は来年結婚するそうです.

- ㄴ답디다 [ndapt'ida ンダプティダ] [語尾] …と言っていました; …そうです ¶그가 온~ [kɯga o~ クガ オ~] 彼が来ると言っていました; 彼が来るそうです.

- ㄴ답시고 [ndapʃigo ンダプシゴ] [語尾] …するとかいって ¶운동한~ 놀기만 한다 [uːndoŋha~ noːlgiman handa ウーンドンハ~ ノールギマン ハンダ] 運動をするとかいって遊んでばかりいる.

-ㄴ대 [ndɛ ンデ] [語尾] …だって; …だそうだ; …するという ¶내일 눈이 온~[nɛil nu:ni o~ ネイル ヌーニ オ~] あした雪が降るんだって; あした雪が降りそうだ.

-ㄴ대도 [ndɛdo ンデド] [語尾] …としても; …といっても ¶그가 간~ 안 믿는다[kɯga ka~ an minnunda クガ カ~ アン ミンヌンダ] 彼が行くといっても信じない.

-ㄴ대서 [ndɛsɔ ンデソ] [語尾] …というので; …といって ¶그가 온~ 기다렸다[kɯga o~ kidarjɔt'a クガ オ~ キダリョッタ] 彼が来るというので待っていた.

-ㄴ대서야 [ndɛsɔja ンデソヤ] [語尾] …とは; …なんて ¶그걸 모른~[kɯgɔl moru~ クゴル モル~] それを知らないとは.

-ㄴ대야 [ndɛja ンデヤ] [語尾] …としても; …といっても ¶그가 가~ 고작 거기겠지[kɯga ka~ kodʒa k'ɔgigetʃ'i クガ カ~ コジャク コギゲッチ] 彼が行くといってもせいぜいそこだろう.

-ㄴ댔자 [ndɛtʃ'a ンデッチャ] [語尾] …といっても; …といったって ¶간~ 별 수 있겠나[ka~ pjɔl s'u ik'enna カ~ ピョル ッス イッケンナ] 行くといってもこれといった方法がないだろう.

***-ㄴ데** [nde ンデ] [語尾] ① …が; …のに ¶값은 비싼~ 맛은 없다[kapsʼɯn pisʼa~ masun ɔ:pt'a カプスン ピッサ~ マス ノープタ] 値段は高いが[高いのに]うまくはない ② …な; …ね ¶꽤 추운~(요)[k'wɛ tʃʰuu~(jo) ックェ チュウ~(ヨ)] 本当に寒いな; 本当に寒いんですね ③ …は ¶거긴 얼마나 추운~?[kɔgin ɔ:lmana tʃʰuu~ コギン オールマナ チュウ~] そこはどれほど寒いのか **-도**[do ド] [語尾] …なのに ¶추운~ 간대[tʃʰuu~ kandɛ チュウ~ カンデ] 寒いのに行くんだって.

-ㄴ들 [ndɯl ンドゥル] [語尾] …とて; …だって; …といっても; …でも ¶무슨 일인~ 못하겠어요?[musun ni:ri~ mo:tʰagesʼɔjo ムスン ニーリ~ モータ ゲッソヨ] どんなことだってできないことがありましょうか / 꿈엔~ 잊으랴?[k'ume~ lidʒɯrja ックメ~ リジュリャ] 決して[夢としても]忘れられようか.

-ㄴ바 [nba ンパ] [語尾] …(した)ところ; …してみると ¶실지로 가 본~[ʃiltʃ'i-ro ka bo~ シルチロ カ ボ~] 実際に行ってみると.

-ㄴ바에 [nbae ンバエ] [慣] (どうせ)…なったからには; (どうせ)…のだから ¶이왕 말을 꺼낸~[i:waŋ ma:rɯl k'ɔ:nɛ~ イーワン マールル ッコーネ~] どうせ言い出したからには.

-ㄴ즉(슨) [ndʒuk(s'ɯn) ンジュク(スン)] [語尾] …ところ; …(する)と; …(し)たら; …(する)から; …(する)ので ¶가 본~ 매우 좋더라[ka bo~ mɛu tʃo:tʰɔra カ ボ~ メウ チョーットラ] 行ってみたところ実によかった.

***-ㄴ지** [ndʒi ンジ] [語尾] …(の)か; …なのか ¶좋은~ 나쁜~[tʃo:u~ nap'u~ チョーウ~ ナップ~] 良いか悪いか / 어디론~ 가버렸다[odiro~ kabɔrjɔt'a オディロ~ カボリョッタ] どこかへ行ってしまった / 누구신~요?[nuguʃi~jo ヌグシ~ヨ] どなた様でいらっしゃいますか.

***나¹** [na ナ] **1** [代] 私; 僕; おれ; われ ¶너와 ~[nɔwa ~ ノワ ~] 君と僕 / ~를 잊다[~rɯl itʼa ~ルル イッタ] われを忘れる / ~도 모르게[~do moruge ~ド モルゲ] われ知らず; 思わず **2** [名] おのれ; 自分(自身).

***나²** [na ナ] [助] …でも; …や; …も…も ¶공부~ 해라[koŋbu~ hɛ:ra コンブ~ ヘーラ] 勉強でもやれよ / 소~ 개 [so~ kɛː ソ~ ケー] 牛や犬 / 너~ 나~[nɔ~na~ ノ~ナ~] 君も僕も.

나- [na ナ] [接頭]「外へ」の意 ¶~가다[~gada ~ガダ] 外に出る / ~오다[~oda ~オダ] (外に)出てくる.

***-나** [na ナ] [語尾] ① …が; …だがが ¶키는 크~ 힘은 없다[kʰinun kʰu~ himun ɔ:pt'a キヌン クー~ ヒム ノープタ] 背は高いが強くはない ② …ても ¶자~ 깨~ 불조심[tʃa~ k'ɛ~ puldʒoʃim チャ~ ッケ~ プルジョシム] 寝ても覚めても火の用心 ③ …ぐらい; …ほど ¶얼마~ 합니까?[ɔ:lma~ hamnik'a オールマ~ ハムニッカ] 幾ら[いかほど]ですか ④ …でも; …なんか; …など ¶차~ 한 잔 합시다[tʃʰa~ han dʒan hapʃ'ida チャ~ ハン ジャン ハプシダ] お茶でも飲みましょうか ⑤ …も ¶머~ 먼[mɔ:~ mɔn モー~ モン] はるかに遠い / 기~ 긴[ki:~ gin キー~ ギン] 長い長い ⑥ …が; …するのか ¶어디 가~?[ɔdi ka~ オ

ディ カ~] どこに行くの.

*나가다 [nagada ナガダ] 自 ① (外へ)出る; 出かける; 出向く ¶밖으로 ~ [pak'ɯro ~ パックロ ~] 外へ出る/ 장보러 ~ [tɕaŋboro ~ チャンボロ ~] 買い物に出かける/약속 장소에 ~ [jaks'ok tɕ'aŋsoe ~ ヤクソク チャンソエ ~] 約束の場に出向く ② 出て行く; 辞める ¶회사에서 ~ [hwe:sa-esɔ ~ フェーサエソ ~] 会社を辞める ③ 出る; 出勤する ¶회사에 ~ [hwe:sae ~ フェーサエ ~] 会社に出勤する ④ 進出する ¶정계에 ~ [tɕɔŋgee ~ チョンゲエ ~] 政界に進出する ⑤ 支払われる; 支給される ¶수당이 ~ [sudaŋi ~ スダンイ ~] 手当が支給される ⑥ 売れる ¶책이 잘 ~ [tɕʰɛgi tɕal ~ チェギ チャル ~] 本がよく売れる ⑦ 止まる; 消える ¶전기가 ~ [tɕɔːngiga ~ チョーンギガ ~] 電気が止まる ⑧ 進む; 前進する; はかどる; '나아가다'の略 ¶앞으로 나가자 [apʰɯro nagadʑa アプロ ナガジャ] 前へ進もう/ 일이 잘 ~ [iːri tɕal ~ イーリ チャル ~] 仕事がうまくはかどる; 事が都合よく運ぶ ⑨ …ある; かかる ¶값나가는 물건 [kamnaganɯn mulgɔn カムナガヌン ムルゴン] 値打ちのある品物/ 비용이 ~ [piːjoŋi ~ ピーヨンイ ~] 費用がかかる ⑩ 駄目になる; 切れる; 破れる ¶퓨즈가 ~ [pʰjuːdʑɯga ~ ピュージュガ ~] ヒューズが切れる.

나가-떨어지다 [nagat'ɔrɔdʑida ナガットロジダ] 自 ① ひっくり返る ¶발길에 차여 ~ [palk'ire tɕʰajɔ ~ パルッキレ チャヨ ~] 蹴飛ばされてひっくり返る ② 俗 へとへとになる ¶술에 ~ [sure ~ スレ ~] 酒でへとへとになる/ 무거운 짐을 나르고 ~ [mugɔun tɕimɯl narɯgo ~ ムゴウン チムル ナルゴ ~] 重荷を運んでへとへとになる.

나귀 [nagwi ナグィ] 名 〈動〉 ロバ(驢馬) = 당나귀 [taŋnagwi タンナグィ].

*나그네 [nagɯne ナグネ] 名 ① よそ者 ¶정처없는 ~ [tɕɔːŋtɕʰɔɔmnɯn ~ チョーンチョオムヌン ~] 旅烏鳥/② 旅人; 旅の者; エトランゼ; お客 ¶~길을 떠나다 [~k'irɯl t'ɔnada ~ッキルル ットナダ] 旅立つ; 旅路につく.

나긋-나긋 [nagɯnnagut ナグンナグッ] 副 形 ① (食べ物が)柔らかい ¶고기가 ~하다 [kogiga ~(nagɯ)tʰada コギガ ~タダ] 肉が柔らかい ② (肌が)柔らかい; (体かが)しなやかだ ¶~한 몸 [~(nagɯ)tʰan mom ~タン モム] しなやかな体 ③ 親切で優しい ¶~한 여자 [~(nagɯ)tʰan njɔdʑa ~タン ニョジャ] 優しい女性/ ~한 태도 [~(nagɯ)tʰan tʰɛːdo ~タン テード] もの柔らかな態度 ④ (言葉や文章に)味(わい)がある ¶~한 말씨 [~(nagɯ)tʰan maːlɕ'i ~タン マールッシ] 味わいのある言葉遣い.

*나날 [nanal ナナル] 名 日ごと; 毎日; 日々 ¶신혼의 달콤한 ~ [ɕinhone talkʰomhan ~ シンホネ タルコムハン ~] 新婚の甘い日々 —이 [(nanar)i (ナナ)リ] 副 日ごとに; 日に日に ¶~ 성장하다 [~ sɔŋdʑaŋhada ~ ソンジャンハダ] 日に日に成長する.

*나누다 [nanuda ナヌダ] 他 ① 分ける; 分かつ; 分割・分類・分配する ¶몇 개로 ~ [mjɔtk'ɛro ~ ミョッケロ ~] 幾つかに分ける/ 이익을 ~ [iːigɯl ~ イーイグル ~] 利益を分かつ [分配する]/ 슬픔을 같이 ~ [sɯlpʰɯmɯl katɕʰi ~ スルプムル カチ ~] 悲しみを分かち合う ② 交わす; やりとりする ¶인사를 ~ [insarɯl ~ インサルル ~] あいさつを交わす/ 술잔을 ~ [sultɕ'anɯl ~ スルチャヌル ~] 酒を酌み交わす ③ 割る; 割り算をする ¶100을 5로 ~ [pɛgɯl oːro ~ ペグル オーロ ~] 100を5で割る.

나누어-주다 [nanuɔdʑuda ナヌオジュダ] 他 分けてやる; 分配する; 配る; 略 **나눠주다** [nanwɔdʑuda ナヌォジュダ].

나누어-지다 [nanuɔdʑida ナヌオジダ] 自 分かれる; 別々になる ¶국토가 ~ [kuktʰoga ~ ククトガ ~] 国土が分かれる/ 의견이 ~ [ɰiːgjɔni ~ ウィーギョニ ~] 意見が分かれる.

나눗-셈 [nanus'em ナヌッセム] 名 [自他] 割り算; 除算; = **나누기** [nanugi ナヌギ].

나뉘다 [nanwida ナヌィダ] 自 分けられる; 割れる; = **나누이다** [nanuida ナヌイダ] の略; '나누다'の受動 ¶의견이 ~ [ɰiːgjɔni ~ ウィーギョニ ~] 意見が分かれる/ 이 책은 5장으로 나뉜다 [i tɕʰɛgɯn oːdʑaŋɯro nanwinda イ チェグン オージャンウロ ナヌィンダ] この本は5章に分かれている.

*나다[1] [nada ナダ] 自 ① 生まれる ¶애

기가 ~ [ɛgiga ~ エギガ ~] 赤ん坊が生まれる ② 芽吹く; 出る ¶새싹이 ~ [sɛs'agi ~ セッサギ ~] 新芽が出る / 피가 ~ [pʰiga ~ ピガ ~] 血が出る / 눈물이 ~ [nunmuri ~ ヌンムリ ~] 涙が出る ③ 起こる ¶사건이 ~ [sa:k'əni ~ サーコニ ~] 事件が起こる / 병이 ~ [pjəːŋi ~ ピョーンイ ~] 病気にかかる / 화가 ~ [hwa:ga ~ ファーガ ~] 腹が立つ / 불이 ~ [puri ~ プリ ~] 火事が起こる ④ 生える ¶풀이 ~ [pʰuri ~ プリ ~] 草が生える ⑤ 載る ¶신문에 ~ [ʃinmune ~ シンムネ ~] 新聞に出る ⑥ …なる; びる ¶이름이 ~ [irumi ~ イルミ ~] 有名になる / 촌티가 ~ [tʃʰoːntʰiga ~ チョーンティガ ~] 田舎びる / 결판 ~ [kjəlt'an ~ キョルタン ~] 駄目[台無し]になる ⑦ 付く; 出回る ¶승부가 ~ [suŋbuga ~ スンブガ ~] 勝負が付く / 햅쌀이 ~ [hɛps'ari ~ ヘプサリ ~] 新米が出回る.

*나다² [nada ナダ] 他 ① 過ごす; 越す ¶겨울을 ~ [kjəurul ~ キョウルル ~] 冬を越す ② 所帯を持つ ¶장가들어 살림을 ~ [tʃaːŋgadurɔ sallimul ~ チャーンガドゥロ サルリムル ~] 妻を迎えて新しく所帯を持つ.

*나다³ [nada ナダ] 補動 ① 〈動作の進行を強調する意〉 ¶뻗어 ~ [p'ɔdɔ ~ ッポドー ~] 伸びゆく / 피어 ~ [pʰiɔ ~ ピオ ~] 咲き出る ② 〈動作の完了〉 ¶시련을 겪고 ~ [ʃiːrjənul kjək'o ~ シーリョヌル キョクコ ~] 試練に耐え抜く / 끝이 ~ [k'ɯtʃʰi ~ ックチ ~] 終わる.

*-나다 [nada ナダ] 接尾 〈心の状態・物事の現象を表わす〉 ¶생각 ~ [sɛŋgaŋ ~ センガン ~] 思い出す / 성 ~ [sɔːŋ ~ ソーン ~] 怒る / 병 ~ [pjəːŋ ~ ピョーン ~] 病気にかかる / 고장 ~ [koːdʒaŋ ~ コージャン ~] 故障する.

나-다니다 [nadanida ナダニダ] 自 出歩く ¶그는 늘 나다니기만 한다 [kunun nul nadanigiman handa クヌン ヌル ナダニギマン ハンダ] 彼はしょっちゅう出歩いてばかりいる.

나달 [nadal ナダル] 名 ① 4, 5日ほど ¶한 ~ 걸리다 [han ~ kəllida ハン ~ コルリダ] 4, 5日ほどかかる ② 月日.

나-돌다 [nadolda ナドルダ] 自ㄹ語幹 ① 出歩く; ぶらつく; ほっつき回る; = '나돌아다니다'の略 ¶일은 안 하고 나돌기만 한다 [iːrun anhago nadolgiman handa イールン アンハゴ ナドルギマン ハンダ] 仕事はせずほっつき回ってばかりいる ② 広まる; 出回る ¶소문이 ~ [soːmuni ~ ソームニ ~] うわさが広まる / 가짜가 ~ [kaːtʃ'aga ~ カーッチャガ ~] にせ物が出回る ③ 蔓延蔓する ¶눈병이 ~ [nunp'jəŋi ~ ヌンピョンイ ~] 眼病が蔓延する.

나-돌아다니다 [nadoradanida ナドラダニダ] 自他 出歩く; ぶらつく ¶그녀는 나돌아다니기를 좋아한다 [kunjənun nadoradanigirul tʃoːahanda クニョヌン ナドラダニギルル チョーアハンダ] 彼女は出歩くのが大好きだ.

나(가)-동그라지다 [na (ga) doŋguradʒida ナ(ガ) ドングラジダ] 自 転び倒れる ¶얼음판에서 ~ [ɔrumpʰanesɔ ~ オルムパネソ ~] 氷の上で転び倒れる.

나-뒹굴다 [nadwiŋgulda ナドゥィングルダ] 自 ① あちこち転げ回る[散らばっている] ¶조약돌이 ~ [tʃojakt'ori ~ チョヤクトリ ~] 丸い小石があちこち散らばっている ② 転び倒れる.

나-들다 [nadulda ナドゥルダ] 自ㄹ語幹 出入りする=드나들다 [tunadulda トゥナドゥルダ]の略 ¶분주히 ~ [pundʒui ~ プンジュイ ~] 忙しく出入りする.

나들이 [naduri ナドゥリ] 名 하다自 ① 外出; よそ行き ¶봄 ~ [pom ~ ポム ~] 春の[花見・野遊び]の外出 / 가 ~ [~ gada ~ ガダ] (実家への・野遊びの)外出をする; 訪問する ② 出入り ━옷 [ot オッ] 名 よそ行き; 外出着.

**나라 [nara ナラ] 名 ① 国; 国家 ¶우리 ~ [uri ~ ウリ ~] わが国 / 이웃 ~ [iun ~ イウン ~] 隣の国 ② 国土; 地域 ¶~ 밖 소식 [~bak s'oʃik ~ パク ソシク] 国外からの便り[ニュース] ③ (ある特殊な)世界; 国 ¶꿈 ~ [k'um ~ ックム ~] 夢の世界 / 달 ~ [tal (lara) タル(ララ)] 月の世界 / 별 ~ [pjəːl (lara) ピョール(ララ)] 星の世界 ━꽃 [k'ot ッコッ] 名 国の花; 国花 ━님 [mim ニム] 名 お上; 王 ━말 [mal マル] 名 国語 ━안[밖] [an [bak] アン[バク]] 名 国内[外].

*나란-하다 [naranhada ナランハダ] 形 여변 そろって並んでいる 나란-히 [narani ナラニ] 副 並んで; そろって ¶앞으로 ~! [apʰuro ~ アプロ ~]

(号令で) 前にならえ / ～ 서다[～ sɔda ～ スダ] 並ぶ / ～ 달리다[～ tallida ～ タルリダ] 並んで走る.

나래 [narɛ ナレ] 图 翼; 羽; ='날개'.

나루 [naru ナル] 图 渡し; 渡し場 —**터**[tʰɔ ト] 图 渡し場; 船[舟]渡し; 渡船場 —**턱**[tʰɔk トク] 图 渡し口; 船着場 ¶～에 배를 대다[～(tʰɔ)e pɛrul tɛːda ～-(ト) ゲ ペルル テーダ] 渡船場に船をつける **나룻-가** [naruk'a ナルッカ] 图 渡し場のほとり **나룻-목** [narunmok ナルンモク] 图 渡し船が通る水路 **나룻-배** [narutp'ɛ ナルッペ] 图 渡し船 **나룻-삯** [narus'ak ナルッサク] 图 渡し銭; 渡船料.

*__나르다__ [naruda ナルダ] 他 [르変] 運ぶ; 移す ¶이삿짐을 ～[isatʃ'imul ～ イサッチムル ～] 引っ越し荷物を運ぶ / 날라다 주세요[nallada tʃusejo ナルラダ チュセヨ] 運んでください.

*__나른-하다__ [narunhada ナルンハダ] 形 [여変] ① だるい; けだるい ¶ 더워서 몸이 ～[tɔwɔsɔ momi ～ トウォソ モミ ～] 暑くて体がだるい ② (布に糊気がなく) 柔らかい; しなしなしている.

*__나름__ [narum ナルム] (依名) 次第; なり ¶ 사람 ～이다[saram ～ida サーラム(ナル) ミダ] 人それぞれだ / 내 ～의 해석[nɛ ～e hɛːsɔk ネ (ナル) メ ヘーソク] 私なりの解釈 —**대로** [dɛro デロ] 副 それなりに ¶～ 개성이 있다[～ kɛːsɔŋi it'a ～ ケーソンイ イッタ] それなりに個性がある.

나리[1] [nari ナリ] 图 〈植〉 ユリ(百合) = 백합(百合) [pɛkʰap ペクカプ] ¶ ～꽃 [～k'ot ～ッコッ] ユリの花.

나리[2] [naːri ナーリ] 图 〈史〉 ① 旦那様; 下位の者が上司を呼ぶ尊称 ② 殿; 身分の高い者の尊称 ③ 王子様 —**마님** [manim マニム] 图 '나리'の尊称.

나마 [nama ナマ] 助 …でも; …(で) さえ ¶ 잠시～ 만나고 싶다[tʃaːmʃi～ mannago ʃipt'a チャームシ～ マンナゴ シプタ] 一目だけでも会いたい (ものだ) / ユ～ 못하겠다[kɯ～ moːtʰaget'a ク～ モーッタゲッタ] それさえできない.

-나마 [nama ナマ] [語尾] …だが; …けれども ¶ 맛은 못하～ 많이 드세요[maːsun moːtʰa～ maːni tusejo マースン モーッタ～ マーニ トゥセヨ] まずいものですがたくさん召し上がってください.

-나마나 [namana ナマナ] [語尾] そうであろうがなかろうが ¶ 보～ 합격이다 [poː～ hapk'jɔgida ポー ハプキョギダ] 合格は決まりきっている.

나막-신 [namakʃ'in ナマクシン] 图 (昔の人が履いた) 木履ぽく(木製の履物).

나막신

*__나머지__ [namɔdʒi ナモジ] 图 ① 余り; 余分; 残り ¶～는 맡겨 주세요[～nun matk'jɔdʒusejo ～ヌン マッキョジュセヨ] 残りはお任せして ② 不足分; 残り; あと ¶～는 내일 하자[～nun nɛil hadʒa ～ヌン ネイル ハジャ] 残りは明日しましょう / ～ 이야기를 들려주세요[～ ijagirul tɯlljɔdʒusejo ～ イヤギルル トゥルリョジュセヨ] 後の話を聞かせて (ください) ③ 残りの人 [数]; 残り ¶～는[～ 사람은] 걸었다[～nun[～ saːramun] kɔrɔt'a ～ヌン[～ サーラムン] コロッタ] 残りの人は歩いて行った ④ …あまり; …(した)あげく; …のすえ ¶ 슬픔～[sulpʰum ～ スルプム ～] 悲しみのあまり / 생각하던 ～[sɛŋgakʰadɔn ～ センガクカドン ～] 考えたあげく / 고민한 ～[kominhan ～ コミンハン ～] 苦悶のすえ 〈数〉 (割り算の) 余り.

*__나무__ [namu ナム] 图 ① 木[樹] ¶ 어린 ～[ɔrin ～ オリン ～] 若木 / 썩은 ～[s'ɔgun ～ ッソグン ～] 朽ち木 ② 材木; 用材 ¶ ～ 망치[～ maŋtʃʰi ～ マンチ] 木槌ずち / ～ 땔감; 薪 ¶ ～하다[～hada ～ハダ] たきぎを取る / ～하러 가다[～harɔ kada ～ハロ カダ] たきぎ取りに行く / ～를 패다 [～rul pʰɛːda ～ルル ペーダ] 薪を割る —**깽이** [k'ɛŋi ッケンイ] 图 切れた枝の切れ端; 棒切れ —**껍질** [k'ɔptʃ'ilッコプチル] 图 木肌; 樹皮 —**꾼** [k'un ックン] 图 木こり —**막대기** [makt'ɛgi マクテギ] 图 木の棒 —**뿌리** [p'uriップリ] 图 木の根 —**숲** [sup sup̚] 图 林; 雑木林 —**작대기** [dʒak-t'ɛgi ジャクテギ] 图 長い木の棒 —**접시** [dʒɔpʃ'i ジョプシ] 图 木皿 —**젓가락** [dʒɔtk'arak ジョッカラク] 图 割り箸; 木の箸 —**주걱** [dʒugɔk ジュゴク] 图

木製の杓子[しゃく] **━쪽** [tʃ'ok チョク] 图 木片; 木切れ **━토막** [tʰomak トマク] 图 木切れ; 木の切れ端 **━통** [tʰoŋ トン] 图 (木の)桶 **━판자** [pʰandʒa パンジャ] 图 板; 板材; ≒ 널빤지 [nɔːlp'andʒi ノールッパンジ] **나못-가지** [namutk'adʒi ナムッカジ] 图 (木の)枝 **나못-간[광]** [namutk'an[k'waŋ] ナムッカン[クァン]] 图 薪を積んでおく物置 **나못-결** [namutk'jɔl ナムッキョル] 图 木目[きめ]; 木理 ¶ ~이 곱다 [~-(k'jɔr)i koːpt'a ~-(キョ)リ コープタ] 木目が細い **나못-단** [namut'an ナムッタン] 图 薪の束; しばの束 **나못-잎** [namunnip ナムンニプ] 图 木の葉 **나못-조각** [namutʃ'ogak ナムッチョガク] 图 木切れ; 木片 **나못-짐** [namutʃim ナムッチム] 图 たきぎの荷.

***나무라다** [namurada ナムラダ] 他 (軽く)叱[しか]る; とがめる; たしなめる ¶ 버릇 없는 아이를 ~ [pɔrudɯmnɯn airul ~ ポルドムヌン アイルル ~] 行儀の悪い子をたしなめる **나무랄 데-없다** [namural t'e ɔːpt'a ナムラル テ オープタ] 慣 非の打ち所がない; 申し分ない; 結構だ ¶ 어디 하나 ~-없는 착한 며느리 [ɔdi hana ~-ɔːmnɯn tʃʰakʰan mjɔnɯri オディ ハナ ~-オームヌン チャクカン ミョヌリ] 何ひとつ非の打ち所のない良い嫁 / ~-없는 솜씨 [~-ɔːmnɯn somʃ'i ~-オームヌン ソムッシ] 申し分のない腕前 / ~-없는 맛 [~-ɔːmnɯn mat ~-オームヌン マッ] 結構な味 **나무람** [namuram ナムラム] 图 叱ること; とがめ.

나무-아미타불 [南無阿彌陀佛] [namuamitʰabul ナムアミタブル] 图 ① 〈仏〉南無阿弥陀仏[なむあみだぶつ] ② (苦労して成しとげたことが)徒労に終わったときに発する語; 台無し・水の泡(になる).

***나물** [namul ナムル] 图 ① 青菜; 青もの; 菜っ葉 ¶ 콩-~ [kʰoŋ~ コン~] 大豆のもやし / 산-~ [san~ サン~] 山菜 / 봄-~ [pom~ ポム~] 春の若菜 ② ナムル; 青菜のおひたし[和えもの] ¶ 도라지-~ [toradʒi~ トラジ~] キキョウの根の和えもの / ~을 무치다 [(namur)ul mutʃʰida (ナム)ルル ムチダ] 青菜を和える **━무침** [mutʃʰim ムチム] 图 青菜の和えもの **━반찬** [bantʃʰan バンチャン] 图 総菜料理.

나물-하다 [namurhada ナムルハダ] 自[여변] ① (食用の)青菜をつんだり掘り出したりする ② 青菜を和えたりして総菜料理にする.

나박-김치 [nabak'imtʃʰi ナバクキムチ] 图 大根を薄く平切りに刻み, 白菜・セリ・ネギ・ニンニク・トウガラシ粉・ショウガ・粗塩などを混ぜ合わせた汁の多い水キムチ.

나발 [nabal ナバル] 图 ① らっぱ ② 吹聴[ふいちょう]; 言い触らすこと ¶ 두 사람이 결혼한다고 ~ 불고 다닌다 [tuː sarami kjɔrhonhandago ~bulgo taninda トゥー サラミ キョルホンハンダゴ ~ブルゴ タニンダ] 2人が結婚すると言い触らす ③ …も何も [へちまも]; 前の言葉を無視するかを卑しく言うこと ¶ 감투고 ~이고 다 싫다 [kamtʰugo (nabar)igo taː ʃiltʰa カムトゥゴ (ナバ)リゴ ター シルタ] 官職も何も [へちまも] みんな嫌だ **━거리다** [gɔrida ゴリダ] 自俗 やたらにべらべらしゃべりまくる **━불다** [bulda ブルダ] らっぱを吹く; 慣 ほらを吹く.

***나방** [nabaŋ ナバン] 图 〈虫〉ガ(蛾).

나변 [那邊] [naːbjɔn ナービョン] 图 どこ; いずこ; どのへん; 那辺[なへん] ¶ 진의가 ~에 있는지 알 수 없다 [tʃiniga ~e innundʒi aːl sʼu ɔːpt'a チニガ (ナービョ)ネ インヌンジ アールッス オープタ] 真意がいずこにあるのかわからない.

***나부끼다** [nabuk'ida ナブッキダ] 自 (風に)ひるがえる; はためく; なびく ¶ 기가 ~ [kiga ~ キガ ~] 旗がはためく.

나부-대다 [nabudɛda ナブデダ] 自 軽率にはしゃぎ回る; 分別なく騒ぎ立てる.

나부랭이 [naburɛŋi ナブレンイ] 图 ① 切れっ端; くず切れ; ≒ **나부랑이** [nabŭraŋi ナブランイ] ¶ 헝겊-~ [hɔːŋgɔm~ ホーンゴム~] 布の切れっ端 ② 端くれ; 末輩; つまらない者[物] ¶ 학자-~ [haktʃ'a ~ ハクチャ~] 学者の端くれ / 깡패-~ [k'aŋpʰɛ ~ ッカンペ~] 与太者の端っくれ.

나불-거리다 [nabulgɔrida ナブルゴリダ] 自他 ① (軽く)揺らぐ; ひらひら揺れ動く ② しきりにしゃべる = **나불대다** [nabuldɛda ナブルデダ] ¶ 입을 ~ [ibul ~ イブル ~] べらべらしゃべりまくる ③ (舌などを)ちょろちょろさせる.

나붓-거리다 [nabutk'ɔrida ナブッコリダ] 自 ひらひら [ゆらゆら] 揺れる; ひるがえる; はためく ¶ 가지가 바람에

~ [kadʒiga parame ~ カジガ パラメ ~] 枝が風にゆらゆら揺れる.

나-붙다 [nabut'a ナブッタ] 🈑 (広告などが)張り出される; 張られる ¶합격자의 명단이 ~ [hapk'jɔktʃ'ae mjɔŋdani ~ ハプキョクチャエ ミョンダニ ~] 合格者のリストが張り出される.

***나비¹** [nabi ナビ] 🈔 〈虫〉 チョウ(蝶) **—넥타이** [nektʰai ネクタイ] 🈔 蝶ネクタイ; ボータイ **—매듭** [mɛdɯp メドゥプ] 🈔 蝶結び **—춤** [tʃʰum チュム] 🈔 ① 蝶のようにひらひら舞う踊り[動作] ② 長神衣の僧衣を着て蝶のように舞う '승무'(僧舞) [suŋmu スンム] の一種.

***나비²** [nabi ナビ] 🈔 (物·布地·反物などの) 幅; 横幅.

나비³ [nabi ナビ] 🈔 猫を呼ぶ語; 猫ちゃん=¶〜야 [〜ja 〜ヤ].

나빠-지다 [nap'adʒida ナッパジダ] 🈑 悪くなる; こじれる; 崩れる ¶건강이 ~ [kɔːŋaŋi ~ コーンガンイ ~] 健康が衰える / 날씨가 ~ [nalʃ'iga ~ ナルッシガ ~] 天気が崩れる.

***나쁘다** [nap'ɯda ナップダ] 🈔 [으変] ① 悪い ¶행실이 ~ [hɛːŋʃiri ~ ヘーンシリ ~] 素行が悪い / 머리가 ~ [mɔriga ~ モリガ ~] 頭が悪い / 나쁜 버릇 [nap'ɯn pɔrɯt ナップン ポルッ] 悪い癖 ② (心が)善くない ¶마음씨가 ~ [maɯmʃ'iga ~ マウムッシガ ~] 心が善くない / 심보가 ~ [ʃimp'oga ~ シムポガ ~] 意地悪い ③ 害になる ¶건강에 ~ [kɔːŋaŋe ~ コーンガンエ ~] 健康の害になる ④ (量が)足らず気味だ ¶좀 나쁘게 먹다 [tʃom nap'ɯge mɔkt'a チョム ナップゲ モクタ] 少し不足ぎみに [腹八分に] 食べる.

나삐 [nap'i ナッピ] 🈓 悪く ¶남을 ~ 말하다 [namɯl ~ maːrhada ナムル ~ マールハダ] 人をあしざまに[悪く]言う **—보다** [boda ボダ] 🈒 悪く[良くなく]見る ② 見くびる; 見下げる **—알다** [alda アルダ] 🈒 [ㄹ変] 悪く思う; 誤解する; 悪いように考える **—여기다** [jɔgida ヨギダ] 🈒 あしざまに[悪く]思う; 見くびってばかにする.

***나사** [螺絲] [nasa ナサ] 🈔 ① ねじ ¶~를 죄다 [〜rɯl tʃwɛːda 〜ルル チェーダ] ねじを締める / ~를 풀다 [〜rɯl pʰulda 〜ルル プルダ] ねじを緩める ② ねじ釘 **—돌리개** [dolligɛ ドルリゲ] 🈔 ドライバー; ねじ回し **—못** [mot モッ] 🈔 ねじ釘; 木ねじ.

***나-서다** [nasɔda ナソダ] 🈑🈒 ① 出る; 前へ[前に]出る ¶집을 ~ [tʃibul ~ チブル ~] 家を出る / 한 발 앞으로 ~ [han bal apʰuro ~ ハンバル アプロ ~] 一歩前に出る / 여행길에 ~ [jɔhɛŋk'ire ~ ヨヘンキレ ~] 旅に出る / 정계에 ~ [tʃɔŋgee ~ チョンゲエ ~] 政界に出る ② 見つかる; 申し出る ¶일자리가 ~ [iːltʃ'ariga ~ イールチャリガ ~] 仕事口が見つかる / 혼담이 ~ [hondami ~ ホンダミ ~] 縁談が持ち上がる ③ 乗り出す; 登場する ¶사태 수습에 ~ [saːtʰɛ susube ~ サーテ ススベ ~] 事態収拾に乗り出す / 발벗고 ~ [palbɔtk'o ~ パルボッコ ~] ひと肌脱ぐ / 사교계에 ~ [sagjogee ~ サギョゲエ ~] 社交界に登場する ④ 口出しする; 出しゃばる; 関与する ¶네가 나설 자리가 아니다 [nega nasɔl tʃ'ariga anida ネガ ナソル チャリガ アニダ] お前の出る幕じゃない.

***나선** [螺旋] [nasɔn ナソン] 🈔 螺旋ら ¶~계단 [〜 gedan 〜 ゲダン] 螺旋階段 **—상** [狀]·**형** [形] [saŋ·hjɔŋ サン·ヒョン] 🈔 螺旋狀.

***나아-가다** [naːgada ナアガダ] 🈑 ① 進む; 前進する; 出る ¶앞으로 ~ [apʰuro ~ アプロ ~] 前へ進む / 앞장서서 ~ [aptʃ'aŋsɔsɔ ~ アプチャンソソ ~] 先立って進む / 결승전에 ~ [kjɔlsʼɯŋdʒɔne ~ キョルッスンジョネ ~] 決勝戦に進出する ② よくなりつつある ¶병이 ~ [pjɔːŋi ~ ビョーンイ ~] 快方へ向かう.

***나아-지다** [naːdʒida ナアジダ] 🈑 よくなる; 向上する ¶품질이 ~ [pʰuːmdʒiri ~ プームジリ ~] 品質がよくなる / 환자가 나날이 ~ [hwaːndʒaga nanari ~ ファーンジャガ ナナリ ~] 病人が日ごとによくなって来る.

나-앉다 [naantʰa ナアンタ] 🈑 近づいて,または離れて座る ¶앞으로 ~ [apʰuro ~ アプロ ~] 前へ近づき座る / 저리 좀 나앉아라 [tʃɔri tʃom naandʒara チョリ チョム ナアンジャラ] あちらにちょっと離れて座って / 길바닥에 ~ [kilp'adage ~ キルパダゲ ~] 路上に居座る; 慣 家が落ちぶれる.

나약 [儒弱] [naːjak ナーヤク] 🈔 形 意気地がないこと ¶〜한 아이 [(naːja)kʰan ai 〜カン アイ] 意気地のない

나열 [羅列][najəl ナヨル] 名 하自他 羅列; 列をなして並ぶこと ¶사실의 ~ [saːire ~ サーシレ ~] 事実の羅列.

＊나-오다 [naoda ナオダ] **1** 自 ① 出る ¶집을 ~ [tɕibɯl ~ チブル ~] 家を出る; 外出する; 家出する/웃음이 ~ [usɯmi ~ ウスミ ~] 笑いが出る/눈물이 ~ [nunmuri ~ ヌンムリ ~] 涙が出る/직장을 ~ [tɕiktɕʼaŋɯl ~ チクチャンウル ~] 職場をやめる/직장에 ~ [tɕiktɕʼaŋe ~ チクチャンエ ~] 職場に出勤する/싹이 ~ [sʼagi ~ ッサギ ~] 新芽が出る/배가 ~ [pɛga ~ ペガ ~] 腹が出る ② 上がる、下る ¶욕탕에서 ~ [joktʰaŋesʼ ~ ヨクタンエソ ~] ふろから上がる/회충이 ~ [hwetɕʰuŋi ~ フェチュンイ ~] 虫が下る ③ 載る ¶신문에 ~ [ɕinmune ~ シンムネ ~] 新聞に載る ④ 由来する; 発生する ¶신화에서 ~ [ɕinhwaesə ~ シンファエソ ~] 神話に由来する ⑤ 下りる ¶여권이 ~ [jəkʼwəni ~ ヨクォニ ~] パスポートが下りる ⑥ 態度を取る ¶크게 ~ [kʰɯge ~ クゲ ~] 大きく構える ⑦ 突き出る ¶이마가 ~ [imaga ~ イマガ ~] 額が前にせり出す **2** 他 出る; 卒業する ¶대학을 ~ [tɛhagɯl ~ テーハグル ~] 大学を出る.

＊나위 [nawi ナウィ] 依名 …この上(なく); …する必要(もない) ¶더 할 ~ 없이 행복하다 [tə hal (lawi) əpʃʼi hɛːŋbokʰada トハル(ラウィ) オプシヘーンボクハダ] この上なく幸福だ/말할 ~ 없이 고집이 세다 [maːlhal (lawi) əpʃʼi kodʑibi sɛːda マールハル(ラウィ) オプシ コジビ セーダ] 言うまでもなく頑固だ.

＊나이 [nai ナイ] 名 年; 年齢 ¶~들다 [~ dɯlda ~ ドゥルダ] 年を取る; 年が寄る/나(이) 어리다 [na(i) ərida ナ(イ) オリダ] 幼い/~가 아깝다 [~ga akʼapʼtʼa ~ガ アッカプタ] 年甲斐もない/~가 차다 [~ga tɕʰada ~ガ チャダ] 年ごろ[結婚適齢期]になる/~(를) 먹다 [잡수시다] [~ (rɯl) məkʼtʼa [tɕapsʼuɕida] ~(ルル) モクタ[チャプスシダ]] 年を取る[お年を召される]/철이 들 ~ [tɕʰəri dɯl (lai) チョリ ドゥル (ライ)] 物心がつく年(ごろ)/한창 일할 ~ [hantɕʰaŋ irhal (lai) ハンチャン イールハル (ライ)] 働き盛りの年(ごろ) **―깨** [나일-살] [kʼɛ[naisʼal] ッケ[ナイッサル]] 名 俗 (嘲笑していして)かなりの年; いい年 ¶~(이)나 먹은 자가 그런 바보짓을 하다니 [~kʼɛna[sʼarina] məgɯn tɕaga kɯrən paːbodʑisɯl hadani ~ッケナ[ッサリナ] モグン チャガ クロン パーボジスル ハダニ] いい年をしてそんな愚かなことをするとは **―대접** [dɛːdʑəp デージョプ] 名 하他 年長者に対する礼遇 **―배기** [bɛgi ベギ] 名 見かけより年取った人 **―테** [tʰe テ] 名 (樹木の)年輪 **―티** [tʰi ティ] 名 年相応の態度 **나잇-값** [naitkʼap ナイッカプ] 名 年甲斐; 年齢にふさわしい言葉や言動 ¶~도 못한다 [~tʼo moːtʰanda ~ト モッタンダ] 年甲斐もない.

나(가)-자빠지다 [na(ga) dʑapʼadʑida ナ(カ) ジャッパジダ] 自 ① あお向けに倒れる; 転倒する ¶피로에 지쳐 ~ [pʰiroe tɕitɕʰo ~ ピロエ チチョ ~] くたびれてあお向けに倒れる ② (かかわり合いから)手を引く; 関係を絶つ; あきらめる ¶빚을 지고 ~ [pidʑɯl tɕigo ~ ピジュル チゴ ~] 借金を借り倒す.

나전 [螺鈿][nadʑən ナジョン] 名 螺鈿; アワビ貝などの光沢のある部分を切り取って家具などの面にはめこんだり貼りつけたりする手工芸品 ¶~ 세공 [~ seːgoŋ ~ セーゴン] 螺鈿細工/~ 칠기 [~ tɕʰilgi ~ チルギ] 螺鈿漆器.

＊나절 [nadʑəl ナジョル] 依名 ① 昼間の半ば; 小半日 ¶한 ~ [han~ ハン ~] 半日/반 ~ [paːn~ パーン ~] 4半日; 小半日の半分 ② 昼間のあるひととき ¶아침 ~ [atɕʰim ~ アチム ~] 午前中; 昼前; 朝方/저녁 ~ [tɕənjək ~ チョニョク ~] 夕方.

＊나중 [naːdʑuŋ ナージュン] 名 副 あと; のちほど ¶~의 일 [~e il ~エ イル] のちほどのこと/또 ~에 봅시다 [tʼo ~e popʼɕida ット ~エ ボプシダ] (では)またあとで.

나지막-하다 [nadʑimakʰada ナジマクカダ] 形 여変 思ったより低い; 案外低い ¶키가 ~ [kʰiga ~ キガ ~] 背丈がかなり低い **나지막-이** [nadʑimagi ナジマギ] 副 低めに.

나직-하다 [nadʑikʰada ナジクカダ] 形 여変 やや低い; 低めだ ¶~-한 결상

[~-kʰan kɔ:lsʼaŋ ~-カン コールサン] 低めの腰かけ / ~-한 목소리 [~-kʰan moksʼori ~-カン モクソリ] 低い声; 小声.

나체[裸體][na:tʰe ナーチェ] 图 裸体; 裸身; 裸; ヌード ¶ ~ 춤[~ tʃʰum ~ チュム] 裸踊り **―화**[hwa ファ] 图 裸体画; ヌード.

나침-반[羅針盤][natʃʰimban ナチムパン] 图 羅針盤; コンパス.

*__나타-나다__[natʰanada ナタナダ] 国 ① 現われる; 見えてくる; 出現する; 出(てく)る ¶적이 ~[tʃɔgi ~ チョギ ~] 敵が現われる / 갑자기 ~[kaptʃagi ~ カプチャギ ~] 急に現われる ② (表に)表われる; 浮かぶ ¶태도에 ~[tʰɛ:doe ~ テードエ ~] 態度に表われる / 얼굴에 ~[ɔlgure ~ オルグレ ~] 顔に浮かぶ ③ 見つかる ¶잃었던 것이 ~[irɔtʼɔn kɔʃi ~ イロットン コシ ~] 失ったものが見つかる.

*__나타-내다__[natʰanɛda ナタネダ] 他 現[表]わす; 見せる; 示す; 浮かべる ¶모습을 ~[mosɯbɯl ~ モスブル ~] 姿を現わす[見せる] / 본성을 ~[ponsɔŋɯl ~ ポンソンウル ~] 本性を表わす / 실력을 ~[ʃilljɔgɯl ~ シルリョグル ~] 実力を示す / 기쁨을 얼굴에 ~[kipʼɯmɯl ɔlgure ~ キップムル オルグレ ~] 喜びを顔に浮かべる / 모임에 얼굴을 ~[moime ɔlgurɯl ~ モイメ オルグル ~] 会合に顔を出す.

나태[懶怠][na:tʰɛ ナーテ] 图 하 形 怠惰; 怠け怠ること ¶~해지다[~hɛ-dʒida ~ヘジダ] 怠惰になる.

*__나팔__[喇叭][napʰal ナパル] 图 らっぱ ¶~ 소리[~ sori ~ ソリ] らっぱの音 / ~수[~su ~ ス] らっぱ手 **―불다**[bulda ブルダ] ① らっぱを吹く ② 俗 (酒などを)らっぱ飲みする ③ 俗 やかましく宣伝する ④ 俗 ほらを吹く.

*__나팔-꽃__[喇叭―][napʰalkʼot ナパルッコッ] 图 〈植〉 アサガオ(朝顔).

나포[拿捕][na:pʰo ナーポ] 图 하他 拿捕 ¶어선이 ~되다[ɔsɔni ~dweda オソニ ~ドゥェダ] 漁船が拿捕される.

나풀-거리다[napʰulgɔrida ナプルゴリダ] 国 (風に)絶え間なくはためく; (激しく)ひらめく; なびかせる.

나흘-날[nahunnal ナフンナル] 图 (月の)4日目の日 ¶초~[tʃʰo~ チョ~] 4日 / 열~[jɔl(lahunnal) ヨル(ラフンナル)] 14日.

*__나흘__[nahul ナフル] 图 4日 ¶~간의 세미나[~gane semina ~ガネ セミナ] 4日間のゼミナール.

낙[樂][nak ナク] 图 楽; 楽しみ ¶일을 ~으로 삼다[i:rul (nag) uro sa:mtʼa イールル (ナ) グロ サームタ] 仕事を楽しみとする / 고생 끝에 ~이 온다[kosɛŋ kʼɯtʰe (nag) i onda コセン ックッテ (ナ) ギオンダ] 苦は楽の種.

낙관[落款][nakʼwan ナククァン] 图 하他 落款 書画に筆者が自筆で署名し印を押すこと, また, その署名や印 ¶~을 치다[찍다][~ɯl tʰida[tʃʼikt'a] (ナククァ) ヌル チダ[ッチクタ] 落款を押す.

낙관[樂觀][nakʼwan ナククァン] 图 하他 楽観 ¶사태를 ~하다[sa:tʰɛ-rul ~hada サーテルル ~ハダ] 事態を楽観する **―론**[non ノン] 图 楽観論 **―적**[dʒɔk ジョク] 图冠 楽観的 ¶그의 생각은 ~이다[kɯe sɛŋgagɯn ~-(dʒɔg)ida クエ センガグン ~-(ジョ)ギダ] 彼の考えは楽観的だ **―주의**[dʒui ジュイ] 图 楽観主義.

낙낙-하다[naŋnakʰada ナンナクハダ] 形 여意 (大きさ・数量・容積・重さなどで)少しゆとりがある. <'넉넉하다' ¶이 신은 발에 ~[i ʃinun pare ~ イ シヌン パレ ~] この靴は足にゆったりしている.

낙농[酪農][naŋnoŋ ナンノン] 图 酪農 **―가**[ga ガ] 图 酪農家 **―업**[ɔp オプ] 图 酪農業 **―품**[pʰum プム] 图 酪農品.

낙담[落膽][naktʼam ナクタム] 图 하自 落胆; 気落ち; 力抜け ¶시험에 떨어져서 ~하다[ʃihome tʼɔrɔdʒjɔsɔ ~-hada シホメ ットロジョソ ~ハダ] 試験に落ちて落胆する / 시합에 져서 ~했다[ʃihabe tʃjɔsɔ ~hɛtʼa シハベ チョソ ~ヘッタ] 試合に負けて気落ちした.

낙도[落島][nakt'o ナクト] 图 離れ島 ¶~의 어린이들[~e ɔrinidɯl ~エ オリニドゥル] 離れ島の子供たち.

낙망[落望][naŋmaŋ ナンマン] 图 하自 失望; 落胆 ¶결과에 ~하다[kjɔl-gwae ~hada キョルグァエ ~ハダ] 結果に失望する.

낙반[落盤][nakpʼan ナクパン] 图 하自 〈鉱〉落盤 ¶~ 사고[~ sa:go ~ サーゴ] 落盤事故.

낙방[落榜][nakpʼaŋ ナクパン] 图 하自

試験や科挙[旧時, 役人の任用試験]に落ちること ¶입시에 ～하다 [ipʃ'ie ～hada イプシエ ～ハダ] 入試に落ちる[滑る].

낙서[落書][naks'ɔ ナクソ] 名 하자 落書き ¶～하지 마라 [～hadʒi mara ～ハジ マラ] 落書きしないで.

낙석[落石][naks'ok ナクソク] 名 하자 落石 ¶～ 주의! [～ tʃ'u:i ～ チューイ] 落石にご注意!

낙선[落選][naks'ɔn ナクソン] 名 하자 落選 ¶～ 의원 [～ ɯiwɔn (ナクソ ヌィウォン)] 落選議員 / ～작 [～dʒak ～ジャク] 落選作.

낙성[落成][naks'ɔŋ ナクソン] 名 하타 落成 **一식** [ʃik シク] 名 落成式.

낙숫-물[落水-][naks'unmul ナクスンムル] 名 雨垂れ; 雨の滴; 玉水 ¶처마끝의 ～ [tʃʰɔmak'utʰe ～ チョマックッテ ～] 軒先の雨垂れ.

낙승[樂勝][naks'ɯŋ ナクスン] 名 하자 楽勝 ¶큰 차로 ～했다 [kʰɯn tʃʰaro ～hɛt'a クン チャロ ～ヘッタ] 大差で楽勝した.

*낙심**[落心][naks'im ナクシム] 名 하자 気落ち; 落胆 ¶～말고 기운내라 [～malgo kiunnɛra ～マルゴ キウンネラ] 気を落とさずに元気を出せ **一천만**(千萬) [tʃʰɔnman チョンマン] 名 非常に落胆すること.

낙양[落陽][nagjaŋ ナギャン] 名 落陽; 落日; 夕日; 入り日.

낙양[洛陽][nagjaŋ ナギャン] 名〈地〉洛陽; 昔, 中国の首都 ¶～의 지가를 올리다 [～e tʃik'arul ollida ～エ チッカルル オルリダ] 洛陽の紙価を高める[本の売れ行きが非常によいこと].

*낙엽**[落葉][nagjɔp ナギョプ] 名 落葉; 落ち葉 ¶～이 떨어지다 [(nagjɔb)i t'ɔrɔdʒida (ナギョ)ビットロジダ] 落葉が落ちる / ～을 밟다 [(nagjɔb)ɯl paːptʼa (ナギョ)ブルパプタ] 落葉を踏む **一송** [s'oŋ ソン] 名〈植〉カラマツ **一수** [s'u ス] 名〈植〉落葉樹.

낙오[落伍][nago ナゴ] 名 하자 落伍 ¶인생의 ～자 [insɛŋe ～dʒa インセンエ ～ジャ] 人生の落伍[落後]者.

낙원[樂園][nagwɔn ナグォン] 名 パラダイス; 楽園; 天国 ¶어린이의 ～ [ɔrinie ～ オリニエ ～] 子供のパラダイス.

낙인[烙印][nagin ナギン] 名 烙印; 焼き印 ¶배신자라는 ～이 찍혔다 [pɛːʃindʒaranɯn ～i tʃ'ikhjɔtʃ'a ペーシンジャラヌン (ナギ)ニッチクキョッタ] 裏切り者の烙印が押された.

낙장[落張][naktʃ'aŋ ナクチャン] 名 ① 落丁 ¶～이 있는 책 [～i innɯn tʃʰɛk ～イインヌン チェク] 落丁のある本 ② 花札やカードなどですでに出された札.

낙점[落點][naktʃ'ɔm ナクチョム] 名 하타 多くの候補者の中から適任者を指名すること;〈史〉役人候補者3人の中から適任者の名前の上に国王自ら点を打って選ぶこと.

*낙제**[落第][naktʃ'e ナクチェ] 名 하자 落第 ¶～생 [～sɛŋ ～ セン] 落第生 / 그는 리더로서는 ～다 [kɯnɯn liːdɔrosɔnɯn ～da クヌン リードロソヌン ～ダ] 彼はリーダーとしては落第だ.

낙조[落照][naktʃ'o ナクチョ] 名 落照; 落日; 入り日.

*낙지**[naktʃ'i ナクチ] 名〈動〉タコ(蛸).

낙착[落着][naktʃ'hak ナクチャク] 名 하자 落着; 決着 ¶～이 나다 [(naktʃʰag)i nada (ナクチャ)ギ ナダ] 決着がつく **一되다** [t'weda トゥェダ] 自 落着する; 決着する.

낙찰[落札][naktʃ'hal ナクチャル] 名 하타 落札 ¶～ 가(격) [～ k'a(gjɔk) ～ カ(ギョク)] 落札値[価格].

낙천[樂天][naktʃ'hɔn ナクチョン] 名 楽天 **一가** [ga ガ] 名 楽天家; オプチミスト **一적** [dʒɔk ジョク] 名 冠 楽天的 ¶～(적)인 성격 [～(dʒɔ)in sɔːŋk'jɔk ～(ジョ)ギン ソーンキョク] 楽天的[のんき]な性格 **一주의(자)** [dʒui(dʒa) ジュイ(ジャ)] 名 楽天主義(者).

낙타[駱駝][naktʰa ナクタ] 名〈動〉ラクダ(駱駝).

낙태[落胎][naktʰɛ ナクテ] 名 하자 堕胎; 流産 ¶인공 ～ [ingoŋ ～ インゴン ～] 人工堕胎[流産] / ～시키다 [～ʃikʰida ～シキダ] 堕胎させる.

낙하[落下][nakha ナクハ] 名 하자 落下; 落ちること ¶～(지)점 [～(dʒi)dʒɔm ～(ジ)ジョム] 落下(地)点 **一산** [san サン] 名 落下傘; パラシュート ¶～ 인사 [～ insa ～ インサ] 天下り人事 / ～ 부대 [～ budɛ ～ ブデ] 落下傘部隊; 空挺部隊.

낙향[落郷][nakhjaŋ ナクキャン] 名 하자 都落ち ¶관직에서 물러나 ～하다 [kwandʒigesɔ mullona ～hada クァンジゲソ ムルロナ ～ハダ] 官職か

낙화[落花][nakʰwa ナクァ] 名 落花

낙화—유수[jusu ユス] 名 落花流水 ¶ ~의 정[~e tʃɔŋ ~エチョン] 落花流水の情；男女が互いに思い慕うこと.

낙화-생[落花生][nakʰwasεŋ ナクァセン] 名〈植〉落花生＝땅콩[t'aŋkʰoŋ ッタンコン]（殻をむいたもの）南京豆；（塩味をつけたもの）ピーナッツ.

낙후[落後][nakʰu ナク] 名 自他 落後 ¶ ~된 고장[~dwen kodʒaŋ ~ドゥェン コジャン] 立ち遅れた地方 **—되다**[dweda ドゥェダ] 自 落後する；立ち遅れる；人に遅れる ¶ 기술이 ~[kisuri ~ キスリ ~] 技術が立ち遅れる **—감(感)**[gam ガム] 名 他よりおくれていると感じる焦りの感情.

***낚다**[nakt'a ナクタ] 他 ① (魚を)釣る ¶ 물고기를 ~[mulk'ogirul ムルコギルル ~] 魚を釣る／잘 낚인다[tʃal nak'inda チャル ナキンダ] よく釣れる／낚아 내다[nak'a nεda ナカ ネダ] 釣り上げる ② 俗 (異性を)おびき出す；おびく；引っかける ¶ 여자를 ~[jɔdʒarul ~ ヨジャルル ~] 女性を引っかける ③ (望むものを)得る ¶ 기회를 ~[kihwerul ~ キフェルル ~] チャンスを得る **낚이다**[nak'ida ナキダ] 自 受動 釣られる；かかる.

***낚시**[nak'ʃi ナクシ] 名 自他 ① 釣り ¶ ~하러 가다[~harɔ kada ~ハロ カダ] 釣りに行く／~ 친구[~ tʃʰingu ~ チング] 釣り仲間／~회[~hwe ~フェ] 釣友会 ② 釣り＝**낚시질**[nak'ʃidʒil ナクシジル]の略 ¶ 심심풀이로 ~질하다[ʃimʃimpʰuriro ~dʒirhada シムシムプリロ ~ジルハダ] 慰みに釣りをする ③ 釣り針 ¶ 고기가 ~를 물다[kogiga ~rul muːlda コギガ ~ルル ムールダ] 魚が釣り針にかかる **—꾼**[k'un ックン] 名 釣り手；釣り師 **—찌**[tʃ'i ッチ] 名 浮き **—터**[tʰɔt ット] 名 釣り場；釣台 **낚시-대**[nakʃ'itε ナクシッテ] 名 釣り竿 **낚시-바늘**[nakʃ'itp'anul ナクシッパヌル] 名 釣り針 **낚시-밥**[nakʃ'itp'ap ナクシッパプ] 名 釣り餌(き) **낚시-배**[nakʃ'itp'ε ナクシッペ] 名 釣り舟 **낚시-봉**[nakʃ'itp'oŋ ナクシッポン] 名 沈み；重り **낚시-줄**[nakʃ'itʃ'ul ナクシッチュル] 名 釣り糸.

낚아-올리다[nak'aollida ナクカオリダ] 他 釣り上げる ¶ 많이 ~을렸다[maːni ~olljɔt'a マーニ ~オルリョタ] たくさん釣り上げた.

낚아-채다[nak'atʃʰεda ナクカチェダ] 他 ひったくる ¶ 가방을 ~[kabaŋul ~ カバンウル ~] カバンをひったくる／남의 재산을 ~[name tʃεsanul ~ ナメ チェサヌル ~] 人の財産を横取りする.

***난**[nan ナン] 略 私は；僕は；나는[nanun ナヌン]の略 ¶ ~ 아직 학생이야[~ adʒik haks'εŋija ~ アジク ハクセンイヤ] 僕はまだ学生なんだよ.

난[蘭][nan ナン] 名〈植〉ラン＝난초(蘭草)[nantʃʰo ナンチョ].

난[欄][nan ナン] 名 欄 ¶ 독자~[toktʃ'a~ トクチャ~] 読者欄／가십~[kaʃim~ カシム~] ゴシップ欄／공~[koŋ~ コン~] 空欄.

난-[難][nan ナン] 接頭 難 ¶ ~문제[~mundʒe ~ムンジェ] 難問題／~공사[~goŋsa ~ゴンサ] 難工事.

-난[難][nan ナン] 接尾 難 ¶ 구인~[kuin~ クイン~] 求人難.

난간(欄干)[naŋgan ナンガン] 名 欄干；手すり ¶ ~에 기대다[~e kiːdεda (ナンガ)ネ キーデダ] 欄干に寄り掛かる／다리 ~[tari ~ タリ ~] 橋の手すり.

난감(難堪)[nangam ナンガム] 名 耐えがたいこと **—하다**[hada ハダ] 形 ① 辛抱しがたい；苦しい ¶ ~한 처지에 서다[~han tʰɔːdʒie sɔda ~ハン チョージエ ソダ] 苦しい立場に立つ ② 困る；困り果てる ¶ 길을 잃어 ~해지다[kirul irɔ ~hεdʒida キルル イロ ~ヘジダ] 道に迷い困り果てる.

난관(難關)[naŋgwan ナングァン] 名 難関 ¶ ~에 부닥치다[~e pudaktʃʰida (ナングァ)ネ ブダクチダ] 難関にぶつかる.

난국(難局)[nanguk ナングク] 名 難局 ¶ ~을 타개하다[(nangug)uɭ tʰaːgehada (ナンク)グル ターゲハダ] 難局を打開する.

난다긴다-하다[nandagindahada ナンダギンダハダ] 自他 (飛んだり這ったりする意で)非常にずば抜けている ¶ ~하는 사람[~-hanun saːram ~ハヌン サーラム] ずば抜けている人.

난데-없다[naːndeɔpt'a ナーンデオブタ] 形 出し抜けだ；思いがけない；突然[不意]である ¶ ~없는 질문[~-

난도질[亂刀-] [naːndodʑil 나ーンドジル] 名 他 めった切り; 乱切り ¶고기를 ～하다[kogirul ～-(dʑir)-hada コギルル ～ハダ] 肉をめった切りにする.

난동[亂動] [naːndoŋ ナーンドン] 名 他自 無法[乱暴]なふるまい; 狼藉 ¶～을 부리다[～ul purida ～ウルプリダ] 乱暴[狼藉]を働く.

***난로**[煖爐] [naːllo ナールロ] 名 暖炉, ストーブ ¶석유 ～ [sɔgju ～ ソギュ～] 石油ストーブ/～를 피우다[죄다][～rul pʰiːhɛ tʃʰweːda ～ルル ピウダ[ッチュェーダ]] ストーブを焚く[ストーブにあたる].

***난리**[亂離] [naːlli ナールリ] 名 ① 乱; 変乱; 動乱; 戦乱; 戦争 ¶～를 피해 피난하다[～rul pʰiːhɛ pʰinanhada ～ルル ピーナンハダ] 戦乱を避難する ② 騒ぎ; 騒動 ¶물～가 나다 [mul(lalli)ga nada ムル(ラルリ)ガ ナダ] 洪水[水飢饉]で大騒ぎになる.

난립[亂立] [naːllip ナーンリプ] 名 自 乱立 ¶정당[입후보자]의 ～ [tʃɔŋdaŋ[ipʰubodʑa]e ～ チョンダン[イプボジャ]エ ～] 政党[立候補者]の乱立.

난맥[亂脈] [naːnmɛk ナーンメク] 名 乱脈 ¶～상을 드러내다[～sʼaŋul turɔnɛda ～サンウル トゥロネダ] 乱脈の様相を現わす.

난무[亂舞] [naːnmu ナーンム] 名 自 ① 乱舞; 踊り狂うこと ② 横行; 跳梁 ¶폭력이 ～하다[pʰoŋnjɔgi ～-hada ポンニョギ ～ハダ] 暴力が跳梁[横行]する.

난-문제[難問題] [nanmundʑe ナンムンジェ] 名 難問(題) ¶～에 부닥치다[～e pudaktʃʰida ～エ プダクチダ] 難問にぶつかる.

난민[難民] [nanmin ナンミン] 名 難民 ¶～ 구제[～ guːdʑe ～ グージェ] 難民救済/～ 수용소[～ sujoŋso ～ スヨンソ] 難民収容所; 難民キャンプ.

난발[亂發] [naːnbal ナーンバル] 名 他 乱発 ¶부도 수표를 ～하다[pudo supʰjorul (naːnbar)hada プド スピョルル ～ハダ] 不渡り小切手を濫発する.

난방[煖房・暖房] [naːnbaŋ ナーンバン] 名 暖房 ―시설 [ʃiːsɔl シーソル] 名 暖房施設 ―장치 [dʑaŋtʃʰi ジャンチ] 名 暖房装置; ヒーティング ¶중앙 ～ [tʃuŋaŋ ～ チュンアン ～] 集中暖房 (装置); セントラルヒーティング.

난봉[nanboŋ ナンボン] 名 放蕩; 遊蕩; 道楽; 不身持ち ¶～ 피우다[～ pʰiuda ～ ピウダ] 放蕩にふける; 身持ちが悪い ―꾼 [kʼun ックン] 名 放蕩者; 道楽者; 女たらし.

난사[亂射] [naːnsa ナーンサ] 名 他 乱射 ¶권총을 ～하다 [kwɔːntʃʰoŋul ～hada クォーンチョンウル ～ハダ] ピストルを乱射する.

난-사람 [nansaram ナンサラム] 名 優れた人; ずば抜けた人; 衆に秀でた人.

난산[難産] [nansan ナンサン] 名 他自 難産 ¶대단한 ～이었다 [tɛːdanhan ～iɔtʼa テーダンハン (ナンサ) ニオッタ] 大変な難産だった/～ 끝에 조각되었다[～ kʼutʰe tʃogaktwɛotʼa ～ ックッテ チョガクトゥェオッタ] 難産の末に組閣される.

난색[難色] [nansɛk ナンセク] 名 難色 ¶～을 보이다 [(nansɛg)ul poida (ナンセ)グル ポイダ] 難色を示す.

***난생 처음**[-生-] [naːmsɛŋtʃʰoum ナーンセンチョウム] 副 生まれて初めて ¶먹어보는 요리 [～ mɔgobonun njori ～ モゴボヌン ニョリ] 生まれて初めて食べる料理.

난세[亂世] [naːnse ナーンセ] 名 乱世 ¶～의 영웅 [～e jɔŋuŋ ～エ ヨンウン] 乱世の(英)雄.

난이-도[難易度] [nanido ナニド] 名 難易度 ¶～에 따라 배점이 달라진다[～e tʼara pɛtʃɔmi talladʑinda ～エ ッタラ ペーチョミ タルラジンダ] 難易度によって配点が違う.

난입[亂入] [naːnip ナーニプ] 名 他 乱入 ¶작당하여 ～하다 [tʃakt'aŋhajɔ (naːni)pʰada チャクタンハヨ ～ハダ] 徒党を組んで乱入する.

난잡[亂雜] [naːndʑap ナーンジャプ] 名 乱雑 ―하다 [(naːndʑa)pʰada ～パダ] 形 乱雑だ; みだりがわしい ¶～ 한 행동[～pʰan hɛŋdoŋ ～パン ヘンドン] 乱雑な行動/～한 생활[～-

phan sɛŋhwal ~-스런이[스레] [s'ɯrʌi [s'ɯre]] スロイ[スレ]] 副 乱雑に; 無秩序に; みだらに.

난장-판[亂場—][nandʒaŋpʰan ナーンジャンパン] 名 多くの人が入り混じってむやみやたらに騒ぎ立てること; 大騒動; 騒乱; 修羅場 **—치다**[tʃʰida チダ] 自 ごった返す.

난쟁-이[nandʒeŋi ナンゼンイ] 名 小人; 背が低い人.

난점[難點][nantʃʲɔm ナンチョム] 名 難点 ¶~을 극복하다[~ɯl kukp'o-kʰada (ナンチョ)ムル ククポクダ] 難点を克服する.

*난처-하다[難處—][nantʃʰɔhada ナンチョハダ] 形 여변 困る; まずい; 立場が苦しい; 処理しがたい ¶~-한 입장[~-han iptʃ'aŋ ~-ハン イプチャン] 苦しい立場 / ~-하게도[~-hagedo ~-ハゲド] 困ったことには / ~-한 일이 생겼다[~-han ni:ri sɛŋgjɔtt'a ~-ハン ニーリ センギョッタ] 面倒なことが生じた; 困ったことになった / 그것 참 ~-하게 되었다[kɯgɔ tʃʰam ~-hage tweɔtt'a クゴッ チャム ~-ハゲ トゥェオッタ] それはまずいことになった.

난청[難聽][nantʃʰɔŋ ナンチョン] 名 難聴 **—지역**[dʒijʌk ジヨク] 名 難聴地域.

난초[蘭草][nantʃʰo ナンチョ] 名 〈植〉ラン(蘭).

난치[難治][nantʃʰi ナンチ] 名 하形 難治 **—병**[p'jʌŋ ピョン] 名 難病.

난타[亂打][na:ntʰa ナーンタ] 名 하他 乱打 **—전**[dʒʌn ジョン] 名 乱打戦.

난투[亂鬪][na:ntʰu ナーントゥ] 名 하自 乱闘 ¶~ 사건[~ sa:k'ɔn ~ サーコン] 乱闘事件 **—극**[gɯk グク] 名 乱闘の場面; (大)立ち回り ¶~을 벌이다[~-(gɯg)ɯl pɔ:rida ~-(グ)ル ポーリダ] 大立ち回りを演ずる; 乱闘を繰り広げる.

난파[難破][nanpʰa ナンパ] 名 하自 難破 **—선**[sɔn ソン] 名 難破船.

난폭[亂暴][na:npʰok ナーンポク] 名 하形 乱暴; 粗暴; 荒々しくふるまうこと; 荒っぽいこと ¶~ 운전[(na:n-pʰog)u:ndʒɔn (ナーンポ)グーンジョン] 乱暴な運転 / ~-한 행위[(na:npʰo)-kʰan hɛŋwi ~カン ヘンウィ] 荒々しい行ない / ~-한 성품[(na:npʰo)kʰan sɔːnpʰum ~カン ソーンプム] 荒っぽい気性 / ~-하게 굴다[(na:npʰo)kʰage ku:lda ~カゲ クールダ] 暴れる; 乱暴を働く **—자**[tʃ'a チャ] 名 乱暴者; 狼藉者ものの.

난필[亂筆][na:npʰil ナーンピル] 名 乱筆 ① 乱れ書き; 殴り書き ② 自分の筆跡の謙称.

난항[難航][nanhaŋ ナンハン] 名 難航 ¶교섭은 ~을 거듭하다[kjosɔbɯn ~ɯl kɔdɯpʰada キョソブン ~ウル コドゥプハダ] 交渉は難航を重ねる.

난해[難解][nanhɛ ナンヘ] 名 하形 難解 ¶~-한 이론[~-han i:ron ~ハン イーロン] 難解な理論.

난행[亂行][na:nhɛŋ ナーンヘン] 名 하自 ① 乱行; 乱暴な行ない ② 醜行; 暴行 ¶~ 당하다[~ daŋhada ~ ダンハダ] 暴行される.

낟-알[na:dal ナーダル] 名 ① 穀物の粒 ② 米粒.

*날¹[nal ナル] 名 ① 日; 日にち ¶쉬는 ~[ʃwinɯn ~ シューイーヌン ~] 休日 / 어떤 ~[ɔt'ɔn ~ オットン ~] ある日 / ~마다[~mada ~マダ] 日ごとに / ~이 감에 따라[(nar)i kame t'ara (ナ)リ カメッタラ] 日[日にち]が経つにつれて / ~이 세다[밝다] [(nar)i se:da(pakt'a) (ナ)リ セーダ [パクタ]] 夜が明ける / ~이 저물다 [(nar)i tʃɔmulda (ナ)リ チョムルダ] 日が暮れる ② 日和; 天候 ¶~이 들다[(nar)i tɯːlda (ナ)リ トゥルダ] (雨などがやんで)天気がよくなる; 晴れる / 무더운 ~[mudɔun ~ ムドウン ~] 蒸し暑い日 ③ 日付 ¶~을 받다[(nar)ɯl pat'a (ナ)ルル パッタ] (結婚式の日取り・引っ越しなどの)日を決める ④ 暁; 場合; 時 ¶통일의 그 ~까지…[tʰo:ŋire kɯ ~k'adʒi トーイレ ク ~ッカジ] 統一の暁まで.

*날²[nal ナル] 名 刃; やいば ¶면도 ~[mjɔ:ndo~ ミョーンド~] かみそりの刃 / ~을 세우다[(nar)ɯl seuda (ナ)ルル セウダ] 刃をつける; 刃を研ぐ / ~이 무디다[(nar)i mudida (ナ)リ ムディダ] 刃が鈍い; 切れ味が甘い / ~이 서다[(nar)i sɔda (ナ)リ ソダ] 刃が鋭い; 切れ味がよい.

날³[nal ナル] 略 私を[に]; 나를[narɯl ナルル]の略 ¶~ 보라[~ bora ~ ボラ] 私を見よ / ~ 따르라[~ t'arɯra ~ ッタルラ] 私に従え.

*날-[nal ナル] 接頭 生なま ¶~로 먹

는다[~lo mɔŋnuɯnda ~ロ モンヌンダ] 生で食べる / ~것[거][~gɔt[gɔ] ~ゴッ[ゴ]] なま物 / ~계란[~geran ~ゲラン] 生卵 / ~고기[~gogi ~ゴギ] 生肉 / ~밤[~bam ~バム] 生栗.

날-감[nalgam ナルガム] 名 渋ガキ.

날-강도[一強盗][nalgando ナルガンド] 名 悪辣なぶったくり[強盗] ¶ ~ 같은 놈[~ gathɯn nom ~ ガトゥンノム] ぶったくりみたいな野郎[商店].

****날개**[nalgɛ ナルゲ] 名 ① 翼; 羽 ¶ 독수리의 ~[toks'urie ~ トクスリエ ~] ワシの翼 / 잠자리의 ~[tʃamdʒarie ~ チャムジャリエ ~] トンボの羽 / ~치다[~ tʃʰida ~ チダ] 羽ばたく / ~를 펴다[~rul pʰjɔda ~ルル ピョダ] 翼を広げる[張る]; 羽を伸ばす / ~ 돋힌듯이 팔리다[~ dotʃʰinduɯʃi pʰallida ~ ドッチンドゥシ パルリダ] 飛ぶように売れる / 옷이 ~다[oʃi ~da オシ ~ダ] 馬子にも衣装 ② 翼ぎ; ウイング ¶ 꼬리 ~[k'ori ~ ッコリ ~] 尾翼 / 선풍기의 ~[sɔnpʰuŋgie ~ ソンプンギエ ~] 扇風機の羽 **-털**[tʰɔl トル] 名 (鳥の)羽毛 **날갯-죽지**[-tʃ'uktʃ'i -ッチュクチ] 名 羽の付け根; 翼の根元 **날갯-짓**[-tʃ'it -ッチッ] 名 自他 羽ばたき.

날-김치[nalgimtʃʰi ナルギムチ] 名 漬け立てのキムチ; 熟成[発酵]していない生のキムチ.

****날다**[1][nalda ナルダ] 自他 語幹 ① 飛ぶ; 翔ける ¶ 새가 ~[sɛːga ~ セーガ ~] 鳥が飛ぶ / 매가 하늘을 ~[mɛːga hanɯrɯl ~ メーガ ハヌルル ~] ハヤブサが空をかける ② 飛ぶように[急いで速く]行く ¶ 나는 듯이 달려가다[nanɯn duɯʃi talljɔgada ナヌン ドゥシ タルリョガダ] 飛ぶように駆けて行く ③ 逃げる; 逃れる; 高跳する ¶ 범인이 국외로 날았다[pɔːmini kugwero narat'a ポーミニ クグェロ ナラッタ] 犯人が国外に逃れた[高飛びした].

날다[2][nalda ナルダ] 自 語幹 ① (色が)あせる; 落ちる ¶ 옷색이 ~[os'ɛgi ~ オッセギ ~] 着物の色が落ちる ② (においが)消える ¶ 향기가 ~[hjaŋgiga ~ ヒャンギガ ~] 香りが消える.

날-도둑놈[naldodunnom ナルドドゥンノム] 名 図々しく人の物をゆすったり奪ったりする者; 悪質な強盗.

날-들다[naldɯlda ナルドゥルダ] 自 語幹 天気になる; 晴れる ¶ 날이 들 것 같다[nari tɯl k'ɔt k'at'a ナリ トゥル コッ カッタ] 晴れそうだ.

****날-뛰다**[nalt'wida ナルットゥィダ] 自 ① 暴れる; 暴れ回る ¶ 말이 미친듯이 ~[mari mitʃʰinduɯʃi ~ マリ ミチンドゥシ ~] 馬が狂ったように暴れ回る ② 飛び[跳ね]上がる; 小躍りする ¶ 기뻐서 ~[kip'ɔsɔ ~ キッポソ ~] うれしくて小躍りする; 跳ね上がって喜ぶ ③ 跳梁ぷする; のさばる ¶ 불량배가 ~[pulljaŋbɛga ~ プルリャンベガ ~] 不良のさばる; 無頼の徒が横行する.

날래다[nallɛda ナルレダ] 形 すばやい; すばしこい; 手早い ¶ 날랜 동작으로 빠져 나오다[nallen toːŋdʒaguro p'a-dʒɔ naoda ナルレン トーンジャグロ パージョ ナオダ] すばやい動作で抜け出る.

날려-보내다[nalljɔbonɛda ナルリョボネダ] 他 ① 放す; 放してやる ¶ 새를 ~[sɛːrul ~ セールル ~] 鳥を放してやる ② 吹き飛ばす ¶ 바람이 모자를 ~[parami modʒarul ~ パラミ モジャルル ~] 風に帽子が飛ばされる ③ (身代などを)つぶす; なくす ¶ 방탕으로 재산을 ~[paːntʰaŋuro tʃɛsanul ~ パーンタンウロ チェサヌル ~] 放蕩で身代をつぶす.

날렵-하다[naːlljɔpʰada ナールリョプハダ] 形 여動 ① すばやい; すばしっこい ¶ 제비처럼 ~하게 날다[tʃeːbitʃʰɔrɔm ~pʰage nalda チェービチョロム ~パゲ ナルダ] シバメのようにすばやく飛ぶ ② すんなり[すらっと]している ¶ 몸매가 ~[momɛga ~ モムメガ ~] 体つきがすらっとしている.

날로[1][nallo ナルロ] 副 日増しに; ますます; 日ごとに ¶ ~ 건강해지다[~ kɔːnganhedʒida ~ コーンガンヘジダ] 日増しに元気になる.

날로[2][nallo ナルロ] 副 生ものまま; 生で ¶ 계란을 ~ 먹다[keranul ~ mɔkt'a ケラヌル ~ モクタ] 卵を生で食べる.

날름[nallum ナルルム] 副 하自他 ① ぺろり[ぺろり]と; さっと ¶ 혀를 ~ 내밀다[hjɔrul ~ nɛːmild ヒョルル ~ ネーミルダ] ぺろりと舌を出す ② ぺろっと; さっと ¶ ~ 먹어 치우다[~ mɔgɔ tʃʰiuda ~ モゴチウダ] ぺろっと食べてしまう / ~ 받다[~ pat'a ~ パッタ]

さっと受ける **―거리다** [gərida ゴリダ] 自他 ① ぺろぺろ[ちょろちょろ]する[させる] ¶뱀이 혀를 [pɛmi hjərul ~ ペーミ ヒョルル ~] 蛇が舌をちょろちょろとなめずる ② 他人の物を欲しがってしきりにねらう.

*날리다¹ [nallida ナルリダ] 1 他 ① 放してやる; '날다'の使役形 ¶새를 ~ [sɛrul ~ セールル ~] 鳥を放してやる ② (空に)飛ばす; 揚げる ¶홈런을 ~ [ho:mrənul ~ ホームロヌル ~] ホームラン飛ばす/연을 ~ [jənul ~ ヨヌル ~] たこを揚げる[飛ばす] ③ (元手などを)つぶす; 振る ¶재산을 ~ [tɕɛsanul ~ チェサヌル ~] 財産をふいにする; 身代をつぶす ④ (仕事などを)いい加減にする; ぞんざいにする; 投げやりにする ¶일을 ~ [i:rul ~ イールル ~] 仕事をいい加減[ぞんざい]にする 2 自 飛ばされる; '날다'の受動 ¶재가 바람에 ~ [tɕɛga paramɛ ~ チェガ パラメ ~] 灰が風に飛ばされる.

날리다² [nallida ナルリダ] 他 (名を)馳せる; 名を上げる ¶한창 날리는 배우 [hantɕʰaŋ nallinɯn pɛu ハンチャン ナルリヌン ペウ] はやりさかりの俳優.

날림 [nallim ナルリム] 名 やっつけ仕事; いい加減[ぞんざい]な仕事; 手抜き ¶~ 집 [~ tɕʰip ~ チプ] やっつけ仕事で建てた家 **―공사** [goŋsa ゴンサ] 名 安普請; 手抜き工事.

*날-마다 [nalmada ナルマダ] 名 副 日々; 日ごと; 毎日 ¶~ 근무하다 [~ kɯ:nmuhada ~ クーンムハダ] 毎日勤める.

날-밤 [nalbam ナルバム] 名 ぼんやりと明かす夜 ¶~ 새우다 [~ sɛuda ~ セウダ] 寝つけず徹夜する.

날-벼락 [nalbjərak ナルビョラク] 名 晴天の霹靂 = **생벼락** [sɛŋbjərak センビョラク] ① (何の罪もなく)落雷[ばち]に当たること ② 思わぬ災難 **―맞다** [(nalbjəraŋ) mat'a (ナルビョラン)マッタ] 自 思わぬ災いを被る.

날샐-녘 [nalsɛlljək ナルセルリョク] 名 明け方; 夜明けごろ.

날쌔다 [nals'ɛda ナルッセダ] 形 手早い; 素早い; 敏捷びんしょうだ; すばしこい ¶날쌘 동작 [nals'ɛn to:ŋdʑak ナルッセン トーンジャク] すばしこい動作.

*날씨 [nalɕ'i ナルッシ] 名 (お)天気; 空模様; 日和 ¶좋은[궂은] ~ [tɕo:ɯn [kɯdʑun] ~ チョーウン[クジュン] ~] いい[悪い]天気 / 맑게 갠 ~ [malk'e kɛn ~ マルケ ケーン ~] 晴れ上がった天気 / 잔뜩 찌푸린 ~ [tɕantt'uk tɕipʰurin ~ ッチャントゥク チプリン ~] どんよりした空(模様) / 변덕스러운 ~ [pjəndəksurəun ~ ピョーンドクスロウン ~] 気まぐれ天気 / 꾸물거리는 ~ [k'umulgərinɯn ~ ックムルゴリヌン ~] ぐずついた天気.

*날씬-하다 [nalɕ'inhada ナルッシンハダ] 形 여변 すんなりと[すらりと・ほっそり]している; しなやかだ ¶~-한 몸매 [~-han mommɛ ~-ハン モムメ] すらりと[ほっそり]した体つき / ~-한 허리 [~-han həri ~-ハン ホリ] しなやかな[ほっそりした]腰つき.

*날아-가다 [naragada ナラガダ] 自 ① 飛ぶ; 飛んでいく; 飛び去る ¶비행기가 ~ [pihɛŋgiga ~ ピヘンギガ ~] 飛行機が飛んでいく ② 吹っ飛ぶ ¶태풍으로 지붕이 ~ [tʰɛpʰuŋuro tɕibuŋi ~ テプンウロ チブンイ ~] 台風で屋根が吹っ飛ぶ / 돈이 하룻밤 사이에 ~ [to:ni harutp'am saie ~ トーニ ハルップム サイエ ~] お金が一晩で吹っ飛ぶ[なくなる] / 목이 ~ [mogi ~ モギ ~] 首が吹っ飛ぶ; 解雇される.

날아-다니다 [naradanida ナラダニダ] 自他 飛び回る ¶꿀벌이 ~ [k'ulbəri ~ ックルボリ ~] ミツバチが飛び回る.

날아-들다 [naradulda ナラドゥルダ] 自 ㄹ語幹 飛び込む; 舞い[転がり]込む.

날아-오다 [naraoda ナラオダ] 自他 ① 飛んでくる; 飛来する ¶돌이 ~ [to:ri ~ トーリ ~] つぶてが飛んでくる ② 伝わってくる ¶기쁜 소식이 ~ [kip'ɯn soɕigi ~ キップン ソシギ ~] うれしい便りが伝わってくる.

날아-오르다 [naraorɯda ナラオルダ] 他 르変 舞い上がる; 飛び立つ ¶제비가 하늘 높이 ~ [tɕe:biga hanɯl lopʰi ~ チェービガ ハヌル ロピ ~] ツバメが空高く舞い上がる.

날이면-날마다 [narimjən nalmada ナリミョン ナルマダ] 副 日々; 毎日.

날인 [捺印] [narin ナリン] 名 自他 捺印 ¶서명 ~ 하다 [sə:mjən ~hada ソーミョン ~ハダ] 署名捺印する.

날조 [捏造] [naltɕ'o ナルチョ] 名 他 捏造ねつぞう; でっち上げ ¶사건의 ~ [sa:k'one ~ サーコネ ~] 事件のでっち上

げ/ -된 이야기 [~dwen nijagi ~ドウェン ニヤギ] 捏造された[作り]話 **—기사** [gisa ギサ] 名 でっち上げの記事.

날-짐승 [naltʃʼimsuŋ ナルチムスン] 名 飛ぶ動物; 鳥類.

*__날짜__ [naltʃʼa ナルッチャ] 名 ① 日数 ¶~가 남아 있다 [~ga nama itʼa ~ガ ナマ イッタ] 日数が残っている ② 日; 日々; 日取り; 日付 ¶마감 ~ [magam ~ マガム ~] 締め切りの日/결혼 ~를 정하다 [kjərhon ~rul tʃəŋhada キョルホン ~ルル チョーンハダ] 結婚の日取りを決める/접수한 ~ [tʃəpsʼuhan ~ チョプスハン ~] 受付の日付 **—표시** [pʰjoʃi ピョシ] 名 (食品などの)賞味期限の表示.

*__날-치기__ [naltʃʰigi ナルチギ] 名 하他 ① かっぱらい; ひったくり ¶역에서 카메라를 ~ 당했다 [jəgesə kʰamerarul ~ daŋhɛtʼa ヨゲソ カメラルル ~ ダンヘッタ] 駅でカメラをかっぱらわれた ② やっつけ仕事.

*__날카롭다__ [nalkʰaropta ナルカロプタ] 形 ㅂ変 ① 鋭い ¶날카로운 나이프 [nalkʰaroun naiphu ナルカロウン ナイプ] 鋭いナイフ/머리가 ~ [məriga ~ モリガ ~] 頭が鋭い/날카로운 질문 [nalkʰaroun tʃilmun ナルカロウン チルムン] 鋭い質問 ② 過敏だ, とがっている ¶신경이 매우 ~ [ʃinɡjəŋi mɛu ~ シンギョンイ メウ ~] 神経がとがって[ぴりぴりして]いる **날카로-이** [nalkʰaroi ナルカロイ] 鋭く; 厳しく.

날-품 [nalpʰum ナルプム] 名 日雇い仕事 ¶~을 팔다 [~ul pʰalda ナルプ ムル パルダ] 日雇い仕事をする **—팔이** [pʰari パリ] 名 하自 日雇い労働(者); 自由労働(者) ¶~꾼 [~kʼun ~クン] 自由労働者.

*__낡다__ [nakta ナクタ] 形 ① 古い; 古臭い; 古びる; 古ぼける ¶낡은 집 [nalgun tʃip ナルグン チプ] 古い家; 古びた家/낡은 옷 [nalgun ot ナルグン ノッ] くたびれた服 ② 古い; 旧式だ; 時代遅れだ ¶낡은 생각 [nalgun sɛŋgak ナルグン センガク] 古い(臭)い考え.

낡아-빠지다 [nalgappʰadʒida ナルガッパジダ] 形 古臭い; 古ぼけている ¶~-빠진 모자 [~-pʼadʒin modʒa ~ッパジン モジャ] 古ぼけた帽子/~-빠진 차 [~-pʼadʒin tʃʰa ~ッパジン チャ] ぽんこつ/~-빠진 사상 [~-pʼadʒin saːsaŋ ~ッパジン サーサン] 古臭い思想.

*__남__ [nam ナム] 名 ① (自分以外の)人; 他; 他人 ¶~의 집 [~e tʃip (ナ)メ チプ] よその家/~ 앞에서 [~ apʰesə (ナ)マペソ] 人の前で/~의 속도 모르고 [~ sokːtʼo morugo (ナ)メ ソクト モルゴ] 人の気も知らないで/~의 일이 아니다 [~e iːri anida (ナ)メ イーリ アニダ] 人ごとでない; よそごとじゃない ② 他人 ¶~보다는 일가(一家) [~bodanun ilga ~ボダヌン イルガ] 他人よりは身内/~처럼 대하다 [~tʃʰərəm tɛːhada ~チョロム テーハダ] 他人扱いする ③ 自分; 僕 ¶왜 ~의 말을 안듣니? [wɛ ~e maːrul anduːnni ウェー (ナ)メ マールル アンドゥンニ] どうして僕の[人の]話を聞かないのか; 僕の[人の]言うことに従わないのか.

*__남[南]__ [nam ナム] 名 南 ¶~쪽 나라 [~tsʼoŋ nara ~ッチョン ナラ] 南の国.

*__남-[男]__ [nam ナム] 接頭 男の ¶~동생 [~doŋsɛŋ ~ドンセン] 弟/~학생 [~haksʼɛŋ ~ハクセン] 男子学生.

남극[南極] [namguk ナムグク] 名 南極 **—권** [kʼwɔn クォン] 名 南極圏 **—대륙** [tʼɛːrjuk テーリュク] 名 南極大陸 **—점** [tʃʼəm チョム] 名 南極点 **—탐험** [tʰamhəm タムホム] 名 南極探検.

*__남기다__ [namgida ナムギダ] 他 ① 残す; 遺こす; '남다'の使役形 ¶유산을 ~ [jusanul ~ ユサヌル ~] 遺産を遺す ② 余す ¶용돈을 ~ [joːŋtʼonul ~ ヨーントヌル ~] 小遣いを余す ③ 利益を得る; 儲ける; 得をする ¶많은 이익을 ~ [maːnun iːigul ~ マーヌン イーグル ~] 多くの利益を得る.

*__남김-없이__ [namgimopsʼi ナムギモプシ] 副 余すところなく; 残らず; ねこそぎ; すっかり ¶실력을 ~ 발휘하다 [ʃilljəgul ~ parhwihada シルリョグル ~ パルフィハダ] 実力を余すところなく発揮する/~ 이야기하다 [~ ijagihada ~ イヤギハダ] すっかり話す.

남남-끼리 [namnamkʼiri ナムナムッキリ] 副 他人同士(で); 赤の他人(で) ¶~지만 가족처럼 살고 있다 [~dʒiman kadʒoktʃʰərəm saːlgo itʼa ~ジマン カジョクチョロム サールゴ イッタ] 赤の他人ながら家族同士のように暮らしている.

남남-북녀[南男北女] [namnambuŋnjə

ナムナムブンニョ] 名 南部地方は男性が優れていて、北部地方は女性が美しいということ(日本で「東男に京女」の類).

***남녀**[男女][namnjɔ ナムニョ] 名 男女 **—공학**[goːŋhak ゴーンハク] 名 男女共学 **—노소**(老少)[noːso ノーソ] 名 老若男女 **—동등권**[doːŋdɯŋkʼwɔn ドーンドゥンクォン] 名 男女同権 **—별**[bjɔl ビョル] 名 男女の別 **—평등**[pʰjɔŋdɯŋ ピョンドゥン] 名 男女平等.

남-녘[南—][namnjɔk ナムニョク] 名 南の方角; 南方.

***남다**[naːmtʼa ナームタ] 自 ① 残る; 余る ¶ 팔다 남은 책[pʰalda namun tɕʰɛk パルダ ナムン チェク] 売れ残りの本 / 여비가 만원 ~[jɔbiga maːnwɔn ～ ヨビガ マーヌォン ～] 旅費が1万ウォン余る[浮く] ② 残る; とどまる; 居続ける ¶ 집에 ~[tɕibe ～ チベ ～] 家に残る / 흥터가 ~[hjuŋtʰɔga ～ ヒュントガ ～] 傷跡が残る ③ 後世に伝わる; 遺る ¶ 이름이 ~[irumi ～ イルミ ～] 名が残る ④ もうかる; 利を得る ¶ 많이 남는 장사[maːni naːmnɯn tɕaŋsa マーニ ナームヌン チャンサ] もうけの多い[割りのいい]商売.

***남-다르다**[namdarɯda ナムダルダ] 形 르変 並みはずれている; 人と違っている; 特別である; 風変わりだ ¶ 남다른 데가 있다[namdarɯn dega itʼa ナムダルン デガ イッタ] 並みはずれな[一風変わった]ところがある / 남다른 사이[namdarɯn sai ナムダルン サイ] 特別[じっこん]な間柄 ***남-달리**[namdalli ナムダルリ] 副 人並み[並み]はずれて; 人とは違って; 特に ¶ ~ 키가 크다[～ kʰiga kʰɯda ～ キガ クダ] 人並みはずれて背が高い.

남-대문[南大門][namdɛmun ナムデムン] 名 ① (ソウルの) 南大門(崇礼門の別称); 韓国指定国宝 ② 俗 ズボンの開閉部.

남대문

***남-동생**[男同生][namdoŋsɛŋ ナムドンセン] 名 弟 ¶ 우리 ~은 미남이다 [uri ～un miːnamida ウリ ～ウン ミーナミダ] 私の弟はハンサムだ.

남루[襤褸][naːmnu ナームヌ] 名 ぼろ **—하다**[hada ハダ] 形 (服が)ぼろぼろだ; みすぼらしい ¶ ~한 옷차림[～han otɕʰarim ～ハン オッチャリム] みすぼらしい身なり.

***남매**[男妹][nammɛ ナムメ] 名 兄と妹 ¶ ~간[～gan ～ガン] 兄と妹[弟と姉]との間柄.

***남-모르다**[nammorɯda ナムモルダ] 形 르変 (主に「남모르는・남모르게」の形で使われて) 人知れず; ひそかに ¶ 남모르는 고생[nammorɯnɯn kosɛŋ ナムモルヌン コセン] 人知れぬ苦労 / 남모르게 고민하고 있다[nammorɯge kominhago itʼa ナムモルゲ コミンハゴ イッタ] 人知れず悩んでいる ***남-몰래**[nammollɛ ナムモルレ] 副 ひそかに; 人知れず ¶ ~ 일을 꾸미다[～ iːrul kʼumida ～ イールル ックミダ] ひそかに事を企てる.

남미[南美][nammi ナムミ] 名 南米; 南アメリカ **—대륙**[dɛːrjuk デーリュク] 名 南アメリカ(南米)大陸.

남-반구[南半球][nambaŋgu ナムバング] 名 南半球.

남발[濫發][naːmbal ナームバル] 名 하他 濫発; 乱発 ¶ 어음의 ~[ɔɯme ～ オウメ ～] 手形の濫発.

***남방**[南方][nambaŋ ナムバン] 名 南方 **—셔츠**[ʃɔːtɕʰɯ ショーチュ] 名 半そでシャツ; アロハシャツ; ポロシャツ.

남벌[濫伐][naːmbɔl ナームボル] 名 하他 濫伐; 乱伐 ¶ 산림의 ~[sallime ～ サルリメ ～] 山林の濫伐.

남-부끄럽다[nambukʼɯrɔpʼta ナムブックロプタ] 形 ㅂ変 (人に)恥ずかしい; 人目に恥ずかしくて顔を上げられない; 人聞きが悪い; 面目がない.

남-부럽다[namburɔpʼta ナムブロプタ] 形 ㅂ変 (他人が)うらやましい.

남-부럽잖다[namburɔpʼtɕʼantʰa ナムブロプチャンタ] 形 ちっともうらやましくない ¶ 남부럽잖게 지내다[namburɔpʼtɕʼankʰe tɕiːnɛda ナムブロプチャンケ チーネダ] 裕福に暮らす[過ごす].

***남-북**[南北][nambuk ナムブク] 名 南北 **—통일**[tʰoːŋil トーンイル] 名 하自 南北統一[南の大韓民国と北の朝鮮民主主義人民共和国の統一].

남-사당[男寺黨][namsadaŋ ナムサダ

ン] 图 朝鮮王朝時代に踊りや歌をもってさすらっていた男たちの集団 **―놀이**[nori ノリ] 图 '남사당'の興行 **―패**[pʰɛ ペ] 图 '남사당'の一座.

남새[namsɛ ナムセ] 图 野菜; 青物.

남색[藍色][namsɛk ナムセク] 图 藍色; 藍色; =**남빛**[namp'it ナムピッ].

*남성[男性][namsɔŋ ナムソン] 图 男性; 男 **―미**[mi ミ] 图 男性美 **―적**[dʒɔk ジョク] 图冠 男性的.

남실-거리다[namʃilgɔrida ナムシルゴリダ] 自 ① (小さな波が)ゆらゆら揺れる ②(水が)なみなみとあふれる ③(もの欲しそうに)きょろきょろとうかがう.

남아[男児][nama ナマ] 图 ① 男児; 男の子 ¶ ― 선호(選好) [~ sɛnho pʰundʒo ~ ソーンホ プンジョ] 男の子を好む風潮 ② 一人前の男; 男子 ¶ ― 일언 중천금(一言重千金)[~ iron dʒu:ntʃʰɔŋɡum ~ イロン ジューンチョングム] 男子の一言は金鉄のごとし.

*남아-돌다[namadolda ナマドルダ] 自 (ㄹ語幹) あり余る ¶ 돈이 ~ [to:ni ~ トーニ ~] お金があり余る /~돌아가다[~-doragada ~-ドラガダ] 余るほどたっぷりある.

남용[濫用][na:mjoŋ ナーミョン] 图 하他 濫用; 乱用 ¶ 직권을 ~하다[tʃikk'wɔnul ~hada チククォヌル ~ハダ] 職権を濫用する.

남우세-스럽다[namusesurɔpt'a ナムセスロプタ] 形 (ㅂ変) (人の笑いぐさになることで)もの笑いになりかねない; 嘲笑されそうだ; =**남세스럽다**[namsesurɔpt'a ナムセスロプタ].

*남음[namum ナムム] 图 ① 残り; 余り ②…するのに十分である; …するにあまりある=**하고도 ~이 있다**[hagodo ~i it'a ハゴド (ナム)ミ イッタ].

남의-눈[namenun ナメヌン] 图 人目 ¶ ―에 띄다[~e t'i:da (ナメヌ)ネッティーダ] 人目につく /~을 피하다[꺼리다] [~ ul pʰi:hada [k'ɔ:rida] (ナメヌ)ヌル ピーハダ [ッコーリダ]] 人目を忍ぶ[はばかる].

남의살-같다[namesal gat'a ナメサルガッタ] 形 「自分の肌のようでない」の意; (凍えたり痺られたりして)肌の感覚が全然ない.

남의-일[nameil ナメイル] 图 (自分の関係のない)他人事; 人ごと ¶ 그의 불운이 ~ 같지 않다[kuwe puruni ~ ga-

tʃ'i antʰa クエ プルニ ~ ガッチ アンタ] 彼の不運が人ごとのように思えない.

남의-입[nameip ナメイプ] 图 人の口の端; 慣 (人の)うわさ ¶ ~에 오르다[(nameib)e oruda (ナメイ)ベ オルダ] 人のうわさにのぼる.

남의집-살다[namedʒip s'alda ナメジプサルダ] 自 (ㄹ語幹) 住み込みで働く.

남의집-살이[namedʒip s'ari ナメジプサリ] 图 住み込み(奉公)の暮らし; 住み込みの人 **―하다**[hada ハダ] 住み込む; 住み込み奉公をする ¶ 10년~ [jimnjon ~ シムニョン ~] 10年住み込み奉公をする.

*남자[男子][namdʒa ナムジャ] 图 ① 男子; 男性 ¶ ― 화장실[~-jon hwadʒaŋʃil ~ヨン ファジャンシル] 男子用トイレ / ~애[~ɛ ~エ] 男の子 / ~분[~bun ~ブン] 男の方; 殿方 ② 情夫[いろ]; 亭主; 夫 ¶ 그녀에게는 ~가 있다[kunjoegenum ~-ga it'a クニョエゲヌン ~ガイッタ] 彼女にはいろいろいる **―답다**[dapt'a ダプタ] 形 (ㅂ変) 男らしい; 男前だ.

남장[男装][namdʒaŋ ナムジャン] 图 하他 (女性の)男装 ¶ ― 미인[~ mi:in ~ ミーイン] 男装の美人.

남정[男丁][namdʒɔŋ ナムジョン] 图 青年男子 **―네**[ne ネ] 图 女性が男(たち)を指す言葉; 男衆; 兄さんら.

남-조선[南朝鮮][namdʒosɔn ナムジョソン] 图 韓国の共和国における呼称.

*남짓[namdʒit ナムジッ] 依名 (重さ・分量・数などの)…余り ¶ 닷새 ~ 남았다[tas'ɛ (namdʒin) namat'a タッセ (ナムジン) ナマッタ] 5日余り残った **―하다**[(namdʒi) tʰada タダ] 形 (여変)…余りだ ¶ 40 ~ 한 여자[sa:ʃim ~ tʰan njɔdʒa サーシム ~ タン ニョジャ] 40余りの女性. 「南の方.

*남-쪽[namtʃ'ok ナムッチョク] 图 南;

남촌[南村][namtʃʰon ナムチョン] 图 南の村. 「南側.

남측[南側][namtʃʰuk ナムチュク] 图

남-치마[藍―][namtʃʰima ナムチマ] 图 ① 藍色のチマ [スカート] ②〈史〉女性の礼服の1つ.

남침[南侵][namtʃʰim ナムチム] 图 하自 南侵; 南方を侵略すること.

남탕[男湯][namtʰaŋ ナムタン] 图 男風呂↔여탕[jɔtʰaŋ ヨタン] 女湯[風呂].

남파[南派][nampʰa ナムパ] 图 하他

남편 南に派遣すること ¶ 간첩을 ~하다 [kaːntɕʰobul ~hada カーンチョブル ~ハダ] スパイを南に放す.

***남편**[男便][nampʰjʌn ナムピョン] 名 夫; 亭主 ¶~있는 몸 [~innun mom (ナムピョ) ニンヌン モム] 夫のある身.

남한[南韓][namhan ナムハン] 名 共和国「北韓」に対して韓国「南韓」を指す語.

남향[南向][namhjaŋ ナムヒャン] 名 하自 南向き —집 [tɕʰip チプ] 名 南向きの家.

남획[濫獲][naːmhwek ナームフェク] 名 하他 濫獲; 乱獲.

납[nap ナプ] 名 鉛 ¶~중독 [~tɕuŋdok ~チュンドク] 鉛中毒.

납골[納骨][napk'ol ナプコル] 名 納骨 —당 [t'aŋ タン] 名 納骨堂.

납기[納期][napk'i ナプキ] 名 納期 ¶~를 지키다 [~rul tɕikʰida ~ルル チキダ] 納期を守る.

납덩이[napt'ʌŋi ナプトンイ] 名 鉛の塊 —같다 [gatʰa ガッタ] 形 ①(顔色が)鉛のように青白い ②(ひどく疲れて体が)重くけだるい ¶피곤해서 몸이 ~ [pʰigonhɛsʌ momi ~ ピゴンヘソ モミ ~] 疲れて体が重くけだるい.

***납득**[納得][naptʰuk ナプトゥク] 名 하他 納得; 合点; のみ込み ¶~이 가다[안 가다] [(naptʰuŋ)i kada[an gada] (ナプトゥ)ギ カダ[アンガダ]] 納得[合点]がいく[納得できない・納得しがたい] / ~이 빠르다 [(naptʰuŋ)i p'aruda (ナプトゥ)ギッパルダ] のみ込みが早い / 오해가 없도록 ~시키다 [oːhɛga ʌpt'orok ~ɕ'ikʰida オーヘガ オプトロン ~シキダ] 誤解のないように納得させる[言い含める].

납-땜[鑞—][naptʰɛm ナプッテム] 名 하他 はんだづけ; ろうづけ —인두 [indu (ナプッテ)ミンドゥ] 名 はんだごて —질 [dʑil ジル] 名 하他 はんだづけの仕事.

납량[納涼][nabjaŋ[namnjaŋ] ナビャン[ナムニャン]] 名 納涼; 涼み ¶~음악회 [~ɯmakʰwe ~ウマックェ] 納涼音楽会 / ~특집 [~tʰukt͈ɕip ~トゥクチプ] 納涼特集.

납본[納本][nap'on ナプボン] 名 하他 納本.

***납부**[納付][nap'u ナプブ] 名 納付 —하다 [hada ハダ] 他 納付する; 納める ¶세금을 ~ [seːgumul ~ セーグムル ~] 税金を納付する[納める・払い込む] —금 [gum グム] 名 納付金 —기간 [gigan ギガン] 名 納付期間.

납북[拉北][nap'uk ナプブク] 名 하他 人を北方に拉致をすること.

납세[納稅][naps'e ナプセ] 名 하他 納稅 —고지서 [goːdʑisʌ コージソ] 名 納稅告知書 —신고 [ɕingo シンゴ] 名 納稅申告 —액 [ɛk エク] 名 納稅額 —자 [dʑa ジャ] 名 納稅者 —필증 [pʰiltɕ'uŋ ピルチュン] 名 納稅済みの証明書.

납시다[napɕ'ida ナプシダ] 自 お出まし[おわし]になられる; いませられる(王に対して用いる宮中語) ¶상감 마마 납시오 [saːŋgam maːma napɕ'io サーンガム マーマ ナプシオ] 王様のお成り.

납신-거리다[napɕ'ingʌrida ナプシンゴリダ] 1 自 ぺちゃくちゃとしゃべりたてる 2 他 しきりに腰を折る; ぺこぺこする ¶~-거리며 아양떨다 [~-gʌrimjʌ ajaŋt'ʌlda ~ゴリミョ アヤンットルダ] ぺこぺこして媚びる.

납입[納入][nabip ナビプ] 名 納入 —하다 [(nabi)pʰada パダ] 他 納入する; 納める ¶회비를 ~ [hwe:birul ~ フェービル ~] 会費を納める —고지서 [k'oːdʑisʌ コージソ] 名 納入告知書 —금 [k'um クム] 名 納入金 —액 [(nabib)ɛk ナビベク] 名 納入額.

***납작**[naptɕ'ak ナプチャク] 副 ①ぱくっと ¶~ 받아 먹다 [~ p'ada mʌkt'a ~ パダ モクタ] ぱくっと受け止めて食べる ②ばったりと; べたっと ¶~ 엎드리다 [(naptɕ'ag) ʌptʰurida (ナプチャ)ゴプトゥリダ] ばったりと伏せる ③ぴたっと; ぴったり ¶~ 달라붙다 [~ t'allabutʰa ~ タルラブタ] ぴたっとくっつく —하다 [(naptɕ'a)kʰada カダ] 形 平たい; 平べったい; ぺしゃんこだ ¶~-한 접시 [~-kʰan tɕʌpɕ'i ~-カン チョプシ] 平たい皿 / ~-해지다 [~ kʰɛdʑida ~-ケジダ] ぺちゃんこになる / 상대를 ~-하게 만들다 [saŋdɛrul ~-kʰage mandulda サンデルル ~-カゲ マンドゥルダ] 相手の鼻をへし折る —보리 [p'ori ポリ] 名 平麦; 押し麦 —코 [(naptɕ'a)kʰo コ] 名 あぐら鼻.

납죽[naptɕ'uk ナプチュク] 副 べたっと ¶~ 엎드려서 절하다 [(naptɕ'ug) ʌptʰurijʌ tɕʌrhada (ナプチュ)ゴプトゥリョ チョルハダ] べたっとひれ伏してお辞儀をする —거리다 [(naptɕ'u)k'ʌrida コリダ] 他 ①しきりに口をぱ

납치[拉致][napt͡ɕʰi ナプチ] 名 他 拉致 ¶ ~범[~bɔm ~ボム] 拉致犯 / 여객기를 ~하다[jɔɡɛkʼirul ~hada ヨゲクキルル ~ハダ] 旅客機を乗っ取る[ハイジャックする].

납품[納品][napʰum ナプブム] 名 他自動 納品 ¶ 백화점에 ~하다[pɛkʰwadʑome ~hada ペクァジョメ ~ハダ] デパートに納品する.

***낫**[nat ナッ] 名 鎌 ¶ ~질하다[(na)-t͡ɕʼirhada ~チルハダ] 鎌を使う / ~놓고 ㄱ[기역]자도 모른다[(nan)-nokʰo kijɔkt͡ɕado morunda (ナン)ノッコ キヨクチャド モルンダ] 諺(鎌はㄱの形をしていることから)鎌を置いてㄱの字もわからない;「イロハ」のイの字も知らない; 目に一丁字もない.

***낫다**[nat'a ナッタ] 自 人変 癒える; (病気が直[治]る) ¶ 감기가 ~[ka:mɡiɡa ~ カームギガ ~] 風邪が治る / 병이 낫기를 빌다[pjɔːŋi nakʼirul piːlda ピョーンイ ナッキルル ピールダ] 平癒を祈る.

***낫다**[nat'a ナッタ] 形 人変 よりよい; ましだ; 勝る ¶ 보다 나은 생활[poda naun sɛŋhwal ポダ ナウン センファル] よりよい暮らし / 없는 것 보다는 ~[ɔːmnɯn kɔt pʼodanɯn ~ オームヌン コッ ポダヌン ~] ないよりはましだ / 소문보다 ~[somunboda ~ ソムンボダ ~] 聞きしに勝る.

낭군[郎君][naŋɡun ナングン] 名 郎君; 昔, 若い妻が自分の夫を指す語.

***낭독**[朗讀][naːŋdok ナーンドク] 名 他 朗読 ¶ 시의 ~[ɕie ~ シエ ~] 詩の朗読.

낭-떠러지[naŋtʼɔɾɔd͡ʑi ナントロジ] 名 崖; 切り岸; 断崖絶壁.

낭랑[朗朗][naːŋnaŋ ナーンナン] 名 他形 朗々 ¶ ~한 목소리[~han mɔksʼori ~ハン モクソリ] 朗々とした声.

***낭만**[浪漫][naːŋman ナーンマン] 名 浪漫; ロマン ━**적**[d͡ʑɔk ジョク] 冠 浪漫的; ロマンチック ¶ ~인 생애[~ -in sɛŋɛ ~(ジョ)ギン センエ] 浪漫的な生涯 ━**주의**[d͡ʑui d͡ʑui ジュイ] 名 浪漫主義; ロマンチシズム.

***낭비**[浪費][naːŋbi ナーンビ] 名 他 浪費; 無駄遣い ¶ 돈을 ~하다[toːnul ~hada トーヌル ~ハダ] 金を浪費する ━**벽**[bjɔk ビョク] 名 浪費癖.

낭설[浪說][naːŋsɔl ナーンソル] 名 流言; デマ ¶ ~을 퍼뜨리다[(naːnsɔr)-ul pʰɔtʼɯrida (ナーンソ)ルル ポットゥリダ] 流言をまき散らす; 俗 デマる.

낭송[朗誦][naːŋsoŋ ナーンソン] 名 他自 朗唱 ¶ 시의 ~[ɕie ~ シエ ~] 詩の朗唱.

낭자[娘子][naŋd͡ʑa ナンジャ] 名 ① むすめご; 少女 ② 昔, 良家の娘に対する尊敬語; お嬢さん.

낭자[狼藉][naːŋd͡ʑa ナーンジャ] 名 自形 狼藉; 散り乱れ ¶ 선혈이 ~하다[sɔnhjɔri ~hada ソンヒョリ ~ハダ] 鮮血が散り乱れている.

낭패[狼狽][naːŋpʰɛ ナーンペ] 名 他自動 狼狽; 失敗してうろたえること, あわてふためくこと ¶ ~한 기색을 보이다[~han kisɛɡul poida ~ハン キセグル ポイダ] 狼狽の色を見せる / ~를 당하다[~rul taŋhada ~ルル タンハダ] うろたえるようになる / 이거 큰 ~다[iɡɔ kʰun ~da イゴ クン ~ダ] これは困ったことだ; これはしまった ━**보다**[boda ボダ] 自 不覚を取る; ひどい目にあう; 油断して失敗する.

***낮**[nat ナッ] 名 昼; 昼間 ¶ ~동안[(na) tʼoŋan ~ トンアン] 昼間の内(に); 昼中; 昼間 / ~일[(nan)nil (ナン)ニル] 昼間の仕事; 日勤.

***낮다**[nat'a ナッタ] 形 ① 低い ¶ 의자가 ~[uidʑaɡa ~ ウィジャガ ~] 椅子が低い / 지위가 ~[t͡ɕiwiɡa ~ チウィガ ~] 地位が低い / 목소리가 ~[mokʼsoriɡa ~ モクソリガ ~] 声が低い / 온도가 ~[ondoɡa ~ オンドガ ~] 温度が低い ② 劣っている ¶ 품질이 ~[pʰuːmd͡ʑiri ~ プームジリ ~] 品質が劣っている ③ 悪い ¶ 비율이 ~[piːjuri ~ ビーユリ ~] 歩が悪い

낮아-지다[nad͡ʑad͡ʑida ナジャジダ] 自 低くなる; (品質などが)悪くなる.

낮은-말[nad͡ʑunmal ナジュンマル] 名 ① 低い声でささやく語 ② 卑語; 謙譲語.

***낮-잠**[nat͡ɕʼam ナッチャム] 名 昼寝; 午睡 ¶ ~자고 있다[~d͡ʑaɡo itʼa ~ジャゴ イッタ] 昼寝をしている; 慣 (物をよく活用せず)寝かせている.

***낮추다**[nat͡ɕʰuda ナッチュダ] 他 ① 低くする; 低める; 下げる; 落とす ¶ 목소리를 ~[mokʼsorirul ~ モクソリルル ~] 声を下げる[落とす・ひそめる] / 몸을 ~[momul ~ モムル ~] 身

낮춤 [natʃʰum ナッチュム] 名 ① 低めること ② 目下の人に低く待遇する言葉遣い **―말** [mal マル] 名 目下の人に用いる言葉(해라 [hɛːra ヘーラ]「せよ」・하게 [hage ハゲ]「しなさい」など).

**낯 [nat ナッ] 名 顔 ① 顔面; 顔つき ¶ 좋은 ~으로 [tʃoːɯn (ナ)tʃʰuro チョーウン (ナ)チュロ] 機嫌のいい顔で ② 体面; 面目 ¶ ~이 서다 [(na)tʰi soda (ナ)チ ソダ] 顔が立つ / 대할 ~이 없다 [tɛːhal (na)tʰi ʔapːtʰa テーハル (ナ)チ オープタ] 合わせる顔がない; 顔向けができない.

낯-가리다 [natkʼarida ナッカリダ] 自 ① 人見知りする; 人おじする ¶ 우리 애는 ~가려요 [uri ɛːnɯn ~kʼarjojo ウリ エーヌン ~カリョヨ] うちの子は人見知りするよ ② 顔を覆い隠す.

낯-가림 [natkʼarim ナッカリㇺ] 名 人見知り; 人おじ **―하다** [hada ハダ] 自 人見知りする.

낯-가죽 [natkʼadʒuk ナッカジュㇰ] 名 ① 面皮; 面の皮 ¶ ~이 두껍다 [~-(kʼadʒug)i tukʼəptʼa ~-(カジュㇰ)ギ トゥッコㇷ゚タ] 面の皮が厚い; 鉄面皮だ; 図々しい ② 世間への顔向け; 世間に対する面目.

낯-간지럽다 [natkʼandʒirəptʼa ナッカンジロㇷ゚タ] 形 面はゆい; きまり悪い; 照れくさい ¶ 너무 칭찬을 받아 좀 ~ [nəmu tʃʰiŋtʃʰanɯl pada tʃom ~ ノム チンチャヌㇽ パダ チョㇺ ~] あまり褒められていささか面はゆい.

낯-깎이다 [natkʼakʼida ナッカッキダ] 自 顔がつぶれる; 面目がつぶれる.

낯-두껍다 [natʼukʼəptʼa ナットゥッコㇷ゚タ] 形 ㅂ変 面の皮が厚い; 図々しい; 厚かましい **낯-두꺼이** [natʼukʼəi ナットゥッコイ] 副 厚かま[図々]しく.

낯-뜨겁다 [natʼɯgəptʼa ナットゥゴㇷ゚タ] 形 ㅂ変 顔がほてる; 顔向けができない; 恥ずかしい ¶ 이렇게 칭찬을 받아 오히려 ~ [irəkʰe tʃʰiŋtʃʰanɯl pada ohirjə ~ イロッケ チンチャヌㇽ パダ オヒリョ ~] こんなに褒められるとかえって恥ずかしい.

낯-모르다 [nanmorɯda ナンモルダ] 自 ㄹ変 見知らない; 面識がない.

낯-부끄럽다 [natpʼukʼurəptʼa ナッ プックロㇷ゚タ] 形 ㅂ変 面目ない; (恥ずかしくて)顔向けができない.

낯-붉히다 [natpʼulkʰida ナッ プルキダ] 自 顔を赤らめる; 赤面する ¶ 부끄러워 ~ [pukʼurəwə ~ プックロウォ ~] 恥ずかしくて顔を赤らめる.

낯-빛 [natpʼit ナッピッ] 名 顔色; 顔つき; =**낯색** [nasʼɛk ナッセㇰ].

*낯-설다 [nasʼəlda ナッソㇽダ] 形 ㄹ語幹 不慣れだ; 見知らない; 見慣れない ¶ 낯선 얼굴 [nasʼən ɔlgul ナッソン オㇽグㇽ] 見知らぬ顔 / 낯선 사람 [nasʼən saːram ナッソン サーラㇺ] 見慣れない人 / 낯선 땅 [nasʼən tʼaŋ ナッソン ッタン] 不慣れな土地.

낯-익다 [nannikʼta ナンニッタ] 形 顔なじみである; 見慣れている; (見)覚えがある ¶ 그와는 낯익은 사이다 [kɯwanɯn nannigɯn saida クワヌン ナンニグン サイダ] 彼とは顔なじみである.

낯-익히다 [nannikʰida ナンニッキダ] 他 なじむ; 慣れ親しむようにする ¶ 아이들은 곧 새 선생님과 ~ [aidurɯn kot sʼɛ sənsɛŋnimgwa ~ アイドゥルン コッ セ ソンセンニㇺグァ ~] 子供たちはすぐ新しい先生になじむ.

낯-짝 [natʃʼak ナッチャㇰ] 名 俗 顔; 面皮; 面の皮 ¶ ~이 두껍다 [(natʃʼag)i tukʼəptʼa (ナッチャ)ギ トゥッコㇷ゚タ] 面の皮が厚い / 무슨 ~으로 [musɯn (natʃʼag)ɯro ムスン (ナッチャ)グロ] どの面を下げて.

낱-개 [naːtkʼɛ ナーッケ] 名 (ばらになっている物の)1個; ばら ¶ ~로 팔다 [~ro pʰalda ~ロ パㇽダ] 1つずつばらにして売る.　　「名 1巻; 1冊.

낱-권 [-卷] [naːtkʼwən ナーックォン]

*낱낱-이 [naːnnatʰi ナーンナチ] 副 ① 1つ1つ ¶ ~ 조사하다 [~ tʃosahada ~ チョサハダ] 1つ1つ調べる ② 1つ残らず; すべて; すっかり ¶ ~ 말씀드리다 [~ maːlsʼɯmdɯrida ~ マールッスㇺドゥリダ] 1つ残らず申し上げる.

*낱-말 [nammal ナンマㇽ] 名 単語 ¶ ~ 수록 [~ sʼurok ~ スロㇰ] 単語の収録.

낱-알 [naːdal ナーダㇽ] (個々の)1粒; 1個 ¶ ~이 크다 [(naːdar)i kʰɯda (ナーダ)リ クダ] 粒が大きい.

낱-잔[一盞][naːtʃʼan ナーッチャン] 图 (個々の)1杯 ¶ 술을 ~으로 팔다 [surul ~uro pʰalda スルル (ナーッチャ)ヌロ パルダ] 酒を1杯いくらの勘定で売る.

낱-장[一張][naːtʃʼaŋ ナーッチャン] 图 (紙などの)1枚1枚.

***낳다**[natʰa ナッタ] 他 ① 生[産]む ¶ 사내 아이를 ~ [sanɛ airul ~ サネ アイルル ~] 男の子を生む / 개가 강아지를 ~ [kɛːga kaŋadʒirul ~ ケーガ カンアジルル ~] 犬が子犬を産む ② 作る; 生じる ¶ 좋은 결과를 ~ [tʃoːun kjəlgwarul ~ チョーウン キョルグァルル ~] よい結果を生む.

내[nɛ ネ] 图 匂い; 臭い; '냄새'の略 ¶ 탄-가 나다 [tʰaːn~ga nada ターンガ ナダ] 焦げた匂いがする / 돈- [toːn~ トーン~] 金のある気配.

***내**[nɛː ネー] 图 流れ; 小川; 川 ¶ ~를 건너다 [~rul kɔːnnəda ~ルル コーンノダ] 川を渡る.

***내**[nɛ ネ] **1** 代 私; 僕; おれ ¶ ~가 하는 일 [~ga hanun niːl ~ガ ハヌン ニール] 私がすること / ~가 주인이다 [~ga tʃuinida ~ガ チュイニダ] おれが主人だ **2** 冠 私の; 僕の; おれの; わが; **나의**[nae ナエ]の略 ¶ ~ 집 [~ dʒip ~ ジプ] 私[僕]の家 / ~ 것 [~ gət ~ ゴッ] 私の物.

***내-**[nɛː ネー] 接頭 ①「外の方に」の意 ¶ ~놓다 [~notʰa ~ノッタ] 出す; 出して置く / ~걸다 [~gəlda ~ゴルダ] 掲げる ②「力強く」の意 ¶ ~닫다 [~datʼa ~ダッタ] 突っ走る / ~던지다 [~dəndʒida ~ドンジダ] 投げつける.

내-[來][nɛ ネ] 接頭 来;「来る」の意 ¶ ~주 [~dʒu ~ジュ] 来週 / ~년 [~njən ~ニョン] 来年.

***-내**[nɛ ネ] 接尾 「ずっと」の意 ¶ 여름~ [jərum~ ヨルム~] 夏じゅう / 겨우~ [~kjəu ~キョウ~] 冬じゅう / 끝끝~ [kʼutkʼum~ ~ックックン~] ついに.

***-내**[內][nɛ ネ] 接尾 内; 中 ¶ 기한~ [kihan~ ~キハン~] 期限内 / 구역~ [~kujək ~クヨク~] 区域内 / 1년~ [~illjən ~イルリョン~] 1年中.

내-가다[nɛːgada ネーガダ] 他 持ち出す ¶ 책상을 ~ [tʃʰɛksʼaŋul ~ チェクサンウル ~] 机を持ち出す[外に出す].

***내각**[內閣][nɛːgak ネーガク] 图 内閣; キャビネット ¶ 연립 ~ [jəllim ~ ヨルリム~] 連立内閣 **—불신임** [pʼulʃʼinim プルシニム] 图 内閣不信任 ¶ ~결의 [~ gjəri ~ ギョリ] 内閣不信任決議 **—책임제** [tʃʰɛgimdʒe チェギムジェ] 图 内閣責任制.

내-갈기다[nɛːgalgida ネーガルギダ] 他 ① ぶん殴る; 張り飛ばす ¶ 뺨을 ~ [pʼjamul ~ ッピャムル ~] ほっぺたをぶん殴る ②(字を)殴り書きする ③ 力いっぱい投げ飛ばす; ほうり飛ばす ¶ 오줌을 ~ [odʒumul ~ オジュムル ~] 勢いよく小便をする.

내객[來客][nɛgɛk ネゲク] 图 来客 ¶ ~을 맞다 [(nɛgɛg)ul matʼa (ネゲグ)ル マッタ] 来客を迎える.

***내-걸다**[nɛːgəlda ネーゴルダ] 他 ㄹ語幹 ① 掲げる ¶ 국기를 ~ [kukʼirul ~ ククキルル ~] 国旗を掲げる / 슬로건을 ~ [sullogənul ~ スルローゲヌル ~] スローガンを掲げる ② (命・名誉などに)かける ¶ 목숨을 ~ [moksʼumul ~ モクスムル ~] 命をかける.

***내과**[內科][nɛːkʼwa ネークァ] 图 内科 **—의(사)** [ui(sa) ウィ(サ)] 图 内科医(者).

내구[耐久][nɛːgu ネーグ] 图 耐久 **—력** [rjək リョク] 图 耐久力.

내국-인[內國人][nɛːgugin ネーグギン] 图 内国人.

내근[內勤][nɛːgun ネーグン] 图 自 内勤.

***내기**[nɛːgi ネーギ] 图 하自 賭け; 賭け事 ¶ ~ 바둑 [~ baduk ~ バドゥク] 賭碁¹⁷ / ~에 이기다 [~e igida ~エ イギダ] 賭けて勝つ.

-내기[nɛgi ネギ] 接尾 ① …生まれ; …育ち ¶ 서울~ [sɔul (lɛgi) ソウル(レギ)] ソウルっ子 / 시골~ [ʃigol (lɛgi) シゴル(レギ)] 田舎っぺ(い) ②「人となり」の意 ¶ 풋~ [pʰun~ プン~] 青二才 / 여간~가 아니다 [jɔgan~ga anida ヨガン~ガ アニダ] ただ者じゃない.

내남-없이[nɛnamɔpʃʼi ネナモプシ] 副 誰も彼も; 自他共に ¶ ~ 다 알고 있다 [~ taː algo itʼa ~ ター アルゴ イッタ] 誰でもみな知っている.

내내[nɛːnɛ ネーネ] 副 ずっと(常に); 始終 ¶ 1년 ~ [illjən ~ イルリョン ~] 1年中 / ~ 건강하시길 … [~ kɔŋaŋhaʃigil ~ コーンガンハシギル] いつまでもご健康のほどを….

***내년**[來年][nɛnjən ネニョン] 图 来年

내놓다

¶ ~ 봄[~ bom ～ ボム] 来年の春; 来春 / 내~[nε～ ネ～] 再来年; 翌々年 / ~도[~do ～ ド] 来年度.

***내-놓다** [nε:notʰa ネーノッタ] 他 ① 出す ¶기부금을 ~[kibugumul ～ キブグムル ～] 寄付金を出す / 아이디어를 ~[aidiɔrul ～ アイディオルル ～] アイデアを出す / 조건을 ~[tʃokʼɔnul ～ チョコヌル ～] 条件を出す ② 取り出す ¶명함을 ~[mjɔŋhamul ～ ミョンハムル～] 名刺を取り出す ③ 持ち出す ¶의자를 복도에 ~[widʒarul pokt'oe ～ ウィジャルル ポクトエ ～] 椅子を廊下に持ち出す ④ むき出しにする ¶가슴을 ~[kasumul ～ カスムル ～] 胸をむき出しにする ⑤ 辞める ¶자리를 ~[tʃarirul ～ チャリルル ～] (職を)辞める;(地位を)退く ⑥ 売りに出す ¶집을 ~[tʃibul ～ チブル ～] 家を売りに出す **내-놓고**[nε:nokʰo ネーノッコ] 副 ① 放して ¶닭을 ~ 기르다[talgul ～ kiruda タルグル ～ キルダ] ニワトリを放し飼いにする ② 除いて ¶나만 ~ 모두 학자다[naman ～ modu haktʃ'ada ナマン ～ モドゥハクチャダ] 私だけ除いてみな学者だ ③ あけすけに; おおっぴらに; さらけ出して ¶~ 비난하다[~ pi:nanhada ～ ピーナンハダ] あけすけに非難する ④ 投げ出して ¶목숨을 ~ 싸우다[moks'umul ～ s'auda モクスムル ～ ッサウダ] 命を投げ出して戦う.

***내다**[nε:da ネーダ] 他 ① 出す ¶편지를 ~[pʰjɔ:ndʒirul ～ ピョーンジルル ～] 手紙を出す / 원서를 ~[wɔ:nsɔrul ～ ウォーンソルル ～] 願書を出す / 의자를 밖으로 ~[widʒarul pakʼuro ～ ウィジャルル パックロ ～] 椅子を外へ出す / 힘을 ~[himul ～ ヒムル ～] 元気を出す / 신문에 광고를 ~[ʃinmune kwa:ŋgorul ～ シンムネ クァーンゴルル ～] 新聞に広告を出す / 책을 ~[tʃʰɛgul ～ チェグル ～] 本を出す ② 納める; 支払う ¶세금을 ~[se:gumul ～ セーグムル ～] 税金を納める / 집세를 ~[tʃips'erul ～ チプセルル ～] 家賃を支払う ③ もてなす; おごる ¶저녁을 ~[tʃɔnjɔgul ～ チョニョグル ～] 夕飯をもてなす / 한턱 ~[hantʰɔŋ ～ ハントン ～] 一杯おごる ④ 借りる; 借金する; 得る ¶빚을 ~[pidʒul ～ ピジュル ～] 借金する / 허가를 ~[hɔgarul ～ ホガルル ～] 許可を得る ⑤ 新たに始める ¶가게를 ~[ka:gerul ～ カーゲルル ～] 店を出す[張る] / 살림을 ~[sallimul ～ サルリムル ～] 所帯を持つ ⑥ 立てる ¶소리를 ~[sorirul ～ ソリルル ～] 音を出す[立てる] / 소문을 ~[so:munul ～ ソームヌル ～] うわさを立てる / 화를 ~[hwa:rul ～ ファールル ～] 腹を立てる ⑦ 起こす ¶사고를 ~[sa:gorul ～ サーゴルル ～] 事故を起こす / 불을 ~[purul ～ プルル ～] 火災を起こす ⑧ (時間・暇を)つくる ¶시간을 ~[ʃiganul ～ シガヌル ～] 時間の都合をつける; 時間を空ける; 時間を割く / 짬을 ~[tʃʼa:mul ～ ッチャームル ～] 暇をつくる ⑨ 表わす ¶성을 ~[sɔ:ŋul ～ ソーングウル ～] 怒る / 욕심을 ~[joks'imul ～ ヨクシムル ～] 欲張る ⑩ つける; 通す; 開く ¶통로를 ~[tʰoŋnorul ～ トンノルル ～] 通路をつける / 샛길을 ~[se:tkʼirul ～ セーッキルル ～] 間道を開く[つくる] ⑪ 気取る; …ぶる ¶학자티를 ~[haktʃ'a tʰirul ～ ハクチャテイルル ～] 学者ぶる.

***내다**[nεda ネダ] 補動 ① …し出す ¶만들어~[mandurɔ~ マンドゥロ～] 作り出す[あげる] ② …し通す ¶참아~[tʃʰama~ チャマ～] 我慢し通す / 버텨~[pɔtʰjɔ~ ポティョ～] 辛抱し通す ③ …し抜く ¶이겨~[igjɔ～ イギョ～] 勝ち抜く / 끝까지 견뎌~[kʼutkʼadʒi kjɔndjɔ~ ックッカジ キョンディョ～] 最後まで耐え抜く.

***내다-보다**[nε:daboda ネーダボダ] 他 ① 外を見る; 眺める ¶창밖을 ~[tʃʰaŋbakʼul ～ チャンバックル ～] 窓の外を眺める ② 見通[見越]す; 予知[予測]する ¶앞을 ~[apʰul ～ アプル ～] 将来[先々]を見通す.

내다-보이다[nε:daboida ネーダボイダ] 自 ① (内から)見える; 見渡される ¶밖이 ~[pakʼi ～ パッキ ～] 外(側)が見える ② 透けて見える ¶속살이 ~[so:ks'ari ～ ソークサリ ～] 肌が透けて見える ③ 見通される; 見通せる ¶앞이 ~[apʰi ～ アピ ～] 将来が見通される[予測される].

내-달다[nε:dat'a ネーダッタ] 自 ㄷ変 突っ走る; ひた走りに走る; 急に走り出す; いきなり飛び出す ¶오토바이가

~ [oːtʰobaiga ~ オートバイガ ~] バイクが突っ走る.

내-달[來―][nɛdal ネダル] 名 来月 ¶ ~은 바쁘다 [(nɛdaɾ)un papʼuda (ネダɾ)ルン パップダ] 来月は忙しい.

내담[來談][nɛdam ネダム] 名 하他 来談 ¶ ~을 바람 [~ul param (ネダ)ムル パラム] ご来談を請う.

***내-던지다**[nɛːdɔndʒida ネードンジダ] 他 ① 投げ[たたき]つける; ほうり投げる ¶ 서류를 ~ [sɔɾjuɾul ~ ソリュルル ~] 書類をほうり投げる / 사표를 ~ [sapʰjoɾul ~ サピョルル ~] 辞表をたたきつける ② 投げ出す ¶ 목숨을 ~ [moksʼumul ~ モクスムル ~] 命を投げ出す (家族を)見捨てる.

내도[來到][nɛdo ネド] 名 하自 来着; 到着 ¶ 신용장이 ~하다 [ʃinjɔŋtʃaŋi ~hada シーニョンチャンイ ~ハダ] 信用状が到着する.

내-돋다[nɛːdotʼa ネードッタ] 自 吹き[生え·萌え]出る ¶ 이마에 땀방울이 ~ [imae tʼampʼaŋuɾi ~ イマエッタムパンウリ ~] 額に汗が吹き出す.

내-돌리다[nɛːdollida ネードルリダ] 他 むやみに物を持ち出して人に渡す[回す]; (うわさなどを)言い触らす.

내-동댕이치다[nɛːdoŋdɛŋitʃʰida ネードンデンイチダ] 他 ① 投げ[たたき]つける; 投げ飛ばす ¶ 땅바닥에 ~ [tʼaŋpʼadage ~ ッタンパダゲ ~] 地面にたたきつける ② 見捨てる, ほったらかしておく ¶ 처자식을 ~ [tʃʰɔdʒaʃigul ~ チョジャシグル ~] 妻子を見捨てる / 일을 ~ [iːɾul ~ イールル ~] 仕事をほったらかしておく; 仕事を投げうつ.

내-두다[nɛːduda ネードゥダ] 他 出して置く ¶ 화분을 ~ [hwabunul ~ ファブヌル ~] 植木鉢を出して置く.

내-두르다[nɛːduɾuda ネードゥルダ] 他 르変 ① 振り回す ¶ 주먹을 ~ [tʃumɔgul ~ チュモグル ~] こぶしを振り回す ② (人を)むやみに振り回す; 意のままに動かす ¶ 사람을 제멋대로 ~ [saːɾamul tʃemɔtʼɛɾo ~ サーラムル チェモッテロ ~] 人を自分勝手に振り回す; 人をこき使う.

내-둘리다[nɛːdullida ネードゥルリダ] 自 ① 振り回される ¶ 그는 여편내에게 ~ [kunun njɔpʰjɔnnɛege ~ クヌン ニョピョンネエゲ ~] 彼は女房に振り回される ② こき使われる.

내-드리다[nɛːduɾida ネードゥリダ] 他 (目上の人に)物を取り出して差し上げる·席を譲る ¶ 책을 ~ [tʃʰɛgul ~ チェグル ~] 本を差し上げる.

내-디디다[nɛːdidida ネーディディダ] 他 踏み出す; 略 **내딛다**[nɛːditʼa ネーディッタ] ¶ 첫발을 ~ [tʃʰɔtpʼaɾul ~ チョッパルル ~] 第一歩を踏み出す.

내-떨다[nɛtʼːɔlda ネートゥルダ] 他 ㄹ語幹 (外に向かって)はたく; 振り落とす; (人を)振り切る ¶ 이불을 ~ [ibuɾul ~ イブルル ~] 掛け布団をはたく.

내-뚫다[nɛːtʼultʰa ネーットゥルタ] 他 貫く; 貫通する; 突き通す ¶ 굴을 ~ [kuɾul ~ クールル ~] トンネルを貫通する[通す].

내-뛰다[nɛːtʼwida ネーットゥィダ] 自 力いっぱい走る; 突っ走る; 前の方へ跳ぶ; 一目散に逃げる.

내락[內諾][nɛːɾak ネーラク] 名 하他 内諾 ¶ ~을 얻다 [(nɛːɾag)ul ɔtʼa (ネーラ)グル オッタ] 内諾を得る.

내란[內亂][nɛːɾan ネーラン] 名 内乱 ¶ ~을 진압하다 [~ul tʃiːnapʰada (ネーラ)ヌル チーナパダ] 内乱を静める.

***내려-가다**[nɛɾjɔgada ネリョガダ] 自 ① 降[下]りる; 下る ¶ 계단을 ~ [kedanul ~ ケダヌル ~] 階段を降りる / 언덕을 ~ [ɔndɔgul ~ オンドグル ~] 坂を下りて行く ② 下る; 下がる; 帰る ¶ 시골로 ~ [ʃigollo ~ シゴルロ ~] 田舎へ帰る[下る] / 열이 ~ [jɔɾi ~ ヨリ ~] 熱が下がる ③ (食べ物が)消化される ¶ 먹은 것이 ~-가지 않는다 [mɔgun kɔʃi ~-gadʒi annunda モグン コシ ~-ガジ アンヌンダ] 食べた物がよくこなれない.

내려-놓다[nɛɾjɔnotʰa ネリョノッタ] 他 下[降]ろす; 置く; はずして置く ¶ 짐을 땅바닥에 ~ [tʃimul tʼaŋpʼadage ~ チムル ッタンパダゲ ~] 荷物を地面に下ろす[置く] / 수화기를 ~ [suhwagiɾul ~ スファギルル ~] 受話器をはずして置く.

내려-누르다[nɛɾjɔnuɾuda ネリョヌルダ] 他 르変 (上から)押さ付ける; (部下などを)抑えつける; 抑圧する.

***내려다-보다**[nɛɾjɔdaboda ネリョダボダ] 他 ① 見下ろす; 見下す ¶ 산에서 ~ [sanesɔ ~ サネソ ~] 山から見下ろす ② 見下げる ¶ 남을 ~ [namul

내려 뜨리다

~ ナムル ~] 人を見下げる.
내려-뜨리다 [nɛrjot'uridɑ ネリョットゥリダ] 他 垂らす; 垂れる ¶로프를 ~ [ro:phurul ~ ロープルル ~] ロープを垂らす / 고개를 ~ [kogɛrul ~ コゲルル ~] 頭を垂れる.
내려-박히다 [nɛrjobakhidɑ ネリョバクキダ] 自 勢いよく落ち込む; 急降下する.
내려-보내다 [nɛrjobonɛdɑ ネリョボネダ] 他 ① 下ろす ¶아래로 ~ [arero ~ アレロ ~] 下へ下ろす ② 送り届ける ¶생활비를 ~ [sɛŋhwalbirul ~ センファルビルル ~] 生活費を送り届ける.
내려-서다 [nɛrjosədɑ ネリョソダ] 自 下り[降り]立つ ¶아래 계단으로 ~ [arɛ kedanuro ~ アレ ケダヌロ ~] 階段の下に降り立つ.
내려-앉다 [nɛrjoant'ɑ ネリョアンタ] 自 ① 着陸する ¶항공기가 ~ [ha:ŋgoŋgiga ~ ハーンゴンギガ ~] 航空機が着陸する ② 降りて座る; (オンドル部屋の)上座に座る ¶이리 ~-앉으세요 [iri ~-andʒusejo イリ ~-アンジュセヨ] どうぞこちらの上座に ③ (地位などが)落ちる; 左遷される ¶한직으로 ~ [handʒiguro ~ ハンジグロ ~] 閑職に左遷される ④ 崩れ落ちる ¶지붕이 ~ [tʃibuŋi ~ チブンイ ~] 屋根が崩れ落ちる ⑤ (胸が)ぎくっとする.
*__내려-오다__ [nɛrjoodɑ ネリョオダ] 自 ① 下る; 降[下]りる; 降りてくる ¶2층에서 ~ [i:tʃhuŋeso ~ イーチュンエソ ~] 2階から降りてくる / 산에서 ~ [sanɛso ~ サネソ ~] 山を下りる[下る] ② (都から地方へ)下る ¶시골로 ~-왔다 [ʃigollo ~-wat'a シゴルロ ~-ワッタ] 田舎にきた ③ 伝わってくる ¶예로부터 전해 ~-온 전설 [jerobuthɔ tʃənhe ~-on tʃənsəl イェロブト チョンヘ ~-オン チョンソル] 昔から伝わってきた伝説 ④ (系統を通じて)下りてくる ¶명령이 ~ [mjɔ:ŋɲjɔŋi ~ ミョーンニョンイ ~] 命令が下る.
*__내력__[來歷] [nɛrjɔk ネリョク] 名 来歴; いきさつ; 由来; 由緒 ¶사건의 ~ [sa:k'ɔne ~ サーコネ ~] 事件の来歴.
내륙[內陸] [nɛ:rjuk ネーリュク] 名 内陸 **―하천** [(nɛ:rju)khatʃhən カチョン] 名 内陸河川 **―호** [(nɛ:rju)kho コ] 名 内陸湖.
내리 [nɛri ネリ] 副 ① ずっと; 引き続き; 始終 ¶~ 1 시간 [~ han ʃigan

내리다

~ ハン シガン] 引き続き1時間 ② 下方へ; 上から下へまっすぐに ¶~ 심어 나가다 [~ ʃimɔ nagada ~ シモ ナガダ] 上から下の方に植えて行く ③ 容赦なく ¶~ 쏘아대다 [~ s'oadɛda ~ ッソアデダ] 容赦なく撃ちまくる.
내리- [nɛri ネリ] 接頭 ① 「上から下へ」の意 ¶~-치다 [~tʃhida ~チダ] 切り下ろす; 打ち下ろす ②「むやみに・さんざん」の意 ¶~퍼붓다 [~phɔbut'a ~ポブッタ] 降り注ぐ.
내리-갈기다 [nɛrigalgida ネリガルギダ] 他 力いっぱい殴りつける; 打ち下ろす.
내리-긋다 [nɛrigut'a ネリグッタ] 他 人変 (線を)引き下ろす; 縦に引く.
내리-깎다 [nɛrik'akt'a ネリッカクタ] ① ひどく値切る; 値切り倒す ¶값을 ~ [kaps'ul ~ カプスル ~] 値段を値切り倒す ② (人の能力・人格などを)ひどく傷つける[けなす]; こき下ろす.
내리-깔다 [nɛrik'alda ネリッカルダ] 他 己語幹 ① (目を)伏せる ② 布団をオンドル部屋のたき口近くに敷く.
***내리다** [nɛridɑ ネリダ] **1** 自 ① 降る ¶눈이 ~ [nu:ni ~ ヌーニ ~] 雪が降る ② 下[降]りる; 下がる ¶버스에서 ~ [bɔsuɛsɔ ~ ボスエソ ~] バスから降りる / 막이 ~ [magi ~ マギ ~] 幕が下りる / 값이 ~ [kaps'i ~ カプシ ~] 値段が下がる / 명령이 ~ [mjɔ:ŋ-njɔŋi ~ ミョーンニョンイ ~] 命令が下る / 허가가 ~ [hɔgaga ~ ホガガ ~] 許可が下りる ③ 着陸する ¶항공기가 ~ [ha:ŋgoŋgiga ~ ハーンゴンギガ ~] 航空機が着陸する ④ (食べ物が)消化する ¶음식이 내리지 않는다 [u:mʃigi nɛridʒi annunda ウームシギ ネリジ アンヌンダ] 食べ物がよくこなれない ⑤ やせる ¶몸무게가 ~ [mommugega ~ モムムゲガ ~] 体重が減る ⑥ 根づく; 根を張る ¶뿌리를 ~ [p'urirul ~ ップリルル ~] 根を張る; 根が下りる **2** 他 ① 下ろす; 下す; 下げる ¶손을 ~ [sonul ~ ソヌル ~] 手を下ろす / 짐을 ~ [tʃimul ~ チムル ~] 荷を下ろす / 해석을 ~ [he:sɔgul ~ ヘーソグル ~] 解釈を下す / 결론을 ~ [kjəllonul ~ キョルロヌル ~] 結論を下す / 그림의 위치를 ~ [kurime witʃhirul ~ クーリメ ウィチルル ~] 絵の位置を下げる ② 引き[切り]下げる ¶운임을 ~ [u:nimul ~ ウーニムル

~] 運賃を引き下げる / 한 계급 ~[han kegum ~ ハン ケグム ~] 一階級引き下げる ③賜る; 取らせる; 下す; 与える ¶상을 ~[saŋul ~ サンウル ~] 褒美を賜う[取らせる]; 賞を与える ④(食べ物を)こなす; 消化させる ¶음식을 잘 내리게 하는 약[u:mʃigul tʃal nɛrige hanun njak ウームシグル チャル ネリゲ ハヌン ニャク] 食べ物をよく消化させる薬 ⑤(トイレの水を)流す.

*내리막[nɛrimak ネリマク] 名 ① 下り坂; 下り ② (物事の)下り道; 落ち目 ¶운세가 ~이다[u:nsega (nɛrimag)-ida ウーンセガ (ネリマ) ギダ] 運勢が下り坂だ ―길[(nɛrima)k'il キル] 名 下り坂; (物事の)下向き ¶~에 있는 회사[~-(k'ir)e innun hwe:sa ~-(キ)レ インヌン フェーサ] 下り坂の会社.

내리-밀다[nɛrimilda ネリミルダ] 他 下の方に押しつける; 突き落とす.

내리-비추다[nɛribitʃʰuda ネリビチュダ] 他 上から下の方へ照りつける.

내리-비치다[nɛribitʃʰida ネリビチダ] 自 上から照る; 光がさす.

내리-사랑[nɛrisaraŋ ネリサラン] 名 子に対する親の愛; 孫に対する祖父母の愛情.

내리-쏟다[nɛris'ot'a ネリッソッタ] 他 上から注ぐ; やたらに[一気に]注ぐ.

내리-쏟아지다[nɛris'odadʒida ネリッソダジダ] 自 (水・雨などが)やたらに降り注ぐ; 激しく降る.

내리-읽다[nɛriikt'a ネリイクタ] 他 読み下す; 読み続ける ¶소설을 ~[so:sorul ~ ソーソルル ~] 小説を読み続ける.

내리-쬐다[nɛritʃ'weda ネリッチュェダ] 自 照りつける ¶햇볕이 쨍쨍 ~[hɛtp'jotʃʰi tʃ'ɛŋtʃ'ɛŋ ~ ヘッピョチ ッチェンッチェン ~] 日がかんかん(と)照る[照りつける].

내리-치다[nɛritʃʰida ネリチダ] 1 他 打ち下ろす; 殴りつける; たたきつける ¶망치로 힘껏 ~[maŋtʃʰiro himk'ʌn ~ マンチロ ヒムッコン ~] ハンマーで力いっぱい打ち下ろす 2 自 吹きすさぶ.

내리-퍼붓다[nɛripʰobut'a ネリポブッタ] 1 自 降り注ぐ ¶비가 ~[piga ~ ピガ ~] 雨が降り注ぐ 2 他 (水などを)上から下へ注ぎかける.

내리-훑다[nɛrihult'a ネリフルタ] 他 ① (上から下へ)こき下ろす ¶벼 이삭을 ~[pjo isagul ~ ピョ イサグル ~] 稲の穂をこき落とす ② くまなく調べる ¶문서를 ~[munsorul ~ ムンソルル ~] 文書をくまなく調べる.

내림-굿[nɛrimk'ut ネリムックッ] 名 巫女どんになろうとする者が神降ろしを[神霊が自分の身に乗り移るなどと]祈る儀式 내림-대[nɛrimt'ɛ ネリムテ] 名 巫女が神降ろしに使う松・竹の小枝.

내림-세[-勢][nɛrimse ネリムセ] 名 (物価・相場の)下降傾向; 下がり気味; 下向き ¶경기의 ~[kjoŋgie ~ キョンギエ ~] 景気の下向き.

내막[內幕][nɛ:mak ネーマク] 名 内幕 ¶정계의 ~[tʃoŋgee ~ チョンゲエ ~] 政界の内幕.

내-맡기다[nɛ:matk'ida ネーマッキダ] 他 ① (すっかり)任せる; 委ねる; 委任する ¶회사의 업무를 ~[hwe:sae ʌmmurul ~ フェーサエ オムムルル ~] 会社の業務一切を任せる ② 成り行きに任せる ¶시장 기능에 ~[ʃi:dʒaŋ ginuŋe ~ シージャン ギヌンエ ~] 市場機能に任せる ③ (体を)許す; 任せる ¶몸을 ~[momul ~ モムル ~] 身を任せる; (男に)肌を許す.

내-먹다[nɛ:mʌkt'a ネーモクタ] 他 取り出して食べる ¶냉장고의 김치를 ~[nɛ:ŋdʒaŋgoe kimtʃʰirul ~ ネーンジャンゴエ キムチルル ~] 冷蔵庫のキムチを取り出して食べる.

내면[內面][nɛ:mjon ネーミョン] 名 内面 ¶인간의 ~ 생활[ingane ~ sɛŋhwal インガネ ~ センファル] 人間の内面生活 ―세계[se:ge セーゲ] 名 内面世界 ―적[dʒok ジョク] 名 内面的.

내-명년[來明年][nɛmjoŋnjon ネミョンニョン] 名 再来年.

내-몰다[nɛ:molda ネーモルダ] 他 ㄹ語幹 ① 追い立てる; 追い払う; 追い出す ¶세든 사람을 ~[se:dun sa:ramul ~ セードゥン サーラムル ~] 間借りの人を追い立てる ② 駆ける; 飛ばす ¶전속력으로 차를 ~[tʃonsoŋnjoguro tʃʰarul ~ チョンソンニョグロ チャルル ~] 全速力で車を飛ばす.

내-몰리다[nɛ:mollida ネーモルリダ] 自受動 追い立てられる; 追い払われる; 追い出される; 駆逐される; せき立てられる.

내무[內務][nɛ:mu ネーム] 名 内務 ―

내밀다 224 **내비치다**

반[ban バン] 图 内務班；兵営内で兵士たちが起居する部屋 **―생활**[sɛŋhwal センファル] 图 軍人の兵営内での生活.

***내-밀다**[nɛːmilda ネーミルダ] **1** 自 己語幹 突き出る；張り出す；出っ張る；出る ¶내민 이마 [nɛːmin ima ネーミン イマ] 張り出した額 / 새싹이 ～ [sɛsʼagi ～ セッサギ ～] 若芽が出る **2** 他 ① 出す；(手を)差し出す；突き出す ¶혀를 ～ [hjʌrɯl ～ ヒョルル ～] 舌を出す / 모임에 얼굴을 ～ [moime ʌlgurɯl ～ モイメ オルグルル ～] 集会に顔を出す；顔出しをする ② 差し延べる ¶구원의 손길을 ～ [kuːwʌne sonkʼirɯl ～ クーウォネ ソンキルル ～] 救い手を差し延べる ③ 押し通す；押し切る ¶배짱을 ～ [pɛtʃʼaŋɯl ～ ペッチャンウル ～] 無理に押し切る.

내-밀리다[nɛːmillida ネーミルリダ] 自 受動 押し[突き]出される；追いやられる ¶한직으로 ～ [haːndʒiguro ～ ハンジグロ ～] 閑職に追いやられる.

내-밟다[nɛːbaptʼa ネーバプタ] 他 踏み出す ¶한 발자국 ～ [han baltʃʼagun ～ ハン バルチャグン ～] 一歩を踏み出す.

내방[來訪][nɛbaŋ ネバン] 图 하他 来訪 ¶～을 받다 [～ ɯl patʼa ～ウル パッタ] 来訪を受ける.

내-배다[nɛːbɛda ネーベダ] 自 にじみ出る；染み出る ¶셔츠에 땀이 ～ [ʃʼwe tʃʼume tamiː ～ ショーチュエッタミ ～] シャツに汗がにじみ出る.

내-뱉다[nɛːbɛtʼa ネーベッタ] 他 ① 吐き出す；吐く ¶가래침을 ～ [karɛtʃʰimul ～ カレチムル ～] 痰を吐き出す ② 言い捨てる；飛ばす；言い放つ ¶말을 함부로 ～ [maːrul hamburo ～ マールル ハンブロ ～] むやみに言い放つ / 내뱉듯이 말하다 [nɛːbɛtʼɯʃi maːrhada ネーベットゥシ マールハダ] 吐き出すように言い捨てる.

***내버려-두다**[nɛːbʌrjʌduda ネーボリョドゥダ] 他 ほったらかす；捨て置く；ほうっておく；見捨てる；放置する ¶일을 ～-두고 외출했다 [iːrul ～-dugo weːtʃʰurhɛtʼa イールル ～-ドゥゴ ウェーチュルヘッタ] 仕事を差し置いて外出した / 그대로 ～-둘 수 없다 [kɯdɛro ～-dul sʼu ɔːptʼa クデロ ～-ドゥルッス オープタ] そのままほうっておけない[捨て置くわけには行かない].

내-버리다[nɛːbʌrida ネーボリダ] 他 (取り)捨てる；投げ捨てる；見捨てる ¶쓰레기를 ～ [sʼɯregirɯl ～ ッスレギルル ～] ごみを捨てる.

내-버티다[nɛːbʌtʰida ネーボティダ] 自 他 頑張り通す；突っ張る；耐え抜く ¶끝까지 ～ [kʼɯtkʼadʒi ～ ックッカジ ～] 最後まで突っ張る[頑張る].

***내-보내다**[nɛːbonɛda ネーボネダ] 他 ① 出す；出て行かせる；追い出す ¶아이들을 밖으로 ～ [aidɯrul pakʼuro ～ アイドゥルル パックロ ～] 子供たちを外に追い出す ② 首にする；辞めさせる；解雇する ¶사원을 ～ [sawʌnɯl ～ サウォヌル ～] 社員を解雇する ③ (荷を)送り出す.

내-보다[nɛːboda ネーボダ] 他 取り出して見る.

내-보이다[nɛːboida ネーボイダ] 自他 取り出して見せる；示す ¶증명서를 ～ [tʃɯŋmjʌŋsʌrɯl ～ チュンミョンソルル ～] 証明書を示す.

내복[内服][nɛːbok ネーボク] **1** 图 下着・肌着；='내의'・속옷 [soːgot ソーゴッ] **2** 图 하他 内服；服用.

내복-약[内服薬][nɛːboŋnjak ネーボンニャク] 图 内服薬；飲み薬.

***내부**[内部][nɛːbu ネーブ] 图 内部；インサイド ¶～ 수리[～ suri ～ スリ] 内部修理 / ～ 사정에 밝다 [～ saːdʒʌŋe paktʼa ～ サージョンエ パクタ] 内情に明るい **―감사**[gamsa ガムサ] 图 内部監査 **―자 거래**(者去來)[dʒa gɔːrɛ ジャ ゴーレ] 图 インサイダー取引.

내분[内紛][nɛːbun ネーブン] 图 内紛；内輪もめ ¶～에 휘말려 들다 [～ e hwimalljʌ dulda ネーブネ フィマルリョドゥルダ] 内紛に巻き込まれる.

내-분비[内分泌][nɛːbunbi ネーブンビ] 图 〈生〉内分泌 **―기관**[gigwan ギグァン] 图 〈生〉内分泌器官 **―물**[mul ムル] 图 内分泌物；ホルモン.

내-붙이다[nɛːbutʃʰida ネーブチダ] 他 張り出す ¶벽보를 ～ [pjɔkpʼorul ～ ピョクポルル ～] 張り紙を出す.

내-비치다[nɛːbitʃʰida ネービチダ] 自 他 ① (光が)漏れる ¶문틈으로 불이 ～ [mutʰumuro puri ～ ムントゥムロ プリ ～] 戸の透き間から明かりが漏れる ② 透き通って見える ¶옷이 ～ [oʃi ～ オシ ～] 服が透き通って見える ③ ほのめかす ¶사의를 ～ [sairul ～ サイルル ～] 辞意をほのめかす ④ 表に表

わす ¶괴로운 심정을 ~[kweroun ʃimdʒʌŋul ~] 苦しい気持ちを表に表わす.

내빈[來賓][nɛbin ネビン] 图 来賓 ¶~ 축사[~ tsʰuks'a ~ チュクサ] 来賓の祝辞 **―석**[sʌk ソク] 图 来賓席.

내-빼다[nɛːp'ɛda ネーッペダ] 自俗 逃げ出す; 逃げる ¶국외로 ~[kugwero ~ クグェロ ~] 国外へ逃げる.

내-뿜다[nɛːp'umt'a ネーップムタ] 他 噴[吹]き出す; 吹きつける[掛ける]; ほとばしる ¶시커먼 연기를 ~[ʃikʰʌmʌn jʌngirul ~ シコモン ヨンギルル ~] 真っ黒い煙りを噴き出す.

내사[內査][nɛːsa ネーサ] 图 하他 内密に行なう調査; 内偵.

***내색**[-色][nɛːsɛk ネーセク] 图 気振り; 素振り; 表情 ¶싫어하는 ~[ʃirʌhanun ~ シロハヌン ~] 嫌がる気振り[素振り] **―하다**[(nɛːsɛ)kʰada カダ] 自 表情に出す; 素振りを見せる.

내성[耐性][nɛːsʌŋ ネーソン] 图 耐性 ¶~이 생기다[~i sɛŋgida ~イ センギダ] 耐性が生じる **―균**[gjun ギュン] 图 耐性菌.

***내-세우다**[nɛːseuda ネーセウダ] 他 ① 立たせる ¶학생을 복도에 ~[haks'ɛŋul pokt'oe ~ ハクセンウル ポクトエ ~] 学生を廊下に立たせる ② 押し立てる ¶후보자로 ~[huːbodʒaro ~ フーボジャロ ~] 候補者として立たせる[推し立てる] / 가문을 ~[kamunul ~ カムヌル ~] 一家一門を誇りとして押し立てる ③ (申し)立てる; 掲げる; 主張する ¶이의를 ~[iːirul ~ イーイルル ~] 異議を申し立てる; 異を立てる / 간판을 ~[kanpʰanul ~ カンパヌル ~] 看板を掲げる[立てる・出す] / 내세울 만한 것이 없다[nɛːseul manhan kʌʃi ʌpt'a ネーセウル マンハン コシ オプタ] 取り立てて言う[掲げる]ほどのものはない ④ 優先する.

내수[內需][nɛːsu ネース] 图 内需 **―산업**[saːnʌp サーノブ] 图 内需産業.

내숭[內凶][nɛːsuŋ ネースン] 图 하形 優しいようで実は陰険なこと ¶~ 떨다[~ t'ʌlda ~ ットルダ] (おとなしそうに見せながら)猫をかぶる; (内心は腹黒いくせに)仮面をかぶる **―스럽다**[surʌpt'a スロプタ] 形 ㅂ変 見かけによらず陰険だ.

내-쉬다[nɛːʃwida ネーシュィダ] 他 (息を)吐く・つく ¶안도의 한숨을 ~[andoe hansumul ~ アンドエ ハンスムル ~] 安堵の息をつく.

내시[內侍][nɛːʃi ネーシ] 图 〈史〉 後官に仕えた, 去勢された男の宦官就.

내시-경[內視鏡][nɛːʃigjʌŋ ネーシギョン] 图 〈医〉 内視鏡.

내신[內申][nɛːʃin ネーシン] 图 하他 内申 ¶~서[성적][~sʌ[sʌŋdʒʌk] ~ソ[ソンジョク]] 内申書[成績].

내실[內室][nɛːʃil ネーシル] 图 婦女の居室; 閨房웅; 他人の妻の尊敬語.

내실[內實][nɛːʃil ネーシル] 图 内実; 内的に充実すること ¶~을 기하다[(nɛːʃir)ul kihada (ネーシ)ルル キハダ] 内的な充実を期する; 内容を充実させる.

내심[內心][nɛːʃim ネーシム] 图 ① 内心; 心中; 胸中; =속마음[soːŋmaum ソーンマウム] ¶~을 털어 놓다[~ul tʰʌronotʰa (ネーシ)ムル トロ ノッタ] 心中を打ち明ける; 胸を割る ② 〈副詞的に〉ひそかに; 内心(で) ¶~ 불쾌감을 느끼다[~ pulkʰwɛgamul nuk'ida ~ プルクェガムル ヌッキダ] 内心不快を覚える.

내야[內野][nɛːja ネーヤ] 图 〈野〉 内野, インフィールド **―수**[suː ス] 内野手 **―플라이**[pʰullai プルライ] 图 内野フライ; インフィールドフライ **―안타**[antʰa アンタ] 图 内野ヒット[安打].

내약[內約][nɛːjak ネーヤク] 图 하他 内約 ¶결혼의 ~[kjʌrhone ~ キョルホネ ~] 結婚の内約.

내연[內緣][nɛːjʌn ネーヨン] 图 内縁 ¶~의 처[~e tsʰʌ (ネーヨ)ネ チョ] 内縁の妻.

내-오다[nɛːoda ネーオダ] 他 (内の物を外へ)出す・持ち出す ¶의자를 마당으로 ~[widʒarul madaŋuro ~ ウィジャルル マダンウロ ~] 椅子를を庭に持ち出す[待ってくる].

내왕[來往][nɛwaŋ ネワン] 图 하自 行き来; 往来; 通い; 付き合い ¶그와는 지금도 ~한다[kuwanun tʃigumdo ~handa クワヌン チグムド ~ハンダ] 彼とは今も付き合っている.

***내외**[內外][nɛːwe ネーウェ] 图 ① 内外 =안팎[anpʰak アンパク] ¶100명 ~[~pʌŋmjʌŋ ~ ペンミョン ~] 100名内外, 100人前後 / ~의 정세[~e tʃʌŋse ~エ チョンセ] 内外の情勢 ② 夫婦 ¶김씨 ~[kimʃ'i ~ キムッシ ~] 金さ

ん夫婦 / ～간 [～gan ～ガン] 夫婦の間柄 / ～분 [～bun ～ブン] ご夫妻.

*내용[內容][nɛ:joŋ ネーヨン] 名 内容; 中身 ¶편지의 ～[pʰøːndʒie ～ ピョーンジエ ～] 手紙の内容 / 소포의 ～ [so:pʰoe ～ ソーポエ ～] 小包の中身 / 사건의 ～ [sa:kʼone ～ サーコネ ～] 事件の内容 —물 [mul ムル] 名 内容物; 中身 —증명 [dʒuŋmjɔŋ ジュンミョン] 名 内容証明. 「'내달'.

내월[來月][nɛwɔl ネウォル] 名 来月=

*내의[內衣][nɛ:i ネーイ] 名 下着; 肌着; アンダーシャツ; =속옷[so:got ソーゴッ] ¶～를 입다[～rul ipʼa ～ルル イプタ] 肌着を着る.

*내일[來日][nɛil ネイル] 名 明日 ¶～아침・～ 저녁・～ 밤[(nɛir) atʃʰim・～tʃʼɔnjɔk・～ pʼam (ネイ) ラチム・～チョニョク・～パム] 明日の朝[明朝]・明日の夕方・明日の夜[明晩] —모레 [more モレ] 名 あさって.

내자[內子][nɛ:dʒa ネージャ] 名 女房; 家内; (他人に自分の妻を言う語).

내장[內粧・內裝][nɛ:dʒaŋ ネージャン] 名 하自他 内装 ¶～ 공사[～ goŋsa ～ ゴンサ] 内装工事.

내장[內藏][nɛ:dʒaŋ ネージャン] 名 하他 内蔵 ¶노출계를 ～한 카메라 [notʃʰulgerul ～han kʰamera ノチュルゲルル ～ハン カメラ] 露出計を内蔵したカメラ.

내장[內臟][nɛ:dʒaŋ ネージャン] 名 〈生〉内臓; (食用にする動物の)もつ ¶～ 구이[～ gui ～ グイ] もつ焼き.

내적[內的][nɛ:tʃʼɔk ネーチョク] 名 冠 内的 ¶～인 문제[(nɛ:tʃʼɔg) in mu:ndʒe (ネーチョ) ギン ムーンジェ] 内的な問題 / ～ 경험[(nɛ:tʃʼ) kʼjɔŋhɔm ～ キョンホム] 内的経験.

내전[內戰][nɛ:dʒɔn ネージョン] 名 内戦 ¶～이 발발하다[～i palbarhada (ネージョ) ニ パルバルハダ] 内戦が勃発する.

내-젓다[nɛ:dʒɔtʼa ネージョッタ] 他 人変 ① 振り回す ¶팔을 ～[pʰarul ～ パルル ～] 腕を振り回す ② (櫓を)漕ぐ ③ (水などを)強く搔き回す.

내정[內定][nɛ:dʒɔŋ ネージョン] 名 하他 内定 ¶채용이 ～되다[tʃʰe:joŋi ～dweda チェーヨンイ ～ドゥェダ] 採用が内定する.

내정[內政][nɛ:dʒɔŋ ネージョン] 名 内政 ¶～ 불간섭[～ bulgansɔp ～ ブルガンソプ] 内政不干渉.

내조[內助][nɛ:dʒo ネージョ] 名 하自他 内助 ¶～의 공[～e koŋ ～ エ コン] 内助の功.

*내주[來週][nɛdʒu ネジュ] 名 来週 ¶～ 토요일[～ tʰojoil ～ トヨイル] 来週の土曜日.

내-주다[nɛ:dʒuda ネージュダ] 他 渡す; 渡して[取り出して]やる; 明け渡す; 譲る ¶서류를 ～[sɔrjurul ～ ソリュルル ～] 書類を渡してやる / 집을 ～[tʃibul ～ チブル ～] 家を明け渡す.

내-주장[內主張][nɛ:dʒudʒaŋ ネージュジャン] 名 하自他 かかあ天下 ¶～하다[～hada ～ハダ] 夫を尻に敷く.

*내지[乃至][nɛ:dʒi ネージ] 名 乃至なぃ; または ¶하루 ～ 이틀[haru ～ itʰul ハル ～ イットゥル] 1日乃至2日.

내-지르다[nɛ:dʒiruda ネージルダ] 他 르変 ① 蹴飛ばす ② 強く突く[押す] ③ (声を)張り上げる.

내집-마련[nɛdʒim marjɔn ネジムマリョン] 名 マイホームを購入すること.

내-쫓기다[nɛ:tʃʼotkʼida ネーッチョッキダ] 하受動 追い出される; 解雇される ¶집에서 ～[tʃibesɔ ～ チベソ ～] 家から追い出される / 회사에서 ～[hwe:saesɔ ～ フェーサエソ ～] 会社から解雇される.

*내-쫓다[nɛ:tʃʼotʼa ネーッチョッタ] 他 追い払う; 追い出す ¶개를 ～[kɛ:rul ～ ケールル ～] 犬を追っ払う / 조합에서 ～[tʃohabesɔ ～ チョハベソ ～] 組合から追い出す.

내친-걸음[nɛ:tʃʰingɔrum ネーチンゴルム] 名 行きがかり; ことのついで; 乗りかかった船; =내친-김[nɛ:tʃʰingim ネーチンギム] ¶～이니 그만 둘 수 없다[～ini kuman dul sʼu ɔ:pʼta ～(ゴル)ミニ クマン ドゥルッス オープタ] 乗りかかった船だから、やめられない.

내친-말[nɛ:tʃʰinmal ネーチンマル] 名 いったん切り出した話; 話のついで.

*내키다[nɛ:kʰida ネーキダ] 1 自 気が向く; 気乗りする; 乗り気になる ¶마음이 ～[maumi ～ マウミ ～] 気が向く / 마음이 내키지 않는다[maumi nɛ:kʰidʒi annunda マウミ ネーキジ アンヌンダ] 気乗りしない; 気が向かない 2 他 乗り気になるようにしむける; 気が向くようにする.

내통[内通][nɛ:tʰoŋ ネートン] 名 하自他 内通; (男女の)私通[密通] ¶ 적과 ~하다[tʃʌk'wa ~hada チョックァ ~ハダ] 敵と内通する.

내-팽개치다[nɛ:pʰɛŋgɛtʃʰida ネーペンゲチダ] 他 投げ捨てる; ほうり出す; かなぐり捨てる; たたきつける ¶ 땅바닥에 ~[t'aŋp'adage ~ ッタンパダゲ ~] 地面にたたきつける / 공부를 ~ [koŋburul ~ コンブルル ~] 勉強をほうり出す.

내포[内包][nɛ:pʰo ネーボ] 名 하他 内包 ¶ 가능성을 ~하다[ka:nɯŋsʌŋul ~hada カーヌンソンウル ~ハダ] 可能性を内包する[含んでいる].

내핍[耐乏][nɛ:pʰip ネーピブ] 名 하自 耐乏 ¶ ~ 생활[~ s'ɛŋhwal ~ センファル] 耐乏生活.

내한[來韓][nɛhan ネハン] 名 하自 来韓 ¶ ~ 공연[~ goŋjʌn ~ ゴンヨン] 来韓公演.

내-후년[來後年][nɛhunjʌn ネフニョン] 名 明後年; 再来年(の翌年) (3年後).

****냄비**[nɛmbi ネムビ] 名 鍋; ×남비[nambi ナムビ] ¶ ~ 요리[~ jori ~ ヨリ] 鍋もの / 자선 ~[tʃasʌn ~ チャソン ~] 慈善鍋 / ~ 뚜껑[~ t'uk'ʌŋ ~ ットゥッコン] 鍋ぶた.

****냄새**[nɛ:msɛ ネームセ] 名 ① 匂[臭]い, 薫[香]り; 香 ¶ 향수 ~[hjaŋsu ~ ヒャンス ~] 香水の香り; 香気 ② 気配; 感じ ¶ ~(를) 맡다[~(rul) mat'a ~(ルル) マッタ] 匂いを嗅ぐ; 気配を感ずる; 気づく / ~를 풍기다[~rul pʰuŋgida ~ルル プンギダ] 匂[臭]わす / ~(를) 피우다[~(rul) pʰiuda ~(ルル) ピウダ] 匂わせる; ある気配を漂わせる; (学者ぶる / ~ 좋다[~ dʒotʰa ~ ジョッタ] 香り[匂い]がいい / ~ 고약하다[~ gojakʰada ~ ゴヤクカダ] 臭いがひどい **—나다**[nada ナダ] 自 ① 匂[臭]う, 匂[臭]いがする ② 鼻につく; 嫌気がさす.

냅다[nɛpt'a ネプタ] 形 ㅂ変 煙(た)い ¶ 방안이 ~[paŋani ~ パンアニ ~] 部屋の中が煙(た)い.

냅다[nɛpt'a ネプタ] 副 一気に; 激しく, いきなり; 力強く ¶ ~ 달리다[~ tallida ~ タルリダ] 一気に走る / ~ 도망치다[~ tomaŋtʃʰida ~ トマンチダ] 一目散に逃げ出す / ~ 때리다[~ t'ɛrida ~ ッテリダ] (いきなり)殴りつける; ぶん殴る.

냅킨[nɛpkʰin ネプキン] napkin 名 ナプキン ¶ 종이 ~[tʃoŋi ~ チョンイ ~] 紙ナプキン.

냇-가[nɛ:tk'a ネーッカ] 名 川端; 川辺; 川のほとり.

냇-물[nɛ:nmul ネーンムル] 名 (小)川の「水[流れ]; 川.

냉[冷][nɛ:ŋ ネーン] 名 하形 〈漢方〉① 冷え(症) ② 帯下증; おりもの ¶ ~이 있다[~i it'a ~イ イッタ] こしけがある.

냉-[冷][nɛ:ŋ ネーン] 接頭 冷やし… ¶ ~맥주[~mɛktʃ'u ~ メクチュ] 冷えたビール / ~커피[~kʰɔ:pʰi ~コービ] アイスコーヒー.

냉-가슴[冷—][nɛ:ŋgasum ネーンガスム] 名 人知れず悩み苦しむこと ¶ 벙어리 ~ 앓듯[pʌŋʌri ~ altʰut ポンオリ (ネーンガス)マルトゥッ] (口のきけない人が言葉が言えないので気をもむように) 苦しい事情があっても人に明かすことができないので1人くよくよするさま.

냉각[冷却][nɛ:ŋgak ネーンガク] 名 하自他 冷却 **—기(간)**[(nɛ:ŋga)k'i(gan) キ(ガン)] 名 冷却期(間) **—장치**[tʃ'aŋtʃʰi チャンチ] 名 冷却装置.

냉-국[冷—][nɛ:ŋk'uk ネーンククッ] 名 冷やしたすまし汁.

냉기[冷氣][nɛ:ŋgi ネーンギ] 名 冷気; 冷え ¶ 아침 ~[atʃʰim ~ アチム ~] 朝の冷気 / ~를 느끼다[~rul nɯk'ida ~ ルル ヌッキダ] 冷えを感じる.

냉-난방[冷暖房][nɛ:ŋnanbaŋ ネーンナンバン] 名 冷暖房 ¶ ~ 완비[~ wanbi ~ ワンビ] 冷暖房完備.

냉담[冷淡][nɛ:ŋdam ネーンダム] 名 **—하다**[hada ハダ] 形 冷淡だ; 冷ややかだ; 冷めたい ¶ ~-한 태도[~-han tʰɛ:do ~-ハン テード] 冷淡な[冷ややかな]態度.

냉대[冷待][nɛ:ŋdɛ ネーンデ] 名 冷遇 **—하다**[hada ハダ] 他 冷遇する; 冷ややかにあしらう ¶ 손님을 ~[sonnimul ~ ソンニムル ~] お客さんを冷遇する.

냉동[冷凍][nɛ:ŋdoŋ ネーンドン] 名 하他 冷凍 **—선**[sʌn ソン] 名 冷凍船 **—식품**[ʃikpʰum シクプム] 名 冷凍食品 **—어**[ɔ オ] 名 冷凍した魚 **—육**[njuk ニュク] 名 コールドミート.

냉랭-하다[冷冷—][nɛ:ŋnɛŋhada ネーンネンハダ] 形 여変 冷え冷えしている; 冷ややかだ; 冷たい ¶ ~-한 공기

냉면[~-han koŋgi ~-ハン コンギ] 冷え冷えした空気 / ~-た 태도 [~-han tʰɛ:do ~-ハン テード] 冷淡な態度.

***냉면**[冷麵][nɛːŋmjon ネーンミョン] 名 冷麺냉; 冷やした麺に具をのせたもの; 韓国・朝鮮料理の1つ.

***냉방**[冷房][nɛːŋbaŋ ネーンバン] 名 ① 冷房 ¶ ~병 [~pʲjoŋ ~ピョン] 冷房病 ② 冷えた部屋 **―장치** [dʒaŋtʃʰi ジャンチ] 名 クーラー; 冷房装置.

냉소[冷笑][nɛːŋso ネーンソ] 名 하自他 冷笑; あざ笑い ¶ ~를 사다 [~rɯl sada ~ルル サダ] 冷笑を買う / 남을 ~하다 [namɯl ~hada ナムル ~ハダ] 人をあざ笑う / ~를 하다 [~rɯl hada ~ルル ハダ] 冷笑を浴びせる.

***냉수**[冷水][nɛːŋsu ネーンス] 名 ① 冷水 ¶ ~ 목욕 [~ mogjok ~ モギョク] 冷水浴 ② お冷や; お水 ¶ 냉수 1잔 주세요 [~ handʒan tʃusejo ~ ハン ジャン チュセヨ] お冷やを1杯ください / ~ 먹고 속차려라 [~ mok'o so:ktʃʰarjora ~ モクコ ソークチャリョラ] 慣 冷水を飲んで気をしっかり持ちなさい(非常識なことや身のほどを知らないことをする人にいう) ③ 水; 生水 ¶ ~ 마시지 마라 [~ maʃidʒi mara ~ マシジ マラ] 生水を飲むな **―마찰**[matsʰal マチャル] 名 冷水摩擦.

냉이[nɛŋi ネンイ] 名 〈植〉ナズナ; ペンペン草 **냉잇-국** [nɛŋitk'uk ネンイックク] 名 ナズナの若葉のみそ汁.

***냉장-고**[冷藏庫][nɛːŋdʒaŋgo ネーンジャンゴ] 名 冷蔵庫; フリーザー.

냉전[冷戰][nɛːŋdʒon ネーンジョン] 名 冷戰 ¶ ~ 상태 [~ saŋtʰɛ ~ サンテ] 冷戰状態.

***냉정**[冷情][nɛːŋdʒoŋ ネーンジョン] 名 薄情で冷たいこと **―하다** [hada ハダ] 形 冷たい; つれない; 冷ややかだ ¶ ~-한 사람 [~-han sa:ram ~-ハン サーラム] 冷たい[つれない]人 / ~-한 태도 [~-han tʰɛ:do ~-ハン テード] 冷たい[冷ややかな]態度 **―히** [i イ] 副 冷淡に; つれなく; 冷ややかに.

냉정[冷靜][nɛːŋdʒoŋ ネーンジョン] 名 하形 冷静 ¶ ~-한 판단 [~-han pʰandan ~-ハン パンダン] 冷静な判断 / ~을 잃다 [~ɯl iltʰa ~ウル イルタ] 冷静さを失う / ~을 되찾다 [~ɯl twetʃʰat'a ~ウル トゥェチャッタ] 冷静に帰る; 冷静さを取り戻す **―히** [i イ] 副 冷静に; 冷ややかに.

냉차[冷茶][nɛːŋtʃʰa ネーンチャ] 名 冷やしお茶[麦茶].

냉채[冷菜][nɛːŋtʃʰɛ ネーンチェ] 名 冷やした野菜のあえもの; 酢の物.

냉철[冷徹][nɛːŋtʃʰol ネーンチョル] 名 하形 冷徹 ¶ ~-한 두뇌 [(nɛːŋtʃʰor)-han tunwe ~-ハン トゥヌェ] 冷徹な頭脳 / ~-한 판단 [(nɛːŋtʃʰor)han pʰandan ~-ハン パンダン] 冷徹な判断 **―히** [(nɛːŋtʃʰor)i ~-ネーンチョ)リ] 副 冷徹に.

냉큼[nɛŋkʰum ネンクム] 副 すぐに; ただちに; 素早く ¶ ~ 승낙하다 [~ sɯŋnakʰada ~ スンナクハダ] すぐ承諾する / ~ 나가라 [~ nagara ~ ナガラ] とっとと出て行け.

냉탕[冷湯][nɛːŋtʰaŋ ネーンタン] 名 (冷)水風呂.

냉혈[冷血][nɛːŋhjol ネーンヒョル] 名 冷血; 非情 ¶ ~ 동물 [~ doːŋmul ~ ドーンムル] 冷血動物 / ~-한 [(nɛːŋhjor)han ~-ハン] 冷血漢.

냉혹[冷酷][nɛːŋhok ネーンホク] 名 하形 冷酷; 思いやりがなくむごいさま ¶ ~-한 사나이 [(nɛːŋho)kʰan sanai ~カン サナイ] 冷酷な男 / ~-한 처사 [(nɛːŋho)kʰan tʃʰoːsa ~カン チョーサ] むごい仕打ち **―히** [(nɛːŋho)kʰi ~キ] 副 冷酷に; 人情なく.

*-**나**[nja ニャ] 語尾 …の; …か ¶ 몹시 아프~?[moːpʃi apʰɯ ~ モープシ アプ~] ひどく痛むのか / 어떠~?[ot'o~ オット~] どうだ / 좋으~?[tʃoːɯ ~ チョーウ~] いいの.

-**나고**[njago ニャゴ] 語尾 …かと ¶ 누구~ 소리쳤다 [nugu~ soritʃʰot'a ヌグ~ ソリチョッタ] 誰かと叫んだ / 집이 크~요?[tʃibi kʰɯ~jo チビ ク~ヨ] 家が大きいかですって.

-**나는**[njanɯn ニャヌン] 語尾 …かという ¶ 머리가 아프~ 질문이 있었다 [moriga apʰɯ~ tʃilmuni is'ot'a モリガ アプ~ チルムニ イッソッタ] 頭が痛いのかという質問があった.

-**냐**[njan ニャン] 語尾 …かという ¶ 무엇이 어려우~ 말이에요. [muoʃi orjou~ maːrijejo ムオシ オリョウ~ マーリエヨ] 何が難しいのかというんですよ.

냠냠[njamnjam ニャムニャム] 副 ぱくぱく; もぐもぐ; 幼児がおいしそうに食べながら舌鼓を打つ音 **―거리다**[gorida ゴリダ] 自他 幼児がおいしそうに食べ

る；しきりに舌鼓を打つ **—하다**[hada ハダ] 自여変 (幼児がもっと食べたくて口を)もぐもぐする.

-내요[nɛjo ネヨ] 語尾 …ですって ¶크~?[kɯ~ ク~] 大きいかですって/작으~?[tʃaːgɯ~ チャーグ~] 小さいかですって/가느~?[kanɯ~ カヌ~] 行くのかですって/먹느~?[mɔŋnɯ~ モンヌ~] 食べるのかですって.

*너¹[nɔ ノ] 代 お前；君；あんた ¶~는 누구냐?[~nɯn nugunja ~ヌン ヌグニャ] お前は誰か/~와 나[~wa na ~ワ ナ] 君と僕 **너희(들)**[nɔhi(dɯl) ノヒ(ドゥル)] 代 お前たち；君ら；あんたら；=**너네(들)**[nɔne(dɯl) ノネ(ドゥル)] ¶~ 집은 어디야?[~ dʒibun ɔdija ~ ジブン オディヤ] 君らのうちはどこだ/~만 가는 거냐?[~~man kanɯn gɔnja ~~マン カヌン ゴニャ] お前たちだけ行くのか.

너²[nɔː ノー] 冠 よん；4つの ¶~말-되[~mal~dwe ~マル~ドゥェ] 4斗4升.

*너구리[nɔguri ノグリ] 名 〈動〉 タヌキ(狸) ¶~같다[~gat'a ~ガッタ] (タヌキのように)腹黒い・ずる賢い・悪賢い.

*너그럽다[nɔgɯrɔpt'a ノグロプタ] 形 ㅂ変 寛大だ；寛容だ；おおらかだ；=**너글너글하다**[nɔgɯlnɯlɡɯl rhada ノグルグルハダ] ¶마음이 너그러운 사람[maɯmi nɔgɯrɔun saːram マウミ ノグロウン サーラム] 寛大な人；心の広い人 **너그러-이**[nɔgɯrɔi ノグロイ] 副 大目に；寛大に ¶실수를 ~ 봐주다[ʃilsʼurɯl ~ pwaːdʒuda シルッスルル ~ プァージュダ] 過ちを大目に見てやる.

너끈-하다[nɔkʼɯnhada ノックンハダ] 形 여変 余裕がある；十分である **너끈-히**[nɔkʼɯni ノックニ] 副 十分に；たっぷり.

너나-없이[nɔnaɔpʼɕi ノナオプシ] 副 誰彼なしに；誰それなく；誰もが；=**너나할 것 없이**[nɔnahal kʼɔːpʼɕi ノナハル コドープシ] ¶~ 모두 합격이다[~ modu hapkʼjɔgida ~ モドゥ ハプキョギダ] 誰彼なしにみな合格だ.

너댓[nɔdɛt ノデッ] 数 4つか5つ(くらい) ='**네댓**'.

너더-댓[nɔdɔdɛt ノドデッ] 数 4つか5つ(くらい) ¶~ 사람[(ɔdɛt) sʼaːram ~ サラム] 4·5人 **—새**[(nɔdɔdɛt)sʼɛ セ] 名 4·5日(くらい).

너더분-하다[nɔdɔbunhada ノドブンハダ] 形 여変 ごたごたしている；取り散らかしている；乱雑だ ¶~-하게 흩어져 있다[~~hage huːtʰɔdʒjɔ itʼa ~~ハゲ フトジョ イッタ] 乱雑に散らかっている.

너덕-너덕[nɔdɔknɔdɔk ノドクノドク] 副 하形 べたべた(と)；つぎはぎだらけに ¶~ 붙이다[~ pʼutʃʰida ~ プチダ] べたべた(と)張る/~ 기운 옷[~~(ɔdɔk) kʼiun ot ~ キウノッ] つぎはぎだらけの服.

너덜-거리다[nɔdɔlgɔrida ノドルゴリダ] 自 ① (垂れ下がって)ぶらぶらする；ゆらゆら揺れる ¶옷이 찢기어 ~[oʃi tʃʼitkʼiɔ ~ オシッチキオ ~] 服が裂けてぶらぶらする ② 見境なくしゃべり立てる **너덜-너덜**[nɔdɔlnɔdɔl ノドルノドル] 副 하自 ① ぼろぼろ；ぶらぶら ¶옷이 ~ 해지다[oʃi ~ hɛːdʒida オシ ~ ヘージダ] 着物がぼろぼろになる ② べらべら(しゃべりまくるさま) **너덜-나다**[nɔdɔllada ノドルラダ] 自 ぼろぼろになる；ずたずたに裂ける.

너덧[nɔdɔt ノドッ] 数 4つ(ほど(の)) ¶~ 사람[(ɔdɔt) sʼaːram ~ サラム] 4人ほど.

너도-나도[nɔdonado ノドナド] 副 君も私も；みんな；誰も彼も.

-너라[nɔra ノラ] 語尾 …なさい ¶나오~[nao~ ナオ~] 出て来い.

*너르다[nɔrɯda ノルダ] 形 르変 広い ¶너른 방[nɔrɯn paŋ ノルン パン] 広い部屋/너른 바지[nɔrɯn padʒi ノルン パジ] 幅の広いズボン.

너만-한[nɔmanhan ノマンハン] 冠 君ほどの ¶~ 친구도 없다[~ tʃʰingudo ɔːpʼtʼa ~ チングド オープタ] 君ほどの友達もない.

*너머[nɔmɔ ノモ] 名 (山・垣などの)向こう側；…越し ¶산~에 살다[san~e saːlda サン~エ サールダ] 山の向こうに住む/창~로 보다[tʃʰaŋ~ro poda チャン~ロ ポダ] 窓越しに見る.

*너무[nɔmu ノム] 副 あまり(にも)；あんまり；ひどく；…し過ぎて ¶~ 젊다[~ tʃɔːmtʼa ~ チョームタ] あまりにも若い/~ 욕심부리지 마라[~ jokʼɕʼimburidʒi mara ~ ヨクシムブリジ マラ] あんまり欲張るな/~ 어렵다[~ ɔrjɔptʼa ~ オリョプタ] 難し過ぎる/~ 심하다[~ ʃiːmhada ~ シームハダ] あま

りひどい **―나**[na ナ] 副 あまりにも ¶ ~ 유명하다[~ ju:mjʌŋhada ~ ユーミョンハダ] あまりにも有名だ **―너무**[nʌmu ノム] 副 '너무'の強調語 **―하다**[hada ハダ] 形 [여변] あんまりだ; ひどい ¶그런 말을 하다니 ~[kɯrʌn ma:rɯl hadani ~ クロン マールハダニ ~] そんなことを言うなんてひどい.

***너비**[nʌbi ノビ] 名 幅; 横幅 ¶강의 ~[kaŋe ~ カンエ ~] 川幅.

너울[nʌul ノウル] 名 (海の)大波, 荒波; 波濤 **―거리다**[gʌrida ゴリダ] 自他 ① 大波立つ; しきりにうねる[波打つ] ② (木の葉などが)揺れ動く; ゆらゆらなびく **―너울**[lʌul ロウル] 副 [하자타] うねうね; ゆらゆら; ひらひら ¶나비가 ~ 춤추다[nabiga ~ tɕʰumtɕʰuda ナビガ ~ チュムチュダ] 蝶がひらひらと舞う **―지다**[dʑida ジダ] 自 (はるかに見える海が)大波を立てている; うねっている.

너이[nʌ:i ノーイ] 1 名 4人 ¶겨우 ~가 모였다[kjʌu ~ga mojʌtʼa キョウ ~ ガ モヨッタ] やっと4人が集まった 2 数 4つ ¶남은 것은 ~다[namɯn kʌsun ~da ナムン コスン ~ダ] 残りは4つだ.

너저분-하다[nʌdʑʌbunhada ノジョブンハダ] 形 [여변] ごたごた[ごちゃごちゃ]している; 取り散らかっている ¶방안이 ~[paŋani ~ パンアニ ~] 部屋の中がごちゃごちゃ散らかっている.

***너절-하다**[nʌdʑʌrhada ノジョルハダ] 形 [여변] ① みすぼらしい; むさくるしい; 汚らしい ¶~-한 옷차림[~-han otɕʰarim ~-ハン オッチャリム] むさくるしい身なり ② くだらない; つまらない; 品がない ¶~-한 물건[~-han mulgʌn ~-ハン ムルゴン] くだらない品物 / 사람이 좀 ~[sa:rami tɕʌm ~ サーラミ チョム ~] 人となりがちょっと下品だ.

너털-거리다[nʌtʰʌlgʌrida ノトルゴリダ] 自 ① (ぼろなどが垂れて)ぶらぶらする ② 大声で笑う; げらげら笑う **너털-웃음**[nʌtʰʌrusum ノトルスム] 名 豪傑笑い; 高笑い ¶~을 치다[~ul tɕʰida (ノトルス)ムル チダ] 豪傑笑いをする; げらげらと大声で笑う.

넉[nʌ:k ノーク] 冠 よん; 4 ¶~달[~tʼal ~タル] 4か月 / ~장[~tɕʼaŋ ~ チャン] 4枚.

넉넉-잡다[nʌŋnʌktɕʼapta ノンノクチャプタ] 自 十分に見積もる; 余裕をたっぷり取る ¶~-잡아 4개월[~-tɕʼaba sa:gɛwʌl ~-チャバ サーゲウォル] 長く見積もって4か月.

***넉넉-하다**[nʌŋnʌkʰada ノンノクハダ] 形 [여변] ① 十分[充分]だ ¶시간은 ~[ɕiganun ~ シガヌン ~] 時間は十分だ ② 豊かだ; 裕福だ ¶살림이 ~[sallimi ~ サルリミ ~] 暮らし(向き)がよい / ~-한 집[~-kʰan tɕip ~-カン チプ] 暮らしが豊かな家 **넉넉-히**[nʌŋnʌkʰi ノンノクキ] 副 十分[充分]に; たっぷり(と); 裕福に.

넉살[nʌksʼal ノクサル] 名 図太さ; ふてぶてしさ; 厚かましさ **―부리다[떨다]**[burida tʼʌlda ブリダ ットルダ] 自 図太く[ふてぶてしく・図々しく]ふるまう **―스럽다**[sɯrʌptʼa スロプタ] 形 [ㅂ변] 図々しい; 厚かましい **―좋다**[dʑotʰa ジョッタ] 形 図太い; 虫がいい; 臆面もない; 図々しい ¶~-좋은 놈[~-dʑoun nom ~-ジョウン ノム] 図々しい奴.

***넋**[nʌk ノク] 名 ① 魂; 霊 ¶죽은 ~[tɕugun ~ チュグン ~] 亡霊 / ~을 위로하다[~-s'ul wirohada ~-スル ウィロハダ] 霊を慰める[鎮める] ② 精神・気・心・魂・意識 ¶~을 놓다[~-s'ul notʰa ~-スル ノッタ] 気が抜けてぼうっとなる; 気を落とす; がっかりする / ~을 빼앗다[~-s'ul pʼɛatʼa ~-スルッペアッタ] 魂[心]を奪う; とろかす / ~을 잃다[~-s'ul iltʰa ~-スル イルタ] (…に)魂を奪われる; 気を取られる; 気を失う; とろける / ~을 잃고 바라보다[~-s'ul ilkʰo paraboda ~-ッスル イルコ パラボダ] 我を忘れて見とれる[見入る]; ぼんやりと見入る / ~이 나가다[~-ɕ'i nagada ~-シ ナガダ] (ひどくびっくりして)魂が抜ける / ~-빠진 사람[~-pʼadʑin sa:ram ~-ッパジン サーラム] 気[魂]の抜けた人.

넋-두리[nʌktʼuri ノクトゥリ] 名 [하자] ① 愚痴; 泣き言 ¶~를 늘어놓다[~-rul nurʌnotʰa ~-ルル ヌロノッタ] 愚痴を並べ立てる ② 巫女が死霊に代わっていう言葉; 口寄せ; 死に口.

넋-없다[nʌgʌptʼa ノゴプタ] 自 ぼんやりしている; ぼうっと気抜けている **넋-없이**[nʌgʌpɕʼi ノゴプシ] 副 ぼんやり; 呆然と; 我を忘れて.

***넌** [nɔn ノン] 略 '너는'; お前は; 君は.
넌더리 [nɔndɔri ノンドリ] 名 懲りる [うんざりする]こと; 嫌気がさすこと **―나다** [nada ナダ] 自 うんざりする; 嫌気がさす; 飽きる ¶ 생각만 해도 ~ [sɛŋgaŋman hɛːdo ~ センガンマン ヘード ~] 考えただけでもうんざりする **―내다** [nɛda ネダ] 自 ひどく嫌がる [嫌う] **―대다** [dɛda デダ] 他 嫌がらせをする **넌덜-머리** [nɔndɔlmɔri ノンドルモリ] 名 '넌더리'の卑語.

넌센스 [nɔnsensɯ ノンセンス] nonsence 名 ナンセンス.

넌지시 [nɔndʒiɕi ノンジシ] 副 それとなく; そっと; ひそかに ¶ ~ 알려주다 [~ alljɔdʒuda ~ アルリョジュダ] それとなく知らせる / 사의를 ~ 비추다 [sairul ~ pitɕʰuda サイルル ~ ピチュダ] 辞意をほのめかす.

*널다 [nɔːlda ノールダ] 他 ㄹ語幹 干す; 乾かす; さらす; 広げる ¶ 빨래를 ~ [pallɛrul ~ ッパルレルル ~] 洗濯物を干す.

널-따랗다 [nɔlt'aratʰa ノルッタラッタ] 形 ㅎ変 広々としている; 広い.

*널-뛰기 [nɔːlt'wigi ノールットゥィギ] 名 ㅎㅣ自 板跳び **널-뛰다** [nɔːlt'wida ノールットゥィダ] 自 板跳びをする.

널뛰기

널름 [nɔllɯm ノルルム] 副 ㅎㅣ他 ① すばやく舌を出したり引っこめたりするさま; ぺろり; ぺろっ ② 手をすばやく出して取るさま; さっと **―거리다** [gɔrida ゴリダ] 自他 ぺろりとする; さっと取る.

*널리 [nɔlli ノルリ] 副 ① 広く; あまねく ¶ ~ 읽히고 있다 [~ ilkʰigo it'a ~ イルキゴ イッタ] 広く読まれている ② 寛大に; 大目に ¶ ~ 용서해 주시길 바랍니다 [~ joŋsɔhɛ tɕuɕigil baramnida ~ ヨンソヘ チュシギル バラムニダ] ご寛恕ㄸㅈ お願いします.

널리다¹ [nɔllida ノルリダ] 自 ① 散らばる; '널다'の受動 ¶ 빈 깡통이 널려 있다 [piːn k'aŋtʰoŋi nɔlljɔ it'a ピーンッカントンイ ノルリョ イッタ] 空き缶が散らばっている ② (干し物が)干されている.

널리다² [nɔllida ノルリダ] 他 広くする; 広げる; '너르다'の使役形 ¶ 방을 크게 ~ [paŋul kʰuge ~ パンウル クゲ ~] 部屋を大きく広げる. 「名 板; 板材.

널-빤지 [nɔːlp'andʒi ノールッパンジ]
널어-놓다 [nɔrɔnotʰa ノロノッタ] 他 広げて[干して]置く ¶ 빨래를 ~ [pallɛrul ~ ッパルレルル ~] 洗濯物を干して置く. 「板切れ.

널-조각 [nɔːltʃogak ノールチョガク] 名
널찍-하다 [nɔltʃikʰada ノルッチクハダ] 形 여変 かなり広い; やや広い; 広々としている ¶ ~ 한 뜰 [~kʰan t'ɯl ~カン ットゥル] 広々とした庭 **널찍-이** [nɔltʃigi ノルッチギ] 副 広々と; 広やかに.

널-판때기 [nɔːlpʰant'ɛgi ノールパンッテギ] 名 幅広くて長い厚板.

널-판자 [-板子] [nɔːlpʰandʒa ノールパンジャ] 名 板; 板材; ='널빤지'.

*넓다 [nɔlt'a ノルタ] 形 広い ¶ 방이 ~ [paŋi ~ パンイ ~] 部屋が広い / 이마가 ~ [imaga ~ イマガ ~] 額が広い / 마음이 ~ [maɯmi ~ マウミ ~] 心が広い / 교제가 ~ [kjodʒega ~ キョジェガ ~] 交際が広い / 발이 ~ [pari ~ パリ ~] 顔が広い.

넓어-지다 [nɔlbɔdʒida ノルボジダ] 自 広がる; 広くなる ¶ 길이 ~ [kiri ~ キリ ~] 道が広がる.

*넓이 [nɔlbi ノルビ] 名 広さ; 幅; 面積 ¶ 길의 ~ 가 좁다 [kire ~ga tʃopt'a キレ ~ガ チョプタ] 道の広さが狭い.

넓이-뛰기 [nɔlbit'wigi ノルビットゥィギ] 名 幅跳び.

*넓적-다리 [nɔptʃ'ɔkt'ari ノプチョクタリ] 名 太もも; 大腿䏶 ¶ ~ 를 드러내다 [~rul turɔnɛda ~ルル トゥロネダ] 太ももをむき出す.

넓적-하다 [nɔptʃ'ɔkʰada ノプチョクカダ] 形 여変 平たい; 扁平䡎だ; 広い ¶ ~ 한 얼굴 [~kʰan ɔlgul ~カン オルグル] 平たい顔.

넓죽-하다 [nɔptʃ'ukʰada ノプチュクカダ] 形 여変 長めに広い **넓죽-이** [nɔptʃ'ugi ノプチュギ] 1 名 長めに平たい顔の人をあざけっていう語 2 副 長めに広く.

*넓히다 [nɔlpʰida ノルピダ] 他 広くくする; 広げる; 広める; '넓다'の使役形 ¶도로를 ~ [toːrorɯl ~ トーロルル ~] 道路を広げる / 지식을 ~ [tʃiɕigɯl ~ チシグル ~] 知識を広める.

넘겨다-보다 [nɔmgjɔdaboda ノムギョダボダ] 他 ① 物越しに見る[のぞく] ¶남의 집 안을 ~ [name tʃibanɯl ~ ナメ チバヌル ~] (塀越しに)人の家の中をのぞく ② 人の物を欲しがってうかがう; 不当な欲を出す ¶남의 재산을 ~ [name tʃɛsanɯl ~ ナメ チェサヌル ~] 人の財産をうかがう.

넘겨-받다 [nɔmgjɔbatʼa ノムギョバッタ] 他 譲り受ける; 引き継ぐ

넘겨-씌우다 [nɔmgjɔɕʼiuda ノムギョッシウダ] 他 (人に)おっかぶせる; なすりつける ¶남에게 죄를 ~ [namege tʃweːrɯl ~ ナメゲ チュエールル ~] 人に罪をなすりつける[おっかぶせる].

넘겨-잡다 [nɔmgjɔdʑaptʼa ノムギョジャプタ] 他 当て推量をする; 憶測する ¶함부로 ~-잡지 마라 [hamburo ~-dʑaptʃʼi mara ハムブロ ~-ジャプチ マラ] いい加減に当て推量をするな.

*넘겨-주다 [nɔmgjɔdʑuda ノムギョジュダ] 他 譲り渡す; 引き渡す; 譲る.

넘겨-짚다 [nɔmgjɔdʑiptʼa ノムギョジプタ] 他 当て推量をする; 鎌をかける ¶~-짚고 한 말 [~-dʑipkʼo han maːl ~-ジプコ ハン マール] 鎌をかけた言葉; 当てずっぽうで言う言葉.

*넘기다¹ [nɔmgida ノムギダ] 他 ① (物越しに)渡す ¶담너머로 ~ [tamnɔmoro ~ タムノモロ ~] 塀越しに渡す ② 倒す ¶나무를 잘라 ~ [namurul tʃalla ~ ナムルル チャルラ ~] 木を切り倒す ③ めくる; 繰る ¶책장을 ~ [tʃʰɛktʃʼaŋɯl ~ チェクチャンウル ~] ページをめくる ④ 切り抜ける; 越える ¶어려운 고비를 ~ [ɔrjɔun kobirɯl ~ オリョウン コビルル ~] 難関を切り抜ける ⑤ 譲る; 渡す ¶정권을 ~ [tʃɔŋkʼwɔnɯl ~ チョンクォヌル ~] 政権を渡す[譲る] ⑥ 越す ¶해를 ~ [herɯl ~ ヘルル ~] 年を越す / 나이 70을 ~ [nai tʃʰilʃʼibul ~ ナイ チルシブル ~] 年70を越す ⑦ (担当部署に)渡す; 回す ⑧ 持ち越す ¶다음 회기로 ~ [taum hweːgiro ~ タウム フェーギロ ~] 次の会期に持ち越す ⑨ 飛ばす; 抜かす ¶책 중간을 넘기고 읽다 [tʃʰɛk tʃʼuŋganɯl nɔmgigo iktʼa チェク チュンガヌル ノムギゴイクタ] 本の半ばを飛ばして読む ⑩ 強める語 ¶팔아 ~ [pʰara ~ パラ ~] 売り渡す; 売り飛ばす.

넘기다² [nɔmgida ノムギダ] 他 通らせる; あふれさせる; '넘어가다'の使役形 ¶약을 겨우 ~ [jagul kjou ~ ヤグル キョウ ~] 薬をやっと通して流し込む.

*넘나-들다 [nɔːmnadɯlda ノームナドゥルダ] 自 (ㄹ語幹) (頻繁に)出入りする; 行き来する ¶늘 ~-드는 상인 [nɯl ~-dɯnɯn saŋin ヌル ~ドゥヌン サンイン] しょっちゅう出入りの商人.

*넘다 [nɔːmtʼa ノームタ] 1 自 ① 越える; 過ぎる ¶1되가 ~ [handwega ~ ハンドウェガ ~] 1升にあまる ② あふれる ¶강물이 ~ [kaŋmuri ~ カンムリ ~] 川があふれる ③ 過ぎる; 越す ¶1시가 넘었다 [hanɕiga nɔːtʼa ハンシガ ノモッタ] 1時が過ぎた / 나이 70이 ~ [nai tʃʰilʃʼibi ~ ナイ チルシビ ~] 年70を越す 2 他 ① 越える; 越す ¶산을 ~ [sanul ~ サヌル ~] 山を越える / 고비를 ~ [kobirul ~ コビルル ~] 峠を越す[難関を越える] / 30도가 넘는 더위 [samɕiptʼoga nɔːmnɯn towi サムシプトガ ノームヌン トウィ] 30度を越す暑さ ② (飛び)越える; またぐ ¶담을 ~ [tamul ~ タムル ~] 塀を越える / 도랑을 ~ [toraŋul ~ トランウル ~] 溝をまたぐ.

넘-보다 [nɔːmboda ノームボダ] 他 (人を)見下げる; 見くびる ¶상대방을 ~ [saŋdɛbaŋul ~ サンデンバンウル ~] 相手を見くびる.

넘실-거리다 [nɔmɕilgɔrida ノムシルゴリダ] 自 ① 波が大きくうねる = ¶파도가 ~ [pʰadoga ~ パドガ ~] ② こっそりとしきりにうかがう[のぞく] ③ 物欲しそうにのぞく ④ 水があふれそうだ.

*넘어-가다 [nɔmɔgada ノモガダ] 1 自 ① 倒れる ¶기둥이 ~ [kiduŋi ~ キドゥンイ ~] 柱が倒れる / 회사가 ~ [hweːsaga ~ フェーサガ ~] 会社が倒れる ② 経過する; 過ぎる ¶기한이 ~ [kihani ~ キハニ ~] 期間が切れる / 1년이 ~ [illjɔni ~ イルリョニ ~] 1年が経過する ③ 渡る; 移る ¶집이 남의 손에 ~ [tʃibi name sone ~ チビナメ ソネ ~] 家が人手に渡る[落ちる] / 본론으로 ~ [pollonuro ~ ポルロヌロ ~] 本論に移る ④ 沈む ¶해가

넘어다 보다 ~[hεga ~ ヘガ~] 日が沈む ⑤ だまされる; ひっかかる ¶감쪽같이 속아 ~[kamt͡ɕʼokʼatɕʰi soga~ カムッチョクカチ ソガ~] まんまとだまされる; いっぱい食わされる **2** 他 越える ¶아리랑 고개를 ~[ariraŋ gogεro~ アリラン ゴゲロ~] アリラン峠を越えていく.

넘어다-보다 [nomodaboda ノモダボダ] 他 見越す; 物越しに見る ¶담을 ~[tamul~ タムル~] 塀越しに見る / 어깨 너머로 ~[ɔkʼε nomoro~ オッケ ノモロ~] 肩越しにのぞく.

넘어-뜨리다 [nomotʼɯrida ノモットゥリダ] 他 (打ち)倒す ¶기둥을 ~[kiduŋul~ キドゥンウル~] 柱を倒す / 정부를 ~[t͡ɕoŋburul~ チョンブルル~] 政府を倒す[打倒する].

넘어-서다 [nomosoda ノモソダ] 他 越す; 越える ¶언덕을 ~[ondogul~ オンドグル~] 丘を越える / 한계를 ~[haːŋgerul~ ハーンゲルル~] 限界を越す / 병이 고비를 ~[pjoːŋi kobirul~ ピョーンイ コビルル~] 病気が峠を越す.

넘어-오다 [nomooda ノモオダ] 自他 ① (こちらへ)越えてくる ¶산을 ~[sanul~ サヌル~] 山を越えてくる ② (こちらへ)倒れる ¶벽이 ~[pjogi~ ピョギ~] 壁がこちらへ倒れる ③ 吐き気を催す ¶삼킨 약이 ~[samkʰin njagi~ サムキン ニャギ~] 飲んだ薬を戻す ④ 転向してくる ¶자유진영으로 ~[t͡ɕaju d͡ʑiːnjoŋuro~ チャユ ジーニョンウロ~] 自由陣営に転向してくる.

*__넘어-지다__ [nomod͡ʑida ノモジダ] 自 倒れる; 転ぶ ¶옆으로 ~[jopʰɯro~ ヨプロ~] 横ざまに倒れる / 미끄러져 ~[mikʼɯrod͡ʑo~ ミックロジョ~] すべって転ぶ.

넘쳐-흐르다 [nomt͡ɕʰohɯruda ノムチョフルダ] 自変 (水などが)あふれ出る; 満ちあふれる; (力・感情などが)あふれる; みなぎる ¶개천이 ~[kεt͡ɕʰoni~ ケチョニ~] どぶ川があふれる / 젊음이 ~[t͡ɕolmumi~ チョルムミ~] 若さがみなぎる.

*__넘-치다__ [noːmt͡ɕʰida ノームチダ] 自 ① あふれる; こぼれる; みなぎる ¶물이 ~[muri~ ムリ~] 水があふれる / 투지가 ~[tʰud͡ʑiga~ トゥジガ~] 闘志がみなぎる ② 過ぎる; あまる ¶분에 ~[puːne~ プーネ~] 分に過ぎる / 분에 --치는 영광 [puːne ~-t͡ɕʰinun joŋgwaŋ プーネ --チヌン ヨンガン] 身にあまる光栄.

*__넙치__ [nopt͡ɕʰi ノプチ] 名〈魚〉ヒラメ(鮃) =광어(廣魚)[kwaːŋo クァーンオ].

넝마 [noŋma ノンマ] ぼろ(服); くず物; ぼろ切れ **━주이** [d͡ʑui ジュイ] 名 廃品回収業者.

*__넣다__ [noːtʰa ノータ] 他 ① 入れる ¶커피에 설탕을 ~[kʰoːpʰie soltʰaŋul~ コーピエ ソルタンウル~] コーヒーに砂糖を入れる / 스위치를 ~[sɯwit͡ɕʰirul~ スウィチルル~] スイッチを入れる / 학교에 ~[hakʼd͡ʑoe~ ハクキョエ~] 学校に入れる[入学させる] ② (金を)預ける; 収める ¶은행에 돈을 ~[unhεŋe toːnul~ ウンヘンエ トーヌル~] 銀行に預金する ③ 加える ¶압력을 ~[amnjogul~ アムニョグル~] 圧力を加える.

*__네¹__ [ne ネ] **1** 代 君; お前; ='너' ¶~가 해라[~ga hεːra ~ガ ヘーラ] お前がやれ **2** 略 君の; お前の; =너의[nɔe ノエ] ¶~ 책[~ t͡ɕʰεk~ チェク] 君の本.

*__네²__ [ne ネ] 感 はい=예[je イェ]; え; ね ¶~, 그렇습니다[~, kɯrɔsʼɯmnida~, クロッスムニダ] はい、そうです / ~, 그래요?[~, kɯrεjo~, クレヨ] え、そうですか / ~, 괜찮지요[~, kwεnt͡ɕʰant͡ɕʰijo~, クェンチャンチヨ] ね、いいでしょう.

*__네³__ [neː ネー] 冠 よん; 4つ ¶~개[~gε ~ゲ] 4箇 / ~살[~sal ~サル] 4つ; 4歳 / ~사람[~saram ~サラム] 4人.

-네¹ [ne ネ] 接尾 ① …たち; …ら ¶우리~ 인생[uri~ insεŋ ウリ~ インセン] 我々の人生 / 부인~들[puin~dul プイン~ドゥル] 夫人たち ② …(の)家[家族・家庭] ¶아저씨~[ad͡ʑosʼi~ アジョッシ~] おじさんのご家族 / 아주머니~ 집[ad͡ʑumoni~ t͡ɕip アジュモニ~ チプ] おばさんの家.

-네² [ne ネ] 語尾 ① …する(よ); …だ(よ) ¶눈이 오~[nuːni o~ ヌーニ オ~] 雪が降っている ② …だなあ ¶큰일났~[kʰɯnillan~ クニル ラン~] 大変なことになったなあ ③ …ですねえ ¶재미있~요[t͡ɕεmiin~jo チェミイン~ヨ] 面白いですねえ.

*__네-거리__ [neːgori ネーゴリ] 名 十字路;

交差点; 四つ角 = 사거리 [sa:gori サーゴリ] ¶~를 왼쪽으로 돌다 [~rɯl we:ntɕʰoguro to:lda ~ルル ウェーンッチョグロ トールダ] 四つ角を左に曲がる.

네-까짓 [nek'adʑit ネッカジッ] 冠 お前のような ¶ ~ 주제에 [(nek'adʑi) tɕ'udʑee ~ チュジェエ] お前なんかが.

네다바이 [nedabai ネダバイ] 名 にせの札束などを使って人の金品をだまし取ること; 寝刃を合わせること; = 미끼치기 [mik'itɕʰigi ミッキチギ].

네-다섯 [ne:dasət ネーダソッ] 数 4つか5つ

네-댓 [ne:dɛt ネーデッ] 数 4つか5つ(くらい) ¶ ~개 [~k'ɛ ~ケ] 4・5個.

네댓-새 [ne:dɛs'ɛ ネーデッセ] 名 4・5日(くらい).

네덜란드 [nedəllandɯ ネドルランドゥ] Netherlands; <ポルトガル> Olanda 名 <地> オランダ; 和蘭 = 화란 [hwaran ファラン].

***네-모** [ne:mo ネーモ] 名 四角 ¶ ~로 자르다 [~ro tɕaruda ~ロ チャルダ] 四角に切る ¶ ~ 반듯하다 [~ banduthada ~ バンドゥッタダ] 真四角だ ~ バンドゥッタダ
―나다 [nada ナダ] 形 四角い ¶ ~난 상자 [~-nan saŋdʑa ~-ナン サンジャ] 四角の箱 ¶ ~ バンドゥッタダ
―지다 [dʑida ジダ] 形 四角い ¶ ~-진 얼굴 [~-dʑin ɔlgul ~-ジン オルグル] 四角張った顔
―꼴 [k'ol ッコル] 名 四角形
―뿔 [p'ul ップル] 名 四角錐.

네-발 [ne:bal ネーバル] 名 (獣の)4つ足 ¶ ~ 짐승 [~ dʑimsɯŋ ~ ジムスン] 4つ足の動物[獣].

***넥-타이** [nekthai ネクタイ] necktie 名 ネクタイ(の).

***넷** [ne:t ネーッ] 数 よん; 4つ; 4 ¶ ~이서 [(ne:ʃ) iso (ネー)シソ] 4人で / ~이란 숫자는 피하다 [(ne:ʃ) iran su:tɕ'anɯn pʰi:handa (ネー)シラン スーッチャヌン ピーハンダ] 4という数字は避ける **―째** [(ne:) tɕ'ɛ チェ] 数 第4(の); 4番目(の).

***녀석** [njəsək ニョソク] 名 ①奴; 男をののしり卑しめていう語 ¶ 그 ~ [kɯ~] そいつ / 이 ~ [i~ イ~] こいつめ ②坊や; やつ; 子; 男の子に愛情をこめていう語; ¶ 귀여운 ~ [kwi:joun ~ クィーヨウン ~] かわいいやつ / 요 ~! [jo~ ヨ~] こいつ.

***년** [njən ニョン] 名 ① 女(め); あま(っこ); 女性をののしり卑しめていう語 ¶ 이 ~ [i~ イ~] このあま / 이 망할・화냥~ [i maŋhal(ljən) · hwanjaŋ~] イ マンハル(リョン)・ファニャン~] このばいため / 나쁜~ [nap'ɯn~ ナップン~] あくどい女め ②女の子の愛称; お嬢ちゃん ¶ 고~ 참 예쁘다 [ko~ tɕʰam je:p'ɯda コ~ チャム イェーップダ] そこの(女の)子本当にかわいいね.

***년** [njən ニョン] 依名 年 ¶ 내~ [nɛ~ ネ~] 来年 / 10~ [ʃim~ シム~] 10年.

녘 [njək ニョク] 依名 …ころ; …方 ¶ 새벽~ [sɛbjəŋ~ セビョン~] 夜明けころ / 동틀~ [toŋtʰul (ljək) トントゥル(リョク)] 明け方 / 북~ [puŋ~ プン~] 北方.

노 [no ノ] 名 ひも; 細引き; (ほそい)麻なわ ¶ ~를 꼬다 [~rɯl k'o:da ~ルル コーダ] ひもをよる.

노[櫓] [no ノ] 名 櫓; 櫂 ¶ ~를 젓다 [~rɯl tɕɔ:t'a ~ルル チョーッタ] 櫓を漕ぐ.

노경[老境] [no:gjəŋ ノーギョン] 名 老境 ¶ ~에 접어들다 [~e tɕɔbədɯlda ~エ チョボドゥルダ] 老境に至る.

***노고**[勞苦] [nogo ノゴ] 名 하自 労苦; 苦労; 骨折り; 労 ¶ ~에 보답하다 [~e po:dapʰada ~エ ポーダプハダ] 労苦[労]に報いる / ~를 위로하다 [~rɯl wirohada ~ルル ウィロハダ] 労をいたわる[ねぎらう].

노고지리 [nogodʑiri ノゴジリ] 名 <鳥> ヒバリ; 종다리 [tɕʰondari チョンダリ] の古めかしい語.

노곤[勞困] [nogon ノゴン] 名 疲れ; くたびれ; けだるさ **―하다** [hada ハダ] 形 けだるい; 疲れている ¶ ~-한 봄날 [~-han pomnal ~-ハン ポムナル] けだるい春の日 **―히** [i (ノゴ)ニ] 副 けだるく; 疲れて.

노골[露骨] [nogol ノゴル] 名 露骨; むき出し **―적** [tɕ'ɔk チョク] 名 冠 露骨; むき出しの; あからさまに; あけすけな ¶ ~-적 묘사 [~-(tɕ'ɔg) in mjo:sa ~-(チョ)ギン ミョーサ] 露骨な描写.

노그라-지다 [nogɯradʑida ノグラジダ] 自 ① くたびれてぐったりする; げんなりする ¶ 몸이 ~-질 듯한 더위 [momi ~-dʑil t'utʰan təwi モミ ~-ジルットゥタン トウィ] げんなりする暑さ ② (ある人・ことに)心を奪われる; 没頭する; すっかりおぼれ込む.

노글노글-하다 [nogɯlnogɯrhada ノグルログルハダ] 形 ① 熟れ過ぎて[煮過ぎて]柔らかい ② (体が)柔軟だ ③ (性

質がおとなしい; 柔順だ.

노긋노긋-하다[nogutnoguthada ノグンノグッタダ] 形 ① 柔らかい ② (体が)けだるい ③ (性格が)柔順だ

노기[怒氣][no:gi ノーギ] 名 怒気 ¶~를 띠다[~rɯl t'ida ~ルルッティダ] 怒りをたたえる(含む) **—등등**(騰騰)[dɯŋdɯŋ ドゥンドゥン] [하形] 怒気が極度に達したさま ¶~한 얼굴[~han ɔlgul ~ハン オルグル] すごい剣幕 **—충천**(衝天)[tɕhuŋtɕhɔn チュンチョン] 怒気[怒気]天を突くこと.

노-끈[nok'ɯn ノックン] 名 ひも ¶~을 풀다[~ɯl phulda (ノック)ヌル プルダ] ひもをほどく.

노년[老年][no:njɔn ノーニョン] 名 老年 **—기**[gi ギ] 名 老年期.

노-닐다[no:nilda ノーニルダ] 自 [ㄹ語幹] (ぶらぶらと)遊び歩く(回る); 戯れる.

노다지[nodadʑi ノダジ]¹ 名 ①〈鉱〉豊富な鉱脈; 富鉱帯; 山 ¶~를 찾아내다[~rɯl tɕhadʑanɛda ~ルルチャジャネダ] 富鉱を掘り(山を)当てる ② 大当たり; 幸運; ぼろもうけ.

노다지[nodadʑi ノダジ]² 副俗 いつも; 常に; しょっちゅう; ＝언제나[ɔ:ndʑena オーンジェナ] ¶~ 장난만 치고 있다[~ tɕaŋnanman tɕhigo it'a ~ チャンナンマン チゴ イッタ] しょっちゅういたずらばかりしている.

노닥-거리다[nodak'ɔrida ノダクコリダ] 自 くだらないことをしゃべりふざける.

노도[怒濤][no:do ノード] 名 怒濤どう ¶~와 같이 몰려들다[~wa gatɕhi molljɔdɯlda ~ワ ガチ モルリョ ドゥルダ] 怒濤のように押しよせる.

*__노동__[勞動][nodoŋ ノドン] 名 労働 ¶육체[정신]~[juktɕhe[tɕɔŋʃin]~ ユクチェ[チョンシン]~] 肉体[精神]労働 / 중~[tɕuːŋ~ チューン~] 重労働 **—권**[k'wɔn クォン] 名 労働権 **—단체**[dantɕhe ダンチェ] 名 労働団体 **—당**[daŋ ダン] 名 労働党 **—력**[njɔk ニョク] 名 労働力 **—문제**[mu:ndʑe ムーンジェ] 名 労働問題 **—법**[p'ɔp ポプ] 名 労働法 **—생산성**[sɛŋsans'ʌŋ センサンソン] 名 労働生産性 **—시간**[ʃigan シガン] 名 労働時間 **—시장**[ʃi:dʑaŋ シージャン] 名 労働市場 **—운동**[u:ndoŋ ウーンドン] 名 労働運動 **—임금**[i:mgɯm イームグム] 名 労働賃金 **—자**[dʑa ジャ] 名 労働者 **—쟁의**[dʑɛŋi ジェンイ] 名 労働争議 **—절**(節)[dʑɔl ジョル] 名 メーデー **—조건**[dʑok'ɔn ジョコン] 名 労働条件 **—조합**[dʑohap ジョハプ] 名 労働組合 **—판**[phan パン] 名 肉体労働者たちの働き場.

*__노랑__[noraŋ ノラン] 名 黄色; 黄(み) ¶~색[~sɛk ~セク] 黄色 **—머리**[mɔri モリ] 名 黄色い髪の毛, また, そんな人 **—이**[i イ] 名 ① 黄色の品物[小犬] ② けちん坊; しみったれ.

노랑-나비[noraŋnabi ノランナビ] 名〈虫〉モンキチョウ(紋黄蝶); 黄色い蝶.

*__노랗다__[no:ratha ノーラッタ] 形 [ㅎ変] ① 黄色い; 黄色っぽい ¶노란 은행잎[no:ran ɯnhɛŋnip ノーラン ウンヘンニプ] 黄色いイチョウの葉 / 노랗게 물들다[no:rakhe muldɯlda ノーラッケ ムルドゥルダ] 黄ばむ ② 見込みがない; しおれている ¶싹수가 ~[s'aks'uga ~ ッサクスガ ~] とても見込みがない.

*__노래__[norɛ ノレ] 名 歌 ¶~를 부르다[~rɯl purɯda ~ルル プルダ] 歌を歌う / ~를 잘 하다[~rɯl tɕar hada ~ルル チャル ハダ] 歌が上手だ / 흘러간 옛~[hɯllɔgan je:nnore フルロガン イェーンノレ] 懐かしいメロディー; なつメロ **—하다**[hada ハダ] 自他 歌う **—방**[baŋ バン] 名 カラオケ **—자랑**[dʑa:raŋ ジャーラン] 名 のど自慢; 歌のコンテスト **노랫-가락**[norɛtk'arak ノレッカラク] 名 ① 歌の曲調; メロディー ② 京畿民謡の1つ **노랫-소리**[norɛs'ori ノレッソリ] 名 歌声.

노래-지다[no:rɛdʑida ノーレジダ] 自 黄色くなる **노랭-이**[norɛŋi ノレンイ] 名 けち; けちん坊; しみったれ.

노략-질[擄掠][norjaktɕ'il ノリャクチル] 名 [하自他] 集団的な略奪行為.

*__노려-보다__[norjɔboda ノリョボダ] 他 (鋭い目つきで)にらむ; にらみつける; (機会を)ねらう ¶서로 ~[sʌro ~ ソロ ~] にらみ合う / 눈을 부릅뜨고 ~[nunɯl purɯpt'ɯgo ~ ヌヌル プルプトゥゴ ~] ぎょろりとにらみつける.

*__노력__[努力][norjɔk ノリョク] 名 努力 ¶피눈물 나는 ~[phinunmul lanɯn ~ ピヌンムル ラヌン ~] 血と涙のにじむような努力 **—하다**[(norjɔ)khada カダ] 自 努力する; 努める.

노련[老鍊][no:rjɔn ノーリョン] 名 [하形] 老練; 老巧; 老熟 ¶~한 정치

가[~han tɕoŋtɕʰiga ~ハン チョンチガ] 老錬な政治家 / ~한 수법[~han sup'op ~ハン スポプ] 老巧なやり口.

노령[老齡][no:rjʌŋ ノーリョン] 名 老齡; 高齡 ¶~ 연금[~njʌŋgɯm ~ニョングム] 老齡年金 / ~화 사회[~hwa sahwe ~ファ サフェ] 高齡化社会.

*노루[noru ノル]〈動〉ノロ(獐); ノロジカ ¶~ 꼬리만 하다[~ k'oriman hada ~ ッコリマン ハダ] ノロのしっぽみたいだ[非常に短いことのたとえ] ―목[mok モク] 名 ノロの通り道[関] の要所 ―잠[dʑam ジャム] 名 うたた寝; 仮寝; 浅い眠り.

노르께-하다[noruk'ehada ノルッケハダ] 形 [여変] 黄ばんでいる; 黄色がかっている.

노르다[noruda ノルダ] 形 [러変] 黄色い.

노르스름-하다[norɯsɯrɯmhada ノルスルムハダ] 形 [여変] 黄みを帯びている; やや黄色い; 黄色がかっている ¶~한 참외[~han tɕʰamwe ~ハン チャムェ] 浅黄色のマクワリ.

노른-자(위)[norɯndʑa(wi) ノルンジャ(ウィ)] 名 卵の黄身; 卵黄; 中心; 大事な所; 要所 ¶상가의 ~[sangae ~ サンガエ ~] 商店街の中心地.

*노름[norum ノルム] 名 [하囲] 博打ばく; 賭博とばく ¶~을 하다[~ɯl hada (ノル) ムル ハダ] 博打を打つ ―꾼[k'un ックン] 名 博打打ち ―빚[p'it ピッ] 名 賭博の借金; 賭博でかかえた負債 ―판[pʰan パン] 名 博打場; 賭場 ¶~을 벌이다[~ɯl pɔːlida ~-(パ) ヌル ポールリダ] 賭場を開く / ~을 털다[~ɯl tʰɔːlda ~-(パ) ヌル トールダ] 賭場を荒らす ―패[pʰɛ ペ] 名 博打打ちの仲間.

*노릇[norut ノルッ] 名 ① 役目; 役割; 稼業 ¶선생 ~을 하고 있다[sʌnsɛŋ (norɯs)ul hago it'a ソンセン (ノル) スル ハゴ イッタ] 先生の稼業[職]をしている[勤めている] ② 本分; すべきこと; 責務 ¶자식 ~[tɕʰasin~ チャシン~] 息子としての本分 / 사람 ~[saːram~ サーラム~] 人間としての本分 / 아버지 ~[abʌdʑi~ アボジ~] 父親としての責務 ③ こと ¶참 기막힐 ~이군[tʰam kimakʰil (loruɯ)-igun チャム キマクキル (ロル) シグン] まったくあきれたことだ.

노릇-노릇[norɯnnorɯt ノルンノルッ] 副 [하形] 点々と黄色を帯びているさま ¶~-하게 구워진 빵[~- (norɯ) tʰage kuwʌdʑin p'aŋ ~-タゲ クウォジン ッパン] こんがりと焼けたパン.

노릇-하다[norɯtʰada ノルッタダ] 形 黄色がかっている

*노리개[norigɛ ノリゲ] 名 ① 金・銀・宝石などで作った婦人用の装飾品(女性がチマチョゴリを着るときにつける) ② 慰み[なぶり]物; ひまつぶしにもて遊ぶ物; おもちゃ ¶여자는 사내의 ~가 아니다[jʌdʑanɯn sanɛe ~ga anida ヨジャヌン サネエ ~ガ アニダ] 女性は男のおもちゃ[なぶり物]ではない.

노리개

*노리다[norida ノリダ] 他 ① ねらう; 目指す; 目掛ける; うかがう ¶우승을 ~[usɯŋɯl ~ ウスンウル ~] 優勝をわらう / 신기록을 ~[ɕingirogɯl ~ シンギログル ~] 新記録を目指す ② にらむ; にらみつける ¶무서운 눈으로 ~[musʌun nunɯro ~ ムソウン ヌヌロ ~] すごい目でにらむ.

노린-내[norinnɛ ノリンネ] 名 獣臭いにおい; 動物の毛が焼けるにおい.

노릿-하다[noritʰada ノリッタダ] 形 少し獣臭い.

*노망[老妄][no:maŋ ノーマン] 名 [하自] ぼけ; もうろく ¶~나다[~nada ~ナダ] 老いぼれる; もうろくする; ぼける / ~들다[~dulda ~ドゥルダ] もうろくする; ぼける / ~한 노인[~han noː-in ~ハン ノーイン] もうろくした老人.

노면[路面][noːmjʌn ノーミョン] 名 路面; 路上 ¶~ 포장[~ pʰodʑaŋ ~ ポジャン] 路面舗装.

노모[老母][noːmo ノーモ] 名 老母 ¶~를 모시다[~rul moːɕida ~ルル モーシダ] 老母を養う.

노무[勞務][nomu ノム] 名 労務 ―**관리**[gwalli グァルリ] 名 労務管理 ―**자**[dʑa ジャ] 名 労働者.

노반[路盤][noːban ノーバン] 名 路盤 ¶~ 공사[~goŋsa ~ ゴンサ] 路盤工事.

노발-대발[怒發大發] [no:baldɛ:bal ノーバルデーバル] 名 하自 怒髪天をつくこと; 激怒 ¶ ~하여 꾸짖다 [~(dɛ:bar) hajə k'udʒit'a ~ハヨ ックジッタ] 激怒して叱る.

노변[路邊] [no:bjən ノービョン] 名 路辺; 道端; 道傍 ¶ ~에 핀 코스모스[~e pʰin kʰosumosɯ (ノービョン ネピン コスモス] 道端に咲いたコスモス.

노-부모[老父母] [no:bumo ノーブモ] 名 老父母 ¶ ~를 잘 섬기다 [~rɯl tʃal səmgida ~ルル チャル ソムギダ] 老父母によく仕える.

노사[勞使] [nosa ノサ] 名 労使 [労資] ―**관계** [gwange グァンゲ] 名 労使関係 ―**교섭** [gjosəp ギョソプ] 名 労使交渉 ―**문제** [mu:ndʒe ムーンジェ] 名 労使問題 ―**분쟁** [bundʒeŋ ブンジェン] 名 労使紛争 ―**협약** [hjəbjak ヒョビャク] 名 労使協約 ―**협의(회)** [hjəbi (hwe) ヒョビ(フェ)] 名 労使の話し合い; 労使協議会 ―**협조** [hjəptʃo ヒョプチョ] 名 労使協調.

노상 [nosaŋ ノサン] 副 いつも; 常に; しょっちゅう ¶ ~ 웃는 얼굴이다 [~u:nɯn ɔlgurida ~ ウーンヌノルグリダ] いつも笑顔である.

노상[路上] [no:saŋ ノーサン] 名 路上; 途中 ¶ ~ 주차[~ dʒu:tʃa ~ ジューチャ] 路上の駐車 / ~에서 만나다 [~esə mannada ~エソ マンナダ] 途中で出会う ―**강도** [ga:ŋdo ガーンド] 名 辻強盗; 追いはぎ.

노새 [nosɛ ノセ] 名 〈動〉 ラバ(騾馬).

노선[路線] [no:sən ノーソン] 名 路線; 線; ライン ¶ 버스 ~[bɔsɯ ~ ボス~] バスライン / 자주 ~ [tʃadʒu ~ チャジュ~] 自主路線.

노소[老少] [no:so ノーソ] 名 老少; 老若 ¶ 남녀 ~ [namnjə ~ ナムニョ~] 老若男女 ―**동락** [do:ŋnak ドーンナク] 名 하自 老少同楽.

노숙[露宿] [nosuk ノスク] 名 하自 露宿; 野宿 ―**자(者)** [tʃ'a チャ] 名 ホームレス.

노심-초사[勞心焦思] [noʃimtʃʰosa ノシムチョサ] 名 하自 気をもみ心を焦がすこと; 心を痛め気を砕くこと.

노약[老弱] [no:jak ノーヤク] 名 하形 老弱 ¶ ~자를 보살피다 [~tʃ'arul posalpʰida ~チャルル ポサルピダ] 老弱をいたわる.

*__노여움__ [no:jəum ノーヨウム] 名 怒り; 憤り; 立腹 ; 略 **노염** [no:jəm ノーヨム] ¶ ~을 사다[풀다] [~ɯl sada [pʰulda] (ノーヨウ ムル サダ[プルダ]] 怒りを買う[和らげる・静める].

노여워-하다 [no:jəwɔhada ノーヨウォハダ] 自여変 腹を立てる; 恨めしく思う; 怒る; 憤る.

노엽다 [no:jəpt'a ノーヨプタ] 形 ㅂ変 腹立たしい; 恨めしい ¶ 노여운 표정을 짓다 [no:jəun pʰjodʒʌŋɯl tʃi:t'a ノーヨウン ピョジョンウル チータ] 怒りの色を表わす.

*__노예__[奴隷] [noje ノイェ] 名 奴隷 ¶ 돈의 ~ [to:ne ~ トーネ ~] 金銭の奴隷 / 사랑의 ~ [saraŋe ~ サランエ ~] 愛のとりこ ―**해방** [hɛ:baŋ ヘーバン] 名 奴隷解放.

*__노을__ [noɯl ノウル] 名 (朝夕の)焼け; 略 '놀' ¶ 아침 ~ [atʃʰim ~ アッチム ~] 朝焼け / 저녁 ~ [tʃənjəŋ ~ チョニョン ~] 夕焼け.

노-익장[老益壯] [no:iktʃ'aŋ ノーイクチャン] 名 老いてますます盛んなこと[人].

*__노인__[老人] [no:in ノーイン] 名 老人; 年寄り; =늙은이 [nɯlgɯni ヌルグニ] ¶ ~을 보살피다[~ɯl posalpʰida (ノーイ) ヌル ポサルピダ] 年寄りをいたわる ―**병** [p'jəŋ ピョン] 名 老人病 ―**복지 시설** [boktʃi ʃi:sɔl ボクチ シーソル] 名 老人福祉施設 ―**성 난청** [sɔŋ nantʃʰəŋ ソンナンチョン] 名 老人性難聴 ―**성 치매** [sɔŋ tʃʰimɛ ソンチメ] 名 老人性痴呆症 ―**잔치** [dʒantʃʰi ジャンチ] 名 年寄りをもてなすための宴会 ―**장(丈)** [dʒaŋ ジャン] 名 尊老; ご老体・ご老人の尊称 ―**정(亭)** [dʒəŋ ジョン] 名 町・村の老人の憩いの場所.

노임[勞賃] [noim ノイム] 名 労賃=품삯 [pʰums'ak プムサク] ¶ ~이 비싸다 [~i pis'ada (ノイ)ミ ピッサダ] 労賃が高い.

노자[路資] [no:dʒa ノージャ] 名 路銀; 路用; 旅費 ¶ ~에 보태다 [~e potʰɛda ~エ ポテダ] 路用に充てる.

노점[露店] [nodʒəm ノジョム] 名 露店 ¶ ~ 상인 [~ saŋin ~ サンイン] 露店商人.

노제[路祭] [no:dʒe ノージェ] 名 出棺のとき門前や死人縁故の地の路上で行なう祭祀.

노조[勞組] [nodʒo ノジョ] 名 労組;

노처녀 238 **녹음**

労働組合. ¶금융 ~[kɯmjuŋ ~ クミュン ~] 金融労組.

***노-처녀**[老處女][no:tʃʰɔnjɔ ノーチョニョ] 图 婚期を過ぎた女性; ハイミス.

***노-총각**[老總角][no:tʃʰoŋgak ノーチョンガク] 图 年取った未婚の男性.

***노출**[露出][notʃʰul ノチュル] 图 하자동 露出;¶가슴이 ~되다[kasumi ~dweda カスミ ~ドゥェダ] 胸がはだかる/~ 부족[~ budʒok ~ ブジョク] 露出不足 **—계**[ge ゲ] 图 露出計 **—증**[tʃʼɯŋ チュン] 图 露出症.

노친[老親][no:tʃʰin ノーチン] 图 ① 年老いた親 ② 老人の尊敬語 **—네**[ne ネ] 图 老婦人; 老女.

노파[老婆][no:pʰa ノーパ] 图 老婦人; 老女 ¶쭈글쭈글한 ~ [tʃʼuguɾhan ~~ッチュグルッチュグルハン~] しなびれたおばあさん **—심**[ʃim シム] 图 老婆心; 必要以上の親切心; おせっかい ¶~에서 한마디 합니다[~eso hanmadi hamnida ~(シ)メソハンマディ ハムニダ] 老婆心から一言いわせてもらいます.

노폭[路幅][no:pʰok ノーポク] 图 道路の幅 ¶~이 넓다[좁다][(no:pʰog)i noltʼa[tʃʼoptʼa] (ノーポ)ギ ノルタ[チョプタ]] 道路の幅が広い[狭い].

노-하다[怒—][no:hada ノーハダ] 国 여변 (目上の人が)怒る; 立腹する ¶아버님께서 크게 노하셨다[abonimkʼeso kʰɯge no:haʃʌtʼa アボニムッケソ クゲ ノーハショッタ] お父様が大いに怒った.

노획[鹵獲][nohwek ノフェク] 图 하他 鹵獲ろかく; 分捕ること ¶~품[~pʰum ~プム] 鹵獲品; 分捕り品.

노후[老朽][no:hu ノーフ] 图 하形 老朽 ¶~선[~sɔn ~ソン] 老朽船.

***노후**[老後][no:hu ノーフ] 图 老後¶~의 낙[~e nak ~エ ナク] 老後の楽しみ.

***녹**[綠][nok ノク] 图 (金属の)さび **—나다**[(noŋ)nada (ノン)ナダ] 国 さびる; さびがつく; =녹슬다 ¶식칼이 ~[ʃikʰari ~ シクカリ ~] 包丁がさびる **—물**[(noŋ)mul (ノン)ムル] 图 さびの染み.

녹녹-하다[noŋnokʰada ノンノクハダ] 形 여변 (水気・油気があって)柔らかい.

***녹다**[nokt'a ノクタ] 国 ① 解ける; 溶ける ¶눈이 ~[nu:ni ~ ヌーニ ~] 雪 が解ける/설탕이 ~[sɔltʰaŋi ~ ソルタンイ ~] 砂糖が溶ける ② 参る; おぼれる ¶술에 ~[sure ~ スレ ~] 酒に参る/여자에 ~[jʌdʒae ~ ヨジャエ ~] 女性におぼれる ③ 温まる ¶손이 ~[soni ~ ソニ ~] 手が温まる.

***녹두**[綠豆][noktʼu ノクトゥ] 图〈植〉ブンドウ(文豆); ヤエナリ・リョクトウ(綠豆) **—묵**[muk ムク] 图 ヤエナリの澱をを煮て作ったところてん状の食品. ⇨ '녹말묵' **—색**[sɛk セク] 图 綠黃色.

녹록-하다[碌碌・錄錄—][noŋnokʰada ノンノクハダ] 形 여변 ① 取るに足りない; ろくでもない; つまらない ¶~-한 인물[~-kʰan inmul ~-カン インムル] 取るに足りない人物/~-지 않은[~-tʃʼi anɯn ~-チ アヌン] 並みでない・非凡な(人物) ② (人柄が)重みがない; 与しやすい ¶그를 ~-하게 볼 사람이 아니다[kurɯl ~-kʰage pol sʼa:rami anida クルル ~-カゲ ポル サーラミ アニダ] 彼は軽く見られるような人ではない **녹록-히**[noŋnokʰi ノンノクキ] 副 たやすく; 軽く.

녹말[綠末][noŋmal ノンマル] 图 ① 澱粉ふん ¶~ 가루[~kʼaru ~カル] 澱粉/고구마 ~[ko:guma ~ コーグマ ~] サツマイモ澱粉 ② ヤエナリ(綠豆)から得た澱粉 **—묵**[muk ムク] 图 ヤエナリの澱を煮て作ったところてん状の食品=청포묵[tʃʰɔŋpʰomuk チョンポムク].

녹색[綠色][noksʼɛk ノクセク] 图 綠(色) **—신고**[ʃʼingo シンゴ] 图〈経〉青色申告 **—혁명**[革命][noksʼɛ kʰjɔŋmjɔŋ キョンミョン] 图〈農〉品種改良などで収穫を増加させること.

녹-슬다[noksʼɯlda ノクスルダ] 国 르語幹 ① さびる; さび(が)つく ¶식칼이 ~[ʃikʰari ~ シクカリ ~] 包丁がさびる ② 鈍くなる ¶머리가 ~[mɔriga ~ モリガ ~] 頭が鈍くなる.

녹-십자[綠十字][noksʼiptʼa ノクシプチャ] 图 綠十字; 災害からの安全を象徴するマーク(日本の国土綠化運動の意味はない).

녹-아웃[nokaut ノカウッ] 图 ノックアウト. knock out

녹용[鹿茸][nogjoŋ ノクヨン] 图〈漢方〉鹿茸ろくじょう; (強壮薬として)シカの若角.

녹음[綠陰][nogɯm ノグム] 图 綠陰 **—방초**[芳草][bantʃʰo バンチョ] 图 青葉茂る陰とうるわしい草; 夏の季節.

***녹음**[錄音][nogɯm ノグム] 图 하他

録音 ¶가두 ~[ka:du~ カードゥ~] 街頭録音 —기[gi ギ] 图 テープレコーダー; 録音器 —방송 [ba:ŋsoŋ バーンソン] 图 録音放送 —장치 [dʒaŋtʃhi ジャンチ] 图 録音装置 —테이프 [theiphɯ テイプ] 图 録音テープ.

*녹이다 [nogida ノギダ] 他 ① 溶[熔ᄃ]かす; '녹다'の使役 ¶쇠를 ~[swerul ~ スェルル ~] 鉄を熔かす / 얼음을 ~[ɔrumul ~ オルムル ~] 氷を溶かす ② (体を)温める ¶몸을 ~ [mumul ~ モムル ~] 体を温める ③ (人の心などを)とりこにする; とろかす ¶여자의 마음을 ~[jɔdʒae mauwmul ~ ヨジャエ マウムル ~] 女性の心をとろかす ④ ひどい目に合わせる.

녹지[綠地][noktʃi ノクチ] 图 緑地 —대[dɛ デ] 图 緑地帯; グリーンベルト.

녹차[綠茶][noktʃha ノクチャ] 图 緑茶.

*녹초 [noktʃho ノクチョ] 图 へたばった状態 ¶~가 되다 ~ga tweda ~ガ トゥェダ] へ(た)ばる; へとへとになる; へこたれる; 疲れきる.

녹화[綠化][nokhwa ノククァ] 图 하他 緑化 ¶산림 ~[sallim ~ サルリム ~] 山林緑化.

*녹화[錄畵][nokhwa ノククァ] 图 録画 ¶예약(豫約) ~[je:jaŋ~ イェーヤン~] 留守録画 —되다 [dweda ドゥェダ] 自 録画される —하다 [hada ハダ] 他 録画する —기 [gi ギ] 图 録画撮り; カムコーダ —방송 [ba:ŋsoŋ バーンソン] 图 録画放送 —중계 [dʒuŋge ジュンゲ] 图 録画中継 —테이프 [theiphɯ テイプ] 图 録画テープ.

*논 [non ノン] 图 水田; たんぼ ¶~길[~k'il ~キル] たんぼ道; あぜ道 / ~을 갈다[~ul ka:lda (ノ)ヌルカールダ] 田を耕す —갈이 [gari ガリ] 图 하自 田を耕すこと —꼬[k'oッコ] 图 田の用水の出入り口 —농사 (農事)[noŋsa ノンサ] 图 田作り; 水田農業 —도랑 [t'oraŋ トラン] 图 (田に水を引くための)溝 —두렁 [t'uruŋ トゥルン] 图 田のあぜ —둑 [t'uk トゥク] 图 田のあぜ ¶~길 [~k'il ~キル] あぜ道 —바닥 [p'adak パダク] 图 田の底面/地面.

논단[論壇][nondan ノンダン] 图 論壇 ¶~의 원로[~e wɔllo (ノンダ)ネウルロ] 論壇の元老.

논란[論難][nollan ノルラン] 图 하他 論難 ¶~을 불러일으키다 [~ɯl pulloirukhida (ノルラ) ヌル プルロイルキダ] 論難を招く.

*논리[論理][nolli ノルリ] 图 論理 ¶~적인 사고방식[~dʒɔgin sagobaŋʃik ~ジョギン サゴバンシク] 論理的な考え方.

논-마지기 [nonmadʒigi ノンマジギ] 图 いくらかの水田; 多少の田 ¶~나 있는 농부[~na innɯn noŋbu ~ナ インヌン ノンブ] いくらかの水田を持っている農民.

논-매기 [nonmɛgi ノンメギ] 图 하自 田の草取り 논-매다 [nonmɛda ノンメダ] 图 田の草取りをする.

*논문[論文][nonmun ノンムン] 图 論文 ¶졸업 ~[tʃɔrɔm~ チョロム~] 卒業論文 / 학위 ~[hagwi~ ハグィ~] 学位論文.

논-문서 [—文書][nonmunsɔ ノンムンソ] 图 田の所有権利証書.

논-물 [nonmul ノンムル] 图 田水 ¶~을 대다 [(nomur)ul tɛ:da (ノンム)ルル テーダ] 田に水を引く.

논박[論駁][nonbak ノンバク] 图 하他 論駁 ¶상대방의 의견을 ~하다 [saŋdɛbaŋe ɯi:gjɔnɯl (nonba)khada サンデバンエ ウィーギョヌル ~カダ] 相手の意見を論駁する.

*논-밭 [nonbat ノンバッ] 图 田畑 ¶~을 갈다[(nonba)thul ka:lda ~トゥル カールダ] 田畑を耕す.

*논법[論法][nonp'ɔp ノンポプ] 图 論法 ¶잘못된 ~[tʃalmot'wen ~ チャルモットウェン ~] 間違った論法 / 삼단 ~ [samdan ~ サムダン ~] 三段論法.

논설[論說][nonsɔl ノンソル] 图 하他 論說 —란 [lan ラン] 图 論說欄 —문 [mun ムン] 图 論說文 —위원 [(nonsɔr) wiwɔn (ノンソ)ルィウォン] 图 論說委員.

논술[論述][nonsul ノンスル] 图 하他 論述 ¶~(식) 시험[~(ʃik) ʃihɔm ~(シク) シホム] 論述式試験[テスト].

*논어[論語][nonɔ ノノ] 图 論語.

*논의[論議][nonɯi ノニ] 图 하他 論議; 相談; =의논(議論)[ɯinon ウィノン] ¶충분히 ~하다[tʃhuŋbuni ~hada チュンブニ ~ハダ] 十分に論議を尽くす; 充分に相談する.

논일-하다 [nonnirhada ノンニルハダ]

自 田仕事[野良仕事]をする.

*논쟁[論爭][nondʒɛŋ ノンジェン] 名 하自他 論争 ¶격렬한 ~[kjɔŋnjɔrhan ~ キョンニョルハン ~] 激しい論争.

논점[論點][nontʃ'ɔm ノンチョム] 名 論点 ¶~을 정리하다[~ɯl tʃɔːŋnihada (ノンチョ)ムル チョーンニハダ] 論点を整理する.

논제[論題][nondʒe ノンジェ] 名 論題 ¶토론회의 ~[tʰoːronhwee ~ トーロンフェエ ~] 討論会の論題.

논조[論調][nondʒo ノンジョ] 名 論調 ¶신문의 ~[ʃinmune ~ シンムネ ~] 新聞の論調.

논지[論旨][nondʒi ノンジ] 名 論旨 ¶~가 명쾌함[~ga mjɔŋkʰwɛham ~ ガ ミョンクェハム] 論旨明快.

논평[論評][nonpʰjɔŋ ノンピョン] 名 하他 論評 ¶~을 가하다[~ɯl kahada ~ウル カハダ] 論評を加える.

*논-하다[論—][nonhada ノンハダ] 他 論ずる ¶예술을 ~[jeːsurɯl ~ イェースルル ~] 芸術を論ずる / 시비를 ~[ʃiːbirɯl ~ シービルル ~] 是非を論ずる.

*놀[noːl ノール] 名 (朝夕の)焼け; '노을'의略 ¶저녁 ~[tʃʰɔnjɔŋ (nol) チョニョン (ノル)] 夕焼け.

*놀다[noːlda ノールダ] **1** 自 [ㄹ語幹] 遊ぶ ¶노래하며 ~[norɛhamjɔ ~ ノレハミョ ~] 歌を歌って遊ぶ / 놀러 가다 [noːllogada ノールロガダ] 遊びに行く / 놀고 먹다[noːlgo mɔkt'a ノールゴ モクタ] 無駄飯を食う ② 休む ¶노는 날[noːnɯn nal ノーヌン ナル] 休日; 休み / 하루 ~[haru ~ ハル ~] 1日休む ③ 寝る; 放置する ¶놀고 있는 돈[noːlgo innɯn toːn ノールゴ インヌン トーン] 遊んでいる金 / 놀고 있는 시설[noːlgo innɯn ʃiːsɔl ノールゴ インヌン シーソル] 遊休施設 ④ 緩む; 動く ¶나사가 ~[nasaga ~ ナサガ ~] ねじが緩む〔甘い〕⑤ 乗る ¶남의 장단에 ~[name tʃaŋdane ~ ナメ チャンダネ ~] 人の口車に乗る ⑥ おぼれる; 浸る ¶노는 계집[noːnɯn keːdʒip ノーヌン ケージプ] 花柳界の女性 ⑦ 我がままにふるまう ¶제멋대로 ~[tʃʰemɔst'ɛro ~ チェモッテロ ~] 勝手にふるまう **2** 他 (作用・行動などを)する ¶훼방(을) ~[hwe:baŋ(ɯl) ~ フェーバン(ウル) ~] 邪魔をする.

*놀라다[noːllada ノールラダ] 自 ① 驚く; びっくりする; 仰天する ¶총소리에 ~[tʃʰoŋsorie ~ チョンソリエ ~] 銃声に驚く / 천둥 소리에 ~[tʃʰondunsorie ~ チョンドゥン ソリエ ~] 雷の音にびっくりする / 소스라치게 ~[sosɯratʃʰige ~ ソスラチゲ ~] びっくり仰天する; 肝をつぶす / 깜짝 놀라게 하다[k'amtʃ'aŋ noːllage hada ッカムッチャン ノールラゲ ハダ] あっと言わせる; 度胆を抜く / 놀란 가슴[noːllan kasɯm ノールラン カスム] どきどきする胸 ② 驚嘆する; 感心する ¶눈부신 발전에 ~[nunbuʃin paltʃ'ɔne ~ ヌンブシン パルチョネ ~] 目覚ましい発展に驚嘆する.

*놀라움[noːllaum ノールラウム] 名 驚き; 驚異; 驚嘆; 驚愕 ¶~을 금할 수 없다[~ɯl kɯːmhal s'uːɔpt'a (ノールラウ)ムル クームハル ッス オープタ] 驚嘆〔驚き〕を禁じえない.

*놀랍다[noːllapt'a ノールラプタ] 形 [ㅂ変] ① 驚くべきだ ¶놀라운 사건[noːllaun saːk'ɔn ノールラウン サーコン] 驚くべき事件 ② 目覚ましい; すばらしい ¶놀라운 발전[noːllaun paltʃ'ɔn ノールラウン パルチョン] 目覚ましい発展.

*놀래다[noːllɛda ノールレダ] 他 驚かす; びっくりさせる; '놀라다'의 使役形 ¶깜짝 놀래주다[k'amtʃ'aŋ noːllɛdʒuda ッカムッチャン ノールレジュダ] びっくりさせる.

*놀리다[nollida ノルリダ] 他 ① 遊ばせる; '놀다'의 使役形 ¶아이를 밖에서 ~[airɯl pak'esɔ ~ アイルル パケソ ~] 子供を外で遊ばせる ② 休ませる; 休める ¶사원을 하루 ~[sawɔnɯl haru ~ サウォヌル ハル ~] 社員を 1 日休ませる ③ 動かす ¶손발을 ~[sonbarɯl ~ ソンバルル ~] 手足を動かす ④ 金を回す; 金貸しをする ¶5푼 이자로 돈을 ~[oːpʰun iːdʒaro toːnɯl ~ オープン イージャロ トーヌル ~] 5分の利子で金貸しをする ⑤ みだりにしゃべる ¶입 그만 놀려라[ip k'uman nolljɔra イプ クマン ノールリョラ] 無駄口をたたくな.

*놀리다²[nollida ノルリダ] 他 からかう; 冷やかす ¶여자를 ~[jɔdʒarɯl ~ ヨジャルル ~] 女性を冷やかす / 키가 작다고 ~[kʰiga tʃaːkt'ago ~ キガ

놀려대다 [no:lljədɛda ノールリョデダ] しきりにからかう; 冷やかす; 野次る / **놀려먹다** [no:lljəmekt'a ノールリョモクタ] からかう; 嘲弄ちょうろうする.

***놀림** [nollim ノルリム] 名 冷やかし; からかい; あざ笑い; 嘲弄ちょうろう ¶ ~을 당하다 [~ɯl taŋhada (ノルリ)タンハダ] 笑いものにされる **—감** [k'am カム] 名 なぶりもの; 笑いもの ¶ ~이 되다 [~i tweda ~-(イッカ)ミトゥェダ] なぶりものになる **—거리** [k'əri ッコリ] 名 笑い草 ¶ 미니 스커트가 ~가 되었다 [mini sɯkʰəːtʰɯga ~ga tweət'a ミニ スコートガ ~ガ トゥェオッタ] ミニスカートが笑い草になった.

***놀부** [nolbu ノルブ] 名 欲張りで意地の悪い人[古代小説"興夫伝こうふでん"に登場する主人公の1人].

놀아-나다 [noranada ノラナダ] 自 ① 浮気する; 放蕩ほうとうする ¶ ~-나는 여자 [~-nanun njədʒa ~ナヌン ニョジャ] 浮気な女 ② 釣られる ¶ 남의 말에 ~ [name maːre ~ ナメ マーレ ~] 人の言葉に釣られる[乗せられる].

***놀이** [nori ノリ] 名 하자 遊び; ゲーム; …ごっこ ¶ 뱃~ [pɛn~ ペン~] 舟遊び / 꽃~ [k'on~ ッコン~] 花見 / 카드~ [kʰaːdu~ カードゥ~] カルタ遊び / 전쟁~ [tʃəndʒɛŋ~ チョーンジェン ~] 戦争ごっこ / 단풍 ~ [tanpʰuŋ ~ タンプン ~] もみじ狩り **—마당** [madaŋ マダン] 名 (韓国固有の)民俗歌舞を演じること, また, その場所 **—터** [tʰə ト] 名 行楽地; 遊び場 **—판** [pʰan パン] 名 行楽場.

***놈** [nom ノム] **1** 名 ① (男の人や物を卑しめて)やつ; 野郎 ¶ 나쁜 ~ [nap'un ~ ナップン ~] 悪いやつ / 별난 ~ [pjəllan ~ ピョルラン ~] 変なやつ; 変わり者 ② (かわいいので)坊や ¶ 참, 고~, [tʃʰam, ko~ チャム, コ ~] 坊や(かわいい) **2** 依名 (人・動物・品物を卑しめて)やつ; 者 ¶ 한~, 두~ [han~ tuː~ ハン~ トゥー~] 1人2人 / 암~ 수~ [am~ suː~ アム~ スー~] めすとおす / 이 ~의 차 [i ~e tʃʰa イ(ノ)メチャ] この車のやつ.

놋 [not ノッ] 真ちゅう **—그릇** [k'urut クルッ] 名 真ちゅう製の器 **—대야** [tɛja テヤ] 名 真ちゅう製のたらい **—대접** [t'ɛdʒəp テジョプ] 名 真ちゅう製の平鉢 **—세공** [s'egoŋ セゴン] 名 真ちゅう細工 **—숟갈** [s'utk'al スッカル] 名 真ちゅう製のさじ **—젓갈** [tʃ'ətk'al チョッカル] 名 真ちゅう製のはし 「略 '놋'.

놋-쇠 [nos'we ノッスェ] 名 真ちゅう;

농 [noŋ ノン] 名 他 ① いたずら; 悪ふざけ; 悪さ; 戯れ ¶ ~을 걸다 [~ɯl kəːlda ~ウル コールダ] いたずらをしかける; 冗談口をたたく / ~으로 [~ɯro ~ウロ] ふざけて; 戯れに; いたずら半分に ② 冗談; からかい ¶ ~을 좋아한다 [~ɯl tʃoːahanda ~ウル チョアハンダ] 冗談を好む.

농 [籠] [noŋ ノン] 名 ① つづら; 行李こうり ② たんす; 장농 [tʃaːŋnoŋ チャーンノン] の略 ¶ ~속에 넣다 [~soge neːtʰa ~ソゲ ノータ] たんすの中に入れる.

농가 [農家] [noŋga ノンガ] 名 農家 ¶ 초가 지붕의 ~ [tʃʰoga dʒibuŋe ~ チョガ ジブンエ ~] わらぶきの農家.

농간 [弄奸] [noːŋgan ノーンガン] 名 他 たくらみ; 魂胆; 奸計かんけい; 手練・手管; 細工 ¶ ~에 넘어가다 [~e nəməgada ノーンガ ネノモガダ] 奸計にひっかかる **—(을)부리다** [(ɯl) burida (ノーンガヌル) ブリダ] 自 手練[小細工]を弄ろうする; 手管に乗せる; 奸計を巡らす ¶ 뒤에서 ~ [twiesə ~ トゥィーエソ ~] 陰で細工をする.

***농구** [籠球] [noŋgu ノング] 名 バスケットボール **—화** [hwa ファ] 名 バスケットシューズ.

***농담** [弄談] [noːŋdam ノーンダム] 名 冗談 ¶ ~을 진담으로 듣다 [~ɯl tʃindamɯro tɯtt'a (ノーンダ)ムル チンダムロ トゥッタ] 冗談を真に受ける / 반~으로 [paːn ~ɯro パーン ~ウロ] 冗談半分に; 半ば冗談で **—하다** [hada ハダ] 自 冗談を言う; 冗談を飛ばす.

농도 [濃度] [noŋdo ノンド] 名 濃度 ¶ 용액의 ~ [joŋɛge ~ ヨンエゲ ~] 溶液の濃度.

농뗑이 [noŋt'ɛŋi ノンテンイ] 名 俗 のらくら(者); 怠け者; サボること ¶ ~를 치다[부리다] [~rɯl tʃʰida[purida] ~ルル チダ[プリダ]] 怠ける; 仕事をサボる.

농락 [籠絡] [noŋnak ノンナク] 名 籠絡ろうらく ¶ 남자에게 ~당하다 [namdʒaege ~t'aŋhada ナムジャエゲ ~タンハダ] 男にたぶらかされる **—하다** [(noŋna)-

khada カダ] 他 籠絡する；もてあそぶ ¶처녀(處女)를 ~ [tɕʰɔːnjɔruːl ~ チョーニョルル ~] 娘をもてあそぶ.

*농민[農民][noŋmin ノンミン] 名 農民 —문학[munhak ムンハク] 名 農民文学 —운동[uːndoŋ (ノンミ)ヌーンドン] 名 農民運動.

농번-기[農繁期][noŋbəŋgi ノンボンギ] 名 農繁期.

*농부[農夫][noŋbu ノンブ] 名 農民 —가[ga ガ] 名 農民の農事や農村生活を歌った歌.

*농사[農事][noŋsa ノンサ] 名 하自 農事；農業 ¶벼~ [pjo~ ピョ~] 稲作 / 파~ [pʰa~ パ~] ネギ栽培 / ~짓다[~dʒitˈa ~ジッタ] 農業を営む；農作する；耕作する —꾼[kʼun ックン] 名 農民 —일[il イル] 名 하自 農作業=농삿일[noŋsannil ノンサンニル] —철[tɕʰəl チョル] 名 農繁期；農期.

*농산(-물)[農産(物)][noŋsan(mul) ノンサン(ムル)] 名 農産(物) —가공품[gagoŋpʰum ガゴンプム] 名 農産(物)加工品 —검사소[gɔːmsaso ゴームサソ] 名 農産物検査所.

농성[籠城][noŋsɔŋ ノンソン] 名 하自 籠城ろうじょう；座り込み ¶~ 투쟁[~ tʰudʒɛŋ ~ トゥジェン]籠城闘争 / 회사 앞에서 ~하다[hweːsa apʰesɔ ~hada フェーサアペソ ~ハダ] 社前に座り込む.

농아[聾啞][noŋa ノンア] 名 ろうあ者；耳や口の不自由な人 —교육[gjoːjuk ギョーユク] 名 ろうあ教育 —학교[hakʼjo ハクキョ] 名 ろう(あ)学校.

*농악[農樂][noŋak ノンアク] 名 農楽；笛・太鼓・杖鼓チャンゴ・鉦쇠・銅羅공などをはやしながら歌い踊る韓国農民特有の民俗芸能 —대[tʼɛ テ] 名 農楽隊.

농약[農藥][noŋjak ノンヤク] 名 農薬 ¶잔류 ~ [tɕallju ~ チャルリュ ~] 残留農薬.

농어[noŋɔ ノンオ] 名 〈魚〉スズキ(鱸) ¶~ 새끼[~sɛkʼi ~セッキ] セイゴ.

농어-촌[農漁村][noŋɔtɕʰon ノンオチョン] 名 農漁村.

*농업[農業][noŋɔp ノンオプ] 名 農業 —경제[kʼjɔŋdʒe キョンジェ] 名 農業経済 —시험장[ʃʼihɔmdʒaŋ シホムジャン] 名 農業試験場 —용수[(noŋɔm)njoːŋsu (ノンオム)ニョーンス] 名 農業用水 —인구[(noŋɔb)iŋgu (ノンオ)ビング] 名 農業人口 —정책[tɕʼɔŋtɕʰɛk チョンチェク] 名 農業政策 —협동조합[(noŋɔ)(nɔp) pʰjɔptˈoŋdʒohap ピョプトンジョハプ] 名 農業協同組合；略 '농협'；農協.

*농작-물[農作物][noŋdʒaŋmul ノンジャンムル] 名 農作物；作物.

*농장[農場][noŋdʒaŋ ノンジャン] 名 農場 ¶~ 관리인[~ gwalliin ~ グァルリイン] 農場管理人 / ~주[~dʒu ~ジュ] 農場主.

농주[農酒][noŋdʒu ノンジュ] 名 ① 農事の合間に飲む酒 ② どぶろく.

농지[農地][noŋdʒi ノンジ] 名 農地 —개량[gɛːrjaŋ ゲーリャン] 名 農地改良 —개혁[gɛːhjɔk ゲーヒョク] 名 農地改革 —보전[boːdʒɔn ボージョン] 名 農地保全 —전용[dʒɔːnjoŋ ジョーニョン] 名 農地転用.

농-지거리[弄—][noːntɕʼigori ノーンチゴリ] 名 下品でいやしい冗談；され言 —하다[hada ハダ] 自 冗談口をたたく；され言をいう.

*농촌[農村][noŋtɕʰon ノンチョン] 名 農村 —진흥[dʒiːnhɯŋ ジーンフン] 名 農村振興.

농축[濃縮][noŋtɕʰuk ノンチュク] 名 하自他 濃縮 —액[(noŋtɕʰug)ɛk (ノンチュ)ゲク] 名 濃縮液 —우라늄[uranjum ウラニュム] 名 濃縮ウラン[ウラニウム]. 「農地.

농토[農土][noŋtʰo ノント] 名 田畑；

농-하다[弄—][noːŋhada ノーンハダ] 自 여変 弄ろうする；冗談を言う ¶~하는 사이[~hanun sai ~ハヌン サイ] 冗談を言う間柄；非常に親しい間柄.

농한-기[農閑期][noŋhangi ノンハンギ] 名 農閑期；作間 ¶~의 부업(副業)[~e puːɔp ~エ プーオプ] 農閑期のサイドビジネス.

농협[農協][noŋhjɔp ノンヒョプ] 名 農協；農業協同組合の略.

농후-하다[濃厚—][noŋhuhada ノンフハダ] 形 濃厚だ ¶수회의 혐의가 ~ [suhwee hjɔmiga ~ スフェエ ヒョミガ ~] 収賄の疑いが濃厚である.

*높-낮이[nomnadʒi ノムナジ] 名 高低；起伏 ¶~가 없다[~ga ɔːptˈa ~ガ オープタ] 高低がない.

*높다[nopˈta ノプタ] 形 高い ¶산이 ~ [sani ~ サニ ~] 山が高い / 지위가 ~ [tɕiwiga ~ チウィガ ~] 地位が高い / 안목이 ~ [aːnmogi ~ アーンモギ

~] 眼識が高い / 값이 ~[kapsʼi ~ カプシ ~] 値段が高い / 목소리가 ~[moks'origa ~ モクソリガ ~] 声が高い / 혈압이 ~[hjɔrabi ~ ヒョラビ ~] 血圧が高い / 평판이 ~[pʰjɔːŋpʰani ~ ピョーンパニ ~] 評判が高い / 사기가 ~[saːgiga ~ サーギガ ~] 士気が高い / 코가 ~ · 크다[kʰoga ~ · kʰuda コガ ~ · クダ] 鼻が高い[自慢する] · 鼻が高い[大きい] / 연세가 높으신 분[jɔnsega nopʰɯɕin pun ヨンセガ ノプシン プン] お年を召した方.

높-다랗다 [noptʼaratʰa ノプタラッタ] 形 ずいぶん[相当に]高い.

높새-바람 [nopsʼɛbaram ノプセパラム] 名 (フェーン現象で)山から吹き下ろす乾燥した北東の[高温の]風.

***높아-지다** [nopʰadʑida ノパジダ] 自 高まる; 高くなる ¶ 관심이 ~[kwanɕimi ~ クァンシミ ~] 関心が高まる.

***높이** [nopʰi ノピ] 1 名 高さ; 高度 ¶~를 재다[~rɯl tɕɛːda ~ルル チェーダ] 高さを測る 2 副 高く ¶ 하늘~ 날다[hanɯl(lopʰi) nalda ハヌル(ロピ)ナルダ] 空高く飛ぶ ━ **뛰기** [tʼwigi ッウィギ] 名 走り高跳び; ハイジャンプ.

***높이다** [nopʰida ノピダ] 他 ① 高める; 高くする; 上げる ¶ 담을 ~[tamul ~ タムル ~] 塀を高くする / 교양을 ~[kjɔːjaŋɯl ~ キョーヤンウル ~] 教養を高める ② 敬語を使う ¶ 말을 ~[maːrɯl ~ マールル ~] 尊敬語を使う **높임-말** [nopʰimmal ノピムマル] 名 敬語; 尊敬語.

높직-하다 [noptɕʼikʰada ノプチクカダ] 形 여변 かなり高い; 小高い ¶~-한 나무[~-kʰan namu ~-カン ナム] かなり高い木 **높직-이** [noptɕʼigi ノプチギ] 副 やや高く; やや高めに.

***놓다**[1] [notʰa ノッタ] 他 ① 放す ¶ 핸들을 ~[hɛndɯrɯl ~ ヘンドゥルル ~] ハンドルを放す ② 放つ ¶ 불을 ~[purul ~ プルル ~] 火を放つ ③ 置く ¶ 책상 위에 책을 ~[tɕʰɛksʼaŋ wie tɕʰɛgɯl ~ チェクサン ウィエ チェグル ~] 机の上に本を置く ④ 架ける ¶ 다리를 ~[tarirul ~ タリルル ~] 橋を架ける ⑤ 仕掛ける ¶ 덫을 ~[tɔtɕʰul ~ トチュル ~] わなを仕掛ける ⑥ 打つ; 注射する ¶ 침을 ~[tɕʰimul ~ チムル ~] 鍼を打つ ⑦ 刺繡しゅうする ¶ 수를 ~[suːrul ~ スールル ~] し しゅうする ⑧ 計算する ¶ 셈을 ~[seːmul ~ セームル ~] 計算する ⑨ 引く ¶ 수도를 ~[sudorul ~ スドルル ~] 水道を引く ⑩ (買い値を)言う·つける ¶ 값을 ~[kapsʼul ~ カプスル ~] (買い)値をつける ⑪ 心配がなくなる ¶ 마음을 ~[maumul ~ マウムル ~] 安心する ⑫ …する ¶ 훼방을 ~[hweːbaŋul ~ フェーパンウル ~] 邪魔する ⑬ 間貸する ¶ 세를 ~[seːrul ~ セールル ~] 間貸しする ⑭ やめる ¶ 일손을 ~[iːlsʼonul ~ イールソヌル ~] していた仕事をやめる ⑮ ごく親しく話す ¶ 서로 말을 ~[sɔro maːrul ~ ソロ マールル ~] (君·僕の間柄で)ぞんざいな言葉遣いをする ⑯ 加える; 出す ¶ 속력을 ~[soŋnjɔgul ~ ソンニョグル ~] スピードを出す.

***놓다**[2] [notʰa ノッタ] 補動 …(して)おく ¶ 돈을 받아~[toːnul pada~ トーヌル パダ~] 金を受け取っておく / 책을 펼쳐~[tɕʰɛgɯl pʰjɔltɕʰɔ~ チェグル ピョルチョ~] 本を開いておく.

***놓아-두다** [noaduda ノアドゥダ] 他 ① 置いておく ¶ 책상위에 ~[tɕʰɛksʼaŋwie ~ チェクサンウィエ ~] 机の上に置いておく ② ほったらかしておく; そのままにしておく ¶ 그냥 ~-두어라 [kɯnjaŋ ~-duɔra クニャン ~-ドゥオラ] そのままほったらかしにしておけ.

***놓아-주다** [noadʑuda ノアジュダ] 他 放してやる; 逃がす; 逃す ¶ 새를 ~[sɛːrul ~ セールル ~] 鳥を放してやる.

***놓이다** [noida ノイダ] 1 自 ① 置いてある ¶ 꽃병이 놓여 있다[kʼotpʼjɔŋi nojoitʼa ッコッピョンイ ノヨ イッタ] 花瓶が置いてある ② (心が)安らぐ ¶ 마음이 ~[maumi ~ マウミ ~] 安心できる ③ 置かれる; '놓다'の受動 ¶ 어려운 처지에 ~[ɔrjɔun tɕʰɔːdʑie ~ オリョウン チョージエ ~] 困難な境遇に置かれる 2 他 …させる; '놓다'の使役形.

***놓치다** [notɕʰida ノッチダ] 他 ① (手から)落とす ¶ 공을 ~[koːŋul ~ コーンウル ~] ボールを落とす ② 逃がす; 逃す; 見失う ¶ 찬스를 ~[tɕʰansɯrul ~ チャンスルル ~] チャンスを逃す; 好気を逸する / 범인을 ~[pɔːminul ~ ポーミヌル ~] 犯人を見失う ③ 乗りそこなう; 乗り遅れる; はぐれる ¶ 막차를 ~[maktɕʰarul ~ マクチャルル ~] 終列車に乗りそこなう / 일행을 ~

[irhεŋul ～ イルヘンウル ～] 一行にはぐれる.

놔[nwa: ヌァー] 略 '놓아'「置く」¶～두다[～ duda ～ ドゥダ] = '놓아두다'「置いておく」/ ～ 주다[～ dʒuda ～ ジュダ] = '놓아주다'「放してやる」.

*__**뇌**[腦][nwe ヌェ] 图 脳 ¶～의 작용[～e tʃagjoŋ ～エ チャギョン] 脳のはたらき —**빈혈**[binhjʌl ピンヒョル] 图 脳貧血 —**사**[sa サ] 图 脳死 —**성(소아)마비**[sʌŋ(so:a)ma:bi ソン(ソーア)マービ] 图 脳性(小児)麻痺 —**수술**[susul ススル] 图 脳手術 —**신경**[ʃingjʌŋ シンギョン] 图 脳神経 —**염**[jʌm ヨム] 图 脳炎 —**일혈**[irhjʌl イルヒョル] 图 脳溢血; 脳出血の旧称 —**졸중**[dʒoltʃuŋ ジョルチュン] 图 脳卒中 —**종양**[dʒoŋjaŋ ジョンヤン] 图 脳腫瘍 —**진탕**[dʒinthaŋ ジンタン] 图 脳震盪 —**출혈**[tʃhurhjʌl チュルヒョル] 图 脳出血 —**충혈**[tʃhuŋhjʌl チュンヒョル] 图 脳充血 —**파**[pha パ] 图 脳波 —**하수체**[hasutʃhe ハスチェ] 图 脳下垂体 —**혈전**[hjʌltʃʌn ヒョルチョン] 图 脳血栓.

뇌까리다[nwek'arida ヌェッカリダ] 他 ① やたらにしゃべる; 出まかせにしゃべる ② くどくど繰り返して言う = **뇌다**[nwe:da ヌェーダ].

*__**뇌리**[腦裡][nweri ヌェリ] 图 脳裏; 頭(意識)の中 ¶～에서 사라지지 않는다[～esɔ saradʒidʒi annunda ～エソ サラジジ アンヌンダ] 脳裏から消えない.

*__**뇌물**[賂物][nwemul ヌェムル] 图 賄賂; 袖の下 ¶～을 주다[받다][(nwemur)ɯl tʃuda[pat'a] (ヌェム)ルル チュダ[パッタ]] 賄賂をやる[受ける] / 뇌물을 쓰다[보내다][(nwemur)ɯl s'uda[ponεda] (ヌェム)ルルッスダ[ポネダ]] 賄賂(袖の下)を使う[送る] —**죄**[tʃwe チュェ] 图 〈法〉収賄罪と贈賄罪.

뇌쇄[惱殺][nweswε ヌェスェ] 图 하他 脳殺 ¶남자를 ～시키는 포즈[namdʒarul ～ʃikhinun phoːdʒɯ ～ シキヌン ポージュ] 男を脳殺するポーズ.

뇌우[雷雨][nweu ヌェウ] 图 雷雨 ¶심한 ～를 만나다[ʃiːmhan ～rul manada シームハン ～ルル マンナダ] 激しい雷雨にあう.

누[累][nu: ヌー] 图 累; 迷惑 ¶～를 끼치다[～rul k'itʃhida ～ルル ッキチダ] 累が及ぶ; 迷惑をかける / ～가 되다[～ga tweda ～ガ トゥェダ] 累を及ぼす; 迷惑をかける; 迷惑になる.

*__**누**[nu ヌ] 代 誰 ¶～가 뭐라 해도[～ga mwɔːra hεːdo ～ガ ムォーラ ヘード] 誰が何と言っても.

누가[nuga ヌガ] 略 誰が; = '누구가' [nuguga ヌグガ] ¶～ 왔느냐?[～ wanːnunja ～ ワンヌニャ] 誰か来たか / ～ 아니래 ～ anirε ～ アニレ] そのとおりだ; まったくだ.

누각[樓閣][nugak ヌガク] 图 楼閣; 高殿 ¶사상 ～[sasaŋ ～ ササン～] 砂上の楼閣.

누계[累計][nuːge ヌーゲ] 图 하他 累計 ¶～를 내다[～rul nεːda ～ルル ネーダ] 累計を出す.

＊누구[nugu ヌグ] 代 誰 ¶너는 ～냐? [nʌnun ～nja ノヌン ～ニャ] 君は誰か / ～신지요?[～ʃindʒijo ～シンジヨ] どちら様[どなた様]でいらっしゃいますか / ～나(가) 다 그래[～na(ga) taː gurε ～ナ(ガ) ターグレ] 誰もが皆そうだって / ～한테든[～hanthedun ～ ハンテドゥン] 誰であれ —**누구**[nugu ヌグ] 代 誰々; 誰彼; '누구'の複数 ¶합격자는 ～입니까?[hapk'jʌktʃ'anun ～imnik'a ハプキョクチャヌン ～ イムニッカ] 合格者は誰々ですか / ～할 것 없이[～hal k'ɔ dɔpʃ'i ～ハル コドーㇷ゚シ] 誰彼の区別なく.

누군[nugun ヌグン] 略 誰が; 誰でも; = '누구는'[nugunun ヌグヌン] ¶그걸 ～ 모르나?[kugɔl ～ moruna クゴル ～ モルナ] それを誰が知らないのか[誰でも知っているよ].

누군가[nugunga ヌグンガ] 略 誰か = '누구인가'[nuguinga ヌグインガ] ¶～ 했더니 너였구나! [～ hεːt'ɔni nʌjɔtk'una ～ヘートニ ノヨックナ] 誰かと思ったら君だったのか.

누굴[nugul ヌグル] 略 誰を; 誰に; = '누구를'[nugurul ヌグルル] ¶～ 찾고 있니? [～ tʃhatk'o inni ～ チャッコ インニ] 誰を探しているの.

누그러-지다[nugurɔdʒida ヌグロジダ] 自 和らぐ; 柔らかくなる ¶통증이 ～[thoːŋtʃ'ɯŋi ～ トーンチュンイ ～] 痛みが和らぐ / 태도가 ～[thεːdoga ～

テードガ ~] 態度が和らぐ / 추위가 ~[tɕʰuwiga ~ チュウィガ ~] 寒さが和らぐ.

누긋-하다[nugutʰada ヌグッタダ] 形 여変 ① (湿り気があって)柔らかい ② (性質が)ゆったりしている; のんびりしている; 柔和だ; 悠長だ ¶~한 태도[~-tʰan thɛːdo ~-タン テード] のんびりした態度 / ~-하게 마음 먹다[~-tʰage maɯm mɔkt'a ~-タゲ マウム モクタ] 悠長に構える ③ (寒さが)いくらか穏やかだ **누긋-이**[nuguɕi ヌグシ] 副 ゆったり[のんびり]と; 柔らかく; 穏やかに.

누기[漏氣][nu:gi ヌーギ] 名 湿り(気); 湿気 ¶~찬 지하실[~-tɕʰan tɕihaɕil ~チャン チハシル] 湿っぽい地下室.

*누나[nu:na ヌーナ] 名 お姉ちゃん; 姉さん *누님[nu:nim ヌーニム] 名 お姉さま; 姉さん; 弟から姉を呼ぶ語(妹からは'언니'[ɔnni オンニ]と呼ぶ).

누누-이[屢屢-][nu:nui ヌーヌイ] 副 繰り返して; 何度も; ¶~ 설명하다[~ sɔlmjɔŋhada ~ ソルミョンハダ] 繰り返して[こまごまと]説明する.

누다[nuda ヌダ] 他 大小便をする; 垂れる ¶오줌을 ~[odʑumɯl ~ オジュムル ~] 小便をする / 똥을 ~[t'oŋɯl ~ ットンウル ~] 大便をする; 糞を垂れる.

누더기[nudɔgi ヌドギ] 名 ぼろ ¶~를 걸치다[~-rɯl kɔːltɕʰida ~ルル コールチダ] ぼろをまとう / ~ 같은 옷[~ gatʰɯn ot ~ カトゥン ノッ] おんぼろな服.

누락[漏落][nu:rak ヌーラク] 名 하自他 漏れと; 落ちと; 抜け ¶기입 ~[kiim ~ キイム~] 記入漏れ / 이름이 ~되다[irɯmi ~t'ɯeda イルミ ~トゥェダ] 名前が抜けている.

누렁-이[nurɔŋi ヌロンイ] 名 (毛の)黄色い犬; 黄色い物.

*누렇다[nurɔtʰa ヌーロッタ] 形 ㅎ変 黄色い; 黄ばんでいる; 黄金色だ ¶누렇게 익은 벼(이삭)[nu:rɔkhe igɯn pjɔ(isak) ヌーロッケ イグン ピョ(イサク)] 黄色く実った稲(の穂).

누레-지다[nu:redʑida ヌーレジダ] 自 黄ばむ; 黄色くなる; 黄金色になる.

누룩[nuruk ヌルク] 名 麹 **—곰팡이**[(nuru)k'ompʰaŋi コームパンイ] 名 〈植〉コウジ菌; コウジカビ.

누룽지[nuruŋdʑi ヌルンジ] 名 お焦げ.

누르-기[nurɯgi ヌルギ] 名 (柔道の)押さえ込み.

누르께-하다[nuruk'ehada ヌルッケハダ] 形 여変 (濃いめに)黄色い; 黄色みがかっている; 黄ばんでいる.

*누르다¹[nuruda ヌルダ] 形 러変 黄色い; 黄金色だ ¶누른 잎[nurɯn nip ヌルン ニプ] 黄色い葉.

‡누르다²[nu:ruda ヌールダ] 他 르変 ① 押さえる; 押さえつける ¶목을 ~[mogɯl ~ モグル ~] のどを押さえる ② 抑える ¶분노를 ~[puːnorɯl ~ プーンノルル ~] 怒りを抑える / 반대파를 ~[paːndɛphaɯl ~ パーンデパルル ~] 反対派を抑える ③ 押す ¶초인종을 ~[tɕʰoindʑoŋul ~ チョインジョンウル ~] 呼び鈴を押す.

누르락-붉으락[-푸르락][nurɯrak-p'ulgurak[pʰurɯrak] ヌルラクプルグラク[プルラク]] 副 하形 하自 (ひどく怒って顔色が)黄色くなったり赤く[青く]なったりするさま.

누르스름-하다[nurɯsɯrɯhada ヌルスルムハダ] 形 여変 薄黄色い; 黄色みがかっている.

누름-단추[nurɯmdantɕʰu ヌルムダンチュ] 名 押しボタン.

누릇-누릇[nurɯnnurɯt ヌルンヌルッ] 副 하形 点々と黄色みがかっているさま ¶벼가 ~ 익기 시작하다[pjɔga ~-(nurɯn) nikʼi ɕiːdʑakhada ピョガ ~-(ヌルン) ニクキ シージャクカダ] 稲が黄色く実り始める.

누리[nuri ヌリ] 名 世界; 世の中 ¶온~에[oːn~e オーン~エ] (全)世界中に.

*누리다¹[nu:rida ヌーリダ] 他 (富貴・長寿などを)楽しむ; 享受する ¶행복을 ~[hɛːŋbogul ~ ヘーンボグル ~] 幸せを享受する; 幸福に暮らす.

누리다²[nurida ヌリダ] 形 (肉などが)脂臭い; 獣臭い; (毛が焼ける)焦げ臭い.

누린-내[nurinnɛ ヌリンネ] 名 (獣の肉から発する)脂臭い[獣臭い]におい; (獣の毛の焼ける)焦げ臭いにおい.

누명[陋名][nu:mjɔŋ ヌーミョン] 名 ① 汚名 ¶~을 벗다[~-ɯl pɔt'a ~ウル ポッタ] 汚名をそそぐ; 冤罪눴が晴れる ② ぬれぎぬ ¶~을 쓰다[씌우다][~-ɯl s'ɯda[ɕ'iuda] ~ウル ッスダ[ッシウダ]] ぬれぎぬを着せられる[着せる].

누범[累犯][nu:bɔm ヌーボム] 名 〈法〉累犯 **—자**[dʑa ジャ] 名 累犯者.

누비 [nubi ヌビ] 图 刺し縫い; 刺し子; キルティング(quilting) **—옷** [ot オッ] 图 刺し縫いの衣服 **—이불** [ibul イブル] 图 刺し縫いの掛け布団.

***누비다** [nubida ヌビダ] 他 ① 刺し縫いをする; 刺し子に縫う ¶유도복을 ~ [ju:dobogul ~ ユードボグル ~] 柔道服を刺し子に縫う ② (狭い間を)縫う ¶인파를 누비고 가다 [inpʰarul nubigo kada インパルル ヌビゴ カダ] 人波を縫って行く ③ 闊歩する ¶정계를 ~ [tʃoŋgerul ~ チョンゲルル ~] 政界を闊歩する ④ 駆け回る ¶운동장을 ~ [u:ndoŋdʒaŋul ~ ウーンドンジャンウル ~] 運動場で思いのままに駆け回る.

누설-하다 [漏泄・漏洩—] [nu:sɔrhada ヌーソルハダ] 自他 漏洩する; 漏れる, 漏らす ¶비밀을 ~ [pi:mirul ~ ピーミルル ~] 秘密を漏らす.

누수 [漏水] [nu:su ヌース] 图 漏水; 水漏れ **—공사** [go:ŋsa ゴーンサ] 图 漏水工事 **—기** [gi ギ] 图 水時計.

누습 [陋習] [nu:sɯp ヌースプ] 图 陋習; 悪い風習; 悪習 ¶~을 타파하다 [(nu:sɯb)ɯl tʰa:pʰahada (ヌース)ブル ターパハダ] 陋習を打破する.

***누에** [nue ヌエ] 〈虫〉カイコ(蚕) ¶~를 치다 [~rul tʃʰida ~ルル チダ] カイコを飼う; 養蚕をする **—고치** [gotʃʰi ゴチ] 图 繭 **—나방** [nabaŋ ナバン] 图 〈虫〉カイコガ(蚕蛾) **—농사** [noŋsa ノンサ] 图 養蚕; 蚕業 **—잠** [dʒam ジャム] 图 カイコの眠り.

누에-콩 [nuekʰoŋ ヌエコン] 图 〈植〉ソラマメ(蚕豆).

누워-먹다 [nuwɔmɔkt'a ヌウォモクタ] 自 (「寝て食う」の意味から)ただで食う; 遊んで[ぶらぶら]暮らす **누워-떡먹기** [nuwɔ t'ɔŋ mok'i ヌウォットンモクキ] 諺 朝飯前; 朝飯前のお茶漬け.

***누이** [nui ヌイ] 图 (男性からみて)姉; 妹 ¶~좋고 매부 좋고 [~ dʒokʰo mebu dʒokʰo ~ ジョッコ メブ ジョッコ] 姉[妹]にもよくその夫[義兄弟]にもよく; 両方ともよく; すべてがよく **—동생** [doŋsɛŋ ドンセン] 图 (兄からみて)妹.

***누이다**[1] [nuida ヌイダ] 他 ① 寝かす; 寝かせる; 横たえる; '눕다'の使役形; '눕히다'の変形 ¶아기를 자리에 ~ [agirul tʃarie ~ アギルル チャリエ ~] 赤ん坊を床に寝かす[横たえる] / 때려 ~ [t'ɛrjo ~ッテリョ~] 張り倒す ② (織物を)さらす; 練る ¶명주를 ~ [mjɔŋdʒurul ~ ミョンジュルル ~] 絹を練る.

누이다[2] [nuida ヌイダ] 他 大小便をさせる; '누다'の使役形 ¶오줌을 ~ [odʒumul ~ オジュムル ~] 小便[おしっこ]をさせる.

누적 [累積] [nu:dʒɔk ヌージョク] 图 해自他 累積 ¶~된 적자 [~t'wen tʃɔktʃ'a ~トゥェン チョクチャ] 積もった[累積]赤字.

누전 [漏電] [nu:dʒɔn ヌージョン] 图 해自 漏電 ¶~에 의한 화재 [~e ɰihan hwa:dʒɛ (ヌージョ)ネ ウィハン ファージェ] 漏電による火災.

누지다 [nu:dʒida ヌージダ] 自形 湿っぽくなる; 湿り気を帯びる; 湿っぽい.

누진 [累進] [nu:dʒin ヌージン] 图 해自 累進 **—과세[세]** [gwase[s'e] グァセ[セ]] 图 累進課税[累進税] **—율** [njul ニュル] 图 累進率.

누차 [累次・屢次] [nutʃʰa ヌーチャ] **1** 图 累次; 再々度 ¶~의 재해 [~e tʃʰɛ ~エ チェヘ] 累次の災害 **2** 副 しばしば; たびたび; 何度も ¶~ 주의를 주었다 [~ tʃu:irɯl tʃuɔt'a ~ チューイルル チュオッタ] 何度も注意をした.

***누추-하다** [陋醜—] [nu:tʃʰuhada ヌーチュハダ] 形 ① 卑しく醜い; 薄汚い; むさ(苦)しい ¶~-한 옷차림 [~-han otʃʰarim ~ハン オッチャリム] 薄汚い身なり ② 自分の家[部屋]などを謙遜していう語 ¶~-한 집이지만 [~-han tʃibidʒiman ~-ハン チビジマン] むさ苦しい所ですが.

누출 [漏出] [nu:tʃʰul ヌーチュル] 图 해自 漏出; 漏れ出ること ¶가스 ~ [gasu ~ ガス ~] ガス漏れ.

눅눅-하다 [nuŋnukhada ヌンヌクハダ] 形 여변 湿っぽい ¶~-한 종이 [~-kʰan tʃoŋi ~-カン チョンイ] 湿っぽい紙.

눅다 [nukt'a ヌクタ] 形自 ① (練りなどが)水気[湿気]があって柔らかい ¶반죽이 너무 ~ [pandʒugi nɔmu ~ パンジュギ ノム ~] 練りが柔らか過ぎる ② (性格が)穏やかだ; 寛大だ ¶성질이 눅은 사람 [sɔ:ŋdʒiri nugɯn sa:ram ソーンジリ ヌグン サーラム] 性質の穏やかな人 ③ (寒さが)和らいで暖かい ¶봄 날씨처럼 ~ [pom nalʃ'itʃʰorɔm ~ ポム ナルッシチョロム ~] 小春日和

のように暖かい ④(値段が)安い ¶物件値が ~ [mulgon k'apʃi ~ ムルゴン カプシ ~] 品物の値段が安い.

녹신-하다 [nukʃ'inhada ヌクシンハダ] 形 (어変) 柔らかい ¶고무가 ~ [komuga ~ コムガ ~] ゴムが柔らかい.

녹이다 [nugida ヌギダ] 他 ① 柔らかくする; 湿らせる ¶반죽을 ~ [pandʒugɯl ~ パンジュグル ~] 練り粉を薄くする[柔らかくする] ② 和らげる ¶신경을 ~ [ʃingjoŋɯl ~ シンギョンウル ~] 神経を和らげる.

녹지다 [nuktʃ'ida ヌクチダ] 自 ① (練り粉などが)柔らかくなる ② (寒さ・性質が)温む; 和らぐ.

녹진-하다 [nuktʃ'inhada ヌクチンハダ] 形 (어変) 粘り気があって柔らかい ¶딱딱한 엿이 ~-해지다 [t'akt'akʰan joʃi ~-hedʒida ッタクタクカン ヨシ ~-ヘジダ] 固い飴が柔らかくなる.

*눈¹ [nun ヌン] 1 名 ① 目 ¶~을 뜨다 [~ɯl t'ɯda ~ ヌル ットゥダ] 目を覚ます; 目を開く; 目覚める / ~깜짝할 사이에 [~k'amtʃ'akʰal saie ~ ッカムッチャクカル サイエ] 瞬く間に / ~에 비치다 [~e pitʃʰida (ヌ)ネ ピチダ] 目に映る / ~의 시력 [~i tʃotʰa (ヌ)ニ チョータ] 目がよい ③ 心; 意中 ¶~에 들다 [~e tɯlda (ヌ)ネ トゥルダ] 目[気]にいる / ~에 거슬리다 [~e kɔsɯllida (ヌ)ネ コスルリダ] 目障りだ ④ 表情; 顔つき ¶~으로 인사하다 [~ɯro insahada (ヌ)ヌロ インサハダ] 目であいさつする ⑤ 注目; 注視 ¶~에 띄다 [~e t'ida (ヌ)ネ ッティーダ] 目につく; 目にとまる / ~을 끌다 [~ɯl k'uːlda (ヌ)ヌル ックールダ] 目を引く ⑥ 眼識 ¶~이 높다 [~i noptʰa (ヌ)ニ ノプタ] 目が高い ⑦ 視野 ¶~을 넓혀서 [~ɯl nɔlpʰjɔ (ヌ)ヌル ノルピョソ] 視野を広めて 2 〈慣用句〉 ~밖에 나다 [~bak'e nada ~ パッケ ナダ] (信用を失い)憎まれる / ~에 넣어도 아프지 않다 [~e nɔccʰɔ apʰɯdʒi antʰa (ヌ)ネ ノオ アプジ アンタ] 目に入れても痛くない; とても可愛い / ~에 불을 켜고 찾다 [~e purul kʰjɔgo tʃʰatʰa (ヌ)ネ プルル キョゴ チャッタ] (警察が犯人を)目を光らせて探す / ~에 선하다 [~e sɔnhada (ヌ)ネ ソーンハダ] 目にありありと浮かぶ / ~에 쌍심지를 켜다 [~e s'aŋʃimdʒirɯl kʰjɔda (ヌ)ネッサンシムジルル キョダ] 目に角を立てる; 目の色を変える / ~에 어리다 [~e ɔrida (ヌ)ネ オリダ] 目に浮かぶ; 目にちらつく / ~에 없다 [~e ɔːpt'a (ヌ)ネ オープタ] 眼中にない; 相手にしない / ~에 차다 [~e tʃʰada (ヌ)ネ チャダ] 気に入って満足だ / ~에 흙이 들어가다 [~e hɯ(l)gi tɯrɔgada (ヌ)ネ フ(ル)ギ トゥロガダ] 死ぬ; 死んで土に埋められる / ~을 부라리다 [~ɯl purarida [purupt'ɯda] (ヌ)ヌル プラリダ[プルプトゥダ]] 目をむく; 目をすごませて脅かす / ~을 붙이다 [~ɯl putʃʰida (ヌ)ヌル プチダ] まどろむ; ちょっとの間眠る / ~을 희번덕거리다 [~ɯl hibɔndɔkk'ɔrida (ヌ)ヌル ヒボンドクコリダ] 目を白黒させる / ~이 뒤집히다 [~i twiːdʒipʰida (ヌ)ニ トゥィージピダ] 目がくらむ; 気が荒う; (怒ったり、ごいことに遭ったりして)理性を失う / ~이 빠지도록 기다리다 [~i p'aːdʒidoro k'idarida (ヌ)ニッパージドロク キダリダ] 首を長くして待ちこがれる / ~이 삐다 [~i p'ida (ヌ)ニッピーダ] (見誤ったときなど)目がどうかしている; 見る目がおかしい / ~이 시퍼렇다 [~i ʃipʰɔrɔtʰa (ヌ)ニ シポロッタ] ぴんぴんと生きている / ~이 캄캄하다 [~i kʰamkʰamhada (ヌ)ニ カムカムハダ] (目がくらんで)頭がぼうっとしている; 目に一丁字もない / ~이 어리다 [~i ɔrida (ヌ)ニ オリダ] 目がぼんやりしてはっきり見えない / ~이 휘둥그래지다 [~i hwidɯŋgɯredʒida (ヌ)ニ フィドゥングレジダ] 目をぱちくりさせる.

*눈² [nun ヌン] 名 (木・草の)芽 ¶~이 트다 [~i tʰɯda (ヌ)ニ トゥダ] 芽を吹く; 芽が出る; 芽生[萌ぇ]える.

눈³ [nun ヌン] 名 目; 目盛り ¶저울 ~을 속이다 [tʃoul (lun) nul sogida チョウル (ル) ヌル ソギダ] 目[目方]を盗む[ごまかす].

*눈⁴ [nuːn ヌーン] 名 雪 ¶싸라기~ [s'aragi (nun) ッサラギ(ヌン)] あられ / 함박~ [hambaŋ (nun) ハムバン(ヌン)] ぼたん雪 / ~이 내리다[오다] [~i nɛrida [oda] (ヌー)ニ ネリダ[オダ]] 雪が降る / 큰~이 오다 [kʰun (nun) i oda クン(ヌ)ニ オダ] 大雪が降る / ~이 녹다 [~i nokt'a (ヌー)ニ ノクタ] 雪が解け

눈-가 [nunk'a ヌンカ] 名 目じり; 目の縁 ¶~에 주름이 잡히다 [~e tʃurumi tʃapʰida ~エ チュルミ チャッピダ] 目じりにしわが寄る.

눈-가늠 [nunk'anɯn ヌンカヌム] 名 하自 目分量ではかること; 目測.

눈-가다 [nungada ヌンガダ] 自 目が向く; 目がいく; 視線が引かれる[向く].

눈-가루 [nu:nk'aru ヌーンカル] 名 雪の粉; 雪.

눈-가림 [nungarim ヌンガリム] 名 하自 人の目をだますこと; 見せかけ; 欺くこと ¶~으로 하는 일 [~uro hanɯn ni:l (ヌンガリ) ムロ ハヌン ニール] 見せかけにする仕事.

눈-가장자리 [nunk'adʒaŋdʒari ヌンカジャンジャリ] 名 目じり; 目の縁.

눈-가죽 [nunk'adʒuk ヌンカジュク] 名 上まぶたの皮.

눈-감다 [nungamt'a ヌンガムタ] 自 ① 目を閉じる[つぶる] ② 死ぬ ③ (人の誤ち・欠点に) 目をつぶる; 見て見ないふりをする.

눈감아-주다 [nungamadʒuda ヌンガマジュダ] 他 大目に見る; 見逃してやる; 目をつぶる; 黙認する ¶한 번만은 ~-주마 [han bɔnmanɯn ~-dʒuma ハン ボンマヌン ~-ジュマ] 一度だけは見逃してやろう.

눈-거칠다 [nungɔtʃʰilda ヌンゴチルダ] 形 ㄹ語幹 目障りだ; 気に入らない.

눈-결 [nunk'jɔl ヌンキョル] 名 目についた一瞬; 束の間 ¶~에 언뜻 보다 [nunk'jɔr)e ɔnt'ɯt p'oda (ヌンキョ)レ オンットゥッ ポダ] 一瞬ちらっと見る.

***눈-곱** [nunk'op ヌンコプ] 名 ① 目やに 俗 눈곱자기 [nunk'optʃ'agi ヌンコプチャギ] ¶~이 끼다 [(nunk'ob)i k'ida (ヌンコ)ビ ッキダ] 目やにがたまる ② ごく小さいもの ¶그의 말에는 ~만한 진실도 없다 [kɯe ma:renɯn (nunk'om)manhan tʃinʃildo ɔ:pt'a クエ マーレヌン (ヌンコム)マンハン チンシルド オープタ] 彼の言うことにはけし粒ほどの真実もこもっていない. 「目.

눈-금 [nunk'ɯn ヌンクム] 名 目盛り;

***눈-길**[1] [nunk'il ヌンキル] 名 視線 ¶따뜻한 ~ [t'at'ɯtʰan ~ ッタットゥタン ~] 暖かい視線 /~을 끌다 [모으다] [(nunk'ir)ɯl k'u:lda [moɯda] (ヌンキ)ルル ックールダ [モウダ]] 人目を引く[人目を集める].

눈-길[2] [nu:nk'il ヌーンキル] 名 雪道.

눈-깔 [nunk'al ヌンッカル] 俗 目 **一사탕** [satʰaŋ サタン] 名 飴玉ﾀﾏ.

눈-깜짝이 [nunk'amtʃ'agi ヌンッカムッチャギ] 名 習慣的にまばたきをする人.

눈-꺼풀 [nunk'ɔpʰul ヌンッコプル] 名 まぶた. ＞**눈까풀** [nunk'apʰul ヌンッカプル]

***눈-꼴** [nunk'ol ヌンッコル] 名 目つき; 目づかい; まなざし; 目の形や目つきなどを見下げていう語 ¶~이 고약하다 [(nunk'or)i ko:jakʰada (ヌンッコ)リ コーヤクカダ] 目つきが悪い **一사납다** [sanapt'a サナプタ] 形 ㅂ変 ① 目つきが和やかでない ② 気[癪ﾀｸ]に障る; 目障りだ; 目に余る ¶~-사나운 사내 [~-sanaun sanɛ ~-サナウン サネ] 見ただけでも気に障る男 **一시다 [틀리다]** [ʃida[tʰɯllida] シダ[トゥルリダ]] 形 目に障る; 目に余る; 胸くそが悪くなる ¶~-시어 못보겠다 [~-ʃiɔ mo:tp'oget'a ~-シオ モーッポゲッタ] 目に余って[目障りで]見ていられない.

눈-꽃 [nu:nk'ot ヌーンッコッ] 名 雪花.

눈-높다 [nunnopt'a ヌンノプタ] 形 ① 目が高い; 目が肥えている; 鑑識力が優れている ¶~-높은 사람 [~-nopʰɯn sa:ram ~-ノプン サーラム] 目の高い[肥えている]人 ② プライドが高い.

눈-대중 [nunt'ɛdʒuŋ ヌンテジュン] 名 하他 目分量; 目積もり; 目測.

눈-덩이 [nu:nt'ɔŋi ヌーンットンイ] 名 雪の塊 ¶~처럼 불어나다 [~tʃʰɔrɔm puronada ~ チョロム プロナダ] 雪だるまのように(どんどん)増える.

눈-독 [nunt'ok ヌントク] 名 貪欲ﾖｸな目つき; 目星 **一들이다** [t'ɯrida トゥリダ] 他 (欲しそうに)目を凝らす; ねらう; 目星をつける ¶부장 자리에 ~ [pudʒaŋ dʒarie ~ プジャン ジャリエ ~] 部長の椅子をねらう.

***눈-동자** [一瞳子] [nunt'oŋdʒa ヌントンジャ] 名 瞳ﾐﾄﾞ; 瞳孔ﾄﾞｳｺｳ.

눈-두덩 [nunt'udəŋ ヌントゥドン] 图 うわまぶた.

눈-딱부리 [nunt'akp'uri ヌンッタクプリ] 图 どんぐり眼, また, その人.

눈-뜨다 [nunt'ɯda ヌンットゥダ] 自 ① 目をあける ¶ ~ -뜨고 볼 수 없다 [~-t'ugo pol s'u ɔpt'a ~-ットゥゴ ポルッス オープタ] 見るに忍びない; 目に当てられない ② 目覚める ¶현실에 [성에] ~ [hjɔːnʃire[sɔːŋe] ~ ヒョーンシレ[ソーンエ] ~] 現実に[性に]目覚める ③ (字·文学などを)悟る.

눈뜬-장님 [nunt'un dʒaːŋnim ヌンットゥン ジャーンニム] 图 目が開いていても実際には見えない人; 文盲.

눈-망울 [nunmaŋul ヌンマンウル] 图 瞳눈(の部分); 眼球; 目玉.

눈-맞다 [nunmat'a ヌンマッタ] 自 ① 目(つき)で相通ずる; 2人の視線[心]が通じ合う ② (俗) (男女の間に)愛情が通じ合う; なれ합う; 恋におちいる.

눈-맞추다 [nunmatʃʰuda ヌンマッチュダ] 他 目を合わす; 見合わす; 互いに愛する目つきで見交わす[合図し合う].

눈-매 [nunmɛ ヌンメ] 图 目の形; 目もと, 目つき; =**눈맵시** [nunmɛpʃi ヌンメプシ] ¶ ~ -가 시원하다 [~ga ʃiwɔnhada ~ガ シウォンハダ] 目もと [目つき]がすっきりしている.

눈-멀다 [nunmɔlda ヌンモルダ] 自 (已語幹) 目が見えなくなる ¶ ~ -먼 사람 [~-mən saːram ~-モン サーラム] 目の不自由な人; 視力障害者 ② 目がくらむ; おぼれる ¶돈에 ~ [toːne ~ トーネ ~] 金に目がくらむ / 사랑에 ~ [saraŋe ~ サランエ ~] 恋におぼれる **눈먼-돈** [nunmɔndon ヌンモンドン] 图 ① 持ち主のいない金 ② 思いがけない, ただもうけの金.

*눈-물** [nunmul ヌンムル] 图 涙 ¶이별의 ~ [iːbjəre ~ イービョレ ~] 別れの涙 / ~ -을 글썽이다 [(nunmur)ɯl kɯɯlsʼɔŋida (ヌンム)ルル クルッソンイダ] 涙を浮かべる / ~ -을 삼키다 [(nunmur)ɯl samkʰida (ヌンム)ルル サムキダ] 涙をのむ / ~ -이 앞을 가리다 [(nunmur)i apʰɯl karida (ヌンム)リ アプル カリダ] とめどなく涙を流す / ~ 겨운 이야기 [~-gjəun nijagi ~ ギョウン ニヤギ] 涙ぐましい話 / ~ 나다 [~lada ~ラダ] 涙が出る / ~ 돌다 [~-dolda ~ドルダ] 涙がたかぶ / ~ 머금다 [~məgumt'a ~モグムタ] 涙ぐむ / ~ 어리다 [(nunmur)ɔrida (ヌンム)ロリダ] 涙ぐむ / ~ 없다 [(numur)-ɔpt'a (ヌンム)ロプタ] 同情したり感動したりすることがない / ~ 지다 [~-dʒida ~-ジダ] 涙を流す / ~ 짓다 [~-dʒiːt'a ジッタ] 涙を浮かべる / ~ 짜다 [~-tʃ'ada ~-ッチャダ] めそめそする; 泣くふりをする / ~ 참다 [~-tʃʰamt'a ~-チャムタ] 涙をこらえる / ~ 헤프다 [~-hepʰɯda ~-ヘプダ] 涙もろい / ~ 로 보내다 [~-lo ponɛda ~-ロ ポネダ] 涙に明け涙に暮れる **-없이** [(numur)-ɔpʃi (ヌンム) ロプシ] 副 涙なしに.

눈-발 [nuːnp'al ヌーンパル] 图 (筋のように)降りしきる雪 ¶갑자기 ~ 이 드세지다 [kaptʃ'agi (nuːnpʼar)i tɯ sedʒida カプチャギ (ヌーンパ)リ トゥセジダ] にわかに雪が本降りになる **-서다** [sɔda ソダ] 自 雪が降りそうだ.

눈-밝다 [nunbakt'a ヌンバクタ] 形 視力がいい; 目がいい.

눈-방울 [nunp'aŋul ヌンパンウル] 图 (精気にあふれた) 生き生きした眼[目玉].

눈-병[一病] [nunp'jɔŋ ヌンピョン] 图 眼病; 眼疾.

눈-보라 [nuːnbora ヌーンボラ] 图 吹雪눈; 雪煙 ¶ ~ (가) 치다 [~ (ga) tʃʰida ~ (カ) チダ] 吹雪まく.

*눈-부시다** [nunbuʃida ヌンブシダ] 形 ① まぶしい, まばゆい ¶ ~ -부신 태양 [~-buʃin tʰɛjaŋ ~-ブシン テヤン] まぶしい太陽 ② 目覚ましい; 輝かしい; 華々しい ¶ ~ -부신 활동 [~-buʃin hwalt'oŋ ~-ブシン ファルトン] 目覚ましい[華々しい]活動.

눈-빛[1] [nunp'it ヌンピッ] 图 ① 目つき; 目の色 ¶성난 ~ [sɔːŋnan ~ ソーンナン ~] 怒った目つき / 파란 ~ [pʰaːran ~ パーラン ~] 青い目の色 ② 目の輝き; 眼光 ¶ ~ 이 날카롭다 [(nunp'i)tʃʰi nalkʰaropt'a (ヌンピ)チ ナルカロプタ] 眼光がするどい.

눈-빛[2] [nuːnp'it ヌーンピッ] 图 雪色; 真っ白い色. 「雪だるま.

눈-사람 [nuːnsʼaram ヌーンサラム] 图

눈-사태[一沙汰] [nuːnsatʰɛ ヌーンサテ] 图 雪崩눈.

눈-살 [nunsʼal ヌンサル] 图 眉間눈のしわ **-찌푸리다** [tʃʼipʰurida ッチプリダ] 自 眉눈をひそめる.

눈-설다 [nunsɔlda ヌンソルダ] 形

눈속이다 250 **눈치**

ㄹ語幹 見慣れない；なじみがない．
눈-속이다 [nunsogida ヌンソギダ] 他 (人の)目をだます[欺く・くらます・ごまかす] **눈-속임** [nunsogim ヌンソギム] 名 하他 ごまかし；人目を欺くこと．
눈-송이 [nu:nsoŋi ヌーンソンイ] 名 雪のひら；雪片．
***눈-시울** [nunʃiul ヌンシウル] 名 目頭 ¶~을 적시다 [(nunʃiur)ul tʃʼokʃida (ヌンシウ)ルル チョクシダ] 目頭を濡らす / ~이 뜨거워지다 [(nunʃiur)i tʼwgəwədʒida (ヌンシウ)リットゥゴウォジダ] 目頭が熱くなる．
눈-싸움[1] [nuns'aum ヌンッサウム] 名 하自 にらめっこ；にらめっくら (先にまばたきをしたほうが負け)．
눈-싸움[2] [nu:ns'aum ヌーンッサウム] 名 하自 雪合戦；雪投げ．
눈-썰미 [nuns'əlmi ヌンッソルミ] 名 (見よう)見まね；見覚え；見ただけですぐ覚える技 ¶~가 있다 [~ga itʼa ~ガ イッタ] 見まねが上手だ．
***눈-썹** [nuns'əp ヌンッソプ] 名 眉；眉毛 ¶그린 ~ [kɯ:rin ~ クーリン ~] 作り眉；引き眉毛 / ~을 그리다 [(nuns'əb)ul kɯrida (ヌンッソ)ブル クリダ] 眉を描く[引く] / ~을 찌푸리다 [(nuns'əb)ul tʃʼipʰurida (ヌンッソ)ブル ッチプリダ] 眉根をひそめる / ~ 하나 까딱않고 듣다 [(nuns'ə)pʰana kʼatʼagankʰo tutʼa ~ハナ ッカッタガンコ トゥッタ] 眉1つ動かさずに聞く．
눈-알 [nunal ヌナル] 名 目玉；眼球 ¶~을 부라리다 [(nunar)ul purarida (ヌナ)ルル プラリダ] (すごく腹を立てて)目をぎょろつかせる；にらむ / ~이 빠지도록 기다리다 [(nunar)i pʼadʒidoro kʼidarida (ヌナ)リッパージドロク キダリダ] (目を見開きすぎて飛び出すほど)首を長くして待ち焦がれる．
***눈-앞** [nunap ヌナプ] 名 目の前；目先；眼前；目前 ¶~에 두다 [(nuna)pʰe tuda (ヌナ)ペ トゥダ] (結婚などを)目前に控える / ~의 이익 [(nuna)pʰe iik (ヌナ)ペ イーイク] 目先の利益 / ~이 캄캄하다 [(nuna)pʰi kʰamkʰamhada (ヌナ)ピ カムカムハダ] 目の前が暗くなる；途方に暮れる．
눈-약 [—藥] [nunnjak ヌンニャク] 名 目薬 =안약(眼藥) [a:njak アーニャク] ¶~을 넣다 [(nunnjag)ul nɔ:tʰa (ヌ

ンニャ)グル ノータ] 目薬を差す．
눈-어둡다 [nunədupt'a ヌノドゥプタ] 形 ㅂ變 ① 視力が弱い；目がくらむ ② (事柄の内容を)知らぬ立場である；目が暗い ¶장사에는 ~ [tʃaŋsaenun ~ チャンサエヌン ~] 商売には目が暗い．
눈-어림 [nunərim ヌノリム] 名 하他 目測；目算；目分量；='눈짐작' ¶~으로 [~uro (ヌノリ)ムロ] 目分量で．
눈-언저리 [nunəndʒəri ヌノンジョリ] 名 目の縁；目の周り；目元．
눈엣-가시 [nunetkʼaʃi ヌネッカシ] 名 ① 眼中のとげ；邪魔な人 ② 夫の愛人．
눈여겨-보다 [nunnjəgjəboda ヌンニョギョボダ] 他 目を凝らして見る；目を注ぐ[留める]；注視する．
눈-요기 [—療飢] [nunnjogi ヌンニョギ] 名 하自 目の保養；見るだけで満足すること ¶~를 하다 [~rul hada ~ルル ハダ] 目の保養をする．
눈-웃음 [nunusum ヌヌスム] 名 目笑；色目 **—짓다** [dʒitʼa ジッタ] 自 人變 目に笑いを浮かべる **—치다** [tʃʰida チダ] 自 目でそっと笑う；色目を使う．
눈-익다 [nunnikt'a ヌンニクタ] 形 見慣れている；見覚えがある ¶~은 거리 [(nunnig)un kəri (ヌンニ)グン コリ] 見慣れた街． 「名 하自 目礼．
눈-인사 [—人事] [nuninsa ヌニンサ]
눈-주다 [nundʒuda ヌンジュダ] 自 ① 約束の目配せをする；目で合図をする ② 目[視線]を向ける[移す]．
눈-짐작 [nuntʃʼimdʒak ヌンチムジャク] 名 하他 目測；目分量；='눈어림'．
***눈-짓** [nuntʃʼit ヌンチッ] 名 하自 目顔；目配せ；目色；目交ぜ ¶~으로 알리다 [(nuntʃʼis)uro allida (ヌンチ)スロ アルリダ] 目顔で知らせる；目配せする．
눈-초리 [nuntʃʰori ヌンチョリ] 名 目じり；まなじり；目つき ¶매서운 ~ [mɛsəun ~ メソウン ~] 鋭い目つき．
눈-총 [nuntʃʰoŋ ヌンチョン] 名 憎々しい[毒々しい]まなざし[目つき]；にらみ ¶~맞는 아이 [~mannun ai ~マンヌン アイ] 憎まれっ子 / 남의 ~을 받다 [name ~ul patʼa ナメ ~ウル パッタ] 人からにらまれる．
***눈치** [nuntʃʰi ヌンチ] ❶ 名 ① 目端；機転；勘；センス ¶~가 빠르다 [~ga pʼaruda ~ガ ッパルダ] 目端[気]がきく；勘がいい；目ざとい / ~가 없다 [~ga ɔ:pt'a ~ガ オープタ] 気がきか

ない；勘が働かない ② 表情；素振り；ようす；態度 ¶가고 싶은 ~다[kago ʃiphɯn ~da カゴ シプン ~ダ] 行きたい素振りだ ③ 嫌がるようす・顔色 ¶~가 좀 이상하다[~ga tʃom i:saŋhada ~ガ チョム イーサンハダ] 顔色がちょっと怪しい / ~가 보이다[~ga poida ~ガ ポイダ] 嫌がるようすが見える **2** 〈慣用句〉¶~가 다르다[~ga taruda ~ガ タルダ] ようすが普段とは違っておかしい / ~가 있다[~ga it'a ~ガ イッタ] (状況に応じる)myしい才知がある；勘がいい / ~(를) 살피다[~ (rul) salphida ~ (ルル) サルピダ] 人のようすをうかがう **—보다** [boda ボダ] 他 人のようすを探る；顔色[機嫌]をうかがう ¶주인의 ~[tʃine ~ チュイネ ~] 主人の顔色をうかがう **—채다** [tʃhɛda チェダ] 他 気取る；気づく；嗅ぎつける；気配をさとる **—채이다** [tʃhɛida チェイダ] 自 気づかれる；感づかれる；気取られる ¶이미 ~채였다[imi ~tʃhɛjʌt'a イミ ~チェヨッタ] 早く気取られた / 전혀 ~채지 못하였다[tʃʌnhjʌ ~tʃhɛdʒi mo:tʃhajʌt'a チョンヒョ ~チェジ モッタヨッタ] とんと気づか[気取られ]なかった **—꾼** [k'un ックン] 名 他人の顔色ばかりうかがって行動する人 **—코치** [khotʃhi コチ] 名 '눈치'の強調語；'코치'="鼻つき" ¶~도 모르다[~-do moruda ~ド モルダ] 目端がちっとも利かない；ひどく勘が鈍い **눈칫밥** [nuntʃhitp'ap ヌンチッパプ] 名 (居候などの)気兼ねの食事．

눈-코 [nunkho ヌンコ] 名 目と鼻 ¶~뜰 새 없다[~t'ul s'ɛ ɔ:pt'a ~ ットゥル ッセ オープタ] (目をあけたり鼻の穴を広げたりする暇もないの意で)目が回るほど忙しい．

눈-팔다 [nunphalda ヌンパルダ] 自 よ

눈-흘기다 [nunhɯlgida ヌンフルギダ] 自他 横目でにらむ．

눋다 [nu:t'a ヌータ] 自 焦げる；焦げつく ¶밥이 ~[pabi ~ パビ ~] ご飯が焦げる．

눌러 [nu:llʌ ヌールロ] 副 ① そのまま大目に ¶~봐 주세요[~bwa tʃusejo ~ブァ チュセヨ] そのまま大目に見てください ② 引き続き ¶~앉다[~ant'a ~アンタ] (その場・地位に)引き続き留まる．

*** 눌리다** [nu:llida ヌールリダ] 自 押される；'누르다'の受動 ¶다수에 ~[tasue ~ タスエ ~] 多数に押される．

눌변 [訥辯][nulbjʌn ヌルビョン] 名 訥弁；不弁；口べた；下手な話し方 ¶~가[~ga ~ガ] 訥弁家．

눌어-붙다 [nurʌbut'a ヌロブッタ] 自 ① 焦げつく；焼けつく ¶밥이 ~[pabi ~ パビ ~] ご飯が焦げつく ② 長居[寄食]する；尻長く居座る ¶겨우내 여기 ~[kjʌune jʌgi ~ キョウネ ヨギ ~] 冬の間ずっとここに居続ける．

눌은-밥 [nurɯnbap ヌルンバプ] 名 焦げご飯(に水を注いで食べる食べ物)．

***눕다** [nu:pt'a ヌープタ] 自[ㅂ変] ① 横たわる；横になる；伏[臥]す；寝る ¶침대에 ~[tʃhi:mdɛe ~ チームデエ ~] ベッドに横たわる ② 病の床につく．

***눕히다** [nuphida ヌピダ] 他 寝かす；横たえる ¶침대에 ~[tʃhi:mdɛe ~ チームデエ ~] ベッドに寝かせる / 때려 ~[t'ɛrjʌ~ ッテリョ ~] たたきのめす．

뉘 [nwi ヌィ] 代 ① 誰；'누구'の略 ¶~라도[~-rado ~ラド] 誰でも ② 誰の；'누구의'の略 ¶~덕[~-dʌk ~ドク] 誰のおかげ．

***뉘우치다** [nwiutʃhida ヌィウチダ] 他 後悔する；悔いる；反省する ¶잘못을 ~[tʃalmosul ~ チャルモスル ~] 過ちを後悔する / 뉘우치는 기색이 없다 [nwiutʃhinɯn kisɛgi ɔ:pt'a ヌィウチヌン キセギ オープタ] 反省の色がない．

뉘우침 [nwiutʃhim ヌィウチム] 名 後悔；悔い；反省 ¶때늦은 ~[t'ɛnɯdʒɯn ~ ッテヌジュン ~] 時遅れた後悔．

***뉴스** [nju:sɯ ニュース] news 自 ニュース ¶~ 해설 [~ hɛ:sʌl ~ ヘーソル] ニュース解説 / ~ 캐스터 [~ khɛsɯthʌ ~ ケストー] ニュースキャスター．

느글-거리다 [nɯgɯlgʌrida ヌグルゴリダ] 自 むかつく；むかむかする．

느긋-하다 [nɯgɯthada ヌグッタダ] 形[여変] ゆったりとしている ¶~하게 쉬다[~-thage ʃwi:da ~-タゲ スゥィーダ] ゆったりとくつろぐ **느긋-이** [nɯgɯʃi ヌグシ] 副 ゆったりと．

느껴-지다 [nɯk'jʌdʒida ヌッキョジダ] 自 感じられる；思える．

***느끼다** [nɯk'ida ヌッキダ] **1** 他 感じる；覚える ¶추위를 ~[tʃhuwirul ~ チュウィルル ~] 寒さを感じる / 아픔을 ~[aphɯmul ~ アプムル ~] 痛

みを覚える/기쁨을 ~[kip'umul ~ キップムル ~] 喜びを感じる/책임을 ~[tʰɛgimul ~ チェギムル ~] 責任を感じる **2** 自 泣きむせぶ; すすり泣く ¶흑흑 느껴 울다[hukʰuŋ nuk'jo u:lda フックン ヌッキョ ウールダ] (悲しげに)すすり泣く.

느끼-하다 [nuk'ihada ヌッキハダ] 形 [여変] ① (食べ物が)脂ぎって口当たりが悪い; 脂っこい ¶~-한 고기 요리[~-han kogi jori ~-ハン コギヨリ] 脂っこい肉料理 ② (腹)がもたれ気味だ.

****느낌** [nuk'im ヌッキム] 名 感じ; 感, 思い ¶부드러운 ~을 주다[puduroun ~ul tɕuda プドゥロウン (ヌッキ)ムル チュダ] 柔らかい感じをあたえる 一표(標) [pʰjo ピョ] 名 感嘆符.

****-느냐** [nunja ヌニャ] 語尾 …(の)か ¶어디 있~?[ɔdi in~ オディ イン~] どこにある(のか).

-느냐고 [nunjago ヌニャゴ] 語尾 ① …(の)かと 一 물었다[ɔːndʑe ka~ murɔt'a オーンジェ カ~ ムロッタ] いつ行くのかと聞いた ② …かだって ¶어디 가~?[ɔdi ka~ オディ カ~] どこへ行くのかだって.

-느냔 [nunjan ヌニャン] 語尾 …かという ¶어찌 하겠~ 말이에요[ɔtɕ'i hagen~ maːriejo オッチ ハゲン~ マーリエヨ] どうするつもりかというのです.

-느니 [nuni ヌニ] 語尾 …(する)より ¶죽~보다[tɕuŋ~boda チュン~ボダ] 死ぬよりは.

****느닷-없이** [nudadɔpɕ'i ヌダドプシ] 副 いきなり; 出し抜けに; 不意に ¶~ 때리다[~ t'ɛrida ~ ッテリダ] いきなり殴りつける.

****-느라고** [nurago ヌラゴ] 語尾 …ので, …するため[するのに] ¶공부하~ 바쁘다[koŋbuha~ pap'uda コンブハ~ パップダ] 勉強で忙しい.

느루 [nuru ヌル] 副 (一度にでなく)長(ら)く; 引き延ばして **一먹다** [mɔkt'a モクタ] 他 食い延ばす ¶잡곡을 섞어 쌀을 ~[tɕapk'ogul sɔk'ɔ s'arul ~ チャプコグル ソクコ ッサルル ~] 雑穀を混ぜてお米を食い延ばす **一잡다** [dʑapt'a ジャプタ] 他 ① 緩く手にとる[握る] ② 十分間をおいて日取りを決める; 延ばす ¶한달 ~[handal ~ ハンダル ~] 1ヵ月ぐらいの間をおいて決める.

****느리다** [nurida ヌリダ] 形 ① のろい; 遅い ¶걸음이 ~[kɔrumi ~ コルミ ~] 歩みがのろい ② (性質的)大らかだ, のんびりしている; (頭が)鈍い・のろい ¶느린 성미[nurin sɔːŋmi ヌリン ソーンミ] のんびりした性格 ③ (傾斜などが)緩やかだ.

느린-보 [nurinbo ヌリンボ] 名 のろま; 怠け者; = **느리광이** [nurigwaɲi ヌリグァンイ]

****느릿-하다** [nuritʰada ヌリッタダ] 形 [여変] ややのろい; のっそりしている; 緩やかだ ¶동작이 ~[toːŋdʑagi ~ トーンジャギ ~] 動作がのっそりしている.

느슨-하다 [nusunhada ヌスンハダ] 形 [여変] ① 緩んでいる; 緩い; たるんでいる ¶매듭이 ~[mɛdubi ~ メドゥビ ~] 結び目が緩んでいる ② (性格に)締まりがない ¶성격이 ~-한 사람[sɔːŋk'jɔgi ~-han saːram ソーンキョギ ~-ハン サーラム] 締まりのない人

느슨-히 [nusuni ヌスニ] 副 緩く ¶끈을 ~ 매다[k'unul ~ mɛːda ックヌル ~ メーダ] ひもを緩く結ぶ.

느지감-치 [nudʑigamtɕʰi ヌジガムチ] 副 (かなり)遅く; ゆっくりと ¶저녁 ~ 도착하다[tɕɔnjɔk ~ toːtɕʰakʰada チョニョク ~ トーチャクダ] 夕方遅く到着する.

느지막-하다 [nudʑimakʰada ヌジマクダ] 形 [여変] かなり遅い **느지막-이** [nudʑimagi ヌジマギ] 副 かなり遅く ¶~ 저녁을 먹다[~ tɕɔnjɔgul mɔkt'a ~ チョニョグル モクタ] かなり遅く夕飯を食べる.

느직-하다 [nudʑikʰada ヌジクハダ] 形 [여変] ① やや遅い ② やや緩んでいる **느직-이** [nudʑigi ヌジギ] 副 やや遅く; 少し緩く; ゆっくりと.

느타리 (-버섯) [nutʰari(bɔsɔt) ヌタリ(ボソッ)] 名〈植〉ヒラタケ(平茸).

****느티-나무** [nutʰinamu ヌティナム] 名〈植〉ケヤキ(欅).「ミ(狼).

****늑대** [nuːkt'ɛ ヌークテ] 名〈動〉オオカ

늑장-부리다 [nuktɕ'aŋburida ヌクチャンブリダ] 自 ぐずぐず[もたもた]する ¶~가 기회를 놓치다[~ga kihwerul notɕʰida ~ガ キフェルル ノッチダ] ぐずぐずしていてチャンスを逃す.

****는** [nun ヌン] 助 …は; 母音語幹+는; 子音語幹+은 [un ウン] ¶나~ 간다 [na~ kanda ナ~ カンダ] 私は行くよ/먹어서~ 안 된다[mɔgɔsɔ~ an

dwenda モゴソ～ アンドウェンダ] 食べてはいけない / 이것은 책이다 [igəsɯn tʃhɛgida イゴスン チェギダ] これは本だ.

*-는 [nɯn ヌン] [接尾] ① 進行中であることを表わす語尾 ¶ 흐르～ 물 [hurɯ～ mul フルー ムル] 流れる水 / 가～ 세월 [ka～ se:wəl カ～ セーウォル] 過ぎ行く歳月 ② …という ¶ 동생이라～ 사람 [toŋsɛŋira～ sa:ram トンセンイラ～ サーラム] 弟という人.

-는- [nɯn ヌン] [接尾] 現在の時制を表わす語尾 ¶ 책을 읽～다 [tʃhɛgɯl iŋ～da チェグル イン～ダ] 本を読む.

*-는가 [nɯnga ヌンガ] [語尾] …(の)か ¶ 언제 가～? [ɔ:ndʒe ka～ オーンジェ カ～] いつ行くの(か) / 다녀왔～? [tanjəwan～ タニョワン～] 行って来たの.

-는가 보다 [nɯnga boda ヌンガ ボダ] [語尾] …らしい; …(いる)ようだ ¶ 울고 있～ [u:lgo in～ ウールゴ イン～] 泣いているらしい.

-는 거냐 [nɯn gənja ヌン ゴニャ] [語尾] …のか(ね) ¶ 어디 가～? [ɔdi ka～ オディ カ～] どこへ行くのかね.

-는 거야 [nɯn gəja ヌン ゴヤ] [語尾] …(する)よ ¶ 하려고 하면 되～ [harjəgo hamjən twe～ ハリョゴ ハミョン トウェ～] しようとすればできるよ.

-는걸 [nɯngəl ヌンゴル] [語尾] …よ; …ね; …なあ; …するのに ¶ 비가 많이 오겠～ [piga ma:ni ogen～ ピガ マーニ オゲン～] 雨がたくさん降るだろうに / 벌써 왔～ [pəls'ɔ wan～ ポルッソ ワン～] とっくに来たんだよ.

*-는구나 [nɯnguna ヌングナ] [語尾] …ね; …するなあ ¶ 비가 쏟아지～ [piga s'odadʒi～ ピガ ッソダジ～] どしゃ降りだね.

-는구려 [nɯngurjə ヌングリョ] [語尾] …するなあ; …するね ¶ 비가 새～ [piga sɛ:～ ピガ セー～] 雨漏りするなあ.

-는구먼 [nɯngumən ヌングモン] [語尾] …ねえ; …なあ; = **-는구만** [nɯnguman ヌングマン] ¶ 벌써 자～ [pəls'ɔ tʃa～ ポルッソ チャ～] もう寝ているねえ.

-는군 [nɯngun ヌングン] [語尾] '-는구나'・'-는구먼'の略.

-는다고 [nɯndago ヌンダゴ] [語尾] …すると ¶ 그녀는 잘 웃～ [kɯnjənɯn tʃar u:n～ クニョヌン チャルーン～] 彼女はよく笑うと….

-는다느냐 [nɯndanɯnja ヌンダヌニャ] [語尾] …だというのか(ね) ¶ 어떤 음식을 먹～? [ət'ən mɯ:mʃigɯl mɔŋ～ オットン ウームシグル モン～] どんな食べ物を食べるというのかね.

-는다느니 [nɯndanɯni ヌンダヌニ] [語尾] …とか…とか ¶ 믿～ 못 믿겠다느니 [min～ mo:nmitk'et'anɯni ミン～ モーンミッケッタヌニ] 信じるとか信じられないとか.

-는다는 [nɯndanɯn ヌンダヌン] [語尾] …という; …との ¶ 그가 병을 앓～ [kɯga pjə:ŋul al(lɯndanɯn) クガ ピョーンウル アル(ルンダヌン)] 彼が病気だとの.

-는다니 [nɯndani ヌンダニ] [語尾] …するというのか; …するとは ¶ 빚을 언제 갚～? [pidʒul ɔ:ndʒe kam～ ビジュル オーンジェ カム～] 借金をいつ返すというのか / 그 일을 맡～ [kɯ i:rul man～ クイールル マン～] その仕事を引き受けてくれるとは.

-는다니까 [nɯndanik'a ヌンダニッカ] [語尾] …するというから; …するよ; …と言っているんだってば ¶ 꼭 갚～ [k'o k'am～ ッコク カム～] きっと返すというから / 너를 믿～ [nɔrɯl min～ ノルル ミン～] 君を信じると言っているんだってば.

-는다마는 [nɯndamanɯn ヌンダマヌン] [語尾] …(する)けれども; …(するん)だが ¶ 읽기는 읽～ [ilk'inɯn iŋ～ イルキヌン イン～] 読むのは読むけれども….

-는다면서 [nɯndamjənsə ヌンダミョンソ] [語尾] …と言いながら; …と言って; …(するん)だってね ¶ 지갑을 찾～ [tʃigabul tʃhan～ チガブル チャン～] 財布を探すと言って / 요즘 놀고 먹～ [jodʒum no:lgo mɔŋ～ ヨジュム ノールゴ モン～] このごろは左うちわのご身分だってね.

-는다손 [nɯndason ヌンダソン] [語尾] …といっても; …にしても ¶ 아무리 빨리 걷～ 치더라도 [a:muri p'alli kɔ:n～ tʃhidɔrado アームリッパリ コーン～ チドラド] いくら速く歩くといっても….

-는다지 [nɯndadʒi ヌンダジ] [語尾] …(する)という; …(する)のだろう; …(するん)だって ¶ 아침에 빵을 먹～ [atʃhime p'aŋul mɔŋ～ アチメ ッパンウル モン～] 朝パンを食べるのだろう [食べるんだって].

-는단 [nɯndan ヌンダン] [語尾] …(す

-는단다 […は'-는다는'の略] ¶ 나무를 심~ 말이냐?[namurul ʃi:m~ ma:rinja ナムルル シーム～ マーリニャ] 木を植えるというのかね.

-는단다 [nundanda ヌンダンダ] 〔語尾〕 …というよ; …するそうだ; …だよ ¶ 그를 후계자로 삼~[kuruɯl hu:gedʒaro sam~ クルル フーゲジャロ サム～] 彼を後継ぎにするそうだ/무리하면 건강을 잃~[murihamjɔn kɔ:nganɯl il(lundanda) ムリハミョン コーンガンウル イル(ルンダンダ)] 無理すれば健康を損なうんだよ.

-는달 [nundal ヌンダル] 〔語尾〕 …とは ¶ 그를 내가 맡~ 수는 없더라[kuruɯl nɛga man~ s'unuɯn ɔ:pt'ɔra クルル ネガ マン～ ッスヌン オープトラ] 僕が彼を引き受けるとは言えなかったよ.

-는담 [nundam ヌンダム] 〔語尾〕 どうして…するのか[するのだろう] ¶ 왜 이렇게 늦~[wɛ: irɔkhe nun~ ウェー イロッケ ヌン～] どうしてこんなに遅いのだろう.

-는답니까 [nundamnik'a ヌンダムニッカ] 〔語尾〕 …というのですか ¶ 몇시에 문닫~?[mjɔtʃie mundan~ ミッシエ ムンダン～] 何時に門を閉めるというのですか.

-는답니다 [nundamnida ヌンダムニダ] 〔語尾〕 …(する)そうです; …と言うのです ¶ 밭에 콩을 심~[pathe khoŋɯl ʃi:m~ パテ コンウル シーム～] 畑に豆を植えるそうです.

-는답디까 [nundapt'ik'a ヌンダプティッカ] 〔語尾〕 …と言ったのですか ¶ 뭘 먹~?[mwɔ:l mɔŋ~ ムォール モン～] 何を食べると言ったのですか.

-는답디다 [nundapt'ida ヌンダプティダ] 〔語尾〕 …た[だ]そうです; …と言ったのです ¶ 요즘은 책을 읽~[jodʒumɯn tʃhegul iŋ~ ヨジュムン チェグル イン～] 近ごろは本を読むんだそうです.

-는답시고 [nundapʃ'igo ヌンダプシゴ] 〔語尾〕 …するって; …すると言って ¶ 쥐를 잡~[tʃwirɯl tʃam~ チュィルル チャム～] ネズミを捕るといって.

-는대 [nundɛ ヌンデ] 〔語尾〕 …(する)と言う; …(する)そうだ ¶ 이제 그만 먹~[idʒe kuman mɔŋ~ イジェ クマン モン～] もう食べないんだって; もう食べないんだそうだ.

-는대도 [nundɛdo ヌンデド] 〔語尾〕 …と言っても ¶ 내가 죽~ 네가 춘~[nɛga tʃuŋ~ ネガ チュン～] 私が死ぬと言っても.

-는대서 [nundɛsɔ ヌンデソ] 〔語尾〕 …(する)と言って[からって・と言うので] ¶ 곧 갚~ 빌려주었다[kot k'am~ pilljodʒuɔt'a コッカム～ ピルリョジュオッタ] すぐ返すと言うので貸してやった.

-는대서야 [nundɛsɔja ヌンデソヤ] 〔語尾〕 …(する)と言っては; …としては; …するのは ¶ 그만 일을 못 참~[kuman ni:rɯl mo:tʃham~ クマン ニールル モッチャム～] それくらいのことが我慢できなくては.

-는대야 [nundɛja ヌンデヤ] 〔語尾〕 …(する)と言ったって; …(する)とて ¶ 책을 읽~ 만화 정도지[tʃhegul iŋ~ ma:nhwa dʒɔŋdodʒi チェグル イン～ マーンファ ジョンドジ] 本を読むと言ったって漫画ぐらいなものさ.

-는댔자 [nundɛtʃ'a ヌンデッチャ] 〔語尾〕 …(する)と言ったって[いっても] ¶ 읽~ 고작 만화이겠지[iŋ~ kodʒaŋ ma:nhwaigetʃ'i イン～ コジャン マーンファイゲッチ] (本を)読むといってもせいぜい漫画でしょう.

＊-는데 [nunde ヌンデ] 〔語尾〕 ① …するのだが, …のに ¶ 비가 오~ 어딜 가나?[piga o~ ɔdil kana ピガ オ～ オディル カナ] 雨が降るのにどこへ行くの(か) ② …では ¶ 사람들이 그러~[sa:ramduri kuɯrɔ~ サーラムドゥリ クロ～] 人の話では[話によれば] ③ …するが ¶ 배고파 죽겠~[pɛgopha tʃuk'en~ ペゴパ チュクケン～] 腹がへってたまらないのだが ④ …するか ¶ 어딜 가~?[ɔdil ka~ オディル カ～] どこに行くの(か) ⑤ …するね ¶ 참 맛있~[tʃham maʃin~ チャム マシン～] 本当においしいんだね —**도** [do ド] 〔語尾〕 …するのに ¶ 운동을 하~[u:ndoŋɯl ha~ ウーンドンウル ハ～] 運動をしているのに —**요** [jo ヨ] 〔語尾〕 ① …するのですか ¶ 어디 가시~?[ɔdi kaʃi~ オディカシ～] どちらへいらっしゃるんですか ② …しますね ¶ 너무 많이 마시~[nɔmu ma:ni maʃi~ ノム マーニ マシ～] 随分たくさん飲みますね.

-는바 [nunba ヌンバ] 〔語尾〕 …のだが[ので]; …(する)ところの ¶ 회식이 있~ 참석할 것[hwe:ʃigi in~ tʃhamsɔkhal k'ɔt フェーシギ イン～ チャムソ

-는 바에 [nun bae ヌン バエ] [語尾] (どうせ)…するなら; …する[やる]からには ¶이왕 하~ 힘껏 해라 [iːwaŋ ha ~ himkʼotʰɛːra イーワン ハ~ ヒムッコッテーラ] どうせやるなら力一杯やれ.

-는지 [nundʑi ヌンジ] [語尾] …のか; …のやら ¶비가 오~ 안오~ [piga o~ ano~ ピガ オ~ アノ~] 雨が降っているのかいないのか / 어디 가버렸~? [ɔdi kabɔrjɔn~ オディ カボリョン~] どこに行ってしまったのやら ―요 [jo ヨ] [語尾] …しますか ¶어디 가시~? [ɔdi kaɕi~ オディ カシ~] どちらへいらっしゃるんですか.

-는지라 [nundʑira ヌンジラ] [語尾] …なので; …のだから ¶워낙 말이 없~ [wɔnaŋ maːri ɔːm~ ウォナン マーリ オーム~] なにせ口が重いので.

는-커녕 [nunkʰɔnjɔŋ ヌンコニョン] [助] …どころか; …はおろか; 子音語幹+'은-커녕' ¶커피~ 물도 안마셨네 [kʰɔ-pʰi~ muldo anmaɕɔnne コーピ~ ムルド アンマションネ] コーヒーどころか水も飲んでいないよ.

늘 [nul ヌル] [副] いつも; 常に; たびたび ¶~ 웃는 얼굴로 대하다 [~ uːnnun ɔlgullo tɛːhada ~ ウーンヌン オルグルロ テーハダ] いつも笑顔で接する.

늘그막 [nulgumak ヌルグマク] [名] 晩年; 晩期, 老境 ¶~에 고생하다 [(nulgumag)e kosɛŋhada (ヌルグマ)ゲ コセンハダ] 晩年に苦労する.

***늘다** [nulda ヌルダ] [自][ㄹ語幹] ① 増える; 増す; 伸びる ¶체중이 ~ [tɕʰedʑuŋi ~ チェジュンイ ~] 体重が増える / 매상이 ~ [mɛsaŋi ~ メサンイ ~] 売り上げが伸びる / 평균 수명이 ~ [pʰjɔŋgjun sumjɔŋi ~ ピョンギュン スミョンイ ~] 平均寿命が延びる ② 上達する; うまくなる; 上がる ¶솜씨가 ~ [somɕʼiga ~ ソムッシガ ~] 腕[手]が上がる ③ 豊かになる ¶살림이 ~ [sallimi ~ サルリミ ~] 暮らしが豊かになる ④ (財産が)殖える.

늘리다 [nullida ヌルリダ] [他] 増やす; 増す; 伸ばす ¶재산을 ~ [tɕʰesanul ~ チェサヌル ~] 財産を殖やす.

늘비-하다 [nulbihada ヌルビハダ] [形] [여変] ずらりと並んで[並べられて]いる ¶갖가지 상품이 ~ [katkʼadʑi saŋpʰumi ~ カッカジ サンプミ ~] いろいろの商品が並べられている.

늘씬-하다 [nulɕʼinhada ヌルッシンハダ] [形][여変] ① すらりとしている ¶키가 ~ [kʰiga ~ キガ ~] 背がすらりとしている ② (力が抜けて)ぐったりしている ¶~-하게 얻어맞다 [~-hage ɔdɔmatʼa ~-ハゲ オドマッタ] こてんこてんに殴られる **늘씬-히** [nulɕʼini ヌルッシニ] [副] ① すらりと ② ぐったりと.

***늘어-가다** [nurɔgada ヌロガダ] [自] ① 増[殖]えていく ¶재산이 ~ [tɕʰesani ~ チェサニ ~] 財産が殖える ② うまくなる; 上達していく ¶말솜씨가 ~ [maːlsomɕʼiga ~ マールソムッシガ ~] 話しぶりが上達していく.

***늘어-나다** [nurɔnada ヌロナダ] [自] ① だんだん増える; 殖えていく ¶체중이 ~ [tɕʰedʑuŋi ~ チェジュンイ ~] 体重が増える / 이자가 ~ [iːdʑaga ~ イージャガ ~] 利子が殖えていく ② 伸びる; 長くなる ¶고무줄이 ~ [gomudʑuri ~ ゴムジュリ ~] ゴムバンドが伸びる ③ (生活が)豊かになる.

***늘어-놓다** [nurɔnotʰa ヌロノッタ] [他] ① 並べる ¶한줄로 ~ [handʑullo ~ ハンジュルロ ~] 1列に並べる ② 散らかす ¶책을 ~ [tɕʰɛgul ~ チェグル ~] 本を散らかす ③ 広げる ¶사업체를 ~ [saːɔptʰerul ~ サーオプチェルル ~] 企業を(あちこちに)広げる ④ 並べ立てる ¶불평을 ~ [pulpʰjɔŋul ~ プルピョンウル ~] 不平を並べ立てる.

늘어-뜨리다 [nurɔtʼurida ヌロットゥリダ] [他] 垂らす; 垂れる; ぶら下げる ¶밧줄을 ~ [paːtɕʼurul ~ パーッチュルル ~] ロープを垂らす.

늘어-붙다 [nurɔbutʰa ヌロブッタ] [自] ① (ぺたっと)くっつく; 吸いつく ¶껌이 ~ [kʼomi ~ ッコミ ~] ガムがくっつく ② 1か所にとどまる ¶온종일 방안에 ~ [oːndʑoŋil paŋane ~ オーンジョンイル パンアネ ~] 1日中部屋にこもりっきりだ.

늘어-서다 [nurɔsɔda ヌロソダ] [自] 並ぶ; 立ち並ぶ ¶가게가 늘어서 있다 [kaːgega nurɔsɔ itʼa カーゲガ ヌロソイッタ] 店が立ち並んでいる.

***늘어-지다** [nurɔdʑida ヌロジダ] [自] ① 長くなる; 伸びる ¶고무줄이 ~ [gomudʑuri ~ ゴムジュリ ~] ゴムバンドが伸びる ② 垂れる; ぶら下がる ¶버들가지가 ~ [pɔdulgadʑiga ~ ポド

늘이다

ウルガジガ ~] 柳の枝が垂れ下がる ③ くたばる; げんなりする ¶몸이 축 ~ [momi tʃʰuŋ ~] 体がべったりとくたばる ④ (生活などが) 楽になる ¶팔자가 ~ [pʰaltsʼaga ~ パルチャガ ~] 運が向いて楽になる.

***늘이다** [nurida ヌリダ] 他 ① 伸〔延〕ばす, 長くする; ='늘다'の使役 ¶고무줄을 ~ [gomudzurul ~ ゴムジュルル ~] ゴムひもを伸ばす ② 垂らす ¶발을 ~ [paːrul ~ パールル ~] すだれを垂らす ③ 増〔殖〕やす; 増す.

***늙다** [nukt'a ヌクタ] 自 ① 年を取る; 老いる; 老ける ¶늙어 보이다 [nulgɔ boida ヌルゴ ボイダ] 老けて見える / 늙은 말 [nulgum mal ヌルグン マル] 年取った馬 ② 古くなる, (盛りを) 過ぎる; (植物の) とうが立つ ¶늙은 호박 [nulgun hoːbak ヌルグン ホーバク] 盛りを過ぎた [よく熟した] カボチャ / 늙은 총각 [nulgun tʃʰoːŋgak ヌルグン チョーンガク] 婚期を過ぎた独身男性.

늙-다리 [nukt'ari ヌクタリ] 名 ① 年を取った獣 ② 俗 老いぼれ; 年寄り.

늙숙-하다 [nuksʼukʰada ヌクスクハダ] 形 여변 やや年老いて品がある; かなり年取っている.

늙어-빠지다 [nulgɔpʼadzida ヌルゴッパジダ] 形 老いぼれる; 老いさらぼう ¶~-빠진 노인 [~-pʼadzin noːin ~ッパジン ノーイン] 老いぼれた [さらばえた] 老人.

늙어-지다 [nulgɔdzida ヌルゴジダ] 自 老いる ¶~-지면 자식을 따르라 [~-dzimjɔn tʃaʃigul tʼarura ~-ジミョン チャシグル ッタルラ] 老いては子に従え.

늙으신-네 [nulguʃinne ヌルグシンネ] 名 お年寄り; ご老人; '늙은이'の敬称.

늙은-이 [nulguni ヌルグニ] 名 年寄り, 老人 ¶~-의 망령 [~e maːŋnjɔŋ ~エ マーンニョン] 年寄りのもうろく.

늙음 [nulgum ヌルグム] 名 老い.

늙직-하다 [nuktʃʼikʰada ヌクチクハダ] 形 여변 ずいぶん老けて見える.

늙히다 [nulkʰida ヌルキダ] 他 年を取らす; 老いさせる; ='늙다'の使役形 ¶딸을 ~ [tʼarul ~ ッタルル ~] 娘を嫁がせないまま年を取らす.

늠름-하다 [凜凜—] [nuːmnumhada ヌームヌムハダ] 形 여변 堂々としている, りりしい; たくましい; 勇ましい ¶~-한 태도 [~-han tʰɛːdo ~-ハンテード] りりしい [りん (りん) とした] 態度

늠름-히 [nuːmnumi ヌームヌミ] 副 堂々と; りりしく ¶~ 걸어가다 [~ kɔrɔgada ~ コロガダ] 堂々と歩いていく.

능가-하다 [凌駕—] [nuŋgahada ヌンガハダ] 他 凌駕 [りょうが] する; しのぐ ¶남성을 ~ 하는 여성 [namsɔŋul ~-hanun njɔsɔŋ ナムソンウル ~-ハヌン ニョソン] 男性を凌駕する [しのぐ] 女性.

능-구렁이 [nuːŋguroŋi ヌングロンイ] 名 ① 動 アカマダラ [アカマダラ] ヘビ ② 陰険な人; 古だぬき [古ぎつね] ¶~ 영감 [~ jɔːŋgam ~ ヨーンガム] ぬきおやじ / ~가 다 되었다 [~ga taːdwɛtʼa ~ ガ ター ドゥェオッタ] 古だぬきにたける; 世故にたける.

능글-맞다 [nuŋgulmatʼa ヌングルマッタ] 形 いけずうずうしい; 厚かましい.

***능금** [nuŋgum ヌングム] 名 〈植〉 チョウセンリンゴ; 地リンゴ; 和リンゴ.

능동 [能動] [nuŋdoŋ ヌンドン] 名 能動 ¶~적인 태도 [~-dʒɔgin tʰɛːdo ~ジョギン テード] 能動的な態度.

능란-하다 [能爛—] [nuŋnanhada ヌンナンハダ] 形 여변 熟達している; 非常に上手い; 手慣れている; 巧みだ ¶~-한 솜씨 [~-han somʼʃi ~-ハン ソムッシ] 手慣れた [素敵な] 腕前.

***능력** [能力] [nuŋnjɔk ヌンニョク] 名 能力 ¶생산 ~ [sɛŋsan ~ センサン ~] 生産能力 / ~급 [(nuŋnjɔ)kʼup クプ] 名 能力給.

***능률** [能率] [nuŋnjul ヌンニュル] 名 能率 ¶~을 올리다 [(nuŋnjur)ul olliːda (ヌンニュ)ルル オルリダ] 能率を上げる / ~급 [ɡup クプ] 名 能率給 / ~적 [dʒɔk ジョク] 名冠 能率的 / ~인 방법 [~-(dʒɔŋ)in paŋbɔp ~-(ジョ)ギン パンボプ] 能率的な方法.

능변 [能辯] [nuŋbjɔn ヌンビョン] 名 위형 能弁; 雄弁 —가 [ga ガ] 名 能弁家.

능사 [能事] [nuŋsa ヌンサ] 名 能 (事); なすべきこと ¶공부하는 것만이 ~가 아니다 [kɔŋbuhanun kɔnmani ~ga anida コンブハヌン コンマニ ~ ガ アニダ] 勉強するだけが能ではない.

능선 [稜線] [nuŋsɔn ヌンソン] 名 稜線 [りょう]; (山の) 尾根; 山の端.

능수-버들 [nuŋsubɔdul ヌンスボドゥル] 名 〈植〉 (コウライ) シダレヤナギ (垂柳).

***능숙-하다** [能熟—] [nuŋsukʰada ヌン

능욕[凌辱][nuŋjok ヌンヨク] 图 陵[凌]
辱ﾘｮｳｼﾞｮｸ ¶폭한에게 －당하다[pokhane-
ge ～tʰanhada ポクハネゲ ～タンハダ]
暴漢に陵辱される[犯される] **ー하다**
[(nɯŋ)jok kʰada カダ] 他 陵辱する；
辱める；女性を犯す.

능지-처참[陵遲處斬][nɯŋdʑitɕʰɔː-
tɕʰam ヌンジチョーチャム] 图 他動 〈史〉
大逆罪人に科した極刑[罪人を殺した
のちに，頭・胴体・手足を切断する刑].

능청[nɯŋtɕʰɔŋ ヌンチョン] 图 もっとも
らしく白を切る[いけずうずうしい]態度
ー떨다[tʼɔlda ットルダ] 自 もっともら
しく白を切る **ー맞다**[matʼa マッタ]
形 そ知らぬ顔をして空とぼける **ー부
리다**[burida ブリダ] 自 もっともらし
くとぼける **ー스럽다**[surɔptʼa スロプ
タ] 形 ㅂ変 ずうずうしく空とぼける
ー피우다[pʰiuda ピウダ] 自 しらじ
らしくふるまう，そ知らぬふりをする；
いけずうずうしくふるまう **ー이**[i イ]
图 ずうずうしい人；よくとぼける人.

능청-거리다[nɯŋtɕʰɔŋɡɔrida ヌンチョ
ンゴリダ] 自 (棒や綱などの)しきりに
弾みがついて(ぶるんぶるん)揺れ動く.

***능통-하다**[能通－][nɯŋtʰoŋhada ヌ
ントンハダ] 形 精通する；通じる；熟
知している；詳しい ¶경제에 ～[kjɔŋ-
dʑee ～ キョンジェエ ～] 経済に精通
している[詳しい].

***능-하다**[能－][nɯŋhada ヌンハダ] 形
여変 うまい；長じている；たけている
¶문장에 ～[mundʑaŋe ～ ムンジャン
エ ～] 文章がうまい／처세가 ～[tɕʰɔː-
sega ～ チョーセガ ～] 処世にたけて
いる；世渡りがうまい ***능-히**[nɯŋi
ヌンイ] 副 よく；十分に ¶～ 자기를
이겨내다[～ tɕaɡirɯl iɡjɔnɛda ～ チ
ャギルル イギョネダ] よくおのれに打ち
克かつ.

늦-[nɯt ヌッ] 接頭 「時間的に遅い」の
意；遅い…；晚…；年とって…；老い
て ¶～-더위[(nɯ)tʼɔwi ～トウィ] 残
暑／～출근[(nɯ)tɕʰulɡun ～チュルグ
ン] 遅出.　　「秋；秋の暮れ.

늦-가을[nɯtkʼaɯl ヌッカウル] 图 晚

늦-거름[nɯkʼɔrɯm ヌッコルム] 图 時
期遅れの施肥；遅効性肥料[施肥後遅
れて効き目が出る肥料].

늦-김치[nɯkʼimtɕʰi ヌッキムチ] 图 春
まで食べられるように塩っぽく漬けたキ
ムチ.

늦-깎이[nɯtkʼakʼi ヌッカクキ] 图 ①
物わかりの後れた人 ② (果物などの)遅
なり ③ 年とって職人になった人 ④ 年
とって僧侶になった人 ⑤ 晚学の人.

***늦다**[nɯtʼa ヌッタ] **1** 形 ① (時間的
に)遅い；間に合わない ¶밤 늦게까지
[pam nɯtkʼeːkʼadʑi パム ヌッケッカ
ジ] 夜遅くまで／늦어도 1시까지
[nɯdʑɔdo hanɕikʼadʑi ヌジョド ハン
シッカジ] 遅くとも1時まで／예정보다
～[jeːdʑɔŋboda ～ イェージョンボダ
～] 予定より遅い ② (結びなどが)緩
んでいる；緩い ¶끈이 ～[kʼɯni ～
ックニ ～] ひもが緩い **2** 自 遅れる ¶
학교에 ～[hakʼjoe ～ ハクキョエ ～]
学校に遅れる／늦어서 미안합니다
[nɯdʑɔsɔ mianhamnida ヌジョソ ミ
アンハムニダ] 遅れてすみません.

늦-더위[nɯtʼɔwi ヌットウィ] 图 残暑.

늦-되다[nɯtʼweda ヌットゥェダ] 自
① (果物・穀物などが)時期が後れて熟
する[実る] ¶늦된[늦되는] 과일[nɯ-
tʼwen[nɯtʼwenɯn] kwail ヌットゥ
ェン[ヌットゥェヌン] クァーイル] 遅な
りの果物 ② (知覚が)後れて目覚める
¶저 아이는 ～[tɕɔ ainun ～ チョ
アイヌン ～] あの子は成熟が遅い[奥
手だ] ③ (物事が)後れて成る.

늦-둥이[nɯtʼuŋi ヌットゥンイ] 图 ①
年老いて生んだ子 = **늦동이**[nɯtʼoŋi
ヌットンイ] ② ぼんやりしていてはきは
きしない者；のろま.

늦-바람[nɯtpʼaram ヌッパラム] 图 ①
中年以後の浮気；40過ぎの道楽 ¶～
나다[～nada ～ナダ] 年とってから浮
気をする ② 夜遅く吹く風.　　「[ひな].

늦-배[nɯtpʼɛ ヌッペ] 图 遅く産んだ子

늦-벼[nɯtpʼjɔ ヌッピョ] 图 晚稲；奥
手.　　　　　　　　　　　　「春.

늦-봄[nɯtpʼom ヌッポム] 图 晚春；暮

늦-사리[nɯsʼari ヌッサリ] 图 他動 時
期に遅れて農作物を取り入れること，
また，その農作物.

늦어-지다[nɯdʑɔdʑida ヌジョジダ]
自 遅れる；遅くなる ¶전철이 ～[tɕʰɔn-
tɕʰɔri ～ チョーンチョリ ～] 電車が遅

늦-여름 [nunnjɔrɯm ヌンニョルム] 图 晩夏; 季夏.

*****늦-잠** [nutʃam ヌッチャム] 图 朝寝; 朝寝坊 ¶ ～자다 [～dʒada ～ジャダ] 朝寝坊する **―꾸러기[쟁이]** [k'urɔgi[dʒɛŋi] ックロギ[ジェニイ]] 图 朝寝坊(の人).

늦-장 [一場] [nutʃaŋ ヌッチャン] 图 ① ぐずぐずすること＝늑장 [nɯktʃaŋ ヌクチャン] ② わざと遅く買い物をすること.

늦-장마 [nutʃaŋma ヌッチャンマ] 图 時遅れの長雨.

늦추 [nutʃhu ヌッチュ] 副 ① 遅く; 遅れて; 延ばして ¶ 날짜를 ～잡다 [naltʃarul ～dʒapt'a ナルッチャルル ～ジャプタ] 日取りを遅めに[延ばして]決める ② 緩く ¶ 허리띠를 ～매다 [hɔrit'irul ～mɛda ホリッティルル ～メダ] 帯を緩く結ぶ.

*****늦추다** [nutʃhuda ヌッチュダ] 他 ① 延ばす; 延べる; 遅らせる; 落とす ¶ 약속 시간을 ～ [jaks'ok ʃiganul ～ ヤクソクシガヌル ～] 約束の時間を延ばす / 시계를 ～ [ʃigerul ～ シゲルル ～] 時計を遅らせる / 속도를 ～ [sokt'orul ～ ソクトルル ～] スピードを落とす ② 緩める ¶ 허리띠를 ～ [hɔrit'irul ～ ホリッティルル ～] 帯を緩める / 나사를 ～ [nasarul ～ ナサルル ～] ねじを緩める / 경계를 ～ [kjɔːŋgerul ～ キョーンゲルル ～] 警戒を緩める.

늦-추위 [nutʃhuwi ヌッチュイ] 图 余寒; 季節はずれの寒さ.

*****늪** [nɯp ヌプ] 图 沼 ¶ ～지대 [～tʃidɛ ～チヂェ] 沼地.

니 [ni ニ] 1 代 お前(の) ('네'の口語体) 2 助 …やら; …とかも; …だと ¶ 너～ 나～ 구별하지 말아라 [nɔ～ na～ kubjɔrhadʒi marara ノ～ ナ～ クビョルハジ マララ] 君だ[とか]僕だと [とか](言って)区別だてをするな.

*****-니** [ni ニ] 語尾 ① …だから; …ので ¶ 나는 부자이～ [nanun puːdʒai～ ナヌン プージャイ～] 私は金持ちだから / 날씨가 차～ 조심해라 [nalʃ'iga tʃhaː～ tʃoːʃimhɛra ナルッシガ チャー ～チョーシムヘラ] 気候が寒い(んだ)から気をつけなさい ② …(する)と; …したら ¶ 도착하～ 아침이더라 [toːtʃhakha～ atʃhimidɔra トーチャクカ～ アチミドラ] 到着したら朝だった(よ) ③ …(する)の; …のか; '-느냐'の略 ¶ 누가 왔～? [nuga wan～ ヌガ ワン～] 誰が来たの / 어디 가～? [ɔdi ka～ オディ カ～] どこへ行くの ④ …とか; …(と) ¶ 싸～ 비싸～ 하고 야단이다 [s'a～ pis'a～ hago jaːdanida ッサ～ ピッサ～ ハゴ ヤーダニダ] 安いの高いのと言って騒ぎ立てる.

*****-니까** [nik'a ニッカ] 語尾 …ので; (する)から; '-니'の強調語 ¶ 때리～ 울지 [t'ɛri～ uːldʒi ッテリ～ ウールジ] 殴るから泣くのだよ.

-니깐 [nik'an ニッカン] 語尾 …(する)から; '-니까'の強調語 ¶ 시시하～ 그만둔거야 [ʃiʃiha～ kɯmandungoja シシハ～ クマンドゥンゴヤ] つまらないからやめたのだよ.

니나노 [ninano ニナノ] 图 俗 飲み屋で食卓を箸でたたきながら歌う民謡・流行歌などの俗っぽい歌 ¶ ～ 집 [～dʒip ～ジプ] (女性のいる座布団パーティーの)飲み屋 / ～ 출신(出身) [～tʃhulʃin ～ チュルシン] 水商売あがりの女性.

-니라 [nira ニラ] 語尾 …だよ; …なのだ ¶ 부모의 은헤는 산보다 크～ [pumoe unhenun sanboda khu～ プモエ ウンヘヌン サンボダク～] 親の恩は山よりも大きいものだ.

님 [nim ニム] 图 恋人; いとしい人; ＝임 [im イム] ¶ ～아 [～a (ニ)マ] 恋人 [いとしい人]よ.

*****-님** [nim ニム] 接尾 さん; さま; 殿 ¶ 아버～ [abɔ～ アボ～] お父さん / 아드～ [adu～ アドゥ～] 息子さん / 따～ [t'a～ ッタ～] お嬢さん / 주인～ [tʃuin～ チュイン～] ご主人さま / 하느～ [hanu～ ハヌ～] 神さま / 부처～ [putʃhɔ～ プチョ～] 仏さま.

닢 [nip ニプ] 依名 硬貨・かます・葉のような平たいものを数える語 ¶ 동전 한 ～ [toŋdʒɔn han～ トンジョン ハン～] 銅コイン1枚 / 가마니 한 ～ [kamani han～ カマニ ハン～] かます1枚 / 은행잎 한 ～ [ɯnhɛŋnip han～ ウンヘンニプ ハン～] イチョウの葉1枚.

ㄷ

ㄷ자-집 [一字—] [tigutʃ'adʒip ティグッチャジプ] 名 ㄷの字形の家.

＊다 [ta: ター] **1** 副 ① すべて; 皆; 全部 ¶~ 주겠다 [~ dʒuget'a ~ ジュゲッタ] みんなあげるよ ② 残らず; すっかり ¶빚을 ~ 갚았다 [pidʒuɾul ~ gapʰatt'a ピジュル ~ ガパッタ] 借金をすっかり返した ③ 共; 何でも ¶둘 ~ 좋다 [tu:l ~ dʒo:tʰa トゥール ~ ジョーッタ] 2つともいい[好きだ] ④ 実に; なんて; 本当に ¶별말씀 ~ 하십니다 [pjɔlmals'um ~ haʃimnida ピョルマルッスム ~ ハシムニダ] とんでもございません; どういたしまして ⑤ もう…ない; …駄目だ ¶비는 ~ 왔다 [pinun ~ wat'a ピヌン ~ ワッタ] もう雨は降らない[降りそうもない] / 외출은 ~ 했다 [we:tʃʰuɾun ~ hɛt'a ウェーチュルン ~ ヘッタ] 外出はもう駄目だ **2** 名 皆; 全部 ¶~가 모였다 [~ga mojɔt'a ~ガ モヨッタ] 皆が集った / ~는 못 주겠다 [~nun mo:tʃuget'a ~ヌン モーッチュゲッタ] 全部はあげられない.

＊다 [da ダ] 助 ①…に; '다가'の略 ¶여기~ 놓아라 [jɔgi~ noaɾa ヨギ~ ノアラ] ここに置きなさい ②…だ; …である; '(이)다'から'이'が省略された語 ¶너는 환자(이)~ [nɔnun hwa:ndʒa(i) ~ ノヌン ファーンジャ(イ)~] 君は病人だ.

＊-다 [da ダ] 語尾 ① 語の原形を表わす語尾 ¶가~ [ka~ カ~] 行く / 하~ [ha~ ハ~] する; やる; 行なう / 높~ [nop(t')a ノプ(タ)] 高い ②…い; 形容詞の原形を表わす終結語尾 ¶맑~ [mak(t'a) マク(タ)] 清い / 좋~ [tʃo:(tʰa) チョーッ(タ)] いい; よい ③…しかけて; する途中; …してきて; …だったが; '-다가'の略 ¶읽~ 만 책 [ik(t'a)man tʃʰɛk イク(タ)マン チェク] 読みかけの本 ④…だと; …と; …そうだ '-다고'の略 ¶간~ 하더라 [kan~ hadɔɾa カン~ ハドラ] 行くと言う; 行くそうだ ⑤…して ¶놀~ 가세요 [no:l~ kasejo ノール~ カセヨ] 遊んでおいきなさい.

＊다가 [daga ダガ] 助 …に ¶어디~ 둘까 [odi~ tulk'a オディ~ トゥルッカ] どこに置こうかな.

＊-다가 [daga ダガ] 語尾 ①…してから; …かけて ¶가~ 말았다 [ka~ maɾat'a カ~ マラッタ] 行きかけてやめた ②…してきて ¶아이들을 불러~ 꾸짖었다 [aiduɾul pullɔ~ k'udʒidʒɔt'a アイドゥル ブルロ~ ックジジョッタ] 子供たちを呼んできてしかった ③…だが; …だったが ¶조용했~ 다시 시끄러워졌다 [tʃojoŋhɛt('aga) taʃi ʃik'uɾɔwɔdʒɔt'a チョヨンヘッ(タガ) タシ シックロウォジョッタ] 静かだったがまた騒がしくなった.

다가-가다 [tagagada タガガダ] 自 近寄る; 近づく ¶목적지에 ~ [moktʃʰɔktʃ'ie ~ モクチョクチエ ~] 目的地に近づく.

다가-놓다 [taganotʰa タガノッタ] 他 寄せて置く; 近づける ¶책상을 창가에 ~ [tʃʰɛks'aŋul tʃʰaŋk'ae ~ チェクサンウル チャンカエ ~] 机を窓ぎわに近づける.

-다가는 [daganun ダガヌン] 語尾 ①…してきて; …してから; …しては; '-다가'の強調語 ¶책을 빌려~ 보내주었다 [tʃʰɛgul pilljɔ~ ponɛdʒuɔt'a チェグル ピルリョ~ ボネジュオッタ] 本を借りてきて送ってやった ②…(し)ていては; …したら ¶놀기만 하~ 떨어진다 [no:lgiman ha~ t'ɔɾɔdʒinda ノールギマン ハ~ ットロジンダ] 遊んでばかりいては(試験に)落ちるよ.

다가-들다 [tagadulda タガドゥルダ] 自 [트語幹] ① 近づく ② 歯向かって食ってかかる ¶그렇게 ~가는 얻어맞는다 [kurɔkʰe ~ganun ɔdɔmannunda クロッケ ~ガヌン オドマンヌンダ] そんなに食ってかかったら殴られる(よ).

다가-서다 [tagasɔda タガソダ] 自 そばへ近づく; 近寄る; 詰め寄る [かける] ¶옆으로 ~-서라 [jɔpʰuɾo ~-sɔɾa ヨプロ ~-ソラ] そばへ近寄りなさい.

다가-앉다 [tagaant'a タガアンタ] 自

ピ] 副 大急ぎで; 緊急に.
-**다기**[dagi ダギ] 語尾 …だということ ¶비슷하~보다 똑같다[pisutʰa~-boda t'ok'at'a ピスッタ~ボダ ットクカッタ] 似ているというよりはまったく同じだ.
다난[多難][tanan タナン] 名 하形 多難 ¶다사~한 시대[tasa(danan)han ʃidɛ タサ(ダナン)ハン シデ] 多事多難な時代.
-**다네**[tane タネ] 語尾 …だそうだ; なんだよ ¶그런 일은 있을 수 없~[kurɔn ni:run is'ul s'u ɔ:p(t'ane) クロン ニールン イッスル ス オーブ~] そんなことはあり得ないそうだ / 서울에서 살았었~[sɔuresɔ saras'ɔ(t'ane) ソウレソ サラッソッ~] ソウルに住んでいたんだよ.
***다녀-가다**[tanjɔgada タニョガダ] 自 他 立ち寄って行く[帰る] ¶할머니가 ~-가셨다[halmɔniga ~-gaʃot'a ハルモニガ ~-ガショッタ] おばあさんが立ち寄られた.
***다녀-오다**[tanjɔoda タニョオダ] 自他 行ってくる; 帰る; 立ち寄ってくる ¶학교에 ~[hak'joe ~ ハッキョエ ~] 学校へ行ってくる / ~-왔습니다 [~-was'umnida ~-ワッスムニダ] ただいま / ~-오겠습니다[~-oges'umnida ~-オゲッスムニダ] 行って参ります.
다년[多年][tanjɔn タニョン] 名 多年 **—간**[gan ガン] 名 副 多年間 ¶~의 연구[~e jɔ:ngu ~-(ガ)ネ ヨーング] 多年にわたる研究.
-**다느냐**[tanunja タヌニャ] 語尾 …というのか ¶얼마나 있~?[ɔ:lmana i(t'anunja) オールマナ イッ~] いくら[どれ]ぐらいあるというのか.
-**다느니**[tanuni タヌニ] 語尾 …(だ)とか ¶크~ 작~ 군소리가 많다[kʰu(danuni) tʃa:k(t'anuni) ku:nsoriga ma:ntʰa ク(ダヌニ) チャーク~クーンソリガ マーンタ] 大きいとか小さいとか文句が多い.
*-**다는**[tanun タヌン] 語尾 …という; …との; '-다고 하는'の略 ¶간~ 약속[kan(danun) jaks'ok カン(ダヌン) ヤクソク] 行くとの約束 / 좋~ 물건[tʃo:(tʰanun) mulgɔn チョーッ~ ムルゴン] いいという品物.
*-**다니**[tani タニ] 語尾 ① …というから[ので] ¶네가 좋~ 나도 좋다

詰めて座る; 近寄って座る ¶바짝 ~-앉아라[patʃ'ak (t'aga)andʒara パッチャク ~-アンジャラ] ぐっと詰めて座りなさい.
***다가-오다**[tagaoda タガオダ] 自 ① 近寄ってくる; 近寄る; やってくる ¶말을 걸면서 ~[ma:rul kɔ:lmjɔnsɔ ~ マールル コールミョンソ ~] 話しかけながら近寄る ② (ある時期が)迫ってくる; 迫る; 近づいてくる ¶기한이 ~[kihani ~ キハニ ~] 期限が迫る / 겨울이 ~[kjɔuri ~ キョウリ ~] 冬が近づく.
-**다간**[dagan ダガン] 語尾 '-다가는'の略. ⇨'-다가는'.
다갈-색[茶褐色][tagals'ɛk タガルセク] 名 茶褐色; スズメ色.
다감[多感][tagam タガム] 名 하形 多感 ¶다정~한 여인(女人)[tadʒɔŋ-(dagam)han njɔin タジョン(ダガム)ハン ニョイン] 多情多感な女性.
다-같이[ta:gatʃʰi ターガチ] 副 みんな一緒に; 一斉に.
*-**다고**[dago ダゴ] 語尾 ① …と; …だと; …とて ¶예쁘~ 하더라[je:p'u ~ hadɔra イェーップ~ ハドラ] 美しいと言っているよ ② …と思ってたよ[たき] ¶얼마 많~[ɔ:lmana ma:n(tʰago) オールマナ マーン(タゴ)] 非常に多いと思ってたさ ③ …(し)たんだって; …(と)言うのかね ¶그가 온~?[kuga on~ クガ オン~] 彼が来るって; 彼が来ると言うのかね.
다과[多寡][tagwa タグァ] 名 多寡; 多少 ¶점수의 ~에 따라[tʃɔms'ue ~e t'ara チョムッスエ ~エ ッタラ] 点数の多寡[多少]によって.
다과[茶菓][tagwa タグァ] 名 茶菓 **—점**[dʒɔm ジョム] 名 お菓子と飲み物を売っている店 **—회(會)**[hwe フェ] 名 ティーパーティー.
다국적[多國籍][tagukʃ'ɔk タグクチョク] 名 多国籍 **—군**[(tagukʃ'ɔ)k'un クン] 名 多国籍軍 **—기업**[(tagukʃ'ɔ)k'iɔp キオブ] 名 多国籍企業.
다그-치다[tagutʃʰida タグチダ] 他 せき立てる; 畳みかける; 催促する ¶빨리 하라고 ~[p'alli harago ~ ッパルリ ハラゴ ~] 早くしろとせき立てる.
다급-하다[taguphada タグパダ] 形 여変 差し迫っている; 緊急だ ¶시간이 ~[ʃigani ~ シガニ ~] 時間が差し迫っている **다급-히**[taguphi タグプ

[nega tʃoː(tʰani) nado tʃoːtʰa ネガ チョーッ〜 ナド チョーッタ] 君がいといるから僕もいい ② …とは; なんて ¶ 네가 지~ [nega tʃi(dani) ネガ チ(ダニ)] 君が負けるなんて.

*-**다니까** [tanikʼa タニッカ] [語尾] ① …だというから [ので]; …だそうだから ¶ 맛있~ 먹어보자 [maʃi(tʼanikʼa) mɔgɔbodʒa マシッ〜 モゴボジャ] おいしいそうだから食べてみよう ② …だよ; だってば ¶ 돈이 없~ [toːni ɔːpˈ(tʼanikʼa) トーニ オープ〜] お金がないんだってば.

***다니다** [tanida タニダ] **1** 自 ① 通う; 勤める ¶ 학교에 ~ [hakʼjoe ~ ハクキョエ 〜] 学校に通う / 회사에 ~ [hwesae ~ フェーサエ 〜] 会社に勤める ② 往来する ¶ 차가 많이 다닌다 [tʃʰaga maːni taninda チャガ マーニ タニンダ] 車の往来が激しい ③ しばしば行く ¶ 늘 다니는 티방 [nɯl taninɯn tabaŋ ヌル タニヌン タバン] 行きつけのティールーム **2** 他 ① 行ってくる ¶ 집에 다녀 오너라 [tʃibe tanjɔ onɔra チベ タニョ オノラ] 家に行ってきなさい ② …して回る ¶ 구경을 ~ [kuːgjɔŋɯl ~ クーギョンウル 〜] 見物して回る.

***다다르다** [tadarɯda タダルダ] 自 [으変] 至る; (たどり)着く; 届く ¶ 산정에 ~ [sandʒɔŋe ~ サンジョンエ 〜] 山頂にたどり着く[届く]; 山頂を窮める.

다달-이 [tadari タダリ] 副 月々に; 月ごとに; 毎月 ¶ ~ 열리는 모임 [~ jɔllinɯn moim 〜 ヨルリヌン モイム] 月々の会; 毎月の集い.

다대 [多大] [tadɛ タデ] 名 [하形] 多大 ¶ ~한 손해 [~han soːnhɛ 〜ハン ソーンヘ] 多大な損害.

-**다더군** [tadɔgun タドグン] [語尾] …だと言っていたなあ ¶ 그가 돌아왔~ [kɯga torawa(tʼadɔgun) クガ トラワッ〜] 彼が戻ったそうだねえ.

-**다더냐** [tadɔnja タドニャ] [語尾] …だと言っていたか ¶ 그는 돈이 많~? [kɯnɯn toːni maːn(tʰadɔnja) クヌン トーニ マーン〜] 彼は金持ちのようだか.

-**다더니** [tadɔni タドニ] [語尾] …だと言っていたが ¶ 매우 춥~ [mɛu tʃʰupˈ(tʼadɔni) メウ チュプ〜] とても寒いと言うが….

-**다더라** [tadɔra タドラ] [語尾] …だと言っていた; だそうだ ¶ 재미있게 읽으셨~ [tʃɛmiikˈe ilgɯʃɔ(tʼadɔra) チェミイッケ イルグショッ〜] 面白くお読みになったそうだ[なったと言ってたよ].

-**다던** [tadɔn タドン] [語尾] …だと言っていた ¶ 오겠~ 그가 왜 안와 [oge(tʼadɔn) kɯga wɛː anwa オゲッ〜クガ ウェー アヌァ] 来ると言った彼がどうして来ない.

-**다던걸** [tadɔngɔl タドンゴル] [語尾] …だと言っていたものを ¶ 꼭 시험에 합격하겠~ [kʼokʼ ʃihɔme hapkʼjɔkʰage(tʼadɔngɔl) ッコク シホメ ハプキョクカゲッ〜] 必ず試験に合格すると言っていたのに.

-**다던데** [tadɔnde タドンデ] [語尾] …だと言っていたが ¶ 꼭 중국어를 배우었~ [kʼokʼ tʃʰuŋgugɔrɯl pɛuge(tʼadɔnde) ッコクチュングゴルル ペウゲッ〜] きっと中国語を学ぶと言っていましたが.

다독-거리다 [tadokˈɔrida タドクコリダ] 他 (ねんねするように)軽くたたく ¶ 아기를 ~-거려 재우다 [agirɯl (tado)-kʼɔrjɔ tʃɛuda アギルル 〜-コリョ チェウダ] 赤ん坊を軽くたたいて寝つかせる.

다-되다 [taːdweda タードゥェダ] 形 ① 完成されている ¶ 밥이 다 되었다 [pabiːtaː dweɔtʼa パビ ター ドゥェオッタ] ご飯が炊けた ② みんななくなっている; 底をついている ¶ 술도 안주도 다 되었다 [suldo andʒudo taː dweɔtʼa スルド アンジュド ター ドゥェオッタ] 酒もさかなも底をついた.

-**다든지** [tadɯndʒi タドゥンジ] [語尾] …だというか ¶ 놀러 가겠~ 공부하겠~ 정해라 [noːllɔ kage(tʼadɯndʒi) koŋbuhage(tʼadɯndʒi) tʃɔːŋhɛra ノールロ カゲッ〜 コンブハゲッ〜 チョーンヘラ] 遊びに行くのか勉強するのか決めろ.

****다듬다** [tadɯtʼa タドゥムタ] 他 ① 整える; 手入れする ¶ 머리를 ~ [mɔrirɯl ~ モリルル 〜] 髪を整える ② 練る ¶ 문장을 ~ [mundʒaŋɯl ~ ムンジャンウル 〜] 文章を練る ③ 切り取ってきれいにする ¶ 나뭇가지를 ~ [namutkʼadʒirɯl ~ ナムッカジルル〜] 木の枝を切り落として整える ¶ 콩나물을 ~ [kʰoŋnamurɯl ~ コンナムルル 〜] (豆)モヤシの根を切り取ってきれいにする ④ 磨きをかける / 돌을 ~ [toːrɯl ~ トールル 〜] 石を磨く ⑤ (地面を)ならす ¶ 집터를 ~ [tʃipˈtʰɔrɯl ~ チプトルル 〜] 敷地をならす ⑥ 砧

で打つ ¶명주를 ～[mjɔŋdʒuɾɯl ～ミョンジュルル～] 絹を砧で打つ.

***다듬-이**[tadɯmi タドゥミ] 名[하他] 砧ǎきぬ **―질**[dʒil ジル] 名[하他] 砧打ち ¶～하다[～-(dʒir)hada ～ハダ] 洗いたての衣を砧で打つ **다듬잇-돌**[tadɯmit'ol タドゥミットル] 名 砧 **다듬잇-방망이**[tadɯmitp'amaŋi タドゥミッパンマンイ] 名 砧打ち用の棒.

다듬-질[tadɯmdʒil タドゥムジル] 名[하他] ① 仕上げ ② '다듬이질'の略.

다락(방)[taɾak(p'aŋ) タラク(パン)] 名 ① 屋根裏(部屋) ② 台所の上に設ける物置部屋 ③ キリストが最後の晩餐ばんを催した部屋.

***다람-쥐**[taɾamdʒwi タラムジュィ] 名〈動〉リス(栗鼠).

***다랑-어**[―魚][taɾaŋɔ タランオ] 名〈魚〉マグロ(鮪)(飲食店では'참치'[tʃʰamtʃʰi チャムチ]と言う).

-다랗다[taɾatʰa タラッタ] 接尾 形容詞の語幹に付いてその語の意味をはっきりさせる語 ¶높～[nop(t'aɾatʰa) ノプ～] かなり高い; ずいぶん高い.

다래[taɾɛ タレ] 名〈植〉サルナシの実.

다래끼[taɾɛk'i タレッキ] 名 ① 口が小さく底が広い(竹・ハギなどで編んだ)かご ② 物もらい ¶～가 나다[～ga nada ～ガナダ] 物もらいができる.

다량[多量][taɾjaŋ タリャン] 名 多量; 大量 ¶～의 생산[～e sɛŋsan ～エセンサン] 大量生産.

***다루다**[taɾuda タルダ] 他 ① (取り)扱う; 処理する ¶신중히 ～[ʃindʒuŋi ～ シーンジュニ～] 慎重に扱う / 공평히 ～[koŋpʰjoŋi ～ コンピョンイ～] 公平に処理する ② 操作する ¶기계를 ～[kigeɾɯl ～ キゲルル～] 機械を操作する ③ (人を)操る; 取り回す ¶사람을 잘 ～[sa:ɾamɯl tʃal (daɾuda) サーラムル チャル(ダルダ)] 人をうまく操る; 人の取り回しがうまい.

***다르다**[taɾɯda タルダ] 形[三変] 異なる; 違う ¶견해가 ～[kjɔ:nhɛga キョーンヘガ～] 見解が異なる / 의견이 ～[ɯi:gjɔni ウィーギョニ～] 意見が違う.

다른[taɾɯn タルン] 冠[形] 違う; 異なる; 別の; ほかの; 他の ¶배～ 형제[pɛ(daɾɯn) hjɔŋdʒe ペ(ダルン) ヒョンジェ] 腹違いの兄弟.

다름-아니라[taɾɯmanira タルマニラ] 副 ほかではなく; 実は ¶내가 여기 온 것은 ～…[nɛga jɔgi on kɔsɯn ～ ネガ ヨギ オン コスン～] 僕がここへ来たのは実は….

다름-없다[taɾɯm ɔpt'a タルモプタ] 存 異なる点がない; 違いがない; 同様 [同然]だ ¶그는 거지나 ～[kɯnɯn kɔ:dʒina ～ クヌン コージナ～] 彼は乞食と同様だ **다름-없이**[taɾɯmɔpʃ'i タルモプシ] 副 同様に; 変わりなく; 相変わらず ¶그전과 ～ 사이좋게 지내다[kɯdʒɔngwa ～ saidʒokhe tʃi:nɛ-da クジョングヮ～ サイジョッケ チーネダ] 以前と変わりなく仲良くつきあう.

***다리**[¹](tari タリ] 名 ①(人・動物の)脚; 足 ¶～가 길다[～ga ki:lda ～ガキールダ] 脚が長い / ～를 뻗다[～rul p'ɔt'a ～ルル ッポッタ] 足を伸ばす / ～ 뻗고 자다[～ p'ɔtk'o tʃada ～ ッポッコ チャダ] 慣 安心して寝る ② (物の)脚; つる ¶책상～[tʃʰɛksaŋ(daɾi) チェクサン(ダリ)] 机の脚 / 안경～[a:ngjɔŋ(t'aɾi) アーンギョン～] めがねのつる **―걸이**[gɔɾi ゴリ] 名[하自](韓国の相撲で)足掛け **다릿-심**[taɾitʃ'im タリッシム] 名 脚力.

***다리**[²](tari タリ] 名 橋 ¶～를 놓다[～rul notʰa ～ルル ノッタ] 橋をかける[渡す]; 慣 仲立ちをする / ～를 놓아주다[～rul noadʒuda ～ルル ノアジュダ] 橋渡しをする / 외나무～[we-namu (daɾi) ウェナム(ダリ)] 1つ橋; 一本橋; 丸木橋 **다릿-목**[taɾinmok タリンモク] 名 橋のある道筋; 橋際; 橋のたもと.

***다리다**[taɾida タリダ] 他 アイロンをかける ¶셔츠를 ～[ʃɔ:tʃʰuɾul ～ショーチュルル～] シャツにアイロンをかける.

***다리미**[taɾimi タリミ] 名 アイロン ¶전기 ～[tʃɔ:ngi (daɾimi) チョーンギ(ダリミ)] 電気アイロン / ～로 주름을 펴다[～ɾo tʃuɾumɯl pʰjɔda ～ロ チ

ュルムル ピョダ] アイロンでしわを伸ばす **―질**[dʒil ジル] 名 他 アイロンかけ ¶~하다[~-(dʒir)hada ~ハダ] アイロンをかける.

다림-질[tarimdʒil タリムジル] 名 他 アイロンをかけること='다리미질'の略.

-다마다[damada ダマダ] 語尾 …(だ)とも; …のはもちろんだ[本当だ・確かだ] ¶그야 좋아하~[kɯja tjoːaha~ クヤ チョーアハ~] そりゃもちろん好きだとも.

***다만**[taːman ターマン] 副 ① ただ; 単に ¶이유는 ~ 그것뿐입니다[iːjunɯn ~ kɯɡɔtp'unimnida イーユヌン ~ クゴップニムニダ] 理由はただそれだけです ② ただし; 略 '단' ¶놀러 오너라, ~ 내일은 안 된다[noːllʌ onʌra, ~ nɛirɯn an dwenda ノールロ オノラ, ~ ネイルン アン ドゥェンダ] 遊びにきなさい, ただし明日は駄目だ.

-다만[taman タマン] 語尾 …けれども; …が; '-다마는'の略 ¶맛은 있~ 값이 비싸다[masun i(t'aman) kapʃ'i pis'ada マスン イッ~ カプシ ピッサダ] 味はうまいが値段が高い.

다망[多忙][tamaŋ タマン] 名 他形 多忙 ¶공사 ~[koŋsa (damaŋ) コンサ (ダマン)] 公私多忙.

다매[多賣][tamɛ タメ] 名 他 多売 ¶박리 ~[paŋni (damɛ) パンニ (ダメ)] 薄利多売.

***-다며**[tamjʌ タミョ] 語尾 …なのだって, …といいながら ¶너도 이게 좋~?[nʌdo ige tjoː(thamjʌ) ノド イゲ チョーッ~] お前もこれがいいんだって.

***-다면**[tamjʌn タミョン] 語尾 …(と言う)なら(ば); …ければ ¶네가 싫~ 나도 가지 않는다[(nega ʃil(thamjʌn) nado kadʒi annɯnda ネガ シル~ ナド カジ アンヌンダ] 君がいやと言うなら僕も行かない.

***-다면서**[tamjʌnsʌ タミョンソ] 語尾 ① …といいながら, …といいつつ ¶내가 밉~ 전화는 왜 해[nega mip(t'amjʌnsʌ) tjʌːnhwanɯn wɛː hɛː ネガ ミプ~ チョーンファヌン ウェー ヘー] 私が憎いといいながらなぜ電話するのだ ② …(した) そうだね; …(した) ってね ¶학교에 다녀 왔~?[hak'joe tanjʌwa(t'amjʌnsʌ) ハクキョエ タニョワッ~] 学校へ行って来たってね.

다목적-댐[多目的—][tamokt'jʌkt'ɛm タモクチョクテム] 名 多目的ダム.

***다물다**[tamulda タムルダ] 他 ㄹ語幹 つぐむ; 閉じる; 締める ¶입을 ~[ibɯl ~ イブル ~] 口をつぐむ.

다반-사[茶飯事][tabansa タバンサ] 名 茶飯事 ¶일상 ~[ilsaŋ (dabansa) イルサン (ダバンサ)] 日常茶飯事.

***다발**[tabal タバル] 1 ① 束 ≒ [k'o (t'abal) ッコッ~] 花束 2 [笑] ~ 束; わ; くくり ¶무 한 ~[muː han (dabal) ムー ハン (ダバル)] 大根1束.

***다방**[茶房][tabaŋ タバン] 名 喫茶店, ティールーム, コーヒーショップ.

다-방면[多方面][tabaŋmjʌn タバンミョン] 名 多方面 ¶~에 걸친 학식[~e kʌːltʃhin hakʃ'ik (タバンミョ)ネ コールチン ハクシク] 多方面にわたる学識.

다복[多福][tabok タボク] 名 他形 ㅅ形 多幸 ¶~한 가정[(tabo)khan kadʒʌŋ ~カン カジョン] 幸せに満ちた家庭.

다부지다[tabudʒida タブジダ] 形 ① (体が)がっしりしている; 気丈だ; きつい ¶끈질기고 ~[k'undʒilgigo ~ ックンジルギゴ~] 粘り強く気丈だ / 다부진 몸[tabudʒin mom タブジン モム] がっしりした体 / 다부진 아이[tabudʒin ai タブジン アイ] きつい子 / 성질이 ~[sʌːŋdʒiri ~ ソーンジリ ~] 性質がきつい ② 根気強い.

***다분-히**[多分—][tabuni タブニ] 副 多分に ¶그럴 가능성이 ~ 있다[kɯrʌl kaːnɯŋsʌŋi ~ itʼa クロル カーヌンソンイ ~ イッタ] そうなる可能性が多分にある.

-다-뿐[dapʼun ダップン] 語尾 もちろん…(する) とも; …(する) ばかり(か) ¶가~이겠느냐[ka(dapʼ)nigennɯnja カ(ダップ)ニゲンヌニャ] 行くも行かぬもないよ; もちろん行くとも.

다사[多事][tasa タサ] 名 他形 多事; 仕事が多いこと; 忙しいこと **―롭다**[1] **[스럽다]**[rʌptʼa(surʌptʼa) ロプタ[スロプタ]] 形 ㅂ変 余計なお節介が多い ×'다사하다'. ¶~-스러운 노인[~-sɯrʌun noːin ~-スロウン ノーイン] お節介の多い老人 **―다난**[danan danaŋ] 名 他形 多事多難.

다사-롭다[2][tasaroptʼa タサロプタ] 形 ㅂ変 温和だ; 暖かい; やさしい

다사-로이[tasaroi タサロイ] 副 温和に; 暖かく; やさしく.

다색[茶色][tasɛk タセク] 名 茶色＝갈색(褐色)[kalsʼɛk カルセク].

*__다섯__[tasət タソッ] 数 5つ; 5 ¶~번째[~pʼɔntʃʼɛ ～ポンッチェ]5番目/~배[~pʼɛ ～ペ] 5倍/~이서[(tasə)ciʃʼiman (タソ)シソ]5人で/~째[(tasə)tʃʼɛ (タソ)ッチェ] 5つ目; 5番目.

다-세대[多世帯][tasedɛ タセデ] 名 (1つの建物の中に住む)幾つもの世帯 **―주택**[dʒuːtʰɛk ジューテク] 名 幾つもの世帯が住む1つの住宅.

*__다소__[多少][taso タソ] 名 副 ① 多少 ¶~를 불문[막론]하고 [~rul pulmun[maŋnon]hago ～ルル プルムン[マンノン]ハゴ] 多少を問わず; 多少にかかわらず ② 多少; いくらか ¶~ 어려움은 있지만 [~ ɔrjoumun itʃʼiman ～ オリョウム イッチマン] 多少難しきはあるが… **―간**[gan ガン] 名 副 多少; 多かれ少なかれ ¶~의 오차 [~e oːtʃʰa ～(が)ネ オーチャ] 多少の誤差/~의 차이 [~e tʰai ～(が)ネ チャイ] 幾分かの差異.

다소곳-하다[tasogotʰada タソゴッタダ] 形 (으変) (うつむいて)黙っている; おとなしい **다소곳-이**[tasogoʃi タソゴシ] 副 おとなしやかに; 慎ましやかに; 従順に ¶~ 앉아 있다 [~ andʒa itʼa ～ アンジャ イッタ] おとなしやかに[慎ましやかに]座っている.

-다손 치더라도[tason tʃʰidorado タソン チドラド] 語尾 たとえ[よしんば]…であろうとも; …(だ)としても ¶그렇게 말했~ [kurəkʰe maːrhɛ (tʼason tʃʰidorado) クロッケ マールヘッ~] そう言ったとしても…

*__다수__[多數][tasu タス] 名 多数 ¶압도적 ~로 [aptʼodʒɔk (tʼasu)ro アプトジョク ～ロ] 圧倒的多数で **―결**[gjɔl ギョル] 名 多数決 **―당**[daŋ ダン] 名 多数党 **―의견**[ɯigjən ウィーギョン] 名 多数の意見 **―파**[pʰa パ] 名 多数派.

다-수확[多收穫][tasuhwak タスファク] 名 収穫の多いこと **―작물**[tʃʼaŋmul チャンムル] 名 収穫の多い作物.

*__다스리다__[tasɯrida タスリダ] 他 ① 治める; 統治する; 支配する ¶나라를 ~ [nararul ～ ナラルル ～] 国を治める/백성을 ~ [pɛksʼɔŋul ～ ペクソンウル ～] 民を治める; 民衆を支配する ② 収める; 鎮める ¶난을 ~ [naːnul ～ ナーンヌル ～] 乱を鎮める ③ 治す; 治療する ¶병을 ~ [pjɔːŋul ～ ビョーンウル ～] 病気を治療する ④ 修める; 学修する ¶학문을 ~ [haŋmunul ～ ハンムヌル ～] 学を修める ⑤ 罰する ¶죄인을 ~ [tʃʼweːinul ～ チュエーイヌル ～] 罪人を罰する.

다슬기[tasulgi タスルギ] 名〈貝〉カワニナ(川蜷)(カワニナ科の巻貝).

*__다시__[taʃi タシ] 副 ① また ¶내일 ~ 만납시다 [nɛil ~ manapʃʼida ネイル ～ マンナプシダ] 明日また会いましょう ② 再び ¶봄은 ~ 왔건만 [pomun ~ wakʼonman ポムン ～ ワッコンマン] 春は再び来たけれども… ③ もう一度 ¶~ 갔다 오너라 [~ kaʼa onora ～ カッタ オノラ] もう一度行って来い ④ 新たに; 改めて ¶~ 시작해라 [~ ʃiːdʒakʰera ～ シージャクヘラ] やりなおせ ⑤ 二度と＝**다시는**[daʃinɯn ダシヌン] ¶두번 ~ 하지 말아라 [tuːbon (daʃi) hadʒi marara トゥーボン (ダシ) ハジ マララ] 二度とするなよ.

다시금[taʃigɯm タシグム] 副 またと; 再び; いま一度; '다시'の強調語.

*__다시다__[taʃida タシダ] 他 舌を鳴らす; 舌鼓みをする ¶먹고 싶은지 입맛을 ~ [mɔkʼo ʃipʰɯndʒi immasɯl ~ モッコ シプンジ イムマスル ～] 食べたいのか舌なめずりする. 「(昆布).

*__다시마__[taʃima タシマ] 名〈植〉コンブ

*__다시-없다__[taʃiɔpʼta タシオプタ] 形 またとない; この上ない ¶~ 즐거움 [~ ɔmnɯn tʃʼulgəum ～オムヌン チュルゴウム] またとない楽しみ/~ 영광 [~ ɔmnɯn jɔŋgwaŋ ～オムヌン ヨングァン] この上ない光栄 **다시-없이**[taʃiɔpʃi タシオプシ] 副 この上なく; またとなく ¶~ 좋은 기회 [~ tʃoːɯn kihwe ～ チョーウン キフェ] またとないいい機会.

*__-다시피__[daʃipʰi ダシピ] 語尾 …のとおり; …のように ¶아시~ [aːʃi~ アーシ~] ご存じのとおり/보시~ [poʃi~ ポシ～] ご覧のとおり/보~ 이렇다 [po~ irɔtʰa ポ～ イロッタ] 見るとおりうだ/늘 오~ 한다 [nul o~ handa ヌル～ ハンダ] いつものように来る.

다식[多食][taʃik タシク] 名 하他 多食; 大食 ¶~가 [~kʼa ～ カ] 多食家; 大食漢.

다식[多識][taʃik タシク] 名 하形 多

다식[茶食][taʃik タシク] 名 澱粉ᆞきな粉・松の花粉・炒り黒ゴマ粉・クリ粉などをハチミツや水飴などでこね、型で押し出して作った韓国・朝鮮固有のお菓子(설날[sɔːllal ソールラル]「元旦」に食べる) **—과(菓)**[kʼwa クヮ] 名 小麦粉をこねて型で押し出し、油であげたものをハチミツ・ショウガ汁・シナモンなどをしみこませた品々.

다실[茶室][taʃil タシル] 名 喫茶店.

다액[多額][taɛk タエク] 名 多額 ¶ ~납세자[(taɛŋ) napsʼedʒa (タエン)ナプセジャ] 多額納税者.

*다양[多樣][tajaŋ タヤン] 名 하形 多様;雑多;いろいろ;さまざま ¶ ~한 인종[~han indʒoŋ ~ハン インジョン] 雑多な人種 **—성**[sɔŋ ソン] 名 多様性;バラエティー ¶ ~이 있다[~i itʼa ~イ イッタ] バラエティーに富む.

다오[daːo ダーオ] 1 他 …くれ(たまえ);ちょうだい;よこせ ¶ 그것 이리 ~[kɯgɔt iri ~ クゴッ イリ ~] それをこっちによこせ 2 補動 …してくれ ¶ 나를 도와 ~[narɯl towa ~ ナルル トワ ~] 僕を助けてくれ.

-다오[tao タオ] 語尾 …だそうです;…ですよ;…なんです ¶ 어제 도착했~[ɔdʒe toːtʃʰakʰɛ (tʼao) オジェ トーチャクケッ~] きのう着いたんです.

다음[taɯm タウム] 名 ① 次(の) ¶ ~회[~hwe ~フェ] 次回 / ~ 편으로[~ pʰjɔnɯro ~ ピョヌロ] 次の便で ② のち;あと ¶ ~에 다시 만납시다[~e taʃi manapʼʃida (タウ)メ タシ マンナプシダ] あとでまた会いましょう ③ 次の;2番目 ¶ 부장 ~으로 높다[pudʒaŋ (daɯm)uro noptʼa プジャン (ダウ)ムロ ノプタ] 部長の次に偉い **—가다[gada ガダ] 自 次ぐ ¶ 사장 ~-가는 실력자[sadʒaŋ (daɯm)ganun ʃilljɔktʃʼa サジャン (ダウム) ガヌン シルリョクチャ] 社長に次ぐ実力者 **—날**[nal ナル] 名 ① あくる日;翌日 ¶ ~ 밤[~ pʼam ~ パム] 翌晩 / ~ 아침[~-(nar) atʃʰim ~-(ナ) ラチム] あくる朝 ② 後日 ¶ ~ 다시 만납시다[~ taʃi manapʼʃida ~ タシ マンナプシダ] 後日また会いましょう **—다음**[daɯm ダウム] 名 次の次 ¶ ~이 네 차례다[~i ne tʃʰareda ~-(ダウ)ミ ネ チャレダ] 次の次が君の順番だ **—달**[tʼal タル] 名 翌月 **—주**[tʃʼu チュ] 名 翌週 **—해**[hɛ ヘ] 名 翌年.

다이아몬드[daiamondɯ ダイアモンドゥ] diamond 名 ダイヤモンド.

다이얼[daiol ダイオル] dial 名 ダイヤル.

다잡다[tadʒaptʼa タジャプタ] 他 ① 真面目になる;心を引き締める ¶ 마음을 ~[maɯmɯl ~ マウムル ~] 心[気]を引き締める ② 用心深く処理する ③ 厳重に取り締まる;厳しく締めつける.

*다정[多情][tadʒɔŋ タジョン] 名 하形 ᆢ形 희副 ① 多情;やさしい・情深いこと(日本語の「多情」のように移り気・浮気の意はない) ¶ ~했던 어머니[~hɛtʼɔn ɔmɔni ~ヘットン オモニ] やさしかった母 ② 親しいこと;気心の知れていること ¶ ~한 친구[~han tʃʰingu ~ハン チング] 親しい友 / ~한 사이[~han sai ~ハン サイ] 親しい仲;気心の知れた間柄 **—다감**[dagam ダガム] 名 하形 多情多感;物事に感じやすく情にもろいこと;やさしいこと **—불심**[bulʃʼim ブルシム] 名 多情仏心;思いやりがあっていつくしみ深い心;多情多感で善良な心(日本語の「多情仏心」=移り気だが薄情ではない性格).

다지기[tadʒigi タジギ] 名 肉や野菜などを何度も細かく切ること;みじん切り.

*다지다[tadʒida タジダ] 他 ① (地面などを)押し固める ¶ 땅을 ~[tʼaŋɯl ~ッタンウル ~] 地面を固める ② 念を押す;確かめる ¶ 꼭 오라고 몇 번씩 ~[kʼog orago mjɔtpʼɔnʃʼik (tʼadʒida) ッコ ゴラゴ ミョッポンッシク ~] 是非来るように何度も念を押す ③ (決意などを)固くする;誓う ¶ 결의를 ~[kjɔrirɯl ~ キョリルル ~] 決意を固める ④ 切り刻む;みじん切りにする ¶ 파를 ~[pʰarul ~ パルル ~] ネギをみじん切りにする / 다진 고기[tadʒin kogi タジン コギ] ひき肉 ⑤ 食べ物に薬味を加えて押さえつける ¶ 김치를 다져 놓다[kimtʃʰirɯl tadʒɔ notʰa キムチルル タジョ ノッタ] キムチを押えつけて置く.

*다짐[tadʒim タジム] 名 하他 ① 念押し ¶ 몇 번이고 ~하다[mjɔtpʼɔnigo ~hada ミョッ ポニゴ ~ハダ] 何回も念を押す ② 誓い ¶ 충성을 ~하다[tʃʰuŋsɔŋɯl ~hada チュンソンウル ~ハダ] 忠誠を誓う ③ 期する ¶ 필승

다짜고짜(로) 266 **닦다**

을 ~하다 [pʰilsʼɯŋɯl ~hada ピルスンウル ~ハダ] 必勝を期する **—받다** [batʼa バッタ] 自他 念書を書ける; 確約させる ¶술 안 마시겠다고 ~ [sur an maʃigetʼago ~ スランマシゲッタゴ ~] 酒を飲まないと約束させる.

다짜-고짜(로) [tatʃʼagotʃʼa(ro)] 副 いきなり; 無鉄砲に; 有無を言わせず ¶~ 때리다 [~ tʼɛrida ~ ッテリダ] いきなり殴りつける; 有無を言わせず殴る.

***다채-롭다** [多彩―] [tatʃʰɛroptʼa タチェロプタ] 形 [ㅂ変] 多彩だ; 色とりどりだ; 豪華だ ¶~-로운 무늬 [~-roun muni ~-ロウン ムニ] 色とりどりの [派手な] 模様 / ~-로운 행사 [~-roun hɛŋsa ~-ロウン ヘンサ] 多彩な [にぎやかな] 行事 **다채로-이** [tatʃʰɛroi タチェロイ] 副 多彩に; 豪華に.

***다치다** [tatʃʰida タチダ] 他 ① けがをする; 痛める ¶칼에 손을 ~ [kʰare sonul ~ カレ ソヌル ~] ナイフで手を傷つける / 발을 ~ [parul ~ パルル ~] 足を痛める ② (手で)触る; 触れる ¶이것 다치지 마라 [igɔ tʼatʃʰidʒi mara イゴッ タチジ マラ] これに手を触れないで ③ 危害を与える; 累を及ぼす ¶윗사람이 다치게 되었다 [wisʼarami tatʃʰige twɛotʼa ウィッサラミ タチゲ トゥェオッタ] 上司が責任を問われるようになった.

***다투다** [tatʰuda タトゥダ] 自他 ① 争う ¶권력을 ~ [kwɔlljɔgul ~ クォルリョグル ~] 権力を争う / 아이들이 ~ [aidɯri ~ アイドゥリ ~] 子供たちがけんかをする / 학설을 ~ [haksʼorul ~ ハクソルル ~] 学説を論争する ② 競う ¶한치를 ~ [hantʃʰirul ~ ハンチルル ~] 一寸を競う / 선수권을 ~ [sɔːnsukʼwɔnul ~ ソーンスクォヌル ~] 選手権を競り合う.

***다툼** [tatʰum タトゥム] 名 自他形 争い; 競い; けんか ¶말~ [maːl(datʰum) マール(ダトゥム)] 言い争い; 口論; 舌戦; 口げんか / 자리~ [tʃari(datʰum) チャリ(ダトゥム)] 席争い; ポスト争い; 地位争い / 세력~ [seːrjɔk(tʼatʰum) セーリョク(ダトゥム)] 勢力争い.

***다-하다** [taːhada ターハダ] **1** 自 尽きる; 終わる; 済む ¶힘이 다하여 쓰러지다 [himi taːhajɔ sʼɯrɔdʒida ヒムターハヨ ッスロジダ] 力が尽きて倒れる / 이제야 다했다 [idʒeja taːhɛtʼa イジェヤターヘッタ] 今みんな終わった **2** 他 尽くす; まっとうする; 果たす; 終える ¶최선을 ~ [tʃʰweːsɔnul ~ チュェーソヌル ~] 最善を尽くす / 사명을 ~ [saːmjɔŋul ~ サーミョンウル ~] 使命をまっとうする / 임무를 ~ [iːmmurul ~ イームムルル ~] 役目を果たす / 생을 ~ [sɛŋul ~ センウル ~] 生涯を終える.

***다행** [多幸] [tahɛŋ タヘン] 名 하形 幸運; 幸い ¶불행중 ~ [purhɛŋdʒuŋ (dahɛŋ)プルヘンジュン(ダヘン)] 不幸中の幸い **—히** [i イ] 副 幸い(に) ¶~ 다친 사람은 없었다 [~ tatʃʰin saːramun ɔpsʼɔtʼa ~ タチン サーラムン オプソッタ] 幸い(に)けが人はなかった.

다혈-질 [多血質] [tahjɔltʃʼil タヒョルチル] 名 〈心〉 多血質; 激しやすくさめやすい性質.

다홍 [―紅] [tahoŋ タホン] 名 紅; 真っ赤; 真紅色 [sɛk セク] 名 紅色; 真紅色 **—치마** [tʃʰima チマ] 名 紅のチマ[スカート].

닥-나무 [taŋnamu タンナム] 名 〈植〉コウゾ(和紙の原料としての楮쭈).

닥쳐-오다 [taktʃʰooda タクチョオダ] 自 近づいて来る; 迫って来る ¶시험 날짜가 ~ [ʃihom naltʃʼaga ~ シホㇺ ナルッチャガ ~] 試験の日が迫って来る.

닥치다 [taktʃʰida タクチダ] 自他 近づく; 迫る ¶눈앞에 ~ [nunapʰe ~ ヌナペ ~] 目前に迫る / 겨울이 ~ [kjɔuri ~ キョウリ ~] 冬が迫る **닥치는-대로** [taktʃʰinundɛro タクチヌンデロ] 副 手当たり次第に ¶나무를 ~ 베어버리다 [namurul ~ peɔbɔrida ナムルル ~ ペオボリダ] 木を手当たり次第に伐ぎり倒す.

닥터 [daktʰo ダクト] doctor 名 ドクター ¶~ 코스 [~ kʰoːsɯ ~ コース] ドクターコース.

***닦다** [taktʼa タクタ] 他 ① 磨く ¶이를 ~ [irul ~ イルル ~] 歯を磨く ② 拭く; ぬぐう ¶걸레로 ~ [kɔllero ~ コルレロ ~] ぞうきんで拭く / 눈물을 ~ [nunmurul ~ ヌンムルル ~] 涙をぬぐう ③ ならす ¶운동장을 ~ [uːndoŋdʒaŋul ~ ウーンドンジャンウル ~] 運動場をならす ④ 磨く; 修める; 練る ¶인격을 ~ [inkʼjɔgul ~ インキョグル ~] 人格を磨く / 무예를 ~ [muːjerul ~ ムーイェルル ~] 武芸を修める / 심신을

~ [ʃimʃinɯl ~ シムシヌル ~] 心身を練る ⑤ 築く; 固める ¶ 터전을 ~ [thɔdʒɔnɯl ~ トジョヌル ~] 基盤を築く.

닦달-하다 [takt'arhada タクタルハダ] 他 ① 厳しく責め立てる; せきたてる ¶ 빚을 갚으라고 ~ [pidʒɯl kaphɯrago ~ ピジュル カプラゴ ~] 借金の返済をせきたてる ② 手入れする.

닦아-세우다 [tak'aseuda タカセウダ] 他 ひどく責めつける; なじる ¶ 부하를 ~ [puharɯl ~ プハルル ~] 部下を(こっぴどく)責めつける.

***닦이다** [tak'ida タキダ] 自 磨かれる; ふかれる; '닦다'の受動 ¶ 깨끗이 닦인 유리창 [k'ɛk'ɯʃi tak'in juritʃhaŋ ッケックシ タクキン ユリチャン] きれいに磨かれた[ふかれた]ガラス窓.

***단** [tan タン] **1** 名 (野菜・たきぎなどの)束 ¶ ~으로 팔다 [~ɯro phalda (タ)ヌロ パルダ] 束で売る **2** 依名 (単位)束 ¶ 파 1~ [pha: han (dan) パー ハン (ダン)] ネギ1束.

단 [段] [tan タン] 依名 段 ① (紙面の)区切り; 段 ¶ 3~ 기사 [san (dan) gisa サム(ダン) ギサ] 3段記事 ② 反(面積単位) ¶ ~당 산출고 [~daŋ sa:ntʃhulgo ~ダン サンチュルゴ] 反当たりの産出高 ③ (碁・柔道などの)段.

단 [壇] [tan タン] 名 壇 ¶ ~에 오르다 [~e orɯda (タ)ネ オルダ] 壇に上る / 연~ [jɔ:n (dan) ヨーン(ダン)] 演壇 / 문단 [mun (dan) ムン(ダン)] 文壇.

단 [斷] [ta:n ターン] 名 断; 決断; 断案 ¶ ~을 내리다 [~ɯl nɛrida (タ-)ヌル ネリダ] 断を下す.

***단** [單] [tan タン] 冠 接頭 ただ; たった; わずか; 単に ¶ ~ 한번 [~ hanbɔn ~ ハンボン] ただの一度.

***단** [但] [ta:n タ-ン] 副 ただし; しかし; もっとも ¶ ~ 어린이는 반액 [~ ɔrininɯn pa:nɛk ~ オリニヌン パーネク] ただし子供は半額.

-단 [tan タン] 接尾 …と言う;'-다는'の略 ¶ 없~ 말인가 [ɔ:p (t'an) ma:ringa オープ~ マーリンガ] ないと言うのか.

단가 [單價] [tank'a タンカ] 名 単価 ¶ 생산 ~ [sɛŋsan (dank'a) センサン (ダンカ)] 生産単価.

단가 [短歌] [ta:nga タ-ンガ] 名 短歌 ① 短い形式の詩歌 = 시조 (時調) [ʃidʒo シジョ] ② 판소리 [phans'ori パンソリ]「唱劇のつけ歌」を歌う前に喉をならすために歌う短い歌.

단-감 [tangam タンガム] 名 甘柿.

단-거리 [短距離] [tangɔri タンゴリ] 名 短距離 **—경주** [(gjɔ:)ŋdʒu ギョンジュ] 名 短距離競走 **—선수** [sɔ:nsu ソンス] 名 短距離選手.

단걸음-에 [單一] [tangɔrume タンゴルメ] 副 一気に; 一息に; 一挙に; = '단숨에' ¶ ~ 다녀왔다 [~ tanjɔwat'a ~ タニョワッタ] 一息に行って来た.

***단결** [團結] [tangjɔl タンギョル] 名 自他 団結 ¶일치 ~ [iltʃhi (dangjɔl) イルチ (ダンギョル)] 一致団結 **—권** [k'wɔn クォン] 名 団結権.

단결-에 [ta:ngjɔre ターンギョレ] 副 ① 一気に; 一息に; 一遍に ¶ 맥주 한 조끼를 ~ 비웠다 [mɛktʃ'u han dʒɔk'irɯl ~ piwɔt'a メクチュ ハン ジョッキルル ピウォッタ] ビールジョッキを一気に空けた ② この機会に ¶ ~ 결정을 보다 [~ kjɔltʃ'ɔŋɯl poda ~ キョルチョンウル ポダ] この機会に[好機を逃さず]決めてしまう.

***단계** [段階] [tange タンゲ] 名 段階 ¶ 마무리 ~ [mamuri (dange) マムリ (ダンゲ)] 仕上げの段階.

***단골** [tangol タンゴル] 名 得意先 ¶ ~손님 [~ sonnim ~ ソンニム] 常得意; 常連; 常客; なじみの客 / ~ 가게 [~ ga:ge ~ ガーゲ] 行きつけ[取りつけ・買いつけ]の店 **—집** [tʃ'ip チプ] 名 常連の家[店]; なじみ[なじみの]の店.

단교 [斷交] [ta:ngjɔ ターンギョ] 名 自 断交 ¶ ~ 상태 [~ saŋthɛ ~ サンテ] 断交状態.

단군 [檀君] [tangun タングン] (韓国・朝鮮の開国神・始祖神).

단기 [短期] [tangi タンギ] 名 短期 ¶ ~ 유학 [~ juhak ~ ユハク] 短期留学 **단-기간** [tangigan タンギガン] 名 短期間 ¶ ~에 완성하다 [~e wansɔŋhada ~(キ)カネ ワンソンハダ] 短期間に仕上げる.

단김-에 [ta:ngime ターンギメ] 副 ① 一気に; 一息に; 一遍に; = '단결에' ¶ 쇠뿔도 ~ 빼랬다 [swe:p'uldo ~ p'ɛ:rɛt'a スェップルド ~ ッペーレッタ] 諺 牛の角も一気に抜き取れ; 鉄は熱いうちに打て ② 好機を逃がさず; すかさず ¶ ~ 결판내다 [~ kjɔlphannɛda ~ キョルパンネダ] 好機を逃がさず事の是非を決定する.

단-꿈 [tank'um タンックム] 名 甘い夢 ¶ ～을 꾸다 [～ul k'uda (タンック) ムルックダ] 甘い夢を見る.

단-내 [ta:nnɛ ターンネ] 名 ① 焦げ[き]な臭いにおい ¶ ～가 나다 [～ga nada ～ガ ナダ] 焦げ[き]な臭いにおいがす ② 高熱で鼻や口から出るにおい.

***단념-하다** [斷念―] [ta:nnjəmhada ターンニョムハダ] 他 断念する; あきらめる ¶ 할 수 없다고 ～ [hal s'u ɔ:pt'ago ～ ハルッス オープタゴ ～] 仕方がないとあきらめる ／ ～할 수 없다 [～-hal s'u ɔ:pt'a ～-ハルッス オープタ] あきらめられない.

***-단다** [tanda タンダ] 語尾 …だそうだ; …なんだよ ¶ 맛이 있~ [～maʃi it'anda) マシ イッ~] おいしそうだ(よ) ／ 난 여기가 좋~ [nan jəgiga tʃo:(thanda) ナン ヨギガ チョーッ~] 私はここがいいんだよ.

***단단-하다** [tandanhada タンダンハダ] 形 여변 ① 堅[固]い ¶ ～-한 돌 [～-han to:l ～-ハン トール] 固い石 ／ ～-한 약속 [～-han jaks'ok ～-ハン ヤクソク] 固い約束 ② しっかりしている ¶ ～-한 회사 [～-han hwe:sa ～-ハン フェーサ] しっかりした会社 ③ がっちりしている; 引き締まっている ¶ ～-한 몸매 [～-han mommɛ ～-ハン モムメ] 引き締まった[頑強な]体 **단단-히** [tandani タンダニ] 副 堅[固]く; しっかり(と) ¶ ～ 매다 [묶다] [～ mɛ:da [mukt'a] ～ メーダ[ムクタ]] 固く結ぶ[きつく縛る].

단도-직입 [單刀直入] [tandodʒigip タンドヂギプ] 名 해形 単刀直入 ¶ ～-적인 질문 [～-tʃʰəgin tʃilmun ～チョギン チルムン] 単刀直入な質問.

단독 [單獨] [tandok タンドク] 名 単独 ¶ ～으로 처리하다 [(tandog)ɯro tʃʰɔ:rihada (タンド) グロ チョーリハダ] 単独で処理する **―범** [p'əm ポム] 名 単独犯 **―책임** [tʃʰɛgim チェギム] 名 単独責任 **―행위** [(tando)kʰɛŋwi ケンウィ] 名 単独行為 **―회견** [(tando)kʰwe:gjən クェーギョン] 名 単独会見.

단-돈 [tandon タンドン] 冠 わずか; たった; ほんの ¶ ～ 10원도 없다 [～ ʃibwəndo ɔ:pt'a ～ シブォンド オープタ] わずか10ウォンもない.

***단-둘** [tandul タンドゥル] 名 たった2人; 2人きり; 2人だけ ¶ 반대자는 ～ 뿐이다 [pa:ndɛdʒanɯn ～ p'unida パーンデヂャヌン ～ ップニダ] 反対者は2人だけだ **―이** [(tandur)i (タンドゥ)リ] 副 2人きりで; ただ2人(だけ)で ¶ ～서 살다 [～sɔ sa:lda ～ソ サールダ] ただ2人で暮らす.

***단락** [段落] [tallak タルラク] 名 段落 ① (物事の)区切り; けじめ ¶ 일이 일～ 되다 [irɯi il(t'allak) t'wɛda イーリ イル～ トゥェダ] 仕事が一段落つく; 仕事に切りがつく ② 長い文章の大きな切れ目 **―짓다** [tʃit'a チッタ] 他 段落をつける; ひと区切り[けり]をつける ¶ 일～ [il(t'allak) ～ イル～] 一段落をつける.

단란-하다 [團欒―] [tallanhada タルランハダ] だんらん; 集まって睦みあうこと ¶ 오붓하고 ～-한 가정 [obutʰago ～han kadʒəŋ オブッタゴ ～ハン カヂョン] 水入らずの円満な[仲むつまじい]家庭.

단련-하다 [tal1jənhada タルリョンハダ] 他 鍛練する; 鍛える; 練る ¶ 심신을 ～ [ʃimʃinɯl ～ シムシヌル ～] 心身を鍛える[鍛練する].

단막-극 [單幕劇] [tanmak'uk タンマクク] 名 一幕物; 一幕だけの芝居.

단-말마 [斷末魔] [ta:nmalma ターンマルマ] 名 断末魔 ¶ ～의 고통 [～e kotʰoŋ ～エ コトン] 断末魔の苦痛[苦しみ].

***단-맛** [tanmat タンマッ] 名 甘み; 甘味 ¶ ～-이 덜하다 [(tanmaʃ)i tə:rhada (タンマ)シ トールハダ] 甘みが足りない ／ ～ 쓴맛 다 겪다 [～ s'unmat ta:gjəkt'a ～ ッスンマッ ター ギョクタ] 甘味も苦味も全部なめつくす; つぶさに人生の辛酸をなめる[海千山千].

단면 [斷面] [ta:nmjən ターンミョン] 名 断面 ¶ 사회의 한 ～ [sahwee han (da:nmjən) サフェエ ハン (ダーンミョン)] 社会の一断面.

단명 [短命] [ta:nmjəŋ ターンミョン] 名 短命 ¶ ～ 내각 [～ nɛ:gak ～ ネーガク] 短命内閣.

단-무지 [tanmudʒi タンムヂ] 名 (日本の)たくあん.

단문 [短文] [ta:nmun ターンムン] 名 해形 ① 短文 ¶ ～-짓기 [～-dʒik'i ～-ヂッキ] 短文作り ② 学問が浅いこと.

단-물 [tanmul タンムル] 名 ① 淡水 ② 軟水 ③ 甘い汁; 実利のある部分 ¶ ～-만 빨아 먹다 [～-man p'ara mɔkt'a ～マン ッパラ モクタ] 甘い汁だけ吸い

取る; 実利だけをとる　**―나다** [ladaラダ] 国 (衣類などが)古ぼける; 色あせる ¶ ~-나는 양복 [~-lanɯn jaŋbok ~ラヌン ヤンボク] 古ぼけた洋服.

단박(-에) [tanbak[tanbaɡe] タンバク[タンバゲ]] 副 直ちに; 一気に; 一息に ¶ ~-(에) 먹어치우다 [(tanbaŋ) tanbaɡe] mɔɡɔtɕhiuda (タンバン)[タンバゲ] モゴチウダ] 一息に食べてしまう.

단발 [斷髮] [ta:nbal ターンバル] 名 自他 断髮 ¶ **―머리** [mɔri モリ] 断髮した髪; おかっぱ, また, そんな人 ¶ ~ 소녀 [~ so:njɔ ~ ソーニョ] おかっぱの少女 / ~ 미인 [~ mi:in ~ ミーイン] 断髮美人.

단방 [單放] [tanbaŋ タンバン] 名 ① (射擊の)ただ1発 ¶ ~-에 맞다 [~-e mat'a ~ エ マッタ] ただ1発で当たる ② ただの1回; 一遍 ③ (お灸などを)1度だけすえること; 1灸.

단백-질 [蛋白質] [ta:nbɛktɕ'il ターンペクチル] 名 たんぱく質.

*__단번-에__ [單番―] [tanbɔne タンボネ] 副 直ちに; 一度に; 即座に; 一挙に ¶ ~ 알아 맞히다 [~ ara matɕhida ~ アラ マッチダ] 即座に言い当てる / ~ 만회하다 [~ manhwehada ~ マンフェハダ] 一挙に挽回する.

단-벌 [單―] [tanbɔl タンボル] 名 ① たった1つしかない品物 ② 1着; 一張羅 ¶ ~ 신사 [~ ɕinsa ~ シーンサ] 一張羅の紳士; 着た切り雀だ.

단비 [tanbi タンビ] 名 甘雨; 慈雨 ¶ ~가 촉촉이 내리다 [~-ga tɕhoktɕhoɡi nɛrida ~ガ チョクチョギ ネリダ] 甘雨がしずしずと降る.

단상 [壇上] [tansaŋ タンサン] 名 壇上 ¶ ~에 서다 [~-e sɔda ~ エ ソダ] 壇上に立つ.

단서 [但書] [ta:nsɔ ターンソ] 名 ただし書き ¶ ~를 붙이다 [~rɯl putɕhida ~ルル プチダ] ただし書きをつける.

*__단서__ [端緒] [tansɔ タンソ] 名 端緒; 糸口; 手がかり ¶ ~를 잡다 [~rɯl tɕapt'a ~ルル チャプタ] 手がかりをつかむ.

단소 [短簫] [ta:nso ターンソ] 名 〈楽〉短簫(細く短い木管楽器の竹笛).

*__단속__ [團束] [tansok タンソク] 名 하他 取り締まり ¶ 교통~ [kjɔthoŋ(dansok) キョトン(ダンソク)] 交通の取り締まり [交通取締] / 문~ [mun(dansok) ムン(ダンソク)] 戸締まり / 불 ~ [pul (dansok) プル(ダンソク)] 火の始末.

단-속곳 [單―] [tansok'ot タンソクコッ] 名 チマ[スカート]の下に着るズボン型の下着.

단수 [段數] [tans'u タンッス] 名 ① (囲碁・柔道などの)段位 ② 腕前 ¶ ~가 높다[세다] [~-ga nopt'a[se:da] ~ガ ノプタ[セーダ]] 手練手管にたけている; 一枚上手だ.

단수 [斷水] [ta:nsu ターンス] 名 하他 断水 ¶ 수도가 ~되다 [sudoga ~dweda スドガ ~ドゥェダ] 水道が断水される.

*__단순__ [單純] [tansun タンスン] 名 하形 単純; シンプル; 単調; 素朴 ¶ ~한 생각 [~han sɛŋɡak ~ハン センガク] 単純な考え / ~한 생활 [~han sɛŋhwal ~ハン センファル] 単調な生活 **―히** [i (タンス)ニ] 副 単純に.

단-술 [tansul タンスル] 名 甘酒 = 식혜 [ɕikhe シクヘ].

*__단숨-에__ [單―] [tansume タンスメ] 副 一気に; 一息に ¶ ~ 다 쓰다 [~ ta:s'uda ~ ターッスダ] 一気に書き上げる.

단-시간 [短時間] [tanɕigan タンシガン] 名 短時間.

단-시일 [短時日] [tanɕiil タンシイル] 名 短時日 ¶ ~ 내에 [~ lɛe ~ ネエ] 短時日のうちに.

단식 [單式] [tanɕik タンシク] **―경기** [(ta:nɕi)k'jɔ:ŋɡi キョーンギ] 名 単式試合; 単試合; シングルス.

단식 [斷食] [ta:nɕik ターンシク] 名 하自 断食 ¶ ~ 요법 [(ta:nɕiŋ) njopop' タンシン ニョポプ] 断食療法 / ~ 투쟁 [~ thudʑɛŋ ~ トゥジェン] 断食闘争.

단신 [單身] [tanɕin タンシン] 名 単身 ¶ 홀홀 ~ [ho:rhol (danɕin) ホールホル (ダンシン)] ひょうひょう単身.

단심 [丹心] [tanɕim タンシム] 名 丹心; 真心; 赤心 ¶ 일편(一片) ~으로 [ilphjɔn (danɕim)ɯro イルピョン(ダンシ)ムロ] 真心をこめて; 一途な赤心をこめて.

단안 [斷案] [ta:nan ターナン] 名 하他 断案 ¶ ~을 내리다 [~ɯl nɛrida (ターナ) ヌル ネリダ] 断案を下す.

*__단어__ [單語] [tanɔ タノ] 名 単語 = 낱말 [nanmal ナンマル] ¶ ~장 [~dʑaŋ ~

ジャン] 単語帳.

*단언[斷言][ta:nɔn ターノン] 名 他 断言; 言い切ること ¶틀림없다고 ~하다[tʰɯllimɔpt'ago ~hada トゥルリモプタゴ ~ハダ] 間違いないと言い切る[断言する].

*단연[斷然][ta:njɔn ターニョン] 副 形 自副 断然 ① 断固と; 断じて; 絶対に ¶ ~ 거절하다[~ kɔ:dʒɔrhada ~ コージョルハダ] きっぱりと断わる ② 際立つ; 目立つ ¶ ~ 우세하다[~ usehada ~ ウセハダ] 際立って優勢だ —코[kʰo コ] 副 断然(として); 断固と(して) ¶나는 ~ 반대다[na-nɯn ~ pa:ndɛda ナヌン ~ パーンデダ] 私は断然[断固として]反対だ.

단열[斷熱][ta:njɔl ターニョル] 名 他自 断熱 —재[tʃ'ɛ チェ] 名 断熱材.

*단오[端午][tano タノ] 名 〈民〉端午; 重五; 菖蒲の節句 —절(節)[dʒɔl ジョル] 名 端午の節句; 陰暦5月5日の節句 —날[tanonnal タノンナル].

*단위[單位][tanwi タヌィ] 名 単位 —면적[mjɔ:ndʒɔk ミョーンジョク] 名 単位面積.

단일[單一][tanil タニル] 名 形 単一 ¶ ~ 민족[~ mindʒok ~ ミンジョク] 単一民族 / ~ 후보[~ hu:bo ~ フーボ] 単一候補.

단-잠[tandʒam タンジャム] 名 熟睡 ¶ ~을 자다[~ɯl tʃada (タンジャ)ムル チャダ] ぐっすり眠る; 熟睡する.

단장-하다[丹粧—][tandʒaŋhada タンジャンハダ] 他 めかし装う; 身じまいをする ¶새로 ~한 다방[sɛro ~han tabaŋ セロ ~ハン タバン] 新たにめかし飾ったティールーム; 新装の喫茶店.

단적[端的][tantʃ'ɔk タンチョク] 名 冠 端的 ¶ ~인 증거[(tantʃ'ɔg)in tʃɯŋgɔ (タンチョ)ギン チュンゴ] 端的な証拠 —으로[(tantʃ'ɔg)ɯro (タンチョ)グロ] 副 端的に; 率直に言えば ¶ ~ 말하면[~ ma:rhamjɔn ~ マールハミョン] 率直に[端的に]言えば….

*단절[斷絶][ta:ndʒɔl タンジョル] 名 他 断絶 ¶국교 ~[kuk'jo (da:ndʒɔl) ククキョ (ダーンジョル)] 国交断絶.

*단점[短點][tantʃ'ɔm タンチョム] 名 短所; 欠点 ¶ ~을 고치다[~ɯl kotʃhida (タンチョ)ムル コチダ] 短所を改める.

*단정[端正][dandʒɔŋ タンジョン] 名 形 形副 端正 ¶ ~한 복장[~han pokt'ʃ'aŋ ~ハン ポクチャン] 端正な服装.

*단정[斷定][ta:ndʒɔŋ タンジョン] 名 形他 断定 ¶그가 범인이라고 ~하다[kɯga pɔ:minirago ~hada クガ ポーミニラゴ ~ハダ] 彼は彼だと断定する —코[kʰo コ] 副 断じて ¶ ~ 말하거니와[~ ma:rhagɔniwa ~ マールハゴニワ] 断じて言いますと….

*단조[單調][tandʒo タンジョ] 名 他形 単調 —로이[roi ロイ] 副 単調に —롭다[ropt'a ロプタ] 形 ㅂ変 単調だ ¶ ~로운 생활[~roun sɛŋhwal ~-ロウン センファル] 単調な生活.

단죄[斷罪][ta:ndʒwe ターンジュェ] 名 他 断罪 ¶부정 축재를 ~하다[pu-dʒɔŋ tʃhutʃ'ɛrul ~hada プジョン チュクチェルル ~ハダ] 不正蓄財を断罪する.

*단지[團地][tandʒi タンジ] 名 団地 ¶주택 ~[tʃu:tʰɛk (t'andʒi) チューテク ~] 住宅団地.

*단지[但只][ta:ndʒi ターンジ] 副 単に; ただ ¶이유는 ~ 그것뿐이다[i:junun ~ kɯgɔtp'unida イーユヌン ~ クゴッブニダ] 理由はただそれだけだ.

단짝[tantʃ'ak タンチャク] 名 大の仲良し; 親友; =—친구[tʃhingu チング].

단청[丹靑][tantʃhɔŋ タンチョン] 名 自他 丹青; (宮殿・寺院などの建物の壁・柱・天井などに)丹碧で彩色の模様を描き入れること, また, その絵.

단 청

*단체[團體][tantʃhe タンチェ] 名 団体 ¶ ~를 결성하다[~rul kjɔls'ɔŋhada ~ルル キョルソンハダ] 団体を結成する / 정치 ~[tʃɔŋtʃhi (dantʃhe) チョンチ (ダンチェ)] 政治団体 —교섭[gjosɔp ギョソプ] 名 団体交渉 —행동[hɛŋdoŋ ヘンドン] 名 団体行動 —협약[hjɔbjak ヒョビャク] 名 団体協約.

*단추[tantʃhu タンチュ] 名 ボタン ¶ ~를 채우다[~rul tʃheuda ~ルル チェウダ] ボタンをはめる[かける] / ~를 끄르다[~rul k'urɯda ~ルル ックルダ] ボタンをはずす 단춧-구멍[tantʃhut-

단축 [短縮] [tantʃhuk タンチュク] 名 하자自他 短縮 ¶수명을 ~시키다 [sumjɔŋul ~ʃikʰida スミョンウル ~シキダ] 寿命を縮める.

단출-하다 [tantʃʰurhada タンチュルハダ] 形 여変 ① (家族が少なくて)こじんまりしている; 身軽だ, 気軽だ ¶~-한 식구 [~-han ʃikʼu ~-ハン シック] 少ない家族; こじんまりとした家族 ② (服装などが)身軽[簡便]である ¶~-한 옷차림 [~-han otʃʰarim ~-ハン オッチャリム] 身軽な服装 **단출-히** [tantʃʰuri タンチュリ] 副 身軽に; 手軽に; 簡便に.

단칸 [單一] [tankʰan タンカン] 名 一間ひとま; 1室 **—마루** [maru マル] 名 たった1間ひとまの広さの板の間 **—방(房)** [pʼaŋ パン] 名 たった一間ひとまの部屋 **—살림** [sallim サルリム] 名 하자自 ① 一間暮し; 一間暮らし = **단칸살이** [tankʰansari タンカンサリ] ② 「非常に貧乏な暮らし」をたとえて言う語.

단칼-에 [單一] [tankʰare タンカレ] 副 一刀のもとに ¶~ 두 쪽을 내다 [~tu: tʃʼogɯl neːda ~トゥー ッチョグル ネーダ] 一刀両断する.

단-판 [單一] [tanpʰan タンパン] 名 一番勝負 = ¶~ 승부 [sɯŋbu スンブ].

단-팥죽 [tanpʰatʃʼuk タンパッチュク] 名 汁粉; ぜんざい.

단편 [短編] [tanpʰjɔn タンピョン] 名 短編 **—소설** [soːsɔl ソーソル] 名 短編小説 **—영화** [njɔŋhwa ニョンファ] 名 短編映画 **—집** [dʒip ジプ] 名 短編集.

단편 [斷片] [taːnpʰjɔn タンピョン] 名 断片 ¶~적 지식 [~-dʒɔk tʃʼiʃik ~ジョク チシク] 断片的な知識.

단풍 [丹楓] [tanpʰuŋ タンプン] 名 紅葉; もみじ ¶~이 든 산 [~i tɯn san ~イ トゥン サン] 紅葉の山 / ~(이) 들다 [~(-i) dɯlda ~(イ) ドゥルダ] 紅葉する; もみじが色づく **—나무** [namu ナム] 名 〈植〉カエデ(楓); モミジ **—놀이** [nori ノリ] 名 하자自 紅葉狩り **—잎** [nip ニプ] 名 ① 紅葉もみじ ② カエデの葉.

단합 [團合] [tanhap タンハプ] 名 하자自 団結 ¶전사원이 ~하다 [tʃʰɔnsawɔni (tanha)pʰada チョンサウォニ ~ハダ] 全社員が団結する.

단행 [斷行] [taːnhɛŋ ターンヘン] 名 하자他 断行 ¶가격 인하를 ~하다 [kagjɔginharɯl ~hada カギョギンハルル ~ハダ] 値下げを断行する.

단행-본 [單行本] [tanhɛŋbon タンヘンボン] 名 単行本.

단호-하다 [斷乎一] [taːnhohada ターンホハダ] 形 여変 断固[断然]としている ¶~-한 조치 [~-han tʃotʃʰi ~-ハン チョチ] 断固たる処置 **단호-히** [taːnhoi ターンホイ] 副 断固として ¶~ 거절하다 [~ kɔːdʒɔrhada ~ コージョルハダ] 断固として断る.

단화 [短靴] [taːnhwa ターンファ] 名 短靴 ↔ 장화(長靴) [tʃaŋhwa チャンファ].

달다¹ [tatʼa タッタ] 自他 ㄷ変 駆ける; 走る ¶치~ [tʃʰi(datʼa) チ(ダッタ)] 駆け上がる.

달다² [tatʼa タッタ] 他 閉める ① 閉じる ¶문을 ~ [munɯl ~ ムヌル ~] 戸を閉める ② (店や会社を)しまう; 終える; 閉鎖する ¶가게를 ~ [kaːgerul ~ カーゲルル ~] 店を閉める / 불경기로 회사문을 ~ [pulgjɔŋgiro hweːsamunul ~ プルギョンギロ フェーサムヌル ~] 不景気で会社を解散する.

달아-걸다 [tadagɔlda タダゴルダ] 他 ㄹ語幹 (戸や窓を)閉めて鍵かぎをかける; かんぬきを差す; 錠を下ろす.

달치다 [tatʃʰida タッチダ] 他 ① (戸や窓などを)力いっぱい閉める・閉じる='달다²'の強調語 ② (口を)閉じる; つぐむ; 黙る.

달히다 [tatʃʰida タッチダ] 自 閉まる; 閉じる; 塞ふさがる; ='달다²'の受動 ¶문이 ~ [muni ~ ムニ ~] 戸が閉まる / 열린 입이 닫히지 않는다 [jɔllin nibi tatʃʰidʒi annɯnda ヨルリン ニビ タッチジ アンヌンダ] あいた口が塞がらない.

달 [tal タル] 名 ① 月 ¶~이 뜨다 [(tar)i tʼɯda (タ)リットゥダ] 月が出る[昇る] / 보름~ [porɯm (tʼal) ポルム~] 十五夜の月; 満月 ¶~이 바뀌다 [(tar)i pakʼwida (タ)リ パックィダ] 月が変わる / 내~ [neːdal ネ(ダル)] 来月 ③ (妊娠期間の)月; 産月 **—(이) 차다** [tal(tari) tʃʰada タル[タリ] チャダ] 慣 ① 満月になる ② (妊娠の)月が満ちる; 臨月になる.

달가닥 [talgadak タルガダク] 副 하자自他 がらがら; かたかた ¶~ 소리를 내다 [~ sʼorirɯl neːda ~ ソリルル ネーダ] かたかた音をたてる **—거리다** [(talgada)k'ɔrida コリタ] 自他 かたかたする.

***달갑다** [talgapt'a タルガプタ] 形 ㅂ変
① (気に入って)満足だ; うれしい, ありがたい ¶달갑지 않은 손님 [talgaptʃ'i anun sonnim タルガプチ アヌン ソンニム] ありがたくないお客様 / 달갑지 않은 친절 [talgaptʃ'i anun tʃhindʒɔl タルガプチ アヌン チンジョル] ありがた迷惑 ② ('달갑게'の形で)いとわない; 甘んじて ¶벌을 달갑게 받다 [pɔːrul talgapk'e pat'a ポールル タルガプケ パッタ] 甘んじて罰を受ける.

***달걀** [talgjal タルギャル] 名 (ニワトリの)卵=계란(鷄卵) [keran ケラン] ¶~부침 [(talgjal) butʃhim ~ブチム] 卵焼き / 삶은 ~ [salmun ~ サルムン~] ゆで卵 ─**가루** [k'aru カル] 名 卵の粉 ─**노른자** [lorundʒa ロルンジャ] 名 ① 黄身 ② 物事の重要な部分 ─**흰자** [hindʒa ヒンジャ] 名 卵の白身.

달게-받다 [talgebat'a タルゲバッタ] 他 甘受する; 自ら招く ¶비난을 ~ [piːnanul ~ ピーナヌル ~] 非難を甘受する.

달게-여기다 [talgejɔgida タルゲヨギダ] 他 満足に思う; ありがたく感ずる.

달구다 [talguda タルグダ] 他 ① (火で)熱する; 温める ¶다리미를 ~ [tarimirul ~ タリミルル ~] アイロンを温める ② (オンドル(温突))を熱くする.

달구지 [talgudʒi タルグジ] 名 牛車=소~ [so(dalgudʒi) ソ(ダルグジ)].

달그락 [talgurak タルグラク] 副 がらがら(固く小さい物の音) ─**거리다** [(talgura)k'ɔrida コリダ] 自他 がらがら [がたがた・ことこと]する.

달그랑 [talgurang タルグラン] 副 自他 かちん(と)(固く小さい金属性の音) ─**거리다** [gɔrida ゴリダ] 自他 かちんかちん [がちゃんがちゃん]と鳴る.

달-나라 [tallara タルララ] 名 月世界.

달-님 [tallim タルリム] 名 お月様.

*** 달다¹** [taːlda タールダ] 自 ㄹ語幹 ① (汁などが)煮え過ぎる; 煮詰まる ¶국이 달아서 국물이 줄었다 [kugi taːrasɔ kungmuri tʃurɔt'a クギ ターラソ クンムリ チュロッタ] 汁が煮え過ぎて汁が減った ② (金属性のものが)焼ける; 熱せられる ¶난로가 벌겋게 ~ [naːlloga pɔːlgɔkhe ~ ナールロガ ポールゴッケ ~] ストーブが真っ赤に熱する ③ (顔が)火照る ¶얼굴이 화끈 ~ [ɔlguri hwak'un ~ オルグリ ファックン ~] 顔がかっと火照る ④ 気がいらだつ; やきもきする ¶마음이 달아서 울려고 한다 [mauːmi taːrasɔ uːlljɔgo handa マウーミ ターラソ ウールリョゴ ハンダ] 気がいらだって泣こうとする.

*** 달다²** [talda タルダ] 他 ㄹ語幹 ① 掲げる; つるす ¶국기를 ~ [kuk'irul ~ クキルル ~] 国旗を掲げる / 훈장을 가슴에 ~ [hundʒaŋul kasume ~ フンジャンウル カスメ ~] 勲章を胸につるす ② つける ¶단추를 ~ [tantʃhurul ~ タンチュルル ~] ボタンをつける / 제목을 ~ [tʃemogul ~ チェモグル ~] 題目をつける / 외상값을 ~ [weːsaŋk'apsʼul ~ ウェーサンカプスル ~] 掛け金をつける ③ 取りつける; 架設する ¶전기를 ~ [tʃɔːngirul ~ チョーンギルル ~] 電気を架設する ④ (目方を)量[測・計]る ¶체중을 ~ [tʃhedʒuŋul ~ チェジュンウル ~] 体重を測る ⑤ つるし上げる ¶신랑을 ~ [ʃillaŋul ~ シルランウル ~] 花婿をつるし上げにしてぎゅうぎゅうの目に合わせる(結婚式のあと戯れにする風俗).

*** 달다³** [talda タルダ] 形 ㄹ語幹 ① 甘い ¶맛이 ~ [maʃi ~ マシ ~] 味が甘い ② うまい; 食欲をそそる ¶달게 먹다 [talge mɔkt'a タルゲ モクタ] うまそうに食べる ③ 甘んずる ¶벌을 달게 받다 [pɔːrul talge pat'a ポールル タルゲ パッタ] 甘んじて罰を受ける ─**쓰다 말이 없다** [sʼuda maːri ɔːpt'a スダ マーリ オープタ] 慣 甘いとか苦いとか意見を言わない[口をつぐんで一切の意見をいわないことのたとえ].

달달¹ [taldal タルダル] 副 がたがた; ぶるぶる ¶추워서 ~ 떨고 있다 [tʃhuwɔsɔ ~ t'ɔːlgo itʼa チュウォソ ~ ットールゴ イッタ] 寒くてがたがた震えている.

달달² [taːldal タールダル] 副 ゴマ・豆をかき回しながら炒るさま ─**볶다** [bokt'a ボクタ] 他 ① ゴマ・豆をかき回しながら炒る ② (人を)いびったり, ねだったりするさま ¶어린애가 엄마를 ~ [ɔrinega ɔmmarul ~ オリネガ オムマルル ~] 子供が母にうるさくねだる.

달-동네 [talt'oŋne タルトンネ] 名 都市の周辺に(月が大きく見える)小高い地帯の貧民村.

*** 달라** [taːlla タールラ] 他 くれ; よこせ; =**다오** [taːo ターオ] ¶빵을 ~ [pʼaŋul

*달라다 [ta:llada タールラダ] 他 くれと言う; 請う ¶용돈을 달란다[jo:nt'onul ta:llanda ヨーントヌル タールランダ] 小遣いをくれと言う.

달라-붙다 [tallabut'a タルラブッタ] 自 ① くっつく; 粘りつく ¶겹이 ~[k'ɔmi ~ ッコミ ~] ガムがくっつく ② かじりつく; 熱中する ¶책상에 ~[tʃʰɛks'aŋe ~ チェクサンエ ~] 机にかじりつく ③ すがりつく ④ 噛みつく.

*달라-지다 [talladʒida タルラジダ] 自 変わる; 変化する ¶세상이 ~[se:saŋi ~ セーサンイ ~] 世の中が変わる.

달랑 [tallaŋ タルラン] 副 하自他 ① ぶらりと ¶~ 매달려 있다[~ mɛ:dalljɔ it'a ~ メーダルリョ イッタ] ぶらりと垂れさがっている ② 軽々しく ¶~ 대다[~ dɛda ~ デダ] 軽々しくふるまう ③ ただそれだけ ¶트렁크 하나만 ~ 들고 나서서 [tʰurɔŋkʰɯ hanaman ~ tɯlgo nasɔda トゥロンクヮ ハナマン ~ トゥルゴ ナソダ] トランク1つだけで出掛ける ④ ぽつんと; しょんぼり ¶~ 혼자만 남았다[~ hondʒaman namat'a ~ ホンジャマン ナマッタ] 1人ぽつんと残った.

달래 [tallɛ タルレ] 名 〈植〉ヒメニラ(姫韭); ヒメビル(ユリ科の多年草).

*달래다 [tallɛda タルレダ] 他 ① 慰める; 紛らす ¶향수를 ~[hjaŋsurɯl ~ ヒャンスルル ~] ホームシックを慰める / 슬픔을 술로 ~[sulpʰɯmɯl sullo ~ スルプムル スルロ ~] 悲しみを酒で紛らす ② なだめる; すかす; あやす ¶화를 ~[hwa:rɯl ~ ファールル ~] 怒りをなだめる / 우는 아이를 ~[u:nɯn airɯl ~ ウーヌナイルル ~] 泣いている子をあやす.

*달러 [dallɔ ダルロ] dollar 名 (依名) ドル ¶~상(商)[~saŋ ~サン] ドル買い / ~ 박스[~ baks'ɯ ~ バクス] ドル箱; 金をもうけてくれる人や物 —시세 [jise シセ] 名 ドル相場.

*달려-가다 [talljɔgada タルリョガダ] 自 他 駆けつける; 走って行く; はせつける ¶사건 현장에 ~[sa:k'ɔn hjɔ:ndʒaŋe ~ サーコン ヒョーンジャンエ ~] 事件現場に駆けつける.

*달려-들다 [talljɔdɯlda タルリョドゥルダ] 自 (ㄹ語幹) ① にわかに飛びかかる; 飛びつく ¶개가 ~[kɛ:ga ~ ケーガ ~] 犬が飛びかかる ② (仕事などに) 取りかかる; 手を出す ¶증권 시장에 ~[tʃɯŋk'wɔn ʃi:dʒaŋe ~ チュンクォン シージャンエ ~] 株式市場に足を入れる.

달려-오다 [talljɔoda タルリョオダ] 自 他 走って来る; 駆けつける ¶차가 ~[tʃʰaga ~ チャガ ~] 車が走って来る.

*달력 [一曆] [talljɔk タルリョク] 名 暦; カレンダー.

*달리 [talli タルリ] 副 ほかに; 別に; 他に; 反して; 違って ¶~ 방법이 없다[~ paŋbɔbi ɔ:pt'a ~ パンボビ オープタ] ほかに方法がない / 기대와는 ~[kidɛwanɯn ~ キデワヌン ~] 期待に反して —하다 [hada ハダ] 他 異にする ¶견해를 ~[kjɔ:nhɛrɯl ~ キョーンヘルル ~] 見解を異にする.

달리기 [talligi タルリギ] 名 하自他 競走; 駆け足; 駆けっこ ¶장거리 ~[tʃaŋgɔri ~ チャンゴリ ~] 長距離競走.

*달리다¹ [tallida タルリダ] 1 自 走る; 駆ける; はせる ¶빨리 ~[p'alli ~ ッパルリ ~] 早く走る 2 他 走らせる; 駆る; 飛ばす ¶말을 ~[marul ~ マルル ~] 馬を走らす[駆る] / 시속 100킬로로 ~[ʃisok p'ekʰilloro ~ シソクペクキルロロ ~] 時速100キロで飛ばす.

달리다² [tallida タルリダ] 自 (力が)及ばない; 足りない; 手に余る ¶영어 실력이 ~[jɔŋɔ ʃilljɔgi ~ ヨンオ シルリョギ ~] 英語の力が足りない ② 不足する ¶자금이 ~[tʃagumi ~ チャグミ ~] 資金が不足する.

*달리다³ [tallida タルリダ] 1 自 ① ぶら下がる ¶훈장이 달려 있다[hundʒaŋi talljɔ it'a フンジャンイ タルリョ イッタ] 勲章がぶら下がっている ② つけ(られ)ている ¶옷에 단추가 달려 있다[ose tantʃʰuga talljɔ it'a オセ タンチュガ タルリョ イッタ] 服にボタンがついている ③ 取りつけ(られ)ている ¶전등이 달려 있다[tʃɔ:ndɯŋi talljɔ it'a チョーンドゥンイ タルリョ イッタ] 電灯が取りつけてある ④ …(いかん)による; 左右される ¶노력 여하에 달려 있다[norjɔg jɔhae talljɔ it'a ノリョ ギョハエ タルリョ イッタ] 努力いかんによる 2 自 '달다²'の受動 ① つるされる ¶훈장이 달린 옷[hundʒaŋi tallin ot フンジャンイ タルリ ノッ] 勲章がつるされている服 ② 計られる ¶저울에 달리는 화물[tʃɔure tallinɯn hwa:-

달리다⁴ [tallida タルリダ] 自 ① だるくて気力がない ② (疲れて)目がくぼむ.

***달-맞이** [talmadʒi タルマジ] 名 [하]自 (陰暦正月15日の)月見・観月 = **달마중** [talmadʒuŋ タルマジュン] **―꽃** [k'ot k'ɔtʃ'ɔk'] 名 〈植〉ツキミソウ(月見草).

달-무늬 [talmuni タルムニ] 名 三日月の文様.

달-무리 [talmuri タルムリ] 名 月がさ ¶ ~가 서다 [~ga sɔda ~ガ ソダ] 月がさがかかる.

달-밤 [talp'am タルパム] 名 月夜 ¶ ~의 산책 [~e santʃʰɛk (タルパ)メ サーンチェク] 月夜の散策.

달변 [達辯] [talbjʌn タルビョン] 名 達弁；口達者 ¶ ~인 사람 [~in saram (タルビョ)ニン サーラム] 達弁の人.

***달-빛** [talp'it タルピッ] 名 月光；月明かり；月の光；月；月影 ¶ ~이 밝다 [(talp'i)tʃʰi pakt'a ~チ パクタ] 月が明るい.

***달성** [達成] [tals'ɔŋ タルソン] 名 達成 ¶ 목표 ~ [mokpʰjo (dals'ɔŋ) モクピョ (ダルソン)] 目標達成 **―하다** [hada ハダ] 他 達成する；果たす ¶ 목적을 ~ [moktʃ'ɔgɯl ~ モクチョグル ~] 目的を果たす.

***달아-나다** [taranada タラナダ] 自 ① 逃げる；疾走する；速く走る ¶ 쏜살같이 ~ [s'onsalgatʃʰi ~ ッソンサルガチ ~] 矢のように走る[走り去る] / 허둥지둥 ~ [hʌduŋdʒiduŋ ~ ホドゥンジドゥン ~] ほうほうの体で逃げる；あたふたと逃げる ② なくなる；落ちる ¶ 단추가 달아났다 [tantʃʰuga taranat'a タンチュガ タラナッタ] ボタンが落ちてなくなった ③ 消え去る；なくなる；吹っ飛ぶ ¶ 잠이 ~ [tʃami ~ チャミ ~] 眠気が吹っ飛ぶ / 하고 싶은 생각이 ~ [hago ʃipʰɯn sɛŋgagi ~ ハゴ シプン センガギ ~] やる気がなくなる.

달아-매다 [taramɛda タラメダ] 他 ① つるす；ぶら下げる ¶ 거꾸로 ~ [kɔk'uro ~ コックロ ~] 逆にさにつるす ② 縛りつける；つなぐ ¶ 기둥에 ~ [kiduŋe ~ キドゥンエ ~] 柱に縛りつける.

달아-보다 [taraboda タラボダ] 他 ① (はかりで)量ってみる ② (人柄を)試してみる ¶ 인품을 ~ [inpʰumul ~ インプムル ~] 人柄を試してみる.

달아-오르다 [taroruda タラオルダ] 自 ① (鉄などが)熱する；焼ける ¶ 철판이 ~ [tʃʰɔlpʰani ~ チョルパニ ~] 鉄板が焼ける[熱する] ② (顔が)火照る ¶ 부끄러워 얼굴이 ~ [puk'urʌwʌ ɔlguri ~ ブックロウォ オルグリ ~] 恥ずかしくて顔が火照る.

달음박-질 [tarumbaktʃ'il タルムバクチル] 名 駆け足；走り **―치다** [tʃʰida チダ] 自 走る；駆ける **―하다** [hada ハダ] 自 駆け足する；走る ¶ ~-해서 가다 [~-hɛsɔ kada ~-ヘソ カダ] 駆け足で[走って]行く.

달음-질 [tarumdʒil タルムジル] 名 [하]自 ① 駆けくらべ ② 駆け足.

***달이다** [tarida タリダ] 他 ① 煮詰める ¶ 간장을 ~ [kandʒaŋul ~ カンジャンウル ~] しょう油を煮詰める ② 煎じる ¶ 한약을 ~ [hanjagul ~ ハニャグル ~] 漢方薬を煎じる.

달인 [達人] [tarin タリン] 名 達人 ¶ 서도의 ~ [sɔdoe ~ ソドエ ~] 書道の達人.

달-집 [taltʃ'ip タルチプ] 名 〈民〉 대보름날 [tɛːborumnal テーボルムナル]「陰暦正月15日」の月見の時に火をつけて満月に願いを祈るため積み重ねた薪の山.

달짝지근-하다 [taltʃ'aktʃ'igunhada タルッチャクチグンハダ] 形 [여변] やや甘い；ちょっと甘味がある.

달콤새콤-하다 [talkʰomsɛkʰumhada タルコムセクムハダ] 形 やや甘ずっぱい.

***달콤-하다** [talkʰomhada タルコムハダ] 形 [여변] 甘い；甘ったるい ¶ ~-한 맛 [~-han mat ~-ハン マッ] 甘ったるい味 / ~-한 말 [~-han maːl ~-ハン マール] 甘い言葉 **달콤-히** [talkʰomi タルコミ] 副 甘く；甘ったるく.

***달팽이** [talpʰɛŋi タルペンイ] 名 〈動〉カタツムリ(蝸牛).

달-포 [talpʰo タルポ] 名 1か月余り ¶ 한 ~전에 [han (dalpʰo)dʒʌne ハン (ダルポ)ジョネ] 約1か月余り前に.

달필 [達筆] [talpʰil タルピル] 名 達筆 ¶ ~로 써내려가다 [~lo s'ɔnɛrjɔgada ~ロッソネリョガダ] 達筆で書きなぐる.

***달-하다** [達—] [tarhada タルハダ] 自他 [여변] ① 達する；果たす ¶ 목적을 ~ [moktʃ'ɔgɯl ~ モクチョグル ~] 目的を達する[果たす] ② 至る；なる ¶ 위험 수위에 ~ [wihʌm suwie ~ ウィホム スウィエ ~] 危険な水位に達する.

*닭 [tak タク] 名 〈鳥〉ニワトリ(鶏); 鶏・鳥 ¶ ~이 울다 [talgi u:lda タルギ ウールダ] ニワトリが鳴く / ~을 치다 [talgul tʃʰida タルグル チダ] ニワトリを飼う **—고기** [(ta)k'ogi コギ] 名 鶏肉 **—국** [(ta)k'uk クク] 名 鳥肉の吸い物(煮出し汁) **—띠** [t'i ッティ] 名 酉年生まれ(の人) **—서리** [s'ɔri ソリ] 名 (主に農村で)人の飼うニワトリを盗んで食べるいたずら **—싸움** [s'aum ッサウム] 名 闘鶏; 膝相撲 **—장** [tʃ'aŋ チャン] 名 鶏小屋; 鶏舎 **—찜** [tʃ'im ッチム] 名 鳥の蒸し焼き.

*닮다 [tamt'a タムタ] 自他 ① 似る; 似通う ¶ 부모를 ~ [pumorul ~ プモルル~] 親に似る / 닮은 데가 많다 [talmun dega ma:ntʰa タルムン デガ マーンタ] 似通ったところが多い ② (ある物を)まねてそれに近くなる ¶ 서양 풍속을 닮아가다 [sɔjaŋ pʰuŋsogul talmagada ソヤン プンソグル タルマガダ] 西洋の風俗に似つかある.

닮은-꼴 [talmunk'ol タルムンッコル] 名 ① 相似形 ② 形や姿がそっくり似ていること.

닳고-닳다 [talkʰodaltʰa タルコダルタ] 自 ① すれにすれる; すり減る ¶ 구두 뒤축이 ~ [kudu dwitʃʰugi ~ クドゥ ドゥィーチュギ ~] 靴のかかとがすっかりすり減る ② 世間ずれする; 人ずれする ¶ 세파에 ~ [se:pʰae ~ セーパエ ~] 世間にすれる / ~닳은 여자 [~-darun njɔdʒa ~-ダルン ニョジャ] 擦れっ枯らしの女; 阿婆擦れ(女).

*닳다 [taltʰa タルタ] 自 ① すれる; すり減る ¶ 신발이 ~ [ʃinbari ~ シンバリ ~] 靴がすり減る ¶ (液体などが)煮詰まる ¶ 약이 닳지 않게 해라 [jagi taltʃʰi ankʰe he:ra ヤギ タルチ アンケ ヘーラ] 薬が煮詰まらないようにしなさい ③ 肌が凍えて赤くなる.

*담 [tam タム] 名 塀; 垣 ¶ 돌~ [to:l-(dam) トール(ダム)] 石垣 / 토~ [tʰo-(dam) ト(ダム)] 土塀 / ~을 쌓다 [~ul s'atʰa (タ)ムル ッサッタ] 塀を築く; 関 関係[交際]を断つ; 縁を切る **—벼락** [p'jɔrak ピョラク] 名 ① 壁(面); 塀や壁の面 ¶ ~에 부딪치다 [~-(p'jɔrag)e puditʃʰida ~-(ピョラ)ゲ プディッチダ] 壁にぶつかる ② 愚鈍で話の通じない人; わからず屋.

담 [tʰam] [ta:m ターム] 名 痰 ¶ ~이 목에 걸리다 [~i moge kɔllida (ター)ミ モゲ コルリダ] 痰が喉に絡む.

담[膽] [ta:m ターム] 名 ① 胆; 胆嚢 ② 胆力; 肝っ玉 ¶ ~이 크다 [~i kʰuda (ター)ミ クダ] 肝っ玉が太い.

-담 [tam タム] 語尾 …なのか; …だろうか ¶ 뭐가 그리 우습~ [mwɔ:ga kuri u:sup (t'am) ムォーガ クリ ウースプ~] 何がそんなにおかしいかい.

*담그다 [tamgɯda タムグダ] 他 ① 浸す ¶ 물에 발을 ~ [mure parul ~ ムレ パルル ~] 水に足を浸す ② 漬ける ¶ 김치를 ~ [kimtʃʰirul ~ キムチルル ~] キムチを漬ける ③ 醸す ¶ 술을 ~ [surul ~ スルル ~] 酒を醸す[仕込む] ④ 塩辛をつくる ¶ 새우젓을 ~ [sɛudʒɔsul ~ セウジョスル ~] (小)エビの塩辛をつくる.

담금-질 [tamgɯmdʒil タムグムジル] 名 [冶]他 (鉄・刃物などの)焼き入れ.

*담기다 [tamgida タムギダ] 自 ① 盛られる; '담다'の受動 ¶ 상자에 담긴 과일 [sandʒae tamgin kwa:il サンジャエ タムギン クァーイル] 箱に盛られた果物 ② (情などが)こもる ¶ 정성이 담긴 선물 [tʃʰɔŋsɔŋi tamgin sɔ:nmul チョンソンイ タムギン ソーンムル] 真心のこもった贈り物.

*담다 [ta:mt'a タームタ] 他 ① (器に)盛る; 入れる; よそう ¶ 밥을 ~ [pabul ~ パブル ~] ご飯を盛る[よそう] / 음식을 그릇에 ~ [u:mʃigul kɯrɯse ~ ウームシグル クルセ ~] 食べ物を器に入れる[盛る] ② (悪口を)口にする; 口に出す; 話題にする ¶ 입에 담지 못할 추잡한 말 [ibe ta:mtʃ'i mo:tʰal tʃʰudʒapʰan ma:l イベ タームチ モッタル チュジャプパン マール] 口に出すのも汚らわしいひわいな言葉 ③ 表わす; 盛り込む ¶ 인간애를 담은 소설 [inganɛrul tamun so:sɔl インガネルル タムン ソーソル] 人間愛を盛り込んだ小説 ④ こめる; 浮かべる; 見せる; 漂わす ¶ 애정을 담은 표정 [ɛ:dʒɔŋɯl tamɯn pʰjodʒɔŋ エージョンウル タムン ピョジョン] 愛情のこもった表情.

*담담-하다[淡淡—] [ta:mdamhada タームダムハダ] 形 [여변] ① (心(情)が)淡々としている ¶ 지금 심경은 ~-합니다 [tʃigɯm ʃimgjɔŋɯn ~-hamnida チグム シムギョンウン ~-ハムニダ] 今,心境は淡々としたものです ② 黙然とし

ている ¶ ~-하게 앉아 있다[~-hage andʒa it'a ~-ハゲ アンジャ イッタ] 黙然と座っている ③ (水・月光などが)澄んでいる ④ あっさりしている ¶ ~-한 맛[~-han mat ~-ハン マッ] さっぱりした味 **담담-히**[ta:mdami タームダミ] 副 淡々と; 黙然と.

***담당**[擔當][tamdaŋ タムダン] 名 하他 担当; 受け持ち ¶ ~관[~-gwan ~グァン] 担当官 **―자**[dʒa ジャ] 名 担当者.

담력[膽力][ta:mnjok タームニョク] 名 胆力; 度胸 ¶ ~을 기르다 [(ta:mnjog)-ɯl kiruɯda (タームニョ)グル キルダ] 胆力を練る / ~이 세다[(ta:mnjog)i se:da (タームニョ)ギ セーダ] 度胸がある; 肝っ玉が太い.

***담배**[ta:mbɛ タームベ] 名 タバコ ¶ ~를 피우다[~-rɯl pʰiuda ~-ルル ピウダ] タバコを吸う[のむ; ふかす] / ~를 끊다[~-rɯl k'ɯntʰa ~-ルル ックンタ] タバコをやめる / ~가 순하다 [독하다] [~-ga su:nhada(tokʰada) ~-ガ スーンハダ[トクハダ]] タバコが甘い[辛い] **―꽁초**[k'oŋtɕʰo ッコンチョ] 名 タバコの吸い殻; タバコの燃え差し **담뱃**[ta:bɛt タームベッ] 冠 タバコ(の) ¶ ~ 가게 [~ k'a:ge ~ カーゲ] タバコ屋 / ~갑[~k'ap ~ カプ] タバコの箱 / ~값[~k'ap ~ カプ] タバコ代[銭] / ~대[~t'ɛ ~ テ] キセル / ~불[~p'ul ~ プル] タバコの火 / ~재[~tɕ'ɛ ~ チェ] タバコの灰 / ~진[~tɕ'in ~ チン] タバコのやに.

담백-하다[淡白―][ta:mbɛkʰada タームベクカダ] 形 淡白だ ¶ ~-한 맛 [(ta:mbɛ)kʰan mat ~カン マッ] 淡白な[さっぱりした]味.

담보[擔保][tambo タムボ] 名 하他 担保 **―가격**[k'agjok カギョク] 名 担保価格 **―계약**[ge:jak ゲーヤク] 名 担保契約 **―권**[k'wɔn クォン] 名 担保権 **―물(권)**[mul(k'wɔn) ムル(クォン)] 名 担保物(権) **―책임**[tɕʰɛgim チェギム] 名 担保責任.

담비[tambi タムビ] 名〈動〉テン(貂).

***담뿍**[tamp'uk タムップク] 副 いっぱい; 山盛りに; たっぷり; <듬뿍[tɯmp'uk トゥムップク]> ¶ 짐을 ~ 싣다[tɕimɯl ~ ɕ'it'a チムル ~ シータ] 荷をいっぱい積む / 밥을 ~ 담다 [pabɯl ~ t'a:mt'a パブル ~ タームタ] ご飯を山盛りに[たっぷり]盛る.

담소[談笑][tamso タムソ] 名 하自 談笑 ¶ 정답게 ~-하다 [tɕɔŋdapk'e ~-hada チョンダプケ ~-ハダ] 親しげに談笑する.

담-쌓다[tams'atʰa タムッサッタ] 自 ① 塀を築く[立てる・巡らす] ② 交際を断つ; 関係を切る; やめる ¶ 그와는 담쌓은지 오래다 [kɯwanɯn tams'aɯndʑi orɛda クワヌン タムッサウンジ オレダ] 彼と久しく絶交状態だ.

***담-요**[毯―][ta:mnjo タームニョ] 名 毛布; ブランケット.

담임[擔任][tamim[tanim]] 名 担任 ¶ ~ 선생님[~ sɔnsɛŋnim ~ ソンセンニム] 担任先生 **―하다**[hada ハダ] 担任する; 受け持つ.

담쟁이(-덩굴)[tamdʑɛŋi(dɔŋgul) タムジェンイ(ドングル)] 名〈植〉ツタ(蔦).

담-차다[膽―][ta:mtɕʰada タームチャダ] 形 大胆だ; 豪胆だ; 度胸がすわっている ¶ 담찬 행동[ta:mtɕʰan hɛŋdoŋ タームチャン ヘンドン] 豪胆[大胆]な行動.

담채[淡彩][ta:mtɕʰɛ タームチェ] 名〈美〉淡彩; あっさりした薄い彩色 ¶ ~의 풍경화[~e pʰuŋgjoŋhwa ~エ プンギョンファ] 淡彩の風景画 **―화**[hwa ファ] 名 淡彩画.

담-청색[淡青色][ta:mtɕʰɔŋsɛk タームチョンセク] 名 淡青色; うす青色.

담판[談判][tampʰan タムパン] 名 하他 談判 ¶ 직접 ~-하다[tɕiktɕ'ɔp (t'ampʰan)hada チクチョプ ~-ハダ] 直談判する / ~을 짓다[~-ɯl tɕi:t'a (タムパ)ヌル チーッタ] 話の決着をつける.

담합[談合][ta:mhap タムハプ] 名 하他 談合 ¶ 업자간의 ~[ɔptɕ'agane ~ オプチャガネ ~] 業者間の談合.

담-홍색[淡紅色][ta:mhoŋsɛk タームホンセク] 名 淡紅色; うすくれない色; うすべに; 桃色.

담화[談話][tamhwa タムファ] 名 하自 談話 ¶ 특별 ~[tʰɯkp'jɔl (damhwa) トゥクピョル(ダムファ)] 特別談話 **―문**[mun ムン] 名 談話文.

담-황색[淡黄色][ta:mhwaŋsɛk タームファンセク] 名 淡黄色; うす黄色.

***답**[答][tap タプ] 名 하他 答え; 返事; 解答 ¶ 묻는 말에 ~-하라[munnɯn ma:re (ta)pʰara ムンヌン マーレ ~パラ] 質問に答えよ.

***-답니까**[tamnik'a タムニッカ] 語尾

…(と) 言いましたか ¶ 온~? [on (damnik'a) オン(ダムニッカ)] 来ると言いましたか.

*-답니다 [tamnida タムニダ] [語尾] …だと言います; …だそうです; …です(よ) ¶ 곧 오겠~ [kot oge (t'amnida) コッ オゲッ~] すぐ来るそうです.

*-답다 [tapt'a タプタ] [接尾] …らしい; …の価値がある; …にふさわしい ¶ 남자~ [namdʒa (dapt'a) ナムジャ(ダプタ)] 男らしい.

*답답-하다 [沓沓—] [tapt'aphada タプタプハダ] [形] [여변] ① 息苦しい ¶ ~-한 방 [~-pʰan paŋ ~-パン パン] 息苦しい部屋 ② 重苦しい ¶ ~-한 심정 [~-pʰan ʃimdʒəŋ ~-パン シムジョン] 重苦しい心境 ③ もどかしい; じれったい ¶ ~-한 일솜씨 [~-pʰan iːlsomʃ'i ~-パン イールソムッシ] もどかしい仕事ぶり ④ 頑固だ; 物わかりが悪い ¶ ~-한 사람이다 [~-pʰan saːramida ~-パン サーラミダ] 物わかりの悪い人だ, わからず屋だ.

-답디다 [tapt'ida タプティダ] [語尾] …だと言っていました; …だそうです ¶ 아름답~ [arɯmdap (t'apt'ida) アルムダプ~] 美しいと言っていました.

답례 [答禮] [tamne タムネ] [名] [하자] 答礼; お返し; 返礼 ¶ ~의 선물 [~e sɔːnmul ~エ ソーンムル] お返しの贈り物 =답례품 [tamnepʰum タムネプム].

*답변 [答辯] [tap'jən タプピョン] [名] [하자] 答弁; 返答 ¶ 애매한 ~ [ɛːmɛhan ~ エーメハン ~] あいまいな答弁.

답보 [踏歩] [tap'o タプボ] [名] [하자] 足踏み ¶ ~ 상태 [~ saŋtʰɛ ~ サンテ] 足踏みの状態.

답사 [答辭] [taps'a タプサ] [名] [하자] 答辞 ¶ ~를 읽다 [~rul ikt'a ~ルル イクタ] 答辞を読む.

답사 [踏査] [taps'a タプサ] [名] [하타] 踏査 ¶ 실지 ~ [ʃiltʃ'i (daps'a) シルチ (ダプサ)] 実地踏査.

답습 [踏襲] [taps'ɯp タプスプ] [名] [하타] 踏襲 ¶ 전통을 ~ 하다 [tʃəntʰoŋul (taps'ɯ) hada チョントンウル ~ハダ] 伝統を踏襲する.

*-답시고 [taptʃ'igo タプシゴ] [語尾] …だからとて; …だからといって ¶ 돈 깨나 있~ 깔보지 마라 [toːn k'ɛna i (t'apʃ'igo) k'albodʒi mara トーンッケナ イッ~ッカルボジ マラ] 少々金持ちだからといって人を見くびるな [軽蔑するな].

답신 [答信] [tapʃ'in タプシン] [名] [하자] 返信 ¶ ~을 기다리다 [~ul kidarida (タプシン) ヌル キダリダ] 返信を待つ.

*답안 [答案] [taban タバン] [名] 答案 ¶ ~지 [~dʒi ~ジ] 答案用紙 / 모범 ~ [mobəm (daban) モボム (ダバン)] 模範答案.

*답장 [答狀] [taptʃ'aŋ タプチャン] [名] [하자] 返書; 返事; 返信 ¶ ~을 써 보내다 [~ul s'ɔ bonɛda ~ウルッソ ボネダ] 返事を書いて送る.

-답지 못하다 [daptʃ'i motʰada ダプチモータダ] [接尾] …らしくない ¶ 남자~ [namdʒa~ ナムジャ~] 男らしくない.

답지-하다 [遝至—] [taptʃ'ihada タプチハダ] [自] [여변] 1か所に集まる; 殺到する ¶ 주문이 ~ [tʃuːmuni ~ チューム ニ ~] 注文が殺到する.

답-하다 [答—] [tapʰada タプハダ] [自] 答える; 返答する; 返事する.

닷 [tat タッ] [冠] 5つの ¶ ~냥 [(tan) njaŋ (タン)ニャン] 5両 / ~말 [(tan) mal (タン)マル] 5斗 / ~푼 [~pʰun ~プン] 5分.

*닷새 [tas'ɛ タッセ] [名] 5日; 5日間 ¶ ~에 한번 장이 서다 [~e hanbən tʃaŋi sɔda ~エ ハンボン チャンイ ソダ] 5日に1回市が立つ **(초)닷샛-날** [(tʃʰo) tas'ennal (チョ)タッセンナル] [名] (月の)5日; 5日目の日.

당 [糖] [taŋ タン] [名] 糖; 糖分; 糖類.

당- [當] [taŋ タン] [接頭] 当 ¶ ~사 [~sa ~サ] 当社 / ~18세 [~ ʃipʰalsʼe ~ シプハルセ] 当年18歳.

-당 [當] [taŋ タン] [接尾] 当たり ¶ 1인~ [irin (daŋ) イリン(ダン)] 1人当たり.

*당구 [撞球] [taŋgu タング] [名] 玉突き; 球; ビリヤード; 撞球 **—대** [dɛ デ] [名] 玉突き台 **—장** [dʒaŋ ジャン] [名] 玉突き屋; 撞球場.

*당국 [當局] [taŋguk タングク] [名] 当局 ¶ 관계 ~ [kwanɡe (daŋguk) クァンゲ (ダングク)] 関係当局 **—자** [tʃ'a チャ] [名] 当局者.

당권 [黨權] [taŋk'wɔn タンクォン] [名] 党権 ¶ ~ 투쟁 [~ tʰudʒɛŋ ~ トゥジェン] 党の主導権争い.

*당근 [taŋgun タングン] [名] 〈植〉ニンジン(人参).

*당기다¹ [taŋgida タンギダ] [自] ① (心が)動く; 引かれる; (気が)そそられる

¶마음이 ~[maɯmi ~ マウミ ~] 心が傾く / 비위가 ~[pi:wiga ~ ピーウィガ ~] やる気になる; その気になる ② 食欲が出る; 食欲がそそられる ¶ 맛이 ~[maʃi ~ マシ ~] 食欲が出る.

***당기다²**[taŋgida タンギダ] 他 ① 引く; 引っ張る ¶밧줄을 ~[patʃ'urul ~ パッチュルル ~] 綱を引く / 힘껏 ~ [himk'ɔ (t'aŋgida) ヒムッコッ ~] ぐいと引っ張る ② 繰り上げる ¶날짜를 ~ [앞~][naltʃ'arul ~ [ap (t'aŋgida)] ナルッチャルル ~[アプ ~]] 日を繰り上げる ③ (火を)つける; ともす ¶불을 ~[purul ~ プルル ~] 火をつける.

***당-나귀**[唐—][taŋnagwi タンナグィ] 名〈動〉ロバ(驢馬); ウサギ馬; =나귀[nagwi ナグィ].

당년[當年][taŋnjɔn タンニョン] 名 当年 ¶~ 18세[~ ʃiphals'e ~ シプハルセ] 当年18歳 **一치**[tʃhi チ] 名 その年に出たもの **一치기**[tʃhigi チギ] 副自 ① その年1年しかもたないもの ② 始まったその年に終えること[仕事].

당뇨[糖尿][taŋnjo タンニョ] 名〈医〉糖尿病 **一병**[pjɔŋ ピョン] 名 糖尿病.

***당당-하다**[堂堂—][taŋdaŋhada タンダンハダ] 形 여変 堂々たる; 立派だ ¶~-한 체격[~-han tʃhegjɔk ~-ハン チェギョク] 堂々たる体格 / 정정~-하게 싸워라[tʃɔːŋdʒɔŋ(daŋdaŋ) hage s'awɔra チョンジョン(ダンダン)ハゲッサウォラ] 正々堂々と戦え **당당-히**[taŋdaŋi タンダンイ] 副 堂々と.

***당대**[當代][taŋdɛ タンデ] 名 当代 ¶~의 명필[~e mjɔŋphil ~エ ミョンピル] 当代の名筆.

***당도-하다**[當到—][taŋdohada タンドハダ] 自 到着する; 達する; たどりつく ¶목적지에 ~[moktʃ'ɔktʃ'ie ~ モクチョクチエ ~] 目的地に到着する.

***당돌-하다**[唐突—][taːŋdorhada ターンドルハダ] 形 여変 身のほど知らずである; 大胆だ; 向こう見ずだ; (目上に対して)僭越きわだ ¶어린 녀석이 ~ [ɔrin njɔsɔgi ~ オリン ニョソギ ~] 青二才が身のほど知らずだ **당돌-히** [taːŋdori ターンドリ] 副 向こう見ずに.

당락[當落][taŋnak タンナク] 名 当落 ¶~의 고비[(taŋnag)e kobi (タンナ)ゲ コビ] 当落の境目.

당론[黨論][taŋnon タンノン] 名 党の見解; 政党の意見・議論.

당리[黨利][taŋni タンニ] 名 党利 ¶~ 당략[~ daŋnjak ~ ダンニャク] 党利党略.

***당면**[當面][taŋmjɔn タンミョン] 名 該自 当面 ¶~ 목표[~ mokphjo ~ モクピョ] 当面目標.

당면[唐麵][taŋmjɔn タンミョン] 名 はるさめ; ジャガイモの澱分だで作った麺?.

***당번**[當番][taŋbɔn タンボン] 名 하自 当番 ¶~ 취사 ~[tʃhwi:sa (daŋbɔn) チューイーサ (ダンボン)] 炊事当番.

***당부**[當付][taŋbu タンブ] 名 하他 頼み ¶신신 ~하다[ʃinʃin (daŋbu)-hada シンシン (ダンブ)ハダ] くれぐれも[重ね重ね]頼む.

***당분-간**[當分間][taŋbungan タンブンガン] 名 副 当分(の間); しばらく; 差し当たり ¶~ 회사를 쉬다[~ hwe:sarul ʃwi:da ~ フェーサルル シュイーダ] 当分の間会社を休む.

***당사**[當事][taŋsa タンサ] 名 하自 当事 **一국**[guk グク] 名 当事国 **一자** [dʒa ジャ] 名 当事者 ¶소송 ~[so-soŋ (daŋsadʒa) ソソン (ダンサジャ)] 訴訟当事者.

***당선**[當選][taŋsɔn タンソン] 名 하自 当選 ¶무투표 ~[muthuphjo (daŋsɔn) ムトゥピョ (ダンソン)] 無投票当選 / ~ 확실[~ hwakʃil ~ ファクシル] 当選確実; 当選確実 **一권**[k'wɔn クォン] 名 当選圏 **一무효**[muhjo ムヒョ] 名 当選無効 **一작**[dʒak ジャク] 名 当選作 **一작가**[dʒak'a ジャクカ] 名 当選作家.

당세[黨勢][taŋse タンセ] 名 党勢 ¶~를 확장하다[~rul hwaktʃ'aŋhada ~ルル ファクチャンハダ] 党勢を拡張する.

당수[黨首][taŋsu タンス] 名 党首.

당숙[堂叔][taŋsuk タンスク] 名 父のいとこ **一모**[(母)][(taŋsuŋ)mo (タンスン)モ] 名 父のいとこの妻.

***당시**[當時][taŋʃi タンシ] 名 当時 ¶패전[해방]~[phɛːdʒɔn [hɛːbaŋ] (daŋʃi) ページョン [ヘーバン] (ダンシ)] 敗戦[解放]当時.

***당신**[當身][taŋʃin タンシン] 代 ① あなた; あんた; お前さん; 同等の相手に対する呼称 ¶~에게 부탁이 있습니다[~ege puːthagi is'ɯmnida (タンシン)ネゲ プータギ イッスムニダ] あなた

にお願いがあります ② (夫婦の間で)あなた; あんた; お前 ¶ ~이 가세요 [~i kasejo (タンシ)ニ カセヨ] あんたが行きなさい ③ ご自分; ご自身; 目上の人を敬って言う第3人称 ¶ 아버님께서는 직접 ~이 하십니다[abɔnim-k'esonun tʃiktʃ'ɔp ~i haʃimnida アボニムッケソヌン チクチョプ (タンシ)ニ ハシムニダ] 父は直接ご自身でなさいます ④ あなた; 不特定多数の読者 ¶ ~을 성공시키는 비결 [~ɯl sɔŋgoŋ-ʃikʰinɯn pigjɔl (タンシ) ヌル ソンゴンシキヌン ピーギョル] あなたを成功させる秘訣 **—들**[dul ドゥル] 代 あなた方.

*당연[當然][taŋjɔn タンヨン] 名 하형 当然; 当たり前; もっとも ¶ ~한 결과 [~han kjɔlgwa ~ハン キョルグァ] 当然の結果 / 그 일은 ~하다[kɯ i:rɯn ~hada クイールン ~ハダ] そのことは当たり前だ /~이 [i (タンヨ)ニ] 副 当然 **—시**(視)**하다** [ʃi hada シ ハダ] 他 当然だと思う **—지사**(之事)[dʒisa ジサ] 名 当然のこと; 当たり前のこと ¶ 효도하는 것은 ~다 [hjo:dohanɯn kɔsɯn ~da ヒョードハヌン コスン ~ダ] 親孝行するのは当然のことだ.

당원[黨員][taŋwɔn タンウォン] 名 党員 ¶ 평~[pʰjɔŋ(daŋwɔn) ピョン(ダンウォン)] 平党員.

당일[當日][taŋil タンイル] 名 当日 ¶ 사건 ~[sa:k'ɔn (daŋil) サーコン(ダンイル)] 事件当日 / ~ 코스[~ kʰo:sɯ ~ コース] 日帰りコース /~ 판매[~ pʰanmɛ ~ パンメ] 当日売り **—치기**[tʃʰigi チギ] 名 하자 その日1日で終えてしまうこと **— 여행**[~ jɔhɛŋ ~ ヨヘン] 日帰り旅行.

*당장[當場][taŋdʒaŋ タンジャン] **1** 名 当の場所; その場; 即座 ¶ ~에 시행하다[~e ʃi:hɛŋhada ~エ シーヘンハダ] 即座に施行する **2** 副 すぐさま; 直ちに; 早速 ¶ ~ 달려가다[~ tal-ljɔgada ~ タルリョガダ] すぐさま駆けつける / ~ 떠나라 [~ t'ɔnara ~ ッ トナラ] 直ちに出発せよ.

당적[黨籍][taŋdʒɔk タンジョク] 名 党籍 ¶ ~ 이탈[(taŋdʒɔg) itʰal (タンジョ) ギタル] 党籍離脱.

당정[黨政][taŋdʒɔŋ タンジョン] 名 与党と政府 ¶ ~ 협의 [~ hjɔbi ~ ヒョビ] 与党と政府の協議.

당좌[當座][taŋdʒwa タンジュァ] 〈經〉当座預金; 当座 **—계정**[ge:dʒɔŋ ゲージョン] 名 当座勘定 **—대부**[dɛ:bu デーブ] 名 当座貸し付け **—대월**[dɛ:-wɔl デーウォル] 名 当座貸し越し **— 수표**(手票)[supʰjo スピョ] 名 当座小切手 **—예금**[je:gɯm イェーグム] 名 当座預金 **—차월**[tʃʰa:wɔl チーウォル] 名 当座借り越し.

당직[當直][taŋdʒik タンヂク] 名 하자 当直 ¶ ~자[~tʃ'a ~チャ] 当直者.

당질(녀)[堂姪(女)][taŋdʒil(ljɔ) タンジル(リョ)] 名 父方のいとこの息子(娘).

당차다[taŋtʃʰada タンチャダ] 形 小柄にして強かである; がっちりしている ¶ 당차게 생긴 사람[taŋtʃʰage sɛŋgin sa:ram タンチャゲ センギン サーラム] 小さくて強か者.

당착[撞着][taŋtʃʰak タンチャク] 名 하자 撞着どうちゃく; 矛盾 ¶ 자가 ~[tʃaga (daŋtʃʰak) チャガ (ダンチャク)] 自家撞着; 自己矛盾.

당찮다[當—][taŋtʃʰantʰa タンチャンタ] 形 妥当でない; とんでもない; '당치않다'の略 ¶ 당찮은 이야기[taŋtʃʰanɯn nijagi タンチャヌン ニヤギ] とんでもない話.

당첨[當籤][taŋtʃʰɔm タンチョム] 名 하자 当籤とうせん; くじに当ること ¶ ~이 되다 [~i tweda (タンチョ)ミ トゥェダ] くじが当たる; 当籤する.

*당초[當初][taŋtʃʰo タンチョ] 名 当初; 最初; ≒애초[ɛtʃʰo エチョ] ¶ 창립 ~에는 [tʃʰa:ŋnip (t'aŋtʃʰo)enɯn チャーンニブ ~エヌン] 創立当初は /~의 계획 [~e ke:hwek ~エ ケーフェク] 最初の計画 **—에**[e エ] 副 当初に; 全然.

당초-무늬[문][唐草—(紋)][taŋtʃʰo-muni[mun] タンチョムニ[ムン]] 名 唐草模様.

당치-않다[當—][taŋtʃʰiantʰa タンチアンタ] 形 とんでもない、もってのほかだ; 不当だ; 당치 아니하다[taŋtʃʰi anihada タンチ アニハダ]の略 ¶ ~않은 이야기다[~-anɯn nijagida ~-アヌン ニヤギダ] とんでもない話だ / ~않은 요구[~-anɯn jogu ~-アヌン ヨグ] 不当な要求.

당파[黨派][taŋpʰa タンパ] 名 党派 ¶ 초~[tʃʰo(daŋpʰa) チョ(ダンパ)] 超党派 **—싸움**[s'aum ッサウム] 名 하자 党争; 派閥争い.

당-하다[當—][taŋhada タンハダ]

당하다²〔當―〕[taŋhada タンハダ] 形 여변 道理に適う; もっともだ ¶ 그게 자식으로서 당할 소린가[kuɯge tɕaɕiguɯrosʌ taŋhal s'oriŋga クゲ チャシグロソ タンハル ソリンガ] それが息子としての道理であるとでもいうのか.

*당-하다²〔當―〕[taŋhada タンハダ] 自他 여변 ① 遭う; 当面する ¶ 사고를 ~[sa:gorɯl ~ サーゴルル ~] 事故にあう / 창피를 ~[tɕʰampʰirɯl ~ チャンピルル ~] 恥をかく ② 打ち勝つ; 匹敵する; 適う ¶ 그를 당할 사람은 없다[kɯrɯl taŋhal s'a:ramun ɔ:pt'a クルル タンハル サーラムノープタ] 彼に適うものはない / 힘이 못~[himi mo:(t'aŋhada) ヒミ モーッ~] 力が及ばない ③ やり抜く; 耐える ④ 被る; 喫する ¶ 참패를 ~[tɕʰampʰɛrɯl ~ チャムペルル ~] 惨敗を喫する.

*-당하다〔當―〕[taŋhada タンハダ] 接尾 여변 …される; 受ける; 会う ¶ 체포 ~[tɕʰe:pʰo (daŋhada) チェーポー(ダンハダ)] 逮捕される / 반격 ~[pa:ngjʌk (t'aŋhada) パーンギョク ~] 反撃に会う.

당해〔當該〕[taŋhɛ タンヘ] 冠 当該 ¶ ~ 사항[~ sa:haŋ ~ サーハン] 当該事項.

당헌〔黨憲〕[taŋhʌn タンホン] 名 党の綱領や基本方針; 党規.

당혹〔當惑〕[taŋhok タンホク] 名 하変 当惑 ¶ ~한 얼굴(표정)[kʰan olgul (pʰjʌdʑʌŋ) ~カン オルグル(ピョジョン)] 当惑した顔(つき).

*당황-하다〔唐慌―〕[taŋhwaŋhada タンファンハダ] 自 여변 慌てる; 面くらう; 狼狽える; うろたえる; まごつく ¶ 갑작스런 손님에 ~[kaptɕ'ak-s'urʌn sonnime ~ カプチャクスロン ソンニメ ~] 突然の来客に慌てる / 길을 몰라서 ~[kirul mollasʌ ~ キルル モルラソ ~] 道がわからずまごつく.

***닻**[tat タッ] 名 錨 ; アンカー ¶ ~을 내리다[(ta) tɕʰul nɛrida (タ) チュル ネリダ] 錨を下ろす / ~줄[(ta) tɕʰul ~ チュル] 錨綱.

***닿다**[ta:tʰa タータ] 自 ① 触れる; 接する; 接触する ¶ 손에 ~[sone ~ ソネ ~] 手に触れる ② 届く; 及ぶ ¶ 손이 닿는 곳[soni ta:nnuɯn kot ソニ ターンヌン コッ] 手の届く所 ③ (目的地に)着く; 届く; 至る ¶ 행선지에 ~[hɛŋsʌndʑie ~ ヘンソンジエ ~] 先方に着く ④ (連絡が)つく; 結ばれる ¶ 연락이 ~[jʌllagi ~ ヨルラギ ~] 連絡がつく / 인연(因縁)이 ~[injʌni ~ イニョニ ~] 縁(関係)が結ばれる.

***대¹**[tɛ テー] 名 ①(植物の)茎 ¶ 수수~[susu (t'ɛ) ススッ~] キビの茎 ② 軸; 竿 ; 棒 ¶ 깃~[ki (t'ɛ) キッ~] 旗竿 / 펜~[pʰen (t'ɛ) ペン~] ペン軸.

***대²**[tɛ テー] 名 〈植〉 タケ(竹) ¶ ~마디[~madi ~マディ] 竹の節 / ~밭[bat ~バッ] 竹やぶ ━나무[namu ナム] 名 〈植〉 タケ(竹).

***대³**[tɛ テー] 依名 ① 服 ¶ 담배 한 ~[ta:mbɛ han (dɛ) ターンベ ハン (デ)] タバコ1服 ② 本 ¶ 주사 한 ~[tɕu:sa han (dɛ) チューサ ハン (デ)] 注射1本 ③ 本; 度; 回 ¶ 매 한 ~[mɛ han (dɛ) メ ハン (デ)] むち打ち1回 ④ 台 ¶ 차 한 ~[tɕʰa han (dɛ) チャ ハン (デ)] 車1台.

대〔大〕[tɛ: テー] 名 大 ¶ ~를 살리고 소를 죽이다[~rul salligo so:rul tɕugida ~ルル サルリゴ ソールル チュギダ] 大を生かして小を殺す.

대〔代〕[tɛ: テー] 1 名 ① 代; 跡 ¶ ~를 잇다[~rul i:t'a ~ルル イータ] 代を継ぐ; 跡を継ぐ / ~를 이을 자식[~rul iɯl tɕasik ~ルル イウル チャシク] 跡取り息子 ② 御代; 治世; 代 ¶ 조부의 ~[tɕobue ~ チョブエ ~] 祖父の代 2 依名 代 ¶ 3~째의 가업[sam (dɛ) tɕ'ɛ kaʌp サム(デ)ッチェエ カオプ] 3代目の家業.

대〔對〕[tɛ: テー] 名 対 ¶ 1~1[il (t'e) il (テ) イル] 1対1.

***대-**〔大〕[tɛ: テー] 接頭 大 ¶ ~가족[~gadʑok ~ガジョク] 大家族 / ~환영[~hwanjʌŋ ~ファニョン] 大歓迎.

대-〔貸〕[tɛ: テー] 接頭 貸し ¶ ~점포[~dʑʌmpʰo ~ジョムポ] 貸し店.

-대〔代〕[tɛ: テー] 接尾 ①(10年単位の)…代 ¶ 10~의 청소년[ɕip (t'ɛ)e tɕʰʌŋsonjʌn シプ~エ チョンソニョン] 10代の青少年 / 40~의 중년[sa:-ɕip (t'ɛ)e tɕuŋnjʌn サーシプ~エ チュンニョン] 40代の中年 / 90년~ 후반[kuɕimnjʌn (dɛ) hu:ban クシムニョン(デ) フーバン] 90年代の後半 ② 代; 代金 ¶ 양복~[jaŋbok (t'ɛ) ヤンボク~] 洋服代.

*-**대**[tɛ テー] 語尾 …だって; …だそうだ

¶비가 온~[piga on (dɛ) ピガ オン(デ)] 雨が降るそうだ / 가고 싶~[kago ʃip(t'ɛ) カゴ シプ~] 行きたいって **—요**[jo ヨ] [語尾] …だそうです ¶어제 갔~[ɔdʒe ka(t'ejo) オジェ カッ~] きのう行ったそうです.

대가[大家][tɛːga テーガ] [名] ① 大家; 大立て者; 巨匠 ¶화단의 ~[hwa-dane ~ ファーダネ ~] 画壇の大家 / 문단의 ~[mundane ~ ムンダネ ~] 文壇の巨匠 ② 大きな家 ③ 名家; 名門; 筋の良い家 **—연-하다**[jɔnhada ヨンハダ] [自][여変] 大家ぶる; 大家を気取る **대갓-집**[tɛːgatʃ'ip テーガッチプ] [名] 大家; 名家 ¶~ 따님[~ t'anim ~ ッタニム] 筋の良い大家のお嬢さん.

대가[代價][tɛːk'a テーカ] [名] 代価 ¶상품의 ~[saŋpʰume ~ サンプメ ~] 商品の代価 / 승리의 ~[suŋnie ~ スンニエ ~] 勝利の代価.

대가[對價][tɛːk'a テーカ] [名] 〈法〉 対価 ¶일의 ~[iːre ~ イーレ ~] 仕事の対価.

*   **대-가다**[tɛːgada テーガダ] [自] 間に合うように行く ¶열차 시간에 ~[jɔltʃʰa ʃigane ~ ヨルチャ シガネ ~] 列車の時間に間に合わせて行く.

*   **대가리**[tɛgari テガリ] [名][俗] 頭 ¶돌~[toːl (dɛgari) トール(デガリ)] 石頭 / 돼지~[twɛːdʒi (dɛgari) トゥェージ(デガリ)] 豚の頭 / 못~[mo(tɛgari) モッ~] 釘§の頭 / ~ 싸고 덤비다[~ s'ago tɔmbida ~ ッサゴ トムビダ] [慣] 気負い立って突っかかる; 死に物狂いで突っかかる / ~에 피도 안 마른 놈[~ e pʰido an marɯn nom ~ エピド アン マルン ノム] 頭の血も乾いてないやつ; [慣] くちばしの黄色いやつ; 青二才.

대갈[tɛgal テガル] [名][俗] 頭 **—머리**[mɔri モリ] [名] 머리 [mɔri モリ]「頭」 **—통**[tʰoŋ トン] [名] 머리통 [morithoŋ モリトン]「頭」の卑語 ¶~이 크다[~i kʰuda ~イクタ] 頭(の鉢)が大きい.

*   **대강**[大綱][tɛːgaŋ テーガン] **1** [名] 大綱, 大要 ¶~의 줄거리[~e tʃulgɔri ~エ チュルゴリ] 荒筋 **2** [副] 大体; およそ; あらまし; 一通り ¶~ 설명했다[~ sɔlmjɔŋhɛ(t'a) ~ ソルミョンヘッタ] あらまし説明した **—대강**[dɛgaŋ デーガン] [副] ざっと; 大体; あらまし

¶~ 읽다[~ ikt'a ~ イクタ] ざっと [大まかに]読む.

대-갚음[對一][tɛːgapʰɯm テーガプム] [名] (人からの仕打ちに対する)仕返し; (人の恩などに対する)報い **—하다**[hada ハダ] [他] 仕返しをする; 報いる.

*   **대개**[大概][tɛːgɛ テーゲ] [名][副][自他] 大概; おおよそ; 大抵; 概要 ¶~는 알고 있다[~nɯn aːlgo iːt'a ~ ヌン アールゴ イッタ] 大抵のことは知っている.

대거[大擧][tɛːgɔ テーゴ] [副] 大挙(して); 大々的に; 大勢で ¶~득점하다[~ tɯktʃʰɔmhada ~ トゥクチョムハダ] 大挙[大量]に得点する.

*   **대견-하다**[tɛgjɔnhada テギョンハダ] [形][여変] ① 満足だ; 満足に思う; ほめるべきだ ¶얼마나 ~-한 아이인가[ɔːlmana ~-han aiinga オールマナ ~-ハン アイインガ] 何て感心な子なのだろう ② 大切に思う ¶부모에게 ~-한 자식[pumoege ~-han tʃaʃik プモエゲ ~-ハン チャシク] 親にとって大事な息子 **대견-스럽다**[tɛgjɔnsɯrɔpt'a テギョンスロプタ] [形][ㅂ変] 満足である; 殊勝だ; 感心だ.

대결[對決][tɛːgjɔl テーギョル] [名][하][自他] 対決 ¶1대1의 ~[ilt'eire ~ イルテイレ ~] 1対1の対決.

대경 실색[大驚失色][tɛːgjɔŋ ʃils'ɛk テーギョン シルセク] [名][하][自] ひどく驚いて顔色が変わること.

대공[對共][tɛːgoŋ テーゴン] [名] 対共; 共産主義(者)に対すること ¶~ 사찰[~ satʃʰal ~ サチャル] 対共査察 / ~ 정책[~ dʒɔŋtʃʰɛk ~ ジョンチェク] 対共政策.

대공[對空][tɛːgoŋ テーゴン] [名] 対空 **—미사일**[misail ミサイル] [名] 対空ミサイル **—방어**[baŋɔ バンオ] [名] 対空防御 **—사격**[sagjɔk サギョク] [名] 対空射撃 **—포(화)**[pʰo (hwa) ポ(ファ)] [名] 対空砲(火) **—화기**[hwaːgi ファーギ] [名] 対空火器.

대과[大過][tɛːgwa テーグァ] [名] 大過 ¶~없이 소임을 다하다[~ɔpʃi soːimul taːhada ~ オプシ ソーイムル ターハダ] 大過なく任務を果たす.

대관-식[戴冠式][tɛːgwanʃik テーグァンシク] [名] 戴冠式たいかん.

대-관절[大關節][tɛːgwandʒɔl テーグァンジョル] [副] 一体; 一体全体 ¶~ 어찌된 일이냐?[~ ɔtʃ'idwen ni:rinja

~ オッチドゥェン ニーリニャ] 一体どうしたのだ.

*대구[大口][tɛgu テグ] 名〈魚〉タラ(鱈) ¶~알[~al ~アル] たらこ.

대국[大局][tɛ:guk テーグク] 名 大局 ¶~적 견지[~tʃʼɔ k'jɔ:ndʒi ~チョクキョーンジ] 大局的な見地.

대국[對局][tɛ:guk テーグク] 名 하자 対局 ¶~실[~ʃʼil ~シル] 対局室.

대굴-대굴[tɛguldɛgul テグルデグル] 副 ころころ ¶~ 굴러가다[~ ku:llɔgada ~クールロガダ] ころころ転がる.

대권[大權][tɛ:k'wɔn テークォン] 名 大権 ¶~의 장악[~e tʃaŋak (テークォ)ネ チャンアク] 大権の掌握 / ~ 후보[~ hobo ~フボ] 大統領候補.

대궐[大闕][tɛ:gwɔl テーグォル] 名 宮殿; 御殿 ¶~같은 집[~gatʰun tʃip ~ガトゥン チプ] 御殿のような屋敷.

대-규모[大規模][tɛ:gjumo テーギュモ] 名 大規模 ¶~의 계획[~e ke:hwek ~エ ケーフェク] 大規模な計画 / ~ 시위[~ ʃi:wi ~シーウィ] 大デモ.

대금[代金][tɛ:gum テーグム] 名 代金; 代 ¶책 ~[tʃʰɛk (t'ɛgum) チェク (テグム)] 本代.

대금[貸金][tɛ:gum テーグム] 名 하자 貸し金 ¶고리 ~[kori (dɛ:gum) コリ (デーグム)] 高利貸し付け —업[ɔp (テーグ)モプ] 名 貸し金業 ¶~자[~tʃ'a チャ] 名 貸し金業者; 金貸し.

대금[大笒][tɛ:gum テーグム] 名〈楽〉韓国・朝鮮固有の横笛の1つ.

대기[大氣][tɛ:gi テーギ] 名 大気 —권[k'wɔn クォン] 名 大気圏; 気圏 —오염[o:jɔm オーヨム] 名 大気汚染 —층[tʃʰuŋ チュン] 名 大気層.

대기[大器][tɛ:gi テーギ] 名 大器 —만성[ma:nsɔŋ マーンソン] 名 大器晩成.

대기[待機][tɛ:gi テーギ] 名 하자 ① 待機 ¶~ 기간[~ gigan ~ ギガン] 待機期間 ② 公務員の待命処分 ¶~대사[~ dɛ:sa ~ デーサ] 待命大使 —명령[mjɔ:ŋnjɔŋ ミョーンニョン] 名 待機命令 —실[il シル] 名 待機室.

*대꾸[tɛ:k'u テーック] 名 他 返事; 口答え; 말대꾸[ma:l(dɛk'u) マール(デック)]の略 ¶아무리 불러도 ~가 없다[a:muri pullodo ~ga ɔ:pt'a アームリ プルロド ~ガ オープタ] いくら呼んでも返事がない.

대남[對南][tɛ:nam テーナム] 名 対南; (共和国が)南[韓国]に対すること ¶~ 간첩[~ ga:ntʃʰɔp ~ ガーンチョプ] 対南スパイ / ~ 공작[~ goŋdʒak ~ ゴンジャク] 対南工作 / ~ 방송[~ ba:nsoŋ ~ バーンソン] 対南放送.

대납[代納][tɛ:nap テーナプ] 名 하자他 代納 ¶세금을 ~하다[se:gumul (tɛ:na)pʰada セーグムル ~パダ] 税金を代納する.

*대-낮[tɛ:nat テーナッ] 名 真昼; 白昼 ¶~에 술이라니[(tɛ:na)dʒe surirani (テーナ)ジェ スリラニ] 真っ昼間に酒なんて.

대내[對内][tɛ:nɛ テーネ] 名 対内 ¶~ 문제[~ mu:ndʒe ~ ムーンジェ] 対内問題 —적[dʒɔk ジョク] 冠 対内的 ¶~ 사정[~ sʼa:dʒɔŋ ~ サージョン] 対内的な事情.

대님[tɛnim テニム] 名 パジ[男性用下衣]の裾を結ぶひも ¶~을 치다[~ul tʃʰida (テニ)ムル チダ] (テニムの)ひもを結ぶ[しめくくる].

*대다¹[tɛ:da テーダ] 自 (時間に)間に合う; 間に合わせる ¶막차 시간에 ~[maktʃʰa ʃigane ~ マクチャ シガネ ~] 終列車に間に合う.

*대다²[tɛ:da テーダ] 他 ① 当てる ¶이마에 손을 ~[imae sonnul ~ イマエ ソヌル ~] 額に手を当てる ② 着ける; 触れる; さわる ¶손 대지 마세요[son dɛdʒi ma:sejo ソン デジ マーセヨ] 手を触れないでください / 차[배]를 ~[tʃʰa(pɛ)rul ~ チャ(ペ)ルル ~] 車[船]を着ける ③ 比べる ¶키를 대어 보다[kʰirul tɛɔ boda キルル テオボダ] 背を比べてみる ④ つける ¶사업에 손을 ~[sa:ɔbe sonnul ~ サーオベ ソヌル ~] 事業に手をつける ⑤ 出す; 提示する; 言う ¶증거를 ~[tʃuŋgɔrul ~ チュンゴルル ~] 証拠を提示する[出す] / 자금을 ~[tʃagumul ~ チャグムル ~] 資金を出す ⑥ 口にする ¶술은 입에도 대지 않는다[surun ibedo tɛ:dʒi annunda スルン イベド テージ アンヌンダ] 酒は一切口にしない ⑦ 雇う; 依頼する ¶

변호사를 ~ [pjɔ:nhosarul ~ ピョーンホサルル ~] 弁護士に依頼する ⑧ (水を)引き入れる; 引く ¶논에 물을 ~ [none murul ~ ノネ ムルル ~] 田に水を引く ⑨ 向かって ¶하늘에 대고 외치다 [hanure tɛ:go we:tɕhida ハヌレ テーゴ ウェーチダ] 天に向かって叫ぶ ⑩ 用いる; 取る; つける ¶붓을 ~ [pusul ~ プスル ~] 書き始める; 文章を直す / 칼을 ~ [kharul ~ カルル ~] 手術をする / 핑계 ~ [phiŋge (dɛda) ピンゲ(デダ)] 口実をつける; 言い訳をする / 성화 ~ [sɔŋhwa (dɛda) ソンファ(デダ)] うるさくせがむ; 矢の催促をする.

*대다³ [dɛda デダ] 【補動】 …(し)立てる; (し)散らす; (し)together ¶떠들어 ~ [t'ɔdurɔ ~ ットゥロ ~] 騒ぎ立てる / 막 먹어 ~ [mag mɔgɔ ~ マンモゴ ~] 食い散らす / 마구 웃어 ~ [magu usɔ ~ マグ ウーソ ~] しきりに笑いこける.

대-다수 [大多數] [tɛ:dasu テーダス] 【名】 大多数 ¶~의 의견 [~e wiigjɔn ~ エ ウィーギョン] 大多数の意見.

대-단원 [大團圓] [tɛ:danwɔn テーダヌォン] 【名】 大団円; 大詰め; 大尾 ¶~의 막이 내리다 [~e magi nɛrida (テーダヌォ)ネ マギ ネリダ] 大団円の幕が下りる.

대단-찮다 [tɛ:dantɕhantha テーダンチャンタ] 【形】 大したことではない; つまらない; 重要ではない; 取るに足らない; 대단하지 아니하다 [tɛ:danhadʑi anihada テーダンハジ アニハダ] の略 ¶그의 병은 ~ [kɯe pjɔ:ɯn ~ クェ ピョーヌン ~] 彼の病気は大したことではない / ~-찮은 사건 [~-tɕhanɯn sa.k'ɔn ~-チャヌン サーコン] 取るに足らない事件 **대단찮-이** [tɛ:dantɕhani テーダンチャニ] 【副】 つまらなく.

****대단-하다** [tɛ:danhada テーダンハダ] 【形】【여변】 ① 重要だ ¶~-한 문제도 아닌데 [~-han mu:ndʑedo aninde ~-ハン ムーンジェド アニンデ] 大した問題でもないのに ② 甚だしい ¶가뭄이 ~ [kamumi ~ カムミ ~] 日照りが甚だしい / 추위가 ~ [tɕhuwiga ~ チュイガ ~] 大変な寒さだ / 취직난이 ~ [tɕhwi:dʑiŋnani ~ チュィージンナニ ~] 就職難は並大抵じゃない; 就職難が甚だしい ③ すさまじい; (もの)すごい ¶~-한 인기 [~-han ink'i ~-ハン インキ] ものすごい人気 / ~-한 미인 [~-han mi:in ~-ハン ミーイン] すごい美人 ④ 非常に重い ¶병이 ~ [pjɔ:ŋi ~ ピョーンイ ~] 重病である

대단-히 [tɛ:dani テーダニ] 【副】 非常に; 大変; とても; すごく; 随分 ¶머리가 ~ 좋다 [moriga ~ ʑo:tha モリガ ~ チョータ] 非常に頭がいい / ~ 더운 날 [~ toun nal ~ トゥン ナル] ずいぶん暑い日 / ~ 감사[미안]합니다 [~ ka:msa[mian] hamnida ~ カームサ[ミアン]ハムニダ] どうもありがとうございます[すみません].

대담 [大膽] [tɛ:dam テーダム] 【名】【하形】 大胆; 豪胆 ¶~하게 행동하다 [~hage hɛŋdoŋhada ~ハゲ ヘンドンハダ] 大胆に行動する / ~한 계획 [~han ke:hwek ~ハン ケーフェク] 思い切った計画 **—스럽다** [sɯrɔptɕ'a スロプタ] 【形】 大胆だ **—무쌍(無雙)** [mus'aŋ ムッサン] 【名】 大胆極まりないこと.

대담 [對談] [tɛ:dam テーダム] 【名】【하自】 対談 ¶~ 기사 [~ gisa ~ ギサ] 対談記事.

****대답** [對答] [tɛ:dap テーダプ] 【名】 答え; 返事 ¶애매한 ~ [ɛ:mɛhan ~ エーメハン ~] あいまいな答え **—하다** [(tɛ:da) phada バタ] 【自】 返事[返答]する; 答える ¶질문에 ~ [tɕilmune ~ チルムネ ~] 質問に答える.

대대 [代代] [tɛ:dɛ テーデ] 【名】 代々; 世々 ¶선조 ~의 묘지 [sɔndʑo (dɛ:dɛ)e mjo:dʑi ソンジョ (テーデ)エ ミョージ] 先祖代々の墓 **—로** [ro ロ] 【副】 代々(に) ¶~ 내려오는 명문 [~ nɛrjɔonɯn mjɔŋmun ~ ネリョオヌン ミョンムン] 歴代の[代々に伝わる]名門 **—손손** (孫孫) [sonson ソンソン] 【名】 子々孫々; 代々に相継ぐ子孫.

대대-적 [大大的] [tɛ:dɛdʑɔk テーデジョク] 【名】【冠】 大々的 ¶~으로 알리다 [~-(dʑɔg)uro allida ~-(ジョ)グロ アルリダ] 大々的に知らせる.

대도 [大道] [tɛ:do テード] 【名】 大道; 大路; 正しい根本の道徳 ¶정치의 ~ [tʑɔŋ-tɕhie ~ チョンチエ ~] 政治の大道.

대-도시 [大都市] [tɛ:doɕi テードシ] 【名】 大都市 **—권** [k'wɔn クォン] 【名】 大都市圏.

대독 [代讀] [tɛ:dok テードク] 【名】【하他】 代読 ¶축사를 ~하다 [tɕhuks'arul (tɛ:do) khada チュクサルル ~カダ] 祝

대동[大同][tɛ:doŋ テードン] 名 하形 大同 —단결[daŋgjɔl ダンギョル] 名 하自 大同団結 —소이[so:i ソーイ] 名 하形 大同小異 ¶ ~한 실력[~han ʃilljɔk ~ハン シルリョク] 大同小異の実力.

대동[帶同][tɛ:doŋ テードン] 名 하他 帯同 ¶ 비서를 ~하다[pi:sɔrɯl ~hada ピーソルル ~ハダ] 秘書を帯同する.

대-동맥[大動脈][tɛ:doŋmɛk テードンメク] 名 大動脈 ¶ 철도는 나라의 ~이다[tʃʰɔlt'onɯn narae (tɛ:doŋmɛg)-ida チョルトヌン ナラエ (テードンメ)ギダ] 鉄道は国家の大動脈である.

대두[擡頭][tɛdu テードゥ] 名 하自 台頭 ¶ 신인의 ~[ʃinine ~ シニネ ~] 新人の台頭.

대두[大豆][tɛ:du テードゥ] 名〈植〉豆; ダイズ(大豆).

*대-들다[tɛ:dɯlda テードゥルダ] 自 ㄹ語幹 食ってかかる; 突っかかる; たて突く ¶ 부모한테 ~[pumohantʰe ~ プモハンテ ~] 親にたて突く.

*대-들보[大―][tɛdɯlp'o テドゥルポ] 名〈建〉大梁; 大黒柱 ¶ 집안의 ~[tʃibane ~ チバネ ~] 一家の大黒柱.

대등[對等][tɛ:dɯŋ テードゥン] 名 하形 対等 ¶ ~하게 다루다[~hage taruda ~ハゲ タルダ] 対等に扱う.

대뜸[tɛt'ɯm テットゥム] 副 すぐに; 直ちに; その場で ¶ ~ 집으로 달려갔다 ~ tʃiburo talljɔgat'a ~ チブロ タルリョガッタ] 直ちに家へ駆けつけた.

*대략[大略][tɛ:rjak テーリャク] 1 名 大略; 概略; 大体 ¶ ~을 말하다[(tɛ:rjag)ɯl ma:rhada (テーリャ)グル マールハダ] 大略を述べる 2 副 大略, おおよそ; ほぼ; あらまし ¶ ~ 다음과 같다[~ t'aɯmgwa kat'a ~ タウムグァ カッタ] 大体[ほぼ]次のとおりだ.

*대량[大量][tɛ:rjaŋ テーリャン] 名 大量 —생산[sɛŋsan センサン] 名 大量生産.

대로[大怒][tɛ:ro テーロ・〈原音〉tɛ:no テーノ] 名 하自 大いに怒ること.

대로[大路][tɛ:ro テーロ] 名 大路; 大通り ¶ 탄탄 ~[tʰantʰan (tɛ:ro) タンタン (テーロ)] 坦々たたる大路.

*대로[dɛro デロ] 1 助 ①…のとおり;…のまま ¶ 종전~[tʃoŋdʒɔn~ チョンジョン~] 従前(の)とおり / 그~ 두어라[kɯ~ tuɔra ク~ トゥオラ] そのままにしておきなさい ② 別々に; なり(に) ¶ 나는 나~ 하겠다[nanɯn na~ haget'a ナヌン ナ~ ハゲッタ] 僕は僕なりにするよ 2 依名 ① とおり; 放題 ¶ 배운~ 하다[pɛun~ hada ペウン~ ハダ] 教わったとおりにする / 먹고 싶은~ 먹다[mɔk'o ʃipʰun~ mɔkt'a モクコ シプン~ モクタ] 食べ放題 [思う存分]食べる ② …次第 ¶ 형편이 닿는~[hjɔŋpʰjɔni ta:nnɯn~ ヒョンピョニ ターンヌン~] 都合がつき次第.

대롱-거리다[tɛroŋgɔrida テロンゴリダ] 自 ぶらぶら揺れる ¶ 표주박이 바람에 ~[pʰjodʒubagi parame ~ ピョジュバギ パラメ ~] ヒョウタンが風にぶらぶら揺れる.

*대륙[大陸][tɛ:rjuk テーリュク] 名 大陸 ¶ 아시아 ~[aʃia (dɛ:rjuk) アシア (デーリュク)] アジア大陸 —붕[p'uŋ プン] 名 大陸棚.

*대리[代理][tɛ:ri テーリ] 名 하他 代理 —인[in イン] 名 代理人 —점[dʒɔm ジム] 名 代理店.

대리-석[大理石][tɛ:risɔk テーリソク] 名 大理石; マーブル ¶ ~ 건축[~ k'ɔ:ntʃʰuk ~ コーンチュク] 大理石建築.

*대립[對立][tɛ:rip テーリプ] 名 하自 対立 ¶ 의견이 ~하다[ɯi:gjɔni (tɛ:ri)-pʰada ウィーギョニ ~パダ] 意見が対立する.

대마-도[對馬島][tɛ:mado テーマド] 名〈地〉対馬. 「台湾.

대만[臺灣][tɛman テマン] 名〈地〉

대-만원[大滿員][tɛ:manwɔn テーマヌォン] 名 超満員; 大入り満員.

대망[大望][tɛ:maŋ テーマン] 名 大望 ¶ ~을 품다[~ɯl pʰu:mt'a ~ウル プームタ] 大望を抱く.

대-매출[大賣出][tɛ:mɛtʃʰul テーメチュル] 名 하他 大売り出し ¶ 연말 ~[jɔnmal (dɛ:mɛtʃʰul) ヨンマル (デーメチュル)] 年末大売り出し.

대-머리[tɛ:mɔri テーモリ] 名 はげ頭.

대면[對面][tɛ:mjɔn テーミョン] 名 하自他 対面 ¶ 첫 ~[tʃʰɔ (t'ɛmjɔn) チョッ (テミョン)] 初対面.

대-명사[代名詞][tɛ:mjɔŋsa テーミョンサ] 名 代名詞.

*대목[tɛmok テモク] 名 ① (商売の)もうかる忙しい時; もうどき; 書き入れ時 ¶ 크리스마스[설] ~[kʰɯrisɯmasɯ[sɔ:l] (dɛmok) クリスマス [ソール] (デモク)] クリスマス[お正月]の書

き入れ時 ② (文章や物語中の)山場; 場面; 峠; 盛り ¶ 영화의 감동적인 ~[jɔŋhwae ka:mdoŋdʒɔgin ~] ヨンファエ カームドンジョギン ~] 映画の感動的な山場[場面] **—장**(場)[tʃaŋ チャン] 图 お正月など祝祭日を控えてたつ市場; 名節目前の市 ¶ ~으로 붐비다[~ɯro pumbida ~ウロ プムビダ] 名節目前の市で混んでいる.

***대문**[大門][tɛ:mun テームン] 图 (韓国・朝鮮式家屋の)大門; 正門; 表門 **—간**(間)[k'an カン] 图 正門の内側の空間 **—짝**[tʃ'ak ッチャク] 图 正門の扉 ¶ ~만한 명함[~-(tʃ'aŋ) man-han mjɔŋham ~-(ッチャン)マンハン ミョンハム] 非常識に大きい名刺.

대-물리다[代—][tɛ:mullida テームルリダ] 他 (財産・物事を)子孫に伝える; 遺ºす ¶ 대물린 집[tɛ:mullin tʃip テームルリン チプ] 代々伝わってきた家.

대미[大尾][tɛ:mi テーミ] 图 大尾; 終わり; 大団円; 終局; 結末; 最後.

대미[對美][tɛ:mi テーミ] 图 対米 ¶ ~교섭[~ gjɔsɔp ~ ギョソプ] 対米交渉.

대민[對民][tɛ:min テーミン] 图 対民(間) ¶ ~ 봉사[~ bo:ŋsa ~ ボーンサ] 対民奉仕.

대-바구니[tɛbaguni テバグニ] 图 竹かご.

대-받다¹[tɛbat'a テバッタ] 他 (反抗的に)言い返す; 口答えをする; たて突く.

대-받다²[代—][tɛbat'a テバッタ] 他 (財産・家業などを)引き[受け]継ぐ.

***대번-에**[tɛbone テボネ] 副 一気に; 一遍に; すぐ(に); 直ちに ¶ ~ 찾았다[~ tʃʰadʒat'a ~ チャジャッタ] すぐ見つかった / ~ 알아郞다[~ aratʃʰɛ-da ~ アラチェダ] 一遍に見透かす.

대범-하다[大泛—][tɛ:bɔmhada テーボムハダ] 形 여変 大様だ; 大らかだ ¶ ~-한 인품[~-han inpʰum ~-ハン インプム] 大様な人柄 / ~-한 성격[~-han sɔːŋk'jɔk ~-ハン ソーンキョク] 大らかな性格 **대범-스럽다**[tɛ:-bɔmsurɔpt'a テーボムスロプタ] 形 ㅂ変 大様だ; 大らかだ **대범-히**[tɛ:-bɔmi テーボミ] 副 大様に; 大らかに.

***대-법원**[大法院][tɛ:bɔbwɔn テーボプォン] 图〈法〉最高裁判所; 最高裁 ¶ ~장[~dʒaŋ ~ジャン] 最高裁判所長官 **—판사**[pʰansa パンサ] 图 最高裁判所判事 =**대법관**(大法官)[tɛ:-bɔpk'wan テーボプクァン].

대변[大便][tɛ:bjɔn テービョン] 图 大便; 大用 ¶ ~을 보다[~ul poda[nuda] (テービョ)ヌル ボダ[ヌダ]] 大便をする.

대변[代辯][tɛ:bjɔn テービョン] 图 해他 代弁 **—인**[in (テービョ)ニン] 图 代弁人; 代弁者; スポークスマン.

***대-보다**[tɛ:boda テーボダ] 他 比べてみる; 当ててみる ¶ 키를 ~[kʰirul ~ キルル ~] 背を比べて(み)る.

대보름-날[大—][tɛ:borumnal テーボルムナル] 图 陰暦の正月15日; 上元.

대본[臺本][tɛbon テボン] 图 台本; 脚本; シナリオ ¶ ~을 읽다[~ul ikt'a (テボ)ヌル イクタ] 台本を読む.

대부[貸付][tɛ:bu テーブ] 图 貸し付け ¶ ~금[~gɯm ~グム] 貸付金 **—하다**[hada ハダ] 他 貸し付ける; 貸す.

****대-부분**[大部分][tɛ:bubun テーブブン] 图 副 大部分; ほとんど; たいてい; おおかた ¶ ~의 학생들[~e haks'ɛŋdul ~ (テーブブン)ネ ハクセンドゥル] 大部分の学生たち.

***대비**[對比][tɛ:bi テービ] 图 해自他 対比 ¶ 양자를 ~하다[ja:ŋdʒarul ~hada ヤーンジャルル ~ハダ] 両者を対比する.

***대비**[對備][tɛ:bi テービ] 图 対備; 備え ¶ 만일에 ~하다[ma:nire ~hada マーニレ ~ハダ] 万一に備える.

***대사**[大使][tɛ:sa テーサ] 图 大使 ¶ 주일 ~[tʃu:il (dɛ:sa) チューイル (デーサ)] 駐日大使 **—관**[gwan グァン] 图 大使館.

대사[臺詞・臺辭][tɛsa テサ] 图 台詞; せりふ ¶ ~를 외다[~rul we:da ~ルル ウェーダ] せりふを覚える.

대상[大祥][tɛ:saŋ テーサン] 图 大祥忌(死後2週忌・3回忌・1週忌の翌年).

대상[大商][tɛ:saŋ テーサン] 图 大商; 豪商.

대상[大賞][tɛ:saŋ テーサン] 图 大賞; グランプリ.

***대상**[對象][tɛ:saŋ テーサン] 图 対象 ¶ 연구의 ~[jɔ:ngue ~ ヨーングエ ~] 研究の対象.

-대서[dɛsɔ デソ] 語尾 …ので; …のゆえに ¶ 키가 크~ 키다리라고 한다[kʰiga kʰɯ~ kʰidarirago handa キガ クー キダリラゴ ハンダ] 背が高いのでのっぽと呼ぶ.

대-서다[tɛ:sɔda テーソダ] 自他 ① 列の後ろに立つ ② (すぐ後ろに)近寄って立つ ③ たて突く; 対抗する; 突っかかる.

-**대서야** [dεsɔja デソヤ] [語尾] …などといっては ¶그만든~ 쓰나 [kumandun ~ s'una クマンドゥン ~ ッスナ] やめるなどといっては駄目だよ.

대서-양 [大西洋] [tε:ɔjaŋ テーソヤン] [名] 〈地〉大西洋.

대서-특필 [大書特筆] [tε:sɔtʰɯkpʰil テーソトゥクピル] [名] [하他] 特筆大書 ¶신문에 ~하다 [ɕinmune ~-(tʰɯkpʰir) hada シンムネ ~ハダ] 新聞に特筆大書する.

대설 [大雪] [tε:sɔl テーソル] [名] ① 大雪 ; 24節気の1つ ② 大雪警報 ¶~ 경보 [~ gjɔ:ŋbo ~ ギョーンボ] 大雪警報.

대성 [大成] [tε:sɔŋ テーソン] [名] [하自他] 大成 ¶사업가로서 ~하다 [sa:ɔpk'arosɔ ~hada サーオプカロソ ~ハダ] 事業家として大成する.

대-성공 [大成功] [tε:sɔŋgoŋ テーソンゴン] [名] [하自他] 大成功.

대-성황 [大盛況] [tε:sɔŋhwaŋ テーソンファン] [名] 大盛況 ¶음악회는 ~이다 [ɯmakʰwenɯn ~ida ウマックェヌン ~イダ] 音楽会は大盛況だ.

대세 [大勢] [tε:se テーセ] [名] 大勢 ¶~에 순응하다 [~e su:nɯŋhada ~エ スーヌンハダ] 大勢に順応する.

대소 [大小] [tε:so テーソ] [名] 大小 ¶~를 불문하고 [~rɯl pulmunhago ~ルル プルムンハゴ] 大小を問わず —**변** [bjɔn ビョン] [名] 大小便.

대소 [大笑] [tε:so テーソ] [名] [하自] 大笑 ; 大笑い.

대-소동 [大騒動] [tε:sodoŋ テーソドン] [名] 大騒動 ; 大騒ぎ ¶~이 일어나다 [~i irɔnada ~イ イロナダ] 大騒動が起こる.

***대수-롭다** [tε:suropt'a テースロプタ] [形] [ㅂ変] 大した [重要な] ことだ (否定の表現とともに表わす場合が多い) ¶~-로운 일이 아니다 [~-roun ni:ri anida ~-ロウン ニーリ アニダ] 大したことではない —**대수-로이** [tε:suroi テースロイ] [副] 大切に ; 緊要に.

대수롭지-않다 [tε:suropt͡ɕi antʰa テースロプチ アンタ] [形] 大したことではない ; さほど重要ではない; 取るに足りない ¶~-않은 일에 고민하다 [~-anun ni:re kominhada ~-アヌン ニーレ コミンハダ] 取るに足りないことに悩む / ~-않은 인물 [~-anun inmul ~-アヌン インムル] 大したことのない人物.

대승 [大勝] [tε:sɯŋ テースン] [名] [하自] 大勝 = **대승리** [tε:sɯŋni テースンニ] 「大勝利」.

***대신** [代身] [tε:ɕin テーシン] [名] [하他] [副] 代わり ; 代理 ; 代用 ¶사장을 ~하다 [sadʑaŋɯl ~hada サジャンウル ~ハダ] 社長の代わりをする / 판자로 ~하다 [pʰandʑaro ~hada パンジャロ ~ハダ] 板で代用する / 참석하다 [~ tɕʰamsɔkʰada ~ チャムソクカダ] 代わりに出席する.

대안 [代案] [tε:an テーアン] [名] 代案 ¶~을 준비하다 [~ɯl tɕu:nbihada (テーア) ヌル チューンビハダ] 代案を用意する.

대안 [對岸] [tε:an テーアン] [名] 対岸 ; 向こう岸 ¶~의 불 보듯하다 [~e pul boduthada (テーア)ネ プル ポドゥッタダ] [諺] 対岸の火を見るごとし [拱手傍観のたとえ].

***대야** [tεja テヤ] [名] たらい ; 洗面器 ¶세숫~ [sε:su (t'ɛja) セースー ~] 洗面器.

-**대야** [tεja テヤ] [語尾] ① …といっても ; …とて ¶잘났~ 얼마나 잘났나 [tɕalla (t'ɛja) ɔ:lmana tɕallanna チャルラッ~ オールマナ チャルランナ] 偉ぶったとて知れたものだ ② …してこそ ; …言ってこそ ; …ならば ¶가짔~ 돈을 주지 [kage (t'ɛja) to:nɯl tɕudʑi カゲッ~ トーヌル チュジ] 行くと言うならばお金をあげるよ.

대여 [貸與] [tε:jɔ テーヨ] [名] [하他] 貸与 ¶장학금을 ~하다 [tɕja:ŋhak'ɯmul ~hada チャーンハックムル ~ハダ] 奨学金を貸与する.

대-여섯 [tε:jɔsɔt テーヨソッ] [数] 5つか6つ (ぐらい).

대역 [代役] [tε:jɔk テーヨク] [名] [하他] 代役 ¶주연 배우의 ~ [tɕjujʌn bεue ~ チュヨン ベウエ ~] 主演俳優の代役.

대역 [對譯] [tε:jɔk テーヨク] [名] [하他] 対訳 ¶한일 ~ 본 [ha:nil (de:jɔk) p'on ハーニル (デーヨク) ポン] 韓日対訳本.

대열 [隊列] [tεjɔl テヨル] [名] 隊列 ¶~을 짓다 [(tɕjɔr)ul tɕit'a (テヨ)ルル チーッタ] 隊列を作る.

대엿-새 [tε:jɔs'ε テーヨッセ] [名] 5日か6日 (ぐらい).

대외 [對外] [tε:we テーウェ] [名] 対外 ¶~ 무역 [~ mu:jɔk ~ ムーヨク] 対外貿易 —**정책** [dʑɔŋtɕʰεk ジョンチェク] [名] 対外政策.

대용 [代用] [tε:joŋ テーヨン] [名] [하自他]

代用 ¶~식[~ʃik ~シク] 代用食 / ~품[~pʰum ~プム] 代用品 —작물[dʒaŋmul ジャンムル] 图 代用作物; 苗が駄目になった田畑にほかの穀物を代わりに植える農作物.

*대우[待遇][tɛ:u テーウ] 图 하他 待遇 ¶~ 개선[~ gɛ:sɔn ~ ゲーソン] 待遇改善.

대웅-전[大雄殿][tɛ:uŋdʒɔn テーウンジョン] 图〈仏〉金堂; 本尊を安置してある法堂[本堂].

대원[隊員][tɛwɔn テウォン] 图 隊員 ¶탐험 ~[tʰamhɔm (dɛwɔn) タムホム (デウォン)] 探険隊員.

대월[貸越][tɛ:wɔl テーウォル] 图 貸し越し —금[gum グム] 图 貸越金.

대응[對應][tɛ:uŋ テーウン] 图 하自 対応 ¶시국에 ~하다 [jiguge ~hada シグゲ ~ハダ] 時局に対応する.

대의[大義][tɛ:i テーイ] 图 大義 ¶~에 어긋나다[~e ɔgunnada ~エ オグンナダ] 大義に背く —명분[mjɔŋbun ミョンブン] 图 大義名分 ¶~이 서다[~i sɔda ~-(ミョンブ)ニ ソダ] 大義名分が立つ.

대의[代議][tɛ:i テーイ] 图 代議 —원[wɔn ウォン] 图 代議員 —정치[dʒɔŋtʃʰi ジョンチ] 图 代議政治.

대인[大人][tɛ:in テーイン] 图 大人 ¶입장료・~ 2,000원・소인 1,000원[iptʃ'aŋnjo・~ i:tʃʰɔnwɔn・so:in tʃʰɔnwɔn イプチャンニョ・~ イーチョヌォン・ソーイン チョヌォン] 入場料・大人 2,000ウォン・小人 1,000ウォン.

대인[對人][tɛ:in テーイン] 图 対人 ¶~관계[~ gwange ~グァンゲ] 対人関係.

대-인기[大人氣][tɛ:ink'i テーインキ] 图 大人気; 大持て ¶~를 끌다[~-rul k'u:lda ~-ルル ックールダ] 大持てにもてる.

대일[對日][tɛ:il テーイル] 图 対日 ¶~ 감정[~ ga:mdʒɔŋ ~ ガームジョン] 対日感情 / ~ 무역[~ mu:jɔk ~ ムーヨク] 対日貿易.

대자-대비[大慈大悲][tɛ:dʒadɛ:bi テージャデービ] 图 大慈大悲.

대-자연[大自然][tɛ:dʒajɔn テージャヨン] 图 大自然 ¶~의 신비[~e ʃinbi (テージャヨ)ネ シンビ] 大自然の神秘.

대작[大作][tɛ:dʒak テージャク] 图 大作 ¶초~[tʃʰo(dɛdʒak) チョ(デジャク)] 超大作.

대장[大腸][tɛ:dʒaŋ テージャン] 图〈生〉大腸 —균[gjun ギュン] 图〈生〉大腸菌.

대장[tɛ:dʒaŋ テージャン] 图 '대장장이'・'대장이'の略 —간(間)[k'an カン] 图 鍛冶屋 —일[nil ニル] 图 鍛冶屋仕事 —(장)이[(dʒaŋ)i (ジャン)イ] 图 鍛冶屋; 鍛冶職人.

대장[大將][tɛ:dʒaŋ テージャン] 图 ① (陸・海・空軍の)大将 ②〈史〉将軍 ③ ある集団の頭; 親分 ¶ 골목 ~[ko:lmok (t'ɛ:dʒaŋ) コールモク ~] 餓鬼大将 ④ …がうまい人 ¶싸움 ~[s'aum (dɛ:dʒaŋ) ッサウム (デージャン)] けんか大将 / 거짓말 ~[kɔ:dʒinmal (dɛ:dʒaŋ) コージンマル (デージャン)] 大うそつき; うそつき大将.

대장[隊長][tedʒaŋ テジャン] 图 隊長 ¶탐험 ~[tʰamhɔm (dɛdʒaŋ) タムホム (デジャン)] 探検隊長.

대장[臺帳][tɛdʒaŋ テジャン] 图 台帳 ¶비품 ~[pi:pʰum (dɛdʒaŋ) ビープム (デジャン)] 備品台帳.

대-장경[大藏經][tɛ:dʒaŋgjɔn テージャンギョン] 图〈仏〉大蔵経 ¶팔만~[pʰalman (dɛ:dʒaŋjjɔŋ) パルマン(デージャンギョン)] 八万大蔵経 —목판[mokpʰan モクパン] 图 大蔵経の木板(韓国南部の海印寺ヘインサに所蔵されている 81,258 枚の木版).

대장경 목판

대-장부[大丈夫][tɛ:dʒaŋbu テージャンブ] 图 立派な男; ますらお; 大丈夫(日本語の「大丈夫」のように「心配ない・安全な」の意はない) ¶당당한 ~[taŋdaŋhan ~ タンダンハン ~] 堂々たる大丈夫 —답다[dapt'a ダプタ] 形 ㅂ変 男らしい ¶~-다운 태도[~-daun tʰɛ:do ~-ダウン テード] 男らしい態度.

대전[對戰][tɛ:dʒɔn テージョン] 图 하自 対戦 ¶~표[~pʰjo ~ ピョ] 対戦表.

대-전제[大前提][tɛ:dʒɔndʒe テージョ

ンジェ] 名 大前提 ¶자금 조달이 ~다[tʃagum dzodari ~da チャグム ジョダリ ~ダ] 資金集めが大前提だ.

대절[貸切][tɛːdʒɔl テージョル] 名 貸し切り=전세(專貫)[tʃɔnse チョンセ]の旧称 ¶~ 버스[~ bɔsɯ ~ ボス] 貸し切りバス.

대접[tɛːdʒɔp テージョプ] 名 平鉢; 深皿; 底が浅く平たい食器の1つ(汁物などを注ぐ) ¶국은 ~에 담는다[kugɯn (tɛːdʒɔb)e tamnɯnda クグン(デージョ)ベ タムヌンダ] 汁は深皿に入れる.

*대접[待接][tɛːdʒɔp テージョプ] 名 하他 もてなし; 接待 ¶후히 ~하다[huːi (tɛːdʒɔ) pʰada フーイ ~パダ] 厚くもてなす/점심 ~을 받다[tʃʌmʃim (dɛːdʒɔb)ɯl patʰa チョームシム(デージョ)ブル パッタ] 昼食のもてなしを受ける/별로 좋은 ~을 못받았다[pjʌllo tʃoːun (tɛːdʒɔb)ɯl moːtpʰadatʰa ピョルロ チョウン(テージョ)ブル モッパダッタ] 別に良くもてなされなかった.

*대조[對照][tɛːtʃo テージョ] 名 하他 対照; 照合 ¶원부와 ~하다[wɔnbuwa ~hada ウォンブワ ~ハダ] 原簿と対照する —적[dʒok ジョク] 冠 対照的 ¶두 사람의 의견은 ~이다[tuː sarame ɰiːgjɔnɯn ~(dʒog)ida トゥー サラメ ウィーギョヌン ~(ジョ)グイダ] 2人の意見は対照的だ.

대-주교[大主教][tɛːdʒugjo テージュギョ] 名〈天主教〉大司教.

대-주다[tɛːdʒuda テージュダ] 他 ① まかなってやる; 出してやる; 供給する ¶일을 ~[iːrul ~ イールル ~] 仕事をまかなってやる/학비를 ~[hakpʰirul ~ ハクピルル ~] 学費を出してやる/석유를 ~[sɔgjurul ~ ソギュルル ~] 石油を供給する ② 教えてやる ¶주소를 ~[tʃuːsorul ~ チューソルル ~] 住所を教えてやる ③ つなぐ; 対面する ¶전화를 과장에게 ~[tʃɔnhwarul kwadʒaŋege ~ チョーンファルル クァジャンエゲ ~] 電話を課長につなぐ ④ 当ててやる ¶이마에 손을 ~[imae sonnul ~ イマエ ソヌル ~] 額に手を当ててやる.

*대중[tɛdʒuŋ テジュン] 名 하他 ① 見積もること; 目安 ¶눈~[nun (tʼɛ-dʒuŋ) ヌン~] 目分量; 目積もり ② 見当; 基準 —없다[ɔpt'a オプタ] 자 基準がない; 一定でない; 見当がつかない ¶귀가 시간이 ~[kwiːga ʃigani ~] 帰宅の時間が一定でない —없이[ɔpʃ'i オプシ] 副 ちまちに; 基準もなく —잡다[dʒaptʼa ジャプタ] 他 (おおよその)見当をつける; 概略の基準を定める ¶~-잡아 계산해 보자[~-dʒaba keːsanhe bodʒa ~-ジャバ ケーサンヘ ボジャ] あらまし計算してみよう —치다[tʃʰida チダ] 他 概算する; 見積もる.

*대중[大衆][tɛːdʒuŋ テージュン] 名 ① 大衆 ¶일반 ~[ilban (dɛːdʒuŋ)] イルバン(デージュン)] 一般大衆 ② 〈仏〉大衆; 多くの僧侶들 —가요[gajo ガヨ] 名 歌謡(曲); 流行歌 —공양[供養][goːnjaŋ ゴーンヤン] 名〈仏〉大衆供養; 信者が僧に食べ物をもてなすこと —매체[mɛtʃʰe メチェ] 名 大衆媒体; マスメディア —목욕탕[沐浴湯][moːgjoktʰaŋ モギョクタン] 名 銭湯; 風呂屋 —문학[munhak ムンハク] 名 大衆文学 —물[mul ムル] 名 大衆物 —성[sɔŋ ソン] 名 大衆性 ¶예술의 ~[jeːsure ~ イェースレ ~] 芸術の大衆性 —소설[soːsɔl ソーソル] 名 大衆小説 —심리[ʃimni シムニ] 名 大衆心理 —작가[dʒakʼa ジャクカ] 名 大衆作家 —잡지[dʒaptʃʼi ジャプチ] 名 大衆雑誌 —화[hwa ファ] 名 하他 大衆化 ¶과학의 ~[kwahage ~ クァハゲ ~] 科学の大衆化.

*대지[垈地][tedʒi テジ] 名 敷地 ¶가옥~[kaok (tʼɛdʒi) カオク ~] 家の敷地.

대질[對質][tɛːdʒil テージル] 名 하自 対質 ¶~ 심문[~ ʃimmun ~ シムムン] 対質審問[尋問].

대-쪽[tɛtʃʼok テッチョク] 名 割った竹; 竹片 ¶~같은 성격[(tɛtʼo)kʼatʰɯn sɔːŋkʼjok カトゥン ソーンキョク] 竹を割ったような性格; 生一本な性格.

*대책[對策][tɛːtʃʰɛk テーチェク] 名 対策 ¶실업 ~[ʃirɔp (tʼɛːtʃʰɛk) シロプ ~] 失業対策.

*대처[對處][tɛːtʃʰʌ テーチョ] 名 하自 対処 ¶새로운 정세에 ~하다[sɛroun tʃʌŋsee ~hada セロウン チョンセエ ~ハダ] 新しい情勢に対処する.

대-청소[大淸掃][tɛːtʃʰɔŋso テーチョンソ] 名 하他 大掃除.

*대체[大體][tɛːtʃʰe テーチェ] 名 副 大

대체 体; あらまし; 一体 ¶사건의 ~[sa:k'ɔne ~ サーコネ~] 事件のあらまし / ~ 무슨 일인가? [~ musun ni:ringa ~ ムスン ニーリンガ] 一体何事か **—로** [ro ロ] 副 大体; 概して ¶일은 ~ 끝났다 [i:run ~ k'unnat'a イールン ~ ックンナッタ] 仕事は大体終わった.

대체 [代替] [tɛ:tʃʰe テーチェ] 名 하他 代替 ¶~ 에너지 [~ enɔdʒi ~ エノジ] 代替エネルギー.

대체 [對替] [tɛ:tʃʰe テーチェ] 名 하他 〈経〉振替 **—계정** (計定) [ge:dʒɔŋ ゲージョン] 名 振替勘定.

*__대추__ [tɛ:tʃʰu テーチュ] 名 ナツメ(の実) **—나무** [namu ナム] 名 〈植〉ナツメの木.

대출 [貸出] [tɛ:tʃʰul テーチュル] 名 하他 貸し出し ¶~금 [~ gum ~ グム] 貸出金 / 도서의 ~ [tosɔɛ ~ トソエ ~] 図書の貸し出し **—금리** [gum-ni グムニ] 名 貸出金利.

*__대충__ [tɛtʃʰuŋ テチュン] 副 大体; ざっと; おおまかに ¶~ 한번 읽다 [~ hanbɔn ikt'a ~ ハンボン イクタ] ざっと一読する / ~ 어림잡다 [~ ɔrimdʒapt'a ~ オリムジャプタ] おおまかに見積もる **—대충** [dɛtʃʰuŋ デチュン] 副 おおまかに; おおざっぱに ¶~ 치우다 [~ tʃʰiuda ~ チウダ] おおざっぱに[いい加減に]片づける.

대치 [對峙] [tɛ:tʃʰi テーチ] 名 하自 対峙 ¶양군이 ~하고 있다 [jaŋguni ~hago it'a ヤーングニ ~ハゴ イッタ] 両軍が対峙している.

대칭 [對稱] [tɛ:tʃʰiŋ テーチン] 名 対称 ¶좌우 ~ [tʃwa:u (dɛ:tʃʰiŋ) チュアーウ (デーチン)] 左右対称.

대타 [代打] [tɛ:tʰa テータ] 名 하自 〈野〉代打; ピンチヒッター.

대통 [大通] [tɛ:tʰoŋ テートン] 名 運が大きく開けること ¶운수 ~하다 [u:nsu (dɛ:tʰoŋ) hada ウーンス (デートン) ハダ] すばらしい幸運に会う.

*__대통령__ [大統領] [tɛ:tʰoŋnjɔŋ テートンニョン] 名 大統領 **—선거** [sɔ:ŋgɔ ソーンゴ] 名 大統領選挙 **—제** [dʒe ジェ] 名 大統領制.

대퇴 [大腿] [tɛ:tʰwe テートゥェ] 名 〈生〉大腿; 太もも **—골** [gol ゴル] 名 大腿骨.

대파 [大破] [tɛ:tʰa テーパ] 名 하自他 大破 ¶적을 ~하다 [tʃɔgul ~hada チョグル ~ハダ] 敵を大破する.

대파 [代播] [tɛ:pʰa テーパ] 名 하他 (日照りで)作物の植え付けができなかった田畑に他の穀物の種を播くこと.

대판 [大—] [tɛ:pʰan テーパン] 名 副 大掛かりに ¶~ 소동이 일어나다 [~ sodoŋi irɔnada ~ ソドンイ イロナダ] 一大騒動が起こる **—거리** [gɔri ゴリ] 名 大掛かり ¶~로 싸우다 [~ro s'auda ~ロ ッサウダ] 大げんかをする; 大掛かりにけんかをする[争う].

*__대패__ [tɛ:pʰɛ テーペ] 名 かんな **—질** [dʒil ジル] 名 하自 かんな掛け ¶~하다 [~-(dʒir)hada ~ハダ] かんなを掛ける **대팻—밥** [tɛ:pʰɛtp'ap テーペッパプ] 名 かんなくず; かんな殻.

대패 [大敗] [tɛ:pʰɛ テーペ] 名 하自 大敗; 大失敗 ¶선거에서 ~하다 [sɔ:ngɔeso ~hada ソーンゴエソ ~ハダ] 選挙で大敗する.

*__대포__ [tɛpʰo テポ] 名 하自 (主にどぶろくなどを)大杯で飲むこと ¶~로 마시다 [~ro maʃida ~ロ マシダ] 大杯で飲む / ~ 한잔 합시다 [~ handʒan hapʃ'ida ~ ハンジャン ハプシダ] お酒一杯飲みましょう **대폿—술** [tɛpʰos'ul テポッスル] 名 大杯で飲む酒 **대폿—잔** [tɛpʰotʃ'an テポッチャン] 名 大きな杯 **대폿—집** [tɛpʰotʃ'ip テポッチプ] 名 立ち飲み屋; 一杯飲み屋; 居酒屋 ¶~에서 한잔 들이켜다 [tɛpʰotʃ'i)-besɔ handʒan turikʰjɔda (テポッチ)ペソ ハンジャン トゥリキョダ] 居酒屋で一杯ひっかける.

대포 [大砲] [tɛ:pʰo テーポ] 名 ① 大砲 ¶~를 쏘다 [~rul s'oda ~ルル ッソダ] 大砲を撃つ ② 嘘のしゃれた語; ほら; 大嘘 ¶~를 놓다 [~rul notʰa ~ルル ノッタ] ほらを吹く; 嘘をつく **—쟁이** [dʒɛŋi ジェンイ] 名 大嘘つき; ほら吹き.

대폭 [大幅] [tɛ:pʰok テーポク] 名 副 大幅(に); ぐんと ¶예산을 ~ 삭감하다 [je:sanul ~ s'ak'amhada イェーサヌル ~ サクカムハダ] 予算を大幅に削減する / ~ 늘리다 [(tɛ:pʰoŋ) nullida ~ (テーポン) ヌルリダ] 大幅に増やす.

*__대표__ [代表] [tɛ:pʰjo テーピョ] 名 하他 代表 ¶일본 ~ 팀 [ilbon (dɛ:pʰjo) tʰi:m イルボン (デーピョ) ティーム] 日本代表チーム **—이사** (理事) [i:sa イーサ] 名 代表取締役 **—작** [dʒak ジャ

대풍[大豊][tɛ:pʰuŋ テープン] 名 大豊作 ¶~년[~njʌn ~ニョン] 大豊年.

대피[待避][tɛ:pʰi テーピ] 名 하自 待避 ¶~ 훈련[~ hulljʌn ~フールリョン] 待避訓練 **―소**[so ソ] 名 待避所.

대하[大蝦][tɛ:ha テーハ] 名〈動〉コウライエビ(高麗蝦);タイショウエビ(大正蝦);=왕새우[waŋsɛu ワンセウ].

*대-하다¹[對―][tɛ:hada テーハダ] 自 여変 ('대한'・'대하여'・'대해서'の形で使われる)対[関]する;ついての;対して;ついて ¶문학에 대한 흥미[munhage tɛ:han huːŋmi ムンハゲ テーハン フーンミ] 文学に対する興味 / 김치에 대한 논문[kimtʃʰie tɛ:han nonmun キムチエ テーハン ノンムン] キムチに関する論文 / 그 사람에 대하여[kɯ saːrame tɛ:hajʌ ク サラメ テーハヨ] その人に対して.

대-하다²[對―][tɛ:hada テーハダ] 他 여変 対する ① 向かい合う ¶얼굴을 마주 ~[ɔlgurul madʒu ~ オルグルル マジュ ~] 面と向かう ② 相手にする ¶부하에게 심하게 ~[puhaege ʃiːmhage ~ プハエゲ シームハゲ ~] 部下につらく当たる ③ もてなす;接待する ¶친절히 손님을 ~[tʃʰindʒʌri sonnimul ~ チンジョリ ソンニムル ~] 親切にお客を接待する.

대하-소설[大河小説][tɛ:ha soːsʌl テーハ ソーソル] 名 大河小説.

*대학[大學][tɛ:hak テーハク] 名 大学;単科大学;カレッジ **―가**[(tɛ:ha)k'a カ] 名 大学街 **―교(校)**[(tɛ:ha)k'jo キョ] 名 大学(日本の総合大学);ユニバーシティー **―교수**[(tɛ:ha)k'joːsu キョース] 名 大学教授 **―병원**[p'jʌːŋwɔn ピョーンウォン] 名 大学病院 **―생**[s'ɛŋ セン] 名 大学生 **―원**[(tɛ:hag)wʌn テーハ ウォン] 名 大学院.

대-학자[大學者][tɛ:haktʃ'a テーハクチャ] 名 大学者;偉大な学者.

대한[大寒][tɛ:han テーハン] 名 大寒,24節気の1つ **―추위**[~tʃʰuwi ~チュイ] 大寒の寒さ;ひどく寒いこと.

*대한[大韓][tɛ:han テーハン] 名 大韓民国;韓国 ¶~ 사람[~ saːram ~ サーラム] 韓国民;韓国人 **―민국**[minguk ミングク] 名 大韓民国;コリア・コレー・コレア(Korea・Corée・Corea) **―제국**[dʒeːguk ジェーグク] 名〈史〉(1897年に成立され1910年までの)大韓帝国 **―해협**[hɛːhjʌp ヘーヒョプ] 名 対馬海峡(テーマ)(西)海峡.

대한[對韓][tɛ:han テーハン] 名 対韓 ¶~ 정책[~ dʒʌŋtʃʰɛk ~ ジョンチェク] 対韓政策.

*대합[大蛤][tɛ:hap テーハプ] 名〈貝〉ハマグリ(蛤) = 대합 조개[tɛ:hap tʃ'ogɛ テーハプ チョゲ].

*대합-실[待合室][tɛ:hapʃ'il テーハプシル] 名 待合室 = 맞남에 장소[manametʃaŋso マンナメ チャンソ].

대항[對抗][tɛ:haŋ テーハン] 名 하自他 対抗;立ち向かうこと ¶~책[~tʃʰɛk ~チェク] 対抗策 / 적에 ~하다[tʃ'oge ~hada チョゲ ~ハダ] 敵に立ち向かう **―력**[njʌk ニョク] 名 対抗力.

대행[代行][tɛ:hɛŋ テーヘン] 名 하他 代行 ¶업무를 ~하다[ʌmmurul ~hada オムムルル ~ハダ] 業務を代行する.

*대화[對話][tɛ:hwa テーファ] 名 하自 対話 ¶남북 ~[nambuk (t'ɛ:hwa) ナムブク ~] 南[韓国]北[朝鮮]の対話.

대-환영[大歡迎][tɛ:hwanjʌŋ テーファニョン] 名 하他 大歓迎.

*대회[大會][tɛ:hwe テーフェ] 名 大会 ¶마라톤 ~[marathʰon (dɛ:hwe) マラトン(デーフェ)] マラソン大会.

*댁[宅][tɛk テク] **1** 名 お宅 ¶선생님 ~[sʌnsɛŋnim (dɛk) ソンセンニム(デク)] 先生のお宅 **2** 接尾 …夫人 ¶김 사장~[kimsadʒaŋ(t'ɛk) キムサジャン~] 金社長夫人 / 서울 ~[sʌul(t'ɛk) ソウル~] ソウル~] ソウル(生まれの・から来た)夫人(「夫人・嫁」などには濃音化する) **3** 代 お宅様;あなた;そちら ¶~은 누구세요?[(tɛg) ɯn nugusejo (テ)グン ヌグセヨ] そちらはどなた様ですか **―내**[(tɛŋ)nɛ (テン)ネ] 名 お宅;ご家族一同 ¶~ 두루 평안하십니까?[~ duru pʰjʌŋanhaʃimnik'a ~ ドゥル ピョンアンハシムニッカ] お宅の皆さんお元気でいらっしゃいますか.

*댄스[dɛnsɯ デンス] dance 名 ダンス ¶사교 ~[sagjo ~ サギョ ~] 社交[ソシアル]ダンス **―홀**[hoːl ホール] 名 ダンスホール **댄서**[dɛnsʌ デンソ] 名 ダンサー **댄싱**[dɛnʃiŋ デンシン] 名 ダンシング.

*댐[dɛm デム] dam 名 ダム ¶다목적 ~[tamoktʃ'ʌk ~ タモクチョク ~] 多目的ダム.

댓 [tɛt テーッ] **数冠** 5つほどの; 5つぐらいの ¶ ~ 사람이 모였다 [(tɛ) s'arami mojət'a ~ サラミ モヨッタ] 5人ほど集まった **댓새** [tɛ:s'ɛ テーッセ] **名** 5日ぐらい.

-댔자 [tɛtʃ'a テッチャ] **語尾** …だといっても; …といったところで ¶ 많~ 이 정도다 [ma:n(tʃ'a) i tʃəŋdoda マーン~ イ チョンドダ] (量が)多いといってもこの程度だろう / 가봤~ 별 수 없다 [kabwa(tʃ'a) pjəl s'u əpt'a カバッ~ ピョルッス オープタ] 行ってみたところでしようがない.

댕기다 [tɛŋgida テンギダ] **1** **自** 火がつく; 燃え移る ¶ 나무에 불이 잘 댕긴다 [namue puri tʃal dɛŋginda ナムエ プリ チャル デンギンダ] 木に火がよくつく **2** **他** 火をつける; 点火する; ともす ¶ 버너에 불을 ~ [bə:nəe purul ~ ポーノエ プルル ~] バーナーに点火する.

***더** [tə トー] **副** ① より多く; もっと; もう ¶ ~ 빨리 [~ p'alli ~ ッパルリ] もっと速く / 하나 ~ [hana ~ ハナ ~] もう1つ ② より長く; もう少し ¶ 잠깐만 ~ [tʃamk'anman ~ チャムッカンマン ~] もうちょっと; 今しばらく; もう少しだけ(お待ち) ③ もっと; さらに; 一層 ¶ ~ 나아지다 [~ naadʒida ~ ナアジダ] さらによくなる.

더-가다 [təgada トガダ] **自** ① 進む ¶ 시계가 1분 더가다 [ʃigega ilbun təganda シゲガ イルブン トガンダ] 時計が1分早く進んでいる ② より高い ¶ 값이 더가는 옷감 [kapʃ'i təganun otk'am カプシトガヌン オッカム] 値段がより高い布地 ③ 行き過ぎる; (目標や程度を)越す.

***더구나** [təguna トグナ] **副** その上に; さらに; なお; しかも; おまけに; **더군다나** [təgundana トグンダナ] の略 ¶ 학식도 있고 ~ 돈도 있다 [hakʃ'ikt'o itk'o ~ to:ndo it'a ハクシクト イッコ ~ トーンド イッタ] 学識もありさらに金もある.

-더구나 [təguna トグナ] **語尾** …だったなあ; …だったよ ¶ 아름답~ [arumdap(t'əguna) アルムダプ~] 美しかったよ.

-더구먼 [təgumən トグモン] **語尾** …だったよ; …していたね[よ] ¶ 빨리 달리~ [p'alli talli(dəgumən) ッパルリ タルリ(ドグモン)] 速く走っていたよ.

-더군 [təgun トグン] **語尾** …だったよ; …だったな; '-더구나'の略 ¶ 재미있~ [tʃɛmiit'(t'əgun) チェミイッ~] 面白かったなあ.

-더냐 [tənja トニャ] **語尾** …だった(の)か; していた(の)か ¶ 그렇게 좋~? [kurəkʰe tʃo:(tʰənja) クロッケ チョーッ~?] そんなによかったのか(ね).

***-더니** [təni トニ] **語尾** ① …だったが; …していると ¶ 흐린 날씨~ 비까지 왔다 [hurin nalʃ'i(dəni) pik'adʒi wat'a フリン ナルッシ(ドニ) ピッカジ ワッタ] 曇った天気だったが雨まで降った ② …ので; …のに ¶ 놀고 있~ [no:llgo i(t'əni) ノールゴイッ~] 遊んでばかりいたので / 손님이 많~ [sonnimi ma:n(tʰəni) ソンニミ マーン~] お客が多かったのに.

더-더욱 [tədəuk トドウク] **副** 一層; さらに; もっとも; '더욱'の強調語.

***더덕** [tədək トドク] **名** 〈植〉ツルニンジン.

더덕-더덕 [tədəkt'ədək トドクトドク] **副** [하形] べたべた ¶ 광고물이 ~ 붙어 있다 [kwa:ŋgomuri ~ pʰutʰə it'a クァーンゴムリ ~ プトイッタ] ポスターがべたべた張ってある.

더덕이 [tədəgi トドギ] **名** ある物にべたこびりついているもの **一로** [ro ロ] **副** ぽろぽろと ¶ 때가 ~ 벗겨지다 [t'ɛga ~ pətk'jədʒida ッテガ ~ ポッキョジダ] 垢がぽろぽろと落ちる.

더덜-거리다 [tədəlgərida トドルゴリダ] **他** どもる; 口ごもる ¶ 긴장하여 말을 ~ [kindʒaŋhajə ma:rul ~ キンジャンハヨ マールル ~] 緊張して口ごもる.

더듬-거리다 [tədumgərida トドゥムゴリダ] **自他** ① 手探りする ¶ ~거려 찾다 [~gərjə tʃʰat'a ~ゴリョ チャッタ] 手探りで探す ② たどる ¶ 눈길을 ~ [nu:nk'irul ~ ヌーンキルル ~] 雪道をたどる ③ どもる; 言いよどむ; 口ごもる ¶ ~거리며 말하다 [~gərimjə ma:rhada ~ゴリミョ マールハダ] どもりがちに話す ④ たどたどしい ¶ ~거리며 읽다 [~gərimjə ikt'a ~ゴリミョ イクタ] たどたどしく読む.

***더듬다** [tədumt'a トドゥムタ] **他** ① 手探りする ¶ 가방 속을 ~ [kabaŋ sogul ~ カバン ソグル ~] カバンの中を手探る ② どもる; 口ごもる ¶ 말을 ~ [ma:rul ~ マールル ~] 口ごもる ③ たどる ¶ 추억을 ~ [tʃʰuəgul ~ チュオグル ~] 追憶をたどる.

더디 [tɔdi トディ] 副 遅く; ゆっくり ¶~ 걷다[~ kɔ:t'a ~ コーッタ] ゆっくり歩く.

*__더디다__ [tɔdida トディダ] 形 遅い; のろい; (頭の回転が)鈍い ¶일이 ~[i:ri ~ イーリ ~] 仕事がのろい.

*__-더라__ [tɔra トラ] 語尾 …だったよ; …したんだよ ¶덥~[tɔp(t'ɔra) トㇷ゚~] 暑かったよ/뭐~?[mwɔ:(dɔra) ムォー(ドラ)] 何だっけ.

*__-더라도__ [tɔrado トラド] 語尾 …しても; …するとも; …であっても ¶눈이 오~[nu:ni o(dɔrado) ヌーニ オ(ドラド)] 雪が降っても(行きます).

__-더라면__ [tɔramjɔn トラミョン] 語尾 …するなら(ば); …したなら(ば) ¶갔~좋았을 걸[ka(t'ɔramjɔn) tʃo:as'ɯl k'ɔl カッ~ チョーアッスル コル] 行けばよかったのに.

*__더러__ [tɔrɔ トロ] 1 副 ①いくらか; 多少; 少しは; 若干 ¶못쓸 것도 ~ 섞여 있다[mo:s'ul k'o't'o ~ sɔk'jɔt'a モーッスルコット ~ ソクキョイッタ] 使えないのも少しは混ざっている ②たまに; ときどき ¶~ 놀기도 해라[~ no:lgido he:ra ~ ノールギド ヘーラ] たまには遊びなさい 2 助 …に(対して) ¶누구 가라느냐?[nugu(dɔrɔ) karanunja ヌグ(ドロ) カラヌニャ] 誰に向かって行けというのか.

__더러움__ [tɔ:rɔum トーロウム] 名 汚れ, 略 __더럼__ [mɔrɔm トロム] ¶~을 모르는 아이[~ɯl morununɯn ai (トーロウ) ムル モルヌン アイ] 汚れを知らない子/~을 타다[~ɯl tʰada (トーロウ) ムル タダ] 汚れやすい.

__더러워-지다__ [tɔrɔwɔdʒida トロウォジダ] 自 ①汚れる; 汚くなる; 垢がつく ¶옷이 ~[oʃi ~ オシ ~] 服が汚れる/때가 끼어 ~[t'ɛga k'i:ɔ ~ ッテガ ッキーオ ~] 垢染みる ②汚れる; 貞操を失う ¶~-진 몸[~-dʒin mom ~-ジン モム] 汚れた体.

__더럭__ [tɔrɔk トロㇰ] 副 どっと; にわかに ¶~ 겁이 났다[(tɔrɔk) k'ɔbi nat'a ~ コビナッタ] どっと怖くなった.

__더럽게__ [tɔ:rɔpk'e トーロㇷ゚ケ] 副 ひどく; いやに ¶~ 춥다[~ tʃʰupt'a ~ チュㇷ゚タ] ひどく寒い/~ 뻐기다[~ p'ɔgida ~ ッポギダ] いやに威張る.

*__더럽다__ [tɔ:rɔpt'a トーロㇷ゚タ] 形 ㅂ変 ①汚い ¶더러운 물[tɔ:rɯn mul トーロウン ムル] 汚い水/더러운 자식[tɔ:rɯn tʃaʃik トーロウン チャシㇰ] 汚い奴 ②下品だ; けちだ ¶생각이 ~[sɛŋgagi ~ センガギ ~] 考え方が下品だ/더럽게 노네[tɔ:rɔpk'e no:ne トーロㇷ゚ケ ノーネ] けち臭いねえ.

*__더럽히다__ [tɔ:rɔpʰida トーロピダ] 他 汚す·けがす ¶옷을 ~[osul ~ オスル ~] 服を汚す/여자를 ~[jɔdʒarul ~ ヨヂャルル ~] 女性を汚す/체면을 ~[tʃʰemjɔnul ~ チェミョヌル ~] 面を汚す; 体面を損なう/이름을 ~[irumul ~ イルムル ~] 名を汚す.

*__더미__ [tɔmi トミ] 名 積み重ね; 山 ¶쓰레기 ~[s'uregi (domi) ッスレギ(ドミ)] ごみの山/빚 ~[pi(t'ɔmi) ピッ~] 莫大な負債.

__더미-씌우다__ [tɔmiʃ'iuda トミッシウダ] 他 (責任や罪を)おっかぶせる; ぬれぎぬを着せる ¶죄를 친구에게 ~[tʃwe:rul tʃʰinguege ~ チュエールル チングエゲ ~] 罪を友人におっかぶせる.

__더벅-머리__ [tɔbɔŋmɔri トボンモリ] 名 ぼうぼう[もじゃもじゃ]とした髪[人].

__더부룩-하다__ [tɔburukʰada トブルカダ] 形 ㅕ変 ①(おなかがふくっとして)もたれ気味だ ¶배가 ~[pɛga ~ ペガ ~] 腹が張ってもたれ気味だ ②(草木・髪・ひげなどが)ぼうぼうと茂っている ¶수염이 ~-한 사나이[sujɔmi ~-kʰan sanai スヨミ ~-カンサナイ] ひげぼうぼうの男.

__더부-살이__ [tɔbusari トブサリ] 名 他自 住み込み; 居候 ¶~를 살다[~rul sa:lda ~ルル サールダ] 住み込み奉公をする.

*__더불어__ [tɔburɔ トブロ] 副 ともに; 一緒に=(…을) 더불고[(ul) tɔbulgo (ウル) トブルゴ] ¶산업화와 ~[sa:nɔpʰwawa ~ サーノㇷ゚ァワ ~] 産業化とともに/친구와 ~[tʃʰinguwa ~ チングワ ~] 友と一緒に/자식을 더불고 재혼하다[tʃaʃigul tɔbulgo tʃɛ:honhada チャシグル トブルゴ チェーホンハダ] 子供を連れて再婚する.

__더-없이__ [tɔɔpʃ'i トオㇷ゚シ] 副 この上なく; またとなく; 何より ¶~ 기쁘다[~ kip'uda ~ キッㇷ゚ダ] この上なく喜ばしい; 何よりうれしい.

*__더욱__ [tɔuk トウㇰ] 副 もっと; 一層; さらに ¶~ 열심히[(tɔuŋ) njɔlʃ'imi (トウン) ニョルシミ] もっと熱心に/병세

가 ~ 악화되다 [pjɔ:ŋsega ~ akʰwadweda ピョーンセガ ~ アクゥアドゥェダ] 病勢がさらに悪くなる.

*더욱-더 [tɔukt'ɔ トウクト] 副 さらに一層; なおさら; なおまして; '더욱'の強調語 ¶ ~ 아름다워지다 [~ arumdawɔdʒida ~ アルムダウォジダ] さらに一層美しくなる.

*더욱-이 [tɔugi トウギ] 副 なお; その上に; さらに; ×더우기 ¶ ~ 곤란한 일로는 … [~ kɔ:llanhan ni:llonun ~ コーッランハン ニーッロヌン] その上に困ったことは… ━나 [na ナ] 副 '더욱이'の強調語.

*더운 [tɔun トウン] 形 暖い ━물 [mul ムル] 名 温水; お湯 ━밥 [pap パプ] 名 炊きたての暖かいご飯 ━점심 [tʃɔ:mʃim チョームシム] 名 炊きたての暖かい昼飯 ━찜질 [tʃ'imdʒil ッチムジル] 名 熱い湿布 ━피 [pʰi ピ] 名 ① 暖かい動物の血 ② 活動できる気をたとえていう語.

*더워-하다 [tɔwɔhada トウォハダ] 自 여変 暑がる ¶ ~-하는 것 같다 [~-hanun kɔt k'at'a ~-ハヌン コッカッタ] 暑がるようだ.

*더위 [tɔwi トウィ] 名 하自 暑さ ¶ 심한 ~ [ʃi:mhan ~ シームハン ~] ひどい暑さ ━먹다 [mɔkt'a モクタ] 自 暑気当たりする ━타다 [tʰada タダ] 自 暑さに負ける ━팔기 [pʰalgi パルギ] 名〈民〉旧暦正月15日満月の朝, 最初に会う人に呼びかけて今夏の暑気を相手に売ること.

더치다 [tɔtʃʰida トチダ] 自 (病が)再発する; 高ずる ¶ 병세가 ~ [pjɔ:ŋsɛga ~ ピョーンセガ ~] 病気が高ずる.

더-하기 [tɔhagi トハギ] 名 하他〈数〉足し算; 加え算.

*더-하다[1] [tɔhada トハダ] **1** 自 ① (以前よりも)募る; 重くなる; 増す ¶ 병세가 ~ [pjɔ:ŋsɛga ~ ピョーンセガ ~] 病勢が募る ② (以前より)もっと精を出す; より多くする ¶ 공부를 ~ [kɔŋburul ~ コンブルル ~] 勉強にもっと精を出す / 일을 ~ [i:rul ~ イールル ~] 仕事をもっと多くする **2** 他 (数を)加える ¶ 하나에 둘을 ~ [hanae tu:rul ~ ハナエ トゥールル ~] 1に2を加える

더할 나위 없다 [tɔhal lawi ɔ:pt'a トハル ラウィ オープタ] 慣 これ以上はない; 最高だ; この上ない; 申し分ない.

더-하다[2] [tɔhada トハダ] 形 여変 より多い; よりひどい ¶ 작년보다 더한 추위 [tʃaŋɲjɔnbɔda tɔhan tʃʰuwi チャンニョンボダ トハン チュイ] 昨年よりひどい寒さ.

더-한층 [一層] [tɔhantʃʰuŋ トハンチュン] なお一層 ¶ ~ 노력하라 [~ norjɔkʰara ~ ノリョクカラ] なお一層努力しろ.

*덕 [德] [tɔk トク] 名 ① 徳 ¶ ~이 높다 [(tɔg)i nopt'a (ト)ギ ノプタ] 徳が高い / ~을 기리다 [(tɔg)ul kirida (ト)グル キリダ] 徳をたたえる ② 恵み; おかげ ¶ ~을 베풀다 [(tɔg)ul pepʰulda (ト)グル ペプルダ] 恵みを施す / ~을 입다 [(tɔg)ul ipt'a (ト)グル イプタ] 恩恵を被る / 아내의 내조 ~이다 [anɛe nɛ:dʒo (dɔg)ida アネエ ネージョ (ド)ギダ] 妻の内助のおかげだ ③ 功徳 ¶ ~을 쌓다 [(tɔg)ul s'atʰa (ト)グル ッサッタ] 功徳を積む ④ 利益; もうけ ¶ ~을 보다 [(tɔg)ul poda (ト)グル ポダ] 利益を得る; 恩恵を被る; 慈悲を受ける.

덕담 [德談] [tɔkt'am トクタム] 名 하 幸いめでたかしと述べる(あいさつの) [正月に交わす幸運や成功を祈る]言葉.

덕-되다 [德一] [tɔkt'weda トクトゥェダ] 自 徳[得]になる; 利益になる; 助けになる ¶ 덕 되는 일 [tɔkt'wenun ni:l トクトゥェヌン ニール] 徳になること.

덕망 [德望] [tɔŋmaŋ トンマン] 名 徳望 ¶ ~이 높다 [~i nopt'a ~イ ノプタ] 徳望が高い.

덕목 [德目] [tɔŋmok トンモク] 名 徳目 (忠・孝・仁・義・礼・智など).

*덕분 [德分] [tɔkp'un トクプン] 名 おかげ; 恩恵 ¶ 자네 ~에 살았다 [tʃane ~e sarat'a チャネ (トクプ)ネ サラッタ] 君のおかげで助かった.

*덕택 [德澤] [tɔktʰɛk トクテク] 名 恩恵; おかげ ¶ 염려하여 주신 ~으로 [jɔ:mnjɔhajɔ dʒuʃin (tɔktʰɛg)uro ヨームニョハヨ ジュシン (トクテ)グロ] 心配してくださったおかげで….

*-던 [tɔn トン] 語尾〈過去〉① …(して)いた ¶ 내가 살~ 고향 [nɛga sa:l-(dɔn) kohjaŋ ネガ サル(ドン) コヒャン] 私が住んでいた故郷 ② …かった; …だった ¶ 추웠~ 기억 [tʃʰuwɔt'(t'ɔn) kiɔk チュウォッ(ト)キオク] 寒かった記憶.

*-던가 [tɔnga トンガ] 語尾 ① …かった

か(ね) ¶재미있~[tʃɛmii(t'ɔŋa) チェミイッ~] 面白かったかね ② …だったかね ¶그 사람거~[kɯ sa:ram k'ɔ(dɔŋa) ク サーラム コ(ドンガ)] あの人の物だったのかね ③ …たのか(どうか) ¶어디서 만났~?[ɔdisɔ manna(t'ɔŋa) オディソ マンナッ(トンガ)] どこで会ったのか ━요[jo ヨ] [語尾] …ですか ¶나쁜 사람이~?[nap'um sa:rami(dɔŋajo) ナップン サーラミ(ドンガヨ)] 悪い人だったのですか

*-던걸[tɔŋgɔl トンゴル] [語尾] …(だった)よ[のに] ¶쉬겠다고 하~[ʃwi:get'ago ha(dɔŋgɔl) シュィーゲッタゴ ハ(ドンゴル)] 休むと言っていたよ.

*-던데[tɔnde トンデ] [語尾] ① …したのに ¶아까 자고 있~[ak'a tʃago i(t'ɔnde) アッカ チャゴ イッ~] さっき眠っていたのに ② …したんだが; …だったよ ¶참 예쁘~[tʃʰam je:p'u(dɔnde) チャム イェーップ(ドンデ)] ほんとにきれいだった.

*-던들[tɔndɯl トンドゥル] [語尾] …し(てい)たなら ¶더 공부했~ 합격할 것을[tɔ koŋbuhɛ(t'ɔndɯl) hapk'jɔkhɛs'ɯl k'ɔsɯl ト コンプヘッ~ ハプキョクケッスル コスル] もっと勉強したなら合格したんだが.

*-던지[tɔndʒi トンジ] [語尾] ① …したのか ¶얼마나 무서웠~[ɔ:lmana mu:sɔwɔ(t'ɔndʒi) オールマナ ムソウォッ~] どんなに怖かったか… ② …(し)たので ¶어찌나 춥~[ɔtʃ'ina tʃʰup(t'ɔndʒi) オッチナ チュプ~] あまりにも寒かったので…. ×-든지'

*던지다[tɔndʒida トンジダ] [他] 投げる; 投ずる ¶공을 ~[ko:ŋɯl ~ コーンウル ~] ボールを投げる / 몸을 ~[momul ~ モムル ~] 身を投げる; (政界に)身を投ずる / 화제를 ~[hwa:dʒerul ~ ファーゼルル ~] 話題を投げかける / 한 표를 ~[han pʰjorul ~ ハン ピョルル ~] 1票を投ずる.

*덜[tɔ:l トール] [副] より少なく; 少なめに ¶~ 춥다[~ tʃʰupt'a ~ チュプタ] ほぼ寒くない / ~ 익은 과일[~ ligun kwa:il ~ リグン クァーイル] あまり熟していない果物.

*덜다[tɔ:lda トールダ] [他] [ㄹ語幹] ① 減らす; 少なくする ¶무게를 ~[mugerul ~ ムゲルル ~] 重さを減らす ② 省く ¶수고를 ~[su:gorul ~ スーゴルル ~] 労[手間]を省く ③ 和らげる ¶고통을 ~[kotʰoŋul ~ コトンウル ~] 苦痛を和らげる ④ 軽くする ¶걱정을 ~[kɔktʃ'ɔŋul ~ コクチョンウル ~] 心配を軽くする ⑤ 分ける ¶밥을 덜어 주다[pabul tɔrɔ dʒuda パブル トロ ジュダ] ご飯を分けてやる.

덜덜[tɔldɔl トルドル] [副] ① ぶるぶる; がたがた ¶심한 추위에 몸이 ~ 떨리다[ʃi:mhan tʃʰuwie momi ~ t'ɔllida シームハン チュウィエ モミ ~ ットルリダ] あまりの寒さに体がぶるぶる震える ② がらがら ¶~거리는 짐수레[~gɔrinum tʃimsure ~ゴリヌン チムスレ] がらがら音をたてる荷車.

덜-되다[tɔ:ldweda トールドゥェダ] [形] ① でき上がっていない; 完成していない ¶일이 아직 ~[i:ri adʒik (t'ɔ:ldweda) イーリ アジク ~] 事がまだ完成していない ② 間抜けである; 足りない ¶무엇인가 덜된 사람[muɔʃinga tɔ:ldwen sa:ram ムオシンガ トールドゥェン サーラム] 何か足りない人; 間抜け.

덜렁[tɔllɔŋ トルロン] [副] [하自他] ① りん; がらん; 鈴が揺れて鳴る音 ② らり(と); だらり(と) ¶전등이 ~ 매달려 있다[tʃɔ:ndɯŋi ~ mɛ:dalljɔ it'a チョーンドゥンイ ~ メーダルリョ イッタ] 電灯がだらりとぶら下がっている ③ そそっかしく ¶~거리는 사람[~gɔrinum sa:ram ~ゴリヌン サーラム] そそっかしい人 ━이다[ida イダ] [自] がたがたする; (行動が)軽率だ; そそっかしくふるまう ━이[쇠][i[swe] イ[スェ]] [名] 軽薄な人; そそっかしい人.

덜-먹다[tɔ:lmɔkt'a トールモクタ] 1 [他] 食べ残す; 少なめに食べる 2 [自] 軽率で横着にふるまう; 勝手にふるまう.

*덜미[tɔlmi トルミ] [名] 首筋; 首根っこ; うなじ; 뒷덜미[twit'ɔlmi トゥィートルミ]·목덜미[mokt'ɔlmi モクトルミ]の略 ¶~를 누르다[~rul nu:ruda ~ルル ヌールダ] 首筋を押さえる; しつこく催促する; せき立てる; (人の)弱点をつかむ / ~(를) 잡히다[~ (rul) tʃapʰida ~(ルル) チャプピダ] 首筋をつかまえる; 首根っこを押さえられる; 弱点を握られる; 悪事[悪だくらみ]がばれる / ~(를) 짚다[~ (rul) tʃipt'a ~(ルル) チプタ] 首筋をつかまえて行く; ひどく催促する; せき立てる.

덜어-내다[tɔrɔnɛda トロネダ] [他] (数

덜커덕 量の一部を)分ける; 取り出す; 減らす ¶조금만 ~[tʃogumman ~ チョグムマン ~] 少しばかり減らす／자루에서 쌀을 ~[tʃaruesɔ s'arul ~ チャルエソ ッサルル ~] 袋から米を取り出す.

덜커덕 [tɔlkʰɔdɔk トルコドク] 副 하自他 がたん; ごとごと ¶~거리는 마차[(tɔlkʰɔdɔk)k'ɔrinun matʃʰa ~ コリヌン マーチャ] ごとごと音をたてる馬車.

덜커덩 [tɔlkʰɔdɔŋ トルコドン] 副 하自他 がたん ¶열차가 ~ 멈추다[jɔltʃʰaga ~ mɔmtʃumhuda ヨルチャガ ~ モムチュダ] 列車ががたんと止まる.

덜컥 [tɔlkʰɔk トルコク] 副 하自他 ① がたん; ごとっ ② どきっ; ぎくり; ぎょっと; ぞくっ ¶~ 겁이 났다[(tɔlkʰɔ)k'ɔbi nat'a ~ コビ ナッタ] どきっと怖ず気づく; ぞくっと怖くなった ③ ぐっと ¶목덜미를 ~ 잡히다[mokt'ɔlmirul ~ tʃ'apʰida モクトルミルル ~ チャプヒダ] 首筋をぐっとつかまれる ④ 悪事などがばれるさま ¶~ 사고를 내다[~ s'a:gorul nɛ:da ~ サーゴルル ネーダ] 突然事故を引き起こす.

***덜-하다** [tɔːrhada トールハダ] 1 自他 여변 (以前よりは)減る; 減らす ¶어제보다 열이 ~[ɔdʒeboda jɔri ~ オジェボダ ヨリ ~] 昨日より熱が下がった／경비를 ~[kjɔŋbirul ~ キョンビルル ~] 経費を減らす 2 形 여변 より少ない; 足りない ¶단맛이 ~[tanmaʃi ~ タンマシ ~] 甘みが足りない[少ない].

***덤** [tɔːm トーム] 名 ① おまけ; 景品 ¶이것은 ~입니다[igɔsun ~imnida イゴヌン (トー) ミムニダ] これはおまけです ② (囲碁で)込み.

덤덤-하다 [tɔmdɔmhada トムドムハダ] 形 여변 ① 淡々としている; 黙々としている ¶지금의 심경은 ~[tʃigume ʃimgjɔŋun ~ チグメ シムギョンウン ~] 今の心境は淡々としている ② (味が)薄い; 水っぽい ¶국맛이 ~[kuŋmaʃi ~ クンマシ ~] 汁の味が薄い **덤덤-히** [tɔmdɔmhi トムドミ] 副 黙々と; 淡々と.

덤벙 [tɔmbɔŋ トムボン] 副 하自 どぶん ¶물에 ~ 뛰어들다[mure ~ t'wiɔdulda ムレ ~ ットゥィオドゥルダ] 水(の中)にどぶんと飛び込む **—거리다** [gɔrida ゴリダ] 하自他 ① (水の中で)手足をばたばたさせる ② 落ち着きなく[そそっかしく]ふるまう = **덤벙이다** [tɔm-bɔŋida トンボンイダ] ¶~거리고 있다[~gɔrigo it'a ~ーゴリゴ イッタ] 浮ついている／~거리는 사람[~gɔrinun sa:ram ~ーゴリヌン サーラム] 落ち着きを失った人.

덤벼-들다 [tɔmbjɔdulda トムビョドゥルダ] 自 飛び[襲い]かかる; 突っかかる; 食ってかかる ¶어른에게 ~[ɔːrunege ~ オールネゲ ~] 大人に突っかかる.

덤불 [tɔmbul トムブル] 名 草むら; やぶ; 茂み ¶가시 ~[kaʃi (dɔmbul) カシ (ドムブル)] いばらのやぶ.

***덤비다** [tɔmbida トムビダ] 自 ① 突っかかる; 飛びかかる ¶개가 ~[kɛːga ~ ケーガ ~] 犬が飛びかかる ② せく; 急ぐ; 焦る; あわてる ¶너무 덤비지 마[nɔmu tɔmbidʒi ma: ノム トムビジマー] 焦るなよ; あわてるな.

***덥다** [tɔːpt'a トープタ] 形 ㅂ변 ① 暑い ¶한여름 같이 ~[hannjɔrum gatʃʰi ~ ハンニョルム ガチ ~] 真夏のように暑い ② 温かい ¶더운 물[tɔun mul トウン ムル] お湯／더운 밥[tɔun pap トウン パプ] 温かいご飯.

덥석 [tɔpsʼɔk トプソク] 副 ひしと; むんずと; がぶりと ¶아기를 ~ 안다[agirul (tɔpsʼɔg) aːntʼa アギルル (トプソク) アーンタ] 赤ん坊をひしと抱きしめる／팔을 ~ 잡다[~ tʃ'apt'a ~ チャプタ] むんずと(腕)をつかむ.

덧 [tɔt トッ] 名 間 ¶어느 ~[ɔnu (dɔt) オヌ (ドッ)] いつの間にか.

덧- [tɔt トッ] 接頭 つけ…; 重ね…; うわ… ¶~문[(tɔn) mun (トン) ムン] 二重扉の外側の扉／~붙이다 [~ p'utʃʰida ~プチダ] つけ加える; 重ねてつける.

덧-나다[1] [tɔnnada トンナダ] 自 ① (腫れもの·傷などが)とがめる; こじれる; 悪化する ¶종기가 ~[tʃoːŋgiga ~ チョーンギガ ~] 腫れものがとがめる ② (気を)悪くする; 腹が立つ ¶감정이 ~[kaːmdʒɔŋi ~ カームジョンイ ~] 気を悪くする; 腹が立つ; 怒る.

덧-나다[2] [tɔnnada トンナダ] 自 二重に生える ¶이가 ~[iga ~ イガ ~] 八重歯が生える.

덧-니 [tɔnni トンニ] 名 八重歯 **—박이** [bagi バギ] 名 八重歯の(生えた)人.

***덧-붙이다** [tɔtp'utʃʰida トップチダ] 他

덧세우다 ① 重ねてつける ② (話などに) 付け加える ¶덧붙여서 말하다[tətp'ut͡ɕʰjəsə ma:rhada トッブチョソ マールハダ] 付け加えて言う **덧-붙다**[tətp'ut'a トッブッタ] 自 重なりつく **덧-붙이기**[tətp'ut͡ɕʰigi トップチギ] 名 付け加え[もの]; 付け足し.

덧-세우다[təs'euda トッセウダ] 他 重ねて立てる; さらに付け加えて立てる.

***덧-셈**[təs'em トッセム] 名 하他 足し算; 寄せ算. ┌─シューズ.

덧-신[təʃ'in トッシン] 名 上靴; オーバ

덧-신다[təʃ'int'a トッシンタ] 他 (靴・靴下の上に) 重ねて履く.

덧-양말[一洋襪][tənnjaŋmal トンニャンマル] 名 靴下カバー.

***덧-없다**[tədəpt'a トドプタ] 形 ① 時の流れがむなしいほど速い ¶덧없는 세월[tədəmnɯn se:wəl トドムヌン セーウォル] 矢のように速い歳月 ② はかない; 無常である ¶덧없는 인생[tədəmnɯn insɛŋ トドムヌン インセン] はかない人生 **덧-없이**[tədəpʃ'i トドプシ] 副 ① 跡形もなく ¶ ~ 황폐한 옛 성터[~ hwaŋpʰehan je:t s'əntʰə ~ ファンペハン イェーッ ソント] 跡形もなく荒れ果てた古城の跡 ② (時の流れが) 速く; 矢のように; むなしく ¶~ 흘러간 세월[~ hullɯgan se:wəl ~ フルロガン セーウォル] むなしく過ぎ去った歳月 ③ はかなく; とりとめもなく.

덧-정[一情][tət͡ɕ'əŋ トッチョン] 名 深い愛情; 厚い人情.

***덩굴**[təŋgul トングル] 名 〈植〉蔓=넝쿨[nəŋkʰul ノンクル] ¶~풀[~pʰul ~プル] 蔓草 / 칡~[t͡ɕʰik(t'əŋgul) チク~] 葛の蔓 **―지다**[d͡ʑida ジダ] 自 蔓が生い茂る; 蔓が絡む **―치기**[t͡ɕʰigi チギ] 名 無駄な蔓を切り取ること.

덩그렇다[təŋgɯrətʰa トングロッタ] 形 ㅎ変 ① 高くそびえている ¶덩그렇게 서 있는 집[təŋgɯrəkʰe sə innɯn t͡ɕip トングロッケ ソ インヌン チプ] 高くそびえる立派な屋敷 ② がらんとしている ¶덩그렇게 비어 있다[təŋgɯrəkʰe piə it'a トングロッケ ピオ イッタ] がらんとして空いている.

덩-달아[təŋdara トンダラ] 副 尻馬に乗って; つられて; 同調して ¶남이 하니까 ~ 떠들다[nami hanik'a ~ t'ə:dɯlda ナミ ハニッカ ~ ットードゥルダ] 人につられて騒ぎ立てる.

덩실-거리다[təŋʃilgərida トンシルゴリダ] 自 興に乗って舞いまくる.

***덩어리**[təŋəri トンオリ] 名 塊 ¶얼음~[ərɯm(dəŋəri) オルム(ドンオリ)] 氷の塊 / 흙~[hɯlk(t'əŋəri) フク~] 土塊 / 마음이 한 ~가 되다[maɯmi han (dəŋəri)ga tweda マウミ ハン (ドンオリ)ガ トゥェダ] 心が一団となる **―지다**[d͡ʑida ジダ] 自 塊になる; 固まる.

덩이[təŋi トンイ] 名 小さな塊 ¶돌~[to:l(t'əŋi) トール~] 石塊.

덩치[təŋt͡ɕʰi トンチ] 名 図体 ¶~만큼 너석[~man kʰɯn njəsək ~マンクン ニョソク] 図体ばかり大きい奴.

덩칫-값[təŋt͡ɕʰitk'ap トンチッカプ] 名 図体にふさわしい言動 ¶~을 해라[~s'ɯl hɛ:ra ~スル ヘーラ] 図体にふさわしく自分の務めを果たせ.

***덫**[tət トッ] 名 わな; 落とし ¶~에 걸리다[(tə)t͡ɕʰe kəllida (ト)チェ コルリダ] わなにかかる / 쥐~[t͡ɕwi(dət) チュィ(ドッ)] ねずみ取り.

덮개[təpk'ɛ トプケ] 名 ① 覆い ¶짐에 ~를 씌우다[t͡ɕime ~rul ʃ'iuda チメ ~ルル ッシウダ] 荷物に覆いをかける ② 掛け布団や毛布 ③ 蓋.

***덮다**[təpt'a トプタ] 他 ① 覆う; (覆い)かぶせる ¶모판을 비닐로 ~[mopʰanɯl binillo ~ モパヌル ビニルロ ~] 苗床をビニールで覆う ② 蓋をする ¶냄비 뚜껑을 ~[nɛmbi t'uk'əŋɯl ~ ネムビットゥッコンウル ~] なべに蓋をかぶせる ③ 閉じる ¶책을 ~[t͡ɕʰɛgul ~ チェグル ~] 本を閉じる ④ 見逃してやる ¶잘못을 덮어주다[t͡ɕalmosɯl təpʰəd͡ʑuda チャルモスル トポジュダ] 過ちを見逃してやる ⑤ 覆い隠す ¶단점을 덮어주다[ta:nt͡ɕʰəmɯl təpʰəd͡ʑuda ターンチョムル トポジュダ] 短所を覆う.

덮밥[təp'ap トプパプ] 名 どんぶり物.

***덮어-놓고**[təpʰənokʰo トポノッコ] 副 やたらに; むやみに ¶~ 굽실거리다[~ kupʃ'ilgərida ~ クプシルゴリダ] やたらにぺこぺこする[腰を折る] / ~ 책을 산다[~ t͡ɕʰɛgul sanda ~ チェグル サンダ] やたらに本を買う.

덮어-놓다[təpʰənotʰa トポノッタ] 他 覆う; かぶせる; 見逃す ¶흙을 ~[hɯ(l)gɯl ~ フ(ル)グル ~] 土をか

덮어-두다 [tɔpʰɔduda トポドゥダ] 他 覆っておく; 伏せておく; とがめない ¶잘못을 ~ [tʃalmosɯl チャルモスル ~] 過ちを伏せておく[見逃す].

덮어-쓰다 [tɔpʰɔsʼuda トポッスダ] 他 ① 覆いかぶる; 引っかぶる ¶이불을 ~ [ibural イブルル ~] 布団を引っかぶる ② かぶせられる ¶누명을 ~ [nu:mjɔŋɯl ヌーミョンウル ~] 濡れ衣を着せられる.

덮어-씌우다 [tɔpʰɔsʼiuda トポッシウダ] 他 ① (蓋や帽子などを)かぶせる; 覆いかぶせる ② (罪や責任などを他人に)かぶせる; 引っかぶせる; なすりつける; 濡れ衣を着せる ¶죄를 남에게 ~ [tʃwe:rɯl nameǵe ~ チュェールル ナメゲ ~] 罪を他人にかぶせる.

*덮이다** [tɔpʰida トピダ] 自 覆われる; '덮다'の受動 ¶뚜껑이 ~ [tʼuk'ɔŋi ~ ットゥッコンイ ~] 蓋などがかぶさる / 어둠[눈]에 ~ [ɔdum[nu:n]e ~ オドゥメ[ヌーネ] ~] やみに[雪に]覆われる.

*덮치다** [tɔptʃʰida トプチダ] 自他 ① 伸の しかかる; 覆いかぶさる ¶상대를 ~ [saŋdɛrɯl ~ サンデルル ~] 相手に伸しかかる; 相手を押えつける ② 襲う ¶해일이 ~ [hɛ:iri ~ ヘーイリ ~] 津波が襲う ③ (不運が)さらに押し寄せる ¶엎친 데 ~ [ɔptʃʰinde ~ オプチンデ ~] 泣き面に蜂.

*데** [tɛ テ] 依名 ① 所; 場所; 部分 ¶갈 ~가 없다 [kal (tʼɛ) ga ɔ:pt'a カル(ッテ) ガ オープタ] 行く場がない ② 時; 場合 ¶아픈 데 먹는 약 [apʰɯn (de) mɔŋnɯn njak アプン(デ) モンヌン ニャク] 痛い時に飲む薬.

-데 [tɛ テ] 語尾 ① …だったよ; …(で)いたよ ¶참 잘하~ [tʃʰam tʃarha(de) チャム チャルハ(デ)] 実に上手だったよ ② …のかね; …(で)あったか ¶누가 왔~? [nuga wa(tʼe) ヌガ ワッ~] 誰が来ていたのかね.

데굴-데굴 [teguldegul テグルデグル] 副 ごろごろ; ころころ ¶~ 구르다 [~ ku:ruda クールダ] ごろごろ転がる.

데꺽 [tekʼɔk テッコク] 副 すぐ; 直ちに; やすやすと ¶~ 승낙하다 [~ sʼɯŋnakʰada ~ スンナクカダ] 直ちに承諾する / ~ 해치우다 [(tekʼɔ)kʰɛ:tʃʰiuda ~ ケーチウダ] やすやすと(すぐ)やってのける ──**데꺽** [tʼekʼɔk テッコク] 副

하自他 てきぱきと; 素早く ¶사무를 ~ 처리하다 [sa:murɯl ~ tʃʰɔ:rihada サームルル ~ チョーリハダ] 事務をてきぱきと片づける.

*데다** [te:da テーダ] 自 ① やけどをする; 焼ける ¶손을 ~ [sonnul ~ ソヌル ~] 手をやけどする ② 懲りる; 手を焼く ¶주식 투자에는 정말 데었다 [tʃuʃik tʰudʒaenɯn tʃɔ:ŋmal teɔtʼa チュシク トゥジャエヌン チョーンマル テオッタ] 相場には本当に懲りた / 말썽꾸러기 아이에 부모도 데었다 [ma:lsʼɔŋkʼurɔgi aiege pumodo teɔtʼa マールッソンクロギ アイエゲ プモド テオッタ] いたずらっ子には親も手を焼いた.

데데-하다 [tedehada テデハダ] 形 取るに足りない; くだらない; つまらない ¶하는 짓이 ~ [hanɯn tʃi:ʃi ~ ハヌン チーシ ~] やることがくだらない.

데려-가다 [terjɔgada テリョガダ] 他 連れて行く ¶병원으로 ~ [pjɔ:ŋwɔne ~ ピョーンウォネ ~] 病院に連れて行く.

데려-오다 [terjɔoda テリョオダ] 他 連れて来る[帰る] ¶친구를 집으로 ~ [tʃʰingurɯl tʃiburo ~ チングルル チブロ ~] 友達を家に連れて帰る.

*데리다** [terida テリダ] 他 (引き)連れる ¶데리러 가다 [terirɔ kada テリロ カダ] 連れに行く.

데릴-사위 [terilsʼawi テリルサウィ] 名 婿養子; 入り婿.

데-밀다 [te:milda テーミルダ] 他 ㄹ語幹 押し込む[入れる]; 差し入れる ¶우리 안에 먹이를 ~ [uri ane mɔgirɯl ~ ウリ アネ モギルル ~] おりの中に餌を差し入れる.

*데우다** [teuda テウダ] 他 温める; ぬくめる; 沸かす ¶우유를 ~ [ujurɯl ~ ウユルル ~] ミルクを温める / 술을 ~ [surɯl ~ スルル ~] かんをつける / 목욕물을 ~ [mogjoŋmurɯl ~ モギョンムルル ~] 風呂を沸かす.

*데이트** [deitʰɯ デイトゥ] 他 하自 デート(date) ¶~의 약속 [~e jaks'ok ~エ ヤクソク] デートの約束.

*데치다** [te:tʃʰida テーチダ] 他 湯がく; ゆでる ¶시금치를 살짝 ~ [ʃigumtʃʰirul saltʃʼak (tʼe:tʃʰida) シグムチルル サルッチャク ~] ホウレンソウをさっと湯がく.

덴-가슴 [te:ngasɯm テーンガスム] 名 (やけどした胸の意で) おじけづいた心;

ひどい目にあった[こりごりした]気持ち.

도 [to ト] 助 ① …も ¶ 나~ 간다 [na(do) kanda ナ(ド) カンダ] 僕も行く/꽃~ 잎~ 핀다 [k'o(t'o) ip(t'o) pʰinda ッコッ~ イプ~ ピンダ] 花も咲くし葉も開く ② …でも ¶ 내일~ 좋다 [nɛil(do) tʃoːtʰa ネイル(ド) チョーッタ] 明日でもよい.

*도[道] [toː トー] 1 名 道; 道理; 悟り ¶ ~를 지키다 [~rul tʃikʰida ~ルル チキダ] 道理を守る/~를 깨치다 [~rul k'ɛtʃʰida ~ルル ッケチダ] 道を悟る 2 名 道, (日本の県にあたる)韓国・朝鮮の行政区域の1つ.

*도[度] [to ト] 1 名 度 ① 程度; ほど ¶ ~가 지나치다 [~ga tʃinatʃʰida ~ガ チナチダ] 度を過ごす[越す] ② めがねの度 ¶ ~가 센 안경 [~ga seːn aːngjɔŋ ~ガ セーン アーンギョン] 度の強いめがね 2 依名 度; 角度・温度・回数などの単位.

도가니¹ [togani トガニ] 名 牛の膝の骨と肉; 牛のでんぶの肉 **―탕** [tʰaŋ タン] 名 牛の膝皿の骨と肉を煮た汁.

도가니² [togani トガニ] 名 ① るつぼ(金属などを熔かすのに用いる耐熱用の容器) ② 多くの人々が熱狂している状態 ¶ 흥분의 ~ [huŋbune ~ フンブネ ~] 興奮のるつぼ.

도감[圖鑑] [togam トガム] 名 図鑑 ¶ 식물~ [ʃiŋmul (dogam) シンムル (ドガム)] 植物図鑑.

도구[道具] [toːgu トーグ] 名 道具 ¶ 살림~ [sallim (doːgu) サルリム (ドーグ)] 所帯道具.

도금[鍍金] [toːgum トーグム] 名 하他 メッキ ¶ 금[은]~ [kum(ɯn) (doːgum) クム[ウン] (ドーグム)] 金[銀]メッキ.

도급[都給] [togɯp トグプ] 名 請負 ¶ ~업자 [(togɯb)ɔptʃ'a (トグ)ボプチャ] 請負業者 **―계약** [k'eːjak ケーヤク] 名 請負契約.

*도기[陶器] [togi トギ] 名 陶器; 陶磁「器; 瀬戸物.

*도깨비 [tok'ɛbi トッケビ] 名 (小)鬼; 化け物, お化け ¶ ~ 집 [~ dʒip ~ ジプ] 化け物屋敷/~ 이야기 [~ ijagi ~ イヤギ] 妖怪談/~에 홀리다 [~e hollida ~エ ホルリダ] お化けに化かされる **―놀음** [norum ノルム] 名 何が何やらわからないくらいの奇怪なこと **―불** [bul ブル] 名 ① 鬼火; きつね火 ② 原因不明の火事.

*도끼 [toːk'i トーッキ] 名 斧 ¶ 손~ [son (dok'i) ソン(ドッキ)] 手斧.

도난[盜難] [tonan トナン] 名 盜難 ¶ ~당하다 [~daŋhada ~ダンハダ] 盜難に遭う/~ 신고 [~ ʃingo ~ シンゴ] 盜難届け.

도넛 [doːnɔt ドーノッ] doughnut 名 ドーナツ **―현상** [hjɔːnsaŋ ヒョーンサン] 名 ドーナツ現象. 「ガレイ(目板鰈).

도다리 [todari トダリ] 名〈魚〉メイタ

*도달[到達] [toːdal トーダル] 名 하自 到達 ¶ 목적지에 ~하다 [moktʃ'ɔktʃ'ie (toːdar)hada モクチョクチエ ~ハダ] 目的地に着く[到達する].

도당[徒黨] [todaŋ トダン] 名 徒党 ¶ 반역~ [paːnjɔk (t'odaŋ) パーニョク ~] 反逆徒党.

*도-대체[都大體] [todɛtʃʰe トデチェ] 副 ① 一体; 一体全体 ¶ ~ 어떻게 된 겁니까? [~ ɔtʰɔkʰe twen gɔmnik'a ~ オットケ トゥェン ゴムニッカ] 一体どうなったんですか ② (否定文で)まったく; さっぱり ¶ ~ 이해가 안가네 [~ iːhɛga angane ~ イーヘガ アンガネ] まるで[全然]理解できないよ.

*도덕[道德] [toːdɔk トードク] 名 道德 ¶ 상업~ [saŋɔp (t'oːdɔk) サンオプ ~] 商業道德 **―관** [(toːdɔ)k'wan クァン] 名 道德観 **―교육** [(toːdɔ) k'joːjuk キョーユク] 名 道德教育 **―률** [(toːdɔŋ)njul ~トードン)ニュル] 名 道德律 **―성** [s'ɔŋ ソン] 名 道德性 **―심** [ʃ'im シム] 名 道德心 **―적** [tʃ'ɔk チョク] 名 冠 道德的.

도도-하다 [toːdohada トードハダ] 形 傲慢だ; 横柄だ; えらぶる ¶ ~-한 태도 [~-han tʰɛdo ~-ハン テード] 傲慢な[尊大な]態度 **도도-히**¹ [toːdoi トードイ] 副 横柄に ¶ ~ 굴다 [~ kuːlda ~ クールダ] 横柄にふるまう.

도도-하다 [滔滔―] [todohada トドハダ] 形 여呂 滔々としている **도도-히²** [todoi トドイ] 副 とうとうと ¶ ~ 흐르는 강 [~ hurɯnun kaŋ ~ フルヌン カン] とうとうと流れる川[大河].

*도둑 [toduk トドゥク] 名 泥棒; 盜み; 盜人 ¶ ~이 들다 [(toduːg)i tɯlda (トドゥ)ギ トゥルダ] 泥棒が入る/~을 맞다 [(toduːg)ul mat'a (トドゥ)グル マッタ] 盜まれる; 泥棒に遭う **―고양이** [(todu) k'ojaŋi コヤンイ] 名 野良猫 **―놈** [(toduŋ) nom (トドゥン)

ノム] 名 泥棒 **—장가**[tʃ'a:ŋga チャーンガ] 名 ひそやかに嫁を迎えること **—질**[tʃ'il チル] 名 [하][他] 盗み.

도드라-지다[todɯradʒida トドゥラジダ] **1** 形 際立っている; 目につく; 目立っている; 突き出ている ¶~~진 이마[~-dʒin ima ~~ジン イマ] 際立っている[突き出た]額 ¶~~진 행동[~-dʒin hɛŋdoŋ ~~ジン ヘンドン] 目立つ行動 **2** 自 やや盛り上がって突き出る; 膨らむ.

***도라지**[toradʒi トラジ] 名 〈植〉キキョウ(桔梗); キキョウの根 ¶~ 나물[~ namul ~ ナムル] キキョウの根の浸し物.

도란-거리다[toraŋgərida トランゴリダ] 自 (むつまじく)ささやき合う ¶사이좋게 ~[saidʒokhe ~ サイジョッケ ~] 仲良くささやき合う.

***도랑**[toraŋ トラン] 名 小川; 溝; 用水路 ¶~을 파다[~ɯl phada ~ウル パダ] 溝を掘る / ~이 막히다[~i makhida ~イ マクキダ] 溝がつまる **—창**[tʃhaŋ チャン] 名 不潔な小川; どぶ; 下水路.

도량[度量][to:rjaŋ トーリャン] 名 [하][他] 度量 ¶~이 넓다[좁다][~i nəlt'a[tʃopt'a] ~イ ノルタ[チョプタ]] 度量が広い[狭い].

도-량-형[度量衡][to:rjaŋhjəŋ トーリャンヒョン] 名 度量衡.

도려-내다[torjənɛda トリョネダ] 他 えぐる; くり抜く ¶상처를 ~[saŋtʃhɔrɯl ~ サンチョルル ~] 傷口をえぐる.

***도련-님**[torjənnim トリョンニム] 名 ① 若旦那様 ② 坊や(祖母が孫息子をかわいがって呼ぶ語) ¶~, 방 치워요[~, paŋ tʃhiwəjo ~, パン チウォヨ] 坊や, 部屋を片づけて ③ 坊っちゃん(兄嫁が夫の未婚の弟を呼ぶ語) ¶~, 빨리 학교 가세요[~, p'alli hak'jo kasejo ~, ッパルリ ハクキョ カセヨ] 坊っちゃん, 早く学校へ行きなさい.

***도로**[道路][to:ro トーロ] 名 道路 ¶고속 ~[kosok (t'o:ro) コソク ~] 高速道路 **—망**[maŋ マン] 名 道路網 **—변**[bjən ビョン] 名 道ばた **—표지**[phjodʒi ピョジ] 名 道路標識.

***도로**[toro トロ] 副 ① もとへ; もとどおりに ¶펜을 ~ 갖다 놓다[phenɯl ~ kat'a notha ペヌル ~ カッタノッタ] ペンをもとどおりに置く ② 取り返して; 引き返して ¶물건을 ~ 찾다 [mulgənɯl ~ tʃhat'a ムルゴヌル ~ チャッタ] 品物を取り返す / ~ 돌아오다 [~ toraoda ~ トラオダ] 引き返す ③ 再び ¶장사를 ~ 시작하다[tʃaŋsarɯl ~ ʃi:dʒakhada チャンサルル ~ シージャクカダ] 再び商売を始める **—아미타불**[amithabul アミタブル] 名 もとの木阿弥; 逆戻り ¶노력이 ~이 되다[nərjəgi ~-(amithabur)i tweda ノリョギ ~-(アミタブ)リ トゥェダ] 努力はもとの木阿弥になった.

*-**도록**[torok トロク] 語尾 ① …するまで; …するほど ¶늦~ 공부하다[nɯ(t'oro) k'oŋbuhada ヌッ~ コンブハダ] 遅くまで勉強する / 눈물이 나~ 고생했다[nunmuri na(doro) k'osɛŋhɛt'a ヌンムリ ナ(ドロク) コセンヘッタ] 涙が出るほど苦労をした ② …するように ¶늦지 않~ 오세요[nɯtʃ'i an(thorok) osejo ヌッチ アン~ オセヨ] 遅れないようにして下さい.

도루-묵[torumuk トルムク] 名 〈魚〉 ハタハタ(鰰・鱰); カミナリウオ.

***도리**[道理][to:ri トーリ] 名 ① 道理 ¶ 자식된 ~[tʃaʃikt'wen ~ チャシクトウェン ~] 子としての道理 ② 方途; すべ ¶어찌할 ~가 없다[ətʃ'ihal (t'o:ri)ga ɔ:pt'a オッチハル ~ガ オープタ] どうにも仕様がない; なすすべがない.

도리깨[torik'ɛ トリッケ] 名 殻竿; 麦打ち; くるり棒; 連枷.

***도리어**[toriə トリオ] 副 かえって; 逆に; むしろ ¶타고 가면 ~ 시간이 더 걸리겠다[thago gamjən ~ ʃigani tə kɔlliget'a タゴ ガミョン ~ シガニト コルリゲッタ] 乗って行けばかえって余計に時間がかかりそうだ.

***도마**[toma トマ] 名 まな板 ¶~ 위에 오른 물고기[~ wie orɯn mulk'ogi ~ ウィエ オルン ムルコギ] 諺 まな板の上[俎上 $_{そじょう}$]の魚(相手のなすがままになる運命のたとえ). 「トカゲ(蜥蜴).

***도마-뱀**[tomabɛm トマベム] 名 〈動〉

***도막**[tomak トマク] 名 [依名] 切れ; 切れ端 ¶나무 ~[namu (domak) ナム(ドマク)] 棒切れ; 木の切れ端 / 생선 2~[sɛŋsən tu:(domak) センソン トゥー(ドマク)] 魚2切れ **—내다**[(toman)nɛda (トマン) ネダ] 他 短く切断する; 輪切りにする.

***도망**[逃亡][tomaŋ トマン] 名 [하][自] 逃亡 ¶~자[~-dʒa ~ジャ] 逃亡者 **—**

도-말다[tomat'a トマッタ] 他 引き受ける ¶가게 일을 ~[ka:geirul ~ カーゲイルル ~] 店を引き受ける.

***도매**[都賣][tomɛ トメ] 名 하他 卸; 卸売り **—가격**[k'agjɔk カギョク] 名 卸値(段) **—상**[saŋ サン] 名 卸屋; 卸売り商; 問屋 **—시장**[ji:dʒaŋ シージャン] 名 卸売り市場 **—업(자)**[ɔp(tʃ'a) オプ(チャ)] 名 卸売り業(者) **—점**[dʒɔm ジョム] 名 卸屋; 問屋 ¶포목 도매상[점][pʰomok (t'omɛ-saŋ[dʒɔm]) ポモク トメサン[ジョム]] 呉服問屋.

***도모-하다**[圖謀—][tomohada トモハダ] 他 図[謀]る ¶편의를 ~[pʰjɔ-nirul ~ ピョニルル ~] 便宜を図る.

***도무지**[tomudʒi トムジ] 副 まったく; 全然; まるっきり; とんと; どうしても ¶~ 알 수 없다[~ a:l s'u ɔ:pt'a ~ アールッスオープタ] 全然わからない/ ~ 맛이 없다[~ maʃi ɔ:pt'a ~ マシオープタ] とんとおいしくない.

***도미**[to:mi トーミ] 名〈魚〉タイ(鯛).

***도박**[賭博][tobak トバク] 名 하自 賭博ばく; 博打ばく ¶~장[~tʃ'aŋ ~チャン] 賭博場.

도발[挑發][tobal トバル] 名 하他 挑発 ¶전쟁을 ~하다[tʃɔ:ndʒeŋwl (to-bar)hada チョーンジェンウル ~ハダ] 戦争を挑発する.

도배[塗褙][tobɛ トベ] 名 하自他 上張り; 壁や天井に糊で紙を張ること ¶방을 ~하다[paŋul ~hada パンウル ~ハダ] 部屋を上張りする **—장이**[dʒaŋi ジャンイ] 名 紙張り職人 **—지**[dʒi ジ] 名 壁紙; 天井紙.

도벽[盜癖][tobjɔk トビョク] 名 盗癖; 手長; 盗み癖 ¶그는 ~이 있다[kɯ-nun (tobjɔg)i it'a クヌン (トビョ)ギ イッタ] 彼は手長だ.

도보[徒步][tobo トボ] 名 하自 徒歩; 歩行 ¶~ 여행[~ jɔhɛŋ ~ ヨヘン] 徒歩旅行 **—경주**[gjɔːŋdʒu ギョーンジュ] 名 競歩; ウォーキングレース.

도사[道士][to:sa トーサ] 名 ① (道を修める)道人 ② 仏の道を悟った人 ③ ベテラン; その道に通達している人 ¶노름에는 ~지[norumenun ~dʒi ノルメヌン ~ジ] 賭け事ではベテランさ.

도사리다[tosarida トサリダ] 自他 ① 膝をかかえうずくまる ¶도사리고 앉다[tosarigo ant'a トサリゴ アンタ] 膝をかかえてしゃがむ ② わだかまる; うずくまる; 潜む ¶몸을 ~[momul ~ モムル ~] 体をうずくまる / 가슴 속에 도사린 불평[kasɯm soge tosarin pulpʰjɔŋ カスム ソゲ トサリン プルピョン] 心の底に潜んでいる[わだかまっている]不平 ③ (浮き立った気持ちを)静める ¶마음을 도사려 먹고 …[ma-umul tosarjɔ mɔk'o マウムル トサリョ モクコ] 気持ちを静めて… ④ 隠す; 濁す ¶말꼬리를 ~[ma:lk'orirul ~ マールッコリルル ~] 言葉じりを濁す.

도산[倒産][to:san トーサン] 名 하自 倒産 ¶불경기로 ~하다[pulgjɔŋgiro ~hada プルギョンギロ ~ハダ] 不景気で倒産する.

도산-매[都散賣][tosanmɛ トサンメ] 名 하他 卸売りと小売り.

도살[屠殺][tosal トサル] 名 하他 食肉処理 **—장**[tʃ'aŋ チャン] 名 食肉処理場.

도상[圖上][tosaŋ トサン] 名 図上 **—연습**[njɔːnsɯp ニョーンスプ] 名 図上演習 **—작전**[dʒaktʃ'ɔn ジャクチョン] 名 図上作戦.

도색[桃色][tosɛk トセク] 名 ① 桃色; ピンク ② 色事; 情事 ¶~적인[~tʃ'ogin ~チョギン] エロチックな; ポルノの; ピンクムードの **—영화**[(tosɛŋ) njɔŋhwa (トセン) ニョンファ] 名 エロ映画; ポルノ映画; ブルーフィルム **—유희**[(tosɛŋ) njuhi (トセン) ニュヒ] 名 桃色遊戯 **—잡지**[tʃ'aptʃ'i チャプチ] 名 エロ雑誌; ポルノ雑誌.

***도서**[圖書][tosɔ トソ] 名 図書; 書籍; 本 **—대출**[~ dɛːtʃʰul ~ デーチュル] 図書貸し付け / 우량 ~[urjaŋ (doso) ウリャン (ドソ)] 優良図書 **—관**[gwan グァン] 名 図書館 **—목록**[moŋnok モンノク] 名 図書目録 **—실**[ʃil シル] 名 図書室 **—열람실**[jollamʃil ヨルラムシル] 名 図書閲覧室 **—出版**[tʃʰulpʰan チュルパン] 名 図書出版.

도선[渡船][to:sɔn トーソン] 名 渡船; 渡し船 **—장**[dʒaŋ ジャン] 名 渡船場.

도수[度數][to:s'u トース] 名 度数; 回数 ¶~가 많다[~ga ma:ntʰa ~ガ マーンタ] 度数が多い.

*__도시__[都市][toʃi トシ] 名 都市 ¶위성 ~[wisəŋ (doʃi) ウィソン (ドシ)] 衛星都市 / 자매 ~[tʃamɛ (doʃi) チャメ (ドシ)] 姉妹都市 **ーガス**[gasɯ ガス] 名 都市ガス **ー계획**[ge:hwek ゲーフェク] 名 都市計画.

*__도시락__[toʃirak トシラク] 名 弁当 ¶~을 싸다[(toʃiraɡ) ul s'ada (トシラ) グルッサダ] 弁当を用意する[包む].

도식[徒食][toʃik トシク] 名 하自 徒食 ¶무위 ~[muwi (doʃik) ムウィ (ドシク)] 無為徒食; 仕事も何もしないでぶらぶらと遊びて暮らすこと.

도심[都心][toʃim トシム] 名 都心 **ー지**[dʒi ジ] 名 都心地.

도안[圖案][toan トアン] 名 하他 図案; デザイン.

*__도약__[跳躍][tojak トヤク] 名 하自 跳躍; ジャンプ.

도열-병[稻熱病][tojəlp'jəŋ トヨルピョン] 名 稲熱病; いもち病.

도예[陶藝][toje トイェ] 名 陶芸 ¶~전[~dʒən ~ジョン] 陶芸展.

*__도와-주다__[towadʒuda トワジュダ] 他 手伝ってやる; 手助けする; 助力する ¶~-주면 좋겠는데[~-dʒumjən tʃo:kʰennunde ~-ジュミョン チョーッケンヌンデ] 手伝ってくれるといいのだが / 학비를 ~[hakp'irul ~ ハクピルル ~] 学費を援助する.

도외-시[度外視][to:weʃi トーウェシ] 名 하他 度外視; 無視 ¶손익을 ~하다[so:niɡul ~hada ソーニグル ~ハダ] 損益を度外視する.

도요[陶窯][tojo トヨ] 名 陶窯; 焼き物窯 **ー지**[dʒi ジ] 名 陶窯地.

*__도요-새__[tojose トヨセ] 名〈鳥〉シギ(鴫).

*__도용__[盗用][tojoŋ トヨン] 名 하他 盗用 ¶디자인을 ~하다[didʒainul ~hada ディジャイヌル ~ハダ] デザインを盗用する.

*__도움__[toum トウム] 名 助け; 援助 ¶~이 되다[~i tweda (トウ)ミ トゥェダ] 助けになる / 아무 ~도 안 된다[a:mu ~do an dwenda アーム ド アン ドゥェンダ] 何の足し[助け]にもならない **ー말**[mal マル] 名 助言.

도의[道義][to:i トーイ] 名 道義 ¶~에 어긋나다[~e ɔɡunnada ~エ オグンナダ] 道義にもとる **ー적**[dʒɔk ジョク] 名 冠 道義的 ¶~인 책임[~-(dʒɔɡ) in tʰɛɡim ~-(ジョ) ギン チェギム] 道義的な責任.

*__도입__[導入][to:ip トーイプ] 名 하他 導入 ¶기술 ~[kisul (do:ip) キスル (ドーイプ)] 技術導入.

*__도자-기__[陶瓷][todʒaɡi トジャギ] 名 陶磁器; 陶器・磁器などの焼き物.

도장[道場][to:dʒaŋ トージャン] 名 道場; 練武場 ¶유도 ~[ju:do (do:dʒaŋ) ユード (ドージャン)] 柔道の道場.

*__도장__[圖章][todʒaŋ トジャン] 名 印; 印章; はんこ ¶~을 찍다[~ul tʃ'ikt'a ~ウルッチクタ] はんこを押[捺]す.

*__도저-히__[到底—][to:dʒɔi トージョイ] 副 到底; とても ¶~ 불가능하다[~ pulɡanuŋhada ~ プルガヌンハダ] とても不可能である.

*__도적__[盜賊][todʒɔk トジョク] 名 盜賊; 泥棒.

*__도전__[挑戰][todʒɔn トジョン] 名 하自 挑戰 ¶신기록에 ~하다[ʃinɡirɔɡe ~-hada シンギロゲ ~ハダ] 新記録に挑戦する **ー장**[tʃ'aŋ チャン] 名 挑戦状 **ー적**[dʒɔk ジョク] 名 冠 挑戦的.

도주[逃走][todʒu トジュ] 名 하自 逃走 = '도망'(逃亡).

*__도중__[todʒuŋ トジュン] 名 途中 ¶학교 가는 ~에[hak'jo ɡanun ~e ハッキョ ガヌン ~エ] 学校へ行く途中 **ー하차**[ha:tʃʰa ハーチャ] 名 하自 ① 途中下車 ¶~할 수 있어요?[~hal s'u is'ɔjo ~ハルッスイッソヨ] 途中下車できますか ② 中途で止めること ¶입후보는 ~했다[ipʰubonun ~ hɛ-t'a イプホボヌン ~ヘッタ] 立候補は中途で取り止めた.

도지다[to:dʒida トージダ] 自 (病気が)ぶり返す; 再発する; こじれる ¶무리해서 병이 ~[murihɛsɔ pjɔ:ŋi ~ ムリヘソ ピョーンイ ~] 無理をして病気がぶり返す[悪化する].

*__도착__[到着][to:tʃʰak トーチャク] 名 하自 到着 ¶~역[(to:tʃʰaŋ) njɔk (トーチャン)ニョク] 着駅 / ~ 시각[~ ʃiɡak ~ シガク] 到着時刻.

*__도처__[到處][to:tʃʰɔ トーチョ] 名 至る所; あらゆる所; 各地 ¶국내 ~에서 … [kuŋnɛ ~esɔ クンネ ~エソ] 国内至る所で….

도청[盗聽][totʃʰɔŋ トチョン] 名 하他 盗聴; 盗み聞き **ー기**[ɡi ギ] 名 盗聴器 **ー장치**[dʒaŋtʃʰi ジャンチ] 名 盗

도청장치.

도청[道廳][to:tʃhoŋ トーチョン] 名 行政区域'도'「道」の庁.

도축[屠畜][totʃhuk トチュク] 名 하자 食肉処理 **—장**[tʃ'aŋ チャン] 名 食肉処理場.

도출[導出][to:tʃhul トーチュル] 名 하타 導出 ¶ 결론을 ~하다 [kjɔllonul (to:tʃhur) hada キョルロヌル ~ハダ] 結論を導出する[導き出す].

도취[陶醉][totʃhwi トチュィ] 名 하자 陶酔 ¶ 승리에 ~하다 [suŋnie ~ hada スンニエ ~ハダ] 勝利に酔う.

도탄[塗炭][tothan トタン] 名 塗炭 ¶ ~에 빠지다 [~e p'a:dʒida (トタ)ネッパージダ] 塗炭の苦しみに陥る.

도태[淘汰][totʰɛ トテ] 名 자타 ① 淘汰ダ ¶ 과잉 사원을 ~하다 [kwa:iŋ sawɔnul ~hada クァーイン サウォヌル ~ハダ] 過剰社員を淘汰する ② 〈生〉選択 ¶ 자연 ~ [tʃajɔn (dothɛ) チャヨン(ドテ)] 自然選択[淘汰].

*****도토리**[tothori トトリ] 名〈植〉ドングリ **—묵**[muk ムク] 名 ドングリで作ったところてん状の食品 **—키 재기** [kʰi dʒɛgi キ ジェギ] 諺 ドングリの背くらべ.

도통[都統][tothoŋ トトン] ❶ 副 まったく; さっぱり ¶ ~ 알 수 없다 [~ a:l s'u ɔ:pt'a ~ アーッル ッス オープタ] さっぱりわからない ❷ 名 都合; 合計.

도통[道通][to:thoŋ トートン] 名 하자 精通; 熟知 ¶ 그 방면에 ~하다 [ku paŋmjɔne ~hada ク パンミョネ ~ハダ] その方面に精通している.

도표[圖表][tophjo トピョ] 名 図表; グラフ ¶ ~화 하다 [~hwa hada ~ファ ハダ] 図表にする; 図表で表わす.

도피[逃避][tophi トピ] 名 자타 逃避 ¶ 현실 ~ [hjɔ:nʃil (dophi) ヒョーンシル (ドピ)] 現実からの逃避.

도합[都合][tohap トハプ] 名 副 合計; 全部 ¶ ~ 얼마인가? [~ ɔ:lmainga ~ オールマインガ] 全部でいくらか.

도해[圖解][tohɛ トヘ] 名 하타 図解 ¶ 인체의 ~ [intʃhee ~ インチェエ ~] 人体の図解.

도형[圖形][tohjɔŋ トヒョン] 名 図形 ¶ ~을 그리다 [~ul kɯ:rida ~ウル クーリダ] 図形をかく.

도화[導火][to:hwa トーファ] 名 導火; 口火 **—선**[sɔn ソン] 名 導火線.

도화[圖畫][tohwa トファ] 名 図画 ¶ ~ 연필 [~ jɔnpʰil ~ ヨンピル] 図画鉛筆 **—지** [dʒi ジ] 名 図画用紙.

도회[都會][tohwe トフェ] 名 都会 **—병**[p'jɔŋ ピョン] 名 都会病 **—지** (地)[dʒi ジ] 名 都会.

*****독**[tok トク] 名 甕ホッ ¶ 물~ [mul(t'ok) ムル~] 水がめ / ~안에 든 쥐 [(tog)- ane tun tʃwi (ト)ガネ トゥン チュィ] 諺 袋〈甕〉の(中の)ネズミ.

독[毒][tok トク] 名 毒 **—가스** [gasu ガス] 名 毒ガス.

독감[毒感][(to)k'am トクカム] 名 悪性の感冒[風邪]; インフルエンザ.

독거[獨居][tɔk'ɔ トクコ] 名 하자 独居; 独り住まい; 独り暮らし **—노인** [no:in ノーイン] 名 独り暮らしの老人.

독-과점[獨寡占][tok'wadʒɔm トククァジョム] 名 独寡占.

독-극물[毒劇物][tok'ɯŋmul トククンムル] 名 毒劇物.

독기[毒氣][tok'i トクキ] 名 毒気; 毒 ¶ ~를 품은 말투 [~rul pʰumun ma:lthu ~ルル プムン マールトゥ] 毒気を含んだ言い方.

독-나방[毒—][toŋnabaŋ トンナバン] 名〈虫〉ドクガ(毒蛾).

독녀[獨女][toŋnjɔ トンニョ] 名 1人娘 ¶ 무남(無男) ~ [munam(doŋnjɔ) ムナム(ドンニョ)] 男の兄弟がいない家の1人娘.

독농[篤農][toŋnoŋ トンノン] 名 篤農 **—가**[ga ガ] 名 篤農家.

독단[獨斷][tokt'an トクタン] 名 하타 独断 **—론**[non ノン] 名 独断論.

독도[獨島][tokt'o トクト] 名〈地〉竹島.

독려[督勵][toŋnjɔ トンニョ] 名 하타 督励 ¶ 열심히 하라고 ~하다 [jɔlʃ'imi harago ~hada ヨルシミ ハラゴ ~ハダ] 熱心にするよう督励する.

*****독립**[獨立][toŋnip トンニプ] 名 独立 ¶ ~ 생활 [~ s'ɛŋhwal ~ センファル] 一本立ちの生活 **—하다** [(toŋnip) pʰada パダ] 自 独立する; 独り立ちする **—국** [k'uk クク] 名 独立国 **—선언** [s'ɔ- nɔn ソノン] 名 独立宣言 **—심** [ʃ'im シム] 名 独立心 **—정신** [tʃ'ɔŋʃin チョンシン] 名 独立精神.

독-무대[獨舞臺][toŋmudɛ トンムデ] 名 独り舞台 ¶ 그 분야는 그의 ~다 [kɯ punjanɯn kɯe ~da ク プニャヌン クエ ~ダ] その分野は彼の独り舞

*독방[獨房][tokpʼaŋ トクパン] 名 ① 独房 ¶~ 감금[~ gamgum ~ ガムグム] 独房監禁 ② (ホテル・寄宿舎などの)個室; 1人部屋.

독-버섯[毒—][tokpʼɔsɔt トクポソッ] 名〈植〉ドクタケ(毒茸); 毒キノコ.

독보-적[獨步的][tokpʼodʒək トクポジョク] 冠名 優れて[卓越して]いること[もの] ¶~ 존재[~ tʃʼondʒɛ ~ チョンジェ] 卓越した存在.

독불-장군[獨不將軍][tokpʼuldʒaŋgun トクプルジャングン] 名 ① 人から見放された孤独な人 ② 何でも独りで処理していく人 ③ (「独りでは将軍になれない」との意で)他人と協力しなければならないことのたとえ.

독사[毒蛇][toksʼa トクサ] 名 毒ヘビ.

독-사진[獨寫眞][toksʼadʒin トクサジン] 名 1人の写真 ¶~을 찍다[~-ul tʃʼikʼta (トクサジ)ヌル ッチクタ] 1人の写真を写す.

독살[毒殺][toksʼal トクサル] 名 하他 毒殺 ¶~ 사건[~ saːkʼɔn ~ サーコン] 毒殺事件.

독살[毒煞][toksʼal トクサル] 名 毒々しさ —스럽다[sɯrəpʼta スロプタ] 形 ㅂ変 毒々しい; 殺気立っている; 悪意に満ちている ¶~-스러운 얼굴[~-sɯrəun ɔlgul ~-スロウン オルグル] 毒々しい顔; 意地の悪い顔つき.

*독서[讀書][toksʼɔ トクソ] 名 하他 読書 —삼매[sammɛ サンメ] 名 読書三昧 ¶~경[~gjəŋ ~ギョン] 読書三昧境 —실(室)[ʃil シル] 名 受験生などが勉強するように1人用に区切られている有料貸し部屋.

독선[獨善][toksʼən トクソン] 名 独善 ¶~적인 행동[~dʒəgin hɛdoŋ ~ジョギン ヘンドン] 独りよがりのふるまい.

독설[毒舌][toksʼəl トクソル] 名 毒舌 ¶~을 퍼붓다[(toksʼər)ul pʰəbutʼa (トクソ)ルル ポブッタ] 毒舌を浴びせる.

독수-공방[獨守空房][toksʼugoŋbaŋ トクスゴンバン] 名 妻が夫なしに独りで夜を過ごすこと.

*독-수리[禿—][toksʼuri トクスリ] 名〈鳥〉(クロ)ハゲワシ; (一般的に)ワシ.

독식[獨食][tokʃik トクシク] 名 하他 利益を独占すること ¶이익금을 ~ 하다[iːikʼumul (tokʃʼi)kʰada イーイックムル ~カダ] 利益金を独り占めにする.

독신[獨身][tokʃʼin トクシン] 名 独身; 独り身; 未婚 ¶~ 여성[~njəsəŋ ~ニョソン] 独身女性 —주의[dʒui ジュイ] 名 独身主義.

독실[篤實][tokʃʼil トクシル] 名 하形 篤実 ¶~한 신자[(tokʃʼir) han ʃinːdʒa ~ハン シンジャ] 篤(実)な信者.

독약[毒藥][togjak トギャク] 名 毒薬; 毒.

독어[獨語][togə トゴ] 名 ドイツ語.

독일[獨逸][togil トギル] 名〈地〉ドイツ ¶~어[(togir)ɔ (トギ)ロ] ドイツ語／~인[(togir)in (トギ)リン] ドイツ人.

독자[獨子][toktʃʼa トクチャ] 名 1人息子＝외아들[weadul ウェアドゥル] ¶ 3대 ~[samdɛ (doktʃʼa) サムデ(ドクチャ)] 3代続いての1人息子.

독자[獨自][toktʃʼa トクチャ] 自 独自 ¶~적인 행동[~dʒəgin hɛndoŋ ~ジョギン ヘンドン] 独自の行動.

*독자[讀者][toktʃʼa トクチャ] 名 読者; 読み手 ¶일반 ~[ilban (doktʃʼa) イルバン (ドクチャ)] 大方の読者 —층[tʃʰɯŋ チュン] 名 読者層.

독재[獨裁][toktʃʼɛ トクチェ] 名 하自他 独裁 ¶~자[~dʒa ~ジャ] 独裁者.

독점[獨占][toktʃʼəm トクチョム] 名 하他 独占; 独り占め ¶이익을 ~하다[iːigul ~hada イーイグル ~ハダ] 利益を独り占めにする —가격[kʼagjək カギョク] 名 独占価格 —기업[giəp ギオプ] 名 独占企業 —사업[saːəp サーオプ] 名 独占事業 —이윤[iːjun イージュン](トチョ)ミーユン] 独占利潤 —자본[dʒabon ジャボン] 名 独占資本.

독종[毒種][toktʃʼoŋ トクチョン] 名 あくどい人; 悪辣で毒々しい人; (動植物の)性質の悪い[質の劣る]品種.

독주[毒酒][toktʃʼu トクチュ] 名 ① アルコール分の強い酒 ② 毒酒.

독주[獨走][toktʃʼu トクチュ] 名 하自 独走 ¶~를 견제하다[~rul kjəndʒehada ~ルル キョンジェハダ] 独走を牽制する.

독주[獨奏][toktʃʼu トクチュ] 名 하自他 独奏; ソロ ¶피아노 ~[pʰiano (doktʃʼu) ピアノ (ドクチュ)] ピアノ独奏.

독지[篤志][toktʃʼi トクチ] 名 篤志 ¶~ 사업[~ saːəp ~ サーオプ] 篤志事業 —가[ga ガ] 名 篤志家.

독직[瀆職][toktʃʼik トクチク] 名 하自 瀆職; 汚職 ¶~ 사건[~ sʼaːkʼɔn ~ サーコン] 汚職事件.

*독-차지[獨—][tokt͡ɕʰadʑi トクチャジ] 名 하(他) 独り占め; 丸取りすること ¶ 이권을 ~하다[iːkʼwʌnɯl ~hada イークォヌル ~ハダ] 利権を独り占めにする / 상품의 ~[saŋpʰume ~ サンプメ ~] 賞品の丸取り.

독창[獨唱][toktɕʰaŋ トクチャン] 名 하(自他) 独唱 ¶ ~회[~hwe ~フェ] 独唱会.

독창[獨創][toktɕʰaŋ トクチャン] 名 하(他) 独創 **—력**[njʌk ニョク] 名 独創力 **—성**[sʌŋ ソン] 名 独創性 **—적**[dʑʌk ジョク] 冠名 独創的.

독-채[獨—][toktɕʰɛ トクチェ] 名 1戸建て; 独立家屋 ¶ ~를 빌리다[~rɯl pillida ~ルル ピルリダ] 1軒屋を借りる.

독촉[督促][toktɕʰok トクチョク] 名 하(他) 督促; 催促 ¶ 집세를 ~받다[tɕipsʼerɯl ~pʼatʼa チプセルル ~パッタ] 家賃の催促を受ける **—장**[tɕʼaŋ チャン] 名 督促状.

독탕[獨湯][toktʰaŋ トクタン] 名 하(自) 独り風呂; 1人用の浴室.

*독특[獨特][toktʰɯk トクトゥク] 名 하(形) 하(副) 独特 ¶ ~한 맛[(toktʰɯ)-kʰan mat ~カン マッ] 独得な味.

독파[讀破][tokpʰa トクパ] 名 하(他) 読破; 読了 ¶ 대하 소설을 ~하다[tɛː-ha soːsʌrɯl ~hada テーハ ソーソルル ~ハダ] 大河小説を読み終える.

독-판[獨—][tokpʰan トクパン] 名 独り舞台 **—치다**[tɕʰida チダ] 自 独り舞台のごとくふるまう; 勝手気ままにふるまう.

*독-하다[毒—][tokhada トクカダ] 形 어(変) ① 有毒だ ¶ 독한 풀[tokhan pʰul トクカン プル] 毒性のある草 ② 強い; きつい; ひどい ¶ 독한 술[tokhan sul トクカン スル] 強い酒 ③ 毒々しい; 悪辣だ ¶ 성질이 ~[sʌːndʑiri ~ ソーンジリ ~] 性格があくどい ④ 意思が強い; 我慢強い ¶ 마음을 독하게 먹다[maɯmɯl tokhage mʌktʼa マウムル トクカゲ モクタ] 気を強く持つ.

독학[獨學][tokhak トクカク] 名 하(自他) 独学 ¶ ~으로 한국[조선]어를 배우다[(tokhag)uro haːnɡuɡ[tɕʰosʌn]ʌrɯl pɛuda (トクカ)グロ ハーングゴ[チョソン]ルル ペウダ] 独学で韓国[朝鮮]語を学ぶ.

독해[讀解][tokhɛ トクケ] 名 하(他) 読解 **—력**[rjʌk リョク] 名 読解力.

독해-지다[毒—][tokhɛdʑida トクケジダ] 自 ① あくどくなる ② (味・におい)が きつくなる; 強くなる.

독후-감[讀後感][tokhugam トククガム] 名 読後感 ¶ ~을 쓰다[~ɯl sʼɯda ~-(ガ) ムル ッスダ] 読後感を書く.

*돈[toːn トーン] 名 お金 ¶ ~을 놀리다[~ɯl nollida (トー)ヌル ノルリダ] お金を寝かす[貸す] / ~을 굴리다[~ɯl kuːllida (トー)ヌル クールリダ] お金を回す / ~을 벌다[~ɯl pʌːlda (トー)ヌル ポールダ] 金を稼ぐ / ~을 빌리다[꾸다][~ɯl pillida[kʼuda] (トー)ヌル ピルリダ[ックダ]] 金を借りる / ~을 꾸어주다[~ɯl kʼuodʑuda (トー)ヌル ックオジュダ] 金を貸してやる / ~이 들다[~i tɯlda (トー)ニ トゥルダ] 金がかかる / ~을 치르다[~ɯl tɕʰiruda (トー)ヌル チルダ] 金を払う / ~에 궁하다[~e kuŋhada (トー)ネ クンハダ] 金に困っている **—값**[kʼap ッカプ] 名 お金の値打ち.

돈-내기[toːnnɛgi トーンネギ] 名 하(自) ① 賭け事 ② 賭博; 博打.

돈-냥[—兩][toːnnjaŋ トーンニャン] 名 いくらにもならない[わずかな]お金.

돈-놀이[toːnnori トーンノリ] 名 하(自) 金貸し **—꾼**[kʼun ックン] 名 金貸し屋.

돈-독[—毒][toːntʼok トーントク] 名 お金に執着する傾向 ¶ ~이 오르다[~-(tʼog)i orɯda ~-(ト)ギ オルダ] お金に夢中になる[目がくらむ].

돈독[敦篤][tondok トンドク] 名 하(形) 篤実で情け深いこと ¶ 우정이 ~하다[uːdʑoŋi (tondo)kʰada ウージョンイ ~カダ] 友情が厚い.

돈-맛[toːnmat トーンマッ] 名 お金の味 ¶ ~을 알다[~-(mas)ɯl aːlda ~-(マ)スル アールダ] お金の味を知る.

돈-방석[—方席][toːnpʼaŋsʌk トーンパンソク] 名 金持ち(お金を座布団にするの意) **—에 앉다**[(toːnpʼaŋsʌg)eantʼa (トーンパンソ)ゲアンタ] お金を座布団にして座る; 慣 金持ちになる; にわか成金になる.

돈-백[—百][toːnpʼɛk トーンペク] 名 百で数えられるほどの金 ¶ 한 달에 ~은 번다[handare ~-(pʼɛg)ɯn pʌːnda ハンダレ ~-(ペ)グン ポーンダ] 月に100万ウォンくらいはもうける[稼ぐ].

*돈-벌다[toːnbʌlda トーンボルダ] 自 (ㄹ語幹) お金を稼ぐ **돈-벌이**[toːnpʼʌri

トーンポリ] 名 한自 金もうけ ¶~를 잘 한다[~rɯl tʃar handa ~ルル チャル ハンダ] 金もうけがうまい.

돈-벼락[to:np'jɔrak トーンピョラク] 名 いきなり大金が手に入ること **─맞다**[(to:np'jɔraŋ) mat'a (トーンピョラン) マッタ] 自 (一躍) 成金になる.

돈-복[一福][to:np'ok トーンポク] 名 金運 ¶~이 있다[(to:np'og)i it'a ~(トーンポ) ギ イッタ] 金運に恵まれている.

돈-줄[to:ntʃ'ul トーンチュル] 名 金づる ¶~을 찾다[~ɯl tʃ'at'a ~(チュ)ルル チャッタ] 金づるをたどる[探す].

돈-지갑[─紙匣][to:ntʃ'igap トーンチガプ] 名 財布; がまぐち.

돈-쭝[tontʃ'uŋ トンッチュン] 依名 匁 ¶백금 2~[pɛk'ɯm du:(dontʃ'uŋ) ペククム ドゥー(ドンッチュン)] 白金2匁.

돈-푼[to:npʰun トーンプン] 名 いくらかのお金; 小銭 ¶~깨나 있다고…[~k'ɛna it'ago ~ッケナ イッタゴ] 小銭が少しばかりあるからといって…

돋구다[totk'uda トックダ] 他 高める; 盛り上げる; そそる ¶식욕을 ~[ʃigjogɯl ~ シギョグル ~] 食欲をそそる.

*돋다[tot'a トッタ] 自 ① 昇る ¶해가 ~[hɛga ~ ヘガ ~] 日が昇る ② 生える ¶새싹이 ~[sɛs'agi ~ セッサギ ~] 芽が生える ③ (吹き) 出る; できる ¶여드름이 ~[jɔdurɯmi ~ ヨドゥルミ ~] にきびができる ④ 出る, わく ¶구미가 ~[ku:miga ~ クーミガ ~] 食欲が出る; 興味がわく.

돋-보기[totp'ogi トッポギ] 名 ① 老眼鏡 ② 虫眼鏡.

돋-보이다[totp'oida トッポイダ] 自 引き立って見える; 見栄えがする ¶단풍잎이 한층 ~[tanpʰuŋipʰi hantʃʰɯŋ ~ タンプンニピ ハンチュン ~] 紅葉がぐっと引き立って見える / 남의 것은 돋보이는 법이다[name kɔsɯn totp'oinɯn pɔbida ナメ コスン トッポイヌン ポビダ] 人のものは(自分のものより)見栄えがするものだ.

돋아-나다[todanada トダナダ] 自 ① 芽生える ¶싹이 ~[s'agi ~ ッサギ ~] 芽生える ② 吹き出る ¶얼굴에 여드름이 ~[ɔlgure jɔdurɯmi ~ オルグレ ヨドゥルミ ~] 顔ににきびが吹き出る.

돋우다[toduda トドゥダ] 他 ① 高くする; 上げる ¶땅을 ~[t'aŋɯl ~ ッタ ングル ~] 土を盛って地面を高くする ② (食欲・興味を) そそる; かき立てる; 添える ¶흥을 ~[hɯːŋɯl ~ フーング ル ~] 興を添える / 흥미를 ~[hɯːŋmirɯl ~ フーンミルル ~] 興味をそそる ③ 励ます; 鼓舞する ¶사기를 ~[saːgirɯl ~ サーギルル ~] 士気を鼓舞する ④ 起こさせる ¶화를 ~[hwaːrɯl ~ ファールル ~] 怒らせる.

돋치다[totʃʰida トッチダ] 自 (生えて) 突き出る ¶가시돋친 말[kaʃidotʃʰin maːl] カシドッチン マール] とげのある [針を含んだ]言葉.

*돌¹[tol トル] 名 依名 ① 満1歳になる日; 初誕生日 = 첫 ~[tʃʰɔt (t'ol) チョッ ~]・돌날[tollal トルラル] ② 周年 ¶개교 10~ 맞이[kɛgjo jol (t'ol) madʒi ケ ギョ ヨル ~ マジ] 開校10周年の迎え.

*돌²[toːl トール] 名 ① 石 ¶~담[~dam ~ダム] 石垣 / ~무더기[~mudɔgi ~ムドギ] 石の山 / ~을 던지다[(toːr) ɯl tɔndʒida (トール)ル ン ジダ] 石を投げつける ② 石材 ③ 碁石.

돌-고래[toːlgorɛ トールゴレ] 名 〈動〉 イルカ; マイルカ (真海豚).

돌-김[toːlgim トールギム] 名 〈植〉 海中の石に生える海苔.

*돌다[toːlda トールダ] 自他 己語幹 回る ¶팽이가 ~[pʰɛŋiga ~ ペンイガ ~] こまが回る / 빙빙 ~[piŋbiŋ ~ ピンビン ~] ぐるぐる回る / 한바퀴 ~[hanbakʰwi ~ ハンバクィ ~] 1回りする / 눈이 ~[nuni ~ ヌニ ~] 目が回る / 술잔이 ~[sultʃ'ani ~ スルチャニ ~] 杯が回る / 술기운이 ~[sulk'iuni ~ スルキウニ ~] 酒が回る / 먼 길로 ~[mɔːŋgillo ~ モーンギルロ ~] 遠い道を迂回する / 돈이 잘 ~[toːni tʃal (dolda) トーニ チャル (ドルダ)] 金回りがよい / 눈물이 핑 ~[nunmuri pʰiŋ ~ ヌンムリ ピン ~] 涙がじんとにじむ / 나쁜 소문이 ~[nap'ɯn soːmuni ~ ナップン ソームニ ~] よくないうわさが広がる / 머리가 잘 ~[mɔriga tʃal (dolda) モリガ チャル (ドルダ)] 頭がよく回る / 생기가 ~[sɛŋgiga ~ センギガ ~] 生気がよみがえる / 군침이 ~[kuːntʃʰimi ~ クーンチミ ~] (口に) 生つばがたまる; 食欲が出る / 정신이 ~[tʃɔŋʃini ~ チョンシニ ~] 気が狂う.

돌-다리¹[toltʼari トルタリ] 名 溝・小

川にかけた小さな橋.
돌-다리² [to:ldari トールダリ] 图 石橋 ¶ ~도 두드려보고 건너라 [~do tudurɯjəbogo kənnəra ～ドトゥドゥリョボゴ コンノラ] 圕 石橋もたたいて渡れ.
돌-담 [to:ldam トールダム] 图 石垣.
돌-대가리 [to:ldɛgari トールデガリ] 图 图 石頭; 頭の鈍い人; とんま.
돌돌 [toldol トルドル] 副 くるくる(と) ¶ ~ 말다[말리다] [~ malda[mallida] ～ マルダ[マルリダ]] くるくる巻く[巻きつく].
돌-돔 [to:ldom トールドム] 图 イシダイ
돌려-드리다 [tolljədɯrida トルリョドゥリダ] 他 お返しする ¶ 사전을 선생님께 ~ [sadzənɯl sənsɛŋnimk'e ～ サジョヌル ソンセンニムッケ ～] 辞書を先生にお返しする.
돌려-보내다 [tolljəbonɛda トルリョボネダ] 他 ① (持って来たものを)戻す ¶ 선물을 ~ [sə:nmurɯl ～ ソーンムルル ～] 贈り物を戻す ② (訪ねて来た人を会わずにそのまま)帰す; 帰らせる ¶ 심부름꾼을 ~ [ʃi:mbururumk'unɯl ～ シームブルムックヌル ～] 用務員を帰す.
돌려-보다 [tolljəboda トルリョボダ] 他 回して見る[読む]; 回覧する ¶ 책을 ~ [tʃʰɛgɯl ～ チェグル ～] 本を回し読みする.
돌려-쓰다 [tolljəs'ɯda トルリョッスダ] 他 ① (金品を)やりくりして使う ¶ 돈을 ~ [to:nɯl ～ トーヌル ～] 金を都合[やりくり]して使う ② いろいろに利用する; 流用[転用]する.
돌려-주다 [tolljədʒuda トルリョジュダ] 他 ① 返す ¶ 빌린 책을 ~ [pillin tʃʰɛgɯl ～ ピルリン チェグル ～] 借りた本を返す ② 都合してやる ¶ 돈을 ~ [to:nɯl ～ トーヌル ～] お金を都合してやる[回してやる]; お金を返済する.
돌리다¹ [tollida トルリダ] 自他 ① ほっとする ¶ 한숨~ [hansum (dollida) ハンスム(ドルリダ)] ほっと一息つく ② 借りる; 融通する ¶ 돈을 ~ [to:nɯl ～ トーヌル ～] 金を融通する[借りる].
***돌리다²** [tollida トルリダ] 他 ① 回す ¶ 팽이를 ~ [pʰɛŋirɯl ～ ペンイルル ～] こまを回す ② (向きを)変える ¶ 화제를 ~ [hwadʒerɯl ～ ファジェルル ～] 話題を変える / 발길을 ~ [palk'irɯl ～ パルキルル ～] きびすを返す; 引き返す ③ 配る ¶ 신문을 ~ [ʃinmunɯl ～ シンムヌル ～] 新聞を配る ④ 思い直す ¶ 마음을 ~ [maɯmɯl ～ マウムル ～] 思い直す; 気を転ずる ⑤ 動かす ¶ 공장을 ~ [koŋdʒaŋɯl ～ コンジャンウル ～] 工場を動かす.
돌림 [tollim トルリム] 图 順々に回すこと ¶ ~턱 [～tʰək ～トク] 順番におごること ━**병** [p'jəŋ ピョン] 图 はやり病; 伝染病 ━**자** [tʃ'a チャ] 图 父系血族の間で同じ親等を表わすために名前の一部に用いる共通の漢字＝항렬자(行列字) [haŋnjəltʃ'a ハンニョルチャ].
돌-맞이 [tolmadʒi トルマジ] 图 [하자] ① 1周年を迎えること ② 満1歳の初誕生日を迎えること.
돌-멩이 [to:lmeŋi トールメンイ] 图 石ころ; 小石 ━**질** [dʒil ジル] 图 [하자] 石投げ; 投石; つぶて打ち.
돌-무더기 [to:lmudəgi トールムドギ] 图 石の小山; 石の積み重ね.
돌-무지 [to:lmudʒi トールムジ] 图 石の多い土地.
돌발[突發] [tolbal トルバル] 图 [하자] 突発 ¶ ~ 사고 [～ sa:go ～ サーゴ] 突発事故.
돌-배 [tolbɛ トルベ] 图 〈植〉ヤマナシ「(山梨)の実.
돌변[突變] [tolbjən トルビョン] 图 [하자] 急変 ¶ 태도가 ~하다 [tʰɛ:doga ～hada テードガ ～ハダ] 態度が急変する.
***돌-보다** [to:lboda トールボダ] 他 ① 世話をする; 面倒をみる ¶ 환자를 ~ [hwa:ndʒarɯl ～ ファーンジャルル ～] 病人の世話をする ② 手伝う; 助力する.
돌-부리 [to:lp'uri トールプリ] 图 (路面に突き出た)石(の角) ¶ ~에 걸려 넘어지다 [～e kəlljə nəmədʒida ～エ コルリョ ノモジダ] 石につまずいて転ぶ.
돌-산[━山] [to:ls'an トルサン] 图 岩山; 石山.
돌-상[━床] [tols'aŋ トルサン] 图 満1歳の誕生日祝いのお膳.
돌-솥 [to:lsot トールソッ] 图 (飯炊き用の)石の釜.
돌-싸움 [to:ls'aum トールッサウム] 图 [하자] 石合戦.
***돌아-가다** [toragada トラガダ] 自他 ① 回る ¶ 풍차가 ~ [pʰuŋtʃʰaga ～ プンチャガ ～] 風車が回る / 자금이 잘 ~ [tʃagɯmi tʃal (doragada) チャグミ チャル(ドラガダ)] 資金がよく回る ② 帰[返]る ¶ 집으로 ~ [tʃiburo ～ チブロ ～] 家に帰る / 동심으로 ~ [to:ŋʃimuro ～ トーンシムロ ～] 童心に返

る ③ 遠回りする ¶먼 길로 ~[mɔːn killo モーン キルロ ~] 遠回りする ③ 帰する ¶수포로 ~[suphoro ~ スポロ ~] 水泡に帰する **돌아-가시다** [toragaʃida トラガシダ] 自 ① お帰りになる ② お亡くなりになる; 죽다[tʃukt'a チュクタ]「死ぬ」の尊敬語 ¶할아버지께서 ~[harabodʒik'esɔ ~ ハラボジッケソ ~] 祖父がお亡くなりになる.

돌아-눕다[toranupt'a トラヌプタ] 自 ㅂ変 ① 寝返る ¶잠을 이루지 못하여 ~[tʃamul irudʒi moːthajo ~ チャムル イルジ モーッタヨ ~] 寝つかれなくて寝返りを打つ ② 寝床で背を向ける.

*돌아-다니다[toradanida トラダニダ] 自他 ① 歩き回る; 巡る; うろつく ¶나라 안을 ~[nara anul ~ ナラ アヌル ~] 国中を歩き回る / 이리저리 ~[iridʒɔri ~ イリジョリ ~] あちこちうろつく ② (病気などが) はやる ¶독감이 ~[tok'ami ~ トクカミ ~] インフルエンザはやる.

돌아(다)-보다[tora(da)boda トラ(ダ)ボダ] 他 ① 振り返る; 見返る ¶잠깐 ~[tʃamk'an ~ チャムッカン ~] ちょっと振り返る ② 顧みる ¶1년을 ~[illjɔnul ~ イルリョヌル ~] 1年を顧みる ③ 見回る ¶명소를 ~[mjɔŋsorul ~ ミョンソルル ~] 名所を見回る.

돌아-서다[torasɔda トラソダ] 自 ① 後ろ向きになる; 背を向ける ¶돌아선 모습[torasɔn mosup トラソン モスプ] 後ろ向きの姿 ② 仲たがいする ¶사소한 일로 ~[sasohan niːllo ~ サソハン ニールロ ~] ささいなことで仲たがいする ③ (病勢が) 快方に向かう ¶병이 조금 ~[pjɔːŋi tʃogum ~ ピョーニ チョグム ~] 病気が治りかける.

돌아-앉다[toraant'a トラアンタ] 自 ① 後ろ向きに座る; 背を向けて腰かける ¶그녀는 ~-앉았다[kɯnjɔnun ~-andʒat'a クニョヌン ~-アンジャッタ] 彼女は背を向けて腰かけた ② …に向かって座る ¶책상으로 ~[tʃheksaŋuro ~ チェクサンウロ ~] 机に向かって座る ③ 仲たがいする; 反目する.

*돌아-오다[toraoda トラオダ] 自 ① 帰ってくる; 帰る; 返る; 戻る ¶고향에 ~[kohjaŋe ~ コヒャンエ ~] おくにへ帰ってくる / 집에 ~[tʃibe ~ チベ ~] 家に帰る / 정상으로 ~[tʃɔːŋsaŋuro ~ チョーンサンウロ ~] 正常に戻る / 제정신으로 ~[tʃedʒɔŋ-ʃinuro ~ チェジョンシヌロ ~] 我に返る; 気を取り戻す; 意識を回復する ② 回ってくる; 回る ¶운이 ~[uːni ~ ウーニ ~] 好運が巡ってくる / 반환점을 ~[paːnhwantʃ'ɔmul ~ パーンファンチョムル ~] 折り返し点を回ってくる ③ 回り道をする; 遠回りする.

돌연[突然][torjɔn トリョン] 名 하形 副 突然; だしぬけに; にわかに ¶~한 사고[~han saːgo ~ハン サーゴ] 突発事故 / ~ 비가 오다[~ piga oda ~ ピガ オダ] 突然雨が降る **-히**[i (トリョニ)] 副 突然(に); にわかに; 不意に; いきなり ¶차가 ~ 멈추다[tʃhaga ~ mɔmtʃhuda チャガ ~ モムチュダ] 車が突然止まる **-변이**[bjɔːni ピョーニ] 名 突然変異 **-사**[sa サ] 名 〈医〉突然死.

돌이켜-보다[torikhjɔboda トリキョボダ] 他 振り返る; 省みる; 顧みる ¶지난 1년을 ~[tʃinan illjɔnul ~ チナン イルリョヌル ~] この1年を顧みる.

*돌이키다[torikhida トリキダ] 他 ① 振り返る; 顧みる ② 取り戻す; 取り返す ¶건강을 ~[kɔːnɡaŋul ~ コーンガンウル ~] 健康を取り戻す / 돌이킬 수 없는 실패[torikhil sʼuː ɔːmnɯn ʃilphɛ トリキルッス オームヌン シルペ] 取り返しのつかない失敗 ③ (心を) 入れ替える; 改める ¶마음을 ~[maumul ~ マウムル ~] 思い直す.

돌입[突入][torip トリプ] 名 하自 突入 ¶대기권에 ~하다[tɛːgik'wɔne (tori)phada テーギクォンネ ~パダ] 大気圏に突入する.

돌-잔치[toldʒantʃhi トルジャンチ] 名 하自 初[満1歳]誕生日のお祝いの会.

돌-잡이[toldʒabi トルジャビ] 名 하他 初[満1歳]誕生日のお祝いの膳に種々のものを並べ、幼児が自由にお金を取ったら金持ち、糸なら長寿、本・鉛筆なら学者、弓なら将軍になれるといってその将来を占うこと **돌-잡히다**[toldʒaphida トルジャプピダ] 他 '돌잡이'をする.

돌출[突出][toltʃhul トルチュル] 名 하自 突出 ¶~한 간판[(toltʃhur)han kanphan ~ハン カンパン] 突き出た看板.

돌파[突破][tolpha トルパ] 名 하他 突破 ¶난관을 ~하다[nangwanul ~-hada ナングァヌル ~パダ] 難関を突破する **-구**[gu グ] 名 突破口.

돌-팔매 [to:lpʰalmɛ トールパルメ] 图 つぶて **—질** [dʒil ジル] 图 石投げ; つぶて打ち ¶ **—하다** [~-(dʒir)hada ~ハダ] つぶてを投げる[打つ].

돌-팔이 [to:lpʰari トールパリ] 图 いかがわしい技術・品物などを売り歩く人[こと]; 旅稼ぎ **—의사** [ɯi:sa ウィーサ] 图 免許のない下手な医者; にせ医者.

돌풍 [突風] [tolpʰuŋ トルプン] 图 突風 ¶ ~에 휘말리다 [~e hwimallida ~エ フィマルリダ] 突風に巻き込まれる.

돔 [to:m トーム] 图〈魚〉タイ='도미' ¶ **돌[참]~** [to:l(tʃʰam) (dom) トール[チャム](ドム)] イシ[マ]ダイ(石[真]鯛).

*__돕다__ [to:pt'a トープタ] 他 助ける; 手助けする; 手伝う; 助力する ¶ 일을 ~ [i:rul イールル ~] 仕事を手伝う / 서로 ~ [sɔro ~ ソロ ~] 助け合う / 가난한 사람을 ~ [kananhan sa:ramɯl ~ カナンハン サーラムル ~] 貧者を助ける / 소화를 ~ [sohwarɯl ~ ソファルル ~] 消化を助ける.「むしろ.

***돗-자리** [tot'tʃ'ari トッチャリ] 图 ござ;

동 [toŋ トン] 图 (物事の)終わり); 払底 ¶ 물건이 ~이 나다 [mulgʌni ~i nada ムルゴニ ~イ ナダ] 品切れになる; 品物が払底する・底をつく.

동 [洞] [to:ŋ トーン] 图 洞(行政区画の町・村に当たる) **—주민 센터** (住民 center) [dʒu:min sentʰʌ ジューミンセンタ] 图 洞役所.

동 [棟] [toŋ トン] 依名 軒, 棟 ¶ 가옥 2~ [kaok t'u:(doŋ) カオク トゥー(ドン)] 家屋2棟 / 현대 아파트 101~108호 [hjɔ:ndɛ apʰa:tʰɯ bɛgil(t'oŋ) bɛkpʰarho ヒョーンデ アパートゥ ベギル ~ ペクパルホ] 現代ｼﾞｬｰﾝアパート[マンション]101棟108号.

동감 [同感] [toŋgam トンガム] 图 하自 同感 ¶ 전적으로 ~이다 [tʃʌntʃ'ɔgɯro ~ida チョンチョグロ (トンガ ミダ] まったく同感だ.

*__동갑__ [同甲] [toŋgap トンガプ] 图 同い年(の人); 同年齢(の人) ¶ 두 사람은 ~이다 [tu: saramɯn (toŋgab)ida トゥー サラムン (トンガ)ビダ] 2人は同い年だ.

동강 [toŋgaŋ トンガン] 图 切れ; 切れ端; かけら ¶ 연필 ~ [jʌnpʰil (doŋgaŋ) ヨンピル (ドンガン)] 鉛筆のかけら **—나다** [nada ナダ] 自 切れる; 折れる; 切断される ¶ 두 ~ [tu:(doŋga-

nada) トゥー(ドンガンナダ)] 真っ二つに切れる **—내다** [nɛda ネダ] **・—치다** [tʃʰida チダ] 他 切る; 切断する; ぶつ切りにする ¶ 생선을 ~ [sɛŋsʌnɯl ~ センソヌル ~] 魚をぶつ切りにする **—동강** [doŋgaŋ ドンガン] 副 ずたずたに ¶ ~ 토막내다 [~ tʰomaŋnɛda ~ トマンネダ] ずたずたに寸断する **—이** [i イ] 图 切れ端; 断片.

동거 [同居] [toŋgʌ トンゴ] 图 하自 同居; 同棲 ¶ ~인 [in イン] 同居人 / ~ 생활 [~ sɛŋhwal ~ センファル] 同居[同棲]生活.

동결 [凍結] [to:ŋgjʌl トーンギョル] 图 하自他 凍結 ¶ 자금의 ~ [tʃagumɛ ~ チャグメ ~] 資金の凍結.

동경 [憧憬] [to:ŋgjʌŋ トーンギョン] 图 하다 憧憬しょう・どう; あこがれ ¶ ~하는 작가 [~hanɯn tʃak'a ~ハヌン チャクカ] あこがれの作家.

동계 [冬季] [toŋge トンゲ] 图 冬季 ¶ ~ 올림픽 [~ ollimpʰik ~ オルリムピク] 冬季オリンピック.

동고-동락 [同苦同樂] [toŋgodoŋnak トンゴドンナク] 图 하自 苦楽をともにすること ¶ ~한 친구 [~-(doŋɡa)kʰantʃʰiŋgu ~ カン チング] 苦楽をともにして来た友.

동구 [洞口] [to:ŋgu トーング] 图 ① 村の入り口 ¶ ~밖 [~bak ~バク] 村はずれ ② (寺の)山門の入り口.

동국 [東國] [toŋguk トングク] 图 ① 東国(中国に対する韓国・朝鮮の自称) ② 東方の国.「くつ.

동굴 [洞窟] [to:ŋgul トーングル] 图 洞窟

*__동그라미__ [toŋgurami トングラミ] 图 ① 円; 丸 ¶ ~를 그리다 [~rul ku:-rida ~ルル クーリダ] 円を描く / 맞는 글에 ~를 쳐라 [mannɯn kure ~rul tʃʰɔra マンヌン クレ ~ルル チョラ] 正しい文に丸をつけよ ② (俗) お金 ¶ ~ 없다 [~ga ɔ:pt'a ~ガ オープタ] お金がない.

동그랑-땡 [toŋgurant'ɛŋ トングランッテン] 图 (俗) 硬貨のようにまるくして焼く食べ物(魚・肉・豆腐・ナムルなどのみじん切りに小麦粉を混ぜ卵の衣を着せて油で焼く).

동그랗다 [toŋgɯratʰa トングラッタ] 形 ㅎ変 (まん)まるい ¶ 달이 ~ [tari ~ タリ ~] 月が(まん)まるい.

동그래-지다 [toŋgurɛdʒida トングレジ

夕] 国(まん)まるくなる ¶깜짝 놀라 눈이 ~[k'amtɕ'aŋ no:lla nuni ~ ッカムッチャン ノーラル ヌニ ~]びっくりして目がまんまるくなる.

동그스름-하다[toŋgɯsɯrɯmhada トングスルムハダ] 厖[어변] まるみを帯びている; 俗 まるっこい ¶글씨를 ~-하게 쓰다[kɯlɕ'irɯl ~-hage s'ɯda クルッシルル ~-ハゲ ッスダ] まるっこい字を書く.

동글납작-하다[toŋgɯllaptɕ'akhada トングルラプチャクカダ] 厖[어변] まるくてやや平べったい ¶~-한 얼굴[~-kʰan ɔlgul ~-カン オルグル] まるぼちゃの平たい顔.

***동글다**[toŋgɯlda トングルダ] 厖[ㄹ語幹] まるい. <'둥글다'¶ 달이 ~[tari ~ タリ ~] 月がまるい **동글리다**[toŋgɯllida トングルリダ] 他 まるくする; まるめる.

동급[同級][toŋgɯp トングプ] 名 同級 ¶~생[~sʼɛŋ ~セン] 同級生.

동기[同氣][toŋgi トンギ] 名 兄弟姉妹 **―간**[gan ガン] 名 兄弟姉妹の間柄.

동기[同期][toŋgi トンギ] 名 同期 ¶~생[~sɛŋ ~セン] 同期生.

***동기**[動機][to:ŋgi トーンギ] 名 動機; きっかけ; 契機 ¶불순한 ~[pulsʼunhan ~ プルッスンハン ~] 不純な動機.

동-나다[toŋnada トンナダ] 自 品切れになる; 払底する ¶설탕이 ~[sɔltʰaŋi ~ ソルタンイ ~] 砂糖が品切れになる / 인물이 ~[inmuri ~ インムリ ~] 人物が払底する.

***동남**[東南][toŋnam トンナム] 名 東南 ¶~ 아시아[~ aɕia (トンナ) マシア] 東南アジア.

동냥[to:ŋnjaŋ トーンニャン] 名 하自他 (乞食の)物ごい; 〈仏〉托鉢など ¶통행인에게 ~하다[tʰoŋhɛŋinege ~ トンヘンイネゲ ~] 通行人に物ごいをする.

***동네**[洞―][to:ŋne トーンネ] 名 村; 近所 ¶우리 ~[uri ~ ウリ ~] 私の住んでいる村[町・集落・近所] **―방네**[banne バンネ] 名 村じゅう; 村全体.

동녘[toŋnjɔk トンニョク] 名 東; 東方 ¶~ 하늘[(toŋnjɔk)kʰanɯl ~ カヌル] 東の空.

동댕이-치다[toŋdɛŋitɕʰida トンデンイチダ] 他 放[抛]る; 投げつける; 抛がつ; 放り出す ¶책을 ~[tɕʰɛgɯl ~ チェグル ~] 本を投げつける / 시험을 ~

[ɕihɔmɯl ~ シホムル ~] 試験を放る.

동동[toŋdoŋ トンドン] 副 ばたばた ¶발을 ~구르며 울다[parɯl ~gurɯmjɔ u:lda パルル ~グルミョ ウールダ] 足をばたつかせながら泣く **―거리다**[gɔrida ゴリダ] 自他 ① (寒さ・くやしさ・焦りのために)足をばたばたさせる; 地団駄を踏む ② じりじりして気をもむ **―걸음**[gɔrɯm ゴルム] 名 小走り; 早足; (急ぎ・寒さなどで)そそくさと小股ぎみで足早に歩くこと.

동동-주[―酒][toŋdoŋdʒu トンドンジュ] 名 濾過かしないで飯粒を浮かしたままのどぶろく[濁り酒].

동등[同等][toŋdɯŋ トンドゥン] 名 하形 同等 ¶~권[~k'wɔn ~クォン] 同等の権利 **―히**[i イ] 副 同等に.

동-떨어지다[toŋt'ɔrɔdʒida トンットロジダ] 自 遠く離れる; かけ離れる; 隔たる ¶마을에서 ~[maɯresɔ ~ マウレソ ~] 村から遠く離れている / 액수가 ~[ɛks'uga ~ エクスガ ~] 額のけたが違う.

동란[動亂][to:ŋnan トーンナン] 名 動乱 ¶~이 일어나다[~i irɔnada (トーンナ) ニ イロナダ] 動乱が起こる.

동력[動力][to:ŋnjɔk トーンニョク] 名 動力 **―자원**[tɕʼawɔn チャウォン] 名 動力資源.

동료[同僚][toŋnjo トンニョ] 名 同僚; 仲間 ¶~ 의식[~ ɯiɕik ~ ウィーシク] 仲間意識.

동맹[同盟][toŋmɛŋ トンメン] 名 하自 同盟 **―파업**[pʰa:ɔp パーオプ] 名 하自 同盟罷業; ストライキ **―휴교**[hjugjo ヒュギョ] 名 하自 同盟休校.

동면[冬眠][to:ŋmjɔn トーンミョン] 名 하自 冬眠 ¶뱀의 ~[pɛ:me ~ ペーメ ~] ヘビの冬眠[冬ごもり].

동명[同名][toŋmjɔŋ トンミョン] 名 同名 ¶동성 ~[toŋsɔŋ (doŋmjɔn) トンソン (ドンミョン)] 同姓同名 / ~ 이인[~ iin ~ イーイン] 同名異人.

***동무**[toŋmu トンム] 名 ① 友達; 友 ② 相棒; 仲間 ③ (共和国で)…さん ¶리~[ri:(doŋmu) リー(ドンム)] 李さん **―하다**[hada ハダ] 自 友となる; 組み合う; 道づれになる.

동문[同門][toŋmun トンムン] 名 同門; 同窓; 相弟子 ¶~ 선배[~sɔnbɛ ~ソンベ] 同門の先輩 **―수학**[同学][suhak(doŋhak) スハク[ドンハク]]

名[하自] 師を同じくして学ぶこと.
동문-서답[東問西答][toŋmunsʌdap トンムンソダプ] 名[하自他] 的はずれな答え; 見当違いの答え ¶ ~으로 얼버무리다 [~-(sʌdab)ɯro ʌlbʌmurida ~-(ソダブ)ウロ オルボムリダ] とんちんかんな答えで紛らす.
***동물**[動物][toːŋmul トーンムル] 名 動物 —성 [sʌŋ ソン] 名 動物性 ¶ ~식품 [~ ʃikpʰum ~ シクプム] 動物性食品 —원 [(toːŋmur)wʌn (トーンム)ルォン] 名 動物園.
동반[同伴][toŋban トンバン] 名 同伴 ¶ 부인 ~ [puin (doŋban) プイン(ドンバン)] 夫人同伴 —하다 [hada ハダ] 自 同伴する; 伴う —자살(自殺) [dʒasal ジャサル] 名[하自他] 心中; 無理心中 ¶ 일가의 ~ [ilgae ~ イルガエ ~] 一家心中.
동방[東方][toŋbaŋ トンバン] 名 東方 —예의지국 [禮儀之國][jeidʒiguk イェイジグク] 名 東方礼儀の国(昔, 中国で韓国・朝鮮を指していった語).
***동백**[冬柏][toŋbɛk トンベク] 名〈植〉ツバキの実; ツバキ(椿) —기름 [(toŋbɛ)kʼirum (トンベ)キルム] 名 ツバキの油 —꽃 [(toŋbɛ)kʼot コッ] 名〈植〉ツバキの花 —나무 [(toŋbɛŋ)namu (トンベン)ナム] 名〈植〉ツバキ.
동-부인[同夫人][toŋbuin トンブイン] 名 夫婦連れ; 夫人同伴 —하다 [hada ハダ] 自 夫人を同伴する.
***동북**[東北][toŋbuk トーンブク] 名 東北 ¶ ~ 아시아 [(toŋbug) aʃia (トンブ) ガシア] 東北アジア.
동분-서주[東奔西走][toŋbunsʌdʒu トンブンソジュ] 名[하自他] 東奔西走 ¶ 취직을 위해 ~하다 [tʃʰwidʒiguɯl wihɛ ~hada チュィージグル ウィヘ ~ハダ] 就職のために東奔西走する.
동사[凍死][toːŋsa トーンサ] 名[하自] 凍死 ¶ ~자 [~dʒa ~ジャ] 凍死者.
동산[toŋsan トンサン] 名 ① 家の近くにある小山や丘 ② 園 ¶ 꽃~ [kʼo(toŋsan) ッコッ~] 花園.
동상[凍傷][toːŋsaŋ トーンサン] 名 凍傷; 霜焼け; 霜ばれ ¶ ~에 걸리다 [~e kʌllida ~エ コルリダ] 凍傷にかかる / ~에 걸린 손가락 [~e kʌllin sonkʼarak ~エ コルリン ソンカラク] 霜焼けの指.
동상-이몽[同床異夢][toŋsaŋiːmoŋ トンサンイーモン] 名 同床異夢.

***동생**[同生][toŋsɛŋ トンセン] 名 弟, または妹 ¶ 남~ [nam(doŋsɛŋ) ナム(ドンセン)] 弟 / 여[누이]~ [jʌ[nui](doŋsɛŋ) ヨ[ヌイ](ドンセン)] 妹.
동서[同壻][toŋsʌ トンソ] 名 ① 相壻; 姉妹の夫同士の呼称 ② 相嫁; 兄弟の妻同士の呼称.
동서[同棲][toŋsʌ トンソ] 名[하自] 同棲 ¶ ~ 생활 [~ sɛŋhwal ~ センファル] 同棲生活.
***동서**[東西][toŋsʌ トンソ] 名 東西 —고금 [古今][goːgum ゴーグム] 名 東西古今 —남북 [nambuk ナムブク] 名 東西南北; 四方.
동석[同席][toŋsʌk トンソク] 名 同席 ¶ ~자 [~tʃʼa ~チャ] 同席者.
동성[同姓][toŋsʌŋ トンソン] 名 同姓 —동본(同本) [doŋbon ドンボン] 名 姓も本貫も同じであること —불혼(不婚) [burhon ブルホン] 名 同姓娶らず; 同じ父系血族間[8寸以内]の結婚を避けること.
동성[同性][toŋsʌŋ トンソン] 名 同性 —애 [ɛ エ] 名 同性愛.
동승[同乗][toŋsɯŋ トンスン] 名[하自] 同乗 ¶ 차에 ~하다 [tʃʰae ~hada チャエ ~ハダ] 車に同乗する.
***동시**[同時][toŋʃi トンシ] 名 同時 —녹음 [nogɯm ノグム] 名 同時録音 —녹화 [nokʰwa ノクファ] 名 同時録画 —통역 [tʰoŋjʌk トンヨク] 名 同時通訳.
동식-물[動植物][toːŋʃiŋmul トーンシンムル] 名 動植物 ¶ ~ 도감 [~dogam ~ ドガム] 動植物図鑑.
동아리[toŋari トンアリ] 名 **1** 仲間; 連中; 群れ; やから; (大学などの)サークル **2** (長い物の)一部分 ¶ 아랫~ [arɛ (tʼoŋari) アレッ~] 下の部分.
***동안**[toŋan トンアン] 名[地] 間; うち; 中 ¶ 그 ~ [kɯ (doŋan) ク (ドンアン)] その間 / 오랫~ [orɛ (tʼoŋan) オレッ~] 長い間 / 사흘~ [sahuːl (doŋan) サフル(ドンアン)] 3日間.
***동양**[東洋][toŋjaŋ トンヤン] 名〈地〉東洋 —인 [in イン] 名 東洋人 —화 [hwa ファ] 名 東洋画.
동업[同業][toŋʌp トンオプ] 名[하自] 同業 ① 同じ職業 ② 共同経営; 共同営業 —자 [tʃʼa チャ] 名 ① 同じ職業・業種の人 ② 共同で営業をする人.

동여-매다[toŋjɔmɛda トンヨメダ] 他 ① くくる; 結ぶ ¶짐을 ~[tʃimul ~ チム ~] 荷をくくる ② 縛る; 縛り上げる ¶죄인을 ~[tʃweːinɯl ~ チュェーイヌル ~] 罪人を縛り上げる.

*동요[動搖][toːŋjo トーンヨ] 名 自他 動揺 ¶물가의 ~[mulk'ae ~ ムルカエ ~] 物価の動揺 / 인심의 ~[inʃime ~ インシメ ~] 人心の動揺.

*동요[童謠][toːŋjo トーンヨ] 名 童謡; わらべ歌.

동의[同意][toŋi トンイ] 名 自他 同意 ¶~를 구하다[~rul kuhada ~ルル クハダ] 同意を求める.

동이[toŋi トンイ] 名 (口が広く両側に取っ手のある)かめ ¶물~[mul(t'oŋi) ムル~] 水がめ.

동이다[toŋida トンイダ] 他 ① (物を)くくる ¶헌 신문지를 ~[hɔːn ʃinmundʒirɯl ~ ホーン シンムンジルル ~] 古新聞をくくる ② (体を)縛る ¶상처를 ~[saŋtʃʰorɯl ~ サンチョルル ~] 傷口を縛る.

동일[同一][toŋil トンイル] 名 하形 同一 **―성**[s'ɔŋ ソン] 名 同一性.

*동작[動作][toːŋdʒak トーンジャク] 名 自他 動作 ¶민첩한 ~[mintʃʰɔpʰan ~ ミンチョパン ~] 敏捷びんな動作 / ~이 느리다[둔하다][(toːŋdʒag)i nɯrida[tuːnhada] (トーンジャ)ギ ヌリダ[トゥーンハダ]] 動作が鈍い.

동장[洞長][toːŋdʒaŋ トーンジャン] 名 洞事務所[役所]の長.

동-장군[冬將軍][toŋdʒaŋgun トンジャングン] 名 冬将軍.

동적[動的][toːŋdʒɔk トーンチョク] 冠 動的; ダイナミック.

*동전[銅錢][toŋdʒɔn トンジョン] 名 硬貨; 銅貨; 銅銭; コイン.

동점[同點][toŋtʃɔm トンチョム] 名 同点 ¶~으로 비기다[~ɯro pigida(toŋtʃɔ)ムロ ピギダ] 同点引き分けになる.

*동정[同情][toŋdʒɔŋ トンジョン] 名 同情; 思いやり; 哀れみ ¶~심[~ʃim ~シム] 同情心 **―하다**[hada ハダ] 他 同情する; 思いやる; 哀れむ.

동정[動靜][toːŋdʒɔŋ トーンジョン] 名 動静 ¶학계의 ~[hakʼee ~ ハクケエ ~] 学界の動静.

동정[童貞][toːŋdʒɔŋ トーンジョン] 名 童貞 ¶~을 잃다[~ɯl iltʰa ~ウル イルタ] 童貞を失う.

동조[同調][toŋdʒo トンジョ] 名 同調 **―자**[dʒa ジャ] 名 同調者.

동족[同族][toŋdʒok トンジョク] 名 同族 **―상잔**(相殘)[s'aŋdʒan サンジャン] 名 自他 同族同士争い殺し合うこと.

동지[冬至][toŋdʒi トンジ] 名 冬至 **―팥죽**[pʰatʼuk パッチュク] 名 冬至の日に食べるアズキのおかゆ **―섣 달**[sɔːtʼal ソーッタル] 名 陰暦の11月('동짓달')と12月('섣달'); 霜月・師走.

동지[同志][toŋdʒi トンジ] 名 同志 ¶우리의 ~[urie ~ ウリエ ~] われわれの同志.

**동-쪽[東―][toŋtʃʼok トンッチョク] 名 東; 東(の)方 ¶하늘[(toŋtʃʼo)kʰanɯl ~ カヌル] 東の空.

동참[同參][toŋtʃʰam トンチャム] 名 自他 (式や集会などに)ともに参加すること ¶민주화 대열에 ~하다[mindʒuhwa dɛjore ~hada ミンジュファ デヨレ ~ハダ] 民主化の隊列にともに参加する.

*동창[同窓][toŋtʃʰaŋ トンチャン] 名 同窓; 同学 ¶동기 ~[toŋgi(toŋtʃʰaŋ) トンギ(ドンチャン)] 同期同窓 **―생**[sɛŋ セン] 名 同窓生 **―회**[hwe フェ] 名 同窓会.

동치미[toːŋtʃʰimi トーンチミ] 名 大根キムチの1つ(大根を丸ごと、あるいは大きく切って薄い塩水に漬ける汁の多いキムチ) **동치밋-국**[toːŋtʃʰimitʼuk トーンチミックク] 名 トンチミの汁.

동태[凍太][toːŋtʰɛ トーンテ] 名 〈魚〉冷凍した明太たい; (凍った)スケトウダラ.

동태[動態][toːŋtʰɛ トーンテ] 名 動態 ¶인구 ~[iŋgu(doːŋtʰɛ) イング(ドーンテ)] 人口動態.

동-트다[東―][toŋtʰɯda トントゥダ] 自 으変 東の空が白む; 夜が明ける.

동틀-녘[toŋtʰɯlljɔk トントゥルリョク] 名 明け方.

*동포[同胞][toŋpʰo トンポ] 名 同胞 ¶해외 ~[hɛːwe(doŋpʰo) ヘーウェ(ドンポ)] 海外同胞 **―애**[ɛ エ] 名 同胞愛.

동-하다[動―][toːŋhada トーンハダ] 自 여変 動じる; 生じる ¶마음이 ~[maɯmi ~ マウミ ~] 心が動揺する / 구미(口味)가 ~[kuːmiga ~ クーミガ ~] 食指が動く; 食欲が起こる.

동학[東學][toŋhak トンハク] 名 〈宗〉東学(19世紀ごろ天主教に反対して生

まれた，儒教・仏教・道教を折衷した民族宗教，現在の天道教の前身）━혁명 [(toŋha) kʰjoŋmjəŋ キョンミョン] 名 東学革命；1894年の東学教徒による農民蜂起（日清戦争の導火線となった）．

*동해[東海][toŋhɛ トンヘ] 名〈地〉（韓国・朝鮮の）東海；（日本の）日本海 ━안 [(toŋhɛ) an (トンヘ)アン] 名〈地〉（韓国・朝鮮の）東海の沿岸．

동행[同行][toŋhɛŋ トンヘン] 名하自 同行 ¶ ~자[~dʒa ~ジャ] 同行者；連れ合い；道連れ．

동향[同郷][toŋhjaŋ トンヒャン] 名 同郷 ¶ ~인[~in ~イン] 同郷の人．

동향[動向][to:ŋhjaŋ トーンヒャン] 名 動向；動き ¶ 세계의 ~[se:gee ~ セーゲエ ~] 世界の動き．

동호[同好][toŋho トンホ] 名하自他 同好 ¶ ~인[~in ~イン] 同好の士；同好者／~회[~hwe ~フェ] 同好会．

*동화[同化][toŋhwa トンファ] 名 ¶ ~작용[~dʒagjoŋ ~ジャギョン] 同化作用 ━되다[dweda ドゥェダ] 自受動 同化する，同化される ¶ 풍습에 ~[pʰuŋsube ~ プンスベ ~] 風習に同化する[される] ━하다[hada ハダ] 自 同化する ¶ 원주민과 ~[wəndʒumingwa ~ ウォンジュミングァ ~] 原住民と同化する．

동화[童話][to:ŋhwa トーンファ] 名 童話；おとぎばなし ¶ ~집[~dʒip ~ジプ] 童話集／~의 세계[~e se:ge ~エ セーゲ] 童話の世界．

*돛[tot トッ] 名 帆 ¶ ~을 올리다[(to)-tʃʰul ollida (ト)チュル オルリダ] 帆を揚げる／~을 달다[(to)tʃʰul talda (ト)チュル タルダ] 帆を張る［掛ける］━대[(to)t'ɛ テ] 名 帆柱；マスト．

돛단-배[tot'anbɛ トッタンベ] 名 帆船；帆掛け船．

돼-먹다[twɛmŏkt'a トゥェモクタ] 自 なる，'되다¹'の俗っぽい語．

돼먹지-않다[twɛmŏktʃ'i antʰa トゥェモクチ アンタ] 慣 なっていない='되지 못하다' ¶ 태도가 영 ~[tʰɛ:doga jŏŋ ~ テードガ ヨン ~] 態度がてんでなっていない．

*돼지[twɛ:dʒi トゥェージ] 名 ①〈動〉ブタ(豚) ¶ ~ 새끼[~ sɛk'i ~ セッキ] 小豚／~를 치다[~rul tʃʰida ~ルル チダ] 豚を飼う ② 俗 欲深く愚かな人 ¶ ~같은 녀석[~gatʰun njŏsŏk ~ガトゥン ニョソク] 豚のような欲張りめ ━고기[gogi ゴギ] 名 豚肉 ━기름 [giruum ギルム] 名 豚脂；ラード ━꿈 [k'um ックム] 名 夢に豚を見ること（吉夢と言われる）¶ ~을 꾸다[~-ul k'uda ~-(ック) ムルックダ] 夢に豚を見る（縁起が良いとされている）━띠 [t'i ッティ] 名 亥年생の生まれ ━멱따는 소리[mjŏkt'anun sori ミョクタヌン ソリ] 慣 豚の首を切るときの悲鳴の声；非常に耳ざわりな声［歌］━비계[bige ビゲ] 名 豚肉の脂身 ━우리[uri ウリ] 名 豚小屋．

*되[twe トゥェ] 1 名 (1升入りの)枡ます 2 依名 升(10升=1斗) ¶ 1 ~[han (dwe) ハン(ドゥェ)] 1升．

되-[twe トゥェ] 接頭 かえって；さらに；逆に ¶ ~사다[~sada ~サダ] 買い戻す／~묻다[~mut'a ~ムッタ] 聞き返す；反問する．

-되[dwe ドゥェ] 語尾 …(た)が；…けれど(も) ¶ 술을 마시~ 알맞게 마셔라[surul maʃi~ a:lmatk'e maʃŏra スルル マシ~ アールマッケ マショラ] 酒は飲んでもいいがほどよく飲みなさい．

*되게[twe:ge トゥェーゲ] 副 ずいぶん；ひどく；すごく；=몹시[mo:pʃ'i モープシ] ¶ ~ 재미있다[~ tʃɛmiit'a ~ チェミイッタ] すごく面白い．「他 転売する．

되-넘기다[twenŏmgida トゥェノムギダ]

되-놓다[twenotʰa トゥェノッタ] 他 元どおりに置く；置き戻す．

되-되다[twenweda トゥェヌェダ] 他 くどくど言う；繰り返して[重ねて]言う ¶ 같은 말을 ~[katʰun ma:rul ~ カトゥン マールル ~] 同じ言葉をくどくどと繰り返す．

되는-대로[twenundɛro トゥェヌンデロ] 副 適当に；でたらめに；いい加減に ¶ ~ 대답하다[~ tɛ:dapʰada ~ テーダパダ] いい加減に答える／일을 ~ 하다[i:rul ~ hada イールル ~ ハダ] 仕事をでたらめにする．

*되다¹[tweda トゥェダ] 1 自 ①なる ¶ 선수가 ~[sŏ:nsuga ~ ソーンスガ ~] 選手になる／약이 ~[jagi ~ ヤギ ~] 薬になる／봄이 ~[pomi ~ ポミ ~] 春になる；春が来る／노랗게 ~[no:rakʰe ~ ノーラッケ ~] 黄色になる／싸움이 ~[s'aumi ~ ッサウミ ~] けんかになる ②できる ¶ 밥이 다 ~[pabita: (dweda) パビ ター (ドゥェダ)] ご

飯ができ上がる / 될 수 있는 대로 [twel s'u innundɛro トゥェルッス インヌンデロ] できる限り / 농사가 잘 ~ [noŋsaga tʃal (dweda) ノンサガ チャル (ドゥェダ)] 農作物がよくできる ③ …からなる ¶ 목재로 된 집 [moktʃ'ɛro twen tʃip モクチェロ トゥェン チプ] 木材で組み立てられた家 ④ …に当たる ¶ 조카 뻘이 된다 [tʃokʰa p'ɔri twenda チョカッポリ トゥェンダ] 甥に当たる **2** 〈慣用句〉 ¶ 될 대로 되어라 [twel t'ɛro tweɔra トゥェル テロ トゥェオラ] なるようになれ / 될수록 많이 가져가라 [twelsurok ma:ni kadʒɔgara トゥェルッスロン マーニ カジョガラ] できるだけたくさん持って行って / 될 수 있는 한 [twel s'u innunhan トゥェルッス インヌン ハン] できる限り; なるべく / 가지 않으면 안 된다 [kadʒi anumjɔn andwenda カジ アヌミョン アンドゥェンダ] 行かなければならない / 성함이 [연세가] 어떻게 되십니까? [sɔŋhami [jɔnsega]ɔ't'ɔkʰe tweʃimnik'a ソンハミ [ヨンセガ] オットッケ トゥェシムニッカ] お名前は何とおっしゃいますか [お年はおいくつでいらっしゃいますか

되다[2] [tweda トゥェダ] 他 (枡で)量[計]る ¶ 쌀을 ~ [s'arul ~ ッサルル ~] 米を枡で量る.

***되다**[3] [tweːda トゥェーダ] 形 ① 強い; 固い; (汁・粥などが)濃い ¶ 밥이 ~ [pabi ~ パビ ~] ご飯が固い ② 力が余る; きつい; ひどい ¶ 일이 ~ [iːri ~ イーリ ~] 仕事がきつい.

-되다 [dweda ドゥェダ] 接尾 …になる; …(さ)れる; …だ ¶ 해결~ [hɛːgjɔl~ ヘーギョル~] 解決する / 참~ [tʃʰam (t'weda) チャム(トゥェダ)] 真実だ.

***되도록**[twedorok トゥェドロク] 副 できるだけ; できる限り; なるべく ¶ ~ 빨리 오라 [~ p'alli ora ~ ッパリ オラ] できるだけ[なるべく]早く来い / ~이면 [(twedorog)imjɔn (トゥェドロ)ギミョン] できる限り.

되-돌 다 [twedolda トゥェドルダ] 自 ㄹ語幹 逆の方向に回る; 逆回りする.

되-돌리다 [twedollida トゥェドルリダ] 他 逆転させる; 反対の方向に回す ¶ 시계 바늘을 ~ [ʃige banurul ~ シゲ バヌルル ~] 時計の針を逆戻りさせる.

되-돌아가다 [twedoragada トゥェドラガダ] 自 引き返す; (立ち)戻る; (立ち)帰る ¶ 오던 길을 ~ [odɔn kirul ~ オドン キルル ~] 来た道を引き返す / 본론으로 ~ [pollonuro ~ ポルロヌロ ~] 本論に立ち戻る.

되-돌아보다 [twedoraboda トゥェドラボダ] 自他 ① 振り向く; 振り返る; 顧みる ¶ ~돌아보며 손을 흔들다 [~-dorabomjɔ sonnul hundulda ~-ドラボミョ ソヌル フンドゥルダ] 振り返って見ながら手を振る ② 思い返す ¶ 지난 날을 ~ [tʃinan narul ~ チナン ナルル ~] 過ぎし日を思い返す.

되-돌아오다 [twedoraoda トゥェドラオダ] 自 (舞い)戻る; 立ち戻る; 引き返す; 帰る ¶ 옛집으로 ~ [jeːtʃ'iburo ~ イェーッチブロ ~] 元の古巣に舞い戻る / 본심으로 ~ [ponʃimuro ~ ポンシムロ ~] 本心に立ち返る.

되-먹다 [twemɔkt'a トゥェモクタ] 他 食べ直す; 再び食べ始める.

되-먹히다 [twemɔkhida トゥェモクキダ] 自 かえってやられる ¶ 라이벌에게 되먹혔다 [raibɔrege twemɔkhjɔt'a ライボレゲ トゥェモクキョッタ] ライバルにかえってやられた.

되-묻다 [twemutt'a トゥェムッタ] 他 ㄷ変 ① 問い返す; 聞き直す ¶ 문제를 ~ [mu:dʒerul ~ ムーンジェルル ~] 問題を問い返す / 2번이나 ~ [tu:bɔnina ~ トゥーボニナ ~] 2度も聞き直す ② 反問する ③ 元の場所に植えつける.

되-바라지다 [twebaradʒida トゥェバラジダ] 形 抜け目がない; こざかしくあさとい; こましゃくれている ¶ ~바라진 아이 [~-baradʒin ai ~バラジン アイ] こましゃくれた[ひねこびた]子供.

되-받다 [twebat'a トゥェバッタ] 他 ① (叱られてかえって)言い返す; 口答えをする ② 受け返す; 返してもらう.

되-살다 [twesalda トゥェサルダ] 自 ㄹ語幹 ① (感情・記憶・気分などが)よみがえる; 蘇生する ② 生き返る.

되-살리다 [twesallida トゥェサルリダ] 他 生き返らせる; よみがえらせる ¶ 기법을 ~ [kip'ɔbul ~ キポブル ~] 技法をよみがえらせる.

되-살아나다 [twesaranada トゥェサラナダ] 自 生き返る; よみがえる ¶ 화초가 ~ [hwatʃʰoga ~ ファチョガ ~] 草花が生き返る / 기억이 ~ [kiɔgi ~ キオギ ~] 記憶がよみがえる.

되-새기다 [twesɛgida トゥェセギダ] 他 ① 繰り返して考える ¶선생님의 말씀을 ~ [sɔnsɛŋnime ma:lsʰɯmɯl ~ ソンセンニメ マールッスムル ~] 先生のお話を繰り返して考える ② 反芻する; 繰り返してかむ.

되-씹다 [twɛʃʃipta トゥェシプタ] 他 ① (同じことを)繰り返して言う ② 繰り返してかむ.

되어-가다 [twɛɔgada トゥェオガダ] 自 略 돼가다 [twɛ:gada トゥェーガダ] ① (事が進む; 成りつつある ¶일이 척척 ~ [i:ri tʃʰɔktʃʰɔk (t'wɛɔgada) イーリ チョクチョク ~] 仕事がとんとんと運ぶ ② ある時が近づく; なろうとしている ¶떠난지 1년이 ~ [t'ɔnandʒi illjɔni ~ッ トナンジ イルリョニ ~] 去って以来1年になろうとしている.

되잖다 [twedʒantʰa トゥェジャンタ] 形 なっていない; つまらない ¶되잖은 말 [twedʒanɯn ma:l トゥェジャヌンマール] つまらない話.

되지-못하다 [twedʒimotʰada トゥェジモッタダ] 形 ① なっていない; 礼儀がはずれている; ='돼먹지 않다' ¶되지 못한[못된] 녀석 [twedʒi motʰan [mo:t'wen] njɔsɔk トゥェジ モッタン [モートゥェン] ニョソク] なっていない奴 ② できが悪い; まずい; くだらない ③ 未完成である.

***되-찾다** [twetʃʰat'a トゥェチャッタ] 他 探し戻す; 取り戻す ¶건강을 ~ [kɔːŋgaŋul ~ コーンガンウル ~] 健康を取り戻す.

되-팔다 [twepʰalda トゥェパルダ] 他 ㄹ語幹 (買ったものを)さらに他の人に売り渡す; 転売する ¶토지를 ~ [tʰodʒirɯl ~ トジルル ~] 土地を転売する.

***되-풀이** [twepʰuri トゥェプリ] 名 하他 繰り返し; 反復 ¶실수를 ~하다 [ʃils'urɯl ~hada シルッスルル ~ハダ] 過ちを繰り返す.

된-서리 [twe:nsɔri トゥェーンソリ] 名 ① 晩秋の厳しい霜 ② ひどい災いや打撃 **—맞다** [mat'a マッタ] 自 厳しい霜に当たる; ひどい打撃を受ける; ひどい目[災難]にあう ¶불경기로 ~ [pulgjɔŋgiro ~ プルギョンギロ ~] 不景気で大きな打撃を受ける.

***된-장** [—醬] [twe:ndʒaŋ トゥェーンジャン] 名 みそ ¶~을 담그다 [~ɯl tamgɯda ~ウル タムグダ] みそを作る **—국** [k'uk クク] 名 みそ汁 **—찌개** [tʃ'ige ッチゲ] 名 野菜や肉などをみそのスープで煮込んだみそ鍋.

될-성부르다 [twels'ɔŋburɯda トゥェルソンブルダ] 形 ㄹ変 見込みがある; できそうだ; ='될 성싶다'・'될직하다'.

될-성싶다 [twels'ɔŋʃipta トゥェルソンシプタ] 形 できそうだ; 見込みがある ¶그렇게 쉽게 ~-싶으냐? [kɯrɔkʰe ʃwi:pk'e ~-ʃipʰɯnja クロッケ シュィープケ ~-シプニャ] そんなにたやすくできそうかね.

***됨됨-이** [twemdwemi トゥェムドゥェミ] 名 人となり; でき; でき具合; できばえ ¶~가 훌륭하다 [~ga hulljuŋhada ~ガ フルリュンハダ] でき上がり[人となり]が立派である.

됨직-하다 [twemdʒikʰada トゥェムジクカダ] 形 でき[なり]そうだ; 見込みがある.

***두** [tu: トゥー] 冠 2つ(の)…; ふた…; 2… **—개** [~gɛ ~ゲ] 2個; 2つ/ **—사람** [~ saram ~ サラム] 2人.

두견(새) [杜鵑—] [tugjɔn(sɛ) トゥギョン(セ)] 名 〈鳥〉ホトトギス(杜鵑).

***두고-두고** [tugodugo トゥゴドゥゴ] 副 久しく; 長らく; いつまでも; ちびちびと ¶과자를 ~ 먹다 [kwadʒarɯl ~ mɔkt'a クァジャルル ~ モクタ] 菓子をちびちび食べる.

***두근-거리다** [tugɯŋgɔrida トゥグンゴリダ] 自 (胸が)どきどき[わくわく]する ¶가슴이 ~ [kasɯmi ~ カスミ ~] 胸がどきどきする; 動悸がする.

***두꺼비** [tuk'ɔbi トゥッコビ] 名 〈動〉ヒキガエル; ガマ **—집** [dʒip ジプ] 名 俗 (電流の)安全器; ブレーカー.

***두껍다** [tuk'ɔpt'a トゥッコプタ] 形 ㅂ変 厚い ¶두꺼운 종이 [tuk'oun tʃoŋi トゥッコウン チョンイ] 厚い紙 / 낯가죽이 ~ [natk'adʒugi ~ ナッカジュギ ~] 面の皮が厚い.

***두께** [tuk'e トゥッケ] 名 厚さ; 厚み ¶판자의 ~ [pʰandʒae ~ パンジャエ ~] 板の厚さ.

두뇌 [頭腦] [tunwe トゥヌェ] 名 頭脳 **—유출** [jutʃʰul ユチュル] 名 頭脳の海外流出.

***두다** [tuda トゥダ] 1 他 ① 置く ¶책상 위에 ~ [tʃʰɛks'aŋ wie ~ チェクサン ウィエ ~] 机の上に置く / 그대로 ~ [kɯdero ~ クデロ ~] そのままにして置く / 지부를 ~ [tʃiburɯl ~ チ

ブルル ～] 支部を置く / 비서를 ～
[pi:sɔrɯl ～ ピーソルル ～] 秘書を置
く [雇う] / 염두에 ～ [jɔ:mdue ～ ヨ
ームドゥエ ～] 念頭に置く ② 留める ¶
마음에 ～ [maɯme ～ マウメ ～] 心
に留める ③ 打つ; 指す ¶ 바둑을 ～
[padugɯl ～ パドゥグル ～] 碁を打つ /
장기를 ～ [tʃaŋgirɯl ～ チャーンギルル
～] 将棋を指す ④ 取る; 雇う ¶ 제자
를 ～ [tʃe:dʒarɯl ～ チェージャルル ～]
弟子を取る / 가정부를 ～ [kadʒɔŋbu-
rɯl ～ カジョンブルル ～] お手伝いを
雇う ⑤ 抱く ¶ 혐의를 ～ [hjɔmirɯl
～ ヒョミルル ～] 嫌疑を抱く **2** 補動
…(して)おく ¶ 잘 보아 ～ [tʃal boa-
(duda) チャルボア (ドゥダ)] よく見てお
く **3** 慣 ¶ 두고 봐 (라) [tugo bwa-
(ra) トゥゴ ブァー(ラ)] (今に)見てろ
/ 두고 보자 [tugo bodʒa トゥゴ ボジャ]
(けんかなどで)覚えてろ.

***두더지** [tudɔdʒi トゥドジ] 名〈動〉モ
グラ(土竜).

두둑-하다 [tudukhada トゥドゥクカダ]
形 어변 ① 大変厚い; 分厚い ¶ ～-
한 돈다발 [(tudu)khan to:nt'abal ～-
カン トーンタバル] 分厚い札束 ② 豊
かである ¶ 주머니가 ～ [tʃumɔniga ～
チュモニガ ～] ふところが暖かい / 배
짱이 ～ [pɛtʃ'aŋi ～ ペッチャンイ ～]
太っ腹だ; 肝っ玉が太い **두둑-이** [tu-
dugi トゥドゥギ] 副 分厚く; 十分に.

두둔-하다 [tudunhada トゥドゥンハダ]
他 ひいきする; かばう; 肩を持つ ¶ 제
아이만 ～ [tʃe: aiman ～ チェー アイ
マン ～] 自分の子ばかりかばう.

두드러기 [tudɯrɔgi トゥドゥロギ] 名
〈医〉蕁麻疹じんましん ¶ ～가 돋다 [～ga
tot'a ～ガ トッタ] 蕁麻疹が出る.

***두드러-지다** [tudɯrɔdʒida トゥドゥロ
ジダ] **1** 形 目立っている; ずば抜けて
いる ¶ ～-진 작품 [～-dʒin tʃakphum
～-ジン チャクプム] めぼしい作品 **2**
自 突き出る, 表面化してはっきりする.

***두드리다** [tudɯrida トゥドゥリダ] 他
たたく; 打つ ¶ 문을 ～ [munɯl ～
ムヌル ～] 戸をたたく.

두들기다 [tudɯlgida トゥドゥルギダ]
他 むやみに殴る; やたらにたたく ¶
두들겨 패다 [tudɯlgjɔ phɛ:da トゥドゥ
ルギョ ペーダ] ぶん殴る; たたきのめす.

두레-박 [turebak トゥレバク] 名 つるべ
¶ ～으로 물을 푸다 [(turebag)ɯro

murɯl phuda (トゥレバグ)グロ ムルル
プダ] つるべで水をくむ.

두려움 [turjɔum トゥリョウム] 名 恐
怖; 怖さ; 恐れ, 心配; 不安 ¶ ～에
휩싸이다 [～e hwips'aida (トゥリョ
ウ)メ ヒプサイダ] 恐怖に襲われる.

***두려워-하다** [turjɔwɔhada トゥリョウォ
ハダ] 他 어변 ① 恐れる; 怖がる ¶ 죽
음을 ～ [tʃugumɯl ～ チュグムル ～]
死を恐れる ② 畏敬いする ¶ 신을 ～-
하지 않는 행위 [ʃinɯl ～-hadʒi an-
nɯn hɛŋwi シヌル ～-ハジ アンヌン
ヘンウィ] 神を畏れぬふるまい.

***두렵다** [turjɔpt'a トゥリョプタ] 形 ㅂ変
① 怖い; 恐ろしい ¶ 그가 ～ [kɯga ～
クガ ～] 彼が怖い ② 心配だ; 不安だ
¶ 그 애의 장래가 ～ [kɯ ɛ:e tʃaŋnɛ-
ga ～ ク エーエ チャンネガ ～] その子
の将来が心配だ ③ 恐れ入る ¶ 두렵게
생각한다 [turjɔpk'e sɛŋgakhanda ト
ゥリョプケ センガクカンダ] 恐れ敬う.

***두루** [turu トゥル] 副 あ
まねく; もれなく; まんべ
んなく ¶ ～ 돌아다니다
[～ doradanida ～ ドラ
ダニダ] あまねく歩き回る.

***두루-마기** [turumagi ト
ゥルマギ] 名 韓国・朝
鮮の伝統的な外套がとう.

두루-마리 [turumari ト
ゥルマリ] 名 巻き物.

***두루미** [turumi トゥルミ]   두루마기
名 〈鳥〉ツル(鶴).

***두르다** [turuda トゥルダ] 他 르変 ①
巻く; かける ¶ 앞치마를 ～ [aptʃhi-
marɯl ～ アプチマルル ～] エプロンを
かける ② 巡らす; 囲む ¶ 울타리를
～ [ulthərirɯl ～ ウルタリルル ～] 垣
を巡らす.

두름 [turɯm トゥルム] 依名 束 ¶ 굴비
1 ～ [kulbi han (durum) クルビ ハン
(ドゥルム)] 干しイシモチ1束(20匹)

두릅 [turɯp トゥルプ] 名 タラノキの若
芽; たら穂; たらっぽ ━나무 [(turɯm)-
namu (トゥルム)ナム] 名〈植〉タラノキ.

두리번-거리다 [turibɔngɔrida トゥリ
ボンゴリダ] 自他 きょろきょろ見回す
¶ 눈을 ～ [nunɯl ～ ヌルル ～] 目を
きょろきょろさせる.

두-말 [tu:mal トゥーマル] 名 하自 二
言; 小言; 無駄口 ¶ 한 입으로 ～-하
다 [han nibɯro (tu:mar)hada ハン

ニブロ ~ハダ] 1つの口で二言を言う; 同じ口で別のことを言う **一말고** [malgo マルゴ] 副 とやかく言わないで ¶~하라는 대로 해[~ haranɯn dero hɛ: ~ ハラヌン デロ ヘ〜] 文句を言わずに言うとおりにしろ **一못 하다** [motɕʰada モッタダ] 自 何も言えない; ぐうの音も出ない **一않다** [(tu:mar) antʰa (トゥーマ)ランタ] 自 とやかく言わない **一없이** [(tu:mar) ɔpɕ'i (トゥーマ) ロプシ] 副 とやかく言わずに; 文句なしに ¶~ 승낙했다[~ sɯŋnakʰɛt'a ~ スンナクッタ] 2つ返事だった **一할 나위도 없다** [(tu:mar) hal lawido ɔːpt'a ハル ラウィド オープタ] 慣 言うまでもない ¶그가 유능하다는 것은 ~[kɯga juːnɯŋhadanɯn kɔsɯn ~ クガ ユーヌン ハダヌン コスン 〜] 彼が有能であることは言うまでもない.

두메 [tume トゥメ] 名 遠山里; 片田舍 **一산골** [sankʼol サンコル] 名 山奥.

두문-불출[杜門不出][tumunbultɕʰul トゥムン プルチュル] 名 自 家に閉じ込もってばかりいて外出しないこと.

*두부[豆腐][tubu トゥブ] 名 豆腐 ¶~ 한 모[~ han mo ~ ハン モ] 豆腐1丁 / ~ 찌개[~ tɕ'igɛ ~ ッチゲ] 豆腐・野菜・肉などをみそのスープで煮込んだ鍋もの.

두서[頭緖][tusɔ トゥソ] 名 ① (物事の) 糸口; 手がかり ② 筋道 **一없다** [ɔpt'a オプタ] 形 (話の) 筋が通っていない ¶~-없는 말을 하다[~-ɔmnɯn maːrɯl hada ~-オムヌン マールル ハダ] 筋の通らぬ話をする **一없이**[ɔpɕ'i オプシ] 副 取り止めなく.

두-서너 [tusɔnɔ トゥソノ] 冠 2つか3つ4つの ¶~ 사람[~ saram ~ サラム] 数人 / ~ 개[~ gɛ ~ ゲ] 数個.

두-서넛 [tusɔnɔt トゥソノッ] 數 2つまたは3つ4つ; いくつか; 数個.

두-세 [tuse トゥセ] 冠 2つ3つの ¶~ 가지 물건[~-gadʑi mulgɔn ~ ガジ ムルゴン] 2つ3つの品物 **두-셋** [tuset トゥセッ] 數 2つ3つ; 両三.

두-손 [tuːson トゥーソン] 名 両手 **一들다** [dulda ドゥルダ] 自 ① 両手を挙げる ② あきれ返る ¶그에게는 ~-들었다[kɯegenɯn ~-durɔt'a クエゲヌン ~-ドゥロッタ] 彼にはあきれ返った[参った] ③ 降服する; 放棄する.

두어 [tuɔ トゥオ] 冠 2つほど; 2つぐらい; =두엇 [tuɔt トゥオッ] 數 ¶~ 사람[~ saram ~ サラム] 2人くらい.

두어-두다 [tuɔduda トゥオドゥダ] 他 置いておく; ほうっておく; ほったらかす ¶쓰지 않고 ~[s'ɯdʑi ankʰo ~ ッスジ アンコ 〜] 使わずにほうっておく.

두절[杜絕][tudʑɔl トゥジョル] 名 自 途絶 ¶교통 ~[kjɔtʰoŋ(dudʑɔl) キョトン (ドゥジョル)] 交通途絶.

*두껍다[tutʰɔpt'a トゥトプタ] 形 ㅂ変 ① 厚い; 分厚い ¶두터운 입술[tutʰɔun nipsʼul トゥトウン ニプスル] 分厚い唇 ② 深い; 篤い ¶우정이 ~[uːdʑɔŋi ~ ウージョンイ 〜] 友情が深い **두터-이** [tutʰɔi トゥトイ] 副 分厚く.

*두통[頭痛][tutʰoŋ トゥトン] 名 頭痛 ¶~-이 나다[~-i nada ~-イ ナダ] 頭痛がする **一거리** [k'ori コリ] 名 頭痛の種; やっかいな[面倒な]こと.

두툼-하다 [tutʰumhada トゥトゥムハダ] 形 여変 やや厚みがある ¶~-한 책 [~-han tɕʰɛk ~-ハン チェク] 分厚い本.

*둑 [tuk トゥク] 名 堤防; 堤; 土手 ¶~-을 쌓다[(tug)ɯl s'atʰa (トゥ)グルッサッタ] 堤防を築く **一길** [(tu)k'il キル] 名 土手道.

둔감[鈍感][tuːngam トゥーンガム] 名 하形 鈍感; 鈍重 ¶~-한 사람 [~--han saːram ~-ハン サーラム] 鈍感な人.

둔갑[遁甲][tuːngap トゥーンガプ] 名 化けること; 変身 ¶~-술 [~sʼul ~-スル] 変身の術 **一하다** [(tuːnga)pʰada パダ] 自 化ける ¶여우로 ~ [jɔuro ~ ヨウロ 〜] キツネに化ける.

둔기 [tuːngi トゥーンギ] 名 鈍器; 鋭くない刃物; 凶器.

둔덕 [tundɔk トゥンドク] 名 丘; 塚 **一지다** [tɕʼida チダ] 形 地面が丘のように盛り上がっている; 小高くなっている.

둔치 [tuntɕʰi トゥンチ] 名 水辺; 水際の丘; 河川敷.

둔탁[鈍濁][tuːntʰak トゥーンタク] 名 하形 ① (音などが) 鈍く濁っていること ¶~-한 소리 [(tuːntʰa)kʰan sori ~カン ソリ] 太くて濁った音 ② (性質が) 鈍くはっきりしない[愚鈍な]こと.

*둔-하다[鈍一][tuːnhada トゥーンハダ] 形 여変 ① のろい ¶동작이 ~[toŋdʑagi ~ トーンジャギ 〜] 動作のろい ② (頭・刃・音が) 鈍い ¶머리가 ~ [mɔriga ~ モリガ〜] 頭が鈍い[悪い]; 頭の回転がおそい / 신경이 ~[ɕingjɔŋ ~ シンギョンイ ~] 神経が鈍い.

*둘 [tu:l トゥール] 数 2; 2人; 2つ ¶ ~도 없는 친구 [~do ɔːmnɯn tɕʰiŋgu ~ド オームヌン チング] 無二の親友 / ~도 없는 목숨 [~do ɔːmnɯn moksʰum ~ド オームヌン モクスム] 掛け替えのない命 / ~이 먹다 하나가 죽어도 모른다 [(tu:r)i mɔkt'a hanaga tɕugodo morɯnda (トゥー)リ モクタ ハナガ チュゴド モルンダ] 諺 2人が食べていて1人が死んでも気づかない; 頬蘂の落ちるほど [非常に] おいしい.

둘러-놓다 [tullənotʰa トゥルロノッタ] 他 まるく並べる; 向きを変える ¶ 병풍을 ~ [pjɔŋpʰuŋɯl ~ ピョンプンウル ~] 屏風を開いて仕切る.

둘러-대다 [tullərdɛda トゥルロデダ] 他 ① (金品を)やりくりする ¶ 비용의 일부를 ~ [pi:joŋe ilbɯrɯl ~ ビーヨンエ イルブルル ~] 費用の一部をやりくりをする ② うまく言いまわす・言い繕う ¶ 이유를 그럴듯하게 ~ [i:jurul kurɔlt'utʰage ~ イーユルル クロルトゥッタゲ ~] 理由をうまく言い繕う.

둘러-막다 [tullərmakt'a トゥルロマクタ] 他 囲む; 巡らす; (屏風などで)仕切る ¶ 울타리로 ~ [ultʰariro ~ ウルタリロ ~] 柵で囲む; 柵を巡らす.

둘러-맞추다 [tullərmatɕʰuda トゥルロマッチュダ] 他 あれこれ取りそろえて繕う.

둘러-매다 [tullərmɛda トゥルロメダ] 他 ぐるっと回して結ぶ ¶ 허리띠를 ~ [hɔrit'irɯl ~ ホリッティルル ~] 帯をぐるっと巻い[回し]て結ぶ.

둘러-메다 [tullərmeda トゥルロメダ] 他 担ぐ; 担う ¶ 배낭을 ~ [pɛ:naŋɯl ~ ペーナンウル ~] バックを担ぐ.

*둘러-보다 [tullərboda トゥルロボダ] 他 見回す; 見渡す ¶ 주변을 ~ [tɕubjənɯl ~ チュビョヌル ~] 辺りを見回す.

*둘러-싸다 [tullərs'ada トゥルロッサダ] 他 取り囲む; 巡る ¶ 적군을 ~ [tɕɔkk'unul ~ チョックヌル ~] 敵軍を取り囲む.

둘러-싸이다 [tullərs'aida トゥルロッサイダ] 自 (取り)囲まれる; 取り巻かれる; = '둘러싸다'の被動 ¶ 기자들에게 ~ [kidʑadɯlɛ rege ~ キジャドゥルレゲ ~] 記者に取り巻かれる.

둘러-쌓다 [tullərs'atʰa トゥルロッサッタ] 他 (辺りを) 築き上げる ¶ 벽을 ~ [pjəgɯl ~ ビョグル ~] 壁を築き上げる.

둘러-쓰다 [tullərs'ɯda トゥルロッスダ] 他 ① ひっかぶる ¶ 이불을 ~ [iburul ~ イブルル ~] 布団をひっかぶる ② お金をやりくりする=¶ 돈을 ~ [to:nul ~ トーヌル ~].

둘러-앉다 [tullərant'a トゥルロアンタ] 自 囲んで座る ¶ 식탁에 ~ [ɕiktʰage ~ シクタゲ ~] 食卓を囲んで座る.

둘러-엎다 [tullərɔpt'a トゥルロオプタ] 他 ① ひっくり返す; 転覆させる ¶ 밥상을 ~ [papsaŋɯl ~ パプサンウル ~] お膳をひっくり返す ② 投げ出す; 放棄する ¶ 사업을 ~ [sa:ɔbul ~ サーオブル ~] 事業を投げ出す.

둘러-치다 [tullərtɕʰida トゥルロチダ] 他 ① 張り巡らす; 引く ¶ 커튼을 ~ [kʰɔ:tʰunɯl ~ コートゥヌル ~] カーテンを引く ② 投げ飛ばす; 打ちのめす.

*둘레 [tulle トゥルレ] 名 ① 縁; へり ② 周囲; 周り ¶ 건물의 ~ [kɔːnmure ~ コーンムレ ~] 建物の周囲 / 운동장의 ~ [u:ndoŋdʑaŋe ~ ウーンドンジャンエ ~] 運動場の周り.

둘-째 [tu:ltɕ'ɛ トゥールッチェ] 数 2番目; 2つ目; 第2 ¶ ~가라면 서럽다 [~-garamjən sɔːrɔpt'a ~ガラミョン ソーロプタ] 慣 2番目といわれたら悲しい (その道の第一人者である) **—치고** [tɕʰigo チゴ] 副 二の次にして; さておいて ¶ 수석은 ~, 합격이나 했으면 [susɔgɯn ~, hapk'jɔgina hɛːs'umjən スソグン ~, ハプキョギナ ヘーッスミョン] 首席はさておいて合格だけでもしてほしい.

*둥 [duŋ ドゥン] 依名 …やら; …とか ¶ 가는 ~ 마는 ~ [kanɯn~ manɯn~ カヌン~ マーヌン~] 行くのやら行かないのやら… **—하다** [hada ハダ] 補形 여変 するようでもありしないようでもある=¶ 하는둥 마는~ [hanɯndɯŋ maːnɯn~ ハヌンドゥン マーヌン~] いい加減にする.

둥그렇다 [tuŋgurɔtʰa トゥングロッタ] 形 ㅎ変 (大きくて)まるい ¶ 둥그런 보름달 [tuŋguərɔn porumtal トゥングロン ポルムタル] まるい十五夜の月.

둥그스름-하다 [tuŋgusurumhada トゥングスルムハダ] 形 여変 まるやかだ; まるっこい ¶ ~한 얼굴 [~-han ɔlgul ~ハン オルグル] まるめの顔立ち.

*둥글다 [tuŋgulda トゥングルダ] 形 自 ㄹ語幹 まるい; 円満だ ¶ 쟁반같이

둥글다 [tʃɛŋbaŋgatʃʰi tuŋgun tal チェンバン ガチ トゥングン タル] お盆のような丸い月 / 성격이 둥근 사람 [sɔːŋk'jogi tuŋgun saːram ソーンキョギ トゥングン サーラム] 性格の円満な人.

둥글리다 [tuŋgullida トゥングルリダ] 他 使役 まるくする; まるめる.

둥지 [tuŋdʒi トゥンジ] 名 ① 巣; 住みか ② わら編みのかご・おり.

*뒤 [twiː トゥィー] 名 ① 後; 後ろ ¶ ~를 돌아보다 [~rɯl toraboda ~ルル トラボダ] 後ろを振り向く / ~로 돌리다 [~ro tollida ~ロ トルリダ] 後に回す / ~차 [~tʃʰa ~チャ] 後ろにある車; 次の車[便] / ~가 구리다 [~ga kurida ~ガ クリダ] 後ろ暗い / ~가 켕기다 [~ga kʰeŋgida ~ガ ケンギダ] 後ろ暗いところがあって気にかかる ② 背後; 裏; 陰 ¶ 그의 ~에는 [kɯe ~enɯn クエ ~エヌン] 彼の背後には… ③ 大便 ¶ ~(를) 보다 [~(rɯl) boda ~(ルル) ボダ] 大便をする.

뒤-꿈치 [twiːk'umtʃʰi トゥィーックムチ] 名 かかと; くびす; = 발뒤꿈치 [paltʼwiːk'umtʃʰi パルトゥィックムチ] の略.

뒤-끓다 [twikʼultʰa トゥィークㇽタ] 自 ① ごった返す ¶ 인파로 ~ [inpʰaro ~ インパロ ~] 人の波でごった返す ② 沸き立つ; 煮立つ ¶ 주전자의 물이 ~ [tʃudʒɔndʒae muri ~ チュジョンジャエ ムリ ~] やかんの湯が沸き返る.

뒤-끝 [twiːkʼɯt トゥィーックッ] 名 終わり; 結び; 後始末 ¶ ~이 깨끗하다[없다] [(twiːkʼɯt)tʃʰi kʼɛkʼɯtʰada [ɔːpt'a] ~-(ック)チ ッケックッタダ [オープタ] ~] 後始末がすっきりしている[後腐れがない].

뒤-늦다 [twiːnɯtʼa トゥィーヌッタ] 形 (非常に)遅い; 立ち遅れる〈動詞的〉 ¶ 뒤늦게 오다 [twiːnɯtkʼe oda トゥィーヌッケ オダ] 遅れてくる.

뒤(를)-대다 [twiː(rɯl)dɛda トゥィー(ル)デダ] 他 (後ろ盾になって)面倒を見てやる; (資金・物などを)続けて提供して後押しする; 後援する.

뒤-덮다 [twidɔptʼa トゥィドプタ] 他 ① 覆う; ひっかぶる ¶ 담요를 ~ [taːmnjorɯl ~ タームニョルル ~] 毛布をひっかぶる ② 広がる; 占める ¶ 시장을 ~ [ʃiːdʒaŋɯl ~ シージャンウル ~] 市場に広がっている.

뒤-덮이다 [twidɔpʰida トゥィドピダ] 自 受動 ① 覆われる; 覆いかぶせられる ¶ 눈으로 뒤덮인 들판 [nuːnɯro twidopʰin tulpʰan ヌーヌロ トゥィドピン トゥルパン] 雪に覆われた野原 ② 一杯になる ¶ 사람들로 ~ [saːramdɯllo ~ サーラムドゥルロ ~] 人々で一杯だ.

뒤-돌아보다 [twiːdoraboda トゥィードラボダ] 自 他 振り返る; 振り向く; 顧みる ¶ 무심코 ~ [muʃimkʰo ~ ムシムコ ~] 思わず振り返る / 지난 날들을 ~ [tʃinan naldurɯl ~ チナン ナルドゥル ~] 過ぎ去った日々を顧みる.

뒤-둥그러지다 [twidungɯrɔdʒida トゥィドゥングロジダ] 自 ① ねじれてへこむ ② ひどく転倒する ③ ひねくれる; ひがむ.

뒤-따라오다 [twiːtʼaraoda トゥィーッタラオダ] 他 後からついてくる ¶ 수상한 사람이 ~ [susaŋhan saːrami ~ スサンハン サーラミ ~] 怪しい人が後をつけてくる[跡をついてくる].

뒤-따르다 [twiːtʼarɯda トゥィーッタルダ] 自 他 変 ① 後について行く ¶ 안내인을 ~ [aːnɛinɯl ~ アーンネイヌル ~] ガイドの後について行く ② 続く; 従う ¶ 그를 뒤따르는 동지 [kɯrɯl twiːtʼarunun toːŋdʒi クルル トゥィーッタルヌン トーンジ] 彼に続く同志 ③ 伴う ¶ 권리에는 책임이 ~ [kwɔllienun tʃʰɛgimi ~ クォルリエヌン チェギミ ~] 権利には責任が伴う.

*뒤-떨어지다 [twiːtʼɔrɔdʒida トゥィーットロジダ] 自 ① 後に残る; (立ち)後[遅]れる ¶ 혼자 ~ [hondʒa ~ ホンジャ ~] 1人後に残る; 立ち後れる ② 劣る; 後れる ¶ 실력이 ~ [ʃilljogi ~ シルリョギ ~] 実力が劣る ③ 後[遅]れている ¶ 시대에 ~ [ʃidɛe ~ シデエ ~] 時代遅れ[後れ]になる.

뒤-바꾸다 [twibakʼuda トゥィバックダ] 他 後先[あべこべ]にする; 裏返す ¶ 순서를 ~ [suːnsɔrɯl ~ スーンソルル ~] 順序をあべこべにする.

뒤-바뀌다 [twibakʼwida トゥィバックィダ] 自 受動 後先[さかさま]になる; 狂う ¶ 이야기가 ~ [ijagiga ~ イヤギガ ~] 話が後先になる / 순서가 ~ [suːnsɔga ~ スーンソガ ~] 順序が狂う.

뒤-밟다 [twiːbaptʼa トゥィーバプタ] 他 (ひそかに)跡をつける; 尾行する ¶ 수상한 자를 ~ [susaŋhan tʃarul ~ スサンハン チャルル ~] 怪しい者を尾行する.

뒤-범벅 [twibɔmbɔk トゥィボムボク]

名 ごちゃ混ぜ; ごちゃごちゃ ¶이야기가 ~이 되었다 [ijagiga (twibombog)i tweot'a イヤギガ(トゥィボムボ)ギ トゥェオッタ] 話がごちゃごちゃになった.

뒤(를) 보아주다 [twi:(rul) boadʒuda トゥィ(ルル) ボアジュダ] 他 後ろ盾を[後押し]する; 後援する; 面倒をみる ¶후배의 ~ [hu:bɛe ~ フーベエ ~] 後輩を後援する; 後輩の面倒をみる.

뒤-섞다 [twisəkt'a トゥィソクタ] 他 ① 取り混ぜる, かき混ぜる ¶남녀를 ~ [namnjərul ~ ナムニョルル ~] 男女を取り混ぜる ② 秩序を乱す.

뒤-섞이다 [twisək'ida トゥィソクキダ] 自 受動 入り乱れる; ごちゃになる ¶뒤섞인 신발 [twisək'in ʃinbal トゥィソクキン シンバル] ごちゃになった覆き物.

뒤숭숭-하다 [twisuŋsuŋhada トゥィスンスンハダ] 形 여変 ① 取り乱されている ¶마음이 ~ [maumi ~ マウミ ~] 心が乱れている ② 騒がしい ¶세상이 ~ [se:saŋi ~ セーサンイ ~] 世の中が騒然としている ③ 落ち着かない.

뒤안-길 [twiank'il トゥィアンキル] 名 ① 裏道[通り] ② 暗くうら寂しい生活やそのような身の上 ¶인생의 ~ [insɛŋe ~ インセンエ ~] 人生の裏街道.

뒤-얽히다 [twiəlkhida トゥィオルキダ] 自 絡みつく; 絡み合う ¶덩굴이 ~ [təŋguri ~ トングリ ~] つるが絡み合っている.

뒤-엉키다 [twiəŋkhida トゥィオンキダ] 自 絡まる; もつれる; 入り乱れる ¶여러 생각이 ~ [jərə sɛŋgagi ~ ヨロ センガギ ~] あれこれの考えが入り乱れる.

뒤-엎다 [twiəpt'a トゥィオプタ] 他 ひっくり返す; 覆す ¶쓰레기 통을 ~ [s'uregi thoŋul ~ ッスレギ トンウル ~] ごみ箱をひっくり返す / 학설을 ~ [haks'ərul ~ ハクソルル ~] 学説を覆す.

뒤-잇다 [twi:it'a トゥィーイッタ] 他 人変 ① 後を継ぐ ② (物事が途切れないように) 後につなげる **뒤-이어** [twi:iə トゥィーイオ] 副 引き続き; 相次いで ¶인사에 ~ 축사가 있었다 [insae ~ tʃhuks'aga is'ət'a インサエ ~ チュクサガ イッソッタ] あいさつに次いで祝辞があった.

뒤적-이다 [twidʒəgida トゥィジョギダ] 他 いじくる; かき回して探す; 手探りする ¶옛 서류를 ~ [je:s'ərjurul ~ イェーッ ソリュルル ~] 古い書類をいじくり回す **뒤적-거리다** [twidʒək'ərida トゥィジョコリダ] 他 (何かを探すために) いじくり回す; (本などを) めくりながらざっと目を通す ¶신문을 ~ [ʃinmunul ~ シンムヌル ~] 新聞をめくりながらざっと目を通す.

뒤져-내다 [twidʒəneda トゥィジョネダ] 他 くまなく探して探し[見つけ]出す.

뒤져-보다 [twidʒəboda トゥィジョボダ] 他 くまなく探してみる.

뒤죽-박죽 [twidʒukp'aktʃ'uk トゥィジュクパクチュク] 副 ごちゃごちゃ ¶일이 ~이 되다 [i:ri ~-(p'aktʃ'ug)i tweda イーリ ~-(パクチュ)ギ トゥェダ] 事がごちゃごちゃ[めちゃくちゃ]になる.

*뒤지다¹ [twi:dʒida トゥィージダ] 自 (立ち)後[遅]れる; 引けを取る; 及ばない ¶지능이 뒤진 아이 [tʃinuŋi twi:dʒin ai チヌンイ トゥィージン アイ] 知能が劣る子供 / 평균 수준에도 ~ [phjəŋgjun sudʒunedo ~ ピョンギュン スジュネド ~] 平均水準にも及ばない.

뒤-지다² [twidʒida トゥィジダ] 他 ① くまなく探す; あさる ¶포켓을 ~ [phokhes'ul ~ ポケッスル ~] ポケットを探る / 샅샅이 ~ [sas'atʃhi ~ サッサチ ~] くまなくあさる ② めくる; いじくる ¶앨범을 ~ [ɛlbəmul ~ エルボムル ~] アルバムをめくる.

*뒤-집다 [twidʒipt'a トゥィジプタ] 他 ① 裏返す ¶양말을 ~ [jaŋmarul ~ ヤンマルル ~] 靴下を裏返す ② ひっくり返す ¶보트를 ~ [bo:thurul ~ ボートゥルル ~] ボートをひっくり返す ③ 覆る ¶진술을 ~ [tʃi:nsurul ~ チーンスルル ~] 陳述を覆す ④ 破る ¶약속을 ~ [jaks'ogul ~ ヤクソグル ~] 約束を破る ⑤ 逆転させる ¶승부를 ~ [suŋburul ~ スンブルル ~] ゲームを逆転させる.

뒤집어-쓰다 [twidʒibəs'uda トゥィジボッスダ] 他 으変 ① 引っかぶる ¶담요를 ~ [ta:mnjərul ~ ターム二ョルル ~] 毛布を引っかぶる ② (人の罪などを) かぶる; 着る ¶죄를 ~ [tʃwe:rul ~ チュェールル ~] 罪を着る ¶먼지를 ~ [mədʒirul ~ モンジルル ~] ほこりを浴びる ④ (親に) 似る.

뒤집어-씌우다 [twidʒibəs'iuda トゥィジボッシウダ] 他 使役 ① 覆い[引っ]かぶせる ② (責任・罪などを) かぶせる

뒤집어 엎다

¶ 책임을 남에게 ~ [tʃʰɛgimɯl namege ~ チェギムル ナメゲ ~] 責任を人におっかぶせる ¶ 물을 ~ [murɯl ~ ムルル ~] 水を浴びせる.

뒤-집어-엎다 [twidʒibɔɔp't'a トゥイジボオプタ] 他 ① 裏返す='뒤집다'の強調語 ¶ 카드를 ~ [kʰa:durɯl ~ カードゥル ~] カードを裏返す ② 投げ打つ ¶ 사업을 ~ [sa:ɔbɯl ~ サーオブル ~] 事業を投げ打つ ③ ひっくり返す ¶ 국냄비를 ~ [kuŋnɛmbirɯl ~ クンネムビルル ~] 汁鍋などをひっくり返す ④ (政権・制度などを) 覆す; 打倒する.

뒤-집히다 [twidʒiphida トゥイジピダ] 自 受動 ① ひっくり返る ¶ 배가 돌풍에 ~ [pɛga tolpʰuŋe ~ ペガ トルプンエ ~] 突風で舟がひっくり返る ② 覆る ¶ 판결이 ~ [pʰangjɔri ~ パンギョリ ~] 判決が覆る ③ 大騒ぎになる ¶ 회사가 발칵 ~ [hwe:saga palkʰak (t'widʒiphida) フェーサガ パルカク ~] 会社がごったがえしの大騒ぎになる.

뒤-쪽 [twi:tʃ'ok トゥイーッチョク] 名 後ろ側; 後方; 後ろの方.

뒤-쫓다 [twi:tʃ'ot'a トゥイーッチョッタ] 他 追いかける; 後を追う; =**뒤쫓아가다** [twi:tʃ'otʰagada トゥイーッチョチャガダ] ¶ 범인을 ~ [pɔ:minɯl ~ ポーミヌル ~] 犯人を追いかける **뒤-쫓기다** [twi:tʃ'otk'ida トゥイーッチョッキダ] 自 受動 追われる.

뒤-처리 [—處理] [twi:tʃʰɔri トゥイーチョリ] 名 하他 後始末.

뒤-축 [창] [twi:tʃʰuk [tʃʰaŋ] トゥイーチュク [チャン]] 名 履き物 [靴] の踵かかと.

뒤-치다꺼리 [twi:tʃʰidak'ɔri トゥイーチダッコリ] 名 하自他 ① 世話; 後ろ見; 後ろ盾 ② 後始末='뒤처리'.

뒤-탈 [—頃] [twi:tʰal トゥイータル] 名 後のたたり [面倒]; 後腐れ ¶ ~이 걸린다 [(twi:tʰar)i kɔllinda (トゥイータ) リ コルリンダ] 後のたたりが気にかかる / ~이 없다 [(twi:tʰar)i ɔ:pt'a (トゥイータ) リ オープタ] 後腐れがない.

뒤-통수 [twitʰoŋsu トゥイートンス] 名 後頭部 **—맞다** [mat'a マッタ] 慣 不意打ちを食らう **—치다** [tʃʰida チダ] 慣 ① 不意打ちを食わせる ② (失敗したりして) ひどく落胆する; がっかりする.

뒤-틀다 [twitʰɯlda トゥイトゥルダ] 他 ㄹ語幹 ① ねじる もだえる ¶ 아파서 몸을 ~ [apʰasɔ momɯl ~ アパソ モ

ムル ~] 痛みで身をもだえる ② (事を) 妨げる ¶ 계획을 ~ [ke:hwegul ~ ケーフェグル ~] 計画を妨げる [こじらす].

뒤-틀리다 [twitʰɯllida トゥイットゥルリダ] 自 ① ゆがむ; ねじれる; 反る ¶ 판자가 ~ [pʰandʒaga ~ パンジャガ ~] 板が反る [ゆがむ] ② こじれる; もつれる ¶ 사업이 ~ [sa:ɔbi ~ サーオビ ~] 事業がこじれる ③ (感情や気分が悪くなる; ひねくれる ¶ 거짓말에는 배알이 뒤틀린다 [kɔ:dʒinmarenun pɛari twitʰɯllinda コージンマレヌン ペアリ トゥィットゥルリンダ] うそには腸はらわたが煮えくり返る.

뒤-틀어지다 [twitʰɯrɔdʒida トゥイトゥロジダ] 自 (物事が) よじれる; ねじれる; こじれる ¶ 계획이 ~ [ke:hwegi ~ ケーフェギ ~] 計画がこたつく.

***뒤-흔들다** [twihundɯlda トゥイフンドゥルダ] 他 ㄹ語幹 ① 揺さぶる ¶ 나무를 ~ [namurɯl ~ ナムルル ~] 木を揺さぶる ② 波紋を起こす; 揺るがす ¶ 정계를 뒤흔든 일대 사건 [tʃɔŋgerɯl twihundun iltɛ sa:kɔn チョンゲルル トゥィフンドゥン イルテ サーコン] 政界を揺るがした一大事件 ③ ひっくり返す.

뒷-거래 [—去來] [twi:tk'ɔrɛ トゥイーッコレ] 名 하自 やみ取引き. 「裏通り.

뒷-거리 [twi:tk'ɔri トゥイーッコリ] 名

뒷-걱정 [twi:tk'ɔktʃ'ɔŋ トゥイーッコクチョン] 名 하自 あとの心配.

***뒷-걸음** [twi:tk'ɔrɯm トゥイーッコルム] 名 後ずさり; しり込み; 後退 **—치다** [tʰida チダ] 自 後ずさりする, しり込みをする; 退歩する **—질** [dʒil ジル] 名 하自 後ずさりすること.

뒷-골목 [twi:tk'olmok トゥイーッコルモク] 名 路地裏; 裏通り; 横町; 裏町.

뒷-공론 [—公論] [twi:tk'oŋnon トゥイーッコンノン] 名 ① (事後の) 無用の批評・議論; 後の取りさた ② 陰口; 壁訴訟 ¶ 일은 하지 않고 ~만 한다 [i:rɯn hadʒi ankʰo ~man handa イールン ハジ アンコ ~マン ハンダ] 仕事はしないで陰口ばかり言う.

뒷-구멍 [twi:tk'umɔŋ トゥイーックモン] 名 ① 後ろの穴 ② 裏口 ¶ ~ 입학 [~ ipʰak ~ イプハク] 裏口入学.

뒷-길 [twi:tk'il トゥイーッキル] 名 ① 裏道; 裏街道 ② (後日を期するの) 見込み; 前途; 将来.

뒷-날 [twi:nnal トゥイーンナル] 名 後

뒷-담당[—擔當][twi:t'amdaŋ トゥィーッタムダン] 名 [하]他 後始末; 後の処理.

뒷-덜미[twi:t'ɔlmi トゥィーットルミ] 名 襟首; 首筋; うなじ ¶~를 잡다[~-rɯl tɕapt'a ~ルル チャプタ] 襟首をつかむ; 首根っこを押える.

뒷-돈[twi:t'on トゥィートン] 名 ① 絶えずつぎ込んで使う金 ② 商売・賭博などの資金・元手 ¶~을 대다[~ul tɛ:da (トゥィート) ヌル テダ] 資金を続けて出す.

뒷-동산[twi:t'oŋsan トゥィートンサン] 名 (家や村の)裏手の小山・園.

뒷-들[twi:t'ɯl トゥィーットゥル] 名 (家や村の)裏手の野原.

뒷-말[twi:nmal トゥィーンマル] 名 [하]自他 ① 後日談 ② あとの取りさた; あとのうわさ ③ あとの話; 話の続き.

뒷-맛[twi:nmat トゥィーンマッ] 名 ① (食後の)残る味; あと味; あと口 ¶이 술은 ~이 좋다[i surɯn ~-(ma)i tɕo:tʰa イ スルン ~-(マ)シ チョータ] この酒はあと味がよい ② (事が済んだあとの)感じ; あと味 ¶ ~이 개운치 않다[~-(ma)i kɛuntɕʰi antʰa ~-(マ)シ ケウンチ アンタ] あと味が悪い; 寝覚めが悪い.

***뒷-문**[—門][twi:nmun トゥィーンムン] 名 ① 裏門 ② 裏口 ¶ ~ 입학[~ ipʰak (トゥィーンム)ニパク] 裏門入学.

뒷-바라지[twi:tp'aradʑi トゥィーッパラジ] 名 [하]他 (人の)面倒を見ること; 世話をすること ¶환자를 ~하다 [hwa:ndʑarɯl ~hada ファーンジャルル ~ハダ] 病人の世話をする.

***뒷-받침**[twi:tp'atɕʰim トゥィーッパッチム] 名 [하]他 ① 後押し; 後ろ盾; 後援 ② 裏づけ; 裏書き ¶이론의 ~이 없다[i:rone ~i ɔ:pt'a イーロネ ~-(パッチ)ミ オープタ] 理論の裏づけがない.

뒷-북-치다[twi:tp'uktɕʰida トゥィーップクチダ] 自 後になって無駄に騒ぎ立てる.

뒷-소문[—所聞][twi:s'omun トゥィーッソムン] 名 後聞; 後(日)の評判.

뒷-손[twi:s'on トゥィーッソン] 名 (賄賂などを)遠慮するそぶりで後ろからそっと差し出す手; 後ろに出す手.

뒷손가락-질[twi:s'oŋk'arakt͡ɕʰil トゥィーッソンカラクチル] 名 [하]自 後ろ指 ¶~을 하다[~-(tɕ'ir)ɯl hada ~-(チ)ルル ハダ] 後ろ指を指す.

뒷-손질[twi:s'ondʑil トゥィーッソンジル] 名 ① 後始末; 最後の仕上げ ② こっそり手を打つこと; 陰で策を講ずること ③ 後う手でする動作.

뒷-수습[—收拾][twi:s'usɯp トゥィーッススプ] 名 [하]自他 後始末; 事後の処理 ¶ ~을 깨끗이 하다[~-(s'usɯb)ɯl k'ɛk'uɕi hada ~-(スス)ブルッケックシハダ] 後始末をきれいにつける.

뒷-시중[twi:ɕ'idʑuŋ トゥィーッシジュン] 名 [하]自 そばで世話を焼くこと.

뒷-심[twi:ɕ'im トゥィーッシム] 名 ① 後ろ盾; 背後の助け ② 底力; 根気; 頑張り抜く力 ¶ ~이 있다[~i it'a ~-(シ)ミ イッタ] 底力[根気]がある.

뒷-욕[—辱][twi:nnjok トゥィーンニョク] 名 [하]自他 (事後の)悪口; 陰口.

뒷-이야기[twi:nnijagi トゥィーンニヤギ] 名 話の続き; 後日談.

뒷-일[twi:nnil トゥィーンニル] 名 あとのこと; 将来のこと ¶ ~을 부탁하다[~-(nir)ɯl pu:tʰakʰada ~-(ニ)ルル プータカダ] あとを頼む.

뒷-전[twi:tɕ'ɔn トゥィーッチョン] 名 ① 後ろ; 後部 ¶ ~으로 물러나다[~ɯro mullɔnada ~-(チョ)ヌロ ムルロナダ] 後ろの方に引き下がる; 第一線から退く ② 後回し ¶ ~으로 밀리다[~ɯro millida ~-(チョ)ヌロ ミルリダ] 後回しにされる / ~으로 미루다[~ɯro miruda ~-(チョ)ヌロ ミルダ] 後回しにする ③ 消極的の ¶ ~에서 놀다[~-esɔ no:lda ~-(チョ)ネソ ノールダ] 慣 消極的に行動する; 拱手傍観する ④ 陰; 裏面; 背後 ¶ ~에서 공론하다[~esɔ koŋnonhada ~-(チョ)ネソ コンノンハダ] 陰で取りさたする ⑤ 船縁などの後部.

뒷-정리[—整理][twi:tɕ'ɔŋni トゥィーッチョンニ] 名 [하]自他 後始末; 後片づけ.

뒷-조사[—調査][twi:tɕ'osa トゥィーッチョサ] 名 [하]他 内密の調査; 内偵.

뒷-짐[twi:tɕ'im トゥィーッチム] 名 後ろ手 **—지다**[dʑida ジダ] 慣 後ろ手に組む; 後ろ手に縛られる **—지우다**[dʑiuda ジウダ] 慣 手を後ろに組ませる; 後ろ手に縛り上げる.

뒹굴다[twiŋgulda トゥィングルダ] 自 ㄹ語幹 ① 寝転ぶ ¶ 잔디 밭에 ~ [tɕandi batʰe ~ チャンディ バテ ~]

芝生に寝転ぶ ② 横転する ¶차가 사고로 ~[tʃhaga sa:goro ~ チャガ サーゴロ ~] 車が事故で横転する ③ ごろごろして怠ける ④ (物が散らばっている.

드나-들다[tumaduɯlda トゥナドゥルダ] 自ㄹ語幹 ① (しばしば)出入りする ¶사람이 많이 ~[sa:rami ma:ni ~ サーラミ マーニ ~] 人の出入りが多い ② 通う ¶술집에 ~[sultʃ'ibe ~ スルチベ ~] 飲み屋に通う ③ (しばしば)入れ替わる ¶종업원이 자주 ~[tʃoŋəbwəni tʃadʒu ~ チョンオブォニ チャジュ ~] 従業員がしばしば入れ替わる ④ (列・線などが)曲がる; ゆがむ.

드-높다[tunopt'a トゥノプタ] 形 非常に高い; 高らかだ ¶드높은 가을 하늘 [tunophun kauɯl hanuɯl トゥノプン カウル ハヌル] 高く澄み切った秋空 / 드높이 솟아 있는 봉우리[tunophi sosa innun poŋuri トゥノピ ソサインヌン ボンウリ] 高々とそびえ立った峰.

***드디어**[tudiə トゥディオ] 副 ついに; とうとう; 結局は; いよいよ ¶~ 끝났다[~ k'unnat'a ~ ックンナッタ] ついに終わった.

드라마틱[turamathik ドゥラマティク] dramatic 名 하形 ドラマチック.

***드러-나다**[turənada トゥロナダ] 自 ① 現[表]われる ¶모습이 ~[mosuɯbi ~ モスビ ~] 姿が現われる / 표면에 ~[phjəmjəne ~ ピョミョネ ~] 表面に表われる ② 暴露される; ばれる; 割れる ¶비밀이 ~[pi:miri ~ ピーミリ ~] 秘密がばれる[割れる] ③ 知られる ¶이름이 세상에 ~[irumi se:saŋe ~ イルミ セーサンエ ~] 名前が世に広く知られるようになる.

***드러-내다**[turəneda トゥロネダ] 他 現わす; 表に出して示す ¶정체를 ~[tʃə:ŋtʃherul ~ チョーンチェルル ~] 正体を現わす / 젖가슴을 ~[tʃətk'asumul ~ チョッカスムル ~] 乳房をさらけ出す / 이를 ~[i:rul ~ イールル ~] 歯をむき出す / 결점을 ~[kjəltʃ'əmul ~ キョルチョムル ~] ぼろを出す / 수치를 ~[sutʃhirul ~ スチルル ~] 恥をさらす.

드러-눕다[turənupt'a トゥロヌプタ] 自 ㅂ変 横になる; 横たわる; 寝そべる; 床につく ¶잔디 위에 ~[tʃandi wie ~ チャンディ ウィエ ~] 芝の上に寝そべる / 병으로 ~[pjəːŋuro ~ ピョーンウロ ~] 病気で床につく.

***드리다**[¹](turida トゥリダ) 他 ① (差し)上げる ¶무엇을 드릴까요?[musul turilk'ajo ムオスル トゥリルッカヨ] 何を差し上げましょうか ② ささげる ¶기도를 ~[kidorul ~ キドルル ~] 祈りをささげる ③ 真心をこめる[尽くす] ¶정성을 ~[tʃəŋsəŋul ~ チョンソンウル ~] 誠意[真心]をこめる[尽くす] ④ (目上の人に)申し上げる; あいさつする ¶말씀을 ~[ma:ls'umul ~ マールッスムル ~] 申し上げる / 인사를 ~[insarul ~ インサルル ~] あいさつをする **드림**[turim ドゥリム] 名 謹呈; 贈呈; (手紙の末文で)拝.

***드리다**[²](turida トゥリダ) 補動 …上げる, …する[致す] ¶빌려 ~[pillə ~ ピルリョ ~] 貸して上げる / 도와 ~[towa ~ トワ ~] 助けて上げる / 갚아 ~[kapha ~ カパ ~] お返しする.

드리다[³](turida トゥリダ) 他 ① (建物の中に付属施設を)設ける[造る] ¶방을 더 ~[paŋuɯl tə ~ パンウル ト ~] 部屋もう1つつける ② (綱やロープなどを), (なわを)なう ¶밧줄을 ~[pa:tʃ'urul ~ パーッチュルル ~] ロープをよる / 새끼줄을 ~[sɛk'idʒurul ~ セッキジュルル ~] なわをなう.

드리우다[turiuda トゥリウダ] 他 垂れ下げる; 垂らす; かける ¶발을 ~[pa:rul ~ パール ~] すだれを垂らす.

드문-드문[tumundumun トゥムンドゥムン] 副 ① (時間的に)ときどき; たまに; 時たま ¶~ 찾아오다[~ tʃhadʒaoda ~ チャジャオダ] ときどき[たまに]訪ねて来る ② (空間的に)ところどころに; ちらほら; ぽつりぽつり ¶집이 ~ 있다[tʃibi ~ it'a チビ ~-(ドゥム) ニッタ] 家がところどころに建っている ③ (物が)たまに; まれに ¶손님이 ~ 있다[sonnimi ~ it'a ソンニミ ~-(ドゥム) ニッタ] 客がたまに来る —**하다**[hada ハダ] 形 まばらだ.

***드물다**[tumulda トゥムルダ] 形 ㄹ語幹 ① めったにない; ごく少ない ¶그런 천재는 ~[kurən tʃhəndʒɛnun ~ クロン チョンジェヌン ~] そんな天才はまれだ[めったにない] ② (時間的に)繁くない; 少ない ¶사람의 왕래가 ~[sa:rame waːŋnɛga ~ サーラメ ワーンネガ ~] 人の往来が少ない ③ (空間的に)まばらだ ¶인가가 ~[ingaga

~ インガガ ~] 人家がまばらだ.

드세다 [tɯseda トゥセダ] 形 ① (気性が)頑固だ, かたくなだ; きつい; 激しい ¶기가 드센 여자[kiga tɯsen njodʒa キガ トゥセン ニョジャ] きつい女; 気性の激しい女性 / 고집이 드센 노인[kodʒibi tɯsen no:in コジビ トゥセン ノーイン] かたくなな老人 ② (敷地の地相から見て)縁起が悪い ¶집터가 ~[tɕiptʰɔga ~ チプトガ ~] 敷地の縁起が悪い.

드시다 [tɯɕida トゥシダ] 他 召し上がる; '들다'の尊敬語 ¶무엇을 드시겠습니까?[muɔsɯl tɯɕiges'ɯmnik'a ムオスル トゥシゲッスムニッカ] 何を召し上がりますか.

득[得] [tɯk トゥッ] 名 得; 利益; 이득[i:dɯk イードゥッ]「利得」の略 —**보다[되다]** [p'oda[t'weda] ポダ[トゥェダ]] 他 得をする[得になる] —**이다** [(tɯɡ)ida (トゥ)ギダ] 自 得だ —**하다** [(tɯ)kʰada カダ] 他 (利益を)得る.

득남[得男] [tɯŋnam トゥンナム] 名 하目 男の子が生まれること ¶~하셨다지요[~hadʑot'adʑijo ~ハショッタジヨ] 男の子がおできになったそうですね.

득달-같이[得達—] [tɯkt'algatʰi トゥクタルガチ] 副 すぐ(さま); 直ちに ¶~ 달려갔다[~ talljɔɡat'a ~ タルリョガッタ] 直ちに駆けつけた.

득세[得勢] [tɯks'e トゥクセ] 名 하目 勢力を得ること, 優勢になること ¶선거에서 ~하다[sɔ:nɡɔesɔ ~hada ソーンゴエソ ~ハダ] 選挙で優勢になる.

득실[得失] [tɯkɕ'il トゥクシル] 名 得失 ¶이해 ~[i:hɛ (dukʃ'il) イーヘ (ドゥクシル)] 利害得失.

득실-거리다 [tɯkɕ'ilɡɔrida トゥクシルゴリダ] 自 うようよ[うじゃうじゃ]する ¶벌레가 ~[pɔlleɡa ~ ポルレガ ~] 虫がうようよする.

득의[得意] [tɯɡi トゥギ] 名 하目 満足; 得意(日本語の「得手ぞ・顧客」の意味はない) ¶~에 찬 얼굴[~e tɕʰan ɔlɡul ~エ チャン オルグル] 得意な顔 / 잘 하는 과목[tɕar hanɯn kwamok チャル ハヌン クァモク] 得意な科目 —**만면** [ma:nmjɔn マーンミョン] 名 하形 得意満面 —**양양** [jaŋŋjaŋ ヤンニャン] 名 하形 意気[得意]揚々.

득점[得點] [tɯktɕ'ɔm トゥクチョム] 名 하目 得点 ¶~의 기회[~e kihwe (トゥクチョ)メ キフェ] 得点のチャンス / 대량 ~[tɛ:rjaŋ (duktʃ'ɔm) テーリャン (ドゥクチョム)] 大量得点.

득표[得票] [tɯkpʰjo トゥクピョ] 名 하目 得票 ¶~율[~jul ~ユル] 得票率.

득효[得效] [tɯkʰjo トゥクキョ] 名 하目 薬効[効力]があること.

든 [dɯn ドゥン] 助 …であれば; …であろうと; でも; '-든지'の略 ¶어디~ 좋다[ɔdi~ tɕo:tʰa オディ~ チョーッタ] どこでもいい.

-든 [dɯn ドゥン] 語尾 ① …(し)ようが; …(し)ようと ¶가~ 안가~[ka~ anɡa~ カ~ アンガ~] 行こうが行くまいが ② …していた; …しかけた; ×'-든' 다니던 학교[tani(dɔn) hak'jo タニ(ドン) ハクキョ] 通った学校.

***든든-하다** [tɯndɯnhada トゥンドゥンハダ] 形 여変 ① 丈夫だ, しっかりしている ¶몸이 ~[momi ~ モミ ~] 体が丈夫だ / 토대가 ~[tʰodɛɡa ~ トデガ ~] 土台がしっかりしている ② 心[気]強い; 気丈だ; 頼もしい ¶마음이 ~[maɯmi ~ マウミ ~] 心強い / 동행이 있어 ~[to:ŋhɛŋi is'ɔ ~ トーンヘンイ イッソ ~] 同伴がいるので気強い ③ 十分だ; 余裕がある ¶자금이 ~[tɕaɡɯmi ~ チャグミ ~] 資金が十分だ ④ 満腹だ=¶배가 ~[pɛɡa ~ ペガ ~] 든든-히 [tɯndɯni トゥンドゥニ] 副 しっかり; 心強く; 十分に ¶~ 먹다[~ mɔkt'a ~ モクタ] 十分に[しっかり]食べる.

***-든지** [dɯndʑi ドゥンジ] 語尾 ① …ようが; …ようと; …なりと ¶가~ 말~[ka~ ma:l~ カ~ マール~] 行こうが行くまいか ② …でも ¶언제~ [ɔ:ndʑe ~ オーンジェ ~] いつでも / 무엇이~ [muɔɕi~ ムオシ~] 何でも; ×'-던지'.

듣기 [tɯtk'i トゥッキ] 名 聞き取り ¶~와 말하기[~wa ma:rhagi ~ワ マールハギ] 聞き方と話し方 —**싫다** [ɕiltʰa シルタ] 他 聞きづらい; 聞き苦しい; =—**거북하다** [ɡobukʰada ゴブクカダ] —**좋다** [dʑotʰa ジョッタ] 聞きよい; 聞いて快い; 耳に快い.

***듣다[1]** [tɯt'a トゥッタ] 他 ㄷ変 ① 聞く ¶잘 주의해서 ~[tɕal dʑuihesɔ ~ チャル ジューイヘソ ~] よく注意して聞く / 귀를 기울여 ~[kwirul kiurjɔ ~ クィルル キウリョ ~] 聞き澄ます; 聞き耳をたてる ② 伝え聞く; 耳

듣다² [tut'a トゥッタ] 自 利[効]く ¶잘 듣는 약[tʃal dunnun njak チャル ドゥンヌン ニャク] よく効く薬 / 브레이크가 안 듣는다[breikʰuga an dunnunda ブレイクガ アン ドゥンヌンダ] ブレーキが利かない.

*들 [tuːl トゥール] 名 野原; 野良 ¶넓은 ~ [nɔlbun ノルブン ~] 広い野原 **—일** [lil リル] 名 野良仕事.

*-들¹ [dul ドゥル] 接尾 …など; …ら; …たち ¶우리~ [uri~ ウリ~] 我ら / 아이~ [ai~ アイ~] 子供たち.

-들² [dul ドゥル] 接尾 皆いっしょに・それぞれ ¶어서 ~ 오십시오[ɔsɔ~ oʃipʃʼio オソ~ オシプシオ] (皆様)いらっしゃいませ / 잘 ~ 하고 있다[tʃal~ hago itʼa チャル~ ハゴ イッタ] みんな(いっしょに)よくやっている.

들- [tul トゥル] 接頭 **1** ひどく・非常に・激しくの意 ¶~볶다 [~bokt'a ~ポクタ] いびる / ~끓다 [~k'ultʰa ~ックルタ] 沸き上がる **2** [tuːl トゥール] 野生の ¶~국화 [~gukʰwa ~ググクァ] 野菊 / ~꽃 [~k'ot ~ッコッ] 野の花 / ~짐승 [~tʃ'imsuŋ ~チムスン] 野獣 / ~놀이 [lori ロリ] 野遊び / ~일 [lil リル] 野良仕事.

들-것 [tulk'ɔt トゥルコッ] 名 担架 ¶~에 싣다 [(tulk'ɔs)e ʃiːt'a (トゥルコ)セ シータ] 担架に載せる.

들고-뛰다 [빼다] [tulgo t'wida [p'ɛda] トゥルゴットゥイダ [ッペダ]] 自俗 逃げる; 逃げ出す; ずらかる; ＝**들고 뛰다** [tulgo tʰwida トゥルゴ トゥイダ].

들고-일어나다 [tulgo irɔnada トゥルゴ イロナダ] 自 立ち上がる; 決起する ¶학생들이 ~ [haksʼɛnduri ~ ハクセンドゥリ ~] 学生たちが決起する.

들-국화 [—菊花] [tuːlgukʰwa ドゥールグクァ] 名 〈植〉野菊.

들-기름 [tulgirum トゥルギルム] 名 荏ゴマ(荏胡麻)の油, エゴマ油.

들-깨 [tulk'ɛ トゥルッケ] 名 〈植〉エ

들-꽃 [tuːlk'ot トゥールッコッ] 名 野の花.

들-끓다 [tulk'ultʰa トゥルックルタ] 自 込み合う; 沸き立つ; うようよする ¶장내가 ~ [tʃaŋnɛga ~ チャンネガ ~] 場内が沸き立つ / 인파로 ~ [inpʰaro ~ インパロ ~] 人の波でごった返す.

들-녘 [tuːlljɔk トゥールリョク] 名 野原.

들-놀이 [tuːllori トゥールロリ] 名 하自 野遊び; ピクニック.

*들다¹ [tulda トゥルダ] 自(ㄹ語幹) ① 入る ¶방안에 ~ [paŋane ~ パンアネ ~] 部屋に入る / 서클에 ~ [sɔːkʰure ~ ソークレ ~] サークルに入る / 노경에 ~ [noːgjɔŋe ~ ノーギョンエ ~] 老境に入る / 마음에 ~ [maume ~ マウメ ~] 気に入る ② つく ¶김치맛이 ~ [kimtʃʰimaʃi ~ キムチマシ ~] キムチの味がつく / 버릇이 ~ [pɔruʃi ~ ポルシ ~] 癖がつく / 잠이 ~ [tʃami ~ チャミ ~] 眠りにつく / 철이 ~ [tʰɔri ~ チョリ ~] 物心がつく ③ 染まる ¶빨갛게 물이 ~ [pʼaːlgakʰe muri~ ッパールガッケ ムリ~] 赤く染まる ④ 要る; かかる ¶공이 ~ [koŋi ~ コンイ ~] 努力が要る; 手数がかかる ⑤ 起こる ¶의심이 ~ [wiʃimi ~ ウィシミ ~] 疑いが起こる ⑥ 引く ¶감기가 ~ [kaːmgiga ~ カームギガ ~] 風邪をひく ⑦ 選ぶ ¶길을 잘못 ~ [kirul tʃalmo(t'ulda) キルル チャルモッ~] 道[進路]を間違える ⑧ (日が差す; 当たる ¶볕이 잘 ~ [pjɔtʰi tʃal (dulda) ピョチ チャル (ドゥルダ)] 日当たりがよい / 날이 ~ [nari ~ ナリ ~] 雨が上がる; 空が晴れる.

*들다² [tulda トゥルダ] 他(ㄹ語幹) ① 上げる ¶손을 ~ [sonnul ~ ソヌル ~] 手を上げる ② (手に)持つ; 取る ¶짐을 ~ [tʃimul ~ チムル ~] 荷を持つ / 붓을 ~ [pusul ~ プスル ~] 筆を取る ③ 示す ¶실례를 ~ [ʃillerul ~ シルレルル ~] 実例を挙げる ④ 取る; 食う; 飲む ¶식사를 ~ [ʃiks'arul ~ シクサルル ~] 食事をとる / 술을 ~ [surul ~ スルル ~] 酒を飲む ⑤ 挙げる ¶증거를 ~ [tʃuŋgɔrul ~ チュンゴルル ~] 証拠を挙げる.

들다³ [tulda トゥルダ] 自(ㄹ語幹) **1** よく切れる; 利く ¶잘 드는 칼[tʃal dunnun kʰal チャル ドゥヌン カル] よく切れる刀 **2** (年を)取る ¶나이가 ~ [naiga ~ ナイガ ~] 年が寄る.

들다⁴ [tɯlda トゥルダ] 他 [ㄹ語幹] …(を)する ¶시중을 ~ [sidʒuŋɯl ~ シジュンウル ~] 世話をする / 중매를 ~ [tʃuːŋmɛrɯl ~ チューンメルル ~] 仲立ちをする / 역성을 ~ [jɔks'ɔŋɯl ~ ヨクソンウル ~] えこひいきする.

들다⁵ [tɯlda トゥルダ] 助 [ㄹ語幹] …(しよ)うとする ¶싸우려고 ~ [s'aurjɔgo ~ ッサウリョゴ ~] けんか腰になる; 食ってかかろうとする / 도망치려고 ~ [tomaŋtʃʰirjɔgo ~ トマンチリョゴ ~] 逃げようとする.

들들-볶다 [tɯldɯlbokt'a トゥルドゥルボクタ] 他 ① (豆・ゴマなどを)かき回しながら炒る ② 人をさんざんいびる ¶며느리를 ~ [mjɔnɯrirɯl ~ ミョヌリルル ~] 嫁をひどくいびる.

들-뜨다 [tɯlt'uda トゥルットゥダ] 自 [으変] ① (壁紙など)張ったものがぴったりつかない ¶벽지가 ~ [pjɔktʃ'iga ~ ピョクチガ ~] 壁紙がふくれ上がる[浮き上がる] ② (心が)浮つく; 浮き浮きする ¶들뜬 기분 [tɯlt'un kibun トゥルットゥン キブン] 浮ついた気持ち; ふわふわした気分 ③ (皮膚が)むくむ; 腫れ上がる ¶누렇게 들뜬 얼굴 [nurɔkʰe tɯlt'un ɔlgul ヌーロッケ トゥルットゥン オルグル] 黄ばんでむくんだ顔.

들락날락-하다 [tɯllaŋnallakʰada トゥルランナルラクァダ] 自他 しきりに出たり入ったりする.

들랑-거리다 [tɯllaŋgɔrida トゥルランゴリダ] 自他 しきりに出入りする = **들락거리다** [tɯllakk'ɔrida トゥルラクコリダ].

들러-가다 [tɯllɔgada トゥルロガダ] 自他 立ち寄って行く ¶잠깐 ~ [tʃamk'an ~ チャムッカン ~] ちょっと立ち寄って行く.

들러리 [tɯllɔri トゥルロリ] 名 ① (花婿・花嫁の)付き添い ② (重要人物の)わき役 **—서다** [sɔda ソダ] 自 付き添いになる; 引き立て役になる.

들러-붙다 [tɯllɔbutʰa トゥルロブッタ] 自 ① くっつく; 粘着[付着]する; しがみ[絡み]つく ¶떡이 ~ [t'ɔgi ~ ット ギ ~] もちがくっつく / 책상에 ~ [tʃʰɛks'aŋe ~ チェクサンエ ~] 机にしがみつく ② 取りかかる; 着手する.

들려-주다 [tɯlljɔdʒuda トゥルリョジュダ] 他 聞かせてやる[くれる] ¶음악을 ~ [ɯmagɯl ~ ウマグル ~] 音楽を聞かせてやる.

*****들르다** [tɯllɯda トゥルルダ] 自 [으変] (立ち)寄る ¶지나는 길에 ~ [tʃinanɯn kire ~ チナヌン キレ ~] 通りがかりに立ち寄る.

*****들리다¹** [tɯllida トゥルリダ] 1 自 ① 聞こえる; '듣다'の受動 ¶노랫소리가 ~ [norɛs'origa ~ ノレッソリガ ~] 歌声が聞こえる ② (うわさを)聞く; 耳にする ¶들리는 바에 의하면 [tɯllinɯn bae wihamjɔn バエ ウィハミョン] 聞くところによれば 2 他 [使役] 聞かせる; 話してあげる.

들리다² [tɯllida トゥルリダ] 自 ① 病にかかる; '들다'⑥の受動 ¶감기가 ~ [kamgiga ~ カームギガ ~] 風邪をひく ② (鬼神などに)取りつかれる ¶신 ~ [ʃin (dɯllida) シン(ドゥルリダ)] 亡霊に取りつかれる; 神がかりになる.

들리다³ [tɯllida トゥルリダ] 1 自 [受動] 持ち上げられる ¶책상이 ~ [tʃʰɛks'aŋi ~ チェクサンイ ~] 机が持ち上げられる 2 他 [使役] 持たす; 持たせる ¶가방을 ~ [kabaŋɯl ~ カバンウル ~] カバンを持たせる.

들먹-이다 [tɯlmɔgida トゥルモギダ] 自他 ① ぐらぐらする; がたがたと揺れる; = **들먹거리다** [tɯlmɔk'ɔrida トゥルモクコリダ] ¶바위가 ~ [pawiga ~ パウィガ ~] 岩がぐらぐら動く ② 動揺する ¶민심이 ~ [minʃimi ~ ミンシミ ~] 民心が動揺する ③ (胸が)どきどきする; (心がそわそわする) ¶가슴이 ~ [kasɯmi ~ カスミ ~] 胸が浮き浮きする ④ (人のことを)持ち出す; 悪く言う ¶남의 사생활을 ~ [name sasɛŋhwarul ~ ナメ サセンファルル ~] 人の私生活を持ち出して陰口をする.

들-볶다 [tɯlbokt'a トゥルボクタ] 他 いびる; いじめる; さいなむ ¶며느리를 ~ [mjɔnɯrirɯl ~ ミョヌリルル ~] 嫁をいびる / 마누라를 ~ [manurarɯl ~ マヌラルル ~] 妻をいじめる.

들-새 [tɯːlsɛ トゥールセ] 名 〈鳥〉 野鳥; 野禽.

들-소 [tɯːlso トゥールソ] 名 〈動〉 野牛; バイソン(bison).

*****들어-가다** [tɯrɔgada トゥロガダ] 自 ① 入る ¶교실에 ~ [kjoːʃire ~ キョーシレ ~] 教室に入る / 본론에 ~ [pollone ~ ポルロネ ~] 本論に入る

들어 내다 / 대학에 ~ [tɛːhage ~ テーハゲ ~] 大学に入る ② かかる; 要る ¶ 연구비가 ~ [jɔːnguibga ~ ヨーングビガ ~] 研究費がかかる ③ 落ち込む; くぼむ ¶ 눈이 쑥 ~ [nuni s'uk (t'uɾogada) ヌニ ッスク ~] 目が落ち込む ④ 移る ¶ 표결에 ~ [pʰjogjɔre ~ ピョギョレ ~] 票決に移る ⑤ 込む; 注ぐ ¶ 훌러 ~ [hullɔ (duɾogada) フルロ (ドゥロガダ)] 流れ込む[注ぐ] ⑥ (家に)帰る.

들어-내다 [tuɾɔnɛda トゥロネダ] 他 ① 持ち出す ¶ 밖으로 ~ [pak'uro ~ パックロ ~] 外に持ち出す ② (人を)追い出す; 追い払う.

들어-맞다 [tuɾɔmat'a トゥロマッタ] 自 ① ぴったり合う ¶ 양복이 ~ [jaŋbogi ~ ヤンボギ ~] 洋服がぴったりと合う ② 当たる; 的中する ¶ 예언이 ~ [jeːni ~ イェーオニ ~] 予言が的中する ③ (計算・陳述などが)合う・一致する.

들어-맞추다 [tuɾɔmatʰuda トゥロマッチュダ] 他 ぴったり合わせる ¶ 장부 숫자를 ~ [tɕaŋbu suːtɕ'arul ~ チャンブ スーッチャルル ~] 帳じりを合わせる.

들어-먹다 [tuɾɔmɔkt'a トゥロモクタ] 他 ① (身代・元手などを)(食い)つぶす ¶ 재산을 ~ [tɕɛsanul ~ チェサヌル ~] 身代をつぶす ② 横領する; 横取りする; 着服する ¶ 남의 재산을 ~ [name tɕɛsanul ~ ナメ チェサヌル ~] 人の財産を横領する ③ 理解する.

들어-박히다 [tuɾɔbakʰida トゥロパキダ] 自(受動) ① ぎっしり詰まる ¶ 알이 ~ [ari ~ アリ ~] 粒がぎっしり詰まる ② 閉じ込もる ¶ 방구석에 ~ [paŋk'usɔge ~ パンクソゲ ~] 部屋の中に閉じ込もる ③ 食い込む; はまる.

들어-붓다 [tuɾɔbut'a トゥロブッタ] 自 他 (人変) ① 注ぎ込む ¶ 물을 독에 ~ [murul toge ~ ムルル トゲ ~] 水をかめに注ぎ込む / 있는 돈을 사업에 ~ [innun toːnul saːɔbe ~ インヌン トーヌル サーオベ ~] 有り金を事業に注ぎ込む ② がぶ飲みする ¶ 술을 ~ [surul ~ スルル ~] 酒をがぶ飲みする ③ 降りそそぐ ¶ 소나기가 ~ [sonagiga ~ ソナギガ ~] にわか雨が降りそそぐ [どしゃ降りに降る].

*****들어-서다** [tuɾɔsɔda トゥロソダ] 自 ① 踏み入る; 入る ¶ 집안으로 ~ [tɕibanuro ~ チバヌロ ~] 家の中へ入る ② できる ¶ 새 내각이 ~ [sɛ nɛːgagi ~ セ ネーガギ ~] 新内閣ができる ③ 就く; (梅雨に)なる ④ 退く; さがる.

들어-앉다 [tuɾɔant'a トゥロアンタ] 自 ① (内側へ)寄って座る ¶ 좀더 ~-앉아라 [tɕɔmdɔ ~-andʑara チョムド ~-アンジャラ] もう少し詰めて座りなさい ② 아파트 단지가 ~ [apʰaːtʰɯ dandʑiga ~ アパートゥ ダンジガ ~] アパート団地ができる ③ 就く ¶ 사장 자리로 ~ [sadʑaŋ dʑariro ~ サジャン ジャリロ ~] 社長の座に就く ④ 隠退する ¶ 집에 ~ [tɕibe ~ チベ ~] 家に閉じ込もる[引き込もる].

*****들어-오다** [tuɾɔoda トゥロオダ] 自 ① 入る; 入ってくる ¶ 어서 ~-오세요 [ɔsɔ ~-osejo オソ ~-オセヨ] どうぞお入りください / 몇시에 ~-오세요? [mjɔtɕ'ie ~-osejo ミョッシエ ~-オセヨ] 何時においですか ② 止まる ¶ 귀에 ~ [kwie ~ クィエ ~] 耳に止まる.

들어-올리다 [tuɾɔollida トゥロオルリダ] 他 (重いものを)持ち上げる.

들어-주다 [tuɾɔdʑuda トゥロジュダ] 他 ① (人の荷物を)代わりに持ってやる ¶ 손님의 짐을 ~ [sonnime tɕimul ~ ソンニメ チムル ~] お客の荷物を持ってやる ② 聞き入れる; 聞いてやる; 取り上げる ¶ 청을 ~ [tɕʰɔŋul ~ チョンウル ~] 頼みを聞き入れる / 의견을 ~ [uiːgjɔnul ~ ウィーギョヌル ~] 意見を取り上げる.

들어-차다 [tuɾɔtɕʰada トゥロチャダ] 自 立て込む; いっぱいになる; ぎっしり詰まる ¶ 집이 빽빽이 ~ [tɕibi p'ɛkp'ɛgi ~ チビ ッペクペギ ~] 家がぎっしり立て込む / 일정이 ~ [iltɕ'ɔŋi ~ イルチョンイ ~] 日程がぎっしり詰まる.

들여-가다 [turjɔgada トゥリョガダ] 他 ① 持ち込む; 運び込む[入れる] ¶ 짐을 집안으로 ~ [tɕimul tɕibanuro ~ チムル チバヌロ ~] 荷物を家内に持ち込む ② 買い入れる ¶ 하나 ~-가세요 [hana ~-gasejo ハナ ~-ガセヨ] 1つ買ってください.

들여-놓다 [turjɔnotʰa トゥリョノッタ] 他 ① (中へ)入れる; 持ち込む ¶ 짐을 가게에 ~ [tɕimul kaːgee ~ チムル カーゲエ ~] 荷物を店内に持ち込む ② 仕入れる ¶ 쌀을 ~ [s'arul ~ ッサルル ~] 米を仕入れる ③ 踏み出す ¶ 정계에 발을 ~ [tɕɔŋgee parul ~ チョンゲエ パルル ~] 政界に踏み出す.

*들여다-보다 [turjɔdaboda トゥリョダボタ] 他 ① のぞく; のぞき見る ¶방안을 ~ [paŋanul ~ パンアヌル ~] 部屋の中をのぞく ② じっと見つめる ¶얼굴을 유심히 ~ [ɔlgurul ju:ʃimi ~ オルグルル ユーシミ ~] 顔をじっと見つめる ③ (ちょっと) 立ち寄る ¶지나는 길에 잠깐 ~ [tʃinanun kire tʃamk'an ~ チナヌンキレ チャムッカン ~] 通りすがりにちょっと立ち寄る ④ 見(入)る ¶신문을 ~ [ʃinmunul ~ シンムヌル ~] 新聞を見る (心を)うかがう.

들여다-보이다[뵈다] [turjɔdaboida [bweda] トゥリョダボイダ [ブェダ]] 他 受動 見え透く; 透けて見える; 見透かされる ¶속이 ~ [so:ks'ari ~ ソークサリ ~] 肌が丸見えだ / 속이 ~ [so:gi ~ ソーギ ~] 心の中が見え透いている.

들여-보내다 [turjɔbonɛda トゥリョボネタ] 自他 (中へ)入れる; 通す; 入らせる ¶아이를 뒷문으로 ~ [airul twi:nmunuro ~ アイルル トゥィーンムヌロ ~] 子供を裏門から入れる.

들여-앉히다 [turjɔantʃʰida トゥリョアンチダ] 他 ① 中へ座らせる ② 就かせる; 据える ¶후계자로서 아들을 ~ [hu:gedʒarosɔ adurul ~ フーゲジャロソ アドゥルル ~] 後継者として息子を据える ③ 女性を家庭に落ち着かせる.

들여-오다 [turjɔoda トゥリョオダ] 他 持ち込む; 運び[取り]入れる; 買い入れる[つける] ¶방안에 ~ [paŋane ~ パンアネ ~] 部屋に持ち込む / 외국 문화를 ~ [we:gugmunhwarul ~ ウェーグンムンファルル ~] 外国の文化を取り入れる / 쌀을 ~ [s'arul ~ ッサルル ~] 米を買い入れる[仕入れる].

들은-귀 [turungwi トゥルングィ] 名 聞き覚え ¶~가 있다 [~ga it'a ~ガ イッタ] 聞き覚え[聞いたこと]がある.

들은-풍월[一風月] [turunpʰuŋwɔl トゥルンプンウォル] 名 耳学問; 聞き覚え ¶~로 노래하다 [~lo norɛhada ~ロノレハダ] 聞き覚えで歌う.

들음직-하다 [turumdʒikʰada トゥルムジクカダ] 形 聞きごたえがある; 聞きがいがある; 聞くに値する ¶~한 연설 [~-kʰan njɔ:nsɔl ~-カン ニョーンソル] 聞きごたえのある演説.

들이- [turi トゥリ] 接頭 ① やたらに; むやみに; しきりに; 激しく ¶~ 부수다 [~busuda ~ブスダ] やたらにぶち壊す ② にわかに; 急に ¶~ 닥치다 [~daktʃʰida ~ダクチダ] 押し寄せる; 不意にやって来る ③ 無理やりに ¶~ 붓다 [~but'a ~ブッタ] 注ぎ込む.

-들이 [duri ドゥリ] 接尾 …入り; …詰め ¶상자~ [saŋdʒa~ サンジャ~] 箱詰め.

*들이다 [turida トゥリダ] 他 ① (中へ)入らせる; 入れる; '들다'の使役形 ¶손님을 모셔~ [sonnimul moʃɔ(durida) ソンニムル モショ(ドゥリダ)] お客を迎え入れる ② 入れる; 尽くす; かける ¶공을 ~ [ko:ŋul ~ コーングル ~] 念を入れる / 노력을 ~ [norjɔgul ~ ノリョグル ~] 努力を尽くす / 돈을 ~ [to:nul ~ トーヌル ~] 費用をかける ③ 雇う ¶가정부를 ~ [kadʒɔŋburul ~ カジョンブルル ~] お手伝いさんを雇う[入れる] ④ 染める ¶빨간 물을 ~ [p'algan murul ~ ッパルガン ムルル ~] 赤く染める ⑤ 興味を持つ; 味を覚える=¶맛을 ~ [masul ~ マスル ~].

들이-닥치다 [turidaktʃʰida トゥリダクチダ] 自 ① 押し寄せる ¶군중이 ~ [kundʒuŋi ~ クンジュンイ ~] 群衆が押し寄せる ② 差し[押し]迫る ¶위험이 ~ [wihɔmi ~ ウィホミ ~] 危険が差し迫る ③ (人が急に)やってくる.

들이-대다 [turidɛda トゥリデダ] 1 自 詰め寄る; 食ってかかる ¶주인에게 ~ [tʃuinege ~ チュイネゲ ~] 主人に食ってかかる 2 他 ① 突き[差し]つける ¶권총을 ~ [kwɔ:ntʰoŋul ~ クォーントホングル ~] ピストルを突きつける ② (金品などを)続けて供給する ¶학비를 ~ [hakp'irul ~ ハクピルル ~] 学費を続けて出してやる.

들이-덤비다 [turidɔmbida トゥリドムビダ] 自 ① やたらに突っかかる; むやみに飛びかかる ¶개가 ~ [kɛga ~ ケーガ ~] 犬が飛びかかる ② むやみに急ぐ; 急ぎすぎる.

들이-마시다 [turimaʃida トゥリマシダ] 他 吸い込む; 飲み込む ¶공기를 ~ [koŋgirul ~ コンギルル ~] 空気を吸い込む / 물을 ~ [murul ~ ムルル ~] 水を一気に飲み干す[がぶがぶ飲む].

들이-받다 [turibat'a トゥリバッタ] 他 ① 突く ¶소가 ~ [soga ~ ソガ ~] 牛が突く ② ぶつける; 突き飛ばす; 衝突する ¶차가 전주를 ~ [tʃʰaga tʃɔ:ndʒurul ~ チャガ チョーンジュルル ~] 車が電柱に衝突する.

들이-부수다 [tuɾibusuda トゥリブスダ] 他 ぶち壊す ¶ 의자를 ～ [uidʒaɾul ～ ウィジャルル ～] 椅子をぶち壊す.

*__들이-쉬다__ [tuɾiʃwida トゥリシュィダ] 他 (息を)吸い込む ¶ 숨을 ～ [suːmul ～ スームル ～] 息を深く吸い込む.

들이-쑤시다 [turisʼuʃida トゥリッスシダ] 1 自 (激しく)うずく; ずきずき痛む = **들쑤시다** [tulsʼuʃida トゥルッスシダ] ¶ 골머리가 ～ [kolmɔɾiga ～ コルモリガ ～] 頭がずきずき痛む 2 他 ① (人を)ほじくる, そそのかす ¶ ～-쑤셔 싸움붙이다 [～-sʼuʃɔ sʼaumbutʃʰida ～-ッスショッサウムプチダ] そそのかしてけんかさせる ② ひっかき[つつ突き]回す ¶ 서랍을 ～ [sɔɾabul ～ ソラブル ～] 引き出しの中をひっかき回す.

들이-치다 [tuɾitʃʰida トゥリチダ] 自他 ① 吹き込む ¶ 비가 ～ [piga ～ ピガ ～] 雨が激しく吹き込む ② ぶん殴る.

들이-켜다 [tuɾikʰjɔda トゥリキョダ] 他 (酒・水などを)ひっかける[あおる]; 飲み干す ¶ 맥주 한잔 ～ [mɛktʃʼu handʒan ～ メクチュ ハンジャン ～] ビールを1杯ひっかける.

들이-퍼붓다 [tuɾipʰɔbutʼa トゥリポブッタ] 1 自 [人変] 降り注ぐ; 激しく降る ¶ 비가 ～ [piga ～ ピガ ～] 雨がどしゃ降りに降る 2 他 ① やたらに注ぎ込む ② (悪口などを)浴びせる.

들-장미 [薔薇] [tuːltʃaŋmi トゥールチャンミ] 名 〈植〉野バラ.

들쭉-날쭉 [tultʃʼuŋnaltʃʼuk トゥルッチュンナルッチュク] 副 ハ形 出入りがあって一様でないさま; でこぼこ ¶ ～한 해안선 [～-(naltʃʼu)kʰan hɛːansɔn ～ハーアンソン] 出入りの多い海岸線.

*__들추다__ [tultʃʰuda トゥルチュダ] 他 ① かき回す; 捜[探]す ② 調べる ¶ 서류를 ～ [sɔɾjuɾul ～ ソリュルル ～] 書類を調べる ③ 暴く; さらけ出す ¶ 남의 과거를 ～ [name kwaːgɔɾul ～ ナメ クァーゴルル ～] 人の過去を暴く.

들추어-내다 [tultʃʰuɔnɛda トゥルチュオネダ] 他 捜[探]し出す; 捜し当てる, 暴き出す; すっぱ抜く ¶ 불미한 과거를 ～ [pulmihan kwaːgɔɾul ～ プルミハン クァーゴルル ～] 芳しくない過去を暴き出す.

들추어-보다 [tultʃʰuɔboda トゥルチュオボダ] 他 ① 捜[探]してみる ¶ 아무리 ～-보아도 없다 [aːmuɾi ～-boadoɔːptʼa アームリ ～-ボアド オプタ] いくら捜して(みて)も見当たらない ② 取り出して調べてみる ③ 試しに探す; 探る.

들-치기 [tultʃʰigi トゥルチギ] 名 ハ他 ① 置き引き ¶ 가방을 ～당했다 [kabaŋul ～daŋhɛtʼa カバンウル ～ダンヘッタ] カバンを置き引きにやられた ② 持ち上げて投げ倒す韓国相撲の技.

들키다 [tulkʰida トゥルキダ] 自 見つかる; ばれる ¶ 커닝을 ～ [kʰɔniŋul ～ コニンウル ～] カンニングが見つかる.

들-통 [一桶] [tultʰoŋ トゥルトン] 名 手桶.

들통-나다 [tultʰoŋnada トゥルトンナダ] 自 ばれる; 見つかる ¶ 계획이 ～ [keːhwegi ～ ケーフェギ ～] 計画がばれる.

들-판 [tuːlpʰan トゥールパン] 名 野原.

듬뿍 [tumpʼuk トゥムップク] 副 ハ形 たっぷり; どっさり; 十分に ¶ 밥을 ～ 담다 [pabul ～ tʼaːmtʼa パブル ～ タームタ] ご飯をたっぷり盛る.

듬성-듬성 [tumsɔŋdumsɔŋ トゥムソンドゥムソン] 副 ハ形 まばらに; (家が)ちらほら ¶ 나무가 ～ 서 있다 [namuga ～ sɔ itʼa ナムガ ～ ソ イッタ] 木がまばらに生えている.

*__듯__[1] [tut トゥッ] 依名 …ようでもあり…ないようでもある ¶ 올～ 말～ 하다 [ol-(tʼɯn) mal(tʼɯ)tʰada オル(トゥン)マル～タダ] 来そうでもありそうでもないようでもある; 来るかどうかはっきりしない.

듯[2] [dut ドゥッ] 副 そうに; '듯이'の略 ¶ 부러운 ～ [puɾɔun ～ プロウン ～] うらやましげに; うらやましそうに.

듯-싶다 [tuʃʼiptʼa トゥッシプタ] 補形 …らしい; …そうだ; …ようだ ¶ 비가 올～ [piga ol(tʼuʃʼiptʼa) ピガ オル～] 雨が降りそうだ.

*__듯이__ [duʃi ドゥシ] 副 ように; そうに; ごとく ¶ 이것 보란 ～ [igɔt pʼoran ～ イゴッ ポラン ～] これ見よがしに.

*__-듯이__ [duʃi ドゥシ] 語尾 …のように; …ごとく ¶ 자기 자식 사랑하~ [tʃagi dʒaʃik sʼaraŋha～ チャギ ジャシク サランハ～] わが子を愛するがごとく.

*__듯-하다__ [dutʰada ドゥッタダ] 補形 ヨ変 …のようだ; …そうだ; …らしい ¶ 봄이 온~ [pomi on～ ポミ オン～] 春が来たようだ.

*__등__ [tuŋ トゥン] 名 背; 背中; 背面

~을 보이다[~ɯl poida ~ウル ポイダ] 背を見せる/~을 돌리다[~ɯl tollida ~ウル トルリダ] 背中を向ける; 決別する; 背く; 裏切る/손~[son(t'ɯŋ) ソン~] 手の甲.

등[燈][tɯŋ トゥン] 名 灯; ランプ; 明かり ¶~을 켜다[~ɯl kʰjəda ~ウル キョダ] 明かりをつける.

등[籐][tɯŋ トゥン] 名〈植〉トウ(籐)(ヤシ科の蔓性植物) **—가구**[gagu ガグ] 名 籐家具 **—공예**[goŋe ゴンエ] 名 籐工芸. **—의자**[ɯidʒa ウィジャ] 名 籐椅子.

등[藤][tɯŋ トゥン] 名〈植〉フジ(藤)(マメ科の蔓性植物)

***등**[等][tɯːŋ トゥーン] 依名 など; 等; ら; ='들'.

등-골[tɯŋk'ol トゥンコル] 名 ①〈生〉背骨 ¶~빠지게 일하다[~p'adʒige iːrhada ~ッパジゲ イールハダ] 骨身を削って[耐えがたいほど]働く ② 背筋 ¶~이 오싹해지다[~-(k'or)i osʼakʰɛdʒida ~-(コ)リ オッサクケジダ] 背筋が寒くなる; ぞっとする.

등교[登校][tɯŋgjo トゥンギョ] 名 するい ¶~ 시간[~ ʃigan ~ シガン] 登校時間.

등귀[騰貴][tɯŋgwi トゥングィ] 名 する自 騰貴 ¶물가의 ~[mulk'ae ~ ムルカエ ~] 物価の騰貴.

등기[登記][tɯŋgi トゥンギ] 名 する他 ① 登記 ¶가옥의 ~[kaoge ~ カオゲ ~] 家屋の登記 ② 書留=¶~ 우편[~ upʰjən ~ ウピョン].

등대[燈臺][tɯŋdɛ トゥンデ] 名 灯台 **—지기**[dʒigi ジギ] 名 灯台守.

등-대다[tɯŋdɛda トゥンデダ] 自 (…に)頼る; (助けなどを)当てにする.

등등-하다[騰騰—][tɯŋdɯŋhada トゥンドゥンハダ] 形 여変 (ひどく)いきり立っている ¶기세가 ~[kisega ~ キセガ ~] 元気いっぱいだ; 当たるべからずの気勢だ.

***등록**[登錄][tɯŋnok トゥンノク] 名 する他 登録 ¶주민 ~[tʃuːmin (dɯŋnok) チューミン(ドゥンノク)] 住民登録 **—금**[tɯŋno)k'um クム] 名 (学期初めに納める)大学の授業料.

등반[登攀][tɯŋban トゥンバン] 名 する自 登攀はん ¶알프스 ~대[alpʰɯsɯ (dɯŋban)dɛ アルプス(ドゥンバン)デ] アルプス登攀隊.

***등-불**[燈—][tɯŋp'ul トゥンプル] 名 灯火; 明かり; ともしび ¶~을 켜다[끄다][(tɯŋp'ur)ɯl kʰjəda[k'ɯda](トゥンプルル キョダ[ックダ]] 明かりをつける[消す].

***등산**[登山][tɯŋsan トゥンサン] 名 する自 登山 ¶~객[~ gɛk ~ ゲク] 登山客.

등수[等數][tɯːŋsu トゥーンス] 名 順位 ¶~를 다투다[~rɯl tatʰuda ~ルル タトゥダ] 順位を争う.

등신[等神][tɯːŋʃin トゥーンシン] 名 間抜けけ; 薄のろ; でくの坊.

등심[—心][tɯŋʃim トゥンシム] 名〈牛の背肉[ヒレ]; ロース.

등쌀[tɯŋs'al トゥンッサル] 名 うるさがらせること; うるさくせがむこと ¶아이들 ~에 못살겠다[aidɯl (dɯŋs'ar)emoːsʼalget'a アイドゥル (ドゥンッサ)レモーッサルゲッタ] 子供たちがうるさくて[うるさくせがまれて]往生している[たまらない].

등-용문[登龍門][tɯŋjoŋmun トゥンヨンムン] 名 登龍門 ¶문단의 ~[mundane ~ ムンダネ ~] 文壇の登竜門.

등잔[燈盞][tɯŋdʒan トゥンジャン] 名 灯盞ヒヒゥ; 油皿 ¶~밑이 어둡다[~mitʃʰi ədupt'a ~ミチ オドゥプタ] 灯台下暗し **—불**[p'ul プル] 名 灯火.

***등장**[登場][tɯŋdʒaŋ トゥンジャン] 名 する自 登場 ¶~ 인물[~ inmul ~ インムル] 登場人物.

등-지느러미[tɯŋdʒinɯrəmi トゥンジヌロミ] 名〈魚の)背びれ.

***등-지다**[tɯŋdʒida トゥンジダ] 自他 ① 仲たがいする; 仲が悪くなる ¶친구와 ~[tʃʰinguwa ~ チングワ ~] 親友と仲たがいする ② 背く; 背を向ける; 後にする ¶고향을 ~[kohjaŋɯl ~ コヒャンウル ~] 故郷を後にする[捨てる]/조직을 ~[tʃodʒigɯl ~ チョジグル ~] 組織に背を向ける ③ 背にする ¶산을 등지고 서다[sanul tɯŋdʒigo səda サヌル トゥンジゴ ソダ] 山を背にして立つ.

등-치다[tɯŋtʃʰida トゥンチダ] 他 (脅して)ゆする; いたぶる; たかる ¶등쳐 먹다[tɯŋtʃʰəmokt'a トゥンチョモクタ] 脅かして金を巻き上げる.

등한-시[等閑視][tɯːŋhanʃi トゥーンハンシ] 名 する他 等閑視; なおざりにすること; おろそかに思うこと ¶문제를 ~하다[muːndʒerul ~hada ムーンジ

ェルル ～ハダ] 問題をなおざりにする［おろそかにして置く］.
- **등한-하다**[等閑―][tɯːŋhanhada トゥーンハンハダ] 形 なおざりだ；おろそかだ **등한-히**[tɯːŋhani トゥーンハニ] 副 なおざりに；おろそかに ¶～ 하다 [～ hada ～ ハダ] なおざりにする.
- **-디** [di ディ] 語尾 非常に；ひどく ¶ 크～ 크다[kʰɯ～ kʰuda クー クダ] 非常に大きい / 차～찬 물 [tʃʰa～tʃʰan mul チャーチャン ムル] ひどく冷たい水.
- *디디다[tidida ティディダ] 他 踏む ¶ 헛～[hɔ(t'idida) ホッ～] 踏み外す.
- **디딜-방아**[tidilp'aŋa ティディルパンア] 名 踏み臼；唐臼舂.　　「踏み石.
- **디딤-돌**[tidimt'ol ティディムトル] 名
- **디-럭스**[diɾɔks'ɯ ディロクス] de luxe 形 デラックス.「名 ディレクター.
- **디렉터**[diɾɛktʰɔ ディレクト] diretor
- **디스크**[disɯkʰɯ ディスク] disk 名 ディスク **―자키**[dʒakʰi ジャキ] 名 ディスクジョッキー.
- **디자인**[didʒain ディジャイン] design 名 他 デザイン **디자이너**[didʒainɔ ディジャイノ] 名 デザイナー.
- **디저트**[didʒɔːtʰɯ ディジョートゥ] dessert 名 (食後の)デザート.
- **디지털**[didʒitʰɔl ディジトル] digital 名 デジタル；ディジタル. 　「踏む.
- **딛다**[tit'a ティッタ] 他 '디디다'の略.
- **딜러**[diːllɔ ディールロ] dealer 名 ディーラー.　　「名 ジレンマ.
- **딜레마**[dillema ディルレマ] dilemma
- **덩굴다**[tiŋgulda ティングルダ] 自 ㄹ語幹 ① 寝転ぶ ¶ 잔디에서 ～[tʃandiesɔ ～ チャンディエソ ～] 芝で寝転ぶ ② (何もしないで)ぶらぶらする ③ 散らばる ¶ 낙엽이 ～[nagjɔbi ～ ナギョビ ～] 落ち葉が散らばる. ='뒹굴다'.
- *따갑다[t'agapt'a ッタガプタ] 形 ㅂ変 ① (非常に)熱い ¶ 햇살이 ～[hɛs'ari ～ ヘッサリ ～] 日差しが熱い［焼けつくようだ］② (刺すように)ひりつく；ちくちく痛い ¶ 상처가 쑤시고 ～[saːŋtʃʰɔga s'uʃigo ～ サーンチョガ ッスシゴ ～] 傷口がひりついて痛む.
- **따귀**[t'aːgwi ターグィ] 名 ほっぺた；横っ面 ¶～를 때리다[～rul t'ɛrida ～ルル ッテリダ] 横っ面を張る.
- *따끈-하다[t'ak'ɯnhada ッタックンハダ] 形 여変 あったかい；ほかほかする ¶～한 커피 [～-han kʰɔːpʰi ～-ハン

コービ] 熱い［温かい］コーヒー **따끈-히**[t'ak'ɯni ッタックニ] 副 あったかと；ほかほかと ¶ 술을 ～ 데우다[surul ～ teuda スルル ～ テウダ] 酒を熱燗にする；酒を温める.
- **따끔-하다** [t'ak'ɯmhada ッタックムハダ] 形 여変 ① (刺すように)痛い；ひりひり［ちくちく］する ¶ 찔린 데가 ～[tʃillindega ～ ッチルリンデガ ～] 刺されたところがひりひりする ② 厳しい ¶～-한 맛을 보여주다[～-han masɯl pojodʒuda ～ハン マスル ポヨジュダ] 痛い［ひどい］目にあわせる.
- *따님[t'anim ッタニム] 名 (他人の娘の尊敬語) お嬢様；お嬢さん；娘さん；令嬢.
- *따다[t'ada ッタダ] 他 ① 取る ¶ 버섯을 ～[pɔsɔsɯl ～ ポソスル ～] キノコを取［採］る / 금메달을 ～[kɯmmedarul ～ クムメダルル ～] 金メダルを取る / 좋은 점수를 ～[tʃoːɯn tʃɔms'urul ～ チョーウン チョムスルル ～] 良い点数を取る ② 摘む ¶ 꽃을 ～[k'otʃʰɯl ～ ッコチュル ～] 花を摘む ③ 抜く；開ける ¶ 병마개를 ～[pjɔŋmagɛrul ～ ピョンマゲルル ～] 栓を抜く / 통조림을 ～[tʰoŋdʒorimul ～ トンジョリムル ～] 缶詰を開ける ④ 抜き取る；引用する；得る ¶ 요점만 ～[jotʃ'ɔmman ～ ヨチョムマン ～] 要点だけを抜き取る.
- **따-돌리다**[t'adollida ッタドルリダ] 他 ① 除のけ者にする；はじき［締め］出す ¶ 친구를 ～[tʃʰingurul ～ チングルル ～] 友達を除け者にする / 따돌림을 당하다[t'adollimɯl taŋhada ッタドルリムル タンハダ] はじき出される ② (連れを)はぐらかす；まく ¶ 미행자를 ～ [mihɛŋdʒarul ～ ミヘンジャルル ～] 尾行者をまく.
- *따뜻-하다[t'at'ɯtʰada ッタットゥッタダ] 形 여変 暖［温］かい ¶ 방이 ～[paŋi ～ パンイ ～] 部屋が暖かい /～-한 날씨 [(t'at'ɯ)tʰan nalʃ'i ～-タン ナルッシ] 暖かい天気 / 따뜻한 말씀 [(t'at'ɯ)tʰan maːls'ɯm ～-タン マールッスム] 思いやりのあるお言葉 **따뜻-이** [t'at'ɯʃit'ɯttʰoʃi] 副 暖[温]かく.
- *따라[t'ara ッタラ] 助 …に限って ¶ 오늘～[onɯl～ オヌル～] 今日に限って.
- *따라-가다[t'aragada ッタラガダ] 他 ① ついて行く；従う；追う ¶ 길을 ～[kirul ～ キルル ～] 道について行く

따라-다니다 [t'aradanida ッタラダニダ] 他 ① つけ[追い]回す; 後を追う ¶ 여자 뒤를 ~[jɔdʒa dwi:rul ~ ヨジャ ドウィルル ~] 女性の尻りを追い回す ② (影響が)つきまとう・つき従う.

따라-붙다 [t'arabut'a ッタラブッタ] 自他 追いつく ¶ 선진국 수준에 ~[sɔndʒinguk s'udʒune ~ ソンジングクス ジュネ ~] 先進国の水準に追いつく.

***따라서** [t'arasə ッタラソ] 副 したがって; 故に; …によって; …のとおりに.

따라-서다 [t'arasəda ッタラソダ] 他 ① 後ろから追いついて並ぶ ② 手本にしてあとに従う.

***따라-오다** [t'araoda ッタラオダ] 他 ① ついてくる; 追ってくる ② 倣う; 追いつく.

따라-잡다 [t'aradʒapt'a ッタラジャプタ] 自他 追いつく.

***따로** [t'aro ッタロ] 副 ① 別に; 離れて ¶ ~ 살다[~ sa:lda ~ サールダ 離れて暮らす; 別居する / ~ 떼어두다[~ t'əoduda ~ ッテオドゥダ] 別に取って[しまって]置く ② ほかに; 別途の ¶ ~ 수입이 있다[~ suibi it'a ~ スイビ イッタ] 別途の収入がある ━나다 [nada ナダ] 自他 分家する ━**따로** [t'aro ッタロ] 副 別々に; 別れて ¶ ~ 출발하다 ~ tʃʰulbarhada ~ チュルバルハダ] 別々に出発する.

***따르다**¹ [t'aruda ッタルダ] 他 으変 注ぐ; 差す ¶ 술을 ~[surul ~ スルル ~] 酒を注ぐ.

***따르다**² [t'aruda ッタルダ] 自他 으変 ① 従う ¶ 안내인을 ~[a:nnɛinul ~ アーンネイヌル ~] 案内人に従う / 법규를 ~ [pɔpk'jurul ~ ポプキュルル ~] 法規に従う ② 追う ¶ 유행을 ~ [juhɛŋul ~ ユヘンウル ~] 流行を追う ③ 倣う ¶ 전례에 ~[tʃɔllee ~ チョルレエ ~] 前例に倣う ④ 懐く; なじむ ¶ 아이가 잘 ~[aiga tʃal ~ アイガ チャル ~] 子供がよく懐く ⑤ 慕う ¶ 스승을 ~[suisuŋul ~ ススンウル ~] 先生を慕う ⑥ よる ¶ 경우에 따라서는… [kjəŋue t'arasənun キョンウエ ッタラソヌン] 場合によっては… ⑦ 伴う ¶ 위험이 ~[wihɔmi ~ ウィホミ ~] 危険が伴う ⑧ ('…을 따라'の形で) (川・山に)沿って; (道に)ついて.

***따름** [t'arum ッタルム] 依名 …だけ; …のみ; …ばかり ¶ 복종할 ~이다 [poktʃ'oŋhal ~ida ポクチョンハル(ッタル) ミダ] 服従するだけだ.

따-먹다 [t'aməkt'a ッタモクタ] 他 ① (果実などを木から) もいで食べる; 取って食べる ② (碁などで) 石を取る ③ 俗 (女性の貞操を) 奪う.

따분-하다 [t'abunhada ッタブンハダ] 形 여変 ① 退屈だ, 何の変哲もない; 味気ない ¶ ~-해서 견딜 수 없다 [~-hɛsə kjəndil s'u ɔ:pt'a ~-ヘソ キョンディルッスオープタ] 退屈で仕方がない / ~-한 세상 [~-han se:saŋ ~-ハン セーサン] 味気のない世の中 / ~-한 이야기 [~-han nijagi ~-ハンニヤギ] 何の変哲もない話 ② しがない; つまらない ¶ ~-한 생활 [~-han sɛŋhwal ~-ハン センファル] しがない暮らし **따분-히** [t'abuni ッタブニ] 副 退屈に; 味気なく, つまらなく.

따사-하다 [t'asahada ッタサハダ] 形 여変 少し暖かい; (日差しが)ぽかぽか暖かい; 温和だ; = **따사롭다** [t'asaropt'a ッタサロプタ] 形 ㅂ変.

따스-하다 [t'asuihada ッタスハダ] 形 여変 やや暖[温]かい ¶ ~-한 느낌 [~-han nuk'im ~-ハン ヌッキム] 暖[温]かい感じ.

따습다 [t'asuipt'a ッタスプタ] 形 ㅂ変 ほどよく暖かい ¶ 방안이 ~ [paŋani ~ パンアニ ~] 部屋の中がほどよく暖かい.

따오기 [t'aogi ッタオギ] 名 〈鳥〉トキ '(鴇・〈朱鷺〉).

***따위** [t'awi ッタウィ] 名 ① なんか; 連中; 風情 ¶ 너~[nɔ~ ノ~] お前なんか / 장사꾼~ 주제에 [tʃaŋsak'un ~ tʃudʒee チャンサックン ~ チュジェエ] 商人風情のくせに ② …など.

***따지다** [t'adʒida ッタジダ] 他 ① (物事の是非を) 問う ¶ 잘 잘못을 ~[tʃal dʒalmosul ~ チャル ジャルモスル ~] 是非を問う[突き詰める] ② 問い詰める; 問いただす ¶ 배후를 ~[pe:hurul ~ ペーフルル ~] 背後を問い詰める ③ (1つ1つ具体的に)計算[勘定]する ¶ 이자를 ~[i:dʒarul ~ イージャルル ~] 利息を具体的に計算する.

***딱** [t'ak ッタク] 副 ① 헌自 ぽきん; ぽ

かっ ¶ ~ 부러지다 [~ p'rədʒida ~ プロジダ] ぽきんと折れる ②すっぱり; きっぱり ¶ 담배를 ~끊다 [ta:mbɛrɯl (t'a) k'ɯntʰa タームベルル ~クンタ] タバコをすっぱりやめる ③ がっしり; きっちり ¶ ~ 벌어진 어깨 [~ p'ərədʒin ək'ɛ ~ ポロジン オッケ] がっしりとした肩 / 계산이 ~ 맞는다 [ke:sani (t'aŋ) mannɯnda ケーサニ (ッタン) マンヌンダ] 計算がきっちり合う.

딱다구리 [t'akt'aguri ッタクタグリ] 名 〈鳥〉キツツキ(啄木鳥); ケラツツキ.

딱딱-거리다 [t'akt'ak'ərida ッタクタクコリダ] 自他 がみがみ言う ¶ 경비원이 ~ [kjɔːŋbiwəni ~ キョーンビウォニ ~] 警備員ががみがみ言う.

*딱딱-하다 [t'akt'akhada ッタクタクカダ] 形 여중 ① かたい; こちこちだ ¶ ~ 한 빵 [~-kʰan p'aŋ ~-カン ッパン] こちこちのパン ② ぎこちない; 堅苦しい; いかつい ¶ ~ 한 표정 [~-kʰan pʰjodʒəŋ ~-カン ピョジョン] いかつい表情 ③ 険しい(目つき); しかつめらしい(話).

*딱지¹ [t'aktʃ'i ッタクチ] 名 ① かさぶた ¶ 상처에 ~가 앉다 [sa:ŋtʃʰəe ~ga ant'a サーンチョエ ~ガ アンタ] 傷口にかさぶたができる ② 時計の側 3 (カニなどの)甲羅 ¶ 게~만한 집 [ke:~-manhan tʃip ケー~マンハン チプ] カニの甲羅ほどの家; ちっぽけな家 ④ 切手・印紙・レッテルなどの俗称 ⑤ めんこ; ぱっち —떼이다 [t'ɛida ッテイダ] 慣 交通違反で切符を切られる —치기 [tʃʰigi チギ] 名 하자 めんこ遊び.

딱지² [t'aktʃ'i ッタクチ] 名俗 拒絶; はねつけ; ひじ鉄砲; ='퇴짜' —놓다 [notʰa ノッタ] 他 拒絶する; はねつける; ひじ鉄砲を食わす; 退ける —맞다 [mat'a マッタ] 自 拒絶される; はねつけられる; 退けられる; 蹴られる.

*딱-하다 [t'akhada ッタクカダ] 形 여중 ① 気の毒だ; 痛ましい; かわいそうだ; 哀れだ ¶ 딱한 사정 [t'akhan sa:dʒəŋ ッタクカン サージョン] 気の毒な事情 / 딱하게 여기다 [t'akhage jəgida ッタクカゲ ヨギダ] 哀れに思う ② 苦しい; 難しい ¶ 딱한 처지에 놓이다 [t'akhan tʃʰəːdʒie noida ッタクカン チョージエ ノイダ] 苦しい立場に置かれる.

딴¹ [t'an ッタン] 依名 なり; 考え; つもり ¶ 내-에는 [nɛ~enɯn ネ(ッタ)ネヌン] 私なりには; 私のつもりでは.

*딴² [t'an ッタン] 冠 別の; 他ほの —것 [gət ゴッ] 別の「他の]もの ¶ ~ 주세요 [~ tʃ'useyo ~ チュセヨ] 他のものをください —마음 [maɯm マウム] 名 ① 他[別]の考え ② 二心; 異心; 上の空 ¶ ~을 품다 [~ɯl pʰuːmt'a (ッタンマウ)ムル ブームタ] 二心 [異心]を抱く —말 [mal マル] 名 あらぬ話 ¶ ~을 하지 마라 [(t'anmar)ɯl hadʒimara (ッタンマ)ルル ハジマラ] あらぬ話は言うな —맛 [mat マッ] 名 別の味 —사람 [saram サラム] 名 他人; 別人 —살림 [sallim サルリム] 名 別の所帯 ¶ ~을 차리다 [~ɯl tʃʰarida (ッタンサルリ)ムル チャリダ] 別の所帯を張る —생각 [sɛŋgak センガク] 名 あらぬ考え; とんでもない考え ② 他意; 異心 ¶ ~을 품다 [(t'ansɛŋgag)ɯl pʰuːmt'a (ッタンセンガ)グル ブームタ] 異心を抱く —소리 [sori ソリ] 名 하자 '딴말'の類語.

딴딴-하다 [t'ant'anhada ッタンタンハダ] 形 여중 堅[固]い ¶ 땅이 ~ [t'aŋi ~ ッタンイ ~] 地面が固い.

딴-전 [t'andʒən ッタンジョン] 名 とぼけること; 空とぼけ ¶ 짐짓 ~을 부리다 [tʃimdʒi (t'andʒən)ɯl purida チムジ (ッタンジョ)ヌル プリダ] 空を使う; 空とぼける; 知らないふりをする.

딴-판 [t'anpʰan ッタンパン] 名 ① まったく違うようす ¶ 겉보기와는 아주 ~이다 [kətpʰogiwanɯn adʒu ~ida コッポギワヌン アジュ (ッタンパ)ニダ] 見た目とはまったく違う ② 全然違う局面; 一変した情勢 ¶ 정세가 ~으로 변했다 [tʃəŋsega ~ɯro pjəːnhɛt'a チョンセガ (ッタンパ)ヌロ ピョーンヘッタ] 情勢が一変した ③ 副 まったく.

*딸 [t'al ッタル] 名 娘 ¶ 외동~ [wedoŋ~ ウェドン~] 1人娘 / 맏[막내]~ [ma[maŋnɛ] ~マ[マンネ]~] 長女[末娘].

*딸기 [t'aːlgi ッタールギ] 名〈植〉イチゴ(苺) —밭 [bat バッ] 名 イチゴ畑.

딸꾹 [t'alk'uk ッタルクック] 副 しゃっくりの音; ひっく ¶ ~질이 나다 [~tʃ'iri nada ~チリ ナダ] しゃっくりが出る —거리다 [(t'alk'u)k'ərida コリダ] 自 しきりにしゃっくりをする.

딸-년 [t'alljən ッタルリョン] 名 ① 自分の娘の謙称 = 딸아이 [t'arai ッタライ]・딸애 [t'arɛ ッタレ]・딸자식 [t'aldʒaʃik ッタルジャシク] ② 娘の卑語.

딸리다 [t'allida ッタルリダ] **1** 自 つく ¶침대가 딸린 방 [t'ʰi:mdεga t'allin paŋ チームデガ ッタルリン パン] 寝台つきの部屋 **2** 他 添える; つける ¶호위를 딸리게 하다 [ho:wirɯl t'allige hada ホーウィルル ッタルリゲ ハダ] 護衛をつける.

＊땀 [t'am ッタム] 名 汗 ¶ 투성이 [~tʰusoŋi ~トゥソンイ] 汗みどろ / 식은 [진] ~ [ʃigɯn(tʃin) ~ シグン(チン) ~] 冷汗; 病的な[脂]汗 / 내다・빼다・흘리다 [~nεda・p'εda・hɯllida ~ネダ・ッペダ・フルリダ] 汗を流す; ひどく苦労する **―구멍** [k'umoŋ クモン] 名 汗腺_{かんせん} **―기** [k'i キ] 名 汗ばむこと **―내** [nε ネ] 名 汗のにおい **―띠** [t'i ッティ] 名〈医〉あせも **―약** [~jɔk ~ヤク] 名 あせもの薬 **―방울** [p'aŋul パンウル] 名 汗しずく **―수건** [sugon スゴン] 名 汗ふき; お絞り.

땀-나다 [t'amnada ッタムナダ] 自 ① 汗が出る ② 汗をかく; とても骨が折れる.

＊땅 [t'aŋ ッタン] 名 土地; 土; 地面; 敷地; 陸 ¶하늘과 ~ [hanɯlgwa ~ ハヌルグァ ~] 天と地 / 고르기 [~gorɯgi ~ゴルギ] 地ならし / 이국의 ~을 밟다 [i:guk~ɯl pa:pt'a イーグクウル パープタ] 異国の土を踏む / ~을 갈다 [~ɯl ka:lda ~ウル カールダ] 土地を耕す **―덩이** [t'oŋi トンイ] 名 大陸; 国土 **―마지기** [madʒigi マジギ] 名 いくらかの田地 **―문서** [munso ムンソ] 名 土地所有の権利証書 **―바닥** [p'adak パダク] 名 地面; 地べた ¶~에 앉다 [(t'aŋp'adak)e ant'a (ッタンパダク)ゲ アンタ] 地べたに座る **―임자** [nimdʒa ニムジャ] 名 地主.

땅-거미[1] [t'aŋgomi ッタンゴミ] 名 タやみ; 夕暮れ; たそがれ ¶~가 지다 [~ga tʃida ~ガ チダ] 夕やみが迫る.

땅-거미[2] [t'aŋk'omi ッタンコミ] 名〈虫〉지[ツチ]グモ(地[土]蜘蛛).

땅기다 [t'aŋgida ッタンギダ] **1** 自 ① 引きつる ¶덴 자리가 ~ [te:n tʃariga ~ テーン チャリガ ~] やけどの跡が引きつる ② 食欲が出る＝¶입맛이 ~ [immaʃi ~ イムマシ ~] **2** 他 引っ張る ¶줄을 ~ [tʃurɯl ~ チュルル ~] 綱を引っ張る.

땅딸막-하다 [t'aŋt'almakhada ッタンッタルマクハダ] 形 여회 (背が低くて) ずんぐりしている ¶~-한 남자 [~-kʰan namdʒa ~-カン ナムジャ] ずんぐりした男.

땅딸-보 [t'aŋt'albo ッタンッタルボ] 名 背が低くて太った人; ずんぐりむっくり.

땅땅-거리다 [t'aŋt'aŋgorida ッタンッタンゴリダ] 自他 ① 大言壮語する; 大きな口をたたく ¶하지도 못하면서 ~ [hadʒido mo:tʰamjonso ~ ハジド モーッタミョンソ ~] できもしないくせに大きな口をたたく ② 威勢を張る.

땅-볼 [t'aŋp'o:l ッタンボール] 名〈野〉 ゴロ; 〈サッカーで〉転がるボール.

＊땅-콩 [t'aŋkʰoŋ ッタンコン] 名 落花生; ピーナッツ; 南京豆_{なんきん} **―기름** [girɯm ギルム] 名 落花生油 **―버터** [botʰo: ボトー] 名 ピーナッツバター.

땅-파다 [t'aŋpʰada ッタンパダ] 他 ① 土を掘る ② 俗 農業に従事する.

땅파-먹다 [t'aŋpʰamokt'a ッタンパモクタ] 自 農民・鉱山労働者で暮らす.

땋다 [t'a:tʰa ッターッタ] 他 (髪・糸などを)編む[結う] ¶머리를 ~ [mori-rɯl ~ モリルル ~] 髪を編む[結う].

＊때[1] [t'ε ッテ] 名 ① 時; 時間; 時刻 ¶점심~ [tʃɔ:mʃim~ チョームシム~] お昼時 ② 時機; 時分; 折; 運; 機会 ¶~마침 [~matʃʰim ~マチム] 折よく / ~를 놓치지 않고 [~rɯl notʃʰidʒi ankʰo ~ルル ノッチジ アンコ] チャンスを逃さず ③ 場合 ¶~에 따라서는 [~e t'arasonɯn ~エ ッタラソヌン] 場合によっては ④ 時代; 時分; ころ ¶학생~ [haks'εŋ ~ ハクセン ~] 学生時代 / 작년 이맘~ [tʃaŋnjon imam ~ チャンニョニマム~] 去年の今ごろ ⑤ ご飯時; 食事 ⑥ 時流.

＊때[2] [t'ε ッテ] 名 ① 垢_{あか} ¶~를 밀다 [씻다] [~rɯl mi:lda(ʃ'it'a) ~ルル ミールダ(ッシッタ)] 垢を落とす / ~가 끼다 [~ga k'ida ~ガ ッキダ] 垢がつく; 垢じみる ② 汚名 ¶도둑의 ~를 벗다 [toduge ~rɯl pot'a トドゥゲ ~ルル ポッタ] 泥棒の汚名をそそぐ ③ やぼったい・子供っぽいこと ¶~를 벗은 여자 [~rɯl posun njodʒa ~ルル ポスン ニョジャ] 垢抜けした女性 **―밀이** [mi-ri ミリ] 名 垢を落とす人; 浴場従業員.

때깔 [t'εk'al ッテッカル] 名 (反物などの) 鮮やかな綾_{あや}と色どり; 柄と色あい.

때-늦다 [t'εnɯt'a ッテヌッタ] 形 時遅い; 間に合わない ¶때늦은 감이 있다 [t'εnɯdʒɯn ka:mi it'a ッテヌジュン

カーミ イッタ] 時遅しの感がある.

***때다** [t'ɛ:da ッテーダ] 他 (焚たき口に)火をたく; くべる ¶난로를 ~ [na:llorul ~ ナールロルル ~] ストーブをたく.

***때때-로** [t'ɛt'ɛro ッテッテロ] 副 時々; 時折; ちょいちょい; たびたび ¶~ 방문하다 [~ pa:ŋmunhada ~ パーンムンハダ] ちょいちょい訪ねる.

때때-옷 [t'ɛt'ɛot ッテッテオッ] 名 (色とりどりに美しく仕立てた)子供の晴れ着.

때려-눕히다 [t'ɛrjonuphida ッテリョヌプピダ] 他 殴り倒す.

때려-부수다 [t'ɛrjobusuda ッテリョブスダ] 他 たたき壊す(つぶす); ぶち壊す.

때려-잡다 [t'ɛrjodʒapt'a ッテリョジャプタ] 他 打ち殺す; 打ちのめす.

때려-죽이다 [t'ɛrjodʒugida ッテリョジュギダ] 他 殴り殺す, たたき殺す.

때려-치우다 [t'ɛrjotʃhiuda ッテリョチウダ] 他 (月給取りなどを)やめる; (店などを)畳む; 放げ出す.

때-로(는) [t'ɛro(nun) ッテロ(ヌン)] 副 時には(は); 時として; たまに(は) ¶~ 울기도 한다 [~ u:lgido handa ~ ウールギド ハンダ] たまに(は)泣くこともある.

***때리다** [t'ɛrida ッテリダ] 他 たたく; 殴る; 打つ; 張る ¶얼굴을 ~ [ɔlgurul ~ オルグルル ~] 顔を殴る / 뺨을 ~ [p'jamul ~ ッピャムル ~] ほっぺたを張る; びんたを食らわす; 横っ面を殴る / 신문이 부정을 ~ [ʃinmuni pudʒɔŋul ~ シンムニ ブジョンウル ~] 不正行為を新聞がたたく.

때-마침 [t'ɛmathim ッテマチム] 副 都合よく; 折よく; 折しも ¶~ 버스가 왔다 [~ bɔsuga wat'a ~ ボスガ ワッタ] 都合よくバスが来た.

때-맞다 [t'ɛmat'a ッテマッタ] 形 ほどよい; 折よい; 時を得ている ¶때맞게 오는 비 [t'ɛmatk'e onun pi ッテマッケ オヌン ピ] ほどよい時の雨.

때-맞추다 [t'ɛmatʃhuda ッテマッチュダ] 自 時期に合わせる; 時宜を得る.

***때문** [t'ɛmun ッテムン] 依名 ため; ゆえ; わけ; …(の)せい ¶그 ~에 [kɯ ~e (ッテム) ネ] そういうわけで; そのために / 당신 ~에 [taʃin ~e タシン (ッテム) ネ] 君ゆえに.

때-묻다 [t'ɛmut'a ッテムッタ] 自 ① 垢あかじみる; 垢がつく ¶때묻은 옷 [t'ɛmudun ot ッテムドゥン オッ] 垢

じみた服 ② (心が)汚れる; (人が)擦れる ¶때묻지 않은 여자 [t'ɛmutʃ'i anun njodʒa ッテムッチ アヌン ニョジャ] 世間ずれしていない女性.

때-물 [t'ɛmul ッテムル] 名 ① 垢汁あかじる ② やぼったさ ¶~을 벗다 [(t'ɛmur) ul pɔt'a (ッテム) ルル ポッタ] 垢抜けする.

때-아닌 [t'ɛanin ッテアニン] 冠 時ならぬ ¶~ 장마 [~ tʃaŋma ~ チャンマ] 時ならぬ長雨.

때-없이 [t'ɛɔpʃ'i ッテオプシ] 副 時かまわず ¶~ 오는 눈 [~ onun nu:n ~ オヌン ヌーン] 時かまわず降る雪.

때우다 [t'ɛuda ッテウダ] 他 ① 継ぎ合わせる; 鋳掛けをする; 直す ¶냄비를 ~ [nɛmbirul ~ ネムビルル ~] 鍋なべの鋳掛けをする / 펑크를 ~ [phɔŋkhɯrul ~ ポンクルル ~] パンクを直す ② 済ます; 間に合わせる ¶점심을 라면으로 ~ [tʃɔ:mʃimul ramjɔnuro ~ チョームシムル ラミョヌロ ~] お昼をラーメンで済ます ③ 돈 대신에 몸으로 ~ [to:ndɛʃine momuro ~ トーンデシネ モムロ ~] お金のかわりに労働で償う ④ 厄を免れる ⑤ 時間をつぶす.

때-타다 [t'ɛthada ッテタダ] 自 垢あかがよくつく; 때 타기 쉽다 [t'ɛthagi ʃwi:pt'a ッテタギ シュィープタ] 垢(汚れ)がつきやすい.

땔-감 [t'ɛ:lk'am ッテールカム] 名 燃料; 焚たき物; =**땔거리** [t'ɛ:lk'ɔri ッテールコリ] **땔-나무** [t'ɛ:llamu ッテールラム] 名 薪たきぎ; しば.

땜 [t'ɛ:m ッテーム] 名 하자 厄払い=**액땜** [ɛkt'ɛm エクテム].

땜-질 [t'ɛ:mdʒil ッテームジル] 名 하他 ① はんだ付け・鋳掛け(の仕事) ¶냄비를 ~하다 [nɛmbirul (t'ɛ:mdʒir)-hada ネムビルル ~ハダ] 鍋なべの鋳掛けをする ② (衣服などの)一部分だけ繕うこと ③ 継ぎはぎ・継ぎ当て(の仕事).

땟-국 [t'ɛtk'uk ッテックッ] 名 ひどく染みこんだ垢あかだらけのよごれ.

땟-물 [t'ɛnmul ッテンムル] 名 ① 汚水 ② 身なり; 風采ふうさい ¶~ 벗다 [빠지다・지다] [~bɔt'a[p'a:dʒida・dʒida] ~ポッタ[ッパージダ・ジダ]] 垢抜けする; 洗練される.

땡 [t'ɛŋ ッテン] **1** 名 大当たり ¶~(을) 잡다 [~(ɯl) tʃapt'a ~(ウル) チャプタ] 大当たりを取る; もっけの幸いをつかむ **2** 副 ちん・かん(金属の鳴る音)

땅-감 [t'ɛŋgam ッテンガム] 图 渋柿.

땅땅-이 [t'ɛŋt'ɛŋi ッテンテンイ] 图 ① でんでん太鼓 ② 俗 鐘 **―중** [dʒuŋ ジュン] 图 鉦を鳴らして回る托鉢僧. **―치다** [tʃʰida チダ] 他俗 (授業などを)サボる.

땅땅-하다 [t'ɛŋt'ɛŋhada ッテンテンハダ] 形 여자 ① 張(り切)っている ¶ 근육이 ~ [kunjugi ~ クニュギ ~] 筋肉が引き締まっている ② (中身が)満ちている ¶ 살림이 ~ [sallimi ~ サルリミ ~] 暮らしがかなり裕福である.

땅전 [t'ɛndʒɔn ッテンジョン] 图俗 ばら銭 ¶ ~ 한푼없다 [~ hanpʰunɔpt'a ~ ハンプノプタ] 一文の金もない.

떠가다 [t'ɔgada ットガダ] 自 浮かんでいく; 漂う; 流れる ¶ 구름이 ~ [kurumi ~ クルミ ~] 雲が流れていく.

떠나-가다 [t'ɔnagada ットナガダ] 自他 ① 立ち去る; 去り行く ¶ ~가는 배 [~-ganun pɛ ~-ガヌン ペ] 出(る)船 ② 割れる ¶ ~갈 듯이 박수를 치다 [~-gal t'uʃi paksʰurul tʃʰida ~-ガル トゥシ パクスルル チダ] 割れんばかりに拍手をする.

***떠나다** [t'ɔnada ットナダ] 自他 ① 去る; 離れる; 立つ; 出る ¶ 배가 ~ [pɛga ~ ペガ ~] 船が出る / 고향을 ~ [kohjaŋul ~ コヒャンウル ~] 故郷を去る / 먼 길을 ~ [mɔ:n kirul ~ モーン キルル ~] 遠く旅立つ / 미국으로 ~ [mi:guguro ~ ミーググロ ~] アメリカにいく ② (会社を)やめる; 死ぬ.

떠-내다 [t'ɔnɛda ットネダ] 他 すくう; しゃくる; 汲み出す; 切り出す ¶ 국을 ~ [kugul ~ ククル ~] スープをすくい取る / 통에서 물을 ~ [tʰoŋesɔ murul ~ トンエソ ムルル ~] おけから水を汲み出す / 석재를 ~ [sɔktʃʰɛrul ~ ソクチェルル ~] 石材を切り出す.

떠-내려가다 [t'ɔnɛrjɔgada ットネリョガダ] 自 流(さ)れる; 浮いていく ¶ 홍수로 다리가 ~ [hoŋsuro tariga ~ ホンスロ タリガ ~] 大水で橋が流される.

떠-넘기다 [t'ɔnɔmgida ットノムギダ] 他 責任などを押しつける; 背負わせる.

떠-다니다 [t'ɔdanida ットダニダ] 自他 ① 漂う; 浮かんでいる ¶ 구름이 ~ [kurumi ~ クルミ ~] 雲が浮かんでいる ② さすらう; さまよう; 放浪する ¶ 떠다니는 신세 [t'ɔdaninun ʃinse ットダニヌン シンセ] さすらいの身の上.

떠-돌다 [t'ɔdolda ットドルダ] 自他 己語幹 ① 漂う ¶ 떠도는 구름 [t'ɔdonun kurum ットドヌン クルム] 漂う雲; 流れる雲 ② (うわさが)流れる; 広まる ¶ 소문이 ~ [so:muni ~ ソームニ ~] うわさが広がる ③ さすらう; さまよう ¶ 떠도는 인생 [t'ɔdonun insɛŋ ットドヌン インセン] さすらいの人生.

떠돌아-다니다 [t'ɔdoradanida ットドラダニダ] 自他 ① さまよい歩く; さすらう; 流浪する; 漂い歩く; 渡り歩く; ='떠돌다' ¶ 이리저리 ~ [iridʒɔri ~ イリジョリ ~] あちこちをさまよい歩く / 전국을 ~ [tʃɔŋgugul ~ チョンググル ~] 全国を渡り歩く.

떠돌-이 [t'ɔdori ットドリ] 图 さすらい人; 渡り者; 流れ者; 放浪者.

***떠들다** [t'ɔdulda ットードゥルダ] 自 己語幹 (立ち)騒ぐ; さんざめく; ざわ[どよ]めく ¶ 아이들이 ~ [aiduri ~ アイドゥリ ~] 子供たちがわいわい騒ぐ / 웃으며 ~ [u:sumjɔ ~ ウースミョ ~] 笑いさんざめく / 세상이 ~ [sɛ:saŋi ~ セーサンイ ~] 世論がわく[騒ぎ立てる].

떠들썩-하다 [t'ɔdulsʰɔkʰada ットドゥルソクカダ] 形 여자 騒がしい; やかましい; 騒々しい ¶ 장내가 몹시 ~ [tʃaŋnɛga mo:pʃi ~ チャンネガ モープシ ~] 場内がひどく騒々しい / 지면을 ~하게 하다 [tʃimjɔnuɭ ~-kʰage hada チミョヌル ~-カゲ ハダ] 紙面をにぎわす / 세상이 ~ [sɛ:saŋi ~ セーサンイ ~] 世論がわき立つ.

떠들어-대다 [t'ɔdurɔdɛda ットドゥロデダ] 自 騒ぎ立てる; わめき散らす ¶ 아무리 ~-대도 소용없다 [a:muri ~-dɛdo sojoŋɔpt'a アームリ ~-デドソヨンオプタ] いくらわめいても駄目だ.

떠듬-거리다 [t'ɔdumgɔrida ットドゥムゴリダ] 自他 口ごもる; つかえる; たどたどして読む ¶ ~-거리며 말하다 [~-gɔrimjɔ ma:rhada ~-ゴリミョ マールハダ] つかえながら言う.

떠름-하다 [t'ɔrumhada ットルムハダ] 形 ① (味が)少し渋い ② 気に入らない; 気が乗らない ¶ ~-한 얼굴 [~-han ɔlgul ~-ハン オルグル] 渋い顔; 気に入らない表情 ③ 気が重い.

떠-맡기다 [t'ɔmatkʰida ットマッキダ] 他 押しつける ¶ 억지로 ~ [ɔktʃ'iro ~ オクチロ ~] 無理やりに押しつける.

떠-맡다 [t'ɔmat'a ットマッタ] 他 引き

떠먹다

受ける; 引き取る; 抱える; しょい込む ¶귀찮은 일을 ~[kwitʰanun niːrul ~ クィチャヌン ニールル ~] やっかいな役をしょい込む.

떠-먹다[t'əmɛkt'a ットモクタ] 他 すくって食べる.

떠-밀다[t'əmilda ットミルダ] 他 [ㄹ語幹] 強く押す; 押しのける ¶떠밀지 마세요 [t'əmildʒi maːsejo ットミルジ マーセヨ] 押さないでください.

떠-밀리다[t'əmillida ットミルリダ] 自 ① 押される='떠밀다'の受動 ② 押し流される ¶시대의 흐름에 ~[ʃidae hurrume ~ シデエ フルメ ~] 時代の流れに押し流される.

떠-받다[t'əbatt'a ットパッタ] 他 突く; 突き上げる; 下で支える ¶황소가 뿌리로 ~[hwaŋsoga p'uriro ~ ファンソガ ップリロ ~] 雄牛が角で突き上げる.

떠-받들다[t'əbatt'ulda ットパットゥルダ] 他 [ㄹ語幹] ① 押し上げる; 持ち上げる; 支える ② 尊ぶ; 崇める; 大事にする; 奉る ¶스승으로 ~[susɯmuro ~ ススンウロ ~] 師として尊ぶ / 부모처럼 ~[pumotʃʰərəm ~ プモチョロム ~] 父母のごとく崇める.

떠-받치다[t'əbattʃʰida ットパッチダ] 他 支える ¶담을 통나무로 ~[tamul tʰoŋnamuro ~ タムル トンナムロ ~] 塀を丸太で支える.

떠-벌리다[t'əbəllida ットポルリダ] 他 ① 大げさに言いまくる; ほらを吹く ¶잘난 척하며 ~[tʃallan tʃʰəkʰamjə ~ チャルラン チョクカミョ ~] 偉ぶって大げさに言いまくる ② (大規模に設ける, 構える; 催す ¶사업을 크게 ~[saːəbul kʰuge ~ サーオブル クゲ ~] 事業を大げさに企てる.

떠-보다[t'əboda ットボダ] 他 ① 当たってみる ¶의향을 ~[uihjaŋul ~ ウィヒャンウル ~] 意向を当たってみる ② 探る ¶마음 속을 ~[maɯm sogul ~ マウム ソグル ~] 腹を探る; 鎌をかける ③ (人柄や能力などを)推し量ってみる.

*떠-오르다**[t'əoruda ットオルダ] 自 [르変] ① 浮かび上がる; 浮かぶ ¶잠수함이 ~[tʃamsuhami ~ チャムスハミ ~] 潜水艦が浮かび上がる / 수사선상에 ~[susasəŋsaŋe ~ スサソンサンエ ~] 捜査線上に浮かび上がる ② 昇る ¶달이 ~[tari ~ タリ ~] 月が昇る ③ (考えが)浮かぶ; 思いつく.

*떡¹**[t'ək ットク] 名 もち ¶~을 치다 [(t'əg)ul tʃʰida (ット)グルチダ] もちをつく; 慣 事が手に余る; もたもたする / ~이 되다 [(t'əg)i tweda (ット)ギトゥェダ] 慣 (物事が)台無しになる; (面目が)丸つぶれになる / 누워 ~먹기다 [nuwə (t'əŋ) mək'ida ヌウォ (ットン) モクキダ] 慣 朝飯前だ; 容易[簡単]だ.

떡²[t'ək ットク] 副 ① あんぐり ¶입을 ~ 벌리다 [ibul ~ p'əllida イブル ~ ポールリダ] 口をあんぐり(と)開ける ② 頑として ¶~ 버티고 서다 [~ p'ətʰigo səda ~ ポティゴ ソダ] きっと立ちはだかる; りりしく立ち向かう ③ 鷹揚に; 堂々と ¶~ 앉다 [(t'əg) ant'a (ット) ガンタ] 鷹揚に座る.

떡-가래[t'əkk'arɛ ットクカレ] 名 丸い棒状の白いもちの一本.

떡갈-나무[t'əkk'allamu ットクカルラム] 名 〈植〉カシワ(柏) **떡갈-잎**[t'əkk'allip ットクカルリプ] 名 カシワの葉.

떡-값[t'əkk'ap ットクカプ] 名 ① もち代 ② 祝祭日を迎えて会社などで支給する特別手当 ③ 談合入札の際, 落札者が他の業者に与える謝礼.

*떡-국**[t'əkk'uk ットククク] 名 雑煮.

떡먹듯이[t'əŋmək'tuʃi ットンモクトゥシ] 副 平気で; 何ともなく ¶거짓말을 ~ 한다 [kəːdʒinmarul ~ handa コージンマルル ~ ハンダ] 平気でうそをつく.

떡-벌어지다[t'əkp'ərədʒida ットクポロジダ] 自 幅広く広がる; 張っている ¶~-벌어진 어깨 [~-p'ərədʒin əkːɛ ~-ポロジン オッケ] がっちりした広い肩.

떡-볶이[t'əkp'ok'i ットクポッキ] 名 白く細い棒状のもちの小切れに肉・野菜・薬味を加えて炒めた食べもの.

*떨¹**[t'ːəlda ットールダ] 自他 [ㄹ語幹] 震える; 震わせる ¶무서워서 ~ [musəwəsə ~ ムソウォソ ~] 怖くて震える / 몸을 ~ [momul ~ モムル ~] 身震いする.

*떨²**[t'ːəlda ットールダ] 他 [ㄹ語幹] ① 落とす; 払う ¶먼지를 ~ [məndʒirul ~ モンジルル ~] ちりを払う[はたく] ② 差し引く; 取り除く ③ (売れ残りを)売り払う ¶재고를 ~ [tʃɛgorul ~ チェゴルル ~] 在庫品を安価で売り払う ④ (気性・行動を)表に表わす ¶애교를 ~ [ɛːgjorul ~ エーギョルル ~] 愛嬌を振りまく / 풍을 ~ [pʰuŋul ~ プンウル ~] ほらを吹く / 수다를 ~ [suːdarul ~ スーダルル ~] しゃべり散らす.

***떨리다**¹ [t'ɔllida ットルリダ] 自 震える; わななく; おののく ¶ 손발이 ~ [sonbari ~ ソンバリ ~] 手足が震える / 떨리는 목소리로 말하다 [t'ɔllinɯn moks'oriro ma:rhada ットルリヌン モクソリロ マールハダ] おののく[わななく・震える]声で話す.

떨리다² [t'ɔllida ットルリダ] 自 ① 払い落とされる; 取り除かれる ¶ 먼지가 ~ [mɔndʒiga ~ モンジガ ~] ほこりが払い落とされる ② 排除される; 辞めさせられる ¶ 회사에서 떨려났다 [hwe:saesɔ t'ɔllyɔnat'a フェーサエソ ットルリョナッタ] 会社から首になった.

***떨어-뜨리다** [t'ɔrt'ɯrida ットロットゥリダ] 他 ① 落とす ¶ 돈을 ~ [to:nɯl ~ トーヌル ~] お金を落とす / 인기를 ~ [ink'irɯl ~ インキルル ~] 人気を落とす / 물가를 ~ [mulk'arɯl ~ ムルカルル ~] 物価を落とす ② 離す ¶ 두 사람 사이를 ~ [tu:saram sairɯl ~ トゥーサラム サイルル ~] 2人を離間させる[仲たがいさせる] ③ 下落させる ¶ 쌀값을 ~ [s'alk'aps'ɯl ~ ッサルカプスル ~] 米価を下落させる ④ 下げる ¶ 체온을 ~ [tʃheonɯl ~ チェオヌル ~] 体温を下げる ⑤ (衣服を)擦り減らす ⑥ (試験などで)ふるい落とす ⑦ (首を)うなだれる ⑧ (信用を)傷つける.

***떨어-지다** [t'ɔrɔdʒida ットロジダ] 自 ① 落ちる; 落下する ¶ 벼락이 ~ [pjɔragi ~ ピョラギ ~] 雷が落ちる / 해가 ~ [hɛga ~ ヘガ ~] 日が落ちる / 물가가 ~ [mulk'aga ~ ムルカガ ~] 物価が落ちる ② 取れる ¶ 단추가 ~ [tantʃhuga ~ タンチュガ ~] ボタンが取れる ③ 破れる ¶ 양말이 ~ [jaŋmari ~ ヤンマリ ~] 靴下が破れる ④ 尽きる ¶ 돈이 ~ [to:ni ~ トーニ ~] 金が尽きる ⑤ 切れる ¶ 물건이 ~ [mulgɔni ~ ムルゴニ ~] 品が切れる ⑥ 劣る ¶ 기술이 ~ [kisuri ~ キスリ ~] 技術が劣る.

***떨치다**¹ [t'ɔ:ltʃhida ットールチダ] 自他 とどろく; とどろかす; 鳴る; 鳴らす; 鳴り響く ¶ 명성을 ~ [mjɔŋsɔŋɯl ~ ミョンソンウル ~] 名声をとどろかす / [博す] / 용맹을 ~ [joŋmɛŋɯl ~ ヨンメングル ~] 勇名を鳴らす.

***떨치다**² [t'ɔ:ltʃhida ットールチダ] 他 振り落とす; 振り切る ¶ 잡념을 ~ [tʃamnjɔmɯl ~ チャムニョムル ~] 雑念を振り落とす / 유혹을 ~ [juhogɯl ~ ユホグル ~] 誘惑を振り切る.

떫다 [t'ɔ:lt'a ットールタ] 形 ① 渋い ¶ 떫은 맛 [t'ɔ:lbun mat ットールブン マッ] 渋い味; 渋み ② 未熟だ; 幼い.

***떳떳-하다** [t'ɔt'ɔtʃhada ットットッタダ] 形 여로 ① (堂々として) 後ろ暗くない; 潔い ¶ ~-한 행동 [~-tʃhan hɛŋdoŋ ~-タン ヘンドン] 堂々たる行動 ② 当たり前である; 正当である ¶ ~-한 권리 [~-tʃhan kwɔlli ~-タン クォルリ] 正当な権利 **떳떳-이** [t'ɔt'ɔtʃit'ɔtʃi ットットッシ] 副 堂々と; 潔く.

떵떵-거리다 [t'ɔŋt'ɔŋgɔrida ットンットンゴリダ] 自 大口をたたく; 羽振りをきかせる; 威勢高々に暮らす= ¶ ~-거리며 살다 [~-gɔrimjɔ sa:lda ~-ゴリミョ サールダ].

***떼**¹ [t'e ッテ] 名 群れ; 集団 ¶ 양~ [jaŋ~ ヤン~] 羊の群れ / ~거지・도둑・죽음 [~gɔdʒi・doduk・dʒugɯm ~コジ・ドドゥク・ヂュグム] 乞食 $_{き}$の群れ・群盗・集団死 / ~를 짓다 [~rɯl tʃit'a ~ルル チータ] 群れをなす.

떼² [t'e ッテ] 名 (根ごと掘り出した) 芝 ¶ ~를 입히다 [~rɯl iphida ~ルル イピダ] 芝を植えつける.

떼³ [t'e ッテ] 名 駄々; やんちゃ ¶ ~를 쓰다 [~rɯl s'uda ~ルル ッスダ] 駄々をこねる; やんちゃを言う. 「'떼³'」.

떼-거리 [t'egɔri ッテゴリ] 名俗 = '떼¹'.

***떼다** [t'e:da ッテーダ] 他 ① (取り)はずす; 離す ¶ 간판을 ~ [kanphanɯl ~ カンパヌル ~] 看板を(取り)はずす / 눈을 ~ [nunɯl ~ ヌヌル ~] 目を離す[そらす] ② 間を置く; あける; 離す ¶ 책상 사이를 ~ [tʃhɛks'aŋ sairɯl ~ チェクサン サイルル ~] 机との間を取る ③ おろす ¶ 아이를 ~ [airɯl ~ アイルル ~] 胎児をおろす ④ 差し引く; 除く ¶ 이자를 ~ [i:dʒarɯl ~ イージャルル ~] 利子を差し引く ⑤ 振り出す ¶ 수표를 ~ [suphjorɯl ~ スピョルル ~] 小切手を振り出す ⑥ (手を)引く; やめる ¶ 그 일에서 손~ [kɯ i:resɔ son (t'eda) クイーレソ ソン(ッテダ)] このことから手を引く ⑦ (しらを)切る ¶ 시치미를 ~ [ʃitʃhimirɯl ~ シチミル ~] 猫ばばをきめる; 何も食わぬ顔をする; しらばくれる.

떼-돈 [t'edon ッテドン] 他 にわか儲 $_{もう}$けの大金 ¶ ~을 벌다 [~ɯl pɔ:lda

(ッテド)ヌル ポールダ] 大金をつかむ.
떼-밀다 [t'emilda ッテーミルダ] 他
[ㄹ語幹] 押す; 押しのける; ＝'떠밀다'.
떼어논 당상[一堂上] [t'eonondaŋsaŋ ッテオノンダンサン] 名 間違いないこと ¶ 우승은 ～이다 [usuŋŋun ～ida ウスンウン～イダ] 優勝は間違いない.
떼어-놓다 [t'eonot'a ッテオノッタ] 他 ① 取り残す ¶ 아이를 친정에 ～ [airul tɕʰindʑoŋe ～ アイルル チンジョンエ ～] 子供を里に取り残す ② 引き離す ¶ 둘 사이를 ～ [tu:l sairul ～ トゥール サイルル ～] 2人の仲を引き裂く.
떼어-먹다 [t'eomɔkt'a ッテオモクタ] 他 ① ちぎって食べる ¶ 떡을 ～ [t'ɔgul ～ ットグル ～] もちをちぎって食べる ② 踏み倒す ¶ 술값을 ～ [sulk'apsʼul ～ スルカプスル ～] 酒代を飲み倒す ③ 着服[横領]する ¶ 회사돈을 ～ [hwesat'onul ～ フェーサットヌル ～] 会社のお金を着服する.
떼어-버리다 [t'eobɔrida ッテオボリダ] 他 ① 取りはずす ¶ 간판을 ～ [kanpʰanul ～ カンパヌル ～] 看板を取りはずす ② 切り捨てる ¶ 우수리를 ～ [usurirul ～ ウスリルル ～] はしたを切り捨てる ③ 撒く ¶ 미행자를 ～ [mihɛŋdʑarul ～ ミヘンジャルル ～] 尾行者を撒く.
떼이다 [t'eida ッテイダ] 自他 受動 (借金・勘定などが)(踏み)倒される ¶ 돈을 ～ [tonul ～ トーヌル ～] 金を踏み倒される / 밥값을 ～ [papk'apsʼul ～ パプカプスル ～] 食い倒される.
***또** [t'o ット] 副 また; 再び ¶ ～ 불났다 [～ pullat'a ～ プルラッタ] また火事が起こった / 그럼 ～ 봐요 [kurɔm ～ pwa:jo クロム ～ プァーヨ] じゃあまたね / 질문이 ～ 있다 [tɕilmuni ～it'a チルムニ ～イッタ] 質問がまだある.
또는 [t'onun ットヌン] 副 または; もしくは ¶ 비 ～ 눈 [pi ～ nu:n ピ ～ ヌーン] 雨または雪.
또-다시 [t'odaɕi ットダシ] 副 ① 再び; またもや; またしても ¶ ～ 봄이 왔다 [～ pomi wat'a ～ ポミ ワッタ] 再び春がやって来た ② もう[いま]一度.
또랑또랑-하다 [t'oraŋt'oraŋhada ットランットランハダ] 形 [여変] はっきりしている ¶ 정신이 ～ [tɕɔŋɕini ～ チョンシニ ～] 精神がはっきりしている.
***또래** [t'orɛ ットレ] 名 同じ年ごろの者; 同じ程度のもの ¶ 같은 ～의 아이들 [katʰun ～e aidul カトゥン～エ アイドゥル] 同じ年ごろの子供たち.
또렷-하다 [t'orjɔtɕʰada ットリョッタダ] 形 [여変] はっきりしている; 鮮やかだ ¶ ～-한 목소리 [～-tʰan moks'ori ～-タン モクソリ] はっきりした声.
또박-또박 [t'obakt'obak ットバクトバク] 副 하自 はっきりと; きちん(きちん)と ¶ 글을 ～ 쓰다 [kurul ～ sʼuda クルル ～ッスダ] 一字一字はっきりと書く / 빚을 ～ 갚다 [pidʑul ～-(ba) k'apt'a ピジュル ～ カプタ] 借金をきちんと返す.
***또한** [t'ohan ットハン] 副 また; やはり; その上また ¶ 그도 ～ 인간이었다 [kudo ～ inganiɔt'a クド～ インガニオッタ] 彼もまた人間であった.
***똑** [t'ok ットク] 副 하자 ① そっくり ¶ ～ 닮았다 [～ t'almat'a ～ タルマッタ] そっくり似ている ② ぽたり(と) ¶ 물방울이 ～ 떨어졌다 [mulp'aŋuri ～ t'ɔrɔdʑɔt'a ムルパンウリ ～ ットロジョッタ] しずくがぽたりと落ちた ③ (鉛筆の芯が)ぽきっと ¶ ～ 부러지다 [～ p'urɔdʑida ～ プロジダ] ぽきっと折れる ④ (紐が)ぷっつり ¶ ～ 끊어지다 [(t'o) k'unɔdʑida ～ックノジダ] ぷっつりと切れる ⑤ ぴたっと ¶ 소식이 ～ 끊어지다 [soɕigi (t'o) k'unɔdʑida ソシギ ～ックノジダ] 便りがぴたっととぎれる ⑥ すっかり ¶ 돈이 ～ 떨어지다 [to:ni ～ t'ɔrɔdʑida トーニ ～ットロジダ] お金がすっかりなくなる[すっからかんになる].
똑-같다 [t'ok'at'a ットクカッタ] 形 まったく同じだ; そっくりだ ¶ 크기가 ～ [kʰugiga ～ クギガ ～] 大きさがまったく同じだ / 얼굴이 ～ [ɔlguri ～ オルグリ ～] 顔がそっくりだ **똑-같이** [t'ok'atɕʰi ットクカチ] 副 ちょうど同じく; 公平に; 一様に ¶ ～ 나누다 [～ nanuda ～ ナヌダ] 同じく分ける.
똑딱-선[一船] [t'okt'akʼsɔn ットクタクソン] 名 小型発動機船; ぽんぽん船.
***똑똑-하다** [t'okt'okʰada ットクトクカダ] 形 [여変] ① はっきりしている; 明らかだ ¶ 발음이 ～ [parumi ～ パルミ ～] 発音がはっきりしている ② 利口だ; 賢い ¶ ～-한 아이 [～-kʰan ai ～-カン アイ] 利口な子供 / 머리가 ～ [mɔriga ～ モリガ ～] 頭が冴えている **똑똑-히** [t'okt'okʰi ットクトクキ]

*똑-바로 [t'okp'aro ットクパロ] 副 ① まっすぐ(に) ¶ ～ 서다 [～ sɔda ～ ソダ] まっすぐに立つ / ～ 집으로 가다 [～ tɕiburo kada ～ チブロ カダ] (立ち寄る所なく)まっすぐ家に帰る ② 正直に ¶ ～ 말하다 [～ ma:rhada ～ マールハダ] 正直に言う.

똑-바르다 [t'okp'arɯda ットクパルダ] 形 [르変] ① まっすぐだ; 曲がっていない ¶ 똑바른 길 [t'okp'arɯn kil ットクパルン キル] まっすぐな道 ② 正しい ¶ 똑바른 말과 행동 [t'okp'arɯn ma:rgwa hɛŋdoŋ ットクパルン マールグァ ヘンドン] 正しい[正直な]言動.

똘똘 [t'olt'ol ットルットル] 副 ① くるくる; ぐるぐる ¶ 종이를 ～ 말다 [tɕoŋirɯl ～ malda チョンイルル ～ マルダ] 紙をくるくる巻く ② 一丸となるさま ¶ ～ 뭉치다 [～ muntɕʰida ～ ムンチダ] 団結する.

똘똘-하다 [t'olt'orhada ットルットルハダ] 形 [어変] 賢い; 利口だ; はきはきしている 똘똘-히 [t'olt'ori ットルットリ] 副 賢く; 利口に; はきはき(と) 똘똘-이 [t'olt'ori ットルットリ] 名 利発な子; お利口さん.

똘마니 [t'olmani ットルマニ] 名 俗 ちんぴら; 下っ端; 子分; 乞食 こじきの餓鬼.

*똥 [t'oŋ ットン] 名 (大)便; 糞 ふん; くそ ¶ ～을 누다 [～ɯl nuda ～ ウル ヌダ] 大便をする. くそを垂らす / ～이 마렵다 [～i marjɔpt'a ～イ マリョプタ] 便意を催す; 大便がしたい / ～을 싸다 [～ɯl s'ada ～ウル サダ] 大便を漏らす; 慣 俗 非常に苦労する / 체면이 ～되다 [tɕʰemjɔni ～dweda チェミョニ ～ドゥェダ] 面子 めんつが丸つぶれになる.

똥-값 [t'oŋk'ap ットンカプ] 名 捨て値; 二束三文 ¶ ～으로 팔다 [～s'uro pʰalda ～スロ パルダ] 捨て値で売る.

똥-개 [t'oŋk'ɛ ットンケ] 名 駄犬; 雑犬; 在来種の犬. 「肛門 こうもん.

똥-구멍 [t'oŋk'umɔŋ ットンクモン] 名

똥똥-하다 [t'oŋt'oŋhada ットンットンハダ] 形 [어変] ぽっちゃりしている; 太っている ¶ ～한 얼굴 [～han ɔlgul ～ハン オルグル] ぽっちゃりした顔.

똥-배 [t'oŋp'ɛ ットンペ] 名 俗 太鼓腹; 太っ腹 ¶ ～가 나오다 [～ga naoda ～ガ ナオダ] 太っ腹が突き出る.

똥-싸개 [t'oŋs'agɛ ットンッサゲ] 名 ① 大便を漏らす子供 ② ろくでなし.

똥줄-빠지다 [t'oŋtɕ'ul p'adʑida ットンチュルッパジダ] ひどい目にあう; 汲々 きゅうきゅう とする ¶ ～-빠지게 달아나다 [～-p'adʑige taranada ～-ッパジゲ タラナダ] 命からがら逃げる.

똥-차 [一車] [t'oŋtɕʰa ットンチャ] 名 ① 屎尿 しにょうくみ取り車 ② (よく故障が起こる)ぼんこつ車; ほろ車.

똥창-맞다 [t'oŋtɕʰaŋmat'a ットンチャンマッタ] 自 俗 気が合う; 意気投合する; =배짱이 맞다 [pɛtɕ'aŋi mat'a ペッチャンイ マッタ].

똥칠-하다 [一漆一] [t'oŋtɕʰirhada ットンチルハダ] 自 ① 糞 ふんを塗りつける ② 恥辱を受ける; 面子 めんつをつぶす ¶ 얼굴에 ～ [ɔlgure ～ オルグレ ～] 顔に泥を塗る [みそをつける].

뙤약-볕 [t'wejakp'jɔt ットゥェヤクピョッ] 名 (夏の)焼けつくような日差し; じりじりと照りつける日差し.

*뚜껑 [t'uk'ɔŋ ットゥッコン] 名 蓋 ふた ¶ 냄비 [nɛmbi ネムビ] ～을 덮다 [닫다] [～ɯl tɔpt'a[tat'a] ～ウル トプタ[タッタ]] 蓋をする; 真相をかくす / ～을 열다 [～ɯl jɔ:lda ～ウル ヨールダ] 蓋を開ける; 事の実情や結果などを見る / ～이 열리다 [～i jɔllida ～イ ヨルリダ] 蓋が開く.

*뚜렷-하다 [t'urjɔtʰada ットゥリョッタダ] 形 [어変] ① はっきりしている; 明白だ; 明らかだ ¶ ～-한 증거 [～-tʰan tɕɯŋgɔ ～-タン チュンゴ] 明白な証拠 ② くっきりしている; 目立[際立]っている; 著しい ¶ ～-한 차이 [～-tʰan tɕʰai ～-タン チャイ] 著しい差異 / ～-한 윤곽 [～-tʰan jungwak ～-タン ユングァク] くっきりした輪郭 뚜렷-이 [t'urjɔtɕi ットゥリョシ] 副 はっきり[くっきり]と; 明らかに ¶ ～ 보이다 [～ poida ～ ポイダ] はっきりと見える.

뚜렷해-지다 [t'urjɔtʰɛdʑida ットゥリョッテジダ] 自 はっきりする ¶ 의식이 ～ [ɰiɕigi ～ ウィーシギ ～] 意識がはっきりしてくる.

뚜벅-뚜벅 [t'ubɔkt'ubɔk ットゥボクトゥボク] 擬自 副 こつこつ(と); 気取って歩くさま, またその足音 ¶ ～ 걷다 [～(bɔ) k'ɔ:tt'a ～ コーッタ] こつこつ[のしのし]と歩く.

뚜-쟁이 [t'udʑɛŋi ットゥジェンイ] 名 ① (プロの)結婚紹介業; 略 뚜 [t'utɯ トゥトゥ] ② 客引き; ぽんびき.

뚝 [t'uk ットゥク] 副 하自 ① どすん ¶ 나무에서 ~ 떨어지다 [namueso ~ t'oɾədʒida ナムエソ ~ ットロジダ] 木からどすんと落ちる ② (木の枝かが)ぽきん ¶ ~ 부러지다 [~ p'urədʒida ~ プロジダ] ぽきんと折れる ③ ぷっつり ¶ 밧줄이 ~ 끊어지다 [patʃ'uri (t'u) k'ɯnədʒida パーチュリ ~ ックノジダ] ロープがぷっつりと切れる ④ ひたと ¶ 울음을 ~ 그치다 [urɯmɯl (t'u) k'ɯtʃʰida ウルムル ~ クチダ] ひたと泣き止む ⑤ (成績が)がたっと ¶ ~ 떨어지다 [~ t'ɔrədʒida ~ ットロジダ] がたっと落ちる/인기가 ~ 떨어지다 [inkiga ~ t'ɔrədʒida インキガ ~ ットロジダ] 人気ががた落ちになる ⑥ まったく; すっかり ¶ 소식이 ~ 끊어지다 [soʃigi (t'u) k'ɯnədʒida ソシギ ~ ックノジダ] 便りがまったくとだえる/정이 ~ 떨어지다 [tʃəŋi ~ t'ɔrədʒida チョンイ ~ ットロジダ] 愛情がすっかり冷める ⑦ きっぱり ¶ 모르는 일이라고 ~ 잡아떼다 [morɯnɯn ni:rirago ~ tʃ'abat'eda モルヌン ニーリラゴ ~ チャバッテダ] 知らないことだときっぱり断わる [しらばっくれる].

뚝딱 [t'ukt'ak ットゥクタク] 副 하自他 てきぱきと; さっさと ¶ 일을 ~ 해치우다 [i:rɯl (t'ukt'a) kʰɛ:tʃʰiuda イールル ~ ケーチウダ] 仕事をさっさとやってしまう.

뚝뚝-하다 [t'ukt'ukʰada ットゥクトゥクハダ] 形 여変 無愛想だ; ぶっきらぼうだ; むっつりしている ¶ 매우 무~-한 사람 [mɛu mu~-kʰan sa:ram メウ ム~-カン サーラム] ひどく無愛想な人.

뚝배기 [t'ukp'ɛgi ットゥクペギ] 名 (みそ汁などを煮る)鉢に似た土焼きの土鍋な.

뚝-심 [t'ukʃim ットゥクシム] 名 ① 粘る力; 粘り; 頑張り; 根気 ¶ ~이 세다 [~i se:da (ットゥクシ)ミ セーダ] 粘り[根気が]強い ② ばか力 ¶ ~을 쓰다 [~ɯl s'uda (ットゥクシ)ムル ッスダ] ばか力を出す.

***뚫다** [t'ultʰa ットゥルタ] 他 ① (穴を)空[開]ける; 突き抜く; 穿[うが]つ ¶ 구멍을 ~ [kumɔŋɯl ~ クモンウル ~] 穴を空ける[うがつ] ② 通ずる; 通す; 貫通する ¶ 터널을 ~ [tʰənərɯl ~ トノルル ~] トンネルをくりぬく ③ (困難などを)くぐる; 切り抜ける; 突破する ¶ 난관을 ~ [nangwanɯl ~ ナングァヌル ~] 難関を切り抜ける/법망을 ~ [pɔmmaŋɯl ~ ボムマンウル ~] 法の網をくぐる ④ 見つけ出す; 探す ¶ 취직 자리를 ~ [tʃʰwi:dʒik tʃ'arirɯl ~ チュィージク チャリルル ~] 就職口を見つける ⑤ (人混みを)かきわける.

***뚫리다** [t'ullida ットゥルリダ] 自 受動 空[開]く; 空けられる ¶ 구멍이 ~ [kumɔŋi ~ クモンイ ~] 穴が空く.

뚫어-지다 [t'urədʒida ットゥロジダ] 自 ① 穴が空く; 空かれる; できる ¶ 양말에 구멍이 ~ [jaŋmare kumɔŋi ~ ヤンマレ クモンイ ~] 靴下に穴があく ② (道が)通じる ③ (真理などを)悟るようになる **뚫어지게 보다** [t'urədʒige boda ットゥロジゲ ボダ] 他 穴があくほどじっと見つめる; 凝視する.

뚱-딴지 [t'uŋt'andʒi ットゥンッタンジ] 名 ① 愚鈍でむっつりした人 ② 碍子가 **―같다** [gat'a ガッタ] 形 とんでもない; 突拍子もない; とっぴだ ¶ ~-같은 소리를 하다 [~-gatʰɯn sorirɯl hada ~-ガトゥン ソリルル ハダ] とんでもない[突拍子もない]ことを言う.

***뚱뚱-하다** [t'uŋt'uŋhada ットゥンットゥンハダ] 形 여変 ① 太っている ② 膨れて[腫れて]いる **뚱뚱-보[이]** [t'uŋt'uŋbo[i] ットゥンットゥンボ[イ]] 名 でぶ; 太っちょ.

뚱-보 [t'uŋbo ットンボ] 名 ① むっつりした人; 無愛想な人 ② でぶ; 太っちょ.

뚱-하다 [t'uŋhada ットゥーンハダ] 形 여変 ① 無口である; むっつりしている ¶ ~-해서 말이 적다 [~-hesə ma:ri tʃɔ:kt'a ~-ヘソ マーリ チョークタ] むっつりして口数が少ない ② 機嫌が悪い; ぶすっとして[つんとして]いる.

뛰-놀다 [t'winolda ットゥィノルダ] 自 ㄹ語幹 跳ね回る; 飛び回って遊ぶ ¶ 아이들이 ~ [aidɯri ~ アイドゥリ ~] 子供たちが跳ね回って遊ぶ.

***뛰다** [t'wida ットゥィダ] 自他 ① 走る; 駆ける ¶ 100m를 ~ [pɛŋmi:tʰərɯl ~ ペンミートルル ~] 100mを走る ② 跳ぶ; 跳ねる ¶ 넓이뛰기를 ~ [nɔlbit'wigirɯl ~ ノルビットゥィギルル ~] 走り幅跳びを跳ぶ/개구리가 펄쩍 ~ [kɛguriga pʰəltʃ'ɔk ~ ケグリガ ポルチョク ~] カエルがぱっと跳ねる ③ 跳ね上がる ¶ 물가가 ~ [mulk'aga ~ ムルカガ ~] 物価が飛ぶ[跳ね上がる] ④ ときめく ¶ 기뻐서 가슴이 ~ [kip'ɔsɔ kasumi ~ キッポソ カスミ ~] 喜びで胸がときめく[躍る] ⑤ 打つ ¶심장이 ~[ʃimdʒaŋi ~ シムジャンイ ~] 心臓が脈を打つ ⑥ 乗る ¶그네를 ~ [kunerɯl ~ クネルル ~] ぶらんこ乗りをする.

뛰어-가다 [t'wiɔgada ットゥィオガダ] 自他 走って[駆けて・飛んで]行く.

뛰어-나가다 [t'wiɔnagada ットゥィオナガダ] 自 飛び出す; 駆け出す ¶밖으로 ~[pak'ɯro ~ パックロ ~] 外に飛び出す.

***뛰어-나다** [t'wiɔnada ットゥィオナダ] 形 優れる; 秀でている; 抜きんでる; ずば抜けている ¶~-난 성적 [~-nan sɔŋdʒɔk ~ ナン ソンジョク] ずば抜けた成績 / ~-난 솜씨 [~-nan somsʃi ~ナン ソムッシ] 冴えた腕前 / 스포츠에 [sɯpʰoːtʃʰɯe ~ スポーチュエ ~] スポーツに秀でる.

뛰어-나오다 [t'wiɔnaoda ットゥィオナオダ] 自 飛び出す[出る]; 走り出る ¶방에서 ~ [paŋesɔ ~ パンエソ ~] 部屋から飛び出す.

뛰어-내리다 [t'wiɔnɛrida ットゥィオネリダ] 自 飛び降[下]りる ¶창문에서 ~ [tʃʰaŋmunesɔ ~ チャンムネソ ~] 窓から飛び降りる.

뛰어-넘다 [t'wiɔnɔmt'a ットゥィオノムダ] 他 ① 跳[飛]び越える; 飛び越す ¶담을 ~ [tamul ~ タムル ~] 塀を飛び越える / 도랑을 ~ [toraŋul ~ トランウル ~] 溝を跳び越える ② (順序などを)飛ばす; 抜かす ¶5페이지를 ~ [oːpʰeidʒirul ~ オーペイジルル ~] 5ページを飛ばす.

뛰어-다니다 [t'wiɔdanida ットゥィオダニダ] 自 飛び回る; 駆け(ずり)回る; 飛び歩く ¶일자리를 구하러 ~ [iːltʃ'arirul kuharɔ ~ イールチャリルル クハロ ~] 職探しに奔走する.

뛰어-들다 [t'wiɔdɯlda ットゥィオドゥルダ] 自(ㄹ語幹) ① 飛び込む; 身を投げる ¶바다에 ~ [padae ~ パダエ ~] 海に飛び込む[身を投げる] ② 駆け込む; 転げ込む ¶차가 인도로 ~ [tʃʰaga indoro ~ チャガ インドロ ~] 車が歩道に乗り上げる ③ 身を投じる ¶정계에 ~ [tʃɔŋgee ~ チョンゲエ ~] 政界に身を投じる ④ 立ち入る; かかわる ¶사건에 ~ [saːk'one ~ サーコネ ~] 事件にかかり合う.

뛰어-들어오다 [t'wiɔdɯrɔoda ットゥィオドゥロオダ] 自 飛び[駆け]込む ¶집안으로 ~ [tʃibanuro ~ チバヌロ ~] 家に飛び[転げ]込む.

뛰어-오다 [t'wiɔoda ットゥィオオダ] 自他 駆け足で[駆けて]来る; 急いで[走って・飛んで]来る ¶급히 ~ [kɯmpʰi ~ クプピ ~] 急いで飛んで来る.

뛰어-오르다 [t'wiɔorɯda ットゥィオオルダ] 自他 (르変) ① 飛び上がる; 躍り上がる ¶계단을 ~ [kedanul ~ ケダヌル ~] 階段を飛び上がる ② のし上がる ¶경제 대국으로 ~ [kjɔŋdʒe dɛːgugɯro ~ キョンジェ デーググロ ~] 経済大国にのし上がる ③ 飛び乗る ¶막 떠나려는 열차에 ~ [mak t'ɔnarjɔnun njɔltʃʰae ~ マクットナリョヌン ニョルチャエ ~] 発車しかけている列車に飛び乗る ④ 跳ね上がる ¶물가가 ~ [mulkʼaga ~ ムルカガ ~] 物価が跳ね上がる.

뛰쳐-나가다 [t'witʃʰɔnagada ットゥィチョナガダ] 自他 飛び出す[出る].

뛰쳐-나오다 [t'witʃʰɔnaoda ットゥィチョナオダ] 自他 飛び出る[出す].

뜀-뛰기 [t'wimt'wigi ットゥィムットゥィギ] 名 跳び(上がり); 飛び越え; =略 뜀 [t'wim ットゥィム] —경기 [gjɔːŋgi ギョーンギ] 名 跳躍競技の総称.

뜀-뛰다 [t'wimt'wida ットゥィムットゥィダ] 自 (両足をそろえて)飛[跳]ぶ.

뜀-박질 [t'wimbaktʃ'il ットゥィムバクチル] 名 ① 駆けっこ; 駆け足 ② 走ること —하다 [(t'wimbaktʃ'ir) hada ハダ] 自 駆けっこをする; 走る.

뜀-틀 [t'wimtʰɯl ットゥィムトゥル] 名 跳[飛]び箱; 跳馬 —운동 [(t'wimtʰɯr) uːndoŋ ットゥィムトゥルーンドン] 名 跳び箱を利用してする運動の総称.

뜨개-바늘 [t'ɯgɛbanɯl ットゲバヌル] 名 編み針; 編み棒; かぎ針.

뜨개-질 [t'ɯgɛdʒil ットゲジル] 名 하다自 編み物; 編むこと.

뜨거워-지다 [t'ɯgɔwɔdʒida ットゥゴウォジダ] 自 熱[暑]くなる; 熱する ¶물이 ~ [muri ~ ムリ ~] 水が熱くなる.

뜨거워-하다 [t'ɯgɔwɔhada ットゥゴウォハダ] 他 熱く感ずる; 熱[暑]がる.

***뜨겁다** [t'ɯgɔpt'a ットゥゴプタ] 形 (ㅂ変) ① 熱[暑]い ¶몸이 ~ [momi ~ モミ ~] 体が熱い / 뜨거운 눈물 [t'ɯgoun nunmul ットゥゴウン ヌンムル] 熱い涙

② 熱烈だ ¶뜨거운 사랑[t'ɯgoun saraŋ ットゥゴウン サラン] 熱烈な愛 ③ ほてる ¶낯이 ~[natʃhi ~ ナチ ~] 顔がほてる ④ 激しい ¶뜨거운 논쟁[t'ɯgoun nondʒεŋ ットゥゴウン ノンジェン] 激しい論争.

-**뜨기**[t'ɯgi ットゥギ] [接尾] 人をからかって言う語 ¶시골[촌]~[ʃigol[tʃhon]~ シゴル[チョン]~] 田舎っぺい; 田舎者.

뜨끈-하다[t'ɯk'ɯnhada ットゥックンハダ] [形][여変] 非常に熱い ¶~한 국물[~-han kuŋmul ~-ハン クンムル] 熱々のスープ **뜨끈-뜨끈**[t'ɯk'ɯnt'ɯk'ɯn ットゥックンットゥックン] [副][하形] ほかほか; 熱々 ¶~한 군 고구마[~-han ku:n koguma ~-ハン クーン コグマ] ほかほかの焼きいも.

뜨끔-거리다[t'ɯk'ɯmgɔrida ットゥックムゴリダ] [自] ひりひりする; ちくちく痛む.

뜨끔-하다[t'ɯk'ɯmhada ットゥックムハダ] [形][여変] ① ちくりと痛い; ひりっとする ¶상처가 ~[saŋtʃhɔga ~ サンチョガ ~] 傷口がひりっとする / ~한 맛을 보이다[~-han masɯl poida ~-ハン マスル ボイダ] 痛い[ひどい]目にあわせる ② (良心・胸にこたえて) ぎくり[ちくり]とする ¶가슴이 ~[kasɯmi ~ カスミ ~] ぎくりと胸にこたえる.

뜨내기[t'ɯnεgi ットゥネギ] [名] ① 流れ者; 渡り者; 放浪者 ¶~ 신세[~ ʃinse ~ シンセ] 放浪の身の上 ② 時たますること, また, その仕事 ──**손님**[sonnim ソンニム] [名] (常客でない) 通りがかりの客; 流れ客 ──**장사**[dʒaŋsa ジャンサ] [名][하自] 時たまする商売.

※**뜨다**¹[t'ɯda ットゥダ] [自他][으変] ① 浮かぶ; 浮く ¶배가 ~[pega ~ ペガ ~] 船が浮かぶ[浮く] / 하늘에 ~[hanɯre ~ ハヌレ ~] 空に浮かぶ ② 昇る; 出る ¶해가 ~[hega ~ ヘガ ~] 日が昇る / 달이 ~[tari ~ タリ ~] 月が出る ③ (席を)空ける; はずす; 立つ ¶자리를 ~[tʃarirɯl ~ チャリルル ~] 席を立つ ④ 離れる; 去る ¶고향을 ~[kohjaŋɯl ~ コヒャンウル ~] 故郷を離れる[出る・去る] / 세상을 ~[se:saŋɯl ~ セーサンウル ~] 世を去る ⑤ 開ける ¶눈을 ~[nunɯl ~ ヌヌル ~] 目を開ける ⑥ (密着していたものが) 離れる; 浮く ⑦ 発酵する ⑧ (灸を)据える ⑨ (食事を)とる; (少し)食べる ⑩ (型紙などを)とる ⑪ 編む; 刺し縫いをする ⑫ (水などを)汲む; すくう ⑬ ならう; 模倣する ⑭ (反物を)買う ⑮ (間柄が)疎い; 疎遠だ; 親しくない.

뜨다²[t'ɯda ットゥダ] [形][으変] ① のろい; 鈍い ¶걸음이 ~[kɔrumi ~ コルミ ~] 歩みがのろい / 동작이 ~[to:ŋdʒagi ~ トーンジャギ ~] 動作が鈍い ② 口が重い[堅い]; 無口だ ¶말수가 ~[ma:lsuga ~ マールスガ ~] 口数が少ない ③ (感受性が)鈍い ¶눈치가 ~[nuntʃhiga ~ ヌンチガ ~] センス[勘]が鈍い.

뜨뜻-하다[t'ɯt'ɯthada ットゥットゥッタダ] [形][여変] ほどよく暖[温]かい ¶~-한 방[~-than paŋ ~-タン パン] 温かい部屋.

-**뜨리다**[t'ɯrida ットゥリダ] [接尾] 語幹の意を強める語 ¶떨어 ~[t'ɔrɔ~ ットロ~] 落とす; 落としてしまう / 넘어 ~[nɔmɔ~ ノモ~] (打ち)倒す / 깨 ~[k'ε~ ッケ~] 壊す.

뜨물[t'ɯmul ットゥムル] [名] (米の)とぎ水; 白水; とぎ汁.

뜨음-하다[t'ɯɯmhada ットゥウムハダ] [形][여変] しばらくとだえている; 一時やんでいる; まばらだ ¶손님의 발길이 ~[sonnime palk'iri ~ ソンニメ パルキリ ~] 客足が遠のく[遠のく].

뜨이다[t'ɯida ットゥイダ] [自] ① (目が)開く; 覚める; 目覚める ¶아침 일찍 눈이 ~[atʃhim iltʃ'iŋ nuni ~ アチ ミルッチン ヌニ ~] 朝早く目が覚める ② (目に)つく; 入る; 目に触れる ¶그의 눈에 ~[kɯe nune ~ クエ ヌネ ~] 彼の目に触れる ③ 著しく目立つ; 際立っている; はっとする ¶귀가 번쩍 뜨이는 이야기[kwiga pɔntʃ'ɔk t'ɯinɯn nijagi クィガ ポンチョク ットゥイヌン ニヤギ] 思わずはっとするような(耳寄りな)話.

뜬-구름[t'ɯngurɯm ットゥングルム] [名] ① 浮き雲 ② 浮き世; はかない世の中 ¶인생은 ~ 같다[insεŋun ~ gat'a インセンウン ~ ガッタ] 人生は浮き雲のようだ[はかないものである].

뜬-눈[t'ɯnnun ットゥンヌン] [名] あけたままの目; 眠らぬ目; 夜明かしの目 ¶~으로 밤을 새우다 [~uro pamul sεuda (ットゥンヌ)ヌロ パムル セウダ] 一睡もせずに夜を明かす.

뜬-소문[—所聞] [t'ɯnsomun ットゥンソムン] 图 あらぬうわさ; 流言; デマ ¶ ~이 퍼지다[~i pʰɔ:dʒida (ットゥンソム)ニ ポージダ] あらぬうわさが広まる.

뜯기다 [t'ɯtk'ida ットゥッキダ] 自受動 ① かまれる ¶ 모기에게 ~ [mo:giege モーギエゲ ~] 蚊にかまれる ② (お金などを)奪われる; (せびり)取られる ¶ 동생에게 돈을 ~ [toŋsɛŋege to:nɯl ~ トンセンエゲ トーンヌル ~] 弟にお金をせびられる ③ 家屋を取り壊される.

***뜯다** [t'ɯt'a ットゥッタ] 他 ① 取る; 摘む ¶ 풀을 ~ [pʰurul ~ プルル ~] 草を取る ② 取りはずす ¶ 선반을 ~ [sɔnbanɯl ~ ソンバヌル ~] 棚を取りはずす ③ めくる ¶ 달력을 1장 ~ [talljɔgɯl handʒaŋ ~ タルリョグル ハンジャン ~] カレンダーを1枚めくる ④ 開ける ¶ 포장을 ~ [pʰodʒaŋɯl ~ ポジャンウル ~] 包みを開ける ⑤ ばらす ¶ 기계를 ~ [kigerul ~ キゲルル ~] 機械をばらす ⑥ せびる ¶ 형에게서 돈을 ~ [hjɔŋegesɔ to:nɯl ~ ヒョンエゲソ トーヌル ~] 兄から金をせびる ⑦ 弾く; かなでる ¶ 거문고를 ~ [kɔmungorul ~ コムンゴルル ~] 琴をかなでる ⑧ (歯で)かみ切って食う; かじる ¶ 갈비를 ~ [kalbirul ~ カルビルル ~] 骨つきあばらの焼き肉[カルビ]をかじる / 소가 풀을 ~ [soga pʰurul ~ ソガ プルル ~] 牛が草を食は'む[食べる].

뜯어-고치다 [t'ɯdɔgotɕʰida ットゥドゴチダ] 他 改め直す; 作り直す ¶ 집을 ~ [tɕibul ~ チブル ~] 家を建て直す / 못된 버릇을 ~ [mo:t'wen pɔrusɯl ~ モートゥェン ポルスル ~] 悪い癖を直す.

뜯어-내다 [t'ɯdɔnɛda ットゥドネダ] 他 ① 取る; はぎ取る ¶ 붙인 종이를 ~ [putɕʰin tɕoŋirul ~ プチン チョンイルル ~] 張り紙をはぎ取る ② 取りはずす ¶ 기계를 ~ [kigerul ~ キゲルル ~] 機械を取りはずす ③ せびり取る ¶ 용돈을 ~ [jo:ŋt'onɯl ~ ヨーントヌル ~] 小遣いをせびり取る.

뜯어-말리다 [t'ɯdɔmallida ットゥドマルリダ] 他 (けんかなどを)やめさせる; 引き離す ¶ 싸움을 ~ [s'aumɯl ~ ッサウムル ~] けんかをやめさせる.

뜯어-먹다 [t'ɯdɔmɔkt'a ットゥドモクタ] 他 ① ちぎって[かじって]食べる ¶ 빵을 ~ [p'aŋul ~ ッパンウル ~] パンをちぎって食べる ② 食は'む ¶ 소가 풀을 ~ [soga pʰurul ~ ソガ プルル ~] 牛が草をはむ ③ せびり取る ¶ 남의 돈을 ~ [name to:nul ~ ナメ トーヌル ~] 人の金をせびり取る.

뜯어-보다 [t'ɯdɔboda ットゥドボダ] 他 ① 開けて[解いて]見る ¶ 소포를 ~ [so:pʰorul ~ ソーポルル ~] 小包みを解いて見る ② 子細に調べる; じっくり見る ¶ 얼굴을 요모조모로 ~ [ɔlgurul jomodʒomoro ~ オルグルル ヨモジョモロ ~] 顔を子細に観察する.

***뜰** [t'ɯl ットゥル] 图 庭 ¶ 앞·뒤·안~ [ap·twi:·an~ アプ・トゥィー・アン ~] 前・裏・中庭.

뜸[^1] [t'ɯm ットゥム] 图 (ご飯などを)蒸らすこと **―드리다** [dɯrida ドゥリダ] 自 ① (ご飯を)蒸らす ② 少し間を置いて話す[決める・会う・待つ].

뜸[^2] [t'ɯm ットゥム] 图 灸きう ¶ ~뜨다 [~t'uda ~トゥッタ] お灸を据える.

뜸부기 [t'ɯmbugi ットゥムブギ] 图〈鳥〉ヒクイナ; ツルクイナ; =**뜸북새** [t'ɯmbuks'ɛ ットゥムブクセ]

뜸직-하다 [t'ɯmdʒikʰada ットゥムジクカダ] 形 語変 (言行に)重みがある; どっしりしている; 落ち着いている ¶ ~한 사람 [~kʰan sa:ram ~カン サーラム] どっしりした人 **뜸직-이** [t'ɯmdʒigi ットゥムジギ] 副 どっしりと.

뜸-하다 [t'ɯ:mhada ットゥームハダ] 形 語変 (頻繁だったものが)とだえている; 一時やんでいる; まばらだ; ='뜨음하다'の略 ¶ 매상이 ~ [mɛsaŋi ~ メサンイ ~] 売れ行きが渋る / 발길이 ~ [palk'iri ~ パルキリ ~] 足が遠のく.

***뜻** [t'ɯt ットゥッ] 图 ① 意(思); 志; 意向; 気持ち ¶ ~에 맞다 [(t'ɯs)e ma:t'a (ットゥ)セ マッタ] 気に入る; 意にかなう / ~을 두다 [(t'ɯs)ɯl tuda (ットゥ)スル トゥダ] 志す; 志を抱く / ~을 받다 [(t'ɯs)ɯl pat'a (ットゥ)スル パッタ] 志を受け継ぐ / ~을 받들다 [(t'ɯs)ɯl pat'ulda (ットゥ)スル パットゥルダ] 意を受ける; 旨を受ける / ~을 세우다 [(t'ɯs)ɯl seuda (ットゥ)スル セウダ] 志を立てる; 目標を立てる / ~을 잇다 [(t'ɯs)ɯl i:t'a (ットゥ)スル イッタ] 志を継ぐ / ~을 헤아리다 [(t'ɯs)ɯl hearida (ットゥ)スル ヘアリダ] 気持ちを汲む / 감사의 ~ [ka:msae ~ カームサエ ~]

뜻 깊다

感謝の意 ② 意味; 訳; 意義 ¶말의 ~ [ma:re ~ マーレ ~] 言葉の意味.

뜻-깊다 [t'utk'ipt'a ットゥッキプタ] 自 意味が深い; 意義深い ¶뜻깊은 연설 [t'utk'iphɯn njɔnsɔl ットゥッキプンニョーンソル] 意味深い演説.

뜻-대로 [t'utɛro ットゥッテロ] 副 思ったとおり(に); 意のまま(に) ¶~ 해라 [~ hɛ:ra ~ ヘーラ] 勝手にせよ / ~ 되다 [~ tweda ~ トゥェダ] 思い[意]のままになる; 思うつぼにはまる / 세상은 ~ 되지 않는다 [se:saŋɯn ~ twedʑi annɯnda セーサンウン ~ トゥェジ アンヌンダ] 世の中はままにならぬ.

뜻-맞다 [t'unmatʰa ットゥン マッタ] 自 ① 気が合う; 意気投合する ¶뜻맞는 사이 [t'unmannɯn sai ットゥンマンヌン サイ] 気が合う仲 ② 気に入る ¶뜻에 맞는 일 [t'use mannɯn ni:l ットゥセ マンヌン ニール] 気に入る仕事.

뜻-밖 [t'utp'ak ットゥッパク] 名 予想外; 意外 ¶~의 성적 [(t'utp'a.k)e sɔŋdʑɔk ~ケ ソンジョク] 予想外の成績.

뜻밖-에 [t'utp'ak'e ットゥッパクケ] 副 意外に; 不意に; 思いがけなく; 案外 ¶~ 만나다 [~ mannada ~ マンナダ] 思いがけず出会う / 문제는 ~ 쉬웠다 [mu:ndʑenɯn ~ ʃwi:wɔt'a ムーンジェヌン ~ シュィーウォッタ] 問題は意外に[案外]やさしかった.

***뜻-하다** [t'utʰada ットゥッタダ] 他 여动 ① 志す; もくろむ; 意図[計画]する ② 思う; 考える ¶뜻한 바 있어 [t'utʰanba is'ɔ ットゥッタンバ イッソ] 思うところあって / 뜻하지 않은 [t'utʰadʑi anɯn ットゥッタジ アヌン] 予期しない; 思いがけない; 思いもよらない / 뜻하지 않은 행운 [t'utʰadʑi anɯn hɛ:ŋun ットゥッタジ アヌン ヘーンウン] 思いがけない幸運 / 뜻하지 않게 패하였다 [t'utʰadʑi ankʰe pʰɛ:hajɔt'a ットゥッタジ アンケ ペーハヨッタ] 思いがけなく[図らずも]敗けた ③ 意味する ¶무엇을 뜻하는지 모르겠다 [muɔsɯl t'utʰanɯndʑi morɯget'a ムオスル ットゥッタヌンジ モルゲッタ] 何を意味しているのかわからない.

뜨다 [t'i:da ッティーダ] 自 (目に)つく; 入る; '뜨이다'の略 ¶눈에 ~ [nune ~ ヌネ ~] 目につく[止まる・触れる].

띄어-쓰기 [t'i:ɔ s'ɯgi ッティオッスギ] 名 ⟨語⟩分かち書き; 文章を書く際, 読みやすいように助詞以外の各単語を離して文章を書くこと ¶띄어 쓰다 [t'i:ɔ s'uda ッティオッスダ] 分かち書きをする.

띄엄-띄엄 [t'i:ɔmt'i:ɔm ッティオムッティオム] 副 ① ぽつりぽつり ¶집이 ~ 서 있다 [tɕibi ~ sɔ it'a チビ ~ ソ イッタ] 家がぽつりぽつりと建っている ② とぎれとぎれ ¶~ 말하다 [~ ma:rhada ~ マールハダ] とぎれとぎれに話す.

띄우다 [t'iuda ッティウダ] 他 ① 浮かべる ¶배를 ~ [pɛrul ~ ペルル ~] 船を浮かべる ② 揚げる ¶연을 ~ [jɔnɯl ~ ヨヌル ~] たこを揚げる ③ 発酵させる; 寝かす ¶메주를 ~ [medʑurul ~ メジュルル ~] みそこうじを寝かす ④ 空ける; 置く ¶책상 사이를 ~ [tɕʰɛksaŋ sairul ~ チェクサン サイルル ~] 机を間あけて置く.

※**띠¹** [t'i: ッティ] 名 帯; ベルト; バンド ¶허리 ~ [hɔri ~ ホリ ~] 腰ひも; ベルト / 머리 ~ [mɔri~ モリ~] 鉢巻き; ヘアバンド / 안전(安全) ~ [andʑɔn ~ アンジョン ~] シートベルト.

띠² [t'i: ッティ] 名 (十二支の)…年; 生まれ ¶소 ~ [so ~ ソ ~] 丑年생 / 말 ~ [mal ~ マル ~] 午年생 / 범[호랑이] ~ 태생 [pɔ:m [ho:raŋi] ~ tʰɛsɛŋ ポーム [ホーランイ] ~ テセン] 寅年생生まれ.

※**띠다** [t'ida ッティダ] 他 ① (帯を)結ぶ; 締める ¶허리띠를 ~ [hɔrit'irul ~ ホリッティルル ~] ベルト[帯]を締める ② 帯びる ¶사명을 ~ [sa:mjɔŋɯl ~ サーミョンウル ~] 使命を帯びる / 푸른빛을 ~ [pʰurun pitɕʰul ~ プルン ピチュル ~] 青色[青味]を帯びる / 활기를 ~ [hwalgirul ~ ファルギルル ~] 活気を帯びる ③ たたえる ¶입가에 미소를 ~ [ipk'ae misorul ~ イプカエ ミソルル ~] 口元に微笑をたたえる.

띵-하다 [t'iŋhada ッティンハダ] 形 여动 ① 頭が重い; がんがんする ¶과음으로 머리가 ~ [kwa:ɯmuro mɔriga ~ クァーウムロ モリガ ~] 飲み過ぎで頭ががんがんと痛い ② (頭が)ぼうっとする ¶철야 회의로 머리가 ~ [tɕʰɔrja hwe:iro mɔriga ~ チョリャ フェーイロ モリガ ~] 徹夜会議で頭がぼうっとする.

ㄹ

*ㄹ [l ル] **助** …を; …へ; 를[rul ルル] の略 ¶어딜 가요?[ɔdil kajo オディル カヨ] どこへ行くの.

*-ㄹ [l ル] **語尾** ① 〈一般的な事実を表わす〉 ¶기쁠 때[kipʼul tʼɛ キップル ッテ] うれしい時 ② 〈未来を表わす〉 ¶갈 때[kal tʼɛ カル ッテ] 行く時 ③ …(す)べき ¶일할 사람[i:rhal sa:ram イールハル サーラム] 仕事すべき人.

-ㄹ거냐 [lkʼɔnja ルコニャ] **慣** …(する)つもりか; …するのか ¶할~ 말~?[hal~ ma:l~ ハル~ マール~] するのかしないのか.

-ㄹ거다 [lkʼɔda ルコダ] **慣** …(する)だろう; …(する)だろう; = -ㄹ 것이다 [lkʼɔʃida ルコシダ] の略 ¶그렇게 될 ~[kurɔkʰe twel~ クロッケ トゥェル~] そうなるだろう.

*-ㄹ거야 [lkʼɔja ルコヤ] **慣** ① …(する)つもりか[だ]; …(する)か ¶언제 살 ~?[ɔ:ndʒe sal~ オーンジェ サル~] いつ買うの; いつ買うつもりか ② …(し)ようとする; …するつもりである ¶잘~[tʃal~ チャル~] 寝るよ / 참을~[tʃʰamul~ チャムル~] 我慢するよ ③ …だろう ¶성공할~[soŋgoŋhal~ ソンゴンハル~] 成功するだろう.

*-ㄹ걸 [lkʼɔl ルコル] **語尾** ① …かろう; …(する)だろう(な) ¶아마 틀릴~ [ama tʰullil~ アマ トゥルリル~] たぶん違うだろう(な) ② …すればよかったのに ¶어제 집에 갈~ (그랬다)[ɔdʒe tʃibe kal~ (gurɛtʼa) オジェ チベ カル~(グレッタ)] 昨日家に行けばよかったのに.

*-ㄹ게 [lkʼe ルケ] **語尾** …(する)からね; …(する)よ ¶내일 갈~[nɛil kal~ ネイル カル~] 明日行くからね[行くよ].

*-ㄹ까 [lkʼa ルッカ] **語尾** ① …だろう(か); …かしら ¶잠수실~ [tʃapsʼuʃil~ チャプスシル~] 召し上がるだろうか (しら) ② …(し)ようか; …(する)かな ¶같이 갈~[katʃʰi kal~ カチ カル~] いっしょに行こうか **—말까**[ma:lkʼa マールッカ] **慣** …しようかやめようか ¶갈~[kal~ カル~] 行こうかよそ

うか / 먹을~[mɔgul~ モグル~] 食べようかよそうか **—보냐**[bonja ボニャ] **慣** …(する)ものか ¶기가 꺾일~[kiga kʼɔkʼil~ キガ ッコッキル~] 気がくじけるものか **—보다**[boda ボダ] **慣** ① …かも知れない ¶좋았을~ [tʃoːasʼul~ チョーアッスル~] よかったかも知れない ② …(し)ようかな ¶그만들~[bwa:] クマンドゥル~[ブァー]] やめようかな.

*-ㄹ는지 [llundʒi ルルンジ] **語尾** …(する)だろうか; …のか; = -ㄹ런지 [llɔndʒi ルロンジ] ¶비가 올~[piga ol~ ピガ オル~] 雨が降るだろうか / 가능할~ [ka:nuŋhal~ カーヌンハル~] 可能だろうか **—모르겠다**[morugetʼa モルゲッタ] **慣** …(だろう)かしら ¶알아 줄~[aradʒul~ アラジュル~] わかってくれるかしら.

-ㄹ라고 [llago ルラゴ] **語尾** …だろうか; …であるはずがない ¶설마 그것을 좋아할~[sɔlma kugɔsul tʃoːahal~ ソルマ クゴスル チョーアハル~] まさかそれを好むだろうか / 설마 그럴~[sɔlma kurɔl~ ソルマ クロル~] まさかそんなことがあるはずがない.

-ㄹ라-치면 [llatʃʰimjɔn ルラチミョン] **語尾** …(に)なれば; …(となる)と; …(する)と ¶밤이 될~[pami twel~ パミ トゥェル~] 夜になれば.

-ㄹ락-말락 [llaŋma:llak ルランマールラク] **語尾** …せんばかりの; しそうな ¶떨어질~ 달려 있다[tʼɔrɔdʒil~ talljɔ itʼa ットロジル~ タルリョ イッタ] 今にも垂れそうだ.

-ㄹ랑(은) [llaŋ(un) ルラン(ウン)] **助** …では ¶살아설~ 그렇게 고생만 하더니…[sarasɔl~ kurɔkʰe kosɛŋman hadɔni サラソル~ クロッケ コセンマン ハドニ] 生きてはそんな苦労ばかりしたのに.

*-ㄹ래 [llɛ ルレ] **語尾** …する[したい]; するか[したいのか] ¶난 그만 갈~ [nan kuman kal~ ナン クマン カル~] 私はもうこれで失礼するよ / 이것 먹을~(?)[igɔn mɔgul~ イゴン モグ

-ㄹ래도 [llɛdo ルレド] 語尾 …しようとしても ¶사람을 찾을~ [sa:ramul tʃʰadʒul~ サーラムル チャジュル~] 人を尋ねようとしても.

-ㄹ래야 [llɛja ルレヤ] 語尾 …しようとしても ¶떨어질~ 떨어질 수 없는 사이 [t'ɔrɔdʒil~ t'ɔrɔdʒil s'u ɔ:mnunn sai ッتォロジル~ ッتォロジル スゥ オームヌンサイ] 離れようにも離れられない間柄.

-ㄹ려고 [lljɔgo ルリョゴ] 語尾 …しようと ¶갈~ 한다 [kal~ handa カル~ ハンダ] 行こうとする.

-ㄹ려는 [lljɔnun ルリョヌン] 語尾 …しようと(いう) ¶먹을~ 사람 [mɔgul~ sa:ram モグル~ サーラム] 食べようという者.

-ㄹ망정 [lmandʒɔŋ ルマンジョン] 語尾 (たとえ)…とも[でも]; …といえども; …とはいえ ¶나이는 어릴~ [nainun ɔlil~ ナイヌン オリル~] 年は幼くとも.

-ㄹ 바에 (야) [l p'ae (ja) ルバエ(ヤ)] 慣 …(する)からには; …(する)以上は ¶이왕 할~ [iwaŋ hal~ イワン ハル~] どうせやるからには.

-ㄹ밖에 [lp'ak'e ルパケ] 語尾 …(する)しかない; …(する)より仕方ない; …(する)のが当たり前だ ¶가라고 하니 갈~ [karago hani kal~ カラゴ ハニ カル~] 行けと言うのだから行くしかない.

-ㄹ 뿐더러 [l p'undɔrɔ ルップンドロ] 語尾 …(する)ばかりでなく; またその上に ¶비가 올~ 바람도 세다 [piga ol~ paramdo se:da ピガ オル~ パラムド セーダ] 雨が降る上に風もまた強い.

-ㄹ세 [ls'e ルセ] 語尾 …で(は)ない; …だ ¶이게 아닐~ [ige anil~ イゲ アニル~] これではない / 이걸~ [igɔl~ イゴル~] これだ(よ).

-ㄹ세라 [ls'era ルセラ] 語尾 …するのではないかと; …ではあるまいかと; …してはと ¶넘어질~ 마음을 조이다 [nɔmɔdʒil~ maumul tʃoida ノモジル~ マウムル チョイダ] 転びはしないかとひやひやする.

-ㄹ세-말이지 [ls'emaridʒi ルセマリジ] 語尾 …ならとにかく; …ならばの話だが ¶그가 내 말을 들을~ [kuga nɛ ma:rul turul~ クガ ネ マールル トゥルル~] 彼が僕の話を聞き入れるならばの話だが.

*-ㄹ수록 [ls'urok ルッスロク] 語尾 …すればするほど; …であればあるほど ¶갈~ 태산(泰山) [kal~ tʰɛsan カル~ テサン] 山また山[困難が増すばかり] / 빠르면 빠를~ 좋다 [p'arum mjɔn p'arul~ tʃo:tʰa ッパルミョン ッパルル~ チョーッタ] 早ければ早いほどいい.

-ㄹ쏘냐 [ls'onja ルッソニャ] 語尾 …(する)ものか; …だろうか; …(する)はずがない ¶어찌 잊을~ [ɔtʃ'i idʒul~ オッチ イジュル~] どうして忘れられよう.

-ㄹ 양으로 [lljaŋuro ルリャンウロ] 慣 …(する)つもりで; …するように ¶전골을 해 먹을~ 쇠고기를 샀다 [tʃɔ:ngorul hɛ:mɔgul~ swe:gogirul sat'a チョーンゴルル ヘーモグル~ スェーゴギルル サッタ] すき焼きを作って食べようと牛肉を買った.

-ㄹ 양이면 [lljaŋimjɔn ルリャンイミョン] 慣 …(する)つもりなら ¶집을 새로 지을~ [tʃibul sɛro tʃiul~ チブル セロ チウル~] 家を新築するつもりなら.

*-ㄹ지 [ltʃ'i ルチ] 語尾 …するだろうか; …するか(も); …になるか ¶웃어야 할~ 울어야 할~ [usɔja hal~ urɔja hal~ ウソヤ ハル~ ウロヤ ハル~] 笑うべきか泣くべきか **―도 모르다** [do moruda ド モルダ] 慣 かもしれない.

-ㄹ지니라 [ltʃ'inira ルチニラ] 語尾 …すべきである ¶부모에게 효도할~ [pumoege hjo:dohal~ プモエゲ ヒョードハル~] 親に孝行すべし.

-ㄹ지라도 [ltʃ'irado ルチラド] 語尾 (たとえ)…といえども; …とも; …であっても ¶어떤 일이 있을~ [ɔt'ɔn ni:ri is'ul~ オットン ニーリ イッスル~] どんなことがあっても.

-ㄹ지어다 [ltʃ'ioda ルチオダ] 語尾 当然…すべきだ ¶거짓말하지 말~ [kɔ:dʒinmarhadʒi ma:l~ コージンマルハジ マール~] うそをつくなかれ.

-ㄹ지언정 [ltʃ'iɔndʒɔŋ ルチオンジョン] 語尾 (たとえ)…しても; …あっても ¶가난할~ 걸식은 안 한다 [kananhal~ kɔlʃ'igun an handa カナンハル~ コルシグン アン ハンダ] 貧しくとも乞食はしない.

-ㄹ진대 [ltʃ'indɛ ルチンデ] 語尾 …するならば; …するからには; …するに; =**-ㄹ진댄** [ltʃ'indɛn ルチンデン] ¶공부를 못할~ 돈이나 벌자 [koŋburul mo:tʰal~ to:nina pɔ:ldʒa コンブルル

モーッタル~ トーニナ ポールジャ] 勉強ができないからには金でも儲けよう.

-ㄹ 테다 [ltheda ルテダ] **[接尾]** …するはずだ; …であろう; …するつもりだ; **-ㄹ 터이다** [lthoida ルトイダ] の略 ¶잘~[tʃal~ チャル~] 眠るよ / 할테면 해 봐라 [haltʰemjʌn hɛ:bwara ハルテミョン ヘーバァラ] したければしてみろ.

***라** [ra ラ] **[助]** ① …と(いう); 라고 [rago ラゴ] の略 ¶장미~ 하는 꽃 [tʃaŋmi~ hanɯn k'ot チャンミ~ ハヌンッコッ] バラという花 ② …なので; 라서 [rasʌ ラソ] の略 ¶낙제~ 걱정이다 [naktʃ'e~ kʌktʃ'ʌŋida ナクチェ~ コクチョンイダ] 落第なので心配だ.

***-라** [ra ラ] **[語尾]** ① …よ; …せよ ¶보~[po~ ポ~] 見よ / 가~[ka~ カ~] 行け ② …で(はなくて) ¶그것이 아니 이것이다 [kɯgʌʃi ani~ igʌʃida クゴシ アニ~ イゴシダ] それでなくこれだ ③ …だ; …である ¶우리 책임이~ 했다 [uri tʃhɛgimi~ hɛ:t'a ウリ チェギミ~ ヘーッタ] 我々の責任だといった.

-라거나 [ragʌna ラゴナ] **[語尾]** ① …しろといったり ¶가~오~[ka~ o~ カ~ オ~] 行けというか, 来いというか ② …だというか; だといったり ¶우리 것이~ 저 사람들 것이~ [uri k'ʌʃi~ tʃʌ sa:ramdɯl k'ʌʃi~ ウリ コシ~ チョ サーラムドゥル コシ~] 私たちの物だというか, あの人たちの物だというか.

-라거든 [ragʌdɯn ラゴドゥン] **[語尾]** ① …だというならば ¶그게 정말이~[kɯge tʃʌːŋmari~ クゲ チョーンマリ~] そんなことが本当だっていうんだったら ② しろというならば ¶오~ 가보세요 [o~ kabosejo オ~ カボセヨ] 来いというなら行ってみなさい.

***-라고** [rago ラゴ] **[語尾]** ① …(せよ)と; …しろと; …しろだって ¶모이~ 말했다 [moi~ maːrhɛt'a モイ~ マールヘッタ] 集まれといった / 빨리 오~요 [p'alli o~jo ッパルリ オ~ヨ] 早く来いって ② …だと; …で(はないと) ¶이게 아니 우기다 [ige ani~ ugida イゲ アニ~ ウギダ] これではないと言い張る / 무엇이~ 하던가? [muʌʃi~ hadʌnga ムオシ~ ハドンガ] 何と言ってたか ③ …だって; …だってば ¶무슨 뜻이~?[musɯn t'ɯʃi~ ムスン ッットゥシ~] 何の意味だって / 나도 선수~[nado sʌːnsu~ ナド ソーンス~] 私も選手なんだってば ④ …と ¶…~인사했다 [~ insahɛt'a ~ インサヘッタ] …とあいさつした / 나는 …~ 해요 [nanɯn ~ hɛːjo ナヌン ~ ヘーヨ] 私は…と申します ⑤ …ですって ¶누구시~ 요? [nuguʃi~ jo ヌグシ~ ヨ] どなたですって.

-라기 [ragi ラギ] **[語尾]** ① …しろと言うこと ¶빨리 오~ 때문에 [p'alli o~ t'ɛmune ッパルリ オ~ ッテムネ] 早く来いと言うから ② …だと言うこと ¶내 재산이~보다 [nɛ tʃesani~boda ネ チェサニ~ボダ] 私の財産と言うより.

-라나 [rana ラナ] **[語尾]** ① …しろというのか ¶그냥 거기 있으~[kɯnjaŋ kʌgi isʼɯ~ クニャン コギ イッス~] そのままそこにいろというのか ② …だというのか ¶그녀는 새댁이~[kɯnjʌnɯn sɛdɛgi~ クニョヌン セデギ~] 彼女は新妻というのか.

-라네 [rane ラネ] **[語尾]** ① …しろという; **-라 하네** [ra hane ラ ハネ] の略 ¶여기 있어 달~[jʌgi isʼʌ taːl(lane) ヨギ イッソ タール~] ここにいてくださいだって ② …なんだよ ¶그런 사람이~[kɯrʌn saːrami~ クロン サーラミ~] そういう人間なんだよ ③ …だという ¶이젠 가을이~[idʒen kaɯri~ イゼン カウリ~] もう秋だって.

-라느냐 [ranɯnja ラヌニャ] **[語尾]** …(せよ)というのか ¶언제 오~?[ʌːndʒe o~ オーンジェ オ~] いつ来いと言うのか / 누구 집~?[nugu tʃibi~ ヌグ チビ~] 誰の家だって.

-라느니 [ranɯni ラヌニ] **[語尾]** ① …(せよ・しろ)とか[たり]…とか[たり] ¶가~ 오~[ka~ o~ カ~ オ~] 行けと言ったり来いと言ったり ② …(である)と~(でない)とか ¶사실이~ 아니~[saːʃiri~ ani~ サーシリ~ アニ~] 事実であるとかそうでないとか.

***-라는** [ranɯn ラヌン] **[語尾]** …(せよ・しろ)という; …(せよ)との ¶가~ 신호 [ka~ ʃinho カ~ シーンホ] 進めの信号.

-라는데 [ranɯnde ラヌンデ] **[語尾]** …しろというのだが; …だというが ¶모든 걸 밝히~[moːdɯn gʌl palkhi~ モードゥン ゴル パルキ~] すべてを明らかにしろというが / 대답해 달~[tɛːdaphɛ ta:l (lanunde) テーダンペ タール~] 答えてくれというのだが.

*-라니 [rani ラニ] [語尾] ① …(でない)とは ¶그가 범인이~[아니~][kɯga pɔ:mini~ [ani~]] クガ ポーミニ~[アニ~]] 彼が犯人だとは[でないとは] ② …세ъ[시로]とは ¶당장 나가~ [taŋdʒaŋ naga~ タンジャン ナガ~] ただちに出て行けとは ③ …だなんて ¶불만이~[pulmani~ プルマニ~] 不満だなんて.

*-라니까 [ranik'a ラニッカ] [語尾] ① …だと言うのに; …ではないのだ; …だっては[ではないってば] ¶그게 사실이~ [kɯge sa:ʃiri~ クゲ サーシリ~] それが事実だと言うのに / 이야기하고 가~ [ijagihago ka~ イヤギハゴ カ~] 話をして帰れってば ② …と言ったら; …だよ ¶그게 아니~ [kɯge ani~ クゲ アニ~] そうじゃないんだよ; そうじゃないんですってば.

-라더냐 [radɔnja ラドニャ] [語尾] …しろと言っていたか ¶노력하~? [nɔrjɔkʰa~ ノリョクカ~] 努力しろと言っていたのか / 착한 사람이~? [tʃʰakʰan sa:rami~ チャクカン サーラミ~] 善良な人だと言っていたか.

-라더니 [radɔni ラドニ] [語尾] …しろと言っていたが ¶책을 많이 읽으~ [tʃʰɛgɯl ma:ni ilgɯ~ チェグル マーニ イルグ~] 本をたくさん読めと言っていたが.

-라더라 [radɔra ラドラ] [語尾] …しろと言っていた; …だと言っていた ¶용서하~ [jɔŋsɔha~ ヨンソハ~] 許してやれと言っていた / 예의를 지키는 사람이~ [je:irɯl tʃikʰinɯn sa:rami~ イェーイルル チキヌン サーラミ~] 礼儀を守る人だと言っていた.

-라던데 [radɔnde ラドンデ] [語尾] …しろと言っていたが ¶우리한테 오~ [urihantʰe o~ ウリハンテ オ~] 私たちに来いと言っていたと / 음식을 먹으~요 [ɯ:mʃigɯl mɔgɯ~jo ウームシグル モグ~ヨ] 料理を食べなさいと言っていましたが.

*라도 [rado ラド] [助] …でも; …だって ¶차~ 마실까 [tʃʰa~ maʃilk'a チャ~ マシルッカ] お茶でも飲もうか.

*-라도 [rado ラド] [語尾] …で(なくと)も(構わない) ¶내일이~ 와 주게 [nɛiri~ wa dʒuge ネイリ~ ワ ジュゲ] 明日にでも来てくれ / 네가 아니~ 좋다 [nega ani~ tʃo:tʰa ネガ アニ~ チョーッタ] お前でなくてもよい.

-라든가 [radunga ラドゥンガ] [語尾] …とか ¶책이~ 잡지~ [tʃʰɛgi~ tʃaptʃ'i~ チェギ~ チャプチ~] 本とか雑誌とか.

-라든지 [radundʒi ラドゥンジ] [語尾] …とか; …ではないとか ¶가~ 가지 말~ [ka~ kadʒi ma:l(ladundʒi) カ~ カジ マール] 行けとか行くなとか / 책이~ 사전이~ [tʃʰɛgi~ sadʒoni~ チェギ~ サジョニ~] 本とか辞書とか.

라디에이터 [radieitʰɔ ラディエイト] radiator [名] ラジエーター.

*라디오 [radio ラディオ] radio [名] ラジオ ━드라마 [dɯrama ドゥラマ] [名] ラジオドラマ.

*라면 [ramjon ラミョン] [名] ラーメン; インスタントラーメン.

*-라면 [ramjon ラミョン] [語尾] ① …(せよ・しろ)と言うならば ¶가~ 가야지 [ka~ kajadʒi カ~ カヤジ] 行けと言えば行かなくちゃ ② …であれば; …でなければ ¶그게 아니~ 이것이겠지 [kɯge ani~ igɔʃigetʃ'i クゲ アニ~ イゴシゲッチ] それでなかったらこれだろう.

*-라면서 [ramjonsɔ ラミョンソ] [語尾] ① …(しろ)と言いながら; 略 -라며 [ramjo ラミョ] ¶도와 달~ [towa ta:l(lamjonsɔ) トワ タール~] 手伝ってくれと言いながら ② …と言ったでしょう ¶나 혼자 다 가지~ [na hondʒa ta:gadʒi~ ナ ホンジャ ター ガジ~] 私に独り占めしろと言ったでしょう.

라벨 [label ラベル] label [名] ラベル; レッテル.

-라서 [rasɔ ラソ] [助] …が ¶뉘~ 탓하리오 [nwi~ tʰatʰario ヌィ~ タッタリオ] 誰が責めようか.

*-라서 [rasɔ ラソ] [語尾] …なので; …ではないので ¶아직 학생이~ [adʒik haks'ɛŋi~ アジク ハクセンイ~] まだ学生ですので / 프로가 아니~ [pʰɯroga ani~ プロガ アニ~] プロでないので.

라야(만) [raja(man) ラヤ(マン)] [助] …でなければ; …こそ ¶그~ 할 수 있다 [kɯ~ hal s'u it'a ク~ ハルス イッタ] 彼でなければできない.

-라야(만) [raja(man) ラヤ(マン)] [語尾] …でなければこそ; …でないから(こそ); …あってこそ ¶불량품이 아니~ 산

라이너 [lainɔ ライノ] liner 名 ライナー.

라이벌 [raibʌl ライボル] rival 名 ライバル ¶~ 회사[~ hwe:sa ~ フェーサ] ライバル会社.

라이선스 [laisɔnsɯ ライソンス] license 名 ライセンス; 許可; 免許(証).

라이온스 클럽 [laionsɯ kʰɯllɔp ライオンス クロプ] Lions Club 名 ライオンズクラブ.

라이프 [laipʰɯ ライプ] life 名 ライフ ¶~ 사이클[~ saikʰɯl ~ サイクル] ライフサイクル.

라일락 [laillak ライルラク] lilac 名 〈植〉ライラック; リラ.

라 장조[—長調] [ra dʒaŋtɕʼo ラ ジャンチョ] 名 〈楽〉 ニ長調; D長調.

라지 [radʒi ラジ] 助 …だって; …だと ¶그 분 책이~[kɯ bun tɕʰegi~ ク ブン チェギ~] あの方の本だって[だと].

-라지 [radʒi ラジ] 語尾 …してもよい; …(せよ)と言え ¶그만두겠다면 그만두~[kɯmanduget'amjən kɯmandu~ クマンドゥゲッタミョン クマンドゥ~] やめたいと言うならやめてもよい / 피곤하면 자~[pʰigonhamjən tɕa~ ピゴンハミョン チャ~] 疲れていたら眠れと言え / 갈테면 가~[kaltʰemjən ka~ カルテミョン カ~] 行きたけりゃ行かせろ.

-라지만 [radʒiman ラジマン] 語尾 …(しろ・だ)というが ¶시작하~[ɕi:dʒakʰa~ シージャクカ~] 始めろというけれど / 그 사람들 것이~[kɯ sa:ramdɯl kʼɔɕi~ ク サーラムドゥル コシ~] その人たちの物だというが.

라틴-어[—語] [latʰinɔ ラティノ] 名 ラテン語.

-락 [rak ラク] 語尾 …(し)たり ¶비가 오~ 가~ 한다[piga o(ra) kʼa(ra) kʰanda ピガ オ~ カ~ カンダ] 雨が降ったりやんだりする.

-락말락 [raŋma:llak ランマールラク] 語尾 …(に)なりそうだ ¶비가 오~한다[piga o(raŋma:lla)kʰanda ピガ オ~ カンダ] 雨が降りそうだ / 가득 차~한 맥주[kadɯk tɕʰa(raŋma:lla)-kʰan mɛktɕʼu カドゥク チャ~カン メクチュ] いっぱいになりそうなビール.

*-**란** [ran ラン] 語尾 …という; …しろと言う ¶개~ 충실한 동물이다[kɛ:~ tɕʰuŋɕirhan to:ŋmurida ケー~ チュンシルハン トーンムリダ] 犬というものは忠実な動物である / 가~ 말인가[ka~ maringa カ~ マリンガ] 行けと言うのか / 이게 아니~ 말이냐[ige ani~ marinja イゲ アニ~ マリニャ] これじゃないと言うのか.

*-**란다** [randa ランダ] 語尾 ① …しろって ¶빨리 오~[pʼalli o~ ッパルリ オ~] 早く来いって ② …だって ¶그 사람 거~[kɯ sa:ram kʼɔ~ ク サーラム コ~] その人のものだってき ③ …だよ ¶그런게 아니~[kɯrɔnge ani~ クロンゲ アニ~] そういうもんじゃないよ.

-랄 [ral ラル] 語尾 …という ¶신사~ 수 없다[ɕi:nsa~ sʼu ɔ:pt'a シーンサ~ッス オープタ] 紳士とは言えぬ.

-랄까 [ralkʼa ラルッカ] 語尾 …といおうか ¶뭐~[mwɔ:~ ムォー~] 何といおうか / 뭐~요?[mwɔ:~jo ムォー~ヨ] 何といいましょうか.

-람 [ram ラム] 語尾 ① …しろと言うのか(ね) ¶그 말을 어찌 믿으~?[kɯ ma:rɯl ɔtɕʼi midɯ~ クマールル オッチ ミドゥ~] その言葉をどう信じろと言うのか ② …(しろ)と言えば; …だったら ¶가~ 가겠다[ka~ kaget'a カ~ カゲッタ] 行けと言うなら行くさ.

-람니까 [ramnikʼa ラムニッカ] 語尾 ① …しろと言うのですか ¶그만두~?[kɯmandu~ クマンドゥ~] やめろと言うのですか ② …だと言うのですか ¶이 건물이~?[i kɔ:nmuri~ イ コーンムリ~] この建物だと言うのですか.

-람니다 [ramnida ラムニダ] 語尾 ① …しろと言うのです; …しろとのことです ¶빨리 오시~[pʼalli oɕi~ ッパルリ オシ~] 早くおいでなさいと言っています ② …なんです ¶학생이~[hakɕɛŋi~ ハクセンイ~] 学生なんです ③ …ということです ¶그게 아니~[kɯge ani~ クゲアニ~] それじゃないそうです.

-랍디까 [raptʼikʼa ラプティッカ] 語尾 …と言ったのですか ¶어디로 가~?[ɔdiro ka~ オディロ カ~] どこへ行けと言ったのですか.

-랍디다 [raptʼida ラプティダ] 語尾 ① …しろと言ったのです ¶내일 만나~[nɛil mana~ ネイル マンナ~] 明日会いなさいと言ったのです ② …だと言っていました ¶제일 좋은 신문이~

[tʃeːil tʃoːɯn ʃinmuni~ チェーイル チョーウン シンムニ〜] 一番良い新聞だと言っていました.

-랍시고 [rapʃigo ラㇷ゚シゴ] [語尾] …だとかいって〈皮肉な語〉 ¶제가 사장이 ~ [tʃega sadʒaŋi~ チェガ サジャンイ〜] 自分が社長だといって[気取って].

-랍시다 [rapʃida ラㇷ゚シダ] [語尾] …しろと言いましょう ¶그에게 번역을 하~ [kɯege pɔnjɔgɯl ha~ クエゲ ポニョグル ハ〜] その人に翻訳をやれと言いましょう.

랑 [raŋ ラン] [助] …と; …や(ら); …など ¶누구~ 놀았니? [nugu~ norannni ヌグラン ノランニ] 誰と遊んだの / 배~ 밤이~ 다 먹었다 [pɛ~ pami~ ta: mɔgɔtˀa ペー パミー ター モゴッタ] ナシやクリやらみんな食べた.

*-래 [rɛ レ] [語尾] ① …だという; …だって(よ); -라(고) 해 [ra(go) hɛː ラ(ゴ)ヘー] の略 ¶그는 기자~ [kɯnɯn kidʒa~ クヌン キジャ〜] 彼は記者だってよ ② …しろって ¶점심 먹으~ [tʃɔːmʃim mɔgɯ~ チョームシム モグ〜] 昼ご飯にしなさいって / 그는 시인 아니~ [kɯnɯn ʃiini ani~ クヌン シイニ アニ〜] 彼は詩人じゃないって.

-래도 [rɛdo レド] [語尾] …だといっても ¶뭐~ [mwɔː~ ムォー〜] 何といっても(行かない).

-래서 [rɛsɔ レソ] [語尾] …(しろ)と言うので; …と言うから -라고 하여서 [rago hajɔsɔ ラゴ ハヨソ] の略 ¶먹으~ 먹었다 [mɔgɯ~ mɔgɔtˀa モグ〜 モゴッタ] 食べろと言うので食べた.

-래서야 [rɛsɔja レソヤ] [語尾] …(しろ)と言うなんて; …(しろ)とは ¶비 오는데 돌아가~ 될 말이요 [pi onɯnde toraga~ twel maːrijo ピ オヌンデ トラガ〜 トゥェル マーリヨ] 雨が降っているのに帰れとは言えません.

-래야 [rɛja レヤ] [語尾] …(しろ)と言わねば; …でこそ; -라고 하여야 [rago hajɔja ラゴ ハヨヤ] の略 ¶주인이 먹으~ 먹지 [tʃuini mɔgɯ~ mɔktʃˀi チュイニ モグ〜 モクチ] 主人が食べろと言わねば食べられない.

*-래요 [rɛjo レヨ] [語尾] …(せよ)とのことです; …(せよ)って(よ) ¶들어오시~ [tɯrɔoʃi~ トゥロオシ〜] お上がりくださいとのことです / 빨리 가~ [pˀalli ka~ ッパルリ カ〜] 早く行きなさいって.

랩 [lɛp レㇷ゚] lap [名] ラップ **—타임** [tʰaim タイム] [名] ラップタイム ¶반환점에서의 ~ [paːnhwantʃˀɔmesɔe ~ パーンファンチョメソエ 〜] 折り返し点でのラップタイム.

랩소디 [rɛpsˀodi レㇷ゚ソディ] rhapsody [名] ラプソディー; 狂詩曲.

랭킹 [rɛŋkʰiŋ レンキン] ranking [名] ランキング; 順位; 等級(づけ).

*-러 [rɔ ロ] [語尾] …(し)に ¶책 사~ 가다 [tʃʰɛk sˀa~ kada チェㇰ サ〜 カダ] 本を買いに行く.

러닝 [rɔniŋ ロニン] running [名] ランニング ¶베이스 ~ [beisɯ ~ ベイス〜] ベースランニング / ~ 슛 [~ ʃuːt ~ シューッ] ランニングシュート.

러브 [lɔbɯ ロㇾ] love [名] ラブ; 恋愛; 愛情; (テニスなどで)無得点.

러시 [lɔʃi ロシ] rush [名][하自] ラッシュ **—아워** [awɔ アウォ] [名] ラッシュアワー; ラッシュタイム.

러키 [lɔkʰi ロキ] lucky [名][하形] ラッキー; 幸運 ¶~ 펀치 [~ pʰɔntʃʰi ~ ポンチ] ラッキーパンチ.

럭비 [rɔkpˀi ロクピ] Rugby [名] ラグビー.

런치 [lɔntʃʰi ロンチ] lunch [名] ランチ ¶~를 먹다 [~rɯl mɔktˀa ~ルㇽ モㇰタ] ランチを食べる[とる] **—타임** [tʰaim タイム] [名] ランチタイム.

레귤러 [regjullɔ レギュㇽロ] regular [名] レギュラー ¶~ 멤버 [~ membɔ ~ メムボ] レギュラーメンバー; 常連.

레벨 [lebel レベㇽ] level [名] レベル ¶~이 높다 [(leber)i nopˀtˀa (レベ)リノㇷ゚タ] レベルが高い.

레이더 [reidɔː レイドー] radar [名] レーダー; 電波探知機.

레이디 [leidi レイディ] lady [名] レディー ¶~ 퍼스트 [~ pʰɔːsɯtʰɯ ~ ポーストゥ] レディーファースト.

레이서 [reisɔ レイソ] racer [名] レーサー ¶카~ [kʰaː ~ カー〜] カーレーサー.

레이스 [reisɯ レイス] race [名] レース ¶보트 ~ [boːtʰɯ ~ ボートゥ〜] ボートレース.

레이저 [leidʒɔ レイジョ] laser [名] レーザー ¶~ 통신 [~ tʰoŋʃin ~ トンシン] レーザー通信.

레인지 [reindʒi レインジ] range [名] レンジ ¶가스 ~ [gasɯ ~ ガス〜] ガスレンジ.

레일 [reil レイㇽ] rail [名] レール ¶모노

레저 [ledʒɔ 레져] leisure 名 レジャー.
　—**붐** [buːm ブーム] 名 レジャーブーム.
　—**산업** [saːnɔp サーノプ] 名 レジャー産業.
레지 [redʒi 레지] regi(ster) 名 (喫茶店の)ウェートレス＝다방 ~ [tabaŋ ~ タバン~].
레지던트 [redʒidɔntʰɯ 레지던트] resident 名 レジデント; イーンターンを終えた研修医.
레지스탕스 [redʒisɯtʰaŋsɯ 레지스탕스]〈フ〉résistance 名 レジスタンス.
레크리에이션 [rekʰɯrieiʃɔn 레크리에이션] recreation 名 レクリエーション ¶ ~ **센터** [~ sentʰɔ ~ セント] レクリエーションセンター.
레퍼리 [repʰɔriː 레퍼리-] referee 名 レフェリー; レフリー ──**타임** [tʰaim タイム] 名 レフェリータイム.
레퍼토리 [repʰɔtʰori 레퍼토리] repertory 名 レパートリー; 上演題目[曲目].
레프트 [lepʰɯtʰɯ 레프트] left 名 レフト ¶ ~ **플라이** [~ pʰɯllai ~ プライ] レフトフライ.
렉처 [lektʃʰɔ 렉쳐] lecture 名 レクチュア; 講義.
렌터―카 [rentʰɔkʰaː 렌터카-] rent-a-car 名 レンタカー.
-려(고) [rjɔ(go) 려(고)] 語尾 …(し)ようと; …しに ¶ **지금 떠나―한다** [tʃigɯm t'ɔna~ handa チグム ッタナ~ ハンダ] 今出掛けようとする.
-려거든 [rjɔgɛdɯn 려거든] 語尾 …(し)ようとするなら(ば); …(する)んだったら ¶ **가~ 빨리 가라** [ka~ p'alli kara カ~ ッパルリ カラ] 行くんだったら早く行け.
***-려고** [rjɔgo 려고] 語尾 ① …しようと(して); …するつもりで ¶ **산에 가~ 한다** [sane ka~ handa サネ カ~ ハンダ] 山に行くつもりだ ② …しようと思う; …しようというのか ¶ **내일 만나~ 한다** [neil mana~ handa ネイル マンナ~ ハンダ] 明日会おうと思う / **너는 뭘 하~?** [nɔnɯn mwɔːr ha~ ノヌン ムォール ハ~] お前は何をしようというのか.
-려고 들다 [rjɔgo dɯlda 려고 드루다] 慣 …(し)ようとする ¶ **자꾸 따지~** [tʃak'u t'adʒi~ チャック ッタジ~] しきりに問いただそうとする.

-려기에 [rjɔgie 려기에] 語尾 …(し)ようとするので; …(し)ようと思って [rjɔgo hagie 려고 하기에]の略 ¶ **손목을 잡으~ 뿌리쳤다** [sonmogɯl tʃabɯ~ p'uritʃʰɔt'a ソンモグル チャブ~ ッブリチョッタ] 手首をつかもうとするので振り解いた.
-려나 [rjɔna 려나] 語尾 …(し)ようとするのか; …(する)つもりか ¶ **언제 오~?** [ɔːndʒe o~ オーンジェ オ~] いつ来るつもりなのか.
-려네 [rjɔne 려네] 語尾 …(する)つもりだよ; …(し)ようと思うよ; …(し)ようとするよ ¶ **그만두~** [kɯmandu~ クマンドゥ~] やめようと思うよ; やめるつもりだよ.
-려느냐 [rjɔnɯnja 려느냐] 語尾 …(する)つもりか(ね); …(し)ようとするのか ¶ **언제 가~?** [ɔːndʒe ka~ オーンジェ カ~] いつ行くつもりか.
***-려는** [rjɔnɯn 려는] 語尾 …(し)ようと(する) ¶ **사~ 사람은 없다** [sa~ saːramɯn ɔːpt'a サ~ サーラムノプタ] 買おうと思う人はいません.
-려는가 [rjɔnɯnga 려는가] 語尾 …(し)ようとするのか; …(する)つもりか(ね) ¶ **언제 떠나~?** [ɔːndʒe t'ɔna~ オーンジェッタナ~] いつ発つつもりかね.
-려는데 [rjɔnɯnde 려는데] 語尾 …(し)ようとするのに; …(し)ようとするところへ[する時に] ¶ **외출하~ 전화벨이 울렸다** [weːtʃʰurha~ tʃɔːnhwaberi ulljɔt'a ウェーチュルハ~ チョーンファベリ ウルリョッタ] 出掛けようとする時に電話のベルが鳴った.
-려는지 [rjɔnɯndʒi 려는지] 語尾 ① …(する)つもりなのか ¶ **언제 오시~?** [ɔːndʒe oʃi~ オーンジェ オシ~] いつ(ごろ)いらっしゃるのやら ② …(し)ようとするのか ¶ **비가 오~ 잔뜩 구름이 끼었다** [piga o~ tʃant'ɯ k'ɯrɯmi k'iɔt'a ピガ オ~ チャンットゥク クルミ ッキオッタ] 雨が降ろうとしているのか雲が重く垂れこんでいる.
-려니 [rjɔni 려니] 語尾 ① …(そう)だろうと ¶ **그것은 책이~ 생각했다** [kɯgɔsɯn tʃʰɛgi~ sɛŋgakʰɛt'a クゴスン チェギ~ センガクケッタ] それは本だろうと思った ② …(し)ようとしても [したら]; …(し)ようとするけれど ¶ **막상 자~ 잠이 안 온다** [maksʼaŋ

tʃa~ tʃami an onda マクサン チャ～ チャミ アノンダ] さてと寝入ろうとしても寝つかれない.

-려니까 [rjɔnik'a リョニッカ] 語尾 …(し)ようとすると; …(と)ようとするので ¶내가 하～잘 안 된다[nɛga ha~ tʃar andwenda ネガ ハ～ チャランドゥェンダ] 私がしようとするとよくできない / 그가 하～도와 주어야지 [kuɡa ha~ towa dʒuɔjadʒi クガ ハ～ トワ ジュオヤジ] 彼がしようとしているから手伝ってやらなくてもよい.

-려니와 [rjoniwa リョニワ] 語尾 …(する)だろうが; …(する)だろうけれど; …だが ¶경치도 좋으～인심도 좋다[kjɔŋtʃʰido tʃo:ɯ~ inʃimdo tʃo:tʰa キョンチド チョーウ～ インシムド チョータ] 景色も秀麗だが人心もなごやかだ / 돈은 주～어디에 쓰려느냐?[to:nɯn tʃu~ ɔdie s'ɯrjɔnɯnja トーヌン チュ～ オディエッスリョヌニャ] お金はやるけれども何に使うつもりだ.

*-려다(가) [rjɔda(ga) リョダ(ガ)] 語尾 …(し)ようとして; …(し)ようとしたが ¶돌아가～말았다[toraga~ marat'a トラガ～ マラッタ] 家に帰ろうとしたがやめた / 기획에 착수하～말았다[kihwege tʃʰaks'uha~ marat'a キフェゲ チャクスハ～ マラッタ] 企画に着手しようとしてやめた.

-려던 [rjɔdɔn リョドン] 語尾 …(し)ようとしていた ¶그를 만나～차에 그가 왔다[kɯrɯl manna~ tʃʰae kuɡa wat'a クルル マンナ～ チャエ クガ ワッタ] 彼に会おうとしていたところ彼がやって来た.

-려도 [rjɔdo リョド] 語尾 …(し)ようとしても; …(し)ようと思っても; …(する)にも ¶만나～통 만날 수가 없다[manna~ tʰoŋ mannal s'uga ɔ:pt'a マンナ～ トン マンナル ッスガ オープタ] 会おうとしてもさっぱり会えない.

*-려면 [rjɔmjɔn リョミョン] 語尾 …(し)ようとすれば; …(し)たければ ¶빨리 도착하～열차로 가라[p'alli to:tʃʰakʰa~ njɔltʃʰaro kara ッパルリ トーチャクハ～ ニョルチャロ カラ] 早く着こうとすれば列車で行け.

-려면야 [rjɔmjɔnja リョミョニャ] 語尾 …(し)ようとすれば; …(し)ようと思えば ¶이기～얼마든지 이길 수 있지[igi~ ɔ:lmadɯndʒi igil s'u itʃ'i イギ

～ オールマドゥンジ イキルッス イッチ] 勝とうと思えばいくらでも勝てる.

-려무나 [rjɔmuna リョムナ] 語尾 …(し)なさい; …(し)ろよ; (し)てもいいよ ¶가고 싶다면 가～[kago ʃipt'amjɔn ka~ カゴ シプタミョン カ～] 行きたければ行きなさい / 옷을 벗으～[osɯl pɔsɯ~ オスル ポス～] 着物を脱ぎなさい.

-려서는 [rjɔsɔnɯn リョソヌン] 語尾 …しようとしては; …しようとすると ¶일을 혼자 하～안 된다[i:rɯl hondʒa ha~ andwenda イールル ホンジャ ハ～ アンドゥェンダ] 仕事を1人でしようとしてはいけない.

-려서야 [rjɔsɔja リョソヤ] 語尾 …(し)ようとしては ¶놀고 먹으～되나 [no:lgo mɔgɯ~ twena ノールゴ モグ～ トゥェナ] ぶらぶら遊んで暮らそうなんていけないよ.

-련다 [rjɔnda リョンダ] 語尾 …(し)ようとする; …(する)つもりだ ¶혼자 가～[hondʒa ka~ ホンジャ カ～] 1人で行くつもりだ.

-련만 [rjɔnman リョンマン] 語尾 …(する)のだが; …するはずなのに. **-련마는** [rjɔnmanɯn リョンマヌン] の略 ¶오라면 기꺼이 가～[oramjɔn kik'ɔi ka~ オラミョン キッコイ カ～] 来いといえば喜んで行くのだが / 이것이 인생길이 아니～[igɔʃi insɛŋk'iri ani~ イゴシ インセンキリ アニ～] これが人生の道ではなかろうに.

-렴 [rjɔm リョム] 語尾 …しなさい; …(するように)しろよ ¶자네 뜻대로 하～[tʃane t'ɯt'ɛro ha~ チャネ ットゥッテロ ハ～] 君の好きなようにしなさい.

-렵니까 [rjɔmnik'a リョムニッカ] 語尾 …(しようと)しますか[なさいますか]〈丁寧語〉 ¶지금 떠나(시)～?[tʃigɯm t'ona(ʃi)~ チグムットナ(シ)～] 今お立ちになりますか / 주시～?[tʃuʃi~ チュシ～] くださいませんか.

-렵니다 [rjɔmnida リョムニダ] 語尾 …(しようと)しています[思います]; …(する)つもりです ¶학자가 되～[haktʃ'aga twe~ ハクチャガ トゥェ～] 学者になろうと思っています; 学者になるつもりです.

-렷다 [rjɔt'a リョッタ] 語尾 ① …(する)だろうな; …(する)だろうと思うよ ¶두말 없으～[tu:mar ɔps'ɯ~ トゥ

로 353 -롭다

-マロブス~] 文句はないだろうな ② …(し)ろ; …(せ)よ ¶지체없이 출발하라~[tɕitɕhɛɡoɕʼi tʰulbarha~ チチェオプシ チュルバルハ~] ただちに出発しろ.

*로 [ro ロ] 助 ① 〈方향〉 …へ; …に ¶어디~ 갈까?[ʌdi~ kalkʼa オディ〜 カルッカ] どこへ行こうか ② 〈原因・理由〉 …で; …から; …に ¶추위~ 떨었다[tɕʰuwi~ tʼɔrɔtʼa チュウィ~ ットロッタ] 寒さにふるえた ③ 〈原料・道具〉 …で; …から ¶나무~ 만들다 [namu~ mandulda ナム~ マンドゥルダ] 木で作る ④ 〈手段・方法〉 …で ¶코~ 냄새를 맡다 [kʰo~ nɛːmsɛrul matʼa コ~ ネームセルル マッタ] 鼻でにおいをかぐ ⑤ 〈身分・資格〉 …に ¶사위~ 삼다 [sawi~ saːmtʼa サウィ~ サームタ] 婿にする ⑥ 〈変化〉 …に; …と ¶얼음이 물~ 변하다 [ʌrumi mul(lo) pjʌnhada オルミ ムル~ ピョンハダ] 氷が水になる ⑦ 〈時間〉 …で; …に ¶오늘~ 일을 마무리하자 [onul (lo) iːrul mamurihadʑa オヌル~ イールル マムリハジャ] 今日で仕事をしめくくろう[終えよう] ⑧ 〈結果〉 …と; …に ¶무죄~ 판결하다 [mudʑwe~ pʰangjɔrhada ムジュェ~ パンギョルハダ] 無罪と判決する ⑨ 〈基準〉 …で; …と ¶과일은 킬로~ 판다[kwaːirun kʰillo~ pʰanda クァイルン キルロ~ パンダ] 果物はキロで売られる ⑩ …することに ¶학교에 가기~ 했다 [hakʼjoe kagi~ hɛːtʼa ハクキョエ カギ~ ヘーッタ] 学校に行くことにした ⑪ …として ¶사과의 산지~ 유명하다 [sagwae saːndʑi~ juːmjɔŋhada サグァエ サーンジ~ ユーミョンハダ] リンゴの産地として名高い.

-로 [ro ロ] 語尾 …(に) ¶진실~[tɕinɕil(lo) チンシル~] 本当に / 때때~[tʼɛtʼɛ~ ッテッテ~] ときどき.

-로군 [rogun ログン] 語尾 …(ではないの)だな[だね]; -로구나 [roguna ログナ]の略 ¶진짜가 아니~[tɕintɕʼaga ani~ チンッチャガ アニ~] 本物でないのだな[だね].

로는 [ronun ロヌン] 助 …で(は); …からは; …には; …としては ¶영어~ 무어라고? [jʌŋɔ~ muɔrago ヨンオ~ ムオラゴ] 英語では何だと / 정문~ 못 들어간다 [tɕʌŋmunu~ moː tʼurɔgand チョーンムヌ~ モーットロガンダ] 正門からは入れない.

로도 [rodo ロド] 助 …でも; …にも ¶볼펜으~ 쓸 수 있다 [boːlpʰenɯ~ sʼul sʼu itʼa ボールペヌ~ ッスル ッス イッタ] ボールペンでも書ける.

로맨스 [romɛnsu ロメンス] romance 名 ロマンス ¶~ 그레이 [~ ɡɯrei ~ グレイ] ロマンスグレー.

로맨틱 [romɛntʰik ロメンティク] romantic 名 형 ロマンチック.

*로-부터 [robutʰɔ ロブトゥ] 助 …から; …より ¶친구~ 빌린 책 [tɕʰinɡu~ pillin tɕʰɛk チング~ ピルリン チェク] 友達から借りた本.

*로서 [rosɔ ロソ] 助 …として ¶학자~ 대성하다 [hakʼtɕʼa~ tɛːsɔŋhada ハクチャ~ テーソンハダ] 学者として大成する.

*로써 [rosʼɔ ロッソ] 助 …で;…をもって ¶행동으~ 모범을 보여라 [hɛŋdoŋɯl~ mobɔmul pojɔra ヘンドンウ~ モボムル ポヨラ] 行動で模範を示せ.

로열티 [roːjɔltʰi ローヨルティ] royalty 名 ローヤリティー; ロイヤリティー.

로컬 [loːkʰɔl ローコル] local 名 ローカル ¶~ 뉴스[~ njuːsɯ ~ ニュース] ローカルニュース.

로켓 [rokhet ロケッ] 名 rocket ロケット ¶우주 ~[uːdʑu ~ ウージュ~] 宇宙ロケット.

로큰롤 [rokʰɯnroːl ロックンロール] rock'n'roll 名 ロックンロール.

로터리 [roːtʰɔri ロートリ] rotary 名 ロータリー; (中央に円形地帯のある)交差点 ―클럽 [kʰɯllɔp クルロプ] 名 ロータリー(クラブ).

로 하여금 [ro hajɔɡum ロ ハヨグム] 助 …に; …をして(…させる) ¶그~ 성공하게 한 요인은 [kɯ~ sɔŋɡoŋhage han joinun クー ソンゴンハゲ ハン ヨイヌン] 彼を成功させた要因は…

론 [ron ロン] 助 …では; …には; '로는'의 略 ¶적극적으~ 못하겠습니다 [tɕɔkʼɯktɕʼogɯ~ moːtʰageɡɯmnida チョッククチョグ~ モータゲッスムニダ] 積極的にはできません.

롤 [roːl ロール] roll 名 ロール ¶~ 빵 [~ pʼaŋ ~ッパン] ロールパン.

롤러 [roːllɔ ロールロ] roller 名 ローラー ¶~ 스케이트 [~ sɯkʰeitʰɯ ~ スケイトゥ] ローラースケート.

-롭다 [ropʼtʼa ロプタ] 接尾 ㅂ変 …(ら

롱 [loŋ ロン] long 形 ロング ¶ ～슛 [～ʃuːt ～シューツ] ロングシュート.

롱-런 [loŋrən ロンロン] long run 名 ロングラン; 映画・演劇の長期興行.

루머 [ruːmɔ ルーモ] rumor 名 うわさ; 風説; 流言 ¶ ～가 퍼지다 [～ga pʰɔdʒida ～ガ ポージダ] うわさが広まる.

루스 [luːsɯ ルース] loose 名[하形] ルーズ ¶ ～한 성격 [～han sɔːŋkʲjʌk ～ハン ソーンキョク] ルーズな性格.

루비 [ruːbi ルービ] ruby 名 ①〈鉱〉ルビー; 紅玉 ¶ ～색 [～sɛk ～セク] ルビー色 ②ルビ; 振り仮名用の小活字.

루주 [ruːdʒu ルージュ] 〈フ〉rouge 名 ルージュ; 口紅.

루트 [ruːtʰɯ ルートゥ] route 名 ルート ¶ 밀수 ～ [milsʲu ～ ミルッス ～] 密輸ルート.

룰 [ruːl ルール] rule 名 ルール ¶ ～을 정하다 [(ruːr)ɯl tɕɔːŋhada (ルー)ル チョーンハダ] ルールを決める / 야구의 ～ [jaːgue ～ ヤーグエ ～] 野球のルール.

룰렛 [rullet ルルレッ] 〈フ〉roulette 名 ルーレット ①回転式賭博盤, その賭かけ ②(洋裁などで)紙や布地に点線で印をつける器具.

룸 [ruːm ルーム] room 名 ルーム ¶ 베드～ [beduɯ ～ ベドゥ ～] ベッドルーム **─서비스 [sɔːbisɯ ソービス] 名 ルームサービス **─쿨러 [kʰuːllɔ クールロ] 名 ルームクーラー.

룸펜 [lumpʰen ルムペン] 〈ド〉Lumpen 名 ルンペン ¶ ～ 생활 [～ sɛŋhwal ～ センファル] ルンペン生活.

-류 [流] [rju リュ] 接尾 流 ¶ 자기～ [tɕʰagi～ チャギ～] 自己流.

류머티즘 [rjuːmɔtʰidʒɯm リューモティジュム] rheumatism 名〈医〉リウマチ; リューマチ ¶ ～성 관절염 [～sɔːŋ gwandʒɔlljɔm ～ソン グァンジョルリョム] リウマチ性関節炎.

룩색 [rjuksʲɛk リュクセク] rucksack 名 リュックザック; ルックザック.

＊를 [rɯl ルル] 助 ①…を ¶ 그～ 사랑하다 [kɯ～ saraŋhanda ク～ サランハンダ] 彼を愛する ②…に ¶ 그～ 만

나다 [kɯ～ mannada ク～ マンナダ] 彼に会う ③…が ¶ 주소～ 알 수 없다 [tɕjuːsɔ～ aːl sʲu ɔːptʰa チューソ～ アールッス オープタ] 住所がわからない.

＊리 [理] [li リ] 依名 わけ; 理由; はず ¶ 있을 ～가 없다 [isʲul ～ga ɔːpta ～ッスル ～ガ オープタ] あるわけ[はず]がない / 그럴 ～가 없다 [kɯrɔl ～ga ɔːptʰa クロル ～ガ オープタ] そんな[そういう]はずがない / 그럴 ～(가) 있나? [kɯrɔl ～(ga) inna クロル ～(ガ) インナ] そんなはずがある(もの)か.

-리-¹ [li リ] 接尾 使役・受動形にする接尾語 ¶ 실~다 [←싣다] [ʃil～da [←ʃitʼa] シル～ダ [←シーッタ]] 積まれる [←積む] / 올~다 [←오르다] [ol～da[←oruda] オル～ダ [←オルダ]] あげる [←あがる] / 팔～다 [←팔다] [pʰal～da [←pʰalda] パル～ダ [←パルダ]] 売れる [←売る].

-리-² [ri リ] 接尾 未来の時制・意思を表わす ¶ 내일 꼭 가～다 [neil kʼokʼa～da ネイル ッコク カ～ダ] きっとあした行きます.

-리³ [li リ] 接尾 形容詞の語幹に付いて副詞を作る接尾語 ¶ 빨～리 [←빠르리] [pʼal～ ッパル～] 速く / 게을～ [게으르＋리] [keul～ ケウル～] 怠って; おろそかに.

-리² [ri リ] 語尾 ①…(せ)ん; …(せ)んや; '-리요'の略 ¶ 난들 어이 하～ [nandul ɔi ha～ ナンドゥル オイ ハ～] 我とていかんせん ②…たらん; '-리라'の略 ¶ 조국의 간성이 되～ [tɕjoguge kansʲɔŋi twe～ チョグゲ カンソンイ トゥェ～] 祖国の干城たらん.

-리까 [rikʼa リッカ] 語尾 …(し)ましょうか ¶ 어떻게 하～? [ɔtʼɔkʰe ha～ オットッケ ハ～] どうしましょうか.

-리다 [rida リダ] 語尾 ①…(し)ましょう; …(する)つもりです ¶ 내일 가～ [neil ka～ ネイル カ～] あした参りましょう ②…(する)でしょう ¶ 무리하다 병나～ [murihada pjɔːŋna～ ムリハダ ピョーンナ～] 無理したら病気になりますわ.

리듬 [ridɯm リドゥム] rhythm 名 リズム ¶ 왈츠의 ～ [waltɕʰue ～ ワルチュエ ～] ワルツのリズム / ～을 타다 [～ul tʰada (リドゥ)ムル タダ] リズムに乗る.

＊-리라 [rira リラ] 語尾 …(する)だろう;

-리라고 [rirago 리라고] [語尾] …(する)
だろうと ¶순조롭게 진행되~ 생각
했다 [suːndʑoropk'e tʃiːnhɛŋdwe~
sɛŋgakʰɛt'a スーンジョロプケ チーンヘ
ンドゥェ~ センガクケッタ] 順調に進む
だろうと考えた.

-리라는 [riranɯn 리라눈] [語尾] …
(する)だろうという ¶도착하~ 예상
이 들었다 [toːtʃʰakʰa~ jeːsaŋi tɯ-
rɘt'a トーチャカ~ イェーサンイ トゥロ
ッタ] 到着するだろうという予想がした.

-리로다 [riroda 리로다] [語尾] …だろ
う; …(し)よう; …あらん ¶믿는 자
에게 복이 있으~ [minnɯn tɕaege
pogi is'ɯ~ ミンヌン チャエゲ ポギ イ
ッス~] 信ずる者に幸あらん.

-리만큼 [rimankʰɯm 리만큼] [語尾]
…(する)くらい; …(する)ほど ¶모범
이 되~ 착실하다 [mobɘmi twe~
tʃʰakʃ'irhada モボミ トゥェ~ チャクシ
ルハダ] 模範になるくらい着実だ.

리바이벌 [ribaibɘl 리바이벌] revival
[名] リバイバル; 復古, 再上映.

리베이트 [ribeitʰɯ 리베이트] rebate
[名] 〈経〉リベート; 割り戻し金[割戻金].

리사이틀 [risaitʰɯl 리사이틀] re-
cital [名] 〈楽〉リサイタル; 独奏会.

리서치 [risɘːtʃʰi 리서치] research
[名] [하](他] リサーチ; 研究; 調査.

리셉션 [risepʃ'ɘn 리셉션] re-
ception [名] レセプション; 招待会.

리시버 [riʃiːbɘ 리시버] receiver [名]
レシーバー ① 受信機; 受話器 ② (球
技で)サーブを受ける人.

리어-카 [riɘkʰaː 리어카] rear-car
[名] リヤカー.

리얼 [riɘl 리얼] real [名][하](形) リアル;
写実的; 現実的 ¶~한 묘사 [(ri-
ɘr)han mjɔːsa ~ハン モョーサ] リア
ルな描写.

리얼리스트 [riɔllisɯtʰɯ 리얼리스트
ㅜ] realist [名] リアリスト.

리얼리스틱 [riɔllisɯtʰik 리얼리스티
ㄱ] realistic [名][하](形) リアリスティ
ック ¶~한 사람 [(riɔllisɯtʰi)kʰan sa:-
ram ~カン サーラム] リアリスティック
[現実的]な人.

리얼리즘 [riɔllidʑɯm 리얼리즘]
realism [名] リアリズム; 現実[写実]
主義.

-리요 [rijo 리요] [語尾] …(せ)ん; …
(し)よう ¶누구를 닷하~ [nugurɯl
tʰatʰa~ ヌグルル タッター] 誰を恨まん.

리코더 [rikʰoːdɘ 리코더] recorder
[名] レコーダー; 記録係; 録音器.

리코딩 [rikʰoːdiŋ 리코딩] re-
cording [名] レコーディング; 録音[記
録]すること.

리퀘스트 [rikʰwesɯtʰɯ 리퀘스트]
request [名] リクエスト; 要求すること.

리터 [litʰɘ 리터] liter [名] リットル ¶20
~ [iːʃim~ イーシム~] 20リットル.

리턴 매치 [ritʰɘn mɛtʰi 리턴 매치]
return match [名] (ボクシングの)リタ
ーンマッチ.

리포터 [ripʰoːtʰɘ 리포터] reporter
[名] レポーター ① 報告者 ② 新聞・放
送などで現地報告をする取材記者.

리포트 [ripʰoːtʰɯ 리포트] report
[名] レポート; (調査・研究)報告書.

리프트 [lipʰɯtʰɯ 리프트] lift [名] リ
フト ¶스키 ~ [sɯkʰiː ~ スキー~]
スキーリフト.

리허설 [rihɘːsɘl 리허설] rehearsal
[名] リハーサル; (演劇・放送・演奏など
の)練習や下稽古のこと, また, 予行演習.

릴 [riːl 리일] reel [名] リール ① (糸・ひ
も・テープなどの)巻き取り枠 ② 映画
フィルムの1巻 ③ 釣り糸の巻き取り器
¶~ 낚시 [~ nakʃ'i ~ ナクシ] リール
釣り.

릴레이 [rillei 릴레이] relay [名] リレー
① 交代; 中継 ¶성화 ~ [sɔŋhwa ~
ソンファ ~] 聖火リレー ② 継電器
③ リレーレース; リレー; 継走.

릴리프 [rilliːpʰɯ 릴리프] relief [名]
リリーフ ①〈美〉浮彫 ②〈野〉先発
投手を救援すること **—피처** [pʰitʃʰɘ
ピッチャ] [名]〈野〉リリーフピッチャー.

립-스틱 [lipsɯtʰik 립스틱] lip-
stick [名] リップスティック; 口紅.

링 [riŋ 링] ring [名] リング ① 輪 ②
指輪 ③ (ボクシング・プロレスなどの)
競技場 **—사이드** [saidɯ サイドゥ]
[名] リングサイド.

ㅁ

*-ㅁ [m ㅿ] **1** [接尾] 名詞形を作る語 ¶기쁨 [kip'ɯm キプㇺ] 图 喜び/슬픔 [sɯlpʰɯm スㇽプㇺ] 图 悲しみ **2** [語尾] 叙述終上形を作る語 ¶없음 [ɔːpsʼɯm オープスㇺ] 無し/금함 [kɯmham クㇺハㇺ] 禁ず.

-ㅁ세 [mse ㇺセ] [語尾] …しよう ¶그리 함세 [kɯri hamse クリ ハㇺセ] そうしよう.

-ㅁ에도 [medo メド] [語尾] …にも(かかわらず) ¶비가 옴에도 불구하고 [piga omedo pulguhago ピガ オメド プㇽグハゴ] 雨が降るにもかかわらず.

마 [ma: マー] 图 <植> ナガイモ(長芋).

마[魔][ma マ] 图 魔 ¶~가 끼다 [~-ga k'ida ~ガッキダ] 魔が差す; けちがつく/~의 건널목 [~-e kɔːnnɔlmok ~エ コーンノㇽモㇰ] 魔の踏切り.

-마 [ma マ] [語尾] …してやろう; …しよう ¶도와주~ [towadʒu~ トワジュ ~] 助けて[手伝って]あげよう.

*마감 [magam マガㇺ] 图 締め切り ――**하다** [hada ハダ] 他 締め切る ――**되다** [dweda ドゥェダ] 自 締め切りになる.

*마개 [magɛ マゲ] 图 (瓶などの)栓 ¶~를 따다 [~-rɯl t'ada ~ルㇽ ッタダ] 栓を抜く.

*마구(-잡이로) [magu(dʒabiro) マグ(ジャビロ)] 副 ① むやみに; やたらに; 向こう見ずに ¶~ 돈을 쓰다 [~ tɔːnɯl s'ɯda ~ トーヌㇽ ッスダ] むやみに金を使う ② いい加減に; でたらめに; ぞんざいに ¶~ 쑤셔 넣다 [~ s'uʃʌ nɔtʰa ~ ッスショ ノッタ] むちゃくちゃに押し込む ③ しきりに; 一途に; じゃんじゃん ¶~ 팔리다 [~ pʰallida ~ パㇽリダ] じゃんじゃん売れる.

마구-간[馬廐間][maːguːk'an マーグッカン] 图 馬を飼う所; 馬屋.

마귀[魔鬼][magwi マグィ] 图 ① 悪魔 ¶~가 씌우다[들다] [~-ga ʃ'iuda [tɯlda] ~ガッシウダ[トゥㇽダ]] 悪魔に見込まれる; 悪魔がとりつく; 憑つき物がつく/~ 할멈 [~ halmɔm ~ ハㇽモㇺ] 鬼ばば ② <基> サタン.

마나-님 [maːnanim マーナニㇺ] 图 老婦人・目上の人の妻に対する敬称; 奥様.

마냥 [manjaŋ マニャン] 副 ① ひたすら; もっぱら; まったく ¶~ 그립다 [~ kuːriptʼa ~ クーリㇷ゚タ] ひたすら恋いばかりだ ② 思いきり; 十分[充分]に; たらふく ¶~ 즐기다 [~ tʃɯlgida ~ チュㇽギダ] 思いきり楽しむ.

마녀[魔女][manjɔ マニョ] 图 魔女.

마누라 [maːnura マーヌラ] 图 ① 妻; 女房; お前; おかみさん ② おばさん.

마는 [manɯn マヌン] 助 …が, …けれど(も) ¶뛰어갔지~ 늦었다 [t'wiɔgatʃ'i~ nɯdʒɔtʼa ッtトゥィオガッチ~ ヌジョッタ] 走って行ったが遅れた.

*마늘 [manɯl マヌㇽ] 图 <植> ニンニク ――**장아찌** [dʒaŋatʃ'i ジャンアッチ] 图 新ニンニク・ニンニク茎・とうなどのしょう油漬け.

마님 [maːnim マーニㇺ] **1** 图 奥様; 貴人の奥方を敬って呼ぶ語 **2** [接尾] …様; 貴人を敬って呼ぶ語 ¶영감 ~ [jɔːŋgam (manim) ヨーンガㇺ (マニㇺ)] 旦那様, ご主人様.

*마다 [mada マダ] 助 …ごとに; …たびに ¶날~ [nal~ ナㇽ~] 毎日.

마다-하다 [maːdahada マーダハダ] 他 拒む; いとう ¶고생도 ~-하지 않고 [kosɛŋdo ~-hadʒi ankʰo コセンド ~-ハジ アンコ] 苦労をいとわず.

*마당 [madaŋ マダン] **1** 图 ① 庭; 広場 ¶앞 ~ [am ~ アㇺ ~] 前庭 ② (事が起こる)場合; 時機 ¶성업을 완수할 이 ~에 [sɔːŋɔbɯl wansuhal i ~e ソーンオブㇽ ワンスハㇽ イ ~エ] 聖業を完遂すべきこの時において **2** [依名] 場面(パンソリ'판소리'を数える単位) ――**놀이** [nori ノリ] 图 広場で行なわれる民俗遊戯の総称.

*마디 [madi マディ] 图 ① 節 ¶~가 굵은 대나무 [~-ga kuːlgɯn tɛnamu ~ガ クーㇽグン テナム] 節の太い竹 ② (動物の)関節 ¶손(가락) ~ [son (k'araŋ) ~ ソン(カラン) ~] 指の節 ③ (言葉・曲の)ひとくぎり ¶한 두 ~ [han ~ tuː ~ ハン ~ トゥー ~] 一言二言.

마디다 [madida マディダ] 形 (無駄がなく)持ちがよい;長持ちする ¶살림이 ~[sallimi ~ サルリミ ~] 世帯持ちがよい.

마땅-찮다 [mat'aŋtɕhantʰa マッタンチャンタ] 形 適当でない;不当だ;気にくわない ¶~-한 얼굴[~-tʰanɯn ɔlgul ~-チャヌン オルグル] 気にくわない顔.

***마땅-하다** [mat'aŋhada マッタンハダ] 形 여変 ① 当然だ,当たり前だ ¶벌받아 ~[pɔlbada ~ ポルバダ ~] 罰せられて当然だ ② 適当だ,ふさわしい;似つかわしい ¶~-한 집[~-han tɕip ~-ハン チプ] 適当な家 **마땅-히** [mat'aŋi マッタンイ] 副 当然,まさに ¶그래야지 ~[~ kɯrɛjadʑi ~ クレヤジ] 当然そうでなければ(ならない).

마라톤 [maratʰon マラトン] marathon 名 (陸上競技の)マラソン.

***마련** [marjɔn マリョン] 名 準備;用意;工面 **—하다** [hada ハダ] 他 用意する ¶돈을 ~[to:nɯl ~ トーヌル ~] お金を工面する **—이다** [ida マリョニダ] 自 当然そうである;…(する)ことになっている ¶소문(所聞)이란 퍼지게 ~[so:muniran pʰo:dʑige ~ ソームニラン ポージゲ ~] うわさというものは広まるようになっている.

***마렵다** [marjɔpt'a マリョプタ] 形 ㅂ変 (便意を)催す;(大小便がしたい.

*마루 [maru マル] 名 ① 床ゅ;縁側;フロア ¶~ 밑[~ mit ~ ミッ] 縁の下 ② 山の背;屋根の棟 ¶산 ~[san ~ サン ~] 山の峰 **—방** [baŋ バン] 名 板の間 **마룻-바닥** [marutpʼadak マルッパダク] (板敷き・縁側の)床 **—운동** [u:ndoŋ ウーンドン] 名 床運動.

*마르다 [marɯda マルダ] 1 自 르変 ① 乾く ¶옷이 ~[oɕi ~ オシ ~] 着物が乾く ¶목이 ~[mogi ~ モギ ~] のどがかわく ②やせる;(草木が枯れる ¶몸이 ~[momi ~ モミ ~] 体がやせる 2 他 裁つ;裁断する ¶옷을 ~[osɯl ~ オスル ~] 着物を裁つ.

마른-반찬 [—飯饌][marɯnbantɕʰan マルンバンチャン] 名 干し魚など汁気のないおかず.

마른-안주 [—按酒][marɯnandʑu マルナンジュ] 名 (ビールなどの)おつまみ;干し魚・干し海苔の・ピーナッツなど水気のない酒のつまみ.

마른-입 [marɯnnip マルンニプ] 名 ① 汁ものや水なしで食べること ② お客さんに何のもてなしもしていない状態=맨입 [mɛnnip メンニプ] ¶~으로 보내다[~-(nib)uro ponɛda ~-(ニ)ブロ ポネダ] 何も食べさせずに[何のもてなしもなく]帰す.

마름-모(꼴) [marɯmmo(kʼol) マルムモ(ッコル)] 名〈数〉ひし形.

마름-질 [marɯ mdʑil マルムジル] 名 하自他 裁断すること ¶~-한 천[~-(dʑir)han tʰɔn ~-ハン チョーン] 裁断した布;裁ち切れ.

*마리 [mari マリ] 依名 匹;羽;頭;尾;首;獣・魚・鳥・虫などを数える語 ¶청어 2~[tɕʰɔŋɔ tu:~ チョンオ トゥー~] ニシン2尾[匹].

마마 [媽媽][ma:ma マーマ] 1 名 하自 天然痘 2 名 〈史〉王・王妃などの尊称 ¶상감(上監) ~[sa:gam ~ サーンガム ~] 殿下;王様.

마무르다 [mamurɯda マムルダ] 他 르変 ① そろえて結ぶ ② 仕上げる;締めくくる ¶일을 ~[i:rɯl ~ イールル ~] 仕事を仕上げる.

*마무리 [mamuri マムリ] 名 하他 ① 仕上げ ¶정성들여 ~하다 [tɕʰɔŋsɔŋdɯrjɔ ~hada チョンソンドゥリョ ハダ] 念入りに仕上げる ② 後始末;けり;結末;締めくくり ¶~를 깨끗이 하다[~rɯl kʼɛkʼɯɕi hada ~ルル ッケックシ ハダ] 後始末をきれいにする.

마법 [魔法][mabɔp マボプ] 名 魔法;魔術 **—사(師)** [sʼa サ] 名 魔法使い.

마비 [痲痺][mabi マビ] 名 麻痺ま;痺ビれ ¶심장 ~[ɕimdʑaŋ ~ シムジャン ~] 心臓麻痺 **—되다** [dweda ドゥェダ] 自 麻痺する;しびれる.

마수 [masu マス] 名 하自他 (最初の売れ行きによって占う)その日の商売の運;さい先の良し悪し ¶~-가 좋다[나쁘다][~-ga tɕo:tʰa(napʼɯda) ~-ガ チョータ[ナップダ]] さい先がいい[悪い] **—걸이** [gɔri ゴリ] 名 하自他 初めて品物を売ること;初取引.

마술 [魔術][masul マスル] 名 魔術;魔法 **—사(師)** [sʼa サ] 名 魔術使い.

*마시다 [maɕida マシダ] 他 ① 飲む ¶물을 ~[murɯl ~ ムルル ~] 水を飲む ② 吸う ¶신선한 공기를 ~[ɕinsɔnhan koŋgirɯl ~ シンソンハン コンギルル ~] 新鮮な空気を吸う.

마십시다 [maʃipʃ'ida マシプシダ] 他 …するのはやめましょう ¶담배를 피우지 ~ [ta:mbɛrul pʰiudʒi ~ タームベルル ピウジ ~] タバコを吹うのはやめましょう.

마십시오[마세요] [maʃipʃ'io/ma:sejo] マシプシオ[マーセヨ] 助 …しないでください; …してはいけません ¶들어가지 ~ [tuurogadʒi ~ トゥロカジ ~] 入らないでください.

마약[痲藥] [majak マヤク] 名 麻薬 ¶~ 밀매 [(majaŋ) milmɛ (マヤン) ミルメ] 麻薬密売 **―중독** [tʃ'uŋdok チュンドク] 名 麻薬中毒.

*__마을__ [maɯl マウル] 名 ① 村; 村里 ② 隣近所へ遊びに行くこと **―가다** [gada ガダ] 自 隣近所へ遊びに行く.

*__마음__ [maɯm マウム] 名 ① 心; 精神 ¶몸과 ~ [momgwa ~ モムグァ ~] 体と心 ② 気持ち; 考え; 感じ; 思い ¶쓸쓸한 ~ [s'uls'urhan ~ ッスルッスルハン ~] わびしい気持ち[思い] ③ 胸; 腹 ¶~을 털어놓다 [~ul tʰoroŋotʰa (マウ) ムル トロノッタ] 胸を打ち明ける / ~을 떠보다 [~ul t'oboda (マウ) ムル ットボダ] 腹を探る; かまをかける.

마음(이) 가다 [maɯm(i) gada マウム[マウミ] ガダ] 慣 心が引かれる[傾く] ¶신형차에 ~-간다 [ʃinhjoŋtʃʰae ~-ganda シンヒョンチャエ ~-ガンダ] 新型車に心が引かれる / ~-가는 처녀 [~-ganun tʃʰɔ:njo ~-ガヌン チョーニョ] 心が引かれる娘.

*__마음-가짐__ [maɯmgadʒim マウムガジム] 名 心得; 心がけ; 心構え ¶~이 좋지 않다 [~-gadʒimi tʃoːtʃʰi antʰa ~-ガジミ チョーチ アンタ] 心得がよくない.

마음-결 [maɯmk'jɔl マウムキョル] 名 心根; 気立て ¶~이 착하다 [~-(kjɔr)i tʃʰakʰada ~-(キョ)リ チャクカダ] 心根がやさしい.

마음-고생[-苦生] [maɯmk'osɛŋ マウムコセン] 名 気苦労; 心配 ¶~이 많다 [~i ma:ntʰa ~イ マーンタ] 気苦労が多い.

마음-공부[-工夫] [maɯmk'oŋbu マウムコンブ] 名 精神修養.

*__마음-껏__ [maɯmk'ɔt マウムッコッ] 副 ① 精一杯 ¶~ 대접하다 [~ t'ɛːdʒɔpʰada ~ テージョプパダ] 精一杯もてなす ② 思い切り; 思う存分; 心ゆくまで ¶~ 먹다 [~-(k'ɔn) mɔkt'a ~-(ッコン) モクタ] 腹いっぱい食べる.

마음(이) 내키다 [maɯm(i) nɛkʰida マウム[マウミ] ネキダ] 慣 気が向く[進む]; 気乗りする ¶~-내킬 때 와요 [~-nɛkʰil t'ɛ wajo ~-ネキルッテ ワヨ] 気が向いたら来いよ.

마음(을) 놓다 [maɯm(ul) notʰa マウム[マウムル] ノッタ] 慣 安心する ¶~-놓고 하세요 [~-nokʰo hasejo ~-ノッコ ハセヨ] 気楽にやれよ.

*__마음-대로__ [maɯmdɛro マウムデロ] 副 思うとおりに; 勝手に; 気ままに ¶~ 해라 [~ hɛːra ~ ヘーラ] 勝手にしろ.

마음(을) 먹다 [maɯm(ul) mɔkt'a マウム[マウムル] モクタ] 慣 心に決める; 決心する; しようと思う; その気になる ¶담배를 끊기로 ~ [ta:mbɛrul k'unkʰiro ~ タームベルル ックンキロ ~] タバコをやめようと決心する.

마음-보 [maɯmp'o マウムポ] 名 (悪い意味で)底意地; 根性 ¶~가 고약하다 [~ga koːjakʰad ~ ガ コーヤクカダ] 底意地が悪い; 根性が曲がっている.

마음(을) 붙이다 [maɯm(ul) butʃʰida マウム[マウムル] ブチダ] 慣 専念する; 心を寄せる ¶가사에 ~ [kasae ~ カサエ ~] 家事に専念する.

*__마음-속__ [maɯms'ok マウムソク] 名 心の中 ¶~-에 간직하다 [~-(s'og)e kandʒikʰada ~-(ソ)ゲ カンジクカダ] 腹に収める; 胸に秘める.

마음(을) 쓰다 [maɯm(ul) s'uda マウム[マウムル] ッスダ] 慣 ① 気遣う ¶친구 안부에 ~ [tʃʰingu anbue ~ チング アンブエ ~] 友の安否を気遣う ② 考える ③ 同情する ④ 神経をつかう.

마음-씨 [maɯmʃ'i マウムッシ] 名 心根; 気立て; 心がけ ¶~가 고운 여인(女人) [~ga koːun njoin ~ガ コーウン ニョイン] 気立て[心根]の優しい女性.

마음에 걸리다 [maɯme kɔllida マウメ コルリダ] 慣 気になる; 気にかかる ¶그의 안부가 ~ [kuue anbuga ~ クエ アンブガ ~] 彼の安否が気になる.

마음에 두다 [maɯme tuda マウメ トゥダ] 慣 心に留める ¶그의 말을 ~ [kuue maːrul ~ クエ マールル ~] 彼の言葉を心に留める.

마음에 들다 [maɯme tulda マウメ トゥルダ] 慣 気に入る ¶이 집이 ~ [i tʃibi ~ イ チビ ~] この家が気に入る.

마음에 맺히다 [maɯme mɛtʃʰida マウ

마음에 없다 [maume o:pt'a マウメ オープタ] 慣 心にもない ¶~ -없는 겉치레 말을 하다 [~ -o:mnun kotʃhire ma:rul hada ~ -オームヌン コッチレ マールル ハダ] 心にもないお世辞をいう.

마음에 짚이다 [maume tʃiphida マウメ チピダ] 慣 心当たりがある; 見当がつく; 目星がつく ¶전혀 ~ -짚이는 데가 없다 [tʃonhjə ~ -tʃiphinun dega o:pt'a チョンヒョ ~ -チピヌン デガ オープタ] まったく見当がつかない.

마음에 차다 [maume tʃhada マウメ チャダ] 慣 心にかなう; 気に入る ¶~ -차는 것이 없다 [~ -tʃhanun kəʃi o:pt'a ~ -チャヌン コシ オープタ] 気に入るものがない.

마음은 굴뚝같다 [maumun ku:lt'uk'at'a マウムン クールットゥッカッタ] 慣 やりたい気持ちは山々だ ¶하고싶은 ~ [hagoʃiphun ~ ハゴシプン ~].

마음을 끌다 [maumul k'u:lda マウムル ックールダ] 慣 心を引く; 心を引きつける ¶마음이 끌리는 도시 [maumi k'ullinun toʃi マウミ ックルリヌン トシ] 心が引かれる都市.

마음을 사다 [maumul sada マウムル サダ] 慣 歓心を買う ¶손님의 ~ [sonnime ~ ソンニメ ~] お客の歓心を買う.

마음(을) 잡다 [maum(ul) dʒapt'a マウム[マウムル] ジャプタ] 慣 (心が)落ち着く; 心を入れかえる ¶~ -잡고 일하다 [~ -dʒapk'o i:rhada ~ -ジャプ コ イールハダ] 落ち着いて働く.

마음(을) 졸이다 [maum(ul) dʒorida マウム[マウムル] ジョリダ] 慣 気を揉む; 気(がかり)になる; 心配する ¶어찌 될 것인가 하고 ~ [ətʃ'i dwel k'əʃinga hago ~ オッチ ドゥェル コシンガ ハゴ ~] どうなることかと気を揉む.

마음(이) 좋다 [maum(i) dʒotʰa マウム[マウミ] ジョッタ] 慣 ① 人がよい; 情け深い; 人情味がある ¶~ -좋은 이웃 [~ -dʒoun iut ~ -ジョウン イウッ] 人情味のあるお隣さん ② やさしい ¶~ -좋은 사람 [~ -dʒoun sa:ram ~ -ジョウン サーラム] やさしい人.

마음(이) 죄이다 [maum(i) dʒweida マウム[マウミ] ジュェイダ] 慣 気が揉める; 気(がかり)になる; 心配になる.

마이 동풍 [馬耳東風] [maum(i) dʒotʰa マ メ メッチダ] 慣 胸にこびりつく; (忘れなく)しこりが残る

마이 동풍 [馬耳東風] [ma:idonpʰuŋ マーイドンプン] 名 馬耳東風. 「ジャン.
마작 [麻雀] [madʒak マジャク] 名 マー
마저¹ [madʒo マジョ] 副 (残さずに)全部; みんな; すっかり ¶이것도 ~ 먹어라 [igət'o ~ məgəra イゴット ~ モゴラ] これもみんな食べなさい.

***마저**² [madʒo マジョ] 助 …もまだ; …までも; …さえ; …すら ¶식량~ 떨어지다 [ʃiŋnjaŋ~ t'ərədʒida シンニャン~ ットロジダ] 食糧さえも底をついた.

***마주** [madʒu マジュ] 副 向き合って ¶~ (대)하다 [~ (tɛ:)hada ~ (テー)ハダ] 向き合う; 相対する.

마주-보다 [madʒu boda マジュ ボダ] 自他 向かい合う; 見合わせる; 面する ¶테이블을 사이에 두고 ~ [tʰeiburul saie tugo ~ テイブルル サイエ トゥゴ ~] テーブルをはさんで向かい合う.

마주-치다 [madʒutʃhida マジュチダ] 自 ① (正面から)ぶつかる; 突き当たる ② 行きあう; 出くわす; 出合う ¶시선이 ~ [ʃi:səni ~ シーソニ ~] 視線が合う / 친구와 딱 ~ [tʃhiŋguwa t'aŋ ~ チングワッタン ~] 友人にばったり出くわす.

***마중** [madʒuŋ マジュン] 名 出迎え ¶~하러 나오다 [~haro naoda ~ハロ ナオダ] 出迎えに来る **―나가다** [nagada ナガダ] 他 出迎えに行く **―하다** [hada ハダ] 他 出迎える.

***마지막** [madʒimak マジマク] 名 最後; 終わり ¶~을 고하다 [(madʒimag)ul ko:hada (マジマ)グル コーハダ] 終わりを告げる **―판** [pʰan パン] 名 終局.

***마지-못하다** [ma:dʒimotʰada マージモッタダ] 形 여변 やむを得ない; 仕方[致し方]ない ¶~ -못해 승낙하다 [~-motʰɛ suɯŋnakʰada ~-モッテ スンナクハダ] やむを得ず[いやいやながら・渋々]承諾した.

마지-아니하다 [madʒianihada マージアニハダ] 補動 여변 …してやまない; …に堪えない; 略 **마지 않다** [ma:dʒi antʰa マージ アンタ] ¶감사하여 ~ [ka:msahajo ~ カームサハヨ ~] 感謝に堪えない.

마차 [馬車] [ma:tʃʰa マーチャ] 名 馬車 ¶쌍두 ~ [s'aŋdu ~ ッサンドゥ ~] 2頭立ての馬車.

***마찬가지** [matʃʰaŋgadʒi マチャンガジ] 名 同じこと; 同様; 同然 ¶어느 것이나 ~다 [ənu gəʃina ~da オヌ ゴ

마찰[摩擦] [matsʰal マチャル] 名 하他 摩擦 ¶냉수 ~ [nɛːŋsu ~ ネーンス ~] 冷水摩擦.

마취[麻醉] [matsʰwi マチュィ] 名 麻醉 ¶~ 상태 [~ saŋtʰɛ ~ サンテ] 麻醉状態 —**하다** [hada ハダ] 自他 麻醉させる; 麻醉をかける.

***마치** [matsʰi マチ] 副 まるで; ちょうど ¶~ 어린애 같다 [~ ɔrinɛ gatʼa ~ オリネ ガッタ] まるで子供みたいだ.

***마치다**[1] [matsʰida マチダ] 1 自 終わる 2 他 終える; 済ませる ¶일생을 ~ [ilsʼɛŋul ~ イルセンウル ~] 一生を 終える[終わる] / 최후를 ~ [tsʰweːhurul ~ チュェーフルル ~] 最後を遂げる.

마치다[2] [matsʰida マーチダ] 自 ① (釘 などを打つとき何か)突き当たる ¶못끝 에 돌이 ~ [motkʼutʰe toːri ~ モッ クテ トーリ ~] 釘の先に石が突き当た る ② 差し込むように痛む; うずく ¶이 가 ~ [iga ~ イガ ~] 歯がうずく.

***마침** [matsʰim マチム] 副 ① 折[ほど] よく; いい案配[具合]に; ちょうど ¶ ~ 잘 왔다 [~ tsʼar watʼa ~ チャル ワッタ] ちょうどよいところへ来た ② 折あしく; あいにく; たまたま ¶~ 비 가 내렸다 [~ piga nɛrjɔtʼa ~ ピガ ネリョッタ] あいにく雨が降って来た.

***마침-내** [matsʰimnɛ マチムネ] 副 つい に; 最後に; 結局; とうとう ¶~ 해 냈다 [~ hɛː nɛtʼa ~ ヘー ネッタ] つ いにやり遂げた.

마켓 [maːkʰet マーケッ] 名 マーケッ ト ¶슈퍼 ~ [ʃuːpʰɔ ~ シューポ ~] スーパーマーケット.

***마흔** [mahun マフン] 数冠 40; 四十.

***막**[幕] [mak マク] 1 名 幕 ① 仮小屋 ¶~을 짓다 [(mag)ul tɕʰitʼa (マ)グ チータ] 仮小屋を建てる ② 仕切り; とばり ¶~을 치다 [(mag)ul tɕʰida (マ)グル チダ] 幕を張る ③ (物事の) 終わり; 始まり ¶~을 내리다 [(mag)ul nɛrida (マ)グル ネリダ] 幕を閉じ る[下ろす]; 公演を終える; (物事が 終わる / ~이 오르다 [(mag)i oruda (マ)ギオルダ] 幕が上がる; (公演・行事 などが)始まる 2 依名 (演劇の)幕.

***막** [mak マク] 1 副 ① たった今; 今し がた; 今しも ¶지금 ~ 왔다 [tɕigum (mag) watʼa チグム (マ)グァッタ] 今 来たばかりだ ② ちょうど(その時); まさ に ¶~ 전화하려던 참이다 [~ tsʰɔːn-hwaharjɔdɔn tsʰamida ~ チョーンフ ァハリョドン チャミダ] ちょうど電話を 入れようと思っていたところだ 2 副 ① むちゃくちゃに = 마구 [magu マグ] の略 ¶~ 달리다 [~ tʼallida ~ タル リダ] むちゃくちゃに走る; 突っ走る ② 取り留めもなく ¶눈물이 ~ 쏟아 지다 [nunmuri ~ sʼodadʑida ヌンム リ ~ ッソダジダ] 涙が取り留めもなく 溢れ出る.

막-가다 [makʼada マクカダ] 自 無礼・ 無法なふるまいをする; 乱暴する ¶막 가는 놈 [makʼaun nom マクカヌン ノム] ならず者; 無礼なやつ; 無法者.

***막-걸리** [makʼɔlli マクコルリ] 名 どぶろ く; 濁(り)酒 ¶찹쌀 ~ [tsʰapsʼal ~ チャプサル ~] もち米のどぶろく.

***막내** [maŋnɛ マンネ] 名 末っ子 —**동 이** [doŋi ドンイ] 名 '末っ子'の愛称 —**딸** [tʼal ッタル] 名 末の娘 —**아들** [adul アドゥル] 名 末の息子.

막-노동 [—勞動] [maŋnodoŋ マンノド ン] 名 하他 荒仕事; 肉体労働; 雑役.

***막다** [makʼta マクタ] 他 ① 仕切る; 隔 てる ¶칸을 ~ [kʰanul ~ カヌル ~] 仕切りをする ② 止める; 防ぐ ¶외출 을 ~ [weːtsʰurul ~ ウェーチュルル ~] 外出を止める / 도둑을 ~ [todug-ul ~ トドゥグル ~] 泥棒を防ぐ ③ 遮る; 閉ざす; 阻む ¶길을 ~ [kirul ~ キルル ~] 道を遮る[塞ぐ] ④ (流 れを)せき止める ¶강물을 ~ [kaŋ-murul ~ カンムル ~] 川をせき止め る ⑤ (穴などを)塞ぐ ¶귀를 ~ [kwi-rul ~ クィルル ~] 耳を塞ぐ ⑥ 囲う ¶울타리로 ~ [ultʰariro ~ ウルタリ ロ ~] 垣根で囲う.

막다른 골목 [makʼarun koːlmok マク タルン コールモク] 名 ① 袋小路 ② 行 き詰まり; どん詰まり; 窮地.

막다른 집 [makʼarun tɕip マクタルン チプ] 名 (袋小路の)突き当たりの家.

***막대**[莫大] [makʼtɛ マクテ] 名 하形 하回 莫大 ¶~한 재산 [~han tɕɛːsan ~ハン チェサン] 莫大な財産.

막대(기) [makʼtɛ(gi) マクテ(ギ)] 名 棒; 棒切れ.

막-도장 [—圖章] [makʼtodʑaŋ マクトジ ャン] 名 認め印; 三文判.

막-되다 [makt'weda マクトゥェダ] 形 礼儀知らずだ; 無作法だ ¶ 막된 말씨 [makt'wen ma:lʃ'i マクトゥェン マールッシ] ぞんざいな言葉遣い / 막된 놈 [makt'wen nom マクトゥェン ノム] ならず者; 無法者　**막돼-먹다** [makt'wɛmɔkt'a マクトゥェモクタ] 形 '막되다'のぞんざいな表現.

막-둥이 [makt'uŋi マクトゥンイ] 名 俗 末っ子 ¶ ~로 태어나다 [~ro tʰɛɔnada ~ロ テオナダ] 末っ子に生まれる.

***막론** [莫論] [maŋnon マンノン] 名 하他 …(を)問わず; …(に)かかわらず; …(に)関係なく ¶ 남녀노소를 ~하고 [namnjɔno:sorul ~hago ナムニョノーソルル ~ハゴ] 老若男女を問わず….

막막-하다 [寞寞—] [maŋmakhada マンマクハダ] 形 여変 ① 寞々としている; 静かで寂しい ¶ ~한 산속의 밤 [~khan sansoge pam ~カン サンソゲ パム] 寞々たる深山の夜 ② 頼るべきところがなくて孤独である ¶ ~한 인생 [~khan inseŋ ~カン インセン] 頼るところのない孤独な人生 ③ 見通しがきかない ¶ 앞날이 ~ [amnari ~ アムナリ ~] 先の見通しがきかない….

막막-하다 [漠漠—] [maŋmakhada マンマクハダ] 形 여変 漠々としている; 広々と果てしない ¶ ~한 광야 [~khan kwa:nja ~カン クァーンヤ] 漠々たる広野.

막-말 [maŋmal マンマル] 名 하自 ① 妄りに言い切る言葉 ② (出任せに言う)ぞんざいな[下品な]言葉 ¶ 어른에게 ~로 덤비다 [ɔ:runege ~lo tɔmbida オールネゲ ~ロ トムビダ] 目上の人に食ってかかる.

***막무가내** [莫無可奈] [maŋmuganɛ マンムガネ] **1** 名 どうしようもないこと ¶ 아무리 사정해도 ~다 [a:muri sa:dʒɔŋhedo ~da アームリ サージョンヘド ~ダ] いくら頼んでも全然聞いてくれない **2** 副 頑として; どうしても ¶ ~로 받아들이지 않다 [~ro padadurridʒi antʰa ~ロ パダドゥリジ アンタ] 頑として受けつけない.

***막-바지** [makp'adʒi マクパジ] 名 ① 頂上; 行き止まり ② どん詰まり; 大詰め ¶ 추수도 ~에 이르다 [tʃʰusudo ~e iruda チュスド ~エ イルダ] 取り入れも大詰めになる.

막-벌이 [makp'ɔri マクポリ] 名 하自 荒稼ぎ **—꾼** [k'un ックン] 名 日雇い労働者.

***막상** [maks'aŋ マクサン] 副 実際に; 本当に ¶ ~ 해보니 어렵더라 [~ hɛ:boni ɔrjɔpt'ɔra ~ ヘーボニ オリョプトラ] 実際ににやってみると難しかったね.

막상-막하 [莫上莫下] [maks'aŋmakha マクサンマクハ] 名 하形 伯仲; 互角 ¶ ~의 승부 [~e sɯŋbu ~エ スンブ] 互角の勝負.

막심 [莫甚] [maks'im マクシム] 名 하形 甚だしいこと ¶ 불효 ~하다 [purhjo ~hada プルヒョ ~ハダ] 不孝の窮まりである; この上ない不孝だ.

막역 [莫逆] [magjok マギョク] 名 하形 莫逆 ¶ ~한 친구 [(magjo)kʰan tʃʰingu ~カン チング] 莫逆の友.

***막연** [漠然] [magjɔn マギョン] 名 하形 漠然 ¶ ~한 생각 [~han sɛŋgak ~ハン センガク] 漠然とした考え.

막-일 [maŋnil マンニル] 名 하他 (日雇いの)荒仕事; 力仕事; 雑役 **—꾼** [k'un ックン] 名 荒仕事をする労働者.

막중 [莫重] [maktʃ'uŋ マクチュン] 名 하形 (責任などが)ごく重い ¶ 책임이 ~하다 [tʃʰɛgimi ~hada チェギミ ~ハダ] 責任が重い. 「列車; 最終便.

***막-차** [—車] [maktʃʰa マクチャ] 名 終

막-판 [makpʰan マクパン] 名 ① 終局; どん詰まり; 土壇場 ¶ ~에 와서 당황하다 [~e wasɔ taŋhwaŋhada マクパネ ワソ タンファンハダ] 土壇場になってあわてる ② めちゃくちゃな局面.

막후 [幕後] [makhu マク] 名 裏面; 裏側; (特に政治的な)舞台裏 **—교섭** [gjosɔp ギョソプ] 名 裏交渉; 談合.

***막히다** [makhida マクヒダ] 自 ① 塞がる, 詰まる; 支える ¶ 기가 ~ [kiga ~ キガ ~] あいた口が塞がらない; あきれ返る / 숨이 ~ [su:mi ~ スーミ ~] 息が詰まる / 말이 ~ [ma:ri ~ マーリ ~] 言葉が支える; 言いよどむ ② すごい ③ 遮られる; '막다'の受動.

***만¹** [man マン] 助 ① …(に)だけ ¶ 공부(工夫)~ 해라 [koŋbu~ hɛ:ra コンブ~ ヘーラ] 勉強だけせよ[しろ] ② …ばかり ¶ 만화책 ~ 보고 있다 [ma:nhwatʃʰɛŋ ~ pogo it'a マーンファチェン ~ ポゴ イッタ] 漫画の本ばかり見ている ③ さえ; だけ ¶ 너~ 좋다면… [nɔ ~ tʃo:tʰamjɔn ノ ~ チョータミョン] 君さえよければ… / 보기~ 해도 즐겁

다 [pogi~ hɛ:do tʃɯlgoʧt'a ポギ〜ード チュルゴプタ] 見ただけでも楽しい ④ …くらい; …ほど; …程度 ¶ 내 키~ 하다 [nɛ kʰi~ hada ネ キ〜 ハダ] 私の背くらいだ ⑤ (わずか) それくらい ¶ 그~ 돈이야 있겠지 [kɯ~ to:nija itk'etʃ'i クー トーニヤ イッケッチ] それくらいの金ならあるだろう.

*만² [man マン] 依名 …目; …ぶり ¶ 이틀~에 [itʰɯl~e イトゥル(マ)ネ] 2日目に / 1년~에 [iljɔn~e イルリョン(マ)ネ] 1年ぶりに.

*만³ [man マン] 助 …が; けれども; けど ¶ 싸지~ 튼튼합니다 [s'adʒi~ tʰɯntʰɯnhamnida ッサジ〜 トゥントゥンハムニダ] 安いけれども丈夫だ.

*만 [萬] [ma:n マーン] 数冠 万; 1万.
만 [滿] [man マン] 名冠 満; まる ¶ ~ 2살 [~ du:sal ~ ドゥーサル] 満2歳.
만기 [滿期] [mangi マンギ] 名 満期 —일 [il イル] 名 満期日.
만끽 [滿喫] [mank'ik マンッキク] 名 하他 満喫 ¶ 산해 진미를 ~하다 [sanhɛ dʒinmirɯl (mank'i)kʰada サンヘ ジンミルル 〜カダ] 山海の珍味を満喫する.

*만나다 [mannada マンナダ] 自他 ① 会う; 出会う ¶ 길에서 ~ [kiresɔ~ キレソ 〜] 道で会う ② (災・運などに) 出合う; 巡り合う; 遭遇する; 被る ¶ 비를 ~ [pirɯl ~ ピル 〜] 雨に出合う [遭う] / 행운을 ~ [hɛ:ŋunɯl ~ ヘーングヌル 〜] 幸運に巡り合う.
만남 [mannam マンナム] 名 出会い; ¶ ~의 장소 [~e tʃaŋso (マンナ)メ チャンソ] 出会いの [待ち合わせ] 場所.
만년 [萬年] [ma:nnjɔn マーンニョン] 名 万年 ¶ ~ 소녀(少女) [~ so:njɔ ~ ソーニョ] 万年娘 —필 [pʰil ピル] 名 万年筆. 「晩年; 老年.
만년 [晩年] [ma:nnjɔn マーンニョン] 名
만능 [萬能] [ma:nnɯŋ マーンヌン] 名 万能 —선수 [sɔ:nsu ソーンス] 名 万能選手; あらゆることに優れている人.
만단 [萬端] [ma:ndan マーンダン] 名 万端; 万般 ¶ ~의 준비 [~e tʃu:nbi (マーンダ) ネ チューンビ] 万端の準備.
만담 [漫談] [ma:ndam マーンダム] 名 하自 漫談.

*만두 [饅頭] [mandu マンドゥ] 名 饅頭 (まんじゅう); ギョーザ; パオズ ¶ 군~ [ku:n~ クーン〜] 焼きギョーザ / 물~ [mul~ ムル〜] 水ギョーザ / 고기 ~ [kogi ~ コギ 〜] 肉ギョーザ —국 [k'uk ックク] 名 ギョーザ入りの汁もの.

*만들다¹ [mandɯlda マンドゥルダ] 他 으語幹 ① 作 [造] る; こしらえる; 仕立てる ¶ 책을 ~ [tʃʰɛgɯl ~ チェグル 〜] 本を作る / 옷을 ~ [osɯl ~ オスル 〜] 着物を仕立てる ② 創造・創作する; 組織する; 制定する; 準備・用意する; (問題を) ひき起こす.

*만들다² [mandɯlda マンドゥルダ] 補動 (用言の語尾'-게'・'-도록'に付いて, その動作や状態が成り立つようにする) …ようにする; させる; せしめる; する ¶ 마음에 들도록 ~ [maɯme tɯldoroŋ ~ マウメ トゥルドロン 〜] 気に入るようにする / 읽게 ~ [ilk'e ~ イルケ 〜] 読ませる.
만듦–새 [mandɯmsɛ マンドゥムセ] 名 出来映 [出来栄] え; 出来ぐあい; 仕上げ ¶ ~가 좋은 물건 [~ga tʃo:ɯn mulgɔn ~ガ チョーウン ムルゴン] 出来映えのよい品物.
만료 [滿了] [malljo マルリョ] 名 하自 満了 ¶ 임기 ~ [i:mgi ~ イームギ 〜] 任期満了. 「〈野〉満塁.
만루 [滿壘] [ma:llu マールー] 名 하自

*만류 [挽留] [mallju マルリュ] 名 하他 引き止めること ¶ 사퇴를 ~하다 [satʰwerɯl ~hada サトゥェルル 〜ハダ] 辞退するのを思いとどまらせる.
만리 [萬里] [ma:lli マールリ] 名 万里 ¶ ~ 타향 [~ tʰahjaŋ ~ タヒャン] 万里の他郷 —장성 [dʒaŋsɔŋ ジャンソン] 名 万里の長城.
만만 [滿滿] [ma:nman マーンマン] 名 하形 満々 ¶ 자신 ~ [tʃaʃin ~ チャシン 〜] 自信満々.
만만–찮다 [manmantʃʰantʰa マンマンチャンタ] 形 見くびられない; 手ごわい; したたかだ; 만만하지 아니하다 [manmanhadʒi anihada マンマンハジ アニハダ] の略 ¶ ~~ 찮은 사람 [~~tʃʰanun sa:ram 〜〜チャヌン サーラム] 手ごわい人; したたか者.

*만만하다 [manmanhada マンマンハダ] 形 ① 柔らかい; しなやかだ ② くみしやすい; 手ごわくない; 甘い ¶ ~~ 한 사내 [~~han sanɛ 〜〜ハン サネ] 甘い男; くみしやすい男.
만무–하다 [萬無—] [ma:nmuhada マーンムハダ] 形 …のは決してない ¶ 그

럴 리가 ~[kurɔl liga ~ クロル リガ ~] そんなはずは断じてない.

만물[萬物][ma:nmul マーンムル] 名 万物 ¶~의 영장[(ma:nmur)e jɔŋdʒaŋ (マーンム)レ ヨンジャン] 万物の霊長 / 박사 [~ p'aks'a ~ パクサ] 生き字引き; 物知り博士 **—상**(商)[s'aŋ サン] 名 よろず屋; 何でも屋.

만반[萬般][ma:nban マーンバン] 名 万端 ¶~의 준비[~e tɕu:nbi (マーン)バネ チューンビ] 万端の準備.

***만발-하다**[滿發—][ma:nbarhada マーンバルハダ] 自 満開する; 咲きこぼれる ¶벚꽃이 ~[pɔtk'otɕhi ~ ポッコチ ~] 桜の花が満開になる.

만병[萬病][ma:nbjɔŋ マーンビョン] 名 万病 **—통치**(通治)[thɔŋtɕhi トンチ] 名 하形 1つの薬[事柄]があらゆる病気[事柄]に効くこと.

만-부당[萬不當][ma:nbudaŋ マーンブダン] 名 하形 とんでもないこと ¶~한 소리[~han sori ~ ハン ソリ] とんでもない話; 不当窮な話 / 천부당(千不當) ~[tɕhɔnbudaŋ ~ チョンブダン ~] とんでもの意.

만-부득이[萬不得已][ma:nbuduɯgi マーンブドゥギ] 副 하形 やむを得ず; よくよく; どうしようもなく; 부득이[puduɯgi プドゥギ]の強調語 ¶~한 사정 [~han sa:dʑɔŋ ~ ハン サージョン] やむを得ない[よくよくの]事情.

만사[萬事][ma:nsa マーンサ] 名 万事; 百事 ¶~가 뜻대로 되다[~ga t'ɯt't'ɛro tweda ~ ガットゥッテロ トゥェダ] 万事思いどおりになる / ~가 잘 되다[~ga tɕal dweda ~ ガ チャル ドゥェダ] 万事上首尾である **—여의**(如意)[jɔi ヨイ] 名 하形 万事意のごとくなること **—태평**(泰平)[thɛphjɔŋ テピョン] 名 하形 ① 万事に気をかけないこと ② こせこせせずのんきであること **—형통**(亨通)[hjɔŋthoŋ ヒョントン] 名 하自 万事が都合よく運ぶこと.

***만세**[萬歲][ma:nse マーンセ] 1 名 万歲 2 感 万歲; ブラボー.

만수[萬壽][ma:nsu マーンス] 名 寿命の長いこと **—무강**(無疆)[mugaŋ ムガン] 名 하自 寿命が永遠なること; ご安泰 ¶~을 빌다[~ɯl pi:lda ~ ウル ピールダ] ご安泰[長寿]を祈る.

만신[滿身][manɕin マンシン] 名 満身; 全身 **—창이**(瘡痍)[tɕhaŋi チャンイ] 名 滿身創痍ᆿゥ ① 体全体傷だらけ ② 非難をあびること; 名誉などをひどく傷つけられた状態 ③ 物事がめちゃくちゃになること ¶사업에 실패하여 ~가 되다[sa:ɔbe ɕilphɛhaja ~ga tweda サーオベ シルペハヨ ~ガ トゥェダ] 事業に失敗して満身創痍だ.

***만약**[萬若][ma:njak マーニャク] 名 副 万一; もし(も); 仮に ¶~의 사태 [(ma:njag)e sa:thɛ (マーニャ)ゲ サーテ] もしもの事態 / 비가 오면은[~ p'iga omjɔn ~ ピガ オミョン] もし雨だったら.

만우-절[萬愚節][ma:nudʑɔl マーヌジョル] 名 4月ばか; エープリルフール.

***만원**[滿員][manwɔn マヌォン] 名 満員 ¶~ 전철[~ dʑɔ:ntɕhɔl ~ ジョーンチョル] 満員電車 **—사례**(謝禮)[sa:re サーレ] 名 満員御礼.

만월[滿月][ma:nwɔl マーヌォル] 名 ① 満月; 十五夜の月 ② 産月; 臨月.

***만일**[萬一][ma:nil マーニル] 1 副 万一; もし(も); 仮に ¶~ 자유가 없다면[~ tɕajuga ɔ:pt'amjɔn ~ チャユガ オープタミョン] もしも自由がなかったら 2 名 もしもの場合 ¶~에 대비하다[(ma:nir)e tɛ:bihada (マーニ)レ テービハダ] 万一(のとき)に備える.

만장[萬丈][ma:ndʑaŋ マーンジャン] 名 万丈 ¶파란 ~한 생애[pharan ~haŋ sɛŋɛ パラン ~ハン センエ] 波乱万丈の生涯.

만장[滿場][ma:ndʑaŋ マーンジャン] 名 満場 ¶~의 박수[~e paks'u ~ エ パクス] 満場の拍手 **—일치**[iltɕhi イルチ] 名 하形 満場一致.

만적-거리다[mandʑɔk'ɔrida マンジョクコリダ] 他 いじくりまわす ¶단추를 ~[tantɕhurɯl ~ タンチュルル ~] ボタンをいじくりまわす.

만전[萬全][ma:ndʑɔn マーンジョン] 名 하形 万全 ¶~을 기하다[~ɯl kihada (マーンジョ) ヌル キハダ] 万全を期する.

만점[滿點][mantɕ'ɔm マンチョム] 名 満点 ¶서비스 ~[sɔ:bisɯ ~ ソービス ~] サービス満点.

***만족**[滿足][mandʑok マンジョク] 名 하形 満足 ¶~할 수 없다[(ma:ndʑo)- khal s'u ɔ:pt'a ~ カル ッス オープタ] 満足できない **—스럽다**[s'ɯrɔpt'a スロプタ] 形 満足そうだ; 結構だ **—히**[(mandʑo)khi キ] 副 満足に ¶~ 여기

만지다

다[~ jɔgida ~ヨギダ] 満足に思う **—감**[(mandʒo)k'am カム] 満足感.

*만지다[mandʒida マンジダ] 他 触る; (手に)触れる; いじる ¶그녀의 손을 ~ [kɯnjɛ sonɯl ~ クニョエ ソヌル ~] 彼女の手に触る / 만지지 마세요 [mandʒidʒi ma:sejo マンジジ マーセヨ] 触れないでください / 책을 ~ [tʃʰɛgul ~ チェグル ~] 本をいじる.

만지작-거리다[mandʒidʒak'ɔrida マンジジャクコリダ] 他 いじくりまわす; まさぐる ¶옷을 ひねりまわす ¶옷을 ~ [osɯl ~ オスル ~] 服をいじくりまわす.

만찬[晩餐][ma:ntʃʰan マーンチャン] 名 晩餐 **—회**[hwe フェ] 名 晩餐会.

만추[晩秋][ma:ntʃʰu マーンチュ] 名 晩秋 = 늦가을[nɯtk'aɯl ヌッカウル].

만취[滿醉·漫醉][ma:ntʃʰwi マーンチュイ] 名 自他 泥酔; 沈酔 ¶~하여 정신을 못 차리다[~hajʌ tʃɔŋʃinɯl mo:tʃʰarida ~ハヨ チョンシヌル モーッチャリダ] 酒に酔って[泥酔して]正気を失う; 酔いつぶれる.

*만큼[mankʰɯm マンクム] 1 依名 …ほど; …くらい; …だけ ¶일한~ 거두다[i:rhan~ kɔduda イールハン~ コドゥダ] 働いただけ取り入れる 2 助 …ほど; …くらい; …ばかり ¶이~[i~ イ~] これほど / 어느~[ɔnɯ~ オヌ~] どのくらい.

만판[manpʰan マンパン] 副 ① 十分[充分]に; ゆくまで; 思う存分 —먹다[~ mɔkt'a ~ モクタ] たらふく食べる / ~ 지껄이다[~ tʃik'ɔrida ~ チッコリダ] 思う存分しゃべる ② もっぱら, しょっちゅう ¶~ 놀기만 한다[~ no:lgiman handa ~ ノールギマン ハンダ] しょっちゅう遊んでばかりいる.

*만-하다[manhada マンハダ] 補形 [여변] ① …に適する; ほどよい; 十分に…できる ¶일할 만한 나이[i:rhal manhan nai イールハル マンハン ナイ] 働き盛りの年頃 ② …する価値のある; …に値する ¶칭찬받을 ~ [tʃʰiŋ-tʃʰanbadɯl ~ チンチャンバドゥル ~] 称賛に値する ③ …して当然だ.

-만하다[manhada マンハダ] 接尾 [여변] …くらいだ ¶키가 이~[kʰigai~ キガ イ~] 背がこのくらいだ.

만행[蠻行][manhɛŋ マンヘン] 名 自他 蛮行 ¶~을 규탄하다[~ɯl kjutʰanhada ~ウル キュタンハダ] 蛮行を糾弾する.

*만화[漫畫][ma:nhwa マーンファ] 名 漫画; コミック **—가**[ga ガ] 名 漫画家 **—영화**[jʌŋhwa ヨンファ] 名 漫画映画 **—책**[tʃʰɛk チェク] 名 漫画の本.

만회[挽回][manhwe マンフェ] 名 하他 挽回; 取り返し; 取り戻し ¶인기를 ~하다[ink'irɯl ~hada インキルル ~ハダ] 人気を挽回する.

*많다[ma:ntʰa マーンタ] 形 多い; たくさんだ ¶인원이 ~ [inwʌni ~ イヌォニ ~] 人員が多い / 인정이 ~ [indʒʌŋi ~ インジョンイ ~] 情け深い.

많아-지다[ma:nadʒida マーナジダ] 自 増える; 増す.

*많이[ma:ni マーニ] 副 たくさん; うんと; よく; しばしば ¶~ 있다[~ it'a ~イッタ] たくさんある / ~ 마셔요[~ maʃʌjo ~マショヨ] たんとお飲み(なさい) / ~ 쓰인다[~ s'ɯinda ~ ッスインダ] よく使われる / 이런 일이 ~ 일어난다[irʌn ni:ri ~ irɔnanda イロン ニーリ ~ イロナンダ] このようなことがしばしば起こる.

맏-[mat マッ] 接頭 長子を表わす; 長… **—누이**[(man)nui (マン) ヌイ] (男から見て)いちばん上の姉[妹]; 長姉 = 큰누이[kʰunnui クンヌイ].

맏-딸[mat'al マッタル] 名 長女; = 큰딸[kʰunt'al クンッタル].

맏-며느리[manmjʌnɯri マンミョヌリ] 名 長男の嫁. 「の婿.

맏-사위[mas'awi マッサウィ] 名 長女

맏-상제[—喪制][mas'aŋdʒe マッサンジェ] 名 葬儀に当たった長男; 喪主.

맏-손자[—孫子][mas'ondʒa マッソンジャ] 名 初孫(첫손·맏손); 初めての男の孫.

맏-아들[madadɯl マダドゥル] 名 長男; 長子; 総領(息子). 「長兄; 伯兄.

맏-형[—兄][matʰjʌŋ マットョン] 名

맏-형수[—兄嫂][matʰjʌŋsu マットョンス] 名 (男から見て)長兄の妻.

*말¹[mal マル] 名 ① 〈動〉馬 ¶~을 타다[달리다][(mar)ul tʰada[tallida] (マ)ルル タダ[タルリダ]] 馬に乗る[馬を駆る] ② 〈十二支〉の午.

말²[mal マル] 名 〈植〉モ(藻); 藻草.

말³[mal マル] 名 〈将棋などの〉駒.

*말⁴[mal マル] 1 名 (1斗入りの)枡 2 依名 斗(1斗=10升) ¶서[너]~ 들이 통[sɔ:[nɔ:]~ dɯri tʰoŋ ソー[ノー

~ ドゥリトン] 3斗[4斗]の樽․

*말⁵[ma:l マール] 名 하자타 ① 言葉；話 ¶ ~을 걸다[(ma:r)ɯl kɔ:lda ~ルル コールダ] 言葉をかける / ~을 잘 한다[(ma:r)ɯl tɕar handa (マー)ルル チャル ハンダ] 口がうまい ② 語；語句；表現 ¶ 쉬운 ~[wi:un ~ シュィーウン ~] やさしい言葉 / 우리 ~[uri ~ ウリ ~] 国語 ③ 小言；文句 ¶ 아버지한테 ~ 듣다[abʌdʑihantʰe ~dɯtʼa アボヂハンテ ~ドゥッタ] 父から小言を言われる[食う] / 할~ 있나?[hal(ma:r) inna ハル(マー)リンナ] 文句があるのか.

*-말[末][mal マル] 接尾 ① …末；終わり ¶ 학기~[hakʼi~ ハクキ~] 学期末 / 월~[wʌl~ ウォル~] 月末 ② 粉 ¶ 분~[pun~ プン~] 粉末 ③ (野球の)裏.

말갛다 [ma:lgatʰa マールガッタ] 形 ㅎ変 ① 澄んでいる；清い ¶ 냇물이 ~[nɛnmuri ~ ネーンムリ ~] 小川の水が澄みきっている ② (汁などが)水っぽい；薄い ¶ 국물이 ~[kuŋmuri ~ クンムリ ~] スープが薄い ③ (意識が)はっきりしている ¶ 머리가 ~[mʌriga ~ モリガ ~] 頭がはっきりしている.

말-개-지다 [ma:lgɛdʑida マールゲジダ] 自 澄む；清くなる.

말-거리 [ma:lkʼʌri マールコリ] 名 ① 話の種；話題 ¶ ~가 없다[~ga ʌpʼtʼa ~ガ オープタ] 話題が尽きる ② もめごとの種 = '말썽거리'.

말고 [ma:lgo マールゴ] 助 …でなく；じゃなくて ¶ 그것 ~ 저것을 주세요[kɯgʌn ~ tɕʌgʌsɯl tɕuseyo クゴン ~ チョゴスル チュセヨ] それじゃなくあれをください —도 [do ド] 助 …以外にも.

말-괄량이 [malgwalljaŋi マルグァルリャンイ] 名 お転婆；おきゃん；フラッパー.

말-귀 [ma:lkʼwi マールクィ] 名 ① 言葉の内容 ¶ ~를 알아듣는 나이[~rɯl aradɯdnɯn nai ~ルル アラドゥンヌン ナイ] 言葉を聞き分ける年 ② ものを聞き分ける勘；のみ込み ¶ ~가 어둡다 [~ga ʌduptʼa ~ガ オドゥプタ] 話の勘が鈍い；のみ込みが遅い；耳が遠い.

말-꼬리 [ma:lkʼori マールッコリ] 名 言葉じり ¶ ~를 잡다[~rɯl tɕaptʼa ~ルル チャプタ] 言葉じりを捕らえる；揚げ足を取る.

말-꼬투리 [ma:lkʼotʰuri マールッコトゥリ] 名 口げんかの発端となる言葉.

말끔 [malkʼɯm マルックム] 副 すっかり；きれいに ¶ 빚을 ~ 갚다[pidʑɯl ~ kaptʼa ピジュル ~ カプタ] 借金をきれいに返す.

*말끔-하다 [malkʼɯmhada マルックムハダ] 形 여変 きれいに整っている；きちんと・すっきり・こざっぱりしている ¶ ~-한 옷차림 [~-han otɕʰarim ~-ハン オッチャリム] こざっぱりした身なり.

말끔-히 [malkʼɯmi マルックミ] 副 きれいに；さっぱりと ¶ 구두를 ~ 닦다[kuduruɭ ~ taktʼa クドゥルル ~ タクタ] 靴をきれいに磨く.

말-끝 [ma:lkʼɯt マールックッ] 名 言葉(の終わり)；言葉じり；語尾 ¶ ~을 흐리다[(ma:lkʼɯ)tʰɯɭ hɯrida ~トゥルフリダ] 言葉[語尾]を濁す.

말-나누다 [ma:llanuda マールラヌダ] 他 話・言葉をやり取りする；話し合う.

말-나다 [ma:llada マールラダ] 自 ① 話の種となる；話題にのぼる ② (秘密が)ばれる；漏れる；うわさになる ¶ 말나면 곤란해 [ma:llamjʌn ko:llanhɛ マールラミョン コールランヘ] 漏れたら困るよ.

말-내다 [ma:llɛda マールレダ] 他 ① 口に出す；話を持ち出す ② (人の秘密などを)漏らす；さらけ出す；うわさをする ¶ 말내지 말게 [ma:llɛdʑi ma:lge マールレジ マールゲ] 漏らすなよ.

말-놓다 [ma:llotʰa マールロッタ] 自 使っていた尊敬語をぞんざいな言葉遣いに変える；ぞんざいに言う.

*말다¹[malda マルダ] 他 ㄹ語幹 (紙など)を巻く；巻き上げる ¶ 멍석을 ~ [mʌŋsʌgɯɭ ~ モンソグル ~] むしろを巻く.

*말다²[malda マルダ] 他 ㄹ語幹 (ご飯などに)湯や汁をかける ¶ 밥을 국에 ~ [pabɯɭ kuge ~ パブル クゲ ~] ご飯に汁をかける；スープにご飯を入れて混ぜる.

*말다³[ma:lda マールダ] 1 他 ㄹ語幹 (していることを)やめる；中断する ¶ 이야기를 하다 ~ [ijagirɯl hada ~ イヤギキル ハダ ~] 話を中断する 2 補動 ① (動詞の語尾 '-지'に付いて，その動作をやめることの意を表わす)…しないで ¶ 약속하지 말게 [jaksokʰadʑi ma:lge ヤクソクハジ マールゲ] 約束するなよ / 들어가지 마라 [tɯrʌgadʑi mara トゥロガジ マラ] 入るな ② (動詞の語尾 '고'に付いて，動作の完了を表わす)…(して)しまう・みせる ¶ 배는 떠나고 말았다 [pɛnɯn tʼʌnago maratʼa ペヌン

ットナゴ マラッタ] 船は出てしまった.

말-다툼 [ma:ldatʰum マールダトゥム] [하자] 言い合い[争い]; 口論; 口げんか ¶ 동생과 ~하다 [toŋsɛŋgwa ~hada トンセングァ ～ハダ] 弟と言い争う.

말단 [末端] [malt'an マルタン] 图 末端; 下っ端 ¶ ~ 관리 [~ gwalli ～ グァルリ] 下っ端役人 **—행정** [hɛŋdʒɔŋ ヘンジョン] 图 末端行政.

말-대꾸 [ma:ldɛk'u マールデック] 图 [하자] 言い返し; 口答え ¶ 부모에게 ~하다 [pumoege ~hada プモエゲ ～ハダ] 親に口答えをする.

말-대답 [―對答] [ma:ldɛdap マールデダプ] 图 [하자] 口答え ¶ 감히 ~하다니 [ka:mi (ma:ldɛda)pʰadani カーミ ～パダニ] 敢えて口答えをするとは.

말-더듬다 [ma:ldɔdumt'a マールドドゥムタ] 自 どもる; 口ごもる **말-더듬이** [ma:ldɔdumi マールドドゥミ] 图 吃音; 言語障害者 ¶ ~ 교정 [~ gjo:dʒɔŋ ～ ギョージョン] 吃音矯正.

말-동무 [ma:lt'oŋmu マールトンム] 图 [하자] 話し相手 ¶ ~가 되다 [~ga tweda ～ガトゥェダ] 話し相手になる.

말-되다 [ma:ldweda マールドウェダ] 自 話が道理に合う ¶ 말도 되지 않는 소리를 하다 [ma:ldo twedʒi annun sorirul hada マールド トゥェジ アンヌン ソリルル ハダ] 話にならないことを言う.

말-듣다 [ma:ldutʼa マールドゥッタ] 自 ① 言うことをよく聞く; おとなしく従う ② 小言を聞く; 叱られる ③ (機械などが)よく作動する.

말-떨어지다 [ma:lt'ɔrɔdʒida マールットロジダ] 自 承諾・命令などの言葉が出る[落ちる]; 許可が下りる.

말똥-말똥 [malt'oŋmalt'oŋ マルットンマルットン] 副 [하자] ① まじまじ; じろじろ; 目をパチパチさせて見るさま ¶ 남의 얼굴을 ~ 쳐다보다 [name ɔlgurul ~tʃʰɔ:daboda ナメ オルグルル ～チョーダボダ] 人の顔をまじまじと見る ② 目が冴えるさま ¶ 정신이 ~하여 잠을 못 자다 [tʃɔŋʃini ~hajo tʃamul mo:tʃ'ada チョンシニ ～ハヨ チャムル モーッチャダ] 目が冴えて眠れない.

말뚝 [malt'uk マルットゥッ] 图 杭; 棒 ¶ ~을 박다 [(malt'ug)ul pakt'a (マルットゥ)グル パクタ] 杭を打つ; 自 境界線を引く; 固定させる; 居座る **—잠** [tʃ'am チャム] 图 座ったままの眠り.

말-뜨다 [ma:lt'uda マールットゥダ] 形 (すらすら言えずに)言い淀む; 言葉がとぎれがちでのろい.

말-뜻 [ma:lt'ut マールットゥッ] 图 言葉の意味・内容; 語意; ニュアンス ¶ ~을 잘 모르다 [(ma:lt'us)ul tʃal moruda (マールットゥ)スル チャル モルダ] 言葉の意味がよく分からない.

말-띠 [malt'i マルッティ] 图 午年生まれ.

말라-깽이 [mallak'ɛŋi マルラッケンイ] 图 俗 やせっぽ(ち) ¶ ~ 여자 [~ jɔdʒa ～ ヨジャ] やせっぽちの女性.

말라-붙다 [mallabut'a マルラブッタ] 自 干上がる; 涸れる ¶ 못이 ~ [moʃi ~ モシ ～] 池が涸れる.

말라-빠지다 [mallap'adʒida マルラッパジダ] 自 やせこける; やせ細る ¶ ~-빠진 몸 [~-p'adʒin mom ～-ッパジン モム] やせ細った体.

*__말랑-하다__ [mallaŋhada マルランハダ] 形 ① (物が)柔[軟]らかい ② (性格が)脆[い;ふにゃにゃ] **말랑-말랑** [mallaŋmallaŋ マルランマルラン] 副 [하자] ふかふかして; ほやほや ¶ ~ 한 빵 [~han p'aŋ ～ハン ッパン] ふかふかのパン.

말려-들다 [malljɔdulda マルリョドゥルダ] 自 [自語幹] 巻き込まれる ¶ 기계에 ~ [kigee ~ キゲエ ～] 機械に巻き込まれる / 사건에 ~ [sa:k'ɔne ～ サーコネ ～] 事件に巻き込まれる.

말로 [末路] [mallo マルロ] 图 末路 ¶ 영웅의 ~ [jɔŋuŋe ~ ヨンウンエ ～] 英雄の末路.

말리다¹ [mallida マルリダ] ① 自 くるくると巻かれる; '말다'の受動 ¶ 종이가 ~ [tʃoŋiga ～ チョンイガ ～] 紙が巻かれる ② 巻き込まれる ¶ 소용돌이 속에 ~ [sojoŋdori so:ge ～ ソヨントリ ソーゲ ～] 渦の中に巻き込まれる.

*__말리다²__ [mallida マルリダ] 他 制する; やめさせる ¶ 싸움을 ~ [s'aumul ～ ッサウムル ～] けんかをやめさせる.

*__말리다³__ [mallida マルリダ] 他 乾かす; 干す ¶ 빨래를 ~ [p'allɛrul ～ ッパルレルル ～] 洗濯物を乾かす[干す].

말-마디 [ma:lmadi マールマディ] 图 ① (筋道の通った)一区切りの言葉 ¶ ~(깨)나 하는 사람 [~(k'ɛ)na hanun sa:ram ～(ッケ)ナ ハヌン サーラム] ひと通り口が立つ人; 筋を立てて話す語り手 ② 小言 ¶ ~ 듣다 [~ dut'a ～ ドゥッタ] ちょっとした小言を食う.

말-막다 [ma:lmakt'a マールマクタ] 他 話の腰を折る **말-막히다** [ma:lmakʰida マールマクキダ] 自 言葉に詰まる; 言葉に窮する.

말-많다 [ma:lmantʰa マールマンタ] 形 ① 口うるさい; 理屈っぽい ② 悶着ちゃくやもめ事をよく起こして評判が悪い.

말(도)-말아라 [ma:l(do)marara マール(ド)マララ] 慣 …たら言ったものじゃない; あきれた話だよ ¶ユ 이야기는 ～ [kɯ ijaginɯn ～ クイヤギヌン ～] その話ったら言ったものじゃないよ; あきれた話だよ; 口にもするな.

***말-머리** [ma:lmori マールモリ] 名 話の糸口; 話題 ¶～를 꺼내다 [～rɯl k'ɔ:nεda ～ルル ッコーネダ] 話を切り出す.

말-못하다 [ma:lmotʰada マールモッタダ] 形 連体 口に出して言えない; 打ち明けられない ¶말못할 사정 [ma:lmotʰal sa:dʒɔŋ マールモッタル サージョン] 話せない事情 / 말못할 심정(心情) [ma:lmotʰal ʃimdʒɔŋ マールモッタル シムジョン] 苦しい思い.

말-문 [一門] [ma:lmun マールムン] 名 話の糸口 [端緒]; 口 ¶～이 막히다 [～i makʰida (マールム)ニ マクキダ] (あきれたりして)二の句が継げない; 言葉が詰まる/～을 떼다 [열다] [～ɯl t'e:da [jɔ:lda] (マールム)ヌル ッテーダ [ヨールダ]] 口を開く; 話し始める.

말미 [malmi マルミ] 名 休暇, 暇 **—받다** [bat'a バッタ] 休暇をもらう.

***말미암다** [malmiamt'a マルミアムタ] 自 …(に)よる; …に基づく ¶부주의로 말미암은 사고 [pudʒuiro malmiamɯn sa:go プジュイロ マルミアムンサーゴ] 不注意による事故.

말-발 [ma:lp'al マールパル] 名 筋道の通った話; 辻褄つじつまの合う言葉 **—서다** [sɔda ソダ] 自 命じた [話した] とおりにことがよくはかどる; 話が通じる.

***말-버릇** [ma:lp'orɯt マールポルッ] 名 口癖; 話し癖; 口の利き方.

말-벗 [상대] [ma:lp'ɔt[saŋdε] マールポッ[サンデ]] 名 話し相手; 茶飲み友達.

말-붙이다 [ma:lbutsʰida マールブチダ] 他 人に話しかける; 言葉つきを試す.

말-비치다 [ma:lbitsʰida マールビチダ] 自 話をほのめかす; 口をはさむ ¶그런 말을 비치더라 [kɯrɔn ma:rɯl pitsʰidora クロン マールル ピチドラ] そんな話をほのめかしたよ.

말-삼키다 [ma:lsamkʰida マールサムキダ] 口にするのをためらう.

말-소리 [ma:ls'ori マールソリ] 名 話し声; 声 ¶～가 들리다 [～ga tullida ～ガ トゥルリダ] 話し声が聞こえる.

말-솜씨 [ma:ls'omʃ'i マールソムッシ] 名 話術 ¶～가 좋다 [～ga tʃo:tʰa ～ガ チョーッタ] 口が達者だ; 口前がいい/～가 없다 [～ga ɔ:pt'a ～ガ オープタ] 口下手だ.

말-수 [一數] [ma:ls'u マールッス] 名 口数; 言葉数 ¶～가 적은 여자 [～ga tʃo:gɯn njodʒa ～ガ チョーグン ニョジャ] (口が重く) 口数の少ない女性.

말-시비 [一是非] [ma:lʃibi マールシビ] 名 한자 言いがかり [争い]; 口げんか.

말-실수 [一失手] [ma:lʃils'u マールシルッス] 名 한자 言い誤り; 失言.

*** 말썽** [ma:ls'ɔŋ マールッソン] 名 悶着もんちゃく; もめ事; 面倒; 問題; トラブル ¶～을 일으키다 [～ɯl irukʰida ～ウル イルキダ] 問題 [悶着] を起こす **—부리다** [burida ブリダ] 自 言いがかりをつけて事を荒立てる; 悶着を起こす **—피우다** [pʰiuda ピウダ] 自 面倒を起こす **—거리** [k'ɔri コリ] 名 悶着の種; 問題 [悩み] の種 **—꾸러기** [k'uroŋi k'uroŋi] **—꾼** [k'un] ックロギ [ックン] 名 悶着を起こす人; やっかい者; 困り者; 問題児.

말쑥-하다 [mals'ukʰada マルッスクカダ] 形 きれいだ; すっきり [さっぱり] している ¶～한 옷차림 [～kʰan otsʰarim ～カン オッチャリム] こざっぱりした身なり **말쑥-이** [mals'ugi マルッスギ] 副 すっきりと; さっぱりと.

*** 말씀** [ma:ls'um マールッスム] 名 ① (尊敬語として) 目上の人の言葉; お言葉; お話 ¶～을 듣다 [～ɯl tɯt'a (マールッス) ムル トゥッタ] お話をうかがう ② (謙譲語として) 目上の人に対する自分の言葉 ¶～을 올리다 [드리다] [～ɯl ollida [tɯrida] (マールッス) ムル オルリダ [トゥリダ]] 申し上げる; …を申し述べる **—하시다** [haʃida ハシダ] 自他 おっしゃる; お話なさる.

*** 말-씨** [ma:lʃ'i マールッシ] 名 言い方; 話し言葉; 言葉遣い; なまり; 弁 ¶공손한 ～ [koŋsonhan ～ コンソンハン ～] 丁寧な言葉遣い / 서울 ～ [sɔul ～ ソウル ～] ソウル弁.

말-아니다 [ma:ranida マーラニダ] 形 ① 話にならない ¶말아닌 소리마라

말 안되다

[ma:ranin sorimara マーラニン ソリマラ] 話にもならないことを言うな ② ひどい ¶치우가 ~[tʃʰo:uga ~ チョーウガ ~] 待遇があまりにもひどい.

말-안되다 [ma:randweda マーランドゥェダ] 形 話にならない; 言うことが理に合わない; とんでもない.

*****말-없이** [ma:rɔpʃ'i マーロプシ] 副 何も言わず(に); 黙って; 黙々と ¶~ 가버리다[~ kaborida ~ カボリダ] 何も言わずに立ち去る / ~ 일하다[~ i:rhada ~ イールハダ] 黙々と仕事をする.

말엽[末葉][marjəp マリョプ] 图 末葉; 末期 ¶20세기 ~[i:ʃips'egi ~ イーシプセギ ~] 20世紀の末葉.

말음[末音][marum マルム] 图 末音; 終声; 一音節の中で終わりに出る音(입니다[imnida イムニダ] においての 'ㅂ', 'ㅂ'は '받침') ──**법칙**[bɔptʃʰik ボプチク] 图 〈言〉ハングルで末音[終声]が本来の音価を出さない法則(부엌(에서)→부억(es) [puəɡ(esə) プオ(ゲソ)]「台所で」; 첫아들→천아들[tʃʰədadul チョダドゥル]「最初の息子」など).

말-이다[marida マリダ] 感 語調を整えたり, 聞き手の注意を引くために使うつけ言葉 ¶마리야[marija マリヤ] ¶그런데 ~[kuurənde ~ クロンデ ~] それでね / 싫단 ~[siltʰan ~ シルタン ~] 嫌だというのに.

말일[末日][maril マリル] 图 末日.

말-잠자리 [maldʒamdʒari マルジャムジャリ] 图 〈虫〉ギンヤンマ; サナエトンボ.

말-재간[재주][一才幹][才幹(才幹)][ma:ltʃ'ɛgan[tʃ'ɛdʒu] マールチェガン[チェジュ]] 图 話術; 弁才; 口才 ¶~ 있는 사람[~ innun sa:ram マールチェガンニンヌン サーラム] 口達者; 弁舌巧みな人.

말-조심[一操心][ma:ldʒoʃim マールジョシム] 图 하자 言葉[口]を慎むこと.

말-주변 [ma:ltʃ'ubjən マールチュビョン] 图 言い回し; 弁才; 口才 ¶~이 좋다[~i tʃo:tʰa ~-(チュビョ)ニ チョータ] 言い回しがうまい; 口達者だ; 口弁がいい ¶~이 없다[~i ɔ:pt'a ~-(チュビョ)ニ オープタ] 口下手だ.

말직[末職][maltʃ'ik マルチク] 图 末職; 下役.

말짜[末一][maltʃ'a マルッチャ] 图 ① 一番低質な物 ② 役立たず ¶인간 ~[ingan ~ インガン ~] 人間のくず.

말짱-하다[maltʃ'aŋhada マルッチャン

ハダ] 形 ① 無欠だ; まともだ; ま新しい. <'멀쩡하다' ¶~한 옷[~-han ot ~-ハン オッ] 汚れていない着物; ま新しい服 ② きれいだ; (精神状態が) はっきりしている; 正気だ ¶~하게 치우다[~-hage tʃʰiuda ~-ハゲチウダ] きれいに片づける ③ とんでもない(嘘등) **말짱-히**[maltʃ'aŋi マルッチャンイ] 副 損なわれずに; きれいに.

*****말-참견**[一參見][ma:ltʃʰamgjən マールチャムギョン] 图 하자 口出し; お節介; ちょっかい; =**말참례**(參禮)[ma:ltʃʰamne マールチャムネ] ¶곁에서 ~하다[kjətʰesə ~hada キョテソ ~ハダ] 横槍를を入れる; 横(合い)から口を出す.

말-채찍[maltʃʰɛtʃ'ik マルチェッチク] 图 馬の鞭も.

말초[末梢][maltʃʰo マルチョ] 图 末梢 ──**신경**[ʃingjəŋ シンギョン] 图 末梢神経.

말-치레 [ma:ltʃʰire マールチレ] 图 하자 うわべばかりの言いぐさ ¶~만 번드레하다[~man pəndurehada ~マン ポンドゥレハダ] 口先ばかりうまい.

*****말-투**[一套][ma:ltʰu マールトゥ] 图 口ぶり; 話ぶり; 言葉つき; ='말버릇' ¶~가 건방지다[~ga kəŋbaŋdʒida ~ガ コンバンジダ] 言葉つきが生意気だ.

말-하기[ma:rhagi マールハギ] 图 話し方; スピーキング; 話す[言う]こと.

*****말-하다**[ma:rhada マールハダ] 他 여変 ① 言う; 話す; 語る; 述べる ¶영어로 ~[jɔŋəro ~ ヨンオロ ~] 英語で話す / 심경을 ~[ʃimgjəŋul ~ シムギョンウル ~] 心境を語る / 의견을 ~[uːigjənul ~ ウィーギョヌル ~] 意見を述べる ② (小言を)言う; 言い聞かせる; たしなめる ¶아무리 말해도 듣지 않는다[a:muri ma:rhedo tuttʃ'i annunda アームリ マールヘド ウッチ アンヌンダ] いくら言っても聞かない ③ 頼む; 依頼する ¶그에게 말하면[kuuege ma:rhamjən クエゲ マールハミョン] 彼に頼めば….

*****말-하자면** [ma:rhadʒamjən マールハジャミョン] 副 言わば; 言ってみれば; たとえて言えば ¶이 마을은 ~ 내 고향이다[i mauurun ~ nɛ kohjaŋida イ マウルン ~ ネ コヒャンイダ] この村は言わば私の故郷だ.

말할 것도-없다 [ma:rhal k'ɔt'o ɔ:pt'a マールハル コット オープタ] 慣 言うまで

もない ¶그들이 기뻐한 것은 ~ [kɯduri kip'ɔhan kɔsɯn ~ クドゥリ キッポハン コスン ~] 彼らが喜んだことは言うまでもない --**―없이** [ɔ:p'i.ɔpʃi オープシ] 個 言うまでもなく ¶영어는 ~ 독일어도 잘 한다[jɔŋɔnɯn ~ togirɔdo tʃar handa ヨンゴヌン ~ トギロドチャル ハンダ] 英語は言うまでもなくドイツ語もうまい[上手だ].

말할 수-없이 [ma:rhal s'u ɔ:pʃ'i マールハルス オープシ] 個 この上なく; なんとも言えないほど; 途方もなく ¶~ 비싼 값[~ pis'an k'ap ~ ピッサン カプ] 途方もなく高い値.

***맑다** [makt'a マクタ] 形 ① 清い; 澄んでいる; 冴えている ¶맑은 물[malgɯn mul マルグン ムル] 清い水 / 맑고 상쾌한 공기[malkho sa:ŋkhwɛhan koŋgi マルコ サーンクェハン コンギ] 澄んできわやかな空気 / 맑은 음색[malgɯn ɯmsek マルグン ウムセク] 冴えた音色 ② 晴れている ¶맑은 하늘[malgɯn hanɯl マルグン ハヌル] 晴れ渡った空 ③ 役得[余分]がない ¶맑은 직장[malgɯn tʃiktʃ'aŋ マルグン チクチャン] 役得のない職場 **맑음** [malgɯm マルグム] 名 晴れ.

맑은 장국[—醬—] [malgɯn tʃaːŋk'uk マルグン チャーンクク] 名 (牛肉の)澄まし汁 ¶도미의 ~ [to:mie ~ トーミエ ~] 鯛の澄まし汁.

***맛** [mat マッ] 名 ① 味; 味わい ¶~을 내다[masɯl nɛːda マスル ネーダ] 味をつける / ~이 들다[maʃi tɯlda マシ トゥルダ] 味がつく ② 面白み ¶살림 ~ [sallim ~ サルリム ~] 暮らしの面白み ③ 満足感.

맛-깔 [matk'al マッカル] 名 (食べ物の)持ち味; 味加減 **—스럽다** [sɯrɔpt'a スロプタ] 形 ㅂ変 ① 味が口に合う; おいしそうである ② 気に入る.

맛-나다 [mannada マンナダ] 1 形 味がよい; おいしい; うまい ¶맛나는 음식 [mannanɯn ɯːmʃik マンナヌン ウームシク] おいしい食べ物 2 自 味が出る; おいしくなる ¶씹을수록 맛이 나는 오징어[ʃ'ibulsˈurɔŋ maʃi nanɯn odʒiŋɔ ッシブルスロン マシ ナヌン オジンオ] かめばかむほど味が出るスルメ.

맛-대가리 [mat'ɛgari マッテガリ] 名 俗 味 **—없다** [ɔpt'a オプタ] 存 ちっともおいしくない.

맛-들다 [mat'ɯlda マットゥルダ] 自 ㄹ語幹 味がつく; 持ち味が出る; おいしくなる ¶김치가 ~ [kimtʃhiga ~ キムチガ ~] キムチの味がつく[おいしくなる].

맛-들이다 [mat'ɯrida マットゥリダ] 1 他 味をつける ¶술을 ~ [surɯl ~ スル ~] 酒をねかせる 2 自 味を占める; 興味を覚える ¶술에 ~ [sure ~ スレ ~] 酒に味を占める / 낚시에 ~ [nakʃ'ie ~ ナクシエ ~] 釣りに興味を覚える.

맛-보기 [matp'ogi マッボギ] 名 ① 味を主にして量を少な目にした食べ物 ② 味加減を見ること.

맛-보다 [matp'oda マッボダ] 他 ① 味をみる; 味を試す ¶김치를 ~ [kimtʃhirɯl ~ キムチルル ~] キムチの味をみる ② 味わう; 体験[経験]する ¶인생의 비애를 ~ [insɛŋe piːɛrɯl ~ インセンエ ピーエルル ~] 人生の悲哀を味わう ③ ひどい目にあう.

맛-소금 [mas'ogum マッソグム] 名 調味料を添加した塩.

***맛-없다** [madɔpt'a マドプタ] 存 ① 味がまずい; おいしくない ② 面白くない ③ やぼったい **맛-없이** [madɔpʃ'i マドプシ] 副 まずく; つまらなく.

***맛-있다** [maʃit'a マシッタ / madit'a マディッタ] 存 ① おいしい; うまい ¶맛있는 음식[maʃinnɯn [madinnɯn] ɯːmʃik マシンヌン [マディンヌン] ウームシク] おいしい食べ物 ② 面白い.

맛-좋다 [matʃ'otha マッチョッタ] 形 味がいい; おいしい ¶맛좋은 반찬[matʃ'oɯn pantʃ'han マッチョウン パンチャン] おいしいおかず.

망가-뜨리다 [maŋgat'ɯrida マンガットゥリダ] 他 (ぶっ)壊す; 駄目にする.

망가-지다 [maŋgadʒida マンガジダ] 自 壊れる; 駄目になる; = **망그러지다** [maŋgurɔdʒida マングロジダ] ¶냄비가 ~ [nɛmbiga ~ ネムビガ ~] なべが壊れる.

망각-하다 [忘却—] [maŋgakhada マンガクハダ] 他 忘却する; 忘れ去る; 忘れる ¶책임을 ~ [tʃhɛgimul ~ チェギムル ~] 責任を忘れる.

망나니 [maŋnani マンナニ] 名 ならず者.

망년-회 [忘年會] [maŋnjɔnhwe マンニョンフェ] 名 忘年会.

망동 [妄動] [maːŋdoŋ マーンドン] 名 하自 妄動 ¶경거 ~을 삼가다[kjɔŋ-

망라[網羅] [maŋna マンナ] 名 하他 網羅. ¶ 모든 것을 ~하다 [mo:dɯn kɔsɯl ~hada モードゥン コスル ~ハダ] すべてを網羅する.

망령[妄靈] [ma:ŋnjɔŋ マーンニョン] 名 もうろく. **—들다** [dɯlda ドゥルダ] (ㄹ語幹) もうろくする; 老いて頭がぼける. **—부리다** [burida ブリダ] 自 老いぼれてばかげた行動をする. **—스럽다** [sɯrɔptʰa スロプタ] 形 ㅂ変 ぼけがかっている; もうろくしたようだ.

망막[茫漠] [maŋmak マンマク] 名 하形 茫漠ばく. ① 広々として限りのないさま. ¶ ~한 평원 [(maŋma)kʰan pʰjɔŋwɔn ~カン ピョンウォン] 茫漠たる平原. ② ぼうっとして不確かなさま; 見通しのつかないさま. ¶ 앞길이 ~하다 [apk'iri (maŋma)kʰada アプキリ ~カダ] お先真っ暗だ; 先の見通しがつかない.

망망[茫茫] [maŋmaŋ マンマン] 名 하形 茫々ぼう; 広々として果てしないさま. ¶ ~한 대해 [~han tɛ:hɛ ~ハン テーヘ] 茫々たる大海.

망명[亡命] [maŋmjɔŋ マンミョン] 名 하自 亡命. ¶ ~ 정권 [~ dʒɔŋk'wɔn ~ ジョンクォン] 亡命政権. **—객**(客) [gɛk ゲク] 名 亡命者(客).

망발[妄發] [ma:ŋbal マーンバル] 名 하自 ① でたらめな言葉を発すること. ② 妄言; 放言. ¶ 그런 ~을 하다니 [kɯrɔn (ma:ŋbar)ɯl hadani クロン ~バルル ハダニ] そんな放言を吐くとは.

망-보다[望—] [ma:ŋboda マーンボダ] 自他 (人の動作や様子を) 見張る.

망부-석[望夫石] [ma:ŋbusɔk マーンブソク] 名 望夫石 (貞女が遠くへ行った夫の帰りを待ちあぐんでそのまま石に化したと伝えられる石).

망상[妄想] [ma:ŋsaŋ マーンサン] 名 妄想. ¶ ~에 빠지다 [~e p'a:dʒida ~エ ッパージダ] 妄想にふける / 과대 ~ [kwa:dɛ ~ クァーデ ~] 誇大妄想.

망-서다[望—] [maŋsɔda マンソダ] 自 見張りに立つ.

망설-거리다[maŋsɔlgɔrida マンソルゴリダ] 自 もじもじする; 尻込ごみする; ためらう. ¶ 한참 ~가 입을 열다 [hantʃʰam ~ga ibɯl jɔ:lda ハンチャム ~ガ イブル ヨールダ] しばらくためらったのち口を割る.

망설여-지다 [maŋsɔrjɔdʒida マンソリョジダ] 自 ためらわれる.

***망설-이다** [maŋsɔrida マンソリダ] 自 ためらう; 躊躇ちゅうする; もじもじする; 迷う; 惑う. ¶ 대답을 ~ [tɛ:dabɯl ~ テーダブル ~] 返事をためらう.

***망신**[亡身] [maŋʃin マンシン] 名 하自 △恥. 恥さらし; 赤恥. ¶ ~ 당하다 [~ daŋhada ~ ダンハダ] 恥をかく[とる] / 집안 ~이다 [tʃiban ~ida チバン (マンシ)ニダ] 一家の恥さらしである. **—스럽다** [sɯrɔptʰa スロプタ] 形 ㅂ変 恥ずかしい. **—시키다** [ʃikʰida シキダ] 他 恥をかかせる; 威信・名誉を傷つける. **—살**(煞) [s'al ッサル] 名 恥をさらすことになるであろう運. ¶ ~이 뻗치다 [~(s'ar)i p'ɔtʃʰida ~(ッサリ) ッポッチダ] 恥をもたらす凶運が引き続く.

망아지[maŋadʒi マンアジ] 名 小馬; 駒.

망언[妄言] [ma:ŋɔn マーンオン] 名 하自 妄言; 放言; 暴言; でたらめな言葉.

망연[茫然] [maŋɔn マンヨン] 名 하形 ① 茫然ぜん; 広々として果てしないさま. ¶ 비보를 받고 ~할 따름이다 [pi:borɯl patk'o ~hal t'arɯmida ピーボルル パッコ ~ハルッタルミダ] 悲報を接して茫然とするばかりだ. ② 呆然ぜん; 気が抜けてぼんやりしたさま. ¶ 놀라서 ~해지다 [no:llasɔ ~hedʒida ノーララソ ~ヘジダ] 驚いて呆然とする. **—자실** [dʒaʃil ジャシル] 名 하他 茫然自失. ¶ 부친 사망 소식에 ~했다 [putʃʰin sa:maŋ soʃige ~-(dʒaʃir)hɛt'a プチン サーマン ソシゲ ~ヘッタ] 父の死の知らせに茫然自失となった. **—히** [i (マンヨ)ニ] 副 茫然と; 呆然と. ¶ ~ 소일(消日)하다 [~ soirhada ~ ソイルハダ] 茫然と日を暮らす.

망울[maŋul マンウル] 名 ① 小さく丸い塊 [しこり・粒]. ¶ ~이 지다 [서다] [(maŋur)i tʃida [sɔda] (マンウ)リ チダ[ソダ]] しこりができる; つぼみをつける / ~을 짓다 [(maŋur)ɯl tʃi:t'a (マンウ)ルル チータ] 塊をつくる. ② 小さく丸い突起. ¶ 꽃~ [k'on~ ッコン~] 花のつぼみ / 눈~ [nun~ ヌン~] 眼球.

***망원-경**[望遠鏡] [ma:ŋwɔngjɔŋ マーンウォンギョン] 名 望遠鏡.

망정[maŋdʒɔŋ マンジョン] 依名 …だからよかったものの(さもなければ). ¶ 찾았으니 ~이지 큰일날 뻔했다 [tʃʰadʒas'ɯni ~idʒi kʰɯnnillal p'ɔnhɛt'a チ

망측[罔測] [maŋtʃʰuk マンチュク] 名 하形 えげつないこと; 嫌らしいこと; みすぼらしいこと; 口にするのも面映ゆいこと ¶그 영화는 정말 ~하다 [kɯ jɔŋhwanɯn tʃɔːmal (maŋtʃʰɯ)-kʰada クヨンファヌン チョーンマル ~カダ] あの映画は本当にえげつない.

*망치 [maŋtʃʰi マンチ] 名 槌; ハンマー ¶쇠~ [swe~ スェ~] 金槌/~질 [~dʒil ~ジル] 槌打ち.

*망-치다 [亡—] [maŋtʃʰida マンチダ] 他 台無しにする; 駄目にする; 滅ぼす ¶일생을 ~ [ilsʼɛŋɯl ~ イルセンウル~] 一生を棒に振る/신세를 ~ [ʃinserɯl ~ シンセルル ~] 身の上を台無しにする/집안을 ~ [tʃibanɯl ~ チバヌル~] 家をつぶす[滅ぼす].

*망-하다 [亡—] [maŋhada マンハダ] 1 自 滅びる; つぶれる ¶회사가 ~ [hweːsaga ~ フェーサガ ~] 会社がつぶれる[倒れる] 2 形 ① やりにくい ¶읽기 ~ [ilkʼi ~ イルキ ~] 読みにくい ② (見るからに)みっともない=¶보기 ~ [pogi ~ ポギ ~].

*맞다¹ [matʼa マッタ] 自 ① 合う; 正しい ¶뚜껑이 꼭 ~ [tʼukʼəŋi kʼok ~ ットゥッコンイ ッコン~] ふたがぴったり合う/맞는 답 [mannɯn tap マンヌン タプ] 正しい答え ② 似合う; ふさわしい ¶너에게 맞는 옷 [nɔege mannɯn ot ノエゲ マンヌン ノッ] お前に似合う着物/신분에 맞는 복장 [ʃinbune mannɯn poktʼaŋ シンブネ マンヌン ポクチャン] 身分にふさわしい服装 ③ 一致する ¶의견이 ~ [ɯigjɔni ~ ウィーギョニ~] 意見が一致する ④ 気に入る; 口に合う ¶입에 맞는 음식 [ibe mannɯn ɯːmʃik イベ マンヌン ウームシク] 口に合う食べ物 ⑤ 的中する; 当たる ¶예언이 맞았다 [jeːɔni madʒatʼa イェーオニ マジャッタ] 予言が当たった[的中した].

*맞다² [matʼa マッタ] 他 ① 迎える ¶손님을 ~ [sonnimɯl ~ ソンニムル~] お客を迎える ② (夫や妻を)迎える; めとる ¶아내를 ~ [anerɯl ~ アネルル ~] 妻をめとる ③ (記念日・季節などに)当たる; 迎える ¶설을 ~ [sɔːrɯl ~ ソールル~] お正月を迎える ④ (物事に)当面する; 遭う ¶도둑을 ~ [todugɯl ~ トドゥグル ~] 盗難に遭う.

*맞다³ [matʼa マッタ] 他 ① 打たれる; 殴られる ¶돌에 ~ [toːre ~ トーレ~] 石で打たれる ② ぶつかる; 当たる ¶공이 머리에 ~ [koːŋi mɔrie ~ コーンイ モリエ ~] ボールが頭に当たる ③ (雨・風・雪などに)当たる; 濡れる ④ (弾丸・矢に)当たる ⑤ (注射・鍼等を)打ってもらう ¶침을 ~ [tʃʰimɯl ~ チムル~] 鍼を打ってもらう.

-맞다 [matʼa マッタ] 接尾 …くさい; …しい; …っぽい ¶궁상~ [kuŋsaŋ~ クンサン~] 貧乏くさい/능글~ [nɯŋgɯl~ ヌングル~] ふてぶてしい.

맞-닥뜨리다 [matʼaktʼɯrida マッタクトゥリダ] 自 出くわす; ぶつかり合う ¶친구와 거리에서 ~ [tʃʰinguwa kɔriesɔ ~ チングワ コリエソ ~] 道で友人に出くわす.

맞-닥치다 [matʼaktʃʰida マッタクチダ] 自 ① ぶつかり合う; 直面する ② (2つのことが)同時に迫る; 重なる.

맞-당기다 [matʼaŋgida マッタンギダ] 1 自 両方から引っ張られる 2 他 (互いに)引っ張り合う ¶양쪽에서 줄을 ~ [jaːŋtʃʼogesɔ tʃurɯl ~ ヤーンッチョゲソ チュルル ~] 両側で綱を引っ張り合う.

맞-닿다 [matʼatʰa マッタッタ] 自 触れ合う; 相接する ¶어깨와 어깨가 ~ [kʼɛwa ɔkʼɛga ~ オッケワ オッケガ~] 肩と肩が触れ合う/하늘과 땅이 ~ [hanɯlgwa tʼaŋi ~ ハヌルグァ ッタンイ ~] 天と地が相接する.

*맞-대꾸 [matʼɛkʼu マッテック] 名 하自 面と向かっての口答え[言い返し].

*맞-대다 [matʼɛda マッテダ] 他 ① 突き合わせる; くっつく ¶얼굴을 ~ [ɔlgurɯl ~ オルグルル ~] 顔を寄せる ② 面と向かう; 対面する ¶맞대고 욕하다 [matʼɛgo jokʰada マッテゴ ヨクハダ] 面と向かってののしる[悪口を言う].

맞-대들다 [matʼɛdɯlda マッテドゥルダ] 自 とっくみ合う ¶~-대들고 싸우다 [~-tʼɛdɯlgo sʼauda ~-テドゥルゴッサウダ] とっくみ合ってけんかをする.

맞-대면 [—對面] [matʼɛmjɔn マッテミョン] 名 하自 当事者同士の対面.

맞-대하다 [—對—] [matʼɛhada マッテハダ] 自 여変 ① 面と向かう; 相対

맞돈 [mat'on マットン] 图 現金(払い); 即金 ¶ ~으로 거래하다 [~ɯro kɔːrɛhada (マット) ヌロ コーレハダ] 現金[即金]で取り引きする.

맞-들다 [mat'ɯlda マットゥルダ] 他 ㄹ語幹 ① 両方から持ち合う ¶ 책상을 ~ [tʃɛks'aŋɯl ~ チェクサンウル ~] 机を両方から持ち合う ② 協力する.

*__맞-먹다__ [manmɔkt'a マンモクタ] 国 匹敵する; 釣り合う ¶ 두 사람의 실력은 맞먹는다 [tuː sarame ʃilljɔgɯn manmɔŋnɯnda トゥー サラメ シルリョグン マンモンヌンダ] 2人の実力は匹敵する[五分五分である].

맞-물리다 [manmullida マンムルリダ] 国 かみ合わさる; 食い合う ¶ 톱니 바퀴가 ~ [tʰomni bakʰwiga ~ トムニ バクィガ ~] 歯車がかみ合う[食い合う].

맞-바꾸다 [matp'ak'uda マッパックダ] 他 (値段を問わず)品物と品物を交換する ¶ 책과 잡지를 ~ [tʃɛk'wa tʃaptʃ'irɯl ~ チェククァ チャプチルル ~] 本と雑誌を割増しなしに交換する.

맞-바람 [matp'arm マッパラム] 图 向かい風; 逆風 ¶ ~을 받고 달리다 [~ɯl patk'o tallida (マッパラ)ムル パッコ タルリダ] 逆風をついて走る.

맞-받다 [matp'at'a マッパッタ] 他 ① まともに受ける, やり返す; 仕返しする ¶ 맞받아 치다 [matp'ada tʃʰida マッパダ チダ] (ボクシングで)カウンターブローを飛ばす / 볼을 맞받아 치다 [boːrul matp'ada tʃʰida ボールル マッパダ チダ] ボールを打ち返す ② 受け継ぐ ¶ 맞받아 노래하다 [matp'ada norɛhada マッパダ ノレハダ] 引き継いで歌う ③ 正面から受ける ¶ 햇빛을 ~ [hɛtp'itʃʰɯl ~ ヘッピチュル ~] 日差しをまともに受ける ④ ぶつける ¶ 벽에 이마를 ~ [pjɔge imarɯl ~ ピョゲイマルル ~] 壁に額をぶつける.

*__맞-벌이__ [matp'ɔri マッポリ] 图 하自 共働き ¶ ~ 부부 [~ bubu ~ ププ] 共働きの夫婦.

맞-부딪치다 [matp'uditʃʰida マップディッチダ] 国他 互いに突き当たる[突き当てる]; ぶつかり合う; 正面衝突する ¶ 버스와 트럭이 ~ [busuwa tʰurɔgi ~ ボスワ トゥロギ ~] バスとトラックが正面衝突する.

맞-불 [matp'ul マップル] 图 向かい火 ¶ 산불을 끄기 위해 ~을 놓다 [sanp'urɯl k'ɯgi wihɛ (map'ur)ɯl notʰa サンブルル ックギ ウィヘ (マップ)ルル ノッタ] 山火事を食い止めるために向かい火をつける[放つ].

맞-붙다 [matp'ut'a マップッタ] 国 ① 競り合う; 取り組む ¶ 맞붙어 싸우다 [matp'utʰɔ s'auda マップトッサウダ] 取っ組んで殴りあう ② くっつき合う.

맞-붙들다 [matp'ut'ɯlda マップットゥルダ] 他 ① 互いに支える; 助け合う ② つかみ合う ¶ 맞붙들고 싸우다 [matp'ut'ɯlgo s'auda マップットゥルゴッサウダ] つかみ合ってけんかをする.

맞-붙이다 [matp'utʃʰida マップチダ] 他 ① くっつける; 張り合わせる ② 取り組ませる; 競り合わせる ③ 互いに対面させる.

맞-붙잡다 [matp'utʃ'apt'a マップッチャプタ] 他 取り合う; つかみ合う ¶ 손을 ~ [sonul ~ ソヌル ~] 手を取り合う.

맞-상대 [—相對] [mas'aŋdɛ マッサンデ] 图 하自 直接相手になること ¶ 내가 ~해 주겠다 [nɛga ~hɛ tʃugetʰ'a ネガ ~へ チュゲッタ] おれが相手になってやろう.

*__맞-서다__ [mas'ɔda マッソダ] 国 ① お互いに向かいあって立つ=마주 서다 [madʒu sɔda マジュソダ] の略 ② 対立する; 歯向かう; 張り合う ¶ 의견이 ~ [ɯiːgjɔni ~ ウィーギョニ ~] 意見が対立する ③ 立ち向かう; 直面する ¶ 가혹한 운명에 ~ [kaːhokʰan uːnmjɔne ~ カーホクカン ウーンミョンエ ~] きびしい運命に立ち向かう.

맞-선 [mas'ɔn マッソン] 图 見合い ¶ ~을 보다 [~ɯl poda (マッソ)ヌル ボダ] 見合いをする.

맞아-들이다 [madʒadɯrida マジャドゥリダ] 他 迎え入れる; 招き入れる ¶ 손님을 집에 ~ [sonnimɯl tʃibe ~ ソンニムル チベ ~] 客を家に迎え入れる / 고문으로 ~ [komunɯro ~ コムヌロ ~] 顧問に迎える.

맞아-떨어지다 [madʒat'ɔdʒida マジャットロジダ] 国 (計算などが)ぴったり[きっちり]合う; 的中する ¶ 계산이 ~ [keːsani ~ ケーサニ ~] 勘定がぴったり合う / 그가 한 말이 ~-떨어졌다 [kɯga han maːri ~-t'ɔrɔdʒɔtʰ'a

クガ ハン マーリ ~ーットロジョッタ] 彼の言ったことが的中した.

*맞은-쪽[편][-便][madʒuɯn tʃ'ok[pʰjɔn] マジュンッチョク[ピョン]] 名 向かい側; 反対側; 相手方.

-맞이[madʒi マジ] 接尾 迎え ¶손님 ~[sonnim ~ ソンニム ~] お客様の迎え / 봄 ~[pom~ ポム~] 春の迎え.

맞이-하다[madʒihada マジハダ] 他 迎える ¶생일을 ~[sɛŋirul ~ センイルル ~] 誕生日を迎える.

맞-잡다[matʃ'apt'a マッチャプタ] 他 ① 手を取り合う; 持ち合う; = 마주 잡다[madʒu dʒapt'a マジュ ジャプタ]の略 ¶손에 손을 ~[sone sonul ~ ソネ ソヌル ~] 手に手を取り合う ② 力を合わせる; 協力する ¶손을 맞잡고 일하다[sonul matʃ'apk'o i:rhada ソヌル マッチャプコ イールハダ] 力を合わせて働く.

맞-장구[matʃ'aŋgu マッチャング] 名 相づち **―치다**[tʃʰida チダ] 自 相づちを打つ; 調子を合わせる.

맞-절[matʃ'ɔl マッチョル] 名 하自 向かい合って同時にお辞儀を交わすこと.

*맞추다[matʃʰuda マッチュダ] 他 ① 合わせる; そろえる ¶발을 ~[parul ~ パルル ~] 歩調を合わせる; 足並みをそろえる / 박자를 ~[paktʃ'arul ~ パクチャルル ~] 拍子を合わせる ② (2つのものを)ぴったりさせる ¶입을 ~[ibul ~ イブル ~] 唇を合わせる; キッスする ③ 組み合わせる ¶부품(部品)을 ~[pupʰumul ~ ププムル ~] 付属品を組み合わせる ④ 適応させる ¶음식의 간을 ~[uːmʃige kanul ~ ウームシゲ カヌル ~] 食べ物の味加減をする; 味を合わせる / 비위를[기분을] ~[piːwirul [kibunul] ~ ピーウィルル[キブヌル] ~] 機嫌を取る; 気づまを合わせる ⑤ あつらえる; 注文する ¶옷을 ~[osul ~ オスル ~] 服をあつらえる / 신을 ~[ʃinul ~ シヌル ~] 靴を注文する ⑥ (正答を)出す; 解く; 当てる ¶퀴즈를 ~[kʰwidʒurul ~ クィジュルル ~] クイズを解く[当てる].

*맞춤[matʃʰum マッチュム] 名 あつらえ(物); 仕立て ¶~ 구두[~ gudu ~ グドゥ] あつらえた靴.

*맞춤-법[matʃʰumpʔɔp マッチュムポプ] 名 〈言〉正書法; 綴字法.

*맞히다¹[matʃʰida マッチダ] 他 当てる, 解く; 言い当てる ¶답을 (알아) ~[tabul (ara) ~ タブル (アラ) ~] 答えを言い当てる.

*맞히다²[matʃʰida マッチダ] 他 ① 当てる; 的中させる; 命中させる; '맞다'の使役形 ¶화살을 과녁에 ~[hwasarul kwaːnjɔge ~ ファサルル クァーニョゲ ~] 矢を的に射当てる ② (鍼 など)打たせる ¶주사를 ~[tʃuːsarul ~ チューサルル ~] 注射を打たせる ③ (雨などに)当たらせる; さらす ¶빨래를 비에 맞혔다[p'allɛrul pie matʃʰɔt'a ッパルレルル ピエ マッチョッタ] 洗濯物を雨にさらした.

*맡기다[matkʰida マッキダ] 他 ① 任せる ¶일을 부하에게 ~[iːrul puhaege ~ イールル プハエゲ ~] 仕事を部下に任せる ② ゆだねる; 委任する ¶경영을 ~[kjɔŋjɔŋul ~ キョンヨンウル ~] 経営をゆだねる ③ 預ける ¶돈을 은행에 ~[tomul ɯnhɛŋe ~ トーヌルウンヘンエ ~] お金を銀行に預ける.

*맡다¹[mat'a マッタ] 他 ① 引き受ける; 受け持つ ¶공사를 ~[koŋsarul ~ コンサルル ~] 工事を引き受ける / 대회 준비를 ~[tɛːhwe dʒuːnbirul ~ テーフェ ジューンビルル ~] 大会の準備を受け持つ ② 預かる; 保管する ¶짐을 ~[tʃimul ~ チムル ~] 荷物を預かる ③ (許可・注文などを)取る・受ける ¶주문을 ~[tʃuːmunul ~ チュームヌル ~] 注文を取る.

*맡다²[mat'a マッタ] 他 ① (においを)嗅かぐ ¶냄새를 ~[nɛːmsɛrul ~ ネームセルル ~] においを嗅ぐ ② (気配を)察する, 嗅ぎつける; 感じる ¶돈 냄새를 ~[toːnnɛmsɛrul ~ トーンネムセルル ~] 金のある気配を嗅ぎつける.

*매¹[mɛ メ] 名 鞭[笞]; むち打ち ¶~를 맞다[~rul mat'a ~ルル マッタ] 鞭で打たれた.

*매²[mɛː メー] 名 〈鳥〉タカ(鷹) ¶~ 사냥[~ sanjaŋ ~ サニャン] タカ狩り.

매-[mɛ メ] 接頭 結局は同じ ¶~한가지다[일반이다] [~hangadʒida [ilbanida]] ~ハンガジタ[イルバニダ]] 同じこと.

*매-[每][mɛː メー] 接頭 毎…; ごと; たびに; おのおの ¶~주[~dʒu ~ジュ] 毎週 / ~번[~bɔn ~ ボン] 毎度.

-매[mɛ メ] 接尾 様子・なり・ふり;

つき ¶옷~[on~ オン~] 身なり/몸~[mom~ モム~] 体つき/눈~[nun~ ヌン~] 目つき.

매각[賣却][mɛːgak メーガク] 名 他 売却 ¶~ 처분[~ tɕʰɔːbun ~ チョーブン] 売却処分.

매개[媒介][mɛgɛ メゲ] 名 媒介 —**물**[mul ムル] 名 媒介物 —**체**(體)[tɕʰe チェ] 名 媒体 —**하다**[hada ハダ] 他 媒介する; 取り持つ; 仲立ちする.

매국[賣國][mɛːguk メーグク] 名 他自 売国 ¶~노[~(mɛːguŋ) no (メーグン)ノ] 売国奴.

매기[買氣][mɛːgi メーギ] 名 買い気 ¶~가 없다[~ga ɔːpt'a ~ガ オープタ] 買い気[売れ行き]がない.

*****매기다**[mɛgida メギダ] 他 (値段・等級・順序などを)つける ¶값을 ~[kaps'ɯl ~ カプスル ~] 値をつける.

매끄럽다[mɛk'ɯrɔpt'a メックロプタ] 形 滑らかだ; すべりやすい ¶길이 ~[kiri ~ キリ ~] 道すべりやすい.

매끈-하다[mɛk'ɯnhada メックンハダ] 形 여変 ① すべすべしている. <'미끈하다' ② (傷や欠点がなく)きちんとしている ③ すんなりしている; (顔や恣態が)整っている; スマートだ ¶몸매가 ~[mommɛga ~ モムメガ ~] 体つきがすんなりしている.

매-끼[每一][mɛːk'i メーッキ] 名 毎食.

매너[mɛnɔ メノ] manner 名 マナー; 礼儀; 作法.

매너리즘[mɛnɔridʑum メノリジュム] mannerism 名 マンネリズム; 一定の技法や形式がくり返され新味のないこと.

*****매-년**[每年][mɛːnjɔn メーニョン] 名 副 毎年; 年ごと.

매뉴얼[mɛnjuɔl メニュオル] manual 名 マニュアル; 手引き; ハンドブック.

매니저[mɛnidʑɔ メニジョ] manager 名 マネージャー; 支配人; 管理人.

매니지먼트[mɛnidʑimɔntʰɯ メニジモントゥ] management 名 マネージメント; 経営; 経営主体.

*****매다**[mɛːda メーダ] 他 ① 結ぶ; 締める; 括る ¶넥타이를 ~[nektʰairul ~ ネクタイルル ~] ネクタイを結ぶ/짐을 끈으로 ~[tɕimul k'ɯnuro ~ チムル ックヌロ ~] 荷物をひもで括る ② つなぐ ¶소를 ~[sorul ~ ソルル ~] 牛をつなぐ ③ 綴る; 綴じる ¶책을 ~[tɕʰɛgul ~ チェグル ~] 本を綴じる ④ 取りつける ¶선반을 ~[sɔnbanul ~ ソンバヌル ~] 棚を取りつける ⑤ 草取りをする ¶김~[kiːm (mɛda) キーム (メダ)] 田畑の雑草を抜き取る.

매-달다[mɛːdalda メーダルダ] 他 己語幹 ① つる; つるす; ぶら下げる ¶천장에 샹들리에를 ~[tɕʰɔndʑaŋe ɕandulljerul ~ チョンジャンエ シャンドゥルリエルル ~] 天井にシャンデリアをつるす[ぶら下げる] ② (身を)ゆだねる.

*****매-달리다**[mɛːdallida メーダルリダ] 自 ① ぶら下がる; つるされる; '매달다'の受動 ¶철봉에 ~[tɕʰɔlboŋe ~ チョルボンエ ~] 鉄棒にぶら下がる ② しがみつく; すがりつく ¶뒤집힌 보트에 ~[twidʑipʰin boːtʰɯe ~ トゥィジプピン ボートゥエ ~] 転覆したボートにしがみつく/어머니에게 ~[ɔmɔniege ~ オモニエゲ ~] 母親にすがりつく ③ 哀願する; 泣きつく ¶살려 달라고 (울며) ~[salljɔ daːllago (uːlmjɔ) ~ サルリョ ダールラゴ (ウールミョ) ~] 助けてくれと(泣きながら)哀願する ④ 頼る; 依存する ¶그의 수입에만 ~[kɯe suibeman ~ クエ スイベマン ~] 彼の収入だけに頼る ⑤ 熱中する; 没頭する; しがみつく ¶연구에 ~[jɔːŋue ~ ヨーングエ ~] 研究に没頭する/종일(終日) 책상에 ~[tɕʰoŋil tɕʰɛksaŋe ~ チョンイル チェクサンエ ~] 一日中机にしがみつく.

매도[賣渡][mɛːdo メード] 名 売り渡し —**하다**[hada ハダ] 他 売り渡す —**인**[in イン] 名 売り渡し人.

*****매듭**[mɛdɯp メドゥプ] 名 ① 結び目 ¶~을 풀다[(mɛdɯb)ɯl pʰuːlda (メドゥ)ブル プールダ] 結び目を解く ② (物事の)区切り; もつれ; 結末; 決着 ¶일에 ~을 짓다[iːre (mɛdɯb)ul tɕiːt'a イーレ (メドゥ)ブル チーッタ] 仕事に区切りをつける; 事の結末をつける.

*****매력**[魅力][mɛrjɔk メリョク] 名 魅力 ¶~적인 여성[~tɕɔgin njɔsɔŋ ~チョギン ニョソン] 魅力的な女性.

매료[魅了][mɛrjo メリョ] 名 他自 魅了 ¶독자에게 ~시키다[tokt͡ɕ'aege ~ɕikʰida トクチャエゲ ~シキダ] 読者を魅了させる.

매립[埋立][mɛrip メリプ] 名 他 埋め立て —**지**[tɕi チ] 名 埋め立てた土地; 築地.

*****매-만지다**[mɛmandʑida メマンジダ] 他 (きれいに)手入れをする; 撫でてつ

매-맞다 [mɛmat'a メマッタ] 自 (むちなどで)打たれる; 殴られる ¶매맞고 기절하다[mɛmatk'o kidʒɔrhada メマッコ キジョルハダ] 殴られて気絶する.

*__매매__[賣買] [mɛmɛ メメ] 名하他 売買 **—계약** [ge:jak ゲーヤク] 名 売買契約.

매머드 [mɛmɔdɯ メモドゥ] mammoth 名 マンモス ¶~도시[~ doʃi ~ ドシ] マンモス[巨大な]都市.

매몰[埋沒] [mɛmol メモル] 名하他 埋没; うずもれる[うずめる]こと ¶~가옥[~ gaok ~ ガオク] 埋没家屋.

매무새 [mɛmusɛ メムセ] 名 身なり; 衣服を着こなしたようす.

매무시 [mɛmuʃi メムシ] 名하自 着こなし; 装い; 身繕い ¶~를 다듬다[~rɯl tadɯmt'a ~ルル タドゥムタ] 装いを凝らす; 身繕いをする.

매물[賣物] [mɛmul メームル] 名 売り物.

*__매미__ [mɛmi メーミ] 名 〈虫〉セミ(蟬).

매복[埋伏] [mɛbok メボク] 名하自 埋伏; 待ち伏せ; 隠れ潜むこと.

매부[妹夫] [mɛbu メブ] 名 (男から見て)姉や妹の夫; 義兄[弟].

매사[毎事] [mɛ:sa メーサ] 名 副 事ごと ¶~에 참견이다[~e tʃʰamgjɔnida ~エ チャムギョニダ] 事ごとに出しゃばる.

매상[賣上] [mɛ:saŋ メーサン] 名 売り上げ; 売れ行き **—고** [go ゴ] 名 売上高 **—금** [gɯm グム] 名 上げ銭; 売上金.　「買い上げ.

매상[買上] [mɛ:saŋ メーサン] 名 하他

매설[埋設] [mɛsɔl メソル] 名하他 埋設 **—물** [mul ムル] 名 埋設物 **—작업** [dʒagɔp ジャゴプ] 名 埋設作業.

*__매섭다__ [mɛsɔpt'a メソプタ] 形 ㅂ変 ① (気性や顔つきなどが)冷たく険しい; すごい; 鋭い ¶눈초리가 ~[nuntʃʰoriga ~ ヌンチョリガ] 目つきが鋭い ② 厳しい; 激しい ¶매서운 추위 [mɛsɔun tʃʰuwi メソウン チュイ] 厳しい寒さ.

매수[買收] [mɛ:su メース] 名하他 買収 ¶토지를 ~하다 [tʰodʒirɯl ~hada トジルル ~ハダ] 土地を買収する.

매수[買受] [mɛ:su メース] 名하他 買い受け; 買い入れ.

매스 [mɛsɯ メス] mass 名 **—게임** [geim ゲイム] 名 マスゲーム **—미디어** [mi:diɔ ミーディア] 名 マスメディア **—커뮤니케이션** [kʰɔmju:nikʰeiʃɔn コミューニケイション] 名 マスコミュニケーション[マスコミ] **—프로덕션** [pʰɯrodɔkʃ'on プロドクション] 名 マスプロダクション.

*__매스껍다__ [mɛsɯk'ɔpt'a メスッコプタ] 形 むかつく; むかむかする ¶속이 ~[so:gi ~ ソーギ ~] 胸がむかつく.

매슥-거리다 [mɛsɯk'ɔrida メスッコリダ] 自 (しきりに)吐き気がする; むかむかする.　　　　　　「外食.

매식[買食] [mɛ:ʃik メーシク] 名 하自

매실[梅實] [mɛʃil メシル] 名 梅の実 ¶~ 장아찌[~ tʃ'aɲatʃ'i ~ チャンアッチ] 梅干し.

매양[毎樣] [mɛ:jaŋ メーヤン] 副 いつも; 常に ¶~ 놀기만 한다[~ no:lgiman handa ~ ノールギマン ハンダ] いつもぶらぶらしてばかりいる.

매연[煤煙] [mɛjɔn メヨン] 名 煤煙ばい.

*__매우__ [mɛu メウ] 副 非常に; とても; 大変; いたって ¶~ 춥다[~ tʃʰupt'a ~ チュプタ] やけに[とても]寒い / ~ 건강하다[~ kɔ:ŋaɲhada ~ コーンガンハダ] いたって元気である.

*__매운-탕__[—湯] [mɛuntʰaŋ メウンタン] 名 (魚・豆腐・野菜などを材料とした)辛味のなべ物.

매워-하다 [mɛwɔhada メウォハダ] 自 辛がる; 辛味を感じる.

*__매-월__[毎月] [mɛ:wɔl メーウォル] 名 副 毎月; 月ごと.

*__매이다__ [mɛida メイダ] 自 (人や仕事などに)つながれる; 縛られる; 隷属する ¶일에 ~[ire ~ イーレ ~] 仕事に縛られる **매인-목숨** [mɛinmoks'um メインモクスム] 名 (人に)縛られて・握られて暮らす身の上 ¶회사에 ~[hwe:sae ~ フェーサエ ~] 会社に宮仕えの身.

*__매-일__[毎日] [mɛ:il メーイル] 名 副 毎日; 日ごと.

매-일반[—一般] [mɛ:ilban メーイルバン] 名 同一; 同じ ¶어느 길을 가도 ~이다[ɔnɯ girɯl kado ~ida オヌ ギルル カド (メーイルバ)ニダ] どの道を行っても同じことだ.

매입-하다[買入—] [mɛ:ipʰada メーイプハダ] 他 買い入れる; 仕入れる.

매자-나무 [mɛdʒanamu メジャナム] 名 〈植〉チョウセンメギ; メギ科の落葉低木; 朝鮮小蘗・黄染木(キハダ(黄蘗)に似ている; 韓国産・垣根の庭木・花材).

매장[埋葬][mɛdʒaŋ メジャン] 图 埋葬 ¶ 가~ [ka~ カ~] 仮埋葬／학계에서 ~되다 [hak'eesɔ ~dweda ハクケエソ ~ドゥェダ] 学界から葬り去られる ─**하다**[hada ハダ] 他 埋葬する; 葬る.

매장[埋藏][mɛdʒaŋ メジャン] 하자동 埋藏 ─**문화재**[munhwadʒɛ ムンファジェ] 图 埋藏文化財 ─**물**[mul ムル] 图 埋藏物.

매장[賣場][mɛːdʒaŋ メージャン] 图 売り場.

매절[買切][mɛːdʒɔl メージョル] 图 하자동

매절[賣切][mɛːdʒɔl メージョル] 图 하자자 売り切れ; 品切れ.

매점[買占][mɛːdʒɔm メージョム] 图 하자他 買い占め ─**매석**[賣惜][mɛːsɔk メーソク] 图〈経〉買い占め売り惜しみ.

*매점[賣店][mɛːdʒɔm メージョム] 图 売店 ¶ 교내 ~ [kjoːnɛ ~ キョーネ ~] 校内売店.

매정-하다[mɛdʒɔŋhada メジョンハダ] 形 여변 不人情だ; 薄情だ; つれない; 冷たい; ＝**매정스럽다**[mɛdʒɔŋsurɔp'ta メジョンスロプタ] 形 ㅂ변 ¶ ~-한 남편[~-han namphjɔn ~-ハン ナムピョン] つれない夫.

*매-주[每週][mɛːdʒu メージュ] 图 副 毎週.

매직[mɛdʒik メジク] magic 图 マジック; 奇術; 手品; 魔力 ─**잉크**[iŋkhɯ インク] 图 マジックインキ.

*매-진[賣盡][mɛːdʒin メージン] 图 하자他 売り切れ ¶ 책이 모두 ~되었다[tʃhɛgi modu ~dwɛɔt'a チェギ モドゥ ~ドゥェオッタ] 本が全部売り切れた.

매진[邁進][mɛːdʒin メージン] 图 하자自 邁進 ¶ 일로 ~하다 [illo ~hada イルロ ~ハダ] 一路邁進する.

매-질[mɛdʒil メジル] 图 むち打ち ─**하다**[(mɛdʒir)hada ハダ] 他 むち打つ.

매춘[賣春][mɛːtʃhun メーチュン] 图 하자自 売春 ─**부**[bu ブ] 图 売春婦.

매출[賣出][mɛːtʃhul メーチュル] 图 売り出し ─**금**[gɯm グム] 图 売上金 ─**액**(額)[(mɛːtʃhur)ɛk (メーチュル)レク] 图 売上高.

매치[mɛtʃhi メチ] match 图 하자自 (競技の)マッチ; 試合 ¶ 타이틀~[thaithɯl~ タイトゥル~] タイトルマッチ／태그~[thɛgɯ~ テグ~] タッグマッチ.

매캐-하다[mɛkhɛhada メケハダ] 形 かび臭い; 煙たい＝ ¶ 연기가 ~ [jɔngiga ~ ヨンギガ ~].

매콤-하다[mɛk'omhada メコムハダ] 形 여변 やや辛い; 少し辛気がする; ぴりりとした感じがある; ＝**매큼하다**[mɛkhɯmhada メクムハダ].

매표-소[賣票所][mɛːphjoso メーピョソ] 图 切符売り場.

매-한가지[mɛhangadʒi メハンガジ] 图 同じこと; 同一であること.

매혹[魅惑][mɛhok メホク] 图 魅惑 ¶ 아름다움에 ~되다[arumdaume ~t'weda アルムダウメ ~トゥェダ] 美しさに魅せられる ─**하다**[(mɛho)khada カダ] 他 魅惑する; 魅する; 心をひきつける ─**적**[tʃhɔk チョク] 图 魅惑的.

*매화[梅花][mɛhwa メファ] 图 梅; 梅花 ─**꽃**[k'ot コッ] 图 梅花; 梅の花 ─**나무**[namu ナム] 图〈植〉ウメ(梅); 梅の木.

매-회[每回][mɛːhwe メーフェ] 图 副 毎回; 1回ごと; そのたびごとに.

*맥[脈][mɛk メク] 图 ① 脈 ¶ ~을 짚다[(mɛg)ul tʃipt'a (メ)グル チプタ] 脈を取る[見る] ② 精気の流れ[筋].

맥-놓다[mɛŋnotha メンノッタ] 自 緊張がほぐれてほっとする; 気が抜けてぼんやり[ぽかんと]する ¶ 맥을 놓고 바라보다[mɛgul nokho paraboda メグル ノッコ パラボダ] ぼんやりと眺める.

맥락[脈絡][mɛŋnak メンナク] 图 脈絡; つながり; 筋道 ¶ ~이 없는 이야기 [(mɛŋna)gi ɔmnun nijagi (メンナ)ギ オームヌン ニヤギ] 筋道の立たない話; 脈絡のない話.

맥맥-이[脈脈—][mɛŋmɛgi メンメギ] 副 よどみなく; 脈々と(して) ¶ ~-이어지는 전통[~ iɔdʒinɯn tʃhɔŋthoŋ ~ イオジヌン チョントン] 脈々と続く伝統／~ 흐르다[~ hurɯda ~ フルダ] よどみなく流れる.

맥맥-하다[mɛŋmɛkhada メンメクカダ] 形 ① 鼻が詰まって息苦しい ¶ 감기로 코가 ~[kaːmgiro khoga ~ カームギロ コガ ~] 風邪で鼻が詰まる ② 見通しがつかない; 思い出せない; もどかしい; 途方に暮れる ¶ 어쩌면 좋을지 ~[ɔtʃ'ɔmjɔn tʃoːulˈtʃ'i ~ オッチョミョン チョーウルチ ~] どうしたらいいか見通しがつかない **맥맥-히**[mɛŋmɛkhi メンメクキ] 副 もどかしそうに; 思い出せなく ¶ ~ 바라보다[~ paraboda ~ パラボダ] もどかしそうに眺める.

맥-모르다[脈—][mɛŋmorɯda メンモ

맥-못추다[脈—][mɛŋmotɕʰuda メンモッチュダ] 自 すっかり参る; 弱る; ＝**맥 못쓰다**[mɛŋmos'uda メンモッスダ] ¶더위에는 ～[tɔwienɯn ～ トウィエヌン ～] 暑さには参る／돈에는 ～[tɔːnenɯn ～ トーネヌン ～] 金には弱い.

맥박[脈搏][mɛkp'ak メクパク] 名 脈拍; 脈 **―치다**[tɕʰida チダ] 自 ① 脈打つ ② 力強く躍動する ¶자유 정신이 ～[tɕaju dʑɔŋɕini ～ チャユ ジョンシニ ～] 自由精神が脈打つ.

맥-보다[脈—][mɛkp'oda メクポダ] 自 ① 脈をみる; 脈をとる ② 意中を探る.

맥-빠지다[mɛkp'adʑida メクパジダ] 自 ① 気が抜ける; 拍子抜けする; がっかりする ¶비로 시합이 중지되어 ～[piro ɕihabi tɕuŋdʑidwøɔ ～ ピロ シハビ チュンジドゥェオ ～] 雨で試合が中止となり拍子抜けした／맥빠진 표정[mɛkp'adʑin pʰjodʑɔŋ メクパジン ピョジョン] 気の抜けた[がっかりした]表情 ② 力が抜ける ¶맥빠진 걸음으로 걷다[mɛkp'adʑin kɔrɯmɯro kɔːt'a メクパジン コルムロ コーッタ] とぼとぼと歩く.

맥-없다[脈—][mɛgɔpt'a メゴプタ] 形 元気がない ―**없이**[mɛgɔps'i メゴプシ] 副 ① 力なく; しおれて; すごすごと ¶～ 돌아가다[～ toragada ～ トラガダ] しおれて[すごすごと]帰る[立ち去る]／～ 지다[～ tɕida ～ チダ] ころりと参る ② 理由[わけ]もなく.

＊**맥주**[麥酒][mɛktɕu メクチュ] 名 ビール; ビヤ **―병**[bjɔŋ ビョン] 名 ① ビール瓶 ② 俗 泳げない人; かなづち **―홀**[hoːl ホール] 名 ビヤホール.

맥진[脈盡][mɛktɕ'in メクチン] 名하自 疲れ切ること; 力が尽きること ¶기진 ～하다[kidʑin ～hada キジン ～ハダ] 疲労困憊する; 弓折れ矢尽きる.

맥-풀리다[脈—][mɛkpʰullida メクプルリダ] 自 緊張がほぐれる; 気[力]が抜ける; 拍子抜けする.

맨[mɛn メン] man 名 マン ¶카메라～[kʰamera～ カメラ～] カメラマン.

맨¹[mɛːn メーン] 冠 もっぱら; 全部; ことごと; すべて; みな…ばかり ¶～ 상점뿐이다[～ saŋdʑɔmp'unida ～ サンジョムップニダ] みな商店ばかりだ.

＊**맨²**[mɛːn メーン] 冠 最も、一番; 最初 ¶～ 먼저 가다[～ mɔndʑɔ kada ～ モンジョ カダ] 真っ先に行く／～ 꼴찌[k'oltɕ'i[k'oŋmuni] ～ ッコルッチ[ッコンムニ] 一番最後; びり; どんじり.

맨-[mɛn メン] 接頭 素…(ありのままの意) ¶～발[～bal ～バル] 素足／～살[～sal ～サル] 素肌.

맨 꼭대기[mɛːn k'okt'ɛgi メーン ッコクテギ] 名 てっぺん; 頂上; いただき ¶저 산 ～[tɕɔ san ～ チョ サン ～] あの山のてっぺん.

맨-꽁무니[mɛnk'oŋmuni メンコンムニ] 名 ① 無一文でなにかを成すこと[人] ¶～로 장가들겠다고 한다[～ro tɕaŋgadɯlgɛt'ago handa ～ロ チャンガドゥルゲッタゴ ハンダ] 一文なしで嫁を迎えようとする ② [mɛːn メーン] 一番最後; びり; どんじり; ＝'맨 꼴찌'.

맨 끝[mɛːn k'ut メーン ックッ] 名 一番端; 最後; 末端; 俗 どんじり ¶막대기의 ～[makt'ɛgie ～ マクテギエ ～] 棒のはしっこ.

맨 나중[mɛːn nadʑuŋ メーン ナジュン] 名 副 一番終わり; 最後; 最終 ¶그는 ～에 왔다[kɯnɯn ～e wat'a クヌン ～エ ワッタ] 彼は一番最後に来た.

맨-날[mɛnnal メンナル] 副 俗 毎日; いつも. 「眼.

맨-눈[mɛnnun メンヌン] 名 肉眼; 裸

맨 뒤[mɛːn dwi メーン ドゥィ] 名 最後; 最終; 俗 びり ¶맨 뒷줄[mɛːn dwitɕ'ul メーン ドゥィッチュル] 最後の列.

맨드라미[mɛndɯrami メンドゥラミ] 名 〈植〉 ケイトウ(鶏頭).

맨-땅[mɛnt'aŋ メンッタン] 名 ① (何も敷いていない)地面 ¶～에 그냥 앉다[～e kɯnjaŋ ant'a ～エ クニャン アンタ] 地面に座る ② 施肥していない田畑; 荒地.

맨-머리[mɛnmɔri メンモリ] ① 素頭; 帽子など何もかぶっていない頭 ②(女性の髪型で)自分の地毛でまげを結った髪 ③ 俗 **맨대가리**[mɛndɛgari メンデガリ] **맨머릿-바람**[mɛnmɔritp'aram メンモリッパラム] 名 無帽のまま.

맨 먼저[mɛːn mɔndʑɔ メーン モンジョ] 名 副 真っ先; いの一番 ¶～ 왔다

맨-몸 [mɛnmom メンモㇺ] 名 ①すっ裸; 裸 ②から身; 手ぶら ¶~으로 여행하다 [~uro johɛŋhada (メンモ)ムロ ヨヘンハダ] から身で旅行する.

맨-몸뚱이 [mɛnmomt'uŋi メンモムットゥンイ] 名 '맨몸'の卑語 = 알몸뚱이 [almomt'uŋi アルモムットゥンイ]

맨 밑 [mɛ:n mit メーン ミッ] 名 一番下; 最低.

맨-바닥 [mɛnbadak メンバダㇰ] 名 何も敷いていない床 ¶~에 자다 [(mɛnbadag)e tɕada (メンバダ)ゲ チャダ] 敷物なしに寝る.

*맨-발 [mɛnbal メンバㇽ] 名 素足; はだし ¶~로 걷다 [~lo kɔːtɕ'a ~ロ コッチャ] はだしで歩く **―벗다** [bɔtɕ'a ボッタ] 自 はだしになる; 慣 一生懸命になる **―벗고 나서다** [bɔk'o nasɔda ボッコ ナソダ] 慣 (何かの事に)積極的に関与する = 발벗고 나서다 [palbok'o nasɔda パㇽボッコ ナソダ].

맨-밥 [mɛnbap メンバㇷ゚] 名 ① おかずなしのご飯 ② 粟飯栗飯.

맨-살 [mɛnsal メンサㇽ] 名 素肌; おしろいや衣服などをつけない肌.

*맨-손 [mɛnson メンソン] 名 ① 素手 ¶~으로 만지다 [~uro mandʑida (メンソン)ヌロ マンジダ] 素手でいじる ② 何も持っていない手; 素手; 手ぶら; 徒手 ¶~으로 돌아오다 [~uro toraoda (メンソン)ヌロ トラオダ] 手ぶらで戻る **―체조** [tɕʰedʑo チェジョ] 名 徒手体操.

맨송 (맨송)-하다 [mɛnsoŋ(mɛnsoŋ)-hada メンソン(メンソン)ハダ] 形 여変 ① (毛が生えるべき所に)生えていない; つるつるだ; すべすべしている ② (山に草木がなく)禿げている ③ 酒を飲んでも酔わない; 飲みごたえがない; 素面[白面]だ ¶술을 마셔도 ~ [surul maʃodo ~ スルㇽ マショド ~] 飲んでもいっこう酔わない [へいちゃらだ] ④ 手持ち無沙汰きで味気ない; 所在ない. < '민숭(민숭)하다' **맨송맨송-히** [mɛnsoŋmɛnsoŋi メンソンメンソンイ] 副 つるつると; 酔い気なく.

맨 아래 [mɛ:n are メーン ナレ] 名 一番下; 最低 ¶아파트의 ~층 [apʰaːtʰɯe ~tɕʰɯŋ アパートゥエ ~チュン] アパートの一番下.

맨 앞 [mɛ:n ap メーン ナㇷ゚] 名 一番前;最前 ¶~줄 [~tɕ'ul ~チュㇽ] 最前列

맨-얼굴 [mɛnɔlgul メノㇽグㇽ] 名 素顔.

맨 위 [mɛ:n wi メーン ヌィ] 名 一番上.

맨-입 [mɛnnip メンニㇷ゚] 名 ① 何も食べていない口; 空腹 ② 何のもてなしもしていない状態 ¶~으로 보내다 [(mɛnnib)uro ponɛda (メンニ)ブロ ポネダ] 何も食べさせずに帰す; 何のもてなしなく帰す/~으로는 아무 것도 부탁할 수 없다 [(mɛnnib)uronun aːmugɔtʼo puːtʰakʰal sʼu :pt'a (メンニ)プロヌン アームゴット プータクカㇽッス オㇷ゚タ] 一杯おごらなくちゃ何事も頼めない.

맨-주먹 [mɛndʑumɔk メンジュモㇰ] 名 ① 素手; 空拳災; 徒手 ¶~으로 싸우다 [(mɛndʑumɔg)uro sʼauda (メンジュモ)グロッサウダ] 素手で[丸腰で]戦う ② 赤手; 空手; 無一文 ¶~으로 장사를 시작하다 [(mɛndʑumɔg)uro tɕaŋsarul ʃidʑakʰada (メンジュモ)グロ チャンサルㇽ シージャクタ] 無一文[無一物]で商売を始める.

맨 처음 [mɛːn tɕʰoum メーン チョウㇺ] 名 一番初め; 最初.

맨-투-맨 [mɛntʰuːmɛn メントゥーメン] man-to-man 名 マンツーマン; 1対1 **―디펜스** [dipʰensɯ ディフェンス] 名 マンツーマンディフェンス. 「マンホール.

맨홀 [mɛnhoːl メンホーㇽ] manhole 名

맴-돌다 [mɛmdolda メームドㇽダ] 自 ① (同じ場所で, または円をえがきながら)ぐるぐる回る = 매암돌다 [mɛamdolda メアㇺドㇽダ] の略 ¶소리개가 ~ [sorigɛga ~ ソリゲガ ~] トンビがくるりと飛んでいる ② (同じ範囲内で)繰り返す ¶말단에서 맴돌고 있다 [malt'anesɔ mɛːmdolgo itʼa マㇽタネソ メームドㇽゴ イッタ] 下積みでくすぶっている.

맴-맴 [mɛːmmɛm メーㇺメㇺ] 副 ① 児子供たちがぐるぐる回りながらとなえる掛け声 ② みんみん; セミの鳴き声 = 매암매암 [mɛammɛam メアㇺメアㇺ].

*맵다 [mɛptʼa メㇷ゚タ] 形 ㅂ変 ① 辛い ¶이 김치는 너무 ~ [i kimtɕʰinun nɔmu ~ イ キㇺチヌン ノム ~] このキムチは辛すぎる ② (寒さが)厳しい; ひどい ¶추위가 몹시 ~ [tɕʰuwiga mopʃʼi ~ チュイガ モーㇷ゚シ ~] 寒さが厳しい ③ 煙たい ④ (目つきが)険しい.

*맵시 [mɛpʃʼi メㇷ゚シ] 名 (容姿・身なりなどが)こざっぱりしていること; 着こな

맵싸하다 [mɛps'ahada メプサハダ] 形 辛くてひりひりする; えがらっぽい ¶ ~-한 맛 [~-han mat ~-ハン マッ] えがらっぽい味; ひりひりする辛い味.

멧-돌 [mɛt'ol メットル] 名 碾[挽]ひき臼うす; 石臼 **-질** [dʒil ジル] 名 하자 (穀物の)ひき仕事 ¶ **-하다** [~-(d)ʒir]-hada ~-ハダ] 臼をひく.

맹꽁이 [mɛːŋk'oŋi メーンッコンイ] 名 ①〈動〉ジムグリガエル(地潜蛙) ② 俗 わからず屋; とんま; 背が低く腹の突き出た人をあざける語.

맹도-견[盲導犬] [mɛŋdogjən メンドギョン] 名 盲導犬.

맹랑-하다[孟浪-] [mɛŋnaŋhada メンナンハダ] 形 여변 ①(予想外に)でたらめだ; とんでもない ¶ ~-한 이야기 [~-han nijagi ~-ハン イヤギ] でたらめな話 ②厄介やっかいだ; ばかにできない ¶ ~-한 문제 [~-han mundʒe ~-ハン ムーンジェ] ややこしい[厄介な]問題 / ~-한 아이 [~-han ai ~-ハン アイ] ばかにできない[抜け目のない]ちゃっかりしている子 **맹랑-히** [mɛŋnaŋi メンナンイ] 副 でたらめに; ややこしく; ちゃっかり.

맹렬[猛烈] [mɛːŋnjəl メーンニョル] 名 하形 猛烈 **-히** [(mɛːŋn)ər]i メーンニョ)リ] 副 猛烈に; 激しく; 盛んに.

맹목[盲目] [mɛŋmok メンモㇰ] 名 盲目 ¶ ~-적인 사랑 [~tʃʌgin saraŋ ~チョギン サラン] 盲目の愛.

맹문 [mɛŋmun メンムン] 名 (事の)あらまし; いきさつ; 是非 **-(을) 모르다** [(ɯl) morɯda (メンムヌル) モルダ] 自 (事の)是非・いきさつを知らない.

맹-물 [mɛŋmul メンムル] 名 ① 真水; ただの水 ¶ 국이 ~-같다 [kugi ~gat'a クギ ~ガッタ] 汁がただの水のように薄い ② 無粋で野暮な人をあざける言葉; つまらない人; 味気ない人.

*****맹세**[←盟誓] [mɛːŋse メンセ] 名 誓約; 宣誓; 誓い **-하다** [hada ハダ] 自 他 誓う; 誓いを立てる ¶ 굳게 ~ [kutk'e ~ クッケ ~] 固く誓う **-코** [kʰo コ] 副 誓って; 断じて; 必ず.

맹수[猛獣] [mɛːŋsu メーンス] 名 猛獣 ¶ ~-를 길들이다 [~rɯl kildɯrida ~ルル キルドゥリダ] 猛獣を馴ならす.

맹아[盲啞] [mɛŋa メンア] 名 盲啞もうあ **-학교** [hakʼjo ハㇰキョ] 名 盲啞学校.

맹-연습[猛練習] [mɛːŋnjənsɯp メーンニョンスㇷ゚] 名 하他 猛練習.

맹인[盲人] [mɛŋin メンイン] 名 盲人; 盲; =소경 [soːgjəŋ ソーギョン].

맹장[盲腸] [mɛŋdʒaŋ メンジャン] 名 盲腸 **-염** [njəm ニョㇺ] 名 盲腸炎; 虫垂炎.

맹점[盲點] [mɛŋtʃ'əm メンチョㇺ] 名 盲点 ¶ 법의 ~을 이용하다 [pəbe ~ɯl iːjəŋhada ポベ (メンチョㇺ) ムル イーヨンハダ] 法の盲点を利用する.

맹추 [mɛŋtʃʰu メンチュ] 名 機転の利かない人; とんま; ほんくら ¶ 그것도 몰라? 이 ~야 [kɯgət'o molla? i ~ja クゴット モルラ? イ ~ヤ] それも知らんのか, このぼんくらめ.

맹탕 [mɛŋtʰaŋ メンタン] 名 ①薄い汁; 水っぽい汁 ¶ 이 국은 ~-이다 [i kugun ~ida イ クグン ~イダ] この汁はあまりにも水っぽい ② 味気のない無粋・野暮ったい人 **-으로** [uro ウロ] 副 むやみに; やたらに.

맹-활동[猛活動] [mɛːŋhwalt'oŋ メーンファルトン] 名 하他 猛烈な活動.

맹-활약[猛活躍] [mɛːŋhwarjak メーンファリャㇰ] 名 하自 大活躍.

맹-훈련[猛訓練] [mɛːŋhulljən メーンフルリョン] 名 하他 猛訓練.

맺고 끊은-듯하다 [mɛtkʼo kʼɯnɯn dutʰada メッコ ックヌン ドゥッタダ] 慣 事理がはっきりしている; (すること の前後が) きちんと [てきぱき] している **-듯이** [dɯɕi ドゥシ] 副 はっきりと; 明らかに; きちんと; てきぱきと.

*****맺다** [mɛt'a メッタ] 他 ①(糸やひもなどを)結ぶ; つなぐ ¶ 끈을 ~ [kʼɯnɯl ~ ックヌル ~] ひもを結ぶ ②(つぼみ・実などを)結実する ¶ 열매를 ~ [jəlmɛrul ~ ヨルメルㇽ ~] 実を結ぶ ③(仕事を)終える; やりとげる ¶ 일을 끝~ [iːrul kʼɯn~ イールㇽ ックン~] 仕事を終える ④ 結末をつける ¶ 말을 ~ [maːrul ~ マールル ~] 話を結ぶ ⑤ 契る ¶ 부부의 인연을 ~ [pubue injənul ~ プブエ イニョヌㇽ ~] 夫婦の契りを結ぶ ⑥ 約束する ¶ 계약을 ~ [keːjagul ~ ケーヤグㇽ ~] 契約を結ぶ ⑦ 持つ ¶ 원한을 ~ [wəːnhanul ~ ウォーンハヌㇽ ~] 恨みを持

맺음-말 [mɛdʒummal メジュムマル] 图 結び; 結びの言葉; =결론(結論)[kjɔllon キョルロン].

맺히다 [mɛtɕhida メッチダ] 自 結ばれる='맺다'の受動 ① (花が)つぼむ; (実が)なる ¶꽃망울이 ~[k'onmanuri ~ ッコンマンウリ ~] 花がつぼむ ② (露・涙などが)滴になる; にじむ ¶이슬이 ~[isuri ~ イスリ ~] 露が宿る / 눈물이 ~[nunmuri ~ ヌンムリ ~] 涙ぐむ ③ (忘れられずに)胸にこびりつく; 心に抱く; しこりが残っている ¶가슴에 맺힌 원한[kasɯme mɛtɕhin wɔ:nhan カスメ メッチン ウォーンハン] 胸にうずく[こびりつく]恨み.

맺힌-데 [mɛtɕhinde メッチンデ] 图 ① (皮下内出血による)あざ ② わだかまり; こだわり; しこり ¶~가 없는 성질[~ga ɔ:mnɯn sɔ:ŋdʑil ~ガ オームヌン ソーンジル] こだわりのない性格.

*머금다 [mɔgumt'a モグムタ] 他 ① 含む ¶물을 입에 ~[murul ibe ~ ムルル イベ ~] 水を口に含む ② (涙や笑いなどを)含む; 帯びる; 浮かべる ¶웃음을 ~[usumul ~ ウスムル ~] ほほえみを浮かべる / 눈물을 머금고 [nunmurul mɔgumk'o ヌンムルル モグムコ] 涙ぐんで ③ (水分を)含む; 吸い込む; 宿す ¶봄비를 머금은 버드나무[pomp'irul mɔgumun pɔdunamu ポムピルル モグムン ポドゥナム] 春雨を含んだ柳 ④ (感情などを)抱く.

머나-멀다 [mɔnamɔlda モーナモルダ] 形 ㄹ語幹 はるかに遠い; 非常に遠い ¶~-른 고향[~-mɔn kohjaŋ ~モン コヒャン] はるかに遠い故郷. 〔山葡萄〕

머루 [mɔru モル] 图 〈植〉 ヤマブドウ

＊머리 [mɔri モリ] 图 하自 ① 頭 ¶~가 크다[~ga khuda ~ガ クダ] 頭が大きい ② 頭の髪[毛]; 頭髪 ¶~가 너무 자랐다[~ga nɔmu tɕaratˀa ~ガ ノム チャラッタ] 頭の毛が伸びすぎた / ~형[~hjɔŋ ~ヒョン] 髪型 / ~를 깎다[~rul k'aktˀa ~ルル ッカクタ] 頭を刈る ③ 物のてっぺんや先端 ¶뱃~를 돌리다[pɛn~rul tollida ペン~ルル トルリダ] 触先を変える / 산~[san~ サン~] 山のてっぺん[頂上] ④ 頭̂; 頭領; 親分; 親方 ¶반대파의 우두~[pa:ndɛphae udu~ パーンデパエ ウドゥ~] 反対派の旗頭 ⑤ 初めごろ ¶새벽 ~[sɛbjɔŋ ~ セビョン ~] 明けがた —글[gul グル] 图 序文; はしがき —글자[gultɕ'a グルチャ] 图 頭文字; イニシアル —기사 [gisa ギサ] 图 トップ記事 —꼭지 [k'oktɕ'i ッコクチ] 图 頭のてっぺん —끝[k'ut ックッ] 图 髪の毛先 —띠 [t'i ッティ] 图 鉢巻き; ヘアバンド —말[mal マル] 图 序文; まえがき —말[mat マッ] 图 まくら元; まくら上 —치장(治粧)[tɕhidʑaŋ チジャン] 图 髪を美しく装うこと —카락[칼] [kharak[khal] カラク[カル] 图 髪の毛 —털[thɔl トル] 图 頭髪; 〈女〉お髪̂; み髪̂ —통[thoŋ トン] 图 頭部; 頭 —핀[phin ピン] 图 ヘアピン.

-머리 [mɔri モリ] 接尾 ① 端; ふち; へり ¶책상~[tɕhɛks'aŋ~ チェクサン~] 机の端 / 밥상~[papsˀaŋ~ パプサン~] お膳ぜんのへり ② 季節の初め ¶삼복~[samboŋ~ サムボン~] 三伏の初めごろ ③ ある名詞に付いて俗っぽい語を表わす接尾 ¶버르장~[pɔrudʑaŋ~ ポルジャン~] 癖; 行儀 / 인정~ [indʑɔŋ~ インジョン~] 人情味.

머리가 가볍다 [mɔriga kabjɔpt'a モリガ カビョプタ] 慣 頭が軽い; 気分がさわやかだ.

머리가 굳다 [mɔriga kutˀa モリガ クッタ] 慣 ① 頑固で保守的である ② (記憶力など)頭が鈍い; 頭が固い.

머리가 돌다 [mɔriga to:lda モリガ トールダ] 慣 気が狂う; 頭が狂う.

머리가 돌아가다 [mɔriga toragada モリガ トラガダ] 慣 頭脳がよくまわる; 機転がきく; 頭の回転が速い.

머리가 무겁다 [mɔriga mugɔpt'a モリガ ムゴプタ] 慣 頭が重い; 気がふさぐ.

머리가 젖다 [mɔriga tɕɔt'a モリガ チョッタ] 慣 (思想・因習などに)染まる.

머리가 좋다 [mɔriga tɕo:tha モリガ チョータ] 慣 頭がいい.

머리가 크다[굵다] [mɔriga khuda [ku:kt'a] モリガ クダ[クークタ]] 慣 頭が大きい; 大人になる.

머리(를) 감다 [mɔri(rul) gamt'a-[ka:mt'a] モリ(ルル) ガムタ[カームタ]] 慣 髪を洗う; 洗髪する.

머리(를) 굽히다 [mɔri(rul) guphida-[kuphida] モリ(ルル) グプタ[クプピダ]] 慣 頭を下げる; 謝る; 屈服する.

머리(를) 깎다 [mɔri(rul) k'akt'a モ

머리 끄덩이

리(ルル) ッカクタ] 慣 ① 頭を刈る ② 出家する ③ 服役する

머리-끄덩이 [mɔri k'ɯdoɲi モリックドンイ] 名 束ねた髪の根元 ¶~를 잡아 끌어 넘어뜨리다 [~rɯl tɕaba k'ɯrɔ nɔmotˀɯrida ~ルル チャバックロ ノモットゥリダ] 髪の端[根元]をつかんで引きずり倒す.

머리를 내밀다 [mɔrirɯl nɛmilda モリルル ネーミルダ] 慣 ある場所に顔を出す ¶모임에 ~ [moime ~ モイメ ~] 集いに顔を出す.

머리를 모으다 [mɔrirɯl mouda モリルル モウダ] 慣 衆知[額]を集める.

머리를 숙이다 [mɔrirɯl sugida モリルル スギダ] 慣 感服する; 敬服する; = **머리가 수그러지다** [mɔriga sugurɔdʑida モリガ スグロジダ] ¶애국 정신에 ~ [ɛːguk tɕʌŋɕine ~ エーグク チョンシネ ~] 愛国精神に感服する.

머리를 식히다 [mɔrirɯl ɕikʰida モリルル シキダ] 慣 頭を冷やす; 休息する ¶머리 좀 식혔다가 하자 [mɔri tɕom ɕikʰjʌtˀaga hadʑa モリ チョム シクキョッタガ ハジャ] 頭を少し冷やしてからやろう

머리를 싸매다 [mɔrirɯl s'amɛda モリルル ッサメダ] 慣 覚悟をあらたにして[鉢巻きをして]立ち向かう; 全力を尽くして事に臨む ¶입시 공부에 ~ [ipɕi goŋbue ~ イプシ ゴンブエ ~] 入試の勉強に全力を尽くして励む.

머리를 썩이다 [mɔrirɯl s'ɔgida モリルル ッソギダ] 慣 気苦労をする; 頭を痛める; 悩む ¶부채 때문에 ~ [puːtɕʰɛ t'ɛmune ~ プーチェ ッテムネ ~] 借金のために悩む.

머리를 쓰다 [mɔrirɯl s'ɯda モリルル ッスダ] 慣 頭を使う; 頭をひねる.

머리를 짜다 [mɔrirɯl tɕ'ada モリルル ッチャダ] 慣 頭をしぼる; 知恵をしぼる.

머리를 쳐들다 [mɔrirɯl tɕʰʌːdɯlda モリルル チョードゥルダ] 慣 頭をもたげる; 力を得て存在をあらわす; 立ち上がる ¶새로운 의욕이 ~ [sɛroun ɯijogi ~ セロウン ウィーヨギ ~] 新しい意欲がわきあがる.

머리를 흔들다 [mɔrirɯl hundɯlda モリルル フンドゥルダ] 慣 ① (拒絶・否認の意味で)頭を横に振る ② 頭を振っていやいやする ③ 否定[拒絶]する.

머리(가) 아프다 [mɔri(ga) apʰɯda モリ(ガ) アプダ] 慣 頭が痛い; 頭痛がする; (心配などで)悩む.

머리에 들어가다 [mɔrie tɯrɔgada モリエ トゥロガダ] 慣 頭に入る; わかる; 理解する; 記憶する.

머리-채 [mɔritɕʰɛ モリチェ] 名 長く垂らした髪 ¶~를 잡아 끌다 [~rɯl tɕaba k'ɯlda ~ルル チャバックルダ] 髪をつかんで引きずり回す.

머릿-기름 [mɔritk'irum モリッキルム] 名 髪油; ヘアオイル.

머릿-내 [mɔrinnɛ モリンネ] 名 髪のにおい.

머릿-돌 [mɔritˀol モリットル] 名 (建築で施工者・施工年月日などを刻み入れる) 定礎; 礎石.

머릿-살 [mɔris'al モリッサル] 名 ① 頭の芯 ② 俗 頭 ¶~이 쑤신다 [~(s'ar)i s'uɕinda ~-(ッサ)リッスシンダ] 頭がずきずき痛む; 気が散る.

머릿-수 [-數] [mɔris'u モリッス] 名 ① 人数; 頭かず ¶~가 늘어나다 [~ga nɯrɔnada ガ ヌロナダ] 人数が増える ② 金額 ¶돈 ~를 채우다 [toːn ~rɯl tɕʰɛuda トーン ~ルル チェウダ] (不足する)金額を埋める; 金額をそろえる.

머릿-수건 [-手巾] [mɔris'ugɔn モリッスゴン] 名 頭にかぶる手ぬぐい.

머릿-장 [-欌] [mɔritɕʰaŋ モリッチャン] 名 枕元のたんす.

***머무르다** [mɔmurɯda モムルダ] 自 三変 ① 留[止]まる; とどまる ¶차가 잠시 ~ [tɕʰaga tɕamɕi ~ チャガ チャムシ ~] 車がしばらくとどまる ② その場にとどまる; 居残る ¶현직에 ~ [hjʌndʑige ~ ヒョンジゲ ~] 現職にとどまる ③ 泊まる ¶여관에 ~ [jɔgwane ~ ヨクァネ ~] 旅館に泊まる.

머무적-거리다 [mɔmudʑɔk'ɔrida モムジョクコリダ] 自 ためらう; 渋る; 躊躇する; もじもじする ¶수줍어 ~ [sudʑubɔ ~ スジュボ ~] はにかんでもじもじする.

***머물다** [mɔmulda モムルダ] 自 '머므르다'의 略.

머뭇-거리다 [mɔmutk'ɔrida モムッコリダ] 自 '머무적거리다'의 略.

머슴 [mɔsɯm モスム] 名 作男 ━**살이** [sari サリ] 名 하自 作男暮らし.

머지-않아 [mɔːdʑiana モージアナ] 副 遠からず; 間もなく.

머플러 [mɔpʰɯllɔ モプルロ] muffler 名 マフラー.

***먹** [mɔk モク] 名 墨; 墨汁 ━**물**

[(mɔŋ)mul (モン)ムル] 墨汁.
먹-구름[mɔk'urum モックルム] 名 黒雲.
먹-그림[mɔk'urim モックリム] 名 墨絵.
***먹다**¹[mɔkt'a モクタ] 他 ① 食べる; 食う ¶밥을 ~[pabul ~ パブル ~] ご飯を食べる / 고아[koa コア]「煮込んで」・구워[kuwɔ クウォ]「焼いて」・끓여[k'urjɔ ックリョ]「煮て」・삶아[salma サルマ]「煮て」・지져[tʃidʒɔ チジョ]「いためて」~「食べる」② 飲む ¶약을 ~[jagul ~ ヤグル ~] 薬を飲む ③ 吸う ¶아기가 젖을 ~[agiga tʃɔdʒul ~ アギガ チョジュル ~] 赤ん坊が乳を吸う ④ (年を)とる ¶나이를 ~[nairul ~ ナイルル ~] 年をとる ⑤ (小言や悪口を)言われる ¶욕을 ~[jogul ~ ヨグル ~] 悪口を言われる ⑥ (心を)決める ¶마음을 ~[maumul ~ マウムル ~] 決心する ⑦ 着服する; 横領する ¶공금을 ~[koŋgumul ~ コングムル ~] 公金を着服する.
***먹다**²[mɔkt'a モクタ] 1 自① (耳が)遠くなる ¶귀가 ~[kwiga ~ クィガ ~] 耳が遠くなる ② 利く; 効き目がある ¶톱이 잘 ~[tʰobi tʃal ~ トビ チャル ~] のこがよく利く 2 補動 …してしまう ¶팔아 ~[pʰara ~ パラ ~] 売り払う / 잊어 ~[idʒɔ ~ イジョ ~] 忘れちゃう.
먹먹-하다[mɔŋmɔkʰada モンモクハダ] 形 [여変] (耳が)詰まったようだ; よく聞こえない ¶폭음으로 귀가 ~[pʰogumuro kwiga ~ ポグムロ クィガ ~] 爆音のためよく聞こえない.
먹-보[mɔkp'o モクポ] 名 食いしん坊=**식충이**[ʃiktʃʰuŋi シクチュンイ].
먹-빛[mɔkp'it モクピッ] 名 墨色; 黒色.
먹성[一性][mɔks'ɔŋ モクソン] 名 食べ物の好き嫌い; 食べる分量; 食いっぷり ¶~이 좋군[~i tʃo:kʰun ~イ チョーックン] よく食べるね.
먹어-대다[mɔgɔdɛda モゴデダ] 他 ① 食いつくす; やたらに食べる ¶막 ~대는군[maŋ ~-dɛnungun マン ~-デヌングン] やたらに食べるね ② (人を)けなす; そしる; 悪口を言う.
먹여 살리다[mɔgjɔ sallida モギョ サルリダ] 他 (家族を)養う; 扶養する.
먹음직-하다[mɔgumdʒikʰada モグムジクカダ] 形 おいしそうだ; おいしそうに見える; =**먹음직스럽다**[mɔgumdʒiks'urɔpt'a モグムジクスロプタ].
***먹이**[mɔgi モギ] 名 ① 餌; 飼料 ¶닭~[모이][taŋ~ [moi] タン~[モイ]] 鶏のえさ ① 餌食; 犠牲 ¶범의 ~가 되다[pɔ:me ~ga tweda ポーメ ~ガ トウェダ] 虎の餌食になる.
***먹이다**[mɔgida モギダ] 他 ① 食べさせる; 食わせる ¶밥을 ~[pabul ~ パブル ~] 飯を食わす / 젖을 ~[tʃɔdʒul ~ チョジュル ~] お乳を飲ませる ② 飼う; 養う ¶돼지를 ~[twɛ:dʒirul ~ トウェージルル ~] 豚を飼う ③ (金品を)やる; 受け取らせる ¶뇌물을 ~[nwemurul ~ ヌェムルル ~] 賄賂をやる; 袖の下を使う ④ 殴る; 食わす ¶펀치를 ~[pʰɔntʃʰirul ~ ポンチルル ~] パンチを食わす.
먹자-골목[mɔktʃ'a go:lmok モクチャ ゴールモク] 名 何でも食えや飲めやの横町[路地].
먹자-판[mɔktʃ'apʰan モクチャパン] 名 ① 食えや飲めやの集まり; どんちゃん騒ぎ ② おのおのが私利私欲に走る風潮.
먹칠-하다[mɔktʃʰirhada モクチルハダ] 自 ① 墨を塗る ② (名誉などを)汚す.
먹-통[mɔktʰoŋ モクトン] 名 1 俗 ぼんくら; あほう; 間抜け; 耳の聞こえない人 2 먹-**통**[一桶] 名 墨つぼ.
먹-투성이[mɔktʰusɔŋi モクトゥソンイ] 名 墨だらけ ¶옷이 ~이다[oʃi ~ida オシ ~イダ] 服が墨だらけである.
***먹히다**[mɔkʰida モクヒダ] 自 ① 食われる; 餌食になる; 飲まれる; ='먹다'の受動 ¶먹느냐 먹히느냐의 싸움[mɔŋnunja mɔkʰinunjae s'aum モンヌニャ モキヌニャエ ッサウム] 食うか食われるかの戦い ② (金が)かかる ¶돈이 많이 ~[to:ni ma:ni ~ トーニ マーニ ~] 金がたくさんかかる ③ (金を)取られる ¶사기꾼에게 돈을 ~[sagik'unege to:nul ~ サギックネゲ トーヌル ~] 詐欺師に金を取られる ④ 食べられる; (食が)進む ¶밥이 잘 ~[pabi tʃal ~ パビ チャル ~] ご飯がよく進む.
먼-곳[mɔ:ngot モーンゴッ] 名 遠方; 遠い所.
먼-길[mɔ:ngil モーンギル] 名 遠路; 遠い道 ¶~을 가다[~(gir)ul kada ~(ギ)ルル カダ] 遠い道のりを行く.
먼-나라[mɔ:nnara モーンナラ] 名 遠国; 遠くの国.
먼-눈[mɔ:nnun モーンヌン] 1 名 盲目; 失明した目 2 名 遠目; 遠い所

먼데 를 보는 目 ¶ ~이 밝다[~i pakt'a (モーンヌ)ニ パクタ] 遠目がきく **━팔다**[pʰalda パルタ] 自 ぼんやり遠見をする; よそ見する.

먼-데 [mɔːnde モーンデ] 名 遠方; 遠い所.

먼-동 [mɔːndoŋ モーンドン] 名 夜明(ごろの東の空); 明け方; 暁. ¶ ~이 밝아 오다[~i palga oda ~イ パルガ オダ] 東の空が白む **━(이) 트다**[(i) tʰuda (イ) トゥダ] 自 夜明けになる.

먼-발치 [mɔːnbaltʃʰi モーンバルチ] 名 やや離れた所 ¶ ~에서 바라보다[~-esɔ paraboda ~エソ パラボダ] やや離れた所で眺める.

먼-빛으로 [mɔːnbitʃʰuro モーンピチュロ] 副 遠目で; 遠方から ¶ ~ 보다[~ poda ~ ポダ] 遠目で見る.

먼-산[一山] [mɔːnsan モーンサン] 名 遠山.

먼-일 [mɔːnnil モーンニル] 名 遠い先の [未来の]こと ¶ ~을 예상하다[~-(nir)ul jeːsaŋhada ~-(ニ)ルル イェーサンハダ] 未来のことを予想する.

＊먼저 [mɔndʒɔ モンジョ] 副 先に; まず; 前もって ¶ ~ 떠나다[~ t'ɔnada ~ ットナダ] 先に出発する / 갑니다[실례합니다][~ kamnida [ʃillehamnida]] ~ カムニダ[シルレハムニダ]] お先に失礼します.

먼젓-번[一番] [mɔndʒɔtp'ɔn モンジョッポン] 名 先程; このあいだ; 先般 ¶ ~에 왔던 사람[~-e wat'ɔn saram ~-(ポ)ネ ワットン サーラム] 先程来た人.

＊먼지 [mɔndʒi モンジ] 名 ごみ; ほこり; ちり ¶ ~ 투성이[~ tʰusɔŋi ~ トゥソンイ] ほこりだらけ **━떨이**[t'ɔri ットリ] 名 はたき; ちり払い.

멀거니 [mɔːlgɔni モールゴニ] 副 呆然と; ぼんやりと ¶ ~ 앉아 있다[~ andʒa it'a ~ アンジャ イッタ] 呆然と座っている.

멀겋다 [mɔːlgɔtʰa モールゴッタ] 形 ㅎ変 ① やや濁っている ② とても薄い; 水っぽい ¶ 고깃 국물이 ~[kogit k'uŋmuri ~ コギッ クンムリ ~] 肉汁が(肉一切れもなく)水臭い ③ (眠くて目が)とろんとしている.

멀게-지다 [mɔːlgedʒida モールゲジダ] 自 ① 清くなる; やや澄む ¶ 물이 ~ [muri ~ ムリ ~] 水が澄む ② (濃度が)薄くなる; 薄れる. ＞'말개지다'.

멀고-멀다 [mɔːlgomɔlda モールゴモルダ] 形 はるかに遠い; 果てしなく遠い.

멀다[1] [mɔːlda モールダ] 自 (ㄹ語幹) 目が見えなくなる; くらむ ¶ 눈이 ~ [nuni ~ ヌニ ~] 目が見えなくなる / 돈에 눈이 ~ [toːne nuni ~ トーネ ヌニ ~] 金に目がくらむ; 分別を失う.

＊멀다[2] [mɔːlda モールダ] 形 (ㄹ語幹) ① 遠い ¶ 고향은 너무 ~ [kohjaŋun nɔmu ~ コヒャンウン ノム ~] 故郷はあまりにも遠い ② (時間的に)隔たりが大きい ¶ 먼 장래[mːɔn tʃaŋrɛ モーン チャンネ] 遠い将来 ③ 聞こえない ¶ 전화 소리가 ~ [tʃɔːnhwa soriga ~ チョーンファ ソリガ ~] 電話が遠い.

＊멀리 [mɔːlli モーリ] 副 遠く; はるか(に) ¶ ~ 떠난 친구[~ t'ɔnan tʃʰingu ~ ットナン チング] はるか遠く立ち去った友 **━하다**[hada ハダ] 他 여変 遠ざける; 退ける; 避ける ¶ 여자를 ~[jɔdʒarul ~ ヨジャルル ~] 女性[女色]を遠ざける.

＊멀미 [mɔːlmi モールミ] 名 하自 (乗り物の)酔い; 吐き気 ¶ 배~[pɛ~ ペ~] 船酔い **━나다**[nada ナダ] 自 乗り物に酔う; 嫌気がさす; 吐き気を催す ¶ 그의 잔소리는 멀미가 난다[kweːtʃansorinun mɔlmiga nanda クエチャンソリヌン モルミガ ナンダ] 彼の小言には嫌気がさす.

멀쩡-하다 [mɔltʃ'ɔŋhada モルッチョンハダ] 形 欠けた所がない; 完全だ; 無傷だ ¶ 정신은 ~[tʃɔŋʃinun ~ チョンシヌン ~] 気はたしかだ ② 厚かましい, 図々しい ¶ ~ 한 놈[~-han nom ~-ハン ノム] 厚かましいやつ / ~-한 거짓말[~-han kɔːdʒinmal ~-ハン コージンマル] 真っ赤なうそ.

멀찌감치 [mɔltʃ'igamtʃʰi モルッチガムチ] 副 かなり遠くに; ややかけ離れて; ='멀찍이' ¶ ~ 앉다[~ ant'a ~ アンタ] ややかけ離れて座る.

멀찌막-하다 [mɔltʃ'imakhada モルッチマクハダ] 形 여変 ずいぶんかけ離れている **멀찌막-이**[mɔltʃ'imagi モルッチマギ] 副 ずいぶん遠くに ¶ ~ 앉다[~ ant'a ~ アンタ] ずっと離れて座る.

멀찍-하다 [mɔltʃ'ikhada モルッチカダ] 形 여変 やや遠い; 遠目だ **멀찍-이** [mɔltʃ'igi モルッチギ] 副 遠目に; やや遠く ¶ ~ 던지다[~ tɔndʒida ~ トンジダ] 遠目に投げる **멀찍-멀찍** [mɔltʃ'inmɔltʃ'ik モルッチンモルッチク]

멈추다 / 멍하다

副 하形 それぞれにちょっと離れて ¶ ~ 앉다 [~-(mɔtʃ'ig) ant'a ~-(モルッチ) ガンタ] それぞれかけ離れて座る.

*멈추다 [mɔmtʃʰuda モムチュダ] 自他 ① やむ; 止まる ¶눈보라가 ~ [nuːnboraga ~ ヌーンボラガ ~] 吹雪がやむ ② 止める; 一時中止する; 休める ¶일손을 ~ [iːlsʼonɯl ~イールソヌル ~] 仕事の手を休める ③ (目・視線などを) すえる; とどめる ¶눈을 ~ [nunɯl ~ ヌヌル ~] 目をすえる.

멈칫 [mɔmtʃʰit モムチッ] 副 하自他 ぴたっと; ぎょっと; はっと ¶~ 서다 [~ sʼɔda ~ ソダ] はっと止まる ━ 거리다 [kʼɔrida コリダ] 自他 もじもじする; たじろぐ.

*멋 [mɔt モッ] 名 ① しゃれ; 粋 ¶~ 내다 [~ nɛda ~ ネダ] (멋)내다 [~-p'urida] (モン)ネダ [~プリダ] しゃれる, めかす ② 風流; 風雅; 趣 ③ 物事の真味; 味わい ¶인생의 ~을 알다 [insɛŋe (mɔs)ɯl aːlda インセンエ (モ) スル アールダ] 人生の妙味を知る.

멋-대가리 [mɔtʼɛgari モッテガリ] 名 俗 ⇨'멋'¶~ 없다 [~ ɔpt'a ~ オプタ] 味もそっけもない.

멋-대로 [mɔtʼɛro モッテロ] 副 勝手に; 気ままに ¶~ 해라 [~ hɛːra ~ ヘーラ] 勝手にしろ / ~ 행동하다 [~ hɛŋdoŋhada ~ ヘンドンハダ] 気ままに行動する.

멋-들어지다 [mɔtʼɯrɔdʑida モットゥロジダ] 形 しゃれている; 素敵だ; いかす ¶멋들어진 옷차림 [mɔtʼɯrɔdʑin otʃʰarim モットゥロジン オッチャリム] 素敵な身なり.

멋-모르다 [mɔnmorɯda モンモルダ] 自巳変 わけが分からない; 何にも知らない ¶멋모르고 참견하다 [mɔnmorɯgo tʃʰamgjɔnhada モンモルゴ チャムギョンハダ] 何も知らないくせに出しゃばる.

멋-없다 [mɔdɔpt'a モドプタ] 存 野暮だ; 無粋だ ¶멋없는 사람 [mɔdɔmnɯn saːram モドムヌン サーラム] 無粋な[野暮な]人 멋-없이 [mɔdɔpsʼi モドプシ] 副 いやに; 野暮ったく; 味気なく; 不格好に ¶~ 굴다 [~ kuːlda ~ クールダ] 野暮ったくふるまう.

멋-있다 [mɔʃitʼa モシッタ / mɔdit'a モディッタ] 存 ① 粋だ; しゃれている; 素晴らしい; 素敵だ ② 味がある; 風雅だ; 趣がある ¶멋있는 정원 [mɔʃinnɯn tʃɔŋwɔn モシンヌン チョンウォン] 趣のある庭.

멋-쟁이 [mɔtʼɛŋi モッチェンイ] 名 おしゃれ(な人); めかし屋; スタイリスト.

*멋-지다 [mɔtʃida モッチダ] 形 ① なかなかいかす; 粋がだ; しゃれている; 素敵だ ¶저 옷차림은 참 멋진데 [tʃɔ otʃʰarimɯn tʃʰam mɔtʃʼinde チョ オッチャリムン チャム モッチンデ] あの身なりなかなかいかすね ② 素晴らしい; 素敵だ; 見事だ ¶멋진 연설 [mɔtʃin njɔːnsɔl モッチン ニョーンソル] 素晴らしい演説.

멋-쩍다 [mɔtʃʼɔkt'a モッチョクタ] 形 ① (することや身なりが) 釣り合わない; 野暮ったい ② ぎこちない; 照れ臭い; きまりが悪い ¶남앞에서 칭찬받아 ~ [namapʰesɔ tʃʰiŋtʃʰanbada ~ ナマペソ チンチャンバダ ~] 人の前でほめられて照れ臭い.

멍게 [mɔŋge モンゲ] 名 〈動〉 ホヤ=우렁쉥이 [urɔŋʃweŋi ウロンシュェンイ].

멍-들다 [mɔŋdɯlda モンドゥルダ] 自 巳語幹 ① あざができる ② 損ねる; 痛[傷]む; むしばむ ¶동심을 멍들게 하다 [toːŋʃimɯl mɔŋdɯlge hada トーンシムル モンドゥルゲ ハダ] 童心をむしばむ.

멍멍-하다 [mɔŋmɔŋhada モンモンハダ] 形 ① 頭がぼうっとする ¶정신이 ~ [tʃɔŋʃini ~ チョンシニ ~] 気がぼうっとなる ② 耳鳴りがしてよく聞こえない ¶폭음에 귀가 ~ [pʰogɯme kwiga ~ ポグメ クィガ ~] 爆音で耳がよく聞こえない.

멍석 [mɔŋsɔk モンソク] 名 むしろ; わらごも.

멍에 [mɔŋe モンエ] 名 頸木 ¶~를 메다 [~rɯl meːda ~ ルル メーダ] ① 頸木をかける ② 首かせをかけられる[はめられる]; 自由を束縛する.

멍청-이 [mɔŋtʃʰɔŋi モンチョンイ] 名 ばか; あほう; 間抜け.

멍청-하다 [mɔŋtʃʰɔŋhada モンチョンハダ] 形 ばかだ; あほうだ; 間が抜けている ¶~-한 짓을 하다 [~-han tʃʼiːsɯl hada モンチョンハン チースル ハダ] 間抜けたことをする 멍청-히 [mɔŋtʃʰɔŋi モンチョンイ] 副 ぼうっと; ぽかんと.

멍텅-구리 [mɔŋtʰɔŋguri モントングリ] 名 とんま; ばかもの; ぼんくら.

*멍-하다 [mɔːŋhada モーンハダ] 形 気

が抜けてぼうっとしている; ぼんやりしている ¶멍하게 바라보다[mɔ:ŋhage paraboda モーンハゲ パラボダ] ぼんやりと眺める **멍-하니**[mɔ:ŋhani モーンハニ] 副 ぽかんと; 呆然と; ぼんやりと ¶어이가 없어 ~ 서 있다[ɔiga ɔ:ps'ɔ ~ sɔ it'a オイガ オープッ ~ ソ イッタ] あきれ返ってぼかんと立っている.

***멎다**[mɔtʦa モッタ] 自 ① (雨・雪などが)やむ ¶비가 ~[piga ~ ピガ ~] 雨がやむ ② (動いていたものが)止まる ¶심장이 ~[ʃimdʒaŋi ~ シムジャンイ ~] 心臓が止まる.

메가폰[megapʰon メガポン] megaphone 名 メガホン.

메기[me:gi メーギ] 名〈魚〉ナマズ(鯰).

메-꽃[mek'ot メッコッ] 名〈植〉ヒルガオ(昼顔); ヒルガオの花.

***메다**¹[me:da メーダ] 1 自 塞がる; 詰まる ¶목이 ~[mogi ~ モギ ~] 喉が詰まる; むせぶ / 구멍이 ~[kumɔŋi ~ クモンイ ~] 穴が塞がる 2 他 '메우다'の略.

***메다**²[me:da メーダ] 他 担ぐ; 担う ¶어깨에 ~[ɔk'ɛe ~ オッケエ ~] 肩に担ぐ.

메들리[medɯlli メドゥルリ] medley 名 メドレー ¶샹송 ~[ʃaŋsoŋ ~ シャンソン ~] シャンソンメドレー.

메뚜기[met'ugi メットゥギ] 名〈虫〉バッタ; イナゴ.

메-마르다[memarɯda メマルダ] 形 르変 ① 干からびている; 不毛だ ¶메마른 땅[memarɯn t'aŋ メマルンッタン] 不毛の地; やせ地 ② 人情に乏しい; 生活に潤いがない ¶세상이 ~[se:saŋi ~ セーサンイ ~] 世の中に潤いがない; さちがらい世情だ.

***메모**[memo メモ] memo 名 하他 メモ; 控え **─지**[dʒi ジ] 名 メモ用紙.

***메밀**[memil メミル] 名〈植〉ソバ **─국수**[guks'u グクス] ざるそば **─꽃**[k'otʦ'oʔコッ] ソバの花; 波のしぶき **─묵**[muk ムク] ソバ粉で作ったところてん状の食品.

***메스껍다**[mesɯk'ɔpt'a メスッコプタ] 形 ① むかつく; 吐き気を催す ¶속이 ~[so:gi ~ ソーギ ~] 胸がむかつく ② 目障りになる; しゃくにさわる ¶하는 짓이 죄다 ~[hanɯn tʃiʃi tʃwe:da ~ ハヌン チーシ チュェーダ ~] することがみんなしゃくにさわる.

메슥-거리다[mesɯk'ɔrida メスクコリダ] 自 しきりに吐き気を催す; むかむかする ¶속이 ~[so:gi ~ ソーギ ~] 胸がむかむかする. 「メッセージ.

메시지[meʃidʒi メシジ] message 名

메신저[meʃindʒɔ メシンジョ] messenger 名 メッセンジャー.

***메아리**[meari メアリ] 名 こだま; 山びこ **─치다**[tʰida チダ] 自 こだまする; 響きわたる.

메어-치다[meɔtʃʰida メオチダ] 他 肩越しに担いで地面にたたきつける; 略

메치다[me:tʃʰida メーチダ] ¶마룻바닥에 ~[marutp'adage ~ マルッパダゲ ~] 床に投げつける.

***메우다**[meuda メウダ] 他 ① 埋める; 埋め合わせる; 塞ぐ; 略 '메다' ¶구멍을 ~[kumɔŋɯl ~ クモンウル ~] 穴を塞ぐ[つぶす] ② 補う ¶적자를 ~[tʃɔktʃ'arɯl ~ チョクチャルル ~] 赤字を補う[埋める].

메이다[meida メイダ] 1 自 詰まる; 塞ぐがる; = '메우다'の受動 ¶하수도가 ~[ha:sudoga ~ ハースドガ ~] 下水道が詰まる 2 '메우다'の使役形.

메이저[meidʒɔ メイジョ] major 名 メジャー **─리그**[ri:gɯ リーグ] 名 メジャーリーグ. 「カー.

메이커[meikʰɔ メイコ] maker 名 メー

메이컵[meikʰɔp メイコプ] make-up 名 メーキャップ= **메이크업**[meikʰɯɔp メイクオプ].

메일 오더[meil o:dɔ メイルロード] mail order 名 メールオーダー.

메주[medʒu メジュ] 名 みそ玉麹 ¶─를 쑤다[~rɯl s'uda ~ルルス ダ] みそ豆を煮る[炊く] **─콩**[kʰoŋ コン] 名 みそ玉麹用の大豆; みそ豆.

메추라기[metʃʰuragi メチュラギ] 名〈鳥〉ウズラ(鶉); 略 **메추리**[metʃʰuri メチュリ].

메케-하다[mekʰehada メケハダ] 形 여変 ① 煙い ② かび臭い.

멘쓰[〈中〉面子][mens'ɯ メンッス] 名 面子; 面目; 体面 ¶~가 서다[~ga sɔda ガソダ] メンツが立つ.

멜빵[melp'aŋ メルッパン] 名 ① (荷物を背負う)背負いひも ② (小銃などの)肩ひも[バンド] ③ ズボンつり.

멥쌀[meps'al メプサル] 名 うるち米.

***멧-돼지**[met'wɛdʒi メットゥェジ] 名〈動〉イノシシ(猪).

※며 [mjʌ ミョ] 助 …や(ら); …にして ¶ 학자~ 시인이다 [haktʃ'a~ ʃiinida ハクチャ~ シイニダ] 学者にして詩人だ.

※-며 [mjʌ ミョ] 語尾 ① …して; …したり; …であって ¶ 노래하~ 춤추~ [noreha~ tʃʰumtʃʰu~ ノレハ~ チュムチュ~] 歌ったり, 踊ったり ② …ながら ¶ 음악을 들으~ [ɯmagɯl tɯrɯ~ ウマグル トゥル~] 音楽を聞きながら….

며느님 [mjʌnɯnim ミョヌニム] 名 お嫁さん; 他の家の嫁を敬って呼ぶ語.

※며느리 [mjʌnɯri ミョヌリ] 名 嫁; 息子の妻 ¶ ~를 맞아 들이다 [~rɯl madʒadɯrida ~ル マジャドゥリダ] 嫁を迎える.

며칟-날 [mjʌtʃʰinnal ミョチンナル] 名 いつ; 何日 ¶ 생일은 시월 ~ 입니까? [sɛŋirɯn ʃiwʌl ~-(nar)imnik'a センイルン シウォル ~-(ナ)リムニッカ] 誕生日は10月のいつ [何日] ですか.

※며칠 [mjʌtʃʰil ミョチル] 名 何日; 幾日 ¶ 오늘이 ~이지 [onɯri (mjʌtʃʰir)idʒi オヌリ (ミョチ)リジ] 今日は何日かね.

멱 [mjʌk ミョク] 名 のど(くび) **—따다** [t'ada ッタダ] 慣 俗 殺す.

※멱-살 [mjʌks'al ミョクサル] 名 ① のどくびの下の肉 ② 胸ぐら **—잡이** [dʒabi ジャビ] 名 下自 胸ぐらをつかむこと.

***면** [mjʌn ミョン] 名 依名 表面・面; 顔・つら; (本・新聞の)ページ・面; (社会の)面・分野.　「どん類の総称.

면 [麵] [mjʌn ミョン] 名 麺めん; そば・う

※-면 [mjʌn ミョン] 語尾 …と; …たら; …ば; …なら ¶ 그녀가 오~ 떠난다 [kɯnjʌga o~ t'ʌnanda クニョガ オ~ ットナンダ] 彼女が来たら出発だ.

***면도** [面刀] [mjʌndo ミョンド] 名 ひげそり; シェービング **—기(器)** [gi ギ] 名 かみそり **—하다** [hada ハダ] 自 ひげをそる.

면모 [面貌] [mjʌnmo ミョンモ] 名 面貌ぼう; 顔立ち; 様相; 姿 ¶ 아름다운 ~ [arɯmdaun ~ アルムダウン ~] 美しい面貌 / 도시의 ~를 일신하다 [toʃie ~rɯl ilʃinhada トシエ ~ルル イルシンハダ] 都市の姿を一新する.

***면목** [面目] [mjʌnmok ミョンモク] 名 面目; 体面 ¶ ~이 서다 [(mjʌnmoŋ)i sʌda (ミョーンモ)ギソダ] 面目が立つ **—없다** [(mjʌnmoŋ) ʌpt'a (ミョーンモ) ゴプタ] 慣 面目ない; 会わせる顔

がない **—없이** [(mjʌnmoŋ) ʌpʃ'i (ミョーンモ) ゴプシ] 副 面目なく; 不面目な **—부지** [不知] [p'udʒi プジ] 名 下自 面識のないこと ¶ ~의 사나이 [~e sanai ~エ サナイ] 見知らぬ男.

면밀 [綿密] [mjʌnmil ミョンミル] 下形 下自 綿密 ¶ ~한 계획 [(mjʌnmir) han ke:hwek ~ハン ケーフェク] 綿密な計画.

면박 [面駁] [mjʌnbak ミョーンバク] 名 下自 面と向かって非難すること ¶ ~을 주다 [(mjʌ:nbag) ɯl tʃuda (ミョーンバグル チュダ] 面と向かって非難する.

면사-포 [面紗布] [mjʌnsapʰo ミョーンサポ] 名 (花嫁の)白いベール ¶ ~를 쓰다 [~rɯl s'ɯda ~ルル ッスダ] (花嫁が)ベールをかける; 結婚式を挙げる.

※-면서 [mjʌnsʌ ミョンソ] 語尾 …であり(ながら); …しながら; …つつ ¶ 학자이~ 시인이다 [haktʃ'ai~ ʃiinida ハクチャイ~ シイニダ] 学者でありながら詩人でもある / 노래하~ 걷다 [noreha~ kʌt'a ノレハ~ コッタ] 歌いながら歩く.

면세 [免税] [mjʌ:nse ミョーンセ] 名 下他 免税 **—점** [dʒʌm ジョム] 名 免税店.

면식 [面識] [mjʌnʃik ミョンシク] 名 面識; 顔見知り; 知り合い **—범** [p'ʌm ポム] 名 面識犯.

면역 [免疫] [mjʌ:njʌk ミョーニョク] 名 下他 免疫 **—되다** [t'weda トゥェダ] 自 免疫になる; 慣れる **—성** [s'ʌŋ ソン] 名 免疫性 **—체** [tʃʰe チェ] 名 免疫体.

-면은 [mjʌnɯn ミョヌン] 語尾 …したら; …ならば; …すると; …だったら; '-면'の強調語 ¶ 억울하~ 출세하라 [ʌgurha~ tʃʰuls'ehara オグルハ~ チュルセハラ] くやしかったら偉くなれ.

***면적** [面積] [mjʌ:ndʒʌk ミョーンジョク] 名 面積; 広さ; =넓이 [nʌlbi ノルビ].

***면접** [面接] [mjʌ:ndʒʌp ミョーンジョプ] 名 下他 面接; 対面 **—시험** [ʃ'ihʌm シホム] 名 面接[口頭・口述]試験.

면제 [免除] [mjʌ:ndʒe ミョーンジェ] 名 下他 免除.　「(本の)見返し.

면지 [面紙] [mjʌ:ndʒi ミョーンジ] 名

면직 [免職] [mjʌ:ndʒik ミョーンジク] 下他 免職 **—되다** [t'weda トゥェダ] 自 免職される; 首になる.

면책 [免責] [mjʌ:ntʃʰɛk ミョーンチェク] 名 下自 免責 **—특권** [tʰɯk'wʌn トゥククォン] 名 〈法〉免責特権.

***면-하다** [免—] [mjʌ:nhada ミョーンハダ]

免れる; 許される; 免除される ¶ 責任を ~ [tɕʰɛgimɯl ~ チェギムル ~] 責任を免れる / 화(禍)를 ~ [hwa:rɯl ~ ファールル ~] 災いを免れる.

*면-하다[面—][mjɔ:nhada ミョーンハダ] 自他 (直)面する; 臨む ¶바다에 ~ [padae ~ パダエ ~] 海に面する / 위기에 ~ [wigie ~ ウィギエ ~] 危機に臨む[直面する].

면허[免許][mjɔ:nhɔ ミョーンホ] 名 하に他 免許 ¶~를 따다 [~rɯl t'ada ~ルル ッタダ] 免許を取る / 운전 ~ [u:ndʑɔn~ ウーンジョン~] 運転免許.

*면회[面會][mjɔ:nhwe ミョーンフェ] 名 하に自他 面会.

멸망[滅亡][mjɔlmaŋ ミョルマン] 名 滅亡 **—하다** [hada ハダ] 自 滅亡する; 滅びる.

멸시-하다[蔑視—][mjɔlɕiʰada ミョルシハダ] 他 蔑視する; 蔑む; 見下す; 見下げる.

*멸치[mjɔltɕʰi ミョルチ] 名 〈魚〉カタクチ(片口)(イワシ); ヒシコ(イワシ).

멸-하다[滅—][mjɔrhada ミョルハダ] 自他 여変 滅する; 滅ぼす; 滅びる.

명[命][mjɔ:ŋ ミョーン] 名 ① 命; 寿命 ¶~이 길다 [~i ki:lda ~イ キールダ] (寿)命が長い ② 運命・命令の略.

*명[名][mjɔŋ ミョン] **1** 依名 (人員を数える)名 ¶20~ [iːɕim ~ イーシム~ sumu~ スム~] 20名 **2** 接頭 (有名・優秀なことを表わす)名 ¶~감독 [~gamdok ~ガムドク] 名監督 **3** 接尾 (名前・名称を表わす)…名 ¶학교~ [hak'jo~ ハクキョ~] 学校名.

명가[名家][mjɔŋga ミョンガ] 名 名家 ¶~의 솜씨 [~e somɕ'i ~エ ソムッシ] 名家の技.

명-가수[名歌手][mjɔŋgasu ミョンガス] 名 名歌手.

명곡[名曲][mjɔŋgok ミョンゴク] 名 名曲.

명구[名句][mjɔŋk'u ミョンク] 名 名句.

명기[銘記][mjɔŋgi ミョンギ] 名 하に他 銘記; 銘肝 ¶마음에 ~하다 [maɯme ~hada マウメ ~ハダ] 肝に銘じる.

명년[明年][mjɔŋnjɔn ミョンニョン] 名 明年; 来年.

*명단[名單][mjɔŋdan ミョンダン] 名 名簿; リスト.

명답[名答][mjɔŋdap ミョンダプ] 名 名答; 優れた[見事な]答え.

명답[明答][mjɔŋdap ミョンダプ] 名 하に自 明答; はっきりした答え ¶~을 회피하다 [(mjɔŋdab)ɯl hwepʰihada (ミョンダブ)ブル フェピハダ] 明答を避ける.

명당[明堂][mjɔŋdaŋ ミョンダン] 名 ① 風水説で「吉」とする墓場、または家宅の敷地 ② 墓の前の平地 ③ 心にぴったりする場所 ¶휴양지로서는 이 곳이 ~이다 [hjujaŋdʑirosɔnɯn i goɕi ~ida ヒュヤンジロソヌン イ ゴシ ~イダ] 休養地としてはここがもってこいの場所だ **—자리** [dʑari ジャリ] 名 ① 風水説で言う墓地として吉祥の土地 ② 非常によい場所や位置のたとえ.

명도[明渡][mjɔŋdo ミョンド] 名 하に他 明け渡し ¶집을 ~하다 [tɕibul ~-hada チブル ~ハダ] 家を明け渡す.

명란[明卵][mjɔŋnan ミョンナン] 名 たらこ; 明太然[スケトウダラ]の腹子 **—젓** [dʑɔt ジョッ] 名 たらこ[明太の腹子]の塩辛.

*명랑[明朗][mjɔŋnaŋ ミョンナン] 名 하に形 하に副 明朗; ほがらか ¶~한 아침 [~han atɕʰim ~ハン アチム] さわやかな朝 / ~한 성격 [~han sɔːŋk'jɔk ~ハン ソーンキョク] 明朗な性格.

*명령[命令][mjɔːŋnjɔŋ ミョーンニョン] 名 하に他 命令 ¶~을 내리다 [~ɯl nɛrida ~ウル ネリダ] 命令を下す.

명료[明瞭][mjɔŋnjo ミョンニョ] 名 하に形 明瞭ぅ ¶간단 ~ [kandan ~ カンダン ~] 簡単明瞭.

명륜-당[明倫堂][mjɔŋnjundaŋ ミョンニュンダン] 名 〈史〉明倫堂; 成均館內の儒学講義をした建物.

명망[名望][mjɔŋmaŋ ミョンマン] 名 名望 ¶~이 높다 [~i nopt'a ~イ ノプタ] 名望が高い **—가** [ga ガ] 名 名望家.

명맥[命脈][mjɔːŋmɛk ミョーンメク] 名 命脈 ¶~을 유지하다 [(mjɔːŋmɛg)ɯl judʑihada (ミョーンメ)グル ユジハダ] 命脈を保つ.

명멸[明滅][mjɔŋmjɔl ミョンミョル] 名 하に自 明滅 ¶밤하늘에 ~하는 별빛 [pamhanɯre (mjɔŋmjɔr)hanɯn pjɔːlp'it パムハヌレ ~ハヌン ピョールピッ] 夜空に明滅する星の光.

명명[命名][mjɔŋmjɔŋ ミョーンミョン] 名 하に自他 命名; 名付け **—식** [ɕik シク] 名 命名式.

명명-백백[明明白白][mjɔŋmjɔŋbɛk-p'ɛk ミョンミョンペクペク] 名 하に形 하に副 明々白々 ¶~한 사실 [~-(bɛkp'ɛ)-

명목[名目] [mjɔŋmok ミョンモク] 名 名目 ¶～뿐인 사장[～p'unin sadʒaŋ ～ップニン サジャン] 名ばかりの社長.

명목[瞑目] [mjɔŋmok ミョンモク] 名 [하자] 瞑目; 安らかに目をつぶること [死ぬこと] ¶편안히 눈을 감다[p'ŏnani nunɯl ka:mt'a ピョナニ ヌヌル カームタ] 安らかに瞑目する.

명문[名門] [mjɔŋmun ミョンムン] 名 名門.

명물[名物] [mjɔŋmul ミョンムル] 名 名物 ¶서울의 ～ 고궁[soure ～ go:guŋ ソウレ ～ ゴーグン] ソウルの名物故宮 / 대구의 ～ 사과[tɛ:gue ～ sagwa テーグエ ～ サグァ] 大邱の名産物のリンゴ.

***명백**[明白] [mjɔŋbɛk ミョンベク] 名 [하자] 明白; 明らか ¶～한 사실[(mjɔŋbɛ)- k'an sa:ʃil ～カン サーシル] 明白な事実 **—히**[(mjɔŋɛ)k'i キ] 副 明白に; はっきりと; 明らかに.

명복[冥福] [mjɔŋbok ミョンボク] 名 冥福 ¶고인의 ～을 빌다[ko:ine (mjɔŋbog)ɯl pi:lda コーイネ (ミョンボク)グル ピールタ] 故人の冥福を祈る.

명분[名分] [mjɔŋbun ミョンブン] 名 名分 ¶대의 ～[tɛ:i ～ テーイ ～] 大義名分 / ～이 서지 않다[～i sɔdʒi ant'a (ミョンブ)ニ ソジ アンタ] 名分が立たない.

명사[名士] [mjɔŋsa ミョンサ] 名 名士.

명사[名詞] [mjɔŋsa ミョンサ] 名〈語〉名詞 **—구**[gu ク] 名 名詞句.

명산[名山] [mjɔŋsan ミョンサン] 名 名山 ¶～ 영봉[～ jɔŋboŋ ～ ヨンボン] 名山霊峰 **—대찰**[dɛ:tʃ'al デーチャル] 名 名山と大刹.

명산[名産] [mjɔŋsan ミョンサン] 名 名産; 名物 **—지**[dʒi ジ] 名 名産地.

명상[瞑想] [mjɔŋsaŋ ミョンサン] 名 [하자] 瞑想 **—곡**[gok ゴク] 名〈楽〉瞑想曲 **—록**[nok ノク] 名 瞑想録.

명색[名色] [mjɔŋsɛk ミョンセク] 名 (実質が伴わない)肩書き; 名目 ¶～뿐인 사장[～p'unin sadʒaŋ ～ップニン サジャン] 肩書きだけの社長.

명석[明晳] [mjɔŋsɔk ミョンソク] 名 [하자] 明晳 ¶～한 두뇌[(mjɔŋsɔ)- k'an tunwe ～カン トゥヌェ] 明晳な頭脳.

***명성**[名聲] [mjɔŋsɔŋ ミョンソン] 名 声 ¶～을 떨치다[～ɯl t'ɔ:ltʃʰida ～ ウルットールチダ] 名声を博する.

명세[明細] [mjɔŋse ミョンセ] 名 [하형] [히튀] 明細 **—서**[sɔ ソ] 名 明細書.

명소[名所] [mjɔŋso ミョンソ] 名 名所 ¶～ 관광[～ gwangwaŋ ～ グァングァン] 名所観光.

명승[名勝] [mjɔŋsɯŋ ミョンスン] 名 名勝 **—지**[dʒi ジ] 名 名勝地.

명시[名詩] [mjɔŋʃi ミョンシ] 名 名詩 **—선**[sɔn ソン] 名 名詩選.

명시[明示] [mjɔŋʃi ミョンシ] 名 [하자] 明示 ¶내용을 ～하다[nɛ:joŋɯl ～hada ネーヨンウル ～ハダ] 内容を明示する.

명실[名實] [mjɔŋʃil ミョンシル] 名 名実 **—공히**[goŋi ゴンイ] 副 名実共に ¶～ 제일인자다[～ tʃe:irindʒada ～ チェーイリンジャダ] 名実共に第一人者だ **—상부**(相符)[saŋbu サンブ] 名 [하자] 名実が伴うこと.

***명심**[銘心] [mjɔŋʃim ミョンシム] 名 銘記; 銘肝 **—하다**[hada ハダ] 他 銘記する; (肝に)銘じる.

명약[名薬] [mjɔŋjak ミョンヤク] 名 名薬; 良薬.

명언[名言] [mjɔŋɔn ミョンオン] 名 名言.

명-연(기) [名演(技)] [mjɔŋjɔn(gi) ミョンニョン(ギ)] 名 名演(技).

***명예**[名譽] [mjɔŋe ミョンエ] 名 名誉; 栄誉; 誉れ; 誇り ¶～ 박사[～ baks'a ～ パクサ] 名誉博士 **—로이**[roi ロイ] 名 名誉に; 立派に ¶～ 여기다[～ jɔgida ～ ヨギダ] 名誉と思う **—롭다**[ropt'a[surɔpt'a] ロプタ[スロプタ]] 形 [ㅂ変] 名誉ある; 誉れが高い ¶～-로운 전사[～-roun tʃɔ:nsa ～-ロウン チョーンサ] 名誉[栄え]ある戦死 **—시민**[ʃi:min シーミン] 名 名誉市民 **—심**[ʃim シム] 名 名誉心 **—욕**[jok ヨク] 名 名誉欲 **—직**[dʒik ジク] 名 名誉職 **—회복**[hwebok フェボク] 名 名誉回復 **—회원**[hwe:wɔn フェーウォン] 名 名誉会員 **—훼손**(毀損)[hwe:son フェーソン] 名 名誉毀損.

명우[名優] [mjɔŋu ミョンウ] 名 名優.

명인[名人] [mjɔŋin ミョンイン] 名 名人.

명일[明日] [mjɔŋil ミョンイル] 名 明日; あした.

명작[名作] [mjɔŋdʒak ミョンジャク] 名 名作 ¶불후의 ～[purhue ～ プルフエ ～] 不朽の名作.

***명절**[名節] [mjɔŋdʒɔl ミョンジョル] 名

(旧正月・端午節・仲秋節などの民俗的な)祝日; 祝祭日; 節句.

***명주**[明紬][mjɔŋdʒu ミョンジュ] 名 絹織物; 絹; 紬ぎの **―실**[jil シル] 名 絹糸; 紬糸. 「銘酒.

명주[銘酒][mjɔŋdʒu ミョンジュ] 名

명-줄[命―][mjoːŋtʃʻul ミョーンチュル] 名 俗 命; 寿命.

명중[命中][mjoːŋdʒuŋ ミョーンジュン] 名 命中; 的中 **―하다**[hada ハダ] 自 命中する; 当たる. 「名札.

명찰[名札][mjɔŋtʃʻal ミョンチャル] 名

명찰[名刹][mjɔŋtʃʻal ミョンチャル] 名 名刹ホッ; 名高い寺.

명창[名唱][mjɔŋtʃʻaŋ ミョンチャン] 名 ① 歌の名人 ② 歌われた有名な歌.

명철[明哲][mjɔŋtʃʻɔl ミョンチョル] **―하다**[(mjɔŋtʃʻɔr)hada ハダ] 形 明哲だ;聡明ぎで物事に通じている.

명치[mjoːŋtʃʻi ミョーンチ] 名 みぞおち; みぞおち **―끝**[kʻut ッ〕 名 みぞおち[胸骨]の下の部分 **―뼈**[pʻjɔ ピョ] 名 みぞおちの下の突起した骨.

***명칭**[名称][mjɔŋtʃʻiŋ ミョンチン] 名 名称; 名.

명-콤비[名―][mjɔŋkʻombi ミョンコムビ] 名 名コンビ.

명쾌[明快][mjɔŋkʻwɛ ミョンクェ] 名 하形 히副 明快 ¶ **~한 대답**[~han tɛːdap ~ハン テーダプ] 明快な返事.

***명태**[明太][mjɔŋtʻɛ ミョンテ] 名〈魚〉メンタイ(明太); スケトウダラ.

명패[名牌][mjɔŋpʻɛ ミョンペ] 名 ① 名前や職名を記し机の上に置く細長い三角錐ケッの木片 ② 名札.

명-하다[命―][mjɔŋhada ミョンハダ] 他 여变 ① 命ずる; 命令する ¶ **출장을 ~**[tʃʻulʃʻaŋul ~ チュルチャンウル ~] 出張を命ずる ② 任命する ¶ **대사에 ~**[tɛːsae ~ テーサエ ~] 大使に任命する.

***명함**[名街][mjɔŋham ミョンハム] 名 名刺 ¶ **~을 내놓다**[~ul nɛːnotʻha (ミョンハ)ムル ネーノッタ] 名刺を出す.

명화[名畫][mjɔŋhwa ミョンファ] 名 名画 ¶ **~ 감상**[~ gaːmsaŋ ~ ガームサン] 名画鑑賞.

***명확**[明確][mjɔŋhwak ミョンファク] 名 하形 明確; 明らか ¶ **~한 사람**[(mjɔŋhwa)kʻhan saːram ~カン サーラム] 明確な人 **―히**[(mjɔŋhwa)kʻhi キ] 副 明確に; はっきりと; 明らかに

¶ **태도를 ~ 하라**[tʻhɛːdorul ~ hara テードルル ~ ハラ] 態度をはっきりしろ.

명후-년[明後年][mjɔŋhunjɔn ミョンフニョン] 名 明後年; 再来年; =내후년(來後年)[nɛhunjɔn ネフニョン].

***몇**[mjɔt ミョッ] 1 冠 いくつの; 幾つ; 幾; 何 ¶ **~ 사람**[~-(mjɔ) sʻaram ~ サラム] 幾人; 何人 / **~ 년**[(mjɔn)-njɔn (ミョン)ニョン] 幾年; 何年 / **~ 월 ~ 일**[(mjɔd)wɔl (mjɔ)tʃʻhil (ミョ)ドゥォル (ミョ)チル] 何月何日 2〈数〉いくら; いくつ; 何 ¶ **모두 ~이냐?**[modu (mjɔ)tʻhinja モドゥ (ミョ)チニャ] 全部でいくつかね **―해**[(mjɔ)-tʻhɛ テ] 名 幾年; 何年.

몇-몇[mjɔnmjɔt ミョンミョッ] 1 名 若干; いくら(か); いくつ(か); 何 ¶ **~이 모여 의논하다**[~-(mjɔ)tʃʻhi mojo ɯinonhada ~-(ミョ)チ モヨウ ィノンハダ] 何人かが集まって相談する 2〈数〉幾; 若干 ¶ **~ 사람**[~-(mjɔ) sʻaram ~ サラム] 若干名.

***모**[^1^][mo モ] 名 苗; 稲の苗 ¶ **~를 내다[심다]**[~rul nɛːda[ʃiːmtʻa] ~ルル ネーダ[シームタ]] 田植えをする; 苗木を植える.

***모**[^2^][mo モ] 名 ① 角; 物のとがった突き出た部分 ¶ **~가 난 돌**[~ga nan toːl ~ガ ナン トール] 角の立った[とがった]石 ② 角ゕ; (性格・物事が)円滑でないこと ¶ **~ 없는 사람**[~- ɔːmnɯn saːram ~ガ オームヌン サーラム] 角が取れた[円満な]人 ③ 角度 ¶ **여러 ~로 생각하다**[jɔrɔ ~ro sɛŋgakʻhada ヨロ ~ロ センガクカダ] いろいろな角度から考える ④〈数〉角 ¶ **세~꼴**[seːkʻol セーッコル] 三角形.

모[^3^][mo モ] 依名 丁; 豆腐などを数える語 ¶ **두부 1 ~**[tubu han ~ トゥブ ハン ~] 豆腐1丁.

***모**[某][moː モー] 1 名 某窮し ¶ **김~**[kim~ キム~] 金なにがし 2 冠 某窃; ある ¶ **~ 회사의 ~ 사장**[~ hwɛːsae ~ sadʒaŋ ~ フェーサエ ~ サジャン] ある会社の某社長.

모가지[mogadʒi モガジ] 名 俗 首; 解雇 ¶ **~가 잘리다**[~ga tʃʻallida ~ガ チャルリダ] 首になる. 「(取り)分.

모가치[mogatʃʻi モガチ] 名 分け前;

모개로[mogɛro モゲロ] 副 ひっくるめて; まとめて; 一括して ¶ **~ 사면 싸다**[~ samjɔn sʻada ~ロ サミョン ッ

サダ] ひっくるめて買えば安い.
모개-흥정 [mogehɯndʒɔŋ モゲフンジョン] 名[하他] 一括取引.
모갯-돈 [mogɛt'on モゲットン] 名 まとまった金; かなりの金 ¶푼돈 모아 ~ 만들다 [pʰumːnt'on moa ~ mandulda プントン モア ~ マンドゥルダ] はした金を蓄えてまとまった金をつくる.
***모과**[←木瓜] [mo:gwa モーグァ] 名 カリンの実 **—나무** [namu ナム] 名 〈植〉カリン(花梨) **—수** [su ス] 名 カリンの実の甘煮; パイナップル缶詰め.
모교[母校] [mo:gjo モーギョ] 名 母校.
***모국**[母國] [mo:guk モーグク] 名 母国; 祖国 ¶~ 방문 [~ p'aːŋmun ~ パンムン] 祖国訪問 **—어** [(mo:gug)ɔ (モーグゴ] 名 母国語.
모금[募金] [mogɯm モグム] 名[하自] 募金 ¶가두 ~ [kaːdu ~ カードゥ ~] 街頭募金.
***모금** [mogɯm モグム] 依名 (水や酒などの)ひと口に満たされる程度の分量; 一飲み; 一口 ¶한 ~의 물 [han ~e mul ハン ~エ ムル] 一口の水.
***모기**[mo:gi モーギ] 名〈虫〉カ(蚊) **—떼** [t'ɛ ッテ] 名 蚊の群れ **—장** [dʒaŋ ジャン] 名 蚊帳〈쟁〉 **—향** [hjaŋ ヒャン] 名 蚊取り線香 **모깃-불** [mo:gitp'ul モーギップル] 名 蚊やり火 **모깃-소리** [mo:gis'ori モーギッソリ] 名 ① 蚊の羽音 ② 蚊の鳴くような声; かすかな声 ¶~만 하다 [~man hada ~マン ハダ] (声が)蚊の鳴くようにかすかだ.
모-기둥 [mogidun モギドゥン] 名 角柱.
모-나다 [monada モナダ] 1 自 角立つ; 角張る ¶모난 얼굴 [monan olgul モナン オルグル] 角張った顔 / 모난 돌이 정 맞는다 [monan toːri tʃɔːŋ manːnɯnda モナン トーリ チョーン マンヌンダ] [諺] 角張った石がのみで[出る杭は]打たれる 2 形 ① 角が立っている 말이 ~ [maːri ~ マーリ ~] 話が角立つ ② 円満でない ¶성격이 ~ [sɔːŋk'jɔgi ~ ソーンキョギ ~] 性格が円満でない ③ 目立つ ¶모난 행동 [monan hɛŋdoŋ モナン ヘンドン] 目立つ[並外れの]行動 ④ (使い方が)有効だ ¶모나게 쓰다 [monage s'ɯda モナゲ ッスダ] (お金を)有効に使う.
***모-내기** [monɛgi モネギ] 名[하自] 田植え='모심기' ¶~부터 추수까지 [~butʰɔ tʃʰusɯk'adʒi ~ブト チュスッカジ] 田植えから刈り入れまで.
모-내다[1] [monɛda モネダ] 自 ① 田植えをする ② 苗木を移植する.
모-내다[2] [monɛda モネダ] 他 角張らせる; 角を立てる; 角を作る; ='모나다'の使役形 ¶기둥을 ~ [kidungul ~ キドゥンウル ~] 柱を角張らせる.
모녀[母女] [mo:njɔ モーニョ] 名 母と娘.
모니터 [monitʰɔ モニト] monitor 名 モニター.
모닝 [mo:niŋ モーニン] morning 名 モーニング **—커피** [kʰɔːpʰi コーピ] 名 モーニングコーヒー.
***모닥-불** [modakp'ul モダクプル] 名 たき火 ¶~을 쬐다 [~-(p'ur)ɯl tʃ'weːda ~-(プ)ルル ッチェーダ] たき火にあたる.
모던 [modɔn モドン] modern 名 モダン ¶~ 아트 [~ aːtʰɯ (モド) ナートゥ] モダンアート.
***모델** [model モデル] model 名 モデル.
모독[冒瀆] [modok モドク] 名 冒瀆 **—하다** [(modo)kʰada カダ] 他 冒瀆する; 汚す ¶신을 ~ [ʃinɯl ~ シヌル ~] 神を冒瀆する.
***모두** [modu モドゥ] 名[副] 皆; みんな; 全部; すべて ¶~ 내 탓이다 [~ nɛ tʰaʃida ~ ネ タシダ] みんな私のせいだ **—다** [daː ダー] 副 みんな全部.
모둠-냄비 [modum nɛmbi モドゥム ネムビ] 名 寄せ鍋〈.
***모든** [moːdɯn モードゥン] 冠 すべての; あらゆる; あるかぎりの ¶~ 사람들 [~ saːramdɯl ~ サーラムドゥル] あらゆる人々 / 재산 [~ tʃɛsan ~ チェサン] すべての財産.
***모락-모락** [moraŋmorak モランモラク] 副 ① すくすく; 順調に伸びるさま ¶~ 자라다 [~ tʃ'arada ~ チャラダ] すくすくと伸びる ② ゆらゆら; (煙・湯気などが)立ちのぼるさま ¶김이 ~ 오르다 [kiːmi ~ orɯda キーミ ~ オルダ] 湯気がゆらゆら立ちのぼる.
***모란**[牡丹] [moran モラン] 名〈植〉ボタン(牡丹) **—꽃** [k'ot ッコッ] 名 ボタン(の花).
***모래** [moːrɛ モレ] 名 砂 **—강변** [gaŋbjɔn ガンビョン] 名 (河に沿った)砂浜 **—땅** [t'aŋ ッタン] 名 砂地 **—밭** [bat バッ] 名 砂場; 砂原 **—사장** [saːdʒaŋ サジャン] 名 砂浜; 砂原 **—시계** [ʃige シゲ] 名 砂時計 **—장난**

[dʒaŋnan ジャンナン] 名 砂遊び —주머니 [dʒumɔni ジュモニ] 名 砂袋 —찜질 [tʃ'imdʒil ッチムジル] 名 하자 砂湯[砂風呂]をすること; 熱い砂で体を蒸すこと —톱 [tʰop トプ] 名 砂原; 砂浜 —흙 [hɯk フク] 名 砂土.

모래-무지 [morɛmudʒi モレムジ] 名 〈魚〉スナモグリ(砂潜); カマツカ(鎌柄).

모략[謀略] [morjak モリャク] 名 하타 謀略; 罠な; 企み ¶ 중상 ~ [tʃuŋsaŋ ~ チュンサン ~] 中傷謀略.

모럴 [morɔl モロル] moral 名 モラル —센스 [s'ensɯ センス] 名 モラルセンス.

*모레 [more モーレ] 名 あさって; 明後日.

모로 [moro モロ] 副 ① 斜めに; はすかいに ¶ ~ 자르다 [~ tʃarɯda ~ チャルダ] 斜めに切る; 角がある方に切る ② 横に; 横向きに ¶ ~ 눕다 [~ nu:pt'a ~ ヌープタ] 横向きに寝る / ~가도 서울만 가면 된다 [~gado sɔulman kamjɔn twenda ~ガド ソウルマン カミョン トェンダ] 横道にそれてもソウル[都]に着きさえすればよい; 四方法はともかく目的を達すればよい.

*모르다 [morɯda モルダ] 他 巨変 知る ① わからない; 感づかない ¶ 모르는 사람 [morɯnɯn sa:ram モルヌン サーラム] 知らない人 ② 悟らない; わきまえない ¶ 분수를 ~ [pu:nsurɯl ~ プーンスルル ~] 身のほどを知らない ③ 記憶がない; 覚えがない ¶ 전혀 모르겠는데요 [tʃɔnhjɔ morɯgennɯndejo チョンヒョ モルゲンヌンデヨ] 全然記憶がありませんね ④ 経験がない ¶ 여자를 ~ [jɔdʒarɯl ~ ヨジャルル ~] 女を知らない ⑤ 理解できない ¶ 말 뜻을 ~ [ma:l t'usɯl ~ マール ットゥスル ~] 言葉の意味がわからない.

모르면-모르되 [morɯmjɔn morɯdwe モルミョンモルドェ] 慣 恐らく; 多分; 確か; = ~-몰라도 [~-mollado ~-モルラド] ¶ ~ 도착했을 거요 [~ to:tʃʰakʰɛs'ɯl k'ɔjo ~ トーチャクケッスル コヨ] 多分到着しているでしょう.

모르-쇠 [morɯswe モルスェ] 名 知らんぷり; 知らぬ存ぜぬの一点張り.

모른-체 [morɯntʃʰe モルンチェ] 名 하타 知らんぷり; 素知らぬ顔 ¶ 알고도 ~하다 [a:lgodo ~hada アールゴド ~ハダ] 知らんぷりをする; しらばくれる; 白を切る.

모름지기 [morɯmdʒigi モルムジギ] 副 すべからく; 当然 ¶ ~ 국산품을 애용하여야 한다 [~ kuks'anpʰumul ɛ:joŋhajɔja handa ~ ククサンプムル エーヨンハヨヤ ハンダ] すべからく国産品を愛用すべきだ.

모리[謀利] [mori モリ] 名 하자 不当な利益を図ること —배(輩) [bɛ ベ] 名 不当な利益を図るやから.

모면[謀免] [momjɔn モミョン] 名 하타 (責任・罪・困難な立場から)うまく免れること ¶ 위기를 ~하다 [wigirɯl ~-hada ウィギルル ~ハダ] 危機を免れる.

모멸[侮蔑] [momjɔl モミョル] 名 하타 侮蔑ぶっ; 軽蔑ぶっ ¶ ~하는 태도 [(momjɔr) hanɯn tʰɛ:do ~ハヌン テード] 侮蔑の態度.

모방[模倣] [mobaŋ モバン] 名 模倣 —하다 [hada ハダ] 他 模倣する; 倣う; 真似る ¶ 남의 작품을 ~ [namɛ tʃakpʰumɯl ~ ナメ チャクプムル ~] 人の作品を真似る.

*모범[模範] [mobɔm モボム] 名 模範; 手本; 鑑ポデ ¶ ~으로 삼다 [~ɯro sa:mt'a ~ウロ サームタ] 模範とする —생 [sɛŋ セン] 名 模範生.

모색[摸索] [mosɛk モセク] 名 하타 摸索 ¶ 방법을 ~하다 [paŋbɔbul (mosɛ)kʰada パンボブル ~カダ] 方法を摸索する.

모서리 [mosɔri モソリ] 名 角; 角張った所; 端 ¶ 책상 ~ [tʃʰɛks'aŋ ~ チェクサン ~] 机の角.

모성[母性] [mo:sɔŋ モーソン] 名 母性 —애 [ɛ エ] 名 母性愛.

모세-관[毛細管] [mosegwan モセグァン] 名 毛細管; 毛細血管 —현상 [hjɔ:nsaŋ ヒョーンサン] 名 毛細管現象.

모세-혈관[毛細血管] [mosehjɔlgwan モセヒョルグァン] 名 毛細血管.

*모순[矛盾] [mosun モスン] 名 矛盾 ¶ ~되다 [~dweda ~ドゥェダ] 矛盾する / ~-투성이다 [~tʰusoŋida ~トゥソンイダ] 矛盾だらけだ.

*모습 [mosup モスプ] 名 ① 容貌; 姿; 面影 ¶ 어머니의 ~ [ɔmɔnie ~ オモニエ ~] 母の面影 ② ようす; ありさま.

모시 [moʃi モシ] 名 苧麻タォ —풀 [pʰul プル] 名 〈植〉カラムシ; 真麻[苧麻]ポ.

*모시다 [mo:ʃida モーシダ] 他 ① 仕える ¶ 스승으로 ~ [sɯsɯŋɯro ~ ススンウロ ~] 師として仕える; 師事する ②

奉る; 推戴ｽｲする; 押しいただく ¶ 회장으로 ~ [hwe:dʒaŋuro ~ フェージャンウロ ~] 会長に奉る ③ 案内する ¶ 손님을 집으로 ~ [sonnimɯl tɕiburo ~ ソンニムル チブロ ~] お客を家に案内する[お招きする] / 모시고 가다 [moʃigo kada モーシゴ カダ] お供をして行く ④ (祭祀・葬儀などを)祭る; 挙げる ¶ 제사를 ~ [tɕe:sarɯl ~ チェーサルル ~] 祭祀を挙げる.

모시-조개 [moʃidʒoge モシジョゲ] 名 〈貝〉アサリ(浅蜊).

*__모-심기__ [moʃimkʼi モシムキ] 名 田植え __-하다__ [hada ハダ] 自 田植えをする = **모심다** [moʃimtʼa モシムタ] 自.

모아-짜다 [moatɕʼada モアッチャダ] 他 いくつかを寄せ集めて絞る[ひとかたまりにする.

*__모양__[貌様・模様] [mojaŋ モヤン] 名 ① 形(体) ¶ 머리 ~ [mɔri ~ モリ ~] 髪の形 / 생긴 ~ [sɛŋgin ~ センギン ~] なっている形 ② ようす; 格好; スタイル ¶ ~이 좋다 [~i tɕo:tʰa ~イ チョーッタ] ようす[格好・形]がいい ③ おしゃれ ¶ ~을 부리다 [~ɯl purida ~ウル プリダ] おしゃれをする ④ 成り行き; ありさま; 事情 ¶ 사는 ~ [sa:nɯn ~ サーヌン ~] 暮らし向き; 暮らしの状態 ⑤ …ように見えること; あるらしいこと ¶ 눈이 올 ~이다 [nu:ni ol ~ida ヌーニ オル ~イダ] 雪が降りそうだ ⑥ 体面; 面目 ¶ ~이 말아니다 [~i ma:ranida ~イ マーラニダ] 面目丸つぶれだ; ようすがみっともない __-내다__ [nɛda ネダ] 自 めかす; しゃれる; 格好をつける __-사납다__ [sanapt'a ササナプタ] 形 ① 不格好だ; みっともない ② 目にあまって見かねる __-아니다__ [anida アニダ] 形 不格好だ; ぶざまだ; みっともない __-있다__ [itʼa イッタ] 句 ようす[格好・容姿]がいい __-새__ [sɛ セ] 名 ① 形; 格好; 容姿 ② 体面.

*__모여-들다__ [mojədulda モヨドゥルダ] 自 集まってくる ¶ 학생들이 ~ [haksʼɛŋdɯri ~ ハクセンドゥリ ~] 学生たちが集まってくる.

모욕[侮辱] [mo:jok モーヨク] 名 하他 侮辱 ¶ ~적인 말투 [~tɕʼɔgin ma:ltʰu ~チョギン マールトゥ] 侮辱的な言葉つき __-감__ [(mo:jo)kʼam カム] 名 侮辱感.

*__모으다__ [mouda モウダ] 他 으変 ① 集める; 合わせる; 募る; まとめる ¶ 우표(郵票)를 ~ [upʰjorul ~ ウピョルル ~] 郵便切手を集める / 두 손을 ~ [tu: sonul ~ トゥー ソヌル ~] 手を合わせる / 회원을 ~ [hwe:wɔnul ~ フェーウォヌル ~] 会員を募る / 의견을 하나로 ~ [ɰi:gjɔnul hanaro ~ ウィーギョヌル ハナロ ~] 意見をひとつにまとめる ② 蓄える; ためる ¶ 돈을 ~ [to:nul ~ トーヌル ~] 金をためる.

모의[謀議] [moi モイ] 名 謀議 ¶ ~에 가담하다 [~e kadamhada ~エ カダムハダ] 謀議に加わる __-하다__ [hada ハダ] 他 謀る.

*__모이__ [moi モイ] 名 えさ; 飼料 ¶ 닭에 ~를 주다 [ta(l)ge ~rɯl tɕuda タ(ル)ゲ ~ルル チュダ] ニワトリにえさをやる.

*__모이다__ [moida モイダ] 自 ① 集まる ¶ 한달에 한 번 ~ [handare hanbɔn ~ ハンダレ ハンボン ~] 月に一度集まる ② たまる ¶ 돈이 ~ [to:ni ~ トーニ ~] お金がたまる.

*__모임__ [moim モイム] 名 集まり; 集会; 会合 ¶ ~에 나가다 [~e nagada (モイ)メ ナガダ] 会に出る.

모자[母子] [mo:dʒa モージャ] 名 母子; 母と子 __-간__ [gan ガン] 名 母と息子の間; 母と子の間.

*__모자__[帽子] [modʒa モジャ] 名 帽子 ¶ ~를 쓰다 [~rɯl sʼuda ~ルルッスダ] 帽子をかぶる.

*__모자라다__ [mo:dʒarada モージャラダ] 自形 ① 足りない; 不足する; 乏しい ¶ 일손이 ~ [i:lsʼoni ~ イールソニ ~] 人手が足りない / 식량이 ~ [ʃiŋnjaŋi ~ シンニャンイ ~] 食糧が乏しい ② 低能だ; 欠点がある ¶ 저 모자란 놈 [tɕɔ mo:dʒaran nom チョ モージャラン ノム] あのうすばか / 좀 모자라는 사람 [tɕom mo:dʒaranɯn sa:ram チョム モージャラヌン サーラム] 少し足りない人; ちょっと抜けている人.

모정[慕情] [mo:dʒɔŋ モージョン] 名 慕情 ¶ ~을 품다 [~ɯl pʰu:mtʼa ~ウル プームタ] 慕情を抱く.

*__모조리__ [modʒori モジョリ] 副 全部; 1つも残さずに; みな; みんな; ことごとく; すっかり ¶ ~ 불타버렸다 [~ pultʰabɔrjɔtʼa ~ プルタボリョッタ] すっかり[ことごとく]焼かれてしまった.

모종 [modʒoŋ モジョン] 名 하他 (稲の

苗以外の)苗; 苗木 ¶토마토의 ~ [tʰomatʰoe ~ トマトエ ~] トマトの苗 /~을 내다[~ul nɛːda ~ウルネーダ] 苗を植える; 苗木を移植する.

***모-지다**[modʒida モジダ] 形 ① 角張っている; 角い ¶네~[neː~ ネー~] 四角い ② とげとげしした(性格)=¶모진(성격)[modʒin(sɔːŋkʲɔk) モジン(ソーンキョク)].

모직-물[毛織物][modʒiŋmul モジンムル] 名 毛織物; ウール.

***모질다**[modʒilda モージルダ] 形 (ㄹ語幹) ① 残忍だ; むごい ¶모진 사람[moːdʒin saːram モージン サーラム] 残酷[無慈悲]な人 ② 根気がある; 粘り強い; よく耐える; 我慢強い ¶고난을 모질게 견디다[konanul moːdʒilge kʲɔndida コナヌル モージルゲ キョンディガ] 苦難を根気強く耐え抜く ③ (寒さ・風雨などが)厳しい; 激しい ¶모진 바람[moːdʒin param モージン パラム] 激しい風 / 모진 추위[moːdʒin tʃʰuwi モージン チュイ] 厳しい寒さ. ×모지다.

***모집**[募集][modʒip モジプ] 名 募集 ¶현상 ~[hjɔːnsaŋ ~ ヒョーンサン ~] 懸賞募集 **―하다**[(modʒi)pʰada パダ] 他 募集하다; 募る.

모처[某處][moːtʃʰɔ モーチョ] 名 某所[某処]; ある所 ¶~에서 만났다[~esɔ manatˀa ~エソ マンナッタ] ある所で会った.

***모처럼**[motʃʰɔrɔm モチョロム] 副 ① せっかく; わざわざ ¶~ 방문(訪問)하다[~ paːŋmunhada ~ パーンムンハダ] わざわざ尋ねる ② 久しぶりに ¶~의 좋은 날씨[~e tʃoːun nalˀʃi (モチョロ)メ チョーウン ナルッシ] 久しりの素晴らしい天気 ③ ようやく; やっと; 始めて ¶~ 지어 입은 양복[~ tʃiibun jaŋbok ~ チオ イブン ヤンボク] やっとあつらえた洋服.

모측[某側][moːtʃʰuk モーチュク] 名 ある筋; ある人 ¶~에서 연행하여 갔다[(moːtʃʰuɡ)esɔ jɔnhɛŋhajɔ katˀa (モーチュ)ゲソ ヨンヘンハヨ カッタ] ある筋から連行して行った.

***모친**[母親][moːtʃʰin モーチン] 名 お母様 **―상**[saŋ サン] 名 母の喪.

모터[moːtʰɔ モート] motor 名 モーター **―바이크**[baikʰɯ バイク] 名 モーターバイク **―사이클**[saikʰɯl サイクル] 名 モーターサイクル.

***모퉁이**[motʰuŋi モトゥンイ] 名 曲がり角; 角; 隅 ¶길~[kil~ キル~] 町角; 曲がり角 / 운동장 ~ [uːndoŋdʒaŋ ~ ウーンドンジャン ~] 運動場の隅.

모포[毛布][mopʰo モポ] 名 毛布; ブランケット=담요[taːmnjo ターンニョ].

모피[毛皮][mopʰi モピ] 名 毛皮=털가죽[tʰɔlɡadʒuk トルガジュク] ¶~코트[~ kʰoːtʰɯ ~ コートゥ] 毛皮のコート.

모함[謀陷][moham モハム] 名 하他 計略で人を陥れること; 謀略 ¶~에 빠지다[~e pˀaːdʒida (モハ)メッパージダ] 計略にはまる.

***모험**[冒險][moːhɔm モーホム] 名 하自他 冒険 ¶~담[~dam ~ダム] 冒険談 **―가**[ɡa ガ] 名 冒険家 **―적**[dʒɔk ジョク] 名 冒険的.

모형[模型][mohjɔŋ モヒョン] 名 模型 **―도**[do ド] 名 模型図 **―비행기**[bihɛŋɡi ビヘンギ] 名 模型飛行機 **―지도**[dʒido ジド] 名 模型地図.

***모호-하다**[模糊―][mohohada モホハダ] 形 [여접] 曖昧だ; 分明でない ¶대답이 ~[tɛːdabi ~ テーダビ ~] 返事が曖昧[あやふや]だ.

***목**[mok モク] 名 ① 首 ¶~이 길다[(mog)i kiːlda (モ)ギ キールダ] 首が長い /~이 잘리다[(mog)i tʃallida (モ)ギ チャルリダ] 首になる; 解雇される ② 喉 ¶~이 마르다[(mog)i marɯda (モ)ギ マルダ] 喉が渇く ③ 物の首に当たる部分 ¶손~[son~ ソン~] 手首 ④ 道路の要所; 出入口 ¶길~[kil~ キル~] 道の要所.

목가[牧歌][mok'a モクカ] 名 牧歌 **―적**[dʒɔk ジョク] 名 冠 牧歌的 ¶~풍경[~ pʰuŋɡjɔŋ ~ プンギョン ~] 牧歌的風景.

목각[木刻][mok'ak モクカク] 名 하他 木彫; 木彫り ¶~불상[~ pˀulsˀaŋ ~ プルサン] 木彫りの仏像 /~인형[(mok'aɡ)inhjɔŋ (モクカ)ギンヒョン] 木偶ぼく; こけし(人形).

***목-걸이**[mok'ɔri モクコリ] 名 首飾り; ネックレス ¶진주 ~[tʃindʒu ~ チンジュ ~] 真珠の首飾り.

목격[目撃][mok'jɔk モクキョク] 名 **―하다**[(mok'jɔ)kʰada カダ] 他 目撃する; 実地に見る ¶범행 현장을 ~[pɔːmhɛŋ hjɔːndʒaŋul ~ ポームヘン ヒョーンジャンウル ~] 犯行の現場を目撃する **―자**[tʃˀa チャ] 名 目撃者.

목관 악기[木管樂器][mok'wan ak'i モックァ ナクキ] 名〈楽〉木管楽器.

***목-구멍**[mok'umʌŋ モックモン] 名 喉ᄋᆡ ¶～에 풀칠하다[～e pʰultɕʰirhada ～エ プルチルハダ](やっと)喉に糊ᄋᆞつける; どうにか食べていく.

목-놓다[moŋnotʰa モンノッタ] 自 [古変] 声を上げて泣く ¶목놓아 울다[moŋnoa uːlda モンノア ウールダ] 声をはりあげて泣く.

***목-덜미**[mokt'ʌlmi モクトルミ] 名 襟首; 首筋; うなじ ¶～를 잡다[～rul tɕapt'a ～ルル チャプタ] 襟首をつかむ.

목도[目睹][mokt'o モクト] 名 [하][他] 目睹ᄃᆞ; 目撃すること ¶현장을 ～ 하다[hjʌːndʒaŋul ～hada ヒョーンジャヌル ～ハダ] 現場を目撃する.

***목-도리**[mokt'ori モクトリ] 名 襟巻き; 首巻き; マフラー; ネッカチーフ.

목-도장[木圖章][mokt'odʑaŋ モクトジャン] 名 木印.

***목-돈**[mokt'on モクトン] 名 まとまったお金; かなりの金額.

목동[牧童][mokt'oŋ モクトン] 名 牧童.

목-뒤[mokt'wi モクトゥィ] 名 首の後ろの側; うなじ.

***목련**[木蓮][moŋnjʌn モンニョン] 名〈植〉モクレン(木蓮) ¶～화(花)[～hwa ～ファ] モクレンの花.

목로[木櫨][moŋno モンノ] 名 居酒屋の台 ―**술집** [酒店][sultɕ'ip [dʑudʑom] スルチプ[ジュジョム]]居酒屋.

***목록**[目錄][moŋnok モンノク] 名 目録; リスト; カタログ ¶재산 ～[tɕesan ～ チェサン ～] 財産目録.

목-마르다[moŋmaruda モンマルダ] 形 [ᄅ変] ① のどが渇く ② 期待して止まない ¶목마르게 기다리던 날[moŋmaruge kidaridʌn nal モンマルゲ キダリドン ナル] 待ちに待った日.

목-말[moŋmal モンマル] 名 肩車 ―**타다**[tʰada タダ] 自 肩車に乗る ―**태우다**[tʰɛuda テウダ] 他 肩車に乗せる; 肩車してやる.

목-매(달)다[moŋmɛ(dal)da モンメ(ダル)ダ] 自他 首を吊ᄅᆞ ¶목매달아 죽다[moŋmɛdara tɕukt'a モンメダラ チュクタ] 首を吊って死ぬ.

목-메다[moŋmeda モンメダ] 自 ①(悲しみや感動で)のどがつまる; むせぶ ¶목메어 울다[moŋmeʌ uːlda モンメオ ウールダ] むせび泣く ②(食べ物などがつまって)のどがふさがる ¶목이 메어 물을 마시다[mogi meʌ murul maɕida モギ メオ ムルル マシダ] のどがつまって水を飲む.

목-물[moŋmul モンムル] 名 (かがんで)背中を冷水で洗い清めること ¶～을 끼얹다[～ul k'iʌnt'a (モンム)ルル ッキオンタ] 上半身の背中を冷水で流す ―**하다**[(moŋmur)hada ハダ] 自 上半身の背中を冷水で洗う.

목-발[木―][mokp'al モクパル] 名 ① 松葉杖ᄌᆡ ¶～을 짚다[(mokp'ar)ul tɕipt'a (モクパ)ルル チプタ] 松葉杖をつく ② 背負子ᄌᆞ의 脚の部分.

***목사**[牧師][moks'a モクサ] 名〈基〉牧師.

목석[木石][moks'ʌk モクソク] 名 木石 ¶～같은 사나이[(mokso)k'atʰun sanai ～カトゥン サナイ] 木石みたいな男; 感情が鈍くぶっきらぼうの男.

***목-소리**[moks'ori モクソリ] 名 声; 声音; 音色 ¶～가 크다[～ga kʰuda ～ガクダ] 声が大きい / ～가 쉬다[～ga ɕwiːda ～ガ シュィーダ] 声がかれる / 소비자의 ～[sobidʑae ～ ソビジャエ ～] 消費者の声.

***목수**[木手][moks'u モクス] 名 大工 = **목공**(木工)[mok'oŋ モッコン].

***목숨**[moks'um モクスム] 名 命; 生命; 寿命 ¶～을 걸다[～ul kʌːlda (モクス)ムル コールダ] 命をかける / ～이 길다[～i kiːlda (モクス)ミ キールダ] 寿命が長い / 모진 ～[moːdʑin ～ モージン ～] 死に損ない.

목-쉬다[mokɕ'wida モクシュィダ] 自 (のどが)しわがれる; かれる ¶목쉰 소리[mokɕ'win sori モクシュィン ソリ] しわがれ声.

목-양말[木洋襪][moŋnjaŋmal モンニャンマル] 名 木綿の靴下.

***목요-일**[木曜日][mogjoil モギョイル] 名 木曜日.

***목욕**[沐浴][mogjok モギョク] 名 沐浴ᄋᆞ; 湯あみ ―**하다**[(mogjo)kʰada カダ] 自 風呂ᅙᆞに入る; 湯あみする; 入浴する ―**간**(間)[(mogjo)k'an カン] 名 風呂場; 浴室 ―**값**[(mogjo)k'ap カプ] 名 風呂代; 湯銭 ―**물**[(mogjoŋ)mul (モギョン)ムル] 名 入浴用の水や湯 ¶～을 데우다[～-(mur)ul teuda ～-(ム)ルル テウダ] 湯を沸かす ―**재계**(齋戒)[tɕʼɛge チェゲ] 名 하 自 斎戒沐浴 ―**탕**(湯)[tʰaŋ タン]

名 風呂; 風呂屋 ¶공중[대중] ~[kondʒuŋ[tɛ:dʒuŋ] ~ コンジュン[テージュン] ~] 銭湯 —통(桶)[thoŋ トン] 名 浴槽; 湯船; 風呂桶.

목-자르다[mokt∫'aruda モクチャルダ] 他 (르変) ① 首を切る ② 首にする; 解雇する ¶부정 공무원을 ~[pudʒoŋ koŋmuwɔnul ~ プジョン コンムウォヌル ~] 不正役人を首にする.

목-잘리다[mokt∫'allida モクチャルリダ] 自 (受動) ① 首を切られる ② 首になる; 解雇される.

목-잠기다[mokt∫'amgida モクチャムギダ] 自 のどがかれる; 声がかすれる; のどがしわがれて声が出ない.

***목장**[牧場][mokt∫'aŋ モクチャン] 名 牧場; まきば.

목재[木材][mokt∫'ɛ モクチェ] 名 木材; 材木.

***목적**[目的][mokt∫'ɔk モクチョク] 名 하他 目的; 目当て ¶~을 달성하다 [(mokt∫'ɔk)ɯl tals'ɔŋhada (モクチョ)グル タルソンハダ] 目的を遂げる.

목전[目前][mokt∫'ɔn モクチョン] 名 目前; 目の前; 目先 ¶~의 이익[~e i:ik (モクチョ)ネ イーイク] 目先の利益.

***목조**[木造][mokt∫'o モクチョ] 名 하他 木造 —건물[~ gɔ:nmul ~ ゴーンムル] 木造建築.

***목차**[目次][mokt∫ʰa モクチャ] 名 目次.

목-청[mokt∫ʰɔŋ モクチョン] 名 ① 声; 声音 ¶~이 좋다[~i t∫o:tʰa ~イ チョータ] のど[声]がいい ② 声帯 —껏[k'ɔt ッコッ] 副 のど[声]の限り ¶~ 노래 부르다[~-(k'ɔn) norɛburuda ~-(ッコン) ノレブルダ] 声の限り歌を歌う.

목-추기다[mokt∫ʰugida モクチュギダ] 自 (水などを)少し飲む; のどを潤す.

***목축**[牧畜][mokt∫ʰuk モクチュク] 名 하自 牧畜 —농(업)[(mokt∫ʰuŋ)noŋ(ɔp) (モクチュン)ノン(オプ)] 名 牧畜農(業) —업[(mokt∫ʰug)ɔp (モクチュ)ゴプ] 名 牧畜業.

목측[目測][mokt∫ʰɯk モクチュク] 名 하他 目測 ¶~ 거리[(mokt∫ʰɯ)k'ɔ:ri ~コーリ] 目測距離.

목-타다[mokʰada モクタダ] 形 ='목 마르다' のどが渇く ② 切望する.

목탁[木鐸][mokt∫ʰak モクタク] 名 〈仏〉 木魚 —귀신(鬼神)[k'wi:∫in クィーシン] 名 ① 木魚だけを鳴らして生涯を終えた僧侶等の亡霊 ② 木魚が鳴ると集まるという鬼神.

***목표**[目標][mokpʰjo モクピョ] 名 目標; 目当て; 狙い ¶사업 ~[sa:ɔm ~ サーオム ~] 事業の目標 —하다 [hada ハダ] 他 目標にする; 目指す; 狙う —물[mul ムル] 名 目標物.

목하[目下][mokʰa モクカ] 名 副 目下; ただいま; 現在 ¶~ 여행중[~ jɔ-hɛndʒuŋ ~ ヨヘンジュン] 目下旅行中 /~의 국제 정세[~e kukt∫'e dʒɔŋ-se ~エ ククチェ ジョンセ] 現在の国際情勢.

목화[木花][mokʰwa モククァ] 名 〈植〉ワタ(綿) ¶~를 따다[~rul t'ada ~ルル ッタダ] 綿をつむ.

***몫**[mok モク] 名 (依名) ① 分; 分け前; 取り分 ¶~이 적다[~∫i t∫ɔkt'a ~ シ チョクタ] 取り分が少ない ② 任務 —몫이 [(moŋ)mok∫'i (モン)モクシ] 副 分け前ごとに ¶~ 나누다[~ nanuda ~ ナヌダ] 1人分ずつ分ける.

몰각[沒却][molgak モルガク] 名 하他 没却 ¶자아를 ~하다[t∫'aarul (mol-ga)kʰada チャアルル ~カダ] 自我を没却する.

몰골[molgol モルゴル] 名 みすぼらしい顔や格好; ていたらく ¶형편없는 ~ [hjɔŋpʰjonɔmnɯn ~ ヒョンピョノムヌン ~] さんざんのていたらく.

***몰다**[mo:lda モールダ] 他 (ㄹ語幹) ① 追う; 追いやる ¶양떼를 ~[jaŋt'ɛrul ~ ヤンッテルル ~] 羊の群れを追いやる ② 走らせる; 駆る; 運転する ¶말을 ~[marul ~ マルル ~] 馬を駆る[走らせる] / 차를 ~[t∫ʰarul ~ チャルル ~] 車を運転する ③ (1か所に)集める.

몰두[沒頭][molt'u モルトゥ] 名 하自 没頭 ¶독서에 ~하다[toks'ɔe ~-hada トクソエ ~ハダ] 読書に没頭する.

***몰라-보다**[mo:llaboda モールラボダ] 他 ① 見忘れる ¶~-볼 만큼 변하였다[~-bolmankʰum pjɔ:nhajɔt'a ~-ボルマンクム ピョーンハヨッタ] 見忘れるほど変わった ② 見違える ¶~-보게 자랐구나[~-boge t∫ɑratk'una ~-ボゲ チャラックナ] 見違えるほど成長したね ③ (目上の人に)礼儀をわきまえない.

몰라-주다[mo:llad͡ʒuda モールラジュダ] 他 (事情などを)分かってくれない ¶남의 속을 ~[name so:gul ~ ナメ ソーグル ~] 人の気持ちを分かってくれない.

몰락[沒落][mollak モルラク] 名 하自 没落 ¶왕조의 ~[waŋd͡ʒoe ~ ワン

ジョエ ~] 王朝の没落.
* **몰래** [mo:llɛ モーレ] 副 こっそり; ひそかに; 内緒で ¶~하다 [~hada ~ハダ] こそこそする / ~ 엿듣다 [~ jɔt'ɯt'a ~ ヨットゥッタ] こっそり聞く / ~ 알려주다 [~ alljɔdʑuda ~ アルリョジュダ] 内々に知らせる.

몰려-가다 [molljɔgada モルリョガダ] 自 群れをなして行く; 大勢が押しかける ¶시장으로 ~ [ʃiːdʑaŋɯro ~ シージャンウロ ~] 市場に群がる.

몰려-들다 [molljɔdɯlda モルリョドゥルダ] 自[ㄹ語幹] 押し寄せる; 寄り集まる; 群がり集まる ¶아이들이 ~ [aidɯri ~ アイドゥリ ~] 子供らが寄り集まる.

몰려-오다 [molljɔoda モルリョオダ] 自 群がって来る; 押しかけて来る ¶관광객이 ~ [kwaŋgwaŋɡɛgi ~ クァングァンゲギ ~] 観光客が群がって来る.

* **몰리다** [mollida モルリダ] 自 ① 集中する ¶인구가 도시에 ~ [inguga toʃie ~ イングガ トシエ ~] 人口が都市に集中する ② (仕事に)追われる ¶일에 ~ [iːre ~ イーレ ~] 仕事に追われる ③ (罪・借金などに)追い込まれる ¶강도로 ~ [kaːŋdoro ~ カーンドロ ~] 強盗に追い込まれる [問われる] ④ 一時に押し寄せる ¶손님이 한꺼번에 ~ [sonnimi hank'ɔbɯne ~ ソンニミ ハンッコボネ ~] お客が一時に押し寄せる.

몰살 [沒殺] [mol'sal モッサル] 名 하他 皆殺し ¶적군을 ~ 하다 [tɕʌk'unɯl (mols'ar)hada チョックヌル ~ハダ] 敵軍を皆殺しにする.

몰-상식 [沒常識] [mols'aŋʃik モルッサンシク] 名 하形 没常識; 非常識 ¶~한 사람 [~kʰan saːram ~カン サーラム] 非常識な人.

몰수 [沒收] [mols'u モルッス] 名 하他 没収 ¶재산을 ~ 하다 [tɕɛsanɯl ~hada チェサヌル ~ハダ] 財産を没収する.

몰아 [mora モラ] 副 ひっくるめて; まとめて; 一度に ¶~ 사다 [~ sada ~ サダ] (いろいろなものをまとめて) いっぺんに買う; ひっくるめて買う / ~ 받다 [~ bat'a ~ バッタ] まとめて受ける / ~ 주다 [~ dʑuda ~ ジュダ] (まとめて)一度に与える.

몰아-내다 [moranɛda モラネダ] 他 追い出す; 追い払う ¶깡패를 ~ [k'aŋpʰɛrɯl ~ ッカンペルル ~] 与太者を追い払う.

몰아-넣다 [moranɔtʰa モラノッタ] 他 追い込む ¶궁지에 ~ [kuŋdʑie ~ クンジエ ~] 窮地に追い込む.

몰아-대다 [moradɛda モラデダ] 他 駆り立てる; 詰め寄せる; せき立てる ¶말을 ~ [marɯl ~ マルル ~] 馬を駆り立てる / 날카롭게 ~ [nalkʰaropk'e ~ ナルカロプケ ~] 鋭く詰め寄る.

몰아-붙이다 [morabutɕʰida モラブチダ] 他 (一方に)寄せつける; 責め立てる ¶부하를 ~ [puharɯl ~ プハルル ~] 部下を責め立る.

몰아-세우다 [moraseuda モラセウダ] 他 激しく責め立てる; 頭ごなしにしかりつける ¶실수를 ~ [ʃils'urɯl ~ シルッスルル ~] ミスを責め立てる.

몰아-쉬다 [moraʃwida モラシュィダ] 他 激しく息をする; 荒い息遣いをする.

몰아-치다 [moratɕʰida モラチダ] 1 自 (一所に)追い込む; 吹きつける ¶비바람이 ~ [pibarami ~ ピバラミ ~] 雨風が吹きつける 2 他 ① (仕事など を)いっぺんに片づける; 急いでする ¶이틀 일을 하루에 ~ [itʰɯl iːrɯl harue ~ イトゥル リールル ハルエ ~] 2日間の仕事を1日で一気に片づける ② 激しくせき立てる; やり込める.

몰이 [mori モリ] 名 하他 (獣・魚を捕るときの)駆り立て; 追い立て **―꾼** [k'un ックン] 名 勢子(獲物の駆り立て役).

몰-이해 [沒理解] [mollihɛ モルリヘ] 名 하形 理解のないこと; 無理解.

몰-인정 [沒人情] [morindʑʌŋ モリンジョン] 名 하形 不人情; 情け知らず; 薄情 ¶~한 사람 [~han saːram ~ハン サーラム] 薄情な人.

몰입 [沒入] [morip モリプ] 名 하自他 没入; 没頭 ¶연구에 ~하다 [jɔːngue (mori)pʰada ヨーングエ ~パダ] 研究に没頭する[没入している].

몰-지각 [沒知覺] [moldʑigak モルジガク] 名 하形 分別のないこと; 事理をわきまえないこと ¶~한 행동 [~kʰan hɛŋdoŋ ~カン ヘンドン] 分別のない[無分別な]行動; 知覚のない行動.

* **몸** [mom モム] 名 ① 身; 体; 身体 ¶약한 ~ [jakʰan ~ ヤッカン ~] 弱い体 / ~도 마음도 [~do maɯmdo ~ ド マウムド] 身も心も… ② 身分; 立場 ¶학생의 ~으로 [haks'eŋe ~ɯro ハクセンエ (モ)ムロ] 学生の身で.

몸-가짐 [momgadʑim モㇺガジㇺ] 名

身持ち; 身だしなみ; 態度 ¶~이 얌전한 여자[~i jamdzɔnhan njɔdʑa (ムカジ)ミ ヤムジョンハン ニョジャ] 物腰のしとやかな女性 / ~이 좋다[~i tɕoːtʰa (ムカ)ジミ チョーッタ] 身だしなみ[マナー]がよい / 거친 ~ [kɔtɕʰin ~ コチン ~] 荒々しい態度.

몸-나다 [momnada モムナダ] (自) (体が太る; 肥える; 肉がつく.

몸-놀림 [momnollim モムノルリム] (名)(하自) 体の動き ¶~이 가볍다[~i kabjɔptʼa ~-(ノルリ)ミ カビプタ] 体の動き[身のこなし]が軽い.

몸-닦다 [momdakta モムダクタ] (自) 身心を鍛練する.

몸-단속 [—團束] [momdansok モムダンソク] (名)(하自) (病気や危険などに備える)身固め; 身構え; 身の用心.

몸-단장 [—丹粧] [momdandʑaŋ モムダンジャン] (名)(하自) 身支度; 身じまい; 身繕い; 身ごしらえ; ='몸치장' ¶~ 곱게 하다 ~ goːpkʼe hada ~ ゴープケ ハダ] きれいに身づくろいする.

몸-달다 [momdalda モムダルダ] (自) 焦じれる; 気・心がせく; 焦る ¶일이 뜻대로 안 되어 ~ [iri tʼutʼɔro andwɛɔ ~ イーリットゥッテロ アンドゥエオ ~] 事が思うようにならないので心が焦る.

몸-담다 [momdamtʼa モムダムタ] (自) ① 勤める; 携わる ¶정치에 ~ [tɕɔŋtɕʰie ~ チョンチエ ~] 政治に携わる ② 住む; 身を寄せる ¶친구 집에 ~-담고 있다 [tɕʰiŋgu dʑibe ~-damkʼo itʼa チングジベ ~-ダムコ イッタ] 友人の家に身を寄せている ③ (会社に)所属する.

몸-더럽히다 [momdɔrɔpʰida モムドロプピダ] (自)体を汚される; 貞操を奪われる.

몸-두다 [momduda モムドゥダ] (自) 身を寄せる; 身を置く; 勤める; =**몸붙이다** [monbutɕʰida モムブチダ] (自) ¶회사에 ~ [hwɛːsae ~ フェーサエ ~] 会社に勤める / 몸둘 바를 모르다 [momdul pʼarul moruda モムドゥル パルル モルダ] (あまり恥ずかしくて身の置き所がない[穴があったら入りたい].

몸-뚱이 [momtʼuŋi モムットゥンイ] (名)体; 身体; 体格; 徼=**몸뚱아리** [momtʼuŋari モムットゥンアリ].

*몸-매** [mommɛ モムメ] (名) 身なり; 体つき; スタイル ¶날씬한 ~ [nalɕʼinhan ~ ナルッシンハン ~] すんなりと[すらり]とした体つき.

몸-맵시 [mommɛpɕʼi モムメプシ] (名) 身ぶり; 身だしなみ; 着こなし; 格好.

*몸-무게** [mommuge モムムゲ] (名) 体重.

몸-바치다 [mombatɕʰida モムバチダ] (他) ① 身をささげる; 献身する; (人のために)身を犠牲にする ② (女性が男性に)体を与える; 体を許す.

몸-배다 [mombɛda モムベダ] (自) 身につく; なれる; 板につく ¶교원 생활이 몸에 배다 [kjoːwɔn sɛŋhwari mome pɛːda キョーウォン センファリ モメ ペーダ] 教員生活が板につく.

몸-부림 [momburim モムブリム] (名)(하自) ① 身もだえ; もがき; あがき ¶삶의 ~ [salme ~ サルメ ~] 生のあがき ② 寝返り —치다 [tɕʰida チダ] (自) 身もだえする; もがく; のた打つ; あがく ¶살려고 ~ [saːlljogo ~ サールリョゴ ~] 生きようとあがく / ~-치며 울다 [~-tɕʰimjɔ uːlda ~-チミョ ウールダ] 身をもだえながら泣く.

몸(을) 빼앗기다 [mom(ɯl) pʼɛatkʼida モム[モムル] ペアッキダ] (他) 貞操を奪われる.

*몸살** [momsal モムサル] (名) 疲れ病 —나다 [lada ラダ] (自) ① 疲れ病にかかる ② (あることが)したくてたまらない.

몸-서리 [momsɔri モムソリ] (名) (怖くて、または嫌がってする)身震い —나다 [nada ナダ] (自) ぞっとする; 身の毛がよだつ; 嫌気がさす ¶~-나는 광경 [~-nanun kwaŋjʑɔŋ ~-ナヌン クァンギョン] 身の毛のよだつ光景 —치다 [tɕʰida チダ] (自) 身の毛がよだつほど嫌気がさす[いまいましい]; 怖じ気づく; 身震いする.

*몸소** [momso モムソ] (副) 自ら; ご自分で; 親しく; じきじきに ¶~ 실천하다 [~ ɕiltɕʰɔnhada ~ シルチョンハダ] 自ら実践する.

몸-수색[—捜索] [momsusɛk モムスセク] (名)(하他) 体を検索する.

몸져-눕다 [momdʑjɔnupta モムジョヌプタ] (自)(ㅂ変) 病気で寝つく; 病床に就く ¶과로로 ~ [kwaːroro ~ クァーロロ ~] 過労で病床に就く.

*몸-조리**[—調理] [momdʑori モムジョリ] (名)(하自) 養生; 保養; 摂生; 健康管理 ¶산후의 ~ [saːnhue ~ サーンフエ ~] 産後の保養.

몸-조심[—操心] [momdʑoɕim モムジョシム] (名)(하自) ① 体を大事にすること ②

身持ちを慎重にすること.
몸-집 [momtʃ'ip モムチプ] 【名】体格; 柄; 体つき ¶ ~이 크다 [(momtʃ'ib)i kʰuda (モムチ)ビクダ] 柄が大きい.
*__몸-짓__ [momtʃ'it モムチッ] 【名】【하自】身ぶり; ジェスチャー ¶ ~ 손짓 [~ s'ontʃ'it ~ ソンチッ] 身ぶり手ぶり.
몸-차림 [momtʃʰarim モムチャリム] 【名】【하自】身なり; 装い; 身づくろい ¶ 깔끔한 ~ [k'alk'umhan ~ ッカルックムハン ~] さっぱりした身なり.
몸-채 [momtʃʰɛ モムチェ] 【名】母屋; 本館.
몸-치장[-治粧] [momtʃʰidʒaŋ モムチジャン] 【名】【하自】身なり; 装い; 身づくろい ¶ ~하고 나들이하다 [~hago nadurihada ~ハゴ ナドゥリハダ] 身じまいをして出かける.
몸-통 [momtʰoŋ モムトン] 【名】胴体; 体の胴回り; 図体ずい ¶ ~ 운동 [~ u:ndoŋ ~ ウーンドン] 胴体運動.
몸-팔다 [mompʰalda モムパルダ] 【他】【ㄹ語幹】体を売る; 売春する.
몸-풀다 [mompʰulda モムプルダ] 【自】【他】【ㄹ語幹】① 出産する ② (疲れなどを)いやす ③ (体の動きをしなやかにするために軽い)運動をする; 体をほぐす.
*__몹시__ [mo:pʃ'i モープシ] 【副】ひどく; 大変; 非常に; とても; 嫌に ¶ ~ 춥다 [~ tʃʰupt'a ~ チュプタ] ばかに寒い / ~ 더운 날 [~ tɔun nal ~ トウンナル] ひどく暑い日.
몹쓸 [mo:pʃ'ul モープスル] 【冠】悪い; よくない ¶ ~ 놈 [~ lom ~ ロム] ひどい奴ぅら / ~ 짓 [~ tʃ'i:t ~ チーッ] 悪行; 悪事 / ~ 병 [~ p'jɔŋ ~ ピョン] たちの悪い[悪性の]病気.
*__못__[1] [mot モッ] 【名】釘ぎ ¶ ~을 박다 [(mos)ul pakt'a (モ)スル パクタ] 釘を打つ ━질 [tʃ'il チル] 【名】【하自】釘打ち.
못[2] [mot モッ] 【名】たこ ¶ 발에 ~이 박이다 [parε (moʃ)i pagida パレ (モ)シ パギダ] 足の指にたこができる.
*__못__[3] [mot モッ] 【名】池 ¶ (연)~가 [(jɔn)~k'a (ヨン)~カ] 池のほとり.
*__못__[4] [mo:t モーッ] 【副】…できない; …しない; …してはいけない ¶ ~ 간다 [~ k'anda ~ カンダ] 行かれない; 行ってはいけない / ~한다 [(mo:)tʰanda ~タンダ] できない / ~ 이기다 [(mo:n)nigida (モーン)ニギダ] 勝てない.
*__못-나다__ [mo:nnada モーンナダ] 【形】① 醜い; 不器量だ; 不出来だ ¶ 못난 얼굴 [mo:nnan ɔlgul モーンナン オルグル] まずい面; 不器量な顔立ち ② 愚かだ; 賢くない ¶ 못난 놈 [mo:nnan nom モーンナン ノム] 愚かなやつ.
못난-이 [mo:nnani モーンナニ] 【名】① 愚か者; 出来そこない ② (顔が)醜い人.
못내 [mo:nnɛ モーンネ] 【副】(忘れずに)いつまでも; この上なく ¶ ~ 그리워하다 [~ kuriwɔhada ~ クリウォハダ] いつまでも慕いやまない[恋しがる].
못-다 [mot'a モッタ] 【副】まだ終わっていない ¶ 읽다 [~ ikt'a ~ イクタ] まだ読み終わらない.
못-대가리 [mot'ɛgari モッテガリ] 【名】「釘ぎの頭.
*__못-되다__ [mo:t'weda モートゥェダ] 【形】① 悪い; あくどい; なっていない; 不良だ ¶ 못된 짓 [mo:t'wen tʃi:t モートゥェン チーッ] 悪い行い / 못된 놈 [mo:t'wen nom モートゥェン ノム] なって(い)ないやつ ② 達しない ¶ 2년이 ~ [~i:njoni ~ イーニョニ ~] 2年に達しない ③ (顔色が)よくない.
*__못마땅-하다__ [mo:nmat'aŋhada モーンマッタンハダ] 【形】気に食わない; 不満だ; 心[気]に染まない ¶ 사람됨이 ~ [sa:ramdwemi ~ サーラムドゥェミ ~] 人となりが心に染まない.
못-박다 [motp'akt'a モッパクタ] 【自】① 釘ぎを打つ ② 傷心させる ¶ 부모 가슴에 못박는 자식 [pumo kasume motp'aŋnun tʃaʃik プモ カスメ モッパクヌン チャシク] 親の心を傷つける息子 ③ (約束などを守るよう)念を押す.
못살게 굴다 [mo:s'algε ku:lda モーッサルゲ クールダ] 【他】いじめる; ねだる ¶ 약자를 [jaktʃ'arul ~ ヤクチャルル ~] 弱い者をいじめる / 어머니를 ~ [ɔmɔnirul ~ オモニルル ~] 母にねだる.
*__못-살다__ [mo:s'alda モーッサルダ] 【自】【ㄹ語幹】貧しく暮らす ¶ 못사는 사람들 [mo:s'anun sa:ramdul モーッサヌン サーラムドゥル] 貧しい人たち
못-살겠다 [mo:s'algεt'a モーッサルゲッタ] 【自】やりきれない; 煩わしい; 我漫ならない.
*__못-생기다__ [mo:s'ɛŋgida モーッセンギダ] 【形】(顔が)醜い; 不器量だ ¶ 못생긴 여자 [mo:s'ɛŋgin njɔdʒa モーッセンギン ニョジャ] 醜い女性.
*__못-쓰다__ [mo:s'uda モーッスダ] 【自】① してはいけない ¶ 장난하면 못써 [tʃaŋnanhamjɔn mo:s'ɔ チャンナンハミョン モーッソ] いたずらをしてはいけないよ

② 使えなくなる ¶기계가 못쓰게 되다 [kigega mo:s'ɯge tweda キゲガ モーッスケ トゥェダ] 機械が使えなくなる.

못-잊다 [mo:nnit'a モーンニッタ / mo:dit'a モーディッタ] 自 忘れられない ¶은혜를 ~ [ɯnherɯl ~ ウンヘルル ~] 恩を忘れられない / 그를 못잊어 [kɯrɯl mo:nnidʒɔ クルル モーンニジョ] 彼を忘れられない.

못지-않다 [mo:tʃiantʰa モーッチアンタ] 形 劣らない ¶남 못지 않은 성적 [nammotʃi anɯn sɔŋdʒɔk ナムモッチ アヌン ソンジョク] 人に劣らぬ成績.

***못-하다** [mo:tʰada モータダ] 1 他 できない; なし得ない ¶일을 하지 ~ [i:rɯl hadʒi ~ イールル ハジ ~] 仕事をなし得ない 2 形 劣る; 及ばない ¶아들만 ~ [adɯlman ~ アドゥルマン ~] 息子に劣る 3 補助 …ない; …できない ¶가지 ~ [kadʒi ~ カジ ~] 行かれない; 行くことができない 4 補形 …でない ¶맑지 ~ [maktʃi ~ マクチ~] 清くない / 아름답지 ~ [arɯmdaptʃi ~ アルムダプチ~] 美しくない.

몽둥이 [moŋduŋi モンドゥンイ] 名 棍棒ﾞ; 長めの太い棒.

***몽땅** [moŋt'aŋ モンッタン] 副 ① すっかり, みんな; 全部; すべて; 根こそぎ ¶~ 도둑맞다 [~ toduŋmat'a ~ トドゥンマッタ] 根こそぎ[すっかり]盗まれる ② 一気に切るさま; ずばり; ばっさり; ずばっと ¶~ 자르다 [~ tʃarɯda ~ チャルダ] ばっさり切る.

***묘(지)** [墓(地)] [mjo:(dʒi) ミョー(ジ)] 名 (お)墓; 墓場; 墓地.

묘기 [妙技] [mjo:gi ミョーギ] 名 妙技 ¶체조의 ~ [tʃʰedʒoe ~ チェジョエ ~] 体操の妙技.

묘령 [妙齢] [mjo:rjɔŋ ミョーリョン] 名 妙齢 ¶~의 여인 [~e jɔin ~エヨイン] 妙齢な女性.

묘목 [苗木] [mjo:mok ミョーモク] 名 苗「(木).

묘미 [妙味] [mjo:mi ミョーミ] 名 妙味; 醍醐味ﾞ ¶낚시의 ~ [nakʃie ~ ナクシエ ~] 釣りの醍醐味[妙味].

묘사 [描寫] [mjo:sa ミョーサ] 名 ｻ他 描写 ¶심리 ~ [ʃimni ~ シムニ ~] 心理描写.

묘안 [妙案] [mjo:an ミョーアン] 名 妙案; 名案 ¶~이 떠오르다 [~ i t'ɔorɯda (ミョーア) ニットオルダ] 妙案が浮かぶ.

묘연 [杳然] [mjo:jɔn ミョーヨン] 名 ｻ形 히副 ① 杳然ﾞ; はるかに遠いさま ② 久しい以前のことで記憶がうすれてはっきりしないこと ③ 行方が知れないこと ¶행방이 ~하다 [hɛŋbaŋi ~hada ヘンバンイ ~ハダ] 行方が知れない.

묘책 [妙策] [mjo:tʃʰɛk ミョーチェク] 名 妙策; 妙案 ¶~을 짜내다 [(mjo:tʃʰɛg)-ɯl tʃ'anɛda (ミョーチェ) グルッチャネダ] 妙策を案んずる.

***묘-하다** [妙—] [mjo:hada ミョーハダ] 形 ｴ形 ① 妙だ ¶운필이 ~ [u:npʰiri ~ ウーンピリ ~] 運筆が妙だ ② 変だ; おかしい; 不思議だ; 神秘だ ¶묘한 이야기 [mjohan nijagi ミョーハンニヤギ] 不思議な話.

***무** [mu: ムー] 名〈植〉ダイコン(大根).

***무겁다** [mugɔpt'a ムゴプタ] 形 ﾛ変 ① 重い ¶무거운 짐 [mugoun tʃim ムゴウン チム] 重い荷物 ② (言行が)慎重だ; 重い ¶입이 ~ [ibi ~ イビ ~] 口が重い ③ (病や罪が)甚だしい ¶무거운 병 [mugoun pjɔŋ ムゴウン ピョン] 重い病気 ④ (負担や責任が)重大だ ¶책임이 ~ [tʃʰɛgimi ~ チェギミ ~] 責任が重い ⑤ (気持ちが)晴れ晴れしない ¶마음이 ~ [maɯmi ~ マウミ ~] 心が重苦しい.

***무게** [muge ムゲ] 名 重さ; 重み ① 目方; 重量 ¶몸~ [mom~ モム~] 体重 / ~를 달다 [~rɯl talda ~ルルタルダ] 目方を計る ② 重み; 値打ち ¶~있는 언행 [~ innɯn ɔnhɛŋ ~インヌン オンヘン] 重みのある言行 / ~있는 태도 [~ innɯn tʰɛ:do ~インヌン テード] 威厳のある態度.

무-계획 [無計劃] [mugehwek ムゲフェク] 名 ｻ形 無計画.

무고 [無故] [mugo ムゴ] 名 ｻ形 히副 事故がなく平穏であること; 何ら変わりがないこと; 無事 ¶~하십니까 [~haʃimnik'a ~ハシムニッカ] お変わりございませんか.

무고 [無辜] [mugo ムゴ] 名 ｻ形 無辜ﾞ; 罪のないこと ¶~한 백성 [~han pɛks'ɔŋ ~ハン ペクソン] 無辜の民.

무관 [無關] [mugwan ムグァン] 名 無関係; **무관계** [mugwange ムグァンゲ] の略 —하다 [hada ~ハダ] 形 無関係だ; かかわりない ¶이것과는 ~-한 일이다 [igɔtk'wanɯn ~-han ni:rida イゴックァヌン ~-ハン ニーリダ] これとは無関係な[の]ことである.

*무-관심[無關心][mugwanʃim ムグァンシム] 图 하形 無関心; 無頓着 ¶ 정치에 ~한 사람 [tʃɔŋtʃʰie ~han saram チョンチエ ~ハン サーラム] 政治に無関心な人.

무-국적[無國籍][mugukt∫ʼɔk ムグクチョク] 图 無国籍.

*무궁[無窮][mugun ムグン] 图 하形 無窮; 無限 ¶ ~한 번영을 [~han pɔnjɔŋuɯl ~ハン ポニョンウル] 限りなき繁栄を ―무진[無盡][mudʒin ムジン] 图 하形 히副 無窮無尽; 無尽蔵; 限りのないさま ―화(花)[hwa ファ] 图〈植〉ムクゲ(木槿); 韓国の国花 ¶ ~동산 [~ doŋsan ~ドンサン] ムクゲの園; 韓国の美称[別称].

무궁화

*무기[武器][muːgi ムーギ] 图 武器; 兵器 ¶공격 ~[koːŋgjɔŋ ~ コーンギョン ~] 攻擊の兵器.

무기[無期][mugi ムギ] 图 無期 ―연기[jɔngi ヨンギ] 图 無期延期 ―징역[dʒiŋjɔk ジンヨク] 图 無期懲役 ―한[han ハン] 图 無期限.

무-기력[無氣力][mugirjɔk ムギリョク] 图 하形 無氣力 ¶~한 학생 [(mugirjɔ)kʰan haksʼɛŋ ~カン ハクセン] 無氣力な学生.

무-기명[無記名][mugimjɔŋ ムギミョン] 图 無記名 ―식[ʃik シク] 图 無記名式 ―증권[dʒɯŋkʼwɔn ジュンクォン] 图 無記名証券 ―투표[tʰupʰjo トゥピョ] 图 無記名投票.

무꾸리[mukʼuri ムックリ] 图 巫女または盲人の占い師などに吉凶を占ってもらうこと.

무난-하다[無難―][munanhada ムナンハダ] 形 여変 無難だ ① 難しくない; たやすい ¶~하게 처리하다 [~-hage tʃʰɔːrihada ~ハゲ チョーリハダ] たやすく処理する ② 非難する点がない; 欠点がない ¶~한 작품 [~-han tʃakpʰum ~ハン チャクプム] これという欠点がない作品 무난-히[munani ムナニ] 副 無難に; 難なく; たやすく; 楽に ¶~ 이기다 [~ igida ~ イギダ] 楽に[難なく]勝つ.

무남[無男][munam ムナム] 图 男(の子)がないこと ―독녀(獨女)[doŋnjɔ ドンニョ] 图 息子のない家の1人娘.

무너-뜨리다[munɔtʼɯrida ムノットゥリダ] 他 ① (取り)崩す; 取り壊す ¶벽을 ~[pjɔgɯl ~ ピョグル ~] 壁を壊す ② 倒す; つぶす ¶조직을 ~[tʃɔdʒigɯl ~ チョジグル ~] 組織を倒す[つぶす].

*무너-지다[munɔdʒida ムノジダ] 自 崩れる; 壊れる; 倒れる; つぶれる ¶벽이 ~[pjɔgi ~ ピョギ ~] 壁が崩れる/조직이 ~[tʃɔdʒigi ~ チョジギ ~] 組織がつぶれる.

무능[無能][munɯŋ ムヌン] 图 하形 無能; 能力のないこと ¶~한 정부 [~han tʃɔŋbu ~ハン チョンブ] 能力のない政府 / ~한 사람 [~han saram ~ハン サーラム] 無能な人.

무-능력[無能力][munɯŋnjɔk ムヌンニョク] 图 하形 無能力.

*무늬[muni ムニ] 图 模様; 文様[紋様]; 図柄; 綾 ¶꽃~[kʼon~ ッコン~] 花模様 / 줄~ 양복[tʃul~ jaŋbok チュル~ ヤンボク] 縞柄の背広.

무단[無斷][mudan ムダン] 图 하形 히副 無斷 ¶~ 결근[~ gjɔlgɯn ~ ギョルグン] 無断欠勤 / ~ 출입[~ tʃʰurip ~ チュリプ] 無断出入り.

*무당[巫―][muːdaŋ ムーダン] 图 巫女[巫子]タ; 巫覡タッ; シャーマン.

무당

무당-벌레[muːdaŋbɔlle ムーダンボルレ] 图〈虫〉テントウムシ(天道虫).

*무대[舞臺][muːdɛ ムーデ] 图 舞台 ¶외교 ~[weːgjo ~ ウェーギョ ~] 外交の舞台 ―감독[gamdok ガムドク] 图 舞台監督 ―미술[misul ミースル] 图 舞台美術 ―예술[jesul イェースル] 图 舞台芸術 ―의상[uisaŋ ウィサン] 图 舞台衣裳 ―장치[dʒaŋtʃʰi ジャンチ] 图 舞台装置 ―조명[dʒoːmjɔŋ ジョーミョン] 图 舞台照明 ―효과[hjoːgwa ヒョーグァ] 图 舞台効果.

무더기[mudogi ムドギ] 图 여자 (一所に積み重ねたものの)山; 盛り; 推積なた ¶한 ~ 1,000원[han ~ tʃʰɔnwɔn ハン ~ チョヌォン] ひとやま1,000ウォン.

무-더위[mudɔwi ムドゥィ] 图 蒸し暑さ; 暑気 ¶~에 지치다[~-e tʃitʃʰida

~エ チチダ] 蒸し暑さにへたばる.
무던-하다 [mudɔnhada ムドンハダ] 形 (여変) (人柄・程度などがほどよい; 無難だ ¶ ~-한 성격 [~-han sɔːŋ-k'jok ~-ハン ソーンキョク] 無難な性格 **무던-히** [mudɔni ムドニ] 副 ① 無難に; 差し障りなく ② よほど; かなり, ずいぶん ¶ ~ 참아 왔다 [~ tʰam-awat'a ~ チャマ ワッタ] ずいぶん我慢してきた.
***무덤** [mudɔm ムドム] 名 (お)墓; 墳墓; 塚.
***무덥다** [mudɔpt'a ムドプタ] 形 (ㅂ変) 蒸し暑い; 蒸す ¶ 무더운 날 [mudɔun nal ムドウン ナル] 蒸し暑い日.
무도 [舞蹈] [muːdo ムード] 名 하自 舞踏, ダンス **―곡** [gok ゴク] 名 舞踏曲 **―장** [dʒaŋ ジャン] 名 舞踏場; 踊り場; = 댄스 홀 [dɛnsɯ hoːl デンスホール] **―회** [hwe フェ] 名 舞踏会; ダンスパーティー.
무드 [muːdɯ ムードゥ] mood 名 ムード; 気分; 情緒; 雰囲気.
무-득점 [無得点] [mudɯktʃ'ɔm ムドゥクチョム] 名 無得点.
***무디다** [mudida ムディダ] 形 ① (刃や先が)鈍い; 切れ味が悪い ¶ 무딘 칼 [톱] [mudin kʰal[tʰop] ムディン カル[トプ] 鈍い刀[のこぎり] ② (感覚・勘が)鈍い; (動作が)のろい ¶ 감각이 ~ [kaːmgagi ~ カームガギ ~] 感覚が鈍い / 동작이 너무 ~ [toːŋdʒagi nɔmu ~ トーンジャギ ノム ~] 動作がのろすぎる.
***무뚝뚝-하다** [mut'ukt'ukʰada ムットゥクトゥクカダ] 形 (여変) むっつりしている; 無愛想だ; (言葉が)ぶっきらぼうだ ¶ ~-한 사람 [~-kʰan saːram ~-カン サーラム] むっつりした人.
무량 [無量] [muːrjaŋ ムリャン] 名 하形 無量 ¶ 감개 ~ [kaːmgɛ ~ カームゲ ~] 感慨無量.
***무럭-무럭** [murɔŋmurɔk ムロンムロク] 副 ① 勢いよく伸び育つさま; すくすく, のびのび ¶ ~ 자라다 [~ tʃ'arada チャラダ] すくすく(と)育つ ② (湯気・煙などが)立ち上るさま; ぽっぽ(と), むくむく, もくもく ¶ 하얀 김이 ~ 오르다 [haːjan kiːmi ~ (murɔŋ) orɯda ハーヤン キーミ ~ (ムロ) ゴルダ] 白い湯気がぽっぽと立つ ③ (においが)鼻をつくさま; ぷんぷん ¶ 맛있는 냄새가 ~ 나다 [maʃinnɯn nɛːmsega ~ - (murɔŋ) nada マシンヌン ネームセガ ~ - (ムロン) ナダ] おいしいにおいがぷんぷんする.
무려 [無慮] [muːrjɔ ムリョ] 副 おおよそ; ざっと; 実に; なんと ¶ ~ 5만의 군중 [~ oːmane kundʒuŋ ~ オーマネ クンジュン] なんと5万の群衆.
무력 [武力] [muːrjok ムーリョク] 名 武力; 兵力 ¶ ~ 혁명 [(muːrjo) kʰjɔŋmjɔŋ ~ キョンミョン] 武力革命.
무력 [無力] [muːrjok ムリョク] 名 하形 無力 ¶ ~한 정치가 [(murjo) kʰan tʃɔŋtʃʰiga ~カン チョンチガ] 無力な政治家 **―감** [(murjo) kʼam カム] 名 無力感.
***무렵** [murjɔp ムリョプ] 依名 ころ; 時分 ¶ 그 ~ [kɯ ~ ク ~] そのころ / 해질 ~ [hedʒil ~ ヘジル ~] 日暮れごろ.
무례 [無禮] [mure ムレ] 名 하形 無礼; ぶしつけ; 無作法 ¶ ~ 한 짓을 하다 [~han tʃiːsɯl hada ~ハン チースル ハダ] 無礼なことをする / ~ 한 놈 [~han nom ~ハン ノム] 無礼な者.
무뢰-한 [無賴漢] [murwehan ムルェハン] 名 無賴漢; ならず者.
무료 [無料] [muːrjo ムリョ] 名 無料 ¶ ~ 봉사 [~ boːpsa ~ ボーンサ] 無料奉仕 / ~ 입장 [~ iptʃ'aŋ ~ イプチャン] 入場無料.
무료 [無聊] [muːrjo ムリョ] 名 하形 ① 無聊(ぶりょう); 退屈; つれづれ ¶ ~함을 달래다 [~hamɯl tallɛda ~ハムル タルレダ] 無聊[つれづれ]を慰める ② きまりが悪いさま; 照れ臭いさま ¶ ~ 한 얼굴 [~han ɔlgul ~ハン オルグル] きまり悪い[照れ臭い]顔 ③ 付き合わないので寂しい ¶ 혼자 ~ 하게 앉아 있다 [hondʒa ~ hage andʒa it'a ホンジャ ~ ハゲ アンジャ イッタ] 1人寂しく座っている.
무르-녹다 [murɯnokt'a ムルノクタ] 自 ① (果物などが)爛熟(らんじゅく)する; 熟しきっている; よく実っている ¶ 감이 ~ [kaːmi ~ カーミ ~] 柿がよく熟れている ② (事・機会などが)熟す; 成熟する ¶ 시기가 ~ [ʃigiga ~ シギガ ~] 時機が熟する ③ 緑が濃い ¶ 신록이 ~-녹는 5월 [ʃillogi ~-nonnɯn oːwɔl シルロギ ~-ノンヌン オーウォル] 緑したたる5月; 新緑が濃い5月.
무르다 [¹] [murɯda ムルダ] 自 よく熟して[十分に煮えて]柔らかくなる ¶ 감자가 ~ [kamdʒaga ~ カムジャガ ~]

ジャガイモがよく煮えて柔らかくなる.

무르다²[murɯda ムルダ] 他[르変] ① (買い物を返してお金を)戻してもらう ¶산 물건을 ~[san mulgɔnɯl ~ サン ムルゴヌル ~] 買った品物を返品する ② (将棋や碁で)待ったをして打ち直す.

***무르다³**[murɯda ムルダ] 形[르変] ① 柔(軟)らかい ¶무른 감[murun ka:m ムルン カーム] 軟らかい柿 = 연시(軟柿) [jɔ:nʃi ヨーンシ] ② (心が)もろい; のろい; 甘い ¶마음이 ~ [maɯmi ~ マウミ ~] 心が弱い[もろい].

***무르-익다**[murɯikt'a ムルイクタ] 自 ① (果物・穀物などが)よく実る; 熟す; 熟れる ¶오곡백과(五穀百果)가 ~ [o:gokp'ɛk'waga オーゴクペックァ ガ ~] あらゆる穀物とすべての果実がよく実る ② (事・時期が)熟す; 熟成する ¶기회가 ~[kihwega ~ キフェ ガ ~] 機が熟す.

***무릎-쓰다**[murɯps'ɯda ムルプスダ] 他 押し切る; 冒す ¶위험을 ~ ·쓰고 간다[wihɔmɯl ~s'ugo kanda ウィホムル ~スゴカンダ] 危険を冒して進む.

무릇[murɯt ムルッ] 副 お(お)よそ ¶~ 사람이란…[~ s'a:ramiran ~ サーラミラン ~] およそ人というものは….

무릉-도원[武陵桃源][mu:rɯŋdowɔn ムールンドウォン] 名 武陵桃源; 桃源郷; 俗世間からかけ離れた別天地.

***무릎**[murɯp ムルプ] 名 膝 ¶~을 꿇다[(muruɯb)ɯl k'ultʰa (ムル)プルクタ] 膝まずく; 降服する ―(을)치다[(murɯbɯl) tʃʰida (ムルブル) チダ] 他 (感心したり、喜んだりして)膝をぽんと打つ ―베개 [(murɯ) p'egɛ ペゲ] 名 他自 膝枕 ―장단(長短) [tʃ'aŋdan チャンダン] 名 膝拍子.

***무리¹**[muri ムリ] 名 群れ; 群; 連中; やから ¶~를 짓다[~rul tʃit'a ~ ルル チータ] 群れをなす/불량배의 ~ [pulljaŋbɛe ~ プルリャンベエ ~] 不良のやから[一団].

무리²[muri ムリ] 名 (太陽・月などの)暈 ¶햇~[hɛn~ ヘン~] 日暈/달에 ~가 지다[tare ~ga tʃida タレ ~ガ チダ] 月に暈がかかる.

****무리**[無理][muri ムリ] 名 ❶ 形 無理 ¶~한 요구[~han jogu ~ハン ヨグ] 無理な要求 ❷ 形自 無理やりにすること ¶~하지 말아라[~ hadʒi marara ~ハジ マララ] 無理してはい

けないよ ―로[ro ロ] 副 無理に; 無理やりに; 強いて ¶~ 잡아당기다 [~ tʃabadaŋgida ~ チャバダンギダ] 強引に引っ張る.

무마[撫摩][mu:ma ムーマ] 名 하他 ① (手で)撫でさすること ② (人を)なだめること; いたわりなでること ¶백성(百姓)을 ~하다[pɛks'ɔŋɯl ~hada ペクソンウル ~ハダ] 民をいたわる.

무-말랭이[mu:mallɛŋi ムーマルレンイ] 名 大根の千切り干し.

무-면허[無免許][mumjɔnhɔ ムミョンホ] 名 無免許 ¶~ 운전[~ u:ndʒɔ ~ ウーンジョン] 無免許運転/~ 의사[~ uisa ~ ウィサ] 潜りの医者.

무명[mumjɔŋ ムミョン] 名 綿布; 綿織物, ―실[il シル] 名 (木)綿糸 ―옷[ot オッ] 名 木綿の服.

무모[無謀][mumo ムモ] 名 하形 無謀; 向こう見ず; 無鉄砲 ¶~한 용기 [~han jo:ŋgi ~ハン ヨーンギ] 向こう見ずの勇気/~한 사람[~han sa:ram ~ハン サーラム] 無鉄砲な人 ―히[i イ] 副 向こう見ずに; 無鉄砲に; 無茶に.

무미[無味][mumi ムミ] 名 하形 無味; 味・面白み・好みのないこと; 無の味(無意味) ¶무의미[muuimi ムウィミ]の略 ¶~한 생활[~han sɛŋhwal ~ハン センファル] 無意味な生活 ―건조 [gɔndʒo ゴンジョ] 名 하形 無味乾燥.

***무방**[無妨][mubaŋ ムバン] 名 差し支え[目障り]のないこと ―하다 [hada ハダ] 形 差し支えない; …して(も)よい ¶늦어도 ~하다[nudʒɔdo ~hada ヌジョド ~ハダ] 遅れても構わない.

무-방비[無防備][mubaŋbi ムバンビ] 名 無防備 ―상태[~ saŋtʰɛ ~ サンテ] 無防備状態.

무법[無法][mubɔp ムボプ] 名 하形 無法 ¶~ 지대[~ tʃ'idɛ ~ チデ] 無法地帯 ―천지(天地) [tʃʰɔndʒi チョンジ] 名 ① 無秩序な世[社会]; 無法地帯 ② 乱暴にふるまう無秩序な状態.

무병[無病][mubjɔŋ ムビョン] 名 하形 無病 ―장수[dʒaŋsu ジャンス] 名 하自 無病長寿; 病気にかからず長生きすること.

무-보수[無報酬][mubosu ムボス] 名 無報酬; 無給 ¶~로 일하다[~ro i:rhada ~ロ イールハダ] 無報酬で働く; 手弁当で働く.

무-분별[無分別][mubunbjʌl ムブンビョル] 名 하形 無分別 ¶ ~한 행동 [(mubunbjʌr)han hɛndoŋ ~ハン ヘンドン] 無分別なふるまい.

무비판-적[無批判的][mubipʰandʒʌk ムビパンジョク] 名 冠 無批判的 ¶ ~으로 받아들이다[~-(dʒɯ)ro padadɯrida ~-(ジョ)グロ パダドゥリダ] 無批判に受け入れる.

무사[武士][musa ムサ] 名 武士; 武人 **—도**[do ド] 名 武士道.

무사[無死][musa ムサ] 名 〈野〉無死; ノーダン; ノーアウト ¶ ~ 만루[~ ma:llu ~ マールル] 無死満塁.

*무사[無事][musa ムサ] 名 無事 ¶ ~한 나날을 보내다[~han nanarɯl ponɛda ~ハン ナナルル ポネダ] 無事な日々を過す **—하다**[hada ハダ] 形 無事だ; つつがない **—히**[i イ] 副 無事に; つつがなく ¶ ~ 지내다[~ tʃi:nɛda ~ チーネダ] 無事に暮らす **—분주**(奔走)[bundʒu ブンジュ] 하形 これといったこともなしにいたずらに忙しいこと **—안일**(安逸)[anil アニル] 名 하形 事もなく遊んで暮らすこと ¶ ~주의[~-dʒui ~ジュイ] 事なかれ主義 **—태평**(泰平)[tʰɛpʰjʌŋ テピョン] 名 하形 ① 平穏無事; 無事なこと ② のん気なこと ¶ ~한 사나이[~-han sanai ~ハン サナイ] のん気な男.

무-사고[無事故][musago ムサゴ] 名 無事故 ¶ ~ 운전[~ u:ndʒʌn ~ ウーンジョン] 無事故運転.

무산[霧散][mu:san ムーサン] 名 하自 霧散 ¶ 계획이 ~되다[ke:hwegi ~-dweda ケーフェギ ~ドゥェダ] 計画が霧散する.

무상[無上][musaŋ ムサン] 名 하形 無上 ¶ ~의 영광[~e jʌŋgwaŋ ~エ ヨングァン] 無上の[この上ない]光栄.

무상[無常][musaŋ ムサン] 名 하形 無常 ¶ 인생 ~[insɛŋ ~ インセン ~] 人生無常 / ~한 세상[~han se:saŋ ~ハン セーサン] はかない世の中; 定めなき世 **—왕래**(往來)[wa:ŋnɛ ワーンネ] 名 하形 いつでも自由に行き来すること **—출입**(出入)[tʃʰurip チュリプ] 名 하自 いつでも自由に出入りすること.

무상[無償][musaŋ ムサン] 名 無償; 無料 **—교육**[gjo:juk ギョーユク] 名 無償教育 **—배부**(配付)[bɛ:bu ベーブ] 名 無償配布 **—원조**[wo:ndʒo ウォーンジョ] 名 無償援助.

*무색[無色][musɛk ムセク] 名 하形 ① 無色 ¶ ~ 투명한 유리[~ tʰumjʌŋhan juri ~ トゥミョンハン ユリ] 無色透明なガラス ② 面目を失うこと; 顔負けすること ¶ ~케 하다[(musɛ)kʰe hada ~ケ ハダ] 顔負けする; 欺く / 화가도 ~케 할 솜씨[hwa:gado (musɛ)kʰe hal somʃ'i ファーガド ~ケ ハル ソムッシ] 画家顔負けの手並み / 꽃도 ~케 할만한 미인[k'ot'o (musɛ)kʰe halmanhan mi:in ッコット ~ケ ハル マンハン ミーイン] 花を欺く美人.

무서움[musʌum ムソウム] 名 恐れ; 怖おじ気; 恐怖 ¶ ~을 잘 타다[~ɯl tʃal tʰada ~ウル チャル タダ] よく怖がる[恐れる]・怖じ気づく.

무서워-하다[musʌwʌhada ムソウォハダ] 他 怖がる; 恐れる; おびえる ¶ 죽음을 ~[tʃugɯmɯl ~ チュグムル ~] 死を恐れる.

무선[無線][musʌn ムソン] 名 無線 **—전신**[dʒʌ:nʃin ジョーンシン] 名 無線電信 **—전화**[dʒʌ:nhwa ジョーンファ] 名 無線電話 **—통신**[tʰoŋʃin トンシン] 名 無線通信.

*무섭다[musʌpt'a ムソプタ] 形 ㅂ変 ① 恐ろしい; 怖い ¶ 무서운 장면 [musʌun tʃaŋmjʌn ムソウン チャンミョン] 恐ろしい場面 / 선생님이 ~[sʌnsɛŋnimi ~ ソンセンニミ ~] 先生が怖い ② すごい; ひどい; 驚くべきだ ¶ 무서운 솜씨[musʌun somʃ'i ムソウン ソムッシ] すごい腕前 / 무서운 속도(速度)[musʌun sokt'o ムソウン ソクト] ものすごいスピード ③ 心配だ.

무성-하다[茂盛—][mu:sʌŋhada ムーソンハダ] 하形 (草木が)生い茂っている ¶ 풀이 ~[pʰuri ~ プリ ~] 草が生い茂っている.

무-소속[無所屬][musosok ムソソク] 名 無所屬 ¶ ~의원[(musosog)ɰiwon (ムソソ)グィウォン] 無所属議員.

*무-소식[無消息][musoʃik ムソシク] 名 하形 便りのないこと; 無沙汰; 無音 ¶ ~이 희소식(喜消息)[(musoʃig)i hisoʃik (ムソシ)ギ ヒソシク] 便りのないのはよい便り.

무쇠[muswe ムスェ] 名 鑄鐵; 銑鐵.

무수[無數][musu ムス] 名 하形 無數 ¶ ~한 별[~han pjʌl ~ハン ビョー

ル] 無数の星 **―히** [i イ] 副 無数に; 限りなく ¶ ~ 많다 [~ ma:ntʰa マーンタ] ごまんとある; 限りなく多い.

*무슨 [musɯn ムスン] 冠 何; 何の; 何か; どういう; どの ¶ ~ 이유로 [까닭에] [~ ni:juro[k'adalge] ~ ニーユロ[ッカダルゲ]] どういうわけで / ~ 일이냐? [~ ni:rinja ~ ニーリニャ] 何事か.

무-승부 [無勝負] [musɯŋbu ムスンブ] 名 引き分け; 勝負なし; (お)あいこ.

*무시 [無視] [muʃi ムシ] 名 하他 無視 ¶ 의견을 ~ 하다 [wi:gjɔnɯl ~hada ウィーギョヌル ~ハダ] 意見を無視する / ~당하다 [~daŋhada ~ダンハダ] 無視される; 軽蔑される.

*무시무시-하다 [muʃimuʃihada ムシムシハダ] 形 ぞっとするほど恐ろしい; 怖くてぞくぞくする; すさまじい ¶ ~한 이야기 [~-han nijagi ~-ハン ニヤギ] ぞっとするような怖い話.

무-시험 [無試驗] [muʃihɔm ムシホム] 名 無試験 ¶ ~ 전형 (銓衡) [~ dʒɔnhjɔŋ ~ジョンヒョン] 無試験選考.

*무식 [無識] [muʃik ムシク] 名 하形 無識; 無学; 無知 ¶ 일자 ~ [iltʃa ~ イルチャ ~] 一字不通; 一文不知 **―꾼** [(muʃi)k'un クン] 名 無学な者 **무식쟁이** [muʃiktʃ'eŋi ムシクチェンイ]

무실 [無實] [muʃil ムシル] 名 하形 無実 ¶ 유명 ~ [ju:mjɔŋ ~ ユーミョン ~] 有名無実. **―스** [ス] 名 無失点.

무-실점 [無失點] [muʃiltʃ'ɔm ムシルチョム]

*무심 [無心] [muʃim ムシム] 名 하形 ① 無心 ② 無情 ¶ ~한 사람 [~-han sa:ram ~ハン サーラム] 無情な人 ③ 無関心; 無頓着; 気にかけないこと ¶ 사업에 너무 ~ 하다 [sa:ɔbe nɔmu ~hada サーオベ ノム ~ハダ] 事業に無関心すぎる / 옷 차림에 ~ 하다 [otʃʰarime ~hada オッチャリメ ~ハダ] 身なりに無頓着だ **―결** [k'jɔl キョル] 名 副 思わず; うかと; ふいと; 何気なく ¶ ~에 한 말 [~-(k'jɔr)e han ma:l ~-(キョ)レ ハン マール] 思わず漏らした言葉 **―코** [kʰo コ] 副 何気なく; うっかり ¶ ~ 듣다 [~ tuɯt'a ~ トゥッタ] 何気なく聞く **―히** [i (ムシ)ヒ] 副 無心に; 何気なく.

무쌍 [無雙] [mus'aŋ ムッサン] 名 하形 無双; 無二 ¶ 천하 ~ [tʃʰɔnha ~ チョンハ ~] 天下無双.

무아 [無我] [mua ムア] 名 無我 **―경**

[gjɔŋ ギョン] 名 無我の境(地).

무안 [無顏] [muan ムアン] 名 히 副 恥じ入って顔向けができないこと; 恥 ¶ ~을 주다 [~-ɯl tʃuda (ムア)ヌル チュダ] 恥をかかせる / ~을 당하다 [~-ɯl taŋhada ~ヌル タンハダ] 恥をかく **―하다** [hada ハダ] 形 恥ずかしい; 会わせる顔がない **―스럽다** [sɯrɔpt'a スロプタ] 形 ㅂ変 恥ずかしい; 面目がない; 照れくさい.

*무어 [muɔ ムオ] 1 代 何か; '무엇'の略; 略 뭐 [mwɔ: ムォー] ¶ 이건 대체 ~ 야 [냐]? [igɔn tɛ:tʃʰe ~ja[nja] イゴン テーチェ ~ヤ[ニャ]] これは一体何かね 2 感 ① なに(っ); なんだって ¶ ~, 그게 사실이야? [~, kuɯge sa:ʃirinja ~, クゲ サーシリニャ] なにっ, それが本当かね ② まあ; なあに ¶ ~, 그런거지 [~, kɯrɔŋgɔdʒi ~, クロンゴジ] まあ, そんなもんだよ.

무얼 [muɔl ムオル] 1 代 何を; 무엇을 [muɔsɯl ムオスル]の略; 略 뭘 [mwɔ:l ムウォール] ¶ ~ 줄까? [~ tʃulk'a ~ チュルッカ] 何をやろうか 2 感 …なあ [もの] ¶ 가는데 ~ [kanɯnde ~ カヌンデ ~] 行くんだもの.

무엄-하다 [無嚴―] [muɔmhada ムオムハダ] 形 無礼だ; 不作法だ.

*무엇 [muɔt ムオッ] 代 何; 何か; 略 뭣 [mwɔ:t ムォーッ] ¶ 그게 ~이냐? [kuɯge (muɔ)ʃinja クゲ (ムオ)シニャ] それは何かね / ~이든지 할 수 있다 [(muɔ)idɯndʒi hal s'u it'a (ムオ)シドゥンジ ハル ッス イッタ] 何でもできる **―하다** [(muɔ)tʰada タダ] 形 なんだ ¶ 그렇게 말하면 ~-하지만 [kɯrɔkʰe ma:rhamjɔn (muɔ)tʰadʒiman クロッケ マールハミョン ~-タジマン] そう言っちゃなんだけど.

*무역 [貿易] [mu:jɔk ムーヨク] 名 하他 貿易 ¶ 대일 ~ [tɛ:il ~ テーイル ~] 対日貿易.

무용 [舞踊] [mu:joŋ ムーヨン] 名 하自 舞踊; 踊り; ダンス ¶ 민속(民俗) ~ [minsoŋ ~ ミンソン ~] フォークダンス **―수** [su ス] 名 踊り手; ダンサー.

무용 [無用] [mujoŋ ムヨン] 名 하形 無用 **―지물** [dʒimul ジムル] 名 無用の物.

무-의미 [無意味] [muɯimi ムウィミ] 名 하形 無意味 ¶ ~한 일 [~-han ni:l ~ハン ニール] 無意味なこと.

무-의식 [無意識] [muɯiʃik ムウィシク]

무의식 [~ 상태 [~ s'aŋtʰɛ ~ サンテ] 無意識状態 **—세계** [s'e:ge セーゲ] 名 無意識世界 **—적** [tʃ'ɔk チョク] 名 冠 無意識的 ¶~인 행동 [~-(tʃ')ɡin heŋdoŋ ~-(チョ)ギン ヘンドン] 無意識的行動.

무익 [無益] [muik ムイク] 名 하形 無益 ¶~한 논쟁 [(mui)kʰan nondʒɛŋ ~カン ノンジェン] 無益な論争/백해~하다 [pɛkʰɛ (mui)kʰada ペクケ ~カダ] 百害あって一利なし.

무인 [無人] [muin ムイン] 名 無人 **—(고)도** [(go)do (ゴ)ド] 名 無人(孤)島 **—지경** [dʒigjəŋ ジギョン] 名 無人の境; 人がまったくいない土地.

무-일푼 [無一—] [muilpʰun ムイルプン] 名 無一文 ¶~이 되다 [~i tweda ムイルブニ トウェダ] 一文なしになる.

무임 [無賃] [muim ムイム] 名 無賃 **—승차** [suŋtʃʰa スンチャ] 名 하自 無賃乗車; ただ乗り.

무-자격 [無資格] [mudʒagjɔk ムジャギョク] 名 하形 無資格 ¶~자 [~tʃ'a ~チャ] 無資格者.

무-자비 [無慈悲] [mudʒabi ムジャビ] 名 하形 無慈悲; 情けがないこと; むごいこと ¶~한 사나이 [~han sanai ~ハン サナイ] 無慈悲な男.

*****무-작정** [無酌定] [mudʒaktʃ'ɔŋ ムジャクチョン] 名 하形 副 ① 見通しのないこと; 無計画 ¶~으로 시작하다 [~ɯro ʃi:dʒakʰada ~ウロ シージャクカダ] 先の見通しもつけずに始める ② 何も考えずに; むやみに; 無鉄砲に.

무장 [武装] [mu:dʒaŋ ムージャン] 名 하自他 武装 ¶정신 ~ [tʃɔŋʃin~ チョンシン~] 精神武装 **—간첩** [間諜] [ga:ntʃʰɔp ガーンチョプ] 名 武装スパイ **—해제** [hɛ:dʒe ヘージェ] 名 하他 武装解除.

무전 [無錢] [mudʒɔn ムジョン] 名 無錢 **—여행** [njɔhɛŋ ニョヘン] 名 無銭旅行 **—취식** [tʃʰwi:ʃik チュイーシク] 名 하自他 無銭飲食.

무-절제 [無節制] [mudʒɔltʃ'e ムジョルチェ] 名 하形 節制しないこと ¶~한 생활 [~han sɛŋhwal ~ハン センファル] 節制しない生活.

무정 [無情] [mudʒɔŋ ムジョン] 名 無情 ¶~한 사람 [~han sa:ram ~ンサーラム] 無情な人 / ~ 세월 [~ se:wɔl ~ セーウォル] はかない歳月 **—하다** [hada ハダ] 形 無情だ; つれない.

무-제한 [無制限] [mudʒehan ムジェハン] 名 하形 無制限 ¶~ 확대 [~ hwakt'ɛ ~ ファクテ] 無制限な拡大.

*****무-조건** [無條件] [mudʒok'ɔn ムジョコン] 名 하形 副 無條件 ¶~ 찬성하다 [~ tʃʰa:nsɔŋhada ~ チャーンソンハダ] 文句なしに賛成する.

무좀 [mudʒom ムジョム] 名 〈医〉水虫.

무죄 [無罪] [mudʒwe ムジュェ] 名 하形 無罪 ¶~ 선고 [~ sɔngo ~ ソンゴ] 無罪の宣告. 「大根おろし.

무-즙 [一汁] [mu:dʒɯp ムージュプ]

무지 [無知] [mudʒi ムジ] 名 하形 ① 無知; 知らないこと ¶~의 탓이다 [~e tʰaʃida ~エ タシダ] 無知のせいだ ② (言行が)荒々しく粗暴なこと ¶~한 행동 [~han heŋdoŋ ~ハン ヘンドン] 粗暴なふるまい ③ ものすごい **—막지** [莫知] [maktʃ'i マクチ] 名 하形 스形 まったく無知で粗暴なこと.

*****무지개** [mudʒige ムジゲ] 名 虹 ¶~가 서다 [~ga sɔda ~ガ ソダ] 虹が立つ[かかる].

무지무지-하다 [mudʒimudʒihada ムジムジハダ] 形 여変 ものすごい ¶~한 부자(富者) [~-han pu:dʒa ~-ハン プージャ] ものすごい金持ち.

무직 [無職] [mudʒik ムジク] 名 無職 ¶~자 [~tʃ'a ~チャ] 無職者.

무진 [無盡] [mudʒin ムジン] 名 하形 副 無尽; 限りのなく、このうえもなく **—히** [i (ムジ)ニ] 副 非常に; ずいぶん ¶~ 고생했다 [~ kosɛŋhɛt'a ~ コセンヘッタ] ずいぶん苦労した **—장** [dʒaŋ ジャン] 名 하形 無尽蔵.

무-질서 [無秩序] [mudʒils'ɔ ムジルソ] 名 하形 無秩序.

무-찌르다 [mutʃ'irɯda ムッチルダ] 他 三変 敵を打ち破る・撃破する; =¶적을 ~ [tʃ'ɔgɯl ~ チョグル ~].

무-차별 [無差別] [mutʃʰabjɔl ムチャビョル] 名 하形 無差別.

무참 [無慘] [mutʃʰam ムチャム] 名 하形 無残(無惨); むごたらしいこと ¶~하게도 [~hagedo ~ハゲド] 無残にも.

무책 [無策] [mutʃʰɛk ムチェク] 名 하形 無策 ¶속수 ~ [soks'u~ ソクス~] 束手無策; どうもなすすべがないこと.

무-책임 [無責任] [mutʃʰɛgim ムチェギム] 名 하形 無責任 ¶~한 답변 [~-han tap'jɔn ~ハン タプピョン] 無責

任[いい加減]な答弁.

무척(이나) [mutʃʰok(mutʃʰogina] ムチョク[ムチョギナ]] 副 非常に; とても; 大変 ¶~ 많다[(mutʃʰɔŋ) ma:ntʰa(ムチョン) マーンタ] とても[大変]多い / ~ 칭찬하다[~ tʃʰintʃʰanhada ~ チンチャンハダ] 大層ほめる.

무치다 [mutʃʰida ムチダ] 他 (青菜などを)調味してあえる ¶초에 ~ [tʃʰoe ~ チョエ ~] 酢であえる.

무침 [mutʃʰim ムチム] 名 あえもの.

무턱-대고 [mutʰɔkt'ɛgo ムトクテゴ] 副 無鉄砲に; わけもなく; むやみに ¶~ 때리다[~ t'ɛrida ~ ッテリダ] わけもなく[むやみに]殴る.

무-테 [無─] [mutʰe ムテ] 名 縁なし[(めがね)].

무-투표 [無投票] [mutʰupʰjo ムトゥピョ] 名 無投票 ¶~ 당선[~ daŋsɔn ~ ダンソン] 無投票当選.

무-표정 [無表情] [mupʰjodʒɔŋ ムピョジョン] 名 하形 無表情 ¶~ 한 얼굴[~-han ɔlgul ~ ハン オルグル] 無表情な顔.

*무한 [無限] [muhan ムハン] 名 하形 無限; 限りのないこと ¶~ 한 영광[~-han jɔŋgwaŋ ~ ハン ヨングァン] 限りなき光栄 / ~ 한 기쁨[~-han kip'um ~ ハン キップム] 無限の[限りない]喜び ━-히[i (ムハ) ニ] 副 無限に; 限りなく.

무-허가 [無許可] [muhɔga ムホガ] 名 無許可 ¶~ 건물[~ gɔ:nmul ~ ゴーンムル] 無許可建築物.

무형 [無形] [muhjɔŋ ムヒョン] 名 하形 無形 ━문화재 [munhwadʒɛ ムンフアジェ] 名 無形文化財.

무화-과 [無花果] [muhwagwa ムフアグァ] 名 〈植〉イチジク(無花果)(の実).

무효 [無效] [muhjo ムヒョ] 名 하形 無効 ¶~가 되다[~-ga tweda ~ガ トゥェダ] 無効[ふい]になる ━투표 [tʰupʰjo トゥピョ] 名 無効投票.

*묵 [muk ムク] 名 ソバ・緑豆・ドングリなどの粉末を煮て冷やし固めた、ところてん状の食品 ━사발 [s'abal サバル] 名 ① '묵'を盛る鉢 ② 俗 物事がぐしゃぐしゃになること; こっぴどくやられること ¶얻어맞아 ~이 되다[ɔdɔmadʒa ~-(s'abar)i tweda オドマジャ ~-(サバリ) トゥェダ] くたばるほど打たれる; こてんこてんにやられる.

묵념 [默念] [muŋnjɔm ムンニョム] 名 하自 黙念; 黙禱もくとう.

*묵다 [mukt'a ムクタ] 自 ① 泊まる; 泊まり込む ¶여관에 ~ [jɔgwane ~ ヨグァネ ~] 旅館に泊まる ② 古くなる; ひねる ¶묵은 쌀[mugun s'al ムグンッサル] 古米; ひね米 ③ 放置される.

*묵묵 [默默] [muŋmuk ムンムク] 名 하形 黙々 ━히 [(muŋmu)kʰi キ] 副 黙々と; 黙って ¶~ 일하다[~ i:rhada ~ イールハダ] 黙々と仕事する ━부답 (不答) [p'udap プダプ] 名 하自 黙りこくったまま返事をしないこと.

묵비 [默祕] [mukp'i ムクピ] 名 하他 黙秘 ━권 [k'wɔn クォン] 名 黙秘権.

묵살 [默殺] [muks'al ムクサル] 名 하他 黙殺 ¶제안을 ~ 하다[tʃeanul (muks'ar)hada チェアヌル ~ハダ] 提案を黙殺する.

묵상 [默想] [muks'aŋ ムクサン] 名 하自 黙想; 瞑想めいそう ¶~에 잠기다[~-e tʃamgida ~エ チャムギダ] 瞑想にふける.

묵시 [默視] [mukʃ'i ムクシ] 名 하他 黙視 ¶~ 할 수 없다[~hal s'u ɔ:pt'a ~ハルス オープタ] 黙視できない.

묵은-세배 [─歲拜] [mugum se:bɛ ムグン セーベ] 名 하自 大みそかの夕方目上の人に送年の礼をすること.

묵은-해 [mugunhɛ ムグンヘ] 名 旧年; ふるとし; 昨年.

묵인-하다 [默認─] [muginhada ムギンハダ] 他 黙認[默許]する; 見逃す ¶~-하에 행하여졌다[~-hae hɛŋhajɔdʒɔt'a ~-ハエ ヘンハヨジョッタ] 黙認の下で行なわれた / 과실을 ~ [kwaʃirul ~ クァーシルル ~] 過失を見逃してやる.

묵직-하다 [muktʃ'ikʰada ムクチクハダ] 形 여變 ① かなり重い; ずっしり重い ¶~-한 가방 [~-kʰan kabaŋ ~-カン カバン] 重たいカバン ② (態度などが)重みがある.

묵히다 [mukʰida ムクキダ] 他 ほうっておく; 放置する; 休める; 寝かす; 泊める; '묵다'の使役形 ¶밭을 ~ [patʰul ~ パトゥル ~] 畑を休める / 돈을 ~ [to:nul ~ トーヌル ~] 金を寝かす.

*묶다 [mukt'a ムクタ] 他 縛る; 括くくる; 束ねる; 結わえる ¶볏단을 ~[pjɔt'anul ~ ピョッタヌル ~] 稲束をくくる / 짐을 ~ [tʃ'imul ~ チムル ~] 荷物を結わえる / 죄인을 묶어놓다 [tʃwe:inul muk'onotʰa チュェーイヌル ムクコノッタ] 罪人を縛りつける.

묶음 [muk'um ムックム] 名 依名 束

(ね); 括くり ¶한 ~[han ~ ハン ~] 1束(ね) / 서류 한 ~[sɔrju han ~ ソリュ ハン ~] 書類1綴ぢり.

묶이다[muk'ida ムクキダ] 自他 縛られる; 足止めを食う; ほだされる; '묶다'の被動 ¶손발이 ~[sonbari ~ ソンバリ ~] 手足が縛られる / 정에 ~ [tʃɔŋe ~ チョンエ ~] 情にほだされる.

*문[門][mun ムン] 名 門; 出入口; 戸; ドア; ゲート **—간**[k'an カン] 名 門口のあたり; 玄関 ¶~ 방[~ p'aŋ ~ パン] 玄関わきの部屋.

문고[文庫][mungo ムンゴ] 名 文庫 **—본**[bon ボン] 名 文庫本.

문-고리[門—][munk'ori ムンコリ] 名 取っ手; 引き手.

문구[文句][munk'u ムンク] 名 文句; 語句 ¶편지의 ~[pʰjɔ:ndʒie ~ ピョンジエ ~] 文言.

문구[文具][mungu ムング] 名 文具; 「文房具.

문-구멍[門—][munk'umɔŋ ムンクモン] 名 障子などの破れた穴.

문단[文壇][mundan ムンダン] 名 文壇; 文学界 ¶~의 등용문[~e tuŋjoŋmun (ムンダ)ネ トゥンヨンムン] 文壇の登竜門.

문-단속[門團束][mundansok ムンダンソク] 名 他自 戸締まり ¶~을 하고 외출하다[~-(dansog)ɯl hago we:tʃʰurhada ~-(ダンソ)グル ハゴ ウェーチュルハダ] 戸締まりをして外出する.

문드러-지다[mundɯrɔdʒida ムンドゥロジダ] 自 (腐ったり熟したりして)(腐れ)落ちる ¶연시(軟柿)가 ~[jɔ:nʃiga ~ ヨーンシガ ~] 熟柿が落ちる.

*문득[mundɯk ムンドゥク] 副 ふと; ふいに; はっと; ひょいと ¶~ 생각났다[~ s'ɛŋgaŋnat'a ~ センガンナッタ] ふと思いだした.

문란[紊亂][mu:llan ムールラン] 名 他形 他自 紊乱だん ¶풍기 ~[pʰuŋgi ~ プンギ ~] 風紀紊乱 **—하다**[hada ハダ] 形 紊乱している; 乱れている.

문맥[文脈][munmɛk ムンメク] 名 文脈 ¶~을 더듬다[(munmɛg)ɯl tɔdumt'a (ムンメ)グル トドゥムタ] 文脈をたどる.

문맹[文盲][munmɛŋ ムンメン] 名 文盲; 非識字者 **—퇴치 운동**(退治運動)[tʰwe:tʃʰi u:ndoŋ トゥェーチ ウーンドン] 名 他自 識字運動.

*문명[文明][munmjɔŋ ムンミョン] 名 他形 文明 ¶~ 사회[~ sahwe ~ サフェ] 文明社会.

문-밖[門—][munbak ムンパク] 名 門外; 門のそと; 郊外 ¶~ 출입(出入)[~ tʃʰurip ~ チュリプ] 門外に出て歩き回ること. 「グ 名 文房具.

*문방-구[文房具][munbaŋgu ムンバン

문벌[門閥][munbɔl ムンボル] 名 門閥 ¶~이 좋다[(munbɔr)i tʃo:tʰa (ムンボ)リ チョータ] 門閥がよい.

*문법[文法][munp'ɔp ムンポプ] 名 文法.

*문병[問病][mu:nbjɔŋ ムーンピョン] 名 他自 病気見舞い ¶~객(客)[gɛk ゲク] 病気見舞い客 / 환자(患者)를 ~하다[hwa:ndʒarɯl ~hada ファーンジャルル ~ハダ] 病人を見舞う.

문-살[門—][muns'al ムンッサル] 名 (戸・障子の)桟; 骨.

문상[問喪][mu:nsaŋ ムーンサン] 名 他 弔問; 悔やみ ¶~객[~gɛk ~ゲク] 弔客 / ~하러 가다[~harɔ kada ~ハロ カダ] お悔やみに行く.

문서[文書][munsɔ ムンソ] 名 ① 文書 ¶공~[koŋ~ コン~] 公文書 ② 不動産の権利書 ¶땅~[t'aŋ~ ッタン~] 土地の権利書.

문신[文身][munʃin ムンシン] 名 他自 文身; 入れ墨 ¶~을 넣다[~ɯl nɔ:tʰa (ムンシ)ヌル ノータ] 入れ墨をする.

*문안[門—][munan ムナン] 名 ① 門内 ② 城内; 中心街 ¶~에 살다[~e sa:lda (ムナ)ネ サールダ] 城内[中心街]に住んでいる.

*문안[問安][mu:nan ムーナン] 名 他自 目上の人のご機嫌をうかがうこと; お見舞い **—드리다**[durida ドゥリダ] 自 ご機嫌をうかがう.

문어[文魚][munɔ ムノ] 名 〈動〉ミズダコ.

문예[文藝][mune ムネ] 名 文芸 **—란**[ran ラン] 名 文芸欄 **—부흥**[bu:hɯŋ ブーフン] 名 文芸復興 **—비평**[bi:pʰjɔŋ ビーピョン] 名 文芸批評 **—사조**[sadʒo サジョ] 名 文芸思潮 **—작품**[dʒakpʰum ジャクプム] 名 文芸作品 **—평론**[pʰjɔ:ŋnon ピョーンノン] 名 文芸評論. 「ン] 名 門外漢.

문외-한[門外漢][munwehan ムヌェハ

*문의-하다[問議—][mu:nihada ムーニハダ] 他 問い合わせる ¶전화로 ~[tʃɔ:nhwaro ~ チョーンファロ ~] 電話で問い合わせる.

*문자[文字][muntʃ'a ムンチャ] 名 ①

文字 ② 漢文の熟語・成句 ━━**쓰다** [s'uda ッスダ] 自 (知ったかぶりをして)漢文の難しい語句を用いて話す.

***문장**[文章][mundʒaŋ ムンジャン] 名 文章 ━━**가** [ga ガ] 名 文章家.

문전[門前][mundʒɔn ムンジョン] 名 門前 ━━**걸식**(乞食)[gɔlʃik ゴルシク] 名 하自 家々を回ってもらい食いすること ━━**성시**(成市)[sɔŋʃi ソンシ] 名 門前市をなすこと;権威や名声を慕って訪問客が絶えないこと.

***문제**[問題][mundʒe ムーンジェ] 名 問題 ━━**없다** [ɔpt'a オプタ] 存 問題(がない;わけない;造作ない ¶ 우승은 ~ [usuŋnun ウスンヌン ~] 優勝は問題ない[わけない] ━━**없이** [ɔpʃi オプシ] 副 問題なく;造作なく ━━**시** [ʃi シ] 名 하他 問題視 ━━**아** [a ア] 名 問題児 ━━**의식** [uiʃik ウィーシク] 名 問題意識 ━━**작** [dʒak ジャク] 名 問題作 ━━**점** [tʃ'ɔm チョム] 名 問題点 **문젯 거리** [mu:ndʒet k'ɔri ムーンジェッコリ] 名 問題の種.

문주-란[文珠蘭][mundʒuran ムンジュラン] 名〈植〉ハマユウ;ハマモト.

문-지기[門—][mundʒigi ムンジギ] 名 門番;門衛.

***문지르다**[mundʒiruda ムンジルダ] 他 (르変) こする;擦る;もむ ¶ 등을 ~ [tuŋul トゥンウル ~] 背中をこする[擦る] / 아픈데를 ~ [aphunderul アプンデルル ~] 痛い所をもむ.

문-지방[門地枋][muntʃ'ibaŋ ムンチバン] 名 敷居; (門の)扉;戸.

문-짝[門—][muntʃ'ak ムンッチャク] 名

문책[問責][mu:ntʃ'ɛk ムーンチェク] 名 하他 問責;責問;咎める ¶ ~을 받다 [mu:ntʃ'ɛɡul pat'a (ムーンチェ)グル パッタ] 咎めを受ける.

문초[問招][mu:ntʃho ムーンチョ] 名 하他 (警察の)取り調べ;尋問 ¶ ~를 받다 [~rul pat'a ~ルル パッタ] 取り調べを受ける.

문-턱[門—][munthɔk ムントク] 名 敷居の上部 ¶ ~이 높다 [(munthɔɡ)i nopt'a (ムント)ギ ノプタ] 敷居が高い; 慣 会いにくい / 봄의 ~ [pome ~ ポメ ~] 春の入口.

문투[文套][munthu ムントゥ] 名 ① 文の形式;作文法 ② 文の癖.

문-틈[門—][munthum ムントゥム] 名 閉ざされた戸の透き間.

문패[門牌][munphɛ ムンペ] 名 表札.

문-풍지[門風紙][munphundʒi ムンプンジ] 名 扉などの透き間風を防ぐために枠の回りに張った紙;目張り.

문하-생[門下生][munhasɛŋ ムンハセン] 名 門下生;門弟.

***문학**[文學][munhak ムンハク] 名 文学 ¶ 현대 ~ [hjɔ:ndɛ ~ ヒョーンデ ~] 現代文学 / 아동 ~ [adoŋ ~ アドン ~] 児童文学.

문헌[文献][munhɔn ムンホン] 名 文献 ¶ 참고 ~ [tʃhamgo ~ チャムゴ ~] 参考文献.

문호[文豪][munho ムンホ] 名 文豪.

***문화**[文化][munhwa ムンファ] 名 文化 ¶ 높은 ~ [nophun ~ ノプン ~] 高い文化 / 수준[~ sudʒun ~ スジュン] 文化水準 ━━**재** [dʒɛ ジェ] 名 文化財.

***묻다**[¹][mut'a ムッタ] 自 つく;くっつく;ひっつく ¶ 잉크가 ~ [iŋkhuɡa ~ インクガ ~] インクがつく.

***묻다**[²][mut'a ムッタ] 他 埋める ¶ 관을 땅에 ~ [kwanul t'aŋe ~ クァヌルッタンエ ~] 管を土に埋める.

***묻다**[³][mu:t'a ムーッタ] 他 (ㄷ変) 問う; 尋ねる;聞く ¶ 책임을 ~ [tʃhɛɡimul ~ チェギムル ~] 責任を問う / 길을 ~ [kirul ~ キルル ~] 道を尋ねる / 전문가의 의견을 ~ [tʃɔnmungae ui:gjɔnul ~ チョンムンガエ ウィーギョヌル ~] 専門家の意見を聞く / 안부를 ~ [anburul ~ アンブル ~] 安否[ご機嫌]を尋ねる[うかがう].

***묻히다**[mutʃhida ムッチダ] **1** 他 つける; くっつける; '묻다[¹]'の使役形 ¶ 손에 잉크를 ~ [sone iŋkhurul ~ ソネ インクルル ~] 手にインクをつける **2** 自 埋まる;埋められる; '묻다[²]'の受動 ¶ 고향 땅에 ~ [kohjaŋ t'aŋe ~ コヒャンッタンエ ~] 故郷の土に埋まる[埋められる].

***물**[¹][mul ムル] 名 水 ¶ 찬 ~ [tʃhan ~ チャン~] 冷たい水; 冷や水 / 더운 ~ [tɔun ~ トウン~] お湯 / 먹다 [mɔkt'a ~ モクタ] 水を飲む / ~을 타다 [(mul)ul thada (ム)ルル タダ] 水で薄める ━━**을 끼얹은 듯** [(mur)ul k'iɔndʒunduth (ム)ルル ッキオンジュンドゥッ] 慣 水をかけたよう ¶ ~ 조용해졌다 [~ (du) tʃʰojoŋhɛdʒɔt'a ~ チョヨンヘジョッタ] 水をかけたように

물²[mul ムル] 图 (染めた)色; 染め; 染み; よごれ ¶ ~이 곱다[(mur)i ko:pt'a (ム)リ コープタ] 染め色上がりがよい / ~이 빠지다[(mur)i p'a:dʒida (ム)リ ッパージダ] 色があせる / ~이 들다[(mur)i tulda (ム)リ トゥルダ] 色が染まる[つく] / 나쁜 ~이 들다[nap'un (mur)i tulda ナップン (ム)リトゥルダ] 悪に染まる.

물³[mul ムル] 图 (魚の)鮮度・生き ¶ ~이 좋다[(mur)i tʃo:tʰa (ム)リ チョータ] (魚の生きがいい / ~이 가다[(mur)i kada (ム)リ カダ] 鮮度が落ちる; 生きが悪くなる.

물⁴[mul ムル] 依名 ① 洗濯回数 ¶ 한 ~ 빤 옷 [han ~ p'an ot ハン ~ ッパノッ] 一度洗濯した服 ② (野菜・果実・魚類などの)出盛りの時期を表わす語; 出; 旬 ¶ 첫 ~ 수박[tʃʰɔn ~ su:bak チョン ~ スーパク] 走りの西瓜が.

물-가[mulk'a ムルカ] 图 水際; 水辺.

*물가[物價][mulk'a ムルカ] 图 物価
―고[go ゴ] 图 物価高.

물-갈이[mulgari ムルガリ] 图 하自他 ① (田・プールなどの)水の入れ替え ② メンバーの入れ替え.

물-감[mulk'am ムルカム] 图 染料; 絵の具.

물-개[mulk'ɛ ムルケ] 图〈動〉オットセイ.

물-거품[mulgɔpʰum ムルゴプム] 图 水の泡; 水泡; 泡沫 ¶ ~이 되다[~i tweda (ムルゴプ)ムイ トゥェダ] (せっかくの努力が)水の泡となる.

**물건[物件][mulgɔn ムルゴン] 图 品物; 物件; 代物 ¶ 싼 ~ [s'an ~ ッサン ~] 安い品物 ―비[(mulk'ɔn)bi (ムルコン)ビ] 图 物件費.

**물-결[mulk'jɔl ムルキョル] 图 波; 波濤; 波浪 ¶ 큰 ~[kʰɯn ~ クン ~] 大波 / 거친 ~[kɔtʃʰin ~ コチン ~] 荒波 / 잔~[tʃan ~ チャン~] さざ波 / 사람의 ~[sa:rame ~ サーラメ ~] 人の流れ ―치다[tʃʰida チダ] 自 波打つ; 波立つ.

*물-고기[mulk'ogi ムルコギ] 图 魚; 魚類; 生物としての魚; 食べ物としての魚 =생선(生鮮)[sɛŋsʌn センソン].

물고-늘어지다[mulgo nɯrɔdʒida ムルゴ ヌロジダ] 他 食いついて離れない; 食い下がる ¶ 끝까지 ~ [k'ɯtk'adʒi ~ ックッカジ ~] 最後まで食い下がる.

물구나무-서다[mulgunamusɔda ムルグナムソダ] 自 逆立ちする.

물-귀신[-鬼神][mulk'wijin ムルクィシン] 图 ① 水鬼; 水中の鬼神 ¶ ~이 되다[~i tweda (ムルクィシン)ニ トゥェダ] 溺れ死ぬ ② 自分が窮地に陥ったときに他人まで引き込もうとする者.

*물-기[-氣][mulk'i ムルキ] 图 水気; 水分 ¶ ~를 빼다[~rul p'e:da ~ルル ッペーダ] 水気を切る[抜く; 取る].

물-긷다[mulgitta ムルギッタ] 自ㄷ変 (井戸などの)水を汲〈ぐ.

물-길[mulk'il ムルキル] 图 水路; 路; 航路.

물-김치[mulgimtʃʰi ムルギムチ] 图 大根の葉・白菜などを千切りにして薄いキムチの汁を多くして漬けた水キムチ.

물-꼬[mulk'o ムルッコ] 图 水田の水の出入り口; 水口 (みなくち).

물-끄러미[mulk'ɯrɔmi ムルックロミ] 副 ぼんやりと眺めるさま; ぽかんと; じっと; まじまじと ¶ 먼 산을 ~ 바라보다[mɔ:n sanul ~ paraboda モーン サヌル ~ パラボダ] 遠くの山をぼんやりと[じっと]眺める.

물-난리[-亂離][mullalli ムルラルリ] 图 ① 洪水騒ぎ; 洪水; 水害; 水難 ② 水不足の騒動.

물-냉면[-冷麵][mullɛŋmjɔn ムルレンミョン] 图 汁のある[普通の]冷麵 (ねん) ; 汁のない[交ぜ]冷麵 = 비빔 냉면[pibimnɛ:ŋmjɔn ピビムネーンミョン].

물-놀이[mullori ムルロリ] 图 하自 水遊び.

물다¹[mu:lda ムールダ] 他 ㄹ語約 払う; 支払う; 納める; 弁償する ¶ 책값을 ~ [tʃʰɛk'aps'ul チェクカプスル ~] 本代を支払う / 세금을 ~ [se:gɯmul ~ セーグムル ~] 税金を納める.

**물다²[mulda ムルダ] 他 ㄹ語約 ① くわえる ¶ 담배를 ~[ta:mbɛrul ~ タームベルル ~] タバコをくわえる ② 噛 (か) む; かみつく ¶ 개가 ~[kɛ:ga ~ ケーガ ~] 犬がかみつく ③ 刺す ¶ 모기가 ~[mo:giga ~ モーギガ ~] 蚊が刺す ④ (利用しようとして)つかむ; 手に入れる ¶ 돈 줄을 ~ [to:ntʃ'urul ~ トーンチュルル ~] 金づるをつかむ[手に入れる].

물-독[mult'ok ムルトク] 图 水がめ.

물-동이[mult'oŋi ムルトンイ] 图 (水くみ用の)小さい水がめ.

*물-들다[muldɯlda ムルドゥルダ] 自 ㄹ語約 ① 染まる; 色づく; 色がつく ¶ 붉게 ~[pulk'e ~ プルケ ~] 赤く染まる; 紅葉する ② 感化される; か

물-들이다 [muldɯrida ムルドゥリダ] 他 染める; 彩る; '물들다'の使役形 ¶머리를 검게 ~ [mɔrirɯl kɔ:mk'e ~ モリルル コームケ ~] 髪を黒く染める.

물-때¹ [mult'ɛ ムルッテ] 名 ① 潮合い; 潮時 ¶~가 가깝다 [~ga kak'apt'a ~ガ カッカプタ] 潮時が近い ② 差し潮[満ち潮]の時間.

물-때² [mult'ɛ ムルッテ] 名 水垢; 湯垢; 湯の花[華] ¶~가 끼다 [~ga k'ida ~ガ ッキダ] 水垢がつく.

*물러-가다 [mullɔgada ムルロガダ] 自 ① 退く; 去る; 立ち去る; 後退する ¶적이 ~ [tʃɔgi ~ チョギ ~] 敵が退く ② 退く; 引退する ¶정계에서 ~ [tʃɔŋgeesɔ ~ チョンゲエソ ~] 政界から退く ③ なくなる; 去る ¶더위가 ~ [tɔwiga ~ トウィガ ~] 暑気が去る; 暑さが遠のく ④ 引き下がる; 引き取る ¶침실(寢室)로 ~ [tʃhi:mʃillo ~ チームシルロ ~] 寝間に引き下がる.

물러-나다 [mullɔnada ムルロナダ] 自 ① 退く; 後退する ¶적이 ~ [tʃɔgi ~ チョギ ~] 敵が後退する ② 去る; 引退する ¶현직을 ~ [hjɔ:ndʒigɯl ~ ヒョーンジグル ~] 現職を去る ③ 引き下がる ¶아버지 앞에서 ~ [abɔdʒi apheso ~ アボジ アペソ ~] 父の前から引き下がる.

*물러-서다 [mullɔsɔda ムルロソダ] 自 ① (後へ)下がる; 退く ¶뒤로 ~-서 주세요 [twi:ro ~-sɔ tʃusejo トゥィーロ ~-ソ チュセヨ] 後へ下がってください ② 身を引く; 辞める; 引き下がる ¶제일선에서 ~ [tʃe:ilsʼɔnesɔ ~ チェーイルソネソ ~] 第一線から身を引く.

물렁-하다 [mullɔŋhada ムルロンハダ] 形 여変 ① (水気が多くて)柔らかい; 熟している; ふにゃっと[くにゃっと]している ② 優柔不断だ.

*물레 [mulle ムルレ] 名 糸繰り車; 糸車 ━바퀴 [bakhwi バクィ] 名 水[糸]車の車 ━방아 [baŋa バンア] 名 水車 ¶~-방앗간 [~-baŋatk'an ~バンアッカン] 水車小屋 ━질 [dʒil ジル] 名 하自 糸車を回して繭から糸を紡ぐこと.

*물려-받다 [mulljɔbat'a ムルリョバッタ] 他 受け継ぐ; 引き継ぐ; 襲う; 伝承する ¶재산[전통]을 ~ [tʃɛsan[tʃɔnthoŋ]ɯl ~ チェサヌル[チョントンウル] ~] 財産[伝統]を引き継ぐ / 가계를 ~ [kagerɯl ~ カゲルル ~] 家系を襲う / 가업을 ~ [kaɔbɯl ~ カオブル ~] 家業を伝承する.

*물려-주다 [mulljɔdʒuda ムルリョジュダ] 他 譲る; 譲り渡す; 伝える ¶재산을 자식에게 ~ [tʃɛsanɯl tʃaʃigege ~ チェサヌル チャシゲゲ ~] 財産を息子に譲る[譲り渡す] / 비법을 ~ [pi:p'ɔbɯl ~ ピーポブル ~] 秘法を伝える.

*물론 [勿論] [mullon ムルロン] 名 副 もちろん; 無論 ¶~이지 [~idʒi (ムルロ)ニジ] もちろんだよ / ~ 알고 있네 [~ a:lgo inne ~ アールゴ インネ] もちろん知っているよ.

물리 [物理] [mulli ムルリ] 名 物理.

물리다¹ [mullida ムルリダ] 自 飽きる; 嫌気がさす; 嫌になる; 飽き飽きする ¶물리도록 먹었다 [mullidorɔŋ mɔgɔt'a ムルリドロン モゴッタ] 飽きるほど食べた.

*물리다² [mullida ムルリダ] 他 ① ずらす; 延期する; 延ばす ¶날짜를 하루 ~ [naltʃ'arɯl haru ~ ナルッチャルル ハル ~] 日取りを1日ずらす ② 譲る ¶재산을 ~ [tʃɛsanɯl ~ チェサヌル ~] 財産を譲る ③ 移す; 下げる ¶책상을 벽쪽으로 ~ [tʃhɛks'aŋɯl pjɔktʃ'ogɯro ~ チェクサンウル ピョクチョグロ ~] 机を壁際に移す / 밥상을 ~ [pap-s'aŋɯl ~ パプサンウル ~] お膳を下げる ④ (買った物を)返す; 返品する.

물리다³ [mullida ムルリダ] 他 (厄払いをして)悪鬼を追っ払う =¶악귀를 ~ [ak'wirɯl ~ アックィルル ~].

물리다⁴ [mullida ムルリダ] 1 自 嚙まれる; 狭まれる; '물다²'の受動 ¶뱀에 ~ [pɛ:me ~ ペーメ ~] 蛇にかみつかれる 2 他 かませる; 狭ませる; '물다²'の使役形 ¶젖꼭지를 ~ [tʃɔtk'oktʃ'irɯl ~ チョッコクチルル ~] 乳首を含ませる 3 他 払わせる; 弁償させる; '물다¹'の使役形 ¶밥값을 친구에게 ~ [papk'aps'ɯl tʃhinguege ~ パプカプスル チングエゲ ~] 飯代を友達に払わせる.

*물리-치다 [mullitʃhida ムルリチダ] 他 ① 拒絶する; 退ける; はねつける ¶그의 요구를 ~ [kɯe jogurɯl ~ クエ ヨグルル ~] 彼の要求を退ける ② (敵を)撃退する; 追い払う ¶적군을 ~ [tʃɔk'unɯl ~ チョックヌル ~] 敵軍

を撃退する ③(難関・障害などを)押しのける ④(人を)遠ざける.

물-만두[—饅頭][mulmandu ムルマンドゥ] 图 水ギョーザ(餃子).

물망[物望][mulmaŋ ムルマン] 图 名望; 嘱望 ¶사장의 ～에 오르다[sadʒaŋe ～e oruda サジャンエ ～エ オルダ] 社長として嘱望される[呼び声が高い].

물망-초[勿忘草][mulmaŋtʃʰo ムルマンチョ] 图〈植〉ワスレナグサ(勿忘草).

물-매[mulmɛ ムルメ] 图 ひどいむち打ち ¶깡패들에게 ～을 맞다[k'aŋpʰɛdɯrege ～rɯl mat'a ッカンペドゥレゲ ～ル マッタ] 与太者たちからさんさんにたたかれる.

물물-교환[物物交換][mulmulgjohwan ムルムルギョファン] 图 [하][自他] 物々交換.

물-밀듯이[mulmildɯʃi ムルミルドゥシ] 副 (波が押し寄せるように)どっと ¶사람들이 ～ 밀어닥치다[saːramdɯri ～ mirɔdaktʃʰida サーラムドゥリ ～ ミロダクチダ] 人々がどっと押し寄せる.

물-바다[mulbada ムルバダ] 图 (大水による)一面の水浸し ¶온 마을이 ～가 되었다[oːn maɯri ～ga twɛotta オーン マウリ ～ガ トゥェオッタ] 村一面水浸しになった. 「車; 水確ぎ」

물-방아[mulbaŋa ムルバンア] 图 水車.

물방앗-간[mulbaŋatk'an ムルバンアッカン] 图 水車小屋.

물-방울[mulp'aŋul ムルパンウル] 图 水玉; 水滴; 滴 **━무늬**[muni ムニ] 图 水玉模様.

물-벼락[mulbjɔrak ムルビョラク] 图 いきなり多量の水を浴びせられること.

물-병[mulp'jɔŋ ムルピョン] 图 水差し.

물-보라[mulbora ムルボラ] 图 水煙; 水しぶき **━치다**[tʃʰida チダ] 自 しぶく; 水しぶきを上げる.

물-불[mulbul ムルブル] 图 水と火 ¶～을 가리지 않다[(mulbur)ɯl karidʒi antʰa (ムルブ)ルル カリジ アンタ] 水火も辞せず; どんな困難も恐れない.

물-빛[mulpit ムルピッ] 图 水[染め]色.

물-빨래[mulp'allɛ ムルッパルレ] 图 [하][他] (洗濯機を用いない)手洗い.

물-빼다[mulp'ɛda ムルッペタ] 他 ① 水を抜く ② 色抜きをする; 脱色する.

물-살[mulsʼal ムルッサル] 图 流れ; 水勢 ¶～이 빠르다[(muls'ar)i p'arɯda (ムルッサ)リ ッパルダ] 流れが速い.

물-새[muls'ɛ ムルセ] 图 水鳥; 水禽.

물색[物色][muls'ɛk ムルセク] 图 [하][他] 物色; 探し求めること ¶후임을 ～하다[huːimul (muls'ɛ)kʰada フーイムル ～カダ] 後任を物色する[探す].

물샐틈-없다[mulsɛltʰɯmɔptʃ'a ムルセルトゥモプッタ] 囮 水も漏らさない; 用意周到だ ¶～없는 경계[～ɔmnɯn kjɔːŋge ～オムヌン キョーンゲ] 水も漏らさぬ厳重な警戒 **물샐틈-없이**[mulsɛltʰɯm ɔpʃ'i ムルセルトゥモプシ] 副 すきまなく; 用意周到に.

물-세탁[—洗濯][mulsetʰak ムルセタク] 图 [하][他] 水洗いのクリーニング.

물-소[muls'o ムルッソ] 图〈動〉水牛.

*물-수건[一手巾][muls'ugɔn ムルッスゴン] 图 ぬれた手ぬぐい; お絞り.

물쓰듯-하다[muls'ɯdɯtʰanda ムルッスドゥッタンダ] [하][他] (お金や物を)やたらに使う; 物づかいが荒い ¶돈을 ～[toːnul ～ tʰɯnɯl ～ トーヌル ～ヌル ～] 金づかいが荒い; お金を湯水のように使う[浪費する].

물씬[mulʃ'in ムルッシン] 副 においが鼻をつくさま; ぷんと; むっと ¶향수 냄새가 ～ 풍긴다[hjaŋsu nɛːmsɛga ～ pʰuŋginda ヒャンス ネームセガ ～ プンギンダ] 香りがぷんと鼻をつく **━거리다**[gɔrida ゴリダ] 自 ① (柔らかくて)ぐにゃぐにゃする ② (においが)強くにおう; きつい **━하다**[hada ハダ] 圈 [여圈](よく煮えたり熟れたりして)非常に柔らかい; ふにゃふにゃしている.

물-안경[—眼鏡][muraŋgjɔŋ ムランギョン] 图 水中めがね. 「薬; 液剤.

물-약[—藥][mulljak ムルリャク] 图 水

물어-내다[murɔnɛda ムロネダ] 他 弁償する; 償う; ＝'물어주다' ¶돈으로 ～[toːnuro ～ トーヌロ ～] 金で償う.

물어-넣다[murɔnɔtʰa ムロノッタ] 他 (公金などを)弁償する; 弁済する.

물어-뜯다[murɔt'ɯt'a ムロットゥッタ] 他 かみつく; 噛みちぎる ¶개가 옷자락을 ～[kɛːga otʃ'aragul ～ ケーガ オッチャラグル ～] 犬が着物のすそを噛みちぎる.

물어-보다[murɔboda ムロボダ] 他 尋ねてみる; 問う; 伺う. 「弁償してやる.

물어-주다[murɔdʒuda ムロジュダ] 他

물-엿[mulljɔt ムルリョッ] 图 水飴.

물-오르다[murorɯda ムロルダ] 自 ① 草木が水分を吸いあげる; 木が芽ぐむ.

물-오리[murori ムロリ] 图〈鳥〉マガモ.

*물음 [murɯm ムルム] 图 問い; 質問 ¶다음 ~에 답하여라 [taɯm ~e tap^hajɔra タウム (ムル) メ タプパヨラ] 次の問いに答えよ **—표**(標) [p^hjo ピョ] 图 疑問符.

물의[物議] [muri ムリ] 图 物議; 世間の評判 ¶~를 일으키다 [~rul irɯk^hida ~ルル イルキダ] 物議を醸す.

물자[物資] [mult͡ɕ'a ムルチャ] 图 物資 ¶소비 ~ [sobi ~ ソビ ~] 消費物資.

물-자동차[一自動車] [muldʑadoŋt͡ɕ^ha ムルジャドンチャ] 图 散水(給水)車.

물-장구 [muldʑaŋgu ムルジャング] 图 (泳ぐ時の)ばた足 **—질** [dʑil ジル] 图 自 ばた足の動作 **—치다** [t͡ɕ^hida チダ] 自 水太鼓をたたく; ばた足をする.

물-장난 [muldʑaŋnan ムルジャンナン] 图 自他 水遊び; 洪水による災禍.

물-장사 [muldʑaŋsa ムルジャンサ] 他自 俗 水商売; 飲料水を売る商売.

물정[物情] [mult͡ɕ'ɔŋ ムルチョン] 图 物情; 世間の有様; 世事 ¶~에 어둡다 [밝다] [~e ɔdupt'a [pakt'a] ~エ オドゥプタ [パクタ]] 世事に疎い[通じている・世故にたける].

물증[物證] [mult͡ɕ'ɯŋ ムルチュン] 图 物証; 物的証拠.

*물질[物質] [mult͡ɕ'il ムルチル] 图 物質 **—문명** [munmjɔŋ ムンミョン] 图 物質文明 **—적** [dʑɔk ジョク] 图 物質的.

물컥 [mulk^hɔk ムルコク] 副 においが鼻を強くつくさま; ぷんと ¶악취가 ~나다 [akt͡ɕ^hwiga (mulk^hɔŋ) nada アクチュィガ (ムルコン) ナダ] 悪臭がぷんと出る.

물컹-하다 [mulk^hɔŋhada ムルコンハダ] 形 여변 (熟れ[煮]過ぎたり腐ったりして)つぶれすぎてひどく柔らかい.

물-통[一桶] [mult^hoŋ ムルトン] 图 水槽; 水おけ; バケツ.

물품[物品] [mulp^hum ムルプム] 图 物品; 品物; 品; 物.

묽다 [mukt'a ムクタ] 形 ① 薄い; 水っぽい ¶묽은 수프 [mulgun su:p^hɯ ムルグン スープ] 薄いスープ ② 柔らかい; ゆるい ¶묽은 죽 [mulgun t͡ɕuk ムルグン チュク] ゆるいおかゆ ③ (人がしっかりしない; がっちりしていない; ひ弱い.

못 [mut ムッ] 冠 多くの ¶—짐승 [(mu)-t͡ɕ'imsɯŋ ~チムスン] 多くの獣.

못-매 [munmɛ ムンメ] 图 袋だたき ¶~를 맞다 [~rul mat'a ~ルル マッタ] 袋だたきにされる[あう] **—질** [dʑil ジル] 图 하自他 袋だたき.

못-사람 [mus'aram ムッサラム] 图 多くの人 ¶~ 앞에서 [~ ap^hesɔ (ムッサラ) マペソ] 大勢の前で.

뭉개다 [muŋgeda ムンゲダ] 他 すりつぶす; にじる; ぐずぐずする ¶밟아 ~ [palba~ パルバ~] 踏みつぶす[にじる].

뭉게-구름 [muŋgegurum ムンゲグルム] 图 積雲; もくもくとわき出る雲.

뭉치 [muŋt͡ɕ^hi ムンチ] 图 塊; 束 ¶쇠 ~ [swe~ スェ~] 鉄の塊 / 돈 ~ [to:n ~ トーン~] 札束.

*뭉치다 [muŋt͡ɕ^hida ムンチダ] **1** 自 一つになる[まとまる]; 団結する ¶피가 ~ [p^higa ~ ピガ ~] 血が固まる / 뭉치면 산다 [muŋt͡ɕ^himjɔn sa:nda ムンチミョン サーンダ] 団結すれば生きる **2** 他 1つに固める ¶눈을 ~ [nu:nul ~ ヌーヌル ~] 雪を固める.

뭉칫-돈 [muŋt͡ɕ^hit'on ムンチットン] 图 多額の札束; まとまった金 =목돈 [mokt'on モクトン].

뭉클-하다 [muŋk^hɯrhada ムンクルハダ] 形 ① (悲しみや怒りで)胸がつまる; 込み上げる; じいんとする ¶가슴이 ~ [kasumi ~ カスミ ~] 胸がじいんとする ② (食べ物がつまって)もたれ気味だ.

뭍 [mut ムッ] 图 ① 陸; おか ¶~에 오르다 [(mu)t^he oruda (ム)テ オルダ] 陸に上がる ② (島人が指す)陸地 ¶~으로 시집가다 [(mu)t^huro ɕidʑipk'ada ムトゥロ シジプカダ] 陸地の人に嫁ぐ.

뭍-사람 [mus'aram ムッサラム] 图 (島の住民に対して)陸地に住む人.

뭍-짐승 [mut͡ɕ'imsɯŋ ムッチムスン] 图 陸地に住む獣; 陸生動物.

*뭐 [mwɔ: ムォー] 代 感 何; 何か ¶그것이 ~냐? [kɯgɔɕi ~nja クゴシ ~ニャ] それは何かね / ~, 산에 간다고 [~, sane kandago ~, サネ カンダゴ] な に, 山に行くって / 그런 거지 ~(야・냐) [kɯrɔn gɔdʑi ~(ja・nja) クロン ゴジ ~ (ヤ・ニャ)] (なんだ)そんなものだよ / ~래? [~rɛ ~レ] 何だって.

뭐니뭐니 해도 [mwɔ:nimwɔni hɛ:do ムォーニムォニ ヘード] 慣 何と言っても ¶~ 건강이 제일이다 [~ kɔ:ngaŋi t͡ɕe:irida ~ コーンガンイ チェーイリダ] 何と言ってもまず健康だ.

뭔가 [mwɔ:nga ムォーンガ] 慣 何か.

뭘 [mwɔ:l ムォール] 略 何を='무엇을'.

뭣-하다 [mwɔ:t^hada ムォータダ] 形

뮤지컬

[여변] 何だ; 何だけど; '무엇하다'의 略 ¶이렇게 말하면 뭣하지만 [irɔkʰe maːrhamjʌn mwɔːtʰadʒiman イロッケ マールハミョン ムォーッタジマン] こう言っちゃ何だけど.

뮤지컬 [mjuːdʒikʰʌl ミュージコル] musical 名 ミュージカル.

뮤직 [mjuːdʒik ミュージク] music 名 ミュージック.

*-으로 [muro ムロ] [語尾] …ので; …だから ¶사랑했으~ 행복했다 [saraŋhɛs'ɯ~ hɛːŋbokʰɛt'a サランヘッス〜 ヘンボクヘッタ] 愛したので幸せかった.

미 [美] [miː ミー] 名 美 ¶자연의 ~ [tɕajʌne ~ チャヨネ ~] 自然の美 / 진선~ [tɕinsʌn~ チンソン~] 真善美.

미결 [未決] [miːgjʌl ミーギョル] 名 [하他] 未決 ¶~ 사건 [~ saːk'ʌn ~ サーコン] 未決の事件.

*미국 [美國] [miːguk ミーグク] 名 米国; アメリカ **—인** [(miːgug) in (ミーグ)ギン] 名 アメリカ人.

미군 [美軍] [miːgun ミーグン] 名 米軍.

미궁 [迷宮] [miːguŋ ミーグン] 名 迷宮 ¶~에 빠지다 [~e p'aːdʒida ~エッパージダ] 迷宮に陥る; 迷宮入りになる.

미급-하다 [未及—] [miːgupʰada ミーグプパダ] 自 [여변] いまだに及ばない ¶생각이 거기까지는 ~-했다 [sɛŋgagi kʌgik'adʒinɯn (miːgu) pʰɛtʼa センガギ コギッカジヌン ~-ペッタ] 考えがそこまでには及ばなかった.

*미꾸라지 [mikʼuradʒi ミックラジ] 名〈魚〉ドジョウ=추어(鰍魚) [tɕʰuː チュー].

*미끄러-지다 [mikʼɯrʌdʒida ミックロジダ] 自 ① 滑る; 滑って転ぶ ¶비탈길에서 ~ [pitʰalkʼirɛsʌ ~ ピタルキレソ ~] 坂道で滑る ② 落第する; しくじる ¶시험에 ~ [ɕihʌme ~ シホメ ~] 試験をしくじる; 試験に滑る.

미끄럼 [mikʼɯrʌm ミックロム] 名 (氷・滑り台での)滑り **—대[틀]** [tʼɛ[tʰɯl] テ[トゥル]] 滑り台.

*미끄럽다 [mikʼɯrʌpʼta ミックロプタ] 形 [ㅂ変] 滑らかだ; すべっこい; つるつるしている; すべすべだ ¶미끄러운 비탈길 [mikʼɯroun pitʰalkʼil ミックロウン ピタルキル] 滑らかな坂.

미끈-거리다 [mikʼɯngʌrida ミックンゴリダ] 自 すべすべする; つるつる滑る ¶접시가 기름에 ~ [tɕʌpʼɕiga kirume ~ チョプシガ キルメ ~] お皿が油ですべすべする.

미래

미끈-하다 [mikʼunhada ミックンハダ] 形 [여변] すんなり[すらり]としている; 滑らかだ ¶~-한 다리 [~-han tari ~-ハン タリ] すんなりした脚.

*미끼 [mikʼi ミッキ] 名 餌ᵉ・ˢ; おとり ¶산 ~ [saːn ~ サーン ~] 生き餌ᵉ / 경품을 ~로 하다 [kjʌŋpʰumɯl ~ro hada キョンプムル ~ロ ハダ] 景品をおとり[餌]にする.

*미나리 [minari ミナリ] 名〈植〉セリ(芹).

미남 [美男] [miːnam ミーナム] 名 美男; 色男; ハンサム(ボーイ); =미남자 [miːnamdʑa ミーナムジャ] 「美男子」.

미납 [未納] [miːnap ミーナプ] 名 [하他] 未納 ¶세금의 ~ [seːgume ~ セーグメ ~] 税金の未納. 「ミネラル.

미네랄 [mineral ミネラル] mineral 名

미녀 [美女] [miːnjʌ ミーニョ] 名 美人.

미니어처 [miniʌtɕʰʌ ミニオチョ] miniature 名 ミニアチュア; ミニアチュール.

*미-닫이 [miːdadʑi ミーダジ] 名 障子; 引き戸; やり戸 ¶~를 열다 [~rɯl jʌːlda ~ルル ヨルダ] やり戸を開ける.

미달 [未達] [miːdal ミーダル] 名 [하自] まだ達しないこと; 未到達 ¶정원 ~이다 [tɕʌŋwʌn (miːdar) ida チョンウォン (ミーダ) リダ] 定員に達していない.

미담 [美談] [miːdam ミーダム] 名 美談; 佳話 ¶흐뭇한 ~ [hɯmutʰan ~ フムッタン ~] 心温まる美談.

미-더덕 [midʌdʌk ミドドク] 名〈動〉エボヤ(柄海鞘).

미덕 [美德] [miːdʌk ミードク] 名 美徳 ¶겸양의 ~ [kjʌmjaŋe ~ キョミャンエ ~] 謙譲の美徳.

미덥다 [midʌpʼta ミドプタ] 形 [ㅂ変] 頼もしい; 信用できる; 信じるに足る ¶미더운 사람 [midʌun saːram ミドゥン サーラム] 頼もしい人.

미드나이트 [midɯnaitʰɯ ミドゥナイトゥ] midnight 名 ミッドナイト ¶~ 쇼 [~ ɕoː ~ ショー] ミッドナイトショー.

미-등기 [未登記] [miːdɯŋgi ミードゥンギ] 名 [하他] 未登記.

미디어 [miːdiʌ ミーディオ] media 名 メディア ¶매스 ~ [mɛsɯ ~ メス ~] マスメディア.

미디엄 [midiʌm ミディオム] medium 名 ミディアム; ビーフステーキの焼き方の1つ; レアとウェルダンの中間.

*미래 [未來] [miːrɛ ミーレ] 名 未来; 将来 ¶~의 세계 [~e seːge ~エ セー

ゲ 未来の世界 **—상**[saŋ サン] 图 未来像; ビジョン **—지향**[dʒihjaŋ ジヒャン] 图 未来志向.

미러[miro ミロ] 图 ミラー; 鏡 ¶백 ~[pɛŋ ~ ペン ~] バックミラー.

미려[美麗][mi:rjʌ ミーリョ] 图 [하形] 美麗 ¶~하게 보이다[~hage poida ~ハゲ ポイダ] 美麗に見える.

미련[未練][mi:rjʌn ミーリョン] 图 未練; 心残り; 名残り ¶~이 남다[~i na:mt'a (ミーリョ)ニ ナームタ] 名残り惜しい / ~을 남기다[~ɯl namgida (ミーリョ)ヌル ナムギダ] 未練を残す; 思い残す / ~없이 떠나다[~ʌpʃ'i t'ʌnada (ミーリョ)ノプシットナダ] 名残りなく[心置きなく]去る.

미련[mirjʌn ミリョン] 图 愚鈍 **—하다**[hada ハダ] 形 愚かだ; 鈍重だ ¶~한 사람[~-han sa:ram ~-ハン サーラム] 愚鈍な[愚かな]人 **—스럽다**[sɯrʌpt'a スロプタ] 形 [ㅂ変]愚鈍だ.

미로[迷路][mi:ro ミーロ] 图 迷路 ¶~에 빠지다[~e p'a:dʒida ~エッパージダ] 迷路に迷い込む / 사랑의 ~[saraŋe ~ サランエ ~] 愛の迷路.

* **미루-나무**[mirunamu ミルナム] 图 〈植〉ポプラ. ×미류(美柳)나무.

* **미루다**[miruda ミルダ] 他 ① 延期する; 延ばす; 後回しにする ¶내일(來日)로 ~[nɛillo ~ ネイロ ~] 明日に延期する ② 他人に負わす; 任す; 押しつける ¶남에게 미루지 마라[namege mirudʒi mara ナメゲ ミルジ マラ] 人に押しつけるな ③ 推測[推察]する; 推す; 推し量る ¶미루어 생각할 때[miruʌ sɛŋgakhal t'ɛ ミルオ センガクハル ッテ] 推して考えるには.

미륵[彌勒][miruk ミルク] 图 ① 弥勒 ② 石仏 **—보살**[p'osal ポサル] 图 弥勒菩薩 **—불**[p'ul プル] 图 弥勒仏.

* **미리**[miri ミリ] 副 あらかじめ; 前もって ¶~ 경고해 두다[~ kjʌ:ŋgohɛ tuda ~ キョーンゴヘ トゥダ] あらかじめ警告しておく / ~ 알리다[~ allida ~ アルリダ] 前もって知らせる.

미만[未満][mi:man ミーマン] 图 [하形] 未満 ¶20세 ~[i:ʃipse ~ イーシプセ ~] 20歳未満.

미망-인[未亡人][mi:maŋin ミーマンイン] 图 未亡人 ¶전쟁 ~[tʃʌ:ndʒɛŋ ~ チョーンジェン ~] 戦争未亡人.

미모[美貌][mi:mo ミーモ] 图 美貌 ¶~의 여인[~e join ~エ ヨイン] 美貌の女性.

미묘[微妙][mimjo ミミョ] 图 [하形] [하副] 微妙; デリケート ¶~한 문제[~han mu:ndʒe ~ハン ムーンジェ] デリケートな[微妙な]問題.

미미-하다[微微—][mimihada ミミハダ] 形 微々たるものだ; 取るに足りない ¶~한 수입[~-han suip ~-ハン スイプ] 微々たる収入.

미불[未拂][mi:bul ミーブル] 图 未払い ¶~ 계정[~ ge:dʒʌŋ ~ ゲージョン] 未払い勘定.

미비[未備][mi:bi ミービ] 图 [하形] 不備; 不完全なこと ¶~ 서류[~ sʌrju ~ ソリュ] 不備書類.

미상[未詳][mi:saŋ ミーサン] 图 [하形] 未詳; 不詳 ¶작자 ~[tʃaktʃ'a ~ チャクチャ ~] 作者未詳.

미-성년[未成年][mi:sʌŋnjʌn ミーソンニョン] 图 未成年 **—자**[dʒa ジャ] 图 未成年者.

* **미소**[微笑][miso ミソ] 图 [하自] 微笑; ほほえみ **—짓다**[dʒit'a ジッタ] 自 [ㅅ変] ほほえむ ¶방긋이 ~[paŋgɯʃi ~ パングシ ~] にっこりほほえむ.

미수[未收][mi:su ミース] 图 [하他] 未収 ¶~금[~gɯm ~グム] 未収金.

미수[未遂][mi:su ミース] 图 [하形] 未遂 **—범**[bʌm ボム] 图 未遂犯.

미숙[未熟][mi:suk ミースク] 图 [하形] 未熟 ¶솜씨가 ~하다[somʃ'iga (mi:su)khada ソムッシガ ~カダ] 腕前が未熟だ.

* **미술**[美術][mi:sul ミースル] 图 美術 **—가**[ga ガ] 图 美術家.

미숫-가루[misutk'aru ミスッカル] 图 もち米・麦などの炒り粉; はったい粉.

미스터리[misɯthʌri ミストリ] mystery 图 ミステリー.

미식-가[美食家][mi:ʃik'a ミーシクカ] 图 美食家.

미식 축구[美式蹴球][mi:ʃiktʃhuk'u ミーシクチュクク] 图 アメリカンフットボール.

* **미신**[迷信][mi:ʃin ミーシン] 图 [하他] 迷信 **—가**[ga ガ] 图 迷信家.

미심-쩍다[하다][未審—][mi:ʃimtʃ'ʌkt'a[hada] ハダ] 形 疑わしい; 不審だ.

미아[迷兒][mia ミア] 图 迷子 ¶~를 보호하다[~rul po:hohada ~ルル ポーホハダ] 迷子を保護する.

*미안-하다[未安—][mianhada ミアンハダ] 形 すまない; 申しわけない; ≒ 미안-스럽다[mianswrɔpt'a ミアンスロプタ] ¶ 대단히 ～-합니다(만) [tɛːdani ～-hamnida(man) テーダニ ～-ハムニダ(マン)] 本当にすみません(が) 미안해-하다[mianhɛhada ミアンヘハダ] 形 すまなく思う 미안-쩍다[miantʃ'ɔkt'a ミアンッチョクタ] 形 すまない(と思っている) 미안-히[miani ミアニ] 副 すまなく; (お)気の毒に.

미어-지다[miɔdʒida ミオジダ] 自 ① (張ってある紙や皮などが)古びて裂ける[破れる] ¶ 장지가 ～ [tʃandʒiga ～ チャンジガ ～] ふすまが破れる ② (胸が張り裂けるほどに)つらい痛みや悲しみを感じる ¶ 가슴이 ～ [kasumi ～ カスミ ～] 胸が張り裂ける ③ あふれる.

*미역[mijɔk ミヨク] 名〈植〉ワカメ(若布・和布) —국[k'uk クク] 名 ワカメスープ ¶ ～ 먹다[(mijɔk'uŋ) mɔkt'a (ミヨックン) モクタ] ① ワカメの汁を取る ② 俗 試験などに落ちる; 解雇される; 首になる / ～ 먹이다[(mijɔk'uŋ) mɔgida (ミヨックン) モギダ] 俗 不合格にする; 首にする; 退けられる.

미역-감다[mijɔk'amt'a ミョクカムタ] 自 水を浴びる ¶ 냉수에 ～ [nɛːsue ～ ネースエ ～] 冷水浴をする.

미연[未然][miːjɔn ミーヨン] 名 未然 ¶ ～에 방지하다[～e pandʒihada (ミーヨ)ネ パンジハダ] 未然に防ぐ.

미온-적[微温的][miondʒɔk ミオンジョク] 名 冠 微温の ¶ ～-이다[～-(dʒɔg)ida ～-(ジョ)ギダ] 微温的だ; 生温なまい; 弱腰だ / ～-인 조치[～-(dʒɔg)in tʃotʃhi ～-(ジョ)ギン チョチ] 微温的な[生温い]処置.

미-완성[未完成][miːwansɔŋ ミーワンソン] 名 하他 未完成.

미용[美容][mijoŋ ミーヨン] 名 하他 美容 —사[sa サ] 名 美容師 —원[wɔn ウォン] 名 ='미장원'; 美容院 —체조[tʃhedʒo チェジョ] 名 美容体操.

미움[mium ミウム] 名 憎き; 憎しみ; 憎悪 ¶ 친구로부터 ～을 받다[tʃhingurobuthɔ ～ul pat'a チングロブト(ミウ)ムル パッタ] 友に憎まれる.

*미워-하다[miwɔhada ミウォハダ] 他 여変 憎む; 憎悪する ¶ 너무 ～-하지 말아요[nɔmu ～-hadʒi marajo ノム ～-ハジ マラヨ] あまり憎まないで.

미음[米飲][mium ミウム] 名 重湯; お交じり ¶ ～을 쑤다[～ul s'uda ～(ミウ)ムルッスダ] 重湯を炊く.

*미인[美人][miːin ミーイン] 名 美人; 美女; べっぴん ¶ ～ 박명[～ baŋmjɔŋ ～ バンミョン] 美人薄命 —계[ge ゲ] 名 色仕掛け —대회(大會)[dɛːhwe テーフェ] 名 ビューティコンテスト; 美人コンテスト.

미장-원[美粧院][miːdʒaŋwɔn ミージャンウォン] 名 美容院; ビューティサロン.

미장이[midʒaŋi ミジャンイ] 名 左官 =미장공[midʒaŋgoŋ ミジャンゴン].

미정[未定][miːdʒɔŋ ミージョン] 名 하他 未定 ¶ ～ 사항[～saːhaŋ ～ サーハン] 未定の事項.

미제[未濟][miːdʒe ミージェ] 名 未済 ¶ ～ 서류[～ sɔrju ～ ソルュ] 未済の書類. 「アメリカ州; 米州.

미주[美洲][miːdʒu ミージュ] 名〈地〉

미주알-고주알[midʒualgodʒual ミジュアルゴジュアル] 副 根掘り葉掘り ¶ ～ 캐묻다[～ kʰɛːmut'a ～ ケームッタ] 根掘り葉掘り聞く.

미지[未知][miːdʒi ミージ] 名 하他 未知 ¶ ～의 세계[～e seːge ～エ セーゲ] 未知の世界 —수[su ス] 名 未知数.

*미지근[미적지근]-하다[midʒigun [midʒɔktʃ'igun]hada ミジグン[ミジョクチグン]ハダ] 形 여変 温ぬるい; 手ぬるい; 生温ぬるい ¶ 차가 ～ [tʃʰaga ～ チャガ ～] お茶が温い / 반응이 ～ [paːnɯŋi ～ パーヌンイ ～] 反応が手ぬるい[ぱっとしない・煮え切らない].

미진-하다[未盡—][miːdʒinhada ミージンハダ] 形 ① 尽きない; 終わっていない ¶ ～-한 이야기[～-han nijagi ～-ハン ニヤギ] 尽きない話 ② 不十分だ; 至らない ¶ ～-한 데가 있다[～-han dega it'a ～-ハン デガ イッタ] どうもも物足りない.

*미처[mitʃʰɔ ミチョ] 副 まだ; そこまでは; かつて ¶ ～ 생각못했다[～ sɛŋgaŋmotʰɛt'a ～ センガンモッテッタ] そこまでは考えつかなかった.

미천[微賤][mitʃʰɔn ミチョン] 名 하形 微賤だん; 卑賤 ¶ ～한 몸[～han mom ～ハン モム] 微賤の身.

미쳐-날뛰다[mitʃʰɔnaltʰwida ミチョナルトゥィダ] 自 荒れ狂う; 気が狂ったように暴れる.

미치-광이[mitʃʰigwaŋi ミチグァンイ]

미치다

名 気の狂った人; 狂人; …マニア.

*미치다¹ [mitʃhida ミチダ] 自① 狂う; 気が狂*れる ¶미쳐서 집을 나가다 [mitʃhɔsʌ tʃibul nagada ミチョソ チブル ナガダ] 気が狂れて家出する ② (人や物事に)夢中になる; 熱中する; 凝る ¶낚시에 ~ [nakʃʼie ~ ナクシエ ~] 釣りに夢中になる.

**미치다² [mitʃhida ミチダ] 自他 ① 及ぶ; 及ぼす ¶부모의 잘못이 자식에까지 ~ [pumoe tʃalmoʃi tʃaʃigek'adʒi ~ プモエ チャルモシ チャシゲッカジ ~] 父母の過ちが子供にまで及ぶ/영향을 ~ [jɔːŋhjaŋul ~ ヨンヒャンウル ~] 影響を及ぼす ② (ある範囲に)達する; 至る; 届く ¶손이 무릎에 ~ [soni muruɭbe ~ ソニ ムルペ ~] 手が膝に届く ③ 匹敵する ¶실력이 못 ~ [ʃillʲɔgi moːn ~ シルリョギ モーン ~] 実力が及ばない.

미친-개 [mitʃhinɡɛ ミチンゲ] 名 ① 狂犬 ② とんでもないふるまいをする者.

미친-것[놈] [mitʃhinɡɔt[nom] ミチンゴッ[ノム]] 名 狂人; 頭のおかしいやつ; 不実な男 **미친-년** [mitʃhinnjɔn ミチンニョン] 名 狂女; ふしだらな女.

*미터 [miːthʌ ミート] meter ¶ 名 メートル ¶100~ [pɛŋ ~ ペン ~] 100m **2** 名 メーター ¶~기 [~gi ~ギ] メーター計器.

미필 [未畢] [miːphil ミーピル] 名 하他 まだ終えていないこと; 未了 ¶병역~자 [pjʌŋjʌŋ ~ tʃʼa ピョンヨン ~ チャ] 兵役を終えていない者.

미-해결 [未解決] [miːhɛɡjɔl ミーヘギョル] 名 하他 未解決 ¶~의 문제 [(miːhɛɡjɔl)e muːndʒe (ミーヘギョ)レ ムーンジェ] 未解決の問題.

미혼 [未婚] [mihon ミーホン] 名 未婚 ¶~ 여성 [~ njʌsʌŋ ~ ニョソン] 未婚の女性 **—모** [mo モ] 名 未婚の母.

미-확인 [未確認] [miːhwaɡin ミーファギン] 名 하他 未確認 ¶~ 보도 [~ boːdo ~ ボード] 未確認報道.

미흡 [未洽] [miːhɯp ミーフプ] 名 하形 まだ十分でないこと; 及ば[至ら]ないこと ¶아직 ~하다 [adʒiŋ (miːhɯ)phada アジン ~パダ] まだ十分でない.

*민간 [民間] [minɡan ミンガン] 名 民間 **—사절** [saːdʒɔl サージョル] 名 民間使節 **—요법** [njopʼɔp ニョポプ] 名 民間療法.

*민감 [敏感] [minɡam ミンガム] 名 하形 敏感 ¶~한 체질 [~han tʃhedʒil ~ハン チェジル] 敏感な体質. 「民権.

민권 [民權] [minkʼwɔn ミンクォン] 名

민들레 [mindɯlle ミンドゥルレ] 名 〈植〉タンポポ.

*민망-하다 [憫惘—] [minmaŋhada ミンマンハダ] 形 **드形** **히形** 心苦しい; 見るに忍びない; きまり悪い ¶꾸중을 들어서 ~-했다 [kʼudʒuŋul tɯrɔsɔ ~-hɛtʼa ックジュンウル ドゥロソ ~-ヘッタ] 叱られてきまり悪かった.

민-물 [minmul ミンムル] 名 淡水; 真水 **—고기** [kʼoɡi コギ] 名 淡水魚; 川魚 **—낚시** [lakʃʼi ラクシ] 名 川釣り.

민박 [民泊] [minbak ミンバク] 名 하自 民宿に泊まること; ホームステイ.

민-방위 [民防衛] [minbaŋwi ミンバンウィ] 名 民間防衛.

민생-고 [民生苦] [minsɛŋɡo ミンセンゴ] 名 庶民の生活[生計]苦.

*민속 [民俗] [minsok ミンソク] 名 民俗 **—예술** [(minsok)neːsul (ミンソン)ネースル] 名 民俗芸術.

민숭민숭-하다 [minsuŋminsuŋhada ミンスンミンスンハダ] 形 (毛髪がなくて)つるつるしている; (山が)はげている; (酔わずに)しゃんとしている.

민심 [民心] [minʃim ミンシム] 名 民心; 人心 ¶~을 얻다 [~ɯl ɔːtʼa (ミンシ)ムル オーッタ] 民心を得る.

민어 [民魚] [mio ミノ] 名 〈魚〉ニベ〈鮸〉.

민예-품 [民藝品] [minephum ミネプム] 名 民芸品; 民具.

민요 [民謠] [minjo ミニョ] 名 民謡 **—곡** [ɡok ゴク] 名 民謡調の歌曲.

민원 [民願] [minwɔn ミヌォン] 名 国民の望みや請願 **—서류** [sɔrju ソリュ] 名 住民の請願書類. 「の意思.

민의 [民意] [mini ミニ] 名 民意; 国民

*민족 [民族] [mindʒok ミンジョク] 名 民族 **—성** [sʼɔŋ ソン] 名 民族性.

*민주 [民主] [mindʒu ミンジュ] 名 民主 **—주의** [dʒui ジュイ] 名 民主主義.

*민중 [民衆] [mindʒuŋ ミンジュン] 名 民衆 **—예술** [neːsul ネースル] 名 民衆芸術.

민첩-하다 [敏捷—] [mintʃhɔphada ミンチョプハダ] 形 敏捷びんしょうだ; 手早い; 素早い ¶~-하게 처리하다 [(mintʃhɔ)phaɡe tʃhɔːrihada ~-パゲ チョーリハダ] 手早く[しゃきしゃきと]片づける.

민폐 [民弊] [minphe ミンペ] 名 (役人

の)国民に及ぼす弊害.

민화[民話][minhwa ミンファ] 图 民話; 民間の説話.

*믿다 [mit'a ミッタ] 他 ① 信じる ¶ 그의 말을 ~[kɯe ma:rɯl ~ クエ マールル ~] 彼の言うことを信じる ② 信仰する ¶ 불교를 ~[pulgjɔrɯl ~ プルギョルル ~] 仏教を信仰する ③ 頼る; 頼む ¶ 믿는 것은 당신뿐입니다 [minnɯn kɔsɯn taŋʃinp'unimnida ミンヌン コスン タンシンプニムニダ] 頼りとするのはあなただけです ④ 信頼する; 信用する ¶ 믿을 수 있는 인물 [midɯl s'u innɯn inmul ミドゥルッス インヌン インムル] 信用のできる人物.

믿음[midɯm ミドゥム] 图 信じる心; 信心; 信頼 ¶ 지도자에 대한 ~[tʃidodʒae tɛ:han ~ チドジャエ テーハン ~] 指導者に対する信頼 / ~이 깊다 [~i kipt'a (ミドゥミ キプタ] 信心深い.

믿음-성[一性][midɯms'ɔŋ ミドゥムソン] 图 信頼性 ¶ ~이 적다 [~i tʃɔ:kt'a ~イ チョークタ] 信頼性が少ない; 頼りない **─스럽다**[sɯrɔpt'a スロプタ] 形 [ㅂ変] 頼もしく見える.

믿음직-하다[midɯmdʒikhada ミドゥムジクカダ] 形 頼もしい **─믿음직스럽다**[midɯmdʒiks'ɯrɔpt'a ミドゥムジクスロプタ] ¶ ~-스러운[-한] 청년 [~-s'ɯrɔun[-khan] tʃhɔŋnjɔn ~-スロウン[-カン] チョンニョン] 頼もしい青年.

*밀 [mil ミル] 图〈植〉小麦 **─가루**[k'aru カル] 图 小麦粉 ¶ ~ 반죽 [~ bandʒuk ~ パンジュク] 小麦のねり紛.

밀감[蜜柑][milgam ミルガム] 图〈植〉ミカン(蜜柑)=귤 [kjul キュル].

밀고[密告][milgo ミルゴ] 图 他 密告 ¶ ~-자 [~-dʒa ~ジャ] 密告者.

*밀다 [mi:lda ミールダ] 他 [ㄹ語幹] ① 押す ¶ 수레를 ~[surerɯl ~ スレルル ~] 車を押す ② (土地などを)ならす; (かんなどで)削る; (垢を)こする ¶ 대패로 ~[tɛ:phero ~ テーペロ ~] かんなで削る / 때를 ~[t'ɛrɯl ~ ッテルル ~] 垢をこする ③ 推す; 推薦する ¶ 회장으로 ~[hwe:dʒaŋɯro ~ フェージャンウロ ~] 会長に推す ④ 伸ばす ¶ 밀가루 반죽을 ~[milk'aru bandʒugɯl ~ ミルカル パンジュグル ~] 小麦のねり粉を伸ばす.

밀려[miljɔ ミルリョ] 接頭 押し… **─가다**[gada ガダ] 自 どっと押しかける **─나다** [nada ナダ] 自 押し出される **─나오다** [naoda ナオダ] 自 後ろから押し出される **─다니다** [danida ダニダ] 自 後ろから押されて歩く **─들다** [dɯlda ドゥルダ] 自 [ㄹ語幹] 押し寄せる **─오다** [oda オダ] 自 押し寄せる.

*밀리다 [millida ミルリダ] 1 自 溜まる; 滞る; 渋滞する; 支える ¶ 집세가 ~[tʃips'ega ~ チプセガ ~] 家賃が滞る(たまる) / 사무가 ~[sa:muga ~ サームガ ~] 事務が渋滞する / 러시아워에는 길이 밀린다 [rɔʃiawɔenɯn kiri millinda ロシアウォエヌン キリ ミルリンダ] ラッシュ時には交通が渋滞する 2 自 押される; '밀다'の受動 ¶ 인파에 ~[inphae ~ インパエ ~] 人波に押される.

밀림[密林][millim ミルリム] 图 密林.
밀-물[mi:lmul ミールムル] 图 満ち潮; ↔썰물 [s'ɔlmul ッソルムル]「引き潮」.
밀선[密船][mils'ɔn ミルソン] 图密航船.
밀수[密輸][mils'u ミルッス] 图 [하]他 密輸; 密輸入.
밀-수출[密輸出][mils'utʃhul ミルッスチュル] 图 [하]他 密輸出. ↔밀수입(密輸入) [mils'uip ミルッスイプ]「密輸入」.
밀약[密約][mirjak ミリャク] 图 [하]他 密約 ¶ ~을 맺다 [(mirjaɡ)ɯl mɛt'a (ミリャ)グル メッタ] 密約を結ぶ.
밀어[蜜語][mirɔ ミロ] 图 蜜語 ¶ ~를 속삭이다 [~rul soks'agida ~ルル ソクサギダ] 蜜語 [甘い言葉] をささやく.

*밀어-내다 [mirɔnɛda ミロネダ] 他 ① 押し出す ¶ ~-내기 [~-nɛgi ~-ネギ] 押し出し ② 追い出す.

밀어-닥치다 [mirɔdaktʃhida ミロダクチダ] 自 (大勢の人が)押し寄せる.

밀어-붙이다 [mirɔbutʃhida ミロブチダ] 他 ① (片隅に)押し [追い] やる ② 力強く押す; 押しつける ¶ ~-붙이기 [~-butʃhigi ~-ブチギ] ごり押し; 無理押し / 상대를 코너에 ~[saŋdɛrɯl khoːnɔe ~ サンデルル コーノエ ~] 相手をコーナーに押しつける.

밀어-젖히다 [mirɔdʒɔthida ミロジョッチダ] 他 ① 押しのける; 押しやる ¶ 인파를 ~[inpharɯl ~ インパルル ~] 人波を押しのける ② 押し開く ¶ 문을 ~[munɯl ~ ムヌル ~] 戸を押し開く.

밀월-여행[蜜月旅行][miruɔljɔhɛŋ ミルオルリョヘン] 图 蜜月 [新婚] 旅行.
밀-입국[密入國][miripk'uk ミリプクク]

密入国.
*밀접-하다[密接—][miltʃʼopʰada ミルチョプパダ] 形 密接だ.
*밀짚-모자[—帽子][miltʃʼimmodʑa ミルチムモジャ] 名 麦わら帽子.
밀치다[miːltʃʰida ミールチダ] 他 強く押す; 押しつける; 押しのける ¶사람을 밀치고 나아가다[saːramɯl miːltʃʰigo naagada サーラムル ミールチゴ ナアガダ] 人を押しのけて進む.
밀크[milkʰɯ ミルク] milk 名 ミルク.
밀폐[密閉][milpʰe ミルペ] 名 他自 密閉 ¶—된 방[—dwen paŋ ~ドゥェンパン] 密閉された部屋.
밀항[密航][mirhaŋ ミルハン] 名 他自 密航.
*밉다[mipʼta ミプタ] 形 ㅂ変 ① 憎い; 憎らしい; 醜い ¶미운 놈[miun nom ミウン ノム] 憎い奴 / 밉게 굴다[mipkʼe kuːlda ミプケ クールダ] 憎らしくふるまう ② 〈反語的に〉かわいい.
밉살-스럽다[mipsʼalsɯropʼtʼa ミプサルスロプタ] 形 ㅂ変 (かわいげがなく)憎たらしい; 憎らしい; 憎々しい ¶—스러운 말투[~-sɯroun maːltʰu ~-スロウン マールトゥ] 憎々しい物の言い方.
밉-상[—相][mipsaŋ ミプサン] 名 憎らしい顔つき・態度 —스럽다[sɯropʼtʼa スロプタ] 形 ㅂ変 憎らしい; 醜い.
밋밋-하다[minmitʰada ミンミッタダ] 形 여変 ① (体つきなどが)ほっそりしている; すんなりしている ¶—한 다리[~-tʰan tari ~-タン タリ] すんなりしている脚 ② のっぺりしている; 平べったい ¶—한 얼굴[~-tʰan ɔlgul ~-タン オルグル] のっぺりとした顔.

*및[mit ミッ] 副 および; また; 並びに ¶성명·직업[sɔːŋmjɔŋ (mi) tʃʼigɔpʼa ソーンミョン ~ チゴプ] 姓名並びに職業.
*밑[mit ミッ] 名 ① (物·年齢·地位などの)下 ¶책상~[tʃʰɛksʼaŋ~ チェクサン~] 机の下 ② 底 ¶바다~[pada ~ パダ~] 海の底 / ~이 구리다[더럽다][(mitʃʰ)i kurida[tɔːrɔpʼta] (ミチ クリダ[トーロプタ]) 慣 何か弱みがある; 怪しいところがある; 後ろめたい[行ないが正しくない].
밑-거름[mitkʼɔrum ミッコルム] 名 元肥; 基肥 ¶—을 주다[~-ɯl tʃuda (ミッコル)ル チュダ] 元肥を施す.
밑-그림[mitkʼɯrim ミックリム] 名 下絵; 下図 ¶—을 그리다[~-ɯl kɯrida (ミックリ)ル クーリダ] 下図を描く.

밑도 끝도[mitʼo kʼɯtʼo ミット ックット] 冠 —모르다[morɯda モルダ] 慣 何も知らない —없다[ɔptʼa オプタ] 慣 根も葉もない ¶—-없는 이야기[~-ɔmnɯn nijagi ~-オムヌン ニヤギ] 根も葉もない話 —없이[ɔpʼʃi オプシ] 副 だしぬけに; やぶから棒に.
밑-돌 다[miːtʼolda ミットルダ] 自 (ㄹ語幹) 下回る ¶학력이 평균을 ~[haŋnjɔgi pʰjɔŋgjunɯl ~ ハンニョギ ピョンギュヌル ~] 学力が平均を下回る.
밑-동[mitʼoŋ ミットン] 名 根もと, 底 ¶기둥의 ~[kiduŋe ~ キドゥンエ ~] 柱の根もと.
*밑-바닥[mitpʼadak ミッパダク] 名 物の底; どん底; 低底 ¶강~에 가라앉다[kaŋ (mitpʼadag)e karaantʼa カン (ミッパダ)ゲ カラアンタ] 川底に沈む / ~ 생활[~ sʼɛŋhwal ~ センファル] どん底の暮らし.
*밑-바탕[mitpʼatʰaŋ ミッパタン] 名 下地; 素地; 本質; 素質; 天性; 生まれつき; 바탕[patʰaŋ パタン]の強調語 ¶푸른 ~에 흰 줄무늬[pʰurɯn ~e hin tʃulmuni プルン ~エ ヒン チュルムニ] 青地に白いしま模様.
밑-반찬[mitpʼantʃʰan ミッパンチャン] 名 (塩辛·漬物など)保ちがよく手数かけずにすぐ食べられるおかず; 保存食品.
밑-받침[mitpʼatʃʰim ミッパッチム] 名 ① 支える物; 支柱; 台 ¶발전의 ~이 되다[paltʃʼɔne ~i tweda パルチョネ (ミッパッチ)ミ トゥェダ] 発展の土台となる ② 下敷き.
*밑-줄[mitʃʼul ミッチュル] 名 下線; アンダーライン ¶—을 치다[(mitʃʼur)ul tʃʰida (ミッチュ)ルルチダ] 下線を引く.
밑-지다[mitʃʼida ミッチダ] 自他 損をする ¶만원 ~[maːnwon ~ マーヌォン ~] 1万ウォン損をする / 밑져야 본전이다[mitʃʼɔja pondʑɔnida ミッチョヤ ポンジョニダ] 慣 失敗しても元々だ 밑지는 장사[mitʃʼinɯn tʃaŋsa ミッチヌン チャンサ] 慣 ① 損をする商売 ② 損な役回り.
*밑-천[mitʃʰɔn ミッチョン] 名 元; 元手; 資金; 資本 ¶장사 ~[tʃaŋsa ~ チャンサ ~] 商売資金 / ~이 드러나다[~i tɯrɔnada (ミッチョ)ニ トゥロナダ] 資金が足りなくなる / ~이 짧다[~i tʃʼaltʼa (ミッチョ)ニッチャルタ] 資金が足りない; 元手が少ない.

ㅂ

*-ㅂ니까 [mnink'a ムニッカ] 語尾 終声[末音]のない語幹に付いて丁寧な問いを表わす終結語尾; …ますか; …ですか ¶지금 갑니까? [tɕigum kamnik'a チグム カムニッカ] 今行きますか / 학생이 아닙니까? [haks'ɛɲi animnik'a ハクセンイ アニムニッカ] 学生ではないんですか.

*-ㅂ니다 [mnida ムニダ] 語尾 …ます; …です; …であります ¶고맙습니다 [ko:maps'ɯmnida コーマプスムニダ] ありがとうございます / 좋은 영화입니다 [tɕo:ɯn njoŋhwaimnida チョーウン ニョンファイムニダ] よい映画です.

-ㅂ디까 [pt'ik'a プティッカ] 語尾 …ましたか; …ですか; …でしたか ¶그리로 갑디까? [kuriro kapt'ik'a クリロ カプティッカ] そちらに行きましたか.

-ㅂ디다 [pt'ida プティダ] 語尾 …ました; …でした; …たです ¶뛰어갑디다 [t'wiəgapt'ida ットゥィオガプティダ] 走って行きました.

*-ㅂ시다 [pɕida プシダ] 語尾 …(し)ましょう ¶조용히 합시다 [tɕojoŋi hapɕida チョヨンイ ハプシダ] 静かにしましょう.

-ㅂ시오 [pɕio プシオ] 語尾 …ませ; …なさい; …してください ¶어서 오십시오 [ɔsɔ oɕipɕio オソ オシプシオ] いらっしゃいませ.

*바 [pa パ] 依名 こと・方法の意で使われる語 ¶네가 알~가 아니다 [nega a:l (p'a) ga anida ネガ アール～ガ アニダ] 君の知ったことじゃない / 어찌 할~를 모르다 [ɔtɕ'i hal (p'a) rɯl morɯda オッチ ハル～ルル モルダ] どうしたらいいのかその方法を知らない.

*바가지 [pagadʑi パガジ] 名 ① (ふくべ・木・プラスチックの)ひさご ② ぼったくり ¶~ 상술 [~ saŋsul ～ サンスル] ぼったくり商法 ―긁다 [gɯk t'a グクタ] 慣 (妻が夫に)愚知をこぼす; がみがみ言う ―쓰다 [s'ɯda ッスダ] 慣 (代金などを不当に)ぼられる ¶술집에서 ~-었다 [sultɕʰibesʌ ~-s'ɔt'a スルチベソ ～-ッソッタ] 飲み屋でひどくぼられた[ぼったくられた] ―씌우다 [ɕ'iuda ッシウダ] 慣 法外な代金を取る; ぼる; ぼったくる ¶되게 ~-씌우는 가게로군 [twe:ge ~-ɕ'iunɯn ka:gerogun トゥェーゲ ～-ッシウヌン カーゲログン] ひどくぼる店だね ―차다 [tɕʰada チャダ] 慣 (無一文になって・落ちぶれて)乞食になる.

바겐 세일 [ba:gen seil バーゲン セイル] bargain sale 名 バーゲンセール.

*바구니 [paguni パグニ] 名 かご; ざる ¶꽃~ [k'ot (p'aguni) ッコッ～] 花かご.

바글-거리다 [pagɯlgɔrida パグルゴリダ] 自 ① ぐらぐら沸く; ぶくぶくと泡立つ ② (人・動物・虫などがひとところで)うようよ[うじゃうじゃ]する.

*바깥 [pak'at パッカッ] 名 ① 外; 外側; 表 ¶~ 날(씨) [(pak'an) nal(ɕ'i) (パッカン) ナル(ッシ)] 外の天気 ② 夫の異称 ―문 [(pak'an) mun (パッカン) ムン] 名 外側の門; 表門 ―사돈 [(pak'a) s'adon (パッカ) サドン] 名 男の相舅 ―소문 [(pak'a) s'omun (パッカ) ソムン] 名 世間のうわさ; 取り沙汰 ―소식 [(pak'a) s'oɕik (パッカ) ソシㇰ] 名 外からの便り; 世間のニュース ―양반 [(pak'an) njaːŋban (パッカン) ニャーンバン] 名 主人; ご主人; 夫に対する尊称 ―어른 [(pak'ad) ɔrɯn (パッカ) ドルン] 名 主人; ご主人; =바깥 주인 [pak'atɕ'uin パッカッ チュイン] ―일 [(pak'an) nil (パッカン) ニル] 名 屋外の仕事; 家事以外の用事 ―쪽 [(pak'a) tɕ'ok チョㇰ] 名 外側; 表側 ―출입 [(pak'a) tɕʰurip チュリㇷ゚] 名 外出.

바께쓰 [bak'es'ɯ バッケッス] bucket 名 バケツ. ⇨ '양동이'

*바꾸다 [pak'uda パックダ] 他 ① 換える; 交換する ¶원화를 달러로 ~ [wɔnhwarɯl dallɔro ~ ウォンファルル ダルロロ ～] ウォン貨をドルに換える[両替する] ② 変える; 変更する ¶설

바꿔 말하(자)면 [pak'wɔ ma:rha(dʒa)mjɔn] 副 (やさしく)言い換えれば; 換言すれば.

바꿔-치다 [pak'wotʃhida] 他 すり替える ¶ 가짜와 ~ [k'atʃ'awa ~ カーッチャワ ~] にせ物とすり替える.

바꿔-타다 [pak'wothada] 他 乗り換える.

*__바뀌다__ [pak'wida] 自 取り変えられる; (切り)替[代]わる; 変わる ¶ 열차 시간이 ~ [jɔltʃha ʃigani ~ ヨルチャシガニ ~] 列車の時間が切り替わる.

*__바느-질__ [panɯdʒil] パヌジル 名 針仕事; 裁縫 ¶ ~감 [k'am カム] 縫い物 ―하다 [(panɯdʒir)hada ハダ] 自他 お針[縫い物]をする.

*__바늘__ [panɯl] パヌル 名 針; 縫い針 ―귀 [k'wi クィ] 名 針の耳[穴] ―방석 [baŋsɔk バンソク] 名 針のむしろ ¶ ~에 앉은 것 같다 [~-(baŋsɔk)e andʒɯn kɔt kat'a ~-(バンソク)ヱ アンジュン コッ カッタ] 針のむしろに座っているようだ. 慣 その場にいるのが非常に苦しく不安だ.

*__바다__ [pada] パダ 名 海; 海洋 ―장어 (長魚) [dʒaŋɔ ジャンオ] 〈魚〉 アナゴ(穴子) ―표범 [phjobɔm ピョボム] 名 〈動〉 アザラシ(海豹) **바닷-가** [padatk'a パダッカ] 名 浜; 海辺 ―물 [padanmul パダンムル] 名 海水; 潮.

*__바닥__ [padak] パダク 名 ① 平らな表面; 平面 ¶ 땅~ [t'aŋ(p'adak) ッタン~] 地面 / 방~ [paŋ(p'adak) パン~] 部屋の床 ② 底; 底面 ¶ 강~ [kaŋ(p'adak) カン~] 川の底 ③ (布の)織り目; 生地 ¶ ~이 거친 천 [(padaŋ)i kɔtʃhin tʃhɔ:n (パダ)ギ コチン チョーン] 織り目の粗い生地 ④ 払底すること; 品切れ ¶ 밑천이 ~나다 [mitʃhɔni (padaŋ)nada ミッチョニ (パダン)ナダ] 元手が底をつく ⑤ 地域や広く混雑した所 ¶ 시장[장]~ [ʃi:dʒaŋ[tʃaŋ](p'adak) シージャン[チャン]~] 市場.

*__바둑__ [paduk] パドゥク 名 囲碁; 碁 ¶ ~을 두다 [(padug)ɯl tuda (パドゥ)グル トゥダ] 碁を打つ / 줄~ [tʃul(p'aduk) チュル~] 筋碁ぎ/ 비긴 ~ [pigin ~ ピギン ~] 持碁 ―돌 [t'ol トル] 名 碁石 ―무늬 [(paduŋ) muni (パドゥン)ムニ] 名 まだら模様; ぶち文様 ―판 [phan パン] 名 碁盤.

바둑-이 [padugi パドゥギ] 名 〈動〉 ぶち犬; (日本での)ポチ.

바둥 [바둥]-거리다 [paduŋ[padoŋ]gɔrida パドゥン[パドン]ゴリダ] 自他 (手足を)ばたばたさせる; ばたつく.

바드득 [padudɯk パドゥドゥク] 副 하自他 ぎしぎし; きりきり ¶ ~ 이를 갈다 [~ irul ka:lda ~ イルル カールダ] (悔しまぎれに) ぎしぎし(と)歯軋りをする ―거리다 [(padudɯm)k'ɔrida コリダ] 自他 ぎしぎし鳴る.

바득-바득 [padukp'aduk パドゥックパドゥク] 副 ① しきりに我を張るさま; しつこく ¶ ~ 우기다 [~ ugida ~ ウギダ] しつこく我を張る ② しつこくねだるさま ¶ ~ 조르다 [~ tʃ'oruda ~ チョルダ] ねちねちとねだる ③ 強いて.

바들-바들 [padɯlbadɯl パドゥルパドゥル] 副 하自他 ぶるぶる; わなわな ¶ 추워서[무서워서] ~ 떨다 [tʃhuwɔsɔ[musuwɔsɔ] ~ t'ɔ:lda チュウォソ[ムソウォソ] ~ ットールダ] 寒くて[怖くて]ぶるぶる[わなわな]震える.

바듯-하다 [padutthada パドゥッタダ] 形 여접 ① (ぴったり合って)ゆとりがない; きっちりだ ¶ 구두가 발에 ~ [kuduga pare ~ クドゥガ パレ ~] 靴が足にきっちり合う ② やっと間に合う; ぎりぎりだ ¶ 시간에 ~-하게 대다 [ʃigane ~-thage te:da シガネ ~-タゲ テダ] 時間にぎりぎり間に合う **바듯-이** [padutʃi パドゥシ] 副 ぎりぎりに; やっと ¶ 날짜를 ~ 잡다 [naltʃ'arul ~ tʃapt'a ナルッチャルル ~ チャプタ] 日取りをぎりぎりに定める.

바라-건대 [paragɔndɛ パラゴンデ] 副 願わくは; 願うところは; どうか.

*__바라다__ [parada] パラダ 他 願う; 望む; 請う; 欲しい; 仰ぐ ¶ 삼가 바랍니다 [samga paramnida サムガ パラムニダ] つつしんでお願いします / 구조를 ~ [ku:dʒorul ~ クージョルル ~] 救助を望む.

바라다-보다 [paradaboda パラダボダ] 他 眺める; 見渡す ¶ 유심히 ~ [ju:ʃimi ~ ユーシミ ~] じっと眺める.

*__바라-보다__ [paraboda パラボダ] 他 ① 眺める; 見晴らす; 望む ¶ 바다를 ~ [padarul ~ パダルル ~] 海を眺める ② (ひそかに)望む; 願う ¶ 부장 자리

바라지를 ~[pudʒaŋdʒariruɯl ~ プジャンヂャリルル ~] 部長の席を望む; 部長になることを願う ③ 傍観する; 見守る ¶정세를 ~-보기만 한다[tʃɔŋserul ~-bogiman handa チョンセルル ~-ボギマン ハンダ] 情勢を見守るだけで ④ (ある年齢に)手が届く・近づく ¶나이 70을 ~[nai tʰilʔibul ~ ナイ チルシブル ~] 齢が70に近づく.

바라지 [paradʒi パラジ] 名 自他 世話; 面倒 ¶해산 ~[hɛːsan (baradʒi) ヘーサン (バラジ)] お産の世話.

바라-지다 [paːradʒida パーラジダ] 1 自 ① 割れ目が開く ¶밤송이가 ~[paːmsoŋiga ~ パームソンイガ ~] いがが栗が開く ② 疎くなる ¶두 사람 사이가 ~[tuː saram saiga ~ トゥー サラム サイガ ~] 2人の間柄が疎くなる ③ (横に)張る ¶가지가 ~[kadʒiga ~ カジガ ~] 枝が張る / 딱 ~-진 어깨[t'ak (p'aradʒin) ɔk'ɛ ッタク ~-ヂン オッケ] がっしりと横に張った肩 2 形 ① (器の底が浅く縁が広い ② 度量が小さく, 包容力に欠ける ③ (言動が年に似合わず)こましゃくている; 悪ずれしている; = 되바라지다[twe-baradʒida トゥェバラジダ].

바락-바락 [parakp'arak パラクパラク] 副 かっと(腹を立てるさま) ¶~ 악을 쓰다[~ aɡul s'uda ~ アグル ッスダ] かっとわめきたてる.

*바람¹[param バラム] 名 ① 風 ¶산들~[sanduɯl(baram) サンドゥル(バラム)] そよ風 ② 空気 ¶~이 빠진 공[~i p'aːdʒin koːŋ (パラミ) ッパヂン コーン] 空気の抜けたボール ③ 浮気 ¶~을 피우다[~ul pʰiuda (パラ)ムル ピウダ] 浮気をする —개비[gɛbi ゲビ] 名 (おもちゃの)風車; 風向計 —기[k'i キ] 名 ① 風が吹きそうな気配 ② 風の勢い ③ 浮ついた気持ち ¶~가 있는 남자[~ga innun namdʒa ~ガ インヌン ナムジャ] 浮気性の男 —둥이[duŋi ドゥンイ] 名 浮気者 —나다[nada ナダ] 自 浮気をする —넣다[notʰa ノッタ] 他 そそのかす —들다[duɯlda ドゥルダ] 自 ① (大根などに)すが入る ② 浮わつく —맞다[matʔa マッタ] 自 ① だまされる; すっぽかしを食う ② 中風にかかる —피우다[pʰiuda ピウダ] 自 浮気をする.

*바람²[param バラム] 依名 ① ある出来事のはずみ; …なので; …ために; …ぎわに ¶달리는 ~에 화분을 깨뜨렸다[tallinun ~e hwabunul k'ɛt'urjɔt'a タルリヌン (パラ)メ ファブヌル ッケットゥリョッタ] 走ったので植木鉢を割った ② (衣服などに付いて)…のまま; …なり ¶파자마 ~으로 뛰어 나가다 [pʰadʒama (baram)uro t'wionagada パジャマ (バラ)ムロ ットゥィナガダ] パジャマのままで飛び出した.

바람³[param バラム] 名 願い; 望み.

바람-결 [paramk'jol パラムキョル] 名 ① 風の便り ¶~에 들었다[(param-k'jɔr)e tuɯrɔt'a (パラムキョ)レ トゥロッタ] 風の便りで聞いた ② 風の絶え間 ③ 風の勢い.

*바람직-하다[paramdʒikʰada パラムジクカダ] 形 望ましい; 好ましい.

*바래다[paːrɛda パーレダ] 自他 ① (色が)褪せる; 色がさめて変わる[褪せめる] ¶빛이 바랜 옷[pitʃʰi paːrɛn ot ピチ パーレン オッ] 色のあせた服 ② さらす; 漂白する ¶옷감을 삶아 볕에 ~[otk'amul salma pjɔtʰe ~ オッカムル サルマ ピョーテ ~] 布地を煮て日光にさらす ③ 見送る.

*바래다 주다 [pɛrɛda dʒuda パレダ ジュダ] 他 見送ってやる[くれる] ¶역까지 ~[jɔk'adʒi ~ ヨクカジ ~] 駅まで見送ってやる.

*바로 [paro パロ] 1 副 ① すぐ; 直ちに ¶~ 가져가겠습니다 [~ kadʒɔgages'umnida ~ カジョガゲッスムニダ] すぐ持って行きます ② まっすぐ ¶선을 ~ 치다[sonul ~ tʰida ソヌル ~ チダ] 線をまっすぐ引く ③ まさに; まさしく; すなわち ¶노력이 ~ 성공의 비결이다[norjogi ~ sɔŋgoŋe piːgjorida ノリョギ ~ ソンゴンエ ピーギョリダ] 努力がまさしく成功の秘訣だ ④ 正しく; 正確に; きちんと; 間違いなく ¶~ 맞히다[~ matʃʰida ~ マッチダ] 正しく当てる 2 依名 …ちょうど ¶~ 그때[~ kwɯt'ɛ ~ クッテ] ちょうどその時.

*바로-잡다 [parodʒapt'a パロジャプタ] 他 ① (曲がったものを)まっすぐにする; 直す ¶비뚤어진 것을 ~[pit'urodʒin kosul ~ ピットゥロジン コスル ~] ゆがみを直す ② 正す; 矯正する ¶잘못을 ~ [tʃalmosul ~ チャルモスル ~] 誤りを正す ③ 立て直す.

*바르다¹[paruɯda パルダ] 他 三変 ①

張る；貼る ¶창호지를 ～ [tɕʰaŋhodʑirɯl ～ チャンホジルル ～] 障子紙を張る ② 塗る；(塗り)つける ¶분을 ～ [pɯnɯl ～ プヌル ～] おしろいをつける.

바르다[parɯda パルダ] 形 [르変] ① 正しい；まっすぐだ ¶바른 행동[parɯn hɛŋdoŋ パルン ヘンドン] 正しい行ない ② 正直だ=¶마음이 ～ [maɯmi ～ マウミ ～] ③ 日当たりがいい =¶양지가 ～ [jaŋdʑiga ～ ヤンジガ ～].

바른-길[parɯŋgil パルンギル] 名 ① まっすぐな道 ② 道徳・道理にかなう道；正道；正しい道.

*바른-말 [parɯnmal パルンマル] 名 하自他 正当な言葉；道理にかなう話.

바른-손[parɯnson パルンソン] 名 右手.

*바보 [pa:bo パーボ] 名 あほう；ばかもの ¶천치 ～ [tɕʰontɕʰi (ba:bo) チョンチ (パーボ)] 大ばか三太郎.

바비큐 [ba:bikʰju バービキュ] barbecue 名 バーベキュー；屋外で行なう焼肉料理.

바쁘다[pap'ɯda パップダ] 形 [으変] ① 忙しい ¶휴가도 얻지 못할 만큼 ～ [hjugado ɔ:tɕ'i motʰal mankʰɯm ～ ヒュガド オーッチ モッタル マンクム ～] 休みもとれないほど忙しい ② 急だ ¶바쁜 용무에 쫓기다 [pap'ɯn njo:ŋmue tɕ'otk'ida パップン ニョーンムエ ッチョッキダ] 急ぎの用務に追われる.

바삐 [pap'i パッピ] 副 ① 忙しく；忙しく ¶～ 일하다 [～ i:rhada ～ イールハダ] せわしく働く ② 早く；急いで ¶한시 ～ [hanɕi (bap'i) ハンシ (バッピ)] 一刻も早く **―굴다** [gulda グルダ] 自他 急せく；せき立てる；せわしく催促する.

바사-거리다 [pasak'ɔrida パサクコリダ] 自他 ① ばさばさ [かさかさ] する ② ばりばりかむ.

바스락 [pasɯrak パスラク] 副 하自他 かさかさ；かさっ；枯れ葉や薄い紙などを踏んだりさわったりするときに出る音 ¶숲속에서 ～ 소리가 나다 [sups'ogesɔ ～ s'origa nada スプソゲソ ～ ソリガ ナダ] やぶの中でかさかさ音がする **―거리다** [(pasɯra)k'ɔrida コリダ] 自他 かさかさする；かさこそする.

바스켓 [basɯkʰet バスケッ] basket 名 バスケット；籠カ **―볼** [bo:l ボール] 名 バスケットボール=농구(籠球) [noŋgu ノング].

*바싹 [pas'ak パッサク] 副 ① からからと；からからに；かさかさに；干からびた・乾き切る・焦げつくさま；='바싹' ¶빨래가 ～ 마르다 [p'allɛga (pas'aŋ) marɯda ッパルレガ (パッサン) マルダ] 洗濯物がかさかさに乾く ② ぴったり；ぺたっと；間近に詰めよるさま ¶～ 다가앉다 [～ t'agaant'a ～ タガアンタ] ぴったり詰めよって座る ③ ひどく緊張するさま ¶정신(精神)을 ～ 차리다 [tɕɔŋɕinɯl ～ tɕʰarida チョンシヌル ～ チャリダ] 心をぐっと引しめる ④ ぎゅっと；締めつけるさま ¶～ 죄다 [～ tɕ'we:da ～ チュェーダ] ぎゅっと締める.

바야흐로 [pajahɯro パヤフロ] 副 今や；(今)まさに ¶때는 ～ 봄이다 [t'ɛnɯn ～ pomida ッテヌン ～ ポミダ] 時はまさに春だ.

바위 [pawi パウィ] 名 ① 岩；岩石 ¶～산 [～san ～サン] 岩山 ② じゃんけんの石 [グー] **―틈** [tʰɯm トゥム] 名 岩の裂け目；岩の間.

바이러스 [bairɔsɯ バイロス] 〈ド〉Virus 名 ウイルス；ビールス；バイラス.

바이어 [baiɔ バイオ] buyer 名 バイアー；買い手.

바이올렛 [baiollet バイオルレッ] violet 名 バイオレット；スミレ. 「バインダー.

바인더 [baindɔ バインド] binder 名

바자 [badʑa パチャ] bazaar 名 バザー.

바지 [padʑi パジ] 名 ズボン；(韓国・朝鮮服の)下衣 **―저고리** [dʑɔgori ジョゴリ] 名 ① (韓国・朝鮮服の)ズボンと上衣；パジとチョゴリ ② 能力や実権のない人；木偶テシのぼう；田舎育ちの人をあざけて言う語 ¶～만 다닌다 [～man taninda ～マン タニンダ] パジと上衣 [役に立たない人] だけが歩いている(昼行灯ひぁんどんのたぐい) **바짓-가랑이** [padʑitk'araŋi パジッカランイ] 名 パジの股下紮.

바지락(-조개) [padʑirak(tɕ'ogɛ) パジラク(チョゲ)] 名 〈貝〉アサリ(浅蜊) =**바지라기** [padʑiragi パジラギ].

바지런-하다 [padʑirɔnhada パジロンハダ] 形 [여変] まめだ；こまめだ；まめまめしい；勤勉だ ¶무슨 일에나 ～ [musɯn ni:rena ～ ムスン ニーレナ ～] 何事にもまめまめしい. <부지런하다 [pudʑirɔnhada プジロンハダ].

바짝 [patɕ'ak パッチャク] 副 ① からからに；ぱさぱさに；='바싹' ¶～ 마르다 [(patɕ'aŋ) marɯda (パッチャン) マルダ]

からからに乾く ② ぴったり ¶～ 다가서다[～ t'agasɔda ～ タガソダ] ぴったりと寄りそって立つ ③ ひどく ¶～ 긴장하다[～ k'indʒaŋhada ～ キンジャンハダ] ひどく緊張する ④ ぎゅっと ¶～ 죄다[～ tʃ'we:da ～ チュエーダ] ぎゅっと締めつける.

바치다 [patʃʰida パチダ] **1** 他 ① (神・目上に)差し上げる; 捧げる; 供える ¶불전에 공물을 ～[pultʃ'ɔne ko:ŋmurul ～ プルチョネ コーンムルル ～] 仏教徒に供物を供える ② (心身をなげうつ); ささげる ¶목숨을 ～[moks'umul ～ モクスムル ～] 命をささげる ③ (税金などを)納める **2** 補動 (目上に)申し上げる ¶어른에게 일러～[ɔ:runege illɔ(batʃʰida) ～ オールネゲ イルロ(バチダ)] 目上に告げ口をする.

바퀴 [pakʰwi パクィ] **1** 名 輪; 車輪 ¶수레 ～[sure(bakʰwi) スレ(バクィ)] 車の輪 **2** 依名 回り ¶한 ～[han(bakʰwi) ハン(バクィ)] 一回り.

*바퀴(-벌레)** [pakʰwi(bɔlle) パクィ(ボルレ)] 名 〈虫〉 ゴキブリ; 油虫.

바탕¹ [pataŋ バタン] 名 ① (人の)出身; 育ち; 毛なみ ¶～이 성실한 사람[～i sɔŋjirhan sa:ram ～イ ソンジルハン サーラム] 生まれつき誠実な人 ② (人の)たち; 素質; 根 ¶～이 순한 사람[～i su:nhan sa:ram ～イ スーンハン サーラム] 根がおとなしい人 ③ (物の)根本; 品質; 基礎 ¶～이 튼튼한 물건[～i tʰuntʰunhan mulgɔn ～イ トゥントゥンハン ムルゴン] 基礎がしっかりした物 ④ (織物などの)(生)地; 色 ¶흰 ～에 검정 무늬[hin ～e kɔmdʒɔŋ muni ～エ コムジョンムニ] 白地に黒い模様.

바탕² [pataŋ バタン] 依名 ひとしきり ¶비가 한 ～ 왔다[piga han (bathaŋ) wat'a ピガ ハン(バタン) ワッタ] 雨がひとしきり降った. ⇨'배터리'.

*바테리** [batʰeri バテリ] 名 バッテリー.

바투 [patʰu パトゥ] 副 ① 間近に詰めて; 近寄って ¶더 ～ 앉아라[tɔ ～ andʒara ト ～ アンジャラ] もっと近寄って[詰めて]座れよ ② 短く; 詰めて ¶머리를 ～ 깎다[mɔrirul ～ k'akt'a モリルル ～ ッカクタ] 髪を短く刈る ③ (水を)少なく; 少なめに ¶국물을 ～ 붓다[kuŋmurul ～ pu:t'a クンムルル ～ プータ] 汁を少なめに入れる.

박 [pak パク] 名 〈植〉 フクベ; 夕顔 ―꽃 [(pa)k'ot ～コッ] 名 夕顔の花.

*박다** [pakt'a パクタ] 他 ① 打ち込む; 差し込む; 打つ ¶못을 ～[mosul ～ モスル ～] 釘を打つ ② 印刷する; 刷る ¶명함을 ～[mjɔŋhamul ～ ミョンハムル ～] 名刺を刷る ③ (写真を)撮る ¶사진을 ～[sadʒinul ～ サジヌル ～] 写真を撮る[写す] ④ (ミシンで)縫う ¶재봉틀로 ～[tʃɛbɔŋtʰullo ～ チェボントゥルロ ～] ミシンで縫う ⑤ 押す ¶판에 박은 듯이[pʰane pagun duʃi パネ パグン ドゥシ] 判で押したように; 型のとおり.

박달-나무 [pakt'allamu パクタルラム] 名 〈植〉 オノオレ(斧折) (カンバ).

박두-하다 [pakt'u―][pakt'uhada パクトゥハダ] 自 差し迫る ¶기한이 ～[kihani ～ キハニ ～] 期限が押し迫る.

박람-회[博覽會] [paŋnamhwe パンナムフェ] 名 博覧会 ¶만국 ～[ma:nguk (p'aŋnamhwe) マーングク ～] 万国博覧会.

박력[迫力] [paŋnjɔk パンニョク] 名 迫力 ¶～있는 연기[(paŋnjɔg) innun njɔ:ngi (パンニョ) ギンヌン ニョーンギ] 迫力のある演技.

박리[薄利] [paŋni パンニ] 名 薄利 ―다매 [damɛ ダメ] 名 薄利多売 ―주의 [dʒui ジュイ] 名 薄利主義.

박멸[撲滅] [paŋmjɔl パンミョル] 名 하他 撲滅 ¶해충을 ―하다 [hɛ:tʃʰuŋul (paŋmjɔl) hada ヘーチュンウル ～ハダ] 害虫を撲滅する.

박명[薄命] [paŋmjɔŋ パンミョン] 名 하形 薄命 ¶미인 ～[mi:in (baŋmjɔŋ) ミーイン (バンミョン)] 美人薄命.

*박물-관**[博物館] [paŋmulgwan パンムルグァン] 名 博物館.

박-박 [pakp'ak パクパク] 副 ① ばりばり ¶종이를 ～ 찢다[tʃoŋirul ～ tʃ'it'a チョンイルル ～ ッチッタ] 紙をばりばりと引き裂く ② ぼりぼり ¶머리를 ～ 긁다[mɔrirul ～-(p'a) k'ukt'a モリルル ～ ッククタ] 頭をぼりぼりと掻く ③ くりくり ¶머리를 ～ 깎다[mɔrirul ～-(p'a) k'akt'a モリルル ～ ッカクタ] 頭をくりくりに剃る; 坊さん頭に剃る ④ ぶつぶつ; 顔がひどく痘痕になったさま ¶～ 얽은 얼굴[～ ɔlgun ɔlgul ～ オルグン オルグル] ひどいあばた顔 ⑤ 強く ¶～ 우기다[～ ugida ～ ウギ

다] 強く言い張る.
박봉[薄俸] [pakp'oŋ パクポン] 名 薄給; 安月給; 安サラ ¶～으로 생활하다 [～ɯro sɛnhwarhada ～ウロ センファルハダ] 安月給で生活する.
***박사**[博士] [paks'a パクサ] 名 博士.
박살[撲殺] [pak'sal パクサル] 名 하他 撲殺すること; 打ち殺すこと.
박살-나다 [pak'sallada パクサルラダ] 自 紛々になる; めちゃめちゃになる.
박살-내다 [pak'sallɛda パクサルレダ] 他 たたき壊す; ぶち壊す.
***박수**[拍手] [paks'u パクス] 名 하他 拍手 **—갈채**[갈채] [galtɕʰɛ ガルチェ] 名 拍手喝采 **—치다** [tɕʰida チダ] 自 拍手する.
박스 [baks'ɯ パクス] box 名 ボックス; 箱 ¶배터 ～ [bɛtʰɔ ～ ベト ～] 〈野〉 バッターボックス.
박식[博識] [paks'ik パクシク] 名 하形 博識 ¶～한 사람 [(pakʃ'i)kʰan sa:ram ～カン サーラム] 博識な人.
박애[博愛] [pagɛ パゲ] 名 하形 博愛 **—주의** [dʒui ジュイ] 名 博愛主義.
박약[薄弱] [pagjak パギャク] 名 하形 薄弱 ¶심신 ～ [ʃimʃin (bagjak) シムシン (パギャク)] 心身薄弱.
박은-이 [pagɯni パグニ] 名 印刷者.
박음-질 [pagɯmdʒil パグムジル] 名 하他 返し縫い; 返し針.
박자[拍子] [paktɕ'a パクチャ] 名 拍子 ¶～를 맞추다 [～rɯl matɕʰuda ～ル マッチュダ] 拍子を取る[合わせる].
박작-거리다 [paktɕ'ak'ɔrida パクチャコリダ] 自 混み合う; ひしめく; 雑踏する ¶많은 사람들이 ～ [ma:nɯn sa:ramdɯri ～ マーヌン サーラムドゥリ ～] たくさんの人々がひしめく.
박장-대소[拍掌大笑] [paktɕ'aŋdɛ:so パクチャンデーソ] 名 하自 手をたたいて大笑いすること.
박절-하다[迫切―] [paktɕ'ɔrhada パクチョルハダ] 形 여変 薄情だ; 不人情で冷たい ¶～하게 거절하다 [～hage kɔ:dʒɔrhada ～ハゲ コージョルハダ] 冷淡に断る **박절-히** [paktɕ'ori パクチョリ] 副 不人情に.
박정[薄情] [paktɕ'ɔŋ パクチョン] 名 薄情 **—하다** [hada ハダ] 形 薄情だ; 情けない; つれない ¶～―하게 굴다 [대하다] [～-hage ku:lda [tɛ:hada] ～-ハゲ クールダ [テーハダ]] つれなく当たる **—히** [i イ] 副 つれなく; 不人情に.

박제[剝製] [paktɕ'e パクチェ] 名 하他 剝製はく ¶～한 꿩 [～han k'wɔŋ ～ハン ックォン] 剝製のキジ.
***박쥐** [pa:ktɕ'wi パークチュイ] 名 〈動〉 コウモリ(蝙蝠).
박진[迫眞] [paktɕ'in パクチン] 名 하形 迫真 ¶～한 연기 [～han njɔ:ŋi ～ハン ニョーンギ] 迫真の演技.
박차[拍車] [paktɕʰa パクチャ] 名 拍車 ¶～를 가하다 [～rɯl kahada ～ル カハダ] 拍車をかける.
박-차다 [paktɕʰada パクチャダ] 他 ① 蹴け飛ばす; 蹴る ¶문을 박차고 나가다 [munɯl paktɕʰago nagada ムヌル パクチャゴ ナガダ] 門を蹴って出ていく ② 退ける; 跳ね返す ¶유혹을 ～ [juhogɯl ～ ユホグル ～] 誘惑を退ける.
박치기 [paktɕʰigi パクチギ] 名 하他 (人やボールなどの)頭突き; ヘディング.
박탈[剝奪] [pakʰal パクタル] 名 하他 剝奪はく ¶권리를 ～하다 [kwɔllirɯl (pakʰar) hada クォルリルル ～ハダ] 権利を剝奪する.
박테리아 [baktʰeria パクテリア] bacteria 名 バクテリア; 細菌.
박하[薄荷] [pakʰa パクカ] 名 〈植〉ペパーミント; ハッカ(薄荷) **—사탕** [satʰaŋ サタン] 名 ハッカ糖.
***박-하다**[薄―] [pakʰada パクカダ] 形 여変 (情が)薄い; 薄情だ; けちだ; 辛い ¶인심(人心)이 박한 세상 [inʃimi pakʰan sɛ:saŋ インシミ パクカン セーサン] 世知辛い世の中.
***박해**[迫害] [pakʰɛ パクケ] 名 하他 迫害 ¶～를 가하다 [～rɯl kahada ～ルル カハダ] 迫害を加える.
박학[博學] [pakʰak パクカク] 名 하形 博学; 学識 **—다식** [ta'ʃik タシク] 名 博学多識 **—다재** [t'adʒɛ タジェ] 名 博学多才.
***박히다** [pakʰida パクキダ] 自 '박다'の受動 ① 差し込まれる; 刺さる ¶가시가 ～ [ka'ʃiga ～ カシガ ～] とげに刺さる ② 刷られる; 写される ③ 引きこもる.
***밖** [pak パク] 名 ① 外; 外側 ¶～에서 기다리다 [(pa)k'esɔ kidarida ～ケソ キダリダ] 外で待つ ② (物事の)以外; ほか ③ (思いの)ほか.
***밖에** [bak'e パクケ] 助 …しか; …ほか; …きり ¶하나～ 없는 아들 [hana ～ ɔ:mnɯn adɯl ハナ ～ オームヌナドゥル] 1人きりの息子 / 단 하나～ 없다

[tan hana~ ɔ:pt'a タン ハナ~ オープタ] たった1つしかない / 그이 ~는 모른다[kɯi ~nɯn morɯnda クイ ~ヌン モルンダ] その人しか知らない.

*반[半][pa:n パーン] 名 接頭 半; 半分; 半ば ¶~으로 나누다[~ɯro nanuda (パー) ヌロ ナヌダ] 半分に分ける.

*반[班][pan パン] 名 ① 班、グループ; 組; クラス ¶연극~[jɔ:ngɯk (p'an) ヨーングク~] 演劇班 / 1학년 3~[irhaɲnjɔn sam(ban)イルハンニョン サム(バン)] 1年3組 ② 行政区画の最下級単位; 班 ¶~상회(常会)[~saŋhwe ~サンフェ] 班で毎月持たれる例会 ③ 兵営内の部屋の1つ ¶내부~[nɛ:mu(ban) ネーム(バン)] 内務班

반가워-하다 [pangawʌhada パンガウォハダ] 自 여変 喜ぶ; うれしがる; 懐かしむ ¶편지(便紙)를 받고 ~[pʰjɔ:ndʒirɯl patk'o ~ ピョーンジルル パッコ ~] 手紙をもらってうれしがる.

반감[反感][pa:ngam パーンガム] 名 反感 ¶~을 갖다[사다][~ɯl kat'a [sada] (パーンガ) ムル カッタ[サダ]] 反感を持つ[買う].

반감[半減][pa:ngam パーンガム] 名 하自他 半減 ¶생산량이 ~하다[sɛŋsannjaŋi ~hada センサンニャンイ ~ハダ] 生産量が半減する.

*반갑다[pangapt'a パンガプタ] 形 ㅂ変 懐かしい; うれしい; 喜ばしい ¶정말 ~[tʃɔ:ŋmal ~ チョーンマル ~] 本当にうれしい[懐かしい] 반가-이[pangai パンガイ] 副 喜んで; 懐かしく; うれしく ¶~ 맞이하다[~ madʒihada ~ マジハダ] 喜んで迎える.

반-값[半—][pa:nk'ap パーンカプ] 名 半値 ¶~으로 사다[~s'ɯro sada ~スロ サダ] 半値で買う.

반격[反撃][pa:ngjɔk パーンギョク] 名 하他 反撃 ¶~전[~tʃʌn ~チョン] 反撃戦.

반경[半徑][pa:ngjʌŋ パーンギョン] 名 半径＝반지름[pa:ndʒirɯm パーンジルム] ¶행동 ~[hɛŋdoŋ (ba:ngjʌŋ) ヘンドン (パーンギョン)] 行動半径.

반공[反共][pa:ngoŋ パーンゴン] 名 하自 共産主義に反対すること.

반-공일[半空日][pa:ngoŋil パーンゴンイル] 名 土曜日; 半休; 半ドン.

반구[半句][pa:ngu パーング] 名 半句 ¶일언 ~[irʌn (ba:ngu) イロン (パーング)] 一言半句.

반기[反旗・叛旗][pa:ngi パーンギ] 名 反旗[叛旗] —들다[dɯlda ドゥルダ] 自 反旗をひるがえす; 謀反を起こす.

반기다[pangida パンギダ] 他 懐かしがる; うれしがる; 喜ぶ ¶옛 친구(親舊)를 ~[jet(tʃʰingurɯl ~ イェーッチングルル ~] 旧友を喜んで迎える.

반-나절[半—][pa:nnadʒɔl パーンナジョル] 名 半日(昼過ぎまでの意).

반납[返納][pa:nnap パーンナプ] 名 하他 返納 ¶도서를 ~하다[tosʌrɯl (pa:nna)pʰada トソルル ~パダ] 図書を返納する.

반-달[半—][pa:ndal パーンダル] 名 ① 半月꼴; 弓張り月; 弦月 ② 半月꼴.

*반대[反對][pa:ndɛ パーンデ] 名 하自 反対; 対立 —로[ro ロ] 副 反対に.

*반도[半島][pa:ndo パーンド] 名 半島.

반-도체[半導體][pa:ndotʃʰe パーンドチェ] 名 半導体.

반동[反動][pa:ndoŋ パーンドン] 名 하自 反動 —사상[sa:saŋ サーサン] 名 反動思想 —세력[se:rjɔk セーリョク] 名 反動勢力.

반드럽다[pandurʌpt'a パンドゥロプタ] 形 ㅂ変 つやがあって滑らかだ ¶반드러운 돌[pandurʌun to:l パンドゥロウン トール] 滑らかな石.

*반드시[pandɯʃi パンドゥシ] 副 必ず; 必ずしも; きっと; 絶対 ¶내일 ~ 갈께[nɛil ~ kalk'e ネイル ~ カルッケ] 明日きっと行くから.

반들-거리다[pandɯlgʌrida パンドゥルゴリダ] 自 ① つるつるする; つやめく ¶~-거리는 마루[~-gʌrinɯn maru ~-ゴリヌン マル] つるつるしている床 ② 抜け目なくふるまう; 利口に立ち回る ③ 怠ける; のらくらする.

*반듯-하다[pandɯtʰada パンドゥッタダ] 形 여変 ① まっすぐだ; 正しい ¶네모 ~-한 상자[ne:mo ~-tʰan sandʒa ネーモ ~-タン サンジャ] まっ四角な箱 ② 出来具合いがよい; 整っている ¶얼굴 생김새가 ~[ɔlgul sɛŋgimsɛga ~ オルグル センギムセガ ~] 顔立ちが整っている ③ まったく欠点がない 반듯-이[pandɯʃi パンドゥシ] 副 まっすぐに; しゃんと ¶상체를 ~ 펴다[sa:ntʃʰerɯl ~ pʰjʌda サーンチェルル ~ ピョダ] 上体をしゃんと伸ばす.

반딧-불[pandip'ul パンディップル] 名 ホ

タルの光; 蛍光 **―이** [(pandip'ur)i (パディップリ)] 名〈虫〉ホタル(蛍) =개똥벌레 [kɛ:t'oŋbɔlle ケートンボルレ].

반란[叛亂・反亂] [pa:llan パールラン] 名 하자 反乱[叛乱] ¶〜을 일으키다 [〜ul irukʰida (パールラ) ヌル イルキダ] 反乱を起こす.

반려[返戾] [pa:lljɔ パールリョ] 名 하타 返戻; 却下; 返還 ¶사표를 〜하다 [saphjɔrul 〜hada サピョルル 〜ハダ] 辞表を返し戻す.

반려[伴侶] [pa:lljɔ パールリョ] 名 伴侶 **―자** [dʒa ジャ] 伴侶となる人.

반론[反論] [pa:llon パールロン] 名 하자 反論 ¶〜을 제기하다 [〜ul tʃegihada (パールロ) ヌル チェギハダ] 反論を申し立てる.

***반-말**[半―] [pa:nmal パーンマル] 名 하자 敬語でもなく目下に言う言葉でもない中間語; (語尾や助詞などが省略される)ぞんざいに言う言葉 ¶밥 먹을까 [pam mɔgulk'a パム モグルッカ] 飯を食おうか **―지거리** [tʃ'igɔri チゴリ] 名 하자 '반말'で勝手にしゃべること,また, その話しぶり ¶누구에게 함부로 〜냐? [nuguege hamburo 〜nja ヌグエゲ ハムブロ 〜ニャ] 誰に向かってやたらにぞんざいな口のきき方をするんだ.

***반면**[半面] [pa:nmjɔn パーンミョン] 名 反面 ¶그 〜에 [kɯ 〜e ク (パーンミョ) ネ] その反面.

반목[反目] [pa:nmok パーンモク] 名 하자 反目 ¶서로 〜하다 [sɔro (pa:nmo)kʰada ソロ 〜カダ] 相互反目する.

반문[反問] [pa:nmun パーンムン] 名 하타 反問; 聞き[問い]返すこと.

반박[反駁] [pa:nbak パーンバク] 名 하타 反駁; 反論.

반반-하다 [panbanhada パンバンハダ] 形 여변 ① (顔立ちがかなりよい; 整っている ¶〜한 얼굴 [〜han ɔlgul 〜ハン オルグル] 整った顔立ち ② 平らだ; なだらかだ; 平坦だ ¶땅을 〜하게 고르다 [t'aŋul 〜hage koruda ッタンウル 〜ハゲ コルダ] 地面を平坦にならす ③ (家柄・身分などが)立派だ; 相当である ¶〜한 집안 [〜han tʃiban 〜ハン チバン] 相当な家柄.

반발-하다[反撥―] [pa:nbarhada パーンバルハダ] 自 反発する ¶부당한 처사에 〜 [pudaŋhan tʃʰɔ:sae 〜 プダン ハン チョーサエ 〜] 不当な処置に反発する.

반백[斑白] [panbɛk パンベク] 名 半白; ごましお; 白髪まじりの髪の毛 ¶〜의 머리털 [(panbɛg)e mɔritʰɔl (パンベ)ゲ モリトル] 半白の髪.

반복-하다[反復―] [pa:mbokʰada パーンボクハダ] 他 反復する; 繰り返す ¶역사는 〜-한다 [된다] [jɔks'anɯn (pa:mbo)kʰanda[t'wenda] ヨクサヌン 〜カンダ[トゥェンダ]] 歴史は繰り返す[繰り返される].

반비례-하다[反比例―] [pa:mbirehada パーンビレハダ] 自 反比例をなす.

반사-하다[反射―] [pa:nsahada パーンサハダ] 他 자 反射する.

반-사회적[反社會的] [pa:nsahwedʒɔk パーンサフェジョク] 名 冠 反社会的 ¶〜 집단 [〜 tʃ'ipt'an 〜 チプタン] 反社会集団.

반상-기[飯床器] [pansaŋgi パンサンギ] 名 膳立てに用いるーそろいの食器.

반색-하다 [pansɛkʰada パンセクハダ] 自 大変うれしがる; 非常に喜ぶ ¶〜-하며 맞아들이다 [〜-kʰamjɔ madʒaduurida 〜-カミョ マジャドゥリダ] 非常に喜んで迎え入れる.

반석[盤石・磐石] [pansɔk パンソク] 名 盤石; 大きな石・岩; いわお.

***반성**[反省] [pa:nsɔŋ パーンソン] 名 反省 ¶〜을 촉구(促求)하다 [〜ul tʃʰok'uhada 〜ウル チョックハダ] 反省を促す **―하다** [hada ハダ] 他 反省する; 省みる.

반-소매[半―] [pa:nsomɛ パーンソメ] 名 半袖袋 ¶〜 셔츠 [〜 ʃɔtʃʰu 〜 ショーチュ] 半袖のシャツ.

반수[半數] [pa:nsu パーンス] 名 半数 ¶〜 이상이 찬성하다 [〜 i:saŋi tʃʰa:nsɔŋhada 〜 イーサンイ チャーンソンハダ] 半数以上が賛成する.

반숙[半熟] [pa:nsuk パーンスク] 名 하타 半熟 ¶계란[달걀] 〜 [keran[talgjal] (ba:nsuk) ケラン[タルギャル] (パーンスク)] 卵の半熟.

반신[半身] [pa:nʃin パーンシン] 名 半身 ¶하〜 [ha:(banʃin) ハー(パンシン)] 下半身 **―불수** [buls'u ブルッス] 名 半身不随.

반신-반의[半信半疑] [pa:nʃinba:ni パーンシンバーニ] 名 하자타 半信半疑 ¶〜로 말을 듣다 [〜ro ma:rul tut'a

~ロ マールル トゥッタ] 半信半疑で(彼の話を)聞く.

반액[半額][pa:nɛk パーネク] 名 半額; 半値 ¶ ~ 할인[(pa:nɛ)kʰarin ~カリン] 半額割引.

반역[反逆・叛逆][pa:njɔk パーニョク] 名 하団 反逆・叛逆 ¶ ~의 무리[pa:njɔge muri パーニョゲ ムリ] 乱逆の輩*ゃ*; 反逆の徒.

반영-하다[反映—][pa:njɔŋhada パーニョンハダ] 自他 反映する ¶ 세태(世態)를 ~ [se:tʰɛrul ~ セーテルル ~] 世相を反映する.

반응[反應][pa:nɯŋ パーヌン] 名 하自 反応; 手答え ¶ ~이 없다[~i ɔpt'a ~イ オプタ] 反応がない/~이 있다[~i it'a ~イ イッタ] 手答えがある.

반입[搬入][panip パニプ] 名 하他 搬入 ¶ 작품을 ~ 하다[tʃakpʰumɯl paniphada チャクプムル パニプハダ] 作品を搬入する.

반전[反轉][pa:ndʒɔn パーンジョン] 名 하自 反転 ¶ 국면이 ~ 됐다[kuŋmjɔni ~dwɛt'a クンミョニ ~ドゥェッタ] 局面が反転した.

반주[伴奏][pa:ndʒu パーンジュ] 名 하自 伴奏 ¶ 피아노 ~[pʰiano (ba:ndʒu) ピアノ (バーンジュ)] ピアノ伴奏.

반주[飯酒][pandʒu パンジュ] 名 하自 食事のとき飲む少量の酒 ¶ 저녁 ~[tʃɔnjɔk (p'andʒu) チョニョク~] 晩酌.

반죽[pandʒuk パンジュク] 名 練り粉; こね粉 ¶ ~이 눅다[(pandʒug)i nukt'a (パンジュ)ギ ヌクタ] 練り粉がやわらかい **—하다** [(pandʒu)kʰada カダ] 他 こねる; 練る.

반-죽음[半—][pa:ndʒugɯm パーンジュグム] 名 하自 半殺し; 半死 ¶ ~이 되다[~i tweda (パーンジュグ)ミ トゥェタ] 瀕死*ひん*の状態になる.

반지[斑指][pandʒi パンジ] 名 指輪; リング ¶ 약혼 ~[jakʰon (bandʒi) ヤクコン (バンジ)] 婚約指輪; エンゲージリング/ ~를 끼다[~rɯl k'ida ~ルルッキタ] 指輪をはめる.

반-지름[半—][pa:ndʒirɯm パーンジルム] 名〈数〉半径.

반짝[pantʃ'ak パンチャク] 副 ① さっと ¶ ~ 들어올리다[~ t'ɯrɔollida ~トゥロオルリダ] さっと持ち上げる ② ぱちり ¶ 눈을 ~ 뜨다[nunɯl ~ t'ɯda ヌヌル ~ッ トゥタ] 目をぱちっと開く ③ きらっと; ちらり; ぴかっと ¶ 눈동자가 ~ 빛났다[nunt'oŋdʒaga ~ p'innat'a ヌントンジャガ ~ ピンナッタ] ひとみがきらっと輝いた **—거리다** [(pantʃ'a)k'ɔrida コリダ] 自他 きらめく; きらめかす **—반짝**[p'antʃ'ak パンチャク] 副 きらきら; ちらちら ¶ ~ 빛나다[~ p'innada ~ ピンナタ] きらきら[ぴかぴか]光る **—이다**[(pantʃ'ag)ida (パンチャ)ギダ] 自他 きらめく ¶ 별이 ~[pjɔ:ri ~ ピョーリ ~] 星がきらめく.

반찬[飯饌][pantʃʰan パンチャン] 名 おかず; お総菜 **—가게**[ga:ge ガーゲ] 名 おかずやその材料を売る店 **—거리**[k'ɔri コリ] 名 おかずの材料.

반창-고[絆瘡膏][pantʃʰaŋgo パンチャンゴ] 名 ばんそうこう.

반-체제[反體制][pa:ntʃʰedʒe パーンチェジェ] 名 反体制 ¶ ~ 운동[~ u:ndoŋ ~ ウーンドン] 反体制運動.

반칙[反則][pa:ntʃʰik パーンチク] 名 하自 反則; ファウル.

반-코트[牛—][pa:nkʰo:tʰɯ パーンコートゥ] 名 半コート; ハーフコート.

반-팔[牛—][pa:npʰal パーンパル] 名 半袖*はんそで*='반(牛) 소매'.

반-푼[牛—][pa:npʰun パーンプン] 名 半文; ごくわずかのお金 ¶ ~ 어치의 가치도 없다[~ɔtʃʰie katʃʰido ɔ:pt'a (パーブ)ノチエ カチド オープタ] わずかの値打ちもない.

반품[返品][pa:npʰum パーンプム] 名 하他 返品.

반-하다[1] [pa:nhada パーンハダ] 自 여変 ① 惚*ほ*れる; 魅惑される ¶ 홀딱 ~[holt'ak (p'a:nhada) ホルタク ~] ぞっこん惚れる ② とても気に入る; 惚れ込む ¶ 사나이다운 성품(性品)에 ~[sanaidaun sɔːŋpʰume ~ サナイダウン ソーンプメ ~] 男らしいきっぷに惚れ込む ③ 心酔する; すっかり心を奪われる ¶ 아름다운 음색에 ~[arumdaun umsege ~ アルムダウン ウムセゲ ~] 美しい音色に魅入られる.

반-하다[2] [pa:nhada パーンハダ] 形 ほの明るい; 明らかだ; ⇒ '빤하다'.

반-하다[反—][pa:nhada パーンハダ] 自 여変 反する; 反対する ¶ 기대에 ~[kidɛe ~ キデエ ~] 期待に反する.

반항-하다[反抗—][pa:nhaŋhada パーンハンハダ] 하他 反抗する; 手向か

う; 歯向かう; 逆らう ¶부모(父母)에게 ~[pumoege ~ プモエゲ ~] 親に逆らう[反抗する].

*반향[反響][pa:nhjaŋ パーンヒャン] 名 反響; 音の響き; 反応; 受け.

*반환-하다[返還—][pa:nhwanhada パーンファンハダ] 他 返還する; 返す; 戻す ¶차액을 ~[tɕʰaɛgɯl ~ チャエグル ~] 差額を返す 반환-점[pa:nhwantɕʼɔm パーンファンチョム] 名 折り返し点.

*받다¹[pat'a パッタ] 1 他 ① 受ける; もらう; 取る ¶상금을 ~[saŋgɯmɯl ~ サングムル ~] 賞金を受ける/팁을 ~[tʰibɯl ~ ティブル ~] チップをもらう ② 受け止める ¶공을 ~[koːŋɯl ~ コーングル ~] ボールを受け止める ③ 仕入れる ¶받아서 팔다[padasɔ pʰalda パダソ パルダ] 受け売りをする ④ 差す ¶우산을 ~[uːsanɯl ~ ウーサヌル ~] 傘を差す ⑤ 突く ¶소가 뿔로 ~[soga pʼullo ~ ソガ ップロー ~] 牛が角で突く ⑥ 汲み取る ¶물을 받아두다[murɯl padaduda ムルル パダドゥダ] 水を汲んでおく ⑦ 迎える; もてなす ¶손님을 ~[sonnimɯl ~ ソンニムル ~] 客を取り扱う; (売女が)客を取る ⑧ こうむる; 受ける ¶손해를 ~[soːnhɛrɯl ~ ソーンヘルル ~] 損害をこうむる/의심(疑心)을 ~ [wiɕimɯl ~ ウィシムル ~] 疑われる 2 接尾 …される ¶주목을 ~[tɕuːmok(pʼat'a) チューモク(パッタ)~] 注目される/수술~[susul(bat'a) ススル(パッタ)] 手術を受ける/사랑~[saraŋ(bat'a) サラン(パッタ)] 愛される.

받다²[pat'a パッタ] 自 ① (食べ物が)口に合う ¶입에 잘 받는 술[ibe tɕal bannɯn sul イベ チャル パンヌン スル] 口によく合う酒 ② 食がすすむ; いける ¶음식(飮食)이 잘 받는다[ɯːmɕigi tɕal bannɯnda ウームシギ チャル パンヌンダ] 食がよくすすむ/술이 잘 받는다[suri tɕal bannɯnda スリ チャル パンヌンダ] 酒がなかなかいける ③ 色合いや格好などが似合う ¶색깔이 잘 받는다[sɛkʼari tɕal bannɯnda セクカリ チャル パンヌンダ] 色がよく似合う.

*받-들다[pat'ɯlda パットゥルダ] 他 (ㄹ語幹) ① 仰ぐ; 敬う; 奉る; 崇める ¶부모(父母)를 ~[pumorɯl ~ プモルル ~] 親にかしずく ② 推戴する

; 戴いだく ¶회장으로 ~[hweːdʑaŋɯro ~ フェージャンウロ ~] 会長に戴く ③ 奉ずる ¶분부를 ~[puːnburɯl ~ プーンブルル ~] 命を奉ずる ④ 支える.

*받아-들이다[padadɯrida パダドゥリダ] 他 受け入れる; 承諾する ¶새 학설을 ~[sɛ haksʼɔrul ~ セ ハクソルル ~] 新しい学説を受け入れる.

받아-쓰기[padasʼɯgi パダッスギ] 名 하며 書き取り 받아-쓰다[padasʼɯda パダッスダ] 他 書き取る.

*받치다[patɕʰida パッチダ] 1 他 差す; 支える ¶우산을 ~[uːsanul ~ ウーサヌル ~] 傘を差す 2 自 (激情が)込み上げる ¶화가 ~[hwaːga ~ ファーガ ~] 怒りが込み上げる.

받침[patɕʰim パッチム] 名 ① 支え; 下敷き ¶꽃병 ~[kʼotpʼjɔŋ(batɕʰim)) ッコッピョン(パッチム)] 花瓶の下敷き ② (ハングルの)終声[末音]になる子音一帯[tʼɛ ㅌ] 名 添え木; 支柱.

받히다[patɕʰida パッチダ] 自他 受動 ぶっつけられる; 突かれる ¶자동차에 ~[tɕadoŋtɕʰae ~ チャドンチャエ ~] 車にはねられる.

*발¹[pal パル] 名 足; 脚 ¶~등[~tʼɯŋ ~トゥン] 足の甲/~바닥[~pʼadak ~パダク] 足の裏/~끊다[~kʼɯntʰa ~ックンタ] 慣 絶交する/~넓다[~lɔltʼa ~ロルタ] 慣 顔が広い/~맞다 [~matʼa ~マッタ] 歩調が合う; 慣 言動が一致する.

발²[paːl パール] 名 すだれ ¶~을 치다 [(paːr)ul tʰida (パー)ルル チダ] すだれを掛ける.   「指.

*발-가락[palkʼarak パルカラク] 名 足の

발가-벗기다[palgabɔtkʼida パルガボッキダ] 他 ① (まる)裸にする ② (お金・財産などを奪い取ったりして)文なしにさせる.

발가-벗다[palgabɔtʼa パルガボッタ] 自 裸になる ¶~-벗은 아이[~-bɔsɯn ai ~-ボスナイ] まる裸の子供.

발가-숭이[palgasuŋi パルガスンイ] 名 ① まる裸; 裸 ② 裸一貫 ③ はげ山.

발각[發覺][palgak パルガク] 名 하자 발覺 ¶음모가 ~되다[ɯmmoga ~tʼweda ウムモガ ~トゥェダ] 陰謀が発覚する.

*발간[發刊][palgan パルガン] 名 하타 発刊; 発行 ¶도서를 ~하다[toːsɔrul ~hada トーソルル ~ハダ] 図書

발갛다 [pa:lgatʰa パールガッタ] 形 [る変] ① うす[ほんのり]赤い ② ('발간'の形に使われて) 真っ赤な; まったく ¶ 발간 거짓말 [pa:lgan kɔ:dʒinmal パールガン コージンマル] 真っ赤な嘘.

발개-지다 [pa:lgɛdʒida パールゲジダ] 自 赤くなる.

발-걸음 [palkʼɔrɯm パルコルム] 名 足どり; 歩み ¶ ~이 빠르다 [~i pʼarɯda パルコル) ミッパルダ] 足が速い.

*****발견-하다** [發見—] [palgjɔnhada パルギョンハダ] 他 発見する; 見いだす; 見つける ¶ 재능을 ~ [tʃɛnɯŋɯl ~ チェヌンウル ~] 才能を見いだす.

발광-하다 [發狂—] [palgwaŋhada パルグァンハダ] 自 発狂する; 荒れ狂う ¶ 걱정한 나머지 ~ [kɔktʃʼɔŋhan namɔdʒi ~ コクチョンハン ナモジ ~] 心配の余り荒れ狂う.

발군 [拔群] [palgun パルグン] 名 [하自他] 抜群 ¶ ~의 성적 [~e sɔŋdʒɔk パルグ二 ソンジョク] 抜群の成績.

발굴-하다 [發掘—] [palgurhada パルグルハダ] 他 発掘する; 掘り出す ¶ 인재를 ~ [indʒɛrɯl ~ インジェルル ~] 人材を発掘する.

발-굽 [palgup パルグプ] 名 蹄 ¶ 말-[mal(balgup) マル(バルグプ)] 馬の蹄 / ~ 소리 [~ sʼori ~ ソリ] 蹄の音.

발급 [發給] [palgup パルグプ] 名 [하自他] 発給 ¶ 여권을 ~하다 [jɔk'wɔnɯl (palgu)pʰada ヨクォヌル ~パダ] パスポートを発給する.

발기 [勃起] [palgi パルギ] 名 [하自他] 勃起 —**부전** [budʒɔn ブジョン] 名 勃起不全.

발기 [發起] [palgi パルギ] 名 [하自他] 発起 —**문** [mun ムン] 名 発起文 —**인** [in イン] 名 発起人.

발기다 [pa:lgida パールギダ] 他 切り開く; 切り裂く ¶ 생선을 ~ [sɛŋsɔnɯl ~ センソヌル ~] 魚を切り裂く.

발-길 [palkʼil パルキル] 名 ① 足; 足どり ¶ ~로 차다 [~lo tʰada ~ロ チャダ] (力をこめて)蹴る ② 行き来; 往来 ¶ ~이 뜸해지다 [멀어지다] [(palkʼir)i tʼw:mhɛdʒida [mɔrɔdʒida] (パルキリ) リットゥームヘジダ [モロジダ]] 行き来[足]が疎くなる[遠のく] —**질** [dʒil ジル] 名 [하自他] 足蹴.

발깍 [palkʼak パルッカク] 副 ① かっと; 急に怒ったりのぼせたりするさま ¶ ~ 화를 내다 [(palkʼa)kʰwa:rul nɛ:da ~クァールル ネーダ] いきなりかっと腹を立てる ② 突然ごった返すさま ¶ 온 집안이 ~ 뒤집혔다 [o:n tʃibani ~ tʼwidʒipʰjɔtʼa オーン チバニ ~ トゥイジプピョッタ] 家中がごった返しになった.

발-꿈치 [palkʼumtʃʰi パルックムチ] 名 かかと; きびす.

발끈 [palkʼun パルックン] 副 [하自] ① 急に激しく怒るさま; かっ(と); = **빨끈** [pʼalkʼun ッパルックン] ¶ ~ 성을 내다 [~ sɔ:ŋɯl nɛ:da ~ ソーヌル ネーダ] かっと腹を立てる ② 騒々しいさま; がやがや; わいわい ¶ 회의장이 ~ 뒤집혔다 [hwe:idʒaŋi ~ tʼwidʒipʰjɔtʼa フェーイジャンイ ~ トゥイジプピョッタ] 会議場ががやがやとごった返しになった.

발-끝 [palkʼɯt パルックッ] 名 つま先; 足先.

발단 [發端] [palt'an パルタン] 名 [하自] 発端; 糸口 ¶ 사건의 ~ [sa:kʼɔne ~ サーコネ ~] 事件の発端.

*****발달** [發達] [palt'al パルタル] 名 [하自] 発達 ¶ 심신의 ~ [ʃimʃine ~ シムシネ ~] 心身の発達.

발-돋움 [paldodum パルドドゥム] 名 [하自] ① 背伸び; つま先で立つこと ¶ ~해서 보다 [~hɛsɔ poda ~ヘソ ポダ] 伸び上がって見る ② 努力すること.

발-뒤꿈치 [palt'wikʼumtʃʰi パルトゥックムチ] 名 かかと; きびす. 「名 かかと.

발-뒤축 [palt'witʃʰuk パルトゥィチュク]

*****발-등** [palt'wŋ パルトゥン] 名 足の甲 ¶ ~에 불이 떨어지다 [~e puri tʼɔrɔdʒida ~エ プリ ットロジダ] 慣 足下に火がつく[事態が切迫している] / ~ 밟히다 [~ balpʰida ~ バルピダ] 慣 足を踏まれる[先を越される] / ~ 찍히다 [~ tʃʼikʰida ~ ッチクキダ] 慣 足を突き刺される[裏切られる] / ~의 불을 끄다 [~e purul kʼuda ~エ プルル ックダ] 慣 足下の火を消す[目前に迫った危機をかわす; 先に処理する].

발딱 [palt'ak パルッタク] 副 がばっと; すっと; 急に立ちあがるさま ¶ ~ 일어나다 [(palt'ag) irɔnada (パルッタ) ギロナダ] がばっと起き上がる.

발딱-거리다 [palt'akʼɔrida パルッタクコリダ] 自 どきんどきんと脈打つ; どきどきする ¶ ~-거리는 가슴 [~-kʼɔrinɯn kasɯm ~-コリヌン カスム] ど

きどきする胸.

발라-내다 [pallanɛda パルラネダ] ① 他 殻を取り去る; 莢乳(いが)をむく ¶알밤을 ~ [albamuɯl ~ アルバムル ~] 栗のいがをむく ② えり分ける.

발라-먹다 [pallamʌkt'a パルラモクタ] 他 ① (皮や骨を)取り除いで中身だけを食べる ② かすめ取る.

발랄 [潑剌] [pallal パルラル] 名 하形 潑剌はつ ¶~한 아가씨 [~han agaʃ'i ~ハン アガッシ] きびきびしたお嬢さん.

발레 [balle パルレ] ballet 名 バレー.

발림 [pallim パルリム] 名 へつらい; おべっか; 甘言 ¶~말 [mal マル] お世辞 / ~말을 하다 [~maruɯl hada ~マルル ハダ] お上手をいう; ごまをする.

발-맞추다 [palmatʃʰuda パルマッチュダ] 自 歩調を合わせる; 足並みをそろえる.

발매-하다 [發賣—] [palmɛhada パルメハダ] 他 発売する; 売り出す.

＊발명 [發明] [palmjʌŋ パルミョン] 名 하自他 発明 ―**가** [ga ガ] 名 発明家 ―**왕** [waŋ ワン] 名 発明王.

＊발목 [palmok パルモク] 名 足首 ―**잡다** [tʃ'apt'a チャプタ] 他 足首をつかむ ―**잡히다** [tʃ'apʰida チャピダ] 他 ① 足かせをかけられる; 抜き差し[のっぴき]ならない羽目に陥る ② 端緒・弱点などを握られる; 付け込まれる.

발-바닥 [palp'adak パルパダク] 名 足裏.

발발 [勃發] [palbal パルバル] 名 하自 勃発 ¶전쟁이 ~하다 [tʃʌŋnɛŋi (palbar)hada チョーンジェンイ ~ハダ] 戦争が勃発する.

발버둥질-하다 [palbodundʒirhada パルボドゥンジルハダ] 自 あがく; 足をもがく; 足ずりする ¶~하며 분해하다 [~-hamjʌ puːnhɛhada ~ハミョ プーンヘハダ] 足ずりして悔しがる.

발버둥(이)-치다 [palbodɯŋ(i)tʃʰida パルボドゥン(イ)チダ] 自 ① 地団駄を踏む; 足をばたばたさせる ¶~-치며 분해하다 [~-tʃʰimjʌ puːnhɛhada ~チミョ プーンヘハダ] 地団駄を踏みながら悔しがる ② 逃がれようとしてもがく.

발벗고 나서다 [palbotk'o nasʌda パルボッコ ナソダ] 慣 (積極的に)乗り出す.

발-벗다 [palbʌt'a パルボッタ] 自 ① 素足になる ② ありったけの才能[力]を発揮する; 全力を尽して事にあたる.

발병 [發病] [palbjʌŋ パルビョン] 名 하自 発病 ¶피로가 겹쳐 ~하다 [pʰiroga kjʌptʃʰjʌ ~hada ピロガ キョプチョ ~ハダ] 疲労が積もって発病する [病気になる]. 「足の痛み.

발-병 [—病] [palp'jʌŋ パルビョン] 名

＊발본 [拔本] [palbon パルボン] 名 하自他 抜本ぱつ ―**색원** [sɛgwʌn セグォン] 名 하他 抜本塞源品.

발-붙이다 [palbutʃʰida パルプチダ] 自 取りつく; 頼る ¶발붙일 곳도 없다 [palbutʃʰil kot'o ɔːpt'a パルプチル コット オープタ] 取りつく島もない.

발-빼다 [palp'ɛda パルッペダ] 自 手を引く; 足を洗う ¶그 일에서 발뺐다 [kɯ iːresʌ palp'ɛt'a ク イーレソ パルッペッタ] その事から足を抜いた.

발-뺌 [palp'ɛm パルッペム] 名 하自 言い逃れ; 言い抜け; 言いわけ; 弁解 ¶교묘히 ~하다 [kjomoi ~hada キョミョイ ~ハダ] 巧みに言い逃れる.

발사 [發射] [pals'a パルサ] 名 하自他 発射 ¶미사일 ~ [misail (bals'a) ミサイル (パルサ)] ミサイル発射.

발산 [發散] [pals'an パルサン] 名 하自他 発散(させること) ¶정열을 ~시키다 [tʃʌŋnjʌrɯl ~ʃikʰida チョンニョルル ~シキダ] 情熱を発散させる.

발상 [發想] [pals'aŋ パルサン] 名 発想; アイデア ¶좋은 ~이다 [tʃoːɯn ~ida チョーウン ~イダ] いいアイデアである.

＊발생-하다 [發生—] [pals'ɛŋhada パルセンハダ] 自 発生する ¶해충이 ~ [hɛːtʃʰuŋi ~ ヘーチュンイ ~] 害虫が発生する.

발설 [發說] [pals'ʌl パルソル] 名 하自他 ① 口に出すこと ② (秘密などを)もらすこと; 口外すること ¶내용을 ~하다 [nɛːjoŋɯl (pals'ʌr)hada ネーヨンウル ~ハダ] 内容を口外する.

발-소리 [pals'ori パルソリ] 名 足音 ¶~를 죽이다 [~rul tʃugida ~ルル チュギダ] 足音を忍ばせる.

발송 [發送] [pals'oŋ パルソン] 名 하他 発送 ―**인** [in イン] 名 発送人.

발신 [發信] [palʃ'in パルシン] 名 하他 発信 ―**인** [in (パルシ)ニン] 名 発信人.

발-씻다 [palʃ'it'a パルッシッタ] 自 足を洗う; 俗 堅気になる.

발아 [發芽] [para パラ] 名 하自 発芽 ¶~기 [~gi ~ギ] 発芽期.

발악 [發惡] [parak パラク] 名 하自 悪

態をつくること; 暴れ回ること; あがき; もがき ¶최후의 ~[tʃʰwe:hue ~ チュェーフエ ~] 最後のあがき.

발언[發言][paɾʌn パロン] 名 하자 発言 ¶중대한 ~[tʃuːŋdɛhan ~ チューンデハン ~] 重大な発言 **―권**[kʼwʌn クォン] 名 発言権.

발육[發育][paɾjuk パリュク] 名 하자 発育 **―기**[kʼi キ] 名 発育期; 成長期.

*__발음__[發音][paɾɯm パルム] 名 하자타 発音 **―기호[부호]**[giho[buːho]] ギホ[プーホ] 発音記号.

발의[發議][paɾi パリ] 名 하타 発議 **―권**[kʼwʌn クォン] 名 発議権.

발인[發靷][paɾin パリン] 名 하자 発引; 出棺すること **―제**[祭][dʒe ジェ] 名 出棺の際に行なう儀式.

*__발-자국__[paltʃʼaguk パルチャグク] **1** 名 足跡; 足形; 足 ¶~ 소리[~ sʼoɾi ~ ソリ] 足音 **2** 依名 …歩.

발-자취[paltʃʼatʃwi パルチャチュィ] 名 足跡 ¶~를 남기다[~ɾɯl namgida ~ルル ナムギダ] 足跡を残す.

발작[發作][paltʃʼak パルチャク] 名 하자 発作 ¶~을 일으키다[(paltʃʼag)ɯl iɾukʰida (パルチャグ)ル イルキダ] 発作を起こす.

발-잣다[paldʒatʼa パルジャッタ] 自 し「きりに行き来する.

*__발전__[發展][paltʃʼʌn パルチョン] 名 하자 発展 ¶해외로 ~하다[hɛːweɾo ~hada ヘーウェロ ~ハダ] 海外に発展する[伸びる].

발전[發電][paltʃʼʌn パルチョン] 名 하자 発電 ¶원자력 ~[wʌndʒaɾjʌk (pʼaltʃʼʌn) ウォンジャリョク ~] 原子力発電 **―소**[so ソ] 名 発電所.

발정[發情][paltʃʼʌŋ パルチョン] 名 하자 発情; 盛り ¶~한 개[~han kɛ ~ハン ケ] 発情した犬 **―기**[gi ギ] 名 発情期.

발족[發足][paltʃʼok パルチョク] 名 하자 発足 ¶새로 ~하다[sɛɾo (paltʃʼo)kʰada セロ ~カダ] 新たに発足する.

발주[發注][paltʃʼu パルチュ] 名 하타 発注 ¶상품을 ~하다[saŋpʰumɯl ~hada サンプムル ~ハダ] 商品を発注する.

발-짓[paltʃʼit パルチッ] 名 하자 足を動かす動作 ¶손짓 ~으로 의사를 나타내다[sontʃʼit (pʼaltʃʼi)sɯɾo wːisaɾɯl natʰanɛda ソンチッ (パルチ)スロ ウィーサルル ナタネダ] 身ぶり手ぶりで意思を表現する.

발짝[baltʃʼak パルッチャク] 依名 歩; 歩数 ¶한~ 앞으로[han~ apʰɯɾo ハン~ アプロ] 1歩前へ.

발차[發車][paltʃʰa パルチャ] 하자 発車 ¶~ 시간[~ ʃigan ~ シガン] 発車時間.

발췌[拔萃][paltʃʰwe パルチュェ] 名 하자타 抜粋 ¶논문에서 ~하다[nonmunesʌ ~hada ノンムネソ ~ハダ] 論文から抜粋する **―곡**[gok ゴク] 名 〈楽〉抜粋曲 **―집**[an アン] 抜粋集.

발치[paltʃʰi パルチ] 名 (寝るときの)足もと ¶~에서 자다[~esʌ tʃada ~エソ チャダ] 足もとで寝る.

발칙-하다[paltʃʰikʰada パルチクカダ] 形 어제 ① 無作法だ; ぶしつけだ; 乱暴だ ¶~-한 짓을 하다[~-kʰan tʃiːsɯl hada ~-カン チースル ハダ] 無作法なふるまいをする ② けしからぬ; 不埒ちだ ¶~-한 생각만 하고 있다[~-kʰan sɛŋgaŋman hago itʼa ~-カン センガンマン ハゴ イッタ] けしからんことばかり考えている.

발칵[palkʰak パルカク] 副 ① 突然騒動を起こすさま ¶사내가 ~ 뒤집히다[sanɛga ~ tʼwidʒipʰida サネガ ~ トゥィジプヒダ] 社内が大騒ぎになる ② ぱっと; 急に力を出すさま ¶~ 창문을 열다[~ tʃʰaŋmunɯl jʌːlda ~ チャンムヌル ヨールダ] ぱっと窓を開ける ③ かっと; ひどく怒るさま ¶~ 화를 내다[(palkʰa) kʰwaːɾul nɛːda ~ クァールル ネーダ] かっと怒る. 「名 バルコニー.

발코니[balkʰoni パルコニ] balcony

발탁[拔擢][paltʰak パルタク] 名 하자타 抜擢する; 取り[引き]立て ¶신인을 ~하다[ʃininɯl (paltʰa)kʰada シニヌル ~カダ] 新人を引き立てる.

*__발-톱__[paltʰop パルトプ] 名 足のつめ.

*__발-판__[─板][palpʰan パルパン] 名 ① 足場; 足掛かり ¶~을 놓다[~ɯl notʰa (パルパ)ヌル ノッタ] 足場をかける ② 踏み台; 飛び板 ③ 立身出世のもと[手立て].

발-펴다[palpʰjʌda パルピョダ] 自 ① 足を伸ばす ② 安心する.

발포[發砲][palpʰo パルポ] 名 하자 発砲 ¶~ 명령[~ mjʌːŋɾjʌŋ ~ ミョーンニョン] 発砲命令.

발포[發泡][palpʰo パルポ] 名 하자 発泡 ¶~-제[~dʒe ~ジェ] 発泡剤.

*발표[發表][palpʰjo バルピョ] 名 하自他 発表 ¶합격자 ~ [hapk'jʌktɕ'a (balpʰjo) ハプキョクチャ (バルピョ)] 合格者発表.

발-하다[發—][parhada パルハダ] 1 他 여変 ① (音・光などを)出す; 放つ ¶빛을 ~ [pitɕʰul ~ ピチュル ~] 光を放つ[発する] ② (命令などを)出す; 発する ¶경고를 ~ [kjʌŋgorul ~ キョーンゴルル ~] 警告を発する ③ 公表する 2 自 発する; 生じる; 出発する.

*발행[發行][parhɛŋ パルヘン] 名 하自他 発行 ¶부수 [bus'u ブス] 名 発行部数 —인 [in イン] 名 発行者.

발화[發火][parhwa パルファ] 名 하自 発火 ¶~점 [~tɕ'ʌm ~チョム] 発火(地)点.

발효[發效][parhjo パルヒョ] 名 하自 発効 ¶조약의 ~ [tɕojage ~ チョヤゲ ~] 条約の発効.

발효[醱酵][parhjo パルヒョ] 名 하自 発酵 ¶~ 식품 [~ ʃikpʰum ~ シクプム] 発酵食品.

발휘[發揮][parhwi パルフィ] 名 하他 発揮 ¶실력을 ~하다 [ʃilljʌgul ~hada シルリョグル ~ハダ] 実力を発揮する.

밝기[palk'i パルキ] 名 明るさ(の程度).

*밝다[pakt'a パクタ] 1 形 ① 明るい ¶달이 ~ [tari ~ タリ ~] 月が明るい ② (目や耳が)さとい・非常によい ¶귀가 ~ [kwiga ~ クィガ ~] 耳がさとい / 눈이 ~ [nuni ~ ヌニ ~] 目がよい ③ (物事に)詳しい; 精通している ¶법률에 ~ [pʌmnjure ~ ポムニュレ ~] 法律に詳しい 2 自 (夜が)明ける ¶날이 ~ [nari ~ ナリ ~] 夜が明ける.

*밝히다[palkʰida パルキダ] 他 明かす= '밝다' 1 ① の使役形 ① 明るくする; 照らす ¶불을 ~ [purul ~ プルル ~] 明かりをつける ② はっきりさせる ¶죄를 ~ [tɕwe:rul ~ チュェールル ~] 罪を正す ③ 証明する ¶비밀을 ~ [pi:mirul ~ ピーミルル ~] 秘密を明かす ④ 好む ¶술을 ~ [surul ~ スルル ~] 酒を好む.

*밟다[pa:pt'a パープタ] 他 ① 踏む ¶잔디를 ~ [tɕandirul ~ チャンディルル ~] 芝を踏む ② 足跡をつける; 尾行する ¶범인의 뒤를 ~ [pʌ:mine twi:rul ~ ポーミネ トゥィールル ~] 犯人の跡をつける[尾行する].

*밟히다[palpʰida パルピダ] 1 自 受動 踏まれる ¶차 안에서 발을 ~ [tɕʰaanesʌ parul ~ チャアネソ パルル ~] 電車の中で足を踏まれる 2 他 使役 踏ます; 踏ませる.

*밤¹[pam パム] 名 夜; 晩 ¶오늘 ~ [onul(p'am) オヌル~] 今夜; 今晩.

*밤²[pa:m パーム] 名 クリ —나무 [namu ナム] 名 〈植〉クリ(栗); 栗の木.

*밤-낮[pamnat パムナッ] 1 名 昼夜; 日夜 2 副 夜も昼も; 朝夕; いつも ¶~으로 공부(工夫)에 열중(熱中)하다 [(pamnadʑ) uro koŋbue jʌltɕ'uŋhada (パムナ)ジュロ コンブエ ヨルチュンハダ] 日夜勉学に励む.

밤-눈[pamnun パムヌン] 名 夜目 ¶~이 밝다 [~i pakt'a (パムヌ) パクタ] 夜目が利く / ~이 어둡다 [~i ʌdupt'a (パムヌ)ニ オドゥプタ] 夜目が利かない[暗い].

밤-늦다[pamnut'a パムヌッタ] 形 夜が深い(遅い) ¶밤늦게 돌아오다 [pamnuk'e toraoda パムヌッケ トラオダ] 夜遅く帰る.

밤-도둑[pamt'oduk パムトドゥク] 名 夜盗; 夜働き ¶~ 맞다 [(pamt'oduŋ) mat'a (パムトドゥン) マッタ] 夜盗にはいられる.

밤-마다[pammada パムマダ] 名 副 毎晩; 夜ごと ¶~ 다녀오다 [~ tanjʌoda ~ タニョオダ] 夜ごと通ってくる.

밤-비[pamp'i パムピ] 名 夜の雨; 夜雨.

밤-사이[pams'ai パムサイ] 名 副 夜の間; 夜中; 夜来; 略 밤새 [pams'ɛ パムセ] ¶~ 자지 못했다 [~ tɕadʑi motʰɛt'a ~ チャジ モッテッタ] 一晩中眠れなかった / ~ 내린 비 [~ nɛrin pi ~ ネリン ピ] 夜来の雨.

밤새-껏[pamsɛk'ʌt パムセッコッ] 副 夜通し; 一晩中; = 밤새도록 [pamsɛdorok パムセドロク] ¶~ 비가 오다 [~ p'iga oda ~ ピガオダ] 夜通し雨が降る.

밤-새우다[pamsɛuda パムセウダ] 自 夜明かしする; 徹夜する; 略 밤새다 [p'amsɛda パムセダ] ¶밤새워 마무리하다 [pamsɛwʌ mamurihada パムセウォ マムリハダ] 夜明かしで仕上げる.

밤-색[一色][pa:msɛk パームセク] 名 栗色; 焦茶色.

밤-샘[pamsɛm パムセム] 名 하自 夜明かし; 徹夜; = 밤새움 [pamsɛum パムセウム]の略 ¶섣달 그믐날 ~하다

밤-손님 [pams'onnim パムソンニム] 名 夜のお客さん; 「泥棒」のもじり.

밤-송이 [pa:msoŋi パームソンイ] 名 クリのいが; いがグリ.

밤-안개 [pamange パマンゲ] 名 夜霧.

밤-알 [pa:mal パーマル] 名 クリの実.

밤-이슬 [pamnisɯl パムニスル] 名 夜露 ¶ ~을 맞다 [(pamnisɯr)ul mat'a (パムニス)ルル マッタ] 夜露にぬれる [当たる].

밤-일 [pamnil パムニル] 名 하自 ① 夜業; 夜なべ ② 房事; 男女の営み.

밤-잠 [pamtʃ'am パムチャム] 名 夜の眠り ¶ ~을 설치다 [~ul sɔltʃhida (パムチャ)ムル ソルチダ] 寝そびれる.

밤-중 [-中] [pamtʃ'uŋ パムチュン] 名 夜中; 夜更け ¶ ~까지 돌아다니다 [~k'adʒi toradanida ~ッカジ トラダニダ] 夜更けまで出歩く.

밤-차 [-車] [pamtʃha パムチャ] 名 夜行列車; 夜汽車 ¶ ~로 돌아오다 [~ro taraoda ~ロ トラオダ] 夜の便で帰る.

밤-참 [pamtʃham パムチャム] 名 夜食.

밤-톨 [pa:mthol パームトル] 名 ① 栗の実 ② 栗ほどの大きさの形容 ¶ ~만 하다 [~manhada ~マンハダ] 栗大だ / ~만한 녀석 [~manhan njɔsɔk ~マンハン ニョソク] ちっぽけな奴さ; ちび.

밤-하늘 [pamhanɯl パムハヌル] 名 夜空 ¶ ~에 별이 반짝이다 [(pamhanɯr)e pjɔl'i pantʃ'agida (パムハヌ)レ ピョーリ パンッチャギダ] 夜空に星が輝く.

＊밥 [pap パプ] 名 ① ご飯; 飯 ¶ 비빔~ [pibim(p'ap) ピビム~] まぜ飯; ビビンバ ② 食事 ¶ 아침 ~ [atʃhim (p'ap) アチム ~] 朝飯; 朝ご飯 ③ えさ; 餌食 ④ 犠牲; いけにえ; かも ¶ 악인의 ~이 되다 [agine (pab)i tweda アギネ (パビ) トウェダ] 悪人の食い物になる **―값** [k'ap カプ] 名 食代 **―공기** [k'oŋgi コンギ] 名 飯茶わん **―그릇** [k'ɯrɯt クルッ] 名 食器 **―상** [床] [s'aŋ サン] 名 食膳; お膳 **―솥** [s'ot ソッ] 名 飯釜 **―주걱** [tʃ'ugɔk チュゴク] 名 しゃもじ **―집** [tʃ'ip チプ] 名 飯屋 **―먹듯하다** [(pam)-mɔkt'ɯthada (パム)モクトゥッタダ] ご飯を食べるようにする; 慣 日常茶飯事のようにする **―주다** [tʃ'uda チュダ] 食事を与える; 慣 時計のぜんまいを巻く.

＊밥-맛 [pammat パムマッ] 名 ① ご飯の味 ② 食欲 ¶ ~이 없다 [(pamma)ʃi ɔpt'a (パムマ)シ オープタ] 食欲がない.

밥-물 [pammul パムムル] 名 ご飯を炊くとき入れる水.

밥-벌레 [pap'ɔlle パプポルレ] 名 穀潰し; 米食い; =**밥도둑** [papt'oduk パプトドゥク] ¶ 이 ~야 [i ~ja イ ~ヤ] この穀潰しめ.

밥-벌이 [pap'ɔri パプポリ] 名 하自 ① やっと食べていけるほどの稼ぎ ¶ ~는 돼요 [~nɯn twɛ:jo ~ヌントゥェーヨ] どうにか食えるよ ② 口過ぎのための稼ぎ [仕事] ¶ ~를 하다 [~rɯl hada ~ルル ハダ] 暮らしを立てる.

밥-보 [pap'o パプポ] 名 大食い =**식충이** [ʃiktʃhuŋi シクチュンイ].

밥-술 [paps'ul パプスル] 名 ① 幾さじのご飯 ¶ ~ 얻어먹기도 힘들다 [~ɔdɔmɔkk'ido himdulda ~ オドモクキド ヒムドゥルダ] 食うにもこと欠く ② さじ **―을 놓다** [(paps'ur)ul notha (パプス)ルル ノッタ] 慣 ① 食事を終える ② 死ぬ.

밥-알 [pabal パバル] 名 ご飯粒 ¶ ~ 크기 [~ khɯgi ~クギ] ご飯粒大.

밥-장사 [paptʃ'aŋsa パプチャンサ] 名 하自 ご飯を売る商売; 飯売り; 食堂.

밥-줄 [paptʃ'ul パプチュル] 名 生業; なりわい ¶ ~이 끊어지다 [붙어있다] [(paptʃ'ur)i k'ɯnɔdʒida [put'ha] (パプチュ)リ ックノジダ [プトイッタ] 慣 職を失う; 飯の食い上げになる [(解雇されずに) また職場に勤めている].

밥-짓다 [paptʃ'it'a パプチッタ] 自 人変 ご飯を炊く.

밥-통 [-桶] [paptʰoŋ パプトン] 名 ① おひつ; 飯びつ; ご飯ジャー ② 穀潰し ③ 〈生〉 胃袋 ④ 能なし; 間抜け 「職場」の俗語.

밥-투정 [paptʰudʒɔŋ パプトゥジョン] 名 하自 食事のときのむずかり.

밥-풀 [paphul パププル] 名 ① (糊のとして使う) 続飯 ② ご飯粒 **―과자** [gwadʒa グァジャ] 名 おこし **―칠** [tʃhil チル] 名 하自他 ① 続飯でたりつける仕事 ② (子供がご飯を食べるとき) あちこちにご飯粒がつくこと.

밥-하다 [paphada パプパダ] 自 여変 ご飯を炊く; 食事の仕度をする.

밧-줄 [pa:tʃ'ul パーッチュル] 名 綱; ロープ.

*방[房][paŋ バン] 图 部屋; 室; ルーム ¶같은[한] ~을 쓰다[kat'unɯ(han)(baŋ)ɯl s'ɯda カトゥン(ハン)(バン)ウルッスダ] 相部屋を使う/~(을) 내놓다[(ɯl) nɛːnotʰa (ウル)ネーノッタ] 部屋を貸しに出す.

방[放][paŋ バン] 依名 (弾丸の)…発 ¶한~ 쏘다[han(baŋ) s'oda ハン(バン)ッソダ] 1発撃つ. 「图 バンガロー.

방갈로[baŋgallo バンガロ] bungalow

방공[防空][paŋgoŋ バンゴン] 图 하自 防空 ¶~ 훈련[huːlljon フールリョン] 防空訓練.

방관[傍観][paŋgwan バングァン] 图 하他 傍観 ¶~할 수 없다[~hal s'u ɔːpt'a ~ハルッス オーブッタ] 座視できない **一자**[dʒa ジャ] 图 傍観者.

방-구석[房—][paŋk'usɔk バンクソク] 图 ①部屋の隅 ②部屋の中; '방'の卑語 ¶~에 들어 박히다[(paŋk'usɔg)e tʰɯrɔ bakʰida (パンクソ)ゲトゥロ パッキダ] 部屋の中に閉じこもる.

*방귀[paːŋgwi パーングィ] 图 屁`; おなら **一뀌다**[k'wida ックィダ] 自 屁をする[放゚る·たれる]; おならを出す.

방그레[paŋgɯre バングレ] 副 にっこり(と) ¶~ 웃었다[~ uːsɔt'a ~ウーソッタ] にっこりと笑った.

*방금[方今][paŋgɯm バングム] 副 今; たった; ただ今 ¶이제 ~ 돌아왔다[idʒe ~ torawat'a イジェ ~ トラワッタ] たった今帰った.

방긋[paŋgɯt バングッ] 副 하自 にっこりと; にこやかに ¶웃다[(paŋgɯd) uːt'a (バング)ドゥーッタ] にっこり笑う **一이**[(paŋgɯd)i (バング)シ] 副 にっこりと ¶~ 미소짓다[~ misodʒit'a ~ミソジッタ] にっこりとほほえむ.

방년[芳年][paŋnjɔn バンニョン] 图 芳紀; 年若い女性の年齢 ¶~ 18세[~ ʃipʰalsʰe ~ シブァルセ] 芳紀18歳.

*방대-하다[尨大—][paːŋdɛhada パンデハダ] 自 하形 膨大だ ¶~한 계획[~-han keːhwek ~-ハン ケフェク] 膨大な計画.

방랑-하다[放浪—][paːŋnaŋhada パーンナンハダ] 自 하自 放浪する; さすらう; 流れる **방랑-자**[paːŋnaŋdʒa パーンナンジャ] 图 流れ者; 放浪者.

방류[放流][paːŋnju パーンニュ] 图 하他 放流 ¶치어를 ~하다[tʃʰiɔrɯl ~hada チオルル ~ハダ] 稚魚を放流する.

방만[放漫][paːŋman パーンマン] 图 하形 放漫 ¶~한 생활[~han sɛŋhwal ~ハン センファル] 放漫な生活.

방망이[paŋmaŋi バンマンイ] 图 棒; 棍棒詩; 砧₴ **一질**[dʒil チル] 图 하自 棒[砧]で打つこと.

방매[放賣][paːŋmɛ パーンメ] 图 하他 売り出し **一가**[ga ガ] 图 売り家.

*방면[方面][paːŋmjɔn パンミョン] 图 ①方面; 向き ②ある分野; 筋 ¶문학 (p'aŋmjɔn) ムンハク ~] 文学の分野.

방명-록[芳名錄][paŋmjɔŋnok バンミョンノク] 图 芳名録.

*방문[訪問][paːŋmun パーンムン] 图 하他 訪問; 訪れ **一객**[gɛk ゲク] 图 訪問客. 「图 部屋の床面.

방-바닥[房—][paŋp'adak バンパダク]

방방-곡곡[坊坊曲曲][paŋbaŋgok'ok バンバンゴクコク] 图 (全国)至る所; 津々浦々 ¶~에 알려지다[~-(gok'og)e alljɔdʒida ~-(ゴクコ)ゲアルリョジダ] 津々浦々に知れ渡る.

방법[方法][paŋbɔp バンボプ] 图 方法; 仕方; やり方 ¶~이 없다[(paŋbɔb)i ɔːpt'a (パンボ)ビ オープッタ] 方法がない.

방불[彷彿·髣髴][paːŋbul パーンブル] 图 하形 하自 彷彿ؿ; よく似ているさま ¶옆 모습이 ~하다[jom mosɯbi (paːŋbur)hada ヨム モスビ ~ハダ] 横顔がそっくりだ/실전을 ~케 하는 훈련[ʃiltʃʔnul ~kʰe hanɯn huːlljon シールチョヌル ~ケ ハヌン フーリリョン] 実戦を彷彿させる訓練.

방비[防備][paŋbi バンビ] 图 하他 防備; 守り; 備え ¶철통같은 ~[tʰɔltʰoŋgatʰɯn ~ チョルトンガトゥン ~] 鉄壁のごとき防備.

*방사[放射][paːŋsa パーンサ] 图 하自他 放射 **一능**[nɯŋ ヌン] 图 放射能 **一상**[saŋ サン] 图 放射状 **一선**[sɔn ソン] 图 放射線 **一열**[jɔl ヨル] 图 放射熱.

*방석[方席][paŋsɔk パンソク] 图 座布団 ¶~을 깔다[(paŋsɔg)ɯl k'alda (パンソ)グルッカルダ] 座布団を敷く.

방세[房貰][paŋsʰe パンセ] 图 部屋代; 家賃; 間代 ¶~가 밀리다[~ga millida ~ガ ミルリダ] 家賃が溜まる.

*방송[放送][paːŋsoŋ パーンソン] 图 하他 放送 ¶위성 ~[wisɔŋ(baːŋsoŋ) ウィーソン(バーンソン)] 衛星放送 **一국**[guk

グク] 名 放送局 **—극**[gwk グク] 名 放送劇; ラジオドラマ **—망**[maŋ マン] 名 放送網; ネットワーク.
방수[防水][paŋsu パンス] 名 하自 防水 **—복(服)**[bok ボク] 名 防水着.
***방식**[方式][paŋʃik パンシク] 名 方式; やり方; 仕方; 様式 ¶ 영업 ~[jɔŋɔp(p'aŋʃik) ~ ヨンオプ ~] 営業ぶり.
방실-거리다[paŋʃilgɔrida パンシルゴリダ] 自 にこにこ笑う; ほほえむ.
***방심**[放心][paŋʃim パンシㇺ] 名 하自 放心; 放念; 油断 ¶ ~은 금물(禁物)[~wn kwmmul (パンシ)ムン クームル] 油断は禁物; 油断大敵.
방아[paŋa パンア] 名 穀物を搗っくうす **방앗-간**[paŋatk'an パンアッカン] 名 小規模な製粉・精米所 **—깨비**[k'ɛbi ッケビ] 名〈虫〉コメツキバッタ.
방아-쇠[paŋaswe パンアスェ] 名 引き金 ¶ ~를 당기다[~rɯl taŋgida ~ルル タンギダ] 引き金を引く.
***방-안**[房—][paŋan パンアン] 名 部屋の中; 室内 ¶ ~이 좁다[~i tʃopt'a (パンア)ニ チョプタ] 部屋の中が狭い.
방어[防禦][paŋɔ パンオ] 名 하他 防御 ¶ ~지역 ~[tʃijɔk(p'aŋɔ) チヨク ~] 地域防御; ゾーンディフェンス.
방어[魴魚][paŋɔ パンオ] 名〈魚〉ブリ.
***방언**[方言][pa:ŋɔn パーンオン] 名 方言; なまり(言葉); =사투리[sa:thuri サートゥリ].
방역[防疫][paŋjɔk パンヨク] 名 하自他 防疫 **—관**[(paŋjɔ)k'wan クァン] 名 防疫官.
방영[放映][pa:ŋjɔŋ パーンヨン] 名 하自他 放映 ¶ 텔레비전의 ~[t'ellebidʒɔne ~ テルレビジョネ ~] テレビの放映.
***방울**[paŋul パンウル] 名 ① 鈴ずぃ・ギ; ベル ¶ ~을 울리다[(paŋur)ɯl ullida (パンウ)ルル ウルリダ] 鈴ずを鳴らす ② 玉; 滴ザき ¶ 이슬 ~[isɯl (p'aŋul) イスル ~] 露の玉[滴たり] / 빗~[pit(p'aŋul) ピッ~] 雨の滴 / 물 한~[mul han(baŋul) ムル ハン(バンウル) ~] 水1滴 **—지다**[dʒida ジダ] 自 滴る; 滴となる **—뱀**[bɛm ベㇺ] 名〈動〉ガラガラヘビ **—새**[s'ɛ セ] 名〈鳥〉(カラフト)カワラヒワ(河原鶸).
***방위**[防衛][paŋwi パンウィ] 名 하他 防衛 ¶ 정당 ~[tʃɔ:ŋdaŋ(baŋwi) チョーンダン (バンウィ)] 正当防衛.

방음[防音][paŋum パンウㇺ] 名 하自 防音 **—장치**[dʒaŋtʃʰi ジャンチ] 名 防音装置.
방자[放恣][pa:ŋdʒa パーンジャ] 名 하形 放恣ど゙; 横柄; 気まま ¶ ~한 녀석[~han njɔsɔk ~ハン ニョソク] 野放図な奴ビ゙ /~한 생활[~han sɛŋhwal ~ハン センファル] 放恣な生活.
방재[防災][paŋdʒɛ パンジェ] 名 하自他 防災 **—설비**[sɔlbi ソルビ] 名 防災設備.
방적[紡績][paŋdʒɔk パンジョク] 名 하自 紡績 **—공업**[(paŋdʒɔ)k'oŋɔp コンオプ] 名 紡績工業.
방정-떨다[paŋdʒɔŋt'ɔlda パンジョンットゥルダ] 自 軽々しくふるまう.
***방정-맞다**[paŋdʒɔŋmatʲa パンジョンマッタ] 形 言動が軽率である; 軽はずみで縁起が悪い; そそっかしい; 不吉だ.
방정-식[方程式][paŋdʒɔŋʃik パンジョンシク] 名〈数〉方程式.
방종[放縱][pa:ŋdʒoŋ パーンジョン] 名 하形 放縱ぼ゙; 放恣び゙; 勝手気まま ¶ ~한 생활[~han sɛŋhwal ~ハン センファル] 放縱な生活 /~한 여자[~-han njɔdʒa ~ハン ニョジャ] ふしだらな女性 /~하게 살다[~hage sa:lda ~ハゲ サールダ] じだらくに[勝手気ままに]暮らす.
***방지**[防止][paŋdʒi パンジ] 名 하他 防止; 防ぐこと ¶ 소음 ~[soum (baŋdʒi) ソウㇺ (バンジ)] 騒音防止.
방청[傍聽][paŋtʃʰɔŋ パンチョン] 名 하他 傍聽 ¶ 국회를 ~하다[kukʰwerɯl ~hada ククフェルル ~ハダ] 国会を傍聽する **—객**[gɛk ゲク] 名 傍聽人 **—석**[sɔk ソク] 名 傍聽席.
방출[放出][pa:ŋtʃʰul パーンチュル] 名 하他 放出 ¶ 에너지 ~[enɔdʒi (ba:ŋtʃʰul) エノジ (パーンチュル)] エネルギーの放出.
***방치-하다**[放置—][pa:ŋtʃʰihada パーンチハダ] 他 放置する; 見捨てる; ほったらかす ¶ 일을 ~[i:rul ~ イールル ~] 仕事をほったらかす.
***방침**[方針][paŋtʃʰim パンチㇺ] 名 方針 ¶ 시정 ~[ʃi:dʒɔŋ (baŋtʃʰim) シージョン (バンチㇺ)] 施政方針.
방탄[防彈][paŋtʰan パンタン] 名 하自 防彈 **—유리**[juri ユリ] 名 防彈ガラス **—조끼**[dʒok'i ジョッキ] 名 防彈チョッキ.

방탕[放蕩][paːŋtʰaŋ パーンタン] 名 [하형][하뷔] 放蕩な ¶~한 생활[~han sɛŋhwal ~ハン センファル] 放蕩な暮らし ─아[a ア] 名 放蕩児; 遊び人.

방파-제[防波堤][paŋpʰadʒe パンパジェ] 名 防波堤; 波除け ¶~를 쌓다[~rul s'atʰa ~ルル ッサッタ] 防波堤を築く.

방패[防牌][paŋpʰɛ パンペ] 名 盾 ¶나라의 ~[narae ~ ナラエ] 国の盾.

방편[方便][paŋpʰjɔn パンピョン] 名 方便; 手段; てだて ¶출세의 ~[tʃʰulsʼee ~ チュルセエ ~] 出世の手段.

*방학[放學][paːŋhak パーンハク] 名 学校の休み ¶여름[겨울] ~[jɔrɯm[kjɔul] ~ ヨルム[キョウル] ~] 夏[冬]休み ─하다[(pa:ŋha)kʰada カダ] 自 (夏・冬)休みになる.

방한[防寒][paŋhan パンハン] 名 [하뷔] 防寒 ─모[mo モ] 名 防寒帽 ─복[bok ボク] 名 防寒服 ─화[hwa ファ] 名 防寒靴.

방해[妨害][paŋhɛ パンヘ] 名 [하타] 妨害; 邪魔; 妨げ ¶~자[dʒa ジャ] 妨害者; 邪魔者 / ~(를) 놀다[~(rul) no:lda ~(ルル) ノールダ] 邪魔(だて)をする.

*방향[方向][paŋhjaŋ パンヒャン] 名 方向; 向き; 方角 ¶~을 바꾸다[돌리다][~ɯl pak'uda[tollida] ~ウル パックダ[トルリダ]] 向きを変える.

방향[芳香][paŋhjaŋ パンヒャン] 名 芳香; よい香り ¶~을 풍기다[~ɯl pʰuŋgida ~ウル プンギダ] 芳香を放つ.

방화[防火][paŋhwa パンファ] 名 [하뷔] 防火 ─벽[bjɔk ビョク] 名 防火壁.

방화[放火][pa:ŋhwa パンファ] 名 放火; 付け火; 火付け ─하다[hada ハダ] 自 放火する; 火を放つ.

방화[邦畫][paŋhwa パンファ] 名 邦画; 自国の映画.

방황-하다[彷徨─][paŋhwaŋhada パンファンハダ] 自他 彷徨する; さまよう; さすらう; うろつく ¶거리를 ~[kɔrirɯl ~ コリルル ~] 町中をさまよう.

*밭[pat パッ] 名 ① 畑 ¶~논[~non(bat)non(パッ)ノン] 田畑 ② 物が茂って[広がって]いる所 ¶풀~[pʰul(bat) プル(バッ)] 草原 ─갈이[k'ari カリ] 名 [하뷔] 畑を耕すこと ─걷이[k'ɔdʒi コジ] 名 [하뷔] 畑作物の取り入れ ─고랑[k'oraŋ コラン] 名 畝の間 ─농사(農事)[(pan)noŋsa (パン)ノンサ] 名 畑作 ─도랑[(pa)t'oraŋ トラン] 名 畑のへりの溝 ─둑[(pa)t'uk トゥク] 名 畑の土手 ─이랑[(pan)niraŋ (パン)ニラン] 名 畑の畝 ─일[(pan)-nil (パン)ニル] 名 [하뷔] 畑仕事.

*배¹[pɛ ペ] 名 ① 腹; おなか ¶~가 몹시 고프다[~ga mo:pʃʼi kopʰuda ~ガ モープシ コプダ] おなかがぺこぺこだ / ~가 맞다[~ga mat'a ~ガ マッタ] 腹が合う; 慣 (男女が)情を通じる ② 心; 心中 ¶뱃속이 검다[pɛsʼogi kɔ:mt'a ペッソギ コームタ] 腹が黒い 2 [依名] 産む回数 ¶한 ~[han (bɛ) ハン (ベ)] 1腹.

*배²[pɛ ペ] 名 船舶; 舟; 船 ¶~를 타다[~rul tʰada ~ルル タダ] 船に乗る.

*배³[pɛ ペ] 名 ナシ(梨) ─나무[namu ナム] 名 〈植〉ナシの木 ─꽃[k'ot ッコッ] 名 ナシの花; 梨花.

*배⁴[倍][pɛː ペー] 名 倍 ¶~로 늘다[~ro nulda ~ロ ヌルダ] 2倍に増える.

배갈[pɛgal ペガル] 名 コーリャン酒; パイカル; 高粱焼酎こうりゃんしょうちゅう.

배겨-나다[pɛgjɔnada ペギョナダ] 自 耐える; 打ち克つ ¶몸이 ~나지 못한다[momi ~naʤi motʰanda モミ ~ナジ モータンダ] 体が持たない.

배겨-내다[pɛgjɔnɛda ペギョネダ] 他 耐え忍ぶ; 堪え抜く ¶중노동을 ~[tʃuːŋnodoŋɯl ~ チューンノドンウル ~] 重労働を耐え忍ぶ.

*배경[背景][pɛ:gjɔŋ ペーギョン] 名 背景; 舞台の書き割り ¶~ 음악[~ ɯmak ~ ウマク] 背景音楽.

배고파-하다[pɛgopʰahada ベゴパハダ] 自 ひもじがる.

배-고프다[pɛgopʰuda ペゴプダ] 形 ひもじい; 腹がへる ¶춥고 ~[tʃʰupk'o ~ チュプコ ~] 寒くてひもじい.

배-곯다[pɛgoltʰa ペゴルダ] 自 飢える.

배구[排球][pɛgu ペグ] 名 バレーボール.

배급[配給][pɛ:gɯp ペーグプ] 名 [하타] 配給 ─제[tʃʼe チェ] 名 配給制.

배기[排氣][pɛgi ペギ] 名 [하타] 排気 ─가스[gasu ガス] 名 排気ガス ─량[rjaŋ リャン] 名 排気量.

배기다¹[pɛgida ペギダ] 自 身にこたえる; 痛む ¶궁둥이가 ~[kuŋduŋiga ~ クンドゥンイガ ~] 尻がこたえる.

*배기다²[pɛgida ペギダ] 自他 (苦痛などを)堪[耐]え忍ぶ; 堪える; やり抜

く ¶배길 수 없는 고통 [pɛgil s'u ɔ:mnun kothoɲ ペギル ッス オームヌン コトン] 耐えがたい苦痛.

*배-꼽 [pɛk'op ペッコプ] 名 へそ ¶아이보다 ~이 크다 [aiboda (pɛk'ob)ikʰuda アイボダ (ペッコ) ピクダ] 子供よりへそが大きい 慣 本体よりも付随した部分が大きい ━빠다 [(pɛk'o)-p'ɛda ッペダ] 慣 へそが抜けるほど[腹の皮がよじれるくらい]おかしくてたまらない; 大笑いする. へそで茶を沸かす ━춤 [tɕʰum チュム] 名 ベリーダンス.

*배낭 [背囊] [pɛ:naŋ ペーナン] 名 背のう; リュック(ザック) ¶우편 ~ [upʰjɔn(bɛ:naŋ) ウピョン (ベーナン)] 郵袋.

*배다¹ [pɛ:da ペーダ] 自 ① 染みる; にじむ; 染み込む ¶땀이 ~ [t'ami ~ ッタミ ~] 汗染みる; 汗ばむ ② 慣れる; 身につく ¶일이 손에 ~ [iri sone ~ イーリ ソネ ~] 仕事が身につく; 仕事が手に慣れる.

*배다² [pɛ:da ペーダ] 他 孕[妊]ᄂᆞᆷ; 身ごもる; 妊娠する ¶아이를 ~ [airul ~ アイルル ~] 子をはらむ[身ごもる].

배-다르다 [pɛdaruda ペダルダ] 形 (르変) 腹違いである ¶배 다른 형제 [pɛ-darun hjɔŋdʑe ペダルン ヒョンジェ] 腹違いの兄弟.

*배달 [配達] [pɛ:dal ペーダル] 名 하他 配達 ¶우편 ~ [upʰjɔn (bɛ:dal) ウピョン (ベーダル)] 郵便配達.

배달 민족 [倍達民族] [pɛ:dalmindʑok ペーダルミンジョク] 名 韓国・朝鮮民族の古風な表現.

배당 [配当] [pɛ:daŋ ペーダン] 名 하他 配当 ¶이익 ~ [i:ik (p'ɛ:daŋ) イーイク ~] 利益配当.

배드민턴 [bɛduminthɔn ベドゥミントン] badminton 名 バドミントン.

배럴 [bɛrɔl ベロル] barrel 1 名 樽な 2 依名 バレル(石油など容量の単位).

*배려 [配慮] [pɛ:rjɔ ペーリョ] 名 配慮; 心遣い ¶세심한 ~ [se:ɕimhan ~ セーシムハン ~] 細かい心遣い ━하다 [hada ハダ] 自 配慮する; 取り計らう.

배-맞다 [pɛmat'a ペマッタ] 自 ① (男女が)不倫な関係を結ぶ; 密通する ② グルになる; 気が合う.

배반 [背反・背叛] [pɛ:ban ペーバン] 名 하他 裏切り; 背反 ¶연인에게 ~당하다 [jɔ:ninege ~daŋhada ヨーニネゲ ~ダンハダ] 恋人に背かれる.

배-부르다 [pɛburuda ペブルダ] 形 (르変) ① 満腹である; 腹いっぱいだ ¶배부르게 먹었다 [pɛburuɡe mɔgɔt'a ペブルゲ モゴッタ] 腹いっぱい食べた ② 十分である ¶배부른 흥정 [pɛburun hɯŋdʑɔŋ ペブルン フンジョン] 慣 焦らず自分の思惑どおりに取引のかけひきをすること, また, そのような態度で事を処理すること ③ 腹が膨れている.

배부-하다 [配付―] [pɛ:buhada ペーブハダ] 他 配る ¶답안지를 ~ [tabandʑirul ~ タバンジルル ~] 答案用紙を配る.

배-불리 [pɛbulli パブルリ] 副 腹一杯に; たらふく ¶~ 먹다 [~ mɔkt'a ~ モクタ] 腹一杯食べる 배-불리다 [pɛbullida ペブルリダ] 他 腹を肥やす; 腹一杯にする.

*배상 [賠償] [pɛsaŋ ペサン] 名 하他 賠償 ¶손해 ~ [so:nhɛ (bɛsaŋ) ソーンヘ (ベサン)] 損害賠償.

배서 [背書] [pɛ:sɔ ペーソ] 名 하自 裏書き ━인 [in イン] 名 裏書き人.

배수-진 [背水陣] [pɛ:sudʑin ペースジン] 名 背水の陣 ¶~을 치다 [~ul tʰida ~-(ジ)ヌル チダ] 背水の陣を敷く.

배신 [背信] [pɛ:ɕin ペーシン] 名 하自他 背信; 裏切り ━행위 [hɛŋwi ヘンウィ] 名 背信[裏切り]行為.

배심 [陪審] [pɛ:ɕim ペーシム] 名 하自 陪審 ━원 [wɔn (ペーシ)ムォン] 名 陪審員 ━제도 [dʑe:do ジェード] 名 陪審制度.

배-아프다 [pɛapʰuda ペアプダ] 形 ① 腹が痛い ② 嫉妬する ¶친구의 성공에 ~ [tɕʰinɡue sɔŋɡoŋe ~ チングエ ソンゴンエ ~] 友の成功に嫉妬する.

배알 [pɛal ペアル] 名 俗 はらわた; 癇癪 ¶~이 꼴리다[뒤틀리다] [(pɛal)ik'ollida [twitʰullida] (ペア) リッコルリダ [トゥィトゥルリダ] 癪に障る; 気に食わない; 腹の虫が治まらない.

배알 [拜謁] [pɛ:al ペーアル] 名 하他 拝謁; 身分の高い人に面会すること; 目通り ¶교황(教皇)을 ~하다 [kjohwaŋul (pɛ:ar) hada キョーファンウル ~ハダ] 法王に拝謁する.

배-앓다 [pɛaltʰa ペアルタ] 自 ① 腹痛を起こす ② 妬む; ='배아프다' 배-앓이 [pɛari ペアリ] 名 腹痛.

*배양 [培養] [pɛ:jaŋ ペーヤン] 名 하他

① 培養 ¶ ~ 검사 [~ gɔ:msa ~ ゴームサ] 培養検査 ② 培うこと; 育成.

배역[配役] [pɛːjɔk ペーヨク] 名 配役; 役; キャスト.

***배열**[配列・排列] [pɛːjɔl ペーヨル] 名 [하他] 配列 ¶ 가나다순으로 ~하다 [kanadasunuro (pɛːjʌri) hada カナダスヌロ ~ハダ] イロハ順に配する.

배영[背泳] [pɛːjɔŋ ペーヨン] 名 背泳; 背泳ぎ.

***배우**[俳優] [pɛu ペウ] 名 俳優; 役者 ¶ 주연 ~ [tʃujɔn (bɛu) チュヨン (ペウ)] 主演俳優.

***배우다**[pɛuda ペウダ] 他 学ぶ; 習う; 修める; 教わる ¶ 인생을 ~ [insɛŋul ~ インセンウル ~] 人生を学ぶ / 피아노를 ~ [pʰianorul ~ ピアノルル ~] ピアノを習う.

배우-자[配偶者] [pɛːudʒa ペーウジャ] 名 配偶者; つれあい.

배움[pɛum ペウム] 名 学び; 学問 ¶ ~의 길 [~e kil (ペウメ) キル] 学びの道; 学問 ―**터** [tʰɔ ト] 名 学びの場; 学ぶ所; 学校.

***배웅**[pɛːuŋ ペーウン] 名 [하他] 見送り ¶ 친구를 역까지 ~하다 [tʃʰingurul jɔk'adʒi ~hada チングルル ヨクカジ ~ハダ] 友を駅まで見送る.

배은[背恩] [pɛːun ペーウン] 名 [하他] 恩義に背くこと ―**망덕**(忘徳)[maŋdɔk マンドク] 名 [하他] 恩知らず; 忘恩.

배임[背任] [pɛːim ペーイム] 名 [하他自] 背任 ¶ ~ 행위 [~ hɛŋwi ~ ヘンウィ] 背任行為.

배전[倍前] [pɛːdʒɔn ページョン] 名 倍旧 ¶ ~의 성원을… [~e sɔŋwɔnul (ページョ)ネ ソンウォヌル] 倍旧のお引き立てを….

배정[配定] [pɛːdʒɔŋ ページョン] 名 [하他] 割り当てを決めること ¶ 수업 시간을 ~하다 [suɔpʃiganul ~hada スオプシガヌル ~ハダ] 授業の時間を割り当てる.

배제-하다[排除―] [pɛdʒehada ペジェハダ] 他 排除する; 押しのける ¶ 파벌 정치를 ~ [pʰabɔl dʒɔŋtʃʰirul ~ パボル ジョンチルル ~] 派閥政治を排除する.

배지[bedʒi ベジ] badge 名 バッジ.

***배-짱**[pɛtʃ'aŋ ペッチャン] 名 ① 腹; 腹の中; 腹の底 ¶ 검은 ~ [kɔmun ~ コムン ~] 黒い腹 / 돈을 떼어먹을 ~이냐? [tɔːnul t'ɛɔmɔgul ~inja トーヌル ッテオモグル ~イニャ] 金を踏み倒す腹か ② 度胸; 腹; 心臓 ¶ ~이 큰 사람 [~i kʰun sa:ram ~イ クン サーラム] 太っ腹の人 / ~(을) 내밀다 [부리다] [~(ul) nɛːmilda [burida] ~(ウル) ネーミルダ [ブリダ]] 慣 無理に押し切る / ~(을) 튀기다 [~(ul) tʰwigida ~(ウル) トゥィギダ] 慣 傲慢にふるまう; 突っぱねる / ~이 맞다 [~i mat'a ~イ マッタ] 慣 腹が合う; 気心が通じ合う / ~(이) 세다 [~(i) seːda ~(イ) セーダ] 慣 心臓が強い; 肝っ玉が大きい / ~(이) 좋다 [~(i) tʃoːtʰa ~(イ) チョーッタ] 慣 腹が太い; 度胸がいい.

배척[排斥] [pɛːtʃʰɔk ペーチョク] 名 [하他] 排斥; 押しのけること; 退けること ¶ ~ 운동 [(pɛːtʃʰɔŋ)uːndoŋ (ペーチョ)グーンドン] 排斥運動.

***배추**[pɛtʃʰu ペーチュ] 名 〈植〉ハクサイ(白菜) ―**김치** [gimtʃʰi ギムチ] 名 (白菜の) キムチ.

***배출**[排出] [pɛtʃʰul ペチュル] 名 [하他] 排出 ―**구** [gu グ] 名 排出口; はけ口 ¶ 가스의 ~ [gasue ~ ガスエ ~] ガスの排出口 / 감정의 ~ [ka:mdʒɔŋe ~ カームジョンエ ~] 感情のはけ口.

배치[背馳] [pɛːtʃʰi ペーチ] 名 [하他自] 背馳 ¶ 이론과 ~되는 행동 [iːrongwa ~dwenun hɛŋdoŋ イーロングヮ ~ドゥェヌン ヘンドン] 理論と背馳する行動.

배치[配置] [pɛːtʃʰi ペーチ] 名 [하他] 配置 ¶ 책상의 ~ [tʃʰɛksaŋe ~ チェクサンエ ~] 机の配置.

***배-탈**[pɛtʰal ペタル] 名 腹痛; 腹痛み; 食もたれ; 下痢など腹の病気の総称 ―**나다** [lada ラダ] 自 腹をこわす; 腹痛を起こす.

배터[bɛtʰɔ ベト] batter 名 〈野〉バッター ―**박스** [baks'ɯ バクス] 名 〈野〉バッターボックス(batter's box).

배터리 [bɛtʰɔri ベトリ] battery 名 バッテリー; 蓄電池.

배턴 [bɛtʰɔn ベトン] baton 名 (リレー競走での) バトン.

배트 [bɛtʰu ベトゥ] bat 名 〈野〉バット.

배팅 [bɛtʰiŋ ベティン] batting 名 〈野〉バッティング ―**오더** [oːdɔ オード] 名 〈野〉バッティングオーダー=打順.

***배-편**[―便] [pɛpʰjɔn ペピョン] 名 船便 ¶ ~으로 보내다 [~uro ponɛda

(ペピョ) ヌロ ポネダ] 船便で送る.
배포[配布][pɛ:pʰo ペーポ] 名 하他 配布; 配ること ¶ 광고지를 ～하다 [kwa:ŋgodʒirɯl ～hada クァーンゴジルル ～ハダ] 広告の散らしを配る.
배포[排布・排鋪][pɛpʰo ペポ] 名 ① 思い巡らすこと; 考え; 胸中 ② 肝っ玉; 度胸; 胆力 ¶ ～가 크다 [～ga kʰɯda ～ガ クダ] 慣 太っ腹だ; 肝が据わっている / ～가 유(柔)하다 [～ga juhada ～ガ ユハダ] あわてることなく悠然としている; こせこせずゆったりとしている.
배-표[一票][pɛpʰjo ペピョ] 名 船の切符; 乗船券.
배필[配匹][pɛ:pʰil ペーピル] 名 配偶者; つれあい ¶ 좋은 ～ [tʃo:ɯn ～ チョーウン ～] 似合いの夫婦.
배회-하다[徘徊—][pɛhwehada ペフェハダ] 自他 徘徊する; うろつく; ぶらつく ¶ 소매치기가 ～ [somɛtʃʰigiga ～ ソメチギガ ～] すりがうろつく.
배후[背後][pɛ:hu ペーフ] 名 背後; 後ろ; 裏面; 陰 ¶ ～에는 폭력단이 있다 [～enɯn pʰoŋrjokt'ani it'a ～エヌン ポンニョクタニ イッタ] 背後には暴力団がある / ～에서 조종하다 [～eso tʃodʒoŋhada ～エソ チョジョンハダ] 陰であやつる.

***백**[百][pɛk ペク] 数 百; 100 ¶ ～점 [～tʃ'ɔm ～チョム] 100点.
백[bɛk ペク] back 名 하他 バック ① 後進 ¶ ～넘버 [(bɛŋ)nɔmbɔ (ベン)ノムボ] バックナンバー ② 後ろ盾; 縁故.
백[bɛk ペク] bag 名 バッグ ¶ 숄더 ～ [ʃoldɔ:～ ショルドー～] ショルダーバッグ.
백골[白骨][pɛk'ol ペッコル] 名 白骨 ¶ ～이 되다 [(pɛk'or)i tweda (ペッコリ トゥェダ] 白骨となる **—난망**(難忘) [lanmaŋ ランマン] 名 死んで白骨になっても恩を忘れられないの意 ¶ 그 은혜는 ～입니다 [ɯnhenɯn ～imnida ウンヘヌン ～イムニダ] ご恩は死んでも忘れません.
백과[百科][pɛk'wa ペックァ] 名 百科 **—사전** [sa:dʒɔn サージョン] 名 百科事典, エンサイクロペディア.
백-날[百一][pɛŋnal ペンナル] 1 名 子供が生まれて100日目の日 2 副 いくら…しても ¶ ～ 해봐도 안 된다 [～hɛ:bwado andwenda ～ヘーブァド アンドゥェンダ] いくらやって見ても駄目だ.
백네트[bɛŋnetʰɯ ペンネトゥ] back+net

名 〈野〉 バックネット.
백년[百年][pɛŋnjɔn ペンニョン] 名 100年; 長い年月; 一生涯 **—가약**(佳約) [ga:jak ガーヤク] 名 一生ともに暮らそうという新郎新婦のめでたい契り **—해로** [hɛro ヘロ] 名 하直 一生の偕老; 共白髪.
백두-산[白頭山][pɛkt'usan ペクトゥサン] 名 白頭山; 長白山(半島の霊峰).

백두산

백련[白蓮][pɛŋnjɔn ペンニョン] 名 〈植〉 ハクレン(白蓮); ビャクレン; 「白木蓮」の略.
백로[白鷺][pɛŋno ペンノ] 名 〈鳥〉 シラサギ(白鷺); サギ.
백만[百萬][pɛŋman ペンマン] 数 百万; 100万 **—장자** [dʒa:ŋdʒa ジャーンジャ] 名 百万長者.
백모[伯母][pɛŋmo ペンモ] 名 おば; 伯父の妻; 父の長兄の妻.
백-목련[白木蓮][pɛŋmoŋnjɔn ペンモンニョン] 名 〈植〉 ハクモクレン.
백문[百聞][pɛŋmun ペンムン] 名 百聞 ¶ ～ 불여 일견(不如一見) [～ burjoilgjɔn ～ ブリョイルギョン] 諺 百聞は一見に如かず.
백미[白眉][pɛŋmi ペンミ] 名 白眉 ¶ 현대시의 ～ [hjɔ:ndɛʃie ～ ヒョーンデシエ ～] 現代詩の白眉.
***백반**[白飯][pɛkp'an ペクパン] 名 白米のご飯; (飲食店で白米のご飯に汁・おかずなどをそろえて出す韓国の)定食.
백발[白髮][pɛkp'al ペクパル] 名 白髪 ¶ ～의 노신사 [(pɛkp'ar)e no:ʃinsa (ペクパ)レ ノーシンサ] 白髪の老紳士.
백발-백중[百發百中][pɛkp'albɛktʃ'uŋ ペクパルベクチュン] 名 하直 百発百中 ¶ ～의 명사수 [～e mjɔŋsasu ～エ ミョンササス] 百発百中の名射手.
백방[百方][pɛkp'aŋ ペクパン] 名 百方; あらゆる方法[方面]; 方々 ¶ ～으로 손을 쓰다 [～ɯro sonɯl s'ɯda

백부[伯父][pɛkp'u ペクプ] 图 おじ；父の長兄.

백사-장[白沙・白砂場][pɛks'adʒaŋ ペクサジャン] 图 白い砂原.

백색[白色][pɛks'ɛk ペクセク] 图 白色 **―광**[k'waŋ クァン] 图 白色光 **―인종**[(pɛks'ɛg)indʒoŋ (ペクセ)ギンジョン] 图 白色人種；白人種.

백서[白書][pɛks'ɔ ペクソ] 图 白書 ¶경제 ～[kjɔŋdʒe(bɛks'ɔ) キョンジェ(ペクソ)] 経済白書.

백설-공주[白雪公主][pɛks'ɔlgoŋdʒu ペクソルゴンジュ] 图 白雪姫.

*백성**[百姓][pɛks'ɔŋ ペクソン] 图 人民；一般国民；庶民(農民の意には使わない) ¶무고한 ～[mugohan ～ ムゴハン ～] 無辜の民 / ～의 소리[～e sori ～エ ソリ] 国民の声. 「歳の称.

백수[白壽][pɛks'u ペクス] 图 白寿；99

백수-건달[白手乾達][pɛks'ugɔndal ペクスゴンダル] 图 一文なしののらくら者[ごろつき].

백숙[白熟][pɛks'uk ペクスク] 图他 水炊き；熱湯で煮た食べ物 ¶영계 ～[jɔŋge ～ ヨンゲ ～] 若鶏の水炊き.

백신[pɛkʃ'in ペクシン] vaccine 图 〈医〉ワクチン(〈ド〉Vakzin).

백씨[伯氏][pɛkʃ'i ペクシ] 图 他人の長兄に対する敬称.

백악-관[白堊館][pɛgak'wan ペガクヮン] 图 白亜館；ホワイトハウス.

백의[白衣][pɛgi ペギ] 图 白衣；白い衣服 ¶～의 천사[～e tʰɔnsa ～エ チョンサ] 白衣の天使 **―민족**[mindʒok ミンジョク] 图 韓国・朝鮮民族の別称.

백인[白人][pɛgin ペギン] 图 白人 **―종**[dʒoŋ ジョン] 图 白人種.

백일[白日][pɛgil ペギル] 图 白日；大昼[tɛːnat テーナッ] ¶～하에 드러나다[(pɛgir)hae turɯnada ～ハエ トゥロナダ] 白日のもとにさらされる **―장**[tʃ'aŋ チャン] 图 ①〈史〉王宮の庭で儒生の詩文づくり行事 ②(戸外で行なわれる)詩文づくりの公開コンテスト.

백일[百日][pɛgil ペギル] 图 百日；子供が生まれて百日目の日 **―기도**(祈禱)[gido ギド] 图 他自 百日詣で.

백일-홍[百日紅][pɛgirhoŋ ペギルホン] 图〈植〉サルスベリ(百日紅).

백자[白瓷・白磁][pɛktʃ'a ペクチャ] 图 白磁. 「爵.

백작[伯爵][pɛktʃ'ak ペクチャク] 图 伯

*백제**[百濟][pɛktʃ'e ペクチェ] 图〈史〉百済くだら；'고구려' 高句麗こうくりょ・'신라' 新羅しらぎと並立していた古代三国の1つ.

백중[伯仲][pɛktʃ'uŋ ペクチュン] 图 해形 伯仲 **―지세**(之勢)[dʒise ジセ] 图 優劣の差をつけにくい形勢.

*백지**[白紙][pɛktʃ'i ペクチ] 图 ① 白紙 ¶～답안[～daban ～ダバン] 白紙の答案 ② なんの知識もないこと **―상태**[saŋtʰɛ サンテ] 图 白紙の状態 ¶～로 돌리다[～ro tollida ～ロ トルリダ] 白紙に戻す[返す] **―장**(張)[dʒaŋ ジャン] 图 ① 白い紙の1枚1枚 ② 真っ白いもののたとえ **―화**[hwa ファ] 해自他 白紙化 ¶계획을 ～하다[keːhwegɯl ～hada ケーフェグル ～ハダ] 計画を白紙に戻す.

*백합**[百合][pɛkhap ペカプ] 图〈植〉ユリ(百合)；リリー **―화**[(pɛkha)pʰwa プァ] 图 ユリの花='나리꽃'.

*백화-점**[百貨店][pɛkʰwadʒɔm ペクァジョム] 图 百貨店；デパート.

밸런스[bellɔnsɯ ベルロンス] balance 图 バランス；つりあい.

*뱀**[pɛːm ベーム] 图〈動〉ヘビ(蛇) **―띠**[t'iッティ] 图 巳みの年生まれ.

*뱀-장어**[―長魚][pɛːmdʒaŋɔ ペームジャンオ] 图〈魚〉ウナギ(鰻). 「路.

뱃-길[pɛtk'il ペッキル] 图 船路ふなじ；航

뱃-노래[pɛnnorɛ ペンノレ] 图 舟歌.

뱃-멀미[pɛnmɔlmi ペンモルミ] 图 해自 船酔い.

뱃-사공[―沙工][pɛs'agoŋ ペッサゴン] 图 船頭；船方；船乗り. 「り；船員.

뱃-사람[pɛs'arm ペッサラム] 图 船乗

뱃-삯[pɛs'ak ペッサク] 图 船賃.

*뱃-속**[pɛs'ok ペッソク] 图 ① 腹のなか ② 心の中；腹 ¶～을 들여다 보다[(pɛs'og)ɯl turjɔda boda (ペッソ)グル トゥリョダ ボダ] 腹を読む.

뱃-심[pɛʃ'im ペッシム] 图 図太さ；度胸；心臓 **―좋다**[dʒotʰa ジョッタ] 图 図々しい；心臓が強い.

뱃-전[pɛtʃ'ɔn ペッチョン] 图 船端；船べり；船側；舷げん.

뱅[pɛŋ ペン] 副 ① ぐるっと(1回りするさま) ¶한 바퀴 ～ 돌다[han bakhwi ～ toːlda ハン バクィ ～ トールダ] ぐるっと1回りする ② ぐらっと；ふらっと

(急に目眩がするさま)¶정신(精神)이 ~ 돌다[tʃəŋʃini ~ to:lda チョンシニ ~ トールダ] 気がふらっとする.

뱅그르르 [pɛŋgɯrɯrɯ ペングルル] 副 くるりと(小さいものが滑らかに1回りするさま)¶한 바퀴 ~ 돌다[han bakʰwi ~ to:lda ハン バクィ ~ トールダ] くるりと1回りする.

뱅(글)-뱅(글) [pɛŋ(gɯl)bɛŋ(gɯl) ペン(グル)ベン(グル)] 副 くるくる.

뱅어[一魚] [pɛ:ŋɔ ペーンオ] 名 〈魚〉シラウオ(白魚).

-뱅이 [bɛŋi ベンイ] 接尾 ある習慣・性質・体つきなどのものをさげすんで言う語¶주정 ~[tʃu:dʒɔŋ~ チュージョン~] 酔いどれ/게으름 ~[kewrɯm ~ ケウルム ~] 怠け者.

***뱉다** [pɛ:tʼa ペータ] 他 ① 吐く¶침을 ~[tʃimɯl ~ チムル ~] つばを吐く ② 吐き出す¶착복한 돈을 뱉어냈다[tʃʰakpʼokhan to:nɯl pɛtʰɔnɛtʼa チャクポクカン トーヌル ペトネッタ] 着服した金を吐き出した[元へ返した].

뱉-듯이 [pɛ:tʼɯʃi ペートゥシ] 副 吐き捨てるように(相手をさげすむ態度で言うさま)¶~ 말했다[~ ma:rhɛtʼa ~ マールヘッタ] 吐き捨てるように言った.

버겁다 [pɔɡɔptʼa ポゴプタ] 形 ㅂ変 ① 手に余る¶버거운 일[pɔɡoun ni:l ポゴウン ニール] 手に余る仕事 ② 手ごわい¶버거운 상대[pɔɡoun saŋdɛ ポゴウン サンデ] 手ごわい相手.

버금-가다 [pɔgɯmgada ポグムガダ] 自 (順序からいって)次の番だ; 次ぐ; 匹敵する¶두목(頭目)에 ~가는 세력[tumoge ~ganun se:rjok トゥモゲ ~ガヌン セーリョク] 親方に次ぐ勢力.

버너 [bɔ:nɔ ボーノ] burner 名 バーナー.

버둥-거리다 [pɔduŋɡɔrida ポドゥンゴリダ] 自他 (手足を)しきりにばたつかせる; もがく.

***버드-나무** [pɔdɯnamu ポドゥナム] 名 〈植〉ヤナギ(柳) = 버들 [pɔdɯl ポドゥル] **버들-강아지 [개지]** [pɔdɯlganadʒi[gɛdʒi] ポドゥルガンアジ[ゲジ]] 名 柳の花綿 **버들-잎** [pɔdɯllip ポドゥルリプ] 名 柳の葉 **버들-피리** [pɔdɯlpʰiri ポドゥルピリ] 名 ① 柳で作った笛 ② 柳の葉を折り畳み口にくわえて吹く柳笛.

버럭 [pɔrɔk ポロク] 副 かっと(いきなり腹を立てるさま) **—버럭** [pʼɔrɔk ポロク] 副 かっかっと; むかむかと¶~ 화를 내다[~-(pʼɔrɯ)kʰwa:rul nɛ:da ~ クァールル ネーダ] むかっと腹を立てる.

***버르르** [pɔrɯrɯ ポルル] 副 하自 ① かっと¶~ 화를 내다[~ hwa:rul nɛ:da ~ ファールル ネーダ] かっと腹を立てる ② ぶるぶる¶~ 떨리다[~ tʼɔllida ~ ットルリダ] ぶるぶる震える ③ ぐらぐら(と)水が沸き返る.

버르장-머리 [pɔrɯdʒaŋmɔri ポルジャンモリ] 名 '버릇'; 癖; 行儀¶~ 없다[~ ɔpt'a ~ オプタ] 行儀が悪い.

***버릇** [pɔrɯt ポルッ] 名 ① 癖; しつけ; 習癖¶~을 고치다[(pɔrus) ɯl kotʃʰida (ポルス)ル コチダ] 癖を直す/~을 가르치다[(pɔrus) ɯl karɯtʃʰida (ポルス)ル カルチダ] しつける/ 술~ [sul (pʼɔrɯt) スル~] 酒癖 ② 行儀; 作法 **—없다** [(pɔrɯd) ɔpt'a (ポルド)プタ] 存 行儀が悪い; 無作法だ; ぶしつけだ¶~-없는 젊은이 [(pɔrɯd)-ɔmnɯn tʃɔlmɯni (ポル)ドムヌン チョルムニ] 不行儀な[無礼な・ぶしつけな]若者 **—없이** [(pɔrɯd) ɔpʃi (ポル)ドプシ] 副 ぶしつけに; 無作法に¶~ 굴다[~ ku:lda ~ クールダ] 無作法にふるまう.

***버리다** [pɔrida ポリダ] 1 他 ① 捨てる¶헌 옷을 ~[hɔ:n osul ~ ホーノスル ~] 古着を捨てる ② 見捨てる¶처자를 ~[tʃʰodʒarul ~ チョジャルル ~] 妻子を見捨てる ③ 台無しにする; 損なう¶과로로 몸을 ~[kwa:roro momul ~ クァーロロ モムル ~] 過労で体を壊す 2 補動 動詞の語尾に付いて「…してしまう」の意を表わす語¶가~ [ka(borida) カ(ポリダ)] 行ってしまう.

버림-받다 [pɔrimbatʼa ポリムバッタ] 自 (見)捨てられる¶사랑하는 사람에게서 ~[saraŋhanun sa:ramegesɔ ~ サランハヌン サーラメゲソ ~] 愛する人から捨てられる[振られる].

버무리다 [pɔmurida ポムリダ] 他 混ぜあわす; 和える¶된장에 ~[twe:ndʒaŋe ~ トゥェーンジャンエ ~] みそで和える.

***버선** [pɔsɔn ポソン] 名 韓国・朝鮮の固有の足袋.

***버섯** [pɔsɔt ポソッ] 名 〈植〉キノコ; タケ¶송이 ~[soŋi(bɔsɔt) ソンイ(ポソッ)] 松茸類.

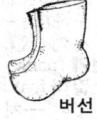

***버스** [bɔsɯ ボス] bus 名 バス¶고속

버젓하다 442 **번성하다**

~ [kosok~ コソク~] 高速バス / 직행~ [tʃik'ɛŋ~ チクケン~] 直通バス.

버젓-하다 [pʌdʒʌthada ポジョッタダ] 形 [여変] 堂々としている; 立派だ ¶풍채는 ~ [pʰuntʃʰɛnun ~ プンチェヌン ~] 風采は堂々としている **버젓-이** [pʌdʒʌsi ポジョシ] 副 堂々と.

버쩍 [pʌtʃ'ʌk ポッチョク] 副 ① すっかり ¶물이 ~ 말라붙다 [muri (pʌtʃ'ʌŋ) mallabut'a ムリ (ポッチョン) マルラブッタ] 水がすっかり干上がる ② ぱっと ¶정신(精神)이 ~ 들다 [tʃʌŋʃini ~ t'ulda チョンシニ ~ トゥルダ] ぱっと気がつく ③ ぎゅっと ¶~ 죄다 [~ tʃ'we:da ~ チュエーダ] ぎゅっと締めつける.

*__버찌__ [pʌtʃ'i ポッチ] 名 サクランボ(桜桃).
*__버터__ [bʌtʰʌ ボト] butter 名 バター.

버튼 [bʌtʰun ボトゥン] button 名 ボタン＝단추 [tantʃʰu タンチュ].

*__버티다__ [pʌtʰida ポティダ] 自他 ① 持ちこたえる; 耐[堪]える ¶탄압에 ~ [tʰa:nabe ~ ターナべ ~] 弾圧に堪える ② 支える ¶통나무로 기둥을 ~ [tʰoŋnamuro kiduŋul ~ トンナムロ キドゥンウル ~] 丸太で柱を支える ③ 頑張る; 対抗する ¶끝까지 ~ [k'ɯtk'adʒi ~ ックカジ ~] 最後まで頑張る ④ 威勢よく胸を張る.

버팀-목[一木][pʌtʰimmok ポティムモク] 名 支え木; つっかい(棒).

벅적-거리다 [pʌktʃ'ʌk'ʌrida ポクチョクコリダ] 自 ① 雑踏している; 立て混む; ごった返す ② 騒ぎたてる.

벅차다 [pʌktʃʰada ポクチャダ] 形 ① 手に余る; 手に負えない ¶일이 ~ [i:ri ~ イーリ ~] 仕事が手に負えない ② 一杯だ; 溢れそうだ ¶가슴이 ~ [kasɯmi ~ カスミ ~] 胸が一杯だ.

*__번__[番][pʌn ポン] 1 依名 ① 番 ¶1~ [il(bʌn) イル(ポン)] 第一番 ② 回; 度 ¶한~의 만남 [han(bʌn)e mannam ハン(ポ)ネ マンナム] 1回の出会い 2 名 順番に交替する[宿直する]こと ¶당~ [taŋ(bʌn) タン(ポン)] 当番; 当直.

*__번-갈아__[番—][pʌngara ポンガラ] 副 代わる代わる; 交替[交代]に ¶~ 근무하다 [~ ku:nmuhada ~ クーンムハダ] 代わる代わる勤務する.

*__번개__ [pʌngɛ ポンゲ] 名 稲妻; 稲光 **—같다** [gat'a ガッタ] 形 稲妻のように早い **—치다** [tʃʰida チダ] 自 稲妻が光る[走る] **번갯-불** [pʌngɛtp'ul ポンゲップル] 名 稲光.

*__번거-롭다__ [pʌngʌropt'a ポンゴロプタ] 形 [ㅂ変] ① 煩わしい; やっかいだ; 煩雑だ ¶~-로운 일 [~-roun ni:l ~-ロウン ニール] やっかいな仕事 ② 騒々しい; ごたごたしている **번거-로이** [pʌngʌroi ポンゴロイ] 副 煩わしく.

번뇌[煩惱][pʌnnwe ポンヌェ] 名 [하自] 煩悩; 濁り ¶~를 떨다 [~-rul t'ɔ:lda ~ルル ットールダ] 濁りを払う.

*__번데기__ [pʌndegi ポンデギ] 名〈虫〉サナギ(蛹); 煮つけたサナギ.

번둥-거리다 [pʌnduŋgʌrida ポンドゥンゴリダ] 自 ぶらぶら遊んで暮らす; 怠ける **번둥-번둥** [pʌnduŋbʌnduŋ ポンドゥンポンドゥン] 副 [하自] ぶらぶら, のらくら ¶~ 놀고 지내다 [~ no:lgo tʃi:nɛda ~ ノールゴ チーネダ] ぶらぶら遊び暮らす.

*__번드레-하다__ [pʌndɯrehada ポンドゥレハダ] 形 [여変] 見かけが立派だ[つやかだ] ¶~-한 옷차림 [~-han otʃʰarim ~-ハン オッチャリム] りゅうとした身なり **번들-번들** [pʌndɯlbʌndɯl ポンドゥルポンドゥル] 副 [하形] つやつや(と), ぴかぴかと.

번득-이다 [pʌndɯgida ポンドゥギダ] 自他 きらきら輝く[輝かせる]; きらっと光(らせ)る; ひらめく; ＝번뜩이다 [pʌnt'ɯgida ポントゥギダ] ¶눈을 ~ [nunul ~ ヌヌル ~] 目を光らせる.

번민[煩悶][pʌnmin ポンミン] 名 [하自] 煩悶熟, 悩み ¶사랑에 ~ 하다 [saraŋe ~hada サランエ ~ハダ] 恋に悶える.

번번-이[番番—][pʌnbʌni ポンボニ] 副 毎度; いつも; しょっちゅう ¶~ 지다 [~ tʃida ~ チダ] いつも負ける.

번번-하다 [pʌnbʌnhada ポンボンハダ] 形 [여変] ① 平だ; 滑らかだ ② (顔つきや外観が)立派に見える ¶외모는 ~ [we:monun ~ ウェーモヌン ~] 見掛けは立派だ ③ (身分が)相当である[かなりだ] ¶~-한 집안 [~-han tʃiban ~-ハン チバン] 相当な家柄.

번복-하다[飜覆・翻覆—][pʌnbokhada ポンボクハダ] 他 ① 何度も変更する; 覆す; 翻す ¶증언을 ~ [tʃɯŋʌnul ~ チュンオヌル ~] 証言を覆す ② 繰り返す; 反復する.

번성-하다[繁盛—][pʌnsʌŋhada ポンソンハダ] 自 繁盛する; 盛んだ; はやる ¶장사가 ~ [tʃaŋsaga ~ チャンサ

*번식[繁殖·蕃殖][pənʃik ポンシク] 名 하自 繁殖 —력[(pənʃin)njək (ポンシン)ニョク] 繁殖力.
*번역[飜譯·翻譯][pənjək ポニョク] 名 翻訳 ¶동시 ~[toːŋʃi (bənjək) トーンシ(ポニョク)] 同時翻訳 —하다[(pənjə)-kʰada カダ] 他 翻訳する; 訳する.
*번영[繁榮][pənjəŋ ポニョン] 名 하自 繁栄; 栄え ¶기업의 ~[kiəbe ~ キオベ ~] 企業の繁栄.
*번잡[煩雑][pəndʒap ポンジャプ] 名 하形 ㅅ形 煩雑[繁雑] ¶~한 사건[작업][(pəndʒa)pʰan saːk'ən[tʃagəp] ~パン サーコン[チャゴプ]] 煩雑な事件[煩雑な作業].
번지[番地][pəndʒi ポンジ] 名 番地.
*번지다[pəndʒida ポンジダ] 自 ① にじむ; 散る; 染(滲)みる ¶옷에 피가 ~[ose pʰiga ~ オセ ピガ ~] 着物に血がにじむ ② 広がる; 広まる ¶불이 옆집으로 ~[puri jəptʃ'ibɯro ~ プリ ヨプチブロ ~] 火が隣の家に燃え移る / 소문(所聞)이 ~[soːmuni ~ ソームニ ~] うわさが広がる.
*-번째[番—][pəntʃ'ɛ ポンッチェ] 接尾 …番目; …度目 ¶두 ~[tuː~ トゥー~] 2度目.
*번쩍[pəntʃ'ək ポンッチョク] 1 副 ① さっと ¶쌀가마니를 ~ 들다[s'alk'amanirɯl ~ t'ulda ッサルカマニルル ~ トゥルダ] 米俵を軽々と[さっと]持ち上げる ② ぱっと ¶눈을 ~ 뜨다[nunɯl ~ t'ɯda ヌヌル ~ ットゥダ] ぱっと目を見開く 2 副 하自他 ぴかっと ¶~ 빛나다[~ pʰinnada ~ ピンナダ] ぴかっと光る.
번쩍-거리다[pəntʃ'ək'ərida ポンッチョクコリダ] 自他 きらめく; ひらめく; ひらめかせる; ぴかっぴかっする; ぴかぴかさせる; =번쩍이다[pəntʃ'əgida ポンッチョギダ] ¶~-거리는 옷차림[~ k'ərinɯn otʃʰarim ~-コリヌン オッチャリム] きらめく服装.
번창[繁昌][pəntʃʰaŋ ポンチャン] 名 하自 繁盛; 盛んなこと ¶가게가 ~하다[kaːgega ~hada カーゲガ ~ハダ] 店が繁盛する.
번트[bəntʰɯ ポントゥ] bunt 名 〈野〉バント.
번-하다[pəːnhada ポーンハダ] 形 여変 ① 薄明かるい ¶하늘이 ~-하게 밝아온다[hanɯri ~-hage palgaonda ハヌリ ~-ハゲ パルガオンダ] 空が白々と明けて来る ② わかりきっている; 明白だ; 知れている ¶~-한 거짓말을 하다[~-han kəːdʒinmarɯl hada ~-ハン コージンマルル ハダ] 白々しいうそをつく ③ …したかも知れない ¶다칠 ~-했다[tatʃʰil (p'ɔːn) hetʰa タチル ~-ヘッタ] 危なくけがするところだった.
*번호[番號][pənho ポンホ] 名 番号 ¶전화 ~[tʃəːnhwa (bənho) チョーンファ (ポンホ)] 電話番号.
*번화[繁華][pənhwa ポンファ] 名 하形 繁華; にぎやか ¶~한 거리[~han kəri ~ハン コリ] にぎやかな町 —가[ga ガ] 名 繁華街.

*벋다[pəːt'a ポッタ] 1 自 ① (枝·つるなどが)伸びる ② 勢力が及ぶ =【세력이 ~[seːrjəgi ~ セーリョギ ~] 2 形 (先が外側に)反っている ¶앞니가 ~[amniga ~ アムニガ ~] 前歯が反っている.
*벌¹[pəl ポル] 1 名 (衣服·器物などの)そろい ¶옷 한 ~로 된 옷[han (bəl)lo twen ot ハン (ポル) ロ トェン オッ] 対の服 2 依名 …着; …具(そろいを数える語) ¶양복 한~[jaŋbok kʰan (bəl) ヤンボク カン(ポル)] 洋服1着.
*벌²[pəl ポール] 名 〈虫〉ハチ(蜂) ¶꿀~[k'ul (bəl) ックル (ポル)] ミツバチ.
*벌³[pəl ポル] 名 野原; 平野; 原.
*벌[罰][pəl ポル] 名 罰; ばち —받다[baːt'a バッタ] 自 罰を受ける; ばちが当たる —쓰다[s'ɯda ッスダ] 自 罰を受ける; 罰せられる —하다[(pər)-hada ハダ] 他 罰する.
*벌거-벗다[pəlgəbət'a ポルゴボッタ] 自 ① 裸になる ② (山が)はげる. > '발가벗다'.
벌거-숭이[pəlgəsuŋi ポルゴスンイ] 名 裸; 裸ん坊 —산[san サン] 名 はげ山.
벌겋다[pəːlgətʰa ポールゴッタ] 形 ㅎ変 薄赤い.
벌게-지다[pəːlgedʒida ポールゲジダ] 自 赤くなる ¶흥분하여 얼굴이 ~[huŋbunhajə əlguri ~ フンブンハヨ オルグリ ~] 興奮して顔が赤くなる.
*벌금[罰金][pəlgɯm ポルグム] 名 罰金.
벌꺽[pəlk'ək ポルッコク] 副 ① かっと; むくっと; ぱっと(急に怒ったりりきんだりするさま) ¶~ 화를 내다[(pəlk'ə) kʰwaːrɯl nɛːda ~ クァールル ネーダ] かっと怒る / ~ 들어올리다[~ t'ɯrəollida ~ トゥロオルリダ] ぱっと持ち上げる ② 物事が急にひっくり返るさ

벌다 / 범람

ま; 大騒になるさま ¶온 집안이 뒤집히다[o:n tɕibani ~ t'widʑipʰida オーン チバニ ~ トゥィジピダ] 家中が大騒ぎになる.

*벌-다 [pɔːlda ポールダ] 他 (己語幹) ① 儲ける; 稼ぐ ¶생활비를 ~[sɛŋhwalbirul ~ センファルビルル ~] 生活費を稼ぐ ② 利益を得る ¶한 밑천 ~[han mitɕʰɔn ~ ハン ミッチョン ~] ひとやま当てる.

*벌떡 [pɔlt'ɔk ポルットク] 副 ① むっくり; ぱっと ¶~ 일어나다 [(pɔlt'ɔɡ) irɔnada (ポルット) ギロナダ] ぱっと起きあがる ② ばったり; どさっと ¶~ 자빠지다 [~ tɕ'ap'adʑida ~ チャッパジダ] ばったり仰向けに倒れる.

벌렁 [pɔllɔŋ ポルロン] 副 ごろりと; ばたっと; ばたり(にわかに仰向けに倒れるさま) ¶뒤로 ~ 나자빠지다[twiro ~ nadʑap'adʑida トゥィーロ ~ ナジャッパジダ] ごろりと仰向けに倒れる. 大の字に寝ころぶ.

벌렁-코 [pɔllɔŋkʰo ポルロンコ] 名 しし「ばな.

*벌레 [pɔlle ポルレ] 名 虫; 昆虫 ¶~ 소리 [~ sori ~ ソリ] 虫の音 /책~[tɕʰɛk(p'olle) チェク~] 本の虫.

벌리다¹ [pɔːllida ポールリダ] 自 (金が)儲かる ¶돈이 잘 벌리는 장사[toːni tɕal bɔllinun tɕaŋsa トーニ チャル ボールリヌン チャンサ] 金のよくもうかる商売.

*벌리다² [pɔːllida ポールリダ] 他 ① 開ける ¶입을 ~[ibul ~ イブル ~] 口を開ける ② 広げる ¶날개를 ~[nalɡɛrul ~ ナルゲルル ~] 翼を広げる ③ 開く; 広げる ¶상점(商店)을 ~[saŋdʑɔmul ~ サンジョムル ~] 店を開く / 일을 여기저기 ~[iːrul jɔɡidʑɔɡi ~ イールル ヨギジョギ ~] 仕事をあちこちに広げる.

벌목 [伐木] [pɔlmok ポルモク] 名 伐木 ¶~ 하다 [(pɔlmo)kʰada カダ] 自 木を切り倒す.

벌벌 [pɔːlbɔl ポールボル] 副 ① ぶるぶる; びくびく; おどおど(寒さや恐怖に震えるさま) ¶무서워서 ~ 떨다[musɔwɔsɔ ~ t'ɔlda ムソウォソ ~ ットールダ] 怖くてぶるぶる(と)震える ② けちけち(物惜しみするさま) ¶돈에 ~ 떨다[toːne ~ t'ɔlda トーネ ~ ットールダ] 金にけちけちする.

*벌써 [pɔlsˀɔ ポルッソ] 副 ① すでに; もう; とっくに; とうに ¶~ 돌아갔다[~ toraɡat'a ~ トラガッタ] とうに帰った ② いつのまにか; もはや ¶~ 아이가 둘이다[~ aiɡa tuːrida ~ アイガ トゥーリダ] もはや子供が2人だ.

*벌어-지다 [pɔːrɔdʑida ポーロジダ] 自 ① (すき間が)空く ¶벽에 틈이 ~ [pjɔɡe tʰumi ~ ピョゲ トゥミ ~] 壁にすき間ができる ② (仲が)疎くなる; 遠くなる ¶사이가 ~[saiɡa ~ サイガ ~] 仲が疎くなる ③ 開く; ほころびる ¶꽃봉오리가 ~[k'otp'oŋoriɡa ~ ッコッポンオリガ ~] つぼみが開く ④ (事が)起こる; 繰り広げられる ¶전투가 ~[tɕɔːntʰuɡa ~ チョーントゥガ ~] 戦闘が繰り広げられる ⑤ (体が)横に張る ¶가슴이 ~[kasumi ~ カスミ ~] 胸がはだける; 胸幅が広い.

벌이 [pɔːri ポーリ] 名 儲け; 稼ぎ ¶~가 되다 [~ɡa tweda ~ガトゥェダ] もうかる ━하다 [hada ハダ] 自 稼ぐ.

*벌이다 [pɔːrida ポーリダ] 他 ① (仕事を)始める ¶새 사업을 ~[sɛ saɔbul ~ セ サーオブル ~] 新しい事業を始める ② 並べる; 陳列する ¶상품을 벌여놓다[saŋpʰumul pɔːrjɔ notʰa サンプムル ポーリョ ノッタ] 商品を並べる[陳列する] ③ (店を)開く ¶채소(菜蔬) 가게를 ~[tɕʰɛːso ɡaɡerul ~ チェーソ ガーゲルル ~] 八百屋を開く ④ 繰り広げる; 展開する.

벌채 [伐採] [pɔltɕʰɛ ポルチェ] 名 他 伐採 ¶~ 작업 [~ dʑaɡɔp ~ ジャゴプ] 伐採作業.

벌초 [伐草] [pɔltɕʰo ポルチョ] 名 自 雑草を刈って墓の手入れをすること.

벌충-하다 [pɔltɕʰuŋhada ポルチュンハダ] 他 補う; 補充する; 埋め合わせる ¶결손을 ~[kjɔlsˀonul ~ キョルソヌル ~] 欠損を補充する.

벌컥 [pɔlkʰɔk ポルコク] 副 かっと ¶~ 성을 내다 [~ sˀɔːŋul nɛːda ~ ソーンウル ネーダ] かっと怒る.

*벌판 [pɔlpʰan ポルパン] 名 広い野原; 平野; 広っぱ; 略 '벌³'.

*범 [pɔːm ポーム] 名 〈動〉トラ(虎) = 호랑이 [hoːraŋi ホーランイ] ━나비 [nabi ナビ] 名 〈虫〉アゲハチョウ = 호랑나비 [hoːraŋnabi ホーランナビ] ━띠 [t'i ッティ] 名 寅年生まれ.

범람 [氾濫] [pɔːmnam ポームナム] 名 自 氾濫 ¶하천의 ~[hatɕʰɔne

~ ハチョネ ~] 川の氾濫 / 외래품(外來品)의 ~ [weːrɛphume ウェーレプメ ~] 外国製品の氾濫.

범벅 [pɔmbək ポムボク] 图 ① ごっちゃ混ぜ; 入り乱れること ¶ ~이 되다 [(pɔmbəg)i tweda (ポムボ)ギ トゥェダ] ごった返しになる; 入り乱れる / ~이 되어 싸우다 [(pɔmbəg)i twɛɔ s'auda (ポムボ)ギ トゥェオ ッサウダ] 入り乱れて戦う ② カボチャのごった煮の食べ物.

***범위** [範圍] [pɔːmwi ポームイ] 图 範囲 ¶ 활동 ~ [hwaltʼoŋ(bɔːm)wi] ファルトン (ボームイ)] 活動範囲.

***범인** [犯人] [pɔːmin ポーミン] 图 犯人; 犯罪者 ━**은닉죄** [unnikʧʼwe (ポーミ)ヌンニクチュェ] 图 犯人隠匿罪.

***범절** [凡節] [pɔmʤɔl ポムジョル] 图 (日常生活の)きまり; 物事の秩序・手順・作法 ¶ 예의 ~ [jei (bɔmʤɔl) イェイ (ポムジョル)] 礼儀作法; 礼節.

***범죄** [犯罪] [pɔːmʤwe ポームジュェ] 图 [하自] 犯罪 ¶ 소년 ~ [sonjɔn (bɔːmʤwe) ソーニョン (ポームジュェ)] 少年犯罪.

***범주** [範疇] [pɔːmʤu ポームジュ] 图 範疇ちゅう; カテゴリー ¶ …의 ~에 들다 [e ~e twulda エ ~エ トゥルダ] …の範疇に入る.

***범-하다** [犯—] [pɔːmhada ポームハダ] 他 [여変] 犯す ¶ 죄를 ~ [ʧwerul ~ チュェールル ~] 罪を犯す.

범행 [犯行] [pɔːmhɛŋ ポームヘン] 图 [하自] 犯行 ¶ ~을 자백하다 [~ul ʧabɛkhada ~ウル チャベクハダ] 犯行を自白する.

***법** [法] [pɔp ポプ] 图 ① 法; 法律 ¶ ~을 어기다 [(pɔb)ɯl ɔgida (ポ)ブルオギダ] 法に背く[法を犯す] ② きまり; ならわし ¶ 그런 말을 하는 ~이 있는가? [kurɔn maːrul hanɯn (bɔb)i innɯnga クロン マールル ハヌン (ポ)ビ インヌンガ] そんな口のきき方があるか ③ 方法; 方式; 仕方 ¶ 요리하는 ~ [jorihanɯn ~ ヨリハヌン ~] 料理の仕方 ④ …するものだ ¶ 돈이 드는 ~이다 [toːni tunɯn (bɔb)ida トーニ トゥヌン (ポ)ビダ] お金がかかるものだ ⑤ …ということは(ない) ¶ 그는 화내는 ~이 없다 [kɯnɯn hwaːnɛnɯn (bɔb)i ɔpʼta クヌン ファーネヌン (ポ)ビオープタ] 彼は腹を立てるようなことはない.

법관 [法官] [pɔpkʼwan ポプクァン] 图 裁判官; 司法官; 法官.

법규 [法規] [pɔpkʼju ポプキュ] 图 法規 ━**명령** [mjɔːŋnjɔŋ ミョーンニョン] 图 法規命令.

법도 [法度] [pɔptʼo ポプト] 图 ① 法度はっ; おきて; ② 家法; 礼法 ¶ ~에 어긋나다 [~e ɔgunnada ~エ オグンナダ] おきてに背く ② 法規 ¶ ~를 어기다 [~-rul ɔgida ~ルル オギダ] 法規を破る.

법랑 [琺瑯] [pɔmnaŋ ポムナン] 图 ほうろう; エナメル.

법령 [法令] [pɔmnjɔŋ ポムニョン] 图 法令 ¶ ~에 따라서 [~e tʼarasɔ ~エ ッタラソ] 法令によって.

***법률** [法律] [pɔmnjul ポムニュル] 图 法律 ¶ ~ 위반 [(pɔmnjur) wiban (ポムニュ) ルイバン] 法律違反.

***법석** [法席] [pɔpsʼɔk ポプソク] 图 [하自] 大騒ぎ; 騒動; がやがや[わいわい]と騒ぎたてること ¶ 왜 이리 ~이냐? [wɛ iri (pɔpsʼɔg)inja ウェー イリ (ポプソ)ギニャ] なぜこんなに騒variety.いだてるんだ.

법안 [法案] [pɔban ポバン] 图 法案 ¶ ~이 통과되다 [~i thoŋgwadweda ~イ トングァドゥェダ] 法案が通る.

***법원** [法院] [pɔbwɔn ポブォン] 图 裁判所 ━**장** [ʤaŋ ジャン] 图 裁判所長.

법인 [法人] [pɔbin ポビン] 图 法人 ¶ 재단 ~ [ʧɛdan (bɔbin) チェダン (ボビン)] 財団法人.

***법정** [法廷] [pɔpʧɔŋ ポプチョン] 图 法廷 ¶ ~에 서다 [~e sɔda ~エ ソダ] 法廷に立つ.

법정 [法定] [pɔpʧɔŋ ポプチョン] 图 [하他] 法定 ━**기일** [giil ギイル] 图 法定期日.

법조 [法曹] [pɔpʧʼo ポプチョ] 图 法曹 ━**계** [ge ゲ] 图 法曹界.

***법칙** [法則] [pɔpʧʰik ポプチク] 图 法則 ¶ 자연의 ~ [ʧajɔne ~ チャヨネ ~] 自然の法則.

법-하다 [pɔphada ポプハダ] [補形] [여変] …らしい; …しそうだ(推量の意を表わす) ¶ 그렇게 될~ [kɯrɔkhe twel (pʼɔphada) クロッケ トゥェル ~] そうなるらしい[なりそうだ].

법학 [法學] [pɔphak ポプハク] 图 法学.

***벗** [pɔt ポッ] 图 友; 友達; 友人 ¶ 진정(眞正)한 ~ [ʧinʤɔŋhan ~ チンジョンハン ~] まことの友.

***벗겨-지다** [pɔtkʼjɔʤida ポッキョジダ] 自 ① 脱げる ¶ 신발이 ~ [ʃinbari ~

シンバリ ~] 靴が脱げる ② 剝げる; 剝げる ¶무릎이 ~[murɯbi ~ ムルビ ~] 膝がむける / 칠이 ~[tʃʰiri ~ チリ ~] ぺんきがはげる ③ 禿げる ¶머리가 ~[mɔriga ~ モリガ ~] 頭が禿げる ④ そそがれる ¶누명이 ~[nu:mjʌŋi ~ ヌーミョンイ ~] えん罪[ぬれぎぬ]がそそがれる.

***벗기다**[pʌk'ida ポッキダ] 他 ① 脱がせる='벗다'의 使役形 ¶옷을 ~[osɯl ~ オスル ~] 服を脱がせる ② 剝く; 剝ぐ ¶가죽을 ~[kadʒugɯl ~ カジュグル ~] 皮を剝ぐ / 껍질을 ~[k'ʌptʃirɯl ~ ッコプチルル ~] 表皮を剝く ③ 取る; はがす ¶뚜껑을[마개를] ~[t'uk'ʌŋɯl[magerɯl] ~ ットゥッコンウル[マゲルル] ~] 蓋を取る[栓を抜く] ④ こすり落とす ¶때를 ~[t'ɛrɯl ~ ッテルル ~] 垢をこすり落とす.

벗다[pʌt'a ポッタ] 自 やぼなところが抜ける; 垢抜けする ¶때가 벗은 여자(女子)[t'ɛga pʌsɯn njʌdʒa ッテガ ポスン ニョジャ] 垢抜け(し)た女性.

***벗다**²[pʌt'a ポッタ] 他 ① 脱ぐ ¶옷을 ~[osɯl ~ オスル ~] 服を脱ぐ / 모자를 ~[modʒarɯl ~ モジャルル ~] 帽子を取る ② 免れる; 晴らす ¶죄를 ~[tʃwe:rɯl ~ チュエールル ~] 罪を晴らす ③ (苦痛などから) 逃れる.

벗-삼다[pʌ:s'amt'a ポーッサムタ] 他 友とする ¶책을 ~[tʃʰɛgɯl ~ チェグル ~] 本を友とする.

***벗어-나다**[pʌsʌnada ポソナダ] 自他 ① 逃れる; 免れる; 脱け出す ¶시험지옥에서 ~[ʃihʌm dʒiogesʌ ~ シホム ジオゲソ ~] 試験地獄から免れる ② 外れる; 抜ける ¶코스에서 ~[kʰo:sɯesʌ ~ コースエソ ~] コースから外れる ③ 見放される ¶부장의 눈에 ~[pudʒaŋe nune ~ プジャンエ ヌネ ~] 部長に見放される[疎んじられる].

벗어-버리다[pʌsʌbʌrida ポソボリダ] 他 ① 脱ぎ捨てる ¶장갑을 ~[tʃaŋgabɯl ~ チャーンガブル ~] 手袋を脱ぎ捨てる ② 免れる ¶누명을 ~[nu:mjʌŋɯl ~ ヌーミョンウル ~] 汚名をすすぐ; 晴れの身となる.

***벗어-지다**[pʌsʌdʒida ポソジダ] 自 ① 脱げる; 外れる ¶신발이 ~[ʃinbari ~ シンバリ ~] 靴が脱げる / 안경이 ~[a:ngjʌŋi ~ アーンギョンイ ~] めがねが外れる ② 剝げる ¶칠이 ~[tʃʰiri ~ チリ ~] 塗りが剝げる ③ 禿げる ¶이마가 ~[imaga ~ イマガ ~] ひたいがはげ上がる.

벗-하다[pʌ:tʰada ポッタダ] 自他 여変 友とする ¶자연을 ~[tsjʌnɯl ~ チャヨヌル ~] 自然を友とする.

벙벙-하다[pʌŋbʌŋhada ポンボンハダ] 形 여変 呆然とする; ぽかんとする ¶어안이 ~[ɔ:ani ~ オーアニ ~] あきれてものが言えない.

벙어리[pʌŋʌri ポンオリ] 名 ① 口のきけない人; ろうあ者 ② 俗 錠.

*** 벚-꽃**[pʌtk'ot ポッコッ] 名 桜花; 桜.

벚-나무[pʌnnamu ポンナム] 名 〈植〉 サクラ(桜); サクラの木; 山桜.

*** 베**[pe ペ] 名 布地 ¶~(를) 짜다[~(rɯl) tʃ'ada (~ルル) ッチャダ] 機を織る ─틀[tʰɯl トゥル] 名 (織)機.

*** 베개**[pegɛ ペゲ] 名 枕 ¶~를 베다[~rɯl pe:da ~ルル ペーダ] 枕をする.

*** 베끼다**[pek'ida ペッキダ] 他 書き写す; 写す ¶노트를 ~[no:tʰɯrɯl ~ ノートゥルル ~] ノートを写す[書き取る].

베다¹[pe:da ペーダ] 他 枕をする.

*** 베다**²[pe:da ペーダ] 他 ① 切る; 切断する ① (刃物で)傷つける ¶벤 상처를 꿰매다[pe:n saŋtʃʰɔrɯl k'we:mɛda ペーン サンチョルル ックェーメダ] 切り口[傷口]を縫う ② (草などを)刈る ¶낫으로 풀을 ~[nasɯro pʰurɯl ~ ナスロ プルル ~] 鎌で草を刈る ③ 首にする; 解雇する ¶목을 ~[mogɯl ~ モグル ~] 首にする; 首を切る ④ (布地などを)裁つ.

베드[bedɯ ベドゥ] bed 名 ベッド ─룸[ru:m ルーム] bedroom 名 ベッドルーム.

베어-먹다[peɔmʌkt'a ペオモクタ] 他 切り取って食べる; かじる ¶사과를 ~[sagwarɯl ~ サグァルル ~] リンゴをかじる.

베이비[beibi ベイビ] baby 名 ベビー.

베이스[beisɯ ベイス] base 名 〈野〉 ベース ─러너[rʌnʌ ロノ] base runner 名 ベースランナー.

베이컨[beikʰʌn ベイコン] bacon 名 ベーコン.

베일[beil ベイル] veil 名 ベール ¶~을 쓰다[(beir)ul s'uda (ベイ)ルル ッスダ] ベールをかぶる.

*** 베짱이**[petʃ'aŋi ペッチャンイ] 名 〈虫〉 ウマオイ(ムシ)(馬追(虫)).

*** 베풀다**[pepʰulda ペプルダ] 他 ㄹ語幹 ①

設ける; 張る; 催す ¶잔치를[주연을] ~ [tʃantʃʰirul(tʃujonul] ~ チャンチルル[チュヨヌル] ~] 宴(酒宴)を張る ② 恵む; 施す ¶자비를 ~ [tʃabirul ~ チャビルル ~] 慈悲を施す.

벨 [bel ベル] bell 名 ¶비상 ~ [piːsaŋ~ ピーサン~] 非常ベル.

벨트 [belthɯ ベルトゥ] belt 名 ベルト.

*벼 [pjɔ ピョ] 名〈植〉イネ(稲) ¶~이삭 [~isak ~イサク] 稲穂 / ~베기 [~begi ~ベギ] 稲刈り —농사(農事)[noŋsa ノンサ] 稲作.

*벼락 [pjɔrak ピョラク] 名 雷 —같다 [(pjɔra)k'at'a カッタ] 形(稲妻のように)行動が速い —같이 [(pjɔra)-k'atʃʰi カチ] 副 非常に速く —맞다 [(pjɔraŋ)mat'a (ピョラン)マッタ] 自 ① 雷に打たれる ② 罰が当たる; ひどい目にあう ¶~-맞을 소리를 하다 [(pjɔraŋ)madʒɯl sorirul hada (ピョラン)マジュル ソリルル ハダ] とんでもないことを言う —부자(富者) [p'udʒa ブジャ] 名 にわか成金[長者] —이 떨어지다 [(pjɔrag)i t'ɔrɔdʒida (ピョラ)ギットロジダ] 慣 雷が落ちる; 大目玉を食う —치다 [tʃʰida チダ] 自 落雷する —치기 [tʃʰigi チギ] 名 にわか仕事 ¶~공부 [~ gonbu ~ ゴンブ] (試験が迫ってからの)にわか勉強.

벼랑 [pjɔraŋ ピョラン] 名 崖; 断崖; 絶壁 ¶~-길 [~k'il ~キル] がけ道.

벼루 [pjɔru ピョル] 名 硯 **벼룻-돌** [pjɔrut'ol ピョルットル] 名 硯石.

*벼룩 [pjɔruk ピョルク] 名〈虫〉ノミ(蚤).

벼르다 [pjɔrɯda ピョルダ] 自他〈르変〉 (…しようと)心に決める; (機会を)ねらう; 爪を研ぐ ¶기회를 ~ [kihwerul ~ キフェルル ~] 機会をねらう.

*벼슬 [pjɔsul ピョスル] 名 [한]自 官職; 官制上の地位 ¶~이 높다 [(pjɔsur)i nopt'a (ピョスリ) ノプタ] 官位が高い.

*벽 [pjɔk ピョク] 名 壁 ¶~에 부딪치다 [(pjɔg)e puditʃʰida (ピョ)ゲ プディッチダ] 壁[どん詰まり]に突き当たる —걸이 [(pjɔ)k'ɔri コリ] 名 壁掛け —쌓다 [s'atʰa ッサタ] 自 壁を築く 慣 関係[交わり]を絶つ.

*벽-돌 [pjɔkt'ol ピョクトル] 名 煉瓦 ¶붉은 ~ [pulgun ~ プルグン ~] 赤煉瓦.

벽두 [劈頭] [pjɔkt'u ピョクトゥ] 名 劈頭; 冒頭 ¶신년 ~ [ʃinnjɔn (bjɔkt'u) シンニョン (ピョクトゥ)] 新年早々.

벽력 [霹靂] [pjɔŋnjɔk ピョンニョク] 名 霹靂; 雷 ¶청천 ~ [tʃʰɔŋtʃʰɔn (bjɔŋnjɔk) チョンチョン (ピョンニョク)] 青天の霹靂 —같다 [(pjɔŋnjɔ)k'at'a カッタ] 形 (声が)雷のようだ; 耳をつんざくばかりだ.

벽보 [壁報] [pjɔkp'o ピョクポ] 名 壁新聞; 張り紙.

벽-시계 [壁時計] [pjɔktʃ'ige ピョクシゲ] 名 柱時計; 掛け[張り]時計.

벽오-동 [碧梧桐] [pjɔgodoŋ ピョゴドン] 名〈植〉アオギリ(青桐); 碧梧桐.

벽장 [壁欌] [pjɔktʃ'aŋ ピョクチャン] 名 はめ込みの押し入れ.

벽장-코 [pjɔktʃ'aŋkʰo ピョクチャンコ] 名 獅子鼻; 平べったい鼻.

벽지 [僻地] [pjɔktʃ'i ピョクチ] 名 辺地 ¶산간 ~ [sangan (bjɔktʃ'i) サンガン (ピョクチ)] 山間奥地.

벽지 [壁紙] [pjɔktʃ'i ピョクチ] 名 壁紙.

벽창-호 [碧昌—] [pjɔktʃʰaŋho ピョクチャンホ] 名 ① 頑固者; 強情っ張り; 朴念仁; わからず屋.

벽촌 [僻村] [pjɔktʃʰon ピョクチョン] 名 僻村; 片田舎.

변 [邊] [pjɔn ピョン] 名 ① あたり; べ; 縁; 端; へり ¶강 ~ [kaŋ(bjɔn) カン (ピョン)] 川辺 ②〈数〉(多角形の)辺.

변 [變] [pjɔːn ピョーン] 名 変; 異変; 事故; 災い ¶뜻하지 않은 ~을 당하다 [t'utʰadʒi anun ~ul taŋhada トゥッタジ アヌン (ピョー) ヌル タンハダ] 不意にひどい羽目に陥る.

*변경 [變更] [pjɔːngjɔŋ ピョーンギョン] 名 変更 —하다 [hada ハダ] 他 変更する; 変える; 改める ¶계획을 ~ [keːhwegul ~ ケーフェグル~] 計画を変更する.

변고 [變故] [pjɔːngo ピョーンゴ] 名 変故; 異変 ¶~를 당하다 [~rul taŋhada ~ルル タンハダ] 異変にあう.

*변덕 [變德] [pjɔːndɔk ピョーンドク] 名 むら気; 移り気; 気まぐれ ¶~이 심하다 [(pjɔːndɔg)i ʃiːmhada (ピョーンドギ) シームハダ] ひどく気まぐれだ —꾸러기 [쟁이] [(pjɔːndɔ)k'urɔgi(tʃ'ɛŋi) ックロギ(チェンイ)] 名 気まぐれ者; お天気屋; 気分屋 —부리다 [p'urida プリダ] 自 むら気を起こす —스럽다 [s'urɔpt'a スロプタ] 形〈ㅂ変〉移り気だ; 気まぐれだ ¶~-스러운 성격 [~-s'urɔun sɔːŋk'jɔk ~スロウン ソーンキョク] 気まぐれな[むらのある]性質.

변-돈[邊—][pjʌnt'on ピョントン] 名 (利息を払う条件で借りる)借金; 利息金.

***변동**[變動][pjʌndoŋ ピョンドン] 名 하自 変動 ¶물가〜[mulk'a(bjʌndoŋ) ムルカ(ビョンドン)] 物価の変動.

***변-두리**[邊—][pjʌnduri ピョンドゥリ] 名 町はずれ; 出はずれ ¶서울〜[soul〜 ソウル〜] ソウルの町はずれ.

변론[辯論][pjʌ:llon ピョルロン] 名 하他 弁論 ¶〜가[〜ga 〜ガ] 弁論家 / 최종〜[tʃʰwe:dʒoŋ(bjʌ:llon)] チューエジョン(ピョルロン) 最終弁論.

변리[辨理][pjʌ:lli ピョルリ] 名 하他 弁理 ―사(士)[sa サ] 弁理士.

***변명**[辨明][pjʌ:nmjʌn ピョンミョン] 名 하自他 弁明; 言いわけ ¶구차한〜[ku:tʃʰahan 〜 クーチャハン 〜] まずい言い分.

변모[變貌][pjʌ:nmo ピョンモ] 名 하自 変貌; 面変わり; 変容 ¶〜하는 도시[〜hanun toʃi 〜ハヌン トシ] 変貌する都会.

***변변치 않다**[pjʌnbjʌntʃʰi antʰa ピョンビョンチ アンタ] 形 取るに足らない; つまらない; 粗末だ; ろくでない; =**변변찮다**[pjʌnbjʌntʃʰantʰa ピョンビョンチャンタ]・**변변치 못하다**[pjʌnbjʌntʃʰi mo:tʰada ピョンビョンチ モータダ] ¶ 변변치 않은[못한] 사람[pjʌnbjʌntʃʰi anun[mo:tʰan] sa:ram ピョンビョンチ アヌン[モータン] サラム] ろくでない人 / 변변찮은 대접[pjʌnbjʌntʃʰanun tɛ:dʒʌp ピョンビョンチャヌン テージョプ] 粗末なもてなし.

변변-하다[pjʌnbjʌnhada ピョンビョンハダ] 形 여変 そこそこだ; (特に劣る所がなく)まあまあだ; 二,三こごだ; 難がない; 引けを取らない ¶얼굴이 〜-한 편이다[ʌlguri 〜-han pʰjʌnida オルグリ 〜-ハン ピョニダ] 顔立ちがまあまあ人並みだ ② 人に劣らない; 立派だ; 十分だ ¶〜-한 집안[〜-han tʃiban 〜-ハン チバン] 人に劣らない家柄 **변변-히**[pjʌnbjʌni ピョンビョニ] 副 ろくに; 十分に; 満足に ¶영어도 〜 못한다[ʌŋʌdo 〜 mo:tʰanda ヨンオド 〜 モータンダ] 英語もろくに話せない.

변별-력[辨別力][bjʌ:nbjʌlljʌk ピョンビョルリョク] 名 判断する能力.

변비[便祕][pjʌnbi ピョンビ] 名 便秘.

변상[辨償][pjʌ:nsaŋ ピョーンサン] 名 하他 弁済; 返済; 弁償; 賠償.

***변소**[便所][pjʌnso ピョンソ] 名 便所; お手洗い; トイレ; =화장실(化粧室)[hwadʒaŋʃil ファジャンシル] ¶수세식(水洗式)〜[suseʃik (p'jʌnso) スセシク 〜] 用水[水洗]便所.

***변-스럽다**[變—][pjʌ:nsurʌpt'a ピョーンスロプタ] 形 ㅂ変 変だ; おかしい ¶행동이 좀 〜[hɛŋdoŋi tʃom 〜 ヘンドンイ チョム 〜] 行動が少しへんてこだ.

변심[變心][pjʌ:nʃim ピョンシム] 名 하自 変心; 心変わり; 心移り ¶〜한 애인(愛人)[〜han ɛ:in 〜ハン エーイン] 心変わりした恋人.

변장[變裝][pjʌ:ndʒaŋ ピョーンジャン] 名 하自 変装.

변제[辨濟][pjʌ:ndʒe ピョーンジェ] 名 하他 弁済; 返済.

변조[變造][pjʌ:ndʒo ピョーンジョ] 名 하他 変造 ¶여권을 〜하다[jʌk'wʌnul 〜hada ヨクォヌル 〜ハダ] パスポートを変造する.

변질[變質][pjʌ:ndʒil ピョーンジル] 名 하自 変質 ¶〜미[〜mi 〜ミ] 腐化米.

***변천**[變遷][pjʌ:ntʃʰʌn ピョーンチョン] 名 하自 変遷; 移り変わり ¶시대의 〜[ʃidɛe 〜 シデエ 〜] 時代の変遷.

변태[變態][pjʌ:ntʰɛ ピョーンテ] 名 変態 ―심리[ʃimni シムニ] 名 変態心理.

***변통**[變通][pjʌ:ntʰoŋ ピョーントン] 名 하他 変通; 融通; 都合; 工面; やりくり ¶돈을 〜하다[to:nul 〜hada トーヌル 〜ハダ] 金を工面する.

***변-하다**[變—][pjʌ:nhada ピョーンハダ] 自 여変 変わる; 改まる ¶마음이 〜[maumi 〜 マウミ 〜] 気が変わる.

***변함-없다**[變—][pjʌnhamʌpt'a ピョンハモプタ] 存 変わりが(な)ない ¶전과〜[tʃʌngwa 〜 チョングァ 〜] 前と変わらない.

***변함-없이**[變—][pjʌnhamʌpʃ'i ピョンハモプシ] 副 変わりなく; 相変わらず; ひたむきに ¶〜 사랑하다[〜 saraŋhada 〜 サランハダ] ひたむきに愛する.

***변혁**[變革][pjʌ:nhjʌk ピョーンヒョク] 名 하自他 変革 ¶사회의 〜[sahwee 〜 サフェエ 〜] 社会の変革.

***변호**[辯護][pjʌ:nho ピョーンホ] 名 하他 弁護 ―사[sa サ] 名 弁護士.

***변화**[變化][pjʌ:nhwa ピョーンファ] 名 変化 ¶시대적 〜[ʃidɛdʒʌk (p'jʌ:nhwa) シデジョク 〜] 時代の変化 ―하다[hada ハダ] 自 変化する; 変わ

별 [pjɔːl ピョール] 名 ① 星 ¶ ~빛 [~p'it ~ピッ] 星の光 ② 星の形 ¶ ~표(標) [~pʰjo ~ピョ] 星印 ③ 将軍 ¶ ~을 달다 [(pjɔːr)ɯl talda (ピョー)ル タルダ] 星をつける; 将軍になる.

별- [別] [pjɔl ピョル] 接頭 別(に)… ¶ ~문제 없다 [~mundʒe ɔpt'a ~ムンジェ オプタ] 別に問題ない.

-별 [別] [bjɔl ピョル] 接尾 …別(に) ¶ 학교~로 모여라 [hak'jo~lo mojora ハッキョ~ロ モヨラ] 学校別に集まれ.

***별개** [別個] [pjɔlgɛ ピョルゲ] 名 別個, 別物 ¶ ~의 문제 [~e mundʒe ~エ ムーンジェ] 別個の問題.

별-걱정 [別—] [pjɔlgʌktʃ'ʌŋ ピョルゴクチョン] 名 よけいな心配; むだな憂いごと ¶ ~을 다 하네 [~ɯl ta: hane ~ウル ター ハネ] よけいな[いらぬ]心配するね.

별-것 [別—] [pjɔlgʌt ピョルゴッ] 名 ① 大したもの; 珍しいもの ¶ ~도 아니다 [(pjɔlgʌ)t'o anida ~ト アニダ] 大したものではない; ろくなものでない ② 別のもの ¶ 그것과는 ~이다 [kɯgʌtk'wanɯn ~ida クゴックァヌン (ピョルゴ)シダ] それとは別のものだ ③ 〈同義語〉 **별거** [pjɔlgʌ ピョルゴ]・**별게** [pjɔlge ピョルゲ]・**별걸** [pjɔlgʌl ピョルゴル]・**별건** [pjɔlgʌn ピョルゴン] ¶ 별거[게] 아니야 [pjɔlgʌ[ge] anija ピョルゴ[ゲ] アニヤ] 大したことではない / 별걸 다 먹네 [pjɔlgʌl ta: mʌŋne ピョルゴル ターモンネ] 変な物を食べるね / 별건없지만 [pjɔlgʌnɔptʃ'iman ピョルゴノプチマン] 特別なものけど.

***별고** [別故] [pjɔlgo ピョルゴ] 名 別条; 変わったこと ¶ ~없으십니까? [~ɔps'ɯʃimnik'a ~オプスシムニッカ] お変わりございませんか.

별-꼴 [別—] [pjɔlk'ol ピョルッコル] 名 無様なようす; 目障りなこと ¶ ~이야 [(pjɔlk'or)ija (ピョルッコ)リヤ] 見ちゃいられない / ~ 다 보겠다 [~ ta: bogetʼa ~ター ボゲッタ] なんという無様だ.

***별-나다** [別—] [pjɔllada ピョルラダ] 形 変だ, へんてこだ ¶ 별난 놈 [pjɔllan nom ピョルラン ノム] へんてこなやつ / 별난 소리를 하다 [pjɔllan sorirɯl hada ピョルラン ソリルル ハダ] 変なことをいう.

별-나라 [pjɔːllara ピョールララ] 名 星の世界; 星の国.

***별-다르다** [別—] [pjɔldarɯda ピョルダルダ] 形 (三変) 特に変わっている; 特別だ; 並はずれている ¶ 성격이 ~ [sʌːŋk'jʌgi ~ ソーンキョギ ~] 性格が変わっている.

별도 [別途] [pjɔlt'o ピョルト] 名 別途 ¶ ~의 해결책 [~e hɛːgjʌltʃʰɛk ~エ ヘーギョルチェク] 別途の解決策 **—로** [ro ロ] 副 別途に; 別に.

별-도리 [別道理] [pjɔldori ピョルドリ] 名 別の方法; ほどこす術; なす術 ¶ 이젠 ~ 없다 [idʒen ~ ɔpt'a イジェン ~ オプタ] もはやほどこす術がない[解決策がない].

별-똥 [pjɔːlt'oŋ ピョールットン] 名 流星; 隕星 **—별** [bjɔl ピョル] 名 流星.

***별-로** [別—] [pjɔllo ピョルロ] 副 別に; さほど; たいして; あまり ¶ ~ 멀지 않다 [~ mɔːldʒi antʰa ~ モールジ アンタ] たいして遠くない.

***별-말** [別—] [pjɔlmal ピョルマル] 名 (하)自他 ① 意外な言葉; とんでもない話; ='별소리' ¶ ~ 다 듣겠다 [~ ta: dutk'etʼa ~ター ドゥッケッタ] とんでもない話だ ② 特別な話 ¶ ~ 안 하겠다 [~ an hagetʼa ~ アン ハゲッタ] 取り立てて言うことはない ③ いろいろな語.

별-말씀 [別—] [pjɔlmals'ɯm ピョルマルッスム] 名 (하)自他 '별말'の丁寧語 ¶ ~ 다 하십니다 [~ ta: haʃimnida ~ ターハシムニダ] とんでもないことをおっしゃいます; とんでもないことでございます.

별명 [別名] [pjɔlmjʌŋ ピョルミョン] 名 別名; 異名; あだ名; ニックネーム.

별미 [別味] [pjɔlmi ピョルミ] 名 変わった味; 独特の味; 珍味 ¶ 우리 집의 ~ [uri dʒibe ~ ウリ ジベ ~] うちの自慢の味.

별반 [別般] [pjɔlban ピョルバン] **1** 名 特別 **2** 副 別段; とりわけ; さして ¶ ~ 달라진 것도 없다 [~ talladʒin kʌtʼo ɔpt'a ~ タルラジン コット オプタ] 別段変わったこともない / ~ 크지도 않다 [~ kʰɯdʒido antʰa ~ クジド アンタ] さして大きい方でもない.

별별 [別別] [pjɔlbjʌl ピョルビョル] 冠 いろいろな; ありとあらゆる(別々の意ではない) ¶ ~ 소문이 다 나돈다 [~ soːmuni ta: nadonda ~ ソームニ ターナドンダ] いろいろなうわさが飛び交っている **—일** [lil リル] 名 いろいろ珍しいこと.

별-빛 [pjɔːlp'it ピョールピッ] 名 星の光

¶ 반짝이는 ~[pantʃ'aginɯn ~ パンッチャギヌン ~] またたく星の光.

별-사람[別—][pjɔlsaram ピョルサラム] 图 ① へんてこな; おかしい 人 ② いろいろな人 ¶ ~이 다 모였군[~i ta: mojɔtk'un (ピョルサラ) ミ・ター モヨックン] いろんな人がみな集まったな.

별세[別世][pjɔls'e ピョルセ] 图 한自 死ぬこと; 逝去.

별-소리[pjɔlsori ピョルソリ] 图 意外[心外]な話; とんでもない話; = '별말'.

별수[pjɔlsu ピョルス] 图 ① [別數] 格別によい運勢 ② [別一] 特別な[あらゆる]妙案や方法 **—없다**[ɔpt'a オプタ] 用 仕方がない; せん方ない ¶ ~. 항복하자[~, haŋbokhadʒa ~, ハンボクハジャ] 仕方がない, 降伏しよう.

별-수단[別手段][pjɔlsudan ピョルスダン] 图 特別な手段; いろいろな方策.

별식[別食][pjɔlʃik ピョルシク] 图 (ふだんはありつけない)特別な食べ物; 変わったおいしい食べ物.

***별안-간**[瞥眼間][pjɔraŋgan ピョランガン] 副 突然; だしぬけに; にわかに; いきなり ¶ ~ 일어서다[~ irɔsɔda ~ イロソダ] いきなり立ち上がる.

별의-별[別—別][pjɔrebjɔl ピョレビョル] 冠 ① 特異な; 特別な ¶ 저 가게에는 ~것이 다 있다[tʃɔ ka:geenɯn ~k'ɔʃi ta: it'a チョ カーゲエヌン ~コシター イッタ] あの店には特異な[あらゆる]ものがある ② ありとあらゆる ¶ ~고생(苦生)을 다 했다[~ k'osɛŋɯl ta: hɛt'a ~ コセンウル ター ヘッタ] ありとあらゆる苦労をなめ尽くした.

***별-일**[別—][pjɔllil ピョルリル / pjɔlnil ピョルニル] 图 ① 別事; 変事; 普通と変わったこと; まれなこと ¶ ~없이 지내다[(pjɔllir)ɔpʃi tʃinɛda (ピョルリ)ロプシ チーネダ] 別事なく過ごす / 다 보겠다[~ ta: bogɛt'a ~ ターボゲッタ] 変なこともあるものだね ② 特別な用件 ¶ ~없지? [(pjɔllir)ɔpʃ'i (ピョルリ)ロプチ] 特別な用件はないだろうね.

별-재간[別才幹][pjɔltʃ'ɛgan ピョルチェガン] 图 並み以上の腕前; あらゆる手段や方法 ¶ 그도 ~이 없다[kɯdo ~i ɔpt'a クド (ピョルチェガ)ニ オプタ] 彼の腕前もたいしたものではない / ~을 다 부려보다[~ɯl ta: burjɔboda (ピョルチェガ)ヌル ター ブリョボダ] い

ろいろやってみる.

별-지장[別支障][pjɔldʒidʒaŋ ピョルジジャン] 图 これといった支障; これという差し支え ¶ ~은 없습니다[~ɯn ɔ:pʃ'ɯmnida ~ウン オープスムニダ] これという差し支えはありません.

볍-쌀[pjɔps'al ピョプサル] 图 米穀の称.

볍-씨[pjɔpʃ'i ピョプシ] 图 種籾.

볏-단[pjɔt'an ピョッタン] 图 稲束.

볏-섬[pjɔs'ɔm ピョッソム] 图 稲俵.

볏-짚[pjɔttʃ'ip ピョッチプ] 图 稲わら.

***병**[瓶][pjɔŋ ピョン] 图 瓶 **—따개**[t'agɛ ッタゲ] 图 栓抜き **—마개**[magɛ マゲ] びんの栓; びんの詰め物.

***병**[病][pjɔ:ŋ ピョーン] 图 ① 病気; 病 ¶ ~이 나다[~i nada ~イナダ] 病にかかる ② 悪い癖; 欠点 ¶ 그런 점이 그의 ~이다[kɯrɔn tʃɔmi kɯe ~ida クロン チョミ クエ ~イダ] そんな所が彼の欠点だ ③ 故障.

병-구완[病—][pjɔ:ŋguwan ピョーングワン] 图 한自他 看病; 介抱 ¶ 밤새워서 ~하다[pamsɛwɔsɔ ~hada パムセウォソ ~ハダ] 夜通し看病する.

병-나다[病—][pjɔ:ŋnada ピョーンナダ] 自 病気になる; 故障が起こる ¶ 과로해서 ~[kwa:rohɛsɔ ~ クァーロヘソ ~] 過労で病気になる.

***병-들다**[病—][pjɔ:ŋdɯlda ピョーンドゥルダ] 自[ㄹ語幹] 病む; 病気にかかる; 患う ¶ 병든 마음[pjɔ:ŋdɯn ma-ɯm ピョーンドゥン マウム] 蝕ばむ心.

***병세**[病勢][pjɔ:ŋse ピョーンセ] 图 病勢; 容体; 病状 ¶ ~가 악화[호전]되다[~ga akʰwa[hodʒɔn]dweda ~ガ アククァ[ホジョン]ドゥェダ] 病状が悪化[好転]になる.

***병신**[病身][pjɔ:ŋʃin ピョーンシン] 图 ① 身障者 ¶ 다리 ~[tari(bjɔ:ŋʃin) ~ タリ(ビョーンシン) ~] 足の不自由な人 ② 碌でなし ¶ 이 ~같은 놈[i ~ga-tʰɯm nom イ~ガトゥンノム] この碌でなしめ ③ (器物の)半端; 傷物 **—구실**[k'uʃil クシル] 图 한自 ばかげた仕草.

***병아리**[pjɔŋari ピョンアリ] 图 ひよこ; ひな; (比喩的に)青二才 = 풋내기[pʰunnɛgi プンネギ] ¶ 그는 아직도 햇 ~다[kɯnɯn adʒikt'o hɛt(p'jɔŋ-ari)da クヌン アジクト ヘッ~ダ] 彼はまだ青二才だ.

병어[pjɔŋɔ ピョンオ] 图〈魚〉マナガツオ.

병역[兵役][pjɔŋjɔk ピョンヨク] 图 兵

役 —기피 [(pjoŋ)jokʰipʰi ピョンヨッキピ] 名 兵役忌避. —면제 [(pjoŋ)jokmjəndʑe (ピョンヨン)ミョーンジェ] 名 兵役免除. —의무 [(pjoŋ)jogɰimu (ピョンヨ)ギーム] 名 兵役義務.

*병원[病院][pjoːŋwon ピョーンウォン] 名 病院.

병자[病者][pjoːndʑa ピョーンジャ] 名 病者; 病人; 患者.

병풍[屛風][pjoːŋpʰuŋ ピョーンプン] 名 屛風. ¶~을 치다[~ɰl tʰida ~ウル チダ] 屛風を立てる.

병행-하다[並行—][pjoːŋhɛŋhada ピョーンヘンハダ] 自他 並行する. ¶공부와 운동을 ~ [koŋbuwa uːndoŋɰl ~ コンブワ ウーンドンウル ~] 勉強と運動を並行する.

*병환[病患][pjoːŋhwan ピョーンファン] 名 患わずらい; ご病気; 病気の尊敬語. ¶불치의 ~ [pultɕʰie ~ プルチエ ~] 不治の患い.

*볕[pjot ピョッ] 名 日差し; 日; 照り. ¶~에 타다 [(pjotʰ)e tʰada ~テ タダ] 日に焼ける.

볕-들다[pjotɰlda ピョットゥルダ] 自 [語база] 日が差[射]す; 日が当たる.

-보[po ポ] 接尾 …好き. ¶떡~ [tˀɔk(pˀo) ットク~] もち好き / 술~ [sul(pˀo) スル~] 酒好き; のんべえ / 울~ [uːl(bo) ウール(ボ)] 泣き虫.

보강[補强][poːgaŋ ポーガン] 名 他 補強. ¶팀을 —하다 [tʰiːmɰl ~hada ティームル ~ハダ] チームを補強する.

보건[保健][poːgon ポーゴン] 名 保健. —소 [so ソ] 名 保健所.

*보고[報告][poːgo ポーゴ] 名 他 報告; レポート.

보고[寶庫][poːgo ポーゴ] 名 宝庫. ¶지식의 ~ [tɕiɕige ~ チシゲ ~] 知識の宝庫.

보고[bogo ポゴ] 助 …に. ¶누구~ 하는 말이요? [nugu~ hanɰn maːrijo ヌグ~ ハヌン マーリヨ] 誰に言う話ですか.

*보관[保管][poːgwan ポーグァン] 名 他 保管; 預かり. —료 [njo ニョ] 名 保管料.

보궐[補闕][poːgwol ポーグォル] 名 他 補欠. —선거 [sɔːŋɡo ソーンゴ] 名 補欠選挙.

*보금-자리[pogɯmdʑari ポグムジャリ] 名 ① ねぐら; 巣. ¶~에 돌아가다 [~e toragada ~エ トラガダ] ねぐらに帰る ② すみか; 家庭. ¶사랑의 ~ [saraŋe ~ セランエ ~] 愛の巣.

*보급-하다[普及—][poːgɯpʰada ポーグプァダ] 他 普及させる; 広める. ¶컴퓨터를 ~ [kʰompʰjuːtʰorɰl ~ コムピュートル ~] コンピューターを普及させる.

*보기[pogi ポギ] 名 例; '본보기'の略. ¶~를 들다 [~rɯl tɯlda ~ルル トゥルダ] 例を挙げる.

보깨다[pokˀɛda ポッケダ] 自 ① (消化不良で胃が苦しい; もたれる ② (物事がうまくいかず・よくはかどらず)心が安らかでない; 頭がぼうっとなる.

보나-마나[ponamana ポナマナ] 副 形 見なくとも; 見るまでもなく. ¶~승부는 뻔하다 [~ sɯŋbunɯn pˀonhada ~ スンブヌン ッポーンハダ] 見るまでもなく勝負は明らかだ.

*보내다[ponɛda ポネダ] 他 ① 送る; 発送する. ¶돈을 ~ [toːnɰl ~ トーヌル ~] 送金する ② 結婚させる. ¶시집 ~ [ɕidʑi (pˀonɛda) シジブ~] 娘を結婚させる ③ 見送る. ¶친구를 ~ [tɕʰingurɯl ~ チングルル ~] 友を送る.

보너스[boːnosɯ ボーノス] bonus 名 ボーナス; 賞与.

*보다¹[poda ポダ] 他 ① 見る. ¶쳐다~ [tɕʰoːda(boda) チョーダ(ボダ)] 仰ぎ見る; 見あげる; 眺める; 見つめる ② する; 済ませる. ¶일을 ~ [iːrɯl ~ イール ~] 仕事をする; 用件を済ませる ③ 留守番をする= ¶집을 ~ [tɕibɰl ~ チブル ~] ④ 受ける. ¶시험을 ~ [ɕihomɰl ~ シホムル ~] 試験を受ける ⑤ 迎える; できる; 得る; 取る. ¶손주를 ~ [sondʑarɰl ~ ソンジャルル ~] 孫を得る[孫ができる] / 사위를 ~ [sawirɯl ~ サウィルル ~] 婿を取る[迎える] ⑥ (損害を)受ける. ¶손해를 [이익을] ~ [soːnhɛrɯl[iːigɯl] ~ ソーンヘルル[イーイグル] ~] 損をする[利益を得る] ⑦ (膳の支度をする) ¶상을 ~ [saŋɰl ~ サンウル ~] お膳立てをする ⑧ (大小便を)する. ¶뒤를 ~ [twiːrɯl ~ トゥィールル ~] 用便をする ⑨ 占う. ¶점을 ~ [tɕomɯl ~ チョムル ~] 占いをする.

*보다²[boda ボダ] 補動 試みる(体験するの意を表わす). ¶먹어~ [moːgo~ モーゴ~] 食べてみる / 해~ [hɛː~ ヘー~] やってみる.

보다³ [boda ボダ] 補形 ① …ようだ(推測の意を表わす) ¶오늘은 더운가 ~ [onuɾun təuŋga ~ オヌルン トウンガ ~] 今日は暑いらしい(ようだ) ② …(し)ようかな(漠とした意思を表わす) ¶그만둘까 ~ [kumandulk'a ~ クマンドゥルッカ ~] 止めてしまうかな[かしら].

보다⁴ [boda ボダ] 助 …より(対比・比較の意を表わす) ¶형~ 아우가 크다 [hjəŋ~ auga kʰuda ヒョン~ アウガ クダ] 兄より弟が大きい.

보다⁵ [poda ポダ] 副 より; もっと; 一層 ¶~ 좋은 방법 [~ tʃoːɯn paŋbəp ~ チョーウン パンボプ] もっと[より]よい方法.

*보다-못해 [podamothɛ ポダモッテ] 副 耐えかねて; 見るに見かねて ¶~ 충고하다 [~ tʃʰuŋgohada ~ チュンゴハダ] 見るに見かねて忠告する.

*보답[報答] [poːdap ポーダプ] 名 報い; 恩返し; つぐない —하다 [(poːda)pʰada パダ] 自他 報いる; 報ずる; 応える ¶은혜에 ~ [ɯnhee ~ ウンヘエ ~] 恩恵に報ずる.

보도 [poːdo ポード] 名 歩道; 人道 ¶횡단~ [hwendan (boːdo) フェンダン (ボード)] 横断歩道.

*보도[報道] [poːdo ポード] 名 報道 —하다 [hada ハダ] 他 報道する; 報ずる —사진 [sadʒin サジン] 名 報道写真 —원 [wən ウォン] 名 報道員; キャスター —진 [dʒin ジン] 名 報道陣.

보드랍다 [podurapt'a ポドゥラプタ] 形 ㅂ変 ① 柔らかい; なよやかだ ¶보드라운 살결 [poduraun salk'jəl ポドゥラウン サルキョル] 柔らかい肌 ② (気立てが)やさしい; しなやかだ ¶마음씨가 보드라운 아가씨 [maɯmʃiga poduraun agaʃ'i マウムッシガ ポドゥラウン アガッシ] 気立てのやさしい娘. <'부드럽다'.

*보-따리[褓—] [pot'ari ポッタリ] 名 ふろしき包み; くるみ —싸다 [s'ada ッサダ] 慣 ① ふろしきを包む; 荷づくりをする ② 商い[職場]をやめる —장수 [dʒaŋsu ジャンス] 名 (ふろしき包みを担いで売り歩く)行商人.

보라 [pora ポラ] 名 紫; 紫色 보랏-빛 [poratp'it ポラッピッ] 名 紫色= 보라색(色) [porasɛk ポラセク].

보라-매 [poramɛ ポラメ] 名 〈鳥〉タカ(鷹); 狩り用の若鷹.

*보람 [poram ポラム] 名 やり甲斐; 利き目; 効 ¶산 ~을 느끼다 [saːn (boram)ul nuk'ida サーン (ボラ)ムル ヌッキダ] 生き甲斐を感じる —없다 [əpt'a (ポラ)モプタ] 存 やり甲斐がない —없이 [əpʃi (ボラ)モプシ] 副 甲斐なく —차다 [tʃʰada チャダ] 形 やり甲斐がある; 張り合いがある ¶~-찬 일 [~-tʃʰan niːl ~-チャン ニール] やり甲斐の[張り合いの]ある仕事.

*보류[保留] [poːrju ポーリュ] 名 하他 保留; お預け ¶발표를 ~하다 [palpʰjorul ~hada パルピョルル ~ハダ] 発表を保留する.

*보름 [porum ポルム] 名 15日間 —날 [nal ナル] 名 陰暦の15日 —달 [t'al タル] 名 満月; 十五夜の月 대-보름(날) [tɛːborum (nal) テーボルム(ナル)] 名 陰暦の正月15日.

*보리 [pori ポリ] 名 〈植〉ムギ(麦); 大麦 —농사(農事) [noŋsa ノンサ] 名 麦農業 —밥 [bap パプ] 名 麦飯 —밭 [bat パッ] 名 麦畑 —쌀 [s'al サル] 名 精麦 —차 [tʃʰa チャ] 名 麦茶; 麦湯 —피리 [pʰiri ピリ] 名 麦笛 보릿-고개 [poritk'ogɛ ポリッコゲ] 名 春の端境期.

보리[菩提] [pori ポリ] 名 〈仏〉菩提 —수 [su ス] 名 〈植〉菩提樹.

보모[保姆] [poːmo ポーモ] 名 保母.

보물[宝物] [poːmul ポームル] 名 宝; 宝物 —찾기 [tʃʰatk'i チャッキ] 名 하自 宝探し.

*보배 [poːbɛ ポーベ] 名 貴重品; 財宝 ¶어린이는 나라의 ~ [ərininɯn narae ~ オリニヌン ナラエ ~] 子供は国の宝.

*보복[報復] [poːbok ポーボク] 名 報復 —관세 [(poːbo)k'wansɛ クァンセ] 名 報復関税 —하다 [(poːbo)kʰada カダ] 自 報復する; 仕返しをする; 返報する.

보살[菩薩] [posal ポサル] 名 〈仏〉① 菩薩 ¶관음 ~ [kwanɯm(bosal) クァヌム(ボサル)] 観音菩薩 / 지장~ [tʃidʒaŋ(bosal) チジャン(ボサル)] 地蔵菩薩 ② 女性信徒の敬称.

*보-살피다 [posalpʰida ポサルピダ] 他 世話をする; 診る; 見る; 面倒を見る ¶환자를 ~ [hwaːndʒarul ~ ファーンジャルル ~] 患者の世話をする[診る].

*보상[報償] [poːsaŋ ポーサン] 名 하他 報償; 償い ¶~금 [~gɯm ~グム]

보석[寶石][poːsɔk ポーソク] 名 宝石 **―반지**[p'andʒi パンジ] 名 宝石の指輪.

보석[保釋][poːsɔk ポーソク] 名 하他 保釈 **―금**[k'um クム] 名 保釈金.

보세[保稅][poːse ポーセ] 名 保税 **―가공**[gagoŋ ガゴン] 名 保税加工.

보수[保守][poːsu ポース] 名 하他 保守 **―당**[daŋ ダン] 名 保守党 **―적**[dʒɔk ジョク] 名冠 保守的.

*__보수__[報酬][poːsu ポース] 名 하他 報酬; 報い; お礼い; 返礼; 月給 ¶ **~**를 받다[~rɯl pat'a ~ルル パッタ] 報酬を受ける.

보슬-비[posɯlbi ポスルビ] 名 小雨; 細雨; こぬか雨 **보슬-보슬**[posɯl-bosɯl ポスルボスル] 副 (雨・雪などが静かに降るようす)しとしと(と); さらさら(と) ¶ 봄비가 ~ 내린다[pomp'iga ~ nɛrinda ポムピガ ~ ネリンダ] 春雨がしとしとと降る.

보시기[poɕigi ポシギ] 名 漬物などを盛る瀬戸物の小さい器[小鉢].

보신[補身][poːɕin ポーシン] 名 強壮剤や栄養食品を食べて身体を強健にすること **―탕**[tʰaŋ タン] 名 (強壮の利き目があるとのことで)強壮の効力がある肉[獣・犬肉]のスープ.

*__보쌈-김치__[pos'amgimtɕʰi ポッサムギムチ] 名 塩漬けにした白菜にいろいろな薬味を入れて白菜の葉で包んだキムチ.

보아란-듯이[poaranduɕi ポアランドゥシ] 副 これ見よがしに; 自慢たっぷりに; 誇らしげに ¶ 트로피를 ~ 쳐들었다[tʰɯropʰirɯl ~ tɕʰɔːdɯrɔt'a トゥロピルル ~ チョードゥロッタ] トロフィーを誇らしげに高くさし上げた.

*__보아-주다__[poa dʒuda ポア ジュダ] 他 ① 世話をする; やっかいをみる; 面倒をみてやる ¶ 집을 ~[tɕibɯl ~ チブル ~] 留守番をする ② 大目にみる; 見逃してやる; 目をつぶる ¶ 제발 한번만 보아 주세요[tɕeːbal hanbɔnman poa dʒusejo チェーバル ハンボンマン ポア ジュセヨ] どうか一度だけ見逃して[大目にみて]ください.

보아-하니[poahani ポアハニ] 副 察するに; 見るからに; 見たところ ¶ ~ 미성년자 같은데[~ miːsɔŋnjɔndʒa gatʰɯnde ~ ミーソンニョンジャ ガトゥンデ] 見たところ未成年者らしい.

보아-한들[poa handɯl ポア ハンドゥル] 副 見たところ; 見なくとも; どう考えても ¶ ~ 네가 이길것 같지도 않다 [~ nega igilk'ɔt k'atɕido antʰa ~ ネガ イギルコッ カッチド アンタ] 見なくとも君は勝てそうもない.

보았자[boatɕ'a ボアッチャ] 慣 いくら…しても(仕方がない) ¶ 아무리 충고해 ~[aːmuri tʰuŋgohɛ ~ アームリ チュンゴヘ ~] いくら忠告したって.

보약[補藥][poːjak ポーヤク] 名 強壮剤; 強壮薬; 補薬.

보얗다[poːjatʰa ポーヤッタ] 形 ㅎ変 かすんでいる; ぼやけている; (ほこりで)白っぽい ¶ 안개가 ~[aːngɛga ~ アーンゲガ ~] 霧が白くかすんでいる.

보온[保溫][poːon ポーオン] 名 하他 保温 **―병**[p'jɔŋ ピョン] 名 魔法瓶.

보육[保育][poːjuk ポーユク] 名 하他 保育 **―원**[(poːjug) wɔn (ポーユグ) ウォン] 名 保育院; 孤児院; 保育園.

보은[報恩][poːun ポーウン] 名 報恩; 恩返し **―하다**[hada ハダ] 自 恩返しをする.

*__보이다__[poida ポイダ] 1 自 受動 見える; 目にとまる[つく]; …らしい ¶ 어렴풋이 ~[ɔrjɔmpʰuɕi ~ オリョムプシ ~] おぼろに見える / 형사처럼 보이는 남자[hjɔŋsatɕʰɔrɔm poinɯn namdʒa ヒョンサチョロム ポイヌン ナムジャ] 刑事らしい男 2 他 使役 見せる; 示す ¶ 그림을 ~[kɯːrimul ~ (クーリ) ムル ~] 絵を見せる / 솜씨를 ~[somɕ'irul ~ ソムッシルル ~] 腕前を示す.

보이콧[boikʰot ボイコッ] boycott 名 ボイコット.

보일락-말락[poillaŋmallak ポイルランマルラク] 副 하形 見え隠れするさま; ちらっと; ちらちら.

*__보자기__[褓―][podʒagi ポジャギ] 名 ふろしき ¶ **~**에 싸다[~e s'ada ~エッサダ] ふろしきに包む.

*__보잘것-없다__[podʒalk'ɔdɔpt'a ポジャルコドプタ] 存 ① 見る値打ちがない; 見るに足りない; つまらない ¶ ~-없는 책이다[~-dɔmnɯn tʰɛgida ~-ドムヌン チェギダ] つまらない本である ② けち臭い; さえない; ささやかだ ¶ ~-없는 사내[~-dɔmnɯn sanɛ ~-ドムヌン サネ] さえない男 ③ 醜い; 物足りない; まずい ¶ 인물(人物)이 ~[inmuri ~ インムリ ~] 顔がまずい; 人物が物足りない.

*보장[保障] [po:dʒaŋ ポージャン] 名 하타 保障 ¶사회 ~ [sahwe (bo:dʒaŋ) サフェ (ボージャン)] 社会保障.

보조[步調] [po:dʒo ポージョ] 名 歩調; 足並み; 歩み ¶~를 맞추다 [~rul matʃʰuda ~ルル マッチュダ] 足並み [歩み]をそろえる.

*보조[補助] [po:dʒo ポージョ] 名 하타 補助 —금 [gum グム] 名 補助金.

보조개 [podʒoge ポジョゲ] 名 えくぼ.

*보존-하다[保存—] [po:dʒonhada ポージョンハダ] 他 保存する; 持ち堪える ¶영구히 ~ [jo:ŋgui ~ ヨーングイ ~] 永久に持たせる.

*보증[保證] [po:dʒɯŋ ポージュン] 名 ① 保証 —하다 [hada ハダ] 他 保証する; 請け合う ¶신원을 ~ [jinwɔnul ~ シヌォヌル~] 身元を保証する ② 担保 —서다 [sɔda ソダ] 自 保証する —금 [gum グム] 名 保証金 —수표 [supʰjo スピョ] 名 保証小切手 —인 [in イン] 名 保証人, 証人.

*보채다 [potʰɛda ポチェダ] 自 むずかる; ねだる; せがむ ¶보채는 아기를 달래다 [potʃʰɛnun agirul tallɛda ポチェヌン アギルル タルレダ] むずかる赤ん坊をあやす.

보충-하다[補充—] [po:tʃʰuŋhada ポーチュンハダ] 他 補充する; 補う; 穴埋めをする ¶연료를 ~ [jɔlljorul ~ ヨルリョルル ~] 燃料を補充する.

보컬 [bo:kʰɔl ボーコル] vocal ボーカル —뮤직 [mju:dʒik ミュージク] 名 ボーカルミュージック.

*보태다 [potʰɛda ポテダ] 他 ① 加える; 足す ¶하나에 둘을 ~ [hanae tu:rul ~ ハナエ トゥールル~] 1に2を加える ② 補う; 補充する; 付け加える; 増す ¶모자라는 분을 ~ [mo:dʒaranum punul ~ モージャラヌン プヌル~] 不足分を補う.

*보통[普通] [po:tʰoŋ ポートン] 1 名 普通; 並み ¶~사람 [~ sa:ram ~ サーラム] 普通の人; 只人だ 2 副 一般に; 大抵; 大概 ¶그 물건은 ~ 싸다 [kɯ mulgɔnun ~ s'ada クムルゴヌン ~ッサダ] その品は一般に安い.

보통이[褓—] [potʰuɲi ポトゥンイ] 名 (ふろしき)包み.

*보편[普遍] [po:pʰjɔn ポーピョン] 名 普遍 —적 [dʒɔk ジョク] 名 冠 普遍的 —화 [hwa ファ] 名 하자타 普遍化.

보푸라기 [popʰuragi ポプラギ] 名 毛羽の羽 ¶~가 일다 [~ga i:lda ~ガ イールダ] 毛羽が立つ; ほおける.

보풀 [popʰul ポプル] 名 毛羽 —다 [da ダ] 自 毛羽立つ —리다 [lida リダ] 他 毛羽立てる; 毛羽立たせる; '보풀다'の使役形.

보합-세[保合勢] [po:haps'e ポーハプセ] 名 持ち合い相場.

보행[步行] [po:hɛŋ ポーヘン] 名 歩行 —하다 [hada ハダ] 自 歩く —자 [dʒa ジャ] 名 歩行者 —기 [gi ギ] 名 歩行器.

*보험[保險] [po:hɔm ポーホム] 名 保険 —금 [gum グム] 名 保険金 —료 [njo ニョ] 名 保険料.

*보호[保護] [po:ho ポーホ] 名 하자타 保護 —자 [dʒa ジャ] 名 保護者.

복 [pok ポク] 名 〈魚〉フグ(鰒) ¶~요리 [(poŋ) njori (ポン)ニョリ] フグ料理.

*복[福] [pok ポク] 名 福; 幸せ; 幸せ; 恵み ¶~받은 사람 [~p'adum sa:ram ~パドゥン サーラム] 恵まれた人 ¶새해 ~ 많이 받으세요 [sɛhɛ (boŋ) ma:ni padusejo セヘ (ボン) マーニ パドゥセヨ] 新年おめでとうございます.

복고[復古] [pok'o ポクコ] 名 하자타 復古 —조 [tʃ'o チョ] 名 復古調 ¶~의 유행 [~e juhɛŋ ~エ ユヘン] 復古調の流行.

복구[復舊] [pok'u ポクク] 名 하자타 復旧 —공사 [goŋsa ゴンサ] 名 復旧工事.

*복권[福券] [pok'wɔn ポククォン] 名 宝くじ ¶~이 당첨되다 [~i taŋtʃʰomdweda (ポククォ)ニ タンチョムドゥェダ] 宝くじが当たる.

*복-날[伏—] [poŋnal ポンナル] 名 伏日; 盛夏三伏頃の日; 暑い盛りの日.

*복덕-방[福德房] [pokt'ɔkp'aŋ ポクトクパン] 名 不動産屋の旧称. 「廊下.

*복도[複道] [pokt'o ポクト] 名 (渡り)

*복-되다 [pokt'weda ポクトゥェダ] 形 ① (福を受けて)幸福[幸運]である; 恵まれる ¶복된 가정 [pokt'wen kadʒɔŋ ポクトゥェン カジョン] 幸福で楽しい家庭 ② (顔立ちなどが)福々しい.

복-받치다 [pokp'atʃʰida ポクパッチダ] 自 ① (押さえ切れず)こみ上がる ¶눈물이 ~ [nunmuri ~ ヌンムリ ~] 涙がこみ上がる ② (感情が)胸をつく・こみ上げる ¶마음속에서 복받쳐 오르는 슬픔 [maumsogesɔ pokp'atʃʰɔ orɯnun sulpʰum マウンソゲソ ポクパッチョ オルヌン スルプム] 心の底からこみ上げてくる悲しみ ③ (力が)あふれ出る.

*복사[複寫][poks'a ポクサ] 名하他 複写; コピー **—기**[gi ギ] 名 複写機; ゼロックス.

복서[bokso ボクソ] boxer 名 ボクサー.

복선[伏線][pos'ɔn ポクソン] 名 伏線 ¶~을 치다[깔다][~ul tʃʰida[k'alda] (ポクソ) ヌル チダ[ッカルダ]] 伏線を張る[敷く].

복성-스럽다[pos'ɔŋsurɔpt'a ポクソンスロプタ] 形ㅂ変 福々しい; ふくよかだ ¶~-스러운 새 며느리[~-surɔun sɛ mjɔnuri ~-スロウン セ ミョヌリ] 福々しい花嫁.

복수[復讐][poks'u ポクス] 名하自 復讐ふく; あだ討ち; 仕返し **—심**[ʃim シム] 名 復讐心; 復讐の念 **—전**[dʒɔn ジョン] 名 復讐戦; 弔い合戦.

*복숭아-꽃[poks'uŋa ポクスンア] 名 桃=~꽃[k'ot ッコッ] 桃の花=복사꽃[poks'ak'ot ポクサッコッ].

복-스럽다[福—][poks'urɔpt'a ポクスロプタ] 形 福々しい; ふくよかだ ¶복스러운 얼굴[poks'urɔun ɔlgul ポクスロウン オルグル] ふくよかな顔つき.

*복습[復習][poks'up ポクスプ] 名하他 復習 ¶충분(充分)한 ~을 하다[tʃʰuŋbunhan (poks'ub)ul hada チュンブンハン (ポクス)ブル ハダ] 十分な復習をする.

복식[複式][poktʃ'ik ポクシク] 名 複式 ¶~ 경기(競技)[(poktʃ'i) k'jɔːŋgi ~ キョーンギ] 複試合; ダブルス.

복심[boktʃ'iŋ ボクシン] boxing 名 하自 ボクシング.

*복어[—魚][pogo ポゴ] 名〈魚〉フグ (鰒); 略 '복'.

복용-하다[服用—][pogjoŋhada ポギョンハダ] 他 服用する; 飲む.

복원-하다[復元—][pogwɔnhada ポグォンハダ] 自他 復元する; もとに返る; もとに戻す ¶복원 공사[pogwɔn goŋsa ポグォン ゴンサ] 復元工事.

복음[福音][pogɯm ポグム] 名 福音; 喜ばしい「うれしい]知らせ ¶~을 전하다[~ul tʃɔnhada (ポク)ムル チョンハダ] 福音を伝える.

복작-거리다[poktʃ'ak'ɔrida ポクチャクコリダ] 自 (大勢が集まって)ごたつく; 混雑[雑踏]する; 混み合う ¶크게 ~-거리는 상가[kʰuge ~-k'ɔrinun saŋga クゲ ~-コリヌン サンガ] おおいに雑踏する商店街.

*복잡[複雜][poktʃ'ap ポクチャプ] 名 하形 ㅅ形 ① 複雑 ¶~한 기분 [(poktʃ'a)pʰan kibun ~パン キブン] 複雑な気分 / ~한 일 [(poktʃ'a)pʰan niːl ~パン ニール] 手の込む仕事 ② 混雑.

복장[poktʃ'aŋ ポクチャン] 名 ① 胸(ぐら) ② 腹; 心の底 ¶~이 검다[~i kɔːmt'a ~イ コームタ] 腹黒い.

*복장[服装][poktʃ'aŋ ポクチャン] 名 服装; 身なり ¶~을 고치다[~ul kotʃʰida ~ウル コチダ] 身なりを直す.

*복종-하다[服從—][poktʃ'oŋhada ポクチョンハダ] 自 服従する; 従う ¶명령에 ~[mjɔːŋnjɔŋe ~ ミョーンニョンエ ~] 命令に服従する[服する].

복중[伏中][poktʃ'uŋ ポクチュン] 名 初伏から末伏までの間; 真夏; 盛夏 ¶~ 문안(問安)[~ muːnan ~ ムーナン] 暑中見舞い.

복지[服地][poktʃ'i ポクチ] 名 服地; 生地 = 양복지[양복감][jaŋboktʃ'i [jaŋbok'am] ヤンボクチ[ヤンボクカム]].

*복지[福祉][poktʃ'i ポクチ] 名 福祉 **—사회**[sahwe サフェ] 名 福祉社会.

복통[腹痛][poktʰoŋ ポクトン] 名 하自 ① 腹痛 ② ひどく悔しいこと; 腹立たしさでいっぱいなこと; もっての外だ ¶참으로 ~할 노릇이다[tʃʰamuro ~ hal noruʃida チャムロ ~ハル ノルシダ] 実に悔しい[腹立たしい]ことだ.

*복판[pokpʰan ポクパン] 名 真ん中; 中央 ¶한 ~[han (bokpʰan) ハン (ボクパン)] 真ん中; 真っただなか / 길 ~[kil (p'okpʰan) キル ~] 道の真ん中.

복학[復學][pokʰak ポクハク] 名 하自 復学; 復校 ¶~시키다[~ʃikʰida ~シキダ] 復学させる.

*복합[複合][pokʰap ポクハプ] 名 하自 複合 **—비타민제**[bitʰamindʒe ビタミンジェ] 名 複合ビタミン剤.

*볶다[pokt'a ポクタ] 他 ① (豆などを)炒る ¶볶은 콩[pok'un kʰoŋ ポックン コン] 炒り豆 ②(野菜・肉などを油で)炒いためる ¶쇠고기를 ~[sweːgogirul ~ スェーゴギルル ~] 牛肉を炒める ③(人を)いじめる; いびる ¶며느리를 ~[mjɔnurirul ~ ミョヌリルル ~] 嫁をいびる.

볶아-대다[pok'adɛda ポクカデダ] 他

볶아 치다

いじめる; 責めたてる; いびる ¶남편(男便)을 ~[namphjonwl ~ ナムピョヌル ~] 夫をいびる[責め立てる].

볶아-치다[pok'atʃhida ポカチダ] 🔲 激しくせきたてる; 追い込む ¶제시간에 끝내라고 ~[tʃeʃigane k'ɯnnɛrago ~ チェシガネ クンネラゴ ~] 時間内に終えろとひどくせきたてる.

__볶음__[pok'um ポックム] 🔲 薬味を入れていためた食べもの ¶~밥[~bap ~ バプ] 焼き飯; チャーハン / 닭~[takp'ok'um タクッ~] 鶏肉のいためもの.

볶이[pok'i ポッキ] 🔲 (薬味を混ぜた)いためもの ¶떡~[t'ok (p'ok'i) ットク~] (牛肉や野菜などを加えた)もちのいためもの.

__본__[本][pon ポン] 🔲 ① 手本; 模範; 見習うべきこと ¶독일의 ~을 따다 [togire ~ul t'ada トギレ (ポ)ヌルッタダ] ドイツを模範とする ② 型; 型紙 ¶종이로 ~을 뜨다[tʃoɲiro ~ul t'uda チョンイロ (ポ)ヌル ットゥダ] 紙で型をとる.

__본(관)__[本(貫)][pon(gwan) ポン(グァン)] 🔲 本貫; 祖先[氏族始祖]の発祥地 ¶김해[경주] 김씨 [kimhɛ[kjəŋdʒu] gimʃi ʃi キムヘ[キョーンジュ] キムッシ] 金海[慶州]本貫[発祥地]の金氏(同じ金氏でも本貫が異なる).

__본격__[本格][ponk'jək ポンキョク] 🔲 本格 ¶~파[~pha ~パ] 本格派 —소설 [s'oːlʃəl ソーソル] 🔲 本格小説 —적 [tʃ'ək チョク] 🔲🔲 本格的 ¶~인 기법[~-(tʃ)ɔg)in kipʰəp ~-(チョ)ギン キポプ] 本格的な技法 / ~인 추위[~-(tʃ)ɔg)in tʰuwi ~-(チョ)ギン チュイ] 本格的な寒さ —화[(pon-k'jo)kʰwa クァ] 🔲🔲🔲 本格化 ¶조사가 ~ 하다[tʃosaga ~ hada チョサガ ~ ハダ] 調査が本格化する.

본-고장[本—][pongodʒaŋ ポンゴジャン] 🔲 ① 本場 = '본바닥' ¶귤의 ~[kjure ~ キュレ ~] ミカンの本場 ② 本郷 = '본고향'.

본-고향[本故郷][pongohjaŋ ポンゴヒャン] 🔲 本郷; 生まれ育った故郷.

__본능__[本能][ponnɯŋ ポンヌン] 🔲 本能 —적 [dʒək ジョク] 🔲🔲 ¶~인 발작[~-(dʒɔg)in paltʃ'ak ~-(ジョ)ギン パルチャク] 本能的な発作.

본데-없다[pondeəpt'a ポンデオプタ] 🔲 ぶしつけだ; 無作法だ ¶~없는 놈[~-əmnɯm nom ~-オムヌン ノム] 礼儀をわきまえないやつ **본데-없이** [pondeəpʃ'i ポンデオプシ] 🔲 ぶしつけに; 無礼に ¶~ 굴다[~ kuːlda ~ クールダ] ぶしつけにふるまう.

본-듯이[pondɯʃi ポンドゥシ] 🔲 見たごとく; 見たように ¶~ 말하다[~ maːrhada ~ マールハダ] 見たかのように話す.

본디[本—][pondi ポンディ] **1** 🔲 根; 根源; = '본시'(本是) ¶~는 착한 사람이다 [~nun tʃhakhan saːramida ~ヌン チャクカン サーラミダ] 根はいい人である **2** 🔲 本来; もともと; 元来 ¶~ 아는 사람[~ aːnɯn saːram ~ アーヌン サーラム] もともと知り合っている人.

본때[pont'ɛ ポンッテ] 🔲 ① 見栄え; 見事さ; 素晴らしさ ¶~가 없다[~-ga əpt'a ~ガ オープタ] 見栄えがしない / ~있는 솜씨[~innɯn somʃ'i ~インヌン ソムッシ] 素晴らしい手並み ② 手本; 模範; 見せしめ ¶~를 보여주다[~rul pojədʒuda ~ルル ポヨジュダ] 手本を示してやる; 懲らしめてやる —**(가) 있다**[(ga)it'a (ガ イッタ) 🔲 ① 素晴らしい; 見事だ ② ならうべき[見せしめにすべき]所がある —**(를) 보이다**[(rul)poida (ルル)ポイダ] 🔲 (再び同じような行為をしないように)懲らしめてやる; 見せしめにする ¶~를 보이기 위해 엄히 벌하다[~-rul poigi wihɛ əmi pərhada ~-ルル ポイギ ウィヘ オミ ポルハダ] 見せしめに厳しく罰する.

본-뜨다[本—][pont'uda ポンットゥダ] 🔲 ① 倣う; 見習う; 手本とする ¶전례를 ~[tʃəllerul ~ チョルレルル ~] 前例に倣う ② 型[型紙]を取る; まねる; かたどる ¶성을 ~-뜬 케이크[səŋul ~-t'un kʰeikʰu ソンウル ~-ットゥン ケイク] 城をかたどったケーキ.

본-뜻[本—][pont'ut ポントゥッ] 🔲 本意; 真意; 本義 ¶~은 그렇지 않다[(pont'ɯs)ɯn kɯrɔtʃhi antha (ポンットゥ)スン クロッチ アンタ] 本意はそうではない.

__본래__[本來][pollɛ ポルレ] 🔲🔲 本来; 元来; もともと ¶~의 목적[~e moktʃ'ɔk ~エ モクチョク] 本来の目的.

본-마음[本—][ponmaum ポンマウム]

名 本心; 真心 ¶~으로 돌아가다 [~uro toragada (ポンマウ) ムロ トラガダ] 本心にたち返る.

*본문[本文][ponmun ポンムン] 名 ① (序論·付録に対して)本文 ¶조약의 ~ [tʃojage ~ チョヤゲ ~] 条約の本文 ② 原文; 原典 ¶이 ~ [i ~ イ ~] この文章.

본-바닥[本—][ponbadak ポンバダク] 名 ① 地元 ¶~ 사람[~ s'a:ram ~ サーラム] 地元の人 ② 本場='본고장' ¶~의 영어[(ponbadag)e joŋɔ (ポンバダグ)ゲ ヨンオ] 本場の英語.

본-바탕[本—][ponbataŋ ポンバタン] 名 本質; 素質; 本性; 生地; 根 ¶~은 좋은 사람이다[~ɯn tʃo:un sa:ramida ~ウン チョーウン サーラミダ] 根はいい人である.

*본-받다[本—][ponbat'a ポンバッタ] 他 模範[手本]とする; 倣う; まねる ¶스승의 기법을 ~[sɯsɯŋe kipʔɔbɯl ~ ススンエ キポブル ~] 師匠の技法を手本とスンる.

*본-보기[本—][ponbogi ポンボギ] 名 ① 見本; 標本; 例 ¶~로 삼다[~ro sa:mt'a ~ロ サームタ] 手本にする ② 見せしめ ¶~로 벌을 주다[~ro pɔrɯl tʃuda ~ロ ポルル チュダ] 見せしめに罰を与える ③ 手本; 模範 ¶그를 ~로 해라[kɯrɯl ~ro hɛ:ra クルル ~ロ ヘーラ] 彼を手本にしなさい.

본-보다[本—][ponboda ポンボダ] 他 手本にする; 模範としてまねる.

*본부[本部][ponbu ポンブ] 名 本部 ¶수사 ~[susa(bonbu) スサ (ポンブ)] 捜査本部.

본분[本分][ponbun ポンブン] 名 本分; 本領 ¶학생의 ~[haksʼɛŋe ~ ハクセンエ ~] 学生の本分.

*본사[本社][ponsa ポンサ] 名 ① 本社 ¶~ 근무[~ gɯ:nmu ~ グーンム] 本社勤務 ② 当社.

본색[本色][ponsɛk ポンセク] 名 ① 本色; 本来の色 ¶~보다 더 산뜻한 빛깔[~p'oda tɔ sant'utʰan pitk'al ~ポダ ト サンットゥタン ピッカル] 本色よりももっと鮮やかな色 ② 本性 ¶~을 드러내다[(ponsɛg)ɯl tɯrɔnɛda (ポンセ)グル トゥロネダ] 本性を現わす; 地を出す; 馬脚を現わす.

본성[本性][ponsɔŋ ポンソン] 名 本性; 本心; 天性 ¶~이 드러나다[~i tɯrɔnada ~イ トゥロナダ] 本性が現われる.

본숭-만숭[ponsuŋmansuŋ ポンスンマンスン] 副 하他 見ても見ぬふりをするさま; 素知らぬふり[知らん顔]をするさま='본척만척'·본체만체[pontʃʰemantʃʰe ポンチェマンチェ] ¶사람을 보고도 ~한다[sa:ramul pogodo ~handa サーラムル ポゴド ~ハンダ] 人を見ても知らん顔をする.

본시[本是][ponsi ポンシ] 名 副 もともと; 元来; 本来 ¶그는 ~ 좋은 사람이다[kɯnɯn ~ tʃo:un sa:ramida クヌン ~ チョーウン サーラミダ] 彼は元来よい人だ.

본심[本心][ponʃim ポンシム] 名 本心; 本性='본마음' ¶~을 털어놓다[~ɯl tʰɔrɔnotʰa (ポンシ)ムル トロノッタ] 本心[真情·心底]を打ち明ける.

본업[本業][ponɔp ポノプ] 名 本業; 本職 ¶의사가 ~이다[ɯisaga (pon ɔb)ida ウィサガ (ポノ)ビダ] 医者が本職だ.

본의[本意][poni ポニ] 名 本意; 本心; 真心 ¶~는 아니지만…[~nɯn anidʒiman ~ヌン アニジマン] 本意ではないが… / 그것은 내 ~가 아니다[kɯgɔsɯn nɛ ~ga anida クゴスン ネ ~ガアニダ] これは私の本意ではない.

*본인[本人][ponin ポニン] 名 本人; 当人 ¶~으로서는…[~ɯrosɔnɯn (ポニ) ヌロソヌン] 本人[私]としては….

본적[本籍][pondʒɔk ポンジョク] 名 本籍; 原籍 —지[tʃ'i チ] 名 本籍地.

*본전[本錢][pondʒɔn ポンジョン] 名 ① 元手; 資本金; =밑천[mitʃʰɔn ミッチョン] ¶~까지 날렸다[~k'adʒi nalljɔt'a ~ッカジ ナルリョッタ] 元手までなくした ② (貸した金の)元金 ¶이자 말고 ~도 못받았다[i:dʒa malgo ~do mo:tp'adat'a イージャ マルゴ ~ド モーッパダッタ] 利子はきておいて元金も受け取れなかった ③ 元値; 原価 ¶~으로 팔다[~ɯro pʰalda (ポンジョ)ヌロ パルダ] 元値で売る —도 못찾다[~do mo:tʃʰat'a ~ド モーッチャッタ] 慣 元金さえも取り返せない; したことがかえって無駄になる.

본점[本店][pondʒɔm ポンジョム] 名 本店; 本舗 ¶~ 근무[~ gɯ:nmu ~ グーンム] 本店勤務.

본-정신[本精神][pondʒɔŋʃin ポンジョンシン] 名 正気 ¶~이 들다[~i tɯlda

본-줄기[本—][pondʒulgi ポンジュルギ] 图 本筋; 主脈 ¶이야기의 ~[ijagie ~ イヤギエ ~] 話の本筋.

본-직[本職][pondʒik ポンジク] 图 本職='본업'(本業). 「質='본바탕'.

*__본질__[本質][pondʒil ポンジル] 图 本

본-집[pondʒip ポンジプ] 图 本家; 正統を継ぐ家系; 実家.

본척-만척[pontʃʰɔŋmantʃʰɔk ポンチョンマンチョク] 副 하(他) 見ても見ないふり[知らぬ顔]をするさま='본송만송'・**본체만체**[pontʃʰemantʃʰe ポンチェマンチェ].

본토-박이[本土—][pontʰobagi ポントバギ] 图 土地っ子; 生え抜き ¶~ 서울 사람[~ sɔul sa:ram ~ ソウル サーラム] 生え抜きのソウル人.

본-회의[本會議][ponhwei ポンフェイ] 图 本会議 ¶국회의 ~[kukʰwee ~ ククフェエ ~] 国会の本会議.

*__볼__[pol ポル] 图 ① 頬; ほっぺた ¶~을 붉히다[(por)ul pulkʰida (ポ)ル プルキダ] 頬を赤らめる[染める] ② (足などの) 幅 ¶~이 넓은 발[(por)i nɔlbun pal (ポ)リノルブン パル] 幅の広い足の裏.

볼[bo:l ボール] ball 图 ボール ━**펜**[pʰen ペン] 图 ボールペン.

볼-거리[polk'ɔri ポルコリ] 图 見物; 見るべきもの; 見るだけの値打ち ¶그날의 ~는 마라톤이었다[kunare ~nun marathɔnitʰa クナレ ~ヌン マラトニオッタ] 当日の見物はマラソンだった.

*__볼기__[po:lgi ポールギ] 图 尻; 臀部でん ━**짝**[tʃ'ak ッチャク] 图 尻べた.

볼-꼴[polk'ol ポルコル] 图 見様; 格好; 見た目 ¶~이 말이 아니다[(polk'or)i ma:ri anida (ポルコ)リ マーリ アニダ] 格好がきわめてふざまだ ━**사납다**[sanapt'a サナプタ] 图 ふざまだ; みっともない; 格好が悪い ¶그녀의 옷차림은 ~[kunjoe otʃʰarimun ~ クニョエ オッチャリムン ~] 彼女の身なりはみっともない ━**좋다**[dʒotʰa ジョッタ] 图 (皮肉って) 実にふざまな格好だ; 何てざまだ.

볼낯-없다[pollaʤɔpt'a ポルラドプタ] 慣 合わせる顔がない; 面目が立たない.

볼록-하다[pollokʰada ポルロクハダ] 图 여변 膨らんでいる; 膨れている; 盛り上がっている ¶~-한 볼[~-kʰan pol ~-カン ポル] ふっくらとした頬. <**불룩하다**[pullukʰada プルクカダ].

볼륨[bolljum ボルリュム] volume 图 ボリューム ① 音量; 声量 ② 容量; 量感 ¶~이 있는 여자(女子)[~i innun njɔdʒa (ボルリュ)ミ インヌンニョジャ] ボリュームのある女性 ③ (書籍などで)巻. 「-リング.

볼링[bo:lliŋ ボールリン] bowling 图 ボ

*__볼만-하다__[polmanhada ポルマンハダ] 图 여변 見ごたえがある; 見るに足る; 見る値打がある ¶이 영화는 ~[i jɔŋhwanun ~ イ ヨンファヌン ~] この映画は見るだけの値打ちがある.

볼-메다[polmeda ポルメダ] 图 膨れている; 膨れっ面をする; 不機嫌だ ¶볼 멘 얼굴을 하다[polme:n ɔlgurul hada ポルメーン オルグルル ハダ] 膨れっ面をする.

볼멘-소리[polmen sori ポルメン ソリ] 图 つっけんどん[ぶっきらぼう]な口[話し]ぶり ¶~로 말하다[~ro ma:rhada ~ロ マールハダ] つっけんどんな口ぶりで話す.

볼모[polmo ポルモ] 图 ① 人質 ¶~로 잡다[잡히다][~ro tʃ'apt'a[tʃ'aphida] ~ロ チャプタ[チャプピダ] 人質に取る[取られる] ② 担保; 抵当 ¶집을 ~로 하다[tʃibul ~ro hada チブル ~ロ ハダ] 家を抵当にする.

볼썽-사납다[polsʼɔŋsanapt'a ポルッソンサナプタ] 图 ㅂ変 見苦しい; ぶざまだ; 不格好だ; みっともない ¶양복에 운동화를 신으면 ~[jaŋboge u:ndoŋhwarul ʃinumjɔn ~ ヤンボゲ ウーンドンファルル シヌミョン ~] 洋服に運動靴をはいてはぶざまだ.

*__볼-일__[po:llil ポールリル] 图 用事; 用件; 用 ¶~을 마치다[(po:llir)ul matʃʰida (ポールリ)ルル マチダ] 用事をすませる.

볼장 다 보다[poltʃ'aŋ ta: boda ポルチャン ター ボダ] 慣 ① 万事休すだ; すべてが終わりだ ¶일이 이쯤되면 볼장 다 본 셈이다[i:ri itʃ'umdwemjɔn poltʃ'aŋ ta: bon semida イーリ イッチュムドゥェミョン ポルチャン ター ボン セミダ] 事ここに至れば万事休すだな ② 事が思いどおり[意のまま]にならない.

볼트[boltʰu ボルトゥ] volt 图 ボルト.

볼-품[polpʰum ポルプム] 图 見様; 格好; 見かけ; 見た目 ¶~이 없다[~i

ɔ:pt'a (ポルプ)ミオープタ] (見かけが)見すぼらしい; ぶざまだ / ~이 있다 [~i it'a (ポルプ)ミ イッタ] 見栄えがする.

*봄 [pom ポム] 图 春 ¶~ 소식(消息) [~ sojik ~ ソシク] 春のおとずれ / 인생의 ~[insɛŋe ~ インセンエ ~] 人生の春; 青春.

봄-갈이 [pomgari ポムガリ] 图 하他 春耕; 田打ち; 春の耕作.

봄-날 [pomnal ポムナル] 图 春の日(和).

봄-맞이 [pommadʒi ポムマジ] 图 하自 春を迎えること; 春の遊び.

봄-바람 [pomp'aram ポムパラム] 图 春風, 東風とう・こち.

봄-볕 [pomp'jɔt ポムピョッ] 图 春の日差し[陽光]; 春陽.

봄-비 [pomp'i ポムピ] 图 春雨. 春月.

봄-철 [pomtʃhɔl ポムチョル] 图 春季;

봄-타다 [pomthada ポムタダ] 图 春負け[春やせ]をする.

봇-짐 [pot'im ポッチム] 图 ふろしき包み ━장수 [dʒaŋsu ジャンス] 图 背負い商人あきんど; 行商人.

봉 [鳳] [po:ŋ ポーン] 图 ① 鳳凰ほう・とり; 鳳凰ほうおうの雄; '봉황'(鳳凰)の略 ② だましやすいもの; 餌食えじき; 俗 かも ¶~으로 삼다 [~uro sa:mt'a ~ウロ サームタ] かもにする.

봉건 [封建] [poŋgɔn ポンゴン] 图 封建 ━제도 [dʒe:do ジェード] 图 封建制度.

*봉급 [俸給] [po:ŋgup ポーングプ] 图 俸給; 給料; サラリー.

봉밀 [蜂蜜] [poŋmil ポンミル] 图 蜂蜜はちみつ.

봉변 [逢變] [poŋbjɔn ポンビョン] 图 하自 ① 人から辱めをうけること ¶이 무슨 ~인가 [i musuɯn ~inga イ ムスン (ポンビョン)インガ] これまた何たる恥ぞ ② 意外な災難にあうこと ¶크게 ~당했다 [khuge ~daŋhɛt'a クゲ ダンヘッタ] ひどく侮辱された; ひどい目にあった.

봉사 [奉事] [po:ŋsa ポーンサ] **1** 图 眼の不自由な人; 盲人 **2** 图 하他 奉事; 長上に仕えること.

*봉사 [奉仕] [po:ŋsa ポーンサ] 图 하自 奉仕; サービス ━료 [rjo リョ] 图 奉仕料; サービス料; チップ.

*봉선-화 [鳳仙花] [po:ŋsɔnhwa ポーンソンファ] 图 〈植〉 ホウセンカ(鳳仙花) = 봉숭아 [po:ŋsuŋa ポーンスンア].

봉쇄 [封鎖] [poŋswɛ ポンスェ] 图 하他 封鎖 ¶~를 풀다 [~rul phulda ~ルル プルダ] 封鎖を解く.

봉오리 [poŋori ポンオリ] 图 つぼみ; 꽃봉오리 [k'otp'oŋori ッコッポンオリ] の略.

*봉우리 [poŋuri ポンウリ] 图 峰; 산(山)봉우리 [sanp'oŋuri サンポンウリ] の略.

봉인 [封印] [poŋin ポンイン] 图 하他 封印 ¶~을 뜯다 [~ul t'ut'a (ポンイ)ヌルッ トゥッタ] 封印を破る.

봉제 [縫製] [poŋdʒe ポンジェ] 图 하他 縫製 ━완구 (玩具) [wa:ŋgu ワーング] 图 ぬいぐるみ ━품 [phum プム] 图 縫製品.

*봉지 [封紙] [poŋdʒi ポンジ] 图 紙袋.

봉축 [奉祝] [poŋtʃhuk ポンチュク] 图 하他 奉祝 ¶~ 행렬 [(poŋtʃhu) khɛŋnjol ~ ケンニョル] 奉祝行列.

*봉투 [封套] [poŋthu ポントゥ] 图 封筒.

봉-하다 [封—] [poŋhada ポンハダ] 他 ① (封套・器の口などを)封ずる ② (口を)ふさぐ・とじる・つぐむ ③ (出入り口を)閉鎖する.

봉합-하다 [縫合—] [poŋhaphada ポンハプハダ] 他 縫い合わせる ¶환부를 ~ [hwa:nburul ~ ファーンブルル ~] 患部を縫い合わせる.

봉화 [烽火] [poŋhwa ポンファ] 图 烽火ほう; のろし.

봉황 (새) [鳳凰 (—)] [po:ŋhwaŋ(sɛ) ポーンファン(セ)] 图 鳳凰ほう.

봐란-듯이 [pwa:randuɯi プァーランドゥシ] 副 これ見よがしに; 誇らかに; '보아란 듯이'の略 ¶~ 새 옷을 입었다 [~ sɛ osul ibɔt'a ~ セオスル イボッタ] 最新のドレス[服]をこれ見よがしに着こんだ.

*뵈다 [pwe:da プェーダ] 他 目上に会う; 伺う; お目にかかる ¶조부를 만나 ~ [tʃoburul manna (bweda) チョブルル マンナ (プェダ)] 祖父にお目にかかる.

뵈옵다 [pweopt'a プェオプタ] 他 ㅂ変 '뵈다'の謙譲語; お目にかかる.

*뵙다 [pwe:pt'a プェープタ] 他 '뵈옵다'の略; お目にかかる ¶찾아 ~ [tʃha-dʒa (bwept'a) チャジャ (プェプタ)] お尋ねする; お伺いする / 만나 ~ [manna (bwept'a) マンナ (プェプタ)] お目にかかる; お会いする.

부 [父] [pu プ] 图 父.

부 [夫] [pu プ] 图 夫 ¶~군 [~gun ~ グン] ご主人; ご亭主; 夫君(他人の

夫に対する尊敬語).

부[部][pu] **1** [接尾] 部; 部分 ¶제2~[tjeːi(bu) チェーイ(ブ)] 第2部 / 총무~[tʃʰoːŋmu(bu) チョーンム(ブ)] 総務部 **2** [依名] 部(新聞·本などを数える単位) ¶신문 1 ~[ʃinmun han(bu) シンムン ハン(ブ)~] 新聞1部.

부[不][pu ブ] [接頭] (否定の意; ㄷ·ㅈで始まる語の前につく) ¶~도덕[~dodok ~ドドク] 不道徳 / ~자유[~dʒaju ~ジャユ] 不自由.

부[副][puː ブー] [接頭] 副 ¶~사장[~sadʒaŋ ~サジャン] 副社長.

-부[附][bu ブ] [接尾] 付; 付け; 付き ¶경품~ 세일[kjoppʰum~ seil キョンプム~ セイル] 景品付きセール.

부가[附加][puːga ブーガ] [名] 付加; 添加 **—가치세**[gatʃʰise ガチセ] [名] 〈経〉付加価値税; 消費税 **—하다**[hada ハダ] [他] 付加する; つけ加える; そえ加える.

부강[富強][puːgaŋ ブーガン] [名] 富強 **—하다**[hada ハダ] [形] 富んでいて強い.

*__부결__[否決][puːgjəl ブーギョル] [名] [하他] 否決 **—되다**[dweda ドゥェダ] [自] 否決される.

부국[富國][puːguk ブーグク] [名] 富国 **—강병**[(puːgu)kʼaŋbjəŋ カンビョン] [名] 富国強兵.

*__부근__[附近][puːgɯn ブーグン] [名] 付近; 近所; 辺り ¶이 ~[i (buːgɯn) イ (ブーグン)] この付近.

부글-거리다[pugɯlgərida プグルゴリダ] [自] ぐらぐら沸き立つ; ぶくぶく泡立つ **부글-부글**[pugɯlbugɯl プグルブグル] [副] [하自] ① (水などが) ぐらぐら ② (泡などが) ぶくぶく ③ (心がわ)いら、むしゃくしゃ ¶속이 ~ 끓는다[soːgi ~ kʼullunda ソーギ ~ ックルルンダ] 腹が煮えくりかえる.

부금[賦金][puːgɯm ブーグム] [名] 賦金; 賦課金; 掛け金 ¶보험의 ~을 붓다[poːhəm ~ ul puːtʼa ポーホメ (ブーグ) ムル ブーッタ] 保険の掛け金を払う.

부기[簿記][puːgi ブーギ] [名] 簿記 ¶상업~[saŋ(puːgi) サンオブ~] 商業簿記.

부기[附記][puːgi ブーギ] [名] [하他] 付記 ¶단서를 ~하다[taːnsərul ~hada ターンソルル ~ハダ] 但し書きを付記する.

부끄러움[puk'urɔum プックロウム] [名] 恥; 恥じらい; 恥ずかしさ.

*__부끄러워-하다__[puk'urɔwəhada プックロウォハダ] [自他] 恥ずかしがる; 恥じらう ¶무식(無識)을 ~ [muʃigɯl ~ ムシグル ~] 無知を恥じる.

부끄러-이[puk'urɔi プックロイ] [副] 恥ずかしく.

부끄럼[puk'urəm プックロム] [名] 恥; 恥じらい; ='부끄러움'의 略 **—타다**[tʰada タダ] [自] 恥ずかしがる; はにかむ.

*__부끄럽다__[puk'urəptʼa プックロプタ] [形] [ㅂ変] 恥ずかしい; 恥じる ¶얼굴 내놓기가 ~[ɔlgul nɛːnokʰiga ~ オルグル ネーノッキガ ~] 顔を出すのが恥ずかしい.

*__부닥치다__[pudaktʃʰida プダクチダ] [自] ぶつかる; 突き当たる ¶뜻밖의 곤란에 ~[tʼutpʼake koːllane ~ ットゥッパケ コールラネ ~] 思いがけない困難にぶつかる.

부단[不斷][pudan プダン] [名] 不断 ¶~한 노력[~han norjɔk ~ハン ノリョク] 不断の努力 **—하다**[hada ハダ] [形] 絶え間がない; 絶え間ない **—히**[i (pudaːn)i (プダーン)ニ] [副] 絶え間なく; いつも.

*__부담__[負擔][puːdam ブーダム] [名] 負担 ¶각자(各自) ~[kaktʃʼa (buːdam) カクチャ (ブーダム)] 割り勘; ダッチカウント **—하다**[hada ハダ] [他] 負担する; 背負い込む.

*__부당__[不當][pudaŋ プダン] [名] 不当 ¶~한 요구[~han jogu ~ハン ヨグ] 不当な要求 **—하다**[hada ハダ] [形] 不当だ **—히**[i プダンイ] [副] 不当に.

부대끼다[pudɛkʼida プデッキダ] [自] もまれる; さいなまれる; 悩まされる ¶인파에 ~[inpʰae ~ インパエ ~] 人の波にもまれる.

부덕[不德][pudɔk プドク] [名] [하形] 不徳 ¶저의 ~의 소치(所致)입니다[tʃɔe (pudɔg)e soːtʃʰiimnida チョエ (プド)ゲ ソーチイムニダ] 私の不徳の致すところです.

부도[不渡][pudo プド] [名] 不渡り **—나다**[nada ナダ] [自] 不渡りになる **—수표**(手票)[supʰjo スピョ] [名] 不渡り小切手 **—어음**[ɔum オウム] [名] 不渡り手形.

부-도덕[不道德][pudodɔk プドドク] [名] [하形] 不道徳; 不徳 ¶~한 행위[(pudodɔ)kʰan hɛŋwi ~カン ヘンウイ] 不道徳な行為.

*__부동-산__[不動産][pudoŋsan プドンサン] [名] 不動産 **—중계업**(中繼業)

[dʒuŋgeɔp ジュンゲオプ] 名 宅地・建物取引業 **—중개인**(仲介人) [dʒuŋgein ジュンゲイン] 名 不動産仲介人[仲立ち人]; 不動産の周旋業; 不動産屋.

***부두**[埠頭] [pudu プドゥ] 名 埠頭ふとう; 波止場 **부두-가** [pudutk'a プドゥッカ] 名 波止場のほとり.

부둥켜-안다 [puduŋkhjant'a プドゥンキョアンタ] 他 抱き締める; 抱き込む; 抱える ¶아이를 ~ [airɯl ア イルル ~] 子供を抱き締める.

부드득 [pudɯdɯk プドゥドゥック] 副 하自他 がりがり; ぎりぎり; ごりごり (固い物を強くこする音) ¶이를 ~ 갈다 [irɯl pudɯdɯk k'alda イルル ~ カールダ] 歯をぎりぎり鳴らす.

***부드럽다** [pudɯrɔpt'a プドゥロプタ] 形 [ㅂ変] ① 柔らかい; 滑らかだ; 触りがよい ¶살결이 ~ [salk'jɔri ~ サルキョリ ~] 肌が滑らかだ[柔らかい] ② (性質・人あたりが) 柔らかい; やさしい; 穏やかだ ¶부드러운 분위기 [pudɯrɔun punwigi プドゥロウン プヌィギ] 和やかな雰囲気.

부득-부득 [pudɯkp'udɯk プドゥックプドゥック] 副 ① がりがり(しつこく意地を張るさま) ¶~ 우기다 [~ ugida ~ ウギダ] 我を張ってやまない ② やいやい(うるさくせがむさま) ¶~ 졸라대는 아이 [~ tʃ'olladɛnɯn ai ~ チョルラデヌン アイ] やいやいせがむ子供.

***부득-이**[不得已] [pudɯgi プドゥギ] 副 やむを得ず; 仕方なく ¶~ 한 경우(境遇)에는 [~han kjɔŋuenɯn ~ハンキョンウエヌン] やむを得ざる場合には **—하다** [hada ハダ] 形 仕方がない; やむを得ない; 余儀ない; せん方ない.

부들-부들 [pudɯlbudɯl プドゥルブドゥル] 副 ぶるぶる; わなわな; がくがく ¶추워서 ~ 떨다 [tʃ'uwɔsɔ ~ t'ɔ:lda チュウォソ ~ ットールダ] 寒くてがくがく震える.

부듯-하다 [pudɯthada プドゥッタダ] 形 [여変] ① ぴっちり合う ¶이 양복은 몸에 ~ [i jaŋbogun mome ~ イヤンボグン モメ ~] この洋服は体にぴっちり合う ② ぎっしり詰まっている ¶가슴이 ~ [kasumi ~ カスミ ~] 胸が一杯だ **부듯-이** [pudɯʃi プドゥシ] 副 ぴっちりと; ぎっしりと.

***부디** [pu:di プーディ] 副 どうぞ; 是非; 何分; 何とぞ ¶~ 잘 부탁합니다 [~tʃal bu:thakhamnida ~ チャル ブータックカムニダ] 何分ともよろしく(お願いします) **—부디** [budi ブディ] 副 くれぐれも; 是非とも.

***부딪다** [pudit'a プディッタ] 自他 ぶつかる; ぶつける; 当たる; 突き当たる ¶머리를 문(門)에 세게 ~ [mɔrirul mune se:ge ~ モリルル ムネ セーゲ ~] 頭をひどく戸にぶつける.

***부딪-치다** [puditʃhida プディッチダ] 自他 '부딪다'の強調語 ① ぶつかる; 突き当たる ¶벽에 ~ [pjɔge ~ ピョゲ ~] 壁に突き当たる ② (思いがけなく友人に)出くわす; ぶつかり合う.

부딪치-이다 [puditʃhiida プディッチイダ] 自 ぶつけられる; 打ちつけられる; 突き当てられる; ='부딪치다'の受動.

***부딪-히다** [puditʃhida プディッチダ] 自他 ぶつけられる; 打ちつけられる; 突き当てられる; ='부딪다'の受動 ¶자동차에 ~ [tʃadoŋtʃhae ~ チャドンチャエ ~] 自動車にぶつけられる.

부뚜막 [put'umak プットゥマク] 名 かまど; へっつい.

부라리다 [purarida プラリダ] 他 (目玉を)怒らす・ぎょろつかせる; (目を)剥むく ¶눈을 부라리고 호통치다 [nunul purarigo hothoŋtʃhida ヌヌル プラリゴ ホトンチダ] 目を怒らして怒鳴りちらす.

부락[部落] [purak プラク] 名 集落 ¶산간 ~ [saŋgan (burak) サンガン (ブラク)] 山間の集落.

부랑[浮浪] [puraŋ プラン] 名 浮浪 **—배** [bɛ ベ] 名 浮浪の輩ともがら **—아** [a ア] 名 浮浪児 **—자** [dʒa ジャ] 名 浮浪者; ホームレス **—하다** [hada ハダ] 自 浮浪する; さまよう; 流れ歩く.

부랴-부랴 [purjaburja プリャブリャ] 副 とりあえず; 大急ぎで; あわてて; あたふたと; 早々 ¶~ 연락을 취하다 [~ jɔllagul tʃhwi:hada ~ ヨルラグル チュィーハダ] とりあえず連絡をとる.

부러 [purɔ プロ] 副 わざと; 故意に; ことさらに; =일부러 [i:lburɔ イールブロ] ¶~ 모른 체 하다 [~ morɯn tʃhe hada ~ モルン チェハダ] わざと知らないふりをする.

부러-뜨리다 [purɔt'ɯrida プロットゥリダ] 他 (へし)折る; 折ってしまう ¶나뭇가지를 ~ [namutk'adʒirul ~ ナ

부러워-하다 [purɔwɔhada プロウォハダ] 他 [여変] うらやむ; うらやましがる; 羨望する ¶남의 행복을 ~[name hɛŋbogul ナメ ヘーンボグル ~] 人の幸福をうらやむ.

부러-지다 [purɔdʒida プロジダ] 自 [여変] 折れる ¶가지가 뚝 ~[kadʒiga t'uk (p'urɔdʒida) カジガットゥク ~] 枝がぽっきりと折れる.

부럼 [pu:rɔm プーロム] 名 〈民〉陰暦正月の15日の早朝噛み砕いて食べるクリ・クルミ・ピーナツ・松の実などの総称(1年中おできができないといわれる).

부럽다 [purɔpt'a プロプタ] 形 [ㅂ変] うらやましい ¶친구의 합격이 너무 ~[tɕʰingue hapk'jɔgi nɔmu ~ チングエ ハプキョギ ノム ~] 友の合格があまりにもうらやましい / 부럽기 짝이 없다 [purɔpk'i tɕ'agi ɔ:pt'a プロプキッチャギ オープタ] うらやましい.

부려-먹다 [purjɔmɔkt'a プリョモクタ] 他 こき使う; 酷使する ¶싼 월급으로 마구 ~[s'an wɔlgubɯro magu ~ ッサン ウォルグブロ マグ ~] 安月給でこき使う.

부록 [附錄] [pu:rok プーロク] 名 付録; アペンディックス ¶별책 ~[pjɔltɕʰɛk (p'u:rok) ピョルチェク ~] 別冊付録.

부루퉁-하다 [purutʰuŋhada プルトゥンハダ] 形 [여変] 膨れている; 膨れっ面をしている; ぷんとしている ¶~해서 입술을 내밀다[~hɛsɔ ips'urul nɛ:milda ~ヘソ イプスルル ネーミルダ] 膨れて唇をつき出す.

***부르다¹** [puruda プルダ] 他 [르変] ① 呼ぶ ¶큰소리로 ~[kʰunsoriro ~ クンソリロ ~] 大声で呼ぶ ② 招く; 迎える ¶의사를 ~[wisarul ~ ウィサルル ~] 医者を呼ぶ[招く] ③ 呼ぶ; 値を付ける ¶비싼 값을 ~[pis'an kaps'ul ~ ピッサン カプスル ~] 高値を呼ぶ / 부르는 값 [purunun kap プルヌン カプ] 言い[呼ぶ]値; 付け値 ④ 呼ぶ; 名づける ¶재개발 지구라고 ~[tɕɛ:gɛbal tɕ'igurago ~ チェーゲバル チグラゴ ~] 再開発地区と呼ぶ ⑤ 歌う ¶노래를 ~[norɛrul ~ ノレルル ~] 歌を歌う ⑥ 叫ぶ; 唱える ¶만세를 ~[ma:nserul ~ マーンセルル ~] 万歳を唱える ⑦ (出席を)取る.

***부르다²** [puruda プルダ] 形 [르変] ① 腹いっぱいだ ¶보기만 해도 배가 ~[pogiman hɛ:do pɛga ~ ポギマン ヘード ペガ ~] 見ただけでもおなかが張る / 배불리 먹다[pɛbulli mɔkt'a ペブルリ モクタ] 腹いっぱい食べる ② 張っている; 膨れている ¶가방이 ~[kabaŋi ~ カバンイ ~] カバンが膨れている.

부르르 [purɯrɯ プルル] 副 ぶるぶる; ぶるる; わなわな ¶너무 추워서 ~ 떨다[nɔmu tɕʰuwɔsɔ ~ t'ɔllida ノム チュウォソ ~ ットルリダ] あまりの寒さにぶるぶる震える / 무서워서 ~ 떨다 [musuwɔsɔ ~ t'ɔ:ldɑ ムソウォソ ~ ットールダ] 怖くてわなわな震える.

***부르-짖다** [purudʒit'a プルジッタ] 1 自 叫ぶ; わめく ¶울며 ~[u:lmjɔ ~ウールミョ ~] 泣きわめく 2 他 唱える; 主張する ¶독립을 ~[toŋnibul ~ トンニブル ~] 独立を叫ぶ.

부르트다 [purutʰɯda プルトゥダ] 自 ① 水膨れになる; 豆ができる ¶발이 ~ [pari ~ パリ ~] 足に豆ができる ② 腫れ上がる ¶벌에 쏘여 ~[pɔ:re s'ojɔ ~ ポーレッソヨ ~] ハチにさされて腫れ上がる.

***부릅-뜨다** [purupt'ɯda プルプトゥダ] 他 (目を)怒らす; (目を)剝く ¶눈을 크게 ~[nunul kʰuge ~ ヌヌル クゲ ~] 大目玉を剝き出す.

부리 [puri プリ] 名 ① (鳥や獣の)くちばし ¶매 ~ コ [mɛ:(buri)kʰo メー(ブリ)コ] 鷲鼻 ② (物の先端の)端 ; 銃 ¶총 ~[tɕʰoŋ(p'uri) チョン ~] 銃口 ③ (瓶などの)口の先.

부리-나케 [purinakʰe プリナケ] 副 大急ぎで; 直ちに; 一目散に ¶~ 달려가다 [~ talljɔgada ~ タルリョガダ] 大急ぎで駆けつける.

***부리다¹** [purida プリダ] 他 ① 仕事をさせる; 働かせる; 使う ¶사람 부리는 것이 거칠다[sa:ram burinun kɔʃi kɔtɕʰilda サーラム ブリヌン コシ コチルダ] 人使いが荒い ② (機械や家畜を)操る ¶배를 ~[pɛrul ~ ペルル ~] 船を操る ③ 行使する; 振るう; 張る ¶허세를 ~[hɔserul ~ ホセルル ~] 虚勢を張る / 행패(行悖)를 ~[hɛŋpʰɛrul ~ ヘンペルル ~] 乱暴をはたらく ④ 弄する; 利かす ¶재간(才幹)을 ~[tɕɛganul ~ チェガヌル ~] 小才を弄する.

부리다² [purida プリダ] 他 ① (荷物

를) 내리다 ② 활시위를 벗기다.

부리부리-하다 [puriburihada プリブリハダ] 形 [여변] 눈 [~-han nun ~-ハン ヌン] 부리부리한 눈동자; 부리부리한 눈.

*__부모__[父母] [pumo プモ] 名 부모; 양친 ¶~에 효도(孝道)하다 [~-e hjo:dohada ~エ ヒョードハダ] 부모에게 효도를 하다 **—님** [nim ニム] 名 부모님.

*__부문__[部門] [pumun プムン] 名 부문 ¶문학 ~ [munhak (p'umun) ムンハク(ブムン)] 문학부문.

*__부부__[夫婦] [pubu ブブ] 名 부부; 부처 ¶신혼 ~ [ʃinhon (bubu) シンホン(ブブ)] 신혼의 부부.

*__부분__[部分] [pubun プブン] 名 부분 ¶~적인 문제 [~dʒəgin mu:ndʒe ~ジョギン ムーンジェ] 부분적인 문제.

부사[副詞] [pu:sa プーサ] 名〈語〉부사.

부산-떨다 [pusant'əlda プサントルダ] 自 소란스럽게 굴다; 부산히 굴다 ¶~떨지 말고 찬찬히 해라 [~-t'əldʒi malgo tʃʰantʃʰani hɛ:ra ~-ットルジ マールゴ チャンチャニ ヘーラ] 소란피우지 말고 침착하게 하라.

부산-하다 [pusanhada プサンハダ] 形 [여변] ① 어수선하다; 분주하다 ¶이삿짐 싸기에 ~ [isatʃ'im s'agie ~ イサッチム ッサギエ ~] 이삿짐 싸기에 어수선하다 ② 부산하다; 시끄럽다 ¶행길이 퍽 ~ [hɛngiri pʰək (p'usanhada) ヘンギリ ポク ~] 큰길이 유난히 시끄럽다.

*__부상__[負傷] [pu:saŋ プーサン] 名 부상; 상처 **—하다** [hada ハダ] 自他 부상하다; 다치다; 상처입다 **—자** [dʒa ジャ] 名 부상자; 다친 사람.

*__부서-지다__ [pusədʒida プソジダ] 自 ① 깨지다; 부서지다 ¶책상이 ~ [tʃʰɛks'aŋi ~ チェクサンイ ~] 책상이 부서지다 ② (기대·계획 등이) 깨지다; 어긋나다 ¶계획이 ~ [ke:hwegi ~ ケーフェギ ~] 계획이 어긋나다.

부석-부석 [pusəkp'usək プソクプソク] **1** 副 [하다形] 푸석푸석; 피부가 약간 부어있는 모양 ¶~한 얼굴 [~-(p'usə)kʰan ʌlgul ~カン オルグル] 푸석푸석한 얼굴; 부은 얼굴 **2** 副 [하다自動] 까슬까슬; 수분이 없는 것이 가볍게 부서지는 모양 [音].

*__부속__[附屬] [pu:sok プーソク] 名 [하다自] 부속 **—실** [ʃ'il シル] 名 부속되는 방; 비서실 **—품** [pʰum プム] 名 부속품.

*__부수다__ [pusuda プスダ] 他 부수다; 깨뜨리다; 깨다; 가르다 ¶담장을 ~ [tamdʒaŋul ~ タムジャンウル ~] 담을 부수다 / 적진을 ~ [tʃəktʃʼinul ~ チョクチヌル ~] 적진을 쳐부수다. ×'부시다'.

부스러기 [pusurəgi プスロギ] 名 부스러기; 물에서부터 떨어진 끄트머리; 남은 찌꺼기 ¶빵~ [p'aŋ(busurəgi) ッパン(プスロギ)] 빵 부스러기.

부스럭-뜨리다 [pusurək't'urida プスロックットゥリダ] 他 부수다; 짓누르다.

부스럭-지다 [pusurəktʃida プスロクジダ] 自 바스러지다; 가루가 되다; 으깨지다; 깨지다 ¶파도가 바위에 ~ [pʰadoga pawie ~ パドガ パウィエ ~] 파도가 바위에 부서지다.

부스럭 [pusurək プスロク] 副 [하다自] 바스락; 부스럭(낙엽 등을 밟거나 긁거나 뒤적이는 소리) **—거리다** [(pusurə)k'ərida コリダ] 自他 바스락거리다; 부스럭거리다.

부스럼 [pusurəm プスロム] 名 부스럼; 종기 ¶긁어 ~ 만든다 [kulgə ~ manduunda クルゴ ~ マンドゥンダ] 긁어서 부스럼을 만든다; 諺 긁어 부스럼; 자는 아이를 깨우다.

부슬-부슬 [pusulbusul プスルプスル] 副 부슬부슬; 소록소록; 보슬보슬; 조금씩 ¶비가 ~ 내리다 [piga ~ nɛ:rida ピガ ~ ネリダ] 비가 부슬부슬 내리다.

부슬-비 [pusulbi プスルビ] 名 부슬비; 가랑비; ='보슬비'.

부시다[1] [puʃida プシダ] 他 (그릇 등을) 씻다; 헹구다 ¶병을 ~ [pjəŋul ~ ピョンウル ~] 병을 헹구다.

부시다[2] [puʃida プシダ] 形 눈부시다 ¶눈이 ~ [nuni ~ ヌニ ~] 눈이 부시다.

*__부실__[不實] [puʃil プシル] 名 부실; 불성실; 불건전 ¶~한 사람 [(puʃir)han sa:ram ~ハン サーラム] 부실한 사람 / ~한 경영 [(puʃir)han kjəŋjəŋ ~ハン キョンヨン] 부실한 경영 **—하다** [(puʃir)hada ハダ] 形 몸이 튼튼하지 못하다; 부족하다; 불성실하다 ¶몸이 ~ [moni ~ モミ ~] 몸이 부실하다; 불건강하다 **—공사** [goŋsa ゴンサ] 名 부실공사 **—기업** [giəp ギオプ] 名 경영이 부실한 기업.

*__부아__ [pua プア] 名 노여움; 부아; 분노; 허파; 폐장; 부아부아 ¶~가 끓다 [~ga k'ultʰa ~ガ ックルタ] 부아가 치밀다 /

부양하다 ~가 나다[치밀다][~ga nada[tʃʰimilda] ~ガ ナダ[チミルダ]] 癪に障る; 腹が立つ/~통이 터지다[~tʰoŋitʰədʒida ~トンイ トジダ] 痲癪玉が破裂する/~를 돋우다[~rul toduda ~ルル トドゥダ] 痲癪を起こさせる; 怒らせる **부앗-김에** [puatk'ime プアッキメ] 副 腹立ちまぎれに.

*부양-하다[扶養—][pujaŋhada プヤンハダ] 他 扶養する; 養う ¶가족을 ~[kadʒogul ~ カジョグル ~] 家族を養う.

부언[附言][pu:ən プーオン] 名 付言 **—하다**[hada ハダ] 他 付言する; 付け加えて言う.

부업[副業][pu:əp プーオㇷ゚] 名 副業; 内職; サイドビジネス. 「'부엉이'.

부엉-새[puəŋsɛ プオンセ] 名〈鳥〉 =
*부엉-이[puəŋi プオンイ] 名〈鳥〉ミミズク; コノハズク(木の葉ずく).

*부엌[puək プオㇰ] 名 台所; 炊事場; キッチン ¶~에서 [(puəg)esə ~ プオゲソ] 台所で **—일**[(puəŋ)nil (プオン)ニル] 名 台所[勝手]仕事; 水仕事 **—칼** [(puə)kʰal カル] 名 包丁.

부여-안다 [pujəant'a プヨアンタ] 他 抱き締める ¶귀여운 아이를 ~[kwi:jəun airul ~ クィーヨウナイルル ~] かわいい子を抱き締める.

부여-잡다 [pujədʒapt'a プヨジャㇷ゚タ] 他 つかむ; 握りしめる; しっかりつかむ ¶두 손을 ~[tu: sonul ~ トゥーソヌル ~] 両手を握りしめる.

부엿다 [pu:jətʰa プーヨッタ] 形 ㅎ変 ぼやけている; ぼけている; 不透明だ.

부예-지다 [pu:jedʒida プーイェジダ] 自 ぼやける; ぼける ¶사진이 ~ [sadʒini ~ サジニ ~] 写真がぼやける.

부유[富裕][pu:ju プーユ] 名 富裕 ¶~한 가정[~han kadʒəŋ ~ハン カジョン] 富裕な家庭 **—하다**[hada ハダ] 形 富裕だ; 富む.

부의[賻儀][pu:i プーイ] 名 ㅎ自 香典; 香料 ¶~금(金)[gum グム] お香典.

*부인[夫人][puin プイン] 名 夫人; 奥様; 奥さん.

*부인[婦人][puin プイン] 名 婦人 **—과**[k'wa クァ] 名 婦人科 **—병** [p'jəŋ ピョン] 名 婦人病 **—회**[hwe フェ] 名 婦人会.

부인[否認][pu:in プーイン] 名 否認 ¶범행을 ~하다[pə:mhɛŋul ~hada ポームヘンウル ~ハダ] 犯行を否認する.

부임-하다[赴任—][pu:imhada プーイムハダ] 自 赴任する; 赴く ¶임지에 ~[i:mdʒie ~ イームジエ ~] 任地に赴く.

부자[父子][pudʒa プジャ] 名 父子 **—상전**(相傳)[saŋdʒən サンジョン] 名 ㅎ他父子相伝 = **부전자전**(父傳子傳) [pudʒəndʒədʒən プジョンジャジョン].

*부자[富者][pu:dʒa プージャ] 名 金持ち; 長者 **부잣-집**[pu:dʒatʃ'ip プージャッチㇷ゚] 名 金持ちの家 ¶~ 맏며느리 [~-(tʃ'im) manmjənuri ~-(チム) マンミョヌリ] 金持ちの総領嫁; 諺 顔付きが福々しい娘.

부-자연[不自然][pudʒajən プジャヨン] 名 不自然; アーティフィシャル(artificial) ¶~한 자세[~han tʃa:se ~ ハン チャーセ] 不自然な姿勢 **—하다** [hada ハダ] 形 不自然だ; わざとらしい; 作為的だ **—스럽다**[surəpt'a スロㇷ゚タ] 形 ㅂ変 不自然だ ¶옷차림이 ~[otʰarimi ~ オッチャリミ ~] 身なりが取ってつけたようだ.

부-자유[不自由][pudʒaju プジャユ] 名 ㅎ形 ㅅ形 不自由 ¶~한 생활 [~han sɛŋhwal ~ハン センファル] 不自由な生活.

부-작용[副作用][pu:dʒagjoŋ プージャギョン] 名 副作用 ¶~이 없다[~i ɔ:pt'a ~イ オーㇷ゚タ] 副作用がない.

*부장[部長][pudʒaŋ プジャン] 名 部長 ¶영업 ~[jəŋəp (p'udʒaŋ) ~ ヨンオㇷ゚~] 営業部長.

부재[不在][pudʒɛ プジェ] 名 ㅎ自 不在; 留守 **—자**[dʒa ジャ] 名 不在者.

부적[符籍][pu:dʒək プージョㇰ] 名 呪符; お札; 護符; お守り ¶~을 몸에 지니다 [(pu:dʒəg) ul mome tʃinida (プージョㇰ)グル モメ チニダ] お守りを身につける.

부적당-하다[不適當—][pudʒəkt'aŋhada プジョクタンハダ] 形 不適当である ¶설명이 ~[sɔlmjəŋi ~ ソルミョンイ ~] 説明が不適当である.

부절[不絶][pudʒəl プジョル] 名 ㅎ自 不断; 絶えないこと ¶연락 ~[jəllak (p'udʒəl) ヨルラク ~] ひんぱんに連絡があること; 連絡が絶えないこと.

부-젓가락[pudʒətk'arak プジョッカラㇰ] 名 火箸ばし.

*부정[不正][pudʒəŋ プジョン] 名 ㅎ自他

부정; いんちき; ごまかし ¶ ~ 행위 [~ hεŋwi ~ ヘンイ] 不正行為 **—선거**[sɔ:ngɔ ソーンゴ] 名 不正選挙 **—축재**[tʃʰutʃʼɛ チュクチェ] 名 不正蓄財 **—투표**[tʰupʰjo トゥピョ] 名 不正投票.

부정[不定][pudʒɔŋ プジョン] 名 하形 不定 ¶ 주소 ~ [tʃuso(budʒɔŋ) チューソ(プジョン)] 住所不定.

부정[不貞][pudʒɔŋ プジョン] 名 하形 不貞 ¶ ~ 한 아내[~han anε ~ハン アネ] 不貞の妻.

부정[不淨][pudʒɔŋ プジョン] 名 하形 不浄; 不潔; けがれ ¶ ~ 한 돈[~ han to:n ~ハン トーン] 不浄な金 **—타다**[tʰada タダ] 慣 不浄の祟りがつく; 不浄に触れて害をこうむる.

*부정[否定][pu:dʒɔŋ プージョン] 名 否定 **—하다**[hada ハダ] 他 否定する; 否む ¶ 일언지하(一言之下)에 ~ [irɔndʒihae ~ イロンジハエ ~] 言下に否定する.

부-정기[不定期][pudʒɔŋgi プジョンギ] 名 不定期 ¶ ~ 선[~sɔn ~ソン] 不定期船.

부-정직[不正直][pudʒɔŋdʒik プジョンジク] 名 하形 不正直 ¶ ~ 한 남자(男子)[(pudʒɔŋdʒi)kʰan namdʒa ~カン ナムジャ] 不正直な男.

부-정확[不正確][pudʒɔŋhwak プジョンファク] 名 하形 不正確 ¶ ~ 한 정보[(pudʒɔŋhwa)kʰan tʃɔŋbo ~カン チョンボ] 不正確な情報.

부제[副題][pu:dʒe プージェ] 名 副題; サブタイトル.

부조[扶助][pudʒo プジョ] 名 하他 ① 扶助 ¶ 상호 ~ [saŋho(budʒo) サンホ(プジョ)] 相互扶助 ② 祝儀; 香典 **—금**[gum グム] 名 祝儀; 香典.

부-조리[不條理][pudʒori プジョリ] 名 하形 不条理 ¶ 사회의 ~ [sahwee ~ サフェエ ~] 社会の不条理.

*부족[不足][pudʒok プジョク] 名 不足 ¶ 실력 ~ [silljok (pʼudʒok) シルリョク ~] 実力不足 **—하다**[(pudʒo)kʰada カダ] 形 不足である; 足りない **—감**[(pudʒo)kʼam カム] 名 不足感.

*부-주의[不注意][pudʒui プジュイ] 名 하自 不注意; 手落ち ¶ ~ 로 인한 사고[~ro inhan sa:go ~ロ インハン サーゴ] 不注意による事故.

부지[不知][pudʒi プジ] 名 하他 不知; 知らないこと **—기수**(其數)[gisuギス] 名 数えられぬほど多いこと; 無数 ¶ 그런 일은 ~ 다[kurɔn ni:run ~da クロン ニールン ~ダ] そんなことはいくらでもある **—하세월**(何歲月)[hase:wɔl ハセーウォル] いつになるやら(その時を)さっぱり知らぬこと ¶ 언제 끝날지 ~ 이다 k'unnaltʃʼi ~-(hase:wɔr)ida オーンジェック ンナルチ ~-(ハセーウォ)リダ] いつになったら終わるやら知れない.

*부지런[pudʒirɔn プジロン] 名 勤勉; まめまめしいこと ¶ ~ 피우다[~ pʰi-uda ~ ピウダ] わざと熱心に働く **—하다**[hada ハダ] 形 手まめだ; 勤勉だ **—히**[i (プジロ) ニ] 副 勤勉に; 手まめに; こまめに; せっせと ¶ ~ 손질하다[~ sondʒirhada ~ ソンジルハダ] こまめに手入れをする.

부진-하다[不振-][pudʒinhada プジンハダ] 形 不振である; 振わない ¶ 성적이 ~ [sɔŋdʒɔgi ~ ソンジョギ ~] 成績が振わない.

부질-없다[pudʒirɔpt'a プジロプタ] 存 つまらない; しがない; 無駄だ; 余計だ ¶ ~-없는 걱정[(pudʒir)ɔmnunn kɔktʃʼoŋ (プジ) ロムヌン コクチョン] 余計な[いらぬ]心配 / ~-없는 인생[(pudʒir)ɔmnunn insεŋ (プジ) ロムヌン インセン] つまらない[しがない]人生

부질-없이[pudʒirɔpʃʼi プジロプシ] 副 無為に; 無駄に; つまらなくぐ ¶ ~ 돈을 쓰다[to:nul s'uda トーヌルッスダ] お金を無駄に使う.

부쩍[putʃʼok プッチョク] 副 ① ぐっと; ずっと; ずいぶん ¶ 국이 ~ 졸아들다[kugi ~ tʃʼoradulda クギ ~ チョラドゥルダ] 汁がぐっと煮詰まる ② ぐんと; 急に; にわかに ¶ 강물이 ~ 줄었다[kaŋmuri ~ tʃʼurɔtʼa カンムリ ~ チュロッタ] 川の水がぐんと減った.

*부채[putʃʰε プチェ] 名 扇; うちわ; 扇子 ¶ ~ 로 부치다[~ro putʃʰida ~ロ プチダ] 扇であおぐ **부채-질**[putʃʰɛdʒil プチェジル] 名 하自 ① (扇で)あおる[あおぐ]こと ② 煽動すること; そそのかすこと; おだてること ¶ 시세를 ~ 하다[ʃi:serul (putʃʰɛdʒir)-hada シーセルル ~ハダ] 相場をあおる.

부채[負債][pu:tʃʰε プーチェ] 名 負債; 借金; 負い目 ¶ ~ 를 갚다[~rul kapt'a ~ルル カプタ] 負債を返す.

부처 [putʃʰɔ プチョ] 名 仏 **—님** [nimニム] 名 仏様; お釈迦さま様 ¶ —의 가르침 [~e karutʃʰim (プチョニ) メカルチム] 仏陀の[仏様の]教え.

부추 [pu:tʃʰu プーチュ] 名 〈植〉ニラ(韮).

부추기다 [pu:tʃʰugida プーチュギダ] 他 そそのかす; けしかける; 煽動する ¶파업(罷業)을 일으키도록 ~ [pʰa:ɔbul irukʰidorok (p'uːtʃʰugida) パーオブル イルキドロク ~] ストライキを起こすようそそのかす.

부축-하다 [pu:tʃʰukʰada プーチュクカダ] 他 (わきの下に)手を貸す; (体を)抱えて助けながら歩く; そばで助けてやる; = 곁부축하다 [kjɔtp'utʃʰukʰada キョップチュクカダ] ¶노인(老人)을 ~ [no:inɯl ノーイヌル ~] 手を貸して年寄りを手伝う. ¶ツ; 深靴.

부츠 [bu:tʃʰu ブーチュ] boots 名 ブーツ

부치다¹ [putʃʰida プチダ] 自 手に[力に]余る; 手に負えない ¶힘에 부치는 일 [himepu tʃʰinɯn ni:l ヒメプチヌンニール] 手に余る仕事.

*__부치다²__ [putʃʰida プチダ] 他 (手紙や物などを)出す; 送る; 届ける ¶편지(便紙)를[돈을] ~ [pʰjɔ:ndʒirɯl[to:nɯl] ~ ピョーンジルル[トーヌル] ~] 手紙を[金を]送る.

부치다³ [putʃʰida プチダ] 他 耕す; 培う ¶밭을 ~ [patʰɯl ~ パトゥル ~] 畑を耕す.

*__부치다⁴__ [putʃʰida プチダ] 他 フライパンで焼く ¶계란을 ~ [keranɯl ~ ケラヌル ~] 卵を焼く.

부치다⁵ [putʃʰida プチダ] 他 風を起こす; あおぐ ¶부채를 ~ [putʃʰɛrɯl ~ プチェルル ~] 扇をあおぐ.

부치다⁶ [putʃʰida プチダ] 他 ① 付する; 回す ¶재판에 ~ [tʃɛpʰane ~ チェパネ ~] 裁判に付す ② 処理する; 付す ¶사건을 불문에 ~ [sa:k'ɔnulpulmune ~ サーコヌル プルムネ ~] 事件を不問に付す ③ 準なぞえる; 寄せる; 頼らせる ¶산에 부쳐 읊은 노래 [sane putʃʰɔ ɯlpʰun nore サネ プチョ ウルプン ノレ] 山に寄せて詠んだ歌.

*__부친__ [父親] [putʃʰin プチン] 名 父上; お父様; = 아버님 [abɔnim アボニム]

부침 [浮沈] [putʃʰim プチム] 名 自他 浮沈; 浮き沈み ¶ ~이 심한 세상(世上) [~i ʃi:mhan se:saŋ (プチ)ミ シームハン セーサン] 浮き沈みの激しい世の中.

부침-개 [putʃʰimgɛ プチムゲ] 名 フライパンに油をひいて焼く食べ物, = '지짐이'=チヂミ; 油焼き.

*__부탁-하다__ [付託—] [pu:tʰakhada プータクカダ] 他 頼む; 依頼する; 願う; 言付ける ¶취직을 ~ [tʃʰwi:dʒigɯl ~ チュィージグル ~] 就職を依頼する / 잘 부탁합니다 [tʃal bu:tʰakʰamnida チャル ブータクカムニダ] どうぞよろしく(お願いします).

*__부터__ [butʰɔ ブト] 助 …から; …より ¶처음~ 끝까지 [tʃʰɔːɯm~ k'utk'adʒi チョウム〜 ックカジ] ピン[初め]からキリ[終わり]まで.

*__부패__ [腐敗] [pu:pʰɛ プーペ] 名 自 腐敗 ¶정치의 ~ [tʃɔŋtʃʰie ~ チョンチエ ~] 政治の腐敗.

부평-초 [浮萍草] [pupʰjɔŋtʃʰo プピョンチョ] 名 〈植〉ウキクサ(浮草) = 개구리밥 [kɛguribap ケグリバプ].

부표 [浮標] [pupʰjo プピョ] 名 浮標; 浮き ¶항로 ~ [ha:ŋno (bupʰjo) ハンノ (ブピョ)] 航路浮標.

*__부풀다__ [pupʰulda プブルダ] 自 己語幹 ① 毛羽立つ ¶부푼 천 [pupʰun tʃʰɔːn プブン チョーン] 毛羽布 ② 膨れ上がる; 張る ¶젖이 ~ [tʃɔdʒi ~ チョジ ~] 乳房が張る / 빵이 잘 ~ [p'aŋi tʃal (bupʰulda) ッパンイ チャル (プブルダ)] パンがよく膨れ上がる ③ (胸が)膨らむ; 満ちる ¶가슴이 ~ [kasumi ~ カスミ ~] 胸が一杯だ / 희망에 부푼 가슴 [himaŋe pupʰun kasɯm ヒマンエ ププン カスム] 希望に満ちた胸.

부풀리다 [pupʰullida プブルリダ] 他 膨ら(ま)す; 膨らめる; '부풀다'の使役形 ¶빵을 ~ [p'aŋɯl ~ ッパンウル ~] パンを膨らます.

부풀어-오르다 [pupʰurɔorɯda プブロオルダ] 自 膨れ上がる; 膨らむ ¶풍선이 ~ [pʰuŋsɔni ~ プンソニ ~] 風船が膨らむ.

부품 [部品] [pupʰum ププム] 名 部品 ¶자동차 ~ [tʃadoŋtʃʰa (bupʰum) チャドンチャ (プブム)] 自動車の部品.

*__부피__ [pupʰi プピ] 名 かさ; 体積; 容積 ¶ ~가 크다 [~ga kʰuda ~ガ クダ] かさ張る.

*__부하__ [部下] [puha プハ] 名 部下; 手下 ¶심복 ~ [ʃimbok (p'uha) シムボク ~] 腹心の部下.

*__부합-하다__ [符合—] [pu:hapʰada プーハパダ]

プバダ] 自 符合する; 契合[一致]する ¶의견이 ~[ɰi:gjoni ウィーギニ ~] 意見が合う **부합-되다**[pu:hapt'weda プハプトゥェダ] 自 符合する; ぴったり合う; 一致する.

***부활**[復活][pu:hwal ブーファル] 名 하자 復活 ¶예수의 ~[je:sue イェースエ ~] キリストの復活.

***부흥**[復興][pu:huŋ ブーフン] 名 하자타 復興 ¶문예 ~[mune (bu:huŋ) ムネ(ブーフン)] 文芸復興.

***북**[¹] [puk プク] 名 ① 太鼓; 鼓; ドラム ¶~을 치다[(pug)ɯl tʰida (ブグ)ルチダ] 太鼓を打つ ② 機織機の糸巻き; 杼[梭]; ミシンのボビン(bobbin).

북[²] [pu:k プーク] 副 ① ぽりっ, ごしっ, ぎいっ(こすったりかいたりする音) ② ばりっ(一気に裂く音) —**북** [p'uk プク] 副 ① ぽりぽり; ごしごし ¶마룻바닥을 ~ 문질러 씻다[marutp'adagɯl ~-(p'uk) mundʑillo ʃit'a マルップダグル ~-(プン) ムンジルロ シッタ] 床をごしごし洗う ② ばりばり ¶종이를 ~ 찢다[tʃoŋirɯl pu:k[pu:kp'uk] tʃit'a チョンイルル ブーク[ブークプク] チッタ] 紙をばりっ[ばりばり]と裂く.

***북**[北] [puk プク] 名 北; 北方; ='북쪽' ¶~ 유럽[(puŋ) nju:rɔp (プン)ニューロプ] 北ヨーロッパ; 北欧 —**구**[區] [(pu)k'u ク] 名 北欧 ¶~ 문학[~ munhak ~ ムンハク] 北欧文学 —**구라파**(歐羅巴) [(pu)k'urapʰa クラパ] 名 北ヨーロッパ.

북극[北極] [puk'ɯk プククク] 名 北極 —**곰**[(puk'ɯ) k'om コム] 名 〈動〉北極熊; 白熊 —**권**[(puk'ɯ) k'wɔn クォン] 名 〈地〉北極圏 —**성**[s'ɔŋ ソン] 名 〈天〉北極星.

북녘[北一] [puŋnjɔk プンニョク] 名 北の方; 北方 ¶하늘 [(puŋnjɔ) kʰanɯl ~ カヌル] 北の空.

북-돋우다[pukt'oduda プクトドゥダ] 他 ① 励ます; 鼓舞する; =**북돋다** [pukt'ot'a プクトッタ] ¶용기를 ~[jo:ŋgirɯl ~ ヨーンギルル ~] 勇気を奮いたたせる ② 培う; 植物の根부에 土寄せをする ③ 教え育てる.

북-돋음[pukt'odɯm プクトドゥム] 名 鼓舞; 励ますこと; 培うこと.

북두-칠성[北斗七星] [pukt'utʃʰils'ɔŋ プクトゥチルソン] 名 北斗七星.

북망-산[北邙山] [puŋmaŋsan プンマンサン] 名 ① 北邙山ᵇᵒᵘ(中国河南省洛陽の北方にある小さな山, 帝王・貴人などの墓が多い) ② 墓場; 人が死後行く所; =**북망산천**(山川) [puŋmaŋsantʃʰɔn プンマンサンチョン].

북-받치다[pukp'atʃʰida プクパッチダ] 自 込み上げる; あふれる; 湧ᵂᵃきト上ᵍᵃる ¶눈물이 ~[nunmuri ~ ヌンムリ ~] 涙があふれる / 용기가 ~[jo:giga ~ ヨーンギガ ~] 勇気が湧き上がる / 설움이 ~[sɔ:rumi ~ ソールミ ~] 悲しみが込み上げる.

***북방**[北方] [pukp'aŋ プクパン] 名 北方.

***북부**[北部] [pukp'u プクプ] 名 北部.

북새[puks'ɛ プクセ] 名 ① 大騷ぎ; 雜踏; ごった返し ② 大勢のもみ合い ③ 邪魔だて —**떨다[놓다]**[t'ɔlda[notʰa] ットルダ[ノッタ]] 自 ① 騒ぎ立てる ② 邪魔をする —**통**[tʰoŋ トン] 名 大騷ぎ; 騒ぎの最中; 込み合うはずみ ¶아이들 ~에[aidɯl ~e アイドゥル ~エ] 子供たちの大騷ぎのはずみ —**판**[pʰan パン] 名 ごった返している所; 騒ぎの場 ¶~이다[~ida ~-(パ)ニダ] 大騷ぎ[大混雜]だ.

북어[北魚] [pugɔ プゴ] 名 干し明太たら; スケトウダラの干し物 —**국**[k'uk クク] 名 干し明太のスープ —**찜**[tʃ'im ッチム] 名 干し明太の薬味付き蒸し物.

북적-거리다[puktʃ'ɔk'ɔrida プクチョクコリダ] 自 ① (大勢がより集まって)ごった返す; がやがや騒ぐ; 込み合っている ② (酒などが)発酵してぶくぶく泡が立つ **북적-북적**[puktʃ'ɔkp'uktʃ'ɔk プクチョクプクチョク] 副 하자 わいわい; がやがや; ぶくぶく. 「(方).

***북-쪽**[北一] [puktʃ'ok プクチョク] 名 北.

북측[北側] [puktʃʰɯk プクチュク] 名 北側↔**남측**(南側) [namtʃʰɯk ナムチュク].

북풍[北風] [pukʰuŋ プクプン] 名 北風; 朔風ᵃᵏᵘ.

북한[北韓] [pukʰan プカン] 名 北朝鮮(共和国)の韓国での呼び名.

분[¹][分] [pu:n プーン] 名 分 ='분수'(分數)の略 ¶~에 넘치는 영광[~e nɔ:mtʃʰinɯn jɔŋgwaŋ (プー)ネノームチヌン ヨングァン] 身に余る光栄.

***분**[²][分] [pun プン] **1** 依存 分(時間の単位); 小数の単位 **2** 接尾 …分 ① (全体を分けたある部分) ¶3~의 1 [sam (bun)e il サムブネ イル] 3分の1 ② 分け前の分量 ¶3인~의 식사[samin(bun)e ʃiks'a サミンブネ シクサ] 3人前の食事 ③ 物質の成分 ¶알코올~[alkʰool(bun)] アルコール分.

분³[pun プン] (依名) ① 方; 様 ¶어느~이십니까?[ɔnu (bun)iʃimnik'a オヌ(ブ)ニシムニッカ] どなた様ですか ② 人を数えるときの尊敬語 ¶손님 두~[sonnim tu:(bun) ソンニム トゥー(ブン)] お客様お2人.

분[憤・忿][pu:n プーン] (名) 怒る心; 腹立ち; 憤り ¶~을 삭이다[~ɯl sa-gida (プー) ヌル サギダ] 怒りを鎮める.

분[粉][pun プン] (名) ① 粉; 粉末 ② おしろい ¶~이 잘 먹는다[~i tʃal mɔɡnɯnda (プ)ニ チャル モンヌンダ] おしろいが乗る.

분[盆][pun プン] (名) 盆; 鉢; 植木鉢 ¶~에 심다[~e ʃimt'a (プ)ネ シムタ] 鉢に植える.

분[糞][pun プン] (名) 糞·くそ=똥[t'oŋ]

분간[分揀][puŋgan プンガン] (名)(하他) 見分け; 見て区別すること; 分別 ¶옳고 그름을 ~못하다[olkʰo kurumul ~motʰada オルコ クルムル ~モッタダ] 正・不正の見分けがつかない.

분개[憤慨][pu:ŋge プーンゲ] (名) 憤慨 ¶연인의 변심에 ~하였다[jɔːnine pjɔnʃime ~hajɔt'a ヨーニネ ピョンシメ ~ハヨッタ] 恋人の心変わりに憤った **-하다**[hada ハダ](自他) 憤慨する; 憤る.

분-결에[忿・憤—][pu:ŋk'jore プーンキョレ] (副) 腹立ち[悔し]まぎれに; ='분김에' ¶~ 달려들다[~ talljɔdulda ~ タルリョドゥルダ] 悔しまぎれに飛びかかる.

분골-쇄신[粉骨碎身][puŋgolswe:ʃin プンゴルスェーシン] (名)(하自) 粉骨碎身 ¶~하여 은혜에 보답하다[~hajɔ unhee poːdapʰada ~ハヨ ウンヘエ ポーダプパダ] 粉骨碎身して恩に報いる.

분규[紛糾][puŋgju プンギュ] (名) 紛糾; もつれ; もめ事; いざこざ ¶~가 일다[~ga iːlda ~ガ イールダ] 紛糾する; もつれる; ごたごたする.

분-김에[忿・憤—][pu:ŋk'ime プーンキメ] (副) 腹立ち[悔し]まぎれに ='분결에' ¶~ 때렸다[~ t'ɛrjɔt'a ~ ッテリョッタ] 腹立ちまぎれに殴った.

분-꽃[粉—][puŋk'ot プンッコッ] (名) 〈植〉オシロイバナ(白粉花).

분-내[粉—][punnɛ プンネ] (名) おしろいの香り.

분노[忿怒・憤怒][pu:nno プーンノ] (名)(하自) 憤怒; 怒り ¶~가 치밀다[~ga tʃʰimilda ~ガ チミルダ] 怒りが燃え立つ.

분뇨[糞尿][punnjo プンニョ] (名) 糞尿 ¶~ 처리장[~ tʃʰoːridʒaŋ ~ チョーリジャン] 糞尿処理場.

***분단**[分斷][pundan プンダン](名)(하他) 分断; 寸断 ¶남북 ~[nambuk (p'un-dan) ナムブク ~] 南北分断(国家).

***분담**[分擔][pundam プンダム](名)(하他) 分担; 手分け ¶비용을 ~하다[piːjoŋ-ul ~hada ピーヨンウル ~ハダ] 費用を分担する.

분란[紛亂][pullan プルラン] (名)(하形) 紛乱 ¶~을 일으키다[~ɯl irukʰi-da (プルラ) ヌル イルキダ] 紛乱を起こす.

***분량**[分量][pu:lljaŋ プーリャン](名) 分量 ¶~을 재다[~ɯl tʃɛːda ~ウル チェーダ] 分量を量る.

***분류-하다**[分類—][pulljuhada プルリュハダ](他) 分類する ¶종류별로 ~[tʃoːŋnjubjɔllo ~ チョーンニュビョルロ ~] 種類別に分類する.

***분리**[分離][pulli プルリ] (名)(하他) 分離 ¶원심 ~[woːʃim (bulli) ウォンシム(プルリ)] 遠心分離.

분만[分娩][punman プンマン] (名)(하自他) 分娩̈; 出産; お産 **—휴가**[hjuga ヒュガ] (名) 出産休暇; 産休.

분만[憤懣・忿懣][pu:nman プーンマン] (名)(하形) 憤懣[忿懣]̈; 腹が立っていらいらすること ¶~을 터뜨리다[~ɯl tʰot'urida (プンマ) ヌル トットゥリダ] 憤懣を漏らす[ぶちまける].

분망[奔忙][punmaŋ プンマン] (名) 多忙 **—하다**[hada ハダ] (形) 非常に忙しい; 多忙だ; せわしい.

***분명-하다**[分明—][punmjɔŋhada プンミョンハダ](形) 明らかだ; はっきりしている; 確かだ ¶사정은 ~[saːdʒɔŋɯn ~ サージョウン ~] 事情は明らかだ **분명-히**[punmjɔŋi プンミョンイ] (副) 確かに; はっきりと ¶태도를 ~ 하라[tʰɛːdorɯl ~ hara テードルル ~ ハラ] 態度をはっきりせよ **분명히-하다**[punmjɔŋi hada プンミョンイハダ] (他) 明らかにする; はっきりさせる ¶셈을 ~[seːmɯl ~ セームル ~] 勘定を明らかにする.

분무-기[噴霧器][pu:nmugi プーンムギ] 图 噴霧器; 霧吹き; スプレー.

분-바르다[粉—][punbaruɯda プンバルダ] 自르変 おしろいをつける; 彩る.

분발-하다[奮發・憤發—][pu:nbarhada プーンバルハダ] 自 奮発する; 頑張る ¶더욱 ~-하였다[touk (p'u:nbar) haji-t'a トウク ~-ハヨッタ] 一層奮発した.

***분배-하다**[分配—][punbɛhada プンベハダ] 他 配分する; 分ける ¶이익을 ~[i:igɯl ~ イーイグル ~] 利益を分配する.

***분별**[分別][punbjəl プンビョル] 图 分別; 見分け **—없다**[(punbjər)əpt'a (プンビョ)ロプタ] 存 分別がない ¶~-없는 처신[(punbjər)əmnɯn tɕʰə:ʑin (プンビョ)ロムヌン チョーシン] 無分別なふるまい **—없이**[(punbjər)ɔpɕ'i (プンビョ)ロプシ] 副 分別なく ¶~-굴다[~ ku:lda ~ クールダ] 無分別にふるまう **—하다**[(punbjər)hada (プンビョ)ハダ] 他 分別する; 見分ける; わきまえる ¶선악을 ~[sɔ:nagɯl ~ ソーナグル ~] 善悪をわきまえる.

***분부**[分付・吩附][pu:nbu プーンブ] 图 他自他 仰せ; 言いつけ; ご用命; 目上の人の申しつけの尊敬語) ¶지당(至當)하신 ~[tɕidaŋhaɕin ~ チダンハシン ~] ごもっともな仰せ.

분분-하다[紛紛—][punbunhada プンブンハダ] 形 여変 ① 入り乱れて騒がしい ¶세상(世上)이 ~[~ se:saŋi ~ セーサンイ ~] 世の中が騒然としている ② 意見がまちまちだ; 紛々としている ¶의견이 ~[ɯi:gjəni ~ ウィーギョニ ~] 意見がまちまちだ.

분비[分泌][punbi プンビ] 图 하他 分泌 ¶위액의 ~[~wiɛge ~ ウィエゲ ~] 胃液の分泌 **—물**[mul ムル] 图 分泌物 **—액**[ɛk エク] 图 分泌液.

분산[分散][punsan プンサン] 图 하自他 分散 ¶~시키다[~ɕikʰida ~シキダ] 散らせる.

***분석**[分析][punsək プンソク] 图 하他 分析 ¶정세 ~[tɕəŋse (bunsək) チョンセ (ブンソク)] 情勢分析.

분쇄-하다[粉碎—][punswɛhada プンスェハダ] 他 粉砕する ¶적을 ~[tɕəgɯl ~ チョグル ~] 敵を粉砕する.

***분수¹**[分數][pu:nsu プーンス] 图 (自分の身分に合った程度の)身のほど; 分際; ほど; 分別; わきまえ ¶~에 맞는 생활[~e mannɯn sɛŋhwal ~エ マンヌン センファル] 自分の分際にかなった生活 **—없다**[əpt'a オプタ] 存 ほど[分]をわきまえない; 分別がない ¶~-없는 생각[~-əmnɯn sɛŋgak ~-オムヌン センガク] 分別のない考え **—없이**[ɔpɕi オプシ] 副 ほども知らず; わきまえもなく; 無分別に ~ 말-하다[~ ma:rhada ~ マールハダ] 無分別に話す; わきまえもなくしゃべる.

분수²[分數][punsu プンス] 图 分数.

분수[噴水][pu:nsu プーンス] 图 噴水; 吹上げ **—탑**[tʰap タプ] 图 噴水塔.

분식-집[粉食—][punɕiktɕ'ip プンシクチプ] 图 うどん・ラーメンなどの簡単な飲食店.

***분실**[紛失][punɕil プンシル] 图 하他 紛失 **—물**[mul ムル] 图 紛失物 **—신고**(申告)[ɕingo シンゴ] 图 紛失届.

***분야**[分野][punja プニャ] 图 分野; 領域 ¶미술 ~[mi:sul(bunja) ミースル (ブニャ)] 美術分野.

분양[分讓][punjaŋ プニャン] 图 하他 分譲 ¶주택을 ~-하다[tɕuʲtʰɛgɯl ~-hada チューテグル ~ハダ] 住宅を分譲する.

분업[分業][punəp プノプ] 图 하他 分業 ¶의약 ~[ɯijak (p'unəp) ウィヤク ~] 医薬分業.

***분열**[分裂][punjəl プニョル] 图 하自 分裂 ¶당이 ~되다[taŋi ~dwɛda タンイ ~ドゥェダ] 党が割れる.

***분위-기**[雰圍氣][punwigi プヌィギ] 图 雰囲気 ¶따뜻한 ~[t'at'ɯtʰan ~ ッタットゥタン ~] 暖かい雰囲気.

분유[粉乳][punju プニュ] 图 粉乳; 粉ミルク ¶탈지 ~[tʰaltɕ'i(bunju) タルチ (ブニュ)] 脱脂粉乳.

***분자**[分子][pundʑa プンジャ] 图 分子 ¶열성 ~[jəls'əŋ (bundʑa) ヨルソン (ブンジャ)] 熱烈な分子.

분장[扮装][pundʑaŋ プンジャン] 图 하他 扮装하다; 装い ¶~에 능하다[~e nɯŋhada ~エ ヌンハダ] 扮装が上手だ **—실**[ɕil シル] 图 楽屋. 「盆栽.

분재[盆栽][pundʑɛ プンジェ] 图 하他

***분쟁**[紛爭][pundʑɛŋ プンジェン] 图 하自 紛争 ¶노사~[nosae ~ ノサエ ~] 労使の紛争.

***분주**[奔走][pundʑu プンジュ] 图 하副 忙しいこと; あわただしいこと ¶~-하여 틈이 없다[~hajə tʰɯmi ɔpt'a

~하요 トウミ オープタ] 忙しくて暇がない **―하다**[hada ハダ] 形 忙しい;多忙だ(日本語の「奔走」は走り回ること・物事がうまくいくように駆け回って努力することの意).

분지[盆地][pundʑi プンジ] 名 盆地.

분출[噴出][puːntʃʰul プーンチュル] 名 하自他 噴出 ¶ 가스가 ―하다[gasɯga (puːntʃʰur)hada ガスガ ~ハダ] ガスが噴出する.

분통[憤痛][puːntʰoŋ プーントン] 名 하形 痛憤; 激憤; 憤り **―터지다**[tʰɔdʑida トジダ] 自 憤りが爆発する.

분투[奮鬪][puːntʰu プーントゥ] 名 하自 奮鬪 ¶ ― 노력하다[~ norjɔkʰada ~ ノリョクハダ] 奮鬪努力する.

분패[憤敗][puːnpʰɛ プーンペ] 名 하自 惜敗 ¶ 10대 9로 ~하였다[ʃiptʼɛ kuro ~hajɔtʼa シプテ クロ ~ハヨッタ] 10対9で惜敗した.

*__분포__[分布][punpʰo プンポ] 名 하自他 分布 **―도**[do ド] 名 分布圖.

분-풀이[忿・憤―][puːnpʰuri プーンプリ] 名 하自 うっ憤晴らし; 腹いせ ¶ 엉뚱한 사람에게 ~하다[ɔŋtʼuŋhan saːramege ~hada オンットゥンハン サーラメゲ ~ハダ] とんでもない人に腹いせをする. 「墨; チョーク.

*__분필__[粉筆][punpʰil プンピル] 名 白

*__분-하다__[忿・憤―][puːnhada プーンハダ] 形 여変 くやしい; 惜しい; 残念だ; 腹立たしい ¶ 역전패(逆轉敗)해서 정말 ~[jɔktʼɔnpʰɛ cɛsɔ tɕɔːŋmal ~ ヨクチョンペソ チョーンマル ~] 逆転負けして実にくやしい **분해-하다**[puːnhɛhada プーンヘハダ] 自 くやしがる; 惜しがる ¶ 큰소리로 ~[kʰɯnsoriro ~ クンソリロ ~] 大声を出してくやしがる **분-히**[puːni プーニ] 副 くやしく; 惜しく; 残念に ¶ ~ 여기다[~ jɔgida ~ ヨギダ] くやしく思う.

분할[分割][punhal プンハル] 名 하他 分割 **―상속**[saŋsok サンソク] 名 分割相續.

*__분해-하다__[分解―][punhɛhada プンヘハダ] 自他 分解する; ばらす ¶ 시계를 ~[jigerɯl ~ シゲルル ~] 時計を分解する.

분향[焚香][punhjaŋ プンヒャン] 名 하自 焚香ブンコウ; 燒香 ¶ 영전에 ―하다[jɔŋdʑɔne ~hada ヨンジョネ ~ハダ] 靈前に香を焚タく(燒香する).

분홍-빛[색][粉紅―[色]][puːnhoŋpʼit[sɛk] プーンホンピッ[セク]] 名 桃色; 薄紅色; ピンク; 略 '분홍'.

분화[噴火][puːnhwa プーンファ] 名 하自 噴火 **―구**[gu グ] 名 噴火口.

붇다[puːtʼa プッタ] 自 ㄷ変 ① 水膨れする; 膨れる; ふやける; 潤ジュンびる ¶ 콩이 물에 불었다[kʰoŋi mure purɔtʼa コンイ ムレ プロッタ] 豆が水にふやけた ② 增える; 增す; 增加する ¶ 재산이 ~[tɕɛsani ~ チェサニ ~] 財産が增える [增す] ③〈変則〉¶ 붇기전에[puːtkʼidʑone プーッキジョネ] 水膨れる前に; ×불기전에[puːlgidʑone プールギジョネ] / 붇고[puːtkʼo プーッコ] 膨れて / 붇는[puːnnɯn プーンヌン] 膨れる / 불어[purɔ プロ] 膨れて / 불은[purɯn プルン] 膨れて.

*__불__[pul プル] 名 火; 灯火; ライト; 炎; 火事 ¶ ~(을) 끄다[~ [purul] kʼɯda ~[プルル] ックダ] 火[明かり・火事]を消す / ~(이) 났다[(pur)i natʼa (pullatʼa)] (プ)リ ナッタ[プルラッタ]] 火事が起こった / ~조심(操心)[~dʑoʃim ~ジョシム] 火の用心.

불[佛][pul プル] 名 仏; フランス; '불란서'(佛蘭西)の略 ¶ ~문학[~munhak ~ムンハク] 仏文学.

불[弗][pul プル] 依名 ドル(dollar)のあて字 ¶ 10만~[ʃimman (bul) シムマン(プル)] 10万ドル.

불가[不可][pulga プルガ] 名 不可 **―하다**[hada ハダ] 形 不可だ; いけない; よくない **―결**[gjɔl ギョル] 名 하形 不可欠 ¶ ~한 요소[(pulgagjɔr)han joso ~ハン ヨソ] 不可欠な要素 **―부득**(不得)[budɯk ブドゥク] 하形 仕方なく; 余儀なく; やむを得ず ¶ ~한 일이다[~-(budɯ)kʰan niːrida ~カン ニーリダ] やむを得ぬことだ **―분**[bun ブン] 名 不可分 ¶ ~의 관계[~e kwange ~(フ)ネ クァンゲ] 不可分の関係 **―불**[bul ブル] 副 やむを得ず=부득불(不得不)[pudɯkpʼul プドゥクプル] ¶ ~ 떠나야 한다[~ tʼonaja handa ~ ットナヤ ハンダ] どうしても発たなければならない **―사의**[saːi サイ] 名 하形 不可思議; 不思議; 謎* ¶ 우주의 ~[uːdʑue ~ ウージュエ ~] 宇宙の不可思議.

*__불-가능__[不可能][pulganɯŋ プルガヌン] 名 하形 不可能.

불가사리 [pulgasari プルガサリ] 名 ① 鉄を食い悪夢・邪気を追い払うという想像上の動物 ②〈動〉ヒトデ(海星).

불-가피[不可避] [pulgaphi プルガピ] 名 하形 不可避; 必至 ¶파업(罷業)은 ~한 상황이다[phaːɔbuɯŋ ~han saŋhwaŋida パーオブン ～ハン サンフャンイダ] ストは避けられない状況だ.

불가항-력[不可抗力] [pulgahaŋnjɔk プルガハンニョク] 名 不可抗力 ¶그 사고는 ~이었다[kɯ saːgonɯn ~-(njɔ)iotʼa ク サーゴヌン ~-(ニョ)ギオッタ] その事故は不可抗力であった.

불-간섭[不干涉] [pulgansɔp プルガンソプ] 名 하他 不干涉 ¶~주의 [~-tʃui ~チュイ] 不干涉主義.

불감[不感] [pulgam プルガム] 名 하他 不感 **―증**[tʃɯŋ チュン] 不感症.

불거-지다 [pulgɔdʒida プルゴジダ] 自 ① 膨れる; 腫れ上がる; こぶができる ¶종기(腫氣)가 ~[tʃoːŋgiga ~ チョーンギガ ~] できものが膨れ上がる ② はみ出る; 突き出る; 出ばる ¶돌이 ~-진 길[toːri ~-dʒin kʼil トーリ ~-ジン キル] 石が出ばった道; 石ででこぼこの道 ③ (隱されていたことが)ばれる; 暴露する; あらわになる ¶사건이 ~ [saːkʼoni ~ サーコニ ~] 事件がばれる.

불-건전[不健全] [pulgɔndʒɔn プルゴンジョン] 名 하形 不健全 ¶~한 사람[~han saːram ~ハン サーラム] 不健全な人.

*__불결__[不潔] [pulgjɔl プルギョル] 名 하形 不潔 ¶~한 환경 [(pulgjɔr)han hwaŋgjɔŋ ~ハン ファンギョン] 不潔な環境.

불경[不敬] [pulgjɔŋ プルギョン] 名 하形 不敬 **―스럽다**[sɯrɔpʼta スロプタ] 形 ㅂ变 不敬だ; 無礼だ.

불경[佛經] [pulgjɔŋ プルギョン] 名 〈仏〉仏教の教典; お経.

불-경기[不景氣] [pulgjɔŋgi プルギョンギ] 名 不景気 ¶심각한 ~ [ʃiːmgakhan ~ シームガクカン ~] 深刻な不景気.

불계-승[不計勝] [pulgesɯŋ プルゲスン] 名 하自 (碁で)中押し勝ち.

*__불-고기__ [pulgogi プルゴギ] 名 焼き肉; プルゴギ.

불공[佛供] [pulgoŋ プルゴン] 名 하自 供養 ¶~을 드리다[~-ɯl tɯrida ~ウル トゥリダ] 仏を供養する.

불-공정[不公正] [pulgoŋdʒɔŋ プルゴンジョン] 名 하形 不公正 ¶~한 거래(去來)[~han kɔːrɛ ~ハン コーレ] 不公正取引.

불-공평[不公平] [pulgoŋphjɔŋ プルゴンピョン] 名 하形 不公平 ¶~한 조치 [~han tʃotʃhi ~ハン チョチ] 不公平な措置.

*__불과__[不過] [pulgwa プルグァ] 副 ほんの; わずか; ものの ¶~ 하루 차이(差異) [~ haru tʃhai ~ ハル チャイ] ほんの1日の差 **―하다**[hada ハダ] 形 (…に)過ぎない ¶사견에 ~[sagjone ~ サギョネ ~] 私見に過ぎない.

*__불교__[佛教] [pulgjo プルギョ] 名 〈宗〉仏教 **―도**[do ド] 名 仏徒; 仏弟子 **―미술**[miːsul ミースル] 名 仏教美術.

불-구속[不拘束] [pulgusok プルグソク] 名 하他 不拘束 **―기소**[kʼiso キソ] 名 不拘束起訴; 在宅起訴.

*__불구-하고__[不拘―] [pulguhago プルグハゴ] 慣 …かかわらず; …こだわらず ¶강한 반대에도 ~[kaŋhan paːndɛedo ~ カンハン パーンデエド ~] 強い反対にもかかわらず….

불굴[不屈] [pulgul プルグル] 名 하自 不屈 ¶불요~의 정신 [purjo(bulgur)e tʃɔŋʃin プリョ(ブルグル)レ チョンシン] 不撓不屈たる精神.

불귀[不歸] [pulgwi プルグィ] 名 하自 不帰; 帰らぬこと; 死ぬこと ¶~의 객이 되다[~e kɛgi tweda ~エ ケギ トゥェダ] 不帰の客となる.

불-규칙[不規則] [pulgjutʃhik プルギュチク] 名 하形 不規則 ¶~한 생활[(pulgjutʃhi)khan sɛŋhwal ~カン センファル] 不規則な生活.

불-균형[不均衡] [pulgjunhjɔŋ プルギュンヒョン] 名 하形 不均衡; 不釣り合い; でこぼこ; アンバランス ¶계층간의 ~[ketʃhɯŋgane ~ ケチュンガネ ~] 階層と階層の間の不均衡.

불그레-하다 [pulgɯrehada プルグレハダ] 形 여变 ほどよく薄赤い; あわく赤みがかっている.

불그스름-하다 [pulgɯsɯrɯmhada プルグスルムハダ] 形 여变 やや赤い; うっすらと赤い **불그스름-히** [pulgɯsɯrɯmi プルグスルミ] 副 やや赤く.

불긋-하다 [pulgɯthada プルグッタダ] 形 여变 赤みがかっている; やや赤い.

불기[―氣] [pulkʼi プルキ] 名 火の気; 火気 ¶~ 가신 방[~ gaʃin paŋ ~ ガシン パン] 火の気の失せた部屋.

불-기둥 [pulk'iduŋ プルキドゥン] 名 火柱 ¶~이 솟구치다 [~i sotk'utʃhida ~イ ソックチダ] 火柱が噴き上がる.

불-기운 [pulk'iun プルキウン] 名 火の勢い; 火勢; 火気 ¶~이 더해가다 [~i tɔhegada ~イ トヘガダ] 火勢が盛んになる.

*__불-길__ [pulk'il プルキル] 名 炎; 火の手; 火(炎) ¶~을 잡다 [(pulk'ir)ul tʃapt'a (プルキ)ルル チャプタ] 火を消す; 鎮火する / 분노의 ~ [pu:nnoe ~ プーンノエ ~] 憤怒の炎.

불길 [不吉] [pulgil プルギル] 名 不吉 ¶~한 꿈 [(pugir)han k'um ~ハンックム] 不吉の夢 ━**하다** [(pugir)hada ハダ] 不吉だ; 縁起が悪い.

불-꽃 [pulk'ot プルッコッ] 名 火花; スパーク; 炎 ¶~이 튀다 [(pulk'o)tʃhwida ~(ッコ)チ トゥイダ] 火花が散る [飛ぶ] ━**같다** [gat'a ガッタ] 炎のようだ; 物事の広がり [勢い] が盛んだ; 激しい ¶정열이 ~ [tʃɔŋnjɔri ~ チョンニョリ ~] 情熱が炎のようだ ━**놀이** [(pulk'on)nori (プルッコン)ノリ] 花火遊び; 打ち上げ花火.

불-끄다 [pulk'uda プルックダ] 自 火を消す.

불끈 [pulk'un プルックン] 副 하자 ① かっと; むかっと; むっと ¶~ 화를 내다 [~ hwarul nɛ:da ~ ファールル ネーダ] かっとなる [怒る] ② ぐっと ¶주먹을 ~ 쥐다 [tʃumɔgul ~ tʃwi:da ~ チュモグル ~ チュイーダ] こぶしをぐっと握りしめる ③ ぱっと; ぽっと; ぬっと ¶해가 ~ 솟아 오르다 [hɛga ~ sosa oruda ヘガ ~ ソサ オルダ] 太陽がぬっと浮かび上がる.

불-나다 [pullada プルラダ] 自 火事が起こる [出る] ¶불난 집 [pullan tʃip プルラン チプ] 火の出た家.

불-나방 [pullabaŋ プルラバン] 名〈虫〉ヒトリムシ; ヒトリガ (火取蛾).

불-난리 [―亂離] [pullali プルラルリ] 名 火事騒ぎ; 火事場のどさくさ ¶~통에 [~thoŋe ~トンエ] 火事場のどさくさに.

불-내다 [pullɛda プルレダ] 他 火 (事) を起こす; =‘불나다’の使役形.

불-놀이 [pullori プルロリ] 名 하자 田畑のほとりなどに火をつけたり花火を炸裂させたりする遊び; どんど焼き.

불-놓다 [pullotha プルロッタ] 自 火をつける [放つ]; 導火線に点火する.

불능 [不能] [pulluŋ プルルン] 名 하자形 不能 ¶지불 ~ [tʃibul (bulluŋ) チブル (プルルン)] 支払い不能.

*__불다__[¹] [pu:lda プールダ] 自 (風が) 吹く ¶바람이 ~ [parami ~ パラミ ~] 風が吹く.

*__불다__[²] [pu:lda プールダ] 他 ① (口で) 吹く ¶휘파람을 ~ [hwipharamul ~ フィパラムル ~] 口笛を吹く ② (隠していた事実を) 白状する; 自白する; 泥を吐く ¶자기 죄를 모두 ~ [tʃagi tʃwe:rul modu ~ チャギ チュェールル モドゥ ~] 自罪をつぶさに吐く.

불단 [佛壇] [pult'an プルタン] 名 仏壇.

불당 [佛堂] [pult'aŋ プルタン] 名 仏堂.

불-더위 [puldɔwi プルドウィ] 名 酷暑.

불-덩어리 [pult'ɔŋɔri プルトンオリ] 名 火の玉 ¶몸이 ~ 같다 [momi ~ gat'a モミ ~ ガッタ] 体が火玉のように熱い.

불-덩이 [pult'ɔŋi プルトンイ] 名 火の塊; 火だるま; 火の玉; 熱い体.

불-때다 [pult'ɛda プルッテダ] 自 (焚き口に) 火をくべる; 火を焚く.

불-똥 [pult'oŋ プルットン] 名 ① 火花; 火の粉 ¶~을 튀기다 [~ul thwigida ~ウルトゥイギダ] 火花を散らす ② 燃えさしの灯心.

불란서 [佛蘭西] [pullansɔ プルランソ] 名 フランスの漢字音表記.

*__불량__ [不良] [pulljaŋ プルリャン] 名 하자形 不良 ¶~품 [~phum ~プム] 不良品 / ~배 [~bɛ ~ベ] 不良; ならず者.

불러-내다 [pullɔnɛda プルロネダ] 他 呼び出す ¶친구를 ~ [tʃhingurul ~ チングルル ~] 友達を呼び出す.

불러-들이다 [pullɔdurida プルロドゥリダ] 他 呼び入れる ¶손님을 ~ [sonnimul ~ ソンニムル ~] お客を呼び入れる [呼び込む].

불러-오다 [pullɔoda プルロオダ] 他 呼んでくる; 呼びつける ¶노는 아이를 ~ [no:nun airul ~ ノーヌン アイルル ~] 遊んでいる子を呼びつける.

불러-일으키다 [pullɔirukhida プルロイルキダ] 他 ① 呼び起こす; 呼び覚ます; (食欲を)催す ¶모두들 ~ [modudul ~ モドゥドゥル ~] 皆を呼び起こす ② (感動などを) 呼び起こす; 引き起こす ¶흥미를 ~ [hu:ŋmirul ~ フーンミルル ~] 興味を引き起こす / 선풍을 ~ [sɔnphuŋul ~ ソンプンウル ~] 旋風を呼び起こす.

불려-가다 [pulljɔgada プルリョガダ] 自 呼ばれて行く ¶선생님께 ~ [sɔnsɛŋ-

nimk'e ~ ソンセンニムッケ ~] 先生に呼ばれて行く.

불로-초[不老草][pullotʃʰo プルロチョ] 名 不老草; 不老不死の薬.

불룩-하다[pullukʰada プルクカダ] 形 [여変] 膨らんでいる; 盛り上がっている ¶배가 ~[pɛga ~ ペガ ~] 腹が膨れている.

불리다¹[pullida プリダ] 他 (腹を)満たす ¶물로 배를 ~[mullo pɛrul ~ ムルロ ペルル ~] 水で腹を満たす.

불리다²[pullida プリダ] 他 ① (水に浸して)ふやかす='붇다'の使役形 ¶콩을 물에 ~[kʰoŋul mure ~ コンウル ムレ ~] 豆を水に浸してふやかす ② (財物を)増やす ¶재산을 ~[tʃɛsanul ~ チェサヌル ~] 財産を増やす.

***불리다**³[pullida プリダ] 自 呼ばれる; 称される; ='부르다'の受動 ¶선생이라 ~[sɔnsɛŋira ソンセンイラ ~] 先生と呼ばれる.

***불리-하다**[不利][pullihada プリハダ] 形 不利だ; 利(に)あらず ¶전세는 ~[tʃɔnsenun ~ チョーンセヌン ~] 戦いは芳しくない / ~-한 전황[~-han tʃɔnhwaŋ ~-ハン チョーンファン] 不利な戦況.

***불만**[不滿][pulman プルマン] 名 不満 ¶~을 품다[~ul pʰuːmtʼa (プルマ) ヌル プームタ] 不満を抱く **ー스러이** [suroi スロイ] 副 不満に **ー스럽다**[surɔpʼtʼa スロプタ] 形 [ㅂ変] 不満げである; 不満そうだ.

불-만족[不滿足][pulmandʒok プルマンジョク] 名 [하形] 不満(足) **ー스러이**[sʼurɔi スロイ] 副 不満(足)に **ー스럽다**[sʼurɔpʼtʼa スロプタ] 形 [ㅂ変] 不満げである; 不満足なようである.

불면-증[不眠症][pulmjɔntʃʼuŋ プルミョンチュン] 名 不眠症.

불멸[不滅][pulmjɔl プルミョル] 名 [하自] 不滅 ¶~의 진리[(pulmjɔr)e tʃilli (プルミョ)レ チルリ] 不滅の真理.

불-명예[不名譽][pulmjɔŋe プルミョンエ] 名 [하形] 不名誉 **ー스럽다**[surɔpʼtʼa スロプタ] 形 [ㅂ変] 不名誉である.

불-명확[不明確][pulmjɔŋhwak プルミョンファク] 名 [하形] 不確か ¶~-한 태도[(pulmjɔŋhwa)kʰan tʰɛːdo ~-カン テード] 不確かな態度.

불무-하다[不無―][pulmuhada プルムハダ] 形 [여変] ないわけではない; なきにしもあらず; ないとは限らない ¶그러한 염려(念慮)도 ~[kɯ rɔhan njɔːmnjɔdo ~ クロハン ニョームニョド ~] そういう懸念がないわけではない.

불문[不問][pulmun プルムン] 名 [하他] 不問, 問わぬこと ¶허물을 ~에 부치다[hɔmurul ~e putʃʰida ホムルル (プルム) ネ プチダ] 過ちを不問に付する / 남녀를 ~하고[namnjɔrul ~hago ナムニョルル ~ハゴ] 男女を問わずに **ー가지**(可知)[gaːdʒi ガージ] 名 問わずして知ること ¶그가 집에 없다는 것은 ~다[kɯga tʃibe ɔːptʼanun kɔsɯn ~da クガ チベ オープタヌン コスン ~ダ] 彼が留守であることは知れたことだ **ー곡직**(曲直)[goktʃʼik ゴクチク] 名 [하他] 理非(曲直)を問わぬこと ¶~-하고[~-(goktʃʼi)kʰago ~カゴ] 事の正否も問わず; 遠慮会釈もなく.

불-문학[佛文學][pulmunhak プルムンハク] 名 仏文学; フランス文学.

불미[不美][pulmi プルミ] 名 [하形] [스形] 芳しくないこと; よくないこと ¶~스러운 소문(所聞)[~surɔun soːmun ~スロウン ソームン] 良からぬ[スキャンダル]のうわさ; 醜聞.

불-바다[pulbada プルバダ] 名 火の海; 大火 ¶삽시간에 ~가 되었다[sapʃigane ~ga twɛtʼa サプシガネ ~ガ トゥェオッタ] たちまち(一面)は火の海と化した.

불발[不發][pulbal プルバル] 名 [하自] 不発 ¶일이 ~로 끝나다[iːri ~lo kʼunnada イーリ ~ロックンナダ] 事が不発に終わる.

불법[不法][pulbɔp プルポプ] 名 不法 **ー하다**[(pulbɔ)pʰada パダ] 形 不法である; 法に背いている.

불-벼락[pulbjɔrak プルビョラク] 名 烈火の如き怒り; 激しい叱責; 大目玉 ¶~을 맞다[(pulbjɔrag)ul matʼa (プルビョラ) グル マッタ] 大目玉を食う; ひどくしかられる.

불변[不變][pulbjɔn プルビョン] 名 [하自他] 不変 ¶영구 ~이다[jɔːŋgu (bulbjɔn)ida ヨーング (プルビョ)ニダ] 永久不変である.

불-볕[pulbjɔt プルビョッ] 名 かんかんと照りつける真夏の日差し ¶~ 아래서 일하다[(pulbjɔd)arɛsɔ iːrhada (プルビョ) ダレソ イールハダ] 焼けつくような日差しの下で働く **ー더위** [(pulbjɔ)

불복[不服] [pulbok プルボク] 名 하自他 不服 ¶명령에 ~하다 [mjəːŋnjoŋe (pulbo)kʰada ミョーンニョンエ ~カダ] 命令に不服する[服さない].

불분명-하다[不分明一] [pulbunmjəŋhada プルブンミョンハダ] 形 不分明だ; 不明瞭ふめいりょうだ; はっきりしない.

불-붙다 [pulbut'a プルブッタ] 自 ① 火がつく; 燃え始める ¶마른 풀에 ~ [marɯn pʰure ~ マルン プレ ~] 枯れ草に火がつく ② ある事[情熱]が激しくなる・燃え[沸き]上がる ¶논쟁이 다시 ~ [nondʒɛŋi taʃi ~ ノンジェン イ タシ ~] 論争が再燃する.

불-붙이다 [pulbutʃʰida プルブチダ] 他 火をつける ¶아궁이에 ~ [aɡuɲie ~ アグンイエ ~] 焚たき口に火をつける.

불-빛 [pulp'it プルピッ] 名 火の光; 火影; 明かり ¶멀리 ~이 보이다 [moːlli (pulpi)tʰi poida モールリ (プルビ)チ ポイダ] 遠くに火影が見える.

불사[不辭] [pulsʰa プルサ] 名 하自他 辞さないこと ¶탈퇴도 ~하다 [tʰaltʰwedo ~hada タルトゥェド ~ハダ] 脱退をも辞さない.

불-사르다 [pulsarɯda プルサルダ] 他 르変 ① 燃やす; 燃やしてしまう ¶문서를 ~ [munsəruːl ~ ムンソルル ~] 文書を燃やす ② (過去などを)水に流す.

불성실-하다[不誠實一] [pulsʰəŋʃirhada プルソンシルハダ] 形 不誠実である; 不真面目だ ¶저 사나이는 ~ [tʃə sanainɯn ~ チョ サナイヌン ~] あの男は不真面目である.

불-소급[不遡及] [pulsogɯp プルソグプ] 名 하自他 不遡及ふそきゅう ¶~의 원칙 [(pulsogub)e wəntʃʰik (プルソグブ)ェ ウォンチク] 不遡及の原則.

불손[不遜] [pulsʰon プルソン] 名 하形 不遜ふそん ¶~한 말을 하다 [~han maːrɯl hada ~ハン マールル ハダ] 不遜な言を吐く.

불순[不順] [pulsʰun プルスン] 名 하形 하副 不順 ¶일기 ~ [ilgi (pulsʰun)ilgi (プルスン)] 天候不順 / 성질이 ~하다 [sʰəːŋdʒiri ~hada ソーンジリ ~ハダ] 性質がすなおでない.

불순[不純] [pulsʰun プルスン] 名 하形 하副 不純 ¶~물 [~mul ~ムル] 不純物.

불시[不時] [pulʃʰi プルシ] 名 不時 ¶~의 방문객 [~e paːŋmungɛk ~エ パーンムンゲク] 不時の訪問客.

불식[拂拭] [pulʃʰik プルシク] 名 하他 払拭ふっしょく ¶오해를 ~하다 [oːhɛrul (pulʃʰi)kʰada オーヘルル ~カダ] 誤解を払拭する.

불신[不信] [pulʃʰin プルシン] 名 하他 不信 ¶~감 [~gam ~ガム] 不信感.

불-신임[不信任] [pulʃʰinim プルシニム] 名 하他 不信任 ¶~안 [~an (プルシニ)マン] 不信任案 ──**결의** [gjəri ギョリ] 名 不信任決議.

불실[不實] [pulʃʰil プルシル] 名 하形 不実 ¶~한 근무 태도 [(pulʃʰir)han kuːnmu tʰɛːdo ~ハン クーンム テード] 不実な勤務の態度.

불심 검문[不審檢問] [pulʃʰimgəːmmun プルシムゴームン] 名 하他 職務質問; 見咎とがめること ¶경관에게 ~ 당하다 [kjəːŋgwanege ~ daŋhada キョーングァネゲ ~ ダンハダ] 警官に見咎められる.

***불쌍-하다** [pulss'aŋhada プルッサンハダ] 形 かわいそうだ; 気の毒だ; 哀れだ ¶~한 고아 [~han koa ~ハン コア] かわいそうな孤児 **불쌍-히** [pulss'aɲi プルッサンイ] 副 かわいそうに; 気の毒に; 哀れに ¶~ 여기다 [~ jəgida ~ ヨギダ] 気の毒に思う; 哀れむ.

불-쏘시개 [pulss'oʃʰigɛ プルッソシゲ] 名 焚たきつけ; 付け木; 燃え種.

불쑥 [pulss'uk プルッスク] 副 ① 突然; ぬ(う)っと; にゅっと; (だしぬけに突き出したり現われるさま) ¶~ 칼을 내밀다 [(pulss'u) kʰarɯl nɛːmilda ~ カルル ネーミルダ] だしぬけに刀を突き出す ② いきなり; だしぬけに ¶그런 말을 ~ 꺼내다 [kɯrən maːrul (pulss'u) k'əːnɛda クロン マールル ~ッコーネダ] だしぬけにそんなことを言い出す ──**하다** [(pulss'u)kʰada プルッスカダ] 形 여変 突き出ている; 膨らんでいる ──**이** [(pulss'ug)i (プルッス)ギ] 副 にゅっと; いきなり.

불-씨 [pulʃ'i プルッシ] 名 ① 火種; 種火 ¶~를 잘 간수하다 [~rɯl tsʰal gansʰuhada ~ルル チャル ガンスハダ] 火種をよく保つ ② (争いなどの)種; きっかけ; 糸口 ¶싸움의 ~ [s'aume ~ ッサウメ ~] けんかの種.

***불안**[不安] [puran プラン] 名 不安 ¶~한 지위 [~han tʃiwi ~ハン チウィ] 不安な地位 ──**하다** [hada ハダ] 形

불안전 [不安全] [purandʒɔn プランヂョン] 名 形 不安全 ¶~한 시설 [~han ʃiːsɔl ~ハン シーソル] 不完全な施設.

불-안정 [不安定] [purandʒɔŋ プランヂョン] 名 形 不安定 ¶생활의 ~ [sɛŋhware ~ センファレ ~] 生活の不安定.

불-알 [pural プラル] 名 睾丸ぶる ¶~을 긁어주다 [(purar) ɯl kulgɔdʒuda (プラ)ルル クルゴジュダ] 睾丸を搔いてやる; 慣 へつらう; 媚びる.

불어 [仏語] [purɔ プロ] 名 ① 仏語ぶつ; フランス語 ② 仏語; 仏の言葉［教え］.

*****불어-나다** [purɔnada プロナダ] 自 増す; 増える; 膨れ上がる ¶재산이 ~ [tʃɛsani ~ チェサニ ~] 財産が増える.

불어-넣다 [purɔnɔtʰa プロノタ] 他 吹き入れる; 吹き込む ¶공기를 ~ [koŋgirɯl ~ コンギルル ~] 空気を吹き込む / 애국심을 ~ [ɛːgukʃˀimul ~ エーグクシムル ~] 愛国心を吹き込む.

*****불어-오다** [purɔoda プロオダ] 自 (風が吹いてくる ¶봄바람이 ~ [pomp'arami ~ ポムパラミ ~] 春風が吹いてくる.

불어-터지다 [purɔtʰɔdʒida プロトジダ] 自 (そばなどが水気を吸い過ぎて) 伸びる; ふやける.

불온 [不穩] [puron ブロン] 名 不穩 ¶~한 태도 [~han tʰɛːdo ~ハン テード] 不穩な態度 —**하다** [hada ハダ] 形 不穩の; 穩やかでない.

불-완전 [不完全] [purwandʒɔn プルァンジョン] 名 形 不完全 ¶~한 설계 [~han sɔlge ~ハン ソルゲ] 不完全な設計.

불우 [不遇] [puru プル] 名 形 不遇 ¶~한 생애 [~han sɛŋɛ ~ハン センエ] 不遇な生涯.

불운 [不運] [purun プルン] 名 形 不運 ¶~이 겹치다 [~i kjɔptʃʰida (プル)ニ キョプチダ] 不運が重なる.

불원-간 [不遠間] [purwɔngan プルォンガン] 副 遠からず; 近いうちに ¶~만나겠지 [~ managetʃˀi ~ マンナゲッチ] 近いうちに会えるはずだ.

불응 [不應] [purɯŋ プルン] 名 応じないこと ¶명령에 ~하다 [mjɔːŋnjɔŋe ~hada ミョーンニョンエ ~ハダ] 命令に応じない.

불의 [不意] [puri プリ] 名 不意 ¶~의 사고 [~e saːgo ~エ サーゴ] 不意の事故.

불의 [不義] [puri プリ] 名 形 不義 ¶~에 항거(抗拒)하다 [~e haːŋgɔhada ~エ ハーンゴハダ] 不義に抗する.

불-이야 [purija プリヤ] 感 火事だ; 火だ (叫び声) ¶~하고 달려갔다 [~hago talljɔgatˀa ~ハゴ タルリョガッタ] それ火事だと駆け出した.

불-이익 [不利益] [pulliik プルリイク] 名 形 不利益 ¶~을 감수하다 [(pulliig)ɯl kamsuhada (プルリイ)グルカムスハダ] 不利益を甘んじて受ける.

불-이행 [不履行] [pullihɛŋ プルリヘン] 名 形 他 不履行 ¶계약 ~ [keːjak (pˀullihɛŋ) ケーヤク ~] 契約不履行.

불-일치 [不一致] [pultʃʰi プルルチ] 名 形 不一致 ¶의견의 ~ [ɰigjɔne ~ ウィーギョネ ~] 意見の不一致.

불-자동차 [—自動車] [puldʒadoŋtʃʰa プルジャドンチャ] 名 消防車.

불-장난 [puldʒaŋnan プルジャンナン] 名 形 火遊び ¶아이들의 ~ [aidure ~ アイドゥレ ~] 子供たちの火遊び / 남녀간의 한때의 ~ [namnjɔgane hantˀɛ ~ ナムニョガネ ハンッテエ ~] 男女の一時の火遊び.

불-조심 [—操心] [puldʒoʃim プルジョシム] 名 火の用心 —**하다** [hada ハダ] 自 火の用心をする.

불-지르다 [puldʒirɯda プルジルダ] 自 ㄹ変 火を放つ; 放火する.

불-지피다 [puldʒipʰida プルジピダ] 自 (ストーブなどに) 火をつける; 焚たく; くべる ¶난로(煖爐)에 ~ [naːlloe ~ ナールロエ ~] ストーブに火を焚く.

불-쬐다 [pultʃˀweda プルッチュエダ] 自 火に当たる ¶추우니 불쬐라 [tʃʰuuni pultʃˀwera チュウニ プルッチュエラ] 寒いから火に当たれよ.

불찰 [不察] [pultʃʰal プルチャル] 名 失策; 手落ち; 不注意; 不覚 ¶저의 ~입니다 [tʃɔe (pultʃʰar)imnida チョエ (プルチャ) リムニダ] 私の手落ちです.

불참 [不參] [pultʃʰam プルチャム] 名 形 自 不参 ¶~자 [~dʒa ~ジャ] 不参者.

불철-주야 [不撤晝夜] [pultʃʰoldʒuja プ

ルチョルジュヤ] 名副하他 昼夜を問わず; 夜昼もなく ¶ ~ 공부(工夫)하다[~ koŋbuhada ~ コンブハダ] 夜昼もなく勉強する.

불-청객[不請客][pultɕhoŋɡɛk プルチョンゲク] 名 招かざる客; 勝手に来た客.

불출[不出][pultɕhul プルチュル] **1** 名自 不出; 外出しないこと ¶ 두문(杜門)~ [tumun (bultɕhul) トゥムン(プルチュル)] 門外不出; 引っ込んでばかりいて家の外に出ないこと **2** 名 하形 愚か者; でき損ない ¶ 사람이 좀 ~이야[sa:rami tɕom (pultɕhur)ija サーラミ チョム(プルチュ)リヤ] 人間がちょっと足りないんだよ.

불-충분[不充分][pultɕhuŋbun プルチュンブン] 名하形 不十分; 不充分 ¶ 조사가 ~하다[tɕosaɡa ~hada チョサガ ~ハダ] 調査が不十分だ.

불-친절[不親切][pultɕhindʑɔl プルチンジョル] 名하形 不親切 ¶ 한 대접(待接)[(pultɕhindʑɔr)han tɛ:dʑɔp ~ハン テージョプ] 不親切なもてなし.

불-켜다[pulkhjɔda プルキョダ] 他 明かりをつける; 灯をともす.

*__불쾌__[不快][pulkhwɛ プルクェ] 名 하形 히動 不快; 不愉快 ¶ ~ 한 일[~han ni:l ~ハン ニール] 不快なこと.

불-타다[pulthada プルタダ] 自 燃える ¶ 집이 ~[tɕibi ~ チビ ~] 家が燃える / 희망에 ~[himaŋe ~ ヒマンエ ~] 希望に燃える.

불-탄일[佛誕日][pulthanil プルタニル] 名 釈迦ᆫ의 誕生日(陰暦4月8日=사월 초파일)[sa:wɔl tɕhophail サーウォル チョパイル「4月初8日」).

불-태우다[pulthɛuda プルテウダ] 他 ① 火を燃やす ② (気持ちを)燃やす; 焦がす; 高ぶらせる.

*__불통__[不通][pulthoŋ プルトン] 名 하自他 不通 ① (交通・電話などが)通じないこと ¶ 전화가 ~이다[tɕɔ:nhwaɡa ~ida チョーンファガ ~イダ] 電話が不通だ ② 意思が通じないこと ¶ 고집(固執)~이다[kodʑi (p'ulthoŋ)ida コジプ ~イダ] 頑固一徹だ ③ 世事に疎いこと; 気の利かないこと ¶ 소식(消息)~이다[soʃik (p'ulthoŋ)ida ソシク~イダ] 世事に疎い; 気がきかない.

불-투명[不透明][pulthumjɔŋ プルトゥミョン] 名 하形 不透明 ¶ ~ 한 유리[~han juri ~ハン ユリ] 不透明なガラス / ~ 한 태도[~han thɛ:do ~ハン テード] はっきりしない態度 / ~ 한 주식 경기(景氣)[~han tɕuʃik k'jɔŋɡi ~ハン チュシク キョンギ] 見通しがつかない株式相場.

불-티[pulthi プルティ] 名 火の粉; 小さい火花 ━나다[nada ナダ] 飛ぶように売れる ¶ ~나게 팔리다 [~-nage phallida ~-ナゲ パルリダ] 飛ぶ[羽が生えた]ように売り切れる.

*__불편-하다__[不便―][pulphjɔnhada プルピョンハダ] 形 不便だ ¶ 교통이 ~[kjothoŋi ~ キョトンイ ~] 交通が不便だ / 몸이 ~[momi ~ モミ ~] 体の具合[調子]が悪い.

*__불평-하다__[不平―][pulphjɔŋhada プルピョンハダ] 他 不平を言う ¶ 상사에게 불평을 하다[sa:ŋsaeɡe pulphjɔŋɯl hada サーンサエゲ プルピョンウル ハダ] 上司に対して不平を言う.

불-피우다[pulphiuda プルピウダ] 他 (木や炭を燃やして)火を起こす.

불-필요[不必要][pulphirjo プルピリョ] 名 하形 不必要 ¶ ~ 한 물건(物件)[~han mulɡɔn ~ハン ムルゴン] 不必要な品物.

불한-당[不汗黨][purhandaŋ プルハンダン] 名 ならずものの一味; 盗賊の群れ.

불-합격[不合格][purhapk'jɔk プルハプキョク] 名 하自 不合格; 落第 ¶ 시험에 ~되다[ʃihome ~t'weda シホメ ~-トゥェダ] 試験に落ちる[不合格になる].

불-합당[不合當][purhapt'aŋ プルハプタン] 名 不適当 ━하다[hada ハダ] 形 不適当である.

불-합리[不合理][purhamni プルハムニ] 名 不合理; 理不尽 ¶ ~ 한 제도[~-han tɕe:do ~ハン チェード] 不合理な制度 ━하다[hada ハダ] 形 不合理だ; 理不尽である.

*__불행__[不幸][purhɛŋ プルヘン] 名 하形 不幸; 不幸せ ¶ ~하게 되다[~-hage tweda ~ハゲ トゥェダ] 不幸(せ)になる ━히[i イ] 副 不幸に; 不幸せに.

*__불허-하다__[不許―][purhɔhada プルホハダ] 他 許さない ¶ 낙관을 ~[nak'wanul ~ ナックァヌル ~] 楽観を許さない; 楽観することができない / 입국을 ~[ipk'uɡɯl ~ イプクグル ~] 入国を許可しない.

불현-듯(이)[purhjɔndut(duʃi) プルヒョンドゥッ(ドゥシ)]] 副 にわかに; い

きなり; だしぬけに; 突然 ¶ ~ 욕심이 나다[~ jokʃ'imi nada ~ ヨクシミナダ] にわかに欲がでる.

불-호령[一號令][purhorjɔŋ プルホリョン] 名 大声でする[厳しい]叱責 ¶ ~이 떨어지다[~i t'ɔrɔdʒida ~ イットロジダ] 大目玉を食う; 雷が落ちる.

불-확실[不確實][purhwakʃ'il プルファクシル] 名 하形 不確實; 不確か; あやふや ¶ ~한 정보[(purhwakʃ'ir) han tʃɔŋbo ~ ハンチョンボ] 不確実な情報.

불황[不況][purhwaŋ プルファン] 名 不況; 不景気 ¶ ~이 닥치다[~i taktʃhida ~ イ タクチダ] 不況が迫る.

불효-자[不孝子][purhjodʒa プルヒョジャ] 名 親不孝者; 親あての手紙で自分をへりくだっていう語.

*__불효-하다__[不孝—][purhjohada プルヒョハダ] 自形 不孝をする; 不孝である ¶ 부모(父母)에게 ~[pumoege ~ プモエゲ ~] 親不孝する.

불후[不朽][purhu プルフ] 名 하自 不朽; 不滅 ¶ ~의 명작[~e mjɔŋdʒak ~エ ミョンジャク] 不朽の名作.

*__붉다__[pukt'a プクタ] 形自 赤い ¶ 머리칼이 ~[mɔrikhari ~ モリカリ ~] 髪の毛が赤い.

붉어-지다[pulgɔdʒida プルゴジダ] 自 赤くなる; 赤らむ; 赤ばむ ¶ 얼굴이 ~[ɔlguri ~ オルグリ ~] 顔が赤くなる.

붉으락-푸르락[pugurakphururak プルグラクプルラク] 副 하形 (非常に怒ったり興奮したりして)顔色が真っ赤になったり真っ青になったりするさま.

붉히다[pulkhida プルキダ] 他 赤くする; 부끄러워 낯을 ~[puk'urɔwɔ natʃhul ~ プックロウォ ナチュル ~] 恥ずかしくて顔を赤らめる.

붐[bu:m ブーム] boom 名 ブーム ¶ 건축 ~[kɔ:ntʃhuk (p'u:m) コーンチュク (プーム)] 建築ブーム / ~을 타다 [~ul thada (ブー)ムル タダ] ブームに乗る.

*__붐비다__[pumbida プムビダ] 形 込む; 混雑する; 込み合う ¶ 버스가 ~[bɔsuga ~ ボスガ ~] バスが込む.

*__붓__[put プッ] 名 筆; 毛筆 ¶ ~글씨 [~k'ulʃ'i ~クルシ] 筆の字; 書道.

붓-꽃[putk'ot プッコッ] 名〈植〉アヤメ.

*__붓다__[pu:t'a プータ] 自人変 ① 腫れる; むくむ ¶ 울어서 눈이 ~[urɔsɔ nuni ~ ウロソ ヌニ ~] 泣いて目が腫れる ② (腹が立って)膨れる; むくれる; ふて(腐)る ¶ 그녀는 잔뜩 부어 있다 [kɯnjɔnɯn tʃantt'ɯk puɔ it'a クニョヌン チャントゥック プオ イッタ] 彼女は(腹が立って)いやに膨れている.

*__붓다²__[pu:t'a プータ] 他人変 ① 注ぐ; そそぐ; 差す ¶ 물을 ~[murul ~ ムルル ~] 水を差す[そそぐ] ② (掛け金を)払い込む ¶ 적금을 ~ [tʃɔk'ɯmul ~ チョックムル ~] 積立金を払い込む.

붕대[繃帶][puŋdɛ プンデ] 名 包帯.

*__붕어__[pu:ŋɔ プーンオ] 名〈魚〉フナ(鮒) ¶ ~ 낚시[~nakʃ'i ~ ナクシ] フナ釣り.

붕-장어[一長魚][pu:ŋdʒaŋɔ プーンジャンオ] 名〈魚〉アナゴ(穴子).

*__붙다__[put'a プッタ] 自 ① つく; くっつく ¶ 붙어 있다[putho it'a プト イッタ] (くっ)ついている ② 寄せる; 詰める ¶ 붙어 앉다[putho ant'a プト アンタ] 詰めて座る ③ 合格する; 受かる ¶ 시험에 ~[ʃihome ~ シホメ ~] 試験に受かる ④ つく; 追従する; 味方する ¶ 다수파에 ~[tasuphae ~ タスパエ ~] 多数派につく ⑤ (利子などが)つく ¶ 이자가 ~[i:dʒaga ~ イージャガ ~] 利子がつく ⑥ (実力などが)増す; つく ¶ 실력이 ~[ʃillʲɔgi ~ シルリョギ ~] 実力がつく ⑦ 燃える ¶ 불이 ~[puri ~ プリ ~] 火がつく.

*__불-들다__[put'ulda プットゥルダ] 他 ㄹ語幹 ① つかむ ¶ 손목을 ~[sonmogul ~ ソンモグル ~] 手首をつかむ ② 捕らえる; つかまえる ¶ 범인을 ~[pɔ:minul ~ ポーミヌル ~] 犯人をつかまえる ③ 引き止める; 取り止める ¶ 손님을 ~[sonnimul ~ ソンニムル ~] 客を引き止める. = '붙잡다'.

불들-리다[put'ɯllida プットゥルリダ] 自 つかまる; 捕らえられる; '붙들다'の受動 ¶ 범인이 ~[pɔ:mini ~ ポーミニ ~] 犯人がつかまる[捕らえられる].

불들어-매다[put'ɯrɔmɛda プットゥロメダ] 他 縛りつける= '붙잡아 매다'.

불들어-주다[put'ɯrɔdʒuda プットゥロジュダ] 他 ① 捕らえて引き渡す ② そばで介添えしてやる.

불-박이[putp'agi プッパギ] 名 固定; 固着 ¶ ~장(欌)[~dʒaŋ ~ジャン] 作りつけのたんす; 押し入れ.

*__붙이다__[puthida プチダ] 他 ① (くっ)つける; 張[貼]る; 張りつける ¶ 우

표(郵票)를 ~[up^hjorul ~ ウピョルル~] 切手を張る[張りつける] ② 寄せる ¶책상(冊床)을 벽에 ~[tʃʰɛks'aŋul pjɔge ~ チェクサンウル ビョゲ~] 机を壁に寄せる ③ 仲立ちをする ¶흥정을 ~[huŋdʒɔŋul ~ フンジョンウル ~] 取引きの仲立ちをする ¶添える; 添加する ¶의견을 붙여 제출하다[wi:gjɔnul putʃʰɔ tʃetʃʰurhada ウィーギョヌル プチョ チェチュルハダ] 意見を申し添えて提出する ⑤ 叩たく; 張りとばす ¶따귀를 올려 ~[t'a:gwirul olljɔ(butʃʰida) オルリョ(ブチダ)] びんたを食らわす; ほっぺたを張る ⑥ つける; 持つ; 寄せる ¶그림에 취미를 ~[kɯ:rime tʃʰwi:mirul ~ クーリメ チュイーミルル~] 絵に趣味を持つ ⑦ (名前を)つける ¶별명(別名)을 ~[pjɔlmjɔŋul ~ ピョルミョンウル ~] あだなをつける ⑧ (家畜を)交尾させる; 掛け合わせる ¶수말과 암말을 ~[sumalgwa ammarul ~ スマルグァ アムマルル ~] 雄馬と雌馬を掛け合わせる ⑨ (火を)点つける ¶불을 ~[purɯl ~ プルル~] 火をつける ⑩ 心を引きつける; 寄せる ¶정(情)을 ~[tʃɔŋul ~ チョンウル ~] 愛情を寄せる.

붙임-성[一性][putʃʰims'ɔŋ プチムソン] 名 愛想; 人づき; 人当たり; 社交性 ¶~이 있다[~i it'a ~イイッタ] 愛想[人づきあい]がよい.

***붙-잡다**[putʃ'apt'a プッチャプタ] 他 ① つかむ; つかまえる ¶밧줄을 ~[pa:tʃ'urul ~ パーッチュルル ~] ロープをつかむ ② 捕らえる; つかまえる ¶범인을 ~[pɔ:minul ~ ポーミヌル ~] 犯人を捕らえる ③ 引き止める ¶손님을 ~[sonnimul ~ ソンニムル ~] お客を引き止める. ='붙들다'.

붙잡아-매다[putʃ'abamɛda プッチャバメダ] 他 縛りつける.

붙잡아-주다[putʃ'abadʒuda プッチャバジュダ] 他 (倒れないように)支えてやる; 助ける.

붙-잡히다[putʃ'aphida プッチャピダ] 自 捕まる; 捕らえられる; '붙잡다'の受動 ¶흉악범이 ~[hjuŋakp'omi ~ ヒュンアクポミ~] 凶悪犯が捕まる.

뷔페[bwipʰe ブィペ] buffet 名 バイキング(料理) (viking・一定料金で料理を好きなだけ食べる形式の食事); ビュッフェ(パーティーなどの立食形式; 列車内や駅などの簡易食堂).

브래지어[bɯrɛdʒiɔ ブレジオ] 〈フ〉 brassière 名 ブラジャー.

브랜디[bɯrɛndi ブレンディ] brandy 名 ブランデー.

블라우스[bullausu ブルラウス] blouse 名 ブラウス.

블록[bullok ブルロク] block 名 ブロック.

***비**[pi ビ] 名 雨 ¶~가 개다[~ga kɛ:da ~ガ ケーダ] 雨が上がる[晴れる] / ~가 오다[~ga oda ~ガ オダ] 雨が降る / ~가 그치다[~ga kɯtʃʰida ~ガ クチダ] 雨がやむ / 비 온 뒤에 땅이 굳어진다[pi on twi:e t'aŋi kudɔdʒinda ピ オン トゥィーエ ッタニ クドジンダ] 雨降って地固まる.

***비**[pi ビ] 名 ほうき=빗자루[pitʃ'aru ピッチャル].

***비겁**[卑怯][pi:gɔp ビーゴプ] 名 하形 卑怯ょう ¶~한 사나이[(pi:gɔ) pʰan sanai ~パン サナイ] 卑怯な男.

비결[祕訣][pi:gjɔl ビーギョル] 名 秘訣 ¶장수의 ~[tʃaŋsue ~ チャンスエ ~] 長寿の秘訣. [脂肉].

비계[pige ピゲ] 名 (豚などの)脂身.

비관[悲觀][pi:gwan ビーグァン] 名 하他 悲觀 ¶세상(世上)을 ~하다[se:saŋul ~ セーサンウル~] 世を悲観する[はかなむ].

***비교-하다**[比較―][pi:gjohada ビーギョハダ] 他 比較する; 比べる ¶충분히 ~[tʃʰuŋbuni ~ チュンブニ~] 充分に比較する **비교-적**[pi:gjodʒɔk ビーギョジョク] 冠 名 比較的; 割合に ¶~ 싸다[~ s'ada ~サダ] 割安だ.

비굴[卑屈][pi:gul ビーグル] 名 하形 스形 卑屈 ¶~하게 굴다[~hage ku:lda ~ハゲ クールダ] 卑屈にふるまう.

***비극**[悲劇][pi:gɯk ビーグク] 名 悲劇 ¶이산 가족의 ~[i:san gadʒoge ~ イーサン ガジョゲ ~] 離散家族の悲劇.

***비기다**[pigida ピギダ] 自他 ① 引き分けになる; あいこになる ¶결승에서 ~[kjɔls'ɯŋesɔ ~ キョルスンエソ ~] 決勝で引き分けになる / 이것으로 서로 비겼다[igɔsɯro sɔro pigjɔt'a イゴスロ ソロ ピギョッタ] これておあいこになった ② 相殺する **비김**[pigim ピギム] 名 引き分け.

***비기다**[pigida ピギダ] 他 ① たとる; なぞらえる ¶인생을 여행에 ~

[insɛŋul jəhɛŋɛ ~ インセンウル ヨヘンエ ~] 人生を旅にたとえる ② 比べる; 比肩する ¶비길 데 없는 호인(好人) [pigil t'e ɔmnunɯn hoin ピギルッテ オームヌン ホーイン] 無類の好人物 [お人よし] / 작년에 비기면… [tʃaŋnjəne pigimjən チャンニョネ ピギミョン] 昨年に比べると….

*비-꼬다 [pi:k'oda ピーッコダ] 他 ① よる ¶끈을 ~ [k'unɯl ~ ックヌル ~] ひもをよる ② ねじる; ひねる; よじる ¶몸을 ~ [momul ~ モムル ~] 体をよじる ③ 皮肉る; 当てこする ¶비꼬는 말투 [pi:k'onɯn ma:ltʰu ピーッコヌン マールトゥ] ひねくれた言い方.

*비난 [非難] [pi:nan ピーナン] 名 하他 非難 ¶~을 퍼붓다 [받다] [~ɯl pʰəbut'a (pat'a) (ピーナ) ヌル ポブッタ [パッタ]] 非難を浴びせる [受ける].

비녀 [pinjə ピニョ] 名 (韓国・朝鮮の) かんざし.

*비누 [pinu ピヌ] 名 石けん; シャボン ¶방울 [~ baŋul ~ バンウル] シャボン玉 비눗-갑 [pinutk'ap ピヌッカプ] 名 石けん箱 비눗-물 [pinun mul ピヌンムル] 名 石けん水.

비늘 [pinɯl ピヌル] 名 うろこ ¶생선의 ~ [sɛŋsəne ~ センソネ ~] 魚のうろこ.

비-능률적 [非能率的] [pi:nɯŋnjultʃ'ək ピーヌンニュルチョク] 名 非能率的 ¶~ 방법 [~ p'aŋbəp ~ パンボプ] 非能率的な方法.

*비닐 [binil ビニール] vinyl 名 ビニール; ビニール ¶~ 하우스 [~ hausɯ ~ ハウス] ビニールハウス.

*비다 [pi:da ピーダ] 1 自形 ① すいている; 空である; 空く ¶빈 차 [pi:n tʰʃa ピーン チャ] 空車 / 자리가 ~ [tʃariga ~ チャリガ ~] 席が空く / 호주머니가 ~ [hodʒumaniga ~ ホジュモニガ ~] 懐が空である ② 手ぶらである ¶빈 손으로 돌아가다 [오다] [pi:n sonuro toragada (oda) ピーン ソヌロ トラガダ [オダ]] 手ぶらで帰る ③ (内容・頭などが) 空っぽだ; 空虚だ; うつろだ ¶골이 ~ [kori ~ コリ ~] 頭が空っぽだ / 빈 말만 늘어놓다 [pi:n ma:lman nɯrənotʰa ピーン マールマン ヌロノッタ] 空言ばかり並べる / 마음이 텅 빈 것 같다 [maɯmi tʰəŋ pi:n kət k'atʰa マウミ トン ピーン コッ カッタ] 心がうつろになったようだ ④ 足りない; 欠ける ¶정원에서 한 사람이 ~ [tʃəŋwənesə han sarami ~ チョーンウォネソ ハン サラミ ~] 定員より1人足りない / 만원에서 천원이 ~ [ma:nwənesə tʃʰənwəni ~ マーヌォネソ チョヌォニ ~] 1万ウォンから1千ウォン欠ける 2 他 ① '비우다'의 略 ② 便稜 '비우다'.

*비단 [緋緞] [pi:dan ピーダン] 名 絹; 絹織物 ―결 [k'jəl キョル] 絹の織り目 ¶~같다 [~g'ata ~ガッタ] (物の表面・肌が) 非常に滑らかで美しい; (心が) やさしく温かい ―옷 [ot (ピーダノッ)] 絹物; 絹製の衣服.

비단 [非但] [pidan ビダン] 副 ただ; 単に ¶~ 공부뿐만 아니라 스포츠에도 능(能)하다 [~ koŋbup'unman anira sɯpʰo:tʃʰuedo nɯŋhada ~ コンブップンマン アニラ スポーチュエド ヌンハダ] ただ勉強だけでなくスポーツにも長じている.

비대 [肥大] [pi:dɛ ピーデ] 名 하形 肥大 ¶몸집이 ~하다 [momtʃ'ibi ~ hada モムチビ ~ハダ] 体つきが太っていて大きい.

비-도덕적 [非道德的] [pi:dodəktʃ'ək ピードドクチョク] 名 冠 非道德的 ¶~인 처사(處事) [(pi:dodəktʃ'əg)in tʰʃə:sa (ピードドクチョ)ギン チョーサ] 非道德的な仕打ち.

*비둘기 [pidulgi ピドゥルギ] 名 〈鳥〉ハト「(鳩).

비듬 [pidɯm ピドゥム] 名 ふけ ¶~ 투성이의 머리 [~ tʰusəŋie məri ~ トゥソンイエ モリ ~] ふけだらけの頭.

비등비등-하다 [比等比等―] [pidɯŋbidɯŋhada ピードゥンビドゥンハダ] 形 여変 似たり寄ったりである.

비등-하다 [比等―] [pi:dɯŋhada ピードゥンハダ] 形 似通っている; ほぼ同じ程度である ¶실력이 ~ [jillɔgi ~ シルリョギ ~] 実力がほぼ同じ程度だ.

비등-하다 [沸騰―] [pi:dɯŋhada ピードゥンハダ] 自 沸騰する ¶여론(輿論)이 ~ [jɔ:roni ~ ヨーロニ ~] 世論が沸騰する.

*비디오 [bidio ビディオ] video 名 ビデオ ¶~ 게임 [~ geim ~ ゲイム] ビデオゲーム.

비딱-하다 [pit'akʰada ピッタクハダ] 形 여変 (一方に) 傾いている; やや斜めだ ¶모자를 ~-하게 쓰다 [modʒaruɯ ~-kʰage s'ɯda モジャルル ~-カゲッスダ 帽子を斜めにかぶる.

비뚜로 [pit'uro ピットゥロ] 副 やや傾いて; 少し曲がって ¶줄이 ― 되어 있다 [tɕuri ~ twe it'a チュリ ~ トゥェオ イッタ] 列が曲がっている.

비뚜름-하다 [pit'urɯmhada ピットゥルムハダ] 形 ヱ変 やや傾いている ¶사진틀이 조금 ~ [sadʑintʰɯri tɕogɯm ~ サジントゥリ チョグム ~] 写真額がやや傾いている **비뚜름-히** [pit'urɯmi ピットゥルミ] 副 少し傾いて; 少し曲がって.

비뚝-거리다 [pit'uk'ɔrida ピットゥッコリダ] 自他 ① (一方に傾いて) ぐらぐらする; ぐらつく; ふらつく ¶책상이 ~ [tɕʰɛks'aŋi ~ チェクサンイ ~] 机がぐらつく ② (体が) ふらふらする; よろよろ歩く ¶~-거리며 걷다 [~-k'ɔrimʲɔ kɔt'a ~-コリミョ コッタ] よろよろ歩く.

***비뚤-거리다** [pit'ulgɔrida ピットゥルゴリダ] 自他 (あちこちに) よろめく; ふらつく; ぐらつく ¶술에 취해 ~ [sure tɕʰwiɦe ~ スレ チュィヘ ~] 酒に酔ってふらふらする **비뚤-비뚤** [pit'ulbit'ul ピットゥルビットゥル] 副 ヱ自他 形 ① ゆらゆら; ふらふら; よろよろ ② 曲がりくねっているさま; くねくね ¶길이 ~하다 [kiri ~-(bit'ur) hada キリ ~ハダ] 道が曲がりくねっている.

비뚤다 [pit'ulda ピットゥルダ] 形 ㄹ語幹 曲がっている; ゆがんでいる ¶줄이 ~ [tɕuri ~ チュリ ~] 線が曲がっている.

***비뚤어-지다** [pit'uɾɔdʑida ピットゥロヂダ] 自 ① ゆがむ; 曲がる ¶목이 ~ [mogi ~ モギ ~] 首が曲がる ② ひねくれる; 僻む; ねじける ¶~-진 성격 [~-dʑin sɔːŋk'jɔk ~-ヂン ソーンキョク] ひねくれた性格 ③ すねる; へそが曲がる ¶기분(氣分)이 ~-져 있다 [kibuni ~-dʑɔ it'a キブニ ~-ヂョ イッタ] へそ[つむじ] が曲がっている.

***비례** [比例] [piːre ピーレ] 名 ㄹ自他 比例 **―대표제** [dɛːpʰjodʑe デーピョジェ] 名 比例代表制.

***비로소** [piroso ピロソ] 副 初めて; ついに; ようやく; やっと ¶~ 깨닫다 [~ k'ɛdatʼa ~ ッケダッタ] ついに悟った.

비록 [秘錄] [piːrok ピーロㇰ] 名 秘録 ¶전쟁 ~ [tɕɔːndʑeŋ (biːrok) チョーンジェン (ピーロㇰ)] 戦争秘録.

***비록** [pirok ピロㇰ] 副 たとえ; 仮に; よしんば ¶~ 비가 오더라도 가야만 한다 [~ p'iga odɔrado kajaman handa ~ ピガ オドラド カヤマン ハンダ] たとえ雨が降っても行かねばならない.

***비롯-하다** [pirotʰada ピロッタダ] 自 他 ㅕ変 始まる; 始める ¶전설에서 ~-된 풍속 [tɕɔnsɔresɔ ~-t'wen pʰuŋsok チョンソレソ ~-トゥェン プンソク] 伝説から始まった風俗 / 할아버지를 ~-하여… [haɾabɔdʑirɯl ~-tʰajo ハラボジルル ~-タヨ] おじいさんを初めとして….

***비료** [肥料] [piːrjo ピーリョ] 名 肥料 ¶~를 주다 [~-rɯl tɕuda ~ルル チュダ] 肥料を施す.

비루-하다 [鄙陋―] [piːruhada ピールハダ] 形 卑陋だ; 野卑だ; 下劣だ; 汚い ¶~-한 행동 [~-han hɛŋdoŋ ~-ハン ヘンドン] 卑劣な行為.

***비리다** [pirida ピリダ] 形 生臭い; 魚臭い; 青臭い ¶이 생선은 몹시 ~ [i sɛŋsɔnɯn moːpɕ'i ~ イ センソヌン モープシ ~] この魚はいやに生臭い.

비리비리-하다 [piribirihada ピリビリハダ] 形 やせこけている ¶~-한 아이 [~-han ai ~-ハン アイ] (がりがり) やせこけている子供.

비린-내 [pirinnɛ ピリンネ] 名 生臭いにおい ¶피~ [pʰi (birinnɛ) ピ(ピリンネ)] 血生臭いにおい / ~(가) 나다 [~(ga) nada ~(ガ) ナダ] 生臭いにおいがする; 乳臭い; 青臭い.

비릿-하다 [piritʰada ピリッタダ] 形 ㅕ変 やや生臭い **비릿-비릿** [piritp'irit ピリッピリッ] 副 ㅕ形 生臭いさま ¶~-한 냄새 [~-(p'iri)tʰan nɛːmsɛ ~-タン ネームセ] 生臭いにおい.

비만 [肥滿] [piːman ピーマン] 名 肥満 **―하다** [hada ハダ] 形 (体が) 肥え太っている **―증** [tɕ'ɯŋ チュン] 名 肥満症.

***비명** [悲鳴] [piːmjɔŋ ピーミョン] 名 ㅕ自 悲鳴 ¶~을 지르다 [~-ɯl tɕirɯda ~ウル チルダ] 悲鳴をあげる.

***비밀** [秘密] [piːmil ピーミル] 名 ㅕ形 秘密 ¶~을 지키다 [(piːmir)ɯl tɕikʰida (ピーミㇽ)ルル チキダ] 秘密を守る **―히** [(piːmɾ)i (ピーミ) リ] 副 秘密に **―번호** [bɔnho ボンホ] 名 暗証番号.

***비-바람** [pibaram ピバラム] 名 雨風; あらし.

비방-하다 [誹謗―] [pibaŋhada ピバン

비버[bi:bɔ ビーボ] beaver 图〈動〉ビーバー; 海狸ヵ゛.

비범[非凡][pi:bɔm ピーボム] 图 하形 非凡 ¶ ~한 솜씨[~han somʃ'i ~ ハン ソムッシ] 非凡な腕前.

비법[祕法][pi:p'ɔp ピーポプ] 图 秘法; 秘伝 ¶ ~을 전수받다[(pi:p'ɔb)ul tʃɔnsubat'a (ピーボ)ブル チョンスバッタ] 秘法[秘伝]を授かる.

비비-꼬다[pi:bik'oda ピービッコタ] 他 ① (紐などを)何度もよる; よじる; なう ② (身を)もだえる; よじる ③ 皮肉る ¶ ~-꼬아서 말하다[~-k'oaso ma:rhada ~-ッコアソ マールハダ] 当てこすりを言う; 皮肉って言う.

비비-꼬이다[pi:bik'oida ピービッコイダ] 自 ① ねじれてよれる; ねじれている ¶ 그 빗줄이 ~[kumetʃ'uri ~ クネッチュリ ~] ブランコのつながからむ ② 事がからんでうまくいかない.

*비비다[pibida ピビダ] 他 ① もむ; こする ¶ 손을[눈을] ~[sonul[nunul] ~ ソヌル[ヌヌル] ~] 手をもむ[目をこする] ② (ご飯·麺にお浸しや薬味などを)混ぜ合わせる ¶ 밥을 ~[pabul ~ パブル ~] ご飯を混ぜ合わせる.

비비추[pibitʃʰu ピビチュ] 图〈植〉(イワ)ギボウシ.

*비빔-밥[pibimp'ap ピビムパプ] 图 ビビンバ; 混ぜご飯; 五目飯.

*비상[非常][pi:saŋ ピーサン] 图 하形 하自 非常 ¶ ~한 관심[~han kwanʃim ~ ハン クァンシム] 非常な関心 —구[gu グ] 图 非常口.

*비서[祕書][pi:sɔ ピーソ] 图 秘書 —실[ʃil シル] 图 秘書室.

비석[碑石][pisɔk ピソク] 图 碑石; 碑.
비수[匕首][pi:su ピース] 图 匕首ぁぃ.

비스듬-하다[pisudumhada ピスドゥムハダ] 形 여変 やや傾いている; 少し斜めだ ¶ 기둥이 조금 ~[kiduŋi tʃogum ~ キドゥンイ チョグム ~] 柱がやや傾いている.

비스름-하다[pisurumhada ピスルムハダ] 形 여変 やや似ている ¶ 얼굴이 ~[ɔlguri ~ オルグリ ~] 顔がやや似通っている.

비스킷[bisukʰit ビスキッ] biscuit 图 「ビスケット.

비슬-거리다[pisulgɔrida ピスルゴリダ] 自 よろめく; よろける; ふらつく ¶ 술에 취해 ~[sure tʃʰwi:hɛ ~ スレ チュィーヘ ~] 酒に酔ってよろめく.

비슷-하다¹[pisutʰada ピスッタダ] 形 여変 一方に少し傾いている.

*비슷-하다²[pisutʰada ピスッタダ] 形 여変 似ている; ほとんど同じだ; …のようだ[みたいだ] ¶ 얼굴이 ~[ɔlguri ~ オルグリ ~] 顔が似ている / 새와 ~[sɛ:wa ~ セーワ ~] 鳥と同じだ; 鳥のようだ 비슷비슷-하다[pisutp'isutʰada ピスッピスッタダ] 形 似たり寄ったりだ ¶ ~-한 물건[~-tʰan mulgɔn ~-タン ムルゴン] 似たり寄ったりのもの.

비실-비실[piʃilbiʃil ピシルビシル] 副 하自 よろよろ; ひょろひょろ; ふらふら ¶ ~ 일어서다[~ irɔsɔda ~ イロソダ] よろめき立ち上がる.

*비싸다[pis'ada ピッサダ] 形 ① (値か)高い; 値が張る ¶ 값이 ~[kapʃ'i ~ カプシ ~] 値段が高い ② 倨 傲慢だ; 尊大だ; お高くとまる ¶ 배운 것이 많다고 비싸게 굴다[pɛun kɔʃi ma:ntʰago pis'age ku:lda ペウンコシ マーンタゴ ピッサゲ クールダ] 学があるとしてお高くとまる / 비싼 아가씨[pis'an agaʃ'i ピッサン アガッシ] 傲慢なお嬢さん.

비싼 흥전[pis'an huŋdʒɔŋ ピッサン フンジョン] 图 하自 ① (値段が)高い駆け引き ¶ ~을 하다[~ul hada ~ウル ハダ] 高い駆け引きをする ② 厳しい条件の駆け引き ¶ 상대방의 약점을 잡아 ~을 하였다[saŋdɛbaŋe jaktʃ'ɔmul tʃaba ~ul hajɔt'a サンデバンエ ヤクチョムル チャバ ~ウル ハヨッタ] 相手の弱点をとらえて高飛車に出た.

비아냥-거리다[pianjaŋgɔrida ピアニャンゴリダ] 自 小僧らしく当てこする; 憎まれ口をきく; 皮肉る; 生意気な態度で皮肉を言う ¶ 남을 ~[namul ~ ナムル ~] 小僧らしい態度で人を皮肉る.

비애[悲哀][pi:ɛ ピーエ] 图 悲哀 ¶ 인생의 ~[insɛŋe ~ インセンエ ~] 人生の悲哀.

*비약[飛躍][pijak ピヤク] 图 하自 飛躍 ¶ 논리의 ~[nollie ~ ノルリエ ~] 論理の飛躍.

비열-하다[卑劣—][pi:jɔrhada ピーヨルハダ] 形 卑劣だ; 下劣だ; 汚い; あさましい ¶ 품성이 ~[pʰumsɔŋi ~ プームソンイ ~] 品性が下劣だ.

비옥[肥沃][pi:ok ピーオク] 名 하形 肥沃よく ¶ ~한 땅[(pi:o)kʰan t'aŋ ピオーカンッタン] 肥沃な(肥えた)土地.

*비-옷[piot ピオッ] 名 雨着; 雨ガッパ; レインコート.

*비용[費用][pi:joŋ ピーヨン] 名 費用; 入費; ものいり ¶ ~은 싸게 먹혔다[~ɯn s'age mɔkʰjɔt'a ~ウンッサゲモクキョッタ] 費用は安く上がった.

*비우다[piuda ピウダ] 他 ① 空ける; 空にする ¶ 술잔을 ~[sultʃ'anɯl ~ スルチャヌル ~] 杯をほす ② 留守にする; (家を)空ける ¶ 잠깐 집을 ~[tʃamk'an tʃibul ~ チャムッカン チブル ~] しばらく家を留守にする ③ ゆずる; 明け渡す ¶ 집을 기한까지 ~[tʃibul kihank'adʒi ~ チブル キハンッカジ ~] 家を期限までに明け渡す ④ 離れる ¶ 자리를 ~[tʃarirɯl ~ チャリルル ~] (勤務時間中に)席を離れる ⑤ 略 '비다'; '비다'の使役形.

*비웃다[pi:ut'a ピーウッタ] 他 あざ笑う; あざける; 嘲笑ちょうしょうする ¶ 남의 실패를 ~[name ʃilpʰerul ~ ナメ シールペルル ~] 人の失敗をあざ笑う **비웃음**[pi:usɯm ピーウスム] 名 嘲笑; あざ笑い ¶ 남의 ~을 사다[name ~ɯl sada ナメ (ピーウス)ムル サダ] 他人の嘲笑を買う(人の笑いを招く).

*비위[脾胃][pi:wi ピーウィ] 名 ① 脾臓ひぞうと胃 ② 好き嫌いをわきまえる気分; 機嫌; 気持ち ¶ ~를 맞추다[~rɯl matʃʰuda ~ルル マッチュダ] 機嫌を取る; 相手の気に入るようにする / 남의 ~를 건드리다[name ~rɯl kɔndurida ナメ ~ルル コンドゥリダ] 人の機嫌を損ねる / 어쩐지 ~에 거슬리는 사람[ɔtʃ'ɔndʒi ~e kɔsɯllinɯn sa:ram オッチョンジ ~エ コスルリヌン サーラム] どうも気にくわない人 / 윗사람의 ~를 거스르다[wis'arame ~rɯl kɔsɯrɯda ウィッサラメ ~ルル コスルダ] 目上の不興を買う / 음식이 ~에 안맞는다[ɯmʃigi ~e anmannunda ウームシギ ~エ アンマンヌンダ] 食べものが口に合わない / ~가 상(傷)하다[~ga saŋhada ~ガ サンハダ] 気に障る; しゃくに障る / ~가 틀리다[~ga tʰullida ~ガ トゥルリダ] 胸糞むなくそ(機嫌)が悪くなる; 不愉快になる ③ いやなことや目障りなことに耐える腹 ¶ ~가 좋다[~ga tʃo:tʰa ~ガ チョーッタ] 太っ腹だ; 食べ物に好き嫌いがない; 厚かましい; 図々ずうずうしい.

비-위생[非衛生][pi:wisɛŋ ピーウィセン] 名 非衛生 ¶ ~적인 환경[~-dʒɔgin hwaŋgjɔŋ ~ジョギン ファンギョン] 非衛生的な環境.

비유[比喩・譬喩][pi:ju ピーユ] 名 比喩ひゆ; たとえ ¶ ~해서 말하자면…[~-hɛsɔ ma:rhadʒamjɔn ~ヘソ マールハジャミョン] たとえて言えば… / ~를 들어 설명하다[~rɯl tɯrɔ sɔlmjɔŋhada ~ルル トゥロ ソルミョンハダ] 準なぞらえて説明する **—하다**[hada ハダ] 他 比喩する; たとえる; 準える.

*비율[比率][pi:jul ピーユル] 名 比率; 割合 ¶ 남녀의 ~[namnjɔe ~ ナムニョエ ~] 男女の比率.

비-인간적[非人間的][pi:ingandʒɔk ピーインガンジョク] 冠 名 非人間的 ¶ ~인 사람[~-(dʒɔŋ)in sa:ram ~-(ジョ)ギン サーラム] 非人間的な人.

비-인도적[非人道的][pi:indodʒɔk ピーインドジョク] 冠 名 非人道的 ¶ ~만행[~-(dʒɔŋ) manhɛŋ ~-(ジョン)マンヘン] 非人道的の蛮行.

비일-비재[非一非再][pi:ilbi:dʒɛ ピーイルビージェ] 名 하形 一度や二度でないこと; たくさんあること ¶ 그런 일은 ~하다[kɯrɔn ni:rɯn ~hada クロン ニールン ~ハダ] そんなことは一度や二度でない / 그런 예는 ~하다[kɯrɔn je:nɯn ~hada クロン イェーヌン ~ハダ] そんな例はたくさんある.

비자[bidʒa ビジャ] visa 名 ビザ; 査証.

비-자금[祕資金][pi:dʒagum ピージャグム] 名 (会社などが会計を捏造ねつぞうして調達した)不正の資金; 裏金 ¶ ~을 조달하다[~ɯl tʃodarhada (ビージャグ)ムル チョダルハダ] 裏金を調達する.

비-좁다[pi:dʒopt'a ピージョプタ] 形 狭苦しい; 窮屈だ ¶ 교실이 ~[kjo:ʃiri ~ キョーシリ ~] 教室が狭苦しい.

비준[批准][pi:dʒun ピージュン] 名 하他 批准 ¶ 조약을 ~하다[tʃojagul ~-hada チョヤグル ~ハダ] 条約を批准する.

비즈니스[bidʒɯnisɯ ビジュニス] business 名 ビジネス **—맨**[mɛn メン] 名 ビジネスマン.

비지[pidʒi ビジ] 名 おから; 豆腐がら; 卯うの花 **—땀**[t'am ッタム] 名 脂汗.

비질-하다[pidʒirhada ビジルハダ] 自 他 ほうきで掃く ¶ 마루를 ~[maru-

비집다 [pi:dʒipt'a ピージプタ] 他 ① こじあける ¶ 문을 비집고 열다 [munuul pi:dʒipk'o jo:lda ムヌル ピージプコ ヨールダ] 門[戸]をこじあける ② (狭い場所・人込みの中を) かき分けてはいる ¶ 군중 속을 비집고 들어가다 [kundʒuŋ so:guul pi:dʒipk'o tuurogada クンジュン ソーグル ピージプコ トゥロガダ] 群衆をかき分けてはいる ③ 目をこすってあける ¶ 눈을 비집고 보다 [nunuul pi:dʒipk'o poda ヌヌル ピージプコ ポダ] 目をこすって見る.

비쭉 [pit͡ʃ'uk ピッチュク] 副 ① ちょっと; ひょっこり (ほんの一瞬現われて消えるさま) ¶ 얼굴만 ~ 내밀다 [olgulman (pit͡ʃ'uŋ) ne:milda オルグルマン (ピッチュン) ネーミルダ] 顔だけちょっとのぞかせる[出す] ② つんと (物の一部が突き出ているさま) ¶ 못이 ~ 나와 있다 [moʃi (pit͡ʃ'uŋ) nawa it'a ノシ (ピッチュン) ナワ イッタ] 釘がつんと突き出ている **―거리다** [(pit͡ʃ'u)k'ɔrida コリダ] 自他 ① ちょいちょいと顔をのぞかせる ② しきりに口をゆがめる ③ (物が) 突き出てその先をのぞかせる **―하다** [(pit͡ʃ'u)kʰada カダ] 1 自他 (気に食わないとき口を) とがらせる ¶ 입을 ~ [ibul ~ イブル ~] 口をとがらせる [ゆがめる] 2 形 (物の端が) やや長く突き出ている.

***비참** [悲惨] [pi:tʃʰam ピーチャム] 名 하形 悲惨; 惨め ¶ ~한 생활 [~han sɛŋhwal ~ハン センファル] 惨めな生活.

비책 [祕策] [pi:tʃʰɛk ピーチェク] 名 秘策; 妙策; 秘密の計略.

***비추다** [pi:tʃʰuda ピチュダ] 1 他 ① 照らす ¶ 달빛이 방안을 ~ [talp'it͡ʃʰi paŋanuul ~ タルピチ パンアヌル ~] 月の光が室内を照らす ② 映す ¶ 거울에 몸을 ~ [kourue momul ~ コウレ モムル ~] 鏡に姿を映す ③ ほのめかす; におわせる; 暗示する ¶ 사의를 ~ [sa:iruul ~ サーイルル ~] 辞意をほのめかす 2 自 照らす; 鑑みる; 比べる ¶ 사실에 비추어 보아 명백하다 [sa:ʃire pit͡ʃʰuɔbɔa mjɔŋbɛkʰada サーシレ ピチュオ ボア ミョンベクカダ] 事実に照らして明らかだ.

비축 [備蓄] [pi:tʃʰuk ピーチュク] 名 備蓄 **―하다** [(pi:tʃʰu)kʰada カダ] 他 備える; 蓄える ¶ 석유를 ~ [sɔgjuruul ~ ソギュルル ~] 石油を備蓄する.

비취 [翡翠] [pi:tʃʰwi ピーチュィ] 名 〈鉱〉翡翠ぽ; 翡翠玉 ¶ ~ 반지 [~ bandʒi ~ バンジ] 翡翠の指輪.

***비치다** [pitʃʰida ピチダ] 1 自 ① 照る; (光が) 射す ¶ 햇빛이 ~ [hɛtp'itʃʰi ~ ヘッピチ ~] 日が射す[差]す ② 映る; 映ずる ¶ 창문에 비친 그림자 [tʃʰaŋmune pitʃʰin ku:rimdʒa チャンムネ ピチン クーリムジャ] 窓に映る影 ③ 透けて見える; 透き通る ¶ 살이 비치는 옷 [sari pitʃʰinun ot サリ ピチヌン オッ] 肌が透けて見える服 ④ 気配が見える 2 他 ① ほのめかす ② 顔出しをする; 姿を見せる.

비치-하다 [備置―] [pi:tʃʰihada ピーチハダ] 他 備える ¶ 참고 도서를 ~ [tʃʰamgo dosɯrɯl ~ チャムゴ ドソルル ~] 参考図書を備える.

***비키다** [pi:kʰida ピーキダ] 1 自 (身を) 避ける; どく; 退く ¶ 한쪽 구석으로 ~ [hantʃ'o k'usoguro ~ ハンッチョク クソグロ ~] 片方に避ける / 비켜라 비켜 [pikʰjora pikʰjo ピーキョラ ピキョ] どいたどいた; のけのけ 2 他 避ける; 取り除く; (位置を) 移す ¶ 의자를 비켜 놓다 [uidʒarul pikʰjo notʰa ウィジャルル ピキョ ノッタ] いすのける [移す].

비탈 [pitʰal ピタル] 名 斜面; 勾配ぱい ¶ 산~ [san (p'itʰal) サン ~] 山の斜面 / ~길 [~k'il ~キル] 坂; 坂道 **―지다** [dʒida ジダ] 自 傾斜している.

***비틀―거리다** [pitʰɯlgɔrida ピトゥルゴリダ] 自 よろめきながら歩く; よろける; ふらつく ¶ 발걸음이 ~ [palk'ɔrumi ~ パルコルミ ~] 足元がふらつく **비틀―비틀** [pitʰɯlbitʰɯl ピトゥルビトゥル] 副 自他 ふらふら; ひょろひょろ.

***비틀다** [pitʰɯlda ピートゥルダ] 他 己語幹 捻ねる; ねじる; よじる; ねじ曲げる ¶ 팔을 ~ [pʰarul ~ パルル ~] 腕をひねる [ねじ曲げる].

비틀리다 [pi:tʰɯllida ピートゥリダ] 自 受動 ① ねじられる ¶ 손목을 ~ [sonmogul ~ ソンモグル ~] 手首をねじられる ② ねじれる; ひねくれる; ='비틀어지다' ¶ 철사가 ~ [tʃʰɔls'aga ~ チョルサガ ~] 針金がねじれる.

비틀어-지다 [pitʰɯrɔdʒida ピートゥロジダ] 自 ① ねじれる; 傾く; ひねくれる ② こじれる; もつれる ¶ 두 사람 사이가 ~ [tu: saram saiga ~ トゥー サ

*비판-하다[批判―][pipʰanhada ピーパンハダ] 他 批判する.

비평-하다[批評―][pipʰjoŋhada ピーピョンハダ] 他 批評する.

비프스테이크[bipʰɯsɯtʰeikʰɯ ビープステイク] beefsteak 名 ビーフステーキ.

*비-하다[比―][pi:hada ピーハダ] 1 他 比する; 比べる ¶비할 데 없는 재능[pi:hal t'e ɔːmnɯn tɕɛnɯŋ ピーハルテ オームヌン チェヌン] 比する所のない才能 2 …に比べて[比べると].

*비행[飛行][pi:hɛŋ ピーヘン] 名 下自他 飛行 ―기[gi ギ] 名 飛行機 ―장[dʑaŋ ジャン] 名 飛行場.

비호-같다[飛虎―][pihogat'a ピホガッタ] 形 素早い; 機敏で勇猛だ ¶저 사나이는 ~[tɕʌ sanainɯn ~ チョサナイヌン ~] あの男は非常に素早い.

비호-하다[庇護―][pi:hohada ピーホハダ] 他 庇護をする; 庇なう ¶비호를 받다[pi:horɯl pat'a ピーホルル パッタ] 庇護を受ける.

빈객[賓客][piŋɡɛk ピンゲク] 名 賓客; 「大事なお客.

빈곤[貧困][piŋɡon ピンゴン] 名 下形 貧困; 貧窮 ¶~한 생활[~han sɛŋhwal ~ハン センファル] 貧困な生活.

*빈대-떡[pindɛt'ʌk ピンデットク] 名 韓国・朝鮮式お好み焼き; 水でふやかした緑豆を臼で挽いきそれにひき豚肉・ネギ・モヤシなどを混ぜ, 平たくして油のフライパンで焼き上げたもの.

빈둥-거리다[pinduŋɡʌrida ピンドゥンゴリダ] 自 ぶらぶらする; ごろつく ¶일도 안하고 집안에서 ~[iːldo anhago tɕibanesʌ ~ イールド アンハゴ チバネソ ~] 仕事もしないで家の中でごろつく.

빈들-거리다[pindɯlɡʌrida ピンドゥルゴリダ] 自 厚かましく遊んでばかりいる 빈들-빈들[pindɯlbindɯl ピンドゥルビンドゥル] 副 下自 ぶらぶら; のらりくらり ¶염치없이 ~ 놀고만 있다[jʌmtɕʰiʌpɕ'i ~ noːlɡoman it'a ヨムチオプシ ~ ノールゴマン イッタ] 厚かましくもぶらぶら遊んでばかりいる.

빈-말[pinmal ピンマル] 名 下自他 空世辞; 口先だけの言葉 ¶~로 약속하다[~lo jaksʼokʰada ~ロ ヤクソクカダ] 口先だけで約束する.

빈민[貧民][pinmin ピンミン] 名 貧民 ―굴[gul グル] 名 貧民窟.

빈발-하다[頻発―][pinbarhada ピンバルハダ] 自 頻発する ¶사고가 ~[saːgoga ~ サーゴガ ~] 事故が頻発する.

*빈번[頻繁][pinbʌn ピンボン] 名 下形 頻繁; たびたび ¶~한 출입[~han tɕʰurip ~ハン チュリプ] 頻繁な出入り ―히[i ピンボヒ] 副 しきりに.

*빈부[貧富][pinbu ピンブ] 名 貧富 ¶~의 격차(隔差)[~e kjʌktɕʰa ~エ キョクチャ] 貧富の差. 「の部屋.

빈소[殯所][pinso ピンソ] 名 殯殯ひんきゅうの

빈-속[pinsok ピーンソク] 名 空き腹; 空腹 = 공복[koŋbok コンボク].

*빈-손[pi:nson ピーンソン] 名 手ぶら; 素手; 徒手; = 맨손[mɛnson メンソン] ¶~으로 와서 미안해[~ɯro wasʌ mianhɛ (ピーンソ)ヌロ ワソ ミアンヘ] 手ぶらで来てすまんね ―털다[tʰʌlda トルダ] 他 すっからかんになる.

빈약[貧弱][pinjak ピニャク] 名 下形 貧弱 ¶~한 자원[(pinja)kʰan tɕawʌn ~カン チャウォン] 貧弱な資源.

빈-자리[pi:ndʑari ピーンジャリ] 名 ① 空席; 空いている席 ¶만원으로 ~가 없다[maːnwʌnɯro ~ga ʌpt'a マーヌォヌロ ~ガ オプタ] 満員で空席がない ② 欠員 ¶~가 생기다[~ga sɛŋɡida ~ガ センギダ] 欠員が生じる.

빈정-거리다[pindʑʌŋɡʌrida ピンジョンゴリダ] 自他 皮肉る; 当てこする ¶걸핏하면 ~거린다[kʌlpʰitʰamjʌn ~gʌrinda コルピッタミョン ~ゴリンダ] ともすれば皮肉る.

빈-주먹[pi:ndʑumʌk ピーンジュモク] 名 素手; 裸一貫 ¶~으로 사업을 시작하다[(pi:ndʑumʌɡ)ɯro saːʌbul ɕidʑakʰada (ピーンジュモ)グロ サーオブル シージャクカダ] 裸一貫で事業を始める.

빈축[嚬蹙・顰蹙][pintɕʰuk ピンチュク] 名 下自 顰蹙ひんしゅく; 不快に思ってまゆをひそめること; 顔をしかめること ¶~을 사다[(pintɕʰug)ɯl sada (ピンチュグ)ルサダ] 顰蹙を買う.

빈출-하다[頻出―][pintɕʰurhada ピンチュルハダ] 自 頻出する ¶오자가 ~[oːtɕʼaga ~ オーチャガ ~] 誤字が頻出する.

빈-탕[pintʰaŋ ピーンタン] 名 空; 空っぽ ¶~을 뽑다[~ɯl p'opt'a ~ウル ッポプタ] 空くじを引く.

빈-털터리[pi:ntʰʌltʰʌri ピーントルトリ]

名 一文無し; すっからかん ¶ 火災(火災)로 ~가 됐다 [hwa:dʒɛro ~ga twɛ:t'a ファージェロ ~ガ トゥエーッタ] 火事ですっからかんになった.

*빈-틈 [pi:ntʰɯm ピーントゥム] 名 ① 透き間 ¶ ~없이 메운 관중 [~ɔp'i meun kwandʒuŋ (ピーントゥ)モプメウン クァンジュン] 透き間もなく埋めた観衆 ② 抜け目; 透き; 油断 ¶ 저 사람은 ~이 없다 [tʃɔ sa:ramun ~i ɔ:pt'a チョ サーラムン (ピーントゥ)ミ オープタ] あの人は抜け目がない.

*빌다 [pi:lda ピールダ] 他 (ㄹ語幹) 1 物乞ものごいをする ¶ 빌어 먹다 [pirɔ mɔkt'a ピロ モクタ] 乞食こじきをする 2 祈る; 願う ¶ 성공을 ~ [~sɔŋgoŋul ~ ソンゴンウル ~] 成功を祈る 3 謝る; 詫わびる; 許しを請う ¶ 손이 닳도록 ~ [soni talthorok (p'i:lda) ソニ タルトロク ~] 平謝りに謝る 4 借りる = '빌다'.

*빌리다 [pillida ピルリダ] 他 ① 借りる ¶ 돈을 ~ [to:nul ~ トーヌル ~] お金を借りる ② 貸す = 빌려 주다 [pilljɔdʒuda ピルリョジュダ] ¶ 책을 빌려 주었다 [tʃʰɛgul pilljɔdʒuɔtt'a チェグル ピルリョジュオッタ] 本を貸してやった[くれた] ③ (人の助けを)受ける; 借りる ¶ 힘을 ~ [himul ~ ヒムル ~] 力を借りる.

빌며-빌며 [pi:lmjɔbilmjɔ ピールミョビルミョ] 副 拝み倒して; 頼み込んで ¶ ~ 얻어내다 [~ ɔ:dɔnɛda ~ オードネダ] 拝み倒して貰い受ける.

빌미 [pilmi ピルミ] 名 하目 たたり; 呪のろい —붙다 [but'a ブッタ] 自 (…が)たたる; (…に)呪われる ¶ 죽은 사람의 원령이 ~ [tʃugun sa:rame wɔ:lljɔŋi ~] 亡者の怨霊おんりょうがたたる —잡다 [dʒapt'a ジャプタ] 自 ① (災い・病気などを)悪霊のたたりのせいにする ② かこつける ¶ 실수를 ~-잡아 몰아세우다 [ʃils'urul ~-dʒaba morasɛuda シルッスルル ~-ジャバ モラセウダ] 失策をかこつけて責め立てる.

빌어-먹을 [pirɔmɔgul ピロモグル] 冠 感 うねッ; どうとでもなりあがれ ¶ ~, 또 비야 [~, t'o pija ~, ット ピヤ] うねッ! また雨か / ~ 놈 [~ lom ~ ロム] おおばかやろう; ろくでなし.

*빗 [pit ピッ] 名 櫛くし.

빗-금 [pitk'um ピックム] 名 斜線.

빗기다 [pitk'ida ピッキダ] 他 人の髪をくしけずってやる[くしですいてやる].

*빗-나가다 [pinnagada ピンナガダ] 自 ① (的から)それる; はずれる ¶ 빗나간 화살 [pinnagan hwasal ピンナガン ファサル] それ矢 ② (予測などが)はずれる ¶ 예측이 ~ [je:tʃʰugi ~ イェーチュギ ~] 予測がはずれる ③ 堕落[脱線]する; ぐれる; それる ¶ 고교 중도에 ~ [kogjo dʒuŋdoe ~ コギョ ジュンドエ ~] 高校半ばにぐれだす.

빗다 [pit'a ピッタ] 他 くしけずる; すく; とく; 髪にくしを入れる; 髪の毛を整える.

빗-대다 [pit'ɛda ピッテダ] 他 当て擦する; 当てつける; 遠回しで言う ¶ 빗대어 말하다 [pit'ɛɔ ma:rhada ピッテオ マールハダ] 遠回しで言う.

빗-맞다 [pinmat'a ピンマッタ] 自 ① それる(他の所にあたる); はずれる ¶ 화살이 ~ [hawsari ~ ファサリ ~] 矢がはずれる ② (予想・当てが)それる; はずれる ¶ 예상이 ~ [je:saŋi ~ イェーサンイ ~] 予想がはずれる.

빗-물 [pinmul ピンムル] 名 雨水.

빗-발 [pitp'al ピッパル] 名 雨脚 ¶ ~이 굵다 [(pitp'ar)i ku:kt'a (ピッパ)リ クークタ] 雨脚が太い —치다 [tʃʰida チダ] 自 ① 雨が激しく降りそそぐ ¶ 소나기가 ~ [sonagiga ~ ソナギガ ~] にわか雨が激しく降りそそぐ ② (弾などが)雨あられのように降りそそぐ ¶ 총알이 ~ [tʰoŋari ~ チョンアリ ~] 弾が雨あられのように降る ③ (催促・非難などが)非常に厳しく降りかかる ¶ 독촉이 ~ [toktʃʰogi ~ トクチョギ ~] 催促が矢のようだ.

빗-방울 [pitp'aŋul ピッパンウル] 名 雨粒; 雨のしずく ¶ 굵은 ~ [ku:lgun ~ クールグン ~] 大粒の雨.

빗장 [pitʃ'aŋ ピッチャン] 名 かんぬき; 掛けがね ¶ ~을 지르다 [~ul tʃiruda ~ウル チルダ] 掛けがねをかける; かんぬきを渡す.

빗-줄기 [pitʃ'ulgi ピッチュルギ] 名 (筋のように見える)降りそそぐ雨; 雨脚 [雨足]; にわか雨の一降り.

빗질-하다 [pitʃ'irhada ピッチルハダ] 自他 (髪を)くしけずる; すく ¶ 머리를 곱게 ~ [mɔriul ko:pk'e ~ モリルル コープケ ~] 髪をきれいに撫なでつける[すく].

*빙 [piŋ ピン] 副 ① (一回り)ぐるりと ¶

한 바퀴 ～ 돌다[han bakʰwi ～ to:lda ハン パクィ ～ トールダ] ぐるりと一回りする ② ぐるりと(取り囲む) ¶～ 둘러앉다[～ tullɔant'a ～ トゥロアンタ] ぐるりと輪になって座る ③ くらくら(めまいがする) ¶머리가 ～ 돌다[mɔriga ～ to:lda モリガ ～ トールダ] 頭がくらくらする ④ じいんと(急に涙がわく) ¶눈물이 ～ 돌다[nunmuri ～ to:lda ヌンムリ ～ トールダ] じいんと涙がわく

*빙그레[piŋgure ピングレ] 副 하자 にっこり; にこっと(口を少し開けてにっと笑うさま) ¶～ 웃다[～ u:t'a ～ ウーッタ] にっこり笑う.

빙글-빙글[piŋgulbiŋgul ピングルピングル] 1 副 하자 にこにこ ¶～ 웃다[～-(biŋgur) u:t'a ～-(ピング) ルーッタ] にこにこ笑う 2 副 くるくる; きりきり ¶～ 돌다[～ to:lda ～ トールダ] くるくる回る.

빙긋[piŋgut ピングッ] 副 하자 にこっと; にんまり; にっこり ¶빙긋(이) 웃다[piŋgud[piŋgui] u:t'a ピングドゥッタ[ピングシ ウーッタ] にこっと笑う.

빙벽[氷壁][piŋbjɔk ピンビョク] 名 氷壁 ¶～에 오르다[(piŋbjɔg)e oruda (ピンビョ) ゲオルダ] 氷壁をよじ登る.

*빙-빙[piŋbiŋ ピンビン] 副 ① (しきりに回る)ぐるぐる ¶바람 개비가 ～ 돌다[param gɛbiga ～ to:lda パラム ゲビガ ～ トールダ] 風車がぐるぐる回る ② (目まいなどのため)くらくら; ふらふら ¶눈앞이 ～ 돈다[nunapʰi ～ to:nda ヌナピ ～ トーンダ] 眼の前がくらくらする ③ (することがなく)ぶらぶら ¶～ 놀고만 있다[～ no:lgoman it'a ～ ノールゴマン イッタ] ぶらぶら遊んでばかりいる.

빙산[氷山][piŋsan ピンサン] 名 氷山 ¶～의 일각[～e ilgak (ピンサ)ネ イルガク] 氷山の一角.

빙상[氷上][piŋsaŋ ピンサン] 名 氷上 ¶～ 경기[～ gjɔ:ŋgi ～ ギョーンギ] 氷上競技.

빙수[氷水][piŋsu ピンス] 名 氷水; かき氷 ¶팥～[pʰat(p'iŋsu) パッ～] 氷あずき.

빙자[憑藉][piŋdʒa ピンジャ] 名 하타자 事寄せる・かこつけること ¶병을 ～하여 결석하다[pjɔ:ŋɯl ～hajo kjɔlsɔkʰada ピョーンウル ～ハヨ キョルソクカダ] 病気にかこつけて欠席する / 권력을 ～하여[kɔlljɔgɯl ～hajo クォルリョグル ～ハヨ] 権力を笠に着て.

빙판[氷板][piŋpʰan ピンパン] 名 凍りついた路面・道端.

빙하[氷河][piŋha ピンハ] 名 氷河 ―시대[jidɛ シデー] 名 氷河時代.

*빚[pit ピッ] 名 借金; 負い目; 負債; = 부채(負債)[pu:tʃʰɛ プーチェ] ¶～을 갚다[(pidʒ)ɯl kapt'a (ピ)ジュル カプタ] 借金を返す / 평생(平生)의 ～이 되다[pʰjɔŋsɛŋe (pidʒ)i tweda ピョンセンエ (ピ)ジ トゥェダ] 一生の負い目となる ―내다[(pin)nɛda (ピン)ネダ] 他 金を借りる ―놀이[(pin)nori (ピン) ノリ] 名 金貸し業[人]＝돈놀이[to:nnori トーンノリ] ―쟁이[(pi)tʃ'ɛŋi チェンイ] 俗 借金取り; 債鬼 ―지다[(pi)tʃ'ida チダ] 自 借金する; 負債を負う; 人の恩恵を被る; 他人の世話になる.

빚다[pit'a ピッタ] 他 ① (酒を)醸す ¶술을 ～[surɯl ～ スルル ～] 酒を醸造する ② こしらえる ¶만두를 ～[mandurɯl ～ マンドゥル ～] ギョーザをつくる ③ 造成する; 醸す; 結果をもたらす ¶물의를 ～[murirɯl ～ ムリルル ～] 物議を醸す.

빚-돈[pit'on ピットン] 名 ① 借金 ② 貸してやった金[貸し金].

*빛[pit ピッ] 名 ① 光; 光線 ¶햇～[hɛt(p'it) ヘッ～] 日光 ② 色; 色彩 ¶붉은 ～[pulgɯn ～ プルグン ～] 赤色 ③ 顔色 ¶근심의 ～[kɯnʃime ～ クンシメ ～] 憂いの色 ④ 希望; 光明 ¶우리 고장의 ～[uri kodʒaŋe ～ ウリ コジャンエ ～] 我が地方の光栄.

*빛-깔[pitk'al ピッカル] 名 色彩; 色.

*빛-나다[pinnada ピンナダ] 自 ① 輝く; 光る; きらめく ¶별～[pjɔ:ri ～ ピョーリ ～] 星が輝く ② (光栄に)輝く ¶빛나는 훈장[pinnanɯn hundʒaŋ ピンナヌン フンジャン] 栄えある勲章.

빛-내다[pinnɛda ピンネダ] 他 輝かす ¶국위를 ～[kugwirɯl ～ クグィルル ～] 国威を輝かす.

빛-보다[pitp'oda ピッポダ] 自 人に知られる; 世に公開される.

빠개다[p'agɛda ッパゲダ] 他 割る; 裂く; 台無しにする ¶장작을 ～[tʃaŋdʒagɯl ～ チャンジャグル ～] 薪まを割る.

빠개-지다 [p'agɛdʒida ッパゲジダ] 自 割れる; 裂ける; ぶち壊しになる; 台無しになる ¶ 계획이 ~ [ke:hwegi ~] 計画が台無しになる.

빠끔-하다 [p'ak'umhada ッパックムハダ] 形 [여변] (すき間や穴がのぞけるぐらいに)ぽっかりあいている **빠끔-히** [p'ak'umi ッパックミ] 副 ぱっくり; ぽっかり ¶ 창문이 ~ 열려 있다 [tʃʰaŋmuni ~ jɔlljɔ it'a チャンムニ ~ ヨルリョ イッタ] 窓が細目に[ぽっかり]あいている.

빠득-빠득 [p'aduukp'aduuk ッパドゥックパドゥック] 副 ねちねち; ~ 우겨대다 [~ ugjɔdɛda ~ ウギョデダ] ねちねちと言い張る.

빠듯-하다 [p'adutʰada ッパドゥッタダ] 形 [여변] ① ぎりぎりだ; きゅうきゅうだ; ='바듯하다'の強調語 ¶ 예산이 ~ [je:sani ~ イェーサニ ~] 予算がぎりぎりだ ② きっちりだ; ぴったりだ ¶ 구두가 ~ [kuduga ~ クドゥガ ~] 靴が足にきっちりだ **빠듯-이** [p'aduɯʃi ッパドゥシ] 副 ぎりぎりに[と]; きちきちで[と] ¶ ~ 시간에 대었다 [~ ʃigane tɛːɔt'a ~ シガネ テーオッタ] 時間ぎりぎりに間に合った.

***빠-뜨리다** [p'a:t'urida ッパートゥリダ] 他 ① 陥れる ¶ 곤경에 ~ [koːngjɔŋe ~ コーンギョンエ ~] 困境に陥れる ② 見落とす; 見逃す; 取り落とす; 抜かす ¶ 명단(名單)에서 ~ [mjɔŋdaneso ~ ミョンダネソ ~] 名簿から取り落とす ③ 落とす; 失う ¶ 수첩(手帖)을 ~ [sutʃʰobul ~ スチョブル ~] 手帳を落とす.

***빠르다** [p'aruda ッパルダ] 形 [르변] ① 速い ¶ 달리기가 ~ [talligiga ~ タルリギガ ~] 走るのが速い ② (期間・時が)早い ¶ 학교 가기에는 아직 ~ [hak'jo gagienun adʒik ~ ハクキョ ガギエヌン アジク ~] 学校へ行くにはまだ早い ③ (理解が)速い ¶ 이해가 ~ [i:hɛga ~ イーヘガ ~] 理解が速い ④ 勘がさえる ¶ 눈치가 ~ [nuntʃʰiga ~ ヌンチガ ~] 目端[機転]がきく.

***빠지다**[1] [p'a:dʒida ッパージダ] 自 ① 溺れる ¶ 바다에 ~ [padae ~ パダエ ~] 海に溺れる ② 耽ける ¶ 사랑에 ~ [saraŋe ~ サランエ ~] 愛に溺れる[耽ける] ③ 陥る ¶ 계략에 ~ [ke:rjage ~ ケーリャゲ ~] 計略に陥る ④ 抜ける ¶ 이가 ~ [iga ~ イガ ~] 歯が抜ける ⑤ 落ちる; 欠ける ¶ 명부에서 ~ [mjɔŋbuesɔ ~ ミョンブエソ ~] 名簿から抜け落ちる ⑥ 漏れる ¶ 선발(選拔)에서 ~ [sɔːnbaresɔ ~ ソーンバレソ ~] 選に漏れる; 選から外れる ⑦ 欠席する ¶ 시간에 ~ [ʃigane ~ シガネ ~] 時間に欠席する; 時間をサボる ⑧ (体重が)減る ⑨ 劣る.

빠지다[2] [p'a:dʒida ッパージダ] 補動 …し切る ¶ 늙어- [nuulgɔ~ ヌルゴ~] 老いぼれる / 썩어- [s'ɔgɔ~ ッソゴ~] 腐り切る.

빠짐-없이 [p'a:dʒimopʃ'i ッパージモプシ] 副 漏れなく; 抜かりなく; 手落ちなく ¶ ~ 기입(記入)하다 [~ kiipʰada ~ キイプダ] 漏れなく書き入れる.

빡-하다 [p'ak'akhada ッパクパクカダ] 形 [여변] ① (水分が少なく)ぼそぼそだ; 強ぃ ② ぴったりして窮屈だ ¶ 신발이 ~ [ʃinbari ~ シンバリ ~] 靴が足にきちきちだ[窮屈だ] ③ (機械などが)滑らかに動かない[回らない] ④ 融通がきかない; ゆとりがない ¶ ~ 하지 않은 사람 [~~kʰadʒi anun saːram ~~カジ アヌン サーラム] 融通のきく人.

빤짝 [빤짝] [p'antʃ'ak ッパンッチャク [p'andʒak ッパンジャク]] 副 [하][自][他] ちらっ(と); きらっ(と); ぴかっ(と) (光がひらめく・輝くさま) ¶ 불이 켜지다 [~ p'uri kʰjodʒida ~ プリ キョジダ] ぱっと明かりがつく **—이다** [(p'antʃ'ag)ida (ッパンッチャ)ギダ] 自 ひらめく; きらめく.

***빤-하다** [p'aːnhada ッパーンハダ] 形 [여변] ① (一筋の光が差して)ほの明るい ② 見え透いている; 空々しい ¶ 빤한 거짓말 [p'aːnhan kɔːdʒinmal ッパーンハン コージンマル] 空々しい[見え透いた]うそ ③ 少し暇がある ¶ 요즈음은 조금 ~ [jodʒuumun tʃogum ~ ヨジュウムン チョグム ~] このごろはちょっと暇がある **빤-히** [p'aːni ッパーニ] 副 ① みすみす; 明らかに ¶ ~ 알고도 손해(損害)보다 [~ aːlgodo soːnhɛboda ~ アールゴド ソーンヘボダ] みすみす損をする ② じろじろ; じっと(見つめる) ¶ 얼굴을 ~ 쳐다보다 [ɔlgurul ~ tʃʰɔːdaboda オルグルル ~ チョーダボダ] 顔をじろじろ眺める.

빨가-벗기다 [p'algabɔtk'ida ッパルガボッキダ] 他 まる裸[すっ裸]にする.

빨가-벗다 [p'algabɔt'a ッパルガボッタ]

빨가-숭이 자 まる裸[すっ裸]になる.「名 すっ裸.

빨가-숭이 [p'algasuŋi ッパルガスンイ]

빨간 [p'a:lgan ッパールガン] 冠 真っ赤な; まったく(の) ¶~ 거짓말 [~ kɔ:dʑin-mal ~ コージンマル] 真っ赤なうそ.

*__빨강__ [p'algaŋ ッパルガン] 名 赤; 赤色.

*__빨갛다__ [p'a:lgatʰa ッパールガッタ] 形 [ㅎ変] 赤い; 鮮紅色である ¶ 추워서 볼이 ~ [tʰuwɔsɔ pori ~ チュウォソ ポリ ~] 寒くてほっぺたが赤い.

빨개-지다 [p'a:lgɛdʑida ッパールゲジダ] 자 赤む; 赤らむ; 焼ける ¶ 얼굴이 ~ [ɔlguri ~ オルグリ ~] 顔が赤らむ / 하늘이 ~ [hanuri ~ ハヌリ ~] 空が焼ける.

빨갱이 [p'a:lgɛŋi ッパールゲンイ] 名 俗 共産主義者; 赤 ¶ 그는 ~이다 [kɯ-nun ~ida クヌン ~イダ] 彼は赤だ.

빨끈 [p'alk'ɯn ッパルックン] 副 하자 ① かっと(なって); '발끈'の強調語 ¶ ~ 성을 내다 [~ sɔːŋul nɛːda ~ ソーングル ネーダ] かっと腹を立てる ② がやがや; わいわい ¶ 회의장이 뒤집혔다 [hwe:idʑaŋi ~ twidʑipʰtɕt'a フェーイジャンイ ~ トゥィジプチョッタ] 会議場ががやがやとごった返しになった.

*__빨다__¹ [p'alda ッパルダ] 他 [ㄹ語幹] ① 吸う; しゃぶる ¶ 젖을 ~ [tɕɔdʑul ~ チョジュル ~] 乳を飲む[吸う] ② (機械で)吸い上げる ¶ 빨펌프 [p'al-pʰɔmpʰɯ ッパルポムプ] 吸い上げポンプ.

*__빨다__² [p'alda ッパルダ] 他 [ㄹ語幹] 洗う; 洗濯する ¶ 셔츠를 ~ [ɕɔ:tɕʰɯrul ~ ショーチュルル ~] シャツを洗濯する.

빨-대 [p'altɛ ッパルテ] straw 名 ストロー.

빨랑-거리다 [p'allaŋgɔrida ッパルランゴリダ] 자 身軽に動き回る **빨랑-빨랑** [p'allaŋp'allaŋ ッパルランッパルラン] 副 하자 さっさと; きりきりと ¶ ~ 걸어라 [~ kɔrɔra ~ コロラ] さっさと歩け.

*__빨래__ [p'allɛ ッパルレ] 名 ① 洗濯すること ―하다 [hada ハダ] 자 洗濯する; 洗う ¶ 냇가에 ~-하러 가다 [nɛ:tk'ae ~-harɔ kada ネーッカエ ~-ハロ カダ] 川辺に洗濯に行く ② 洗濯物; 洗い物 ¶ ~가 많이 밀리다 [~ga ma:ni mil-lida ~ガ マーニ ミルリダ] 洗い物がたくさんたまる **빨랫-비누** [p'allɛtp'inu ッパルレッピヌ] 洗濯せっけん.

*__빨리__ [p'alli ッパルリ] 副 速く; 素早く; 急いで ¶ ~ 걷다 [~ kɔ:t'a ~ コーッタ] 速く歩く / ~ 달려가다 [~ talljɔ-gada ~ タルリョガダ] 急いで駆けつける ―하다 [hada ハダ] 他 早める; 速くする ―빨리 [p'alli ッパルリ] 副 早く早く; さっさと ¶ ~ 비켜 [~ pi:kʰjɔ ~ ピーキョ] さっさとどいて.

빨아-내다 [p'aranɛda ッパラネダ] 他 吸い出す ¶ 독을 ~ [togul ~ トグル ~] 毒を吸い出す.

빨아-당기다 [p'aradaŋgida ッパラダンギダ] 他 吸い寄せる ¶ 연기(煙氣)를 ~ [jɔngirul ~ ヨンギルル] 煙を吸い寄せる.

빨아-들이다 [p'aradɯrida ッパラドゥリダ] 他 吸い込む ¶ 물을 ~ [murul ~ ムルル ~] 水を吸い込む.

빨아-먹다 [p'aramɔkt'a ッパラモクタ] 他 ① (飲みものを)吸い込む; 吸う ¶ 젖을 ~ [tɕɔdʑul ~ チョジュル ~] 乳を飲む[吸う] ② (飴などを)しゃぶる ¶ 아이스캔디를 ~ [aisukʰɛndirul ~ アイスケンディル ~] アイスキャンディをしゃぶる ③ 絞り上げる.

빨치산 [p'altɕʰisan ッパルチサン] 名 〈仏〉partizan 名 パルチザン; 遊撃隊.

빳빳-하다 [p'atp'atʰada ッパッパッタダ] 形 [여変] ① 強ばっている; 強い; ぱりっとしている ¶ 지폐가 ~ [tɕipʰɛga ~ チペガ ~] 紙幣がぱりっとしている / ~-한 옷 [~-tʰan ot ~-タン オッ] 糊のきいた着物 ② (性格·態度が)こちこちだ ¶ ~-한 태도 [~-tʰan tʰɛ:-do ~-タン テード] こちこちした態度.

*__빵__ [p'aŋ ッパン] pāo; pan 名 パン ¶ ~집 [~tɕʰip ~チプ] パン屋; ベーカリー.

빵끗 [p'aŋk'ut ッパンックッ] 副 하자 にこり; にっこり; にこやかに(かわいらしくほほえむさま).

빵-점 [一點] [p'aŋtɕʰɔm ッパンチョム] 名 俗 零点; ゼロ.

빻다 [p'a:tʰa ッパータ] 他 ついて粉にする; 砕く; ひく ¶ 곡물을 ~ [kon-murul ~ コンムルル ~] 穀物をひく.

빼기 [p'ɛ:gi ッペーギ] 名〈数〉減法; 引き算.

빼-내다 [p'ɛ:nɛda ッペーネダ] 他 ① 抜き取る; 抜き出す; 抜く ¶ 가시를 ~ [kaɕirul ~ カシルル ~] とげを抜き取る ② 選び出す ¶ 자료를 ~ [tɕarjo-rul ~ チャリョルル ~] 資料を抜き取る ③ くすねる ¶ 지갑에서 돈을 ~ [tɕi-gabɛsɔ to:nul ~ チガベソ トーヌル ~] 財布から金をくすねる[抜き取る].

빼-놓다 [p'ɛ:notʰa ッペーノッタ] 他 ①

除く; 飛ばす; 漏らす ¶나만 빼놓고 가냐? [naman pʼɛnokʰo kanja ナマン ッペーノッコ カニャ] 僕だけおいて行くのか / 한 페이지를 빼놓고 읽다 [han pʰeidʒirul pʼɛnokʰo ikt'a ハン ペイジルル ッペーノッコ イクタ] 1ページを飛ばして読む ② 抜いておく ¶책꽂이에서 책을 ~ [tʃʰɛkʼodʒiesɔ tʃʰegul ~ チェクコジエソ チェグル ~] 書棚から本を抜いておく ③ 選び出す; より抜く.

*빼-다 [pʼɛ:da ッペーダ] 他 ① 抜く ¶못을 ~ [mosul ~ モスル ~] 釘を抜く ② 差し引く; 除く ¶인건비를 ~ [inkʼɔnbirul ~ インコンビルル ~] 人件費を差し引く ③ 落とす; なくす ¶때를 ~ [tʼɛrul ~ ッテルル ~] 垢を落とす / 얼룩을 ~ [ollugul ~ オルルグル ~] 染みをなくす ④ 勿体ぶる; 気取る ¶점잔 ~ [tʃɔːmdʒan (pʼɛda) チョームジャン (ッペダ)] えらそうに勿体ぶる; 上品ぶる; 威厳を装う ⑤ (責任などから) 身を引く ¶꽁무니를 ~ [kʼoŋmunirul ~ ッコンムニルル ~] しっぽを巻く ⑥ (水分などを) 切る ¶물기[기름기]를 [mulkʼi[kirumkʼi]rul ~ ムルキ[キルムキ]ルル ~] 水[油]を切る ⑦ (歌うとき声を) 張り上げる.

빼-돌리다 [pʼɛdollida ッペードルリダ] 他 こっそり引き抜いて隠す ¶ (人を) おびき出してよそに送る.

빼딱-하다 [pʼɛtʼakʰada ッペッタクカダ] 形 ① やや傾いている ¶고개가 ~ [kogega ~ コゲガ ~] 首がやや傾いている ② 機嫌が斜めである[よくない].

빼-먹다 [pʼɛːmɔktʼa ッペーモクタ] 他 ① (くしに刺したものなどを) 抜きとって食べる ¶꼬치 구이를 ~ [kʼotʃʰiguirul ~ ッコチグイルル ~] 焼きとりを抜きとって食べる ② かすめとる ¶공금을 ~ [koŋgumul ~ コングムル ~] 公金をかすめとる ③ 漏らす; 抜かす; 飛ばす ¶한 줄 빼먹고 읽다 [han dʒul pʼɛːmɔkʼo iktʼa ハン ジュル ッペーモクコ イクタ] 1行飛ばして読む ④ サボる; 怠ける ¶수업을 ~ [suɔbul ~ スオブル ~] 授業をサボる.

빼-쏘다 [pʼɛːsʼoda ッペーッソダ] 他 そっくりだ; 生き写しだ ¶어머니를 ~ [ɔmɔnirul ~ オモニルル ~] 母に生き写しだ.

*빼-앗기다 [pʼɛatkʼida ッペアッキダ] 他 取られる; 奪われる; '빼앗다'の受動; 略 뺏기다 [pʼɛtkʼida ~ ッペーッキタ] ¶돈을 ~ [toːnul ~ トーヌル ~] 金を奪われる.

*빼-앗다 [pʼɛatʼa ッペアッタ] 他 ① 奪う; ひったくる; 略 뺏다 [pʼɛːtʼa ~ ッペーッタ] ¶금품을 ~ [kumpʰumul ~ クムプムル ~] 金品を奪う ② 横取りする; 乗っとる ¶일거리를 ~ [iːlkʼɔrirul ~ イールコリルル ~] 仕事を横取りする / 회사를 ~ [hweːsarul ~ フェーサルル ~] 会社を乗っとる.

빼어-나다 [pʼɛɔnada ッペオナダ] 形 秀である; ずば抜ける ¶인물이 ~ [inmuri ~ インムリ ~] 人物が秀でる.

뺙 [pʼɛk ッペク] 名 ① [bag] ハンドバッグ ② 俗 [back] 縁故; コネ.

빽빽-하다 [pʼɛkpʼɛkʰada ッペクペクカダ] 形 여변 ① びっしりだ; ぎっしりだ; 稠密ちゅうみつである ¶상자에 ~하게 담다 [sandʒae ~kʰage taːmtʼa サンジャエ ~カゲ タームタ] 箱にぎっしり詰め込む ② 心がせまい; こちこちだ 뺙

빽빽-이 [pʼɛkpʼɛgi ッペクペギ] 副 ぎっしり; きちきち; こんもり ¶나무가 ~ 들어찬 산림 [namuga ~ turɔtʃʰan sallim ナムガ ~ トゥロチャン サルリム] こんもりと生い茂った森.

뺄-셈 [pʼɛːlsʼem ッペールセム] 名 하自 引き算; 減法.

*뺑소니 [pʼɛŋsoni ッペンソニ] 名 逃走; (車の) ひき逃げ ¶~차 [~tʃʰa ~チャ] ひき逃げ車 —치다 [tʃʰida チダ] 自 逃走する; ずらかる; とんずらをする ¶사람을 치고 ~ [saːramul tʃʰigo ~ サーラムル チゴ ~] ひき逃げする.

*뺨 [pʼjam ッピャム] 名 頬ほお; 俗 ほっぺた.

뺨-때리다 [pʼjamtʼɛrida ッピャムッテリダ] びんたをする[張る].

뺨-맞다 [pʼjammatʼa ッピャムマッタ] 自 頬ほおを打たれる; びんたを食う.

뺨-치다 [pʼjamtʃʰida ッピャムチダ] 自他 ① びんたを食わす ② 顔負けする; … (に) 劣らない ¶가수 뺨치는 노래 솜씨 [kasu pʼjamtʃʰinun noɾɛ somʼi カス ッピャムチヌン ノレ ソムッシ] 歌手顔負けの歌いっぷり; 玄人もそっちのけの歌いっぷり.

뻐개다 [pʼɔgɛda ッポゲダ] 他 ① 割る; 裂く; 断ち割る ¶장작을 ~ [tʃaŋdʒagul ~ チャンジャグル ~] 薪を割る ② 台無し[駄目]にする; ぶち壊す ③ 俗 うれしくて口をほころばす.

뻐근-하다 [p'ɔgunhada ッポグンハダ] 形 여変 ① (体が)だるい; 凝る ¶몸이 ~[momi ~ モミ ~] 体がだるい/어깨가 ~[ɔk'ɛga ~ オッケガ ~] 肩が凝る[張る] ② (感情で)胸がいっぱいだ; 重苦しい ¶감격으로 가슴이 ~[kamgjəguro kasumi ~ カームギョグロ カスミ ~] 感激で胸がいっぱいだ ③ 手に余る **뻐근-히** [p'ɔguni ッポグニ] 副 じいんと ¶ ~ 아프다[~ apʰuda ~ アプダ] じいんと痛む.

뻐기다 [p'ɔgida ッポギダ] 自 威張る; 得意がる; 高ぶる ¶너무 뻐기지 마라 [nɔmu p'ɔgidʒi mara ノム ッポギジマラ] あまり威張るなよ.

*뻐꾸기 [p'ɔk'ugi ッポックギ] 名 〈鳥〉 カッコウ(郭公); 呼ぶ子鳥; 閑古鳥; = 뻐꾹새 [p'ɔk'uks'ɛ ッポッククセ].

뻐끔-하다 [p'ɔk'umhada ッポックムハダ] 形 여変 (穴・傷口などが)ぽっかり開いている ¶상처가 ~[saŋtʃʰɔga ~ サンチョガ ~] 傷口がぽっかり開いている.

뻐드렁-니 [p'ɔdurɔŋni ッポドゥロンニ] 名 反っ歯; 出っ歯.

뻐뻑-하다 [p'ɔkp'ɔkʰada ッポクポクカダ] 形 여変 ① (水気が足りなくて)かさかさしている; どろっとしている ② ゆとりがなくきつい ¶기한이 ~[kihani ~ キハニ ~] 期限がぎりぎりだ ③ こちこちしている ¶사람이 너무 ~[sa:rami nɔmu ~ サーラミ ノム ~] 人(となり)があまりにもこちこちしている.

*뻔뻔-하다 [p'ɔnp'ɔnhada ッポンポンハダ] 形 여変 厚かましい; 図々しい; 横着だ ¶ ~-한 놈이다[~-han nomida ~-ハン ノミダ] 厚かましい [図々しい]奴だ **뻔뻔-스럽다** [p'ɔnp'ɔnsurɔpt'a ッポンポンスロプタ] 形 여変 図太く厚かましい; 図々しい; 臆面がない ¶ ~-스럽게 돈을 요구하다[~-surɔpk'e to:nul joguhada ~-スロプケ トーヌル ヨグハダ] 臆面もなく金を要求する.

뻔질-나게 [p'ɔndʒillage ッポンジルラゲ] 副 頻繁に; 足繁く; ひっきりなしに ¶ ~ 다니다[~ tanida ~ タニダ] 足繁く通う.

뻔쩍 [p'ɔntʃ'ɔk ッポンッチョク] 副 하自他 ぴかっと ¶ ~ 빛나다[~ p'innada ~ ピンナダ] ぴかっとひらめく.

*뻔-하다 [p'ɔ:nhada ッポーンハダ] 形 여変 知れたことだ; 明らかだ; わかりきっている ¶뻔한 일이야[p'ɔ:nhan ni:rija ッポーンハン ニーリヤ] 知れたことさ/뻔한 사실[p'ɔ:nhan sa:ʃil ~-ンハン サーシル] 言わずと知れた事実.

*뻔-했다 [p'ɔ:nhɛt'a ッポンヘッタ] 여名 補形 語尾 (ひょっとしたら)…するところだった ¶큰일날 ~[kʰunillal ~ クニルラル ~] ひょっとすれば大変なことになるところだった.

*뻗다 [p'ɔt'a ッポッタ] 1 自 ① 伸びる ¶가지가 ~[kadʒiga ~ カジガ ~] 枝が伸びる ② 繁盛する ¶사업이 ~[sa:ɔbi ~ サーオビ ~] 事業が繁盛する ③ 俗 死ぬ; くたばる 2 他 伸ばす ¶두 다리를 ~[tu: darirul ~ トゥーダリルル ~] 両足を伸ばす.

뻗치다 [p'ɔtʃʰida ッポッチダ] 自他 強く伸びる; 伸ばす; 張る; '뻗다'の強調語.

뻘 [p'ɔl ッポル] 名 干潟; 干潟地.

-뻘 [p'ɔl ッポル] 接尾 여名 (親戚の)間柄 ¶형~[hjɔŋ ~ ヒョン ~] 兄貴分/조카~이 된다[tʃokʰa(p'ɔr)i twenda チョカ(ッポ)リ トゥウェンダ] おいに当たる.

뻘뻘 [p'ɔlp'ɔl ッポルッポル] 副 ① だらだら ¶땀을 ~ 흘리다[t'amul ~ hullida ッタムル ~ フルリダ] 汗をだらだら流す ② せかせか; あたふた(と) ¶ ~ 돌아다니다[~ toradanida ~ トラダニダ] (あちこちと)忙しく駆け回る.

뻣뻣-하다 [p'ɔtp'ɔtʰada ッポッポッタダ] 形 여変 ① こわばっている; ぱりぱりしている ¶ ~-한 천[~-tʰan tʃʰɔ:n ~-タン チョーン] ぱりぱりした布 ② (手足などが)こちこちだ; 硬直している ¶두 다리가 ~[tu: dariga ~ トゥーダリガ ~] 両足がこちこちだ[硬直している] ③ 頑強だ; 柔順でない ¶어른한테 ~-하게 대들다[ɔ:run nhantʰe ~-tʰage tɛ:dulda オールンハンテ ~-タゲ テードゥルダ] 目上の人につっかかるようなものの言い方をする.

※**뼈** [p'jɔ ッピョ] 名 ① 骨 ¶~와 가죽[~-wa kadʒuk ~ワ カジュク] 骨と皮/~에 사무치다[~-e samutʃʰida ~エ サムチダ] 骨髄に徹する ② 中心; 核心 ¶~만 추려 말하다[~-man tʃʰurjɔ ma:rhada ~マン チュリョ マールハダ] 筋だけをかって話す ③ 気概; 気骨 ¶~ 있는 사나이[~-innun sanai ~インヌン サナイ] 気骨の[骨っ節の]ある男 ④ 底意; 下心 ¶~있는 말 [~-innun ma:l ~インヌン マール] 底

뼈-대 [p'jɔdɛ ッピョデ] 名 ① 骨組み; 骨格 ¶~가 실(實)하다[~ga ʃirhada ~ガ シルハダ] がっちりした骨組みだ ② 筋 ¶~가 있는 문장[~ga innun mundʒaŋ ~ガ インヌン ムンジャン] 筋の通った文章 ③ 伝統 ¶~가 있는 집안[~ga innun tʃiban ~ガ インヌン チバン] 伝統のある[由緒ある・立派な]家柄.

뼈-마디 [p'jɔmadi ッピョマディ] 名 関節 ¶~가 쑤신다[~ga s'uʃinda ~ガ ッスシンダ] 関節がずきずき痛む.

뼈-빠지다 [p'jɔp'adʒida ッピョッパジダ] 自 骨折り(苦労の意) ¶뼈빠지게 일한 보람이 있다[p'jɔp'adʒige i:rhan porami it'a ッピョッパジゲ イールハン ポラミ イッタ] (骨身惜しまず)苦労して働いた甲斐がある.

뼈-아프다 [p'jɔaphuda ッピョアプダ] 形 骨身にしみる ¶뼈아프게 후회하다 [p'jɔaphuge hu:hwehada ッピョアプゲ フーフェハダ] 骨身にしみて後悔する.

뼈-저리다 [p'jɔdʒɔrida ッピョジョリダ] 形 骨髄にしみる; 痛切に感じる ¶뼈저리게 느끼다[p'jɔdʒɔrige nuk'ida ッピョジョリゲ ヌッキダ] 痛く身にしみる; 痛切に感じる.

뼘 [p'ɔ:m ッピョーム] 名 依名 指尺; 指幅; 咫た ¶한 ~의 폭[han ~e phok ハン (ッピョー) メ ポク] 1咫の幅 / ~으로 재다[~uro tʃɛ:da (ッピョー) ムロ チェーダ] 指尺ではかる.

뽀얗다 [p'o:jatha ッポーヤッタ] 形 ㅎ変 かすんでいる; ぼやけている; 灰色がかっている ¶안개가 ~[a:nɛga ~ アーンゲガ ~] 霧が白くたち込んでいる.

*뽐-내다 [p'omnɛda ッポムネダ] 自他 威張る; 自慢する; 偉ぶる; 誇る ¶너무 뽐내지 마라[nɔmu p'omnɛdʒi mara ノム ッポムネジ マラ] あまり威張るな / 승리를 ~[sɯŋnirɯl ~ スンニルル ~] 勝利を誇る.

*뽑다 [p'opt'a ッポプタ] 他 ① 引き抜く; 抜く ¶칼을 ~[khaɾul ~ カルル ~] 刀を抜く ② 選ぶ; 選択する ¶국회의원(國會議員)으로 ~[kukhwe ɰiwɔnuro ~ ククッウェ ウィウォヌロ ~] 代議士に選ぶ ③ 人選する; 選抜する; 募る; 採[取]る ¶신입 사원을 ~[ʃinip s'awɔnɯl ~ シニプ サウォヌル ~] 新入社員を選抜する ④ 歌う ¶한 곡 ~[han gok ~ ハン ゴク ~] 1曲歌い上げる ⑤ 取り戻す; 取る ¶밑천을 ~[mitʃhɔnɯl ~ ミッチョヌル ~] 元金を取り戻す ⑥ 除く; 抜本塞源ほっぽんさいげんする ¶폐습을 뿌리~[phe:subul p'uri~ ペースブル ップリ~] 弊習を抜本塞源する.

뽑히다 [p'ophida ッポピダ] 自 ① 抜ける; '뽑다'の受動 ¶충치가 쉽게 ~[tʃhuntʃhiga ʃwi:pk'e ~ チュンチガ シュイープケ ~] 虫歯がたやすく抜ける ② 選ばれる ¶대표자로 ~[tɛ:phjodʒaro ~ テーピョジャロ ~] 代表者に選ばれる.

*뽕 (-나무) [p'oŋ(namu) ッポン(ナム)] 名 〈植〉クワ(桑) (桑の木) ¶뽕 따다 [p'oŋ t'ada ッポン ッタダ] 桑を摘む.

뽕-빠지다 [p'oŋp'adʒida ッポンッパジダ] 自 すっからかんになる; 一文無しになる.

뽕-잎 [p'oŋnip ッポンニプ] 名 クワの葉.

뽀로통-하다 [p'orothoŋhada ッポロトンハダ] 形 つんとしている; 膨れっ面をしている ¶금방 ~하는 여자[kɯmbaŋ ~hanɯn njɔdʒa クムバン ~ーハヌン ニョジャ] すぐつんとする女性.

뾰족 [p'jodʒok ッピョジョク] 副 先がとがっているさま = **뾰쪽** [p'jotʃ'ok ッピョッチョク] ・ **뾰쭉** [p'jodʒuk ッピョジュク] **―하다** [(p'jodʒo)khada カダ] 形 여変 先がとがっている; 突き出ている **―이** [(p'jodʒoŋ)i (ッピョジョ)ギ] 副 とがって **―구두** [(p'jodʒo)k'udu クドゥ] 名 ハイヒール.

*뿌리 [p'uri ップリ] 名 ① 根 ¶~를 박다[~rul pakt'a ~ルル パクタ] 根をつける / ~를 내리다[~rul nɛrida ~ルル ネリダ] 根を下ろす ② 根元 ¶기둥 ~가 썩다[kidun~ga s'okt'a キドゥン~ガ ッソクタ] 柱の根元が腐る ③ 根本; 本; 根 ¶악의 ~를 뽑다 [age ~rul p'opt'a アゲ ~ルル ッポプタ] 悪の根を絶つ **―깊다** [gipt'a ギプタ] 形 根深い; 根強い ¶~-깊은 원한(怨恨)[~-giphɯn wɔ:nhan ~-ギプン ウォーンハン] 根深い恨み **―박다** [bakt'a パクタ] 自 ① 根付く; 根差す ② 定着する ¶농촌에 ~-박고 살다[noŋtʃhone ~-bak'o sa:lda ノンチョネ ~-パクコ サールダ] 農村に定着して暮らす.

*뿌리다 [p'urida ップリダ] 自他 ① 撒

뿌리치다 / 삥땅

く; 振り掛ける ¶물을 ~[murul ~ ムルル ~] 水を撒く / 전단(傳單)을 ~[tɔndanul ~ チョンダヌル ~] ビラをばらまく ② 播まく ¶씨를 ~[ʃʃirul ~ ッシルル ~] 種を播く ③ 注ぐ ¶눈물을 ~[nunmurul ~ ヌンムルル ~] 涙を注ぐ; ひどく涙を流す ④(お金を)ばらまく, まき散らす; 浪費する ¶돈을 ~[to:nul ~ トーヌル ~] 金をばらまく; 浪費する.

*뿌리-치다 [p'uritʃhida ップリチダ] 他 ① 振り切る ¶손을 ~[sonnul ~ ソヌル ~] 手を振り切る ② 拒む ¶유혹을 ~[juhogul ~ ユホグル ~] 誘惑を拒む.

뿌옇 다 [p'u:jɔtha ップーヨッタ] 形 ㅎ変 (不透明に)ぼうっとしている; かすんでいる; (水などが)やや濁っている.

뿌예-지다 [p'u:jedʒida ップーイェジダ] 自 白く濁る; 曇る ¶김이 서려 유리가 ~[ki:mi ɕɔrjɔ juriga ~ キーミ ソリョ ユリガ ~] 湯気でガラスが曇る.

*뿐 [p'un ップン] 1 依名 (用言の語尾)だけ, のみ ¶책임을 다했을 ~이다 [tʃhɛgimul ta:hɛs'ul ~ida チェキムル ターヘッスル (ップ)ニダ] 責任を果たしただけだ 2 助 (体言の下付き)だけ; のみ; それきり ¶재산이라고는 이 집 ~이다[tʃɛsaniragonun i tʃi~ida チェサニラゴヌン イ チブ(ップ)ニダ] 財産と言えばこの家だけだ.

뿐(만) 아니라 [p'un(man) anira ップン(マン) アニラ] 接尾 助 副 …のみならず; …だけでなく; =-뿐더러 [p'undɔrɔ ップンドロ] ¶그는 일을 잘할~ 머리도 좋다 [kunun i:rul tʃarhal~ morido tʃo:tha クヌン イールル チャルハル~ モリド チョーッタ] 彼は仕事をよくするだけでなく頭脳もすばらしい.

*뿔 [p'ul ップル] 名 ① 角 ¶쇠~[swe:~ スェー~] 牛の角 ② 物の突出部; 突起.

뿔-나다 [p'ullada ップルラダ] 自俗 腹が立つ; しゃくにさわる; 怒る.

뿔뿔-이 [p'ulp'uri ップルップリ] 副 ばらばら; 散り散り; 別々に ¶도구를 ~ 흩어 놓다 [to:gurul ~ huthɔ notha トーグルル ~ フット ノッタ] 道具をばらばらにしておく / 한 집안이 ~ 흩어지다 [han dʒibani ~ huthɔdʒida ハン ジバニ ~ フットジダ] 一家が離れ離ればなれになる.

*뿜다 [p'umt'a ップムタ] 他 ① 吹き出す; 噴く; 吐く ¶굴뚝에서 연기를 ~ [ku:lt'ugesɔ jɔngirul ~ クールットゥゲソ ヨンギルル ~] 煙突から煙を吐き出す ② 霧を吹く; 水を吹きかける ¶물을 뿜어 다리다 [murul p'um tarida ムルル ップモ タリダ] 霧を吹いてアイロンを掛ける ③ (香りなどを)発散する.

뿜어-내다 [p'umɔnɛda ップモネダ] 他 吹き出す; 噴出する ¶물을 ~[mur-ul ~ ムルル ~] 水を噴き出す.

삐걱 [p'igɔk ッピゴク] 副 하自他 きいっ ¶문이 ~ 열리다 [muni (p'igɔŋ) njɔllida ムニ (ッピゴン) ニョルリダ] 戸がきいっと開く.

삐다 [p'i:da ッピーダ] 自他 (骨を)挫ぐ ¶발을 ~[parul ~ パルル ~] 足を挫く.

삐딱-하다 [p'it'akhada ッピッタクハダ] 形 傾斜している; 少し傾いている ¶모자를 ~하게 쓰다 [modʒarul ~khage s'uda モジャルル ~カゲ ッスダ] 帽子を横っちょに[斜めに]かぶる.

삐뚜로 [p'it'uro ッピットゥロ] 副 歪めて; 曲がって; 斜めに.

삐뚜름-하다 [p'it'urumhada ッピットゥルムハダ] 形 やや傾き加減だ.

삐뚤다 [p'it'ulda ッピットゥルダ] 形 傾いている; ひどく偏っている.

삐뚤어-지다 [p'it'ulɔdʒida ッピットゥロジダ] 自 ① 傾く ② 曲がる ③ ひねくれる ④ (怒って)ぷんぷんする.

삐악-삐악 [p'iakp'iak ッピアクピアク] 副 ピヨピヨ(ひよこの鳴き声) ¶병아리가 ~ 울다 [pjɔŋariga ~ (p'iag) u:lda ピョンアリガ ~ (ピア) グールダ] ひよこがピヨピヨ鳴く.

삐죽-거리다 [p'idʒukɔrida ッピジュクコリダ] 自他 ① あざけって皮肉る ② 泣き出そうと唇をぴくつかせる.

삐쭉 [p'itʃ'uk ッピッチュク] 副 하自他 ① つんと, (怒って)下唇をとがらすさま ¶입을 ~ 내밀다 [ibul (p'itʃ'uŋ) nɛmilda イブル (ッピッチュン) ネーミルダ] 口をつんととがらす ② ひょっこり; ちょっと顔を出す[現われる]さま ¶얼굴만 ~ 내밀다 [ɔlgulman (p'itʃ'uŋ) nɛ:milda オルグルマン (ッピッチュン) ネーミルダ] 顔だけひょいと突き出す.

삐치다 [p'ithida ッピチダ] 1 他 (書法で)筆先をはねる 2 自 すねる.

삥땅 [p'int'aŋ ッピンッタン] 名 ちょろまかすこと; ねこばば ¶~을 치다 [~ul tʃhida ~ウル チダ] 上前を撥ねる; 自分のものにする; ごまかす.

入

＊사[四] [sa: サー] 数冠 4; 4つ.
사각[四角] [sa:gak サーガク] 名 四角 **―기둥** [(sa:ga)k'iduŋ キドゥン] 名 四角柱 **―모(자)** [(sa:gaŋ) mo(dʒa) (サーガン) モ(ジャ)] 名 角帽 **―형** [(sa:ga)kʰjɔŋ キョン] 名 四角形.
사각[死角] [sa:gak サーガク] 名 死角 ¶ ～지대 [～ tʃide ～ チデ] 死角地帯.
사각-거리다 [sagak'ɔrida サガクコリダ] 自他 (果物・菓子などを)さくさく(と)かむ音を立てる[(と)食べる].
사감[私感] [sagam サガム] 名 私感; 私的[個人的]な感情 ¶ ～을 버리다 [～ɯl pɔrida サガム ムル ポリダ] 私的な感情を捨てる.
＊**사건[事件]** [sa:k'ɔn サーコン] 名 事件 ¶ 살인 ～ [sarin ～ サリン ～] 殺人事件 / 뜻밖의 ～ [t'ɯtp'ak'e ～ ットゥッパクケ ～] 意外の出来事.
사격[射擊] [sagjɔk サギョク] 名 하자 射撃 ¶ ～ 훈련 [(sagjɔ)kʰu:lljɔn ～ クールリョン] 射撃訓練 **―경기** [(sa-gjɔ)k'jɔ:ŋgi キョーンギ] 名 射撃競技 **―장** [tʃ'aŋ チャン] 名 射撃場.
사견[私見] [sagjɔn サギョン] 名 私見; 個人的な意見 ¶ ～에 불과(不過)하다 [～e pulgwahada サギョ)ネ プルグァハダ] 私見に過ぎない.
사경[死境] [sa:gjɔŋ サーギョン] 名 死境; 死地 ¶ ～을 헤매다 [～ɯl hemɛda ～ウル ヘメダ] 死境をさまよう.
사계[斯界] [sage サゲ] 名 斯界しかい; この方面 ¶ ～의 권위자 [～e kwɔnwidʒa ～エ コヌィジャ] 斯界の権威者.
사계[四季] [sa:ge サーゲ] 名 四季; 春夏秋冬.
＊**사고[事故]** [sa:go サーゴ] 名 ① 事故 ¶ 교통 ～ [kjotʰoŋ ～ キョトン ～] 交通事故 ② 理由; わけ; 事情.
＊**사고[思考]** [sago サゴ] 名 하자他 思考 ¶ ～력 [rjɔk リョク] 思考力 **―방식(方式)** [baŋsik バンシク] 名 考え方.
사공[沙工] [sagoŋ サゴン] 名 船頭 = 뱃사공 [pɛs'agoŋ ペッサゴン]の略.
사과[沙果] [sagwa サグァ] 名 リンゴ; アップル(apple) **―나무** [namu ナム] 名 〈植〉 リンゴの木.
＊**사과[謝過]** [sa:gwa サーグァ] 名 謝ること; おわび **―하다** [hada ハダ] 他 謝る; わびる ¶ 잘못을 ～ [tʃalmosɯl ～ チャルモスル ～] 過ちをわびる.
사관[士官] [sa:gwan サーグァン] 名 士官; 将校 **―학교** [hak'jo ハクキョ] 名 士官学校.
사교[社交] [sagjo サギョ] 名 社交 ¶ ～계 [～ge ～ゲ] 社交界 **―댄스** [dɛnsɯ デンスー] 名 社交ダンス.
＊**사귀다** [sagwida サグィダ] 自他 つきあう; 交わる; 交際する; 親しむ; 知り合いになる ¶ 이웃과 ～ [iutk'wa ～ イウックァ ～] 近所付き合いをする / 친구를 ～ [tʃʰinguɾɯl ～ チングルル ～] 友達と知り合いになる.
사귐 [sagwim サグィム] 名 交わり; 交際; つきあい; 人つき **―성(性)** [sɔŋ ソン] 名 社交性; 人づきあい.
사그라-지다 [sagɯradʒida サグラジダ] 自 ① (腫れ物が)鎮まる; おさまる ② (怒りが)静まる ¶ 분한 마음이 ～ [pu:nhan maɯmi ～ プーンハン マウミ ～] 悔しい思いが静まる ③ (金属が)さびたり朽ちたりしてなくなる.
사근사근-하다 [sagɯnsagɯnhada サグンサグンハダ] 形 여변 ① 心優しい; 愛想[人当たり]がよい ¶ ～-한 여자 [～-han njɔdʒa ～-ハン ニョジャ] 愛想がいい女性 ② (果物・菓子などの)歯触りがよい; さくさくしている.
＊**사글-세[-貰]** [sagɯls'e サグルセ] 名 ① 借り家の月払い家賃 = 월세(月貰) [wɔls'e ウォルセ]. ×'삭월세'(朔月貰) ② '사글세방'(房)・'사글세집'の略 ¶ ～방 있음 [～p'aŋ is'ɯm ～ッパン イッスム] 貸間有り / ～집 구함 [～tʃ'ip kuham ～ッチプ クハム] 貸家を求む.
사기[沙器・砂器] [sagi サギ] 名 瀬戸物; 磁器 **―그릇** [gurɯt グルッ] 名 瀬戸物; 陶器; 磁器.
사기[士氣] [sa:gi サーギ] 名 士気; 意気 ¶ ～ 왕성 [～ wa:ŋsɔŋ ～ ワーンソン] 士気旺盛 / ～를 돋우다 [～rɯl toduda ～ルル トドゥダ] 士気を盛り

上げる / ~를 꺾다 [~rɯl k'ɔkt'a ~ルル ッコクタ] 士気をくじく.

*사기[詐欺] [sagi サギ] 名 詐欺; ぺてん ¶~를 당하다 [~rɯl taŋhada ~ルル タンハダ] 詐欺にかかる[あう] —치다 [tɕʰida チダ] 他 詐欺を働く —꾼 [k'un ックン] 名 詐欺師; ぺてん師 —죄 [tɕʰwe チュェ] 名 詐欺罪.

*사나이 [sanai サナイ] 名 男 ¶멋있는 ~ [mɔɕinnɯn [mɔdinnɯn] ~ モシンヌン[モディンヌン] ~] いきな男; より男ぶり —답다 [dapt'a ダプタ] 形 ㅂ変 男らしい; 雄々しい ¶사나이다운 풍채 [sanaidaun pʰuŋtɕʰε サナイダウン プンチェ] 男らしい風采.

사날 [sanal サナル] 名 3・4日.

*사납다 [sa:napt'a サーナプタ] 形 ㅂ変 ① 荒々しい; 荒っぽい; 獰猛だ ¶사나운 호랑이 [sa:naun ho:raŋi サーナウン ホーランイ] 獰猛なトラ ② 悪い ¶일진(日辰)이 ~ [iltɕ'ini ~ イルチニ ~] 日柄が悪い ③ 厳しい ¶사나운 인심(人心) 사나운 세상(世上) [inɕim sanaun se:saŋ インシム サナウン セーサン] 厳しい[世知辛い]世の中 ④ 荒い ¶성질(性質)이 ~ [sɔːŋdʑiri ~ ソーンジリ ~] 気性が荒い / 사나운 파도(波濤) [sa:naun pʰado サーナウン パド] 荒れ狂う波 ⑤ みっともない; = ¶꼴~ [k'ol(sanapt'a) ッコル(サナプタ)].

사내 [sanɛ サネ] 名 ① 男; '사나이'の略 ② 俗 夫; 情夫 —답다 [dapt'a ダプタ] 形 ㅂ変 男らしい —놈 [nom ノム] 卑 男 —대장부(大丈夫) [dɛːdʑaŋbu デージャンブ] 名 ますらお; 男一匹 —아이 [ai アイ] 名 男の子; 少年 —자식(子息) [dʑaɕik ジャシク] 名 男; 男たる者; 息子.

*사냥 [sanjaŋ サニャン] 名 狩り; 狩猟 —하다 [hada ハダ] 他 狩る; 獲る; ハンティングする ¶토끼를 ~ [tʰok'irɯl ~ トッキルル ~] ウサギを狩る[獲る] —감 [k'am ッカム] 名 (狩猟の対象となる)獲物 —개 [k'ɛ ッケ] 名 猟犬; 俗 回し者; スパイ —꾼 [k'un ックン] 名 狩人; 猟師.

사느랗다 [sanɯratʰa サヌラッタ] 形 ㅎ変 ① 冷え冷えする ¶날씨가 ~ [nalɕ'iga ~ ナルシガ ~] お天気が冷え冷えする ② ぞっとする; ひやっとする ¶무서워 가슴이 ~ [musʌwɔ kasɯmi ~ ムソウォ カスミ ~] 怖くて胸がぞっとする.

*사늘-하다 [sanɯrhada サヌルハダ] 形 여変 ① ひんやりする; 冷え冷えする ¶새벽 공기가 ~ [sɛbjɔ k'oŋgiga ~ セビョク コンギガ ~] 明け方の空気がひんやりする ② ひやっとする ¶가슴이 ~ [kasumi ~ カスミ ~] 胸がひやっとする ③ 冷たい ¶~-한 태도 [~-han tʰɛːdo ~-ハン テード] 冷たい態度.

*사다 [sada サダ] 他 ① 買う ¶빵을 ~ [p'aŋɯl ~ ッパンウル ~] パンを買う / 미움을 ~ [miumul ~ ミウムル ~] 憎まれる ② 自ら(進んで)招く ¶고생(苦生)을 사서 하다 [kosɛŋɯl sasɔ hada コセンウル サソ ハダ] 苦労を自ら招く ③ (人を)雇う ¶짐꾼을 ~ [tɕimk'unul ~ チムックヌル ~] 荷担つき労働者を雇う.

*사다리 [sadari サダリ] · 사닥-다리 [sadakt'ari サダクタリ] 名 はしご.

사당[祠堂] [sadaŋ サダン] 名 ① 祠堂 ② 位牌堂 ③ ほこら.

*사돈[査頓] [sadon サドン] 名 ① 結婚によって結ばれた姻戚 ② 相舅[両家の親・義理の兄弟]どうしの呼称 —댁(宅) [집] [t'ɛk [tɕ'ip] ッテク[ッチプ]] 名 夫の兄弟の妻; 相舅の家; 縁家.

사-들이다 [sadɯrida サドゥリダ] 他 仕入れる; 買い込む; 仕込む ¶싸게 ~ [s'age ~ ッサゲ ~] 安く仕込む.

사뜻-하다 [sat'utʰada サットゥッタダ] 形 여変 さっぱりしている、こぎれいだ ¶~-한 옷차림 [~-tʰan otɕʰarim ~-タン オッチャリム] こざっぱりした身なり 사뜻-이 [sat'uɕi サットゥシ] 副 こぎれいに.

*사라지다 [saradʑida サラジダ] 自 消える; 失せる; 去る; なくなる ¶슬픔이 ~ [sɯlpʰumi ~ スルプミ ~] 悲しみが消える / 번개같이 ~ [pɔŋgɛgatɕʰi ~ ポンゲガチ ~] あっという間に消え失せる / 바람과 함께 ~ [param-gwa hamk'e ~ パラムグァ ハムッケ ~] 風と共に去る.

*사람 [sa:ram サーラム] 名 ひと; 人間 ¶~들 [~dɯl ~ドゥル] 人々 / 집 ~ [tɕip (s'aram) チプ(サラム)] 家内[女房] / 일본 ~ [ilbon ~ イルポン ~] 日本人 —됨 [dwem ドゥェム] 名 人となり; 人柄 ¶~이 영특(英特)하다 [~i jɔŋtʰukhada (サーラムドゥェ)ミョントゥックダ] 人となりが英明だ —

답다[dapt'a ダプタ] 形 ㅂ変 人間らしい **—버리다**[borida ボリダ] 自 人間が悪くなる **—살려**[salljo サルリョ] 感 助けて **—잡다**[dʒapt'a ジャプタ] 他 人を窮地に追い込む; 人を殺す **—좋다**[dʒotʰa ジョッタ] 形 人(柄)がいい **—죽이다**[dʒugida ジュギダ] 自 あきれ返らせる; 人を殺す.

***사랑**[saraŋ サラン] 名 愛 ① かわいがり; 愛情 ¶어머니의 ~ [ɔmɔnie ~ オモニエ ~] 母の愛 ② 恋; 愛情; 情け ¶~의 고백[~e ko:bɛk ~エ コーベク] 愛の告白 ③ いとしく思う心 **—하다**[hada ハダ] 他 愛する; 恋する; 慈しむ **—스럽다**[sɯrɔpt'a スロプタ] 形 ㅂ変 愛らしい; かわいらしい ¶~-스러운 꽃[~-sɯrɔun k'ot ~スロウン ッコッ] かわいい花 **—니**[ni ニ] 名 知歯, 親知らず.

***사랑**[舎廊][saraŋ サラン] 名 主人(男)の居間; 客間; 座敷 **—방**(房)[baŋ バン] 名 座敷; 主人の居間 **—채**[tʃʰɛ チェ] 名 主人の居間に使う別棟.

사례[sa:re サーレ] 名 むせび; 飲食物などが喉につかえて苦しむこと **—들리다**[dɯllida ドゥルリダ] 自 むせぶ; むせる; 息がつまる ¶급히 마시려다가 ~[kɯpʰi maʃirjɔdaga ~ クプヒ マシリョダガ ~] 急いで飲もうとしてむせる.

사려[思慮][sa:rjɔ サーリョ] 名 하自他 思慮; 思念 ¶~깊은 사람[~ gipʰun sa:ram ~ ギプン サーラム] 思慮深い人.

사례[謝禮][sa:re サーレ] 名 依動 謝礼; お礼 ¶~를 하다[~rul hada ~ルル ハダ] 謝礼を言う; お礼を述べる **—금**[gum グム] 名 謝礼金; 礼金.

***사로-잡다**[sarodʒapt'a サロジャプタ] 他 ① 生け捕る ¶곰을 ~[ko:mul ~ コームル ~] 熊を生け捕る ② 虜にする; とらえる; (心を)奪う ¶마음을 ~[maumul ~ マウムル ~] 心をとらえる / 여자(女子)의 마음을 ~[jɔdʒae maumul ~ ヨジャエ マウムル ~] 女性の心を虜にする.

사로-잡히다[sarodʒapʰida サロジャプヒダ] 自 '사로잡다'の受動 ① 生け捕りにされる ¶사슴이 ~[sasumi ~ サスミ ~] 鹿が生け捕りにされる ② とらわれる; 虜にされる; 襲われる; 駆られる ¶정실에 ~[tʃɔŋʃire ~ チョンシレ ~] 情実にとらわれる / 미모에 ~[mi:moe ~ ミーモエ ~] 美貌の虜になる / 공포에 ~[koŋpʰoe ~ コンポエ ~] 恐怖に駆られる.

사뢰다[sarweda サルェダ] 他 (目上の人に) 申し上げる; 言上する.

사료[飼料][sarjo サリョ] 名 飼い葉; えさ; え; 飼い料.

***사르다**[saruda サルダ] 他 르変 ① 燃やす; 焼却する ¶묵은 서류를 불에 ~[mugun sɔrjurul pure ~ ムグン ソリュルル プレ ~] 古い書類を焼却する ② 火をつける; 火を起こす ¶아궁이에 불을 ~[aguŋie purul ~ アグニエ プルル ~] 焚口に火をたく.

***사리**[sari サリ] 名 依動 束; 玉; 巻き ¶냉면 한 ~[nɛ:ŋmjɔn han ~ ネーンミョン ハン ~] 冷麺の玉１つ / 새끼 두 ~[sek'i tu: ~ セッキ トゥー ~] なわ２巻き.

사리[事理][sa:ri サーリ] 名 事理; 物事の道理・筋道・わけ ¶~에 닿는 말[~e ta:nnun ma:l ~エ ターンヌン マール] 道理に合う話; 筋が通る話.

사리다[sarida サリダ] 他 ① 巻く ¶새끼를 ~[sek'irul ~ セッキルル ~] なわを巻いて束にする / 국수를 ~[kuks'urul ~ ククスルル ~] そばを玉にする ② 骨を惜しむ ¶그들은 몸을 사렸다[kudurun momul sarjɔt'a クドゥルン モムル サリョッタ] 彼らは骨を惜しんだ ③ 心をひきしめる.

사립-문[-門][sarimmun サリムムン] 名 しおり戸; 柴の戸.

사마귀[sa:magwi サーマグィ] 名 ① ほくろ; いぼ ② 〈虫〉カマキリ; とうろう.

***사막**[砂漠・沙漠][samak サマク] 名 砂漠 ¶타는 듯한 ~[tʰanun dutʰan ~ タヌン ドゥッタン ~] 燃えるような砂漠.

***사망**[死亡][sa:maŋ サーマン] 名 하自 死亡 ¶~ 통지[~ tʰoŋdʒi ~ トンジ] 死亡通知 **—률**[njul ニュル] 名 死亡率.

***사-먹다**[samɔkt'a サモクタ] 他 (食堂などで) お金を払って食べる; 外食する.

***사면**[赦免][sa:mjɔn サーミョン] 名 하他 赦免 ¶~ 복권[~ bok'wɔn ~ ボククォン] 赦免復権.

***사명**[使命][sa:mjɔŋ サーミョン] 名 使命 ¶~감[~gam ~ガム] 使命感 / ~을 다하다[~ul ta:hada ~ウル ターハダ] 使命をなし遂げる[全うする].

***사모**[思慕][samo サモ] 名 思慕 **—하**

다[hada ハダ] 他 思慕する; 思[想]う; 慕う ¶~-하는 마음[~-hanŭn maŭm ~-ハヌン マウム] 想望の念／~-하는 사람[~-hanŭn sa:ram ~-ハヌン サーラム] 恋い慕う人.

*사모-님[師母—][samonim サモニム] 名 ① (恩)師の夫人に対する敬称 ② 俗 目上の夫人の尊称; 奥様; 奥さん.

*사무[事務][sa:mu サーム] 名 事務 ¶~실[~ʃil ~シル] 事務室／~를 보다[~rul poda ~ルル ポダ] 事務を取[執]る —소[so ソ] 名 事務所.

사무치다[samutʃʰida サムチダ] 自 (身に)しみる; (心に)徹する; 応ええる ¶마음속 깊이 ~[maŭmsok k'ipʰi ~ マウムソク キピ ~] 深く身にしみる／뼈에 ~[p'jœ ~ ッピョエ ~] 骨身に応える; 骨(髄)に徹する.

*사물[事物][sa:mul サームル] 名 ① 物事; 事物 ¶~의 이치를 가리다[(sa:mur)e itʃʰirul karida ~ (サーム)レイーチルル カリダ] 事[物]の道理を見分ける(主として日本語の「事物」→「品物」) ② 〈法〉事件とその目的物.

사물-놀이[四物—][sa:mullori サームルロリ] 名 〈楽〉4つの民俗打楽器で演奏する民俗音楽(すなわち, 꽹과리[k'weŋgwari ックェングァリ]「鉦ᶜ·たたきがね」·징[tʃiŋ チン]「どら」·장구[tʃaŋgu チャング]「鼓」·북[puk ブク]「太鼓」を用いて行なう農村の民俗音楽).

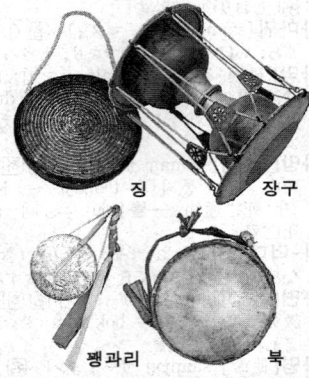

징　　　　　장구

꽹과리　　　북

사뭇[samut サムッ] 副 ① もっぱら; 思いきり; いちずに; おかまいなく ¶~ 장사에 주력하다[~ tʃ'aŋsae tʃu:rjɔkʰada ~ チャンサエ チューリョクハダ] もっぱら商売に力を注ぐ／~ 퍼먹다[~ pʰɔmok't'a ~ ポモクタ] たらふく食べる ② すっかり; まったく ¶예상과는 ~ 다르다[je:saŋgwanŭn (samu)t'arŭda イェーサングァヌン ~ タルダ] 予想とはまったく違う ③ 続けて; ひたすら; = 줄곧[tʃulgot チュルゴッ] ¶~ 닷새를 걸었다[(samu) t'asʰɛrul kɔrɔt'a ~ タッセルル コロッタ] 続けざまに5日も歩いた.

*사발[沙鉢][sabal サバル] 1 名 どんぶりに似た陶器の鉢 2 依存 杯.

*사방[四方][sa:baŋ サーバン] 名 四方 ¶가루가 ~으로 흩어지다[karuga ~uro hutʰɔdʒida カルガ ~ウロ フトジダ] 粉が四方に散る／~을 살피다[~ul salpʰida ~ウル サルピダ] あたり[周囲]をうかがう.

사범[師範][sabɔm サボム] 名 師範 ¶유도 ~[ju:do ~ ユード ~] 柔道の師範.

*사법[司法][sabɔp サボㇷ゚] 名 司法 —경찰[k'jɔːŋtʃʰal キョーンチャル] 名 司法警察 —관[k'wan クァン] 名 司法官 —권[k'wɔn クォン] 名 司法権.

*사변[事變][sa:bjɔn サービョン] 名 事変 ¶6·25 ~[jugio ~ ユギオ ~] 6·25事変[朝鮮戦争].

사별[死別][sa:bjɔl サービョル] 名 하自他 死別; 死に別れ ¶아내와의 ~[anɛwae ~ アネワエ ~] 連れ合いとの死別.

사본[寫本][sabon サボン] 名 하他 写本; コピー.

사-부인[査夫人][sabuin サブイン] 名 相舅의 夫人[娘の姑ᵗᵒᵐᵉ や嫁の実母]の尊称; おかあさま.

사분사분-하다[sabunsabunhada サブンサブンハダ] 形 여変 優しく愛想がいい ¶~-하고 얌전한 처녀(處女)[~-hago jamdʒɔnhan tʃʰɔːnjɔ ~-ハゴ ヤムジョンハン チョーニョ] 心優しくて愛想のいい娘さん.

사뿐[sap'un サップン] 副 さっと; そっと; 軽く; ひらりと ¶~ 뛰어내리다[~ t'wiœnerida ~ ットゥィオネリダ] ひらりと飛び下りる —히[i (サップ)ニ] 副 気軽に ¶~ 걷다[~ kɔːt'a ~ コーッタ] 気軽に歩く.

사사-건건[事事件件][sa:sak'ɔnk'ɔn サーサコンコン] 1 名 すべてのこと 2 副 ことごとに; すべてのことに ¶~ 간섭하다[~ kansɔpʰada ~ カンソプハダ] ことごとに干渉する.

사사-롭다[私私—][sasaropt'a ササロプタ] 形 [ㅂ変] 私的[個人的]だ ¶사사로운 일 [sasaroun ni:l ササロウン ニール] 個人的なこと **사사-로이**[sasaroi ササロイ] 副 私的に; 個人的に.

사사-일[私私—][sasannil ササンニル] 名 私事; 個人的なこと ¶남의 ~에 간섭(干渉)마라[name (sasanir)e kansommara ナメ (ササンニ)レ カンソムマラ] 人の私事に口を入れるな.

＊**사상**[思想][sa:saŋ サーサン] 名 思想 ¶ ~의 자유[~e tɕaju ~エ チャユ] 思想の自由.

사상[死傷][sa:saŋ サーサン] 名 하자 死傷 **—자**[dʑa ジャ] 死傷者.

사색[思索][sasek サセク] 名 하자타 思索 ¶ ~에 잠기다[~e tɕamgida (サセ)ゲ チャムギダ] 思索にふける.

사생[寫生][sasεŋ サセン] 名 하자타 写生 **—화**[hwa ファ] 名 写生画.

사생-결단[死生決斷][sa:sεŋgjɔlt'an サーセンギョルタン] 名 하자타 死をかけて決断すること ¶ ~을 내다[~ɯl nε:da (サーセンギョルタ)ヌル ネーダ] 死ぬ覚悟で決着をつける.

사생-아[私生兒][sasεŋa サセンア] 名 私生児; 私生子.

사-생활[私生活][sasεŋhwal サセンファル] 名 私生活 ¶ ~이 문란(紊亂)하다[(sasεŋhwar)i mu:llanhada (サセンファ)リ ムールランハダ] 私生活が乱れている.

＊**사설**[社說][sasɔl サソル] 名 社説 ¶신문의 ~[ɕinmune ~ シンムネ ~] 新聞の社説.

＊**사소-하다**[些少—][sasohada サソハダ] 形 些少だ; 些細だ; わずかだ ¶사소한 일로 다투다[sasohan ni:llo tatʰuda サソハン ニールロ タトゥダ] つまらない[わずかな]ことで争う.

사수-하다[死守—][sa:suhada サースハダ] 他 死守する ¶진지를 ~[tɕindʑirul ~ チンジルル ~] 陣地を死守する.

사슬[sasul サスル] 名 鎖; 쇠사슬[swesasul スェサスル]「鉄鎖」の略 ¶ ~고리[~ gori ~ ゴリ] 鎖つきの取っ手.

＊**사슴**[sasum サスム] 名〈動〉シカ(鹿).

사시[沙匙][saɕi サシ] 名 瀬戸物のさじ; 洋式のさじ; スプーン ¶차 ~[tɕʰa ~ チャ ~] 茶さじ; 茶スプーン.

사시-나무[saɕinamu サシナム] 名〈植〉(朝鮮)ヤマナラシ; 箱柳 = 백양 (白楊)[pεgjaŋ ペギャン] **—떨듯**[t'ɔlduɾt ットルドゥッ] 慣 (ヤマナラシが震えるように)非常に恐れおののくさま ¶ ~하다[~-(t'ɔldɯɾ)tʰada ~タダ] わなわな震える.

사시 장철[四時長—][sa:ɕidʑaŋtɕʰɔl サーシジャンチョル] 副 1年中; いつも.

사-시절[四時節][sa:ɕidʑɔl サーシジョル] 名 四季; 春夏秋冬.

＊**사실**[事實][sa:ɕil サーシル] **1** 名 事実 ¶그것은 ~이다[kɯgɔsɯn (sa:ɕi) rida クゴスン (サーシ) リダ] それは事実[本当]だ **2** 副 本当に; 事実; 実際に.

사실[寫實][saɕil サシル] 名 하자타 写実 ¶ ~묘사[~ mjɔ:sa ~ ミョーサ] 写実描写.

＊**사십**[四十][sa:ɕip サーシプ] 名 数 40; 四十; 40歳; = 마흔[mahɯn マフン].

사악[邪惡][saak サアク] 名 하자형 邪悪 ¶ ~한 사람[(saa)kʰan sa:ram ~ カン サーラム] 邪悪な人.

＊**사양-하다**[辭讓—][sajaŋhada サヤンハダ] 他 辞讓ジょうする; 遠慮する; 気兼ねする ¶사례를 굳이 ~[sa:rerul kudʑi ~ サーレルル クジ ~] 謝礼を固辞する / 자리를 ~[tɕarirul ~ チャリルル ~] 席を遠慮する.

＊**사업**[事業][sa:ɔp サーオプ] 名 하자 事業 ¶ ~가[~k'a ~カ] 事業家.

＊**사연**[事緣][sa:jɔn サーヨン] 名 (物事の)事由; 事情; わけ ¶ ~을 말하다 [~ɯl ma:rhada (サーヨ)ヌル マールハダ] わけを話す.

-사옵니까[saomnik'a サオムニッカ] 語尾 …でございますか; …られますか ('-사옵-'丁寧終結語尾) ¶그렇지 안 ~?[kɯrɔtɕʰi an (s'aomnik'a) クロッチ アン ~] そうでございませんか.

-사옵니다[saomnida サオムニダ] 語尾 …ます; …(で)ございます ('-사옵-'丁寧終結語尾) ¶그럴 ~[kɯrɔ (s'aomnida) クロッ ~] そうでございます.

사욕[私慾][sajok サヨク] 名 私欲 ¶사리 ~[sari ~ サリ ~] 私利私欲.

사욕[邪慾][sajok サヨク] 名 邪欲 ¶ ~에 빠지다[(sajog)e p'a:dʑida (サヨ)ゲッパージダ] 邪欲に陥る.

＊**사용-하다**[使用—][sa:joŋhada サーヨンハダ] 他 使用する; 使う; 用いる ¶폭력을 ~[pʰoŋnjɔgɯl ~ ポンニョグル ~] 暴力を用いる **사용-료**[sa:-

jɔŋnjo サーヨンニョ] 名 使用料.

사운드[saundɯ サウンドゥ] 名 sound サウンド; 音 **―박스**[baksʼɯ バクス] 名 サウンドボックス.

사원[寺院][sawɔn サウォン] 名 〈仏〉「寺院;寺.

사원[社員][sawɔn サウォン] 名 社員 ¶신입 ～[ʃinip (sʼawɔn) シニプ ～] 新入社員.

*__사월__[四月][sa:wʌl サーウォル] 名 4月 **―초파일**[初八日][tʃʰopʰail チョパイル] 名 〈仏〉釈迦誕生日の陰暦4月8日.

*__사위__[1][sawi サウィ] 名 婿 ¶데릴～[teril (sʼawi) テリル～] 婿養子;入り婿 **사윗-감**[sawitkʼam サウィッカム] 婿にふさわしい人;婿がね.

사위[2][sawi サウィ] 名 ⎡他⎤ 禁忌;タブー **―스럽다**[sɯrɔptʼa スロプタ] ⎡形⎤⎡ㅂ変⎤ 不吉な気がする;縁起が悪い ¶～-스러운 생각이 들다[～-sɯrɔun sɛŋgagi tɯlda ～-スロウン センガギ トゥルダ] 縁起の悪い思いがする.

사유[私有][saju サユ] 名 ⎡他⎤ 私有 ¶～ 재산[～ dʒɛsan ～ ジェサン] 私有財産.

사유[事由][sa:ju サーユ] 名 事由;理由 ¶～를 밝히다[～rɯl palkʰida ～ルル パルキダ] 事由を明らかにする.

사육-하다[飼育―][sajukʰada サユクカダ] 他 飼育する;飼う ¶가축을 ～[katʃʰugɯl ～ カチュグル ～] 家畜を飼育する[飼う].

사의[謝意][sa:i サーイ] 名 謝意 ¶심심한 ～를 표하다[ʃi:mʃimhan ～rɯl pʰiohada シームシムハン ～ルル ピョハダ] 深甚なる謝意を表わす.

사의[辭意][sai サイ] 名 辞意 ¶총리는 ～를 표명하였다[tʃʰoŋniniɯn ～rɯl pʰiomjɔŋhajɔtʼa チョーンニヌン ～ルル ピョミョンハヨッタ] 総理は辞意を表明した.

*__사이__[sai サイ] 名 ① 間;間隔;隔たり ¶육지와 섬 ～[juktʃʼiwa sɔ:m ～ ユクチワ ソーム ～] 陸地と島との間 ② 一続きの時間,間 ¶눈 깜짝할 ～[nun kʼamtʃʼakʰal ～ ヌンッカムッチャクカル ～] またたく間;瞬時 ③ 時間的な空白または余裕;間;暇 ¶내가 없는 ～[nɛga ɔ:mnɯn ～ ネガ オーム ヌン ～] 私がおらぬ間 / 편지 쓸 ～도 없다[pʰiɔ:ndʒi sʼɯl ～do ɔ:ptʼa ピョーンジ ッスル ～ド オプタ] 手紙を書くひまもない ④ すき;すき間 ¶문(門) ～[mun ～ ムン ～] 戸のすきま ⑤ 仲;間柄 ¶～가 좋다[～ga tʃo:tʰa ～ガ チョータ] 仲がいい / 친한 ～[tʃʰinhan ～ チンハン ～] 親しい間柄 **―사이**[sai サイ] 名 副 あいだあいだ(に);合間(合間) ¶옷 ～에 좀약을 넣다[o(sʼaisai)e tʃɔmnjagɯl nɔ:tʰa オッ ～エ チョムニャグル ノッタ] 着物のあいだあいだにナフタリンを入れる **―(가) 뜨다**[(ga)tʼɯda (ガ)ットゥダ] 慣 (距離が)離れている;(時間的に)久しい;(親しい仲が)疎くなる.

사-이비[似而非][sa:ibi サーイビ] 名 ⎡하⎤形 えせ;にせ;いんちき ¶～ 학자[～ haktʃʼa ～ ハクチャ] えせ学者.

사익[私益][saik サイク] 名 私益;私利 ¶～을 꾀하다[(saig)ɯl kʼwehada (サイ)グルクェハダ] 私益を図る.

사인[死因][sa:in サーイン] 名 死因 ¶～을 규명하다[～ɯl kjumjɔŋhada (サイ)ヌル キュミョンハダ] 死因を究明する.

사임[辭任][saim サイム] 名 ⎡他⎤ 辞任;退任;辞職 ¶관직을 ～하다[kwandʒigɯl ～hada クァンジグル ～ハダ] 官職を辞任する.

*__사자__[獅子][sadʒa サジャ] 名 〈動〉獅子;ライオン.

*__사장__[社長][sadʒaŋ サジャン] 名 社長.

사-재[私財][sadʒɛ サジェ] 名 私財;私有財産 ¶～를 털다[～ rɯl tʰɔ:lda ～ルル トールダ] 私財を全部投じる.

사-재기[sadʒɛgi サジェギ] 名 ⎡他⎤ 買い溜め;買い占め.「めをする.

사-재다[sadʒɛda サジェダ] 他 買い溜

사적[史蹟][sa:dʒɔk サージョク] 名 史跡 ¶～을 찾다[(sa:dʒɔg)ɯl tʰatʼa (サージョ)グル チャッタ] 史跡を訪ねる.

사적[私的][satʃʼɔk サチョク] 名 冠 私的;プライベート ¶～ 문제[(satʃʼɔŋ) mu:ndʒe (サチョン)ムーンジェ] 私的な問題.

사전[事前][sa:dʒɔn サージョン] 名 事前 ¶～ 협의[～ hjɔbi ～ ヒョビ] 事前協議;下打ち合わせ.

사전[事典][sa:dʒɔn サージョン] 名 事典 ¶백과 ～[pɛk'wa ～ ペックァ ～] 百科事典. 「典;辞書.

*__사전__[辭典][sadʒɔn サジョン] 名 辞

사절[使節][sa:dʒɔl サージョル] 名 使節 ¶외교 ～[we:gjo ～ ウェーギョ ～] 外交使節.

사절[謝絶][sa:dʒɔl サージョル] 名 謝絶; 拒絶 ¶면회 ~ [mjɔ:nhwe ~ ミョーンフェ ~] 面会謝絶 ─**하다**[(sa:dʒɔr)hada ハダ] 他 謝絶する; 断わる.

****사정**[事情][sa:dʒɔŋ サージョン] 名 ① 事情; わけ; 理由 ¶말못할 ~ [ma:lmotʰal ~ マールモッタル ~] 何とも言えない事情 ② 都合; 具合; 様子; 状況 ¶현지 ~ [hjɔ:ndʒi ~ ヒョーンジ ~] 現地の様子[状況] ─**하다**[hada ハダ] 自 頼む; 事情を訴える ¶양해(諒解)해 달라고 ~ [jaŋhɛhɛ da:llago ~ ヤンヘヘ ダールラゴ ~] 了解してくれるよう頼む ─**없다**[ɔpt'a オプタ] 形 容赦ない; 思いやりがない ¶인정(人情) ~ [indʒɔŋ ~ インジョン ~] 情け容赦ない ─**없이**[ɔpʃ'i オプシ] 副 容赦なく; 思いやりなく; 無情に ¶시간(時間)은 ~ 흐른다[ʃiganun ~ hurunda シガヌン ~ フルンダ] 時は容赦なく過ぎ行く.

사정사정-하다[事情事情─][sa:dʒɔŋ-sa:dʒɔŋhada サージョンサージョンハダ] 自 いろいろと訴えて哀願する; しきりに頼む ¶~-해서 승낙을 받다[~-hɛsɔ suŋnagul pat'a ~-ヘソ スンナグル パッタ] しきりに哀願して[拝み倒して]承諾を得る.

사제(지)-간[師弟(之)間][sadʒe(dʒi)-gan サジェ(ジ)ガン] 名 師と弟子の間柄.

사죄[謝罪][sa:dʒwe サージュェ] 名 謝罪 ¶~의 뜻을 전하다[~-e t'usul tʃɔnhada ~エットゥスル チョンハダ] 謝罪の意を表わす ─**하다**[hada ハダ] 自 謝罪する; わびる; 謝る ¶피해자에게 ~ [pʰi:hɛdʒaege ~ ピーヘジャエゲ ~] 被害者に謝る.

사주[四柱][sa:dʒu サージュ] 名 運命や運勢を占うための4つの干支(すなわち人の生まれた年・月・日・時をいう) ─**보다**[boda ボダ] 自 運勢を占う ─**세다**[seda セダ] 形 運勢が悪い ─**단자**[單子][t'andʒa タンジャ] 名 結婚前の新郎の家から新婦の家に送る新郎の生年月日時[干支]を記した書状 ─**팔자**[八字][pʰaltʃ'a パルチャ] 名 ① 四柱の干支8字 ② 持って生まれた運命・定め・星回り ¶기박(奇薄)한 ~ [kibakʰan ~ キバクカン ~] 数奇な運命 / ~로 생각하다[~ro sɛŋgakʰada ~ロ センガクカダ] 運命と思う.

사주-하다[使嗾─][sa:dʒuhada サージュハダ] 他 使嗾[指嗾]ほうする; けしかける; そそのかす; = **사촉**(唆囑)**하다**[satʃʰokhada サチョクカダ] ¶배후에서 ~ [pɛ:huesɔ ~ ペーフエソ ~] 背後でそそのかす.

사증[査證][satʃ'uŋ サチュン] 名 査証; ビザ(visa) ¶입국 ~ [ipkuk (s'atʃ'uŋ) イプクク ~] 入国ビザ.

사직[辭職][sadʒik サジク] 名 하自他 辞職; 辞任 ¶회사를 ~하다[hwe:sarul (sadʒi)kʰada フェーサル ~カダ] 会社を辞職する ─**원**(願)[(sadʒig)-wɔn (サジ)グォン] 辞職[退職]願い.

****사진**[寫眞][sadʒin サジン] 名 写真 ¶ ~을 찍다[~ul tʃ'ikt'a (サジ) ヌルッチクタ] 写真を撮る[写す] ─**첩**(帖)[tʃʰɔp チョプ] 名 写真帳; アルバム.

사찰[寺利][satʃʰal サチャル] 名 寺; 寺院; 寺利じょっ.

사찰[査察][satʃʰal サチャル] 名 하他 査察 ¶핵 ~에 응하다[hɛk (s'atʃʰar)e uːŋhada ヘク ~エ ウーンハダ] 核査察に応ずる.

사창[私娼][satʃʰaŋ サチャン] 名 私娼しょう ─**가**(街)[ga ガ] 名 私娼の多い場所 ─**굴**[gul グル] 名 私娼窟ぺ.

사채[私債][satʃʰɛ サチェ] 名 個人の借金 ¶고리의 ~를 쓰다[korie ~rul s'uda コリエ ~ルル ッスダ] 高利の借金を使う ─**시장**[ʃi:dʒaŋ シージャン] 名 社債の取引所[市場].

****사철**[四─][sa:tʃʰɔl サーチョル] **1** 名 四季; 春夏秋冬の四時 **2** 副 常に; いつも; 時なしに ¶ ~ 꽃이 핀다[~ k'otʃʰi pʰinda ~ ッコチ ピンダ] いつも花が咲く ─**나무**[lamu ラム] 名〈植〉マサキ(正木・柾) ─**탕**[tʰaŋ タン] = ⇨ '보신탕'.

사체[死體][sa:tʃʰe サーチェ] 名 死体 ¶ ~ 유기[~ jugi ~ ユギ] 死体遺棄.

****사촌**[四寸][sa:tʃʰon サーチョン] 名 いとこ[従兄弟・従姉妹] ─**간**[~gan ~ガン] いとこ同士 / 이웃 ~ [iu (s'a:tʃʰon) イウッ ~] 諺 (遠くの親戚より)近くの他人; 親しい近隣の人.

사취[詐取][satʃʰwi サチュィ] 名 하他 詐取; だまし取ること ¶어음을 ~당했다[ɔumul ~ daŋhɛt'a オウムル ~ダンヘッタ] 手形をばくられた.

****사치**[奢侈][satʃʰi サチ] 名 奢侈しゃ; 奢おごり; ぜいたく ¶ ~에 흐르다[~e hurda ~エ フルダ] 奢侈に流れる

―하다 [hada ハダ] **1** 自 おごる; ぜいたくをする **2** 形 ぜいたくだ ¶ ~한 생활 [~-han sɛnhwal ~ーハン センファル] ぜいたくな暮らし **―스럽다** [surɔpt'a スロプタ] 形 ﾋ変 ぜいたくである; おごっている ¶ ~스러운 결혼식 [~-surɔun kjɔrhonʃik ~ースロウン キョルホンシク] ぜいたくな結婚式 **―품** [pʰum プム] 名 奢侈品; ぜいたく品.

사칭-하다 [詐稱―] [satʃʰiŋhada サチンハダ] 他 詐称する; 騙たる ¶ 관명을 ~ [kwanmjɔŋul ~ クァンミョンウル ~] 官名を詐称する / 남의 이름을 ~ [name irumul ~ ナメ イルムル ~] 人の名を騙る.

사타구니 [satʰaguni サタグニ] 名 俗 股たぐら; 両脚の間; = **사타귀** [satʰagwi サタグィ].

*__사탕__ [砂糖] [satʰaŋ サタン] 名 あめ玉; 砂糖 = 설탕(雪糖) [sɔltʰaŋ ソルタン] ¶ 얼음 ~ [ɔrum ~ オルム ~] 氷砂糖 **―가루** [k'aru カル] 名 (粉状の)砂糖 **―발림** [ballim パルリム] 名 하他 甘言; おだてすかすこと; お世辞 ¶ ~에 넘어가다 [~-e nɔmɔgada (サタンバリメ) ノモガダ] お世辞に乗る **―수수** [susu スス] 名 〈植〉サトウキビ **―절이** [dʒɔri ジョリ] 名 砂糖漬.

*__사태__ [沙汰] [satʰɛ サテ] 名 ① 地滑り; 土砂崩れ; 雪崩糸 ¶ 눈 ~ [nuːn~ ヌーン~] (雪)なだれ / 산 ~ [san~ サン~] 山[土砂]崩れ ② (人などが)一度にどっとあふれ出ること ¶ 사람 ~ [saːram ~ サーラム~] 人のなだれ; 人の波.

사태 [事態] [saːtʰɛ サーテ] 名 事態 ¶ 긴급 ~ [kiŋup (s'aːtʰɛ) キンプ ~] 緊急事態.

사퇴-하다 [辭退―] [satʰwehada サトゥェハダ] 自他 辞退する; 辞する ¶ 위원을 ~ [wiwɔnul ~ ウィウォヌル ~] 委員を辞する.

*__사투리__ [saːtʰuri サートゥリ] 名 なまり; 方言 ¶ 고향(故郷) ~ [kohjaŋ ~ コヒャン ~] お国なまり.

사파이어 [sapʰaiɔ サパイオ] sapphire 名 サファイア.

사팔-눈 [saːpʰallun サーパルルン] 名 斜視; すがめ; やぶにらみ **사팔-뜨기** [saːpʰalt'ɯgi サーパルットゥギ] 名 (軽蔑的に)斜視[斜眼]の人.

사포 [砂布] [sapʰo サポ] 名 紙やすり; サンドペーパー.

*__사표__ [辭表] [sapʰjo サピョ] 名 辞表 ¶ ~를 수리하다 [~rul surihada ~ルル スリハダ] 辞表を受理する.

사푼 [sapʰun サプン] 副 そっと; 静かに ¶ 나비가 꽃에 ~ 내려앉다 [nabiga k'otʃʰe ~ nɛrjɔnant'a ナビガ コッチェ ~ ネリョアンタ] 蝶ʤが花にそっととまる **―사푼** [sapʰun サプン] 副 すっすっと; きっさっと; 軽やかに歩くさま ¶ ~ 걸어가다 [~ kɔrɔgada ~ コロガダ] すっすっと軽やかに歩いて行く.

사-필귀정 [事必歸正] [saːpʰilgwidʒɔŋ サーピルグィジョン] 名 自 万事必ず正しい道理に帰するということ; 不正は長続きしないこと.

사항 [事項] [saːhaŋ サーハン] 名 事項; 事柄 ¶ 주의 ~ [tʃuːi ~ チューイ ~] 注意事項.

사행 [射倖] [sahɛŋ サヘン] 名 射幸 ¶ ~심을 조장하다 [~ʃimul tjoːdʒaŋhada ~シムル チョージャンハダ] 射幸心を助長する **―행위** [hɛŋwi ヘンウィ] 名 射幸行為.

사형 [死刑] [saːhjɔŋ サーヒョン] 名 하他 死刑 **―수** [su ス] 名 死刑囚.

사활 [死活] [saːhwal サーファル] 名 死活 ¶ ~ 문제 [(saːhwal) muːndʒe ~ ムーンジェ] 死活問題.

*__사회__ [司會] [sahwe サフェ] 名 하自 司会 ¶ ~자 [~dʒa ~ジャ] 司会者.

*__사회__ [社會] [sahwe サフェ] 名 社会 ¶ ~ 지역 [~tʃijɔk (s'ahwe) チヨㇰ ~] 地域社会; コミュニティー **―개발** [gɛbal ゲバル] 名 社会開発 **―경제** [gjɔŋdʒe ギョンジェ] 名 社会経済 **―과학** [gwahak グァハㇰ] 名 社会科学 **―관** [gwan グァン] 名 社会観 **―교육** [gjoːjuk ギョーユㇰ] 名 社会教育 **―구조** [gudʒo グジョ] 名 社会構造 **―규범** [gjubɔm ギュボㇺ] 名 社会規範 **―단체** [dantʃʰe ダンチェ] 名 社会団体 **―당(黨)** [daŋ ダン] 名 社会党 **―문제** [muːndʒe ムーンジェ] 名 社会問題 **―보장** [boːdʒaŋ ボージャン] 名 社会保障 **―보험** [boːhɔm ボーホㇺ] 名 社会保険 **―복지** [boktʃ'i ボクチ] 名 社会福祉 **―봉사** [boːŋsa ボーンサ] 名 社会奉仕 **―사업** [saːɔp サーオㇷ゚] 名 社会事業 **―생활** [sɛŋhwal センファル] 名 社会生活 **―악** [ak アㇰ] 名 社会悪 **―운동** [uːndoŋ ウーンドン] 名

社会運動 **—윤리** [julli ユルリ] 名 社会倫理 **—의식** [uiːʃik ウィーシク] 名 社会意識 **—자본** [dʒabon ジャボン] 名 社会資本 **—제도** [dʒeːdo ジェード] 名 社会制度 **—주의** [dʒui ジュイ] 名 社会主義 **—질서** [dʒilsʼɔ ジルソ] 名 社会秩序 **—체제** [tʃʰedʒe チェジェ] 名 社会体制 **—통념** [tʰoŋnjɔm トンニョム] 名 社会通念 **—현상** [hjɔːnsaŋ ヒョーンサン] 名 社会現象.

사후 [事後] [saːhu サーフ] 名 事後 ¶ **~ 승낙** [~ suŋnak ~ スンナク] 事後承諾.

***사흘** [sahɯl サフル] 名 3日(間) ¶ **~ 동안** [~ doŋan ~ ドンアン] 3日間.

삭감-하다 [削減一] [sakʼamhada サクカムハダ] 他 削減する; 削る ¶ **예산을 ~** [jeːsanɯl ~ イェーサヌル ~] 予算を削る.

***삭다** [saktʼa サクタ] 自 ① 朽ちる; すり切れる; 腐る ¶ **옷이 ~** [oʃi ~ オシ ~] 服がすり切れる / **쇠가 녹슬어 ~** [swega noksʼɯrɔ ~ スェガ ノクスロ ~] 鉄がさびて朽ちる[腐る] ② 水っぽくなる; 腐る ¶ **죽이 ~** [tʃugi ~ チュギ ~] おかゆが水っぽくなる[腐る] ③ 消化される; こなれる ¶ **먹은 것이 ~** [mɔgɯn kɔʃi ~ モグン コシ ~] 食べたものがこなれる ④ 緊張や怒りなどが和らぐ; 静まる; おさまる ¶ **흥분이 ~** [huŋbuni ~ フンブニ ~] 興奮が静まる ⑤ 漬かる; 熟する; 味がつく; 発酵する ¶ **김치가 ~** [kimtʃʰiga ~ キムチガ ~] キムチが漬かる.

삭막 [索莫・索漠] [saŋmak サンマク] 名 하形 ① 索漠 ¶ **~한 인생** [(saŋma)kʰan inseŋ ~カン インセン] 索漠たる人生 ② 忘れて思い出せないさま; 度忘れするさま.

삭망 [朔望] [saŋmaŋ サンマン] 名 ① 朔望ᄉᆨᆷᆼ; 陰暦の朔日(1日)と望日(15日)の並称 ② 喪中の間毎月朔日と望日前に故人の霊前で行なう祭祀ᄉᆞ;の'**삭망전**(朔望奠)' [saŋmaŋdʒɔn サンマンジョン]の略.

삭발 [削髪] [sakpʼal サクパル] 名 하自他 ① 髪をそること; 剃髪뛔ᄂᆞ ¶ **~하고 경기에 출장했다** [(sakpʼar)hago kjɔːŋgie tʃʰultʃaŋhɛtʼa ~ハゴ キョーンギエ チュルチャンヘッタ] 坊さん頭になって競技に出場した ② 出家して僧侶になること ¶ **~하고 절에 들어가다** [(sakpʼar)hago tʃɔre tɯrɔgada ~ハゴ チョレ トゥロガダ] 髪をそって仏門に入る.

삭-삭 [saksʼak サクサク] 副 ① ちょきちょき; しゃきしゃき ¶ **종이를 가위로 ~ 자르다** [tʃoŋirɯl kawiro ~ tʃʼarɯda チョンイルル カウィロ ~ チャルダ] 紙をはさみでちょきちょき切る ② すっすっと; さっさと ¶ **뜰을 ~ 쓸다** [tʼurul ~ sʼɯlda ットゥルル ~ ッスルダ] 庭をすっすっと掃く ③ すっかり; きれいに ¶ **긁어모으다** [~ kʼɯlgɔmoɯda ~ クルゴモウダ] すっかりかき集める ④ 平に; 切に; 謝ったり哀願するとき, 手をすり合わせてこするさま ¶ **~ 빌다** [~ pʼiːlda ~ ピールダ] 手を合わせて謝る.

삭월-세 [朔月貰] [sagwɔlsʼe サグォルセ] 名 ⇨ '**사글세**'.

삭이다 [sagida サギダ] 他 ① 消化させる; こなす; '삭다' ③ ④ の使役形 ¶ **먹은 것을 ~** [mɔgɯn kɔsul ~ モグン コスル ~] 食べたものをこなす[消化させる] ② (怒り・悔しさを)静める; 和らげる ¶ **분을 삭이지 못한다** [puːnɯl sagidʒi mɔtʰanda プーヌル サギジ モッタンダ] 悔しさを和らげられない.

삭제-하다 [削除一] [saktʼeʰada サクチェハダ] 他 削除する; 削る; 落とす ¶ **명부에서 ~** [mjɔŋbuesɔ ~ ミョンブエソ ~] 名簿から落とす.

삭풍 [朔風] [sakpʰuŋ サクプン] 名 朔風ᄉᆞᆨᄑᆞᆼ; 冬の北風.

삭히다 [sakʰida サクキダ] 他 ① (甘酒などを)発酵[糖化]させる; '삭다' ⑤ の使役形 ¶ **식혜를 ~** [ʃikʰerul ~ シクケルル ~] 甘酒を発酵させる ② (キムチ・塩辛などを)漬ける ¶ **젓갈을 ~** [tʃɔtkʼarul ~ チョッカルル ~] 塩辛を漬ける[発酵させる].

***삯** [sak サク] 名 賃(金); 労賃; 報酬 ¶ **심부름 ~** [값] [ʃimburɯm (sʼak)[kʼap] シームブルム サク[カプ]] シームプルム / **~ 일** [saŋnil サンニル] 賃仕事; 手間仕事; 賃労働.

삯-바느질 [sakpʼanɯdʒil サクパヌジル] 名 하自 賃針仕事; 針内職.

***산** [山] [san サン] 名 ① 山 ¶ **~에 오르다** [~e orɯda (サ)ネ オルダ] 山に登る ② 墓(地); '산소'(山所)の略.

산간 [山間] [saŋgan サンガン] 名 山間; 山あい **—벽지** (僻地) [bjɔktʃʼi ビョクチ] 名 山間辺地 **—벽촌** [bjɔktʃʰon

산-골[山—][sank'ol サンコル] 名 山奥; 山里; =두메[tume トゥメ] ¶～사람[～ sa:ram ～ サーラム] 山里の人.

산-골짜기[山—][sank'olt∫'agi サンコルッチャギ] 名 谷; 谷間; 山峡.

산-기슭[山—][sank'isuk サンキスク] 名 (山の)ふもと; 山麓; 山の裾.

산-길[山—][sank'il サンキル] 名 山道; 山路.

*산-꼭대기[山—][sank'okt'ɛgi サンッコクテギ] 名 山の頂; 山頂; 山の頂上.

산-나리[山—][sannari サンナリ] 名 〈植〉ヤマユリ(山百合).

산-나물[山—][sannamul サンナムル] 名 山菜.

산-너머[山—][sannɔmɔ サンノモ] 名 山の向こう ¶～ 마을[～ maul ～ マウル] 山向こうの村.

산대-놀음[山臺—][sandɛnorum サンデノルム] 名 (하)(自)〈民〉=산대극(山臺劇)[sandɛguk サンデグク]; 高麗・朝鮮王朝を通じてはやった(平民が両班[特権層]・破戒僧に対するあざけりなどを内容とする)代表的仮面劇; =산디놀음[sandinoru m サンディノルム]・산디극[sandiguk サンディグク].

산대 놀음

*산-더미[山—][sant'ɔmi サントミ] 名 山と積まれたもののたとえ; 山 ¶～같은 파도(波濤)[～gatʰun pʰado ～ ガトゥン パド] 山のような大波.

산-돼지[sant'wɛdʒi サントゥェジ] 名 〈動〉イノシシ(猪) = 멧돼지[met'wɛdʒi メットゥェジ].

산들-거리다[sandulgɔrida サンドゥルゴリダ] 自 ①(さわやかな)風がそよそよと吹く; そよぐ ¶나뭇잎이 ～[namunipʰi ～ ナムンニピ ～] 木の葉が風にそよいでいる ②(言動が)さっぱりして愛想がよい 산들-산들[sandulsandul サンドゥルサンドゥル] 副 (하)(自) 形 そよそよ; さわさわ ¶봄바람이 ～ 불다[pomp'arami ～ pu:lda ポムパラミ ～ プールダ] 春風がそよそよと吹く.

산들-바람[sandulbaram サンドゥルバラム] 名 そよ風; 涼風; 微風.

산-등(성이)[山—][sant'uŋ(sɔŋi) サントゥン(ソンイ)] 名 尾根(すじ); 山の稜線; =울 ¶～을 타고 오르다[～ul[rul] tʰago oruda ～ ウル[ル] タゴ オルダ] 尾根伝いで登る; 山の稜線に沿って登る.

산-등성마루[山—][sant'uŋsɔŋmaru サントゥンソンマル] 名 山の尾根; 山の背; 峰; 頂; ='산마루'.

산-딸기[山—][sant'algi サンッタルギ] 名 クマイチゴ(熊苺).

산뜻[sant'ut サンットゥッ] 副 さっと; すっと; 軽くさわやかなさま ¶～ 일어서다[(sant'ud) irɔsɔda サンットゥッディロソダ] さっと立ちあがる.

*산뜻-하다[sant'utʰada サンットゥッタダ] 形 (여변) こざっぱり・さっぱり・すかっとしている; さわやかだ ¶～-한 옷차림[～-tʰan otʃʰarim ～-タン オッチャリム] こざっぱり[さっぱり](と)した身なり / ～-한 맛[～-tʰan mat ～-タン マッ] さっぱりした味 / 아침 공기가 ～[atʃʰim gongiga ～ アチム ゴンギガ ～] 朝の空気がさわやかだ.

산란-하다[散亂—][sa:llanhada サールランハダ] 形 散り乱れる; 散らかっている; 落ち着かない; 気が散る ¶정신(精神)이 ～[tʃɔŋʃini ～ チョンシニ ～] 心が散り乱れる[落ち着かない].

산록[山麓][sallok サルロク] 名 山麓; 山のふもと; ='산기슭'.

*산림[山林][sallim サルリム] 名 山林 ¶～ 보호[～ bo:ho ～ ボーホ] 山林保護.

산-마루[山—][sanmaru サンマル] 名 山の尾根; 峰; 頂 —터기[tʰɔgi トギ] 名 山稜の最も高い突出部; 山の鼻.

산막[山幕][sanmak サンマク] 名 山小屋; 小屋.

산만-하다[散漫—][sa:nmanhada サーンマンハダ] 形 散漫である; 気が散ってしまりがない ¶주의력이 ～[tʃu:irjɔgi ～ チューイリョギ ～] 注意力が散漫である.

산망-스럽다[sa:nmaŋsurɔpt'a サーンマンスロプタ] 形 (ㅂ변) (言動が)軽率でこせこせしている; そそっかしくみみっちい ¶하는 짓이 ～[hanun tʃiʃi ～ ハヌン チーシ ～] ふるまいが軽率である.

산매[散賣][sa:nmɛ サーンメ] 名 하타 小売り **—점**[dʑɔm ジョム] 名 小売店.

*****산맥**[山脈][sanmɛk サンメク] 名 山脈; 山並み; ='산줄기'.

산모[産母][sa:nmo サーンモ] 名 産婦.

산-모퉁이[山—][sanmotʰuŋi サンモトゥンイ] 名 山裾의 突き出た曲がり角.

산-목숨[sa:nmoks'um サーンモクスム] 名 生きている命.

산문[散文][sa:nmun サーンムン] 名 散文 ¶ ~시[~ʃi ~シ] 散文詩.

*****산물**[産物][sa:nmul サーンムル] 名 産物; 産出物 ¶ 노력의 ~ [norjɔge ~ ノリョゲ ~] 努力の産物.

산미[酸味][sanmi サンミ] 名 酸味; 酸っぱい味; 酸っぱさ; =신맛[ʃinmat シンマッ] ¶ ~를 띠다 [~rɯl t'ida ~ルル ッティダ] 酸味を帯びる.

산-밑[山—][sanmit サンミッ] 名 山の下; 山のふもと; 山裾.

산-바람[山—][sanp'aram サンパラム] 名 山風; 山おろし.

산발[散髮][sa:nbal サーンバル] 名 하자 散らし髪; 乱れ髪; (調髪・散髪の意味はない) ¶ ~한 여인 [(sa:nbar)han njoin ~ハン ニョイン] 乱れ髪の女.

산-벚나무[山—][sanbɔnnamu サンボンナム] 名 〈植〉オオヤマザクラ(大山桜); ヤマザクラ(山桜).

산보[散步][sa:np'o サーンボ] 名 하자 散歩; 散策; ='산책' ¶ 건강을 위해 ~하다 [kɔ:ŋgaŋɯl wihɛ ~hada コンガンウル ウィヘ ~ハダ] 健康のため散歩する.

산-봉우리[山—][sanp'oŋuri サンボンウリ] 名 山頂; 峰; 高嶺.

산-부인과[産婦人科][sa:nbuink'wa サーンブインクァ] 名 産婦人科.

산-부처[sa:nbutɕʰɔ サーンブチョ] 名 ① 生き仏; 道を極めた高僧 ② 仏のように慈悲深い人のたとえ=**산보살**(菩薩)[sa:nbosal サーンボサル].

산-불[山—][sanp'ul サンプル] 名 山火事 ¶ ~ 조심(操心)[~ tɕʰo:ʃim ~ チョーシム] 山火事注意.

산-비둘기[山—][sanp'idulgi サンピドゥルギ] 名 〈鳥〉ヤマバト(山鳩); キジバト(雉鳩).

산-비탈[山—][sanp'itʰal サンピタル] 名 山裾의 急斜面; 山岸; がけ.

산-뽕나무[山—][sanp'oŋnamu サンッポンナム] 名 〈植〉ヤマグワ(山桑).

산사[山寺][sansa サンサ] 名 山寺.

산사-나무[山査—][sansanamu サンサナム] 名 〈植〉サンザシ(山査子).

산-사람[山—][sans'aram サンサラム] 名 山人; 山に住む人.

산-사태[山沙汰][sansatʰɛ サンサテ] 名 山崩れ; 山津波; 土砂崩れ.

산산-이[散散—][sa:nsani サーンサニ] 副 粉々に; ちりぢりに; ちりぢりばらばらに; こっぱみじんに ¶ ~ 깨어진 꿈[~ k'ɛɔdʑin k'um ~ ッケオジンックム] 粉々に壊れた[砕けた]夢.

산산-조각[散散—][sa:nsandʑogak サーンサンジョガク] 名 こっぱみじん; ちりぢりばらばら ¶ ~으로 깨어지다 [~(dʑogag)ɯro k'ɛɔdʑida ~(ジョガグ)ロ ッケオジダ] こっぱみじんに砕ける.

산산-하다[sansanhada サンサンハダ] 形 여변 さわやかに涼しい; やや冷たい ¶ ~-한 바람 [~-han param サンサン パラム] さわやかに涼しい風.

산삼[山蔘][sansam サンサム] 名 深山に野生する高麗人参(効力が栽培種よりも優れる).

산성[酸性][sansɔŋ サンソン] 名 酸性 **—비**[bi ビ] 酸性雨 **—식품**[ʃikpʰum シクプム] 名 酸性食品.

*****산성**[山城][sansɔŋ サンソン] 名 山城 ¶ 북한[남한] ~[pukʰan[namhan] ~ プクハン[ナムハン] ~] 北韓[南韓]山城(ソウル近郊にある).

산세[山勢][sanse サンセ] 名 山勢 ¶ ~가 험하다 [~ga hɔ:mhada ~ガ ホームハダ] 山勢が険しい. 「の敬称.

*****산소**[山所][sanso サンソ] 名 墓・墓場

산소[酸素][sanso サンソ] 名 酸素 **—땜**[t'ɛm ッテム]・**—용접**[joŋdʑɔp ヨンジョプ] 名 酸素溶接 **—마스크**[masɯkʰɯ マスク] 名 酸素マスク **—요법**[jop'ɔp ヨボプ] 名 酸素療法 **—호흡**[hohup ホフプ] 名 酸素呼吸.

산-속[山—][sansok サンソク] 名 山の中; 山中; 山奥.

산-송장[sa:nsoŋdʑaŋ サーンソンジャン] 名 生ける屍; 廃人 ¶ ~이나 다름없다 [~ina tarumɔpt'a ~イナ タルモプタ] 生ける屍と変わりない; 廃人だ.

산수[山水][sansu サンス] 名 山水; 自然の風景 **—화**[hwa ファ] 名 山水画.

*****산수**[算數][sa:nsu サーンス] 名 算数.

산수유-나무[山茱萸—][sansujunamu サンスユナム] 名 〈植〉サンシュユ.

산신[山神][sanʃin サンシン] 图 山神; 山の神 **—각**[gak ガク] 图 寺の山神を祭った堂 **—제**[dʒe ジェ] 图 山の神霊をまつる祭祀ᅅᆸ. 「産神ᇕᆫ='삼신'.

산신[産神][sanʃin サンシン] 图〈民〉

산-신령[山神靈][sanʃilljoŋ サンシルリョン] 图 山神; 山の神; 山祇ᇰᆨᅵ·ᇁᆫ; 山霊; 山の精霊

산악[山岳·山嶽][sanak サナク] 图 山岳 **—인**[(sanag)in (サナ)ギン] 图 登山家.

산약[散薬][sa:njak サーニャク] 图 散薬, 粉ぐすり = 가루약[karujak カルヤク].

산양[山羊][sanjaŋ サニャン] 图〈動〉ヤギ(山羊) = 염소[jɔmso ヨムソ].

*****산업**[産業][sa:nɔp サーノプ] 图 産業 **¶ ~ 디자인**[~ didʒain ~ ディジャイン] 産業デザイン **—체**[tʃʰe チェ] 图 生産企業体..

산-울림[sanullim サヌルリム] 图 ① 山びこ; こだま; = 메아리[meari メアリ] ② 山鳴り.

산-울타리[sa:nultʰari サーヌルタリ] 图 生け垣; 木で囲んだ垣根. 「山荘.

산장[山荘][sandʒaŋ サンジャン] 图

산재[散在][sa:ndʒɛ サンジェ] 图 自 散在; 点在 **¶ 섬들이 ~해 있다**[sɔ:mduri ~hɛ it'a ソームドゥリ ~ヘ イッタ] 島々が散在している. 「賊.

산적[山賊][sandʒɔk サンジョク] 图 山

산적[山積][sandʒɔk サンジョク] 图 自他 山積(み) **¶ 일이 ~해 있다**[i:ri (sandʒɔ)kʰɛ it'a イーリ ~ケ イッタ] 仕事が山積している. 「串焼ᅩᆨᅵ.

*****산적**[散炙][sa:ndʒɔk サーンジョク] 图

산전[山戦][sandʒɔn サンジョン] 图 山岳戦 **—수전**[水戦][sudʒɔn スジョン] 图 山戦水戦(山や海での戦いの意で世の中のすべての辛苦をなめ経験が豊かであること); 海千山千; 海に千年河に千年 **¶ ~ 다 겪은 사람**[~ ta: gjɔk'un sa:ram ~ ター ギョックン サーラム] 海千山千の人; 老練な人; つぶさに辛苦をなめ尽くした人. 「山頂.

산정[山頂][sandʒɔŋ サンジョン] 图

산-줄기[山—][santʃ'ulgi サンチュルギ] 图 山の連なり; 山並み; 山脈.

산-지식[sa:ndʒiʃik サーンジシク] 图 生きた[実用的な]知識.

산-짐승[山—][santʃ'imsɯŋ サンチムスン] 图 山に住む獣; 野獣.

산채[山荣][santʃʰɛ サンチェ] 图 山菜 = '산나물' **¶ ~ 요리**[~ jori ~ ヨリ] 山菜料理.

*****산책-하다**[散策][sa:ntʃʰekʰada サーンチェクカダ] 自他 散策する; 散歩する **¶ 공원을 ~하다**[koŋwɔnul ~ コンウォヌル ~] 公園を散歩する.

산천[山川][santʃʰɔn サンチョン] 图 山川; 山河 **¶ 고향 ~**[kohjaŋ ~ コヒャン ~] 故郷の山河.

산초[山椒][santʃʰo サンチョ] 图〈植〉サンショウ(の実).

산촌[山村][santʃʰon サンチョン] 图 山村; 山里; 遠山里.

산출[産出][sa:ntʃʰul サーンチュル] 图 産出 **¶ ~고 [~go ~ゴ]** 産出高 **—하다**[(sa:ntʃʰur)hada ハダ] 自他 産出する; 産する; 出す.

산출[算出][sa:ntʃʰul サーンチュル] 图 算出; 割り出し **—하다**[(sa:ntʃʰur)-hada ハダ] 他 算出する; 割り出す **¶ 원가를 ~**[wɔnk'arul ~ ウォンカル ~] 原価を割り出す.

산타 클로즈[santʰa kʰullo:dʒɯ サンタ クルロージュ] Santa Claus 图 サンタクロース; サンタ; = **¶ 산타 할아버지**[santʰa harabɔdʒi ~ ハラボジ] サンタのおじいさん.

산-토끼[山—][santʰok'i サントッキ] 图〈動〉野ウサギ.

산통-깨다[算筒—][sa:ntʰoŋk'ɛda サーントンッケダ] 自 (事が成功しないように)妨害[邪魔]する; おじゃんにする; 台無しにする; ぶち壊す **산통-깨지다**[sa:ntʰoŋk'edʒida サーントンッケジダ] 自 おじゃんになる; 台無しになる **¶ 계획은 산통이 다 깨졌다**[ke:hwegun sa:ntʰoŋi ta: k'edʒɔt'a ケーフェグン サートンイ ター ッケジョッタ] 計画はおじゃんになった[台無しになった].

산하[傘下][sa:nha サーンハ] 图 傘下 **¶ ~ 단체**[~ dantʃʰe ~ ダンチェ] 傘下団体.

산하[山河][sanha サンハ] 图 山河.

산학[産學][sa:nhak サーンハク] 图 産学 **¶ ~ 협동**[(sa:nha) kʰjɔpt'oŋ ~ キョプトン] 産学協同.

산해-진미[山海珍味][sanhɛ:dʒinmi サンヘージンミ] 图 山海の珍味 **¶ ~를 맛보다**[~ rul matp'oda ~ルル マッポダ] 山海の珍味をあじわう.

산행[山行][sanhɛŋ サンヘン] 图 自

① 山行; 山歩き ② 登山; 山登り.
산-허리[山一][sanhəri サンホリ] 名 山復; 鞍部^{あんぶ}; 尾根のくぼんだ所.
***산호**[珊瑚][sanho サンホ] 名 サンゴ(珊瑚). **—초**[tɕʰo チョ] 名 サンゴ礁^{しょう}.
산회[散會][sa:nhwe サーンフェ] 国自 散会 ¶모임이 ~되었다[moimi ~dwɔt'a モイミ ~ドゥェオッタ] 会は散会となった.
***살**^{1}[sal サル] 名 ① (人間・動物の)肉 ¶~이 찌다[(sar)i tɕʰida (サ)リッチダ] 太る; 肥える; 肉がつく ② (食用の)肉; むきみ; 中身 ¶게~[ke:~ ケー~] カニのむきみ ③ 肌; 皮膚 ¶~이 희다[(sar)i hida (サ)リ ヒダ] 肌が白い.
살^{2}[sal サル] 名 ① (戸・障子の)桟; 格子; 骨 ¶문(門)~[mun(s'al) ムン(ッサル)] 戸の桟 / 우산(雨傘)~ [u:san(s'al) ウーサン(ッサル)] 傘の骨 ② (櫛^{くし}の)目 ¶빗~[pi(s'al) ピッ~] 櫛目 ③ (光・水・火などの)勢い ¶물 ~[mul(s'al) ムル(ッサル)] 水の流れ / 햇~[hɛ(s'al) ヘッ~] 日差し.
***살**^{3}[sal サル] 依名 歳 ¶열 ~[jɔ:l(s'al) ヨール(ッサル)] 10歳.
살[煞][sal サル] 名 ① (人・物を害する)妖気^{ようき}; 邪気; (悪霊の)たたり; 悪鬼のしわざ ¶~을 풀다[(sar)ul pʰulda (サ)ルル プルダ] 厄払いをする ② 親類間のわだかまり; 憎しみ. [皮膚; 肌.
살-가죽[salk'adʑuk サルカジュク] 名
살갗[salk'at サルカッ] 名 肌; 皮膚 ¶~이 곱다[(salk'a)tɕʰi ko:pt'a (サルカ)チ コープタ] 肌がきれいだ.
살-같이[salgatɕʰi サルガチ] 副 矢のごとく ¶~ 흐르는 세월[~ hɯrɯnɯn se:wɔl ~ フルヌン セーウォル] 矢のごとく流れる年月[歳月].
***살-결**[salk'jɔl サルキョル] 名 肌のきめ; 肌 ¶흰 ~[hin ~ ヒン ~] 白肌.
***살구**[salgu サルグ] 名〈植〉アンズ(の実) **—꽃**[k'ot ッコッ] 名 アンズの花.
***살그머니**[salgɯmɔni サルグモニ] 副 ひそかに; こっそり; そっと ¶~ 숨어들다[~ sumɔdɯlda ~ スモドゥルダ] ひそかに忍び込む.
살금-살금[salgɯmsalgɯm サルグムサルグム] 副 ひそかに; こっそり; こそこそ ¶~ 다가서다[~ tagasɔda ~ タガソダ] 忍び足で[ひそかに]近寄る.
살기[殺氣][salgi サルギ] 名 殺気 ¶~를 띠다[~ rɯl t'ida ~ルル ッティダ] 殺気立つ; 殺気を帯びる **—등등**(騰騰)[dɯŋdɯŋ ドゥンドゥン] 해形 殺気がみなぎること; 殺気立つこと ¶~한 군중[~han kundʑuŋ ~ハン クンジュン] 殺気立った群衆.

살-길[sa:lk'il サールキル] 名 生きる道; 暮らしの道 ¶~을 찾다[(sa:lk'ir)ul tɕʰat'a (サールキ)ルル チャッタ] 活路をみいだす; 暮らしの手立てを探す.
***살다**^{1}[sa:lda サールダ] 自(ㄹ語幹) ① 生きる ¶사는 기쁨[sa:nun kip'um サーヌン キップム] 生きる喜び ② 暮らす; 生活する ¶행복하게 ~[hɛ:ŋbokʰage ~ ヘーンボクカゲ ~] 幸福に暮らす ③ 住む ¶시내에서 살고 있다[ɕi:nɛesɔ sa:lgo it'a シーネエソ サールゴ イッタ] 市内に住んでいる ④ 生きている; 生き生きとしている ¶산 그림[sa:n gurim サーン グリム] 生きた絵 ⑤ 役に立つ; 効き目がある ¶산 교훈[sa:n gjohun サーン ギョフン] 生きた教訓.
살다^{2}[sa:lda サールダ] 他(ㄹ語幹) ① 務める ¶벼슬을 ~[pjɔsɯsɯl ~ ピョスルル ~] 官職に就く ② 過ごす; 服役する ¶징역을 ~[tɕiŋjɔgul ~ チンヨグル ~] 懲役に服する.
살뜰-하다[salt'ɯrhada サルットゥルハダ] 形(여変) ① つましい; 質素だ ¶~한 살림[~-han sallim ~-ハン サルリム] つましい暮らし ② (心が)温かい; 愛情深い ¶~한 아내의 내조[~-han anɛe nɛ:dʑo ~-ハン アネエ ネージョ] 愛情細やかな妻の内助 **살뜰-히**[salt'ɯri サルットゥリ] 副 つましく; 温かく; 愛情深く.
살랑-거리다[sallaŋgɔrida サルランゴリダ] 自 ① (涼しい)風がそよそよと吹く ¶가을 바람이 ~[kaul p'arami ~ カウル パラミ ~] 秋風がそよそよと吹く ② 軽く両手を振りながら歩く.
살랑-하다[sallaŋhada サルランハダ] 形(여変) ① 薄ら寒い; ひんやりする ¶~한 날씨[~-han nalɕ'i ~-ハン ナルッシ] 肌寒い日和 ② (気分が)ひやっとする; ぞっとする ¶가슴이 ~[kasumi ~ カスミ ~] 胸がぞっとする; 肝を冷やす. <설렁하다>.
살래-살래[sallɛsallɛ サルレサルレ] 副 頭を軽く左右に振るさま; いやいやをするさま ¶고개를 ~ 젓다[kogɛrul ~ tɕɔt'a コゲルル ~ チョーッタ] 首を軽

살려-내다 [salljonɛda サルリョネタ゛] 他 ① 救い出す; 助ける ¶물에 빠진 사람을 ~ [mure p'a:dʒin sa:ramul ~ ムレ ッパージン サーラムル ~] 川に落ちた人を救い出す ② 生き返らせる; よみがえらせる.

살려-두다 [salljɔduda サルリョドゥタ゛] 他 生かしておく; 生かす ¶~-둘 수 없다 [~-dul s'u ɔːp't'a ~-ドゥルッ ス オープタ] 生かしておけない.

살려-주다 [salljodʒuda サルリョジュタ゛] 他 助けてやる[くれる]; 生かしてやる; 救ってやる ¶~-주세요 [~-dʒusejo ~-ジュセヨ] 助けてください.

살로 가다 [sallo gada サルロ ガタ゛] 自 (食べものが)肉[身]になる.

살롱 [salloŋ サルロン] (フ) salon 名 サロン ¶뷰티 ~ [bju:tʰi ~ ビューティ ~] ビューティサロン.

*__살리다__ [sallida サルリタ゛] 他 ① 生かす ¶맛을 살린 요리 [masul sallin njori マスル サルリン ニョリ] 味を生かした料理 ② 活かす; 活用する ¶경험을 ~ [kjɔŋhɔmul ~ キョンホムル ~] 経験を活かす ③ '살다'の使役形; 助ける; 救う ¶목숨을 ~ [moks'umul ~ モクスムル ~] 命を助ける ③ 生き返らせる; 扶養する; 養う.

*__살림__ [sallim サルリム] 名 하自 生活; 暮らし; 生計; 所帯 ¶넉넉한 ~ [nɔŋnɔkʰan ~ ノンノクカン ~] 豊かな暮らし/새-을 차리다 [sɛ~ul tʰarida セ(サルリ) ムル チャリタ゛] 新所帯を張る[持つ] **—꾼** [k'un ックン] 名 ① 所帯を持つ人; 主婦 ② 家事の切り回しの[やりくり]の上手な人 **—때** [t'ɛ ッテ] 名 所帯やつれ ¶~-가 묻다 [~-ga mut'a ~ガ ムッタ] 所帯染みる **—살이** [sari サリ] 名 하自 暮らし向き; 家財道具 ¶궁색(窮塞)한 ~ [kuŋsɛkʰan ~ クンセクカン ~] 苦しい暮らし向き **—집** [tʃ'ip チプ] 名 住み家.

*__살-맛__ [saːlmat サールマッ] 名 暮らしの楽しみ; 生き甲斐 ¶~-나다 [(saːl-man)nada (サールマン)ナタ゛] 生き甲斐を感じる; 生きる楽しみを覚える.

*__살며시__ [salmjɔʃi サルミョシ] 副 こっそり; そっと; ひそかに ¶~ 도망(逃亡)치다 [~ tomaŋtʃʰida ~ トマンチタ゛] ひそかに逃げる.

살무사 [salmusa サルムサ] 名 〈動〉マムシ(蝮).

살벌-하다 [殺伐—] [salbɔrhada サルボルハタ゛] 形 殺伐としている; 荒々しく殺気立っている; 厳重だ ¶분위기가 ~ [punwigiga ~ プヌィギガ ~] 雰囲気が殺伐としている.

살-붙이 [salbutʃʰi サルプチ] 名 肉親.

살-빠지다 [salp'adʒida サルッパジタ゛] 自 やせる.

*__살살__ [saːlsal サールサル] 副 ① こっそり; ひそかに ¶~ 다가가다 [~ tagagada ~ タガガタ゛] こっそり近づく ② そよそよ; ¶~-부는 봄바람 [~- punun pomp'aram ~ プーヌン ポムパラム] そよそよと吹く春風 ③ ぽかぽか ¶~ 더워지다 [~ tɔwɔdʒida ~ トウォジタ゛] ぽかぽか暖まる ④ ゆっくり ¶살 ; 살 ; 살 ; 살 ; 살 ; [~ loŋnunda ~ロンヌンタ゛] さらさら溶ける ⑤ しくしく ¶배가 쓰리고 아프다 [pɛga s'urigo apʰuda ペガ ッスリゴ アプタ゛] 腹がしくしくして痛い ⑥ 巧みに; うまく ¶~ 꾀다 [~ k'we:da ~ ックェーダ] 巧みに誘いかける **—기다** [gida ギタ゛] 自 怖けじける; びくびくする; しりごみする ¶상관(上官)앞에서 ~ [sa:ŋgwan apʰesɔ ~ サーンクヮン アペソ ~] 上役の前でびくびくする **—이** [(salsar)i (サルサリ)] 名 ずるいお調子者.

살상 [殺傷] [sals'aŋ サルサン] 名 하他 殺傷 ¶인마를 ~하다 [inmarul ~-hada インマルル ~ハタ゛] 人馬を殺傷する.

살생 [殺生] [sals'ɛŋ サルセン] 名 하他 殺生 ¶무익한 ~을 하다 [muikʰan ~ul hada ムイクカン ~ウル ハタ゛] 無益な殺生をする.

*__살아-가다__ [saragada サラガタ゛] 自 ① 生きて行く; 生き抜く ¶희망도 없이 ~ [himaŋdo ɔːpʃ'i ~ ヒマンド オープシ ~] 希望もなく生きる ② 暮らしていく; やりくりする ¶이럭저럭 ~ [irɔk-tʃ'orok (s'aragada) イロクチョロク ~] なんとかかんとかと暮らしていく.

*__살아-나다__ [saranada サラナタ゛] 自 ① 生き返る; よみがえる; 蘇生する ¶죽었다 ~ [tʃ'ugɔt'a ~ チュゴッタ ~] 絶後によみがえる ② 助かる ¶가까스로 ~ [kak'asuro ~ カッカスロ ~] 危く助かる ③ (記憶が)よみがえる; 思いうかぶ ¶기억이 ~ [kiɔgi ~ キオギ ~] 記憶がよみがえる ④ 引き立つ

살아-남다 [saranamt'a サラナムタ] 自 生き残る.

살아 생전[—生前] [sarasɛndʒɔn サラセンジョン] 名副 生前; 生きている間; 命のあるうち ¶그의 ~의 모습 [kɯe ~e mosɯp クエ ~-(センジョ)ネ モスㇷ゚] 彼の在りし日のおもかげ/ ~ 잊을 수 없다 [~ nidʒɯl s'u ɔpt'a ~ ニジュルッス オープタ] 生きているうちに忘れられない.

살-얼음 [sarɔrɯm サロルム] 名 薄氷 ¶~이 얼다 [~i ɔlda (サロル) ミ オールタ] 薄氷が張る ━판 [p'an パン] 名 (薄氷の張った場所の意で, 今にも何か起こりそうな)危い局面.

살을 에이다 [sarɯl eida サルル エイタ] 他 身を切るようだ.

살의[殺意] [sari サリ] 名 殺意 ¶~를 품다 [~rɯl p'u:mt'a ~ルル プームタ] 殺意を抱く.

-살이 [sari サリ] 接尾 …住まい; …暮らし ¶셋방 ~ [se:tp'aŋ ~ セーッパン ~] 間借り住まい/ 시집 ~ [ʃidʒip (s'ari) シチㇷ゚ ~] 嫁入り暮らし/ 겨우 ~ [kjɔu ~ キョウ ~] 冬着; 冬物; 越冬.

살인[殺人] [sarin サリン] 名 하自 殺人 ¶~ 사건 [~ sa:k'ɔn ~ サーコン] 殺人事件.

*__살짝__ [saltʃ'ak サルッチャク] 副 ① こっそりと; 素早く ¶~ 훔쳐내다 [(saltʃ'a) kʰumtʃʰɔnɛda ~ クムチョネタ] 素早く盗み出す ② たやすく; するりと, さっと ¶~ 뛰어내리다 [~ t'wiɔnɛrida ~ ットゥィオネリタ] さっと飛び下りる ③ かすかに; ちょっと ¶~ 얼굴을 붉히다 [~ ɔlgurɯl pulkʰida ~ オルグルル プルキタ] かすかに顔を赤らめる ④ うっすら; ちらっと.

*__살-찌다__ [saltʃ'ida サルッチタ] 自 肉がつく; 太る ¶살찐 여자 [saltʃ'in njɔdʒa サルッチン ニョジャ] 太った女性.

살-찌우다 [saltʃ'iuda サルッチウタ] 他 肥やす; 太らす; '살찌다'の使役形 ¶가축을 ~ [katʃʰugɯl ~ カチュクル ~] 家畜を肥やす.

살-코기 [salkʰogi サルコギ] 名 (骨・筋・脂身などをとり除いた)赤身の肉.

살-쾡이 [salkʰwɛŋi サルクェンイ] 名 〈動〉ヤマネコ(山猫).

살판-나다 [sa:lpʰannada サールパンナタ] 自 暮らし向きが急によくなる ¶많은 유산으로 ~-났다 [ma:nɯn jusanɯro ~-nat'a マーヌン ユサヌロ ~-ナッタ] 巨額の遺産で運が開けた.

*__살펴-보다__ [salpʰjɔboda サルピョボタ] 他 注意してみる; 探る; 見回す; 面倒をみる ¶주위(周圍)를 샅샅이 ~ [tʃuwirɯl sas'atʃʰi ~ チュウィルル サッサチ ~] あたりをくまなく見回す.

살포시 [salpʰoʃi サルポシ] そっと; 静かに ¶~ 다가가다 [~ tagagada ~ タガガダ] 静かに近寄る.

살포-하다[撒布—] [salpʰohada サルポハタ] 他 散布する; まき散らす ¶농약을 ~ [noŋjagɯl ~ ノンヤグル ~] 農薬を散布する.

살-풀이[煞—] [salpʰuri サルプリ] 名 하自 〈民〉① 悪運を防ぐための厄[邪気]払い ② 悪感情解消のための行事 ③ 巫女들の舞楽のリズム ④ '살풀이굿'[厄払い行事]から派生した民俗舞踊の1つ.

살-풍경[殺風景] [salpʰuŋgjɔŋ サルプンギョン] 名 하形 殺風景 ¶~한 거리 [~han kɔri ~ハン コリ] 殺風景な街.

*__살피다__ [salpʰida サルピタ] 他 ① 見る; 調べる; (ようすを)探る ¶원인을 ~ [wɔninɯl ~ ウォニヌル ~] 原因を調べる ② うかがう; 察する ¶눈치를 ~ [nuntʃʰirɯl ~ ヌンチルル ~] 顔色[気色]をうかがう ③ 見きわめる.

살해-하다[殺害—] [sarhɛhada サルヘハタ] 他 殺害する ¶정부를 ~ [tʃɔŋburɯl ~ チョンブルル ~] 情夫を殺害する.

*__삶__ [sa:m サーム] 名 ① 生きること; 人生 ¶나의 ~ [nae ~ ナエ ~] 私の人生/ ~의 보람 [sa:lme poram サールメ ポラム] 生き甲斐 ② 生活; 命 ¶고달픈 ~ [kodalpʰɯn ~ コダルプン ~] 苦しい生活/ 덧없는 ~ [tɔdɔmnɯn ~ トドㇺヌン ~] はかない命.

삶기다 [samgida サムギタ] 自 ゆだる; ゆであがる; 煮える; '삶다'の受動; = **삶아지다** [salmadʒida サルマジタ].

*__삶다__ [sa:mt'a サームタ] 他 ① 煮る; ゆでる; 蒸す ¶달걀을 ~ [talgjarɯl ~ タルギャルル ~] 卵をゆでる/ 폭 ~ [pʰuk (s'a:mt'a) プク ~] 煮込む/ 밤을 ~ [pa:mul ~ パームル ~] クリを蒸す ② 取り込む; 丸め込む; =구워

삶다[kuwɔsamt'a クウォサムタ] ¶형을 (구워)삶아 용돈을 타다[hjɔŋul(kuwɔ)salma jo:ŋt'onul tʰada ヒョンウル (クウォ)サルマ ヨーントヌル タダ] 兄にうまく取り込んで小遣いをせしめる.

*삼[sam サム] 名〈植〉アサ(麻); 大麻.

*삼[三][sam サム] 数冠 3; 3つ ¶~일[~il (サ)ミル] 3日

삼[蔘][sam サム] 名〈植〉栽培・野生の高麗人参の総称; '인삼'(人蔘)の略.

삼가[samga サムガ] 副 慎〔謹〕んで ¶~ 말씀드립니다[~ ma:ls'umdu-rimnida ~ マールッスムドゥリムニダ] 慎んで申しあげます.

*삼가(하)다[samga(ha)da サムガ(ハ)ダ] 他 慎〔謹〕む; 遠慮する; 控える ¶말을 ~[ma:rul ~ マールル ~] 言葉をつつしむ/담배를 삼가해 주세요 [ta:mberul samgahɛ tʃusejo タームベルル サムガヘ チュセヨ] おタバコをご遠慮してください.

삼각[三角][samgak サムガク] 名 三角 ¶~자[~tʃ'a ~チャ] 三角定規 / ~형[(samga)kʰjɔŋ ~キョン] 三角形.

삼-거리[三—][samgori サムゴリ] 名 三叉路; 3つ辻; 3つ叉.

삼겹-살[三—][samgjɔps'al サムギョプサル] 名 3枚肉; ばら肉; 豚のあばら肉で, 脂身と肉が層をなしている部分.

*삼계-탕[蔘鷄湯][samgetʰaŋ サムゲタン] 名 若鷄の腹にもち米・ナツメと生の高麗人参を詰めて煮たスタミナ料理.

삼계탕

삼-나무[杉][samnamu サムナム] 名〈植〉スギ(杉) = 삼목(杉木)[sammok サムモク]・삼송(杉松)[samsoŋ サムソン].

*삼다¹[sa:mt'a サームタ] 他 ① …にする; 迎える ¶며느리로 ~[mjɔnuriro ~ ミョヌリロ ~] 嫁に迎える / 벗으로 ~[pɔ:suro ~ ポースロ ~] 友にする ② 見なす; 取る ¶큰 문제로 ~[kʰun mu:ndʒero ~ クン ムーンジェロ ~] 大きな問題と見なす / 구실로 ~ [ku:ʃillo ~ クーシルロ ~] 口実に取る / 소일(消日) 삼아[soil sama ソイルサマ] 暇つぶしとして.

삼다²[sa:mt'a サームタ] 他 (わらじ・ぞうりなどを)編む; こしらえる; つくる ¶짚신을 ~[tʃipʃ'inul ~ チプシヌル ~] わらじをつくる[編む].

삼-돌이[三—][samdori サムドリ] 名 감돌이[kamdori カムドリ] 利にさとく立ち回る人・베돌이[pedori ペドリ] 人づきあいの悪い人・악도리[akt'ori アクトリ] 執念深くけんか好きな人の総称.

삼림[森林][samnim サムニム] 名 森林; 森; 林.

삼매[三昧][sammɛ サムメ] 名 三昧 ① 〈仏〉精神を集中すること ¶염불 ~[jɔ:mbul ~ ヨームブル ~] 念仏三昧 ② 熱中すること ¶독서 ~[toks'ɔ ~ トクソ ~] 読書三昧 —경[gjɔŋ ギョン] 名 三昧境.

삼문[三門][sammun サムムン] 名 三門 ① (宮殿の)3つの門; 中央の正門と東西の脇門 ② 〈仏〉寺の正門; 三解脱門 ③ 〈仏〉教・律・禅の総称.

삼 문

삼베[sambe サムベ] 名 麻布; 麻(織り).

삼보[三寶][sambo サムボ] 名 三宝; 〈仏〉仏・法・僧を3つの宝にたとえた物.

삼복[三伏][sambok サムボク] 名 三伏 ① (夏の)初伏・中伏・末伏の三伏 ② 夏の最も暑い時期 —더위[t'ɔwi トゥイ] 名 三伏の候[暑さ].

삼삼-오오[三三五五][samsamo:o サムサムオーオ] 副 三々五々 ¶~ 떼지어 가다[~ t'edʒiɔ kada ~ ッテジオ カダ] 三々五々連れ立って行く.

삼삼-하다[samsamhada サムサムハダ] 形 여変 ①(食べ物が)塩気が足りな

いか持ち味があってそれなりにおいしい ② ありありと目に浮かぶ ¶故郷 山河が〜[kohjaŋ santʃhoni nune 〜 コヒャン サンチョニ ヌネ 〜] 故郷の山河がまぶたにありありと浮かぶ.

삼-세번[三一番][samsebon サムセボン] 图 ちょうど3度目; かっきり3回 ¶〜만에 합격했다[〜mane hapk'jɔkhɛt'a 〜マネ ハプキョクケッタ] かっきり3度目に合格した.

삼신[一神][samʃin サムシン] 图〈民〉神仏が子を授けるという産神(子を生むとその産婦と新生児の守り神となる) =**삼신령**(一神靈)[samsilljɔŋ サムシルリョン] =**'산신'**(産神) **—할머니**[halmɔni ハルモニ] 图 ='산신' '産神'.

삼-신산[三神山][samʃinsan サムシンサン] 图 三神山; 中国伝説でいう蓬萊山ホョウ[朝鮮の金剛山ʉョウカン]・方丈山[韓国の智異山ティイ]・瀛州山マョシュ[韓国の漢拏山ハシラ]の3つの山.

*삼십[三十][samʃip サムシプ] **1** 數 30=서른[sɔrɯn ソルン] **2** 图 30歳.

삼엄-하다[森嚴一][samɔmhada サモムハダ] 形 森嚴だ; 極めて厳しい; ものものしい ¶경계가 〜[kjɔːŋgega 〜 キョンゲガ 〜] 警戒が厳しい.

삼용[蔘茸][samjoŋ サミョン] 图 漢方霊薬の高麗人参とシカの角[鹿茸ロクジョウ].

삼우[三友][samu サム] 图 三友 ① 詩·酒·玄琴거문고[kɔmunɡo コムンゴ] ② 松·竹·梅 ③ 山水·松竹·琴酒.

*삼월[三月][samwɔl サムォル] 图 3月 **—삼질**[삼짇날][samdʒil[samdʒinnal] サムジル[サムジンナル]] 图 陰暦3月3日.

삼일 신행[三日新行][samil ʃinhɛŋ サミル シンヘン] 图 結婚後3日目に新郎が新婦の里に行くか, 新婦が新郎の家に行くこと.

삼일-장[三日葬][samildʒaŋ サミルジャン] 图 死後3日目に執り行う葬式.

삼일-절[三一節][samiltʃ'ɔl サミルチョル] 图 日本統治下で行なった3・1独立運動を記念する祝日[3月1日].

삼일 정신[三一精神][samildʒɔŋʃin サミルジョンシン] 图 3・1精神; 日本統治下で民族が団結して, 祖国の独立・自由・平和を勝ち取ろうとした民族精神.

삼자[三者][samdʒa サムジャ] 图 第三者; 対話者または当事者以外の人; 3人の人 **—대면**(對面)[dɛːmjɔn デーミョン] 图 3者対質 **—범퇴**[bɔːmthwe ボームトェ] 图〈野〉3者凡退.

삼진[三振][samdʒin サムジン] 图〈野〉三振; ストライクアウト.

*삼촌[三寸][samtʃhon サムチョン] 图 叔父(伯父)ホチ; 父の兄弟.

*삼치[samtʃhi サムチ] 图〈魚〉サワラ(鰆).

*삼키다[samkhida サムキダ] 他 ① 飲み込む; 飲み下す; 飲む ¶침을 〜[tʃhimul 〜 チムル 〜] 唾を飲み込む ② 着服する; 横領する ¶남の 돈을 〜[name toːnul 〜 ナメ トーヌル 〜] 人の金を着服する ③ 抑える; こらえる ¶눈물을 〜[nunmurul 〜 ヌンムルル 〜] 涙をこらえる.

삼태기[samthɛgi サムテギ] 图 篕;ジ 土やごみなどを運ぶ道具(竹やわらで編んだざる状のもの).

삼파-전[三巴戰][samphadʒɔn サムパジョン] 图 3つ巴ともえ戦; 3者がからみ合って争うこと.

삼판 양승[三一兩勝][samphan njaŋsɯŋ サムパン ニャーンスン] 图 3回勝負で2度勝つこと.

삼포[蔘圃][sampho サムポ] 图 高麗人参を栽培する畑.

*삼한 사온[三寒四溫][samhan saːon サムハン サーオン] 图 3寒4温; 3日ほど寒い日が続いた後暖かい日が4日ほど続く韓国·朝鮮の冬の気候現象.

*삽[鍤][sap サプ] 图 シャベル; スコップ.

삽-팽이[sapk'weŋi サプケンイ] 图 幅が狭く柄の長い金ぐわ.

삽목[挿木][sammok サムモク] 图 하他 挿し木=꺾꽂이[k'ɔkʔodʒi ッコクコジ].

삽살-개[sapsːalgɛ サプサルゲ] 图 むく毛の犬; むく(犬).

삽삽-하다[sapsʔaphada サプサプハダ] 形 여변(女性のように)愛想がよい; 優しい ¶〜-하게 굴다[〜paɡe kuːlda 〜パゲ クールダ] 愛想よくふるまう.

삽삽-하다[颯颯—][sapsʔaphada サプサプハダ] 形 여변 風音がうら寂しい; 肌寒く感じられる ¶북쪽 바람이 〜[puktʃ'ok p'arami 〜 プクチョク パラミ 〜] 颯々さっさたる北風が ¶쌔쌔하고 부는 가을 바람[s'waːs'wahago puːnun kaul p'aram 〜 ッスアーッスアハゴ プーヌン カウル パラム 〜] ぴゅうぴゅうと吹く[颯々たる]秋風.

삽삽-하다[澀澀—][sapsʔaphada サプ

サプハダ] [形][ヨ変] ① 滑らかでなくて粗い[がさがさしている] ② 味がとても渋い ③ (言葉や文章が不明瞭で)理解しにくい.

삽상-하다[颯爽—][sapsʼaŋhada サプサンハダ] [形][ヨ変] ① 涼しい風が吹いてきて気分が爽快だ ¶ ～-한 가을 아침 [~-han kaur atʃʰim ～-ハン カウ ラチム] 爽快な秋の朝 ② きりっとしていて気持ちがいい; さっぱりしている.

삽시-간[霎時間][sapʃigan サプシガン] [名] 一瞬の間; あっという間; またたく間; つかの間 ¶ ～에 다 팔렸다[~-e ta: pʰalljʌtʼa (サプシカ̀ ネ ター パルリョッタ] つかの間にみな売り切れた.

삽입[挿入][sabip サビプ] [名][하][他] 挿入 ¶ ～구[~kʼu ～ク] 挿入句.

삽지[挿枝][saptʃi サプチ] [名][하][他] 挿し木=꺾꽂이[kʼokʼodʒi ッコッコジ].

삽질-하다[鍤—][saptʃirhada サプチルハダ] [自] シャベルで掘ったりすくったりする.

삽화[挿花][sapʰwa サプァ] [名][하][自] 挿し花; 生花=꽃꽂이[kʼotkʼodʒi ッコッコジ].

삽화[挿畫][sapʰwa サプァ] [名] 挿絵; カット(cut); イラスト ━가[ga ガ] [名] 挿絵画家; イラストレーター.

삿갓[satkʼat サッカッ] [名] ① 竹やアシで粗く編んだ笠; 日よけ笠; 雨よけ笠 ② 〈植〉菌傘; キノコのかさ.

삿대[saːtʼɛ サーッテ] [名] 竿(棹)를 ━질하다[dʒirhada ジルハダ] [自] (口論する時相手に向かって)手を上げたり下げたりして怒る.

***상**[床][saŋ サン] [名] お膳 ¶ ～을(를) 차리다[~(ul) tʃʰarida ～(ウル) チャリダ] お膳を調える; 膳立てをする.

상[相][saŋ サン] [名] (人)相; 顔(つき); 面 ¶ 귀인~[kwiːin~ クィーイン~] 貴人の相 / 죽을 ～[tʃuɡul(sʼaŋ) チュグル~] 死にそうな顔 / 울 ～[uːl(sʼaŋ) ウール~] 泣きっ面.

상[喪][saŋ サン] [名] 喪 ¶ ～을 입다[~ul iptʼa ～ウル イプタ] 喪に服する.

***상**[賞][saŋ サン] [名] 賞; 褒美 ¶ ～을 타다[~ul tʰada ～ウル タダ] 褒美をもらう. 「アーケード(arcade).

상가[商街][saŋga サンガ] [名] 商店街.

상가[喪家][saŋga サンガ] [名] 喪家; 喪中[喪主]の家=**상갓집**[saŋgatʃʼip サンガッチプ]・초상집[tʃʰosaŋtʃʼip チョサンチプ].

상감[象嵌][saŋ-gam サンガム] [名] 象嵌=**상안**[象眼] ━청자(靑瓷)[tʃʰoŋdʒa チョンジャ] 象嵌青磁; 貝殻の真珠層で象眼細工をほどこした青磁.

상감[上監][saːŋ-gam サーンガム] [名] 主上; お上; 王の尊敬語 ¶ ～마마(媽媽)[~ maːma ～マーマ] 王様に対する呼称.

상감 청자

상-거래[商去來][saŋgorɛ サンゴレ] [名] 商取引 ¶ ～를 하다[~rul hada ～ルル ハダ] 商取引を行なう.

상경-하다[上京—][saːŋgjoŋhada サーンギョンハダ] [自] 上京する.

상계-하다[相計—][saŋgehada サンゲハダ] [他] 相殺する.

***상관**[上官][saːŋgwan サーングァン] [名] 上官; 上役 ¶ ～의 지시[~e tʃiʃi (サーングァ)ネ チシ] 上官の指示.

상관[相關][saŋgwan サングァン] [名][하][自] 相関 ① 相互に関係を持つこと ¶ ～ 관계[~ gwange ～ グァンゲ] 相関関係 ② 人のことに干渉すること ¶ 남의 일에 ～ 말라[name iːre ~ maːlla ナメ イーレ ～マールラ] 人のことにかまうな ━없다[ʌptʼa (サングァ)ノプタ] [存] ① 関係がない; かかわりない ¶ 그것과는 ～[kɯɡʌtkʼwanɯn ~ クゴックァヌン ～] それとはかかわりない ② 差し支えない; 構わない; 心配する必要がない ¶ 전혀 ～[tʃʌnhjʌ ~ チョンヒョ ～] まったく心配無用だ / 그것쯤은 ～[kɯɡʌtʃʼumɯn ~ クゴッチュムン ～] それくらいは差し支えない / 어떻든 ～[ʌtʼʌtʰɯn ~ オットゥトゥン ～] どうでも構わない ━없이[ʌpʃi (サングァ)ノプシ] [副] 関係なく; 心配なく; 構わなく; 差し支えなく.

상권[商權][saŋkʼwʌn サンクォン] [名] 商権 ¶ ～을 장악하다[~ul tʃaŋakʰada (サングォ)ヌル チャンアクカダ] 商権を掌握する.

상궤[常軌][saŋgwe サングェ] [名] 常軌; 常道 ¶ ～를 벗어나다[~rul pʌsʌnada ～ルル ポソナダ] 常軌を逸する.

상극[相剋][saŋguk サングク] [名] 相克

① 両者が互に相争うこと; 仲が悪いこと ¶저 두 사람은 서로 ~이다 [tʃʌ tu: saramun sɔro (saŋgug)ida チョ トゥー サラムン ソロ (サング)ギダ] あの2人は犬猿の仲だ[いがみ合っている] ② もと五行説で木は土に・土は水に・水は火に・火は金に・金は木に克つこと.

상금[賞金] [saŋgum サングム] 名 賞金 ¶~을 걸다 [~ul kɔːlda (サング)ムル コールダ] 賞金をかける.

상긋[saŋgut サングッ] 副 にっこと; にっこり; にこやかに笑うさま ¶~웃어 보였다 [(saŋgud) usɔ pojɔtˀa (サング) ドゥソ ポヨッタ] にっこり笑って見せた **—이** [(saŋgud)i (サング)シ] 名 にっこりと; にこっと **—웃다** [~ uːtˀa ~ ウータ] にこっとほほむ **—상긋** [sˀaŋgut サングッ] 副 하自 にこにこ.

상기-하다[想起—] [saːŋgihada サーンギハダ] 他 想起する; 思い出す; 思い起こす ¶지난 날을 ~ [tʃinan naruːl ~ チナン ナルル ~] 過ぎし日を思い出す.

*****상냥-하다**[saŋnjaŋhada サンニャンハダ] 形 여변 (性質が)優しい; 柔和である; にこやかだ ¶~하게 말하다 [~-hage maːrhada ~-ハゲ マールハダ] にこやかに話す.

상-년[常—] [saŋnjʌn サンニョン] 名 ① 女郎; 昔, 身分の低い[一般の]女性を指す卑語 ② あま; 無作法な女性をののしる語='쌍년'.

상-놈[常—] [saŋnom サンノム] 名 ① げす; 昔, 身分の低い男[常民]を指す卑語 ② 野郎; やつ; 教養がなく無礼な男='쌍놈'.

상-다리[床—] [saŋtˀari サンタリ] 名 お膳の脚 ¶~가 휘도록 잔뜩 차리다 [~-ga hwidorok tʃˀantˀuk tʃʰarida ~ガ フィドロク チャンットゥク チャリダ] 食卓の脚が曲がるほど一杯ごちそうを並べる[載せる].

상달[上達] [saːŋdal サーンダル] 名 하自他 上達; 下の者の意見などが上の者に達すること(学問・技術などが進歩することの意はない) ¶하의 ~하다 [haːi ~hada ハーイ ~ハダ] 下意上達する.

상담[相談] [saŋdam サンダム] 名 하自他 相談 ¶예비[豫備] ~에 응하다 [jeːbi ~e uːŋhada イェービ (サング)メ ウーンハダ] 下相談に乗る **—역** [njʌk ニョク] 名 相談役.

*****상당**[相當] [saŋdaŋ サンダン] 名 相当 **—하다** [hada ハダ] 形 ① 相当する; 釣り合う; 見合う ¶월급에 ~하는 돈 [wʌlgube ~-hanun toːn ウォルベ ~-ハヌン トーン] 月給に相当する金額 ② 相当だ; かなりだ ¶~-한 이익 [~--han iːik ~-ハン イーイク] かなりの利益 **—히** [i イ] 副 相当に; かなり; だいぶ; よほど ¶~ 맵다 [~ mɛptˀa ~ メプタ] かなり辛い.

*****상대**[相對] [saŋdɛ サンデ] 名 하自他 ① 相対; 向かい合うこと ¶~하여 앉다 [~hajʌ antˀa ~ハヨ アンタ] 向かい合って座る ② 相手になること; 相手 ¶~ 팀 [~ tʰiːm ~ ティーム] 相手のチーム / 말 ~ [maːl (sˀaŋdɛ) マール ~] 話相手 **—방** [baŋ バン]・**—편** [pʰjʌn ピョン] 名 相手方 **—자** [dʒa ジャ] 名 相手; 相棒.

상도[常道] [saŋdo サンド] 名 常道; 常軌 ¶~에 어긋나다 [~e ɔgunnada ~エ オグンナダ] 常道に背く.

상도[商道] [sɔŋdo サンド] 名 商道; 商道德 ¶~가 땅에 떨어졌다 [~ga tˀaŋe tˀɔrɔdʒɔtˀa ~ガッタンエットロジョッタ] 商道が地に落ちた[堕落した].

상량[上樑] [saːŋnjaŋ サーンニャン] 名 하自 〈建〉棟上げ; 建て前 **—문** [mun ムン] 名 棟上げを祝う文 **—식** [ʃik シク] 名 上棟式; 建て前.

상량[爽涼] [saːŋnjaŋ サーンニャン] 名 하形 爽涼$_{ちゃう}$; さわやかな涼しさ ¶~한 가을 [~han kaul ~ハン カウル] 爽涼の[さわやかな]秋.

상례[常禮] [saŋne サンネ] 名 常礼.

상록-수[常綠樹] [saŋnoksˀu サンノクス] 名 〈植〉常緑樹; 常磐木$_{ときは}$.

*****상류**[上流] [saːŋnju サーンニュ] 名 ① 上流; 川上; 上手 ¶한강 ~ [haːngaŋ ~ ハーンガン ~] 漢江の上流 ② 高い階級; 上流階層 ¶~ 사회 [~ saːhwe ~ サフェ] 上流社会.

상륙[上陸] [saːŋnjuk サーンニュク] 名 하自 上陸 ¶~ 허가 [(saːŋnju) kʰɔga ~ コガ] 上陸許可.

상막-하다[saŋmakʰada サンマクカダ] 形 여변 ① 記憶がはっきりしない; おぼろげだ; ぼうっとする ¶정신(精神)이 ~ [tʃʌŋʃini ~ チョンシニ ~] 頭がぼうっとする ② 度忘れする. ⇨ ='삭막(索莫)하다'.

상-말[常—][saŋmal サンマル] 名 하자 下品な言葉; 俗な表現; 下世話; ='쌍말'. ¶~로 …이라고 한다[~ro irago handa] ~ロ …イラゴ ハンダ] 下世話で…という.

상-머리[床—][saŋmɔri サンモリ] 名 お膳のわきの前. ¶~에 앉다[~e ant'a ~エ アンタ] お膳のわきに座る.

상면[相面][saŋmjɔn サンミョン] 名 하자타 ① 対面. ¶~해서 이야기하다[~hɛsɔ ijagihada ~ヘソ イヤギハダ] 対面して話す ② 初対面のあいさつ. ¶처음으로 ~하다[tʃʰɔːumuro ~hada チョーウムロ ~ハダ] 初対面のあいさつをする.

상무[常務][saŋmu サンム] 名 ① 常務; 通常の業務 ② 常務取締役.

상반[相反][saŋban サンバン] 名 하자 相反(すること). ¶이해가 ~되다[ihɛga ~dweda イーヘガ ~ドゥェダ] 利害が相反する.

상반신[上半身][sa:ŋbanʃin サーンバンシン] 名 上半身.「飯盛り」

상밥[床—][saŋp'ap サンパプ] 名 一膳.

상배[賞盃・賞杯][saŋbɛ サンベ] 名 賞杯; 優勝カップ.

상-벌[賞罰][saŋbɔl サンボル] 名 賞罰. ¶~없음[(saŋbɔr)ɔps'um (サンボ)ロプスム] 賞罰なし.

상법[商法][saŋp'ɔp サンポプ] 名 商法.

상-보[床褓][saŋp'o サンポ] 名 (飲食物を覆う)お膳掛け; テーブルクロス.

상-보다[床—][saŋboda サンボダ] 自 お膳立てをする; 食事の支度をする.

상-보다[相—][saŋboda サンボダ] 自他 手相・人相見をする; 運命・吉凶を占う.

상봉[相逢][saŋboŋ サンボン] 名 하자타 対面; 出会い; 巡り合い.

상부-상조[相扶相助][saŋbusaɲdʒo サンブサンジョ] 名 하자 相互扶助.

상사[上司][sa:ŋsa サーンサ] 名 上司; 上役. ¶~의 명령[~e mjɔːŋɲjɔŋ ~エ ミョーンニョン] 上司の命令.

상사[商社][saŋsa サンサ] 名 商社. ¶외국 ~와 거래하다[weːguk (s'aŋsa)wa kɔːrɛhada ウェーグク ~ワ コーレハダ] 外国の商社と取り引きする.

상사-병[相思病][saŋsap'jɔŋ サンサピョン] 名 恋煩い.

***상상**[想像][sa:ŋsaŋ サーンサン] 名 하자타 想像; 空想. ¶~외(外)[~we ~ウェ] 予想外; 意外; 思いのほか. **—력**[njɔk リョク] 名 想像力.

상상-봉[上上峰][sa:ŋsaŋboŋ サーンサンボン] 名 最高峰.

상석[上席][sa:ŋsɔk サーンソク] 名 上席; 上座. ¶손님을 ~에 안내하다[sonnimul (sa:ŋsɔ)ge aːnnɛhada ソンニムル (サーンソ)ゲ アーンネハダ] お客を上席に案内する. ↔말석(末席)[malsʼɔk マルソク].

상설[常設][saŋsɔl サンソル] 名 하자타 常設. ¶~위원회[(saŋsɔr) wiwonhwe (サンソ)ルィウォンフェ] 常設委員会.

상세[詳細][saŋse サンセ] 名 하자형 詳細; 詳しく細かいこと. ¶~한 보도[~han poːdo ~ハン ポード] 詳細な報道. **—히**[iː çi] 副 詳細に; 事細かに; 詳しく. ¶~ 이야기하다[~ ijagihada ~ イヤギハダ] 事細かに話す.

상-소리[常—][saŋs'ori サンソリ] 名 하자 卑語; 下品な言葉; 俗謡; 卑俗な歌. <'쌍소리'.

상속[相続][saŋsok サンソク] 名 하자타 相続. ¶유산 ~[jusan ~ ユサン ~] 遺産相続.

상쇄[相殺][saŋswɛ サンソェ] 名 하자타 相殺="상계"(相計). ¶대차(貸借)를 ~하다[tɛːtʃʰarul ~hada テーチャルル ~ハダ] 貸し借りを相殺する.

상수리[saːŋsuri サーンスリ] 名 どんぐり; クヌギ(櫟)の実.

상순[上旬][saːŋsun サーンスン] 名 上旬; 初旬. ¶내달 ~[nɛːdal ~ ネーダル ~] 来月の上旬.

상술[商術][saŋsul サンスル] 名 商才. ¶~이 능하다[(saŋsur)i nuɲhada (サンス)リ ヌンハダ] 商才にたけている.

상술[詳述][saŋsul サンスル] 名 하자타 詳述. ¶경과를 ~하다[kjɔŋgwarul (saŋsur)hada キョングァルル ~ハダ] 経過を詳述する.

상-스럽다[常—][saŋsurɔpt'a サンスロプタ] 形 ㅂ변 言動が卑しい; 下品だ. ¶말하는 것이 ~[maːrhanun kɔʃi ~ マールハヌン コシ ~] 言葉づかいが下品だ.

상습[常習][saŋsup サンスプ] 名 常習. ¶~ 도박자(賭博者)[~ t'obaktʃ'a ~ トバクチャ] 常習ばくち打ち.

상승[上昇][saːŋsuŋ サーンスン] 名 하자 上昇; アップ. ¶인기 ~[inkʼi ~ インキ ~] 人気上昇.

상식[常識][saŋʃik サンシク] 名 常識 ¶~이 없다[(saŋʃig) i ɔːptʼa (サンシ)ギ オープタ] 常識がない.

*상실[喪失][saŋʃil サンシル] 名 하他 喪失 ¶기억 ~[kiɔk (sʼaŋʃil) キオク ~] 記憶喪失.

상심[傷心][saŋʃim サンシム] 名 하自 傷心 ¶실패에 ~하다[ʃilpʰee ~hada シルペエ ~ハダ] 失敗に傷心する.

상아[象牙][saŋa サンア] 名 象牙 —**탑**[tʰap タプ] 名 象牙の塔.

상어[saŋɔ サンオ] 名 〈魚〉サメ; フカ.

*상업[商業][saŋɔp サンオプ] 名 하他 商業; 商売 ¶~이 잘 된다[(saŋɔb) itʃal dwenda (サンオブ)イ チャル ドゥェンダ] 商売が繁盛する —**도시**[tʼoʃi トシ] 名 商業都市 —**미술**[(saŋɔm) miːsul (サンオム)ミースル] 名 商業美術 —**방송**[(saŋɔ) pʼaːŋsoŋ パーンソン] 名 商業[民間]放送 —**부기**[(saŋɔ) pʼuːgi プーギ] 名 商業簿記 —**어음**[(saŋɔb) ɔmɯk (サンオブ) オムク] 名 商業手形 —**영어**[(saŋɔm) ŋjɔŋɔ (サンオム)ニョンオ] 名 商業英語 —**이윤**[(saŋɔm) niːjun (サンオム)ニーユン] 名 商業利潤 —**자본**[tʃʼabon チャボン] 名 商業資本 —**지역**[tʃʼijɔk チヨク] 名 商業地域 —**통신**[tʰoŋʃin トンシン] 名 商業通信.

상여[喪輿][saŋjɔ サンヨ] 名 棺のみこし; 柩を運ぶ輿 —**꾼**[kʼun ックン] 名 ひつぎのこしを担ぐ人.

상여[賞與][saŋjɔ サンヨ] 名 하他 賞与 ¶~금[~gum ~グム] 賞与金; ボーナス.

상연[上演][saːŋjɔn サーンヨン] 名 하他 上演 ¶~ 프로[~ pʰɯro ~ プロ] 上演番組.

상영[上映][saːŋjɔŋ サーンヨン] 名 하他 上映 ¶현재(現在) ~중[hjɔːndʒɛ ~dʒuŋ ヒョンジェ ~ジュン] 目下上映中.

*상오[上午][saːŋo サーンオ] 名 午前; 昼前 ¶~ 열시[~ jɔːlʃʼi ~ ヨールシ] 午前10時.

상용[常用][saŋjoŋ サンヨン] 名 하他 常用.

상용[商用][saŋjoŋ サンヨン] 名 商用 —**문**[mun ムン] 名 商用文 —**여권**[jɔkʼwɔn ヨクォン] 名 商用旅券.

상위[上位][saːŋwi サーンウィ] 名 上位 ¶~ 타자[~ tʰaːdʒa ~ ターヂャ] 上位打者.

상위[相違][saŋwi サンウィ] 名 하自 相違; 差異; 違い ¶신분의 ~[ʃinbune ~ シンブネ ~] 身分の相違.

상응[相應][saŋɯŋ サンウン] 名 하自 ① 相応; ふさわしいこと ¶그에게 ~한 역[kɯege ~han njɔk クエゲ ~ハンニョク] 彼にふさわしい役 ② 呼応.

상의[上衣][saːŋi サーンイ] 名 上衣; 上着; チョゴリ.

*상의[相議][saŋi サンイ] 名 하他 相談; 商議; 協議 ¶충분히 ~합시다 [tʃʰuŋbuni ~hapʃʼida チュンブニ ~ハプシダ] じっくり相談しましょう.

상이-하다[相異—][saŋihada サンイハダ] 形 相異なっている; 相違する **상이-점**[saŋitʃʼɔm サンイチョム] 名 相異点.

*상인[商人][saŋin サンイン] 名 商人; あきんど ¶~ 기질(氣質)[~ gidʒil ~ ギヂル] 商人かたぎ.

*상자[箱子][saŋdʒa サンヂャ] 名 箱; ボックス; ケース ¶~들이[~duri ~ドゥリ] 箱つめ.

상잔[相殘][saŋdʒan サンヂャン] 名 하自 互いに争い害すること; 相争うこと ¶동족 ~하다[toŋdʒok (sʼaŋdʒan)-hada トンヂョク ~ハダ] 同族相争う.

상장[賞狀][saŋtʃʼaŋ サンチャン] 名 賞状 ¶우등 ~[udɯŋ ~ ウドゥン ~] 優等賞状.

상전 벽해[桑田碧海][saŋdʒɔnbjɔkʰɛ サンヂョンビョクケ] 名 桑田碧海.

*상점[商店][saŋdʒɔm サンヂョム] 名 商店; 店 ¶~가[~ga ~ガ] 商店街; アーケード.

상정-하다[上程—][saːŋdʒɔŋhada サーンヂョンハダ] 他 上程する ¶법안을 ~[pɔbanɯl ~ ポバヌル ~] 法案を上程する.

상제[喪祭][saŋdʒe サンヂェ] 名 喪祭; 喪礼[葬礼]と祭礼 ¶관혼 ~[kwanhon~ クァンホン ~] 冠婚葬祭.

상종[相從][saŋdʒoŋ サンヂョン] 名 하自 親しく交わること; 仲よくつき合うこと ¶~하지 마라[~hadʒi mara ~ハヂ マラ] つき合うな.

상주[喪主][saŋdʒu サンヂュ] 名 喪主.

*상징[象徵][saŋdʒiŋ サンヂン] 名 象徵 ¶비둘기는 평화의 ~[pidulginɯn pʰjɔŋhwae ~ ピドゥルギヌン ピョンファエ ~] ハトは平和の象徵.

상처[喪妻][saːŋtʃʰɔ サーンチョ] 名 하自 妻を亡くすこと; 妻に死なれること.

*상처[傷處][saŋtʃʰɔ サンチョ] 名 傷;

傷口; 痛手 ¶~를 입다[~rul ipt'a ~ルル イプタ] けがをする; 痛手を負う.

*상추[sanʧʰu サンチュ] 名 〈植〉チシャ; レタス; ≒ ×'상치' **—쌈**[s'am ッサム] 名 チシャの葉にご飯とトウガラシみそをつけて包んで食べる食事.

상춘-객[賞春客][sanʧʰungɛk サンチュンゲク] 名 花見客; 春の行楽の人.

상충-하다[相衝—][sanʧʰuŋhada サンチュンハダ] 自 (意見が)合わずに食い違う; 相いれない ¶의견이 ~[ɰi:gjɔ:ni ~ ウィーギョニ ~] 意見が相いれない[相反する・食い違う].

상-치우다[床—][sanʧʰiuda サンチウダ] 自 お膳を片づける.

상치-하다[相馳—][sanʧʰihada サンチハダ] 自 (物事や意見が)食い違う; 相反する ¶주장이 ~[ʧuʤaŋi ~ チュジャンイ ~] 主張が食い違う.

*상쾌-하다[爽快—][sa:ŋkʰwɛhada サーンクェハダ] 形 爽快だ; さわやかだ ¶~-한 아침[~-han aʧʰim ~-ハン アチム] 爽快な[さわやかな]朝.

상큼[sankʰɯm サンクム] 副 さっきと; 軽快に歩くさま **—상큼**[sankʰɯm サンクム] 副 さっきと ~ 걷다[~ kɔ:t'a ~ コーッタ] さっきと歩く.

상큼-하다[sankʰɯmhada サンクムハダ] 形 여변 ① 体や着た衣服の下肢が上体に比べて不釣り合いに長い ② 夏着の糊がきいていて涼しそうに見える ③ げっそりやせて目がくぼんでいる.

상-타다[賞—][sanʰada サンタダ] 自 褒美をもらう; 受賞する.

*상태[狀態][sanʰtɛ サンテ] 名 状態; ようす; 具合; ありさま; 調子 ¶건강(健康)~[kɔ:ŋgaŋ ~ コーンガン ~] からだの具合; 健康状態.

상통-하다[相通—][sanʰtʰoŋhada サントンハダ] 自 相通ずる ¶일맥 ~ [ilmɛk (s'anʰtʰoŋhada) イルメク ~] 一脈相通ずる.

상투[常套][sanʰtʰu サントゥ] 名 常套 ¶그것은 그의 ~ 수단이다[kɯgɔsɯn kɯe ~ sudanida クゴスン クエ ~ スダニダ] それは彼の常套手段だ **—어**[ɔ オ] 名 常套語; 決まり文句; 口癖 **—적**[ʤɔk ジョク] 名冠 常套的; お決まり(の) ¶~-인 인사말[~-(ʤɔg)in insamal ~-(ジョグ)イン インサマル] 決まり文句のあいさつ.

상투[sanʰtʰu サントゥ] 名 (昔, 結婚した男が髪を結い上げた)まげ.

상투

상-팔자[上八字][sa:ŋpʰalʧ'a サーンパルチャ] 名 最高の幸運; 非常にいい運勢 ¶무자식(無子息) ~ [mudʒasik (s'a:ŋpʰalʧ'a) ~ ムジャシク ~] 諺 子供のないのが幸運(子供がいないと心配することもない).

상표[商標][sanʰpʰjo サンピョ] 名 商標; トレードマーク **—등록**[~ tuŋnok (s'anʰpʰjo) トゥンノク] 登録商標.

상품[上品][sa:nʰpʰum サーンプム] 名 上品; 上等なもの; 上質の品.

*상품[商品][sanʰpʰum サンプム] 名 商品; 品 ¶~ 견본[~ gjɔ:nbon ~ ギョーンボン] 商品の見本 **—권**[k'wɔn クォン] 名 商品券.

상품[賞品][sanʰpʰum サンプム] 名 賞品 ¶~을 타다[~ul tʰada (サンプ)ムル タダ] 賞品をもらう[受ける].

*상하[上下][sa:nʰha サーンハ] 名 上下 **—권**[gwɔn グォン] (書物の)上下巻.

상하[常夏][sanʰha サンハ] 名 常夏とこ ¶~의 나라[~e nara ~エ ナラ] 常夏の国.

*상-하다[傷—][saŋhada サンハダ] 自他 ① 傷つく; 腐る; 破れる; 壊れる ¶접시가 ~[ʧɔpʃ'iga チョプシガ ~] 皿が傷つく / 상하기 쉽다[sanhagi ʃwi:pt'a サンハギ シュィープタ] 腐りが早い ② 心を痛める ¶마음이 ~[maɯmi ~ マウミ ~] 心が痛む; 心を痛める; 心が傷つく / 마음을 상하게 하다[maɯmɯl sanhage hada マウムル サンハゲハダ] 心を傷つける ③ やつれる; やせる ¶몸이 ~[moni ~ モミ ~] 体がやせる[やつれる].

상해[傷害][sanhɛ サンヘ] 名 하他 傷害 ¶~를 입히다[~rɯl ipʰida ~ルル イピダ] 傷害を与える.

*상호[相互][saŋho サンホ] 名 副 相

互; お互いに ¶〜간(間)의 친목 [〜-gane tʃinmok 〜ガネ チムモク] 相互間の親睦.

상환[償還] [saŋhwan サンファン] 名 하他 償還. ¶부채를 〜하다 [pu:tʃhɛrul 〜hada プーチェルル〜ハダ] 負債を返す.

*상황[状況] [saŋhwaŋ サンファン] 名 状況; ようす. ¶〜 판단을 잘못하다 [〜 pʰandanul tʃalmotʰada 〜 パンダヌル チャルモッタダ] 状況判断を誤る.

상회-하다 [上廻] [sa:ŋhwehada サーンフェハダ] 他 上回る. ¶평년작을 〜 [pʰjɔŋnjɔndʒagul 〜 ピョンニョンジャグル] 平年作を上回る.

샅-바 [satpʼa サッパ] 名 (韓国の相撲で太ももに掛ける木綿製の細い帯; 回し; 締め込み **一씨름** [ʃʼirum ッシルム] 名 サッパを締めてする韓国の相撲.

*샅샅-이 [satʼatʃhi サッサチ] 副 ① まんべんなく; いちいち ¶틈을 〜 막다 [tʰumul 〜 makt'a トゥムル〜 マクタ] すき間をいちいちふさぐ ② くまなく; 漏れなく; 隅々まで; 残らず ¶〜 조사(調査)하다 [〜 tʃosahada 〜 チョサハダ] 漏れなく調べる.

*새¹ [sɛ セ] 冠 新しい…; 新… ¶〜해 [〜hɛ 〜ヘ] 新年 / 〜책 [〜tʃhɛk 〜チェク] 新しい本 / 신랑 [〜ʃillaŋ 〜シルラン] 新郎; 花婿.

*새² [sɛ: セー] 名 鳥 ¶〜가 울다 [〜ga u:lda 〜ガウールダ] 鳥が鳴く.

*새³ [sɛ: セー] 名 間, すき間; ='사이'의 略 ¶〜가 뜨다 [〜ga t'uda 〜ガットゥダ] 間をおく, 間があく.

새-⁴ [sɛ セ] 接頭 真っ…; 真…; 色彩が非常に鮮やかで濃いことを表わす語 ¶〜빨갛다 [〜pʼalgatʰa 〜ッパルガッタ] 真っ赤だ.

-새⁵ [sɛ セ] 接尾 ようす・形・姿・格好・気味などの意を表わす語 ¶생김〜 [sɛŋgim〜 センギム〜] 様態・姿・顔つき / 모양〜 [mojaŋ〜 モヤン〜] ようす.

새⁶ [sɛ セ] 名〈植〉チガヤ・ススキなどの総称 ¶〜지붕의 농가 [〜dʒibuŋe noŋga 〜ジブンエ ノンガ] かやぶきの農家.

새곰-하다 [sɛgomhada セゴムハダ] 形 やや酸っぱい ¶김치 맛이 〜 [kimtʃhi maʃi 〜 キムチマシ〜] キムチの味がやや酸っぱい.

새-그물 [sɛ:gumul セーグムル] 名 鳥網; かすみ網.

새근-거리다 [sɛgungɔrida セグンゴリダ] 自 ① (食い過ぎで, 腹立たしさで) 息をはずませる; あえぐ ② (幼児が) すやすやと寝息を立てる **새근-새근** [sɛgunsɛgun セグンセグン] 副 하自 すやすや; はあはあ ¶아기가 〜 잘 잔다 [agiga 〜 tʃal dʒanda アギガ〜 チャルジャンダ] 坊やがすやすや深く寝ている.

새근-하다 [sɛgunhada セグンハダ] 形 여変 骨っ節がややずきずきする ¶발목이 〜 [palmogi 〜 パルモギ 〜] 足首がずきずきする.

새큼-하다 [sɛgumhada セグムハダ] 形 여変 やや酸っぱい ¶김치 맛이 〜 [kimtʃhi maʃi 〜 キムチマシ〜] キムチの味がやや酸っぱい.

*새기다¹ [sɛgida セギダ] 他 ① 刻む; 彫る; 刻する ¶불상을 〜 [pulsʼaŋul 〜 プルサンウル〜] 仏像を刻む / 도장을 〜 [todʒaŋul 〜 トジャンウル〜] 判を彫る / 칼로 〜 [kʰallo 〜 カルロ〜] 刻を入れる ② (心に) 刻む; 記す; 銘ずる ¶마음에 〜 [maumɛ 〜 マウメ〜] 心に刻む; 心に記す / 마음 속 깊이 〜 [maum so kʼipʰi 〜 マウム ソ キピ〜] 肝に銘ずる **새기어 [새겨] 듣다** [sɛgio[sɛgjɔ] duutʼa セギオ[セギョ] ドゥッタ] 他 敬도変 心に刻みつける ¶아버지의 가르침을 〜 [abodʒie karutʃhimul 〜 アボジエ カルチムル〜] 父の教えを心に刻みつける.

새기다² [sɛgida セギダ] 他 (文章や言葉の意味を) わかりやすく解く; 解釈する; 訳する ¶한문을 〜 [ha:nmunul 〜 ハーンムヌル〜] 漢文を訳する.

새기다³ [sɛgida セギダ] 他 (牛などが) 反芻はんする = 되새김(질)하다 [twesɛgim(dʒir)hada トゥェセギム(ジル)ハダ].

새김 [sɛgim セギム] 名 ① 木・石などに刻むこと ② 文意を分かりやすく解き明かすこと; 訳すること **一질** [dʒil ジル] 名 하自他 ① (木・石に) 文字や絵を刻みつけること ② 反芻はんは'되새김(질)'・반추(反芻) [pa:ntʃhu —ンチュ].

*새-까맣다 [sɛkʼamatʰa セッカマッタ] 形 ㅎ変 ① 真っ黒だ ¶새까만 눈동자 [sɛkʼaman nuntʼoŋdʒa セッカマン ヌントンジャ] 黒い瞳は ② まったく知らない. 経済に対しては 〜 [kjɔŋdʒietɛ:hɛsɔnun 〜 キョンジェテーヘソヌン〜] 経済に関してはまったく知らない ③ はるかだ ¶새까만 후배 [sɛkʼaman hu:bɛ セッカマン フーベ] はるかな後輩 ④ すっかり忘れた ¶새까맣게

잊다[sɛk'amakʰe it'a セッカマッケ イッタ] (約束など)すっかり忘れた.

새끼¹[sɛk'i セッキ] 名 なわ ¶〜를 꼬다[〜rul k'o:da 〜ルル ッコーダ] なわをなう; あざなう **一줄**[dʒul ジュル] 名 なわ ¶〜로 묶다[〜lo mukt'a 〜ロ ムクタ] なわでしばる[くくる] /〜을 치다[〜-(dʒur)ul tʃʰida 〜-(ジュル)ル チダ] なわを張る.

※**새끼**²[sɛk'i セッキ] 名 ① 鳥類のひな; 獣の子 ¶〜를 배다[〜rul pɛ:da 〜ルル ペーダ] 子をはらむ /〜를 낳다[〜rul na:tʰa 〜ルル ナータ] 子を産む ② 俗 子供; 坊や ¶내 〜[nɛ 〜 ネ 〜] わが子 ③ 卑 野郎; やつ ¶이 개〜[i kɛ:〜 イ ケー〜] この野郎; こいつめ / 이놈의 〜[inome 〜 イノメ 〜] この野郎 **一치다**[tʃʰida チダ] 自 (動物が)子・卵を産む; 繁殖する; 増やす ¶개가 〜[kɛ:ga 〜 ケーガ 〜] 犬が子を産む / 닭이 〜[ta(l)gi 〜 タ(ル)ギ 〜] ニワトリがひなをかえす / 돈이 〜[to:ni 〜 トーニ 〜] 金が増える[利子がつく] **一손가락**[sonk'arak ソンカラク] 名 (手の)小指.

※**새다**[sɛda セダ] **1** 自 ① 漏れる ¶비가 〜[piga 〜 ピガ 〜] 雨が漏る[漏れる] ② (秘密が)漏れる ¶비밀이 〜[pi:miri 〜 ピーミリ 〜] 秘密が漏れる ③ そっと抜け出る ¶대열에서 〜[tɛjoresʌ 〜 テヨレソ 〜] 隊列から抜け出る **2** [se:da セーダ] ① 自 夜が明ける ¶날이 〜[nari 〜 ナリ 〜] 夜が明ける[明け放れる] ② 他 (夜を)明かす='새우다' ¶밤을 〜[pamɯl 〜 パムル 〜] 夜を明かす.

새-달[sɛdal セダル] 名 来月; 次の月 ¶〜 그믐께[〜 gɯmɯmk'e 〜 グムムッケ] 来月の末ごろ.

새-댁[—宅][sɛdɛk セデク] 名 ① 新妻; 若奥様(呼びあう語) ¶옆집의 〜[joptʃibe 〜 ヨプチベ 〜] 隣の新妻 ② 結婚の時, 両家が互いに呼びあう語 ③ 新居; 新しい家の敬称.

새-떼[sɛ:t'e セーッテ] 名 鳥[スズメ]の群れ.

새뜻-하다[sɛt'utʰada セットゥッタダ] 形 여变 さっぱりしている; すがすがしい ¶〜-한 차림[〜-tʰan tʃʰarim 〜-タン チャリム] こざっぱりした身なり.

※**새로(이)**[sɛro(i) セロ(イ)] 副 ① 新たに; さらに; 改めて ¶〜 만들다[〜 mandɯlda 〜 マンドゥルダ] 新たに作り替える ② 初めて; 新しく ¶〜 나온 모델[〜 naon model 〜 ナオン モデル] 初めて出たモデル.

※**새롭다**[sɛropt'a セロプタ] 形 ㅂ变 ① (過去のことがの)いまさらのようだ; 生新しい ¶기억에 〜[kiʌge 〜 キオゲ 〜] 記憶に生々しい ② (いつ見ても)いまさらに新しい ¶이것은 언제 보아도 〜[igʌsɯn ʌndʒe poado 〜 イゴスン オンジェ ポアド 〜] これはいつ見ても新しい ③ 切実である; 必要である ¶단돈 1,000원이 〜[tandon tʰonwʌni 〜 タンドン チョヌォニ 〜] たった 1,000ウォンの金でも今は大切だ.

새마을 운동[—運動][sɛmaɯr u:ndoɲ セマウル ウンドン] 名 セマウル運動 (1970年から始まった韓国の地域社会の開発運動); 新しい村づくり.

새무룩-하다[sɛmurukʰada セムルクカダ] 形 여变 ① 心中不満でむっつりしている; 膨れっ面をする ¶야단맞으면 이내 새무룩해진다[ja:danmadʒɯmjʌn inɛ sɛmuruk]kʰedʒinda ヤーダンマジュミョン イネ 〜-ケジンダ] しかられるとすぐ膨れっ面をする ② どんよりしている ¶〜-한 날씨[(sɛmuru)-kʰan nalʃi 〜-カン ナルッシ] どんよりした天気.

※**새벽**[sɛbjʌk セビョク] 名 夜明け; 早朝; 暁; 明け方 ¶먼동이 트는 〜[mo:ndoɲi tʰunun 〜 モーンドンイ トゥヌン 〜] 夜が明けようとする暁[明け方] **一같이**[(sɛbjʌk) k'atʃʰi カチ] 副 朝早く; 朝っぱらから ¶〜 웬일인가[〜 we:nniriɲga 〜 ウェーンニリンガ] 朝っぱらからどうしたんだい **一녘**[(sɛ-bjʌn)njʌk (セビョン)ニョク] 名 夜明けごろ ¶〜에야 잠이 들었다[〜-(njʌg)eja tʃami turʌt'a 〜-(ニョ)ゲヤ チャミ トゥロッタ] 夜明けごろ寝入った **一잠**[tʃ'am チャム] 名 朝寝.

새-봄[sɛbom セボム] 名 新春; 初春.

*새-**빨갛다**[sɛp'algatʰa セッパルガッタ] 形 ㅎ变 真っ赤だ ¶얼굴이 〜[ʌlguri 〜 オルグリ 〜] 顔が真っ赤だ **새-빨간**[sɛp'algan セッパルガン] 冠 とんでもない; 真っ赤な ¶〜 거짓말[〜 kʌ:dʒinmal 〜 コージンマル] 真っ赤なうそ.

새빨개-지다[sɛp'algɛdʒida セッパルゲジダ] 自 真っ赤になる ¶부끄러워 얼굴이 〜[puk'urʌwʌ ʌlguri 〜 ップクロウォ オルグリ 〜] 恥ずかしくて顔が

真っ赤になる.

새-사람 [sɛsaram セサラム] 名 ① 新人; 新進 ¶ ~을 맞이하다 [~ɯl madʒihada (セサラ)ム マジハダ] 新人を迎える ② (目上の人が言う)新婦; 新妻 ¶ ~이 들어오다 [~i tɯrooda (セサラ)ミ トゥロオダ] 新婦が嫁入りする ③ 新しく生まれ変わった人 ¶ ~이 되어 돌아오다 [~i twe tora oda (セサラ)ミ トゥェオ トラオダ] 生まれ変わって[真人間になって]帰って来る.

새-살 [sɛsal セサル] 名 肉芽(組織) ¶ ~이 돋아나다 [(sɛsar)i todanada (セサ)リ トダナダ] 肉芽が盛り上がる.

새-살림 [sɛsallim セサルリム] 名 他自 新所帯, 新生活 ¶ ~을 차리다 [~ɯl tɕʰarida (セサルリ)ムル チャリダ] 新所帯を持つ.

***새삼-스럽다** [sɛsamsɯrəpt'a セサムスロプタ] 形 ㅂ変 今更のようだ; 事新しい ¶ 어린 시절이 ~ [ərin ɕidʒəri ~ オリン シジョリ ~] 幼時のことが今更のようだ **새삼-스레** [sɛsamsure セサムスレ] 副 今更(のように) ¶ ~ 소용없다 [~ sojoŋəpt'a ~ ソヨンオプタ] 今更しようがない. 「新婦; 新妻.

새-색시 [sɛsɛkɕ'i セセクシ] 名 花嫁

새-서방 [—書房] [sɛsəbaŋ セソバン] 名 俗 花婿; 新郎; 新たに迎えた夫.

새-소리 [sɛːsori セーソリ] 名 鳥の鳴き声.

새-순 [—筍] [sɛsun セスン] 名 新芽; 若芽 ¶ ~이 나다 [~i nada (セス)ナダ] 新芽が出る. 「名 新郎; 花婿.

새-신랑 [—新郎] [sɛɕillaŋ セシルラン]

새-싹 [sɛsʼak セッサク] 名 新芽; 若芽 ¶ 장미의 ~ [tɕaŋmie ~ チャンミエ ~] バラの新芽 / 어린이는 나라의 ~ [ərininɯn narae ~ オリニヌン ナラエ ~] 子供は国の若芽.

새-아기 [sɛagi セアギ] 名 夫の両親が新婚の嫁を親しみを込めて呼ぶ語.

새-아기씨 [sɛagiɕ'i セアギッシ] ・**새-아씨** [sɛaɕ'i セアッシ] 名 新婦の尊称.

새앙-쥐 [sɛaŋdʒwi セアンジュィ] 名 〈動〉ハツカネズミ(二十日鼠).

새-언니 [sɛənni セオンニ] 名 妹が兄の妻を呼ぶ語; 姉さん.

***새우** [sɛu セウ] 名 〈動〉エビ(蝦) **—잠** [dʒam ジャム] 名 (エビのように)背中を丸めて寝る眠り ¶ ~ 자다 [~ dʒada ~ ジャダ] 猫背になって眠る **—젓** [dʒət ジョッ] 名 小エビ[アミ]の塩辛.

***새우다** [sɛuda セウダ] 他 (夜を)明かす ¶ 하룻밤을 ~ [harutp'amɯl ~ ハルッパムル ~] 一夜を明かす. 「かご.

새-장 [—欌] [sɛdʒaŋ セジャン] 名 鳥

새-참 [sɛːtɕʰam セーチャム] 名 仕事の合間のおやつ.

새-치기 [sɛːtɕʰigi セーチギ] 名 하다自 ① 割り込み ¶ ~ 하지 마라 [~hadʒi mara ~ハジ マラ] 割り込みをするな ② たまに本職以外の仕事をすること.

새침-데기 [sɛtɕʰimtʼegi セチムッテギ] 名 澄ましト屋; かまとと ¶ ~ 아가씨 [~ agaɕ'i ~ アガッシ] かまととお嬢さん.

새침-하다 [sɛtɕʰimhada セチムハダ] 1 形 つんと澄ましている 2 自 何くわぬ顔をする; つんと取り澄ます.

새콤 [새큼] -하다 [sɛkʰom [sɛkʰɯm] hada セコム[セクム]ハダ] 形 여変 やや酸っぱい[とても酸っぱい].

새-털 [sɛːtʰəl セートル] 名 鳥の羽.

***새-파랗다** [sɛpʰaratʰa セパラッタ] 形 ㅎ変 真っ青だ ¶ 새파란 하늘 [sɛpʰaran hanɯl セパラン ハヌル] 真っ青な空 **새-파랗게** [sɛpʰarakʰe セパラッケ] 副 若々しく; 青白く ¶ ~ 젊은 주제에 … [~ tɕəlmɯn tɕudʒee ~ チョルムン チュジェエ] 青二才のくせに… / ~ 질리다 [~ tɕilida ~ チルリダ] 〔恐れなどで〕顔が青白くなる[青ざめる].

새-하얗다 [sɛhajatʰa セハヤッタ] 形 ㅎ変 真っ白だ ¶ 새하얀 눈 [sɛhajan nuːn セハヤン ヌーン] 真っ白な雪.

***새-해** [sɛhɛ セヘ] 名 新年 ¶ ~ 복 많이 받으세요 [~ boŋ maːni padɯsejo ~ ボン マーニ パドゥセヨ] 新年おめでとうございます.

색 [色] [sɛk セク] 名 ① 色 ¶ ~이 질다[얕다] [(seg)i tɕit'a [jət'a] (セ)ギ チッタ[ヨッタ]] 色が濃い[浅い] ② 色事; 情事 ¶ ~을 즐기다 [(seg)ɯl tɕʰulgida (セ)グルチュルギダ] 色を好む.

색감 [色感] [sɛk'am セッカム] 名 色感 ¶ ~이 차갑다 [~i tɕʰagapt'a (セッカ)ミ チャガプタ] 色感が冷たい.

색골 [色骨] [sɛk'ol セッコル] 名 好色漢; すけべえ.

***색깔** [sɛk'al セッカル] 名 色; 色彩 ¶ ~이 곱다 [(sɛk'ar)i koːpt'a (セッカ)リ コープタ] 色がきれいだ.

색-다르다 [色—] [sɛkt'arɯda セクタルダ] 形 르変 風変わりだ; 特色がある; 趣・味わいが違う ¶ 색다른 사람 [sɛk-

색동 [色—] [sekt'oŋ セクトン] 图 5色の縞を入れた子供用の袖地 **—저고리** [dʒɔgori ジョゴリ] 图 5色の縞の袖がついた子供用のチョゴリ[上着].

색맹 [色盲] [seŋmeŋ センメン] 图 色盲.

색상 [色相] [seks'aŋ セクサン] 图 色相; 色合い; 色調 ¶ 화려한 ~ [hwarjohan ~ ファリョハン ~] 華やかな色合い.

색색 [色色] [seks'ek セクセク] 图 いろいろ(の色); さまざま(な色); 色とりどり ¶ ~으로 꾸미다 [(seks'eg)uro k'umida (セクセグ)グロックミダ] 色とりどりに飾る **—이** [(seks'eg)i (セクセ)ギ] 副 いろいろに[と]; 色とりどりに ¶ ~ 물들이다 [~ muldurida ~ ムルドゥリダ] 色とりどりに染める.

색색 [se:ks'ek セークセク] 副 하자 ① すうすう; すやすや; 幼児などが安らかに眠るさま ② はあはあ; ふうふう; 息切れの不規則な呼吸 **—거리다** [(se:ks'e)k'orida コリダ] 自 ① すやすや ¶ 아기가 ~-거리며 잘도 잔다 [agiga ~-k'orimjo tʃalt'o tʃanda アギガ ~-コリミョ チャルト チャンダ] 赤ん坊がすやすやとよく眠る ② はあはあ ¶ ~-거리며 달려오다 [~-k'orimjo talljoda ~-コリミョ タルリョオダ] はあはあと息を切らして駆けて来る.

색소폰 [seks'ophoːn セクソポーン] saxophone 图 〈楽〉サキソホン; サックス.

색시 [se:kʃi セークシ] 图 ① 年ごろの若い女性・娘 ¶ 참한 ~ [tʃhaːmhan チャームハン ~] 気立てのよい娘 ¶ 花嫁 = '새색시' ③ 若妻 = '새댁' ④ ウエートレス.

색-안경 [色眼鏡] [segaŋgjoŋ セガンギョン] 图 ① 色めがね; サングラス ¶ ~을 끼다 [~ul k'ida ~ウル キダ] サングラスをかける ② 主観的な偏見; 先入観 ¶ ~을 쓰고 사물(事物)을 관찰하다 [~ul s'ugo saːmurul kwantʃharhada ~ウル ッスゴ サームルル クァンチャルハダ] 色めがねで物事を観察する.

색-연필 [色鉛筆] [seŋnjonphil センニョンピル] 图 色鉛筆.

색원 [塞源] [segwon セグゥオン] 图 하 自他 塞源; 元をふさぐこと ¶ 발본 ~ [palbon ~ パルボン ~] 抜本塞源; 根本の原因を抜き去ること.

색-유리 [色琉璃] [seŋnjuri センニュリ] 图 色ガラス.

색인 [索引] [segin セギン] 图 索引; インデックス.

색정 [色情] [sektʃ'oŋ セクチョン] 图 色情; 情欲 ¶ ~에 빠지다 [~e p'aːdʒida ~エ ッパージダ] 色恋に憂きをやつす.

색조 [色調] [sektʃ'o セクチョ] 图 色調; 色合い ¶ 부드러운 ~ [pudurɔun ~ プドゥロウン ~] 柔らかい色調.

색-종이 [—] [sektʃ'oŋi セクチョンイ] 图 色紙 = '색지'.

색지 [色紙] [sektʃ'i セクチ] 图 色紙.

***색채** [色彩] [sektʃhɛ セクチェ] 图 色彩 ① 色; いろどり ¶ 선명(鮮明)한 ~ [sonmjoŋhan ~ ソンミョンハン ~] 鮮やかな色彩 ② 傾向; 性質 ¶ 진보적 ~ [tʃiːnbodʒɔk (s'ɛktʃhɛ) チーンボジョク ~] 進歩的色彩[傾向] **—감각** [gaːmgak ガームガク] 图 色彩感覚.

색칠-하다 [色漆—] [sektʃhirhada セクチルハダ] 自 色を塗る ¶ 벽을 푸른색으로 ~ [pjoːgul phurunseguro ~ ピョーグル プルンセグロ ~] 壁を青い色に塗る.

색한 [色漢] [sekhan セクカン] 图 好色漢 ¶ 거리의 ~ [kɔrie ~ コリエ ~] 街のオオカミ.

색향 [色郷] [sekhjaŋ セクキャン] 图 ① 美人を多く出す地方 ② 芸妓で名高い地方; 色里.

샌-님 [sɛːnnim セーンニム] 图 ① おとなしい人の別称 ② 保守的で頑固な[融通のきかない]人の別称 ③ 官職についていない学者の敬称(= 생원(生員)님 [seŋwonnim センウォンニム] の略).

샌드-백 [sendubɛk センドゥベク] sandbag 图 サンドバッグ; ボクシングの打撃練習に使う円筒形の砂袋.

샌드위치 [senduwitʃhi センドゥウィッチ] sandwich 图 サンドイッチ.

샌들 [sendul センドゥル] sandal 图 サンダル.

샐러드 [sellodu セルロドゥ] salad 图 サラダ ¶ 야채 ~ [jaːtʃhɛ ~ ヤーチェ ~] 野菜サラダ **—드레싱** [dureʃiŋ ドゥレシン] 图 サラダドレッシング.

샐러리 [sellori セルロリ] salary 图 サラリー; 月給 **—맨** [men メン] 图 サラリーマン〈和製英語〉; 月給取り.

샐룩 [selluk セルルク] 副 하 自他 ぴくっ; ぴくり; 筋肉や皮膚の一部がひき

つるように動くさま **—거리다**[(sɛllu)-kʼɔrida コリダ] 自他 しきりにぴくぴくする[させる] ¶입술을 ~ [ipsʼurul ~ イプスルル ~] 唇をぴくぴくさせる.

샐비어[sɛlbiɔ セルビオ] salvia 名〈植〉サルビア.

샐쭉-하다[sɛltʃʼukʰada セルチュクカダ] 自他 여変 ① (不満や恨めしさに) 拗ねる; いやな顔をする; 膨れっ面をする ② 口や目をぴくっとする **샐쭉-거리다**[sɛltʃʼukʼɔrida セルチュクコリダ] 自他 ① (口などを)しきりにゆがめる[とがらす]; 膨れっ面をする ¶입을 ~ [ibul ~ イブル ~] 口をとがらす ② (物が)ゆがむようにしきりに動く[動かす].

***샘**¹[sɛːm セーム] 名 ① 泉 ¶~이 솟다 [~i sotʼa (セー)ミ ソッタ] 泉が湧く ② 腺 ¶땀~[tʼam (sɛm) ッタム(セム)] 汗腺.

샘²[sɛːm セーム] 名 하他 妬み; 嫉み; 嫉妬 ; 焼きもち; うらやみ; 부러움[sɛam セアム] ¶~을 부리다[~ɯl purida (セー)ムル プリダ] 焼きもちを焼く **—바리**[bari バリ] 名 ねたみ屋; 焼きもち焼き; 負けず嫌い.

샘-나다[sɛːmnada セームナダ] 自 妬ましくなる; 焼ける ¶너무 예뻐서 ~ [nɔmu jepʼɔsɔ ~ ノム イェーッポソ ~] あまり美しいので焼ける.

샘-내다[sɛːmnɛda セームネダ] 自他 妬だむ; 焼きもちを焼く ¶남의 성공을 ~ [name sɔŋgoŋul ~ ナメ ソンゴンウル ~] 人の成功をねたむ.

샘-물[sɛːmmul セームムル] 名 泉の水; わき水.

샘-솟다[sɛːmsotʼa セームソッタ] 自 ① 泉が湧く ② (力・勇気などが)沸き立つ; 沸き上がる; あふれ出る ¶새로운 힘이 ~ [sɛroun himi ~ セロウン ヒミ ~] 新しい力が沸き立つ[沸いてくる].

샘-터[sɛːmtʰɔ セームト] 名 水のわき出る所; 泉のほとり. 「ンプル」見本.

샘플[sɛmpʰul セプル] sample 名 サ

샛-[sɛt セッ] 接頭 色彩が極めて鮮やかで濃いことを表わす語; 真っ… ¶~ 빨갛다[~pʼalgatʰa ~パルガッタ] 真っ赤だ; 真紅だ.

샛-강[一江][sɛtʼkaŋ セーッカン] 名 本流と合流する川の支流.

샛-길[sɛtʼkil セーッキル] 名 抜け道; 脇道; 近道; 横道 ¶~로 가다[~lo kada ~ロ カダ] 抜け道を通る.

샛-노랗다[sɛnnoratʰa センノラッタ] 形 ひどく黄色い; 真っ黄色だ.

샛-문[一門][sɛːmun セーンムン] 名 正門の脇の通用門; 仕切り戸.

샛-별[sɛːtpʼjɔl セーッピョル] 名 (明けの)明星; 啓明; 金星.

생-[生][sɛŋ セン] 接頭 ① 生な ¶~밤 [~bam ~バム] 生グリ / ~굴[~gul ~グル] 生ガキ / ~맥주[~mɛktʃʼu ~メクチュ] 生ビール / ~방송[~baŋsoŋ ~パンソン] 生放送; ライブ ② 無理; 曖昧 ¶~트집[~tʰudʒip ~トゥジプ] 無理な言がかり

-생[生][sɛŋ セン] 接尾 …生まれ ¶10월~[jiwɔl~ シウォル~] 10月生まれ.

생가[生家][sɛŋga センガ] 名 ① 生家; 実家; 親里 ② 養子の生家.

생-가슴[生—][sɛŋgasum センガスム] 名 余計な[無駄な]心配; 取り越し苦労 ¶~을 앓다[~ɯl altʰa (センガス)ム ルアルタ] 取り越し苦労をする; いたずらに気をもむ.

***생각**[sɛŋgak センガク] 名 ① 考え; 思い ¶옛 ~ [jeː (sʼɛŋgak) イェーッ ~] 昔の思い ② 意見 ¶내 ~은 이렇다 [nɛ (sɛŋgag) un irɔtʰa ネ (センガグ)ニロッタ] 私の意見はこうこうである ③ 願い; 欲望; 関心 ¶술 ~이 간절(懇切)하다[sul (sɛŋgag) i kaːndʒɔrhada スル (センガ)ギ カーンジョルハダ] 酒が飲みたくて切ない ④ 心; 気持ち ¶아무 ~도 없이[aːmu ~tʼo ɔːpʼi アーム ~ト オープシ] 何の気なしに; 何心もなく / 할 ~이 없다[hal (sɛŋgag) i ɔːptʼa ハル (センガ)ギ オープタ] やる気がない ⑤ 研究する心 ¶~을 짜 내다 [(sɛŋgag) ɯl tʃʼa nɛːda (センガ)グルッチャ ネーダ] 頭をひねる ⑥ 意図; 意向; つもり ¶가 볼 ~이다[ka bol (sɛŋgag) ida カ ボル (センガ)ギダ] 行って見るつもりだ ⑦ 配慮 ¶한 번 더 ~해 주세요[han bɔn dɔ (sɛŋga)kʰetʃusejo ハン ボン ド ~ケ チュセヨ] もう一度ご配慮をお願いします ⑧ 看做なす ¶포기한 것으로 ~하다[pʰoːgihan kɔsuro (sɛŋga)kʰada ポーギハン コスロ ~カダ] 放棄したものと看做す **—하다**[(sɛŋga)kʰada カダ] 自他 考える; 思う **—나다**[(sɛŋgaŋ) nada (センガン)ナダ] 自 (心に)浮かぶ; 思い出す[つく]; 考えつく ¶계획이 ~ [keː-

생강

hwegi ~ ケーフェギ ~] 計画が考えつく **—해 내다**[(sɛŋga)kʰe nɛːda ケネーダ] 他 思い起こす; 思い出す ¶ 약속을 ~[jaks'ogɯl ~ ヤクソグル ~] 約束を思い出す **—다 못해**[t'a motʰɛ タモーッテ] 副 考えあぐねて; 思い余って **—되다**[t'weda トゥェダ] 自(受動) 考えられる; 思われる **—컨대**[(sɛŋga)kʰɔndɛ コンデ] 副 思うに; 考えるに.

*생강[生薑][sɛŋgaŋ センガン] 名〈植〉ショウガ(生姜). 「もの='날것'.
생-것[生—][sɛŋgɔt センゴッ] 名 なま
생겨-나다[sɛŋgjɔnada センギョナダ] 自 生ずる; 成立する; 発生する.
생계[生計][sɛŋge センゲ] 名 生計; 家計; 暮らし ¶ ~를 세우다[~rɯl seuda ~ルル セウダ] 生計を立てる.
생-고기[生—][sɛŋgogi センゴギ] 名 なま肉 = 날고기[nalgogi ナルゴギ].
생-고생[生苦生][sɛŋgosɛŋ センゴセン] 名 하自 余計な[しなくてもよい]苦労.
생-고집[生固執][sɛŋgodʒip センゴジプ] 名 えこじ; 片意地; つまらない意地っ張り ¶ ~을 부리다[(sɛŋgodʒib)ul purida (センゴジブ)ル プリダ] いたずらに我を張る; 片意地を張る.
생-과부[生寡婦][sɛŋgwabu センガァプ] 名 夫と生き別れた女性; 結婚してまもなく夫が死んで独りになった女性.
생-과자[生菓子][sɛŋgwadʒa センガァジャ] 名 生菓子.
생-글[生—][sɛŋgul セングル] 名 生ガキ.
생글[sɛŋgɯl セングル] 名 하自 にこやかに ¶ ~ 웃어 보이다[(sɛŋgɯl) usɔ boida (セングル ルソ ボイダ] にこやかに笑って見せる **—거리다**[gɔrida ゴリダ] 自 にこやかに笑う **—생글**[sɛŋgɯl sɛŋgɯl セングル セングル] 副 하自 にこやかに.
생긋[sɛŋgɯt セングッ] 副 하自 にこっと; にっこり(と) ¶ ~하면서 눈으로 인사(人事)하다[(sɛŋgɯt)tʰamjɔnsɔ nunuro insahada ~タミョンソ ヌヌロ インサハダ] にっことしながら目であいさつする[目礼する] **—거리다**[k'ɔrida コリダ] 自 にこにこ笑う **—생긋**[(sɛŋgɯt)s'ɛŋgɯt セングッ セングッ] 副 하自 にこにこと **—이**[(sɛŋgɯt)i (センクシ] 副 にこっと; にっこりと.
생기[生氣][sɛŋgi センギ] 名 生気; 色; 活気 ¶ ~가 넘치다[~ga nɔmtʃʰida ~ガ ノムチダ] 生気があふれる.
*생기다[sɛŋgida センギダ] 1 自 生じる

생명

① できる ¶ 애인(愛人)이 ~[ɛːini ~ エーイニ ~] 恋人ができる ② (物事が)起こる ¶ 사건이 ~ [sa:k'ɔni ~ サーコニ ~] 事件が起こる ③ (手に)入る; ¶ 돈이 ~[toːni ~ トーニ ~] 金ができる 2 補形 語尾 …ように見える[である] ¶ 예쁘게 ~[je:p'ɯge ~ イェップゲ ~] 顔がきれいだ.
*생김-새[sɛŋgimsɛ センギムセ] 名 顔つき; 顔; 顔立ち; 格好; 姿; 見かけ; =생김-생김[sɛŋgimsɛŋgim センギムセンギム] ¶ ~는 훌륭하다[~nɯn hulljuŋhada ~ヌン フルリュンハダ] 見かけはすばらしい.
생-난리[生亂離][sɛŋnalli センナルリ] 名 わけもないたいへんな騒ぎ.
생-년월일[生年月日][sɛŋnjɔnwɔril セニョヌォリル] 名 生年月日.
생-돈[生—][sɛndon センドン] 名 無駄な金; 意に反して使う金.
생동[生動][sɛŋdoŋ センドン] 名 하自 生動 ¶ ~감 넘치는 글씨[~gamnɔːmtʃʰinun kɯlʃ'i ~ガム ノームチヌン クルッシ] 生動感あふれる字.
생-떼(거리)[生—][sɛnt'e(gori) センッテ(ゴリ)] 名 横車; ない物ねだり ¶ ~같은 억지[~gatʰɯn ɔktʃ'i ~ガトゥン オクチィ] へ理屈 **—쓰다**[s'uda ッスダ] 自 横車を押す; 無理押しをする; 我意を張る ¶ 생떼를 써서 정하다[sɛŋt'erul s'ɔsɔ tʃɔːŋhada センッテルル ッソソ チョーンハダ] 無理押しに決める.
*생략-하다[省略—][sɛŋnjakhada センニャクハダ] 他 省略する; 略する; 省く ¶ 설명을 ~[sɔlmjɔŋul ~ ソルミョンウル ~] 説明を省く.
생리[生理][sɛŋni センニ] 名 生理; 月経 ¶ ~ 현상 ~ hjɔːnsaŋ ~ ヒョーンサン] 生理現象 **—대**[dɛ デ] 名 月経帯.
생-매장[生埋葬][sɛŋmɛdʒaŋ センメジャン] 名 하他 ① 生き埋め ② 社会的に葬ること ¶ 사회에서 ~되다[sahweesɔ ~dweda サフェエソ ~ドゥェダ] 社会から葬り去られる.
생-맥주[生麥酒][sɛŋmɛktʃ'u センメクチュ] 名 生ビール
생면-부지[生面不知][sɛŋmjɔnbudʒi センミョンブジ] 名 一度も会ったことのない人 ¶ ~의 사람[~e saːram ~エ サーラム] まったく見知らぬ人.
*생명[生命][sɛŋmjɔŋ センミョン] 名 生命; 命 ¶ ~의 은인(恩人)[~e unin

~エ ウニン] 命の親.

생모[生母] [sɛŋmo センモ] 名 生母; 生みの母; 実母.

생-목숨[生一] [sɛŋmoks'um センモクスム] 名 ① (生ける)命 ¶~을 끊다 [~ul k'unthɑ (センモクス) ムル ックンタ] 自殺する ② 無実の人の命.

생-무지[生一] [sɛŋmudʒi センムジ] 名 (ずぶの)素人 ¶저런 ~에게 일을 맡기다니… [tʃɔrɔn ~ege i:rul matk'idani チョロン ~エゲ イールル マッキダニ] あんなずぶ[まったく]の素人に仕事をまかせるとは….

*__생물__[生物] [sɛŋmul センムル] 名 生(き)物.

생-방송[生放送] [sɛŋbaŋsoŋ センバンソン] 名 他自他 生放送; ライブ.

생불[生佛] [sɛŋbul センブル] 名 生き仏; 高徳の僧.

생사[生死] [sɛŋsa センサ] 名 生死; 生き死に ¶~ 불명 [~ bulmjɔŋ ~ ブルミョン] 生死不明.

생-사람[生一] [sɛŋsaram センサラム] 名 ① 無辜の人; 無実な人 ¶~ 잡다 [~ dʒapt'a ~ ジャプタ] 無実の罪に陥れる ② 全然かかわりの[何の関係も]ない人 ¶~을 붙잡고 하소연하다 [~ul putsʼapkʼo hasojɔnhada (センサラム) ル プッチャプコ ハソヨンハダ] 何の関係もない人をつかまえて哀願する.

*__생산-하다__[生産一] [sɛŋsanhada センサンハダ] 他 生産する; 作[造]り出す ¶식량을 ~ [ʃiŋnjaŋul ~ シンニャングル ~] 食糧を生産する **생산-고** [sɛŋsango センサンゴ] 名 生産高.

생-살[生一] [sɛŋsal センサル] 名 ① 肉芽 ¶~이 돋아나다 [(sɛŋsar)i todanada (センサリ) トダナダ] 肉芽が盛り上がる ② (炎症のない健康な)皮膚; 筋肉 ¶~을 째다 [(sɛŋsa)rul tʃʼeːda (センサ)ルル ッチェーダ] 筋肉[皮膚]を切開する.

생색[生色] [sɛŋsɛk センセク] 名 面目を立てること; 面目が立つこと; 手柄顔; 得意顔 ¶~(이) 나다 [sɛŋsɛŋ[sɛŋsɛgi] nada センセン[センセギ] ナダ] 面目が立つ; 体面が保たれる / ~(을)내다 [sɛŋsɛŋ[sɛŋsɛgul] nɛːda センセン[センセグル] ネーダ] 自分の手柄にする; 顔を立てる; 恩に着せる / ~쓰다 [~sʼuda ~ッスダ] 恩着せがましくふるまう.

*__생생-하다__[生生一] [sɛŋsɛŋhada センセンハダ] 形 여변 生き生きしている; 生々しい; 新鮮だ ¶~한 표현 [~han pʰjohjɔn ~ハン ピョヒョン] 生き生きした表現 / ~한 기억 [~han kiɔk ~ハン キオク] 生々しい記憶 / 야채가 아주 ~ [jaːtʃʰega adʒu ~ ヤーチェガ アジュ ~] 野菜が非常に新鮮だ.

*__생선__[生鮮] [sɛŋsɔn センソン] 名 鮮魚 ¶싱싱한 ~ [ʃiŋʃiŋhan ~ シンシンハン ~] 生きのよい魚 **—가게** [gaːge ガーゲ] 名 魚屋 **—회**(膾) [hwe フェ] 名 刺身; 魚肉のなます.

*__생소-하다__[生疎一] [sɛŋsohada センソハダ] 形 ① 疎い; 見知らない ¶얼굴이 ~ [ɔlguri ~ オルグリ ~] 見知らぬ顔だ ② 不慣れだ; 不案内だ ¶일이 ~ [iːri ~ イーリ ~] 不慣れな仕事だ.

생수[生水] [sɛŋsu センス] 名 生水; 泉から湧き出る清い水; 〈基〉生命の水.

생식[生殖] [sɛŋʃik センシク] 名 他自 生殖 **—기** [(sɛŋʃi)kʼi ~ キ] 名 〈生〉生殖器 **—기능** [(sɛŋʃi)kʼinuŋ キヌン] 名 生殖機能 **—본능** [pʼonnuŋ ポンヌン] 名 生殖本能 **—불능** [pʼulluŋ プルルン] 名 生殖不能 **—세포** [sʼeːpʰo セーポ] 名 生殖細胞.

생신[生辰] [sɛŋʃin センシン] 名 目上の人・老人の誕生日の敬称 ¶~을 축하(祝賀)드립니다 [~ul tʃʰukʰadurimnida (センシ) ヌル チュクカドゥリムニダ] お誕生日をお祝い申しあげます.

*__생애__[生涯] [sɛŋɛ センエ] 名 生涯 ¶위인의 ~ [wiːne ~ ウィイネ ~] 偉人の生涯.

생업[生業] [sɛŋɔp センオプ] 名 生業; なりわい; 稼業 ¶~에 힘쓰다 [(sɛŋɔb)e himsʼuda (センオ)ベ ヒムッスダ] 生業[稼業]に精を出す.

생-으로[生一] [sɛŋuro センウロ] 副 ① 生で; 生のままで ¶쇠고기를 ~ 먹다 [sweːgogirul ~ mɔkt'a スェーゴギルル ~ モクタ] 牛肉を生で食べる ② 無理じいに; 理由なく ¶두 사람을 ~ 갈라 놓다 [tuː saramul ~ kalla notʰa トゥー サラムル ~ カルラ ノッタ] 2人を無理じいに別れさせる.

생-이별[生離別] [sɛŋnibjɔl センニビョル] 名 自他 生き別れ(血肉や夫婦の間柄に使う) ¶어려서 ~한 아이 [ɔrjɔsɔ (sɛŋnibjɔr)han ai オリョソ ~ハン アイ] 幼くして生き別れになった子供.

*__생일__[生日] [sɛŋil センイル] 名 生まれ

생전[生前][sɛŋdʒɔn センジョン] **1** 名 生前; 生きている間; 死ぬ前 ¶부모님 ~에[pumonin ~e プモニム(センジョ)ネ] 親の生前に **2** 副 ① 全然; いくらやっても ¶~ 모르는 사람[~ morɯnɯn sa:ram ~ モルヌン サーラム] 全然知らない人 / ~ 헛일이다[~ hɔnnirida ~ ホンニリダ] いくらやっても無駄なことだ ② 生まれてこのかた ¶~ 처음이다[~ tʰo:ɯmida ~ チョーウミダ] 生まれて初めてだ.

*생존-하다[生存—][sɛŋdʒɔnhada センジョンハダ] 自 生存する; 生き残る ¶아직도 ~-하고 있다[~-hago it'a アジクト ~-ハゴ イッタ] まだ生きて[生き残って]いる 생존-경쟁[sɛŋdʒɔngjɔ:ŋdʒɛŋ センジョンギョーンジェン] 名 生存競争.

생-죽음[生—][sɛŋdʒugɯm センジュグム] 名 自 非命[非業]の死; 横死.

생쥐[sɛːndʒwi セーンジュィ] 名 〈動〉ハツカネズミ(二十日鼠).

생즙[生汁][sɛŋdʒɯp センジュプ] 名 果物・野菜をすりつぶして絞り出した汁.

생-지옥[生地獄][sɛŋdʒiok センジオク] 名 生き地獄.

생질[甥姪][sɛŋdʒil センジル] 名 (男から見て)姉妹の息子; 甥 **—녀**(女)[jp ㇽョ] 姉妹の娘; 姪.

생채[生菜][sɛŋtʃʰɛ センチェ] 名 青菜のあえもの.

생-채기[sɛŋtʃʰɛgi センチェギ] 名 掻き傷; 擦り傷 ¶긁힌 ~[~kɯlkʰin ~ クルキン ~] 掻き傷.

생체[生體][sɛŋtʃʰe センチェ] 名 生体 **—반응**[ba:nɯŋ バーヌン] 名 生体反応 **—실험**[ʃirhɔm シロム] 名 生体実験.

생태[生態][sɛŋtʰɛ センテ] 名 生態 **—계**[ge ゲ] 生態系 **—변화**[bjɔ:nhwa ビョーンファ] 生態の変化.

생태[生太][sɛŋtʰɛ センテ] 名 乾かしていないスケトウダラ.

생-트집[生—][sɛŋtʰɯdʒip セントゥジプ] 名 自他 わけもなくやたらにけち[因縁]をつけること; 言いがかり ¶~을 잡다[(sɛŋtʰɯdʒib)ɯl tʃapt'a セントゥジブル チャプタ] 理由なく因縁をつける; 無理難題を吹っかける.

생판[生—][sɛŋpʰan センパン] 名 副 まったく(の); 全然; 無理やりに ¶~ 낯선 사람[~ nas'ɔn sa:ram ~ ナッソン サーラム] 全然見たことのない人.

생포-하다[生捕—][sɛŋpʰohada センポハダ] 他 生け捕る ¶적을 ~[tʃʰɔgɯl ~ チョグル ~] 敵を生け捕る.

생필-품[生必品][sɛŋpʰilpʰum センピルプム] 名 生活必需品の略.

생화[生花][sɛŋhwa センファ] 名 生花; 自然の花.

*생활[生活][sɛŋhwal センファル] 名 自 生活; 暮らし ¶성실(誠實)한 ~[sɔŋʃirhan ~ ソンシルハン ~] まじめな生活 / 검소(儉素)한 ~[kɔ:msohan ~ コームソハン ~] 質素な暮らし.

샤머니즘[ʃa:mɔnidʒɯm シャーモニジュム] shamanism 名 シャーマニズム.

샤워[ʃawɔ シャウォ] shower 名 自 シャワー; シャワーを浴びること.

샤프[ʃa:pʰɯ シャープ] sharp 名 形 シャープ; 鋭いこと ¶~한 사람[~-han sa:ram ~ハン サーラム] シャープな人 **—펜슬**[pʰensɯl ペンスル] シャープペンシル.

샴페인[ʃampʰein シャムペイン] 〈フ〉champagne 名 シャンパン; シャンペン ¶~을 터뜨리다[~ɯl tʰot'ɯrida (シャムペイ)ヌル トットゥリダ] シャンペンを抜く.

샴푸[ʃampʰu: シャムプー] shampoo 名 シャンプー.

샹들리에[ʃandɯllie シャンドゥルリエ] 〈フ〉chandelier 名 シャンデリア.

섀도[ʃɛdo: シェド—] shadow 名 シャドー.

*서¹[sɔ ソ] 冠 3つ; 3; ='세' ¶~말[~mal ~マル] 3斗 / ~푼[~pʰun ~プン] 3文.

*서²[sɔ ソ] 助 ① …から; …より; ='에서' ¶서울~ 부산까지[sɔul~ pusank'adʒi ソウル~ プサンッカジ] ソウルから釜山まで ② …(し)てから; …で ¶먹고~[mɔk'o~ モッコ~] 食べてから / 서이~[sɔi~ ソイ~] 3人で.

*서[西][sɔ ソ] 名 西; '서쪽'[西方]の略.

서가[書架][sɔga ソガ] 名 書架・書棚.

서간[書簡][sɔgan ソガン] 名 書簡; 手紙 **—문학**[munhak ムンハク] 名 書簡文学.

서거[逝去][sɔːgɔ ソーゴ] 名 自 逝去; 亡くなること.

서곡[序曲][sɔːgok ソーゴク] 名 ① 序曲; プレリュード ② 〈比喩的に〉前触れ.

서광[曙光][sɔːgwaŋ ソーグァン] 名 曙

서구 [西歐] [sɔgu ソグ] 名 西欧 ¶~문화 [~ munhwa ~ ムンファ] 西欧文化.

서글서글-하다 [sɔgɯlsɔgɯrhada ソグルソグルハダ] 形 性格が大らかでこだわらない; 度量が広く優しい ¶~-한 성격 [~-han sɔːŋkʼjɔk ~-ハンソーンキョク] 大らかな性格.

***서글프다** [sɔgɯlpʰɯda ソグルプダ] 形 (으変) もの悲しい; わびしく哀れだ; うら悲しい; はかない; やるせない ¶서글픈 얼굴 [sɔgɯlpʰɯn ɔlgul ソグルプン オルグル] もの悲しい顔 **서글피** [sɔgɯlpʰi ソグルピ] 副 もの悲しく; わびしく.

***서기** [西紀] [sɔgi ソギ] 名 西紀; 西暦.

서까래 [sɔkʼarɛ ソッカレ] 名 垂木たるき.

서껀 [sɔkʼɔn ソッコン] 助 …も一緒に; …やら ¶동생~ 함께 왔다 [toŋsɛŋ~ hamkʼe watʼa トンセン~ ハムッケ ワッタ] 弟までも一緒にやって来た.

***서남** [西南] [sɔnam ソナム] 名 西南
—쪽 [tʃʼok ッチョク] 名 西南(の方)
—풍 [pʰuŋ プン] 名 西南の風.

서낭-당 [—堂] [sɔnaŋdaŋ ソナンダン] 名 〈民〉村の守護神を祭っている祠ほこら; 村の守護神が手乗り移っているという木の下に石を積み上げた所.

***서너** [sɔnɔ ソノ] 冠 3つか4つ; 3・4 **—너덧** [nɔdɔt ノドッ] 数 3・4または4・5 **서넛** [sɔnɔt ソノッ] 数 3つか4つ; 3・4.

서느렇다 [sɔnɯrɔtʰa ソヌロッタ] 形 (ㅎ変) やや冷たい; ひんやりする; (心が)ぞぞっとする ¶간담(肝膽)이 ~ [kaːndami ~ カーンダミ ~] ぞぞっとする.

***서늘-하다** [sɔnɯrhada ソヌルハダ] 形 (여変) ① やや冷たい; 冷ややかだ; 涼しい ¶등이 ~ [tɯŋi ~ トゥンイ ~] 背中が冷える ② (心が)ひやりと寒気がする ¶간담(肝膽)을 ~-하게 하다 [kaːndamɯl ~-hage hada カーンダムル ~-ハゲ ハダ] 心胆を寒からしめる.

‡서다 [sɔda ソダ] 自 ① 立つ; 立ち上がる; 起立する ¶산상에 ~ [sansaŋe ~ サンサンエ ~] 山上に立つ / 간신히 ~ [kanʃini ~ カンシニ ~] やっと立ち上がる / 자리에서 ~ [tʃariesɔ ~ チャリエソ ~] 席から起立する ② 建つ ¶빌딩이 ~ [bildiŋi ~ ビルディンイ ~] ビルが建つ ③ 鋭くなる ¶칼날이 ~ [kallari ~ カラリイ ~] 刀の刃が鋭くなる ④ 開かれる ¶시장이 ~ [ʃiːdʒaŋi ~ シージャンイ ~] 市場が開かれる[立つ] ⑤ 位置を占める; 立つ ¶우위에 ~ [uwie ~ ウウィエ ~] 優位に立つ ⑥ 心が決まる; 覚悟がつく ¶결심이 ~ [kjɔlʃimi ~ キョルシミ ~] 決心がつく ⑦ (理論が)通る; 立つ ¶이치(理致)가 ~ [iːtʃʰiga ~ イーチガ ~] 理屈が通る / 말발이 ~ [maːlpʼari ~ マールパリ ~] 話の筋道が立つ ⑧ (虹にじが)立つ; かかる ¶무지개가 ~ [mudʒigega ~ ムジゲガ ~] 虹が立つ[かかる] ⑨ 子供ができる; 身ごもる; 妊娠する ¶아기가 서나보다 [agiga sɔnaboda アギガ ソナボダ] 子供ができたみたいだ[身ごもったようだ] ⑩ 利き目・効能が見える ¶약발이 ~ [jakpʼari ~ ヤクパリ ~] 薬の利き目[効能]が見え出す ⑪ よく守られる; 保たれる ¶명령이 ~ [mjɔːŋnjɔŋi ~ ミョーンニョンイ ~] 命令がよく守られる / 체면이 ~ [tʃʰemjɔni ~ チェミョニ ~] 体面が保たれる ⑫ (国家が)立つ ¶민주 국가가 ~ [mindʒuguk'aga ~ ミンジュグクカガ ~] 民主国家が立つ ⑬ 止[停]まる ¶시계가 ~ [ʃigega ~ シゲガ ~] 時計が止まる / 열차가 ~ [jɔltʃʰaga ~ ヨルチャガ ~] 列車が止まる ⑭ 〈他動詞的に〉…をする; …に立つ ¶보증을 ~ [poːdʒɯŋɯl ~ ポージュンウル ~] 保証する / 보초를 ~ [poːtʃʰorɯl ~ ポーチョルル ~] 歩哨に立つ.

서두 [序頭] [sɔːdu ソードゥ] 名 初め; 冒頭; 書き出し ¶논문의 ~ [nonmune ~ ノンムネ ~] 論文の書き出し.

***서두르다** [sɔdurɯda ソドゥルダ] 自他 (르変) 急ぐ; あせる; 慌てる; =**서둘다** [sɔdulda ソドゥルダ] ¶조급(躁急)히 서둘지 마라 [tʃogɯpʰi sɔduldʒi mara チョグピ ソドゥルジ マラ] せっかちに急ぐな[あせるな].

***서랍** [sɔrap ソラプ] 名 引き出し ¶~을 열다 [(sɔrap)ɯl jɔːlda (ソラ)プル ヨー

クンム チョーンニ ~] 国務総理代理.

서러워-하다 [sɔrʌwʌhada ソーロウォハダ] 自他 여변 悲しむ; 痛ましく思う; 嘆く ¶죽음을 ~ [tʃugumurl ~ チュグムル ~] 死を悲しむ.

***서럽다** [sɔːrʌpta ソーロプタ] 形 ㅂ変 悲しい; 恨めしい; つらい ¶푸대접을 받아 ~ [pʰudɛtɕɔbul pada ~ プデジョブル パダ ~] 冷遇を受けて恨めしい. **서러움** [sʌrʌum ソーロウム] 名 悲しみ=설움 [sɔːrum ソールム].

***서로** [sɔro ソロ] 1 副 お互いに; 共に ¶~ 돕다 [~ toːpt'a ~ トープタ] お互に助け合う 2 名 お互い; 双方 **—서로** [sɔro ソロ] 副 お互に ¶~ 격려(激勵)하다 [~ kjɔŋnjɔhada ~ キョンニョハダ] お互に励まし合う.

서론 [序論] [sɔːron ソーロン] 名 序論; 序説; 前書き; はしがき ¶~에서 설명하다 [~esɔ sɔlmjɔŋhada (ソーロ)ネソ ソルミョンハダ] 序論で説明する.

***서류** [書類] [sɔrju ソリュ] 名 書類 —**중요** ~ [tʃuŋjo ~ チューンヨ ~] 重要書類 **—함** (函) [ham ハム] 書類箱.

***서른** [sɔrun ソルン] 冠 数 三十; 30.

서름-하다 [sɔrumhada ソルムハダ] 形 여변 ① (対人関係などが)親しくない; 疎い ¶~한 사이 [~-han sai ~-ハン サイ] 疎い仲 ② 不慣れだ; 不案内だ; 下手だ; 未熟だ.

***서리¹** [sɔri ソリ] 名 ① 霜 ¶첫~ [tʃʰɔt(s'ɔri) チョッ~] 初霜 ② 打擊; 大損害 ¶큰 ~ 된 ~ [tweːn ~ トゥェーン ~] ひどい打擊 **—맞다¹** [mat'a マッタ] 自 ① 霜枯れる ¶~-맞은 꽃 [~-madʑun k'ot ~-マジュン ッコッ] 霜焼けした花 ② 霜枯れのように萎れる; ひどい打擊を受けてしょげる **서릿발** [sɔrip'al ソリッパル] 名 ① 霜柱 ¶~이 서다 [(sɔrip'ar)i sɔda (ソリッパリ) ソダ] 霜柱が立つ ② 霜が降りる気配 ③ (権威・刑罰などが)非常に厳しいこと ¶~같은 호령 [~gatʰun hoːrjɔŋ ~ガトゥン ホーリョン] 秋霜のごとき号令 [叱咤と].

서리² [sɔri ソリ] 名 하타 群れをなして鶏・スイカなどを盗んで取べるいたずら **—맞다²** [mat'a マッタ] 自 いたずら者たちに盗まれる **—꾼** [k'un ックン] 名 人の畑などを荒らすいたずら者.

서리 [署理] [sɔːri ソーリ] 名 하타 代理 ¶국무 총리 ~ [kuŋmu tʃʰoːŋni ~ クンム チョーンニ ~] 国務総理代理.

서리다 [sɔrida ソリダ] 自 ① (香りが)漂う ② (湯気が)立ち込める; 曇る ¶유리창에 김이 서려 있다 [juritʃʰaŋe kiːmi sɔrjɔ it'a ユリチャンエ キーミ ソリョ イッタ] 窓ガラスが湯気で曇っている ③ (胸・心の中に)潜む; 秘められる ¶그리움이 서린 눈빛 [kuriumi sɔrin nunp'it クリウミ ソリン ヌンピッ] 恋しさを秘めたまなざし.

서막 [序幕] [sɔːmak ソーマク] 名 序幕 ¶오페라의 ~ [opʰerae ~ オペラエ ~] オペラの序幕.

서먹-하다 [sɔmɔkʰada ソモクハダ] 形 여변 気まずい; 疎い; 照れくさい ¶인사(人事)하기가 어쩐지 ~ [insa-hagiga ɔtʃʰɔndʑi ~ インサハギガ オッチョンジ ~] あいさつするのが何だか気まずい **서먹서먹-하다** [sɔmɔksʰɔmkʰada ソモクソモクハダ] 形 여변 照れくさい; よそよそしい; 気まずい ¶~한 사이 [~-kʰan sai ~-カン サイ] 気まずい仲.

서명 [署名] [sɔːmjɔŋ ソーミョン] 名 하자 署名; サイン(sign) **—날인** [narin ナリン] 名 하자 署名捺印.

서문 [序文] [sɔːmun ソームン] 名 序文; はしがき ¶~을 쓰다 [~ul s'uda (ソーム)ヌル ッスダ] 序文を書く.

***서민** [庶民] [sɔːmin ソーミン] 名 庶民; 平民 ¶~의 목소리 [~e mokso'ri (ソーミ)ネ モクソリ] 庶民の声 **—계급** [gegup ゲグプ] 名 庶民階級 **—금융** [gumjuŋ グミュン] 名 庶民金融 **—문학** [munhak ムンハク] 名 庶民文学 **—층** [tʃʰuŋ チュン] 名 庶民層.

서반아 [西班牙] [sɔbana ソバナ] 名 〈地〉"스페인"「スペイン」の漢字音表記.

서방 [書房] [sɔbaŋ ソバン] ① 名 俗 夫 ② 婿・妹の夫・夫の既婚の弟に対する呼称 ③ 依名 〈史〉官職のない人の呼ぶ語 ¶김~ [kim~ キム~] 金さん **—님** [nim ニム] ② 旦那だんさま('서방'の敬称) **—질** [dʑil ジル] 名 하자 間男; 人妻が他の男と密通すること.

서벅-거리다 [sɔbɔkk'ɔrida ソボクコリダ] 自 さくさくする ① リンゴ・ナシなどの果物をかむような音がする ② 砂地を歩くような音がする **서벅-서벅** [sɔbɔksɔbɔk ソボクソボク] 副 하자 하形 さくさく.

***서부** [西部] [sɔbu ソブ] 名 西部 ¶~

극[~guk ～グク] 西部劇; ウエスター ン=**서부 활극**(活劇)[sɔbu hwalguk ソブ ファルグク].

*서북[西北][sɔbuk ソブク] 名 西北; 北西 **—풍**[phuŋ プン] 北西の風.

서브¹[sɔbɯ ソブ] sub 名 サブ **—노트**[noːthɯ ノートゥ] 名 サブノート **—타이틀**[thaithɯl タイトゥル] 名 サブタイトル; 副題.

서브²[sɔːbɯ ソーブ] serve 名 [하自] サ

서비스[sɔːbisɯ ソービス] service 名 [하自他] サービス ¶ **~품**(商品)[~ sanphum ～サンプム] サービス品.

서사[敍事][sɔːsa ソーサ] 名 [하自他] 叙事 **—시**[ji シ] 名 叙事詩.

서서-히[徐徐—][sɔːsɔi ソーソイ] 副徐々に; ゆっくり; おもむろに ¶ **~** 움직이다[~ umdʒigida ～ ウムジギダ] おもむろに動く.

서성-거리다[sɔsɔŋgɔrida ソソンゴリダ] 自 ① うろつく; うろうろする; ぶらつく ¶ 번화가를 ~ [pɔnhwagarɯl ~ ポンファガルル ~] 繁華街をうろつく ② (気持ちが)そわそわする.

서술-하다[敍述—][sɔːsurhada ソースルハダ] 他 叙述する ¶ 사건을 상세 (詳細)히 ~ [saːkʼɔnɯl sanseiː ~ サーコヌル サンセイ ~] 事件を詳しく叙述する.

서스펜스[sɔsɯphensɯ ソスペンス] suspense 名 サスペンス ¶ 스릴과 ~ [sɯrilgwa ~ スリルグァ ~] スリルとサスペンス; 戦慄感と緊張感.

서슬[sɔsɯl ソスル] 名 ① 刃物の刃先などの鋭い[とがった]部分 ¶ **~이 푸른 칼날**[(sɔsɯr)i phurɯn khallal (ソス)リ プルン カルラル] ぞっとするほど鋭く光る刃先 ② (言行の)剣幕; 鋭い気勢 ¶ **~이 시퍼렇다**[(sɔsɯr)i jiphɔrɔtha (ソス)リ シポロッタ] 刃物などが非常に鋭い; ものすごい剣幕だ / **~이 시퍼래서 대들다**[(sɔsɯr)i jiphɔrɛsɔ tɛːdɯlda (ソス)リ シポレソ テードゥルダ] 鋭い気勢でつめ寄る.

서슴-거리다[sɔsɯmgɔrida ソスムゴリダ] 自他 (言動を)躊躇ちゅうちょする; ためらう; もじもじする ¶ **딱 잘라 말못하고 ~** [tʼak tʃʼalla maːlmothago ～ ッタク チャルラ マールモッタゴ ~] きっぱりと言えずにもじもじする.

*서슴다[sɔsɯmtʼa ソスムタ] 自他 躊躇ちゅうちょする; ためらう ¶ 서슴지 않고 들어오다[sɔsɯmtʃʰi ankʰo tɯrɔoda ソスムチ アンコ トゥロオダ] ためらわずに入って来る.

서슴-없다[sɔsɯmɔpˀtʼa ソスムオプタ] 形 躊躇ちゅうちょしない; ためらわない ¶ 서슴없는 태도[sɔsɯmɔmnɯn thɛːdo ソスモムヌン テード] 躊躇しない態度

서슴-없이[sɔsɯmɔpˀjʼi ソスモプシ] 副 躊躇しないで; ためらわずに; ずけずけと ¶ **~ 말하다**[~ maːrhada ~ マールハダ] ためらわずに[きっぱりとはっきり]話す.

서식-하다[棲息—][sɔːʃikhada ソーシクカダ] 自 生息する ¶ 잉어는 민물에 서식한다[iːŋɔnɯn minmure sɔːʃikhanda イーンオヌン ミンムレ ソーシクカンダ] コイは淡水に生息する.

서신[書信][sɔʃin ソシン] 名 書信; 手紙; 便り ¶ **~을 받다**[~ ɯl patʼa (ソシ) ヌル パッタ] 書信を受け取る.

서약-하다[誓約—][sɔːjakhada ソーヤクカダ] 他 誓約する; 誓う ¶ 비밀을 지키겠다고 ~ [piːmirɯl tʃikhigetʼago ~ ピーミルル チキゲッタゴ ~] 秘密を守ると誓約する.

*서양[西洋][sɔjaŋ ソヤン] 名 西洋 **—요리**[ɲjori ニョリ] 名 西洋料理 **—화가**[hwaːga ファーガ] 名 洋画家.

서열[序列][sɔːjɔl ソーヨル] 名 序列; 順序 ¶ **~이 위다**[(sɔːjɔr)i wida (ソーヨ)リ ウィダ] 序列が上である.

서예[書藝][sɔje ソイェ] 名 書道 ¶ **—학원**(學院)[~ hagwɔn ～ ハグォン] 書道塾 / **—가**[~ga ~ ガ] 書(芸)家.

*서운-하다[sɔunhada ソウンハダ] 形 [어変] 物足りない; 名残惜しい; なんとなく寂しい ¶ **~-한 마음**[~-han maɯm ～-ハン マウム] 物足りない心.

*서울[soul ソウル] 名 ①〈地〉ソウル (韓国の首都) ② 首都; 京; 都 ¶ 프랑스의 ~은 파리이다[phɯraŋsɯ (sour)ɯn phariida プランスエ (ソウ)ルン パリイダ] フランスの首都はパリだ.

서유럽[西—][sɔjuːrɔp ソユーロプ] 名 西ヨーロッパ.

서이[sɔːi ソーイ] 副 数 3人(で) ¶ **~서 동업**(同業)**하다**[~sɔ toŋɔphada ~ ソ トンオプハダ] 3人が事業を共同して行なう.

서자[庶子][sɔːdʒa ソージャ] 名 庶子.

서장[署長][sɔːdʒaŋ ソージャン] 名 署長 ¶ 경찰·세무·소방 ~ [kjɔːŋtʃhal·

sɛ:mu・sobaŋ ~ キョーンチャル・セーム・ソバン ~] 警察・税務・消防 署長.

서재[書齋][sɔdʒɛ ソジェ] 名 書斎.

서적[書籍][sɔdʒɔk ソジョク] 名 書籍.

서전[緒戰][sɔ:dʒɔn ソージョン] 名 緒戦 ¶~을 장식(裝飾)하다[~ɯl tʃaŋ-ʃikhada(ソージョ)ヌル チャンシクカダ] 緒戦[初戦]を飾る.

*서점[書店][sɔdʒɔm ソジョム] 名 書店; 本屋; = 책방(册房)[tʃhɛkp'aŋ チェクパン].

서정[抒情・敍情][sɔ:dʒɔŋ ソージョン] 名 [하자] 叙情 ―문[mun ムン] 名 叙情文 ―시[ʃi シ] 名 叙情詩.

*서-쪽[西—][sɔtʃ'ok ソッチョク] 名 西方; 西 ¶해가 ~으로 지다[hɛga(sɔtʃ'og)uro tʃida ヘガ (ソッチョ)グロ チダ] 日が西に沈む.

서체[書體][sɔtʃhe ソチェ] 名 書体= 글씨체[kɯlʃ'itʃhe クルッシチェ] ¶명조의 ~[mjɔŋdʒoe ~ ミョンジョエ ~] 明朝の書体.

서치-라이트[sɔ:tʃhiraithɯ ソーチライトゥ] searchlight 名 サーチライト; 探照灯.

서커스[sɔ:khɔsɯ ソーコス] circus 名 サーカス.

서클[sɔ:khɯl ソークル] circle 名 サークル ¶문학 ~[munhak (sɔ:khɯl) ムンハク ~] 文学サークル.

서킷[sɔ:khit ソーキッ] circuit 名 サーキット ¶아시아 ~ 골프[asia ~ golphɯ アシア ~ ゴルフ] アジアサーキットゴルフ.

*서투르다[sɔ:thurɯda ソートゥルダ] 形 [르変] ① 不慣れだ; 下手だ; まずい; 未熟だ; ~ 서툴다[sɔ:thulda ソートゥルダ] ¶글이 ~[kɯri ~ クリ ~] 文章が下手だ/ 그 일은 ~[kɯ i:rɯn ~ ク イールン ~] その仕事は不慣れだ[未熟だ] ② (相手を)よく知らない; ぎこちない; 疎い ¶그와는 서투른 사이다[kɯwanɯn sɔ:thurɯn saida クワヌン ソートゥルン サイダ] 彼とはよく知らない間柄だ/ 일본 사정에 ~[ilbon sa:dʒɔŋe ~ イルボン サージョンエ ~] 日本の事情に疎い.

서편[西便][sɔphjɔn ソピョン] 名 西側; 西の方.

서평[書評][sɔphjɔŋ ソピョン] 名 書評; ブックレビュー.

서포터[sɔphɔ:thɔ ソポート] supporter 名 サポーター; (サッカーでの)支持者.

서핑[sɔ:phiŋ ソーピン] surfing 名 サーフィン; 波乗り = 파도타기[phadothagi パドタギ].

서한[書翰][sɔhan ソハン] 名 書簡; 手紙 ¶~ 문학[~ munhak ~ ムンハク] 書簡文学 = 서간 문학(書簡文學) [sɔganmunhak ソガンムンハク].

서행[徐行][sɔ:hɛŋ ソーヘン] 名 [하자] 徐行 ¶~ 구간[~ gugan ~ グガン] 徐行区間.

서향―나무[瑞香—][sɔ:hjaŋnamu ソーヒャンナム] 名 〈植〉 ジンチョウゲ.

석[石][sɔk ソク] 依名 石='섬' ¶공양미 300~[ko:njaŋmi sambɛk(s'ɔk) コーンヤンミ サムベク~] 供養米300石.

*석[sɔ:k ソーク] 冠 数 3つの; 3 ¶~달[~t'al ~タル] 3か月 / ~장[~tʃ'aŋ ~チャン] 3枚.

석가[釋迦][sɔk'a ソカ] 名 釈迦 ―모니[moni モニ] 名 釈迦牟尼 ―모니불[monibul モニブル] 名 釈迦牟尼仏 ―세존(世尊)[se:dʒon セージョン] 名 釈迦牟尼の尊称; 釈尊 ―여래[jɔrɛ ヨレ] 名 釈迦如来; お釈迦様.

석간[夕刊][sɔk'an ソクカン] 名 夕刊.

석고[石膏][sɔk'o ソッコ] 名 〈鉱〉 石膏 ―상[saŋ サン] 名 石膏像.

석굴-암[石窟庵][sɔk'uram ソックラム] 名 石窟庵(韓国南東部の古代新羅の都, 慶州の吐含山中腹にある石窟内の庵).

석굴암

석권-하다[席卷·席捲—] [sɔk'wɔn-hada ソククォンハダ] 他 席巻する ¶천하를 ~[tʃʰonharul ~ チョンハルル ~] 天下を席巻する.

석기[石器] [sɔk'i ソッキ] 名 石器 — **시대**[ʃidɛ シデ] 名〈史〉石器時代 ¶신—[ʃin ~] 新石器時代.

석-달[sɔ:kt'al ソークタル] 名 3か月.

석란[石蘭] [sɔŋnan ソンナン] 名〈植〉イワラン(石蘭); コチョウラン(胡蝶蘭).

*__석류__[石榴] [sɔŋnju ソンニュ] 名〈植〉ザクロ(石榴)(の実).

석물[石物] [sɔŋmul ソンムル] 名 墓の前に備える石造物(石人·石獣·石灯·石柱·床石(= 祭壇)など).

석방-하다[釋放—] [sɔkp'aŋhada ソクパンハダ] 他 釈放する ¶피의자를 ~[pʰi:idʒarul ~ ピーイジャルル ~] 被疑者を釈放する.

석별[惜別] [sɔkp'jɔl ソクピョル] 名 하]自他 惜別; 名残り ¶~의 눈물[(sɔkp'jɔr)e nunmul (ソクピョ)レ ヌンムル] 惜別の涙.

석불[石佛] [sɔkp'ul ソクプル] 名 石仏 = 돌부처[to:lbutʃʰo トールブチョ].

석사[碩士] [sɔks'a ソクサ] 名 (大学院の)修士 — 과정[~ gwadʒɔŋ ~ グァジョン] 修士課程.

석-삼년[—三年] [sɔ:ks'amnjɔn ソークサムニョン] 名 長い年月; 9年.

석상[席上] [sɔks'aŋ ソクサン] 名 席上 ¶연회 ~[jɔ:nhwe ~ ヨーンフェ ~] 宴会席上.

석쇠[sɔks'we ソクスェ] 名 焼き網 = 적쇠[tʃɔks'we チョクスェ].

석수[石手] [sɔks'u ソクス] 名 石工 — **장이**(匠—)[dʒaŋi ジャンイ] 石工をさげすんで言う語.

석양[夕陽] [sɔgjaŋ ソギャン] 名 夕陽 ①夕日; 入り日 ¶~에 물든 하늘[~e muldun hanul ~エ ムルドゥン ハヌル] 夕焼けの空 ②夕暮れ; 夕方 ¶~에 돌아오다[~e toraoda ~エ トラオダ] 夕陽に帰る ③(人生の)たそがれ(どき) ¶인생의 ~에 서다[insɛŋe ~e sɔda インセンエ ~エ ソダ] 人生のたそがれに立つ.

석연-하다[釋然—] [sɔgjɔnhada ソギョンハダ] 形 여za 釈然としている; 割り切っている; (気分がすっきりする ¶~-치 않은 얼굴[~-tʃʰi anun ɔlgul ~-チ アヌン オルグル] 釈然としない顔; 割り切れない顔.

*__석유__[石油] [sɔgju ソギュ] 名〈鉱〉石油; オイル **—난로**(煖爐)[na:llo ナールロ] 石油ストーブ.

석재[石材] [sɔktʃ'ɛ ソクチェ] 名 石材 ¶—상[~saŋ ~サン] 石材商.

석조[石造] [sɔktʃ'o ソクチョ] 名 石造(り) —**전**[—dʒɔn ~ジョン] 石造殿.

석차[席次] [sɔktʃʰa ソクチャ] 名 席次 ①座席の順 ¶~를 정하다[~rul tʃɔ:ŋ-hada ~ルル チョーンハダ] 座席を決める ②成績の順位 ¶~가 오르다[~-ga oruda ~ガ オルダ] 席次が上がる.

석청[石淸] [sɔktʃʰɔŋ ソクチョン] 名 深山の木や岩の間で採れる蜂蜜なら.

*__석탄__[石炭] [sɔktʰan ソクタン] 名〈鉱〉石炭 ¶~을 때다[~ul t'ɛ:da (ソクタ)ヌル ッテーダ] 石炭をたく.

석패-하다[惜敗—] [sɔkpʰɛhada ソクペハダ] 自 惜敗する ¶한 점 차로 ~[han dʒɔm tʃʰaro ~ ハン ジョムチャロ ~] 1点の差で惜敗する.

석학[碩學] [sɔkʰak ソクカク] 名 碩学ᆨ; 大学者.

석화[石花] [sɔkʰwa ソククァ] 名 ①〈貝〉カキ = 굴조개[kuldʒogɛクルジョゲ] ②〈植〉地衣; 岩石に生えるコケ(苔).

석화[石火] [sɔkʰwa ソククァ] 名 石火; (火打ち石の火が一瞬のものであることから)きわめて短い時間; すばやい動作 ¶전관 ~[tʃɔ:ŋwaŋ ~ チョーングァン ~] 電光石火.

석회[石灰] [sɔkʰwe ソククェ] 名〈化〉石灰; いしばい **—석**[sɔk ソク] 石灰石 **—수**[su ス] 名 石灰水.

*__섞다__[sɔkt'a ソクタ] 他 混ぜる; 混ぜ合わせる; 交える ¶술에 물을 ~[sure murul ~ スレ ムルル ~] 酒に水を割る[混ぜる].

섞-바꾸다[sɔkp'ak'uda ソクパックダ] 他 交互に順序を替える; (順番に)交代する; 交換する.

섞-바뀌다[sɔkp'ak'wida ソクパックィダ] 自 交互に順序が替わる; 順番に交代される.

섞박-지[sɔkp'aktʃ'i ソクパクチ] 名 塩漬けの白菜と平たく薄切りした大根とキュウリにいろいろな薬味·塩辛の汁を加えて漬けたキムチ.

*__섞이다__[sɔk'ida ソクキダ] 自 混ざる; 混じる; '섞다'の受動 ¶술에 물이 ~[sure muri ~ スレ ムリ ~] 酒に水

が混じる / 군중 속으로 ~[kundʒuŋ soguro ― クンジュン ソグロ ~] 群衆の中に入り込む.

선 [相:n ソーン] 名 見合い; 顔合わせ ¶맞~을 보다[ma(s'ɔn)ul poda マッ(ソ) ヌル ポダ] 見合する / 첫~을 보이다[tʃʰ(s'ɔn)ul poida チョッ(ソ) ヌル ポイダ] 見合いをさせる; 初顔合わせをさせる; 初公開する.

선[善] [sɔ:n ソーン] 名 善 ¶~한 사람 [~han sa:ram ~ハン サーラム] 善人.

***선**[線] [sɔn ソン] 名 線; 筋; ライン ¶~을 긋다[~ul kɯt'a (ソ)ヌル クーッタ] 線を引く; 限界を決める / ~을 넘다[~ul nɔ:mt'a (ソ)ヌル ノームタ] 男女が性的関係にまで進む; 限度を越える / ~을 대다[~ul tɛ:da (ソ)ヌル テーダ] ある機関や人と関係を結ぶ; コネをつける / ~이 닿다[~i ta:tʰa (ソ)ニ タータ] コネがつく; 関係が結ばれる / ~이 가늘다[~i kanulda (ソ)ニ カヌルダ] 線が細い; (人となりが)繊細で弱い; 気が小さい; 小心だ / ~이 굵다[~i ku:kt'a (ソ)ニ クークタ] 線が太い; (容姿が)大きく頑丈である; 気が大きい; 定量が大きい.

선 [sʌn サン] sun ― **글라스** [gulla:sɯ グルラース] 名 サングラス.

***선거**[選擧] [sɔ:ngɔ ソーンゴ] 名 <u>하他</u> 選擧 ¶공명(公明) ~[kɔŋmjɔŋ ~ コンミョン ~] 公明選擧 / 보궐(補闕) ~[po:gwɔl ― ボーグォル ~] 補欠選擧 ―**공약** [gɔŋjak ゴンヤク] 名 選擧公約 ―**공영** [gɔŋjɔŋ ゴンヨン] 名 公営選擧 ―**관리 위원회** [gwalli wiwɔnhwe グァルリ ウィウォンフェ] 名 選擧管理委員会 ―**구** [gu ク] 名 選擧区 ―**권** [k'wɔn クォン] 名 選擧権 ―**법** [p'ɔp ポプ] 名 選擧法 ―**운동** [u:ndɔŋ ウーンドン] 名 選擧運動 ―**위원** [wiwɔn ウィウォン] 名 選擧委員 ―**인** [in イン] 名 選擧人.

선-걸음 [sɔngɔrum ソンゴルム] 名 行きかけたついで(に); 出かけたついでに ¶~으로 돌아왔다[~uro torawat'a (ソンゴル)ムロ トラワッタ] 折り返し引き戻った / ~에 그의 집에 들렸다[~e kɯe tɕibe tɯlljɔt'a (ソンゴル) メ クエ チベ トゥルリョッタ] 出かけたついでに彼の家に立ち寄った.

선견[先見] [sɔngjɔn ソンギョン] 名 先見 ¶~ 지명(之明)이 있다[~dʒi-mjɔŋi it'a ~ジミョンイ イッタ] 先見の明[あらかじめ見抜く見識]がある.

선결[先決] [sɔngjɔl ソンギョル] 名 <u>하他</u> 先決 ―**문제** [mu:ndʒe ムーンジェ] 名 先決問題.

선고[宣告] [sɔngo ソンゴ] 名 <u>하他</u> 宣告 ¶무죄 ~ [mudʒwe ~ ムジュェ ~] 無罪の宣告.

선구-자[先驅者] [sɔngudʒa ソングジャ] 名 先驅者; パイオニア; 先駆け ¶봄의 ~인 매화[pome ~in mɛhwa ポメ ~イン メファ] 春の先駆けの梅.

선금[先金] [sɔngum ソングム] 名 前金; 前渡金 ¶~을 받다[~ul pat'a (ソング)ムル パッタ] 前金をもらう.

선급[先給] [sɔngup ソングプ] 名 <u>하他</u> 前払い; 先払い; 先渡し. 「天女.

선녀[仙女] [sɔnnjɔ ソンニョ] 名 仙女」

선다-형[選多型] [sɔ:ndahjɔŋ ソーンダヒョン] 名 (客観テストの)多技選択法.

선데이 [sɔndei ソンデイ] Sunday 名 サンデー; 日曜日.

선도[先導] [sɔndo ソンド] 名 <u>하他</u> 先導 ¶패트롤카의 ~[pʰɛtʰɯrolkʰa:e ― ペトゥロルカーエ ~] パトカーの先導.

선도[鮮度] [sɔndo ソンド] 名 鮮度 ¶~ 높은 생선[~ nopʰum sɛŋsɔn ― ノプン センソン] 鮮度の高い魚.

선도-하다[善導―] [sɔ:ndohada ソーンドハダ] 他 善導する ¶불량 소년을 ~[pulljaŋ so:njɔnul ― プルリャン ソーニョヌル ~] 不良少年を善導する.

선동[煽動] [sɔndoŋ ソンドン] 名 扇動; 後押し; アジテーション ¶~ 삐라[~ p'ira ~ッピラ] アジびら / ~자[~dʒa ~ジャ] 扇動者; アジテーター ―**하다** [hada ハダ] 他 扇動する; アジる; あおる; おだてる ¶민중을 ~[mindʒuŋul ~ ミンジュンウル ~] 民衆をあおる.

선두[先頭] [sɔndu ソンドゥ] 名 先頭 ¶~에 서다[~e sɔda ~エ ソダ] 先頭を切る; 先立つ.

선-두르다[縇―] [sɔnduruda ソンドゥルダ] 他 巨変 (物の)縁・ふちに何かを描いたり回りを飾りつけること; ふちどる; ふち飾りをする.

선득 [sɔnduk ソンドゥク] 副 <u>하形</u> ひやっと; ひやり; ぞっと; 何かに触れたり急に寒さを感じたり驚いたときに身に寒気を感じるさま ―**거리다** [(sɔndu)-k'ɔrida コリダ] 自 ひやっと・ひやりと・ぞっとする.

선들-바람 [sɔndɯlbaram ソンドゥルバラム] そよ風; さわやかな風; 涼風.

선뜩 [sɔnt'uk ソントゥック] 副 [하形] '선득'の強調語; ひやっと; ぞっと.

*__선뜻__ [sɔnt'ut ソントゥッ] 副 気軽に; 軽く; すばやく ¶~ 승낙하다 [~ s'ɯŋnakʰada ~ スンナクカダ] 軽く承諾する.

선뜻-하다 [sɔnt'utʰada ソントゥッタダ] 形 [여変] ① (気分や感じが)さわやかである ② (身なりや顔かたちが)端正ですっきりしている ¶~한 복장 [~han poktɕ'aŋ ~ ハン ポクチャン] すっきりした服装 **선뜻-이** [(sɔnt'ɯɕ)i (ソントゥ)シ] 副 さらりと; すっきり.

선례 [先例] [sɔlle ソルレ] 名 先例; 例 = 전례 (前例) [tɕʰɔlle チョルレ] ¶~에 따르다 [~e t'arɯda ~ エ ッタルダ] 先例にならう.

선망 [羨望] [sɔ:nmaŋ ソーンマン] 名 羨望 ¶~의 대상 (對象) [~e tɛ:saŋ ~ エ テーサン] 羨望の的 ─하다 [hada ハダ] 他 羨望する; うらやむ.

선-머슴 [sɔ:nmɔsɯm ソーンモスム] 名 落ち着きのないあわてん坊; 腕白(小僧).

선명 [鮮明] [sɔnmjɔŋ ソンミョン] 名 鮮明 ¶~한 색채 [~han sektɕʰɛ ~ ハン セクチェ] 鮮やかな色彩 ─하다 [hada ハダ] 形 鮮明だ; 鮮やかだ ¶태도가 ~ [tʰɛ:doga ~ テードガ ~] 態度がはっきりしている ─히 [i イ] 副 鮮やかに; はっきり(と); くっきり(と) ¶~ 나타나다 [~ natʰanada ~ ナタナダ] くっきりと浮かぶ.

*__선물__ [膳物] [sɔ:nmul ソーンムル] 名 [하他] 贈り物; プレゼント; お土産; お礼 ¶새해 ~ [sɛhɛ ~ セヘ ~] お年玉 / ~을 받다 [(sɔ:nmur)ul pat'a (ソンム)ルル パッタ] お土産をいただく.

선-바람 [sɔnbaram ソンバラム] 名 着ているままの格好[姿] ¶~으로 달려가다 [~uro talljɔgada (ソンバラ)ム ロ タルリョガダ] 着の身着ままの格好で駆けつける.

선바람 쐬다 [sɔ:nbaram s'weda ソーンバラム ッスェダ] 自 不慣れな地方を方々歩き回る; 異郷を回る.

선반 [sɔnban ソンバン] 名 棚 ¶~을 매다 [달다] [~ɯl mɛ:da[talda] (ソンバ)ヌル メーダ[タルダ]] 棚をつる.

선발 [選抜] [sɔ:nbal ソーンバル] 名 選抜 ¶~팀 [~tʰi:m ~ ティーム] 選抜チーム ─하다 [(sɔ:nbar)hada ハダ] 他 選抜する; (えり)抜く; すぐる.

*__선배__ [先輩] [sɔnbɛ ソンベ] 名 先輩 ¶대학 ~ [tɛ:hak (s'ɔnbɛ) テーハク ~] 大学の先輩.

선-보다 [sɔ:nboda ソーンボダ] 他 見合いをする; 会ってみる.

선-보이다 [sɔ:nboida ソーンボイダ] **1** 他 お目見えする **2** (使役) 見合いをさせる; 初公開する; 略 **선 뵈다** [sɔ:nbweda ソーンブェダ] ¶딸을 ~ [t'arul ~ ッタルル ~] 娘をお目見えする[お見合いをさせる].

*__선불__ [先拂] [sɔnbul ソンブル] 名 [하他] 先払い; 前払い; = '선급' (先給) ¶월급을 ~하다 [wɔlgɯbul (sɔnbur)hada ウォルグブル ~ハダ] 月給を前払いする.

*__선비__ [sɔnbi ソンビ] 名 ① 昔, 仕官していない在野の学者; 士人; 士 ② 学徳を兼備した人に対する敬称 ¶고학역행의 ~ [kohaŋnjɔkʰɛŋe ~ コハンニョクケンエ ~] 苦学力行の士 ③ 学者.

선산 [先山] [sɔnsan ソンサン] 名 先祖の墓がある山 = '선영' (先塋).

*__선생__ [先生] [sɔnsɛŋ ソンセン] 名 ① 先生; 教師の尊称 ¶음악 ~ [ɯmak (s'ɔnsɛŋ) ウマク ~] 音楽の先生 ② 師範; 師匠 ¶꽃꽂이 ~ [k'otk'odʑi ~ ッコッコジ ~] 生け花の師匠 ─님 [nim ニム] 名 ①「先生」の尊称 ② 女性の目上の男性に対する呼称; さん; さま ③ 人の尊称 ¶김~ [kim~ キム~] 金さん; 金様 / 의사 ~ [ɯisa ~ ウィサ ~] お医者さん.

선서 [宣誓] [sɔnsɔ ソンソ] 名 宣誓 ¶취임 ~를 하다 [tɕʰwi:im ~rul hada チュィーイム ~ルル ハダ] 就任宣誓を行う ─하다 [hada ハダ] 他 宣誓する; 誓う.

*__선선-하다__ [sɔnsɔnhada ソンソンハダ] 形 ① (天気が)さわやかだ; 涼しい ¶제법 ~ [tɕebap (s'ɔnsɔnhada) チェボプ ~] かなり涼しい ② (性質が)快活でさっぱり[あっさり]している **선선-히** [sɔnsɔni ソンソニ] 副 気軽く; 気持ちよく; 快く ¶돈을 ~ 내놓다 [to:nɯl ~ nɛ:notʰa トーヌル ~ ネーノッタ] お金を快く出す.

선수 [先手] [sɔnsu ソンス] 名 ① 先手; 機先を制すること ¶~를 치다 [~rul tɕʰida ~ルル チダ] 先手を打つ; 機先を制する ② 碁や将棋での先手[先番] ¶~로 두다 [~ro tuda ~ロ トゥダ] 先で打つ; 黒で打つ.

선수[選手][sɔːnsu ソーンス] 图 選手 ¶～단[～dan ～ダン] 選手団 /～권[～kʼwɔn ～クォン] 選手権.

선술-집[sɔnsultʃʼip ソンスルチプ] 图 居酒屋; (立ち)飲み屋.

선심[善心][sɔːnʃim ソーンシム] 图 善心 ① 善良な心 ② 人に善を施す[気前よく物を施す]心 ¶～을 쓰다[～ɯl sʼɯda (ソーンシ)ムル ッスダ] 善を施す; 気前を見せる.

선악[善惡][sɔːnak ソーナク] 图 善惡 ¶～을 분별(分別)하다[(sɔːnag)ɯl punbjɔrhada (ソーナ)グル プンビョルハダ] 善惡をわきまえる.

선약[先約][sɔnjak ソニャク] 图 他 先約; 先口 ¶～이 있어서 사절(謝絕)했다[(sɔnjag)i isʼɔsɔ saːdʒɔrhɛtʼa (ソニャ)ギ イッソソ サージョルヘッタ] 先約があるので断わった.

선양[宣揚][sɔnjaŋ ソニャン] 图 他 宣揚 ¶국위를 ～하다[kugwirul ～hada クグィルル ～ハダ] 国威を宣揚する.

선어[鮮魚][sɔnɔ ソノ] 图 鮮魚; 活魚 ¶～ 수출[～ sutʃʰul ～ スチュル] 鮮魚輸出.

***선언-하다**[宣言―][sɔnɔnhada ソノンハダ] 图 自他 宣言する; 宣する ¶개회를 ～[kɛhwerul ～ ケフェルル ～] 開会を宣する.

선열[先烈][sɔn(n)jɔl ソ(ン)ニョル] 图 ① 志士 ¶순국 ～[sunguk (sʼɔn(n)-)jɔl スングク (ソ)ンニョル] 殉国の志士 ② 先代・先祖の功績.

선영[先塋][sɔnjɔŋ ソニョン] 图 先祖の墓; 先塋ᄊᆞᆫ; =`선산`(先山).

선용[善用][sɔːnjoŋ ソーニョン] 图 他 善用 ¶여가(餘暇) ～[jɔga ～ ヨガ ～] レジャーの善用.

선-웃음[sɔːnusɯm ソーヌスム] 图 つくり笑い; お世辞笑い; から笑い.

선원[船員][sɔnwɔn ソヲォン] 图 船員; 船乗り. 「旋律; メロディー.

선율[旋律][sɔnjul ソニュル] 图〈樂〉

선의[善意][sɔːni ソーニ] 图 善意 ¶～의 경쟁[～e kjɔːndʒɛŋ ～エ キョーンジェン] 善意の競争.

선-이자[先利子][sɔnnidʒa ソンニジャ] 图 天引き(の利子); 天利.

선인-장[仙人掌][sɔnindʒaŋ ソニンジャン] 图〈植〉サボテン.

선입-관[先入觀][sɔnipkʼwan ソニプクァン] 图 先入観 ¶～에 사로잡히다 [～e sarodʒaphida (ソニプクァ)ネ サロジャピダ] 先入観にとらわれる.

선-잠[sɔːndʒam ソーンジャム] 图 うたた寝; 仮寝 ¶～을 깨다[～ɯl kʼɛːda (ソーンジャ)ムル ッケーダ] うたた寝から[寝足りないまま]目覚める.

선적[船積][sɔːndʒɔk ソンジョク] 图 他 船積み; 船積.

***선전-하다**[宣傳―][sɔndʒɔnhada ソンジョンハダ] 他 宣伝する; 触れ込む ¶신제품을 ～[ʃindʒephumul ～ シンジェプムル ～] 新製品を宣伝する.

선정[煽情][sɔndʒɔŋ ソンジョン] 图 自他 扇情 ¶～적인 자태[～dʒɔgin tʃaːtʰɛ ～ジョギン チャーテ] 扇情的な姿態.

선제[先制][sɔndʒe ソンジェ] 图 他自 先制 ¶～ 득점(得點)[～ duktʃʼɔm ～ ドゥクチョム] 先制点.

선지[sɔndʒi ソンジ] 图 (獸の)鮮血; 生き血=**선지피**[sɔndʒipʰi ソンジピ]

선짓-국[sɔndʒitkʼuk ソンジックク] 图牛の凝り固まった血を入れて煮た汁.

선진[先進][sɔndʒin ソンジン] 图 先進 ¶～국[～guk ～グク] 先進国.

선착-순[先着順][sɔntʃʰaksʼun ソンチャクスン] 图 先着順.

선창[先唱][sɔntʃʰaŋ ソンチャン] 图 他 先唱; 音頭を取ること; 先に唱えること ¶～을 하다[～ɯl hada ～ウル ハダ] 音頭を取る.

선창[船艙][sɔntʃʰaŋ ソンチャン] 图 波止場; 埠頭푸ᄃᆞᆼ; 船着き(場); 桟橋 ¶배를 ～에 대다[perul ～e tɛːda ペルル ～エ テーダ] 船を桟橋につける.

선처-하다[善處―][sɔːntʃʰɔhada ソーンチョハダ] 图 自動 善処する; 取り計らう ¶상의(相議)하여 ～[saŋihajɔ ～ サンイハヨ ～] 相談のうえ善処する.

선친[先親][sɔntʃʰin ソンチン] 图 先父; 人に対し自分の亡くなった父をいう語.

***선택-하다**[選擇―][sɔːntʰɛkʰada ソーンテクハダ] 他 選択する; 選ぶ; 選ぶ ¶배우자를 ～[pɛːudʒarul ～ ペーウジャルル ～] 配偶者を選択する.

선편[船便][sɔnpʰjɔn ソンピョン] 图 船便 ¶～으로 부치다[～uro putʃʰida (ソンピョ)ヌロ プチダ] 船便で送る.

선포[宣布][sɔnpʰo ソンポ] 图 他 宣布 ¶계엄령을 ～[keːɔmnjɔŋul ～-hada ケーオムニョンウル ～ハダ] 戒厳令を敷く[宣布する].

선풍[旋風][sɔnpʰuŋ ソンプン] 名 旋風 ¶검거 ~[kɔ:mgʌ ~ コームゴ ~] 検挙の旋風／~적인 인기[~dʒʌgin ink'i ~ジョギン インキ]旋風的な人気.

선풍-기[扇風機][sɔnpʰuŋgi ソンプンギ] 名 扇風機；ファン.

선-하다[sɔ:nhada ソーンハダ] 形 [여변] ありありと目に浮かぶ；目にちらつく ¶고향 산천이 눈에 ~[kohjaŋ santʃʰʌni nune ~ コヒャン サンチョヌ ヌネ ~] 故郷の山河が目に浮かぶ.

선-하다[善—][sɔ:nhada ソーンハダ] 形 善良だ；おとなしい；= 착하다[tʃʰakʰada チャクァダ].

선-하품[sɔ:nhapʰum ソーンハプム] 名 生あくび ¶~을 참다[~ul tʃʰa:mt'a (ソーンハプ) ムル チャームタ] 生あくびをかみ殺す.

선호[選好][sɔ:nho ソーンホ] 名 選り好み ¶남아 ~[nama ~ ナマ ~] 男児を好むこと.

섣달[sɔ:t'al ソーッタル] 名 (陰暦の)12月；臘月；師走 **—그믐**[gumum グムム] 名 大みそか；大つごもり.

섣-불리[sɔ:tp'ulli ソーップルリ] 副 下手に；なまじいに；うっかり ¶~ 건드리지 마라[~ kɔ:ndurid3i mara ~ コーンドゥリジ マラ] うっかり触るなよ；下手に手をつけるな.

***설**[sɔ:l ソール] 名 お正月；元旦；='설날' ¶~을 쇠다[(sɔ:r) ul swe:da (ソー)ルル スェーダ] 元旦を祝う；新年を迎える[過ごす].

설[説][sɔl ソル] 名 ① 説；意見；見解；主張 ¶그의 ~에는 반대이다[kuæ (sɔr) enun pa:ndɛida クエ(ソ)レヌン パーンデイダ] 彼の説[見解]には反対である ② 風説；うわさ ¶…있으리라는 ~이 나돌다[is'urirarunun (sɔr)i nadolda イッスリラヌン (ソ)リ ナドルダ] …あるだろうとの風説が流れる.

설-[sɔl ソル] 接頭 生の；不十分な；未熟な ¶~익다[~likt'a ~ リクタ] 十分煮えていない；未熟である／~굽다[~gupt'a ~グプタ] 素焼きにする.

***설거지**[sɔlgʌdʒi ソルゴジ] 名 [하][自][他] 食後の後片づけ；皿洗い；= ×'설걸이' ¶저녁 ~를 하다[tʃʌnjʌk (s'ʌlgʌdʒi) rul hada チョニョク ~ルル ハダ] 夕飯後の後片づけをする.

***설계**[設計][sɔlge ソルゲ] 名 [하][自][他] 設計 ¶건축 ~[kɔ:ntʃʰuk (s'ʌlge) コーンチュク ~] 建築設計.

설-날[sɔ:llal ソールラル] 名 元旦がん；お正月.

설다[sɔ:lda ソールダ] [ㄹ語幹] 1 自 ① 半熟・生半熟する；生煮えする ¶밥이 ~[pabi ~ パビ ~] ご飯が生煮えである ② 寝不足だ= ¶잠이 ~[tʃami ~ チャミ ~] 2 形 慣れない ¶낯이 ~[natʃʰi ~ ナチ ~] 顔なじみでない.

설득[說得][sɔlt'uk ソルトゥク] 名 [하][他] 説得 ¶~력 [sɔlt'uŋnjʌk ソルトゥンニョク] 説得力.

설-듣다[sɔlduɯt'a ソルドゥッタ] 他 [ㄷ変] 生聞きする；はっきり聞かない.

설랑[sɔllaŋ ソルラン] 助 …では ¶여기~ 놀지 마라[jʌgi~ no:ldʒi mara ヨギ~ ノールジ マラ] ここでは遊ぶなよ.

설렁-거리다[sɔllʌŋgʌrida ソルロンゴリダ] 自 (ひんやりした風が軽く)そよ吹く；腕を軽く振りながらさっそうと歩く.

설렁설렁-하다[sɔllʌŋsɔllʌŋhada ソルロンソルロンハダ] 自形 [여변] (空気が)冷え冷えとする；(驚いて)ひやっとする.

설렁-탕[—湯][sɔllʌŋtʰaŋ ソルロンタン] 名 牛の頭・骨・ひじ肉・内臓などを入れて煮込んだ汁，その汁をご飯にかけた食べ物.

설렁탕

설렁-하다[sɔllʌŋhada ソルロンハダ] 形 [여변] ① ひんやりする；やや寒い ② (驚いて)ひやっと[ぞっと]する ③ がらんとしている ¶~-한 빈 방[~-han pi:n paŋ ~-ハン ピーン パン] がらんとした空き部屋.

설레다[sɔlleda ソルレダ] 自他 ① 胸騒ぎがする；ときめく ¶가슴이 ~[kasumi ~ カスミ ~] 胸騒ぎがする ② (気持ちや態度が)落ち着かない；そわそわする ¶설레지 말고 앉거라[sɔlledʒi ma:lgo ank'ʌra マールゴ アンコラ] そわそわしないで座りなさい.

설레-설레[sɔllesɔlle ソルレソルレ] 副 [하][自] (否定・拒絶の意味で)頭を左右に軽くふるさま.

설령[設令][sɔlljʌŋ ソルリョン] 副 たとえそうだとしても；仮に；よしんば ¶~ 내가 잘못했다 손치더라도[~ nɛga tʃalmotʰɛt'a sontʃʰidʌrado ~ ネガ チャルモッテッタ ソンチドラド] たとえ私が誤ったとしても.

설립-하다[設立—][sɔlliphada ソルリプハダ] 他 設立する ¶회사를 ~[hwe:sarul ~ フェーサルル ~] 会社を設立する.

***설마**[sɔlma ソルマ] 副 まさか; よもや ¶~ 그럴라구[~ kɯrɔllagu ~ クロラグ] まさかそうだろうか.

설-맞다[sɔlmat'a ソルマッタ] 自他 ① 的がはずれる ¶~-맞은 총알[~-madʒɯn tʃhoŋal ~-マジュン チョンアル] 的がはずれた弾 ② 軽い程度に殴られる.

*** 설명-하다**[說明—][sɔlmjəŋhada ソルミョンハダ] 他 説明する; 説き明かす ¶자세히 ~[tʃasei ~ チャセイ ~] 詳しく説明する.

*** 설비**[設備][sɔlbi ソルビ] 名 하他 設備 ━자금[dʒagum ジャグム] 名 設備資金 ━자본[dʒabon ジャボン] 名 設備資本 ━투자[thudʒa トゥジャ] 名 設備投資.

설-빔[sɔ:lbim ソールビム] 名 하自 お正月の晴れ着 ¶~ 차림[~ tʃharim ~ チャリム] 初姿; 正月の着飾った姿.

*** 설사**[泄瀉][sɔls'a ソルサ] 名 下痢; 腹下し; 下り腹 ━하다[hada ハダ] 自 下痢をする; 腹を下す ━약(藥)[jak ヤク] 名 ① 下痢止め; 止瀉剤 ② 下し薬; 下剤.

설사[設使][sɔls'a ソルサ] 副 たとえ; 仮に; よしんば; ='설령'(設令) ¶~ 그렇다 치더라도[~ kɯrɔtha tʃhidɔrado ~ クロッタ チドラド] たとえそうであろうと.

설상-가상[雪上加霜][sɔls'aŋgasaŋ ソルサンガサン] 名 (雪の上に霜を加えるの意から)不幸なことが重なること; 泣き面に蜂; 弱り目に祟たり目.

설설[sɔlsɔl ソルソル] 副 ① (水がぐらぐら沸く) ¶찻물이 ~ 끓다[tʃhanmuri ~ k'ɯltha チャンムリ ~ ックルタ] 茶の湯がぐらぐら沸き立つ ② オンドル(温突)の部屋を暖かいさま; ほかほか; ぬくぬく ¶온돌방이 ~ 끓는다[ondolp'aŋi ~ k'ɯllɯnda オンドルパンイ ~ ックルルンダ] オンドルの部屋がほかほか暖まる ③ 頭をゆっくり横に振るさま ④ 長い脚でゆっくり這うさま; ほうほう; のそのそ ⑤ おびえておどおどするさま; たじたじ; こわごわ; おそるおそる ━기다[gida ギタ] 自 (人の前で)恐れてたじたじとなる[ちぢみ上がる]; たじたじとたじろぐ.

설악-산[雪嶽山][sɔraks'an ソラクサン] 名 雪岳山ソラクサン(韓国東北部の太白山脈にある山).

설악산

설욕[雪辱][sɔrjok ソリョク] 名 하自他 雪辱 ¶~-전[~tʃ'ɔn ~ チョン] 雪辱戦.

설움[sɔ:rum ソールム] 名 悲しさ; 悲しみ.

설-음식[—飲食][sɔ:rumʃik ソールムシク] 名 お正月の料理.

설-익다[sɔ:llikt'a ソールリクタ] 自 生煮え[半煮え]になる ¶~-익은 감자[~-ligɯn kamdʒa ~-リグン カムジャ] 生煮えの(ジャガ イモ).

설-자리[sɔltʃari ソルチャリ] 名 ① 立つ場所 ② 自分の立場; 立つ瀬 ③ (射場などで)弓を射るときに立つ場所.

설전[舌戰][sɔltʃ'ɔn ソルチョン] 名 하他 舌戦; 口論 ¶심한 ~을 펼치다[ʃi:mhan ~ul phjʌltʃhida シームハン (ソルチョ) ヌル ピョルチダ] 激しい舌戦を戦わす.

설정-하다[設定—][sɔltʃ'ɔŋhada ソルチョンハダ] 他 設定する ¶목표를 ~[mokphjorul ~ モクピョルル ~] 目標を設定する.

설-치다[sɔltʃhida ソルチダ] 1 自 横行する; はびこる; 暴れる; のさばる ¶악당이 ~[akt'aŋi ~ アクタンイ ~] 悪党が横行する 2 他 …しそびれる; はぐれる ¶잠을 ~[tʃamul ~ チャムル ~] 寝そびれる; 寝はぐれる.

*** 설치-하다**[設置—][sɔltʃhihada ソルチハダ] 他 設置する; 置く; 設ける; 据え付ける; 取り付ける ¶도서관을 ~[tosɔgwanɯl ~ トソグァヌル ~] 図書館を設ける.

*** 설탕**[←雪糖][sɔlthaŋ ソルタン] 名 砂糖; 白砂糖.

섧다[sɔ:lt'a ソールタ] 形 ㅂ変 くやしい; 悲しい; 恨めしい; 胸が痛む; ='서럽다' ¶몹시 ~[mo:pʃi ~ モープシ ~] ひどく胸が痛む.

섬[sʌm ソム] 1 名 俵たわら・ひょう ¶쌀 ~[s'al~ ッサル~] 米俵こめだわら / 쌀 한 ~[s'al han~ ッサル ハン~] 米1俵ひょう

섬² **2** [依名] (穀量の)石ᴴᵒᵏᵘ(1斗の10倍).

***섬**²[島][sːːm ソーム] [名] 島 ¶ ～나라[～nara ～ナラ] 島国.

섬광[閃光][sɔmgwaŋ ソムグァン] [名] 閃光ˢᵉⁿᵏᵒᵘ ¶ 번쩍이는 ～[pɔntʃʼɔginun ～ ポンッチョギヌン ～] ひらめく閃光.

섬기다[sɔmgida ソムギダ] [他] 仕える ¶ 부모를 잘 ～[pumorul tʃal ～ プモルル チャル ～] 親によく仕える.

섬뜩-하다[sɔmtʼukhada ソムットゥクカダ] [形] [여変] ひやっとする；ぎょっとする；ひやりとする ¶ 순간(瞬間) 섬뜩했다[sungan sɔmtʼukhɛtʼa スンガン ソムットゥクケッタ] 一瞬ひやりとした.

섬-사람[sɔːmsʼaram ソームサラム] [名] 島人；島民.

섬세[纖細][sɔmse ソムセ] [名] [하形] 纖細、デリケート ¶ ～한 공예품[～han kɔŋepʰum ～ハン コンエプム] 繊細な工芸品／～한 신경[～han ʃingjɔŋ ～ハン シンギョン] デリケートな神経.

***섬유**[纖維][sɔmju ソムユ] [名] 繊維, ファイバー ¶ 식물성 ～[ʃiŋmulsʼɔŋ ～ シンムルソン ～] 植物性繊維.

섭리[攝理][sɔmni ソムニ] [名] [하他] ① 病気の養生 ② 摂理 ¶ 신의 ～[ʃine ～ シネ ～] 神の摂理.

***섭섭-하다**[sɔpsʼɔphada ソプソパダ] [形] [여変] 名残惜しい；寂しい；残念だ；惜しい；恨めしい；物足りない ¶ 친구와 헤어져서 ～[tʃhinguwa heɔdʒɔsɔ ～ チングワ ヘオジョソ ～] 友と別れて寂しい／이렇게 헤어지다니 ～[irɔkhe heɔdʒidani ～ イロッケ ヘオジダニ ～] これでお別れとは名残惜しい **섭섭-히**[sɔpsʼɔphi ソプソビ] [副] 名残惜しく；寂しく；惜しく(も)；残念に ¶ ～여기다[～ jɔgida ～ ヨギダ] 名残惜しがる.

섭씨[攝氏][sɔpsʼi ソプシ] [名] 摂氏、セ氏 ¶ ～ 10도[～ ʃipt'o ～ シプト] 摂氏10度／～ 온도계[～ ondoge ～ オンドゲ] 摂氏温度計.

섭취-하다[攝取—][sɔptʃʰwihada ソプチュィハダ] [他] 摂取する、取る；取り入れる ¶ 비타민을 ～[bithaminul ～ ビタミヌル ～] ビタミンを摂取する／신지식을 ～[ʃindʒiʃigul ～ シンジシグル ～] 新知識を取り入れる.

섰다[sɔtʼa ソッタ] **1** [自] 立っている＝서 있다[sɔ itʼa ソ イッタ]の略 **2** [名] 花札2枚でする賭博ᵗᵒᵇᵃᵏᵘの一種.

***성**[sːːŋ ソーン] [名] 怒り；憤り；腹立ち ¶ 갑자기 ～을 내다[kaptʃʼagi ～ ul nɛːda カプチャギ ～ウル ネーダ] 急に腹を立てる.

성[姓][sːːŋ ソーン] [名] 姓；名字 ¶ ～을 갈겠다[～ ul kalget'a ～ウル カルゲッタ] [慣] (間違ったら)姓を変えるよ(間違いないと断言する意).

성[性][sːːŋ ソーン] [名] 性、セックス ¶ ～에 관한 지식[～e kwanhan tʃijik ～エ クァンハン チシク] 性に関する知識.

***성가시다**[sɔŋgaʃida ソンガシダ] [形] 煩わしい；面倒だ；うるさい；やっかいだ ¶ 성가신 일이다[sɔŋgaʃin niːrida ソンガシン ニーリダ] 面倒なことだ. 「胆」.

성게[sɔːŋge ソーンゲ] [名] 〈動〉ウニ(海

***성격**[性格][sɔːŋkʼjɔk ソーンキョク] [名] 性格；性；質ᵗᵃᶜʰⁱ；キャラクター ¶ 밝은 ～[palgun ～ パルグン ～] 明るい性格.

성결[性—][sɔːŋkʼjɔl ソーンキョル] [名] 気立て；気質 ¶ 부드러운 ～[pudurɔun ～ プドゥロウン ～] 優しい気立て.

성경[聖經][sɔːŋgjɔŋ ソーンギョン] [名] 聖書、バイブル.

***성공**[成功][sɔŋgoŋ ソンゴン] [名] [하自] 成功、当たり、サクセス ¶ 실패는 ～의 어머니[ʃilpʰenun ～e ɔmɔni シルペヌン ～エ オモニ] 失敗は成功の母.

***성과**[成果][sɔŋkʼwa ソンクァ] [名] 成果 ¶ 훌륭한 ～[hulljuŋhan ～ フルリュンハン ～] 素晴らしい成果 **—급**(給)[gup ググプ] [名] 出来高払いの賃金.

성구[成句][sɔŋgu ソング] [名] [하自] 成句；フレーズ ¶ 고사 ～[성어(成語)][koːsa ～[sɔŋɔ] コーサ ～[ソンオ]] 故事成句.

성금[誠金][sɔŋgum ソングム] [名] 誠から進んで出す金 ¶ ～을 내다[～ ul nɛːda (ソング)ムル ネーダ] 献金をする.

성급-하다[性急—][sɔːŋguphada ソーングプハダ] [形] 性急だ、気早だ、せっかちだ ¶ ～한 사람[～phan saːram ～パン サーラム] 気早な[せっかちな・短気な・性急な]人 **성급-히**[sɔŋguphi ソングプヒ] [副] 性急に；気短に.

성기다[sɔŋgida ソンギダ] [形] ① 木目が粗い、透く；疎ᵐᵃᵇᵃらだ ¶ 눈이 성긴 대바구니[nuni sɔŋgin tɛbaguni ヌニ ソンギン テバグニ] 目の粗い竹かご ② (関係が)疎い；疎遠になる.

성-깔[性—][sɔːŋkʼal ソーンッカル] [名] ① 根性 ¶ ～있는 사나이[(sɔːŋkʼar)-

innun sanai (ソーンッカ) リンヌン サナイ] 根性のある男; 性格のきつい[気の強い]男 ② 鋭く険しい気質; 一癖 ¶ ~이 있다[(sɔ:ŋk'ar)i it'a (ソーンッカ) リイッタ] 一癖二癖もある.

*성-나다[sɔ:ŋnada ソーンナダ] 自 ① 腹が立つ; 憤る ¶ 머리끝까지 ~ [mɔrik'ɯtk'adʒi ~ モリックッカジ ~] 怒り心頭に発する ② (出来物・腫れ物などが) 赤く腫れあがって悪化する
성나게 하다[sɔ:ŋnage hada ソーンナゲ ハダ] 自 怒らせる.

성-내다[sɔ:ŋnɛda ソーンネダ] 自 腹を立てる; 怒る ¶ 불같이 ~ [pulgatʃhi ~ プルガチ ~] 火のように怒る.

*성냥[sɔŋnjaŋ ソンニャン] 名 マッチ ¶ ~을 긋다[~ɯl kɯt'a ~ ウル クッタ] マッチを擦る.

성년[成年][sɔŋnjɔn ソンニョン] 名 成年 **—식**[jik シク] 名 成年式.

성당[聖堂][sɔ:ŋdaŋ ソーンダン] 名 聖堂, カトリックの教会堂.

성대[盛大][sɔ:ŋdɛ ソーンデ] 名 ハヒ形 盛大 ¶ ~하게 거행(擧行)하다[~hage kɔ:hɛŋhada ~ ハゲ コーヘンハダ] 盛大に行なう **—히**[i イ] 副 盛大に.

*성립-하다[成立—][sɔŋniphada ソンニプハダ] 自 成立する; 成り立つ; まとまる ¶ 계약이 ~ [ke:jagi ~ ケーヤギ ~] 契約が成立する / 혼담 (婚談)이 성립되다[hondami sɔŋnipt'weda ホンダミ ソンニプトゥェダ] 縁談がまとまる.

*성명[姓名][sɔ:ŋmjɔŋ ソーンミョン] 名 姓名; 氏名; 名 **—부지**(不知)[budʒi ブジ] 名 姓名を知らないこと ¶ ~의 사람[~e sa:ram ~エ サーラム] まったく知らない人; 赤の他人.

성명[聲明][sɔŋmjɔŋ ソンミョン] 名 ハヒ他 声明 ¶ 탈당 ~을 내다[thalt'aŋ ~ɯl nɛ:da タルタン ~ウル ネーダ] 脱党声明を出す.

*성묘[省墓][sɔŋmjo ソンミョ] 名 ハヒ自 墓参り; 墓参; 墓詣で.

성 묘

*성미[性味][sɔ:ŋmi ソーンミ] 名 気性; 性分 ¶ 급한 ~[kuphan ~ クプハン ~] 短気 / ~가 까다롭다[~ga k'a:daropt'a ~ ガッカーダロプタ] 気難しい / ~가 맞지 않다[~ga matʃi antha ~ ガ マッチ アンタ] 性が合わない / ~가 맞다[~ga mat'a ~ ガ マッタ] 肌が合う / ~가 고약하다[~ga ko:jakhada ~ ガ コーヤクハダ] 性が悪い / 대쪽같이 곧은 ~[tɛtʃ'ok'atʃhi kodum ~ テッチョクカチ コドゥン ~] 竹を割ったようにまっすぐな性質 / ~가 나다[~ga nada ~ ガ ナダ] 怒りがこみ上げる / ~를 부리다[~rul purida ~ ルル プリダ] やたらに当たり散らす / ~가 가시다[~ga kaʃida ~ ガ カシダ] 腹立ちがおさまる.

성벽[性癖][sɔ:ŋbjɔk ソーンビョク] 名 性癖; 癖.

성별[性別][sɔ:ŋbjɔl ソーンビョル] 名 性別.

성병[性病][sɔ:ŋp'jɔŋ ソーンピョン] 名 性病 ¶ ~에 걸리다[~e kɔllida ~エ コルリダ] 性病にかかる.

성분[成分][sɔŋbun ソンブン] 名 成分; エレメント; (出身) 階層 ¶ 약의 ~[jage ~ ヤゲ ~] 薬の成分.

성사[成事][sɔ:ŋsa ソンサ] 名 ハヒ自 事を成す[事が成る] こと ¶ ~시키다[~ʃikhida ~ シキダ] 成立させる.

성산[成算][sɔŋsan ソンサン] 名 成算; 成し遂げる見込み ¶ ~없는 사업[~ɔmnum sa:ɔp (ソンサ) ノムヌン サーオプ] 成算なしの事業.

성상[星霜][sɔŋsaŋ ソンサン] 名 星霜; 年月; 歳月 ¶ 10개 ~이 흐르다[ʃipk'ɛ ~i huruda シプケ ~イ フルダ] 10年の星霜を経る. 「バイブル」

성서[聖書][sɔ:ŋsɔ ソーンソ] 名 聖書.

성쇠[盛衰][sɔ:ŋswe ソーンスェ] 名 盛衰 ¶ 흥망[영고] ~[hɯŋmaŋ[jɔŋgo] ~ フンマン [ヨンゴ] ~] 興亡[栄枯]盛衰.

성수-기[盛需期][sɔ:ŋsugi ソーンスギ] 名 需要の最も多い [盛んに使われる]時期.

성숙[成熟][sɔŋsuk ソンスク] 名 ハヒ自 成熟 ¶ ~한 여인[(sɔŋsu)khan njɔin ~カン ニョイン] 成熟した女性.

성-스럽다[聖—][sɔ:ŋsɯropt'a ソーンスロプタ] 形 ㅂ変 高潔で厳粛である; 神聖である; 神々しい.

*성실[誠實][sɔŋʃil ソンシル] 名 ハヒ形 誠実; 生まじめ; まじめ ¶ ~한 사람 [(sɔŋsir)han sa:ram ~ハン サーラム]

誠実な人 / ～한 태도 [(sɔŋsir) hantʰɛ:do ～ハン テード] まじめな態度.

성심[誠心][sɔŋʃim ソンシㇺ] 名 誠心; 真心; 誠意 ¶～의[～ sɔŋi ～ソンイ] 誠心誠意 **一껏**[k'ɔt ッコッ] 副 誠[まこと]を尽くして; 真心をもって.

성-싶다[sɔŋʃipt'a ソンシプタ] 補形 …(の)ようだ; …そうだ; …と思われる ¶비가 올 ～[piga ol (s'ɔŋʃipt'a) ビガ オル ～] 雨が降りそうだ / 한 번 본 ～ [han bɔn pon ～ ハン ボン ポン ～] 一度見かけたような気がする.

성씨[姓氏][sɔ:ŋʃ'i ソーンッシ] 名 姓氏; 名字.

성악[聲樂][sɔŋak ソンアㇰ] 名 〈楽〉声楽 **一가**[(sɔŋa)k'a] 名 声楽家.

성어[成語][sɔŋɔ ソンオ] 名 하他 成語; 成句 ¶고사 ～[ko:sa ～ コーサ ～] 故事成語.

성업[盛業][sɔ:ŋɔp ソーンオㇷ゚] 名 盛業 ¶～ 중인 사업[～ tʃ'uŋin sa:ɔp ～ チュンイン サーオㇷ゚] 盛業中の事業.

성에[sɔŋe ソンエ] 名 窓ガラスなどに水蒸気が凍りついた霜.

성역[聖域][sɔ:ŋjɔk ソーンヨㇰ] 名 聖域 ¶～없는 수사[(sɔ:ŋjɔgɔp)ɔmnɯn susa (ソーンヨㇷ゚)ゴㇺヌン スサ] 聖域のない捜査.

성욕[性慾][sɔ:ŋjok ソーンヨㇰ] 名 性欲; 肉欲 ¶～을 억제(抑制)하다 [(sɔ:ŋjog)ɯl ɔktʃ'ehada (ソーンヨㇰ)グル オクチェハダ] 性欲を押さえる.

성우[聲優][sɔŋu ソンウ] 名 声優 ¶방송국의 ～[pa:ŋsoŋguge ～ パーンソングゲ ～] 放送局の声優.

성원[成員][sɔŋwɔn ソンウォン] 名 成員 ¶～ 미달(未達)[～ mi:dal ～ ミーダル] 成員不足.

성원[聲援][sɔŋwɔn ソンウォン] 名 하他 声援 ¶모교에 ～을 보내다[mo:gjoe ～ɯl ponɛda モーギョエ (ソンウォ)ヌル ポネダ] 母校に声援を送る.

*성의[誠意][sɔŋi ソンイ] 名 誠意; 誠; 真心; 心尽くし ¶～가 없다[～ga ɔpt'a ～ガ オㇷ゚タ] 誠意を欠く **一껏**[k'ɔt ッコッ] 副 誠意を尽くして; 誠意の限り ¶～ 환대하다[～ hwandɛhada ～ ファンデハダ] 誠意を尽くして歓待する.

*성인[成人][sɔŋin ソンイン] 名 成人; 大人 ¶～이 되다[～i twedʑa (ソンイ)ニ トゥェダ] 大人になる; 成人する.

성인[聖人][sɔ:ŋin ソーンイン] 名 聖人; 聖ひじり; セント ¶～ 군자[～ gundʑa

～ グンジャ] 聖人君子.

*성장[成長][sɔŋdʑaŋ ソンジャン] 名 하自 成長; 生長; 生い育ち ¶경제～[kjɔŋdʑe ～ キョンジェ ～] 経済の伸び; 経済成長 / 어린이의 ～[ɔrinie ～ オリニエ ～] 子供の成長.

*성적[成績][sɔŋdʑɔk ソンジョㇰ] 名 成績; 出来(ばえ) ¶훌륭한 ～[hullјuŋhan ～ フルリュンハン ～] 立派な成績 / ～이 나쁜 학생[(sɔŋdʑɔg)i nap'ɯn haksɛŋ (ソンジョ)ギ ナップン ハクセン] 不成績の[出来の悪い]生徒.

성적[性的][sɔ:ŋtʃ'ɔk ソーンチョㇰ] 名 冠 性的; セクシュアル ¶～ 차별[～ tʃʰabjɔl ～ チャビョㇽ] 性的差別.

성주[sɔŋdʑu ソンジュ] 名 家の守護神 **一받이**[badʑi バジ] 名 新築または引っ越してから守り神を迎え入れる巫女ふじょの儀式 ＝ **성주굿**[sɔŋdʑugut ソンジュグッ] **一풀이**[pʰuri プリ] 名 하自 巫女が성주굿をするとき幸福を祈って歌う歌、また、その儀式.

성지[聖地][sɔ:ŋdʑi ソーンジ] 名 聖地 ¶～ 팔레스티나[～ pʰallesɯtʰina ～ パレスティナ] 聖地パレスティナ / ～ 순례[～ sulle ～ スㇽレ] 聖地巡礼.

*성질[性質][sɔ:ŋdʑil ソーンジㇽ] 名 性質; 特性 ¶온순(溫順)한 ～[onsunhan ～ オンスンハン ～] おとなしい性質 / ～이 급하다[(sɔ:ŋdʑir)i kɯmpʰada (ソーンジ)リ クㇺパダ] 気が短い.

성찬[盛饌][sɔ:ŋtʃʰan ソーンチャン] 名 素晴らしい御馳走ちそう ¶～을 베풀다[～ɯl pepʰulda (ソーンチャ)ヌㇽ ペプㇽダ] 素晴らしい御馳走を設ける.

성취[成就][sɔŋtʃʰwi ソンチュィ] 名 하自 成就 ¶소원(所願)이 ～되다 [so:wɔni ～dweda ソーウォニ ～ドゥェダ] 念願が成就する.

성큼[sɔŋkʰɯm ソンクㇺ] 副 大股おおまたで軽く活発に歩くさま **一성큼**[sɔŋkʰɯm sɔŋkʰɯm] 副 のっしのっし; つかつか ¶～ 걷다[～ kɔ:t'a ～ コーッタ] のっしのっしと大またに歩く.

성탄[聖誕][sɔ:ŋtʰan ソーンタン] 名 聖誕 **一절**(節)[dʑɔl ジョㇽ] 名 聖誕祭; クリスマス. 「城址じょう.

성-터[城一][sɔŋtʰɔ ソント] 名 城跡

성토[聲討][sɔŋtʰo ソント] 名 하他 人々が集まって誤りを討論し糾弾すること.

성패[成敗][sɔŋpʰɛ ソンペ] 名 成否; 成功と失敗 ¶～에 관계되는 문제[～e

kwangedwenɯn mu:ndʒe ~エ クァンゲドゥェヌン ムーンジェ] 成否にかかわる問題.

성품[性品] [sɔ:ŋpʰum ソーンプム] 图 品性; 心根; 人となり; 気性; 性分 ¶ 타고난 ~ [tʰagonan ~ タゴナン] 生まれつきの性分.

성-하다 [sɔŋhada ソンハダ] 圈 [여変] ① 元のままである; 損われて[痛んで]いない ¶ ~-한 접시 [~-han tʃɕpʃi ~-ハン チョプシ] 傷のない皿 ② 健やか[元気]である; 丈夫である ¶ ~-한 사람 [~-han sa:ram ~-ハン サーラム] 元気[達者]な人 **성-히** [sɔŋi ソンイ] 副 健やかに; 元気に ¶ 몸 ~ 지내다 [mom ~ tʃi:nɛda モム ~ チーネダ] 元気に暮らす; 元気でいる.

성-하다 [盛—] [sɔ:ŋhada ソーンハダ] 圈 [여変] ① 栄えている; 盛んだ ¶ 가게가 ~ [ka:ge ga: カーゲガ ~] 店が栄えている ② 生い茂っている.

*****성함[姓銜]** [sɔ:ŋham ソーンハム] 图 姓名の敬語; お名前; 芳名.

성행[盛行] [sɔ:ŋhɛŋ ソーンヘン] 图 [하自] 盛行; 盛んになること; はやること ¶ 부업(副業)이 ~ 하다 [pu:ɔbi ~hada プーオビ ~ハダ] パートタイムの仕事が盛んである.

성향[性向] [sɔ:ŋhjaŋ ソーンヒャン] 图 性向; 気質; 質 ¶ 명랑(明朗)한 ~ [mjɔŋnaŋhan ~ ミョンナンハン ~] 明るいたち.

성형[成形] [sɔŋhjɔŋ ソンヒョン] 图 [하自他] 成形 **—수술** [susul スス ル] 图 整形手術 **—외과** [we:k'wa ウェークァ] 图 整形外科.

성화[成火] [sɔŋhwa ソンファ] 图 [하自] いらいらすること; 非常に気を揉むこと ¶ ~ -가 나다 [~ga nada ~ガ ナダ] ひどく気を揉む **—를 대다** [rɯl tɛ:da ルル テーダ] 慣 だだをこねる; うるさくして煩わす ¶ 배고프다고 ~ [pɛgopʰɯdago ~ ペゴプダゴ ~] ひもじいとだだをこねる.

성화[聖火] [sɔ:ŋhwa ソーンファ] 图 聖火 ¶ 올림픽 ~ [ollimpʰik (s'ɔ:ŋhwa) オルリムピク ~] オリンピック聖火.

성화-같다[星火—] [sɔŋhwagat'a ソンファガッタ] 圈 非常に急である ¶ ~-같은 재촉 [~-gatʰɯn tʃɛtʃʰok ~-ガトゥン チェチョク] 矢の催促 **성화-같이** [sɔŋhwagatʃʰi ソンファガチ] 副 き

わめて急に[急いで]; 矢のように.

성황[盛況] [sɔ:ŋhwaŋ ソーンファン] 图 盛況; 非常に盛んなさま ¶ 대단한 ~ 이다 [tɛ:danhan ~ida テーダンハン ~ イダ] 大変なにぎわいだ **—리**(裡) [ni:] 图 盛況裏 ¶ ~-에 끝났다 [~-e k'unnat'a ~-エッ クンナッタ] 盛況のうちに終わった.

*****세[貰]** [se: セー] 图 ① 借り賃; 借料; 貸し賃; 貸し料 ¶ ~ 를 물다 [~rɯl mu:lda ~ルル ムールダ] 借料を払う ② 賃貸し; 賃借り ¶ ~ -낸 자동차 [~-nɛn tʃadoŋtʰa ~ネン チャドンチャ] 賃借りの自動車 / 방을 ~ 놓다 [paŋɯl ~notʰa パンウル ~ノッタ] 部屋を賃貸しする / —들다 [~dɯlda ~ドゥルダ] 賃借りする.

세[勢] [se: セー] 图 勢い ¶ ~ 가 꺾이다 [~ga k'ɔk'ida ~ガッコクキダ] 勢いがくじける.

*****세[歲]** [se: セー] 依名 歳 ¶ 방년 18~ [paŋnjɔn ʃipʰal (s'e) パンニョン シプパル~] 芳年18歳.

*****세 [se: セー]** 冠数 3つ; 3 ¶ ~ 사람 [~ saram ~ サラム] 3人.

-세[世] [se: セー] 接尾 …世 ① 世間; 世の中 ¶ 인간(人間)~ [ingan~ インガン~] 浮き世 ② 地質時代の区分の1つ ¶ 홍적~ [hoŋdʒɔk(s'e) ホンジョク~] 洪積世 ③ 世代や何代目かを表わす語 ¶ 나폴레옹 3~ [napʰolleoŋ sam~ ナポルレオン サム~] ナポレオン3世.

-세 [se セ] 接尾 (一緒に)…しよう ¶ 같이 가~ [katʃʰi ka~ カチ カ~] 一緒に行こう / 차를 타~ [tʃʰarɯl tʰa~ チャルル タ~] 車に乗ろう.

세간 [se:gan セーガン] 图 所帯道具; 家財道具 ¶ ~ 이 많다 [~i ma:ntʰa (セーガニ マーンタ) 所帯道具が多い / —나다[내다] [~nada[nɛda] ~ナダ[ネダ]] 分家する[分家させる].

세간[世間] [sɛ:gan セーガン] 图 世間; 世の中 ¶ ~ 의 비난을 받다 [~e pi:nanɯl pat'a (セーガネ ピーナヌル パッタ) 世の非難を浴びる.

*****세계[世界]** [se:ge セーゲ] 图 世界 ¶ ~ 관 [~gwan ~グァン] 世界観 / ~ 문학 [~ munhak ~ ムンハク] 世界文学 **—대전** [dɛ:dʒɔn デージョン] 图 世界大戦 **—보건 기구**(機構) [bo:gɔngigu ボーゴンギグ] 图 世界保健機関(WHO) **—사** [sa サ] 图 世界史

세공[細工] [se:goŋ セーゴン] 名 細工 ¶~품[~pʰum ~プム] 細工品 / 죽~[tʃuk (s'egoŋ) チュク(セゴン)] 竹細工.

*****세관**[税關] [se:gwan セーグァン] 名 税関 ¶~이 까다롭다[~i k'adaropt'a (セーグァ)ニッカダロプタ] 税関がやかましい.

「菌; 菌; ばい菌.
*****세균**[細菌] [se:gjun セーギュン] 名 細

*****세금**[税金] [se:gum セーグム] 名 税金 ¶~을 물다[~ɯl mu:lda (セーグム)ムールダ] 税金を納める[支払う].

*****세기**[世紀] [se:gi セーギ] 名 世紀 ¶~의 대결[~e tɛ:gjɔl ~エ テーギョル] 世紀の対決.

세-끼 [se:k'i セーッキ] 名 3度の食事 ¶~의 식사(食事)[~e ʃiks'a ~エ シクサ] 3食.

세-나다 [se:nada セーナダ] 自 (物が飛ぶように)よく売れる; 大変人気がある; ひっぱりだこにされる ¶한 여름이라 얼음이 ~[han njorumira ɔrumi ~ ハン ニョルミラ オルミ ~] 真夏なので氷が飛ぶように売れる.

세-나절 [se:nadʒɔl セーナジョル] 名 (半日の3倍の意で)簡単にすむことをわざと長引かせる手間をあざける言葉; 1日中 ¶~이나 걸리다 [(se:nadʒɔr)-ina kɔllida (セーナジョ)リナ コルリダ] 1日中かかる; ぐずついてひどく手間どる.

세-내다[貰―] [se:nɛda セーネダ] 他 賃借りする; 雇う ¶배를 ~[pɛrɯl ~ ペルル ~] 船を雇う.

세-놓다[貰―] [se:notʰa セーノッタ] 他 賃貸しする ¶방을 ~[paŋɯl ~ パンウル ~] 部屋を賃貸しする.

세뇌[洗腦] [se:nwe セーヌェ] 名 他 洗脳 ¶~공작[~ goŋdʒak ~ ゴンジャク] 洗脳工作.

세다¹ [se:da セーダ] 自 (髪が)白くなる ¶머리가 ~[mɔriga ~ モリガ ~] 髪が白くなる; 白髪になる.

*****세다**² [se:da セーダ] 他 数える; 計算する ¶돈을 ~[to:nɯl ~ トーヌル ~] お金を数える.

*****세다**³ [se:da セーダ] 形 ① (力・勢いが)強い ¶힘이 ~[himi ~ ヒミ ~] 力が強い ② (酒に)強い ¶술이 ~[suri ~ スリ ~] 酒に[が]強い ③ (心が)強い; 頑強だ ¶고집(固執)이 ~[kodʒibi ~ コジビ ~] 我が強い; 頑固である ④ 激しい ¶흐름이 ~[hɯrumi ~ フルミ ~] 流れが速い / 물살이 ~[muls'ari ~ ムルッサリ ~] 流れが急である ⑤ こちこちで強い ¶머리털이 ~[mɔritʰori ~ モリトリ ~] 髪の毛が強い ⑥ (仕事が)力に余って耐えがたい ¶일이 ~[i:ri ~ イーリ ~] 仕事が力に余る; 仕事がきつい ⑦ (碁・将棋などが)強い ¶수가 ~[suga ~ スガ ~] 高手である ⑧ (運命が)不運である; (星回りが)悪い ¶팔자가 ~[pʰaltsʼaga ~ パルチャガ ~] 星回りが悪い / 집터가 ~[tʃiptʰoga ~ チプトガ ~] 家相が悪い.

*****세대**[世代] [se:dɛ セーデ] 名 世代 ¶젊은 ~[tʃɔlmun ~ チョルムン ~] 若い世代 ―**교체**(交替)[gjotʃʰe ギョチェ] 名 自 世代交替; 新らしい世代に代わること.

세대[世帶] [se:dɛ セーデ] 名 所帯 ¶한 집에 두 ~[han dʒibe tu: (sedɛ) ハン ジベ トゥー (セデ)] ひとつの家に2所帯 ―**주**[dʒu ジュ] 所帯主.

세도[勢道] [se:do セード] 名 自 権勢・権力を握って勢力を張ること ¶10년 ~ 없다[jimnjon ~ ɔpt'a シムニョン ~ オプタ] 10年も続く権勢はない ―**부리다**[burida ブリダ] 自 権勢を振るう[振り回す] ―**가**[ga ガ] 名 政治上の権勢を握った人, その家門.

*****세력**[勢力] [se:rjok セーリョク] 名 勢力; 勢い ¶~ 다툼[~ t'atʰum ~ タトゥム] 勢力争い.

세련[洗鍊] [se:rjon セーリョン] 名 他 洗練 ¶~된 옷차림[~dwen otʃʰarim ~ドゥェン オッチャリム] 洗練された[あか抜けした]着こなし.

세례[洗禮] [se:re セーレ] 名 洗礼 ① キリスト教で信者になるための儀式 ¶~를 받다[~rɯl patʼa ~ルル パッタ] 洗礼を受ける. ② 特異な経験 ¶달걀 ~[talgjal タルギャル ~] 卵の洗礼 ―**명**(名)[mjoŋ ミョン] 名 クリスチャンネーム.

*****세로** [se:ro セーロ] 名 副 縦(に) ¶~쓰기[~ s'ugi ~ ッスギ] 縦書き.

세론[世論] [se:ron セーロン] 名 世論.

세말[歲末] [se:mal セーマル] 名 歲末; 年末; 歲暮 ¶어수선한 ~[ɔsusɯnhan ~ オスソンハン ~] 慌ただしい歲末.

세면[洗面] [se:mjon セーミョン] 名 他自 洗面 ¶~실[~ʃil ~シル] 洗面室 / ~대[~dɛ ~デ] 洗面台 / ~도구[~ do:gu ~ ドーグ] 洗面道具.

세-모[se:mo セーモ] 名 三角; 三角形の3つの角 **―꼴**[k'ol ッコル] 名 三角形 **―뿔**[p'ul ップル] 名 三角錐(さんかくすい).

세모[歳暮][se:mo セーモ] 名 歳暮; 年末; 年の瀬[暮れ].

세목[細目][se:mok セーモク] 名 細目 ¶ **~으로 나누다**[(se:mog) uro nanuda (セーモグ) ウロ ナヌダ] 細目に分ける.

세무[税務][se:mu セーム] 名 税務 **―사**[sa サ] 名 税理士 **―서**[sɔ ソ] 名 税務署.

세-문안[歳問安][se:munan セームナン] 名 하自 新年に御機嫌をうかがうこと、また、そのあいさつ; 年始回り.

세미-[semi セミ] semi- 接頭 セミ **―다큐멘터리**[dakʰjumentʰɔri ダキュメントリ] 名 セミドキュメンタリー; 事実に創作を加味して作った劇映画 **―프로페셔널**[pʰɯropʰeʃɔnɔl プロペショノル] 名 セミプロ; 半ばプロ化したアマチュア.

세미나[semina: セミナー] seminar 名 セミナー; ゼミナール; ゼミ.

세밀[細密][se:mil セーミル] 名 하形 細密; きわめて細かいこと; 細かく詳しいこと; 精密 ¶ **~한 지도**[(se:mir)han tʃido セーミルハン チド] 詳しい地図 / **~한 주의**[(se:mir)han tʃu:i セーミルハン チューイ] 細密な注意.

세-밀[歳—][se:mit セーミッ] 名 年の暮れ; 歳末; 年末.

세발[洗髪][se:bal セーバル] 名 하自 洗髪; 髪洗い.

세발 자전거[—自転車][se:bal dʒadʒɔŋgɔ セーバル ジャジョンゴ] 名 (子供用の)三輪車.

세배[歳拝][se:bɛ セーベ] 名 하自 新年のあいさつ; 特に目上の人に対する年始回り ¶ **~드리다**[~dɯrida ~ドゥリダ] 新年のあいさつを申し上げる **세뱃-돈**[se:bɛt'on セーベットン] 名 お年玉.

세 배

세법[税法][se:p'ɔp セーボプ] 名〈法〉税法.

세부[細部][se:bu セーブ] 名 細部 ¶ **~적인 문제**[~dʒɔgin mu:ndʒe ~ジョギン ムーンジェ] 細部的な問題.

세분[細分][se:bun セーブン] 名 하他 細分 ¶ **이익을 ~하다**[i:igul ~hada イーイグル ~ハダ] 利益を細分する.

세비[歳費][se:bi セービ] 名 歳費.

***세상**[世上][se:saŋ セーサン] 名 ① 世の中; 世間; 世 ¶ **시끄러운 ~**[ʃik'ɯrɔun ~ シックロウン ~] 物騒がしい世の中 ② 一生; 生涯 ¶ **괴로운 한~**[kwerɔun han (sesaŋ) クェロウン ハン (セサン)] 苦しい一生 ③ 現世; 来世 ¶ **~을 떠나다**[~ɯl t'ɔnada ~ウル トナダ] 世を去る ④ 世情; 物情; 世間 ¶ **~을 모르다**[~ɯl mɔrɯda ~ウル モルダ] 世[世間]を知らない; 何もわからない ⑤ 天下; 思いのままに振るまえる(独り)舞台 ¶ **우리들 ~이다**[uridul ~ida ウリドゥル ~イダ] おれたちの天下だ ⑥ 時代; 時世; 社会 ¶ **~이 바뀌다**[~i pak'wida ~イ パックィダ] 時代[時世]が変わる; 社会制度が変わる **―물정**(物情) [multʃ'ɔŋ ムルチョン] 名 世情; 物情 ¶ **~에 어둡다**[~e ɔdupt'a ~エ オドゥプタ] 世情に疎い[暗い] **―살이**[sari サリ] 名 世の中での暮らし; 世渡り **―없어도**[ɔps'ɔdo オプソド] 副 どんなことがあっても; 必ず; きっと ¶ **~ 가겠다**[~ kaget'a ~ カゲッタ] どんなことがあっても必ず行く **―없이**[ɔpʃ'i オプシ] 副 世にまたとないほど; いくら ¶ **~ 좋은 사람**[~ tʃoːun sa:ram ~ チョーウン サーラム] 世にまたとないほどいい人 **―에**[e エ] **・―천지**(天地)**에**[tʃʰɔndʒie チョンジエ] 副 何とまあ; まったく; 本当に ¶ **~ 그럴 수 있나**[~ kɯrɔl s'u inna ~ クロッル スィンナ] 何とまあ, そんなことがあり得るだろうか **―일**[사][nil[sa] ニル[サ]] 名 世事.

세세-하다[細細—][se:sehada セーセハダ] 形 여변 細々しい; きわめて詳しい ¶ **~한 점**[~han tʃɔm ~ハンチョム] 細かい点 **세세-히**[se:sei セーセイ] 副 細々と; 細々しく ¶ **~ 주의를 주다**[~ tʃuːirul tʃuda ~ チューイルル チュダ] 細々と注意を与える.

세속[世俗][se:sok セーソク] 名 世俗 ¶ **~에 따르다**[~e t'arɯda ~エッ

タルダ] 世俗に従う **—적**[tɕʼɔk チョク] 名冠 世俗的; 世間的 ¶너무나 ~인 사람 [nɔmuna (se:soktɕʼɔg)in sa:ram ノムナ (セーソクチョグ)ギン サーラム] あまりにも世間的な人.

*세수[洗手][se:su セース] 名 洗面 **—하다**[hada ハダ] 自 洗面する; 顔を洗う ¶세숫대야[se:sutʼɛja セースッテヤ] 洗面器.

세습[世襲][se:sɯp セースㇷ゚] 名 하他 世襲 ¶~ 군주[~ kʼundʑu ~ クンジュ] 世襲君主.

세시[歲時][se:ɕi セーシ] 名 歲時 ①1年中の折々 ¶~ 풍속[~ pʰuŋsok ~ プンソク] 歲時風俗 ②元旦; 正月; 年始 **—기**[gi ギ] 名 歲時記.

세심[細心][se:ɕim セーシㇺ] 名 하形 細心; 細かな心づかい ¶~한 주의 [~han tɕuːi ~ハン チューイ] 細心な注意 **—히**[i (セーシ)ミ] 副 細心に; 注意深く.

세어 보다[seɔboda セオボダ] 他 数えてみる; 略 세보다[sɛːboda セーボダ].

*-세요[sejo セヨ] 語尾 ① …なさいます(か) ¶일찍이 학교에 가~[iltɕʼigi hakʼjoe ka~] 早く学校に行きなさい / 뭘 잡수~? [mwːl tɕapsʼu~ ムォール チャプス~] 何を召しあがりますか ② …でいらっしゃいます(か) ¶저희 어머니~[tɕɔi ɔmɔni~ チョイ オモニ~] 私の母です / 안녕하~(?) [annjɔŋha~ アンニョンハ~] お元気でいらっしゃいますか; こんにちは ③ …しなさい; …してください ¶앉으~ [andʑu~ アンジュ~] お座りください / 안녕히 가~[annjɔŋi ka~ アンニョンイ カ~] さようなら (立ち去る人に対して) / 안녕히 계~[annjɔŋi ke:~ アンニョンイ ケー~] さようなら (とどまる人に対して).

*세우다[seuda セウダ] 他 **1** ①立てる ¶기둥을 ~[kidunɯl ~ キドゥンウル ~] 柱を立てる ②建てる ¶동상을 ~[toŋsaŋɯl ~ トンサンウル ~] 銅像を建てる ③ (刃を)鋭くする ¶칼날을 ~[kallarɯl ~ カルラルル ~] 刀の刃を立てる ④ (心を)起こす ¶뜻을 ~[tʼɯsɯl ~ ットゥスル ~] 志を立てる **2** 止める ¶차를 ~[tɕʰarul ~ チャルル ~] 車を止める **3** 我を立て通す; 我を張る ¶고집(固執)을 ~ [kodʑibɯl ~ コジブル ~] 強情を張る.

*세월[歲月][se:wɔl セーウォル] 名 歲月; 年月; 月日 ¶~의 흐름 [(se:wɔːw)e hɯrɯm (セーウォ)レ フルム] 年月の流れ **—없다**[(se:wɔːw)ɔptʼa (セーウォ)ロㇷ゚タ] 形 (商いが) うまくいかない; (人気などが衰えで) さっぱり奮わない; ある仕事がとてものろのろだ.

세율[稅率][se:jul セーユル] 名 稅率 ¶~이 높다 [(se:jur)i noptʼa (セーユ)リ ノㇷ゚タ] 稅率が高い.

세일[seil セイル] sale 名 セール; 販売.

세일즈-맨[seildʑumɛn セイルジュメン] salesman 名 セールスマン.

세입자[貰入者][se:iptɕʼa セーイプチャ] 名 借家人; アパート・家を借りている人.

세정[世情][se:dʑɔŋ セージョン] 名 世情 ¶~에 어둡다 [~e ɔduptʼa ~エ オドゥㇷ゚タ] 世情に疎い[暗い] / ~에 밝다[~e paktʼa ~エ パㇰタ] 世情に通じている / ~에 밝은 사람[~e palgɯn sa:ram ~エ パルグン サーラム] 世慣れた人; 世情に明るい人.

세제[洗劑][se:dʑe セージェ] 名 洗剤 ¶중성 ~[tɕuŋsɔŋ ~ チュンソン ~] 中性洗剤.

세-주다[貰—][se:dʑuda セージュダ] 他 賃貸しする ¶방을 ~[paŋɯl ~ パンウル ~] 間貸しをする.

세차[洗車][se:tɕʰa セーチャ] 名 하自 洗車 ¶~장[~dʑaŋ ~ジャン] 洗車場; 洗車屋.

*세-차다[se:tɕʰada セーチャダ] 形 激しい; 強烈である; 力強い ¶물살이 ~ [mulsʼari ムㇽッサリ ~] 流れが速い.

세찬[歲饌][se:tɕʰan セーチャン] 名 ①歲暮の贈り物 ②年始回りの客を接待するお正月のごちそう.

세척-하다[洗滌—][se:tɕʰɔkʰada セーチョクカダ] 他 洗浄する ¶위를 ~ [wirɯl ~ ウィルル ~] 胃を洗浄する.

세칭[世稱][se:tɕʰiŋ セーチン] 名 いわゆる; 世[俗]にいう ¶~ 일류교[~ illjugjo ~ イルリュギョ] いわゆる一流の学校. 名〈野〉セカンド.

세컨드[sekʰɔndɯ セコンドゥ] second

*세탁[洗濯][se:tʰak セータㇰ] 名 하他 洗濯; 洗い ¶~소(所) [~sʼo ~ソ] 洗濯 [クリーニング] 屋; ランドリー / ~비누[~pʼinu ~ ピヌ] 洗濯石けん=빨랫 비누[pʼallɛt pʼinu ッパルレッ ピヌ].

세태[世態][se:tʰɛ セーテ] 名 世態 ¶~를 풍자하다[~rɯl pʰundʑahada

~ルル プンジャハダ] 世態を風刺する.
세트[setʰuɯ セトゥ] set 名[하自] セット ¶~한 머리[~han mɔri ~ハン モリ] セットした髪.
세파[世波][se:pʰa セーパ] 名 世の荒波 ¶~에 시달리다[~e ʃidallida ~エ シダルリダ] 世の荒波に揉まれる.
세평[世評][se:pʰjɔŋ セピョン] 名 世評 ¶~이 좋다[~i tʃoːtʰa ~イ チョーッタ] 世評がよい; 世間の評判がいい.
***세포**[細胞][se:pʰo セーポ] 名 細胞 ¶~ 조직[~ dʒodʒik ~ ジョジク] 細胞組織.
섹스[seks'ɯ セクス] sex 名 セックス ¶~ 어필[~ ɔpʰiːl ~ オピール] セックスアピール; 性的魅力.
섹시[sekʃ'i セクシ] sexy 名 セクシー; 性的魅力 **—하다**[hada ハダ] 形 セクシーなところがある ¶~한 여자(女子)[~han njɔdʒa ~ハン ニョジャ] セクシーな女性. 「強調語.
센-말[se:nmal センマル] 名 強勢語.
센-머리[se:nmɔri センモリ] 名 白髪.
센서스[sensɔsɯ センソス] census 名 センサス ¶인구 ~[ingu ~ イング ~] 人口センサス.
센세이셔널[senseiʃɔnɔl センセイショノル] sensational 名[하形] センセーショナル ¶~한 기사[(senseiʃɔnɔl) han kisa ~ハン キサ] センセーショナルな記事.
센터[sentʰɔ セント] center 名 センター ¶비즈니스 ~[bidʒɯnisɯ ~ ビジュニス ~] ビジネスセンター.
센티¹[sentʰi センティ] 名 センチ=センチメンタル(sentimental)の略語; 感傷的 ¶~한 편지(便紙)[~han pʰjɔːndʒi ~ハン ピョーンジ] センチな手紙.
센티²-[sentʰi センティ] centi 接頭 依名 センチ ¶~미터[~miːtʰɔ ~ミート] センチメートル; センチ.
셀프[selpʰɯ セルプ] self 名 セルフ ¶~서비스[~sɔːbisɯ ~ソービス] セルフサービス.
***셈**[se:m セーム] 名 ① 計算; 支払い ¶~에 어둡다[~e ɔdupt'a (セー)メ オドゥプタ] 計算に暗い ② 勘定; 算用 ¶~이 맞지 않다[~i matʃ'i antʰa (セー)ミ マッチ アンタ] 算用が合わない ③ 事情; わけ ¶어찌된 ~인가? [ɔtʃ'idwen ~inga オッチドゥェン (セー)ミンガ] どうしたわけか ④ つもり;

意図 ¶그럴 ~으로[kɯrəl (s'e:m)ɯro クロル ムロ] そんなつもりで ⑤ 判断力; 分別 ¶~이 들 나이[~i tɯl lai (セー)ミ トゥル ライ] 分別のつく年ごろ **—나다**[nada ナダ] 自 分別[物心]がつく **—질기다**[dʒilgida ジルギダ] 形 (支払いなどを)出し渋る **—하다**[hada ハダ] 他 計算する; 数える **—본**[bon ボン] 名 算数.
셈-속[se:ms'ok セームソク] 名 ① 物事の内幕 ② 心算; 心づもり. ⇨'속셈'.
셈-치다¹[se:mtʃʰida セームチダ] 他 計算する; 数える; 支払う ¶셈기로 보다[주다][se:mtʃʰɔ boda[dʒuda] セームチョ ボダ[ジュダ]] 計算してみる[支払う].
셈-치다²[se:mtʃʰida セームチダ] 補動 …(した)つもりである; …(した)ことにする ¶없었던 셈치고…[nɔːps'ɔːt'ɔn se:mtʃʰigo オープソットン セームチゴ] なかったことにして… / 먹은 셈치고…[mɔgɯn se:mtʃʰigo モグン セームチゴ] 食べたつもりで….
셈-판[se:mpʰan セームパン] 名 物事の事情; 理由; わけ ¶어찌된 ~인지…[ɔtʃ'idwen ~indʒi オッチドゥェン (セーパ)ニンジ] どうしたことなのか….
***셋**[se:t セッ] 数 3; 3つ; 3人. 「り賃.
셋-돈[貰—][se:t'on セートン] 名 借
셋-방[貰房][se:tp'aŋ セーッパン] 名 貸し間; 借間 ¶~을 들다[~ɯl tɯlda ~ウル トゥルダ] 間借りをする **—살이**[sari サリ] 名 間借り[貸し間]暮らし ¶~를 하다[~rɯl hada ~ルル ハダ] 間借り暮らしをする.
셋-집[貰—][se:tʃ'ip セーッチプ] 名 貸し家; 借家 ¶~살이[~s'ari ~サリ] 名 借家[貸し家]住まい; 宿借り / ~ 주인(主人)[~ tʃ'uin ~ チュイン] 家主; 大家.
셋-째[se:tʃ'ɛ セーッチェ] 数 3番目; 3つ目 ¶~ 딸[~ t'al ~ッタル] 三女.
-셔요[ʃɔjo ショヨ] 語尾 …(して)ください; …(し)ましょう; …なさいます(か) ¶빨리 가~[p'alli ka~ ッパルリ カ~] はやく行ってください; はやく行きましょう / 이것 보~[igɔt p'o~ イゴッ ポ~] これ見てください.
셔츠[ʃɔtʰɯ ショーチュ] shirts 名 シャツ ¶속~[sok ~ ソーク~] アンダーシャツ.
셔터[ʃɔtʰɔ ショト] shutter 名 シャッター ¶~를 내리다[~rɯl nɛrida ~ルル ネリダ] (門・戸の)シャッターをお

ろす/～를 누르다[~rul nuruwda ～ルル ヌルダ] (カメラの)シャッターを切る.

셔틀 버스[ʃʰotʰul bʌsɯ ショトゥル ボス] shuttle bus 图 シャトルバス.

셧-아웃[ʃɔdaut ショダウッ] shutout 图 하他 シャットアウト ¶～ 당하다[(ʃɔdau) tʰaŋhada ～ タンハダ] シャットアウトを食う.

셰이빙[ʃeibiŋ シェイビン] shaving 图 하自他 シェービング **—크림**[kʰɯri:m クリーム] 图 シェービングクリーム.

*소¹[so ソ] 图〈動〉牛 ¶황～[hwaŋ～ ファン～] 雄牛/～를 치다[~rul tʰida ～ルル チダ] 牛を飼う.

소²[so ソ] 图 ① あん; あんこ ¶만두(饅頭)～[mandu～ マンドゥ～] ギョーザのあん ② (キムチの中に入れるいろいろの)薬味.

-소[so ソ] 語尾 ①…ます(か); …です(か); (終声[末音]のある語幹に付いて答えや質問を表わす終結語尾) ¶먹었～(?)[mʌgʌ(s'o) モゴッ～] 食べました(か)/참 좋～[tʃʰam tʃo:(s'o) チャム チョーッ～] 実にいいですね ②…なさい(命令を表わす) ¶이리 오～[iri o～ イリ オ～] こちらへ来なさい.

소가지[so:gadʒi ソーガジ] 图俗 心立て; 根性 ¶～가 못됐다[~ga mot'wɛt'a ～ガ モートゥェッタ] 根性が悪い.

소각-하다[消却—][sogakʰada ソガクカダ] 他 消却する ¶명부에서 이름을 ～[mjʌŋbues̨ʌ irumul ～ ミョンブエソ イルムル ～] 名簿から名を消す.

소각-하다[燒却—][sogakʰada ソガクカダ] 他 焼却する ¶쓰레기를 ～[s'ɯregirul ～ ッスレギルル ～] ごみを焼却する.

소갈-딱지[머리][so:galt'akt͡ʃ'i[mʌri] ソーガルッタクチ[モリ]] 图俗 心立て; 気立て; 心柄; 了見 ¶～ 없다[~ ɔpt'a ～ オプタ] 愚かだ/～ 없는 놈[~ ɔmnun nom ～オムヌン ノム] 了見の狭い奴; 心が狭い奴.

*소감[所感][so:gam ソーガム] 图 所感 ¶～을 말하다[~ul ma:rhada ～ガ ムル マールハダ] 所感を述べる.

소개[疎開][soge ソゲ] 图 하他 疎開 ¶～령[~rjʌŋ ～リョン] 疎開命令.

*소개-하다[紹介—][sogɛhada ソゲハダ] 他 紹介する ¶새 회원을 ～[sɛ hwe:wʌnul ～ セ フェーウォヌル ～] 新しい会員を紹介する **소개-장**[sogɛ-tʃ'aŋ ソゲチャン] 图 紹介状.

소거-하다[消去—][sogʌhada ソゴハダ] 自他 消去する ¶낙서를 ～[지우다][naks'ʌrul ～[tʃiuda] ナクソルル ～[チウダ]] 落書きを消してなくす.

소-걸음[sogʌrɯm ソゴルム] 图 牛の歩み; 歩みの非常におそいこと ¶하는 일이 ～ 같다[hanun ni:ri ～ gat'a ハヌン ニーリ ～ ガッタ] する仕事が牛の歩みのようだ[非常におそい].

소견[所見][so:gjʌn ソーギョン] 图 所見; 考え ¶～을 묻다[~ul mut'a (ソーギョ)ヌルムーッタ] 所見をうかがう **—머리**[mʌri モリ] 图 ='소갈머리'.

소경[so:gjʌŋ ソーギョン] 图 盲人; 盲者; = 맹인(盲人)[mɛŋin メンイン] ¶눈뜬 ～[nunt'un ～ ヌンットゥン ～] 字の読めない人. 「'쇠고기'.

소-고기[so:gogi ソーゴギ] 图 牛肉 =

소곤-거리다[sogongʌrida ソゴンゴリダ] 自他 ささやく; ひそひそと話す ¶작은 소리로 ～[tʃa:gun soriro ～ チャーグン ソリロ ～] 小さな声でささやく **소곤-소곤**[sogonsogon ソゴンソゴン] 副 하自他 ひそひそ; こそこそ ¶～ 이야기하다[~ nijagihada ～ ニヤギハダ] ひそひそと話す.

소곳-하다[sogotʰada ソゴッタダ] 形 여변 ① うつむき加減だ ¶그녀는 ～-하게 앉아 있다[kunjʌnun ～tʰage andʒa it'a クニョヌン ～-タゲ アンジャイッタ] 彼女はうつむき加減に座っている ② おとない; 素直だ ¶타일렀더니 ～-해지더군[tʰaillʌt'ʌni ～-tʰɛdʒidʌgun タイルロットニ ～-テジドグン] さとしたらおとなしくなったよ.

소굴[巣窟][sogul ソグル] 图 巣窟[くつ]; 巣 ¶밀수단의 ～[mils'udane ～ ミルッスダネ ～] 密輸団の巣窟.

소-규모[小規模][so:gjumo ソーギュモ] 图 小規模 ¶～의 공장[~e koŋdʒaŋ ～エ コンジャン] 小規模の工場.

소극[消極][soguk ソグク] 图 消極 ¶～적인 태도[~tʃʌgin tʰɛ:do ～チョギン テード] 消極的[控え目]な態度.

*소금[sogɯm ソグム] 图 塩; 食塩 ¶～절이[~dʒʌri ～ジョリ] 塩漬け/～구이[~gui ～グイ] 塩焼き/～기[~k'i ～キ] 塩気; 塩味.

소급[遡及][sogup ソグプ] 图 하他 遡及[そきゅう] ¶～ 인상하다[(sogub) insaŋhada (ソグブ) ピンサンハダ] 遡及して

引き上げる.
소기[所期][so:gi ソーギ] 名 所期 ¶~에 목적[~e moktʃ'ok ~エ モクチョク] 所期の目的.
소꿉[sok'up ソックプ] 名 ままごとのおもちゃ ¶~ 놀이[(sok'um) nori (ソックム) ノリ] ままごと(遊び) / ~ 동무[친구][~ toŋmu[tʃʰiŋgu] ~ トンム[チング]] 幼友達; 幼なじみ.
*소나기[sonagi ソナギ] 名 にわか雨; 夕立; 驟雨しゅう; =소낙비[sonakp'i ソナクピ] ¶~가 멎다[~ga mɔt'a ~ガ モッタ] 夕立がやむ **―구름**[gurum グルム] 名 入道雲; 積乱雲.
*소-나무[sonamu ソナム] 名〈植〉マツ(松); 松の木.
소녀[小女][so:njɔ ソーニョ] 1 名 小柄な少女; こむすめ 2 代 目上の人に対する女性の謙称; 私.
*소녀[少女][so:njɔ ソーニョ] 名 少女; 乙女 **―단(團)**[dan ダン] 名 ガールスカウト=걸 스카웃[gɔːl sukʰaut ゴール スカウツ].
*소년[少年][so:njɔn ソーニョン] 名 少年 **―단(團)**[dan ダン] 名 ボーイスカウト=보이 스카웃[boi sukʰaut ボイ スカウツ] **―원**[won (ソーニョ)ヌォン] 名 少年院.
소담-하다[sodamhada ソダムハダ] 形[여変] ① (食べ物が)豊かでおいしそうだ ② 風雅なところがある; ほどよく整って見目がよい **소담-스럽다**[sodamswrɔpt'a ソダムスロプタ] 形[ㅂ変] 風雅に見える; (見るからに)ほどよく整っている.
소도둑-놈[sododuŋnom ソドドゥンノム] 名 ① 牛泥棒 ② (比喩的に)ずるくて欲張りな人.
소독[消毒][sodok ソドク] 名[하他] 消毒 ¶일광 ~[ilgwaŋ ~ イルグァン ~] 日光消毒 **―약**[(sodoŋ)njak (ソドン)ニャク] 名 消毒薬.
소동[騷動][sodoŋ ソドン] 名[하自] 騒動; 騒ぎ ¶이혼 ~[ihon ~ イホン ~] 離婚騒ぎ.
*소득[所得][so:duk ソードゥク] 名 所得 ¶국민 ~[kuŋmin ~ クンミン ~] 国民所得.
소-띠[sot'i ソッティ] 名 丑年生まれ.
*소라[so:ra ソーラ] 名 ①〈貝〉サザエ ¶~ 껍질[~ k'ɔptʃ'il ~ ッコプチル] サザエの殻 ②〈楽〉法螺ほら(貝) ¶~를 불다[~rul puːlda ~ルル プールダ] (法螺)貝を吹く **―고동**[godoŋ ゴドゥン] 名〈貝〉ホラガイ (法螺貝).
소란[騷亂][soran ソラン] 名 騒乱 ¶~을 피우다[~ɯl pʰiuda (ソラ)ヌル ピウダ] 立ち騒ぐ; 騒ぎ立てる **―하다**[hada ハダ] 形 騒乱だ; 騒がしい **―스럽다**[surɔpt'a スロプタ] 形[ㅂ変] 物騒がしい; 騒々しい.
소량[少量][so:rjaŋ ソーリャン] 名 少量; (取引での)小口 ¶~의 거래(去來)[~e kɔːrɛ ~エ コーレ] 小口の取引.
소록-소록[soroks'orok ソロクソロク] 副 ① すやすや(赤ん坊が安らかに寝入るさま) ¶아기가 ~ 잠들다[agiga ~ tʃ'amdulda アギガ ~ チャムドゥルダ] 赤ちゃんがすやすやと寝入る ② しとしと(小雨がしめやかに降るさま) ¶보슬비가 ~ 내리다[posulbiga ~-(s'orŋ) nɛrida ポスルビガ ~-(ソロン) ネリダ] 小雨がしとしと降る.
소르르[sorurur ソルル] 副 ① するすら; するっと; (もつれたものが解けるさま) ¶얽힌 낚싯줄이 ~ 풀리다[ɔlkʰin nakʃ'itʃ'uri ~ pʰullida オルキン ナクシッチュリ ~ プルリダ] もつれた釣り糸がするすると解ける ② そよそよ ¶봄바람이 ~ 불다[pomp'arami ~ puːlda ポムパラミ ~ プールダ] 春風がそよそよと吹く ③ さらさら ¶물이 ~ 흐르다[muri ~ hurruda ムリ ~ フルダ] 水がさらさらと流れる ④ うとうと ¶양지에서 ~ 잠들다[jaŋdʒiesɔ ~ tʃ'amdulda ヤンジエソ ~ チャムドゥルダ] 日なたでうとうと(と)する.
*소름[so:rum ソールム] 名 鳥肌 ¶오싹 ~이 돋다[os'ak (s'o:rum)i tot'a オッサク (ソール)ミ トッタ] ぞっとして鳥肌が立つ **―끼치다**[k'itʃʰida ッキチダ] 自 ぞっとする; 鳥肌が立つ; 身の毛がよだつ ¶~-끼치는 이야기[~-k'itʃʰinun nijagi ~-ッキチヌン ニヤギ] 身の毛がよだつような話.
*소리[sori ソリ] 名[하自] ① 音 ¶바람 ~[param ~ パラム ~] 風の音 ② 声; 音ね ¶목~[moks'ori モクソリ] 人の声 / 새~[sɛː ~ セー ~] 鳥の音ね ③ 話; 言葉 ¶그게 무슨 ~지?[kuge musun ~dʒi クゲ ムスン ~ジ] え, 何の話だい ④ 気配 ¶봄의 ~[pome ~ ポメ ~] 春の気配 ⑤ (韓国・朝鮮の伝統民謡などの)歌 ¶~하고 춤추다

[~hago tɕʰumtɕʰuda ~ハゴ チュムチュダ] 歌い踊る ⑥ 訪れ; 便り ¶ ~없이 찾아가다 [~ɔpʃi tɕʰadʒagada ~オプシ チャジャガダ] 前触れもなく尋ねて行く —**소리** [sori ソリ] 副 わあわあ; がんがん(激しく大声をあげるさま) ¶ ~ 지르다 [~ dʒiruda ~ ジルダ] 大声で叫ぶ; がんがん怒鳴り立てる —**지르다** [dʒiruda ジルダ] 自 大声を出す; 大声で呼ぶ —**치다** [tɕʰida チダ] 自 声を張り上げる; 叫ぶ; 気勢を上げる ¶ 큰 ~ 치다 [kʰun ~ クン ~] 大きなことを言う —**꾼** [k'un ックン] 名 (韓国伝統民謡パンソリなどの)歌い手.

소리개 [sorigɛ ソリゲ] 名〈鳥〉トビ; トンビ(鳶); ='솔개'.

소-만두 [素饅頭] [so:mandu ソーマンドゥ] 名 野菜だけの[肉抜きの]あんで作ったギョーザ.

소망 [所望] [so:maŋ ソーマン] 名 他 願い; 望み; 所望; 本望 ¶ ~을 이루다 [~ɯl iruda ~ウル イルダ] 本望を遂げる; 望みをかなえる —**스럽다** [surɯpt'a スロプタ] 形 ㅂ変 望ましい.

*소매 [somɛ ソメ] 名 袖そで ¶ ~를 당기다 [~rul taŋgida ~ルル タンギダ] 袖を引く / ~를 걷고 나서다 [~rul kɔtk'o nasɔda ~ルル コッコ ナソダ] 袖をまくって進み出る; 慣 自ら積極的に出る[先頭に立つ] **소맷-자락** [somɛtɕ'arak ソメッチャラク] 名 袖; たもと —**치기** [tɕʰigi チギ] 名 他 すり ¶ ~ 주의(注意) [~ dʒu:i ~ ジューイ] すり御用心.

소매 [小賣] [so:mɛ ソーメ] 名 他 小売り —**상** [saŋ サン] 名 小売商 —**점** [dʒɔm ジョム] 名 小売店.

소맥 [小麥] [so:mɛk ソーメク] 名 コムギ(小麦) —**분** [pʰum プン] 名 小麦粉 = 밀가루 [milk'aru ミルカル].

소면 [素麵] [so:mjɔn ソーミョン] 名 薬味[肉類]を入れてない麺類めん.

소멸 [消滅] [somjɔl ソミョル] 名 自 消滅 ¶ 효력이 ~되다 [hjo:rjɔgi ~dweda ヒョーリョギ ~ドゥェダ] 効力が消滅する.

소모 [消耗] [somo ソモ] 名 自他 消耗 ¶ 체력의 ~ [tɕʰerjɔge ~ チェリョゲ ~] 体力の消耗 —**품** [pʰum プム] 名 消耗品.

소-몰이 [somori ソモリ] 名 自他 牛追い; 牛方 —**꾼** [k'un ックン] 名 牛追い.

소묘 [素描] [so:mjo ソーミョ] 名 他 素描; 素描がき; デッサン.

*소문 [所聞] [so:mun ソームン] 名 うわさ; 世間の評判; 風説 ¶ ~난 여자(女子) [~nan njɔdʒa ~ナン ニョジャ] うわさの女性 —**나다** [내다] [nada [neda] ナダ [ネダ]] 自 [他] 評判である; うわさが立つ[うわさを立てる].

소박 [素朴] [sobak ソバク] 名 他 形 素朴 ¶ ~한 인품(人品) [~ (soba)kʰan inpʰum ~カン インプム] 素朴な人柄.

소박 [疏薄] [sobak ソバク] 名 他 妻を疎んじ冷遇すること —**데기** [t'egi テギ] 名 夫に疎んじられ冷遇されている妻; 夫に追い出されて実家に帰っている女性 —**맞다** [(sobaŋ)mat'a (ソバン)マッタ] 自 夫に疎んじられて冷遇される.

소반 [小盤] [soban ソバン] 名 食膳; お膳; 小さい食卓.

소방 [消防] [sobaŋ ソバン] 名 他 消防 —**관** [gwan グァン] 名 消防官 —**서** [sɔ ソ] 名 消防署 —**차** [tɕʰa チャ] 名 消防(自動)車.

소변 [小便] [so:bjɔn ソービョン] 名 小便; 小用; おしっこ; = 오줌 [odʒum オジュム] ¶ ~을 보다 [~ɯl poda (ソービョ)ヌル ボダ] = 오줌을 누다 [odʒumul nuda オジュムル ヌダ] 小便をする; 小用をたす.

소복 [素服] [so:bok ソーボク] 名 他 自 ① 白地の着物 ② 白い喪服 —**단장** (丹粧) [t'andʒaŋ タンジャン] 名 白い服を着て薄化粧をすること[身なり].

소복-하다 [sobokʰada ソボクハダ] 形 여変 ① こんもりしている; 山盛りだ ¶ 밥을 ~하게 담다 [pabul ~kʰage ta:mt'a パブル ~カゲ タームタ] ご飯を山盛りに盛る ② (雪やごみなどが)こんもりと積もっている ¶ 책상 위에 먼지가 ~ [tɕʰeksaŋ wie mɔndʒiga ~ チェクサン ウィエ モンジガ ~] 机の上にごみがこんもりと積もっている ③ むくんでいる ¶ 발등이 ~하게 부었다 [palt'uŋi ~kʰage puɔt'a パルトゥンイ ~カゲ プオッタ] 足がむくんだ **소복-소복** [soboks'obok ソボクソボク] 副 여形 こんもりと; うずたかく; どっさり

と ¶눈이 ~ 쌓였다 [nu:ni ~ s'ajot'a ヌーニ ~ ッサヨッタ] 雪がうずたかく[どっさり]積もった **소복-이** [sobogi ソボギ] 副 どっさりと; こんもりと; うずたかく ¶눈이 ~ 쌓이다 [nu:ni ~ s'aida ヌーニ ~ ッサイダ] 雪がどっさり積もる.

소비-하다 [消費―] [sobihada ソビハダ] 他 消費する; 費やす ¶시간을 ~ [jiganɯl ~ シガヌル ~] 時間を消費する **소비-세** [sobis'e ソビセ] 名 消費税 **소비자 보호 운동** [sobidʒa bo:ho u:ndoŋ ソビジャ ボーホ ウーンドン] 消費者保護運動.

소산 [所産] [so:san ソーサン] 名 所産 ¶노력의 ~ [norjoge ~ ノリョゲ ~] 努力の所産.

소상 [小祥] [so:san ソーサン] 名 小祥; 1周忌; 死亡後1周年目の忌祭.

소상 [昭詳] [sosaŋ ソサン] 名ハ形 明らかで詳しいこと ¶~하게 아뢰다 [~-hage arweda ~ハゲ アルェダ] 詳細に申し上げる.

소생 [所生] [so:seŋ ソーセン] 名 所生; 産みの子; 実子 ¶본처 ~ [pontɕʰo ~ ポンチョ ~] 本妻が産んだ子[嫡出の子]; 첩(妾)의 ~ [tɕʰobe ~ チョベ ~] 脇腹譥の所生; 妾腹ょょの子.

소생 [疏生] [soseŋ ソセン] 名ハ自 まばらに生えること.

소생 [小生] [so:seŋ ソーセン] 代 小生; 目上の人に対するときの男性自分の謙称(通例,文章でよく使う); 拙者; 私.

소생-하다 [蘇生・甦生―] [soseŋhada ソセンハダ] 自 蘇生ᇹする; よみがえる; 生き返る ¶만물이 ~ [ma:nmuri ~ マーンムリ ~] 万物が生き返る/ ~-시키다 [~-ɕikʰida ~-シキダ] 蘇生させる.

-소서 [soso ソソ] 語尾 …なさい(ませ); …したまえ ¶드시옵~ [tɯɕiop (s'oso) トゥシオプ~] お上がりなさいませ.

****소설** [小説] [so:sɔl ソーソル] 名 小説 ¶연애 ~ [jɔ:nɛ ~ ヨーネ ~] 恋愛小説 **―가** [ga ガ] 名 小説家; 作家 **―책**(冊) [tɕʰɛk チェク] 名 小説(本).

소셜 [so:ɕɔl ソーショル] social 名 ソーシャル; ソシアル ¶~ 댄스 [~ dɛnsɯ ~ デンス] ソーシャル[社交]ダンス.

소소-하다 [小小―] [so:sohada ソーソハダ] 形ヨ変 ① 細々しい ¶~-한 일을 걱정하다 [~-han niːrɯl kɔktɕ'ɔŋhada ~-ハン ニールル コクチョンハダ] 細々しいことに気にする ② つまらない; 取るに足らない; 粗末だ ¶~-한 일을 자랑하다 [~-han ni:rɯl tɕ'a:raŋhada ~-ハン ニールル チャーランハダ] 取るに足らないことを自慢する.

소속 [所属] [so:sok ソーソク] 名ハ自 所属 ¶무~ [mu(sosok) ~ ム(ソソク) ~] 無所属.

****소송** [訴訟] [sosoŋ ソソン] 名ハ他 訴訟 ¶~을 제기하다 [~-ɯl tɕegihada ~ウル チェギハダ] 訴訟を起こす **―사건** [sa:k'on サーコン] 名 訴訟事件 **―절차**(節次) [dʒɔltɕʰa ジョルチャ] 名 訴訟手続き.

****소수** [少数] [so:su ソース] 名 少数 ¶~의 의견 [~-e ɰiːgjon ~エ ウィーギョン] 少数の意見.

소스 [so:sɯ ソース] 名 1 sauce ソース; 西洋料理の調味料 ¶토마토 ~ [tʰomatʰo ~ トマト ~] トマトソース 2 source ソース; (情報などの)出所 ¶뉴~ [nju:sɯ ~ ニュース ~] ニュースソース.

소스라-치다 [sosɯratɕʰida ソスラチダ] 自 びっくり仰天する; びっくりして身震いする[体をのけぞらせる]; ぎょっとする ¶~-치게 놀라다 [~-tɕʰige no:llada ~-チゲ ノールラダ] びっくり仰天する; 愕然ᇂとする.

소시 [少時] [so:ɕi ソーシ] 名 若い時; 幼少の時 **소시-적** [so:tɕʰi̩ʌk ソーシチョク] 名 過ぎた~の일일세 [kɯgon ~-(tɕʰɔg)e iːrilsʼe クゴン ~-(チョ)ゲ イーリルセ] それは幼い時のことだったよ.

소시지 [soɕidʒi ソシジ] sausage 名 ソーセージ.

소식 [小食] [so:ɕik ソーシク] 名ハ他 小食 ¶~-가 [(so:ɕi)k'a ~カ] 小食家.

****소식** [消息] [soɕik ソシク] 名 消息 ① 便り; 手紙 ¶~을 전해오다 [(soɕig) ɯl tɕʰɔnhɛoda (ソシ)グル チョンヘオダ] 便りをよこす ② 動静; 事情; 状況; 安否 ¶그 후 딱 ~이 없다 [kɯ huː tʼak (sʼoɕig)iɔːptʼa クフーッタク (ソシ)ギ オープタ] その後ぷっつり音沙汰ᇶがない / ~을 묻다 [(soɕig) ɯl muːtʼa (ソシ)グル ムータ] 安否を尋ねる **―깡통** [kʼaŋtʰoŋ ッカントン] 俗 まったく知らないでいることの俗っぽい表現 **―불통** [pʼultʰoŋ プルトン] 名 ① 消息不明; 音信不通; 消息を全然知らないこと ¶그와는 ~이다 [kɯwanɯn ~

소신[所信][so:ʃin ソーシン] 图 所信 ¶～을 말하다[～ɯl ma:rhada (ソーシ)ヌル マールハダ] 所信を述べる.

소실[消失][soʃil ソシル] 图 하自他 消失 ¶권리가 ～되다[kwɔlliga ～dweda クォルリガ ～ドゥェタ] 権利が消失する.

소실[燒失][soʃil ソシル] 图 하他 燒失 ¶문화재를 ～하다[munhwadʒerɯl (soʃir)hada ムンファジェルル ～ハダ] 文化財を焼失する.

소심[小心][so:ʃim ソーシム] 图 하形 小心 ① 気の小さい[臆病おくびょうな]こと ¶～한 성격[～han sɔ:ŋk'jɔk ～ハン ソーンキョク] 小心な性格 ② 度量の狭いこと ¶～한 사람[～han sa:ram ～ハン サーラム] 度量の狭い[小心な]人.

소아[小兒][so:a ソーア] 图 小兒; 子供 —**과**[k'wa クァ] 图 小児科 ¶～ 의사[～ ɰisa ～ ウィサ] 小児科医者.

소양[素養][sojaŋ ソヤン] 图 素養; 嗜たしなみ; 心得 ¶음악의 ～[ɯmage ～ ウマゲ ～] 音楽の素養.

소외[疏外・踈外][sowe ソウェ] 图 하他 疎外 ¶인간 ～[ingan ～ インガン ～] 人間疎外 /～감[～gam ～ガム] 疎外感.

소요[所要][so:jo ソーヨ] 图 하自 所要 ¶～ 경비[～ gjɔŋbi ～ ギョンビ] 所要の経費 —**되다**[dweda ドゥェタ] 自 必要とする; 要する.

***소용**[所用][so:joŋ ソーヨン] 图 所用; 入用; 必要; 使い道 ¶～되는 물건 [～dwenɯn mulgɔn ～ドゥェヌン ムルゴン] 入用なもの —**없다**[ɔpt'a オプタ] 囮 必要がない; 役に立たない; 無駄だ; 駄目だ; 要らない; しようがない ¶그런 건 ～[kɯrɔn gɔn ～ クロン ゴン ～] そんなものは要らない.

소용-돌이[sojoŋdori ソヨンドリ] 图 渦; 渦巻き ¶～ 무늬[～ muni ～ ムニ] 渦巻文様 /혁명의 ～ 속에 휘말리다[hjɔŋmjɔŋe ～ so:ge hwimallida ヒョンミョンエ ～ ソーゲ フィマルリダ] 革命の渦[渦中]に巻き込まれる —**치다**[tʃʰida チダ] 自 渦巻く; たぎる ¶탁류가 ～[tʰaŋnjuga ～ タンニュガ ～] 濁流が渦巻く /～-치며 흐르는 물[～-tʃʰimjʌ hɯrɯnɯn mul ～-チミョ フルヌン ムル] たぎり流れる水.

***소원**[所願][so:wɔn ソーウォン] 图 所願; 念願; 所望; 願い ¶간절한 ～[ka:ndʒɔrhan カーンジョルハン ～] 切なる願い —**성취**[sɔŋtʃʰwi ソンチュィ] 图 하自他 所願成就 ¶～를 빕니다[～rɯl pimnida ～ルル ピムニダ] 念願がかなえられるようお祈り致します —**풀다**[pʰulda プルダ] 他 (己語幹) 願いをかなえる.

소원[疏遠・踈遠][sowɔn ソウォン] 图 하形 하副 疎遠; 疎隔 ¶～해진 친척[～hedʒin tʃʰintʃʰɔk ～ヘジン チンチョク] 疎遠になった親戚.

***소위**[所謂][so:wi ソーウィ] 副 いわゆる; 世にいう; いうところの ¶～ 학자라는 사람들이…[～ haktʃ'aranɯn sa:ramdɯri ～ ハクチャラヌン サーラムドゥリ] いわゆる学者という人たちが….

***소유**[所有][so:ju ソーユ] 图 하他 所有 ¶토지를 ～하다[tʰodʒirɯl ～hada トジルル ～ハダ] 土地を所有する —**권**[k'wɔn クォン] 图 所有権 —**물**[mul ムル] 图 所有物.

소음[騒音][soɯm ソウム] 图 騒音 ¶거리의 ～[kɔrie ～ コリエ ～] 町の騒音.

소이[所以][so:i ソーイ] 图 所以ゆえん; いわれ; わけ ¶사람이 사람다운 ～는…[sa:rami sa:ramdaun ～nɯn サーラミ サーラムダウン ～ヌン] 人の人たる所以は….

-소이다[soida ソイダ] 語尾 …です; …でございます; …であります ¶좋～[tʃo:(s'oida) チョー～] よろしゅうございます; よろしいです.

소인[消印][soin ソイン] 图 하他 消印 ¶～을 찍다[～ɯl tʃ'ikt'a (ソイ)ヌルッチクタ] 消印を押す.

소인[小人][so:in ソーイン] 1 图 ① 小人; 子供 ② 背の低い人 ③ 小人物 2 代 小生; 目上の人に対する自分の謙称 —**배**[bɛ ベ] 图 小人物の輩やから.

소인[素人][soin ソイン] 图 素人; アマチュア; アマ —**극**[guk グク] 图 アマチュア劇; 素人劇.

소일[消日][soil ソイル] 图 하自 消日 ① 無為に日を過ごすこと ② 何かに興味を覚えて暮らすこと ¶독서로 ～하다

[toks'oro (soir)hada トクソロ ～ハダ] 読書で日を過ごす **―거리** [k'ɔri コリ] 图 暇つぶしのたね ¶ ～로 그림을 그리다 [～ro kɯ:rimɯl kɯ:rida ～ロ クーリムル クーリダ] 暇つぶしに絵をかく.

소임 [所任] [so:im ソーイム] 图 任 (務); 任された役目 ¶ ～을 다하다 [～ul ta:hada (ソーイ)ムル ターハダ] 任(務)を全うする.

소자 [小子] [so:dʒa ソージャ] 代 小子; 親に対して自分を指して言う謙譲語.

소장 [所藏] [so:dʒaŋ ソージャン] 图他 所藏 ¶ ～품 [～pʰum ～プム] 所藏品.

소재 [所在] [so:dʒɛ ソージェ] 图 所在 **―지** [dʒi ジ] 图 所在地; 所番地.

소재 [素材] [sodʒɛ ソジェ] 图 素材; 題材; 原料.

소정 [所定] [so:dʒɔŋ ソージョン] 图 所定 ¶ ～의 양식 [～e jaŋʃik ～エ ヤンシク] 所定の様式.

소제 [掃除] [so:dʒe ソージェ] 图他 掃除＝청소 (淸掃) [tʃʰɔŋso チョンソ].

*__소주__ [燒酒] [sodʒu ソジュ] 图 焼酎.

*__소중-하다__ [所重―] [so:dʒuŋhada ソージュンハダ] 形 여変 きわめて大切だ; 貴重だ; 大事だ; 重要だ ¶ ～한 시간 [～han ʃigan ～ハン シガン] 貴重な時間 **소중-히** [so:dʒuŋi ソージュンイ] 副 大切に; 大事に ¶ 몸을 ～하다 [momul ～ hada モムル ～ ハダ] 体を大事にする; わが身をいとおしむ.

*__소지__ [所持] [so:dʒi ソージ] 图 所持 ¶ ～품 [～pʰum ～プム] 所持品 **―하다** [hada ハダ] 他 所持する; 持つ; 携える.

소지 [素地] [sodʒi ソジ] 图 素地; 下地 ¶ 분쟁의 ～ [pundʒɛŋe ～ プンジェンエ ～] 紛争の素地.

소진 [消盡] [sodʒin ソジン] 图 하自 消尽 ¶ 기력이 ～하다 [kirjɔgi ～hada キリョギ ～ハダ] 気力が消尽する.

소진 [燒盡] [sodʒin ソジン] 图 焼尽 ¶ 태반(太半)이 ～했다 [tʰɛbani ～hɛt'a テバニ ～ヘッタ] 大半が焼尽した.

*__소질__ [素質] [sodʒil ソジル] 图 素質; 下地; 手筋 ¶ 시인의 ～ [ʃiine ～ シイネ ～] 詩人の素質.

소쩍-새 [sotʃ'ɔks'ɛ ソッチョクセ] 图 〈鳥〉① ホトトギス(杜鵑)＝두견이 [tugjɔni トゥギョニ] ② コノハズク(木の葉木菟)＝부엉이 [puɔŋi プオンイ].

소찬 [素饌] [so:tʃʰan ソーチャン] 图 粗膳; 肉・魚類のない粗末な食事; 他人に食事を進めるとき, へりくだって言う語.

소철 [蘇鐵] [sotʃʰɔl ソチョル] 图 〈植〉ソテツ(蘇鉄).

소총 [小銃] [so:tʃʰoŋ ソーチョン] 图 小銃; 鉄砲.

소출 [所出] [so:tʃʰul ソーチュル] 图 一定の田畑から産出する収量・収穫(量) ¶ ～이 많다 [(so:tʃʰur)i ma:ntʰa (ソーチュ)リマンタ] 収穫が多い.

소치 [所致] [so:tʃʰi ソーチ] 图 (…の)至り; 到すところ; せい; ゆえ; ため ¶ 모두가 나의 부덕의 ～이다 [moduga nae pudɔge ～ida モドゥガ ナエ プドゲ ～イダ] すべてが私の不徳の致すところだ.

소침-하다 [消沈―] [sotʃʰimhada ソチムハダ] 自 消沈する; 消えうせる ¶ 의기 ～ [ɯi:gi ～ ウィーギ～] 意気消沈する.

소켓 [sokʰet ソケッ] socket 图 ソケット ¶ 쌍～ [s'aŋ～ ッサン～] 二(つ)またソケット.

소쿠리 [sokʰuri ソクリ] 图 ざる; 半球形に編んだ竹の籠.

소쿠리

소탈 [疎脫・疏脫] [sotʰal ソタル] 图 하形 礼節・形式に拘泥しない, 言行がざっくばらんで庶民的なこと; 気さくなこと; 磊落 ¶ ～한 성격(性格)이다 [(sotʰar)han sɔːŋk'jɔgida ～ハン ソーンキョギダ] 気さくな質だ; おおようでこせこせしない性格だ.

소탕 [掃蕩] [so:tʰaŋ ソータン] 图 하他 掃討 ¶ 폭력단을 ～하다 [pʰoŋnjɔkt'anul ～hada ポンニョクタヌル ～ハダ] 暴力団を掃討する.

소태-같다 [sotʰɛgatʰa ソテガッタ] 形 ひどく苦い ¶ 맛이 ～ [maʃi ～ マシ～] 味がひどく苦い.

*__소통__ [疏通] [sotʰoŋ ソトン] 图 하自 疎通; よく通じること; 流れ ¶ 교통 ～

소파 [sopʰa 소파] sofa 名 ソファー; 長椅子.

***소포** [小包][so:pʰo ソーポ] 名 小包 ① 小さな包み ② 小包郵便物.

***소풍** [消風・逍風][sopʰuŋ ソプン] 名 하自 ① 遠足; ピクニック; ハイキング ¶산으로 ~가다[sanuro ~gada サヌロ ~ガダ] 山へハイキングに出かける ② 散策; 散歩 ¶공원으로 ~가다 [koŋwʌnuro ~gada コンウォヌロ ~ガダ] 公園へ散歩に行く.

소프트 [sopʰuːtʰɯ ソプトゥ] soft 名 하形 ソフト ¶~ 드링크[~ durinkʰu ~ ドゥリンク] ソフトドリンク.

소행 [所行][so:hεŋ ソーヘン] 名 所業; 仕業; ふるまい ¶괘씸한 ~[kweʃimhan ~ クェッシムハン ~] けしからぬ所業 / 그의 ~임에 틀림없다 [kɯe ~ime tʰullimʌpt'a クェ ~ イメトゥルリモプタ] 彼の仕業に違いない.

소행 [素行][sohεŋ ソヘン] 名 素行・品行.

소형 [小型][so:hjʌŋ ソーヒョン] 名 小型; トランジスター; ベビー; ミニ ¶~자동차[~ dʒadoŋtʃʰa ~ ジャドンチャ] 小型自動車; 豆自動車; ミニカー.

***소홀** [疎忽][sohol ソホル] 名 하形 粗忽そこ; 疎そか; 粗略[疎略] ¶~한 대접(待接)[(sohor)han tɛ:dʒʌp ~ハン テージョプ] 疎かなもてなし /~한 관리[(sohor)han kwalli ~ハン クァルリ] ずさんな管理 **—히** [(sohor)i ソホリ] 副 粗忽に; 疎かに; なおざりに; ぞんざいに; ずさんに; いいかげんに ¶~ 하지 마라[~ hadʒi mara ~ ハジ マラ] 忽せに[疎かに]するな.

***소화** [消化][sohwa ソファ] 名 하自他 消化 ¶~ 불량[~ bulljaŋ ~ ブルリャン] 消化不良 /~제[~dʒe ~ジェ] 消化剤.

소화 [消火][sohwa ソファ] 名 하自 消火 ¶~기[~gi ~ギ] 消火器 /~전[~dʒʌn ~ジョン] 消火栓.

소화물 [小貨物][so:hwamul ソーファムル] 名 小荷物.

소환 [召還][sohwan ソファン] 名 하他 召還; リコール ¶대사를 ~하다[tε:sarul ~hada テーサルル ~ハダ] 大使を召還する.

[kjotʰoŋ ~ キョトン ~] 交通の流れ / 의사 ~이 없다[ɯi:sa ~i ɔ:ptʰa ウィーサ ~イ オープタ] 意思の疎通を欠く.

***속** [so:k ソーク] 名 ① 中; 内部; 内; 奥 ¶산~[san (s'ok) サン(ソク)] 山のなか; 山の奥 ② 中身; 実; 芯しん ¶만두(饅頭)~[mandu(sok) マンドゥ(ソク)] ギョーザの実 ③ 内容 ¶~이 빈약한 소설[(so:g)i pinjakʰan so:sʌl (ソー)ギ ピニャックァン ソーソル] 内容の貧弱な小説 ④ 腹の具合 ¶~이 편치 않다[(so:g)i pʰjʌntʃʰi antʰa (ソー)ギ ピョンチ アンタ] 腹の具合が悪い ⑤ 内心; 腹の底; 心性; 心 ¶~이 검다 [(so:g)i kʌ:mt'a (ソー)ギ コームタ] 腹黒い /~이 넓은 사람 ¶[(so:g)i nʌlbun sa:ram (ソー)ギ ノルブン サーラム] 心[度量]の広い[大きい]人 / 남의 ~도 모르고[name ~t'o morugo ナメ ~ ト モルゴ] 人の気も知らないで **—을 떠보다** [(so:g)ɯl t'ʌboda (ソー)グルットボダ] 慣 (相手の)心を探る; かまをかける **—을 주다** [(so:g)ɯl tʃuda (ソー)グル チュダ] 慣 心を許す; 自分の気持ちを人に打ち明ける **—을 태우다** [(so:g)ɯl tʰεuda (ソー)グル テウダ] 慣 胸を痛める **—이 뒤집히다** [(so:g)i twidʒipʰida (ソー)ギ トゥィジピダ] 慣 吐き気がするほど憎らしくてむかむかする **—이 떨리다** [(so:g)i t'ʌllida (ソー)ギットゥルリダ] 慣 胸がふるえる・どきどきする; 怖おじ気がつく **—이 메스껍다** [(so:g)i mesuk'ʌpt'a (ソー)ギ メスッコプタ] 慣 胸がむかつく; 吐き気を催す **—이 상하다** [(so:g)i saŋhada (ソー)ギ サンハダ] 慣 心が痛む; 気に障る; 腹が立つ **—이 풀리다** [(so:g)i pʰullida (ソー)ギ プルリダ] 慣 (怒っていた)気持ちが柔らぐ; 胸のつかえが下りる.

속간 [續刊][sok'an ソクカン] 名 하他 続刊.

속개 [續開][sok'ε ソクケ] 名 하他 続開 ¶경기를 ~하다[kjɔ:ngirul ~hada キョーンギルル ~ハダ] 競技を続開する.

속곳 [so:k'ot ソークコッ] 名 女性のチマ[スカート]の下に着る袴はかま; 下穿したばき **— 바람** [p'aram パラム] 名 (チマをまとわない)下着の袴の姿; 下着のまま.

속기 [速記][sok'i ソクキ] 名 하他 速記 ¶연설을 ~하다 [jʌ:nsʌrul ~hada ヨーンソルル ~ハダ] 演説を速記する.

속-꺼풀 [so:k'ʌpʰul ソークコプル] 名 内皮.

속-껍질 [so:k'ʌptʃ'il ソークコプチル] 名

속끓다

内皮；渋皮；甘皮 ¶귤의 ~[kjure ~ キュレ ~] ミカンの袋／~을 벗기다[(so:k'ɔptʃ'ir)ɯl pɔtk'ida (ソーンコプチ)ルル ポッキダ] 渋皮をむく.

속-끓다[so:k'ultʰa ソーククルタ] 自 気をもむ；心配する；気づかう.

속-끓이다[so:k'uurida ソーックリダ] 自 気をつかう；気をもむ；心を焦がす.

속내[so:ŋnɛ ソーンネ] 名 内情；内幕 ¶~를 털어놓다[~rɯl tʰɔrənotʰa ~ルル トロノッタ] 内情を打ち明ける.

속-내복[내의][一内服[内衣]][so:ŋnɛbok[nɛi] ソーンネボク[ネイ]] 名 肌着の外側に着る下着；肌着；='속옷'.

속-눈[so:ŋnun ソーンヌン] 名 薄目；細目 ¶~을 뜨다[~ɯl t'ɯda (ソーンヌ)ヌル ットゥダ] 薄目をあける.

*속-눈썹[so:ŋnuns'ɔp ソーンヌンッソプ] 名 まつげ.

‡**속다**[sokt'a ソクタ] 自 欺かれる；だまされる；口車に乗る ¶사기꾼에게 ~[sagik'unege ~ サギックネゲ ~] 詐欺師にだまされる／계략에 ~[ke:rjage ~ ケーリャゲ ~] 計略に乗る／감언(甘言)에 ~[kamɔne ~ カモネ ~] 口車に乗る.

속-다짐[sokt'adʒim ソクタジム] 名 [하][他] かたく決心すること.

속닥-이다[sokt'agida ソクタギダ] 自 ささやく；ひそひそと話す **속닥-거리다**[sokt'ak'ɔrida ソクタクコリダ] 自 ひそひそ[こそこそ]話し合う **속닥-속닥**[sokt'aks'okt'ak ソクタクソクタク] 副 [하][自] ひそひそ；こそこそ.

속단[速断][sokt'an ソクタン] 名 [하][他] 速断；早合点；早呑みこみ ¶혼자 ~하다[hondʒa ~hada ホンジャ ~ハダ] 独り早合点[呑みこみ]する.

*속달[速達][sokt'al ソクタル] 名 [하][自][他] 速達 ¶~ 우편[(sokt'ar) upʰjɔn (ソクタ) ルピョン] 速達郵便.

속-달다[sokt'alda ソークタルダ] 自 [己語幹] 気がもめる；やきもきする ¶빨리 알고 싶어서 속달아 있다[p'alli a:lgo ʃipʰɔsɔ sokt'ara it'a ッパルリ アールゴ シポソ ソークタラ イッタ] 早く知りたくてやきもきしている.

*속담[俗談][sokt'am ソクタム] 名 ことわざ；俗諺；俗説；俗談；世間話.

속-대[so:kt'ɛ ソークテ] 名 野菜の内側の葉 **一쌈**[s'am ッサム] 名 白菜の内側の葉で包んで食べるもの.

속-대중[so:kt'ɛdʒuŋ ソークテジュン] 名 当て推量；大体の推測；胸算用.

*속도[速度][sokt'o ソクト] 名 速度；速さ ¶~ 위반[~ wiban ~ ウィバン] 速度[スピード]違反.

속독[速讀][sokt'ok ソクトク] 名 [하][他] 速読 ¶~술[~s'ul ~スル] 速読術.

*속-되다[俗一][sokt'weda ソクトゥェダ] 形 俗っぽい；卑しい；下品だ ¶~된 말씨[sokt'wen ma:lʃ'i ソクトゥェンマールッシ] 俗っぽい[下品な]言い方.

속-뜨물[so:kt'umul ソークトゥムル] 名 米などを幾度も研いだあとのきれいな研ぎ水[白水]；研ぎ汁.

속-뜻[so:kt'ut ソークトゥッ] 名 ① 心に秘めている深い考え；底意；本心 ② 文の底に流れている本当の意味.

속력[速力][soŋnjok ソンニョク] 名 速力；スピード ¶제한 ~[tʃeːhan ~ チェーハン ~] 制限速力.

속-마음[so:ŋmaum ソーンマウム] 名 内心；本心；気心；腹中，略 **속맘**[so:ŋmam ソーンマム] ¶~을 털어놓다[~ɯl tʰɔrənotʰa (ソーンマウ)ムル トロノッタ] 腹[気持ち]を打ち明ける.

속-말[so:ŋmal ソーンマル] 名 [하][自] 本音；本当の言葉；本当の話.

속물[俗物][soŋmul ソンムル] 名 俗物；無風流な人 ¶~ 근성[~ ɡɯnsɔŋ ~ グンソン] 俗物根性.

속박[束縛][sokp'ak ソクパク] 名 [하][他] 束縛，きずなで縛ること ¶자유를 ~하다[tʃajurɯl (sokp'a)kʰada チャユルル ~カダ] 自由を束縛する.

속-병[一病][so:kp'jɔŋ ソークピョン] 名 俗 長患いの病(胃腸病など).

속보[速報][sokp'o ソクポ] 名 [하][他] 速報 ¶개표 ~[kɛːpʰjo ~ ケーピョ ~] 開票速報.

속보[續報][sokp'o ソクポ] 名 [하][他] 続報 ¶사건의 ~[sa:k'ɔne ~ サーコネ ~] 事件の続報.

속-보이다[so:kp'oida ソークポイダ]・**속-뵈다**[so:kp'weda ソークプェダ] 自 心中が見え透かされる；腹を見抜かれる；本心を読まれる ¶~보이는 거짓말[~ɡɔʔoinɯn kɔːdʒinmal ~ポイヌン コージンマル] 見え透いたうそ.

*속삭-이다[soks'agida ソクサギダ] 自 [하] ささやく；ささめく；ひそひそと話す ¶사랑을 ~[saraŋul ~ サランウル ~] 愛をささやく **속삭-거리다**

[soks'ak'orida ソクサクコリダ] 自他 ひそひそとささやく **속삭-속삭** [soks'aks'oks'ak ソクサクソクサク] 副 하自他 ひそひそ **속삭임** [soks'agim ソクサギム] 名 ささやき ¶사랑의 ～ [saraŋe ～ サランエ ～] 愛のささやき.

속-살 [so:ks'al ソークサル] 名 ① 衣服に隠されている肌 ¶～이 비쳐 보이다 [(so:ks'ar)i pitʃʰɔ boida (ソークサ)リ ピチョ ボイダ] 素肌が透けて見える ② 詰まった肉; 中身 ¶～이 찌다 [(so:ks'ar)i tʃ'ida (ソークサ)リッチダ] (見かけによらず)太っている・肉づきがいい; 中身が充実している ③ 牛の口の中についている肉.

속살-거리다 [soks'algɔrida ソークサルゴリダ] 自他 ひそひそと話し合う.

***속-상하다** [—傷—] [so:ks'aŋhada ソークサンハダ] 自 여변 ① 心が[気が]痛む ② しゃくに[気に]障る ¶～상해서 짜증이 나다 [～-s'aŋhesɔ tʃ'adʒɯŋi nada ～-サンヘソッチャジュンイナダ] しゃくに障ってむしゃくしゃする.

속설 [俗說] [soks'ɔl ソクソル] 名 俗説 ¶～에 의하면… [(soks'ɔr)e ɰihamjɔn (ソクソ)レ ウィハミョン] 俗説によると….

속성 [速成] [soks'ɔŋ ソクソン] 名 하自他 速成 ¶～ 영어 회화 [～ ɔŋɔ hweːhwa ～ ヨンオ フェーファ] 英会話早わかり.

속성 [屬性] [soks'ɔŋ ソクソン] 名 属性 ¶개의 ～ [kɛːe ～ ケーエ ～] 犬の属性.

속세 [俗世] [soks'e ソクセ] 名 俗世; 俗世間; 浮き世 ¶～를 벗어나다 [～-rɯl pɔsɔnada ～ルル ポソナダ] 俗世間を脱する.

***속-셈** [so:ks'em ソークセム] 名 하自 ① 下心; 心づもり; 懐勘定; 胸算用 ¶어떤 ～일까? [ɔt'ɔn ～ilk'a オットン (ソークセ) ミルッカ] どういう下心[腹づもり]なんだろう ② 暗算 ¶～으로 계산하다 [～ ɯro keːsanhada (ソクセ) ムロ ケーサンハダ] 暗算で計算する.

속-셔츠 [so:kʃ'ɔːtʃʰɯ ソークショーチュ] 名 肌着; 下着シャツ.

속속 [續續] [soks'ok ソクソク] 副 続々(と); 次々に ¶사람들이 ～ 밀려오다 [saːramdɯri (soks'oŋ) milljɔoda サーラムドゥリ (ソクソン) ミルリョオダ] 人々が続々と押し寄せる.

속속-들이 [so:ks'okt'ɯri ソークソクトゥリ] 副 奥の奥まで; 隅々; すっかり ¶～ 아는 사람 [～ aːnɯn saːram ～ アーヌン サーラム] 知り尽くしている人.

속수 무책 [束手無策] [soks'u mutʃʰɛk ソクス ムチェク] 名 なすすべのないこと; 万策が尽きること; お手上げ ¶～이다 [～-(mutʃʰɛɡ)ida ～-(ムチェ)ギダ] どうしようもない / 이제는 ～이다 [idʒenɯn ～-(mutʃʰɛɡ)ida イジェヌン ～-(ムチェ)ギダ] もうお手上げだ.

속-시원하다 [so:kʃ'iwɔnhada ソークシウォンハダ] 自 気がせいせいする ¶빚 갚고 나니 ～ [pitk'apk'o nani ～ ピッカプコ ナニ ～] 借りを返して気がせいせいする.

속-썩다 [so:ks'ɔkt'a ソークソクタ] 自 内が腐る; 心がひどく痛む; 気がめいる.

속-썩이다 [so:ks'ɔgida ソークソギダ] 他 ひどく心を痛める; 悩ます; 心配をかける ¶어머니를 ～-썩이는 자식(子息) [ɔmɔnirɯl ～-s'ɔginɯn tʃaʃik オモニルル ～-ソギヌン チャシク] 母親に心配をかける息子.

속-쓰림 [so:ks'ɯrim ソークスリム] 名 胸焼け.

속아-넘어가다 [soga nɔmɔɡada ソガ ノモガダ] 自 まんまとだまされる; 一杯食わされる ¶그의 말에 감쪽같이 ～ [kɯe maːre kamtʃ'okʼatʃʰi ～ クエ マーレ カムッチョクカチ ～] 彼の話にまんまとだまされる[一杯食わされる].

속-없다 [so:ɡɔpt'a ソーゴプタ] 形 ① 定見がない; 中身がない ② 悪意がない

속-없이 [so:ɡɔpʃ'i ソーゴプシ] 副 しまりなく; 悪意なく ¶～ 한 말 [～ han maːl ～ ハン マール] 悪意がなく言った言葉.

속여-먹다 [sogjɔmɔkt'a ソギョモクタ] 他 (人を)だまして得をする; たぶらかす ¶남을 ～ [namul ～ ナムル] 人をたぶらかす[だます].

***속-옷** [so:got ソーゴッ] 名 肌着; 下着 ¶～을 갈아입다 [(so:gos)ɯl kara-ipt'a (ソーゴ)スル カライプタ] 下着を着替える.

***속이다** [sogida ソギダ] 他 欺く; だます; ごまかす; ちょろまかす ¶남을 ～ [namul ～ ナムル ～] 人をだます.

속임-수 [—數] [sogims'u ソギムッス] 名 詭計きけい; 手管; 手練; ごまかし; トリック; まやかし ¶～를 쓰다 [～-rɯl s'uda ～ルルッスダ] 詭計を巡らす / ～에 걸리다 [～e kɔllida ～エ コルリダ] トリックにかかる.

속-적삼[so:ktʃ'ɔks'am ソークチョクサム] 图 (汗がしみつかないように着る)下着の単衣チョゴリ[上衣].

속전 속결[速戰速決][soktʃ'ɔnsok'jɔl ソクチョンソクキョル] 图 하자 速戦即決 **—주의**[tʃ'ui チュイ] 速戦即決主義.

속절-없다[soktʃ'ɔrɔp'ta ソクチョロプタ] 形 どうしようもない; むなしい; 仕方ない; やるせない ¶ ~-없는 세월[(soktʃ'ɔr)ɔmnumn se:wɔl (ソクチョ)ロムヌン セーウォル] やるせない歳月 **속절-없이**[soktʃ'ɔrɔp'i ソクチョロブシ] 副 どうしようもなく; やるせなく; むなしく ¶ ~ 세월은 흐른다[~ se:wɔrum hurumda ~ セーウォルン フルンダ] やるせなく歳月は流れる.

속죄[贖罪][sokt'wedʒe ソクチュェ] 图 하자 贖罪ょく; 罪滅ぼし ¶ 죽음으로써 ~하다[tʃugumuros'ɔ ~hada チュグムロッソ ~ハダ] 死をもって罪を贖ょう.

속-주다[so:ktʃ'uda ソークチュダ] 自 心を許す; 心を打ち明ける.

속-짐작[so:ktʃ'imdʒak ソークチムジャク] 图 하자 当て推量; 心あたり; 見当.

속-차리다[so:ktʃ'harida ソークチャリダ] 自 ① 分別ある行動をとるようにする ② 実を取る; 自分の実利をとる.

속출[續出][sokt'ʃhul ソクチュル] 图 하자 続出; 続生 ¶ 사고가 ~하다[sa:goga (sokt'ʃhur)hada サーゴガ ~(ソクチュル)ハダ] 事故が続出する.

속-치레[so:ktʃ'hire ソークチレ] 图 하자 内部をよく手入れして飾ること.

속-치마[so:ktʃ'hima ソークチマ] 图 中に着る下着のチマ[スカート].

속-치장[-治裝][so:ktʃ'hidʒaŋ ソークチジャン] 图 하자 内部の飾り[装い].

속칭[俗稱][soktʃ'hiŋ ソクチン] 图 하자 俗称; 通称 ¶ 폭력배(暴力輩)를 ~ 깡패라고 한다[phoŋnjɔkp'ɛrul ~ k'aŋphɛrago handa ポンニョクペルル ~ッカンペラゴ ハンダ] 暴力団を俗にやくざという.

속-타다[so:kthada ソークタダ] 自 焦じれる; 気がもめる; 気がいら立つ; 胸を焦がす ¶ 남의 ~-타는 줄도 모르고…[name ~-thanun dʒuldo morugo ナメ ~-タヌン ジュルド モルゴ] 人が心を焦がすのも知らずに….

속-탈[-頉][so:kthal ソークタル] 图 消化不良 ¶ ~이 나다[(so:kthar)i nada (ソクタ)リ ナダ] 消化不良になる.

속-태우다[so:kthɛuda ソークテウダ] 他 気をもむ; 焦じらす; いら立たせる; 心配をかける; 思い煩わらせる; '속타다'の使役形 ¶ 엄마를 ~[ɔmmarul ~ オムマルル ~] 母を心配させる.

속-트이다[so:kthuida ソークトゥイダ] 自 さばさばしている; 磊落らだ ¶ ~-트인 사람[~-thuin sa:ram ~-トゥイン サーラム] さばさばした人.

속-표지[—表紙][so:kphjodʒi ソークピョジ] 图 本の扉 ¶ ~ 그림[~ gu:rim ~ グーリム] 扉絵.

*속-하다[屬—][sokhada ソクハダ] 自 여변 属する ¶ …에 속하는 작품[…e sokhanun tʃakphum …エ ソクカヌン チャクプム] …に属する作品.

속행-하다[續行—][sokhɛŋhada ソクケンハダ] 他 続行する ¶ 경기를 ~[kjɔ:ŋgirul ~ キョーンギルル ~] 競技を続行する.

속-히[速—][sokhi ソクキ] 副 速く; 早く ¶ ~ 걷다[~ kɔ:t'a ~ コーッタ] 早く歩く.

솎다[sokt'a ソクタ] 他 間引く; うろ抜く ¶ 무를 솎아내다[mu:rul sok'anɛda ムールル ソカネダ] 大根を間引く.

솎음[sok'um ソククム] 图 하자 (白菜・大根などの)間引き・うろ抜き.

*손¹[son ソン] 图 ① 手 ¶ 오른~[orum~ オルン~] 右手 / 왼~[we:n ~ ウェーン~] 左手 ② 指 ¶ ~꼽히는 인물 ~[k'ophinum inmul ~ッコピヌン インムル] 屈指の人物 ③ 働き手; 人手 ¶ ~이 모자라다[~i mo:dʒarada (ソ)ニ モージャラダ] (人)手が足りない ④ 交際; 関係 ¶ 친구와 ~을 끊다[tʃhinguwa ~ul k'unthna チングワ (ソ) ヌル ックンタダ] 友達と手を切る ⑤ 手腕; 腕前; 手管; 手段 ¶ ~을 쓰다[~ul s'uda (ソ) ヌルッスダ] 手を打つ[回す] ⑥ 手癖 ¶ ~이 거칠다[~i kotʃhilda (ソ)ニ コチルダ] 手癖が悪い ⑦ 気前; 度量 ¶ ~이 크다[~i khuda (ソ)ニ クダ] 気前がよい ⑧ (意思を表わす)手 ¶ ~을 들다[~ul tulda (ソ)ヌル トゥルダ] (賛成・降参の意で)手を挙げる ⑨ 手間; 手数 ¶ ~이 가다[~i kada (ソ)ニ カダ] 手[手間]がかかる.

*손²[son ソン] 图 客; お客; 来客; (店の)顧客 ¶ ~을 보다[~ul poda (ソ) ヌル ポダ] お客さんを迎えて接待す

る/～을 치르다[～ɯl tɕʰiruda (ソ)ヌル チルダ] お客さんのもてなしをする.

손³[son ソン] 图〈民〉…方面に凶事や災厄をもたらすという悪神 ¶동쪽에 ～이 있다[toŋtɕʰoge ～i it'a トンッチョゲ (ソ)ニイッタ] 東側に災厄の悪神がある.

손⁴[son ソン] 依名 市場などで物を数えるときの語(セリ・ネギなどは1つかみを, 魚は2匹を, 白菜は2株を1「손」という) ¶고등어 한 ～[kodɯŋɔ han ～ コドゥンオ ハン ～] サバ2匹.

손⁵[son ソン] 副 …とは(いっても)(譲歩の意を表わす) ¶아무리 재주가 있다～ 치더라도…[a:muri tɕɛdʑuga it'a～ tɕʰidɔrado アームリ チェジュガ イッタ～ チドラド] いくら才能があるとはいえ….

손[孫][so:n ソーン] 图 孫; まご; 後孫 ¶～이 끊기다[～i k'ɯnkʰida (ソー)ニックンキダ] 代が尽きる.

***손-가락**[sonk'arak ソンカラク] 图 指 ¶엄지[새끼]～[ɔmdʑi[sɛk'i]～ オムジ[セッキ]～] 親指[小指] **—질**[tɕʰil チル] 图 하他 指差し; 後ろ指 ¶～을 하다[～-(tɕʰir)ɯl hada ～-(チ)ルル ハダ] 後ろ指を指す.

손-가방[sonk'abaŋ ソンカバン] 图 手提げカバン; ハンドバッグ.

손-거울[sonk'ɔul ソンコウル] 图 手鏡.

손-거칠다[songɔtɕʰilda ソンゴチルダ] 形 己語幹 ① 手くせが悪い ② (仕事がりていてない; 雑だ; 手荒い.

손-결[sonk'jɔl ソンキョル] 图 手の肌触り; 手の甲のきめ.

손-곱다[songopt'a ソンゴプタ] 形 (寒さで)手がこごえる; 手がかじかむ.

손-금[sonk'ɯm ソンクム] 图 手筋; 手相 ¶～을 보다[～ɯl poda (ソンク)ムル ポダ] 手相を見る[見てもらう] **—보듯 하다**[bodɯtʰada ポドッタダ] 慣 (手相を見ているように)ことごとく良く知っている.

손-길[sonk'il ソンキル] 图 (差し伸べる)手 ¶구원의 ～을 뻗다[ku:wɔne (sonk'ir)ɯl p'ɔt'a クーウォネ (ソンキ)ルル ッポッタ] 救援の手を差し伸べる.

손-꼽다[sonk'opt'a ソンッコプタ] 他 ① 指折り数える ¶～-꼽아 기다리다[～-k'oba kidarida ～-ッコバ キダリダ] 指折り数えて待つ ② 特に優れる ¶～-꼽는 부자(富者)[～-k'omnɯn pu:dʑa ～-ッコムヌン プージャ] 屈指の金持ち.

손-끊다[sonk'ɯntʰa ソンクンタ] 自 手[縁]を切る; 関係を絶つ; 別れる ¶그녀와 ～[kɯnjɔwa ～ クニョワ ～] 彼女と別れる.

손-끝[sonk'ɯt ソンックッ] 图 指先; 手先 ¶～-이 여물다[～(sonk'ɯ) tɕʰi jomulda (ソンック)チ ヨムルダ] 手先が器用だ.

손-내밀다[sonnɛmilda ソンネミルダ] 自 己語幹 ① 手を差し出す; 要求する ¶달라고 ～[ta:llago ～ タールラゴ ～] くれと手を差し出す ② 手出しする; 干渉する ¶손 내밀 아무런 권리도 없다[son nɛmil a:murɔn kwɔllido ɔ:pt'a ソン ネミル アームロン クォルリド オープタ] 手出しをする何の権利もない.

***손녀**[孫女][sonnjɔ ソンニョ] 图 孫娘 **—딸**[t'al ッタル] 图 孫娘の愛称.

손-놓다[sonnotʰa ソンノッタ] 自 ① 手放す ② していた仕事を止める.

손-늦추다[sonnɯttɕʰuda ソンヌッチュダ] 自 手を緩める ¶수색의 손을 늦추다[susɛge sonɯl nɯtʰuda スセゲ ソヌル ヌッチュダ] 捜索の手を緩める.

***손-님**[sonnim ソンニム] 图 客; お客さん ¶단골 ～[taŋgol ～ タンゴル ～] なじみの客; 常連客; 得意先.

손-대다[sondeda ソンデダ] 自 ① 手をつける; 触る; 手を触れる ¶손대지 마세요[sondedʑi ma:sejo ソンデジ マーセヨ] 触らないでください ② 手を出す ¶주식(株式)에 ～[tɕʰuɕige ～ チュシゲ ～] 株に手を出す ③ (仕事を)始める; 手をつける ¶새 사업에 ～[sɛ sa:ɔbe ～ セ サーオベ ～] 新しい事業に手をつける ④ 手を入れる; 手を加える ¶초고에 ～[tɕʰogoe ～ チョゴエ ～] 草稿に手を加える ⑤ 殴る; 手を出す; (女と)関係を結ぶ ¶여자에게 손을 대다니…[jɔdʑaege sonɯl tɛ:dani ヨジャエゲ ソヌル テーダニ] 女の人を殴る[女性と関係を結ぶ]とは….

손-대중[sont'edʑuŋ ソンテジュン] 图 하他 手加減; 手心 ¶～으로 잘 맞춘다[～ɯro tɕal matɕʰunda ～ウロ チャル マッチュンダ] 手加減がうまい.

손-도끼[sondok'i ソンドッキ] 图 手斧; 鉈; ちょうな.

손-도장[—圖章][sont'odʑaŋ ソントジャン] 图 拇印; つめ印.

손-독[─毒] [sont'ok ソントク] 名 手の毒気(腫れ物などを手でいじってこじらせた毒気) ¶ ~이 오르다 [(sont'og) i oruda (ソント)ギ オルダ] 腫れ物を手でいじって毒気が生じる.

손-들다 [sonduːlda ソンドゥルダ] 自 [ㄹ語幹] ① 手を上げる; 降参する ¶ ~들고 나와라 [~-duɯlgo nawara ~ ドゥルゴ ナワラ] 手を上げて出て来い / ~-들었습니다 [~-duɯrɔsʼuɯmnida ~ ドゥロッスムニダ] 負けました; 降参しました ② 手を引く; 参る ¶ 그 사업에서 ~-들었네 [kɯ saːɔbesɔ ~-duɯrɔnne ク サーオベソ ~ ドゥロンネ] その事業から手を引いたよ / 이 문제에는 ~-들었다 [i muːndʒeenɯn ~-duɯrɔtʼa イ ムーンジェエヌン ~ドゥロッタ] この問題には参った. 「手の表.

손-등 [sont'uŋ ソントゥン] 名 手の甲

손-때 [sontʼɛ ソンッテ] 名 手垢; 手沢 ¶ ~ 묻은 책 [~ mudɯn tɕhɛk ~ ムドゥン チェク] 手垢のついた本; 手沢本 ─**먹이다** [mɔktʼa モクタ] 慣 使い慣らされる ─**먹이다** [mɔgida モギダ] 慣 使い慣らす; つやを出す; 手塩にかける ¶ 손때를 먹여서 키운 딸자식 [~-rɯl mɔgjɔsɔ kʰiun t'aldʒasik ~ ルル モギョソ キウン ッタルジャシク] 手塩にかけて育てた娘.

손-떼다 [sontʼeda ソンッテダ] 1 自 手を引く[切る]; 関係を絶つ ¶ 사업에서 ~ [saːɔbesɔ ~ サーオベソ ~] 事業から手を引く 2 他 (仕事を)し終える; 打ち切る ¶ 오늘로서 ~-떼기로 한다 [onɯllosɔ ~-tʼegiro handa オヌルロソ ~-ッテギロ ハンダ] 今日をもって打ち切りにする.

손-모가지 [sonmogadʑi ソンモガジ] 名 俗 手首 ¶ ~를 비틀다 [~-rɯl pitʰɯlda ~ ルル ピートゥルダ] 手首をねじる.

***손-목** [sonmok ソンモク] 名 手首; 腕首 ¶ ~을 삐다 [(sonmog) ɯl pʼiːda (ソンモ)グル ピーダ] 手をくじく ─**시계** [ʃʼige シゲ] 名 腕時計.

손-바구니 [sonpʼaguni ソンパグニ] 名 手かご.

손-바느질 [sonpʼanɯdʑil ソンパヌジル] 名 하自他 手縫い.

***손-바닥** [sonpʼadak ソンパダク] 名 手のひら; 掌ᅌᅎ ¶ ~만한 마당 [(sonpʼadaŋ) manhan madaŋ (ソンパダン)マンハン マダン] 猫の額ほどの庭 / ~으로 때리다 [(sonpʼadag) ɯro tʼɛrida (ソンパダ)グロッテリダ] 平手を食わす.

손-바람 [sonpʼaram ソンパラム] 名 腕前; 技量; 調子 ¶ 일에 ~이 나다 [iːre ~i nada イーレ (ソンパラ)ミ ナダ] 仕事が調子づく.

***손-발** [sonbal ソンバル] 名 手足; 思いのままに動いてくれる人 ─**이 되다** [(sonbar) i tweda (ソンバ)リ トゥェダ] 慣 手足となる; 協力者や忠実な部下になる ─**이 따로 놀다** [(sonbar) itʼaro noːlda (ソンバ)リ ッタロ ノールダ] 慣 各人が自分勝手だ ─**이 맞다** [(sonbar) i matʼa (ソンバ)リ マッタ] 慣 呼吸が合う ¶ 그와는 ~ [kɯwanɯn ~ クワヌン ~] 彼とは呼吸が合う.

손-버릇 [sonpʼɔrɯt ソンポルッ] 名 手癖 ¶ ~이 나쁘다 [(sonpʼɔrɯj) i napʼɯda (ソンポル) シ ナプダ] 手癖が悪い.

손-벌리다 [sonbɔllida ソンボルリダ] 自 手を差し出して金品を要求する.

손-보다 [sonbɔda ソンボダ] 自他 手入れをする ¶ 지붕을 ~ [tɕibuŋɯl ~ チブンウル ~] 屋根の手入れをする.

손-봐 주다 [sonbwadʑuda ソンブァジュダ] 自他 ① 人の仕事を手伝う ② (憎い人などを)ひどい目に合わせる ¶ 그 친구, 좀 ~-봐 주어야겠다 [kɯ tɕhiŋgu, tɕom ~-bwa dʑuɔjagetʼa ク チング, チョム ~-ブァ ジュオヤゲッタ] あの男, ちょっとばかり気合を入れてやらないとな.

손부 [孫婦] [sonbu ソンブ] 名 孫の妻 = **손자 며느리** [sondʑa mjɔnɯri ソンジャ ミョヌリ].

손-부끄럽다 [sonbukʼɯrɔpʼtʼa ソンブックロプタ] 形 [ㅂ変] (差し出した)手が恥ずかしい; 面目が立たほどが悪い.

손-붙이다 [sonbutɕhida ソンブチダ] 手をつける; 着手[開始]する.

손-빌다 [빌리다] [sonbilda [billida] ソンビルダ [ビルリダ]] 自 [ㄹ語幹] 手を借りる; 手伝ってもらう.

손-빠르다 [sonpʼarɯda ソンッパルダ] 形 (仕事が)手早い.

손-빨래 [sonpʼallɛ ソンッパルレ] 名 하他 (洗濯物の)手洗い.

손뼉 [sonpʼjɔk ソンッピョク] 名 手のひら; 掌ᅌᅎ ─**치다** [tɕhida チダ] 自 拍手する; (喜んで)手をたたく.

손상-하다 [損傷─] [soːnsaŋhada ソーンサンハダ] 自他 損傷する; 損う ¶

체면(體面)을 ~[tʃʰemjɔnɯl ~ チェミョヌル ~] 面目を損う[傷つける].

*손색[遜色][soːnsɛk ソーンセク] 名 遜色. **—없다** [(soːnsɛg)ɔpt'a (ソーンセ)ゴプタ] 形 劣らない. **—없이** [(soːnsɛg)ɔpʃ'i (ソーンセ)ゴプシ] 副 劣るところなく; 遜色なく.

*손수 [sonsu ソンス] 副 手ずから; 自ら ¶ ~ 수리하시다 [~ surihaʃida ~ スリハシダ] 修理を手ずからなさる.

*손-수건[—手巾][sonsʼugɔn ソンスッゴン] 名 手ぬぐい; ハンカチ.

손-수레 [sonsure ソンスレ] 名 手車; 手押し車.

*손-쉽다 [sonʃwipt'a ソンシュイプタ] 形[ㅂ変] たやすい; 容易だ ¶ ~-쉽게 이기다 [~-ʃwipk'e igida ~-シュイプケイギダ] 楽に[手もなく]勝つ.

손-시늉 [sonʃ'injuŋ ソンシニュン] 名 手まね; 手ぶり ¶ ~으로 말하다 [~-uro maːrhada ~ウロ マールハダ] 手まねで話す.

*손실[損失][soːnʃil ソーンシル] 名 하自他 損失 ¶ ~을 보다 [(soːnʃir)ɯl poda (ソーンシ)ルル ポダ] 損失を被る.

손-싸다 [sons'ada ソンッサダ] 形 手早い ¶ 손싸게 처리하다 [sons'age tʃʰɔːrihada ソンッサゲ チョーリハダ] 手早く処理する.

손-쓰다 [sons'ɯda ソンッスダ] 自 必要な処置をとる; 手を打つ; 手を回す ¶ 재빨리 ~ [tʃʼɛpʼalli ~ チェッパルリ ~] 素早く手を打つ[手を回す].

손-씻다 [sonʃʼitʼa ソンッシッタ] 自 (手を洗うの意で)関係を断つ; 手を引く; 堅気になる ¶ 노름에서 ~ [norɯmesɔ ~ ノルメソ ~] ばくちから手を引く.

손-아귀 [sonagwi ソナグィ] 名 手の中; 掌中; 手中 ¶ ~에 넣다 [~e nɔːtʰa ~エ ノーッタ] 掌中に入れる; 掌握する; 自分の物にする.

*손-아래 [sonarɛ ソナレ] 名 目下; 年下の人 **—뻘** [pʼɔl ッポル] 目下になる間柄[世代数の低い人]を表わす語

손아랫-사람 [sonarɛsʼaram ソナレッサラム] 名 目下[年下](の人).

손-안 [sonan ソナン] 名 手の中 ¶ ~에 있다 [~e itʼa nɔːtʰa] (ソナ)ネイッタ[ノーッタ]] 手の中にある[手中に収める].

손에 놀다 [sone noːlda ソネ ノールダ] 慣 (人の)手に乗る ¶ 사기꾼 손에 놀아나다 [sagikʼun sone noranada サギックン ソネ ノラナダ] ペテン師の手に乗る.

손에 달리다 [sone tallida ソネ タルリダ] 慣 左右される ¶ 의사(醫師)의 손에 달려 있다 [uisae sone talljɔitʼa ウィサエ ソネ タルリョ イッタ] 医者の手にかかっている.

손에 붙다 [sone putʼa ソネ ブッタ] 慣 手につく; はかどる ¶ 일이 ~ [iːri ~ イーリ ~] 仕事がよくはかどる.

손에 잡히다 [sone tʃapʰida ソネ チャピダ] 慣 手につく ¶ 일이 손에 잡히지 않는다 [iːri sone tʃapʰidʒi annɯnda イーリ ソネ チャピジ アンヌンダ] 仕事が手につかない.

*손-위 [sonwi ソヌィ] 名 年上 **손윗-사람** [sonwisʼaram ソヌィッサラム] 名 目上(の人); 上長; 年上; 長上.

손을 돕다 [sonɯl toːptʼa ソヌル トープタ] 慣 手助け[手伝い]をする ¶ 어머니 손을 도왔다 [ɔmɔni sonɯl towatʼa オモニ ソヌル トワッタ] 母を手伝った.

손을 빼다 [sonɯl pʼɛːda ソヌル ッペーダ] 慣 (仕事から)手を引く ¶ 일에서 슬그머니 ~ [iːresɔ sɯlgɯmɔni ~ イーレソ スルグモニ ~] 仕事からそっと手を引く.

손을 뻗치다 [sonɯl pʼɔtʃʰida ソヌル ッポッチダ] 慣 手を差し伸ばす ¶ 우주산업까지 ~ [uːdʒu saːnɔpkʼadʒi ~ ウージュ サーノプカジ ~] 宇宙産業にまで手を伸ばす.

손을 적시다 [sonɯl tʃɔkʃʼida ソヌル チョクシダ] 慣 関係する; 手を染める ¶ 노름에 ~ [norɯme ~ ノルメ ~] ばくちに手を染める.

손을 타다 [sonɯl tʰada ソヌル タダ] 慣 (知らないうちに品物の一部が)しばしばなくなる; 手がかかる; 人手を煩わす.

손을 털다 [sonɯl tʰɔːlda ソヌル トールダ] 慣 ① (仕事を)終える; 手を引く ② (ばくちなどで)元手まですっかりなくす; 足を洗う.

손이 가다 [soni kada ソニ カダ] 慣 手が込む; 手間がかかる.

손이 나다 [soni nada ソニ ナダ] 慣 手が空く; (仕事の途中)しばらく暇になる ¶ 손이 나면… [soni namjɔn ソニ ナミョン] 暇があったら….

손이 놀다 [soni noːlda ソニ ノールダ]

손이 닿다 慣 (仕事がなくて)手が空く.

손이 닿다 [soni ta:tʰa ソニ タータ] 慣 手が届く; 力が及ぶ; 手が回る.

손이 딸리다 [soni t'allida ソニ ッタルリダ] 慣 人手が不足する.

손이 뜨다 [soni t'ɯda ソニ ットゥダ] 慣 動作がのろい[鈍い]; 仕事ぶりが遅い; 商品の売れ行きが思わしくない.

손이 맞다 [soni mat'a ソニ マッタ] 慣 (仕事の上で)お互いに手が合う; 気が合う ¶손이 맞으면 못할 일이 없다 [soni madʒɯmjʌn mo:tʰal li:ri ʌpt'a ソニ マジュミョン モータル リーリ オープタ] 息が合えば何でもできる.

손이 맵다 [soni mɛpt'a ソニ メプタ] 慣 手が強い; 仕事ぶりがちゃっかりしている; たたかれると痛い.

손이 미치다 [soni mitʃʰida ソニ ミチダ] 慣 手が及ぶ; 手が届く ¶거기까지는 손이 미치지 못한다 [kʌgik'adʒinɯn soni mitʃʰidʒi mo:tʰanda コギッカジヌン ソニ ミチジ モータンダ] そこまでは手が及ばない.

손이 발이 되도록 빌다 [soni pari twedorok p'i:lda ソニ パリ トゥェドロク ピールダ] 慣 あの手この手で許しを乞う; 両手を合わせて哀願する ¶살려 달라고 ~ [salljʌ dallago ~ サルリョ ダルラゴ ~] 許してくれと両手を合わせて哀願する.

손이 비다 [soni pi:da ソニ ピーダ] 慣 ① 手が空く; 手がすく ② (手元に)金がない; すっからかんである; 無一文である ③ 手に何も持っていない; 素手である; 手ぶらだ.

손이 서투르다 [soni sʌ:tʰurɯda ソニ ソートゥルダ] 慣 手先が不器用だ; 下手だ; 手慣れていない ¶그는 ~ [kɯnɯn ~ クヌン ~] 彼は不器用だ.

손이 자라다 [soni tʃarada ソニ チャラダ] 慣 力が及ぶ; 手が届く ¶손이 자라는 대로 도와 주자 [soni tʃaranɯn dɛro towa dʒudʒa ソニ チャラヌン デロ トワ ジュジャ] 力の及ぶ限り後押ししよう.

손익[損益] [so:nik ソーニク] 名 損益; 損得 ¶~ 계산 [(so:ni) k'e:san ~ ケーサン] 損益計算.

손-익다 [sonnikt'a ソンニクタ] 形 手慣れる; 熟練する ¶손(에) 익은 일 [son nigun [sone igun] ni:l (ソン)ニグン [(ソ)ネ イグン] ニール] 手慣れた仕事.

***손자**[孫子] [sondʒa ソンジャ] 名 孫 ¶첫 ~ [tʃʰʌ(s'ondʒa) チョッ~] 初孫.

손-작다 [sondʒakt'a ソンジャクタ] 形 けちだ; しみったれだ.

손-잡다 [sondʒapt'a ソンジャプタ] 自 ① 手を取り合う; 手をつなぐ ¶손에 ~-잡고 [sone ~-dʒapk'o ソネ ~-ジャプコ] 手に手をつないで[取って] ② 互いに協力する ③ (ひそかに)手を握る.

***손-잡이** [sondʒabi ソンジャビ] 名 取っ手; 引き手; つまみ; 柄; ハンドル ¶문(門)의 ~ [mune ~ ムネ ~] ドアの取っ手[ノブ(knob)].

손-장난 [sontʃ'aŋnan ソンチャンナン] 名 하自 ① 手遊び; 手でするつまらないいたずら ② 賭博늑の別称.

손-장단[—長短] [sontʃ'aŋdan ソンチャンダン] 名 手拍子 ¶~을 치다 [~-ɯl tʃʰida (ソンチャンダ)ヌル チダ] 手拍子を取る.

손-재간[—才幹] [sontʃ'ɛgan ソンチェガン] 名 ='손재주'.

손-재주[—才—] [sontʃ'ɛdʒu ソンチェジュ] 名 手際; 手の技; 小手先 ¶~가 있다 [~-ga it'a ~ガ イッタ] 手性がいい; 小手がきく; 手先が器用だ.

손-전등[—電燈] [sontʃ'ʌndɯŋ ソンチョンドゥン] 名 懐中電灯; フラッシュライト.

손-젓다 [sondʒʌt'a ソンジョッタ] 自 (制止・拒絶・否認などの意思表示として)手を振る; 拒絶する.

***손-질** [sondʒil ソンジル] 名 하他 ① 手入れ ¶정원의 ~ [tʃʌŋwone ~ チョンウォネ ~] 庭園の手入れ/피부(皮膚)를 ~ 하다 [pʰiburɯl (sondʒir)-hada ピブルル ~ハダ] 肌を磨く ② 手出し; 殴ること =주먹질 [tʃumʌktʃ'il チュモクチル] ¶어린이에게 ~ 하다니… [riniege (sondʒir)hadani オリニエゲ ~ハダニ] 子供を殴るとは….

손-짐작 [sondʒimdʒak ソンジムジャク] 名 하他 手加減.

***손-짓** [sontʃ'it ソンチッ] 名 하自 手振り; 手まね ¶몸짓 ~ [momtʃ'it ~ モムチッ ~] 身振り手振り/~으로 말하다 [(sontʃ'is)uro ma:rhada (ソンチ)スロ マールハダ] 手まねで話す.

손-찌검 [sontʃ'igʌm ソンチッゴム] 名 하他 手出し; 手で殴ること ¶먼저 네가 ~ 했다 [mʌndʒʌ nega ~hɛt'a モンジョ ネガ ~ヘッタ] 先にお前が手

손-크다 [sonkʰuda ソンクダ] 形 気前がいい; おおまかだ.

*__손-톱__ [sonthop ソントプ] 名 爪 ¶ ~으로 할퀴다 [(sonthob)ɯro halkʰwida (ソント)ブロ ハルクィダ] 爪で引っ搔く **—깎이** [k'ak'i ッカッキ] 名 爪切り **—만큼도** [mankʰumdo マンクムド] 副 爪の垢ほども; 少しも; 全然 ¶ ~ 기쁘지 않다 [~ kip'ɯdʒi antʰa ~ キップジ アンタ] 少しもうれしくない **—자국** [tʃ'aguk チャグク] 名 爪あと.

*__손해__ [損害] [so:nhɛ ソーンヘ] 名 損害; 損 ¶ ~가 크다 [~ga kʰuda ~ガ クダ] 損害が大きい; 大損だ **—가다** [gada ガダ] **—보다** [boda ボダ] 自 損をする ¶ 온통 ~ [o:nthoŋ ~ オーントン ~] 丸損になる.

*__솔__[1] [sol ソル] 名 〈植〉 マツ(松); 松の木 ＝'소나무'.

*__솔__[2] [so:l ソール] 名 刷毛ᇂ케; ブラシ ¶ 칫~ [tʃʰis'ol チッソル] 歯ブラシ.

솔개 [solgɛ ソルゲ] 名 〈鳥〉 トビ(鳶); トンビ; ='소리개'.

솔기 [solgi ソルギ] 名 縫い目; 縫い山 ¶ ~가 거칠다 [~ga kɔtʃʰilda ~ガ コチルダ] 縫い目が荒い.

솔깃-하다 [solgitʰada ソルギッタダ] 形 여変 (心が傾く; 気が向く ¶ 그의 말에 (귀가) ~-해지다 [kɯe ma:re (kwiga) ~-tʰedʒida クエ マーレ (クィガ) ~-テジダ] 彼の言うことに心が引かれる[乗り気になる].

솔다[1] [so:lda ソールダ] 自 ㄹ語幹 (小言を聞いて)耳が痛い; 耳にたこができる ¶ 귀가 ~ [kwiga ~ クィガ ~].

솔다[2] [so:lda ソールダ] 形 ㄹ語幹 (幅が)狭い ¶ 구두 볼이 ~ [kudu bori ~ クドゥ ボリ ~] 靴の幅が狭い.

솔-방울 [solp'aŋul ソルパンウル] 名 松かさ; 松ぼっくり.

솔-밭 [solbat ソルバッ] 名 松林; 松原.

솔선 [率先] [sols'on ソルソン] 名하自 率先; 先立ち ¶ ~ 수범 [~ subom ~ スボム] 率先垂範.

솔솔 [so:lsol ソールソル] 副 ① そよそよ; さやさや ¶ ~ 부는 바람 [~ bu:nɯn param ~ プーヌン パラム] そよそよ吹く風 ② さらさら; ちょろちょろ ¶ 물이 ~ 흐르다 [muri ~ hɯrɯda ムリ ~ フルダ] 水がさらさら流れる ③ しとしと ¶ 보슬비가 ~ 내리다 [posɯlbiga ~ nɛrida ポスルビガ ~ ネリダ] ぬか雨がしとしと降る ④ するする(糸などのもつれがたやすくほどけるさま) ⑤ すらすら(話を流暢にするさま) **—바람** [baram パラム] 名 そよ風.

솔-잎 [sollip ソルリプ] 名 松葉.

*__솔직__[率直] [soltʃ'ik ソルチク] 名하形 率直 ¶ ~한 대답 [(soltʃ'i)kʰan tɛ:-dap ~カン テーダプ] 率直な答え **—히** [(soltʃ'i)kʰi ~キ] 副 率直に ¶ ~ 고백하다 [~ ko:bɛkʰada ~ コーベクカダ] 率直に告白する.

솔-질하다 [so:ldʒirhada ソールジルハダ] 自他 ブラシをかける ¶ 구두를 ~ [kudurɯl ~ クドゥルル ~] 靴にブラシをかける.

*__솜__ [so:m ソーム] 名 綿; 木綿 ¶ ~을 타다 [~ɯl tʰada (ソー)ムル タダ] 綿打ちをする.

솜-방망이 [so:mbaŋmaŋi ソームバンマンイ] 名 綿を金串の先に丸めて結びつけたもの(油に付けて松明たいまつにする).

솜-사탕 [砂糖] [so:msatʰaŋ ソームサタン] 名 綿菓子; 綿あめ.

*__솜씨__ [soms'i ソムッシ] 名 手際; 手並み; 腕前; 手の内 ¶ 뛰어난 ~ [t'wi:nan ~ ットゥィオナン ~] すぐれた手並み / ~있게 처리하다 [~itk'e tʃʰo:rihada ~イッケ チョーリハダ] 手際よく処理する **—있다[좋다]** [it'a[dʒo:-tʰa] イッタ[ジョータ]] 存形 腕前がいい; 器用だ.

솜-털 [so:mtʰol ソームトル] 名 綿毛; うぶ毛; にこ毛.

솟구다 [sotk'uda ソックダ] 他 使役 (体)を跳ね上がらせる.

솟구-치다 [sotk'utʃʰida ソックチダ] 自 (勢いよく)跳ね上がる; ほとばしる; こみ上げる ¶ 불기둥이 ~-치는 활화산 [pulk'iduŋi ~-tʃʰinɯn hwarhwasan プルキドゥンイ ~-チヌン ファルファサン] 火柱がほとばしる活火山 / ~-치는 분노 [~-tʃʰinɯn pu:nno ~-チヌン プンノ] こみ上げる憤怒.

*__솟다__ [sot'a ソッタ] 自 ① 出る; 昇る ¶ 달이 ~ [tari ~ タリ ~] 月が昇る ② 湧く ¶ 지하수가 ~ [tʃihasuga ~ チハスガ ~] 地下水が湧く ③ 突き出る ¶ 못이 ~ [moʃi ~ モシ ~] 釘が突き出る ④ そびえる ¶ 빌딩이 ~ [bildiŋi ~ ビルディンイ ~] ビルディングがそび

える ⑤ わく; わき上がる ¶힘이 ~ [himi ~ ヒミ ~] 力がわき上がる.

솟아-나다 [sosanada ソサナダ] 自 わき出る; わき上がる; 噴き出る ¶희망이 ~ [himani ~ ヒマンイ ~] 希望がわく/온천이 ~ [ontʃʰoni ~ オンチョニ ~] 温泉がわき出る/땀이 ~ [t'ami ~ ッタミ ~] 汗が噴き出る.

솟아오르다 [sosaoruda ソサオルダ] 自 噴き上がる, わき上がる; ほとばしる ¶불같이 ~ [pulgatʃʰi ~ プルガチ ~] 火の手のようにほとばしる.

솟을-대문 [一大門] [sosult'ɛmun ソスルテムン] 名 (両脇の門より)門柱を高くした正門.

솟을 대문

송 [soŋ ソン] song 名 ソング ¶시엠~ [ʃiːem ~ シーエム ~] シーエムソング.

*__송곳__ [soːŋgot ソーンゴッ] 名 錐; ¶눈~[(soːŋgon) nun (ソーンゴン) ヌン] 名 鋭い目(つき) ~니 [(soːŋgon) ni (ソーンゴン) ニ] 名 糸切り歯; 犬歯.

송구 [送球] [soːŋgu ソーング] 1 名 하타 ボールを他の選手に投げ送ること; 送球 2 名 ハンドボール = 핸드볼 [hɛndubol ヘンドゥボール].

송구 [悚懼] [soːŋgu ソーング] 名 恐縮 __─하다__ [hada ハダ] 形 恐縮している; 恐れ多い; = __─스럽다__ [sɯɾɛpt'a スロプタ] 形 ㅂ変 ¶~스럽습니다만 [~-sɯɾɛps'ɯmnidaman ~-スロプスムニダマン] 恐れ入りますが.

송구-영신 [送舊迎新] [soːŋgujoŋʃin ソーングヨンシン] 名 하自 旧年を送り新年を迎えること.

송금 [送金] [soːŋgɯm ソーングム] 名 하自他 送金 __─수표__ (手票) [suphjo スピョ] 送金小切手 __─환__ (換) [hwan ファン] 名 送金為替.

송년 [送年] [soːŋnjon ソーンニョン] 名 年を送ること __─사__ [sa サ] 名 年末の辞 __─호__ [ho ホ] 名 年末号.

송두리-째 [soŋduritʃ'ɛ ソンドゥリッチェ] 副 根こそぎ; 全部; すっかり ¶~없애다 [~ ɔːps'ɛda ~ オープセダ] 根こそぎなくす.

송료 [送料] [soːŋnjo ソーンニョ] 名 送料.

송별 [送別] [soːŋbjol ソーンビョル] 名 하他 送別 __─회__ [(soːŋbjor) hwe フェ] 名 送別会.

송사리 [soːŋsari ソーンサリ] 名 ① <魚> メダカ(目高) ② つまらない輩; ちんぴら ¶단속(團束)에 ~ 만 걸려 들었다 [tansoge ~man kɔlljo dɯrɔt'a タンソゲ ~マン コルリョ ドゥロッタ] 取締りにちんぴら[小者]ばかりかかった.

송송 [soŋsoŋ ソンソン] 副 ① さくさく (野菜などを細かく切るさま) ¶파를 ~ 썰다 [pʰaɾul ~ s'ɔːlda パルル ~ ッソールダ] ネギをさくさく刻む ② 小さい穴がぽつぽつ開いているさま.

*__송아지__ [soŋadʒi ソンアジ] 名 仔牛.
*__송어__ [松魚] [soŋo ソンオ] 名 <魚> マス(鱒).

송연-하다 [竦然・悚然─] [soːŋjonhada ソーンヨンハダ] 形 여変 悚然しょうとしている; 恐れてびくびくする[ぞっとする] ¶모골(毛骨)이 ~ [mogori ~ モゴリ ~] 悚然として身震いする.

*__송이__ [soŋi ソンイ] 名 依名 房; 輪 ¶눈~ [nuːn ~ ヌーン ~] 雪片/꽃~ [k'o(s'oŋi) ッコッ ~] 花房/매화 한 ~ [mɛhwa han ~ メファ ハン ~] 梅1輪 __─밤__ [bam バム] 名 毬(のまま)のクリ __─송이__ [soŋi ソンイ] 副 房ごとに; ふさふさと; 鈴なりに.

*__송이__ [松栮] [soŋi ソンイ] 名 <植> 松茸まつたけ __─버섯__ [bɔsɔt ボソッ] 名 マツタケ.

송장 [soːŋdʒaŋ ソーンジャン] 名 屍; 死骸; なきがら; 死体 ¶산 ~ [saːn (soŋdʒaŋ) サーン (ソンジャン)] 生ける屍.

송이 버섯

송장 [送狀] [soːŋtʃ'aŋ ソーンチャン] 名 送り状; 仕切書; インボイス.

송죽 [松竹] [soŋdʒuk ソンジュク] 名 松

竹 **—매** [(soŋdʒuŋ)mɛ (ソンジュン)メ] 名 松竹梅.

송진 [松津] [soŋdʒin ソンジン] 名 松脂[まつやに].

송충 [松蟲] [soŋtʃʰuŋ ソンチュン] 名 〈虫〉マツケムシ(松毛虫); 松虫 = **송충이** [soŋtʃʰuɲi ソンチュンイ].

***송편** [松—] [soŋpʰjɔn ソンピョン] 名 うるち米の粉を湯で練りゴマ・アズキ・クリ・黒豆などのあんを入れ松葉を敷いて蒸した半月形[貝形]のもち(陰暦8月15日[秋夕[チュソク]]を祝うお供えのもち).

송 편

*솥 [sot ソッ] 名 釜[かま] ¶ 한 ~ 밥을 먹다 [han ~ p'abul mɔkt'a ハン ~ パブル モクタ] 同じ釜の飯を食う; 一緒に生活する **—뚜껑** [(so)t'uk'ɔŋ ッ トゥッコン] 名 釜のふた.

쇄 [swa: スァー] 副 ① びゅう(風の音) ② ざあ(風雨・水の音) ¶ 물이 ~ 쏟아진다 [muri ~ s'odadʒinda ムリ ~ ッソダジンダ] 水がさあとほとばしり出る **—쇄** [swa スァ] 副 びゅうびゅう; ざあざあ ¶ 비가 ~ 온다 [piga ~ onda ピガ ~ オンダ] 雨がざあざあ降る.

쇄국 [鎖國] [swɛ:guk スェーグク] 名 [하다] 鎖国 ¶ ~ 정책 [~ tʃʰɔŋtʃʰɛk ~ チョンチェク] 鎖国政策.

쇄도 [殺到] [swɛ:do スェード] 名 [하다自] 殺到 ¶ 주문이 ~하다 [tʃumuni ~hada チュームニ ~ハダ] 注文が殺到する.

쇄신 [刷新] [swɛ:ʃin スェーシン] 名 刷新 ¶ 서정 ~ [sɔ:dʒɔŋ ~ ソージョン ~] 庶政の刷新.

*쇠 [swe スェ] 名 ① 鉄; 真金[まがね] ¶ 바탕~ [patʰaŋ~ パタン~] 地金 ② 金属の総称; 金物 ¶ ~붙이 [~butʃʰi ~ブチ] 金属; 鉄類 ③ かぎ; キー; 錠(前); ロック ¶ ~를 채우다 [~rul tʃʰɛuda ~ルル チェウダ] 錠をかける [下ろす] ④ 俗 お金 ¶ ~가 없다 [~ga ɔ:pt'a ~ガ オープタ] お足がない.

쇠— [swe: スェー] 接頭 「牛の」の意.

쇠-가죽 [swe:gadʒuk スェーガジュク] 名 牛皮; 牛の皮.

쇠-갈퀴 [swegalkʰwi スェガルクィ] 名 鉄製の熊手[くまで].

*쇠-고기 [swe:gogi スェーゴギ] 名 牛肉 ¶ ~ 전골 [~ dʒɔ:ŋgol ~ ジョーンゴル] 牛鍋[ぎゅうなべ].

쇠-고랑 [swegoraŋ スェゴラン] 名 俗 手錠 ¶ ~을 채우다 [~ul tʃʰɛuda ~ウル チェウダ] 手錠をかける.

쇠-기름 [swe:girum スェーギルム] 名 牛脂; 牛の脂肪.

쇠-꼬리 [swe:k'ori スェーッコリ] 名 牛の尾; 牛皮.

쇠-꼬챙이 [swek'otʃʰɛɲi スェッコチェンイ] 名 金串[かなぐし]; 剛直で鋭敏なやせ形の人を指す語.

쇠다¹ [sweda スェダ] 自 ① 薹[とう]が立つ; (野菜などの盛りが過ぎて)柔らかみがなくなる ¶ 무가 ~ [mu:ga ~ ムーガ ~] 大根のとうが立つ ② 悪化する; こじれる ¶ 감기(感氣)가 ~ [ka:mgiga ~ カームギガ ~] 風邪がこじれる.

*쇠다² [swe:da スェーダ] 他 (祭祀日などを)祝って過ごす ¶ 설을 ~ [sɔ:rul ~ ソールル ~] 正月を祝う[送る].

쇠-달구 [swedalgu スェダルグ] 名 鉄製の胴突き.

쇠-똥 [swet'oŋ スェットン] 1 名 (鉄を鍛える際に出る)くず鉄; 金くそ 2 [swe:t'oŋ スェーットン] 名 牛糞[ぎゅうふん].

쇠-막대기 [swemakt'ɛgi スェマクテギ] 名 金棒; 鉄の棒. 「鉄のくい.

쇠-말뚝 [swemalt'uk スェマルットゥク]

쇠-망 [衰亡] [swemaŋ スェマン] 名 [하다自] 衰亡 ¶ 로마 제국의 ~ [ro:ma dʒe:guge ~ ローマ ジェーグゲ ~] ローマ帝国の衰亡. 「金鎚[かなづち]; ハンマー.

쇠-망치 [swemaŋtʃʰi スェマンチ]

쇠-못 [swemot スェモッ] 名 金釘[かなくぎ].

쇠-몽둥이 [swemoŋduɲi スェモンドゥンイ] 名 金棒; 鉄の棒.

쇠-뭉치 [swemuntʃʰi スェムンチ] 名 鉄の塊. 「鉄類; 金物.

쇠-붙이 [swebutʃʰi スェブチ] 名 金属;

쇠-뿔 [swe:p'ul スェーップル] 名 牛の角 ¶ ~도 단김에 빼랬다 [~do taŋgime

쇠사슬 [swesasɯl スェサスル] 名 ① 金鎖; 鉄鎖 ② 圧制; 抑圧; 束縛.

쇠-스랑 [swesɯraŋ スェスラン] 名 (鉄製の)熊手鍬<ぐわ>; 三つまたのくわ.

쇠약[衰弱][swejak スェヤク] 名形 衰弱 ¶신경 ~ [ʃiŋgjoŋ ~ シンギョン ~] 神経衰弱 / ~해 지다 [(sweja)kʰɛdʒida ～ケジダ] 衰弱する; 衰える.

쇠-죽 [~粥] [swe:dʒuk スェージュク] 名 わらを刻みタイズをまぜて煮込んだ牛の飼料.

쇠-줄 [swedʒul スェジュル] 名 鉄線; 針金.

쇠진[衰盡][swedʒin スェジン] 名 하自 衰え尽きること ¶기력이 ~하다 [kirjʌgi ~hada キリョギ ~ハダ] 気力が衰える.

쇠-창살 [一窓一] [swetʃʰaŋs'al スェチャンサル] 名 鉄格子.

쇠-톱 [swet'op スェトプ] 名 金属用のこぎり.

쇠퇴-하다[衰退一] [swetʰwehada スェトゥェハダ] 自 衰退する; 廃れる; 衰える ¶나라가 ~ [naraga ~ ナラガ ~] 国が衰える.

쇠-파리 [swe:pʰari スェーパリ] 名 〈虫〉 ウシバエ(牛蠅).

쇠-푼 [swepʰun スェプン] 名 わずかな [いくらかの]お金; 小銭 ¶~이나 벌었다 [~ina pɔ:rɔt'a (スェプ)ニナ ポーロッタ] ちょっとばかりもうけた.

쇠-하다 [衰一] [swehada スェハダ] 自 여動 衰える; 白む ¶몸이 ~ [momi ~ モミ ~] 体が衰える.

쇳-가루 [swetk'aru スェッカル] 名 鉄粉.

쇳-내 [swennɛ スェンネ] 名 金臭いにおい ¶~ 나다 [~ nada ~ ナダ] 金臭い.

쇳-소리 [swes'ori スェッソリ] 名 金属の音; 金切り声.

쇳-조각 [swetʃ'ogak スェッチョガク] 名 鉄片; 冷たくて人情のない人を指す語.

쇼 [ʃo: ショー] show 名 ショー ¶패션 ~ [pʰɛʃɔn~ ペーション ~] ファッションショー / ~걸 [~gɔ:l ~ゴール] ショーガール.

쇼킹 [ʃokʰiŋ ショキン] shocking 名 하形 ショッキング ¶~한 뉴스 [~han nju:sɯ ~ハン ニュース] ショッキングなニュース.

쇼핑 [ʃopʰiŋ ショピン] shopping 名 하自 ショッピング.

숄 [ʃo:l ショール] 名 ショール; 肩掛け.

숍 [ʃop ショプ] shop 名 ショップ; 商店; 小売店 ¶커피 ~ [kɔ(:)pi(:) ~ コ(-)ピ(-) ~] コーヒーショップ.

*수¹ [su ス] 名 接頭 雄・牡<お> ¶~컷 [~kʰɔt ~コッ] 雄 / ~닭 [~tʰak ~タク] おんどり / ~소 [~s'o ~ッソ] 雄牛.

*수² [su ス] 依名 ① 方法; 仕方; 仕様 ¶~하는 ~ 없다 [hanun ~ ɔ:pt'a ハヌン ~ オープタ] 仕方がない / 그렇게 할 ~ 밖에 없다 [kɯrokʰe hal (s'u) bak'e ɔ:pt'a クロッケ ハル (ッス) バケ オープタ] そうするほかに仕方がない ② 場合・事 ¶그럴 ~도 있다 [kɯrɔl (s'u) do it'a クロル (ッス) ド イッタ] そんなこともありうる / 쓰지 않을 ~ 없다 [s'ɯdʒi anul (s'u) ɔ:pt'a ッスジ アヌル (ッス) オープタ] 書かざるを得ない ③ 能力; 可能 ¶누구라도 할 ~ 있다 [nugurado hal (s'u) it'a ヌクラド ハル (ッス) イッタ] 誰にでもできる.

수[手][su ス] 名 依名 ① (碁などの) 手; 技 ¶한 ~ 늦다 [han ~ nuut'a ハン ~ ヌッタ] 一手遅れる ② 手段; 方法; 妙案 ¶무슨 ~를 써서라도… [musun ~rul s'ɔ:sɔrado ムスン ~ルル ッソソラド] どんな手段を使ってでも….

수[壽][su ス] 名 寿; ことぶき; 長生き; 寿命 ¶~를 누리다 [~rul nu:rida ~ルル ヌーリダ] 寿を保つ / ~를 다하다 [~rul ta:hada ~ルル ターハダ] 寿命を全うする.

*수¹[數][su: ス-] 名 運; 幸運; 運勢 ¶~가 나다 [~ga nada ~ガ ナダ] 運が開ける / ~가 사납다 [~ga sa:napt'a ~ガ サーナプタ] 運が悪い / ~가 없다 [~ga ɔ:pt'a ~ガ オープタ] 運がない; つきに見離される / ~가 터지다 [~ga tʰɔ:dʒida ~ガ トージダ] 運がむく.

*수²[數][su: ス-] 名 数 ¶~를 세다 [~rul se:da ~ルル セーダ] 数を数える.

수³-[數][su: ス-] 接頭 数; 「多くの」, 「いくらか」の意 ¶~차례 [~tʃʰare ~チャレ] 度数; 数回 / ~년 간 [~njɔn gan ~ニョン ガン] 数年間.

수[繡][su: ス-] 名 ぬいとり; 刺繡<ししゅう> ¶~(를) 놓다 [~ (rul) notʰa ~(ル) ノッタ] 刺繡する.

수[首][su: ス-] 名 依名 ① 首; 詩・歌の単位 ¶시 한 ~ [ʃi han ~ シ ハン ~] 詩1首 ② 匹; 羽 ¶오리 한 ~ [ori han ~ オリ ハン ~] アヒル1羽.

수갑[手匣][sugap スガㇷ゚] 图 手錠 ¶~을 차다[(sugab)ul tʰada (スガ)ブル チャダ] 手錠をかけられる.

수강[受講][sugaŋ スガン] 图 ㅎ自他 受講 **―생**[sɛŋ セン] 图 受講生.

수거-하다[收去―][sugohada スゴハダ] 他 収去する; 取り除く ¶분뇨를 ~[punnjorul ~ プンニョルル ~] 糞尿等を収去する.

*수건[手巾][suːgɔn スーゴン] 图 手ぬぐい; タオル.

*수고-하다[suːgohada スーゴハダ] 自 ご苦労をする; 労をとる ¶~하십니다[~haɕimnida ~ハシムニダ] ご苦労さまです **수고-스럽다**[suːgosurɔpʼtʼa スーゴスロㇷ゚タ] 形 ㅂ変 なかなか苦労なことだ; 大儀である ¶~-스럽습니다만…[~-surɔpʼsɯmnidaman ~-スロㇷ゚スムニダマン] お手数をかけながら…; お手数ですが…

수교[修交][sugjo スギョ] 图 ㅎ自他 修交.

수교-하다[手交―][sugjohada スギョハダ] 他 手交する; 手渡す ¶메시지를 ~[meɕidʑirul ~ メシジル ~] メッセージを手交する.

수국[水菊][suguk スグㇰ] 图〈植〉アジサイ(紫陽花・八仙花).

수군-거리다[sugungɔrida スグンゴリダ] 自他 ささやく; ひそひそと話す **수군-수군**[sugunsugun スグンスグン] 副 ㅎ自他 ひそひそ ¶~ 이야기하다[~ nijagihada ~ ニヤギハダ] ひそひそと話す.

수그러-지다[sugurɔdʑida スグロジダ] 自 ① 下がる; 垂れ下がる ¶머리가 ~[mɔriga ~ モリガ ~] 頭が下がる / 벼이삭이 ~[pjɔisagi ~ ピョイサギ ~] 稲の穂が垂れ下がる ② 弱まる; 静まる ¶불길이 ~[pulkʼiri ~ プルキリ ~] 火の手が弱まる ③ 和らぐ.

수그리다[sugurida スグリダ] 他 ① 下げる; 垂れる ¶머리를 ~[mɔrirul ~ モリルル ~] 頭を下げる ② 勢いを押さえる.

수금[收金][sugum スグム] 图 ㅎ自他 集金 **―원**[wɔn (スグ)ムォン] 图 集金人.

수급[需給][sugup スグㇷ゚] 图 需給 ¶~의 균형[(sugub)e kjunhjaŋ (スグ)ベ キュンヒョン] 需給の均衡.

수긍[首肯][sugɯŋ スグン] 图 ㅎ自他 首肯; うなずくこと ¶~할 수 없는 의견[~hal sʼu ɔːmnɯn ɰiːgjɔn ~ハㇽ ッス オㇺヌン ウィーギョン] 首肯[納得]できない意見 / ~이 가다[~i kada ~イ カダ] うなずく.

수난[受難][sunan スナン] 图 ㅎ自他 受難 ¶민족의 ~[mindʑoge ~ ミンジョゲ ~] 民族の受難. 「収納; 入金」

수납[收納][sunap スナㇷ゚] 图 ㅎ他

수녀[修女][sunjɔ スニョ] 图 修道女; シスター **―원**[wɔn ウォン] 图 女子修道院; 尼僧院.

수뇌[首腦][sunwe スヌェ] 图 首脳 ¶~ 회담[~ hwedam ~ フェーダム] 首脳会談.

수다[suːda スーダ] 图 ㅎ形動 口数の多いこと; 無駄口; おしゃべり ¶~만 피우다[~man pʰiuda ~マン ピウダ] おしゃべりばかりしている **―떨다**[tʼɔlda ットㇽダ] 自 しゃべりちらす **―부리다**[burida ブリダ] 自 無駄口をたたく; しゃべりたてる **―스럽다**[surɔpʼtʼa スロㇷ゚タ] 形 ㅂ変 おしゃべりだ ¶~-스런 여자(女子)[~-surɯn njɔdʑa ~-スロン ニョジャ] おしゃべり女 **―쟁이**[dʑɛŋi ジェンイ] 图 おしゃべりな人.

수다[數多][suːda スーダ] 图 ㅎ自形 ㅎ副 数多い; 数多な; たくさん ¶~한 사람들[~han saːramdul ~ハン サーラムドゥㇽ] 数多の人たち; 大勢の人.

*수단[手段][sudan スダン] 图 手段 ¶온갖 ~을 다 쓰다[oːngat (sʼudan)ul taː sʼuda オーンガッ (スダ)ヌㇽ ターッスダ] あらゆる手段を尽くす.

수당[手當][sudaŋ スダン] 图 手当 ¶출장 ~[tɕʰult͡ɕʼaŋ ~ チュㇽチャン ~] 出張手当.

*수도[水道][sudo スド] 图 水道 **―꼭지**[kʼokt͡ɕʼi ッコㇰチ] 图 水道の栓; 蛇口 ¶~를 틀다[~rul tʰulda ~ルㇽ トゥㇽダ] 蛇口をひねる[開ける] **수돗-물**[sudonmul スドンムㇽ] 水道の水.

*수도[首都][sudo スド] 图 首都; 首府.

수도[修道][sudo スド] 图 ㅎ自他 修道 ¶~승[~suŋ ~スン] 修道僧 **―사**[sa サ] 图 修道士; 修士 **―원**[wɔn ウォン] 图 修道院.

수동[手動][sudoŋ スドン] 图 手動; 手回し ¶~ 브레이크[~ bureikʰu ~ ブレイク] 手動ブレーキ. 「動; 被動」

수동[受動][sudoŋ スドン] 图 ㅎ自他 受

수두룩-하다[sudurukʰada スドゥルㇰカダ] 形 ㅇ変 多い; ざらにある; ありふれている; たくさんある; =수둑하다[sudukʰada スドゥッカダ] ¶그런

수-때우다[數—][su:t'ɛuda スーッテウダ] 自 厄払いをする; 厄逃れをする.

수-땜[數—][su:t'ɛm スーッテム] 名 하自 厄逃れ; 厄払い; =액때움[ɛkt'ɛum エクテウム]・액땜[ɛkt'ɛm エクテム].

수락-하다[受諾—][surakʰada スラクカダ] 他 受諾する; 承知する ¶ 제의 (提議)를 ~[tɕeirul ~ チェイルル ~] 申し出を受諾する.

수량[數量][su:rjaŋ スーリャン] 名 数量 ¶ 알맞은 ~[a:lmadʑɯn ~ アールマジュン ~] 適当な数量.

수런-거리다[surəngərida スロンゴリダ] 自 (群衆が)ざわつく; 騒ぎ立つ.

수렁[surəŋ スロン] 名 泥沼; ぬかるみ ¶ ~에 빠지다[~e p'adʑida ~エ パージダ] 泥沼にはまり込む.

수레[sure スレ] 名 車, 手車; 荷車 —**바퀴**[bakʰwi バクィ] 名 車輪.

수려[秀麗][surjə スリョ] 名 하形 秀麗 ¶ ~한 용모[~han joŋmo ~ハンヨンモ] 秀麗な容貌.

수력[水力][surjək スリョク] 名 水力 ¶ ~ 발전[~ p'altɕʰən ~ パルチョン] 水力発電.

수련[睡蓮][surjən スリョン] 名〈植〉スイレン.

수련[修錬・修練][surjən スリョン] 名 하他 修錬 ¶ ~을 쌓다[~ɯl s'a:tʰa (スリョ)ヌル ッサーッタ] 修錬を積む —**의**[i(スリョ)ニ] 名 研修医.

수련-하다[surjənhada スリョンハダ] 形 여変 素直で優しい.

수렴[收斂][surjəm スリョム] 名 하他 收斂 ① ひとつのものに集約すること ¶ 의견의 ~을 보다[wi:igjəne ~ɯl poda ウィーギョネ (スリョ)ムル ポダ] 意見の収斂を見る ② 収縮する[させる]こと ¶ 혈관의 ~[hjəlgwane ~ ヒョルグァネ ~] 血管の収斂.

수렵[狩獵][surjəp スリョプ] 名 하他 狩獵; 狩り; =사냥[sanjaŋ サニャン] ¶ ~ 면허[(surjəm) mjən:ho (スリョム) ミョーンホ] 狩獵免許.

수령[首領][surjəŋ スリョン] 名 首領; 頭 ¶ ~님[nim ニム] お頭; 親分.

수록-하다[收錄—][surokʰada スロクカダ] 他 収錄する; 収める ¶ 민화를 ~[minhwarɯl ~ ミンファルル ~] 民話を収錄する.

수뢰[受賂][surwe スルェ] 名 하自 収賄 ¶ ~죄[~tɕ'we ~チュェ] 収賄罪.

*수료[修了][surjo スリョ] 名 하他 修了 ¶ ~증[~tɕ'ɯŋ ~チュン] 修了証.

수류-탄[手榴彈][surjutʰan スリュタン] 名 手榴彈.

수르르[sururu スルル] 副 ① するする ¶ 실이 ~ 풀리다[ɕi:ri ~ pʰullida シーリ ~ プルリダ] 糸がするするほぐれる ② うとうと ¶ ~ 잠이 오다[~ tɕami oda ~ チャミ オダ] うとうとと眠けがさす ③ するする; すうっと(戸などが音もなく開くさま).

수리[suri スリ] 名〈鳥〉ワシ(鷲).

*수리-하다[修理—][surihada スリハダ] 他 修理する; 修繕する ¶ 집을 ~[tɕibul ~ チブル ~] 家を修理する.

*수립-하다[樹立—][suripʰada スリプハダ] 他 樹立する ¶ 신기록을 ~[ɕingirogul ~ シンギログル ~] 新記録を樹立する.

수마[水魔][suma スマ] 他 水魔.

수만[數萬][su:man スーマン] 數 数万 ¶ ~명[~mjəŋ ~ミョン] 数万名.

*수-많다[數—][su:mantʰa スーマンタ] 形 数多い; 数えきれないほど多い ¶ ~-많은 군중[~-manɯn kundʑuŋ ~-マヌン クンジュン] 数多くの群衆.

수면[睡眠][sumjən スミョン] 名 하自 睡眠 —**剤**(劑)[dʑe ジェ] 名 睡眠薬.

수명[壽命][sumjəŋ スミョン] 名 寿命 ¶ ~을 다하다[~ɯl ta:hada ~ウル ターハダ] 寿命を全うする.

수모[受侮][sumo スモ] 名 하自 侮辱されること ¶ ~를 겪다[당하다][~rul kjəkt'a[taŋhada] ~ルル キョクタ[タンハダ] 侮辱を受ける; 侮られる.

수목[樹木][sumok スモク] 名 樹木.

수묵화[水墨畵][sumukʰwa スムククァ] 名 水墨画; 墨絵.

수밀-도[水蜜桃][sumilt'o スミルト] 名〈植〉スイミツトウ(モモの一種).

*수박[su:bak スーバク] 名〈植〉スイカ (西瓜) ¶ ~ 겉핥기[(su:ba)k'ətʰalk'i ~コッタルキ] スイカの皮だけをなめる; 邁 生かじり; 内実も知らず表面的に事を行なうこと.

수반[首班][suban スバン] 名 (内閣の)首班.

수반[隨件][suban スバン] 名 하自他 随件 ¶ 이 문제에 ~해서…[i mu:n-

수배[手配][subɛ スベ] 名 他 手配 ¶지명 ~[tɕimjəŋ ~ チミョン ~] 指名手配.

수법[手法][supʼəp スポプ] 名 手法 ① 手口; 仕方 ¶노련(老鍊)한 ~[noːrjənhan ~ ノーリョンハン ~] 老巧なやり口 / 범죄 ~[pəːmdʑwe ~ ポームジュェ ~] 犯罪の手口 ② 手際; 技巧 ¶그의 ~은 멋지다[kɯe (supʼəb)un mətɕʼida クエ (スポ)ブン モッチダ] 彼の手際は鮮かである.

수북-하다[subukʰada スブクカダ] 形 ㅂ変 ① 山盛りに[うず高く]盛られている ¶먼지가 ~[məndʑiga ~ モンジガ ~] ごみがうず高い ② (腫れ物などが)腫れている; むくんでいる ③ (草が)生い茂っている **수북-이**[subugi スブギ] 副 うず高く; 山盛りに ¶밥을 ~ 담다[pabul ~ taːmtʼa パブル ~ タームタ] ご飯を山盛りに盛る.

수비[守備][subi スビ] 名 他 守備; 守り ¶~대[~dɛ ~テ] 守備隊.

수사[搜査][susa スサ] 名 他 搜査 ¶~ 본부[~ bonbu ~ ボンブ] 搜査本部 **一망**[maŋ マン] 名 搜査網.

***수산**[水産][susan スサン] 名 水産 ¶~물[~mul ~ ムル] 水産物.

수삼[水蔘][susam スサム] 名 未乾燥状態の生の高麗人参.

수 삼

수상[手相][susaŋ スサン] 名 手相 = 손금[sonkʼɯm ソンクム] ¶~ 쟁이[~ dʑɛŋi ~ ジェンイ] 手相見[占い].

***수상**[首相][susaŋ スサン] 名 首相 ¶~ 관저[~ gwandʑə ~ グァンジョ] 首相官邸.

수상[受賞・授賞][susaŋ スサン] 名 自 受賞・授賞 ¶~ 작품[~ dʑakpʰum ~ ジャクプム] 受賞の作品 / ~식[~ɕik ~シク] 授賞式.

***수상-하다**[殊常—][susaŋhada スサンハダ] 形 ㅅ形 怪しい; いかがわしい; 疑わしい ¶거동(擧動)이 ~[kəːdoŋi ~ コードンイ ~] 素振りが怪しい **수상-쩍다**[susaŋtɕʼəktʼa ススァンッチョクタ] 形 いぶかしい; 疑わしい; 怪しいところがある ¶~쩍은 일[~-tɕʼəgunniːl ~-ッチョグン ニール] 疑わしいこと **수상-히**[susaŋi スサンイ] 副 いかがわしく; 怪しく; 疑わしく.

수색-하다[搜索—][susɛkʰada スセクカダ] 他 搜索する ¶조난자를 ~[tɕʰonandʑarɯl ~ チョナンジャルル ~] 遭難者を搜索する.

수선[susən スソン] 名 他 形 騒がしいこと ¶밖이 ~하다[pakʼi ~ハダ] 外が騒がしい **—거리다**[gərida ゴリダ] 自 ざわつく; ざわめく; 騒ぎ立てる ¶갑자기 객석이 ~[kaptɕʼagi kɛksʼəgi ~ カプチャギ ケクソギ ~] 急に客席がどよめく **—떨다**[tʼəlda ットルダ] 自 しゃべり立てる **—부리다**[burida ブリダ] 自 騒ぎ立てる **—스럽다**[sɯrəptʼa スロプタ] 形 ㅂ変 気忙しい; 騒がしい ¶~-스럽게 떠들다[~-sɯrəpkʼe tʼədulda ~-スロプケットードゥルダ] 気忙しく騒ぎ立てる **—피우다**[pʰiuda ピウダ] 自 やかましくする; 騒がしくしゃべりまくる.

수선[水仙][susən スソン] 名 水仙 **—화**(花)[hwa ファ] 名〈植〉スイセン.

수선-하다[修繕—][susənhada スソンハダ] 他 修繕する; 直す; 繕う ¶구두를 ~[kudurul ~ クドゥルル ~] 靴を直してもらう[修繕する].

수세[水洗][suse スセ] 名 他 水洗; 水洗い ¶~식 변소[~ɕik pʼjənso ~シク ピョンソ] 水洗(式)便所.

수세[守勢][suse スセ] 名 守勢; 受け太刀 ¶~에 몰리다[~e mollida ~エ モルリダ] 受け太刀[守勢]になる.

수-세다[手—][suseda スセダ] 形 手強い; (碁・将棋の)技が優れている.

***수세미**[susemi スセミ] 名 ① たわし ② 〈植〉ヘチマ(糸瓜).

수-소문[搜所聞][susomun スソムン] 名 他 うわさ・風説・風聞をたどってきがすこと ¶친구의 거처를 ~하다[tɕʰinɡue kətɕʰərul ~hada チングエ コチョルル ~ハダ] 友の住み家をうわさをたどってさがす.

*수속[手續][susok ススク] 名 他 手続き=절차(節次)[tʃoltʃʰa チョルチャ] ¶입학 ~[ipʰak s'usok イパク ~] 入学手続き.

*수송[輸送][susoŋ ススン] 名 他 輸送 ¶~선[~sɔn ~ソン] 輸送船.

수수[susu スス] 名〈植〉モロコシ; トウキビ —경단(瓊團)[gjɔŋdan ギョンダン] きびだんご.

수수[收受][susu スス] 名 他 収受 ¶금품을 ~하다[kɯmpʰumɯl ~hada クムプムル ~ハダ] 金品を収受する.

수수[授受][susu スス] 名 他 授受; やりとり; 受け渡し ¶상품의 ~[saŋpʰume ~ サンプメ~]商品の受け渡し.

수수[袖手][susu スス] 名 自他 袖手しゅうしゅ; 拱手きょうしゅ ① 手を袖ぞの中に入れていること ② 自ら手を下さず、何もしないこと —방관[baŋgwan バングァン] 名 他 袖手[拱手]傍観; 自ら何もせず手をこまぬいて傍らで見ていること.

*수수께끼[susuk'ek'i ススケッキ] 名 謎 ① なぞなぞ合わせ; 当て物 ¶~를 풀다[~rul pʰulda ~ルル プルダ] 謎を解く ② 不可思議 ¶우주의 ~[u:dʒue ~ ウージュエ~] 宇宙の謎.

수수-료[手數料][susurjo ススリョ] 名 手数料; 歩合; 上前; プレミアム; リベート ¶판매 ~[pʰanme ~ パンメ~] 販売手数料; 売り上げの歩合.

수수-하다[susuhada ススハダ] 形 与変 (服装·性質·態度·品質などが)普通だ; 地味だ ¶사람됨이 ~[sa:ramdwemi ~ サーラムドゥェミ~] 人となりが地味だ/ ~-한 색[~-han sɛk ~-ハン セク] 地味な色.

*수술[手術][susul ススル] 名 他 手術 ¶무통 ~[mutʰoŋ ~ ムトン~] 無痛手術.

수습[收拾][susɯp ススプ] 名 他 収拾 ¶사태를 ~하다[sa:tʰerul (susɯ)pʰada サーテルル (ススゥ)パダ] 事態を収拾する —책[tʃʰɛk チェク] 名 収拾策.

수습[修習][susɯp ススプ] 名 他 修習 ¶~ 사원[~ s'awɔn ~ サウォン] 修習社員; 見習い社員.

수시[隨時][suʃi スシ] 名 副 随時; いつでも; そのおりおり ¶~ 입학[~ ipʰak ~ イプハク] 随時入学 —변통(變通)[bjɔ:ntʰoŋ ビョーントン] 名 他 そのときどきの事情によって物事を処理すること.

수신[受信][suʃin スシン] 名 他自 受信 ¶~인(~人) 불명[~in bulmjɔŋ (スシ)ニン プルミョン] 宛先不明 —기[gi ギ] 受信機.

수신 제가[修身齊家][suʃindʒega スシンジェガ] 名 他自 修身斉家 ¶~ 치국 평천하[~ tʃʰiguk pʰjɔŋtʃʰɔnha ~ チグク ピョンチョンハ] 修身斉家治国平天下.

수심[愁心][suʃim スシム] 名 自他 愁思; 憂愁; 物思い; 憂い ¶~에 잠기다[~e tʃamgida (スシ)メ チャムギダ] 物思いに沈む.

수양[收養][sujaŋ スヤン] 名 他 他人の子を引き取って養育すること —딸[t'al ッタル] 名 養女 —어머니[ɔmɔni オモニ] 名 養母; 〈民〉男の子の寿命が長くなるように巫女を名目上の親とすること —자[dʒa ジャ] 名 養子.

수양[修養][sujaŋ スヤン] 名 他 修養 ¶~을 쌓다[~ ul s'atʰa ~ ウル ッサッタ] 修養を積む.

수양-버들[垂楊—][sujaŋbɔdɯl スヤンボドゥル] 名〈植〉シダレヤナギ; スイリュウ(垂柳); 糸柳.

*수업[授業][suɔp スオプ] 名 他 授業 ¶~ 시간[~ ʃigan ~ シガン] 授業時間.

수업[修業][suɔp スオプ] 名 他自 修業; 手習い ¶~에 힘쓰다[(suɔb)e hims'ɯda (スオ)ベ ヒムッスダ] 手習いに励む.

수-없이[數—][su:ɔpʃi スーオプシ] 副 数えきれないほど; 数限りなく ¶~ 많다[~ ma:ntʰa ~ マーンタ] 数えきれないほど多い.

*수여[授與][sujɔ スヨ] 名 他 授与 ¶학위를 ~하다[hagwirul ~hada ハグィルル ~ハダ] 学位を授与する.

수연[壽宴][sujɔn スヨン] 名 寿宴; 長寿の祝いの酒宴.

*수염[鬚髯][sujɔm スヨム] 名 ひげ ¶~을 기르다[~ɯl kirɯda (スヨ)ムル キルダ] ひげを生やす.

*수영[水泳][sujɔŋ スヨン] 名 水泳 —장[dʒaŋ ジャン] 名 水泳場; プール —하다[hada ハダ] 自 水泳する; 泳ぐ.

수예[手藝][suje スイェ] 名 手芸 —품[pʰum プム] 名 手芸品.

수완[手腕][suwan スワン] 名 手腕; 腕前; (才)腕; 技量 ¶~을 발휘하다[~ɯl parhwihada (スワ)ヌル パルフ

ィハダ] 技量を発揮する; 腕前を見せる
―가[ga ガ] 图 手腕家; 腕利き; 利き手 ¶상당한 ～[saŋdaŋhan ～ サンダンハン ～] なかなかのやり手.

＊수요[需要][sujo スヨ] 图 需要 ¶～자[～dʒa ～ジャ] 需要者. 「水曜日.
＊수요-일[水曜日][sujoil スヨイル] 图
수용[收用][sujoŋ スヨン] 图 하他 収用 ¶토지～[tʰodʒi～ トジ～] 土地収用.
수용[收容][sujoŋ スヨン] 他 하他 収容 **―소**[so ソ] 图 収容所.
수용-하다[受容―][sujoŋhada スヨンハダ] 他 受容する; 受け入れる ¶의견을 ～[ɯi:gjɔnɯl ～ ウィーギョヌル ～] 意見を受け入れる.
수월-찮다[suwɔltʃʰantʰa スウォルチャンタ] 形 容易ではない＝수월하지 아니하다[suwɔrhadʒi anihada スウォルハジ アニハダ]の略 ¶맡은 일이 ～[matʰɯn ni:ri ～ マトゥン ニーリ ～] 引き受けた仕事が容易じゃない.
수월-하다[suwɔrhada スウォルハダ] 形 여変 易い; やさしい; たやすい; 容易だ; 楽だ ¶～한 문제다[～-han mu:ndʒeda ～-ハン ムーンジェダ] 楽な問題だ **수월-히**[(suwɔr)i (スウォ)リ] 副 やさしく; 楽に; たやすく. 「衛.
수위[守衛][suwi スウィ] 图 守
수육[←熟肉][sujuk スユク] 图 煮た牛肉.
수의[壽衣・襚衣][sui スイ] 图 寿衣; 経帷子きょう; 死人に着せる衣.
수의[隨意][sui スイ] 图 随意 ¶～ 계약[～ ge:jak ～ ゲーヤク] 随意契約.
수-의사[獸醫師][suisa スイサ] 图 獣医; 獣医師.
수익[收益][suik スイク] 图 하自 収益 ¶～을 올리다[(suig)ɯl ollida (スイ)グル オルリダ] 収益をあげる.
수인[數人][su:in スーイン] 图 数人 ¶～이 공모하다[～i ko:ŋmohada (スーイ)ニ コーンモハダ] 数人が共謀する.
수일[數日][su:il スーイル] 图 数日 ¶～ 후에 만나다[～ hue mannada ～ フエ マンナダ] 数日後会う.
수임[受任][suim スイム] 图 하他 受任 ¶～ 사항[～ sa:haŋ ～ サーハン] 受任事項.
＊수입[收入][suip スイプ] 图 하自 収入 ¶～이 줄다[(suib)i tʃu:lda (スイ)ビ チュールダ] 収入が減る.
＊수입[輸入][suip スイプ] 图 하他 輸入 ¶～을 규제하다[(suib)ɯl kjudʒe-

hada (スイ)ブル キュジェハダ] 輸入を規制する.
수작[酬酌][sudʒak スジャク] 图 하自 言葉のやりとり; ばかげた言動[真似装] ¶허튼 ～마라[hɔtʰɯn (sudʒaŋ) mara ホトゥン (スジャン) マラ] ばかげた真似をするな/ ～ 떨다[～ tʼɔlda ～ッtトルダ] 騒々しくしゃべりまくる/ ～ 부리다[～ pʼurida ～ プリダ] (人を)ペテンにかける.
수재[水災][sudʒɛ スジェ] 图 水災; 水害 ¶～민(民)[～min ～ミン] 水害罹災者りゃ.
수재[秀才][sudʒɛ スジェ] 图 秀才 ¶～ 교육[～ gjo:juk ～ ギョーユク] 秀才教育.
＊수저[sudʒɔ スジョ] 图 ① 匙さじと箸はし ② '순가락'[sutkʼarak スッカラク]・젓가락[tʃɔtkʼarak チッカラク]の美化語.
수전-노[守錢奴][sudʒɔnno スジョンノ] 图 守錢奴; しみったれ; けちんぼう.
수절[守節][sudʒɔl スジョル] 图 하自 守節 ① 節義を守ること ② 女性が貞節を守り通すこと ¶과부(寡婦)[～ gwa:bu ～ グァーブ] 操を守り通する未亡人. 「水晶.
수정[水晶][sudʒɔŋ スジョン] 图〈鉱〉
수정[受精][sudʒɔŋ スジョン] 图 하自〈生・植〉受精[授精] ¶인공 ～[ingoŋ ～ インゴン ～] 人工授精 **―란**[nan ナン] 图〈生〉受精卵. 「修訂.
수정[修訂][sudʒɔŋ スジョン] 图 하他
＊수정-하다[修正―][sudʒɔŋhada スジョンハダ] 他 修正する ¶자구를 ～[tʃagurɯl ～ チャグルル ～] 字句を修正する.
＊수-정과[水正果][sudʒɔŋgwa スジョングァ] 图 煎せんじしたショウガ汁に砂糖や蜂蜜はちを入れ, 干し柿ぼを浸しさらに松の実を浮かし, 冷やした飲み物.

수정과

수제[手製][sudʒe スジェ] 名 하타 手製 ¶~품[~pʰum ~プム] 手製品.

수제비[sudʒebi スジェビ] 名 水団(の類); 小麦粉をこねてちぎり[もぎ取り]スープに入れて煮込んだ食べ物 **―뜨다**[t'uda ットゥダ] 自 ① 水団をつくる ② 水切りをする=물~[mul~ ムル~].

수족[手足][sudʒok スジョク] 名 ① 手足 ¶~이 차다[(sudʒog)i tʃʰada (スジョ)ギ チャダ] 手足が冷たい ② 手足のように思うままに使う人 ¶~이 되어 일하다[(sudʒog)i twəə iːrhada (スジョ)ギ トゥェオ イールハダ] 手足となって働く. 【クァン】 名 水族館.

수족-관[水族館][sudʒokʼwan スジョククァン]

***수준**[水準][sudʒun スジュン] 名 水準 ¶문화 ~[munhwa ~ ムンファ ~] 文化水準.

***수줍다**[sudʒupt'a スジュプタ] 形 恥ずかしい; はにかみ屋だ ¶수줍은 태도[sudʒubun tʰɛdo スジュブン テード] はにかむ態度 **수줍음**[sudʒubum スジュブム] 名 恥じらい; はにかみ; 内気 ¶~을 타다[~ɯl tʰada (スジュブ)ムル タダ] 恥ずかしがる; はにかみ屋だ.

수줍어-하다[sudʒubəhada スジュボハダ] 自 여변 恥ずかしがる; 恥じらう; はにかむ ¶~서 머뭇거리다[~-sə məmutk'ərida ~-ソ モムッコリダ] はにかんでもじもじする.

수중[手中][sudʒuŋ スジュン] 名 手中 ¶~에 넣다[~e nəːtʰa ~エ ノーッタ] 手に入れる; 手中に収める.

수-증기[水蒸氣][sudʒuɯŋgi スジュンギ] 名 水蒸気.

***수지**[收支][sudʒi スジ] 名 収支; 出入り ¶~(가) 맞다[~(ga) mat'a ~(ガ) マッタ] 引き合う; 利益になる; よくもうかる/~가 안 맞다[~ga an mat'a ~ガ アン マッタ] 収支が償わない; 出入りが合わない; あまりもうからない; 利得がない; 割りが悪い.

수직[手織][sudʒik スジク] 名 하타 手織り ¶~천[~tʰən ~チョン] 手織りの布.

수직[垂直][sudʒik スジク] 名 垂直 ¶~선[~sʼən ~ソン] 垂直線; 垂線.

수집[收集][sudʒip スジプ] 名 하타 収集 ¶폐품 ~[pʰeːpʰum ~ ペープム ~] 廃品収集.

***수집**[蒐集][sudʒip スジプ] 名 하타 収集[蒐集しゅうしゅう]; コレクション ¶우표 ~[upʰjo ~ ウピョ ~] 切手の収集 **―상**(商)[s'aŋ サン] 名 骨董品こっとう・古書などを収集して売る商売.

수차[數次][suːtʃʰa スーチャ] 名 副 数次; 数回; 数度; 何度か ¶~의 회담[~e hweːdam ~エ フェーダム] 数次の会談.

수채[sutʃʰɛ スチェ] 名 下水道; 溝; どぶ ¶~가 막히다[~ga makʰida ~ガ マクキダ] どぶが詰まる[つかえる] **수챗-구멍**[sutʃʰɛtkʼuməŋ スチェックモン] 名 下水道の口.

수-채우다[數―][suːtʃʰɛuda スーチェウダ] 自 一定の数に至るまで数を補う; (数が不足していてほかのもので埋め合わせる **수-채움**[suːtʃʰɛum スーチェウム] 名 하자 補充; 埋め合わせ.

수채-화[水彩畵][sutʃʰɛhwa スチェファ] 名 水彩画.

수처[數處][suːtʃʰə スーチョ] 名 数か所.

수척-하다[瘦瘠―][sutʃʰəkʰada スチョカダ] 形 体がやせ細る; やつれている ¶~해진 얼굴[~-kʰɛdʒin əlgul ~ケジン オルグル] やせこけた顔.

***수첩**[手帖][sutʃʰəp スチョプ] 名 手帳.

수축-하다[收縮―][sutʃʰukʰada スチュクカダ] 自 収縮する ¶근육이 ~[kɯnjugi ~ クニュギ ~] 筋肉が収縮する.

***수출**[輸出][sutʃʰul スチュル] 名 하타 輸出 ¶~산업[~ saːnəp ~ サーノプ] 輸出産業 **―입**[(sutʃʰur)ip (スチュ)リプ] 名 輸出入.

수취-하다[受取―][sutʃʰwihada スチュィハダ] 他 受け取る ¶우편물을 ~[upʰjənmurul ~ ウピョンムルル ~] 郵便物を受け取る.

수치[羞恥][sutʃʰi スチ] 名 스形 恥; 羞恥しゅう; はずかしめ ¶~를 모르다[~rul moruda ~ルル モルダ] 恥を知らない **―심**[jim シム] 名 羞恥心.

수치[數値][suːtʃʰi スーチ] 名 数値 ¶~를 구하라[~rul kuːhara ~ルル クーハラ] 数値[値]を求めよ.

수칙[守則][sutʃʰik スチク] 名 心得; 守るべき規則.

수-캉아지[sukʰaŋadʒi スカンアジ] 名 雄の子犬. ×숫강아지.

수-캐[sukʰɛ スケ] 名 雄犬. ×숫개.

수-컷[sukʰət スコッ] 名 動物の雄.

수탁[受託][sutʰak スタク] 名 하타 受託 ¶~물[(sutʰaŋ)mul (スタン)ムル] 受託物.

수탈[收奪][sutʰal スタル] 名 하타

收奪 ¶ 독점 자본의 ～[toktʃ'ɔm dʒabone ～ トクチョム ジャボネ ～] 独占資本の収奪. 「닭.
수-탉[sutʰak スタク] 名 雄鶏(おんどり).×숫
수-퇘지[sutʰwɛdʒi ストゥェジ] 名 豚の雄.×숫돼지.
수평[水平][supʰjɔŋ スピョン] 名 水平 ¶ ～선[～sɔn ～ソン] 水平線.
수포[水泡][supʰo スポ] 名 水泡 ① みなわ ② 空(むな)しい結果; かいがないこと ¶ ～로 돌아가다[～ro toragada ～ロ トラガダ] 水泡に帰す.
**수표[手票][supʰjo スピョ] 名 小切手 ¶ 부도 ～[pudo ～ プド ～] 不渡り小切手 / ～를 발행(發行)하다[～rɯl parhɛŋhada ～ルル パルヘンハダ] 小切手を振り出す. 「やぶ; 草むら.
*수풀[supʰul スプル] 名 林; 森; 茂み;
*수필[隨筆][supʰil スピル] 名 随筆; 漫筆; エッセー —가[ga ガ] 名 随筆家 —문학[munhak ムンハク] 名 随筆文学 —집[dʒip ジプ] 名 随筆集.
수하[誰何][suha スハ] 1 代 誰彼(だれかれ) ¶ ～를 막론(莫論)하고…[～rɯl maŋnonhago ～ルル マンノンハゴ] 誰彼を問わず… 2 名 하自他 誰何(すいか) ¶ 보초가 ～하다[poːtʃʰoga ～hada ポーチョガ ～ハダ] 歩哨(ほしょう)が誰何をする.
수-하다[壽—][suhada スハダ] 自 여変 長生きする.
*수-하물[手荷物][suhamul スハムル] 名 手荷物. 「荷受人.
수하-인[受荷人][suhain スハイン] 名
*수학[修學][suhak スハク] 名 하他 修学 ¶ ～ 여행[(suhaŋ) njɔhɛŋ (スハン) ニョヘン] 修学旅行.
*수학[數學][suːhak スーハク] 名 数学.
수해[水害][suhɛ スヘ] 名 水害 ¶ ～를 입다[～rɯl ipt'a ～ルル イプタ] 水害を被る.
수행-하다[遂行—][suhɛŋhada スヘンハダ] 他 遂行する; 成し遂げる ¶ 임무를 ～[iːmmurɯl ～ イームムルル ～] 任務を遂行する.
수행-하다[隨行—][suhɛŋhada スヘンハダ] 他 随行する ¶ 대통령을 ～[tɛːtʰoŋnjɔŋɯl ～テートンニョンウル～] 大統領に随行する 수행-원[suhɛŋwɔn スヘンウォン] 名 随行員; 随員.
수험[受驗][suhɔm スホム] 名 하自 受験 ¶ ～의 요령(要領)[～e joːrjɔŋ (スホ)メ ヨーリョン] 受験のこつ —생[sɛŋ セン] 名 受験生 —표[pʰjo ピョ] 名 受験票. 「輸血.
수혈[輸血][suhjɔl スヒョル] 名 하自
수호[守護][suho スホ] 名 하他 守護; 守り ¶ ～신[～ʃin ～シン] 守護神; 守り神. 「名 受話機.
*수화-기[受話器][suhwagi スファギ]
*수확[收穫][suhwak スファク] 名 하他 収穫; 取り入れ; 刈り入れ; 出来高; 成果 ¶ 밀을 ～하다[mirɯl (suwa)kʰada ミルル ～カダ] 小麦を収穫する / 대단한 ～[tɛːdanhan ～ テーダンハン ～] すばらしい成果.
수회[收賄][suhwe スフェ] 名 하自 収賄 ¶ ～죄[～tʃ'we ～チュェ] 収賄罪. 「回; 数度.
수회[數回][suːhwe スーフェ] 名 副 数
*수효[數爻][suːhjo スーヒョ] 名 (物事の)数 ¶ ～가 많다[～ga maːntʰa ～ガ マーンタ] 数が多い.
수훈[殊勳][suhun スフン] 名 殊勲 ¶ ～ 선수[～ sɔːnsu ～ ソーンス] 殊勲選手.
숙고[熟考][suk'o スクコ] 名 하他 熟考; 熟慮 ¶ 심사 ～[ʃiːmsa ～ シームサ ～] 深思熟慮[熟考].
숙녀[淑女][suŋnjɔ スンニョ] 名 淑女; レディー ¶ 신사 ～[ʃiːnsa ～ シーンサ ～] 紳士淑女.
숙다[sukt'a スクタ] 自 ① (前に)垂れる; 傾く ¶ 벼이삭이 ～[pjɔisagi ～ ピョイサギ ～] 稲穂が垂れる ② (気が)弱る; 気力がなくなる[衰える] ¶ 늙어감에 따라 기가 ～[nɯlgɔgame t'ara kiga ～ ヌルゴガメ ッタラ キガ ～] 年をとるにつれ気が衰える.
숙달[熟達][sukt'al スクタル] 名 하自 熟達; 上達; 熟練 ¶ ～된 일[～dwen niːl ～ドゥェン ニール] 熟達した仕事.
숙덕-거리다[sukt'ɔk'ɔrida スクトクコリダ] 自他 ひそひそと話す ¶ ～-거리지 말고…[～-k'ɔridʒi maːlgo ～-コリジ マールゴ] こそこそと話し合わないで…. 숙덕-숙덕[sukt'ɔks'ukt'ɔk スクトクスクトク] 副 하自他 ひそひそ・こそこそと話し合うさま.
숙덕-공론[—公論][sukt'ɔk'oŋnon スクトクコンノン] 名 하自他 人知れずひそひそと交わすうわさ話や評価; 巷説(こうせつ); 世間の取り沙汰(ざた).
숙덕-이다[sukt'ɔgida スクトギダ] 自他 ひそかに相談する; こそこそと話

人

숙련[熟練][suŋnjɔn スンニョン] 名 하自 熟練 ¶~된 솜씨[~dwen somʃ'i ~ドゥェン ソムッシ] 熟練した手際.

숙맥[菽麥][suŋmɛk スンメク] 名 菽麦. ① 豆と麦 ② 菽麦を弁ぜず= **숙맥불변**[菽麥不辨][suŋmɛk p'ulbjɔn スンメク プルビョン] 慣 (豆と麦の区別ができないとの意から)物の区別もつかない愚かな人の略.

숙면[熟眠][suŋmjɔn スンミョン] 名 하自 熟眠; 熟睡.

숙명[宿命][suŋmjɔŋ スンミョン] 名 宿命 ¶여자(女子)의 ~[jɔdʒae ~ ヨジャエ ~] 女の宿命.

숙모[叔母][suŋmo スンモ] 名 おば; 叔母[叔父の妻].

*__숙박-하다__[宿泊—][sukp'akhada スクパクカダ] 自 宿泊する; 泊まる; 宿る ¶호텔에 ~[hotʰere ~ ホテレ ~] ホテルに宿泊する.

숙부[叔父][sukp'u スクプ] 名 叔父.

숙성[夙成][suks'ɔŋ スクソン] 名 하形 早熟; 年に比べて心身共に成人の風があること; 大人びていること ¶~한 아이[~han ai ~ハン アイ] 早熟な子.

숙성[熟成][suks'ɔŋ スクソン] 名 하自 熟成 ① 成熟; 十分に熟すること ② 酒などが発酵して完全に醸されること.

숙소[宿所][suks'o スクソ] 名 宿所; 宿 ¶~를 정하다 [~rul dʒɔŋhada ~ルル チョーンハダ] 宿所を定める.

숙식[宿食][sukʃ'ik スクシク] 名 하自 寝食; 寝泊まりして食べること.

숙어[熟語][sugɔ スゴ] 名 熟語.

숙어-지다[sugɔdʒida スゴジダ] 自 ① 下がる; 前に垂れる; 前に傾く ② 元気がなくなる; 勢いか弱まる; 衰える ¶기세(氣勢)가 ~[kisega ~ キセガ ~] 勢いが衰える.

숙여-지다[sugjɔdʒida スギョジダ] 自 下がる; うつむいてくる ¶고개가 ~[kogɛga ~ コゲガ ~] 頭が下がる.

숙연[肅然][sugjɔn スギョン] 名 하形 粛然; 謹んでかしこまるさま; 厳かで静かなさま ¶~한 행렬[~han hɛŋnjɔl ~ハン ヘンニョル] 粛然とした行列 —**히**[i (スギョニ)] 副 厳かに; 粛然と.

숙원[宿怨][sugwɔn スグォン] 名 宿怨 ¶~을 풀었다[~ul pʰurɔt'a (スグォ)ヌル プロッタ] 宿怨を晴らした.

숙원[宿願][sugwɔn スグォン] 名 宿願 ¶~을 이루다[~ul iruda (スグォ)ヌル イルダ] 宿願を遂げる.

*__숙이다__[sugida スギダ] 他 下げる; 傾ける; うつむく; うなだれる; 伏せる ¶머리를 ~[mɔrirul ~ モリルル ~] 頭を下げる.

*__숙제__[宿題][sukʧ'e スクチェ] 名 宿題 ¶여름 방학(放學)의 ~[jɔrum baŋhage ~ ヨルム バンハゲ~] 夏休みの宿題.

숙주 (-나물)[sukʧ'u(namul) スクチュ(ナムル)] 名 緑豆[文豆・やえなり]のモヤシ、またその和えもの.

숙질[叔姪][sukʧ'il スクチル] 名 おじ[伯父・叔父]と姪[甥].

숙청[肅清][sukʧʰɔŋ スクチョン] 名 하他 粛清 ¶반대파를 ~하다[pandɛpʰarul ~hada パンデパルル ~ハダ] 反対派を粛清する.

숙취[宿醉][sukʧʰwi スクチュィ] 名 宿酔; 二日酔い.

순[筍][sun スン] 名 植物の芽 ¶죽(竹)~ [tʃuk(s'un) チュクス~] 竹の子.

순[sun スン] 副 実に; まことに; 悪口を言うとき「本当に」・「まったく」の意味で使う語 ¶거짓말[~ gɔːdʒinmal ~ ゴージンマル] 真赤なうそ ¶~ 못된 놈[~ moːt'wen nom ~ モーットゥェン ノム] まったくけしからん奴.

순-[純][sun スン] 接頭 純; 純粋な ¶~백색[~bɛks'ɛk ~ベクセク] 純白.

-순[旬][sun スン] 接尾 旬 ¶초~ [tʃʰo~ チョ~] 初旬 / 칠~ 노인 [tʃil(s'un) noːin チル(ッスン) ノーイン] 七旬[70歳]老人.

-순[順][sun スン] 接尾 順 ¶선착~ [sɔntʃʰak(s'un) ソンチャク~] 先着順 / 연령~[jɔlljɔŋ~ ヨルリョン~] 年齢順.

*__순간__[瞬間][sungan スンガン] 名 瞬間; またたく間 ¶결정적 ~[kjɔltʃ'ɔŋdʒɔk (s'ungan) キョルチョンジョク (ッスンガン)] 決定的な瞬間 —**풍속**[pʰuŋsok プンソク] 名 〈気〉 瞬間風速.

순결[純潔][sungjɔl スンギョル] 名 하形 純潔 ¶~한 정신 [(sungjɔr) han tʃɔŋʃin ~ハン チョンシン] 純潔な精神.

*__순경__[巡警][sungjɔŋ スンギョン] 名 하他 巡査; 警察官 ¶교통 ~[kjɔtʰoŋ ~ キョトン ~] 交通巡査.

순국 열사[殉國烈士][sunguŋnjɔls'a スングンニョルサ] 名 殉国の志士[烈士].

순금[純金][sungɯm スングム] 名 純金. ¶ 목걸이 [~ mok'ori ~ モクコリ] 純金の首飾り.

순대[sundɛ スンデ] 名 豚の腸詰め; 豚のはらわたに米・豆腐・文豆モヤシなどを詰めて蒸した食べ物. **순댓-국**[sundɛtk'uk スンデックク] 名 腸詰めを入れた汁物.

순-두부[-豆腐][sundubu スンドゥブ] 名 水豆腐; 圧し固めていないままの水気の多い豆腐. **―찌개**[tʃ'igɛ ッチゲ] 名 水豆腐の鍋物など.

순례[巡禮][sullje スルレ] 名 하他 巡礼. ¶ 성지 ~ [sɔːŋdʒi ~ ソーンジ ~] 聖地巡礼. 「トカナイ; 馴鹿トシん.

순록[馴鹿][sullok スルロク] 名 〈動〉

순리[順理][suːlli スーリ] 名 하自 道理に従うこと; 順当な道理. **―적**[dʒɔk ジョク] 名 冠 道理にかなって.

순-무[sunmu スンム] 名 〈植〉カブ.

순박[淳朴・醇朴][sunbak スンパク] 名 하形 純朴 ¶ ~한 마을 사람 [(sunba)kʰan maɯl saːram ~カン マウル サーラム] 純朴な村人.

순발-력[瞬發力][sunballjɔk スンバルリョク] 名 瞬発力 ¶ ~이 있는 선수 [(sunballjɔg)i innɯn sɔːnsu (スンバルリョ)ギ インヌン ソーンス] 瞬発力のある選手. 「歴訪.

순방[巡訪][sunbaŋ スンバン] 名 하他

순백[純白][sunbɛk スンベク] 名 하形 純白; 真っ白 ¶ ~한 드레스 [(sunbɛ)kʰan dɯresɯ ~カン ドゥレス] 純白なドレス.

순번[順番][suːnbɔn スーンボン] 名 順番 ¶ ~이 돌아오다 [~i toraoda (スーンボ)ニ トラオダ] 順番が回ってくる.

순산[順産][suːnsan スーンサン] 名 하自他 安産; 無事に出産すること.

***순서**[順序][suːnsɔ スーンソ] 名 順序; 順 ¶ ~에 따라서 [~e t'arasɔ ~エ ッタラソ] 順に従って.

***순수**[純粹][sunsu スンス] 名 하形 純粋 ¶ ~한 수정 [~han sudʒɔŋ ~ハン スジョン] 純粋な水晶 / ~한 군인 [~han kunin ~ハン クニン] 生粋の軍人 / ~하게 받아들이다 [~hage padadɯrida ~ハゲ パダドゥリダ] 素直に受け入れる.

순순-하다[順順―][suːnsunhada スーンスンハダ] 形 여変 ① 素直だ; おとなしい; 温順だ ¶ ~-한 성격 [~-han sɔːŋk'jɔk ~-ハン ソーンキョク] やさしい性格 ②(食べ物の味が)淡白である ¶ 국맛이 ~ [kuŋmaɕi ~ クンマシ ~] 汁の味が淡白だ **순순-히**[suːnsuni スーンスニ] 副 おとなしく; 素直に ¶ ~ 따라오다 [~ t'araoda ~ ッタラオダ] おとなしくついて来る / ~ 자백하다 [~ tʃabekʰada ~ チャベカダ] 素直に白状する.

순순-히[諄諄―][sunsuni スンスニ] 副 諄々ぎゅんと; 懇ろに ¶ 불량 학생을 ~ 타이르다 [pulljaŋ haksʼɛŋɯl ~ tʰairuda プルリャン ハクセンウル ~ タイルダ] 不良学生を諄々と諭す.

순시-하다[巡視―][sunɕihada スンシハダ] 他 巡視・巡察する ¶ 관내를 ~ [kwannɛrul ~ クァンネルル ~] 管内を巡視する.

***순식-간**[瞬息間][sunɕikʼan スンシクカン] 名 一瞬の間; 瞬く間 ¶ ~에 사라지다 [~e saradʒida (スンシクカ)ネ サラジダ] 瞬く間に消え失せる.

순양-함[巡洋艦][sunjaŋham スニャンハム] 名 巡洋艦.

순연[順延][suːnjɔn スーニョン] 名 하他 順延; 繰り延べ ¶ 우천 ~ [uːtʃʰɔn ~ ウーチョン ~] 雨天順延.

순위[順位][suːnwi スーヌゥィ] 名 順位; 順 ¶ ~를 매기다 [~rul mɛgida ~ルル メギダ] 順位をつける.

순전[純全][sundʒɔn スンジョン] 名 하形 純然; 純粋で完全だ ¶ ~한 국산품 [~han kuksʼanpʰum ~ハン ククサンプム] 純然たる国産品. **―히**[i (スンジョ)ニ] 副 純然と; まったく.

순정[純情][sundʒɔŋ スンジョン] 名 純情 ¶ ~을 바치다 [~ɯl patʃʰida ~ウル パチダ] 純情をささげる.

***순조**[順調][suːndʒo スーンジョ] 名 順調; 好調 **―로이**[roi ロイ] 副 順調に ¶ 행사가 ~ 진행되다 [hɛŋsaga ~ tɕinhɛŋdweda ヘンサガ ~ チーンヘンドゥェダ] 行事が滑らかに進む **―롭다** [ropt'a ロプタ] 形 ㅂ変 順調だ ¶ 경과는 ~ [kjɔŋgwanɯn ~ キョングァヌン ~] 経過は順調だ. 「血種.

순종[純種][sundʒoŋ スンジョン] 名 純

순종-하다[順從―][sunːdʒoŋhada スンジョンハダ] 自 すなおに従う ¶ 상사의 지시에 ~ [saːŋsae tɕiɕie ~ サーンサエ チシエ ~] 上司の指示におとなしく従う.

***순진-하다**[純眞―][sundʒinhada スン

ジンハダ] 形 純真[無邪気・素直]だ; あどけない ¶~-한 어린이[~-han ɔrini ~-ハン オリニ] あどけない子供.
순찰[巡察][suntʃʰal スンチャル] 名 自他 巡察; 巡視; 見回り ¶관내를 ~하다[kwannerɯl (suntʃʰar)hada クァンネルル ~ハダ] 管内を巡察する **—차**[tʃʰa チャ] パトロールカー.
순탄[順坦][su:ntʰan スーンタン] 名 自形 ① 気難しくないこと; おとなしいこと ¶~한 성품(性品)[~-han sɔ:ŋpʰum ~ハン ソーンプム] おとなしい性質 ② 道が平坦なこと ③ 順調[平穏]であること ¶사업이 ~하다[sa:ɔbi ~-hada サーオビ ~ハダ] 事業が順調だ.
***순-하다**[順—][su:nhada スーンハダ] 形 여変 ① おとなしい; 素直だ; 穏やかだ ¶~-한 아이[~-han ai ~ハン アイ] おとなしい子 ② 味が淡白できつくない; 薄い; まろやか[マイルド]だ ¶이 술은 ~[i surɯn ~ イスルン ~] この酒はまろやかだ[あたりが柔らかい]/¶~-한 담배[~-han ta:mbɛ ~ハン タームベ] マイルドなタバコ ③ やさしい; たやすい ¶~-한 문제[~-han mu:ndʒe ~ハン ムーンジェ] たやすい問題.
순환[循環][sunhwan スンファン] 名 自他自動 循環 ¶혈액 ~[hjɔrɛk (s'unhwan) ヒョレク ~] 血液循環 **—도로**[do:ro ドーロ] 名 循環道路.
순회[巡廻][sunhwe スンフェ] 名 自他 巡回 ¶~ 공연 [~ goŋjɔn ~ ゴンヨン] 巡回公演; 巡演; 巡業.
***숟-가락**[sutk'arak スッカラク] 名 依名 匙; 略 **숟갈**[sutk'al スッカル] **—질**[tʃil チル] 名 自他 さじを使うこと.
***술**[sul スル] 名 酒 ¶~에 취하다[(sur)e tʃʰwi:hada (ス)レ チュィーハダ] 酒に酔う/데운 ~[teun ~ テウン ~] かん酒/찬~[tʃʰan~ チャン~] 冷や酒/火~[hwa:(s'ul) ファーッ~] やけ酒/망나니[~ maŋnani ~ マンナニ] 酔いどれ/친구[~ tʃʰingu ~ チング] 飲み友達[仲間].
술[2][su:l スール] 名 (カーテン・旗などの端につけた) 房 ¶ 장식(裝飾)[~ tʃ'aŋʃik ~ チャンシク] 房飾り.
술[3][sul スル] 依名 1さじの分量 =`술갈`.
술-값[sulk'ap スルカプ] 名 酒代; 飲み代 ¶~을 치르다[~s'ul tʃʰirɯda ~スル チルダ] 酒代を支払う.
술-고래[sulgorɛ スルゴレ] 名 俗 大酒飲み; 大酒家; 飲んべえ.
술-국[sulk'uk スルクク] 名 酒屋で肴として出す汁物.
술-기[—氣][sulk'i スルキ] 名 酒気 ¶~가 있다[~-ga it'a ~ガ イッタ] 酒気を帯びている.
술-기운[sulk'iun スルキウン] 名 酒の勢い ¶~이 오르다[~i orɯda (スルキウ)ニ オルダ] 酒が回る.
술-김[sulk'im スルキム] 名 酔いまぎれ; 酒の勢い(で) ¶~에 저지른 실수(失手)[~e tʃɔdʒirɯm ʃils'u (スルキ)メ チョジルン シルッス] 酔いまぎれに犯した落度.
술-꾼[sulk'un スルックン] 名 酒好き; 飲み手 ¶멋진 ~이다[motʃ'in ~ida モッチン ニダ] いい酒飲みだ.
술-내[sullɛ スルレ] 名 酒気; 酒のにおい ¶~ 나다[~ nada ~ ナダ] 酒臭い; 酒気を帯びる.
술-대접[—待接][suldɛdʒɔp スルデジョプ] 名 酒のもてなし **—하다**[(suldɛdʒɔ)pʰada パダ] 他 酒でもてなす[あいさつをする]; 酒をふるまう.
술-독[sult'ok スルトク] 名 ① 酒甕 ② 大酒飲み・酒豪をふざけて言う語.
술-독[sult'ok スルトク] 名 酒焼け=주독(酒毒)[tʃudok チュドク].
***술래**[sullɛ スルレ] 名 (鬼ごっこの)鬼 ¶네가 ~다[nega ~da ネガ ~ダ] お前が鬼だ **—잡기**[dʒapk'i ジャプキ] 名 自他 かくれんぼ; 鬼ごっこ.
술렁-거리다[sullɔŋgɔrida スルロンゴリダ] 自 ざわめく; さわつく; どよめく ¶사원들이 ~[sawɔndɯri ~ サウォンドゥリ ~] 社員たちがざわめく.
술렁-이다[sullɔŋida スルロンイダ] 自 他 (心が)そわそわして落ちつかない.
술-상[—床][suls'aŋ スルッサン] 名 酒肴を整えたお膳.
술수[術數][suls'u スルッス] 名 術数 ① 陰陽술・卜筮などに関する理論 = **술법**(術法)[sulp'ɔp スルポプ] ② 術策; 策略; =`술책`(術策) ¶권모 ~[kwɔnmo ~ クォンモ ~] 権謀術数.
***술술**[su:lsul スールスル] 副 ① (水・粉などが)ちょろちょろと, さらさらと ¶물이 ~ 샌다[muri ~ sɛnda ムリ ~ センダ] 水がちょろちょろ漏れる ② (風が)そよそよと; さらさらと ¶바람이 ~ 불다[parami ~ pu:lda パラミ ~ プールダ] 風がそよそよと吹く ③

(言葉や文章などが)すらすら；べらべら ¶영어가 ~ 잘 한다[jɔŋɔrul ~ tʃar handa ヨンオルル ~ チャル ハンダ] 英語がべらべらだ ④ (もつれた糸や問題などが)すらすらと；するすると ¶문제를 ~ 풀다[mundʒerul ~ pʰulda ムンジェルル ~ プルダ] 問題をするすると解く.

*술-안주[—按酒] [surandʒu スランジュ] 图 肴ᄡᄯᄋᆞ；酒肴ᄉᆞᄏᄋᆞ；酒のつまみ.

술-자리 [sultʃ'ari スルチャリ] 图 酒席 ¶~를 마련하다[(sultʃ'ari~rul marjonhada スルチャリ~ルル マリョンハダ] 酒席を設ける.

술-잔[—盞] [sultʃ'an スルチャン] 图 杯；酒杯.

술-잔치 [suldʒantʃʰi スルジャンチ] 图 酒宴；酒盛り；宴会；うたげ.

술-장사 [suldʒaŋsa スルジャンサ] 图 하自 酒を売る商売；酒屋；水商売.

*술-집[sultʃ'ip スルチプ] 图 飲み屋；酒場 ¶선~[sɔn~ ソン~] 居酒屋.

술책[術策] [sultʃʰɛk スルチェク] 图 術策；策；策略 ¶~을 부리다[(sultʃʰɛg)-ul purida (スルチェグ)ル プリダ] (術)策を弄する.

술-타령[—打令] [sultʰarjɔŋ スルタリョン] 图 하自 ① 酒浸り ¶아침부터 ~이다[atʃʰimbutʰɔ ~ida アチムプト ~イダ] 朝から酒浸りである ② 酒が飲みたいと口癖のように繰り返し言うこと.

술-통[—桶] [sultʰoŋ スルトン] 图 酒樽ᄒᄀᆞ；大酒家.

술-판 [sulpʰan スルパン] 图 酒宴；酒盛り ¶~이 벌어지다[~i pɔrɔdʒida (スルパニ ポロジダ] 酒宴が催される.

술회[述懐] [surhwe スルフェ] 图 하他 述懐 ¶지난 날을 ~하다[tʃinan narul ~hada チナン ナルル ~ハダ] 過ぎし日を述懐する.

*숨 [sum スーム] 图 ① 息；息吹；呼吸 ¶~을 쉬다[~ul ʃwida (スー)ムル シュィダ] 息をする / ~이 가쁘다[~i kap'uda (tʃʰada (スー)ミ カップダ(チャダ)] 息が急ᄉᆞく[切れる] / ~을 거두다[~ul kɔduda (スー)ムル コドゥダ] 息を引き取る；死ぬ / ~을 끊다[~ul k'untʰa (スー)ムル ックンタ] 息が絶える；死ぬ / ~이 넘어가다[~i nɔmɔgada (スー)ミ ノモガダ] 息がとだえる；死ぬ / ~을 죽이다[~ul tʃugida (スー)ムル チュギダ] 息を凝らす[殺す]；固唾ᄁᆞᄒᆞをのむ / ~을 헐떡이다[~ul hɔltʰɔgida (スー)ムル ホルットギダ] 息をはずませる[切らす]；喘ᆞᄋᆞぐ ② 野菜や魚類の生き生きした状態；新鮮な状態 ¶~죽인 배추[~dʒugin petʃʰu ~ ジュギン ペーチュ] (塩をかけて)萎ᄂᆡらせた白菜.

숨-결 [sumk'jɔl スームキョル] 图 息遣い；息吹 ¶~이 거칠다[(sumk'jɔr)i kɔtʃʰilda (スームキョ)リ コチルダ] 息遣いが荒い / 봄의 ~[pome ~ ポメ ~] 春の息吹.

숨-구멍 [su:mk'umɔŋ スームグモン] 图 気管呼吸をする穴；〈植〉気孔.

*숨기다 [sumgida スムギダ] 他 隠す；匿ᆞᄀᆞう；潜める；秘める；= '숨다'의 使役形 ¶신분을 ~[ʃinbunul ~ シンブヌル ~] 身分を隠す / 범인을 ~[pɔ:minul ~ ポーミヌル ~] 犯人をかくまう / 본심을 ~[ponʃimul ~ ポンシムル ~] 本心を秘める[隠す].

숨-기척 [su:mk'itʃʰɔk スームキチョク] 图 呼吸をする音；息をする気配.

숨김-없이 [sumgimɔpʃ'i スムキモプシ] 副 隠しだてせずに；あけすけに；ありのまま ¶~ 말하다[~ ma:rhada ~ マールハダ] 隠さずに言う.

*숨다 [su:mt'a スームタ] 自 隠れる；潜る；潜む ¶지하에 ~[tʃihae ~ チハエ ~] 地下に潜る / 숨은 장소(場所)[su:mun tʃaŋso スムン チャンソ] 隠れ場.

숨-돌리다 [su:mdollida スームドルリダ] 自 ① 息切れを鎮める；息をつく ② 息つく；息を抜く；息を継ぐ ¶~을 돌릴 사이도 없다[~-dollil saido ɔ:pt'a ~-ドルリル サイド オープタ] 息を抜く暇もない.

숨-막히다 [su:mmakʰida スームマクキダ] 自 息が詰まる；むせむ ¶~-막히는 장면[~-makʰinun tʃaŋmjɔn ~-マクキヌン チャンミョン] 息が詰まるような場面.

숨-몰아쉬다 [su:mmoraʃwida スームモラシュィダ] 自 大きく息をする；吐息をつく.

*숨바꼭-질 [sumbak'oktʃ'il スムバッコクチル]・숨박-질 [sumbaktʃ'il スムバクチル] 图 하自 ① 隠れん坊；鬼ごっこ ② ものが見え隠れすること ¶범인과 ~하다[pɔ:miŋwa (sumbak'oktʃ'ir)-hada ポーミングァ ~ハダ] 見え隠れする犯人を追い回す.

숨-소리 [su:ms'ori スームソリ] 图 息

(をする音); 息遣い ¶~를 죽이다 [~-rul tɕugida ～ルル チュギダ] 息を殺す.

숨어-살다 [sumɔsalda スモサルダ] 自 〔語幹〕 隠れて暮らす[住む].

숨-죽다 [su:mdʑukt'a スームジュクタ] 自 ① 萎れる; 萎びる ② 塩漬けにした野菜が萎れる.

숨-죽이다 [su:mdʑugida スームジュギダ] 自他 ①息を殺す[止める]; 息を凝らす; 息をのむ ② (塩などで)野菜を萎らす.

숨-지다 [su:mdʑida スームジダ] 自 息を引き取る; 死ぬ ¶조용히 ~ [tɕjoɲoɲi ~ チョヨンイ ~] 静かに息を引き取る.

숨-차다 [su:mtɕʰada スームチャダ] 形 息切れがする; 息が切れる[急く]; 息苦しい ¶빨리 달려서 ~ [p'alli tallʝɔsɔ ~ ッパルリ タルリョソ ~] 速く走ったので息が苦しい.

숨-통 [-筒] [su:mtʰoŋ スームトン] 名 気管; 息の根 ¶~을 끊다 [~ ɯl k'ɯntʰa ~ウル ックンタ] 息の根を止める.

숫- [sut スッ] 接頭 混じり気または汚れなどがない生粋の意; 生…; 純… ¶~처녀(處女) [(su)tɕʰɔɲdʑo ~チョニョ] 生娘 / ~내기 [(sun)nɛgi (スン)ネギ] 純な人.

숫-기 [-氣] [sutk'i スッキ] 名 (活発で)はにかまないこと **―없다** [ɔpt'a オプタ] 形 よく恥ずかしがる; はにかみ屋だ **―없이** [ɔpɕ'i オプシ] 副 はにかんで; もじもじして **―좋다** [dʑotʰa ジョタ] 形 (はにかみ屋でなく)快活だ; 少しも恥ずかしがらない.

숫-돌 [sut'ol スットル] 名 砥石いし; 砥 ¶~에 갈다 [(sut'or)e ka:lda (スット)レ カールダ] 砥石で研ぐ; 砥をかける.

숫-되다 [sut'weda スットゥェダ] 形 初心だ; 世慣れしていない; 純情だ ¶~-된 시골 처녀(處女) [~-t'wen ɕigol tɕʰɔ:ɲjɔ ~-トゥェン シゴル チョーニョ] 初な田舎の娘.

***숫자**[數字] [su:tɕ'a スーッチャ] 名 数字 ¶~에 밝다 [~e pakt'a ~エ パクタ] 数字に明るい. ×수자.

숫제 [sutɕ'e スッチェ] 副 ① いっそ(のこと); かえって; むしろ ¶앓느니 ~ 죽지 [alluni ~ tɕukt͡ɕ'i アルヌニ ~ チュクチ] 病むよりはいっそ死ぬ方がましだ ② (うそでなく)本当に; どうしても ¶~ 죽겠단다 [~ tɕukʔet'anda ~ チュケッケッタンダ] 本当に死にたいそうだ.

숫-처녀[-處女] [sutɕʰɔɲdʑo スッチョニョ] 名 生娘; 処女; バージン.

숫-총각[-總角] [sutɕʰoŋgak スッチョンガク] 名 童貞.

숭고[崇高] [suŋgo スンゴ] 名 하形 崇高 ¶~한 희생 정신 [~han hisen dʑɔŋɕin ~ハン ヒセン ジョンシン] 崇高な犠牲精神.

***숭늉** [suŋɲuŋ スンニュン] 名 おこげ湯(釜に残ったおこげに湯を加えたもの).

숭덩-숭덩 [sundɔŋsundɔŋ スンドンスンドン] 副 ① ざくざく(大根などをぶつ切りにするさま) ¶호박을 ~ 썰어 말리다 [ho:bagɯl ~ s'ɔːrɔ mallida ホーバグル ~ ッソーロ マルリダ] カボチャをぶつ切りにして干す ② 荒目に縫うさま ¶옷을 ~ 꿰매다 [osɯl ~ k'we:mɛda オスル ~ ックェーメダ] 着物を粗く縫い繕う.

숭배[崇拜] [suŋbɛ スンペ] 名 하他 崇拝 ¶영웅 ~ [jɔŋuŋ ~ ヨンウン ~] 英雄崇拝.

숭숭 [suŋsuŋ スンスン] 副 ① ざくざく(ぶつ切るさま) ¶무를 ~ 썰다 [mu:rul ~ s'ɔːlda ムールル ~ ッソールダ] 大根をざくざく切る ② (穴が)ぽこぽこ ¶~ 뚫린 벽 [~ t'ullin pjɔk ~ッ トゥルリン ピョク] ぽこぽこあいている壁 ③ (汗が)ぶつぶつ ¶땀이 ~ 솟다 [t'ami ~ sot'a ッタミ ~ ソッタ] 汗がぶつぶつ噴き出る.

숭어 [su:ŋo スーンオ] 名 〈魚〉ボラ(鯔).

***숯** [sut スッ] 名 炭; 木炭 ¶~을 굽다 [(sutɕʰ) ɯl ku:pt'a (ス)チュル クープタ] 炭を焼く **―가마** [k'ama カマ] 名 炭焼き窯; 炭窯; 土窯 **―검정** [k'ɔmdʑɔŋ コムジョン] 名 炭の煤すす **―내** [(sun)nɛ (スン)ネ] 名 炭火のガスの臭い.

숯-불 [sutp'ul スップル] 名 炭火 ¶~을 피우다 [(sutp'ur)ɯl pʰiuda (スップ)ルル ピウダ] 炭火をおこす.

숱 [sut スッ] 名 髪の毛などの分量 ¶머리-이 많다 [mori (sutɕʰ) i ma:ntʰa モリ (ス)チ マーンタ] 髪の毛が多い.

***숱-하다** [sutʰada スッタダ] 形 多い; 数多い; たくさんだ ¶~-한 사람들 [~-tʰan sa:ramdɯl ~-タン サーラムドゥル] たくさんの人々 / ~-한 돈 [~-tʰan to:n ~-タン トーン] 多くのお金.

***숲** [sup スプ] 名 林; 森; 茂み ¶소나무 ~ [sonanu ~ ソナム ~] 松林.

쉬¹ [ɕwiː シュイー] 名 感 「小便」の幼児語; しいしい; しい; おしっこ; (幼い

子にしっこをさせるときに出す声) ¶~하다[~hada ~ハダ] おしっこする.

쉬²[ʃwi: シュィー] 感 しっ(静かに・騒ぐなと言う意味で出す声) ¶~, 조용해라[~, tʃojoŋɦɛra ~, チョヨンヘラ] しっ, 静かにしろ.

***쉬다¹**[ʃwi:da シュィーダ] 自 すえる; すっぱくなる ¶밥이 쉬었다[pabi swiʌt'a パビ スィオッタ] ご飯がすえた.

***쉬다²**[ʃwi:da シュィーダ] 自 (声が)かれる; しわがれる; かすれる ¶목이 ~[mogi ~ モギ ~] 声がかれる.

***쉬다³**[ʃwi:da シュィーダ] 自他 休む ① 休める; 休息する ¶잠시 ~[tʃa:mʃi ~ チャームシ ~] 一休みする; 小休みする ② 寝る; 眠る; 泊まる ¶편히 쉬서요[pʰjoni ʃwiʃojo ピョニ シュィショヨ] お休みなさい **쉴새-없이**[ʃwi:ls.ʌpʃ'i シュィールセ オプシ] 副 休みなく; 絶え間なく ¶~ 일하다[~ i:rhada ~ イールハダ] 休みなく作業をする.

***쉬다⁴**[ʃwi:da シュィーダ] 他 呼吸をする; 息をつく ¶한숨을 ~[hansumuɭ ~ ハンスムル ~] ため息をつく.

쉬쉬-하다[ʃwi:ʃwihada シュィーシュィハダ] 他 與議 (物事を)内密[内緒・内聞]にする; もみ消す; 隠す ¶口止めをする ¶사건을 ~[sa:k'ʌnɯɭ ~ サーコヌル ~] 事件をもみ消す.

쉬엄-쉬엄[ʃwiʌmʃwiʌm シュィオムシュィオム] 副 休み休み; 休みながらゆっくり; やめたり続けたり ¶~ 해라[~ hɛra ~ ヘーラ] 休み休みしなさい / ~ 내리는 비[~ nɛrinɯn pi ~ ネリヌン ピ] 降ったり止んだりする雨.

쉬이[ʃwii シュィイ] 副 ① 簡単に; 容易に; たやすく ¶~ 될까?[~ twelk'a ~ トウェルッカ] たやすくできるかな ② 遠からず; 近いうち; そのうち; 間もなく ¶~ 또 오겠습니다[~ t'o oges'ɯmnida ~ ット オゲッスムニダ] 近いうちにまた来ます. 【**2** 名 50歳.

***쉰**[ʃwi:n シュィーン] **1** 冠 数 50; 五十

쉼-표[-標][ʃwi:mpʰjo シュィームピョ] 名〈言・楽〉休止符.

쉽게 여기다[ʃwi:pk'e jogida シュィープケ ヨギダ] 他 たやすく考える; 見くびる; 軽んじる; 侮る; 甘く見る ¶~가 흔났다[~ga honnat'a ~ガ ホンナッタ] 見くびってひどい目にあった.

***쉽다**[ʃwi:pt'a シュィープタ] 形 ㅂ変 易やすい ① たやすい; 容易だ; やさしい ¶쉬운 문제[ʃwi:un mu:ndʒe シュィーウン ムーンジェ] やさしい[たやすい]問題 ② …しやすい; …やすい ¶깨지기 ~[k'ɛ:dʒigi (ʃwipt'a) (シュィプタ)] ッケージギ 壊れやすい.

***쉽-사리**[ʃwi:ps'ari シュィープサリ] 副 楽々と; たやすく; 難なく; =**쉽게**[ʃwi:pk'e シュィープケ] ¶~ 풀 수 있는 문제[~ pʰul s'u innɯn mu:ndʒe ~ プルッス インヌン ムーンジェ] 楽々と解ける問題.

슈팅[ʃu:tʰiŋ シューティン] shooting 名 シューティング; 射撃 ¶중거리 ~[tʃuŋgori ~ チュンゴリ ~] 中距離シューティング.

슈퍼[ʃu:pʰo シューポ] super 名 スーパー ¶~마켓[~ma:kʰet ~マーケッ] スーパーマーケット / ~맨[~mɛn ~メン] スーパーマン.

슛[ʃu:t シューッ] shoot 名 下自他 シュート ¶~ 골인[~ go:rin ~ ゴーリン] シュートゴールイン.

스낵 바[sɯnɛk ba: スネク バー] snack bar 名 スナックバー.

***스님**[sɯnim スニム] 名 和尚; お坊さん; お寺様 ① 僧がその師を呼ぶ語 ② 僧の敬称.

***스러지다**[sɯrodʒida スロジダ] 自 消え失せる; 散り失せる; なくなる; 消える ¶별이 하나 둘 ~[pjʌ:ri hana du:l ~ ピョーリ ハナ ドゥール ~] 星が1つ2つ消え失せる.

-스럽다[sɯrʌpt'a スロプタ] 接尾 ㅂ変 …らしい; …気味だ; …がわしい; …ようだ ¶사랑~[saraŋ~ サラン~]かわいらしい / 불안~[puran~ プラン~] どうも不安だ / 행복(幸福)~[hɛ:nbok(s'ɯrʌpt'a) ヘーンボク~] 幸せそうだ / 명예~[mjɔŋe~ ミョンエ~] 名誉に思う.

-스레[sure スレ] 接尾 …らしく; …そうに; …(し)げに; =**-스럽게**[sɯrʌpk'e スロプケ] ¶자랑~[tʃa:raŋ~ チャーラン~] 自慢らしく; 誇らしげに; 自慢そうに.

스르르[sɯrɯrɯ スルル] 副 ① (結ばれていたものなどが)するりと; するする(と) ¶매듭이 ~ 풀리다[mɛdubi ~ pʰullida メドゥビ ~ プルリダ] 結び目がするすると解ける ② (氷や雪が)すうっと ¶눈이 ~ 녹다[nu:ni ~ nokt'a ヌーニ ~ ノクタ] 雪がすうっと解ける ③

(眠気が)うとうとと; とろとろと ¶잠이 들다[~ tʃami tulda ~ チャミトゥルダ] うとうとと眠り込む.

-스름-하다 [surumhada スルムハダ] [接尾] (色や形を表わす語の)…っぽい; …がかっている; …帯びている ¶불그~[pulgu~ プルグ~] 赤っぽい; 赤みがかっている / 둥그~[tungu~ トゥング~] 丸っこい; 丸みを帯びている / 가느~[kanu~ カヌ~] やや細気味だ.

스릴 [suril スリル] thrill [名] スリル ¶~이 넘치는…[(su rir) i nɔ:mtʃhinun (スリ)リ ノームチヌン] スリルあふれる….

스릴러 [surillɔ スリルロ] thriller [名] スリラー ¶~ 영화[~ jɔŋhwa ~ ヨンファ] スリラー映画.

스마트 [suma:thu スマートゥ] smart [名][하形] スマート.

스며-들다 [sumjɔdulda スミョドゥルダ] [自][己語幹] 染み入る; 染み込む ¶마음에 ~-드는 외로움[maume ~-dunun weroum マウメ ~-ドゥヌン ウェロウム] 心に染みわたるわびしさ.

스모그 [sumogu スモグ] smog [名] スモッグ ¶~ 공해[~ goŋhɛ ~ ゴンヘ] スモッグ公害.

*스무 [sumu スム] [冠] 20の **―날**[nal ナル] [名] 20日(間) **―아흐레**[ahure アフレ] [名] 29日 **―하루**[haru ハル] [名] 21日.

스물 [sumul スムル] [数] 20; 二十(歳) ¶아직 ~ 안짝이다[adʒik (s'umur antʃ'agida アジク (スム)ランッチャギダ] まだはたち前だ.

*스미다 [sumida スミダ] [自] ① (液体が)染みる; 染み込む; 滲む; ='스며들다' ¶빗물이 ~[pinmuri ~ ピンムリ ~] 雨水が染みる / 땀이 ~[t'ami ~ ッタミ ~] 汗が滲む ② (気体・風が)染み込む; 流れ込む ¶스미는 찬 바람[suminun tʃha:n param スミヌン チャーン パラム] 染み込む冷たい風 ③ ひしひしと感じる; 滲む ¶뼛속까지 스미는 고독[p'jɔs'ok'adʒi suminun kodok ッピョッソクカジ スミヌン コドク] 骨の髄まで感じる孤独.

스산-하다 [sw sanhada スサンハダ] [形][으変] ① うら寂しい ¶거리가 ~[kɔriga ~ コリガ ~] 街がうら寂しい ② 冷風が吹きすさぶ ¶~-한 바람[~-han param ~-ハン パラム] 冷た

く吹きすさぶ風 ③ (心・気分が)ひどく落ち着かない; やるせない ¶마음이 ~[maumi ~ マウミ ~] 心がひどく落ち着かない; 心がそわそわする.

*스스럼-없다 [susurɔmɔptʃ'a ススロモプタ] [形] 気安い; 心安い; 隔たりがない; 気兼ねがない **―없는 상대**[~-ɔ:mnun sandɛ (ススロ)モムヌン サンデ] 気安い相手 **스스럼-없이** [susurɔmɔptʃ'i ススロモプシ] [副] 心安[気安]く; 気兼ねなく ¶~ 지내고 있다[~ tʃi:nɛgo it'a ~ チーネゴ イッタ] 心安く[気兼ねなく]付き合っている.

*스스로 [susuro ススロ] 1 [副] おのずから; ひとりでに; 自ら(進んで); 自然と ¶~ 물러나다[~ mullɔnada ~ ムルロナダ] 自ら退く 2 [名] 自分(自身); 自ら ¶~를 높이다[~rul nophida ~ルル ノピダ] 自分自身を高める.

*스승 [susuŋ ススン] [名] 師; 師匠; 先生; 師範 ¶~의 은혜(恩惠) [~-e unhe ~エウンヘ] 師の恩. 「セーター」

스웨터 [swethɔ スウェトゥ] sweater [名]

스쳐-보다 [sutʃhɔboda スチョボダ] [他] 横目で見る; 流し目で見る; ざっと見る ¶슬쩍 ~[sultʃ'ɔk (s'utʃhɔboda) スルチョク ~] ちらっと横目で見る.

스쳐-지나가다 [sutʃhɔdʒinagada スチョジナガダ] [自] 擦れ違う

*스치다 [sutʃhida スチダ] [自][他] 擦れる; 掠める; 触れる ¶옷깃이 ~[otk'isi ~ オッキシ ~] 袖裾が触れる / 생각이 머리를 ~[sɛŋgagi mɔrirul ~ センガギ モリルル ~] 考えが頭をよぎる[かすめる].

스카치 [sukhatʃhi スカチ] Scotch [名] スコッチ **―위스키** [wisukhi ウィスキ] [名] スコッチウィスキー **―테이프** [theiphu テイプ] [名] セロハンテープ (商品名). 「スカーフ」

스카프 [sukha:phu スカープ] scarf [名]

스캔들 [sukhɛndul スケンドゥル] scandal [名] スキャンダル ¶정계의 ~[tʃɔŋgee ~ チョンゲエ ~] 政界のスキャンダル.

스커트 [sukhɔ:thu スコートゥ] skirt [名] スカート.

*스케이트 [sukheithu スケイトゥ] skate [名] スケート ¶~ 타다[~ thada ~ タダ] スケートですべる.

스케일 [sukheil スケイル] scale [名] スケール ¶~이 큰 인물[(sukheir)i khun inmul (スケイ)リ クン インムル]

スケールの大きい人物.

스케줄 [suɯkʰedʒuːl スケジュール] schedule 名 スケジュール.

스케치 [suɯkʰetʃʰi スケチ] sketch 名 スケッチ **―북** [buk ブク] 名 スケッチブック.

스쿠버 [suɯkʰuːbɔ スクーボ] scuba 名 スキューバ; 潜水用の水中呼吸器 **―다이빙** [daibiŋ ダイビン] 名 スキューバ[スキン]ダイビング.

스크램블 [suɯkʰuɯrɛmbul スクレムブル] scrambled eggs 名 スクランブル(エッグ).

스크랩 [suɯkʰuɯrɛp スクレプ] scrap 名 「スクラップ.

스크럼 [suɯkʰuɯrɔm スクロム] scrum 名 スクラム **―을 짜다** [~uɯl tʃ'ada (スクロ)ムル ッチャダ] スクラムを組む.

스키어 [suɯkʰiɔ スキオ] skier 名 スキーヤー.

스타디움 [suɯtʰadium スタディウム] stadium 名 スタジアム.

스타킹 [suɯtʰakʰiŋ スタキン] stocking 名 ストッキング ¶ 팬티 ~ [pʰɛntʰi~ ペンティ~] パンティーストッキング.

스태미나 [suɯtʰɛmina ステミナ] stamina 名 スタミナ.

스태프 [suɯtʰɛpʰuɯ ステプ]・**스탭** [suɯtʰɛp ステプ] staff 名 スタッフ ¶ 편집 ~ [pʰjɔndʒip~ ピョンジプ~] 編集スタッフ. 「名 スタンド.

스탠드 [suɯtʰɛndɯ ステンドゥ] stand

스탠-바이 [suɯtʰɛnbai ステンバイ] stand-by 名 スタンバイ.

스탬프 [suɯtʰɛmpʰuɯ ステムプ] stamp 名 スタンプ **―잉크** [iŋkʰuɯ インク] 名 スタンプインキ.

스테이크 [suɯtʰeikʰuɯ ステイク] steak 名 ステーキ ¶ 비프 ~ [piːpʰuɯ~ ビープ~] ビーフステーキ.

스텝 [suɯtʰep ステプ] step 名 ステップ ¶ ~을 밟다 [(suɯtʰeb)uɯl paːptʼa (ステ)プル パープタ] ステップを踏む.

*스톱 [suɯtʰop ストプ] stop 名 自他 ストップ **―워치** [(suɯtʰob)wɔtʃʰi (スト)ブォチ] 名 ストップウォッチ.

스류 [suɯtʰjuː スティュー] stew 名 シチュー **―요리** [~ jori ~ ヨリ] シチュー料理.

스튜디오 [suɯtʰjuːdio スティューディオ] studio 名 スタジオ.

스튜어디스 [suɯtʰjuɔdisuɯ スティュオディス] stewardess 名 スチュワーデス.

스트레이트 [suɯtʰuɯreitʰuɯ ストゥレイトゥ] straight 名 ストレート ¶ ~로 마시다 [~ro maʃida ~ロ マシダ] ストレートで飲む.

스티커 [suɯtʰikʰɔ スティコ] sticker 名 ステッカー. 「チーム.

스팀 [suɯtʰiːm スティーム] steam 名ス

*스포츠 [suɯpʰoːtʃʰuɯ スポーチュ] sports 名 スポーツ.

스핑크스 [suɯpʰiŋkʰuɯsuɯ スピンクス] sphinx 名 スフィンクス.

*슬그머니 [suɯlguɯmɔni スルグモニ] 副 ひとりでに; こっそりと; そっと ¶ ~ 빠져나가다 [~ pʼaːdʒɔnagada ~ッパージョナガダ] こっそりと抜け出る.

슬금-슬금 [suɯlguɯmsuɯlguɯm スルグムスルグム] 副 こそこそ; こっそり ¶ ~ 도망가다 [~ tomaŋgada ~ トマンガダ] こそこそ逃げ出す.

*슬기 [suɯlgi スルギ] 名 智恵; 才知 ¶ ~가 있다 [~ga itʼa ~ガ イッタ] 知恵がある **―로이** [roi ロイ] 副 賢く; 聡く; 聡明に ¶ ~ 행동(行動)하다 [~ hɛŋdoŋhada ~ ヘンドンハダ] 賢くふるまう **―롭다** [roptʼa ロプタ] 形 ㅂ変 賢い; 聡い; 聡明だ ¶ ~-로운 학생 [~-roun haksʼeŋ ~-ロウン ハクセン] 聡明な学生.

슬다¹ [suɯlda スルダ] 自 ㄹ語幹 ① (野菜・果物などが)しおれる; 傷む; 枯れる ② (できものなどが)消えてなくなる; 治る; 癒える.

슬다² [suɯlda スルダ] 他 ㄹ語幹 (虫や魚などが)卵を産みつける ¶ 나방이 알을 ~ [nabaŋi aruɯl ~ ナバンイ アルル~] 蛾が卵を産みつける.

*슬다³ [suɯlda スルダ] 自 ㄹ語幹 ① さびつく; さびる ¶ 칼에 녹이 ~ [kʰare nogi ~ カレ ノギ~] 刀にさびがつく ② (かびが)生える ¶ 곰팡이가 ~ [koːmpʰaŋiga ~ コームパンイガ~] かびが生える.

슬럼프 [suɯllɔmpʰuɯ スルロムプ] slump 名 スランプ ¶ ~에 허덕이다 [~e hɔdɔgida ~エ ホドギダ] スランプに喘ぐ.

슬렁-슬렁 [suɯllɔŋsuɯllɔŋ スルロンスルロン] 副 ① 急がずにゆっくりと; のそりのそり(徐々に動くさま) ② のっそのっそ(ゆっくり静かに歩くさま).

슬로건 [suɯlloːgɔn スルローゴン] slogan 名 スローガン ¶ ~을 내걸다 [~uɯl nɛːgɔlda (スルローゴ)ヌル ネーゴルダ] スローガンを掲げる.

슬롯 머신 [sullon məʃi:n スルロン モシーン] slot machine 名 スロットマシン.

슬리퍼 [sulliphə スルリポ] slipper 名 スリッパ ¶ ~를 신다 [~rul ʃi:nt'a ~ルル シーンタ] スリッパを履く.

슬며시 [sulmjəʃi スルミョシ] 副 ① そっと; こっそりと; なにげなく ¶ ~ 다가가다 [~ tagagada ~ タガガダ] そっと近寄る / ~ 숨어들다 [~ sumədulda ~ スモドゥルダ] こっそりと忍び込む ② 静かに; それとなく ¶ ~ 물어보다 [~ murəboda ~ ムロボダ] それとなく聞いてみる.

*__슬슬__ [su:lsul スールスル] 副 ① ゆっくり(と); のろのろ; ぽつぽつ ¶ ~ 걷다 [~ kət'a ~ コッタ] のろのろ(と)歩く ② (雪・氷・砂糖が) そろそろ(と); すっと ¶ 눈이 ~ 녹다 [nu:ni ~ nokt'a ヌーニ ~ ノクタ] 雪がそろそろと溶ける ③ (風がそよそよ) ¶ ~ 부는 바람 [~ pu:nun param ~ プーヌン パラム] そよそよ吹く風 ④ (こすったり掻いたり) 軽く; そろそろ ¶ 등을 ~ 긁어주다 [tuŋul ~ kulgədʒuda トゥンウル ~ クルゴジュダ] 背中を軽く掻いてやる ⑤ それとなくうまく; 巧みに ¶ ~ 꾀다 [~ k'we:da ~ ックェーダ] それとなく誘う ⑤ なにげなく; そっと ¶ ~ 다가가다 [~ tagagada ~ タガガダ] なにげなく近寄る.

*__슬쩍__ [sultʃ'ək スルッチョク] 副 ① すばやく; こっそりと; するりと; ちょろりと ¶ ~ 감추다 [(sultʃ'ə) k'amtʃhuda ~ カムチュダ] こっそり隠す / 남의 돈을 ~ 하다 [name to:nul (sultʃ'ə) khada ナメ トーヌル ~ カダ] 人の金をちょろまかす ② すっと; きっと; 軽く ¶ 배추를 ~ 데치다 [pɛ:tʃhurul ~ t'e:tʃhida ペーチュルル ~ テーチダ] 白菜をさっと湯がく / ~ 지나가다 [~ tʃ'inagada ~ チナガダ] すっと通り過ぎる **一슬쩍** [s'ultʃ'ək スルッチョク] (続けて) すばやく; こっそり; 軽く ¶ ~ 집어가다 [~ tʃ'ibəgada ~ チボガダ] ちょいちょいと掠めとる.

슬퍼-하다 [sulphəhada スルポハダ] 他 悲しむ; 嘆く; 悼む ¶ 이별(離別)을 ~ [ibjərul ~ イビョルル ~] 別れを嘆く / 그의 죽음을 ~ [kuɰe tʃugumul ~ クエ チュグムル ~] 彼の死を悼む.

*__슬프다__ [sulphuda スルプダ] 形 [으変] 悲しい; 痛ましい ¶ 매우 ~ [mɛu ~ メウ ~] 非常に悲しい / 어쩐지 ~ [tʃ'əndʒi ~ オッチョンジ ~] 何となく物悲しい **슬픔** [sulphum スルプム] 名 悲しみ; 哀れ; 悲嘆 ¶ ~에 잠기다 [~e tʃamgida (スルプ)メ チャムギダ] 悲嘆に暮れる **슬피** [sulphi スルピ] 副 悲しく; 傷ましく ¶ 흐느껴 ~ 울다 [hunuk'jə ~ u:lda フヌッキョ ~ ウールダ] 悲しくすすり泣く.

슬하 [膝下] [surha スルハ] 名 膝下ぷぁ; 膝元ぷぁと ¶ 부모(父母) ~를 떠나다 [pumo ~rul t'ənada プモ ~ルル ットナダ] 親の膝元を離れる.

습격-하다 [襲擊—] [supk'jəkhada スプキョクカダ] 他 襲擊する; 襲う ¶ 적진을 ~ [tʃikt͡ʃ'inul ~ チョクチヌル ~] 敵陣を襲う / …에 ~ 당하다 [e~ -t'aŋhada エ ~-タンハダ] …に襲われる.

*__습관__ [習慣] [supk'wan スプクァン] 名 習慣; 習わし; しきたり; 風習; 癖 ¶ 나쁜 ~ [버릇] [nap'un ~ [pərut] ナップン ~ [ポルッ]] 悪い癖 / 지방의 ~ [tʃibaŋe ~ チバンエ ~] 地方の風習.

*__습기__ [濕氣] [supk'i スプキ] 名 湿気; 湿り(気) ¶ ~ 찬 공기 [~ tʃhan koŋgi ~ チャン コンギ] 湿った空気.

*__-습니까__ [s'umnik'a スムニッカ] 語尾 (子音で終わる語幹に付く) …ですか; …ますか ¶ 높~? [nop~ ノプ~] 高いですか.

*__-습니다__ [s'u:mnida スムニダ] 語尾 (子音で終わる語幹に付く) …です; …でございます ¶ 같~ [ka~ カッ~] 同じです.

습득 [拾得] [supt'uk スプトゥク] 名 [하他] 拾得; 拾うこと ¶ ~물 [(supt'uŋ)mul (スプトゥン)ムル] 拾得物.

습득 [習得] [supt'uk スプトゥク] 名 [하他] 習得; 覚え ¶ ~이 빠르다 [(supt'ug)i p'aruda (スプトゥ)ギ ッパルダ] 覚えが早い.

*__-습디까__ [s'upt'ik'a スプティッカ] 語尾 (子音で終わる語幹に付く過去の意) …かったですか; …でしたか ¶ 많~? [ma:n~ マーン~] 多かったですか.

-습디다 [s'upt'ida スプティダ] 語尾 (子音で終わる語幹に付く過去の意) しました; …かったです; …でした ¶ 춥~ [tʃhup~ チュプ~] 寒かったです.

습성 [習性] [sups'əŋ スプソン] 名 習性; 癖 ¶ 밤새하는 ~ [pamsɛmhanun ~

パムセムハヌン ~] 夜明かしの習性 / 나쁜~ [nap'n ~ ナップン ~] 悪い癖.

습자[習字][sɯptʃ'a スプチャ] 名 [하자] 習字; 書き方; 手習い; =붓글씨 [putk'ɯlʃ'i プックルッシ].

습작[習作][sɯptʃ'ak スプチャク] 名 [하][自他] 習作 ¶~품[~pʰum ~プム] 習作品.

습지[濕地][sɯptʃ'i スプチ] 名 湿地 ¶~대[~dɛ ~デ] 湿地帯.

습-하다[濕—][sɯpʰada スプハダ] 形 [여変] じめじめする; 湿り気がある ¶공기가 ~[koŋgiga ~ コンギガ ~] 空気が湿っている.

승강-기[昇降機][sɯŋgaŋgi スンガンギ] 名 エレベーター; リフト.

승강-이[昇降-][sɯŋgaŋi スンガンイ] 名 [하][自] いざこざ; いさかい; 押し問答; 揉め事.

승객[乗客][sɯŋgɛk スンゲク] 名 乗客 ¶버스 ~[bɔsɯ ~ ボス ~] バスの乗客.

승격[昇格][sɯŋk'jok スンキョク] 名 [하][自] 昇格; 格上げ ¶부장으로 ~되다[pudʒaŋɯro ~t'weda プジャンウロ ~トゥェダ] 部長に昇格する.

승계[承繼][sɯŋge スンゲ] 名 [하][他] 継承; 承継; 受け継ぐこと.

승낙-하다[承諾—][sɯŋnakʰada スンナクハダ] 他 承諾する; 承知する; 了承する.

승냥이[sɯŋnjaŋi スンニャンイ] 名 〈動〉ヤマイヌ(山犬).

승려[僧侶][sɯŋnjo スンニョ] 名 僧侶; 僧; =중[tʃuːŋ チューン].

***승리**[勝利][sɯŋni スンニ] 名 [하][自] 勝利; 勝ち. 「乗馬.

승마[乘馬][sɯŋma スンマ] 名 [하][自]

승무[僧舞][sɯŋmu スンム] 名 尼僧に扮して舞う民俗舞踊(白い山形の笠をかぶり白い僧衣をつけて舞う).

승 무

승무-원[乘務員][sɯŋmuwɔn スンムウォン] 名 乗務員; 乗組員 ¶열차 ~[jɔltʃʰa ~ ヨルチャ ~] 列車の乗務員.

승방[僧房][sɯŋbaŋ スンバン] 名 尼僧だけ住む寺; 여승방(女僧房) [jɔsɯŋbaŋ ヨスンバン] 「尼寺」の略.

승복[承服][sɯŋbok スンボク] 名 [하][自] 承服 ¶그는 마침내 ~했다[kɯnɯn matʃʰimnɛ (sɯŋbo)kʰɛt'a クヌン マチムネ ~ケッタ] 彼はしかたなく承服した.

승복[僧服][sɯŋbok スンボク] 名 僧服; 僧衣; 法衣.

승부[勝負][sɯŋbu スンブ] 名 勝負; 勝ち負け ¶단판 ~[tanpʰan ~ タンパン ~] 一本勝負.

승산[勝算][sɯŋsan スンサン] 名 勝算; 勝つ見込み ¶~이 있다[없다][~i it'a[ɔːpt'a] (スンサン)イ イッタ[オープタ]] 勝ち目[勝ちみ]がある[ない].

승승-장구[乘勝長驅][sɯŋsɯŋdʒaŋgu スンスンジャング] 名 [하][自] 戦いに勝った余勢を駆って一気に追い込むこと.

***승용-차**[乘用車][sɯŋjoŋtʃʰa スンヨンチャ] 名 乗用車.

***승인-하다**[承認—][sɯŋinhada スンインハダ] 他 承認する.

승전[勝戰][sɯŋdʒɔn スンジョン] 名 [하][自] 勝戦; 勝ち戦 **—고**(鼓)[go ゴ] 名 勝利の太鼓. 「昇進.

승진[昇進][sɯŋdʒin スンジン] 名 [하][自]

승차[乘車][sɯŋtʃʰa スンチャ] 名 [하][自] 乗車 **—권**[k'wɔn クォン] 乗車券.

승패[勝敗][sɯŋpʰɛ スンペ] 名 勝敗.

승합[乘合][sɯŋhap スンハプ] 名 乗り合い; 相乗り ¶~ 자동차[~ tʃ'adoŋtʃʰa ~ チャドンチャ] 乗り合い自動車.

***시**[市][ʃiː シー] 名 ① 都市; 市街 ② 市ば; 市場 ③ 自治団体の市.

***시**[時][ʃi シ] **1** 名 時間; とき; 時刻 **2** 依名 時 ¶2~[tuː ~ トゥー~] 2時.

***시**[詩][ʃi シ] 名 詩 ¶서정~[sɔːdʒɔŋ ~ ソージョン~] 叙情詩.

시-[ʃi シ] 接頭 真っ…(色の濃いこと) ¶~꺼멓다[~k'ɔmɔtʰa ~シッコモッタ] 真っ黒い.

시-[媤][ʃi シ] 接頭 嫁入りした家を指す語 ¶~누이[~nui ~ヌイ] 夫の姉妹; 小姑こじゅう / ~어머니[~ɔmɔni ~オモニ] 夫の母; 姑しゅうとめ.

***-시-**[ʃi シ] 接尾 …になる; …でいらっしゃる(尊敬語) ¶주무~다[tʃumu~-

시가[市街] [ʃi:ga シーガ] 名 市街; 町; 通り ¶~지 [~dʒi ~ジ] 市街地.

시가[市價] [ʃi:k'a シーッカ] 名 市價; 市場價格.

시가[媤家] [ʃiga シガ] 名 婚家; 嫁ぎ先の家; ='시집'·'시댁'(媤宅).

시각[時刻] [ʃigak シガク] 名 時刻; 時; タイム ¶발차 ~ [paltʃʰa ~ パルチャ ~] 発車時刻.

시각[視覺] [ʃi:gak シーガク] 名 <生> 視覺 ¶~을 잃다 [(ʃi:gag) ɯl iltʰa (シーガ) グル イルタ] 視覺を失う.

*__시간__[時間] [ʃigan シガン] 名 時間; 時; タイム ¶~은 돈이다 [~un to:nida (シガ) ヌン トーニダ] 時は金なり __—강사__ [ga:ŋsa ガーンサ] 名 非常勤講師 __—표__ [pʰjo ピョ] 名 時間割り表.

-시거든 [ʃigodɯn シゴドゥン] 語尾 お…なさったら; お…になったら ¶부르~ [puru~ プルー] お呼びになられたら….

시-건방지다 [ʃigonbandʒida シゴンバンジダ] 形 小生意気だ, 小癪にゃくだ; 差し出がましい ¶나이도 어린 녀석이 ~ [naido orin njosogi ~ ナイド オリン ニョソギ ~] 青二才が小生意気だ.

*__시계__[時計] [ʃige シゲ] 名 時計 ¶~방(房) [~p'aŋ ~パン] 時計店.

시-고모[媤姑母] [ʃigomo シゴモ] 名 夫の父の姉妹 __—부__(夫) [bu ブ] 名 '시고모'の夫.

*__시골__ [ʃigol シゴル] 名 田舍; 村; 里; ふるさと ¶~길 [~k'il ~キル] 田舍道; 村路 __—구석__ [k'usok クソク] 名 片田舍 __—내기__ [lɛgi レギ] 名 田舍育ち; 田舍者 __—뜨기__ [t'ɯgi ットゥギ] 名 俗 田舍っぺ(え); 山出し; お上りさん __—집__ [tʃ'ip チプ] 名 村家; 田舍家; 故郷にある自分の家 __—티__ [tʰi ティ] 名 田舍風 ¶~가 나다 [~ganada ~ガナダ] 田舍びる.

시국[時局] [ʃiguk シグク] 名 時局.

시궁-창 [ʃiguntʃʰaŋ シグンチャン] 名 ① 下水 [汚水]のたまり ¶~ 냄새가 난다 [~ nɛmsɛga nanda ~ ネームセガ ナンダ] 下水が臭う ② 社會のどん底; 墮落した社會や環境のたとえ.

시그널 [ʃigɯnol シグノル] signal 名 シグナル; 信号(機).

시그러-지다 [ʃigɯrodʒida シグロジダ] 自 ① 萎れる; (気が)弱まる; 衰える ¶기운이 ~ [kiuni ~ キウニ ~] 力が衰える ② (興奮狀態が)靜まる.

시근-거리다 [ʃigɯŋgorida シグンゴリダ] 自 ① (滿腹·悔しさで)息を彈ませる; 喘ぐ ¶화가 나서 몹시 ~ [hwa:ga naso mo:pʃi ~ ファーガ ナソ モープシ ~] 腹が立ってひどく息を彈ませる ② (骨の關節などがしきりにうずく __시근-시근__ [ʃigɯnʃigɯn シグンシグン] 副 自 はあはあ; ふうふう ② ずきずき.

시근덕-거리다 [ʃigɯndok'orida シグンドコリダ] 自 非常に荒く息を彈ませる; 激しく息をする; はあはあいう.

시근-벌떡 [ʃigɯnboltʼok シグンボルットク] 副 はあはあ; あえぎあえぎ (ひどくあえぐさま) ¶~ 뛰어 왔다 [~ t'wio wat'a ~ ットゥィオ ワッタ] あえぎあえぎ駆けつけた.

시금떨떨-하다 [ʃigɯmt'olt'orhada シグムットルットルハダ] 形 여변 (味が)やや酸っぱくて渋い.

시금씁쓸-하다 [ʃigɯms'ɯps'ɯrhada シグムッスプスルハダ] 形 여변 (味が)酸っぱくて苦い.

*__시금치__ [ʃigɯmtʃʰi シグムチ] 名 <植> ホウレンソウ.

시금털털-하다 [ʃigɯntʰoltʰorhada シグムトルトルハダ] 形 여변 (味が)やや酸っぱくて渋い='시금떨떨하다'の强調語.

시금-하다 [ʃigɯmhada シグムハダ] 形 여변 (味が)やや酸っぱい.

*__시급__[時急] [ʃigɯp シグプ] 名 하形 急 ¶~을 요하는 문제 [(ʃigɯb)ɯl johanun mu:ndʒe (シグ)ブル ヨハヌン ムーンジェ] 急を要する問題[事柄] __—히__ [(ʃigɯ)pʰi ピ] 副 急に; 急いで; 一刻も早く ¶~ 처리(處理)하다 [~ tʃʰɔ:rihada ~ チョーリハダ] 急いで片づける.

*__시기__[時期] [ʃigi シギ] 名 時期; 時折 ¶수확의 ~ [suhwage ~ スファゲ ~] 収穫の時期 / 꽃놀이 ~ [k'onnori ~ ッコンノリ ~] 花見時.

시기[時機] [ʃigi シギ] 名 時機; 頃; 適時; タイミング; チャンス ¶~를 놓치다 [~rul notʃʰida ~ルル ノッチダ] 時機を逸する __—상조__ [sa:ndʒo サーンジョ] 名 時期尚早.

시기[猜忌] [ʃigi シギ] 名 猜忌 ¶~심이 강(强)하다 [~ʃimi kaŋhada シ

시꺼멓다 ギシミ カンハダ 猜忌の念が深い **―하다**[hada ハダ] 他 妬む; 嫉む.

시-꺼멓다 [ʃikʼəmʰa シッコモッタ] 形 ㅎ変 ① 真っ黒い; 真っ黒だ ¶시꺼먼 손 [ʃikʼəmən son シッコモン ソン] 真っ黒な手 ② 腹黒い; 陰険だ.

시꺼메-지다 [ʃikʼəmedʑida シッコメジダ] 自 真っ黒くなる. > '새까매지다'.

시끄러워-지다 [ʃikʼɯrəwədʑida シックロウォジダ] 自 ① 騒がしくなる; やかましくなる; うるさくなる ¶소문이 ~ [so:muni ~ ソームニ ~] うわさがうるさくなる ② 面倒[やっかい]になる.

시끄러워-하다 [ʃikʼɯrəwəhada シックロウォハダ] 他 うるさく思う; うるさがる ¶여론을 ~ [jəronul ~ ヨーロヌル ~] 世論をうるさがる.

*__시끄럽다__ [ʃikʼɯrəpʼtʼa シックロプタ] 形 ㅂ変 やかましい; 騒々しい; うるさい; 騒がしい; 面倒だ ¶~, 조용히 해라 [~, tɕojoŋi hɛːra ~, チョヨンイヘーラ] やかましい, 静かにしろ.

시끌시끌-하다 [ʃikʼɯlʃikʼɯlhada シックルシックルハダ] 形 여変 ① 非常に騒がしい; 騒々しい; やかましい ¶교실이 ~ [kjo:ʃiri ~ キョーシリ ~] 教室が騒々しい ② (心が乱れて)そわそわしている; (頭の中が)ごちゃごちゃだ; (会社が)ごたごたしている.

*__시내__[ʃiːnɛ シーネ] 名 小川; せせらぎ; 流れ ¶시냇가 [ʃiːnɛtkʼa シーネッカ] 小川のほとり / 시냇물 [ʃiːnɛnmul シーネンムル] 小川の水.

*__시내__[市内] [ʃiːnɛ シーネ] 名 市内 ¶~버스 [~ bəsɯ ~ ボス] 市内バス.

시녀[侍女] [ʃiːnjə シーニョ] 名 ① 侍女; 腰元 ② 宮女.

시누 (이)[媤―] [ʃinu(i) シヌ(イ)] 名 小姑; 義姉; 義妹; 夫の姉妹 **―올케** [olkʰe オルケ] 名 小姑と兄または弟の妻.

*__시늉__ [ʃinjuŋ シニュン] 名 하自 まね; ふり ¶우는 ~ 을 하다 [uːnun ~ ul hada ウーヌン ~ ウル ハダ] 泣きふりをする.

*__시다__[¹] [ʃida シダ] 形 ① (目が)まぶしい; まばゆい ¶강한 햇살에 눈이 ~ [kaŋhan hɛsʼare nuni ~ カンハン ヘッサレ ヌニ ~] 強い日差しに目がまぶしい ② (言行が)気にくわない; いやらしい; 目障りだ; 目にあまる = ¶눈꼴이 ~ [nunkʼori ~ ヌンッコリ ~] ③ 骨節が痛む; ずきずきする; ずきんずきんする ¶발목이 ~ [palmogi ~ パルモギ ~] 足首がずきずきする.

*__시다__[²] [ʃida シダ] 形 ① (味が)酸い; 酸っぱい ¶김치가 ~ [kimtɕʰiga ~ キムチガ ~] キムチが酸っぱい ② 〈動詞的に〉酸っぱくなる ¶김치가 실것 같다 [kimtɕʰiga ʃilkʼət kʼatʼa キムチガ シルコッ カッタ] キムチが酸っぱくなりそうだ.

*__시달리다__ [ʃidallida シダルリダ] **1** 自 悩まされる; 揉まれる; 苦しめられる; いじめられる ¶더위에 ~ [təwie ~ トウィエ ~] 暑さに苦しめられる **2** 他 うるさく悩ませる; 苦しめる; いじめる ¶짓궂은 질문으로 ~ [tɕiːtkʼudʑun tɕilmunuro ~ チーックジュン チルムヌロ ~] 意地悪な質問で苦しめる.

시달림 [ʃidallim シダルリム] 名 苦しめること; いじめられること; 悩ませること ¶~을 받다 [~ ul patʼa (シダルリ) ムル パッタ] 苦しめられる.

시답-잖다 [ʃidaptɕʼantʰa シダプチャンタ] 形 見すぼらしくて気にいらない; つまらない; もの足りない; **시답지[시덥지] 않다** [ʃidaptɕʼi [ʃidəptɕʼi] antʰa シダプチ [シドプチ] アンタ]の略 ¶호의를 ~ - 않게 여기다 [hoːirul ~ -tɕʼankʰe jəgida ホーイルル ~ チャンケ ヨギダ] 好意にそれほど満足しない.

*__시대__[時代] [ʃidɛ シデ] 名 時代; 時世.

시댁[媤宅] [ʃidɛk シデク] 名 夫の家 [시가 (媤家)] [ʃiga シガ] の尊敬語.

시도[試圖] [ʃiːdo シード] 名 試図 ¶새로운 ~ [sɛroun ~ セロウン ~] 新たな試図 **―하다** [hada ハダ] 他 試図する; 試す; 試みる.

시동[始動] [ʃiːdoŋ シードン] 名 하自他 始動 ¶~을 걸다 [~ ul kəːlda ~ ウル コールダ] エンジンをかける; 始動させる; 何かを始めようと行動を起こす.

시-동생[媤同生] [ʃidoŋsɛŋ シドンセン] 名 義弟; 夫の弟.

*__시들다__ [ʃidulda シドゥルダ] 自 ㄹ語幹 ① (草花が)しおれる; しぼむ; 枯れる ¶꽃이 ~ [kʼotɕʰi ~ ッコッチ ~] 花がしおれる[しぼむ] ② (元気が)なくなる; 弱る; 衰える ¶권세가 ~ [kwənsega ~ クォンセガ ~] 権勢が衰える.

시들-하다 [ʃidurhada シドゥルハダ] 形 여変 ① 気乗りがしない; 興味がない ¶~-한 얼굴 [~-han əlgul ~-ハン オルグル] 気乗りしない顔 ② 貧弱だ; もの足りない; くだらない ¶~-한

시래기 [ʃirɛgi シレギ] 图 干葉; 干し菜; 掛け菜; 干した大根の茎と葉 ¶~죽 [~ dʒuk ~ ジュク] 干し菜のおかゆ.

시렁 [ʃirɔŋ シロン] 图 物を載せるために部屋や縁側の壁の横に渡した2本の棒.

*시력[視力]** [ʃi:rjɔk シーリョク] 图 視力 ¶~을 잃다[(ʃi:rjɔg) ul iltʰa ~(シーリョ)グル イルタ] 視力を失う ━검사 [ʃi:rjɔ)k'ɔ:msa コームサ] 視力検査.

*시련[試鍊]** [ʃi:rjɔn シーリョン] 图 하他 試練 ¶온갖 ~ [o:ngat (ʃ'i:rjɔn) オーンガッ ~] あらゆる[さまざまな]試練.

시루 [ʃiru シル] 图 こしき; 蒸し器; せいろ(う) ━떡 [t'ɔk ットク] 图 蒸しもち.

시루・시루떡

시름 [ʃirum シルム] 图 하他 憂(愁)い; 心配; 悩み ¶~을 잊다[~ul it'a (シル)ムル イッタ] 憂いを忘れる ━겹다 [gjɔpt'a ギョプタ] 圈 ㅂ変 やるせない; 耐えられないほど心配事[悩み]が多い ¶~-겹게 보이는 얼굴[~-gjɔpk'e poinun ŏlgul ~-ギョプケ ポイヌン オルグル] 愁いを含んでいるような顔 ━없다[ɔpt'a (シル)モプタ] 形 やるせない; 心配や憂いで元気がない; ぼんやりする ¶~-없는 나날[~-ɔm-num nanal (シル)モムヌン ナナル] ぼんやりした毎日 ━없이 [ɔpʃ'i (シル)モプシ] 圖 ぼんやりと ¶~ 생각에 잠기다 [~ sɛŋgage tʃamgida ~ センガゲ チャムギダ] ぼんやりともの思いにふける.

시름-시름 [ʃirumʃirum シルムシルム] 圖 ぶらぶら(病気が良くも悪くもならず長引くさま) ¶~ 앓다가 죽었다[~ altʰaga tʃugɔt'a ~ アルタガ チュゴッタ] ぶらぶら病のあげく死んだ.

시리다 [ʃirida シリダ] 形 (しびれを感じるほど)冷たい; 冷っこい ¶발이 ~ [pari ~ パリ ~] 足が冷たい.

시먹다 [ʃimɔkt'a シモクタ] 形 わがままだ; 自分勝手だ ¶시먹은 놈 [ʃimɔgun nom シモグン ノム] 自分勝手な奴.

시멘트 [ʃimentʰɯ シメントゥ] cement 图 セメント; 洋灰 ¶~ 블럭 [~ bullɔk ~ ブルロク] セメン(ト)ブロック.

시무[始務] [ʃi:mu シーム] 图 하自 仕事始め ¶~식 [ʃik シク] 仕事始めの式.

시무룩-하다 [ʃimurukʰada シムルクカダ] 形 여変 不満そうに無口でいる; 膨れている; 仏頂面をしている ¶~-한 표정(表情) [~-kʰan pʰjodʒɔŋ ~-カン ピョジョン] 仏頂面 **시무룩-이** [ʃimurugi シムルギ] 圖 むっつり; 不機嫌に.

*시민[市民]** [ʃi:min シーミン] 图 市民 ¶~권 [k'wɔn クォン] 市民権.

시발[始發] [ʃi:bal シーバル] 图 하自 始発 ¶~-역 [~-lɔk ~-ロク] 始発駅.

시범[示範] [ʃi:bɔm シーボム] 图 하他 示範; 模範を示すこと ¶~ 경기[~ gjɔ:ŋgi ~ ギョーンギ] 示範競技.

시부렁-거리다 [ʃiburɔŋgorida シブロンゴリダ] 自他 ぺちゃくちゃしゃべる; 無駄口を並べる[たたく] ¶무슨 말을 ~-거리느냐? [musun ma:rul ~-gorinunja ムスン マールル ~-ゴリヌニャ] 何の無駄口をたたいているのか; 何をぺちゃくちゃしゃべっているのか.

*시-부모[媤父母]** [ʃibumo シブモ] 图 夫の父母; 舅しゅうと姑しゅうとめ.

*시비[是非]** [ʃi:bi シービ] 图 ① 是非; 理非; よしあし ¶~를 가리다[~rul karida ~ルル カリダ] 是非を正す ② 言い争い; 諍いさかい ¶~를 걸다[~rul kɔ:lda ~ルル コールダ] 言いがかり[文句]をつける; けちをつけてけんかをふっかける ━하다 [hada ハダ] 自 言い争う ━조(調) [tʃ'o チョ] 图 けんか腰 ¶~로 말하다[~ro ma:rhada ~ロ マールハダ] けんか腰でいう.

시뻐-하다 [ʃip'ɔhada シッポハダ] 他 여変 不満に(もの足りなく)思う ¶…했는데도 ~-하는 낯이다 [hɛnnun-dedo ~-hanun nuntʃʰida ヘンヌンデド ~-ハヌン ヌンチダ] …をしているのにまだ不満そうな顔だ.

시-뻘겋다 [ʃip'ɔlgɔtʰa シッポルゴッタ] 形 ㅎ変 真っ赤だ ¶시뻘건 석양(夕陽) [ʃip'ɔlgɔn sɔgjaŋ シッポルゴン ソギャン]

시-뻘게지다 [ʃipʼɔlɡedʒida シッポルゲジダ] 自 真っ赤になる.

시-뿌옇다 [ʃipʼujɔtʰa シップヨッタ] 形 ㅎ変 白く濁っている; ぼうっとかすんでいる ¶ 하늘이 ~ [hanɯri ~ ハヌリ ~] 空がぼうっとかすんでいる.

시쁘다 [ʃipʼuda シップダ] 形 으変 もの足りない; 不満だ, 気にくわない.

시사[示唆] [ʃi:sa シーサ] 名 示唆 ¶ ~하는 바가 크다 [~ hanɯn baɡa kʰɯda ~ ハヌン バガ クダ] 示唆に富む ――**하다** [hada ハダ] 他 示唆する.

시사[時事] [ʃisa シサ] 名 時事 ¶ ~문제 [~ mu:ndʒe ~ ムーンジェ] 時事問題. 「授賞.

시상[施賞] [ʃi:saŋ シーサン] 名 하他

시새우다 [ʃisɛuda シセウダ] 他 ① 妬む; 嫉む; やきもちを焼く; 略 **시새다** [ʃisɛda シセダ] ¶ 공연스레 ~ [konjɔnsɯre ~ コンヨンスレ ~] 何でもないことで妬む ② 競う; 競り合う; 張り合う ¶ 시새워 공부(工夫)하다 [ʃisɛwɔ koŋbuhada シセウォ コンブハダ] 競って勉強する.

시선[視線] [ʃi:sɔn シーソン] 名 視線; まなざし; 目の向き ¶ ~을 피하다 [~ɯl pʰi:hada (シーソ) ヌル ピーハダ] 視線を避ける; まなざしを伏せる.

시설[施設] [ʃi:sɔl シーソル] 名 하自他 施設; 設置すること ¶ 공공 ~ [kɔŋɡoŋ ~ コンゴン ~] 公共施設.

시세[時勢] [ʃise シセ] 名 ① 時勢; 世並み; 世の成り行き ¶ ~를 거스르다 [~rɯl kɔsɯrɯda ~ルル コスルダ] 時勢に逆らう ② 相場; 市価; 時価 ¶ ~가 닿다 [~ɡa ta:tʰa ~ガ ターッタ] 値が市価[相場]に合う.

시속[時速] [ʃisok シソク] 名 時速 ¶ ~100킬로 [~ pʼɛkʰillo ~ ペックキルロ] 時速100キロ. 「弟; 小舅ュュゥ の兄.

시숙[媤叔] [ʃisuk シスク] 名 夫の兄.

시시[時時] [ʃiʃi シシ] 名 時々; 時間ごと ¶ ~때때로 만나다 [~tʼɛtʼɛro mannada ~ッテッテロ マンナダ] しょっちゅう会う ――**각각**(刻刻) [ɡakʼak ガクカク] 名 副 時々刻々; 刻一刻 ¶ ~으로 변하는 사회 [~-(ɡakʼaɡ)ɯro pjɔ:nhanɯn sahwe ~-(ガクカグ)ロ ピョーンハヌン サフェ] 時々刻々変わる社会 ――**(때때)로** [(tʼɛtʼɛ)ro (ッテッテ)ロ] 副 時々; たびたび; しばしば ¶ ~변하다 [~ pjɔ:nhada ~ ピョーンハダ] 時々変わる.

시시덕-거리다 [ʃiʃidɔkʼɔrida シシドクコリダ] 自 はしゃぐ; 浮かれてしゃべり立てる **시시덕-이** [ʃiʃidoɡi シシドギ] 名 おしゃべり; はしゃぎ屋; 浮かれ者.

시시-부지 [ʃiʃibudʒi シシブジ] 副 하他 いい加減に; うやむやに ¶ ~끝나다 [~ kʼɯnnada ~ ックンナダ] うやむやに終わる.

시시-비비 [ʃiʃibi:bi シーシビービ] 名 하他 是々非々.

시시-콜콜 [ʃiʃikʰolkʰol シシコルコル] 副 하形 히副 ① 何から何まで; 根掘り葉掘り ¶ ~간섭하다 [~ kansɔpʰada ~ カンソッパダ] 何から何まで干渉する ② くだらないさま=**시시껄렁** [ʃiʃikʼɔlloŋ シシッコルロン] ¶ ~한 이야기 [~-(kʰolkʰɔr)han nijaɡi ~ハン ニヤギ] くだらない話.

*****시시-하다** [ʃiʃihada シシハダ] 形 여変 つまらない; くだらない; ばかばかしい ¶ 듣기보다 ~ [tɯkʼiboda ~ トゥッキボダ ~] 聞いたよりもつまらない.

시식[試食] [ʃi:ʃik シーシク] 名 하他 試食 ¶ ~회 [~ʃi] kʰwe ~ クェ] 試食会.

시신[屍身] [ʃi:ʃin シーシン] 名 屍ば:; 死体; 死骸がい.

*****시-아버지**[媤一] [ʃiabɔdʒi シアボジ] 名 夫の父; 舅と&ゥ; 義父 **시-아버님** [ʃiabɔnim シアボニム] 名 尊称.

시-아주버니[媤一] [ʃiadʒubɔni シアジュボニ] 名 夫の兄; 小舅ュュゥと **시-아주버님** [ʃiadʒubɔnim シアジュボニム] 名 尊称.

시안[試案] [ʃi:an シーアン] 名 試案 ¶ ~이 채택되다 [~-i tʰɛ:tʰɛkʼweda (シーア)ニ チェーテクトゥェダ] 試案が採択される.

시야[視野] [ʃi:ja シーヤ] 名 視野; 視界; 眼界 ¶ ~를 가리다 [~rɯl karida ~ルル カリダ] 視野をさえぎる.

*****시-어머니**[媤一] [ʃiɔmɔni シオモニ] 名 夫の母; 姑はゅ; 義母 **시-어머님** [ʃiɔmɔnim シオモニム] 名 尊称.

-시오 [시옵소서] [ʃio [ʃiops'osɔ] シオ [シオプソソ]] 語尾 …なさい(ませ) ¶ 가~ [ka~ カ~] (お)行きなさい(ませ).

시오-리[十五里] [ʃiori シオリ] 名 15里 (日本の1里半) **시오릿-길** [ʃiorikʼil シオリッキル] 名 1里半の道のり.

*****시외**[市外] [ʃi:we シーウェ] 名 市外 ¶

~ 전차 [~ dʒɔːntʃʰa ~ ジョーンチャ] 市外電車.

시운[時運] [ʃiun シウン] 名 時運 ¶~을 타다 [~ɯl tʰada (シウ) ヌル タダ] 時運に乗ずる.

시-운전[試運轉] [ʃiːundʒɔn シーウンジョン] 名 他 試運転 ¶트럭의 ~ [tʰɯrɔge ~ トゥロゲ ~] トラックの試運転.

시울 [ʃiul シウル] 名 目や口などの縁 ¶입~ [ip(ʃ'iul) イプ~] 唇 / 눈~을 적시다 [nun(ʃ'iur)ɯl tʃɔkʃ'ida ヌン(シウ)ルル チョクシダ] 涙ぐむ.

시원[始原] [ʃiːwɔn シーウォン] 名 始原; 物事のはじめ ¶우주의 ~ [uːdʒue ~ ウージュエ ~] 宇宙の始原.

시원섭섭-하다 [ʃiwɔnsɔpsʼɔpʰada シウォンソプソプハダ] 形 (ㅂ変) ほっとする一方で名残惜しい; 気はさっぱりするが一方では寂しくもある ¶딸을 시집 보내고 나니 ~ [tʼarɯl ʃidʒip pʼonɛgo nani ~ ッタルル シジプ ポネゴ ナニ ~] 娘を嫁がせてひと安心だが名残惜しくもある.

시원-스럽다 [ʃiwɔnsɯrɔpt'a シウォンスロプダ] 形 (ㅂ変) さっぱりしている; さわやかだ; 明快だ; はきはきしている ¶대답(對答)이 ~ [tɛːdabi ~ テーダビ ~] 答えが明快である.

시원시원-하다 [ʃiwɔnʃiwɔnhada シウォンシウォンハダ] 形 (여変) はきはきして活発だ; しゃきっとしている ¶~-한 태도 [~-han tʰɛːdo ~-ハン テード] はきはき[きびきび]した態度 **시원시원-히** [~-i ~-(シウォ)ニ] 副 しゃきっと; はきはきと; てきぱきと.

시원-찮다 [ʃiwɔntʃʰantʰa シウォンチャンタ] 形 かんばしくない; はかばかしくない; 思わしくない; 冴えない; =시원하지 아니하다 [ʃiwɔnhadʒi anihada シウォンハジ アニハダ] の略 ¶성적이 ~ [sɔŋdʒɔgi ~ ソンジョギ ~] 成績がかんばしくない / 몸이 ~ [momi ~ モミ ~] 体の調子がはかばかしくない / 매상(賣上)이 ~ [mɛːsaŋi ~ メーサンイ ~] 売れゆきが思わしくない / 안색이 ~ [aːnsɛgi ~ アーンセギ ~] 顔色が冴えない.

***시원-하다** [ʃiwɔnhada シウォンハダ] 形 (여変) さわやかだ ① 涼しい ¶바람이 ~ [parami ~ パラミ ~] 風が涼しい ② すがすがしい ¶~-한 공기 [~-han koŋgi ~-ハン コンギ] すがすがしい空気 ③ (胸が)すっきりする; さっぱりする; 清々する; 痛みが去ってすっとする ¶마음이 ~ [maɯmi ~ マウミ ~] 気が清々する / 두통이 나아서 ~ [tutʰoŋi naasɔ ~ トゥトンイ ナアソ ~] 頭痛が去ってすっとする ④ (言行が)明快だ; はきはきしている; さわやかだ ¶말이 ~ [maːri ~ マーリ ~] 弁舌がさわやかだ / ~-한 성격 [~-han sɔːŋkʼjok ~-ハン ソーンキョク] はきはきした性格 ⑤ (味が)さっぱり[あっさり]している ¶~-한 맛 [~-han mat ~-ハン マッ] さっぱりした味 **시원-히** [ʃiwɔni シウォニ] 副 すがすがしく; さわやかに; 涼しく; あっさりと.

***시월**[←十月] [ʃiwɔl シウォル] 名 10月 —**상달** [saːŋtʼal サーンタル] 名 新穀を神に供えるのに最もよい月(陰暦10月のこと).

시위[示威] [ʃiːwi シーウィ] 名 他自 示威; デモ ¶학생 ~ [haksʼɛŋ ~ ハクセン ~] 学生のデモ.

시위적-거리다 [ʃiwidʒɔkʼɔrida シウィジョクコリダ] 自 仕事に精を出さずのろのろといいかげんにする; ぐずつく.

시음-하다[試飲—] [ʃiːumhada シーウムハダ] 他 試飲する; 利き酒をする ¶맥주(麥酒)를 ~ [mɛktʃʼurɯl ~ メクチュルル ~] ビールを試飲する.

시-의회[市議會] [ʃiːɯihwe シーウィフェ] 名 市議会 —**의원** [ɯiwɔn ウィウォン] 名 市議会議員.

시인[是認] [ʃiːin シーイン] 名 是認 —**하다** [hada ハダ] 他 是認する; 認める ¶잘못을 ~ [tʃʼalmosul ~ チャルモスル ~] 過ちを認める.

***시인**[詩人] [ʃiin シイン] 名 詩人; 詩客.

***시일**[時日] [ʃiil シイル] 名 ひ日; 期日 ¶~이 걸리다 [(ʃiir)i kɔllida (シイ)リ コルリダ] ひ日[日数]がかかる.

***시작-하다**[始作—] [ʃiːdʒakʰada シージャクカダ] 1 他 始める; やり出す ¶일을 ~ [iːrul イール ~] 仕事を始める / 시작이 반이다 [ʃiːdʒagi paːnida シージャギ パーニダ] 諺 始めさえすれば半分は成ったも同様だ(決断を促す語) 2 自 (川などの)源が発する **시작-되다** [ʃiːdʒaktʼweda シージャクトゥェダ] 自 始まる.

***시장** [ʃidʒaŋ シジャン] 名 空腹; ひもじいこと ¶~이 반찬(飯饌) [~i pantʃʰan ～イ パンチャン] 醸 空腹にまずいものなし **―하다**[hada ハダ] 形 ひだるい; ひもじい; 腹がすいて[減って]いる **―기**(氣)[k'iッキ] 名 空腹(感); ひもじき ¶～를 느끼다[～rul nɯk'ida ～ルル ヌッキダ] 空腹を感じる.

*시장[市長][ʃi:dʒaŋ シージャン] 名 市長 ¶～ 선거[～ sɔ:nɡɔ ～ ソーンゴ] 市長選挙.

*시장[市場][ʃi:dʒaŋ シージャン] 名 ① 市場; マーケット ¶어～[ɔ～(idʒaŋ) ～(シジャン)] 魚市場 ② 市場ɜ̃ʒʉ ¶금융 ～[kumjuŋ[kumnjuŋ] ～ クミュン[クムニュン] ～] 金融市場.

시적-거리다[idʒɔk'ɔrida シジョクコリダ] 自他 しぶしぶ・いやいやながらする.

*시절[時節][ʃidʒɔl シジョル] 名 ① 時節; 季節 ¶꽃피는 ～[k'otpʰinɯn ～ ッコッピヌン ～] 花咲く季節 ② 時; 時機; 機会 ¶좋은 ～[tʃo:ɯn ～ チョーウン ～] よい時機 ③ 時代 ¶소년 ～[so:njɔn ～ ソーニョン ～] 少年時代.

시점[時點][ʃitʃ'ɔm シチョム] 名 時点 ¶오늘의 ～[onɯre ～ オヌレ ～] 今日の時点.

시점[視點][ʃi:tʃ'ɔm シーチョム] 名 視点; 観点.

시접[ʃi:dʒɔp シージョプ] 名 縫い代ⁿ.; 縫い込み ¶～을 많이 넣다[(ʃidʒɔb)-ul ma:ni nɔtʰa (シージョ)ブル マーニ ノッタ] 縫い込みを深くする.

시정[施政][ʃi:dʒɔŋ シージョン] 名 他自 施政 ¶～ 방침[～ baŋtʃʰim ～ バンチム] 施政方針 / ～ 연설[～ njɔ:nsɔl ～ ニョーンソル] 施政演説.

시정[詩情][ʃidʒɔŋ シジョン] 名 詩情; 詩心 ¶～이 풍부한 작품[～i pʰuŋbuhan tʃakpʰum ～イ プンブハン チャクプム] 詩情豊かな作品.

시정-하다[是正—][ʃi:dʒɔŋhada シージョンハダ] 他 是正する; 改める ¶잘못을 ～[tʃalmosɯl ～ チャルモスル ～] 誤りを是正する.

시제[試製][ʃi:dʒe シージェ] 名 他他 試作 ¶～품[～ pʰum ～ プム] 試作品.

시조[始祖][ʃi:dʒo シージョ] 名 始祖; 元祖; (学問の)開祖.

*시조[時調][ʃidʒo シジョ] 名 高麗末から発達した韓国・朝鮮の固有の定型詩.

시종[始終][ʃi:dʒoŋ シージョン] **1** 名 他自 始終; 終始 ¶사건의 ～[sa:-k'one ～ サーコネ ～] 事件の始終 / 자랑으로 ～하다[tʃa:raŋuro ～hada チャーランウロ ～ハダ] 自慢に終始する **2** 副 始終; 始めから終わりまで ¶～ 침묵을 지키다[～ tʃʰimmuɡul tʃikʰida ～ チムムグル チキダ] 始終沈黙を守る **―여일**(如一)[jɔil ヨイル] 名 他形 始めから終わりまで変わりなく一様なこと **―일관**(一貫)[ilɡwan イルグァン] 名 他他 終始一貫; 首尾一貫 ¶～한 태도[～han tʰɛ:do ～ハン テード] 終始一貫した態度.

시종[侍從][ʃi:dʒoŋ シージョン] 名 〈史〉侍従; 〈宗〉カトリックでミサのとき司祭を手伝う待者.

시주[施主][ʃi:dʒu シージュ] 名 他他 〈仏〉① 施主; 檀那だɴ ¶시줏돈을 바치다[ʃidʒut'onɯl patʃʰida シージュットヌル パチダ] お賽銭ミェ̃をあげる ② 布施 ¶절에 ～하다[tʃʰɔre ～hada チョレ ～ハダ] 寺にお布施をする.

시중[市中][ʃi:dʒuŋ シージュン] 名 市中.

시중[ʃidʒuŋ シジュン] 名 他他 そばでかしずくこと **―들다**[dulda ドゥルダ] 他 かしずく; 付き添う; 介抱する; 厄介ǎ̃をみる; 世話をする; 面倒をみる ¶노인을 ～[no:inɯl ～ ノーイヌル ～] 老人の面倒をみる.

*시집[媤—][ʃidʒip シジプ] 名 婚家; 夫の実家＝「시가」(媤家) **―가다**[k'ada カダ] 自 嫁ぐ; 嫁入りする **―보내다**[p'onɛda ポネダ] 他 嫁がせる; 嫁入りさせる ¶어린 딸을 ～[ɔrin t'arul ～ オリン ッタルル ～] 年端もゆかぬ娘を嫁がせる **―살이**[s'ari サリ] 名 他自 ① 嫁入り暮らし ② 人の下で監督・干渉を受ける不自由な生活のたとえ **―오다**[((ʃidʒib)oda (シジ)ボダ] 自 嫁いでくる; 嫁入りして媤家に入る.

시집[詩集][ʃidʒip シジプ] 名 詩集.

시차[時差][ʃitʃʰa シチャ] 名 時差 ¶～제 통근[～dʒe tʰoŋɯn ～ジェ トングン] 時差制通勤.

시찰[視察][ʃi:tʃʰal シーチャル] 名 他他 視察 ¶～단[～t'an ～タン] 視察団.

시책[施策][ʃi:tʃʰɛk シーチェク] 名 他他 施策 ¶정부의 ～[tʃɔŋbue ～ チョンブエ ～] 政府の施策.

*시청[市廳][ʃi:tʃʰɔŋ シーチョン] 名 市役所; 市庁.

시청[視聽][ʃi:tʃʰɔŋ シーチョン] 名 他他 視聴 ¶텔레비전을 ～하다[tʰellebidʒɔnɯl ～hada テルレビジョヌル ～ハ

시체 [屍體] [ʃi:tʃʰe シーチェ] 图 死体; 死骸がい, しかばね **—실** [ʃil シル] 图 (病院の)霊安室; 遺体安置所.

시초 [始初] [ʃi:tʃʰo シーチョ] 图 初め; 最初; 始まり; 出だし ¶싸움의 ~[s'aume ~ ッサウメ ~] けんかの始まり.

시추 [試錐] [ʃi:tʃʰu シーチュ] 图 하(他) 〈鉱〉試錐さい; ボーリング.

시치다 [ʃitʃʰida シチダ] 他 仮縫いする; 仕付け縫い[くし縫い]をする **시침-바느질** [ʃitʃʰim p'anɯdʒil シチム パヌジル] 图 하(他) 仕付け; 仮縫い **시침-(질)** [ʃitʃʰim(dʒil) シチム(ジル)] 图 하(他) 仕付け; 地縫い; 下縫い.

*시치미 [ʃitʃʰimi シチミ] 图 鷹たかの持ち主を示した四角い名札(尾の中に結んでおく) **—(를)떼다** [(rul) t'e:da (ルル)ッテーダ] 自 (鷹の尾の中に示した名札を取り除いて持ち主が誰であるかわからないようにする意味で)(そら)惚とぼける; 知らぬふりをする; しらばくれる; しらを切る; 猫をかぶる ¶모르는 척 ~ [morunɯn tʃʰɔk (ʃ'itʃʰimi)~ モルヌン チョク ~] とぼけてしらを切る / ~-떼지 마 [~-t'e:dʒi ma: ~ッテージ マー] 猫をかぶるな.

시-커멓다 [ʃikʰɔmɔtʰa シコモッタ] 形 ㅎ変 ① 真っ黒だ; 真っ黒い; ≒시꺼멓다 ¶시커먼 구름 [ʃikʰɔmɔn kurɯm シコモン クルム] 真っ黒い雲 ② 腹黒い; 陰険だ.

시-커메지다 [ʃikʰɔmedʒida シコメジダ] 自 真っ黒くなる; 真っ黒になる.

시켜-먹다 [ʃikʰjɔmɔkt'a シキョモクタ] 他 ① 出前を注文する ② こき使う; 酷使する;≒부려먹다 [purjɔmɔkt'a プリョモクタ].

시쿰-하다 [ʃikʰumhada シクムハダ] 形 ㅇ変 とても酸っぱい.

시크무레-하다 [ʃikʰumurehada シクムレハダ] 形 ㅇ変 やや酸っぱい ¶김치가 ~ [kimtʃʰiga ~ キムチガ ~] キムチがやや酸っぱい.

시큰둥-하다 [ʃikʰundunhada シクンドゥンハダ] 形 ㅇ変 ① (気乗りしないので, または気に食わないので言動が)おざなりだ; 誠意がない ¶~-한 얼굴로 대답(對答)하다 [~-han ɔlgullo tɛ:dapʰada ~-ハン オルグルロ テーダプハダ] つまらなさそうな顔つきで答える / ~-한 소리를 하다 [~-han soriruɪl hada ~-ハン ソリルル ハダ] 気に食わないようなことを言う ② 生意気だ; こしゃくだ; 目障りだ **시큰둥-이** [ʃikʰundunji シクンドゥンイ] 图 生意気な者; こしゃくな[気障な]やつ.

시큰-하다 [ʃikʰunhada シクンハダ] 形 ㅇ変 (骨節などがしびれて)じいんと痛む; うずく; ずきずきする ¶무릎 마디가 ~ [murum madiga ~ ムルム マディガ ~] ひざの関節がうずく **시큰-거리다** [ʃikʰungɔrida シクンゴリダ] 自 ずきずきうずく ¶어깨가 ~ [ɔk'ɛga ~ オッケガ ~] 肩がずきずきする.

시큼-하다 [ʃikʰumhada シクムハダ] 形 ㅇ変 いやに酸っぱい ¶사과맛이 ~ [sagwamaʃi ~ サグァマシ ~] リンゴの味がとても酸っぱい **시큼-시큼** [ʃikʰumʃikʰum シクムシクム] 副 하変 とても酸っぱいさま.

*시키다[1] [ʃikʰida シキダ] 他 ① …させる; …(やら)せる ¶일을 ~ [i:rɯl ~ イールル ~] 仕事をさせる ② 注文する; 頼む ¶런치를 ~ [rontʃʰirɯl ~ ロンチルル ~] ランチを注文する ③ 命じる.

*-시키다[2] [ʃikʰida シキダ] 接尾 …するようにする; …させる ¶고생(苦生)~ [kosɛŋ~ コセン~] 苦労させる; 苦労をかける.

시퉁머리-터지다 [ʃitʰunmoritʰɔdʒida シトゥンモリトジダ] 形 とても生意気だ; 差し出がましい; こしゃくだ; '시퉁하다'の俗っぽい言い方.

시퉁-하다 [ʃitʰunhada シトゥンハダ] 形 生意気だ; 差し出がましい; 横柄だ ¶태도가 ~ [tʰe:doga ~ テードガ ~] 態度が横柄だ.

시트 [ʃi:tʰɯ シートゥ] seat 图 シート; 座席.

시틋-하다 [ʃitʰɯtʰada シトゥッタダ] 形 ㅇ変 嫌気がさす; 飽きてうんざりする ¶이제 그 일은 ~ [idʒe kɯ i:rɯn ~ イジェ ク イールン ~] もうそのことはうんざりする.

시판 [市販] [ʃi:pʰan シーパン] 图 하(他) 市販＝시중 판매(市中販賣) [ʃi:dʒuŋpʰanmɛ シージュンパンメ]の略 ¶~하고 있는 가전 제품 [~hago innɯn kadʒɔn dʒe:pʰum ~ハゴ インヌン カジョン ジェープム] 市中で販売している家電製品.

시-퍼렇다 [ʃipʰorotʰa シポロッタ] [形][호변] ① 真っ青だ ¶ 바닷물이 ~ [padanmuri ~ パダンムリ ~] 海の水が真っ青だ ② (威勢などが)すごい ¶ 서슬이 ~ [sɔsuri ~ ソスリ ~] ものすごい剣幕だ ③ (刃などが)研ぎ澄まされて曇りがない ¶ 시퍼런 칼날 [ʃipʰɔrɔn kʰallal シポロン カルラル] 研ぎ澄ました刃 ④ (まだ元気で)ぴんぴんしている ¶ 시퍼렇게 살아 있다 [ʃipʰɔrɔkʰe sarait'a シポロッケ サラ イッタ] ぴんぴんと生きている ⑤ (非常に驚いたり怒ったりして)顔色が真っ青だ.

시-퍼레지다 [ʃipʰɔredʒida シポレジダ] [自] 真っ青になる ¶ 추워서 입술이 ~ [tɕʰuwɔsɔ ipsʼuri ~ チュウォソ イプスリ ~] 寒くて唇が真っ青だ.

-시피 [ʃipʰi シピ] [接尾] …のごとく; …のように ¶ 보다~ [poda~ ポダ~] 見られるごとく / 아시다~ [aːʃida~ アーシダ~] ご承知のごとく / 보시다~ [poʃida~ ポシダ~] ご覧のとおり.

시한[時限] [ʃihan シハン] [名] 時限 ¶ ~ 폭탄 [~ pʰoktʰan ~ ポクタン] 時限爆弾 **—부**[附] [bu ブ] [名] 時限つき.

*시합[試合] [ʃihap シハプ] [名][하][自] 試合, 手合わせ.

*시행[施行] [ʃiːhɛŋ シーヘン] [名][하][他] 施行 **—규칙** [gjutɕʰik ギュチク] [名] 施行規則 **—령** [njɔŋ ニョン] [名] 施行令.

시행[試行] [ʃiːhɛŋ シーヘン] [名][하][他] 試行 **—착오** [tɕʰago チャゴ] [名] 試行錯誤 ¶ ~를 거듭하다 [~rɯl kɔdɯpʰada ~ルル コドゥプパダ] 試行錯誤を重ねる.

시-허옇다 [ʃihɔtɕʰa シホヨッタ] [形] [호변] 真っ白い ¶ 시허연 수염 [ʃihɔjɔn sujɔm シホヨン スヨム] 真っ白いひげ.

*시험[試験] [ʃihɔm シホム] [名] 試験 ¶ 입학 ~ [ipʰak (ʃ)ihɔm) イパク ~] 入学試験 **—하다** [hada ハダ] [他] 試験する; 試みる; 試す ¶ 성능을 ~ [sɔːŋnɯŋɯl ~ ソーンヌンウル ~] 性能を試験する **—보다** [치르다·치다] [boda [tɕʰiruda·tʰida]] [他] 試験を受ける **—삼아** [sama サマ] [副] 試しに; 試験的に ¶ ~ 해 보다 [~ hɛː boda ~ ヘー ボダ] 試しにやってみる **—지** [dʒi ジ] [名] ① (試験の)答案[問題]用紙 ② 〈化〉試験紙.

시효[時効] [ʃihjo シヒョ] [名] 時効 ¶ ~ 소멸 [~ somjɔl ~ ソミョル] 時効消滅.

*식[式] [ʃik シク] **1** [名] 方式; やり方; 風; 儀式 ¶ 언제나 하던 ~로 [ɔːndʒena hadɔn ~ オーンジェナ ハドン ~] いつものやり方 / 이런 ~으로 [irɔn (ʃig)ɯro イロン (シグ)ロ] こんな風[具合]に / ~을 올리다 [(ʃig)ɯl ollida (シ)グル オルリダ] 式を挙げる **2** [接尾] 式 ¶ 한국~ 요리 [haːnguk (ʃ)iŋ njori ハーングク(シン) ~ ニョリ] 韓国式料理 / 기념~ [kinjɔm~ キニョム~] 記念式.

식객[食客] [ʃikʼɛk シクケク] [名] 食客; 居候 ¶ ~이 되다 [(ʃikʼɛg)i twedɐ (シクケ)ギ トゥェダ] 居候をする.

식견[識見] [ʃikʼjɔn シクキョン] [名] 識見; 見識 ¶ ~이 높다 [~i noptʼa (シクキョ)ニ ノプタ] 見識が高い.

식곤-증[食困症] [ʃikʼonʦʼɯŋ シクコンチュン] [名] 食後にけだるくなり眠気がさす症状.

*식구[食口] [ʃikʼu シクク] [名][依名] 家族 ¶ 대~ [tɛː ~ テー~] 大家族 / 다섯 ~ [tasɔ (ʃʼikʼu) タソッ ~] 5人家族.

식기[食器] [ʃikʼi シクキ] [名] 食器 ¶ ~장(欌) [~dʒaŋ ~ジャン] 食器戸棚.

*식다 [ʃikʼta シクタ] [自] ① 冷える; 冷める ¶ 국이 ~ [kugi ~ クギ ~] おつゆが冷える ② (興味が薄らぐ; (熱気が)静まる ¶ 흥이 ~ [hɯːŋi ~ フーンイ ~] 興が冷える / 교육열이 ~ [kjoːjuŋnjɔri ~ キョーユンニョリ ~] 教育熱が冷える.

식단[食單] [ʃikʼtan シクタン] [名] 献立; メニュー ¶ ~표 [~pʰjo ~ピョ] 献立表 = 차림표 [tɕʰarimpʰjo チャリムピョ].

*식당[食堂] [ʃikʼtaŋ シクタン] [名] 食堂 ¶ 구내~ [kunɛ ~ クネ ~] 構内食堂.

식대[食代] [ʃikʼtɛ シクテ] [名] 食事代; 飯代.

식도[食刀] [ʃikʼto シクト] [名] 包丁 = '식칼'.

식-도락[食道楽] [ʃikʼtorak シクトラク] [名] 食(い)道楽.

*식량[食糧] [ʃiŋnjaŋ シンニャン] [名] 食糧 ¶ ~ 부족 [~ budʒok ~ ブジョク] 食糧不足 / ~난 [~nan ~ナン] 食糧難.

*식료-품[食料品] [ʃiŋnjopʰum シンニョプム] [名] 食料品 ¶ ~ 가게 [~ gaːge ~ ガーゲ] 食料品店.

식모[食母] [ʃiŋmo シンモ] [名] 家事手伝い; 家政婦 ¶ ~ 살이 [~ sari ~ サリ] 家事手伝い奉公.

식목[植木] [ʃiŋmok シンモク] [名] 植樹

―일 [(ʃiŋmog)il (シンモ)ギル] 名 植樹の日 **―하다** [hada ～ハダ] 自 木を植える; 植樹する.

***식물**[植物][ʃiŋmul シンムル] 名 植物 ¶～원 [(ʃiŋmur)wɔn (シンム)ルォン] 植物園.

식민[植民][ʃiŋmin シンミン] 名 他 植民 ¶～지 [～dʒi ～ジ] 植民地.

식별[識別][ʃikp'jɔl シクピョル] 名 他 識別 ¶～력이 부족(不足)하다 [～ljɔgi pudʒokʰada ～リョギ プジョクカダ] 識別力が乏しい.

식빵[食―][ʃikp'aŋ シクパン] 名 食パン ¶～의 딱딱한 가장자리 [～e t'akt'akʰan kadʒaŋdʒari ～エッタクタクカン カージャンジャリ] 食パンの耳.

***식사**[食事][ʃiks'a シクサ] 名 食事, 飯; ご飯 ¶아침 ～ [atʃʰim ～ アチム ～] 朝ご飯 **―하다** [hada ハダ] 自 食事する; 食事をとる.

식상[食傷][ʃiks'aŋ シクサン] 名 他 自 ① 食あたり, 食中毒 ② 嫌気がさすこと ¶일의 되풀이로 ―하다 [i:re twepʰuriro ～hada イーレ トゥェプリロ ～ハダ] 同じことのくりかえしに食傷する[いやになる・飽きる].

식-생활[食生活][ʃiks'ɛŋhwal シクセンファル] 名 食生活.

식성[食性][ʃiks'ɔŋ シクソン] 名 食べ物に対する嗜好しこう・好き嫌い ¶～이 좋다 [～ i tʃo:tʰa ～ イ チョーッタ] (好き嫌いがなく)何でもよく食べる.

식솔[食率][ʃiks'ol シクソル] 名 家族.

식수[食水][ʃiks'u シクス] 名 飲み水 **―난**(難) [nan ナン] 名 飲料水不足.

식식-거리다 [ʃi:kʃ'ik'ɔrida シークシクコリダ] 自 はあはあえぐ ¶숨이 차서 ～ [su:mi tʃʰasɔ ～ スーミ チャソ ～] 息がせいてはあはあえぐ.

식언[食言][ʃigɔn シゴン] 名 他 自 食言; 前言と違うことを言うこと ¶～을 일삼다 [～ul i:lsamt'a ～ウル イールサムタ] 食言を例事[常]とする.

식염[食鹽][ʃigjɔm シギョム] 名 食塩＝소금 [sogum ソグム].

***식욕**[食慾][ʃigjok シギョク] 名 食欲 ¶～을 돋구다 [(ʃigjog) ul totk'uda (シギョ) グルトッカダ] 食欲をそそる.

식용[食用][ʃigjoŋ シギョン] 名 他 食用 ¶～유 [～nju ～ニュ] 食用油; 食油 **―작물** [dʒaŋmul ジャンムル] 名 食用作物.

식은-땀[ʃigɯnt'am シグンッタム] 名 冷たい汗; 冷や汗 ¶～을 흘리다 [～ul hullida (シグンッタ) ムル フルリダ] 冷や汗をかく.

식은-밥[ʃigɯnbap シグンパプ] 名 冷や飯.

식은-죽[―粥][ʃigɯndʒuk シグンジュク] 名 冷えたかゆ ～ 먹기 [(ʃigɯndʒuŋ) mɔk'i (シグンジュン) モッキ] 諺 冷えたかゆを食べるように容易なこと; 朝飯前だ; 至ってたやすいことだ.

식음[食飮][ʃigum シグム] 名 他 飲み食い ¶～을 전폐(全廢)하다 [～ul tʃɔnpʰehada (シグ)ムル チョンペハダ] (意識的に)飲み食いを一切しない.

식이[食餌][ʃigi シギ] 名 食餌しょく; 食事; 調理した[病気を治すための]食べ物 ¶～ 요법 [～ jop'ɔp ～ ヨポプ] 食餌[食事]療法.

식자[識字][ʃiktʃ'a シクチャ] 名 識字; 文字がわかること **―우환**(憂患) [uhwan ウファン] 名 知識のあるのがかえって憂いのもとになるということ.

식장[式場][ʃiktʃ'aŋ シクチャン] 名 式場 ¶결혼 ～ [kjɔrhon ～ キョルホン ～] 結婚式場.

식전[式典][ʃiktʃ'on シクチョン] 名 式典＝의식(儀式) [uiʃik ウィシク] ¶기념 ～ [kinjɔm ～ キニョム ～] 記念式典.

식전[食前][ʃiktʃ'on シクチョン] 名 ① 食前 ¶～에 약을 복용하시오 [～e jagul pogjoŋhaʃio ヤグル ポギョンハシオ] 食前に薬を服用しなさい ② 朝食の前; 早朝; 俗 朝っぱら ¶～에 떠나다 [～e t'ɔnada (シクチョ)ネットナダ] 早朝[明け方]に発つ.

식-중독[食中毒][ʃiktʃ'uŋdok シクチュンドク] 名 〈医〉食中毒; 食あたり.

식체[食滯][ʃiktʃʰe シクチェ] 名 〈医〉食滞; 食もたれ.

***식초**[食醋][ʃiktʃʰo シクチョ] 名 酢; 食酢.

***식칼**[食―][ʃikʰal シクカル] 名 (出刃)包丁 ¶～을 갈다 [(ʃikʰar)ul ka:lda (シクカ)ルル カールダ] 包丁を研ぐ.

***식탁**[食卓][ʃiktʰak シクタク] 名 食卓; ちゃぶ台 ¶～에 앉다 [(ʃiktʰag)e ant'a (シクタ)ゲ アンタ] 食卓につく **―보**(褓) [p'o ポ] 名 テーブルクロス.

식탈[食頉][ʃiktʰal シクタル] 名 食あたり ¶～이 나다 [(ʃiktʰar)i nada (シクタ)リ ナダ] 食あたりする.

***식품**[食品][ʃikpʰum シクプム] 名 食

品='식료품'(食料品).¶ ~점[~dʒɔm シンギョム] 食料品店 / 냉동 ~ [nɛːŋdoŋ ~ ネーンドン ~] 冷凍食品.

식해[食醢] [ʃikʰɛ シクケ] 图 ぶつ切りにした魚に塩・粟飯쌀밥・大根の千切り・トウガラシ粉などをとりまぜて発酵させた塩辛の食べ物.

***식혜**[食醯] [ʃikʰe シクケ] 图 冷たい甘酒; うるち米の強飯된밥に麦芽を混ぜて醸したもの(正月の飲みもの).

식후[食後] [ʃikʰu シクフ] 식 혜
食後.¶ ~의 졸음[~ e tʃoːrum ~ エ チョールム] 食後の眠気 / 금강산(金剛山)도 ~경(景)이라 [kɯmgaŋsando ~gjoŋira クムガンサンド ~ ギョンイラ] 图 金剛山のいい景色を十分味わうには食事の後だ[まず食事だ]; 花より団子.

***식히다**[ʃikʰida シクキダ] 他 冷やす; 冷ます ¶더운 물을 ~ [tɔun murul ~ トウン ムルル ~] お湯を冷ます.

***신**[ʃin シン] 图 靴; = '신발' 图 ¶짚 ~ [tʃip (ʃ)in チプ~] わらじ / ~을 신다[벗다][~ ul ʃiːnt'a[pɔt'a] (シ) ヌル シーンタ[ポッタ]] 靴を履く[脱ぐ] **—뒤축** [t'witʃʰuk トゥィチュク] 图 履物のかかと.

***신**[神] [ʃin シン] 图 神; 神様 ¶~의 계시(啓示) [~ e keːʃi (シ) ネ ケーシ] 神のお告げ[啓示].

신간[新刊] [ʃingan シンガン] 图 新刊 ¶ ~ 서적(書籍) [~ sɔdʒɔk ~ ソジョク] 新書.

***신경**[神經] [ʃingjɔŋ シンギョン] 图 神経 ¶ ~을 쓰다 [~ul s'ɯda ~ウルッスダ] 気にかける; 気にする **—과민** [gwaːmin グァーミン] 图 神経過敏 **—마비** [maːbi マービ] 图 神経麻痺 **—쇠약** [swejak スェヤク] 图 神経衰弱 **—질** [dʒil ジル] 图 神経質 ¶ ~이 심하다 [~ -(dʒi)ri ʃiːmhada ~ - (ジ)リ シーマダ] 神経質 [ヒステリー]がひどい; 疳감の虫が強い **—통** [tʰoŋ トン] 图 神経痛.

***신고**[申告] [ʃingo シンゴ] 图 申告 ¶ ~서 [~ sɔ ~ソ] 申告書 **—하다** [hada ハダ] 他 申告する; 届ける; 届け出る; 申し出る.

신고[辛苦] [ʃingo シンゴ] 图 하히自 辛苦; つらく苦しいこと ¶간난 ~ [kannan ~ カンナン ~] 艱難辛苦=汝난を玉にす(人はたくさんの困難や苦労を重ねて立派に成長するとの意).

신곡[新曲] [ʃingok シンゴク] 图 新曲.
신곡[新穀] [ʃingok シンゴク] 图 新米.
신관 [ʃingwan シングァン] 图 お顔; 尊顔=얼굴 [ɔlgul オルグル] 「顔」の尊敬語 ¶~이 좋으십니다 [~ i tʃoːɯʃimnida (シンガ)ニ チョーウシムニダ] お顔の色がいいですね; お元気ですね.

신규[新規] [ʃingju シンギュ] 图 新規 ¶ ~ 가입 [~ gaip ~ ガイプ] 新規加入.

***신기**[神奇] [ʃingi シンギ] 图 不思議; 神妙 ¶ ~한 일 [~ han niːl ~ハンニール] 不思議なこと **—롭다** [ropt'a ロプタ] 形 ㅂ変 不思議だ; 神妙だ **—하다** [hada ハダ] 形 不思議だ.

신기[新奇] [ʃingi シンギ] **—롭다** [ropt'a ロプタ] **—하다** [hada ハダ] 形 ㅂ変 여変 珍しい.

신기다 [ʃinkˈida シンキダ] 他 履かせる='신다「履く」の使役形 ¶신을 ~ [신게 하다] [ʃinul ~ [ʃinkˈe hada] シヌル ~ [シンケ ハダ]] 靴を履かせる [(子供が自分で)履くよにさせる].

신-기록 [新記錄] [ʃingirok シンギロク] 图 新記録 ¶세계 ~ [seːge ~ セーゲ ~] 世界新記録.

신기-루 [蜃氣樓] [ʃiːngiru シーンギル] 图 蜃気楼신기루; ミラージュ.

신-기원 [新紀元] [ʃingiwɔn シンギウォン] 图 新紀元 ¶ ~ 을 이루다 [~ul iruda (シンギウォ)ヌル イルダ] 新紀元を画する(つくる).

***신-나다** [ʃinnada シンナダ] 自 興がわく; 得意になる; 浮かれる ¶신나게 얘기하다 [ʃinnage jɛːgihada シンナゲ イェーギハダ] 得意になって話す.

신-내리다[神—] [ʃinnɛrida シンネリダ] 自 巫女무녀に神霊が乗り移る; 神がかる; 神がかりになる.

신년[新年] [ʃinnjɔn シンニョン] 图 新年; 年の始め ¶ ~ 하례(賀禮) [~ haːre ~ハーレ] 新年の寿(あいさつ).

***신념**[信念] [ʃiːnnjɔm シーンニョム] 图 信念 ¶ ~에 살다 [~e saːlda (シーンニョ)メ サールダ] 信念に生きる.

***신다** [ʃiːnt'a シーンタ] 他 履く ¶신을 ~ [ʃinul ~ シヌル ~] 靴を履く / 바

신데렐라 [ʃinderella シンデレルラ] Cinderella 名 シンデレラ.

신도[信徒] [ʃiːndo シーンド] 名 信徒; 信者.

신-들리다[神—] [ʃindɯllida シンドゥルリダ] 自 人間に超人間的な[霊的な]存在が接する.

*__신라__[新羅] [ʃilla シルラ] 名 新羅ジ・ネ; 韓国・朝鮮の古代3国時代の1つの王国 (57B.C.~A.D.935).

신랄[辛辣] [ʃillal シルラル] 名 하形 辛辣シン; 非難が手厳しいさま ¶~한 비평 [(ʃillar) han piːpʰjɔŋ ~ハン ピーピョン] 辛辣な批評 **―히** [(ʃillar)i (シルラ)リ] 副 辛辣に.

*__신랑__[新郞] [ʃillaŋ シルラン] 名 新郞; 花婿 ¶~ 신부 [~ ʃinbu ~ シンブ] 新郞新婦 **―감** [kʼam カム] 名 婿がね; 婿の予定者.

신령[神靈] [ʃillʲɔŋ シルリョン] 名 하形 (스베) 民〉神霊; 風習として信仰の対象となるすべての神 ¶~님 [~nim ~ニム] 神様 ②不思議で霊妙なこと ¶~스러운 조화 [~sɯrɔun tɕʰɔːhwa ~スロウン チョーファ] 霊妙の造化.

신록[新綠] [ʃillok シルロク] 名 新綠 ¶~의 계절 [(ʃillog)e keːdʑɔl (シルロ)ゲケージョル] 新綠の季節.

*__신뢰__[信賴] [ʃiːllwe シールルェ] 名 하他 信賴 ¶~감 [~gam ~ガム] 信賴感.

신-맛 [ʃinmat シンマッ] 名 酸味.

신망[信望] [ʃiːnmaŋ シーンマン] 名 他 信望 ¶~이 두텁다 [~i tutʰɔptʼa ~イトゥトプタ] 信望が厚い.

신명 [ʃinmjɔŋ シンミョン] 名 わき起こる興; 興趣 **―(이)나다** [(i) nada (イ)ナダ] 慣 興がわく; 上機嫌になる.

신명[身命] [ʃinmjɔŋ シンミョン] 名 身命 ¶~을 바치다 [~ɯl patɕʰida ~ウル パチダ] 身命をなげうつ[捧げる].

신명[神明] [ʃinmjɔŋ シンミョン] 名 神明; 神 ¶천지 ~에게 맹세하다 [tɕʰɔndʑi ~ege mɛŋsehada チョンジ ~エゲ メンセハダ] 天地神明に誓う.

신문[訊問] [ʃiːnmun シーンムン] 名 하他 尋問 ¶인정 ~ [indʑɔŋ ~ インジョン~] 人定尋問.

*__신문__[新聞] [ʃinmun シンムン] 名 新聞 ¶일간 ~ [ilgan ~ イルガン~] 日刊新聞 /~에 나다 [~e nada (シンム)ネ ナダ] 新聞に出る /~에 실리다 [~e ʃillida (シンム)ネ シルリダ] 新聞に載る **―광고** [gwaːŋgo グァーンゴ] 名 新聞広告 **―구독료** [gudoŋnjo グドンニョ] 名 新聞購読料; 新聞代 **―기사** [gisa ギサ] 名 新聞記事 **―기자** [gidʑa ギジャ] 名 新聞記者 **―사** [sa サ] 名 新聞社 **―소설** [soːsɔl ソーソル] 名 新聞小説.

신-물 [ʃinmul シンムル] 名 〈生〉① 虫ず(胃液が逆流してくる酸っぱい液) ¶~이 올라오다 [(ʃinmur)i ollaoda (シンム)リ オルラオダ] 虫ずが走る[あがってくる] ② こりごりして嫌気がさすこと **―나다** [lada ラダ] 自 虫ずが走る; こりごりだ; あきあきする ¶그 일이라면 ~-난다 [kɯ iːrːiramjɔn ~-landa クイーリラミョン ~-ランダ] そのことならもうこりごりだ.「物の底.

신-바닥 [ʃinpʼadak シンパダク] 名 履

신-바람 [ʃinpʼaram シンパラム] 名 得意気; 意気揚々 ¶~이 나다 [~i nada (ʃinpʼara)mi nada (シンパラ)ミ ナダ] 意気揚々たる; 得意[上機嫌]になる; 興がわく.

*__신발__[ʃinbal シンバル] 名 履物=‘신’ **―장** [tɕʼaŋ チャン] 名 げた箱; 靴箱.

신-발명[新發明] [ʃinbalmjɔŋ シンバルミョン] 名 하他 新發明.

신방[新房] [ʃinbaŋ シンバン] 名 新婚夫婦の部屋; 初夜の部屋.

신변[身邊] [ʃinbjɔn シンビョン] 名 身辺; 身近; 身回り ¶~에 두다 [~e tuda (ʃinbjɔ)ne tuda ~ネトゥダ] 身辺に置く.

신병[身柄] [ʃinbjɔŋ シンビョン] 名 身柄 ¶~을 인수(引受)하다 [~ɯl insuhada ~ウル インスハダ] 身柄を引き取る.「気; やまい.

신병[身病] [ʃinbjɔŋ シンビョン] 名 病

*__신부__[神父] [ʃinbu シンブ] 名 〈宗〉神父.

*__신부__[新婦] [ʃinbu シンブ] 名 新婦; 花嫁; 新妻 ¶신랑 ~ [ʃillaŋ ~ シルラン~] 新郞新婦 **신붓-감** [ʃinbutkʼam シンブッカム] 名 花嫁に適う女性; 花嫁にふさわしい娘.

*__신분__[身分] [ʃinbun シンブン] 名 身分; 身性 ¶학생 ~ [hakʼsʼɛŋ ~ ハクセン~] 学生の身分 **―증(명서)** [tɕʼɯŋ[dʑɯŋmjɔŋsɔ] チュン[ジュンミョンソ]] 名 身分証明書.

신비[神秘] [ʃinbi シンビ] 名 하形 神秘; ミステリー **―(스)롭다** [(sɯ) ropt'a (ス)ロプタ] 形 ㅂ変 神秘的だ.

신빙[信憑] [ʃiːnbiŋ シーンビン] 名 하他

信憑성; 信賴 ¶ ~성이 있다 [~s'ɔŋit'a ~ソンイ イッタ] 信憑性がある.
신사[紳士] [ʃi:nsa シーンサ] 名 紳士; ジェントルマン **—도** [do ド] 名 紳士道 **—복** [bok ボク] 名 紳士服; 背広 **—적** [dʒɔk ジョク] 冠 名 紳士的.
신상-필벌 [信賞必罰] [ʃi:nsaŋpʰilbɔl シーンサンピルボル] 名 信賞必罰.
신생-아 [新生兒] [ʃinsɛŋa シンセンア] 名 新生兒 = 갓난아이 [kannanai カンナナイ].
신선 [神仙] [ʃinsɔn シンソン] 名 神仙; 仙人 **—도**(圖) [do ド] 名 神仙の遊ぶようすや暮らしぶりを描いた抽象絵画.
*신선[新鮮] [ʃinsɔn シンソン] 名 하形 新鮮; フレッシュ ¶ ~한 주스 [~han dʒu:sɯ ~ハン ジュース] フレッシュなジュース **—도** [do ド] 名 鮮度.
신선-로 [神仙爐] [ʃinsɔllo シンソルロ] 名 ① 食卓の上で魚・肉・野菜・人参・椎茸느 ・ギンナンなどの混ぜ料理を煮る鍋느(鍋か鉢の形をしており中央に炭火を入れる筒がある) ② 宮廷料理の一種.

신선로

*신세[身世] [ʃinse シンセ] 名 ① 身の上; 一身の境涯; 運 ¶ ~를 망치다 [~rɯl maŋtʃʰida ~ルル マンチダ] 身を持ちくずす / 처량한 **—** [tʃʰɔrjaŋhan ~ チョリャンハン ~] 哀れな身の上 ② 世話; 厄介; 面倒 ¶ ~를 끼치다 [~rɯl k'itʃʰida ~ルル ッキチダ] 厄介になる; 面倒をかける / ~를 지다 [~rɯl tɕida ~ルル チダ] 世話になる **—타령**(打令) [tʰa:rjɔŋ ターリョン] 名 하自 自分の身の上を愚痴がましく嘆くこと, またその嘆き話. 「新世界.
신-세계 [新世界] [ʃinsegɛ シンセゲ] 名
신-세대 [新世代] [ʃinsedɛ シンセデ] 名 新世代; 新しい世代.
신속 [迅速] [ʃi:nsok シーンソク] 名 하形 迅速 ¶ ~한 행동 [(ʃi:nso)kʰan hɛŋdoŋ ~カン ヘンドン] 迅速な行動 **—히** [(ʃi:nso)kʰi キ] 副 迅速に ¶ ~ 배달하다 [~ pɛ:darhada ~ ペーダルハダ] 迅速に配達する.
신승 [辛勝] [ʃinsɯŋ シンスン] 名 하自 辛勝 ¶ 선거에 ~하다 [sɔ:ngɔe ~hada ソーンゴエ ~ハダ] 選挙に辛うじて勝つ.
신신-당부 [申申當付] [ʃinʃindaŋbu シンシンダンブ] 名 하他 繰り返してねんごろに頼むこと = **신신부탁**(申申付託) [ʃinʃinbu:tʰak シンシンブータク].
신안 특허 [新案特許] [ʃinan tʰɯkʰʌ シナン トゥクコ] 名 新案特許.
*신앙[信仰] [ʃi:naŋ シーナン] 名 하他 信仰 ¶ ~심 [~ʃim ~シム] 信仰心 / ~ 고백 [~ go:bɛk ~ ゴーベク] 信仰告白.
신약 성서 [新約聖書] [ʃinjak s'ɔ:ŋsɔ シニャク ソーンソ] 名 〈宗〉新約聖書.
신예 [新銳] [ʃine シネ] 名 新銳 ¶ 문단의 ~ [mundane ~ ムンダネ ~] 文壇の新銳.
*신용[信用] [ʃi:njoŋ シーニョン] 名 하他 信用 ¶ ~할 수 없다 [~hal s'u ɔ:pt'a ~ハル ッス オープタ] 信用できない **—거래**(去來) [gɔ:rɛ ゴーレ] 名 信用取引 **—대부** [dɛ:bu デーブ] 名 信用貸付; 信用貸し **—어음** [ɔɯm オウム] 名 信用手形 **—장** [tʃ'aŋ チャン] 名 信用状 **—조합** [dʒohap ジョハプ] 名 信用組合 **—카드** [kʰa:dɯ カードゥ] 名 クレジットカード **—판매** [pʰanmɛ パンメ] 名 信用販売.
신원 [身元] [ʃinwon シヌォン] 名 身元 **—보증**(인) [bo:dʒɯŋ(in) ボージュン(イン)] 名 身元保証(人).
신음 [呻吟] [ʃinɯm シヌム] 名 呻吟 ¶ ~ 소리 [~ sori ~ ソリ] うめき声 **—하다** [hada ハダ] 自 呻吟する; うめく ¶ 괴로운 듯이 ~ [kweroun dɯʃi ~ クェロウン ドゥシ ~] 苦しげにうめく.
신의 [信義] [ʃi:ni シーニ] 名 信義 ¶ ~를 지키다 [~rɯl tɕikʰida ~ルル チキダ] 信義を守る.
신인 [新人] [ʃinin シニン] 名 ① 新人 ¶ ~ 등용 [~ dɯŋjoŋ ~ ドゥンヨン] 新人登用 ② 新婦, 新妻.
신임 [信任] [ʃi:nim シーニム] 名 하他 信任 ¶ ~이 두텁다 [~i tutʰɔpt'a (シーニ)ミ トゥトプタ] 信任が厚い **—장** [tʃ'aŋ チャン] 名 信任状.
신입 [新入] [ʃinip シニプ] 名 하自 新入 ¶ ~ 사원 [~ s'awon ~ サウォン] 新入社員; 新顔社員.
신자 [信者] [ʃi:ndʒa シーンジャ] 名 信者; 信徒; 教徒 ¶ 기독교(基督教)

~[kidok'jo ~ キドクキョ ~] キリスト教信者 / 불교 ~[pulgjo ~ プルギョ ~] 仏教信者.

신작[新作] [ʃindʒak シンジャク] 名 하他 新作 ¶ ~ 발표 [~ p'alpʰjo ~ パルピョ] 新作発表 **—로(路)** [(ʃindʒaŋ)no (シンジャン)ノ] 名 (自動車の通行が可能な)新しい道; 道路.

신-장[―欌] [ʃintʃ'aŋ シンチャン] 名 げた箱; 靴入れ.

신장[身長] [ʃindʒaŋ シンジャン] 名 身長; 背丈; 背.

신장[伸張] [ʃindʒaŋ シンジャン] 名 하自他 伸張 ¶ 국력의 ~ [kuŋnjoge ~ クンニョゲ ~] 国力の伸張.

신장[新装] [ʃindʒaŋ シンジャン] 名 하自他 ① 新装 ¶~ 개업 [~ gɛop ~ ゲオプ] 新装開業 ② 新しい服装.

신장[腎臓] [ʃi:ndʒaŋ シーンジャン] 名 〈生〉腎臓ぞう=콩팥 [kʰoppʰat コンパッ] **—병**[p'jɔŋ ピョン] 名 腎臓病.

신접-살이[新接―] [ʃindʒɔps'ari シンジョプサリ] 名 結婚して初めて構えた所帯.

신정[新正] [ʃindʒɔŋ シンジョン] 名 新年; 新年の始め; お正月 = 양력설 [jaŋnjokṣ'ɔl ヤンニョクソル] 新暦[陽暦]のお正月 ↔ 구정(旧正) [ku:dʒɔŋ クージョン]・음력설 [umnjokṣ'ɔl ウムニョクソル] 旧暦[陰暦]のお正月 = '설날'.

신조[信條] [ʃi:ndʒo シーンジョ] 名 信条 ¶ 생활 ~ [sɛŋhwal ~ センファル ~] 生活信条.

신주[神主] [ʃindʒu シンジュ] 名 位牌はい; 霊牌; 死者の木牌 ¶ ~ 모시듯 [~ moʃidut ~ モシドゥッ] (位牌を扱うように)とても大事に.

*신중[慎重] [ʃi:ndʒuŋ シーンジュン] 名 慎重 ¶~을 기하다 [~ul kihada ~ウル キハダ] 慎重を期する; 大事を取る **—하다** [hada ハダ] 形 慎重だ; 慎み深い **—히**[i イ] 副 慎重に ¶~ 생각하다 [~ sɛŋgakʰada ~ センガク カダ] 慎重に考える.

신진[新進] [ʃindʒin シンジン] 名 하自 新進 ¶ ~ 작가 [~ dʒak'a ~ ジャクカ] 新進作家.

신진 대사[新陳代謝] [ʃindʒin dɛ:sa シンジン デーサ] 名 하自他 新陳代謝 ① 新旧が入れ替わること ② 体内に栄養分を取り入れ、老廃物を排出する作用.

신찬[新撰] [ʃintʃʰan シンチャン] 名 하他 新撰せん; 新たに編集編纂さんすること,

またその著作.

신참[新参] [ʃintʃʰam シンチャム] 名 하自 新参; 新顔; 新入り; 新米 ¶ ~의 비서 [~e pi:sɔ (シンチャ)メ ピーソ] 新参の秘書.

신-창 [ʃintʃʰaŋ シンチャン] 名 靴底; 履き物の底.

*신청[申請] [ʃintʃʰoŋ シンチョン] 名 申請; 申し込み ¶~서 [~sɔ ~ ソ] 申込書; 申請書 **—하다** [hada ハダ] 他 申請する; 申し込む; 申し出る ¶ 결투를 ~ [kjɔltʰurul ~ キョルトゥル ~] 決闘を申し込む.

신체[身體] [ʃintʃʰe シンチェ] 名 身体; 人の体 **—검사** [gɔ:msa ゴームサ] 名 하自他 身体検査 **—장애자**(障礙者) [dʒaŋedʒa ジャンエジャ] 名 身体障害者; 身障者.

신축[伸縮] [ʃintʃʰuk シンチュク] 名 하自他 伸縮 ¶~성이 크다 [~s'ɔŋi kʰuda ~ソンイ クダ] 伸縮性に富む.

신축[新築] [ʃintʃʰuk シンチュク] 名 하自他 新築 ¶ ~ 빌딩 [~ bildiŋ ~ビルディン] 新築されたビル.

신춘[新春] [ʃintʃʰun シンチュン] 名 新春 ¶ ~ 문예 [~ mune ~ ムネ] 新春文芸.

신출 귀몰[神出鬼沒] [ʃintʃʰul gwi:mol シンチュル グィーモル] 名 하自 神出鬼没; 自由自在に現れたり隠れたりすること.

신출-내기[新出―] [ʃintʃʰullegi シンチュルレギ] 名 新米; 駆け出し ¶~가 건방지다 [~ga kɔnbaŋdʒida ~ガ コンバンジダ] 新米のくせに生意気だ.

신탁[信託] [ʃi:ntʰak シーンタク] 名 하他 信託 **—회사** [(ʃi:ntʰa)kʰwe:sa クェーサ] 名 信託会社.

*신통[神通] [ʃintʰoŋ シントン] 名 하形 스形 ① (占い・薬の効き目が)あらたかなこと ¶ ~한 약효(藥效) [~han jakʰjo ~ ハン ヤクキョ] 効験あらたかな薬の効き目 ② 不思議なほど上手[達者]であること ¶ 재주가 ~한 아이 [tʃɛdʒuga ~han ai チェジュガ ~ハン アイ] 才能がずば抜けている子供 ③ 感心なこと; 気のきいていること ¶ ~ 한 소리를 하다 [~han sorirul hada ~ハン ソリルル ハダ] 味なことを言う **—력** [njok ニョク] 名 神通力; 何事も自在に成し得る不思議な力 **—찮다** [tʃʰantʰa チャンタ] 形 大したことな

신-트림 [jintʰɯrim シントゥリム] 图 酸っぱい液の出るおくび[げっぷ].

신파[新派] [jinpʰa シンパ] 图 新派 ¶ ~조의 연극 [~tʃoe jo:nguk ~チョエ ヨーングク] 新派調の演劇 —**극** [guk グク] 图 新派劇('창극'(唱劇) '古代劇'と新(派)劇'近代演劇'との過渡的な新しい型の通俗劇).

신-풀이[神—] [jinpʰuri シンプリ] 图 하자 祓はらい; 神に祈って罪やけがれを除き去るムーダングッ[巫女굿の怪祓い],またその儀式や祈りの言葉.

신품[新品] [jinpʰum シンプム] 图 新品 ¶ ~이나 다름없다 [~ina tarɯmopt'a (シンプ)ミナ タルモプタ] 新品に変わりない.

신학[神學] [jinhak シンハク] 图 神学 —**자** [tʃa チャ] 图 神学者.

신-학기[新學期] [jinhakk'i シンハクキ] 图 新学期.

신형[新型] [jinhjəŋ シンヒョン] 图 新型 ¶ ~차 [~tʃʰa ~チャ] 新型車.

***신호**[信號] [jinho シーンホ] 图 하자 信号 ¶ 교통 ~ [kjotʰoŋ ~ キョトン~] 交通信号 / ~ 대기 [~ dɛ:gi ~ デーギ] 信号待ち.

신혼[新婚] [jinhon シンホン] 图 하자 新婚 ¶ ~ 여행 [~ njəhɛŋ ~ ニョヘン] 新婚旅行; ハネムーン.

신화[神話] [jinhwa シンファ] 图 神話.

신흥[新興] [jinhɯŋ シンフン] 图 하자 新興 —**재벌** [dʒɛbəl ジェボル] 图 新興財閥.

***싣다** [jit'a シータ] 他 ㄷ変 ① 載せる; 積む ¶ 짐을 ~ [tʃimɯl ~ チムル~] 荷を積む ② 載せる; 掲げる; 掲載する ¶ 논문을 잡지에 ~ [nonmunɯl tʃaptʃie ~ ノンムヌル チャプチエ~] 論文を雑誌に載せる.

***실**[1] [ji:l シール] **1** 图 糸 ¶ 털 ~ [tʰəl ~ トル~] 毛糸 **2** 接頭 細い・糸状の意.

실[2] [ji:l シール] seal 图 シール ¶ 크리스마스 ~ [kʰɯrisɯmasɯ ~ クリスマス~] クリスマスシール.

실[失] [jil シル] 图 失; 失うこと; なくすこと ¶ 득보다 ~이 많다 [tɯkp'oda (jir)i ma:ntʰa トゥクポダ (シ)リマーンタ] 得るものより失うほうが多い.

실[實] [jil シル] **1** 图 実=내용(內容) [nɛ:joŋ ネーヨン] ¶ ~은 아무 것도 아니다 [(jir)ɯn a:mu gət'o anida (シ)ルン アーム ゴット アニダ] 実はなんでもない **2** 接頭 実際の; 充実な ¶ ~생활 [~s'ɛŋhwal ~センファル] 実際の生活.

실-가지 [ji:lgadʒi シールガジ] 图 細い木の枝.

실각[失脚] [jilgak シルガク] 图 하자 失脚 ¶추문(醜聞)으로 ~하다 [tʃʰumunɯro (jilga)kʰada チュムヌロ ~カダ] スキャンダルで失脚する.

실감[實感] [jilgam シルガム] 图 하타 実感 ¶ ~이 나다 [~i nada (シルガ)ミ ナダ] 実感がわく.

실-개천 [ji:lgɛtʃʰən シールゲチョン] 图 細川; 細流; 小川.

실격[失格] [jilk'jək シルキョク] 图 하자 失格 ① 資格を失うこと ¶ 반칙으로 ~하다 [pa:ntʃʰigɯro (jilk'jə)kʰada パーンチグロ ~カダ] 反則により失格する ② 格式に合わないこと.

실-고추 [ji:lgotʃʰu シールゴチュ] 图 糸状に細く切ったトウガラシ.

실권[實權] [jilk'wən シルクォン] 图 実権 ¶ ~을 쥐다 [~ɯl tʃwi:da (シルクォ)ヌル チュィーダ] 実権を握る.

실그러-뜨리다 [jilgɯrət'ɯrida シルグロットゥリダ] 他 一方に傾ける[ゆがめる].

실그러-지다 [jilgɯrədʒida シルグロジダ] 自 一方に傾く[ゆがむ].

실-금 [ji:lgɯm シールグム] 图 ① 器などの細かいひび ¶ ~이 가다 [~i kada (シールグ)ミ カダ] (器などに)細かいひびが入る ② 細い線.

실긋-거리다 [jilgɯtk'ərida シルグッコリダ] 自他 物が片方に傾き[ゆがみ・ねじれ]そうになる.

실긋-하다 [jilgɯtʰada シルグッタダ] 形 여변 物が片方にややゆがんで[ねじれて]いる.

실기[失期] [jilgi シルギ] 图 하자타 時期を失すること; 時期を違えること.

실기[失機] [jilgi シルギ] 图 하자타 好機を逸する[逃す]こと.

실기[實技] [jilgi シルギ] 图 実技 —**시험** [jihəm シホム] 图 実技試験.

실-꾸리 [jilk'uri シールックリ] 图 糸を巻き丸くるめた束.

실-낱 [ji:llat シールラッ] 图 糸筋 —**같다** [k'at'a カッタ] 形 ① か細い; とても細くて小さい ② (命・希望などが)ともすれば切れそうだ; 死に瀕ひんしている ¶ ~같은 목숨 [~k'atʰɯn moks'um

~-カットゥン モクスム] か細い命; はかない命.

실내[室内][ʃilːɛ シルレ] 名 室内 **―복(服)**[bok ボク] 名 室内着; 部屋着 **―악**[ak アク] 名 室内楽 **―장식**[dʒaŋʃik ジャンシク] 名 室内装飾 **―체조**[tʃʰedʒo チェジョ] 名 室内体操 **―화(靴)**[hwa ファ] 名 上履き.

실-눈[ʃiːllun シールルン] 名 細目; 細長い小さな目; 細く開いた目.

실떡-거리다[ʃilt'ok'ɔrida シルットゥコリダ] 自 ふざけてしきりに無駄口をたたく.

실-뜨기[ʃiːlt'ɯgi シールットゥギ] 하自 糸取り; あや取り.

실랑이(질)[ʃillaŋi(dʒil) シルランイ(ジル)] 名 하自 ① 人にうるさくつきまとっていじめること; うるさがらせ ② 互い言い争うこと.

*실력**[實力][ʃilljɔk シルリョク] 名 実力 ¶ 어학 ~[ɔːhak (ʃ'illjɔk) オーハク ~] 語学の実力 **―자**[tʃa チャ] 名 実力者 **―행사**[(ʃilljo)kʰɛŋsa ケンサ] 名 実力行使.

*실례**[失禮][ʃille シルレ] 名 하自 失礼 ¶ ~합니다[~hamnida ~ハムニダ] 失礼します; ごめんなさい.

실례[實例][ʃille シルレ] 名 実例 ¶ ~를 들다[~rɯl tɯlda ~ルル トゥルダ] 実例を挙げる.

실-로[實—][ʃillo シルロ] 副 実に; まさに ¶ ~ 놀라운 일이다[~ noːllaun niːrida ~ ノールラウン ニーリダ] 実に驚くべきことだ.

실로폰[ʃillopʰon シルロポン] xylophone 名〈楽〉シロホン; 木琴.

실록[實錄][ʃillok シルロク] 名 実録 ¶ 전쟁 ~[tʃɔndʒɛŋ ~ チョーンジェン ~] 戦争実録 **―물**[(ʃilloŋ)mul (シルロン)ムル] 名 実録物.

실룩-거리다[ʃilluk'ɔrida シルルクコリダ] 自他 ぴくぴくする ¶ 눈꺼풀이 ~[nunk'ɔpʰuri ~ ヌンッコプリ ~] まぶたをぴくぴくさせる.

실리[實利][ʃilli シルリ] 名 実利; 実益; 実 ¶ ~만 추구하다[~man tʃʰuguhada ~マン チュグハダ] 実利だけを追求する.

*실리다**[ʃillida シルリダ] 1 自受動 載せられる; 載る; 積まれる;='싣다'の被動 ¶ 잡지에 ~[tʃaptʃʼie ~ チャプチエ ~] 雑誌に載せられる/짐이 ~[tʃimi ~ チミ ~] 荷が積まれる 2 他 使動 掲載される; 積ませる; ='싣다'の使役形 ¶ 신문에 ~[ʃinmune ~ シンムネ ~] 新聞に載せる.

실리콘 밸리[ʃillikʰoːn bɛlli シリリコーン ベルリー] 名 シリコーンバレー.

*실-마리**[ʃiːlmari シールマリ] 名 糸口 ① 糸の端 ② 手掛かり; きっかけ; 端緒 ¶ 해결의 ~[hɛːgjore ~ ヘーギョレ ~] 解決の糸口[端緒].

*실망**[失望][ʃilmaŋ シルマン] 名 하自 失望 ¶ 날씨가 나빠 ~하다[nalʃ'iga napʼa ~hada ナルッシガ ナッパ ~ハダ] 天気が悪くて失望する.

실명[失明][ʃilmjɔŋ シルミョン] 名 하自 失明.

실명[實名][ʃilmjɔŋ シルミョン] 名 実名; 本名.

실무[實務][ʃilmu シルム] 名 実務 ¶ ~ 담당[~ damdaŋ ~ ダムダン] 実務担当.

*실물**[實物][ʃilmul シルムル] 名 実物; 現品 ¶ ~ 크기[~ kʰugi ~ クギ] 実物大; 原寸大 **―거래(去來)**[goːrɛ ゴーレ] 名 実物取引.

실-바람[ʃiːlbaram シールバラム] 名 そよ風.

실-밥[ʃiːlpʼap シールパプ] 名 ① 衣服の縫い目 ② 抜き糸(くず).

실-뱀장어[ʃiːlbɛmdʒaŋɔ シールベムジャンオ] 名 シラスウナギ(ウナギの稚魚).

실-버들[ʃiːlbɔdɯl シールボドゥル] 名〈植〉シダレ[イト]ヤナギ(枝垂[糸]柳).

실비[實費][ʃilbi シルビ] 名 実費 **―변상**[bjɔːnsaŋ ビョーンサン] 名 하他 実費弁償.

실상[實相][ʃilsʼaŋ シルッサン] 名 実相 ¶ 정계의 ~[tʃɔŋgee ~ チョンゲエ ~] 政界の実相.

실색[失色][ʃilsʼɛk シルッセク] 名 하自 (驚いて)顔色を変えること; 色を失うこと ¶ 아연 ~하다[ajɔn (ʃilsʼɛ) kʰada アヨン ~カダ] あぜんとして色を失う.

실선[實線][ʃilsʼɔn シルッソン] 名 実線 ¶ ~을 긋다[~ɯl kuːtʼa (シルッソ)ヌル クーッタ] 実線を引く.

실성[失性][ʃilsʼɔŋ シルッソン] 名 하自 気が触れること; 本性を失うこと ¶ ~한 사람[~han saːram ~ハン サーラム] 気の触れた人.

실세[實勢][ʃilsʼe シルッセ] 名 ① 実勢; 実際の勢力 ¶ 만만치 않은 ~[manmantʃʰi anɯn ~ マンマンチ アヌン ~] あなどりがたい実勢 ② 実際の相場 ¶ ~보다 싸다[~boda sʼada

실소[失笑][ʃils'o シルッソ] 名 自他 失笑 ¶~를 금할 수 없는 발언[~rɯl kumhal s'u ɔːmnɯn parɔn ~ルルクムハルッス オームヌン パロン] 失笑を禁じ得ない発言.

실-속[實—][ʃils'ok シルッソク] 名 ① 実際の内容; 中身; 実 ¶~이 없다[(ʃils'og)i ɔːpt'a (シルッソ)ギ オープタ] 中身がない ② 外に現われない利益; 実益; 実利 ¶~을 차리다[(ʃils'og)ɯl tʃharida (シルッソ)グル チャリダ] 実利[実]を取る.

***실수**[失手][ʃils'u シルッス] 名 ① 失策; しくじり; エラー; へま ¶~를 저지르다[~rɯl tʃɔdʒirɯda ~ルル チョジルダ] へまをやらかす / 쇼트의 ~[ʃoːtʰɯe ~ ショートゥエ ~] ショートのエラー ② 失礼 **—하다**[hada ハダ] 自 しくじる; 誤る; へまをする.

실습[實習][ʃils'ɯp シルッスプ] 名 合他 実習 ¶운전 ~[uːndʒɔn ~ ウーンジョン ~] 運転の実習 **—생**[s'ɛŋ セン] 名 実習生.

***실시**[實施][ʃilʃ'i シルッシ] 名 하他 実施 ¶계획대로 ~하다[keːhwekt'ɛro ~hada ケーフェクテロ ~ハダ] 計画どおり実施する.

실신[失神][ʃilʃ'in シルッシン] 名 하自 失神; 失心 ¶비보에 ~하다[piːboe ~hada ピーボエ ~ハダ] 悲報に失神[失神]する.

실언[失言][ʃirɔn シロン] 名 하他 失言 ¶~을 취소하다[~ɯl tʰwiːsohada (シロ)ヌル チュィーソハダ] 失言を取り消す.

***실업**[失業][ʃirɔp シロプ] 名 하自 失業 ¶~ 문제[(ʃirɔm) muːndʒe (シロム) ムーンジェ] 失業問題 **—자**[tʃa チャ] 名 失業者.

실업[實業][ʃirɔp シロプ] 名 実業 **—계**[k'e ケ] 名 実業界.

***실-없다**[實—][ʃirɔpt'a シロプタ] 存 不真面目ﾏじめだ; 不実だ; 中身[内容]がない; でたらめだ ¶실없는 사람[ʃirɔmnɯn saːram シロムヌン サーラム] でたらめな人 / 실없는 말[ʃirɔmnɯn maːl シロムヌン マール] でたらめな言葉 **실-없이**[ʃirɔp'i シロプシ] 副 不真面目に; ふざけて.

실연[失戀][ʃirjɔn シリョン] 名 하自 失恋 ¶~의 아픔[~e apʰɯm (シリ)ョ) ネ アプム] 失恋のつらさ.

실연[實演][ʃirjɔn シリョン] 名 하自他 実演 ¶영화의 ~[jɔŋhwae ~ ヨンフアエ ~] 映画の実演.

실-오리[jiːrori シーロリ] 名 一糸; 1本の糸 = **실오라기**[jiːroragi シーロラギ] ¶~ 하나 걸치지 않은 알몸[~ hana kɔːltʃhidʒi anɯn almom ~ ハナ コールチジ アヌン アルモム] 一糸もまとわぬ真っ裸.

실용[實用][ʃirjoŋ シリョン] 名 하他 実用 **—품**[pʰum プム] 名 実用品.

실-은[實—][ʃirɯn シルン] 副 実は; その実 ¶~ 네 말이 옳다[~ ne maːri oltʰa ~ ネ マーリ オルタ] その実君の話は正しい.

실의[失意][ʃiri シリ] 名 하自他 失意 ¶~에 빠진 사람[~e p'aːdʒin saːram ~エ ッパージン サーラム] 失意の人.

실익[實益][ʃirik シリク] 名 実益; 実利 ¶~이 없는 계획[(ʃirig)i ɔːmnɯn keːhwek (シリ)ギ オームヌン ケーフェク] 実益[実利]のない計画.

실재[實在][ʃiltʃ'ɛ シルチェ] 名 하自 実在 ¶~의 인물[~e inmul ~エ インムル] 実在する人物.

실적[實績][ʃiltʃ'ok シルチョク] 名 実績 ¶~을 올리다[(ʃiltʃ'ɔg)ɯl ollida (シルチョ)グル オルリダ] 実績を上げる.

실전[實戰][ʃiltʃ'on シルチョン] 名 実戦 ¶~ 연습[~ njɔːnsɯp ~ ニョーンスプ] 実戦演習.

실점[失點][ʃiltʃ'om シルチョム] 名 하自 失点 ¶~을 만회하다[~ɯl manhwehada (シルチョ)ムル マンフェハダ] 失点を挽回ﾊんかいする.

실정[失政][ʃiltʃ'oŋ シルチョン] 名 하自 失政 ¶~을 탄핵하다[~ɯl tʰaːnhɛkʰada ~ウル ターンヘクハダ] 失政を弾劾する.

***실정**[實情][ʃiltʃ'oŋ シルチョン] 名 実情; 実状 ¶~에 맞지 않는 계획[~e matʃ'i annɯn keːhwek ~エ マッチ アンヌン ケーフェク] 実情に合わない計画.

***실제**[實際][ʃiltʃ'e シルチェ] 名 実際 ¶~ 문제[~ muːndʒe ~ ムーンジェ] 実際問題 **—로**[ro ロ] 副 実際に; 現に ¶~는 극히 어렵다[~nɯn kukʰi ɔrjopt'a ~ヌン ククキ オリョプタ] 実際のところは極めて難しい.

실존[實存][ʃiltʃ'on シルチョン] 名

실존[実存] 하自 実存 ¶~ 인물[~ ninmul ~ ニンムル] 実存人物.

실종[失踪][ʃiltʃʼoŋ シルチョン] 名 하自 失踪; 失跡 ¶등산객이 ~되었다 [tuŋsangɛgi ~dwɛotʼa トゥンサンゲギ ~ドゥエオッタ] 登山客が失踪した.

실지[實地][ʃiltʃʼi シルチ] 名 実地・経験[~ gjoŋhom ~ ギョンホム] 実地経験 ━로[ro ロ] 副 実地に; 実際に ¶~ 해봐야 안다[~ hɛ:bwaja a:nda ~ ヘーブァヤ アーンダ] 実際にやって見なければ分からない.

실직[失職][ʃiltʃʼik シルチク] 名 하自 失職; 失業 ━자[tʃʼa チャ] 失業者.

실질[實質][ʃiltʃʼil シルチル] 名 実質 ━임금[(ʃiltʃʼir) i:mgum (シルチ) リームグム] 名 実質賃金.

실쭉-거리다[ʃiltʃʼukʼorida シルッチュクコリダ] 自他 ① 一方に傾いてゆがむようにしきりに動く[動かす] ② しきりに不満がましく口をゆがめる[とがらす]; すねる; つんとする.

실쭉-샐쭉[ʃiltʃʼuksʼeltʃʼuk シルッチュクセルッチュク] 副 하自他 しきりに口をゆがめる[とがらす]さま; つんつん.

실쭉-하다[ʃiltʃʼukʰada シルッチュクカダ] 1 自他 いやな顔をする 2 形 여変 ① 一方に傾いている ② すねて[むくれて]いる; ふくれている; ふてくされている.

실책[失策][ʃiltʃɛk シルチェク] 名 失策 ¶~을 범하다[(ʃiltʃɛg)ul pɔ:mhada (シルチェ)グル ポームハダ] 失策を犯す.

*실천**[實踐][ʃiltʃʰon シルチョン] 名 하他 実践 ¶묵묵히 ~하다[muŋmukʰi ~hada ムンムクキ ~ハダ] 黙々と実践する.

실추[失墜][ʃiltʃʰu シルチュ] 名 하他 失墜 ¶권위를 ~하다[kwonwirul ~hada クォヌィルル ~ハダ] 権威を失墜する.

*실컷**[ʃilkʰot シルコッ] 副 飽きるほど; 思う存分; たらふく; 嫌になるまで; たっぷり; =마음껏[maumkʼot マウムッコッ] ¶~ 먹었다[(ʃilkʰon) mogotʼa (シルコン) モゴッタ] たらふく食べた/ ~ 즐겼다[(ʃilkʰo) tʃʼulgjotʼa ~ チュルギョッタ] 思う存分楽しんだ.

실태[實態][ʃiltʰɛ シルテ] 名 実態 ¶경영의 ~[kjoŋjoŋe ~ キョンヨンエ ~] 経営の実態.

실토[實吐][ʃiltʰo シルト] 名 하他 事実をありのままに言うこと; 吐露 ¶심정을 ~하다[ʃimdʑoŋul ~hada シムジョンウル ~ハダ] 心情をありのままに述べる[吐露する].

실-파[ʃi:lpʰa シールパ] 名 〈植〉細いネギ.

실팍-지다[ʃilpʰaktʃʼida シルパクチダ] 形 丈夫だ; 壮健だ; がっちりしている ¶~-진 어린이[~-tʃʼin orini ~-チン オリニ] 丈夫な子供.

실팍-하다[ʃilpʰakʰada シルパクカダ] 形 여変 (人・物が)丈夫だ; 頑丈だ.

실-패[ʃi:lpʰɛ シールペ] 名 糸巻き.

*실패**[失敗][ʃilpʰɛ シルペ] 名 失敗 ¶~는 성공의 어머니[~nun soŋgoŋe omoni ~ヌン ソンゴンエ オモニ] 諺 失敗は成功の元 ━하다[hada ハダ] 自他 失敗する; しくじる.

실-하다[實━][ʃirhada シルハダ] 形 여変 ① がっちりして丈夫だ ¶몸이 ~[momi ~ モミ ~] 体が丈夫だ ② 財産が豊かだ ③ まじめで偽りがない 실한 사람[ʃirhan sa:ram シルハン サーラム] 信実のある人 ④ 中身がぎっしり詰まっている ¶배추 속이 ~[pɛ:tʃʰu so:gi ~ ペチュ ソーギ ~] 白菜の中身が満ちている **실-히**[ʃiri シリ] 副 確実に; 間違いなく ¶~ 두배는 돼 보이다[~ tu:bɛnun twɛ: boida ~ トゥーベヌン トゥェー ボイダ] 確実に2倍はあるように見える.

*실행-하다**[實行━][ʃirhɛŋhada シルヘンハダ] 他 実行する ¶계획을 ~[ke:hwegul ~ ケーフェグル ~] 計画を実行する.

실향-민[失鄕民][ʃirhjaŋmin シルヒャンミン] 名 故郷を失い異鄕に住む人々.

*실험**[實驗][ʃirhom シルホム] 名 하他 実験 ¶~의 결과[~e kjolgwa (シルホ) メ キョルグァ] 実験の結果.

*실현**[實現][ʃirhjon シルヒョン] 名 하自他 実現 ¶~ 불가능한 일[~ bulganuŋhan ni:l ~ ブルガヌンハン ニール] 実現不可能なこと.

실화[失火][ʃirhwa シルファ] 名 하自 失火 ¶~로 인한 화재[~ro inhan hwa:dʑɛ ~ロ インハン ファージェ] 失火による火災.

실화[實話][ʃirhwa シルファ] 名 実話 ¶~ 잡지[~ dʑaptʃʼi ~ チャプチ] 実話雑誌.

실황[實況][ʃirhwaŋ シルファン] 名 実況 ¶~ 중계[~ dʑuŋge ~ ジュンゲ] 実況中継.

싫다 [jiltʰa シルタ] 形 ① いやだ; 好かない; 嫌いだ; 気にくわない ¶ 싫은 사람 [jirɯn sa:ram シルン サーラム] 嫌いな人 ② 気が向かない; やりたくない ¶ 공부(工夫)하기 ~ [koŋbuhagi ~ コンブハギ ~] 勉強したくない **싫도록** [jiltʰorok シルトロク] 副 嫌になるほど; 思う存分; =＇실컷＇¶ ~ 먹었다 [(jiltʰoroŋ) mɔgɔt'a (シルトロン) モゴッタ] 飽きるほど食べた.

***싫어-하다** [jirɔhada シロハダ] 他 [여変] ① 嫌う; 嫌がる ¶ 매운 음식을 ~ [mɛun u:mʃigul ~ メウン ウームシグル ~] 辛い食べ物を嫌がる ② …したがらない; することを好まない ¶ 일하기를 ~ [i:rhagirul ~ イールハギル ~] 仕事をしたがらない / 일하기가 ~-지다 [i:rhagiga ~-dʒida イールハギガ ~-ジダ] 働くのがいやになる.

***싫증** [-症] [jiltʃ'ɯŋ シルチュン] 名 嫌気, 飽き ¶ **~-(이) 나다** [(i)nada (イ)ナダ] 自 嫌気がさす; 嫌になる; 飽き飽きする ¶ 지루해서 ~ [tʃiruhɛsɔ ~ チルヘソ ~] 退屈で飽き飽きする.

심 [心] [jim シム] 名 心[芯] ① ろうそくの心 ② アズキがゆの中に入れる小さな白玉もち ③ 傷口につめ込むガーゼ類; 心 ④ 野菜の心 ⑤ 洋服の心地 ⑥ 鉛筆の心 ⑦ 木の楠.

***심각** [深刻] [ji:mgak シームガク] 名 [하] 形 [하] 副 深刻 ¶ ~-한 표정 [(ji:mga)kʰan pʰjodʒɔŋ ~カン ピョジョン] 深刻な表情.

심경 [心境] [jimgjɔŋ シムギョン] 名 心境 ¶ ~-의 변화 [~e pjɔ:nhwa ~エ ピョーンファ] 心境の変化.

심금 [心琴] [jimgɯm シムグム] 名 心の琴線 ¶ ~-을 울리다 [~ɯl ullida (シムグ)ムル ウルリダ] 心の琴線に触れる.

심기 [心氣] [jimgi シムギ] 名 心気; 気持ち; 気分 ¶ ~-가 불편(不便)하다 [~ga pulpʰjɔnhada ~ガ ブルピョンハダ] 気持ちが穏やかでない.

심기 [心機] [jimgi シムギ] 名 心機 **—일전** [iltʃ'ɔn イルチョン] 名 [하] 他 心機一転 ¶ ~-하여 다시 하다 [~hajɔ taʃihada ~ハヨ タシハダ] 心機一転してやり直す.

***심다** [ji:mt'a シームタ] 他 ① 植える ¶ 나무를 ~ [namurul ~ ナムルル ~] 木を植える ② まく ¶ 씨를 ~ [ʃ'irul ~ ッシルル ~] 種をまく.

심란-하다 [心亂—] [jimnanhada シムナンハダ] 形 心が乱れて落ち着かない ¶ 실연하여 매우 ~-해 있다 [jirjɔnhajɔ mɛu ~-hɛ it'a シリョンハヨ メウ ~-ヘ イッタ] 失恋してすっかり落ち込んでいる.

심려 [心慮] [jimnjɔ シムニョ] 名 心配; 気がかり ¶ ~-를 끼쳐 미안합니다 [~rul k'itʃʰɔ mianhamnida ~ルル ッキチョ ミアンハムニダ] ご心配をおかけて[心を煩わして]すみません.

***심리** [心理] [jimni シムニ] 名 心理 ¶ 군중 ~ [kundʒuŋ ~ クンジュン ~] 群衆心理.

심리 [審理] [ji:mni シームニ] 名 [하] 他 審理 ¶ 사실을 ~-하다 [sa:ʃirul ~hada サーシルル ~ハダ] 事実を審理に付す.

심마니 [jimmani シムマニ] 名 深山に自生する高麗人参の採取を業とする人.

심-보 [心—] [jimp'o シムボ] 名 ① 底意地; 根性 ¶ ~ 나쁜 사람 [~ nap'un sa:ram ~ ナップン サーラム] 低意地の悪い人 ② つもり; 下心.

***심부름** [ji:mburɯm シームブルム] 名 [하] 自 (お)使い ¶ ~ 가다 [~ gada ~ガダ] お使いに行く / ~ 보내다 [~ bonɛda ~ ボネダ] 使いに出す **—꾼** [k'un ックン] 名 使い; 使いをする人.

심사 [心思] [jimsa シムサ] 名 意地の悪い根性 **—(를) 부리다** [burida [rɯl] purida] ブリダ[ルル プリダ] 慣 (ひねくれた心でわざと)意地悪をする; 邪魔立てをする **—(가) 나다** [(ga) nada (カナ)ダ] 慣 人の邪魔をしようとする気になる **—(가) 사납다** [(ga) sa:napt'a (カ)サーナプタ] 慣 (心がひねくれて)意地悪だ; 根性が悪い.

심사 [深思] [ji:msa シームサ] 名 [하] 他 深思; 深い考え ¶ ~ 숙고해서 대답하다 [~ suk'ohɛsɔ tɛ:dapʰada ~ スクコヘソ テーダプハダ] 熟慮のすえ答える.

***심사-하다** [審査—] [ji:msahada シームサハダ] 他 審査する ¶ 자격을 ~ [tʃagjɔgul ~ チャギョグル ~] 資格を審査する.

심산 [心算] [jimsan シムサン] 名 心算; 心づもり; = 속셈 [so:ks'em ソークセム] ¶ …할 ~ 이다 […hal ~ ida …ハル (シムサ)ニダ] …するつもりだ.

심산 [深山] [ji:msan シームサン] 名 深山; みやま; 山奥 **—계곡** [gegok ゲゴク] 名 深山渓谷 **—유곡** [jugok ユゴ

심상찮다

ク] 图 深山幽谷.
심상-찮다[尋常一][ʃimsaŋtʃʰantʰa シムサンチャンタ] 形 尋常でない ¶동향(動向)이 ~[toːŋhjaŋi ~ トーンヒャンイ ~] 動きが尋常でない.
심성[心性][ʃimsɔŋ シムソン] 图 本来の心; 天性 ¶~이 선량하다[~i sɔːlljaŋhada ~イ ソールリャンハダ] 天性が善良だ.
***심술**[心術][ʃimsul シムスル] 图 意地の悪いこと; つむじ曲がり ━**궂다**[gut'a グッタ] 形 意地悪だ ¶~-궂은 장난[~-gudʒum tɕaŋnan ~-グジュン チャンナン] 意地悪ないたずら ━**(을) 부리다**[burida [ʃimsurul purida] ブリダ[シムスルル プリダ]] 自 意地悪をする; つむじを曲げる ¶걸핏하면 ~-부린다[kɔlpʰitʰamjɔn ~-burinda コルピッタミョン ~-ブリンダ] すぐにつむじを曲げる[ひねくれる] ━**(이) 사납다**[(ʃimsuri) saːnapt'a (シムスリ) サーナプタ] ひどく意地悪だ ━**(을) 피우다**[(ʃimsurul) pʰiuda (シムスルル) ピウダ] 自 (ときたまに)意地悪をする ━**꾸러기[쟁이]**[k'urɔgi[dʒɛŋi] ックロギ[ジェンイ]] 图 意地悪な人.
심신[心身][ʃimʃin シムシン] 图 心身 ¶~이 피로(疲勞)하다[~i pʰirohada (シムシ)ニ ピロハダ] 心身が疲れる.
심심[深甚][ʃiːmʃim シームシム] 图 形 深甚 ¶~한 사의를 표하다[~han saːirul pʰjohada ハン サーイルル ピョハダ] 深甚なる謝意を表する.
심심[深深][ʃiːmʃim シームシム] 图 形 深々; 奥深い ━**산천**[santʰɔn サンチョン] 图 奥深い[深々]山川.
심심 소일[一消日][ʃimʃimsoil シムシムソイル] 图 形 自 退屈しのぎ[暇つぶし]に何かをすること.
심심-풀이[ʃimʃimpʰuri シムシムプリ] 图 形 自 消閑; 退屈しのぎ; 手慰み ¶~로 그림을 그리다[~ro kuːrimul kuːrida ~ロ クーリムル クーリダ] 手慰み[暇つぶし]に絵をかく.
심심-하다[1][ʃimʃimhada シムシムハダ] 形 (味が)水っぽい; 薄い; 淡い ¶이 국은 너무 ~[i kuguŋ nɔmu ~ イ ククン ノム ~] この汁は味が薄すぎる.
***심심-하다**[2][ʃimʃimhada シムシムハダ] 形 退屈だ; 所在ない; 無聊ぶりょうだ ¶할 일이 없어 ~[hal liri ɔːps'ɔ ~ ハル リリ オープソ ~] 所在なくて退屈だ.

심통

심야[深夜][ʃiːmja シーミャ] 图 深夜; 夜更け ¶~의 종소리[~e tɕoŋs'ori ~エ チョンソリ] 深夜の鐘の音.
심오[深奧][ʃiːmo シーモ] 图 形 深奥; 奥深いこと ¶~한 경지[~han kjɔŋdʒi ~ハン キョンジ] 深奥な境地.
심의[審議][ʃiːmi シーミ] 图 形 他 審議 ━**회**[hwe フェ] 图 審議会 ¶국어 ~[kugɔ ~ クゴ ~] 国語審議会.
심장[心臟][ʃimdʒaŋ シムジャン] 图 心臓 ━**을 찌르다**[ul tɕ'iruda ウルッチルダ] 要かなめをつく ━**이 강하다**[i kaŋhada イ カンハダ] 慣 心臓が強い; 厚かましい ━**이 약하다**[i jakʰada イ ヤクカダ] 慣 心臓が弱い; 気が弱い ━**마비**[maːbi マービ] 图 心臓麻痺まひ.
심장[深長][ʃiːmdʒaŋ シームジャン] 图 形 深長 ¶의미 ~한 말[ɯimi ~han maːl ウィーミ ~ハン マール] 意味深長な言葉.
심적[心的][ʃimtɕ'ɔk シムチョク] 冠 心的 ~ 고통[(ʃimtɕ'ɔ) kotʰoŋ ~ コトン] 心的苦痛.
***심정**[心情][ʃimdʒɔŋ シムジョン] 图 心情; 胸中 ¶~을 헤아리다[~ul heːarida ~ウル ヘアリダ] 胸中を察する.
심중[心中][ʃimdʒuŋ シムジュン] 图 心中; 心の中; 心の底; 胸中 ¶~이 편치 않다[~i pʰjɔntɕʰi antʰa ~イ ピョンチ アンタ] 心中穩やかではない.
심증[心證][ʃimdʒuŋ シムジュン] 图 心証 ¶~을 굳히다[~ul kutɕʰida ~ウル クッチダ] 心証を固める.
심지[心一][ʃimdʒi シムジ] 图 ① 心·芯しん; 灯心 ¶초의 ~[tɕʰoe ~ チョエ ~] ろうそくの心 ② (ダイナマイトなどの)導火線 ③ くじ ¶~ 뽑기[~ p'opk'i ~ ッポプキ] くじ引き.
*심지어[甚至於][ʃiːmdʒiɔ シームジオ] 副 甚だしくは; それだけでなく ¶~ 남을 중상까지 하다[~ namul tɕuŋsaŋk'adʒi hada ~ ナムル チュンサンッカジ ハダ] それだけでなく人を中傷までする.
심취[心醉][ʃimtɕʰwi シムチュィ] 图 形 自 心酔 ¶문학에 ~하다[munhage ~hada ムンハゲ ~ハダ] 文学に心酔する.
심통[心一][ʃimtʰoŋ シムトン] 图 よくない心根; 意地悪 ¶~을 부리다[~ul purida ~ウル プリダ] 意地悪

する / ～이 사납다[~i sa:napt'a ~イ サーナプタ] 心根がとても悪い.

*심판[審判][ʃi:mpʰan シームパン] 名 하他 審判; 裁き ¶ 공정한 ～[koŋdʒoŋhan ~ コンジョンハン ~] 公正な裁き[審判].

심포니[ʃimpʰoni シムポニ] symphony 名〈楽〉シンフォニー ―오케스트라 [o:kʰesɯtʰɯra オーケストゥラ] 名〈楽〉シンフォニーオーケストラ.

*심-하다[甚一][ʃi:mhada シームハダ] 形 여変 ひどい; 甚だしい; 激しい ¶ 장난이 ～[tʃaŋnani ~ チャンナニ ~] いたずらがひどい / 바람이 ～[parami ~ パラミ ~] 風が激しい 심-히[ʃi:miシーミ] 副 ひどく; 甚だ(しく); 激しく; 非常に; とても ¶ ～ 유감스럽다[~ jugamsɯrəpt'a ~ ユガムスロプタ] 甚だ遺憾である.

심혈[心血][ʃimhjʌl シムヒョル] 名 心血; 精魂 ¶ ～을 기울이다((ʃimhjʌr)-ɯl kiurida (シムヒョル)ルル キウリダ] 心血[精魂]を注ぐ[傾ける].

심-호흡[深呼吸][ʃi:mhohup シームホフプ] 名 하自 深呼吸.

*십[十・拾][ʃip シプ] 数 冠 10; 十; と

십년[十年][ʃimnjʌn シムニョン] 名 ―감수(減壽)[ga:msu ガームス] 名 하自 10年も命が縮まること; ひどい恐怖・苦痛・驚きを表わす語 ¶ 얼마나 놀랐는지 ～했다[ɔ:lmana no:llannɯndʒi ~hɛt'a オルマナ ノールランヌンジ ～ヘッタ] あまり驚いたので命が10年は縮まったよ ―공부(工夫)[gɔŋbu ゴンブ] 名 10年の勉強; 長年の努力 ¶ ～ 나무아미타불(南無阿彌陀佛)[~ namuamitʰabul ~ ナムアミタブル] = ～ 도로아미타불[~ doroamitʰabul ~ ドロアミタブル] 諺 10年の勉強南無阿弥陀仏だもの; 九切(こ)(き)ょうの功を一簣に欠く[長年の努力が一時に無駄になる] ―지기(知己)[dʒigi ジギ] 名 長いつきあいの知人.

십-대[十代][ʃiptʼɛ シプテ] 名 10代 ① 10の世代 ¶ ～ 자손[~ dʒason ~ ジャソン] 10代目の子孫 ② ティーンエージャー ¶ ～의 소년[~e so:njʌn ~エ ソーニョン] 10代の少年.

십리[十里][ʃimni シムニ] 名 10里(日本の1里に当たる).

십분[十分][ʃip'un シプブン] 副 十分に; 不足なく ¶ ～ 주의하라[~ tʃu:ihara ～ チューイハラ] 十分気をつけろ.

십상[ʃips'aŋ シプサン] 1 名 好都合; 上出来; あつらえ向き; 上々 ¶ 여행하기엔 ～인 날씨[jəhɛŋhagien ~in nalʃ'i ヨヘンハギエン ～イン ナルッシ] 旅行にはもってこいのお天気 2 副 好都合に; ちょうど; ぴったり; あつらえ向きに ¶ 양복은 너에게 ～ 어울린다[jaŋbogɯn nəege ~ ɔullinda ヤンボグン ノエゲ ～ オウルリンダ] 洋服はお前にぴったり似合う.

-십시다[ʃipʃ'ida シプシダ] 語尾 …しましょう ¶ 가～[ka~ カ～] 行きましょう.

-십시오[ʃipʃio シプシオ] 語尾 …(して)ください ¶ 주무～[tʃumu ~ チュム ～] おやすみなさい.

십시-일반[十匙一飯][ʃipʃ'iilban シプシイルバン] 名 10人が1さじずつ出しあえば1人分の飯になるの意; みんなで力を合わせれば1人くらい助けるのは容易なことだということ.

십오-야[十五夜][ʃiboja シボヤ] 名 十五夜 ¶ ～ 밝은 달[~ balgɯn tal ~ バルグン タル] 十五夜の明るい月.

*십이-월[十二月][ʃibiwʌl シビウォル] 名 12月=섣달[sɔ:t'al ソーッタル].

십이지-장[十二指腸][ʃibidʒidʒaŋ シビジジャン] 名〈生〉十二指腸.

십인-십색[十人十色][ʃibinʃip'ɛk シビンシプセク] 名 十人十色 ¶ 사람의 얼굴은 ～이다[sa:rame ɔlgurɯn ~-(ipʃ'ɛg)ida サーラメ オルグルン ～-(シプセ)ギダ] 人の顔は十人十色である.

십일[十日][ʃibil シビル] 名 10日.

*십일-월[十一月][ʃibirwʌl シビルォル] 名 11月=동짓달[toŋdʒit'al トンジッタル].

십자[十字][ʃiptʃ'a シプチャ] 名 十字 ―가[ga ガ] 名 十字架.

십-자매[十姉妹][ʃiptʃ'amɛ シプチャメ] 名〈鳥〉ジュウシマツ(十姉妹).

십-장생[十長生][ʃiptʃ'aŋsɛŋ シプチャン

'십장생'을 描いた図

センュ] 名 長寿を徴する10種のもの(太陽・山・水・石・雲・松・不老草・亀・鶴・鹿).

십중-팔구 [十中八九] [ʃiptʃ'uŋpʰalgu シプチュンパルグ] 名 十中八九; おおかた; ほとんど ¶ ~는 중도에서 탈락한다 [~nɯn tʃuŋdoesɔ tʰallakʰanda ~ヌン チュンドエソ タルラクカンダ] 十中八九は中途で脱落する.

싯- [ʃit シッ] 接頭 真っ…; 色彩の濃く鮮明なさまを表わす語.

싯-꺼멓다 [ʃitk'ɔmɔtʰa シッコモッタ] 形 ㅎ変 真っ黒い; '시꺼멓다'.

싯-누렇다 [ʃinnurɔtʰa シンヌロッタ] 形 ㅎ変 真っ黄色い; 真っ黄色だ.

싯-멀겋다 [ʃinmɔlgɔtʰa シンモルゴッタ] 形 ㅎ変 (色が)非常に濁っている.

싯-뻘겋다 [ʃitp'ɔlgɔtʰa シッポルゴッタ] 形 ㅎ変 真っ赤だ '시뻘겋다'.

싯-퍼렇다 [ʃitpʰɔrɔtʰa シッポロッタ] 形 ㅎ変 真っ青だ '시퍼렇다'.

싯-허옇다 [ʃithɔjɔtʰa シットヨッタ] 形 ㅎ変 真っ白だ '시허옇다'.

*싱겁다 [ʃiŋgɔptʼa シンゴプタ] 形 ㅂ変 ① 味が薄い; 水っぽい; 淡い; 甘い ¶ 이 된장국은 ~ [i twe:ndʒaŋk'ugɯn ~ イ トゥェーンジャンクグン ~] このみそ汁は味が薄い ② (酒が)水っぽい, アルコール度が弱い ¶ 싱거운 술 [ʃiŋgɔun sul シンゴウン スル] 水っぽい[薄い]酒 ③ (言語・動作が)つまらない; 間が抜けている ¶ 싱거운 사람 [ʃiŋgɔun sa:ram シンゴウン サーラム] 甘い人; 面白みのない人 ④ 不体裁だ; (体格が)不釣り合いだ ¶ 싱겁게 키가 크다 [ʃiŋgɔk'e kʰiga kʰuda シンゴプケ キガ クダ] べらぼうに背が高い.

싱그럽다 [ʃiŋgurɔptʼa シングロプタ] 形 ㅂ変 さわやかだ; 新鮮な香りがする; みずみずしい; すがすがしい; 生き生きとしている ¶ 싱그러운 5월 [ʃiŋgurɔun o:wɔl シングロウン オーウォル] さわやかな5月 / 싱그러운 봄바람 [ʃiŋgurɔun pomp'aram シングロウン ポムパラム] すがすがしい春風.

싱글 [ʃiŋgul シングル] 名 single ① 1人; 1個 ② 独身 ③ ウイスキーなどの量の単位 (↔ ダブル) **—베드** [bɛdɯ ベドゥ] 名 シングルベッド; 1人用の寝台 **—히트** [hitʰɯ ヒトゥ] 名 〈野〉シングルヒット; 単打.

싱글-벙글 [ʃiŋgulbɔŋgul シングルボングル] 副 ㅎㅁ にこにこ ¶ ~하면서 기뻐하다 [~hamjɔnsɔ kip'ɔhada ~ハミョンソ キッポハダ] にこにこしながらとてもうれしがる.

싱굿 [ʃiŋgut シングッ] 副 ㅎㅁ にっこり ¶ ~ 웃다 [(ʃiŋgut)u:tʼa (シングッ)ウーッタ] にっこり笑う **—이** [(ʃiŋgu)ʃi (シング)シ] 副 にっこりと; にこっと.

싱숭-생숭 [ʃiŋsuŋsɛŋsuŋ シンスンセンスン] 副 ㅎㅁ形 そわそわ; うきうき; 心がうきうきして落ち着かないさま ¶ 마음이 ~하다 [maumi ~hada マウミ ~ハダ] 心がそわそわする.

*싱싱-하다 [ʃiŋʃiŋhada シンシンハダ] 形 여変 ① 生きがよい; 生き生きしている ¶ ~한 생선 [~han sɛŋsɔn ~ハン センソン] 生きのよい魚 ② みずみずしい; 若々しい; 鮮やかである ¶ 나무의 푸르름이 ~ [namue pʰururumi ~ ナムエ プルルミ ~] 木の緑がみずみずしい ③ 元気旺盛だ; 活発だ; ぴんぴんしている ¶ 몸이 ~ [momi ~ モミ ~] 体がぴんぴんしている.

싱어 [ʃiŋ シンオ] singer 名 シンガー; 歌手; 声楽家.

싱크-대 [-臺] [ʃiŋkʰudɛ シンクデ] sink 名 シンク; 台所や調理場の流し.

*싶다 [ʃiptʼa シプタ] 補形 ① …(し)たい ¶ 보고 ~ [pogo ~ ポゴ ~] 見たい ② …ようだ ¶ 좀 큰가 ~ [tʃom kʰunga ~ チョム クンガ ~] ちょっと大きいようだ ③ …したら(いいのに)なあ; …て欲しい ¶ 빨리 갔으면 ~ [p'alli kas'ɯmjɔn ~ ッパリ カッスミョン ~] 早く行ったらいいのに; 早く行って欲しい.

-싶다 [ʃiptʼa シプタ] 接尾 …そうだ; …と思われる ¶ 나갈 듯~ [nagal t'ɯt(ʃ'ipt'a) ~ ナガル トゥッ~] 行けそうだ / 올 성~ [ol s'ɔŋ~ オル ソン~] 来そうだ; 来そうな気がする / 좀 클 성~ [tʃom kʰul s'ɔŋ~ チョム クル ソン~] 少し大きいと思われる.

싶어-하다 [ʃipʰɔhada シポハダ] 補動 …たがる ¶ 먹고 ~ [mɔk'o ~ モッコ ~] 食べたがる / 무엇이든 알고 ~ [muɔʃidun a:lgo ~ ムオシドゥン アールゴ ~] 何でも知りたがる.

싸고-돌다 [s'agodolda ッサゴドルダ] ㄹ語幹 他 ① (中心を取り囲んで)周囲を動き回る ② かばう; 庇護する; えこひいきする; = **싸돌다** [s'adolda ッサドルダ] ¶ 자기 아들만 ~ [tʃagi adɯlman ~ チャギ アドゥルマン ~] 自分の息子だけかばう.

싸구려 [s'agurjɔ ッサグリョ] **1** 名 ① 投げ売り品；至って値が安いもの ¶~로 팔아 치우다[~ro pʰara tɕʰiuda ~ロ パラ チウダ] 二束三文にたたき売る ② 安物 ¶~-rul tɕʰadʑa hemɛda ~ルル チャジャ ヘメダ] 安物をあさる **2** 感 露天商人などがお客を集めようとして叫ぶ掛け声；安い，安いよ.

싸느랗다 [s'anɯratʰa ッサヌラッタ] 形 ㅎ変 ① 天気が冷えて冷たい；冷え冷えする ② 冷たい ¶손이 ~[soni ~ ソニ ~] 手が冷たい ③ 冷淡だ；冷ややかだ ¶싸느란 표정 [s'anɯran pʰjodʑɔŋ ッサヌラン ピョジョン] 冷ややかな表情 ④ (驚きや恐怖で)ひやっとする；ぞっとする. ×싸느렇다.

*싸늘-하다 [s'anɯrhada ッサヌルハダ] 形 ㅎ変 ① 冷やっこい；冷たい ¶~-한 겨울 바람 [~-han kjʌul p'aram ~-ハン キョウル パラム] 冷やっこい冬風／~-해진 시체(屍體)[~-hɛdʑin ɕitɕʰe ~-ヘジン シーチェ] 冷たくなった死体／~-한 분위기 [~-han punwigi ~-ハン プヌィギ] 冷ややかな雰囲気.

‡**싸다¹** [s'ada ッサダ] 形 ① 安い ¶무척 ~[mutɕʰɔk ~ ムチョク ~] とても安い ② 当然だ；当たり前だ ¶욕먹어 ~[jonmʌgʌ ~ ヨンモゴ ~] 悪く言われて当然だ.

‡**싸다²** [s'ada ッサダ] 他 ① 包む ¶보자기로 ~[podʑagiro ~ ポジャギロ ~] ふろしきで包む ② かばう ¶딸만 싸고 돈다 [t'alman s'ago donda ッタルマン ッサゴ ドンダ] 娘だけをかばう ③ 取り囲む ¶겹겹이 ~[kjɔpkjʌbi ~ キョプキョビ ~] (警護員たちが)幾重にも取り囲む ④ 食べ物をつめる；支度する ¶도시락을 ~[toɕiragɯl ~ トシラグル ~] 弁当をつめる[こしらえる].

싸다³ [s'ada ッサダ] 形 ① (口が)軽い ¶입이 ~[ibi ~ イビ ~] 口が軽い ② (動作が)速い；素早い ¶싸게 걷다 [s'age kɔːt'a ッサゲ コッタ] 素早く歩く ③ 火が強い ¶싼 불로 끓이다 [s'an pullo k'urida ッサン プルロ ックリダ] 強火で沸かす.

싸다⁴ [s'ada ッサダ] 他 (大小便など を)垂れる；もらす ¶똥~[t'oŋ~ ット ン~] くそを垂れる.

싸-다니다 [s'adanida ッサダニダ] 自 他 やたらに出歩く；走り回る；=**싸대다** [s'adɛda ッサデダ] ¶하루 종일 (終日) ~[haru dʑoŋil ~ ハル ジョンイル ~] 1日中歩き回る.

싸-데려가다 [s'aderjɔgada ッサデリョガダ] 自 新郎側が結婚費用を負担して貧しい新婦と結婚する.

싸라기 [s'aragi ッサラギ] 名 小米；砕け米；砕米黐；くず米.

싸락-눈 [s'araŋ nun ッサラン ヌン] 名 あられ=**싸라기 눈** [s'aragi nun ッサラギ ヌン] ¶~-이 오다 [~-i oda ~-(ヌニ) オダ] あられが降る.

싸리 [s'ari ッサリ] 名 〈植〉ハギ(萩) = **싸리 나무** [s'ari namu ッサリ ナム] ━**문**(門) [mun ムン] 名 ①ハギの戸 ② 사립문 [sarimmun サリムムン] [柴の戸] ━**버섯** [bɔsɔt ポソッ] 名 〈植〉ホウキタケ ━**비** [bi ビ] 名 ハギを束ねて作ったほうき.

싸-매다 [s'amɛda ッサメダ] 他 包む；巻く；巻きつける ¶붕대로 ~[puŋdɛro ~ プンデロ ~] ほうたいで巻く.

싸-바르다 [s'abarɯda ッサバルダ] 他 全体を塗りつける ¶시멘트로 벽을 ~ [ɕimentʰɯro pjʌgɯl ~ シメントゥロ ピョグル ~] セメントで壁を塗りつける.

*싸우다 [s'auda ッサウダ] 自 ① 争う；けんかをする ¶사소한 일로 ~[sasohan niːllo ~ サソハン ニールロ ~] つまらないことで争う ② 戦う；競う ¶당당히 ~[taŋdaŋi ~ タンダイ ~] 堂々と戦う ③ 闘う ¶고난과 ~[konaŋwa ~ コナングァ ~] 苦難と闘う.

*싸움 [s'aum ッサウム] 名 けんか；戦い ¶~-을 말리다 [~-ɯl mallida ~ サウムル マルリダ] けんかを止める[分ける・仲裁する] ━**하다** [hada ハダ] 自 けんかをする；争う；戦う ━**질** [dʑil ジル] 名 けんか；争い；戦い ━**터** [tʰʌ ト] 名 戦場 ━**판** [pʰan パン] 名 争い場 ━**패**(牌) [pʰɛ ペ] 名 ならずもの；無頼漢；ごろつきたち.

싸이다 [s'aida ッサイダ] 自 [受動] 囲まれる；包まれる；取り巻かれる ¶보자기에 싸인 물건 [podʑagie s'ain mulgʌn ポジャギエ ッサイン ムルゴン] ふろしきに包まれた物.

싸-잡다 [s'adʑapt'a ッサジャプタ] 他 ひっくるめる；含める ¶싸잡아 팔아

싸-잡히다 넘기다 [s'adʒaba pʰara nɔmgida ッサジャバ パラ ノムギダ] ひっくるめて売ってしまう.

싸-잡히다 [s'adʒapʰida ッサジャプヒダ] [自][受動] ひっくるめられる; 含められる.

싸-전[─廛] [s'adʒɔn ッサジョン] [名] 米屋.

****싹**[1] [s'ak ッサク] [名] 芽 ¶~이 트다 [(s'ag)i tʰuda (ッサ)ギ トゥダ] 芽ぐむ; 芽を吹く; 芽が角ぐむ; 萌えㅊ出る / ~이 노르다 [(s'ag)i no:ratʰa (ッサ)ギ ノーラッタ] 芽が黄色い; [慣] 初めから見込みがまったくない.

싹[2] [s'ak ッサク] [副] ① ずばり; さっくり ¶종이를 ~ 자르다 [tʃoŋirul ~ tʃ'aruda チョンイルル ~ チャルダ] 紙をずばりと切る ② すっきり; さっと ¶눈을 ~ 쓸어버리다 [nu:nul ~ s'urɔbɔrida ヌーヌル ~ ッスロボリダ] 雪をすっきり掃いてしまう ③ すっと; すっかり ¶핏기가 ~ 가시다 [pʰitk'iga (s'a) k'aʃida ピッキガ ~ カシダ] 血の気がすっと引く ④ がらりと; けろりと ¶태도를 ~ 바꾸다 [tʰɛ:dorul ~ p'ak'uda テードルル ~ パックダ] 態度をがらりと変える.

싹둑 [s'akt'uk ッサクトゥク] [副] ちょきんと; すぱっと; さくっと; = **싹독** [s'akt'ok ッサクトク] ¶무를 ~ 자르다 [mu:rul ~ tʃ'aruda ムール ~ チャルダ] 大根をすぱっと切る.

싹-수 [s'aks'u ッサクス] [名] 見込み; 兆し; 芽 ¶~가 노랗다 [~ga no:ratʰa ~ガ ノーラッタ] [慣] 見込みがない.

싹싹 [s'aks'ak ッサクサク] [副] ① すばすば; ちょきんちょきん ¶종이를 ~ 자르다 [tʃoŋirul ~ tʃ'aruda チョンイルル ~ チャルダ] 紙をちょきんちょきんと切る ② 手を合わせてもむさま ¶~ 빌다 [~ p'i:lda ~ ピールダ] (許してくれと)手をもむ.

싹싹-하다 [s'aks'akʰada ッサクサクカダ] [形][여変] 気さくだ; 気軽い; 愛想がよい ¶~-한 사람 [~-kʰan sa:ram ~-カン サーラム] 気さくな人.

싹-쓸이 [s'aks'uri ッサクスリ] [他] すっかり掃き出すこと; (賭け事などに勝って)独り占めすること.

싹-트다 [s'aktʰuda ッサクトゥダ] [自] [으変] 芽が出る; 芽生える ¶버드나무가 ~ [pɔdunamuga ~ ポドゥナムガ ~] 柳が芽生える / 사랑이 ~ [saraŋi ~ サランイ ~] 愛が芽生える.

싼-값 [s'angap ッサンガプ] [名] 安値; 廉価 ¶월등히 ~ [wɔlt'uɲi ~ ウォルトゥンイ ~] けたはずれの安値.

****쌀** [s'al ッサル] [名] 米 ¶멥~ [mep~ メプ~] うるち / 찹~ [tʃʰap~ チャプ~] もち米 / 햅~ [hɛp~ ヘプ~] 新米.

쌀-가게 [s'alk'age ッサルカゲ] [名] 米屋.

쌀-겨 [s'alk'jɔ ッサルキョ] [名] 米ぬか; ぬか; こぬか.

쌀-독 [s'alt'ok ッサルトク] [名] 米を入れておくかめ ¶~에서 인심난다 [(s'alt'og)esɔ inʃimnanda (ッサルト)ゲソ インシムナンダ] [諺] 米のかめから人情がわく(自分の暮らしに余裕があってこそ他人の同情心も起こる).

쌀-뜨물 [s'alt'umul ッサルットゥムル] [名] 米のとき水[汁]; 白水.

쌀랑-하다 [s'allaŋhada ッサルランハダ] [形] [여変] ① うすら寒い; 肌寒い; <'썰렁하다' ¶~-한 바람 [~-han param ~-ハン パラム] 肌寒い風 ② ひやりとする **쌀랑-거리다** [s'allaŋgɔrida ッサルランゴリダ] [自] ① ひんやりとした風が吹く <'썰렁거리다' ② 軽やかに手を振って歩く.

쌀래-쌀래 [s'allɛs'allɛ ッサルレッサルレ] [副] 強く頭を横に振るさま; いやいや.

쌀-밥 [s'albap ッサルパプ] [名] 白米で炊いたご飯; 米飯 = 이밥 [i:bap イーバプ]・백반 (白飯) [pɛkp'an ペクパン]・흰밥 [hinbap ヒンバプ].

쌀-보리 [s'albori ッサルボリ] [名] 〈植〉ハダカムギ(裸麦).

쌀쌀 [s'a:ls'al ッサールッサル] [副] 腹がひりひり[ちくちく]と痛むさま; = 살살 [sa:lsal サールサル] ¶배가 ~ 아프다 [pega ~ apʰuda ペガ ~ アプダ] 腹がひりひり[ちくちく]と痛む.

쌀쌀-거리다 [s'als'algɔrida ッサルッサルゴリダ] [自] ① 心が落ち着かず浮き浮きしてしょっちゅう出歩く[歩き回る] ② いやいやをするように首を横に振る.

쌀쌀-맞다 [s'als'almat'a ッサルッサルマッタ] [形] にべ(も)ない; 冷淡だ; 冷たい ¶~-맞게 대하다 [~-matk'e tɛ:hada ~-マッケ テーハダ] 冷ややかに対する.

****쌀쌀-하다** [s'als'arhada ッサルッサルハダ] [形] [여変] ① 肌寒い; 冷え冷えする ¶~-한 날씨 [~-han nalʃ'i ~-ハン ナルッシ] 肌寒い日和 ② 冷たい;

冷ややかだ; よそよそしい ¶ ~-한 태도 [~-han tʰɛ:do ~-ハン テード] 冷たい態度. **쌀쌀-히** [s'alsʼari ッサルッサリ] 副 冷たく; 冷ややかに ¶ ~ 거절(拒絕)하다 [~ kɔ:dʒɔrhada ~ コージョルハダ] けんもほろろに断わる.

쌀-알 [s'aral ッサラル] 名 米粒.

쌀-장사 [s'aldʒansa ッサルジャンサ] 名 하自 米の商売.

쌀-장수 [s'aldʒansu ッサルジャンス] 名 米屋; 米商人.

***쌈**[1] [s'am ッサム] 名 チシャ・白菜・のりなどでご飯とおかずなどを包んで食べること, またその食べ物.

쌈[1]

쌈[2] [s'am ッサム] 依名 縫い針24本を単位として数える語.

쌈[3] [s'a:m ッサーム] 名 하自 '싸움「けんか; 争い」の略 **—닭** [tʼak タク] 名 闘鶏用のニワトリ **—질** [dʒil ジル] 名 けんか; 争い **—터** [tʰɔ ト] 名 戦場.

쌈지 [s'amdʒi ッサムジ] 名 タバコ入れ ¶ ~ 돈이 주머니 돈 [~ tʼoni tʃumɔnitʼon ~ トニ チュモニトン] タバコ入れのお金が巾着のお金だ; 一家族のお金はその家全体のお金だ(区別不要だ).

쌉싸래-하다 [s'apsʼarɛhada ッサプサレハダ] 形 여変 ほろ苦い; ちょっと苦味があるようだ.

쌉쌀-하다 [s'apsʼalhada ッサプサルハダ] 形 여変 ほろ苦い; やや苦味がある ¶ 맥주(麥酒)의 ~-한 맛 [mɛ:tʃʼue ~-han mat メクチュエ ~-ハン マッ] ビールのほろ苦い味.

***쌍**[雙] [s'aŋ ッサン] 名 ① 対; ペア ¶ 꽃병 한 ~ [kʼotpʼɔŋ han ~ ッコッピョン ハン ~] 花瓶1対 ② つがい ¶ 병아리 한 ~ [pjɔŋari han ~ ピョンアリ ハン ~] ひよこ1つがい ③ 組 ¶ 부부 한 ~ [pubu han ~ ププ ハン ~] 夫婦1組 **—가마** [gama ガマ] 名 2つのつむじ.

쌍-곡선 [雙曲線] [s'aŋgoksʼɔn ッサンゴクソン] 名 〈数〉 双曲線.

쌍-권총 [雙拳銃] [s'aŋgwɔntʃʰoŋ ッサングォンチョン] 名 2丁(の)拳銃.

쌍긋 [s'aŋgut ッサングッ] 副 하自 にっこり; にこっと; =**쌍끗** [s'aŋkʼut ッサンックッ] ¶ ~ 웃다 [(s'aŋgud) u:tʼa (ッサング)ウーッタ] にっこり笑う.

쌍-꺼풀 [雙—] [s'aŋkʼɔpʰul ッサンッコプル] 名 二重まぶた **—눈** [lun ルン] 名 二重まぶたの目 **—지다** [dʒida ジダ] 自 二重まぶたになる.

쌍-년 [s'aŋnjɔn ッサンニョン] 名 〈卑〉 女; ばいた; あま.

쌍-놈 [s'aŋnom ッサンノム] 名 〈卑〉 男; 野郎; げす.

쌍둥[雙童] [s'aŋduŋ ッサンドン] 名 双子='쌍둥이' **—딸** [tʼal ッタル] 名 女児の双子 **—밤** [bam バム] 名 二子栗 **—아들** [adul アドゥル] 名 双生児; 男子の双子.

쌍두[雙頭] [s'aŋdu ッサンドゥ] 名 ① 双頭 ② 2匹; 2頭 **—마차** [matʃʰa マーチャ] 名 2頭立ての馬車.

***쌍-둥이**[雙—] [s'aŋduŋi ッサンドゥンイ] 名 双子; 双生児. ×'쌍동이'.

쌍-말 [s'aŋmal ッサンマル] 名 하自 下品な言葉; 卑語; 汚い言葉.

쌍-무지개[雙—] [s'aŋmudʒigɛ ッサンムジゲ] 名 二重虹.

쌍방[雙方] [s'aŋbaŋ ッサンバン] 名 双方; 両方 ¶ ~의 의견 [~e uiːgjɔn ~エ ウィーギョン] 双方の意見.

쌍벽[雙壁] [s'aŋbjɔk ッサンビョク] 名 双璧 ¶ 현대 시단의 ~ [hjɔndɛ ʃidane ~] 現代詩壇の双璧.

쌍생-아[雙生兒] [s'aŋsɛŋa ッサンセンア] 名 双生児='쌍둥이'.

쌍-소리 [s'aŋsʼori ッサンッソリ] 名 하自 下品な言葉・話; 卑しい言葉.

쌍수[雙手] [s'aŋsu ッサンス] 名 両手; 双手; もろ手 ¶ ~를 들어 찬성하다 [~rul turɔ tʃʰa:nsɔŋhada ~ルル トゥロ チャーンソンハダ] もろ手を挙げて賛成する.

***쌍-스럽다** [s'aŋsʼurɔptʼa ッサンッスロプタ] 形 ㅂ変 下品だ; 下劣だ; 卑しい ¶ 쌍스러운 말 [s'aŋsʼurɔun ma:l ッサンッスロウン マール] 下品な言葉.

쌍-심지[雙心—] [s'aŋʃimdʒi ッサンシム

ジ】 名 ① 2本の灯心 ② ひどく怒って両目を血走らせていること ¶눈에 ~를 켜고 화내다[nune ~rul khjogo hwa:neda ヌネ ~ルル キョゴ ファーネダ] 両目を血走らせて怒る.

쌍쌍[雙雙][s'aŋs'aŋ ッサンッサン] **1** 名 2つ[2人]ずつの対 **2** 副 2人ずつ組んで; カップルで; つがいで ; =**쌍쌍-이**[s'aŋs'aŋi ッサンッサンイ] ¶비둘기가 ~ 날아가다[pidulgiga ~ naragada ピドゥルギガ ~ ナラガダ] ハトが対をなして飛んで行く.

쌍안-경[雙眼鏡][s'aŋangjɔŋ ッサンアンギョン] 名 双眼鏡.

쌍-칼[雙—][s'aŋkhal ッサンカル] 名 二刀流; 両刀(遣い).

*쌓다[s'atha ッサッタ] 他 積む ① 築く; 重ねる ¶성을 ~[sɔŋul ~ ソンウル ~] 城を築く ② 蓄積する ¶경험을 ~[kjɔŋhɔmul ~ キョンホムル ~] 経験を積む ③ (技術などを)磨く.

*쌓이다[s'aida ッサイダ] **1** 自 ① 積もる; 重なる ¶눈이 ~[nu:ni ヌーニ ~] 雪が積もる ② たまる; つめる ¶빚이 ~[pidʒi ビジ ~] 借金がたまる / 근심이 ~[kunʃimi クンシミ ~] 心配がつめる **2** 受動 積まれる ¶산처럼 ~[santʃhɔrɔm サンチョロム ~] 山のように積まれる.

쌔고-쌘[s'ɛ:gos'ɛn ッセーゴッセン] 冠 あり余る; さらにある; ありふれた ¶~ 물건(物件)[~ mulgɔn ~ ムルゴン] さらにあるもの.

쌔고-쌨다[s'ɛ:gos'ɛt'a ッセーゴッセッタ] 形 さらにある; ありふれる; あり余る ¶그 정도(程度)는 ~[ku tʃɔŋdonun ~ ク チョンドヌン ~] それぐらいはいくらでもある.

쌔근-거리다[s'ɛgungɔrida ッセグンゴリダ] 自 あえぐ; 息せく; 息をはずませる ¶~-거리며 뛰어 오다[~-gorimjɔ t'wiɔ oda ~-ゴリミョ ットゥィオ オダ] 息をはずませて走ってくる.

쌔다[s'ɛ:da ッセーダ] 自 ① '쌓이다'の略 ② ('쌘'・'쌨다'の形で)あり余るほどある; さらにある; うんとある.

쌔리다[s'ɛrida ッセリダ] 他 俗 殴る.

쌔무룩-하다[s'ɛmurukhada ッセムルクカダ] 形 [여변] むっとしている; 仏頂面を[つんと]している; 膨れている ¶~-한 얼굴[~-khan ɔlgul ~-カン オルグル] 仏頂面.

쌔비다[s'ɛbida ッセビダ] 他 俗 他人の物をこっそり盗む; 掠め取る.

쌕[s'ɛk ッセク] 副 にっと; にこっと; =<'씩' ¶~ 웃다[(s'ɛg) u:t'a (ッセ) グータ] にっと笑う.

쌕쌕[s'ɛks'ɛk ッセクセク] 副 하自 すやすや ¶아이가 ~ 잠자다[aiga ~ tʃ'amdʒada アイガ ~ チャムジャダ] 子供がすやすやと眠っている.

쌕쌕-이[s'ɛks'ɛgi ッセクセギ] 名 俗 ジェット機.

쌨다[s'ɛ:t'a ッセータ] 形 あり余る; さらにある ¶그런 것은 ~[kurɔnkɔsun ~ クロン コスン ~] そんなものはあり余っている.

쌩[s'ɛŋ ッセン] 副 ひゅう; ぴゅう ¶찬 바람이 ~ 불어 온다[tʃhan parami ~ purɔ onda チャン パラミ ~ プロオンダ] 寒い風がひゅうと吹く.

쌩그레[s'ɛŋgure ッセングレ] 副 하自 にこっと ¶~ 웃다[~ u:t'a ~ ウータ] にこっと笑う.

쌩글-거리다[s'ɛŋgulgɔrida ッセングルゴリダ] 自 にこにこ笑う ¶기뻐서 ~[kip'ɔsɔ ~ キッポソ ~] うれしくてにこにこする.

쌩긋[s'ɛŋgut ッセングッ] 副 하自 にっこり —**이**[(s'ɛŋgu)i (ッセング)シ] 副 にっこりと.

쌩쌩-하다[s'ɛŋs'ɛŋhada ッセンセンハダ] 形 [여변] 生き生き[ぴちぴち・はつらつと]している; とても新鮮だ; =<'씽씽하다' ¶생선이 ~[sɛŋsɔni ~ センソニ ~] 魚がぴちぴちしている.

써[s'ɔ ッソ] 副 …によって; …をもって; …なるが故に ¶절약함으로―…[tʃhɔrjakhamuro― チョリャクカムロ―] 節約することによって…. 「出す.

써-내다[s'ɔnɛda ッソネダ] 他 書いて

써-넣다[s'ɔnɔtha ッソノッタ] 他 書き入れる; 記入する; 書き込む ¶주소를 ~[tʃu:sorul ~ チューソルル ~] 住所を書き込む.

써느렇다[s'ɔnɯrɔtha ッソヌロッタ] 形 ㅎ변 ① ひやっこい; 涼しい; 冷ややかだ ② 驚いてぞっとする; ='써느렇다'の強調語=>'싸느랗다'

써늘-하다[s'ɔnɯlhada ッソヌルハダ] 形 [여변] ① ひやっこい; ひんやりする; 冷ややかだ ¶~-한 방[~-han paŋ ~-ハン パン] 冷ややかな部屋 ② (驚き・恐怖・危険を感じて)ひやっとする;

써레 [sʼɔːre ッソーレ] 图 馬ぐわ **—질** [dʑil ジル] 图 [한自] 代掻ぉき; 馬ぐわで田をかきならすこと.

썩 [sʼɔk ッソク] 副 ① すっと; さっさと ¶ ～ 나가라 [(sʼɔŋ) nagara (ッソン) ナガラ] さっさと出て行け ② ずば抜けて; すばらしく; とても ¶ ～ 좋은 성적 [～ tɕʰoːun sɔŋdʑok ～ チョーウン ソンジョク] とてもよい成績 ③ ざっくり ¶ 무를 ～ 베다 [muːrul ～ pʼeːda ムール ～ ペーダ] 大根をざっくり切る.

***썩다** [sʼɔkt'a ッソクタ] 自 ① 腐る; 朽ちる; 腐敗する ¶ 음식이 ～ [ɯːmɕigi ～ ウームシギ ～] 食べ物が腐る/ 썩어도 준치 [sʼɔgɔdo tɕʰuntɕʰi ッソゴド チュンチ] 諺 腐ってもヒラ[鯛ぃ] ② (精神・思想・社会制度などが)堕落する; 腐る ¶ 썩어 빠진 근성 [sʼɔgɔ pʼadʑin kɯnsɔŋ ッソゴ ッパジン クンソン] 腐れ根性 / 썩은 사회 [sʼɔgɯn sahwe ッソグン サフェ] 腐敗した社会 ③ (心を)傷める; 気を病む ¶ 속이 ～ [soːgi ～ ソーギ ～] 気を病む ④ (才能などが)埋もれる ¶ 아까운 인재가 ～ [akʼaun indʑɛga ～ アッカウン インジェガ ～] 惜しむべき人材が埋もれる.

썩어-빠지다 [sʼɔgɔpʼadʑida ッソゴッパジダ] 自 腐り切る; 朽ち果てる ¶ 정신이 ～ [tɕɔŋɕini ～ チョンシニ ～] 精神が腐り切っている.

***썩이다** [sʼɔgida ッソギダ] 他 [使役] ① 腐らせる ¶ 아까운 쌀을 ～ [akʼaun sʼarul ～ アッカウン ッサルル ～] もったいない米を腐らせる ② 気をもませる ＝¶ 속을 ～ [soːgul ～ ソーグル ～].

썩-정이 [sʼɔktɕʼɔŋi ッソクチョンイ] 图 腐ったもの.

***썰다** [sʼɔːlda ッソールダ] 他 [ㄹ語幹] 切る; (ネギを)刻む ¶ 무를 채～ [muːrul tɕʰɛ(sʼɔlda) ムール チェ(ッソルダ)] 大根を千切りにする / 두껍게 ～ [tukʼɔpkʼe ～ トゥッコプケ ～] 厚切りにする / 잘게 ～ [tɕalge ～ チャルゲ ～] 細切りにする.

썰렁-거리다 [sʼɔlləŋgɔrida ッソルロンゴリダ] 自 ① 風がそよぐ ② 腕を軽く振りながら歩く; ＝'설렁거리다'の強調語 ＝＞'쌀랑거리다'.

썰렁-하다 [sʼɔlləŋhada ッソルロンハダ] 形 [여変] ① 冷やりとする; 冷え冷えする ② ひやっとする ③ もの寂しい; ='설렁하다'の強調語 ＝＞'쌀랑하다'.

썰레-썰레 [sʼɔlles'olle ッソルレッソルレ] 副 頭や尾などを軽く左右に振るさま＝'설레설레'の強調語 ¶ 고개를 ～ 흔들다 [kogerul ～ hundɯlda コゲルル ～ フンドゥルダ] 頭を横に振る.

썰매 [sʼɔlmɛ ッソルメ] 图 そり.

썰물 [sʼɔlmul ッソルムル] 图 引き潮; ↔밀물 [miːlmul ミールムル] 「満ち潮」.

썰음-질 [sʼɔːrumdʑil ッソールムジル] 图 [한他] 細いのこで木を切ること.

쏘가리 [sʼogari ッソガリ] 图 〈魚〉 コウライケツギョ(高麗鱖魚); シナケツギョ (スズキ科の淡水魚).

***쏘다** [sʼoda ッソダ] 他 ① (弾丸を)撃つ ¶ 대포를 ～ [tɛːpʰorul ～ テーポルル ～] 大砲を撃つ ② (矢を)射る ¶ 활을 ～ [hwarul ～ ファルル ～] 弓を射る ③ (虫・蜂などが)刺す ¶ 벌이 ～ [pɔːri ～ ポーリ ～] 蜂が刺す ④ (辛い味などが舌を)刺す ¶ 매운 맛이 톡 ～ [mɛun maɕi tʰok ～ メウン マシトク ～] 辛い味がぴりっと舌を刺す ⑤ 鋭く言い放つ.

쏘-다니다 [sʼodanida ッソダニダ] 自他 やたらに歩き回る; うろつき回る ¶ 거리를 ～ [kɔrirul ～ コリルル ～] 街をうろつき回る.

쏘아-보다 [sʼoaboda ッソアボダ] 他 にらみつける; 鋭い目つきで見据える.

쏘아-붙이다 [sʼoabutɕʰida ッソアブチダ] 他 鋭く言い放つ.

쏘이다 [sʼoida ッソイダ] 自 [受動] 刺される ¶ 벌에 ～ [pɔːre ～ ポーレ ～] 蜂はちに刺される.

쏙 [sʼok ッソク] 副 ① にゅっと; ほこんと ¶ 머리를 ～ 내밀다 [mɔrirul ～ (sʼoŋ) nɛːmilda モリルル (ッソン) ネーミルダ] にゅっと頭を出す ② ぐいっと; ぐっと; すぽっと ¶ 무를 ～ 뽑아내다 [muːrul ～ pʼobanɛda ムール ～ ポバネダ] 大根をぐいっと引き抜く ③ 派手に ¶ ～ 뽑은 옷차림 [～ pʼobun otɕʰarim ～ ッポブン オッチャリム] 派手に着飾った身なり.

쏙닥-거리다 [sʼotʼakʼɔrida ッソタクコリダ] 自他 ひそひそ話す＝**쏙살거리다** [sʼoksʼalgɔrida ッソクサルゴリダ].

쏙닥-이다 [sʼokt'agida ッソクタギダ] 自 ひそひそ話す＝＜ '쏙덕이다'.

쏜살-같다 [sʼonsalgatʼa ッソンサルガッタ] 形 矢のようだ ¶ 달려가는 기세

(氣勢)가 ~[talljoganun kisega ~ タルリョガヌン キセガ ~] 走って行く勢いが矢のようだ **쏜살-같이** [s'onsalgatʧhi ッソンサルガチ] 副 矢のように; 矢のごとく ¶ ~ 달려오다[~ talljooda ~ タルリョオダ] 飛ぶように[矢のように]駆けつける.

***쏟다** [s'ot'a ッソッタ] 他 ① こぼす; 流す ¶ 국을 ~[kugul ~ クグル ~] 汁をこぼす / 물을 도랑에 ~[murul torane ~ ムルル トランエ ~] 水を溝に流す ② (血·涙などを)流す ¶ 코피를 ~[khophirul ~ コピルル ~] 鼻血を流す ③ (心を)注ぐ; 傾ける ¶ 정력을 ~[ʧoŋnjogul ~ チョンニョグル ~] 精力を傾ける ④ ぶちまける ¶ 불평을 쏟아 놓다[pulphjoŋul s'oda notha プルピョンウル ッソダ ノッタ] 不平をぶちまける.

***쏟아-지다** [s'odadʒida ッソダジダ] 自 ① (一度に多く)こぼれ落ちる ¶ 사과가 와르르 ~[sagwaga warurɯ ~ サグヮガ ワルル ~] リンゴがどっとこぼれ落ちる ② 降りしきる[注ぐ] ¶ 비가 몹시 ~[piga moːpʃ'i ~ ピガ モープシ ~] 雨が降りしきる ③ あふれ出る ¶ 눈물이 ~[nunmuri ~ ヌンムリ ~] 涙があふれ出る.

쏠리다 [s'ollida ッソルリダ] 自 ① 傾く; 片寄る ¶ 배가 왼쪽으로 ~[pεga wentʧ'oguro ~ ペガ ウェーンッチョグロ ~] 船が左舷に傾く ② (心·視線などが)注がれる; 集まる; 引かれる ¶ 마음이 ~[maɯmi ~ マウミ ~] 気持ちが傾く / 동정이 ~[toːŋdʒɔŋi ~ トーンジョンイ ~] 同情が集まる.

쏴 [s'waː ッスァー] 副 擬自 ① ひゅう; ぴゅう ¶ 바람이 ~ 불어온다[parami ~ puroonda パラミ ~ プロオンダ] 風がひゅうと吹いてくる ② ざあっと ¶ 소나기가 ~ 하고 온다[sonagiga ~ hago onda ソナギガ ~ ハゴ オンダ] 夕立がざあっと降る **一쏴** [s'waː ッスァー] 副 擬自 ① ひゅうひゅう; ぴゅうぴゅう ② ざあざあ ¶ 비가 ~ 온다[piga ~ onda ピガ ~ オンダ] 雨がざあざあ降る.

쐐기 [s'wεːgi ッスェーギ] 名 くさび ¶ ~를 박다[~rul pakt'a ~ルル パクタ] ① くさびを差す[打ち込む] ② 悪(後腐れのないように)念を押す; 事や状態が悪化するのを防ぐ; 手を打つ.

***쐬다**[1] [s'weːda ッスェーダ] 他 ① […を[을]~] 当たる; 浴びる ¶ 햇볕을 ~[hεtpjothɯl ~ ヘッピョトゥル ~] 日に当たる[日光を浴びる] ② […에~] 当てる; さらす ¶ 바람에 ~[parame ~ パラメ ~] 風にさらす[当てる] ③ 評価させる; 価値を見てもらう ¶ 보석을 ~[poːsogul ~ ポーソグル ~] 宝石を見てもらう.

쐬다[2] [s'weːda ッスェーダ] 自 受動 刺される='쏘이다'の略 ¶ 벌에 ~[poːre ~ ポーレ ~] 蜂に刺される.

쑤군-거리다 [s'uguŋɔrida ッスグンゴリダ] 自他 ひそひそと話す; ささやく ¶ ~-거리는 소리[~-gorinun sori ~-ゴリヌン ソリ] ひそひそと話す声.

쑤다 [s'uda ッスダ] 他 糊や粥を炊く ¶ 죽을 ~[ʧugul ~ チュグル ~] お粥を炊く.

***쑤시다**[1] [s'uʃida ッスシダ] 自 (針で刺すように)ずきずきうずく; 痛む ¶ 상처가 ~[saŋʧhoga ~ サンチョガ ~] 傷がうずく.

***쑤시다**[2] [s'uʃida ッスシダ] 他 ① ほじくる; せせる; 差し込む ¶ 이를 ~[irul ~ イルル ~] 歯をほじくる ② (蜂の巣などを)つつく ¶ 벌집을 ~[poːltʃ'ibul ~ ポールチブル ~] 蜂の巣をつつく.

쑥[1] [s'uk ッスク] 名 〈植〉ヨモギ; モグサ.

쑥[2] [s'uk ッスク] 名 間抜け; ばか; お人よし ¶ 그는 영 ~이더군 [kɯnɯn jɔːŋ (s'uŋ)idogun クヌン ヨーン (ッス)ギドグン] 彼はほんとに間抜けだったよ.

쑥[3] [s'uk ッスク] 副 ① にゅっと; ぽこんと; ぬっと ¶ 얼굴을 ~ 내밀다[ɔlgurul ~ (s'uŋ) neːmilda オルグルル (ッスン) ネーミルダ] 顔をぬっと突き出す ② すっと; ぐいと; すぱっと ¶ 칼을 ~ 뽑다[kharul ~ p'opt'a カルル ~ ッポプタ] 刀をすっと抜く ③ ひょいと ¶ 남의 얘기에 ~ 나서다 [name ijagie (s'uŋ) nasoda ナメ イヤギエ (ッスン) ナソダ] 人の話にひょいとくちばしを入れる.

쑥-갓 [s'ukk'at ッスックカッ] 名 〈植〉シュンギク(春菊).

쑥-대 [s'ukt'ε ッスクテ] 名 ヨモギの茎 **―머리** [mori モリ] 名 髪の毛がもじゃもじゃに乱れた頭; 蓬頭(ほうとう) **―밭** [batp'at バッ] 名 ① ヨモギの生い茂った荒れ地 ② 廃墟(はいきょ) ¶ ~이 되다[~-(ba)tʧhi tweda ~-(バッチ トゥェダ] 廃墟となる ③ 打撃を受けてひどく衰えること.

쑥덕-공론[—公論][s'ukt'ɔk'oŋnon ッスクトクコンノン] 名 하자 かれこれとひそかに相談したり人のうわさをすること; 井戸端会議のたぐい; 密議.

쑥덕-거리다[s'ut'ɔk'ɔrida ッスクトクコリダ] 自他 しきりにひそひそ話し合う='숙덕거리다'の強調語.

쑥덕-이다[s'ukt'ɔgida ッスクトクギダ] 自他 ひそひそと話し合う='숙덕이다'の強調語.

쑥-떡[s'ukt'ɔk ッスクトク] 名 ヨモギを混ぜ入れたもち; 草もち.

*__쑥-스럽다__[s'uks'ɯrɔpt'a ッスクスロプタ] 形 ㅂ変 照れ臭い; きまり悪い; 気まずい ¶ 쑥스럽게 웃다[s'uks'ɯrɔpk'e u:t'a ッスクスロプケ ウータ] 照れくさそうに笑う.

*__쓰다__¹[s'ɯda ッスダ] 他 으変 書く; 書きつける ¶ 일기를 ~[ilgirɯl ~ イルギルル ~] 日記をつける / 다시 ~[taʃi ~ タシ ~] 書き直す.

*__쓰다__²[s'ɯda ッスダ] 他 으変 ① かぶる; 着ける; 掛ける ¶ 모자를 ~[modʒarɯl ~ モジャルル ~] 帽子をかぶる / 안경을 ~[a:ngjɔŋɯl ~ アーンギョンウル ~] めがねを掛ける ② さす ¶ 우산을 ~[u:sanɯl ~ ウーサヌル ~] 傘をさす ③ 浴びる ¶ 먼지를 뒤집어 ~[mɔndʒirɯl twidʒibɔ ~ モンジルル トゥィジボ ~] ほこりを浴びる[かぶる] ④ (ぬれぎぬを)着せられる.

*__쓰다__³[s'ɯda ッスダ] 他 으変 ① 使う; 用いる; 費やす ¶ 돈을 다 ~[to:nɯl ta: ~ トーヌル ター ~] 金を使い果たす / 계략을 ~[ke:rjagɯl ~ ケーリャグル ~] 計略を用いる ② 雇う ¶ 가정부(家政婦)를 ~[kadʒɔŋburɯl ~ カジョンブルル ~] お手伝いを雇う ③ 注ぐ; 傾ける; 張る; 働かす ¶ 힘을 ~[himɯl ~ ヒムル ~] 力を注ぐ[傾ける] / 억지를 ~[ɔktʃ'irɯl ~ オクチルル ~] 意地を張る / 머리를 ~[mɔrirɯl ~ モリルル ~] 頭を働かす ④ 借りる ¶ 남의 돈을 ~[name to:nɯl ~ ナメ トーヌル ~] 人の金を借りる ⑤ おごる ¶ 한턱 ~[hantʰɔk ~ ハントク ~] 一杯おごる.

쓰다⁴[s'ɯda ッスダ] 他 으変 埋葬する ¶ 뫼를 ~[mwe:rɯl ~ ムェールル ~] 埋葬する, お墓を作る.

*__쓰다__⁵[s'ɯda ッスダ] 形 으変 ① 苦い; 苦味がある ¶ 몹시 쓴 약[mo:pʃ'i s'ɯn njak モープシ ッスン ニャク] ひどく苦い薬 / ~ 달다 말 한마디도 없다[~ dalda ma:r hanmadido ɔ:pt'a ~ ダルダ マール ハンマディド オープタ] うんともすんとも言わない ②(食欲が)ない; まずい ¶ 입맛이 ~[immaʃi ~ イムマシ ~] 口が苦い[食欲がない] ③ 不機嫌だ; 苦々しい ¶ 쓴웃음을 짓다[s'ɯnusɯmɯl tʃit'a ッスヌスムル チータ] 苦笑いをする.

*__쓰다듬다__[s'ɯdadɯmt'a ッスダドゥムタ] 他 ① なでる; さする; なでさする ¶ 머리를 ~[mɔrirɯl ~ モリルル ~] 頭をなでる ② なだめる; すかす; なだめすかす ¶ 우는 애를 ~[u:nɯn ɛ:rɯl ~ ウーヌネールル ~] 泣く子をなだめる.

쓰디-쓰다[s'ɯdis'ɯda ッスディッスダ] 形 으変 苦々しい ① (味が)ひどく苦い ② つらい; 心苦しい ¶ ~~쓴 경험[~-s'ɯn kjɔŋhɔm ~-ッスン キョンホム] 苦々しい経験.

*__쓰라리다__[s'ɯrarida ッスラリダ] 形 ① (傷が)ひりひりする; うずく ¶ 상처(傷處)가 ~[saŋtʃʰɔga ~ サンチョガ ~] 傷口がうずく ② つらい; 苦い; 心苦しい ¶ 쓰라린 인생[s'ɯrarin insɛŋ ッスラリン インセン] つらい人生.

쓰러-뜨리다[s'ɯrɔt'ɯrida ッスロットゥリダ] 他 倒す; 打ち倒す ¶ 나무를 ~[namurɯl ~ ナムルル ~] 木を倒す / 내각을 ~[nɛ:gagɯl ~ ネーガグル ~] 内閣を倒す.

*__쓰러-지다__[s'ɯrɔdʒida ッスロジダ] 自 ① 倒れる ¶ 전신주가 ~[tʃɔ:nʃindʒuga ~ チョーンシンジュガ ~] 電信柱が倒れる ② 倒れる; 滅びる; しくじる ¶ 회사가 부도로 ~[hwe:saga pudoro ~ フェーサガ プドロ ~] 会社が不渡りを出して倒れる ③ 倒れる; くたばる; 死ぬ ¶ 격무로 ~[kjɔŋmuro ~ キョンムロ ~] 激務に倒れる.

*__쓰레기__[s'ɯregi ッスレギ] 名 ごみ; ちり; くず; 廃物などの総称 ━차[tʃʰa チャ] 名 清掃車 ━통(桶)[tʰoŋ トン] 名 ごみ[ちり]箱.

쓰레-받기[s'ɯrebatk'i ッスレバッキ] 名 ごみ取り; ちり取り.

쓰레-질[s'ɯredʒil ッスレジル] 名 하자 掃き仕事; 掃き掃除.

쓰르라미[s'ɯrɯrami ッスルラミ] 名〈虫〉ヒグラシ; カナカナ(セミ)(蜩).

쓰리다[s'ɯrida ッスリダ] 形 ① ひりひ

り痛む; 焼ける ¶가슴이 ~[kasumi ~ カスミ ~] 胸が焼ける ② とてもひもじい; (腹が)ぺこぺこだ.

쓰여-지다 [s'ɯjʌdʒida ッスヨジダ] [受動] **1** 書かれる **2** 使われる; 用いられる.

*쓰이다¹ [s'ɯida ッスイダ] [自] **1** 書かれる; 書ける ¶글씨가 잘 쓰인다 [kɯlʃiga tʃal s'ɯinda クルッシガ チャルッスインダ] 字がよく書ける **2** [他][使役] 書かす; 書かせる ¶동생에게 쓰인 글씨 [toŋsɛŋege s'ɯin kɯlʃi トンセンエゲッスイン クルッシ] 弟に書かせた字.

쓰이다² [s'ɯida ッスイダ] [自][受動] 使われる; 用いられる ¶많이[널리] ~ [ma:ni[nʌlli] ~ マーニ[ノルリ] ~] 多く[広く]使われる.

쑥 [s'uk ッスク] [副] ① さっと; そっと; すっと; こっそり ¶~ 없어지다 [~ ɔ:pʃʌdʒida ~ オープソジダ] すっとなくなる / ~ 사라지다 [~ s'aradʒida ~ サラジダ] こっそり去る ② さっと; ぱっと ¶~ 뛰어 나가다 [~ t'wiʌ nagada ~ ットゥィオ ナガダ] ぱっと飛び出る ③ さっと; ぐいっと ¶주먹으로 눈물을 ~ 닦다 [tʃumʌguro nunmurul ~ t'akt'a チュモグロ ヌンムルル ~ タクタ] こぶしで涙をぐいっとぬぐう.

쑥싹-하다 [s'uks'akʰada ッスクサクカダ] [他][여변] ① (不正・誤りを)もみ消す; 消し隠す ② (人のものを)こっそり自分のものにする; 猫ばばを決め込む ¶습득물(拾得物)을 ~ [sɯpt'ɯŋmurul ~ スプトゥンムルル ~] 落し物を猫ばばする ③ (勘定などを)棒引きにする; 相殺する.

쑥-쑥 [s'uks'uk ッスクスク] [副] ごしごし ¶~ 문지르다 [~ -(s'ɯŋ) mundʒiruda ~ -(ッスン) ムンジルダ] ごしごしする.

쑨-웃음 [s'ɯnusɯm ッスヌスム] [名] 苦笑い; 苦笑.

쓸개 [s'ɯlge ッスルゲ] [名] 〈生〉胆嚢 = 담낭(膽囊) [ta:mnaŋ タームナン] ¶~ 빠진 놈 [~ p'adʒin nom ~ ッパジンノム] [俚] 腑抜けた奴ら; 腰抜け野郎.

*쓸다¹ [s'ɯlda ッスルダ] [他][ㄹ語幹] ① 掃く ¶뜰을 ~ [t'ɯrul ~ ットゥルル ~] 庭を掃く ② 独り占めする ¶상을 모조리 쓸어 갔다 [saŋɯl modʒori s'ɯrʌgat'a サンウル モジョリッスロ ガッタ] すべての賞を独り占めした ③ 軽くなでる.

쓸다² [s'ɯlda ッスルダ] [他][ㄹ語幹] 擦る ¶줄로 톱을 ~ [tʃullo tʰobul ~ チュールロ トブル ~] やすりでのこぎりを擦る.

쓸-데 [s'ɯlt'e ッスルテ] [名] 用いられるところ; 使い所[道] ¶~가 있다 [~-ga it'a ~ガ イッタ] 使い所がある.

*쓸데-없다 [s'ɯlt'eʌpt'a ッスルテオプタ] [冠] 要らない; 無用だ; 役に立たない ¶~-없는 걱정 [~-ʌmnɯn kʌktʃʌŋ ~-オムヌン コクチョン] いらぬ心配 **쓸데-없이** [s'ɯlt'eʌpʃi ッスルテオプシ] [副] ① いたずらに; 無駄に ¶~ 시간을 허비하다 [~ ʃigaŋɯl hʌbihada ~ シガヌル ホビハダ] いたずらに時間を費やす ② 無用に; 役に立たなく.

쓸리다¹ [s'ɯllida ッスルリダ] [自] 擦りむける ¶넘어져서 무릎이 ~ [nʌmʌdʒʌsʌ muruːbi ~ ノモジョソ ムルビ ~] 転んで膝が擦りむける.

쓸리다² [s'ɯllida ッスルリダ] [自] 傾く; なびく ¶한 쪽으로 ~ [han tʃ'oguro ~ ハン ッチョグロ ~] 一方に傾く / 벼가 바람에 ~ [pjʌga parame ~ ピョガ パラメ ~] 稲が風になびく.

*쓸-모 [s'ɯlmo ッスルモ] [名] 役; 用; 使い道; 取り柄 **-없다** [ʌpt'a オプタ] [冠] 無用だ; 役に立たない ¶아무도 없다 [a:mu ~do ɔ:pt'a アームド オープタ] 何の役にも立たない / ~-없는 녀석 [~-ʌmnɯn njʌsʌk ~-オムヌン ニョソク] 取り柄のない奴 **-있다** [it'a イッタ] [冠] 有用だ; 役に立つ ¶널리 ~-있는 연장 [nʌlli ~-innɯn jʌndʒaŋ ノルリ ~-インヌン ヨンジャン] 用途の広い道具.

쓸쓸-하다 [s'ɯlsɯrhada ッスルッスルハダ] [形][여변] ① うすら寒い; 冷え冷えする; 肌寒い ¶날씨가 ~ [nalʃiga ~ ナルッシガ ~] 天気がうすら寒い ② (うら)寂しい; わびしい ¶~-하게 살다 [~-hage sa:lda ~-ハゲ サールダ] 寂しく暮らす **쓸쓸-히** [s'ɯlsɯri ッスルッスリ] [副] 寂しく; つくねんと; しょんぼり ¶~ 서 있다 [~ sʌ it'a ~ ソイッタ] しょんぼり立っている.

쓸어-버리다 [s'ɯrʌbʌrida ッスロボリダ] [他] 掃き捨てる ¶쓰레기를 ~ [s'ɯregirul ~ ッスレギルル ~] ごみを掃き捨てる.

씀바귀 [s'ɯmbagwi ッスムバグィ] [名] 〈植〉ニガナ(苦菜).

씀씀-이 [s'ɯms'ɯmi ッスムッスミ] [名]

(生活に必要な)費用; 入費; 掛かり ¶돈 ~가 헤프다[to:n ~ga he:pʰuda トーン ~ガ ヘープダ] 金遣いが荒い.

씁쓰레-하다 [s'ups'urehada ッスプスレハダ] 形 여변 ほろ苦い; 苦っぽい ¶맥주(麥酒)의 ~-한 맛 [mɛktʃ'ue ~-han mat メクチュエ ~-ハン マッ] ビールのほろ苦い味.

씁쓸-하다 [s'ups'urhada ッスプスルハダ] 形 여변 やや苦い; ほろ苦い; 苦味がある; 後味が悪い.

씌우개 [ʃ'iuge ッシウゲ] 名 覆い; カバー.

씌우다 [ʃ'iuda ッシウダ] 他 ① かぶせる; 掛ける ¶모자를 ~ [modʒarul ~ モジャルル ~] 帽子をかぶせる / 테이블보를 ~ [tʰeibulp'orul ~ テイブルポルル ~] テーブルに布を掛ける ② (各らなどを人に)着せる; なする ¶누명(陋名)을 ~ [nu:mjɔŋul ~ ヌーミョンウル ~] ぬれぎぬを着せる / 남에게 죄를 ~ [namege tʃ'werul ~ ナメゲ チュエルル ~] 罪を他人になする.

＊씨 [ʃ'i ッシ] 名 ① 種; 種子; 実 ¶~를 뿌리다 [~rul p'urida ~ルル ップリダ] 種をまく ② 種; 血統; (父の)血筋 ¶~가 좋은 말 [~ga tʃoːun mal ~ガ チョーウン マル] 血筋のすぐれた馬 ③ (物事の)根本; 原因; 種 ¶분쟁의 ~ [pundʒɛŋe ~ プンジェンエ ~] 紛争の原因 / 눈물의 ~(앗) [nunmure ~ (at) ヌンムレ ~ (アッ)] 涙の種(子) **-도 없이** [do ɔ:pʃi ド オープシ] 慣 1つも残さず(みんな) ¶~ 붕어를 그물로 잡아갔다 [~ puŋɔrul kumullo tʃabagat'a ~ プーンオルル クムルロ チャバガッタ] 1つも残さず(みんな)フナを網ですくって行った **—를 말리다** [rul mallida ルル マルリダ] 慣 種を絶やす ¶농약으로 메뚜기의 ~ [noŋjaguro met'ugie ~ ノンヤグロ メットゥギエ ~] 農薬でイナゴの種を絶やす **—(가) 먹히다** [(ga) mɔkʰida (ガ) モクキダ] 慣 道理にかなっている; 話に筋が通っている=¶ 말에 ~ [ma:re ~ マーレ ~].

＊씨 [氏] [ʃ'i ッシ] **1** 依名 氏; さん; 殿 ¶김~ [kim~ キム~] 金さん **2** 名 氏; うじ ① 同じ姓を表わす語 ② 氏族の略 **3** 代 氏; 彼; 先生; 名前の代わりに使う敬語 ¶~는 인격자였다 [~nun ink'jɔktʃ'ajɔt'a ~ヌン インキョクチャヨッタ] 彼は人格者であった.

씨근-거리다 [ʃ'igungɔrida ッシグンゴリダ] 自 あえぐ; 息をはずませる; 息を切らす; ='시근거리다'の強調語.

씨근-벌떡 [ʃ'igunbɔlt'ɔk ッシグンボルットク] 副 하자 ふうふう[はあはあ](と); 激しく息をはずませるさま **—거리다** [-(bɔlt'ɔ)k'ɔrida コリダ] 自 しきりにふうふうあえぐ.

＊씨름 [ʃ'irum ッシルム] 名 ① 相撲 ¶~꾼 [~k'un ~ックン] 相撲を取る人; 力士 **—판** [pʰan パン] 名 相撲場; 土俵場 **—하다** [hada ハダ] 自 相撲を取る ② 真剣に事に当たる[取り組む] ¶책과 ~ [tʃʰɛk'wa ~ チェククァ ~] 本に真剣に取り組む.

씨 름

씨명 [氏名] [ʃ'imjɔŋ ッシミョン] 名 氏名='성명'(姓名).

씨무룩-하다 [ʃ'imurukʰada ッシムルクカダ] 形 여변 不満そうに無口でいる; 膨れている; むっつり[仏頂面を]している; ='시무룩하다'の強調語.

씨-받이 [ʃ'ibadʒi ッシバジ] 名 ① 種付け ¶~ 말 [~ mal ~ マル] 種付け馬 ② 昔, 妻に欠陥があって後継ぎの子を生めないとき, 報酬をもらってその夫の子を生んでやる女性.

씨부렁-거리다 [ʃ'iburɔŋgɔrida ッシブロンゴリダ] 自他 しゃべりたてる; しきりに無駄口をたたく.

씨-뿌리다 [ʃ'ip'urida ッシップリダ] 自 種をまく ¶밭에 씨뿌리러 가다 [patʰe ʃ'ip'urirɔ gada パテ ッシップリロ ガダ] 畑に種まきに行く.

씨아 [ʃ'ia ッシア] 名 綿繰り車 **—손** [son ソン] 名 綿繰り機の把とっ手 **—질** [dʒil ジル] 名 하자 綿繰り機で綿の種子を抜くこと.

씨-알 [ʃʼial ッシアル] 名 ① 種卵 ② 穀物の種としての粒 ③ 鉱物の細かい粒
━머리 [mori モリ] 名俗 素性; 毛並み(血筋を見下げて言う語) ¶～ 없는 놈 [～ ɔmnun nom ～ オムヌン ノム] 毛並みの悪い奴; できそこないめ.

씨-암탉 [ʃʼiamtʰak ッシアムタク] 名 種取りめんどり.

*씨앗 [ʃʼiat ッシアッ] 名 穀物や野菜の種=종자(種子) [tʃoŋdʒa チョンジャ].

씩 [ʃʼik ッシク] 副 にやっと; にたっと ¶혼자서 ～ 웃다 [hondʒasɔ (ʃʼi)g uːtʼa ホンジャソ (ッシ) グーッタ] にたっと 1人で笑う.

*-**씩** [ʃʼik ッシク] 接尾 …ずつ; …も ¶2개～ 나누어 주다 [tuːgɛ (ʃʼi)ŋ nanudʒuda トゥーゲ(ッシン) ナヌオ ジュダ] 2個ずつ分け与える/2번～이나 타일렀다 [tuːbɔn (ʃʼi)g ina tʰailʃʼtɕʰa トゥーボン(ッシ) ギナ タイルロッタ] 2回もい聞かせた.

씩-거리다 [ʃʼiːkʃʼikʼɔrida ッシークシクコリダ] 自 はあはあする; 息巻く; ='식식거리다'の強調語 ¶～-거리며 덤벼들다 [～-kʼɔrimjə tɔmbjɔdulda ～-コリミョトㇺビョドゥルダ] 息巻いて飛びかかる.

*씩씩-하다 [ʃʼikʃʼikhada ッシクシクカダ] 形 여変 りりしい; 雄々しい; 男らしい ¶～-한 기상(氣像) [～-kʰan kisaŋ ～-カン キサン] 男らしい気性.

씰그러-뜨리다 [ʃʼilgurɯtʼurida ッシルグロットゥリダ] 他 ゆがめる; 傾ける; ='실그러뜨리다'の強調語.

씰그러-지다 [ʃʼilgurɯdʒida ッシルグロジダ] 自 ゆがむ; 傾く ='실그러지다'の強調語.

씰긋-하다 [ʃʼilgutʰada ッシルグッタダ] 形 여変 ややゆがんで[傾いて]いる ='실긋하다'の強調語.

씰룩 [ʃʼilluk ッシルルク] 副 하自他 ぴくり; ぴくっと; ='실룩'の強調語 ¶얼굴의 근육이 ～-거리다 [ɔlgure kunjugi (ʃʼillu)kʼɔrida オルグレ クニュギ ～コリダ] 顔の筋肉がぴくぴくする.

씹 [ʃʼip ッシプ] 名 ① 女性の陰部; 膣 ② 性交 **━하다** [(ʃʼi)pʰada ～パダ] 自 セックスする.

*씹다 [ʃʼiptʼa ッシプタ] 他 ① かむ; そしゃくする ¶잘 씹어서 먹다 [tʃal ʃʼibɔsɔ mɔktʼa チャル ッシボソ モクタ] よくかんで食べる ② そしる; 人をあしざまに言う ¶동료를 씹어 말하다 [toŋrjorul ʃʼibɔ maːrhada トンニョルル ッシボ マールハダ] 同僚をそしる.

씹어-대다 [ʃʼibɔdɛda ッシボデダ] 他 ① しきりにかむ ② くどくど言う ③ しきりに人をそしる.

씹히다 [ʃʼiphida ッシプピダ] 1 自受動 ① かめる ¶고기가 연해서 잘 ～ [kogiga jɔːnhɛsɔ tʃal コギガ ヨーンヘソ チャル ～] 肉が軟らかくてよくかめる ② 人からそしりを受ける; 悪口を言われる 2 他使役 かませる.

씻기다 [ʃʼitkʼida ッシッキダ] 1 自受動 洗われる ¶파도에 ～ [pʰadoe ～ パドエ ～] 波に洗われる 2 他使役 洗わせる; 洗ってやる ¶발을 ～ [parul ～ パルル ～] 足を洗ってやる.

*씻다 [ʃʼitʼa ッシッタ] 他 ① 洗う; 流す ¶그릇을 ～ [kurusul ～ クルスル ～] 食器を洗う/때를 ～ [tʼɛrul ～ ッテルル ～] あかを流す[落とす]/쌀을 ～ [sʼarul ～ ッサルル ～] 米を研ぐ ② ぬぐう; ふく ¶땀을 ～ [tʼamul ～ ッタムル ～] 汗をふく ③ すすぐ; そそぐ ¶오명을 ～ [oːmjəŋul ～ オーミョンウル ～] 汚名をそそぐ.

씻어-내다 [ʃʼisonɛda ッシソネダ] 他 洗い清める[落とす・流す] ¶때를 ～ [tʼɛrul ～ ッテルル ～] あかを洗い落とす.

씻어-버리다 [ʃʼisɔbɔrida ッシソボリダ] 他 ① 洗ってしまう ② すすぐ; そそぐ; 汚名を清める.

씻은-듯이 [ʃʼisundɯʃi ッシスンドゥシ] 副 ① きれいに ¶～ 먹어 치우다 [～ mɔgɔ tʰiuda ～ モゴ チウダ] きれいに平らげる ② 水に流したように; 洗い清めたように ¶아픔이 ～ 사라졌다 [apʰumi ～ saradʒɔtʼa アプミ ～ サラジョッタ] 痛みが水に流したように消え失せた[去った].

씽긋 [ʃʼiŋgut ッシングッ] 副 하自他 にこり; にこっと; ='싱긋'の強調語 ¶～ 웃다 [(ʃʼiŋgu)tuːtʼa (ッシング) ドゥーッタ] にこっと(目で)笑う **━이** [(ʃʼiŋgu)ʃi (ッシング)シ] 副 にこりと.

씽씽-하다 [ʃʼiːŋʃʼiŋhada ッシーンッシンハダ] 形 여変 生き生きしている; ぴちぴちしている; 元気旺盛である; ='싱싱하다'の強調語 ¶생선이 ～ [sɛŋsɔni ～ センソニ ～] 魚がぴちぴちしている.

ㅇ

***아¹** [a ア] 感 ① ああ; あっ ¶ ~, 깜짝이야 [~, k'amtʃ'agija] ~, ッカムッチャギヤ] ああ, びっくりした ② あ(あ) ¶ ~ 잠깐! [~ tʃamk'an ~ チャムッカン] あ, ちょっと!

아² [aː アー] 感 ああ, おお; わあ ¶ ~, 재미있다 [~, tʃɛmiit'a ~, チェミイッタ] わあ面白い.

***아³** [a ア] 助 (呼びかけ)よ; や ¶ 바둑~ 이리 온 [padug~ iri on バトゥガ イリ オン] ポチよこっちへおいで.

*—**아** [a ア] 語尾 ① …(し)て ¶ 밥을 말~ 먹다 [pabul mar~ mɔkt'a パブル マラ モクタ] ご飯にお湯をかけて食べる ② …する(か) ¶ 좋~ [tʃo: ~ チョー~] いいよ, いいのか ③ …しろ, …しよう ¶ 같이 가 [katʃhi k~ カチ カ] 一緒に行こう.

*아가 [aga アガ] 名 ① 赤ちゃん; 坊や ¶ ~는 자냐? [~nun tʃanja ~ヌン チャニャ] 坊やは寝るの ② 舅ニュッシ・姑ッシ゚が若い嫁を呼ぶ語.

*아가리 [agari アガリ] 名 ① 俗 口; くちばし ② 瓶やつぼなどの口 —**놀리다** [nollida ノルリダ] 自俗 口をはさむ; しゃべる —**벌리다** [bɔːllida ポールリダ] 自俗 ① 泣く ② しゃべりまくる.

아가미 [agami アガミ] 名 えら.

*아가씨 [agaʃ'i アガッシ] 名 ① お嬢さん; 娘さん ② 妻が夫の妹を呼ぶ語; あなた.

아구(가) 맞다 [agu (ga) mat'a アグ(ガ) マッタ] 自 標準とする数量にきっちりと合う; 道理にかなう.

아구(를) 맞추다 [agu (rul) matʃhuda アグ(ルル) マッチュダ] 他 数量に合わせる; 予定の数に合わせる; =「아귀 맞추다」¶ 짐을 아구를 맞추어 발송하다 [tʃimul agurul matʃhuɔ palsʼoŋhada チムル アグルル マッチュオ パルソンハダ] 荷を数量に合わせて発送する.

*아궁이 [aguŋi アグンイ] 名 焚たき口; かまど.

아귀¹ [agwi アグィ] 名 ① 股またぎ; 物の分かれ目 ¶ 입~ [ib~ イ(バグィ)] 口角 [口のわき] ② 衣服のわきあけ —**맞추다** [matʃhuda マッチュダ] 他 計算を合わせる —**세다** [seda セダ]・—**차다** [tʃhada チャダ] 形 ① 剛気である, 意志が堅い ② 握力が強い.

아귀² [agwi アグィ] 名 〈魚〉 アンコウ (鮟鱇).

아귀-다툼 [agwidathum アグィダトゥム] 名 ㅎ動 自 口げんか; 言い合い.

*아기 [agi アギ] 名 ① 赤ん坊; 赤ちゃん ② 若い娘や嫁に対する愛称 ③ 相手を子供扱いにする時の呼称 —**서다** [sɔda ソダ] 自 身ごもる; はらむ; 妊娠する —**씨** [ʃ'i ッシ] 名 ① お嬢さん; 若奥様 ② 他人の娘の敬称 ③ 妻が夫の年下の小姑こじゅうと [姉妹]に対する敬称 —**집** [dʒip ジプ] 名 俗 子宮.

*아기-자기 [agidʒagi アギジャギ] 副 ㅎ形 ① 愛情の細やかなさま ¶ ~한 신혼 생활 [~han ʃinhon sɛŋhwal ~ハン シンホン センファル] 甘ったるい[いとも睦まじい]新婚生活 ② いろいろなものが交じって見事なさま ¶ ~하게 꾸민 정원 [~hage k'umin tʃɔŋwɔn ~ ハゲックミン チョンウォン] 数寄を凝らした庭 ③ よく調和がとれて美しいさま ¶ ~한 얼굴 [~han ɔlgul ~ハン オルグル] よく整った顔; かわいらしい顔.

*아까 [akʼa アッカ] 名 副 さっき; 先ほど; 少し前 ¶ ~ 만났다 [~ mannatʼa ~ マンナッタ] 先ほど会った.

아까워-하다 [akʼawɔhada アッカウォハダ] 他 여変 惜しい; 惜しがる; 惜しく思う ¶ 친구의 죽음을 ~ [tʃhin-gue tʃugumul ~ チングエ チュグムル ~] 友の死を惜しむ.

*아깝다 [akʼapt'a アッカプタ] 形 ㅂ変 ① 惜しい; もったいない ¶ 버리기는 ~ [pɔriginun ~ ポリギヌン ~] 捨てるのはもったいない / 목숨이 ~ [moksʼumi ~ モクスミ ~] 命が惜しい ② 大事だ; 大切だ ¶ 아까운 사람 [akʼaun saːram アッカウン サーラム] 大切な人.

*아끼다 [akʼida アッキダ] 他 ① 節約する; 惜しむ ¶ 시간을 ~ [ʃiganul ~ シガヌル ~] 時を惜しむ ② 大切[大事]にする ¶ 목숨을 ~ [moksʼumul ~ モクスムル ~] 命を大切にする ③ 寵

愛あいする; いたわる ¶내가 아끼는 제자[nɛga ak'inɯn tɕeːdʑa ネガ アッキヌン チェージャ] 私が大切にする(まな)弟子.

*아낌-없다 [ak'imɔpt'a アッキモプタ] 㑇 惜しま[惜しみ]ない ¶~-없는 성원[~-ɔmnɯn sɔŋwɔn (アッキ)モムヌン ソンウォン] 惜しみない声援.

*아낌-없이 [ak'imɔpɕ'i アッキモプシ] 副 惜しみなく; 惜し気もなく ¶~ 돈을 썼다[~ tɔːnɯl s'ɔt'a ~ トーヌル ッソッタ] 惜し気もなく金を使った.

아나 [aːna アーナ] 感 ほら, おい; そら; 子供に呼びかける語 ¶~ 이거 받아라[~ igɔ padara ~ イゴ パダラ] ほら, これ受けて.

아나운서 [anaunsɔ アナウンソ] announcer 名 アナウンサー; 略 아나「アナ」.

아낙 [anak アナク] 名 ① 女性の居間の丁寧な言い方 ② 女性; おかみさん; =아낙네[anaŋne アナㇰネ]の略.

*아내 [anɛ アネ] 名 妻; 家内; 女房; 細君 ¶바가지 긁는 ~ [pagadʑi gɯŋnɯn ~ パガジ グンヌン ~] がみがみ言う女房.

아냐 [anja アニャ] 感 ① いや; 아니야[anija アニヤ]の略 ② …じゃない.

아-녀자[兒女子] [anjɔdʑa アニョジャ] 名 ① 子供と女性 ② 女性を下げすんで言う語.

*아뇨 [anjo アニョ] 感 いいえ; 아니요[anijo アニヨ]の略.

*아늑-하다 [anɯkʰada アヌㇰカダ] 㑇 여변 ① こぢんまりしている; 静かで奥まっている ¶~-한 방[(anɯ)kʰan paŋ ~-カン パン] こぢんまりした部屋 ② 風もなく暖かい; 穏やかだ ¶~-한 겨울날[(anɯ)kʰan kjɔullal ~-カン キョウルラル] 穏やかで暖かい冬の日

아늑-히 [anɯkʰi アヌㇰキ] 副 こぢんまりと; 居心地よく.

아늘-거리다 [anɯlgɔrida アヌルゴリダ] 自 ゆらゆら揺れる ¶ 아지랑이 ~-거리는 들판[adʑiraŋi ~-gɔrinɯn tɯlpʰan アジランイ ~-ゴリヌン トゥルパン] かげろうがゆらゆら燃える野原.

*아니[1] [ani アニ] 副 …しない; 略 '안' ¶~ 간다[~ ganda ~ ガンダ] 行かない.

아니[2] [ani アニ] 感 ① おやっ; ええっ; なんだって ¶~, 그게 정말인가?[~, kɯge tɕɔŋmaringa ~, クゲ チョンマリンガ] ええっ, それはほんとうか ② いや ¶서울, ~ 국제적이다[sɔul, ~ kuktɕ'edʑɔgida ソウル, ~ ククチェジョギダ] ソウル, いや国際的である ③ いいえ; いや ¶~, 가기 싫어[~, kagi ɕiro ~, カギ シロ] いや, 行きたくないよ.

아니꼽다 [anik'opt'a アニッコㇷ゚タ] 㑇 ㅂ変 ① むかむかする; 吐き気がする ¶속이 ~ [soːgi ~ ソーギ ~] 吐き気をもよおす ② 目障りだ; こしゃくだ; 気にくわない ¶말투가 ~ [maːltʰuga ~ マールトゥガ ~] 話ぶりが気にくわない.

아니나-다를까 [aninadarɯlk'a アニナダルルッカ] 感 案の定; 予想どおり ¶~ 성적이 엉망이다[~ sɔŋdʑɔgi ɔŋmaŋida ~ ソンジョギ オンマンイダ] 案の定成績がめちゃくちゃだ.

*아니다 [anida アニダ] 1 指 …ではない ¶인간은 신이 ~ [inganɯn ɕini ~ インガヌン シニ ~] 人間は神ではない 2 感 いや; 違う; いいえ ¶~, 그이 맞다[~, kɯgɔɕi mat'a ~, クゴシ マッタ] いや, それが合うよ.

아니-참 [anitɕʰam アニチャム] 感 はっ; そうだ; おっと ¶~ 잊은 것이 있다[~ idʑɯn kɔɕi it'a ~ イジュン コシ イッタ] おっと, 忘れものがある.

아니-하다 [anihada アニハダ] 1 補動 여변 …しない; 略 '않다' ¶먹지 ~ [mɔktɕ'i ~ モㇰチ ~] 食べない 2 補形 여변 …ない ¶좋지 ~ [tɕoːtɕʰi ~ チョーチ ~] よくない.

아니할-말로 [anihalmallo アニハルマルロ] 副 はばかりながら; こう言ってはなんだが ¶~, 그는 좋지 못한 남자야[~, kɯnɯn tɕoːtɕʰi moːtʰan namdʑaja ~, クヌン チョーチ モッタン ナムジャヤ] こう言ってはなんだけれど彼はよくない男だよ.

아닌게-아니라 [aniŋgeanira アニンゲアニラ] 言うまでもなく; さすがに; まったく; やっぱり ¶~ 그녀는 대단한 미인이더군[~ kɯnjɔnɯn tɛːdanhan miːinidɔgun ~ クニョヌン テーダンハン ミーイニドグン] やっぱり彼女はずば抜けた美人だったな.

아닌 밤중-에[—中—] [aninbamtɕ'uŋe アニンバㇺチュンエ] 副 思わぬ時に; 不意に; だしぬけに; 突然; やぶから棒に ¶~ 웬일이냐?[~ weːnniriɲa ~ ウェーンニリニャ] だしぬけに[この

夜中に]何事かね / ~ 홍두깨 [~ hoŋduk'e ~ ホンドゥッケ] 諺 やぶから棒.

*아담-하다 [雅淡―] [a:damhada アーダムハダ] 形 ㅅ形 히副 優雅で淡白である; こぢんまりとして上品だ ¶~-한 다방(茶房)[~-han tabaŋ ~-ハン タバン] こぢんまりして落ち着いた喫茶店.

*-아도 [ado アド] 接尾 …ても; …でも; …(だ)が ¶물건(物件)은 많…[mulgɔnun ma:n~ ムルゴヌン (マー) ナド] 物は多いが….

*아동 [兒童] [adoŋ アドン] 名 児童; 子供; わらべ; 小学校の学徒.

아둔-하다 [adunhada アドゥンハダ] 形 여変 鈍い; 愚かだ; 冴えない; 愚鈍だ ¶사람됨이 너무 ~ [sa:ramdwemi nɔmu ~ サーラムドゥェミ ノム ~] 人となりがあまりにも愚かだ.

*아드-님 [adunim アドゥニム] 名 息子さん; ご子息; お坊っちゃん; 他人の息子に対する敬称.

아득-바득 [adukp'aduk アドゥクパドゥク] 副 히自 ① 我を張ったり、せがんだり、ただをこねるさま ¶ ~ 우기다 [~ ugida ~ ウギダ] 我を張ってやまない[言い張る] / ~ 조르다 [~ tɕ'oruda ~ チョルダ] ねちねちせがむ ② 全力をつくして努力するさま.

*아득-하다 [adukhada アドゥクハダ] 形 여変 ① 果てしなく遠い; はるかだ ¶앞길이 ~ [apk'iri ~ アプキリ ~] 前途がはるかに遠い ② おぼろげである; 漠然たる; めどがつかない ¶돈을 마련할 길이 ~ [to:nul marjɔnhal k'iri ~ トーヌル マリョンハル キリ ~] 金策のめどがつかない 아득-히 [adukhi アドゥクキ] 副 はるかに ¶ ~ 먼 옛날 [~ mɔ:n je:nnal ~ モーン イェーンナル] はるかに遠い昔.

*아들 [adul アドゥル] 名 息子; せがれ ¶외~ [we~ ウェ~] 1人息子 —놈 [~nom ~ノム] 名 愚息 —딸 [t'al ~ッタル] 名 息子と娘; 子女 —아이 [(adur)ai (アドゥ)ライ]・—애 [(adur)ɛ (アドゥ)レ] 名 内の小せがれ —자식 [子息] [tɕ'aɕik チャシク] 名 愚息; 息子.

아등-바등 [aduŋbaduŋ アドゥンバドゥン] 副 히自 がりがり(努力するさま) ¶ ~ 공부(工夫)에 열중(熱中)하다 [~ koŋbue jɔltɕ'uŋhada ~ コンブエ ヨルチュンハダ] がりがり勉強する.

아따 [at'a アッタ] 感 なんだって; なん

とまた; いったい ¶ ~, 울기는 왜 울어 [~, u:lginun wɛ: urɔ ~, ウールギ ヌン ウェー ウロ] なんだって泣くの.

아뜩-하다 [at'ukhada アットゥクカダ] 形 여変 くらっと目まいがする; ふらふらする ¶충격에 정신이 ~ [tɕhuŋgjɔge tɕɔŋɕini ~ チュンギョゲ チョンシニ ~] (突然の)ショックで頭がくらくらする; ふっと気が遠くなる.

*-아라 [ara アラ] 接尾 ① …せ(よ); …(し)ろ ¶보~ [po~ ポ~] 見ろ / 놓~ [no~ ノ~] 放せ ② …(わ)ね; …な ¶아이 좋~ [ai tɕo: ~ アイ チョー ~] ああ, うれしい(わ・な).

아랑곳 [araŋgot アランゴッ] 名 히自 知るところ; おせっかい; 必要のない口出し, または気にしたりすること ¶ ~하지 않다 [(araŋgo)thadʑi antha ~ タジ アンタ] とんと気にしない —없다 [(araŋgod)ɔpt'a (アランゴ)ドプタ] 形 干渉する必要がない; あずかり知ることではない ¶정치 따위는 ~ [tɕɔŋtɕhi t'awinun ~ チョンチッタウィヌン ~] 政治などあずかり知ることではない —없이 [(araŋgod)ɔpɕ'i (アランゴ)ドプシ] 副 関係なく; 知らぬ顔をして; かかわり知ることではないとして.

*아래 [arɛ アレ] 名 ① 下(の方); 下部 ¶ ~로 내려가다 [~ro nɛrjɔgada ~ロ ネリョガダ] 下へ降りる ② 年下 ¶ 2 살 ~ [tu: sal ~ トゥー サル ~] 2つ年下 ③ 下位 ¶ ~인 사람 [~in sa:ram ~イン サーラム] (地位の)低い人 —위 [wi ウィ] 名 上下 —쪽 [tɕ'ok ッチョク] 名 下の方向 —층 (層) [tɕhuŋ チュン] 名 下層 아랫-것 [arɛtk'ɔt アレッコッ] 名 俗 昔, 身分の低い人や使用人を低めて言う語 아랫-니 [arɛnni アレンニ] 名 下歯 아랫-도리 [arɛt'ori アレットリ] 名 下半身 아랫-목 [arɛnmok アレンモク] 名 オンドル部屋で, たき口に近いところ; 目上の人が座る上座 아랫-배 [arɛtp'ɛ アレッペ] 名 下腹 아랫-사람 [arɛs'aram アレッサラム] 名 ① 目下の人 ② 地位・身分の低い人.

아량 [雅量] [a:rjaŋ アーリャン] 名 雅量; 度量; 深い思いやり ¶ ~을 보이다 [~ul poida ~ウル ポイダ] (上司として)雅量を示す.

아련-하다 [arjɔnhada アリョンハダ] 形 여変 (考え・記憶が)はっきりしない;

おぼろげだ ¶아련한 기억 [arjənhan kiək アリョンハン キオク] おぼろげな記憶 아련-히 [arjəni アリョニ] 副 おぼろげに; かすかに; ほのかに.

아로-새기다 [arosɛgida アロセギダ] 他 美しく刻み込む; ちりばめる ¶마음에 ~ [maumɛ マウメ ~] 心の中に刻みつける; 肝に銘じる / 관에 보석을 ~ [kwanɛ pɔːsəgul ~ クァネ ポーソグル ~] 冠に宝石をちりばめる.

아롱-거리다 [aroŋgərida アロンゴリダ] 自 ちらつく; ちらちらする; 目に浮かぶ ¶~-거리는 그녀의 모습 [~-gərinun kɯnjəe mosɯp ~-ゴリヌン クニョエ モスプ] 目に浮かぶ彼女の面影.

아롱-다롱 [aroŋdaroŋ アロンダロン] 副 하形 ちらちら; まだらに; 点や文様が不ぞろいにちりばめられているさま.

아롱-무늬 [aroŋmuni アロンムニ] 名 まだら模様.

아롱-사태 [aroŋsatʰɛ アロンサテ] 名 牛の後足のもも肉.

아롱-아롱 [aroŋaroŋ アロンアロン] 1 副 하形 ゆらゆら; ちらちら; 目の前にかすかにちらつくさま 2 副 하形 小さい点や文様などがまだらにいりみだれているさま.

아롱-지다 [aroŋdʑida アロンジダ] 自形 まだら模様に彩られる; まだら模様だ.

*아뢰다 [arwɛda アルェダ] 他 申し上げる; お知らせする ¶임금님께 ~ [iːmgɯmnimk'e ~ イームグムニムッケ ~] 王様に申し上げる.

아류 [亞流] [aːrju アーリュ] 名 亜流 ① 二流の人; 追随者 ② 同じ仲間.

*아르바이트 [arubaitʰɯ アルバイトゥ] 〈ド〉Arbeit 名 アルバイト.

아르헨티나 [aruhentʰina アルヘンティナ] 名〈地〉アルゼンチン.

아른-거리다 [arɯngərida アルンゴリダ] 自 ① ちらつく; 明滅する ¶불빛이 ~ [pulp'itɕʰi ~ プルピチ ~] 光が明滅する ② ぼんやりと見える; 揺れ動く; 揺らぐ. ⇔'어른거리다'.

아름 [arɯm アルム] 1 名 抱え ¶으로 묶다 [~-uro mukt'a (アル)ムロ ムクタ] 一抱えにしてくくる 2 依名 一抱えの単位 ¶한~ [han ~ (ハ)ナルム] 一抱えの太さ; 一抱えの量 —드리 [duri ドゥリ] 名 一抱えを越える木や物 ¶~ 소나무 [~ sonamu ~ ソナム] 一抱えに余る松の木 —차다 [tʰada チャダ] 形 手に余る; 手に負えない ¶이 일은 나에게는 ~ [iːrun naegenun ~ イールン ナエゲヌン ~] この仕事は私には手に負えない.

*아름답다 [arɯmdapt'a アルムダプタ] 形 ㅂ変 美しい; きれいだ ¶아름다운 꽃 [arumdaun k'ot アルムダウン ッコッ] 美しい花 / 아름다운 마음씨 [arumdaun maumɕ'i アルムダウン マウムッシ] 美しい心根.

아리다 [arida アリダ] 形 ① ひりひりする; ぴりっと辛い ¶너무 매워서 혀가 ~ [nəmu mɛwəsə hjəga ~ ノムメ ウォソ ヒョガ ~] 辛すぎて舌がひりひりする ② ちくちく痛む ¶상처가 ~ [saŋtɕʰəga ~ サンチョガ ~] 傷口がひりひりする[刺すように痛む].

아리땁다 [arit'apt'a アリッタプタ] 形 ㅂ変 美しい; きれいだ; 麗しい ¶아리따운 처녀(處女) [arit'aun tɕʰənjə アリッタウン チョーニョ] 麗しき乙女 / 아리따운 마음씨 [arit'aun maumɕ'i アリッタウン マウムッシ] 美しき心根.

아리랑(타령[打令]) [ariraŋ (tʰaːrjəŋ) アリラン (ターリョン)] 名〈楽〉アリランの歌(韓国・朝鮮の代表的民謡の1つ).

아리송-하다 [arisoŋhada アリソンハダ] 形 여変 朦朧として不明瞭だ; 見分けがつかない; はっきりしない; いぶかしい ¶~-한 행동 [~-han hɛŋdoŋ ~-ハン ヘンドン] いぶかしい[曖昧な]行動.

아리아리-하다 [ariarihada アリアリハダ] 形 여変 ① (すべてが)ぼんやりている; ぼうっとしている ¶정신이 ~ [tɕəŋɕini ~ チョンシニ ~] 頭がぼうっとしている ② ひりひりする ¶혀끝이 ~ [hjək'utɕʰi ~ ヒョックチ ~] 舌の先がしきりにひりひりする.

아릿-하다 [aritʰada アリッタダ] 形 여変 ぴりっとする; えがらっぽい ¶맛이 ~ [maɕi ~ マシ ~] 味がぴりっとする.

*아마 [ama アマ] 副 恐らく; 多分; 大方 ¶~ 올 것이다 [~ ol k'ɔɕida ~ オル コシダ] 多分くるでしょう —도 [do ド] 副 多分; 恐らく(は); '아마'の強調語.

*아무 [aːmu アーム] 1 代 (肯定文で用いられて不特定の人を指す)誰 ¶~나

가거라[~na kagəra ~ナ カゴラ] 誰でも行け **2** 冠 (否定文で用いられて) ① 何の; 何; どの; どんな ¶~것도 없다[~gət o:pt'a ~ゴット オープタ] 何もない / ~ 상관없다[~ saŋgwanopt'a ~ サングァノプタ] 何の関係もない; 心配無用だ ② 誰も ¶~도 없다[~do o:pt'a ~ド オープタ] 誰もいない.

아무-개[a:muge アームゲ] 代 誰それ; 某氏; それがし ¶장 ~의 가게[tʃaŋ ~e ka:ge チャン ~エカーゲ] 張某の店.

*아무-것[a:mugət アームゴッ] 代 どんな物; 何(で)も ¶~도 싫다[(a:muɡə)t'o ʃiltʰa ~ トシルタ] 何もかも嫌だ.

아무-데[a:mude アームデ] 代 どこ ¶~나 놓아라[~na noara ~ナ ノアラ] どこにでもおけ.

아무-때[a:mut'ɛ アームッテ] 名 いつ ¶~나 좋다[~na tʃo:tʰa ~ナ チョータ] いつでもいい.

*아무래도[a:murɛdo アームレド] 副 ① どうでも ¶그런 일은 ~ 좋다 [kurən ni:run ~ tʃo:tʰa クロン ニールン ~ チョータ] そんなことはどうでもいい ② どうしても ¶너를 못 당하겠다[~ nərul mot'aŋhaget'a ~ ノルル モッタンハゲッタ] どうしても君にかなわない.

아무러면[a:murəmjən アームロミョン] 副 どうだって; まさか; いくらなんでも ¶~ 거짓말할라구[~ kə:dʒinmarhallagu ~ コージンマルハルラグ] まさかうそをつこうか.

*아무런[a:murən アームロン] 形 どんな; 何の ¶~ 생각도 없이[~ sɛŋgakt'o ə:pʃi ~ センガクト オープシ] 何の気もなしに.

아무런들[a:murəndul アームロンドゥル] 副 どうあろうと; まさか ¶그들이 ~ 어떠냐?[kudur i ~(dur) ət'ənja クドゥリ ~(ドゥ) ロッニャ] 彼らがどうあろうとかまわないじゃないか.

아무렇거나[a:murəkʰəna アームロッコナ] 副 どうであろうと; どのようでも; とにかく ¶~ 해 보세[~ hɛ: bose ~ ヘー ボセ] とにかくやってみよう.

아무렇게(나)[a:murəkʰe(na) アームロッケ(ナ)] 副 どのように; どんなに; いい加減に ¶~ 생각해도 좋다[~ sɛŋgakʰedo tʃo:tʰa ~ センガクケド チョータ] どのように考えてもよろしい.

*아무렇다[a:murətʰa アームロッタ] 形 ㅎ変 こうこうしかじかだ; なんでも; なんとも ¶아무렇지도 않은 듯시…[a:murətʃʰido anɯn dɯʃi アームロッチド アヌン ドゥシ] なんでもないように….

아무렇든[a:murətʰun アームロットゥン] 副 どうであろうと; とにかく; 何としても ¶복장은 ~ 상관없다[poktʃ'aŋun ~ saŋgwanopt'a ポクチャウン ~ サングァノプタ] 身なりはどうであろうと差し支えない.

아무렇든지[a:murətʰundʒi アームロットゥンジ] 副 どうあろうとも; どうでも; どんなにしても; ともかく.

아무려나[a:murjəna アームリョナ] 感 どうでも ¶~ 해 보아라[~ hɛ: boara ~ ヘー ボアラ] どうでもいいからやってみろ.

아무려니[a:murjəni アームリョニ] 感 まさかに; いくらなんでも ¶~ 그럴리가 있을까?[~ kurəlliga is'ɯlk'a ~ クロルリガ イッスルッカ] まさかそんなはずがあろうか.

아무려면[a:murjəmjən アームリョミョン] 感 もちろん; 言うまでもなく; =아무렴 ¶~ 가야지[~ kajadʒi ~ カヤジ] もちろん行きますとも.

*아무리[a:muri アームリ] **1** 副 いくら(…でも); どんなに(…でも) ¶~ 추워도 나는 간다[~ tʃʰuwədo nanun kanda ~ チュウォド ナヌン カンダ] いくら寒くても私は行く **2** 感 まさか; いくらなんでも ¶~, 그 사람이 그랬을라고[~, kɯ sa:rami kurɛs'ullago ~, ク サーラミ クレッスルラゴ] まさか彼がそんなことをするはずがない.

아무-말[a:mumal アームマル] 名 一言も; どんな話も ¶~없다[~-(mar)-opt'a ~-(マ)ロプタ] 何も言わない.

아무-짝[a:mutʃ'ak アームッチャク] 名 何の用; どこ; どの方 ¶~에도 못 쓰겠다[(a:mutʃ'ag)edo mo:s'uget'a (アームッチャ)ゲド モッスゲッタ] 何の用にも使いようがない.

아무-쪼록[a:mutʃ'orok アームッチョロク] 副 何とぞ; ぜひとも; なるだけ ¶~ 잘 부탁드립니다[~ tʃ'al bu:tʰakt'urimnida ~ チャル ブータクトゥリムニダ] 何とぞよろしくお願いいたします.

아무튼[amutʰun アムトゥン] 副 とにかく; いずれにせよ ¶~ 가 보세[~

아무튼지 ka bose ~ カ ボセ] とにかく行ってみよう.

아무튼지 [amutʰɯndʒi アムトゥンジ] 副 何はともあれ; とにかく ¶~ 이 일은 끝내야지[~ i i:run k'ɯnnɛjadʒi ~ イ イールン ックンネヤジ] 何はともあれこの仕事さまさなければならない.

아물-거리다 [amulgərida アムルゴリダ] 自 ① かすかに見える; ちらつく ¶멀리 배가 ~[mɔ:lli pɛga ~ モールリ ペガ ~] 遠くの船がかすかに見える / 눈 앞이 ~[nunapʰi ~ ヌナピ ~] 目先がちらつく ② 話をぼかす; しどろもどろに話す ¶말을 ~[ma:rul ~ マールル ~] しどろもどろに話す.

아물다 [amulda アムルダ] 自 [ㄹ語幹] (傷口が)治る; いえる ¶화상이 ~[hwa:saŋi ~ ファーサンイ ~] やけどがいえる.

아물지도 [amutʰido アムッチド] 副 なんとも; どうとも ¶~ 않다[~ antʰa ~ アンタ] なんとも[なんでも]ない.

*아버님 [abɔnim アボニム] 名 父上; お父さま; = '아버지'의 尊稱.

※**아버지** [abɔdʒi アボジ] 名 お父さん; 父の通称.

아범 [abɔm アボム] 名 ① 目上が'아버지'「父」を下げすんで言う語 ② 親が子のある息子を呼ぶ語; 父ちゃん ③ 子のある夫婦の場合, 目上の人の前で妻が自分の夫を指して言う語.

아부-하다 [abuhada アブハダ] 阿附- 自 おもねる; へつらう; おべっかをつかう ¶상관(上官)에게 ~[saːŋgwanege ~ サーングァネゲ ~] 上役におもねる.

아비 [abi アビ] 名 '아버지'「父」をひくめて言う語; てて; おやじ ¶~없는 자식(子息)[~ɔmnun tʃaʃik ~オムヌン チャシク] てて子; ててなし子.

*아빠 [ap'a アッパ] 名 父ちゃん; パパ; '아버지'「父」の幼児語・親しみの呼称.

아뿔사 [ap'uls'a アップルッサ] 感 しまった; おっと ¶~, 잘못했군 [~, tʃalmotʰɛk'un ~, チャルモッテックン] しまった, 間違ったぞ.

아사 [餓死] [a:sa アーサ] 名 餓死 ¶~ 직전(直前)[~ dʒiktʃ'ɔn ~ ジクチョン] 餓死寸前 **ー지경**(之境)[dʒigjɔŋ ジギョン] **・ー선상**(線上)[sɔnsaŋ ソンサン] 餓死状態・餓死線上.

아삭 [asak アサク] 副 [하自他] ざくっ; がさっ; 野菜や果物をかむときの音.

*-**아서** [asɔ アソ] 接尾 …(し)て ¶보~가자 [po~ kadʒa ポー カジャ] 都合を見て行こう.

아서(라) [asɔ(ra) アソ(ラ)] 感 (目下に対して)よせ; やめろ ¶~ 그러면 못쓴다[~ kurɔmjɔn mo:s'unda ~ クロミョン モーッスンダ] よせ, そんなことをしてはいけないぞ.

-**아서가** [asɔga アソガ] 接尾 …(し)で ¶작~ 아니다[tʃa:g~ anida チャー(ガソガ アニダ] 小さくではない.

-**아서는** [asɔnɯn アソヌン] 接尾 …しては; …であっては ¶알~ 안된다[ar~ andwenda ア(ラ)ソヌン アンドゥェンダ] 知ってはいけない.

아세아 [亞細亞] [asea アセア] 名 アジアの漢字音表記.

아쉬움 [aʃwium アシュィウム] 名 名残 ¶~이 한없다[~i ha:nɔptʰa (アシュィウ)ミ ハーノプタ] 名残が尽きない.

아쉬워-지다 [aʃwiwɔdʒida アシュィウォジダ] 自 心残りになる.

아쉬워-하다 [aʃwiwɔhada アシュィウォハダ] 他 (名残を)惜しむ; もの足りなく思う ¶작별(作別)을 ~[tʃakp'jɔrul ~ チャクピョルル ~] 別れを惜しむ.

아쉰-대로 [aʃwindɛro アシュィンデロ] 副 もの足りないが; 十分ではないが足りぬままに; 間に合わせに ¶~ 참아라 [~ tʃʰamara ~ チャマラ] もの足りないが我慢しなさい.

*아쉽다 [aʃwipt'a アシュィプタ] 形 [ㅂ変] もの足りない; 何か欲しい; 望ましい ¶돈이 ~[to:ni ~ トーニ ~] お金が欲しい / 노력이 ~[nɔrjɔgi ~ ノリョギ ~] 努力が望ましい.

아스러-지다 [asurɔdʒida アスロジダ] 自 (かたまりが)粉々になる; 砕ける; つぶれる; 崩れる; 皮膚が擦りむける. ぐ'으스러지다'.

아스팔트 [aspʰaltʰɯ アスパルトゥ] asphalt 名 アスファルト.

*아슬-아슬 [asɯrasɯl アスラスル] 副 [하形]① ひやひや; はらはら; ひやり; 鳥肌が立つほど怖じ気を感ずるさま ¶~한 공중 서커스[~-(asɯr)han koŋdʒuŋ sɔːkʰɔsɯ ~ハン コンジュン ソーコス] ひやりとさせる空中サーカス ② はらはら; 気をもむさま ¶~한 순간 [~ (asur)han sungan ~ハン スンガン] はらはらする瞬間 ③ ぞくぞく; 寒

아시다-시피 [a:ʃidaʃipʰi アーシダシピ] 慣 ご存じのように[とおり].

***아시아** [asia アシア] Asia アジア.

아씨 [a:ʃ'i アーッシ] 名 (若)奥様, お嬢様; 若い夫人や娘を目下が呼ぶ語.

아아 [aa アア] 感 ああ; あっ; おお ¶~ 놀났다[~ no:llat'a ~ノールラッタ] ああ, 驚いた.

아악[雅樂] [a:ak アーアク] 名 〈楽〉国家の儀式に演奏された韓国在来の宮廷音楽; 雅楽.

아야 [aja アヤ] 感 あっ痛っ; 痛い ¶~ 아프다[~ apʰuda ~ アプダ] あっ痛っ, 痛いよ.

***-아야** [aja アヤ] 語尾 ① …してこそ ¶보~ 알지[po~ a:ldʒi ポー アールジ] 見てこそわかるのだ; 見なけりゃわからない ② いかに[いくら]…(し)ても ¶아무리 보~[a:muri po~ アームリ ポ~] いくら見ても….

-아야만 [ajaman アヤマン] 語尾 …(し)てこそ; …してはじめて; …しなけりゃ; =`-아야' の強調語 ¶좋~ 잘 팔린다[tʃo~ tʃal pʰallinda チョー~ チャル パルリンダ] すぐれてこそよく売れる.

***-아야지** [ajadʒi アヤジ] 語尾 …すべきだ; …しなけりゃ; …ないのよ ¶도리를 알~[to:rirul ar~ トーリルル ア(ラヤジ)] 道理を知るべきだ.

아양 [ajaŋ アヤン] 名 愛嬌; 媚び, 嬌態 **—떨다** [t'olda ットルダ] **・—부리다** [burida ブリダ] **・—피우다** [pʰiuda ピウダ] 自 媚びる; 媚びへつらう; 愛嬌を振りまく.

아연[啞然] [ajon アヨン] 名 副 하形 啞然 ¶그저 ~할 따름이었다[kɯdʒo ~hal t'arumiotʼa クジョ ~ハルッタルミオッタ] **—실색**(失色) [ʃils'ɛk シルッセク] 名 하自 あっけに取られて顔色の変わること.

***아예** [aje アイェ] 副 ① 初めから; てんで; まったく ¶~ 상대(相對)하지 않는다[~ saŋdɛhadʒi annunda ~ サンデハジ アンヌンダ] 初めから相手にしない ② 絶対に; 決して ¶~ 될 일이 아니다[~ twel liri anida ~ トゥェル リリ アニダ] 絶対にできることじゃない.

아옹-거리다 [aoŋgorida アオンゴリダ] 自 ① (すねて) ぶつぶつこぼす ② 互いにいがみ合う; 言い合う **아옹-다옹** [aoŋdaoŋ アオンダオン] 副 하自他 いがみ[言い]合うさま; ああだこうだ(と) ¶만나기만 하면 ~ 다툰다[manaɡiman hamjon ~ tatʰunda マンナギマン ハミョン ~ タトゥンダ] 顔を合わしさえすればああだこうだといがみ合う.

***-아요** [ajo アヨ] 語尾 …です; …ですか ¶좋~[tʃo:~ チョー~] いいです; よろしいです / 맛이 좋~?[maʃi tʃo:~ マシ チョー~] おいしいですか.

***아우** [au アウ] **1** 名 ① 弟; 妹 ¶~를 보다[~rul poda ~ルル ポダ] 慣 弟[妹]が産まれる / ~를 타다[~rul tʰada ~ルル タダ] 慣 まだ乳飲み子の子供が下の子ができてやせてくる; 彼は弟の友達です ② 同僚の中の年下 **2** 代 仲間同士で自分を下げて言う語 **—님** [nim ニム] 名 '아우' の尊称 **—형제** [hjoŋdʒe ヒョンジェ] 名 兄弟.

아우성 [ausoŋ アウソン] 名 大勢がどっと上げる叫び声 **—치다** [tʰida チダ] 自 わめく; わめき立てる, 声を張り上げる.

아욱 [auk アウク] 名 〈植〉 アオイ(葵).

***아울러** [aullo アウルロ] 副 ① 同時に; 併せて; 付け加えて ¶~ 주의할 것은 …[~ tʃu:ihal k'osɯn ~ チューイハル コスン] 同時に注意すべきことは… ② 一緒に; ともに ¶재색을 ~ 갖추다[tʃɛsɛgɯl ~ katʰuda チェセグル ~ カッチュダ] 才色をともに備えている; 才色兼備.

아웃 [aut アウッ] out 名 アウト **—코너** [kʰo:no コーノ] 名 アウトコーナー(outside corner) **—필드** [pʰi:ldɯ ピールドゥ] 名 アウトフィールド(outfield).

아워 [awo アウォ] hour 名 アワー ¶러시 ~[roʃi ~ ロシ ~] ラッシュアワー.

아유 [aju アユ] 感 いや; ああ; あら; ふう ¶~ 정말 놀났다[~ tʃo:ŋmal no:llat'a ~ チョーンマル ノールラッタ] ああ, ほんとに驚いた.

***아이**[1] [ai アイ] 名 ① 子供 ② 息子; 娘; 略 애 [ɛ: エー] ¶저 애가 우리~지[tʃo ɛ:ga uri ~dʒi チョ エーガ ウリ ~ジ] あの子がうちの息子[娘]だよ / ~를 배다[~rul pɛ:da ~ルル ペーダ] 子をはらむ / ~가 서다[~ga soda ~ガ ソダ] 身ごもる / ~를 지우다[~rul tʃiuda ~ルル チウダ] 中絶する.

아이² [ai アイ] 感 ① ねえ…; …ってば; 人に何かをねだるときに言う語 ¶엄마. ~ 엄마두 [ɔmma ~ ɔmmadu オムマ、~ オムマドゥ] かあさん、かあさんってば/ ~ 빨리 줘요 [~ p'alli tɕwɔːjo ~ ッパルリ チュォーヨ] ねえ、早くください ② '아이고'の略 ¶ ~ 깜짝이야 [~ k'amtɕ'agija ~ ッカムッチャギヤ] いや[あら、まあ]、驚いた **ー참** [tɕʰamチャム] 感 ほんとに; ちぇっ ¶ ~ 、 큰일났네 [~, kʰunillanne ~ 、クニルランネ] ちぇっ、これは大変だな.

*****아이고** [aigo アイゴ] 感 ① (痛い・驚いた・あきれた・悔いときに) あ; あら、まあ (女性); ひゃあ ¶ ~ 깜짝이야 [~ k'amtɕ'agija ~ ッカムッチャギヤ] あぁ、びっくりした/ ~ 놓았다 [~ nolːlatʼa ~ ノールラッタ] ああ、驚いた ② 泣き声; 特に喪中に哭する声.

아이쿠 [aikʰu アイク] 感 あっ; あいたっ; あら ¶ ~ 、 큰일이다 [~, kʰunirida ~ 、クニリダ] あっ、大変だ.

*****아장-아장** [adʑaŋadʑaŋ アジャンアジャン] 副 自 よちよち; ちょこちょこ ¶ ~ 걷다 [~ kɔːtʼa ~ コーッタ] よちよち歩く.

*****아저씨** [adʑɔtɕ'i アジョッシ] 名 ① おじ (伯父・叔父) ② おじさん ¶이웃 ~ [iud ~ イウ (ダジョッシ)] 隣のおじさん / 순경(巡警) ~ [sungjɔŋ ~ スンギョン ~] おまわりさん; 警察官.

*****아주¹** [adʑu アジュ] 副 ① 非常に; とても ¶ ~ 비싸다 [~ pisʼada ~ ピッサダ] 非常に(値段が)高い ② まったく; まるで; 全然 ¶ ~ 다르다 [~ taruda ~ タルダ] まったく違う ③ 永久に ¶그는 ~ 가버렸다 [kunun ~ kabɔrjɔtʼa クヌン ~ カボリョッタ] 彼は永久に去った ④ すっかり; 完全に ¶ ~ 단념(斷念)하다 [~ tannjɔmhada ~ タンニョムハダ] すっかりあきらめる.

아주² [adʑu アジュ] 感 なんだい; いやはや; ふん; 人の得意がる言動をあざける語 ¶ ~ 、 잘난 체하는 군 [~, tɕallan tɕʰehanun gun ~, チャルラン チェハヌン グン] なんだい、偉ぶって.

아주까리 [adʑukʼari アジュッカリ] 名 〈植〉トウゴマ(唐胡麻); ヒマ(蓖麻) ¶ ~ 기름 [~girum ~ ギルム] ひまし油 **ー씨** [fʼi ッシ] 名 ひまし.

*****아주머니** [adʑumɔni アジュモニ] 名 〈敬称〉 **아주머님** [adʑumɔnim アジュモニム]・〈親しく呼ぶ語〉**아줌마** [adʑumma アジュムマ] ① おば(伯母・叔母) ② おばさん ¶이웃집 ~ [iutɕ'ip ~ イウッチプ ~] 隣のおばさん ③ 友人・同僚の妻に対する親しい呼称 ④ 奥さん; おかみさん ¶쌀가게 ~ [sʼalkʼage ~ ッサルカゲ ~] 米屋のおかみさん.

아주버니 [adʑubɔni アジュボニ] 名 女性が夫の兄弟に対する呼称=시숙(媤叔) [ɕisuk シスク].

아주버님 [adʑubɔnim アジュボニム] 名 '아주버니'の敬称; お兄さん.

-아지 [adʑi アジ] 接尾 (家畜が生まれて「間もない・幼い」の意を表わす語 ¶강~ [kaŋ~ カン~] 小犬 / 송~ [sɔŋ~ ソン~] 小牛 / 망~ [maŋ~ マン~] 子馬.

-아지다 [adʑida アジダ] 語尾 ① …れる; …(に)なる(動詞の語幹に付く) ¶볶~ [(pokʼ) adʑida (ポク)カジダ] 炒られる ② (形容詞の語幹に付いて動詞に転成する) ¶많~ [(maːn) ~ (マー)ナジダ] 多くなる.

아지랑이 [adʑiraŋi アジランイ] 名 陽炎 ¶~가 피다 [~ga pʰida ~ガ ピダ] 陽炎がもえる[立つ].

*****아직** [adʑik アジク] 副 ① まだ…(しない) ¶ ~ 오지 않았다 [~ odʑi anatʼa ~ オジアナッタ] まだ来ていない ② 今なお; まだ ¶ ~ 앓고 있다 [~ alkʰoitʼa ~ アルコイッタ] 今でもなお病んでいる **ー까지** [(adʑi)kʼadʑi ッカジ]・**ー껏** [(adʑi)kʼɔt ッコッ] 副 いままで; いまだに ¶ ~ 소식(消息)이 없다 [~ sʼoɕigi ɔːptʼa ~ ソシギ オープタ] いままで便りがない **ー도** [tʼo ト] 副 '아직'の強調語 **ー멀었다** [(adʑiŋ) mɔrɔtʼa (アジン)モロッタ] 慣 まだまだだ.

아찔-하다 [atɕʼirhada アッチルハダ] 形 くらっとする; ひやっとする ¶ ~ 하는 순간 넘어졌다 [~ -hanun sungan nɔmɔdʑɔtʼa ~-ハヌン スンガン ノモジョッタ] くらっとしたとたんに倒れた.

아차 [atɕʰa アチャ] 感 あっ; しまった ¶ ~ 우산을 잊었구나 [~ uːsanul idʑɔtkʼuna ~ ウーサヌル イジョックナ] あっ、傘を(置き)忘れた.

아첨[阿諂] [atɕʰɔm アチョム] 名 おべっか; へつらい ¶ ~ 꾼 [~kʼun ~ックン] へつらう人; ごますり **ー하다** [hada ハダ] 自 へつらう; おもねる; ごまをする.

-아치 [atɕʰi アチ] 接尾 名詞に付いてそ

の仕事に従事する人を軽蔑して言う語 ¶벼슬~[pjəsur~ ピョス(ラチ)~] 役人 / 장사~[tɕaŋsa~ チャンサ~] 商売人 = 장사치 [tɕaŋsatɕhi チャンサチ]

*아침 [atɕhim アチム] 图 ① 朝 ¶저녁으로 [~dʑɔnjɔguro ~ジョニョグロ] 朝に夕に ② 朝食; 朝飯; = '아침밥' の略 ¶~을 먹다 [~ul mɔkt'a (アチム)ル モクタ] 朝食をとる **—거리** [k'ɔri コリ] 图 朝食の材料 **—결** [k'jɔl キョル] 图 朝の内; 朝方; 昼前 **—나절** [nadʑɔl ナジョル] 图 朝食後から昼までの間; 午前 **—내** [nɛ ネ] 图 朝中; 朝の間 **—때** [t'ɛ ッテ] 图 朝方; 朝食の時間 **—밥** [p'ap パプ] 图 朝食 **—잠** [tɕ'am チャム] 图 朝寝 **—진지** [dʑindʑi ジーンジ] 图 '아침밥' の敬称; 朝のお食事 **—참** [tɕham チャム] 图 朝食の後休息を取る間; 朝食と昼食の間にとる間食.

아톰 [athom アトム] atom 图〈化〉アトム; 原子.

아트 [a:thɯ アートゥ] art アート—디렉터 [direktho ディレクト] 图 アートディレクター (art director).

*아파트 [aphɨ:thɯ アパートゥ] apart 图 アパート; マンション ¶~에 살다 [~e sa:lda ~エ サールダ] マンション住まいをする.

아파-하다 [aphahada アパハダ] 自[여変] 痛がる ¶가슴 ~[kasum ~ カス(マパハダ)] 心を痛める / 몹시 ~ [mo:pɕ'i ~ モープシ ~] ひどく悲しむ[痛がる].

아편 [阿片] [aphjɔn アペョン] 图 阿片 **—쟁이** [dʑɛŋi ジェンイ] 图 俗 阿片中毒者 **—중독** [dʑuŋdok ジュンドク] 阿片中毒. 「〈神話〉アポロ.

아폴로 [aphollo アポルロ] Apollo 图

*아프다 [aphɨda アプダ] 形[으変] 痛い ¶머리가 ~ [mɔriga ~ モリガ ~] 頭が痛い / 마음이 ~ [maumi ~ マウミ ~] 心が痛い[苦しい].

*아프리카 [aphɨrikha アプリカ] Africa 图〈地〉アフリカ.

아픔 [aphɨm アプム] 图 痛み ¶마음의 ~ [maumɛ ~ マウメ ~] 心の痛み.

아하 [aha アハ] 感 ああ、ははあ, そうか ¶~, 이제야 생각났다 [~, idʑeja sɛŋgannat'a ~, イジェヤ センガンナッタ] ああ, 今やっと思い出した.

*아홉 [ahop アホプ] 冠数 9; 9人; 9つ **—째** [tɕ'ɛ チェ] 9番目; 9つ目.

*아흐레 [ahure アフレ] 图 9日(間) =

아흐렛 날 [ahuren nal アフレン ナル]

아흔 [ahun アフン] 冠数 90.

*악¹ [ak アク] 图 ありったけの力; やけ; 必死[死に物狂い]のもがき ¶~에 바치다 [(ag)e patɕhida (ア)ゲバチダ] 死に物狂いになる; 怒り狂う; やけ(っぱち)になる; あがく / ~을 쓰다 [(a)-gul s'uda (ア)グルッスダ] わめく; 怒鳴る; ありったけの声でわめき散らす.

악² [ak アク] 感 あっ; わっ; やっ; 人を驚かしたり自分が驚いたりしたときの叫び声.

악 [惡] [ak アク] 图 悪 ¶사회~ [sa-hwe~ サフェ~] 社会悪.

악-감정 [惡感情] [ak'amdʑɔŋ アクカムジョン] 图 悪感情; 不快な感情.

악곡 [樂曲] [ak'ok アクコク] 图 楽曲; 音楽の調べ.

악극 [樂劇] [ak'uk アククク] 图 楽劇 **—단** [t'an タン] 图 楽劇団.

*악기 [樂器] [ak'i アキ] 图 楽器.

악 다구니 [akt'aguni アクタグニ] 图自 ① 激しく言い争う[悪たれをたたく]こと ② 敵対[反目]すること.

악단 [樂團] [akt'an アクタン] 图 楽団 ¶관현~ [kwanhjɔn~ クァンヒョ(ナクタン)] 管弦楽団.

악담 [惡談] [akt'am アクタム] 图 ① 悪口; 悪たれ口; 憎まれ口 ② 人を罵り呪うこと ¶~을 퍼붓다 [~ul phɔ-but'a (アクタ)ム ポブッタ] 悪口を浴びせる **—하다** [hada ハダ] 自 毒づく; 悪態をつく; 憎まれ口をきく.

악당 [惡黨] [akt'aŋ アクタン] 图 悪党.

악덕 [惡德] [akt'ɔk アクトク] 图[하形] 悪徳 ¶~업자 [(akt'ɔg)ɔptɕ'a (アクト)ゴプチャ] 悪徳業者.

악도리 [akt'ori アクトリ] 图 悪辣で執念深い人; 乱暴でけんかばやい人.

악독 [惡毒] [akt'ok アクトク] 图 邪悪であくどいこと **—하다** [(akt'o)khada カダ] 形 あくどい **—스럽다** [s'urɔpt'a スロプタ] 形[ㅂ変] 邪悪であくどい.

악동 [惡童] [akt'oŋ アクトン] 图 悪童; 悪太郎; いたずらっ子.

악랄 [惡辣] [aŋnal アンナル] 图[하形] 悪辣 ¶~한 짓을 하다 [(aŋnar)-han tɕisul hada ~ハン チースル ハダ] 悪辣なことをする **—히** [(aŋnar)i (アンナ)リ] 副 悪辣に; あくどく.

*악마 [惡魔] [aŋma アンマ] 图 悪魔.

악명 [惡名] [aŋmjɔŋ アンミョン] 图 悪

名 ¶~ 높은 사기꾼[~ nophun sagik'un ~ ノブン サギックン] 悪名 높이ペテン師.

악몽[惡夢][aŋmoŋ アンモン] 名 悪夢 ¶~에서 깨다[~esə k'ɛda ~エソ ッケーダ] 悪夢から覚める/~에 시달리다[~e ʃidallida ~エ シダルリダ] 悪夢にうなされる.

*악-물다 [aŋmulda アンムルダ] 他 ㄹ語幹 (歯を)食いしばる ¶이를 악 물고 참다[irɯl aŋmulgo tʃʰa:mt'a イルル アンムルゴ チャームタ] 歯を食いしばって我慢する.

악-바리 [akp'ari アクパリ] 名 ① 我の強い人 ¶그는 ~다[kɯnɯn ~da クヌン ~ダ] 彼は我の強い人だ ② 悪賢い人.

악-선전[惡宣傳][aksʰəndʒən アクソンジョン] 名 하他 悪く言いふらすこと ¶라이벌 회사를 ~하다[raibəl hwe:sarɯl ~hada ライボル フェーサルル ~ハダ] ライバル会社を悪く言いふらす.

악성[惡性][aks'əŋ アクソン] 名 悪性 ―감기 (感氣)[ga:mgi ガームギ] 名 悪性の風邪 ―빈혈[binhjəl ピンヒョル] 名 悪性貧血 ―종양[dʒo:ŋjaŋ ジョーンヤン] 名 悪性腫瘍ょう.

악수 [aks'u アクス] 名 どしゃ降り ⟨'억수'¶~같이 퍼붓는 비[~gatʃhi pʰobunnɯn pi ~ガチ ポブンヌン ピ] どしゃ降りの雨.

*악수[握手][aks'u アクス] 名 하自 握手 ¶~를 나누다[~rɯl nanuda ~ルル ナヌダ] 握手を交わす.

악-순환[惡循環][aks'unhwan アクスンファン] 名 悪循環.

악-습[惡習][aks'ɯp アクスプ] 名 悪習.

악-쓰다 [aks'ɯda アクスダ] 自 으変 ありったけの声でわめき散らす[怒鳴る].

악악-거리다 [agak'ərida アガッコリダ] 自 不満や憤りでやたらに叫び[怒鳴り]たてる.

악어 [鰐魚][agə アゴ] 名 ⟨動⟩ ワニ.

악연-하다[愕然―][agjənhada アギョンハダ] 形 여変 がく然とする; 驚く; 非常にびっくりする ¶~-한 표정[~han phjodʒəŋ ~-ハン ピョジョン] がく然とした表情 **악연-실색**(失色)[(agjən)ʃils'ɛk (アギョン)シルッセク] 名 하自 驚いて色を失うこと.

악-영향[惡影響][agjəŋhjaŋ アギョンヒャン] 名 悪影響.

악용[惡用][agjoŋ アギョン] 名 하他 悪用 ¶지위를 ~하다[tʃiwirɯl ~hada チウィルル ~ハダ] 地位を悪用する.

악운[惡運][agun アグン] 名 悪運 ¶~이 세다[~i se:da (アク)ニ セーダ] 悪運が強い.

악의[惡意][agi アギ] 名 悪意 ¶~를 품다[~rɯl pʰu:mt'a ~ルル プームタ] 悪意を抱く.

악전 고투[惡戰苦鬪][aktʃ'əngothu アクチョンコトゥ] 名 하自 悪戦苦闘 ¶~ 끝에[~k'ɯthe ~ックテ] 悪戦苦闘の末に.

악-조건[惡條件][aktʃ'ok'ən アクチョコン] 名 悪条件 ¶~이 겹치다[~i kjəptʃhida (アクチョコ)ニ キョプチダ] 悪条件が重なる.

악질[惡質][aktʃ'il アクチル] 名 悪質; たちの悪い人 ¶~ 상인[~ saŋin ~ サンイン] 悪質な商人.

악착-같다[齷齪―][aktʃhak'atha アクチャクカッタ] 形 ひどくしつこい; がむしゃらだ **악착-같이**[(aktʃha)k'atʃhi (アクチャク)カチ] 副 しつこく; 執拗ように ¶~ 물고 늘어지다[~ mulgo nurədʒida ~ ムルゴ ヌロジダ] 執拗に食い下がる **악착-스럽다**[(aktʃha)s'urəpt'a (アクチャク)スロプタ] 形 ㅂ変 しつこい; 勝ち気だ; 粘り強く根気がある ¶~-스럽게 일하다[~-s'urəpk'e i:rhada ~-スロプケ イールハダ] 粘り強く働く.

악-천후[惡天候][aktʃhənhu アクチョンフ] 名 悪天候.

악취[惡臭][aktʃhwi アクチュィ] 名 悪臭; 汚臭 ¶~ 를 풍기다[~rɯl pʰuŋgida ~ルル プンギダ] 悪臭を放つ.

악-취미[惡趣味][aktʃhwimi アクチュィミ] 名 悪趣味.

악평[惡評][akphjəŋ アクピョン] 名 하他 悪評 ¶~이 나다[~i nada ~イ ナダ] 悪い評判が立つ.

악-하다[惡―][akhada アクハダ] 形 여変 ① 気立てが悪い ¶악한 마음[akhan maɯm アクカン マウム] 邪悪な心 ② 悪辣あくらつで惨い; 不道徳だ.

악화[惡化][akhwa アクファ] 名 하自 悪化 ¶~시키다[~ʃikhida ~シキダ] 悪化させる; (病気を)こじらせる.

*안¹[an アン] 1 名 ① 内; 中; 内部 ¶~쪽[~tʃ'ok ~ッチョク] 内側 ② 以内

¶10분~에 [ʃip'un ~e シブ(ナ)ネ] 10分以内に ③ (着物などの)裏(地) ¶ ~감 [~k'am ~カム] 裏地 ④ 妻の謙称 ¶ ~사람 [~s'aram ~ッサラム] うちの女房; 家内 ⑤ 女性の居間 ¶ ~방 [~p'aŋ ~パン] 内室; 奥座敷 **2** 冠 女性を指す語 ¶ ~주인 [~tʃ'uin ~チュイン] 女主人; おかみ / ~식구(食口) [~ʃik'u ~シック] 妻; 細君.

***안²** [an アン] 副 …(し)ない='아니'の略 ¶ 비가 ~온다 [piga ~onda ピガ(ア)ノンダ] 雨が降らない / ~먹다 [~-mɔkt'a ~モクタ] 食べない / ~좋다 [~dʒotʰa ~ジョッタ] よくない.

안[案] [a:n アーン] 名 ① 案='안건'(案件)の略 ¶ ~을 [ib(an) イ(バン)] 立案 ② 思案; 考え ¶ ~을 내다 [~ul nɛ:da (アー) ヌル ネーダ] 案を出す.

***안-간힘** [ank'anhim アンカンヒム] 名 (不平·苦痛·怒りなどを)抑え堪えようとするあがき; 歯を食いしばる努力; ありったけの力 **―(을) 쓰다** [(ul) s'uda (アンカンヒムル) ッスダ] 自 ① 堪えようとして歯を食いしばる ¶ 분노를 참으려고 ~ [pu:norul tʃʰamurjogo ~ プーノルル チャムリョゴ ~] 憤怒を堪えようと歯を食いしばる ② ありったけの力をふりしぼる; 心死になる.

안-감 [ank'am アンカム] 名 裏地.

안-갚음 [a:ngapʰum アーンガプム] 名 하自 親に恩返しをすること.

***안개** [a:ngɛ アーンゲ] 名 霧; 靄 ¶ ~가 끼다 [~ga k'i:da ~ガッキーダ] 霧がかかる[立ち込める] / ~가 짙다 [~-ga tʃit'a ~ガチッタ] 霧が深い.

안건[案件] [a:nk'on アーンコン] 名 案件 ¶ 중요 ~ [tʃu:ŋjo ~ チューンヨ ~] 重要案件.

***안경**[眼鏡] [a:ngjoŋ アーンギョン] 名 めがね ¶ ~을 쓰다 [~ul s'uda ~ウルッスダ] めがねをかける / ~을 벗다 [~ul pɔt'a ~ウル ボッタ] めがねをはずす **―다리** [t'ari タリ] 名 めがねのつる **―방**(房) [p'aŋ パン] 名 めがね店 **―알** [al アル] 名 めがねのレンズ **―집** [tʃ'ip チプ] 名 めがね入れ **―테** [tʰe テ] 名 めがねの縁[フレーム].

안과[眼科] [a:nk'wa アーンクァ] 名 眼科 **―의**(醫) [ɯi ウィ] 名 眼科医.

***안기다** [angida アンギダ] **1** 自 (人に)抱かれる='안다'の被動 ¶ 어머니 품에 ~ [ɔmɔni pʰume ~ オモニ プメ ~] 母の懷に抱かれる **2** 他 ① 抱かせる='안다'の使役形 ¶ 아기를 아버지에게 ~ [agirul abɔdʒiege ~ アギルル アボジエゲ ~] 赤ん坊を父に抱かせる ② (責任·罪などを)負わす ¶ 사원에게 책임을 ~ [sawɔnege tʃʰɛgimul ~ サウォネゲ チェギムル ~] 社員に責任を負わせる ③ 俗 (こぶしなどを)食らわす; 殴る; 打つ ¶ 한 대 ~ [han dɛ ~ ハン デ ~] 一発食らわす.

***안내**[案內] [a:nnɛ アーンネ] 名 하他 案内 ¶ 친절하게 ~하다 [tʃʰindʒɔrhage ~hada チンジョルハゲ ~ハダ] 親切に案内する.

***안녕**[安寧] [annjɔŋ アンニョン] **1** 感 こんにちは; さようなら; (会ったとき·別れるときの言葉) ¶ ~하십니까? [~haʃimnik'a ~ハシムニッカ] こんにちは; お変わりございませんか; お元気ですか **―하다** [hada ハダ] 形 無事だ; 変わりない; 元気だ **―히** [i イ] 副 無事に; お元気に ¶ ~가세요 [~ kasejo ~ カセヨ] さようなら(行く人に) / ~계세요 [~ ke:sejo ~ ケーセヨ] さようなら(居残る人に) **2** 名 하形 하副 安寧; 安泰; 平和なこと.

***안다** [a:nt'a アーンタ] 他 ① 抱く; 抱きしめる; 抱える ¶ 아기를 ~ [agirul ~ アギルル ~] 赤ん坊を抱く / 짐을 ~ [tʃimul ~ チムル ~] 荷物を抱える ② まともに受ける ¶ 바람을 ~ [paramul ~ パラムル ~] 風をまともに受ける ③ (責任を)負う ¶ 친구의 빚을 ~ [tʃʰingue pidʒul ~ チングエ ピジュル ~] 親友の負債を負う ④ (鳥類が卵を)抱く ⑤ (心に)いだく ¶ 슬픔을 안고… [sulpʰumul a:nk'o スルプムル アーンコ] 悲しみをいだいて….

안달 [andal アンダル] 名 いらだち; 気をもむ[やきもきする]こと ¶ 저 녀석 ~이 나 있어 [tʃɔ njɔsok (andar)i na is'ɔ チョ ニョソク (アンダ)リ ナ イッソ] あいつじれているよ **―하다** [(andar)hada ハダ] 自 いらいら[じりじり]する; じれる; (したくて)もどかしがる ¶ 소식이 없어 ~ [soʃigi ɔ:ps'ɔ ~ ソシギ オープソ ~] 便りがこないでいらいらと気をもむ **―복달-하다** [bokt'arhada ボクタルハダ] 自 여變 やきもき[じりじり]する; ひどく気をもむ.

안도[安堵] [ando アンド] 名 하自 安心すること ¶ ~의 한숨을 쉬다 [~e

안-되다 [andweda アンドゥェタ] **1** 自 いけない；ならない；うまくいかない；=아니 되다[ani dweda アニ ドゥェタ]の略 ¶하지 않으면 안 된다[hadʒi anumjon an dwenda ハジ アヌミョン アン ドゥェンタ] しなければならない／사업이 잘 ~[saːɔbi tʃ'ar ~ サーオビ チャ(ランドゥェ ガ)] 事業がうまくいかない **2** 形 残念だ；気の毒だ；=**안됐다** [andwɛt'a アンドゥェッタ] ¶실패하다니 안됐구나[ʃilpʰehadani andwɛtk'una シルペハダニ アンドゥェックナ] 失敗とは気の毒なことだ.

안-뜰 [ant'ul アントゥル] 名 内[中]庭.

안락 [安樂] [allak アルラク] 名 하形 安楽 ¶~한 생활[(alla)kʰan seŋhwal ~カン センファル] 安楽な生活.

안마 [按摩] [aːnma アーンマ] 名 他 マッサージ ¶~사[~sa ~サ] マッサージ師.

안-마당 [anmadaŋ アンマダン] 名 中庭.

안면 [安眠] [anmjon アンミョン] 名 하自 安眠 ¶~ 방해[~ baŋhɛ ~ パンヘ] 安眠妨害.

안면 [顔面] [anmjon アンミョン] 名 ① 顔面；顔 ② 顔見知り ¶~이 넓다[~i nolt'a (アンミョ)ニ ノルタ] 顔が広い；顔が知られている／~이 있다[~i it'a (アンミョ)ニ イッタ] 顔見知りである **—부지** (不知) [budʒi ブジ] 名 会ったこともないこと、またその人.

안목 [眼目] [aːnmok アーンモク] 名 ① 眼識；目 ¶~이 높다[(aːnmog)i nopt'a (アーンモ)ギ ノプタ] 目が高い ② 眼目；大切な点；主眼.

***안-방** [—房] [anp'aŋ アンパン] 名 ① 母屋の中心となる部屋 ② 主婦の内室；奥の間.

안배-하다 [按配—] [aːnbɛhada アーンベハタ] 他 割り振る；案配する ¶인원을 ~[inwonul ~ イヌォヌル ~] 人員を案配する.

안벽 [岸壁] [aːnbjok アーンビョク] 名 岸壁 ¶배를 ~에 대다[pɛrul (aːnbjog)e tɛːda ペルル (アーンビョ)ゲ テータ] 船を岸壁につける.「全保障の略.

안보 [安保] [anbo アンボ] 名 安保；安

***안부** [安否] [anbu アンブ] 名 하自 安否；暮らし向きやご機嫌をうかがうこと、またはその便り ¶~를 묻다[~rul muːt'a ~ルル ムーッタ] 安否を問う.

안-사람 [ans'aram アンッサラム] 名 俗 女房；家内；='아내'.

안-살림(살이) [ans'allim(sari) アンサルリム(サリ)] 名 主婦による家計の切り盛り.

안색 [顔色] [ansɛk アンセク] 名 顔色；気色；様子 ¶~을 살피다[(ansɛg)ul salpʰida (アンセ)グル サルピタ] 顔色[様子]をうかがう.

안성-맞춤 [安城—] [ansoŋmatʃʰum アンソンマッチュム] 名 あつらえ向き；好都合；打ってつけ ¶아주 ~이다[adʒu ~ida アジュ (アンソンマッチュ)ミタ] ちょうどおあつらえ向きだ／자네에겐 ~인 일이네[tʃanεegen ~in niːrine チャネエゲン (アンソンマッチュ)ミン ニーリネ] 君には打ってつけの仕事だよ.

안식 [眼識] [aːnʃik アーンシク] 名 眼識；目 ¶~이 높다[(aːnʃig)i nopt'a (アーンシ)ギ ノプタ] 目が肥えている.

안식구 [—食口] [anʃik'u アンシック] 名 ① 女性の家族 ② 女房；家内.

안심 [anʃim アンシム] 名 牛のあばら骨の内側の肉；ロース.

***안심** [安心] [anʃim アンシム] 名 하自 安心 ¶~시키다[~ʃikʰida ~シキタ] 安心させる.

안쓰럽다 [ans'uropt'a アンッスロプタ] 形 (ㅂ変) 痛ましい；気の毒だ；すまない ¶혼자 자식을 기르는 게 ~[hondʒa tʃaʃigul kirununge ~ ホンジャ チャシグル キルヌン ゲ ~] 独りで子供を養うのが痛ましい.

안약 [眼藥] [aːnjak アーニャク] 名 目薬 =눈약 [nunnjak ヌンニャク].

안이-하다 [安易—] [anihada アニハタ] 形 ① 安易だ；たやすい ¶~-한 방법[~-han paŋbop ~ハン パンボプ] 安易な方法 ② のんきだ ¶~-한 태도 [~-han tʰɛːdo ~ハン テード] のんきな態度.

안장 [鞍装] [aːndʒaŋ アーンジャン] 名 ① 鞍 ② 自転車のサドル **—코** [kʰo コ] 名 低い鼻；はなぢら；あぐら鼻.

***안전** [安全] [andʒon アンジョン] 名 安全 ¶교통 ~[kjotʰoŋ ~ キョトン ~] 交通安全 **—하다** [hada ハタ] 形 安全だ **—히** [i (アンジョ)ニ] 副 安全に **—띠** [t'i ッティ] 名 安全ベルト.

안절부절-못하다 [andʒʌlbudʒʌlmo:-tʰada アンジョルブジョルモータダ] 自 [어변] (不安・恐怖・焦燥・興奮などのため) 居たたまれない; じっとしていられない; 居ても立ってもいられない; そわそわして落ち着かない ¶너무너무 걱정이 되어 ~ [nʌmunʌmu kʌktɕʼʌŋi twea ~] ノムノムコクチョンイ トゥェオ ~] 心配で心配で居たたまれない.

*__안정__ [安定] [andʒʌŋ アンジョン] 名 [하自他] [히副] 安定 ¶물가의 ~ [mulkʼae ~ ムルカエ ~] 物価の安定.

안정 [安靜] [andʒʌŋ アンジョン] 名 [하形] [自動] 安靜 ¶~시키다 [~ʃikʰida ~シキタ] 安靜させる.

*__안주__ [按酒] [andʒu アンジュ] 名 (酒の) 肴; おつまみ ¶술 ~ [sur ~ (ス)ランジュ] 酒の肴 —감 [kʼam カム] 名 肴の材料.

안-주머니 [antɕʼumʌni アンチュモニ] 名 ふところ; 内ポケット.

안-주인 [—主人] [antɕʼuin アンチュイン] 名 女主人; 主婦; (宿屋などの) 女将.

안-집 [antɕʼip アンチプ] 名 ① 母屋 ② 家主の家.

안-짝 [antɕʼak アンチャク] 名 …に達しない; 以内; …足らず ¶만원의 돈 [ma:nwʌn (antɕʼag)e to:n マーヌォン(アンチャ)ゲ トーン] 1万ウォン足らず[以内]のお金.

안짱-다리 [antɕʼaŋdari アンチャンダリ] 名 俗 蟹股; 内股(で歩く人) ¶~로 걷다 [~ro kʌːtʼa ~ロ コータ] 内股で歩く.

*__안-쪽__ [antɕʼok アンチチョク] 名 内; 內側.

안-채 [antɕʼɛ アンチェ] 名 母屋.

안치다 [antɕʰida アンチダ] 他 (煮炊きすべきものを鍋などに入れて) 仕掛ける ¶쌀을 ~ [sʼarul ~ ッサルル ~] 米を釜に入れる.

안-타 [安打] [antʰa アンタ] 名 〈野〉安打; ヒット ¶~를 치다 [~rul tɕʰida ~ルル チダ] 安打を打つ.

안타까워-하다 [antʰakʼawʌhada アンタッカウォハダ] 他 [어변] 気の毒に[痛ましく]思う; 不憫[哀れ]に思う ¶어린 고아를 ~ [ʌrin koarul ~ オリン コアルル ~] 幼い孤児を哀れに思う.

*__안타깝다__ [antʰakʼaptʼa アンタッカプタ] 形 [ㅂ変] ① (見るに) 不憫だ; 気の毒だ; 哀れだ ¶고생하다니 정말 ~ [kosɛŋhadani tɕʼʌːŋmal ~ コセンハダニ チョンマル ~] 苦労するとは実に哀れだ ② もどかしい; 切ない; じれったい 안타까운 마음 [antʰakʼaun maum アンタッカウン マウム] 切ない思い / 시간 가는 것이 ~ [ʃigan ganun kʌʃi ~ シガン ガヌン コシ ~] 時間の経つのがもどかしい 안타까-이 [antʰakʼai アンタッカイ] 副 もどかしく; 切なく; じれったく.

*__안-팎__ [anpʰak アンパク] 名 ① 内外; 内と外; 裏と表 ¶나라 ~ [nara ~ ナラ ~] 国内と国外; 国の内外 ② …ほど; 前後; …ぐらい; そこそこ ¶스무 살 ~ [sumu sar ~ スム サ(ランパク)] 20そこそこ / 열 사람 ~ [jʌːl sʼaram ~ ヨール サラム ~] 10人前後 ③ 妻と夫; 夫婦.

안-하다 [anhada アンハダ] 他 しない; やらない; ='아니하다'の略 ¶일을 ~ [iːrul ~ イールル ~] 仕事をしない.

*__앉다__ [antʼa アンタ] 自 ① 座る ¶걸상에 ~ [kʌːlsʼaŋe ~ コールサンエ ~] 腰掛けに座る ② (鳥・虫が) 止まる ¶파리가 ~ [pʰaːriga ~ パーリガ ~] ハエが止まる ③ (地位・職に) 就く ¶회장직에 ~ [hweːdʑaŋdʑige ~ フェージャンジゲ ~] 会長の職に就く ④ (ほこりなどが) つもる; たまる ¶먼지가 ~ [mʌndʑiga ~ モンジガ ~] ほこりがたまる[つもる].

앉은-뱅이 [andʑunbɛŋi アンジュンベンイ] 名 足が不自由で立てない人.

앉은-자리 [andʑundʑari アンジュンジャリ] 名 ① 即座; 即席; (すぐその場) ¶~에서 계약하다 [~esʌ keːjakʰada ~エソ ケーヤクタダ] 即席に契約する ② 席; 座席.

*__앉히다__ [antɕʰida アンチダ] 他 ① (座席に座らせる='앉다'の使役形 ¶아이들을 ~ [aidurul ~ アイドゥルル ~] 子供らを座らせる ② (地位・職に) 就かせる ¶회장으로 ~ [hweːdʑaŋuro ~ フェージャンウロ ~] 会長に就かせる ③ (上に) 置く; 乗せる ④ (機械などを) 設置する.

*__않다__ [antʰa アンタ] 他 [補動] [補形] …しない; …でない ='아니하다'の略 ¶보지 ~ [podʑi ~ ポジ ~] 見ない.

*__알__ [al アル] 1 名 ① (鳥・魚・虫などの) 卵 ¶~을 까다 [(ar)ul kʼada (ア)ルル ッカダ] 卵をかえす ② (果実などの) 実

¶ 밤~[pa:m~ パ-(マル)] 栗の実 ③ 粒・玉 ¶ 콩~[kʰoŋ~ コン~] 豆粒／ 눈~[nun~ ヌ(ナ)ル] 目玉 **2** [依名] 粒 ¶ 한~[han~ ハ(ナル)] 1粒.

알- [al アル] [接頭] ① 粒状の ¶~약[~ljak ~リャク] 丸薬 ② 裸の ¶~몸[~mom ~モム] すっ裸; 裸 ③ 本物の.

알갱이 [algεŋi アルゲンイ] [名] 1つ1つの 粒・実 ¶~가 작다[~ga tʃa:kt'a ~ガ チャークタ] 粒が小さい.

알-거지 [algɔdʒi アルゴジ] [名] 無一文 の乞食; すっからかん; 丸裸 ¶화재로 ~가 됐다[hwa:dʒɛro ~ga twɛ:t'a ファージェロ ~ガ トウェータ] 火事で丸裸になった.

***알다** [a:lda アールダ] [他] [ㄹ語幹] 知る ① わかる ¶보아 ~[poa ~ ポア ~] 見てわかる ／ 들어 ~[turɔ ~ トゥロ ~] 聞いて知る ② 悟る; 理解する ¶알고싶어 하다[a:lgoʃipʰɔ hada アールゴシポ ハダ] 知りたく思う ③ 知り合いである ¶ 알게 되다[a:lge tweda アールゲトウェダ] 知り合いになる ④ 経験する ¶술맛을 ~[sulmasul ~ スルマスル ~] 酒の味を知る ⑤ 感じる ¶수치를 ~[sutʃʰirul ~ スチルル ~] 恥を知る ⑥ あずかり知る; かかわる ¶내 알 바 아니다[nɛ a:l p'a anida ネ アール パ アニダ] 僕の知ったことではない ⑦ 承知する ¶알겠[알았]습니다[a:lge[ara]s'ɯmnida アールゲ[アラ]ッスムニダ] 承知しました ／ 알게 모르게[a:lge morɯge アールゲ モルゲ] 知らず知らず.

***알뜰-하다** [altɯrhada アルットゥルハダ] [形] [여変] ① つましく[まめで]しっかりしている ¶~-한 살림[~-han sallim ~-ハン サルリム] つましくて抜け目のない暮らし; 細やかで充実した生活 ② つましい ¶~-한 주부[~-han tʃubu ~-ハン チュブ] つましい主婦 ③ 愛情が細やかである ¶~-한 사랑[~-han saraŋ ~-ハン サラン] 細やかで深い愛情 **알뜰-살뜰** [altɯlsaltɯl アルットゥルサルットゥル] [副] [하形] [히副] 家事の切り盛りが上手なさま **알뜰-히** [altɯri アルットゥリ] [副] ① まめに ② つましく ③ 愛情細やかに ¶~ 키우다[~ kʰiuda ~ キウダ] 愛情細やかに育てる ④ 誠心誠意 ¶~ 부모를 모시다[~ pumorul mo:ʃida ~ プモルル モーシダ] 誠心誠意親に仕える.

알랑-거리다 [allaŋgɔrida アルランゴリダ] [自] こびへつらう; お世辞を言う; おべっかを使う ¶ 상사에게 ~[sa:ŋsaege ~ サーンサエゲ ~] 上役におべっかを使う[ぺこぺこする;胡麻をする].

알력[軋轢] [alljɔk アルリョク] [名] 軋轢 ① 車輪がきしること ② 仲が悪化すること; 不和; いざこざ ¶간부들 끼리의 ~[kanbudɯl k'irie ~ カンブドゥルッキリエ ~] 幹部同士のいざこざ.

알른-거리다 [allɯngɔrida アルルンゴリダ] [自] ① ちらちらと見え隠れする; ちらつく ¶눈 앞에 ~[nun apʰe ~ ヌナペ ~] 目の前にちらつく ② かすんで見える; ゆらゆらする ¶그림자가 ~[kɯ:rimdʒaga ~ クーリムジャガ ~] 影がゆらゆら動く.

***알리다** [allida アルリダ] [他] 知らせる; 通知する; 告げる; '알다'の使役形 ¶합격을 ~[hapk'jɔgɯl ~ ハプキョグル ~] 合格を知らせる.

알리바이 [allibai アルリバイ] alibi アリバイ; 現場不在証明.

***알리어[알려]-지다** [allio[alljɔ]dʒida アルリオ[アルリョ]ジダ] [自] ① 知られる; 知れ(渡)る ¶세상에 ~[se:saŋe ~ セーサンエ ~] 世間に知られる ② (名などが) 知られる ¶문인으로 ~[muninɯro ~ ムニヌロ ~] 文人として知られる ③ 判明する.

***알-맞다** [a:lmat'a アールマッタ] [形] 適する; 適当だ; 合う; ふさわしい; ほどよい ¶알맞은 가격[a:lmadʒun kagjɔk アールマジュン カギョク] ほどよい価格 ／ 알맞은 운동[a:lmadʒun u:ndoŋ アールマジュン ウーンドン] 適当な運動.

***알맹이** [almεŋi アルメンイ] [名] ① 実; 中身 ¶~가 알차다[~ga altʃʰada ~ガ アルチャダ] 中身がぎっしり詰まっている ② 中心; 要点; 骨子 ¶~가 빠진 이야기[~ga p'a:dʒin nijagi ~ ガッパージン ニヤギ] 中身の抜けた話; 内容のない話.

알-몸 [almom アルモム] [名] ① 裸体; まっ裸 ② 裸一貫; 無一文 ¶~으로 시작했다[~ɯro ʃi:dʒakʰɛt'a (アルモ)ムロ シージャクケッタ] 裸一貫で始めた.

알-밤 [albam アルバム] [名] ① いがが取れたクリの実 ② [俗] げんこつ ¶~을 먹이다[~ɯl mɔgida (アルバ)ムル モギダ] げんこつを食わせる.

알-배기 [albεgi アルベギ] [名] ① 子持ちの魚 ② 見かけより中身がしっかりして

알선[斡旋] [als'ɔn アルソン] 名 他他 斡旋_{ぁっせん}; 周旋; 世話 ¶ 취직을 ~하다 [tɕʰwidʑigɯl ~hada チュィージグル ~ハダ] 就職を斡旋する.

알쏭달쏭-하다 [als'oŋdals'oŋhada アルッソンダルッソンハダ] 形 ① (記憶などがこんがらかって) はっきりと見分けがつかない; わかったようでわからない; ぼうっとする ¶ 기억이 ~ [kiogi ~ キオギ ~] 記憶がぼうっとする ② (いろんな色や模様が入り乱れて) 見分けにくい.

알아-내다 [aranɛda アラネダ] 他 ① 見つける; 見つけ出す; 探し出す ¶ 새로운 방법을 ~ [sɛroun paŋbɔbul ~ セロウン パンボブル ~] 新しい方法を見つける ② 悟る; わかる ¶ 친구의 진의(眞意)를 ~ [tɕʰingue tɕinirul ~ チングエ チニルル ~] 友の本心を悟る.

***알아-듣다** [aradɯt'a アラドゥッタ] 他 (ㄷ変) 理解する; 聞き分ける; 納得する ¶ 선배의 충고를 ~ [sɔnbɛe tɕʰuŋgorul ~ ソンベエ チュンゴルル ~] 先輩の忠告を聞き分ける.

***알아-맞히다** [aramatɕʰida アラマッチダ] 他 当てる; 言い当てる ¶ 퀴즈의 정답을 ~ [kʰwidʑɯe tɕɔŋdabul ~ クィジュエ チョンダブル ~] クイズの正答を当てる.

***알아-보다** [araboda アラボダ] 他 ① 調べる ¶ 내용을 ~ [nɛ:joŋul ~ ネーヨンウル ~] 内容を調べる ② 探る ¶ 진상을 ~ [tɕinsaŋul ~ チンサンウル ~] 真相を探る ③ 記憶する; 見覚えがある ¶ 옛친구를 ~ [jetɕʰingurul ~ イェーッチングルル ~] 昔の友を見知る[記憶する] ④ 認める.

알아-주다 [aradʑuda アラジュダ] 他 ① 認める ¶ 그의 인격을 ~ [kɯe ink'jogul ~ クエ インキョグル ~] 彼の人格を認める ② (他人の立場を)察してやる; 思いやる ¶ 딱한 처지를 ~ [t'akhan tɕʰɔ:dʑirul ~ ッタッカン チョージルル ~] 苦しい立場を思いやる [理解する].

알아-차리다 [aratɕʰarida アラチャリダ] 他 (あらかじめ注意して)見抜く; 予知する; 気づく ¶ 속셈을 ~ [so:ks'emul ~ ソークセムル ~] 下心を見抜く.

알아-채다 [aratɕʰɛda アラチェダ] 他 (機微を)知る; 気づく; 感じる; 悟る ¶ 눈치를 ~ [nuntɕʰirul ~ ヌンチルル ~] 気づく; (気配を)感じ[取)る.

알아(선)-하다 [ara(sɔ)hada アラ(ソ)ハダ] 他 うまく取り計らう ¶ 어려운 일을 ~ [ɔrjoun ni:rul ~ オリョウン ニールル ~] 難しいことをうまく取り計らう.

알알-이 [arari アラリ] 副 粒ごとに; 粒々に ¶ ~ 잘 여물다 [~ tɕal ljɔmulda ~ チャル リョムルダ] 粒ごとによく実る.

알-약 [一藥] [alljak アルリャク] 名 丸薬; 錠剤.

알은체-하다 [arɯntɕʰehada アルンチェハダ] 他 ① (人のことにかかわる ¶ 남의 일에 ~ [name i:re ~ ナメ イーレ ~] 人のことにかかわる ② 知ったかぶりをする; 目礼・目くばせする ¶ 어떤 사람이 ~ [ɔt'ɔn sa:rami ~ オットン サーラミ ~] 誰かが目礼する.

알음 [arum アルム] 名 ① 知り合い ¶ 사업상의 ~ [sa:ɔps'aŋe ~ サーオプサンエ ~] 事業上の知り合い[面識のあること] ② 見識; 知ること; 知識 ― **아름** [arum (アル)マルム] 名 親交; よしみ; つて ¶ ~으로 취직됐다 [~ɯro tɕʰwidʑik'ɛt'a (アルマル) ムロ チュージクケッタ] つてで就職した.

알-젓 [aldʑɔt アルジョッ] 名 魚卵の塩辛.

알짜 [alt͈͈ɕ'a アルッチャ] 名 ① 最も重要なもの; えり抜き ¶ ~만 모인 팀 [~man moin tʰi:m ~マン モイン ティーム] えり抜きのチーム ② 本物; 生粋 ¶ ~토박이 [~ tʰobagi ~ トバギ] 生粋の土地っ子 ③ 典型的[範範的]なもの.

알-차다 [altɕʰada アルチャダ] 形 ① 中身が満つ; よく実る ¶ 콩이 ~ [kʰoŋi ~ コンイ ~] 大豆の実入りがよい ② 内容が充実している ¶ 알찬 작품 [altɕʰan tɕakpʰum アルチャン チャクプム] 内容の充実した作品.

알칼리 [alkʰalli アルカルリ] alkali 名 〈化〉アルカリ. 〈化〉アルコール.

알코올 [alkʰool アルコオル] alcohol 名

알-통 [altʰoŋ アルトン] 名 力こぶ.

알파벳 [alpʰabet アルファベッ] alphabet 名 アルファベット.

앎 [a:m アーム] 名 知ること; 知識.

***앓다** [altʰa アルタ] 自他 ① 病む; 患う; 痛む ¶ 폐를 ~ [pʰe:rul ~ ペールル ~] 肺を病む / 이를 ~ [irul ~ イルル ~] 歯を痛む ② 悩む; 苦しむ; 心配する ¶ 마음을 ~ [maumul ~ マウムル ~] 心を病む.

앓아-눕다 [aranupt'a アラヌプタ] 自

- **앓이** [ari アリ] 接尾 名詞の下に付いて病の意を表わす語 ¶ 가슴~[kasum ~ カス(マ)リ)] 胸焼け / 배~[pɛ~ ペ~] 腹痛.
- ***암** [am アム] **1** 名 雌・牝ᇾ **2** 接尾 雌…, 牝… ―소[~so ~ソ] 牝牛ᇾ.
- ***암**[癌] [a:m アーム] 名 癌ᇾ ① 悪性の腫瘍 ¶ 위~[wi~ ウィ~] 胃癌 ② 〈組織・機構などで改めにくい〉悪弊・障害 ¶ ~적 존재 [~tʃʌk tʃʌndzɛ ~チョク チョンジェ] 癌のような存在.
- **암-거래**[暗去來] [a:mgʌrɛ アームゴレ] 名 하他 やみ取り引き; やみ流し ―상(商) [saŋ サン] 名 やみ屋.
- **암기**[暗記] [a:mgi アームギ] 名 하他 暗記 ―력 [rjʌk リョク] 名 暗記力.
- **암-내** [a:mnɛ アームネ] 名 ① 発情期の雌の体臭 ② 腋臭ᇾ ―나다 [nada ナダ] 自 盛りがつく; 発情する ―내다 [nɛda ネダ] 自 雌が発情する.
- **암-놈** [amnom アムノム] 名 動物の雌.
- **암담**[暗澹] [a:mdam アームダム] 名 하形 暗澹ᇾ; 明るい見通しがなく絶望的であるさま ¶ ~한 심정(心情) [~-han ʃimdʒʌŋ ~ハン シムジョン] 暗澹とした気持ち.
- **암-되다** [amt'weda アムトゥェダ] 形 〈性格が〉男らしくない; 女々しい.
- **암만** [amman アムマン] **1** 副 どのくらい; いくら ¶ ~ 물어도… [~ murʌdo ~ ムロド] いくら聞いても… **2** [a:mman アームマン] 名 いくら; 若干; なにがし ¶ ~의 돈을 주다 [~e to:nul tʃuda ~エ トーヌル チュダ] なにがしの金を与える.
- **암만-해도** [ammanhɛdo アンマンヘド] 副 どうしても; どうやっても; とうてい ¶ ~ 안 된다 [~ an dwenda ~ アン ドゥェンダ] とうていできない; いくらやってみても駄目だ.
- **암-말** [ammal アムマル] 名 **1** 牝馬ᇾ **2** ⇨ '아무 말' 「一言も(…しない)」の略.
- **암매**[暗買・暗賣] [a:mmɛ アームメ] 名 하他 闇買いᇾ・闇売り.
- **암벽**[岩壁] [ambjʌk アムビョク] 名 岩壁.
- **암산**[暗算] [a:msan アームサン] 名 하他 暗算 = 속셈 [so:ks'em ソークセム].
- **암살**[暗殺] [a:msal アームサル] 名 하他 暗殺.
- **암상-궂다** [a:msaŋgut'a アームサングッタ] 形 ひどく嫉妬とっ深く意地悪い ¶ ~-궂은 말씨 [~-gudʒun ma:lʃ'i ~-グジュン マールッシ] ねたみ深く意地悪な言葉遣い.
- **암석**[岩石] [amsɔk アムソク] 名 岩石.
- **암-소** [amso アムソ] 名 牝牛ᇾ.
- **암-수** [amsu アムス] 名 雌と雄; 雌雄.
- **암시**[暗示] [a:mʃi アームシ] 名 하他 暗示 ¶ ~를 주다 [~rul tʃuda ~ルル チュダ] 暗示[ヒント]を与える.
- **암-시장**[暗市場] [a:mʃidʒaŋ アームシジャン] 名 やみ市場.
- **암암-리**[暗暗裡] [a:mamni アーマムニ] 名 暗々裏; 内々 ¶ ~에 조사하다 [~e tʃosahada ~エ チョサハダ] 内々で調査する.
- **암약**[暗躍] [a:mjak アームヤク] 名 하自 暗躍 ¶ 이면에서 ~하다 [i:mjʌnesʌ (a:mja)kʰada イーミョネソ ~カダ] 裏面で暗躍する.
- **암장**[暗葬] [a:mdʒaŋ アームジャン] 名 하他 密葬 ¶ 시체(屍體)를 ~하다 [ʃi:tʃʰerul ~hada シーチェルル ~ハダ] 遺体を密葬する.
- **암초**[暗礁] [a:mtʃʰo アームチョ] 名 暗礁 ① 海底の岩 ② 思いがけない障害・妨害 ¶ 사업이 ~에 부딪치다 [sa:ʌbi ~e puditʃʰida サーオビ ~エ プディッチダ] 事業が暗礁に乗り上げる.
- **암-강아지** [amkʰaŋadʒi アムカンアジ] 名 雌の子犬.
- **암-개** [amkʰɛ アムケ] 名 雌犬.
- **암-컷** [amkʰʌt アムコッ] 名 動物の雌.
- **암-닭** [amtʰak アムタク] 名 雌鳥ᇾ・「豚」
- **암-돼지** [amtʰwedʒi アムトゥェジ] 名 雌だぶ屋.
- **암표**[暗票] [a:mpʰjo アームピョ] 名 やみ取引の切符 ―상(商) [saŋ サン] 名 だぶ屋.
- **암호**[暗號] [a:mho アームホ] 名 暗号 ―해독 [hɛ:dok ヘートク] 名 暗号解読.
- **암흑**[暗黒] [a:mhuk アームフク] 名 하形 暗黒 ―가 [(a:mhɯ)k'a カ] 名 暗黒街.
- **압도**[壓倒] [apt'o アプト] 名 하他 圧倒 ¶ 아름다움에 ~되다 [arumdaume ~dweda アルムダウメ ~ドゥェダ] 美しさに圧倒される.
- ***압력**[壓力] [amnjʌk アムニョク] 名 圧力 ¶ ~을 넣다 [(amnjʌg)ul nʌ:tʰa (アムニョ)グル ノータ] 圧力を加える ―단체 [t'antʃʰe タンチェ] 名 圧力団体.
- **압류**[押留] [amnju アムニュ] 名 하自他 〈法〉差し押え ¶ 동산을 ~ 당하다 [to:ŋsanul ~ daŋhada トーンサヌル ~ ダ

압박[壓迫] [ap'ak アプパク] 名 他 圧迫 ¶가슴을 ~하다[kasɯmul (ap'a)kʰada カスムル ~カダ] 胸を圧迫する **—감**[(ap'a)k'am カム] 名 圧迫感.

압수[押收] [aps'u アプス] 名 他 〈法〉押収 ¶~ 영장[~ jɔŋtɕaŋ ~ ヨンチャン] 押収令状.

압정[押釘] [aptɕ'ɔŋ アプチョン] 名 押しピン.

앗[at アッ] 感 あっ; えっ ¶~, 위험하다[~, wihɔmhada ~, ウィホムハダ] あっ, 危ない.

앗다[a:t'a アーッタ] 他 ① 奪い取る = **앗아가다**[asagada アサガダ] = 빼앗다[p'ɛat'a ッペアッタ]・뺏다[p'ɛt'a ッペッタ]「奪い取る」の略 ¶가진 돈을 ~[앗아가다][kadʑin to:nul ~ [asagada] カジン トーヌル ~ [アサガダ]] 持ち金を奪い取る ② 横取りする ③ 皮をむいて種を取る ④ 削り取る.

***-았-**[at アッ] 接尾 ① …た(過去を表わす) ¶보~다[po~ ポ~タ] 見た ② …た; …(し)ている(現在を表わす) ¶닮~다[talm~ タル(マッ)タ] 似ている/못 보~어요[mot p'o(a)s'ɔjo モッ ポ~ソヨ] 見ていません.

-았었-[as'ɔt アッソッ] 接尾 …だった; …した; …していた(大過去を表わす) ¶남~네[nama(s'ɔn)ne ナ(マッソン)ネ] 残っていたのよ.

앙-갚음[aŋgapʰɯm アンガプム] 名 他自 報復; 仕返し; 復讐ふくしゅう.

앙금[aŋgɯm アングム] 名 沈殿物; おり; かす ¶~이 앉다[~i ant'a (ア)ングミ アンタ] かすがたまる; おりができる.

앙상-궂다[aŋsaŋgut'a アンサングッタ] 形 やつれて[やせて]いる ¶뼈만 남아서 ~[p'jɔman namasɔ ~ ッピョマン ナマソ ~] 骨ばかりになってやつれはてている.

앙상-하다[aŋsaŋhada アンサンハダ] 形 여変 ① 似合わない ¶옷이 커서 ~[oɕi kʰɔsɔ ~ オシ コソ ~] 服が大きくて似合わない ② やつれて[やせて]いる ¶말라서 뼈만 ~[mallasɔ p'jɔman ~ マルラソ ッピョマン ~] やせさらばえている ③ (木の葉が落ちて)寒々としている ¶~-한 나뭇가지[~-han namutk'adʑi ~-ハン ナムッカジ] 寒々とした木の枝.

앙숙[怏宿] [aŋsuk アンスク] 名 恨みがあって仲の悪いこと; 犬猿の仲.

앙심[怏心] [aŋɕim アンシム] 名 恨み; 復讐ふくしゅうの心 ¶~-먹다[~-mɔkt'a ~ モクタ] 恨みを抱く; 根に持つ.

앙알-거리다[aŋalgɔrida アンアルゴリダ] 自 不平を鳴らす; ぶつぶつ言う; (子供が)ぐずる.

앙증-맞다[aŋdʑuŋmat'a アンジュンマッタ] 形 ① 小さくてかわいい ¶아기 신발이 ~[agi ɕinbari ~ アギ シンバリ ~] 赤ちゃんの靴が小さくてかわいい ② 不格好に小さい **앙증-스럽다**[aŋdʑuŋsurɔpt'a アンジュンスロプタ] 形 ㅂ変 ① 不釣り合いに小さく見える ② 小さいものがよく整ってかわいい.

앙칼-스럽다[aŋkʰalsurɔpt'a アンカルスロプタ] 形 ㅂ変 (気性が)とげとげしい ¶젊은 여자지만 ~[tɕɔlmɯn njɔdʑadʑiman ~ チルムン ニョジャジマン ~] 若い女性にしてはとげとげしい.

앙칼-지다[aŋkʰaldʑida アンカルジダ] 形 ① 負けん気が強い ② 荒々しい; とげとげしく鋭い ¶여자의 ~-진 목소리[jɔdʑae ~-dʑin moks'ori ヨジャエ アンカルジン モクソリ] 女性の鋭い[とげとげしい]叫び「わめき]声.

앙큼-하다[aŋkʰumhada アンクムハダ] 形 여変 悪賢い; 狡猾こうかつだ; 見かけによらず陰険だ ¶사람됨이 ~[sa:ramdwemi ~ サーラムドゥェミ ~] 人となりが悪賢い **앙큼-스럽다**[aŋkʰumsurɔpt'a アンクムスロプタ] 形 ㅂ変 悪賢い; ずるい; 狡猾だ ¶이 ~-스러운 놈[i ~-surɔun nom イ ~-スロウン ノム] この狡猾な奴ら.

앙탈[aŋtʰal アンタル] 名 他自 ① (人の言うことを聞かずに)無理じいをする・片意地を張るさま; だだ ② 言い逃れ; 逃げ口上 **—부리다**[burida ブリダ] 自 わがままを言う; だだをこねる.

***앞**[apʰ アプ] 名 ① 前; 前方; 前面 ¶~-으로 가[(apʰ)uro ka (アプ)ロ カ] 前へ進め ② 今後; 将来; 前途 ¶~-으로 어떻게 할테냐?[(apʰ)uro ɔt'ɔkʰe haltʰenja (ア)プロ オットッケ ハルテニャ] 将来どうするつもりなのか ③ 以前; 先般; 先程 ¶~-에서 말한 바와 같이 [(apʰ)esɔ ma:rhan bawa gatɕʰi (ア)ペソ マールハン パワ ガチ] 先程話したように ④ 分; 取り分; 分け前 ¶내 ~-으로 된 땅[nɛ (apʰ)uro twen t'aŋ ネ (ア) プロ トゥェン ッタン] 私の分[名義]になっている土地 ⑤ (手紙の封筒[宛名など]などでの) 様; 殿 ⑥ 身体の陰部 ¶ ~을 가려라 [(apʰ)ul karjora (ア) プル カリョラ] 前をかくせ.

앞-가림 [apk'arim アプカリム] 名 하自 ① ほんの少しの学問があること; ようやく読み書きができること ② 自分の始末・身の回りのこと; 最小限の責任を果たすこと ¶ 간신히 ~을 했다 [kanʃini ~ul hɛːt'a カンシニ (アプカリ) ムル ヘータ] どうにか読み書きができた; ようやく面目をほどこした ③ 陰部を隠すこと.

앞-가슴 [apk'asum アプカスム] 名 ① 胸部; 胸元; '가슴'「胸」の強調語 ② 上衣の前すそ[前身ごろ].

앞-길 [apk'il アプキル] 名 ① 前途; 将来 ¶ ~이 유망하다 [(apk'ir)i juːmaŋhada (アプキ) リ ユーマンハダ] 前途が有望である ② (家の) 前の通り; 道のり.

*앞-날 [amnal アムナル] 名 ① 将来; 未来 ¶ ~을 위해서 [(amnar)ul wiheːsɔ (アムナ) ルル ウィヘソ] 将来のために ② 余命; 余生 ¶ ~이 얼마 안 남았다 [(amnar)i ɔːlma an namat'a (アムナ) リ オールマ アン ナマッタ] 余生いくばくもない.

앞-니 [amni アムニ] 名 門歯; 前歯.

앞-다투다 [apt'atʰuda アプタトゥダ] 自他 (競技・競争などで) 先を争う.

앞-당기다 [apt'aŋgida アプタンギダ] 他 予定を繰り上げる; 早める ¶ 휴가를 ~ [hjugarul ~ ヒュガルル ~] 休暇を早める.

앞-두다 [apt'uda アプトゥダ] 他 (目前に) 控える; 目の前にする ¶ 시험을 내일로 ~ [ʃihomul nɛillo ~ シホムル ネイルロ ~] 試験を明日に控える.

*앞-뒤 [apt'wi アプトゥィ] 名 前後 ¶ ~를 살피다 [~rul salpʰida ~ルル サルピダ] 前後を探る / ~가 막히다 [~ga makʰida ~ガ マクヒダ] 四方が塞がっていて息苦しい; 融通性が少もない / ~가 맞다 [~ga mat'a ~ガ マッタ] 慣 筋道が通る; つじつまが合う / ~를 재다 [가리다] [~rul tʃɛːda [karida] ~ルル チェーダ [カリダ]] 慣 利害関係 [前後のこと] をあれこれ考えて見る [よくわきまえる]. **앞뒷-집** [apt'witʃ'ip アプトゥィッチプ] 名 前の家と後ろの家 ¶ ~에 살다 [~-(tʃ'ib)e saːlda ~-(チ) ペ サールダ] 隣に住む.

앞-뜰 [apt'ul アプトゥル] 名 前の庭.

앞-마당 [ammadaŋ アムマダン] 名 前庭.

앞-못보다 [ammotp'oda アムモッポダ] 自 ① 眼が見えない; 盲目である ② 将来を見通す能力がない.

앞-문 [—門] [ammun アムムン] 名 表の門; 表口.

*앞-서 [aps'ɔ アプソ] 副 ① 先に; 前に; あらかじめ ¶ 회의에 ~ [hweːie ~ フェーイエ ~] 会議の前に ② 先だって; 先日; 前もって ¶ ~ 찾아 뵈었을 때 [~ tʰadʒa bweoss'ul t'ɛ ~ チャジャ プェオッスル ッテ] 先日お訪ねした時.

앞서-가다 [aps'ɔgada アプソガダ] 自他 ① 先に立って行く ¶ 안내자가 ~ [aːnnɛdʒaga ~ アーンネジャガ ~] 案内人が先に行く ② 先に進む; 先んずる ③ 人より抜きんでる ④ 先に死ぬ ¶ ~-간 이를 추모하다 [~-gan nirul tʰmohada ~-ガン ニルル チュモハダ] 先に死んだ人を追慕する.

*앞-서다 [aps'ɔda アプソダ] 自 ① 先に進む; 前に立つ ¶ 어머니가 언제나 ~ [ɔmɔniga ɔːndʒena ~ オモニガ オーンジェナ ~] 母がいつも前に立つ ② 先立つ ¶ 우선 실천이 앞서야 한다 [uson ʃiltʃʰɔni aps'ɔja handa ウソン シルチョニ アプソヤ ハンダ] まず実践が先でなければならない ③ 他人より抜きんでる ¶ 기술이 ~ [kisuri ~ キスリ ~] 技術がすぐれる ④ 先立って死ぬ.

앞서서 [aps'ɔsɔ アプソソ] 副 ① 先立って ② 前もって; あらかじめ.

앞-세우다 [aps'euda アプセウダ] 他 ① 前に立たせる ¶ 악대를 ~ [akt'ɛrul ~ アクテルル ~] 楽隊を前に立たせる ② 先に出す; 表に立たせる; 主な理由とする ¶ 경제 문제를 ~ [kjɔŋdʒe muːndʒerul ~ キョンジェ ムーンジェルル ~] 経済問題を表に立たせる.

앞앞 [abap アバプ] 名 各自の分; 各自の前 ─**이** [(abapʰ)i (アバプ) ピ] 副 各自の前に; 1人1人; それぞれの前に.

*앞-일 [amnil アムニル] 名 これから先のこと; 自分のこと ¶ ~이 걱정이다 [(amnir)i kɔktʃ'ɔŋida (アムニ) リ コクチョンイダ] これから先のことが心配だ.

앞-잡이 [aptʃ'abi アプチャビ] 名 ① 先導者 ¶ 산행(山行)의 ~가 되다 [sanhɛŋe ~ga tweda サンヘンエ ~ガ トゥェダ] 山歩きの先導者となる ② 手先 ¶ 경찰의 ~ [kjɔːŋtʃʰare ~ キョー

ンチャレ ~] 警察の手先.

앞장-서다 [aptʃaŋseuda アプチャンソダ] 自 先頭に立つ; 先駆ける ¶~-서서 뛰다 [~-sɛsɛ t'wida ~-ソソットゥイダ] 先頭に立って走る / ~-선 사람 [~-sɔn sa:ram ~-ソン サーラム] 先駆者.

앞장-세우다 [aptʃaŋseuda アプチャンセウダ] 他 先頭に立たせる.

앞-지르다 [aptʃiruda アプチルダ] 他 르変 ① 追い越す; 追い抜く; 出し抜く ¶앞차를 ~ [aptʃʰarul ~ アプチャルル ~] 前の車を追い越す ② (他人を)しのぐ; 先んじる.

앞-치마 [aptʃʰima アプチマ] 名 前掛け; エプロン.

***애**[ɛ: エー] 名 ① (気)苦労; 心配; 気づかい ¶~-가 타다 [~-ga tʰada ~ガ タダ] 気がせる; ひどく気づかわれる / ~ 태우다 [~ tʰɛuda ~ テウダ] 気をもませる; 心配をかける ② 心身の苦労 ¶~를 쓰다 [~rul s'uda ~ルル ッスダ] 苦労する; 非常に努力する / ~가 쓰이다 [~ga s'uida ~ガ ッスイダ] ひどく気づかわれる / ~를 먹다 [~rul mɔkt'a ~ルル モクタ] ひどく苦労する; てこずる; 手を焼く / ~를 먹이다 [~rul mɔgida ~ルル モギダ] やきもきさせる; てこずらせる.

***애**[ɛ: エー] 名 子供; 아이 [ai アイ] の略 ¶우리 ~ [uri ~ ウリ ~] うちの子.

애- [ɛ エ] 接頭 ① 幼い; 若い ¶~송이 [~soŋi ~ソンイ] 若造; 青二才 / ~벌레 [~bɔlle ~ ボルレ] 幼虫 ② 最初の; 未熟の ¶~호박 [~hobak ~ ホバク] 未熟のカボチャ.

애-간장 [~肝臟] [ɛgandʒaŋ エーガンジャン] 名 간장 [kandʒaŋ カンジャン] 「肝臟」·'애'の強調語 ¶~을 녹이다 [~ul nogida ~ウル ノギダ] はらわたがちぎれる / ~을 태우다 [~ul tʰɛuda ~ウル テウダ] 気をもませる.

애개 [ɛgɛ エゲ] 感 あら; しまった; ちぇっ; なんだ; あれ ¶~, 이것뿐이야? [~, igɔtp'unija ~, イゴップニヤ] なんだ, これっぽちか.

애걸 [哀乞] [ɛgɔl エゴル] 名 하自他 哀願 ¶~ 복걸 (伏乞) 하다 [~ bok'ɔrhada ~ ボクコルハダ] 平身低頭して請う.

애고 [ɛgo エゴ] 感 泣き声; '아이고'の略.

애교 [愛嬌] [ɛ:gjo エーギョ] 名 愛嬌 ¶~있는 몸짓 [~innun momtʃ'it ~インヌン モムッチッ] 愛嬌のあるしぐさ

-떨다 [t'ɔlda ットルダ] 自 愛嬌を振る [振りまく] **-부리다** [burida ブリダ] 自 愛嬌を見せる.

애국 [愛國] [ɛ:guk エーグク] 名 하自 愛国 **-가** [(ɛ:gu)k'a カ] 名 愛国歌 **-심** [ʃ'im シム] 名 愛国心.

***애기** [ɛgi エギ] 名 坊や; '아기'の俗語.

애 꾸 [ɛk'u エク] 名 独眼 **-눈** [nun ヌン]·**-눈이** [nuni ヌニ] 名 独眼の人; 片方の目が不自由な人.

애-궂다 [ɛk'ut'a エックッタ] 形 何の罪 [かかわり] もない者がひどい目にあう; 悔しい; 無実だ; 残念だ ¶애꿎게 변을 당했다 [ɛk'utkʼe pjɔ:nul taŋhɛt'a エックッケ ピョーヌル タンヘッタ] 罪もなくひどい目にあった **애-꿎은** [ɛk'udʒun エックジュン] 形 何のかかわり [罪] もない ¶~ 아이만 때린다 [~ aiman t'ɛrinda ~ アイマン ッテリンダ] 何の罪もない子供をたたく.

애-끊다 [ɛ:k'untʰa エーックンタ] 自 (悲しみのあまり)断腸の思いがする.

애-끓다 [ɛ:k'ultʰa エーックルタ] 自 心を焦がす; やきもき [いらいら] する.

애-달다 [ɛ:dalt'a エーダルタ] 自己語幹 じりじりする 気がもめる.

애달프다 [ɛdalpʰuda エダルプダ] 形 으変 切ない; つらい; <古> **애닯다** [ɛdalt'a エダルタ] ¶애달픈 그의 모습 [ɛdalpʰun kue mosɯp エダルプン クエ モスプ] 切ない彼の姿 **애달피** [ɛdalpʰi エダルピ] 副 切なげに ¶~울다 [~ u:lda ~ ウールダ] 切なげに泣く.

애-당초 [-當初] [ɛdaŋtʃʰo エダンチョ] 名 最初; 初め; ='애초'の強調語 ¶~부터 [~butʰɔ ~ブト] 初めから.

애도 [哀悼] [ɛdo エド] 名 하他 哀悼; お悔み ¶ 삼가 ~ 의 뜻을 표하다 [samga ~e t'usul pʰjohada サムガ ~エ ットゥスル ピョハダ] 謹んで哀悼の意を表する.

애독 [愛讀] [ɛ:dok エードク] 名 하他 愛読 **-자** [tʃ'a チャ] 名 愛読者.

애로 [隘路] [ɛro エロ] 名 隘路 ① 狭くて険しい道 ② 進行上の障害・難関 ¶~를 타개하다 [~rul tʰa:gɛhada ~ルル ターゲハダ] 隘路を打開する.

애매 [曖昧] [ɛ:mɛ エーメ] 名 하形 曖昧; あやふや; 不明瞭 ¶태도가 ~하다 [tʰɛ:doga ~hada テードガ ~ハダ] 態度が曖昧である **-모호** [moho モホ] 名 하形 曖昧模糊 ¶내용이

~하다[nε:joni ~hada ネーヨンイ ~ハダ] 内容が曖昧模糊である.

애매-하다[ε:mεhada エーメハダ] 形 [여절] 無実である; 罪もないのに責められて悔しい; 罪がない ¶애매한 사람[ε:mεhan sa:ram エーメハン サーラム] 罪のない人 **애매-히**[ε:mεi エーメイ] 副 罪なく, 無実に ¶~ 걸려 들었다[~ kɔlljɔ durɔt'a ~ コルリョ ドゥロッタ] 罪なく引っ掛かった.

애-먹다[ε:mɔkt'a エーモクタ] 自 困り切る; ひどく苦労する; もてあます; 手を焼く; てこずる ¶이번에는 정말 애먹었다[ibonenun tɕ'ɔːŋmal ε:mɔgɔt'a イボネヌン チョーンマル エーモゴッタ] 今度は本当にてこずった.

애-먹이다[ε:mɔgida エーモギダ] 他 気苦労させる; 手を焼かせる; てこずらせる; 心配をかける; ='애태우다' ¶너는 매우 애먹이는구나[nonun mεu ε:mɔginungana ノヌン メウ エーモギヌングナ] お前はずいぶんてこずらせるね.

애모[愛慕][ε:mo エーモ] 名 하他 愛慕 ¶~의 정[~e tɕ'ɔŋ ~エ チョン] 愛慕の情.

애-물[ε:mul エームル] 名 ① 心を傷める物や人; 苦労の種 = 덩이의 자식[~t'ɔŋie tɕ'asik ~トンイエ チャシク] 苦労の種ばかりの子供 ② (父母に先立って) 幼くして死んだ子.

애-벌[εbɔl エボル] 名 (同じことを何度も繰り返す際に) 最初の手出し(させておくこと); 下ごしらえ **—같이**[gari ガリ] 名 하他 〈農〉 田畑の最初の耕作 **—구이**[gui グイ] 名 하他 素焼き = 설구이[sɔlgui ソルグイ] **—빨다**[p'alda ッパルダ] 他 下洗いをする **—빨래**[p'allεッパルレ] 名 下洗いの洗濯.

애-보기[ε:bogi エーボギ] 名 お守り; 子守.

애-새끼[ε:sεk'i エーセッキ] 名 卑 子供.

애석[哀惜][εsɔk エソク] 名 하形 哀惜; (人の死などを) 悲しみ惜しむこと **—히**[(εsɔkʰ)i キ] 副 哀惜に ¶~ 여기는 마음[~ jɔginun maum ~ ヨギヌン マウム] 哀惜に思う心.

애석[愛惜][ε:sɔk エーソク] 名 愛惜 **1** 하形 名残惜しいこと **2** 하他 愛し惜しむこと ¶고인이 ~해 하던 골동품[ko:ini (ε:sɔkʰ)ε hadɔn kolt'oŋpʰum コーイニ ~ケ ハドン コルトンプム] 故人の愛惜して止まなかった骨董品.

애송[愛誦][ε:soŋ エーソン] 名 愛誦 ¶~하는 시[~hanun ɕi ~ハヌン シ] 愛誦する詩.

애-송이[εsoŋi エソンイ] 名 青二才; 若造; 若輩; 俗 ほやほや ¶어제 입사한 ~[ɔdʑe ips'ahan ~ オジェ イプサハン ~] 昨日入社したほやほや.

애수[哀愁][εsu エス] 名 哀愁 ¶~에 젖다[~e tɕɔt'a ~エ チョッタ] 哀愁にしずむ[浸る].

*****애-쓰다**[ε:s'uda エーッスダ] 自 [으変] 非常に努力[心労]する; 骨折る; 心を砕く ¶성적을 올리려고 ~[sɔŋdʑɔgul ollirjɔgo ~ ソンジョグル オルリリョゴ ~] 成績を上げるのに心を砕く **애-써**[ε:s'ɔ エーッソ] 副 骨折って; 苦労して.

애애[靄靄][εε エエ] 하形 靄々然 ① 靄などのたち込もったさま ② なごやかな気分が満ちているさま ¶화기 ~한 분위기[hwagi ~han punwigi ファギ ~ハン プヌィギ] 和気靄々たる雰囲気.

애연-가[愛煙家][ε:jɔŋga エーヨンガ] 名 愛煙家.

애오라지[εoradʑi エオラジ] 副 もの足りないままに; せめて; 幾分; ただ ¶~ 성의만 받아 주세요[~ sɔŋiman padadʑusejo ~ ソンイマン パダジュセヨ] もの足りないままに[せめて]誠意だけを受けてください.

애원[哀願][εwɔn エウォン] 名 哀願; 哀訴 **—하다**[hada ハダ] 他 哀願する.

*****애인**[愛人][ε:in エーイン] 名 恋人 ¶~과 결혼하다[~gwa kjɔrhonhada ~グァ キョルホンハダ] 恋人と結婚する.

애절[哀切][εdʑɔl エジョル] 名 하形 哀切; 悲しく切ないこと ¶~한 이야기[εdʑɔrhan nijagi エジョルハン ニヤギ] 哀切な物語.

애절-하다[εdʑɔrhada エジョルハダ] 形 (堪えられないほどに) 気苦労する; 心を焦がす; 切ない ¶~한 사랑[~-han saraŋ ~-ハン サラン] 切ない恋 **애절-히**[εdʑɔri エジョリ] 副 切なく.

*****애정**[愛情][ε:dʑɔŋ エージョン] 名 愛情 ¶어머니의 ~[ɔmɔnie ~ オモニエ ~] 母の愛情.

애주-가[愛酒家][ε:dʑuga エージュガ] 名 愛酒家.

애증[愛憎][ε:dʑuŋ エージュン] 名 愛憎 ¶~이 교차하다[~i kjotɕʰahada ~イ キョチャハダ] 愛憎が交差する.

애지-중지[愛之重之][ε:dʑidʑuːŋdʑi エージジューンジ] 名 하他 非常に愛し大切にすること ¶~하는 자식(子息)

[~hanun tʃaʃik ～ハヌン チャシク] 秘蔵ひぞっ子 / ～하는 물건(物件)[~hanun mulgon ～ハヌン ムルゴン] 虎とらの子; 非常に大切にするもの.

애착[愛着][ɛːtʃʰak エーチャク] 名 하他 愛着 **―심**[ʃim シム] 名 愛着心.

애창[愛唱][ɛːtʃʰaŋ エーチャン] 名 하他 愛唱 **―곡**[gok ゴク] 名 愛唱曲.

애처-가[愛妻家][ɛːtʃʰoga エーチョガ] 名 愛妻家.

*__애처-롭다__[ɛtʃʰoropt'a エチョロプタ] 形 ㅂ变 気の毒だ; かわいそうだ; 不憫ふびんだ ¶ 고아의 신세가 ～ [koae ʃinsega ～ コアエ シンセガ ～] 孤児の身の上がかわいそうだ **애처-로이**[ɛtʃʰoroi エチョロイ] 副 かわいそうに; 痛ましく; いじらしく.

애청[愛聽][ɛtʃʰoŋ エーチョン] 名 하他 愛聽 ¶ ～자[dʒa ジャ] 愛聽者.

*__애초__[ɛtʃʰo エチョ] 名 初め; 当初; 最初; =(애)당초[(ɛ)daŋtʃʰo (エ)ダンチョ] ¶ ～부터[~butʰɔ ～ブト] 初めから **―에**[e エ] 副 初めに; 最初に ¶ ～ 잘못했다[~ tʃalmotʰɛt'a ～ チャルモッテッタ] 最初から誤った.

애-타다[ɛːtʰada エータダ] 自 気が気でない; 気苦労する; 気があせる ¶ 자금 회전(回轉)이 여의(如意)치 않아 ～[tʃagum hwedʒoni joitʃʰi ana ～ チャグム フェジョニ ヨイチ アナ ～] 資金回りが思うとおりにいかないので気苦労する.

애-태우다[ɛːtʰɛuda エーテウダ] 他 心配をかける; 気苦労させる; 心を焦がす; ='애타다'の使役形; ='애먹이다' ¶ 부모를 ～[pumorul ～ プモルル ～] 親に気苦労させる.

애통[哀痛][ɛtʰoŋ エトン] 名 하自 하形 哀痛; 非常に悲しみいたむこと ¶ 얼마나 ～하십니까?[ɔːlmana ~haʃimnik'a オールマナ ～ハシムニッカ] 如何はどこ愁傷様でございましょうか.

애틋-하다[ɛtʰɯtʰada エトゥッタダ] 形 여变 ① うら[もの]悲しい; やるせない; 切ない ¶ 애틋한 사랑[ɛtʰɯtʰan saraŋ エトゥッタン サラン] 切ない恋 ② 名残惜しく寂しい ¶ 애틋한 작별(作別)[ɛtʰɯtʰan tʃakp'jol エトゥッタン チャクピョル] 名残惜しい別れ ③ 情が細やかである ¶ 애틋한 정[ɛtʰɯtʰan tʃoŋ エトゥッタン チョン] 細やかな愛情 **애틋-이**[ɛtʰɯʃi エトゥシ] 副 やるせなく; 切なく.

애티[ɛːtʰi エーティ] 名 子供らしさ; 子供っぽさ; 幼げ ¶ 아직 ～가 난다[adʒik ~ga nanda アジク ～ガ ナンダ] まだ子供っぽさがある.

애프터[ɛpʰutʰɔ エプト] 名 アフター ¶ ～ 서비스[~ sɔːbisu ～ ソービス] アフターサービス.

애호[愛好][ɛho エーホ] 名 하他 愛好 ¶ 동물 ～가[toːŋmul ~ga トーンムル ～ガ] 動物愛好家.

애-호박[ɛhobak エホバク] 名 未熟の[初物の]カボチャ; ズッキーニに似たカボチャ. ⇨'호박'.

애환[哀歡][ɛhwan エファン] 名 哀歡 ¶ 청춘의 ～[tʰɔŋtʃʰune ～ チョンチュネ ～] 青春の哀歓.

*__액__[厄][ɛk エク] 名 厄; 災い; 不運 ¶ ～년(年)[(ɛŋ)njon (エン)ニョン] 厄年.

액-때우다[厄―][ɛkt'ɛuda エクテウダ] 自 来るべき厄運を他のことで振り替える; 厄逃れの[厄落とし]をする.

액-때움[厄―][ɛkt'ɛum エクテウム] 名 하自 厄払い; 厄よけ; 厄落とし; =略 **액땜**[ɛkt'ɛm エクテム].

액-막이[厄―][ɛŋmagi エンマギ] 名 하他〈民〉厄よけ; 厄払い.

액세서리[aksˈesɔri エクセソリ] accesory 名 アクセサリー.

액션[ɛkʃˈon エクション] action 名 アクション; 行為; 動作.

액운[厄運][ɛgun エグン] 名 厄運.

액자[額子・額字][ɛktʃ'a エクチャ] 名 ① 額縁 ② 額などに書かれた大きな字.

액정[液晶][ɛktʃ'oŋ エクチョン] 名 液晶; 液状結晶の略.

액체[液體][ɛktʃʰe エクチェ] 名 液体.

앨범[ɛlbɔm エルボム] album 名 アルバム.

앳-되다[ɛt'weda エットゥェダ] 形 幼く見える; 子供っぽい; あどけない.

앵두[ɛŋdu エンドゥ] 名 ユスラウメ(梅桃)の実 = **앵도**(櫻桃)[ɛŋdo エンド] **―나무**[namu ナム] 名〈植〉ユスラ(ウメ)(の木).

앵무-새[鸚鵡―][ɛŋmusɛ エンムセ] 名〈鳥〉オウム(鸚鵡).

앵초[櫻草][ɛŋtʃʰo エンチョ] 名〈植〉サクラソウ(桜草).

야[jaː ヤー] 感 ① やあ; おや; 驚いたりうれしいときに出す声 ¶ ～, 오래간만이군[~, orɛganmanigun ～, オレガンマニグン] やあ, 久しぶりだね ② おい;

야² 目下や友達を呼ぶ声 ¶~, 누구냐?[~, nugunja ~, ヌグニャ] おい, 誰だ.

***야²** [ja ヤ] 助 …(だけ)は; …こそ; …(して)は ¶이번에~ 해 내것지 [ibɔne ~ hɛːnɛgetʃ'i イボネ~ ヘーネゲッチ] 今度こそはやり遂げるだろう **2** 語尾 …だ. ¶우습구나 ~ [uːsɯpk'una ~ ウースプクナ~] おかしいな ③ …や; …よ; 呼びかけの意を表わす語 ¶애~[ɛː~ エー~] 坊や.

야간[夜間][jaːgan ヤーガン] 名 夜間 **━도주**[doʤu ドジュ] 名 하자 自 夜逃げ.

야경[夜景][jaːgjɔŋ ヤーギョン] 名 夜景.

***야구**[野球][jaːgu ヤーグ] 名 野球; ベースボール **━장**[ʤaŋ ジャン] 名 野球場 **━팬**[phɛn ペン] 名 野球ファン.

야금-거리다[jagɯmgɔrida ヤグムゴリダ] 自他 もぐもぐする; 口の中で少しずつゆっくりかみしめる ¶~-거리며 먹다 [~-gɔrimjɔ mɔkt'a ~-ゴリミョ モクタ] もぐもぐ食べる **야금-야금**[jagɯmnjagɯm ヤグムニャグム] 副 自他動 少しずつ ¶~ 깎아먹다 [~ kalgamɔkt'a ~ カルガモクタ] 少しずつかじる.

야기-하다[惹起一][jaːgihada ヤーギハダ] 他 引き起こす ¶중대 문제를 ~[ʤuŋdɛ muːnʤerɯl ~ チューンデムーンジェルル] 重大問題を引き起こす.

***야단**[惹端][jaːdan ヤーダン] 名 하자 自 ᄉ形 ① 騒々しいこと; 騒がしいこと ¶임금(賃金)을 올리라고 ~ 이다[iːmgɯmɯl olliragɔ ~ida イームグムル オルリラゴ (ヤーグ)ニダ] 賃上げを要求して騒ぐ ② 大声で叱ること **━나다**[nada ナダ] 自 大変なことが起こる; とても難しいことが生ずる **━맞다**[matʼa マッタ] 自 叱られる; お目玉を食う ¶들키면 ~맞는다[tulkhimjɔn ~mannɯnda トゥルキミョン ~マンヌンダ] 見つかったら叱られるぞ **━치다**[tʃhida チダ] 他 ① 叱りつける ② やたらに騒ぐ **━벅석**[bɔps'ɔk ポプソク] 名 大騒ぎ; らんちき[どんちゃん]騒ぎ.

야당[野黨][jaːdaŋ ヤーダン] 名 野党.

야들-야들[jadɯl(l)jadɯl ヤドゥ(ル)リャドゥル] 副 하자形 柔らかくつややかな[すべすべした]さま ¶~한 옷감[(jaːdɯlljadɯr)han otkʼam ~ハン オッカム] つやつやして柔らかな布.

야로[jaro ヤロ] 名 俗 内密なはかりごとや企らみ; 黒幕; 下心 ¶무슨 ~가 있을 거야[musɯn ~ga isʼɯl kʼɔja ムスン ~ガ イッスル コヤ] なにかの企みがありそうだ.

***야릇-하다**[jaːrutʰada ヤールッタダ] 形 여변 不思議だ; 妙だ; 怪しい; 奇怪だ; 変だ; 風変わりだ ¶~-한 이야기[~-tʰan nijagi ~-タン ニヤギ] 風変わりな話 / ~-한 심정(心情)[~-tʰan ʃimʤɔŋ ~-タン シムジョン] 何とも言えない妙な気持ち / ~-한 운명[~-tʰan uːnmjɔŋ ~-タン ウーンミョン] 奇くしき運命.

야만[野蠻][jaːman ヤーマン] 名 하자形 野蛮 **━스럽다**[sʼɯrɔptʼa ッスロプタ] 形 野蛮(げ)だ ¶~-스런 행동[~-sʼɯrɔn hɛŋdoŋ ~-スロン ヘンドン] 野蛮なふるまい **━인**[in (ヤーマ)ニン] 名 野蛮人; 蛮人.

야만[jaman ヤマン] 助 …(い)なければ; …(して)はじめて; …限り(だ) ¶먹어~ 산다[mɔgɔ~ saːnda モゴ~サーンダ] 食べてはじめて生きられる.

***야-말로**[jamallɔ ヤマルロ] 助 …こそ(は) ¶너~ 신사다[nɔ~ ʃiːnsada ノ~ シーンサダ] 君こそ紳士である.

야망[野望][jaːmaŋ ヤーマン] 名 野望; 野心 ¶~-을 품다[~ul pʰuːmtʼa ~ウルプームタ] 野望を抱く.

야무-지다[jamuʤida ヤムジダ] 形 ① しっかり[がっちり]して抜け目がない ¶~-진 소년[~-ʤin soːnjɔn ~-ジンソーニョン] しっかりしている少年 ② 手際がよい ¶~-진 솜씨[~-ʤin somʃʼi ~-ジン ソムッシ] しっかりした腕前.

***야물다**[jamuld ヤムルダ] **1** 自己語幹 中身が充実している; (果物が)熟している・実る ¶대추가 ~[tɛːtʃʰuga ~ テーチュガ ~] ナツメがよく実る **2** 形 しっかり[がっしり・ちゃっかり]している ¶사람됨이 ~[saːramdwemi ~ サーラムドゥェミ ~] 人となりがちゃっかりしている. <'여물다'.

야바위[jaːbawi ヤーバウィ] 名 人をだます手品; ペテン **━꾼**[kʼun ックン] 名 いかさま師; ペテン師.

야박[野薄][jaːbak ヤーバク] 名 世知辛く薄情なこと ¶~-한 세상(世上)[(jaːba)kʰan sɛːsaŋ ~-カン セーサン] 世知辛い世の中 **━하다**[(jaːba)kʰada カダ] **━스럽다**[sʼɯrɔptʼa スロプタ] 形 ㅂ変 薄情だ; 不人情だ; 世知辛い.

야-밤중[夜一中][jaːbamtʃʼuŋ ヤーバムチュン] 名 真夜中; 深夜; =한밤중.

[hanbamtʃʼuŋ ハンバムチュン].

야비[野卑・野鄙][ja:bi ヤービ] 名 野卑 ¶~한 말[~han ma:l ～ハン マール] 野卑な言葉 **—하다**[hada ハダ] 形 下品で卑しい; 浅ましい ¶그의 언행(言行)이 ~[kɯe ɔnheŋi ～ クエ オンヘンイ ～] 彼の言動は浅ましい.

야산[野山][ja:san ヤーサン] 名 平野にある低い山; 端山.

야생[野生][ja:sɛŋ ヤーセン] 名 野生 ¶~마 ~마[~ ma ～マ] 野生の馬 **—하다**[hada ハダ] 自 野生する.

야성[野性][ja:sɔŋ ヤーソン] 名 野性 ¶~미[~mi ～ミ] 野性美.

*야속[野俗][ja:sok ヤーソク] 名 (ㅅ形) 薄情で冷たいこと ¶그 사람 [(ja:so)-kʰan sa:ram ～カン サーラム] 薄情[無情]な人 **—하다**[(ja:so)kʰada カダ] 形 薄情だ; 無情だ; 恨めしい **—히**[(ja:so)kʰi キ] 副 薄情に ¶~ 여기다[~ jɔgida ～ ヨギダ] 薄情と思う.

야수[野獸][ja:su ヤース] 名 野獸 ¶~성[~sɔŋ ～ソン] 野獸性.

야시(-장)[夜市(場)][ja:ʃi(dʒaŋ) ヤーシ(ジャン)] 名 夜市よいち; 夜店.

야심[野心][ja:ʃim ヤーシム] 名 野心 ¶~을 품다[~ɯl pʰu:mtʼa (ヤーシ)ム プームダ] 野心を抱く.

야영[野營][ja:jɔŋ ヤーヨン] 名 (ㅎ自) 野營 ¶~지[~dʒi ～ジ] 野營地.

야옹[jaoŋ ヤオン] 感 ニャン; 猫の鳴き声.

*야외[野外][ja:we ヤーウェ] 名 野外 ¶~ 촬영[~ tʰwarjɔŋ ～ チュアリョン] 野外撮影.

야욕[野慾][ja:jok ヤーヨク] 名 野卑な情欲; 野望 ¶침략의 ~[tʃʰi:mnjage ~ チームニャゲ ～] 侵略しようとする野望.

야위다[jawida ヤウィダ] 自 やせる; 体がやせ細る; やせこける; やつれる ¶야윈 빰[jawin pʼjam ヤウィン ッピャム] こけた頰ほ / 걱정으로 몹시 ~[kɔktʃʼɔŋuro mo:pʃʼi ～ コクチョンウロ モーブシ ～] 心配事でひどくやつれる.< 여위다[jowida ヨウィダ].

야유[揶揄][ja:ju ヤーユー] 名 やゆ; やじ **—하다**[hada ハダ] 他 やゆする; やじる; からかう ¶거친 플레이를 ~[kɔtʃʰin pʰulleirɯl ～ コチン プルレイルル ～] ワイルドなプレーをやじる.

야유-회[野遊會][ja:juhwe ヤーユフェ] 名 野遊会; 野遊び; ピクニック.

야자[椰子][ja:dʒa ヤージャ] 名〈植〉ヤシ(の木) ¶~ 열매[~jɔlmɛ ～ヨルメ] ヤシの実 **—수**[su ス] ヤシの木.

야적[野積][ja:dʒɔk ヤージョク] 名 (ㅎ他) 野積み; 露天積み **—장**[tʃʼaŋ チャン] 名 露天の積み場.

-야지[jadʒi ヤジ] 語尾 …しなければ(ならない); …べきだ; =-야 하지[ja hadʒi ヤ ハジ]の略 ¶먹어~[mɔgɔ~ モゴ～] 食べなければならない.

*야채[野菜][ja:tʃʰɛ ヤーチェ] 名 野菜; 青物 ¶~ 가게[~ ga:ge ～ ガーゲ] 八百屋 **—나물**[namul ナムル] 名 お浸し; 浸し物 **—시장**[ʃi:dʒaŋ シージャン] 青物市場.

야코-죽다[jakʰodʒukt'a ヤコジュクタ] 自俗 圧倒される; 威圧される; =기(氣)죽다[kidʒukt'a キジュクタ].

야코-죽이다[jakʰodʒugida ヤコジュギダ] 他俗 威壓する; へこます; =기(氣)죽이다[kidʒugida キジュギダ].

야트막-하다[jatʰumakʰada ヤトゥマクハダ] 形 ① 案外浅い; 浅めだ ¶개울물이 ~[kɛulmuri ～ ケウルムリ ～] 小川の水が案外浅い ② 低めだ ¶고개가 ~[kogega ～ コゲガ ～] 峠が大して高くない[低めだ]. <얕으막하다.

*야-하다[冶一・野一][ja:hada ヤーハダ] 形 (여変) ① 下品でなまめかしい; 下品で派手だ ¶옷차림이 ~[otʃʰarimi ～ オッチャリミ ～] 身なりが品なくなまめかしい ② 色合いが俗っぽくて派手過ぎる; 品位に欠けて卑しい ¶빛깔이 ~[pitk'ari ～ ピッカリ ～] 色彩が俗っぽくて卑しい ③ 薄情で誠実さがない.

야합-하다[野合一][ja:hapʰada ヤーハプダ] 自 野合する; やましい目的で通じる; (男女が)私通する ¶불법 단체와 ~[pulbɔp t'antʃʰewa ～ プルボプ タンチェワ ～] 不法団体と野合する.

야행[夜行][ja:hɛŋ ヤーヘン] 名 (ㅎ自) 夜行 ¶~ 열차[~ njoltʃʰa ～ニョルチャ] 夜行列車.

야화[野話][ja:hwa ヤーファ] 名 世間ばなし; 巷ちまたのはなし; 物語.

야회[夜會][ja:hwe ヤーフェ] 名 (ㅎ自) 夜会 ¶~복[~bok ～ボク] 夜会服; イブニンドレス.

*약[藥][jak ヤク] 名 ① 薬 ¶가루~[karu~ カル～] 粉薬 ② (靴磨きクリームなどの)つやだし ③ 俗 賄賂な.

약[jak ヤク] 名 ① 熟れて生じる辛味・

苦味 ¶ ~이 오른 고추[(jag)i orun kotʃʰu (ヤ)ギ オルン コチュ] 辛くなったトウガラシ ② 癪に障ること; むくっと立つ怒り ¶ ~이 오르다[(jag)i oruda (ヤ)ギ オルダ] 腹が立つ; 癪に障る / ~을 올리다[(jag)ɯl ollida (ヤ)グル オルリダ] 怒らせる.

약[略][jak ヤク] 名 하他 略.

*약[約][jak ヤク] 冠 約; およそ; ほぼ ¶ ~10리[~ ʃ'imni ~ シムニ] 約1里.

*약간[若干][jak'an ヤクカン] 1 名 若干 ¶ ~의 돈[~e to:n (ヤクカ)ネトーン] いくらかの金 2 副 若干; 少し; 多少 ¶ ~ 마셨다[~ maʃɛt'a ~ マショッタ] いささか[多少]飲んだ.

약-값[藥—][jak'ap ヤクカプ] 名 薬代.

약골[弱骨][jak'ol ヤクコル] 名 病弱な人.

*약과[藥果][jak'wa ヤククァ] 名 ① 小麦粉を蜂蜜・砂糖水でこねて型を取り油で揚げた食べ物 ② たやすいこと; 朝飯前 ¶ 그런 일쯤은 ~다[kurɯn ni:lt'ʃ'umun ~da クロンニール ッチュムン ~ダ] その程度のことなら朝飯前だ.

약국[藥局][jak'uk ヤククク] 名 薬局.

*약다[jakt'a ヤクタ] 形 ① 賢い; 才気がある ¶ 큰 애가 더 ~[kʰɯn ɛ:ga tɔ ~ クネーガ ト ~] 上の息子の方がもっと賢い ② 利己的で要領がよい; 利口だ ¶ 약게 굴다[jak'e ku:lda ヤクケ クールダ] 利口に立ち回る.

약력[略歷][jaŋnjok ヤンニョク] 名 略歷.

약명[藥名][jaŋmjoŋ ヤンミョン] 名 薬名; 薬の名前.

*약방[藥房][jakp'aŋ ヤクパン] 名 薬局; 「薬屋」

약-방문[藥方文][jakp'aŋmun ヤクパンムン] 名 処方箋 ¶ 사후 ~[sa:hu ~ サーフ ~] 死後の処方箋; 後の祭り; 葬礼帰りの医者話.

약-봉지[藥封紙][jakp'oŋdʒi ヤクポンジ] 名 薬を入れる袋; 薬袋.

약-빠르다[jakp'aruda ヤクパルダ] 形 르変 すばしこい; 目ざとい; 利にさとい ¶ 약빠른 사람[jakp'arɯn sa:ram ヤクパルン サーラム] すばしこい人.

약사[藥師][jaks'a ヤクサ] 名 薬剤師.

약-사발[藥沙鉢][jaks'abal ヤクサバル] 名 ① 薬鉢; 薬入れの器 ② 昔、毒薬を사약(賜藥)[sa:jak サーヤク] として与えるときに入れた鉢.

약삭-빠르다[jaks'akp'arɯda ヤクサクパルダ] 形 르変 すばしこく要領がいい; 如才ない; 小利口だ ¶ 작은 딸이 더 ~[tʃa:gɯn t'ari tɔ ~ チャーグン ッタリ ト ~] 下の娘の方が小利口だ.

약삭-빨리[jaks'ok p'alli ヤクサク パルリ] 副 すばしこく; 小利口に; 如才なく ¶ ~ 행동하다[~ hɛŋdoŋhada ~ ヘンドンハダ] 如才なく行動する.

*약소-하다[略少—][jak'ohada ヤクソハダ] 形 (贈り物などが)少なくて粗末だ ¶ ~ 합니다만[~hamnidaman ~ハムニダマン] 粗末な品物でございますが.

*약속[約束][jaks'ok ヤクソク] 名 하他 約束 ¶ ~을 지키다[(jaks'og)ɯl tʃikʰida (ヤクソ)グル チキダ] 約束を守る ——어음[(jaks'og)ɔɯm (ヤクソ)ゴウム] 名 約束手形.

약-손[藥—][jaks'on ヤクソン] 名 (子供の痛い所を)軽く摩ってなでてやる大人の手 ¶ 내 손은 ~이다[nɛ sonɯn ~ida ネ ソヌン (ヤクソ)ニダ] (いい子だよ)私の手はよく効く手だよ(痛いの痛いの飛んで行け).

약-손가락[藥—][jaks'onk'arak ヤクソンカラク] 名 薬指; 無名指.

약수[藥水][jaks'u ヤクス] 名 薬用に飲む泉の水 ——터[tʰɔ ト] 薬効があると言われる鉱泉水のわき出る所.

약-시중[藥—][jakʃ'idʒuŋ ヤクシジュン] 名 하自 病人に薬の世話をすること ¶ ~ 들다[~ dɯlda ~ ドゥルダ] 薬飲みの世話をする.

약-쑥[藥—][jaks'uk ヤクスク] 名 薬用ヨモギ[モグサ](艾).

약-오르다[jagoruda ヤゴルダ] 自 르変 ① しゃくにさわる; 腹が立つ ¶ 동생이 말 안들어 ~[toŋsɛŋi ma:ɾ andɯɾɔ ~ トンセンイ マーランドゥロ ~] 弟が言うことをきかないのでしゃくにさわる ② 熟する(トウガラシなどに刺激性の成分が生じる) ¶ 약오른 고추[jagorɯn kotʃʰu ヤゴルン コチュ] 辛くなったトウガラシ.

약-올리다[jagollida ヤゴルリダ] 他 腹を立たせる; 怒らせる ¶ 동생이 형을 ~[toŋsɛŋi hjɔŋɯl ~ トンセンイ ヒョンウル ~] 弟が兄を怒らす.

약자[弱者][jakt͡ʃa ヤクチャ] 名 弱者; よわもの ¶ ~를 돕다[~rul to:pt'a ~ルル トープタ] 弱者を助ける.

약-장수[藥—][jakt͡ʃ'aŋsu ヤクチャンス] 名 ① 薬売り ② 俗 興に乗ってよくしゃべる人.

*약점[弱點][jakt͡ʃ'ɔm ヤクチョム] 名 弱

点; 欠点; 短所; 弱み; 泣き所 ¶ ~을 잡히다 [~ul tɕaphida (ヤクチョ) ムル チャピダ] 弱点を握られる.

*약주[藥酒] [jaktɕ'u ヤクチュ] 图 ① 清酒, もろみを除いた澄んだ酒 ② 薬用酒 ③ 酒の美化語; お酒.

약취[略取] [jaktɕʰwi ヤクチュィ] 图 [하][他] 略取 **—유괴** [jugwe ユグェ] 图 略取誘拐.

약-칠[藥—] [jaktɕʰil ヤクチル] 图 [하][自][他] ① 患部に薬を塗ること ¶~하다 [tɕʰongie (jaktɕʰir) hada チョンギエ ~ハダ] 腫れ物に薬を塗る ② つや出しをすること ¶ 구두에 ~하다 [kudue (jaktɕʰir) hada クドゥエ ~ハダ] 靴にクリームを塗ってつや出しをする.

약탕[藥湯] [jaktʰaŋ ヤクタン] 图 ① 薬湯, くすり湯; 薬材を入れた風呂 ② 煎じ薬; 湯薬 **—관**(罐) [gwan グァン] **—기**(器) [gi ギ] 图 薬を煎じる陶製のやかん.

약-팔다[藥—] [jakpʰalda ヤクパルダ] [自] 薬を売る; [俗] あれやこれやを引き合いに出してしゃべりまくる; あきもせずあれこれとしゃべる; 話に花を咲かせる.

약-하다[略—] [jakhada ヤクハダ] [他] [여変] 略する; 省略する.

*약-하다[弱—] [jakhada ヤクハダ] [形] [여変] 弱い; もろい ¶ 몸이 ~ [momi ~ モミ ~] 体がひ弱い.

*약혼[約婚] [jakhon ヤクコン] 图 [하][自] 約婚 **—자** [dʑa ジャ] 图 婚約者; いいなずけ.

약화[弱化] [jakhwa ヤククァ] 图 [하][自][他] 弱化 ¶ 세력의 ~ [se:rjoge ~ セーリョゲ ~] 勢力の弱化. 「薬の効き目.

약효[藥效] [jakhjo ヤクキョ] 图 薬効;

얄개 [jalgɛ ヤルゲ] 图 言動が小憎らしくこましゃくれていること.

얄-궂다 [jalgut'a ヤルグッタ] [形] ① (性格・人柄が)妙だ; 奇妙だ; 変てこだ ¶ 성격이 ~ [sɔ:ŋk'jogi ~ ソーンキョギ ~] 性格が変てこだ ② 妙だ; 偏屈だ ¶ 얄궂은 운명 [jalgudʑun u:nmjɔŋ ヤルグジュン ウーンミョン] 奇しき運命.

*얄-밉다 [ja:lmipt'a ヤールミプタ] [形] [ㅂ変] ① 憎たらしい; 憎らしい ¶ 하는 짓이 ~ [hanun tɕiɕi ~ ハヌン チーシ ~] 仕草が憎たらしい ② (反語的に)愛くるしい; かわいらしい.

얄팍-하다 [jalphakhada ヤルパクカダ] [形] [여変] ① かなり薄い; 薄っぺらである ¶ 봉투가 ~ [poŋtʰuga ~ ポントゥガ ~] 封筒があまりにも薄っぺらである ② 浅薄だ; 浅はかだ ¶ ~-한 수 [~-kʰan su ~-カン ス] 浅はかな手[策].

얇다 [jalt'a ヤルタ] [形] ① (厚さ・密度・色などが)薄い ¶ 책이 ~ [tɕʰɛgi ~ チェギ ~] 本が薄い ② (人となりや行動が)軽い ¶ 사람됨이 좀 ~ [sa:ramdwemi tɕom ~ サーラムドゥェミ チョム ~] 人となりがやや軽い; 軽薄だ.

얌생이 [jamsɛŋi ヤムセンイ] 图 [俗] 物を少しずつこそこそと盗み出すこと **—꾼** [k'un ックン] 图 [俗] こそ泥; こぬすびと **—몰다** [molda モルダ] [他] [ㄹ語幹] [俗] 物をこそこそと盗み出す.

얌전-떨다 [jamdʑɔnt'ɔlda ヤムジョンットルダ] [自] [ㄹ語幹] わざとおとなしそうなふりをする ¶ 새색시가 ~ [sɛsɛkɕiga ~ セセクシガ ~] 花嫁がいかにもしおらしそうなふりをする.

얌전-부리다 [jamdʑɔnburida ヤムジョンブリダ] [自] おとなしいふりをする ¶ 손님 앞에서 ~ [sonnim apʰesɔ ~ ソンニム アペソ ~] お客の前でおとなしいふりをする.

얌전-빼다 [jamdʑɔnp'ɛda ヤムジョンッペダ] [自] 取り澄ます; 慎ましやかなふりをする ¶ 말괄량이가 ~ [malgwalljaŋiga ~ マルグァルリャンイガ ~] おてんば(娘)が慎ましやかなふりをする.

얌전-피우다 [jamdʑɔnpʰiuda ヤムジョンピウダ] [自] おとなしそうなふりをする.

*얌전-하다 [jamdʑɔnhada ヤムジョンハダ] [形] [여変] ① おとなしい; 淑とやかだ, 慎ましやかだ ¶ 저 처녀(處女)는 ~ [tɕɔ tɕʰɔ:njɔnun ~ チョ チョーニョヌン ~] あの娘は淑やかである ② 品格がある ¶ 글씨가 ~ [kulɕ'iga ~ クルッシガ ~] 字が品がある **얌전-스럽다** [jamdʑɔnsurɔpt'a ヤムジョンスロプタ] [形] [ㅂ変] おとなしい; 淑やかだ; 慎ましやかだ **얌전-히** [jamdʑɔni ヤムジョニ] 副 おとなしく **얌전-이** [jamdʑɔni ヤムジョニ] 图 おとなしい人(おとなしい子の別称); 行儀のよい子.

얌전해-지다 [jamdʑɔnhɛdʑida ヤムジョンヘジダ] [自] おとなしくなる.

얌체 [jamtɕʰe ヤムチェ] 图 ずる賢く立ちまわる人を下げすんで言う語; 恥知らず; 図々しく抜け目がないもの ¶ 이 ~야 [i ~ja イ ~ヤ] この恥知らずめ **—족**(族) [dʑok ジョク] 图 ちゃっか

*양[jaŋ ヤン] 名 〈動〉 ヒツジ(羊); 緬羊%%. **—고기**[gogi ゴギ] 名 羊の肉.

양[䑋][ja:ŋ ヤーン] 名 食用の牛の胃袋.

*양[量][jaŋ ヤン] 名 量 ① 分量 ② 食量[食べられる量]の略. ¶~이 크다[~i kʰuda ~イ クダ] 大食漢である / ~이 차다[~i tɕʰada ~イ チャダ] 満腹だ; (力に)見合う; (心に)かなう **—껏**[k'ot ッコッ] 副 ありったけ ¶~드세요.[~(k'o) t'usejo ~ トゥセヨ] たくさん召し上がってください.

*양[jaŋ ヤン] 依名 ① …らしく; (さも)…のように; ふり ¶돈이 있는~ 한다[to:ni innɯn(njaŋ) handa トーニ イッヌン(ニャン) ハンダ] 金があるふりをする ② 意向; 意図; つもり ¶공부(工夫)를 할 ~으로 …[koŋburɯl hal (ljaŋ)uro コンブルル ハル(リャン)ウロ] 勉強をするつもりで…

*-양[孃][jaŋ ヤン] 接尾 …嬢; …さん; ミス… ¶김~[kim~ キ(ミャン)] 金さん(未婚の若い女性) / 안내~[a:nnɛ~ アーンネ~] 案内嬢.

양가[良家][jaŋga ヤンガ] 名 良家; 家柄のよい家; 上品な家庭 **양갓-집**[jaŋgatɕ'ip ヤンガッチプ] 名 良家 ¶~규수[~ k'jusu ~ キュス] 良家の娘.

양각[陽刻][jaŋgak ヤンガク] 名 하他 〈美〉陽刻; 浮き彫り; レリーフ.

양계-장[養鷄場][ja:ŋgedʑaŋ ヤーンゲジャン] 名 養鷄場.

양궁[洋弓][jaŋguŋ ヤングン] 名 洋弓; アーチェリー(archery).

양-귀비[楊貴妃][jaŋgwibi ヤングィビ] 名 〈植〉ケシ(罌粟) ②〈史〉楊貴妃 **—꽃**[k'ot ッコッ] 名 ケシの花.

양기[陽氣][jaŋgi ヤンギ] 名 ① 太陽の陽光 ② 生き生きしていること; 精気 ③ 男性の性的精力 ¶~가 좋은 남자[~ga tɕo:un namdʑa ~ガ チョーウン ナムジャ] 精力の強い男.

양냥-거리다[jaŋnjaŋgorida ヤンニャンゴリダ] 自 (気にくわなくて)しきりにぶつぶつ言う ¶용돈이 적다고 ~[joːŋt'oni tɕo:kt'ago ~ ヨーントニ チョークタゴ ~] 小遣いが少ないと言ってしきりにぶつくさ不平を並べる.

*양념[jaŋɲom ヤンニョム] 名 하自 ① 薬味; 合わせ調味料; 味付け ¶~을 치다[~ɯl tɕʰida (ヤンニョ)ムル チダ] 味付けする ② 興趣を添えるためにつけ加えるもの; 余興 ¶~으로 노래를 부르다[~ɯro norɛrɯl purɯda (ヤンニョ)ムロ ノレルル プルダ] つけたり[余興]に歌を歌う **—감**[k'am カム] 名 味付けの材料.

양-다리[兩—][ja:ŋdari ヤンダリ] 名 両脚; 二また **—걸(치)다**[gol(tɕʰi)da ゴル(チ)ダ] 自 二またをかける ¶이기는 쪽으로 붙으려고 ~[iginɯn tɕ'oguro putʰɯrjogo ~ イギヌン ッチョグロ プトゥリョゴ ~] 勝つ方につこうとして二またをかける.

양단[兩端][ja:ŋdan ヤーンダン] 名 ① 両端 ② 始めと終わり ③ 旧式の婚礼に着用する青と紅色のチマ・チョゴリ用の織物 **—간(間)**[gan ガン] 副 どちらか; とにかく ¶~ 결정을 내리다[~ kjoltɕ'oŋɯl nɛrida ~ キョルチョンウル ネリダ] 二とおりのうちとちらかに決める.

양달[陽—][jaŋdal ヤンダル] 名 日なた **—쪽**[tɕ'ok ッチョク] 名 日の当たる側.

양-담배[洋—][jaŋdambɛ ヤンダムペ] 名 西洋タバコ(特にアメリカ産).

양돈[養豚][ja:ŋdon ヤーンドン] 名 하자 養豚 **—업자**[opt͡ɕ'a (ヤーンド)ノプチャ] 名 養豚業者.

양-동이[洋—][jaŋdoŋi ヤンドンイ] 名 バケツ.

양-돼지[洋—][jaŋdwɛdʑi ヤンドゥェジ] 名 ① 西洋品種の豚 ② (からかって)太った人; 欲張りの人; 豚.

양-딸[養—][ja:ŋt'al ヤーンッタル] 養女 = **양녀**[ja:ŋɲjo ヤーンニョ].

양-띠[羊—][jaŋt'i ヤンッティ] 名 〈民〉未年%%生まれ; 暦; 新暦.

*양력[陽曆][jaŋɲjok ヤンニョク] 名

양로-원[養老院][ja:ŋnowon ヤーンノウォン] 名 老人ホーム.

양론[兩論][ja:ŋnon ヤーンノン] 名 両論

양륙-하다[揚陸—][jaŋɲjukʰada ヤンニュクハダ] 他여 陸揚げする ¶콘테이너를 ~[kʰontʰeinorɯl ~ コンテイノルル ~] コンテナを揚陸する.

양립[兩立][ja:ŋɲip ヤーンニプ] 名 하자 両立; 並立 ¶일과 취미를 ~시키다[i:lgwa tɕʰwi:mirɯl ~ɕ'ikʰida イールグァ チュイーミルル ~シキダ] 仕事と趣味を両立させる.

*양말[洋襪][jaŋmal ヤンマル] 名 靴下 ¶~을 신다[(jaŋmar)ɯl ɕint'a (ヤンマル)ル シンタ] 靴下を履く.

*양반[兩班][ja:ŋban ヤーンバン] 名 ①

〈史〉 ヤンバン(両班); 朝鮮王朝時代の階級制度で, 東班[文官の班列]と西班[武官の班列]の上流階層 ② 威厳があって人柄が上品な人 ③ 婦人が第三者に対して自分の夫を指す語 ¶우리집 ～ [uridʒim (nja:ŋban) ウリジム (ニャーンバン)] うちの主人 ④ 男性をやや敬う語[さげすむ語]; 方[男] ¶저～ [tʃʌ～ チョ～] あの方[男].

*양-배추[洋—][jaŋbɛtʃʰu ヤンベチュ] 名〈植〉キャベツ.

*양보[譲歩][ja:ŋbo ヤーンボ] 名 譲歩 **—하다** [hada ハダ] 他 譲歩する; 譲る ¶자리를 ～ [tʃarirɯl ～ チャリルル～] 席を譲る.

*양복[洋服][jaŋbok ヤンボク] 名 洋服; 背広 ¶맞춤 ～ [matʃʰum (njaŋbok) マッチュム(ニャンボク)] あつらえの洋服 **—감** [(jaŋbo)k'am カム]・**—지** [tʃ'i チ] 名 洋服の生地. 「名 養父母.

양-부모[養父母][ja:ŋbumo ヤーンブモ]

양분[両分][ja:ŋbun ヤーンブン] 名 하他 両分 ¶세력이 ～되다 [se:rjʌgi ～ dweda セーリョギ ～ドゥエダ] 勢力が2つに分かれる.

양분[養分][ja:ŋbun ヤーンブン] 名 養分; 栄養分 ¶～을 섭취하다 [～ɯl sʌptʃʰwihada ヤーンブンヌル ソプチュィハダ] 養分を摂取する[取る].

양산[陽傘][jaŋsan ヤンサン] 名 日傘; パラソル.

양상[様相][jaŋsaŋ ヤンサン] 名 様相; 有様; 状態 ¶험악한 ～ [hʌ:makʰan (njaŋsaŋ) ホーマクカン (ニャンサン)] 険悪な様相.

양-상추[洋—][jaŋsantʃʰu ヤンサンチュ] 名 サラダ菜; レタス.

양서[jaŋsʌ ヤンソ] 名 ① [良書]良書 ② [洋書]洋書; 洋本.

*양성[養成][ja:ŋsʌŋ ヤーンソン] 名 하他 養成; 仕立て ¶제자를 ～하다 [tʃe:dʒarɯl ～hada チェージャルル ～ハダ] 弟子を養成する.

양-손[両—][ja:ŋson ヤーンソン] 名 両手 ¶～을 모아 빌다 [～ɯl moa bilda (ヤーン) ヌル モア ピルダ] 両手を合わせて祈る[謝る].

양-송이[洋松栮][jaŋsoŋi ヤンソンイ] 名 西洋種のマツタケ; マシュルーム.

양수[両手][ja:ŋsu ヤーンス] 名 両手.

양수-기[揚水機][jaŋsugi ヤンスギ] 名 揚水機; 揚水ポンプ.

양순-하다[良順—][jaŋsunhada ヤンスンハダ] 形 善良で従順[純真]だ.

양식[良識][jaŋʃik ヤンシク] 名 良識 ¶～이 있는 행동 [(jaŋʃig)i innɯn hɛŋdoŋ (ヤンシ)ギ インヌン ヘンドン] 良識ある行動.

*양식[洋式][jaŋʃik ヤンシク] 名 洋式 ¶～ 가구 [(jaŋʃi) k'agu ～ カグ] 洋式の家具.

*양식[洋食][jaŋʃik ヤンシク] 名 洋食 ¶～을 먹다 [(jaŋʃig)ɯl mʌkt'a (ヤンシ) グル モクタ] 洋食を食べる.

양식[様式][jaŋʃik ヤンシク] 名 様式; スタイル ¶생활 ～ [sɛŋhwal(ljaŋʃik) センファル(リャンシク)] 生活様式 / 중국 (中國) ～ [tʃuŋgu(njaŋʃik) チュングン(ニャンシク)] 唐様; 唐風.

양식[養殖][ja:ŋʃik ヤーンシク] 名 하他 養殖 **—진주** [tʃ'indʒu チンジュ] 名 養殖真珠.

*양식[糧食][jaŋʃik ヤンシク] 名 糧食, 糧; =식량(食糧) [jiŋnjaŋ シンニャン] ¶비상용 ～ [pi:saŋnjoŋ (njaŋʃik) ピーサンニョン (ニャンシク)] 非常用の糧食 / 마음의 ～ [maɯme ～ マウメ ～] 心の糧.

양실[洋室][jaŋʃil ヤンシル] 名 洋室.

*양심[良心][jaŋʃim ヤンシム] 名 良心 ¶～의 가책 [～e katʃʰɛk (ヤンシ) メカーチェク] 良心の呵責.

양양[洋洋][jaŋjaŋ ヤンヤン] 名 하形 洋々 ¶～한 앞길 [～han apk'il ～ハン アプキル] 洋々たる前途.

양양[揚揚][jaŋjaŋ ヤンヤン] 名 하形 揚々 ¶의기 ～ [ɯi:gi ～ ウィーギ ～] 意気揚々.

양어-장[養魚場][ja:ŋʌdʒaŋ ヤーンオジャン] 名 養魚場.

양옥[洋屋][jaŋok ヤンオク] 名 洋館 = **양옥집** [jaŋoktʃ'ip ヤンオクチプ].

양육[養育][ja:ŋjuk ヤーンユク] 名 養育 **—하다** [(ja:ŋju)kʰada カダ] 養育する; はぐくむ; 育てる **—비** [p'i ピ] 名 養育費; 養料.

양은[洋銀][jaŋɯn ヤンウン] 名 洋銀; アルマイト ¶～ 그릇 [～ gɯrɯt ～ グルッ] 洋銀製の器.

*양자[養子][ja:ŋdʒa ヤーンジャ] 名 하他 養子; 養い子 ¶～로 가다 [～ro kada ～ロ カダ] 養子に行く / ～를 들다 [～rɯl tɯlda ～ルル トゥルダ] 養子に入る / ～를 세우다[들이다] [～rɯl seuda[turida] ~를 세우다[トゥリダ]] 養子をとる.

*양장[洋裝][jaŋdʒaŋ ヤンジャン] 名 하자 洋裝 ¶~ 미인 [~miin ~ミーイン] 洋裝美人 —본[bon ボン] 名 洋裝本 —점[dʒɔm ジョム] 名 洋裝店.

양재[洋裁][jaŋdʒɛ ヤンジェ] 名 洋裁 —학원[hagwɔn ハグォン] 名 洋裁學校.

양-재기[洋—][jaŋdʒɛgi ヤンジェギ] 名 ほうろう引き(の器); アルミの器.

양-잿물[洋—][jaŋdʒɛnmul ヤンジェンムル] 名 洗濯用の苛性ソーダ.

*양주[洋酒][jaŋdʒu ヤンジュ] 名 洋酒 (ウイスキーなど).

*양지[陽地][jaŋdʒi ヤンジ] 名 日なた —바르다[baruɯda バルダ] 形 日当たりがよい; 日なたである —쪽[tʃʼok ッチョク] 名 日なたの方.

양지[諒知][jaŋdʒi ヤンジ] 名 하他 知; 了承; 承知; 察知 ¶상대(相對)의 요청(要請)을 ~하다[saŋdɛe jotʃʼɔnɯl ~hada サンデエ ヨチョンウル ~ハダ] 相手の申し出を了知する.

양지-머리[jaŋdʒimɔri ヤンジモリ] 名 牛の胸部の肉と骨の総称.

*양-쪽[兩—][ja:ŋtʃʼok ヤーンッチョク] 名 兩方; 双方 ¶~ 겨드랑이 [(ja:ŋtʃʼo)kʼjodɯraŋi ~ キョドゥランイ] 両わき /~의 주장(主張) [(ja:ŋtʃʼog)e tʃudʒaŋ (ヤーンッチョ)ゲ チュジャン] 双方の言い分.

양-차다[量—][jaŋtʃʰada ヤンチャダ] 自 ① たらふくだ; 満足なほど腹いっぱいだ ② 満足だ ¶이것만으로도 ~ [igɔnmanɯrodo ~ イゴンマヌロド ~] これだけでも満足だ.

양철[洋鐵][jaŋtʃʰɔl ヤンチョル] 名 ブリキ; トタン —통[tʰoŋ トン] 名 ブリキ製の桶; ブリキ缶.

양초[洋—][jaŋtʃʰo ヤンチョ] 名 ろうそく.

*양치[養齒][jaŋtʃʰi ヤンチ] 名 하自 歯を磨くこと —질하다[dʒirhada ジルハダ] 自 歯を磨く; うがいをする ¶소금물로 ~[sogummullo ~ ソグムムルロ ~] 塩水で口をすすぐ.

양-치기[羊—][jaŋtʃʰigi ヤンチギ] 名 羊飼い.

*양친[兩親][ja:ŋtʃʰin ヤーンチン] 名 両親 ¶~을 여의다 [~ɯl jɔida (ヤーンチ) ヌル ヨイダ] 両親を失う.

양-탄자[洋—][jaŋtʰandʒa ヤンタンジャ] 名 絨緞・絨毯; カーペット.

양-털[羊—][jaŋtʰɔl ヤントル] 名 羊毛; ウール(wool).

*양-파[洋—][jaŋpʰa ヤンパ] 名 <植> 玉ネギ; オニオン(onion).

양-팔[兩—][ja:ŋpʰal ヤーンパル] 名 両腕.

양편[兩便][ja:ŋpʰjɔn ヤーンピョン] 名 両側; 両方.

양품[洋品][jaŋpʰum ヤンプム] 名 洋品 —점[dʒɔm ジョム] 名 洋品店.

양피[羊皮][jaŋpʰi ヤンピ] 名 洋皮; キッド(kid) —구두[gudu グドゥ] 名 羊皮製[キッド]の靴.

양-하다[jaŋhada ヤンハダ] 補動 여변 …ふりをする; …らしく装う; =체하다 [tʃʰehada チェハダ] ¶모르는 ~ [morɯnɯn (njaŋhada) モルヌン (ニャンハダ)] 知らないふりをする / 학자인 ~ [haktʃʼain (njaŋhada) ハクチャイン (ニャンハダ)] 学者らしく装う.

양해[諒解][jaŋhɛ ヤンヘ] 名 하他 了解 ¶상대방(相對方)의 ~를 구하다 [saŋdɛbaŋ ~rɯl kuhada サンデバンエ ~ルル クハダ] 相手の了解を求める.

양호[良好][jaŋho ヤンホ] 名 하形 良好 ¶성적이 ~하다 [sɔŋdʒɔgi ~hada ソンジョギ ~ハダ] 成績がよい.

양화-점[洋靴店][jaŋhwadʒɔm ヤンファジョム] 名 靴屋=구둣방[kudutpʼaŋ クドゥッパン].

양회[洋灰][jaŋhwe ヤンフェ] 名 セメント.

*얕다[jat'a ヤッタ] 形 ① 浅い ¶시냇물이 ~ [ʃinɛnmuri ~ シーネンムリ ~] 小川が浅い ② 薄い ¶정분(情分)이 ~ [tʃɔŋbuni ~ チョンブニ ~] 情愛が薄い ③ 低い ¶산이 ~ [sani ~ サニ ~] 山が低い ④ 浅はかだ ¶얕은 수작 [jatʰɯn sudʒak ヤトゥン スジャク] 浅はかな策 ⑤ 少ない ¶견식이 ~ [kjɔ:nʃigi ~ キョーンシギ ~] 見識が浅い.

얕디-얕다[jat'idʒat'a ヤッティヤッタ] 形 とても浅い.

*얕-보다[jatpʼoda ヤッポダ] 他 見くびる; 軽んずる; 見下げる; さげすむ ¶솜씨를 ~ [somʃʼirɯl ~ ソムッシルル ~] 腕前を見くびる / 사람을 ~ [sa:ramul ~ サーラムル ~] 人を軽んずる.

얕은-피 [jatʰɯnk'we ヤトゥンックェ] 名 浅知恵; 浅はかな計略.

얕은-맛 [jatʰɯnmat ヤトゥンマッ] 名 薄くあっさりした味 ¶~이 있다 [~maʃi it'a ~マシ イッタ] あっさりした味がある.

*얕-잡다 [jatʃ'apt'a ヤッチャプタ] 他 見くびる; さげすむ; 甘く見る; 見下す; なめる ¶ 상대(相對)가 아이라고 ~ [saŋdɛga airago ~ サンデガ アイラゴ ~] 相手が子供だといって見くびる.

애¹ [jɛ: イェー] 代 この子 = 이 아이 [i ai イ アイ]・이 애 [i ɛ: イ エー]の略 ¶ ~랑 같이 가라 [~raŋ katʃ'i kara ~ ラン カチ カラ] この子と一緒に行け.

애² [jɛ: イェー] 感 やあ; おお; あら; まあ ¶ ~, 깜짝이야 [~, k'amtʃ'agija ~, ッカムッチャギヤ] あら, びっくりしたわ.

*애기 [jɛ:gi イェーギ] 名 하自他 話; 話題; 物語; '이야기'の略 애깃-거리 [jɛ:gitk'ɔri イェーギッコリ] 名 言いぐさ; 語りぐさ; 話の種.

애야 [jɛ:ja イェーヤ] 感 坊や; お嬢ちゃん; = 이 애야 [i ɛ:ja イ エーヤ]の略 ¶ ~, 이리 오너라 [~, iri onɔra ~, イリ オノラ] 坊や, こちらにおいで.

앤 [jɛ:n イェーン] 代 この子は = 애는 [jɛ:nun イェーヌン] ¶ ~ 놀기만 한다 [~ no:lgiman handa ~ ノールギマン ハンダ] この子は遊んでばかりいる.

앨 [jɛ:l イェール] 代 この子を = 애를 [jɛ:rul イェールル] ¶ ~ 꾸짖지 마세요 [~ k'udʒitʃ'i ma:sejo ~ ックジッチ マーセヨ] この子を叱らないでください.

어 [ɔ オ] 感 ① あっ; あれ ¶ ~, 돈이 없어졌다 [~, to:ni ɔps'ɔdʒɔt'a ~, トーニ オープソジョッタ] あっ, 金がなくなった ② ああ; おう; やあ ¶ ~, 어쩌면 좋을까! [~, ɔtʃ'ɔmjɔn tʃo:-ulk'a ~, オッチョミョン チョーウルッカ] ああ, どうしたらいいだろうか.

*-어 [ɔ オ] 語尾 ① …(し)て; …く 붉~지다 [pulgɔdʒida プルゴジダ] 赤くなる ② …ろ; …れ; …け ¶ 손 들~ [son dur~ ソン ドゥ(ロ)] 手をあげろ / 빨리 걸~ [p'alli kɔr~ ッパルリ コ(ロ)] 早く歩け. 「'억지」

어거지 [ɔgɔdʒi オゴジ] 名 無理強い =

어귀 [ɔgwi オグィ] 名 集落や街路の入り口 ¶ 마을 ~ [maur ~ マウ(ログィ)] 村の入り口.

어그러-지다 [ɔgurɔdʒida オグロジダ] 自 ① (物が)それる; そる; ゆがむ ¶ 문짝이 ~ [muntʃ'agi ~ ムンッチャギ ~] 戸がゆがむ ② (考え・予定などが)はずれる; 食い違う; 反する ¶ 기대에 ~ [kidɛe ~ キデエ ~] 期待に反する ③ 仲違たがいになる ¶ 친구 사이가 ~

[tʃ'ingu saiga ~ チング サイガ ~] 友達と仲違いになる.

어금-니 [ɔgumni オグムニ] 名 奥歯.

*어긋-나다 [ɔgunnada オグンナダ] 自 ① 行き違う ¶ 길이 서로 ~ [kiri sɔro ~ キリ ソロ ~] 互いに行き違う ② 食い違う; 狂う; 反する ¶ 예상이 ~ [je:saŋi ~ イェーサンイ ~] 予想が狂う / 원칙에 ~ [wɔntʃ'ige ~ ウォンチゲ ~] 原則に反する ③ はずれる ¶ 어깨뼈가 ~ [ɔk'ɛp'jɔga ~ オッケッピョガ ~] 肩の骨がはずれる.

*어기다 [ɔgida オギダ] 他 ① (約束など)を違える; 破る ¶ 약속을 ~ [jaks'ogul ~ ヤクソグル ~] 約束を違える ② (命令などに)背く; 従わない; 違反する ¶ 명령을 ~ [mjɔ:ŋnjɔŋul ~ ミョーンニョンウル ~] 命令に背く.

어기야-디야 [ɔgijadija オギヤディヤ] 感 えんやこら; えんやら(や); 船頭が船を漕ぐときの掛け声.

어기적-거리다 [ɔgidʒɔk'ɔrida オギジョッコリダ] 自 足を不自然に動かしながら歩く ¶ 걸음을 ~ [kɔrumul ~ コルムル ~] (足のけがで)よたよたと歩く.

어기-차다 [ɔgitʃ'hada オギチャダ] 形 気丈だ ¶ ~-찬 여자 [~-tʃ'an njɔdʒa ~-チャン ニョジャ] 気丈な女性.

*어김 [ɔgim オギム] 名 間違い; 違反 ― 없다 [ɔpt'a (オギ) モプタ] 存 間違いない; 違えることがない ― 없이 [ɔps'i (オギ) モプシ] 副 間違いなく; 確かに; きっと ¶ ~ 온다 [~ onda ~ オンダ] きっと来る.

*어깨 [ɔk'ɛ オッケ] 名 ① 肩 ¶ ~가 넓다 [~ga nɔlt'a ~ ガ ノルタ] 肩が広い ② 責任や使命 ¶ ~가 무겁다 [~ga mugɔpt'a ~ガ ムゴプタ] 肩[責任]が重い ③ ごろつき; ならず者 ―넘엇-글 [nɔmɔk'ul ノモックル] 名 耳学問 ―동무 [doŋmu ドンム] 名 하自他 ① 互いに肩を組むこと ② 幼なじみ; 竹馬の友 ―춤 [tʃhum チュム] 名 興がわいて肩を振ること, またそうした踊り 어깻-죽지 [ɔk'ɛtʃ'uktʃ'i オッケッチュクチ] 名 肩先; 肩口 어깻-짓 [ɔk'ɛ-tʃ'it オッケッチッ] 名 肩を動かす動作.

*어느 [ɔnu オヌ] 冠 ある; どの ¶ ~ 학자 [~ haktʃ'a ~ ハクチャ] ある学者 / ~ 쪽 [~ tʃ'ok ~ ッチョク] どっちの方 ―것 [gɔt ゴッ] 代 どの物; どれ ―겨를에 [gjɔrure ギョルレ]・―틈

에 [tʰɯme トゥメ] 副 いつの間にか ━누구 [nugu ヌグ]・━뉘 [nwi ヌィ] 代 誰=누구 [nugu ヌグ]の強調語 ━덧 [dət ドッ] 副 いつの間にか ━때 [t'ɛ ッテ] 名 副 いつ; ある時 ━때고 [t'ɛgo ッテゴ] 副 いつでも ━새 [sɛ セ] 副 いつの間にか; もはや; もう ━세월(歲月)에 [sɛːwore セーウォレ]・━천년(千年)에 [tʃʰənnjone チョンニョネ] 副 いつになったら ━편 [pʰjən ピョン] 代 どちら(側); どっちの味方.

-**어도** [ədo オド] 語尾 …(し)でも ¶싫～ 가야 한다 [jir～ kaja handa シ(ロド) カヤ ハンダ] いやでも行かなければならない.

어두워-지다 [əduwədʒida オドゥウォジダ] 自 ① 暗くなる ② (視力・聽力などが) 弱くなる ③ (世間事に) 疎くなる.

어두커니 [ədukʰəni オドゥコニ] 副 未明の[夜明けの]薄暗いときに.

어두컴컴-하다 [ədukʰəmkʰəmhada オドゥコムコムハダ] 形 与変 薄暗い ¶～-한 골목 [～-han koːlmok ～-ハン コールモク] 薄暗い路地.

어둑-새벽 [əduksʼɛbjək オドゥクセビョク] 名 薄暗い夜明け(ごろ); 黎明燃.

어둑어둑-하다 [ədugədukʰada オドゥゴドゥクハダ] 形 与変 (物がはっきり見えないほどに)暗い; かなり暗い.

어둑-하다 [ədukʰada オドゥクハダ] 形 与変 ① かなり暗い ¶～-한 다락방 [～-kʰan tarakpʼaŋ ～-カン タラクパン] かなり暗い屋根裏部屋 ② 人ずれせずうぶだ.

***어둠** [ədum オドゥム] 名 暗がり; 暗闇滯, 闇 ¶～-이 깔리다 [～-i kʼallida (オドゥ)ミッカルリダ] 闇が立ち込める ━길 [kʼil キル] 暗い道.

어둠침침-하다 [ədumtʃʰimtʃʰimhada オドゥムチムチムハダ] 形 与変 うす暗い; 暗くてどんよりしている ¶방안이 ～ [paŋani ～ パンアニ ～] 部屋の中がうす暗い.

***어둡다** [ədupʼta オドゥプタ] 形 ㅂ変 ① (光や色が)暗い ¶방안이 ～ [paŋani ～ パンアニ ～] 部屋が暗い / 색깔이 ～ [sɛkʼari ～ セカリ ～] 色合いが暗い ② (視力や聽力が)弱い ¶밤눈이 ～ [pamnuni ～ パムヌニ ～] 夜目が弱い / 귀가 ～ [kwiga ～ クィガ ～] 耳が遠い ③ (表情や雰圍気)重苦しい ④ (世間事に)疎い; 暗 い ¶세상 일에 ～ [seːsaŋ nire ～ セーサン ニレ ～] 世事に疎い.

***어디**¹ [ədi オディ] 代 ① どこ; どちら ¶～론지 사라졌다 [～rondʒi saradʒətʼa ～ロンジ サラジョッタ] どことなく消え去った ② どちら側 ━까지나 [kʼadʒina ッカジナ] 副 あくまでも.

***어디**² [ədi オディ] 感 ① よし; ようし; 警告を發する時の語 ¶～ 두고 보자 [～ tugo bodʒa ～ トゥゴ ボジャ] よし, 覚えておけ [今に見ろ] ② いった い; 反問を強調する語 ¶그게 ～ 말이나 되오! [kɯge ～ maːrina tweo クゲ ～ マーリナ トゥェオ] いったいそんな話ってあるかね.

어딘가 [ədiŋga オディンガ] 代 なんとな く.

어딘지 (모르게) [ədindʒi(moruge) オディンジ(モルゲ)] 慣 どことなく.

어때 [ətʼɛ オッテ] 略 どうだい; **어떠 해** [ətʼɛ オッテ]の略 ¶건강은 ～? [kɔːŋgaŋɯn ～ コーンガンウン ～] 健康はどうだい.

***어떠-하다** [ətʼəhada オットハダ] 形 与変 (事の性質・狀態が)どうだ; どういうふうだ 略 **어떻다** [ətʼətʰa オットタ] ¶아픈 데는 어떠한가[어떤가]? [apʰɯn denɯn ətʼəhanga[ətʼənga] アプン デヌン オットハンガ[オットンガ]] 痛みはどうかね.

어떡-하다 [ətʼəkʰada オットクハダ] 他 与変 如何ぶにする; どんなにする ¶그럼 나는 어떡하지? [kɯrəm nanɯn ətʼəkʰadʒi クロム ナヌン オットクカジ] では僕はどうしたもんかな.

어떤 [ətʼən オットン] 冠 ある; どんな; 如何ぶなる; **어떠한** [ətʼəhan オットハン]の略 ¶～ 사람 [～ saːram ～ サーラム] ある人.

***어떻게** [ətʼəkʰe オットッケ] 副 どんなに; どういうふうに; 如何ぶに; どう ¶～ 하면 좋을까? [～ hamjən tʃoːulkʼa ～ ハミョン チョーウルッカ] どうすればいいだろうか.

어떻든지 [ətʼətʰɯndʒi オットットゥンジ] 副 どうあろうとも; とにかく; いずれにしても; = **어떠하든지** [ətʼəhadɯndʒi オットハドゥンジ]の略 ¶～ 가서 보아라 [～ kasə boara ～ カソ ボアラ] どうあろうとも行ってみなさい.

-**어라** [əra オラ] 語尾 …しろ; …せよ ¶빨리 먹～ [pʼalli mək～ ッパルリ(モ)ゴラ] はやく食べろ.

어렵쇼 [ɔrjəpʃo オリョプショ] 感俗 あれ; おやっ ¶~ 나한테 덤빈다 [~ nahantʰe tɔmbinda ~ ナハンテ トムビンダ] おやっ、おれに食ってかかるのか.

어려움 [ɔrjoum オリョウム] 名 難しさ.

어려워-지다 [ɔrjəwədʒida オリョウォジダ] 自 ① 難しくなる ② (暮らしなどが) 貧しくなる; 厳しくなる.

어려워-하다 [ɔrjəwɔhada オリョウォハダ] 他 여変 ① (目上の人に) 気兼ねする ¶~-하지 말고 말해 보아라 [~-hadʒi maːlgo maːrhe boara ~-ハジ マールゴ マールヘ ボアラ] 気兼ねせずに言ってみなさい ② (仕事を) もてあます.

어련-하다 [ɔrjənhada オリョンハダ] 形 여変 違うはずがない; 間違いがあろうか ¶그분의 기억이니 ~-하겠나 [kɯbune kiɔgini ~-hagenna クブネ キオギニ ~-ハゲンナ] あの方の記憶だから間違いがあろうか.

어렴풋-하다 [ɔrjəmpʰutʰada オリョムプッタダ] 形 여変 ① (記憶が) ぼんやりしている ¶기억이 ~ [kiɔgi ~ キオギ ~] 記憶がぼんやりする ② (光や音が) かすかだ ¶소리가 ~-하게 들려온다 [soriga ~-tʰage tɯlljoonda ソリガ ~-タゲ トゥルリョオンダ] 音がかすかに聞こえてくる **어렴풋-이** [ɔrjəmpʰuʃi オリョムプシ] 副 ① ぼんやりと ② かすかに ③ うつらうつらと ¶~ 잠들었다 [~ tʃamdɯrətta ~ チャムドゥロッタ] うつらうつらと眠りについだ.

***어렵다** [ɔrjəpta オリョプタ] 形 ㅂ変 ① 難しい; 困難である ¶문제가 ~ [muːndʒega ~ ムーンジェガ ~] 問題が難しい ② (暮らしが) 貧しい ¶어렵게 지내다 [ɔrjəpke tʃiːnɛda オリョプケ チーネダ] 貧しく暮らす (過ごす) ③ (目上の人に) 気兼ねする ④ すまない.

어렵-사리 [ɔrjəpsʼari オリョプサリ] 副 非常に困難に; ひどく苦労して ¶~ 마련한 회합 [~ marjənhan hweːhap ~ マリョンハン フェーハプ] ひどく苦労して設けた会合.

***어루-만지다** [ɔrumandʒida オルマンジダ] 他 ① なでさする; なでる ¶바람이 뺨을 ~ [parami pʼjamul ~ パラミ ッピャムル ~] 風がおをなでる ② いたわる; 慰める ¶노고를 ~ [nogorɯl ~ ノゴルル ~] 労苦をいたわる.

어르다 [əːruda オールダ] 他 르変 あやす; すかす ¶우는 아이를 ~ [uːnun airul ~ ウーヌン アイル ~] 泣く子をあやす.

어르신 (-네) [ɔrɯʃin (ne) オルシン(ネ)] 名 相手の父や老人に対する尊敬語.

***어른** [ɔːrun オールン] 名 ① 大人 ② 地位や親等が上の人 ¶집안의 ~ [tʃibane ~ チバネ ~] 親族の上長 ③ 結婚した男女 ④ 老人に対する敬称 **─스럽다** [sɯrəptʼa スロプタ] 形 ㅂ変 大人びている; 大人っぽい ¶~-스러운 아이 [~-sɯrəun ai ~-スロウン アイ] 大人びている子.

어른-거리다 [ɔrɯngərida オルンゴリダ] 自 ① ちらつく; 見え隠れする ¶먼 산이 ~ [mɔːn sani ~ モーン サニ ~] 遠くの山が見え隠れする ② ゆらめく; ゆらゆらする ¶물에 비친 모습이 ~ [mure pitʃʰin mosubi ~ ムレ ピチン モスビ ~] 水に映った姿がゆらゆらする.

어름-거리다 [ɔrɯmgərida オルムゴリダ] 自他 ① 言動がはっきりしない; ぐずぐずする; もぐもぐする ¶언제나 저 애는 ~-거린다 [ɔːndʒena tʃə ɛːnɯn ~-gərinda オーンジェナ チョ エーヌン ~-ゴリンダ] いつもあの子はぐずぐずする ② いいかげんに片づける ¶무슨 일을 시켜도 ~ [musɯn niːrul ʃikʰjodo ~ ムスン ニールル シキョド ~] 何をさせてもいいかげんにする.

***어리광** [ɔrigwaŋ オリグァン] 名 하自 스俗 (子供などの) 甘ったれ **─떨다** [tʼəlda ットルダ] 自 甘ったれる; 甘える **─부리다** [burida ブリダ] 自 甘えてかかる **─피우다** [pʰiuda ピウダ] 自 ひどく甘える.

어리-굴젓 [ɔriguldʒɔt オリグルジョッ] 名 トウガラシ粉をまぜたカキの塩辛.

***어리다**[1] [ɔrida オリダ] 自 ① 涙ぐむ; (目が) 潤む ¶눈물이 ~ [nunmuri ~ ヌンムリ ~] 涙がにじむ ② 凝る; こもる ¶피가 ~ [pʰiga ~ ピガ ~] 血が凝る / 정성(精誠) 어린 선물(膳物) [tʃɔŋsəŋ ɔrin sɔːnmul チョンソン オリン ソーンムル] 真心のこもった贈り物 ③ (目が) くらむ; まぶしい ¶눈이 ~ [nuni ~ ヌニ ~] 目がくらむ.

***어리다**[2] [ɔrida オリダ] 形 ① 幼い ¶그 아이는 아직 ~ [kɯ ainun adʒik ~ ク アイヌン アジク ~] その子はまだ幼い ② (考え・経験などが) 浅い; 未熟だ; 幼稚だ; 子供っぽい ¶하는 짓이 ~ [hanɯn tʃiːʃi ~ ハヌン チーシ ~]

어리 대다 / 어부바

することが幼稚だ.
어리-대다 [ɔridɛda オリデダ] 自 うろつく; うろうろする ¶ 어리대지 마라 [ɔridɛdʒi mara オリデジ マラ] (仕事場に来て)うろうろするな.
어리둥절-하다 [ɔriduŋdʒɔrhada オリドゥンジョルハダ] 形 [여変] 面くらう; ぼやっとする; うろたえる; まごつく ¶ 느닷없는 일이라서 ~ [nɯdadɔmnɯn niːrirasɔ ~ ヌダドムヌン ニーリラソ ~] だしぬけなことなので面くらう.
어리벙벙-하다 [ɔribɔŋbɔŋhada オリボンボンハダ] 形 [여変] 呆然となる; まごつく ¶ 느닷없이 당해서 ~ [nɯdadɔpʃi taŋhɛsɔ ~ ヌダドプシ タンヘソ ~] だしぬけにやられて呆然となる.
*어리석다 [ɔrisɔkt'a オリソクタ] 形 愚かだ; 間抜けだ ¶ 보기보다는 ~ [pogibodanɯn ~ ポギボダヌン ~] 見かけより愚かだ.
어리숙-하다 [ɔrisukhada オリスクタ] 形 うぶだ; 賢くない.
어린-것 [ɔriŋɔt オリンゴッ] 名 俗 幼い子供の愛称; 幼子; ちび.
어린-아이 [ɔrinai オリナイ] 名 幼子; 幼児; 子供.
*어린-애 [ɔrinɛ オリネ] 名 '어린 아이'の略.
*어린-이 [ɔrini オリニ] 名 子供; 児童; '어린애'の上品語 ―날 [nal ナル] 名 子供の日(5月5日).
*어림 [ɔrim オリム] 名 概算; 見積り; 見当 ―하다 [hada ハダ] 他 見積もる; 概算する ―셈 [sem セム] 名 [하他] 概算; 見積り算 ―짐작 [dʒimdʒak ジムジャク] 名 [하他] おおよその見当 [見積り]; 当て推量.
*어림-없다 [ɔrimɔpt'a オリモプタ] 存 ① はるかに及ばない[かなわない]; とんでもない ¶ 나 따위는 ~ [na t'awinɯn ~ ナッタウィヌン ~] 私などはとてもかなわない/ ~-없는 소리 마라 [~-ɔmnɯn sori mara (オリ) モムヌン ソリ マラ] とんでもないことを言うな ② とても可能性がない; 望めない ¶ 혼자로는 ~ [hondʒaronɯn ~ ホンジャロヌン ~] 1人ではとても望めない ③ 定見がない ¶ 어림없는 계획 [~-ɔmnɯn keːhwek (オリ) モムヌン ケーフェク] 定見のない計画 ④ 概算すらできない; 見当すらつかない; あまりにも足りない ¶ 10만원의 예산으로는 ~ [ʃimmanwɔne jɛːsanɯronɯn ~ シム

マヌォネ イェーサヌロヌン ~] 10万ウォンの予算ではあまりにも足りない.
어림-잡다 [ɔrimdʒapt'a オリムジャプタ] 他 大まかに見積もる; 概算してみる; 見当をつける.
어릿-광대 [ɔritk'waŋdɛ オリックァンデ] 名 ① 喜劇役者; 道化役者; ピエロ ② 提灯持ち; 太鼓持ち; 幇間の肩書き.
어릿-하다 [ɔrithada オリッタダ] 形 [여変] (舌先が)ぴりっと[ひりひり]する.
*어마어마-하다 [ɔmaɔmahada オマオマハダ] 形 [여変] ものものしい; おごそかでいかめしい; ものすごい ¶ ~-한 직함 [~-han tʃikham ~-ハン チクカム] ものものしい肩書き.
*어머(나) [ɔmɔ(na) オモ(ナ)] 感 まあ; あらまあ; 驚いたときに出す女性の声.
*어머니 [ɔmɔni オモニ] 名 母; お母さん; 母親 ¶ ~의 은혜(恩惠) [~e ɯnhe ~エ ウンヘ] 母の恩 ―교실(教室) [gjoːʃil ギョーシル] 母親学校.
*어머-님 [ɔmɔnim オモニム] 名 '어머니'の尊敬語; お母様; 母上.
어멈 [ɔmɔm オモム] 名 ① 母の卑称 ② お手伝いさん ③ 目上の人が子供のいる目下の女性を親しくして呼ぶ語; 母ちゃん.
어-묵 [魚―] [ɔmuk オムク] 名 かまぼこ.
어물 [魚物] [ɔmul オムル] 名 ① 魚 ② 干し魚; 干物 ―전(廛) [tʃɔn チョン] 名 魚屋の古風な呼び方.
어물-거리다 [ɔmulgɔrida オムルゴリダ] 自 ① ちらつく ② ぐずぐずする; もたもたする **어물-어물** [ɔmurɯmul オムルムル] 副 [하自] ぐずぐず; まごまご.
어물-하다 [ɔmultʃ'ɔkhada オムルッチョカダ] 自他 ぼやかす; まぎらわす; 言行を曖昧にする **어물쩍-거리다** [ɔmultʃ'ɔk'ɔrida オムルッチョコリダ] 自他 (言行が)曖昧だ; あやふやだ; うやむやにする; ぼ(か)す.
어미 [ɔmi オミ] 名 ① 母の卑称 ¶ ~를 닮다 [~rɯl taːmt'a ~ルル タームタ] 母に似ている ② 子を産んだ動物の雌 ¶ ~닭 [~dak ~ダク] 親どり.
*어버이 [ɔbɔi オボイ] 名 父母; 両親; 親 ―날 [nal ナル] 名 親の日(5月8日).
어부 [漁夫] [ɔbu オブ] 名 漁師; 漁民 ―지리(之利) [dʒiri ジリ] 名 漁父の利.
어부바 [ɔbuba オブバ] 感 赤子をおんぶしてやる意思を伝えるときの語; 児 おんぶ ―하다 [hada ハダ] 自他 おんぶする; おんぶさせる ¶ 아가, ~하자

[aga, ~hadʒa アガ, ~ハジャ] いい子だ, おんぶしようね.

어-불성설[語不成說][ɔːbulsʼɔŋsʌl] オーブルソンソル】 图 話が理屈に合わないこと; 成り立つべくもない話 ¶그의 주장은 ~이다[kuɯe tɕudʒaŋun (ɔːbulsʼɔŋsɔ)ida グェ チュジャンウン (オーブルソンソ)リダ] 彼の主張はまったく理にかなっていない.

어사[御史][ɔːsa オーサ] 图〈史〉民情視察・地方官憲の違法行為摘発などの秘命を帯びて隠密に派遣される王の特使; 暗行(暗行) 어사[aːmhɛŋ ɔːsa アームヘン オーサ]が代表的.

***어색-하다**[語塞][ɔːsɛkhada オーセクカダ] 囷 ① ぎこちない; きまり[間]が悪い ¶~-한 입장[~-kʰan iptɕaŋ ~-カン イプチャン] ぎこちない立場 ② 言葉が支える; 返答に窮する.

어색해-지다[語塞─][ɔːsɛkhedʒida オーセクケジダ] 围 ぎこちなくなる.

어색해-하다[語塞─][ɔːsɛkhɛhada オーセクケハダ] 他 ぎこちなさそうにする; 窮屈そうにする.

***어서**[ɔsʌ オソ] 副 速く; さあ; 行動を促したり勧めたりするときの語 ¶~ 가거라[~ kagʌra ~ カゴラ] 速く行けよ / ~ 오십시오[~ oɕipɕio ~ オシプシオ] いらっしゃい(ませ); ようこそおいでくださいました.

-어서[ɔsʌ オソ] [語尾] …(し)て ¶물이 깊~[muri kipʰ~ ムリ キ(ポソ)] 水が深くて / 뜰이 넓~[tʼuri nʌlbʼ~ ッ トゥリ ノル(ポソ)] 庭が広くて.

어설프다[ɔːsʌlpʰuda オーソルプダ] 圀 ① ぎさつだ; 不手際だ ¶어설픈 솜씨[ɔːsʌlpʰun somɕʼi オーソルプン ソムッシ] まずい手並み ② 生半可だ; 中途半端だ ¶어설픈 지식[ɔːsʌlpʰun tɕiɕik オーソルプン チシク] 生半可な知識 **어설피**[ɔːsʌlpʰi オーソルピ] 圓 生半可に; 不徹底に; がさつに; なまじっか.

어수룩-하다[ɔsurukhada オスルクカダ] 囷 [여変] ① うぶだ; 世間ずれしていない; 俗 おめでたい ¶그녀는 아직 ~[kunjʌnun adʑik~ クニョヌン アジク ~] 彼女はまだうぶだ / 그는 좀 ~[kunun tɕom ~ クヌン チョム ~] 彼は少々おめでたい ② (物事がたやすい; ぼろい ¶~-한 장사[~-kʰan tɕaŋsa ~-カン チャンサ] ぼろい商売.

***어수선-하다**[ɔsusʌnhada オスソンハ ダ] 囷 [여変] ① 整頓されていない; ごちゃごちゃしている; 取り散らかっている ¶~-한 거리[~-han kʌri ~-ハン コリ] ごちゃごちゃした町 / 방안이 ~[paŋani ~ パンアニ ~] 部屋の中が取り散らかっている ② 気が散る; 落ち着かない; 慌ただしい ¶~-한 정국[~-han tɕʌŋguk ~-ハン チョングク] 慌ただしい[騒がしい]政局.

어슬렁-거리다[ɔsullʌŋɡʌrida オスルロンゴリダ] 自 のそのそ歩き回る; うろうろをする; うろつく **어슬렁-어슬렁**[ɔsullʌŋɔsullʌŋ オスルロンオスルロン] 副 [하自] のそりのそり; のそのそ.

어슴푸레-하다[ɔsumpʰurehada オスムプレハダ] 囷 [여変] ① (記憶が)はっきりせずぼんやりしている ¶~-한 기억[~-han kiʌk ~-ハン キオク] ぼんやりした記憶 ② はっきり見え[聞こえ]ない; かすかだ ¶~-하게 보이는 빛[~-hage poinun pit ~-ハゲ ポイヌン ピッ] ほのかに見える光 ③ 薄暗い ¶~-한 숲속[~-han supsʼok ~-ハン スプソク] 薄暗い林の中.

어슷비슷-하다[ɔsutpʼisutʰada オスッピスッタダ] 囷 [여変] ① 似たり寄ったりだ; 似通っている; 俗 どっこいどっこいだ ¶실력이 ~[ɕillʲʌgi ~ シルリョギ ~] 実力がどっこいどっこいである ② あちこちに傾いてそろっていない.

어슷-하다[ɔsutʰada オスッタダ] 圀 [여変] 斜めぎみだ; 傾いている ¶~-하게 자르다[~-tʰage tɕaruda ~-タゲ チャルダ] 斜めに切る. 「图 魚市場.

어-시장[魚市場][ɔɕidʑaŋ オシジャン]

어안이-벙벙하다[ɔaniˈbʌŋbʌŋhada オーアニボンボンハダ] 囷 [여変] 慣 あっけにとられる; 当惑する; 啞然とする; あきれて物が言えない ¶~-벙벙하여 말이 안 나온다[~-bʌŋbʌŋhajʌ maːri an naonda ~-ボンボンヨ マーリ アン ナオンダ] あっけにとられて二の句がつげない; あきれて物が言えない.

-어야[ɔja オヤ] [語尾] ① …(し)てこそ; …(し)てはじめて ¶먹~ 산다[mʌg~ saːnda モグヤ サーンダ] 食べなければ生きられない ② …(と)しても; …といっても ¶길~ 사흘이다[kiːr~ sahurida キーロヤ サフリダ] 長くとも3日だ **─만**[man マン] [語尾] …してこそ; '어야'の強調語.

-어야지[ɔjadʑi オヤジ] [語尾] …(し)な

ければ(ならない) ¶먹ー[mɔg~ モゴ ヤジ] 食べなければ(ならない).

어언-간[於焉間][ɔnəngan オオンガン] 副 いつのまにか ¶~에 봄은 가고 [~e pomun kago (オオンガ)ネ ポムン カゴ] いつのまにか春は去り

*** 어업**[漁業][ɔɔp オオプ] 名 漁業 ¶원양 ~[wɔ:njaŋ ~ ウォーニャン ~] 遠洋漁業.

어여쁘다[ɔjəp'ɯda オヨップダ] 形 美しい; きれいだ; かわいい; 예쁘다[jeːpʰɯda イェーップダ]の古風な言い方 ¶참 ~[tʃʰam ~ チャム ~] ほんとにきれいだ **어여삐**[ɔjəp'i オヨッピ] 副 美しく; きれいに; かわらしく.

어연간-하다[ɔjənganhada オヨンガンハダ] 形 [여変] ほどよい; 相当[よほど]である; ある基準に近い; かなりよい ¶솜씨가 ~[sɔmʃ'iga ~ ソムッシガ ~] 手並みがかなりよい **어연간-히**[ɔjəngani オヨンガニ] 副 適当に; ほどよく ¶~ 해 둬라[~ hɛ: dwɔra ~ ヘー ドゥォラ] 適当にしておきな.

어영-하다[ɔjətɕʰada オヨッタダ] 形 堂々としている; あっぱれである; 立派だ; 正当だ ¶~한 청년[~-tʰan tʃʰɔŋnjən ~-タン チョンニョン] 立派な青年 **어영-이**[ɔjəɕi オヨシ] 副 堂々と; 引け目なく.

-어요[ɔjo オヨ] [語尾] …です(よ)〈勧誘〉・…ます〈叙述〉・…か〈疑問〉・なさい〈命令〉の半敬語体の終結語尾 ¶가겠 ~[kages'~ カゲッ(ソヨ)] 行きます/ 거기 있 ~?[kɔgi is'~ コギ イッ(ソヨ)] そこにありますか/ 빨리 밀 ~[p'alli mir~ ッパルリ ミ(ロヨ)] 早く押しなさい.

어우러-지다[ɔurədʑida オウロジダ] 自 (多くの物が調和されて)一塊になる, 一団となる; 交わる ¶노소(老少)가 ~져 즐겁게 놀다[no:soga ~-dʑjə tʃulgəpk'e no:lda ノーソガ ~-ジョ チュルゴプケ ノールダ] 老いも若きも一団となって楽しく遊ぶ.

어우르다[ɔurɯda オウルダ] 他 [르変] 一団と[一塊に]なる.

***어울리다**[ɔullida オウルリダ] 自 ① 釣り合う; 似合う; 調和する; しっくりする ¶그녀는 한복(韓服)[조선옷]이 잘 어울린다[kɯnjɔnɯn ha:nboɡi[tʃosənoʃ] tʃal ɔullinada クニョヌン ハーンボギ[チョソノシ] チャル オウルリンダ] 彼女は韓国[朝鮮]の衣裳がよく似合う ② 一団となる; 交わる ¶나쁜 친구와 ~[nap'ɯn tʃʰinguwa ~ ナップンチングワ ~] 悪友と交わる.

어유[ɔju オユ] 感 ああ; おう; やれ; あらあら ¶~, 큰일났군[~ kʰɯnillak'un ~, クニルラックン] やれ, 大変なことになったぞ/ 무거워[~ mugɔwɔ ~ムゴウォ] ああ重たい.

***어음**[ɔɯm オウム] 名 〈経〉手形 ¶약속 ~[jaks'og~ ヤクソ(ゴウム)] 約束手形.

어이구[ɔigu オイグ] 感 ううん; 痛いっ; おう; 痛い[驚いた]とき・力を入れるとき・恨めしいときなどに発する声 **——머니**[mɔni モニ] ~ '어이구'の強調語.

***어이-없다**[ɔi-ɔpt͡ɕi アオイオプタ] 形 あきれる; あいた口がふさがらない; あっけない ¶어이없는 죽음[ɔiɔmnɯn tʃugɯm オイオムヌン チュグム] あっけない死に方 **어이-없이**[ɔi-ɔpt͡ɕi オイオプシ] 副 あきれて; あっけなく; あえなく ¶~ 무너지다[~ munɔdʑida ~ ムノジダ] あっけなく崩れる.

***어저께**[ɔdʑɔk'e オジョッケ] 名 昨日 = '어제'.

어정-거리다[ɔdʑɔŋgɔrida オジョンゴリダ] 自 (大きい人や獣が)のそのそ歩き回る; ぶらつく; うろうろする ¶집 주위를 ~[tʃip tʃʰuwirɯl ~ チプ チュウィルル ~] 家の周りをぶらつく **어정-어정**[ɔdʑɔŋɔdʑɔŋ オジョンオジョン] 副 [하자] のそのそ; ぶらぶら; うろうろ.

어정-뜨다[ɔdʑɔŋt'ɯda オジョンットゥダ] 形 (当然なすべきことが)ぞんざいで物足りない; しまりがない; いらないことばかりして気に食わない; いいかげんだ.

어정쩡-하다[ɔdʑɔŋtʃ'ɔŋhada オジョンッチョンハダ] 形 [여変] ① どっちつかずだ; ぱっと[はっきり]しない ¶~-한 태도[~-han tʰɛ:do ~-ハン テード] はっきりしない態度 ② 記憶がぼんやりする; まごつく ¶언제 일인지 ~[ɔ:ndʑe i:rindʑi ~ オーンジェ イーリンジ ~] いつのことやら記憶がぼんやりする ③ 立場が苦しい; 曖昧戯だ ¶~-한 대답(對答)[~-han tɛ:dap ~-ハン テーダプ] 曖昧な答え.

***어제**[ɔdʑe オジェ] 名 昨日 ¶어젯밤[ɔdʑep'am オジェッパム] 昨夜; 前夜 **——오늘**[onɯl オヌル] 名 ① 昨日と今日 ② 最近; 近ごろ.

어줍다[ɔːdʑupt'a オージュプタ] 形 ① (言行が不自然で)はっきりしない ¶말

투가 ~[maːltʰuga ~ マールトゥガ ~] 話しぶりがきびきびしない / 어줍은 태도[ɔːdʒubɯn tʰɛːdo オージュブン テード] 不自然な態度 ② 不慣れでまずい ¶ 어줍은 솜씨[ɔːdʒubɯn somʃʼi オージュブン ソムッシ] 不慣れな手つき.

어-중간[於中間][ɔdʒuŋgan オジュンガン] 名 ① 中ぐらい[ほど] ② 生半可; 不充分 ¶ ~한 지식[~han tʃiʃik ~ ハン チシク] 生半可な知識 **—하다**[hada ハダ] 形 中途半端だ; 生半可だ ¶ 시간이 ~[ʃigani ~ シガニ ~] 時間が中途半端だ **—히**[i (オジュンガニ] 副 中途半端に; どっちつかずに.

어중-되다[於中-][ɔdʒuŋtʼweda オジュントゥェダ] 形 中途半端だ; 宙[中]ぶらり(ん)だ, どっちつかずだ ¶ 나이가 ~[naiga ~ ナイガ ~] 年齢が中途半端だ.

어중이-떠중이[ɔːdʒuŋiːtʼɔdʒuŋi オージュンイットジュンイ] 名 烏合うごうの衆; 方々から集まった凡人の群れ; 野次馬 ¶~가 모여 들었다[~ga ɔjɔn dɯrɯtʼa ~ ガ モヨ ドゥロッタ] 寄り集まった烏合の衆である.

*****어지간-하다**[ɔdʒiganhada オジガンハダ] 形 여원 ① 相当だ; ほどよい; かなりよい ¶ ~한 미인[~han miːin ~ ハン ミーイン] かなりの美人 / ~한 실력[~han ʃillyɔk ~ ハン シルリョク] 相当な実力 ② まあまあだ; 並みの程度だ; 普通だ ¶ 그만하면 ~[kɯmanhamjɔn ~ クマンハミョン ~] その程度ならまあまあだ **어지간-히**[ɔdʒigani オジガニ] 副 かなり; ほどよく; 適当に; まあまあ.

-어지다[ɔdʒida オジダ] 語尾 ① …になる ¶ 돈이 없~[toːni ɔːpsʼ~ トーニ オープソ(ジダ)] 金がなくなる ② …に[く]なる ¶ 붉~[pulg~ ブルゴ(ジダ)] 赤くなる.

어지럼[ɔdʒirɔm オジロム] 名 目まい **—증**[tʃʼɯŋ チュン] 名 目まい症=현기증(眩氣症)[hjɔːŋgitʃʼɯŋ ヒョーンギチュン].

*****어지럽다**[ɔdʒirɔpta オジロプタ] 形 ㅂ変 ① 乱れている; 散らかっている; 慌ただしい ¶ 방안이 ~[paŋani ~ パンアニ ~] 部屋が散らかっている / 어지러운 세상(世上)[ɔdʒirɔun seːsaŋ オジロウン セーサン] 乱れた世の中 ② 目まいがする; 頭が混乱する; (心が)落

ち着かない ¶ 머리가 ~[mɔriga ~ モリガ ~] 目まいがする; 頭が混乱する.

어지럽히다[ɔdʒirɔpʰida オジロプピダ] 自他 ① 散らかす ¶ 방을 ~[paŋul ~ パンウル ~] 部屋を散らかす ② 乱す; 乱わす ¶ 사회를 ~[sahweruɯ ~ サフェルル ~] 社会を乱す.

어지르다[ɔdʒirɯda オジルダ] 他 르変 取り散らかす; 取り乱す ¶ 방을 ~[paŋul ~ パンウル ~] 部屋の中を取り散らかす **어지러-뜨리다**[ɔdʒirɔtʼɯrida オジロットゥリダ] 他 取り散ら(か)す; (取り)乱す ¶ 마당을 ~[madaŋul ~ マダンウル ~] 庭を取り散らかす[乱す].

*****어질다**[ɔdʒilda オジルダ] 形 善良で情深い; 素直だ; 賢い ¶ 어진 마음[ɔdʒin maɯm オジン マウム] 善良な心.

어째[ɔtʃʼɛ オッチェ] 1 副 どうして; なぜ; =어찌하여 ¶ ~ 안 오지?[~ an odʒi ~ アノジ] どうして来ないのかな 2 感 なんだと; なんだって ¶ 뭐가 ~[mwɔːga ~ ムォーガ ~] 何がどうしたって.

*****어째서**[ɔtʃʼɛsɔ オッチェソ] 副 どうして; どういうわけで; なぜ; =어찌하여서[ɔtʃʼihaɔsɔ オッチハヨソ].

*****어쨌든(지)**[ɔtʃʼɛtʼɯn (dʒi) オッチェットゥン(ジ)] 副 何はともあれ; とにかく; いずれにせよ; =어찌하였든[ɔtʃʼihajɔtʼɯn オッチハヨットゥン] ¶ ~ 가야한다[~ kajahanda ~ カヤハンダ] とにかく行かねばならない.

어쩌고-저쩌고[ɔtʃʼɔgodʒɔtʃʼɔgo オッチョゴジョッチョゴ] 副 なんだかんだと; ああだこうだと ¶ ~ 떠들어대다[~ tʼɔːdɯrɔdɛda ~ ットードゥロデダ] なんだかんだとしゃべりちらす.

어쩌다(가)[ɔtʃʼɔda (ga) オッチョダ(カ)] 副 ① 意外に; 偶然に ¶ ~ 만난 사람[~ mannan saːram ~ マンナン サーラム] 偶然に会った人 ② 時折; たまに; 時々 ¶ ~ 술을 마시다[~ surul maʃida ~ スルル マシダ] たまに酒を飲む.

어쩌면[ɔtʃʼɔmjɔn オッチョミョン] 1 副 ① どうすれば=어찌하면[ɔtʃʼihamjɔn オッチハミョン] ¶ ~ 좋을까?[~ tʃoːɯlkʼa ~ チョーウルッカ] どうすればよいのだろう ② どうかすると; ひょっとしたら; もしかしたら; あるいは ¶ ~ 올지도 몰라[~ oltʃido molla ~

オルチド モルラ] ひょっとしたら来るかも知れない **2** 感 あら(まあ) ¶~ 그럴 수가 있어요?[~ kurɔl s'uga is'ojo ~ クロル ッスガ イッソヨ] あらああ, そんなことってあり得るかしら.

***어쩐지**[ɔtʃ'ɔndʒi オッチョンジ] 副 どうしたのか; なんとなく; どうやら; 何だか ¶~ 비가 올 것 같다[~ piga olk'ɔt k'at'a ~ ピガ オルコッ カッタ] どうやら雨になりそうだ.

어쩔 수 없다[ɔtʃ'ɔl s'u ɔ:pt'a オッチョルッス オーㇷ゚タ] 旬 やむをえない; 仕方ない; どうしようもない ¶모두가 반대한다면 ~[moduga pa:ndɛhanda-mjɔn ~ モドゥガ パーンデハンダミョン ~] みんなが反対するなら仕方ない.

****어찌**[ɔtʃ'i オッチ] 副 ① どう; どんなに ¶~된 일인가?[~dwen ni:ringa ~ドゥェン ニーリンガ] どうしたの ② どうして; なぜ ¶~ 그리 하는가?[~ kuri hanɯnga ~ クリ ハヌンガ] どうしてそうするの ③ どうやって; どのように ¶그 문제를 ~ 풀었니[kɯ muːndʒerul ~ pʰurɔnni ク ムーンジェルル ~ プロンニ] その問題をどうやって解いたの ④ どんなに; あまりにも; とても **찌나**[ɔtʃ'ina オッチナ] ¶~ 반가운지 눈물이 난다[~ pangaundʒi nunmuri nanda ~ パンガウンジ ヌンムリ ナンダ] どんなになつかしかったか[あまりなつかしくなかったで]涙が出た ─**가다**[gada ガダ] 副 ときたま ─**하여**[hajɔ ハヨ] 副 どんな理由で; どうして.

*****어차피**[於此彼][ɔtʃʰapʰi オチャピ] 副 どうせ; いずれにしても; どのみち; 結局は ¶~ 헤어져야 할 사람[~ heɔdʒɔ-ja hal s'a:ram ~ ヘオジョヤ ハル サラㇺ] どうせ別れなければならない人.

*****어처구니―없다**[ɔtʃʰɔguniɔpt'a オチョグニオㇷ゚タ] 旬 あきれる; とんでもないこととにとられる ¶어린애가 술을 마시다니 ~[ɔrinɛga surul maʃidani ~ オリネガ スルル マシダニ ~] 子供が酒を飲むとはあきれたものだ[とんでもない] **어처구니―없이**[ɔtʃʰɔguniɔpʃi オチョグニオㇷ゚シ] 副 あきれて; あっけなく ¶~ 패됐다[~ pʰɛ:hɛt'a ~ ペーヘッタ] (試合に)あっけなく破れた.

―**어치**[ɔtʃʰi オチ] 接尾 分量; 程度; 分 ¶1,000원~[tʃʰɔnwɔn~ チョヌォォ(ノチ)] 1,000ウォン分 / 값~[kab~ カ(ボチ)] 値打ち; 価値.

어투[語套][ɔ:tʰu オートゥ] 名 話しぶり; 語気 ¶날카로운 ~[nalkʰaroun ~ ナルカロウン ~] 鋭い語気.

어폐[語弊][ɔ:pʰe オーペ] 名 語弊; 用語が適切でないため誤解を招きやすい言い方, またその弊害 ¶그 말에는 ~가 있다[kɯ ma:renun ~ga it'a クマーレヌン ~ガ イッタ] その話には語弊がある.

어포[魚脯][ɔpʰo オポ] 名 魚の切り身に味付けして干したもの; 魚の干肉ほし.

어필[ɔpʰi:l オピール] 名 하自 アピール.

*****어학**[語學][ɔ:hak オーハㇰ] 名 ① 語学 ② 言語学の略.

어항[魚缸][ɔhaŋ オハン] 名 金魚鉢; 川魚を取るためのつぼ.

어항[漁港][ɔhaŋ オハン] 名 漁港.

어획[漁獲][ɔhwek オフェㇰ] 名 하他 漁獲 ¶~량[~rjaŋ (ɔhwen)njaŋ (オフェン)ニャン] 漁獲量.

어휘[語彙][ɔ:hwi オーフィ] 名 語彙ご.

어흥[ɔhuŋ オフン] 感 ウオー; トラ(虎)のほえる声.

*****억**[億][ɔk オㇰ] 名 数 億 ¶~을 헤아리다[(ɔg)ul hearida (オ)グル ヘアリダ] 億を数える.

억―누르다[ɔŋnurɯda オンヌルダ] 他 三変 押え[抑え](つけ)る; 抑圧する ¶감정을 ~[ka:mdʒɔŋul ~ カームジョンウル ~] 感情を抑える[殺す].

억―눌리다[ɔŋnullida オンヌルリダ] 自 受動 抑え[押え](つけ)られる; 抑圧される; 圧迫される; 苦しめられる.

억대[ɔkt'ɛ オㇰテ] 名 億台; 億の単位で数えられる数 ¶몇 ~의 재산[mjɔt ~e tʃɛsan ミョ(ㇰテエ) チェサン] 何億もの財産.

억만[億萬][ɔŋman オンマン] 名 **1** 数 億万 **2** 冠 きわめて多い数 ¶~가지 걱정[~gadʒi kɔktʃ'ɔŋ ~ガジ コクチョン] 数々の心配事 ─**장자**[dʒa:ŋdʒa ジャーンジャ] 億万長者; 大金持ち.

억새[ɔ:ks'ɛ オークセ] 名 〈植〉ススキ.

*****억―세다**[ɔks'eda オクセダ] 形 ① 強固で激しい ¶억센 기상(氣像)[ɔks'en kisaŋ オクセン キサン] 激しい気性 ② 体が頑丈だ ¶억센 몸[ɔks'en mom オクセン モㇺ] 頑丈な体 ③ 植物の葉や茎が硬い; こわい ¶산 나물이 ~[san namuri ~ サン ナムリ ~] 山菜がこわい.

억수[ɔks'u オクス] 图 どしゃ降り; 豪雨 俗 ¶~같이 퍼붓는 비[~gatʃʰi pʰɔbunnɯn pi ~ガチ ポブンヌン ビ] どしゃ降りの雨.

***억울**[抑鬱][ɔk'ul オグル] 图 하形 ① (抑制されて)重苦しいこと ② 悔しくて胸がつまること ¶~한 심정[ɔgur-han ʃimdʒɔŋ ~ハン シムジョン] 憤懣やる方なき心情 ③ 無念; 無実 ¶그는 ~하다[kunun (ɔgur) hada クヌン ~ハダ] 彼は無実だ.

억장이 무너지다[ɔktʃ'aŋi munɔdʒida オクチャンイ ムノジダ] 慣 (悔しさ・悲しさのために)胸がつまる. '억장' = 俗 胸.

***억제**[抑制][ɔktʃ'e オクチェ] 图 抑制 **—하다**[hada ハダ] 他 抑制する; 押え[抑え](つけ)る ¶감정을 ~[kamdʒɔŋɯl ~ カムジョンウル ~] 感情を抑える.

***억지**[ɔktʃ'i オクチ] 图 無理強い; ごり押し; 横車 **—가 세다**[ga se:da ガ セーダ] 慣 無理強いがひどい; 意地っ張りだ **—(를) 부리다**[(rul) burida (ルル) ブリダ] 自 無理押しをする; 意地を張る **—(를) 쓰다**[(rul) s'ɯda (ルル) ッスダ] 自 無理押しをする; 意地を張る[通す] **—다짐**[dadʒim ダジム] 图 無理強いの承諾; 無理やりの念押し **—로**[ro ロ] 副 無理やりに; 無理押しに **—웃음**[usɯm ウスム] 图 つくり笑い **—춘향이**[tʃʰunhjaŋi チュンヒャンイ] 慣 無理押しをしてやっと成し遂げること.

억척[ɔktʃʰɔk オクチョク] **1** 图 스形 がむしゃらなこと; あくどいこと; しつこく根強いこと **—스러운 상혼**[~s'ɯroun saŋhon ~スロウン サンホン] あくどい商魂 **2** 副 根強く; しつこく; ひどく **—같다**[(ɔktʃʰɔ)k'at'a カッタ] 形 しつこく根強い; あくどい; がむしゃらだ **—같이**[(ɔktʃʰɔ)k'atʃʰi カッチ] 副 ひどく; 根強く; あくどく **—떨다**[t'ɔlda ットルダ] 自 根強く振るまう **—부리다**[p'urida プリダ] 自 根強く[しつこく]振るまう **—꾸러기**[(ɔktʃʰɔ)k'urɔgi ックロギ] 图 非常にあくどく振るまう人; がめつい人; 勝気の者.

억-하심정[抑何心情][ɔkʰaʃimdʒɔŋ オクハシムジョン] 图 一体どういう考えてそんなことをするのか分かりかねること ¶무슨 ~으로 그러는 거요? [musɯn ~ɯro kɯrɔnɯn kɔjo ムスン ~ウロ クロヌン コヨ] 一体どういう考えでそんなことをするんですか.

***언급**[言及][ɔngɯp オングプ] 图 하自 言及 ¶~을 회피하다[(ɔngɯb)ɯl hwepʰihada (オング)プル フェピハダ] 言及を避ける.

***언니**[ɔnni オンニ] 图 ① (妹が呼ぶ)姉; 姉さん ② 女性が自分よりやや年上の女性を親しく呼ぶ語; お姉さん ③ (幼い)弟が兄を呼ぶ語; 兄さん.

언더-라인[ɔndɔrain オンドライン] underline 图 アンダーライン; 下線.

***언덕**[ɔndɔk オンドク] 图 ① 丘; 丘陵 ② 坂 **—지다**[tʃ'ida チダ] 形 ① 傾斜[坂]になっている ② 道が平坦でなく高めである **—길**[(ɔndɔ)k'il キル] 图 坂道 **—배기**[p'ɛgi ペギ] 图 丘の頂上; 傾斜の急な坂.

언동[言動][ɔndoŋ オンドン] 图 言動 ¶~을 삼가다[~ɯl samgada ~ウル サムガダ] 言動を慎む.

언뜻[ɔnt'ɯt オンットゥッ] 副 ① ちょっと; ふと; ふっと ¶~ 생각이 나다[~ s'ɛŋgagi nada ~ センガギ ナダ] ふっと思いつく ② ちらっと; ちらりと ¶~ 보였다[~ p'ojɔt'a ~ ポヨッタ] ちらっと見えた.

***언론**[言論][ɔllon オルロン] 图 하他 言論 **—계**[ge ゲ] 图 言論界 **—자유**[dʒaju ジャユ] 图 言論の自由.

-언만[ɔnman オンマン] 語尾 …だけれども; …であろうに; = **언마는**[ɔnmanɯn オンマヌン] ¶그 애가 살았으면 지금 대학생이~[kɯ ɛːga sarasɯmjɔn tʃigum tɛːhaks'ɛŋi~ クエーガ サラッスミョン チグム テーハクセンイ~] あの子が生きていれば今大学生であろうに.

언변[言辯][ɔnbjɔn オンビョン] 图 話術; 口弁; 口 ¶~이 좋다[~i tʃoːtʰa (オンビョ)ニ チョータ] 口が達者である.

언사[言辭][ɔnsa オンサ] 图 言辞; 言葉; 話 ¶불온(不穏)한 ~[puronhan ~ プロンハン ~] 穏やかでない言葉.

언성[言聲][ɔnsɔŋ オンソン] 图 話し声 ¶~이 높다[~i nopt'a ~イ ノプタ] 声が高い.

언약[言約][ɔnjak オニャク] 图 하他 口約束; 口固め ¶부부의 ~을 하다[pubue (ɔnjag)ɯl hada プブエ (オニャ)グル ハダ] 夫婦の口固めをする.

언어[言語][ɔnɔ オノ] 图 言語 **—도**

단[do:dan ドーダン] 名 言語道断 — **불통**[bulthoŋ プルトン] 名 하自 言語不通; 言葉が互いに通じないこと.

언쟁[言爭][ɔndʒɛŋ オンジェン] 名 하自 言い争い; 言い合い; 口げんか ¶부부간의 ~ [pubugane ~ プブガネ ~] 夫婦間の言い争い.

언저리[ɔndʒɔri オンジョリ] 名 あたり; 縁; 付近; 周り ¶눈 ~ [nun~ (ヌ)ノンジョリ] 目の周り; 目元.

언정[ɔndʒɔŋ オンジョン] 助 …であっても; …でも ¶화나는 일이 ~ [hwa:nanun ni:ri ~ ファーナヌン ニーリ~] 腹立たしいことであっても.

***언제**[ɔ:ndʒe オーンジェ] 副 いつ ¶~ 가느냐 [~ kanunja ~ カヌニャ] いつ行くのか **—(까지)나** [(k'adʒi)na (ッカジ)ナ] 副 いつ(ま)でも; いつも; 常に ¶~ 변함없다 [~ pjɔnhamɔpt'a ~ ピョンハモプタ] いつも変わらない **—든지**[dɯndʒi ドゥンジ]・**—라도**[rado ラド] 副 いつでも・좋아 [~ tʃo:a ~ チョーア] いつでもいい **—인가** [inga インガ] = **언젠가**[ɔ:ndʒenga オーンジェンガ] 副 ① いつかは; そのうち; 今に ¶~ 후회할게다 [~ hu:hwehalk'eda ~ フーフェハルケダ] いつかは後悔するだろう ② いつだったか; いつかしら ¶~ 갔던 적이 있다[~ kat'ɔn tʃɔgi it'a ~ カットン チョギ イッタ] いつだったか行った覚えがある.

언중-유골[言中有骨][ɔndʒuŋnju:gol オンジュンニューゴル] 名 何気ない言葉の中に底意がひそんでいること; 含みのある言い方.

언질[言質][ɔndʒil オンジル] 名 言質; 言質質 ¶~을 잡다 [(ɔndʒir)ɯl tʃapt'a (オンジ)ルル チャプタ] 言質を取る / ~을 주다 [(ɔndʒir)ɯl tʃuda (オンジ)ルル チュダ] 言質を与える.

***언짢다**[ɔntʃ'antʰa オンッチャンタ] 形 悪い ① よくない; 気に入らない; 不快だ ¶그의 태도가 ~ [kɯe tʰɛ:doga ~ クエ テードガ ~] 彼の態度が気に入らない / 속이 ~ [so:gi ~ ソーギ ~] 腹の具合がよくない ② 醜い; 見苦しい; みっともない ¶옷이 보기에 ~ [oʃi po:gie ~ オシ ポギエ ~] 服が見苦しい.

***얹다**[ɔntʰa オンタ] 他 ① 載せる; 上げる ¶선반에 ~ [sɔnbane ~ ソンバネ ~] 棚に載せる[上げる] ② 重ねる ¶말을 ~ [marɯl ~ マルル ~] 駒を重ねる ③ 付け加える ¶심부름 값을 ~ [ʃi:mburɯm k'apsʼɯl ~ シームブルム カプスル ~] 駄賃を付け加える.

얹혀-살다[ɔntʰɔsalda オンチョサルダ] 自 己語幹 人に頼って暮らす; 居候する.

얹히다[ɔntʃʰida オンチダ] **1** 受動 ① 載せられる ¶트럭위에 짐이 ~ [tʰuːrɔgwie tʃimi ~ トゥログヴィエ チミ ~] トラックの上に荷物が載せられる ② 重ねられる ¶짐위에 책이 ~ [tʃim-wie tʃɛgi ~ チムウィエ チェギ ~] 荷物の上に本が重ねられる **2** 自 ① 乗り上げる ¶배가 암초에 ~ [pega a:mtʃʰoe ~ ペガ アームチョエ ~] 船が暗礁に乗り上げる ② 食当たりする ¶먹은 것이 ~ [mɔgɯn kɔʃi ~ モグン コシ ~] 食べたものが食当たりする ③ 頼る; やっかいになる ¶형의 집에 ~ [hjɔŋe tʃibe ~ ヒョンエ チベ ~] 兄の家にやっかいになる.

***얻다**[ɔ:t'a オータ] 他 ① もらう ¶책을 ~ [tʃɛgɯl ~ チェグル ~] 本をもらう ② 得る; 獲得する ¶권리를 ~ [kwɔllirɯl ~ クォルリル ~] 権利を得る[獲得する] ③ 拾う ¶길가에서 ~ [줍다] [kilk'aesɔ ~ [tʃupt'a] キルカエソ ~ [チュプタ]] 道端で拾う ④ 借りる ¶셋방을 ~ [se:tp'aŋul ~ セーッパンウル ~] 間借りする ⑤ 迎える ¶며느리를 ~ [mjɔnɯrirɯl ~ ミョヌリルル ~] (息子の)嫁を迎える ⑥ (病気に)なる ¶병을 ~ [pjɔ:ŋul ~ ビョーンウル ~] 病気になる[かかる].

얻다[²ɔt'a オッタ] 略 どこに[へ]; 어디에다 [ɔdieda オディエダ]の略 ¶~ 두었니? [~ tuɔnni ~ トゥオンニ] どこにおいたの **—가** [ga ガ] どこに[へ]; どこいらに ¶~ 버렸느냐? [~ pɔrjɔnnɯnja ~ ポリョンヌニャ] どこいらに捨てたのかい. ×어따가.

얻어-걸리다[ɔ:dɔgɔllida オードゴルリダ] 自 ありつく ¶직장이 ~ [tʃikt:tʃʼaŋi ~ チクチャンイ ~] 職にありつく.

얻어-듣다[ɔ:dɔtɯt'a オードドゥッタ] 他 ㄷ変 聞き込む; 小耳にはさむ; 人づてに聞く ¶그녀의 소문(所聞)을 ~ [kɯnjɔe so:munɯl ~ クニョエ ソームヌル ~] 彼女のうわさを耳にする.

***얻어-맞다**[ɔ:dɔmat'a オードマッタ] 自 他 殴られる ¶깡패들에게 ~ [k'aŋpʰɛdɯrege ~ ッカンペドゥレゲ ~] 与太者たちに殴られる.

얻어-먹다 [ɔːdɔmɔkt'a オードモクタ] 自他 ① もらい食いをする ¶ ~-먹고 산다 [~-mɔk'o saːnda ~-モクコ サーンダ] もらい食いで暮らす ② ののしられる ¶ 잘못도 없는데 욕을 ~ [tʃalmotʼo ɔːmnunde jogul ~ チャルモット オームヌンデ ヨグル ~] 過ちもないのにののしられる.

얻어-터지다 [ɔːdɔtɔtʰɔdʒida オードトジダ] 他 俗 殴られる = '얻어 맞다'.

*얼 [ɔːl オール] 名 魂; 精神; 霊 ¶ ~이 빠지다 [(ɔːr)i p'aːdʒida (オー)リッパージダ] 魂が抜ける; 気が抜ける.

얼- [ɔl オル] 接頭 ① 「賢明でない・足りない」の意(名詞の上に付く) ¶ ~간이 [~gani ~ガニ] 間抜け者 / ~뜨기 [~t'ɯgi ~ットゥギ] とんま ② 「曖昧・はっきりしない」の意(動詞の上に付く) ¶ ~버무리다 [~bɔmurida ~ボムリダ] ごまかす; 曖昧に口ごもる.

얼-간 [ɔlgan オルガン] 名 한식 魚・野菜などを浅漬けにすること; 甘塩; 薄塩.

얼간-망둥이 [ɔlganmanduŋi オルガンマンドゥンイ] 名 とりとめのない人; しまりなく何事にもしゃべる人; 間抜け.

얼간-이 [ɔlgani オルガニ] 名 薄ばか; 間抜け; でき損ない.

얼-갈이 [ɔːlgari オールガリ] 名 한식〈農〉 ① 田畑を冬に粗くすきかえること ② 冬に野菜を植えること, また, その野菜.

*얼굴 [ɔlgul オルグル] 1 名 ① 顔; つら; おもて; 容貌 ¶ ~이 곱다 [(ɔlgur)i koːpt'a (オルグ)リ コープタ] 顔がきれいだ ② 顔; 表情; 顔つき ¶ 밝은 ~ [palgɯn ~ パルグン ~] 明るい顔 [表情] ③ 面目; 体面; 名誉 ¶ ~이 깎이다 [(ɔlgur)i k'ak'ida (オルグ)リッカッキダ] 面目をつぶす ④ 知れ渡ること; つきあい; 交際 ¶ ~이 넓다 [(ɔlgur)i nɔlt'a (オルグ)リ ノルタ] 顔が広い ― **값** [k'ap カプ] 名 すぐれた顔つき [見かけ] にふさわしい行ない ¶ ~도 못하는 놈 [~t'o moːtʰanɯn nom ~トモータヌン ノム] 見かけにもよらない奴 ― **마담** [madam マダム] 名 雇われマダム ― **빛** [p'it ピッ] 名 顔色; 血色 2 慣 ① **얼굴에** [ɔlgure オルグレ] 顔に ―**똥칠 [먹칠] 하다** [t'oŋtʃʰir [mɔktʃʰir] hada ットンチル [モクチル] ハダ] 顔に泥を塗る; 面目をつぶす ― **철판을 깔다** [tʃʰɔlpʰanɯl k'alda チョルパヌルッカルダ] 顔に鉄板をかぶせる; 図々しく恥知らずだ ―**침뱉다** [tʃʰimbɛːtʼa チムベッタ] 顔につばを吐きつける; 恥をかかせる ② **얼굴을 내밀다** [ɔlgurul nɛmilda オルグルル ネミルダ] 顔を出す; (ある会合に)参加する ③ **얼굴(이)** [ɔlgul[ɔlguri] オルグル(オルグリ)] 面 ― **간지럽다** [gandʒirɔpt'a ガンジロプタ] 面映ゆい; きまりが悪い ― **두껍다** [duk'ɔpt'a ドゥッコプタ] 面の皮が厚い; 図々しい ― **뜨겁다** [t'ɯgɔpt'a ットゥゴプタ] 恥ずかしい ④ **얼굴이** ― **반반하다** [panbanhada パンバンハダ] 顔立ちが整っている; 顔がきれいだ ―**팔리다** [pʰallida パルリダ] 顔が売れる; 広く知られる ― **피다** [pʰida ピダ] (やつれた顔かが) 色気づく, なごやかになる.

얼근-하다 [ɔlgɯnhada オルグンハダ] 形 어변 ① ほろ酔い機嫌だ [加減である] ② ひりひりする; 相当に辛い; = 얼큰하다 [ɔlkʰɯnhada オルクンハダ] **얼근-히** [ɔlgɯni オルグニ] 副 ① ほろ酔い加減に ¶ ~ 취해서 [~ tʃʰwiːhɛsɔ ~ チュィーヘソ] ほろ酔い機嫌になって ② ひりひりするほど ¶ ~ 끓인 국 [~ k'urin kuk ~ ックリン クク] 口の中がひりひりするほど辛味を利かした汁.

얼기-설기 [ɔlgisɔlgi オルギソルギ] 副 한형 (糸などが)もつれたさま; 絡まっているさま; ごちゃごちゃ ¶ 털실이 ~ 감겼다 [tʰɔlʃiri ~ kamgjɔt'a トルシリ ~ カムギョッタ] 毛糸がごちゃごちゃもつれている.

얼-김 [ɔlkʼim オルキム] 名 はずみ; その場のはずみ [どさくさ紛れ] ¶ 군중에 밀려 ~에 따라 갔다 [kundʒuŋe milljɔ ~e t'ara gat'a クンジュンエ ミルリョ (オルキ)メ ッタラ ガッタ] 群衆に押されたはずみに従って行った / ~에 한데 어울렸다 [~e hande ɔulljɔt'a (オルキ)メ ハンデ オウルリョッタ] その場のはずみで一緒になった.

얼-넘기다 [ɔlːɔmgida オルロムギダ] 他 (仕事などを)いい加減にやる; 適当に間に合わせる ¶ 그 자리를 우물쭈물 ~ [kɯ tʃarirɯl umultʃʼumul ~ ク チャリルル ウムルッチュムル ~] その場を適当に言いつくろって切り抜ける.

얼-넘어가다 [ɔlːɔmɔgada オルロモガダ] 自他 うやむやのまま過ぎる ¶ 결론도 없이 ~ [kjɔllondo ɔːpʃi ~ キョルロンド オープシ ~] 結論もなくうやむやに終わる.

얼-녹이다 [ɔllogida オルノギダ] 他 凍らせたり溶かしたりする.

＊얼다 [ɔ:lda オールダ] 自 己活用 ① 凍る; 凍てる; 凍みる ¶물이 ～[muri ～ ムリ ～] 水が凍る ② 凍える ¶손이 ～[soni ～ ソニ ～] 手が凍える ③ 怖じ気づく, こわばる; かたくなる; 上がる ¶무대에서 ～[mu:dɛesɔ ～ ムーデエソ ～] 舞台で上がる[かたくなる].

얼떨-결 [ɔlt'ɔlk'jɔl オルットルキョル] 名 どさくさ紛れに, 知らぬ間に; うっかり ¶～에 말해 버렸다[～-(k'jɔr)e ma:rhɛ bɔrjɔt'a ～-(キョ)レ マールヘ ポリョッタ] ついうっかり言ってしまった.

얼떨떨-하다 [ɔlt'ɔlt'ɔrhada オルットルットルハダ] 形 여変 気押されてどきまぎする; 戸惑ってなすすべを知らない; 面くらう; 頭がふらつく ¶느닷없이 화를 내서 ～[nudadɔpc'i hwa:rul nɛ:sɔ ～ ヌダドプシ ファールル ネーソ ～] だしぬけに怒ったので面くらう.

얼떨-하다 [ɔlt'ɔrhada オルットルハダ] 形 여変 面くらう; 戸惑う; 目が回りそうだ, 頭がくらくらする ¶갑자기 얻어 맞아서 ～[kapt'ʃ'agi ɔdɔmadʒasɔ ～ カプチャギ オドマジャソ ～] 突然殴られて頭がくらくらする. 「抜け, とんま.

얼-뜨기 [ɔ:lt'ugi オールットゥギ] 名 間

얼-뜨다 [ɔ:lt'uda オールットゥダ] 形 間が抜けてぼんやりしている; ぼけている ¶그는 보기보다 ～[kunun pogiboda ～ クヌン ポギボダ ～] 彼は見かけより間が抜けている.

얼렁-뚱땅 [ɔllɔŋt'uŋt'aŋ オルロンットゥンッタン] 副 하自他 口車に乗せて言い逃れるさま; 仕事をいい加減に処理するさま ¶일을 ～ 해치우다[i:rul ～ hɛ:tʃʰiuda イールル ～ ヘーチウダ] 仕事をいい加減に片づけてしまう.

얼루기 [ɔllugi オルルギ] 名 ① まだらの点々; 斑点 ② まだら模様の動物や物.

＊얼룩 [ɔlluk オルルク] 名 ① まだら, 斑点; 段だら ¶～ 무늬로 염색하다 [(ɔlluŋ) muniro jɔ:msɛkʰada (オルルン) ムニロ ヨームセクカダ] 段だら染めをする ② 染み ¶바지의 ～을 지우다 [padʒie (ɔllu)ɯl tʃiuda パジエ (オル)グル チウダ] ズボンの染みをとる ━**덜룩** [t'ɔlluk トルルク] 副 하形 (雑然と)まだらなさま; 段だらに, 点々と ━**지다** [tʃida チダ] 自 染みがつく ¶땀으로 ～[t'amuro ～ ッタムロ ～] 汗で染みがつく ━**고양이** [(ɔllu)k'ojaŋi コヤンイ] 名 三毛猫 ━**말** [(ɔlluŋ) mal (オルルン) マル] 名 しま馬 ━**무늬** [(ɔlluŋ) muni (オルルン) ムニ] 名 斑紋; まだら模様 ━**소** [s'o ソ] 名 まだら牛 ━**이** [(ɔllu) ɡi (オルル) ギ] 名 斑点 ━**빼기** [p'ɛgi ペギ] まだら模様の動物や物 ━**점** [tʃ'ɔm チョム] 名 斑点.

＊얼른 [ɔllɯn オルルン] 副 早く; 素早く; 急いで; すぐ ¶～ 오너라[～ onɔra ～ オノラ] すぐ[急いで]来なさい.

얼른-거리다 [ɔllɯnɡɔrida オルルンゴリダ] 自 ① ちらつく, ちらちらする ¶불빛이 ～[pulp'itʃʰi ～ プルビチ ～] 明かりがちらつく ② ゆらゆらする ¶물에 비친 그림자가 ～[mure pitʃʰin kɯ:rimdʒaga ～ ムレ ピチン クーリムジャガ ～] 水に映った物影がゆらゆらする; '어른거리다'の強調語.

얼리다 [ɔllida オルリダ] 他 使役 凍らせる; 冷凍する ¶물을 ～[murul ～ ムルル ～] 水を凍らせる.

＊얼마 [ɔ:lma オールマ] 名 ① いくら; どれほど; どのくらい; いくつ ¶전부 ～입니까?[tʃɔnbu ～imnik'a チョンブ ～イムニッカ] 全部いくらですか ② やや, 少し; いくばく ¶～ 안되는 돈 [～ andwenun to:n ～ アンドウェヌン トーン] いくばくもない金 ━**간**(間) [gan ガン] 名 副 いくらか; どのくらいでも ¶나누어 주오 ～ nanuo dʒuo ～ ナヌオ ジュオ] いくらか分けてください ━**나** [na ナ] 副 ① いくらぐらい; いかほど ¶～ 많은가?[～ ma:nunga ～ マーヌンガ] どれほど多いか ② どんなに(か); どれぐらい(か) ¶～ 아플까[～ apʰulk'a ～ アプルッカ] どんなに痛かろう ━**든지** [dundʒi ドゥンジ] 副 ① いくらでも; どのくらいでも ¶돈은 ～ 주겠다[to:nun ～ tʃugɛt'a トーヌン ～ チュゲッタ] 金はいくらでもやろう ━**만큼** [mankʰum マンクム] ・━**큼** [kʰum クム] 副 どのくらい; いくらぐらい ¶비가 ～ 왔을까[piga ～ was'ulk'a ピガ ～ ワッスルッカ] 雨がどのくらい降ったかしら ━**쯤** [tʃ'um チュム] 副 いくらぐらい; どれほど ¶비용이 ～ 들겠소? [pi:joŋi ～ tulɡes'o ピーヨンイ ～ トゥルゲッソ] 費用はどのくらいいりますか.

얼-버무리다 [ɔlbɔmurida オルボムリダ] 自他 ① いい加減に事をなす ¶바쁜대로 일을 ～[pap'undɛro i:rul ～ パ

얼-보다 [ɔːlboda オールボダ] 他 はっきり見ない; まともに見ない ¶누구인지 얼보았다 [nuguindʑi ɔːlboatʼa ヌグインジ オールボアッタ] 誰なのかはっきり見なかった.

얼-보이다 [ɔːlboida オールボイダ] 自 ① はっきり見えない; かすんで見える ¶물건에 가려서 ~ [mulgone karjɔsɔ ~ ムルゴネ カリョソ ~] 物にかくれてはっきり見えない ② 正しく見えない ¶거울이 ~ [kɔuri ~ コウリ ~] 鏡がゆがんで見える.

얼-비치다 [ɔːlbitɕʰida オールビチダ] 自 (光が)眼に反射して差し込む.

얼-빠지다 [ɔːlpʼadʑida オールッパジダ] 自 気が抜ける; 間が抜ける; 気がぼうっとする ¶너무 시끄러워서 ~ [nɔmu ɕikʼɯrɔwɔsɔ ~ ノム シックロウォソ ~] あまり騒がしくて間が抜ける / 얼빠진 놈 [ɔːlpʼadʑin nom オールッパジン ノム] 間抜け.

얼-빼다 [ɔːlpʼɛda オールッペダ] 他 気を失わせる; 面くらわせる.

얼싸 [ɔlsʼa オルッサ] 感 よいよい; 興に乗って出す語 ¶~, 좋다! [~, tɕoːtʰa ~, チョータ] ああ, よいよい ━━둥둥 [duŋduŋ ドゥンドゥン] 感 ① ああ, よしよし; 赤ちゃんをあやす語 ② 浮き浮き; 群衆の行為に乗じて行動するさま.

얼싸-안다 [ɔlsʼaantʼa オルッサアンタ] 他 抱き締める; 抱擁する ¶울며 ~ [uːlmjɔ ~ ウールミョ ~] 泣きながら抱き締める.

얼씨구 [ɔlɕʼigu オルッシグ] 感 ① ようよう; よいやよいや; 興に乗じて出す語 ¶~ 좋다 [~ tɕoːtʰa ~ チョータ] よいやよいやさと ② 見苦しい振るまいをあざける語 ¶~, 잘도 논다 [~, tɕalʼto noːnda ~, チャルト ノーンダ] 何だあのざまは ━━나 [na ナ] 感 ① ='얼씨구' ② うまくいった; しめた ¶~하고 적의 허를 찌르다 [~hago tɕɔge hɔrul tɕʼiruda ~ハゴ チョゲ ホルル ッチルダ] うまくいったと(ばかり)敵の虚を衝つく ━━절씨구 [dʑɔlɕʼigu ジョルッシグ] 感 よいやよいや(さと).

얼씬-거리다 [ɔlɕʼingɔrida オルッシンゴリダ] 自 しきりに現われたり消えたりする; 出没する; ちらつく ¶고향 산천이 눈앞에 ~ [kohjaŋsantɕʰɔni nunapʰe ~ コヒャンサンチョニ ヌナペ ~] 故郷の山河が目の前にちらつく / 불량자들이 ~ [pulljaŋdʑaduri ~ プルリャンジャドゥリ ~] 不良たちが出没する.

얼씬 못하다 [ɔlɕʼin motʰada オルッシン モッタダ] 自 여変 慣 近づく[顔を出す]こともできない ¶호되게 당하고는 ~ [hodwege taŋhagonun ~ ホドウェゲ タンハゴヌン ~] ひどい目にあってからは近づくこともできない.

얼씬 아니하다 [ɔlɕʼin anihada オルッシン アニハダ] 自 여変 慣 ぜんぜん姿を見せない ¶싸운 후로는 ~ [sʼaun huːronun ~ ッサウン フーロヌン ~] 争ってからはぜんぜん姿を見せない.

얼어-붙다 [ɔrɔbutʼa オロブッタ] 自 ① 凍りつく; 凍結する ¶강이 ~ [kaŋi ~ カンイ ~] 川が凍りつく ② (恐怖・緊張などのため)体がこわばって動かなくなる; すくむ ¶얼어붙은 듯 꼼짝 못하다 [ɔrɔbutʰun dut kʼomtɕʼaŋ motʰada オロブトゥン ドゥッ ッコムッチャン モッタダ] 凍りついたようにすくみあがる.

얼얼-하다 [ɔrɔrhada オロルハダ] 形 여変 ① (辛くて舌が)ひりひりする ¶반찬이 매워서 ~ [pantɕʰani mɛwɔsɔ ~ パンチャニ メウォソ ~] おかずが辛くてひりひりする ② (擦過傷・日焼けで)肌がひりひりする; 傷口がひりひり痛む ¶상처가 ~ [saŋtɕʰɔga ~ サンチョガ ~] 傷口がひりひりする ③ (酒に酔って)頭がもうろうとする.

＊얼음 [ɔrum オルム] 名 氷 ¶~이 얼다 [~i ɔlda (オル)ミ オールダ] 氷が張る ━━과자 [gwadʑa グァジャ] 名 氷菓子＝빙과(氷菓) [piŋgwa ピングァ] ━━냉수(冷水) [nɛːŋsu ネーンス] 名 氷水 ━━물 [mul ムル] 名 お冷や ━━장-같다 [tɕʼaŋgatʼa チャンガッタ] 形

얼쩍지근하다 〔手足·オンドル(温突)などが〕ひどく冷たい **―지치기** [dʒit∫higi ジチギ] 名 [하][자] 氷滑り **―찜질** [t∫'imdʒil ッチムジル] 名 [하][자] 氷湿布をすること.

얼쩍지근-하다 [ɔlt∫'ɔkt∫'igɯnhada オルッチョクチグンハダ] [形][여변] ① やや辛い ② 肌がひりひり痛い; ずきずき痛む ③ ほろ酔い機嫌だ ¶해장술 석잔에 ~ [hɛːdʒaŋsʼul sɔːkt∫ane ~ ヘージャンスル ソークチャネ ~] 迎え酒3杯でほろ酔い機嫌だ.

얼쩡-거리다 オルッチョンゴリダ] [自] 何の用事もなくぶらつく; うろうろする ¶ 그런데서 ~-거리지 마라 [kurɔndesɔ ~-goridʒi mara クロンデソ ~-ゴリジ マラ] そんな所でうろうろするな.

얼추 [ɔlt∫hu オルチュ] 副 ① ほとんど; 大体; あらまし ¶공사는 ~ 끝났다 [koŋsanɯn ~ k'ɯnnat'a コンサヌン ~ ックンナッタ] 工事はあらまし片づいた ② ほとんど近い ¶종점에 ~ 왔다 [t∫oŋt∫'ome ~ taː watʼa チョンチョメ ~ ター ワッタ] 終点はもうすぐだ **―잡다** [dʒapt'a ジャプタ] 他 大方見積もる ¶~-잡아 100명 넘겠다 [~-dʒaba pɛŋmjɔŋ nɔmk'etʼa ~-ジャバ ペンミョン ノムケッタ] 大体見積もって100名は越えそうだ.

얼-치기 [ɔlt∫higi オルチギ] 名 ① どっちつかず中間のもの; 中途半端なこと ¶~로 일하다 [~-ro irhada ~ロ イールハダ] 中途半端に仕事をする ② あれこれが少しずつ入り混じっているもの ③ (専門の知識や技術が)1人前に備わっていない人; 半人前 ¶ ~ 학자 [~-hakt∫ʼa ~ ハクチャ] でも学者.

얼크러-지다 [ɔlkhɯrɔdʒida オルクロジダ] [自] もつれる; 絡む ¶털실이 [일이] ~ [thɔlʃiri[iːri] ~ トルシリ[イーリ] ~] 毛糸が[事が]もつれる.

얼큰-하다 [ɔlkhɯnhada オルクンハダ] [形][여변] ① 辛くて口の中がひりひりする ② ほろ酔い機嫌だ; 酔いがまわる

얼큰-히 [ɔlkhɯni オルクニ] 副 ① ひりひり ② ほろ酔い機嫌で.

얼키-설키 [ɔlkhisɔlkhi オルキソルキ] [하][形] もつれ絡まるさま; ごしゃごしゃ.

얼토당토-않다 [ɔlthodaŋthoantha オルトダントアンタ] 形 ① まったく関係がない ¶그 일과 이것과는 ~ [kɯ iːlgwa igɔtk'wanɯn ~ クイールグァ イ ゴックァヌン ~] そのこととこれとはまったく関係がない ② とんでもない; まったく的外れだ; 見当違いだ ¶~-않은 주장 [~-anɯn t∫udʒaŋ ~-アヌン チュジャン] まったく的外れの主張.

얼핏 [ɔlphit オルピッ] 副 ちらっと ¶~ 보이다 [~ pʼoida ~ ポイダ] ちらっと見える **―하면** [(ɔlphi)thamjɔn タミョン] 副 ややもすると.

얽다[1] [ɔktʼa オクタ] 自 ① 痘痕になる[がある] ② ものの表面に傷が多くできる ¶책상이 많이 얽었다 [t∫hɛksʼaŋi maːni ɔlgtʼa チェクサンイ マーニ オルゴッタ] 机に傷が多い.

얽다[2] [ɔktʼa オクタ] 他 ① 縛る; 編む; 結ぶ; 絡げる ¶바구니를 ~ [pagunirɯl ~ パグニルル ~] かごを編む ② (うそなどを)でっち上げる ¶감옥에 얽어 넣다 [kamoge ɔlgɔ nɔtha カモゲ オルゴ ノッタ] (無辜の人にぬれぎぬを着せて)刑務所に送りこむ.

*__얽-매다__ [ɔŋmɛda オンメダ] 他 ① 縛る, くくる; 束縛する; 縛りつける ¶주민들을 ~ [t∫uːmindɯrɯl ~ チューミンドゥルル ~] 住民たちを束縛する ② 仕事に心身を傾ける.

*__얽-매이다__ [ɔŋmɛida オンメイダ] 自 ① 束縛される ② ほだされる ¶인정(人情)에 ~ [indʒɔŋe ~ インジョンエ ~] 情にほだされる ③ かまける ¶아이에게 ~ [aiege ~ アイエゲ ~] 子供にかまける.

얽어-매다 [ɔlgɔmɛda オルゴメダ] 他 縛りつける; くく(りつけ)る.

얽히고-설키다 [ɔlkhigosɔlkhida オルキゴソルキダ] 自 複雑にもつれる; 非常にこんがらかってしまう ¶이해 관계가 ~ [iːhɛgwangega ~ イーヘグァンゲガ ~] 利害関係が複雑に絡まっている.

*__얽히다__ [ɔlkhida オルキダ] 自 **1** [受動] 縛られる; 絡まれる ¶덩굴에 얽힌 대나무 [tɔŋgure ɔlkhin tɛnamu トングレ オルキン テナム] つるに絡まれた竹 **2** ① (事件などに)まきこまれる ¶그 사건에 공연히 ~ [kɯ saːkʼone kɔŋjoni ~ ク サーコネ コンヨニ ~] その事件にわけもなく巻きこまれる ② 関連する; 関わる ¶회담에 얽힌 뒷 이야기 [hwɛːdame ɔlkhin twiːn nijagi フェーダメ オルキン トゥィーン ニヤギ] 会談に関わる裏話 ③ 互いに絡み合う.

*__엄격-하다__ [嚴格―] [ɔmkʼjɔkhada オム

엄니 [ɔːmni オームニー] 名 牙歯; 奥歯.

엄동[嚴冬][ɔmdoŋ オムドン] 名 厳冬 **—설한**(雪寒)[sɔrhan ソルハン] 名 雪の降る非常に寒い冬.

엄두 [ɔmdu オムドゥ] 名 敢えて何かをしようとする考え; 意欲 ¶도저히 ～ 도 못 내다[toːdʒɔi ～do moːn nɛda トージョイ ～ド モーン ネダ] とうてい［とても］思いもできない / ～가 나지 않는다[～ga nadʒi annunda ～ガ ナジ アンヌンダ] 意欲がわかない; その気にならない.

*__엄마__[ɔmma オムマ] 名 児 ママ; お母ちゃん; (お)母さん.

엄매 [ɔmmɛ オムメ] 副 モー; 子牛の鳴き声.

엄밀[嚴密][ɔmmil オムミル] 名 ハ形 ハ副 厳密 ¶～한 조사[(ɔmmir)han tʃosa ～ハン チョサ] 厳密な調査.

엄벌[嚴罰][ɔmbɔl オムボル] 名 ハ他 厳罰 ¶～에 처하다[(ɔmbɔr)e tʃhɔːhada (オムボ)レ チョーハダ] 厳罰に処する.

엄벙-덤벙[ɔmbɔŋdɔmbɔŋ オムボンドムボン] 副 ハ自 上調子に; 軽はずみに; 向こう見ずに; みさかいもなく行動するさま ¶그는 언제나 ～한다[kununun ɔːndʒena ～handa クヌヌン オーンジェナ ～ハンダ] 彼はいつも上調子である.

엄벙-하다[ɔmbɔŋhada オムボンハダ] 形 ヨ変 不誠実で[ふまじめで]いい加減だ ¶그의 하는 짓은 ～[kue hanun tʃiːsun ～ クエ ハヌン チースン ～] 彼のすることはふまじめでいい加減だ.

엄살[ɔmsal オムサル] 名 ハ自 痛いふり[困ったふり]を大げさに表わす態度; 大げさな痛がり ¶그는 ～이 심하다[kununun (ɔmsar)i ʃiːmhada クヌヌン (オムサ)リ シームハダ] 彼はともすると大げさに痛い[苦しい]ふりをする **—꾸러기** [k'urɔgi ックロギ] 名 痛がり屋 **—굿다**[gut'a グッタ] 形 大げさに痛がる **—떨다**[t'ɔlda ットルダ] 自 痛い[苦しい]ふりをする; 仮病をつかう **—부리다**[burida ブリダ] 自 痛い[苦しい]ふりをする; 苦しんで見せる.

엄선[嚴選][ɔmsɔn オムソン] 名 ハ他 厳選 ¶～한 재료[～han tʃɛrjo ～ハン チェリョ] 厳選した材料.

엄수[嚴守][ɔmsu オムス] 名 ハ他 厳守 ¶시간 ～[ʃigan ～ シガ(ノムス)] 時間厳守.

엄숙[嚴肅][ɔmsuk オムスク] 名 厳粛 ¶～한 의식[(ɔmsu)kʰan uiʃik ～カン ウィシク] 厳粛な儀式 **—하다**[(ɔmsu)kʰada カダ] 形 厳粛だ; 重々しい; 厳かだ **—히**[(ɔmsu)kʰi キ] 副 重々しく; 厳かに ¶식을 ～ 거행(擧行)하다[ʃigul ～ kɔːhɛŋhada シグル ～ コーヘンハダ] 式を厳かに取り行なう.

엄연[儼然][ɔːmjɔn オーミョン] 名 ハ形 儼然 ¶～한 사실[～han saːʃil ～ハン サーシル] 儼然たる事実.

엄중[嚴重][ɔmdʒuŋ オムジュン] 名 ハ形 厳重 ¶～한 처벌[～han tʃʰɔːbɔl ～ハン チョーボル] 厳重な処罰.

엄지 [ɔmdʒi オムジ] 名 (手足の)親指; **엄지가락**[ɔmdʒikˈarak オムジカラク] の略 **—발가락**[balkˈarak バルカラク] 名 足の親指 **—발톱**[baltʰop バルトプ] 名 足の親指の爪 **—손톱**[sontʰop ソントプ] 名 手の親指の爪.

*__엄청-나다__[ɔmtʃhɔŋnada オムチョンナダ] 形 途方もなくひどい; 意外に甚しい; べらぼうである; 俗 どえらい; 非常に多い[大きい] ¶인파(人波)가 ～[inpʰaga ～ インパガ ～] どえらい[おびただしい]人出である / 피해가 ～[pʰiːhɛga ～ ピーヘガ ～] 被害が非常に大きい / ～-나게 비싸다[～-nage pisˈada ～-ナゲ ピッサダ] べらぼう[ばか]に高い.

엄-포[ɔːmpʰo オームポ] 名 虚仮威かし; 見えすいた脅し; 空威張り; 虚勢を張ること ¶그런 ～는 두렵지 않다[kurɔn ～nun turjɔptʃˈi antʰa クロン ～ヌン トゥリョプチ アンタ] そんな虚仮威しは怖くない **—를 놓다**[rul notʰa ルル ノッタ] 慣 虚仮威しをする; 脅す.

*__엄-하다__[嚴—][ɔmhada オムハダ] 形 ヨ変 厳しい; 厳格だ; きつい ¶경계가 ～[kjɔːŋgega ～ キョーンゲガ ～] 警戒が厳しい **엄-히** [ɔmi オミ] 副 厳に; 厳しく.

*__업다__[ɔptˈa オプタ] 他 ① 負う; おんぶする; 背負う ¶아기를 ～[agirul ～ アギルル ～] 赤ん坊を負う[おんぶする] ② 背景にする; 担ぐ; 利用すべく人を引き入れる ¶봉을 한 사람 ～[poŋul han saram ～ ポンウル ハン サラム ～] かもを1人引き入れる ③ (動物が)交尾する.

업무[業務] [ɔmmu オンム] 图 業務. **—방해**[baɲhɛ バンヘ] 業務妨害.

***업신-여기다** [ɔːp.ʃ'innjɔgida オープシンニョギダ] 他 侮る; 蔑視する; 軽蔑する; 見くびる; ばかにする; さげすむ ¶가난하다고 ~[kananhadago カナンハダゴ ~] 貧しいと侮る/시골 뜨기라고 ~[ʃigolt'ɯgirago ~ シゴルットゥギラゴ ~] 田舎者としてばかにする[見くびる] **업신-여김**[ɔːp.ʃ'innjɔgim オープシンニョギム] 图 侮辱;蔑視.

업어-치기 [ɔbɔtʃʰigi オボチギ] 图 背負い投げ ¶한 수로 이기다 ~[han suro igida ~ ハン スロ イギダ ~] 背負い投げ一本で勝つ.

업자[業者] [ɔptʃa オプチャ] 图 業者 ¶~간의 담합(談合)[~e gane tamhap ~ ガネ タムハプ] 業者間の話し合い.

***업적**[業績] [ɔptʃ'ok オプチョク] 图 業績 ¶~ 부진[~ p'udʒin ~ プジン] 業績不振.

업주[業主] [ɔptʃ'u オプチュ] 图 業主 ¶~의 횡포[~e hwɛŋpʰo ~エ フェンポ] 業主の横暴.

업체[業體] [ɔptʃʰe オプチェ] 图 事業や企業の主体;企業体の略.

업히다 [ɔpʰida オピダ] **1** 自 [受動] 背負われる;負われる;おんぶされる ¶아기가 어머니에게 ~[agiga ɔmɔniege ~ アギガ オモニエゲ ~] 赤ん坊が母におんぶされる **2** 他 [使役] 背負わせる;負わせる;おんぶさせる.

***없다** [ɔːpt'a オープタ] 存 ① ない;持たない ¶돈이 ~[toni ~ トーニ ~] 金がない ② 空っぽだ ¶병 속에는 아무 것도 ~[pjoŋ sogenɯn aːmugot'o ~ ピョン ソゲヌン アームゴット ~] 瓶の中には空っぽだ ③ 貧しい ¶없는 집 아이[ɔːmnɯn tʃib ai オームヌン チバイ] 貧しい家の子 ④ 存在しない;欠く ¶자리에 ~[tʃarie ~ チャリエ ~] 席にいない/성의가 ~[sɔŋiga ~ ソンイガ ~] 誠意を欠く ⑤ ('-ㄹ 수 없다'の形で) 可能でない;できない ¶믿을 수 없다[midɯl s'u ɔːpt'a ミドゥル ッス オープタ] 信じられない.

-없다 [ɔpt'a オプタ] 接尾 …ない ¶그지~[kɯdʒi~ クジ~] 限りない/턱~[tʰɔg(ɔpt'a) ト(ゴプタ)] とんでもない.

***없애다** [ɔːps'ɛda オープセダ] 他 ① なくす;取り除く; = **없이하다** [ɔːps'iːhada オープシハダ] ¶방해자(妨害者)를 ~[paɲhedʒarɯl ~ パンヘジャルル ~] 邪魔物を取り除く ② 浪費する ¶돈을 ~[tomul ~ トーヌル ~] 金を浪費する ③ 処分する ¶책을 ~[tʃʰɛgɯl ~ チェグル ~] 本を処分する ④ 俗 殺す;= **없애 버리다**[ɔːps'ɛ bɔrida オープセ ボリダ] ¶없애 버려라[ɔːps'ɛ bɔrjɔra オープセ ボリョラ] 殺してしまえ.

***없어-지다** [ɔːps'ɔdʒida オープソジダ] 自 ① なくなる ② 消える ¶연기처럼 ~[jɔngitʃʰɔrɔm ~ ヨンギチョロム ~] 煙のごとく消える ③ 減る;失う.

***없-이** [ɔːp.ʃ'i オープシ] 副 なく;ないままに ¶아무 것도 ~ 떠났다[aːmugot'o ~ t'ɔnat'a アームゴット ~ ットナッタ] 何も持たずに出発した.

없이-살다 [ɔːp.ʃ'isalda オープシサルダ] 自 [ㄹ語幹] 貧しく暮らす.

엇- [ɔt オッ] 接頭 逸れて;外れて;交互に;行き違いに;斜めに ¶~나가다 (ɔn)nagada (オン)ナガダ 脱線する.

엇-가다 [ɔtk'ada オッカダ] 自 ① (言行が横へ[脇道に])それる;ひねくれる ¶말이 ~[maːri ~ マーリ ~] 話が横へそれる ② (線などが)横へそれる;脱線する; = **엇나가다**.

***엇-갈리다** [ɔtk'allida オッカルリダ] 自 ① 行き違う;すれ違う;行き交う ¶길이 ~[kiri ~ キリ ~] 互いに行き違う ② 食い違う ¶의견이 ~[ɰiːgjɔni ~ ウィーギョニ ~] 意見が食い違う ③ 重なり合う.

엇-걸다 [ɔtk'ɔlda オッコルダ] 他 [ㄹ語幹] 互い違いに[筋違いに]掛ける;交差させる ¶줄을 엇걸어 동이다[tʃurɯl ɔtk'ɔrɔ toŋida チュルル オッコロ トンイダ] 紐を交差させて縛る.

엇-결 [ɔtk'jɔl オッキョル] 图 ねじれた木目;めちゃくちゃ.

엇-나가다 [ɔnnagada オンナガダ] 自 (線・列などが)横へそれる;常軌を逸する;ひねくれる;脱線する.

-엇다 [ɔt'a オッタ] 語尾 強調・断定する語尾 ¶아니~[ani~ アニ~]…ではない;…ではなかった/그것은 사슴이 아니~[kɯgɔsɯn sasɯmi ani~ クゴスン サスミ アニ~] それはシカではなかった.

엇-대다 [ɔt'ɛda オッテダ] 他 ① 斜めに当てる ¶헝겊을 ~[hɔːŋgɔbɯl ~ ホーンゴブル ~] (着物に)布切れを斜めに[斜めに]当てる ② 当てこする;当てつ

ける ¶엇대어 말하다 [ɔt'ɛ ma:rhada オッテオ マールハダ] 当てつけて言う.

엇-되다 [ɔt'weda オットゥェダ] 形 ① 生意気だ ¶저 애는 ~ [tʃʌ ɛ:nun ~ チョ エーヌン ~] あの子は少し生意気だ ② 中途半端だ.

엇-물리다 [ɔnmullida オンムルリダ] 自 うまくかみ合わない = **어긋물리다** [ɔgunmullida オグンムルリダ] ¶지퍼가 ~ [dʒipʰɔga ~ ジッポガ ~] ジッパーがうまくかみ合わない.

엇-바꾸다 [ɔtp'ak'uda オッパックダ] 他 互いに交換する ¶책을 ~ [tʃʰɛgɯl ~ チェグル ~] 本を互いに交換する.

엇-바뀌다 [ɔtp'ak'wida オッパックィダ] 受動 互いに取り替えられる; 交換される.

엇-베다 [ɔtp'eda オッペダ] 他 斜めに切る.

엇-붙다 [ɔtp'ut'a オップッタ] 自 やや斜めにくっつく.

엇-붙이다 [ɔtp'utʃʰida オップチダ] 他 斜めに(くっ)つける.

엇비뚜름-하다 [ɔtp'it'urumhada オッピットゥルムハダ] 形 여자 やや斜めだ ¶벽시계가 ~-하게 걸렸다 [pjɔkʃigega ~-hage kɔlljɔt'a ビョクシゲガ ~-ハゲ コルリョッタ] 柱時計がやや斜めにかかった.

엇비슷-하다 [ɔtp'isutʰada オッピスッタダ] 形 ① やや似ている; ほぼ等しい ¶실력이 ~-한 두 사람 [ʃillj ɔgi ~-tʰan tu: saram シルリョギ ~-タントゥー サラム] 実力がほぼ等しい2人 ② やや斜めがちである.

***-었-** [ɔt オッ] 接尾 ① 過去に起こったこと ¶책을 읽~다 [tʃʰɛgɯl ilgɔt'a チェグル イルゴッタ] 本を読んだ ② 過去にしたこと ¶꽃이 피~다 [k'otʃʰi pʰitʃ'a ッコッチ ピオッタ] 花が咲いた ③ 過去完了; …していた ¶그때 그는 이미 떠났~다 [kut'ɛ kununun imi t'ɔnasʌtʃ'a クッテ クヌン イミ ットナッソッタ] その時彼はすでに出発していた ④ 現在の状態 ¶아직도 멀~다 [adʒikt'o mɔrɔt'a アジクト モロッタ] (仕事をすませるには)まだまだである.

엉거주춤-하다 [ɔŋgɔdʒutʃʰumhada オンゴジュチュムハダ] ① 中腰[及び腰]になる; 座りも立ちもしない姿勢だ ¶~-한 자세 [~-han tʃase ~-ハン チャーセ] 中腰の姿勢 ② 決断できず躊躇ちゅうちょする; 日和見になる; ためらう ¶~-하지 말고 빨리 결정해라 [~-hadʒi ma:lgo p'alli kjɔltʃ'ɔŋhɛra ~-ハジ マールゴ ッパルリ キョルチョンヘラ] ぐずぐずしないで早く決定しろ.

엉겁-결에 [ɔŋgɔpk'jore オンゴプキョレ] 副 思わず; 知らぬ間に; とっさに ¶~ 손을 들었다 [~ sonul turɔt'a ~ ソヌル トゥロッタ] 思わず手を挙げた / ~ 뛰어내렸다 [~ t'wiɔnɛrjɔt'a ~ トゥィオネリョッタ] とっさに飛び下りた.

엉금-엉금 [ɔŋgumɔŋgum オングモングム] 副 のっそ(り)のっそ(り) ¶거북이가 ~ 기어가다 [kɔbugiga ~ kiɔgada コブギガ ~ キオガダ] カメがのっそのっそ這はって行く.

***엉기다** [ɔŋgida オンギダ] 自 ① 凝り固まる ¶기름이 식어서 ~ [kirumi ʃigɔsɔ ~ キルミ シゴソ ~] 油気が冷えて固まる ② 仕事などがはかどらず手間どる ¶일에 엉겨 있다 [i:re ɔŋgjɔ it'a イーレ オンギョ イッタ] 仕事に絡まれている ③ (草・ツタなどが)這はうように絡みつく. ×'엉키다'.

엉덩-방아 [ɔ:ŋdɔŋbaŋa オーンドンバンア] 名 尻しりもち **—(를) 찧다** [(rul) tʃ'itʰa (ルル)ッチタ] 自 尻もちをつく.

***엉덩이** [ɔ:ŋdɔŋi オーンドンイ] 名 尻しり ¶~가 가볍다 [~ga kabjɔpt'a ~ガ カビョプタ] 尻が軽い; ひと所に落ち着いていられない / ~가 무겁다 [~ga mugɔpt'a ~ガ ムゴプタ] 尻が重い; 一度座りこんだら容易に腰を上げない; 容易に動かない / ~가 구리다 [~ga kurida ~ガ クリダ] 尻が臭い; 悪いことをしでかした張本人のようだ; どうも怪しい / ~가 근질근질하다 [~ga kundʒilgundʒirhada ~ガ クンジルグンジルハダ] 尻がむずむずする; なにかにかしてじっといられない / ~를 붙이다 [~rul putʃʰida ~ル プチダ] 腰をすえる; ひと所に長く座りこむ[とどまる] / ~에 뿔났다 [~e p'ullat'a ~エ ップルラッタ] 尻に角が生えた; 年若い者が教えを受けずに勝手なことをする.

엉덩-춤 [ɔ:ŋdɔŋtʃʰum オーンドンチュム] 名 尻しりを振っておどる踊り.

***엉뚱-하다** [ɔŋt'uŋhada オンットゥンハダ] 形 여자 ① (言行が)度が過ぎる; 身のほど知らずだ ¶~-한 욕심(慾心) [~-han jokʃ'im ~-ハン ヨクシム] 身のほど知らずの欲 ② とんでもない; 突拍子もない; とっぴだ ¶~-한 짓 [~-han tʃi:t ~-ハン チーッ] 途轍とてつもな

엉망 [əŋmaŋ オンマン] 名 (物事が)めちゃくちゃなさま; 台無し; 散々 ¶만사(萬事)가 ~이다 [ma:nsaga ~ida マーンサガ ~イダ] すべてがめちゃくちゃである / 시험 성적이 ~이다 [ʃʌhɒm sɔŋdʒɒgi ~ida シホム ソンジョギ ~イダ] 試験の成績が散々だ **―진창** [dʒin-tʃʰaŋ ジンチャン] 名 '엉망'の強調語('진창'は泥濘の意) ¶회계가 ~이다 [hwe:gega ~ida フェーゲガ ~イダ] 会計が乱脈をきわめている.

엉성-하다 [əŋsʌŋhada オンソンハダ] 形 [여변] ① 粗い; 粗末だ; 整っていない; 締まりがない; ずさんだ; ラフだ ¶작품의 내용이 ~ [tʃakpʰume nɛ:jʌŋi ~ チャクプメ ネーヨンイ ~] 作品の内容がお粗末だ ② やせこけている ¶~-한 나뭇가지 [~-han namutkʼa-dʒi ~ハン ナムッカジ] (葉が落ちて)枯れ枯れになったこずえ **엉성-히** [əŋsʌŋi オンソンイ] 副 粗く; まばらに; 締まりなく; やせこけて; 雑に.

엉얼-거리다 [əŋʌlgərida オンオルゴリダ] 自 しきりにぶつぶつ不平をこぼす.

엉엉-거리다 [ə:ŋə:ŋgərida オーンオンゴリダ] 自 ① ああんああんと泣く ② 大げさに貧乏の苦しみ[苦境]などを訴える.

엉클다 [əŋkʰulda オンクルダ] 他 [ㄹ語幹] ① (糸や綱などが)もつれて固まりになる ② (物事を)絡ませる; もつらせる ③ (物事が)乱れて解決がつかなくなる ¶엉클어 놓은 일 [əŋkʰurə noun ni:l オンクロ ノウン ニール] めちゃくちゃにした仕事 ④ 散らかす.

엉클어-지다 [əŋkʰurɔdʒida オンクロジダ] 自 ① 絡み合う; 絡む; もつれる; よれる ¶머리 카락이 ~ [mɔri kʰaragi ~ モリ カラギ ~] 髪の毛がもつれる ② かき乱される; 散らばる ¶~-진 장난감 [~-dʒin tʃaŋnankʼam ~-ジン チャンナンカム] 散らばったおもちゃ.

엉큼-성큼 [əŋkʰumsʌŋkʰum オンクムソンクム] 副 のしのし; のっしのっしと長い足で大またに歩くさま.

엉큼-하다 [əŋkʰumhada オンクムハダ] 形 [여변] 腹黒い; 陰険だ ¶~-한 사람 [~-han sa:ram ~-ハン サーラム] 陰険な人 **엉큼-스럽다** [əŋkʰumsurɔpʼta オンクムスロプタ] 形 [ㅂ変] とても腹黒い; 腹黒い所がある.

엉키다 [əŋkʰida オンキダ] 自 ① もつれる; 絡み合う; = '엉클어지다'の略 ¶실이 ~ [ʃi:ri ~ シーリ ~] 糸がもつれる / 감정이 복잡하게 ~ [ka:mdʒʌŋi pokʃʼapʰage カームジョンイ ポクチャプパゲ ~] 感情が複雑にもつれる ② (事情などが)絡む. ⇨ '엉기다'.

엉터리 [əŋtʰʌri オントリ] 名 でたらめ; いい加減 ¶그는 ~다 [kunun ~da クヌン ~ダ] 彼はでたらめだ / ~ 의사 [~ uisa ~ ウィサ] にせ医者.

엊-그저께 [ʌtkʼudʒʌkʼe オックジョッケ] · **엊-그제** [ʌtkʼudʒe オックジェ] 名 ① 一昨日の前日; 先おととい ② 先日; 数日前 ¶어린 시절이 ~같다 [ɔrin ʃidʒɔri ~gatʰa オリン シジョリ ~ガッタ] 幼き日が数日前のようだ.

엊-저녁 [ʌtʃʼʌnjʌk オッチョニョク] · **어젯-저녁** [ɔdʒetʃʼʌnjʌk オジェッチョニョク] 名 ゆうべ; 昨夜; 昨晩; 昨夕.

엎다 [ʌpʼta オプタ] 他 ① ひっくり返す; 伏せる ¶그릇을 뒤집어 ~ [kurusul twidʒibɔ ~ クルスル トゥィジボ ~] 器をひっくり返す ② 駄目にする; 倒す; 滅ぼす ¶정부를 ~ [tʃɔŋburul ~ チョンブル ~] 政府を倒す ③ 立ち上がれないように上を覆う.

엎드러-뜨리다 [ʌpʼtʰurʌtʼurida オプトゥロットゥリダ] 他 伏せる; うつむけに倒す ¶힘껏 밀어서 ~ [himkʼɔn mirɔsʌ ~ ヒムコン ミロソ ~] カー杯突き飛ばしてうつむけに倒す.

엎드러-지다 [ʌpʼtʰurʌdʒida オプトゥロジダ] 自 (つん)のめる; うつむけに倒れる; 前へ転ぶ ¶돌에 걸려 ~ [to:re kɔlljɔ ~ トーレ コルリョ ~] 石につまずいて転ぶ.

*__엎드리다__ [ʌpʼtʰurida オプトゥリダ] 自 四つん這いになる; 腹這いになる; 伏せる; うつ伏せになる ¶방바닥에 엎드려 책을 읽다 [paŋpʼadage ʌpʼturjɔ tʃʰɛgul ikʼta パンパダゲ オプトゥリョ チェグル イクタ] 床に腹這いになって本を読む / 아기가 엎드려 자다 [agiga ʌpʼturjɔ dʒada アギガ オプトゥリョ ジャダ] 赤ん坊がうつ伏せになって寝る.

엎어-놓다 [ʌpʰʌnotʰa オポノッタ] 他 伏せておく ¶읽던 책을 ~ [ikʼtʌn tʃʰɛgul ~ イクトン チェグル ~] 読みかけた本を伏せておく.

*__엎어-지다__ [ʌpʰɔdʒida オポジダ] 自 ①

倒れる; 転ぶ; うつ伏せになる ② ひっくり返る ¶ 나룻배가 ～[narutp'ɛga ～ ナルッペガ ～] 渡し舟がひっくり返る ③ 駄目になる; くつがえる.

***엎-지르다** [ɔptʃ'iruda オプチルダ] 他 [르変] こぼす ¶ 엎지른 물 [ɔptʃ'irun mul オプチルン ムル] こぼした水; 諺 覆水盆に返らず.

엎질러-지다 [ɔptʃ'illədʒida オプチルロジダ] 自 こぼれる.

엎치다 [ɔptʃhida オプチダ] 1 他 伏せる; '엎'の強調語 2 自 腹這いになる **엎친 데 덮친다** [ɔptʃhin de dəptʃhinda オプチン デ ドプチンダ] 自他 倒れた上に更に覆いかぶさる; 諺 泣きっ面に蜂ら; 雪の上に霜を加える.

엎치락-뒤치락 [ɔptʃhirakt'witʃhirak オプチラクトゥィチラク] 副 하自他 ① 寝返りをうつさま ② 上になったり下になったり[勝ったり負けたり]; 伯仲の間; シーソー ¶ 경기(競技)가 ～한다 [kjɔŋgiga ～-(t'witʃhira)khanda キョーンギガ ～カンダ] シーソー戦を展開する.

엎친-물 [ɔptʃhinmul オプチンムル] 名 こぼした水; 諺 覆水盆に返らず.

***에** [e エ] 助 ① 〈場所〉…に ¶ 집～ 있다 [tʃibe～ it'a チベ イッタ] 家にいる ② 〈方向〉…へ; …に ¶ 서울～ 가다 [sɔur～ kada ソウル カダ] ソウルに行く ③ 〈時〉…に ¶ 3시～ 오게 [sɛːʃi～ oge セーシ～ オゲ] 3時に来なさい ④ 〈原因〉…に ¶ 총소리～ 놀라다 [tʃhoŋsori～ noːllada チョンソリ～ ノールラダ] 銃声におどろく ⑤ 〈同等な資格を列挙〉…やら ¶ 술～ 떡～ 밥～ 진탕 먹었다 [sur～ t'ɔg～ pab～ tʃinthaŋ mɔgɔt'a スレットゲ パペ チンタン モゴッタ] 酒やらもちやら飯やらんと食べた ⑥ …に; …の上に; ='에다(가)' ¶ 연구～ 연구를 거듭하다 [jɔːngu～ jɔːngurul kɔdɯphada ヨーング～ ヨーングルル コドゥプハダ] 研究に研究を重ねる.

***에게** [ege エゲ] 助 …に ¶ 그～ 주어라 [kɯ～ tʃuɔra ク～ チュオラ] 彼にやれ **—로** [ro ロ] 助 …に; …へ ¶ 그～ 간다 [kɯ～ kanda ク～ カンダ] 彼(のところ)に行く **—서** [sɔ ソ] 助 …から; …より ¶ 어머니～ 온 편지(便紙) [ɔmɔni～ on phjɔːndʒi オモニ～ オン ピョーンジ] 母からの手紙.

에계 [ege エゲ] 感 あら; 何だ; まあ ¶ ～, 어걸 어쩌지 [～, igɔl ɔtʃ'ɔdʒi ～, イゴル オッチョジ] まあ、これをどうしたらいいかしら **—계** [ge ゲ] 感 ややっ; あれあれ; '에계'の強調語.

에구 [egu エグ] 感 ううん; いたいっ; 痛い[驚いた]ときなどに発する声 **—머니** [mɔni モニ] 感 '에구'の強調語.

에구구 [egugu エググ] 感 あれまあ; ありゃありゃ; ひどく驚いてもらす語 ¶ ～, 크게 다쳤구나 [～, khɯge tatʃhɔtk'una ～, クゲ タチョックナ] あれまあ、大けがしたね.

에그 [egɯ エグ] 感 あれ(まあ); あれれ ¶ ～ 가엾어라 [～ kaːjɔpsʼɔra ～ カーヨプソラ] あれまあ、かわいそうに.

에끼 [eːkʼi エーッキ] 感 えいっ; こいつ ¶ ～, 이 죽일 놈아 [～, i tʃugil loma ～, イ チュギル ロマ] えい、この死に損ないめ.

***에너지** [enɔdʒi エノジ] 名 エネルギー.

***에누리** [enuri エヌリ] 名 ① 掛け値; 実際の値より高くつけた値段 ¶ ～없는 정가 [～ɔmnun tʃɔːŋkʼa ～オムヌン チョーンッカ] 掛け値なしの正価 ② 値切り; おまけ ③ 話を割り引いて聞くこと ¶ 그의 말을 ～해 듣다 [kɯe maːrul ～hɛ tuːtʼa クエ マールル ～ヘ トゥッタ] 彼の話を割り引きして聞く **—없다** [ɔptʼa オプタ] 形 掛け値のない; 値引きしない **—없이** [ɔpʃi オプシ] 副 掛け値・値引きなしで ¶ ～ 얼마요? [～ɔlːmajo ～ オールマヨ] 掛け値なしにいくらかね **—하다** [hada ハダ] 他 負ける; 値切る ¶ 물건 값을 ～ [mulgɔn kapsʼul ～ ムルゴン カプスル ～] 品物代を値切る.

에는 [enun エヌン] 助 …には; 略'엔' ¶ 산～ 가지마라 [san～ kadʒimara (サ)ネヌン カジマラ] 山には行くな.

에다 [eːda エーダ] 他 ① 抉る; 抉り出す; 切る ¶ 살을 에는 듯한 추위 [sarul eːnun duthan tʃhuwi サルル エーヌン ドゥッタン チュイ] 身を切るような寒さ ② (心痛させる)抉る; 突きさす ¶ 가슴을 에는 듯한 슬픔 [kasumul eːnun duthan sulphum カスムル エーヌン ドゥッタン スルプム] 胸を抉られる[胸が張り裂ける]ような悲しみ ③ '에우다'「取り囲む」の略.

에다(가) [eda(ga) エダ(ガ)] 助 …に; …の上に ¶ 빵～ 버터를 바르다 [pʼaŋ～ bɔthɔrul paruda ッパン～ ボトル

에도 [edo エド] 助 …にも ¶겨울~ 비는 온다 [kjour~ pinun onda キョウレド ピヌン オンダ] 冬にも雨は降る.

에라 [era エラ] 感 ① えい; うねっ ¶~, 나는 모르겠다 [~, nanun moruget'a ~, ナヌン モルゲッタ] ええい, 僕が知ったものか [どうともなれ] ② よせっ ¶~, 나가서 놀아라 [~, nagasɔ norara ~, ナガソ ノララ] こらっ, 外に出てあそべ.

에루화 [eruhwa エルファ] 感 ああよいよい; きのよいよい(のたぐい); 歌うとき, 興に乗って出すはやし.

에를 [erul エルル] 助 …に; …へ; 略 엘 [el エル] ¶산~ 갔더니 [san~ kat'ɔni サネルル カットニ] 山に行った….

에비 [ebi エビ] 名 お化け; 鬼; 幼児に「怖いもの」の意で使う語 ¶~가 온다 [~ga onda ~ガ オンダ] 鬼が来るよ.

＊**에서** [esɔ エソ] 助 ①〈場所〉…で; …を ¶방~ 공부하다 [paŋ~ kɔnbuhada パン~ コンブハダ] 部屋で勉強する ②〈出発点〉…から; …より ¶학교~ 집까지 [hak'jo~ tɕipk'adʑi ハッキョ~ チプカジ] 学校から家まで ③ …(方)が ¶우리 회사~ 이겼다 [uri hwe:sa~ igjɔt'a ウリ フェーサ~ イギョッタ] うちの会社が勝った **―부터** [butʰɔ ブト] 助 …から; …より ¶출발역~ 도착역까지 [tɕʰulballjɔg~ to:tɕʰaŋnjɔk'adʑi チュルバルリョ(ゲソプト) トーチャンニョクカジ] 出発駅から [より] 到着駅まで **―처럼** [tɕʰɔrɔm チョロム] 助 …のように ¶제집~ 굴다 [tɕʰe:dʑib~ ku:lda チェージブ(ベソチョロム) クールダ] 自分の家のようにふるまう.

에설-랑 (은) [esɔllaŋ(un) エソルラン(ウン)] 助 …では='에서'+'랑(은)' ¶산~ 꽃을 따고 바다~ 조개를 줍다 [san~ k'otɕʰul t'ago pada~ tɕogerul tɕu:pt'a サ(ネソルラン) ッコチュルッタゴ パダ~ チョゲルル チュープタ] 山では花をつみ, 海では潮干狩りをする.

에어로빅스 [eɔrobiks'u エオロビクス] aerobics 名 エアロビクス.

에우다 [euda エウダ] 他 ① 取り囲む; 取りまく; 包囲する ¶외벽으로 집을 ~ [we:bjɔguro tɕibul ~ ウェービョグロ チブル ~] 外壁で家を取り囲む ② 迂回させる; 回って行く ③ 済ませる; 間に合わせる ¶빵으로 저녁밥을 ~ [p'aŋuro tɕɔnjɔkp'abul ~ ッパンウロ チョニョクパブル ~] パンで夕飯に間に合わせる ④ 帳消しにする.

에워-싸다 [ewɔs'ada エウォッサダ] 他 (取り)囲む; 包囲する ¶성을 ~ [sɔŋul ~ ソンウル ~] 城を囲む.

에의 [ee エエ] 助 …への ¶행복~ 초대 [hɛ:ŋbogee tɕʰodɛ ヘーンボゲエ チョデ] 幸福への招待.

에이 [ei エイ] 感 えい, ままよ ¶~, 멋대로 해라 [~, mɔt'ɛro hɛra ~, モッテロ ヘーラ] えい, 勝手にしろ.

에이그 [eigu エイグ] 感 えい; ああ ¶~, 이 원수야 [~, i wɔnsuja ~, イ ウォンスヤ] えい, この出来そこないめ / ~, 이걸 그냥 [~, igɔl kɯnjaŋ ~, イゴル クニャン] えい, こいつを.

에이끼 [eik'i エイッキ] 感 こら; やい; えい ¶~, 이 맹추야 [~, i mɛŋtɕʰuja ~, イ メンチュヤ] えい, このあほう.

에이프런 [eipʰurɔn エイプロン] apron 名 エプロン.

에인젤 [eindʑel エインジェル] angel 名 エンゼル; 天使.

에잇 [eit エイッ] 感 えいっ; うねっ ¶~, 실패다 [~, ɕilpʰɛda ~, シルペダ] えいっ, くじけった.

에참 [e:tɕʰam エーチャム] 感 ちえっ ¶~, 할 수 없군 [~, hal s'u ɔ:pk'un ~, ハル ッス オークン] ちえっ, しょうがないな. 「ット.

에티켓 [etʰikʰet エティケッ] 名 エチケ

＊**엔** [en エン] 助 …には; '에는' の略.

엔간-찮다 [engantɕʰantʰa エンガンチャンタ] 形 並大抵でない; 予想以上だ; 普通でない ¶~-찮게 힘드는 일 [~-tɕʰankʰe himdunun ni:l ~-チャンケ ヒムドゥヌン ニール] 予想以上に手のかかる仕事.

엔간-하다 [enganhada エンガンハダ] 形 ほど[かなり]いい; 並みだ; 適当だ ¶~-한 고생이 아니다 [~-han kosɛŋi anida ~-ハン コセンイ アニダ] 並大抵 [ちょっとやそっと] の苦労ではない

엔간-히 [engani エンガニ] 副 適当に; ほどよく ¶~ 해라 [~ hɛra ~ ヘーラ] 適当にしなさい.

엔들 [endul エンドゥル] 助 …でも; …にだに; …だって ¶꿈~ 잊으랴 [k'um~ lidʑurja ック(メンドゥル) リジュリャ] 夢にだに忘れられようか.

엘니뇨 현상 [―現象] [elni:njɔ hjɔ:nsan 엘니ー뇨 효ー산] 〈ス〉 El Niño 图〈気〉エルニーニョ現象.

엘랑(은) [ellaŋ(ɯn) エルラン(ウン)] 助 …には; …へは ¶ 극장~ 가지마라 [kukt͡ɕ'aŋ~ kadʑimara ククチャン~ カジマラ] 劇場などには行くな.

엘리건스 [elligʌnsɯ エルリゴンス] elegance 图 エレガンス.

엘리베이터 [ellibeitʰɔ エルリベイト] elevator 图 エレベーター ━걸 [gɔːl ゴール] 图 エレベーターガール.

엘리트 [ellitʰɯ エルリトゥ] 〈フ〉élite 图 エリート.

엣 [et エッ] 助 …にある ¶ 눈~ 가시 [nun~ kʼaɕi ヌネッ カシ] 眼にあるとげ; 目の上のこぶ.

***여** [jo ヨ] 助 …よ ¶ 친구~ [t͡ɕʰinɡu~ チング~] 友よ.

여-[女] [jɔ ヨ] 接頭 女; 女性 ¶ ~주인 [~dʑuin ~ジュイン] 女主.

*-**어** [ɔ ヨ] 語尾 …(し)で ¶ 노동(勞動)하~ 먹고 산다 [nodoŋha~ mɔkʼo sanda ノドンハ~ モクコ サンダ] 労働で食っていく.

여가[餘暇] [jɔɡa ヨガ] 图 余暇; ひま ¶ ~를 이용하다 [~rɯl iːjoŋhada ~ルル イーヨンハダ] 余暇を利用する.

***여간[如干]** [jɔɡan ヨガン] 하形 副 ① 普通に; 尋常の ¶ ~해서는 말은 안 듣는다 [~hɛsɔnɯn maːrɯl an dɯnnɯnda ~ヘソヌン マールル アン ドゥンヌンダ] 尋常の[なかなかの]ことでは承知しない ② (主に否定語とともに用いられて) 普通では; 並みでは; ちょっとやそっと ¶ 내부가 ~ 복잡하게 아니다 [nɛːbuɡa ~ pokt͡ɕʼapʰaɡe anida ネーブガ ~ ポクチャパンゲ アニダ] 内部の複雑さがちょっとやそっとではない ━**아니다** [anida アニダ] 指 普通でない; 並大抵でない; 尋常でない; なかなかである ¶ 그녀의 고집은 ~ [kɯnjɔe kodʑibɯn ~ クニョエ コジブン ~] 彼女の我は普通でない ━**내기** [nɛɡi ネギ] 图 ただ者; 並みの者 ¶ 그는 ~가 아니다 [kɯnɯn ~ɡa anida クヌン ~ガ アニダ] 彼はただ者ではない.

여객[旅客] [jɔɡɛk ヨゲク] 图 旅客 ━**기** [(ɔɡɛ)kʼi キ] 图 旅客機 ━**선** [sʼɔn ソン] 图 旅客船 ━**전무(專務)** [t͡ɕʼɔnmu チョンム] 图 専務車掌.

여건[與件] [jɔːkʼɔn ヨーコン] 图 与件 ¶ ~이 좋지 않다 [~i t͡ɕoːt͡ɕʰi antʰa (ヨーコ)ニ チョーッチ アンタ] 与件がよくない.

여걸[女傑] [jɔɡɔl ヨゴル] 图 女傑 = 여장부(女丈夫) [jɔdʑaŋbu ヨジャンブ].

여겨-듣다 [jɔɡjɔdɯtʼa ヨギョドゥッタ] 他ㄷ変 聞き入る; 傾聴する.

여겨-보다 [jɔɡjɔboda ヨギョボダ] 他 見入る; 注視する; じっと見つめる.

여겨-지다 [jɔɡjɔdʑida ヨギョジダ] 自 (おのずと) 思われる; 感じられる.

여경[女警] [jɔɡjɔŋ ヨギョン] 图 婦警; 婦人警察官; 女子警察官の略.

여고[女高] [jɔɡo ヨゴ] 图 女子高等学校の略 ━**생** [sɛŋ セン] 图 女子高生.

여공[女工] [jɔɡoŋ ヨゴン] 图 女子工員; 女子従業員.

***여관[旅館]** [jɔɡwan ヨグァン] 图 旅館; 宿屋.

여교사[女敎師] [jɔɡjosa ヨギョサ] 图 女性教師.

여군[女軍] [jɔɡun ヨグン] 图 女性の軍隊[軍人].

여권[女權] [jɔkʼwɔn ヨクォン] 图 女権 ━**신장(伸張)** [ɕindʑaŋ シンジャン] 图 女権拡張 ━**운동** [(jɔkʼwɔn)uːndoŋ (ヨクォ)ヌーンドン] 图 女権運動 ━**주의** [dʑui ジュイ] 图 女権主義.

***여권[旅券]** [jɔkʼwɔn ヨクォン] 图 旅券; パスポート.

여급[女給] [jɔɡɯp ヨグプ] 图 ウェイトレス (waitress).

***여기** [jɔɡi ヨギ] 1 代 ここ; こち(ら) ¶ ~가 좋다 [~ɡa t͡ɕoːtʰa ~ガ チョーッタ] ここがいい 2 副 ここに[へ] ¶ ~있다 [~ itʼa ~ イッタ] ここにある ━**저기** [dʑɔɡi ジョギ] 1 副 あちこちに; あちらこちら; ここかしこ ¶ ~ 헤매다 [~ hemɛda ~ ヘメダ] ここかしこをさまよう 2 代 あちこち; ここあそこ ¶ 꽃이 ~에 피었다 [kʼot͡ɕʰi ~e pʰiɔtʼa ッコッチ ~エ ピオッタ] 花があちこちに咲いた.

***여기다** [jɔɡida ヨギダ] 他 (心の中で) 思う; 認める; 感ずる ¶ 불쌍히 ~ [pulsʼaŋi ~ プルッサンイ ~] かわいそうに思う.

여-기자[女記者] [jɔɡidʑa ヨギジャ] 图 女性記者.

여남은 [jɔnamɯn ヨナムン] 图 冠 10余り ¶ 집이 ~ 있다 [t͡ɕibi ~ itʼa チビ ~ イッタ] 家が10余りある.

여념[餘念] [jɔnjɔm ヨニョム] 图 余念 ¶ ~이 없다 [~i ɔːptʼa (ヨニョ)ミ オープタ] 余念がない.

여느 [jɔnɯ ヨヌ] 冠 ① 普通の; 並みの; 普段の ¶ ~ 때 같으면 …[~ tʼɛ kath‍umjɔn ~ ッテ カットゥミョン] 普段[いつも]なら…/ ~ 사람[~ saram ~ サラム] 普通の人 ②その他の ¶~것과 구별하다[~ gɔtk'wa kubjɔrhada ~ ゴックァ クビョルハダ] 他の[普通の]ものと区別する.

여-닫다[jɔ:dat'a ヨーダッタ] 他 開閉する **여닫-이**[jɔ:dadʒi ヨーダジ] 名 ①引き戸 ②上げ下ろし戸 ③開閉すること.

여당[與黨][jɔ:daŋ ヨーダン] 名 与党; 「政府党.
여대[女大][jodɛ ヨデ] 名 女子大; 女子大学 **一생**[sɛŋ セン] 名 女子大生.
***여덟**[jodɔl ヨドル] 数 8; 八; 8つ ¶~살[s'al サル] 8歳 **一팔자 걸음**[p'altʃ'a gɔrum パルチャ ゴルム] 名 八の字の歩き方; 威張った歩き方. 「名 妹.
***여-동생**[女同生][jɔdoŋsɛŋ ヨドンセン]
***여드레**[jɔdurɛ ヨドゥレ] 名 8日 **여드렛-날**[jodurɛnnal ヨドゥレンナル] 名 8日目の日; 8日='초여드레'.

여드름[jɔdurum ヨドゥルム] 名 にきび ¶~을 짜다[~ul tʃ'ada (ヨドゥル) ムル ッチャダ] にきびをつぶす/ ~이 나다[~i nada (ヨドゥル) ミ ナダ] にきびができる.

***여든**[jɔdun ヨドゥン] 数 80.
-여라[jɔra ヨラ] 語尾 …せよ; …しなさい ¶일을 하~[i:rul ha~ イールル ハ~] 仕事をせよ.
***여러**[jɔrɔ ヨロ] 冠(数) 多くの ¶~사람의 의견[~ sa:ramɛ wi:gjɔn ~ サラメ ウィーギョン] 多くの人の意見 **一가지**[gadʒi ガジ] 名 数々の; いろいろの; さまざまな ¶~물건[~ mulgɔn ~ ムルゴン] いろいろの品物 **一모로**[moro モロ] 副 多角的に; 多方面に; いろいろと ¶~참고가 되었다[~ tʃhamgoga twɛt'a ~ チャムゴガ トゥェオッタ] 多方面で参考になった **一분**[bun ブン] 代 皆さん; 皆様 **一해**[hɛ ヘ] 名 幾年; 数年; 長年.

여럿[jɔrɔt ヨロッ] 数 ①多数 ②多くの人; 人々 ¶~이 모였다[(jɔrɔ)ʃi mojot'a (ヨロ)シ モヨッタ] 多くの人が集まった.

여력[餘力][jɔrjɔk ヨリョク] 名 余力 ¶그에게는 ~이 있다[kwegenun (jɔrjɔg)i it'a クエゲヌン (ヨリョ)ギ イッタ] 彼には余力がある.

여로[旅路][jɔro ヨロ] 名 旅路 ¶~에 오르다[~e oruda ~エ オルダ] 旅路につく.

***여론**[輿論][jɔ:ron ヨーロン] 名 輿論ょん; 世論 ¶~에 호소(呼訴)하다[~e hosohada (ヨーロ)ネ ホソハダ] 世論に訴える **一조사**[dʒosa ジョサ] 名 世論調査.

여류[女流][jɔrju ヨリュ] 名 女流 **一문인**[munin ムニン] 名 女流文人 **一문학**[munhak ムンハク] 名 女流文学 **一시인**[ʃiin シイン] 名 女流詩人 **一작가**[dʒak'a ジャクカ] 名 女流作家 **一화가**[hwa:ga ファーガ] 名 女流画家.

***여름**[jɔrum ヨルム] 名 夏 ¶~을 타다[~ul thada (ヨル)ムル タダ] 夏負けをする; 夏やせする **一날**[nal ナル] 名 夏の日 **一내**[nɛ ネ] 副 夏中 ¶~놀고 지내다[~ no:lgo tʃinɛda ~ ノールゴ チーネダ] 夏中遊び暮らす **一방학**(放學)[p'aŋhak パンハク] 名 夏休み **一철**[tʃhɔl チョル] 名 夏季.

여리다[jɔrida ヨリダ] 形 もろくて柔らかい; 弱い ¶외모(外貌)에 비(比)해서 ~[wɛ:mo̞ɛ pi:hɛsɔ ~ ウェーモエ ピーヘソ ~] 見かけによらず柔らかくて弱い/마음이 ~[maumi ~ マウミ ~] 心が弱い/인정(人情)에 ~[indʒɔŋe ~ インジョンエ ~] 情にもろい.

여망[輿望][jɔ:maŋ ヨーマン] 名 大衆の期待; 輿望ょぅ ¶국민의 ~[kuŋminɛ ~ クンミネ ~] 国民の輿望[期待].

여망[餘望][jɔ:maŋ ヨーマン] 名 将来の希望 ¶~이 없다[~i ɔ:pt'a ~イ オープタ] 希望がない.

여명[黎明][jɔ:mjɔŋ ヨーミョン] 名 黎明ホミ; 夜明け; 明け方 ¶신문학의 ~[ʃinmunhage ~ シンムンハゲ ~] 新文学の黎明 **一기**[gi ギ] 名 黎明期 ¶문예 부흥의 ~[munɛbu:hwŋe ~ ムネブーフンエ ~] 文芸復興の黎明期.

여무-지다[jɔmudʒida ヨムジダ] 形 ①しっかり[がっちり]している; すきがない; ='야무지다' ¶사람이 ~[sa:ramdwɛmi ~ サーラムドゥェミ ~] 人となりがしっかりしている ②(物事が)きちんとしている ¶~-진 살림[~-dʒin sallim ~-ジン サルリム] きちんと切り盛りした家事 ③手ぎわがよい; 手先が器用だ ¶~-진 솜씨[~-dʒin somʃ'i ~-ジン ソムッシ] しっかりした腕前.

여물[jɔmul ヨムル] 名 ①まぐさ ②壁

土を堅固にするために混ぜる刻みわら **—죽**[dʒuk ヂュク] 图 煮たまぐさ[飼料] **—통**[tʰoŋ トン] 图 飼い葉桶.

여물다[jomulda ヨムルダ] **1** 自己語幹 ① よく実る; 熟する ¶밤이 잘 ~[paːmitʃal (ljomulda)] パーミ チャル (リョムルダ) クリがよく実る ② (物事が)うまくいく **2** 他 結末をつける; 終える **3** 形 ① (物事や人となりが)しっかり[がっちり]している; 抜け目なく完全にやる ¶모든 일을 여물게 처리하다[moːdum niːrul jomulge tʃʰoːrihada モードゥン ニールル ヨムルゲ チョーリハダ] すべてのことをしっかりと処理する / 사람됨이 ~[saːramdwemi ~ サーラムドゥェミ ~] 人となりががっちりしている[頼もしい] ②(生活が)つつましい; 無駄がない.

여미다[jomida ヨミダ] 他 整える; きちんと合わせる; ただす ¶옷깃을 ~[otkʼisul ~ ~ オッキスル ~] えりをただす.

여-반장[如反掌][jobandʒaŋ ヨバンジャン] 慣 てのひらを返すごとくたやすいこと; 朝飯前の意 ¶1등 하기는 ~이다[iltʼuŋ haginun ~ida イルトゥン ハギヌン ~イダ] 1等になるのは朝飯前だ.

여-배우[女俳優][jobɛu ヨベウ] 图 女優.

여백[餘白][jobɛk ヨベク] 图 余白; 空白.

여-벌[餘—][jobʌl ヨボル] 图 ① 余分の物; 余った分 ② 後で使うために残しておく物; 予備の物.

*여-보[jobo ヨボ] 感 ① おい='여보시오'のやや低めた語 ② 夫婦が呼び合う語; おまえ; あなた.

여-보게[joboge ヨボゲ]・**여-보시게**[jobosige ヨボシゲ] 感 君; 貴公; 友の間柄や目下の呼ぶ語.

*여-보세요[jobosɛjo ヨボセヨ]・여-보시오[jobosio ヨボシオ] 感 もしもし; (電話・一般の人の)呼びかけの言葉.

여-보십시오[jobosipsʼio ヨボシプシオ] 感 '여보시오'の尊敬語; もし(もし).

여복[女福][jobok ヨボク] 图 艶福艶 ¶그는 ~이 많다[kunun (njobog)i maːntʰa クヌン (ニョボク) ギ マーンタ] 彼は艶福家である.

여-봐라[jobwara ヨブァラ] 感 여기를 보아라[jogirul poara ヨギルル ボアラ]「こちらを見よ」との意 ① たのもう; 旧時他人の家を訪問して案内を請うときの語 ¶~ 게 아무도 없느냐?[~ keaːmudo ɔːmnunja ~ ケ アームド オームヌニャ] たのもう, 誰かおらんか ②これ(れ); 現在では目下を呼ぶ語.

여봐란-듯이[jobwarandɯʃi ヨブァランドゥシ] 副 これ見よがしに; 威張って得意そうであるさま ¶~ 가슴을 펴고 걸어가다[~ kasumul pʰjogo kɔːɾɡada ~ カスムル ピョゴ コロガダ] これ見よがしに胸を張って歩く.

*여부[與否][jɔːbu ヨーブ] 图 可否 ¶성사(成事) ~를 묻다[sɔŋsa ~rul muːtʼa ソンサ ~ルル ムーッタ] 事が成功したか否かを問う / ~가 있겠습니까[~ga itkʼesʼumnikʼa ~ガ イッケッスムニッカ] 当然なことです; もちろんですとも **—없다**[ɔpʰtʼa オプタ] 存 可否を問う必要がない; 間違いない; 確かだ **—없이**[ɔpʃi オプシ] 副 間違いなく; 確かに.

여북[jobuk ヨブク] 副 どれほどに; さぞ(かし) ¶~ 슬프겠나[~ sʼulpʰugenna ~ スルプゲンナ] どんなに悲しいことでしょう / ~하면 [여북해서] [(jobu)kʰamjon [kʰɛsɔ] ~カミョン [ケソ] どれほど; どんなにかつらくて; さぞや **—이나**[(jobug)ina (ヨブグ)イナ] 副 どんなにか; さぞかし ¶그가 오면 ~ 기쁘랴[kuɡa omjon ~ kipʼurja クガ オミョン ~ キップリャ] 彼が来たらどんなにうれしいだろう.

여분[餘分][jobun ヨブン] 图 余分; 余り; 残り ¶~이 없다[~i ɔːpʰtʼa (ヨブニ オープタ] 余りがない.

여비[旅費][jobi ヨビ] 图 旅費; 路用; =노자(路資)[noːdʒa ノージャ] ¶~를 마련하다[~rul marjonhada ~ルル マリョンハダ] 旅費を工面する.

여-비서[女祕書][jobisɔ ヨビソ] 图 女性秘書.

여사[女史][jɔsa ヨサ] 图 女史.

여-사원[女社員][jɔsawon ヨサウォン] 图 女性社員; オフィスレディー.

여색[女色][josɛk ヨセク] 图 女色; 女性との情事 ¶~에 빠지다[(jɔsɛg)epʼaːdʒida (ヨセグ)ェッパージダ] 女色におぼれる; 女に狂う.

여생[餘生][jɔsɛŋ ヨセン] 图 余生; 余命 ¶~을 교육에 바치다[~ul kjoːjuge patʃʰida ~ウル キョーユゲ パチダ] 余生を教育に尽くす.

-여서[jɔsɔ ヨソ] 語尾 …しで; …のので ¶합격하~ 기쁘겠다[hapkʼjokʰa~kipʼulgetʼa ハプキョクカ~ キップゲッ

여-선생[女先生][jəsɔnsɛŋ ヨソンセン] 名 女性教師 = '여교사'(女敎師).

***여섯**[jəsʌt ヨソッ] 数 6; 六; 6つ.

***여성**[女性][jəsʌŋ ヨソン] 名 女性 ¶ 직업 ~ [tʃigəm (njəsʌŋ) チゴム (ニョソン)] 職業女性.

여송-연[呂宋煙][jəsoŋjən ヨーソンヨン] 名 葉巻; シガー.

여승[女僧][jəsɯŋ ヨスン] 名 尼僧; 尼; = 비구니(比丘尼)[piːguni ピーグニ]「びくに」.

여식[女息][jəʃik ヨシク] 名 娘 = 딸[t'al ッタル].

여신[女神][jəʃin ヨシン] 名 女神; めがみ ¶ 자유의 ~ [tʃajue ~ チャユエ ~] 自由のめがみ.

여아[女兒][jəa ヨア] 名 ① 娘 ② 女の子.

여야[與野][jəːja ヨーヤ] 名 与党と野党.

-여야[jəja ヨヤ] 語尾 …しなければ ¶ 우승하~ 한다[usuŋ~ handa ウスン~ ハンダ] 優勝しなければならない.

***여염**[閭閻][jəjəm ヨヨム] 名 人家が集まっているところ; 村里; 閭巷항 —**집**[tʃip チプ] 名 民家; 一般庶民の家 ¶ ~ 처녀[~ tʃhɔːnjə ~ チョーニョ] 一般の家庭娘 / —**하숙**[~-(tʃ'i) phaːsuk ~ パースク] 素人下宿.

여우[jəu ヨウ] 名 〈動〉キツネ(狐) ¶ ~에게 홀리다[~ege hollida ~エゲ ホルリダ] キツネにつかれる; キツネがつく —**같다**[gat'a ガッタ] 形 キツネのようにずる賢い —**비**[bi ビ] 日照り雨.

여우[女優][jəu ヨウ] 名 女優.

여운[餘韻][jəun ヨウン] 名 余韻 ¶ ~을 남기다[~ul namgida ~ウル ナムギダ] 余韻を残す.

여울[jəul ヨウル] 名 瀬; 早瀬 ¶ 얕은 ~ [jathɯn (njəul) ヤトゥン (ニョウル)] 浅瀬 —**목**[mok モク] 名 早瀬.

여위다[jəwida ヨウィダ] 自 やせる; やせ細る; やつれる ¶ 몸이 ~ [momi ~ モミ ~] 身が細る.

***여유**[餘裕][jəju ヨユ] 名 余裕 ¶ ~있는 태도[~innɯn thɛːdo ~インヌン テード] 余裕のある態度 / ~있는 생활(生活)[~innɯn sɛŋhwal ~インヌン センファル] ゆとりのある暮らし.

***여의다**[jəida ヨイダ] 他 ① 死別する ¶ 부모(父母)를 ~ [pumorɯl ~ プモルル ~] 親に死に別れる; 親をなくす ② (娘を)嫁がせる ¶ 딸을 ~ [t'arɯl ~ ッタルル ~] 娘を嫁がせる.

여의-찮다[如意—][jəitʃhantʰa ヨイチャンタ] 形 不如意で; 思うどおりにならない; ままにならない ¶ 매상이 ~ [mɛːsaŋi ~ メーサンイ ~] 売り上げが思わしくない.

*여인[女人][jəin ヨイン] 名 女人にん; 女子; 女性 ¶ 묘령의 ~ [mjoːrjəŋe ~ ミョーリョンエ ~] 妙齢の女性.

*여인-숙[旅人宿][jəinsuk ヨインスク] 名 宿屋('여관'(旅館)より下級).

*여자[女子][jədʒa ヨジャ] 名 女子; 女 —승무원(乘務員)[sɯŋmuwɔn スンムウォン] 名 女性客室乗務員; スチュワーデス.

여-장부[女丈夫][jədʒaŋbu ヨジャンブ] 名 女傑; 女丈夫.

*여전[如前][jədʒən ヨジョン] 名 하形 同前; 依然 ¶ 그 버릇이 ~ 하군[kɯ pɔrɯʃi ~hagun ク ポルシ ~ハグン] その癖はむかしのままだね —**히**[i (ヨジョ) ~] 副 相変らず; いつものとおり.

*여지[餘地][jədʒi ヨジ] 名 余地; 余裕; ゆとり ¶ 입추의 ~도 없다[iptʃhue ~do ɔːpt'a イプチュエ ~ド オープタ] 立錐すいの余地もない / 변명(辨明)의 ~가 없다[pjənmjəŋe ~ga ɔːpt'a ピョンミョンエ ~ガ オープタ] 弁解の余地がない —**없다**[ɔpt'a オプタ] 画 余地がない ¶ 의논할 ~ [ɯinonhal ~ ウィノンハル ~] 議論の余地がない —**없이**[ɔpʃi オプシ] 副 余地もなく; すっかり; 完全に ¶ ~ 당했다[~ taŋhɛt'a ~ タンヘッタ] 余地もなく[完全に]やられた.

여지-껏[jədʒikʼɔt ヨジッコッ] 副 今まで.

*여쭈다[jɔːtʃʼuda ヨーッチュダ] 他 申し上げる; 伺う ¶ 아는대로 ~ [aːnɯndɛro ~ アーヌンデロ ~] 知っているとおりに申し上げる **여쭙다**[jɔːtʃʼupt'a ヨーッチュプタ] 他 ㅂ変 '여쭈다'の謙譲語.

여차여차-하다[如此如此—][jɔtʃha-jɔtʃhahada ヨチャヨチャハダ] 形 かくかく・これこれ・しかじかである ¶ ~-하고 ~-하다[~-hago ~-hada ~-ハゴ ~-ハダ] かくかくしかじかである.

여차-하면[如此—][jɔtʃhahamjən ヨチャハミョン] 副 いざと言う時(は); もしか[ひょっと]したら ¶ ~ 달아날 뿐이다[~ taranal pʼunida ~ タラナル ップニダ] いざと言う時は逃げるばかりだ.

여치[jɔːtʃhi ヨーチ] 名 〈虫〉キリギリス.

여탕[女湯][jotʰaŋ ヨタン] 名 女湯.

***여태(-까지·-껏)**[jotʰɛ(k'adʒi·k'ɔt) ヨテ(ッカジ·ッコッ)] 副 今まで ¶ ~ 안 오다니 …[~ an odani ~ アノダニ]·[~ an odani ~ アノダニ] 今まで来ないとは.

여편-네[jopʰjɔnne ヨピョンネ] 名 ① 俗 既婚女性 ②'아내'「妻」の卑称 ¶ 우리집 ~는 바가지가 심하다[uridʒim (njopʰjɔnne) nun pagadʒiga ʃimhada ウリジム(ニョピョンネ) ヌン パガジガ シムハダ] うちの家内は小言が多い.

여-필종부[女必從夫][jopʰildʒoŋbu ヨピルジョンブ] 名 (儒教思想で)妻はかならずその夫に従うべきであること.

여하[如何][joha ヨハ] 名 하形 如何 ¶ 이유~에 따라서[i:ju~e t'arasɔ イーユ~エッタラソ] 理由如何によって ━**간**(間)[gan ガン]·**-튼**[tʰun トゥン] 副 とにかく ¶ ~ 해 보자[~ hɛ: bodʒa ~ ヘー ボジャ] とにかくやってみよう.

여-학교[女學校][johak'jo ヨハクキョ] 名 女學校. 「名 女(子)学生.

***여-학생**[女學生][johaks'eŋ ヨハクセン]

여한[餘恨][johan ヨハン] 名 遺恨 ¶ 죽어도 ~이 없다[tʃugɔdo ~i ɔp'ta チュゴド (ヨハ)ニ オープタ] 死んでも思い残すことはない.

*** 여행**[旅行][johɛŋ ヨヘン] 名 하自 旅行; 旅; ツアー ¶ 수학 ~[suhaŋ (njohɛŋ) スハン(ニョヘン)] 修学旅行 / 당일(當日) ~[taŋil (liɔhɛŋ) タンイル(リョヘン)] 日帰り旅行 **여행자수표**(旅行者手票)[johɛŋdʒa supʰjo ヨヘンジャ スピョ] 名 トラベラーズチェック(traveller's check) ━**사**[sa サ] 名 旅行社; 旅行代理店.

여흥[餘興][johuŋ ヨフン] 名 余興 ¶ ~으로 노래를 부르다[~uro nore-rul puruda ~ウロ ノレルル プルダ] 余興に歌を歌う.

역[逆][jɔk ヨク] 名 逆; さかさま ¶ ~코스[(jo)kʰo:su ~コース] 逆コース.

*** 역**[驛][jɔk ヨク] 名 駅 ¶ 시발~[ʃi:bal(ljɔk) シーバル(リョク)] 始発駅 / 종착~[tʃoŋtʃʰaŋ(njɔk) チョンチャン(ニョク)] 終着駅.

역[役][jɔk ヨク] 1 依名 役 ¶ 노인(老人) ~[no:in (njɔk) ノーイン(ニョク) ~] 年寄り役 2 接尾 役 ¶ 안내~[a:nnɛ~ アーンネ~] 案内役.

역-겹다[逆—][jɔk'jɔpt'a ヨクキョプタ] 形 ㅂ変 おぞましい; 腹だたしい; 頭にくる; むかつくようだ ¶ 입에 담기에도 ~[ibe ta:mk'iedo ~ イベ タームキエド ~] 口にするのもおぞましい.

역경[逆境][jɔk'jɔŋ ヨクキョン] 名 逆境 ¶ ~에 빠지다[~e p'a:dʒida ~ エッパージダ] 逆境に陥る.

역기[力器][jɔk'i ヨクキ] 名 (ボディービルディングに使う)バーベル(barbell).

역대[歷代][jɔk't'ɛ ヨクテ] 名 歴代; 代々 ¶ ~ 대통령[~ dɛ:tʰoŋnjɔŋ ~ デートンニョン] 歴代大統領.

역도[力道][jɔkt'o ヨクト] 名 重量挙げ; ウェートリフティング(weight lifting); =**역기**(力技)[jɔk'i ヨクキ].

역량[力量][jɔŋnjaŋ ヨンニャン] 名 力量; 器量 ¶ ~있는 인물[~innun inmul ~インヌン インムル] 力量のある人物.

역력-하다[歷歷—][jɔŋnjɔkʰada ヨンニョクカダ] 形 歴々と[ありありと]している; 明らかだ **역력-히**[jɔŋnjɔkʰi ヨンニョクキ] 副 歴々と; ありありと ¶ 결점이 ~ 보인다[kjɔltʃ'ɔmi ~ po-inda キョルチョミ ~ ボインダ] 欠点がありありと見える.

역류[逆流][jɔŋnju ヨンニュ] 名 하自 逆流 ¶ 물이 ~하다[muri ~hada ムリ ~ハダ] 水が逆流する.

역-마차[驛馬車][jɔŋmatʃʰa ヨンマチャ] 名 駅馬車.

*** 역사**[歷史][jɔks'a ヨクサ] 名 歴史 ━**적**[dʒɔk ジョク] 名 冠 歴史的 ¶ ~사건[~ s'a:k'ɔn ~ サーコン] 歴史的事件 ━**극**[guk グク] 名 時代劇; 史劇.

역설[力說][jɔks'ɔl ヨクソル] 名 하自他 力説 ¶ 필요성을 ~하다[pʰirosɔŋul ~hada ピリョソンウル ~ハダ] 必要性を力説する.

역설[逆說][jɔks'ɔl ヨクソル] 名 逆説; パラドックス(paradox).

역성-들다[jɔks'ɔŋdulda ヨクソンドゥルダ] 他 ㄹ語幹 えこひいきする; 肩を持つ ¶ 어머니는 동생만 ~-든다[ɔmɔninun toŋsɛŋman ~-dunda オモニヌン トンセンマン ~-ドゥンダ] 母は弟だけをえこひいきする.

역습[逆襲][jɔks'up ヨクスプ] 名 하他 逆襲 ¶ 적을 ~하다[tʃɔgul (njɔks'u)-pʰada チョグル ~パダ] 敵を逆襲する.

*** 역시**[亦是][jɔkʃ'i ヨクシ] 副 ① …もま

た ¶그것도 ~ 좋겠지[kɯgɔt'o ~ tʃɔːkʰetʃ'i クゴット ~ チョーケッチ] それもまたよかろう ② やはり; なお ¶그는 ~ 악한(惡漢)이었다 [kunɯn ~ akʰaniɔt'a クヌン ~ アクカニオッタ] 彼はやはり悪者だった.

역연[歷然][jɔgjɔn ヨギョン] 名[하形] 歷然; はっきりしているさま ¶~증거[~han tʃɯŋgɔ ~ハン チュンゴ] 歷然たる証拠 —히[i (ヨギョ)ニ] 副 歷然と ¶흔적이 ~ 남아 있다 [hɯndʒɔgi ~ nama it'a フンジョギ ~ ナマイッタ] 跡(形)が歷然と残っている.

역-이용[逆利用][jɔgijɔŋ ヨギイヨン] 名[하他] 逆利用; 逆用 ¶적의 선전을 ~하다[tʃɔgɯi sɔndʒɔnɯl ~hada チョゲ ソンジョヌル ~ハダ] 敵の宣伝を逆用する.

역임[歷任][jɔgim ヨギム] 名[하他] 歷任.

역작[力作][jɔktʃ'ak ヨクチャク] 名[하他] 力作; 労作 ¶~을 발표하다 [(jɔktʃ'aɡ)ɯl palpʰjohada (ヨクチャ)グル パルピョハダ] 力作を発表する.

역적[逆賊][jɔktʃ'ɔk ヨクチョク] 名 逆賊 ¶~의 누명(陋名)을 쓰다[(jɔktʃ'ɔɡ)e nuːmjɔŋɯl s'ɯda (ヨクチョ)ゲ ヌーミョンウル ッスダ] 賊名を着せられる.

역전[逆轉][jɔktʃ'ɔn ヨクチョン] 名[하自] 逆転 ¶경기는 ~되었다[kjɔːŋginɯn ~dwɛt'a キョーンギヌン ~ドゥェオッタ] 試合はどんでん返しになった —승(勝)[sɯŋ] 名[하自] 逆転勝ち.

역전[驛前][jɔktʃ'ɔn ヨクチョン] 名 駅前 ¶~광장(廣場)[~ gwaːŋdʒaŋ ~ グァーンジャン] 駅前の広場.

역점[力點][jɔktʃ'ɔm ヨクチョム] 名 力点; 重點 ¶현대어에 ~을 둔 사전[hjɔːndɛɔe ~ɯl tun sadʒɔn ヒョーンデオエ (ヨクチョ)ムル トゥン サジョン] 現代語に力点を置いた辞書.

역정[逆情][jɔktʃ'ɔŋ ヨクチョン] 名 ① 怒り; 腸癪しゃく ② (目上の人の怒り)ご不興; =성[sɔːŋ ソーン]の尊敬語 —(이) 나다[(i) nada (イ) ナダ] 自 腹が立つ; 気に障る —(을) 내다[(ɯl) nɛda (ウル) ネダ] 自 腹を立てる; 怒る —(을) 내시다[(ɯl) nɛʃida (ウル) ネシダ] 自 お気に障る.

역-하다[逆—][jɔkhada ヨクハダ] 形 [여變] ① むかつく ¶가슴이 ~[kasɯmi ~ カスミ ~] 胸がむかつく ② 気に障る ¶그의 말이 역하게 느껴졌다[kɯe maːri jɔkhage nuːkk'jɔdʒɔt'a クエ マーリ ヨクハゲ ヌッキョジョッタ] 彼の言ったことがとても気に障る.

***역할**[役割][jɔkhal ヨクカル] 名 役割; 役目 ¶중요한 ~을 하다[tʃuːŋjohan (jɔkhar)ɯl hada チューンヨハン (ヨクカ)ルル ハダ] 重要な役割を演じる / 밑지는 ~[mitʃ'inɯn ~ ミッチヌン ~] 損な役回り; 貧乏くじ.

역행[逆行][jɔkhɛŋ ヨクヘン] 名[하自他] 逆行 ¶시대에 ~하는 사상[ʃidɛe ~hanɯn saːsaŋ シデエ ~ハヌン サーサン] 時代に逆行する思想.

역혼[逆婚][jɔkhon ヨクコン] 名 弟妹が兄姉より先に結婚すること.

역-효과[逆效果][jɔkhjok'wa ヨクキョクァ] 名 逆効果 ¶충고가 ~를 내었다[tʃhuŋgoga ~rɯl nɛːtʼa チュンゴガ ~ルル ネーオッタ] 忠告が逆効果となった.

***엮다**[jɔkt'a ヨクタ] 他 ① 編む ¶소쿠리를 ~[sokhurirɯl ~ ソクリルル ~] ざるを編む ② 編集する ¶책을 ~[tʃhɛgɯl ~ チェグル ~] 本を編集する ③ いろいろなことを話すか書き込む ¶이야기를 ~[ijagirɯl ~ イヤギルル ~] 話を記録する[語る].

엮은-이[jɔkʼɯni ヨクニ] 名 編者

엮음[jɔkʼɯm ヨクム] 名 編集(すること); 編むこと.

***연**[鳶][jɔn ヨン] 名 たこ ¶~을 날리다[~ɯl nallida (ヨ)ヌル ナルリダ] たこを揚げる.

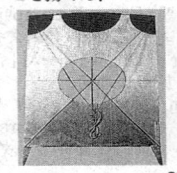

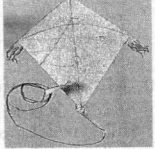

연

연가[戀歌][jɔːnga ヨーンガ] 名 恋歌.

연감[年鑑][jɔngam ヨンガム] 名 年鑑; イヤーブック ¶경제 ~[kjɔŋdʒe ~ キョンジェ ~] 経済年鑑.

연-거푸[jɔngɔpʰu ヨンゴプ] 副 続けざまに; 繰り返し; 引き続き ¶~ 맥주(麥酒)를 마시다[~ mɛktʃ'ɯrɯl maʃida ~ メクチュルル マシダ] 続けざまにビールを飲む.

연-건평[延建坪][jɔngɔnpʰjɔŋ ヨンゴン

ピョン] 名 延べ坪; 延べ面積 ¶ ~ 1,000 평의 빌딩 [~ tʃʰɔn pʰjɔŋe bildiŋ ~ チョン ピョンエ ビルディン] 延べ坪 1,000坪のビル.

***연결-하다**[連結—] [jɔngjɔrhada ヨンギョルハダ] 他 連結する; つなぐ ¶ 객차를 ~ [kɛktʃʰarul ~ ケクチャルル ~] 客車をつなぐ.

연고[軟膏] [jɔ:ŋgo ヨーンゴ] 名 軟膏_ᄕ ¶ 종기(腫氣)에 ~를 바르다 [tʃoŋgie ~rul paruda ~ルル パルダ] 腫れ物に軟膏を塗りつける.

연고[緣故] [jɔngo ヨンゴ] 名 ① 事由; わけ ¶ ~를 모르겠다 [~rul moruget'a ~ルル モルゲッタ] わけが知れない ② 縁故; 縁つづき; ゆかり; 縁が; コネ ~를 찾아 취직하다 [~rul tʃʰadʒa tʃʰwi:dʒikhada ~ルル チャジャ チュイージクカダ] コネ[便り・縁]を求めて就職する.

연고-로[緣故—] [jɔngoro ヨンゴロ] 副 そんな理由[わけ]で; それゆえに.

*연구[研究] [jɔ:ngu ヨーング] 名 自他 研究; 工夫 ¶ 역사를 ~하다 [jɔksa:rul ~hada ヨクサルル ~ハダ] 歴史を研究する.

*연극[演劇] [jɔ:nguk ヨーングク] 名 ① 演劇; 劇; 芝居; ドラマ ¶ 무대(舞臺) ~ [mu:dɛ ~ ムーデ ~] = 무대극 [mu:dɛguk ムーデクク] 「舞台劇」② (計画的に人を欺くためにする) 手管; 芝居; トリック(trick) ¶ 그의 사표 제출은 ~ 이었다 [kwe saphjo dʒetʃʰurun (jɔ:nguk)iot'a クエ サピョ ジェチュルン (ヨーングク) イオッタ] 彼の辞職願いは芝居だった.
「レンコン(蓮根).

연근[蓮根] [jɔngun ヨングン] 名 〈植〉

연금[年金] [jɔnguɯm ヨングㇺ] 名 年金 ¶ 종신 ~ [tʃoŋʃin (njɔnguɯm) チョンシン (ニョングㇺ)] 終身年金.

*연기[延期] [jɔngi ヨンギ] 名 自他 延期; 日延べ ¶ 기공식을 ~ 하다 [kigoŋʃigul ~hada キゴンシグル ~ハダ] 起工式を延期する.

*연기[煙氣] [jɔngi ヨンギ] 名 煙 ¶ ~ 가 오르다 [~ga oruda ~ガ オルダ] 煙が立つ.

연기[演技] [jɔ:ngi ヨーンギ] 名 演技; しぐさ; 芝居 ¶ ~가 능숙하다 [~ga nuɯnsukhada ~ガ ヌンスクカダ] 演技が上手だ **—하다** [hada ハダ] 自 演技する; 演じる.

연-꽃[蓮—] [jɔnk'ot ヨンッコッ] 名 〈植〉 ハスの花 ¶ 흰 ~ [hin (njɔnk'ot) ヒン (ニョンッコッ)] 白蓮_ᄕ.

연-날리기[鳶—] [jɔnnalligi ヨンナルリギ] 名 たこ揚げ ¶ ~ 대회 [~ dɛ:hwe ~ デーフェ] たこ揚げ大会.

연내[年内] [jɔnnɛ ヨンネ] 名 年内 ¶ ~에 완성하다 [~e wansɔŋhada ~エ ワンソンハダ] 年内に完成する.

연년[年年] [jɔnnjɔn ヨンニョン] 名 年々; 毎年; 年ごと ¶ ~ 늘어나다 [~ nuɾɔnada ~ ヌロナダ] 年々増える **—이**[i ヨンニョ二] 副 毎年毎年; 年ごとに **—생**(生)[sɛŋ セン] 名 年子 ¶ ~을 키우다 [~ul kʰiuda ~ウル キウダ] 年子を育てる.

연-놈[jɔnnom ヨンノㇺ] 名〈卑〉(ののしって)野郎とあま.

연-달다[連—] [jɔndalda ヨンダルダ] 自他 (ㄹ語幹) 絶え間なく続く; 引き続く; 相次ぐ ¶ 연달아 질문하다 [jɔndara tʃilmunhada ヨンダラ チルムンハダ] 引き続き質問する / 낭보가 ~ [na:ŋboga ~ ナンボガ ~] 朗報が相次ぐ.

*연대[年代] [jɔndɛ ヨンデ] 名 年代 ¶ ~순으로 [~sunuro ~スヌロ] 年代順に **—표** [pʰjo ピョ] 名 年表.

연대[連帶] [jɔndɛ ヨンデ] 名 自他 連帯 ¶ ~로 돈을 빌리다 [~ro to:nul pillida ~ロ トーヌル ビルリダ] 連帯で金を借りる **—보증인** [bo:dʒuŋin ボージュンイン] 名 連帯保証人.

연도[年度] [jɔndo ヨンド] 名 年度; 年次 ¶ 회계 ~ [hwe:ge ~ フェーゲ ~] 会計年度 / 졸업 ~ [tʃorɔm (njɔndo) チョロム (ニョンド)] 卒業年次.

연도[沿道] [jɔndo ヨンド] 名 沿道; 道端 ¶ ~의 군중 [~e kundʒuŋ ~エ クンジュン] 沿道の群衆.

연두[年頭] [jɔndu ヨンドゥ] 名 年頭; 年始 ¶ ~ 교서 [~ gjo:sɔ ~ ギョーソ] 年頭教書 **—사** [sa サ] 名 年頭の辞.

연두(색)[軟豆(色)] [jɔ:ndu(sɛk) ヨードゥ(セク)] **・연둣-빛** [jɔ:ndutpit ヨンドゥッピッ] 名 薄緑色; さ緑; 浅緑; 薄いもえぎ色 ¶ 연두 치마 [jɔ:ndu tʃʰima ヨーンドゥ チマ] 浅緑のチマ[婦人用の裳_ᄕ].

연-때[緣—] [jɔnt'ɛ ヨンッテ] 名 因縁が相結ばれるきっかけ; 回り[巡り]合わせ ¶ ~가 맞다 [~ga mat'a ~ガ マッタ] 回り合わせがよい.

***연락**[連絡] [jɔllak ヨルラク] 名 하他 連絡 ¶~을 끊다 [(jɔllag)ul k'ɯntʰa (ヨルラ)グルックンタ] 連絡を絶つ / 아무런 ~도 없다 [a:murɔn ~t'o ɔ:pt'a アームロン－トオプタ] 何の音沙汰(씨;)もない 一선 [s'ɔn ソン] 名 連絡船; フェリー(ボート) 一처(處) [tʃʰɔ チョ] 連絡先.

***연령**[年齢] [jɔlljɔŋ ヨルリョン] 名 年齢 ¶결혼 ~ [kjɔrhon (njɔlljɔŋ) キョルホン(ニョルリョン)] 結婚年齢.

연례[年例] [jɔlle ヨルレ] 名 年ごと[年並み]の例 ¶~ 행사 [~ hɛŋsa ~ヘンサ] 例年[年並み]の行事.

연로[年老] [jɔllo ヨルロ] 名 하形 老人; 年老い ¶~하신 부모(父母)님 [~hasin pumonim ~ハシンプモニム] 年老いた両親.

***연료**[燃料] [jɔlljo ヨルリョ] 名 燃料 ¶핵~ [hɛŋ(njɔlljo) ヘン(ニョルリョ)] 核燃料.

연루[連累] [jɔllu ヨルル] 名 하自 連累; 連座; 巻き添え; 引っ掛かり ¶사건에 ~되다 [sa:k'ɔne ~dweda サーコネ～ドゥェダ] 事件に巻き込まれる / 다수(多數)의 ~자 [tasue ~dʒa タスエ～ジャ] 大勢の連累者.

연륜[年輪] [jɔlljun ヨルリュン] 名 ① 〈植〉年輪 ② 経験・歴史 ¶오랜 ~을 쌓은 기량 [orɛn (njɔlljun)ul s'aun kirjaŋ オレン(ニョルリュン)ヌルサウンキリャン] 長い年輪を積み重ねた技量.

연립[聯立] [jɔllip ヨルリプ] 名 하自 連立 一내각 [(jɔllim) nɛ:gak (ヨルリム)ネーガク] 名 連立内閣 一정부 [tʃ'ɔŋbu チョンブ] 名 連立政府.

연마-하다[研磨・練磨一] [jɔ:nmahada ヨーンマハダ] 他 練磨[研磨]する; 磨く ¶보석을 ~ [pɔ:sɔgul ~ ポーソグル～] 宝石を研磨する / 기술을 ~ [kisurul ~ キスルル～] 技術を磨く / 심신을 ~ [ʃimʃinul ~ シムシヌル～] 心身を練磨する.

연막[煙幕] [jɔnmak ヨンマク] 名 煙幕 ¶~을 치다 [(jɔnmag)ul tʃʰida (ヨンマ)グルチダ] (比喩的に)煙幕を張る.

연말[年末] [jɔnmal ヨンマル] 名 年末; 年の暮れ ¶~연시 [(jɔnmal)ljɔnʃi (ヨンマル)リョンシ] 年末年始.

연맹[聯盟] [jɔnmɛŋ ヨンメン] 1 名 連盟 ¶~전 [~dʒɔn ～ジョン] リーグ戦 2 하自 同盟[手]を結ぶこと.

연-면적[延面積] [jɔnmjɔndʒɔk ヨンミョンジョク] 名 延べ面積.

연명[延命] [jɔnmjɔŋ ヨンミョン] 名 하自 延命 ¶근근이 ~해 나가다 [kɯ:nguni ~hɛ nagada クーングニ～ヘナガダ] かろうじて生き長らえる.

연명[連名] [jɔnmjɔŋ ヨンミョン] 名 하自 連名 ¶자필로 ~하다 [tʃapʰillo ~hada チャピルロ～ハダ] 自筆で連名する.

연모 [jɔnmo ヨンモ] 名 器具; 道具; 材料 ¶~를 챙기다 [~rul tʃʰɛŋgida ～ルルチェンギダ] 道具を取りそろえる.

연모[戀慕] [jɔ:nmo ヨーンモ] 名 하他 恋慕 ¶~의 정을 품다 [~e tʃɔŋul pʰu:mt'a ～エチョンウルプームタ] 恋慕の情を抱く.

***연-못**[蓮一] [jɔnmot ヨンモッ] 名 池; ハス池 ¶~가 [~k'a ～カ] 池のほとり.

연미-복[燕尾服] [jɔ:nmibok ヨーンミボク] 名 燕尾服(엔삐;).

연민[憐憫・憐愍] [jɔnmin ヨンミン] 名 하他 憐憫愍; あわれみ ¶~의 정을 자아내다 [~e tʃɔŋul tʃaanɛda (ヨ)ンミンヌ エチョンウルチャアネダ] 憐憫の情を催す.

연발[連發] [jɔnbal ヨンバル] 名 하自他 連発 ¶사고의 ~ [sa:goe ~ サーゴエ～] 事故の連発[続発]. 「の実.

연-밥[蓮一] [jɔnp'ap ヨンパプ] 名 ハス

연방[聯邦] [jɔnbaŋ ヨンバン] 名 連邦.

연방 [jɔnbaŋ ヨンバン] 副 続けさまに; 引き続いて; ひっきりなしに; しきりに ¶차가 ~ 지나가다 [tʃʰaga ~ tʃinagada チャガ～チナガダ] 車がひっきりなしに通る.

연배[年輩] [jɔnbɛ ヨンベ] 名 年配; 年輩 ¶동~ [to:ŋ(njɔnbɛ) トーン(ニョンベ)] 同年配; 同年輩.

연-보라[軟一] [jɔnbora ヨンボラ] 名 薄紫; 藤色(씨;). 「年給.

연봉[年俸] [jɔnboŋ ヨンボン] 名 年俸;

연봉[連峰] [jɔnboŋ ヨンボン] 名 連峰 ¶알프스의 ~ [alpʰusɯe ~ アルプスエ～] アルプスの連峰.

***연분**[緣分] [jɔnbun ヨンブン] 名 ① 因縁; 縁 ¶~이 있다 [~i it'a (ヨンブ)ニイッタ] 縁がある / 좋은 ~으로 결혼하다 [tʃo:ɯn (njɔnbun)ɯro kjɔrhonhada チョーウン(ニョンブ)ヌロキョルホンハダ] 良縁で[得で]結婚する ② 夫婦となれる縁 ¶천생(天生)~ [tʃʰɔnsɛŋ(njɔnbun) チョンセン(ニョンブン)] 夫婦になる因縁；生まれる前から決まっている夫婦の縁；よく似合った夫婦.

연-분홍[軟粉紅][jɔ:nbunhoŋ ヨーンブンホン] 名 薄い桃色；薄紅色；桜色.

연상[年上][jɔnsaŋ ヨンサン] 名 年上；年かさ；年長 ¶~의 여인(女人)[~e join ~エ ヨイン] 年上の女性.

연상[聯想][jɔnsaŋ ヨンサン] 名 하他 連想 ¶옛일이 ~된다[je:nniri ~-dwenda イェーンニリ ~ドゥェンダ] むかしのことが連想される.

연석[連席][jɔnsɔk ヨンソク] 名 하自 多くの人が1か所に席を連れること ─**회의**[(jɔnsɔ)kʰwe:i クェーイ] 名 他の部署[機関]の人・国会で2つ以上の委員会との合同会議.

***연설**[演說][jɔ:nsɔl ヨーンソル] 名 하他 演説 ¶가두(街頭) ~[ka:du ~ カードゥ ~] 大道演説；辻演説.

연세[年歲][jɔnse ヨンセ] 名 お年=나이[nai ナイ]「年齢」の敬語 ¶~가 높다[~ga nopt'a ~ガ ノプタ] 春秋高い.

연소[燃燒][jɔnso ヨンソ] 名 하自 燃焼 ¶완전 ~[wandʒɔn (njɔnso) ワンジョン (ニョンソ)] 完全燃焼.

연소-하다[年少一][jɔnsohada ヨンソハダ] 形 年少だ；若年だ；年が若い.

연속[連續][jɔnsok ヨンソク] 名 하自他 連続；続き ¶~ 사극[~ s'agk'uk ~ サグク] 連続時代劇 / ~ 드라마[~ dɯrama ~ ドゥラマ] 連続ドラマ / ~ 물(物)[(jɔnsɔŋ)mul (ヨンソン)ムル] シリーズ物 / 휴일(休日)이 ~되다[hjuiri ~t'weda ヒュイリ ~トゥェダ] 休みが続く.

연쇄[連鎖][jɔnswɛ ヨンスェ] 名 하他 連鎖 ¶~가(街)[~ga ~ガ] 店の並んでいる商店街 / ~점[~dʒɔm ~ジョム] 連鎖店；チェーンストア.

***연수**[研修][jɔ:nsu ヨーンス] 名 하他 研修 ¶신입 사원의 ~[inip s'awone ~ シニプ サウォネ ~] 新入社員の研修.

연습[演習][jɔ:nsɯp ヨーンスプ] 名 하他 演習 ¶사격 ~[sagjɔŋ (njɔ:nsɯp) サギョン (ニョーンスプ)] 射撃演習.

***연습**[練習・鍊習][jɔ:nsɯp ヨーンスプ] 名 하他 練習；修練；けいこ ¶예행(豫行) ~[je:hɛŋ (njɔ:nsɯp) イェーヘン (ニョーンスプ)] 下げいこ ─**장**[tʃ'aŋ チャン] 名 練習帳.

연시[軟柿][jɔ:nʃi ヨーンシ] 名 熟柿 =연감(軟一)[jɔ:ngam ヨーンガム]・홍시(紅柿)[hoŋʃi ホンシ].

연안[沿岸][jɔnan ヨナン] 名 沿岸 ¶동해 ~[toŋɛ ~ トンヘ ~] 東海の沿岸 ─**국**[~guk グク] 名 沿岸国.

***연애**[戀愛][jɔ:nɛ ヨーネ] 名 하自他 恋；恋愛 ¶~ 편지(便紙)[~ pʰjɔ:ndʒi ~ ピョーンジ] 艶書；恋文；ラブレター ─**결혼**[gjɔrhon ギョルホン] 名 恋愛結婚 ─**소설**[so:sɔl ソーソル] 名 恋愛小説.

연약[軟弱][jɔ:njak ヨーニャク] 名 軟弱；華奢 ¶~한 태도[(jɔ:nja)kʰan tʰe:do ~カン テード] 軟弱な[弱々しい]態度 / ~한 사나이[(jɔ:nja)kʰan sanai ~カン サナイ] めめしい男 ─**하다**[(jɔ:nja)kʰada カダ] 形 軟弱だ；か弱い；弱々しい；華奢だ.

연어[鰱魚][jɔ:nɔ ヨノ] 名〈魚〉サケ(鮭)；俗 しゃけ ¶~ 알젓[~ aldʒɔt ~ アルジョッ] 筋子；すずこ；イクラ.

연연-하다[戀戀一][jɔ:njɔnhada ヨーニョンハダ] 1 形 恋々としている ¶~한 정[~-han tʃɔŋ ~-ハン チョン] 恋々たる情；恋心 2 自 執着する；未練を残す ¶자리에 ~[tʃarie ~ チャリエ ~] 地位に執着する.

연예[演藝][jɔ:ne ヨーネ] 名 하自他 演芸；エンターテインメント(entertainment) ¶~인[~in ~イン] 芸能人；タレント；エンターテイナー(entertainer) / ~ 프로[~ pʰuro ~ プロ] 芸能番組[プロ].

연-월-일[年月日][jɔnwɔril ヨヌォリル] 名 年月日 ¶생~[sɛŋ(njɔnwɔril) セン(ニョヌォリル)] 生年月日.

연유[緣由][jɔnju ヨニュ] 名 縁由；由来；理由 ¶사건의 ~[sa:k'ɔne ~ サーコネ ~] 事件の由来 ─**하다**[hada ハダ] 自 由来する；よる.

연-이나[然一][jɔnina ヨニナ] 副 だが；しかし；しかれども.

연인[戀人][jɔ:nin ヨーニン] 名 恋人；愛人；情人；=애인(愛人)[ɛ:in エーイン] ¶추억의 ~[tʃʰuɔge ~ チュオゲ ~] 追憶の恋人.

연-인원[延人員][jɔninwɔn ヨニヌォン] 名 延べ人員[人数].

연일[連日][jɔnil ヨニル] 名 副 連日 ¶~의 대만원(大滿員)[(jɔnir)e tɛmanwɔn (ヨニ)レ テーマヌォン] 連日の大入り満員.

연자-매[研子—][jɔ:ndʒamɛ ヨーンジャメ] 名 牛馬に引かせて穀物をひく臼. =**연자-방아**[jɔndʒabaŋa ヨンジャバンア] ¶ ~-맷[방앗]간(間)[~-mɛt[baŋat]k'an ~-メッ[バンアッ]カン] 石うすで穀物をひく小屋; こな屋.

연자매

연장[jɔndʒaŋ ヨンジャン] 名 (仕事用の)道具=「연모」 ¶ 목수(木手)의 ~ [moks'ue モクスエ] 大工道具.

연장-하다[延長—][jɔndʒaŋhada ヨンジャンハダ] 自他 延長する; 延ばす ¶ 회의를 ~[hwe:irɯl フェーイルル ~] 会議を延ばす.

연재[連載][jɔndʒɛ ヨンジェ] 名 [하他] 連載 ¶ ~ 소설[~ so:sɔl ~ ソーソル] 連載小説.

연적[硯滴][jɔ:ndʒɔk ヨーンジョク] 名 硯滴; 水滴; すずりの水差し.

연전[連戰] [jɔndʒɔn ヨンジョン] 名 [하自] 連戰 **—연승**[njɔnsɯŋ ニョンスン] 名 [하自] 連戰連勝.

연정[戀情][jɔ:ndʒɔŋ ヨーンジョン] 名 恋情; 恋心 ¶ ~을 품다[~ɯl pʰu:mt'a ~ウル プームタ] 恋心を寄せる.

연좌[連坐][jɔndʒwa ヨンジュァ] 名 [하自] 連坐 ¶ ~되다[~dweda ~ドゥェダ] 巻き添えを食う / ~ 데모[~ demo ~デモ] 座り込みデモ.

연주-하다[演奏—][jɔ:ndʒuhada ヨーンジュハダ] 他 演奏する; 奏する; かなでる ¶ 애국가를 ~[ɛ:guk'arɯl エーグクカルル ~] 国歌を奏する.

연-줄[緣—][jɔndʒul ヨンジュル] 名 縁筋; 縁故; 手づる; 伝て ¶ ~을 찾다 [(jɔndʒur)ɯl tʃʰat'a (ヨンジュ)ルル チャッタ] つて[手づる]を求める; 縁故をたどる **—연줄**[jɔndʒul リョンジュル] 副 縁故伝いに; 縁故をたどって ¶ ~로 알게 된 사람[~ro a:lge dwen sa:ram ~ロ アールゲ ドゥェン サーラム] 縁故伝いに知り合いになった人.

연중[年中][jɔndʒuŋ ヨンジュン] 名 年中 ¶ ~ 행사[~ hɛŋsa ~ ヘンサ] 年中行事.

연지[臙脂][jɔndʒi ヨンジ] 名 臙脂色; 伝統的な結婚式で新婦が両頬につける紅; 紫と赤との中間色 ¶ 입술 ~ [ips'ul (ljɔndʒi) イプスル (リョンジ)] 口紅 / ~를 찍다[~rɯl tʃ'ikt'a ~ルル ッチクタ] 紅をさす.

연차[年次][jɔntʃʰa ヨンチャ] 名 年次 ¶ ~ 계획[~ ge:hwek ~ ゲーフェク] 年次計画.

연착[延着][jɔntʃʰak ヨンチャク] 名 [하自] 延着 ¶ ~이 잦다[(jɔntʃʰag)i tʃat'a (ヨンチャ)ギ チャッタ] しばしば延着する.

연-착륙[軟着陸][jɔ:ntʃʰaŋnjuk ヨーンチャンニュク] 名 [하自] 軟着陸 ¶ 달에 ~했다[tare ~-(tʃʰaŋnju)kʰɛt'a タレ ~ケッタ] 月に軟着陸した.

연체[延滯][jɔntʃʰe ヨンチェ] 名 [하自他] 延滯 ¶ ~ 이자(利子)[~ i:dʒa ~ イージャ] 延滯利息. 「年始; 年頭.

연초[年初][jɔntʃʰo ヨンチョ] 名 年初;

연출[演出][jɔntʃʰul ヨンチュル] 名 [하他] 演出 ¶ 드라마를 ~하다[dɯramarɯl (jɔ:ntʃʰur)hada ドゥラマルル ~ハダ] ドラマを演出する.

연탄[煉炭][jɔ:ntʃʰan ヨーンタン] 名 練炭 ¶ ~ 가스[~ gasɯ ~ ガス] 練炭ガス. 「筒; 煙突; 排気筒.

연통[煙筒][jɔntʰoŋ ヨントン] 名 煙

연패[連霸][jɔnpʰɛ ヨンペ] 名 [하自] 連霸 ¶ 3년 ~를 장식하다[samnjɔn (njɔnpʰɛ)rɯl tʃaŋʃikʰada サムニョン (ニョンペ)ルル チャンシクカダ] 3年連霸を飾る.

연패[連敗][jɔnpʰɛ ヨンペ] 名 [하自] 連敗 ¶ 3년 ~했다[samnjɔn (njɔnpʰɛ)-hɛt'a サムニョン (ニョンペ)ヘッタ] 3年続けて負けた.

연필[鉛筆][jɔnpʰil ヨンピル] 名 鉛筆 ¶ ~ 깎이[~k'ak'i ッカクキ] 鉛筆削り / 색~[sɛŋ~ セン(ニョンピル)] 色鉛筆 **—심**(心·芯)[ʃim シム] 名 鉛筆の芯 **—화**[(jɔnpʰir)hwa ファ] 名 鉛筆画.

연하[年下][jɔnha ヨンハ] 名 年下 ¶ ~의 남편(男便)[~e nampʰjɔn ~ エ ナムピョン] 年下の夫.

연하[年賀][jɔnha ヨンハ] 名 年賀; 新年のあいさつ ¶ ~장[~tʃaŋ ~チャン] 年賀状.

연-하다[連—][jɔnhada ヨンハダ] [하自他] [여變] 連ねる; 連なる; 引き続く ¶ 집이 연해 있다[tʃibi jɔnhe it'a

チビ ヨンヘ イッタ] 家が連なっている.
***연-하다**[軟—][jo:nhada ヨーンハダ] 形 여변 ① 軟らかい; 堅くない ¶고기가 ~ [kogiga ~ コギガ ~] 肉が軟らかい ② 色が薄く鮮やかだ.
-연하다[然—][jonhada ヨンハダ] 接尾 여변 …然とする; …を気取る; …ぶる ¶신사~ [ʃi:nsa~ シーンサ~] 紳士然とする / 학자~ [haktʃ'a~ ハクチャ~] 学者ぶる / 예술가~ [je:sulga~ イェースルガ~] 芸術家を気取る.
연합[聯合][jonhap ヨンハプ] 名 하자타 連合 ¶국제~ [kuktʃ'e~ ククチェ~] 国際連合; 国連; UN.
연해[沿海][jonhɛ ヨンヘ] 名 沿海 —**안**[an アン] (海の沿岸.
연행-하다[連行—][jonhɛŋhada ヨンヘンハダ] 他 連行する; 引き立てる ¶범인을 ~ [po:minul ~ ポーミヌル~] 犯人を引き立てる.
연혁[沿革][jo:nhjok ヨーンヒョク] 名 沿革 ¶학교의 ~ [hak'joe ~ ハクキョエ~] 学校の沿革.
연회[宴會][jo:nhwe ヨーンフェ] 名 하자 宴会; 宴 ¶~에 초대(招待)받다 [~e tʃʰodɛbat'a ~エ チョデバッタ] 宴会に呼ばれる.
연후[然後][jonhu ヨンフ] 副 しかるのち(に); そうした後(で) ¶공부(工夫)한 ~에 놀아라 [konbuhan (njonhu)e norara コンプハン (ニョンフ)エ ノララ] 勉強した後で遊びなさい.
연휴[連休][jonhju ヨンヒュ] 名 連休 ¶~를 즐기다 [~rul tʃulgida ~ルル チュルギダ] 連休を楽しむ.
열[列][jol ヨル] 名 列 ¶~을 짓다 [(jor)ul tʃi:t'a (ヨ)ルル チータ] 列をつくる / 일~로 서다 [il(lol)lo soda イル(リョル)ロ ソダ] 1列に並ぶ.
***열**[熱][jol ヨル] 名 熱 ① 〈物〉 ¶~을 가하다 [(jor)ul kahada (ヨ)ルル カハダ] 熱を加える ② 〈興奮〉 ¶~을 올리다 [(jor)ul ollida (ヨ)ルル オルリダ] 熱を上げる; のぼせる ③ 〈病気による〉 体熱 ¶~이 있다 [(jor)i it'a (ヨ)ー イッタ] 熱がある ④ 〈強い意気込み〉 ¶야구~ [ja:gu~ ヤーグ~] 野球熱 ⑤ 慣 ~받다 [~bat'a ~バッタ] 頭にくる / ~이 식다 [(jor)i ʃikt'a (ヨ)リ シクタ] 熱が冷める; 意欲がなくなる.
***열**[jol ヨル] 冠 数 10; 十; = 십 [ʃip シプ] ¶~ 손가락 [~ sonk'arak ~ ソンカラク] 10指.
열-[jol ヨル] 接頭 「幼い・若い」の意 ¶~무 [~mu ~ム] 若大根(の若菜).
열거-하다[列擧—][jolgohada ヨルゴハダ] 他 列挙する; 並べる ¶증거를 ~ [tʃuŋgorul ~ チュンゴルル~] 証拠を並べる.
열광[熱狂][jolgwaŋ ヨルグァン] 名 하자 熱狂 ¶~적인 환영 [~dʒogin hwanjoŋ ~ジョギン ファニョン] 熱狂的な歓迎 / ~의 도가니 [~e togani ~エ トガニ] 熱狂のるつぼ.
열기[熱氣][jolgi ヨルギ] 名 熱気 ① 熱い空気; 景気 ¶가스의 ~ [gasue ~ ガスエ~] ガスの熱気 ② 興奮した意気込み ¶올림픽의 ~ [ollimpʰige ~ オルリムピゲ~] オリンピックの熱気 ③ (病気による)高い体温; 熱 ¶몸에 ~가 있다 [mome ~ga it'a モメ ~ガ イッタ] 体に熱[熱気]がある.
열-나다[熱—][jollada ヨルラダ] 自 ① (病気で)熱が出る ② (物事に)熱を入れる; 熱をあげる ③ 怒る; 興奮する ¶열나서 못 참겠다 [jollasɔ mo: tʃʰamk'et'a ヨルラソ モーッ チャムケッタ] 腹が立ってたまらない ¶ (督促が)激しい.
열-나절[jolladʒol ヨルラジョル] 名 (ある限度内で)非常に長い間 ¶~이나 꾸물거리다 [(jolladʒor)ina k'umulgorida (ヨルラジョ)リナ ックムルゴリダ] 切りもなくぐずつく.
열다¹[jo:lda ヨールダ] 自 ㄹ語幹 (実が)実る; 生¹³る ¶감이 주렁주렁 ~ [ka:mi tʃuroŋdʒuroŋ ~ カーミ チュロンジュロン ~] 柿が鈴なりになる.
***열다**²[jo:lda ヨールダ] 他 ㄹ語幹 開く ① 開ける ¶뚜껑을 ~ [t'uk'oŋul ~ ットゥッコンウル~] ふたを開ける / 창문을 ~ [tʃʰaŋmunul ~ チャンムヌル~] 窓を開ける / 마침내 입을 ~ [matʃʰimnɛ ibul ~ マチムネ イブル~] ついに口を開く[語り出す] ② 始める; 起こす ¶가게를 ~ [ka:gerul ~ カーゲルル~] 店を開く ③ (関係を)結ぶ ¶국교를 ~ [kuk'jorul ~ ククキョルル~] 国交を結ぶ.
열대[熱帶][jolt'ɛ ヨルデ] 名 熱帯 —**기후**[gihu ギフ] 名 熱帯気候 —**림**[rim リム] 名 熱帯林 —**식물**[ʃiŋmul シンムル] 名 熱帯植物 —**야**[ja ヤ] 名 熱帯夜 —**어**[ɔ オ] 名 熱帯魚.
열-댓[jolt'ɛt ヨルテッ] 冠 15ぐらい ¶

모인 사람은 ~ 된다[moin sa:ramɯn (jolt'ɛ)t'wenda モイン サーラムン トゥェンダ] 集まった人は15人ぐらいだ.

열도[列島][jolt'o ヨルト] 名〈地〉列島 ¶일본 ~[ilbon (njolt'o) イルボン(ニョルト)] 日本列島.

***열등**[劣等][jolt'ɯŋ ヨルトゥン] 名[하形] 劣等 ¶~생[~sɛŋ ~セン] 劣等生 **―감**[gam ガム] 劣等感; コンプレックス; 引け目 ¶~을 느끼다[~ɯl nɯk'ida ~-ガムル ヌッキダ] 引け目を感ずる.

***열-띠다**[熱―][jolt'ida ヨルッティダ] 形 熱を帯びる; 熱がこもる; 熱っぽくなる ¶열띤 응원[jolt'in ɯːŋwɔn ヨルッティン ウーンウォン] 熱のこもった応援.

열람[閱覽][jollam ヨルラム] 名[하他] 閱覽 ¶자료를 ~ 하다[tʃarjorɯl ~-hada チャリョルル ~-ハダ] 資料を閱覽する.

열량[熱量][jolljaŋ ヨルリャン] 名〈物〉熱量 ¶~이 많은 식품[~i maːnɯn ʃikpʰum ~イ マーヌン シクプム] カロリーの高い食品.

열렬[熱烈・烈烈][jolljɔl ヨルリョル] 名[하形] 熱烈 ¶~한 사랑[(jolljɔr)han saraŋ] (ヨルリョル)ハン サラン] 熱烈な愛 **―히**[(jolljɔr)i (ヨルリョ)リ] 副 熱烈に ¶~ 사랑하다[~ saraŋhada ~ サランハダ] 熱烈に愛する.

***열리다**[1][jollida ヨルリダ] 自 ① 開く; 開かれる; ='열다'의 受動 ¶창문이 ~[tʰaŋmuni ~ チャンムニ ~] 窓が開く ② 始まる; 開かれる ¶국회가 ~[kukʰwega ~ ククェガ ~] 国会が開かれる ③ (ある関係が結ばれる; 開かれる) ¶외교가 ~[weːgjoga ~ ウェーギョガ ~] 外交が開かれる.

열리다[2][jollida ヨルリダ] 自 (実が)生る ¶감이 많이 ~[kaːmi maːni ~ カーミ マーニ ~] 柿がたくさんなる.

열망[熱望][jolmaŋ ヨルマン] 名[하他] 熱望 ¶평화를 ~ 하다[pʰjɔŋhwarɯl ~hada ピョンファルル ~ ハダ] 平和を熱望する.

***열매**[jolmɛ ヨルメ] 名 実 ① 果実 ¶나무 ~[namu ~ ナム ~] 木の実 / ~가 열리다[~ga joːllida ~ガ ヨールリダ] 実がなる ② 結果 ¶노력의 ~를 맺다[norjɔge ~rɯl mɛt'a ノリョゲ ~ルル メッタ] 努力の実を結ぶ.

열-무[jɔlmu ヨルム] 名 若大根; 大根の若菜 ¶~ 김치[~ gimtʃʰi ~ギムチ] 若大根を葉とともに漬けたキムチ.

열변[熱辯][jɔlbjɔn ヨルビョン] 名 熱弁 ¶~을 토하다[~ɯl tʰohada (ヨルビョ)ヌル トハダ] 熱弁を吐く[ふるう].

열성[熱誠][jɔlsʼɔŋ ヨルソン] 名 熱誠 ¶~을 다하다[~ɯl taːhada ~ウルターハダ] 熱誠をこめる **―껏**[k'ɔt k'ɔッ コッ] 副 誠意の限り; 真心を尽くして ¶~ 지도하다[~-(k')tʃidohada ~ チドハダ] 真心を尽くして指導する **―적**[dʒɔk ジョク] 冠名 熱誠; 熱 ¶~인 지원[~-(dʒɔŋ)in tʃiwɔn ~-(ジョ)ギン チウォン] 熱のこもった支援.

열세[劣勢][jɔlsʼe ヨルセ] 名[하形] 劣勢 ¶~를 만회(挽回)하다[~rɯl manhwehada ~ルル マンフェハダ] 劣勢を盛り返す[取り戻す・挽回する].

***열쇠**[jɔːlsʼwe ヨールスェ] 名 かぎ; キー ¶~ 구멍[~ gumɔŋ ~-グモン] かぎ穴 / ~로 열다[~ro joːlda ~ロ ヨールダ] かぎで開ける / ~를 채우다[~-rɯl tʃʰɛuda ~ルル チェウダ] かぎをかける / 문제 해결의 ~[mundʒe hɛːgjore ~ ムンジェ ヘーギョレ ~] 問題解決のかぎ[手がかり].

***열심**[熱心][jɔlʃʼim ヨルシム] 名 熱心 ¶~이다[~ida (ヨルシ)ミダ] 熱心だ **―히**[i (ヨルシ)ミ] 副 熱心に ¶~ 공부(工夫)하다[~ koŋbuhada ~ コンブハダ] 熱心に[一生懸命(に)]勉強する / ~ 하다[~ hada ~ ハダ] 熱心にする. ×열심으로.

열쌔다[jɔːlsʼɛda ヨールッセダ] 形 ① 機敏だ; すばやい; すばしこい ② 勘が鋭い; 目端がきく.

열악[劣惡][jɔrak ヨラク] 名[하形] 劣惡 ¶~한 조건[(jɔra)kʰan tʃokʼɔn ~カン チョコン] 劣惡な条件.

열약[劣弱][jɔrjak ヨリャク] 名[하形] 劣弱 ¶~한 체력[(jɔrja)kʰan tʃʰerjɔk ~カン チェリョク] 劣弱な体力.

열-없다[jɔːrɔpt'a ヨーロプタ] 形 ① 照れ臭い; 気恥ずかしい; (少し)きまりが悪い ¶열없는 웃음[jɔːrɔmnɯn uːsɯm ヨーロムヌン ウースム] 照れ臭い笑い / 열없어 하다[jɔːrɔpsʼɔ hada ヨーロプソ ハダ] 気恥ずかしい思いをする ② 小心だ; 臆病だ ③ しまりがない

열-없이[jɔːrɔpsʼi ヨーロプシ] 副 照れ臭く; 小心に ¶~ 서 있다[~ sɔ itʼa

열연[熱演][jɔrjɔn ヨリョン] 名 하他 熱演; 力演 ¶햄릿역을 ~하다[hɛmrinnjɔgɯl ~hada ヘムリンニョグル ~ハダ] ハムレット役を熱演する.

열의[熱意][jɔri ヨリ] 名 熱意; 熱 ¶~를 보이다[~rɯl poida ~ルル ポイダ] 熱意を示す/~가 대단하다[~ga tɛːdanhada ~ガ テーダンハダ] たいした熱意である.

열전[熱戰][jɔltʃʌn ヨルチョン] 名 熱戰 ¶숨막히는 ~[suːmmakʰinɯn ~ スームマキヌン ~] 息詰まる熱戰.

열정[熱情][jɔltʃɔŋ ヨルチョン] 名 熱情 ¶~에 불타다[~e pultʰada ~エ プルタダ] 熱情に燃える.

열중-쉬어[jɔltʃuŋ ʃwiɔ ヨルチュン シュィオ] 感 (号令で)休め.

*열중-하다**[熱中—][jɔltʃuŋhada ヨルチュンハダ] 自 熱中する; 夢中になる ¶독서에 ~[toksʼɔe ~ トクソエ ~] 読書にふける/일에 ~[iːre ~ イーレ ~] 仕事に熱中する.

열-째[jɔltʃʼɛ ヨルッチェ] 数 10番目 ¶~번의 집[~pʼɔne tʃip ~ポネ チプ] 10番目の家.

*열차**[列車][jɔltʃʰa ヨルチャ] 名 列車 ¶고속 ~[kosok (njɔltʃʰa) コソク (ニョルチャ)] 高速幹線の列車/상[하]행 ~[saːŋ[haː]ɦɛŋ (njɔltʃʰa) サーン[ハー]ヘン (ニョルチャ)] 上り[下り]列車.

열창[熱唱][jɔltʃʰaŋ ヨルチャン] 名 하他 熱唱 ¶가곡을 ~하다[kagogɯl ~hada カゴグル ~ハダ] 歌曲を熱唱する.

열탕[熱湯][jɔltʰaŋ ヨルタン] 名 熱湯; 煮え湯 ¶~을 끼얹다[~ɯl kʼiɔntʼa ~ウルッキオンタ] 熱湯をかける.

열-하다[熱—][jɔrhada ヨルハダ] 他 熱する ¶높은 온도(溫度)로 ~[nopʰɯn ondoro ~ ノプン オンドロ ~] 高温に熱する.

*열흘**[jɔrhɯl ヨルフル] 名 10日; 毎日 ¶~이나 걸린다[(jɔrhɯr)ina kollinda (ヨルフル)リナ コルリンダ] 10日もかかる **—날**[(jɔrhɯl)lal (ヨルフル)ラル] 名 10日目の日; (月の)10日の日.

*엷다**[jɔːltʼa ヨールタ] 形 薄い ①〈厚さ〉 ¶엷은 이불[jɔːlbɯn nibul ヨールブン ニブル] 薄い掛け布団 ②〈味・色〉 ¶엷은 맛[jɔːlbɯn mat ヨールブン マッ] 薄い味; 淡い味/엷은 빛깔[jɔːlbɯn pitkʼal ヨールブン ピッカル] 薄い色 ③(笑いなど)かすかだ ¶엷은 웃음[jɔːlbɯn uːsɯm ヨールブン ヌースム] かすかな笑い.

염가[廉價][jɔmkʼa ヨムカ] 名 廉価; 安価; 安値; =싼값[sʼangap ッサンガプ] ¶~로 팔다[~ro pʰalda ~ロ パルダ] 廉価で売る; 安価で売る.

*염두**[念頭][jɔːmdu ヨームドゥ] 名 念頭 ¶조금도 ~에 없다[tʃogɯmdo ~eɔːpʼtʼa チョグムド ~エ オープタ] さらさら念頭にない; 少しも考えていない.

염라-대왕[閻羅大王][jɔmnadɛːwaŋ ヨムナデーワン] 名〈仏〉閻魔大王.

*염려**[念慮][jɔːmnjɔ ヨームニョ] 名 心掛かり; 心配; 気遣い ¶어쩐지 ~된다[ʌtʃʼɔndʒi ~dwenda オッチョンジ ~ドゥェンダ] なんだか気にかかる **—하다**[hada ハダ] 他 心配する; 気遣う ¶신변을 ~[ʃinbjɔnɯl ~ シンビョヌル ~] 身辺を気遣う **—스럽다**[sɯrɔptʼa スロプタ] 形 ㅂ変 気がかりだ; 気遣わしい ¶합격될지 안 될지 ~[hapkʼjɔktʼweltʃʼi an dweltʃʼi ~ ハプキョクトゥェルチ アン ドゥェルチ ~] 受かるかどうか気遣わしい **—없다**[ɔpʼtʼa オプタ] 자 心配ない; 懸念に及ばない.

염료[染料][jɔːmnjo ヨームニョ] 名 染料=물감[mulkʼam ムルカム] ¶합성 ~[hapsʼɔŋ (njɔːmnjo) ハプソン (ニョームニョ)] 合成染料.

염문[艷聞][jɔːmmun ヨームムン] 名 艷聞; 浮き名 ¶~이 나다[~i nada (ヨーム)ニ ナダ] 浮き名が立つ/~이 자자하다[~i tʃadʒahada (ヨーム)ニ チャジャハダ] 浮き名を流す.

염불[念佛][jɔːmbul ヨームブル] 名 하自 念仏; (南無)阿弥陀仏等と唱えること ¶~하다[(jɔːmbur)ɯl hada (ヨームブ)ルル ハダ] 念仏を唱える/마음 속으로 ~하다[mauːm sogɯro (jɔːmbur)hada マウム ソグロ ~ハダ] 心で念ずる.

*염색-하다**[染色—][jɔːmsɛkʰada ヨームセクハダ] 他 染色する; 染める ¶머리를 ~[mɔrirɯl ~ モリルル ~] 髪を染める.

염세[厭世][jɔːmse ヨームセ] 名 하自 厭世 ¶~ 자살[~ dʒasal ~ ジャサル] 厭世自殺.

*염소**[jɔmso ヨムソ] 名〈動〉ヤギ(山羊).

*염오**[厭惡][jɔːmo ヨーモ] 名 하他 厭惡=혐오(嫌惡)[hjɔmo ヒョモ] ¶~의 정[~e tʃɔŋ ~エチョン] 厭惡の情.

염원[念願] [jɔːmwɔn ヨームォン] 名 念願; 心願 ¶~을 이루다[~ul iruda (ヨームォ) ヌル イルダ] 念願を達する **—하다** [hada ハダ] 他 念願する; 念ずる ¶ 합격되기를 ~[hapk'jokt'wegirɯl ~] 受かるようにと念ずる

염주[念珠] [jɔːmdʒu ヨームジュ] 名 ① 〈仏〉念珠; 数珠 ② 〈植〉数珠玉 **—나무** [namu ナム] 〈植〉菩提樹 (シナノキ科の落葉高木) **—알** [al アル] 名 数珠玉.

****염증[炎症]** [jɔːmtʃɯŋ ヨムチュン] 名 炎症 ¶위에 ~이 나다[wie ~i nada ウィェ ~イ ナダ] 胃に炎症が生じる.

염증[厭症] [jɔːmtʃɯŋ ヨームチュン] 名 嫌気=싫증 [ʃiltʃɯŋ シルチュン] ¶~ 나다[~nada ~ナダ] 嫌気が差す.

염출—하다[捻出—] [jɔːmtʃʰurhada ヨームチュルハダ] 他 捻出する ① (考えを)ひねり出す ¶묘안을 ~ [mjoːanɯl ~ ミョーアヌル ~] 妙案をひねり出す ② 拠出する ¶비용을 ~ [piːjoŋɯl ~ ピーヨンウル ~] 費用を捻出する.

****염치[廉恥]** [jɔːmtʃʰi ヨムチ] 名 廉恥; 恥を知ること **—없다** [ɔpt'a オプタ] 形 恥知らずだ ¶~없는 짓 [~ɔmnɯn tʃiːt ~オムヌン チーッ] 恥知らずな行ない **—없이** [ɔpʃ'i オプシ] 副 廉恥もなく, 図々しく, 厚かましく.

염탐[廉探] [jɔːmtʰam ヨムタム] 名 ひそかに事情を探ること ¶~꾼 [~k'un ~ックン] 回し者; 間者; スパイ.

염통 [jɔːmtʰoŋ ヨムトン] 名 〈生〉心臓.

엽-궐련[葉—] [jɔpk'wɔlljɔn ヨプクォルリョン] 名 葉巻, シガー; =엽권연 (葉卷煙) [jɔpk'wɔnjɔn ヨプクォニョン]・여송연 (呂宋煙) [jɔːsoŋjɔn ヨーソンヨン]

엽기[獵奇] [jɔpk'i ヨプキ] 名 하다 獵奇 **—소설** [soːsɔl ソーソル] 獵奇小説.

****엽서[葉書]** [jɔps'ɔ ヨプソ] 名 葉書 ¶그림 ~ [kɯːrim (njɔps'ɔ) クーリム (ニョプソ) ~] 絵葉書.

엽전[葉錢] [jɔptʃ'ɔn ヨプチョン] 名 ① 真ちゅう製の昔の銭の1つ(平円形で中央に四角い穴がある) ② 俗 (封建性から脱けきれていない人の意で)自虐的に韓国・朝鮮人を指す語.

엽차[葉茶] [jɔptʃʰa ヨプチャ] 名 麦茶; 葉茶.

엽총[獵銃] [jɔptʃʰoŋ ヨプチョン] 名 獵銃.

****엿** [jɔt ヨッ] 名 飴 ¶~가락 [~k'arak ~カラク] 棒状の飴 **—먹다** [(jɔn) mɔkt'a (ヨン) モクタ] 自 ① 飴を食う ② 俗 だまされる **—먹어라** [(jɔn) mɔgɔra (ヨン) モゴラ] 自 ① 飴をなめろ ② 俗 どうとでもなりゃがれ **—먹이다** [(jɔn) mɔgida (ヨン) モギダ] 他 ① 飴をしゃぶらせる ② 俗 一本食わす; 人をだましてひどい目にあわせる.

엿 [jɔt ヨッ] 冠 6; 六; 6つ ¶~새 [(jɔ)s'e ヨッセ] 6日 / ~냥 [(jɔn) njaŋ (ヨン) ニャン] 6両 / ~말 [(jɔn) mal (ヨン) マル] 6斗.

엿-기름 [jɔtk'irɯm ヨッキルム] 名 麦芽; 麦もやし.

엿-듣다 [jɔːt'ɯt'a ヨーットゥッタ] 他 ㄷ変 聞き耳を立てる; 立ち聞きする; 盗み聞く ¶누군가가 엿듣고 있다 [nugungaga jɔːt'ukʼo it'a ヌグンガガ ヨーットゥッコ イッタ] 誰かが立ち聞きしている.

****엿-보다** [jɔːtp'oda ヨーッポダ] 他 ① 盗み[のぞき]見る; のぞく ¶문틈으로 ~ [munthɯmuro ~ ムントゥムロ ~] 戸の透き間からのぞく[盗み見る] ② (機を)ねらう; うかがう ¶틈을 ~ [tʰumul ~ トゥムル ~] すきをうかがう / 기회를 ~ [kihwerɯl ~ キフェルル ~] 時機をねらう.

****엿새** [jɔsːɛ ヨッセ] 名 6日 ¶새달 초 ~ [sɛdal tʃʰo~ セダル チョ~] 来月の6日 **엿샛-날** [jɔsːɛnnal ヨッセンナル] 名 6日(目).

엿-장수 [jɔtʃ'aŋsu ヨッチャンス] 名 飴売り.

엿-치기 [jɔtʃʰigi ヨッチギ] 名 하다 棒飴を折って, その断面の穴の大きさで勝敗をきめる賭け.

****—엿—** [jɔt ヨッ] 1 接尾 過去を表わす先語末語尾; …た ¶하~다 [ha(jɔ)t'a ハ(ヨ)ッタ] …した / 공부(工夫)하~다 [konbuha(jɔ)t'a コンブハ~ッタ] 勉強した / 되~다 [twe(jɔ)t'a トゥェ~ッタ] 〈共和国〉…になった; =되(었)다 [twe(ɔ)t'a トゥェ(オッ)ッタ] 〈韓国〉 2 略 '이+었' = 엿; …させた ¶먹~다 [mɔg-

(ɔ)t'a モ(ギョッ)タ] 食わせた / 높~다[nopʰ(ɔ)t'a ノ(ピョッ)タ] 高めた.

-였습니다 [jɔsʼumnida ヨッスムニダ] 語尾 …(させ)ました ¶먹~[mɔg~ モギ(ョッスムニダ)]食べさせました / 높~[nopʰ~ ノビ(ョッスムニダ)]高めました.

*영[零][jɔŋ ヨン] 名 零; ゼロ ¶ ~패[~pʰɛ ~ペ] 零敗; ゼロ敗.

영 [jɔːŋ ヨーン] 副 全然; まったく; 到底 ¶ ~ 식욕이 없다[~ ʃigjogi ɔːpʼta ~ シギョギ オープタ] 全然食欲がない.

영[永][jɔːŋ ヨーン] 名 永遠に; 永久に; '영영(永永)の略 ¶ ~ 떠나 버렸다[~ t'ɔna bɔrjɔtʼa ットナ ポリョッタ] 永久に去った.

영-[令][jɔŋ ヨン] 接頭 令(他人の家族を丁寧に呼ぶときつける語) ¶~부인[~buin ~ブイン] 令夫人 / ~식[~ʃik ~シク] 令息.

영[英][jɔŋ ヨン] 略 英(国); 英語 ¶ ~문학~munhak ~ムンハク] 英文学.

*영감[令監][jɔːŋgam ヨーンガム] 名 ① 〈史〉正3品の役人に対する敬称 ② 年配の夫または年寄りを呼ぶ尊敬語 ―(마)님[(ma:)nim (マー)ニム] 名 '영감'の尊敬語('-마님'は①) ―쟁이[dʒɛŋi ジェンイ] 名 俗 老いぼれ ―태기[tʰɛgi テギ] 名 俗 老いぼれじじい.

영감[靈感][jɔŋgam ヨンガム] 名 霊感; インスピレーション ¶~이 떠오르다[~i t'ɔoruda ~イ ットオルダ] 霊感が浮かぶ[ひらめく].

영검 [jɔŋgɔm ヨンゴム] • **영험**[靈驗] [jɔŋhɔm ヨンホム] 名 霊験 ¶~한 신령(神靈)[~han ʃillyɔŋ ~ハン シルリョン] 霊験あらたかな神 ―하다[hada ハダ] 形 霊験がある; 霊験あらたかだ.

영결[永訣][jɔːŋgjɔl ヨーンギョル] 名 하自 永訣; 死別 ―식[ʃik シク] 名 葬礼の告別式.

영계[―鷄][jɔŋge ヨンゲ] 名 (ひよこと親鶏の中間ほどの)若鶏=연계(軟鶏)[jɔŋge ヨンゲ] ―**백숙**(白熟)[~ bɛksʼuk ~ ベクスク] 若鶏の丸水炊き.

영계 백숙

*영광[榮光][jɔŋgwaŋ ヨングァン] 名 栄光; 光栄 ¶승리의 ~[suŋnie ~ スンニエ ~] 勝利の栄光 ―**스럽다**[surɔptʼa スロプタ] 形 ㅂ変 映え映えしい; 光栄の至りだ ¶~-스러운 승리[~-surɔun suŋni ~-スロウン スンニ] 栄えある勝利.

영구[永久][jɔːŋgu ヨーング] 名 하形 永久; 永遠; とわ ―**히**[i イ] 副 永久に; とこしえに; とわに ¶~ 잠들다[~ tʃamdulda ~ チャムドゥルダ] とこしえに眠る. 「名 霊柩車.

영구-차[靈柩車][jɔŋgutʃʰa ヨングチャ]

영국[英國][jɔŋguk ヨングク] 名 〈地〉 英国; イギリス ―**인**[(jɔŋgug)in (ヨングギン)] 名 イギリス人; 英人.

영도[領導][jɔŋdo ヨンド] 名 하他 領導; リード ¶뛰어난 ~자[t'wiɔnan ~dʒa ットゥィオナン ~ジャ] すぐれた指導者[リーダー(leader)].

영락[零落][jɔŋnak ヨンナク] 名 하自 零落; 落ちぶれ; 流落 ¶거지로 ~하다[kɔːdʒiro (jɔŋna)kʰada コージロ ~カダ] こじきに成り下がる ―**없다**[(jɔŋnag)ɔpt'a (ヨンナ)ゴプタ] 存 確かである; 間違いない; (親に)そっくりだ ¶이번에는 ~[ibɔnenun ~ イボネヌン ~] 今度こそは間違い[外れっこ]ない ―**없이**[(jɔŋnag)ɔpʃʼi (ヨンナ)ゴプシ] 副 確かに; 間違いなく ¶~ 앙갚음을 당했다[~ aŋgapʰumul taŋhɛtʼa ~ アンガプムル タンヘッタ] 間違いなく仕返しされた.

영롱[玲瓏][jɔŋnoŋ ヨンノン] 名 하形 玲瓏; (声・音などが)澄みきって美しいさま ¶~한 보석[~han poːsɔk ~ハン ポーソク] 玲瓏たる[きらきら輝いている]宝石.

영리[營利][jɔŋni ヨンニ] 名 하自 営利 ―**사업**[saːɔp サーオプ] 営利事業.

*영리-하다[怜悧―][jɔːŋnihada ヨーンニハダ] 形 利口だ; 賢い; 怜悧ꍘだ; さかしい ¶~-한 사람[~-han saːram ~-ハン サーラム] 利口な人 / ~-한 아이[~-han ai ~-ハン アイ] 賢い子供.

영-마루[嶺―][jɔŋmaru ヨンマル] 名 峠のいただき; 山頂.

영면[永眠][jɔːŋmjɔn ヨーンミョン] 名 하自 永眠; 永逝 ¶어제 ~하셨습니다[ɔdʒe ~haʃɔsʼumnida オジェ ~ハショッスムニダ] 昨日長逝しました.

*영문[jɔŋmun ヨンムン] 名 わけ; 理由;

성어 행기 ¶ ~을 모르다[~ɯl moruda (ヨンガ) ヌル モルダ] わけがわからない; 理由がわからない.

영문[英文][jɔŋmun ヨンムン] 名 英文 **—과**[k'wa クァ] 名 英文科 **—법**[p'ɔp ポプ] 名 英文法 **—학**[hak ハク] 名 英文学.

영민[英敏][jɔŋmin ヨンミン] 名 하形 鋭敏; 明敏; 才知が鋭く, さといこと.

영-부인[令夫人][jɔŋbuin ヨンブイン] 名 令夫人; 地位の高い人の妻 ¶ 대통령 ~ [tɛːtʰoŋnjɔŋ ~ テートンニョン~] 大統領夫人; ファーストレディー.

영사[領事][jɔːŋsa ヨーンサ] 名 領事 **—관**[gwan グァン] 名 領事館.

영산-홍[映山紅][jɔːŋsanhoŋ ヨーンサンホン] 名 〈植〉(赤い花の) サツキツツジ (五月躑躅) (ツツジ科, 初夏, 赤'흥'・紫'자'・白'백'の花をつける).

영상[映像][jɔŋsaŋ ヨンサン] 名 映像; イメージ; (テレビや映画の) 画像 ¶ 가신 어머니의 ~ [kajin ɔmɔnie ~ カシン オモニエ ~] 亡き母のイメージ.

영상[影像][jɔːŋsaŋ ヨーンサン] 名 影像; 肖像.

영세[零細][jɔŋse ヨンセ] 名 하形 零細 **—농**[noŋ ノン] 名 零細農 **—민**[min ミン] 名 零細民; 細民.

영수[領收・領受][jɔŋsu ヨンス] 名 領收; 受領 **—하다**[hada ハダ] 他 領收する; 受け取る **—인**[in イン] 名 領收人 **—증**[dʒɯŋ ジュン] 名 領收書; レシート (receipt).

영수[領袖][jɔŋsu ヨンス] 名 領袖 ¶ 양정당의 ~ 회담 [jaːŋdʒɔŋdaŋe ~ hweːdam ヤーンジョンダンエ ~ フェーダム] 両政党の領袖会談.

영시[英詩][jɔŋʃi ヨンシ] 名 英詩.

영시[零時][jɔŋʃi ヨンシ] 名 零時; 夜の12時, または24時.

영식[令息][jɔŋʃik ヨンシク] 名 令息.

영신[迎新][jɔŋʃin ヨンシン] 名 하他 ① 新年を迎えること ¶ 송구 (送舊) ~ [soːŋgu ~ ソーング ~] 旧年を送り新年を迎える ② 新しいことを迎えること.

영아[嬰兒][jɔŋa ヨンア] 名 嬰兒ちゃん; みどりご; 赤ん坊; 乳飲み子; 乳児.

영악[獰惡][jɔŋak ヨンアク] 名 하形 獰悪どう; 凶悪 ¶ ~한 범인 [(jɔŋa)kʰan pɔːmin ~カン ポーミン] 獰悪な犯人.

영악-하다[jɔŋakʰada ヨンアクハダ] 形 ㅂ変 利にさとい; 利害関係に抜け目がなくがめつい ¶ ~한 녀석이다 [(jɔŋa)kʰan njɔsɔgida ~カン ニョソギダ] 利にさといやつだ **영악-스럽다** [jɔŋaksɯrɔpt'a ヨンアクスロプタ] 形 ㅂ変 利害に抜け目がなくがめつい.

영애[令愛][jɔŋɛ ヨンエ] 名 令嬢.

영약[靈藥][jɔŋjak ヨンヤク] 名 靈藥; 奇藥; 仙藥 ¶ ~의 효력 [(jɔŋja)ge hjoːrjɔk (ヨンヤ)ゲ ヒョーリョク] 靈薬の効.

***영양**[營養][jɔŋjaŋ ヨンヤン] 名 栄養 ¶ ~을 섭취하다 [~ɯl sɔptʃʰwihada ~ウル ソプチュイハダ] 栄養を取る [摂取する] **—가**[k'a カ] 名 栄養価 **—부족**[budʒok ブジョク] 名 栄養不足 **—분**[bun ブン] 名 栄養分 **—불량**[bulljaŋ ブルリャン] 名 栄養不良 **—사**[sa サ] 名 栄養士 **—소**[so ソ] 名 栄養素 **—식**[ʃik シク] 名 栄養食 **—실조**[ʃiltʃ'o シルチョ] 名 栄養失調.

영어[囹圄][jɔŋɔ ヨンオ] 名 囹圄れい; 牢屋ろう ¶ ~의 몸이 되다 [~e momi tweda ~エ モミ トウェダ] 囹圄の身となる.

***영어**[英語][jɔŋɔ ヨンオ] 名 英語 ¶ ~실력이 붙다 [~ ʃilljɔgi putʰa ~ シルリョギ ブッタ] 英語の力がつく.

***영업**[營業][jɔŋɔp ヨンオプ] 名 하自 營業 ¶ 연중 무휴(年中無休) ~ [jɔndʒuŋ muhju ~ ヨンジュン ムヒュ ~] 通年營業 **—금지**[k'ɯːmdʒi クームジ] 名 營業禁止 **—소득**[soːduk ソードゥク] 名 營業所得 **—용**[(jɔŋɔm)njɔŋ (ヨンオム)ニョン] 名 營業用.

영역[英譯][jɔŋjɔk ヨンヨク] 名 英譯 **—하다** [(jɔŋ)jɔkʰada カダ] 他 英譯する.

***영역**[領域][jɔŋjɔk ヨンヨク] 名 領域; 領分; 分野 ¶ 국가 ~ [kukʼa ~ クッカ ~] 国家の領域 / 타인의 ~ [tʰaine ~ タイネ ~] 他人の領分 / 학문의 ~ [haŋmune ~ ハンムネ ~] 学問の分野 [領域].

영영[永永][jɔːŋjɔŋ ヨーンヨン] 副 永々; 永久に; 永遠に; いつまでも ¶ 볼 수 없게 되었다 [~ pol sʼu ɔːpkʼe tweːtʼa ~ ポルッス オプケ トウェオッタ] 永久に見られなくなった.

영예[榮譽][jɔŋe ヨンエ] 名 榮譽 ¶ ~로 삼다 [~ro saːmtʼa ~ロ サームタ] 榮譽とする **—로이**[roi ロイ] 副 光榮に **—롭다** [ropt'a ロプタ] **—스럽다** [sɯrɔptʼa スロプタ] 形 ㅂ変 誉れ [榮譽] と思われる.

***영웅**[英雄][jɔŋuŋ ヨンウン] 名 英雄; 雄; ヒーロー ¶ 난세의 ~[na:nsee ~ ナーンセエ ~] 乱世の雄.

***영원**[永遠][jɔːŋwɔn ヨーンウォン] 名 하形 永遠; 永久; とこしえ ¶ ~한 벗[~han pɔt ~ハン ポッ] 永遠の友 / ~한 이별(離別)[~han nibjɔl ~ハン ニビョル] 永遠の別れ **―히**[i (ヨーンウォ)ニ] 副 永遠に; 永久に; とこしえ ¶ ~ 잠들다[~ tʃamdɯlda ~チャムドゥルダ] 永遠の眠りにつく **―무궁**[mugun ムグン] 名 하形 永遠無窮 ¶ ~하게[~hage ~ハゲ] 千代に八千代に **―불멸**[bulmjɔl ブルミョル] 名 永遠不滅 **―불변**[bulbjɔn ブルビョン] 名 永遠不変; 常世.

***영위-하다**[營爲―][jɔŋwihada ヨンウィハダ] 他 営む ¶ 삶을 ~[sa:lmɯl ~ サールムル ~] 生を営む.

영-의정[領議政][jɔŋidʒɔŋ ヨンイイジョン] 名 〈史〉総理·首相に該当する朝鮮王朝時代の最高官職.

영-이별[永離別][jɔːŋnibjɔl ヨーンニビョル] 名 하自 長の別れ ¶ ~이 될 줄이야[(jɔːŋnibjɔr)i twel tʃʼɯrija (ヨーンニビョ)リ トゥェル チュリヤ] 長の別れになろうとは.

영인-본[影印本][jɔːŋinbon ヨーンインボン] 名 影印本

영입[迎入][jɔŋip ヨンイプ] 名 하他 迎え入れること ¶ 이사(理事)로 ~하다[iːsaro (jɔŋi)pʰada イーサロ ~パダ] 取締役として迎え入れる.

영자[英字][jɔŋtʃʼa ヨンチャ] 名 英字 ¶ ~ 신문[~ ʃinmun ~ シンムン] 英字新聞.

영-작문[英作文][jɔŋdʒaŋmun ヨンジャンムン] 名 英作文.

영장[令狀][jɔŋtʃʼaŋ ヨンチャン] 名 〈法〉令状 ¶ 체포 ~[tʃʰepʰo ~ チェポ ~] 逮捕令状.

영장[靈長][jɔŋdʒaŋ ヨンジャン] 名 霊長 ¶ 만물의 ~[maːnmure ~ マーンムレ ~] 万物の霊長.

영재[英才][jɔŋdʒɛ ヨンジェ] 名 英才; 鋭才 ¶ ~ 교육[~ gjoːjuk ~ ギョーユク] 英才教育.

영전[榮轉][jɔŋdʒɔn ヨンジョン] 名 하自 栄転 ¶ ~을 축하(祝賀)하다[~ɯl tʃʰukʰahada (ヨンジョ)ヌル チュクカハダ] ご栄転を祝う.

영전[靈前][jɔŋdʒɔn ヨンジョン] 名 霊前 ¶ ~에 꽃을 바치다[~e kʼotʃʰul patʃʰida (ヨンジョ)ネ ッコチュル パチダ] 霊前に花をささげる.

영점[零點][jɔŋtʃʼɔm ヨンチョム] 名 零点; ゼロ ¶ 시험에서 ~을 받다[ʃihɔmesɔ ~ɯl patʼa シホメソ (ヨンチョ)ムル パッタ] 試験で零点を取る.

영접-하다[迎接―][jɔŋdʒɔpʰada ヨンジョプハダ] 他 迎える ¶ 귀빈을 ~[kwiːbinul ~ クィービヌル ~] 貴賓を迎える.

영정[影幀][jɔːŋdʒɔŋ ヨーンジョン] 名 影像; 肖像を写した絵·写真の額縁[掛け軸].

영주[永住][jɔːŋdʒu ヨーンジュ] 名 하自 永住 **―권**[kʼwɔn クォン] 名 永住権.

영지[靈芝][jɔŋdʒi ヨンジ] 名 〈植〉霊芝버섯; マンネンタケ(万年茸).

영차[jɔːŋtʃʰa ヨーンチャ] 感 よいさ; よいしょ(掛け声).

영치기[jɔːŋtʃʰigi ヨーンチキ] 感 よいしょ; よいさ; えいやこら(重いものを担ぎ棒で運ぶときの掛け声).

***영토**[領土][jɔŋtʰo ヨント] 名 領土 ¶ ~ 분쟁[~ bundʒɛŋ ~ ブンジェン] 領土紛争.

영특-하다[英特―][jɔŋtʰukʰada ヨントゥックカダ] 形 英明で傑出している; 才気に秀でている.

영판[jɔŋpʰan ヨンパン] 副 ① まったく·아주[adʒu アジュ] ¶ 형제인데도 얼굴이 ~ 다르다[hjɔŋdʒeindedo ɔlguri ~ taruda ヒョンジェインデド オルグリ ~ タルダ] 兄弟ながら顔がまったく違う ② そっくり; 間違いなく.

영패[零敗][jɔŋpʰɛ ヨンペ] 名 하自 零敗; ゼロ敗; スコンク(skunk) ¶ ~를 면하다[~rɯl mjɔːnhada ~ルル ミョーンハダ] 零敗を免れる.

***영하**[零下][jɔŋha ヨンハ] 名 零下; 氷点下 ¶ ~의 추위[~e tʰuwi ~ エ チュイ] 氷点下の寒さ.

영합-하다[迎合―][jɔŋhapʰada ヨンハプハダ] 自 迎合する; 迎える ¶ 남의 뜻에 ~[name tʼɯse ~ ナメットゥセ ~] 人の意を迎える / 권력자에게 ~[kwɔlljoktʃʼaege ~ クォルリョクチャエゲ ~] 権力者に迎合する.

영해[領海][jɔŋhe ヨンヘ] 名 領海 ¶ ~를 침범(侵犯)하다[~rɯl tʃʰiːmbɔmhada ~ルル チームボムハダ] 領海を侵す.

영향[影響][jɔːŋhjaŋ ヨーンヒャン] 名 影響 ¶～이 미치다[～i mitʃʰida ～イ ミチダ] 影響が及ぶ/～을 끼치다[～ɯl k'itʃʰida ～ウル ッキチダ] 影響を及ぼす **—력**[njɔk ニョク] 名 影響力.

영험-하다[靈驗—][jɔŋhɔmhada ヨンホムハダ] 形 霊験がある; 霊験あらたかである; =영검하다.

영-호남[嶺湖南][jɔŋhonam ヨンホナム] 名 〈地〉영남(嶺南)[jɔŋnam ヨンナム]と호남(湖南)[honam ホナム](朝鮮半島南端で東側の嶺南[慶尚(南北)道]と西側の湖南[全羅(南北)道]).

영혼[靈魂][jɔŋhon ヨンホン] 名 霊魂; 魂 ¶～ 불멸[～ bulmjɔl ～ ブルミョル] 霊魂不滅.

***영화**[映畵][jɔŋhwa ヨンファ] 名 映画; シネマ; キネマ ¶～를 구경하다 [～rɯl kuːgjɔŋhada ～ルル クーギョンハダ] 映画を見る **—각본**[gakp'on ガクポン] 名 (映画の)脚本; シナリオ(scenario) **—감독**[gamdok ガムドク] 名 映画監督 **—관**[gwan グァン] 名 映画館 **—배우**[bɛu ベウ] 名 映画俳優 **—예술**[jeːsul イェースル] 名 映画芸術 **—음악**[ɯmak ウマク] 名 映画音楽 **—제**[dʒe ジェ] 名 映画祭.

영화[榮華][jɔŋhwa ヨンファ] 名 栄華; 栄え ¶～를 누리다[～rɯl nurida ～ルル ヌリダ] 栄華を極める **—로이**[roi ロイ] 副 栄華を極めて **—(스)롭다**[(sɯ)ropt'a (ス) ロプタ] 形 [ㅂ変] 栄華を極める; 華やかなようすである.

***옅다**[jɔt'a ヨッタ] 形 ① 浅い; ＞얕다[jat'a ヤッタ] ¶옅은 못[jɔtʰɯn mot ヨトゥン モッ] 浅い池 ② (色の)薄い ¶색깔이 ～[sɛk'ari ～ セッカリ ～] 色が薄い ③ (志が)弱い ④ (知識が)浅い ⑤ (情誼が)厚くない; 薄情だ.

***옆**[jɔp ヨプ] 名 横; そば; わき; 隣; 傍ら; サイド ¶～ 사람[～ s'aram ～ サラム] 隣の人/～쪽[～tʃ'ok ～チョク] 横の方.

***옆-구리**[jɔpk'uri ヨプクリ] 名 わき; わき腹; 横腹 ¶～를 차다[～rɯl tʃʰada ～ルル チャダ] ひばらを蹴る.

옆-길[jɔpk'il ヨプキル] 名 横道; わき道; 横筋 ¶～로 새다[～ro sɛːda ～ロ セーダ] わき道にそれる.

옆-면[—面][jɔmmjɔn ヨムミョン] 名 側面 ¶～ 공격[～ goːŋgjɔk ～ ゴーンギョク] 側面攻撃.

옆-자리[jɔptʃ'ari ヨプチャリ] 名 隣(の)席 ¶～의 손님[～e sonnim ～エ ソンニム] 隣席の客.

옆-집[jɔptʃ'ip ヨプチプ] 名 隣(の)家.

옆-찌르다[jɔptʃ'irɯda ヨプチルダ] 自 (ひそかに知らせるため)わきをつつく.

***예**[je イェー] 名 昔; いにしえ; ずっと以前 ¶～나 지금이나[～na tʃigumina ～ナ チグミナ] 昔も今も/～로부터[～robutʰo ～ロブト] 昔から.

예[je イェ] 代 副 ここ; この所; こちら=여기(에)[jɔgi(e) ヨギ(エ)]の略 ¶～ 앉거라[～ ank'ora ～ アンコラ] ここに座れ.

***예**[je イェー] 感 ① はい; え(え); 肯定の意で目上に答える言葉; =네[ne ネ] ¶～ 그렇습니다[～ kɯrɔsʰɯmnida ～ クロッスムニダ] はい, そうです ② え; は(あ); 目上に問い返す語 ¶～, 무어시라고요?[～, muɔʃiragojo ～, ムオシラゴヨ] え, なんですって.

***예**[例][je イェー] 名 例 ① 전례(前例)[tʃɔlle チョルレ]「前例」の略; 先例; ためし ¶그런 ～는 아직 없었다[kɯrɔn ～nɯn adʒik ɔːpsɔt'a クロン ～ヌン アジク オプソッタ] そういうためしはまだなかった ② いつものきまり; ならわし; くだん ¶～와 같이[～wa gatʃʰi ～ワ ガチ] 例のとおり; 例によって; 例のごとく ③ たとえ; 実例 ¶일본을 ～로 든다면[ilbonɯl ～ro tɯndamjɔn イルボヌル ～ロ トゥンダミョン] 日本を例にとると.

***예**[禮][je イェ] 名 하자 礼; 礼儀; 礼節; エチケット ¶～를 지키다[～rɯl tʃikʰida ～ルル チキダ] 礼を守る.

예감[豫感][jeːgam イェーガム] 名 하타 予感; 第六感; 虫の知らせ ¶～했던 일[～tsʰɔn niːl ～ヘットン ニール] 予感したこと/어쩐지 ～이 들다 [otʃ'ondʒi ～i tɯlda オッチョンジ (イェーガ)イ トゥルダ] 虫が知らせる.

예견-하다[豫見—][jeːgjɔnhada イェーギョンハダ] 他 予見する; 見越す; 予測する ¶미래를 ～[miːrɛrɯl ～ ミーレルル ～] 未来を予見する.

예고[豫告][jeːgo イェーゴ] 名 하타 予告; 前ぶれ; 先ぶれ ¶태풍(颱風)의 ～[tʰɛpʰuŋe ～ テプンエ ～] 台風の先ぶれ/～도 없이[～do ɔːptʃʰi ～ ド オプシ] 前ぶれもなく.

***예금**[預金][jeːgɯm イェーグム] 名 하타

預金 ¶~을 찾다[~ɯl tɕʰat'a (イェクン) ムル チャッタ] 預金を下ろす / 정기 ~[tɕɔ:ŋgi ~ チョーンギ ~] 定期預金.

예기[豫期][je:gi イェーギ] 名 하他 予期; 予想 ¶~치 못했던 일[~tɕʰi moːtʰɛt'ɔn niːl ~チ モーッテットン ニール] 予期し得なかったこと.

예끼[je:k'i イェーッキ] 感 ええいっ; やい; 今にも殴らんばかりの気勢でののしるときの声 ¶~ 이놈[~ inom ~ イノム] おいこら; こいつめ.

예년[例年][je:njɔn イェーニョン] 名 例年; 毎年 ¶~과 같이[~gwa gatɕʰi グァ ガチ] 例年どおり.

예능[藝能][je:nɯŋ イェーヌン] 名 芸能; 技芸.

예-니레[jenire イェニレ] 名 6・7日; 6日か7日(の間) ¶한 ~ 걸릴 것이다[han ~ kɔllil k'ɔɕida ハン ~ コルリル コシダ] およそ6・7日かかるだろう.

예-닐곱[jenilgop イェニルゴプ] 名 6・7; 6つか7つ ¶~ 사람[~ s'aram ~ サラム] 6・7人.

예라[je:ra イェーラ] 感 やれ(やれ); さて(さて) ¶~ 그만 두자[~ kɯman dudʑa ~ クマン ドゥジャ] やれやれ, やめとこう / ~ 모르겠다[~ morɯget'a ~ モルゲッタ] えい, どうにでもなれ; (後は)どうなろうとかまうものか.

*****예리**[銳利][je:ri イェーリ] 名 하形 鋭利 ¶~한 칼[~han kʰal ~ハン カル] 鋭利な刀 / ~한 두뇌[~han tunwe ~ハン トゥヌェ] 鋭い頭脳.

예매[豫賣][je:mɛ イェーメ] 名 하他 前売り ¶~권[~k'wɔn ~クォン] 前売り券 / 입장권을 ~(豫買)하다[iptɕ'aŋk'wɔnɯl ~hada イプチャンクォヌル ~ハダ] 入場券を予め買う.

예문[例文][je:mun イェームン] 名 例文 ¶~을 참조하라[~ɯl tɕʰamdʑohara (イェーム)ヌル チャムジョハラ] 例文を参照せよ.

예물[禮物][jemul イェムル] 名 ① 礼物; お礼の品; 贈り物; 謝礼品 ② 結婚式で新郎新婦が交換する記念品 ③ 新郎の親が花嫁に与える贈りもの, または夫の家族に対する贈りものとして花嫁が持参する品物.

*****예민-하다**[銳敏—][je:minhada イェーミンハダ] 形 鋭敏だ ¶~한 귀[~han kwi ~ハン クィ] 鋭敏な耳.

예-바르다[禮—][jebarɯda イェバルダ] 形 르変 礼儀正しい.

*****예방**[豫防][je:baŋ イェーバン] 名 하他 予防 ¶화재 ~[hwa:dʑɛ ~ ファージェ ~] 火災予防 ──주사[dʑusa ジュサ] 名 予防注射.

예방[禮訪][jebaŋ イェバン] 名 하他 礼儀上やあいさつのための訪問.

예배[禮拜][jebɛ イェベ] 名 하他 礼拝 ──보다[boda ボダ] 自 礼拝を行なう ──당[daŋ ダン] 名 〈基〉礼拝堂.

예법[禮法][jep'ɔp イェポプ] 名 礼法; 礼儀作法 ¶~에 맞다[(jep'ɔb)e maˑt'a (イェボ)ベ マッタ] 礼儀にかなう / ~에 어긋나다[(jep'ɔb)e ɔgɯnnada (イェボ)ベ オグンナダ] 礼儀に背く.

예보[豫報][je:bo イェーボ] 名 하他 予報 ¶일기(日氣) ~[ilgi ~ イルギ ~] 天気予報.

예복[禮服][jebok イェボク] 名 礼服.

예불[禮佛][jebul イェブル] 名 하自 仏参; お寺参り; 仏を拝むこと.

*****예비**[豫備][je:bi イェービ] 名 하他 予備 ¶~ 조사[~ dʑosa ~ ジョサ] 予備調査; 下調べ.

예뻐-지다[je:p'ɔdʑida イェーッポジダ] 自 美しく[きれいに]なる; かわいくなる.

예뻐-하다[je:p'ɔhada イェーッポハダ] 他 かわいがる.

*****예쁘다**[je:p'ɯda イェープダ] 形 으変 きれいだ; 美しい; かわいい ¶예쁜 꽃[je:p'un k'ot イェーップン ッコッ] 美しい花 / 예쁜 아이[je:p'un ai イェーップナイ] かわいい子 / 예쁜 옷[je:p'un ot イェープノッ] きれいな着物.

예쁘장-하다[je:p'ɯdʑaŋhada イェープジャンハダ] 形 ややきれいだ; やや美しい; かわいらしい **예쁘장-스럽다**[je:p'ɯdʑaŋsɯrɔp'ta イェープジャンスロプタ] 形 ㅂ変 こぎれいに見える; かわいらしい.

*****예사**[例事][je:sa イェーサ] 名 常のこと; ありふれたこと; 日常茶飯事 ¶그 정도(程度)는 ~다[kɯ tɕɔŋdonɯn ~da ク チョンドヌン ~ダ] それくらいは何でもない ──**로(이)**[ro (i) ロ(イ)] 副 ありふれたことだと(として); 平気で; 当たり前に ¶죽는 것도 ~ 생각한다[tɕuŋnɯn kɔt'o sɛŋgakʰanda チュンヌン コット ~ センガクカンダ] 死ぬのも平気に思っている ──**롭다**[rop't'a ロプタ] 形 ㅂ変 常のことである; ありふれた[ごく平凡な]ことだ; 尋常だ ──**말**[mal マル] 名 普通[並み]の言葉 예

삿-일 [je:sannil イェーサンニル] 名 普通[並み]のこと; ただごと ¶ ~이 아니다 [~-(nir)i anida ~-(ニ)リ アニダ] ~-(ニ)リアニダ ただならぬことである.

***예산**[豫算] [je:san イェーサン] 名하他 予算 ¶ ~을 세우다 [~ul seuda (イェーサン)ヌル セウダ] 予算を立てる.

예상[豫想] [je:saŋ イェーサン] 名하他 予想 ¶ ~이 어긋나다 [~i ɔgunnada ~イ オグンナダ] 予想がはずれる; 見当違いだ **─외**[we ウェ] 名 予想外; 案外 ¶ ~의 손실 [~e so:nʃil ~エ ソーンシル] 予想外の損失.

예서 [je:sɔ イェーソ] 略 ここで; ここから; =여기서 [jɔgisɔ ヨギソ] ¶ ~ 기다려 [~ kidarjɔ ~キダリョ] ここで待てよ.

예선 [je:sɔn イェーソン] ここでは=여기서는 [jɔgisɔnun ヨギソヌン] ¶ ~ 안 돼요 [~ an dwɛjo ~ アンドゥェヨ] ここではいけないよ.

***예선**[豫選] [je:sɔn イェーソン] 名하他 予選 ¶ ~을 통과하다 [~ul thoŋgwahada (イェーソン)ヌル トンクァハダ] 予選を通過する.

예수 [je:su イェース] Jesus 名 〈基〉 イエス; キリスト ¶ ~님 [~nim ~ニム] イエス様 **─교**[gjo ギョ] 名 〈宗〉 キリスト教; プロテスタント(新教) **─교인**(教人) [gjo:in ギョーイン] 名 クリスチャン **─교회**[gjo:hwe ギョーフェ] 名 キリスト教会 **─그리스도**[ku-risudo クリスド] 名 イエスキリスト.

*‡**예순** [jesun イェスン] 冠數 60; 六十.

‡**예술**[藝術] [je:sul イェースル] 名 芸術; アート **─가**[ga ガ] 名 芸術家; アーティスト **─품**[pʰum プム] 名 芸術品.

예-스럽다 [je:suːrɔpt'a イェースロプタ] 形 ㅂ変 古めかしい; 古風だ ¶ 예스러운 건물 [je:suːruɔn kɔ:nmul イェースロウン コーンムル] 古めかしい建物.

***예습**[豫習] [je:sup イェースプ] 名하他 予習; 下調べ ¶ 학교의 ~ [hak'joe ~ ハッキョエ ~] 学校の予習.

예식-장[禮式場] [jeʃiktɕ'aŋ イェシクチャン] 名 結婚式場.

***예약**[豫約] [je:jak イェーヤク] 名하他 予約; リザーブ(reserve) ¶ 호텔을 ~하다 [hotʰerul (je:ja)kʰada ホテル ~カダ] ホテルを予約する.

예언[豫言] [je:ɔn イェーオン] 名하他 予言 ¶ ~이 빗나가다 [~i pinnagada (イェーオ)ニ ピンナガダ] 予言がは ずれる.

***예외**[例外] [je:we イェーウェ] 名 例外 ¶ ~없이 [~ɔpʃ'i ~ オプシ] 例外なく / ~로 하다 [~ro hada ~ロ ハダ] 例外にする.

***예의**[禮儀] [jei イェイ] 名 礼儀 ¶ ~ 바르다 [~ baruda ~ バルダ] 礼儀正しい / ~가 없다 [~ga ɔ:pt'a ~ガ オープタ] 礼儀を欠く **─범절**(凡節)[bɔmdʑɔl ボムジョル] 名 礼儀作法; エチケット ¶ ~이 바른 가정 [~-(bɔmdʑɔr)i parun kadʑɔŋ ~-(ボムジョ)リ バルン カジョン] しつけのいい家庭.

***예전** [je:dʑɔn イェージョン] 名 ひと昔; ずっと以前に ¶ ~에 있었던 일 [~e is'ɔt'ɔn ni:l ~エ イッソッ トンニール] ひと昔のこと.

예절[禮節] [jedʑɔl イェジョル] 名 礼節 ¶ ~ 바르다 [~ baruda ~ バルダ] 礼儀正しい / ~을 지키다 [(jedʑɔr)ul tɕikʰida (イェジョ)ルル チキダ] 礼節を守る.

***예정**[豫定] [je:dʑɔŋ イェージョン] 名하他 予定; 積もり ¶ ~을 세우다 [~ul seuda ~ウル セウダ] 予定を組む **─하다**[hada ハダ] 他 予定する; 見積もる; 見込む.

예지[叡智] [je:dʑi イェージ] 名 英知 ¶ ~에 찬 지성인 [~e tʃʰan tɕisɔŋin ~エ チャン チソンイン] 英知に満ちた知性人.

예측[豫測] [je:tʃʰɯk イェーチュク] 名하他 予測 ¶ 경기의 ~ [kjɔŋgie ~ キョンギエ ~] 景気の見通し / ~할 수 없다 [(je:tʃʰɯl)kʰal s'u ɔ:pt'a ~ カルス オープタ] 予測がつかない; 予測できない.

예-컨대[例—] [je:kʰɔndɛ イェーコンデ] 副 たとえば; 例をあげれば; =이를테면 [irulthemjɔn イルルテミョン].

예행[豫行] [je:hɛŋ イェーヘン] 名하他 予行 **─연습**[nɔ:nsup ニョーンスプ] 名 予行演習; 下げいこ.

옌장 [je:ndʑaŋ イェーンジャン] 感 ちぇっ; ちえ ¶ ~, 손해 봤다 [~, so:nhe bwat'a ~, ソーンヘ ボアッタ] ちえ, 損した.

*‡**옛** [je:t イェーッ] 冠 昔の; いにしえの ¶ ~친구 [~tʃʰingu ~チング] 旧友; 昔の友達.

‡**옛-날** [je:nnal イェーンナル] 名 昔; 過ぎ去った日; 遠い過去; =**옛적** [je:tɕ'ɔk

옛말 [je:nmal イェーンマル] 图 古語; 昔[古人]の言葉 ¶~ 그른 데 없다 [~ kurun de ɔ:pt'a クルン デ オープタ] 昔から言い伝えることにうそはない.

옛-일 [je:nnil イェーンニル] 图 往時; 過ぎしこと ¶~을 회상(回想)하다 [(je:nnir)ul hwesaŋhada (イェーンニ)ルル フェサンハダ] 往時をしのぶ.

옛-정[—情] [je:tɕ'ɔŋ イェーッチョン] 图 往時の交情; 旧情.

옛-집 [je:tɕ'ip イェーッチプ] 图 古家; 昔のすみか; 旧家 ¶~이 그립다 [(je:tɕ'ib)i ku:ript'a (イェーッチ)ビ クーリプタ] 古巣が恋しい.

옛-추억[—追憶] [je:tɕhuɔk イェーッチュオク] 图 昔の思い出; 追憶 ¶~에 잠기다 [~-(tɕhuɔ)e tɕamgida ~-(チュオ)ゲ チャムギダ] 追憶にふける.

옛-터 [je:tʰɔ イェーット] 图 古跡; 遺跡 ¶ 황성 ~ [hwaŋsɔŋ ~ ファンソン ~] 荒城の古跡.

옛-풍속[—風俗] [je:tpʰuŋsok イェーップンソク] 图 昔の風俗.

옛-풍습[—風習] [je:tpʰuŋswp イェーップンスプ] 图 古風; いにしえぶり.

옜다 [jet'a イェッタ] 感 ① ここにある=여기 있다 [jɔgi it'a ヨギ イッタ] の略 ② えい; ほら ¶~ 먹어라 [~ mɔgɔra ~ モゴラ] ほら, 食べろ. [タソッ].

***오**[五] [o: オー] 数 5; 5つ; =다섯 [tasot

-오- [o オ] 接尾 謙譲の意を表わす先語末語尾 ¶ 가~니 [ka~ni カーニ] 行きますゆえに / 그러하~니 [kurɔha~ni クロハーニ] そうでありますので.

-오 [o o] 語尾 疑問・命令・説明を表わす語尾 ¶ 어디로 가~? [ɔdiro k~ オディロ カー] どちらへ行きますか / 이리 오~ [iri o~ イリオー] こっちへいらっしゃい; こっちへ来ます.

***오-가다** [ogada オガダ] 自 往き来する; 往来する; 行き交う ¶ 오가는 사람들 [oganun sa:ramdul オガヌン サーラムドゥル] 行き交う人々.

오가피[五加皮]・**오갈피** [o:ga(l)pʰi オーガ(ル)ピ] 图 〈漢医〉 五加皮; ウコギの根皮を漢方薬材として言う語(滋養強壮剤となる) **―나무** [namu ナム] 图 〈植〉 ウコギ(ウコギ科の落葉低木).

오감[五感] [o:gam オーガム] 图 〈生〉 五感(視覚・聴覚・嗅覚・味覚・触覚).

오곡[五穀] [o:gok オーゴク] 图 五穀 ① 5種の穀物(米・ムギ・キビ・アワ・豆など) ② 穀類の総称 **―백과** [~ p'e:k'wa ~ ペックァ] 五穀百果 **―밥** [p'ap パプ] 图 五穀で炊いた飯;五穀飯.

오그라-들다 [oguradulda オグラドゥルダ] 自[ㄹ語幹] ① 縮む; 縮こまる ¶ 구두가 ~ [kuduga ~ クドゥガ ~] 靴が縮む ② 窮する ¶ ~-드는 살림살이 [~-dunun sallimsari ~-ドゥヌン サルリムサリ] ひどく悪くなった暮らし向き.

오그라-뜨리다 [ogurat'urida オグラットゥリダ] 他 縮める; 収縮させる; 押しつぶす; (体を) 丸める ¶ 깡통을 ~ [k'aŋtʰoŋul ~ ッカントンウル ~] 空きかんを押しつぶす.

오그라-지다 [oguradʑida オグラジダ] 自 ① (端から内側に曲がり込む; へこむ; ひしゃげる ¶ 냄비가 ~ [nɛmbiga ~ ネムビガ ~] なべがひしゃげる ② しぼむ ¶ 풍선이 ~ [pʰunsɔni ~ プンソニ ~] 風船がしぼむ ③ 縮む ¶ 옷이 ~ [oɕi ~ オシ ~] 衣服が縮む ④ すくむ ¶ 몸이 ~ [momi ~ モミ ~] 身がすくむ ⑤ 傾く ¶ 사업이 ~ [sa:ɔbi ~ サーオビ ~] 事業が傾く.

오그리다 [ogurida オグリダ] 他 引っ込める; 縮(こ)める; 曲げる ¶ 발을 ~ [parul ~ パルル ~] 足を引っ込める / 철사를 ~ [tɕʰɔls'arul ~ チョルサルル ~] 針金を曲げる.

오글-거리다 [ogulgɔrida オグルゴリダ] 自 ① (湯が) ぐらぐらと沸き立つ ② (虫などがひと所に集まって) うごめく.

오금 [ogum オグム] 图 ひかがみ; よばろ; ひざの裏側のくぼんだ部分 ¶ ~을 펴다 [~ul pʰjɔda (オグ)ムル ピョダ] ひかがみを伸ばす / ~을 못 쓰다 [~ul mos'uda (オグ)ムル モッスダ] 歩けない; おじける; 気後れがする; 頭が上がらない / ~아, 날 살려라 [~a, nal salljɔra (オグ)マ, ナル サルリョラ] 慣 ひかがみよ, 我を助けたまえ(雲をかすみと逃げることのたとえ; 逃げる時「足よ, 早く駆けてくれ」という語) / ~이 쑤시다 [~i s'uɕida (オグ)ミッスシダ] 慣 ひかがみがむずむずする(何か事を仕出かしたくてたまらないことの意) / ~이 저리다 [~i tɕɔrida (オグ)

ミ チョリダ] 慣 ひかがみがしびれる(自分の過ちがばれるのじゃないかとひやひやするの意).

오긋-하다 [oguthada オグッタダ] 形 [여変] 内側にやや曲がり[くぼみ・へこみ]気味だ **오긋-이** [oguɯʃi オグシ] 副 内側にやや曲がり[へこみ]気味に.

오기(傲氣) [o:gi オーギ] 名 ① 負け(ず)嫌い; 勝ち気; 立て引きずく; やせ我慢 ¶〜를 부리다 [〜rɯl purida 〜ルル プリダ] やせ我慢を張る/〜로 버티다 [〜ro pothida 〜ロ ポティダ] 意地でこらえる ② 傲慢な気.

오나-가나 [onagana オナガナ] 副 いつも; どこでも; どこへ行っても ¶〜 말썽이다 [〜 ma:lsʼɔŋida 〜マールッソンイダ] どこへ行っても問題だ.

오냐 [o:nja オーニャ] 感 うん, よし; そうか; 目下に承諾・同意・決意を表わす語 ¶〜 두고 보자 [〜 tugo bodʒa 〜トゥゴ ボジャ] よし, 覚えとけ[今に見ろ] /〜 알았다 [〜 aratʼa 〜アラッタ] そうか, わかった.

오너라-가너라 [onɔra ganɔra オノラ ガノラ] 副 他 (来いと言ったり行けと言ったりするの意) 人を勝手に振り回す[指図する]さま ¶네가 뭔데 남을 〜 하느냐 [nega mwɔ:nde namɯl 〜 hanɯnja ネガ ムォーンデ ナムル 〜 ハヌニャ] 何だってお前が勝手に指図をするのか.

오-누이 [onui オヌイ] 名 兄と妹; 姉と弟; = 남매(男妹) [nammɛ ナムメ] = **오누** [onu オヌ]・**오뉘** [onwi オヌイ].

오-뉴월(五六月) [o:njuwɔl オーニュウォル] 名 (陰暦の)5月と6月 (蒸し暑くて昼が長い季節の称).

*****오늘** [onɯl オヌル] 名 今日; 本日 ¶〜 오후 [(onɯr) o:hu (オヌ) ローフ] 今日の午後 **―날** [lal ラル] 名 今日誌; 現時 ¶〜-의 세계 [〜-(lar)e se:ge 〜-(ラ)レ セゲ] 今日の世界 **―내일**(來日) [lɛil レイル] 副 今日明日; 今明間 ¶〜로 박두(迫頭)하다 [〜lo paktʼuhada 〜ロ パクトゥハダ] 今日明日に迫まる/병(病)이 위독하여 〜한다 [pjo:ŋi widokhajo 〜 handa ピョーンイ ウィドクハヨ 〜 ハンダ] 余命いくばくもない; 危篤でもうすぐ死にそうだ **―따라** [tʼara ッタラ] 副 (日もあろうに) 今日に限って ¶〜 바람이 심하다 [〜 parami ʃi:mhada 〜 パラミ シームハダ] 今日に限って風が激しい.

*****오다** [oda オダ] 1 自 他 ① 来る; やって来る ¶친구들이 〜 [tʃhinguduri 〜 チングドゥリ 〜] 友達がやって来る/봄이 〜 [pomi 〜 ポミ 〜] 春が来る ② 降る ¶비가 〜 [piga 〜 ピガ 〜] 雨が降る ③ 到着する ¶편지(便紙)가 〜 [phjɔ:ndʒiga 〜 ピョーンジガ 〜] 手紙が来る ④ 差す ¶졸음이 〜 [tʃorɯmi 〜 チョルミ 〜] 眠気が差す 2 補動 …してくる; なってくる ¶밝아 〜 [palga 〜 パルガ 〜] 明るくなる **오시다** [oʃida オシダ] 自 いらっしゃる; おいでになる.

오다-가다 [odagada オダガダ] 副 ① ときどき; たまに ¶한번씩 만나다 [〜 hanbɔnʃʼiŋ mannada 〜 ハンボンッシン マンナダ] たまに会う ② 偶然; たまたま; 何かの拍子で ¶〜 만난 사람 [〜 mannan sa:ram 〜 マンナン サーラム] 何かの拍子で出合った人 ③ 行き来のついでに; 通りすがりに ¶〜 들르다 [〜 tulluda 〜 トゥルルダ] 通りすがりに立ち寄る.

오달-지다 [o:daldʒida オーダルジダ] 形 抜けが無い; そつがない; 達者だ, しっかりしている ¶오달진 놈 [o:daldʒin nom オーダルジン ノム] 達者なやつ.

오더 [o:dɔ オード] 名 order オーダー; 順序; 注文 ¶배팅 〜 [bɛthiŋ 〜 ベティン 〜] (野球の)バッティングオーダー.

오도(誤導) [o:do オード] 名 他 誤った道に導くこと ¶여론을 〜하다 [jo:ronɯl 〜hada ヨーロヌル 〜ハダ] 世論を誤った方向に導く.

오도깝-스럽다 [odokʼapsʼɯrɔptʼa オドッカプスロプタ] 形 [ㅂ変] 無分別でそっかしくふるまう; 軽率に出しゃばる ¶〜-스러운 몸짓 [〜-sʼɯrɔun momtʃʼit 〜-スロウン モムチッ] 軽々しく出しゃばってふるまうしぐさ.

오도독-오도독 [ododog ododok オドドゴドドク]・**오독-오독** [odog odok オドゴドク] 副 他自他 ぽりぽり; かりかり; がりがり ¶〜 씹다 [〜 ʃiptʼa 〜 シプタ] ぽりぽりとかむ.

오도 방정(을) 떨다 [o:do bandʒɔŋ(ɯl) tʼɔlda オード バンジョン(ウル) ットルダ] 慣 おっちょこちょいをする; そそっかしくとても軽はずみにふるまう.

오도카니 [odokhani オドカニ] 副 (気力を失って) しょんぼりと; つくねんと

오돌 오돌 ¶ ~ 앉아 있다 [~ andʒa it'a ~ アンジャ イッタ] つくねんと座っている.

오돌-오돌 [odorodol オドロドル] 副 하形 ① (軟骨などを)かむのに歯ごたえがありこりこりするさま ② (米粒など)小さいものが生煮えで少し強いさま.

오동-나무 [梧桐─] [odoŋnamu オドンナム] 名 〈植〉 キリ(桐).

오동통-하다 [odoŋtʰoŋhada オドントンハダ] 形 여変 小柄な人がまるぽちゃに太っている; 丸まっちい; 丸ぽちゃだ ¶ ~-한 얼굴 [~-han olgul ~-ハン オルグル] 丸まっちい顔.

오두-막(집) [─幕(─)] [odumak(tʃ'ip) オドゥマク(チプ)] 名 小さく粗末な家; 小屋 ¶ 숲 속의 ~ [sup s'oge ~ スプ ソゲ ~] 森の中の小屋.

오돌-오돌 [odurodul オドゥロドゥル] 副 ぶるぶる, わなわな; (寒さ怖さのために)体を小さく震わせるさま ¶ ~ 떨다 [~ t'ɔːlda ~ ットールダ] ぶるぶる震わせる[震える]. (寒さで)わなわな震える.

오뚝 [ot'uk オットゥク] 副 하形 高く; にょきっと ¶ ~-한 코 [(ot'u)kʰan kʰo ~カン コ] 高い鼻; 恰好のいい鼻.

오뚝-이 [ot'ugi オットゥギ] 名 起き上がり小法師; 不倒翁.

오라 [oːra オーラ] 名 (昔, 罪人をしばった)捕りなわ; 早なわ ¶ ~에 묶이다 [~e muk'ida ~エ ムクキダ] 早なわをもらう ─**지다** [dʒida ジダ] 自 早なわで縛られる ¶ ~-질 놈 [~-dʒil lom ~-ジル ロム] このやろう.

***오라버니** [orabɔni オラボニ] 名 (妹の)兄; (お)兄様; = 오빠 [op'a オパ]の尊敬語 **오라버님** [orabɔnim オラボニム] 名 '오라버니'の尊敬語.

오라비 [orabi オラビ] 名 '오라버니'をやや低めて言う語 **오라범** [orabɔm オラボム] 名 '오라버니'を少し高めて言う語.

***오락** [娛樂] [oːrak オーラク] 名 하他自 娯楽; エンターテインメント ¶ ~실 [~-ʃil ~シル] ゲームセンター.

오락-가락 [orak'arak オラクカラク] 副 하自 ① 行ったり来たり ¶ 집앞을 ~ 하다 [tʃibapʰul ~-(k'ara)kʰada チパプル ~カダ] 家の前を行きつ戻りつする ② 降ったりやんだり ¶ 비가 ~ 하다 [piga ~-(k'ara)kʰada ピガ ~カダ] 雨が降ったりやんだりする ③ (記憶・考えなどが)浮かんだり消えたり ¶ 정신 (精神)

이 ~하다 [tʃɔŋʃini ~-(k'ara)kʰada チョンシニ ~カダ] 意識がおぼろである; 頭がはっきりしない.

***오래** [orɛ オレ] 副 長く; 永らく; 久しく ¶ ~ 걸리다 [~ kɔllida ~ コルリダ] 長くかかる; 手間が取れる[かかる] / ~ 살다 [~ saːlda ~ サールダ] 長生きする ─**가다** [gada ガダ] 自 長持ちする; 持ちがいい ¶ 이 구두는 ~-간다 [i kudunun ~-ganda イクドゥヌン ~-ガンダ] この靴は長持ちする / 불이 ~ [puri ~ プリ ~] 火持ちがいい ─**도록** [dorok ドロク] 副 長く; 長らく ─**되다** [dwɛda ドゥェダ] 形 長く過ぎている; 古い ¶ ~-된 빚 [~-dwen pit ~-ドゥェン ピッ] 古い借金 ─**오래** [orɛ オレ] 副 いつまでも ¶ ~ 사세요 [~ saːsejo ~ サーセヨ] いついつまでも長生きなさっください ─**전 (前)** [dʒɔn ジョン] 名副 先々; ずっと; 以前 ¶ ~-부터의 준비 [~-butʰɔetʃuːnbi ~-ブトエ チューンビ] 先々からの準備 **오랫-동안** [orɛt'oŋan オレットンアン] 名 長い間; 久しい間 ¶ ~ 기다리게 하다 [~ kidarige hada ~ キダリゲ ハダ] 長らく待たせた.

***오래간-만** [orɛganman オレガンマン] 名 久しぶり; 久々; = **오랜만** [orɛnman オレンマン] ¶ ~의 휴일 [~-e hjuil ~-マネ ヒュイル] 久しぶりの休日.

***오래다** [orɛda オレダ] 形 長くたっている; 久しい; 長い; 古い ¶ 집을 나간지 ~ [tʃibul nagandʒi ~ チブル ナガンジ ~] 家を出て久しい.

오랜 [orɛn オレン] 冠 長年の; 長[古]い ¶ ~ 세월 (歲月) [~ seːwɔl ~ セーウォル] 長い年月; 長年 / ~ 전통 [~ tʃɔntʰoŋ ~ チョントン] 古い伝統.

오려-내다 [orjɔnɛda オリョネダ] 他 切り取る; 切り抜く ¶ 종이를 ~ [tʃoŋirul ~ チョンイルル ~] 紙を切り取る.

***오로지** [orodʒi オロジ] 副 ひたすら; もっぱら; ひとえに; いちずに ¶ ~ 공부 (工夫)만 하다 [~ koŋbuman hada ~ コンブマン ハダ] ひたすらに勉強する.

오류 [誤謬] [oːrju オーリュ] 名 誤謬ぎゅう; 誤り・過ち ¶ ~ 를 범하다 [~-rul pɔːmhada ~-ルル ポームハダ] 過ちを犯す.

오륙 [五六] [oːrjuk オーリュク] 冠 数 5・6; 5つか6つ.

오륜 [五輪] [oːrjun オーリュン] 名 五輪; オリンピック大会のマーク.

오르-내리다 [orɯnɛrida オルネリダ] 自他 ① 上がり下がり[上り下り]する ¶층계(層階)를 ~[tɕʰɯŋgerɯl ~ チュンゲルル ~] 階段を上がったり下がったりする ② (物価・熱などが)上下する ¶열이 ~[jɔri ~ ヨリ ~] 熱が上下する ③ (うわさに)のぼる ¶남의 입에 ~[name ibe ~ ナメ イベ ~] 人の口の端にのぼる.

오르다 [orɯda オルダ] 自[르変] ① 上[揚]がる ¶막이 ~[magi ~ マギ ~] 幕が上がる ② よくなる ¶성적이 ~[sɔŋdʑəgi ~ ソンジョギ ~] 成績が上がる ③ (収益が)増える ¶수입이 ~[suibi ~ スイビ ~] 収入が上がる ④ (値段・相場・熱などが)高くなる ¶물가가 ~[mulk'aga ~ ムルカガ ~] 物価が上がる ⑤ 陸上に移る ¶뭍에 ~[mutʰe ~ ムテ ~] おかに上がる ⑥ (煙が)立つ ¶김이 ~[kimi ~ キーミ ~] 湯気が立つ ⑦ 上[登・昇]る ¶산에 ~[sane ~ サネ ~] 山に登る ⑧ (高い位に)就く ¶요직에 ~[jodʑige ~ ヨジゲ ~] 要職に就く ⑨ (旅に)出る; (途に)つく ¶여행 길에 ~[jɔhɛŋk'ire ~ ヨヘンキレ ~] 旅行の途に上る ⑩ (食卓などに)出る ¶밥상에 쇠고기가 ~[paps'aŋe swe:gogiga ~ パプサンエ スェーゴギガ ~] 食卓に牛肉が出る ⑪ 以上に上る ¶100만명 이상에 ~[pɛŋ-manmjɔŋ i:saŋe ~ ペンマンミョン イーサンエ ~] 100万人以上に出る ⑫ 取り上げられる ¶화제에 ~[hwadʑee ~ ファジェエ ~] 話題に上る ⑬ 乗[載]る ¶차에 ~[tɕʰae ~ チャエ ~] 車に乗る / 신문에 ~[ɕinmune ~ シンムネ ~] 新聞に載る ⑭ (病気に)かかる; 引きつける ¶옴이 ~ [o:mi ~ オーミ ~] かいせんにかかる; 湿をかく ⑮ (酒が回る) ¶술이 ~[suri ~ スリ ~] 酒が回る ⑯ (肉がつく) ¶살이 ~[sari ~ サリ ~] 肉がつく ⑰ (気・しゃくに)さわる ¶약이 ~[jagi ~ ヤギ ~] しゃくにさわる.

오르락 내리락-하다 [orɯraŋnɛrirakʰada オルランネリラクカダ] 自他 上ったり下ったり[上がったり下がったり]する ¶체온이 ~[tɕʰeoni ~ チェオニ ~] 体温が上がったり下がったりする.

오르막 [orɯmak オルマク] 名 上り坂; 上り ¶~ 시세[~ ɕʼise ~ シセ] 上り相場 **―길** [(orɯma)k'il ~ キル] 名 上り坂の道.

오른 [orɯn オルン] 冠 右の; 右側の **―손** [son ソン] 名 右手 **―손-잡이** [sondʑabi ソンジャビ] 名 右手利き; 右利き **―짝** [tɕʼak ッチャク] 名 左右一対の右の方のもの **―쪽** [tɕʼok ッチョク] 名 右側; 右の方 **―팔** [pʰal パル] 名 右腕; 利き腕 **―편** [pʰjɔn ピョン] 名 右側; 右の方.

오름-세 [—勢] [orɯmse オルムセ] 名 (物価の)上がり気味; 騰勢.

*오리 [o:ri オーリ] 名 〈鳥〉アヒル; カモ.

오리다 [orida オリダ] 他 (布・紙などを)切り取る; 切り抜く ¶그림을 오려 내다 [kɯ:rimul orjɔ nɛda クーリムル オリョ ネダ] 絵を切り抜く.

*오막-살이 [omaks'ari オマクサリ] 名 あばら屋暮らし **―집** [dʑip ジプ] あばら屋; 粗末な家; 小屋.

*오만 [傲慢] [o:man オーマン] 名 하形 傲慢쓩; 傲岸쓩 ¶~한 태도 [~han tʰɛ:do ~ハン テード] 傲慢[傲岸]な態度 / ~ 불손 [~ buls'on ~ プルソン] 傲岸不遜쓩.

오만 [五萬] [o:man オーマン] 冠 五万; 非常に多い数量 ¶~가지 물건을 판다 [~gadʑi mulgɔnɯl pʰanda ~ガジ ムルゴヌル パンダ] ありとあらゆる品を売る **―상(相)** [saŋ サン] 名 しかめっ面; 渋っ面 ¶~을 짓다 [~ul tɕʼi:t'a ~ウル チーッタ] しかめっ面をする; 苦々しい顔[表情]をする **―소리** [sori ソリ] 名 ぺらぺらとしゃべりちらすつまらない言いぐさ.

오매 [寤寐] [o:mɛ オーメ] 名 寤寐됴; 覚めているときと寝ているとき ¶~에도 잊지 못하다 [~edo itɕʼi mo:tʰada ~エド イッチ モータダ] 寝ても覚めても忘れられない **―간(間)** [gan ガン] 副 寝ても覚めても; 常に; いつも.

오명 [汚名] [o:mjɔŋ オーミョン] 名 汚名; 醜名 ¶~을 남기다 [~ul namgida ~ウル ナムギダ] 醜名[汚名]を残す / ~을 씻다 [~ul ɕʼit'a ~ウルッシッタ] 汚名をそそぐ; 醜名を晴らす.

오목-렌즈 [omoŋrendʑɯ オモンレンジュ] 名 凹レンズ.

오목-하다 [omokʰada オモクハダ] 形 여変 ほこっとくぼんでいる; へこんでいる.

오물-거리다 [omulgɔrida オムルゴリダ] 自他 ① (小さい虫・魚などが)うよう

오므라-들다 [omuradɯlda オムラドゥルダ] 国ㄹ語幹 すぼむ; すぼまる; しぼむ; 縮む ¶풍선이 ~ [pʰuŋsoni ~ プンソニ ~] 風船がすぼむ.

오므라-지다 [omuradʒida オムラジダ] 国 縮(み込)む; 縮まる; すぼまる; しぼむ; つぼむ ¶풍선이 ~ [pʰuŋsoni ~ プンソニ ~] 風船がしぼむ.

오므리다 [omurida オムリダ] 他 縮める; すぼめる; つぼめる; 引っ込める ¶입을 ~ [ibul ~ イブル ~] 口をすぼ[つぼ]める.

오믈렛 [omullet オムルレッ] omelette 名 オムレツ; オムレット.

오미-자 [五味子][o:midʒa オーミジャ] 名 〈漢医〉五味子ごみ **―나무** [namu ナム] 名 〈植〉朝鮮五味子.

오밀조밀-하다 [奥密稠密―] [omildʒomirhada オミルジョミルハダ] 形 ① (意匠が) 細かく凝っている ¶ ~-하게 꾸민 정원 [~-hage kʼumin tɕoŋwon ~-ハゲ ックミン チョンウォン] 意匠[趣向]を凝らした庭園 ② 手際よく[心遣いが]きちょうめんで細かい.

오바-이트 [o:bait̚hɯ オーバイトゥ] 名 한自 (食べ過ぎたりして) 吐くこと.

오밤-중 [午一中][o:bamtʃuŋ オーバムチュン] 名 真夜中; 深夜 ¶이런 ~-에…[iron ~e イロン ~エ] こんな真夜中に….

오버 [o:bɔ オーボ] over 名 オーバー **―하다** [hada ハダ] 自他 オーバーする; 越える ¶예산을 ~ [je:sanɯl ~ イェーサヌル ~] 予算を越える **―코트** [kʰo:tʰɯ コートゥ] 名 オーバーコート=외투(外套) [we:tʰu ウェートゥ].

오보 [誤報] [o:bo オーボ] 名 한自他 誤報 ¶터무니없는 ~ [tʰomuniomnɯn ~ トムニオムヌン ~] とんでもない誤報.

오붓-하다 [obutʰada オブッタダ] 形 여変 ① 心豊かだ; 充実している ¶집 안끼리의 ~-한 모임 [tɕibankʼirie ~-tʰan moim チバンッキリエ ~-タン モイム] 家族水入らずの心豊かな集まり ② とくまとまっている; こぢんまりとしている ¶ ~-한 살림 사리 [~-tʰan sallimsari ~-タン サルリム サリ] こぢんまりとした住まい **오붓-이** [obuʃi オ

ブシ] 副 豊かに; こぢんまりと.

오븐 [o:bɯn オーブン] 名 オーブン; 天火.

오비다 [obida オビダ] 他 ① ほじくる; えぐる ¶가슴을 오비는 듯한 아픔 [kasumul obinɯn dutʰan apʰum カスムル オビヌン ドゥタン アプム] 胸をえぐるような痛み ② 俗 ぶん殴る.

*오빠** [opʼa オッパ] 名 ① (妹から) お兄さん (妹だけが使う呼称) ② (未婚の女性が目上の若い男性・恋人に対して)…(お兄)さん **―부대** (部隊) [budɛ ブデ] 名 若い男性の人気スポーツマン・人気歌手に対して若い女性 [特に女子高校生] たちがお兄さんと歓呼する観衆.

오산 [誤算] [o:san オーサン] 名 한他 誤算; 計算違い; 見込み[考え]違い.

오소리 [osori オソリ] 名 〈動〉アナグマ(穴熊); ムジナ(貉).

오솔-길 [osolkʼil オソルキル] 名 細道; 人通りの少ない寂しい小道.

*오순-도순** [osundosun オスンドスン]・**오손-도손** [osondoson オソンドソン] 副 仲むつまじく; 和気あいあいと ¶ ~ 지내다 [~ tɕiːnɛda ~ チーネダ] 仲よく[むつまじく]暮らす.

오슬-오슬 [osɯrosul オスロスル] 副 한自他 ぞくぞく; (風邪や極度の疲労などで) 鳥肌が立つほど寒気がするさま.

오식 [誤植] [o:ʃik オーシク] 名 한他 誤植; ミスプリント ¶ ~ 투성이 [~ tʰusoŋi ~ トゥソンイ] 誤植だらけ.

*오십** [五十] [o:ʃip オーシプ] 冠 数 50; いそ; =쉰 [ʃwi:n シューィーン].

오싹 [osʼak オッサク] 副 한自 ぶるっと; ひやりと; 寒さや恐しさで震えあがるさま ¶ ~ 몸을 떨다 [(os'aŋ) momul tʼo:lda (オッサン) モムル トールダ] ぶるっと体をふるわす **오싹-오싹** [osʼagosʼak オッサゴッサク] 副 한自 ぶるぶる; ぞくぞく; ひしひし ¶추위가 ~ 몸에 스며 들다 [tɕʰuwiga ~-(os'aŋ) mome sumjo dulda チュウィガ ~-(ゴッサン) モメ スミョ ドゥルダ] 寒さがひしひしと身にせまる.

오얏-나무 [ojannamu オヤンナム] 名 〈植〉スモモ(李) =자두 [자도(紫桃)] 나무 [tɕadu[tɕado] namu チャドゥ[チャド] ナム].

오열 [嗚咽] [ojol オヨル] 名 한自他 嗚咽ぉえつ; むせび泣き ¶유족들의 ~ [judʒokt'ɯre ~ ユジョクトゥレ ~] 遺族の嗚咽.

*오염[汚染][o:jəm オーヨム] 名 하自 汚染 ¶대기 ~[tɛ:gi テーギ ~] 大気汚染.

*오월[五月][o:wəl オーウォル] 名 5月.

*오이[oi オイ] 名〈植〉キュウリ(胡瓜)
—소박이(김치)[sobagi(gimtɕʰi) ソバギ(ギムチ)] 4割したキュウリのなかに薬味のあんを入れてつくったキムチ
—지[dʑi ジ] 名 キュウリの塩漬け.

오입[誤入][o:ip オーイプ] 名 売春婦を買うこと; 妻以外の女性と浮気すること; = 외입(外入)[we:ip ウェーイプ]・외도(外道)[we:do ウェード] —하다[(o:i) pʰada パダ] 自 売春婦を買う —쟁이[tɕʼɛŋi チェンイ] 名 浮気者; 女たらし; 漁色家 —질[tɕʼil チル] 名 하自 浮気すること.

오자[誤字][o:tɕʼa オーチャ] 名 誤字 ¶~ 투성이다[~ tʰusəŋida ~ トゥソンイダ] 誤字だらけだ.

오작-교[烏鵲橋][odʑakʼjo オジャクキョ] 名〈民〉(天の川にかけた)烏鵲橋[カラスとカササギの橋(陰暦7月7日夕方にかけるという)].

오장-육부[五臓六腑][o:dʑaŋnjukpʼu オージャンニュクプ] 名 五臓六腑; 臓腑; はらわた ¶~가 뒤틀린다[~ga twitʰullinda ~ガ トゥィトゥルリンダ] はらわたが煮えくり返る.

*오전[午前][o:dʑən オージョン] 名 午前; 昼前 ¶~ 중에[~ dʑuŋe ~ ジュンエ] 午前中に; 昼前に.

오점[汚点][o:tɕʼəm オーチョム] 名 汚点; 汚れ ¶~을 남기다[~ul namgida (オーチョ)ムル ナムギダ] 汚点を残す.

오정[午正][o:dʑəŋ オージョン] 名 正午; 昼の12時.

*오죽[odʑuk オジュク] 副 いかほど; どんなに; さぞかし; = 오죽이나[odʑugina オジュギナ] ¶~하면[(odʑu) kʰamjən ~カミョン] どれくらいひどくて…だろうか/~ 기쁘랴[(odʑu) kʼipʼurja ~キップリャ] どんなにうれしかろう —잖다[tɕʼantʰa チャンタ] 形 取るに足りない; つまらない ¶~-않은 사람[~-tɕʼanun sa:ram ~-チャヌン サーラム] 取るに足りない人.

*오줌[odʑum オジュム] 名 小便 —누다[nuda ヌダ] 自 小便をする —마렵다[marjəptʼa マリョプタ] 形 小便がしたい —싸다[sʼada ッサダ] 自 ① 小便をする; 小用を足す ② 小便を漏らす —싸개[sʼagɛ ッサゲ] 名 ① 小便たれ ②(からかって)寝小便をした子供.

오지[奥地][o:dʑi オージ] 名 奥地.

오지-그릇[odʑiguruɯt オジグルッ] 名 赤粘土製の陶器.

오지다[o:dʑida オージダ] 形 ① しっかり[がっちり]している = '오달지다' ¶사람이 오지게 생겼다[sa:rami o:dʑige sɛŋgjətɕʼa サーラミ オージゲ センギョッタ] 人間がしっかりしている ② 激しい; ひどい ¶오지게 얻어 맞다[o:-dʑige ə:dəmatʼa オージゲ オード マッタ] ひどく殴られる.

오지리[墺地利][odʑiri オジリ] 名〈地〉オーストリアの漢字読み.

*오직[odʑik オジク] 副 ただ; ひたすら; ひとえに ¶~ 명령에 따를 뿐이다[(o-dʑiŋ) mjə:ŋnjəŋe tʼarul pʼunida (オジン) ミョーンニョンエッタルップニダ] ただ命令に従うのみである.

*오징어[odʑiŋə オジンオ] 名〈動〉イカ ¶말린 ~[mallin ~ マルリン(ノジンオ)] 干したイカ; スルメ; = 오징어포(脯)[odʑiŋəpʰo オジンオポ].

오차[誤差][o:tɕʰa オーチャ] 名 誤差.

오찬[午餐][o:tɕʰan オーチャン] 名 昼餐; 昼飯; 昼食 —회[hwe フェ] 名 午餐会; 昼食会.

오토-바이[o:tʰobai オートバイ] 名 オートバイ.

오톨-도톨[otʰoldotʰol オトルドトル] 副 하自 でこぼこ; ほこぼこ; ぶつぶつ.

오팔[opʰal オパル] opal 名〈鉱〉オパール.

오퍼[opʰə オポ] offer 名 オファー.

오한[悪寒][o:han オーハン] 名 悪寒; 寒気 ¶~이 나다[~i nada (オーハ)ニ ナダ] 悪寒がする.

오합지-졸[烏合之卒][ohaptɕʼidʑol オハプチジョル] 名 烏合の衆.

*오해[誤解][o:hɛ オーヘ] 名 하他 誤解 ¶~가 풀리다[~ga pʰullida ~ガ プルリダ] 誤解が解ける.

*오후[午後][o:hu オーフ] 名 午後.

*오히려[ohirjə オヒリョ] 副 むしろ; かえって ¶~ 모자란다[~ modʑaranda ~ モジャランダ] かえって足りない.

옥[玉][ok オク] 名 玉; 宝石 ¶~에 티[(og)e tʰi (オ)ゲティ] 諺 玉に傷.

옥[獄][ok オク] 名 獄; 監獄; 牢屋 ¶~에 갇히다[(og)e katɕʰida (オ)ゲ カチダ] 獄に下る; 獄につながれる.

옥-가락지[玉—][okʼaraktɕʼi オクカラクチ] 名 玉の指輪.

옥-동자[玉童子] [okt'ondʒa オクトンジャ] 名 玉のようなかわいい男の子; 大事な男の子 ¶ ~를 낳다 [~rul natʰa ~ルル ナッタ] かわいい男の子を産む.

옥-바라지[獄—] [okp'aradʒi オクパラジ] 名 하自 囚人に差入れなどをして世話すること.

옥-살이[獄—] [oks'ari オクサリ] 名 하自 監獄暮らし=감옥살이 [kamoks'ari カモクサリ].

***옥상**[屋上] [oks'aŋ オクサン] 名 屋上; ルーフ(roof).

옥색[玉色] [oks'ɛk オクセク] 名 薄い水色; 空色.

옥석[玉石] [oks'ɔk オクソク] 名 ① 玉と石 ② 善と悪 ¶ ~을 가리다 [(oks'ɔg)ul karida (オクソ)グル カリダ] 玉石を選り分ける; 善悪を区別する.

***옥수수** [oks'usu オクスス] 名〈植〉トウモロコシ=강냉이 [kaŋnɛɲi カンネンイ] ¶ ~가루 [~ garu ~ ガル] トウモロコシ粉; コーンミール(corn meal).

옥신-각신[okʃ'ingakʃ'in オクシンガクシン] 副 하自 いざこざ; ああだこうだと; すったもんだ; 事の是非を論じて言い争うさま ¶ ~ 다투다 [~ tatʰuda ~ トゥダ] すったもんだと言い争う.

옥신-거리다[okʃ'ingɔrida オクシンゴリダ] 自 ① (小さいものが群がって)込み合う; うじゃうじゃする ② (意見が対立して)もみ合う; すったもんだする ③ (傷口などが)しきりにうずく; ずきずき痛む; ひりひりする.

옥-죄다[oktʃ'weda オクチュェダ] 他 固く締めつける ¶ 목을 ~ [mogul ~ モグル ~] 首を締めつける.

옥-죄이다[oktʃ'weida オクチュェイダ] 自〔受動〕締めつけられる; 食い込む(込む); 引きつ(れ)る ¶ 얼굴이 ~ [ɔlguri ~ オルグリ ~] 顔が引きつる.

옥중[獄中] [oktʃ'uŋ オクチュン] 名 獄中; 獄内 ¶ ~기 [~gi ~ギ] 獄中記.

옥토[沃土] [oktʰo オクト] 名 沃土; 沃地; 肥土 ¶ 광대한 ~ [kwa:ŋdɛhan ~ クァーンデハン ~] 広大な沃地.

옥-토끼[玉—] [oktʰok'i オクトッキ] 名 ① 月の中に住むといわれる伝説上のウサギ ② 白い毛のウサギ.

옥편[玉篇] [okpʰjɔn オクピョン] 名 玉篇; 漢字の字引き; 字典 ¶ ~을 찾다 [~ul tʃʰat'a (オクピョ)ヌル チャッタ] 字典を引く.

***온** [o:n オーン] 冠 すべての; 全部の; あらゆる; 全… ¶ ~ 세상(世上) [~ sesaŋ ~ セサン] 全世界 / ~ 종일 [~ dʒoɲil ~ ジョンイル] 終日; 1日中 / ~ 집안 [~ dʒiban ~ ジバン] 全家族 / ~힘 [~him ~ ヒム] 全力.

***온-갖**[o:ngat オーンガッ] 冠 すべての; あらゆる ~ 종류 [(o:nga) tʃ'o:ŋnju ~ チョーンニュ] あらゆる種類.

온건[穩健] [o:ngɔn オーンゴン] 名 하形 穩健; 穏やか ¶ ~한 말씨 [~han ma:lʃ'i ~ハン マールッシ] 穏やかなもの言い —**파** [pʰa パ] 名 穩健派; 鳩派 —**히** [i (オーンゴ)ニ] 副 穏やかに; 穏やかで.

온난[溫暖] [onnan オンナン] 名 하形 温暖 ¶ ~한 기후 [~han kihu ~ハン キフ] 温暖な気候.

온당[穩當] [o:ndaŋ オーンダン] 名 하形 히副 穏当 ¶ ~한 생각 [~han sɛŋgak ~ハン センガク] 穏当な考え.

온데간데-없다[ondegandeɔpt'a オンデガンデオプタ] 形 影も形もない; 行方不明だ ¶ 여기 있던 물건이 ~ [jɔgi it'ɔn mulgɔni ~ ヨギ イットン ムルゴニ ~] ここにあった物がすっかりなくなった —**-없이** [ɔpʃ'i オプシ] 副 影も形もなく; 行方を知らずに.

***온도**[溫度] [ondo オンド] 名 温度 —**계** [ge ゲ] 名 温度計.

***온돌**[溫突] [ondol オンドル] 名 オンドル; 床下を掘って煙道をつくり, 炊事用のかまどがある外の台所の焚き口でたいた火で, 炊事と同時に部屋の暖房をしている韓国・朝鮮の住宅の伝統的暖房システム —**방**(房) [p'aŋ パン] 名 オンドル部屋; 煙道の上に板石を敷き, その上に赤土を塗り, さらにその上に油紙を貼った部屋(冬は暖かく, 夏はひんやりと冷めたい. 最近は, 銅パイプまたはプラスチックパイプを床下に通して, ボイラーで沸かした熱湯を循環交流させる床下ボイラー暖房となっている).

온 돌

온-몸[o:nmom オーンモム] 名 全身; 体全体 ¶ ~이 쑤신다 [~i s'uʃinda (オーンモ) ミッスシンダ] 全身がうずく.

온-밤[o:nbam オーンバム] 名副 終夜; 夜通し; 一晩中 ¶ ~ 뜬 눈으로 세우다[~ t'un nunuro seuda ~ ットゥン ヌヌロ セウダ] 夜通し一睡もしない.

온순-하다[溫順―][onsunhada オンスンハダ] 形 温順だ; 従順だ; おとなしい ¶ ~-한 사람[~-han sa:ram ~-ハン サーラム] おとなしい人 **온순-히**[onsuni オンスニ] 副 温順に; おとなしく.

온실[溫室][onʃil オンシル] 名 温室 ¶ ~에서 자라다[(onʃir)esʌ tʃarada (オンシ)レソ チャラダ] 温室で育つ.

온전-하다[穩全―][o:ndʒʌnhada オーンジョンハダ] 形 完全だ; 無事だ; 傷がない; まともだ ¶ ~-하게 보관하다[~-hage po:gwanhada ~-ハゲ ポーグァンハダ] 傷のないように保管する **온전-히**[(o:ndʒʌn)i (オーンジョン)ニ] 副 完全[無事]に; 傷のないように; 全く.

온정[溫情][ondʒʌŋ オンジョン] 名 温情, 思いやり ¶ 이웃에 대한 ~[iusɛ:han ~ イウセ テーハン ~] 隣人に対する温かい思いやり.

온-종일[―終日][o:ndʒoŋil オーンジョンイル] 名 1日中; 四六時中; ひねもす; 終日 ¶ ~ 비가 오다[~ piga oda ~ ピガ オダ] 1日中雨が降る.

온-채[o:ntʃʰɛ オーンチェ] 名 1棟全体の家屋 ¶ 집을 ~로 빌리다[tʃibɯl ~ro pillida チブル ~ロ ピルリダ] 1棟全体を借りる **온챗-집**[o:ntʃʰetʃ'ip オーンチェッチブ] 名 (借家で)1棟全部を使う家.

***온천**[溫泉][ontʃʰʌn オンチョン] 名 〈地〉温泉; 温湯 **―장**[dʒaŋ ジャン] 名 温泉場; 湯治場.

***온-통**[o:ntʰoŋ オーントン] 名副 すべて; 皆; すっかり; 全部 ¶ ~ 불바다였다[~ pulbadajʌt'a ~ プルバダヨッタ] 一面火の海であった **―으로**[uro ウロ] 副 丸のままで; 全部を; すっかり ¶ ~ 삼키다[~ samkʰida ~ サムキダ] 丸ごとのみ込む.

***온화**[溫和][onhwa オンファ] 名 하形 温和; 物柔らか ¶ ~-한 기후[~-han kihu ~-ハン キフ] 暖かくのどかな気候.

온화[穩和][o:nhwa オーンファ] 名 하形 穩和; 穏やか; なごやか ¶ ~-한 성격[~-han sʌːŋk'jʌk ~-ハン ソーンキョク] 穏やかな性格.

올[ol オル] 名 今年='올해'의 略 ¶ ~ 농사(農事)[~ loŋsa ~ ロンサ] 今年の農作 / ~ 가을[~ k'aɯl ~ カウル] 今年の秋.

올[o:l オール] 1 名 縒より; 糸すじ; 布目 ¶ ~이 굵다[(o:r)i kut'a (オー)リ クータ] 布目が粗い 2 依名 筋; 糸やひもの筋を数える単位 ¶ 실 한 ~[ʃi:l han ~ シール ハン(ノル)] 糸1筋.

올-[o:l オール] 接頭 早熟; 早生はゃ ¶ ~밤[~bam ~バム] 早生の栗ぐ / ~벼[~bjʌ ~ビョ] 早稲ゎせ.

올가미[olgami オルガミ] 名 わな ¶ ~를 놓다[~rul notʰa ~ルル ノッタ] わなを仕掛ける / ~에 걸리다[~e kʌllida ~エ コルリダ] わなにかかる[落ちる] / ~를 씌우다[~rɯl ʃ'iuda ~ルル ッシウダ] わなにかける; 他人を計略に陥れる.

***올라-가다**[ollagada オルラガダ] 自他 上がる ① 上[登・昇]る ¶ 나무에 ~[namue ~ ナムエ ~] 木に登る ② 値上がりする ¶ 값이 ~[kapʃ'i ~ カプシ ~] 値段が高くなる ③ 昇進する ¶ 지위(地位)가 ~[tʃiwiga ~ チウィガ ~] 位が高くなる ④ 増す ¶ 매상고가 ~[mɛ:saŋgoga ~ メーサンゴガ ~] 売上高が上がる ⑤ 上陸する ¶ 뭍에 ~[mutʰe ~ ムッテ ~] おかに上がる ⑥ よくなる ¶ 성적이 ~[sʌŋdʒʌgi ~ ソンジョギ ~] 成績が上がる ⑦ (流れを)さかのぼる ¶ 강을 거슬러 ~[kaŋul kʌsullʌ ~ カンウル コスルロ ~] 川をさかのぼる.

올라-서다[ollasʌda オルラソダ] 自 上がる; 登る; 達する ¶ 단상에 ~[tansaŋe ~ タンサンエ ~] 壇上に立つ.

올라-앉다[ollaant'a オルラアンタ] 自 上がって座る; 上がる; つく; 乗る ¶ 권좌(權座)에 ~[kwʌndʒwae ~ クォンジュアエ ~] 権力の座にのし上がる.

올라-오다[ollaoda オルラオダ] 自 上がってくる; 上[昇]る ¶ 배에 ~[pɛe ~ ペエ ~] 船に上がってくる.

올라-타다[ollatʰada オルラタダ] 自 乗る; 乗り込む ¶ 버스에 ~[bʌsue ~ ボスエ ~] バスに乗り込む.

올려-놓다[olljʌnotʰa オルリョノッタ] 他 上に置く; 載せる ¶ 선반에 접시를 ~[sʌnbane tʃʌpʃ'irul ~ ソンバネ チョプシルル ~] 棚に皿を載せる.

올록-볼록[ollokp'ollok オルロクボルロク] 副 하形 でこぼこ; 凹凸.

***올리다** [ollida オルリダ] 他 ① 上[挙・揚]げる ¶손을 ~ [sonɯl ~ ソヌル ~] 手を挙げる ② (勢いなどを)増す; 出す ¶속도(速度)를 ~ [sokt'orɯl ~ ソクトルル ~] スピードを上げる[出す] ③ (目上の人に)差し上げる; 奉る; 捧げる ¶술잔을 ~ [sultɕ'anɯl ~ スルチャヌル ~] 杯を差し上げる ④ 高める; 上げる ¶값을 ~ [kaps'ɯl ~ カプスル ~] 値段を上げる ⑤ (式を)挙げる ¶결혼식을 ~ [kjɔrhonɕigul ~ キョルホンシグル ~] 結婚式を挙げる ⑥ (神仏などに)供える; 捧げる ¶기도(祈禱)를 ~ [kidorɯl ~ キドルル ~] 祈りを捧げる ⑦ 怒らせる ¶악을 ~ [jagɯl ~ ヤグル ~] 怒らせる ⑧ 塗る; メッキする; 着せる ¶시계에 금을 ~ [ɕigee kɯmɯl ~ シゲエ クムル ~] 時計に金メッキをする ⑨ 殴る ¶한 대 ~ [han dɛ ~ ハンデ ~] 一発食わす[お見舞する] ⑩ 載せる ¶장부에 ~ [tɕaŋbue ~ チャンブエ ~] 帳簿に記入する.

올리브 [ollibɯ オルリブ] olive 名〈植〉オリーブ **──색** [sɛk セク] 名オリーブ色 **──유** [ju ユ] 名オリーブ油.

올림-말 [ollimmal オルリムマル] 名 (辞典などの)見出し語.

올림픽 [ollimphik オルリムピク] 名 オリンピック **──선수촌** [sɔ'nsutɕhon ソンスチョン] オリンピック選手村.

올망-졸망 [olmaŋdʑolmaŋ オルマンジョルマン] 副 하形 かわいらしい物が大小不ぞろいで数多いさま ¶ ~ 아이들이 많다 [~ aidɯri mantha ~ アイドゥリ マーンタ] 小さい子供が大勢いる.

***올-바르다** [o:lbarɯda オールバルダ] 形 르变 正しい; 正直だ ¶행실(行實)이 ~ [hɛŋɕiri ~ ヘンシリ ~] 身持ちが正しい **올-바로** [o:lbaro オールバロ] 副 正しく; 正直に ¶마음을 ~ 가져라 [maɯmɯl ~ kadʑɔra マウムル ~ カジョラ] 心を正直に持て.

올빼미 [olp'ɛmi オルッペミ] 名〈鳥〉① フクロウ(梟) ② 夜になって活動するもののたとえ.

-올시다 [olɕ'ida オルシダ] 語尾 …です; …でございます; (아니 [ani アニ] ~)…ません ¶좋은 책이~ [tɕ'ouɯn tɕhɛgi~ チョーウン チェギ~] いい本でございます / 이게 아니 ~ [ige ani~ イゲ アニ ~] これではありません.

올-차다 [o:ltɕhada オールチャダ] 形 がっちりしている; 実がぎっしり詰まっている ¶몸이 ~ [momi ~ モミ ~] 体ががっちりしている.「オタマジャクシ.

올챙이 [oltɕhɛŋi オルチェンイ] 名〈動〉

올케 [olkhe オルケ] 名 兄嫁; 弟嫁; 義理の姉[妹](姉や妹が言う語).

올-해 [orhɛ オルヘ] 名 副 今年; 当年 ¶~안에 장가들어라 [~ane tɕ'aːŋgadurɔra ~ アネ チャーンガドゥロラ] 今年中に嫁をもらいなさい.

옭-매다 [oŋmɛda オンメダ] 他 小間結びにする; 玉結びにする.

옭-매듭 [oŋmɛdɯp オンメドゥプ] 名 小間結び; 玉結び.

옭아-내다 [olganɛda オルガネダ] 他 ① 輪差を・罠などにかけて引っ張り出す ② 謀って人の物を巻き上げる; かすめ取る ¶남의 돈을 ~ [name to:nɯl ~ ナメ トーヌル ~] 人の金をかすめ取る.

옭아-매다 [olgamɛda オルガメダ] 他 ① わなをかけてくるくると縛りつける ¶미친 개를 ~ [mitɕhin kɛrɯl ~ ミチン ケールル ~] 狂犬を縛りつける ② 拘束する ③ 無実の罪をかぶせる.

옮기다 [omgida オムギダ] 他 ① 移す ¶화분을 ~ [hwabunɯl ~ ファブヌル ~] 植木鉢を移す ② 移転する ¶주소를 ~ [tɕuːsorɯl ~ チューソルル ~] 住所を移転する ③ 始める ¶실행에 ~ [ɕirhɛŋe ~ シルヘンエ ~] 実行に移す ④ (病を)伝染させる ¶병을 ~ [pjɔːŋɯl ~ ピョーングル ~] 病気を移す ⑤ 訳する ¶일본어로 ~ [ilbonɔro ~ イルボノロ ~] 日本語に訳する.

***옮다** [o:mt'a オームタ] 自 ① 移る; 変わる; 移動する; 転じる ② (病などが)移る; 感染する ¶병이 ~ [pjɔːŋi ~ ピョーンイ ~] 病気が伝染する ③ (思想などに)染まる; かぶれる.

옮아-가다 [olmagada オルマガダ] 自 ① 移って行く; 引っ越す ¶새집으로 ~ [sɛdʑiburo ~ セジブロ ~] 新しい家に引っ越す ② (うわさなどが)広まる.

***옳다**[1] [oltha オルタ] 形 正しい; 間違いない ¶네 말이 ~ [ne maːri ~ ネ マーリ ~] 君の言うことが正しい / 옳지 않다 [oltɕhi antha オルチ アンタ] 正しくない; 間違っている **옳은-길** [orɯngil オルンギル] 名 正しい道; 正道; 正しい生き方; =바른길 [parɯngil パルンギル] ¶~로 인도(引導)하다 [~-

옳다² [oltha オルタ] 感 そのとおりだ; そうそう; よろしい; まったくだ ¶ ~, 그 말이 맞구나 [~, ku ma:ri matkʰuna ~, クマーリ マックナ] まったく話のとおりだ **━구나** [guna グナ] 感 まさにこれだ ¶ ~하고 바로 달려갔다 [~ hago paro talljəgat'a ~ ハゴ パロ タルリョガッタ] まさにこれだとまっすぐ馳せつけた.

옳아 [ora オラ] 感 なるほど(そのとおりだ); そうそう; よろしい; まったくそうだ ¶ ~, 그런 뜻이었구나 [~, kɯrən t'ɯsiətkʰuna ~, クロン トゥシオックナ] なるほどそんな意味だったのか.

옳지 [olthi オルチ] 感 そうそう; そのとおり; そうだ; よろしい ¶ ~, 그렇게 하면 된다 [~, kɯrəkhe hamjən twenda ~, クロッケ ハミョン トゥェンダ] よろしい, そうすればよい.

옴 [o:m オーム] 名 〈医〉疥癬ホッ; 皮癬; 湿 ¶ ~이 오르다 [~i orɯda (オー)ミ オルダ] 湿をかく.

-옵나이까 [omnaik'a オムナイッカ] 語尾 …ですか; …ますか ¶ 어디로 가시~? [ədiro kaʃi~ オディロ カシ~] どこへお出ましなさいますか.

-옵나이다 [omnaida オムナイダ] 語尾 …ます; …でございます ¶ 비~ [pi~ ピ~] お祈りいたします.

-옵니까 [omnik'a オムニッカ] 語尾 …ですか; …ますか ¶ 가시~? [kaʃi~ カシ~] おいでで[お発を]なさいますか.

-옵니다 [omnida オムニダ] 語尾 …ます; …でございます ¶ 잘 자~ [tʃal tʃa~ チャル チャ~] よく眠っています.

-옵디까 [opt'ik'a オプティッカ] 語尾 …(し)ていましたか; …でしたか ¶ 어디 계시~? [ədi ke:ʃi~ オディ ケーシ~] どこにおられましたか.

-옵디다 [opt'ida オプティダ] 語尾 …(し)ていました; …でございました ¶ 사정이 그러하~ [sa:dʒəŋi kɯrəha~ サージョンイ クロハ~] 事情がさようでございました.

-옵소서 [ops'osə オプソソ] 語尾 …なさいませ ¶ 주시~ [tʃuʃi~ チュシ~] くださいませ.

***옷** [ot オッ] 名 衣服; 服; 洋服 ¶ 맞춤~ [matʃhum~ マチュ(モッ)] あつらえ服 / ~치레 [(o)tʃhire ~チレ] 着飾ること; 服飾; おしゃれ / ~이 날개(라) [(o)i nalgɛ(ra) (オ)シ ナルゲ(ラ)] 諺 衣服が翼[馬子にも衣装].

옷-가지 [otk'adʒi オッカジ] 名 (数点の)衣類; (何着かの)持ち服.

***옷-감** [otk'am オッカム] 名 生地 ¶ 흰~ [hin~ ヒ(ノッカム)] 無色の生地.

옷-값 [otk'ap オッカプ] 名 衣装代.

옷-걸이 [otk'ɔri オッコリ] 名 洋服掛け; 衣紋??掛け; 衣桁???; ハンガー.

옷-고름 [otk'orɯm オッコルム] 名 チョゴリ[저고리・上着]・トゥルマギ[두루마기・コート]の結び紐?.

옷-기장 [otk'idʒaŋ オッキジャン] 名 (衣服の)丈; 服の長さ ¶ ~을 줄이다 [~ɯl tʃurida ~ウル チュリダ] 衣服の丈を詰める.

옷-깃 [otk'it オッキッ] 名 襟 ¶ ~을 여미다 [(otk'is)ɯl jəmida (オッキ)スル ヨミダ] 襟を正す.

옷-매무시 [onmɛmuʃi オンメムシ] 名 하他 (衣服の)着こなし; 着振り; こしらえ ¶ 참한 ~ [tʃhaːmhan ~ チャーハン ~] 小ぎれいなこしらえ.

옷-맵시 [onmɛpʃ'i オンメプシ] 名 着こなし; 身なり ¶ ~가 나다 [~ga nada ~ガ ナダ] 着こなしがよい.

***옷-자락** [otʃ'arak オッチャラク] 名 裾?; 裳裾??; ~이 너무 길다 [(otʃ'arag)i nəmu ki:lda (オッチャラ)ギ ノム キールダ] 裾が長すぎる.

***옷-장**[—欌] [otʃ'aŋ オッチャン] 名 衣装[洋服]だんす.

***옷-차림** [otʃharim オッチャリム] 名 服装; 身なり; 装い ¶ 수수한 ~ [susuhan ~ ススハン ~] 地味な装い ━**새** [sɛ セ] 名 身なり; 装い; 格好.

옹-고집[壅固執] [o:ŋgodʒip オーンゴジプ] 名 片意地; 強情; 意固地; えこじ ¶ ~쟁이 [~tʃhɛŋi ~チェンイ] 意地っ張り / ~을 부리다 [(o:ŋgodʒib)ɯl purida (オーンゴジブ)ル プリダ] 片意地[強情]を張る.

옹기[甕器] [o:ŋgi オーンギ] 名 陶器 ━

그릇[gɯrut グルッ] 图 素焼きの器. **一장수**[dʒaŋsu ジャンス] 图 陶器商. **一장이**[dʒaŋi ジャンイ] 图 陶工. **一전(廛)**[dʒɔn ジョン] 图 陶器売り場.

옹기-종기[oŋgidʒoŋgi オンギジョンギ] 副 [하形] (大きさの不ぞろいなものが)かわいらしく集まっているさま ¶ 집들이 ~ 모여 있다[tʃipt'uri ~ mojo it'a チプトゥリ ~ モヨ イッタ] 数多くの家がかわいらしく入り混じって立っている.

옹달-[oŋdal オンダル] 接頭 小さく; へこんだ **ー샘**[s'ɛm セム] 图 小さな泉 **ー솥**[s'ot ソッ] 图 深くへこんだ小さな釜.

옹립-하다[擁立一][o:ŋniphada オーンニプハダ] 他 擁立する; 擁する ¶ 어린 임금을 ~ [ɔrin i:mgumul ~ オリン イームグムル ~] 幼帝を擁(立)する.

옹색[壅塞][o:ŋsɛk オーンセク] 图 [하形] ① 困窮・生計が苦しくなること; (ひどく)狭苦しいこと ¶ ~한 방[(o:ŋsɛ)-khan paŋ ~ カン パン] 窮屈な部屋 ② 塞がって通じないこと ¶ ~한 사람[(o:ŋsɛ)khan sa:ram ~ カン サーラム] 度量の狭い人; 融通のきかない人.

옹-생원[一生員][o:ŋsɛŋwɔn オーンセンウォン] 图 狭量で融通のきかない人のあだな; 偏屈居士.

옹알-거리다[oŋalgɔrida オンアルゴリダ] 自他 ① (おもに女性が)ぶつぶつ言う; (男性は)**웅얼-거리다**[uŋɔlgɔrida ウンオルゴリダ] ② (乳飲み子が)かわいらしく声を出す.

옹이[oŋi オンイ] 图 木の節目; 木のこぶ.

옹졸-하다[壅拙一][o:ŋdʒorhada オーンジョルハダ] 形 偏狭で思慮が浅く融通がきかない ¶ ~한 놈이다[~han nomida ~ハン ノミダ] なかなか渋いやつだ **옹-하다**[o:ŋhada オーンハダ] 形 [여変] '옹졸하다'の略.

옹호-하다[擁護一][o:ŋhohada オーンホハダ] 他 擁護する ¶ 권익을 ~ [kwɔnigul ~ クォニグル ~] 権益を擁護する.

옻[ot オッ] 图 漆かせ; 漆かぶれ; 漆負け **옻-나무**[onnamu オンナム] 图 〈植〉ウルシ(漆) **옻-오르다**[odoruda オドルダ]・**옻이 오르다**[otʃhi oruda オチ オルダ] 自 漆の毒にかぶれる; 漆負けする **옻-타다**[othada オッタダ]・**옻을 타다**[otʃhul thada オチュル タダ] 自 (肌が)漆の毒気に弱い; (肌

がよく漆負けする.

옻-칠[一漆][otʃhil オッチル] 图 [하自] 漆の木の液[塗料]; 漆塗り.

와[wa: ワー] 副 わあっと; どっと ¶ ~ 몰려오다[~ molljoda ~ モルリョオダ] わあっと押し寄せる / ~ 하고 웃었다[~hago usɔt'a ~ハゴ ウソッタ] どっと笑った.

※와²[wa ワ] 助 ①〈接続〉…と ¶ 개-소[kɛ:~ so ケー ソ] 犬と牛 ②〈比較〉…に; …と ¶ 참외~ 비슷하다[thamwe~ pisuthada チャムェ~ ピスッタダ] マクワウリによく似ている ③〈一緒〉…と ¶ 누나~ 같이 놀다[nuna~ katʃhi no:lda ヌナ~ カチ ノールダ] 姉と一緒に遊ぶ.

와³[wa ワ] 略 来な; 来なさい ¶ 내일 그리로 ~[nɛil kuriro ~ ネイル クリロ ~] 明日そちらへ来な.

와글-거리다[wagulgɔrida ワグルゴリダ] 自 ① 群がり騒ぐ; 騒ぎたてる; 雑踏する ② 少量の水が煮えたてる **와글-와글**[wagurwagul ワグルァグル] 副 [하自] ① わいわい; がやがや ¶ ~ 떠들어 대다[~ t'ɔ:durɔ dɛda ~ッ トゥロ デダ] ぎゃあぎゃあ騒ぐ; わいわい騒ぎ立てる ② ぐらぐら ¶ 물이 ~ 끓다[muri ~ k'ulthɔ ムリ ~ ックルタ] 湯がぐらぐら沸く.

와당탕[wadaŋthaŋ ワダンタン] 副 [하自] ばたん; がたん ¶ ~ 넘어지다[~ nɔmɔdʒida ~ ノモジダ] ばたんと倒れる **ー거리다**[gɔrida ゴリダ] 自 どたんばたんする.

와들-와들[wadurwadul ワドゥルァドゥル] 副 [하自他] ぶるぶる; がたがた; わなわな ¶ 추워서 ~ 떨다[tʃhuwɔsɔ ~ t'ɔ:lda チュウォソ ~ットールダ] 寒くてがたがた震える / 무서워서 ~ 떨다[musɔwɔsɔ ~ t'ɔ:lda ムソウォソ ~ ットールダ] 怖くてわなわな震える.

와락[warak ワラク] 副 ふいに; 突然; にわかに; ぐいと ¶ ~ 달려 들다[~ t'alljɔ dulda ~ タルリョ ドゥルダ] 不意にとびかかる.

와르르[warurɯ ワルル] 副 [하自] ① がらがら ¶ ~ 무너지다[~ munɔdʒida ~ ムノジダ] がらがら崩れる ② がやがや(と) ¶ ~ 모여들다[~ mojɔdulda ~ モヨドゥルダ] がやがやと集まる.

와병[臥病][wa:bjɔŋ ワービョン] 图 [하自] 臥病びょう; 病臥 ¶ ~중인 조부[~-

와이셔츠 dʒuɲin tʃobu ジュンイン チョブ] 病臥中の祖父. 〖圏 ワイシャツ.

와이-셔츠[waiʃɔːtʃʰu ワイショーチュ]

와전[訛傳][wadʒɔn ワジョン] 图 하他 訛伝ペ; 間違った言い伝え **—되다**[dweda ドゥェダ] 自 誤って伝わる.

와중[渦中][wadʒuŋ ワジュン] 图 渦中 ¶ 사건의 ～에 휩싸이다[saːkʼone ～e hwipsʼaida サーコネ ～エ フィプサイダ] 事件の渦中に巻き込まれる.

와짝[watsʼak ワッチャク] 副 ぐっと; ぱっと; わっと; 急に ¶～ 늙다[(watsʼaŋ) nuukt'a (ワッチャン) ヌクタ] 急に老けてしまう / ～ 추워졌다[～ tʃʰuwodʒatʼa ～ チュウォジョッタ] ぐっと寒くなった.

와해[瓦解][wahe ワヘ] 图 하自 瓦解ぶ; ¶ 내각이 ～되었다[nɛːgagi ～dweːtʼa ネーガギ ～ドゥェオッタ] 内閣が瓦解した[崩れた].

왁스[waksʼu ワクス] wax 图 ワックス.

왁자지껄-하다[waktʃʼadʒikʼɔrhada ワクチャジッコルハダ] 自[와変] わいわい騒ぐ; 騒々しい ¶ 바깥이 ～[pakʼatʃʰi ～ パカチ ～] 家の外が騒がしい.

완강[頑強][waŋgaŋ ワンガン] 图 하形 頑強 ¶～한 저항[～han tʃʰohaŋ ～ハン チョーハン] 頑強な抵抗 **—히**[i イ] 副 頑強に; 頑として ¶～ 거부(拒否)하다[～ kɔːbuhada ～ コーブハダ] 頑強に[頑として]拒む.

완고-하다[頑固—][waŋgohada ワンゴハダ] 形 頑固だ; かたくなである; ごつい ¶～-한 아버지[～-han abɔdʒi ～-ハン アボジ] ごついおやじ.

완곡[婉曲][waːŋgok ワーンゴク] 图 하形 하他 婉曲; 遠回し ¶～ 한 충고[(waːŋgo)kʰan tʃʰuŋgo ～カン チュンゴ] 遠回しの[控え目な]忠告 / ～-히 거절(拒絶)하다[(waːŋgo)kʰi kɔːdʒɔrhada ～キ コージョルハダ] 婉曲に断わる.

완구[玩具][waːŋgu ワーング] 图 玩具ぶ; おもちゃ; = 장난감[tʃaŋnankʼam チャンナンカム] **—점**[dʒɔːm ジョム] 图 おもちゃ店.

완두[豌豆][waːndu ワーンドゥ] 图 〈植〉エンドウ(豌豆).

완력[腕力][waːlljɔk ワールリョク] 图 腕力; 腕ずく ¶～을 휘두르다[(waːlljɔg)ul hwiduruda (ワールリョ)グル フィドゥルダ] 腕力を振り回す.

*****완료**[完了][walljo ワルリョ] 图 하他

完了 ¶ 준비 ～[tʃuːnbi ～ チューンビ ～] 準備完了.

완만[緩慢][waːnman ワーンマン] 图 하形 緩慢; なだらか; 緩やか ¶～-한 언덕길[～han ɔndɔkʼil ～ハン オンドクキル] なだらかな坂道 **—히**[i (ワーンマ)ニ] 副 緩慢に; 緩やかに.

완벽[完璧][wanbjɔk ワンビョク] 图 하形 完璧 ¶～-한 문장[(wanbjɔ)-kʰan mundʒaŋ ～カン ムンジャン] 完璧な文章.

완비[完備][wanbi ワンビ] 图 하他 完備 ¶ 냉난방 ～[nɛŋnanbaŋ ～ ネンナンバン ～] 冷暖房完備.

*****완성-하다**[完成—][wansɔŋhada ワンソンハダ] 他 完成する; 出来上がる ¶ 논문을 ～[nonmunɯl ～ ノンムヌル ～] 論文をまとめる.

완수-하다[完遂—][wansuhada ワンスハダ] 他 完遂する; 成し遂げる; 全うする; 果たす ¶ 책임을 ～[tʃʰɛgimul ～ チェギムル ～] 責任を完遂する[果たす] / 임무를 ～[iːmmurɯl ～ イームムルル ～] 任務を全うする.

완승[完勝][wansuŋ ワンスン] 图 하自 完勝; 丸勝ち ¶～ 소식[～ soʃik ～ ソシク] 完勝の知らせ.

완연-하다[宛然—][waːnjɔnhada ワーニョンハダ] 形[여変] ① はっきり感じられる ¶ 추색이 ～[tʃʰusɛgi ～ チュセギ ～] 秋の色がはっきり感じられる ② そっくりだ ¶ 어릴적 모습이 ～[ɔriltʃʼɔŋ mosɯbi ～ オリルチョン モスビ ～] 幼い時の面影そっくりだ.

완자[waːndʒa ワーンジャ] 图 肉団子の油炒ぁめ.

*****완전**[完全][wandʒɔn ワンジョン] 图 하形 完全 ¶～-한 패배(敗北)[～-han pʰɛːbɛ ～ハン ペーベ] 完全な敗北 **—히**[i (ワンジョ)ニ] 副 完全に; まったく; すっかり ¶～ 잊어버렸다[～ idʒɔbɔrjɔtʼa ～ イジョボリョッタ] すっかり忘れてしまった **—무결**[mugjɔl ムギョル] 图 完全無欠.

완충[緩衝][waːntʃʰuŋ ワーンチュン] 图 하他 緩衝 ¶～ 지대[～ dʒidɛ ～ ジデ] 緩衝地帯.

완치[完治][wantʃʰi ワンチ] 图 하他 完治 ¶ 상처(傷處)가 ～되다[saŋtʃʰɔga ～dweda サンチョガ ～ドゥェダ] 傷が完治する.

완쾌[完快][wankʰwɛ ワンクェ] 图

완쾌 [하자] 全快; 全治 ¶지병이 ~되다 [tɕibjoŋi ~dweda チビョンイ ~ドゥエダ] 持病が全快する.

완패[完敗][wanpʰɛ ワンペ] 名 하자 完敗; 俗 ベた負け.

***완행**[緩行][waːnhɛŋ ワーンヘン] 名 하자 緩行 **—열차**[njɔltɕʰa ニョルチャ] 名 緩行[鈍行]列車.

완화[緩和][waːnhwa ワーンファ] 名 하타 緩和; 和らげること ¶긴장의 ~ [kindzaŋe ~ キンジャンエ ~] 緊張の緩和.

왈[曰][wal ワル] 名 曰く ¶공자 ~ [koːŋdʑa ~ コーンジャ ~] 孔子曰く.

왈가닥[walgadak ワルガダク] 名 お転婆; おきゃん; そそっかしくて出しゃばる女 ¶딸아이가 ~이라서 걱정이다 [tʼaraiga (walgadag)irasɔ kɔktɕʼɔŋida ッタライガ (ワルガダ) ギラソ コチョンイダ] 娘がお転婆で心配だ **—거리다**[(walgada)kʼorida コリダ] 自他 (固い物体などがぶつかり合って)がちゃがちゃ[がたがた]音を立てる.

왈가왈부[日可日否][walgawalbu ワルガワルブ] 名 하타 あげつらうこと; こうだああだと言い立てること ¶~ 지껄이지 마라[~ tɕʼikʼɔridʑi mara ~ ッチコリジ マラ] つべこべほざくな.

왈츠[waltɕʰɯ ワルチュ] 名 ワルツ.

왈칵[walkʰak ワルカク] 副 ① ぐいと; どっと; いきなり押したり引っ張ったりひっくり返したりするさま ¶~ 떠밀다 [~ tʼɔmilda ~ットミルダ] いきなり押しつける ② げえっ; 食べたものを急に吐き出すさま ③ かっ(と); 激情がつき上がるさま ¶~ 치솟는 분노(憤怒) [~ tɕʰisonnɯn puːnno ~ チソンヌン プーノ] かっとつき上がる憤り **—하다**[(walkʰa)kʰada カダ] 形 여변 かっとなる; 短気だ; 非常にせっかちだ.

왈패[日牌][walpʰɛ ワルペ] 名 おしゃべりでお転婆な娘.

왔다-갔다[watʼagatʼa ワッタガッタ] 副 하자타 行ったり来たり; 行き来 ¶~하면서 서성거리다[~hamjɔnsɔ sɔsɔŋgɔrida ~ハミョンソ ソソンゴリダ] 行ったり来たりうろつく.

*왕[王][waŋ ワン] 名 王 ① 王様; 国王 ② 長; 長¶소비자는 ~ [sobidʑanɯn ~ ソビジャヌン ~] 消費者は王様.

왕-[王][waŋ ワン] 接頭 ① 非常に大きいこと ¶~밤 [~bam ~バム] 大きい栗¶ ② 祖父の系列にあたる人の尊称 ¶~고모(姑母)[~gomo ~ゴモ] 大伯母; 大叔母; 祖父の姉妹.

-왕[王][waŋ ワン] 接尾 …王, もっともすぐれた, または頭となる存在 ¶발명~[palmjɔŋ~ パルミョン~] 発明王.

왕가[王家][waŋga ワンガ] 名 王家 ¶~의 출신(出身)[~e tʰulɕʼin ~エ チュルシン] 王家の出.

왕-개미[王一][waŋgɛmi ワンゲミ] 名〈虫〉オオアリ(大蟻)(アリ科の昆虫).

왕-거미[王一][waŋgɔmi ワンゴミ] 名〈動〉オニグモ(鬼蜘蛛).「ぬか; もみ殻.

왕-겨[王一][waŋgjɔ ワンギョ] 名 粗

왕-골[waŋgol ワンゴル] 名〈植〉イ(藺)(イグサ科の多年草); カヤツリ; (茎は花むしろ・敷きもの・畳などの材料にする)カヤツリグサ.

왕년[往年][waːŋnjɔn ワーンニョン] 名 往年; 往時; 昔; =옛날[jeːnnal イェーンナル]¶~의 명우(~e mjɔŋu (ワーンニョ)ネ ミョンウ] 往年の名優.

*****왕래**[往來][waːŋnɛ ワーンネ] 名 하자 往来; 行き来 ¶사람 ~가 많다[saːram ~ga maːntʰa サーラム ~ガ マーンタ] 人の往来が多い.

왕림[枉臨][waːŋnim ワーンニム] 名 하자 来臨; 枉駕ぉぅ; 他人の来訪の敬語; 来ていただくの意 ¶~하여 주시기를 바랍니다[~hajɔ tɕuɕigirɯl paramnida ~ハヨ チュシギルル パラムニダ] ご来臨[ご光臨]を仰ぎます.

왕-머루[王一][waŋmɔru ワンモル] 名〈植〉ヤマブドウ(山葡萄).

왕명[王命][waŋmjɔŋ ワンミョン] 名 王命 ¶~을 거스르다[~ɯl kɔsɯrɯda ~ウル コスルダ] 王命に逆らう.

왕-모래[王一][waŋmorɛ ワンモレ] 名 粒の粗い砂.

왕-바위[王一][waŋbawi ワンバウィ] 名 大きな岩.

왕-밤[王一][waŋbam ワンバム] 名 大きい栗¶.

왕-방울[王一][waŋbaŋul ワンバンウル] 名 大きい鈴 **—눈**[lun ルン] 名 どんぐりまなこ; 大目玉.

왕-벌[王一][waŋbɔl ワンボル] 名〈虫〉クマバチ(熊蜂); スズメバチ(雀蜂).

*****왕복**[往復][waːŋbok ワーンボク] 名 하자타 往復; 行き帰り **—표**(票)[pʰjo ピョ] 名 往復切符.

왕비[王妃][waŋbi ワンビ] 名 王妃.

왕-새우[王―][waŋsɛu ワンセウ] 图 〈動〉コウライエビ=대하(大蝦)[tɛ:ha テーハ]; ハコエビ(箱海老).

왕성[旺盛][wa:ŋsəŋ ワーンソン] 图 旺盛 ¶ 원기 ~[woŋgi ~ ウォンギ ~] 元気旺盛 / 식욕 ~[ʃigjok ~ シギョク ~] 食欲旺盛 —하다[hada ハダ] 厖 旺盛だ, 盛んである.

왕-세손[王世孫][waŋseson ワンセソン] 图 王世子の長子; 王太孫.

왕-세자[王世子][waŋsedʒa ワンセジャ] 图 王世子; 東宮; 一の宮; 春の宮; 太子 —비[bi ビ] 图 王世子妃; 東宮妃; 太子妃.

왕-소금[王―][waŋsogum ワンソグム] 图 粗塩塩.

왕손[王孫][waŋson ワンソン] 图 王孫; 王の子孫. 「宮室; 王家.

왕실[王室][waŋʃil ワンシル] 图 王室.

왕왕[往往][wa:ŋwaŋ ワーンワン] 副 往々; しばしば; 時折 ¶ ~ 실패하는 일도 있다[~ ʃilpʰɛhanun ni:ldo it'a ~ シルペーハヌン ニールド イッタ] 往々失敗すること[しくじること]もある.

왕위[王位][waŋwi ワンウィ] 图 王位 ¶ ~에 오르다[~e oruda ~エ オルダ] 王位につく.

왕자[王子][waŋdʒa ワンジャ] 图 王子.

왕자[王者][waŋdʒa ワンジャ] 图 王者 ¶ 밀림의 ~[millime ~ ミルリメ ~] 密林の王者.

왕-잠자리[王―][waŋdʒamdʒari ワンジャムジャリ] 图 〈虫〉(ギン)ヤンマ.

왕좌[王座][waŋdʒwa ワンジュア] 图 王座 ¶ 예능계의 ~[je:nuŋgee ~ イェーヌンゲエ ~] 芸能界の王座.

왕진[往診][wa:ŋdʒin ワーンジン] 图 하他 往診; 来診 ¶ ~을 청하다[~ul tʃʰəŋhada (ワンジ) ヌル チョンハダ] 来診を頼む / ~료[(wa:ŋdʒil)ljo (ワーンジル) リョ] 往診料.

왕창[waŋtʃʰaŋ ワンチャン] 副 俗 べらぼうに大きく; とてつもなく大規模な ¶ ~ 벌다[~ pə:lda ~ ポールダ] べらぼうに大きくもうける.

왕초[王―][waŋtʃʰo ワンチョ] 图 俗 乞食거지·廃品回収業·すり·暴力団などの頭[親分].

왕파[王―][waŋpʰa ワンパ] 图 太く大きなネギ=대파[tɛ:pʰa テーパ]. 「后픟.

왕후[王后][waŋhu ワンフ] 图 王后;

왜[倭][wɛ ウェ] 图 倭ᅪ(日本に対する卑称); 倭国·倭人の略.

왜[wɛ: ウェー] 1 副 ① なぜ; 何で; どうして ¶ ~ 웃느냐[~ u:nnunja ~ ウーンヌニャ] なぜ笑うのか ② 〈名詞的に〉わけ; 理由 ¶ 왠지 모르나…[wɛ:ndʒi moruna ウェーンジ モルナ] どういったわけか知らないが… —냐하면[njahamjən ニャハミョン] 副 なぜかというと; なんとなれば 2 [wɛ ウェ] 感 おや ¶ ~, 무슨 일이지?[~, mu-sun ni:ridʒi ~, ムスン ニーリジ] おや, 何事かね. 「アオサギ(青鷺).

왜가리[wɛ:gari ウェーガリ] 图 〈鳥〉

왜-간장[倭—醬][wɛgandʒaŋ ウェガンジャン] 图 日本式のしょう油.

왜건[wɛgən ウェゴン] wagon 图 ワゴン ¶ ~ 서비스[~ sɔ:bisu ~ ソービス] ワゴンサービス.

왜곡[歪曲][wɛgok ウェゴク] 图 하他 歪曲たまく ¶ 사실을 ~해서 전하다[sa:-ʃirul (wɛgo)kʰɛsə tʃənhada サーシル ~ケソ チョンハダ] 事実を歪曲して伝える.

왜구[倭寇][wɛgu ウェグ] 图 〈史〉倭寇はこう; 昔, 韓国·朝鮮, 中国などの海岸地域を荒らした日本の海賊.

왜국[倭國][wɛguk ウェグク] 图 和国; 倭国; 日本国を下げすんで言う語.

왜-놈[倭―][wɛnom ウェノム] 图 〈卑〉日本人野郎.

왜란[倭亂][wɛran ウェラン] 图 〈史〉임진왜란(壬辰倭亂)[i:mdʒinwɛran イームジヌェラン]の略で, 文禄た·慶長の役をいう.

왜-무[wɛmu ウェム] 图 たくあん用の長い日本種の大根.

왜색[倭色][wɛsɛk ウェセク] 图 日本風 ¶ ~이 짙다[(wɛsɛg)i tʃit'a (ウェセ) ギチッタ] 日本風が濃い[深い].

왜소[矮小][wɛso ウェソ] 图 하形 矮小가왜 ¶ ~한 나무[사람][~han namu[sa:ram] ~ハン ナム[サーラム]] 矮小な木[背の低い人].

왜식[倭食][wɛʃik ウェシク] 图 日本料理; 和食; =일식(日食)[ilʃik イルシク] ¶ ~집[~tʃʰip ~チプ] 和食屋.

왜정[倭政][wɛdʒəŋ ウェジョン] 图 日本統治下の政治=일정(日政)[iltʃəŋ イルチョン].

외[we: ウェー] 图 〈植〉キュウリ(胡瓜)=오이[oi オイ]の略.

***외**[外][we: ウェー] 图 …(の)外; …(の)他; =밖[pak パク] ¶ 그 ~에[ku

외- [we ウェ] [接頭] 独・単・片の意 ¶ ~아들[~adul ～アドゥル] 1人息子 / ~나무 다리[~namu dari ～ナムダリ] 一本橋; 丸木橋.

외-[外][we: ウェー] [接頭] ① 母方の ~가[~ga ～ガ] 母のお里 / ~숙[~suk ～スク] 母方の叔父 ② 外側の.

***외가**[外家][we:ga ウェーガ]・**외갓-집** [we:gat͡ɕʼip ウェーガッチプ] [名] 母の里 [実家].

외-가닥 [wegadak ウェガダク] [名] (糸・なわなどの)一筋; 一本より(の筋) ¶ ~ 길[(wegada) k'il ～ キル] 一筋道; 一本道.

외간-남자[外間男子][we:gannamd͡ʑa ウェーガンナムジャ] [名] 親戚以外の男性を女性が呼ぶ語; よその男.

외-갈래 [wegallɛ ウェガルレ] [名] ただ一筋 ¶~ 길[~ gil ～ ギル] 一本筋の道.

외겹 [wegjɔp ウェギョプ] [名] 一重=한겹[hangjɔp ハンギョプ].

외경[畏敬][we:gjɔŋ ウェーギョン] [名] [하][他] 畏敬ぃ ¶ ~심[~ɕim ～シム] 畏敬の念.

외계[外界][we:ge ウェーゲ] [名] ① 外界 ¶~의 온도[~e ondo ～エ オンド] 外界の温度 ② 外の世界; 環境・周囲 ¶~의 변화[~e pjɔ:nhwa ～エ ピョーンファ] 環境の変化 ③ 地球外の世界; 宇宙 ¶~인[~in ～ イン] 宇宙人.

외-고집[—固執][wegod͡ʑip ウェゴジプ] [名] 意地っ張り; 片意地; 利かん気; 依怙地ぃ; 意固地; 一徹 ¶~이 있는 사나이[(wegod͡ʑib)i innun sanai (ウェゴジブ)イ インヌン サナイ] 意固地な男 / 노인의 ~[no:ine ～ ノーイネ ～] 老人の一徹 / ~쟁이[t͡ɕʼɛŋi チェンイ] 一徹者; 意地っ張り; 頑固者.

외-곬 [wegol ウェゴル] [名] 一本道; 一方にだけ通じる道 **—으로**[s'ɯro スロ] [副] ひたすら; ひたむきに; 一筋に ¶~만 생각하다[~man sɛŋgakʰada ～ マン センガクカダ] ひたむきにだけ考える; 一筋にだけ思いつめる; 一途ずに だけ思い込む / ~ 가다[~ kada ～ カダ] ひたすら1つのことに努める.

외과[外科][we:k'wa ウェーックヮ] [名] 外科 ¶~의[~ui ～ウィ] 外科医 / 수술[~ susul ～ ススル] 外科の手術.

외곽[外廓][we:gwak ウェーグヮク] [名] 外郭; 外側の囲い **—단체**[t'antʰe タンチェ] [名] 外郭団体; 官公庁などの組織外にあって, その活動を支援する団体.

외관[外觀][we:gwan ウェーグヮン] [名] 外観; 外見; 体裁; 見(せ)かけ ¶~상 좋지 않다[~saŋ t͡ɕo:t͡ɕʰi antʰa ～サン チョーッチ アンタ] 外観上よくない.

***외교**[外交][we:gjo ウェーギョ] [名] 外交 ¶친선 ~[t͡ɕʰinsɔn ～ チンソン ～] 親善外交 **—관**[gwan グヮン] [名] 外交官 **—문서**[munsɔ ムンソ] [名] 外交文書 **—사절**[sa:d͡ʑɔl サージョル] [名] 外交使節 **—정책**[d͡ʑɔŋt͡ɕʰɛk ジョンチェク] [名] 外交政策 **—특권**[tʰɯk'wɔn トゥックォン][名] 外交特権.

***외국**[外國][we:guk ウェーグク] [名] 外国 **—산**[s'an サン] [名] 外国産; 舶来 **—어**[(we:gug)ɔ (ウェーグ)ゴ] [名] 外国語 **—영화**[(we:guŋ) njɔŋhwa (ウェーグン)ニョンファ] [名] 外国映画; 外画 **—인**[(we:gug)in (ウェーグ)ギン] [名] 外国人 **—환**(換)[(we:gu)kʰwan クヮン] 外国為替.

외근[外勤][we:gun ウェーグン][名] [하][自] 外勤 ¶~ 사원[~ sawɔn ～ サウォン] 外勤社員.

외-기러기 [wegirɔgi ウェギロギ] [名] 孤雁ぶん(連れのない1羽の雁).

외-길 [wegil ウェギル] [名] 一本道 **—목** [wegilmok ウェギルモク] [名] 四方の道が集まって一本道に入る入口.

외나무-다리 [wenamudari ウェナムダリ] [名] 一本橋; 丸木橋.

외-눈 [wenun ウェヌン] [名] 独眼; 一眼; 片方の目の不自由な人.

***외다** [we:da ウェーダ] [他] 誦ずる; 暗記する; 覚える; 暗誦する=`외우다'の略 ¶시구를 ~[ɕik'urul ～ シクルル ～] 詩句を諳ずる[暗誦する].

외도-하다[外道—][we:dohada ウェードハダ] [自] ① 妻以外の女性と情を通ずる ② 本職以外のことに手をつける.

외동-딸[wedoŋt'al ウェドンッタル] [名] 1人娘の愛称=`외딸'.

외동-아들[wedoŋadul ウェドンアドゥル] 1人息子の愛称=`외아들'.

외-둥이[weduŋi ウェドゥンイ] [名] 1人息子の愛称=`외동 아들'.

외-따로 [wet'aro ウェッタロ] [副] 1人ぼっちで; 1つだけ別に; ぽつんと ¶소나무가 ~ 서 있다[sonamuga ～ sɔit'a ソナムガ ～ ソイッタ] 松がぽつん

외딴 / 외설

と立っている **—이** [i イ] 副 ぽつんと.

외딴 [wet'an ウェッタン] 冠 (多くの物から離れて)ただ1つの; 人里離れた ¶ **~ 마을** [~ maul ~ マウル] 僻村벽촌 **—곳** [got ゴッ] 名 人のいないところ; 人里離れたところ **—길** [gil ギル] 名 人里離れた寂しい小道 **—몸** [mom モム] 名 寂しい独り身; 一人ぼっちの身 **—섬** [sɔm ソム] 名 離れ島 **—집** [dʒip ジプ] 名 1軒家; 1つ家 ¶ 산기슭의 ~ [sank'isɯlge ~ サンキスルゲ ~] 山すそのl軒屋.

외-딸 [wet'al ウェッタル] 名 ① (息子のない)1人娘 ② (子の中で)ただ1人の娘.

외람-되다 [猥濫—] [we:ramdweda ウェーラムドゥェダ] 形 僭越참월だ; おこがましい ¶ ~-되나다마는… [~-dwemnidamanɯn ~-ドゥェムニダマヌン] 僭越ながら…, はばかりながら….

외래 [外來] [we:rɛ ウェーレ] 名 外来 **—문화** [munhwa ムンファ] 名 外来文化 **—사상** [sa:saŋ サーサン] 名 外来思想 **—어** [ɔ オ] 名 外来語 **—품** [pʰum プム] 名 外来品; 舶来品 **—환자** [hwa:ndʒa ファーンジャ] 名 外来患者.

외로움 [weroum ウェロウム] 名 孤独, 寂しさ ¶ ~을 달래다 [~ɯl tallɛda (ウェロウ)ムル タルレダ] 寂しさを紛らす.

외로워-하다 [werowɔhada ウェロウォハダ] 他 寂しがる; (身寄りがなくて)心細がる.

***외롭다** [weropt'a ウェロプタ] 形 [ㅂ変] (頼りなくて)心細い; わびしい; 身寄りがない; 寂しい; 孤独だ; 1人ぼっちだ ¶ 외로운 고아 [weroun koa ウェロウン コア] 身寄りのない孤児 / 혼자 여행은 ~ [hondʒa johɛŋnɯn ~ ホンジャ ヨヘンヌン ~] 独り旅はわびしい

외로-이 [weroi ウェロイ] 副 心細く; 寂しく; わびしく ¶ 혼자 ~ 서 있다 [hondʒa ~ sɔ it'a ホンジャ ~ ソ イッタ] 1人ぽつねんと立っている.

외마디-소리 [wemadi sori ウェマディ ソリ] 名 高く鋭い一声; 悲鳴.

외면 [外面] [we:mjɔn ウェーミョン] **1** 名 外面; 外側, 上辺, 見た目 ¶ **~은 꽃으로 장식(裝飾)하다** [~ɯn k'otʰɯro tʃaŋʃikʰada (ウェーミョ)ヌンッコチュロ チャンシクカダ] 外面は花で飾る **—묘사** [mjo:sa ミョーサ] 名 外面描写 **—치레** [tʃʰire チレ] 名 [하他] 見せかけ; 上辺だけの飾り **2** 名 [하自他] ① 顔をそむけること; そっぽを向いて相手にしないこと ¶ 길에서 만나도 ~한다 [kiresɔ mannado ~handa キレソ マンナド ~ハンダ] 道で会っても顔をそむける ② 無視すること.

외모 [外貌] [we:mo ウェーモ] 名 外見; 外貌외모; 容貌; 見かけ ¶ 남자다운 ~ [namdʒadaun ~ ナムジャダウン ~] 男らしい容貌.

외무 [外務] [we:mu ウェーム] 名 外務 **—사원** [sawɔn サウォン] 名 外務員; 外交員.

외박 [外泊] [we:bak ウェーバク] 名 [하自] 外泊.

***외부** [外部] [we:bu ウェーブ] 名 外部; 外; 外側 ¶ ~ 사람 [~ sa:ram ~ サーラム] 外部の人 **—감각** [ga:mgak ガームガク] 外部感覚.

외빈 [外賓] [we:bin ウェービン] 名 外賓; 外国や外部からのお客.

외-사촌 [外四寸] [we:satʃʰon ウェーサチョン] 名 母方のおじの子; いとこ.

***외-삼촌** [外三寸] [we:samtʃʰon ウェーサムチョン] 名 母の男兄弟; 母方のおじ='외숙'(外叔) **—댁** [宅] [t'ɛk テク] 名 ① 母方のおばの尊敬語='외숙모'(外叔母) ② 母方のおじの家.

외상 [we:saŋ ウェーサン] 名 帳つけ; 掛け; つけ ¶ ~값 [~k'ap ~カプ] 掛け金 / ~ 매입(買入) [~ mɛ:ip ~ メーイプ] 買い掛け; 掛け買い / ~ 판매(販賣) [~ pʰanmɛ ~ パンメ] 掛け売り / ~ 장부(帳簿) [~ dʒaŋbu ~ ジャンブ] 掛け売り帳; 通い帳 / ~으로 술을 마시다 [~ɯro surɯl maʃida ~ウロ スルル マシダ] (帳)つけて飲む **—없다** [ɔpt'a オプタ] 形 掛け値なしだ; 少しも間違いがない; 誇張がない.

외상 [外相] [we:saŋ ウェーサン] 名 外相; 外務大臣 ¶ ~ 회의 [~ hwe:i ~ フェーイ] 外相会議.

외상 [外傷] [we:saŋ ウェーサン] 名 外傷 ¶ ~을 입다 [~ɯl ipt'a ~ウル イプタ] 外傷を負う.

외서 [猥書] [we:sɔ ウェーソ] 名 猥書음서.

외설 [猥褻] [we:sɔl ウェーソル] 名 [하形] 猥褻음설; 猥雑; 淫猥음외; 淫ら ¶ ~한 이야기 [(we:sɔr)han nijagi ~ハンニヤギ] 淫らな話 / ~ 서적(書籍) [~ sɔdʒɔk ~ ソジョク] 淫猥な本; 猥本 **—물** [mul ムル] 名 猥褻物.

외손[外孫][we:son ウェーソン] 名 娘の子、娘の子孫.

외-손녀[外孫女][we:sonnjɔ ウェーソンニョ] 名 (外)孫娘;娘の女の子.

외-손자[外孫子][we:sondʒa ウェーソンジャ] 名 男の外孫;娘の男の子.

외숙[外叔][we:suk ウェースク] 名 母方のおじ;母の男兄弟 ¶~부(父)님[~p'unim ~プニム] おじさん.

외-숙모[外叔母][we:suŋmo ウェースンモ] 名 母方のおば;母方のおじの妻 ¶~님[nim ニム] おばさん.

외신[外信][we:ʃin ウェーシン] 名 外信;外電 ¶~기자[~ gidʒa ~ ギジャ] 外信記者.

외-아들[weadɯl ウェアドゥル] 名 1人息子.

외야[外野][we:ja ウェーヤ] 名〈野〉外野=아웃필드[autpʰi:ldɯ アウッピールドゥ] ━수[su ス] 名 外野手;アウトフィールダー.

외양-간[喂養間][wejaŋk'an ウェヤンカン] 名 牛馬の小屋 ¶소 잃고 ~ 고친다[so ilkʰo ~ kotʃʰinda ソ イルコ ~ コチンダ] 藤 牛を失って牛小屋を直す(後の祭り;後悔先に立たず).

*__외우다__[weuda ウェウダ] 他 諳そらんずる;覚える;暗誦あんしょうする;暗記する;唱える ¶불경을 ~[pulgjɔŋɯl ~ プルギョンウル ~] 仏経を諳ずる/주문을 ~[tʃumunɯl ~ チュームヌル ~] 呪文じゅもんを唱える/이름을 ~[irumul ~ イルムル ~] 名前を暗記する.

외유[外遊][we:ju ウェーユ] 名 하他 外遊;留学・視察・観光などの目的で外国を旅行すること.

외인[外人][we:in ウェーイン] 名 ① 他人;部外者 ¶출가(出嫁) ~ [~tʃʰulga ~ チュルガ~] 嫁に行けば他人/ 출입 금지 [~ tʃʰurip k'ɯ:mdʒi ~ チュリプ クームジ] 関係者以外立ち入り禁止 ② 外国人 ¶~ 주택 [~ dʒu:-tʰɛk ~ ジューテク] 外人住宅(主に외국인 주택[we:gugin dʒu:tʰɛk ウェーグギン ジューテク]「外国人住宅」とも言う).

외제[外製][we:dʒe ウェージェ] 名 外国製=외국제[we:guktʃ'e ウェーグクチェ] の略 ¶~ 화장품[~ hwadʒaŋpʰum ~ ファジャンプム] 外国製の化粧品.

외-조모[外祖母][we:dʒomo ウェージョモ] 名 外祖母;母方の祖母.

외-조부[外祖父][we:dʒobu ウェージョブ] 名 外祖父;母方の祖父;母の父.

외종[外從][we:dʒoŋ ウェージョン] 名=외종 사촌(四寸)[(we:dʒoŋ) sa:-tʃʰon (ウェージョン) サーチョン] 名 母方のおじの子;母方のいとこ ━형제(兄弟)[hjɔŋdʒe ヒョンジェ] 名 母方の従兄弟どうし.

외-주[外注][we:dʒu ウェージュ] 名 하他 外注 ¶부품을 ~하다[pupʰumul ~-hada ププムル ~ハダ] 部品を外注する.

외-줄[wedʒul ウェジュル] 名 一筋;1本の線;単線.

외-줄기[wedʒulgi ウェジュルギ] 名 ① 一本筋;一筋 ② 枝のない茎(幹).

외지[外地][we:dʒi ウェージ] 名 外地;よその土地;居住地以外の地方.

외-지다[wedʒida ウェジダ] 形 ひっそりとしている;人里離れて寂しい ¶외진 산길[wedʒin sank'il ウェジン サンキル] ひっそりとしている山道.

외채[外債][we:tʃʰɛ ウェーチェ] 名 外債=외국채(外國債)[we:guktʃʰɛ ウェーグクチェ]の略.

외척[外戚][we:tʃʰɔk ウェーチョク] 名 外戚がいせき;母方の親戚.

*__외출__[外出][we:tʃʰul ウェーチュル] 名 外出 ¶~복(服)[~bok ~ポク] 外出着;よそ行き(の服) ━하다[~(tʃʰur)-hada ハダ] 自 外出する;出かける.

*__외치다__[we:tʃʰida ウェーチダ] 自他 叫ぶ;怒鳴る;わめく ¶살려 달라고 ~ [salljɔ dallago ~ サルリョ ダルラゴ~] 助けてくれとわめく/독립을 ~ [toŋ-nibul ~ トンニブル ~] 独立を叫ぶ.

외톨[wetʰol ウェトル] 名 ① 1粒種;実が1つだけのもの=**외톨박이**[wetʰolbagi ウェトルバギ] ② 1人ぼっち=**외돌토리**[wedoltʰori ウェドルトリ]

외톨-이[wetʰori ウェトリ] 名 ① 独り身;1人ぼっち;身寄りのない人 ② 対のない1つだけのもの.

외통[一通][wetʰoŋ ウェトン] 名 (将棋で)一手詰めの王手 ━수(手)[su ス] 名 一手詰め.

*__외투__[外套][we:tʰu ウェートゥ] 名 外套がいとう;オーバー(コート).

외판[外販][we:pʰan ウェーパン] 名 하他 外販;外商 ¶~원[~won (ウェーパ)ヌォン] セールスマン;外交員.

*__외-할머니__[外—][we:halmɔni ウェーハルモニ] 名 母の実母;おばあさん;='외조모'(外祖母).

*__외-할아버지__[外—][we:harabɔdʒi ウ

ェーハラボジ] 名 母の実父; おじいさん; ='외조부'(外祖父).
외화[外貨][we:hwa ウェーファ] 名 外貨 **—어음**[ɔum オウㇺ] 名 外貨手形 **—획득**[hwekt'ɯk フェクトゥク] 名 外貨獲得.
외환[外換][we:hwan ウェーファン] 名 外国為替; 外為ᡝᡝ; =외국환(外國換) [we:gukʰwan ウェーグクヮン] の略 **—시장**[ʃi:dʒaŋ シージャン] 名 外国為替市場 **—율**(率)[njul ニュル] 名 為替相場; 為替レート; =환시세(換時勢)[hwa:nʃise ファーンシセ].

*외 [we:n ウェーン] 冠 左の; 左側の ¶ ~발[~bal ~バル] 左足 / ~뺨[~p'jam ~ッピャㇺ] 左のほお / ~팔[~pʰal ~パル] 左腕.
왼-소리 [we:nsori ウェーンソリ] 名 誰某ᡝᡝᡝ某が亡くなったといううわさ ¶ ~를 들었다[~rɯl tɯrɔt'a ~ルル トゥロッタ] 人が死んだといううわさを聞いた.
왼-손 [we:nson ウェーンソン] 名 左手; ゆんで **—잡이**[dʒabi ジャビ] 名 左利き(の人); ぎっちょ.
왼-짝 [we:ntʃ'ak ウェーンッチャク] 名 (左右対になっているものの)左側のもの=**왼편짝**[we:npʰjontʃ'ak ウェーンピョンッチャク].
*왼-쪽 [we:ntʃ'ok ウェーンッチョク] 名 左; 左側; 左手; ='왼편'.
왼-편[—便][we:npʰjon ウェーンピョン] 名 左; 左側(のもの); 左の方.
욍[weŋ ウェン] 副 하다自 ぶん; ぴゅう; ぴゅう; 虫などが飛ぶとき, 強い風が電線などに強く当たって鳴る音.

*요[褥][jo ヨ] 名 敷き布団; しとね ¶ ~를 깔다[~rɯl k'alda ~ルル ッカルダ] 敷き布団を敷く / ~를 개다[~rɯl kɛ:da ~ルル ケーダ] 敷き布団を畳む.
요[要][jo ヨ] 名 要; (要点・要旨・大要などの意) ¶ ~는 돈이다[~nɯn to:nida ~ヌン トーニダ] 要は金である **—하다**[hada ハダ] 他 要する; 必要とする.
요[1] [jo ヨ] 冠 この; ここ ¶ ~전에[~dʒɔne ~ヂョネ] この前に / ~놈[~nom ~ノㇺ] こいつ.
*요[2] [jo ヨ] 助 …です(か); …ですね; …よ ¶ 이것은 호랑이~[igɔsɯn ho:raŋi~ イゴスン ホーランイ~] これはトラです / 여기가 어디~? [jɔgiga ɔdi~ ヨギガ オディ~] ここはどこですか / 눈이 와~[nu:ni wa~ ヌーニ ワ~] 雪が降りますよ / 참 좋군~[tʃʰam tʃo:tkʰun(njo) チャㇺ チョーックン(ニョ)] 本当によいですね / 비가 왔을 걸~[piga was'ɯl k'ɔl(ljo) ピガ ワッスル コル(リョ)] 雨が降ったでしょうね.
-요[jo ヨ] 語尾 〈連結語尾〉…であり ¶ 그는 나의 선배~ 스승이다[kɯnɯn nae sɔnbɛ~ sɯsɯŋida クヌン ナエ ソンベ~ ススンイダ] 彼は私の先輩であり師匠である.
요-같이 [jogatʃʰi ヨガチ] 副 このように; こんなに ¶ ~ 해라[~ hɛ:ra ~ヘーラ] このようにしろ.
요-거 [jogɔ ヨゴ] 代 これ, こいつ; ='요것'の略.
요건[要件][jok'ɔn ヨコン] 名 要件 ¶ ~을 구비(具備)하다[~ɯl kubihada (ヨコ)ヌル クビハダ] 要件を備える.
요-건 [jogɔn ヨゴン] 略 これは=요것은 [jogɔsɯn ヨゴスン] ¶ ~ 뭐냐[~ mwɔ:nja ~ ムォーニャ] これは何かね.
요-걸 [jogɔl ヨゴル] 略 これを; こいつを; =요것을 [jogɔsɯl ヨゴスル] ¶ ~ 어떻게 한다는 거냐? [~ ɔt'ɔkʰe handanɯn gɔnja ~ オットッケ ハンダヌン ゴニャ] これをどうすると言うのかね.
요-걸로 [jogɔllo ヨゴルロ] 略 これで=요것으로 [jogɔsɯro ヨゴスロ] ¶ ~ 끝장이다 ~ k'utt'aŋida ~ ックッチャンイダ] これでおしまいだ.
요-것 [jogɔt ヨゴッ] 代 これ; こいつ ¶ ~을 줘라 [(jogɔs)ɯl tʃwɔ:ra (ヨコ)スル チュォーラ] これをやれ / ~ 참 맹랑한 놈이다[(jogɔt) tʃʰam mɛ:ŋnaŋhan nomida ~ チャㇺ メーンナンハン ノミダ] こいつ, なかなかのものだな.
요-게 [joge ヨゲ] 略 これが; こいつが; =요것이 [jogɔʃi ヨゴシ] ¶ ~ 더 좋다 [~ tɔ tʃo:tʰa ~ ト チョーッタ] こいつのほうがもっといい.
*요구[要求][jogu ヨグ] 名 要求; 請求 ¶ 임금 인상(賃金引上) ~ [i:mgɯm insaŋ ~ イーㇺグミンサン ~] 賃上げ要求 **—하다**[hada ハダ] 他 要求する; 求める.
요구르트 [jo:gurutʰɯ ヨーグルトゥ] 〈トルコ語から〉yog(h)urt 名 ヨーグルト.
*요금[料金][jo:gɯm ヨーグㇺ] 名 料金 ¶ ~을 치르다[~ɯl tʰirɯda (ヨーグ)ムル チルダ] 料金を払う.

요기[療飢][jogi ヨギ] 名[하自] 腹の足し; 簡単な腹ごしらえ ¶ 점심 ~[tʃɔːmʃim (njogi) チョームシム (ニョギ)] 昼の簡単な腹ごしらえ.

요긴-하다[要緊—][joginhada ヨギンハダ] 形 緊要だ; 大切だ; 重要だ.

요-까짓[jokʼadʒit ヨッカジッ] 冠 これしきの; これくらいの ¶ ~ 일로 화를 내다니 [(jokʼadʒin) nillo hwaːrul nɛːdani (ヨッカジン) ニルロ ファールル ネーダニ] これしきのことで腹を立てるとは.

요-나마[jonama ヨナマ] 副 これまでも; これさえも; これだけでも ¶ ~ 가져 가려느냐? [~ kadʒɔ karjɔnunja ~ カジョ カリョヌニャ] これまでも持って行こうとするのか.

요날-요때[jonalljotʼɛ ヨナルリョッテ] 名 副 今日のこの時; この日この時 ¶ ~를 기다리고 있었다 [~rul kidarigo isʼtʼa ~ルル キダリゴ イッソッタ] この日この時を待っていた.

요날-조날[jonaldʒonal ヨナルジョナル] 名 副 今日明日 ¶ ~ 미루다 [~ miruda ~ ミルダ] 今日明日と延ばす.

요냥[jonjaŋ ヨニャン] 副 このまま ¶ ~ 이대로 살 수 없다 [~ idɛro saːl sʼuɔːptʼa ~ イデロ サールッ ス オープタ] このままこのような暮らしはできない.

요-다음[jodaum ヨダウム] 名 この次; 今度; ＝**요담**[jodam ヨダム] ¶ ~은 내 차례다 [~un nɛ tʃhareda ~ウン ネ チャレダ] この次は私の番だ.

요-다지(도)[jodadʒi(do) ヨダジ(ド)] 副 このようにも; こうまでも; これほどまで; こんなにまでも ¶ ~ 예쁠까 [~ jeːpʼulkʼa ~ イェーップルッカ] これほど美しくはないだろう.

요-대로[jodɛro ヨデロ] 副 このとおりに; このままに ¶ ~ 만들어 보다 [~ manduro boda ~ マンドゥロ ボダ] このとおりにつくってみる.

요들[jodul ヨドゥル] <ド> Jodel 名〈楽〉 ヨーデル ¶ ~송(song) [~soŋ ~ソン] ヨーデルの歌.

요-따위[jotʼawi ヨッタウィ] 代 こんな類; (たかが) このくらいのもの; こんなやつら ¶ ~ 형편없는 물건 [~ hjɔŋphjɔnɔmnun mulgɔn ~ ヒョンピョノムヌン ムルゴン] こんなくだらないもの.

*요란**[擾亂・搖亂][joran ヨラン] 名 하形 하副 うるさく騒がしいこと; けたたましいこと; けばけばしいこと ¶ ~ 한 벨 소리 [~han bell sori ~ハン ベル ソリ] けたたましいベルの音 **—스럽다**[surɔptʼa スロプタ] 形 やかましい.

요람[搖籃][joram ヨラム] 名 揺りかご; 搖籃よ ¶ ~에서 무덤까지 [~esɔ mudɔmkʼadʒi ~エソ ムドムッカジ] 揺りかごから墓場まで.

요래도[jorɛdo ヨレド] 副 こんなにしても; これでも ¶ ~ 버틸테냐? [~ pɔːthiltheɲja ~ ポーティルテニャ] これでも白を切るつもりか.

요래라-조래라[jorɛradʒorɛra ヨレラジョレラ] 副 ああしろこうしろ ¶ ~ 잔소리가 많다 [~ tʃansoriga maːntha ~ チャンソリガ マーンタ] ああしろこうしろと小言が多い.

요래-뵈도[jorɛbwedo ヨレブェド] 副 こう見えても; こうでも ¶ ~ 옛날에는 부자였다 [~ jeːnnarenun puːdʒajɔtʼa ~ イェーンナレヌン プージャヨッタ] こう見えても一時は金持ちだった.

요래서[jorɛsɔ ヨレソ] 副 こんなにして; かくて; これだから ¶ ~ 언제나 말썽이지 [~ ɔndʒena maːlsʼɔŋidʒi ~ オーンジェナ マールッソンイジ] これだからいつも頭痛の種だよ.

요래서-야[jorɛsɔja ヨレソヤ] 副 こうしては; これでは; こんなでは ¶ ~ 쓰겠나 [~ sʼugenna ~ ッスゲンナ] こうしては駄目じゃないか.

요래-조래[jorɛdʒorɛ ヨレジョレ] 副 ああしてこうして; あれこれして; どっちみち ¶ ~ 핑계만 댄다 [~ phiŋgeman tɛnda ~ ピンゲマン テーンダ] あれこれと理屈ばかりつける.

요랬다-조랬다[jorɛtʼadʒorɛtʼa ヨレッタジョレッタ] 副 ああしたりこうしたり; ああだこうだと ¶ ~ 갈팡질팡 한다 [~ kalphaŋdʒilphaŋ handa ~ カルパンジルパン ハンダ] ああしたりこうしたりたりうろうろするばかりだ.

요량[料量][jorjaŋ ヨリャン] 名 하他 見当; 推量; 考え ¶ 자네 ~으로는… [tʃane ~wronun チャネ ~ウロヌン] 君の見当では….

요러나-조러나[jorɔnadʒorɔna ヨロナジョロナ] 副 ああでもこうでも ¶ ~ 가야 할 게 아닌가? [~ kaja hal kʼe aninga ~ カヤ ハル ケ アニンガ] ああでもこうでも行かなければならないじゃないか.

요러니-조러니[jorɔnidʒorɔni ヨロニジ

요러다(가) [jorəda(ga) ヨロダ(ガ)] 副 こうするうちに; こうしては ¶ ～ 날이 새겠다[~ nari sɛ:getˀa ~ ナリ セーゲッタ] こうしていては夜が明けそうだ.

요러면 [jorəmjən ヨロミョン] 副 これでは; こうしたら; これなら ¶ ～ 어떤가? [~ ətˀənga ~ オットンガ] こうしたらどうかね / ～ 안되나?[~ andwena ~ アンドゥェナ] これでは駄目か.

요러므로 [jorəmuro ヨロムロ] 略 こうだから; こうなので; こういうわけで.

요러요러-하다 [jorəjorəhada ヨロヨロハダ] 形 [여변] こうこうである; しかじかである; かくかくである.

요러조러-하다 [jorədʒorəhada ヨロジョロハダ] 形 [여변] ああこうである; ああだこうだ; しかじかで[そんなこんなで]ある ¶ ~-해서 [~-hɛsə ~-ヘソ] そんなこんなで.

요러쿵-조러쿵 [jorəkʰuŋdʒorəkʰuŋ ヨロクンジョロクン] 副 [하자] なんのかんのと; なんだかんだと ¶ ～ 말이 많다 [~ ma:ri ma:ntʰa ~ マーリ マーンタ] なんだかんだと文句が多い.

요러-하다 [jorəhada ヨロハダ] 形 [여변] このようだ; こうだ ¶ 사건의 내막은 ～ [sa:kˀəne nɛ:magɯn ~ サーコネ ネーマグン ~] 事件の内幕はこうだ.

요럭-조럭 [jorəktɕˀorək ヨロクチョロク] 副 [하자] ① あれこれするうちに; いつの間にか ¶ ～ 세월만 간다 [~ sˀe:wəlman kanda ~ セーウォルマン カンダ] いつの間にか歳月だけがすぎて行く ② どうやらこうやら; やっと ¶ ～ 살아갑니다 [~ sˀaragamnida ~ サラガムニダ] どうやらこうやら暮しています.

요런¹ [jorən ヨロン] 感 おやっ; まあ; 何と; これはこれは ¶ ～, 그럴 수 있나 [~, kɯrəl sˀu inna ~, クロル ッス インナ] これはこれは, そんなことがあろうか.

요런² [jorən ヨロン] 冠 こんな; このような ～ 멍청이 [~ məŋtɕʰəŋi ~ モンチョンイ] こんなあほう ―대로 [dɛro デロ] 副 これなりに; まあまあ ―즉 [dʒɯk ジュク] 副 こんなわけで.

요런-조런 [jorəndʒorən ヨロンジョロン] 副 [하자] どうにかこうにか; どうやらこうやら ¶ ～ 다 지나갔다[~ ta: tɕʰinagatˀa ~ ター チナガッタ] どうやらこうやら過ぎた(ようだ).

요렇게 [jorəkʰe ヨロッケ] 副 このように ¶ ～ 하자[~ hadʒa ~ ハジャ] このようにしよう.

요렇다 [jorətʰa ヨロッタ] 形 [ㅎ변] こうだ ¶ 대개 ～ [tɛ:gɛ ~ テーゲ ~] 大体こうだ.

요렇다-조렇다 [jorətʰadʒorətʰa ヨロッタジョロッタ] 副 ああだこうだ; なんだかんだ ¶ ～ 할 말은 없지만 [~ hal ma:rɯn ɔ:ptɕʰiman ~ ハル マールン オープチマン] なんだかんだと言い分がないが.

요렇든-조렇든 [jorətʰɯndʒorətʰɯn ヨロットゥンジョロットゥン] 副 こうでもああでも; とにかく ¶ ～ 빨리 해라 [~ pˀalli hɛ:ra ~ ッパルリ ヘーラ] とにかく早くやれ.

요렇듯 [jorətʰɯt ヨロットゥッ] 副 かくも; このように; こんなに.

요렇듯이 [jorətʰɯɕi ヨロットゥシ] 副 かくのごとく; このように.

*요령 [要領] [jorjəŋ ヨリョン] 名 要領; 要点, こつ ¶ ～(이) 좋다[있다] [~ (i) tɕo:tʰa[itˀa] ~ (イ) チョータ[イッタ]] 要領がいい ―부득 (不得) [buduk ブドゥク] 名 [하형] 要領を得ないこと; 不得要領 ¶ 그의 대답 (對答)은 ～이다 [kɯe tɛ:dabun ~-(budɯŋ) ida クエ テーダブン ~-(ブドゥ)ギダ] 彼の答えは要領を得ていない.

*요리 [料理] [jori ヨリ] 名 [하타] 料理 ¶ 한국[조선] ～ [ha:ngug[tɕˀosən] (njo:ri) ハーングッ[チョソン] (ニョリ)] 韓国[朝鮮]料理 / 국정을 ～하다 [kuktɕˀəŋɯl ~hada ククチョンウル ~ハダ] 国政を料理する 요릿-집 [joritɕˀip ヨリッチプ] 名 料理店; 料理屋.

요리 [jori ヨリ] 副 こちらへ; こちらに; このように ¶ ～ 가라 [~ kara ~ カラ] こっちへ行け / 왜 ～ 추울까 [wɛ: ~ tɕʰuulkˀa ウェー ~ チュウルッカ] なんでこんなに寒いんだろう.

요리-조리 [joridʒori ヨリジョリ] 副 あち(ら)こち(ら)に ¶ ～ 피한다 [~ pʰi:handa ~ ピーハンダ] あち(ら)こち(ら)に避け回る.

요만 [joman ヨマン] 1 冠 これくらい; このくらい; これしきの ¶ ～ 일에 뻗다니 [~ nire pˀətˀani ~ ニレ ッポッタ

요만-것 [jomangɔt ヨマンゴッ] 名 これ[この]くらいのこと ¶~으로 무슨 자랑이냐? [(joman gɔ) suro musum tʃa:raninja (ヨマン ゴ)スロ ムスン チャーランインャ] このくらいのことでなんの自慢だ.

요만-조만 [jomandʒoman ヨマンジョマン] 副 하形 (否定・疑問などに用いられて) 適当だ; 普通だ; 並大抵だ ¶고생(苦生)이 ~이 아니다 [kosɛŋi ~i anida コセンイ ヨマンジョマンニ アニダ] 苦労が並大抵でない / 억지가 ~이 아니다 [ɔktʃiga ~i anida オクチガ (ヨマンジョマン)ニ アニダ] なかなかの強情屋だ. 「らい(離れて).

요-만치 [jomantʃhi ヨマンチ] 副 これく
요-만큼 [jomankʰɯm ヨマンクム] 副 この[これ]くらい ¶~만 주세요 [~man tʃusejo ~マン チュセヨ] これくらいだけください.

요만-하다 [jomanhada ヨマンハダ] 形 여変 여変 この[これ]くらいだ.

요맘-때 [jomamt'ɛ ヨマムッテ] 名 今ごろ; 今時分 ¶내년 ~ [nɛnjɔn ~ ネニョン ~] 来年今ごろ.

요망 [妖妄] [jomaŋ ヨマン] 名 하形 (妖婦ょが) なまめかしく淫らなこと ー**떨다** [t'ɔlda ットルダ] 自 なまめかしく淫らにふるまう ー**스럽다** [suɾɔpt'a スロプタ] 形 ㅂ変 なまめかしく淫らだ.

요모-조모 [jomodʒomo ヨモジョモ] 名 副 あれこれ ¶~로 자세히 뜯어보다 [~ro tʃasei t'ɯdɔboda ~ロ チャセイ ットゥドボダ] あれこれと詳しく調べて見る.

요-번 [-番] [jobɔn ヨボン] 名 今度 ¶~에는 네 차례다 [~enun ne tʃhareda (ヨボ)ネヌン ネ チャレダ] 今度はお前の番だ.

요사 [妖邪] [josa ヨサ] 名 하形 あやしく邪悪であること ¶~한 행위 [~han hɛŋwi ~ハン ヘンウィ] よこしまな行為 ー**떨다** [t'ɔlda ットルダ] 自 よこしまにふるまう ー**스럽다** [suɾɔpt'a スロプタ] 形 ㅂ変 よこしまに見える.

*****요-사이** [josai ヨサイ] **1** 名 この間ざ; 少しの間; わずかな間 **2** 名 副 このごろ; 近ごろ; 最近; ='요새' ¶~ 젊은이는… [~ tʃɔlmuni-nun ~ チョルムニヌン] 近ごろの若者は….

요산-요수 [樂山樂水] [josannjosu ヨサンニョス] 名 山や川を楽しむこと; 自然を愛すること.

*****요-새** [josɛ ヨセ] **1** 名 副 近ごろ='요사이'の略 **2** 名 요 **1** ① 少しの時間 ¶~를 못 참다 [~rul mo:tʃhamt'a ~ルル モーッチャムタ] ちょっとの間も待ちきれない ② わずかなすき間 ¶뚫린 ~로 [t'ullin ~ro ットゥルリン ~ロ] 開いたすき間から.

요새 [要塞] [josɛ ヨセ] 名 要塞; 要害; とりで ¶자연의 ~ [tʃajone ~ チャヨネ ~] 自然の要害.

요소 [要所] [joso ヨソ] 名 要所 ¶~를 감시하다 [~rul kamʃihada ~ルル カムシハダ] 要所を監視する.

*****요소** [要素] [joso ヨソ] 名 要素 ¶생활의 3~ [sɛŋhware sam~ センファレ サ(ミョソ)] 生活の3要素.

요술 [妖術] [josul ヨスル] 名 하自 妖術ち; 魔法; 手品; 魔術 ¶~을 부리다 [(josur)ul purida (ヨス)ルル プリダ] 妖術を使う ー**쟁이** [dʒɛŋi ジェンイ] 名 魔術師; 魔法使い; 手品師.

요시찰-인 [要視察人] [jo:ʃitʃharin ヨーシチャリン] 名 (行政・警察上の) 要注意人物.

*****요약** [要約] [jojak ヨヤク] 名 하自他 要約 ¶~하면 [(joja)khamjɔn ~カミョン] 要約すれば / ~하여 말하다 [(joja)kʰaj ma:rhada ~カヨ マールハダ] かいつまんで話す.

요양 [療養] [jojaŋ ヨヤン] 名 하自他 療養 ¶~ 생활 [~ sɛŋhwal ~ センファル] 療養生活 ー**소 [원]** [so [wɔn]] 名 療養所.

요연-하다 [瞭然-] [jo:jɔnhada ヨーヨンハダ] 形 여変 瞭然ぜっだ; はっきりしていて明らかだ ¶일목 ~ [ilmoŋ (njo:jɔnhada) イルモン (ニョヨンハダ)] 一目瞭然である.

요염-하다 [妖艶-] [jojɔmhada ヨヨムハダ] 形 妖艶ょだ; あでやかだ; あだっぽい; なまめかしい ¶~한 여자 (女子) [~-han njɔdʒa ~-ハン ニョジャ] あだっぽい女性.

요원 [燎原] [jowɔn ヨウォン] 名 燎原ウ゚ょう; 燃えている野原 ー**의 불길** [e pulk'il (ヨウォ)ネ プルキル] 名 燎原の火; 勢いよく広がる勢力のたとえ.

***요일**[曜日][joil ヨイル] 名 曜日 ¶ 무슨 ~입니까? [musɯn (njoir) imnik'a ムスン(ニョイ)リムニッカ] 何曜日ですか.

*요-전[一前][jodʒɔn ヨジョン] 名 この前; 先日; この間; 先だって ¶ ~에는 실례했습니다[~enɯn ʃillehɛs'ɯmnida (ヨジョ)ネヌン シルレヘッスムニダ] 先日は失礼致しました / ~ 일요일[~ irjoil (ヨジョ) ニリョイル] この前の日曜日.

요-전번[一前番][jodʒɔnp'ɔn ヨジョンポン] 名 この前; 先日; 先ごろ ¶ ~에는 많은 폐를 끼쳐서[~enɯn ma:nɯn pʰerɯl k'itɕʰɔsɔ (ヨジョンポ)ネヌン マーヌン ペールル ッキチョソ] 先日はいろいろごやっかいになりまして.

요절[腰折・腰絶][jodʒɔl ヨジョル] 名 하自 あまりにもおかしくて腰が折れそうなこと; 笑いこけること — **복통**(腹痛)[boktʰoŋ ボクトン] 名 하自 あまりのおかしさに腹が痛いほどのこと.

요절[夭折][jo:dʒɔl ヨージョル] 名 하自 夭折ようせつ ¶ ~한 천재 시인[(jo:dʑɔr) han tɕʰɔndʑɛ ʃiin ~ハン チョンジェ シイン] 夭折[若死に]した天才詩人.

요절-나다[jodʒɔllada ヨジョルラダ] 自 (物事が)台無しになる; 駄目になる; 壊れる ¶ 사업이 ~[sa:ɔbi ~ サーオビ ~] 事業が台無しになる.

요절-내다[jodʒɔllɛda ヨジョルレダ] 他 台無しにする; 駄目にする; 壊す ¶ 홧김에 텔레비전을 ~[hwa:tk'ime tʰellebidʑɔnɯl ~ ファーッキメ テルレビジョヌル ~] 腹立ちまぎれにテレビを壊してしまう.

요점[要點][jotɕ'ɔm ヨチョム] 名 要点 ¶ ~만 말하다[~man ma:rhada ~マン マールハダ] 要点だけ述べる.

요정[料亭][jodʒɔŋ ヨジョン] 名 料亭; 料理屋.

요-주의[要注意][jo:dʑui ヨージュイ] 名 要注意 ¶ ~ 인물[~ inmul ~ インムル] 要注意の人物.

요-즈막[jodʒɯmak ヨジュマク] 名 副 このごろ; 最近; 近ごろ ¶ ~의 유행[(jodʒɯmag)e juhɛŋ (ヨジュマ)ゲ ユヘン] 近ごろの流行.

*요-즈음[jodʒɯɯm ヨジュウム] 名 副 このごろ; 近ごろ; 最近; 略 요즘 [jodʒɯm ヨジュム] ¶ ~의 젊은이[~etɕɔlmɯni (ヨジュウ)メ チョルムニ] このごろの若い人.

*요지[要旨][jodʑi ヨジ] 名 要旨; あらまし ¶ 사건의 ~[sa:k'ɔne ~ サーコネ ~] 事件のあらまし[大要]

요지-경[瑤池鏡][jodʑigjɔŋ ヨジギョン] 名 のぞきめがね; のぞきからくり ¶ 세상(世上)은 ~ 속이다[se:saŋun so:gida セーサンウン ソーギダ] 諺 世はまさにのぞきめがねみたいである(世の中が混乱していて何が何だか見分けがつかないことのたとえ).

요지-부동[搖之不動][jodʑibudoŋ ヨジブドン] 名 하자 揺さぶっても微動だにしないこと; 絶対変わらないこと; 頑固一徹なこと.

요철[凹凸][jotɕʰɔl ヨチョル] 名 하形 凹凸; でこぼこ.

요청-하다[要請—][jotɕʰɔŋhada ヨチョンハダ] 他 要請する; (強く)請い求める ¶ 면회를 ~[mjɔ:nhwerɯl ~ ミョーンフェルル ~] 面会を求める.

*요-컨대[要—][jokʰɔndɛ ヨコンデ] 副 要するに; 要は; つまり ¶ ~ 이렇다[~ irɔtʰa ~ イロッタ] つまりこうである.

요통[腰痛][jotʰoŋ ヨトン] 名 腰痛 ¶ ~을 고치다[~ɯl kotɕʰida ~ウル コチダ] 腰痛を治す.

요트[jotʰɯ ヨトゥ] yacht 名 ヨット — **레이스**[reisɯ レイス] 名 ヨットレース.

요-포대기[褥—][jo:pʰodɛgi ヨーポデギ] 名 敷き布団にも使えるねんねこ.

요-하다[要—][johada ヨハダ] 他 要する; 必要とする ¶ 시간을 ~[ʃiganɯl ~ シガヌル ~] 時間を要する.

요행[僥倖・徼幸・徼倖][johɛŋ ヨヘン] 名 하形 僥倖ぎょう; 思いがけない幸運(それに出あうこと); こぼれ[まぐれ]幸い ¶ ~을 믿다[~ɯl mit'a ~ウル ミッタ] 僥幸に頼る — **수**(數)[su ス] 名 まぐれ当たり ¶ ~로 일등했다[~ro ilt'ɯŋhɛt'a ~ロ イルトゥンヘッタ] まぐれ当たりに1等をとった / 큰 ~를 바라다[kʰun ~rɯl parada クンルル パラダ] 大穴をねらう / ~를 노리다[~rɯl norida ~ルル ノリダ] 山をかける[張る] — **히**[i イ] 副 まぐれ(幸い)に; 運よく ¶ ~ 합격(合格)됐다[~ hapk'jɔkhɛt'a ~ ハプキョクケッタ] まぐれ幸いに受かった.

*욕[辱][jok ヨク] 名 하自他 ① 悪口; 悪罵ぁくば ¶ ~을 퍼붓다[(jog)ɯl pʰɔbut'a (ヨ)グル ポブッタ] 悪口を浴びせる ② 恥辱; 辱しめ ¶ ~을 당하다[(jog)-

ul taŋhada (ヨ)グルタンハダ] 辱しめを受ける; 恥辱をこうむる ━쟁이 [tʃɛŋi チェンイ] 名 悪口屋.

욕구[欲求][jok'u ヨック] 名 하他 欲求 ¶ ~를 채우다[~rɯl tʃʰɛuda ~ルル チェウダ] 欲求を満たす ━불만 [bulman ブルマン] 名 欲求不満.

욕-되다[辱―][jokt'weda ヨクトゥェダ] 自 恥になる; 面目がない; 不名誉である ¶ 이름을 욕되게 하다[irɯmɯl jokt'wege hada イルムル ヨクトゥェゲ ハダ] 名を辱しめる[汚す].

욕망[欲望][joŋmaŋ ヨンマン]. 名 欲望 ¶ ~을 채우다[~ɯl tʃʰɛuda ~ウル チェウダ] 欲望を満たす.

욕-먹다[joŋmɔkt'a ヨンモクタ] 自 悪口を言われる; 叱られる; 悪評を聞く; 非難される.

욕-보다[辱―][jokp'oda ヨクポタ] 自 ① 恥辱を受ける; 恥をかく; 辱しめられる ② (ひどく)苦労する; 骨折る ¶ 자네 욕보았군[tʃane jokp'oak'un チャネ ヨクポアックン] 君苦労したな ③ 俗 (婦女子が)暴行される.

욕-보이다[辱―][jokp'oida ヨクポイダ] 他 ① 辱しめる; 恥をかかせる[与える] ② 女性を犯す; 手込めにする; 凌辱する ③ 苦労をかける; 苦しめる.

욕설[辱説][joks'ɔl ヨクソル] 名 하自 悪口; 毒口; ののしり ¶ ~을 퍼붓다 [(joks'ɔr) ɯl pʰɔbut'a (ヨクソ)ルル ポブッタ] 悪口を浴びせる; 毒づく.

욕실[浴室][jokʃ'il ヨクシル] 名 浴室; 風呂場 = 목욕실(沐浴室)[mogjokʃ'il モギョクシル].

*욕심[欲心·慾心][jokʃ'im ヨクシム] 名 欲; 欲心; 欲気; 欲念 ¶ ~내다[~ nɛda ~ネダ] 欲張る ━꾸러기 [k'urɔgi ックロギ] 名 欲張り(の人); 貪欲な人 ━나다[nada ナダ] 自 欲が出る ━부리다[burida ブリダ] 自 欲を起こす; 欲張る ━사납다[sanapt'a サナプタ] 形 強突く張りだ; ひどい欲張りだ ━없다[ɔpt'a (ヨクシ)モプタ] 存 欲がない; 欲張らない ━쟁이 [dʒɛŋi ジェンイ] 名 欲張り; 強欲な人.

욕정[欲情][jokʃ'ɔŋ ヨクチョン] 名 欲情; 色欲 ¶ 돈에 대한 ~[toːne tɛːhan ~ トーネ テーハン ~] 金の欲情.

욕-지거리[joktʃ'igɔri ヨクチゴリ] 名 하自 俗 悪口; 悪態; 雜言; 悪たれ口.

욕질-하다[辱―][joktʃ'irhada ヨクチル ハダ] 自 悪口を言う; ののしる.

욕-하다[辱―][jokʰada ヨクハダ] 自 他 悪口を言う; けなす; ののしる ¶ 마구 ~[magu ~ マグ ~] さんざっぱら悪態をつく.

용[龍][joŋ ヨン] 名 竜; たつ; ドラゴン ¶ 개천에서 ~난다[kɛtʰɔneso ~ nanda ケチョネソ ~ナンダ] 諺 どぶから竜が出る(地位の低い家から立派な物が出る; 掃き溜めにも鶴う).

*용감-하다[勇敢―][joːŋgamhada ヨーンガムハダ] 形 勇敢だ; 勇ましい ¶ ~한 병사[~-han pjɔŋsa ~-ハン ピョンサ] 勇敢な兵士 용감-히 [joːŋgami ヨーンガミ] 副 勇敢に; 勇ましく ¶ ~싸우다[~ s'auda ~ッサウダ] 勇敢に戦う.

*용건[用件][joːŋk'ɔn ヨーンコン] 名 用件 ¶ 별 ~도 없이[pjɔl (joŋk'nɔ)do ɔːpʃi ピョール (リョンコン)ド オープシ] これと言った用件もなく.

용공[容共][joŋgoŋ ヨンゴン] 名 하自 容共 ¶ ~ 정책[~ dʒɔŋtʃʰɛk ~ ジョンチェク] 容共政策.

용광-로[鎔鑛爐][joŋgwaŋno ヨングァンノ] 名 溶鉱炉; 溶炉.

용구[用具][joːŋgu ヨーング] 名 用具 ¶ 운동 ~[uːdoŋ (njoːŋgu) ウーンドン (ニョーンク)] 運動用具.

용궁[龍宮][joŋguŋ ヨングン] 名 竜宮.

*용기[勇氣][joːŋgi ヨーンギ] 名 勇気 ¶ ~있는 사나이[~innun sanai ~インヌン サナイ] 勇気ある男 / ~가 나다[~ga nada ~ガ ナダ] 力づく / ~를 내다[~rɯl nɛːda ~ルル ネーダ] 勇気を出す / ~를 잃다[~rɯl ilthːa ~ルル イルタ] 勇気を失う; 弱気を出す.

용기[容器][joŋgi ヨンギ] 名 容器; うつわ; 入れ物 ¶ ~에 담다[넣다][~e taːmt'a [nɔːtʰa] ~エ タームタ[ノーッタ]] 容器に入れる.

용-꿈[龍―][joŋk'um ヨンックム] 名 竜を見た夢[最上の吉夢] ¶ ~을 꾸다 [~ɯl k'uda (ヨンック)ムル ックダ] 竜の夢を見る(縁起のよい兆しである).

용납[容納][joŋnap ヨンナプ] 名 하他 人の意見などを寛大に受け入れること; 承諾すること ¶ ~할 수 없다[(joŋna)-pʰal s'u ɔːpt'a ~パルッ スオープタ] 受け入れることができない.

용단[勇斷][joːŋdan ヨーンダン] 名 하他 勇断 ¶ ~을 내리다[~ɯl nɛrida

(ヨーンタ) ヌル ネリダ] 勇断を下す.
용달[用達][joːndal ヨーンダル] 图 [하他] 小荷物を運送すること **ー사**(社)[sa サ] 图 小荷物運送会社 **ー차**[tʃʰa チャ] 图 小荷物運送用の小型トラック.
용도[用途][joːndo ヨーンド] 图 用途; 使い道 ¶~가 많다 [~ga maːntʰa ~ガ マーンタ] 使い道が多い.
*__용돈__[用一][joːntʼon ヨーントン] 图 小遣い; ポケットマネー ¶~을 조르다 [~ɯl tʃoruda (ヨーント)ヌル チョルダ] 小遣いをせびる.
용두-사미[龍頭蛇尾][joŋdusami ヨンドゥサミ] 图 竜頭蛇尾 ¶~가 되다 [~ga tweda ~ガ トゥェダ] 尻すぼまりになる / ~로 끝났다 [~ro kʼɯnnatʼa ~ロ ックンナッタ] 竜頭蛇尾に終わった.
용례[用例][joːnne ヨーンネ] 图 用例 ¶~가 많은 사전 [~ga maːnun sadʒon ~ガ マーヌン サジョン] 用例の多い辞典.
용-마루[joŋmaru ヨンマル] 图〈屋根の〉棟.
용-마름[joŋmarɯm ヨンマルム] 图〈建〉(わらぶきの屋根や土塀の棟を葺く)わらで編んだ「へ」の字の覆い.
용맹-하다[勇猛一][joːŋmɛŋhada ヨーンメンハダ] 形 勇猛だ; 勇ましい **용맹-스럽다**[joːŋmɛŋsɯropʼtʼa ヨーンメンスロプタ] 形 [ㅂ変] 見るからに勇猛だ.
용명[勇名][joːŋmjoŋ ヨーンミョン] 图 勇名 ¶~을 떨치다 [~ɯl tʼoltʃʰida ~ウル ットルチダ] 勇名をとどろかす.
용모[容貌][joŋmo ヨンモ] 图 顔形; 顔つき; 容貌☆ ¶아름다운 ~ [arumdaun (njoŋmo) アルムダウン (ニョンモ)] 美しい容貌; きれいな顔つき / ~가 아름답다 [~ga arumdapʼtʼa ~ガ アルムダプタ] 見目うるわしい; 見目よい / ~가 뛰어나다 [~ga tʼwionada ~ガ ットゥィオナダ] 容貌にすぐれる.
용무[用務][joːnmu ヨーンム] 图 用務; 用事; 御用 ¶~를 마치다 [~rul matʃʰida ~ルル マチダ] 用をすませる.
용법[用法][joːŋpʼop ヨーンポプ] 图 用法; 使い方; 用い方 ¶~을 그르치다 [(joːŋpʼob)ɯl kɯrɯtʃʰida (ヨーンポ)ブル クルチダ] 用法を誤る.
용변[用便][joːŋbjon ヨーンビョン] 图 [하自] 用便; 大小便 ¶~을 보다 [~ɯl poda (ヨーンビョ)ヌル ボダ] 用便をする; 用を足す.

용사[勇士][joːŋsa ヨーンサ] 图 勇士; 勇気のある人; 勇者 ¶백의의 ~ [pɛgie ~ ペギエ ~] 白衣の勇士.
용상[聳上][joːŋsaŋ ヨーンサン] 图 [하他] (重量挙げの)ジャーク(jerk).
*__용서__[容恕][joːŋso ヨーンソ] 图 許し; 容赦; 勘弁 ¶~할 수 없다 [~hal sʼuːpʼtʼa ~ハルッス オプタ] 許し難い; 勘忍できない / ~해 주십시오 [~hɛ tʃuʃipʼʃio ~ヘ チュシプシオ] 勘弁して(許して)ください **ー하다** [hada ハダ] 他 許す; 勘弁する; 容赦する **ー없이** [opʃi オプシ] 副 容赦なく.
용설-란[龍舌蘭][joŋsollan ヨンソルラン] 图〈植〉リュウゼツラン(竜舌蘭).
용-솟음[joŋsosum ヨンソスム] 图 [하他] 勢いよく湧き立つこと **ー치다** [tʃʰida チダ] 自 たぎり立つ; ほとばしる; 湧き上がる ¶젊은 피가 ~ [tʃolmun pʰiga ~ チョルムン ピガ ~] 若き血がたぎる[湧き上がる].
용수-철[龍鬚鐵][joŋsutʃʰol ヨンスチョル] 图 スプリング; ばね ¶~ 장치(装置) [~ dʒaŋtʃʰi ~ ジャンチ] ばね仕掛け.
용신[龍神][joŋʃin ヨンシン] 图〈仏〉竜神; 竜王 **ー굿** [gut グッ] 图〈民〉巫女☆が竜王に祈りを捧げる儀式 **ー제** [dʒe ジェ] 图 竜神祭り(陰暦6月15日に田畑のあたりで竜神に雨ごいをして農作を祈る祭祀☆).
용심[joːŋʃim ヨーンシム] 图 意地悪をして人を傷つけようとする心 **ー꾸러기** [kʼurogi ックロギ] 图 たいへん意地悪な人 **ー부리다** [burida ブリダ] 自 人に意地悪をする.
용-쓰다[joːŋsʼɯda ヨーンッスダ] 自 [으変] ① 力む; ありったけの力を出す ② 気張る; ふんばる; 堪え忍ぶ.
용암[熔岩・鎔岩][joŋam ヨンアム] 图〈地〉溶岩; ラバ(lava).
용액[溶液][joŋɛk ヨンエク] 图 溶液.
용어[用語][joːŋo ヨーンオ] 图 用語; ターム(term) ¶전문 ~ [tʃonmun (njoːŋo) チョンムン (ニョーンオ)] 専門用語; テクニカルターム(technical term).
용언[用言][joːŋon ヨーンオン] 图 用言.
용역[用役][joːŋjok ヨーンヨク] 图 用役 **ー수출** [sʼutʃʰul スチュル] 图〈経〉サービス[保険・金融・運送・労働力]輸出.
용왕[龍王][joŋwaŋ ヨンワン] 图 竜神; 竜王.
용의[用意][joːŋi ヨーンイ] 图 [하他] ①

용의 用意; 意を用いること; 心づかい ¶도와줄 ~가 있다[towadʒul ~ga it'a トワジュル ~ガイッタ] 助けてあげる用意がある ② 心の準備; 支度 **━주도** [dʒudo ジュド] 名 하形 用意周倒 ¶~한 사람[~han sa:ram ~ハン サラム] 用意周倒な人.

용의[容疑] [joŋi ヨンイ] 名 (犯罪の)容疑; 嫌疑; 疑い **━자**[dʒa ジャ] 名 容疑者 ¶테러의 ~[tʰɔrɔe ~ テロエ ~] テロの容疑者[被疑者].

용이-하다[容易—] [joŋihada ヨンイハダ] 形 容易だ; たやすい ¶사용법이 ~[sa:joŋp'ɔbi ~ サーヨンポビ ~] 使用法がたやすい.

용재[用材] [joŋdʒɛ ヨンジェ] 名 用材 ¶건축 ~[kɔ:ntʃʰuŋ (njo:ŋdʒɛ) コーンチュン(ニョーンジェ)] 建築用材.

용적[容積] [joŋdʒɔk ヨンジョク] 名 容積 ¶~량[(joŋdʒɔŋ) njaŋ (ヨンジョン) ニャン] 容積量/~률[(joŋdʒɔŋ) njul (ヨンジョン) ニュル] 容積率.

용접[熔接] [joŋdʒɔp ヨンジョプ] 名 하他 溶接 ¶~공[~k'oŋ ~コン] 溶接作業員/전기 ~[tʃɔ:ngi ~ チョーンギ ~] 電気溶接.

용지[用地] [jo:ŋdʒi ヨーンジ] 名 用地 ¶주택 ~[tʃu:tʰɛŋ (njo:ŋdʒi) チューテン(ニョーンジ)] 住宅用地.

용지[用紙] [jo:ŋdʒi ヨーンジ] 名 用紙 ¶답안 ~[taban (njo:ŋdʒi) タバン(ニョーンジ)] 答案用紙.

용-트림[龍—] [jo:ŋtʰɯrim ヨーントゥリム] 名 하自 気取ってわざと大きなおくび[げっぷ]をすること.

용품[用品] [jo:ŋpʰum ヨーンプム] 名 用品 ¶일상 ~[ils'aŋ (njo:ŋpʰum) イルサン(ニョーンプム)] 日常用品.

*****용-하다**[jo:ŋhada ヨーンハダ] 形 여変 ① 腕前[技量]が優れてたくみだ; うまい; 上手だ ¶ **용타** [jo:ŋtʰa ヨーンタ] ¶용한 점쟁이 [jo:ŋhan tʃɔmdʒɛŋi ヨーンハン チョムジェンイ] うまく当てる占い師 / 용한 의사 [jo:ŋhan ɯisa ヨーンハ ヌィサ] 腕のいい[優れた]医者 ② けなげだ; みごとだ ¶1등이라니 참 ~[ilt'ɯŋirani tʃʰam ~ イルトゥンイラニ チャム ~] 1等とは実にあっぱれだ ③ 愚直だ; おとなしくお人好しだ ¶사람이 용해 빠지다[sa:rami jo:ŋhɛ p'a:dʒida サーラミ ヨーンヘッ パージダ] 人となりがおとなし過ぎる

용-히 [jo:ŋi ヨーンイ] =**용케**[jo:ŋkʰe ヨーンケ] 副 巧みに; うまく ¶~ 알아맞히다[~ ara matʃʰida ~ アラマッチダ] うまく言い当てる.

용-해[龍—] [joŋɛ ヨンヘ] 名 옛〈民〉 辰たつの年.

우 [u: ウー] 副 どっと; どやどや; 多くのものが一度に押し寄せて来る[行く]さま ¶아이들이 ~ 몰려오다[aidɯri ~ molljɔoda アイドゥリ ~ モルリョオダ] 子供たちがどっと押し寄せて来る.

우[右] [u: ウー] 名 右 ¶~로 나란히! [~ro narani ~ロ ナラニ] 右へ倣え!

-우- [u ウ] 接尾 …す(使役動詞をつくる) ¶깨다[k'ɛda ッケダ]「起きる」→깨~다[k'ɛ~da ッケ~ダ]「起こす」.

우거지 [ugɔdʒi ウゴジ] 名 白菜・大根など漬け菜の外側の茎や葉の部分; 甕かめに漬けた漬物などの上部に覆いかぶせている葉・くず葉 **━상**(相)[saŋ サン] 名 しかめっ面; 渋面; 苦りきった顔.

*****우거지다** [ugɔdʒida ウゴジダ] 自 生い茂る ¶잡초가 ~[tʃaptʃʰoga ~ チャプチョガ ~] 雑草が生い茂る.

우겨-대다 [ugjɔdɛda ウギョデダ] 他 (頑固に)言い張る; 強情[意地]を張る ¶옳다고 ~[oltʰago ~ オルタゴ ~] 正しいと言い張る.

우격-다짐 [ugjɔkt'adʒim ウギョクタジム] 名 하自他 無理強い; 無理往生; 無理やりに押しつけること ¶~으로 승복시키다 [~uro sɯmbokʃ'ikʰida ~-(タジ)ムロ スンボクシキダ] 無理やりに[力ずくで]承服させる.

우격-으로 [ugjɔgɯro ウギョグロ] 副 無理やりに; 無理強いに.

우그러-들다 [ugɯrɔdɯlda ウグロドゥルダ] 自 己語幹 へこむ; へこんで小さくなる; くぼんでしまう ¶냄비가 ~[nɛmbiga ~ ネムビガ ~] 鍋がへこむ.

우그러-뜨리다 [ugɯrot'ɯrida ウグロットゥリダ] 他 へこませる.

우그러-지다 [ugɯrɔdʒida ウグロジダ] 自 へこむ; くぼむ; 縮んでまくれ込む; へこんでしわが寄る ¶양동이가 ~ [jaŋdoŋiga ~ ヤンドンイガ ~] バケツの端が縮み込む.

우그리다 [ugɯrida ウグリダ] 他 くぼませる; へこます.

우글-거리다 [ugɯlgɔrida ウグルゴリダ] 自 ① 煮えくり返る; 沸き立つ ② うようよする; うじゃうじゃする ¶구더기

가 ~[kudɔgiga ~ クドギガ ~] ウジムシがうじゃうじゃする.

우글-쭈글 [uguɯltʃ'ugul ウグルッチュグル] 副하形 しわくちゃ; もみくちゃ ¶ ~한 종이 [~-(tʃ'ugur) han tʃoŋi ~ ハン チョンイ] もみくちゃになった紙.

*우기다 [ugida ウギダ] 自 言い張る; 意地を張る ¶ 옳다고 ~ [olthago ~ オルタゴ ~] 正しいと言い張る.

우는-소리 [u:nunsori ウーヌンソリ] 名 ① 泣き声 ② 泣き言=푸념 [phunjɔm プニョム]・넋두리 [nɔkt'uri ノクトゥリ].

우당탕 [udaŋthaŋ ウダンタン] 副 どしん; がたん ¶ ~ 소리가 들리다 [~ soriga tullida ~ ソリガ トゥルリダ] がたんと音がする —퉁탕 [thuŋthaŋ トゥンタン] 副 하自 どしんがたん ¶ ~ 난리를 피우다 [~ na:llirul phiuda ~ ナーッリルル ピウダ] どしんがたんと大騒動を起こす —거리다 [gɔrida ゴリダ] 自 しきりにどしんと鳴る.

우대-하다 [udɛhada ウデハダ] 他 優待[優遇]する ¶ 경험자를 ~ [kjɔŋhɔmdʒarul ~ キョンホムジャルル ~] 経験者を優遇する.

우두둑 [ududuk ウドゥドゥク] 副 하自他 ① かりかり; がりがり ¶ 돌을 ~ 씹다 [to:rul ~ ʃ'ipt'a トールル ~ッシプタ] 石をかりっとかむ ② ぽきん ¶ 나뭇가지가 ~ 부러지다 [namutk'adʒiga ~ p'urɔdʒida ナムッカジガ ~ プロジダ] 木の枝がぽきんと折れる ③ ばらばら ¶ 우박이 ~ 떨어지다 [u:bagi ~ t'ɔrɔdʒida ウーバギ ~ ットロジダ] ひょうがばらばらと降りかかる.

*우두-머리 [udumɔri ウドゥモリ] 名 ① かしら; 頭目; 親分; ボス ¶ 반대파의 ~ [pa:ndɛphae ~ パーンデパエ ~] 反対派の旗頭 ② もののてっぺん; 頂; 頂上; 先端 ¶ 깃대의 ~ [kit'ɛe ~ キッテエ ~] 旗竿ざおの先.

*우두커니 [udukhɔni ウドゥコニ] 副 ぼんやりと; 呆然ぜんと ¶ 뭘 ~ 서 있느냐? [mwɔ:l ~ sɔ innunja ムォール ~ ソ インヌニャ] 何をぼんやり突っ立っているんだい.

우둔 [愚鈍] [udun ウドゥン] 名 하形 愚鈍; 俗 御無事 ¶ ~한 사람 [~han sa:ram ~ハン サーラム] 愚鈍な人.

우등 [優等] [uduŋ ウドゥン] 名 하自 優等 ¶ ~생 [~sɛŋ ~ セン] 優等生.

*우뚝 [ut'uk ウットゥク] 副 하形 ① に

よっきり; 高くそびえ立つさま ¶ ~ 솟은 산봉우리 [~ s'osun sanp'oŋuri ~ ソスン サンポンウリ] 高くそびえ立つ山の頂 ② ぐんと; ずっと; 人より飛び抜けて優れているさま —이 [(ut'ug)i (ウトゥ)ギ] 副 にょっきりと.

우라-질 [uradʒil ウラジル] 冠 うねっ; こいつ ¶ ~, 이게 무슨 꼴이람 [~, ige musun k'oriram ~, イゲ ムスン ッコリラム] うねっ, なんたるざまだ.

우락부락-하다 [urakp'urakhada ウラクプラクハダ] 形 어변 ① 言動が粗野で乱暴だ ¶ 성품(性品)이 ~ [sɔ:ŋphumi ~ ソーンプミ ~] 気性が乱暴だ ② 大柄で人相が険しい; 行動が荒々しい ¶ ~한 사나이 [~-khan sa-nai ~-カン サナイ] 荒くれ男.

우람-하다 [uramhada ウラムハダ] 形 어변 堂々としてたくましい ¶ ~-한 체격 [~-han tʃhegjɔk ~-ハン チェギョク] たくましい体つき 우람-스럽다 [uramsrɔpt'a ウラムスロプタ] 形 ㅂ변 雄大壮厳である.

우량 [優良] [urjaŋ ウリャン] 名 하形 優良 ¶ ~한 성적 [~han sɔŋdʒɔk ~ハン ソンジョク] 優良な成績.

우러-나다 [urɔnada ウロナダ] 自 にじみ出る; 染み出る; (色が)落ちる ¶ 쓴맛이 ~ [s'un maʃi ~ッスン マシ ~] 苦味が染み出る.

우러-나오다 [urɔnaoda ウロナオダ] 自 ① 心からわき出る; にじみ出る ¶ 기쁨의 눈물이 ~ [kip'ume nunmuri ~ キップメ ヌンムリ ~] 喜びの涙がわき出る ② (音・味が)流れ[しみ]出る.

*우러러-보다 [urɔrɔboda ウロロボダ] 他 仰ぎ見る; 仰ぐ ¶ 하늘을 ~ [ha-nurul ~ ハヌルル ~] 空を仰ぎ見る / 스승으로서 ~ [sɯsɯŋuroso ~ ススンウロソ ~] 師と仰ぐ.

우러르다 [urɔrɯda ウロルダ] 自他 으변 ① 仰ぎ見る; 仰ぐ ② 尊敬する; 敬う ¶ 우러러 모시다 [urɔrɔ mo:ʃida ウロロ モーシダ] 敬い仕える.

우렁쉥이 [urɔŋsweŋi ウロンスェンイ] 名 〈動〉マボヤ(真海鞘) =멍게 [mɔŋ-ge モンゲ].

우렁-차다 [urɔŋtʃhada ウロンチャダ] 形 響きが大きく力強い ¶ ~-찬 목소리 [박수소리] [~-tʃhan moks'ori] [paks'u sori] ~-チャン モクソリ [パクスソリ]] 力強い声[拍手の音].

우레 [ure ウレ] 图 雷 ¶~와 같은 박수[~wa katʰɯn paksʼu ~ワ カトゥン パクス] 万雷の拍手; ×우뢰(誤り).

***우려**[憂慮][urjɔ ウリョ] 图하他 憂慮; おそれ; 憂い ¶홍수가 ~된다[hoŋsuga ~dwenda ホンスガ ~ドゥェンダ] 洪水が憂慮される.

우려-내다[urjɔnɛda ウリョネダ] 他 ① 巻き上げる; すかし取る; せびり取る ¶용돈을 ~[joːŋtʼonɯl ~ ヨーントヌル ~] 小遣いをせびり取る ② 水に浸して色・味・灰汁を抜く ¶고사리를 ~[kosariɯl ~ コサリルル ~] ワラビの灰汁を抜く.

우려-먹다[urjɔmɔktʼa ウリョモクタ] 他 ① (すかしたり脅したりして金品を) 巻き上げる; 奪い取る ② (水に浸して灰汁・味などを) 抜いて食べる ¶땡감을 ~[tʼɛŋgamɯl ~ ッテンガムル ~] 渋柿の渋を抜いて食べる.

우롱[愚弄][uroŋ ウロン] 图하他 愚弄; ばか ¶사람을 ~하다[saːramɯl ~-hada サーラムル ~ハダ] 人をばかにしてからかう.

우뢰[urwe ウルェ] 图 ⇒ '우레'.

우르르[urɯrɯ ウルル] 副하自 ① わあっと; どやどやと ¶적이 ~ 몰려오다[tʃɔgi ~ molljɔoda チョギ ~ モルリョオダ] 敵がわあっと押し寄せる ② がらがら ¶돌담이 ~ 무너지다[toːldami ~ munɔdʒida トールダミ ~ ムノジダ] 石垣ががらがらと崩れる ③ ごろごろ, 雷の音.

*****우리**[1] [uri ウリ] 代 我々; 私たち ¶~집[~ dʒip ~ ジプ] 私の[わが]家 / ~ 어머니[~ ɔmɔni ~ オモニ] 私のお母さん **—네**[ne ネ] 代 私たち; 我ら; 僕たち ¶~ 젊은이[~ dʒɔlmɯni ~ ジョルムニ] 我ら若人 **—들**[dɯl ドゥル] 代 私たち; 我々; 我ら ¶~은 산업전사[~-dɯurum saːnɔp tʃʼɔːnsa ~-ドゥルン サーノプ チョーンサ] 我らは産業戦士 **—말**[mal マル] 图 私たちの言葉; 国語 **—식(式)**[ik シク] 图 おれたちのやり方 **—편**[pʰjɔn ピョン] 图 味方.

우리[2] [uri ウリ] 图 檻 ¶돼지 ~[twe:dʒi ~ トゥェージ ~] 豚小屋 / 사자 ~[saːdʒa ~ サージャ ~] ライオンのおり.

우리다[urida ウリダ] 他 ① (水に浸して味・色・灰汁などを) 抜く・取る ¶쓴맛을 ~[sʼun masul ~ ッスン マスル ~] 苦味を抜く ② ⇨'우려 먹다'.

우리집-사람[uridʒipsʼaram ウリジプサラム] 图 家内; (他人に対して主に) 自分の妻を言う語.

우무[umu ウム] 图 ところてん (寒天) [hantʰɔn ハンチョン] **우묵-가사리**[umutkʼasari ウムッカサリ] 图〈植〉テングサ(天草).

우묵-하다[umukʰada ウムクハダ] 形 여変 ややくぼんでいる、へこんでいる.

*****우물**[umul ウムル] 图 井戸; 井 **—가**[kʼa カ] 图 井戸端 ¶~ 공론[~ goŋnon ~ ゴンノン] 井戸端会議.

우물-거리다[umulgɔrida ウムルゴリダ] 1 ¶우글우글[うじゃうじゃ]する ¶물고기가 ~[mulkʼogiga ~ ムルコギガ ~] 魚がうようよする 2 他 ① もぐもぐかむ ¶질긴 고기를 ~[tʃilgin kogirɯl ~ チルギン コギルル ~] 固い肉切れをもぐもぐかむ ② 口ごもる; (はっきり言わずに) もぐもぐする ¶~거리지 말고 말해라[~-gɔridʒi maːlgo maːrhɛra ~ゴリジ マールゴ マールヘラ] もぐもぐせずに言え.

*****우물-쭈물**[umultʃʼumul ウムルッチュムル] 副하自他 くずくず; もたもた ¶왜 ~하느냐?[we: ~hanɯnja ウェー ~ハヌニャ] なぜぐずついているの.

우므리다[umurida ウムリダ] 他 縮める; すぼめる; ⇨'오므리다'. **우무러-들다**[umurɔdɯlda ウムロドゥルダ] 自 縮こまる; 縮む; すぼまる **우무러-지다**[umurɔdʒida ウムロジダ] 自 縮こまる; すぼまる ¶추워서 ~[tʃʰuwɔsɔ ~ チュウォソ ~] 寒くて縮こまる.

우박[雨雹][uːbak ウーバク] 图 雹 ¶~이 떨어지다[(uːbag) i tʼɔrɔdʒida (ウーバ) ギ ットロジダ] ひょうが降る.

우발[偶發][uːbal ウーバル] 图하自 偶発 ¶~적인 행동[~-tʃʼɔgin hɛŋdoŋ ~チョギン ヘンドン] 偶発的(な)行動.

우범[虞犯][uːbɔm ウボム] 图 虞犯; 罪を犯すおそれがあること ¶~ 소년[~ soːnjɔn ~ ソーニョン] 虞犯少年 / ~ 지대[~ dʒidɛ ~ ジデ] 虞犯地帯.

우비[雨備][uːbi ウービ] 图 雨具.

*****우산**[雨傘][uːsan ウーサン] 图 雨傘; 傘 ¶~을 받다[~ɯl patʼa (ウーサ) ヌル パッタ] 雨傘を差す / ~을 접다[~ɯl tʃʼɔptʼa (ウーサ) ヌル チョプタ] 傘を畳む.

우선[優先] [usɔn ウソン] 名·自 優先.

＊우선[于先] [usɔn ウソン] 副 まず; 先に; ひとまず; 何はさておき; とりあえず ¶ ～ 점심부터 먹자[～ tʃɔ:msimbutʰɔ mɔktʃʼa ～ チョームシムブト モクチャ] まず昼飯を食べよう / ～ 가보자[～ kabodʒa ～ カボジャ] ひとまず行ってみよう.

우세[優勢] [use ウセ] 名·自·形 優勢.

우세-스럽다 [usesɯrɔpʰtʼa ウセスロプタ] 形 ㅂ変 恥をさらす; 物笑いになる **우셋-거리** [usekʼɔri ウセッコリ] 名 物笑いの種ネ ¶ ～가 되다[～ga tweda ～ガ トゥェダ] 物笑いの種となる.

우송-하다[郵送—] [usoŋhada ウソンハダ] 他 郵送する ¶ 원고를 ～[woŋgorul ～ ウォンゴルル ～] 原稿を郵送する.

우수[偶数] [u:su ウース] 名 偶数＝짝수[tʃʼaks'u ッチャクス].

우수[憂愁] [usu ウス] 名 憂愁 ¶ ～에 잠기다[～e tʃamgida ～エ チャムギダ] 憂愁に閉ざされる.

＊우수[優秀] [usu ウス] 名·自·形 優秀 ¶ ～한 성적[～han sɔŋdʒɔk ～ハン ソンジョク] 優秀な成績.

우수리[usuri ウスリ] 名 ① 余り; 残り; 端は ¶ ～가 생기다[～ga seŋgida ～ガ センギダ] 余りが出る / ～를 떼어버리다[～rul tʼɔbɔrida ～ルル ッテオボリダ] 端を切り捨てる ② 釣り銭; お釣り.

우수수[ususu ウスス] 副 ① はらはら, 落葉が散るさま ¶ ～ 떨어지는 가랑잎[～ tʼɔrɔdʒinɯn karaŋnip ～ ッテロジヌン カランニプ] はらはらと[きらきらと]落ちる枯れ葉 ② ばらばらと; 物が一度にこぼれ落ちるさま ¶ 소낙비가 ～ 쏟아지다[sonakpʼiga ～ sʼodadʒida ソナクピガ ～ ッソダジダ] にわか雨がさあっと降って来る ③ ばらばら; するすると; 組み合わせたものがひとりでにほどけ落ちるさま.

우스개[usɯge ウスゲ] 名 おどけた言動
우스갯-소리[usɯges'ori ウスゲッソリ] 名 笑い話; 冗談; おどけ **우스갯-짓**[usɯgetʃʼit ウスゲッチッ] 名 おどけたしぐさ; おどけたまね.

우스꽝-스럽다[usɯkʼwaŋsɯrɔpʰtʼa ウスックァンスロプタ] 形 ㅂ変 おどけている; とてもこっけいだ; 非常におかしい ¶ 어릿광대가 ～[ɔritkʼwaŋdega ～ オリッ ～ オリックァンデガ ～] ピエロがとてもこっけいだ.

우습게 보다[u:sɯpkʼe boda ウースプケ ボダ] 慣 ① 軽視する; 見下げる; 侮る ¶ 사람을 ～[sa:ramul ～ サーラムル ～] 人を軽視する ② 見くびる ¶ 그의 재주를 ～[kɯɯ tʃedʒurul ～ クエ チェジュルル ～] 彼の技を見くびる.

우습게 여기다[u:sɯpkʼe jɔgida ウースプケ ヨギダ] 慣 見くびる; 軽んじる; 軽視する ¶ 적을 ～[tʃɔgul ～ チョグル ～] 敵を軽んじる[軽んじる].

＊우습다[u:sɯptʼa ウースプタ] 形 ㅂ変 ① おかしい; こっけいだ; 面白おかしい ¶ 우스운 이야기[u:sɯun nijagi ウースウン ニヤギ] 面白おかしい話 ② ばかげている; ちゃんちゃらおかしい; くだらない; つまらない ¶ 젠체하는 꼴이 ～[tʃentʃʰehanɯn kʼori ～ チェンチェハヌン ッコリ ～] うぬぼれているさまがちゃんちゃらおかしい.

＊우승-하다[優勝—] [usɯŋhada ウースンハダ] 自 優勝する ¶ 경마에서 ～[kjɔ:ŋmaesɔ ～ キョーンマエソ ～] 競馬で優勝する.

우-시장[牛市場] [uʃidʒaŋ ウシジャン] 名 牛市.

우아[ua ウア] 感 わあ; やあ; ひゃあ ¶ ～, 금메달이다[～, kɯmmedarida ～, クムメダリダ] わあ, 金メダルだ.

우아[ua ウア] 名 優雅; 雅びか; たおやか ¶ ～한 춤[～han tʃʰum ～ ハン チュム] 優雅な踊り / ～한 처녀(處女)[～han tʃʰɔ:njɔ ～ハン チョーニョ] たおやかな娘 ━하다[hada ハダ] 優雅である; 上品で雅やかだ ━스럽다[sɯ rɔptʼa スロプタ] 形 ㅂ変 優雅に見える.

우악살-스럽다[uaks'alsɯrɔptʼa ウアクサルスロプタ] 形 ㅂ変 大変憎らしく荒々しい; 粗野だ; 乱暴だ.

우악-하다[愚惡—] [uakhada ウアクカダ] 形 ① 無知で乱暴だ ② 愚かで荒々しい＝**우악-스럽다**[uaks'ɯrɔptʼa ウアクスロプタ] 形 ㅂ変 愚かで乱暴だ ¶ 사람됨이 ～[sa:ramdwemi ～ サーラムドゥェミ ～] 人となりが愚かで荒々しい.

우엉[uɔŋ ウオン] 名〈植〉ゴボウ(牛蒡).

우여-곡절[迂餘曲折] [ujɔgoktʃʼɔl ウヨゴクチョル] 名 紆余曲折 ¶ ～을 거쳐 해결하다[(ujɔgoktʃʼɔ)rul kɔtʃʰɔ hɛ:gjɔrhada (ウヨゴクチョ)ルル コチョ ヘ

-ギョルハダ] 紆余曲折を経て解決する.
***우연**[偶然] [ujɔn ウヨン] 名 하形 偶然 ¶ ~의 일치 [~e iltʃhi (ウヨ)ネ イルチ] 偶然の一致 ―히 [i (ウヨ)=] 副 偶然(に); ふと; たまたま; はからずも ¶ ~ 목격한 사건 현장 [~ mokʲjɔkhan sa:kʲɔn hjɔ:ndʒaŋ ~ モクキョッカン サーコン ヒョーンジャン] 偶然目撃した事件の現場.

우연만-하다 [ujɔnmanhada ウヨンマンハダ] 形 [ɔ変] ① ややよい; 大体よろしい ② 相当のものだ ③ まあまあだ; 間に合う程度だ; ='웬만하다' ¶ ~하면 그걸로 참아라 [~-hamjɔn kugɔllo tʃhamara ~-ハミョン クゴルロ チャマラ] 間に合えば[できれば・よかったら]それで我慢するんだね.

우열[優劣] [ujɔl ウヨル] 名 優劣 ¶ ~을 다투다 [(ujɔr)ɯl tathuda (ウヨ)ルル タトゥダ] 優劣を争う.

우왕-좌왕[右往左往] [u:waŋdʒwa:waŋ ウーワンジュアーワン] 名 하自 右往左往 ¶ 군중이 ~하다 [kundʒuŋi ~hada クンジュンイ ~ハダ] 群衆が右往左往する.

*** 우울**[憂鬱] [uul ウウル] 名 하形 憂うつ; うっとうしいこと ¶ ~한 나날 [(uur)-han nanal ~ハン ナナル] 憂うつな日々 / 마음이 ~하다 [maɯmi (uur)hada マウミ (ウウル)ハダ] 心が曇る ―**병** [pʲjɔŋ ピョン] 名 憂うつ病 ―**증** [tʃɯŋ チュン] 名 憂うつ症.

우월[優越] [uwɔl ウオル] 名 하形 優越; 他より優れていること ¶ ~한 지위 [(uwɔr)han tʃiwi ~ハン チウィ] 優越な地位 ―**감** [gam ガム] 名 優越感.

우위[優位] [uwi ウイ] 名 優位 ¶ ~에 서다 [~e sɔda ~エ ソダ] 優位に立つ.

*** 우유**[牛乳] [uju ウユ] 名 牛乳; ミルク=밀크 [milkhɯ ミルクゥ].

우유-부단[優柔不斷] [ujubudan ウユブダン] 名 하形 優柔不斷; 決斷力に乏しいこと ¶ ~한 성격 [~han sɔ:ŋkʲjɔk ~ハン ソーンキョク] 優柔不斷な性格.

우의[雨衣] [u:i ウーイ] 名 雨着=비옷 [piot ピオッ].

우의[友誼] [u:i ウーイ] 名 友誼ᵍ; 友情 ¶ ~가 두텁다 [~ga tutʰɔptˈa ~ガ トゥトゥプタ] 友誼に厚い.

우이-독경[牛耳讀經] [uidokʲjɔŋ ウイドクキョン] 諺 牛に経文; 馬の耳に念仏.

우익[右翼] [u:ik ウーイク] 名 右翼; 保守的・国粹的な思想傾向; ライト.

우장[雨裝] [u:dʒaŋ ウージャン] 名 하自 雨具; 雨具をつけること.

우적-우적 [udʒɔgudʒɔk ウジョグジョク] 副 하自他 ① がりがり; むしゃむしゃ ¶ ~ 씹다 [~ ʃiptˈa ~ ッシプタ] がりがりかじる ② ぐんぐん; どしどし ¶ ~ 일하다 [~ i:rhada ~ イールハダ] ぐんぐん仕事を押し進める.

*** 우정**[友情] [u:dʒɔŋ ウージョン] 名 友情; 友誼ᵍ ¶ 두터운 ~ [tuthɔun ~ トゥトウン ~] 厚い友情.

*** 우주**[宇宙] [u:dʒu ウージュ] 名 宇宙; コスモス(cosmos) ¶ ~의 신비 [~e ʃinbi ~エ シンビ] 宇宙の神秘 / ~의 수수께끼 [~e susukʼekʼi ~エ ススッケッキ] 宇宙の謎 ―**공간** [gɔŋgan ゴンガン] 名 宇宙空間 ―**로켓** [rokhet ロケッ] 名 宇宙ロケット ―**복** [bok ボク] 名 宇宙服 ―**비행** [bihɛŋ ピヘン] 名 宇宙飛行 ―**선** [sɔn ソン] 名 宇宙船 ―**통신** [thoŋʃin トンシン] 名 宇宙通信.

우중[雨中] [u:dʒuŋ ウージュン] 名 雨中; 雨の中 ¶ ~에 어디 가느냐? [~-e ɔdi ganɯnja ~エ オディ ガヌニャ] (この)雨にどこへ行くのかね.

우중충-하다 [udʒuŋtʃhuŋhada ウジュンチュンハダ] 形 [ɔ変] ① 薄暗い; うっとうしい ¶ ~한 방 [~-han paŋ ~-ハン パン] 薄暗い部屋 / 날씨가 ~ [nalʃˈiga ~ ナルッシガ ~] 天気がうっとうしい ② 色があせてはっきりしない; 鮮明でない; くすんでいる.

우지끈 [udʒikˈun ウジックン] 副 하自 ぼきり; ぽっきり; がちゃん ¶ 나뭇가지를 ~ 꺾다 [namukʼadʒirɯl ~ kʼɔkˈta ナムッカジルル ~ ッコクタ] 木の枝をぼきりと折る.

우지직 [udʒidʒik ウジジク] 副 하自 ① ぱちぱち; じりじり ¶ ~ 소리를 내며 타다 [~ sʼorirɯl nɛːmjɔ thada ~ ソリルル ネーミョ タダ] ぱちぱち音を立てながら燃える ② ぼきり; ぽっきり ¶ 가지를 ~ 꺾어버리다 [kadʒirɯl ~ kʼɔkʼɔbɔrida カジルル ~ ッコッコボリダ] 枝をぼきりと折り捨てる.

우직-하다[愚直―] [udʒikhada ウジクカダ] 形 愚直だ; ばか正直だ ¶ ~한 사람 [~-khan sa:ram ~-カン サーラム] 愚直な人.

우짖다 [u:dʒit'a ウージッタ] 自 ① 泣き叫ぶ［わめく］; (犬などが)ほえる ② さえずる ¶종달새가 ~ [tʃondals'ɛga ~ チョンダルセガ ~] ヒバリがさえずる.

우쭉-우쭉 [utʃ'ugutʃ'uk ウッチュグッチュク] 副 하自 ① ぐんぐん; めきめき ¶~ 자라다 [~ tʃ'arada ~ チャラダ] めきめき育つ ② のっしのっし(歩くさま).

우쭐-하다 [utʃ'urhada ウッチュルハダ] 하自他 いい気になる; 得意顔をする; 思い上がる; うぬぼれる ¶조금 ~-해 있다 [tʃogum ~-hɛ it'a チョグム ~-ヘ イッタ] かなり背負ょっている / 칭찬을 받고 ~-해 있다 [tʃʰintʃʰanɯl pat-k'o ~-hɛ it'a チンチャヌル パッコ ~-ヘ イッタ] ほめられたいい気になっている **우쭐-거리다** [utʃ'ulgɔrida ウッチュルゴリダ] 自他 ① しきりに体を揺れ動く[動かす] ② 威張り散らす ¶돈푼깨나 벌었다고 ~ [to:npʰunk'ena pɔ:rɔt'ago ~ トーンプンッケナ ポーロッタゴ ~] いくらかの金をせしめたとて、威張り散らしている **우쭐-대다** [utʃ'uldɛda ウッチュルデダ] 自他 偉そうにふるまう; 威張る.

우천[雨天] [uʃʰon ウーチョン] 名 雨天 ¶~ 순연 [~ su:njon ~ スーニョン] 雨天順延 / ~에도 불구(不拘)하고 [~edo pulguhago ウーチョ ネド プルグハゴ] 雨天にもかかわらず.

＊우체-국[郵遞局] [utʃʰegu k ウチェグク] 名 郵便局 **우체-부**(夫) [utʃʰebu ウチェブ] 名 郵便配達員 = 집배원(集配員) [tʃip'ɛwon チプペウォン] **우체-통**(筒) [utʃʰetʰoŋ ウチェトン] 名 郵便ポスト; 郵便箱.

우측[右側] [u:tʃʰuk ウーチュク] 名 右側; 右 ¶~에 보이는 집 [(u:tʃʰug)e poinɯn tʃip (ウーチュグ)ゲ ポイヌン チプ] 右手に見える家.

우툴-두툴 [utʰulduʰul ウトゥルドゥトゥル] 副 하形 でこぼこ ¶~ 한 길 [(utʰul-duʰur)han kil ~ハン キル] でこぼこ道.

＊우편[郵便] [upʰjon ウピョン] 名 郵便; メール(mail) **-물** [mul ムル] 名 郵便物 **-배달** [be:dal ベーダル] 名 郵便配達 **-엽서** [njopsʌ ニョプソ] 名 郵便葉書 **-집배원** [tʃip'ɛwon チプペウォン] 名 郵便集配員; 郵便配達員 **-판매** [pʰanmɛ パンメ] 名 郵便販売; メールオーダー **-함**(函) [ham ハム] 名 郵便受け **-환**(換) [hwan フ ァン] 名 郵便為替.

＊우표[郵票] [upʰjo ウピョ] 名 切手; 郵便切手 ¶~ 수집 [~ sudʒip ~ スジプ] 切手収集 **-딱지** [t'aktʃ'i ッタクチ] 名 俗 郵便切手.

＊우호[友好] [u:ho ウーホ] 名 友好 ¶~-관계 [~ gwange ~ グァンゲ] 友好関係 **-적** [dʒok ジョク] 名 冠 友好的 **-조약** [dʒojak ジョヤク] 名 友好条約.

우화[寓話] [u:hwa ウーファ] 名 寓話; たとえ話 ¶이솝 ~ [i:sob ~ イーソブ(ブファ)] イソップ寓話.

우환[憂患] [uhwan ウファン] 名 憂患 ① 心配ごと; 憂いごと ¶~을 끼치다 [~ɯl k'itʃʰida ~ヌル ッキチダ] 心配をかける ② 病気・病による憂い ¶오랜 ~에 시달리다 [orɛn ~e ʃidallida オレン (ウファ)ネ シダルリダ] 長い憂患［病］に悩まされる.

우회[迂廻] [uhwe ウフェ] 名 하自他 迂回する ¶~ 도로 [~ do:ro ~ ドーロ] 迂回道路.

우-회전[右廻轉・右回轉] [u:hwedʒon ウーフェジョン] 名 하自 右折; 右回転 ¶교차점을 ~하다 [kjotʃʰatʃ'omul ~hada キョチャチョムル ~ハダ] 交差点を右折する.

우후-죽순[雨後竹筍] [u:hudʒuks'un ウーフジュクスン] 名 雨後の竹の子(同類の物が次々と現われることのたとえ).

욱신-거리다 [ukʃ'ingorida ウクシンゴリダ] 自 ① (人や動物が)ひしめき合う; ごった返す ¶장터에 사람이 ~ [tʃaŋ-tʰoe sa:rami ~ チャントエ サーラミ ~] 市場に人がごった返す ② ずきずき痛む ¶머리가 ~ [mɔriga ~ モリガ ~] 頭がずきずきする.

욱-하다 [ukhada ウクハダ] 自여変 かっとする; 癇癪ん を起こす; のぼせ上がる ¶욱하는 성질(性質) [ukhanɯn sɔ:ŋdʒil ウクカヌン ソーンジル] かっとしやすい性格.

＊운[運] [u:n ウーン] 名 ① 運; 巡り合わせ; 間 ≈; = '운수'(運數)の略 ¶장사 -[tʃaŋsa ~ チャンサ ~] 商運 / ~이 트이다 [~i tʰwida ~イ ニトゥイダ] 運が向く[開ける] / ~이 좋다 [~i tʃo:tʰa (ウー)ニ チョーッタ] 運がいい; 間がよい ② '운명'(運命)の略.

＊운동[運動] [u:ndoŋ ウーンドン] 名 하自他 運動 **-감각** [ga:mgak ガームガク] 名 運動感覚 **-경기** [gjo:ŋgi ギ

ョーンギ] 名 運動競技 **―량** [njaŋ ニャン] 名 運動量 **―선수** [sɔ:nsu ソーンス] 名 運動選手 **―장** [dʒaŋ ジャン] 名 運動場 **―화** [hwa ファ] 名 運動靴 **―회** [hwe フェ] 名 運動会.

운동-권 [運動圏] [u:ndoŋk'wɔn ウーンドンクォン] 名 学内外で積極的に政治活動する大学生サークル ¶ ~ 학생 [~ haks'eŋ ~ ハクセン] 政治・社会活動家の大学生.

*__운명__ [運命] [u:nmjɔŋ ウーンミョン] 名 運命; 運; 巡り合わせ ¶ 기구한 ~ [kiguhan ~ キグハン ~] 数奇な運命 / ~의 장난 [~e tʃaŋnan エ チャンナン] 運命の戯れ[いたずら] / 여자의 ~ [jɔdʒae ~ ヨジャエ ~] 女(性)の定め / 얄궂은 ~ [jalgudʒun ~ ヤルグジュン ~] 皮肉の運命.

운명 [殞命] [u:nmjɔŋ ウーンミョン] 名 [하][自] 殞命ﾞ; 死ぬこと.

*__운반-하다__ [運搬―] [u:nbanhada ウーンバンハダ] 他 運搬する; 運ぶ ¶ 재료를 ~ [tʃɛrjorul ~ チェリョルル ~] 材料を運搬する.

운송 [運送] [u:nsoŋ ウーンソン] 名 [하][他] 運送 **―료** [njo ニョ] 名 運送料; 運賃 **―업** [ɔp オプ] 名 運送業 **―장** [tʃaŋ チャン] 名 運送状.

*__운수__ [運数] [u:nsu ウーンス] 名 運; 運勢; 星回り; 巡り合わせ ¶ ~가 좋다 [~ga tʃo:tʰa ~ ガ チョーッタ] 運がいい / 올해 ~ [orhɛ ~ オルヘ ~] 今年の運勢 / ~ 타령 (打令) [~ tʰa:rjɔŋ ~ ターリョン] 星回りの悪いのを嘆くこと **―(가) 사납다** [~ (ga) sanapt'a ~ (カ サナプタ] 運が悪い; ついていない **―소관** [所關] [so:gwan ソーグァン] 名 (人力ではいかんともし難い)運命.

*__운영__ [運営] [u:njɔŋ ウーンニョン] 名 [하][他] 運営; 経営.

운운-하다 [云云―] [ununhada ウヌンハダ] 自 云々ﾞする; あれこれ言う ¶ 과거지사 (過去之事) 를 ~ [kwa:gɔdʒisarul ~ クァーゴジサルル ~] 過去のことを云々する.

운임 [運賃] [u:nim ウーニム] 名 運賃; 運送料 ¶ ~의 인상 (引上) [~e insaŋ (ウーニ) メインサン] 運賃の値上げ.

*__운전__ [運轉] [u:ndʒɔn ウーンジョン] 名 [하][他] 運転 ¶ 무사고 ~ [musago ~ ムサゴ ~] 無事故運転 **―기사** (技士) [gisa ギサ] 名 運転手の美称 **―수** [su ス] 名 運転手; ドライバー.

운치 [韻致] [u:ntʃʰi ウーンチ] 名 韻致; 風雅な趣き ¶ ~있는 경치 [~innun kjɔŋtʃʰi ~イッヌン キョンチ] 風情ある景色.

운하 [運河] [u:nha ウーンハ] 名 運河 ¶ 스에즈 ~ [suedʒɯ ~ スエジュ ~] スエズ運河.

운항-하다 [運航―] [u:nhaŋhada ウーンハンハダ] 自他 運航する.

운행-하다 [運行―] [u:nhɛŋhada ウーンヘンハダ] 自他 運行する ¶ 임시 열차를 ~ [imʃi jɔltʃʰarul ~ イムシ ヨルチャルル ~] 臨時列車を運行する.

운휴-하다 [運休―] [u:nhjuhada ウーンヒュハダ] 自 運休する ¶ 태풍으로 ~ [tʰɛpʰuŋuro ~ テプンウロ ~] 台風で運休する.

울고불고-하다 [u:lgobulgohada ウールゴブルゴハダ] 自 くやしさの余り泣きわめく ¶ 아무리 ~-해도 소용 없다 [a:muri ~-hɛdo so:jɔŋɔpt'a アームリ ~-ヘド ソーヨンオプタ] いくら泣きわめいても効き目がない.

*__울긋-불긋__ [ulgutp'ulgut ウルグップルグッ] 副 [하][形] 色とりどり ¶ ~ 꽃이 피었다 [k'otʃʰi ~ pʰiɔt'a ッコッチ ~ ピオッタ] 花が色とりどりに咲いた.

울꺽 [ulk'ɔk ウルッコク] 副 [하][自][他] ① げえっ(と) ¶ ~ 게워버리다 [(ulk'ɔ)k'ewɔborida ~ ケウォボリダ] げえっと吐き出してしまう ② むかっと ¶ ~ 화가 치밀다 [(ulk'ɔ)kʰwa:ga tʃʰimilda ~ クァーガ チミルダ] むかっと怒りが込み上げる **―거리다** [(ulk'ɔ)k'ɔrida コリダ] 自他 むかむかする ¶ 속이 ~ [so:gi ~ ソーギ ~] 胸がむかむかする.

*__울다__ [u:lda ウールダ] 自 [ㄹ語幹] ① 泣く ¶ 흐느껴 ~ [hunuk'jɔ ~ フヌッキョ ~] すすり泣く / 목메어 ~ [moŋmeo ~ モンメオ ~] むせび泣く ② 鳴く; さえずる ¶ 벌레가 ~ [pollega ~ ポルレガ ~] 虫が鳴く ③ (物体が)音を立てる ¶ 종이 ~ [tʃoŋi ~ チョンイ ~] 鐘が鳴る ④ 耳鳴りがする= ¶ 귀가 ~ [kwiga ~ クィガ ~] ⑤ しわが寄る ¶ 벽지가 ~ [pjɔktʃ'iga ~ ピョクチガ ~] 壁紙にしわが寄る ⑥ 泣き言を並べる= ¶ 우는 소리를 하다 [u:nun sorirul hada ウーヌン ソリルル ハダ].

울뚝-불뚝 [ult'ukp'ult'uk ウルットゥクプルットゥク] 副 [하][形] ① 短気で荒々し

く振るまうさま; かっかと ② でこぼこに.

울렁-거리다 [ullɔŋgərida ウルロンゴリダ] 自 ① (胸が)わくわく[どきどき]する ¶ ~-거리는 가슴 [~-gərinɯn kasɯm ~-ゴリヌン カスム] わくわくする胸; 波立つ胸 ② 波立ってゆらゆらする ③ むかついて吐き気がする; むかむかする ¶ 속이 ~ [so:gi ~ ソーギ ~] 胸がむかつく.

울렁-이다 [ullɔŋida ウルロンイダ] 自 ① 胸がわくわく[どきどき]する ② (吐き気で)むかつく.

울룩-불룩 [ullukp'ulluk ウルルクプルルク] 副 하形 でこぼこ ¶ ~한 길 [~-(p'ullu)kʰan kil ~カン キル] でこぼこ道.

울릉-대다 [ullɯŋdɛda ウルルンデダ] 他 脅かす; 脅す; 脅迫する; 怖がらせる ¶ 죽이겠다고 ~ [tʃugiget'ago ~ チュギゲッタゴ ~] 殺すぞと脅(かど)す.

***울리다** [ullida ウルリダ] **1** 他 ① 泣かせる; 泣かす; '울다'「泣く」の使役形 ¶ 아이를 ~ [airɯl ~ アイルル ~] 子供を泣かせる ② (鐘・ベル・太鼓などを)鳴らす・叩たく; 響かせる; とどろかす ¶ 종을 ~ [tʃoŋɯl ~ チョンウル ~] 鐘を鳴らす/북을 ~ [pugɯl ~ プグル ~] 太鼓を叩く/천지를 ~ [tʃʰɔndʒirɯl ~ チョンジルル ~] 天地をとどろかす/천하를 ~ [tʃʰɔnharɯl ~ チョンハルル ~] 天下に響かせる **2** 自 ① (音が)出る; 鳴る; とどろく; 響く ¶ 종이 ~ [tʃoŋi ~ チョンイ ~] 鐘が鳴る/포성이 ~ [pʰo:sɔŋi ~ ポーソンイ ~] 砲声がとどろく ② 鳴り響く ¶ 명성이 천하에 ~ [mjɔŋsəŋi tʃʰɔnhae ~ ミョンソンイ チョンハエ ~] 名声が天下に鳴り響く.

울림 [ullim ウルリム] 名 響き; 鳴り ¶ 땅~ [t'aŋ~ ッタン~] 地鳴り/산~ [san~ サ(ヌルリ)~] 山びこ; 山鳴り.

울먹-거리다 [ulmɔk'ɔrida ウルモクコリダ] 自 今にも泣き出しそうな顔をする; べそをかく **울먹-울먹** [ulmɔgulmɔk ウルモグルモク] 副 하自 しきりに泣き出しそうな顔をするようす.

울먹-이다 [ulmɔgida ウルモギダ] 自 胸がせまる; 泣き出しそうになる ¶ ~-이는 소리 [~-inɯn sori (ウルモ)ギヌン ソリ] 涙声.

울며-불며 [u:lmjɔbu:lmjɔ ウールミョブールミョ] 副 泣き泣き; 泣く泣く ¶ ~ 매달리다 [~ mɛ:dallida ~ メーダルリダ] 泣き泣きすがりつく.

울-밑 [ulmit ウルミッ] 名 垣根(の下).

울-보 [u:lbo ウールボ] 名 泣き虫; よく泣く子.

울-부짖다 [ulbudʒit'a ウルブジッタ] 自 ① 泣き叫ぶ; 泣きわめく ¶ 울부짖는 유족 [ulbudʒinnɯn judʒok ウルブジンヌン ユジョク] 泣き叫ぶ[わめく]遺族 ② 吠ほえたける = '우짖다' ¶ 성난 호랑이가 ~ [sɔ:nnan ho:raŋiga ~ ソーンナン ホーランイガ ~] いきり立ったトラが吠えたける.

울분 [鬱憤] [ulbun ウルブン] 名 하形 うっ憤 ¶ ~이 쌓이다 [~i s'aida (ウルブ)ニッサイダ] うっ憤が積もる/~을 참다 [~ɯl tʃʰa:mt'a (ウルブ)ヌルチャームタ] うっ憤を堪こらえる/~을 풀다 [~ɯl pʰulda (ウルブ)ヌル プルダ] うっ憤を晴らす.

울-상 [-相] [u:ls'aŋ ウールサン] 名 泣き面; 泣きべそ ¶ ~을 짓다 [~ɯl tʃi:t'a ~ウル チーッタ] 泣きべそをかく.

울쑥-불쑥 [uls'ukp'uls'uk ウルッスクプルッスク] 副 하形 うねうね; にょきにょき; あちこち不ぞろいに突き出たさま ¶ 죽순이 ~ 솟아나다 [tʃuks'uni ~ s'osanada チュクスニ ~ ソサナダ] 竹の子がにょきにょきと突き出る.

울-안 [uran ウラン] 名 (垣・柵さくの)囲いの中.

울어-대다 [urodɛda ウロデダ] 自 つづけてしきりに泣く; 泣きしきる.

울음 [urɯm ウルム] 名 ① 泣き[鳴き]; 泣くこと ¶ ~을 그치다 [~ɯl kɯ:tʃʰida (ウル) ムル クチダ] 泣き止む/~이 터지다 [~i tʰɔ:dʒida (ウル)ミ トージダ] わっと泣き出す ② 泣き声; 鳴き声 ¶ 종달새의 ~ [tʃoŋdals'ɛ ~ チョンダルセエ ~] ヒバリの鳴き声/말의 ~ [mare ~ マレ ~] 馬のいななき **—보** [p'o ボ] じっとこらえる涙.

울적-하다 [鬱寂-] [ultʃ'ɔkʰada ウルチョクカダ] 形 心が塞ふさいで寂しい; 気がくしゃくしゃしてうっとうしい; 憂うつだ ¶ 마음이 ~ [maɯmi ~ マウミ ~] 心がわびしい; 気が塞ぐ/기분이 ~ [kibuni ~ キブニ ~] 気分がくしゃくしゃする/~-한 나날 [~-kʰan nanal ~カン ナナル] 憂うつな日々.

울창 [鬱蒼] [ultʃʰaŋ ウルチャン] 名 하形 うっ蒼そう ¶ ~한 숲 [~han sup ~ハ

ン スプ] こんもりと[うっ蒼と]した森.

울컥 [ulkʰɔk ウルコク] 副 하자他 ① げえっと ¶~ 토하다 [~ tʰohada ~ トハダ] げえっと吐き出す ② むかっと; むっと ¶상대방의 말에 ~하다 [saŋdɛbaŋe ma:re (ulkʰɔ)kʰada サンデバンエ マーレ ~カダ] 相手の言葉にむっとする **—거리다** [(ulkhɔ)kʼɔrida コリダ] 自他 (しきりに)むかつく; むかむかする ¶ 속이 메스꺼워 ~ 했다 [so:gi mesukʼɔwɔ ~ hɛtʼa ソーギ メスッコウォ ~ヘッタ] 吐き気を催してむかむかする.

*울타리** [ultʰari ウルタリ] 名 垣根; 垣; 囲い ¶ 낮은 ~ [nadʑun ~ ナジュン ~] 姫垣 / 나무 ~ [namu ~ ナム ~] 木の柵き.

울퉁-불퉁 [ulthukpʼulthuk ウルトゥクプルトゥク] 副 하形 ごつごつ; でこぼこ ¶~한 손 [~-(pʼulthu)kʰan son ~カン ソン ~] 節くれ立った[ごつごつした]手.

울퉁-불퉁 [ulthuŋbulthuŋ ウルトゥンブルトゥン] 副 하形 でこぼこ; ごつごつ ¶~한 길 [~han kil ~ハン キル] でこぼこの道 / ~한 바위 [~han pawi ~ハン パウィ] ごつごつした岩.

울화 [urhwa ウルファ] 名 癪しゃく; 癇癪かんしゃく; 憤り; 立腹 ¶~가 치밀다 [~ga tʰimilda ~ガ チミルダ] 癪にさわる; 憤りが込み上げる **—통** [tʰoŋ トン] 名 癇癪玉; 勘忍袋 ¶~(이) 터지다 [~ (i) tʰɔ:dʑida ~ (イ) トージダ] 勘忍袋の緒が切れる; 癪にさわる; 癇癪玉が破裂する.

*움¹** [u:m ウーム] 名 芽; 若芽; 新芽 ¶ ~이 트다 [~i tʰuda ~ (ウー) ミトゥダ] 芽が吹く; 芽が出る; 芽生える.

움² [u:m ウーム] 名 穴蔵 ¶~에서 살다 [~esɔ sa:lda (ウー) メソ サールダ] 穴蔵に住む **—막(幕) [집]** [mak (tɕʼ)ip マク [チプ]] 名 穴蔵 ¶~ 살이 [~ s'ari ~ サリ] 穴蔵住まい.

움실-거리다 [umɕilgɔrida ウムシルゴリダ] 自 (虫などが)うようよする; うごめく ¶구더기가 ~ [kudɔgiga ~ クドギガ ~] ウジムシがうようよする.

움쑥 [ums'uk ウムッスク] 副 하形 ぺこん(と); ぽこん(と) ¶~ 패었다 [~ pʰɛɔtʼa ~ペオッタ] ぺこんとへこんだ.

움씰-하다 [umɕʼirhada ウムッシルハダ] 自 ① びっくりして身をすくめる; ぎょっとする ② どきっとする; だしぬけに恐ろしいことにあってぞっとする.

*움직-이다** [umdʑigida ウムジギダ] 自他 ① 動く; 動かす; 移す[移る]; 変える[変わる] ¶책상을 ~ [tʰɛksʼaŋul ~ チェクサンウル ~] 机を動かす / 자리를 ~ [tɕarirul ~ チャリルル ~] 席を移す / 움직이는 세상(世上) [umdʑiginun se:saŋ ウムジギヌン セーサン] 変わる世の中 ② 動かす; 働く[働かす] ¶기계를[가] ~ [kigerul [ga] ~ キゲルル [ガ] ~] 機械を動かす[機械が動く] ③ 活動[活躍]する; 操る ¶군대 (軍隊)를 ~ [kundɛrul ~ クンデルル ~] 兵を動かす ④ 経営する; 運営する ¶공장을 ~ [koŋdʑaŋul ~ コンジャンウル ~] 工場を経営する ⑤ 感動する; 感動[動揺]させる; (心)が動く ¶마음이 ~ [maumi ~ マウミ ~] 心が揺れる ⑥ 揺れる ¶앞니가 ~ [amniga ~ アムニガ ~] 前歯が揺れる **움직-거리다** [umdʑik'ɔrida ~ ウムジクコリダ] 自他 しきりに動く[動かす] ¶뱀이[뱀을] ~ [pɛ:mi [pɛ:mul] ~ ペーミ [ペームル] ~] ヘビが動く[ヘビを動かす].

움직임 [umdʑigim ウムジギム] 名 ① 動き ¶재빠른 ~ [tɕɛpʼarun ~ チェッパルン ~] すばやい動き ② 動態; 動静 ¶정계의 ~ [tɕɔŋgee ~ チョンゲエ ~] 政界の動き ③ 変動; 変化.

움쭉 [umtɕʼuk ウムッチュク] 副 びくっと体を縮めたり伸ばしたりするさま **—거리다** [(umtɕʼu)k'ɔrida コリダ] 自他 縮めたり伸ばしたりする.

움찔 [umtɕʼil ウムッチル] 副 하自他 ぎくりと; ぴくりと; ひどく驚いて一瞬身を縮めるさま ¶허를 찔려서 ~했다 [hɔrul tɕʼilljɔsɔ (umtɕʼir)ʰɛtʼa ホルルッチルリョソ ~ヘッタ] 不意を突かれてぎくりとした.

움츠러-들다 [umtɕʰurɔdulda ウムチュロドゥルダ] 自 すぼまる; 縮み上がる; すくむ ¶두려워서 ~ [turjɔwɔsɔ ~ トゥリョウォソ ~] 怖くて縮み上がる.

움츠러-뜨리다 [umtɕʰurɔtʼurida ウムチュロットゥリダ] 他 縮み上がらせる; すくませる ¶몸을 ~ [momul ~ モムル ~] 身を縮こまらせる.

움츠러-지다 [umtɕʰurɔdʑida ウムチュロジダ] 自 縮まる; 縮こまる; すくむ ¶추위에 몸이 ~ [tɕʰuwie momi ~ チュウィエ モミ ~] 寒さに身が縮こまる.

움츠리다 [umtɕʰurida ウムチュリダ] 他 すくめる; 引っ込める; 縮める ¶추

워서 몸을 ~[tʃʰuwɔsɔ momul ~ チュウォソ モムル ~] 寒くて体をすくめる / 손을 ~[sonul ~ ソヌル ~] 手を引っこめる.

움켜-잡다 [umkʰjɔdʒapt'a ウムキョジャプタ] 他 つかみ取る; 引っつかむ ¶ 소매를 ~[somerul ~ ソメルル ~] 袖をひっつかむ.

움켜-쥐다 [umkʰjɔdʒwida ウムキョジュィダ] 他 鷲づかみにする; ぎゅっと握りしめる ¶ 돈을 ~[to:nul トーヌル ~] お金をわしづかみにする.

움큼 [umkʰum ウムクム] 依名 握り ¶ 한 ~[han ~ ハ(ヌムクム)] 一握り.

움-트다 [u:mtʰuda ウームトゥダ] 自 [으活] 芽生える; 芽ぐむ; 芽を吹く; =싹트다 [s'aktʰuda ッサクトゥダ] ¶ 버드나무가 ~[pɔdunamuga ~ ポドゥナムガ ~] ヤナギが芽生える / 사랑[우정]이 ~[saraŋ[u:dʒɔŋ]i ~ サラン[ウージョン]イ ~] 恋[友情]が芽生える.

움푹 [umpʰuk ウムプク] 副 ハ形 ぺこりと; ぺこんと; ほこんと; 深く内側にくぼんださま ¶ ~ 팬 땅 [~ pʰɛ:n t'aŋ ~ ペーン ッタン] くぼ地.

웃- [ut ウッ] 接頭 名詞の前に付いて「上」の意を表わす語 ¶ ~사람 [(u)-s'aram ~ サラム] 目上の人 / ~어른 [(ud)ɔrun (ウ)ドルン] 目上; 長老.

***웃기다** [utk'ida ウッキダ] 他 笑わす; 笑わせる ¶ 남을 ~[namul ~ ナムル ~] 人を笑わせる.

***웃다** [u:t'a ウーッタ] 1 自 ① 笑う ¶ 빙그레 ~[piŋgure ~ ピングレ ~] にっと笑う / 방긋이 ~[paŋgusi ~ パングシ ~] にこり微笑む ② 満開する ¶ 활짝 웃는 벚꽃 [hwaltʃ'ag unnun pɔtkot ファルッチャ グンヌン ポッコッ] 満開のサクラ 2 他 ばかにする; 軽蔑する; あざ笑う ¶ 비웃는 웃음을 ~[piunun usumul ~ ヒウンヌン ウスムル ~] 軽蔑してせせら笑う.

웃-돈 [ut'on ウットン] 名 足し金; 追い銭; 物を交換する際に出す差額.

웃-돌다 [ut'olda ウットルダ] 他 上回る ¶ 시가 3억을 ~[ʃik'a samɔgul ~ シッカ サモグル ~] 時価3億を上回る.

웃-물 [unmul ウンムル] 名 上澄み; 上水.

웃어-넘기다 [usɔnɔŋgida ウソノムギダ] 他 笑って見過ごす[流す]; 無視する.

웃-어른 [udɔrun ウドルン] 名 目上(の人); 一族の長老.

웃-옷 [udot ウドッ] 名 上着; 外側に着る衣類(두루마기 [turumagi トゥルマギ]「韓国・朝鮮の特有なコート」など) =겉옷 [kɔdot コドッ].

웃을-일 [usullil ウスルリル] 名 笑いごと ¶ ~이 아니다 [~-(lir)i anida ~-(リ)リ アニダ] 笑いごとではない.

웃음 [usum ウスム] 名 笑い; 笑み ¶ ~을 띠다 [~ul t'ida (ウス)ムルッティダ] 笑みを帯びる / ~을 머금다 [~ul mɔgumt'a (ウス)ムル モグムタ] 笑いをふくむ / 남의 ~을 사다 [name ~ul sada ナメ (ウス)ムル サダ] もの笑いの種になる / ~꽃을 피우다 [~k'otʃul pʰiuda ~ッコッチュル ピウダ] (多くの人が)楽しく笑いさざめく **—짓다** [dʒit'a ジッタ] 自 笑みをたたえる; 微笑む ¶ 억지로 ~[ɔktʃ'iro ~ オクチロ ~] 笑い顔を作る **—거리** [k'ɔri コリ] 名 もの笑いの種; 笑いぐさ; 笑いごと ¶ ~가 되다 [~ga tweda ~ガ トゥェダ ~] もの笑いの種になる **—보** [p'o ポ] 名 俗 笑い袋; 大笑い ¶ ~가 터지다 [~ga tʰɔ:dʒida ~ガ トージダ] 大笑いになる **—소리** [s'ori ソリ] 名 笑い声 **—엣-소리** [es'ori (ウス) メッソリ] 名 (笑わすためにする)笑い話; 笑談; 冗談 **—엣-짓** [etʃ'it (ウス) メッチッ] 名 笑わすためのしぐさ **—판** [pʰan パン] 名 多くの人の笑いの渦 ¶ ~이 벌어지다 [~i pɔ:rɔdʒida ~-(パ)ニ ポロジダ] どっと笑う.

웃-통 [utʰoŋ ウットン] 名 上体; 上半身 ¶ ~을 벗어 제치다 [~ul pɔsɔdʒetʃʰida ~ウル ポソ ジェチダ] 上半身裸になる; もろ肌を脱ぐ.

웅담 [熊膽] [uŋdam ウンダム] 名 〈漢医〉 クマのきも[胆嚢熊].

웅대 [雄大] [uŋdɛ ウンデ] 名 ハ形 雄大 ¶ ~한 포부 [~han pʰo:bu ~ハン ポーブ] 雄大な抱負.

웅덩이 [uŋdɔŋi ウンドンイ] 名 水たまり; 淀み ¶ 개천[도랑]의 ~ [kɛ-tʃʰɔn[toraŋ]e ~ ケチョネ[トランエ] ~] みぞの淀み **—지다** [dʒida ジダ] 自 水たまりになる; へこむ.

웅변 [雄辯] [uŋbjɔn ウンビョン] 名 雄弁 ¶ ~을 토하다 [~ul tʰo:hada (ウンビョ)ヌル トーハダ] 雄弁をふるう **—가** [ga ガ] 名 雄弁家.

웅성-거리다 [uŋsɔŋgɔrida ウンソンゴリ

ダ] 自 ざわめく; ざわつく; ひしめく ¶구경꾼이 ~[ku:gjɔŋk'uni クーギョンックニ ~] 見物人がひしめく.

웅얼-거리다[uŋəlgərida ウンオルゴリダ] 自他 口の中でぶつぶつ言う; ぶつぶつつぶやく ¶대우가 나쁘다고 ~[tɛ:uga nap'ɯdago ~ テーウガ ナップダゴ ~] 待遇が悪いと言ってぶつぶつ言う.

웅장-하다[雄壯—][uŋdʒaŋhada ウンジャンハダ] 形 壮大だ; 雄大だ ¶~한 경관[~han kjɔŋgwan ~ハン キョンクァン] 壮大[雄大]な景観.

웅지[雄志][uŋdʒi ウンジ] 名 雄志 ¶~를 품다[~rɯl pʰɯ:mt'a ~ルル プームタ] 雄志[大望]を抱く.

웅크리다[uŋkʰɯrida ウンクリダ] 他 (寒さや恐ろしさで)体をすくめる[縮める] ¶몸을 웅크리고 앉다[momɯl uŋkʰɯrigo ant'a モムル ウンクリゴ アンタ] 身をすくめてうずくまる.

*워낙[wɔnak ウォナク] 副 ① もともと ¶~ 그 곳은 혼잡한 곳이다[(wɔna)k'ɯ gosɯn hoːndʒapʰan koʃida ~ ク コスン ホーンジャプパン コシダ] もともとそこは混んでいるところなんだ ② なにせ; なにしろ; あまりにも ¶~ 길이 나빠서[(wɔna) k'iri nap'asɔ ~ キリ ナッパソ] なにしろ道が悪いので.

원[圓][wɔn ウォン] 名 円; サークル ¶~을 이루다[~ɯl iruda (ウォ)ヌル イルダ] 円をなす.

*원¹[wɔn ウォン] 依名 韓国・朝鮮の貨幣単位; ウォン(won).

*원²[wɔn ウォン] 感 まあ; あら; これは ¶~, 기가 막혀[~, kiga makʰjɔ ~, キガ マクキョ] まあ, あきれた.

원가[原價][wɔnk'a ウォンカ] 名 (商品の生産費)原価[コスト]; (仕入れ値段)元価[元値] ¶책의 ~[tʃʰɛge ~ チェゲ ~] 本の原価 / ~로 팔다[~ro pʰalda ~ロ パルダ] 元値で売る.

*원고[原稿][wɔngo ウォンゴ] 名 原稿; 下書き ¶육필(肉筆) ~[jukpʰir ~ ユクピ(ルォンゴ)] 生原稿 **—료**[rjo リョ] 名 原稿料; 稿料 **—(용)지**[(joːŋ)dʒi (ヨーン)ジ] 名 原稿用紙.

원금[元金][wɔngɯm ウォングム] 名 元金; 元手 ¶~과 이자[~gwa iːdʒa ~グァ イージャ] 元金と利子; 元子.

원기[元氣][wɔngi ウォンギ] 名 元気 [気力]; 精気 ¶~를 내다[~rɯl nɛːda ~ルル ネーダ] 元気を出す(日本語の「元気」の語意で「体の調子・健康」の意味は一般に用いられない).

원단[元旦][wɔndan ウォンダン] 名 元旦ᓂ; 元正; 1月1日. 「反物.

원단[原緞][wɔndan ウォンダン] 名

원두[原豆][wɔndu ウォンドゥ] 名 (コーヒーなどの加工前の)実.

원두-막[園頭幕][wɔndumak ウォンドゥマク] 名 マクワウリ・スイカ畑などの番小屋.

원두막

원래[元來・原來][wɔllɛ ウォルレ] 名 副 元来; もともと; =본디(부터) [pondi(butʰo) ポンディ(プト)] ¶~ 정직한 사람[~ tʃɔːŋdʒikʰan saːram ~ チョーンジッカン サーラム] 元来正直な人.

원로[元老][wɔllo ウォルロ] 名 元老 ¶정계의 ~[tʃɔŋgee ~ チョンゲエ ~] 政界の元老.

*원료[原料][wɔlljo ウォルリョ] 名 原料; 元種 ¶~의 가격 상승(價格上昇)[~e kagjok s'aːŋsɯŋ ~エ カギョク サーンスン] 原料の値上がり.

원류[源流][wɔllju ウォルリュ] 名 源流 ¶일본 문화의 ~[ilbon munhwae ~ イルボン ムンファエ ~] 日本文化の源流.

*원리[原理][wɔlli ウォルリ] 名 原理; プリンシプル ¶다수결의 ~[tasugjɔre ~ タスギョレ ~] 多数決の原理.

*원만-하다[圓滿—][wɔnmanhada ウォンマンハダ] 形 여변 ① 円満だ ¶인품(人品)이 ~[inpʰumi ~ インプミ ~] 人柄が円満だ ② 円滑だ ¶진행이 ~[tʃiːnhɛŋi ~ チーンヘンイ ~] 進行が順調[円滑]だ ③ むつまじい ¶부부 사이가 ~[pubu saiga ~ ププ サイガ ~] 夫婦の仲がむつまじい **원만-히**[wɔnmani ウォンマニ] 副 円満に ¶~ 해결하다[~ hɛːgjɔrhada ~ ヘーギョルハダ] 円満に解決する.

원망[怨望][wɔːnmaŋ ウォーンマン] 名 恨み ¶네게 ~은 없다[nege ~ɯn ɔːpt'a ネゲ ~ウン オープタ] 君に恨みはない **—하다**[hada ハダ] 他 恨む **—스럽다**[sɯ rɔpt'a スロプタ] 形

[여変] 恨めしい ¶ ~-스러운 얼굴 [~-surɔun ɔlgul ~-スロウン オルグル] 恨めしい顔[かこち顔].

원-맨[wɔnmɛn ウォンメン] 图 ワンマン ¶ ~쇼[~ʃoː ~ショー] ワンマンショー.

원반[圓盤][wɔnban ウォンバン] 图 円盤 **—던지기**[dɔndʒigi ドンヂギ] 图 円盤投げ.

원본[原本][wɔnbon ウォンボン] 图 原本; 正本 ¶ ~과 사본[~gwa sabon ~グァ サボン] 原本と写本.

원산-지[原産地][wɔnsandʒi ウォンサンジ] 图 原産地.

원색[原色][wɔnsɛk ウォンセク] 图 原色 ¶3~[sam~ サ(ムォンセク)] 3原色.

원성[怨聲][wɔːnsoŋ ウォーンソン] 图 怨声ゑん; 恨む声 ¶ 국민의 ~[kuŋmine ~ クンミネ ~] 国民の怨声.

원수[元首][wɔnsu ウォンス] 图 元首 ¶ 국가 ~[kukˈa ~ ククカ ~] 国家の元首.

원수[元帥][wɔnsu ウォンス] 图 元帥; 大将の長.

*원수**[怨讎][wɔːnsu ウォーンス] 图 怨讐じゅう; かたき; 仇讐きゅう; 仇敵きゅう ¶ ~를 갚다[~rul kaptˈa ~ルル カプタ] 仇を討つ; かたきを討つ; かたき討ちをする; 恨みを晴らす / 은혜(恩惠)를 ~ 로 갚다[unherul ~ro kaptˈa ウンヘルル ~ロ カプタ] 諷 恩を仇で返す.

원숙[圓熟][wɔnsuk ウォンスク] 图[하形] 円熟 ¶ ~한 연기[(wɔnsu)kʰan njɔŋgi ~カン ニョーンギ] 円熟な演技.

*원숭이**[wɔːnsuŋi ウォーンスンイ] 图 〈動〉サル(猿); お猿さん; ましら; モンキー; =잔나비[tʃannabi チャンナビ] ¶ ~ 흉내[~ hjuŋnɛ ~ ヒュンネ] 猿まね **—띠**[tˈi ッティ] 图 申年の 生まれ **—해**[hɛ ヘ] 图 申年.

원시[原始・元始][wɔnʃi ウォンシ] 图 原始 **—림**[rim リム] 图 原始林 **—시대**[ʃidɛ シデ] 图 原始時代 **—인**[in イン] 图 原始人 **—적**[dʒɔk ジョク] 图 原始的.

원앙[鴛鴦][wɔnaŋ ウォナン] 图 鴛鴦ゑん・おう; オシドリのように仲のむつまじい夫婦=¶~과 같은 부부[~gwa katʰun pubu ~グァ カトゥン ププ] **—새**[sɛ セ] 图 〈鳥〉オシドリ; エンオウ.

원예[園藝][wɔne ウォネ] 图 園芸 ¶ 가정 ~[kadʒɔŋ ~ カジョン ~] 家庭園芸.

원유[原油][wɔnju ウォニュ] 图 原油.

*원인**[原因][wɔnin ウォニン] 图 原因; 種 ¶ ~과 결과[~gwa kjɔlgwa ~グァ キョルグァ] 原因と結果 / 싸움의 ~[sˈaume ~ ッサウメ ~] けんかの元.

*원자**[原子][wɔndʒa ウォンヂャ] 图 原子 **—력 발전**[rɔk pˈaltʃˈɔn リョクファルチョン] 图 原子力発電 **—로**[ro ロ] 图 原子炉 **—무기**[mugi ムギ] 图 原子兵器 **—에너지**[enɔdʒi エノジ] 图 原子エネルギー **—(폭)탄**[(pʰok)tʰan (ポク)タン] 图原子爆弾; 原爆; ⓘ ぴかどん **—탄두**[tʰaːndu ターンドゥ] 图 原子弾頭 **—핵**[hɛk ヘク] 图 原子核 **—핵 융합**[hɛŋ njuŋhap ヘン ニュンハプ] 图 原子核融合.

원-자재[原資材][wɔndʒadʒɛ ウォンヂャジェ] 图 原料と資材 ¶ ~를 도입하다[~rul toːipʰada ~ルル トーイプハダ] 原材料を導入する.

원작[原作][wɔndʒak ウォンヂャク] 图 原作; 原著 **—자**[tʃˈa チャ] 图 原作者=**원저자**(原著者)[wɔndʒɔdʒa ウォンジョジャ] 原著者.

원점[原點][wɔntʃˈɔm ウォンチョム] 图 原点; 元 ¶ ~으로 되돌아가다[~ɯro twetoragada (ウォンチョ)ムロ トゥェドラガダ] 原点に戻る.

원조[元祖][wɔndʒo ウォンジョ] 图 元祖; 始祖 ¶ 합기도의 ~[hapkˈidoe ~ ハプキドエ ~] 合気道の始祖.

*원조**[援助][wɔndʒo ウォンジョ] 图[하他] 援助 ¶ 조건부(條件附) ~[tʃokˈonbu~ チョコンブ~] 紐付きの援助.

원체[wɔntʃʰe ウォンチェ] 剾 もともと; もとから.

원촌[原寸][wɔntʃʰon ウォンチョン] 图 原寸; 現尺.

원추리[wɔntʃʰuri ウォンチュリ] 图 〈植〉ワスレグサ(忘草); ヤブカンゾウ.

*원칙**[原則][wɔntʃʰik ウォンチク] 图 原則; 建て前 ¶ 근본 ~[kunbon ~ クンボン(ヌォンチク)] 根本原則.

원-컨대[願―][wɔːnkʰɔndɛ ウォーンコンデ] 剾 願わくは; 望むことは; どうか.

원통[冤痛][wɔntʰoŋ ウォントン] 图[하形][하形] ① 恨めしいこと; 無念; くやしくてたまらないこと ¶ ~해서 이를 갈다[~hɛso irul kaːlda ~ヘソ イルル カールダ] 無念の歯がみをする ② 悲しみ惜しむこと; 残念なこと ¶ 그의 죽음은 참으로 ~하다[kɯe tʃugɯmɯn tʃʰamɯro ~hada クエ チュグム ン チャムロ ～ハダ］彼の死は実に残念なことだ．

원폭[原爆][wɔnphok ウォンポク］🅝 原子爆弾; 原爆 ¶ ～ 세례［～ s'eːre ～ セーレ］原爆洗礼 / ～ 피해자［～ pʰiːhɛdʒa ～ ピーヘジャ］原爆被害者．

원-풀다[願一][wɔːnpʰulda ウォーンプルダ］🅐🅑(ㄹ語幹)願いを晴らす; 希望がかなう; ＝**원풀이 하다**[wɔːnpʰurihada ウォーンプリハダ］．

원-풀이[怨一][wɔːnpʰuri ウォーンプリ］🅝🅐🅑 恨みを晴らすこと．

＊**원-하다**[願一][wɔːnhada ウォーンハダ］🅑(여変) 願う; 望む; 欲する; 求める; (…したいと) 思う ¶ 평화를 ～[pʰjɔŋhwarɯl ～ ピョンファルル ～] 平和を願う[求める] / 용서를 ～ [jɔŋsɔrɯl ～ ヨンソルル ～] 許しをこいねがう．

원한[怨恨][wɔːnhan ウォーンハン］🅝 怨恨ぇ; 恨み; 意趣 ¶ ～을 품다[～ɯl pʰuːmt'a ウォーンハヌル プームタ］恨みを持つ[抱く］.

원화[原畫][wɔnhwa ウォンファ］🅝 原画 ¶ ～의 모사［～e mosa ～エモサ］原画の模写．

원활[圓滑][wɔnhwal ウォンファル］🅝 🅗形 円滑 ¶ ～한 진행［(wɔnhwar)han tʃiːnhɛŋ ～ハン チーンヘン］円滑な進行 **ー히**[(wɔnhwar)i (ウォンファ)リ］🅟 円滑に ¶ ～ 진행(進行)시키다［～ tʃiːnhɛŋʃikʰida ～ チーンヘンシキダ］円滑[順調]に取り運ぶ．

＊**월**[月][wɔl ウォル］🅝 月 ¶ 일～[ir～ イ(ルォル)］1月 / 유～[ju～ ユ～] 6月 / 시～[ʃi～ シ～] 10月．

월간[月刊][wɔlgan ウォルガン］🅝 月刊 ¶ ～ (잡)지［～ (dʒap)tʃ'i[dʒi] ～ (ジャプ)チ[ジ]］月刊(雑)誌．

월경[月經][wɔlgjɔŋ ウォルギョン］🅝 🅗🅐 月経; 月の物; メンス ¶ 첫～[tʃʰɔd～ チョ(ドゥォルギョン)］初潮; 初花 / ～통［～tʰoŋ ～トン］月経痛．

월계-관[月桂冠][wɔlgegwan ウォルゲグァン］🅝 月桂冠 ¶ 승리의 ～을 쓰다[sɯŋnie ～ɯl s'ɯda スンニエ ～-(グァ)ヌル ッスダ］勝利の月桂冠をいただく **월계-수**(月桂樹)[wɔlgesu ウォルゲス］🅝 〈植〉ゲッケイジュ．

＊**월급**[月給][wɔlgɯp ウォルグプ］🅝 月給; サラリー ¶ 첫～[tʃʰɔd～ チョ(ドゥォルグプ)］初月給 **ー날**[(wɔlgɯm)nal (ウォルグム)ナル］🅝 月給日 **ー쟁이**[tʃ'ɛŋi チェンイ］🅝 月給取り; サラリーマン．

월남[越南][wɔllam ウォルラム］**1** 🅝 🅗🅐 朝鮮半島の休戦ライン[軍事境界線]を越えて南下し, 韓国に住みつくこと **2** 〈地〉「ベトナム」の漢字読み．

월동[越冬][wɔlt'oŋ ウォルトン］🅝 🅗🅐 越冬 **ー준비**[dʒuːnbi ジューンビ］越冬[冬を越す]準備; 冬営．

월드[wɔːldɯ ウォールドゥ］world 🅝 ワールド; 世界 **ー컵**[kʰɔp コプ］ワールドカップ．

월등[越等][wɔlt'ɯŋ ウォルトゥン］🅝 🅗形 ずば抜けていること; 卓越; 格段に違うこと ¶ 기술이 ～하다[kisuri ～hada キスリ ～ハダ］技術が格段に違う / 성적이 ～한 학생 [sɔŋdʒɔgi ～-han haks'ɛŋ ソンジョギ ～-ハン ハクセン］成績がずば抜けている学生 **ー히**[i イ］🅟 格段に; ずば抜けて; 飛び切り; けたはずれに **ー 싼 값**[～ s'an k'ap ～ッサン カプ］けたはずれの安値 / 그보다 ～ 위다[kɯboda ～ wida クボダ ～ ウィダ］それより飛び抜けている．

월말[月末][wɔlmal ウォルマル］🅝 月末; つごもり ¶ ～ 지불［～ dʒibul ～ ジブル］月末払い．

월병[月餠][wɔlbjɔŋ ウォルビョン］🅝 ① 月の形にまるめたもち ② 月ぺい．

월부[月賦][wɔlbu ウォルブ］🅝 月賦; 月割り; 月払い ¶ ～ 판매［～ pʰanmɛ ～ パンメ］月賦販売．

월북[越北][wɔlbuk ウォルブク］🅝 🅗🅐 朝鮮半島の休戦ラインを越えて, または第三国を経て北[共和国]に行くこと．

월세[月貰][wɔlsːe ウォルセ］🅝 ① 借り屋の月払い家賃 ＝사글세[sagɯlsːe サグルセ] ② 月払いの借家・借間．

월식[月蝕・月食][wɔlʃ'ik ウォルシク］🅝 🅗🅐 月食 ¶ 개기 ～[kɛgi ～ ケギ ～] 皆既月食． 「[月曜日．

＊**월-요일**[月曜日][wɔrjoil ウォリョイル］]

월척[越尺][wɔltʃʰɔk ウォルチョク］🅝 釣り上げた魚が1尺に余る魚(のこと)．

월초[月初][wɔltʃʰo ウォルチョ］🅝 月初め; 月頭 ¶ ～ 수금(收金)［～ sugɯm ～ スグム］月初め集金．

월컥[wɔlkhɔk ウォルコク］🅟 げえっ; 食べ物を急に吐き出すさま．

웨딩[wediŋ ウェディン］wedding 🅝 ウエディング **ー드레스**[dɯresɯ ドゥ

레스] 名 ウエディングドレス.
웨이터 [weitʰɔ ウェイト] waiter 名 ウエーター.
웨이트리스 [weitʰɯrisɯ ウェイトゥリス] waitress 名 ウエートレス.
*웬 [weːn ウェーン] 冠 どんな; なんという; どうした ¶〜 돈이냐? [〜 toninja 〜 トニニャ] どうしたお金かね.
웬-걸 [weːngɔl ウェーンゴル] 感 何を; なんで; どうしてそんな; いや; 疑いや意外・失望の意を表わす語 ¶〜 그렇게 많이 [〜 kɯrɔkʰe maːni 〜 クロッケ マーニ] 何をそんなにたくさん / 〜 그랬을라구 [〜 kɯrɛsʼullagu 〜 クレッスルラグ] なんで、そんなことがあろうものか.
웬-만큼 [weːnmankʰɯm ウェーンマンクム] 副 いいかげんに; 適度に; そこそこに ¶〜 해 두자 [〜 hɛ dudʒa 〜 ヘー ドゥジャ] いいかげんにしておこう.
웬-만하다 [weːnmanhada ウェーンマンハダ] 形 ① まあまあだ; '우연만하다'の略 ② 相当のものだ ¶욕심이 〜 [jokʃimi 〜 ヨクシミ 〜] 相当の欲ばりだ ③ ほどよい ¶〜-만하면 그만둬라 [〜-manhamjɔn kɯmandwɔra 〜-マンハミョン クマンドゥォラ] 何だったらよかったら)やめておきなさい.
웬 [어 찌 된] -셈 [weːn[ɔtʃʼidwen]sem ウェーン[オッチドゥェン]セム] 名 どうしたこと; どういうつもり; どういうわけ ¶〜 이냐? [〜inja (ウェーンセ)ミニャ] どうしたことかね.
웬-일 [weːnnil ウェーンニル] 名 どうしたこと; 何ごと ¶이게 〜 이냐? [ige (weːnnir)inja イゲ (ウェーンニ)リニャ] これはどうしたことか.
웬일-인지 [weːnnirindʒi ウェーンニリンジ] 副 なんとなく; なぜか ¶〜 가슴이 설렌다 [〜 kasɯmi sɔllɛnda 〜 カスミ ソルレンダ] なんとなく胸騒ぎがする.
웽 [weŋ ウェン] 副 ① ぶん; 虫が飛ぶ音 ② びゅん; いっそう速いものが飛ぶ音 ③ ひゅう; 強い風が針金などに当たって鳴る音 —**웽** [weŋ ウェン] ① ぶんぶん; 多くの虫が飛び交う音 ② ひゅうひゅう; 強い風が吹く音 ¶〜-거리다 [〜gɔrida 〜ゴリダ] しきりにぶんぶん[ひゅうひゅう]と音を立てる.
*위 [wi ウィ] 名 ① 上 ¶〜-를 보다 [〜-rɯl poda 〜ルル ポダ] 上を見る ② 表面 ¶물〜 [mur〜 ム(ルィ)] 水の上 ③ 頂上 ¶산〜 [san〜 サ(ヌィ)] 山の上 ④ 優れているほう ¶솜씨가 훨씬 〜-다 [somʃʼiga hwɔlʃʼin 〜da ソムシガ フォルシン 〜ダ] 腕前がずっと上だ ⑤ 目上; 高い地位 ¶윗사람 [wisʼaram ウィッサラム] 目上(の人) ⑥ 上; 前記; 以上 ¶〜-와 같음 [〜wa gatʰɯm 〜ワ ガトゥム] 上記のとおり ⑦ それに加えて; (その)上に ¶그 〜-에 또 [kɯ 〜etʼo ク 〜エット] なおかつ; そこへまた.
*위 [胃] [wi ウィ] 名 胃; 胃袋 —**암** [am アム] 名 胃癌がん.
위계 [偽計] [wige ウィゲ] 名 [하]自 偽計 ¶〜-를 쓰다 [〜rɯl sʼɯda 〜ルル ッスダ] 偽計を用いる.
위구 [危懼] [wigu ウィグ] 名 [하]自他 危懼 ¶〜-심을 품다 [〜ʃimɯl pʰumːtʼa 〜シムル プームタ] 危懼の念を抱く.
위급 [危急] [wigɯp ウィグプ] 名 [하]形 危急 ¶매우 〜-한 사태 [mɛu (wigɯ)pʰan saːtʰɛ メウ 〜パン サーテ] 非常に危急を要する事態.
*위기 [危機] [wigi ウィギ] 名 危機 ¶〜-를 면하다 [〜rɯl mjɔːnhada 〜ルル ミョーンハダ] 危機を免れる —**일발** [ilbal イルバル] 名 危機一髪.
*위대 [偉大] [widɛ ウィデ] 名 [하]形 偉大 ¶〜-한 인물 [〜han inmul 〜ハン インムル] 偉大なる人物.
위독 [危篤] [widok ウィドク] 名 [하]形 危篤 ¶〜-상태에 빠지다 [〜 sʼantʰɛe pʼaːdʒida 〜 サンテエ ッパージダ] 危篤に陥る.
위락 [慰樂] [wirak ウィラク] 名 慰安と安楽 ¶〜 시설 [〜 ʃiːsɔl 〜 シーソル] 娯楽[行楽]施設.
위력 [威力] [wirjɔk ウィリョク] 名 威力 ¶핵무기(核武器)의 〜 [hɛŋmugie 〜 ヘンムギエ 〜] 核兵器の威力.
*위로 [慰勞] [wiro ウィロ] 名 慰労 ¶〜-금 [〜gɯm 〜グム] 慰労金 —**하다** [hada ハダ] 他 慰労する; 慰める ¶병자(病者)를 〜 [pjɔːŋdʒarɯl 〜 ピョーンジャルル 〜] 病人を慰める.
위문 [慰問] [wimun ウィムン] 名 [하]他 慰問; 見舞い ¶〜-품 [〜pʰum 〜プム] 慰問品.
*위반 [違反] [wiban ウィバン] 名 [하]他 違反 ¶규칙 〜-이다 [kjutʃʰig 〜ida キュチグィバニダ] 規則違反である.
위배 [違背] [wibɛ ウィベ] 名 違背

교칙에 ~된 행위 [kjo:tʃhige ~dwen hɛŋwi キョーチゲ ~ドゥェン ヘンウィ] 校則に反した行い **—하다** [hada ハダ] 他 違背する; 反する; 背く.

위법[違法] [wibɔp ウィボプ] 名 하他 違法 **—행위** [(wibɔ) phɛŋwi ペンウィ] 名 違法行為.

***위생**[衛生] [wiseŋ ウィセン] 名 衛生 ¶ 공중 ~ [kondʒuŋ ~ コンジュン ~] 公衆衛生.

위선[偽善] [wisɔn ウィソン] 名 하他 偽善 **—자** [dʒa ジャ] 名 偽善者.

***위성**[衛星] [wisɔŋ ウィソン] 名 衛星 ¶ 인공 ~ [iŋgoŋ ~ インゴン ~] 人工衛星.

위세[威勢] [wise ウィセ] 名 威勢 ¶ ~를 떨치다 [~rul tʃ'ɔ:ltʃhida ~ルルッ トールチダ] 威勢をふるう.

***위시**[爲始] [wiʃi ウィシ] 名 하他 始めとすること ¶ 사장을 ~하여 [sadʒaŋ-ul ~hajo サジャンウル ~ハヨ] 社長を始めとして.

위신[威信] [wiʃin ウィシン] 名 威信 ¶ ~이 떨어지다 [~i t'ɔrɔdʒida (ウィシ)ニットロジダ] 威信が落ちる.

위-아래[wiarɛ ウィアレ] 名 上下; 上と下 ¶ ~로 움직이다 [~ro umdʒigida ~ロ ウムジギダ] 上下に動く.

위안[慰安] [wian ウィアン] 名 하他 慰安; 慰め ¶ ~의 말을 하다 [~e ma:rul hada (ウィア)ネ マールル ハダ] 気休めを言う **—부** [bu ブ] 名 慰安婦.

위엄[威嚴] [wiɔm ウィオム] 名 威厳 ¶ ~이 있는 사람 [~i innun sa:ram (ウィオ)ミ インヌン サーラム] 威厳のある人 **—스럽다** [surɔpt'a スロプタ] 形 厳かだ **—스레** [sure スレ] 副 厳しく **—있다** [it'a (ウィオ)ミッタ] 存 厳しい; ものもの[おもおも]しい ¶ ~-있는 얼굴 [~-innun ɔlgul (ウィオ)ミンヌン オルグル] 厳しい顔つき.

***위원**[委員] [wiwɔn ウィウォン] 名 委員 ¶ 집행 ~ [tʃiphɛŋ ~ チプヘン ~] 執行委員 **—장** [dʒaŋ ジャン] 名 委員長 **—회** [hwe フェ] 名 委員会.

위인[爲人] [wiin ウィイン] 名 人となり; 人柄 ¶ 착한 ~이다 [tʃhakhan ~-ida チャッカン ウィーニダ] 善良な人となりだ.

위인[偉人] [wiin ウィイン] 名 偉人 ¶ ~전 [~dʒɔn ~ジョン] 偉人伝.

위임[委任] [wiim ウィイム] 名 委任 ¶ 권한의 ~ [kwɔnhane ~ クォンハネ ~] 権限の委任 **—하다** [hada ハダ] 他 委任する; 委する **—장** [tʃ'aŋ チャン] 名 委任状.

위자[慰藉] [widʒa ウィジャ] 名 하他 慰謝 **—료** [rjo リョ] 名 慰謝料; 涙金; 手切れ金 ¶ ~를 주다 [~rul tʃuda ~ルル チュダ] 手切れ金を払う.

위장[胃腸] [widʒaŋ ウィジャン] 名 胃腸 **—병** [p'jɔŋ ピョン] 名 胃腸病 **—약** [njak ニャク] 名 胃腸薬 **—염** [njɔm ニョム] 名 胃腸炎.

위장[偽裝] [widʒaŋ ウィジャン] 名 偽装 **—망** [maŋ マン] 名 偽装網.

위조[偽造] [widʒo ウィジョ] 名 하他 偽造; 偽製; 贋造 ¶ ~품 [~phum ~プム] 偽製品; にせもの; いかもの; まがいもの **—지폐** [dʒiphe ジペ] 名 贋造紙幣; 変造紙幣; 贋札; にせさつ; ='위폐'(偽幣).

***위주**[爲主] [widʒu ウィジュ] 名 하他 主とすること ¶ 실력 ~로 [jilljɔg ~ro シルリョ(グィジュ)ロ] 実力を主として.

위중-하다[危重—] [widʒuŋhada ウィジュンハダ] 形 病が重い; 危篤だ ¶ 병세가 ~ [pjɔ:ŋsega ~ ピョーンセガ ~] 病状が重い.

위증[偽證] [widʒuŋ ウィジュン] 名 하他 偽証 ¶ ~죄 [~tʃ'we ~チュェ] 偽証罪.

위-쪽[witʃ'ok ウィッチョク] 名 上の方; 上側; 上手; 上 ¶ 강의 ~ [kaŋe ~ カンエ ~] 川上; 川の上流.

위촉[委囑] [witʃhok ウィチョク] 名 委嘱 ¶ 연구 위원으로 ~되다 [jo:ngu-wiwɔnuro ~t'weda ヨーングウィウォヌロ ~トゥェダ] 研究委員に委嘱される **—하다** [(witʃho)khada カダ] 他 委嘱する; 嘱する.

위축[萎縮] [witʃhuk ウィチュク] 名 萎縮 ¶ 마음이 ~되다 [maumi ~-t'weda マウミ ~トゥェダ] 心が萎縮する **—하다** [(witʃhu)khada カダ] 自 萎縮する; 縮む.

***위치**[位置] [witʃhi ウィチ] 名 ① 位置 ¶ 학교의 ~ [hak'joe ~ ハクキョエ ~] 学校の位置 ② 地位; 立場 **—하다** [hada ハダ] 自 位置する; 在る; 位する ¶ 중앙에 ~ [tʃuŋaŋe ~ チュンアンエ ~] 中央に位置する.

위탁[委託] [withak ウィタク] 名 하他 委託 **—매매** [(witʃhaŋ) mɛmɛ (ウィタン)メメ] 名 委託売買 **—판매** [phanmε パンメ] 名 委託販売.

*위태[危殆][witʰɛ ウィテ] 名 危険-로이[roi ロイ] 副 危うく ━━롭다[ropt'a ロプタ] 形[ㅂ変] 危ない; 危うい; 危なっかしい ¶생명이 ~[sɛŋmjəŋi ~ センミョンイ ~] 命が危ない[危うい] ━━위태-하다[witʰɛhada ウィテハダ] 形[여変] ひやひやする; 非常に危険だ ¶기둥이 낡아 ~[kiduŋi nalga ~ キドゥンイ ナルガ ~] 柱が朽ちて非常に危ない ━━하다[hada ハダ] 形[여変] 危ない; 気がかりだ ¶홍수로 제방이 ~[hoŋsuro tɕebaŋi ~ ホンスロ チェバンイ ~] 洪水で堤防が気がかりだ[危ない].

위-통[胃痛][witʰoŋ ウィトン] 名 胃痛.
위트[witʰɯ ウィトゥ] wit 名 ウイット.
위패[位牌][wipʰɛ ウィペ] 名 位牌 ¶~를 모시다[~rɯl moɕida ~ルル モーシダ] 位牌をまつる. 「贋造偽幣.
위폐[偽幣][wipʰe ウィペ] 名 偽金」
위풍[威風][wipʰuŋ ウィプン] 名 威風 ━━당당[daŋdaŋ ダンダン]・━늠름[nɯmnɯm ヌムヌム] 名[하則] 威風堂々 ¶~한 인물[~han inmul ~ハン インムル] 威風堂々たる人物.

*위-하다[爲—][wiːhada ウィーハダ] 他 ~するためにする ① 敬って言葉を慎む ¶부모를 ~[pumorɯl ~ プモルル ~] 親につくす; 父母を敬う ② 大事[大切]にする; 慈しむ ¶동생을 ~[toŋsɛŋɯl ~ トンセンウル ~] 弟を慈しむ[大切にする] 위-하여[위-해서][wiːhajo[wiːhɛsə] ウィーハヨ[ウィーヘソ]] 副 …するためにして ¶집을 짓기 ~[tɕibul tɕiːtk'i ~ チブル チーッキ ~] 家を建てるために / 사업의 성공을 ~[saːɔbe soŋgoŋul ~ サーオベ ソンゴンウル ~] 事業の成功のために / 앞날을 ~ 건배[amnarul ~ kənbɛ アムナルル ~ コンベ] 将来のために乾杯 위한[wiːhan ウィーハン] 形 …のための.

*위험[危険][wihom ウィホム] 名 危険 ~ 수역[~ sujək ~ スヨク] 危険水域 ━━하다[hada ハダ] 形[여変] 危険だ; 危ない; 危うい ¶~, 도망쳐라[~, tomantɕʰora ~, トマンチョラ] 危ない, 逃げろ ━━스럽다[sɯrəpt'a スロプタ] 形[ㅂ変] 危なく見える ¶~-스럽게 보이다[~-sɯrəpk'e poida ~-スロプケ ポイダ] 危なっかしい ━━표지(標識)[pʰjodʑi ピョジ] 名 危険標識.

*위협[威脅][wihjəp ウィヒョプ] 名[하他] 脅威; 威嚇; 脅し; 脅かし ¶~을 주다[(wihjəb)ɯl tɕuda (ウィヒョプ)ブルチュダ] 脅かす / ~을 느끼다[(wihjəb)ɯl nɯk'ida (ウィヒョプ)ブル ヌッキタ] 脅威を感じる.

윗-도리[wit'ori ウィットリ] 名 ① 上半身 ② 俗 上着＝윗옷[udot ウドッ].
윗-물[winmul ウィンムル] 名 上流の水.
윗-사람[wis'aram ウィッサラム] 名 目上の人; 上位の人 ¶~에 대한 예의[~e tɛːhan jeːi ~エ テーハン イェーイ] 目上の人に対する礼儀.
윗-자리[witɕ'ari ウィッチャリ] 名 上座; 上席 ¶~에 모시다[~e moːɕida ~エ モーシダ] 上座に据える.

유[類][juː ユー] 名 類; 類たぐい ¶~다른 사건[~darun saːk'ən ~ ダルン サーコン] 類のない[格別な]事件.
유-가족[遺家族][jugadʑok ユガジョク] 名 遺族.

*유감[遺憾][jugam ユガム] 名 ~의 뜻을 표하다[~e t'usul pʰjohada ~エ ットゥスル ピョハダ] 遺憾の意を表わす ━━스럽다[sɯrəpt'a スロプタ] 形[ㅂ変] 遺憾だ; 残念だ ¶~-스럽게도[~-sɯrəpk'edo ~-スロプケド] 残念ながら ━━스레[sure スレ] 副 遺憾に; 残念に ━━없다[ɔpt'a (ユガ) モプタ] 俗 申し分ない; 心残りなく十分だ ━━없이[ɔpɕ'i (ユガ) モプシ] 副 遺憾なく; 心残りなく十分に ¶실력을 ~ 발휘하다[ɕilljəgul ~ parhwihada シルリョグル ~ パルフィハダ] 実力を余すところなく発揮する.

유객[誘客][jugɛk ユゲク] 名[하他] 客引き; 客取り ━━꾼[k'un クン] 名 客引き; 宿引き.
유격[遊撃][jugjək ユギョク] 名[하他] 遊撃 ━━대[t'ɛ テ] 名 遊撃隊; ゲリラ; パルチザン＝빨치산[p'altɕʰisan ッパルチサン] ━━수[s'u ス] 名〈野〉遊撃手; ショート ━━전[tɕ'ən チョン] 名 遊撃戦; ゲリラ戦.
유괴[誘拐][jugwe ユグェ] 名[하他] 誘拐; 拐引; かどわかし ¶~ 사건[~ saːk'ən ~ サーコン] 誘拐事件 ━━범[bəm ボム] 名 誘拐犯; 人さらい.

*유교[儒教][jugjo ユギョ] 名 儒教 ~ 사상[~ saːsaŋ ~ サーサン] 儒教思想.
유구-무언[有口無言][juːgumuən ユーグムオン] 名 なんとも弁明の余地がない[口があっても言えない]こと.

유권-자[有權者][juːk'wɔndʑa ユークォンジャ] 名 (選挙の)有権者.

유기[鍮器][jugi ユギ] 名 真ちゅう(製)の器 =**유기그릇**[jugigɯrut ユギグルッ].

*__유난__[juːnan ユーナン] 名 (普通とまったく違って)格別なこと; 際立っていること; 著しいこと ¶~한 성질[~han sɔːŋdʑil ~ハン ソーンジル] 気難しい性質 / 달빛이 ~하게 밝다[talp'itɕhi ~hage pakt'a タルピチ ~ハゲ パクタ] 月がひときわ明るい **—(을) 떨다**[(ɯl) t'ɔlda (ユーナヌル) ットルダ] 自 異常にふるまう; ふだんとは違った[変わった]態度でふるまう **—스러이**[sɯrɔi スロイ]・**—스레**[sure スレ] 副 格別に; 異常に; ひときわ目立って; 並みはずれて **—스럽다**[sɯrɔpt'a スロプタ] 形 [ㅂ変] 際立っている; 格別だ; 風変わりである **—하다**[hada ハダ] 形 普通と違う; 変わっている; 際立っている **—히**[i (ユーナ)ニ] 副 取りわけ; 特に; 際立って; ひときわ ¶글이 ~ 어렵다[kɯri ~ ɔrjɔpt'a クリ ~ オリョプタ] 文章が取りわけ難しい / ~덥다[~ tɔːpt'a トープタ] 特に暑い.

유년[幼年][junjɔn ユニョン] 名 幼年 ¶~ 시절(時節)의 추억(追憶)[~ ɕidʑore tɕhuɔk ~ シジョレ チュオク] 幼年時代の思い出.

유능[有能][juːnɯŋ ユーヌン] 名 [하]形 有能 ¶~한 인재[~han indʑɛ ~ハン インジェ] 有能な人材.

유-다르다[類—][juːdarɯda ユーダルダ] 形 [르変] 類を異にする; 違って[異なって]いる; ずぬける; 格別だ; 異様だ ¶유다른 우정[juːdarɯn uːdʑoŋ ユーダルヌン ウージョン] 格別な友情.

*__유-달리__[類—][juːdalli ユーダルリ] 副 格別に; ずば抜けて; ひときわ; 目立って; 取りわけ ¶~ 키 큰 사람[~ kʰi kʰɯn saːram ~ キ クン サーラム] ずば抜けて背の高い人 / ~ 눈에 띄다[~ nune t'iːda ~ ヌネッティーダ] ひときわ目立つ / ~ 춥다[~ tɕhupt'a ~ チュプタ] 取りわけ寒い.

유대[紐帯][judɛ ユデ] 名 紐帯ちゅう; つながり ¶우방과의 ~[uːbaŋgwae ~ ウーバングァエ ~] 友邦との紐帯.

유도[柔道][juːdo ユード] 名 柔道 ¶~ 선수[~ sɔːnsu ~ ソーンス] 柔道選手.

유도[誘導][judo ユド] 名 [하]他 誘導 ¶~ 장치[~ dʑaŋtɕhi ~ ジャンチ] 誘導装置 **—미사일**[misail ミサイル] 名 誘導ミサイル=**—탄**[tʰan タン] 名 誘導弾 **—신문**[ɕiːnmun シーンムン] 名 誘導尋問 **—작전**[dʑaktɕ'ɔn ジャクチョン] 名 誘導作戦.

*__유독__[惟獨・唯獨][judok ユドク] 副 ただ独り; ただ一つ; 唯一; 目立って ¶~ 너만의 문제가 아니다[(judoŋ) nɔmane muːndʑega anida (ユドン) ノマネ ムーンジェガ アニダ] ただ独り君だけの問題ではない / 그 아이만이 ~ 예쁘다[kɯ aimani ~ jeːp'uda クアイマニ ~ イェープダ] その女の子だけが目立ってきれいだ.

유동[流動][judoŋ ユドン] 名 [하]自他 流動 **—성**[sɔŋ ソン] 名 流動性 **—식**[ɕik シク] 名 流動食 **—자본**[dʑabon ジャボン] 名 流動資本.

유람[遊覽][juram ユラム] 名 [하]他 遊覽 **—객**[gɛk ゲク] 名 遊覧客 **—선**[sɔn ソン] 名 遊覧船.

유랑[流浪][juraŋ ユラン] 名 [하]自他 流浪; 流亡; さすらい ¶~의 여로(旅路)[~e jɔro ~エ ヨロ] さすらいの旅 **—민**[min ミン] 名 流民; 流浪の民.

유래[由來][jurɛ ユレ] 名 [하]自 由来; 縁起 ¶지명의 ~[tɕimjɔŋe ~ チミョンエ ~] 地名の由来.

*__유럽__[juːrɔp ユーロプ] Europe 名〈地〉ヨーロッパ; 欧州 **—공동체**[k'oːŋdoŋtɕhe コーンドンチェ] 名 欧州共同体; EC.

*__유력__[有力][juːrjɔk ユーリョク] 名 [하]形 有力 ¶~자[~tɕ'a チャ] 有力者.

유령[幽靈][jurjɔŋ ユリョン] 名 幽靈; 亡靈 ¶~이 나오는 집[~i naonɯn tɕip ~イ ナオヌン チプ] 幽霊屋敷; お化け屋敷 **—인구**[iŋgu イング] 名 幽霊人口 **—회사**[hweːsa フェーサ] 名 幽霊会社.

유례[類例][juːre ユーレ] 名 類例; 似通った例; 類だ **—없다**[ɔpt'a オプタ] 形 類例がない; 類がない ¶~없는 사건[~ɔmnɯn saːk'ɔn ~オムヌン サーコン] 類いのない事件 **—없이**[ɔpɕ'i オプシ] 副 類例なく; 珍しく.

유료[有料][juːrjo ユーリョ] 名 有料 ¶~ 시설[~ɕiːsɔl ~シーソル] 有料施設 / ~ 양로원(養老院)[~ jaːŋnowɔn ~ ヤーンノウォン] 有料老人ホーム **—도로**[doro ドーロ] 名 有料道路.

*__유리__[有利][juːri ユーリ] 名 有利 ¶~

한 증언 [~han tɕuŋɔn ~ハン チュンオン] 有利な証言 **―하다** [hada ハダ] 形 有利だ; 分[歩]がある.

*유리 [琉璃] [juri ユリ] 名 ガラス ¶투명 ~ [tʰumjɔŋ (njuri) トゥミョン (ニュリ)] 透明ガラス / 찢빛 ~ [tɕɔtp'in (njuri) ~ チョッピン (ニュリ)] すりガラス **―그릇** [ɡurut グルッ] 名 ガラスの器物 **―병** [bjɔŋ ビョン] 名 ガラス瓶 **―알** [al アル] 名 めがねのレンズ; ガラス玉 **―잔**(盞) [dʑan ジャン] 名 ガラスのさかずき **―창** [tʰaŋ チャン] 名 ガラス窓 **―컵** [kʰɔp コプ] 名 ガラスのコップ; グラス.

유린 [蹂躙] [jurin ユリン] 名 蹂躙じゅうりん ¶인권 ~ [ink'wɔn (njurin) インクォン (ニュリン)] 人権の蹂躙 **―하다** [hada ハダ] 他 蹂躙する; 踏みにじる ¶정조를 ~ [tɕʰɔŋdʑoruru ~ チョンジョルル ~] 貞操を踏みにじる.

유망 [有望] [ju:maŋ ユーマン] 名 하形 有望 ¶~한 사업 [~han sa:ɔp ~ハン サーオプ] 有望な事業.

유머 [ju:mɔ ユーモ] humour 名 ユーモア **―소설** [so:sɔl ソーソル] 名 ユーモア小説 = 해학 소설(諧謔小說) [hɛhaks'o:sɔl ヘハク ソーソル].

*유명 [有名] [ju:mjɔŋ ユーミョン] 名 有名 ¶~인 [~in ~イン] 有名人 **―하다** [hada ハダ] 形 有名だ; 名高い ¶~한 학자 [~-han haktɕ'a ~-ハン ハクチャ] 名高い学者 **―무실** [muʃil ムシル] 名 하形 有名無実.

유모-차 [乳母車] [jumotɕʰa ユモチャ] 名 乳母車.

유무 [有無] [ju:mu ユーム] 名 有無; 有り[有る]無し ¶경험의 ~ [kjɔŋhɔme ~ キョンホメ ~] 経験の有無.

유물 [唯物] [jumul ユムル] 名 唯物 ¶~ 사상 [~ sa:saŋ ~ サーサン] 唯物思想 **―사관** [sa:gwan サーグァン] 名 唯物史観.

유물 [遺物] [jumul ユムル] 名 遺物 ¶구시대의 ~ [ku:ʃidɛe ~ クーシデエ ~] 旧時代の遺物.

유방 [乳房] [jubaŋ ユバン] 名 乳房 ¶~암 [~am ~アム] 乳癌にゅうがん.

유별 [有別] [ju:bjɔl ユービョル] 名 하形 히副 分別のあること ¶부부 ~이라 [pubu (ju:bjɔr)ira ププ (ユービョ)リラ] 夫婦の分別あり **―나다 [스럽다]** [lada [surɔpt'a] ラダ [スロプタ]]

形 格別だ; 並みはずれている; 風変わりだ ¶금년의 더위는 ~ [kumnjɔne towinun ~ クムニョネ トウィヌン ~] 今年の暑さは格別だ.

유보**―하다** [留保―] [jubohada ユボハダ] 他 留保する ¶회답을 ~ [hwedabul ~ フェダブル ~] 回答を留保する.

유복 [裕福] [jubok ユボク] 名 하形 裕福 ¶~한 가정 [(jubo)kʰan kadʑɔŋ ~カン カジョン] 裕福な家庭.

유부 [油腐] [jubu ユブ] 名 油揚げ **―국수** [ɡuks'u グクス] 名 きつねうどん **―초밥** [tɕʰobap チョバプ] 名 いなりずし.

*유부-녀 [有夫女] [ju:bunjɔ ユーブニョ] 名 夫のいる女性; 人妻.

유-분수 [有分數] [ju:bunsu ユーブンス] 名 ほどがあること ¶사람을 업신여겨도 ~지 [sa:ramur ɔ:p'innjɔgjɔdo ~-dʑi サーラムル オープシンニョギョド ~ジ] 人をばかにしてもほどがあるもの(さ).

유비-무환 [有備無患] [ju:bimuhwan ユービムファン] 名 備えあれば憂いなし; 転ばぬ先の杖ぇ.

유사-시 [有事時] [ju:saʃi ユーサシ] 名 有事の際; 事ある時 ¶~에 대비(對備)하다 [~e tɛ:bihada ~エ テービハダ] 有事に備える.

*유사-하다 [類似―] [ju:sahada ユーサハダ] 形 類似している ¶양자의 성격이 ~ [ja:ŋdʑae sɔ:ŋk'jɔgi ~ ヤーンジャエ ソーンキョギ ~] 両者の性格が類似している / ~한 사건 [~-han sa:k'ɔn ~-ハン サーコン] 似通った事件 **유사-종교** [ju:sa dʑoŋgjo ユーサ ジョンギョ] 名 類似宗教 **유사-품** [ju:sapʰum ユーサプム] 名 類似品 ¶~ 주의[~ dʑu:i ~ ジューイ] 類似品にご注意.

유산 [流産] [jusan ユサン] 名 하自他 流産; 流れ ¶계획이 ~되다 [ke:hwegi ~dweda ケーフェギ ~ドゥェダ] 計画が流れる / 그녀는 ~하였다 [kɯnjɔnun ~hajɔt'a クニョヌン ~ハヨッタ] 彼女は流産した.

*유산 [遺産] [jusan ユサン] 名 遺産 ¶문화 ~ [munhwa ~ ムンファ ~] 文化遺産 **―상속** [saŋsok サンソク] 名 遺産相続.

유산-균 [乳酸菌] [jusangjun ユサングュン] 名 乳酸菌.

유서 [遺書] [jusɔ ユソ] 名 遺書 ¶~를 쓰다 [~rul s'uda ~ルル ッスダ] 遺書をしたためる.

유선[有線] [ju:sʌn ユーソン] 名 有線 ¶〜 전화 〜 dʒɔːnhwa 〜 ジョンファ] 有線電話.

유성[流星] [jusʌŋ ユソン] 名 流星; 流れ星.

유세[有勢] [ju:se ユーセ] 名 하自 하形 ① 権勢のあること ② 権力をふるうこと ―**떨다**[t'ʌlda ットルダ] 自 権勢をふるい立てる ―**부리다**[burida ブリダ] 自 偉そうに権勢をふるう.

유세[遊説] [juse ユセ] 名 하自他 遊説 ¶선거 〜[sʌːŋgʌ 〜 ソーンゴ 〜] 選挙遊説.

유숙-하다[留宿―] [jusukʰada ユスクハダ] 自 止宿する ¶호텔에 〜[hothere 〜 ホテレ 〜] ホテルに止宿する.

유순-하다[柔順―] [jusunhada ユスンハダ] 形 柔順である ¶〜-한 며느리 [〜-han mjʌnuri 〜-ハン ミョヌリ] 柔順な嫁 ―**히** [i (ユス) ニ] 副 柔順に.

유식[有識] [ju:ʃik ユーシク] 名 하形 有識 ¶〜한 사람[(ju:ʃi) kʰan sa:ram 〜カン サーラム] 有識者; 識者.「新.

유신[維新] [juʃin ユシン] 名 하形他 維

유실[遺失] [juʃil ユシル] 名 하他 遺失 ¶〜 신고(申告)[〜 ʃingo 〜 シンゴ] 遺失届け ―**물**[mul ムル] 名 遺失物 ¶〜 센터[〜 sentʰɔ 〜 セント] 遺失物センター.

유심[唯心] [juʃim ユシム] 名 唯心 ―**론**[non ノン] 名 唯心論.

유심-하다[有心―] [ju:ʃimhada ユーシムハダ] 形 어変 心が特定のものに向いている; 注意している; 深い意味が含まれている **유심-히** [ju:ʃimi ユーシミ] 副 注意深く; つらつら; つくづく ¶〜 바라보다[〜 paraboda 〜 パラボダ] つらつら注意深く眺める.

유아[幼兒] [jua ユア] 名 幼児; 幼子.

유아[乳兒] [jua ユア] 名 乳児; 乳飲み子; =젖먹이[tʃʌnmʌgi チョンモギ].

유야-무야[有耶無耶] [ju:jamuja ユーヤムヤ] 하形 副 有耶無耶; あいまい ¶사건을 〜 처리하다[sa:k'ʌnul 〜 tʃʰʌrihada サーコヌル 〜 チョーリハダ] 事件をうやむやに処理する.

유약[柔弱] [jujak ユヤク] 名 하形 柔弱 ¶〜한 정신[(juja) kʰan tʃʌŋʃin 〜カン チョンシン] 柔弱な精神.

유언[遺言] [juʌn ユオン] 名 하他 遺言 ¶〜장[〜tʃ'aŋ 〜チャン] 遺言状.

유언-비어[流言蜚語] [juʌncibiʌ ユオンビオ] 名 流言飛語; デマ ¶〜를 퍼뜨리다[〜 rul pʰɔːt'urida 〜ルル ポットゥリダ] デマを流す.

유업[遺業] [jujʌp ユオプ] 名 遺業 ¶부친의 〜을 계승하다[putʃʰine (jujʌb) ul keːsuŋhada プチネ (ユオプ) ブルケースンハダ] 父の遺業を継ぐ.

*유엔[ju:en ユーエン] 名 国際連合; U.N. ¶〜군[〜gun 〜グン] 国連軍 / 〜 총회[〜 tʃʰoːŋhwe 〜 チョーンフェ] 国連総会.

유연[柔軟] [jujʌn ユヨン] 名 하形 하副 柔軟 ¶〜한 몸[〜han mom 〜ハン モム] 柔軟な体.

유연[悠然] [jujʌn ユヨン] 名 하形 悠然 ¶〜한 태도[〜han tʰɛːdo 〜ハン テード] 悠然たる態度.

유예[猶豫] [juje ユイェ] 名 하自他 猶予 ¶집행 〜[tʃipʰɛŋ 〜 チプヘン 〜] 執行猶予.

유용[流用] [jujɔŋ ユヨン] 名 하他 流用 ¶공금을 〜하다[koŋgumul 〜-hada コングムル 〜ハダ] 公金を流用する.

유용[有用] [ju:jɔŋ ユーヨン] 名 하形 有用; 役立つこと ¶〜한 인재(人材)[〜han indʒɛ 〜ハン インジェ] 有用の材 ―**히** [i イ] 副 有用に.

*유원-지[遊園地] [juwʌndʒi ユウォンジ] 名 遊園地.

*유월[六月] [juwʌl ユウォル] 名 6月; ×육월[jugwʌl ユグォル] (誤り).

유유-자적[悠悠自適] [jujudʒadʒɔk ユユジャジョク] 名 하自 悠々自適 ¶〜한 생활[(jujudʒadʒɔ) kʰan sɛnhwal 〜カン センファル] 悠々自適な生活.

유유-하다[悠悠―] [jujuhada ユユハダ] 形 어変 悠々としている ¶〜-한 태도(態度)[〜-han tʰɛːdo 〜ハン テード] 悠々たる物腰 **유유-히** [jujuユユイ] 副 悠々と ¶〜 흐르는 한강 [〜 hurununun haːngaŋ 〜 フルヌン ハーンガン] 悠々と流れる漢江.

*유의[留意] [jui ユイ] 名 하他 留意; 注意 ¶〜 사항[〜 saːhaŋ 〜 サーハン] 留意事項 / 건강에 〜하다[kɔːngaŋe 〜hada コーンガンエ 〜ハダ] 健康に気をつける.

*유익[有益] [ju:ik ユーイク] 名 有益 ¶〜한 책[(ju:i) kʰan tʃʰɛk 〜カン チェク] 有益な書物 ―**하다** [(ju:i) kʰada カダ] 形 有益だ; 益する; ためになる.

유인-물[油印物] [juinmul ユインムル]

유인-하다[誘引―][juinhada ユインハダ] 他 誘引する; おびき寄せる ¶취객(醉客)을 ~ [tɕʰwi:gɛgul ~ チュィーゲグル ~] 酔っぱらいを誘引する.

*유일[唯一][juil ユイル] 名 하形 唯一; ただ一つ ¶한 희망[(juir)han himaŋ ~ハン ヒマン] 唯一の希望 —무이[mui ムイ] 名 하形 唯一無二 ¶~한 친구(親舊)[~han tɕʰingu ~ハン チング] 唯一無二の親友.

유자[柚子][ju:dʑa ユージャ] 名 ユズの実 —나무[namu ナム] 名〈植〉ユズ(の木) —차[tɕʰa チャ] ユズ茶.

*유적[遺跡・遺蹟][judʑɔk ユジョク] 名 遺跡; 旧跡 ¶원시인의 ~ [wɔnʑiine ~ ウォンシイネ ~] 原始人の遺跡.

유전[油田][judʑɔn ユジョン] 名 油田 ¶~지대[~ dʑidɛ ~ ジデ] 油田地帯.

*유전[遺傳][judʑɔn ユジョン] 名 하自他 遺伝 —병[pʼjɔŋ ピョン] 名 遺伝病 —성[sʼɔŋ ソン] 名 遺伝性 —자[dʑa ジャ] 名 遺伝子 —적[dʑɔk ジョク] 名 冠 遺伝的 —학[hak ハク] 名 遺伝学.

유족[遺族][judʑɔk ユジョク] 名 遺族.

유종의 미[有終―美][ju:dʑoŋe mi: ユージョンエ ミー] 名 有終の美 ¶~를 거두다[~rul kɔduda ~ルル コドゥダ] 有終の美をなす[飾る].

유죄[有罪][ju:dʑwe ユージュェ] 名 하形 有罪 ¶~판결[~ pʰangjɔl ~ パンギョル] 有罪判決.

**유지[維持][judʑi ユジ] 名 維持 ¶현상 ~ [hjɔ:nsaŋ (njudʑi) ヒョーンサン (ニュジ)] 現状維持 —하다[hada ハダ] 他 維持する; 保つ ¶질서를 ~ [tɕʼils'ɔrul ~ チルソルル ~] 秩序を維持する.

유지[遺志][judʑi ユジ] 名 遺志 ¶~를 계승하다[~rul ke:suŋhada ~ルル ケースンハダ] 遺志を受け継ぐ.

유지[有志][ju:dʑi ユージ] 名 有力者.

*유창-하다[流暢―][jutɕʰaŋhada ユチャンハダ] 形 여変 流暢だ ¶~한 문장[~~han mundʑaŋ ~~ハン ムンジャン] 流暢な文章 / ~-하게 말하다[~~hage ma:rhada ~~ハゲ マールハダ] 流暢に話す.

유채[油菜][jutɕʰɛ ユチェ] 名〈植〉アブラナ=평지[pʰjɔŋdʑi ピョンジ] —꽃[kʼot ッコッ] 名 菜の花.

유추-하다[類推―][ju:tɕʰuhada ユーチュハダ] 他 類推する ¶일부를 보고 전체를 ~ [ilburul pogo tɕʰɔntɕʰerul ~ イルブル ポゴ チョンチェルル ~] 一部から全体を類推する.

유출[流出][jutɕʰul ユチュル] 名 하自 流出 ¶토사의 ~ [tʰosae ~ トサエ ~] 土砂の流出 / 두뇌 ~ [tunwe ~ トゥヌェ ~] 頭脳流出 / 외화 ~ [we:hwa ~ ウェーファ ~] 外貨流出.

유치[幼稚][jutɕʰi ユチ] 名 하形 幼稚 ¶~한 행동[~han hɛŋdoŋ ~ハン ヘンドン] 幼稚な行動 —원[wɔn ウォン] 名 幼稚園.

유치[留置][jutɕʰi ユチ] 名 留置 —하다[hada ハダ] 他 留置する; 留め置く —장[dʑaŋ ジャン] 名 留置場; 鉄窓.

유치-하다[誘致―][jutɕʰihada ユチハダ] 他 誘致する; 誘い寄せる ¶관광객을 ~ [kwaŋwaŋɛgul ~ クァングァンゲグル ~] 観光客を誘致する.

*유쾌[愉快][jukʰwe ユクェ] 名 하形 愉快 ¶~한 분위기[~han punwigi ~ハン プヌィギ] 愉快な雰囲気 —히[i イ] 副 愉快に ¶~ 지내자[~ tɕiinɛdʑa ~ チーネジャ] 愉快に過ごそう.

유태[猶太][jutʰɛ ユテ] 名〈史〉ユダヤ(Jedea) —교[gjo ギョ] 名 ユダヤ教 —인[in イン] 名 ユダヤ人. 「ターン.

유-턴[ju:tʰɔn ユートン] U-turn 名 U

유통[流通][jutʰoŋ ユトン] 名 하自他 流通 —경제[gjɔŋdʑe ギョンジェ] 名 流通経済 —기구[gigu ギグ] 名 流通機構 —량[njaŋ ニャン] 名 流通量.

유-하다[柔―][juhada ユハダ] 形 ① 柔らかい ② 性質が温順である; 気がやさしい ¶성격이 유한 사람[sɔ:ŋkʼjɔgi juhan sa:ram ソーンキョギ ユハン サーラム] 性格の穏やかな人.

유학[儒學][juhak ユハク] 名 儒学 ¶~자[~tɕʼa ~チャ] 儒学者.

*유학[留學][juhak ユハク] 名 하自 留学 —생[s'ɛŋ セン] 名 留学生.

유해[有害][ju:hɛ ユーヘ] 名 하形 有害 —롭다[ropt'a ロプタ] 形 ㅂ変 有害である —식품[ʃikpʰum シクプム] 名 有害食品.

유해[遺骸][juhɛ ユヘ] 名 遺骸; 亡骸; 遺体.

*유행[流行][juhɛŋ ユヘン] 名 하自 流行; はやり ¶~이 한물 가다[~i hanmul gada ~イ ハンムル ガダ] 流行が下火になる —하다[hada ハダ] 自 流行する; はやる ¶감기(感氣)가 ~ [ka:m-

유혹 　　　　　　　　　　**719**　　　　　　　　　　**육필**

giga ～ カームギガ ～] 風邪が流行する **―가** [ga ガ] 图 流行歌; はやり歌 **―성 감기**(性感氣) [s'ʌŋ ga:mgi ソンガームギ] 图〈医〉流行性感冒; 流感; インフルエンザ; はやり風邪 **―어** [ʌ オ] 图 流行語; はやり言葉.

*유혹[誘惑] [juhok ユホク] 图 誘惑; 誘い ¶ ～을 이겨내다 [(juhog) ɯl igjɔnnɛda ユホグル イギョネダ] 誘惑に打ち勝つ **―하다** [(juho)kʰada カダ] 他 誘惑する; 誘う.

유화[油畫] [juhwa ユファ] 图 油絵.

유화[宥和] [juhwa ユファ] 图 하自 宥和ᅟᅲᆼ **―정책** [dʒʌŋtʃʰɛk ジョンチェク] 图 宥和政策.

유효[有效] [ju:hjo ユーヒョ] 图 하形 ① 有効 ¶ ～ 기간 [～ gigan ～ ギガン] 有効期間 ② 有効(yuko) [ju:k'o: ユーコー] 柔道競技での判定用語の1つ.

유훈[遺訓] [juhun ユフン] 图 遺訓 ¶ 아버지의 ～ [abʌdʒie ～ アボジエ ～] 父の遺訓.

유휴[遊休] [juhju ユヒュ] 图 遊休 **―시설** [ji:sʌl シーソル] 图 遊休施設 **―자본** [dʒabon ジャボン] 图 遊休資本; 遊資 **―지** [dʒi ジ] 图 遊休地.

유흥[遊興] [juhɯŋ ユフン] 图 遊興 ¶ ～비 [～bi ～ビ] 遊興費 / ～업계 [～ʌpk'e ～オプケ] 風俗営業界.

유희[遊戱] [juhi ユヒ] 图 하自 遊戱.

육[六] [juk ユク] 冠 數 6; 六; 6つ; むう; む ¶ ～개월 [(ju)k'ewʌl ～ケウォル] 六か月; 6か月 / 6월 [juwʌl ユウォル] 6月 / 오뉴월 [o:njuwʌl オーニュウォル] 5・6月.

육감[肉感] [juk'am ユクカム] 图 肉感 ¶ ～을 자극(刺戟)하다 [～ ɯl tʃa:gukʰada (ユカム) ムル チャーグクカダ] 肉感をそそる[刺激する] **―적** [dʒʌk ジョク] 图 冠 肉感的 ¶ ～인 여배우 [～-(dʒʌg)in njobɛu ～-ジョギン ニョベウ] 肉感的な[色っぽい]女優.

육-개장[肉―] [juk'ɛdʒaŋ ユクケジャン] 图 煮込んだ牛肉を細かく裂いて, 辛く薬味を利かせ煮立てた汁物.

육교[陸橋] [juk'jo ユクキョ] 图 陸橋.

*육군[陸軍] [juk'un ユククン] 图 陸軍 **―사관 학교** [sa:gwanhak'jo サーグァンハクキョ] 图 陸軍士官学校 = **육사**(陸士) [juks'a ユクサ]

육박-하다[肉薄・肉迫―] [jukp'akʰada ユクパクカダ] 自 肉薄[肉迫]する; 迫る ¶ 적진에 ～ [tʃʌktʃ'ine ～ チョクチネ ～] 敵陣に迫る.

*육상[陸上] [juks'aŋ ユクサン] 图 陸上 ¶ ～ 수송 [～ susoŋ ～ ススン] 陸上輸送 **―경기** [gjɔ:ŋgi ギョーンギ] 图 陸上競技.

육성[肉聲] [juks'ʌŋ ユクソン] 图 肉声.

*육성-하다[育成―] [juks'ʌŋhada ユクソンハダ] 他 育成する ¶ 제자를 ～ [tʃe:dʒarɯl ～ チェージャルル ～] 弟子を育成する.

육수[肉水] [juks'u ユクス] 图 肉汁.

육시-랄[戮屍―] [juks'iral ユクシラル] 冠 なにかをののしるときの語;(「殺されて当然の・殺しても飽き足りない」の意) ¶ ～ 놈 [～ lom ～ ロム] 图 やつ / ～년 [～ ljon ～ リョン] 图 あま.

육아[育兒] [juga ユガ] 图 하自 育兒 ¶ ～ 일기 [～ ilgi ～ イルギ] 育兒日記.

육안[肉眼] [jugan ユガン] 图 肉眼; 裸眼 ¶ ～으로 보이다 [～ɯro poida (ユガ)ヌロ ポイダ] 肉眼で見える.

육영[育英] [jugjɔŋ ユギョン] 图 하自 育英; 英才の教育と学資の援助 **―사업** [sa:ʌp サーオプ] 图 育英事業.

육욕[肉慾] [jugjok ユギョク] 图 肉欲; 肉情 ¶ ～을 채우다 [(jugjog) ɯl tʃʰɛuda (ユギョ)グル チェウダ] 肉欲を満たす.

*육이오[六二五] [jugio ユギオ] 图 6・25 (1950年6月25日の略) **―전쟁 [동란・사변]** [dʒɔ:ndʒɛŋ [do:ŋnan・sa:bjon] ジョーンジェン [ドーンナン・サービョン]] 图 韓国・朝鮮戦争 [動乱・事変].

육중-하다[肉重―] [juktʃ'uŋhada ユクチュンハダ] 形 図体が大きくて重みがある; どっしりしている ¶ ～-한 몸집 [～-han momtʃ'ip ～-ハン モムチプ] どっしりとした体軀.

*육지[陸地] [juktʃ'i ユクチ] 图 陸地.

육질[肉質] [juktʃ'il ユクチル] 图 肉質.

육체[肉滯] [juktʃʰe ユクチェ] 图 肉の食あたり.

*육체[肉體] [juktʃʰe ユクチェ] 图 肉体 ¶ ～과 여우 [～pʰa jou ～パヨウ] 肉体派女優 **―미** [mi ミ] 图 肉体美.

육통-터지다[六通―] [juktʰoŋtʰʌdʒida ユクトントチダ] 自 事がほとんど成りかけて駄目になる; 成就一歩手前で失敗する[しくじる].

육포[肉脯] [jukpʰo ユクポ] 图 脯乾し.

육필[肉筆] [jukpʰil ユクピル] 图 肉筆 ¶ ～의 원고 [(jukpʰir)e wʌngo (ユク

ピ〕レ ウォンゴ〕 肉筆の原稿.

육회[肉膾][jukʰwe ユククェ] 图 肉のなます(牛肉の赤身を細切りにして生のまま薬味をかけた食べ物).

윤[潤][juːn ユーン] 图 光沢; つや; 照り; ='윤기'(潤氣) ¶~을 내다[~ul nɛːda (ユー) ヌル ネーダ] 光沢[つや]を出す; 照りを出す / ~이 나다[~i nada (ユー)ニ ナダ] 光沢[つや]が出る; つやつやしている.

***윤곽**[輪廓][jungwak ユングァク] 图 輪郭; 目鼻; アウトライン ¶사업의 ~이 잡히다[saːɔbe (jungwag)i tɕʰapʰida サーオベ (ユングァ)ギ チャプヒダ] 事業の目鼻がつく / 사건의 ~[saːkʼone ~ サーコネ ~] 事件の輪郭.

윤기[潤氣][juːnkʼi ユーンキ] 图 潤沢な気; 色つや; つや; ='윤'(潤) ¶~가 흐르는 얼굴[~ga hururunun olgul ~ガ フルヌン オルグル] つやつやした顔.

윤년[閏年][juːnnjɔn ユーンニョン] 图 閏年 ㊀ひ.㊁ろう.「月㊀㊁.ろう.

윤달[閏—][juːndal ユーンダル] 图 閏.

윤락[淪落][jullak ユルラク] 图 하自 淪落㊀ら ¶~ 여성[jullan njɔsɔŋ ユルランニョソン] 淪落女性 / ~ 행위[(julla) kʰɛŋwi ~ ケンウィ] 淪落[売春]行為.

윤리[倫理][julli ユルリ] 图 倫理; モラル —**학**[hak ハク] 图 倫理学.

윤번[輪番][junbɔn ユンボン] 图 하他 輪番; 回り番 —**제**[dʑe ジェ] 图 輪番制.

***윤택-하다**[潤澤—][juːntʰɛkʰada ユーンテクハダ] 圏 潤沢だ ① 光沢[つや]がある ¶윤택이 있는 가구[juːntʰɛgi innun kagu ユーンテギ インヌン カグ] 光沢のある家具 ② 豊かだ; ゆとりがある ¶~-한 생활(生活)[(juːntʰɛ)-kʰan sɛŋhwal ~-カン センファル] ゆとりのある[豊かな]暮らし.

윤화[輪禍][junhwa ユンファ] 图 輪禍; 交通事故 ¶~를 당하다[~rul taŋhada ~ルル タンハダ] 輪禍にあう.

율동[律動][jultʼoŋ ユルトン] 图 律動; リズム ¶생의 ~[sɛŋe ~ センエ ~] 生の律動 —**체조**[tɕʰedʑo チェジョ] 图 律動体操; リズム体操.

율-무[julmu ユルム] 图 〈植〉ハトムギ (鳩麦) —**쌀**[sʼal ッサル] 图 薏苡仁㊀よくいにん㊁(ハトムギの実) —**차**[tɕʰa チャ] 图 ハトムギ茶.

율사[律士][julsʼa ユルサ] 图 辯護士.

융[絨][juŋ ユン] 图 絨ビキ̇ゥ; 表がやわらかく毛羽立っている織物の一種(フランネル類) —**털**[tʰɔl トル] 图 ① じゅうたんの表の毛 ② 花びらや葉の表面にある細毛.

융단[絨緞][juŋdan ユンダン] 图 絨緞㊀ビキ̇ゥ㊁; カーペット ¶~을 깔다[~ul kʼalda (ユング)ヌル ッカルダ] じゅうたんを敷く.

융성-하다[隆盛—][juŋsɔŋhada ユンソンハダ] 圏 隆盛する ¶사운이 ~[saːuni ~ サウニ ~] 社運が隆盛する.

융숭[隆崇][juŋsuŋ ユンスン] 图 하形 ㊀ひ.㊁ろう. 手厚くもてなすこと; 丁重なこと ¶~-한 대접(待接)[~han tɛːdʑɔp ~ハン テージョプ] 手厚いもてなし.

융자[融資][juŋdʑa ユンジャ] 图 하他 融資 ¶~를 받다[~rul patʼa ~ルル パッタ] 融資を受ける.

융통[融通][juŋtʰoŋ ユントン] 图 하他 融通 ¶자금을 ~하다[tɕagumul ~-hada チャグムル ~ハダ] 資金を融通する —**성**[sʼɔŋ ソン] 图 融通(性) ¶~이 없는 사람[~i ɔːmnun saːram ~イ オームヌン サーラム] 融通のきかない人.

융화[融和][juŋhwa ユンファ] 图 融和 ¶새 직장에 ~되다[sɛ tɕʰiktɕʼaŋe ~dweda セ チクチャンエ ~ドゥェダ] 新しい職場に溶け込む —**하다**[hada ハダ] 自 融和する; 解け合う —**책**[tɕʰɛk チェク] 图 融和策.

***윷**[juːt ユーッ] 图 ① 韓国・朝鮮古来のすごろくの一種; 小さい丸木を2つに割って作った4本1組の棒切れ='윷'と呼ぶ ② '윷놀이'の遊びで棒切れがみな仰向けになった時の呼び名(4点を得ると共にもう一度投げる権利を得る).

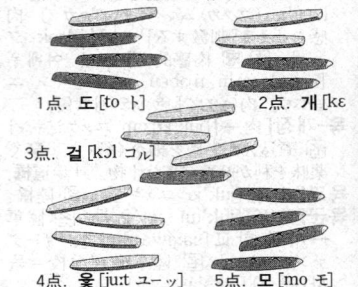

[윷 [juːt ユーッ]]

1点. **도**[to ト]　　　2点. **개**[kɛ ケ]

3点. **걸**[kɔl コル]

4点. **윷**[juːt ユーッ]　　5点. **모**[mo モ]

윷-놀다[juːnnolda ユーンノルダ] 自 ㊀ㄹ리語幹㊁ '윷놀이'(の遊び)をする.

윷-놀이 [juːnnori ユーンノリ] 名 하自 '윷놀이'の遊び(4つの棒切れを放り投げて棒切れの表と裏が各々いくつ出たかによって駒をいくつ進めるかを決める).

윷놀이

윷-판 [juːtpʰan ユーッパン] **1** 名 '윷놀이'をするその場[集い] **2** [一板] 名 '윷놀이'の駒を進める位置を描いたゲーム盤 = 말판 [malpʰan マルパン].

으그러-뜨리다 [ɯgɯrətʼɯrida ウグロットゥリダ] 他 (物の表面を)へこませる; 押しつぶす.

으그러-지다 [ɯgɯrədʑida ウグロジダ] 自 (物の表面が)つぶれる, へこむ.

으깨다 [ɯkʼɛda ウッケダ] 他 ① (固い物を)すりつぶす, つぶす; 砕く ¶호두를 ~ [hodurɯl ~ ホドゥルル ~] クルミを砕く ② 硬いものを軟かくする; 搗つく; 練る ¶된장을 ~ [twendʑaŋɯl ~ トゥェーンジャンウル ~] みそを搾る.

-(으)나 [(ɯ)na (ウ)ナ] 語尾 ① …だが; …が ¶사람은 좋으~ [saramɯn tɕoːɯ~ サーラムン チョーウ~] 人は好いが ② …ても; …も ¶자~ 깨~ [tɕa~kʼɛ~ チャ~ッケ~] 寝ても覚めても ③ …さても; …も ¶기~ 긴 세월(歲月) [kiː~ gin seːwəl キー~ ギン セーウォル] 長い長い年月.

-(으)나마 [(ɯ)nama (ウ)ナマ] 語尾 …だが; …けれど ¶적으~… [tɕəgɯ~ チョグ~] わずかですが….

-(으)냐 [(ɯ)nja (ウ)ニャ] 語尾 …か ¶좋으~? [tɕoːɯ~ チョーウ~] いいのか.

-(으)냐고 [(ɯ)njago (ウ)ニャゴ] 語尾 …かと = '-(으)냐'+하고 [hago ハゴ] ¶높으~ 물었다 [nopʰɯ~ murətʼa ノプ~ ムロッタ] 高いのかと聞いた.

-(으)냐는 [(ɯ)njanɯn (ウ)ニャヌン] 語尾 …かという; …との; = '-(으)냐고'+하는 [hanɯn ハヌン] ¶높으~ 질문이다 [nopʰɯ~ tɕilmunida ノプ~ チルムニダ] 高いのかという問いである.

-(으)냔 [(ɯ)njan (ウ)ニャン] 語尾 …かという; …と言った; = '-(으)냐는' ¶어떤 것이 좋으~ 말이다 [ətʼən kəɕi tɕoːɯ~ marida オットン コシ チョーウ~ マリダ] どれがいいのかというのだ.

-(으)니 [(ɯ)ni (ウ)ニ] 語尾 ① …から; …だから ¶강이 깊으~… [kaŋi kipʰɯ~ カンイ キプウ~] 川が深いから… ② (する)と; …したら ¶역에 닿으~… [jəge taɯ~ ヨゲ タウ~] 駅に着いたら… ③ (か)ね ¶어머니가 좋으~? [əməniga tɕoːɯ~ オモニガ チョーウ~] お母さんが好き(かね) ④ …とか; …のと ¶많으~ 적으~ 말이 많다 [maːnɯ~ tɕəgɯ~ maːri maːntʰa マーヌ~ チョーグ~ マーリ マーンタ] 多いとか少ないとかとやかましい.

-(으)니까 [(ɯ)nikʼa (ウ)ニッカ] 語尾 …ので; …したら; …(だ)から; = -(으)니까는 [(ɯ)nikʼanɯn (ウ)ニッカヌン] · -(으)니깐 [(ɯ)nikʼan (ウ)ニッカン] ¶약을 먹었으~… [jagɯl məgəsʼɯ~ ヤグル モゴッス~] 薬を飲んだから….

*으드득 [ɯdɯdɯk ウドゥドゥク] 副 하自他 ばりばり; かりかり; ぎりぎり ¶생밤을 ~ 깨물다 [sɛŋbamɯl ~ kʼɛmulda センバムル ~ ッケムルダ] なまぐりをかりかりとかむ / ~ 이를 갈다 [~ irɯl kaːlda ~ イルル カールダ] ぎりぎりと歯ぎしりをする.

*으뜸 [ɯtʼɯm ウットゥム] 名 ① 第一; 最上; 一番; トップ ¶~으로 졸업하다 [~uro tɕorəpʰada ウットゥ ムロ チョロプパダ] 一番で卒業する ② 根本; 基本; 根源; 宗旨 ¶글은 간결함을 ~으로 한다 [kurɯun kaŋgjərhamul ~uro handa クルン カンギョルハムル (ウットゥ)ムロ ハンダ] 文は簡潔をむねとする **—가다** [gada ガダ] 自 一番だ; 最高だ; トップだ; 随一である ¶국내에서 ~ [kuŋnɛesə ~ クンネエソ ~] 国内での最高だ.

-(으)라 [(ɯ)ra (ウ)ラ] 語尾 …せよ; …しなさい ¶보~ [po~ ポ~] 見よ / 먹으~ [məgɯ~ モグ~] 食べろ.

-(으)라고 [(ɯ)rago (ウ)ラゴ] 語尾 …せよと ¶입으~ 해라 [ibɯ~ hɛːra イブ~ ヘーラ] 着ろと言いなさい.

-(으)라느냐 [(ɯ)ranɯnja (ウ)ラヌニャ] 語尾 …しろと言うのか = '-(으)라

- **-(으)라는** [(ɯ)ranɯn (ウ)ラヌン] 語尾 …せよという;…との; ='-(으)라고'+하는[hanɯn ハヌン] ¶읽으~ 말이다[ilgɯ~ marida イルグ~ マリダ] 読めというのだ.
- **-(으)라니** [(ɯ)rani (ウ)ラニ] 語尾 …せよとは; …だと; …だって; ='-(으)라고'+하니[hani ハニ] ¶먹으~ 한심하구나[mɔgɯ~ hanʃimhaguna モグ~ ハンシムハグナ] 食べろとはなさけないなあ/이걸 먹으~[igɔl mɔgɯ~ イゴル モグ~] これを食えというのか.
- **-(으)라니까** [(ɯ)ranik'a (ウ)ラニッカ] 語尾 …と言ったら; …と言うから[ので]; ='-(으)라고'+하니까 [hanik'a ハニッカ] ¶먹으~ 먹었다 [mɔgɯ~ mɔgɔtt'a モグ~ モゴッタ] 食べろと言ったので食べた —는[nun ヌン] 語尾 '-(으)라니까'の強調語.
- **-(으)라든지** [(ɯ)radɯndʒi (ウ)ラドゥンジ] 語尾 …しろとか='-(으)라'+하든지[hadɯndʒi ハドゥンジ] ¶가~ 멈추~[ka~ mɔmtʃʰu~ カ~ モムチュ~] 進めとか止まれとか.
- **-(으)라면** [(ɯ)ramjɔn (ウ)ラミョン] 語尾 …せよと言えば[言うならば]='-(으)라고'+하면[hamjɔn ハミョン] ¶죽으~ 죽겠니[tʃugɯ~ tʃuk'enni チュグ~ チュクケンニ] 死ねと言えば死ぬつもりか.
- **-(으)라지** [(ɯ)radʒi (ウ)ラジ] 語尾 ① …(せよ)って='-(으)라고'+하지[hadʒi ハジ] ¶빨리 씻으~[p'alliʃ'isɯ~ ッパルリッシス~] 早く洗えと言うんだろう ② (…したら)…させてもよい[させろ] ¶갈테면 가~[kaltʰemjɔn ka~ カルテミョン カ~] 行きたけりゃ行かせろ.
- **-(으)락 말락** [(ɯ)raŋma:llak (ウ)ランマールラク] 語尾 …したりしなかったり ¶먹으~ 한다[mɔgɯ (raŋma:lla)-kʰanda モグ~カンダ] 食べようか食べまいかもじもじする.
- **-(으)란** [(ɯ)ran (ウ)ラン] 語尾 …しろと言う[言った]='-(으)라고'+하는[hanɯn ハヌン] ¶이것을 먹으~ 말이지[igɔsɯl mɔgɯ~ maridʒi イゴスル モグ~ マリジ] これを食えと言うのだな.
- **-(으)람** [(ɯ)ram (ウ)ラム] 語尾 …しろと言うのか(ね) ¶그의 말을 믿으~[kɯe ma:rɯl midɯ~ クエ マールル ミドゥ~] 彼の言うことを信じろ(と言うのか).
- **-(으)래** [(ɯ)rɛ (ウ)レ] 語尾 …しろだって='-(으)라고'+해[hɛ ヘ] ¶약을 먹으~[jagɯl mɔgɯ~ ヤグル モグ~] 薬を飲めと言ってるよ.
- **-(으)래도** [(ɯ)rɛdo (ウ)レド] 語尾 …だといっても='-(으)라고'+해도[hɛ:do [ヘード]] ¶누가 뭐~[nuga mwɔ:~ ヌガ ムォ~] 誰が何といっても.
- **-(으)래서** [(ɯ)rɛsɔ (ウ)レソ] 語尾 …せよと言うので='-(으)라고'+하여서[hajɔsɔ ハヨソ] ¶먹으~ 먹었지 [mɔgɯ~ mɔgɔtʃ'i モグ~ モゴッチ] 食べろと言うので食べた.
- **-(으)래서야** [(ɯ)rɛsɔja (ウ)レソヤ] 語尾 …しては; …せよとは; ='-(으)라고'+하여서야[hajɔsɔja ハヨソヤ] ¶그만두~ 되겠나[kɯmandu~ twegena クマンドゥ~ トゥェゲンナ] 止めろとはあんまりじゃないですか.
- **-(으)래야** [(ɯ)rɛja (ウ)レヤ] 語尾 ① …しろと言わねば(ならない)='-(으)라고'+하여야[hajɔja ハヨヤ] ¶먹으~ 먹지[mɔgɯ~ mɔktʃ'i モグ~ モクチ] 食べろと言わねば食べられない ② …だといっても ¶집이~[tʃibi~ チビ~] 家だといっても.
- **-(으)래요** [(ɯ)rɛjo (ウ)レヨ] 語尾 …ですって(よ)='-(으)라고'+하여요[hajɔjo ハヨヨ] ¶빨리 가~[pʰalli ka~ ッパルリ カ~] 早く行きなさいって/그게 아니~[kɯge ani~ クゲアニ~] そうでないってよ.
- **-(으)랴** [(ɯ)rja (ウ)リャ] 語尾 …するか; …するであろうか; …するものか ¶어찌 잊으~[ɔtʃ'i idʒɯ~ オッチ イジュ~] いずくんぞ忘れん, どうして忘られようか.
- **-(으)러** [(ɯ)rɔ (ウ)ロ] 語尾 …しに; …に ¶먹으~ 가다[mɔgɯ~ kada モグ~ カダ] 食べに行く.
- **으레** [ure ウレ] 副 ①いわずとも; 言うまでもなく; 当然 ¶학생이니 ~ 공부해야지[haksɛŋini ~ koŋbuhɛjadʒi ハクセンイニ ~ コンブヘヤジ] 学生だから当然勉強しなければならない ② 間

-(으)려(고) 違いなく大抵; きっと; 必ず ¶만나면 ~ 토론이다[mannamjʌn ~ tʰo:ronida マンナミョン ~ トーロニダ] 会うと必ず討論だ.

-(으)려(고) [(ɯ)rjʌ(go) (ウ)リョ(ゴ)] 語尾 …しようと; …した ¶책을 읽으 ~ 한다[tʃʰɛgɯl ilgɯ~ handa チェグル イルグ~ ハンダ] 本を読もうとする.

-(으)려거든 [(ɯ)rjʌgʌdɯn (ウ)リョゴドゥン] 語尾 …しようとするなら; = '-(으)려고'+하거든[hagʌdɯn ハゴドゥン] ¶가~ 빨리 가라[ka~ p'alli kara カ~ ッパルリ カラ] 行くんだったら早く行け.

-(으)려고 들다 [(ɯ)rjʌgo dɯlda (ウ)リョゴ ドゥルダ] 慣 …しようとする; しかかろうとする ¶자꾸 따지~[tʃak'u t'adʒi~ チャック ッタジ~] しきりに問いただそうとする.

-(으)려고조차 [(ɯ)rjʌgodʒotʃʰa (ウ)リョゴジョチャ] 語尾 …しようとさえ ¶움직이~ 하지 않았다[umdʒigi~ hadʒi anat'a ウムジギ~ ハジ アナッタ] 動こうとさえしなかった.

-(으)려기에 [(ɯ)rjʌgie (ウ)リョギエ] 語尾 …しようとするので='-(으)려고'+하기에[hagie ハギエ] ¶종이를 찢으~ 꾸짖었다[tʃoŋirɯl tʃ'idʒɯ~ k'udʒidʒʌt'a チョンイルル ッチジュ~ ックジジョッタ] 紙を破ろうとするので叱ってやった.

-(으)려나 [(ɯ)rjʌna (ウ)リョナ] 語尾 …(する)つもりか; …(し)ようとするのか; = '-(으)려고'+하나[hana ハナ] = '-(으)려는가' ¶언제 오~?[ʌ:ndʒe o~ オーンジェ オ~] いつ来るつもりなのか.

-(으)려네 [(ɯ)rjʌne (ウ)リョネ] 語尾 …するよ; …するつもりだ; = '-(으)려고'+하네[hane ハネ] ¶내년에 갚으~[nɛnjʌne kapʰɯ~ ネニョネ カプ~] 来年(に)返すつもりだ.

-(으)려느냐 [(ɯ)rjʌnɯnja (ウ)リョニャ] 語尾 …するつもりか='-(으)려고'+하느냐[hanɯnja ハヌニャ] ¶언제 읽으~?[ʌ:ndʒe ilgɯ~ オーンジェ イルグ~] いつ読むつもりか.

-(으)려는가 [(ɯ)rjʌnɯnga (ウ)リョヌンガ] 語尾 …しようとするのか; …するつもりかね; = '-(으)려고'+하는가[hanɯnga ハヌンガ] ¶언제 떠나~?[ʌ:ndʒe t'ʌna~ オーンジェットナ~] いつ発つつもりかね.

-(으)려는데 [(ɯ)rjʌnɯnde (ウ)リョヌンデ] 語尾 …(し)ようとすると; …(し)ようとするのに; = '-(으)려고'+하는데[hanɯnde ハヌンデ] ¶밥을 먹으~ 손님이 왔다[pabɯl mɔgɯ~ sonnimi wat'a パブル モグ~ ソンニミ ワッタ] ご飯を食べようとするところへお客が来た.

-(으)려는지 [(ɯ)rjʌnɯndʒi (ウ)リョヌンジ] 語尾 …する(こと)やら; …するのか; = '-(으)려고'+하는지[hanɯndʒi ハヌンジ] ¶언제 오시~[ʌ:ndʒe oʃi~ オーンジェ オシ~] いつごろいらっしゃるのやら.

-(으)려니 [(ɯ)rjʌni (ウ)リョニ] 語尾 ① …だろうと(思う) ¶병은 곧 나으~ 믿었는데[pjʌ:ŋɯn kon naɯ~ midʌnnɯnde ピョーンウン コン ナウ~ ミドンヌンデ] 病気はじきに治るものと思っていたのに ② …(し)ようとすると; …(し)ようとしても; …しようとするけれども; = '-(으)려고'+하니[hani ハニ] ¶혼자 보내~[hondʒa ponɛ~ ホンジャ ポネ~] 1人で行かせようとするけれど.

-(으)려니와 [(ɯ)rjʌniwa (ウ)リョニワ] 語尾 …するが; …だが; …(する)だろうけれど ¶산도 좋으~ 물도 좋다[sando tʃo:ɯ~ muldo tʃo:tʰa サンド チョーウ~ ムルド チョータ] 山もすぐれているが水もまたよい / 돈은 주~[to:nɯn tʃu~ トーヌン チュ~] お金はやるけれども(何に使うつもりだ).

-(으)려다(가) [(ɯ)rjʌda(ga) (ウ)リョダ(ガ)] 語尾 …しようとするところ(を); …をしようとしては; = '-(으)려고'+하다(가)[hada(ga) ハダ(ガ)] ¶죽으~ 그만 두었다[tʃugɯ~ kuman duʌt'a チュグ~ クマンドゥオッタ] 死のうとしたが止めた.

-(으)려더니 [(ɯ)rjʌdʌni (ウ)リョドニ] 語尾 …しようとしたが; …するよう[つもり]だったが; = '-(으)려고'+하더니[hadʌni ハドニ] ¶가~ 왜 안 갔지?[ka~ wɛ an gatʃ'i カ~ ウェー アン ガッチ] 行くと言っていたがなぜ行かなかったの.

-(으)려던 [(ɯ)rjʌdʌn (ウ)リョドン] 語尾 …しようとしていた; …するつもりだった; = '-(으)려고'+하던[hadʌn ハドン] ¶밥을 먹으~ 차에

-(으)려도 [(ɯ)rjodo (ウ)リョド] [語尾] …しようとしても; ='-(으)려고'+하여도[hajodo ハヨド] ¶잊으~ 잊을 수 없다[idʒɯl~ idʒɯl s'u ɔpt'a イジュ~ イジュル ッス オープタ] 忘れようにも忘れられない.

-(으)려면 [(ɯ)rjɔmjɔn (ウ)リョミョン] [語尾] …しようとすれば; …しなければ; ='-(으)려고'+하면[hamjɔn ハミョン] ¶책을 읽으~ [tʃʰɛgɯl ilgɯ~] 本が読みたければ.

-(으)려면야 [(ɯ)rjɔmjɔnja (ウ)リョミョンヤ] [語尾] …しようとすれば; しようと思えば; ='-(으)려고'+하면야[hamjɔnja ハミョンヤ] ¶이기~ 이길 수 있지[igi~ igil s'u itʃ'i イギ~ イギル ッス イッチ] 勝とうと思えば勝てるよ.

-(으)려무나 [(ɯ)rjɔmuna (ウ)リョムナ] [語尾] …してもいい[よろしい]; …しろよ ¶자고 싶으면 자~ [tʃago ʃipʰɯmjɔn tʃa~ チャゴ シプミョン チャ~] 眠りたかったら眠りなさい.

-(으)려서는 [(ɯ)rjɔsɯnɯn (ウ)リョソヌン] [語尾] …しようとしては='-(으)려고'+하여서는[hajɔsɯnɯn ハヨソヌン] ¶남의 돈을 거저 먹으~ 안 되네[name tonɯl kɔdʒɔ mɔgɯ~ an dwene ナメ トーヌル コジョ モグ~ アン ドゥェネ] 人の金をただで取ろうとしては駄目だよ.

-(으)려서야 [(ɯ)rjɔsɔja (ウ)リョショヤ] [語尾] …しようとしては='-(으)려고'+하여서야[hajɔsɔja ハヨソヤ] ¶꽃을 꺾으~ 되나[k'otʃʰɯl k'ɔk'ɯ~ twena ッコチュル ッコック~ トゥェナ] 花を折ろうとしてはいけないよ.

-(으)려야 [(ɯ)rjɔja (ウ)リョヤ] [語尾] ① …しようとしないと='-(으)려고'+하여야[hajɔja ハヨヤ] ¶먹으~ 주지[mɔgɯ~ tʃudʒi モグ~ チュジ] 食べようとしなければやれない ② …しようとしても='-(으)려도' ¶믿으~ 믿을 수 없다[midɯ~ midɯl s'u ɔpt'a ミドゥ~ ミドゥル ッス オープタ] 信じようとしても信じられない.

-(으)련 [(ɯ)rjɔn (ウ)リョン] [語尾] しようとするかね='-(으)려느냐' ¶무엇을 먹으~? [muɔsɯl mɔgɯ~ ムオスル モグ~] 何が食べたいのだ.

-(으)련다 [(ɯ)rjɔnda (ウ)リョンダ] [語尾] …しようとする; …するつもりだ; …する気だ; ='-(으)려고'+한다[handa ハンダ] ¶더 묵으~ [tɔ mugu~ ト ムグ~] もっと泊まるつもりだ.

-(으)련마는 [(ɯ)rjɔnmanɯn (ウ)リョンマヌン] [語尾] …するはずなのに; …(する)のだがなあ; =**-(으)련만** [(ɯ)rjɔnman (ウ)リョンマン] ¶그렇다면 좋으~ [kɯrɔtʰamjɔn tʃo:u~ クロッタミョン チョーウ~] それならいいんだけど.

-(으)렴 [(ɯ)rjɔm (ウ)リョム] [語尾] …(する)ようにしろよ; …しなさい; ='-(으)려무나' ¶먼저 먹으~ [mɔndʒɔ mɔgu~ モンジョ モグ~] 先に食べなさいよ.

-(으)렵니까 [(ɯ)rjɔmnik'a (ウ)リョムニッカ] [語尾] …(しようと)しますか[なさいますか]='-(으)려고'+합니까[hamnik'a ハムニッカ] ¶지금 떠나~? [tʃigum t'ɔna~ チグム ットナ~] 今お発ちなさいますか.

-(으)렵니다 [(ɯ)rjɔmnida (ウ)リョムニダ] [語尾] …(しようと)しています[思います]='-(으)려고'+합니다[hamnida ハムニダ] ¶고전 음악을 들으~ [ko:dʒɔn ɯmagɯl tɯrɯ~ コージョ ヌマグル トゥル~] クラシック(音楽)を聞こうと思います.

-(으)렷다 [(ɯ)rjɔt'a (ウ)リョッタ] [語尾] ① …であるでしょう; …であるだろう ¶내일은 날씨가 좋으~ [nɛirun nalʃ'iga tʃo:u~ ネイルン ナルッシガ チョーウ~] 明日は天気がいいだろうよ ② …とのことだったね ¶값은 받지 않으~ [kaps'ɯn patʃ'i anɯ~ カプスン パッチ アヌ~] 代金はもらわないとのことだったね ③ …(しろ); …(せ)よ ¶지체없이 출발하~ [tʃitʃʰeɔpʃ'i tʃʰulbarha~ チチェオプシ チュルバルハ~] ただちに出発しろ.

*****(으)로** [(ɯ)ro (ウ)ロ] [助] ①〈方法〉…で; …にて ¶특급으~ 가다[tʰɯk'ɯbɯ~ kada トゥックブ~ カダ] 特急で行く ②〈材料〉…で; …から ¶쌀~ 밥을 짓다[s'al(lo) pabul tʃit'a ッサル~ パブル チータ] 米でご飯を炊く ③〈方向〉…へ; …に ¶어디~ 갈

까?[ɔdi~ kalkʼa オディ~ カルッカ] どこへ行こうか ④〈原因・理由〉…で; …から; …によって ¶암으~ 죽었다 [amu~ tʃugɔtʼa アム~ チュゴッタ] 癌で死んだ ⑤〈根拠〉…で ¶일급으~ 일하다[ilgɯbu~ iːrhada イルグブ~ イールハダ] 日給で働く ⑥〈結果〉…に; …と(して) ¶수포~ 돌아가다 [supʰo~ toragada スポ~トラガダ] 水泡に帰する / 유학생으~ 일본에 왔다[juhaksʼɛŋu~ ilbone watʼa ユハクセンウ~ イルボネ ワッタ] 留学生として日本に来た.

- **-(으)로는** [(ɯ)ronɯn (ウ)ロヌン] 助 …には; …では ¶영어~ 무어라고? [jɔŋɔ~ muɔrago ヨンオ~ ムオラゴ] 英語では何だと.

- **-(으)로도** [(ɯ)rodo (ウ)ロド] 助 …でも; …にも ¶이 길은 시장으~ 통한다[i kirun ʃiːdʒaŋu~ tʰoŋhanda イキルン シージャンウ~ トンハンダ] この道は市場にも通じる[行かれる].

- **-(으)로-부터** [(ɯ)robutʰɔ (ウ)ロブト] 助 …から; …より ¶친구~ 받은 선물[tʰingu~ padɯn sɔːnmul チング~ パドゥン ソーンムル] 友達にもらったプレゼント.

- ※**-(으)로서** [(ɯ)rosɔ (ウ)ロソ] 助 …として ¶형으~ 용서할 수 없다 [hjɔŋu~ jɔŋsɔhal sʼu ɔːptʼa ヒョンウ~ ヨンソハル ッ オープタ] 兄として許せない.

- **-(으)로써** [(ɯ)rosʼɔ (ウ)ロッソ] 助 …をもって; …で ¶서면으~ 통지한다[sɔmjɔnɯ~ tʰoŋdʒihanda ソミョヌ~ トンジハンダ] 書面をもって通知する.

- **-(으)로조차** [(ɯ)rodʒotʃʰa (ウ)ロジョチャ] 慣 …にさえ; …でさえ.

- **-(으)로 하여금** [(ɯ)ro hajogɯm (ウ)ロハヨグム] 慣 …をして ¶스승으~ 감동하게 하다[sɯsɯŋu~ kaːmdoŋhage handa ススンウ~ カームドンハゲ ハンダ] 師をして感動せしめる.

으르렁-거리다 [urɯrɔŋgorida ウルロンゴリダ] 自 ① うなる; 吼ほえたける ¶사자가 ~[saːdʒaga ~ サージャガ ~] ライオンが吼えたける ② いがみ合う; 角突き合う ¶원수처럼 ~[wɔːnsutʃʰɔrɔm ~ ウォーンスチョロム ~] かたきのようにいがみ合う.

으름-장 [urɯmtʃʼaŋ ウルムチャン] 名 하他 脅し; 脅迫; 威嚇 ¶~에 굴하지 않다[~e kurhadʒi antʰa ~エ クルハジ アンタ] 脅しに屈しない **―놓다** [notʰa ノッタ] 自 脅す; 脅迫する ¶두말 못하게 ~[tuːmal moːtʰage ~ トゥーマル モータゲ ~] 二言と言えないように脅す.

- **-(으)리** [(ɯ)ri (ウ)リ] 語尾 …(せ)ん; …(せ)んや; ='-(으)리요' ¶슬픔을 어찌 잊으~[sɯlpʰɯmɯl ɔtʃʼi idʒɯ~ スルプムル オッチ イジュ~] 悲しみをいかに忘れん.

- **-(으)리까** [(ɯ)rikʼa (ウ)リッカ] 語尾 …ましょうか ¶제가 읽으~?[tʃeːga ilgɯ~ チェーガ イルグ~] 私が読みましょうか.

- **-(으)리다** [(ɯ)rida (ウ)リダ] 語尾 …(し)ましょう; …(する)つもりです; …でしょう ¶우리가 책임지~[uriga tʃʰɛgimdʒi~ ウリガ チェギムジ~] 私たちが責任を負います.

- **-(으)리라** [(ɯ)rira (ウ)リラ] 語尾 …よう; …であろう ¶벌써 왔으~[pɔlsʼɔ wasʼɯ~ ポルッソ ワッス~] はや来たであろう.

- **-(으)리로다** [(ɯ)riroda (ウ)リロダ] 語尾 …だろう; …なさん; …せん ¶복이 있으~[pogi isʼɯ~ ポギ イッス~] (信ずる者に)幸あらん.

- **-(으)리 만큼** [(ɯ)ri mankʰum (ウ)リ マンクム] 語尾 …するほど; …するぐらいに ¶알아들으~ 충고했다[aradɯrɯ~ tʃʰuŋgohɛtʼa アラドゥル~ チュンゴヘッタ] 聞きわけるほど忠告した.

- **-(으)리요** [(ɯ)rijo (ウ)リヨ] 語尾 …せん; …ようか ¶어찌 기쁘지 않으~[ɔtʃʼi kipʼɯdʒi anɯ~ オッチ キップジ アヌ~] どうしてうれしくなかろうか.

으리으리-하다 [uriurihada ウリウリハダ] 形 여変 広大だ; 豪壮だ; ぴかぴかだ; ものものしい ¶~-한 주택[~-han tʃuːtʰɛk ~-ハン チューテク] 豪壮な住宅 / ~-한 군복 차림[~-han kunbok tʃʰarim ~-ハン クンボク チャリム] ものものしい軍服姿.

- **-(으)마** [(ɯ)ma (ウ)マ] 語尾 …するよ; …よう ¶도와주~[towadʒu~ トワジュ~] 助けてあげよう / 내가 맡으~[nɛga matʰɯ~ ネガ マットゥ~] 私が引き受けよう.

‒(으)며 [(ɯ)mjʌ (ウ)ミョ] **語尾** ①…つつ(つ); …して; …したり ¶쫓으~쫓기~[tʃ'otʃʰɯ~ tʃ'ok'i~ ッチョチュ~ ッチョッキ~] 追いつ追われつ / 노래하~ 춤추~[norɛha~ tʃʰumtʃʰu~ ノレハ~ チュムチュ~] 歌ったり踊ったり ②…ながら=(하)면서 ¶(ha)mjʌnsʌ (ハ)ミョンソ] ¶웃으~ 말하다[usɯ~ ma:rhada ウス~ マールハダ] 笑いながら話す.

‒(으)면 [(ɯ)mjʌn (ウ)ミョン] **語尾** …なら; …ば; …と ¶돈이 있으~[to:ni is'ɯ~ トーニ イッス~] お金があれば….

‒(으)면서 [(ɯ)mjʌnsʌ (ウ)ミョンソ] **語尾** …ながら, …つつ ¶웃으~ 살자[usːu~ saːldʒa ウース~ サールジャ] 笑って暮らそう / 먹으~ 말하다[mʌgɯ~ ma:rhada モグ~ マールハダ] 食べながら話す **‒도** [do ド] **語尾** …しつつも, しるのに **‒부터** [butʰʌ ブト] **語尾** …して以来.

‒(으)면은 [(ɯ)mjʌnɯn (ウ)ミョヌン] **語尾** …したら; …ならば; …だったら; =‑(으)면' ¶억울~ 출세(出世)하라[ʌgur~ tʃʰulsʼehara オグル~ チュルセハラ] くやしかったら偉くなれ.

‒(으)므로 [(ɯ)mɯro (ウ)ムロ] **語尾** …ので; …だから ¶사랑했으~ 행복했다[saraŋhɛsʼɯ~ hɛːŋbokʰɛtʼa サランヘッス~ ヘーンボクケッタ] 愛したので幸せだった.

‒(으)셔요 [(ɯ)ʃojo (ウ)ショヨ] **語尾** …なさい(ませ); …(して)ください; …でございましょうか=‑(으)세요[(ɯ)sejo (ウ)セヨ] ¶받으~[padɯ~ パドゥ~] お受けなさい / 앉으~[andʒɯ~ アンジュ~] お座りください / 작지 않으~?[tʃaktʃʼi anɯ~ チャークチ アヌ~] 小さくはありませんでしょうか.

‒(으)소서 [(ɯ)sosʌ (ウ)ソソ] **語尾** …なさい(ませ); …なされよ; …(し)たまえ ¶고이 잠드~[koːi tʃamdɯ~ コーイ チャムドゥ~] 安らかに眠りたまえ.

으스‒대다 [ɯsɯdɛda ウスデダ] **自** 肩を張る; 肩を怒らす; 威張る ¶자기가 제일이라고 ~[tʃagiga tʃeːiriragoː ~ チャギガ チェーイリラゴ ~] 自分が一番だと威張りちらす; ×으시대다 [ɯʃidɛda ウシデダ] (会話文で多い).

으스러‒뜨리다 [ɯsɯrʌtʼɯrida ウスロットゥリダ] **他** 砕く; つぶす ¶호두를 ~[hodurɯl ~ ホドゥルル ~] クルミを割る[押しつぶす].

으스러‒지다 [ɯsɯrʌdʒida ウスロジダ] **自** 砕ける; つぶれる; 崩れる ¶~‒진 장난감[~‑dʒin tʃaŋnankʼam ~‒ジン チャンナンカム] つぶれたおもちゃ.

으스름 달밤 [ɯsɯrɯm dalpʼam ウスルム ダルパム] **名** おぼろ月夜.

으스름‒하다 [ɯsɯrɯmhada ウスルムハダ] **形 여変** うす明るい; ほのかだ; おぼろだ ¶~‒한 불빛[~‑han pulpʼit ~‒ハン プルピッ] ほのかな明かり.

으스스‒하다 [ɯsɯsɯhada ウススハダ] **形** (寒さ・怖さなどで)ぞっとする; (背中が)ぞくぞくする ¶등이 ~ [tuŋi ~ トゥンイ ~] 背中がぞくぞくする / 으스스 춥다[ɯsɯsɯ tʃʰupʼta ウスス チュプタ] 肌寒い; うすら寒い.

으슥‒하다 [ɯsukʰada ウスクカダ] **形 여変** ①ひっそりしている; 静まりかえっている ¶~‒한 뒷골목[~‑kʰan twiːtkʼolmok ~‒カン トゥィーッコルモク] ひっそり(と)した裏通り ②奥まっている; しんとしている ¶~‒한 방[~‑kʰan paŋ ~‒カン パン] 奥まった部屋.

으슬‒으슬 [ɯsɯrɯsɯl ウスルヌル] **副 해形** ぞくぞく; ひえびえと; 寒気がするさま ¶~ 오한이 난다[~ oːhani nanda ~ オーハニ ナンダ] ぞくぞく(と)悪寒がする.

으슴푸레‒하다 [ɯsɯmpʰurehada ウスムプレハダ] **形 여変** (月の光や灯火が)おぼろだ. かすかだ; うす明るい.

‒으시‒ [ɯʃi ウシ] **接尾** …(ら)れる; お(ご)…になる(尊敬の意を表わす) ¶책을 읽~다[tʃʰɛgul ilg~da チェグル イルグシダ] 本をお読みになる / 시간이 있으~면 [ʃigani isʼ~mjʌn シガニ イッスシミョン] 時間がおありでしたら.

‒(으)십시오 [(ɯ)ʃipʃio (ウ)シプシオ] **語尾** お(ご)…ください; …してください ¶받으~[padɯ~ パドゥ~] お受け取りください / 주무~[tʃumu~ チュム~] おやすみなさい.

으쓱¹ [ɯsʼuk ウッスク] **副** ぞっと; ぶるやっと; 恐怖・驚愕などで身の毛がよだつさま; 寒気で体がすくむさま **‒하다** [(ɯsʼu)kʰada カダ] **形** ぞっとする; ぷるっとする ¶무서워서 등골이 ~[musʌwʌsʌ tuŋkʼori ~ ムソウォソ トゥンコリ ~] 恐怖で背筋がぞっとする.

으쓱² [ɯs'uk ウッスク] 副 하 自他 いばったりうぬぼれたりして肩を怒らす[そびやかす]さま **―거리다[대다]** [(ɯs'ɯ)k'ɔrida[t'ɛda] コリダ[テダ]] 自 他 しきりに肩を怒らす; 気取る; 得意になる; 尊大ぶる.

으악 [ɯak ウアク] 感 ① げえ; 食べた物を吐く音 ¶ ～하고 토하다 [(ɯa)kʰago tʰo:hada ～カゴ トーハダ] げえと(食べた物を)吐く ② わっ; 自分で驚いた時や人を驚かす時に発する声 ¶ ～, 귀신(鬼神)이다[～, k'wi:ʃinida ～, クィーシニダ] わっ, 鬼だ[ゆうれいだ].

으앙 [ɯaŋ ウアン] 感 ぎゃあ; おぎゃあ; 赤ん坊の泣き声.

-(으)이 [(ɯ)i ウ)イ] 語尾 …な(あ) ¶ 이젠 싫으～ [idʒen ʃirɯ～ イジェン シル～] もう嫌だよ.

윽박-지르다 [ɯkp'aktʃirɯda ウクパクチルダ] 他 ㄹ変 どやし[叱り]つける; さんざんやり込める ¶ 되게 ～ [twe:ge～ トゥェーゲ～] ひどくどやしつける.

은 [銀] [ɯn ウン] 名 <鉱> 銀; シルバー(silver) ¶ ～ 100량[～bɛŋnjaŋ ～ベンニャン] 銀100両.

***은** [ɯn ウン] 助 …は; …には; …では ¶ 이것～ 책이다[igɔs～ tʃʰɛgida イゴスン チェギダ] これは本である / 꽃～ 아니다[kotʰ～ anida ッコチュン アニダ] 花ではない.

***-은** [ɯn ウン] 語尾 ① …い; …な ¶ 검～ 모자[kɔm～ mo:dʒa コムン モージャ] 黒い帽子 / 작～ 집[tʃa:g～ tʃip チャーグン チプ] 小さな家 ② …(し)た ¶ 맡～ 일[matʰ～ ni:l マトゥン ニール] 引き受けた仕事.

-은가 [ɯnga ウンガ] 語尾 …か; …のか ¶ 그것은 건강에 좋～? [kɯgɔsɯn kɔngaŋe tʃo:～ クゴスン コーンガンエ チョー～] それは健康によいのか.

은-가락지 [銀―] [ɯngaraktʃ'i ウンガラクチ] 名 銀の指輪 = 은반지(銀半指) [ɯnbandʒi ウンバンジ].

-은가 보다 [ɯnga boda ウンガ ボダ] 慣 …らしい(ね); …のようだ ¶ 기분(氣分)이 좋～ [kibuni tʃo:～ キブニ チョー～] 気持ちがいいようだ / 물이 깊～ [muri kipʰ～ ムリ キプンガボダ] 水が深いらしいね.

은거 [隠居] [ɯngɔ ウンゴ] 名 하 自 閑居; 隠居(老人と呼ぶことはない) ¶ ～한 지 3년[～handʒi samnjɔn ～ハンジ サムニョン] 隠れて住むこと3年.

-은거냐 [ɯngɔnja ウンゴニャ] 語尾 ① …したのか(い) ¶ 누가 먹～? [nuga mɔg～ ヌガ モグンゴニャ] 誰が食べたんだい ② …ものかね ¶ 검～? [kɔm～ コムンゴニャ] 黒いものかね.

-은거야 [ɯngɔja ウンゴヤ] 語尾 ① …したのだ = **-은 것이야** [ɯn kɔʃija ウン コシヤ] ¶ 내가 잡～ [nɛga tʃab～ ネガ チャブンゴヤ] 僕が捕らえた(も)のだ ② …(もの)だ ¶ 네것이 좋～ [negɔʃi tʃo:～ ネゴシ チョー～] お前のがいいものだよ.

-은걸 [ɯngɔl ウンゴル] 語尾 …な; …ね; …したよ; = **-은 것을** [ɯn kɔsɯl ウン コスル] ¶ 너무 작～ [nɔmu tʃa:g～ ノム チャーグンゴル] あまり小さいな.

-은고 [ɯngo ウンゴ] 語尾 …か; …だろう; ='-은가'の古めかしい言い方 ¶ 얼마나 높～? [ɔ:lmana nopʰ～ オールマナ ノプンゴ] いかほど高いのか.

***은근-하다** [殷懃―] [ɯngɯnhada ウングンハダ] 形 ① 慇懃だ; 丁重である; 礼儀正しい ¶ ～하게 인사(人事)하다[～-hage insahada ～-ハゲ インサハダ] 慇懃[丁重]にあいさつする ② 情愛が深く細かい ¶ ～한 사이 [～-han sai ～-ハン サイ] ただならぬ仲 ③ ひそかに・秘密に事を運ぶ ¶ ～하게 일을 꾸미다[～-hage i:rɯl k'umida ～-ハゲ イールル ックミダ] ひそかに事を構える **은근-히** [ɯngɯni ウングニ] 副 ひそかに; こっそりと; それとなく; 暗に ¶ ～ 반대 하다 [～ pa:ndɛhada ～ パーンデハダ] 暗に反対する / ～ 눈짓 하다 [～ nuntʃʰitʰada ～ ヌンチッタダ] それとなく目くばせする / ～ 골탕먹이다 [～ koltʰaŋmɔgida ～ コルタンモギダ] 真綿で首を締める.

은닉-하다 [隠匿―] [ɯnnikʰada ウンニクカダ] 他 隠匿する; 包み隠す ¶ 범인을 ～ [pɔ:minul ～ ポーミヌル ～] 犯人を隠匿する.

***-은데** [ɯnde ウンデ] 語尾 ① …が; …のに ¶ 물건은 좋～ 값이 비싸다 [mulgɔnɯn tʃo:～ kapʃ'i pis'ada ムルゴヌン チョー～ カプシ ピッサダ] 品はいいが値段が高い ② …(だから)なあ; …(のに)ねえ ¶ 산이 꽤 높～ [sani k'wɛ nopʰ～ サニ ックェ ノプンデ] 山は相当高いなあ.

은둔 [隠遁] [ɯndun ウンドゥン] 名 하 自

隠遁とん; この世を避けて隠れること ¶ ~ 생활[~ sɛŋhwal ~ センファル] 隠遁生活.

-은들[ɯndɯl ウンドゥル] 語尾 …といっても; …だとしても ¶먹~ 얼마나 먹으랴[mɔg~ ɔːlmana mɔgɯrja モグンドゥル オールマナ モグリャ] 食べるといってもいかほど食べようか.

은륜[銀輪][ɯlljun ウルリュン] 名 銀輪; 自転車(の別称).

은막[銀幕][ɯnmak ウンマク] 名 銀幕 ① 映画などを映写する幕; スクリーン ② 映画(界) ¶~의 여왕[(ɯnmag)e jɔwaŋ (ウンマゲ ヨワン)] 銀幕の女王.

은-메달[銀—][ɯnmedal ウンメダル] 名 銀メダル.

은밀-하다[隠密—][ɯnmirhada ウンミルハダ] 形 隠密ぁっだ; ひそかだ ¶~-한 계획[~-han keːhwek ~-ハン ケーフェク] 隠密な計画/~-한 일[~-han niːl ~-ハン ニール] ひそかなこと; 内緒事 **은밀-히**[ɯnmiri ウンミリ] 副 隠密に; ひそかに; 内密に ¶~ 조사하다[~ tʃosahada ~ チョサハダ] 内密に調べる.

-은바[ɯnba ウンバ] 語尾 …してみたら; …してみたところ ¶읽~ 정말 재미있더라[ilg~ tʃɔːŋmal tʃɛmiitʼɔra イルグンバ チョーンマル チェミイットラ] 読んでみたら本当に面白かった.

-은바에[ɯnbae ウンバエ] 語尾 (どうせ)…したからには; …した以上は ¶맡~ 해내야 한다[matʰ~ hɛːneja handa マトゥンバエ ヘーネヤ ハンダ] 引き受けたからにはやり遂げねばならない.

은박-지[銀箔紙][ɯnbaktʃʼi ウンパクチ] 名 銀紙; 銀箔紙ぎん.

은반[銀盤][ɯnban ウンバン] 名 銀盤 ① 銀製の皿 ② 月の別称 ③ スケートリング ¶~의 여왕[~e jɔwaŋ (ウ)ンバネ ヨワン] 銀盤の女王 **—계**[ge ゲ] 名 銀盤界; 氷上競技界.

은-반지[銀半指][ɯnbandʒi ウンバンジ] 名 銀の指輪.

은방울-꽃[銀—][ɯnbaŋulkʼot ウンバンウルッコッ] 名〈植〉スズラン(鈴蘭).

은백-색[銀白色][ɯnbɛkʼsɛk ウンベクセク] 名 銀白色; 銀色のような白色.

은-붙이[銀—][ɯnbutʃʰi ウンブチ] 名 銀製品の総称.

은-비녀[銀—][ɯnbinjɔ ウンピニョ] 名 銀のかんざし.

은-빛[銀—][ɯnpʼit ウンピッ] 名 銀色; 白金色.

은사[恩師][ɯnsa ウンサ] 名 恩師 ¶~의 가르침[~e karɯtʃʰim ~エ カルチム] 恩師の教え. 「名=‘은빛’.

은색[銀色][ɯnsɛk ウンセク] 名 銀

은-세계[銀世界][ɯnsege ウンセゲ] 名 銀世界; 雪景色 ¶눈이 내려 ~가 되다[nuːni nɛrjɔ ~ga tweda ヌーニ ネリョ ~ガトゥェダ] 雪が降り銀世界になる.

은-수저[銀—][ɯnsudʒɔ ウンスジョ] 名 銀製のさじとはし.

은신[隠身][ɯnʃin ウンシン] 名 하自 身を隠すこと ¶부도를 내고 ~하다 [pudorɯl nɛːgo ~hada プドルル ネーゴ ~ハダ] 不渡りを出して身を隠す/ ~처[~tʃʰɔ ~チョ] 隠れ場.

은어[銀魚][ɯnɔ ウノ] 名〈魚〉アユ(鮎).

은어[隠語][ɯnɔ ウノ] 名 隠語; 隠し言葉; スラング(slang).

은연-하다[隠然—][ɯnjɔnhada ウニョンハダ] 形 여변 かすかで薄明るく見える; 遠くの音がかすかに聞える; =‘은은(隠隠)하다’(日本語の「隠然」は「陰で強い力をもっているさま」の意) ¶산이 ~-하게 보인다[sani ~-hage poinda サニ ~-ハゲ ポインダ] 山がぼんやりと見える **은연-중에**[ɯnjɔn-dʒuŋe ウニョンジュンエ] 副 ひそかに; それとなく; 人の知らぬ間に ¶~ 깊어진 정[~ kipʰɔdʒin tʃɔŋ ~ キポジン チョン] 人知れずに深まった情.

은은-하다[隠隠—][ɯnɯnhada ウヌンハダ] 形 여변 かすかで明らかでない; 遠くの音がかすかに聞える; =‘은연하다’ ¶~-한 종소리[~-han tʃoŋsoʼo-ri ~-ハン チョンソリ] かすかに聞える鐘の音 **은은-히**[ɯnɯni ウヌニ] 副 かすかに; ほのかに ¶~ 풍겨오는 난향(蘭香)[~ pʰuŋgjɔonɯn nanhjaŋ ~ プンギョオヌン ナンヒャン] ほのかににおう蘭の香り.

은은-하다[殷殷—][ɯnɯnhada ウヌンハダ] 形 여변 いんいんたる; 音が大きく鳴りひびく[とどろく] ¶~-한 포성[~-han pʰoːsɔŋ ~-ハン ポーソン] いんいんたる砲声 **은은-히**[ɯnɯni ウヌニ] 副 いんいんと.

은인[恩人][ɯnin ウニン] 名 恩人; 世話になった人 ¶생명(生命)의 ~ [sɛŋmjɔŋe ~ センミョンエ ~] 命の恩人.

은-장도[銀粧刀][ɯndʒaŋdo ウンジャンド] 图 銀製の懷刀(昔, 女性用の裝身具).

은-장식[銀裝飾][ɯndʒaŋʃik ウンジャンシク] 图 하他 銀で飾ること.

은정[恩情][ɯndʒɔŋ ウンジョン] 图 恩情; 愛情の情; 恵みいつくしみの心 ¶ ~에 보답(報答)하다[~e po:dapʰada ~エ ポーダプハダ] 恩情に報いる.

은제[銀製][ɯndʒe ウンジェ] 图 銀製 ¶ ~의 우승컵[~e usuŋkʰɔp ~エ ウスンコプ] 銀製の優勝カップ.

은-종이[ɯndʒoŋi ウンジョンイ] 图 銀紙.

-은지[ɯndʒi ウンジ] 語尾 …のか; …やら ¶ 얼마나 깊~ 모르겠다[ɔ:lmana kipʰ~ moruɯget'a オールマナ キプンジ モルゲッタ] どれほど深いのかわからない.

-은지고[ɯndʒigo ウンジゴ] 語尾 …かな ¶ 아아, 가엾~[aa, ka:jɔps'~ アア, カーヨプスンジゴ] あ, 哀れなるかな.

-은지라[ɯndʒira ウンジラ] 語尾 …から; …(な)ので ¶ 머리가 좋~[moriga tʃo:~ モリガ チョー~] 頭がいいので.

은총[恩寵][ɯntʃʰoŋ ウンチョン] 图 恩寵 ¶ 신의 ~[ʃine ~ シネ ~] 神の恩寵[恵み].

은퇴[隱退][ɯntʰwe ウントェ] 图 하自 隱退; 退陣; 引退 ¶ 공직에서 ~하다[koŋdʒigesɔ ~hada コンジゲソ ~ハダ] 公職から引退する.

은폐[隱蔽][ɯnpʰe ウンペ] 图 하他 隱蔽 ¶ 부정을 ~하다[pudʒɔŋɯl ~hada プジョンウル ~ハダ] 不正を隱蔽する[覆い隱す].

은하[銀河][ɯnha ウンハ] 图〈天〉銀河; 天の川[河] **—계**[ge ゲ] 图 銀河界 **—수**(水)[su ス] 图 天の川.

은행[銀行][ɯnhɛŋ ウンヘン] 图 銀行; バンク **—원**[wɔn ウォン] 图 銀行員 = 행원(行員)[hɛŋwɔn ヘンウォン] **—장**[dʒaŋ ジャン] 图 (銀行の)頭取 = 행장(行長)[hɛŋdʒaŋ ヘンジャン].

***은행**[銀杏][ɯnhɛŋ ウンヘン] 图〈植〉ギンナン(銀杏); イチョウの木の實 **—나무**[namu ナム] 图〈植〉イチョウ(銀杏) ¶ ~ 가로수(街路樹)[~ garosu ~ ガロス] イチョウ並木.

***은혜**[恩惠][ɯnhe ウンヘ] 图 恩惠; 恵み; 恩 ¶ ~를 입다[~rɯl ipt'a ~ルル イプタ] 恩をこうむる / ~를 베풀다[~rɯl pepʰulda ~ルル ペプルダ] 恩惠を施す / ~를 갚다[~rɯl kapt'a ~ルル カプタ] 恩に報いる; 報恩 / ~를 원수로 갚다[~rɯl wɔ:nsuro kapt'a ~ルル ウォーンスロ カプタ] 諺 恩を仇で返す **—로이**[roi ロイ] 副 ありがたく **—롭다**[ropt'a ロプタ] 形 ㅂ変 恩を受けてありがたい感じである; 恵み深い; 恩に感じる.

***을**[ɯl ウル] 助 ①…を ¶ 책을 읽다[tʃʰɛgɯl ikt'a チェグル イクタ] 本を讀む ②…が ¶ 글~ 읽지 못한다[kɯr~ iktʃ'i mo:tʰanda クルル イクチ モッタンダ] 字が讀めない ③…に ¶ 동생~ 만나다[toŋsɛŋ~ mannada トンセン~ マンナダ] 弟に會う.

***-을**[ɯl ウル] 語尾 ①〈未來・時を示す語の前〉…する; …である ¶ 책을 읽~ 때[tʃʰɛgul ilg~ t'ɛ チェグル イルグル ッテ] 本を讀むとき ②〈豫定・意圖・推測などを示す語の前〉…(す)べき ¶ 읽~ 책[ilg~ tʃʰɛk イルグル~ チェク] 讀むべき本 ③〈過去を示す語の前〉…した ¶ 왔~ 때[was'~ t'ɛ ワッスル ッテ] 來たとき ④〈可能性を示す語の前〉…(られ)る[ない] ¶ 믿~ 수 있다[없다][mid~ s'u it'a[ɔ:pt'a] ミドゥルッス イッタ[オープタ]] 信じられる[信じられない].

-을거나[ɯlk'ɔnja ウルコニャ] 語尾 …つもりか;…するのか ¶ 얼마나 있~? [ɔ:lmana is'~ オールマナ イッスルコニャ] どのぐらい殘っているのか.

-을거다[ɯlk'ɔda ウルコダ] 語尾 …するだろう ¶ 오늘도 늦~[onɯldo nudʒ~ オヌルド ヌジュルコダ] 今日もまた遲くなるだろう.

-을거야[ɯlk'ɔja ウルコヤ] 語尾 ①…するのか; …をやるのか ¶ 더 안 씻~?[tɔ an ʃ'is~ ト アン ッシスルコヤ] もっと洗わないのかね ②…するつもりだ[つもりか] ¶ 더 있~[tɔ is'~ ト イッスルコヤ] もう少しいるつもりだ ③…かろう; …だろう ¶ 꽤 깊~[k'we kipʰ~ ックェ キプルコヤ] 相當深かろう.

-을걸[ɯlk'ɔl ウルコル] 語尾 ①…すればよかった(のに) =**-을 것을**[ɯl kɔ:sɯl ウル コースル] ¶ 많이 읽~[ma:ni ilg~ マーニ イルグルコル] うんと讀めばよかった(のに) ②…だろう(な); …であろうに ¶ 아마 같~[ama katʰ~ アマ カトゥルコル] おそらく同じだろうな.

-을게[ɯlk'e ウルケ] 語尾 …するよ ¶

더 읽~[tɔ ilg~ ト イルグルケ] もっと読むよ.

-을까 [ɯlk'a ウルッカ] 語尾 …だろうか; …か; …(する)かしら ¶저것을 먹~? [tʃɔgɔsɯl mɔg~ チョゴスル モグルッカ] あれを食べようか.

-을까 말까 [ɯlk'ama:lk'a ウルッカ マールッカ] 慣 ① …しようかしないか; …しようかやめようか ¶먹~ [mɔg~ モグルッカ マールッカ] 食べようかよそうか ② …に足りるか足りないか; …になるかならないか ¶한 자 넘~ 하다 [han dʒa nɔm~ hada ハン ジャ ノムルッカ マールッカ ハダ] 1尺を越えるか越えんかだ.

-을까 보냐 [ɯlk'a bonja ウルッカボニャ] 慣 …であろうか; …(する) ものか ¶어찌 잊~ [ɔtʃ'i idʒ~ オッチ イジュルッカボニャ] どうして忘れられようか.

-을까 보다 [ɯlk'a boda ウルッカボダ] 慣 ① …しそうだ; …かも知れない ¶좋았~ [tʃoːas'~ チョーアッスルッカボダ] よかったかも知れない ② …しようか(な); …しまおうか ¶차라리 죽~ [tʃharari tʃug~ チャラリ チュグルッカボダ] いっそのこと死んでしまおうか.

-을는지 [ɯllɯndʒi ウルルンジ] 語尾 …だろうか; …あろうか ¶아직 있~ [adʒik is'~ アジク イッスルルンジ] まだあろうかな / 제시간에 닿~ [tʃeʃigane ta~ チェシガネ タ~] 間に合うだろうか.

-을 듯이 [ɯl t'ɯʃi ウル トゥシ] 慣 (あたかも)…するばかりに ¶잡아먹~ 덤빈다 [tʃabamɔg~ tɔmbinda チャバモグル トゥシ トムビンダ] 食い殺さんばかりにかかる.

-을라 [ɯlla ウルラ] 語尾 …しないように; …(する)よ; …かも知れない ¶시간에 늦~ [ʃigane nɯdʒ~ シガネ ヌジュルラ] 時間に遅れないように.

-을라 말라 [ɯllaŋma:llak ウルランマールラク] 語尾 …しそうな; するばかりに ¶키가 천장에 닿~하다 [khiga tʃhɔndʒaŋe ta~~(maːlla)khada キガ チョンジャンエ タ~カダ] 背が天井すれすれだ.

을랑 (은) [ɯllaŋ(ɯn) ウルラン(ウン)] 助 …ものは; …だけは; …は ¶이런 책~(은) 읽지 마라 [irɔn tʃhɛg~(ɯn) iktʃ'i mara イロン チェグルラン(ウン) イクチ マラ] こんな本(など)は読むな.

을러-메다 [ɯːllɔmeda ウールロメダ] 自 협박하다; 으르다; 居丈高になる; = **을러대다** [ɯːllɔdɛda ウールロデダ] ¶~-ㄴ다고 겁낼 내가 아니다 [~-mendago kɔmnɛl nɛga anida ~-メンダゴ コムネル ネガ アニダ] 居丈高になって脅かしても恐れる僕じゃない.

-을런가 [ɯllɔnga ウルロンガ] 語尾 …だろうか ¶이 산보다 높~ [i sanboda nopʰ~ イ サンボダ ノプルロンガ] この山より高いだろうか.

-을망정 [ɯlmaŋdʒɔŋ ウルマンジョン] 語尾 したとて; …でも; …とも; …いえども ¶키는 작~ 담은 크다 [khinɯn tʃaːg~ taːmɯn khɯda キヌン チャーグルマンジョン タームン クダ] 背は小さくとも肝っ玉は太い.

-을 바에(야) [ɯl p'ae(ja) ウル パエ(ヤ)] 慣 どうせ…するからには ¶이왕 죽~ 할 말을 다 하겠다 [iwaŋ tʃug~ hal maːrul ta: hagetʼa イワン チュグル パエ(ヤ) ハル マールル ター ハゲッタ] どうせ死ぬからには言うべきことは皆言っておこう.

-을 밖에 [ɯl pak'e ウル パクケ] 慣 …するはずだ; …(する)より仕方ない ¶게으르니 학교에 늦~ [kɯurɯni hak'jo-e nɯdʒ~ ケウルニ ハクキョエ ヌジュル パクケ] 怠けるから学校に遅れるはずだ.

-을뿐더러 [ɯlp'undɔrɔ ウルップンドロ] 慣 …だけでなく; …のみならず; =-을 뿐 (만) 아니라 [ɯlp'un(man) anira ウルップナニラ[ッブンマナニラ]] ¶경치(景致)도 좋~ 인심(人心)도 좋다 [kjɔŋtʃhido tʃoː~ inʃimdo tʃoːtʰa キョンチド チョー~ インシムド チョーッタ] 景色がいいだけでなく人情も厚い.

-을세라 [ɯls'era ウルセラ] 語尾 (もしか)…しやしないか ¶늦~ 뛰어 갔다 [nɯdʒ~ t'wiɔ gatʼa ヌジュルセラ ットゥィオ ガッタ] 遅れては大変と走って行った; 遅れじと駆けて行った.

-을수록 [ɯls'urok ウルスロク] 語尾 …(す)ればするほど ¶많~ 좋다 [maːn~ tʃoːtʰa マーヌルスロク チョーッタ] 多ければ多いほどよい.

-을쏘냐 [ɯls'onja ウルッソニャ] 語尾 …だろうか; …(する)ものか; …(する)はずがない ¶그 은혜를 어찌 잊~ [kɯ ɯnherul ɔtʃ'i idʒ~ ク ウンヘルル オッチ イジュルッソニャ] その恩をどうして忘られよう.

을씨년-스럽다 [ɯlʃ'injɔnsɯrɔpt'a ウ

ルッシニョンスロプタ] 形 ㅂ変 ① うすら寒い; もの寂しそうだ; わびしい ¶날씨가 ~[nalʃiga ~ ナルシガ ~] 天気がうすら寒い ② (暮らしなどが) 貧乏たらしい[くさい] ¶~-스러운 살림살이[~-sɯroun sallimsari ~-スロウン サルリムサリ] 貧乏たらしい暮らし.

-을 양으로 [ɯl laŋuro ウル リャンウロ] 慣 …(する)つもりで; …するように ¶전골을 해 먹~ 쇠고기를 샀다[tʃo:ngorul hɛː mɔg~ swe:gogirul satʼa チョーンゴルル ヘー モグル リャンウロ スェーゴギルル サッタ] すき焼きを作って食べようと牛肉を買った.

-을 양이면 [ɯl ljaŋimjən ウル リャンイミョン] 慣 …(する)つもりなら ¶좋은 책을 읽~ 도서관에 가게[tʃoːɯn tʰɛːgul ilg~ tosɔgwane kage チョーウン チェグル イルグル リャンイミョン トソグァネ カゲ] いい本を読むつもりなら図書館に行け.

-을지 [ɯltʃʼi ウルチ] 語尾 …(する)やら; …だろうか ¶막차가 있~…[maktʃʰaga isʼ~ マクチャガ イッスルチ] 終列車があるのやら….

-을지니라 [ɯltʃʼinira ウルチニラ] 語尾 …すべきである ¶그쯤은 참~[kɯːtʃʼumun tʰaːm~ クッチュムン チャームル~] それぐらいは辛抱すべきである.

-을지라도 [ɯltʃʼirado ウルチラド] 語尾 (たとえ)…しても; …であっても ¶어떤 일이 있~[ɔtʼɔn niːri isʼ~ オットン ニーリ イッスルチラド] どんなことがあっても.

-을지어다 [ɯltʃʼiəda ウルチオダ] 語尾 …すべし ¶나라를 위하여 죽~[naːrarul wihajə tʃug~ ナラルル ウィハヨ チュグルチオダ] 国のために死すべし.

-을지언정 [ɯltʃʼiʼəndʒəŋ ウルチオンジョン] 語尾 …する[である]ことがあっても; …たりとも; …でこそあれ ¶몸은 늙었~ 마음은 젊다[momun nɯːlgɔsʼ~ maumun tʃɔːmtʼa モムン ヌルゴッスルチオンジョン マウムン チョームタ] 身は老いたりといえども心は若い.

-을진대[댄] [ɯltʃʼindɛ(n) ウルチンデ(ン)] 語尾 …ならば; …であれば ¶책을 읽~ 정독을 해라[tʃʰɛgul ilg~ tʃʰɔŋdogul hɛːra チェグル イルグルチンデ(ン) チョントグル ヘーラ] 本を読むからには精読せよ.

-을테다 [ɯltʰeda ウルテダ] 慣 …するつもりだ; …するはずだ ¶내가 먹~[nɛga mɔg~ ネガ モグルテダ] 僕が食べるぞ.

***읊다** [upt'a ウプタ] 他 ① 吟ずる; 誦する ¶한시를 ~[haːnʃirul ~ ハーンシルル ~] 漢詩を吟ずる ② (詩などを)詠む; 作る ¶괴로운 심정(心情)을 읊은 시[kweroun ʃimdʒɔŋɯl ɯlpʰɯn ʃi クェロウン シムジョンウル ウルプン シ] 悩ましい心を詠んだ詩.

읊조리다 [upt͡ʃʼorida ウプチョリダ] 他 吟ずる; 詠ずる; 口ずさむ ¶시를 작은 소리로 ~[ʃirul tʃaːgun soriro ~ シルル チャーグン ソリロ ~] 詩を微吟する.

음[音] [ɯm ウム] 名 音 ¶맑은 ~[malgun ~ マルグ(ヌム)] 澄んだ音.

-음 [ɯm ウム] 語尾 名詞化する語尾 ¶웃~[us~ ウスム] 笑い; 笑うこと/얼~[ɔr~ オルム] 氷/걸~[kɔr~ コルム] 歩み; 歩くこと.

음담[淫談] [ɯmdam ウムダム] 名 猥談 **―패설(悖說)** [pʰɛːsɔl ペーソル] 名 卑猥な話; 猥談.

음독[飲毒] [ɯːmdok ウームドク] 名 하自 服毒 ¶~ 자살[~ tʃʼasal ~ チャサル] 服毒自殺.

음란[淫亂] [ɯmnan ウムナン] 名 하形 淫乱らん; 淫だら ¶~한 이야기[~han nijagi ~ハン ニヤギ] 淫らな話 **―스럽다** [sɯrɔpt'a スロプタ] 形 ㅂ変 淫奔だ.

***음력[陰曆]** [ɯmnjɔk ウムニョク] 名 陰暦; 旧暦 ¶~ 설[~sʼɔːl ~ ソール] 旧暦の正月＝설(날) [sɔːl(lal) ソール(ラル)].

***음료[飲料]** [ɯːmnjo ウームニョ] 名 飲料; 飲み物 ¶청량 ~[tʃʰɔŋnjaŋ ~ チョンニャン ~] 清涼飲料 **―수** [su ス] 名 飲料水; 飲み水.

음매 [ɯmmɛː ウムメー] 副 (牛が)モー; (子牛・山羊が)メー.

음모[陰謀] [ɯmmo ウムモ] 名 하他 陰謀 ¶~를 꾸미다[~rul kʼumida ~ルル ックミダ] 陰謀を企てる[巡らす].

음미[吟味] [ɯmmi ウムミ] 名 하他 吟味; 鑑賞; 玩味 ¶시를 ~하며 읽다[ʃirul ~hamjə iktʼa シルル ~ハミョ イクタ] 詩を吟じながら読む/술을 ~하다[surul ~hada スルル ~ハダ] 酒を味わう.

음반[音盤] [ɯmban ウムバン] 名 音盤; レコード.

음복[飲福] [ɯːmbok ウームボク] 名 하他

直会ःょʂ: 祭祀ःぎの のあとで供物や特にお酒を下げていただくこと.

음부[陰部][umbu ウㇺブ] 名 陰部; 局部.

음산[陰散][umsan ウㇺサン] 名 하形
① 天気が曇ってうすら寒いこと ¶~한 날씨[~han nalʃ'i ~ハン ナㇽッシ] (じめじめと)うすら寒い天気 ② (様子が)うら寂しそうなこと ¶~한 분위기[~han punwigi ~ハン プヌィギ] うら寂しい雰囲気.

음색[音色][umsɛk ウㇺセク] 名 音色 ¶~이 곱다[(umsɛg)i ko:pt'a (ウㇺセ)ギ コープタ] 音色が澄んでいる.

음성[音聲][umsɔŋ ウㇺソン] 名 音声; 声; 声音; =목소리 moks'ori モクソリ ¶부드러운 ~[pudɯrɔun ~ プドゥロウン ~] やさしい音声 / 또렷한 ~[t'orjɔthan ~ ットリョッタン ~] はっきりした声.

음성[陰性][umsɔŋ ウㇺソン] 名 陰性 **—반응**[banɯŋ バヌン] 名 陰性反応 **—수입**[suip スイプ] 名 裏口収入.

-음세[umse ウㇺセ] 語尾 …しよう; …する(よ) ¶곧 갚~[kot kaph~ コッ カプㇺセ] すぐ返すよ.

＊**음식**[飲食][uːmʃik ウーㇺシク] 名 飲食; 食べ物; 食; 食い物; ごちそう ¶~을 가리다[(uːmʃig)ɯl karida (ウーㇺシ)グㇽ カリダ] 食べ物を選えり好みする **—물**[(uːmʃiŋ)mul (ウーㇺシン)ムㇽ] 名 食品; 食べ物; フード(food) **—점**[tʃ'ɔm チョㇺ] 名 飲食店.

＊**음악**[音樂][uːmak ウーマㇰ] 名 音楽; ミュージック ¶~ 감상[(uːma) k'amsaŋ ~ カㇺサン] 音楽鑑賞 / 고전 ~[koːdʒɔn ~ コージョン(ヌマㇰ)] 古典音楽; クラシック音楽 **—가**[(uːma)k'a カ] 名 音楽家 **—대**[t'ɛ テ] 名 音楽隊 **—회**[(uːma)kʰwe クェ] 名 音楽会.

음-양[陰陽][umjaŋ ウミャン] 名 陰陽 ¶~을 조화시키다[~ul tʃohwa-ʃikʰida ~ウㇽ チョファシキダ] 陰陽を調和する **—각**(刻)[gak ガㇰ] 名 陰刻と陽刻(を交ぜて刻むこと).

음울-하다[陰鬱—][umurhada ウㇺルハダ] 形 陰うつだ; 湿っぽい ¶~-한 날씨[~-han nalʃ'i ~-ハン ナㇽッシ] 陰うつな天気 / ~-한 기분[~-han kibun ~-ハン キブン] 湿っぽい気持ち.

음-으로[陰—][umuro ウㇺロ] 副 陰に; かげで; 内々; こっそり; ひそかに ¶~ 돕다[~ to:pt'a ~ トープタ] 陰になって助ける; かげで支援する **—양**(陽)**으로**[jaŋuro ヤンウロ] 慣 陰に陽に; 陰になり日なたになり ¶~ 보살피다[~ posalpʰida ~ ポサㇽピダ] 陰に陽に世話する.

음주[飲酒][uːmdʒu ウーㇺジュ] 名 하自 飲酒 ¶~ 운전[~ uːndʒɔn ~ ウーンジョン] 飲酒[酒飲み]運転.

음질[音質][uːmdʒil ウーㇺジㇽ] 名 音質 ¶~이 좋은 라디오[(umdʒir)i tʃo:-un radio (ウㇺジ)リ チョーウン ラディオ] 音質のよいラジオ.

음침-하다[陰沈—][umtʃʰimhada ウㇺチㇺハダ] 形 어変 ① (天気が)うっとうしい; 陰うつだ ¶~-한 날씨[~-han nalʃ'i ~-ハン ナㇽッシ] うっとうしい天気 ② (所・性格が)陰気だ; 陰うつだ ¶~-한 집[~-han tʃip ~-ハン チㇷ゚] 陰気な家 / ~-한 성격[~-han sɔːŋkʼjok ~-ハン ソーンキョㇰ] 陰気な性格; じめじめ(と)した性格.

음탕-하다[淫蕩—][umtʰaŋhada ウㇺタンハダ] 形 淫蕩だ; 淫らだ ¶~-한 생활[~-han sɛŋhwal ~-ハン センファㇽ] 淫蕩な生活 **음탕-스럽다**[umtʰaŋsuropt'a ウㇺタンスロㇷ゚タ] 形 ㅂ変 見るからに淫らだ.

음향[音響][umhjaŋ ウㇺヒャン] 名 音響; 響き ¶~ 장치[~ dʒaŋtʃʰi ~ ジャンチ] 音響装置 **—기**[gi ギ] 名 音響器 **—효과**[hjoːkʼwa[hjoːgwa] ヒョークァ[ヒョーグァ]] 名 音響効果.

음흉[陰凶][umhjuŋ ウㇺヒュン] 名 하形 陰険で凶悪なこと; 腹黒いこと ¶~-한 술책(術策)[~han sultʃʰɛk ~ハン スㇽチェㇰ] 陰険で悪どい策略 **—스럽다**[surɔpt'a スロㇷ゚タ] 形 ㅂ変 見るからに陰険で凶悪だ.

＊**읍**[邑][up ウㇷ゚] 名 邑읍; 村; ウプ **—내**(内)[(um)nɛ (ウㇺ)ネ] 名 邑の区域内; 集落; 郷; 町.

-읍시다[upʃ'ida ウㇷ゚シダ] 語尾 …(し)ましょう ¶많이 읽~[maːni ilg~ マーニ イㇽグㇷ゚シダ] うんと読みましょう.

＊**응**[uŋ ウン] 感 ① うん; な(あ); ね(え)(同年輩・目下に答えるとき) ¶~, 그렇다[~, kɯrɔtʰa ~, クロッタ] うん, そうだ ② ううん; ふん; ふむ(不平を表わす声) ¶~, 글쎄[~, kɯlsʼe ~, クㇽッセ] ううん, さあどうだかね.

응급[應急][uːŋgup ウーングㇷ゚] 名 하他 応急 ¶~ 처치[~ tʃʰɔːtʃʰi ~ チョー

응낙[應諾] [ɯːŋnak ウーンナク] 名 하자
応諾 ¶선선히 ~하다 [sɔnsɔni (ɯːŋ-na)kʰada ソンソニ ～カダ] こころよく承諾する.

응달 [ɯŋdal ウンダル] 名 日陰; 陰地 ¶~에서 말리다 [(ɯŋdar)esɔ mallida (ウンダ)レソ マルリダ] 日陰で乾かす; 陰干しにする ━지다 [dʒida ジダ] 形 日陰になる; 日光が遮られる.

응답[應答] [ɯːŋdap ウーンダプ] 名 하자
応答; 返答 ¶질의 ~ [tʃiri ～ チリ ～] 質疑応答 / 즉시 ~하라 [tʃukʃʼi (ɯːŋda)pʰara チュクシ ～パラ] 直ちに返答せよ.

응당[應當] [ɯːŋdaŋ ウーンダン] 副 하자形 きっと; 当然; 必ず; ＝의당(宜當) ¶~ 해야 할 일이다 [～ hɛːja hal lirida ～ ヘーヤ ハル リリダ] 当然やるべきこと[仕事]である ━히 [i イ] 副 当然; 必ず.

응모[應募] [ɯːŋmo ウーンモ] 名 하자
応募 ¶현상에 ~하다 [hjɔːnsaŋe ～-hada ヒョーンサンエ ～ハダ] 懸賞に応募する.

응분[應分] [ɯːŋbun ウーンブン] 名 応分; 相応 ¶~의 사례 [～e saːre (ウーンブ)ネ サーレ] 相応の謝礼.

응석 [ɯːŋsɔk ウーンソク] 名 하자 だだ; 甘え ━받다 [pʼatʼa パッタ] 自 甘やかす ━부리다 [pʼurida プリダ] 自 甘える; 鼻を鳴らす; やんちゃを言う; だだをこねる ai ¶~-부리는 아이 [～ pʼurinɯn ai ～プリヌン アイ] だだをこねる子供 / 어머니에게 ～ [aiga ɔmɔniege ～ アイガ オモニエゲ ～] 子供が母親に甘える ━둥이 [tʼuŋi トゥンイ] 名 だだっ子; やんちゃ(ん坊) ━받이 [pʼadʒi パジ] 名 ① 甘やかすこと ② やんちゃな子 ¶아이를 ~로 기르다 [airul ～ro kiruda アイルル ～ロ キルダ] 子供を甘やかす / ~로 자라서 버릇이 없다 [～ro tʃarasɔ pɔruʃi ɔːpʼtʼa ～ロ チャラソ ポルシ オープタ] やんちゃな子なのでしつけがない.

응수[應酬] [ɯːŋsu ウーンス] 名 하자
応酬; 言い返し; やりとり ¶지지않고 ~하다 [tʃidʒiankʰo ～hada チジアンコ ～ハダ] 負けずに言い返す / 술잔의 ~ [sultʃʼane ～ スルチャネ ～] さかずきのやりとり.

응시[凝視] [ɯːŋʃi ウーンシ] 名 하자
凝視 ¶똑바로 앞을 ~하다 [tʼokpʼaro apʰɯl ～hada ットクパロ アプル ～ハダ] 正面を見詰める.

응시[應試] [ɯːŋʃi ウーンシ] 名 하자
試験に応じること; 受験 ¶~자 [～dʒa ～ジャ] 受験者.

응어리 [ɯŋɔri ウンオリ] 名 ① (筋肉の)凝とり ¶어깨에 ~가 생겼다 [ɔkʼɛa ～ga sɛŋgjɔtʼa オッケエ ～ガ センギョッタ] 肩に凝りができた ② (心の)凝り; わだかまり ¶아직도 마음에 ~가 남아 있다 [adʒiktʼo maɯme ～ga nama itʼa アジクト マウメ ～ガ ナマ イッタ] 今なお心に凝りが残っている ③ (果実の核; さね ━지다 [dʒida ジダ] 自 凝りができる.

응얼-거리다 [ɯŋɔlgɔrida ウンオルゴリダ] 自他 ① (詩歌などを)口ずさむ ② (不満などを)口の中でぶつぶつ言う.

응용[應用] [ɯːŋjoŋ ウーンヨン] 名 하자
応用 ¶공식을 ~하다 [koŋʃigɯl ～-hada コンシグル ～ハダ] 公式を応用する ━문제 [muːndʒe ムーンジェ] 名 応用問題.

응원[應援] [ɯːŋwɔn ウーンウォン] 名 하자 応援 ¶~가 [～ga ～ガ] 応援歌 ━단 [dan ダン] 名 応援団.

응접[應接] [ɯːŋdʒɔp ウーンジョプ] 名 하자 応接; 応対; もてなすこと ¶손님을 ~하다 [sɔnnimɯl (ɯːŋdʒɔ)-pʰada ソンニムル ～パダ] お客を応接する ━실(室) [ʃil シル] 名 応接室; 客間; サロン(salon).

응-하다[應━] [ɯːŋhada ウーンハダ] 自 応ずる; 従う; 答える; 報いる ¶소환에 ~ [sohwane ～ ソファネ ～] 召喚に応ずる / 모집에 ~ [modʒibe ～ モジベ ～] 募集に応募する / 신문에 ~ [ʃiːnmune ～ シーンムネ ～] 尋問に答える / 상담에 ~ [saŋdame ～ サンダメ ～] 相談に乗る.

의[誼] [ɯiː[iː] ウィー[イー]] 名 誼 = 정의(情誼) [tʃɔŋi チョンイ] ¶~좋은 부부 [～dʒoɯn pubu ～ジョウン ププ] 睦まじい夫婦 / ~가 좋다 [～ga tʃoːtʰa ～ガ チョッタ] 睦まじい; 誼が厚い.

***의** [ɯi[e・i] ウィ[エ・イ]] 助 …の; …が ¶나~ 책 [nae tʰɛk ナエ チェク] 私の本 / 나~ 것 [nae kɔt ナエ コッ] 私のもの / 국민~ 한 사람 [kuŋmine han saram クンミネ ハン サラム 国民の1人 / 성공~ 길 [soŋgoŋe kil ソンゴンエ キル] 成功への道.

***의거**[依據][ɯigɔ ウィゴ] 名 하自他 依拠; (…に)よること; 基づくこと ¶법에 ~하여 [pɔbe ~haɟɔ ポベ ~ハヨ] 法に照らして[基づいて]; 法によって.

***의견**[意見][ɯi:gjɔn ウィーギョン] 名 意見, 考え, 見解; 所見 ¶~이 일치하다 [~i iltɕhihada (ウィーギョ)ニ イルチハダ] 意見が一致する.

의기[意氣][ɯi:gi ウィーギ] 名 意気, 気立て; 気概 **—소침** [sotɕhim ソチム] 名 하自 意気消沈 **—양양** [jaŋnjaŋ ヤンニャン] 名 하形 意気揚々; 昂然 ¶~한 얼굴 [~han ɔlgul ~ハン オルグル] 意気揚々とした顔; 昂然たる面持ち; 得意顔.

***의논**[議論][ɯinon ウィノン] 名 議論; 相談 ¶~껏 정하다 [~k'ɔt' tɕ'ɔŋhada ~ッコッチョーンハダ] 相談をして決める **—하다** [hada ハダ] 他 議論する; 相談する; 話し合う ¶서로 ~ [sɔro ~ ソロ ~] 互いに話し合う.

의당[宜當][ɯidaŋ ウィダン] 副 하形 当然; 当たり前; すべからく ¶~한 처사(處事) [~han tɕhɔ:sa ~ハン チョーサ] 当然な処置 **—히** [i イ] 副 当然; 当たり前に; すべからく.

***의도**[意圖][ɯi:do ウィード] 名 하他 意図, 思惑; 腹積もり; 作意 ¶내가 ~하는 바는 [nɛga ~hanɯn banɯn ネガ ~ハヌン バヌン] 私の意図するところは / 그런 ~는 아니었다 [kɯrɔn ~nɯn aniɔt'a クロン ~ ヌン アニオッタ] そんなはずではなかった / 자기 ~대로 하다 [tɕagi ~dɛro hada チャギ ~デロ ハダ] 自分の思惑どおりにする / 그런 ~로 말한 것은 아니다 [kɯrɔn ~ro ma:rhan kɔsɯn anida クロン ~ロ マールハン コスン アニダ] そんなつもりで言ったのではない.

의례-적[儀禮的][ɯiredʑɔk ウィレジョク] 名 冠 儀礼的 ¶~인 방문 [~-dʑɔ-gin pa:ŋmun ~-ジョギン パーンムン] 儀礼的な訪問.

의론[議論][ɯiron ウィロン] 名 하他 議論; 相談; 話 ='의논'(議論) ¶~-할 여지가 없다 [~hal jɔdʑiga ɔ:pt'a ~ハル ヨジガ オープタ] 議論の余地がない / ~할 것이 있다 [~hal k'ɔɕi it'a ~ハル コシ イッタ] 話がある.

의-롭다[義—][ɯi:ropt'a ウィーロプタ] 形 ㅂ変 ① 義気・気概がある ② 義理堅い; 義憤の念がある ¶의로운 사람 [ɯi:roun sa:ram ウィーロウン サーラム] 義のある人; 義理堅い人.

***의뢰**[依頼][ɯirwe ウィルェ] 名 依頼 **—하다** [hada ハダ] 他 依頼する; 頼む ¶조사를 ~ [tɕosarɯl ~ チョサルル ~] 調査を依頼する / 취직을 ~ [tɕhwi:dʑigɯl ~ チュイージグル ~] 就職を依頼する **—심** [ɕim シム] 依頼心 **—인** [in イン] 名 依頼人.

의료[醫療][ɯirjo ウィリョ] 名 医療 **—보험** [bo:hɔm ボーホム] 名 医療保険.

의류[衣類][ɯirju ウィリュ] 名 衣類.

의리[義理][ɯi:ri ウィーリ] 名 義理 ¶~를 지키다 [~rɯl tɕikhida ~ルル チキダ] 義理を立てる / ~가 없다 [~-ga ɔ:pt'a ~ガ オープタ] 義理を欠く.

***의무**[義務][ɯi:mu ウィーム] 名 義務; 務め ¶병역의 ~ [pjɔŋjɔge ~ ピョンヨゲ ~] 兵役の義務 **—교육** [gjo:juk ギョーユク] 名 義務教育.

***의문**[疑問][ɯimun ウィムン] 名 하他 △形 疑問 ¶~을 품다 [~ɯl phu:mt'a (ウィム)ヌル プームタ] 疑問を抱く.

***의미**[意味][ɯi:mi ウィーミ] 名 하他 意味; わけ ¶무엇을 ~하는지 [muɔsɯl ~hanɯndʑi ムオスル ~ハヌンジ] 何を意味するのか / ~가 있어서 [~-ga is'ɔsɔ ~ガ イッソソ] わけがあって.

의복[衣服][ɯibok ウィボク] 名 衣服; 着物; 服; =옷 [ot オッ] ¶~이 초라하다 [(ɯibog)i tɕhorahada (ウィボ)ギ チョラハダ] 服がみすぼらしい.

의분[義憤][ɯi:bun ウィーブン] 名 義憤 ¶~을 느끼다 [~ɯl nɯk'ida (ウィーブ)ヌル ヌッキダ] 義憤を感ずる.

의붓[ɯi:but ウィーブッ] **—동생**(同生) [(ɯi:bu)t'oŋsɛŋ トンセン] 名 異父の弟; 腹違いの弟 **—딸** [(ɯi:bu)t'al タル] 名 義理の娘 **—아들** [(ɯi:bud)adɯl (ウィーブ)ダドゥル] 名 義理の息子 **—아버지** [(ɯi:bud)abɔdʑi (ウィーブ)ダボジ] 名 義父 **—어머니** [(ɯi:bud)-ɔmɔni (ウィーブ)ドモニ] 名 義母 **—자식**(子息) [(ɯi:bu)tɕ'aɕik チャシク] 名 義子, まま(っ)こ; 連れ子.

***의사**[意思][ɯi:sa ウィーサ] 名 意思 ¶자유 ~ [tɕ'aju ~ チャユ ~] 自由意思 **—표시** [phjoɕi ピョシ] 名 意思表示.

***의사**[醫師][ɯisa ウィサ] 名 医者; 医

師; ドクター ¶단골 ~[tangor ~ タンゴ(ルィサ)] かかりつけの医者.

의사[議事][uisa ウィサ] 名 議事 ¶~ 진행[~ dʒiːnhɛŋ ~ ジーンヘン] 議事の進行 **—당**[daŋ ダン] 名 議事堂 ¶국회 ~[kukʰwe ~ クックェ ~] 国会議事堂 **—방해**[baŋhɛ バンヘ] 名 議事妨害 **—일정**[iltɕʌŋ イルチョン] 名 議事日程.

의상[衣裳][uisaŋ ウィサン] 名 衣装, コスチューム(costume) ¶신부(新婦) ~[ɕinbu ~ シンブ ~] 花嫁衣装.

***의식**[意識][uiːɕik ウィーシク] 名 意識 ¶~ 불명[~ pʼulmjʌŋ ~ プルミョン] 意識不明 / ~을 잃다[(uiːɕig) ɯl iltʰa (ウィーシ) ムル イルタ] 失神する, 気を失う **—하다**[(uiːɕi)ɕi kʰada カダ] 他 意識する; 気がつく.

의식[儀式][uiɕik ウィシク] 名 儀式; 儀典 ¶엄한 ~[tɕaːŋɔmhan ~ チャーンオムハン ~] 荘厳な儀式.

***의심**[疑心][uiɕim ウィシム] 名 疑心; 疑い; 疑念 ¶~을 품다[~ɯl pʰuːmtʼa (ウィシ) ムル プームタ] 疑念を抱く; 疑いをはさむ; 疑いを入れる / ~이 풀리다[~i pʰullida (ウィシ) ミ プルリダ] 疑いが晴れる **—하다**[hada ハダ] 他 疑う; いぶかる; 怪しむ ¶남의 말을 ~[name maːrɯl ~ ナメ マールル ~] 人の言うことを疑う **—(이)가다**[(uiːɕimi) gada (ウィシ) ミ ガダ] 慣 疑わしい **—(이)나다**[(uiɕimi) nada (ウィシミ) ナダ] 慣 疑わしく思う **—스럽다**[sɯrʌpʼtʼa スロプタ] 形 [ㅂ変]・**—쩍다**[tɕʼʌktʼa ッチョクタ] 形 疑わしい; いかがわしい; いぶかしい; 怪しい ¶자네 이야기는 ~[tɕane ijaginɯn ~ チャネ イヤギヌン ~] 君の話はまゆつばものだ[真偽のはっきりしない話だ].

***의아-하다**[疑訝—][ɯ(i) ahada ウ(ィ) アハダ] 形 疑わしい; いぶかしい ¶~하게 생각하다[~hage sɛŋgakʰada ~ハゲ センガクカダ] 首をひねる **의아-스럽다**[ɯasɯrʌpʼtʼa ウアスロプタ] 形 [ㅂ変] 疑わしい; いぶかしい ¶~스러운 표정[~surʌun pʰjodʑʌŋ ~ス ロウン ピョジョン] 怪訝な顔つき.

의연-금[義捐金][uijʌngɯm ウィヨングム] 名 義援金; 義捐金.

의연-하다[毅然—][uijʌnhada ウィヨンハダ] 形 [여変] 毅然としている ¶~한 태도[~-han tʰɛːdo ~-ハン テード] 毅然とした態度 **의연-히**[uijʌnhi ウィヨニ] 副 毅然と ¶ ~ 거절하다[~ kɔːdʑɔrhada ~ コージョルハダ] 毅然と断る.

의연-하다[依然—][uijʌnhada ウィヨンハダ] 形 [여変] 依然としている; 前と変わらない ¶구태 ~[kuːtʰɛ ~ クーテ ~] 旧態依然だ **의연-히**[uijʌnhi ウィヨニ] 副 依然(として) ¶핵위협은 ~ 존재한다[hɛgwihjʌbɯn ~ tɕondʑɛhanda ヘグィヒョプン ~ チョンジェハンダ] 核の脅威は依然存在する.

의외[意外][uiːwe ウィーウェ] 名 意外; 思いのほか ¶~의 반응(反應) [~e paːnɯŋ ~エ パーヌン] 意外な反響 / ~로 비쌌다[~ro pisʼatʼa ~ロ ピッサッタ] 思いのほか高かった.

***의욕**[意慾][uiːjok ウィーヨク] 名 意欲; 張り合い ¶생산 ~[sɛŋsan ~ センサ (ヌィーヨク)] 生産意欲 / 살 ~을 잃다[saːl (uijog) ɯl iltʰa サール (ウィヨグル) イルタ] 生きる張り合い[意欲]を失う.

***의원**[議院][uiwʌn ウィウォン] 名 **1** 議院 **2** [議員] 名 議員.

***의의**[意義][uiːi ウィーイ] 名 意義 ¶~있는 인생[~innɯn insɛŋ ~イン ヌン インセン] 有意義な人生.

***의자**[椅子][uidʑa ウィジャ] 名 椅子 ¶안락 ~[allag ~ アルラ (グィジャ)] 安楽椅子 / 긴 ~[kiːn ~ キー (ニジャ)] 長椅子.

의장[意匠][uiːdʑaŋ ウィージャン] 名 意匠; デザイン **—권**[kʼwʌn クォン] 名 〈法〉意匠権 **—등록**[dɯŋnok ドゥンノク] 名 意匠登録.

의장[議長][uidʑaŋ ウィジャン] 名 議長; プレジデント ¶국회 ~[kukʰwe ~ クククェ ~] 国会議長.

의젓-하다[uidʑʌtʰada ウィジョッタダ] 形 気品があって重みがある; 大様だ; 立派だ ¶~한 인품[~-tʰan inpʰum ~-タン インプム] 大様な人柄 **의젓-이**[uidʑʌɕi ウィジョシ] 副 堂々と; 大様に; 立派に; でんと ¶~ 앉다[~ antʼa ~ アンタ] でんと座る.

의존[依存][uidʑon ウィジョン] 名 [하]自他 依存; 寄りかかること ¶상호 ~[saŋho ~ サンホ ~] 相互依存.

의중[意中][uiːdʑuŋ ウィージュン] 名 意中; 腹の中 ¶~의 인물[~e inmul ~エ インムル] 意中の人物 / ~을 떠

보다[~ɯl t'oboda ~ウルットボダ] 腹(の中)を探る; 水を向ける.

*의지[依支][uidʒi ウィジ] 名 頼ること; 寄りかかること ¶ 마음의 ~[maɯme ~ マウメ ~] 心の寄りどころ ──하다[hada ハダ] 自 寄る; 頼る; 寄りかかる; もたれる ¶ ~ 할 곳이 없다[~-hal k'oʃi ɔːpt'a ~ーハル コシ オープタ] (体を)もたせかけるところがない; 寄り辺がない; 身寄りのない.

의지[意志][uidʒi ウィージ] 名 意志 ¶ ~가 강하다[~ga kaŋhada ~ ガ カンハダ] 意志が強い.

의지가지-없다[uidʒigadʒiɔpt'a ウィジガジオプタ] 存 まったく身寄りも頼るどころもない ¶ ~없는 고아 신세(身世)[~-ɔmnɯn koa ʃinse ~ーオムヌン コア シンセ] 頼りない孤児の身の上 ──없이[ɔpʃi オプシ] 副 身寄りも知る辺もない.

의처-증[疑妻症][uitʃhɔtʃ'ɯŋ ウィチョチュン] 名 妻の行為を異常に疑う性癖.

의치[義歯][uitʃhi ウィーチ] 名 義歯; 入れ歯.

의타[依他][uitha ウィタ] 名 하自 人に頼ること ¶ ~심[~ʃim ~シム] 人に頼る心; 依頼心.

의탁-하다[依託─][uithakhada ウィタクカダ] 他 依託する; 寄りかかる ¶ 발송을 ~[palsoŋɯl ~ パルソンウル ~] 発送を依託する.

*의-하다[依─][uihada ウィハダ] 自 因る; 基づく; =의거(依據)하다[uigɔhada ウィゴハダ] ¶ 사정에 의하여 事情[saːdʒɔŋe uihajɔ サージョンエ ウィハヨ] 事情によりによって].

*의학[醫學][uihak ウィハク] 名 医学 ──박사[p'aks'a パクサ] 名 医学博士.

의협-심[義俠心][uiːhjɔpʃ'im ウィーヒョプシム] 名 義俠心; 男気; 男だて; 俠気 ¶ ~이 많은 사람[~i maːnɯn saːram ~-シミ マーヌン サラム] 俠気[義俠心]に富む人; 義理に堅い人.

의-형제[義兄弟][uiːhjɔŋdʒe ウィーヒョンジェ] 名 義兄弟; 兄弟分 ¶ ~를 맺다[~rɯl meːt'a ~ーフル メッタ] 義兄弟の誓い[縁]を結ぶ.

의혹[疑惑][uihok ウィホク] 名 하自他 疑惑 ¶ ~을 품다[(uihog)ɯl phuːmt'a ウィホグル プームタ] 疑惑を抱く.

*의회[議會][uihwe ウィフェ] 名 議会; 議院 ──정치[dʒɔŋtʃhi ジョンチ] 名 議会政治.

*이[1][i イ] 名 ①〈生〉歯; 歯牙 ¶ ~를 닦다[~rɯl takt'a ~ルル タクタ] 歯を磨く ②(鋸·歯車の)歯 ¶ 톱니[thomni トムニ]のこぎりの歯 ¶ 瀬戸物の欠けた縁 ──(가) 갈리다[(ga)kallida (ガ)カルリダ] 慣 歯ぎしりをしてくやしがる; とても憎い ──(가) 맞다[(ga)mat'a (ガ)マッタ] 慣 ぴったり合う ──(가) 빠지다[(ga)p'aːdʒida (ガ)パージダ] 慣 ①歯が抜ける ②鋸の歯や器の縁·刃などが欠ける ¶ ~가 빠진 접시[~ga p'aːdʒin tʃɔpʃi ~ーガ ッパージン チョプシ] 縁が少し欠けた皿 ③予定の数が欠けてきっちり合わない ──(를) 갈다[(rɯl) kaːlda (ル) カールダ] 慣 ① 乳歯が永久歯に生えかわる ②歯がみをする; (くやしくて)歯ぎしりする ──를 악물다[rɯl aŋmulda ルル アンムルダ] 慣 歯をくいしばる.

*이[2][i イ] 代名 人; 手 ¶ 저~는 누구지?[tʃɔ~nun nugudʒi チョ~ヌン ヌグジ] あの人は誰なの / 읽는 ~[iŋnɯn ~ インヌ(ニ)] 読み手.

*이[3][i イ] 1 冠 この ¶ ~사람[~saram ~ サラム] この人 2 代 この; これ ¶ ~와 같이[~wa gatʃhi ~ ワ ガチ] このように / ~와 같다[~wa gat'a ~ ワ ガッタ] これと同じだ.

*이[4][i イ] 助 …が; …に; …と; …で ¶ 책~ 있다[tʃhɛg~ itt'a チェギ イッタ] 本がある / 선생~ 되다[sɔnsɛŋ~ tweda ソンセン~ トゥェダ] 先生になる / 산~ 되다[san~ tweda サニ ウェダ] 山となる / 금~ 아니다[kɯm~ anida クミ アニダ] 金ではない.

이[5][i イ] 名〈虫〉シラミ ¶ ~ 잡듯 하다[~ dʒapt'ɯthada ~ ジャプトゥッタダ] 慣 (シラミを捕るように)かたっぱしから残らず調べたりさがしたりする.

이[利][iː イー] 名 하形 利; 儲け ¶ ~가 남다[~ga naːmt'a ~ ガ ナームタ] 儲かる ──보다[pda ボダ] 慣 利益になる; 利益を得る.

이[里][iː イー] 1 名 里(地方行政区域の最小単位) 2 名 (距離の)里(日本の1里は韓国·朝鮮の10里に当たる).

*이[二·貳][iː イー] 数 二; 2; 2つ.

-이[i イ] 接尾 ①〈名詞をつくる〉¶ 놀~[nor~ ノリ] 遊び / 먹~[mɔg~ モギ] 食べ物, えき ②〈副詞形をつくる〉¶ 많~[maːn~ マーニ] 多く; た

くさん / 낱낱~ [nannatʃʰ~ ナンナチ] いちいち；1つ1つ ③〈人の名前・特徴の人をつくる〉¶복순~ [poksun~ ポクス二] ポクスン(福順)という女の名前 / 이쁜~ [i:p'un~ イープニ] きれいな子.

*-**이-**[i イ] [接尾] ①〈他動詞をつくる〉¶붙~다 [putʃʰ~da プチダ] 貼る / 높~다 [nopʰ~da ノピダ] 高める ②〈使役動詞をつくる〉¶먹~다 [mɔg~da モギダ] 食べさせる.

이간[離間][igan イガン] [名][하他] 離間；反間 **─질하다** [dʒirhada ジルハダ]・**─붙이다** [butʃʰida ブチダ]・**─시키다** [ikʰida シキダ] [自][他] 仲たがいさせる ¶친구 사이를 ~ [tʃʰingu sairul ~ チング サイルル ~] 友人との仲たがいさせる.

이-같이 [igatʃʰi イガチ] [副] このように；こんなに ¶이와 같이 [iwa gatʃʰi イワ ガチ] の略 ¶그는 ~ 말했다 [kunun ~ ma:rhet'a クヌン ~ マールヘッタ] 彼はこのように話した；彼はこんなに言った.

*-**이-거** [igo イゴ] [代] これ(は)；こりゃ；='이것'の略 ¶ 뭐냐? [~ mwɔ:nja ~ ムォーニャ] これ何だ.

이거나 [igɔna イゴナ] [助] …でも；…であれ ¶아들~ 딸~ 하나면 된다 [adur ~ t'ar~ hanamjɔn twenda アドゥリ ゴナッタリゴナ ハナミョン トゥェンダ] 男の子でも女の子でも1人で結構だ.

이거니 [igɔni イゴニ] [助] …だから；…だろうと ¶인기척이 나기에 형~ 했다 [ink'itʃʰɔgi nagie hjɔŋ~ he:t'a インキチョギ ナギエ ヒョン~ ヘッタ] 人気がしたので兄貴だろうと思った.

이거든 [igɔdɯn イゴドゥン] [助] ①…であるなら；…なら ¶너도 사람~ 부끄러움을 알아라 [nɔdo sa:ram~ pu:k'urɔumul arara ノド サーラミゴドゥン プックロウムル アララ] お前も人間なら恥を知れ ②…だなあ ¶알다가도 모를 일~ [a:ldagado morul li:r~ アールダガド モルル リーリゴドゥン] わかったようでわからないもんだなあ.

(이)**거들랑** [(i) gɔdullaŋ (イ) ゴドゥルラン] [助] …だったら；…ならば；…すれば；…たら；='이거든'+을랑 [ullaŋ ウルラン] ¶혼자~ 안 와도 좋아 [hondʒa~ an wado tʃo:a ホンジャ~ アヌ アド チョーア] 独りだったら来なくてもよろしい.

*-**이-건** [igɔn イゴン] [代] これは；こりゃ；=**이것은** [igɔsun イゴスン] ¶~ 너무하다 [~ nɔmuhada ~ ノムハダ] こりゃひどい.

(**이**)**건** [(i)gɔn (イ)ゴン] [助] …でも；…であれ；='이거나' ¶어른이~ 아이~…[ɔ:runi~ ai~ オールニ~ アイ~] 大人でも子供でも….

이건마는 [igɔnmanun イゴンマヌン] [助] …であるが；…だが；…なら；=**이건만** [igɔnman イゴンマン] ¶그는 노인~…[kunun no:in~ クヌン ノーイニゴンマヌン] 彼は年寄りながら… / 미인~ [mi:in~ ミーインゴンマン] 美人ではあるが….

*-**이-걸** [igɔl イゴル] [代] これを=**이것을** [igɔsul イゴスル] ¶~ 어떻게 하나 [~ ɔt'ɔkʰe hana ~ オットッケ ハナ] これをどうしようかな.

이-걸로 [igɔllo イゴルロ] [代] これで=**이것으로** [igɔsuro イゴスロ] ¶~ 참으세요 [~ tʃʰa:musejo ~ チャームセヨ] これで我慢してね.

*-**이-것** [igɔt イゴッ] [代] ① これ ¶~ 은 책이고 저것은 앨범이다 [(igɔs)un tʃʰɛgigo tʃɔgɔsun ɛlbɔmida (イゴス)ン チェギゴ チョゴスン エルボミダ] これは本で，あれはアルバムだ ② こいつ ¶~ 들이 건방지다 [tɕgt'uri kɔnbaŋdʒida ~トゥリ コンバンジダ] こいつら生意気だ.

이것-저것 [igɔtʃ'ɔgɔt イゴッチョゴッ] [代] あれこれ；なにやかや；いろいろ ¶~ 준비하다 [~ tʃʰu:nbihada ~ チューンビハダ] あれこれと準備する / ~ 바쁘다 [~ p'ap'uda ~ パップダ] なにやかやと忙しい.

*-**이-게** [ige イゲ] [代] これが；こいつが；=**이것이** [igɔʃi イゴシ] ¶~ 좋군 [~ tʃo:kʰun ~ チョークン] これがいいね.

이겨-내다 [igjɔnɛda イギョネダ] [他] 耐え抜く；(感情を)こらえる ¶고생을 ~ [kosɛŋul ~ コセンウル ~] 苦労を耐え抜く.

이견 [異見][i:gjɔn イーギョン] [名] 異見 ¶~ 을 좁히다 [~ul tʃopʰida ~イーギョ ヌル チョプピダ] 異見をせばめる.

(**이**)**고** [(i)go (イ)ゴ] [助] ①…も；…でも ¶금이~ 은이~ 모두 다 주마 [kumi~ uni~ modu ta: dʒuma クミ~ ウニ~ モドゥ ター ジュマ] 金も銀もす

(이)고 말고

っかりみなやろう ② …で ¶이것은 돌이~ 저것은 나무다 [igosɯn to:ri~ tjogosɯn namuda イゴスン トーリー~ チョゴスン ナムダ] これは石であれは木だ.

(이)고-말고 [(i)go malgo (イ)ゴ マルゴ] 動 …であるとも; …だとも ¶부자(富者)~ [pu:dʒa~ プージャ~] 金持ちであるとも.

*이곳** [igot イゴッ] 冠 ここ; 当地 ¶~에서 좀 쉬자 [(igos)esə tʃom ʃwi:dʒa (イゴ) セソ チョム シュイージャ] ここで一休みしよう.

이구나 [iguna イグナ] 助 …だな; …だね ¶멋진 그림~ [mətʃin kɯrim~ モッチン グーリムグナ] すばらしい絵だね.

이구-동성 [異口同聲] [i:gudoŋsəŋ イーグドンソン] 名 異口同音 ¶~으로 찬성했다 [~ɯro tʃʰa:nsəŋhetʰa ~ウロ チャーンソンヘッタ] 異口同音に賛成した.

이구먼 [igumən イグモン] 助 …だな; …だね; ='이로구먼' ¶어느덧 봄~ [ənɯdət pʰom~ オヌドッ ポミグモン] いつの間にか春だな.

이국 [異國] [i:guk イーグク] 名 異国=타국(他國) [tʰaguk タグク] ¶~ 땅 [~ t'aŋ ~ッタン] 異国の土; 異土; 異郷 **—적** [tʃʰok チョク] 名 冠 異国的; エキゾチック (exotic) ¶~인 취향 [~-(tʃʰoɡ)in tʃʰwi:hjaŋ ~-(チョ)ギン チュィーヒャン] 異国的の趣向.

이권 [利權] [i:k'wən イーㇰウォン] 名 利権 ¶~을 독점하다 [~ɯl toktʃʰəmhada (イーㇰウォ) ヌㇽ トクチョムハダ] 利権を独占する.

이글-이글 [igɯrigɯl イグリグㇽ] 副 하形 ① 炎々と; かっかと; ほのおがあかあかと燃え上がるさま ¶숯불이 ~피어오르다 [sutpʰuri ~ pʰiəorɯda スップリ ~ ピオオルダ] 炭火がかっっとおこる ② 顔が赤く火照るさま ¶전사의 얼굴이 ~하다 [tʃəːnsae ɔlɡuri ~-(iɡur)hada チョーンサエ オルグリ~ハダ] 戦士の顔があかあかと火照る ③ はらわたが煮えくり返るさま.

이기 [利己] [i:gi イーギ] 名 利己; 自利 ¶~심 [~ʃim ~シㇺ] 利己心; 私意; 私心 **—적** [dʒɔk ジョク] 名 冠 利己的; エゴイスチック (egoistic) ¶~이다 [~-(dʒɔɡ)ida ~-(ジョ)ギダ] 利己的である; 虫がいい.

*이기다¹** [igida イギダ] 自他 ① 勝つ;

負かす; 破る ¶지는 것이 이기는 것 [tʃinɯn kɔʃi iginɯn kət チヌン コシ イギヌン コッ] 負けるが勝ち / 유혹에 ~ [juhoɡe ~ ユホゲ ~] 誘惑に勝つ ② (体を) 支える ¶제 몸을 못~ [tʃe: momul mo:n(niɡida) チェー モムル モーン(ニギダ)] 自分の体を支えられない.

이기다² [igida イギダ] 他 ① (粉や土などを) こねる; 練りまぜる ② (刃物で肉・野菜などを) みじん切りにしてよくたたく ③ 洗濯物をもみ洗う.

이기로 (서니) [igiro(sʌni) イギロ(ソニ)] 助 …でも; …であるとしても; …とはいえ; = **이기로선들** [igirosəndɯl イギロソンドゥㇽ] ¶아무리 싼 옷~ [a:muri s'an oʃ~ アームリ ッサン オシギ~] いくら安値の着物だといえ(あまりにも見栄えがしない).

이기에 [igie イギエ] 助 …なので; …であるので ¶기쁜 일~ 달려 왔다 [kip'un ni:r~ talljo wat'a キップン ニーリ~ タルリョワッタ] うれしいことなので駆けて来た.

이 (기) 죽-거리다 [i(gi)dʒuk'ərida イ(ギ)ジュクゴリダ] 自 ねちねちといやみを言う ¶입을 비쭉이며 ~ [ibul pitʃ'uɡimjo ~ イブㇽ ピッチュギミョ ~] 口をびくつかせてねちねちといやみを言う.

이-까짓 [ik'adʒit イッカジッ] 冠 これしきの; これくらいの; こればかりの ¶~ 일로 [(ik'adʒin) ni:llo (イッカジン)ニールロ] これしきのことで/~ 것하고 버티다 [(ik'adʒi)k'ətʰaɡo pətʰida ~コッタゴ ポティダ] ぬっとがんばる.

이깔-나무 [ik'allamu イッカルラㇺ] 名 〈植〉 (チョウセン) カラマツ(唐松).

*이끌다** [ik'ulda イックㇽダ] 他 ㄹ語幹 ① 引く ¶손을 이끌고 [sonul ik'ulɡo ソヌㇽ イックㇽゴ] 手を引いて ② 導く ¶바른 길로 ~ [parun killo ~ パルン キㇽロ ~] 正しい道に導く.

이끌리다 [ik'ullida イックㇽリダ] 自 受動 引かれる; 駆られる ¶마음이 ~ [maumi ~ マウミ ~] 心が引かれる / 충동에 ~ [tʃʰuŋdoŋe ~ チュンドンエ ~] 衝動に駆られる.

이끼 [ik'i イッキ] 名 〈植〉 コケ(苔) ¶~가 끼다 [~ɡa k'i:da ~ガッキーダ] コケが生える; コケむす.

*이나(마)** [ina(ma) イナ(マ)] 助 …も; …でも ¶이것이나 저것이나 [iɡoʃina tʃogoʃina イゴシナ チョゴシナ] どれもこれも / 집이나마 살 수 있다면 [tʃibinama sal s'u it'ʌmjʌn チビナマ サルッス イッタミョン] 家でも買えれば.

이-나마 [inama イナマ] 副 これさえも; これだけでも ¶ ~ 마저 없앨 테냐? [~ madʒo ɔ:ps'ɛl tʰenja ~ マジョ オープセル テニャ] これさえもすっかりなくすつもりか.

이-날 [inal イナル] 名 今日; この日 ¶ 내주의 ~ [nɛdʒue ~ ネジュエ ~] 来週の今日.

이날-이때 [inarit'ɛ イナリッテ] 名 副 今まで; 今日のこの時; 今の今 ¶ ~까지 몰랐다 ~ [~ k'adʒi mollat'a ~ ッカジ モルラッタ] 今の今まで知らなかった.

이날-저날 [inaldʒʌnal イナル ジョナル] 名 副 そのうち(そのうち); 今日明日(と) ¶ ~ 자꾸 미루기만 한다 [~ tʃak'u mirugiman handa ~ チャック ミルギマン ハンダ] 今日明日と日延べばかりする.

이남 [以南] [i:nam イーナム] 名 ① 以南 ② 韓国(朝鮮半島で休戦ライン南半分の意) ↔이북(以北) [i:buk イーブク] 朝鮮民主主義人民共和国.

*이내 [以內] [i:nɛ イーネ] 名 以内 ¶ 사흘 ~ [sahur~ サフリーネ] 3日以内.

이-내[1] [inɛ イネ] 冠 この私の=나의 [nae ナエ] ¶ ~ 마음을 모르다니 [~ maumul morudani ~ マウムル モルダニ] この私の心を知らないとは ──몸 [mom モム] 名 わが身; この身.

*이내[2] [inɛ イネ] 副 ① たちまち; 間もなく; すぐ; ただちに ¶ 아픔이 가시었다 [~ apʰumi kaʃiʌt'a ~ アプミ カシオッタ] たちまち痛みが去った ② ずうっと; この方; 以来 ¶ 헤어진 후 ~ 소식(消息)이 없다 [hʌʌdʒin hu: ~ soʃigi ɔ:pt'a ヘオジン フー ~ ソシギ オープタ] 別れてこの方[いまだに・ずうっと]便りがない.

(이)냐 [(i)nja (イ)ニャ] 助 …か(ね); …だ(い); …じゃ ¶ 무슨 뜻이~? [musun t'ɯʃi~ ムスン ットゥシ~] どんな意味か / 누구~? [nugu~ ヌグ~] 誰か(ね).

(이)냐고 [(i)njago (イ)ニャゴ] 助 …かと; …かだと; …かだって='(이)냐'+하고 [hago ハゴ] ¶ 생일이~ 물었다 [sɛŋiri~ murʌt'a センイリ~ ムロッタ] 誕生日かと聞いた.

이-냥 [injaŋ イニャン] 副 このまま; このとおり ¶ ~ 갈 텐가? [~ kal tʰenga ~ カル テンガ] このまま行くつもりかね.

이-네 [ine イネ] 代 この人(たち) ¶ ~들은 무엇을 하나 [~dɯrɯn muʌsɯl hana ~ ドゥルン ムオスル ハナ] この人たちは何をするのかな.

*이념 [理念] [i:njʌm イーニョム] 名 理念; イデー・イデア ¶ 평화의 ~ [pʰjʌŋhwae ~ ピョンファエ ~] 平和の理念.

이-놈 [inom イノム] 代 こいつ; この野郎 ¶ ~아 [~a イノマ] こいつめ.

이니 [ini イニ] 助 ① …だから ¶ 휴일 ~ 푹 쉬어라 [hjuir~ pʰuk ʃ'wiora ヒュイリ~ プク シュイオラ] 休日だからゆっくり休みなさい ② …とか; …やら ¶ 밤~ 감~ [pa:m~ ka:m~ パーミ~ カーミ~] 栗やら柿やら ③ …かい; …かね ¶ 무슨 일~? [musun ni:r~ ムスン ニーリ~] なにごとかね.

*이다[1] [ida イダ] 他 頭に載せる; 頂く ¶ 짐을 이고 가다 [tʃimɯl igo kada チムル イゴ カダ] 荷を頭に載せて行く / 눈을 인 후지산 [nu:nɯl in hudʒisan ~ ヌーヌル インフジサン] 雪を頂く富士山.

이다[2] [i:da イーダ] 他 ① 기와로 지붕을 ~ [kiwaro tʃibuŋɯl ~ キワロ チブンウル ~] かわらで屋根を葺く.

*이다[3] [ida イダ] 指 …だ; …である ¶ 이것은 책~ [igɔsɯn tʃʰɛg~ イゴスン チェギダ] これは本である.

(이)다손 치더라도 [(i)dason tʃʰidorado (イ)ダソンチドラド] 助 …だとしても; …といえども ¶ 그가 아무리 부자~ [kɯga a:muri pu:dʒa~ クガ アームリ プージャ~] 金がいくら金持ちであろうとも(健康だけはあがなえない).

이-다음 [idaɯm イダウム] 名 この後; この次; 後日; 今度 ¶ ~ 또 만나세 [~ t'o mannase ~ ット マンナセ] 今度また会おう.

이-다지 (도) [idadʒi(do) イダジ(ド)] 副 こんなにまで(も); これほどにまで(も) ¶ ~ 괴로울 줄이야 [~ kweroul tʃʰurija ~ クェロウル チュリヤ] これほどにまで苦しい[つらい]とは.

이-달 [idal イダル] 名 今月; 当月 ¶ ~치의 급료 [~tʃʰie kumnjo ~ チェクムニョ] 今月分の給料.

이-담 [idam イダム] 名 この後; この次; ='이다음' ¶ ~부터는 [~butʰonɯn ~ プトヌン] これからは.

이-대로 [idɛro イデロ] 副 このとおりに; このように; このまま ¶ ~ 만들어라[~ mandɯrora ~ マンドゥロラ] このとおりに作れ / 내버려 뒤라[~ nɛːbɔrjɔ twɔːra ~ ネーボリョ トゥォーラ] このまま放っとけ.

이더냐 [idɔnja イドニャ] 助 …だったか(ね); …であったか ¶ 어떤 사람~? [ɔt'ɔn saːram~ オットン サーラミドニャ] どんな人だったかね.

이더니 [idɔni イドニ] 助 …だったが ¶ 뛰어난 선수~ [t'wiɔnan sɔːnsu~ ットゥィオナン ソーンス~] すぐれた選手だったが.

(이)더라 [(i)dɔra (イ)ドラ] 助 …であったよ; …だったよ ¶ 참 좋은 친구~ [tɕʰam tɕoːun tɕʰingu~ チャム チョーウン チング~] 実に良い友であったよ.

이더라도 [idɔrado イドラド] 助 …であっても ¶ 그의 말이 거짓~ [kɯe maːri kɔːdʑi~ クエ マーリ コージシドラド] 彼の言ったことがうそであっても(私は彼に従うつもりだ).

이더라면 [idɔramjɔn イドラミョン] 助 …であったら; …であったならば ¶ 내가 총각(總角)~ [nɛga tɕʰoːŋgag~ ネガ チョーンガギドラミョン] 私が未婚の青年[チョンガー]であったならば(彼女と結婚したでしょう).

이던 [idɔn イドン] 助 …だった; …であった ¶ 옛날 부자~ 사람 [jeːnnal puːdʑa~ saːram イェーンナル プージャ~ サーラム] むかし金持ちであった人.

이던가 [idɔnga イドンガ] 助 …であったか; …であるか ¶ 얼마나 그리던 고향~ [ɔːlmana kɯridɔn kohjaŋ~ オールマナ クリドン コヒャン~] どんなになつかしい故郷であったか.

이던걸 [idɔngɔl イドンゴル] 助 …であったな; …だったな ¶ 참으로 미인~ [tɕʰamuro miːin~ チャムロ ミーイニドンゴル] 実に美人であったな.

이던데 [idɔnde イドンデ] 助 …であったが ¶ 참 좋은 책~ [tɕʰam tɕoːun tɕʰɛg~ チャム チョーウン チェギドンデ] 本当にいい本であったが[あったよ].

이데 [ide イデ] 助 …であったよ; …だったよ ¶ 아직도 미인~ [adʑikt'o miːin~ アジクト ミーイニデ] 今もなお美人であったよ.

*****이동[移動]** [idoŋ イドン] 名 移動 **—하다** [hada ハダ] 自他 移動する; 移る **—도서관** [dosɔgwan ドソグァン] 名 移動図書館 **—방송** [baːŋsoŋ バーンソン] 名 移動放送.

이되 [idwe イドゥェ] 助 …だが; …であるが ¶ 미인~ 성깔은 거세다 [miːin ~ sɔːŋk'arun kɔseda ミーイニドゥェ ソーンッカルン コセダ] 美人ではあるが気性が激しい.

이득[利得] [iːdɯk イードゥク] 名 利得; もうけ; 利益 ¶ 부당한 ~ [pudaŋhan ~ プダンハン ~] 不当な利得.

이든(지) [idɯn(dʑi) イドゥン(ジ)] 助 …でも; …なり(とも) ¶ 무엇~ 배워 두어라 [muɔ~ pɛwɔ duɔra ムオシドゥン(ジ) ペウォ ドゥオラ] 何でも習っておけ.

이-들 [idɯl イドゥル] 代 これら(の); 「この人々」

*****이듬-해** [idɯmɦɛ イドゥムヘ] 名 翌年; 明くる年; =다음해 [taɯmɦɛ タウムヘ] ¶ 봄 [~ pom ~ ボム] 翌年の春.

*****이-따(가)** [it'a(ga) イッタ(カ)] 副 あとで; のちほど ¶ ~ 만나자 [~ mannadʑa ~ マンナジャ] あとで会おう.

*****이따금** [it'agɯm イッタグム] 副 時々; 時たま; 편지(便紙)가 온다 [~ pjɔːndʑiga onda ~ ピョーンジガ オンダ] 時たま便りが来る.

이-따위 [it'awi イッタウィ] 名 この類; こんなこと; こんなやつ; こんなやから ¶ 왜 ~ 짓을 했느냐? [wɛː ~ tɕiːsul hɛːnnunja ウェー ~ チースル ヘンニャ] なんでこんなことをしたのか / 아무것도 없는 ~들이 [aːmugɔt'o ɔːmnun ~dɯri アーム ゴット オームヌン ~ドゥリ] 何もないこんなやからが.

이-때 [it'ɛ イッテ] 名 この時; 今; そのとき ¶ ~ 그가 나타났다 [~ kuga natʰanatʰa ~ クガ ナタナッタ] そのとき彼が現われた.

이때-껏 [it'ɛk'ɔt イッテッコッ] 副 今まで; 今の今まで; 今に至るまで ¶ ~ 살아오면서 그는 정직한 사람이다 [s'araomjɔnsɔ kunun tɕɔːŋdʑikʰan saːramida ~ サラオミョンソ クヌン チョーンジクカン サーラミダ] 今に至るまで彼は正直ものだ.

이라(고) [ira(go) イラ(ゴ)] 助 …と; …だと; …とか; …などと ¶ 좋은 것 ~ 하기에 샀다 [tɕoːun kɔɕ~ hagie sat'a チョーウン コシラ(ゴ)ハギエ サッタ] よいものだと言うので買った.

이라느니 [iranɯni イラヌニ] 助 …だ

이라는 [iranɯn イラヌン] 助 …(だ)と(の); …という; ='이라고'+하는 [hanɯn ハヌン] ¶공무원~ 신분으로 [koŋmuwɔn~ ɕinbunɯro コンムウォニラヌン シンブヌロ] 公務員という身分で.

이라니 [irani イラニ] 助 …だと(は) ¶내 책임~ [nɛ tɕʰɛgim~ ネ チェギミラニ] 僕の責任だと.

*__이라니까__ [iranik'a イラニッカ] 助 …だと言うと; …だってば ¶돈~ 끝내 사양하더군 [to:n~ k'ɯnnɛ sajaŋhadogun トーニラニッカ ックンネ サヤンハドグン] 金だと言うとあくまでも固辞したよ.

(이)라도 [(i)rado (イ)ラド] 助 …でも; …であっても ¶냉수(冷水)라도 마셔 두어라 [nɛ:surado maɕʌ duɔra ネーンスラド マショ ドゥオラ] お冷やでも飲んでおけ.

이라든지 [iradɯndʑi イラドゥンジ] 助 …であろうと; …だとか; …にせよ ¶물~ 불~ 모두 필요한 것이다 [mur~ pur~ modu pʰirjohan kɔɕida ムリラドゥンジ プリラドゥンジ モドゥ ピリョハン コシダ] 水にせよ火にせよ皆必要な物である.

이라야(만) [iraja(man) イラヤ(マン)] 助 …でなければ…ならない; …こそ; …だけが ¶그 사람~ 할 수 있다 [kɯ sa:ram~ hal s'u it'a クサーラミラヤ(マン) ハル ッス イッタ] その人でなければできない.

(이)란 [(i)ran (イ)ラン] 助 …という; …は; …とは; ='이라고'+하는+(것은) [hanɯn+(kɔsɯn) ハヌン+(コスン)] ¶감기란 병 [ka:mgiran pjɔŋ カームギラン ピョン] 風邪という病/인생이란 [insɛŋiran インセンイラン] 人生とは.

이랄 [iral イラル] 助 …だという='이라고'+할 [hal ハル] ¶집~ 수도 없는 오두막 [tɕip~ s'udo ɔ:mnɯn odumak チビラム ッスド オームヌン オドゥマク] 家ともいえないあばら屋[小屋].

이람 [iram イラム] 助 …というのかね; …か(ね) ¶이게 무슨 짓~ [ige musɯn tɕi:ɕ~ イゲ ムスン チーシラム] これはどうしたことかね.

이랍니다 [iramnida イラムニダ] 助 …だそうです='이라고'+합니다 [hamnida ハムニダ] ¶그 여자가 주인~ [kɯ jɔdʑaga tɕuin~ クヨジャガ チュイニラムニダ] 彼女が主人なそうです.

(이)랍시고 [(i)rapɕ'igo (イ)ラプシゴ] 助 …だと; …だなんて ¶그것도 노래랍시고 부르나 [kɯgɔt'o norɛrapɕ'igo purɯna クゴット ノレラプシゴ プルナ] それも歌だとうたうのかね.

이랑¹ [iraŋ イラン] 名 田畑の畝.

이랑² [iraŋ イラン] 助 …と(か); …や(ら) ¶밥~ 떡~ 푸짐하다 [pab~ t'ɔg~ pʰudʑimhada パビラン ットギラン プジムハダ] 飯やらもちやら(食べ物が)ふんだんにある.

*__이래__ [以來] [i:rɛ イーレ] 名 以来; このかた ¶유사 ~ [ju:sa ~ ユーサ ~] 有史以来.

이래 [irɛ イレ] 助 …だという; …だって(さ) ¶그는 아직 총각~ [kɯnɯn adʑik tɕʰo:ŋgag~ クヌン アジク チョーンガギレ] 彼は今も独身だってさ.

이래도 [irɛdo イレド] 略 ①こうしても; このようにしても; ='이렇게'+하여도 [hajɔdo ハヨド] ¶~ 안 되고 저래도 안 된다 [~ an dwego tɕɔrɛdo an dwenda ~ アン ドゥェゴ チョレド アン ドゥェンダ] こうしてもああしてもできない ②これでも=**이러하여도** [irɔhajɔdo イロハヨド] ¶~ 또 할테냐? [~ t'o haltʰenja ~ ット ハルテニャ] これでもまたやるつもりか.

이래라-저래라 [irɛradʑɔrɛra イレラジョレラ] 副 こうしろああしろ ¶~ 참견이 심하다 [~ tɕʰamgjɔni ɕi:mhada ~ チャムギョニ シームハダ] こうしろあしろとお節介が多い.

이래-봬도 [irɛbwɛdo イレベド] 副 こう見えても ¶~ 비싼 물건이다 [~ pis'an mulgɔnida ~ ピッサン ムルゴニダ] こう見えても値段の高い品物である.

이래서 [irɛsɔ イレソ] 1 略 こんなにして; かくして; =**이리하여서** [irihajɔsɔ イリハヨソ] ¶나는 성공했다 [~ nanɯn sɔŋgoŋhɛt'a ~ ナヌン ソンゴンヘッタ] かくして私は成功した 2 助 …だから; …だと言って; …だとて; ='이라고'+하여서 [hajɔsɔ ハヨソ] ¶누이 동생~ [nui doŋsɛŋ~ ヌイ ドン

センー] 妹だと言って.

이래서야 [irɛsɔja イレソヤ] 略 こうしては=**이리하여서야** [irihajɔsɛja イリハヨソヤ] ¶~ 쓰겠나 [~ s'ugenna ~ッスゲンナ] こうしては駄目じゃないか.

이래야 [irɛja イレヤ] 助 …と言ったって; こうであっても ¶월급~ 쥐꼬리만한 걸 [wɔlgɯmb~ tʃwik'orimanhan gɔl ウォルグピレヤ チュィッコリマンハンゴル] 月給と言ったって雀の涙ほどだよ.

(이)래요 [(i)rɛjo (イ)レヨ] 助 …だそうです ¶그 남자가 오빠래요 [kɯ namdʒaga op'arɛjo クナムジャガ オッパレヨ] その人が兄だそうです.

이래-저래 [irɛdʒɔrɛ イレジョレ] 副 あれこれ; どうやらこうやら ¶~ 손해만 봤다 [~ so:nhɛman pwa:t'a ~ ソーンヘマン ポァーッタ] あれこれと損ばかりした / ~ 살고 있다 [~ sa:lgo it'a ~ サールゴ イッタ] どうやらこうやら暮らしている.

이랬다-저랬다 [irɛt'adʒɔrɛt'a イレッタジョレッタ] 副 ああしたりこうしたり; ああ言ったりこう言ったり; 左右に ¶말을 ~ 한다 [ma:rɯl ~ handa マールル ~ ハンダ] 言を左右にする / 변덕이 심하다 [~ pjɔndɔgi ʃi:mhada ~ ピョーンドギ シームハダ] ああしたりこうしたりしてむら気がひどい.

이랴 [irja イリャ] 助 …と言おうか; …であろうか ¶부모를 버린 놈이 어찌 자식~ [pumorɯl pɔrin nomi ɔtʃi tʃaʃig~ ~ プモルル ポリン ノミ オッチ チャシギリャ] 父母を捨てた者がどうして子と言われようか.

이러고 [irɔgo イロゴ] 副 こうして ¶~ 있을 때가 아니다 [~ is'ɯl t'ɛga anida ~ イッスルッテガ アニダ] こうしているときではない ―**저러고** [dʒɔrɔgo ジョロゴ] 副 あれこれ.

이러나 [irɔna イロナ] 副 このようであるが ¶지금은 ~ [tʃigumɯm ~ チグムン ~] 今はこのようであるが(明日はすっかり変わっているだろう).

이러나-저러나 [irɔnadʒɔrɔna イロナジョロナ] 副 どうでも; いずれにせよ; どっちみち; とにかく; こうでもああでも ¶~ 마찬가지다 [~ matʃʰangadʒida ~ マチャンガジダ] どうでも同じことだ.

이러는 [irɔnɯn イロヌン] 自形 このように; こんなに; こんなふうに ¶~ 게 아니야 [~ ge anija ~ ゲ アニヤ] こ

のようにしたらいけないよ.

이러니(까) [irɔni(k'a) イロニ(ッカ)] 副 こうだから; この故に ¶~ 사고를 내는 것이야 [~ sa:gorɯl nɛ:nɯn kɔʃija ~ サーゴルル ネーヌン コシヤ] こうだから事故を起こすのだよ.

이러니-저러니 [irɔdʒɔrɔni イロニジョロニ] 副 どうのこうの; かれこれ; 何だかんだ; とかく ¶~ 말하기 전에 [~ ma:rhagi tʃɔne ~ マールハギ チョネ] とかく言う前に.

*이러다(가) [irɔda(ga) イロダ(ガ)] 副 こうしていては='이렇게'+하다(가) [hada(ga) ハダ(ガ)] ¶~ 지각하겠다 [~ tʃigakʰaget'a ~ チガクカゲッタ] こうしていては遅刻するぞ.

이러면 [irɔmjɔn イロミョン] 副 こうしたら; こうすれば; =**이러하면** [irɔhamjɔn イロハミョン] ¶~ 어떨까요? [~ ɔt'ɔlk'ajo ~ オットルッカヨ] こうしたらどうでしょうか.

이러면서 [irɔmjɔnsɔ イロミョンソ] 副 こう言いながら; こうしながら.

이러므로 [irɔmɯro イロムロ] 副 こうだから=**이러하므로** [irɔhamɯro イロハムロ] ¶사정이 ~ [sa:dʒɔŋi ~ サージョンイ ~] 事情がこうだから.

이러이러-하다 [irɔirɔhada イロイロハダ] 形 여변 これこれだ; しかじかだ ¶~한 이유로 [~han ni:juro ~ハンニーユロ] これこれの理由で.

이러잖아도 [irɔdʒanado イロジャナド] 副 このようにしなくても; こうしなくても ¶~ 괜찮아요 [~ kwɛntʃʰanajo ~ クェンチャナヨ] こうしなくても結構です.

이러저러-하다 [irɔdʒɔrɔhada イロジョロハダ] 形 여변 しかじか[そんなこんな・そうこう]である ¶~해서 [~-hɛ-sɔ ~-ヘソ] そんなこんなで.

이러쿵-저러쿵 [irɔkʰuŋdʒɔrɔkʰuŋ イロクンジョロクン] 副 하自 あれやこれやと; どうのこうの; とやかく ¶~ 말하지 마라 [~ ma:rhadʒi mara ~ マールハジ マラ] とやかく言うな; つべこべ言うな.

*이러-하다 [irɔhada イロハダ] 形 여변 こうである; このとおりだ; このようだ ¶그 내용은 ~ [kɯ nɛ:joŋun ~ ク ネーヨンウン ~] その内容はこうである.

이럭-저럭 [irɔktʃɔrɔk イロクチョロク] 副 하自 ① どうにかこうにか; やっとのことで ¶~ 졸업했다 [~ tʃ'orɔpʰ-

이런 [irɔn イロン] **1** 冠 このような; こんな; =**이러한** [irɔhan イロハン] ¶ ~ 조건으로는 [~ tɕokʼɔnuronɯn ~ チョコヌロヌン] こんな条件では **2** 感 おやっ; や; ほい; これは ¶ ~, 또 틀렸구나 [~, tʼo tɯlkʰjɔkʼuna ~, ット トゥルキョックナ] や, また見つかってしまった.

이런-고로 [—故—] [irɔngoro イロンゴロ] 副 このようなわけで; こうだから ¶ ~ 사고가 난다 [~ sa:goga nanda ~ サーゴガ ナンダ] こうだから事故が発生する.

이런-대로 [irɔndɛro イロンデロ] 副 このまま(で); このように ¶ ~ 살아가고 싶다 [~ saragago ʃiptʼa ~ サラガゴ シプタ] このまま暮らしていきたい.

이런-즉 [irɔndʑɯk イロンジュク] こんなわけだから =**이러한 즉** [irɔhan dʑɯk イロハン ジュク] ¶ 형편(形便)이 ~ [hjʌŋpʰjʌni ~ ヒョンピョニ ~] 状況がこんなわけだから.

이렁-저렁 [irɔŋdʑɔrɔŋ イロンジョロン] 副 하자 どうやらこうやら; どうにかこうにか ¶ ~ 살아갑니다 [~ saragamnida ~ サラガムニダ] どうにかこうにか暮らしています.

*__이렇게__ [irɔkʰe イロッケ] 副 このように; こんなに ¶ ~ 말하면 저렇게 말한다 [~ ma:rhamjʌn tɕɔrɔkʰe ma:rhanda ~ マールハミョン チョロッケ マールハンダ] こう言えばああ言う / ~ 해서 [~ hɛ:sɔ ~ ヘーソ] かくして **-까지** [kʼadʑi ッカジ] これほどまで(に).

*__이렇다__ [irɔtʰa イロッタ] 形 ㅎ変 こうである; こうだ; ='이러하다' ¶ 그의 이야기는 대개 ~ [kɯe ijaginɯn dɛ:gɛ ~ クエ イヤギヌン テーゲ ~] 彼の話は大体こうだ.

이렇다-저렇다 [irɔtʰadʑɔrɔtʰa イロッタジョロッタ] 副 ああだこうだ; どうのこうの ¶ ~ 할 자격(資格)은 없지만 [~ hal tɕagjʌgɯn ɔːptʼɕiman ~ ハル チャギョグン オープチマン] (この事に対して)どうのこうの言う筋合いではないが.

이렇든-저렇든 [irɔtʰɯndʑɔrɔtʰɯn イロットゥンジョロットゥン] 副 ああでもこうでも; とにかく ¶ ~ 빨리 해라 [~ pʼalli hɛːra ~ ッパルリ ヘーラ] とにかく早くやれ.

이렇-듯 [irɔtʰɯt イロットゥッ] 副 このように; これほど; こんなに; =**이렇듯이** [irɔtʰɯʃi イロットゥシ] ¶ ~ 많은 돈 [(irɔtʰɯn) maːnɯn tɔn ~ (イロットゥン) マーヌン トーン] こんなに多くの金.

이렇지 [irɔtɕʰi イロッチ] 感 ほら; どうだ ¶ ~, 내 말이 틀림없어 [~, nɛ maːri tʰɯllimɔpsʼɔ ~, ネ マーリ トゥリモプソ] ほら, 僕の話に間違いはないだろう **-않다** [antʰa アンタ] 慣 こうでない ¶ 그 물건은 ~ [kɯ mulgɔnɯn ~ ク ムルゴヌン ~] その品物はこうでない.

*__이레__ [ire イレ] 名 7日(間); 7日目; =**이렛-날** [irennal イレンナル].

이려니 [irjʌni イリョニ] 助 …であろうと; …だろうと ¶ 헛소문~ 였는데 [hɔs'omun~ hɛːnnɯnde ホッソムニリョニ ヘーンヌンデ] 根も葉もないうわさであろうと思ったのに.

이려니와 [irjʌniwa イリョニワ] 助 …であるが; …だが ¶ 돈도 돈~ [toːndo toːn~ トーンド トーニリョニワ] 金も金だが[金も大事であるが] (まず健康だ).

이력 [履歷] [iːrjɔk イーリョク] 名 履歷 = 경력(經歷) [kjʌŋrjɔk キョンニョク] **—(이) 나다** [iːrjɔgi nada [iːrjɔŋnada] イーリョギ ナダ [イーリョンナダ]] 慣 (経験を得てそのこと[道]に)熟達する; 慣れる **-서** [sʼɔ ソ] 名 履歷書.

이련마는 [irjʌnmanɯn イリョンマヌン] 助 …だろうに; …するはずだが; …になあ; …ものを =**이련만** [irjʌnman イリョンマン] ¶ 진급했으면 부장~ [tɕinguphɛsʼɯmjʌn pudʑaŋ~ チーングプヘッスミョン プジャン~] (順調に)進んでいたら部長になったろうに.

이렸다 [irjɔtʼa イリョッタ] 助 …だろう(な); …であろう(な) ¶ 너는 그분의 아들~ [nɔnɯn kɯbune adɯr~ ノヌン クブネ アドゥリリョッタ] お前はその方の子だろう / 거짓은 없으렷다 [kɔːdʑisɯn ɔːpsʼɯrjɔtʼa コージスン オープスリョッタ] うそはなかろうな.

이로구나 [iroguna イログナ] 助 …だ

(이)로구려 なあ; …だね ¶벌써 섣달~[pɔls'ɔs'ɔt'ar~ ポルッソ ソーッタリログリョ] (今年も)すでに師走だなあ.

(이)로구려 [(i) rogurjɔ (イ) ログリョ] 勔 …だね; …だなあ ¶여기가 바로 별천지로구려[jɔgiga paro pjɔltɕʰɔndʑirogurjɔ ヨギガ パロ ピョルチョンジログリョ] ここがまさに別天地だねえ.

이로구먼 [irogumɔn イログモン] 勔 …だなあ; …だねえ ¶아담한 집~[a:damhan tɕib~ アーダムハン チビログモン] こぢんまりした住居だねえ.

이로군 [irogun イログン] 勔 …だね; …だな ¶아주 현명한 사람~[adʑu hjɔ:nmjɔŋhan sa:ram~ アジュ ヒョーンミョンハン サーラミログン] 実に賢明な人だね.

이로다 [iroda イロダ] 勔 …だね; …なるかな ¶참 예쁜 꽃~[tɕʰam je:p'un k'otɕʰ~ チャム イェーップン ッコチロダ] 実にきれいな花だね.

이로되 [irodwe イロドゥェ] 勔 …だが; …であるが ¶길은 길~ 험한 산길이다[kirun kir~ hɔ:mhan sank'irida キルン キリロドゥェ ホームハン サンキリダ] 道は道だが険しい山道だ.

이-로부터 [irobutʰɔ イロブトㇹ] 副 これより; これから(以後); 今後 ¶~ 행복하게 되겠지[~ hɛŋbokʰage twegetɕ'i ~ ヘーンボクカゲ トゥェゲッチ] これからは幸せになるだろう.

이-로써 [iros'ɔ イロッソ] 副 これをもって; これによって; こういうわけで; これで ¶~ 오늘 일을 마친다[~ onul li:rul matɕʰinda ~ オヌル リールル マチンダ] これで今日の仕事を終える.

*__이론__[理論] [i:ron イロㇷ] 图 理論 ¶~을 세우다[~ul seuda (イーロ) ヌル セウダ] 理論をうち立てる.

이론[異論] [i:ron イーロン] 图 異論=이의(異議) [i:i イーイ] ¶~의 여지가 없다[~e jɔdʑiga ɔ:pt'a (イーロ) ネ ヨジガ オーㇷタ] 異論の余地なし.

*__이-롭다__[利—] [i:ropt'a イーロㇷタ] 形 ㅂ変 有利だ; 得だ; ためになる ¶몸에 ~[mome ~ モメ ~] 体のためになる.

이루[二壘] [i:ru イール] 图 〈野〉2壘; セカンド(ベース) **—수** [su ス] 图 2壘手; セカンド **—타** [tʰa タ] 图 2壘打.

*__이루__ [iru イル] 副 すべて; 全部; ことごとく; 到底…(でき)ない ¶~ 다 말할 수는 없다[~ ta: ma:rhal s'unun ɔ:pt'a ~ ター マルハル ッスヌン オーㇷタ] 到底口では話し切れない.

*__이루다__ [iruda イルダ] 他 ① 成す; つくる; 築く ¶떼[무리]를 ~[t'ɛ[muri]rul ~ッテ[ムリ]ルル ~] 群れを成す / 가정을 ~[kadʑɔŋul ~ カジョンウル ~] 家庭を持つ[つくる] / 성황을 ~[sɔ:ŋhwaŋul ~ ソーンファンウル ~] 盛況を呈する[成す] ② 遂げる; 果たす; 達する ¶목적을 ~[mokt͡ɕ'ɔgul ~ モクチョグル ~] 目的を遂げる / 숙원을 ~[sugwɔnul ~ スグォヌル ~] 宿願を遂げる / 뜻을 ~[t'usul ~ ッㇳスル ~] 志を果たす.

*__이루어-지다__ [iruɔdʑida イルオジダ] 自 成り立つ; 成る; かなう ¶소원(所願)이 ~[so:wɔnɛ ~ ソーウォニ ~] 願い[念]がかなう[届く].

*__이룩-되다__ [irukt'weda イルクトゥェダ] 自 成る; 成し遂げられる; つくられる ¶마침내 대사업이 ~-되었다[matɕʰimnɛ te:saɔbi ~-t'ɔt͡ɕ'a マチムネ テーサオビ ~-トゥェオッタ] ついに大事業が成し遂げられた.

이룩-하다 [irukʰada イルクカダ] 他 (어変) ① 成す; つくる; 成し遂げる; 達成する ¶가정을 ~[kadʑɔŋul ~ カジョンウル ~] 家庭[世帯]を持つ[つくる] ② (国などを)創建する; 立[建]てる; つくり上げる; 築く.

*__이르다__[1] [iruda イルダ] 自 (르変) ① 至る; 到着[到達]する ¶목적지에 ~[moktɕ'ɔktɕ'ie ~ モクチョクチエ ~] 目的地に至る[着く] ② 達する; わたる; (行き)及ぶ; 立ち至る ¶중대한 사태에 ~[tɕuŋdɛhan sa:tʰɛe ~ チューンデハン サーテエ ~] 重大な事態に立ち至る.

*__이르다__[2] [iruda イルダ] **1** 自 (르変) 言う; 話す; 曰く; 告げる ¶옛 성인이 이르되[je: s'oŋini irudwe イェーッ ソンイニ イルドゥェ] いにしえの聖人曰く **2** 他 ① あらかじめ知らせる ② 言い聞かせる; 諭す ¶잘 알아듣도록 ~[tɕal aradut'orok ~ チャル アラドゥットロク ~] 聞き分けるように諭す; 言い含める ③ 告げ口する; 言いつける ¶아버지에게 일러바치다[abɔdʑiege illɔbatɕʰida アボジエゲ イルロバチダ] 父に告げ口する **이를 데 없다** [irul t'ɛ ɔ:pt'a イルル テ オーㇷタ] 慣 この

上もない; たとえようもない ¶슬프기 ~[sɯlphɯgi ~] スルプギ ~] たとえようもなく悲しい.

*이르다³ [irɯda イルダ] 形 [르変] (まだ)早い ¶조반이 너무 ~ [tɕobani nomu ~ チョバニ ノム ~] 朝食が早すぎる.

*이른-바 [irɯnba イルンバ] 副 いわゆる ¶~ 학자라는 사람이 [~ haktɕ'aranɯn sa:rami ~ ハクチャラヌン サーラミ] いわゆる学者たる者が.

이른-봄 [irɯnbom イルンボム] 名 早春; 春先 ¶~의 향내 [~e hjaŋnε (イルンボ)メ ヒャンネ] 早春のかおり.

*이를-테면 [irɯlthemjon イルルテミョン] 副 いわば; たとえば ¶그는 ~ 산 옥편(玉篇)이다 [kɯnɯn ~ sa:n okphjonida クヌン ~ サーン オクピョニダ] 彼はいわば生き字引だ.

*이름 [irɯm イルム] 名 ① 名前; 名; ネーム(name) ¶딸의 ~ [t'are ~ ッタレ ~] 娘の名前 /~을 대다 [~ɯl tɛːda (イル)ムル テーダ] 名を告げる; 名乗る ② 姓名; 姓と名 ③ 名称 ¶꽃~ [k'onnirɯm ッコンニルム] 花の名 ④ 評判; 名声 ¶~이 높다 [~i nopt'a (イル)ミ ノプタ] 名が高い ⑤ 口実; 名分 ⑥ 名誉; 体面 —걸다 [golda ゴルダ] 慣 名をかける —나다 [nada ナダ] 自 名が知られる; 有名になる ¶온천으로 ~ [ontɕhonɯro ~ オンチョヌロ ~] 温泉で知られる —(을)날리다 [(ɯl)nallida (イルムル)ナルリダ] 慣 名をとどろかす —(을)남기다 [(ɯl)namgida (イルムル)ナムギダ] 慣 名を残す —없다 [opt'a (イル)モプタ] 形 無名だ —있다 [it'a (イル)ミッタ] 存 有名だ —짓다 [dʑit'a ジッタ] 他 [ㅅ変] 名付ける; 名前をつける —표(標) [phjo ピョ] 名 名札.

이리¹ [iri イリ] 名 (魚の)白子.

이리² [iri イリ] 名 〈動〉オオカミ(狼).

*이리³ [iri イリ] 副 ①こちらへ; この方に ¶~(로) 오세요 [~(ro) osejo ~ (ロ) オセヨ] こちらへどうぞ ②こんなに; このように; こう ¶왜 ~ 더울까 [wε ~ toulk'a ウェー ~ トウルッカ] なんでこんなに暑いのだろう.

이리 뒤적 저리 뒤적 [iridwidʑok tɕ'ori dwidʑok イリドゥィジョク チョリドゥィジョク] 副 物をあちこちかき回すさま ¶~ 생선을 고르다 [~ s'εnsonɯl koruda ~ センソヌル コルダ] あちこちかき回して魚を選ぶ.

이리 뒤척 저리 뒤척 [iridwitɕhok tɕ'ori dwitɕhok イリドゥィチョク チョリドゥィチョク] 副 (寝つかれずに)あちこち寝返りを打つさま; 展転 ¶~ 하다가 날 밤을 세우다 [~ -(dwit)ho khadaga nalbamɯl sεuda ~ カタガ ナルバムル セウダ] 展転として一睡もできない.

이리라 [irira イリラ] 助 …だろう; …であろう ¶더없는 영광(榮光) ~ [tomoːnnɯn joŋgwaŋ ~] この上なき光栄であろう.

이리 오너라 [iri onora イリ オノラ] 感 頼もう; 御免; もの申(す); =이로너라 [ironora イロノラ] (時代劇で).

이리-온 [irion イリオン] 感 こっちへおいで(子供に対して) ¶아가야 ~ [agaja, ~ アガヤ, ~] 坊や, おいで.

이리-저리 [iridʑori イリジョリ] 副 あちこち; あれこれ(と) ¶~ 궁리하다 [~ kuŋnihada ~ クンニハダ] あれこれと思いをめぐらす.

*이마 [ima イマ] 名 額; おでこ.

*이만 [iman イマン] 1 冠 これぐらいの; この程度の ¶~ 일에 쓰러지다니 [~ nire s'ɯrodʑidani ~ ニレッスロジダニ] これぐらいのことで倒れるとは 2 副 これぐらいで; この程度で; これで ¶~ 실례합니다 [~ ɕillehamnida ~ シルレハムニダ] これで失礼します.

이만저만-하다 [imandʑomanhada イマンジョマンハダ] 形 ああこうである; 相当だ; ちょっとやそっと[並大抵]の(…ではない) ¶~-한 노력이 아니다 [~-han norjogi anida ~-ハン ノリョギ アニダ] 並々ならぬ努力だ.

이-만치 [imantɕhi イマンチ] 副 これぐらい; このぐらい ¶~ 떨어져 앉거라 [~ t'orodʑo ank'ora ~ ットロジョ アンコラ] これぐらい離れて座れ.

이-만큼 [imankhɯm イマンクム] 副 こんなに; これほど; これぐらい ¶~ 컸구나 [~ khok'una ~ コックナ] こんなに大きくなったね.

이만-하다 [imanhada イマンハダ] 形 [여変] これぐらいだ; この程度だ ¶피해가 ~-하기 다행(多幸)이다 [phiːhεga ~-hagi tahɛŋida ピーヘガ ~-ハギ タヘンイダ] 被害がこの程度で幸いです.

이맘-때 [imamt'ε イマムッテ] 名 今ごろ; 今時分 ¶지난 해 ~ [tɕinan hε

~ チナン へ ~] 去年の今ごろ.

이맛-살[imas'al イマッサル] 名 額の しわ ¶~을 찌푸리다[(imas'ar)ɯl tɕ'ipʰurida (イマッサ)ルル ッチプリダ] 額に八の字[しわ]を寄せる.

이며[imjə イミョ] 助 …や(ら); …で あって; …ながら ¶산~ 물~ 모두 아름답다[san~ mur~ modu arɯmdapt'a サニミョ ムリミョ モドゥ アルムダプタ] 山や水やすべてが麗しい.

이면[imjən イミョン] 助 …なら; …で あれば; …だったら ¶이런 경우 당신 ~ 어떻게 하겠소?[irən kjəŋu taŋɕin ~ ət'əkʰe hages'o イロン キョンウ タンシニミョン オットッケ ハゲッソ] こう いう場合あなたならどうしますか.

이면서[imjənsə イミョンソ] 助 …ながら ¶의사 ~ 시인이다[ɰisa ~ ɕiininda ウィサ ~ シイニダ] 医者でありながら 詩人である.

*이모[姨母][imo イモ] 名 おば; 母の姉 妹 —님[nim ニム] 名 おばさん —부 [bu ブ] 名 おじ(さん); 母の姉妹の夫.

이모-저모[imodʑomo イモジョモ] 名 副 あれこれ; 各方面 ¶사회의 ~[sahwe ~ サフェエ ~] 社会の各方面.

이목[耳目][i:mok イーモク] 名 ① 耳 目; 耳と目 ② 人目; 世間の注目 ¶ 남의 ~을 끌다[mame (i:mog)ɯl k'ɯlda ナメ (イーモグ) ックールダ] 人目を引く/세상(世上)의 ~을 피 하다[se:saŋe (i:mog)ɯl pʰihada セー サンエ (イーモグ) ピーハダ] 世を忍ぶ **—구비**[口鼻][(i:mo)k'ubi クビ] 名 目鼻[顔]立ち ¶~가 반듯하다[~ga panduthada ~ガ パンドゥッタダ] 目 鼻立ちが整っている.

이문[利文][i:mun イームン] 名 利益; 利ざや; もうけ ¶~이 적은 장사[~i tɕ'ɔ:gɯn tɕaŋsa (イーム)ニ チョーグン チャンサ] もうけの少ない商売.

이므로[imɯro イムロ] 助 …だから; … なので ¶정기 휴일 ~ 쉽니다[tɕɔ:ŋgi hjuir~ ɕwi:mnida チョーンギ ヒュイ リムロ シュィームニダ] 定休日なので休 みます.

*이미[imi イミ] 副 もう; すでに; もはや ¶~ 말한 바와 같이[~ ma:rhan bawa gatɕʰi ~ マールハン バワ ガチ] す でに述べたとおり.

이미지[imidʑi イミジ] image 名 イメ ージ ¶~가 떠오르다[~ga t'ɔrɯda

~ ガットオルダ] イメージが浮かぶ.

이미테이션[imitʰeiɕən イミテイション] imitation 名 イミテーション; 模倣; 模造品; にせ物.

이민[移民][imin イミン] 名 自 海 外移住者 ¶미국(美國) ~[mi:gug ~ ミーグ(ギミン)] 米国移住者.

*이바지[ibadʑi イバジ] 名 ① 裨益ひぇき; 貢献 ② 食べ物などを真心こめて贈る こと, またはその食べ物 ③ 世話するこ と —하다[hada ハダ] 自 裨益する; 貢献する; 寄与する; 報ずる; 尽くす; 役立つ ¶교육에 ~[kjo:juge ~ キョ ーユゲ ~] 教育に裨益する.

*이발[理髮][i:bal イーバル] 名 他自 理 髪; 散髪 —사(師)[s'a サ] 名 理髪 師; 調髪師 —관(館)[gwan グァ ン] —소(所)[s'o ソ] 名 理髪店.

이-밥[i:bap イーパプ] 名 白いご飯; 生飯 きぃ; 米の飯; = 쌀밥[s'albap ッサルバプ].

이방[異邦][i:baŋ イーバン] 名 異邦; 異国 —인(人)[in イン] 名 異邦人.

*이-번[一番][ibən イボン] 名 今度; 今回; この度 ¶~ 사건으로[~ sa:k'ənɯro ~ サーコヌロ] 今度の事件で.

이벤트[ibentʰɯ イベントゥ] event 名 イベント ¶① 事件; 出来事 ② 運動・ 競技の種目 ¶메인 ~[mein ~ メイ ン ~] メインイベント ③ 催し物; 行 事 ¶~ 홀[~ ho:l ~ ホール] イベン トホール.

*이별[離別][ibjəl イビョル] 名 他自 離 別; 別離; 別れ ¶쓰라린 ~[s'ɯrarin (nibjəl) ッスラリン (ニビョル)] つ らい別れ —가[ga ガ] 名 別れの歌 —주[tɕ'u チュ] 名 別れの酒.

이-보다[iboda イボダ] 副 これより.

이복[異腹][i:bok イーボク] 名 異腹; 腹違い —동생(同生)[t'ɔŋsɛŋ トンセ ン] 名 腹違いの弟 —형제[(i:bo)kʰjəŋdʑe キョンジェ] 名 まま兄弟.

이-봐[ibwa イブァ] 感 おい; こら; 見 れ ¶~ 이리 와[~ iri wa ~ イリ ワ] これ, こっちへ来い.

*이부-자리[ibudʑari イブジャリ] 名 寝 床; 掛け布団と敷き布団; 寝具 ¶~를 펴다[보다][~rɯl pʰjɔda[poda] ~ ルル ピョダ[ボダ]] 寝床[布団]を敷く.

이북[以北][i:buk イーブク] 名 ① 以北 ② 朝鮮半島で休戦ラインの北半分・朝鮮 民主主義人民共和国.↔ '이남' 「韓国」.

이-분[ibun イブン] 代 この方 ¶~은

나의 은사이시다[~ɯn nae ɯnsai-ɕida (イブ ヌン ナエ ウンサイシダ] この方は私の恩師です.
*이불[ibul イブル] 图 布団; 掛け布団 **─보(褓)**[p'o ボ] 图 布団を包む大きなふろしき **─잇**[lit リッ] 图 布団カバー **─장(欌)**[tɕʰaŋ チャン] 图 布団入れ(のたんす).
이비인후-과[耳鼻咽喉科][i:biinhuk'wa イービインフクァ] 图 耳鼻咽喉科.
*이빨[ip'al イッパル] 图 俗 歯.
이쁘다[ip'ɯda イーップダ] 形 으変 きれいだ; 美しい; 麗しい; =예쁘다[je:puda イェーップダ] **이쁘게**[ip'ɯge イーップゲ] 副 かわいく; きれいに **이뻐-지다**[ip'ɔdʑida イーッポジダ] 自 かわいくなる, きれいになる **이뻐-하다**[ip'ɔhada イーッポハダ] 他 かわいがる.
*이사[理事][i:sa イーサ] 图 理事; 重役; 取締役 **─회**[hwe フェ] 图 理事会; (株式会社の)取締役会・役員会.
이사[移徙][isa イサ] 图 引っ越し; 転居; 家移り **─하다[가다]**[hada[gada] ハダ[ガダ]] 自 引っ越す; 引き移る **─오다**[oda オダ] 自 引っ越してくる **이삿-짐**[isatɕ'im イサッチム] 图 引っ越し荷物.
이삭[isak イサク] 图 穂 ¶벼~[pjɔ~ ピョ~] 稲穂.
이산[離散][isan イサン] 图 自他 離散; 離れ離れ; 別れ別れ ¶~ 가족[~ gadʑok ~ ガジョク] 離散家族.

![이산 가족]

이삼[二三][i:sam イーサム] 图 冠 2・3; 両三 ¶~회[~hwe ~フェ] 2・3回 / ~일[~il イーサミル] 2・3日.
*이상[以上][i:saŋ イーサン] 1 图 以上 ¶~과 같이[~gwa gatɕʰi ~グァ ガチ] 以上のとおりに 2 副 …したからには; …の上に ¶이렇게 된 ~에는[irɔkʰe twen ~enun イロッケ トゥェン ~エヌン] こうなったからには.
*이상[異常][i:saŋ イーサン] 图 異常; 異状; アブノーマル(abnormal) ¶~기온[~ gion ~ ギオン] 異常気温 **─하다**[hada ハダ] 形・**─스럽다**[sɯrɔpt'a スロプタ] 形 ㅂ変 おかしい; 不思議だ; 変だ ¶~한 이야기[~-han nijagi ~ハン ニヤギ] 不思議[変]な話 / ~한 사람[~-han sa:ram ~ハン サーラム] おかしな人.
*이상[理想][i:saŋ イーサン] 图 理想 ¶~과 현실[~gwa hjɔnɕil ~グァ ヒョンシル] 理想と現実.
이상야릇-하다[異常—][i:saŋjarutʰada イーサンニャルッタダ] 形 여変 変てこだ; 珍妙だ ¶~한 말을 하다[~-tʰan ma:rul hada ~タン マールル ハダ] 変てこなことを言う **이상야릇-이**[i:saŋjarusi イーサンニャルシ] 副 奇妙に; 変に; 俗 へんちくりんに.
이성[理性][i:sɔŋ イーソン] 图 理性 ¶~을 잃다[~ul iltʰa ~ウル イルタ] 理性を失う.
이성[異性][i:sɔŋ イーソン] 图 異性 ¶~간의 교제(交際)[~gane kjodʑe ~ガネ キョジェ] 異性間のつきあい.
이수[履修][i:su イース] 图 他 履修 ¶석사(碩士) 과정을 ─하다[sɔks'a gwa:dʑɔŋul ~hada ソクサ グァージョンウル ~ハダ] 修士課程を履修する.
이슈[iɕu イシュ] issue 图 問題点; 論点 ¶총회의 주요 ~[tɕʰo:ŋhwee tɕujo ~ チョーンフェエ チュヨ ~] 総会の主な論点.
이슥-토록[isɯkʰtʰorok イスクトロク] 副 夜が更けるまで=**이슥하도록**[isɯkʰadorok イスクハドロク]=**이슥히**[isɯkʰi イスクヒ] ¶밤이 ~ 공부하다[pami ~ k'oŋbuhada パミ ~ コンブハダ] 夜更けまで勉強する.
이슥-하다[isɯkʰada イスクカダ] 形 夜がかなり更けている ¶~한 거리[~-kʰan kɔri ~カン コリ] 夜更けの町.
*이슬[isul イスル] 图 露 ① 白露 ¶~이 내리다[(isur)i nɛrida (イス)リ ネリダ] 露が降りる / ~이 맺히다[(isur)i mɛtɕʰida (イス)リ メッチダ] 露が結ぶ ② はかない命のたとえ ¶~같은 목숨[~gatʰun moks'um ~ガトゥン モクスム] 露の命 **─로 사라지다**[lo saradʑida ロ サラジダ] 慣 露と消える(刑場や戦場で命を失う) **─방울**[p'aŋul パンウル] 图 露の滴り; 露のしずく; 露の玉 **─비**[bi ビ] 图 露雨; こぬか雨 **─지다**[dʑida ジダ] 自 涙があふれる ¶눈에 ~[nune ~ ヌ

이슬람 [isullam イスルラム] Islam 名 〈宗〉 イスラム教. **―교** [gjo ギョ] 名 〈宗〉 イスラム教.

이승 [isɯŋ イスン] 名 この世; 当世; 現世; 〈仏〉今生; 穢土^{ㅊ}; 此岸^{がん} ¶ ~에서의 이별(離別) [~esɔe ibjɔl ~ エソエ イビョル] 今生の別れ.

(이)시여 [(i)ʃijɔ (イ)シヨ] 助 …よ ¶ 하느님[신]이~ [hanɯnim[ʃin]i~ ハヌニミ[シニ]~] 神よ.

이식 [iʃik イシク] 名 移植 ¶ ~ 수술 [~ s'usul ~ ススル] 移植手術. **―하다** [(i)ʃi)kʰada カダ] 他 移植する; 植え替える ¶ 묘목을 ~ [mjo:mogɯl ~ ミョーモグル~] 苗木を植え替える.

이실-직고 [고지] [以實直告[告之]] [i:ʃildʒik'o[godʒi] イーシルジクコ[ゴジ]] 名 他自他 事実のとおりに告げること.

이심-전심 [以心傳心] [i:ʃimdʒɔnʃim イーシムジョンシム] 名 他自 以心伝心 ¶ ~으로 알아차리다 [~ɯro aratʃʰarida (イーシムジョンシン)ムロ アラチャリダ] 以心伝心で見抜く.

이십 [i:ʃip イーシプ] 冠 数 20 = 스물 [sɯmul スムル]・스무 [sɯmu スム]

이-쑤시개 [is'uʃigɛ イッスシゲ] 名 ようじ; つまようじ; 小ようじ ¶ ~로 이를 쑤시다 [~ro irul s'uʃida ~ロ イルル ッシダ] つまようじを使う; つまようじで歯をせせる.

이-앓이 [iari イアリ] 名 歯痛.

이앙 [移秧] [iaŋ イアン] 名 他自他 田植え = 모내기 [monɛgi モネギ] **―기(期)** [gi ギ] 名 田植えで忙しい時期 **―기(機)** [gi ギ] 名 田植えに使う機械.

이-애 [iɛ: イエー] **1** 名 この子 = 이 아이 [i ai イ アイ] ¶ ~는 귀엽다 [~nɯn kwi:jɔpt'a ~ヌン クィーヨプタ] この子はかわいい **2** 感 (この) 坊や = 이 아이야 [i aija イ アイヤ] ¶ ~(야), 너의 집이 어디냐? [~(ja), nɔe tʃibi ɔdinja ~(ヤ), ノエ チビ オディニャ] 坊や, 君の家はどこかね.

(이)야 [(i)ja (イ)ヤ] 助 ① …(こそ)は; …だけは; …だよ ¶ 그 사람이~좋지 [kɯ sa:rami~ tʃo:tʃʰi ク サーラミ~ チョーッチ] その人は[なら]いいよね / 다 그런 거~ [ta: gɯrɔn gɔ~ ター グロン ゴ~] 皆そんなものさ ② …か(ね) ¶ 정말이~ [tʃɔ:mari~ チョーンマリ~] 本当かね.

이야기 [ijagi イヤギ] 名 他自他 ① 話; 言葉 ¶ ~해 주다 [~hɛ dʒuda ~ヘ ジュダ] 話してやる ② 相談; 意見 ¶ ~ 상대 (相對) [~ saŋdɛ ~ サンデ] 話し相手 ③ 経験談; 感想談 ¶ 체험을 ~하다 [tʃʰehɛmɯl ~hada チェヘムル ~ハダ] 体験を語る ④ 物語 ¶ 호랑이 ~ [ho:raŋi ~ ホーランイ~] 虎^{とら}の話 / 꾸민 ~ [k'umin (nijagi) ックミン (ニヤギ)] 作り話 / 옛날 ~ [je:nnal (lijagi) イェーンナル (リヤギ)] 昔話; おとぎ話 ⑤ うわさ; 評判 ¶ 뒷 ~ [twi:n (nijagi) トゥィーン (ニヤギ)] 裏話 **―꾼** [k'un ックン] 名 話し手; 語り手 **―책(冊)** [tʃʰɛk チェク] 名 小説; 昔話などの本 **이야깃-거리** [ijagitk'ɔri イヤギッコリ] 名 言いぐさ; 語りぐさ; 話の種 ¶ 뭇사람들의 ~가 되다 [mus'aramdɯre ~ga twɛda ムッサラムドゥレ ~ガ トゥェダ] 世間の人々の語りぐさになる **이야깃-주머니** [ijagi tʃ'umɔni イヤギッ チュモニ] 名 話の種が尽きない人; 面白い話をたくさん持っていること.

이야-말로 [ijamallo イヤマルロ] **1** 副 これこそ = 이것이야말로 [igɔʃijamallo イゴシヤマルロ] ¶ ~ 진짜 보배다 [~ tʃintʃ'a po:bɛda ~ チンチャ ポーベダ] これこそ真の宝である **2** 助 …こそ(は); …ぞ ¶ 지금~…[tʃigɯm~ チグム~] 今こそ….

이어 [iɔ イオ] 副 引き続き; 続いて; 次々に ¶ 곧~ 음악 프로가 있다 [kod (iɔ) ɯmak pʰɯroga it'a コデ (ィオ) ウマク プロガ イッタ] 引き続き音楽の番組がある **―가다** [gada ガダ] 他 続けていく.

이어-나가다 [iɔnagada イオナガダ] 他 (途切れずに)受け継ぐ ¶ 전통을 ~ [tʃɔntʰoŋɯl ~ チョントンウル~] 伝統を受け継ぐ.

이어-달리기 [iɔdalligi イオダルリギ] 名 他自他 継走; リレー (relay race).

이어도 [iɔdo イオド] 助 …でも; …だって ¶ 꿈~ 좋으니 [k'um~ tʃo:ɯni ックモ チョーウニ] 夢でもいいから.

***이어-받다** [iɔbat'a イオバッタ] 他 引き継ぐ; 受け継ぐ; 継承する ¶ 재산을 ~ [tʃɛsanɯl ~ チェサヌル ~] 財産を引き継ぐ / 사업을 ~ [sa:ɔbɯl ~ サーオブル ~] 事業を受け継ぐ.

이어-서 [iəsə イオソ] 副 続いて; 引き続き ¶휴식 후 ~[hjuʃikʰu: ~ ヒュシックー ~] 休息のののち引き続いて.

이어야 [iəja イオヤ] 助 …でなければ; …であってこそ; …でこそ ¶덕이 있는 사람~[təgi innɯn sa:ram~ トギインヌン サーラミオヤ] 徳の高い人であってこそ(人の師になれる).

이어요 [iəjo イオヨ] 助 …です(か); …であります ¶좋은 사람~[tʃoːun sa:ram~ チョーウン サーラミオヨ] いい人です.

이어-지다 [iədʒida イオジダ] 自 つながる; 続く ¶길게 ~-진 산길[ki:lge ~-in sank'il キールゲ ~-ジン サンキル] 長々と続く山道. 「イヤホーン.

이어폰 [iəpʰon イオポン] earphone 名

이언마는 [iənmanɯn イオンマヌン] 助 …だが; …なのに; …ではあるが ¶기다리던 소식(消息)~[kidaridən soʃig~ キダリドン ソシギオンマヌン] 待ちわびた便りなのに.

이언정 [iəndʒəŋ イオンジョン] 助 …であっても; …たりとも ¶화나는 일~[hwa:nanɯn ni:r~ ファーナヌン ニーリオンジョン] 腹立たしいことであっても.

이엉 [iəŋ イオン] 名 屋根・土塀の上などをふくわら ¶~으로 지붕을 인 집[~ɯro tʃibuŋɯl i:n tʃip ~ウロ チブンウル イーン チプ] わらぶき屋根の家.

이-에 [ie イエ] 副 よって, ゆえに; ここに ¶그 공이 크므로 ~ (이를) 표창(表彰)함[kɯ koŋi kʰɯmɯro ~ (irul) pʰjotʃʰaŋham クコニ クムロ ~ (イルル) ピョチャンハム] その功大なるによって(これを)賞す.

이여 [ijə イヨ] 助 よ ¶슬픔~, 안녕[sɯlpʰɯm~, annjəŋ スルプム(ミヨ), アンニョン] 悲しみよ, さようなら / 임~ [im~ イ(ミヨ)] (我が)君よ.

이열-치열 [i:jəltʃʰijəl イーヨルチヨル] [以熱治熱] 熱によって熱を癒やすこと; 力には力をもって対すること.

이영차 [ijəŋtʃʰa イヨンチャ] 感 よいさ; よいしょ; えんやらや; どっこい(しょ).

이오 [io イオ] 助 …です; …ですか; …で(あり) ¶그것은 내 것 ~[kɯgəsɯn nɛk'ə~ クゴスン ネコ(シオ)] それは私のものです / 당신 것 ~?[taŋʃin k'ə~ タンシン コ(シオ)] あなたのものですか / 산~ 강이다[san~ kaŋida サ(ニオ) カンイダ] 山であり川である.

*__이왕(에)__[已往][i:waŋ(e) イーワン(エ)] = **1** 名 以前 **2** 副 どうせ; せっかく; = 기왕(에)[kiwaŋ(e) キワン(エ)] ¶~할 바에는 잘 해라[~ hal p'aenɯn tʃar hɛːra ~ ハル パエヌン チャル ヘーラ] どうせやるならしっかりやれ **—이면** [imjən イミョン] 副 …이면 ¶영어를 배우겠어요[~ jəŋɔrul pɛugeːs'ɔjo ~ ヨンオルル ペウゲッソヨ] 同じことなら英語を学びます **—지사**(之事) [dʒisa ジサ] 名 すでに過ぎ去ったこと.

*__이외__[以外][i:we イーウェ] 名 以外 ¶회원 ~는[hweːwən ~nun フェーウォン ~ヌン] 会員以外は(出入禁止).

*__이용__[利用][i:joŋ イーヨン] 名 利用 ¶폐물 ~[pʰe:mul (li:joŋ) ペームル (リーヨン)] 廃物利用 / ~자~[~dʒa ~ジャ] 使用者; ユーザー(user) **—되다** [dweda ドゥェダ] 自受動 利用される **—하다** [hada ハダ] 他 利用する.

이용[理容][i:joŋ イーヨン] 名 理容 **—사** [sa サ] 名 理容師.

*__이웃__[iut イウッ] 名 隣; 隣近所; 向こう三軒両隣; 隣人 ¶벽을 사이에 둔 ~[pjəgul saie dun ~ ビョグル サイエ ドゥン ~] 壁隣 / ~ 나라[(iun) nara (イウン) ナラ] 隣の国 **—하다** [(iu)tʰada タダ] 自 隣り合う **—간** (間) [k'an カン] 名 隣近所の間柄; 隣り合わせ ¶~에 인정[~e indʒəŋ ~-(カ)ネ インジョン] 隣人との人情 **—사촌**(四寸) [s'a:tʃʰon サーチョン] 名 隣が従弟; すなわち遠い親戚より近くの他人が頼りになるとのたとえ **—집** [tʃ'ip チプ] 名 隣家; 隣(の家).

이월[二月][i:wəl イーウォル] 名 2月.

*__이유__[理由][i:ju イーユ] 名 理由; わけ; いいわけ, いわれ; 口実; ゆえん ¶이와 같은 ~로[iwa gatʰɯn (ni:ju)ro イワ ガトゥン (ニーユ) ロ] しかじかの理由で / 무슨 ~로[musun (ni:ju)ro ムスン (ニーユ) ロ] なにゆえに.

이윤[利潤][i:jun イーユン] 名 利潤, もうけ ¶~을 추구하다[~ul tʃʰuguhada (イーユ) ヌル チュグハダ] 利潤を追求する / ~이 높은 일[~i nopʰun ni:l (イーユ)ニ ノプン ニール] 割のいい仕事.

이율[利率][i:jul イーユル] 名 利率; 利回り; 歩 ¶연 5푼의 ~[jən o:pʰune ~ ヨン オープネ ~] 年5分の利率 / ~이 좋다[(i:jur)i tʃoːtʰa (イーユ) リ チ

ョータ] 歩がいい / ～이 좋은 주 [(i:jur) i tʃoːun tʃu (イーユ) リ チョーウン チュ] 利回りのよい株.

*이윽고[iuk'o イウクコ] 副 間もなく; ほどなく; やがて ¶～ 그가 나타났다 [～ kɯga natʰanatʰa ～ クガ ナタナッタ] 間もなく[やがて]彼が現れた.

이음-매 [iummɛ イウムメ] 名 つなぎ目; 結び目 ¶털실의 ～ [tʰoljire ～ トルシレ ～] 毛糸の結び目.

이의[異議][iːi イーイ] 名 異議; 文句 ¶～를 제기(提起)하다 [～rɯl tʃegihada ～ルル チェギハダ] 異議[故障]を申し立てる; 異論を唱える / ～는 없다 [～nɯn ɔːpt'a ～ヌノープタ] 異存[文句]はない.

이-이 [ii イイ] 代 この人, この方 ¶～는 제 남편(男便)입니다 [～nɯn tʃe namphjɔnimnida ～ヌン チェ ナムピョニムニダ] この人は私の主人であります.

*이익[利益][iːik イーイク] 名 利益; 益; もうけ; 得 ¶국가의 ～ [kuk'ae ～ ククカエ ～] 国家の利益 ―금 [(iːi)k'um クム] 名 利益金; 益金.

이자 [idʒa イジャ] 助 …でもあり ¶권리 ～ 의무이다 [kwɔlli ～ ɯiːmuida クォルリ ～ ウィームイダ] 権利であると同時に義務である.

*이자[利子][iːdʒa イージャ] 名 利子; 利息; 金利; 利 ¶～가 붙다 [～ga putʰa ～ガ プッタ] 利子がつく / ～를 낳다 [～rɯl natʰa ～ルル ナッタ] 利を生む.

이-자[―者][idʒa イジャ] 代 卑 この者; こいつ.

이재[罹災][idʒɛ イジェ] 名 する自 罹災ⅿ; 被災 ―민(民)[min ミン] 名 罹災者; 被災者.

*이전[以前][iːdʒɔn イージョン] 名 以前; 先; 前々; それより前 ¶～과 같이 행하다 [～gwa gatʃhi hɛŋhada ～グァ ガチ ヘンハダ] 前々のとおり行なう / 오십세 ～ [oːsipsʼe ～ オーシプセ ～] 50歳以前 / ～에 살던 집 [～e saːldɔn tʃip (イージョ)ネ サールドン チプ] むかし, 住んでいた家.

이전-하다[移轉―][idʒɔnhada イジョンハダ] 他 移転する; 引っ越す; 転ずる ¶주거를 ～ [tʃuːgɔrɯl ～ チューゴルル ～] 住居を移転する[転する].

이점[利點][iːtʃhɔm イーチョム] 名 利点 ¶많은 ～이 있다 [maːnɯn ～i itʼa

マーヌン (イーチョ)ミ イッタ] 数々の利点がある.

이정-표[里程標][iːdʒɔŋphjo イージョンピョ] 名 里程標; 道のり標; 道しるべ.

*이제 [idʒe イジェ] 1 名 今; ただいま ¶～ 1시다 [～ hanʃida ～ ハンシダ] 今1時だ 2 副 もう; すでに; 今すぐ ¶～ 갑니다 [～ kamnida ～ カムニダ] 今すぐ行きます ―까지 [kʼadʒi ッカジ] 副 今まで ¶～의 예 [～e je: ～ エジェー] 今までの例 ―껏 [kʼɔt ッコッ] 副 今まで; 今に至るまで ¶～ 무엇을 하였느냐? [～-(kʼɔn) muɔsɯl hajɔnnɯnja ～-(ッコン) ムオスル ハヨンヌニャ] 今まで何をしていたのか ―부터 [buthɔ ブト] 副 今から; これから ―야 [jaャ] 副 今になって; 今やっと ¶～ 알았다 [～ aratʼa ～ アラッタ] 今やっと[初めて]わかった.

이종(사촌)[姨從(四寸)][idʒoŋ(saːtʃhon) イジョン(サーチョン)] 名 母方のいとこ; 母の姉妹の子.

이죽-거리다[idʒukʼorida イジュクコリダ] 自 ねちねちといやみを言う; ⇨ '이(기)죽거리다'.

이중[二重][iːdʒuŋ イージュン] 名 二重; ダブル ―국적[guktʃʼɔk グクチョク] 名 二重国籍 ―주[dʒu ジュ] 名 〈楽〉二重奏; デュエット(duet).

이-즈막[idʒumak イジュマク] 名 このごろ; 近ごろ; 近来; 最近 ¶～의 유행 [(idʒumag)e juhɛŋ (イジュマ)ゲ ユヘン] 近ごろの流行.

이-즈음[idʒɯɯm イジュウム] 名 このごろ; 近ごろ; 最近; 当節 ¶～의 젊은이들 [～e tʃɔlmɯnidɯl (イジュ)メ チョルムニドゥル] 当節の若者たち.

이지러-지다[idʒirɔdʒida イジロジダ] 他 欠ける; 壊れる ¶상자(箱子)가 ～ [saŋdʒaga ～ サンジャガ ～] 箱がへこむ / 달이 ～ [tari ～ タリ ～] 月が欠ける [片方が満ちていない].

이지만[마는][idʒiman(ɯn) イジマン[マヌン]] 助 …だが; …であるが ¶시인～ 소설도 쓴다 [ʃiin～ soːsɔldos'unda シイージマン[マヌン] ソーソルドッスンダ] 詩人だが小説も書く.

*이-쪽 [itʃʼok イッチョク] 名 こちら; こっち ¶～으로 갑시다 [(itʃʼog)uro kapʃʼida (イッチョ)グロ カプシダ] こちらに参りましょう ―저쪽 [tʃʼɔtʃʼok チョッチョク] 名 あちこち; あちらこちら.

- **이-쯤** [itɕ'um イッチュム] 名 このぐらい; この程度; このあたり; ここら ¶ ~에서 그만 두자 [~esɔ kuman dudʑa (イッチュ)メソ クマン ドゥジャ] ここらでやめておこう / ~ 크기 [~ kʰugi ~ クギ] このぐらいの大きさ.
- **이차**[二次] [itɕʰa イーチャ] 名 2次; (別の場所で開く2度目の酒宴)2次会 ¶ ~ 시험 [~ ɕihɔm ~ シホム] 2次試験.
- **이채**[異彩] [itɕʰɛ イーチェ] 名 異彩 ¶ ~를 띠다 [~ruɭ t'ida ~ルル ッティダ] 異彩を放つ ━**롭다** [ropt'a ロプタ] 形 ヒ変 ひときわ目立っている.
- **이-처럼** [itɕʰɔrɔm イチョロム] 副 これほど; こんなに ¶ ~ 심한 지진은 처음이다 [~ ɕimhan tɕidʑinun tɕʰɔːumida ~ シームハン チジヌン チョーウミダ] これほどひどい地震は初めてである.
- **이층**[二層] [iːtɕʰuŋ イーチュン] 名 2階 ¶ ~ 건물(建物) [~ gɔːnmul ~ ゴーンムル] 2階建て.
- **이치**[理致] [iːtɕʰi イーチ] 名 理; ことわり; 筋(道); 道理 ¶ ~에 닿는[어긋나는] 말 [~e taːnnun [ɔgɯnnanɯn] maːl ~エ ターンヌン[オグンナヌン] マール] 筋の通っている[通らない]話.
- **이탈-하다**[離脱—] [itʰarhada イタルハダ] 自他 離脱する ¶ 당을 ~ [~ taŋul ~ タンウル ~] 党を離脱する.
- **이탓-저탓** [itʰatɕ'ɔtʰat イタッチョタッ] 1 副 하더 なんだかんだ 2 名 あれやこれや; 言いのがれ; 口実 ¶ ~은 이제 그만 하게 [(itʰatɕ'ɔtʰas) un idʑe kuman hage (イタッチョタ)スン イジェ クマン ハゲ] あれやこれやの言いわけはもうたくさんだよ.
- **이-토록** [itʰorok イトロク] 副 こんなに; このように ¶ ~ 먼 곳인 줄은 몰랐다 [(itʰoroŋ) mɔːn koɕin dʑurɯn mollat'a (イトロン) モーン コシン ジュルン モルラッタ] こんなに遠いところとは知らなかった.
- ‡**이틀-날** [itʰɯnnal イトゥンナル] 名 ① 翌日; 明くる日 ¶ ~ 아침 [(itʰunnar) atɕʰim (イトゥンナ) ラチム] 翌朝 ② 2日; 2日目.
- ‡**이틀** [itʰul イートゥル] 名 2日(間); 両日 ¶ 단 ~만에 끝났다 [tan ~mane k'unnat'a タン ~マネ ックンナッタ] たった2日(間)で終わった.
- **이파리** [ipʰari イパリ] 名 〈植〉草木の葉=잎사귀 [ips'agwi イプサグィ].
- **이판-사판** [ipʰansapʰan イパンサパン] 名 破れかぶれ.
- **이팔 청춘**[二八青春] [iːpʰal tɕʰɔŋtɕʰun イーパル チョンチュン] 名 二八の春; 16歳前後の若者; 青年男女(の若者).
- **이-편** [ipʰjɔn イピョン] 名 こちら(側); こちらの方 ¶ ~이 이겼다 [~i igiɔt'a (イピョ)ニ イキッタ] こちらの方が勝った / ~이 잘못했네 [~i tɕalmotʰɛnne (イピョ)ニ チャルモッテンネ] こちらが悪かったよ ━**저편** [dʑɔpʰjɔn ジョピョン] 1 名 あちら(ら) 2 代 こちら側の人とあちら側の人; 味方と敵側 ¶ ~으로 갈라져 싸웠다 [~uro kalladʑɔ s'awɔt'a ~(ジョピョ)ヌロ カルラジョ ッサウォッタ] 敵と味方に分かれて戦った.
- **이핑계-저핑계** [ipʰiŋgedʑɔpʰiŋge イピンゲジョピンゲ] 名 副 하더 ⇨ '이탓저탓'.
- ‡**이하**[以下] [iːha イーハ] 名 以下 ¶ ~ 생략한다 [~ sɛŋnjakʰanda ~ センニャクカンダ] 以下省略する.
- **이-해** [ihɛ イヘ] 名 今年; この年 ¶ ~도 저물어 간다 [~do tɕɔmurɔ ganda ~ド チョムロ ガンダ] 今年も暮れ行く.
- ‡**이해**[利害] [iːhɛ イーヘ] 名 利害 ¶ ~가 상반되다 [~ga saŋbandwɛda ~ガ サンバンドゥェダ] 利害が相反する ━**관계** [gwange グァンゲ] 名 利害関係 ━**타산**(打算) [tʰaːsan ターサン] 名 利害と打算; 損得計算.
- ‡**이해**[理解] [iːhɛ イーヘ] 名 理解; 了解; 会得; わかり; 合点 ¶ ~가 빠르다 [~ga p'arɯda ~ガッパルダ] 理解が早い / ~하기 쉬운[어려운] [~-hagi ɕwiun [ɔrjɔun] ~ハギ シュィウン [オリョウン]] 理解しやすい[しにくい] ━**(가)가다** [(ga)kada ガダ[ガカダ]] 他 理解できる; わかる; 合点がいく ¶ 그 말 ~가요? [kɯ maːl (liːhɛ)(ga) kajo ク マール (リーヘ)(ガ) カヨ] その話わかりますか ━**하다** [hada ハダ] 自他 理解する; わかる ━**심**(心) [ɕim シム] 他 思いやり.
- **이혼**[離婚] [ihon イホン] 名 離婚 ¶ ~ 당하다 [~ daŋhada ~ ダンハダ] 離婚される ━**하다** [hada ハダ] 自 離婚する.
- ‡**이후**[以後] [iːhu イーフ] 名 以後; 以降 ¶ ~ 주의(注意)해라 [~ tɕuːihɛra ~ チューイヘラ] 以後気をつけなさい.
- ***익다**[1] [ikt'a イクタ] 自 ①(果実が)実

る; 熟する ¶감이 ~[ka:mi ~ カーミ ~] 柿が熟する / 벼가 ~[pjoga ~ ピョガ ~] 稲が実る ② (生のものが煮える) ¶설 익은 밥[sɔ:l ligun pap ソール リグン パプ] 半煮[生煮]えのご飯 ③ (時機が)熟する; 適当な時期になる ¶기운이 무르~[kiuni muru~ キウニ ムル~] 機運が熟する ④ (酒や漬物が)発酵する; 味つく ¶김치가 잘 ~[kimtʃʰiga tʃar ~ キムチガ チャ(リクタ)] キムチがよく漬かる ⑤ (皮膚が)焼ける; 赤くなる ¶뙤약 볕에 얼굴이 ~[t'wejakp'jɔtʰe ɔlguri ~ ッテヤクピョテ オルグリ ~] 炎天の日差しを浴びて顔が赤くなる.

익다² [ikt'a イクタ] 形 ① 慣れる ¶손에 ~[sone ~ ソネ ~] 手慣れる / 귀에 ~[kwie ~ クィエ ~] 聞き慣れる; 耳慣れる / 눈에 익은 사람[nune igun sa:ram ヌネ イグン サーラム] 見慣れた人 ② なじむ ¶낯이 ~[natʃʰi ~ ナチ ~] 顔がなじむ.

익명[匿名][iŋmjɔŋ インミョン] 名 自由 匿名 ¶~의 기부자[~e kibudʒa ~エ キブジャ] 匿名の寄付者.

익모-초[益母草][iŋmotʃʰo インモチョ] 名〈植〉メハジキ(目弾)②〈漢方〉ヤクモソウ(益母草)としてその葉と茎の漢方名(止血・強壮剤・利尿剤).

익사-하다[溺死一][iks'ahada イクサハダ] 自 溺死する; 溺れ死にする; 水死する ¶강에서 ~-하였다[kaŋesɔ ~-hajɔt'a カンエソ ~-ハヨッタ] 川で溺れ死んだ.

익살[iks'al イクサル] 名 剽軽; 洒落; おどけ; ふざけること **-꾸러기** [k'urəgi ックロギ] **-꾼** [k'u:n] 名 よくおどける人; ひょうきん者 **-떨다** [t'ɔlda ットルダ] **-부리다** [burida ブリダ] 自 おどける; 道化る; しゃれを飛ばす ¶익살 떨지 마라 [iks'al t'oldʒi mara イクサル ットルジ マラ] ふざけるな **-맞다** [mat'a マッタ] **-스럽다** [sur ɔpt'a スロプタ] 形 ㅂ変 剽軽だ; こっけいだ ¶익살스러운 짓을 하다[iks'alsurəun tʃiːsɯl hada イクサルスロウン チースル ハダ] 道化たまねをする.

*익숙-하다 [iks'ukʰada イクスクハダ] 形 여変 ① (し)慣れている; 物[手]慣れている; 熟練している; 上手だ ¶붓글씨에 ~[putk'ɯls'ie ~ ブックルッシエ ~] 筆に書き慣れている / ~-한 솜씨[~-kʰan soms'i ~-カン ソムッシ] 慣れた手つき ② なじむだ; 親しい ¶~-한 사이[~-kʰan sai ~-カン サイ] なじみの間柄 ③ よくわかっている ¶미국 사정에 ~-한 사람[miguk s'a:dʒɔŋe ~-kʰan sa:ram ミグク サージョンエ ~-カン サーラム] アメリカの事情に明るい人 **익숙-히** [iks'ukʰi イクスクヒ] 副 ① 上手に; よく; 巧みに; 詳細に ¶~ 해치우다[~ hɛ:tʃʰiuda ~ ヘーチウダ] 上手にやってのける ② 親しく ¶~ 사귀다[~ sagwida ~ サグィダ] 親しく交わる **익히**[ikʰi イクヒ] 副 '익숙히'の略 ¶그와는 ~ 아는 사이다[kɯwanun ~ a:nun saida クワヌン ~ アーヌン サイダ] 彼とは顔なじみだ / ~ 아는 사정[~ a:nun sa:dʒɔŋ ~ アーヌン サージョン] よく知っている事情.

*익히다 [ikʰida イクヒダ] 他 ① 熟させる; 実らす ② (生の物を煮る, 炊く) ¶뭉근 불에 ~[muŋgun pure ~ ムングン プレ ~] とろとろと煮る ③ 漬ける; 味をつける ¶김치를 ~[kimtʃʰirul ~ キムチルル ~] キムチを漬かるようにさせる ④ なじむ ¶낯을 ~[natʃʰɯl ~ ナチュル ~] 顔をなじませる ⑤ 慣らす; 身につける; 習う ¶손에 ~[sone ~ ソネ ~] 手に慣らす.

인 [in イン] 名 (タバコなど)繰り返す中に身にしみた癖 ¶~이 박히다[~i pakʰida (イ)ニ パクキダ] 癖がつく; 中毒になる; (コーヒーが)やめられない.

*-인[人] [in イン] 1 依名 …人 ¶3~ [sam~ サ(ミン)] 3人 2 接尾 …人 ¶사회~ [sahwe~ サフェ~] 社会人.

인가 [inga インガ] 助 …(の)か ¶그것은 무엇~? [kɯgɔsun muɔ~ クゴスン ムオ(シンガ)] それは何か(ね) **-보다** [boda ボダ] 慣 …らしい; …(の)ようだ; …かも知れない ¶사실 ~ [sa:ʃir ~ サーシ(リンガボダ)] 本当らしい.

*인간[人間] [ingan インガン] 名 人間 ¶쓸모있는 ~ [s'ɯlmoinnɯn ~ ッスルモインヌン ~] 役に立つ人間 / 못된 ~ [mo:t'wen ~ モットウェン ~] 悪いやつ **-답다** [dapt'a ダプタ] 形 人間らしい; 人がましい ¶~-다운 생활 [~daun sɛŋhwal ~ダウン センファル] 人間らしい[人がましい]生活.

인건-비[人件費] [ink'ɔnbi インコンビ]

名 人件費 ¶~ 상승(上昇) [~ saːŋ-suŋ ~ サーンスン] 人件費のアップ.

인걸 [ingəl インゴル] 助 ① …だな; …だね ¶감탄할 일~ [kaːmtʰanhal liːr ~ カームタンハル リー(リンゴル)] 感嘆すべきことだな ② …なのを; …であるのを ¶후원자~ 몰랐다 [huːwəndʑa ~ mollatʼa フーウォンジャ ~ モルラッタ] 後援者だったのを知らなかった.

*인격[人格][inkʼjək インキョク] 名 人格; 人柄 ¶훌륭한 ~ [hulljuŋhan ~ フルリュンハン ~] 立派な人格 / 이중 ~ [iːdʑuŋ ~ イージュン ~] 二重人格.

인계[引繼][inge インゲ] 名 하他 引き継ぎ ¶사무 ~ [saːmu ~ サーム ~] 事務の引き継ぎ.

인공[人工][ingoŋ インゴン] 名 人工 ―**감미료**[gammirjo ガンミリョ] 名 人工甘味料(サッカリンなど) ―**두뇌**[dunwe ドゥヌェ] 名 人工頭脳; 電子頭脳; コンピューターの俗称 ―**위성**[wisəŋ ウィソン] 名 人工衛星.

인과[因果][ingwa イングァ] 名 因果 ―**관계**[gwange グァンゲ] 名 因果関係 ―**응보**[ɯːŋbo ウーンポ] 名 因果応報; 後報.

*인구[人口][ingu イング] 名 人口 ¶~가 늘다 [~ga nɯlda ~ ガ ヌルダ] 人口が増える.

*인권[人權][inkʼwən インクォン] 名 人権 ¶~을 지키다 [~ɯl tɕikʰida (インクォ)ヌル チキダ] 人権を守る.

*인기[人氣][inkʼi インキ] 名 人気; 世間の受け ¶굉장한 ~ [kweŋdʑaŋhan ~ クェンジャンハン ~] ものすごい人気 ―**인**[in イン] 名 人気者 ―**직업**(職業)[dʑigəp ジゴプ] 名 人気商売.

*인-기척[人―][inkʼitɕʰək インキチョク] 名 人気^{け}; 人の気配 ¶아무런 ~도 없다 [aːmurən ~tʼo əːpʼtʼa アームロン ~ト オーㇷ゚タ] 何の気配もない.

인내[忍耐][innɛ インネ] 名 하自他 忍耐 ¶~력 [~rjək ~リョク] 忍耐力.

인데 [inde インデ] 助 …だが; …だね; …だな(あ) ¶쉬운 문제~ [ʃwiun muːndʑe ~ シュィウン ムーンジェ ~] やさしい問題だが…[だなあ].

인도[人道][indo イント] 名 ① 人道; 歩道 ¶~를 걷다 [~rɯl kəːtʼa ~ルル コッタ] 歩道を歩く ② 人として行うべき道; 人道; 人倫 ¶~ 문제~ [muːndʑe ~ ムーンジェ] 人道問題 ―**교**[gjo ギョ] 名 人と車が通る橋.「ド.

인도[印度][indo イント] 名 〈地〉イン

*인도-하다[引渡―][indohada イントハダ] 他 引き渡す ¶신병을 ~ [ʃinbjəŋɯl ~ シンビョンウル ~] 身柄を引き渡す.

인도-하다[引導―][indohada イントハダ] 他 導く ¶바른 길로 ~ [parɯn killo ~ パルン キルロ ~] 正道に導く.

인동[忍冬][indoŋ イントン] 名 〈植〉スイカズラ(忍冬).

인력[人力][illjək イルリョク] 名 人力; 労働力 ¶~ 부족 [~ pʼudʑok ~ プジョク] 人力不足 / ~ 수출 [~ sʼutɕʰul ~ スチュル] 人力輸出.

*인류[人類][illju イルリュ] 名 人類 ¶~의 번영 [~e pənjəŋ ~エ ポニョン] 人類の繁栄.

인륜[人倫][illjun イルリュン] 名 人倫 ¶~에 어긋나다 [~e əgɯnnada (イルリュ)ネ オグンナダ] 人倫に悖る[背く] ―**대사**(大事)[dɛːsa テーサ] 名 人生における重大事(婚礼・葬礼など).

인망[人望][inmaŋ インマン] 名 人望 ¶~이 두텁다 [~i tutʰəpʼtʼa ~イ トゥトㇷ゚タ] 人望が厚い.

인멸[湮滅・堙滅][inmjəl インミョル] 하自他 隱滅 ¶증거 ~ [tɕɯŋgə ~ チュンゴ ~] 証拠隠滅.

인명[人名][inmjəŋ インミョン] 名 人名.

인명[人命][inmjəŋ インミョン] 名 人命.

인물[人物][inmul インムル] 名 ① 人物; 人材; 人柄 ¶위험한 ~ [wihəmhan ~ ウィホムハン ~] 危険な人物 / 큰 ~ [kʰɯn ~ クニンムル] 大きい人物; 大物 / 선량한 ~ [sɔːlljaŋhan ~ ソーㇽリャンハン ~] 善良な人物 ② 器量; 顔立ち ¶~이 좋다 [(inmur)i tɕoːtʰa (インム)リ チョーッタ] 器量がいい ―**평**[pʰjəŋ ピョン] 名 人物評 ―**화**[(inmur)hwa ファ] 名 人物画.

*인민[人民][inmin インミン] 名 人民 ¶~군 [~gun ~グン] 人民軍(共和国の軍隊).

인-복[人福][inpʼok インポク] 名 人と交流を深めることで受ける幸い・好意.

인부[人夫][inbu インブ] 名 作業員; 労働者.

인사[人士][insa インサ] 名 人士 ¶저명 ~ [tɕʰɔːmjəŋ ~ チョーミョン ~] 著名人士.

*인사[人事][insa インサ] 名 ① あいさ

つ ¶ 아침 ~ [atʃhim ～ アチ (ミンサ) 朝のあいさつ / 작별(作別) ~ [tʃak-p'jɔr ～ チャクピョ (リンサ)] 別れのあいさつ ② 守るべき礼儀 ¶ 그것은 ~가 아니다 [kɯgɔsɯn ～ga anida クゴスン ～ガ アニダ] それは礼儀にはずれている ③ 人事 ¶ ~ 관리 [~ gwalli ～ グァルリ] 人事管理 —하다 [hada ハダ] 自 あいさつする; 会釈する; お辞儀をする ¶ 서로 ~ [sɔrɔ ～ ソロ ～] あいさつを交わす —말 [mal マル] 名 あいさつの言葉 —불성 [buls'ɔŋ ブルソン] 名 人事不省; 意識不明 ¶ ~에 빠지다 [~e p'a:dʒida ～エッパージダ] 人事不省に陥る —성(性) [sɔŋ ソン] 名 礼儀正しい習わし ¶ ~이 밝다 [~i pakt'a ～イ パクタ] 礼儀が正しい —치례 [tʃhire チレ] 名 うわべだけの儀礼; ほんの礼儀上.

인산 인해[人山人海] [insanninhɛ インサンニンヘ] 名 たくさんの人出 ¶ ~를 이루다 [~rɯl iruda ～ルル イルダ] 人山を築く.

*인삼[人蔘] [insam インサム] 名〈植〉チョウセンニンジン(朝鮮人参[蔘]); 人参[蔘]냔·냔 (ginseng); 高麗人参[蔘] —차 [tʃha チャ] 名 ニンジン茶.

인 삼

인상[人相] [insaŋ インサン] 名 人相 ¶ ~이 나쁘다 [~i nap'uda ～イ ナップダ] 人相が悪い.

*인상[引上] [insaŋ インサン] 名 하타 ① (引き上げ ¶ 가격(價格) ~ [ka-gjɔg ～ カギョ (ギンサン)] 値上げ / 임금(賃金) ~ [i:mgɯm ～ イームグ (ミンサン)] 賃上げ ② (重量挙げ)スナッチ.

*인상[印象] [insaŋ インサン] 名 印象; インプレッション ¶ 첫 ~ [tʃhɔd~ チョ(ディンサン)] 第一印象; ファーストインプレッション / ~이 나쁜 사람 [~i nap'un sa:ram ～イナップン サーラム] 感じの悪い人 / ~(을) 쓰다 [~(ɯl) s'ɯda ～(ウル)ッスダ] 険悪な表情をする; 顔をしかめる / ~이 깊다 [~i kipt'a ～イ キプタ] 強い印象を受ける.

인색—하다[吝嗇—] [insɛkhada インセッカダ] 形 吝嗇냔냔だ; けちだ; けち臭い ¶ ~-한 사람 [~-khan sa:ram ～-カン サーラム] けち臭い人; けちん坊; 吝嗇家 / ~-하게 굴다 [~-khage ku:lda ～-カゲ クールダ] けちる.

*인생[人生] [insɛŋ インセン] 名 ① 人生 ¶ 허무(虛無)한 ~ [hɔmuhan ～ ホムハン ～] むなしい人生 ② 人の命; 人間 ¶ 불쌍한 ~ [puls'aŋhan ～ プルッサンハン ～] かわいそうな人間 —관 [gwan グァン] 名 人生観.

인세[印稅] [ins'e インセ] 名 印税.

인솔[引率] [insol インソル] 名 하타 引率 —자 [tʃ'a チャ] 名 引率者.

*인쇄[印刷] [inswɛ インスェ] 名 하타 印刷 ¶ ~가 곱다 [~ga ko:pt'a ～ガ コープタ] 刷りがきれいである.

인수—하다[引受—] [insuhada インスハダ] 他 引き受ける; 引き継ぐ ¶ 기꺼이 ~ [kik'ɔi ～ キッコイ ～] 喜んで引き取る **인수—인계** [insuinge インスインゲ] 名 하타 引き継ぎと受け継ぎ.

인스턴트 [insɯthɔnthɯ インストントゥ] instant 名 インスタント; 即席 ¶ ~ 식품 [~ ʃikphum ～ シクプム] インスタント食品.

인습[因習] [insɯp インスプ] 名 因習.

*인식[認識] [inʃik インシク] 名 하타 認識 —론 [(inʃiŋ)non (インシン)ノン] 名 認識論 —부족 [p'udʒok プジョク] 名 認識不足.

*인심[人心] [inʃim インシム] 名 人心 ¶ 각박한 ~ [kakp'akhan ～ カクパクカン ～] 荒れ果てた人の心 —사납다 [sanapt'a サナプタ] 形 ㅂ変 人情味がなく冷酷だ; 薄情 —사다 [sada サダ] 自 人心を得る; 人に好かれる —쓰다 [s'ɯda ッスダ] 自 으変 人情を施す; (金品などを使って)気前をよくする —잃다 [iltha (インシ)ミルタ] 自 人心を失う; 評判が落ちる. 「き揚げ.

인양[引揚] [injaŋ インニャン] 名 하타 引

*인연[因緣] [injɔn イニョン] 名 하자 因縁; 縁 ¶ 부부의 ~ [pubue ～ プブエ ～] 夫婦の縁 / ~을 맺다 [~ɯl mɛt'a (イニョ)ヌル メッタ] 縁を結ぶ 「用.

인용[引用] [injɔŋ イニョン] 名 하타 引

인원[人員] [inwɔn イヌォン] 名 人員 ¶ 참가 ~ [tʃhamga ～ チャムガ ～] 参加人員 —수 [su ス] 名 人数; 頭

인자[仁慈] [indʒa インジャ] 名 하形 ⊆形 仁慈; 思いやりがあって情け深いこと ¶~한 얼굴 [~han ɔlgul ~ハン オルグル] 慈愛に満ちた顔. 「章; 印.

인장[印章] [indʒaŋ インジャン] 名 印

***인재**[人材] [indʒɛ インジェ] 名 人材; 人物 ¶유용한 ~ [juːjoŋhan ~ ユーヨンハン] 有用の材 ━━**등용**[dɯŋjoŋ ドゥンヨン] 名 하自 人材の登用.

인적[人跡] [indʒɔk インジョク] 名 人跡; 人足 ¶~이 끊어지다 [(indʒɔg)i k'ɯnɔdʒida (インジョ)ギ ックノジダ] 人足が絶える.

인절미 [indʒɔlmi インジョルミ] 名 黄な粉などをまぶしたもち米のもち.

인절미

***인정**[人情] [indʒɔŋ インジョン] 名 人情; 思いやり; 情け ¶~이 많은 사람 [~i maːnɯn saːram ~イ マーヌン サーラム] 情け深い人; 人情の厚い人 / ~에 끌리다 [~e k'ullida ~エ ックルリダ] 情にほだされる ━━**머리**[mɔri モリ] 名 人情; 俗 人情味 ¶~가 없다 [~ga ɔːpt'a ~ガ オープタ] 薄情である ━━**미**[mi ミ] 名 人情味 ¶~넘치는 사람 [~ nɔmtʃʰinɯn saːram ~ ノムチヌン サーラム] 人情味あふれる人 ━━**사정-없다** [saːdʒɔŋɔpt'a サージョンオプタ] 慣 情け容赦ない ━━**상**(上) [saŋ サン] 副 人情からいえば.

인정[認定] [indʒɔŋ インジョン] 名 하他 認定 ¶사실의 ~ [saːʃire ~ サーシレ ~] 事実の認定 ━━**받다** [bat'a バッタ] 自 認定される; 認められる ¶과장에게 ~ [kwadʒaŋege ~ クァジャンエゲ ~] 課長に認められる.

*****인제** [indʒe インジェ] 副 今; 今すぐ ¶~ 끝났다 [~ k'unnat'a ~ ックンナッタ] 今終わった / ~ 곧 가겠다 [~ kot k'aget'a ~ コッ カゲッタ] 今すぐ行くよ.

인주[印朱] [indʒu インジュ] 名 朱肉.

인즉(슨) [indʒɯk(s'ɯn) インジュク(スン)] 助 …について言えば; …だから ¶그것이 사실~… [kɯgɔʃi saːʃir~ クゴシ サーシ(リンジュク)] それが事実だから… / 사실~슨 나도 모르오 [saːʃir~(indʒɯks'ɯn) nado morɯo サーシ(リンジュクスン) ナド モルオ] 事実を言えば私も知らないよ.

인지 [indʒi インジ] 助 …が…やら ¶무엇이 무엇~ 모르겠다 [muɔʃi muɔ~morɯget'a ムオシ ムオ(シンジ) モルゲッタ] 何が何やらわからない.

인지라 [indʒira インジラ] 助 …だから ¶그도 사람~ [kɯdo saːram~ クド サーラム(ミンジラ)] 彼も人間だから….

인질[人質] [indʒil インジル] 名 人質 ¶~로 잡혀가다 [~ro tʃapʰjɔgada ~ロ チャプピョガダ] 人質に取られる ━━**극**(劇) [gɯk クク] 名 人質を取って自分の望みをなし遂げようとする騒動.

인체[人體] [intʃʰe インチェ] 名 人体 ¶~에 해롭다 [~e hɛːropt'a ~エ ヘーロプタ] 人体に害がある.

인출-하다[引出—] [intʃʰurhada インチュルハダ] 他 引き出す ¶예금(預金)을 ~ [jeːgɯmul ~ イェーグムル ~] 貯金を引き出す; 貯金をおろす.

인터-폰 [intʰɔpʰoːn イントポーン] interphone 名 インターホーン.

인파[人波] [inpʰa インパ] 名 人波; 人出 ¶~에 시달리다 [~e ʃidallida ~エ シダルリダ] 人波にもまれる.

인편[人便] [inpʰjɔn インピョン] 名 人伝 ¶~으로 듣다 [~ɯro tɯt'a (インピョ)ヌロ トゥッタ] 人伝に聞く.

인품[人品] [inpʰum インプム] 名 人品; 人柄 ¶의젓한 ~ [ɯidʒɔtʰan ~ ウィジョッタン ~] 鷹揚ような人柄.

인플레(이션) [inpʰulle(iʃɔn) インプルレ(イション)] inflation 名〈経〉インフレ(-ション).

인하[引下] [inha インハ] 名 하他 引き下げ; 下げ ¶가격(價格) ~ [kagjɔg ~ カギョク(ギンハ)] 値下げ / 금리(金利) ~ [kɯmni ~ クムニ ~] 利下げ.

*****인-하다**[因—] [inhada インハダ] 自よる ¶부주의로 인한 사고 [pudʒuiro inhan saːgo プジュイロ インハン サーゴ] 不注意による事故.

*****인형**[人形] [inhjɔŋ インヒョン] 名 人形 ━━**극** [gɯk クク] 名 人形劇; 人形芝居.

인화[印畫] [inhwa インファ] 名 하他 印画; 焼きつけ; プリント ━━**지** [dʒi

ジ] 名 印画紙.

*일 [i:l イール] 名 [하自] ① 仕事; 稼ぎ ¶ ~에 쫓기다[(i:r)e tʃ'ok'ida イーレッチョッキダ] 仕事に追い回される / 막~ [maŋ(nil) マン(ニル)] 荒仕事 ② 用務; 用事 ¶무슨 ~로… [musun (ni:l)lo ムスン(ニール)ロ] どんな御用で… ③ こと ¶세상 ~이란… [se:saŋ (ni:r)iran セーサン(ニー)リラン] 世間のこととは… / 가본 ~이 없다[있다] [kabon (ni:r) i ɔ:pt'a[it'a] カボン(ニー)リ オープタ[イッタ] 行ったことがない[ある] ④ 事変; 事件 ¶큰~ 났다 [kʰun (il) lat'a ク(ニル) ラッタ] 大変な事が起こった ⑤ 事情 ¶못 갈 ~ [mo:t k'al(lil) モーッ カル(リル)] 行かれない事情[事由] ⑥ 事業; 計画 ¶~이 잘 되어가다[(i:r)i tʃal dweogada (イー)リ チャル ドゥェオガダ] 事業がうまくはかどる.

*일 [日] [il イル] 1 名 日曜日の略; 日 ¶ ~강수량(降水量) [~gaŋsurjaŋ ~ガンスリャン] 1日雨量 2 [依名] …日 ¶ 1~ [il~ イ(リル)] 1日 —날 [lal ラル] [接尾] …日 ¶오~ [o: オー] 5日.

*일 [一] [il イル] 1 数 1; 1つ ¶~년 [~ljɔn ~リョン] 1年 2 [接頭] 一… ¶~ 람표 [~lamphjo ~ラムピョ] 一覧表.

일가 [一家] [ilga イルガ] 名 親類; 一家 —견(見) [gjɔn ギョン] 名 一見識 —집 [tʃ'ip チプ] • —친척(親戚) [tʃhintʃhɔk チンチョク] 名 親類; 身内.

일간 [日間] [ilgan イルガン] 副 近いうちに; そのうち ¶~ 다시 들르겠네 [~ taʃi tuɯllugenne ~ タシ トゥルルゲンネ] そのうちまた寄るよ.

일거다 [ilk'ɔda イルコダ] 慣 …だろう; …であろう; =일것이다 [ilk'ɔʃida イルコシダ] ¶틀림없이 합격(合格)~ [thɯllimɔpʃ'i hapk'jɔg~ トゥルリモプシ ハプキョ(ギルコダ)] 間違いなくうかるだろう.

일-거리 [i:lk'ɔri イールコリ] 名 なすべき仕事 =일감 [i:lk'am イールカム] ¶ ~를 구하다 [~rɯl kuhada ~ルル クハダ] 仕事を求める.

일거야 [ilk'ɔja イルコヤ] 慣 …だろう; …であろう; =일것이야 [ilk'ɔʃija イルコシヤ] ¶불합격~ [~purhapk'jɔg~ プルハプキョ(ギルコヤ)] 不合格だろう.

일걸 [ilk'ɔl イルコル] 助 …だろう; …であろう ¶아마 거짓말~ [ama kɔ:- dʒinmar~ アマ コージンマ(リルコル)] 多分うそだろう.

일고 [一考] [ilgo イルゴ] 名 [하他] 一考 ¶~의 여지도 없다 [~e jɔdʒido ɔ:pt'a ~エ ヨジド オープタ] 一考の余地もない.

일고 [一顧] [ilgo イルゴ] 名 [하他] 一顧 ¶~의 가치도 없다 [~e katʃhido ɔ:pt'a ~エ カチド オープタ] 一顧の価値もない.

일고-여덟 [ilgojɔdɔl イルゴヨドル] 数 7つか8つ; 7か8; 7・8人.

*일곱 [ilgop イルゴプ] 数 7; 七; 7つ.

일관-하다 [一貫—] [ilgwanhada イルグァンハダ] 自 一貫する; 貫く ¶초지~ [tʰodʒi ~ チョジ ~] 初志を貫く.

일괄-하다 [一括—] [ilgwarhada イルグァルハダ] 他 一括する; 引っくるめる ¶~-해서 말하면 [~-hesɔ ma:rhamjɔn ~-ヘソ マールハミョン] 引っくるめて言えば.

일광 [日光] [ilgwaŋ イルグァン] 名 日光 =햇빛 [hɛtpʰit ヘッピッ] —욕 [njok ニョク] 名 日光浴.

일교-차 [日較差] [ilgjotʃha イルギョチャ] 名 〈天〉日較差ニッカクサ; 日中の気温・温度などの較差.

일구다 [ilguda イルグダ] 他 (田畑を作るために)地面を掘り起こす; 開墾する.

일구-이언 [一口二言] [ilgui:ɔn イルグイーオン] 名 [하自] 両舌; 二枚舌; 食言 ¶~하는 사람 [~hanɯn sa:ram ~ハヌン サーラム] 二枚舌を使う人.

일그러-지다 [ilgɯrɔdʒida イルグロジダ] 自 ゆがむ ¶~-진 얼굴 [~-dʒin ɔlgul ~-ジン オルグル] ゆがんだ顔.

일금 [一金] [ilgɯm イルグム] 名 一金 (金額の前に書く語) ¶~ 5만원 정(整) [~ o:manwɔn dʒɔ:ŋ ~ オーマヌォン ジョーン] 一金伍万ウォン也ナリ.

일급 [日給] [ilgɯp イルグプ] 名 日給 —제 [tʃ'e チェ] 名 日給制.

일긋-하다 [ilgɯthada イルグッタダ] 形 [여변] 片方に傾いてゆがんでいる; やや斜めだ 일긋-거리다 [ilgɯtk'ɔrida イルグッコリダ] 自 ぐらぐら[がたがた]する ¶책상이 ~ [tʃʰɛks'aŋi ~ チェクサンイ ~] 机がぐらぐらする.

*일기 [日記] [ilgi イルギ] 名 日記; ダイアリー —장 [tʃ'aŋ チャン] 名 日記帳.

*일기 [日氣] [ilgi イルギ] 名 天気; 日和; =날씨 [nalʃ'i ナルッシ] —예보 [je:bo イェーボ] 名 [하自] 天気予報.

일까 [ilk'a イルッカ] 助 …だろう(か)

이게 무슨 뜻~?[ige musɯn t'ɯʃ~ イゲ ムスン ットゥ(シルッカ)] これは何の意味だろう **━보냐**[bonja ボニャ] 慣 どうしてそんなはずがあろうか[そんなはずがない] ¶ 남자라고 다 남자~[namdʒarago ta: namdʒa~ ナムジャラゴ ター ナムジャ~] 男だからといってみんなが男らしいはずがあろうか.

일-깨우다[ilk'ɛuda イルッケウダ] 他 ① (眠っている人を)早めに起こす ② 教えて悟らせる, 覚醒させる, 言い聞かせる ¶ 빗나간 학생을 ~[pinnagan haks'ɛŋul ~ ピンナガン ハクセンウル ~] ぐれた学生に言い聞かせる.

일-껏[i:lk'ʌt イールッコッ] 副 わざわざ; せっかく ¶ ~ 만들어 놓은 것을…[(i:lk'ɔt)mandurɔ noɯn kɔsɯl (イールッコン) マンドゥロ ノウン コスル] せっかく作ったものを(壊すとは).

*일-꾼[i:lk'un イールックン] 名 ① 労働者 ¶ 날품팔이 ~[nalpʰumpʰari ~ ナルプムパリ ~] 自由労働者 ② 働き手[手] ¶ ~이 많다[~i ma:ntʰa (イールック) ニ マーンタ] 働き手が多い / ~이 모자라다[~i mo:dʒarada (イールック) ニ モージャラダ] 人手が足りない ③ 有為の人材, やり手 ¶ 우리 회사의 ~[uri hwe:sae ~ ウリ フェーサエ ~] うちの会社の人材.

일-내다[i:lleda イールレダ] 他 もめ事を起こす; 事故を起こす ¶ 일낼 사람[i:llel sa:ram イールレル サーラム] もめ事を起こすおそれのある人.

*일년[一年][illjʌn イルリョン] 名 1年 ¶ ~ 내내[~ nɛ:nɛ ~ ネーネ] 1年中; いつも / ~ 재수생(再修生)~[~ dʒɛ:susɛŋ ~ ジェースセン] 俗 1浪; 1年浪人.

일념[一念][illjʌm イルリョム] 名 一念 ¶ 어머니의 ~[ɔmɔnie ~ オモニエ ~] 母の一念.

*일다¹[i:lda イールダ] 自(ㄹ語幹) ① 起こる ¶ 바람이 ~[parami ~ パラミ ~] 風が起こる ② 立つ ¶ 파도가 ~[pʰadoga ~ パドガ ~] 波が立つ / 살림이 ~[sallimi ~ サルリミ ~] 暮しが立つ[よくなる] ③ (炭火が)熾る ¶ 숯불이 ~[sutpʰuri ~ スップリ ~] 炭火が燃え上がる.

일다²[i:lda イルダ] 自(ㄹ語幹) ① (泡などが)立つ ¶ 거품이 ~[kɔpʰumi ~ コプミ ~] 泡が立つ / 보풀이 ~[popʰuri

~ ポプリ ~] 毛羽が立つ ② 勢いが盛んになる; 興る; 栄える ¶ 가운이 ~[kauni ~ カウニ ~] 家運が栄える.

일다³[i:lda イルダ] 他(ㄹ語幹) 揺る; 研ぐ ¶ 쌀을 ~[s'arul ~ ッサルル ~] 米を研いでよぬげる / 사금을 ~[sagumul ~ サグムル ~] 砂金を揺る.

*일단[一旦][ilt'an イルタン] 副 ① いったん; ひとたび; ひとまず ¶ ~ 유사시에는[~ ju:saʃienun ~ ユーサシエヌン] いったん事有る時は; いったん緩急あれば ② しばらくの間 ¶ ~ 정지[~ dʒʌŋdʒi ~ ジョンジ] しばらく停止(交通用語).

일-단락[一段落][ilt'allak イルタルラク] 名 一段落, ひとくぎり ¶ 일이 ~되다[i:ri ~ t'weda イーリ ~トゥェダ] 仕事が一段落つく; 仕事に切りがつく.

일당[日當][ilt'aŋ イルタン] 名 日当; 日給; 日割り ¶ ~을 받다[~ɯl pat'a ~ウル パッタ] 日当をもらう.

일당[一黨][ilt'aŋ イルタン] 名 一党, 一味 ¶ 폭력배(暴力輩) ~[pʰoŋnjʌkp'ɛ~ ポンニョクペ~] 愚連隊の一党.

*일대[一帶][ilt'ɛ イルテ] 名 一帯; あたり全体 ¶ 그 부근 ~[kɯ bu:gɯn ~ クブグン(ニルテ)] その付近一帯.

일대[一大][ilt'ɛ イルテ] 冠 一大 ¶ ~ 발견[~ balgjʌn ~ バルギョン] 一大発見 **━사**[sa サ] 一大事 ¶ 결혼은 인생의 ~다[kjʌrhonun insɛŋe ~da キョルホヌン インセンエ ~ダ] 結婚は人生の一大事である.

일독[一讀][ilt'ok イルトク] 名 한他 一読 ¶ ~의 가치가 있다[(ilt'og)e katʃʰiga it'a (イルト)ゲ カチガ イッタ] 一読の価値[値打ち]がある.

일동[一同][ilt'oŋ イルトン] 名 一同.

*일등[一等][ilt'ɯŋ イルトゥン] 名 한自 ① 1等 ¶ ~지[~dʒi ~ジ] 1等地 / ~석[~sʌk ~ソク] 1等席 / ~품[~pʰum ~プム] 1等品; 最上品.

일라[illa イルラ] 助 …かも知れんぞ ¶ 조심해라, 사기꾼~[tʃo:ʃimhɛra, sagik'un~ チョーシムヘラ, サギック(ニルラ)] 気をつけろ, 詐欺師かも知れんぞ.

일랑(은)[illaŋ(ɯn) イルラン(ウン)] 助 …は ¶ 가방~ 여기 두고 가자[kabaŋ~ jʌgi tugo gadʒa カバン~ ヨギ トゥゴ ガジャ] カバンはここに置いて行こう.

일러-두기[illɔdugi イルロドゥギ] 名

(本などの) 凡例; はしがき.
일러-두다 [illɔduda イルロドゥダ] 他 言い[申し]つけて置く ¶집을 잘 보라고 일러두었다 [tɕibul tɕal borago illɔtɕub͈at'a チブル チャル ポラゴ イルロドゥオッタ] 留守をちゃんとしろと言いつけて置いた.
일러-바치다 [illɔbatɕʰida イルロパチダ] 他 告げ口する; 言いつける ¶부모에게 ~ [pumoege ~ プモエゲ ~] 親に言いつける.
일러스트레이션 [illɔsɯtʰɯreiɕɔn イルロストゥレイション] illustration 名 イラストレーション; イラスト.
일러-주다 [illɔdʑuda イルロジュダ] 他 ① 言い聞かせる ¶사람된 도리를 ~ [saːramdwen toːrirɯl ~ サーラムドゥェン トーリルル ~] 人としての道理を言い聞かせる ② 教えてやる; 知らせる; = 알려주다 [allyodʑuda アルリョジュダ] ¶주소를 ~ [tɕusorul ~ チュソルル ~] 住所を教えてやる.
일렁-거리다 [illɔŋgɔrida イルロンゴリダ] 自 (波間に)いざよう; ゆらゆら揺れる; ゆらりゆらりする ¶~-거리는 물결 [~-gɔrinɯn mulkʲʼɔl ~-ゴリヌン ムルキョル] いざよう[のたうつ]波; ゆらゆらゆれる波.
일력 [日曆] [illʲɔk イルリョク] 名 こよみ; 日めくり; はがし暦; 日読み.
일련 [一連] [illjɔn イルリョン] 名 一連 ¶~의 사건 [~-e saːkʲʼɔn (イルリョ)ネ サーコン] 一連の事件 **―번호** [bɔnho ボンホ] 名 一連番号; 通し番号; = 연번(連番) [jɔnbɔn ヨンボン].
일렬 [一列] [illjɔl イルリョル] 名 一列 ¶~로 나란히 서다 [~-ro narani sɔda ~ロ ナラニ ソダ] 一列に並ぶ.
일례 [一例] [ille イルレ] 名 一例 ¶~를 들면 [~-rɯl tɯlmʲɔn ~ルル トゥルミョン] 一例をあげれば.
일로 [illo イルロ] 副 こっちへ=이리로 [iriro イリロ] ¶~ 오너라 [~ onɔra ~ オノラ] こっちへ来なさい.
일루 [一壘] [illu イルル] 名 〈野〉 1塁; ファーストベース.
일류 [一流] [illju イルリュ] 名 一流 ¶~호텔 [~ hotʰel ~ ホテル] 一流ホテル.
일률 [一律] [illjul イルリュル] 名 一律 ¶천편 ~ [tɕʰɔnpʰjɔn ~ チョンピョン(ニルリュル)] 千編一律 **―적**(的)**으로** [tɕʲɔgɯro チョグロ] 副 一律に ¶모든 것이 ~ 처리(處理)되다 [moːdɯn kɔɕi ~ tɕʰɔːridweda モードゥン コシ ~ チョーリドゥェダ] すべてが一律に片づく.
일리 [一理] [illi イルリ] 名 一理; 一義 ¶그것도 ~ 있다 [kɯgɔt'o ~-it'a クゴット ~-イッタ] それも一理ある.
(일) 망정 [(il) maŋdʑɔŋ (イル) マンジョン] 助 (たとえ)…であるとも; …といえども ¶가난한 살림살이일~ [kananhan sallimsaːriil~ カナンハン サルリムサリイル~] (たとえ)貧しい暮らしであるとも(気持ちだけは金持ちだ).
일망-타진 [一網打盡] [ilmaŋtʰaːdʑin イルマンタージン] 名 [하타] 一網打尽 ¶밀수단이 ~되었다 [milsʼudani ~-dwet'a ミルスッダニ ~-ドゥェオッタ] 密輸団が一網打尽にされた.
일맥 상통 [一脈相通] [ilmɛks͈aŋtʰoŋ イルメクサントン] 名 [하자] 一脈相通じること ¶~하는 바가 있다 [~hanɯn baga it'a ~ハヌン パガ イッタ] 一脈相通じるところがある.
일면 [一面] [ilmjɔn イルミョン] **1** 名 一面; 片面; 1面 ¶신문의 ~ [ɕinmune ~ シンムネ ~] 新聞の1面 / 시대상의 ~ [ɕidɛsaŋe ~ シデサンエ ~] 時代相の一面 **2** 副 一方 ¶고맙지만 ~ 섭섭하다 [koːmapt͡ɕʼiman ~ sɔps͈ɔpʰada コーマプチマン ~ ソプソプハダ] ありがたいことではあったが, 一方残念なものだ **―부지** (不知) [budʑi ブジ] 名 [하형] 一面識もないこと.
일목-요연 [一目瞭然] [ilmoŋnjojɔn イルモンニョヨン] 名 [하형] 一目瞭然 ¶그 결과는 ~하다 [kɯ kjɔlgwanɯn ~hada ク キョルグァヌン ~ハダ] その結果は一目瞭然である.
일몰 [日沒] [ilmol イルモル] 名 [하자] 日没; 日の入り ¶~이 빨라지다 [(ilmor)i p'alladʑida (イルモ)リッパルラジダ] 日の入りが早くなる.
일문-일답 [一問一答] [ilmunilt'ap イルムニルタプ] 名 [하자] 一問一答 ¶기자단과 ~하다 [kidʑadaŋgwa (ilmunilt'a)pʰada キジャダングァ ~ハダ] 記者団と一問一答する.
일미 [一味] [ilmi イルミ] 名 いちばんおいしい味; 特有の味 ¶천하(天下) ~ [tɕʰɔnha ~ チョンハ ~] 天下でいちばんおいしい味.
＊일반 [一般] [ilban イルバン] 名 一般 ① 同様; 同類; 一様 ¶이거나 저거나

일방[一方][ilbaŋ イルバン] 名 一方; 片方 ¶ ~ 통행[~ tʰoŋhɛŋ ～ トンヘン] 一方通行 —적[dʒɔk ジョク] ¶ ~인 승리[~-(dʒɔg)in sɯŋni ～-(ジョグ)イン スンニ] 一方的な勝利.

일보[一歩][ilbo イルボ] 名 一歩 ¶ ~ 일보 다가가다[~ ilbo tagagada ～ イルボ タガガダ] 歩一歩と近づく.

일-보다[i:lboda イールボダ] 自① 仕事をする; 用事をすます ② 世話する; 手伝う ③「用便する」のたとえ.

일-복[一福][i:lp'ok イールボク] 名 仕事が多いことを福に例えて言う語 —많다[(i:lp'oŋ)mantʰa (イールポン)マンタ] 形 仕事がひっきりなしにくる.

***일본[日本]**[ilbon イルボン] 名 〈地〉日本 ¶ ~ 민족[~ mindʒok ～ ミンジョク] 日本(大和)民族 —어[ɔ (イルボ)ノ]・말[mal マル] 日本語 —요리[njori ニョリ] 名 和食.

일-봐 주다[i:lbwadʒuda イールブァジュダ] 他 人の世話をする.

***일부[一部]**[ilbu イルブ] 名 一部 ¶ ~를 수정하다[~rɯl sudʒɔŋhada ～ルル スジョンハダ] 一部を修正する.

일부[日附][ilbu イルブ] 名 日付.

일부[日賦][ilbu イルブ] 名 日払い.

***일부러**[ilburɔ イルブロ] 副 わざわざ; わざと; 故意に ¶ ~ 갈 필요(必要)는 없다[~ kal pʰirjonɯn ɔːpt'a ～ カル ピリョヌン オーㇷ゚ッタ] わざわざ行くまでもない[行くには及ばない] / ~ 하다[~ hada ～ ハダ] 故意にする.

일사-천리[一瀉千里][ils'atʃʰɔlli イルサチョルリ] 名 一瀉千里 ¶ ~로 해치우다[~ro hɛːtʃʰiuda ～ロ ヘーチウダ] 一瀉千里に片づける.

일-삼다[i:lsamtʰa イールサムタ] 他 ある事にいつも没頭[専念]する; ふける ¶ 낚시질을 ~[nakʃ'idʒirɯl ~ ナクシジルル ～] いつも釣りにふける.

***일상[日常]**[ils'aŋ イルサン] 名 副 日常; 毎日ごろ ¶ ~ 용품[~ njoːŋpʰum ～ ニョーンプム] 日用品 —생활

[sɛŋhwal センファル] 名 日常生活.

일색[一色][ils'ɛk イルセク] 名 一色 ¶ 천하(天下) ~[tʰɔnha ~ チョンハ ～] ずば抜けた美人.

***일생[一生]**[ils'ɛŋ イルセン] 名 一生; 生涯 ¶ 파란 많은 ~[pʰaran manɯn ～ パラン マヌン ～] 波乱に富んだ一生 —일대[ilt'ɛ イルテ] 名 一世一代 ¶ ~의 걸작[~e kɔltʃ'ak ～エ コルチャク] 一世一代の傑作 —토록[tʰorok トロク] 副 死ぬまで; 生涯を尽くして ¶ 은혜(恩惠)는 ～ 잊지 않겠습니다[unhenɯn ～ itʃ'i ankʰeːs'ɯmnida ウンヘヌン ～ イッチ アンケッスムニダ] ご恩は死ぬまで忘れません.

일-서두르다[i:lsɔdurɯda イールソドゥルダ] 自他 旦変 事を急ぐ.

일석-이조[一石二鳥][ils'ɔgiːdʒo イルソギージョ] 名 一石二鳥; 一挙両得.

일세[ils'e イルセ] 助 …だよ; …だ(ね) ¶ 참 오랜만~[tʃʰam orɛnman~ チャム オレンマ(ニルセ)] やあ, しばらくだね.

일-손[i:ls'on イールソン] 名 ① 仕事をする腕前 ¶ ~이 좋다[~i tʃoːtʰa (イールソ)ニ チョータ] 腕前がよい ② 働き手; 人手 ¶ ~이 없다[~i ɔːpt'a (イールソ)ニ オーㇷ゚タ] 人手がない / ~을 놓다[~ɯl notʰa (イールソ)ヌル ノッタ] 慣 仕事の手を休める[引く] / ~을 떼다[~ɯl t'eːda (イールソ)ヌル ッテーダ] 慣 ① 仕事をやめる ② 仕事を終える / ~이 잡히다[~i tʃapʰida (イールソ)ニ チャㇷ゚ピダ] 慣 (仕事に)意欲が出る / ~이 잡히지 않는다[~i tʃapʰidʒi annɯnda (イールソ)ニ チャㇷ゚ピジ アンヌンダ] 仕事が手につかない.

일수[日收][ils'u イルッス] 名 ① 日済なし ¶ 일숫돈[ils'utt'on イルッストン] 日済し(金) ② 日収 ¶ ~ 5만원[~ oːmanwɔn ～ オーマヌォン] 日収5万ウォン —놀이[nori ノリ] 名 日済しでお金を貸し借りすること, またそれを業とすること —쟁이[dʒɛŋi ジェンイ] 名 日済しの借金取り.

일수[日數][ils'u イルッス] 名 ① 日数 ¶ 결석 ~[kjɔls'ɔg(ils'u) キョルソク(イルッス)] 欠席日数 ② その日の運; 日柄 ¶ ~가 사납다[~ga saːnapt'a ～ガ サーナㇷ゚タ] 日柄がよくない.

일수록[ils'urok イルスロク] 助 …であればあるほど ¶ 거짓말~[kɔːdʒinmar~ コージンマ(リルスロク)] うそであれば

일순-간[一瞬間][ilsʼungan イルスンガン] 名 副 一瞬間; 瞬く間 ¶~에 일어난 사고[~e irɔnan saːgo (イルスンガネ イロナン サーゴ) 一瞬の間に起こった事故 /~에 사라지다[~e saradʑida (イルスンガネ サラジダ) 瞬く間にして消え去る.

일습[一襲][ilsʼɯp イルスプ] 名 (衣服・器物・家具などの)1そろい; ワンセット ¶가구 ~[kagu ~ カグ ~] 家具一式.

__일시__[一時][ilsʼi イルシ] 名 一時; 当座 ¶~의 모면(謀免)[~e momjɔn ~ エ モミョン] 一時のがれ; 当座しのぎ; その場のがれ /~의 잘못[~e tʃalmot ~ エ チャルモッ] 一時の過ち __一불__ [bul ブル] 一時払い.

__일식__[日式][ilsʼik イルシク] 名 日本式; 和式 ¶~집[~tʃip ~ チプ] 日本式の食堂=화식(和食)집[hwasʼiktʃʼip ファシクチプ].

일식[日蝕][ilsʼik イルシク] 名 한自 日食.

일수[ilsʼu イルスッ] 1 名 ① いちばんよい方法 ¶학원에만 가면 ~냐?[hagwoneman kamjɔn ~nja ハグォネマン カミョン ~ニャ] 塾通うだけでいいと思うの ② …するのが常だ ¶결근하기 ~다[kjɔlgɯnhagi ~da キョルグンハキ ~ダ] 欠勤しがちだ[欠勤するのが常である] 2 副 たびたび; しばしば; 毎度 ¶~ 지각한다 ~ tʃigakʰanda ~ チガクァンダ] 毎度遅刻をする.

일약[一躍][irjak イリャク] 副 一躍(して) ¶~ 중역이 되다[~ tʃʼuːŋjɔgi tweda ~ チューンヨギ トゥェダ] 一躍(して)重役になる.

__일어__[日語][irɔ イロ] 名 日本語 ¶~ 강습[~ gaːŋsɯp ~ ガーンスプ] 日本語講習.

__일어-나다__[irɔnada イロナダ] 自 ① 立つ; 立ち上がる ¶의자에서 ~[uidʑaesɔ ~ ウィジャエソ ~] 椅子から立ち上がる ② 起きる; 起き上がる ¶아침 일찍 ~[atʃʰim iltʃʼig ~ アチミルッチ(ギロナダ)] 朝早く起きる ③ 起こる; 発生する ¶전쟁이 ~[tʃɔːndʑɛŋi ~ チョーンジェンイ ~] 戦争が起こる ④ (火が)おこる ¶불이 잘 일어난다 [puri tʃal irɔnanda プリ チャル イロナンダ] 火がよくつく; 火事がよくおこる ⑤ 起こる; 盛んになる ¶새로운 산업이 ~[sɛroun saːnɔbi ~ セロウン サーノビ ~] 新しい産業が起こる ⑥ 奮起[決起]する ¶조국을 위하여 ~[tʃoguguɯl wihaj ~ チョググル ウィハヨ ~] 祖国のために決起する.

__일어-서다__[irɔsɔda イロソダ] 自 ① 立つ; 立ち上がる ¶자리에서 ~[tʃariesɔ ~ チャリエソ ~] 席から起立する /불쑥 ~[pulsʼug ~ プルッス(ギロソダ)] つと立ち上がる ② 立ち直る; よくなる ¶회사가 다시 ~[hwesaga taʃi ~ フェーサガ タシ ~] 会社が立ち直る ③ 決起する ¶압정에 반항(反抗)하여 ~[aptʃʼɔŋe paːnhaŋhaj ~ アプチョンエ パーンハンハヨ ~] 圧政に抗して立ち上がる.

일언[一言][irɔn イロン] 名 一言 ¶남자의 ~[namdʑae ~ ナムジャエ ~] 男の一言 __一반구__(半句)[baːŋgu バーング] 名 一言半句; 非常に短い話 ¶~ 말이 없다[~ maːri ɔːptʼa ~ マーリ オープタ] うんともすんとも言わない __一이 폐지__(以蔽之)[i pʰedʑi (イロ二 ペジ)] 名 한他 一言をもって言わんとする意を表わすこと; 一言ですべての意味を言い尽くすこと __一지하__(之下)[dʑiha ジハ] 名 一言のもと; 言下 ¶~에 거절하다[~e kɔːdʑɔrhada ~ エ コージョルハダ] 一言の下に拒絶する; 言下に断る.

일-없다[iːrɔptʼa イーロプタ] 存 ① 必要ない; 要らない ¶충고는 ~[tʃʰuŋgonɯn ~ チュンゴヌン ~] 忠告は要らない ② 構わない; よろしい ¶염려(念慮)하지 않아도 아무 ~[jɔːmnjɔhadʑi anado aːmu ~ ヨームニョハジ アナド アーム ~] 心配しなくてもよろしい __일-없이__[iːrɔpsʼi イーロプシ] 副 用なく; 無用に.(共和国では괜찮다[kwentʃʰantʰa クェンチャンタ]「大丈夫だ・構わない」より '일없다' を用いる).

일-여덟[irjɔdɔl イリョドル] 冠 数 7・8; 7つか8つ.

__일요__[日曜][irjo イリョ] 名 日曜 ¶~ 화가[~ hwaːga ~ ファーガ] 日曜画家 __一일__[il イル] 名 日曜日.

일용-직[日傭職][irjoŋdʑik イリョンジク] 名 自由労働者[日雇い労働者]の職.

일용-품[日用品][irjoŋpʰum イリョンプム] 名 日用品.

__일월__[一月][irwɔl イルウォル] 名 1月 = 정월(正月)[tʃʼɔŋwɔl チョンウォル].

__일으키다__[irɯkʰida イルキダ] 他 ①

起こす; 引き起こす ¶ 몸을 ~[mom-ul ~ モムル ~] 体を起こす ② (物事を)起こす; 引き起こす ¶ 전쟁을 ~[tʃɔːndʒɛnɯl ~ チョーンジェンウル ~] 戦争を引き起こす ③ (病に)かかる ¶ 복통을 ~[pokthonɯl ~ ポクトンウル ~] 腹痛を起こす ④ 発生させる ¶ 전기를 ~[tʃɔːngirul ~ チョーンギルル ~] 電気を起こす ⑤ 始める ¶ 사업을 ~[saːɔbul ~ サーオブル ~] 事業を始める[興す] ⑥ 一定の[異す] ¶ 말썽을 ~[maːlsʼɔŋul ~ マールッソンウル ~] 悶着ᵇᵃᵏᵘぉこしを引き起こす ⑦ 盛んにする; 起こす ¶ 살림을 ~[sallimul ~ サルリムル ~] 暮らしを豊かにする.

일일-이[i:lliri イールリリ] 副 ことごとに; すべて ¶ ~ 참견하다[~ tʃʰamgjɔnhada ~ チャムギョンハダ] ことごとに口出しをする.

일일-이[―――][illiri イルリリ] 副 いちいち; 1つ1つ ¶ ~ 답장(答狀)을 쓰다[~ taptʃʼaŋul sʼuda ~ タプチャンウルッスダ] いちいち返事を書く.

일임[一任][irim イリム] 名 ᄒᆞ他 一任; 任せること ¶ 부하에게 ~ 하다 [puhaege ~hada ~ プハエゲ ~ハダ] 部下に一任する.

***일-자리**[i:ltʃʼari イールチャリ] 名 職(場); 勤め口; = '일터' ¶ ~를 얻다 [~rul ɔːtʼa ~ルル オーッタ] 職にありつく / ~를 잃다[~rul iltʰa ~ルル イルタ] 職場を失う.

일자-무식[一字無識][iltʃʼamuʃik イルチャムシク] 名 一文不知; 一文不通; 字を1字も知らないこと ¶ ~한 시골 뜨기[(iltʃʼamuʃi) kʰan ʃigoltʼɯgi ~カン シゴルットゥギ] 一文不通の田舎者.

일장[一場][iltʃʼaŋ イルチャン] 名 一場; 一席 ¶ ~ 훈시[~ huːnʃi ~ フーンシ] 一場の訓示 / ~ 연설하다 [~ jɔːnsɔrhada ~ ヨーンソルハダ] ひとくさり演説をする; 一席弁ずる; 一席ぶつ.

일-재간[一才幹][iːltʃʼɛgan イールチェガン] 名 仕事をする手並み; 腕(前) ¶ ~이 뛰어나다[~i tʼwionada ~イ トゥィオナダ] 仕事の手並みがすぐれている.

***일전**[日前][iltʃʼɔn イルチョン] 名 先般; 先ごろ; 先日; 過日 ¶ ~에 말씀드린 건(件)[~e maːlsʼɯmdurin kʼɔn (イルチョ)ネ マールッスムドゥリン

コン] 先般[過日]申し上げました件.

일절[一切][iltʃʼɔl イルチョル] 副 <否定の表現> 一切; まったく; 全然 ¶ 담배를 ~ 피우지 않는다[taːmbɛrul ~ pʰiudʒi annunda タームベルル ~ ピウジ アンヌンダ] タバコを一切吸わない.

***일정**[一定][iltʃʼɔŋ イルチョン] 名 ᄒᆞ形 ᄒᆞ副 一定 ¶ ~한 직업[~han tʃigɔp ~ハン チゴプ] 決まった職業 / ~한 양식[~han njaŋʃik ~ハン ニャンシク] 一定の様式 **—량**[njaŋ ニャン] 名 一定量.

일정[日程][iltʃʼɔŋ イルチョン] 名 日程 ¶ ~을 정(定)하다[새우다][~ɯl tʃɔːŋhada [seuda] ~ウル チョーンハダ [セウダ]] 日割りを決める; 日程を立てる **—표**[pʰjo ピョ] 名 日程表.

***일제**[一齊][iltʃʼe イルチェ] 名 一斉; 一時 ¶ ~ 단속(團束)[~ dansok ~ ダンソク] 一斉取り締まり **—히**[i イ] 副 一斉に; 一席に; そろって ¶ ~ 노래를 부르다[~ norɛrul purɯda ~ ノレルル プルダ] そろって歌を歌う.

***일제**[日帝][iltʃʼe イルチェ] 名 日本帝国(主義) **—시대**[jidɛ シデ] 名 日本帝国主義時代(1905～1945).

***일제**[日製][iltʃʼe イルチェ] 名 日本製; メードインジャパン ¶ ~ 영어[~ jɔŋɔ ~ ヨンオ] 和製英語; 和製語.

일조[一兆][iltʃʼo イルチョ] 数 一兆.

일조[一朝][iltʃʼo イルチョ] 名 一朝; 万一の場合 ¶ ~ 유사시(有事時)에는[~ juːsaʃienun ~ ユーサシエヌン] 万一有事の場合は **—석**[ilsʼok イルソク] 名 一朝一夕 ¶ ~에는 되지 않는다[~-(ils'ɔg)enun twedʒi annunda ~-(イルソ)ゲヌン トゥェジ アンヌンダ] 一朝一夕にはできない.

일조[日照][iltʃʼo イルチョ] 名 日照; 照り ¶ ~ 시간[~ ʃigan ~ シガン] 日照時間 **—권**[kʼwɔn クォン] 名 日照権.

일족[一族][iltʃʼok イルチョク] 名 一族; 同族 ¶ ~의 무리들[(iltʃʼog)e muridul (イルチョ)ゲ ムリドゥル] 一族郎党.

일종[一種][iltʃʼoŋ イルチョン] 名 一種.

일주[一周][iltʃʼu イルチュ] 名 ᄒᆞ他 一周; 一回り; 一巡り ¶ 세계 ~[seːge ~ セーゲ ~] 世界一周 **—기**[gi ギ] 名 1周忌; 1回忌 ¶ 부친(父親)의 ~재(齋)[putʰine ~dʒɛ プチネ ~ジェ] 父の1周忌の法事 **—년**[njɔn ニョ

일주 ン] 名 1周年 ¶~ 기념일 [~ ginjɔmil ~ ギニョミル] 1周年記念日

일주[一週] [iltʃ'u イルチュ] 名 1週 **―간** [gan ガン] 名 1週間 **―일**(日) [il イル] 名 1週間 ¶향후(向後) ~ [hjaːŋhu ヒャーンフ ~] 向こう1週間.

일지[日誌] [iltʃ'i イルチ] 名 日誌 ¶항해 ~ [haːŋhɛ ハーンヘ~] 航海日誌.

일지 [iltʃ'i イルチ] 助 …だろうか; …なのか; …やら ¶맞는 대답~ 모르겠다 [mannun teːdab~ moruɡet'a マンヌン テーダブㇾチ モルゲッタ] 合う答えなのかどうかわからない.

일지라도 [iltʃ'irado イルチラド] 助 (たとえ)…といえども; …でも ¶비록 남~ [piroŋ nam~ ピロン ナミㇽチラド] たとえ赤の他人といえども(よい).

일지언정 [iltʃ'iɔndʒɔŋ イルチオンジョン] 助 (たとえ)…ではあれど; …であっても ¶비록 부자~ [pirok p'uːdʒa~ ピロㇰ プージャ~] たとえ金持ちであっても(おごりたかぶってはいけない).

일진[日辰] [iltʃ'in イルチン] 名 日柄; 日並み ¶오늘은 ~이 좋다[사납다] [onurum ~i tʃoːtʰa[saːnapt'a] オヌルン (イルチ)ニ チョータ[サーナプタ] 今日は日柄[日並み]がいい[悪い].

일진대 [iltʃ'indɛ イルチンデ] 助 もし…なら; もし…であるようなら ¶그게 숙명~ [kɯge suŋmjɔŋ~ クゲ スンミョン~] それが宿命であるなら(甘受せよ).

일찌감치 [iltʃ'igamtʃʰi イルッチガムチ] 副 早目に; もう少し早く ¶~ 일어나다 [~ irɔnada ~ イロナダ] 早目に起きる.

*__일찍(이)__ [iltʃ'ik[iltʃ'igi] イルッチㇰ[イルッチギ]] 副 ①(遅れないように)早く; 早々; 早目に ¶~ 자고 일어남 [~ tʃ'ago ~ irɔnam ~ チャゴ ~ イロナㇺ] 早寝早起き / 아침 ~ [atsʰim ~ アチ(ミㇽッチㇰ)] 朝早く ②これまで; かつて; 以前; つとに ¶~ 이런 일은 없었다 [~ irɔn niːrum ɔːpsʼɔt'a ~ イロン ニールン オープソッタ] これまでこんなことはなかった. × 일찌기 (誤り).

*__일체__[一切] [iltʃ'e イルチェ] **1** 名 一切; 全部 ¶일의 ~를 맡기다 [iːre ~rul matk'ida イーレ ~ルㇽ マッキダ] 仕事の一切を任せる **2** 冠 一切の; …すべて; あらゆる; なにもかも ¶~ 자유 행동을 금한다 [~ tʃaju hɛŋdoŋul kuːmhanda ~ チャユ ヘンドンウㇽ クームハンダ] 一切自由行動を禁ずる **3** 副 一切; まったく; 全然; すっかり; ='일절'(一切)〈否定の表現〉 ¶술은 ~ 마시지 않는다 [surun ~ maʃidʒi annunda スルン ~ マシジ アンヌンダ] 酒は一切飲まない.

일촉-즉발[一觸卽發] [iltʃʰoktʃ'ukp'al イルチョクチュクパㇽ] 名 一触即発 ¶~의 위기 [~ -(tʃ'ukp'ar)e wigi ~ -(チュクパㇾ ウィギ] 一触即発の危機.

일축-하다[一蹴―] [iltʃʰukʰada イルチュクハダ] 他 一蹴する; 蹴飛ばす; はねつける ¶항의를 ~ [haːŋirul ~ ハーンイルㇽ ~] 抗議を蹴る.

일층[一層] [iltʃʰuŋ イルチュン] **1** 名 1階 **2** 副 一層; ますます; ひときわ ¶~ 경계하다 [~ kjɔːŋgehada ~ キョーンゲハダ] 一層警戒する.

일치[一致] [iltʃʰi イルチ] 名 一致 ¶만장 ~ [maːndʒaŋ ~ マーンジャン ~] 満場一致 / 언행 ~ [ɔnhɛŋ ~ オンヘン ~] 言行一致 **―하다** [hada ハダ] 自 一致する; マッチする ¶의견이 ~ [ɯigjɔni ~ ウィーギョニ ~] 意見が合する[一致する].

일침[一針] [iltʃʰim イルチㇺ] 名 ①1本の針 ②厳しい忠告 ¶~(을) 놓다 [(ul) notʰa ~ノッタ [イルチムㇽ ノッタ]] 慣 手厳しく警告[忠告]する.

*__일컫다__ [ilkʰɔt'a イルコッタ] 他 ㄷ変 ①(何々と)呼ぶ; 号する; 称する; となえる ¶스스로 명인이라고 ~ [suːsuro mjɔŋiniraɡo ~ ススロ ミョンイニラゴ ~] 自ら名人を称する ②(誉め)たたえる ¶태평 성대라고 ~ [tʰɛpʰjɔŋ sɔːŋdɛraɡo ~ テピョン ソーンデラゴ ~] 泰平時代とたたえる.

일-터 [iːltʰɔ イールト] 名 職場; 仕事場 ¶우리들의 ~ [uridure ~ ウリドゥレ ~] 私たちの職場.

일-텐데 [iltʰende イルテンデ] 助 …であるはずだが; …であろうが; …であろうに ¶그도 같은 생각~ [kɯdo katʰɯn sɛŋɡaɡ~ クド カットゥン センガㇰ (ギㇽテンデ)] 彼も同じ思いであろうが; 彼も同じく考えているはずだが.

일-평생[一平生] [ilpʰjɔŋsɛŋ イㇽピョンセン] 名 一生涯; 世の限り; =한평생 [hanpʰjɔŋsɛŋ ハンピョンセン] ¶~ 잊지 못할 은인 [~ itʃ'i motʰal ɯnin ~ イッチ モッタㇽ ウニン] 一生涯忘れられない恩人.

일품[一品] [ilpʰum イㇽプㇺ] 名 一品

① 1つの品 ②[逸品] 最も優れた品物; 逸品 ¶천하 ～[tɕʰɔnha ～ チョンハ ～] 天下一品 **―요리**[njori ニョリ] 名 一品料理; アラカルト.

일-품[i:lpʰum イールプム] 名 仕事の手間・努力 ¶～을 사다[팔다][～ul sada[pʰalda] (イールプ)ムル サダ[パルダ]] 努力を提供してもらう[手間仕事をする].

*일-하다[i:rhada イールハダ] 自[여変] 働く; 仕事をする ¶부지런히 ～[pudʑironi ～ プジロニ ～] せっせと働く.

일행[一行][irhɛŋ イルヘン] 名 ① 一行; 連れ(合い); 同行者 ¶시찰단 ～ [ɕi:tɕʰalt'an ～ シーチャルタン ～] 視察団一行 ② 一行ぎり; ひとくだり.

일화[逸話][irhwa イルファ] 名 逸話; エピソード ¶고인의 ～[ko:ine ～ コーイネ ～] 故人の逸話.

일후[日後][irhu イルフ] 名 副 今後; 後日 ¶～ 통지(通知)하겠습니다[～ tʰoŋdʑihages'ɯmnida ～ トンジハゲッスムニダ] 後日お知らせいたします.

*일흔[irhɯn イルフン] 冠 数 70＝칠십 [tɕʰilɕ'ip チルシプ]「七十」.

*읽다[ikt'a イクタ] 他 ① (本などを)読む ¶책을 ～[tɕʰɛgɯl ～ チェグル ～] 本を読む ② (表情を)読み取る ¶사람의 마음을 ～[sa:rame maɯmɯl ～ サーラメ マウムル ～] 人の心を読み取る ③ (将棋・碁などで)手を読む.

읽히다[ilkʰida イルキダ] **1** 他 読ませる＝'읽다'の使役形 ¶책을 ～[tɕʰɛgɯl ～ チェグル ～] 本を読ませる **2** 自 読まれる＝'읽다'の受動 ¶재미있게 읽히는 책[tɕɛ:miitk'e ilkʰinɯn tɕʰɛk チェーミイッケ イルキヌン チェク] 面白く読まれている本.

*잃다[iltʰa イルタ] 他 失う ① (持っていた物を)なくす; 落とす ¶돈을 ～[to:nɯl ～ トーヌル ～] 金を失う / 지갑을 ～[tɕigabɯl ～ チガブル ～] 財布を落とす ② (賭博などで)金品を取られる ¶본전까지 다 잃었다[pondʑɔnk'adʑi ta: irɔt'a ポンジョンッカジ ター イロッタ] 元手まですっかり取られた ③ 取り逃す ¶기회을 ～[kihwerɯl ～ キフェルル ～] 機会を失う[逃す] ④ 死に別れる; 亡くす ¶부모를 ～[pumorɯl ～ プモルル ～] 父母を失う ⑤ (常態を)失う; 忘れる ¶의식을 ～[ɯi:ɕigɯl ～ ウィーシグル ～]

気を失う / 넋을 ～[nɔks'ɯl ～ ノクスル ～] 我を忘れる ⑥ (方向を)失う ¶길을 ～[kirɯl ～ キルル ～] 道に迷う.

잃어-버리다[irɔbɔrida イロボリダ] 他 失う; なくす ¶잃어버린 세월[irɔbɔrin se:wɔl イロボリン セーウォル] 失われた歳月.

*임[1][im イム] 名 恋い慕う人(君臣・親子・師弟・親友・恋人など慕わしく思う相手の称); あなた; 彼氏; 彼女; ＝님[nim ニム] ¶～ 향(向)한 일편 단심(一片丹心)～ hja:ŋhan ilpʰjɔŋ danɕim ～ ヒャーンハン イルピョン ダンシム] 君主に対する忠誠心.

임[2][im イム] 助 …であること; …である ¶이 사람은 학생＝[i sa:ramɯn haks'ɛŋ～ イ サーラムン ハクセン～] この者は学生である(ことを証明する).

*임금[i:mgɯm イームグム] 名 王; 君主; キング **―님**[nim ニム] 名 王様.

*임금[賃金][i:mgɯm イームグム] 名 賃金; ペイ ¶～ 인상[～ insaŋ (イームグ)ミンサン] 賃上げ; 賃金[ベース]アップ.

임기[任期][i:mgi イームギ] 名 任期 ¶～가 차다[끝나다][～ga tɕʰada[k'ɯnnada] ～ガ チャダ[ックンナダ]] 任期が切れる.

임기-응변[臨機應變][imgiɯ:ŋbjɔn イムギウーンビョン] 名 [하]自 臨機応変 ¶～의 조치[～e tɕotɕʰi ～-(ウーンビョ)ネ チョチ] 臨機応変の措置.

임대[賃貸][i:mdɛ イームデ] 名 [하]他 賃貸; 賃貸し ¶사무실을 ～하다[sa:muɕirɯl ～hada サームシルル ～ハダ] 事務室を賃貸しする **―료**[rjo リョ] 名 賃貸; 賃貸料 **―인**[in イン] 名 賃貸人 **―차**[tʰa チャ] 名 賃貸借.

*임명[任命][i:mmjɔŋ イームミョン] 名 任命 ¶부장에 ～되다[pudʑaŋe ～dweda プジャンエ ～ドゥェダ] 部長に命じられる[任命される] **―하다**[hada ハダ] 他 任命する; 任ずる.

임무[任務][i:mmu イームム] 名 任務; 務め; 任 ¶～를 다하다[～rɯl ta:hada ～ルル ターハダ] 任務を果たす[全うする] / ～를 맡다[～rɯl mat'a ～ルル マッタ] 任に当たる / ～를 완수(完遂)하다[～rɯl wansuhada ～ルル ワンスハダ] 任務を遂げる.

임박-하다[臨迫―][imbakʰada イムバクハダ] 自 切迫する; (差し)迫る; 間近になる ¶기일이 ～[kiiri ～ キイ

リ ~] 期日が切迫する.

***임시**[臨時][imʃi イムシ] 名 ① 臨時; 不定時 ¶~ 열차[~ jəltʃʰa ~ ヨルチャ] 臨時列車 ② 時; ころ ¶해 뜰 ~에[hɛt'ɯl (limʃi)e ヘットゥル(リムシ)エ] 日の昇るころに **―변통**(變通)[bjənthoŋ ビョントン] 名 其の場逃れ ¶~의 답변[~e tap'jən エ タプビョン] その場逃れの答弁 / ~의 대책[~e tɛːtʃʰɛk ~エ テーチェク] その場しのぎの対策.

***임신**[姙娠・妊娠][iːmʃin イームシン] 名 妊娠; 身重 ¶한 몸[~han mom ~ハン モム] 身重の体 **―하다**[hada ハダ] 自 妊娠する; はらむ; 身ごもる ¶아내가 ~[anɛga ~ アネガ ~] 家内が身重になる **―부**(婦)[bu ブ] 名 妊婦; 身持ち(の)女(性).

임원[任員][imwən イーモォン] 名 役員 ¶~회[~hwe フェ] 役員会.

***임의**[任意][imi イーミ] 名 任意 ¶~로 해석하다[~ro hɛːsokʰada ~ロ ヘーソクカダ] 任意に解釈する.

임자[iːmdʒa イームジャ] **1** 名 主^{あるじ}; 持ち主 ¶집 ~[tʃib (imdʒa) チ(ビムジャ)] 家主 **―(를)만나다**[(rul) mannada (ルル)マンナダ] 慣 好敵手に巡りあう; 手ごわい相手に出会ってひどく苦労する ¶그도 마침내 ~[kɯdo matʃʰimnɛ ~ クドマチムネ ~] 彼もついにえらい相手に出会う **2** 代 ① 親しい間柄での呼称; 君, お前さん ② 中年以上の夫婦間の呼称; あなた, あんた, 君.

임종[臨終][imdʒoŋ イムジョン] 名 其他 自 ① 臨終; 死に際; 最期 ¶편안한 ~[pʰjənanhan ~ ピョナンハン ~] 安らかな臨終 ② 親の最期を見とどけること ¶~을 지켜보다[~ul tʃikʰjəboda ~ウル チキョボダ] 最期を見とどける; 死に[末期の]水を取る.

임진-왜란[壬辰倭亂][iːmdʒinwɛran イームジヌェラン] 名 壬辰^{じんしん}倭乱^{らん}(豊臣秀吉が1592年に起こした朝鮮侵略戦争の呼称; 文禄^{ぶんろく}・慶長の役).

임-하다[任―][iːmhada イームハダ] **1** 自 引き受けて自分の責任[任務]とする ¶부도 처리에 ~[pudo tʃʰɔːrie ~ プド チョーリエ ~] 不渡りの処置を引き受ける **2** 他 任ずる; 任命する ¶과장에 ~[kwadʒaŋe ~ クァジャンエ ~] 課長に任ずる.

임-하다[臨―][imhada イムハダ] 自 [여변] 臨む ① 面する; 目の前にする ¶바다에 임한 여관(旅館)[padae imhan njəgwan パダエ イムハン ニョグァン] 海に臨んだ[面している]宿 ② 出席する ¶개회식에 ~[kɛhweʃige ~ ケフェシゲ ~] 開会式に臨む[参席する] ③ ある場合にぶつかる ¶교섭에 ~[kjosəbe ~ キョソベ ~] 交渉に臨む[当たる] ④ (部下に)対する.

***입**[ip イプ] 名 ① 口 ¶~을 열다[(ip)-ul jəːlda (イ)ブル ヨールダ] 口を開く; 話をする / ~놀리다[(im) nollida (イム)ノルリダ] 無駄口をたたく; 口走る; 余計なことをしゃべる ② 口ぐせ; 言葉つき ¶~이 가볍다[(ib)i kabjəpt'a (イ)ビ カビョプタ] 口が軽い / ~이 무거운 사람[(ib)i mugoun saːram (イ)ビ ムゴウン サーラム] 口重な人 ③ 家族 ¶~을 덜다[(ib)ul təːlda (イ)ブル トールダ] 口を減らす ④ うわさ ¶남의 ~에 오르다[name (ib)e oruda ナメ (イ)ベ オルダ] 人の口にのぼる **입만 살다**[imman saːlda イムマン サールダ] 慣 ① 実践は伴わず口だけ巧みである ② 自分の身のほどもわきまえず食べ物に対してどうのこうのとさくさちをつける **입만 아프다**[imman apʰuda イムマン アプダ] 慣 口が痛いだけだ[口がすっぱくなるほど言ってもかいがない] **입에 거미줄 치다**[ibe kəmidʒul tʃʰida イベ コミジュル チダ] 口にクモの巣をかける[口が干上がる] **입에 맞다**[ibe mat'a イベ マッタ] 慣 (出された食べ物が)口に合う **입에 발린 소리**[ibe pallin sori イベ パルリン ソリ] 心にもないことを口先だけで適当にあしらうこと **입에 올리다**[ibe ollida イベ オルリダ] 慣 話題にする; うわさをする **입에 침이 마르다**[ibe tʃʰimi maruda イベ チミ マルダ] 慣 口にっばが乾く[口をきわめてほめちぎる] **입에 풀칠하다**[ibe pʰultʃʰirhada イベ プルチルハダ] 慣 口に糊りする[食べるだけで精一杯の乏しい生活をする] **입이 걸다**[ibi kəːlda イビ コールダ] 慣 ① 口さがない ② なんでもよく食べる **입이 더럽다[험하다]**[ibi təːrəpt'a(həːmhada) イビ トーロプタ[ホームハダ]] 慣 口汚い **입이 쓰다**[ibi s'uda イビッスダ] 慣 食欲がなくて味がまずい; (精神的に)苦しい.

입-가[ipk'a イプカ] 名 口もと; 口辺;

口のあたり ¶~에 미소를 띠다[~e misorɯl t'ida ~エ ミソルル ッティダ] 口もとに微笑を帯びる[浮かべる].

*입-가심 [ipk'aʃim イプカシム] 名 하자 口をすすぎ清めること; 口直し ¶과자로 ~하다[kwadʒaro ~hada クァジァロ ~ハダ] お菓子で口直しをする.

*입구 [入口][ipk'u イプク] 名 入り口 ¶~를 막다[~rɯl makt'a ~ルル マクタ] 入り口をふさぐ.

입국 [入國][ipk'uk イプクク] 名 하자 入国 ¶ — 관리 [(ipk'u) k'walli ~クァルリ] 入国管理 —사증 [s'atʃɯŋ サチュン] 名 入国の査証・ビザ(visa) =비자[pidʒa ビジャ].

입금[入金] [ipk'ɯm イプクム] 名 하자타 入金 ¶ — 전표 [~ tʃ'ɔnphjo ~ チョンピョ] 入金伝票.

입-길 [ipk'il イプキル] 名 口の端; 他人をけなすこと; 陰口をいうこと ¶남의 ~에 오르다[name (ipk'ir)e orɯda ナメ (イプキ)レ オルダ] 人の口の端にのぼる.

입-김 [ipk'im イプキム] 名 ① 口から出る息 ② 口から出る息の気; 息遣い ¶~이 거세다[~i kɔseda (イプキ)ミ コセダ] 息遣いが荒い ③ 影響力 ¶야당의 ~이 세다[ja:daŋe ~i se:da ヤーダンエ (イプキ)ミ セーダ] 野党の影響力が強い —을 넣다 [ɯl nɔ:tʰa (イプキ)ムル ノーッタ] 慣 影響力や圧力を加える.

입-내 [imnɛ イムネ] 名 ① 口から出る悪臭; 口臭 ¶~가 심하다[~ga ʃimhada ~ガ シームハダ] 口臭がひどい ② 口まね —(를) 내다 [(rɯl) nɛ:da (ルル) ネーダ] 慣 ものの口まねをする.

*입니까 [imnik'a イムニッカ] 語尾 …ですか; …でありますか ¶그것은 꽃~?[kɯgɔsɯn k'otʃʰ~ クゴスン ッコチム(ニッカ)] それは花ですか.

*입니다 [imnida イムニダ] 語尾 …です; …であります; …でございます ¶저는 학생~[tʃɔnɯn haks'eŋ~ チョヌン ハクセン~] 私は学生です.

*입다 [ipt'a イプタ] 他 ① 着る; 身につける; 身にまとう; 履く ¶양복을 ~[jaŋbogɯl ~ ヤンボグル ~] 洋服を着る / 나들이 옷을 ~[nadɯri osɯl ~ ナドゥリ オスル ~] 晴着をまとう / 바지를 ~[padʒirɯl ~ パジルル ~] ズボンを履く ②(損害・不利益・痛手・打撃・影響を)受ける; 被る; 負う ¶피해를 ~[pʰi:herɯl ~ ピーヘルル ~] 被害を受ける[被る] / 상처(傷處)를 ~[saŋtʃʰorɯl ~ サンチョルル ~] 痛手を負う ③ (恩恵を)受ける ¶은혜(恩惠)를 ~ [ɯnherɯl ~ ウンヘルル ~] 恩を着る[受ける]; 恩恵に浴する ④ (喪に)服する ¶상을 ~ [saŋɯl ~ サンウル ~] 喪に服する.

입-다물다 [ipt'amulda イプタムルダ] 自 口をつぐむ; 黙っている ¶입 다물고 있어 [ip t'amulgo is'ɔ イプ タムルゴ イッソ] 黙っていろ.

입-다짐 [ipt'adʒim イプタジム] 名 하자타 言葉で確かめること.

입-담 [ipt'am イプタム] 名 話しぶり; 話術; 口才 ¶~이 좋다[~i tʃo:tʰa (イプタ)ミ チョーッタ] 弁説が巧みだ.

입-덧 [ipt'ɔt イプトッ] 名 つわり; 悪阻 ¶~이 나기 시작하다[(ipt'ɔʃ)i nagi ʃi:dʒakhada (イプト)シ ナギ シージャクカダ] つわりが始まる —나다 [(ipt'ɔn)nada (イプトン)ナダ] 自 つわりが起こる.

입디까 [ipt'ik'a イプティッカ] 語尾 …でしたか; (だった)ですか ¶무슨 사연(事緣)~?[musɯn sa:jɔn~ ムスン サーヨン(ニプティッカ)] どういう事情でしたか.

입디다 [ipt'ida イプティダ] 語尾 …でした; …でありました ¶좋은 영화~ [tʃo:ɯn njɔŋhwa~ チョーウン ニョンファ~] いい映画でした.

입력 [入力] [imnjok イムニョク] 名 하자타 入力; インプット.

입-막음 [immagɯm イムマグム] 名 하자 口止め; 口固め ¶~으로 돈을 주다[~ɯro to:nɯl tʃuda (イムマグ)ムロ トーヌル チュダ] 口止めに金をやる.

*입-맛 [immat イムマッ] 名 食欲; 口当たり —다시다 [t'aʃida タシダ] 慣 舌なめずりをする; 何かを欲する ¶~-다시며 밥을 먹다[~-t'aʃimj͡ɔ pabɯl mɔkt'a ~~タシミョ パブルモクタ] 舌鼓を打ちながらご飯を食べる / ~-다시며 답답해 하다[~-t'aʃimjɔ tapt'apʰehada タシミョ タプタプペハダ] 舌打ちしながらじれったがる —당기다 [t'aŋgida タンギダ] 慣 ① 食べたくなる; 食が進む ② 興味がわく; 欲が出る ¶~-당기는 일[~-t'aŋginɯn ni:l ~-タンギヌン ニール] 食指が動く事業

─대로 하다 [t'ɛro hada テロ ハダ] 慣 自分の好きなようにする. **─돋우다** [t'oduda トドゥダ] 慣 食欲をそそる. **─돌다** [t'olda トルダ] 慣 食欲が出る. **─떨어지다** [t'ərodʑida トロジダ] 慣 ① 食欲がなくなる ② 興味がなくなる. **─쓰다** [s'uda スダ] 慣 物事の後味が悪い; (思いとおりにならずに) 苦々しい.

입-맞추다 [immatʃʰuda イムマッチュダ] 他 口づける; 接吻する; キスする ¶ 강제(强制)로 ~ [ka:ŋdʑero ~ カーンジェロ ~] 唇を盗む.

입-맞춤 [immatʃʰum イムマッチュム] 名 하自 口づけ; キス.

입-매 [immɛ イムメ]・**입-맵시** [immɛpʃ'i イムメプシ] 名 (きれいな) 口もと; 口つき ¶ ~가 고운 처녀(處女) [~ga ko:un tʃʰɔ:njɔ ~ガ コーウン チョーニョ] 口もとのかわいい娘.

입문 [入門] [immun イムムン] 名 하自 入門 ¶ ~서 [~sɔ ~ソ] 入門書.

입-바르다 [ip'aruda イパルダ] 形 三変 言うことが正しい [まっとうすぎる]; 正しいことをよく言う; 直言する ¶ 입바른 소리를 하다 [ip'arun sorirul hada イパルン ソリルル ハダ] 歯にきぬを着せねずに言う.

입방아-찧다 [ip'aŋatʃ'itʰa イプパンアッチッタ] 自 盛んに無駄口をたたく; 口うるさく言う; あれこれしゃべる.

입-버릇 [ip'ərut イプボルッ] 名 口癖; 習慣になった口振り ¶ ~처럼 말하다 [(ip'ɔru) tʃʰɔrɔm ma:rhada ~チョロム マールハダ] 口癖のように言う.

입-벌리다 [ip'əllida イプボリダ] 自 ① 口をあける ② (何かをよこせと) 請う; 要求する ③ ひどく驚いた仕草をする.

입법 [立法] [ip'ɔp イプポプ] 名 하自 立法 **─권** [k'wən クォン] 名 立法権 **─부** [(ip'o)p'u プ] 名 立法府 [国会].

입북 [入北] [ip'uk イプブク] 名 하自 韓国から共和国に入る.

입-빠르다 [ip'aruda イパルダ] 形 三変 口軽い; おしゃべりだ ¶ 너무 입빨라서 곤란하다 [nɔmu ip'allasɔ ko:llanhada ノム イパラソ コールランハダ] あまり口軽で困る.

입사 [入社] [ips'a イプサ] 名 하自 入社.

입산 [入山] [ips'an イプサン] 名 하自 入山 ¶ ~ 금지 [~ gɯ:mdʑi ~ グームジ] 入山禁止; 山止め.

입선 [入選] [ips'ɔn イプソン] 名 하自 入選 ¶ ~작 [~dʑak ~ジャク] 入選作.

입속-말 [ips'oŋmal イプソンマル] 名 ぶやき; ひとり言 ¶ ~로 투덜거리다 [~ro tʰudəlgorida ~ロ トゥドルゴリダ] ぶつぶつ言う; ぶつくさ不平を言う.

***입수-하다** [入手─] [ips'uhada イプスハダ] 自他 入手する; 手に入れる ¶ 귀중한 정보를 ~ [kwi:dʑuŋhan tʃɔŋborul ~ クィージュンハン チョンボルル ~] 貴重な情報を手に入れる.

***입술** [ips'ul イプスル] 名 くちびる; 口唇 ¶ 아랫 ~ [arɛn (nips'ul) アレン (ニアスル)] 下くちびる **─연지** (臙脂) [(j)ɔndʑi リョンジ] 名 口紅; ルージュ; リップスティック ¶ ~를 바르다 [~rul paruda ~ルル パルダ] 口紅を差す **─을 깨물다** [(ips'ur)ul k'ɛmulda (イプス)ルルッケムルダ] 慣 (怒り・苦痛などをこらえるため, または固く決心するとき) 歯でくちびるをかむ.

입시 [入試] [ipʃ'i イプシ] 名 入試 = 입학 시험 (入學試驗) [ipʰak ʃihɔm イパクシホム] ¶ ~ 문제 [~ mu:ndʑe ~ ムーンジェ] 入試問題.

입신 [立身] [ipʃ'in イプシン] 名 立身 ¶ ~을 도모하다 [~ul k'wehada (イプシ) ヌル ックェハダ] 立身を図る **─출세** [tʃʰuls'e チュルセ] 名 하自 立身出世 **─하다** [hada ハダ] 自 立身する; 身を立てる.

입-심 [ip'im イプシム] 名 口が立つこと; 口の達者なこと ¶ ~이 좋다 [세다] [~i tʃo:tʰa [se:da] (イプシ) ミチョータ [セーダ]] 口達者である; 口が立って相手を言い負かす.

입-싸다 [ips'ada イプサダ] 形 口が軽い ¶ 입싼 여자 [ips'an njɔdʑa イプサン ニョジャ] 口の軽い女性.

입-쌀 [i:ps'al イープサル] 名 白米; 粳米 ¶ ~밥 [~bap ~バプ] 生飯 / ~밥에 고깃국 [~babe kogitk'uk ~バベ コギックク] 白いご飯に肉のスープ; ごちそうのたとえ.

입-씨름 [ips'irum イプシルム] 名 하自 ① 言い争い; 押し問答 ¶ 결말없는 ~ [kjəlmarəmnɯn ~ キョルマロムヌン ~] 水掛け論; 押し問答ばかりでけりがつかないこと ② (説得や説明のため) 口がすっぱくなるまで話し合うこと; 口利き ¶ ~ 끝에 납득시켰다 [~ k'ɯtʰe naptʼukʃ'ikʰjɔt'a ~ ックテ ナプ

トゥクシキョッタ] 口がすっぱくなるほど言って(やっと)納得させた.

입-씻기다[ipʃ'ik'ida イプシッキダ] 他 口止めをさせる; 口止め料をやる.

입-씻다[ipʃ'it'a イプシッタ] 自 ① 口をぬぐう; 口をすすぐ ② 利益などを独り占めして知らぬふりをする; ちょろまかす.

입-아귀[ibagwi イバグィ] 名 口角; 口の両角.

입양[入養][ibjaŋ イビャン] 名 하다 〈法〉養子縁組.

***입원**[入院][ibwon イブォン] 名 하다自 入院 ¶～ 환자[～ hwa:ndʒa ～ ファーンジャ] 入院患者.

입장[入場][iptʃaŋ イプチャン] 名 하다自 入場 ¶～ 금지[～ guɯm:dʒi ～ グームジ] 入場禁止 **—권**[k'wɔn クォン] 名 入場券 **—료**[njo ニョ] 名 入場料; 木戸銭 **—식**[ʃik シク] 名 入場式.

***입장**[立場][iptʃaŋ イプチャン] 名 立場; 立つ瀬; =처지(處地)[tʃʰo:dʒi チョージ] ¶～이 난처(難處)하다[～ina:ntʃʰohada ～イナーンチョハダ] 立つ瀬がない; 立場が苦しい. 「居.

입주[入住][ipt'u イプチュ] 名 하다自 入

입증[入證][iptʃuɯŋ イプチュン] 名 하다他 立証 ¶무죄의 ～[mudʒwee ～ ムジュェエ ～] 無罪の立証.

입-질[iptʃ'il イプチル] 名 (釣りで)当たり; 魚信 ¶～이 없다[(iptʃ'ir)i ɔ:pt'a (イプチ)リ オープタ] 当たりがない **—하다**[(iptʃ'ir) hada イプチルハダ] 自 当たりがある.

입-짧다[iptʃ'alt'a イプチャルタ] 形 小食[偏食]する癖がある.

입찰[入札][iptʃʰal イプチャル] 名 하다他 入札 ¶지명 ～[tʃimjɔŋ ～ チミョン ～] 指名入札 **—공고**[gongo ゴンゴ] 名 入札の公告.

입체[立體][iptʃʰe イプチェ] 名 立体 ¶～ 음악[～ ɯmak ～ ウマク] 立体音楽; サウンドミュージック **—교차(로)**(交叉(路))[gjotʃʰa (ro) ギョチャ(ロ)] 名 立体交差(インターチェンジ(IC)).

입체-하다[立替—][iptʃʰehada イプチェハダ] 他 立て替える ¶대금을 ～[tɛ:gɯmɯl ～ テーグムル ～] 代金を立て替える.

입추[立錐][iptʃʰu イプチュ] 名 하다自 立錐 ¶～의 여지도 없다[～e jɔdʒido ɔ:pt'a ～エ ヨジド オープタ] 立錐の余地もない.

***입학**[入學][ipʰak イプハク] 名 하다自 入学 **—식**[ʃik シク] 名 入学式 **—시험**[ʃihɔm シホム] 名 入学試験 **—원서**[(ipʰag) wɔ:nsɔ (イプハ)グォーンソ] 名 入学願書.

입항[入港][ipʰaŋ イプパン] 名 하다自 入港 ¶～ 한 배[～han pɛ ～ ハン ペ] 入り船[入港した船].

입회[入會][ipʰwe イプフェ] 名 하다自 入会 ¶～금[～gɯm ～グム] 入会金.

입회[立會][ipʰwe イプフェ] 名 立ち会い **—하다**[hada ハダ] 自 立ち会う ¶참고인으로 ～[tʃʰamgoinɯro ～ チャムゴイヌロ ～] 参考人として立ち会う **—인**[in イン] 名 立ち会い人.

입-후보[立候補][ipʰubo イプフボ] 名 하다自 ¶국회 의원에 ～하다[kukʰwe ɯiwɔne ～hada ククフェ ウィウォネ ～ハダ] 国会議員に立候補する.

***입히다**[ipʰida イピダ] **1** 他 '입다'의 使役形 ① (服を)着せる; まとわせる ¶인형에게 옷을 ～[inhjɔŋege osɯl ～ インヒョンエゲ オスル ～] 人形に服を着せる ② (被害などを)与[加]える; 被らせる; 負わせる ¶상해를 ～[saŋhɛrɯl ～ サンヘルル ～] 傷害を加える **2** 他 ① 塗りつける ¶도금(鍍金)을 ～[to:gɯmɯl ～ トーグムル ～] メッキを掛ける ② 覆う; かぶせる ¶잔디를 ～[tʃandirɯl ～ チャンディルル ～] 芝生を敷く; 芝を植える.

잇¹[it イッ] 名 (寝具などの)覆い; カバー ¶이불～[ibul(lit) イブル(リッ)] 布団のカバー / 베갯～[pegɛn(nit) ペゲン(ニッ)] 枕ばく当て.

잇²[it イッ]・**잇꽃**[ik'ot イッコッ] 〈植〉ベニバナ(紅花).

***잇다**[i:t'a イータ] 他 人変 ① 結ぶ; つなぐ ¶실을 ～[ʃi:rɯl ～ シールル ～] 糸をつなぐ ② 継ぐ ¶가업을 ～[kaɔbɯl ～ カオブル ～] 家業を継ぐ.

잇-달다[it'alda イータルタ] 自他 ㄹ語幹 相次ぐ; 引き続く; 次から次へと続いて起こる ¶고기를 잇달아 잡다[kogirɯl it'ara tʃapt'a コギルル イッタラ チャプタ] 次々と魚を取る.

잇-닿다[i:t'atʰa イータッタ] 自 つながり接する; 連なる; 後へ続く ¶대모 행렬이 ～[dɛmo hɛŋnjɔri ～ テモ ヘンニョリ ～] デモの行列がつづく / 처마가 잇닿은 집[tʃʰomaga i:t'aɯn

잇 대다 チプ チョマガ イータウン チプ] 軒続きの家.

잇-대다 [iːt'ɛda イーッテダ] 他 つなぎ合わせる; 綴る; くっつける ¶ 책상과 책상을 잇대어 쓰다 [tʃʰɛks'aŋgwa tʃʰɛks'aŋɯl iːt'ɛɔ s'ɯda チェクサングァ チェクサンウル イーッテオ ッスダ] 机と机をくっつけて使用する.

잇-따르다 [iːt'aruda イーッタルダ] 自 相次ぐ; (引き)続く ¶ 불행이 ~ [purhɛŋi ~ プルヘンイ ~] 不幸が続く / 잇따라 쓰러지다 [iːt'ara s'ɯrɔdʒida イーッタラ ッスロジダ] 相次いで倒れる.

잇-몸 [inmom インモム] 名 歯茎; 歯肉.

잇-속 [利一] [iːs'ok イーッソク] 名 実利; 打算 ¶ 아무 ~도 없다 [aːmu ~t'o ɔːpt'a アームート オープタ] なんの実利もない / ~있는 장사꾼 [(iːs'og)innɯn tʃaŋsak'un (イーッソ)ギンヌン チャンサックン] 打算で働く商売の上手な人.

잇-자국 [itʃ'aguk イッチャグク] 名 歯形 ¶ ~이 났다 [(itʃ'agug)i nat'a (イッチャグ)ギ ナッタ] 歯形(の跡)が残った[ついた].

＊**있다**[1] [it'a イッタ] 1 存 ある; いる ① 存在する ¶ 산도 있고 물도 ~ [sando itk'o muldo ~ サンド イッコ ムルド ~] 山もあり川もある ② 生存する ¶ 살아 ~ [sara ~ サラ ~] 生きている ③ 持っている ¶ 있는 자와 없는 자 [innɯn tʃawa ɔːmnɯn tʃa インヌン チャワ オームヌン チャ] 持てる者と持たない者 ④ 占めている ¶ 과장 자리에 ~ [kwadʒaŋ tʃarie ~ クァジャン チャリエ ~] 課長の席にいる ⑤ できる('ㄹ[을] 수 있다'[l[ɯl] s'u it'a ル[ウル] ッス イッタ]の形で) ¶ 나도 해낼 수 ~ [nado hɛːnɛl s'u ~ ナド ヘーネル ッス ~] 私にもできる 2 存 ある; いる ¶ 신은 ~ [ʃinun ~ シヌン ~] 神は存在する / 뱃속에 아이가 ~ [pɛs'oge aiga ~ ペッソゲ アイガ ~] 身ごもっている.

＊**있다**[2] [it'a イッタ] 1 補存 …ている ¶ 울고 ~ [uːlgo ~ ウールゴ ~] 泣いている / 걷고 ~ [kɔːtk'o ~ コーッコ ~] 歩いている 2 補存 …ている ¶ 꽃이 피어 ~ [k'otʃʰi pʰi ~ ッコチ ピオ ~] 花が咲いている 3 接尾 (名詞・副詞に付いて存在詞をつくる) ¶ 맛~ [maʃ~

(マ)シッタ] おいしい / 가만~ [kaman ~ カマン(ニッタ)] じっとしている.

-있어-하다 [is'ɔhada イッソハダ] 接尾 …がる ¶ 재미~ [tʃɛmi~ チェミ~] 面白がる.

잉꼬 [iŋk'o インッコ] 名 〈鳥〉インコ.

＊**잉어** [iːŋɔ イーンオ] 名 〈魚〉コイ(鯉).

잉여 [iːŋjɔ イーンヨ] 名 剰余; 余り ¶ ~금 [~gum ~グム] 剰余金.

＊**잉크** [iŋkʰu インク] 名 インク.

잉태 [孕胎] [iːŋtʰɛ イーンテ] 名 他自他 懷妊; 妊娠; 子[物事]を孕む[育はぐくむ]こと.

＊**잊다** [it'a イッタ] 他 忘れる ① 記憶がなくなる ¶ 은혜(恩惠)를 ~ [unherul ~ ウンヘルル ~] 恩を忘れる ② うっかりして気がつかない ¶ 늙음을 ~ [nulgumul ~ ヌルグムル ~] 老いを忘れる ③ あきらめる; 思い切る ¶ 시름을 ~ [ʃirumul ~ シルムル ~] 憂いを忘れる.

＊**잊어-버리다** [idʒɔbɔrida イジョボリダ] 他 すっかり忘れてしまう ¶ 그 일은 이제 ~-버려라 [kɯ iːrun idʒe ~-bɔrjɔra ク イールン イジェ ~-ボリョラ] そのことはもう忘れてしまえよ.

잊히다 [itʰida イッチダ] 自 ① 忘れられる = **잊혀지다** [itʰjɔdʒida イッチョジダ] ='잊다'の受動 ¶ 때가 지나면 잊혀지겠지 [t'ɛga tʃinamjɔn itʰɔdʒigetʃ'i イッチョジゲッチ] 時が過ぎれば忘れるだろう ② 思い出せない ¶ 잊혀지지 않는 추억(追憶) [itʃʰɔdʒidʒi annun tʃʰuɔk イッチョジジ アンヌン チュオク] 忘れられぬ思い出 / 지금도 잊히지 않는다 [tʃigumdo itʃʰidʒi annunda チグムド イッチジ アンヌンダ] 今も忘れられない.

＊**잎** [ip イプ] 名 〈植〉葉; 葉っぱ ¶ 푸른 ~ [pʰurun (nip) プルン(ニプ)] 青葉.

잎-담배 [ipt'ambɛ イプタムベ] 名 葉タバコ = 엽(연)초(葉(煙)草) [jɔptʃʰo][jɔptʃʰo] ヨビョンチョ[ヨプチョ].

잎-사귀 [ips'agwi イプサグィ] 名 葉; 葉っぱ; 個々の葉 ¶ ~에 맺힌 이슬 [~e mɛtʃʰin nisul ~エ メッチン ニスル] 葉に宿る露.

잎새 [ips'ɛ イプセ] 名 〈植〉葉; 葉身.

잎잎-이 [imniphi イムニピ] 副 葉ごとに = **잎마다** [immada イムマダ] ¶ ~ 붉게 물들다 [~ pulk'e muldulda ~ プルケ ムルドゥルダ] 葉ごとに赤く染まる.

ス

자¹ [tʃa チャ] **1** (名) 物差し; 定規 ¶삼각~ [samgak (tʃ'a) サムガク~] 三角定規 **2** (依名) 尺; 長さの単位 ¶1~2치 [han (dʒa) tuːtʃʰi ハン(ジャ) トゥーチ] 1尺2寸.

자² [tʃaː チャー] (感) さあ; さて; まあ; それ ¶~, 들어와 [~, turɔwa ~, トゥロワ] さあ、お入り/~, 슬슬 가볼까 [~, suːlsul kabolk'a ~, スールスル カ ボルッカ] さて、そろそろ帰ろうか[行こうか]/~, 한 잔 [~, han dʒan ~, ハン ジャン] まあ、1杯/~, 던진다 [~, tɔndʒinda ~, トンジンダ] それ、投げるぞ.

자³ [dʒa ジャ] (助) …であると共に; …であり, また ¶권리~ 의무다 [kwɔlli~ wimuda クォルリ~ ウィムダ] 権利でもあり、また義務でもある.

*자[者] [tʃa チャ] **1** (依名) 者; 人; やつ ¶저 ~ [tʃɔ (dʒa) チョ (ジャ)] あいつ/약한 ~ [jakʰan ~ ヤクハン ~] 弱い者 **2** (接尾) …者 ¶노동~ [nodoŋ (dʒa) ノドン(ジャ)] 労働者.

-자 [dʒa ジャ] (語尾) ① …しよう ¶공부하~ [koŋbuha~ コンブハ~] 勉強しよう/빨리 가~ [p'alli ka~ ッパルリ カ~] 早く行こう ② …しようと ¶버리~니 아깝다 [pɔri~ni ak'apt'a ポリ~ニ アッカプタ] 捨てようとすれば惜しい ③ …するやいなや; …するとすぐ ¶비가 그치~ [piga kuttʃʰi~ ピガ クチ~] 雨がやむやすぐ(日が出た).

자가[自家] [tʃaga チャガ] (名) 自家 **—용** [joŋ ヨン] (名) 自家用 ¶~족 [~dʒok ~ジョク] マイカー族/~차 [tʃʰa チャ] 自家用車. (俗) 白ナンバー.

*자각-하다[自覚—] [tʃagakʰada チャガクカダ] (他) 自覚する; 目覚める ¶이성을 ~ [iːsɔŋul ~ イーソンウル ~] 理性に目覚める.

자갈 [tʃagal チャガル] (名) 砂利; 小石; さざれ石 ¶~을 깔다 [(tʃ'agar)ul k'alda (チャガ)ルル ッカルダ] 砂利を敷く **—길** [k'il キル] (名) 砂利道 **—밭** [bat バッ] (名) 小石の多い土地; 砂礫地.

자개 [tʃagɛ チャゲ] (名) 青貝; 螺鈿に使われる夜光貝 **—그릇** [ɯrɯt グルッ] (名) 螺鈿飾りの器 **—농**(籠) [noŋ ノン]・**—장롱**(欌籠) [dʒaːŋnoŋ ジャーンノン] (名) 螺鈿飾りのたんす **—단추** [dantʃʰu ダンチュ] (名) 青貝のボタン.

-자거나 [dʒagɔna ジャゴナ] (語尾) …しようというか; …しようといったり ¶같이 가~…[katʃʰi ka~ カチ カ~] 一緒に行こうとか(言っても決して聞くな).

-자거든 [dʒagɔdɯn ジャゴドゥン] (語尾) …しようというならば ¶같이 가~… [katʃʰi ka~ カチ カ~] 一緒に行こうといったら(行くと言いなさい).

*자격[資格] [tʃagjok チャギョク] (名) 資格 ¶~시험 [~ ʃʰihɔm ~シホム] 資格試験 **—증** [tʃ'ɯŋ チュン] (名) 資格証.

자격지-심[自激之心] [tʃagjŏktʃʰiʃim チャギョクチシム] (名) 自責の念; 自分のなしたことを自ら不満に思う心 ¶그것은 그 ~에서 나온 말이다 [kugɔsun kwe ~esɔ naon maːrida クゴスン グエ ~ー(チ)シメソ ナオン マーリダ] それは彼の自責の念から出た言葉だ.

-자고 [dʒago ジャゴ] (語尾) …しようと; …しようといって・てば ¶함께 가~(…) [hamk'e ka~ ハムッケ カ~] 一緒に行こうと…; 一緒に行こうって; 一緒に行こうよ.

*자국 [tʃaguk チャグク] (名) 跡・痕; 跡形; 痕跡 ¶발~ [pal (tʃ'aguk) パル~] 足跡/손톱 ~ [sontʰop (tʃ'aguk) ソントプ ~] 爪痕 **—나다** [(tʃagun) -nada (チャグン)ナダ] (自) 跡形がつく[できる・残る] ¶발~이 나다 [pal- (tʃ'agug)i nada パル(チャグ)ギ ナダ] 足跡がつく.

자귀 [tʃagwi チャグィ] (名) 手斧.

자귀-나무 [tʃagwinamu チャグィナム] (名) 〈植〉ネムノキ(合歓木).

자규[子規] [tʃagju チャグュ] (名) 〈鳥〉ホトトギス; 子規; = 두견(杜鵑)(の) [tugjɔn (i) トゥギョン[トゥギョニ]].

자그마치 [tʃagɯmatʃʰi チャグマチ] (副) ① わずか(ばかり); 少し(だけ) ¶술 좀 ~ 마셔라 [sul dʒom ~ maʃora スル ジョム ~マショラ] 酒は少しだけに

しておけ ② (反語的に)少しどころか;ほんの…ほど ¶~ 万名이나 모였다더군 [~ ma:n mjəŋina mojɔtʰadəgun ~ マーン ミョンイナ モヨッタドグン] ほんの1万人ほど集まったってよ.

*자그마-하다 [tʃagɯmahada チャグマハダ] 形 [여변]・자그맣다 [tʃagɯmatʰa チャグマッタ] 形 [ㅎ변] 小さい; 小ぶりだ; 小さめだ ¶~한 그릇[~han kɯrɯt ~ハン クルッ] 小ぶりの器 / ~하게 자르다 [~hage tʃarɯda ~ハゲ チルダ] 小さめに切る / 키가 ~[kʰiga ~ キガ ~] 背がやや低い.

*자극 [刺戟] [tʃa:gɯk チャーグク] 名 [하他] 刺激 —성 [제] [s'əŋ[tʃ'e] ソン[チェ]] 名 刺激性[剤].

*자금 [資金] [tʃagɯm チャグム] 名 資金; 元手; 資本金 ¶사업 ~[sa:əp (tʃ'agɯm) サーオプ ~] 事業資金.

자급 [自給] [tʃagɯp チャグプ] 名 [하他] 自給 ¶식량을 ~하다 [ʃiŋnjaŋɯl (tʃagɯ)pʰada シンニャンウル ~パダ] 食糧を自給する —자족 [tʃ'adʒok チャジョク] 名 [하自] 自給自足.

자기 [瓷器・磁器] [tʃa:gi チャーギ] 名 磁器.

*자기 [自己] [tʃagi チャギ] 名 代 自己; 自分; 俗 (恋人・夫婦の間に)あなた ¶~소개 [~ soge ~ソゲ] 自己紹介 / ~자신 [~ dʒaʃin ~ ジャシン] 自分自身 —감정 [ga:mdʒəŋ ガームジョン] 名 自己感情 —과시 (誇示) [gwa:ʃi グァーシ] 名 [하他] 自己顕示 —기만 [giman ギマン] 名 自己欺瞞 —류 [rju リュ] 名 自己流 ¶~의 화법 [~e hwa:p'əp ~エファーポプ] 自己流の画法 —만족 [mandʒok マンジョク] 名 [하自] 自己満足 —모순 [mosun モスン] 名 自己矛盾; 自己撞着 —변호 [bjə:nho ビョーンホ] 名 自己弁護 ¶그의 ~에는 질렸다 [kɯe ~enɯn tʃilljət'a クエ ~エヌン チルリョッタ] 彼の自己弁護には飽き飽きした —보존 [bo:dʒon ボージョン] 名 自己保存 ¶~의 본능 [~e ponnɯŋ ~ (ボージョ)ネ ポンヌン] 自己保存の本能 —본위 [bonwi ボヌィ] 名 自己本位 ¶~인 사람 [~in sa:ram ~イン サーラム] 自己本位の人 —비판 [bi:pʰan ビーパン] 名 自己批判; 反省 —암시 [a:mʃi アームシ] 名 自己暗示 —자본 [dʒabon ジャボン] 名 自己資本 —중심 [dʒuŋʃim ジュンシム] 名 自己中心 ¶~주의 [~dʒui ~ジュイ] 自己中心主義; エゴキ[ティ]ズム (egotism) —편(便) [pʰjən ピョン] 名 味方 —평가 [pʰjəːŋk'a ピョーンカ] 名 自己評価 —표현 [pʰjohjən ピョヒョン] 名 自己表現 —혐오 [hjəmo ヒョモ] 名 自己嫌悪 ¶~에 빠지다 [~e p'a:dʒida ~エッパジダ] 自己嫌悪に陥る —희생 [hisɛŋ ヒセン] 名 自己犠牲.

***자꾸** (-만) [tʃak'u(man) チャック(マン)] 副 しきりに; ひっきりなしに; やたらに ¶아이들이 ~ 운다 [aidɯri ~ u:nda アイドゥリ ~ ウーンダ] 子供たちがしきりに泣く.

-**자꾸나** [dʒak'una ジャックナ] 語尾 …う(よ); …よう(よ) ¶보~[po~ ポ~] 見よう(よ) / 자, 가~[tʃa: ka ~ チャー、カ~] さあ, 行こう(よ).

자나-깨나 [tʃanak'ɛna チャナッケナ] 副 寝ても覚めても; いつも ¶~ 불조심 (操心) [~ puldʒoʃim ~ プルジョシム] 寝ても覚めても[いつも]火の用心.

***자네** [tʃane チャネ] 代 君; お前(同輩・目下に対する呼称) ¶~ 집 [~ dʒip ~ ジプ] 君の家.

***자녀** [子女] [tʃanjə チャニョ] 名 子女; 子供; 息子と娘 ¶~ 교육 [~ gjo:juk ~ ギョーユク] 子女教育.

***자다** [tʃada チャダ] 自 ① 眠る; 寝る ¶낮잠을 ~ [natʃ'amɯl ~ ナッチャムル ~] 昼寝をする / 잘 자요 [tʃal dʒajo チャル ジャヨ] お休みなさい ② (動いていたものが)動かない; 止む; なぐ; 定まる; 死ぬ ¶바람이 ~ [parami ~ パラミ ~] 風が止む [定まる・なぐ].

자당 [慈堂] [tʃadaŋ チャダン] 名 母堂; 母御; 母君; 他人の母に対する敬称.

***자동** [自動] [tʃadoŋ チャドン] 名 自動 —감지기 [ga:mdʒigi ガームジギ] 名 自動感知機; オートマチックセンサー (automatic sensor) —개찰기 [gɛːtʃʰalgi ゲーチャルギ] 名 自動改札機 —노출 [notʃʰul ノチュル] 名 自動露出 —문(門) [mun ムン] 名 自動ドア —식 [ʃik シク] 名 自動式; オートマチック —적 [dʒək ジョク] 名 自動的; オートマチック —제어 [dʒeːə ジェーオ] 自 自動制御; オートメーション (automation) —판매기 [pʰanmɛgi パンメギ] 名 自動販売機; 自販機 —화 [hwa ファ] 名 自動化; オート

자-동사[自動詞][tʃadoŋsa チャドンサ] 名〈語〉自動詞.

***자동-차**[自動車][tʃadoŋtʃʰa チャドンチャ] 名 自動車; 車 **—보험**[bohɔm ボホム] 名 自動車保険 **—사고**[sa:go サーゴ] 名 自動車事故 **—운전 면허**[u:ndʒɔn mjɔnhɔ ウンジョンミョーンホ] 名 自動車運転免許; ライセンス (license) **—전용 도로**[dʒɔnjoŋdo:ro ジョーニョンドーロ] 自動車専用道路.

자두[tʃadu チャドゥ] 名 スモモ(李)(の実) = **자도**(紫桃)[tʃado チャド].

자디-잘다[tʃadidʒalda チャディジャルダ] 形 非常に小さい[細かい] ¶ ~-잔 조각[~-dʒan tʃoge ~-ジャン チョゲ] 非常に小さい粒. 「泥亀裂・鋼亀裂.

자라[tʃara チャラ] 名〈動〉スッポン;

***자라-나다**[tʃaranada チャラナダ] 自 育つ; 成長[生長]する; 伸びる ¶ 서울에서 ~-났다[sɔuresɔ ~-nat'a ソウレソ ~-ナッタ] ソウルで育った / 가지가 ~[kadʒiga ~ カジガ ~] 枝が伸びる.

***자라다**[tʃarada チャラダ] 自 ① 育つ; 成長する ¶ 사랑을 받고 ~[saraŋul patk'o ~ サラヌル パッコ ~] 慈しみの中に育つ / 모가 ~ [moga ~ モガ ~] 苗が育つ ② 発展する ¶ 선진국으로 ~[sɔndʒinguguro ~ ソンジングクロ ~] 先進国に発展する ③ 伸びる; 長くなる ¶ 손톱이 ~[sontʰobi ~ ソントビ ~] 爪が伸びる.

자라다[tʃarada チャラダ]² **1** 形 足りる; 不足しない ¶ 만원만 있으면 자랍니다[ma:nwɔnman is'ɯmjɔn tʃaramnida マーヌォンマン イッスミョン チャラムニダ] 1万ウォンもあれば足ります **2** 自 (標準に)達する; 届く; 及ぶ ¶ 손이 자라는 곳에[soni tʃaranun kose ソニ チャラヌン コセ] 手の届く所に / 힘이 자라는 데까지[himi tʃaranun dek'adʒi ヒミ チャラヌン デッカジ] 力の及ぶ限り.

자락[tʃarak チャラク] 名 (衣服などの)裾 ¶ 옷~[o(tʃ'arak) オッ~] 衣服の裾.

***자랑**[tʃaraŋ チャラン] 名 自慢; 誇り; 誉れ ¶ 노래 ~[nore (dʒaraŋ)] ノレ (ジャラン)] のど自慢 / 우리 학교의 ~[uri hak'joe ~ ウリハッキョエ ~] 我が校の[当校の]誇り[誉れ] **—하다** [hada ハダ] 他 誇る; 自慢する **—스럽다**[surɔpt'a スロプタ] 形 ㅂ変 誇らしい; 誇らかだ ¶ ~-스러운 얼굴[~-surɔun ɔlgul ~-スロウン オルグル] 誇らかな顔 **—삼다**[samt'a サムタ] 他 自慢の種にする; 誇りとする ¶ 자기 출신 학교를 자랑으로 삼다 [tʃagi tʃʰulʃin hak'jorul tʃaraŋuro sa:mt'a チャギ チュルシン ハクキョルル チャランウロ サームタ] 自分の出身校を誇りとする **—거리**[k'ɔri ッコリ] 名 自慢の種; 自慢するに足る事柄.

자력[自力][tʃarjɔk チャリョク] 名 自力 **—갱생**[(tʃarjo)k'ɛŋsɛŋ ケーンセン] 名 解 自力更生.

자력[資力][tʃarjɔk チャリョク] 名 資力; 財力 ¶ ~-이 딸린다[(tʃarjɔg)i t'allinda (チャリョ)ギ ッタルリンダ] 資力が乏しい.

***자료**[資料][tʃarjo チャリョ] 名 資料; たね; データ(data) ¶ ~ 수집[~ sudʒip ~ スジプ] 資料収集.

자루[tʃaru チャル] 名 依名 (布)袋 ¶ 쌀~[s'al(tʃ'aru) ッサル~] 米袋.

***자루²**[tʃaru チャル] **1** 名 柄; 取っ手 ¶ 도끼 ~[to:k'i (dʒaru) トーッキ(ジャル)] 斧斧の柄 **2** 依名 棒状の長目のもの[刀剣・銃・鉛筆など]を数える単位 ¶ 연필 1~[jɔnpʰil han (dʒaru) ヨンピル ハン(ジャル)] 鉛筆1本.

***자르다**[tʃaruda チャルダ] 他 三変 ① (物を)切る; 断つ; 裁つ ¶ 둘로 ~[tu:llo ~ トゥールロ ~] 2つに切る ② 解雇する ¶ 사원의 목을 ~[sawɔne mogul ~ サウォネ モグル ~] 社員を解雇する ③ 固く断わる ¶ 그의 부탁(付託)을 한마디로 ~[kɯe pu:tʰagɯl hanmadiro ~ クエ プータグル ハンマディロ ~] 彼の頼みを一言で断わる.

***자리¹**[tʃari チャリ] 名 ① 席; 座席; 座 ¶ ~-를 뜨다[~rul t'uda ~ルル ットゥダ] 席[座]を離れる[はずす] ② 場(所); 位置 ¶ 경사(慶事)스러운 ~[kjɔ:ŋsasurɔun ~ キョーンサスロウン ~] 晴れの場(所) ③ 跡 ¶ 긁힌 ~[kulkʰin ~ クルキン ~] 引っかかれた跡 ④ 地位; 位; 口; いす; ポスト ¶ 부장 ~[pudʒaŋ (dʒari) プジャン (ジャリ)] 部長の地位 ⑤〈数〉数値の位取り; 桁位 位 ¶ 1,000의 ~[tʃʰɔne ~ チョネ ~] 1,000の位 **—가 나다** [ga nada ガ ナダ] 慣 ① 成果が表われる ¶ 노력한 ~[norjɔkhan ~ ノリョ

ｸカン ～] 努力した成果が表われる ② 席・ポストなどができる[空く] **―(를) 잡다** [(rɯl) dʒapt'a (ﾙﾙ) ジャプタ] 慣 ①席を取る ¶ 앞줄에 ～[aptʃ'ure ～ アプチュレ ～] 前列に席を取る ② (職場などに)落ち着く ¶ 교사(教師)로 ～[kjoːsaro ～ キョーサロ ～] 教員に落ち着く ③(考えが)頭に根づく **―(가) 잡히다** [(ga) dʒapʰida (ガ) ジャプピダ] 慣 ① (仕事が)上手になる; 慣れてくる ② (生活が)安定する; 落ち着く **―다툼** [datʰum ダトゥム] 名 하自 地位争い; 座席取りの争い **자릿-수** [tʃaris'u チャリッス] 名 数の桁数(けたすう); 位.

자리² [tʃari チャリ] 名 ① 敷き物; ござ; むしろ; 布団 ¶ ～를 깔다[～rɯl k'alda ～ﾙﾙ ッカルダ] 敷き物[ござ・むしろ・布団など]を敷く ② 寝床＝'잠자리' ¶ ～에 들다[～e tɯlda ～エ トゥルダ] 床につく **―옷** [ot オッ] 名 寝巻き.

자리공 [tʃarigoŋ チャリゴン] 名〈植〉ヤマゴボウ(山牛蒡).

자리-돔 [tʃaridom チャリドム] 名〈魚〉スズメダイ(雀鯛).

자립[自立] [tʃarip チャリプ] 名 自立; 独立; 独り立ち **―하다** [(tʃari) pʰada パダ] 自 自立する; 立つ ¶ 경제적으로 ～[kjɔŋdʒedʒɔgɯro ～ キョンジェジョグロ ～] 経済的に自立する.

자릿자릿-하다 [tʃaritʃ'aritʰada チャリッチャリッタダ] 形 ひどく痺(しび)れる; ぴりぴり[びりびり]する; (綱度りが)はらはらする ¶ 신경이 ～[ʃingjɔŋi ～ シンギョンイ ～] 神経がぴりぴりする.

*__-자-마자__ [dʒamadʒa ジャマジャ] 語尾 …やいなや; …なってすぐ; …なり ¶ 오～ 가 버렸다[o～ kabɔrjɔt'a オ～ カ ボリョッタ] 来るなり帰ってしまった.

*__자막__[字幕] [tʃamak チャマク] 名 (映画・テレビなどの)字幕; スーパー.

자만[自慢] [tʃaman チャマン] 名 하自 自慢; 自負 **―심** [ʃim シム] 名 自慢する心; 慢心; おごりたかぶる心.

*__자매__[姉妹] [tʃamɛ チャメ] 名 姉妹; 女兄弟 ¶ 형제 ～[hjɔŋdʒe (dʒamɛ) ヒェンジェ (ジャメ)] 兄弟姉妹 / ～품 [～pʰum ～プム] 姉妹品 **―결연**(結緣) [gjɔrjɔn ギョリョン] 名 姉妹の縁組み **―교** [gjo ギョ] 名 姉妹校 **―기관** [gigwan ギグァン] 名 姉妹の機関 **―도시** [doʃi ドシ] 名 姉妹都市 **―지**(紙) [dʒi ジ] 名 姉妹新聞 **―편** [pʰjɔn ピョン] 名 姉妹編.

-자면 [dʒamjɔn ジャミョン] 語尾 …しようとすれば; しようと言えば ¶ 함께 가～ 기뻐할 것입니다[hamk'e ka～ kip'ɔhal k'ɔʃimnida ハムッケ カ～ キッポハル コシムニダ] 一緒に行こうと言えば喜ぶでしょう.

자멸-하다[自滅―] [tʃamjɔrhada チャミョルハダ] 自 自滅する ¶ 실책으로 ～[ʃiltʃʰɛgɯro ～ シルチェグロ ～] 失策で自滅する.

자명-종[自鳴鐘] [tʃamjɔŋdʒɔŋ チャミョンジョン] 名 目覚まし時計.

자-목련[紫木蓮] [tʃaːmoŋnjɔn チャーモンニョン] 名〈植〉シモクレン(紫木蓮).

자못 [tʃamot チャモッ] 副 (思ったより)ずっと; いかにも; とても ¶ ～ 난처(難處)한 얼굴[(tʃamon) namtʃʰɔhan ɔlgul (チャモン) ナンチョハン オルグル] いかにも困った顔つき.

자문[諮問] [tʃaːmun チャームン] 名 하他 諮問 ¶ ～에 응하다[～e ɯːŋhada (チャーム)ネ ウーンハダ] 諮問に応じる **―기관** [gigwan ギグァン] 名 諮問機関.

자물-쇠 [tʃamuls'we チャムルスェ] 名 錠; 錠前 ¶ ～를 잠그다[～rɯl tʃamgɯda ～ﾙﾙ チャムグダ] 錠をかける.

자반[佐飯] [tʃaːban チャーバン] 名 塩引きの魚; 塩物 ¶ ～ 고등어[～ godɯŋɔ ～ ゴドゥンオ] 塩サバ.

자발[自發] [tʃabal チャバル] 名 自発 **―적** [tʃ'ɔk チョク] 名 自発的 ¶ ～인 학습 태도[～-(tʃ'ɔg) in haks'ɯp tʰɛːdo ～-(チョ) ギン ハクスプ テード] 自発的な学習態度.

자백-하다[自白―] [tʃabɛkʰada チャベクカダ] 他 自白する; 白状する; 自供する ¶범죄를 ～[pɔːmdʒwerɯl ～ ポームジュエルル ～] 犯罪を自白する.

*__자본__[資本] [tʃabon チャボン] 名 資本; 元手; 元金; ＝밑천 [mitʃʰɔn ミッチョン] **―가** [ga ガ] 名 資本家 **―거래**(去來) [gɔːrɛ ゴーレ] 名 資本取引 **―금** [gɯm グム] 名 資本金 **―시장** [ʃiːdʒaŋ シージャン] 名 資本市場 **―주의** [dʒui ジュイ] 名 資本主義.

자부[子婦] [tʃabu チャブ] 名 息子の妻; 嫁; ＝며느리 [mjɔnuri ミョヌリ].

자부-하다[自負―] [tʃabuhada チャブハダ] 自他 自負する **자부-심** [tʃa-

자비[自費] [tʃabi チャビ] 图 自費; 私費; 自前 **—出判**[tʃhulpʰan チュルパン] 图 自費出版.

자비[慈悲] [tʃabi チャビ] 图 [ㅅ形] 慈悲 ¶~를 베풀다[~rul pepʰulda ～ルル ペプルダ] 慈悲を施す[垂れる]; 恵みを施す **—로이**[roi ロイ] 副 あわれみをもって; 慈悲深く; 情け深く **—롭다**[ropt'a ロプタ] 形 [여変] 慈悲深い; 情け深い; 慈悲心がある **—심**[ʃim シム] 图 慈悲心; 情け ¶~이 많은 사람[~i ma:nuun sa:ram ～－(シ)ミ マーヌン サーラム] 慈悲深い人.

자빠-뜨리다 [tʃap'at'uurida チャッパットゥリダ] 他 倒す; 転がす ¶기둥을 ～ [kiduŋul ～ キドゥンウル ～] 柱を倒す.

****자빠-지다** [tʃap'adʒida チャッパジダ] 自 ① 倒れる; 転がる, つまずく ¶옆으로 ～[jɔpʰuro ～ ヨプロ ～] 横に倒れる ② 俗 寝転ぶ ¶~-져서 놀고만 있다[~-dʒɔsɔ no:lgoman it'a ～-ジョソ ノールゴマニッタ] 寝転んで遊んでばかりいる ③ 仕事から手を引く; 関係を絶つ.

자살[自殺] [tʃasal チャサル] 图 [하自] 自殺 ¶음독(飲毒) ～[ɯ:ndok (tʃ'asal) ウームドク ～] 服毒自殺.

****자상**[仔詳] [tʃasaŋ チャサン] 图 詳細; 細やか; 詳らか ¶~한 사람[~han sa:ram ～ハン サーラム] 細やかな人 **—하다**[hada ハダ] 形 細やかだ; 詳しい **—히**[i イ] 副 きめ細かく; 詳しく.

자서[自署] [tʃasɔ チャソ] 图 [하自他] 自署; 署名; サイン(sign) ¶본인의 ～[ponine ～ ポニネ ～] 本人の署名.

자서-전[自叙傳] [tʃasɔdʒɔn チャソジョン] 图 自叙伝; 自伝.

자석[磁石] [tʃa:sɔk チャーソク] 图 磁石; マグネット(magnet).

자선[慈善] [tʃasɔn チャソン] 图 [하他] 慈善 ¶~을 베풀다[~ul pepʰulda (チャソ)ヌル ペプルダ] 慈善を施す **—가**[ga ガ] 图 慈善家 **—냄비**[nɛmbi ネムビ] 图 慈善[社会]鍋 **—사업**[sa:ɔp サーオプ] 图 慈善事業.

****자세**[姿勢] [tʃa:se チャーセ] 图 姿勢; 身構え; 体勢; ポーズ(pose).

****자세-하다**[子細·仔細—] [tʃasehada チャセハダ] 形 詳しい; 詳細だ; 細かい ¶~-한 설명[~-han sɔlmjɔŋ ～-ハ

ン ソルミョン] 詳しい説明 **자세-히** [tʃasei チャセイ] 副 詳しく; 詳細に ¶~ 물어보다[~ murɔboda ～ ムロボダ] 詳しく聞いてみる.

****자손**[子孫] [tʃason チャソン] 图 子孫 ¶~의 번영[~e pɔnjɔŋ ～(チャソ)ネ ポニョン] 子孫の繁栄.

자수[刺繡] [tʃa:su チャース] 图 刺しゅう; 縫い取り **—하다**[hada ハダ] 自 刺しゅうする; 縫い取る.

자습-서[自習書] [tʃasɯps'ɔ チャスプソ] 图 自習書; 虎の巻.

자시다 [tʃa:ʃida チャーシダ] 他 召し上がる＝먹다[mɔkt'a モクタ]「食べる」の尊敬語.

****자식**[子息] [tʃaʃik チャシク] 图 ① 息子と娘; 子女; 子(供) ¶남의 ～[name ～ ナメ ～] 他人の子 / ~을 보다 [(tʃaʃig)ɯl poda (チャシ)グル ポダ] 子を持つ; 子を産む ② やつ; 野郎(男をのの しって言う語) ¶나쁜 ～[na-p'un ～ ナップン ～] 悪いやつ ③ こいつ(め); やつ(子どもをかわいく思う気持ちで) ¶~, 참 귀엽네[~, tʃʰam kwi:jɔmne ～, チャム クィーヨムネ] こいつ, ほんとうにかわいいな **—새 끼** [sɛk'i セッキ] 图 子女.

****자신**[自身] [tʃaʃin チャシン] 图 自身; 自分; 自ら ¶네 ~을 알라[ne ~ul a:lla ネ (チャシ)ヌル アールラ] お前[君]自身を知れ, 汝自ら を知れ.

****자신**[自信] [tʃaʃin チャシン] 图 [하他] 自信 ¶~이 있다[없다][~i it'a[ɔ:pt'a] (チャシ)ニ イッタ[オープタ]] 自信がある[ない] **—감**(感) [gam ガム] 图 自信がわいてくる感じ **—만만** [ma:n-man マーンマン] 图 [하形] 副 自信満々 ¶~하게 대답(對答)하다[~-hage tɛ:dapʰada ～ハゲ テーダプハダ] 自信満々と答える.

****자아-내다** [tʃaanɛda チャアネダ] 他 ① (感情や興味・物事などが起こるようにする; 醸し出す; そそる; 催す ¶눈물을 ～[nunmurul ～ ヌンムルル ～] 涙をそそる[催す] ② (糸などを)紡ぎ出す; 繰り出す ③ (液体・気体を)噴き[流れ]出るようにする.

자애[慈愛] [tʃaɛ チャエ] 图 慈愛 **—롭다**[ropt'a ロプタ] 形 [ㅂ変] 慈しみ深い.

자업-자득[自業自得] [tʃaɔptʃ'aduɯk チャオプチャドゥク] 图 [하自] 自業自得 ¶~이라고 체념(諦念)하다[~-(tʃ'a-

자연[自然] [tʃajɔn チャヨン] 名副 自然 ¶ ~미 [~mi ~ミ] 自然[天然]美

자연(-히)[自然(-히)] [tʃajɔn(i) チャヨン二] 副 自然に(と); 自おのずから, ひとりでに ¶ ~머리가 수그러지다 [~ mɔriga suɡɯrɔdʒida ~ モリガ スグロジダ] 自然(と)頭が下がる ━**스럽다** [sɯrɔpt'a スロプタ] 形 [ㅂ変] 自然だ ¶ ~스럽게 행동하다 [~-sɯrɔpk'e hɛŋdoŋhada ~-スロプケ ヘンドンハダ] 自然に振るまう.

자영[自營] [tʃajɔŋ チャヨン] 名 하他 「自営.

자욱-하다 [tʃaukhada チャウクハダ] 形 [여変] (煙・霧・もやなどが)深く立ちこめている = **자우룩하다** [tʃaurukhada チャウルクハダ] ¶ 연기(煙氣)가 ~ [jɔn-giga ~ ヨンギガ ~] 煙が深く立ちこめている **자욱-이** [tʃauɡi チャウギ] 副 立ちこめるように; 深く; 濃く; = **자우룩이** [tʃauruɡi チャウルギ].

자웅[雌雄] [tʃauŋ チャウン] 名 ① 雌雄; 雌と雄 ②(比喩的に)強弱; 優劣; 勝負 ¶ ~을 겨루다 [~ɯl kjɔruda ~ウル キョルダ] 優劣を競う; 勝負を争う.

자원[自願] [tʃawɔn チャウォン] 名 하自他 自ら願い出る[志願する]こと ━**봉사**[奉仕] [boːŋsa ボーンサ] 名 ボランティア(volunteer).

*자원**[資源] [tʃawɔn チャウォン] 名 資源 ¶ ~개발 [~ ɡɛbal ~ ゲバル] 資源開発.

자위 [tʃawi チャウィ] 名 眼球・卵などを色によって分けた部分 ¶ 노른 ~ [norɯn (dʒawi) ノルン (ジャウィ)] 黄身; 要がなめ / 흰 ~ [hin (dʒawi) ヒン (ジャウィ)] 白身; 白目.

*자유**[自由] [tʃaju チャユ] 名 自由 ¶ ~의 여신 [~e jɔʃin ~エ ヨシン] 自由の女神 ━**로이** [roi ロイ] 副 自由に ¶ ~활동하다 [~ hwalt'oŋhada ~ファルトンハダ] 自由に活動する ━**롭다** [ropt'a ロプタ] 形 [ㅂ変] 自由だ ━**스럽다** [sɯrɔpt'a スロプタ] 形 [ㅂ変] 自由だ.

자음[子音] [tʃaɯm チャウム] 名 子音.

자의[自意] [tʃai チャイ] 名 自分の意思 [考え] ¶ ~로 해석하다 [~ro hɛːsɔkhada ~ロ ヘーソクハダ] 自分の考えのままに解釈する.

자의[恣意] [tʃaːi チャーイ] 名 恣意; 気ままな心; 自分勝手な考え ¶ ~적해석 [~dʒɔkhɛːsɔk ~ジョクヘーソク] 恣意的な解釈.

자자-하다[藉藉—] [tʃaːdʒahada チャージャハダ] 形 [여変] (うわさなどが)多くの人の口に上る; 広まる ¶ 소문(所聞)이 ~ [soːmuni ~ ソームニ ~] うわさが広まっている / 평판이 ~ [phjɔːŋphani ~ ピョーンパニ ~] 評判が高い.

자작-나무 [tʃadʒaŋnamu チャジャンナム] 名 〈植〉シラカバ(白樺).

자잘-하다 [tʃadʒarhada チャジャルハダ] 形 [여変] おしなべて小さい; みな小粒である; 細々しい ¶ 감자알이 ~ [kamdʒaari ~ カームジャアリ ~] ジャガイモが(みな)小粒である.

*자장-면**[炸醬麪] [〈中〉 tʃadʒaŋmen チャジャンメン] 名 いためた肉・玉ネギを中国みそにあえたチャジャンをうどんにかけて食べる中国のめん類='짜장면'.

자장-자장 [tʃadʒaŋdʒadʒaŋ チャジャンジャジャン] 感 ねんねん; 赤ん坊を寝かせるためのあやす言葉. 「典; 字引.

자전[字典] [tʃadʒɔn チャジョン] 名 字

*자전-거**[自轉車] [tʃadʒɔŋɡɔ チャジョンゴ] 名 自転車.

자정[子正] [tʃadʒɔŋ チャジョン] 名 午前0時; 夜中の12時; 真夜中.

자제[子弟] [tʃadʒe チャジェ] 名 ① 他人の息子に対する尊称語; ご令息 ¶ 귀댁(貴宅)의 ~ [kwiːdeɡe ~ クィーデゲ ~] お宅の息子さん ② 子弟 ¶ 양가의 ~ [jaŋɡae ~ ヤンガエ ~] 良家の子弟 ━**분** [bun ブン] 名 ご令息.

*자존-심**[自尊心] [tʃadʒonʃim チャジョンシム] 名 自尊心; プライド(pride) ¶ ~이 강하다 [~i kaŋhada ~-(シ)ミ カンハダ] 自尊心が強い.

*자주**[tʃadʒu チャジュ] 副 たびたび; しばしば ¶ ~ 만난 사람 [~ mannan saːram ~ マンナン サーラム] たびたび会った人.

*자주**[自主] [tʃadʒu チャジュ] 名 自主 ━**독립** [doŋnip ドンニㇷ゚] 名 自主独立.

자줏-빛[紫朱—] [tʃaːdʒutp'it チャージュッピッ] 名 赤紫色 = **자주(색)** [tʃaːdʒu(sɛk) チャージュ(セク)].

자중[自重] [tʃadʒuŋ チャジュン] 名 하自 自重 ¶ ~하여 주십시오 [~haj0 tʃuʃipʃio ~ハヨ チュシプシオ] ご自重を願います.

자지 [自地] [tʃaːdʒi チャージ] 名 陰茎; 児 ちんぽ.

자지러-지다 [tʃadʒirʌdʒida チャジロジダ] 自 ① (びっくりして)身がすくむ ¶ 몸이 ~[momi ~ モミ ~] 身がすくむ ② 身をよじる ¶ ~-지게 웃다[~-dʒige uːtʼa ~ジゲ ウーッタ] 笑いこける; 腹を抱えて[身をよじって]笑う.

*__자진__ [自進] [tʃadʒin チャジン] 名 하自 自ら進んで[自発的に]すること ¶ ~해서 일하다[~hɛsʌ iːrhada ~ヘソ イールハダ] (自ら)進んで仕事をする.

자질 [資質] [tʃadʒil チャジル] 名 資質 ¶ 뛰어난 ~[twiʌnan ~ ットゥィオナン ~] 優れた資質.

자질구레-하다 [tʃadʒilgurehada チャジルグレハダ] 形 여変 おおむね小さく細々しい ¶ ~-한 일[~-han niːl ~ハン ニール] 細々とした用事.

자책 [自責] [tʃatʃʰɛk チャチェク] 名 하自他 自責 ¶ ~감(感) [(tʃatʃʰɛ)-kʼam ~カム] 自責の念.

자처-하다 [自處—] [tʃatʃʰohada チャチョハダ] 自 自任する; 任じる; 気取る ¶ 예술가로 ~[jeːsulgaro ~ イェースルガロ ~] 芸術家をもって任じる.

자청-하다 [自請—] [tʃatʃʰʌŋhada チャチョンハダ] 自他 自ら請う; 買って出る; 申し出る ¶ 야근을 ~[jaːgɯnɯl ~ ヤーグヌル ~] 夜勤を買って出る.

*__자체__ [自體] [tʃatʃʰe チャチェ] 自 自体; それ自身; そのもの ¶ 그 사람 ~가 훌륭하다[kɯ saːram ~ga hulljuŋhada ク サーラム ~ガ フルリュンハダ] その人自体が立派だ.

자초-지종 [自初至終] [tʃatʃʰodʒidʒoŋ チャチョジジョン] 名 一部始終; 始末; 顛末 ¶ ~을 말하다[~ɯl maːrhada ~ウル マールハダ] 一部始終を話す.

자초-하다 [自招—] [tʃatʃʰohada チャチョハダ] 他 自ら招く ¶ 화(禍)를 ~[hwaːrul ~ ファールル ~] 災いを自ら招く.

자축-하다 [自祝—] [tʃatʃʰukʰada チャチュクハダ] 他 自ら祝う ¶ 입학을 ~[ipʰagɯl ~ イパグル ~] 入学を自ら祝ってごちそうする **자축-연**(宴) [(tʃatʃʰug)jʌn (チャチュ)ギョン] 自分の慶事を自ら祝賀するために催す宴会.

*__자취__ [tʃatʃʰwi チャチュィ] 名 跡; 跡形; 痕跡 ᆢ; 行方 ¶ 발~[pal (tʃʰwi) パル~] 足跡 / 건물의 ~[kʌnmure ~ コーンムレ ~] 建物の跡形 / 노루의 ~를 찾다[norue ~rul tʃʰatʼa ノルエ ~ルル チャッタ] ノロの行方を探す __—를 감추다__[rul kamtʃʰuda ルル カムチュダ] 慣 姿[行方]をくらます; 影をひそめる; 雲隠れする ¶ 밤 사이에 ~[pam saie ~ パム サイエ ~] 夜の中に雲隠れする.

자취-하다 [自炊—] [tʃatʃʰwihada チャチュィハダ] 自 自炊(生活)をする **자취-생**(生) [(tʃatʃʰwi)sɛŋ (チャチュィ)セン] 自炊しながら通学する学生.

*__자치__ [自治] [tʃatʃʰi チャチ] 名 하自 自治 __—단체__ [dantʃʰe ダンチェ] 名 自治団体; 自体 __—행정__ [hɛŋdʒʌŋ ヘンジョン] 名 自治行政.

자-치기 [tʃatʃʰigi チャチギ] 名 子供たちの遊びの一種(地面に寝かした短い木の棒を, 少し長い棒で打ち飛ばし, その距離によって勝負を決める).

자친 [慈親] [tʃatʃʰin チャチン] 名 他人に対して自分の母を言う語; 母(親).

*__자칫__ [tʃatʃʰit チャチッ] 副 ① (ある物事がほんの少し食い違っていることを表わして)万が一(にも); ちょっと(して); まかり間違えば ¶ ~ 잘못하면 떨어진다[(tʃatʃʰi) tʃʼalmotʰamjʌn tʼʌrʌdʒinda ~ チャルモッタミョン ットロジンダ] ちょっと[まかり]間違えば落ちる(ぞ) ② やや(少し) ¶ ~ 큰 듯하다[~ kʰɯn dɯtʰada ~ クン ドゥッタダ] やや大きいようだ __—하면__[(tʃatʃʰi)hamjʌn タミョン] 副 ちょっと間違えば; ともすると; とかく; ひょっとすると; すんでのところで ¶ ~ 실패하기 쉽다[~ ʃilpʰɛhagi ʃwipʼta ~ シルペハギ スィープタ] とかく失敗しがちだ.

자키 [dʒakʰi ジャキ] jockey 名 ジョッキー ¶ 디스크 ~[disɯkʰɯ ~ ディスク ~] ディージェー(DJ); ディスクジョッキー(disc jockey).

자태 [姿態] [tʃaːtʰɛ チャーテ] 名 姿態; 姿, ポーズ(pose) ¶ 아름다운 ~[arɯmdaun ~ アルムダウン ~] 美しい姿態 / 요염(妖艶)한 ~[jojʌmhan ~ ヨヨムハン ~] 艶姿 すがた.

자택 [自宅] [tʃatʰɛk チャテク] 名 自宅; 自家 ¶ ~ 방문[~ pʼaːŋmun ~ パーンムン] 自宅訪問.

자투리 [tʃatʰuri チャトゥリ] 名 (布の) 端切れ; 切れ(端); 切れ地 ¶ 무명 ~

자판기[自販機] [tɕaphangi チャパンギ] 图 自動販売機; 自販機.

자포-자기[自暴自棄] [tɕaphodʑagi チャポジャギ] 图 自暴自棄; 俗 破れかぶれ ¶ ~의 행동을 하다 [~e hɛŋdoŋul hada ~エ ヘンドンウル ハダ] 破れかぶれの行動をする.

자필[自筆] [tɕaphil チャピル] 图 自筆.

자행-하다[恣行-] [tɕa:hɛŋhada チャーヘンハダ] 他 恣行とぅする; ほしいままに行なう ¶ 폭력을 ~ [phoŋnjʌŋɯl ~ ポンニョグル ~] 暴力をほしい[勝手気]ままにする. 「の夫, 義兄.

자형[姉兄] [tɕahjʌŋ チャヒョン] 图 姉

자혜-롭다[慈惠-] [tɕaheropt'a チャヘロプタ] 形 日文 慈しみ深い; 慈愛に満ちている, 憐れみ深い; 情け深い.

-작[作] [dʑak ジャク] 接尾 …作 ¶ 처녀~ [tɕhʌːnjʌ~ チョーニョ~] 処女作 / 평년~ [phjʌŋnjʌn~ ピョンニョン~] 平年作.

***작가**[作家] [tɕak'a チャクカ] 图 作家; ライター ¶ 극~ [kuk(tɕ'ak'a) クク~] 劇作家.

작고[作故] [tɕak'o チャクコ] 图 自 逝去; 死去; 人の死の尊敬語 ¶ ~하신 선생님 [~haɕin sʌnsɛŋnim ~ハシン ソンセンニム] 亡くなさった先生.

작곡[作曲] [tɕak'ok チャクコク] 图 自他 作曲 —가 [(tɕ'ak'o)k'a カ] 图 作曲家.

작금[昨今] [tɕak'ɯm チャックム] 图 昨今; 近ごろ ¶ ~의 세태(世態) [~e sɛːthɛ (チャックメ) メセーテ] 昨今の世相.

***작년**[昨年] [tɕaŋnjʌn チャンニョン] 图 昨年; 去年 ¶ ~ 이맘 때 [~ imam t'ɛ (チャンニョニ)ママム ッテ] 去年の今ごろ —도 [do ド] 图 昨年度.

***작다**[tɕaːkt'a チャークタ] 形 小さい ① 大きくない; 低い ¶ 작은 돌 [tɕaːgun toːl チャーグン トール] 小さな石; 小石 / 키가 ~ [khiga ~ キガ ~] 背が低い[小さい] ② 幼い; 若い ¶ 작은 아이 [tɕaːgun ai チャーグン ナイ] 幼い[小さい]子供 ③ (度量などが)狭い ¶ 인물이 ~ [inmuri ~ インムリ ~] 人物が小さい ④ (音や声などが)低い ¶ 작은 목소리 [tɕaːgun moks'ori チャーグン モクソリ] 小さな声 ⑤ 細かい ¶ 작은 일 [tɕaːgun niːl チャーグン ニール] 小さなこと ⑥ わずかに; 少ない ¶ 작은 돈 [tɕaːgun toːn チャーグン トーン] 少ない金; わずかなお金; 小銭 ⑦「次の」の意 ¶ 큰 형과 작은 형 [khɯn hjʌŋgwa tɕagun hjʌŋ クン ヒョングァ チャグン ヒョン] 上の兄と次の兄.

작달막-하다[tɕakt'almakhada チャクタルマクハダ] 形 (体の大きさに比べて)背丈が低い; ずんぐりしている.

작당[作黨] [tɕakt'aŋ チャクタン] 图 自自 群れをなすこと; 徒党を組むこと ¶ ~하여 몰려들다 [~hajʌ molljʌdɯlda ~ハヨ モルリョドゥルダ] 群らがって押し寄せて来る.

작대기[tɕakt'ɛgi チャクテギ] 图 ① 叉木ぎ; 先が叉になっている長い棒・竿; 何かを支える時に使う棒 ② 試験の答案紙などで誤答を表わす印; 棒線.

작두[斫-] [tɕakt'u チャクトゥ] 图 草・わらを細かく切る道具; 押し切り, 飼い葉切り —질 [dʑil ジル] 图 自自 押し切りでまぐさなどを切り刻むこと.

***작문**[作文] [tɕaŋmun チャンムン] 图 自自 作文; 綴り方 ¶ 영~ [jʌŋ(dʑaŋmun) ヨン(ジャンムン)] 英作文.

***작물**[作物] [tɕaŋmul チャンムル] 图 作物 = 농작물(農作物) [noŋdʑaŋmul ノンジャンムル] の略 ¶ 주요 ~ [tɕujo (dʑaŋmul) チュヨ(ジャンムル)] 主な作物.

***작별**[作別] [tɕakp'jʌl チャクピョル] 图 別れ; 決別 ¶ ~의 인사 [(tɕakp'jʌr)e insa (チャクピョ)レ インサ] 別れのあいさつ —하다 [(tɕakp'jʌr)hada ハダ] 图 別れる; 袂を分かつ. 「作詞.

작사[作詞] [tɕaks'a チャクサ] 图 自自他

작살[tɕaks'al チャクサル] 图 (魚を突き刺す)銛も; やす ¶ ~로 찌르다 [~lo tɕ'irɯda ~ロ ッチルダ] 銛で突く —(이)나다 [(i)nada [(tɕaks'ar)i nada] ラダ[(チャクサ)リ ナダ]] 慣 こっぱみじんになる; ちりちりに砕ける —(을)내다 [lɛda [(tɕaks'ar)ɯl nɛːda] レダ[(チャクサ)ルル ネーダ]] めちゃめちゃにつぶす; たたきのめす.

***작성-하다**[作成-] [tɕaks'ʌŋhada チャクソンハダ] 他 作成する ¶ 서류를 ~ [sʌrjurɯl ~ ソリュルル ~] 書類を作成する.

작심[作心] [tɕakɕ'im チャクシム] 图

작아지다

작아지다 [tʃagadʒida チャグヂダ] 自 小さくなる ¶ 모양이 ~ [mojaŋi ~ モヤンイ ~] 形が小さくなる.

작약 [芍藥] [tʃagjak チャギャク] 名 〈植〉シャクヤク(芍藥).

*__작업__[作業] [tʃagəp チャゴプ] 名 하自 作業 ¶ 일관 ~ [ilgwan (dʒagəp) イルグァン (ヂャゴプ)] 一貫作業 **—모** [(tʃagəm) mo (チャゴム) モ] 名 作業帽 **—복** [(tʃago) p'ok ポク] 名 作業服; 職業 **—장** [tʃaŋ チャン] 名 作業場.

*__작용__[作用] [tʃagjoŋ チャギョン] 名 作用; 働き ¶ 전기의 ~ [tʃəːŋie ~ チョーンギエ ~] 電氣の作用 **—하다** [hada ハダ] 自 作用する; 働く ¶ 힘이 ~ [himi ~ ヒミ ~] 力が働く.

작은 [tʃagun チャグン] **—누나[누이]** [nuːna[nui] ヌーナ[ヌイ]] 名 (男から見て)2番目以下の姉 **—어머니** [əməni (チャグ)ノモニ] 名 叔父の妻; 叔母; 庶母 **—아버지** [abədʒi (チャグ)ナボヂ] 名 父の弟; 叔父 **—아씨** [aːʃ'i (チャグ) ナーッシ] 名 お嬢さん; 良家の娘を, 嫁が夫の未婚の妹を呼ぶ語 **—언니** [ənni (チャグ)ノンニ] 名 (女性から見て)2番目以下の姉 **—처남 (妻男)** [tʃhənam チョナム] 名 妻の長兄以外の兄弟 **—형** [hjəŋ ヒョン] 名 長兄以外の兄 **—형수(兄嫂)** [hjəŋsu ヒョンス] 名 長兄の嫁以外の兄嫁.

작은말 [tʃaguninmal チャグンマル] 名 〈語〉語感の小さい語; 陽性母音(ㅏ, ㅐ, ㅗなど)で成り立つ語 ¶ '까맣다' ⟨ '꺼멓다'「黑い」↔「큰말」.

작자 [作者] [tʃaktʃ'a チャクチャ] 名 ① 作者; 著作者 ¶ ~ 미상 [~ miːsaŋ ~ ミーサン] 作者未詳 ② 買い手; 買い主 ¶ ~가 없다 [~ga əːpt'a ~ ガオープタ] 買い手がない ③ 者; 奴ゔ ¶ 그 ~ [kɯ (dʒaktʃ'a) ク (ヂャクチャ)] そいつ; あいつ.

작작 [tʃaktʃ'ak チャクチャク] 副 適當に; いい加減に; ほどよく ¶ 까부는 것도 ~해라 [k'abunun kət'o (tʃaktʃ'a)-khɛra ッカブヌン コット ~ケラ] ふざけるのもいい加減にしろ.

작전 [作戰] [tʃaktʃ'ən チャクチョン] 名 하自他 作戰 ¶ ~을 짜다 [~ɯl tʃ'ada (チャクチョ)ヌル ッチャダ] 作戰を練る.

*__작정__[作定] [tʃaktʃ'əŋ チャクチョン] 名 하自他 ① 決定; 決意 ¶ 한번 ~하면 [hanbən ~hamjən ハンボン ~ハミョン] いったん決め込むと ② …(する)つもり; 豫定; 考え ¶ 어떻게 할 ~ 인가 [əːt'əkhe hal ~inga オットッケハル ~インガ] どうするつもりのか.

작태 [作態] [tʃaktʰɛ チャクテ] 名 하自 ① 見目をつくろうこと ② 見苦しい仕草; ふるまい; 行動; まね ¶ 바보같은 ~ [paːbogatʰun ~ パーボガトゥン ~] 馬鹿なまね.

*__작품__[作品] [tʃakpʰum チャクプム] 名 作品 ¶ 문학 ~ [munhak (tʃ'akpʰum) ムンハク ~] 文學作品.

작황 [作況] [tʃakhwaŋ チャクファン] 名 作況; 作柄 ¶ 올해의 벼 ~ [orhɛe pjo (dʒakhwaŋ) オルヘエ ピョ (ヂャクファン)] 今年の稻の作柄.

작히 (나) [tʃakhi(na) チャクキ(ナ)] 副 さぞかし; 定めし; どんなに(か); どれほど ¶ 그렇게 된다면 ~ 좋겠니 [kɯrəkʰe twendamjən ~ tʃoːkʰenni クロッケ トゥェンダミョン ~ チョーッケンニ] そうなればどれほどよかろう.

*__잔__[盞] [tʃan チャン] **1** 名 ① 杯 = 술잔 [sultʃ'an スルチャン]の略 ② 茶飲み茶わん = 찻잔 [tʃʰatʃ'an チャッチャン]の略 **2** 依名 …杯 ¶ 술 석 ~ [sul səːk (tʃ'an) スル ソーク (チャン)] 酒3杯 / 커피 2~ [kʰɔːpʰi duː(dʒan) コーピー ドゥー(ヂャン)] コーヒー2つ[2杯].

잔- [tʃan チャン] 接頭 「小さい・細い」の意 ¶ ~돌 [~dol ~ドル] 小石; くり石 / ~소리 [~sori ~ソリ] 小言; ~금 [~gum ~グム] 細い線.

-잔 [dʒan ヂャン] 略 …しようと言う =(하)자고 하는 [(ha)dʒago hanɯn (ハ)ヂャゴ ハヌン] ¶ 가~ 말인가? [kaː maːringa カ~ マーリンガ] 行こうと言うのか.

잔-가시 [tʃangaʃi チャンガシ] 名 魚の小骨.

잔-가지 [tʃangadʒi チャンガジ] 名 小枝; 梢ずえ.

잔-걱정 [tʃangəktʃ'əŋ チャンゴクチョン] 名 こまごました心配ごと; つまらない心配; 取るに足らない心配.

잔-걸음 [tʃangərɯm チャンゴルム] 名 ① 家の中を行ったり來たりする歩み ②

近い所を早い足どりで往来すること **―치다**[tʃʰida チダ] 自 (近い所を)早足でしきりに行ったり来たりする.

잔고[殘高][tʃaŋgo チャンゴ] 名 残高; 残額; 残り高.

잔-고기[tʃaŋgogi チャンゴギ] 名 小魚; 雑魚. 「細かい文字.

잔-글씨[tʃaŋgulʃʼi チャングルッシ] 名

잔-금[tʃaŋgɯm チャングム] 名 細い[短い]線; 細かいひび. 「残金; 後金.

잔금[殘金][tʃaŋgɯm チャングム] 名

잔-기침[tʃaŋgitʃʰim チャンギチム] 名 (続けざまに出る)軽い咳。

잔-꾀[tʃankʼwe チャンックェ] 名 浅知恵; 猿知恵; 小賢しい策 ¶～를 피우다[～rul pʰiuda ～ルル ピウダ] 小賢しい策を弄する.

잔나비[tʃannabi チャンナビ] 名 猿＝원숭이[wɔːnsuŋi ウォーンスンイ]

잔-달음[tʃandarum チャンダルム] 名 小走り ¶～쳐서 오다[～tʃʰɔ cɔ oda ～チョソ オダ] 小走りにやって来る.

잔당[殘黨][tʃandaŋ チャンダン] 名 残党 ¶도둑의 ～[toduge ～ トドゥゲ～] 泥棒の残党.

***잔-돈**[tʃandon チャンドン] 名 ① 小銭; 端金はした ¶～으로 바꾸다[～uro pakʼuda (チャンド) ヌロ パックダ] 小銭に替える ② つり銭; (お)つり＝거스름돈[kɔsurumtʼon コスルムトン] ¶～을 받다[～ul patʼa (チャンド) ヌル パッタ] おつりをもらう **―푼**[pʰun プン] 名 いくらか[若干]の金; 小出しに使う金 ¶～이 생겼다[～i sɛŋgjɔtʼa ～-(プ)ニ センギョッタ] いくらかの金ができた. 「利.

잔-돌[tʃandol チャンドル] 名 小石; 砂

***잔디**[tʃandi チャンディ] 名 シバ(芝); ローン(lawn) **―밭**[bat バッ] 名 芝生.

***잔뜩**[tʃantʼuk チャンットゥク] 副 いっぱい; たくさん; 俗 うんと; ひどく ¶밥을 ～ 먹다[pabul (tʃantʼuŋ) mɔktʼa バブル (チャンットゥン) モクタ] ご飯をいっぱい食べる / ～ 찌푸린 얼굴[～ tʃʰipʰurin ɔlgul ～ ッチプリン オルグル] しかめっ面; 苦り切った顔.

잔-말[tʃanmal チャンマル] 名 헤自 無駄口; 文句; つまらない話 ¶～이 많다[(tʃanmar)i maːntʰa (チャンマ)リ マーンタ] 文句が多い / ～ 말고 가만있어[～malgo kamanisʼɔ ～マルゴ カマニッソ] 無駄口たたかずに黙れよ.

잔-물결[tʃanmulkʼjɔl チャンムルキョル] 名 小波; さざなみ.

잔-병[一病][tʃanbjɔŋ チャンビョン] 名 しょっちゅうかかる軽い病気 ¶～이 많다[～i maːntʰa ～イ マーンタ] 病気がちである **―치레**[tʃʰire チレ] 名 헤自 あれこれと病気がちであること.

잔-뼈[tʃanpʼjo チャンッピョ] 名 幼くてまだ十分に成長していない骨 **―가 굵어지다**[ga kuːlgɔdʒida ガ クールゴジダ] 慣 細骨が太くなる; 幼い時からある仕事や環境の中で育つ[大きくなる].

잔-뿌리[tʃanpʼuri チャンップリ] 名 細い根; ひげ根; 側根; 支根.

잔-소리[tʃansori チャンソリ] 名 小言; つまらない話; 無駄口[文句] ¶～하지 마라[～hadʒi mara ～ハジ マラ] 無駄口をたたくな / ～를 듣다[～rul tutʼa ～ルル トゥッタ] 小言を食う **―하다**[hada ハダ] 自 無駄口をきく; 小言を言う **―꾼**[kʼun ックン] 名 小言幸兵衛; ごりるさい人; やかまし屋.

잔-손[tʃanson チャンソン] 名 こまごました手数[手間] ¶～이 많이 가는 일[～i maːni ganum niːl (チャンソ)ニ マーニ ガヌン ニール] 手の込む仕事; 手間のたくさんかかる仕事 **―가다**[gada ガダ] 自 手間がかかる; こまごました手間が取れる **―질**[dʒil ジル] 名 헤他 こまごました手入れ.

잔-손금[tʃansonkʼum チャンソンクム] 名 手のひらの細かいしわ.

잔-솔[tʃansol チャンソル] 名 小松; 若松 **―밭**[bat バッ] 名 小松の林.

잔-술[盞一][tʃansul チャンスル] 名 ① 杯の酒 ② コップ売りの酒 **―집**[tʃʼip チプ] 名 コップ売りの酒場.

잔-시중[tʃanʃidʒuŋ チャンシジュン] 名 こまごまと面倒を見てやるなどのお手伝い[世話].

잔-심부름[tʃanʃimburum チャンシムブルム] 名 헤自 身の回りのこまごましたことの使い[世話] **―꾼**[kʼun ックン] 名 小間用務員; 雑事の使いをする人.

잔액[殘額][tʃanɛk チャネク] 名 残額 ¶～을 치르다[(tʃanɛg)ɯl tʃʰiruda (チャネ)グル チルダ] 残額を支払う.

잔업[殘業][tʃanɔp チャノプ] 名 헤自 残業; オーバータイム **―수당**(手當)[sʼudaŋ スダン] 名 残業手当.

잔-올리다[盞一][tʃanollida チャノルリダ] 自 (祭祀ぎの時霊前に)酒をついだ

杯を供える；献酌する.

잔인[殘忍][tʃanin チャニン] 名 하形 ㅅ形 残忍 ¶ ~ 무도(無道)한 고문 [~ mudohan komun ~ ムドハンコムン] 残忍極まりない拷問.

잔-일[tʃannil チャンニル] 名 하自 (手数のかかる)こまごました仕事；手間仕事.

***잔잔-하다**[tʃandzanhada チャンジャンハダ] 形 여変 (風・波・音・気勢・病勢などがおさまって)静かだ；穏やかだ；静まる ¶ ~-한 바다[~-han pada ~-ハン パダ] 静かな[穏やかな]海 / 통증(痛症)이 ~-하게 가라앉다[tʰoːŋtsʼɯɲi ~-hage kara antʰa トーンチュンイ ~-ハゲ カラアンタ] 痛みが静まってきている **잔잔해-지다**[tʃandzanhɛdʒida チャンジャンヘジダ] 自 静まる；穏やかになる；なぐ ¶ 바다가 ~ [padaga ~ パダガ ~] 海がなぐ **잔잔-히**[tʃandzani チャンジャニ] 副 静かに；穏やかに.

잔재[殘滓][tʃandzɛ チャンジェ] 名 残滓ざん · さい ¶ 구시대의 ~ [kuːʃidzɛe ~ クーシデエ ~] 旧時代の残滓.

잔-재미[tʃandzɛmi チャンジェミ] 名 こまごました面白み[楽しみ].

잔-재주[-才-][tʃandzɛdʒu チャンジェジュ] 名 小才；小細工 ¶ ~-가 있다[~ga itʼa ~ガ イッタ] 小才が利く / ~-를 부리다[~rɯl purida ~ルル プリダ] 小細工を弄する —**꾼**[kʼun] 名 小才のきく人.

잔-주름[tʃandzurɯm チャンジュルム] 名 小じわ；細かいひだ ¶ ~-이 잡히다[~i tʃapʰida (チャジュル)ミ チャプピダ] 小じわが寄る.

잔지러-지다[tʃandzirodʒida チャンジロジダ] 自 身をすくめる；いじける；たまらなくなる；(笑い・泣き)声のテンポが早くなる ¶ ~-게 웃다[~-dʒige uːtʼa ~-ジゲ ウッタ] 笑いこける.

잔챙이[tʃantʃʰɛŋi チャンチェンイ] 名 (多くの中で)もっとも劣る人やもの；下っぱの人；小物；雑魚.

***잔치**[tʃantʃʰi チャンチ] 名 하自 宴；宴会；祝宴；パーティー ¶ 혼례 ~ [holle dʒantʃʰi) ホルレ (ジャンチ)] 結婚披露宴 / ~-를 벌이다[~rɯl pɔːrida ~ルル ポーリダ] 宴を張る **잔칫-날**[tʃantʃʰinnal チャンチンナル] 名 宴会日 **잔칫-집**[tʃantʃʰitsʼip チャンチッチプ] 名 祝宴を行なう家.

잔-털[tʃantʰɔl チャントル] 名 綿毛；産毛；下毛.

잔혹[殘酷][tʃanhok チャンホク] 名 残酷 ¶ ~-한 처사(處事)[(tʃanho)kʰantsʰɔːsa ~カン チョーサ] 酷い仕打ち —**하다**[(tʃanho)kʰada カダ] 形 残酷だ；惨ざん[酷]い.

-잖다[tʃantʰa チャンタ] 語尾 略 …くない=-지 아니하다[dʒi anihada ジアニハダ]=**-잖아(요)**[tʃʼana(jo) チャナ(ヨ)] …じゃない(か) ¶ 적~ [tsʼɔːk-(tʃʼantʰa) チョーク~] 少なくない / 많~ [maːn(tʃʼantʰa) マーン~] 多くない.

잔-다랗다[tʃatʼaratʰa チャッタラッタ] 形 ㅎ変 非常に細かい；小さい ¶ 잔다란 소나무[tʃatʼaran sonamu チャッタラン ソナム] 小さい松の木 / 잔다란 글씨[tʃatʼaran kɯlsʼi チャッタラン クルッシ] とても細かい字.

***잘**[tʃal チャル] 副 よく ① 正しく ¶ 마음을 ~ 써라[mauɯmul ~ sʼora マウムル ~ ッソラ] 心を正しく持て ② うまく；上手に；立派に ¶ ~ 듣는 약[~ dɯnnɯn njak ~ ドゥンヌン ニャク] よくきく薬 ③ 無事に；大切に；つつがなく ¶ ~ 가세요[~ gasejo ~ ガセヨ] (行く人に)=~ 있어요[~ (tʃar) isʼɔjo チャリッソヨ] (居残る人に)さようなら / ~ 있다[(tʃar) itʼa チャリッタ] 元気だ ④ 満足に；思う存分に ¶ ~ 잤다[~ dʒatʼa ~ ジャッタ] ぐっすり寝た ⑤ 美しく；きれいに；見目よく ¶ ~ 생겼다[~ sɛŋɡjɔtʼa ~ センギョッタ] 顔立ちがいい；ハンサムだ ⑥ よろしく；ようこそ ¶ ~ 부탁합니다[~ buːtʰakʰamnida ~ ブータクカムニダ] よろしくお願いします ⑦ 詳しく；よく ¶ ~ 아는 사람[(tʃar) aːnɯn saːram (チャ)ラーヌン サーラム] よく知っている人 ⑧ ともすれば；しょっちゅう；しばしば ¶ ~ 우는 아이[(tʃar) uːnɯn ai (チャ)ルーヌナイ] ともすればよく泣く子.

***잘-나다**[tʃallada チャルラダ] 形 ① 偉い；優れている ¶ 잘난 체하다[tʃallan tʃʰehada チャルラン チェハダ] 偉そうに振るまう ② 見目よい；器量がよい ¶ 잘난 사나이[tʃallan sanai チャルラン サナイ] 見目よい男.

잘난-것[tʃallanɡot チャルランゴッ] 名 (反語的に)ろくでもないもの；つまらないもの ¶ 그 ~ 가지고 자랑이냐? [kɯ ~ kʼadʒigo tʃaːraɲinja ク ~ カ

ジコ チャーランイニャ] そんなろくでも ないものをもって自慢しているのか.

***잘다** [tʃalda チャルダ] 形 ㄹ語幹 細かい ① 小さい ¶잔 글씨 [tʃan kɯlʃ'i チャン クルッシ] 細かい字 ② 細い ¶잘게 썰다 [tʃalge s'ɔ:lda チャルゲッソールダ] 細かく刻む ③ (性格が) みみっちい; こせこせしている; 偏狭だ ¶그는 사람이 ~ [kɯnɯn sa:rami ~ クヌン サーラミ ~] 彼は度量が狭い ④ 詳細だ.

***잘-되다** [tʃaldweda チャルドゥェダ] 自 ① (物事が) よくはかどる [運ぶ]; よくできる ¶사업이 ~ [sa:ɔbi ~ サーオビ ~] 事業がうまく行く / 농사 (農事) 가 ~ [noŋsaga ~ ノンサガ ~] 農作がよくできる; できがよい ② 成功する; 偉くなる ¶네가 잘되기를 비네 [nega tʃaldwegirɯl pi:ne ネガ チャルドゥェギルル ピーネ] 君の成功を祈るよ.

잘라-말하다 [tʃallamarhada チャルラマルハダ] 自 断言する; きっぱり言い切る ¶틀림없다고 ~ [tʰɯllimɔpt'ago ~ トゥルリモプタゴ ~] 間違いないと言い切る.

잘라-매다 [tʃallameda チャルラメダ] 他 (ひもで) 堅く縛る; きつく締めくくる ¶머리띠를 ~ [mɔrit'irɯl ~ モリッティルル ~] 鉢巻きをぎゅっと締める.

잘라-먹다 [tʃallamɔkt'a チャルラモクタ] 他 ① ちぎって食べる ② (借り) 倒す; 踏み倒す ¶술값을 ~ [sulk'aps'ɯl ~ スルカプスル ~] 飲み代を踏み倒す ③ (中間で) 横取りする.

잘라-버리다 [tʃallabɔrida チャルラボリダ] 他 切り捨てる.

잘록-하다 [tʃallokʰada チャルロクハダ] 形 ㅇ変 くびれている; へこんでいる; <질룩하다 [tʃillukʰada チルルクハダ] ¶허리가 ~ [hɔriga ~ ホリガ ~] 腰がくびれている.

잘리다 [tʃallida チャルリダ] 自 ① 切られる; 断たれる; ='자르다' [切る] の受動 ¶나무가 ~ [namuga ~ ナムガ ~] 木が切り倒される ② 踏み [貸し] 倒される ¶술값을 ~ [sulk'aps'ɯl ~ スルカプスル ~] 飲み倒される ③ やめさせられる ¶종업원의 목이 ~ [tʃoŋɔbwɔnɯi mogi ~ チョンオブォネ モギ ~] 従業員が解雇される.

잘-먹다 [tʃalmɔkt'a チャルモクタ] 自他 ① 好き嫌いがなくよく食べる ② 食生活になにも不足ない ¶잘먹고 잘살다 [tʃalmɔk'o tʃalsalda チャルモクコ チャルサルダ] 食べ物に不自由がなく豊かに暮らす.

***잘못** [tʃalmot チャルモッ] **1** 名 誤り; 過ち; 間違い; 落ち度 ¶큰 ~ [kʰɯn (dʒalmot) クン (ジャルモッ)] 大きな過ち / 계산 ~ [ke:san (dʒalmot) ケーサン (ジャルモッ)] 計算の誤り [間違い] / ~을 저지르다 [(tʃalmos) ɯl tʃɔdʒiruda (チャルモ) スル チョジルダ] 過ちを犯す / ~했다 [(tʃalmo) tʰɛt'a ~-テッタ] 悪かった; 誤った; 間違った **2** 副 誤って; 間違って ¶약을 ~ 먹다 [jagɯl (tʃalmon) mɔkt'a ヤグル (チャルモン) モクタ] 薬を飲み違える.

***잘못-되다** [tʃalmot'weda チャルモットゥェダ] 自 ① 間違う; 誤る ¶~-된 생각 [~-t'wen seŋgak ~-トゥェン センガク] 間違った考え ② 悪い結果になる; 失敗に終わる ¶일이 ~ [i:ri ~ イーリ ~] 仕事が失敗する ③ 悪くなる ¶청소년들은 ~-되기 쉽다 [tʃʰɔŋsonjɔndɯrɯn ~-t'wegi ʃwip't'a チョンソニョンドゥルン ~-トゥェギ シュィープタ] 青少年は悪くなりがちだ.

*잘못-하다 [tʃalmotʰada チャルモッタダ] 自他 やり損なう; しくじる; 間違える; 誤る ¶판단을 ~ [pʰandanɯl ~ パンダヌル ~] 判断を誤る / 수술을 ~ [susurɯl ~ ススルル ~] 手術をやり損なう / 운전을 ~ [u:ndʒonɯl ~ ウーンジョヌル ~] 運転をしくじる.

잘-빠지다 [tʃalp'adʒida チャルッパジダ] 形 ① 抜きんでている; できがよい ¶잘빠진 제품 [tʃalp'adʒin tʃe:pʰum チャルッパジン チェープム] できのよい製品 ② (体つきや容貌が) すんなりと優美である; 見目がよい.

*잘-살다 [tʃalsalda チャルサルダ] 自 ㄹ語幹 ① よく生きる ¶잘 사는 묘목 [tʃalsanɯn mjo:mok チャルサヌン ミョーモク] よく生きる苗木 ② 豊かに暮らす ¶잘 사는 사람 [tʃalsanɯn sa:ram チャルサヌン サーラム] 豊かに暮らす人.

*잘-생기다 [tʃalseŋgida チャルセンギダ] 形 見目よい; 美人 [ハンサム] だ ¶잘생긴 사람 [tʃalseŋgin sa:ram チャルセンギン サーラム] 見目形の美しい人.

잘-입다 [tʃaript'a チャリプタ] 形 ① 上手に着る; 着飾る; 着こなす ¶잘입고 외출 (外出) 하다 [tʃaripk'o we:tʃʰurhada チャリプコ ウェーチュルハダ] 着飾って出かける ② 衣生活に不自由がない.

잘잘 [tʃaldʒal チャルジャル] 副 ① ほか

ほか<절절[tʃɔldʒɔl チョルジョル] ¶방(房)바닥이 ~ 끓다[paŋp'adagi ~ k'ultʰa パンパタギ ~ ックルタ] オンドルの床がほかほかする ② ぐらぐら ¶물이 ~ 끓다[muri ~ k'ultʰa ムリ ~ ックルタ] 湯がぐらぐら沸く ③ ちょろちょろ ¶물이 ~ 흐르다[muri ~ huruda ムリ ~ フルダ] 水がちょろちょろと流れる ④ つやつや ¶윤기가 ~ 흐르는 검은 머리[ju:nk'iga ~ hurunum kəmun məri ユーンキガ ~ フルヌン コムン モリ] つやつやした黒髪.

잘-잘못 [tʃaldʒalmot チャルジャルモッ] 名 是非; 善し悪し; 白黒 ¶~을 가리다[~-(dʒalmos)ul karida ~-(ジャルモ)スル カリダ] 是非[白黒]を明らかにする **―간에** [k'ane カネ] 副 善し悪しにかかわらず; 是非はともかく.

잘-지내다 [tʃaldʒineda チャルジネダ] 自 ① 無事に暮らす ¶가족 모두 ~[kadʒoŋ modu ~ カジョン モドゥ ~] 家族一同みな無事に暮らす ② 仲よくする ¶남과 ~[namgwa ~ ナムグァ ~] 人と仲よくする.

*잘-하다 [tʃarhada チャルハダ] 他 여変 よくする ① 巧みにする; うまい; 上手だ; 達者だ ¶노래를 ~[norerul ~ ノレルル ~] 歌が上手だ[うまい] ② 熱心にする; 優れている ¶공부를 ~[koŋburul ~ コンブルル ~] 勉強を熱心にする; 成績がいい ③ よく仕える ¶부모님께 ~[pumonimk'e ~ プモニムッケ ~] 父母によく仕える ④ よく…する ¶웃기를 ~[u:k'irul ~ ウーッキルル ~] よく笑う ⑤ 立派に成し遂げる; 出来る子 ¶잘했다 [tʃarhɛt'a チャルヘッタ] 出来した.

잘-해야 [tʃarhɛja チャルヘヤ] 副 せいぜい; たかだか; 大目に見て ¶~ 동메달이겠지[~ toŋmedarigetʃ'i ~ トンメダリゲッチ] せいぜいのところ銅メダルだろう.

*잠 [tʃam チャム] 名 ① 眠り; 睡眠 ¶~을 깨다[~ul k'ɛ:da (チャ)ムルッケーダ] 眠りから覚める / ~을 설치다 [~ul soltʃʰida (チャ)ムル ソルチダ] 寝そびれる ② 蚕の眠り; 休眠 ③ 嵩張ったものに押しをきかせること ¶종이의 ~을 재우다[tʃoŋie ~ul tʃɛuda チョンイエ (チャ)ムル チェウダ] 嵩張らないように紙を押しつける.

잠-결 [tʃamk'jəl チャムキョル] 名 寝耳; 夢うつつ ¶~에 듣다[~-k'jɔre tut'a ~-キョレ トゥッタ] 夢うつつに聞く.

잠-귀 [tʃamk'wi チャムクィ] 名 寝耳 **―(가)밝다** [(ga) bakt'a (ガ) バクタ] 形 寝耳がさとい; 目さとい **―(가)어둡다** [(ga) ədupt'a (ガ) オドゥプタ] 形 寝耳がにぶい; すぐ目が覚めない.

*잠그다¹ [tʃamguda チャムグダ] 他 으変 ① (戸などに錠を)かける; おろす; 閉ざす; 閉める ¶뒷문을 ~[twinmunul ~ トゥィーンムヌル ~] 裏門を閉ざす ② (ボタンなどを)止める; かける ③ (栓などを)しめる ¶수도 꼭지를 ~[sudo k'oktʃ'irul ~ スドッコクチルル ~] 水道の栓をしめる.

*잠그다² [tʃamguda チャムグダ] 他 으変 ① つける; 浸す ¶물에 ~[mure ~ ムレ ~] 水に浸す ② (資金・商品などを)寝かす; (先を見込んで)投資する.

잠-기 [―氣] [tʃamk'i チャムキ] 名 眠気 ¶~를 쫓다[~rul tʃ'ot'a ~ルルッチョッタ] 眠気を追い払う.

*잠기다¹ [tʃamgida チャムギダ] 自 ① (戸などが)しまる; (錠などが)かかる [下りる]; (ボタンなどが)かかる; ='잠그다¹'の受動 ¶문이 잠긴 방[muni tʃamgin paŋ ムニ チャムギン パン] 錠のかかった部屋 ② 声がかれる; しわがれる ¶목소리가 ~[moks'origa ~ モクソリガ ~] 声がかれる.

*잠기다² [tʃamgida チャムギダ] 自 ① つかる; 浸る; 沈む; ='잠그다²'の受動 ¶밭이 물에 ~[patʰi mure ~ パチ ムレ ~] 畑が水に浸る ② (資金・商品などが)寝かされる; 死蔵される ¶돈이 은행에 잠겨 있다[to:ni umhɛŋe tʃamgjə it'a トーニ ウンヘンエ チャムギョイッタ] お金が銀行に寝かされている ③ 耽ける; 暮れる; 沈む ¶추억에 ~[tʃʰuɔge ~ チュオゲ~] 追憶に耽ける.

*잠깐 [←暫間] [tʃamk'an チャムッカン] 名 しばらく; 束つの間の; ちょっと ¶~ 기다려 주세요[~ kidarjə dʒusejo ~キダリョ ジュセヨ] ちょっと[少し・少々・しばらく] お待ちください.

잠-꼬대 [tʃamk'odɛ チャムッコデ] 名 해工 ① 寝言 ¶~를 하다[~rul hada ~ルル ハダ] 寝言を言う ② たわごと ¶~를 늘어놓다[~rul nurənotʰa ~ルル ヌロノッタ] たわごとを並べる.

잠-꾸러기 [tʃamk'urəgi チャムックロギ] 名 朝寝坊の人.

잠-들다 [tʃamdɯlda チャムドゥルダ] 〖ㄹ語幹〗(自) 眠る; 寝込む ¶초저녁부터 잠들었다 [tʃʰodʒɔnjɔkp'utʰu tʃamdɯrɔt'a チョジョニョクプト チャムドゥロッタ] 宵の口から眠りこんだ ② 永眠する; 死ぬ ¶고이 잠드소서 [ko:i tʃamdɯsosɔ コーイ チャムドゥソソ] 安らかに眠りたまえ.

잠망-경 [潜望鏡] [tʃammaŋgjɔŋ チャムマンギョン] 潜望鏡.

잠바 [dʒamba ジャムバ] jumper (名) ジャンパー=점퍼 [dʒɔmpʰɔ ジョムポ].

잠방이 [tʃambaŋi チャムバンイ] (名) (農民が野良仕事をするとき着る)股引ᄒᄀ.

잠-버릇 [tʃamp'ɔrɯt チャムポルッ] (名) 寝癖 ¶이 나쁘다 [~-(p'ɔrɯt)i nap'uda ~-(ポルシ ナップダ] 寝癖が悪い.

잠복-하다 [潜伏—] [tʃambokʰada チャムボクカダ] (自) 潜伏する; 潜む; 張り込む ¶형사가 ~ [hjɔŋsaga ~ ヒョンサガ ~] 刑事が張り込む.

잠수 [潜水] [tʃamsu チャムス] (名) 潜水 **—복** [bok ボク] (名) 潜水服 **—부** [bu ブ] (名) 潜水作業員 **—함** [ham ハム] (名) 潜水艦 **—하다** [hada ハダ] (自) 潜水する; 潜る ¶물속으로 ~ [mulsʼɔgɯro ~ ムルソグロ ~] 水中に潜る.

잠시 [暫時] [tʃa:mʃi チャームシ] (名)(副) しばらく; しばし ¶~ 기다리세요 [~ kidariseyo ~ キダリセヨ] しばらく[少々]お待ちください **—간** [gan ガン] (名)(副) しばらくの間 **—후** [hu フ] (名)(副) まもなく.

잠식-하다 [蠶食—] [tʃamʃikʰada チャムシクカダ] (他) 蚕食する; 食い荒す; 食い入る ¶시장을 ~ [ʃi:dʒaŋɯl ~ シージャンウル ~] 市場を蚕食する.

잠언 [箴言] [tʃamɔn チャモン] (名) 箴言ᄃᄉ(教訓や戒めとなる短い言葉); 格言; アフォリズム(aphorism); 旧約聖書の一書 ¶솔로몬의 ~ [sollomonɯe ~ ソルロモネ ~] ソロモンの箴言.

잠-옷 [tʃamot チャモッ] (名) 寝巻き; パジャマ; ネグリジェ.

잠입-하다 [潜入—] [tʃamipʰada チャミプハダ] (自) 潜入する; 忍び込む; 潜る ¶적진에 ~ [tʃɔktʃʼine ~ チョクチネ ~] 敵陣に潜入する.

잠-자다 [tʃamdʒada チャムジャダ] (自) 眠る; 寝る ¶곤히 ~ [ko:ni ~ コーニ ~] ぐっすり眠る.

***잠-자리¹** [tʃamtʃʼari チャムチャリ] (名) 〖한〗(日) 寝床; 床 ¶~에 들다 [~e tulda ~エ トゥルダ] 床につく[入る] / ~를 보다 [~rɯl poda ~ルル ポダ] 床を敷く.

***잠자리²** [tʃamdʒari チャムジャリ] (名) 〈虫〉トンボ; カゲロウ.

***잠자코** [tʃamdʒakʰo チャムジャコ] (副) 無口で; 黙って; 無言で; 何も言わずに ¶~ 있어 [~ isʼɔ ~ イッソ] 黙っておれ / ~ 앉아 있다 [~ andʒa itʼa ~ アンジャ イッタ] 何も言わずに[黙って]座っている.

***잠잠-하다** [潜潜—] [tʃamdʒamhada チャムジャムハダ] (形) 〖여변〗① 静かだ; ひっそりしている ¶~한 밤거리 [~-han pamkʼɔri ~ハン パムコリ] ひっそりしている夜道 ② 黙っている; 押し黙る ¶모두 ~ [modu ~ モドゥ ~] みな黙っている.

잠재 [潜在] [tʃamdʒɛ チャムジェ] (名) 〖한〗(自) 潜在 **—능력** [nɯŋnjɔk ヌンニョク] (名) 潜在能力 **—력** [rjɔk リョク] (名) 潜在力 **—의식** [ɯiʃik ウィーシク] (名) 潜在意識.

잠-재우다 [tʃamdʒɛuda チャムジェウダ] (他) ① 寝かす ¶아기를 ~ [agirɯl ~ アギルル ~] 赤ん坊を寝かせる ② 静まらせる; 無力にさせる ¶적의 화력을 ~ [tʃɔge hwa:rjɔgɯl ~ チョゲ ファーリョグル ~] 敵の火力を(鎮圧して)静まらせる ③ 押さえて形を整える.

잠적 [潜跡] [tʃamdʒɔk チャムジョク] (名) 〖한〗(自) 潜匿; 行方[姿]をくらますこと ¶범인이 ~해 버렸다 [pɔ:mini (tʃamdʒɔ)kʰɛ bɔrjɔtʼa ポーミニ ~ケ ポリョッタ] 犯人が姿をくらました.

잠정 [暫定] [tʃamdʒɔŋ チャムジョン] (名) 暫定 ¶~적인 조치 [~dʒɔgin tʃotʃʰi ~ジョギン チョチ] 暫定的な処置 **—예산** [ne:san ネーサン] (名) 暫定予算.

잠-투정 [tʃamtʰudʒɔŋ チャムトゥジョン] (名) 〖한〗(他) 寝癖; 子供が寝入る前や目覚めてからむずかること ¶졸려서 ~하는 아이 [tʃoːlljɔsɔ ~hanɯn ai チョールリョソ ~ハヌン アイ] 眠くてむずかる子供.

잡 [雜] [tʃap チャプ] 〖接頭〗① 雜…; 雜多 ¶~수입 [~sʼuip ~ スイプ] 雜収入 ② 有用でない; つまらない ¶~놈 [(tʃam)nom (チャム)ノム] 下品な男; くだらない奴.

잡-것 [雜—] [tʃapkʼɔt チャプコッ] (名)

① 雑品 ② 俗 みだらな人; 下品な者 ¶시정(市井)의 ～들 [ʃi:dʒɔŋe ～t'ul シージョンエ ～トゥル] 巷たのやから.

잡곡[雜穀] [tʃapk'ok チャプコク] 名 雑穀 **―밥**[p'ap パプ] 名 雑穀を混ぜて炊いたご飯; 糅飯なし.

잡―년[―年] [tʃamnjɔn チャムニョン] 名 不貞な女性; ふしだらな女.

잡념[雜念] [tʃamnjɔm チャムニョム] 名 雑念; 余念 ¶～을 버리다 [～ul pɔrida (チャムニョ)ムル ポリダ] 雑念を捨てる.

-잡니까 [dʒamnik'a ジャムニッカ] 語尾 …しようと言っていますか=하～? [ha～].

-잡니다 [dʒamnida ジャムニダ] 語尾 …しようと言っています=하～ [ha～].

잡다[雜多] [tʃapt'a チャプタ] 名 雑多 ¶～한 물건(物件) [～han mulgɔn ～ハン ムルゴン] 雑多な品物 **―하다** [hada ハダ] 形 雑多に, さまざまに.

***잡다**¹ [tʃapt'a チャプタ] 他 ① 取る; 握る; 持つ; つかむ ¶손을 ～ [sonul ～ ソヌル ～] 手を取る / 정권을 ～ [tʃɔŋk'wɔnul ～ チョンクォヌル ～] 政権を握る / 기회를 ～ [kihwerul ～ キフェルル ～] 機会をつかむ / 상대의 약점을 ～ [saŋdεe jaktʃ'ɔmul ～ サンデエ ヤクチョムル ～] 相手の弱点を握る [つかむ] ② 抵当[質物]にする[取る] ¶카메라를 ～ [kʰmerarul ～ カメラルル ～] カメラを質に取る ③ 取る; 定める ¶여관(旅館)을 ～ [jɔgwanul ～ ヨグァヌル ～] 宿を取る / 골라 ～ [kolla (dʒapt'a) コラ (ジャプタ)] 選び取る ④ 空間を占める ¶장소를 넓게 ～ [tʃaŋsorul nɔlk'e ～ チャンソルル ノルケ ～] 場所を広く取る ⑤ 捕らえる; 捕る ¶도둑을 ～ [todugul ～ トドゥグル ～] 泥棒を捕らえる[上げる] / 물고기를 ～ [mulk'ogirul ～ ムルコギルル ～] 魚を捕る ⑥ (車を)拾う ¶택시를 ～ [tʰεkʃ'irul ～ テクシルル ～] タクシーを拾う.

***잡다**² [tʃapt'a チャプタ] 他 ① 見積る; 概算する; 推し量る ¶비용을 대충 ～ [pi:joŋul tεtʃʰuŋ ～ ピーヨングル テチュン ～] 費用をあらまし見積もる ② (計算の基準)とする; …として決める ¶정원 10인으로 ～ [tʃɔ:ŋwɔn ʃibinuro ～ チョーンウォン シビヌロ ～] 定員を 10人とする ③ (それと)見なす; 認める ¶일단 그의 소행(所行)으로 잡고 [ilt'an kwe so:hεŋuro tʃapk'o イルタン クエ ソーヘングロ チャプコ] ひとまず彼の仕業と見なして[認めて] ④ 感じとる; 悟る; 感づく ¶거짓말이라고 감을 ～ [kɔdʒinmarirago ka:mul ～ コージンマリラゴ カームル ～] うそだと(すぐ)感づく ⑤ (草案などを)立てる.

***잡다**³ [tʃapt'a チャプタ] 他 ① と畜する; 屠ほる; つぶす ¶소를 ～ [sorul ～ ソルル ～] 牛を屠る / 닭을 ～ [ta(l)gul ～ タ(ル)グル ～] 鶏などをつぶす ② 鎮火[消火]する ¶불을 ～ [purul ～ プルル ～] 火事を消しとめる ③ (怒気・気持ちなどを)抑える; 静める ¶마음을 ～ [maumul ～ マウムル ～] 心を静める; 心を落ち着ける; 腰を据える ④ (計略を使って人を)窮地に陥れる ¶사람 잡을 소리 [sa:ram dʒabul sori サーラム ジャブル ソリ] とんでもない話; 人をさいなむ話.

잡다⁴ [tʃapt'a チャプタ] 他 ① (曲がったものを)まっすぐに直す; 正す ¶굽은 철사를 ～ [kubun tʃʰɔls'arul ～ クブン チョルサルル ～] 曲がったワイヤをまっすぐにする ② (折り目を)つける ¶주름을 ～ [tʃurumul ～ チュルムル ～] 襞なをつける; 折り目をつける[とる].

잡담[雜談] [tʃapt'am チャプタム] 名 する自 雑談; 無駄話; 世間話; 駄弁 ¶～으로 시간을 보내다 [～uro ʃiganul ponεda (チャプタ)ムロ シガヌル ポネダ] 無駄話で時間をつぶす.

잡동사니 [tʃapt'oŋsani チャプトンサニ] 名 がらくた; 雑品 ¶～가 뒤범벅이 되어 있다 [～ga twibɔmbɔgi dwεit'a ～ガ トゥィボムボギ ドゥェオイッタ] がらくたがごっちゃになっている.

-잡디까 [dʒaptik'a ジャプティッカ] 語尾 …しようと言っていましたか=하～? [ha～ ハ～].

-잡디다 [dʒapt'ida ジャプティダ] 語尾 …しようと言っていました=하～ [ha～ ハ～].

잡―말[雜―] [tʃammal チャムマル] 名 する自 雑言; つまらぬ雑談 ¶～말고 꺼져라 [～malgo k'ɔdʒɔra マルゴ ッコジョラ] つべこべ言わずにとっとと消えうせろ.

잡목[雜木] [tʃammok チャムモク] 名 雑木; 柴は ¶～림 [(tʃammɔn)nim (チ

ャムモン)ニム] 雑木林.
잡무[雜務][tʃammu チャムム] 名 雑務 ¶ ~에 쫓기다[~e tʃʼotkʼida ~エッチョッキダ] 雑務に追われる.
잡물[雜物][tʃammul チャムムル] 名 ① 雑物; 雑品 ② 不純物; 混じり物 ¶ ~이 많이 섞여 있다[(tʃammuri) mani sɔkʼjɔ itʼa (チャムム)リ マーニ ソクキョ イッタ] 不純物がたくさん混じっている.
잡부[雜夫][tʃapʼu チャプブ] 名 用務員 =**잡역부**(雜役夫)[tʃapjɔkpʼu チャビョクプ].
잡부금[雜賦金][tʃapʼugum チャプブグム] 名 (基本賦課金以外の)いろいろ雑多な賦課金.
잡비[雜費][tʃapʼi チャプビ] 名 雑費.
잡-상인[雜商人][tʃapsʼaŋin チャプサンイン] 名 いろいろな物を売り歩く商人.
잡수다[tʃapsʼuda チャプスダ] 自 耳が遠くなる=귀가 먹다[kwiga mɔkʼtʼa クィガ モクタ]の尊敬語 ¶ 귀를 ~[kwirul ~ クィルル ~] お耳が遠くなる.
***잡수(시)다**[tʃapsʼu(ʃi)da チャプス(シ)ダ] 他 召し上がる=먹다[mɔkʼtʼa モクタ]「食べる」の尊敬語; お年を召す ¶ 많이 잡수셔요[mani tʃapsʼujɔ マーニ チャプスショヨ] たんと召し上がりなさい / 연세(年歳)를 ~[jɔnserul ~ ヨンセルル ~] お年を召す.
잡-수입[雜收入][tʃapsʼuip チャプスイプ] 名 雑収入.
잡-스럽다[雜—][tʃapsʼurɔptʼa チャプスロプタ] 形 [ㅂ変] 淫らでいやしい; 下品だ ¶ 잡스러운 노래[tʃapsʼurɔun norɛ チャプスロウン ノレ] 下品な歌.
잡식[雜食][tʃapsʼik チャプシク] 名 [하自他] 雑食 ¶ ~성 동물[~sʼɔŋ toːŋmul ~ソン トーンムル] 雑食性動物.
잡아-가다[tʃabagada チャバガダ] 他 ① (犯人などを)捕らえて行く ¶ 범인을 ~[pɔːminul ~ ポーミヌル ~] 犯人を捕まえて行く ② (獣を)捕って行く.
잡아-가두다[tʃabagaduda チャバガドゥダ] 他 捕らえて監禁する.
잡아-내다[tʃabanɛda チャバネダ] 他 ① (中のものを外へ)引っ張り出す; つかみ出す; さがし出す ¶ 범인을 ~[pɔːminul ~ ポーミヌル ~] 犯人をさがし出す ② (欠点などを)指摘する.
잡아-넣다[tʃabanɔtʰa チャバノッタ] 他 (犯人などを)捕まえて入れる; 拘禁する ¶ 범인을 ~[pɔːminul ~ ポーミヌル ~] 犯人を(ろうや・留置場などに)入れる[拘禁する] / 닭을 우리 안에 ~[ta(l)gul uriane ~ タ(ル)グル ウリアネ ~] 鶏を檻の中に入れる.
***잡아-당기다[끌다]**[tʃabadaŋgida-[kʼulda] チャバダンギダ[ックルダ]] 他 引っ張る; 引き寄せる ¶ 줄을 ~[tʃurul ~ チュルル ~] 綱を引っ張る.
잡아-들이다[tʃabadurida チャバドゥリダ] 他 ① (犯人などを)捕まえて入れる; 引っ張って来る; 検挙する ¶ 용의자를 ~[joŋidʒarul ~ ヨンイジャルル ~] 容疑者を検挙する ② 引っ張り込む; つかんで中へ入れる; 押し込める ¶ 돼지를 ~[twɛːdʒirul ~ トゥェージルル ~] 豚を押し込める.
잡아-떼다[tʃabatʼeda チャバッテダ] 他 ① 引き離す; もぎ取る; はがす ¶ 벽보를 ~[pjɔkpʼorul ~ ピョクポルル ~] 張り紙をはがす / 뽕잎을 ~[pʼoŋnipʰul ~ ッポンニプル ~] 桑の葉をもぎ取る ② しらを切る; うそぶく; 拒絶する ¶ 끝까지 잡아뗄 작정인가? [kʼutkʼadʒi tʃabatʼel tʃaktʼɔŋinga クッカジ チャバッテル チャクチョンインガ] あくまでしらを切るつもりか.
잡아-매다[tʃabamɛda チャバメダ] 他 ① くくる; 束ねる; 縛る ¶ 끈으로 꽉 ~[kʼunuro kʼwak (tʃʼabamɛda) ックヌロ ックァク ~] 紐できっちりとくくる ② 縛りつける ¶ 개를 ~[kɛːrul ~ ケールル ~] 犬をつなぐ.
잡아-먹다[tʃabamɔktʼa チャバモクタ] 他 ① 捕って食べる; 食う ¶ 꿩을 ~[kʼwɔŋul ~ ックォンウル ~] キジを捕って食べる ② (時間・費用などを)必要とする; 食う ¶ 휘발유를 ~[hwibaljurul ~ フィバルリュルル ~] 自動車がガソリンを食う ③ (人を)いじめて苦しめる; こらしめる ¶ 그를 잡아먹으려고 안달이다[kurul tʃabamɔgurjɔgo andarida クルル チャバモグリョゴ アンダリダ] 彼をこらしめようとやっきになっている ④ (空間を)占める ¶ 장소만 ~[tʃaŋsoman ~ チャンソマン ~] 場所を占めるばかりだ **잡아-먹히다**[tʃabamɔkʰida チャバモクキダ] 他 食われる='잡아먹다'の被動.
잡아-죽이다[tʃabadʒugida チャバジュギダ] 他 捕らえて殺す.
잡아-채다[tʃabatʃʰɛda チャバチェダ]

[他] たくる; 引ったくる; [俗] ふんだくる ¶가방을 ~[kabaŋɯl ~] カバンウル~] カバンをふんだくる[引ったくる].

잡아-타다 [tɕabatʰada チャバタダ] [他] (馬や車を)拾って乗る; 止めて乗る ¶택시를 ~ [tʰɛkɕiɾɯl ~ テクシルル ~] タクシーを拾って乗る.

잡음[雑音][tɕabɯm チャブム] [名] 雑音 ¶전화의 ~[tɕɔːnhwae ~ チョーンファエ ~] 電話の雑音［ノイズ］.

잡-일[雜—][tɕamnil チャムニル] [名] [하自] 雑用; 雑事; こまごました仕事.

*잡지[雜誌][tɕaptɕi チャプチ] [名] 雑誌; マガジン ¶주간[월간] ~ [tɕugan [wɔlgan] (dʑaptɕi) チュガン[ウォルガン] (ジャプチ)] 週刊[月刊]誌.

잡채[雜菜][tɕaptɕʰɛ チャプチェ] [名] 小さく刻んだ野菜と肉類を混ぜて油でいためた料理(野菜の代わりにはるさめ[唐麺ミョン]を入れる場合もある) **—밥**[bap バプ] [名] いためたはるさめに焼き飯をつけた中華料理.

잡초[雜草][tɕaptɕʰo チャプチョ] [名] 雑草 ¶~가 무성(茂盛)한 토지[~ga musɔŋhan tʰodʑi ~ ガ ムソンハン トジ] 雑草の生い茂った土地.

잡치다 [tɕaptɕʰida チャプチダ] [他] ① (事を)し損なう; しくじる; 台無しにする; (物を)駄目にする ¶일을 ~ [iːrɯl ~ イールル ~] (仕)事をし損なう / 장사를 ~ [tɕaŋsarɯl ~ チャンサルル ~] 商売を台無しにする / 기분[感情]を損なう ¶기분을 ~ [kibunɯl ~ キブヌル ~] 気分を損なう.

잡탕[雜湯][tɕaptʰaŋ チャプタン] [名] ① ごった煮; 魚・肉・野菜にいろいろなスパイスを入れ混ぜ, 煮込んだスープ ② ごたごた物[者] **—밥**[bap バプ] [名] 煮込んだ'잡탕'をご飯にかけた中華料理.

잡화-상[점][雜貨商[店]][tɕapʰwasaŋ[dʑɔm] チャプァサン[ジョム]] [名] 雑貨商; 唐物屋; よろず屋.

*잡히다[1][tɕapʰida チャプヒダ] [自] ① 取れる; 捕れる; 捕まる; (獲物がかかる; ='잡다'の受動) ¶범인이 ~ [pɔːmini ~ ポーミニ ~] 犯人が捕まる ② (調和・均衡などの)釣り合う ¶균형이 ~ [kjunhjɔŋi ~ キュンヒョンイ ~] 均衡が取れる ③ (欠点などの)捕まる ¶약점이 ~ [jaktɕʰɔmi ~ ヤクチョミ ~] 弱点が捕まる ④ (職場・方向・時間などが)定められる; 決められる; 取られる ¶출발 날짜가 잡혔다[tɕʰulbal naltɕʰaga tɕapʰjɔtʰa チュルバル ナルッチャガ チャプヒョッタ] 出発の日が定められた ⑤ 田に水がたまる ¶물이 가득 잡힌 논[muri kadɯk tɕʰapʰin non ムリ カドゥク チャプピン ノン] 水が充分汲みたった[たまった]田.

잡히다[2][tɕapʰida チャプピダ] [自] [受動] ① と畜される ② つかまれる; 指摘される; (難癖などを)つけられる ¶트집을 ~ [tʰɯdʑibɯl ~ トゥジブル ~] 言い掛かりをつけられる ③ (火事・風・勢いなどが)鎮火される; 鎮まる; やむ; 折れる ¶바람이 ~ [parami ~ パラミ ~] 風がやむ[鎮まる] ④ 落ち着く; 安定する ¶마음이 ~ [maɯmi ~ マウミ ~] 心が落ち着く.

잡히다[3][tɕapʰida チャプピダ] [自] [受動] ① 曲がった物がまっすぐに直される ¶철사가 곧게 ~ [tɕʰɔlsaga kotkʼe ~ チョルサガ コッケ ~] ワイヤがまっすぐに伸ばされる ② (ひだ・しわなどが)寄る; 折り目がつく ¶주름이 ~ [tɕuɾɯmi ~ チュルミ ~] (ズボンに)折り目がつく.

잡히다[4][tɕapʰida チャプピダ] [他] [使役] ① 担保[質]に入れる ¶집을 ~ [tɕibɯl ~ チブル ~] 家屋を抵当に入れる / 시계를 ~ [ɕigeɾɯl ~ シゲルル ~] 時計を質に入れる ② 手でつかませる ¶아이한테 숟가락을 ~ [aihantʰe sutkʼaɾagɯl ~ アイハンテ スッカラグル ~] 子供にスプーンを握らせる.

*잣[tɕaːt チャーッ] [名] 松の実; 朝鮮松の実 **—나무**[(tɕaːn)namu (チャーン)ナム] [名] 〈植〉チョウセンマツ; 五葉松.

잣다[tɕaːtʼa チャーッタ] [他] [人変] ① 紡ぐ ¶물레로 실을 ~ [mulleɾo ɕiːɾɯl ~ ムルレロ シールル ~] 糸車で糸を紡ぐ ② (水車・ポンプなどで)水をくみ上げる ¶물을 자아 올리다[muɾɯl tɕaa ollida ムルル チャア オルリダ] 水をくみ上げる.

잣-대[tɕaːtʼɛ チャッテ] [名] 物差し.

잣-죽[—粥][tɕaːtɕuk チャーッチュク] [名] 松の実と米をひいてつくった粥かゆ.

*장[場][tɕaŋ チャン] [名] 市・市場='시장'(市場)の略 ¶~이 서다[~i sɔda ~イ ソダ] 市が立つ[開かれる].

*장[腸][tɕaŋ チャン] [名] 腸; はらわた.

*장[醬][tɕaːŋ チャーン] [名] しょう油・みそ・唐辛子みそなどの総称 ¶~을 담그다[~ɯl tamgɯda ~ウル タムグダ]

しょう油[みそ]を仕込む[醸す].
장-櫃[機][tʃaːŋ チャーン] 名 たんす・洋服だんす・茶だんすなど.

***장**[張][tʃaŋ チャン] 依名 枚; 片; 張 ¶종이 1~ [tʃoɲi han (dʒan)] チョンイ ハン(ジャン)] 紙1枚 / 10~ [jol (tʃ'aŋ) ヨル~] 10枚.

-장[丈][dʒaŋ ジャン] 接尾 (目上の)お方 ¶노인(老人)~ [noːin~ ノーイン~] お年寄りさま; ご老人 / 춘부(春府・椿府)~ [tʃʰunbu~ チュンブ~] あなたの父上 / 주인(主人)~ [tʃuin~ チュイン~] ご主人さま.

***장가**[tʃaːnga チャーンガ] 名 妻をめとること **-가다**[gada ガダ] 自 (男が)結婚する **-들다**[dulda ドゥルダ] 自 結婚して妻をめとる **-들이다**[보내다] [durida [boneda] ドゥリダ [ボネダ]] 他 (息子などを)結婚させる ¶막내 아들을 ~ [maŋne adɯrɯl ~ マンネ アドゥルル ~] 末っ子を結婚させる.

***장갑**[掌匣][tʃaːŋgap チャーンガプ] 名 手袋 ¶가죽 ~ [kadʒuk (tʃ'aːngap) カジュク ~] 革の手袋.

장-거리[場-][tʃaŋk'ori チャンコリ] 名 ① 市場通り; 市が立つにぎやかな街 ② 市場での売り物[買い物]; 市場で取引する色々な商品.

장골[壯骨][tʃaːngol チャーンゴル] 名 力強くがっちりとした骨格(の人).

장관[壯觀][tʃaːŋgwan チャーングァン] 名 壮観 ¶실로 ~이다 [ʃillo ~ida シルロ (チャーングァン)ニダ] 実に壮観だ.

***장관**[長官][tʃaːŋgwan チャーングァン] 名 長官; 大臣.

장광-설[長廣舌][tʃaŋgwaŋsol チャングァンソル] 名 長広舌 ¶~을 늘어놓다 [~sorul nwronotʰa ~ソルル ヌロノッタ] 長広舌を振るう.

장교[將校][tʃaːgjo チャーンギョ] 名 将校.

장구[tʃaŋgu チャング] 名 〈楽〉鼓の一種(中央部のくびれた胴の両側に皮を張って打ち鳴らす打楽器); =チャンゴ(杖鼓) **-채**[tʰɛ チェ] チャングを打つ細いばち.

장 구

장구-벌레[tʃaŋgubʌlle チャングボルレ] 名 〈虫〉ボウフラ(蚊の幼虫).

장-국[醬-][tʃaːŋk'uk チャーンクク] 名 ① 澄まし汁 ② みそ汁以外の汁物; おつゆ ③ (すき焼などに用いる)しょう油を混ぜた水 **-밥**[p'ap パプ] 名 クッパ(국밥)(肉などを入れた熱いスープかけの汁ご飯); クッパに串で焼き肉や牛の尻肉ぶを薬味を添えた汁ご飯.

***장군**[將軍][tʃaŋgun チャングン] **1** 名 ① 将軍; 陸・海・空軍の将官 ② 将棋で王手 **2** 感 王手をかけるときの声.

***장기**[將棋][tʃaːŋgi チャーンギ] 名 将棋 ¶~를 두다 [~rul tuda ~ルル トゥダ] 将棋を指す / 떼고 두는 ~ [t'ego dunun ~ ッテゴ ドゥヌン ~] 駒落ち将棋 **-짝**[tʃ'ak ッチャク] 将棋の駒 **-판**(板) [pʰan パン] 名 将棋盤.

장기[長技][tʃaŋk'i チャンキ] 名 特技; 十八番 ¶~ 자랑 [~ dʒaːraŋ ~ ジャーラン] ものまね・のど自慢など.

장-꾼[場-] [tʃaŋk'un チャンックン] 名 市場で物を売買する商人; 市場に集まった買い物客.

장끼[tʃaŋk'i チャンキ] 名〈鳥〉雄の雉.

***장난**[tʃaŋnan チャンナン] 名 自他 いたずら; 悪ふざけ; 戯れ; おいた; 俗 やんちゃ ¶반 ~으로 [paːn ~uro パン / 운명의 ~ [uːnmjoŋe ~ ウーンミョンエ ~] 運命の戯れ **-이 심하다** [ʃiːmhada (チャンナ)ニ シームハダ] 名 自 いたずら好きだ; 腕白だ **-치다** [tʃʰida チダ] 自 いたずらをする ¶~치면 못써요 [~tʃʰimjon moːsːojo ~チミョン モーッソヨ] おいたをしてはいけません **-감**[k'am ッカム] 名 おもちゃ **-기**(氣) [k'iːk'i ッキ] 名 いたずら気; ちゃき; ちゃめっけ; おどけ **-꾸러기** [k'urʌgi ックロギ] 名 いたずらっ子; 腕白小僧; ちゃめっ子 **-꾼** [k'un ックン] 名 いたずら好きの人.

장-날[tʃaŋnal チャンナル] 名 市日; 市の立つ日.

장남[長男][tʃaːnnam チャーンナム] 名 長男 = 맏아들[madadɯl マダドゥル].

장녀[長女][tʃaːŋnjʌ チャーンニョ] 名 長女 = 맏딸[maːt'al マッタル].

장님[tʃaːŋnim チャーンニム] 名 盲者; 盲人; = 소경 [soːgjʌŋ ソーギョン] 「視覚障害者」の尊称.

장단[長短][tʃaŋdan チャンダン] 名 長短 ① 長いことと短いこと ¶~을 견주다 [~ul kjʌndʒuda (チャンダ)ヌル キョンジュダ] 長短を比べる ② 長所と

短所 ¶ ~을 재다[~ɯl tʃɛ:da (チャンダ)ヌル チェーダ] 長短を測る ③ (音楽などの)拍子; 調子 **—맞다**[mat'a マッタ] 自 ① 拍子[調子]が合う; リズムが合う ② 考えや行動が合致する **—맞추다**[matʃʰuda マッチュダ] 他 ① 拍子を取る; 調子を合わせる ② 気を高める **—치다**[tʃʰida チダ] 自 ① 調子に乗せる; 調子を取って鼓などを打ち鳴らす **—점(點)**[tʃ'ʌm チョム] 名 長所と短所.

장담[壯談][tʃa:ŋdam チャーンダム] 名 하自他 壮語 ¶ 호언(豪言)~하다[hoʌn (dʒa:ŋdam)hada ホオン (ジャーンダム)ハダ] 大言壮語する.

장대[長—][tʃaŋ—] 名 (竹や木の)竿竹; 長竿 **—높이뛰기**[nopʰit'wigi ノピットゥィギ] 名 棒高跳び.

장도리[tʃa:ŋdori チャーンドリ] 名 釘抜き兼用の金槌鍋.

***장-독**[tʃa:ŋt'ok チャーントク] 名 しょう油やみそなどを醸造または貯蔵するかめ **—간(間)**[(tʃa:ŋt'o)k'an カン] 名 しょう油がめ・みそがめの置き場 **—대**[t'ɛ テ] 名 しょう油がめ・みそがめの置き場としての高台.

장독대

장-돌뱅이[場—][tʃaŋt'olbɛŋi チャントルベンイ] 名 各地の市場を歩き回りながら物を売る商人; 行商人.

장딴지[tʃaŋt'andʒi チャンッタンジ] 名 ふくらはぎ; こむら.

***장래[將來]**[tʃaŋnɛ チャンネ] 名 副 将来; 前途; 後日; 先(行き); (行く)末 ¶ 가까운 ~[kak'aun ~ カッカウン ~] 近い将来 **—성**[sʌŋ ソン] 名 将来性; 見込み; 見所 ¶ ~이 있는 청년[~i innɯn tʃʰʌŋnjʌn ~イ インヌン チョンニョン] 見込みのある青年.

장려[獎勵][tʃa:ŋnjʌ チャーンニョ] 名 하他 奨励 ¶ 저축을 ~하다[tʃɔtʃʰugul ~hada チョーチュグル ~ハダ] 貯蓄を奨励する **—금**[gum グム] 名 奨励金; 奨金.

장례[葬禮][tʃa:ŋne チャーンネ] 名 葬礼; 葬儀; 葬式 **—식**[ʃik シク] 名 葬式.

장로[長老][tʃa:ŋno チャーンノ] 名 長老 ① 徳を備えた年長者 ② 〈基〉(キリスト教で)牧師を補佐する信徒代表.

장롱[欌籠][tʃa:ŋnoŋ チャーンノン] 名 たんす ¶ 자개 ~[tʃagɛ (dʒa:ŋnoŋ) チャゲ (ジャーンノン)] 螺鈿ぷのたんす.

장르[dʒaŋrɯ ジャンル] 〈フ〉genre 名 ジャンル ① 分野; 部門 ② 〈文〉文芸作品の形態上の種別様式; 種類.

***장마**[tʃaŋma チャンマ] 名 長雨; 梅雨; 五月雨鎹 ¶ ~ 전선[~ dʒʌnsʌn ~ ジョンソン] 梅雨前線 **—지다[들다]**[dʒida[dɯlda] ジダ[ドゥルダ]] 自 長雨になる; 梅雨期に入る **—철**[tʃʰʌl チョル] 名 梅雨期; つゆ入りのころ[季節] **장맛-비**[tʃaŋmatp'it チャンマッピッ] 名 つゆ時の雨.

***장만-하다**[tʃaŋmanhada チャンマンハダ] 他 (買い入れるかこしらえて)備える; 用意・仕度をする ¶ 집을 ~[tʃibul ~ チブル ~] 家を買い入れる / 도시락을 ~[toʃiragul ~ トシラグル ~] 弁当を準備する.

***장면[場面]**[tʃaŋmjʌn チャンミョン] 名 場面; シーン(scene) ¶ 슬픈 ~[sulpʰɯn ~ スルプン ~] 悲しい場面 / 극적인 ~[kɯktʃʼʌgin ~ ククチョギン ~] 劇的(な)シーン.

***장모[丈母]**[tʃa:ŋmo チャーンモ] 名 妻の母; 義母.

장물[贓物][tʃaŋmul チャンムル] 名 贓物ぞう; 贓品ぞう; 盗品 **—아비**[(tʃaŋmur)abi (チャンム)ラビ] 名 俗 贓物を買い受ける人.

***장미[薔薇]**[tʃaŋmi チャンミ] 名 〈植〉バラ(薔薇); ローズ(rose) **—꽃**[k'otʃ'kʼoʃ' コッコッ] 名 バラ(の花) **장밋-빛**[tʃaŋmitp'it チャンミッピッ] 名 バラ色[ピンク]; 幸せや希望に満ちた将来を象徴する色 ¶ ~ 인생[~-(p'id) insɛŋ ~-(ピ) ディンセン] バラ色の人生.

장-바구니[場—][tʃaŋp'aguni チャンパグニ] 名 買い物かご=시장(市場) 바구니[ʃi:dʒaŋp'aguni シージャンパグニ].

장-바닥[場—][tʃaŋp'adak チャンパダク] 名 市場(の中).

장벽[障壁][tʃaŋbjʌk チャンビョク] 名 障壁 ¶ ~을 쌓다[(tʃaŋbjʌg)ɯl s'atʰa (チャンビョ)グル ッサッタ] 障壁を築く / 관세 ~[kwansɛ (dʒaŋbjʌk) クァンセ (ジャンビョク)] 関税障壁 / 언어

~ [ɔnɔ] (dʒaŋbjɔk) オノ（ジャンピョク）] 言語の障壁.

장-보다[場—][tʃaŋboda チャンボダ] 自 ① 市場で商売[商いを]する ② 市場で買物をする ¶장 보러 가다[tʃaŋboro gada チャンボロ ガダ] 市場に行って買物をする[品物を売る] **장-보기**[tʃaŋbogi チャンボギ] 名 市場で買物をする[品物を売る]こと[仕事].

장본-인[張本人][tʃaŋbonin チャンボニン] 名 張本人 ¶소동의 ~[sodoŋe ~ ソドンエ ~] 騒動の張本人.

장부[丈夫][tʃa:ŋbu チャーンブ] 名 丈夫ヒょウ・ますら; 1人前の男(子); ＝대장부(大丈夫)[tɛ:dʒaŋbu テージャンブ] ¶~ 일언이 중천금(重千金)[~ irɔni tʃuŋtʰɔŋgum ~ イロニ チューンチョングム] 諺 丈夫の一言は千金の重みを持つ(約束は必ず守られなければならない).

장부[帳簿][tʃaŋbu チャンブ] 名 하他 帳簿 ¶~를 마감하다[~rul magamhada ~ルル マガムハダ] 帳簿を締め切る.

＊**장사**[tʃaŋsa チャンサ] 名 商い; 商売; 商業 ¶~ 밑천[~ mitʃʰɔn ~ ミッチョン] 商売の元手[資] /~의 요령(要領)[~e jorjoŋ ~エ ヨリョン] 商売のこつ /~가 잘 되다[~ga tʃal dweda ~ガ チャル ドゥェダ] 商売がうまくいく /~가 잘 안 되다[~ga tʃar andweda ~ガ チャランドゥェダ] 商売が左向きである /~가 거덜나다[~ga kɔdɔllada ~ガ コドルラダ] 商売あがったりだ[駄目になる] **—하다**[hada ハダ] 自 商売する; 商う **—꾼**[k'un ックン] 名 ① 商売に長たけた人 ② 商人; あきんど **—(아)치**[(a)tʃʰi (ア)チ] 名 商(売)人の卑語 **장삿-길**[tʃaŋsatk'il チャンサッキル] 名 商売の道[世界]; 商売に出かける道 ¶~에 나서다[~-k'ire nasɔda ~ッキレ ナソダ] 商売の道[世界]に足を踏み入れる **장삿-속**[tʃaŋsas'ok チャンサッソク] 名 ① 商売のこつ; 商売の内情 ¶~이 훤한 사람[~-s'ogi hwɔ:nhan sa:ram ~ッソギ フォーンハン サーラム] 商売の内情に明るい[詳しい]人 ② (商人の)打算的なもくろみ[考え].

장사[壯士][tʃa:ŋsa チャーンサ] 名 壯士 ① 血気盛んなたくましい男; 怪力の人; 豪傑 ② 力士; 力持ち.

장사[葬事][tʃa:ŋsa チャーンサ] 名 하他 葬儀; 葬式 **—지내다**[dʒinɛda ジネダ] 他 葬式を執り行なう; 埋葬する.

장사-진[長蛇陣][tʃaŋsadʒin チャンサジン] 名 長蛇の列[陣] ¶~을 치다[~ul tʃʰida (チャンサ) ジヌル チダ] 長蛇の列を作る.

장삼[長衫][tʃaŋsam チャンサム] 名 緇衣ﾆえ; ねずみ色がかった墨染めの僧衣.

장서[藏書][tʃa:ŋsɔ チャーンソ] 名 하自 蔵書 **—가**[ga ガ] 名 蔵書家.

장-서다[場—][tʃaŋsɔda チャンソダ] 自 市が立つ. 「星; 将軍.

장성[將星][tʃa:ŋsɔŋ チャーンソン] 名

＊**장소**[場所][tʃaŋso チャンソ] 名 場所; ところ; 場 ¶~가 ~인 만큼[~ga ~in mankʰum ~ガ ~イン マンクム] 場所が場所だけに /~를 차지하다[~rul tʃʰadʒihada ~ルル チャジハダ] 場所を取る[占める].

장손[長孫][tʃa:ŋson チャーンソン] 名 初孫; 長男の長男＝맏손자[mas'ondʒa マッソンジャ].

장-손녀[長孫女][tʃa:ŋsonnjo チャーンソンニョ] 名 初孫娘; 長男の長女＝맏손녀[mas'onnjo マッソンニョ].

-장수[tʃaŋsu チャンス] 接尾 …を売る人; 売り子; …屋; …商 ¶떡~[t'ɔk-(tʃ'aŋsu) ットク~] もち屋 / 술~[sul-(tʃ'aŋsu) スル~] 酒屋 / 집~의 집 [tʃip(tʃ'aŋsu)e tʃip チプ~エ チプ] 建売りの家.

장수[長壽][tʃaŋsu チャンス] 名 하自 長寿; 長命; 長生き ¶꽤 ~했다[k'wɛ ~hɛt'a ックェ ~ヘッタ] かなり長生きした.

장수[張數][tʃaŋs'u チャンッス] 名 枚数 ¶표의 ~를 세다[pʰjoe ~rul se:da ピョエ ~ルル セーダ] 切符の枚数を数える.

＊**장승**[長—][tʃaŋsɯŋ チャンスン] 名 民 ① 村の守り[道しるべ]として村の入口に立てる男女一対の木像 ② 背丈の高い人を指す語; のっぽ ¶~ 같은 사내[~gatʰun sanɛ ~ガトゥン サネ] ずば抜けて背の高い男.

장승

장-시간[長時間][tʃaŋʃigan チャンシガン] 名 長時間 ¶~ 기다렸다[~ kida:rjɔt'a ~ キダリョッタ] 長時間待った.

장-시세[場時勢][tʃaŋʼise チャンシセ] 名 市場での値段［相場］.

장-시일[長時日][tʃaŋʃiil チャンシイル] 名 長時日; 長い間 ¶ ~이 걸렸다 [~-(ʃiir)i kɔlljotʼa ~-(シイ)リ コルリョッタ] だいぶ日にちがかかった.

장식[裝飾][tʃaŋʃik チャンシク] 名 裝飾 ¶ 실내 ~[ʃille (dʒaŋʃik) シルレ（ジャンシク）]室内裝飾 ━**하다**[(tʃaŋʃi)kʰada カダ] 他 装飾する; 飾りつける; 彩る; 設らえる ¶꽃으로 ~[kʼotʃʰuro ~ ッコチュロ ~] 花で飾りつける ━**물**[(tʃaŋʃiŋ)mul （チャンシン）ムル] 名 飾り物 ━**장**[tʃʼaŋ チャン] 名 飾り棚 ━**품**[pʰum プム] 名 裝飾品.

장신[長身][tʃaŋʃin チャンシン] 名 長身; 長軀ちょう ¶ ~의 사나이 [~e sanai （チャンシ）ネ サナイ] 長身の男.

장신-구[裝身具][tʃaŋʃiŋu チャンシング] 名 裝身具; 裝具; アクセサリー ¶ ~를 달다 [~rul talda ~ルル タルダ] 装身具を着ける.

***장아찌**[tʃaŋatʃʼi チャンアッチ] 名 千切りにして干した大根・アオトウガラシ・ニンニクの茎[とう]などをしょう油に漬けたお菜［おかず］.

장악-하다[掌握—][tʃaːŋakʰada チャーンアクカダ] 他 掌握する ¶당권을 ~ [taŋkʼwɔnul ~ タンクォヌル ~] 党権を掌握する.

장안[長安][tʃaŋan チャンアン] 名 ソウル［首都］の別称 ¶ ~의 화제 [~e hwadʒe （チャンア）ネ ファジェ] 満都の話題.

장애[障碍・障礙][tʃaŋɛ チャンエ] 名 障害; 障り; 妨げ ¶통신 ~[tʰoŋʃin (dʒaŋɛ) トンシン（ジャンエ）] 通信障害 ━**물 경주**[mul gjɔːdʒu ムル ギョーンジュ] 障害物競走; ハードルレース (hurdle race).

***장어**[長魚][tʃaŋɔ チャンオ] 名〈魚〉ウナギ=뱀장어[pɛːmdʒaŋɔ ペームジャンオ] ¶ ~ 구이[~ gui ~ グイ]（ウナギの）かば焼き / ~ 덮밥[~ dɔpʼap ~ ドプパプ] ウナギどんぶり.

장원[壯元][tʃaːŋwɔn チャーンウォン] 名 하다 ①〈史〉科挙の試, 役人の任用試験に首席合格すること, また, その人 ② 寺子屋で文章にもっとも長けた者 ━**급제**(及第)[gupʼtʃʼe グプチェ] 名 하다 （科挙での）首席合格.

장의-사[葬儀社][tʃaːŋisa チャーンイサ] 名 葬儀屋.

-장이[匠—][dʒaŋi ジャンイ] 接尾 職人を下げすんで言う語 = '-쟁이' ¶미~[mi~ ミ~] 左官 / 대장~[tɛdʒaŋ ~ テジャン~] 鍛冶屋.

***장인**[丈人][tʃaːɲin チャーンイン] 名 妻の父; 岳父; 義父 ━**어른**[ɔːruun（チャーイ）ノールン] 名 おとうさん.

장인[匠人][tʃaːŋin チャンイン] 名 職人; たくみ; 匠人.

장자[長者][tʃaːŋdʒa チャーンジャ] 名 長者 ①大人; 目上・年上の人 ② 徳のある老成した人 ③ 富豪; 金持ち ¶백만 ~[pɛŋman (dʒaːŋdʒa) ペンマン（ジャーンジャ）] 百万長者.

장작[長斫][tʃaŋdʒak チャンジャク] 名 薪 ¶ ~을 패다 [(tʃaŋdʒaɡ) ul pʰeda （チャンジャグ）グル ペダ] 薪を割る ━**개비**[(tʃaŋdʒa)kʼɛbi ケビ] 名 割った薪(の1片) ━**불**[pʼul プル] 名 薪の火.

***장점**[長點][tʃaŋtʃʼɔm チャンチョム] 名 長所 ¶ ~을 살리다 [~ul sallida ~ルル サルリダ] 長所を生かす.

장정[壯丁][tʃaːŋdʒɔŋ チャーンジョン] 名 壯丁 ① 若くて血気盛んな男 ¶씩씩하게 생긴 ~[ʃiːkʃʼikʰage sɛŋgin ~ッシークシクカゲ センギン ~] 男らしい若者 ② 徴兵適齢期にある男子.

장정[裝幀][tʃaŋdʒɔŋ チャンジョン] 名 하다 他 装丁 ¶ ~이 화려한 책[~i hwarjɔhan tʃʰɛk ~ イ ファリョハン チェク] 装丁の華麗な本.

장-조림[醬—][tʃaːŋdʒorim チャーンジョリム] 名 牛肉のしょう油煮.

장지[葬地][tʃaːŋdʒi チャーンジ] 名 埋葬する場所.

장지[障—][tʃaŋdʒi チャンジ] 名 障子 ¶ ~를 열다［닫다］[~rul jɔːlda [tatʼa] ~ルル ヨールダ［タッタ］] 障子を開ける［閉める］ ━**문**(門)[mun ムン] 名 桟に紙を張った戸; 明かり障子; ふすま.

***장차**[將次][tʃaŋtʃʰa チャンチャ] 副 今から先; 将来; 今後 ¶ ~ 어떻게 하지?[~ ɔtʼɔkʰe hadʒi ~ オットッケ ハジ] 今後どうするのか.

장치[裝置][tʃaŋtʃʰi チャンチ] 名 装置; 設らえ; 仕掛け ¶안전 ~[andʒɔn (dʒaŋtʃʰi) アンジョン（ジャンチ）] 安全装置 ━**하다**[hada ハダ] 他 装置する; 設える; 仕掛ける.

장타[長打][tʃaŋtʰa チャンタ] 名〈野〉長打; ロングヒット ¶ ~를 날리다 [~-

rul nallida ～ルル ナルリダ] 長打を飛ばす[打つ].

장-탄식[長歎息][tʃaŋtʰansik チャンタンシク] 图[하자] 長歎息; 長嘆; 長いため息; 長大息 ¶절망하여 ～하다[tʃəlmaŋhajə ～(tʰanʃi)kʰada チョルマンハヨ ～カダ] 絶望して長嘆する.

장-터[場—][tʃaŋtʰə チャント] 图 市場; 市の立つ広場.

*__장판__[壯版][tʃaŋpʰan チャンパン] 图 [하자] ① 油紙を貼ったオンドル(温突)の床 ② オンドルの油紙 —방(房)[baŋ バン] 图 床面に油紙を貼ったオンドルの部屋 —지(紙)[dʒi ジ] 图 オンドルの床に貼る厚い油紙.

*__장-하다__[壯—][tʃaːŋhada チャーンハダ] 彫 ① 立派だ; すばらしい; 見事だ ¶～한 어머니[～han ɔmɔni ～ハン オモニ] 気丈な[立派な]母 ② 殊勝だ; けなげだ; 奇特だ ¶～한 어린이[～han ɔrini ～ハン オリニ] 殊勝な子.

*__장학__[獎學][tʃaŋhak チャンハク] 图 [하자] 奨学 —금[(tʃaːŋha)kʼum クム] 图 奨学金 —생[sʼeŋ セン] 图 奨学生.

*__장해__[障害][tʃaŋhɛ チャンヘ] 图 障害; 妨げ; 邪魔 ¶～가 많다[～ga manːtʰa ～ガ マンタ] 妨げが多い —물[mul ムル] 图 障害物.

장화[長靴][tʃaŋhwa チャンファ] 图 [長靴; ブーツ].

*__장황__[張皇][tʃaŋhwaŋ チャンファン] 图 冗漫; 冗長; 長たらしいさま ¶～한 연설[～han jɔnsʌl ～ハン ヨンソル] 長たらしい演説 —하다[hada ハダ] 彫 冗漫[冗長]だ; 長たらしい; くどくどしい —히[i イ] 副 冗漫に; 長々と; くどくどと ¶～ 늘어놓다[～ muronotʰa ～ ヌロノッタ] (不平を)くどくど(と)述べたてる.

*__잦다__[tʃatʼa チャッタ] 彫 頻繁だ; 頻しりだ; しばしば起こる ¶비가 ～[piga ～ ピガ ～] 雨が頻繁[頻り]に降る.

잦아—들다[tʃadʒaduːlda チャジャドゥルダ] 自 ① (ㄹ語幹)(水が)だんだん少なくなる[減る]=**잦아—지다**[tʃadʒadʒida チャジャジダ] ¶가뭄으로 물이 ～[kamumuro muri ～ カムムロ ムリ ～] 日照り続きで水が減る ② 染み込む ③ 静まる; 収まる ¶소음이 ～[soumi ～ ソウミ ～] 騒音が静まる[収まる].

잦아—지다²[tʃadʒadʒida チャジャジダ] 自 (回数が)多くなる; 繁くなる; 頻繁になる ¶사고가 ～[saːgoga ～ サーゴガ ～] 事故が多くなる.

잦은—걸음[tʃadʒɯn gɔrɯm チャジュンゴルム] 图 急ぎ足; 早足; 小走り.

*__재¹__[tʃɛ チェ] 图 灰 ¶담뱃—[taːmbɛ(tʃʼɛ) タームベッ～] タバコの灰.

재²[tʃɛ チェ] 图 峠 ¶—를 넘어가다[～rul nɔmɔgada ～ルル ノモガダ] 峠を越えて行く.

재[齋][tʃɛ チェ] 图 〈仏〉法事; 供養.

재간[才幹][tʃɛgan チェガン] 图 才幹; 才能; 技倆; 手段 ¶～이 있는 사람[～i innɯn saːram チェガニ インヌン サーラム] 才幹[才能]のある人.

재갈[tʃɛgal チェガル] 图 くつわ; はみ ¶말에 ～을 물리다[mare (tʃɛgar)ul mullida マレ (チェガ)ルル ムルリダ] 馬にくつわをはめる —(을) 먹이다[(tʃɛgarul) mɔgida (チェガルル) モギダ] 慣 ① (馬の口に)くつわをする[はめる] ② (声を立たせないように)くつわをかませる; 口をふさぐ.

재개[再開][tʃɛːgɛ チェーゲ] 图 [하자] 再開 ¶교섭을 ～하다[kjɔsɔbul ～hada キョソブル ～ハダ] 交渉を再開する.

재-개발[再開發][tʃɛːgɛgal チェーゲバル] 图 [하자] 再開発 ¶도심의 ～[toʃime ～ トシメ ～] 都心の再開発.

재건-하다[再建—][tʃɛːgɔnhada チェーゴンハダ] 他 再建する; 建[立]て直す ¶조직을 ～[tʃodʒigɯl ～ チョジグル ～] 組織を建て直す.

재-검토[再檢討][tʃɛːgɔmtʰo チェーゴムト] 图 [하자] 再検討 ¶원안을 ～하다[wɔnanul ～hada ウォナヌル ～ハダ] 原案を再検討する.

재결[裁決][tʃɛːgjɔl チェギョル] 图 [하자] 裁決 ¶～을 내리다[(tʃɛgjɔr)ul nɛrida (チェギョ)ルル ネリダ] 裁決を下す.

재-결합[再結合][tʃɛːgjɔrhap チェーギョルハプ] 图 [하자] 再結合 ¶그는 마침내 ～하였다[kɯnɯn matʃʰimnɛ (tʃɛːgjɔrha)pʰajʌtʼa クヌン マチムネ ～パヨッタ] 彼はついによりを戻した.

재경[財經][tʃɛgjɔŋ チェギョン] 图 財経 ¶～ 위원회[～wiwɔnhwe ～ウィウォンフェ] 財経委員会.

재계[財界][tʃɛgɛ チェゲ] 图 財界 ¶～의 움직임[～e umdʒigim ～エ ウムジギム] 財界の動き.

재고[再考][tʃɛːgo チェーゴ] 图 [하자] 再考; 再思 ¶～의 여지가 없다[～e jɔdʒiga ɔːpʼtʼa ～エ ヨジガ オープタ]

再考の余地がない.

재고[在庫] [tʃɛːgo チェーゴ] 图 在庫 **―정리**[dʒɔːŋni ジョーンニ] 图 하他 在庫整理; 棚ざらえ ¶ ~ 세일 [~ seil ~ セイル] 棚ざらえバーゲンセール **―조사**[dʒosa ジョサ] 图 하自 在庫調査; 在庫調べ; 棚卸し **―품**[pʰum プム] 图 在庫品.

재-교육[再教育] [tʃɛːgjojuk チェーギョユク] 图 하他 再教育 ¶사원의 ~ [sawone~ サウォネ~] 社員の再教育.

재-군비[再軍備] [tʃɛːgunbi チェーグンビ] 图 하自 再軍備; 再武装 ¶ ~ 반대 운동[~ baːnde uːndoŋ ~ バーンデ ウーンドン] 再軍備反対運動.

재기[才氣] [tʃɛːgi チェギ] 图 才気 ¶ ~ 발랄한 젊은이[~ ballarhan tʃʌlmuni ~ パルラルハン チョルムニ] 才気はつらつな若者.

재기[再起] [tʃɛːgi チェーギ] 图 하自 再起 **―불능**[bullɯŋ プルルン] 图 再起不能.

재 깍[tʃɛkʼak チェクカク] 副 하自 ① がちん; かちゃっ ¶문이 ~ 열렸다 [muni (tʃɛkʼaŋ) njɔllʲtʃʼa ムニ (チェクカン) ニョルリョッチャ] ドアがかちっと開いた ② かちかち; 時計の歯車の音.

재 깍²[tʃɛkʼak チェクカク] 副 てきぱき; さっさと; 手早く; 物事を素早く片づけるさま ¶ ~ 대답하다[~ tʼɛːdapʰada ~ テーダプハダ] てきぱきと答える / 일을 ~ 해치우다[iːrul (tʃɛkʼa) kʰɯːtʃʰiuda イールル ~ ケーチウダ] 仕事をさっさと[手早く]片づける.

재난[災難] [tʃɛnan チェナン] 图 災難; 災い ¶ ~을 당하다[~ul taŋhada (チェナ) ヌル タンハダ] (思わぬ) 災難[災い]にあう.

*재능[才能] [tʃɛnɯŋ チェヌン] 图 才能 ¶비범한 ~ [piːbɔmhan ~ ピーボムハン ~] 非凡な才能.

*재다¹[tʃɛːda チェーダ] 1 他 ①(長さ・重さ・高さ・温度・時間などを)計[測・量]る ¶높이를 ~ [nopʰirul ~ ノピルル ~] 高さを計る / 시간을 ~ [ʃiganul ~ シガヌル ~] 時間を計る / 넓이를 ~ [nɔlbirul ~ ノルビルル ~] 広さを測る ② (ひそかに実情を)探る ¶뒤를 ~ [twiːrul ~ トゥィールル ~] 跡[後ろ]を探る ③ (事情を)推し量る; あれこれと考える ¶너무 재기만 한다[nɔmu tʃɛːgiman handa ノム チェーギマン ハンダ] あれこれ考え過ぎる ④ 弾丸を込める = ¶탄환을 ~ [tʰaːnhwanul ~ ターンファヌル ~] ⑤ (商品などを)積み重ねる ⑥ (海苔などを)味つけして重ねる 2 自俗 威張る; 高慢ぶる; もったいぶる ¶너무 재지 말게[nɔmu tʃɛːdʒi maːlge ノム チェージ マールゲ] あまり威張るな.

재다²[tʃɛːda チェーダ] 形 ①(動作が)素早い; 敏捷びんだ ¶걸음이 ~ [kɔrumi ~ コルミ ~] 足どりが軽く速い ② (感覚が)敏感である; 軽い ¶몸이 ~ [momi ~ モミ ~] 体が軽い / 입이 ~ [ibi ~ イビ ~] 口が軽い[早い].

재단[財團] [tʃɛdan チェダン] 图 財団 **―법인**[bɔbin ポビン] 图 財団法人.

재단[裁斷] [tʃɛdan チェダン] 图 하他 裁断 ¶양복의 ~ [jaŋboge ~ ヤンボゲ ~] 洋服の裁断 **―사**(師) [sa サ] 图 仕立て屋.

재담[才談] [tʃɛdam チェダム] 图 機知に富んだユーモア; 漫才, 漫談; 冗談.

재-당선[再當選] [tʃɛːdaŋsɔn チェーダンソン] 图 하自 再選 **―되다**[dweda ドゥェダ] 自 二度目の当選をする.

재덕[才德] [tʃɛdɔk チェドク] 图 才徳 ¶ ~을 겸비한 부인[(tʃɛdog) ul kjɔmbihan puin (チェド) グル キョムビハン プイン] 才徳を兼備した婦人.

재-두루미[tʃɛdurumi チェドゥルミ] 图 〈鳥〉マナヅル(真(名)鶴).

*재-떨이[tʃɛtʼɔri チェットリ] 图 灰皿.

재량[裁量] [tʃɛrjaŋ チェリャン] 图 하他 裁量 ¶ ~에 맡기다[~e matkʼida ~エ マッキダ] 裁量に任せる.

재력[財力] [tʃɛrjɔk チェリョク] 图 財力; 経済力 ¶막강한 ~이 있다[maːkʼaŋhan (tʃɛrjɔg)i itʼa マッカンハン (チェリョ)ギ イッタ] 強大な財力がある.

재론[再論] [tʃɛːron チェーロン] 图 하他 再論 ¶ ~할 여지가 없다[~hal jɔdʒiga ɔːptʼa ~ハル ヨジガ オープタ] 再論の余地がない.

재롱[才弄] [tʃɛroŋ チェロン] 图 스形 子供の天真らんまんなしぐさ[言動]・茶目 ¶손자의 ~ [sondʒae ~ ソンジャエ ~] 孫のかわいらしいしぐさ **―떨다[부리다]** [tʼɔlda[burida] ットルダ[ブリダ]] 自 かわいらしいしぐさをする; 茶目っ気で人を笑わせる **―둥이** [duŋi ドゥンイ] 图 しぐさのかわいい子; かわいい茶目っ子.

*재료[材料] [tʃɛrjo チェリョ] 图 材料;

재류[在留][tʃɛːrju チェーリュ] 名 하自 在留 ¶~민(民)이 많다[~ mini maːntʰa ~ ミニ マーンタ] 在留人が多い.

재목[材木][tʃɛmok チェモク] 名 材木 ① 木材 ¶~을 베어내다[(tʃɛmog)ɯl peonɛda (チェモ)グル ペオネダ] 材木を切り出す ② 人材[人物]; 材 ¶유능한 ~[juːnɯŋhan ~ ユーヌンハン ~] 有能な人材.

***재미**[tʃɛmi チェミ] 名 ㅅ形 ① 面白み[さ]; 興味; 楽しみ ¶전혀 ~가 없다[tʃənhjə ~ga tʃəpʼa チョニョ ~ガ オプタ] 全く面白くない/독서의 ~[toksʼoe ~ トクソエ ~] 読書の楽しみ[味] ② (あいさつとして生活の)見合; 調子; 景気; 儲け ¶요즘 ~가 어떻습니까?[jodʒɯm ~ga əʔtʼosʼɯmnikʼa ヨジュム ~ガ オットッスムニッカ] 近ごろの見合[調子・景気]はどうですか **—나다**[nada ナダ] 自 面白い ¶재미난 일[tʃɛminan niːl チェミナンニール] 面白いこと **—(를)보다**[(rɯl)boda (ルル)ボダ] 慣 ① 儲ける ¶증권으로 ~[tʃɯŋkʼwɔnuro ~ チュンクォヌロ ~] 株で儲ける ② 恋愛する; 情事を楽しむ ¶그녀와 ~[kɯnjɔwa ~ クニョワ ~] 彼女と情事を楽しむ **—(를)붙이다**[(rɯl)butʃhida (ルル)ブチダ] 慣 興味を持つ; 楽しみを見いだす ¶정원 가꾸기에 ~[tʃɔŋwɔn gakʼugie ~ チョンウォン ガックギエ ~] 庭いじり[庭づくり]に興味を持つ **—없다**[ɔpʼtʼa オプタ] 存 ① 面白くない ¶~없어 하다[~ɔpsʼɔ hada ~オプソ ハダ] つまらなく思う/그의 농담은 ~[kɯe noːŋdamun ~ クェ ノーンダムン ~] 彼の冗談は面白くない ② 望[好]ましくない ¶~-없는 결과[~-ɔmnun kjɔlgwa ~-オムヌン キョルグァ] 望ましくない結果 **—있다**[itʼa イッタ] 存 面白い; 興味あり ¶~재미있어 하다[tʃɛmiisʼɔ hada チェミイッソ ハダ] 面白がる/무척 ~[mutʃhɔk (tʃʼ)emi itʼa) ムチョク ~] 大変面白い/재미있게 살다[tʃɛmiikʼe saːlda チェミイッケ サールダ] 楽しく暮らす.

재발[再發][tʃɛːbal チェーバル] 名 하他自 再發 ¶병(病)이 ~하다[pjɔːŋi (tʃɛːbar)hada ピョーンイ ~ハダ] 病気が再発する.

***재배**[栽培][tʃɛːbɛ チェーベ] 名 하他 栽培 ¶속성 ~[soksʼɔŋ (dʒɛːbɛ) ~ ソクソン (ジェーベ)] 促成栽培.

재벌[財閥][tʃɛːbɔl チェーボル] 名 ① 財閥 ¶~ 해체[~ hɛːtʃhe ~ ヘーチェ] 財閥解体 ② 〈経〉コンツェルン.

재봉[裁縫][tʃɛːboŋ チェーボン] 名 하他自 裁縫; おはり; 仕立て **—사(師)**[saサ] 仕立て屋 **—일**[nil ニル] 針仕事 **—틀**[tʰɯl トゥル] 名 ミシン.

재-빠르다[tʃɛpʼarɯda チェッパルダ] 形 르変 素早い; 手早い; すばしこい; はしこい; 敏捷びんだ ¶재빠른 동작[tʃɛpʼarun toːndʒak チェッパルン トーンジャク] 素早い[敏捷な]動作 **재-빨리**[tʃɛpʼalli チェッパルリ] 副 素早く; いち早く; 敏捷に; すばしこく ¶~ 손을 쓰다[~ sonul sʼuda ~ ソヌル スダ] 素早く手を打つ[回す]/~ 일을 해치우다[~ iːrul hɛːtʰiuda ~ イールヘーチウダ] 手早く仕事を片づける.

재사[才士][tʃɛsa チェサ] 名 才士; 才子; 才人; 才知に長けた人.

***재산**[財産][tʃɛsan チェサン] 名 財産; 富; 身上; 身代 ¶대단한 ~이다[tɛːdanhan ~ida テーダンハン (チェサ)ニダ] 大した身上である/~을 탕진(蕩盡)하다[~ɯl tʰaŋdʒinhada (チェサ)ヌル タンジンハダ] 身代をつぶす/건강은 최대의 ~이다[kɔːngaŋun tʃhweːdɛe ~ida コーンガンウン チュェーデエ(チェサ)ニダ] 健康は最大の財産である.

재삼[再三][tʃɛːsam チェーサム] 名 再三; 再々 ¶~ 부탁했다[~ puːtʰakʰɛtʼa ~ プータクケッタ] 再三頼んだ[お願した].

재색[才色][tʃɛsɛk チェセク] 名 才色; 女性の才知と美しい顔だち ¶~ 겸비한 여인[(tʃɛsɛ) kʼjɔmbihan njɔin ~ キョムビハン ニョイン] 才色兼備の女性.

재생[再生][tʃɛːsɛŋ チェーセン] 名 하他自 再生 ① 生き返ること ¶사경에서 ~하다[saːgjɔŋeso ~hada サーギョンエソ ~ハダ] 死境から再生する[生き返る] ② 更正 ¶전과자가 ~의 길을 걷다[tʃɔnkʼwadʒaga ~e kirul kɔːtʼa チョンクァジャガ ~エ キルル コータ] 前科者が再生[更正]の道を歩く ③ (廃棄物の)再生 ¶~ 비닐[~ binil

～ 비닐] 再生ビニール ④ 再現 ¶기억의 ～[kioge ～ キオゲ～] 記憶の再現 ⑤ (録音・録画などの) 再生 ¶～ 녹음 방송[～ nogɯm baːŋsoŋ ～ ノグム バーンソン] 再生録音放送 ━지[dʒi ジ] 图 再生紙 ━품[pʰum プム] 图 再生品.

재선[再選][tʃɛːsʌn チェーソン] 图 하自他 再選 ① 選挙のやり直し ② 二度目の当選 ¶～ 의원[～ ɯiwʌn チェーウォン] ヌィウォン] 二度目の当選議員.

*재수[財數][tʃɛsu チェス] 图 ① 金運; 財運; (勝負事などでの)つき ¶～가 좋다[～ga tʃoːtʰa ～ガ チョーッタ] つき[金運・財運]がよい ② (良いことが起こる)運; 縁起; 巡り合わせ ¶～가 없다[～ga ʌːptʼa ～ガ オープタ] 縁起[運]が悪い; ついてない / ～가 있다[～ga itʼa ～ガイッタ] 縁起が良い; ついている / ～없는 소리 마라[～ʌmnɯn sori mara ～ オムヌン ソリ マラ] 縁起でもないことを言うな.

재수[再修][tʃɛːsu チェース] 图 入学試験に落ちて再び履修すること ━하다[hada ハダ] 他 浪人する ━생(生)[sɛŋ セン] 图 俗 浪人.

재스민 [tʃɛsɯmin チェスミン] 图〈植〉ジャスミン(の香油).

재앙[災殃][tʃɛaŋ チェアン] 图 災い; 災難; 災殃ㄷ ¶뜻밖의 ～을 만나다[tʼutpʼakʼe ～ɯl mannada ットゥッパッケ ～ウル マンナダ] とんだ災難にあう.

재야[在野][tʃɛːja チェーヤ] 图 在野 ¶～의 인사(人士)[～e insa ～エ インサ] 在野の人物.

재언[再言][tʃɛːʌn チェーオン] 图 하他 再言 ¶～할 필요도 없이[～hal pʰirjodo ʌːpʃʼi ～ハル ピリョド オープシ] 再言の必要もなく.

재-올리다[齋━][tʃɛollida チェオルリダ] 自〈仏〉供養する; 法事を営む.

*재우다[tʃɛuda チェウダ] 他 ① 寝かす; 寝かせる; 眠らせる; 眠らす ¶아기를 ～[agirɯl ～ アギルル ～] 赤ん坊を寝かす ② 泊める; 泊まらせる ¶여행자(旅行者)를 ～[jʌhɛndʒarɯl ～ ヨヘンジャルル ～] 旅の者を泊める.

재원[才媛][tʃɛwʌn チェウォン] 图 才媛ㅊ; 才女; 才能のすぐれた若い女性.

재일[在日][tʃɛːil チェーイル] 图 在日 ¶～ 동포[교포][～ doŋpʰo[gjopʰo] ～ ドンポ[ギョポ]] 在日同胞[僑胞].

*재-작년[再昨年][tʃɛːdʒaŋnjʌn チェージャンニョン] 图 一昨年; おととし ¶～ 봄[～ bom ～ ボム] おととしの春.

재잘-거리다 [tʃɛdʒalgʌrida チェジャルゴリダ] 自 ① ぺちゃくちゃしゃべる ¶아이들이 ～[aidɯri ～ アイドゥリ ～] 子供たちがぺちゃくちゃしゃべる ② (スズメ・小鳥などが)さえずる ¶새들이 ～[sɛːdɯri ～ セードゥリ ～] 小鳥がさえずる.

‡**재주**[才━][tʃɛdʒu チェジュ] 图 ① 才; 才知; 才能; 優れた素質 ¶말━가 있다[maːl(tʃʼɛdʒu)ga itʼa マール━ガ イッタ] 弁舌の才がある; 話が上手だ / 손━가 있다[son(tʃʼɛdʒu)ga itʼa ソン━ガ イッタ] 手先が器用だ ② 腕前; 手腕; 手際; 技; 芸 ¶～가 없다[～ga ʌːptʼa ～ガ オープタ] 芸がない / ～가 용하다[～ga joːŋhada ～ガ ヨーンハダ] すばらしい手際である ━껏[kʼʌtʼʼ ッコッ] 副 腕をふるって; 能[才知の]ある限り ¶～ 해 보아라[～-(kʼ)ʌt hɛːboara ～テーボアラ] 力の限りやってみろ ━넘다[nʌmtʼa ノムタ] 自 とんぼ返りする; 宙返りする ━부리다[burida ブリダ] 自 ① 奇妙な技を行なう ¶광대가 ～[kwaːŋdɛga ～ クヮーンデガ ～] 道化師が技を見せている ② つまらないことに知恵を働かせる[手際を見せる]; 術策を弄する ¶～-부려서 승진하다[～-burjʌsʌ sɯŋdʒinhada ～-ブリョソ スンジンハダ] 術策を弄して昇進する ━꾼[kʼun ックン] 图 多才な人; 手腕のある人.

재즈[dʒɛdʒɯ ジェジュ] 图〈楽〉ジャズ ━밴드[bɛndɯ ベンドゥ] 图 ジャズバンド ━송[soŋ ソン] 图 ジャズソング.

재차[再次][tʃɛːtʃʰa チェーチャ] 图 副 もう一度; 再び; 二度; 再度; 重ねて ¶～ 도전하다[～ todʒʌnhada ～ トジョンハダ] もう一度[再び]挑戦する.

재창[再唱][tʃɛːtʃʰaŋ チェーチャン] 图 하自 歌を再び歌うこと; アンコール.

*재채기[tʃɛtʃʰɛgi チェチェキ] 图 하自 くしゃみ; くさみ.

재청[再請][tʃɛːtʃʰʌŋ チェーチョン] 图 하他 ① くりかえし請うこと ② (歌などの)アンコール ¶～을 받다[～ɯl patʼa ～ウル パッタ] アンコールを受ける ③ (会議で)動議に対して賛成の意を表すること.

재촉[tʃɛtʃʰok チェチョク] 图 催促 ¶성

화 같은 ~[sonhwa gathun ~ ソンファガトゥン ~] 矢の(ごとく)催促 **—하다**[(tʃɛtʃʰo)kʰada カダ] 他 ① 催促する; 急き立てる ¶ 변제를 ~ [pjʌːndʒerul ~ ピョーンジェルル ~] 弁済を急き立てる ② 急がせる; 早める.

*__재치__[才致][tʃɛtʃʰi チェチ] 名 才覚・機知・機転の素早い働き ¶ ~가 있다[~ga itʼa ~ガ イッタ] 才覚がある; 機転がきく **—꾼**[kʼun ックン] 名 機知[才覚]のある人 **—문답**[mundap ムンダプ] とんち問答.

__재탕__[再湯][tʃɛːtʰaŋ チェータン] 名 하他 ① 二番煎じ(一度煎じた薬材のかすを再び煎じること) ② 焼き直し ¶ ~한 논문이다[~han nonmunida ~ハン ノンムニダ] 焼き直した論文である.

*__재판__[裁判][tʃɛpʰan チェパン] 名 하他 裁判 ¶ 공개 ~ [kongɛ (dʒɛpʰan) コンゲ (ジェパン)] 公開裁判 **—관**[gwan グァン] 名 裁判官 **—소**[so ソ] 名 裁判所=법원(法院)[pɔwɔn ポウォン] **—장**[dʒaŋ ジャン] 名 裁判長.

__재판__[再版][tʃɛːpʰan チェーパン] 名 하他 ① 再版; 重版 ② 焼き直し.

__재해__[災害][tʃɛhɛ チェヘ] 名 災害 ¶ 태풍의 ~ [tʰɛpʰuŋe ~ テプンエ ~] 台風の災害 **—보상**[boːsaŋ ポーサン] 名 災害補償 **—보험**[boːhɔm ポーホム] 名 災害保険.

__재혼__[再婚][tʃɛːhon チェーホン] 名 하自 再婚(3度以上の場合も言う) ¶ 그는 3번 ~했다[kunun seːbon ~hɛtʼa クヌン セーボン ~ヘッタ] 彼は3度再婚した.

__재회__[再會][tʃɛːhwe チェーフェ] 名 하他 再会 ¶ ~를 기약(期約)하고 이별(離別)하다[~rul kijakʰago ibjɔrhada ~ルル キヤクカゴ イビョルハダ] 再会を期して別れる.

__잭__[dʒɛk ジェク] jack 名 ① ジャッキ(小さい起重機) ② (トランプの)ジャック ③ (電気器具の)ジャック; 差し込み口 ④ 若者 **—나이프**[(dʒɛŋ) naipʰu (ジェン) ナイプ] 名 ジャックナイフ.

__잼__[dʒɛm ジェム] jam 名 ジャム.

__잼버리__[dʒɛmbɔri ジェムボリ] jamboree 名 ジャンボリー.

__잽__[dʒɛp ジェプ] jab 名 (ボクシングの)ジャブ.

__잽-싸다__[tʃɛpsʼada チェプサダ] 形 素早い; 敏捷びんしょうだ; すばしこい ¶ 잽싸게 달아나다[tʃɛpsʼage taranada チェプサゲ タラナダ] 素早く逃げる.

__잿-더미__[tʃɛtʼomi チェットミ] 名 ① 灰の山 ② 火災でみな焼けてしまって灰だけの跡 ¶ 불이 나서 모두 ~가 되었다[puri nasɔ modu ~ga twɛɔtʼa プリ ナソ モドゥ ~ガ トゥェオッタ] 火事にあって灰(の山)になってしまった.

__잿-물__[tʃɛnmul チェンムル] 名 ① (洗濯物に用いる)灰汁あく ¶ ~로 빨래하다[~lo pʼallɛhada ~ロ ッパルレハダ] 灰汁で洗い物をする ② 釉薬うわぐすり; 上薬 ¶ 도자기에 ~을 입히다[todʒagie (tʃɛnmur)ul ipʰida トジャギエ (チェンム)ルル イプピダ] 陶磁器に釉薬を塗る **—내리다**[lɛrida レリダ] 自 灰を水に浸して灰汁をとる.

__잿-밥__[齋—][tʃɛtpʼap チェッパプ] 名 〈仏〉(供養のとき神仏に)供えるご飯.

__잿-빛__[tʃɛtpʼit チェッピッ] 名 灰色 ¶ ~ 는 하늘[tʃʰanul ~タヌル] 灰色の空 / ~ 인생[(tʃɛtpʼid) insɛŋ (チェッピ) ディンセン] 灰色人生.

__쟁그랑__[tʃɛŋgurang チェングラン] 副 하自 かちゃん; ことん ¶ 동전이 ~하고 떨어지다[toŋdʒɔni ~hago tʼɔrɔdʒida トンジョニ ~ハゴ ットロジダ] コインがかちゃん[ちゃりん]と落ちる.

__쟁기__[tʃɛŋgi チェンギ] 名 犁すき **—날**[nal ナル] 名 すきの先 **—질**[dʒil ジル] 名 하他 すきで田畑を耕すこと.

*__쟁반__[錚盤][tʃɛŋban チェンバン] 名 (お)盆; トレー(tray) ¶ ~같이 둥근 달[~gatʃʰi tuŋgun tal ~ガチ トゥングンダル] お盆のようにまん丸い月.

__쟁의__[爭議][tʃɛŋi チェンイ] 名 하他 争議 ¶ 노동 ~[nodoŋ (dʒɛŋi) ノドン (ジェンイ)] 労働争議 **—행위**[hɛŋwi ヘンウィ] 名 争議行為.

__-쟁이__[tʃɛŋi チェンイ] 接尾 者 ¶ 멋~[mɔt (tʃʼɛŋi) モッ~] しゃれ者 / 심술~[ʃimsul (dʒɛŋi) シムスル (ジェンイ)] 意地悪者 / 고집~[kodʒip (tʃʼɛŋi) コジプ~] 意地っ張り / 요술~[josul (dʒɛŋi) ヨスル (ジェンイ)] 手品師; 魔法使い.

__쟁쟁__[錚錚・琤琤][tʃɛŋdʒɛŋ チェンジェン] 名 하他形 錚々そうそう ① 金属や楽器の音がさえて鳴り響くさま ② 有名で, 人格が優れているさま ¶ ~한 학자[~han haktʃʼa ~ハン ハクチャ] 錚々たる学者.

__쟁쟁-하다__[tʃɛŋdʒɛŋhada チェンジェン

ハダ] [形][여조] ① (音·声が)いんいんと耳に残っている[響くようである] ¶아직도 귀에 ~[adʒikt'o kwie ~ アジクト クィエ ~] 今なお耳に聞こえるようだ ② 優れている.

쟁점[爭點][tʃɛŋtʃ'ʌm チェンチョム] [名] 争点 ¶논쟁의 ~[nondʒɛɲe ~ ノンジェンエ ~] 論争の争点.

쟁취-하다[爭取—][tʃɛŋtʃʰwihada チェンチュイハダ] [他] 勝ち取る; 戦い取る ¶승리를 ~[sɯŋnirɯl ~ スンニルル ~] 勝利を勝ち取る.

쟁탈-하다[爭奪—][tʃɛŋtʰarhada チェンタルハダ] [他] 争奪する; 取り合う ¶정권을 ~[tʃʌŋk'wʌnɯl ~ チョンクォヌル ~] 政権を争奪する.

쟤[tʃɛ: チェー] [略] あの子=저 아이[tʃʌ ai チョ アイ] ¶~를 잘 안다[~rɯl tʃar a:nda ~ルル チャラーンダ] あの子をよく知っている.

쟨[tʃɛ:n チェーン] [略] あの子は=저 아이는[tʃʌ ainɯn チョ アイヌン] ¶~저집 애다[~ tʃʌdʒib ɛ:da ~ チョジベーダ] あの子はあの家の子だ.

쟬[tʃɛ:l チェール] [略] あの子を=저 아이를[tʃʌ airɯl チョ アイルル] ¶~때리다니[~ t'ɛridani ~ ッテリダニ] あの子を打つとは.

저[著][tʃɔ: チョー] [略] 著='저술'(著述)·'저작'(著作)の略.

저[箸][tʃɔ: チョー] [名] 箸='젓가락'の略.

*__저__[tʃɔ] チョ] [代] ① 私='나'の謙讓語 (助詞'가'「…が」の前では'제'になる) ¶~는 학생입니다[~nɯn haks'ɛŋimnida ~ヌン ハクセンイムニダ] 私は学生です / 제가 가겠습니다[tʃega kages'ɯmnida チェガ カゲッスムニダ] 私が行きます ② 自分='자기'(自己)を少し低めて言う語(助詞'가'の前では'제'になる) ¶~ 잘난 체 한다[~ dʒallan tʃʰe handa ~ ジャルラン チェ ハンダ] 自分がさも偉そうな顔をする ③ あの人='저이' ④ あれ='저것' ¶이도 ~도 아니다[ido ~do anida イド ~ド アニダ] これでもあれでもない **—도 모르게**[do morɯge ド モルゲ] [慣] 我知らず; 思わず.

*__저__[tʃɔ] チョ] [冠] あの ¶~ 사람[~ saram ~ サラム] あの人 / ~ 집[~ dʒip ~ ジプ] あの家.

*__저__[tʃɔ: チョー] [感] ええ(と); あのう ¶~, 사실(事實)은…[~, sa:ʃirɯn… ~ サーシルン…] ええと, 実は….

*__저-거__[tʃɔgʌ チョゴ] [略] あれ; あの物='저것' ¶~ 주세요[~ tʃusejo ~ チュセヨ] あれください.

저-거시기[tʃɔ:gʌʃigi チョーゴシギ] [感] あの(う) (すらすらと言えないとき, つなぎの役割をする言葉) ¶~ 그것 말입니다[~ kɯgʌn marimnida ~ クゴン マリムニダ] あのう, そのことなんですが.

저-건[tʃɔgʌn チョゴン] [略] あれは; あいつは; =저것은[tʃʌgʌsɯn チョゴスン] ¶~ 뭡니까?[~ mwʌ:mnik'a ~ ムォームニッカ] あれは何ですか / 미친 놈이다[~ mitʃʰin nomida ~ ミチンノミダ] あいつは頭のおかしいやつだ.

저-걸[tʃɔgʌl チョゴル] [略] あれを; あいつを; =저것을[tʃʌgʌsɯl チョゴスル] ¶~ 보세요[~ posejo ~ ポセヨ] あれを見なさい **—로**[lo ロ] [略] あれで=저것으로[tʃʌgʌsɯro チョゴスロ] ¶~ 소리를 내다[~ sorirɯl nɛ:da ~ ソリルル ネーダ] あれで音を出す.

*__저-것__[tʃɔgʌt チョゴッ] [代] あれ; あいつ ¶~은 책이다[(tʃʌgʌt) ɯn tʃʰɛgida (チョゴ)スン チェギダ] あれは本です.

저-게[tʃɔge チョゲ] [略] あれが; あいつが; =저것이[tʃʌgʌʃi チョゴシ] ¶~ 뭡니까?[~ mwʌ:mnik'a ~ ムォームニッカ] あれが何ですか / 왜 화를 내지?[~ wɛ: hwa:rɯl nɛ:dʒi ~ ウェーファールル ネージ] あいつなぜ怒るのかね.

저격[狙擊][tʃɔ:gjʌk チョーギョク] [名][하다][他] 狙撃する ¶요인을 ~하다[joinɯl (tʃɔ:gjʌk)kʰada ヨイヌル ~カダ] 要人を狙撃する **—병**[p'jʌŋ ピョン] [名] 狙撃兵 **—수**[s'u ス] [名] 狙撃手.

*__저고리__[tʃɔgori チョゴリ] [名] (民族衣装の)上衣; 上着; チョゴリ **저고릿-고름**[tʃʌgoritk'orɯm チョゴリッコルム] [名] チョゴリ結びの胸ひも **저고릿-바람**[tʃʌgoritp'aram チョゴリッパラム] [名] 普段着のままの服装; 衣冠を整えない[正装でない]身なり ¶~으로 손님을 맞다[~ɯro sonnimɯl mat'a ~ーパラム ロ ソンニムル マッタ] 普段着のままで客を迎える.

치마·저고리

저금[貯金] [tʃɔːgɯm チョーグム] 名 하他 貯金. ¶~을 찾다[~ɯl tʰaːtʼa (チョーグ)ムル チャッタ] 貯金を引き出す[下ろす]. **—통(筒)** [tʰoŋ トン] 名 貯金箱. **—통장** [tʰoŋdʒaŋ トンジャン] 名 貯金通帳.

저금리[低金利] [tʃɔːgɯmni チョーグムニ] **—정책** [dʒɔŋtʰɛk ジョンチェク] 名 低金利政策.

저기 [tʃɔgi チョギ] 代 副 あそこ(に); あちら(に). ¶여기~[jɔgi(dʒɔgi) ヨギ(ジョギ)] あちらこちら / ~ 가 보아라 [~ ka boara ~ カ ボアラ] あそこに行ってみなさい.

저-기압[低氣壓] [tʃɔːgiap チョーギアプ] 名 ① 低気圧 ② 俗 機嫌の悪いこと.

저-까짓 [tʃɔkʼadʒit チョッカジッ] 冠 あれしきの; あれくらいの. ¶~ 것을 못해? [~ kʼsɯl motʰɛ ~ コスル モッテ] あれしきのこと[それっぱしのこと]できないの / ~ 것이 무엇을 안다고[~ kʼɔʃi muɔsɯr aːndago ~ コシ ムオス アーンダゴ] あんな者が何を知っているといって.

저-나마 [tʃɔnama チョナマ] 副 あれでも; あれでさえも; あんなものでも. ¶~ 없으면 곤란하다[~ ɔːpsʼɯmjɔn koːllanhada ~ オープスミョン コールランハダ] あれでさえもなければ困まる.

저냥 [tʃɔnjaŋ チョニャン] 副 あのまま. ¶~ 내버려 둘 것이냐?[~ nɛːbɔrjɔdul kʼɔʃinja ~ ネーボリョドゥル コシニャ] あのままほうっておくのかね.

저널 [dʒɔːnɔl ジョーノル] journal 名 ジャーナル; (日刊)新聞・雑誌.

저널리스트 [dʒɔːnɔllistʰɯ ジョーノルリストゥ] journalist 名 ジャーナリスト.

저널리즘 [dʒɔːnɔllidʒɯm ジョーノルリジュム] journalism 名 ジャーナリズム.

저네(들) [tʃɔne(dɯl) チョネ(ドゥル)] 代 あの人たち; 彼ら; あいつら. ¶저네가[저네들이] 저지른 일이다[tʃɔnega(tʃɔneduri) tʃɔdʒirɯn niːrida チョネガ(チョネドゥリ) チョジルン ニーリダ] 彼らがしでかしたことだ.

*저녁 [tʃɔnjɔk チョニョク] 名 ① 夕; 夕べ; 夕方; 日暮れ; 夕暮れ. ¶매일 ~[mɛːil (tʃʼɔnjɔk) ~ メイール ~] 毎夕; 毎晩 / 아침 ~으로[atʃʰim (dʒɔnjɔg)ɯro アチム (ジョニョ)グロ] 朝(に)夕に ② 夕食=「저녁밥」. ¶~을 먹다[하다] [(tʃɔnjɔg)ɯl mɔkt'a[hada] (チョニョ)グル モクタ[ハダ] 夕食をとる・つくる **—거리** [(tʃɔnjɔ)kʼɔri ~ コリ] 名 夕食の糧; 夕飯の食材. ¶~를 사러 가다[~rɯl sarɔgada ~ルル サロガダ] 夕飯の食材を買いに行く **—나절** [(tʃɔnjɔ)ɡu nadʒɔl (チョニョン)ナジョル] 名 夕暮[日暮]れ時 **—내** [(tʃɔnjɔ)ɡune (チョニョン)ネ] 副 夕方ずっと; 一晩じゅう **—노을[놀]** [(tʃɔnjɔ)ɡu noul[nol] (チョニョン)ノウル[ノル]] 名 夕焼け; 夕映え **—때** [tʼɛːtʼɛ] 名 夕方; 夕暮れ方. ¶~가 되면[~ga twemjɔn ~ガ トゥェミョン] 夕方になると **—밥** [pʼap パプ] 名 夕飯; 夕食; 晩飯. ¶~을 먹다[~-(pʼab)ɯl mɔkt'a ~-(パブル モクタ] 夕飯の食べる **—상(床)** [sʼaŋ サン] 名 夕食のお膳.

저능[低能] [tʃɔːnɯŋ チョーヌン] 名 하形 低能. **—아(兒)** [a ア] 名 知能の遅れた子.

저-다지(도) [tʃʼɔdadʒi(do) チョダジ(ド)] 副 あれほどに; あんなにまで. ¶~ 먹고 싶을까[~ mɔkʼo ʃipʰɯlkʼa ~ モクコ シブルッカ] あんなにまで食べたいのだろうか.

저당[抵當] [tʃɔːdaŋ チョーダン] 名 하他 抵当. **—잡히다** [dʒapʰida ジャピダ] 抵当に取られる.

저-대로 [tʃɔdero チョデロ] 副 あのように; あのままに. ¶~ 둘 수는 없다[~ tul sʼunun ɔːptʼa ~ トゥル ッスヌン オープタ] あのままほってはおけない.

저-들 [tʃɔdɯl チョドゥル] 代 略 あの人たち=「저이들」.

저-따위 [tʃɔtʼawi チョッタウィ] 名 あんなやつ[つまらないもの]. ¶~가 문제이다[~ga muːndʒeida ~ガ ムーンジェイダ] あんなやつが問題である.

저래¹ [tʃɔrɛ チョレ] 副 ① あのようで; あのざまで; ああで. ¶꼴이 ~ 가지고는[kʼori ~ gadʒigonun ッコリ ~ ガジゴヌン] さまがああでは(何事もできない) ② あのようにして; あうして. ¶~ 괜찮을까[~ gwɛntʃʰanɯlkʼa ~ グェンチャヌルッカ] ああしていいだろうか **—도** [do ド] 副 ① あのようでも; あれでも; ああでも. ¶생김새는 ~[sɛŋ-gimsɛnun ~ センギムセヌン ~] 見掛けはあのようでも(心はやさしい) ② あのようにしても; あんなにしても; ああしても. ¶말은 ~[maːrɯn ~ マールン ~] 言うことはあのようにしても(根はやさしい人だ) **—서** [sɔ ソ] 副 ①

あのよう[ざま]で; ああで ¶～は 안 된다[～nun andwenda ～ヌン アンドウェンダ] あのようでは駄目 ②あのようにして; あんなにして; ああだから; あぁして ¶말이 언제나 ～[ma:ri ɯ:ndʒena ～マーリ オーンジェナ ～] 言うことがいつもあのようだから(信用がない) ━야[ja ヤ] 副 ①あのようで[ああで]なければ ¶모양은 ～ 한다[mojaŋun ～ handa モヤンウン ～ ハンダ] 形はあのようでなければならない ②あのように[あんなに・ああ]しなければ ¶운전은 ～ 한다[u:dʒonun ～ handa ウーンジョヌン ～ ハンダ] 運転はあのようにしなければならない.

저래²[tʃɔrɛ チョレ] 副 あのようだ; ああだ; ああだろうか ¶그녀는 늘 ～[kɯnjɔnɯn nɯl ～ クニョヌン ヌル ～] 彼女はいつもあのようだ / 쟤가 왜 ～?[tʃɛ:ga wɛ: ～ チェーガ ウェー ～] あの子はなぜああだろうか[ああするのだろうか].

저러다(가)[tʃɔrɔda(ga) チョロダ(ガ)] 副 あんなにしていて; ああしていると; あんなにしたところ ¶～ 실수(失手)라도 하면 어쩌지[～ ʃils'urado hamjɔn ɔtʃ'ɔdʒi ～ シルスラド ハミョン オッチョジ] あんなにしていて過ちでも犯したらどうしよう.

저러면[tʃɔrɔmjɔn チョロミョン] 副 ①あのようであれば; ああだったら ¶이것도 ～[igɔt'o ～ イゴット ～] これもあのようだったら(ほしくない) ②あのようになったら; あんなにすると ¶커서도 ～ 어쩌나[kʰɔsɔdo ～ ɔtʃ'ɔna ～ オッチョナ] 大きくなってからもああだったらどうしよう(か).

저러-하다[tʃɔrɔhada チョロハダ] 形 [여変] あのようだ; あんな具合だ.

저런[tʃɔrɔn チョロン] **1** 冠 あのような; あんな ¶～ 사람은 안돼[～ sa:ramun andwɛ ～ サーラムン アンドゥェ] あのような人は駄目だ **2** 感 おや; まあ; なんとまあ ¶～, 어쩌나[～, ɔtʃ'ɔna ～, オッチョナ] まあ, どうしよう.

***저렇다**[tʃɔrɔtʰa チョロッタ] 形 [ㅎ変] ああだ; ああである; あのようだ ¶이렇다 — 말 한 마디 없다[irotʰa (dʒɔ-rotʰa) ma:r han madi o:pt'a イロッタ (ジョロッタ) マール ハン マディ オープタ] こうだとかああだとか一言もない[うんともすんとも言ってこない] **저렇게**[tʃɔrɔkʰe チョロッケ] 副 あんなに

저렇듯[tʃɔrɔtʰɯt チョロットゥッ] 副 あのように(まで); あれほど(まで).

저렴[低廉][tʃɔ:rjɔm チョーリョム] 名 [하形] 低廉; 値段や賃金が安いさま ¶～한 가격[～han kagjɔk ～ーハン カギョク] 安い値段.

***저리**[tʃɔri チョリ] 副 ①あのように; あんなに; ああ ¶이리할까 ～할까[iri halk'a (dʒɔri)halk'a イリハルッカ (ジョリ)ハルッカ] ああしようこうしようか(とためらう) ②あちらに; あっちに; そこに ¶～ 가세요[～ kasejo ～ カセヨ] あちら[あそこ]に行きなさい ━로[ro ロ] 副 あちらに; あっちに ¶～가면 학교입니다[～ kamjɔn hak'jo-imnida ～ カミョン ハッキョイムニダ] あちら(の方)に行けば学校です.

***저리다**[tʃɔrida チョリダ] 形 しびれる ¶팔다리가 ～[pʰaldariga ～ パルダリガ ～] 手足がしびれる.

저-마다[tʃɔmada チョマダ] 副 人ごとに; それぞれ; 各自 ¶～ 한 마디씩 하다[～ han madiʃ'ikʰada ～ ハン マディッシクハダ] それぞれ一言ずつ言う.

저-만치[tʃɔmantʃʰi チョマンチ] 副 あそこらへんに; 少し離れたところに ¶그는 ～ 서 있었다[kɯnɯn ～ sɔ is'ɔt'a クヌン ～ ソ イッソッタ] 彼はあそこ辺りに立っていた.

저-만큼[tʃɔmankʰɯm チョマンクム] 副 ①あのくらい(に); あれほどに ¶～ 키 큰 사람[～ kʰi kʰun sa:ram ～ キクン サーラム] あれくらい背の高い人 ②ずっと離れたところに ¶～ 떨어져서[～ t'ɔrɔdʒɔsɔ ～ ットロジョソ] ずっと離れてあそこ辺りに(座りなさい).

저만-하다[tʃɔmanhada チョマンハダ] 形 [여変] ①あのくらいだ; あれほどだ ¶～한 크기의 나무[～han kʰugie namu ～ーハン クギエ ナム] あれくらいの(大きさの)木 ②似たりよったりだ; 大体同じである; まあまあだ ¶키도 ～-하고 몸집도 ～[kʰido ～-hago momtʃ'ipt'o ～ キド ～ーハゴ モムチプト ～] 背も大体同じで体つきも似たりよったりだ.

저맘-때[tʃɔmamt'ɛ チョマムッテ] 名 あの[あれ]くらいのころ ¶나도 ～는 장난이 심했다[nado ～nɯn tʃaŋnani ʃi:mhɛt'a ナド ～ヌン チャンナニ シームヘッタ] 私もあれくらいの年のころはい

たずらがひどかった.

저명[著名][tʃɔmjʌŋ チョーミョン] 名 해형 著名 ¶ ~한 작가[~ dʒakʼa ~ ジャクカ] 著名な作家.

*저물다[tʃɔmulda チョムルダ] 自 語幹
① (日や年が) 暮れる ¶ 날이 ~[nari ~ ナリ ~] 日が暮れる / 한 해가 ~[han hεga ~ ハン ヘガ ~] 年が暮れる ② (仕事などが) 遅くまで続く ¶ 귀가(歸家)가 ~[kwi:gaga ~ クィーガガ ~] 帰宅が遅くなる.

저물-도록[tʃɔmuldorok チョムルドロク] 副 日暮れまで; 遅くまで ¶ ~ 일하다 [(~-doroŋ) ni:rhada (~-ドロン) ニールハダ] 日暮れ方まで[遅くまで]働く.

저미다[tʃɔmida チョミダ] 他 薄く切る ¶ 고기를 얇게 ~[kogirul jalkʼe ~ コギルル ヤルケ ~] 肉を薄く切る.

저-버리다[tʃɔbɔrida チョボリダ] 他 ① (約束などを) 破る ¶ 맹세를 ~ [mεŋserul ~ メンセルル ~] 誓いを破る ② (恩義などを) ないがしろにする; 見捨てる; 無にする; 背く ¶ 은혜(恩惠)를 ~[unherul ~ ~ ウンヘルル ~] 恩をないがしろにする / 남의 호의를 ~[name ho:irul ~ ナメ ホーイルル ~] 人の好意を無にする.

저벅-저벅[tʃɔbɔktʃʼɔbɔk チョボクチョボク] 副 하자 のっしのっしと歩くさま.

저번[這番][tʃɔ:bɔn チョーボン] 名 この前; 先だって; この間 ¶ ~엔 실례했습니다~[en ʃillehεsʼumnida (チョボ) ネン シルレヘッスムニダ] この間は失礼致しました.

저-분[tʃɔbun チョブン] 代 あの方='저이'「あの人」の尊敬語.

저서[著書][tʃɔ:sɔ チョーソ] 名 자他 著書; 著作物 ¶ 일본 관계 ~[ilbon gwange (dʒɔ:sɔ) イルボン グァンゲ (ジョーソ)] 日本関係著書.

저속[低俗][tʃɔ:sok チョーソク] 名 하형 低俗; 卑俗 ¶ ~한 취미[(tʃɔ:so)kʰan tʃʰwi:mi ~カン チュィーミ] 低俗な趣味 / ~한 말[(tʃɔ:so)kʰan ma:l ~ カン マール] 卑俗な言葉.

저수[貯水][tʃɔ:su チョース] 名 하자他 貯水 ¶ ~량[~rjaŋ ~リャン] 貯水量 ─지[dʒi ジ] 名 貯水池.

저술[著述][tʃɔ:sul チョースル] 名 著述 ─하다[(tʃɔ:sur) hada ハダ] 他 著述する; 著わす ¶ 책을 ~[tʰεgul ~ チェグル ~] 本を著わす.

저승[tʃɔsuŋ チョスン] 名 あの世; 来世; 黄泉よ(の国); 冥土かい ¶ ~길[~kʼil ~キル] 黄泉路; 死出の旅路.

저어-새[tʃɔ:sε チョオセ] 名 〈鳥〉(クロツラ)ヘラサギ(トキ科の鳥).

*저울[tʃoul チョウル] 名 秤はか; 衡器 ¶ ~에 달다[(tʃour)e talda (チョウ)レ タルダ] 秤にかける ─눈[tʃʼullun チョウルルン] 名 秤の目 ─질[dʒil ジル] 名 하자他 ① 秤で計ること ¶ ~을 넉넉하게 하다[~-(dʒir) ul nɔŋnɔkhage hada ~-(ジ)ルル ノンノカゲ ハダ] 計りをよくする ② 心で推し量ること ¶ 이해 득실을 ~ 하다[i:hεduukʃʼirul ~-(dʒir) hada イーヘドゥクシルル ~ ハダ] 利害得失を天秤はに かける[計る].

저의[底意][tʃɔ:i チョーイ] 名 底意; 下心 ¶ 아무런 ~도 없다[a:murɔn ~do ɔ:pʼtʼa アームロン ~ド オープタ] 何の下心もない.

저-이[tʃɔi チョイ] 代 あの人, あの方 ─들[duɪl ドゥル] 代 あの人たち.

저인-망[底引網][tʃɔinmaŋ チョーインマン] 名 底引き網; トロール(trawl) ─어선(漁船) [ɔsɔn オソン] 名 トロール船(trawler) ─어업 ɔpʼ オオプ] 名 トロール漁業.

저임(금)[低賃(金)][tʃɔ:im(guum) チョーイム(グム)] 名 低賃金.

저자[tʃɔdʒa チョジャ] 名 ① 市場にある店 ② 朝夕に立つ露店 ③ 市場 **저잣-거리**[tʃɔdʒatkʼori チョジャッコリ] 名 店の立ち並んでいる市場通り.

저자[著者][tʃɔ:dʒa チョージャ] 名 著者; (著)作者.

저-자[一者][tʃɔdʒa チョジャ] 代 あの者; あいつ; =저 사람[tʃɔ sa:ram チョ サーラム]「あの人」を低めていう語.

저-자세[低姿勢][tʃɔ:dʒase チョージャセ] 名 低姿勢 ¶ ~ 외교[~ we:gjo ~ ウェーギョ] 低姿勢外交.

저작[著作][tʃɔ:dʒak チョージャク] 名 하자他 著作 ─가[~kʼa ~カ] 著作家 / ─자[~tʃʼa ~チャ] (著)作者; 著者 ─권[kʼwɔn クォン] 名 著作権 ¶ ~법[~pʼɔp ~ポプ] 著作権法 / ~ 소유[~ so:ju ~ ソーユ] 著作権所有 / ~ 침해[~ tʃʰi:mhε ~ チームヘ] 著作権侵害 / 이 책은 ~이 있다[i tʃʰεgun ~i itʼa イ チェグン ~-(クォ)ニ イッタ] この本は著作権がある ─물[(tʃɔ:dʒaŋ) mul (チョージャ

ン) ムル] 图 著作物.

***저장**[貯藏][tʃɔːdʒaŋ チョージャン] 图 [하他] 貯藏; 蓄え ¶냉동 ~하다[nɛːŋdoŋ (dʒɔːdʒaŋ) hada ネーンドン (ジョージャン) ハダ] 冷凍貯藏する.

***저-절로**[tʃɔdʒɔllo チョジョルロ] 副 自然に; おのずから; ひとりでに ¶상처(傷處)는 ~ 나았다[saŋtʃʰɔnun ~ naatˀa サンチョヌン ~ ナアッタ] 傷は自然に治った.

저조[低調][tʃɔːdʒo チョージョ] 图 [하形] 低調 ¶영업이 ~하다[jɔŋɔbi ~ hada ヨンオビ ~ハダ] 営業が低調である.

저주[詛呪][tʃɔːdʒu チョージュ] 图 呪詛じゅそ; のろい ¶~받은 인생[~baduːn insɛŋ ~バドゥン インセン] のろわれた人生 —**하다**[hada ハダ] 他 ¶원수를 ~[wɔːnsurul ~ ウォーンスルル ~] かたきをのろう —**스러이**[suroi スロイ] 副 のろわしく ¶~ 하늘을 쳐다보다[~ hanuruːl tʃʰɔːdaboda ~ ハヌルル チョーダボダ] のろわしく空を見上げる —**스럽다**[surɔpˀtʼa スロプタ] 形 [ㅂ変] のろわしい ¶태풍이 ~[tʰɛpʰuŋi ~ テプンイ ~] 台風がのろわしい.

저지[沮止][tʃɔːdʒi チョージ] 图 阻止 —**하다**[hada ハダ] 他 阻止する; 阻む ¶침입을 ~[tʃʰiːmibul ~ チーミブル ~] 侵入を阻止する.

저-지난[tʃɔdʒinan チョジナン] 冠 この前の前; 先々 ¶~ 일요일 ~ irjoil ~ イリョイル] 先々週の日曜日 **—달**[dal ダル] 图 先々月 **—밤**[bam バム] 图 おとといの晩=엊그제 밤[ɔtkˀudʒe bam オックジェ バム] **—번**[bɔn ボン] 图 先々[前々]回 **—해**[hɛ ~] 图 おととし.

***저지르다**[tʃɔdʒiruda チョジルダ] 他 [르変] ① (過ちを)犯す; (悪事などを)しでかす; やらかす ¶엉뚱한 짓을 ~[ɔŋtˀuŋhan tʃiːsuːl ~ オンットゥンハン チースル ~] とんだことをしでかす / 실수(失手)를 ~[ʃilsˀurul ~ シルスルル ~] 失敗をやらかす ② (好ましくないことを)引き起こす ¶일을 ~[iːrul ~イールル ~] 問題を引き起こす.

저질[低質][tʃɔːdʒil チョージル] 图 低質 ¶~ 상품[~ saŋpʰum ~ サンプム] 低質の商品 / ~인 사람[~(tʃɔːdʒir) in saːram (チョージ) リン サーラム] たちの悪い人.

***저-쪽**[tʃɔtʃˀok チョッチョク] 图 向こう側; あちら; あっち ¶산너머 ~[sannɔmɔ (dʒɔtʃˀok) サンノモ (ジョッチョク)] 山の向こう側 / 바다 ~[pada(dʒɔtʃˀok) パダ (ジョッチョク)] 海のかなた / ~으로 가라[(tʃɔtʃˀog) uro kara (チョッチョ) グロ カラ] あっちに行け.

저-처럼[tʃɔtʃʰɔrɔm チョチョロム] 副 あんなに; あのように; あれと同じく ¶나도 ~할 수 있을까?[nado ~ hal sˀu isˀulkˀa ナド ~ハルッス イッスルッカ] 私もあのようにできるだろうか.

저촉-되다[抵觸—][tʃɔːtʃʰokˀtweda チョーチョクトゥェダ] 自 抵触する; 触れる ¶법에 ~[pɔbe ~ ポベ ~] 法に抵触する

***저축**[貯蓄][tʃɔːtʃʰuk チョーチュク] 图 [하他] 貯蓄 ¶식량을 ~하다[ʃiŋnjaŋuːl (tʃɔːtʃʰu) kʰada シンニャンウル カダ] 食糧を蓄える. 「宅; 大きな屋敷.

저택[低宅][tʃɔːtʰɛk チョーテク] 图 邸

저-토록[tʃɔtʰorok チョトロク] 副 あれほど; あんなに(まで) ¶~ 노력하면 [(tʃɔthoroŋ) norjɔkʰamjɔn (チョトロン) ノリョクカミョン] あんなに努力すれば.

***저항**[抵抗][tʃɔːhaŋ チョーハン] 图 [하自] 抵抗 ¶~ 정신[~ dʒɔŋʃin ~ ジョンシン] 抵抗精神 **—권**[kʼwɔn ックォン] 图 抵抗権.

***저희**[tʃɔhi チョヒ] 代 ① 手前ども; 私ども; =우리[uri ウリ]の謙譲語 ¶~들이 하겠습니다[~duri hagesˀumnida ~ドゥリ ハゲッスムニダ] 手前どもがやります ② あの人たち; 自分たち ¶~(들)끼리 놀러 가다[~ (dul) kʼiri noːllɔgada ~ (ドゥル) ッキリ ノールロガダ] 自分たちだけで遊びに行く.

적[敵][tʃɔk チョク] 图 敵; 相手; 手; かたき ¶~을 무찌르다[(tʃɔg) ul mutʃʼiruda (チョ) グル ムッチルダ] 敵を全滅する / 이번 시합의 적 [ibɔn ʃihabe ~ イボン シハベ ~] 今度の試合の相手[敵].

***적**[tʃɔk チョク] [依名] …のとき; …(した)こと ¶어릴 ~[ɔril (tʃʼɔk) オリル ~] 幼いとき / 가 본 ~이 있다[kabon (tʃɔg) i itˀa カボン (チョ) ギイッタ] 行ったことがある.

***-적**[的][dʒɔk ジョク] [接尾] …的(な・に) ¶세계 ~[seːge~ セーゲ~] 世界的 / 문학 ~인 [munhak (tʃʼɔg) in ムンハク (チョ) ギン] 文学的な / 국가 ~으

적개심 800 **적신호**

로 [kuk'a(dʒɔg)ɯro クッカ(ジョ)グロ] 国家的に.

적개-심[敵愾心][tʃɔk'ɛʃim チョッケシム] 图 敵愾心. ¶~에 불타다[~e pulthada (チョッケシン)メ プルタダ] 敵愾心に燃える.

적격[適格][tʃɔk'jok チョッキョク] 图 하形 適格. ¶~심사[~ʃi:msa シームサ] 適格審査 **—자**[tʃ'a チャ] 图 適格者. ¶그는 그 일에 ~다[kɯnɯn kɯ i:re ~da クヌン クイーレ ~ダ] 彼はその仕事に適格者だ.

***적극**[積極][tʃɔk'ɯk チョックク] 图 副 積極. ¶사업에 ~ 나서다[sa:ɔbe (tʃɔk'ɯŋ) nasɔda サーオベ (チョックン)ナソダ] 事業に積極的に乗り出す **—성**[s'ɔŋ ソン] 图 積極性 **—적**[tʃ'ɔk チョク] 图 冠 積極的. ¶~으로 행동하다 [~-(tʃ'ɔg)ɯro hɛŋdoŋhada ~-チョグロ ヘンドンハダ] 積極的に行動する.

적금[積金][tʃɔk'ɯm チョックム] 图 하自他 積み金; 積立金; 月掛け貯金. ¶~을 붓다[~ɯl pu:t'a (チョック)ムル ブッタ] 月掛け貯金をする.

적-나라[赤裸裸][tʃɔŋnara チョンナラ] 图 하形 赤裸々; むきだし. ¶~한 표현 [~han phjohjon ~ハン ピョヒョン] 赤裸々な表現.

***적다**[tʃɔk'ta チョッタ] 他 書く; 記録する. ¶이름을 적으세요[irɯmɯl tʃɔ-gɯsejo イルムル チョグセヨ] 名前を書きなさい / 금액을 ~[kɯmɛgɯl ~ クメグル ~] 金額を記入する.

***적다**²[tʃɔ:kt'a チョークタ] 形 少ない. ¶분량이 ~[pulljaŋi ~ プルリャンイ ~] 分量が少ない.

***적당**[適當][tʃɔkt'aŋ チョクタン] 图 適当. ¶~한 음식[~han ɯ:mʃik ~ ウームシク] 適当な食べ物 / ~하게 대답하다 [~hage tɛ:daphada ~ハゲ テーダプハダ] 適当に答える **—하다**[hada ハダ] 形 適当だ; 適する **—히**[i イ] 副 適当に ¶~ 다루다[~ taruda ~ タルダ] いい加減にあしらう.

적대[敵對][tʃɔkt'ɛ チョクテ] 图 하自他 敵対. ¶~ 행위[~ hɛŋwi ~ ヘンウイ] 敵対行為 **—시**[i ʃi] 图 하他 敵視. ¶반대파를 ~하다[pa:ndɛpharɯl ~hada パーンデパルル ~ハダ] 反対派を敵視する.

적도[赤道][tʃɔkt'o チョクト] 图 赤道 **—제**[dʒe ジェ] 图 赤道祭.

적량[適量][tʃɔŋnjaŋ チョンニャン] 图 適量. ¶~의 약을 먹다[~e jagɯl mɔkt'a ~エ ヤグル モクタ] 適量の薬を飲む.

적령[適齡][tʃɔŋnjoŋ チョンニョン] 图 適齢. ¶결혼 ~기[kjɔrhon (dʒɔŋnjoŋ)gi キョルホン (ジョンニョン)ギ] 結婚適齢期.

적립[積立][tʃɔŋnip チョンニプ] 图 하他 積み立て. ¶결혼 자금을 ~하다[kjɔrhon dʒagɯmɯl (tʃɔŋni)phada キョルホン ジャグムル ~パダ] 結婚資金を積み立てる **—금**[k'ɯm クム] 图 積立金.

적막[寂寞][tʃɔŋmak チョンマク] 图 하形 寂寞.・さびしい. ¶~한 인생[(tʃɔŋma)khan insɛŋ ~カン インセン] 寂寞たる人生 **—감**[(tʃɔŋma)k'am カム] 图 寂寞感; 心細くわびしいさま.

적-반하장[賊反荷杖][tʃɔkp'anha:dʒaŋ チョクパンハージャン] 冠 盗人なっての返って鞭を振りかざすの意; 盗人猛々しいこと. ¶~도 유분수지[~do ju:bunsudʒi ~ド ユーブンスジ] 盗人猛々しいにもほどがある.

적발[摘發][tʃɔkp'al チョクパル] 图 하他 摘発. ¶부정을 ~하다[pudʒɔŋɯl (tʃɔkp'ar)hada プジョンウル ~ハダ] 不正を摘発する.

적법[適法][tʃɔkp'ɔp チョクポプ] 图 하形 適法 **—성**[s'ɔŋ ソン] 图 適法性 **—행위**[(tʃɔkp'ɔ)phɛŋwi ペンウイ] 图 適法行為.

적부[適否][tʃɔkp'u チョクプ] 图 適否; 適不適. ¶~ 심사[~ ʃi:msa ~ シームサ] 適否審査.

적삼[tʃɔks'am チョクサム] 图 (民族固有衣装の) 単衣ひとえのチョゴリ[上衣].

적성[適性][tʃɔks'ɔŋ チョクソン] 图 適性. ¶~에 안 맞는다[~e an mannɯnda ~エ アンマンヌンダ] 適性に欠ける **—검사**[gɔ:msa ゴームサ] 图 適性検査.

***적시다**[tʃɔkʃ'ida チョクシダ] 他 浸す; ぬらす; 湿す. ¶수건을 물에 ~[su:gɔnɯl mure ~ スーゴヌル ムレ ~] タオルを水に浸す / 비로 옷을 ~[piro os-ɯl ~ ピロ オスル ~] 雨で服をぬらす.

적-신호[赤信號][tʃɔkʃ'inho チョクシンホ] 图 赤信号. ¶~로 바뀌다[~ro pak'wida ~ロ パックイダ] 赤信号に変わる / 건강의 ~[kɔ:ŋgaŋe ~ コーンガンエ ~] 健康の赤信号.

적-십자[赤十字][tʃɔkʃ'ipt'ʃa チョクシプチャ] 名 赤十字 **—정신**[dʒɔŋʃin ジョンシン] 名 赤十字精神.

적어-넣다[tʃɔgɔnɔtʰa チョゴノッタ] 他 記入する; 書き込む; 書き入れる.

*__적어도__[tʃɔgɔdo チョゴド] 副 ① 少なくとも ¶ ~ 만 원은 된다[~ ma:nwɔnun twenda ~ マーヌォヌン トゥェンダ] 少なくとも1万ウォンにはなる ② せめて ¶ ~ 일요일만은 쉬어야지[~ irjoilmanun ʃwijadʒi ~ イリョイルマヌン シュィオヤジ] せめて日曜日だけでも休まねばね ③ 仮(初め)にも; いやしくも ¶ ~ 남자라면[~ namdʒaramjɔn ~ ナムジャラミョン] 仮にも男なら.

적어-지다[tʃɔgɔdʒida チョゴジダ] 自 少なくなる; 減る ¶수입이 ~[suibi ~ スイビ ~] 収入が減る.

적용[適用][tʃɔgjoŋ チョギョン] 名 하他 適用 ¶규칙의 ~ 범위[kjutʃʰige ~ bɔ:mwi キュチゲ ~ ボーム イ] 規則の適用範囲.

적응[適應][tʃɔguɯŋ チョグン] 名 하自 適応 ¶환경에 ~하다[hwangjɔŋe ~-hada ファンギョンエ ~ハダ] 環境に適応する.

적의[敵意][tʃɔgi チョギ] 名 敵意 ¶ ~를 품다[~rul pʰu:mt'a ~ルル プームタ] 敵意を抱く.

적이[tʃɔ:gi チョギ] 副 多少; 幾らか; 少々; ちょっと ¶ ~ 놀랐다[~ no:llat'a ~ ノールラッタ] 少々驚いた / 안심했다[~ anʃimhɛt'a ~ アンシムヘッタ] 幾らか安心した **—나**[na ナ] 副 ① 多少でも; 幾らでも ¶ ~ 후회하니[~ hu:hwehani ~ フーフェハニ] 多少でも後悔するから(幸いだ) ② (反語的な否定語で)多少…だ; ちっとも…でない ¶나를 치겠다니, 흥, ~ 두렵겠다[narul tʃʰiget'ani, huŋ, ~ turjɔpk'et'a ナルル チゲッタニ, フン, ~ トゥリョプケッタ] 僕をぶんなぐるって、ふん、それはちょっと怖いなあ[ちっとも怖くないよ] **—나-하면**[na hamjɔn ナ ハミョン] 副 幾らか[事情]が多少よかったら ¶ ~ 가볼턴데[~ kabolthende ~ カボルテンデ] 都合が多少でも許せば行ってみるんだが.

*__적자__[赤字][tʃɔktʃ'a チョクチャ] 名 ① 赤字 ¶의외의 ~를 냈다[wi:wee ~-rul nɛ:t'a ウィーウェエ ~ルル ネッタ] 意外の赤字を出した ② (校正の)赤字.

적-잖다[tʃɔ:ktʃ'antʰa チョークチャンタ] 形 少なくない=**적지 아니하다**[tʃɔ:ktʃ'i anihad チョークチ アニハダ] ¶사고로 다친 사람이 ~[sa:goro tatʃʰin sa:rami ~ サーゴロ タチン サーラミ ~] 事故でけがをした人が少なくない **적잖-이**[tʃɔ:ktʃ'ani チョークチャニ] 副 少なからず ¶ ~ 놀랐다[~ no:llat'a ~ ノールラッタ] 少なからず驚いた.

적재[適材][tʃɔktʃ'ɛ チョクチェ] 名 適材 ¶ ~ 적소의 인사[~ dʒɔks'oe insa ~ ジョクソエ インサ] 適材適所の人事.

적적-하다[寂寂—][tʃɔktʃ'ɔkʰada チョクチョクカダ] 形 어変 ひっそりとして寂しい ¶ ~ 한 생활[(tʃɔktʃ'ɔ)kʰan sɛŋhwal ~カン センファル] 寂しい暮らし **적적-히**[tʃɔktʃ'ɔkʰi チョクチョクキ] 副 ひっそりと; 寂しく.

*__적절__[適切][tʃɔktʃ'ɔl チョクチョル] 名 하形 ¶ ~한 표현[(tʃɔktʃ'ɔr)han pʰjohjɔn ~ハン ピョヒョン] 適切な表現 **—히**[(tʃɔktʃ'ɔr)i (チョクチョ)リ] 副 適切に; ぴったりと ¶ ~ 조치하였다[~ tʃotʃʰihajɔt'a ~ チョチハヨッタ] 適切に処置した.

적중[的中][tʃɔktʃ'uŋ チョクチュン] 名 하自 的中 ¶예상이 ~했다[je:saŋi ~hɛt'a イェーサンイ ~ヘッタ] 予想が当たった[的中した].

적체[積滯][tʃɔktʃʰe チョクチェ] 名 하他 滯積; 渋滯 ¶화물의 ~[hwa:mure ~ ファームレ ~] 滯貨 / 실업자의 ~ 현상[ʃirɔptʃ'ae ~ hjɔ:nsaŋ シロプチャエ ~ ヒョーンサン] 失業者の滯積現象 / 교통이 ~하다[kjotʰoŋi ~hada キョトンイ ~ハダ] 交通が渋滯する.

적출[摘出][tʃɔktʃʰul チョクチュル] 名 하他 摘出 ¶탄환의 ~ 수술[tʰa:nhwane ~ susul ターンファネ ~ スス ル] 弾丸の摘出手術.

*__적합__[適合][tʃɔkhap チョクカプ] 名 하形 適合 ¶ ~한 인물[(tʃɔkha)pʰan inmul ~パン インムル] 適合した人物 / 생활에 ~하다[sɛŋhware (tʃɔkha)-pʰada センファレ ~ハダ] 生活するのに適している.

적히다[tʃɔkʰida チョキダ] 自 受動 書かれる; 記される; = '적다'「書く」の受動 ¶이름이 ~[irumi ~ イルミ ~] 名前が書かれる / 적혀 있는 설명[tʃɔkʰjɔ innun sɔlmjɔŋ チョクキョ インヌ

전

***전[前]** [tʃʌn チョン] 图 ① 前 ¶ 역~ [jʌk(tʃʌn) ヨク~] 駅前 ② 以前[過去] ¶ ~에 만난 적이 있다 [~e mannan tʃʌgi it'a (チョ)ネ マンナン チョギ イッタ] 前に会ったことがある ③ … する前に ¶ 식사하기 ~에 [ʃiks'ahagi ~e シクサハギ (チョ)ネ] 食事する前に ④ 前(の); 元(の) ¶ ~ 국회의원 [~ gukʰweuiwʌn ~ ググクェウィウォン] 元国会議員 ⑤ (手紙で)…に [様] **전에 없이** [tʃʌne ʌpʃ'i チョネ オープシ] 副 いつなく ¶ ~ 기뻐하다 [~ kip'ʌhada ~ キッポハダ] いつなく喜ぶ.

전[煎] [tʃʌn チョン] 图 薄く切った肉類・魚介類・野菜類に小麦粉のころもを被せて, 溶き卵に浸しフライパンで焼いた食べ物の総称.

전가[轉嫁] [tʃʌnga チョンガ] 图 하他 転嫁 ¶ 책임을 ~하다 [tʃʰɛgimul ~hada チェギムル ~ハダ] 責任を転嫁する.

전갈[傳喝] [tʃʌngal チョンガル] 图 하他 (目上の人の)言づけ; 言づて; 伝言 ¶ 급한 ~을 받다 [kupʰan (tʃʌngar)ul pat'a クパン (チョンガル)ル パッタ] 急な言づてを受けた[聞いた].

***전개[展開]** [tʃʌngɛ チョンゲ] 图 하自他 展開 ¶ 환경 운동을 ~하다 [hwangjʌŋ u:ndoŋul ~hada ファンギョン ウーンドンウル ~ハダ] 環境運動を展開する.

전갱이 [tʃʌngɛŋi チョンゲンイ] 图 ⟨魚⟩ マアジ; アジ(鯵).

***전골** [tʃʌ:ngol チョーンゴル] 图 すき焼き・寄せなべの一種.

전공[專攻] [tʃʌngoŋ チョンゴン] 图 하他 専攻 ¶ 디자인을 ~하다 [didʒainul ~hada ディジャイヌル ~ハダ] デザインを専攻する ー**과목** [k'wamok クァモク] 图 専攻科目.

전과[前科] [tʃʌnk'wa チョンクァ] 图 前科 ¶ ~ 3범 [~ sambʌm ~ サムボム] 前科3犯 ー**자** [dʒa ジャ] 图 前科者.

전관-예우[前官禮遇] [tʃʌngwanneu チョングァンネウ] 图 前官礼遇 ¶ ~를 받다 [~rul pat'a ~ルル パッタ] 前官礼遇を受ける.

전광[電光] [tʃʌ:ngwaŋ チョーングァン] 图 電光 ① 稲光 ② 電灯の光 ー**뉴스** [nju:sɯ ニュース] 图 電光ニュース ー**석화** [sʌkʰwa ソクァ] 图 電光石火 ¶ ~와 같은 빠른 솜씨 [~-wa gatʰɯn p'arɯn somʃ'i ~ワ ガトゥン ッパルン ソムッシ] 電光石火の早わざ.

전교[全校] [tʃʌngjo チョンギョ] 图 全校 ¶ ~생 [~sɛŋ ~セン] 全校生.

전구[電球] [tʃʌ:ngu チョーング] 图 電球; 다마 ¶ 백열 ~ [pɛŋnjʌl (dʒʌngu) ペンニョル (ジョーング)] 白熱電球.

***전국[全國]** [tʃʌnguk チョングク] 图 全国 ¶ ~적인 행사 [~tʃ'ʌgin hɛŋsa ~ チョギン ヘンサ] 全国的な行事.

전근[轉勤] [tʃʌnguɯn チョーングン] 图 하自 転勤.

전기[傳記] [tʃʌngi チョンギ] 图 伝記 ¶ 위인 ~를 읽다 [wiin (dʒʌngi) rul ikt'a ウィイン (ジョンギ)ルル イクタ] 偉人の伝記を読む.

***전기[電氣]** [tʃʌ:ngi チョーンギ] 图 電気 ¶ ~를 켜다[끄다] [~rul kʰjʌda[k'ɯda] ~ルル キョダ[ックダ]] 電気[電灯]をつける[消す] ー**기관차** [gigwantʃʰa ギグァンチャ] 图 電気機関車 ー**난로(煖爐)** [na:llo ナールロ] 图 電気ストーブ; 電気暖房器 ー**냄비** [nɛmbi ネムビ] 图 電気鍋 ー**냉장고** [nɛ:ŋdʒaŋgo ネーンジャンゴ] 图 電気冷蔵庫 ー**다리미** [darimi ダリミ] 图 電気アイロン ー**담요[布団]** [da:mnjo ダームニョ] 图 電気毛布[布団] ー**도금(鍍金)** [dogɯm ドグム] 图 電気メッキ ー**드릴** [dɯril ドゥリル] 图 電気ドリル ー**면도기(面刀器)** [mjʌ:ndogi ミョーンドギ] 图 電気かみそり; シェーバー ー**밥솥** [baps'ot パプソッ] 图 電気釜; 電気炊飯器 ー**방석(方席)** [baŋsʌk バンソク] 图 電気座布団 ー**세탁기** [se:tʰak'i セータクキ] 图 電気洗濯機 ー**스탠드** [sɯtʰɛndɯ ステンドゥ] 图 電気スタンド ー**에너지** [enʌdʒi エノジ] 图⟨物⟩電気エネルギー ー**인두** [indu インドゥ] 图 電気ごて ー**장치** [dʒaŋtʃʰi ジャンチ] 图 電気装置; 電気仕掛け ー**장판(壯板)** [dʒaŋpʰan ジャンパン] 图 電気寝床 ー**청 소기** [tʃʰʌŋsogi チョンソギ] 图 電気掃除機 ー**치료** [tʃʰirjo チリョ] 图 電気治療 ー**통신** [tʰoŋʃin トンシン] 图 電気通信 ー**히터** [hi:tʰʌ ヒート] 图 電気ヒーター **전깃-불** [tʃʌ:ngitp'ul チョーンギップル] 图 電灯(の明かり); 電光 **전깃-줄** [tʃʌ:ngitʃ'ul チョーンギッチュル] 图 電線.

전기[轉機] [tʃʌ:ngi チョーンギ] 图 転機; 変わり目 ¶ 인생의 ~를 맞이하다

[insɛŋe ~rul madʒihada インセンエ ~ルル マジハダ] 人生の転機を迎える.

전-나무[tʃɔːnnamu チョーンナム] 名 〈植〉モミ(樅).

전-날[前一][tʃɔnnal チョンナル] 名 ① 前日; 前の日 ¶ 생일(生日) ~ [sɛŋil(dʒɔnnal) センイル(ジョンナル)] 誕生日の前日 ② 去りし日; 先日; 過去; 昔 ¶ ~의 약속[(tʃɔnar)e jaksʼok (チョンナ)レ ヤクソク] 先日の約束.

전-남편[前男便][tʃɔnnamphjɔn チョンナムピョン] 名 前夫; 先夫.

전념[專念][tʃɔnnjɔm チョンニョム] 名 [하](自) 專念=＇전렴＇(專念) ¶ 연구에 ~하다[jɔngue ~hada ヨーングエ ~ハダ] 研究に専念する.

전단[傳單][tʃɔndan チョンダン] 名 伝単; 宣伝ビラ; ちらし ¶ ~을 뿌리다 [~ul pʼurida (チョンダ)ヌルップリダ] ビラをまく.

*전달[傳達][tʃɔndal チョンダル] 名 [하](他) 伝達 ¶ 명령을 ~하다[mjɔːŋnjɔŋul (tʃɔndar)hada ミョーンニョンウル ~ハダ] 命令を伝達する.

전-달[前一][tʃɔntʼal チョンタル] 名 先月; 前月 ¶ ~에는 사고가 없었다 [~-(tʼar)enun saːgoga ɔːpsʼɔtʼa ~-(タ)レヌン サーゴガ オープソッタ] 先月は事故がなかった / 막내가 태어나던 그 ~ [maŋnɛge thɛɔnadɔn kɯ (dʒɔnt'al)~ マンネガ テオナドン ク (ジョンタル)] 末っ子が生まれたその前月.

전담[全擔][tʃɔndam チョンダム] 名 [하](他) 全部を受け持つこと ¶ 비용을 ~하다[piːjoŋul ~hada ピーヨングル ~ハダ] 費用を全部受け持つ.

전담[專擔][tʃɔndam チョンダム] 名 [하](他) 専門に担当すること ¶ 섭외를 ~하다[sɔbwerul ~hada ソブェルル ~ハダ] 渉外を専門に担当する.

전답[田畓][tʃɔndap チョンダプ] 名 田畑.

전당[典當][tʃɔndaŋ チョンダン] 名 [하](他) 質 **—포**[pho ポ] 名 質屋 **—잡다**[dʒaptʼa ジャプタ] (他) 質に取る ¶ 카메라를 ~[khamerarul ~ カメラルル ~] カメラを質に取る **—잡히다** [dʒaphida ジャピダ] (他) 質に入れる.

전도[前途][tʃɔndo チョンド] 名 前途.

*전등[電燈][tʃɔːndɯŋ チョーンドゥン] 名 電灯; (俗) 電気 ¶ ~을 끄다[~ul kʼuda ~ウルックダ] 電灯を消す / ~을 켜다[~ul khjɔda ~ウル キョダ] 電気をつける.

전락-하다[轉落—][tʃɔːllakhada チョールラクハダ] (自) 転落する; 転げ落ちる; 落ちぶれる ¶ 삼류 작가로 ~[samnju dʒakʼaro ~ サムニュ ジャッカロ ~] 三流作家に転落する[落ちぶれる].

전람-회[展覽會][tʃɔːllamhwe チョールラムフェ] 名 展覧会 ¶ 미술 ~ [miːsul (dʒɔːllamhwe) ミースル (ジョールラムフェ)] 美術展覧会.

전래[傳來][tʃɔlle チョルレ] 名 [하](自) 伝来 ¶ ~ 동화[~ doːŋhwa ~ ドーンファ] 伝来の童話.

*전략[戰略][tʃɔːlljak チョールリャク] 名 戦略 ¶ 경영 ~[kjɔŋjɔŋ (dʒɔːlljak) キョンヨン (ジョールリャク)] 経営戦略.

전력[全力][tʃɔːlljɔk チョールリョク] 名 全力 ¶ ~을 다하다[(tʃɔlljɔg)ul taːhada (チョルリョ)グル ターハダ] 全力を尽くす.

*전력[前歷][tʃɔːlljɔk チョールリョク] 名 前歴 ¶ ~을 조사(調査)하다[(tʃɔlljɔg)ul tʃosahada (チョルリョ)グル チョサハダ] 前歴を調べる.

전력[電力][tʃɔːlljɔk チョールリョク] 名 電力 ¶ ~을 공급하다[(tʃɔːlljɔg)ul koːŋgɯphada (チョールリョ)グル コーングプハダ] 電力を供給する.

전렴[專念][tʃɔlljɔm チョールリョム] 名 [하](自) 専念=＇전념＇(專念) ¶ 일에 ~하다[iːre ~hada イーレ ~ハダ] 仕事に専念する.

전례[前例][tʃɔlle チョルレ] 名 前例; 先例 ¶ ~가 없다[있다][~ga ɔːptʼa [itʼa] ~ガ オープタ[イッタ]] 前例がない[ある].

전류[電流][tʃɔːllju チョールリュ] 名 電流 ¶ ~가 통하다[~ga thoŋhada ~ ガトンハダ] 電流が通じる.

전말[顚末][tʃɔnmal チョンマル] 名 顚末 ¶ 사건의 ~ [saːkʼɔne ~ サーコネ ~] 事件の顚末 **—서**[sʼɔ ソ] 名 顚末書.

*전망[展望][tʃɔːnmaŋ チョーンマン] 名 [하](他) 展望 ¶ ~이 좋다[~i tʃoːtha ~イ チョーッタ] (窓からの)展望[見晴らし]がよい; (事業の)見通しがよい **—대**[dɛ デ] 名 展望台; 見晴らし台.

전매[專賣][tʃɔnmɛ チョンメ] 名 [하](他) 専売 **—특허**[thɯkhɔ トゥッコ] 名 ① 専売特許 ② (俗) 特技; お手の物 **—품**[phum プム] 名 専売品.

전면[全面][tʃɔnmjɔn チョンミョン] 名 全面 ¶~ 광고 ~ gwa:ngo ~ グァーンゴ] 全面広告.

전멸-하다[全滅—][tʃɔnmjɔrhada チョンミョルハダ] 自 全滅する ¶육상 경기에서 ~[juks'aŋ gjɔːŋgiesɔ ~ ユクサン ギョーンギエソ ~] 陸上競技で全滅した[みな負けた].

전모[全貌][tʃɔnmo チョンモ] 名 全貌; 全容 ¶사건의 ~[sa:k'ɔne ~ サーコネ ~] 事件の全貌.

전무[全無][tʃɔnmu チョンム] 名 ハ形 皆無; まったくないこと ¶반성하는 기색(氣色)이 ~하다[pa:nsɔŋhanun kisɛgi ~hada パーンソンハヌン キセギ ~ハダ] 反省の色がまったく見えない[全然ない].

전무[專務][tʃɔnmu チョンム] 名 専務 **—이사**[i:sa イーサ] 名 専務理事; 専務取締役.

전무-후무[前無後無][tʃɔnmuhu:mu チョンムフーム] 名 ハ形 空前絶後; 未曾有; 今までに一度もなくこれからも有り得ないだろうと思われること ¶~한 대사건[~han tɛ:sak'ɔn ~ハン テーサコン] 空前絶後の大事件.

***전문**[專門][tʃɔnmun チョンムン] 名 ハ他 専門 **—가**[ga ガ] 名 専門家; 玄人 ¶요리의 ~[jorie ~ ヨリエ ~] 料理の専門家 **—대학**[dɛ:hak デーハク] 名 (2・3年制の)短期大学 **—의**[ui] (チョンム) 의] 名 専門医 **—점**[dʒom ジョム] 名 専門店.

전반[全般][tʃɔnban チョンバン] 名 全般 ¶~에 걸쳐[~e kɔ:ltʃhɔ (チョン バ)ネ コールチョ] 全般にわたって.

전반[前半][tʃɔnban チョンバン] 名 前半 **—기**[gi ギ] 名 前半期 **—전**[dʒɔn ジョン] 名 (競技の)前半戦.

전방[前方][tʃɔnbaŋ チョンバン] 名 前方 ¶~ 100미터[~ bɛŋmi:tʰɔ ~ ベンミート] 前方100メートル.

전번[前—][tʃɔnbɔn チョンボン] 名 副 先般; 先ごろ; この前; =지난번[tʃinanbɔn チナンボン] ¶~에 사 온 물건(物件)[~e saon mulgɔn (チョンボ)ネ サオン ムルゴン] 先般買ってきた品物.

전별[餞別][tʃɔ:nbjɔl チョーンビョル] 名 ハ他 餞別; はなむけ **—금**[gum グム] 名 餞別のお金 **—연**[jɔn リョン] 名 餞別[送別]の宴 **—주**[tʃ'u チュ] 名 別れの杯; 惜別の酒 **—회**[(tʃɔ:nbjɔr)hwe フェ] 名 送別会.

***전보**[電報][tʃɔ:nbo チョーンボ] 名 ハ自 電報 ¶~를 치다[받다][~rul tʃʰi-da[pat'a] ~ルル チダ[パッタ]] 電報を打つ[受ける].

전복[全鰒][tʃɔnbok チョンボク] 名 〈貝〉アワビ(鮑).

전복[顛覆][tʃɔ:nbok チョーンボク] 名 ハ自他 転覆 ¶배가 ~하였다[pɛga (tʃɔ:nbo) hɛjɔt'a ペガ ~カヨッタ] 船が転覆した.

전봇-대[電報—][tʃɔ:nbotɛ チョーンボッテ] 名 ① 電柱='전주'(電柱) ② 背の高い人をあざけていう語; のっぽ.

***전부**[全部][tʃɔnbu チョンブ] 名 副 全部; 全体; すべて; 皆 ¶~ 써버렸다[~ s'ɔbɔrjɔt'a ~ッソボリョッタ] 全部使ってしまった.

전산[電算][tʃɔ:nsan チョーンサン] 名 電算 ¶~ 조판[~ dʒophan ~ ジョパン] コンピューター組版 **—기**[gi ギ] 名 電算機; コンピューター; =전자 계산기(電子計算機)[tʃɔ:ndʒa ge:sangi チョーンジャ ゲーサンギ] **—화**[hwa ファ] 名 ハ他 コンピューター化 ¶~ 작업[~ dʒagɔp ~ ジャゴプ] コンピューター化の作業.

전생[全生][tʃɔnsɛŋ チョンセン] 名 生涯; 一生 ¶~의 육영 사업[~e jugjɔŋ-sa:ɔp ~エ ユギョン サーオプ] 生涯の育英事業.

전-생애[全生涯][tʃɔnsɛŋɛ チョンセンエ] 名 全生涯; 一生涯.

전생-연분[前生緣分][tʃɔnsɛŋnjɔnbun チョンセンニョンブン] 名 前生の因縁.

전선[前線][tʃɔnsɔn チョンソン] 名 前線 ¶~의 장병[~e tʃa:ŋbjɔŋ ~エ チャーンビョン] 前線の将兵 / 장마 ~[tʃaŋma (dʒɔ:nsɔn) チャンマ (ジョーンソン)] 梅雨前線.

전선[電線][tʃɔ:nsɔn チョーンソン] 名 電線 **—줄**[tʃ'ul チュル] 名 電線.

전선[戰線][tʃɔ:nsɔn チョーンソン] 名 戦線 ¶서부 ~[sɔbu (dʒɔ:nsɔn) ソブ (ジョーンソン)] 西部戦線 / 통일 ~[tʰoŋil (dʒɔ:nsɔn) トーンイル (ジョーンソン)] 統一戦線.

***전설**[傳說][tʃɔnsɔl チョンソル] 名 伝説 ¶~적인 인물[~tʃ'ɔgin inmul チョギン インムル] 伝説的な人物.

전성[全盛][tʃɔnsɔŋ チョンソン] 名 ハ形 全盛 ¶~ 시대[~ ʃidɛ ~ シデ] 全盛時代.

전세[專貰][tʃɔnse チョンセ] 图 貸し切り ¶~ 버스[~ bɔsɯ ~ ボス] 貸し切りバス.

전세[傳貰][tʃɔnse チョンセ] 图 家賃を月々支払う必要はなく一定の敷金を払って他人の不動産を借りること **—금**[gɯm グム] 图 敷金(不動産を返すとき金額が返済される) **—권(權)**[k'wɔn クォン] 图 '전세'で借りた不動産を使用・収益する権利 **전씻-집**[tʃɔnset'ip チョンセッチプ] 图 '전세'で借りた家.

전소[全燒][tʃɔnso チョンソ] 图 하자 全燒; 丸焼け ¶ 집이 ~되었다 [tʃibi ~dweːt'a チビ ~ドゥェオッタ] 家が丸焼けになった.

전속[全速][tʃɔnsok チョンソク] 图 全速; フルスピード; = **전속력**[tʃɔnsoŋnjɔk チョンソンニョク]「全速力」 ¶ ~으로 달리다[(tʃɔnsog)ɯro tallida (チョンソ)グロ タルリダ] 全速(力)で走る.

전속[專屬][tʃɔnsok チョンソク] 图 하자 專屬 **—가수**[(tʃɔnso)k'asu カス] 图 專屬歌手.

*전송[餞送][tʃɔːnsoŋ チョーンソン] 图 見送り ¶ 성대(盛大)한 ~[sɔːŋdɛhan ~ ソーンデハン ~] 盛んな見送り **—하다**[hada ハダ] 他 見送る.

전수[傳受][tʃɔnsu チョンス] 图 하他 伝受; 伝え受けること; 伝受されること ¶ 스승으로부터 ~받다[sɯsɯŋɯrobutʰɯ ~baťa ススンウロブトゥ ~バッタ] 師匠から(秘法を)伝え受ける.

전수[傳授][tʃɔnsu チョンス] 图 하他 伝授; 教え伝えること ¶ 기술을 ~하다[kisurɯl ~hada キスルル ~ハダ] 技術を伝授する.

전술[前述][tʃɔnsul チョンスル] 图 하자他 前述 ¶ ~한 바와 같이 [(tʃɔnsur)han bawa gatʃʰi ~ハン バワ ガチ] 前述[件ぉ]のごとく; 前述のとおり.

전승[傳承][tʃɔnsɯŋ チョンスン] 图 하他 伝承 ¶ 민간 ~[mingan (dʒɔːnsɯŋ) ミンガン (ジョンスン)] 民間伝承.

*전시[展示][tʃɔːnʃi チョーンシ] 图 하他 展示; ディスプレー ¶ ~회[~hwe ~ フェ] 展示会.

전신[全身][tʃɔnʃin チョンシン] 图 全身 ¶ ~의 힘[~e him (チョンシ)ネ ヒム] 全身の力; 全力 **—운동**[uːndoŋ (チョンシ) ヌーンドン] 图 全身運動.

전신[電信][tʃɔːnʃin チョンシン] 图 電信 ¶ 무선 ~[musɔn (dʒɔːnʃin) ムソン (ジョーンシン)] 無線電信 **—망**[maŋ マン] 图 電信網 **—주**[dʒu ジュ] 图 電信柱.

전신[轉身][tʃɔːnʃin チョーンシン] 图 하자 転身 ¶ 정치가로 ~하다[tʃɔŋtʃʰigaro ~hada チョンチガロ ~ハダ] 政治家へと転身する.

전실[前室][tʃɔnʃil チョンシル] 图 前妻; 先妻 **—자식**(子息)[tʃ'aʃik チャシク] 图 先妻腹の子.

전심[專心・全心][tʃɔnʃim チョンシム] 图 하자 専心・全心; ありったけの心 ¶ ~(專心・全心) 전력(全力)[~dʒɔlljɔk ~ ジョルリョク] 専心全力; ありったけの心と力.

전압[電壓][tʃɔːnap チョーナプ] 图 電圧 ¶ ~이 낮다[(tʃɔːnab)i naťa (チョーナ)ビ ナッタ] 電圧が低い.

전액[全額][tʃɔnɛk チョネク] 图 全額 ¶ ~을 지불하다[(tʃɔnɛg)ɯl tʃiburhada (チョネ)グル チブルハダ] 全額を支払う.

전야[前夜][tʃɔnja チョニャ] 图 前夜 ¶ 출발 ~[tʃʰulbal (dʒɔnja) チュルバル (ジョニャ)] 出発の前夜 **—제**[dʒe ジェ] 图 前夜祭.

전어[錢魚][tʃɔːnɔ チョーノ] 图 〈魚〉 コノシロ; コハダ; コノシロ科の近海魚.

전업[專業][tʃɔnɔp チョンノプ] 图 하자 専業 ¶ ~ 주부[~ tʃ'ubu ~ チュブ] 専業主婦.

전역[全域][tʃɔnjɔk チョニョク] 图 全域 ¶ 서울 ~[sɔul (dʒɔnjɔk) ソウル (ジョニョク)] ソウル全域.

*전연[全然][tʃɔnjɔn チョニョン] 剾 全然; まったく; まるで; = '전혀' ¶ ~ 모르는 사람[~ morɯnɯn saːram ~ モルヌン サーラム] 全然知らない人.

전열[戰列][tʃɔnjɔl チョーニョル] 图 戦列 ¶ ~을 가다듬다[(tʃɔnjɔr)ɯl kadadɯtťa (チョーニョ)ルル カダドゥムタ] 戦列を整える.

전염[傳染][tʃɔnjɔm チョニョム] 图 하자 伝染 **—병**[p'jɔŋ ピョン] 图 伝染病.

전용[專用][tʃɔnjoŋ チョニョン] 图 하他 専用 ¶ 자동차 ~ 도로[tʃ'adoŋtʃʰa (dʒɔnjɔŋ) doːro チャドンチャ (ジョニョン) ドーロ] 自動車専用の道路.

전원[田園][tʃɔnwɔn チョヌォン] 图 田園 **—도시**[doʃi ドシ] 图 田園都市.

전원[全員][tʃɔnwɔn チョヌォン] 图 全員 ¶ ~ 일치[~ iltʃʰi (チョヌォ)

전월[前月][tʃɔnwɔl チョヌォル] 名 前月; 先月.

전위[前衛][tʃɔnwi チョヌィ] 名 前衛. **—예술**[je:sul イェースル] 名 前衛芸術.

전율[戰慄][tʃɔ:njul チョーニュル] 名 하自 戰慄. ¶~할 범죄[(tʃɔ:njur)hal pɔ:mdʒwe ~ハル ポームジュェ] 戰慄すべき犯罪.

전일[前日][tʃɔnil チョニル] 名 前日; 先日. ¶='전날'.

전임[專任][tʃɔnim チョニム] 名 하他 專任. **—강사**[ga:ŋsa ガーンサ] 名 專任講師.

전입[轉入][tʃɔ:nip チョーニプ] 名 하自 轉入. ¶~생[~s'εŋ ~セン] 轉校生.

전자[前者][tʃɔndʒa チョンジャ] 名 ① この前; 先般. ¶~에 내가 한 말[~e nεge han ma:l ~エ ネガ ハン マール] この前私が言ったこと ② 前者. ¶~가 후자보다 낫다[~ga hu:dʒaboda na:t'a ~ガ フージャボダ ナーッタ] 前者のほうが後者よりいい.

***전자**[電子][tʃɔ:ndʒa チョーンジャ] 名 電子; エレクトロン(electron). ¶~에너지[~enɔdʒi ~エノジ] 電子エネルギー **—공학**[goŋhak ゴンハク] 名 電子工学; エレクトロニクス(electronics) **—두뇌**[dunwe ドゥヌェ] 名 電子頭脳 **—레인지**[reindʒi レインジ] 名 電子レンジ **—오락**[orak オラク] 名 コンピューターゲーム.

전재[轉載][tʃɔ:ndʒε チョーンジェ] 名 하他 轉載. ¶무단 ~[mudan (dʒɔ:ndʒε) ムダン(ジョーンジェ)] 無斷轉載.

***전쟁**[戰爭][tʃɔ:ndʒεŋ チョーンジェン] 名 하自 戰爭. ¶핵 ~[hεk (tʃ'ɔndʒεŋ) ヘク(チョンジェン)] 核戰爭 **—놀이**[nori ノリ] 名 戰爭ごっこ **—문학**[munhak ムンハク] 名 戰爭文学.

전적[全的][tʃɔndʒɔk チョンジョク] 名 全的に; まったく. ¶~으로 지지하다[(tʃ'ɔntʃ'ɔg)uro tʃidʒihada (チョンチョ)グロ チジハダ] 全的に支持する.

전전[前前][tʃɔndʒɔn チョンジョン] 冠 前々; 先々 **—날**[nal ナル] 名 おととい; 一昨日; ='그저께' **—년**[njɔnニョン] 名 おととし; 一昨年; ='그러께' **—달**[t'al ッタル] 名 前々[先々]月 ='지지난달' **—번**(番)[p'ɔn ポン] 名 この前の前; 先般; ='지지난번'.

전전-긍긍[戰戰兢兢][tʃɔ:ndʒɔngɯ:ŋ-gɯŋ チョーンジョングーングン] 名 하自 戰々恐々 ¶폭동이 일어나서 ~하고 있다[pʰokt'oŋi irɔnasɔ ~hago it'a ポクトンイ イロナソ ~ハゴ イッタ] 暴動が起こって戰々恐々としている.

전제[前提][tʃɔndʒe チョンジェ] 名 하他 前提; 前置き ¶~ 조건[~ dʒok'ɔn ~ ジョコン] 前提条件.

전제[專制][tʃɔndʒe チョンジェ] 名 하他 專制. **—군주**[gundʒu グンジュ] 名 專制君主 **—정치**[dʒɔŋtʃʰi ジョンチ] 名 專制政治 **—주의**[dʒui ジュイ] 名 專制主義.

전조[前兆][tʃɔndʒo チョンジョ] 名 前兆; 兆し; 前触れ ¶지진의 ~[dʒidʒine ~ チジネ ~] 地震の前触れ.

전조-등[前照燈][tʃɔndʒodɯŋ チョンジョドゥン] 名 前照灯; ヘッドライト.

전주[前週][tʃɔndʒu チョンジュ] 名 前週; 先週. ¶~의 토요일[~e tʰojoil ~エトヨイル] 前週の土曜日. 「電柱.

전주[電柱][tʃɔ:ndʒu チョーンジュ] 名

전주[錢主][tʃɔ:ndʒu チョーンジュ] 名 金主; 貸元; 胴元; スポンサー.

전주-곡[前奏曲][tʃɔndʒugok チョンジュゴク] 名 〈楽〉前奏曲; プレリュード.

전지[電池][tʃɔ:ndʒi チョーンジ] 名 ① 電池; バッテリー ¶건 ~[kɔn (dʒɔndʒi) コン(ジョンジ)] 乾電池 ② 懐中電灯.

전직[前職][tʃɔndʒik チョンジク] 名 前職 ¶그의 ~은 교사다[kɯe (tʃɔndʒig)un kjo:sada クエ(チョンジク)グン キョーサダ] 彼の前職は教師である / ~ 공무원[(tʃɔndʒik) k'oŋmuwɔn ~ コンムウォン] 元公務員.

전진[前進][tʃɔndʒin チョンジン] 名 하自 前進 ¶~ 기지[~ gidʒi ~ ギジ] 前進基地.

전집[全集][tʃɔndʒip チョンジプ] 名 全集 ¶세계 문학 ~[se:ge munhak (tʃ'ɔndʒip) セーゲ ムンハク ~] 世界文学全集. 「電車.

전차[電車][tʃɔ:ntʃʰa チョーンチャ] 名

전차[戰車][tʃɔ:ntʃʰa チョーンチャ] 名 戰車; タンク.

전채[前菜][tʃɔntʃʰε チョンチェ] 名 前菜; つきだし; オードブル.

전처[前妻][tʃɔntʃʰɔ チョンチョ] 名 前妻; 先妻 ¶~ 소생(所生)[~ so:sεŋ ~ ソーセン] 先妻の産んだ子.

전-천후[全天候][tʃɔntʃʰɔnhu チョンチ

ョンフ] 名 全天候 ¶~ 농업[~ noŋ-ɔp ~ ノンオプ] 全天候農業.

전철[前轍][tʃɔntʃhɔl チョンチョル] 名 前轍てつ; 前車[前に行く車]の轍わだち ¶~을 밟다[(tʃɔntʃhɔr) ɯl pa:pt'a (チョンチョ)ルル パープタ] 前轍[前車の轍]を踏む; 二の舞いを演じる.

*전철[電鐵][tʃɔ:tʃhɔl チョーンチョル] 名 電車.

*전체[全體][tʃɔntʃhe チョンチェ] 名 全体 ¶~ 회의[~ hwe:i ~ フェーイ] 全体会議.

전축[電蓄][tʃɔ:ntʃhuk チョーンチュク] 名 電蓄.

*전통[傳統][tʃɔnthoŋ チョントン] 名 伝統 ¶~을 지키다[~ɯl tʃikhida ~ウル チキダ] 伝統を守る.

전투[戰鬪][tʃɔ:nthu チョーントゥ] 名 [하自] 戦闘 —기[gi ギ] 名 戦闘機 —력[rjɔk リョク] 名 戦闘力.

전파[電波][tʃɔ:npha チョーンパ] 名 電波 —망원경[ma:ŋwɔngjɔŋ マーンウォンギョン] 名 電波望遠鏡 —탐지기[thamdʒigi タムジギ] 名 電波探知機; レーダー.

전파[傳播][tʃɔnpha チョンパ] 名 [하他] 伝播ぱん ¶사상의 ~[sa:saŋe ~ サーサンエ ~] 思想の伝播.

전패[全敗][tʃɔnphe チョンペ] 名 [하自] 全敗 ¶~한 팀[~han thi:m ~ハン ティーム] 全敗のチーム.

전폐[全廢][tʃɔnphe チョンペ] 名 [하他] 全廃 ¶핵무기(核武器)의 ~[hεŋmugie ~ ヘンムギエ ~] 核兵器の全廃.

전폭[全幅][tʃɔnphok チョンポク] 名 全幅; 全面 ¶~적인 지지[~tʃ'ɔgin tʃidʒi ~チョギン チジ] 全面的な支持 / ~적인 신뢰[~tʃ'ɔgin ʃi:llwe ~チョギン シールレ] 全幅の信頼.

전표[傳票][tʃɔnphjo チョンピョ] 名 伝票 ¶입금[출금] ~[ipk'ɯm[tʃhulgɯm] (dʒɔmphjo)] イプクム[チュルグム](ジョンピョ)] 入金[出金]伝票.

*전-하다[傳—][tʃɔnhada チョンハダ] 1 他 伝える ① 渡す ¶돈을 전해주다[to:nɯl tʃɔnhεdʒuda トーヌル チョンヘジュダ] 金を渡してやる ② 知らせる ¶진실을 ~[tʃinʃirul ~ チンシルル ~] 真実を伝える / 전하실 말씀 [tʃɔnhaʃil ma:ls'um チョンハシル マールッスム] おことづけ ③ 教える ¶비전을 ~[pi:dʒɔnul ~ ピージョヌル ~] 秘伝を伝える 2 自 受け継ぐ ¶예로부터 전해 오는 이야기[je:robutʃhɔ tʃɔnhɛ

onɯn nijagi イェーロブト チョンヘ オヌン ニヤギ] 昔から伝わってきた物語.

전학[轉學][tʃɔnhak チョンハク] 名 [하自] 転学; 転校 —생[s'εŋ セン] 名 転校生. 「戦艦.

전함[戰艦][tʃɔ:nham チョーンハム] 名

전향[轉向][tʃɔ:nhjaŋ チョーンヒャン] 名 [하自] 転向; 方向・主義・立場などを変えること; 特に, 共産主義者などが思想を捨てること.

*전혀[全—][tʃɔnhjɔ チョンヒョ] 副 まったく; 全然; まるっきり ¶~ 모르다[~ moruda ~ モルダ] 全然[からきし・まるっきり]知らない / ~ 다르다[~ taruda ~ タルダ] まったく違う.

전형[典型][tʃɔ:nhjɔŋ チョーンヒョン] 名 典型 ¶~적인 신사[~dʒɔgin ʃi:nsa ~ジョギン シーンサ] 典型的な紳士.

전형[銓衡][tʃɔ:nhjɔŋ チョーンヒョン] 名 [하他] 選考 ¶서류 ~[sɔrju (dʒɔ:nhjɔŋ) ソリュ(ジョーンヒョン)]書類選考.

*전화[電話][tʃɔ:nhwa チョーンファ] 名 [하自] 電話; テレフォン ¶휴대 ~[hjudε (dʒɔ:nhwa) ヒュデ(ジョーンファ)] 携帯電話 / ~를 걸다[~rul kɔ:lda ~ルル コールダ] 電話をかける / ~를 받다[~rul pat'a ~ルル パッタ] 電話口に出る —번호[bɔnho ボンホ] 名 電話番号 —박스[baks'ɯ バクス] 名 電話ボックス.

전화-위복[轉禍爲福][tʃɔ:nhwawibok チョーンファウィボク] 名 [하自] 災いが転じて福になること.

전환-하다[轉換—][tʃɔ:nhwanhada チョーンファンハダ] 自他 転換する; 転ずる ¶기분을 ~[kibunɯl ~ キブヌル ~] 気分を転換する.

*전후[前後][tʃɔ:nhu チョンフ] 名 [하自他] 前後 ¶40세 ~[sa:ʃips'e (dʒɔnhu) サーシプセ (ジョンフ)] 40歳前後.

*절¹[tʃɔl チョル] 名 寺; 寺院; 寺刹; = 절간[tʃɔlk'an チョルカン] 名 寺.

*절²[tʃɔl チョル] 名 (敬)礼; お辞儀; 会釈 —하다[(tʃɔr) hada ハダ] 自 お辞儀をする ¶공손하게 ~[koŋsonhage ~ コンソンハゲ ~] 丁寧にお辞儀をする.

절³[tʃɔl チョル] 略 私を; 私に =저를[tʃɔrul チョルル] ¶~ 따라 오세요[~ t'ara osejo ッタラ オセヨ] 私について来てください.

-절[節][dʒɔl ジョル] 接尾 …節 ① 節

절감[切感][tʃʌlgam チョルガム] 名 하他 切[痛切]に感じること=통감(痛感) [tʰoːŋgam トーンガム] ¶내부족을 ~하다[jʌkp'udʒogɯul ~hada ヨクブジョグル ~ハダ] 力不足を切に感じる.

절개[節槪][tʃʌlgɛ チョルゲ] 名 節義と気概; 志操; 節操 ¶~를 지키다[~rul tʃikʰida ~ルル チキダ] (臣下として)の節義を守る.

절거덕 [tʃʌlgʌdʌk チョルゴドク] 副 하自他 ① ぴたり(と); ぴたっ(と) ¶껌이 ~붙다[k'ʌmi ~ p'utʰa ッコミ ~ プッタ] ガムがぴたっとくっつく ② かちっ; かちん; かちゃん ¶자물쇠를 ~열다[tʃamulsʼwerul (tʃʌlgʌdʌŋ) njʌːlda チャムルスェルル (チョルゴドン) ニョールダ] 錠前をかちっと開ける.

절거덩 [tʃʌlgʌdʌŋ チョルゴドン] 副 하自他 かちん; がちゃん ¶철문이 ~닫히다[tʃʰʌlmuni ~ tatʃʰida チョルムニ ~ タチダ] 鉄門ががちゃんと閉まる.

절경[絶景][tʃʌlgjʌŋ チョルギョン] 名 絶景 ¶천하의 ~[tʃʰʌnhae ~ チョンハエ ~] 天下の絶景.

절교[絶交][tʃʌlgjo チョルギョ] 名 하自 絶交 ¶이젠 그와는 ~다[idʒen kuwanun ~da イゼン クワヌン ~ダ] もう彼とは絶交だ.

절구 [tʃʌlgu チョルグ] 名 臼 **─떡**[t'ʌk ット ク] 名 うすでついたもち **─질**[dʒil ジル] 名 하自 うすつき **─통**[tʰoŋ トン] 名 ① (杵に対して)うす ② (太った女性をあざけて)ずんど(う).

절규[絶叫][tʃʌlgju チョルギュ] 名 하自他 絶叫 ¶구원(救援)을 ~하다[kuːwʌnul ~hada クーウォヌル ~ハダ] 救いを求めて絶叫する.

절기[節氣][tʃʌlgi チョルギ] 名 節気, 立春・清明・立秋など季節の変わり目 (24気の中で毎月前半にある節気).

절다¹ [tʃʌːlda チョールダ] 自 ㄹ語幹 (塩に)漬かる ¶배추가 잘 절었다[pɛːtʃʰuga tʃal dʒʌːrʌtʼa ペチュガ チャル ジョーロッタ] 白菜がよく漬かった.

절다² [tʃʌːlda チョールダ] 自他 ㄹ語幹 片足をひきずって歩く = ¶다리를 절며 걸어가다[tarirul tʃʌːlmjʌ kʌrʌgada ダリルル チョールミョ コロガダ].

절단[切斷][tʃʌlt'an チョルタン] 名 하他 切斷 ¶전선을 ~하다[tʃʌːnsʌnul ~hada チョーンソヌル ~ハダ] 電線を切断する.

***절대**[絶對][tʃʌlt'ɛ チョルテ] 名 副 絶対(に) ¶~ 명령[~ mjʌːŋnjʌŋ ~ ミョーンニョン] 絶対命令 / ~ 그렇지 않다[~ kɯrʌtʃʰi antʰa ~ クロッチ アンタ] 絶対(に)そうでない **─로**[ro ロ] 副 絶対(に); 決して; 断じて ¶~ 안 가겠다[~ an gaget'a ~ アン ガゲッタ] 絶対(に)行かない.

절도[節度][tʃʌlt'o チョルト] 名 節度 ¶~있는 행동[~innun hɛŋdoŋ ~インヌン ヘンドン] 節度のある行動.

절도[竊盜・窃盜][tʃʌlt'o チョルト] 名 窃盜 **─하다**[hada ハダ] 他 窃盜 [盗み]を働く **─범**[bʌm ボム] 名 窃盜犯 **─죄**[tʃ'we チュェ] 名 窃盜罪.

절뚝─거리다 [tʃʌlt'uk'ʌrida チョルットゥクコリダ] 自他 片足をひきひき歩く ¶~─거리며 걷다[~-k'ʌrimjʌ kʌːt'a ~ コリミョ コッタ].

절뚝발─이 [tʃʌltʼukpʼari チョルットゥクパリ] 名 足の不自由な人.

절레─절레 [tʃʌlledʒolle チョルレジョルレ] 副 首をいやいやと左右に振るさま.

절로 [tʃʌllo チョルロ] 副 ① ひとりでに; 自然に; おのずと; ='저절로' ¶~ 고개가 수그러지다[~ kogɛga sugɯrʌdʒida ~ コゲガ スグロジダ] おのずから頭が下がる ② あちらに; あっち; ='저리로' ¶~ 가라[~ kara ~ カラ] あちらに行け.

절룩─거리다 [tʃʌlluk'ʌrida チョルルクコリダ] 自他 片足をややひきひき歩く.

절룽─거리다 [tʃʌllugʌrida チョルルンゴリダ] 自他 片足を少しひきずって歩く.

절름발─이 [tʃʌllumbari チョルルムバリ] 名 ① 足の不自由な人 ② 足の長さが不ぞろいの椅子= ¶~ 의자[~ ɯidʒa ~ ウィジャ].

절망[切望][tʃʌlmaŋ チョルマン] 名 하他 切望 = 갈망(渴望) [kalmaŋ カルマン] ¶합격하기를 절실(切實)히 바라다[hapkjʌkʰagirul tʃʌlʃiri parada ハプキョクカギルル チョルシリ パラダ] 合格されることを切望する.

절망[絶望][tʃʌlmaŋ チョルマン] 名 하自 絶望 ¶인생에 ~하다[insɛŋe ~hada インセンエ ~ハダ] 人生に絶望する **─감**[gam ガム] 名 絶望感 **─적**

절멸[dʒɔk ジョク] 冠名 絶望的.

절멸[絶滅][tʃɔlmjɔl チョルミョル] 名 하自他 絶滅 ¶해충을 ～시키다[hɛːtʰuŋɯl ～sikʰida ヘーチュンウル ～シキダ] 害虫を絶滅させる[根絶する].

절묘[絶妙][tʃɔlmjo チョルミョ] 名 하形 絶妙 ¶～한 타이밍[～han tʰaimiŋ ～ハン タイミン] 絶妙なタイミング.

절박[切迫][tʃɔlbak チョルバク] 名 하形 切迫 ¶기일이 ～하다[kiiri (tʃɔlba)kʰada キイリ ～カダ] 期日が迫る / ～한 정세[(tʃɔlba)kʰan tʃɔŋse ～カン チョンセ] 切迫した情勢 —**감**[(tʃɔlba)k'am カム] 名 切迫感.

***절반**[折半][tʃɔlban チョルバン] 名 하他 折半; 半分; 2等分 ¶이익은 ～으로 줄었다[iːigɯn ～ɯro tʃurɔt'a イーイグン (チョルバ)ヌロ チュロッタ] 利益は半分に減った.

절버덕[tʃɔlbɔdɔk チョルボドク] 副 하自他 ばちゃっと; ばちゃぼちゃ; 浅い水やぬかるみを荒らく踏む音 —**거리다**[(tʃɔlbɔdɔk)k'ɔrida コリダ] 自他 ばちゃばちゃする ¶진창길을 ～거리며 걷다[tʃintʃʰaŋk'irɯl ～k'ɔrimjɔ kɔːt'a チンチャンキルル ～コリミョ コッタ] ぬかるみの道をばちゃばちゃと歩く.

절벅[tʃɔlbɔk チョルボク] 副 하自他 ばちゃ; 浅い水やぬかるみなどを踏む音 —**거리다**[(tʃɔlbɔ)k'ɔrida コリダ] 自他 ばちゃばちゃする.

절벽[絶壁][tʃɔlbjɔk チョルビョク] 名 ① 絶壁 ② よく聞こえない耳 ③ 聞き分けのない人 ¶사람이 아주 ～이야[saːrami adʒu (tʃɔlbjɔg)ija サーラミ アジュ (チョルビョ)ギヤ] 人となりがまったく朴念仁だよ ④ ひどく暗いこと.

절상[切上][tʃɔlsaŋ チョルサン] 名 하他 切り上げ ¶평가 ～[pʰjɔŋk'a (dʒɔls'aŋ) ピョンカ (ジョルサン)] 平価切り上げ.

절세[絶世][tʃɔlsːe チョルセ] 名 絶世 —**가인**(佳人)[gaːin ガーイン]・—**미인**[miːin ミーイン] 名 絶世の美人.

***절실**[絶實][tʃɔlʃ'il チョルシル] 名 하形 切実 ¶～한 표현[(tʃɔlʃ'ir)han pʰjɔhjɔn ～ハン ピョヒョン] 切実な表現 —**히**[(tʃɔlʃ'ir)i (チョルシ)リ] 副 切実に ¶～ 느끼다[～ nɯk'ida ～ ヌッキダ] 切実に感じる.

***절약**[節約][tʃɔrjak チョリャク] 名 하他 節約 ¶경비의 ～[kjɔŋbie ～ キョンビエ ～] 経費の節約.

-절이[接尾] …漬け ¶소금～[sogɯm～ ソグム～] 塩漬け / 설탕～[sɔltʰaŋ～ ソルタン～] 砂糖漬け.

***절이다**[tʃɔrida チョリダ] 他 (塩や砂糖などに)漬ける ¶생선을 소금에 ～[sɛŋsɔnɯl sogɯme ～ センソヌル ソグメ ～] 魚を塩漬けにする.

절절[tʃɔldʒɔl チョルジョル] 副 ぐらぐら ¶물이 ～ 끓고 있다[muri ～ k'ɯlkʰo it'a ムリ ～ ックルコ イッタ] お湯がぐらぐらたぎっている.

절절-이[節節—][tʃɔldʒɔri チョルジョリ] 副 (言葉の)一言一言(に); 句々ごとに ¶간절한 소원이 ～ 담겨 있다[kaːndʒɔrhan soːwɔni ～ tamgjɔ it'a カーンジョルハン ソーウォニ ～ タムギョ イッタ] 一言一言に切なる願いがこもっている.

절절-하다[切切—][tʃɔldʒɔrhada チョルジョルハダ] 形 하変 切々である; 切実だ ¶～-한 호소(呼訴)[～-han hoso ～-ハン ホソ] 切々たる訴え **절절-히**[tʃɔldʒɔri チョルジョリ] 副 切々と; 切に ¶～ 가슴에 와 닿는다[～ kasɯme wa tannɯnda ～ カスメ ワ タンヌンダ] 切々と胸にせまる.

절정[絶頂][tʃɔltʃ'ɔŋ チョルチョン] 名 絶頂 ¶산의 ～[sane ～ サネ ～] 山の頂き / 인기 ～[ink'i (dʒɔltʃ'ɔŋ) インキ (ジョルチョン)] 人気の絶頂.

절제[節制][tʃɔltʃ'e チョルチェ] 名 하他 節制 ¶술을 ～하다[surɯl ～hada スルル ～ハダ] 酒を節制する[慎む].

절차[節次][tʃɔltʃʰa チョルチャ] 名 手続き; 手順 ¶～를 밟다[～rɯl paːpt'a ～ルル パープタ] 手続きを取る[踏む].

절찬[絶讃][tʃɔltʃʰan チョルチャン] 名 하他 絶讃 ¶～할 만하다[～hal manhada ～ハル マンハダ] 絶讃に値する.

절충[折衷][tʃɔltʃʰuŋ チョルチュン] 名 하他 折衷 —**설**[sɔl ソル] 名 折衷説 —**안**[an アン] 名 折衷案.

절충[折衝][tʃɔltʃʰuŋ チョルチュン] 名 하他 折衝 ¶외교 ～[weːgjo (dʒɔltʃʰuŋ) ウェーギョ (ジョルチュン)] 外交折衝.

절취[窃取][tʃɔltʃʰwi チョルチュイ] 名 하他 窃取 ¶남의 재물을 ～하다[name tʃɛmurɯl ～hada ナメ チェムルル ～ハダ] 人の財物を窃取する.

절친[切親][tʃɔltʃʰin チョルチン] 名 하形

절-터 [tʃʌltʰo チョルト] 名 ① 寺の敷地 [境内] ② 寺のあった跡.

절판[絶版] [tʃʌlpʰan チョルパン] 名自 絶版.

절편 [tʃʌlpʰjon チョルピョン] 名 丸く・方形に花紋型で押した白[切り]もち.

절품[切品] [tʃʌlpʰum チョルプム] 名 하自 品切れ=품절(品切) [pʰuːmdʒʌlプームチョル] ¶~이 되다 [~i tweda チョルプ) ミ トウェダ] 品切れになる.

절하[切下] [tʃʌlha チョルハ] 名 하他 切り下げ ¶평가 ~ [pʰjoŋkʼa (dʒʌlha) ピョンカ (ジョルハ)] 平価切り下げ.

절호[絶好] [tʃʌlho チョルホ] 名 하形 絶好 ¶~의 기회 [~e kihwe ~エ キフェ] 絶好の機会[チャンス].

***젊다** [tʃʌːmtʼa チョームタ] 形 若い ¶나이에 비해서 ~ [naie piːɦɛsʌ ~ ナイエ ピーヘソ ~] 年の割りに若い / 젊은 아내 [tʃʌlmun anɛ チョルムン アネ] 若妻.

젊디-젊다 [tʃʌmtiʼidʒʌmtʼa チョムティジョムタ] 形 とても若い. 「自 若くなる.

젊어-지다 [tʃʌlmʌdʒida チョルモジダ]

젊은-것 [tʃʌlmuŋot チョルムンゴッ] 名 俗 '젊은이'を見下げていう語; 若造.

***젊은-이** [tʃʌlmuni チョルムニ] 名 若者; 若い人; 年若 ¶~ 못지 않은 패기 [~ motʃʼi anun pʰɛːgi ~ モーチ アヌン ペーギ] 若者に劣らぬ覇気 / 늙은이도 ~도 [nulgunido ~do ヌルグニド ~ド] 老いも若きも.

젊음 [tʃʌlmuːm チョルムム] 名 若さ ¶~의 비결 [~e piːgjʌl (チョルム) メ ピーギョル] 若さの秘訣.

***점**[占] [tʃʌm チョム] 名 占い; 卜占 ¶~보다[~boda ~ボダ] 占ってもら / ~치다 [~tʃʰida ~チダ] 占う.

***점**[點] [tʃʌm チョム] **1** 名 点 ① 小さな印 ¶~을 찍다 [~ul tʃʼikta ~ウル ッチクタ] ちょん[点]を打つ ② 終止符; ピリオド ③ 斑点 ¶푸른 ~ [pʰurun ~ プルン ~] 青あざ ④ (成績を表わす)点数 ¶100~ [pʼɛk (tʃʼom) ペクー] 100点 ⑤ 地点 ¶ 결승 ~ [kjʌls'uŋ (tʃʼom) キョルスン~] 決勝点 ⑥ 指摘する部分や要素 ¶배울 ~ [pɛul (tʃʼom) ペウル ~] 学ぶべき点 **2** 依名 ① 点 ¶의류 10~ [ɯirju jʌl (tʃʼom) ウィリュ ヨル~] 衣類10点 ② (碁で)目 ¶두~ 이기다 [지다] [tuː (dʒʌm)

igida [tʃida] トゥー(ジョム) イギダ[チダ] 2目勝つ[負ける] ③ 切れ ¶고기 한 ~ [kogi han (dʒʌm) コギ ハン(ジョム)] 肉の1切れ ④ 時; 刻.

점거[占據] [tʃʌmgʌ チョムゴ] 名 하他 占拠 ¶~ 농성 ~ [~ noŋsoŋ ~ ノンソン] (不法に)占拠して籠城することすること.

***점검**[點檢] [tʃʌmgʌm チョムゴム] 名 하他 点検 ¶인원 ~ [inwʌn (dʒʌmgʌm) イヌォン (ジョムゴム)] 人員点検.

점괘[占卦] [tʃʌmkʼwe チョムクェ] 名 占いに出た卦 ¶~가 나쁘다 [~ga nap'uda ~ガ ナップダ] 算が合わぬ / 좋은 [나쁜] ~가 나왔다 [tʃoːun [napʼun] ~ga nawatʼa チョーウン [ナップン] ~ガ ナワッタ] よい[悪い] 卦が出た.

점등[點燈] [tʃʌmduŋ チョムドゥン] 名 하自 点灯 ¶~ 시간 [~ ʃigan ~ シガン] 点灯時間.

점령[占領] [tʃʌmnjoŋ チョムニョン] 名 하自他 占領 ¶~지 [~dʒi ~ジ] 占領地 / ~군 [~gun ~グン] 占領軍.

점멸[點滅] [tʃʌmmjʌl チョムミョル] 名 하自他 点滅 ¶네온사인이 ~하다 [neonsaini (tʃʌmmjʌr) hada ネオンサイニ ~ハダ] ネオンが点滅する.

점-박이[點-] [tʃʌmbagi チョムバギ] 名 あざ・ほくろ・斑点などがある人、または獣. 「点線; 点々.

점선[點線] [tʃʌmsʌn チョムソン] 名

점수[點數] [tʃʌmsʼu チョムスウ] 名 数; 点; ポイント ¶수학 ~ [suːhak (tʃʼomsʼu) スーハク ~] 数学の点数 / 出品 ~ [tʃʰulpʰum (dʒʌmsʼu) チュルプム (ジョムッス)] 出品点数.

점술[點術] [tʃʌmsul チョムスル] 名 占術; 占い術; 卜占法.

***점심**[點心] [tʃʌmːdʒim チョームシム] 名 昼食; 昼飯 ¶~ 식사 [~ ʃiksʼa ~ シクサ] お昼(の食事) / ~을 먹다 [~ul mʌkʼta (チョームシ) ムル モクタ] 昼飯をとる; 昼食を食べる **―하다** [hada ハダ] 自 お昼をとる; 昼食の支度をする **―나절** [nadʒʌl ナジョル] 名 昼食を食べるまでの半日 **―때** [tʼɛtʼe ッテ] 名 昼食時; 昼頃 **―밥** [pʼap パプ] 名 昼飯 **―참** [tʃʰam チャム] 名 ① 昼飯をとる間 ② 昼食後の休み. 「店員.

점원[店員] [tʃʌmwʌn チョムオン] 名

점잔 [tʃʌːmdʒan チョームジャン] 名 하形 言行が重々しく上品な態度; おとなしやかなこと **―부리다** [burida ブリダ]

점잖다 自 おとなしやかにふるまう; 上品ぶる **―빼다** [p'ɛda ッペダ] 自 おとなしやかなふりをする; もったいぶる; 取り澄ます ¶~-빼는 여자 [~-p'ɛnɯn njɔdʒa ~-ッペヌン ニョジャ] 気取った女性 **―피우다** [pʰiuda ピウダ] 自 もったいぶる; いやに上品ぶる

***점잖다** [tʃɔːmdʒantʰa チョームジャンタ] 形 ① 礼儀正しく重厚だ; 温厚だ; おとなしい ¶점잖게 앉아 있다 [tʃɔːmdʒankʰe andʒa itʰa チョームジャンケ アンジャ イッタ] 行儀よく[おとなしく]座っている / 점잖아지다 [tʃɔːmdʒanadʒida チョームジャナジダ] おとなびる ② 上品だ; もの柔らかだ ¶점잖은 신사 [tʃɔːmdʒanɯn ʃiːnsa チョームジャヌン シーンサ] もの柔らかな紳士 **점잖―이** [tʃɔːmdʒani チョームジャニ] 副 おとなしく; 上品に; もの柔らかく

점―쟁이 [占―] [tʃɔmdʒɛŋi チョムジェンイ] 名 占い師; 易者 ¶거리의 ~ [kɔrie ~ コリエ ~] 大道易者

***점점** [漸漸] [tʃɔːmdʒɔm チョームジョム] 副 だんだん; 次第に; ますます; いよいよ ¶~ 어려워지다 [~ ʌrjʌwʌdʒida ~ オリョウォジダ] だんだん難しくなる / ~ 나빠지다 [~ nap'adʒida ~ ナッパジダ] 次第に悪くなる / ~ 늘어나다 [~ nɯrʌnada ~ ヌロナダ] ますます増える / ~ 거세어지다 [~ kɔsɛɔdʒida ~ コセオジダ] (風が)いよいよ激しくなる

점점―이 [點點―] [tʃɔmdʒɔmi チョムジョミ] 副 点々と; ここかしこに; あちらこちらに ¶꽃이 ~ 피어 있다 [k'otʃʰi ~ pʰiʌ itʰa ッコッチ ~ ピオイッタ] 点々と花が咲いている

***점차** [漸次] [tʃɔːmtʃʰa チョームチャ] 副 漸次; 徐々に; 次第に; だんだん ¶~ 증가하고 있다 [~ tʃɯŋgahago itʰa ~ チュンガハゴ イッタ] 漸次増加している

점착 [粘着] [tʃɔmtʃʰak チョムチャク] 名 하自 粘着 ¶~ 테이프 [~ tʰeipʰɯ ~ テイプ] 粘着テープ **―력** [(tʃ)ɔmtʃʰaŋ njɔk (チョムチャン)ニョク] 名 粘着力 **―성** [sʌŋ ソン] 名 粘着性 **―제** [tʃ'e チェ] 名 粘着剤

점토 [粘土] [tʃɔmtʰo チョムト] 名 粘土
점퍼 [dʒɔmpʰɔ ジョムポ] 名 ジャンパー
점포 [店鋪] [tʃɔmpʰo チョムポ] 名 店舗; 店[屋]; 商店 ¶~를 차리다 [~-rɯl tʃʰarida ~ルル チャリダ] 店を開く
점프 [dʒɔmpʰɯ ジョムプ] 名 하自 ジャンプ (jump)

점―하다 [占―] [tʃɔmhada チョムハダ] 他 占める=차지하다 [tʃʰadʒihada チャジハダ] ¶다수를 ~ [tasurɯl ~ タスルル ~] 多数を占める

점화 [點火] [tʃɔmhwa チョムファ] 名 点火; 火ともし **―되다** [dweda ドゥェダ] 自 ともる **―하다** [hada ハダ] 他 点火する; 火をともす **―식** [ʃik シク] 名 火入れ式 **―장치** [dʒaŋtʃʰi ジャンチ] 名 点火装置

접 [接・椄] [tʃɔp チョプ] 名〈植〉接ぎ木 **―하다** [(tʃ)ɔpʰada パダ] 他 接ぎ木をする=「접불이다」

접 [dʒɔp ジョプ] 依名 (果物・ニンニクなどの)100個単位の語 ¶사과 한 ~ [sagwa han ~ サグァ ハン ~] リンゴ100個

접견 [接見] [tʃɔpk'jʌn チョプキョン] 名 하他 接見; 引見 ¶공사를 ~하다 [koŋsarɯl ~hada コンサルル ~ハダ] 公使を接見する

접골 [接骨] [tʃɔpk'ol チョプコル] 名 하他 接骨; 骨接ぎ; 整骨 ¶~ 원 [(tʃɔpk'or) wɔn (チョプコ)ルォン] 接骨院

접근 [接近] [tʃɔpk'ɯn チョプクン] 名 하他 接近; 近づくこと; アプローチ ¶~시키다 [~ʃikʰida ~シキダ] 近寄せる; 寄せつける

접기 [dʒɔpk'i ジョプキ] 接尾 折り ¶종이 ~ [tʃoŋi ~ チョンイ ~] 折り紙

***접다** [tʃɔpt'a チョプタ] 他 (折り)畳む; 折り重ねる; 折る; (主張を)ひっこめる ¶우산을 ~ [uːsanɯl ~ ウーサヌル ~] 傘を畳む / 종이를 ~ [tʃoŋirɯl ~ チョンイルル ~] 紙を折る / 접어 넣다 [tʃɔbɔnɔtʰa チョボノッタ] 折り込む

접대 [接待] [tʃɔpt'ɛ チョプテ] 名 하他 接待; もてなし; サービス; 応接 ¶손님을 ~하다 [sonnimɯl ~hada ソンニムル ~ハダ] 客をもてなす **―부** [bu ブ] 名 接待婦; ホステス

접―때 [tʃɔːpt'ɛ チョープテ] 名 副 先ごろ; 先だって; この前; 先の日 ¶~ 온 사람 [~ on saːram ~ オン サーラム] 先だって来た人

접목 [椄木] [tʃɔmmok チョムモク] 名 하他 接ぎ木 ¶감나무를 ~하다 [kaːmnamurɯl (tʃɔmmo)kʰada カームナムルル ~カダ] 柿の接ぎ木をする

접―불이다 [椄―] [tʃɔp'utʃʰida チョップチダ] 他 接ぎ木をする

접선[接線][tʃʌps'ʌn チョプソン] 名 하自 ①〈数〉接線[切線] ② 接触する[つながる]こと ¶ 간첩(間諜)과 ~하다 [kanttʃʰʌpk'wa ~hada カーンチョプクァ ~ハダ] スパイと接触する.

접속[接續][tʃʌps'ok チョプソク] 名 하自他 接續 ¶~ 열차 [(tʃʌps'oŋ) njʌltʃʰa (チョプソン)ニョルチャ] 接続列車 **—곡**[(tʃʌps'o)k'ok コク] 名 接続曲.

*__접수__[接受][tʃʌps'u チョプス] 名 하他 受付 **—계**[ge ゲ] 名 受付係 **—(창)구**[((窓)口) (tʃʰaŋ)gu (チャン)グ] 名 受付の窓口 **—처**[(處) tʃʰʌ チョ] 名 受付 **—번호**[bʌnho ボンホ] 名 受付番号 **—증**[tʃʼɯŋ チュン] 名 受付証.

*__접시__[tʃʌpʃ'i チョプシ] 名 皿 ¶1~, 2~ [han (dʒʌpʃ'i), tu:(dʒʌpʃ'i) ハン(ヂョプシ), トゥー(ヂョプシ)] (料理の)1皿2皿 / 받침 ~ [patʃʰim (dʒʌpʃ'i) パッチム(ヂョプシ)] 受け皿 **—꽃**[k'ot ッコッ] 名〈植〉タチアオイ(立葵);ハナアオイ.

접어-놓다[tʃʌbʌnotʰa チョボノッタ] 他 そっちのけにしてかかわらない[関知しない] ¶제 일은 ~-놓고 [tʃe i:run ~-nokʰo チェ イールン ~-ノッコ] 自分のことはさておいて.

*__접어-들다__[tʃʌbʌdɯlda チョボドゥルダ] 自 [己語幹] ① (日にち・年が)近づいてくる; 迫る; さしかかる; 入る ¶ 장마철에 ~ [tʃaŋmatʃʰʌre ~ チャンマチョレ ~] 梅雨に入る; 雨期にさしかかる / 늘그막에 ~ [nɯlgɯmage ~ ヌルグマゲ ~] 老いを迎える ② (その場所に)来る; 入る; さしかかる ¶고갯길로 ~ [kogɛtk'illo ~ コゲッキルロ ~] 峠道にさしかかる.

접어-주다[tʃʌbʌdʒuda チョボジュダ] 他 ① (目下をある程度)大目に見てやる; 寛大に対する ② (下手な人に)ハンディキャップを与える ¶2점 ~-주는 바둑 [tu:dʒʌm ~-dʒunɯn paduk トゥージョム ~-ジュヌン パドゥク] 2目の置き碁[こみ碁] ③ 折ってやる.

접영[蝶泳][tʃʌbjʌŋ チョビョン] 名 (水泳の)バタフライ.

접지[摺紙][tʃʌpʃ'i チョプチ] 名 하自他 紙を折ること[その紙];(製本の)折(丁).

접착[接着][tʃʌptʃʰak チョプチャク] 名 하自他 接着 **—제**[tʃ'e チェ] 名 接着剤 **—테이프**[tʰeipʰɯ テイプ] 名 接着テープ.

*__접촉__[接觸][tʃʌptʃʰok チョプチョク] 名 하自他 ① 接触; 触る[触れる]こと ¶ ~ 사고 [~ s'a:go ~ サーゴ] 接触事故 ② 付き合うこと ¶사업상의 ~ [sa:ʌps'aŋe ~ サーオプサンエ ~] 事業上の付き合い.

*__접-하다__[接―][tʃʌpʰada チョプパダ] 他 接する; 間近にある; 付き合う ¶많은 사람을 ~ [ma:nɯn sa:ramul ~ マーヌン サーラムル ~] 多くの人に接する[付き合う].

접히다[tʃʌpʰida チョプピダ] 自 [受動] 折られる; 畳まれる ¶접힌 곳 [tʃʌpʰin kot チョッピン コッ] 折れ目.

젓[tʃʌt チョッ] 名 塩辛 ¶새우~ [sɛu-(dʒʌt) セウ(ジョッ)] 小エビの塩辛.

*__젓-가락__[箸―][tʃʌtk'arak チョッカラク] 名 箸는=__젓갈__[tʃʌtk'al チョッカル]・'젓'(箸) **—질**[tʃ'il チル] 名 하自 箸づかい; 箸を使うこと ¶~이 서투르다 [~-(tʃ'ir) i sʌtʰuruda ~-(チ)リ ソトゥルダ] 箸の使い方が下手だ.

젓-갈²[tʃʌtk'al チョッカル] 名 塩辛類.

젓-국[tʃʌtk'uk チョックク] 名 塩辛の汁.

*__젓다__[tʃʌ:t'a チョーッタ] 他 [人変] ① かき混ぜる; かき回す ¶국을 ~ [kugul ~ クグル ~] おつゆをかき回す ② 漕ぐ ¶노를 ~ [norul ~ ノルル ~] 櫓を漕ぐ ③ 振る; (拒絶の意で手や頭を)横に振る ¶싫다고 고개를 ~ [jiltʰago kogɛrul ~ シルタゴ コゲルル ~] 嫌だと首を横に振る.

정¹[tʃʌ:ŋ チョーン] 名 石切りのみ; 石のみ ¶ ~으로 돌을 쪼다 [~-ɯro to:rul tʃ'oda ~ウロ トールル ッチョダ] のみで石をうがつ[切る].

정²[tʃʌ:ŋ チョーン] 副 本当に; あえて; しいて; 本気で; あくまで ¶ ~ 가겠다면 내버려둬요 [~ kagɛt'amjʌn nɛ:bʌrjʌdwʌjo ~ カゲッタミョン ネーボリョドゥォヨ] しいて行くというなら放っておきなさい.

*__정__[情][tʃʌŋ チョン] 名 情 ① 気持ち; 感情 ¶그리운 ~ [kɯriun ~ クリウン ~] なつかしい思い ② 情け; 情愛; 愛情; 情義 ¶~을 통하다 [~ɯl tʰoŋhada ~ウル トンハダ] 情を通じる;(男女が)ひそかに関係をもつ / ~을 쏟다 [~ɯl s'ot'a ~ウル ッソッタ] 愛情を注ぐ / ~이 들다 [~i tɯlda ~イ トゥルダ] なじむ; 親しくなる / ~떨어지다 [~t'ɔrʌdʒida ~ットロジダ] 愛想が尽きる; いやになる 정들자 이별

[tʃoŋduldʒa ibjəl チョンドゥルジャ イビョル] 慣 親しくなったと思ったら別れること；会って間もなく別れること.

-정[整][dʒəŋ ジョン] 接尾 也ㄲ ¶일금 1천만원 ~[ilgum iltʃʰən ma:nwən ~ イルグム イルチョンマーヌォン ~] 一金1千万ウォン也.

정가[定價][tʃɔ:ŋk'a チョーンカ] 名 하타 定価 ¶~표[~pʰjo ~ピョ] 正札.

정각[正刻][tʃɔ:ŋgak チョーンガク] 名 きっかり［ちょうど］その時刻 ¶~3시다[~ s'e:ʃida ~ セーシダ] きっかり3時だ.

정각[定刻][tʃɔ:ŋgak チョーンガク] 名 定刻；定時 ¶~ 퇴근[~ tʰwe:gun ~ トゥェーグン] 定時退勤.

정갈-스럽다[tʃɔŋgalsurəpt'a チョガルスロプタ] 形 ㅂ変 清潔だ，こざっぱりしている；こぎれいだ；(食べ物が)さっぱりしている； ＝**정갈-하다**[tʃɔŋgarhada チョンガルハダ] 形 여变 ¶내복(内服)이 ~[nɛ:bogi ~ ネーボギ ~] 下着がきれいだ **정갈-히**[tʃɔŋgari チンガリ] 副 清潔に；こざっぱりと.

정감[情感][tʃɔŋgam チョンガム] 名 情感 ¶~이 넘치는 말[~i nə:mtʃʰinɯn ma:l] 情感のあふれる言葉.

정강이[tʃɔŋgaŋi チョンガンイ] 名 脛; 向こうずね ¶~를 차다[~rɯl tʰada ~ルル チャダ] 向こうずねを蹴る.

*__정거__[停車][tʃɔŋgə チョンゴ] **―하다**[hada ハダ] 自他 停車する；止まる **―장**[dʒaŋ ジャン] 名 停車場；駅.

정결[貞潔][tʃɔŋgjəl チョンギョル] 하形 貞潔 ¶~한 부인[(tʃɔŋgjər)han puin ~ハン プイン] 貞潔な婦人.

정결-하다[淨潔―][tʃɔŋgjərhada チョンギョルハダ] 形 清らかでさっぱりしている；浄潔[清潔]である ¶~-한 생애[~-han sɛŋɛ ~-ハン センエ] 清潔な［淸い］生涯 **정결-히**[(tʃɔŋgjər)i (チョンギョ)リ]副 淨潔に.

정-겹다[情―][tʃɔŋgjəpt'a チョンギョプタ] 形 ㅂ変 愛情にあふれている；情愛に満ちている；情愛深い.

정경[政經][tʃɔŋgjəŋ チョンギョン] 名 政経 ¶~ 분리[~ bulli ~ ブルリ] 政経分離 / ~ 유착[~ jutʃʰak ~ ユチャク] 政経癒着.

정경[情景][tʃɔŋgjəŋ チョンギョン] 名 情景 ¶눈물겨운 ~[nunmulgjəun ~ ヌンムルギョウン ~] 涙ぐましい情景.

정계[政界][tʃɔŋge チョンゲ] 名 政界 ¶~의 거물(巨物)[~e kə:mul ~エ コームル] 政界の大物 / ~ 은퇴(隱退)[~ ɯntʰwe ~ ウントェ] 政界引退.

정곡[正鵠][tʃɔ:ŋgok チョーンゴク] 名 正鵠；核心；要点 ¶~을 찌르다[(tʃɔ:ŋgo)gɯl tʃ'irɯda (チョーンゴ)グル ッチルダ] 正鵠を射る［得る］.

정골[整骨][tʃɔ:ŋgol チョーンゴル] 名 하他 整骨；骨接ぎ；接骨.

정교[精巧][tʃɔŋgjo チョンギョ] 名 하形 하他 精巧 ¶~한 솜씨[~han somʃ'i ~ハン ソムッシ] 精巧な手際 **―롭다**[rəpt'a ロプタ] 形 ㅂ変 精巧だ **―로이**[roi ロイ] 副 精巧に.

정구[庭球][tʃɔŋgu チョング] 名 テニス.

정국[政局][tʃɔŋguk チョングㇰ] 名 政局 ¶~ 안정[(tʃɔŋgug) andʒəŋ (チョング) ガンチョン] 政局の安定.

*__정권__[政權][tʃɔŋk'wən チョンクォン] 名 政権 ¶~을 잡다[~ɯl tʃapt'a (チョンクォ)ヌル チャプタ] 政権を握る.

정글[dʒəŋgɯl ジョングル] jungle 名 ジャングル；密林.

*__정기__[定期][tʃɔ:ŋgi チョーンギ] 名 定期 **―간행물**[ganhɛŋmul ガンヘンムル] 名 定期刊行物 **―승차권**[sɯŋtʃʰak'wən スンチャクォン] 名 定期乗車券 **―총회**[tʃʰo:ŋhwe チョーンフェ] 名 定期総会.

정-나미[情―][tʃɔŋnami チョンナミ] 名 愛着(心)；愛想 ¶~가 떨어지다[~ga t'ərədʒida ~ガットロジダ] 愛想が尽きる.

정년[停年][tʃɔŋnjən チョンニョン] 名 停年；定年 **―퇴직**[tʰwe:dʒik トゥェージㇰ] 名 停年退職.

정녕[丁寧・叮寧][tʃɔŋnjəŋ チョンニョン] 副 本当に；間違いなく；きっと；必ず；何が何でも ¶너의 생각이 ~ 그렇다면[nəe sɛŋgagi ~ kɯrətʰamjən ノエ センガギ ~ クロッタミョン] 君の考えが本当にそうであるならば **―코**[kʰo コ] 副 間違いなしに；必ずや.

정담[情談][tʃɔŋdam チョンダム] 名 ① 打ち明け話 ¶~을 나누다[~ɯl nanuda チョンダムル ヌヌダ] 打ち明け話を交わす ② 情話；人情のこもった話.

정답[正答][tʃɔ:ŋdap チョーンダㇷ゚] 名 正答 ¶문제의 ~[mu:ndʒee ~ ムーンジェエ ~] 問題の正答.

*__정-답다__[情―][tʃɔŋdapt'a チョンダプ

タ] [形][ㅂ変] ① むつまじい; 仲がよい; 情愛深い; 温かい ¶정다운 친구가 되다[tʃɔŋdaun tʃʰinguga twedʌ チョンダウン チングガ トゥェダ] 仲よしになる ② 優しい; 懐かしい ¶정다운 목소리[tʃɔŋdaun moks'ori チョンダウン モクソリ] 優しい声 **정다-이**[tʃɔŋdai チョンダイ]・**정-답게**[tʃɔŋdapk'e チョンダプケ] [副] むつまじく; 親しく; 仲よく ¶~ 살다[~ sa:lda ~ サールダ] むつまじく暮らす.

정당[正當][tʃɔŋdaŋ チョーンダン] [名][하形][히形] 正当 ¶~한 주장[~han tʃudʒaŋ ~ハン チュジャン] 正当な主張 **—방위**[baŋwi パンウィ] [名] 正当防衛.

*정당[政黨][tʃɔŋdaŋ チョンダン] [名] 政党 ¶보수 ~[po:su (dʒɔ)ndaŋ) ボース (ジョンダン)] 保守政党.

*정도[程度][tʃɔŋdo チョンド] [名] 程度; くらい; ほど(合い) ¶어느 ~의 손해[ɔnɯ ~e so:nhɛ オヌ ~エ ソーンヘ] ある程度の損害 / 이 ~라면[i ~ramjɔn イ ~ラミョン] このくらいなら; この分なら.

정돈[整頓][tʃɔ:ŋdon チョーンドン] [名] 整頓 **—하다**[hada ハダ] [他] 整頓する; 片づける; 整える ¶책장을 ~[tʃʰɛktʃ'aŋɯl ~ チェクチャンウル ~] 本棚を整頓する.

정-들다[情—][tʃɔŋdulda チョンドゥルダ] [自][ㄹ語転] なじむ; 情が移る; 親しくなる ¶정든 땅[tʃɔŋdɯn t'aŋ チョンドゥン ッタン] なじみの土地.

정-떨어지다[情—][tʃɔŋt'ɔrɔdʒida チョンットロジダ] [自] 愛想が尽きる; いやになる.

정략[政略][tʃɔŋnjak チョンニャク] [名] 政略 ¶탁월(卓越)한 ~가[tʰagwɔrhan (tʃɔŋnja)k'a タグォルハン ~カ] 優れた政略家 **—결혼**[(tʃɔŋnja)k'jɔrhon キョルホン] [名] 政略結婚.

정력[精力][tʃɔŋnjɔk チョンニョク] [名] 精力 ¶왕성한 ~[wa:ŋsɔŋhan ~ ワーンソンハン ~] 旺盛な精力.

정렬-하다[整列—][tʃɔ:ŋnjɔrhada チョーンニョルハダ] [自] 整列する ¶운동장에 ~[u:ndoŋdʒaŋe ~ ウーンドンジャンエ ~] 運動場に整列する.

*정류-소[장][停留所[場]][tʃɔŋnjuso[dʒaŋ] チョンニュソ[ジャン]] [名] 停留所 ¶버스 ~[bɔsɯ ~ ボス ~] バス停.

*정리[整理][tʃɔ:ŋni チョーンニ] [名] 整理; 始末 ¶교통 ~[kjothoŋ (dʒɔ:)ŋni) キョトン (ジョーンニ)] 交通整理 **—하다**[hada ハダ] [他] 整理する; まとめる.

*정-말[正—][tʃɔ:ŋmal チョーンマル] **1** [名](うそのない)本当; まこと; 真実 ¶그것이 ~일까?[kɯgɔʃi (tʃɔ:)ŋmar)-ilk'a クゴシ(チョーマ)リルッカ] それが本当かしら / ~같은 거짓말[~gatʰɯn kɔːdʒinmal ~ガトゥン コージンマル] 本当のようなうそ **2** [副] 本当に; なるほど; まったく; まことに; =정말로[tʃɔ:ŋmallo チョーンマルロ] ¶~ 곤란(困難)하다[~ ko:llanhada ~ コーランハダ] まことに困る / ~(로) 행복하다[~ (lo) hɛ:ŋbokhada ~(ロ) ヘーンボクハダ] 本当に幸せだ **3** [感] ほんと.

*정면[正面][tʃɔ:ŋmjɔn チョーンミョン] [名] 正面; 真向かい; 真っ向; まとも ¶~에 자리잡다[~e tʃaridʒapt'a (チョーンミョ)ネ チャリジャプタ] 正面に座を占める / ~으로 반대하다[~uro pa:ndehada (チョーンミョ)ヌロ パーンデハダ] 真っ向から反対する.

정묘[精妙][tʃɔŋmjo チョンミョ] [名][하形] 精妙 ¶~한 묘사[~han mjo:sa ~ハン ミョーサ] 精妙な描写.

정문[正門][tʃɔŋmun チョンムン] [名] 正門; 表門 ¶~으로 들어가다[~-uro turɔgada (チョーンム)ヌロ トゥロガダ] 正門から入る.

정문[旌門][tʃɔŋmun チョンムン] [名] 忠臣・孝子・貞女を表彰するためその村や家の前に建てた赤い門.

정미[正味][tʃɔ:ŋmi チョーンミ] [名] 正味; 中身; 正目 ¶~ 100그램[~ bɛkgurɛm ~ ベックレム] 正味100グラム.

*정밀[精密][tʃɔŋmil チョンミル] [名][하形][히副] 精密 ¶~하게 조사(調査)하다[(tʃɔŋmir) hage tʃosahada ~ハゲ チョサハダ] 精密に調べる **—검사**[gɔ:msa ゴームサ] [名] 精密検査 **—기계**[gige ギゲ] [名] 精密機械 **—도**[t'o ト] [名] 精密度; 精度.

정박[碇泊・淀泊][tʃɔŋbak チョンパク] [名] 停泊 **—하다**[(tʃɔŋba)kʰada カダ] [自] 停泊する; 錨かを下ろす; 泊まる ¶항구(港口)에 ~[ha:ŋgue ~ ハーングエ ~] 港に停泊する[泊まる].

정-반대[正反對][tʃɔ:ŋbandɛ チョーンバンデ] [名] 正反対 ¶~의 방향[~e paŋhjaŋ ~エ パンヒャン] 正反対の方向.

정벌[征伐][tʃɔŋbɔl チョンボル] [名][하他]

征伐 ¶이민족을 ~하다[i:mindʒogugul (tʃɔŋbɔr)hada イーミンジョグル ~ハダ] 異民族を征伐する.

***정보**[情報][tʃɔŋbo チョンボ] 图 情報 **—기관**[gigwan ギグァン] 图 情報機関 **—망**[maŋ マン] 图 情報網 **—원**[wɔn ウォン] 图 情報員 **—화 사회**[hwa sahwe ファ サフェ] 图 情報化社会.

정복[征服][tʃɔŋbok チョンボク] 图 하他 征服 ¶우주 ~[u:dʒu (dʒɔŋbok) ウージュ (ジョンボク)] 宇宙征服.

정부[正否][tʃɔ:bu チョーンブ] 图 正否 ¶~를 가리다[~rul karida ~ルル カリダ] 正否をわきまえる.

***정부**[政府][tʃɔŋbu チョンブ] 图 政府 ¶~의 방침[~e paŋtʃʰim ~エ パンチム] 政府の方針.

정부[情夫][tʃɔŋbu チョンブ] 图 情夫; 隠し男; 色男 ¶~를 두다[~rul tuda ~ルル トゥダ] (間)男をもつ.

정부[情婦][tʃɔŋbu チョンブ] 图 愛人; 情婦; 隠し女; 色女 ¶~를 두다[~rul tuda ~ルル トゥダ] 愛人を囲う.

정분[情分][tʃɔŋbun チョンブン] 图 情合(い); 情義; 誼よし ¶부부의 ~[pubue ~ ププエ ~] 夫婦の情合い / ~이 두텁다[~i tutʰɔpt'a (チョンブ)ニ トゥトプタ] 情儀に厚い.

정비[整備][tʃɔ:ŋbi チョーンビ] 图 하他 整備 ¶자동차를 ~하다[tʃadoŋtʃʰarul ~hada チャドンチャルル ~ハダ] 自動車を整備する **—공**[goŋ ゴン] 图 整備工具 **—공장**[goŋdʒaŋ ゴンジャン] 图 整備工場 **—사**(士)[sa サ] 图 整備員.

정사[情事][tʃɔŋsa チョンサ] 图 情事; 色ごと ¶~에 빠지다[~e p'adʒida ~エッパージダ] 情事にふける.

정산[精算][tʃɔŋsan チョンサン] 图 하他 精算 ¶운임을 ~하다[u:nimul ~hada ウーニムル ~ハダ] 運賃を精算する.

*정상**[正常][tʃɔ:ŋsaŋ チョーンサン] 图 正常 ¶혈압이 ~이다[hjɔrabi ~ida ヒョラビ ~イダ] 血圧が正常だ / ~적인 사고방식(思考方式)[~dʒɔgin sagobaŋʃik ~ジョギン サゴバンシク] 正常な考え方.

정상[頂上][tʃɔŋsaŋ チョンサン] 图 頂上; トップ ¶~을 노리다[~ul norida ~ウル ノリダ] 頂上を目差す **—회담**[hwe:dam フェーダム] 图 首脳(サミット)会談; 頂上会談.

정상[情狀][tʃɔŋsaŋ チョンサン] 图 情狀; 実情 **—참작**(參酌)[tʃʰamdʒak チャムジャク] 图 하他 情状酌量 ¶~의 여지가 없다[~-(tʃʰamdʒage) jɔdʒiga ɔ:pt'a ~-(チャムジャ)ゲ ヨジガ オープタ] 情状酌量の余地がない.

정색[正色][tʃɔ:ŋsɛk チョーンセク] 图 하自 正色; 顔色を正すこと(その表情); 改まった顔つき(になること) ¶~하고 대들다[(tʃɔ:ŋsɛ)kʰago tɛ:-duwlda ~カゴ テードゥルダ] 色を正して[厳しい顔つきで]詰め寄る / ~하고 말하다[(tʃɔ:ŋsɛ)kʰago ma:rhada ~カゴ マールハダ] 改まって[真剣な顔で]話す.

정서[情緒][tʃɔŋsɔ チョンソ] 图 情緒 ¶~가 풍부하다[~ga pʰuŋbuhada ~ガ プンブハダ] 情緒が豊かである.

정석[定石][tʃɔ:ŋsɔk チョーンソク] 图 定石; 定法 ¶바둑의 ~[paduge ~ パドゥゲ ~] 囲碁の定石.

*정성**[精誠][tʃɔŋsɔŋ チョンソン] 图 真心; 丹念; 誠; 誠意 ¶어린[을 다한] 선물(膳物)[~ɔrin[~ul ta:han] sɔ:nmul ~オリン[~ウルターハン] ソーンムル] 真心の込もった贈り物 / ~을 바치다[~ul patʃʰida ~ウル パチダ] 誠を捧げる **—껏**[k'ɔt ッコッ] 副 真心を込めて; 誠意を尽くし; 丹念に ¶~키우다[~kʰiuda ~ キウダ] 丹念に育てる **—스럽다**[surɔpt'a スロプタ] 形 ㅂ変 真心を込める; 誠を尽くす.

*정세**[情勢][tʃɔŋse チョンセ] 图 情勢; 様子; 成り行き ¶국제 ~[kuktʃ'e (dʒɔŋse)チョンセ ククチェ(ジョンセ)] 国際情勢.

정수[浄水][tʃɔŋsu チョンス] 图 하他 浄水; 清水 **—기**[gi ギ] 图 浄水器 **—장**[dʒaŋ ジャン] 图 浄水池.

정숙[貞淑][tʃɔŋsuk チョンスク] 图 貞淑 ¶~한 아내[(tʃɔŋsu)kʰan anɛ ~カン アネ] しとやかな[貞淑]な妻 **—하다**[(tʃɔŋsu)kʰada カダ] 形 しとやかだ **—히**[(tʃɔŋsu)kʰi キ] 副 しとやかに.

정숙[靜肅][tʃɔŋsuk チョンスク] 图 하形 하副 静粛 ¶~히 하다[(tʃɔŋsu)kʰi hada ~キ ハダ] 静粛に[静かに]する.

정시[定時][tʃɔ:ŋʃi チョーンシ] 图 定時 ¶~ 운행[~ u:nhɛŋ ~ ウーンヘン] 定時運行.

정식[正式][tʃɔ:ŋʃik チョーンシク] 图 正式; 本式 ¶~ 절차[~ tʃ'ɔltʃʰa ~

정식 チョルチャ] 正式の手続き.

정식[定食] [tʃʌŋːsik] 名 定食 ¶한~ [haːn (dʒʌŋʃik) ハーン(ジョンシク] 韓(国料理)の定食.

＊정신[精神] [tʃʌŋʃin チョンシン] 名 ① 精神; 心; 魂; 精魂 ¶민족의 ~ [mindʒoge ~ ミンジョゲ ~] 民族の精神 /~을 쏟다 [~ul s'otʼa (チョンシ) ヌル ッソッタ] 魂をこめる; 精魂を傾ける / ~을 차려서 해라 [~ul tʃʰarjʌsʌ hɛːra (チョンシ)ヌル チャリョソ ヘーラ] 気をこめてやれよ ② 気; 正気 ¶~을 잃다 [~ul iltʰa (チョンシ) ヌル イルタ] 気を失う / ~이 돌다 [~i toːlda (チョンシ)ニ トールダ] 気が狂れる[狂う] **―나가다** [nagada ナガダ] 自 気が抜ける ¶~-나간 소리 마라 [~-nagan sori mara ~-ナガン ソリマラ] 気の抜けたことを言うな **―나다** [nada ナダ] 自 気がつく **―들다** [dulda ドゥルダ] 自 元気が出る; 気を取り戻す; 正気に返る **―없다** [ʌpʼtʼa (チョンシ) ノプタ] 存 無我夢中だ; 気が気でない; 気が抜ける[せく] ¶기술 개발에 ~ [kisul gɛbare ~ キスル ゲバレ ~] 技術開発に無我夢中だ **―없이** [ʌpʼʃi (チョンシ) ノプシ] 副 無我夢中で; 我を忘れて ¶~ 도망치다 [~ tomantʃʰida ~ トマンチダ] 無我夢中に逃げる **―차리다** [tʃʰarida チャリダ] 自 気がつく・つける; (気を)しっかりする; 気を取り直す; 心をこめる **―차려!** [~-tʃʰarjʌ ~-チャリョ] 気をつけろ; しっかりしろ **―팔리다** [pʰallida パルリダ] 自 気をとられる.

정신-대[挺身隊] [tʃʌŋʃinde チョンシンデ] 挺身隊ᴶᴺ ① 命がけで重要な任務にあたる勤労挺身隊 ② (第２次大戦中)従軍慰安婦(日本側の公式名称).

정실[情実] [tʃʌŋʃil チョンシル] 名 情実 ¶~ 인사 [(tʃʌŋʃir) insa (チョンシ)リンサ] 情実人事.

＊정어리 [tʃʌŋʌri チョンオリ] 名 〈魚〉イワシ; マイワシ; サーディン(sardine).

정연-하다[整然―] [tʃʌːŋjʌnhada チョーンヨンハダ] 形 여변 整然としている ¶질서 ~ [tʃilsʼʌ (dʒʌŋʌnhada) チルソ (ジョーンヨンハダ)] 秩序整然としている **정연-히** [inɛh tʃʌːŋjʌni チョーンヨニ] 副 整然と.

＊정열[情熱] [tʃʌŋjʌl チョンニョル] 名 情熱; 熱情 ¶~을 기울이다[불태우다] [(tʃʌŋɲʌr) ul kiurida [pultʰɛuda] (チョンニョ)ルル キウリダ[プルテウダ]] 情熱を傾ける[燃やす]. 「午; 真昼.

정오[正午] [tʃʌŋːo チョーンオ] 名 正

정원[定員] [tʃʌːŋwʌn チョーンウォン] 名 定員 ¶버스의 ~ [bʌsɯe ~ ボスエ ~] バスの定員.

＊정원[庭園] [tʃʌːŋwʌn チョーンウォン] 名 庭園; 庭 **―사**(師) [sa サ] 名 園丁; 庭師 **―수**(樹) [su ス] 名 庭木.

＊정월[正月] [tʃʌŋwʌl チョンウォル] 名 正月; １月; 睦月ᵃᵃ ¶음력 ~ 보름께 [umnjʌk (tʃʌŋwʌr) borumkʼe ウムニョク ~ ポルムッケ] 小正月 / ~ 초하루 [~ tʃʰoharu ~ チョハル] 正月１日.

정육-점[精肉店] [tʃʌŋjuktʃʼʌm チョンユクチョム] 名 精肉店; 肉屋.

＊정의[正義] [tʃʌŋːi チョーンイ] 名 正義 ¶~를 관철(貫徹)하다 [~rul kwantʃʰʌrhada ~ルル クァンチョルハダ] 正義を貫く **―롭다** [ropʼtʼa ロプタ] 形 ⓑ変 正義感あふれる; 正義を尊んでいる ¶정의로운 사회 [tʃʌːirouⁿ sahwe チョーンイロウン サフェ] 正義にのっとった社会.

정의[定義] [tʃʌŋːi チョーンイ] 名 하他 定義 ¶~를 내리다 [~rul nɛrida ~ルル ネリダ] 定義を下す.

정의[情誼] [tʃʌŋːi チョーンイ] 名 誼ᵍᴵ; 情誼ᴶᴼᴬ ¶두터운 ~ [tutʰoun ~ トゥトウン ~] 厚い情誼.

정자[亭子] [tʃʌŋdʒa チョンジャ] 名 東屋ᴬᶻᵁᴹᴬᴵᵁ; 亭ᵀᴱᴵ ¶작은 ~ [tʃaːgun ~ チャーグン ~] 小亭 **―나무** [namu ナム] 名 家の付近または道端にある大樹.

＊정작 [tʃʌŋdʒak チョンジャク] 副 ① 実際に; 本当に; いざ; まさに ¶~ 해보니 어렵더라 [(tʃʌŋdʒa) kʰɛːboni ʌrjʌpʼtʼʌra ~ケーボニ オリョプトラ] 実際にやってみたら難しかったよ ② 本当; 本番 ¶싸움은 이제부터다 [~ sʼaumun idʒebutʰʰoda ッサウムン イジェブトダ] 戦いはこれからが本番だ.

정장[正装] [tʃʌːŋdʒaŋ チョーンジャン] 名 하自 正装 ¶연미복의 ~ 차림 [jʌːnmiboge ~ tʃʰarim ヨーンミボゲ ~チャリム] 燕尾服ᴱᴺᴮᴵᴮᴼᴷᵁの正装.

＊정전[停電] [tʃʌŋdʒʌn チョンジョン] 名 하自 停電 **―되다** [dweda ドゥェダ] 名 停電になる; 停電する.

＊정점[頂点] [tʃʌŋtʃʼʌm チョンチョム] 名 頂点; ピーク ¶흥분이 ~에 달하다

[hɯŋbuni ~e tarhada フンブニ(チョンチョ)メ タルハダ] 興奮が絶頂に達する / 삼각형의 꼭지점~[samgakhjɔŋe k'oktʃ'idʒɔm サムガクキョンエ ッコクチジョム~] 三角形の頂点.

정정[訂正][tʃɔŋdʒɔŋ チョンジョン] 名 訂正 **—하다**[hada ハダ] 他 訂正する; 直す ¶자구를 ~[tʃak'urɯl ~チャクルル ~] 字句を訂正する.

정정-당당[正正堂堂][tʃɔ:ŋdʒɔŋdaŋdaŋ チョーンジョダンダン] 名 形 副 正々堂々 ¶~한 태도[~han tʰɛ:do ~ハン テード] 正々堂々たる態度.

정정-하다[亭亭—][tʃɔŋdʒɔŋhada チョンジョンハダ] 形 여ː文 ① (老人が健康で)かくしゃくとしている; きりっと[しゃんと]している ¶~한 노인[~han no:in ~-ハン ノーイン] かくしゃくたる老人 ② 亭々としている ¶~한 노송[~-han no:soŋ ~-ハン ノーソン] 亭々たる老松.

정제[錠劑][tʃɔŋdʒe チョンジェ] 名 錠剤; タブレット.

정조[貞操][tʃɔŋdʒo チョンジョ] 名 貞操; 操 ¶~를 지키다[~rɯl tʃikʰida ~ルル チキダ] 貞操を守る.

정종[正宗][tʃɔŋdʒoŋ チョンジョン] 名 ①〈仏〉開祖の正統を継ぐ宗派 ② 正宗ま; 灘の清酒の銘柄, 転じて日本酒.

정중[鄭重][tʃɔ:ŋdʒuŋ チョーンジュン] 名 하形 丁重; 丁寧 ¶~한 인사(人事)[~han insa ~ハン インサ] 丁重なあいさつ **—히**[i イ] 副 丁重に; 手厚く; 懇ろに.

정지[停止][tʃɔŋdʒi チョンジ] 名 하自他 停止 ¶일시 ~[ilʃ'i (dʒɔŋdʒi) イルシ (ジョンジ)] 一時停止.

*정직[正直][tʃɔːŋdʒik チョーンジク] 名 正直 ¶~한 사람[(tʃɔ:ŋdʒi) kʰan sa:ram ~カン サーラム] 正直な人 **—하다**[(tʃɔ:ŋdʒi) kʰada カダ] 形 正直だ.

정차[停車][tʃɔːŋtʃʰa チョーンチャ] 名 하自他 停車 ¶~시간(停車) ¶~ 시간[~ ʃigan ~ シガン] 停車時間.

정착-하다[定着—][tʃɔ:ŋtʃʰakʰada チョーンチャクカダ] 自他 定着する; 落ち着く ¶한 가지 일에 ~[han gadʒi i:re ~ ハンガジ イーレ ~] 1つの仕事に定着する.

정찬[正餐][tʃɔ:ŋtʃʰan チョーンチャン] 名 正餐せい; ディナー(dinner).

정찰[正札][tʃɔ:ŋtʃʰal チョーンチャル] 名 正札 ¶~이 붙은 상품[(tʃɔ:ŋtʃʰar)i putʰɯn saŋpʰum (チョーンチャ)リ プトゥン サンプム] 正札つきの商品 **—제(制)**[tʃ'e チェ] 名 正札つきの販売制度 **—판매**[pʰanmɛ パンメ] 名 正札販売.

정찰[偵察][tʃɔŋtʃʰal チョンチャル] 名 하他 偵察 ¶~ 비행[~ bihɛŋ ~ ビヘン] 偵察飛行 **—기**[gi ギ] 名 偵察機.

*정책[政策][tʃɔŋtʃʰɛk チョンチェク] 名 政策 ¶외교 ~[we:gjo (dʒɔŋtʃʰɛk) ウェーギョ (ジョンチェク)] 外交政策.

정체[正體][tʃɔŋtʃʰe チョンチェ] 名 正体; 実体 ¶~를 나타내다[~rɯl natʰanɛda ~ルル ナタネダ] 正体を現わす / ~ 불명의 여자[~ bulmjɔŋe jɔdʒa ~ ブルミョンエ ヨジャ] 正体不明の[の謎&の]女性.

정체[停滯][tʃɔŋtʃʰe チョンチェ] 名 停滞; 滞り; 渋滞 ¶경기가 ~되고 있다[kjɔŋgiga ~dwego it'a キョンギガ ~ドゥェゴ イッタ] 景気が停滞している / 교통이 ~되다[kjotʰoŋi ~dweda ギョトンイ ~ドゥェダ] 交通が渋滞する **—하다**[hada ハダ] 自 停滞する; 滞る; 渋滞する; 支&える.

정취[情趣][tʃɔŋtʃʰwi チョンチュィ] 名 情趣; 趣; 味わい ¶가을의 ~[ka:ɯre ~ カウレ ~] 秋の情趣.

*정치[政治][tʃɔŋtʃʰi チョンチ] 名 하自 政治 **—가**[ga ガ] 名 政治家 **—단체**[dantʃʰe ダンチェ] 名 政治団体 **—범**[bɔm ポム] 名 政治犯 **—인**[in イン] 名 政治人 **—자금**[dʒagɯm ジャグム] 名 政治資金 **—적**[dʒɔk ジョク] 名 冠 政治的 ¶~ 결단[~- (dʒɔ) k'jɔlt'an ~ キョルタン] 政治的決断 **—체제**[tʃʰedʒe チェジェ] 名 政治体制 **—풍토**[pʰuŋtʰo プント] 名 政治風土 **—학**[hak ハク] 名 政治学 **—활동**[hwalt'oŋ ファルトン] 名 政治活動.

정탐[偵探][tʃɔŋtʰam チョンタム] 名 하他 ひそかに様子を探ること; 探偵; 偵察 ¶적진을 ~하다[tʃɔkt'ʃ'inɯl ~hada チョクチヌル ~ハダ] 敵陣を探る **—꾼**[k'un ックン] 名 回し者; スパイ.

정통[正統][tʃɔŋtʰoŋ チョーントン] 名 正統 **—파**[pʰa パ] 名 正統派.

정통[精通][tʃɔŋtʰoŋ チョントン] 名 하自他 精通; 熟知 ¶~한 소식통(消息通)[~han soʃiktʰoŋ ~ハン ソシクトン] 精通の消息筋.

정평[定評][tʃɔ:ŋpʰjɔŋ チョーンピョン]

정표[情表][tʃɔŋpʰjo チョンピョ] 名 物を贈って誠意を表わすこと、またその贈り物；志 ¶ 감사의 ~ [ka:msae ~ カームサエ ~] 感謝のしるし.

***정-하다**[定一][tʃɔːŋhada チョーンハダ] 他 定める；決める ¶ 일정(日程)을 ~[iltʃ'ɔŋul ~ イルチョンウル ~] 日割りを決める.

정해-지다[定一][tʃɔːŋhedʑida チョーンヘジダ] 自(受動) 決まっている；決められる；決まる；定まる ¶ 날짜가 ~ [naltʃ'aga ~ ナルッチャガ ~] 日程が決まる.

정혼[定婚][tʃɔːŋhon チョーンホン] 名 하自 縁定め；婚約 ¶ ~한 사이[~-han sai ~ハン サイ] 婚約した間柄.

정화[浄化][tʃɔŋhwa チョンファ] 名 하他 浄化 ¶ 국어 ~ [kugɔ (dʑɔŋhwa) クゴ (ジョンファ)] 国語の浄化/純化 ―운동 [u:ndoŋ ウーンドン] 名 浄化運動 ―장치 [dʑaŋtʃʰi ジャンチ] 名 浄化装置 ―조 [dʑo ジョ] 名 浄化槽.

정화-수[井華水][tʃɔŋhwasu チョンファス] 名 早朝一番はじめにくんだ井戸水(祈る時の供え水または漢薬の煎用).

***정확**[正確][tʃɔːŋhwak チョーンファク] 名 하形 正確 ¶ ~한 시계[(tʃɔːŋhwa)-kʰan ʃige ~カン シゲ] 正確な時計 ―히 [(tʃɔːŋhwa)kʰi キ] 副 正確に；きちんと；ちゃんと ¶ 지금(支給)되였다[~ tʃigupʰɔtʃ'a ~ チグパヨッタ] きちんと払った ―성 [s'ɔŋ ソン] 名 正確性；正確さ.

정-히[正一][tʃɔːŋi チョーンイ] 副 正に；正しく；確かに ¶ ~ 영수함[~ jɔŋsuham ~ ヨンスハム] 確かに領収しました / ~ 그렇다면 [~ kɯrɔtʰamjɔn ~ クロッタミョン] 確かにそうならば；本当にそうだったら.

***젖**[tʃɔt チョッ] 名 乳 ① 母乳；乳汁 ¶ ~을 먹다[(tʃɔdʑ)ul mɔkt'a (チョ)ジュル モクタ] 乳を飲む ② 乳房；おっぱい ¶ ~을 빨다[(tʃɔdʑ)ul p'alda (チョ)ジュル ッパルダ] 乳を吸う.

젖-가슴[tʃɔtk'asum チョッカスム] 名 (女性の)胸；乳房のある胸のあたり.

젖-꼭지[tʃɔtk'oktʃ'i チョッコクチ] 名 ① 乳首 ② 〈医〉乳頭.

젖-내[tʃɔnne チョンネ] 名 乳のにおい；乳臭 ―나다[nada ナダ] 自 乳臭い；子供っぽい；幼稚である；未熟である ¶ ~-나는 풋내기[~-nanun pʰunnegi ~-ナヌン プンネギ] 乳臭い青二才.

***젖다**[tʃʌt'a チョッタ] 自 ① ぬれる；湿る；浸る ¶ 비에 ~[pie ~ ピエ ~] 雨にぬれる ② 染みつく；染まる ¶ 악습에 ~[aks'ube ~ アクスベ ~] 悪習に染まる ③ 慣れる ¶ 귀에 젖은 목소리[kwie tʃɔdʑun moks'ori クィエ チョジュン モクソリ] 耳[聞き]慣れの声.

젖-떨어지다[定一][tʃɔtt'ɔrɔdʑida チョットロジダ] 自 乳離れする ¶ ~-떨어진 강아지[~-t'ɔrɔdʑin kaŋadʑi ~-ットロジン カンアジ] 乳離れした子犬.

젖-떼다[tʃɔtt'eda チョッテダ] 他 乳離れさせる；離乳させる.

젖-먹이[tʃɔnmɔgi チョンモギ] 名 乳児；乳飲み子；赤ん坊.

젖-병[一瓶][tʃɔtp'jɔŋ チョッピョン] 名 哺乳瓶.

젖-비린내[tʃɔtp'irinnɛ チョッピリンネ] 名 ① 乳臭いにおい ② 幼稚な感じ；子供っぽさ ―나다[nada ナダ] 自 乳臭い；青臭い；幼稚である ¶ ~-나는 말[~-nanun ma:l ~-ナヌン マール] 幼稚な話.

젖-빛[tʃɔtp'it チョッピッ] 名 乳色；乳白色 ―유리 [(tʃɔtp'in)njuri (チョッピン)ニュリ] 名 すり[曇り]ガラス.

젖-산[一酸][tʃɔs'an チョッサン] 名 乳酸 ―균 [ɡjun ギュン] 名 乳酸菌 ―발효[barhjo バルヒョ] 名 乳酸発酵 ―음료 [u:mnjo (tʃɔs'a)ヌームニョ] 名 乳酸飲料；ヨーグルト.

젖-소[tʃɔs'o チョッソ] 名 〈動〉乳牛.

젖-줄[tʃɔtʃ'ul チョッチュル] 名 ① 乳腺 ② (比喩的に)糧の供給源 ¶ 민족의 ~인 한강 [mindʑoge (tʃɔtʃ'ur)in ha:ngaŋ ミンジョゲ (チョッチュ)リン ハーンガン] 民族の母なる川, 漢江.

젖-통[tʃɔtʰoŋ チョットン]・**젖-통이** [tʃɔtʰuŋi チョットゥンイ] 名 乳房.

젖혀-놓다[tʃɔtʃʰjɔnotʰa チョチョノッタ] 他 ① 裏返して置く；ひっくり返して置く ② 差し置く；後ろに回す；無視する ¶ 일을 ~[i:rul ~ イールル ~] 仕事を差し置く[そっちのけにする] / 형을 ~-놓고 나서다[hjɔŋul ~-nokʰo nasɔda ヒョンウル ~-ノッコ ナソダ] 兄を差し置いて出しゃばる.

젖혀-지다[tʃɔtʃʰjɔdʑida チョッチョジダ] 自 ① 裏返しになる ② (折り畳まれた

ものなどが開かれる; まくられる ¶바람에 책장이 ~ [parame tɕʰɛktɕʼaɲi ~ パラメ チェクチャンイ ~] 風に本のページがまくられる.

*젖히다 [tɕətɕʰida チョッチダ] 他 ① 反らす; のけ反る ¶몸을 뒤로 ~ [momul twi:ro ~ モムル トゥィーロ ~] 体を後ろに反らす ② 開く; 開ける; めくる; 裏返す ¶문을 밀어 ~ [munul miro ~ ムヌル ミロ ~] 戸を押し開ける / 책장을 ~ [tɕʰɛktɕʼaɲul ~ チェクチャンウル ~] 本のページをめくる.

*제¹ [tɕe チェ] 1 代 ① 私; 手前; ='나'の謙譲語='저'の略 ¶~가 가겠습니다 [~ga kages'umnida ~ガ カゲッスムニダ] 私が行きます ② (第三者を指して)自分; 自身 ¶~ 일은 ~가 한다 [~ i:run ~ga handa ~ イールン ~ ガ ハンダ] 自分のことは自分でする 2 略 ① 私の; 手前の; ='나의'の謙譲語='저의'の略 ¶이것은 ~것입니다 [igɔsun ~gɔɕimnida イゴスン ~ゴシムニダ] これは私のものです ② 自分の; 自身の; ='자기'(自己)の謙譲語 ¶~ 잘못 [~ dʑalmot ~ ジャルモッ] 自分の悪いこと[過ち].

제² [tɕe チェ] 代 あそこ(に); あちらに; ='저기' ¶~ 서 있는 사람 [~ sɔ innɯn sa:ram ~ ソ インヌン サーラム] あそこに立っている人.

제³ [tɕe チェ] 略 時には; 折に; 当時に; =적에 ¶어릴~ 추억(追憶) [ɔril~ tɕʰuɔk オリル~ チュオク] 幼いときの思い出.

제-각각 [—各各] [tɕegak'ak チェガクカク] 副 おのおの; それぞれ ¶~ 멋대로 해산하였다 [~-(gak'aŋ) mɔt͈ɕɔra hɛ:sanhajɔt'a ~-(ガクカン) モッチェロ ヘーサンハヨッタ] おのおの勝手に解散した.

*제-각기 [—各其] [tɕegak'i チェガクキ] 副 めいめい; おのおの; まちまちに ¶~ 다른 생각 [~ tarɯn sɛŋgak ~ タルン センガク] めいめいが違った考え / ~ 말하다 [~ ma:rhada ~ マールハダ] 口々に言う.

제거-하다 [除去—] [tɕegɔhada チェゴハダ] 他 除去する; (取り)除く; 取りのける ¶치석을 ~ [tɕʰisɔɡɯl ~ チソグル ~] 歯石を取り除く.

제-격 [—格] [tɕegjɔk チェギョク] 名 ① それ相応の格式 ② 身分にふさわしい格式 ¶그 직무는 그에게 ~이다 [kɯ tɕiŋmunɯn kɯege (tɕegjɔg)ida ク チンムヌン クエゲ (チェギョ)ギダ] その職務は彼に適する.

제곱 [tɕegop チェゴプ] 名 하 <数> 2乗; 自乗 —근 [k'ɯn クン] 名 平方根; 自乗根 —비 [p'i ピ] 名 自乗比 —수 [s'u ス] 名 自乗数.

*제공 [提供] [tɕegoŋ チェゴン] 名 提供 —하다 [hada ハダ] 他 提供する; 供する ¶자료를 ~ [tɕarjorɯl ~ チャリョルル ~] 資料を提供する.

제과-점 [製菓店] [tɕegwadʑɔm チェーグァジョム] 名 ベーカリー.

제-구실 [tɕeguɕil チェグシル] 名 하自 自分の役目[役割] ¶~도 못한다 [~do mo:tʰanda ~ド モータンダ] 自分の役目[務め]も果たせない.

제국 [諸國] [tɕeguk チェグク] 名 諸国 ¶동남아 ~ [toŋnama (dʑeguk) トンナマ (ジェグク)] 東南アジア諸国.

제국-주의 [帝國主義] [tɕeguktɕʼui チェグクチュイ] 名 帝国主義.

제기 [tɕegi チェギ] 名 하自 (子供たちが足で蹴り上げで遊ぶ)羽子の一種 ~차기 [~ tɕʰagi ~ チャギ] '제기'を足で蹴り上げる遊び.

제기(랄) [tɕe:gi(ral) チェーギ(ラル)] 感 ちえっ; うめっ! ¶~, 이번에도 틀렸군 [~, ibɔnedo tʰɯlljɔk'un ~, イボネド トゥルリョックン] ちえっ, こんども駄目か.

제기-하다 [提起—] [tɕegihada チェギハダ] 他 提起する; 申し立てる ¶이의를 ~ [i:irul ~ イーイルル ~] 異議を申し立てる.

제-까짓 [tɕek'adʑit チェッカジッ] 冠 あれしきの; あんな ¶~ 놈이 뭐 잘났다고 [(tɕek'adʑin) nomi mwɔ: tɕallat'ago (チェッカジン) ノミ ムォー チャルラッタゴ] あんなやつが何が偉くて.

제-깐에는 [tɕek'anenun チェッカネヌン] 名 自分なりには; 自分(の考え)では; ='제딴은' ¶~ 잘한다고 한 짓이다 [~ tɕarhandago han tɕi:ɕida ~ チャルハンダゴ ハン チーシダ] 自分なりにはうまくやろうとしたことだ.

제꺽¹ [tɕek'ɔk チェッコク] 副 ① かちっ

제기 차기

제꺽² ¶~하고 문이 닫히다[(tʃək'ɔ)kʰago muni tatʰida ~カゴ ムニ タチダ] かちっと戸が閉まる ② (時計が)かちかち.

제꺽² [tʃek'ɔk チェッコク] 副 さっさと; 手早く ¶일을 ~ 해치우다[iːrɯl (tʃek'ɔ)kʰɛːtʃiuda イールル ~ ケーチウダ] 仕事をきっさと片づける.

제-날[(짜)] [tʃenal(tʃ'a) チェナル(ッチャ)] 名 定められた日 ¶~에 어김없이 오다[tʃenare[tʃenaltʃ'ae] ɔgimɔpʃ'i oda チェナレ[チェナルッチャエ] オギモプシ オダ] 定めた日に間違いなく来る.

***제-대로** [tʃedɛro チェデロ] 副 ろくに; うまく; 十分に; きちんと; 思いどおりに ¶~ 답변도 못한다[~ tap'jɔndo moːtʰanda ~ タプピョンド モータンダ] ろくに答えることすらできない / ~ 해내다[~ hɛːnɛda ~ ヘーネダ] うまくやってのける / 앉아라[~ andʒara ~ アンジャラ] きちんと座りなさい / ~ 안 된다[~ an dwenda ~ アンドゥェンダ] 思いどおりにいかない.

***제도**[制度] [tʃeːdo チェード] 名 制度 ¶의회 ~ [uihwe (dʒeːdo) ウィフェ(ジェード)] 議会制度.

제도[諸島] [tʃedo チェド] 名 諸島 ¶남양 ~ [namjaŋ ~(dʒedo)] ナミャン(ジェド)] 南洋諸島.

제-딴은 [tʃet'anɯn チェッタヌン] 副 自分なりには; 自分の考えでは; 自分のつもりでは ¶~ 잘했다고[~ tʃarhɛt'ago ~ チャルヘッタゴ] 自分なりにはうまくやったと(思うだろう).

제-때 [tʃet'ɛ チェッテ] 名 適期; ころあい ¶~ 나타나다[~ natʰanada ~ ナタナダ] 適期に[ころあいを合わせて]現われる / 식사는 ~에 해라[ʃikːs'anɯn ~e hɛːra シクサヌン ~エ ヘーラ] 食事は決まった時間にしなさい.

제-멋 [tʃemɔt チェモッ] 名 自分なりの楽しさや面白み ¶~에 산다[(tʃem)e saːnda (チェメ)セ サーンダ] 自分なりの楽しさに[思いどおりに]生きる.

제-멋대로 [tʃemɔt'ɛro チェモッテロ] 副 自分勝手に; 気ままに; 好き放題(に) ¶~다[~da ~ダ] 好き放題である / ~ 굴다[~ kuːlda ~ クールダ] 勝手気ままにふるまう; わがままだ.

제명[除名] [tʃemjɔŋ チェミョン] 名 하他 除名 ¶~ 처분[~ tʃʰɔːbun ~ チョーブン] 除名処分.

제명[題名] [tʃemjɔŋ チェミョン] 名 「題名.

제-명[一命] [tʃemjɔŋ チェミョン] 名 持って生まれた[天から授かった]天寿.

제목[題目] [tʃemok チェモク] 名 題目.

제물[祭物] [tʃeːmul チェームル] 名 ① 供え物; 祭物 ¶~로 바치다[~lo patʃʰida ~ロ パチダ] 供え物にする ② いけにえ(犠牲になること) ¶부정 사건의 ~이 되다[pudʒɔŋ saːk'ɔne (tʃeːmur)i tweda プジョンサーコネ (チェーム)リ トゥェダ] 不正事件のいけにえになる.

제물-로 [tʃemullo チェムルロ] 副 ひとりでに; おのずから; おのずと ¶~ 화가 풀렸다[~ hwaːga pʰuljɔt'a ~ファーガ プルリョッタ] おのずと怒りがしずまった.

제물-에 [tʃemure チェムレ] 副 ひとりでに; おのずと ¶~ 울다가 ~ 잠들다[uːldaga ~ tʃamdulda ウールダガ ~ チャムドゥルダ] 泣いている内にひとりでに[いつのまにか]寝入る.

제반[諸般] [tʃeban チェバン] 名冠 諸般; いろいろ; あらゆる ¶~ 사정 ~ saːdʒɔŋ ~ サージョン] 諸般の事情.

***제발** [tʃeːbal チェーバル] 副 是非; 何とぞ; なにぶん; どうか ¶~ 부탁합니다[~ puːtʰakhamnida ~ プータカムニダ] 是非お願いします ━덕분(德分)(에) [dɔkp'un(e) ドクプン[ドクプネ]] 副 こい願わくは; 何とぞ; どうか ¶~ 무사하기를 빈다[~ musahagirul piːnda ~ ムサハギルル ピーンダ] 何とぞご無事でと祈る.

제방[堤防] [tʃebaŋ チェバン] 名 堤防; 堤; 土手 ¶~을 쌓다[~ul s'atʰa ~ウルッサッタ] 堤防を築く.

***제법** [tʃebɔp チェボプ] 名 案外; 割合に; かなり; なかなか; 結構 ¶~ 맛있다[(tʃebɔm) maʃit'a (チェボム)マシッタ] 結構おいしい / ~이다[(tʃebɔb)ida (チェボブ)ビダ] (駄目だと思っていたところ)案外だ[なかなかだ].

제보[提報] [tʃebo チェボ] 名 하自 情報の提供; 知らせること ¶범인의 출현을 ~해 주다[pɔːmine tʃʰurhjɔnul ~hɛ dʒuda ポーミネ チュルヒョヌル ~ヘ ジュダ] 犯人の出現を知らせてくれる.

제복[制服] [tʃeːbok チェーボク] 名 制服; ユニホーム ¶~을 입다[(tʃeːbog)ul ipt'a (チェーボ)グル イプタ] 制服を着る.

제본[製本] [tʃeːbon チェーボン] 名 하他

製本 ¶~소[~so ~ソ] 製本所.

＊제비[tʃe:bi チェービ] 图 〈鳥〉ツバメ(燕) **—꽃**[k'ot ッコッ] 图 〈植〉スミレ(菫)＝오랑캐꽃[oraŋkʰɛk'ot オランケッコッ] **—붓꽃**[butk'ot ブッコッ] 图 〈植〉カキツバタ(杜若) **—족**(族)[dʒok ジョク] 图 若いつばめ；ジゴロ〈フ〉gigolo；年上の女性の愛人になっている若い男.

제비²[tʃebi チェビ] 图 くじ；抽籤ẻn；宝くじ；引き札 **—뽑기**[p'opk'i ッポプキ] 图 [하自] くじ引き **—뽑다**[p'opt'a ッポプタ] 自 くじを引く；抽籤する.

＊**제사**[祭祀][tʃe:sa チェーサ] 图 祭祀ẻ；祭り；祭事 ¶~를 지내다[~rɯl tʃiːnɛda ~ルル チーネダ] 祭祀を執り行なう / 조상(祖上)의 ~[tʃosaŋe ~ チョサンエ ~] 祖先の祭祀 **제사-날**[tʃe:sannal チェーサンナル] 图 祭祀の日；忌日 **제삿-밥**[tʃe:satp'ap チェーサッパプ] 图 祭祀を終えた後の食事.

제상[祭床][tʃe:s'aŋ チェーッサン] 图 (祭祀ẻ의 時)供物を供えるお膳ẻ.

제설[除雪][tʃesʌl チェソル] 图 [하自] 除雪 **—차**[tʃʰa チャ] 图 除雪車.

제소[提訴][tʃeso チェソ] 图 提訴 ¶당국에 ~하다[taŋguge ~hada タングゲ ~ハダ] お上[当局]に訴える.

제-소리[tʃesori チェソリ] **1** 图 正しい[正常な]音 ¶피아노의 ~[pʰianoe ~ ピアノエ ~] ピアノの正常な音 **2** 图 [하他] 本音 ¶이제 ~가 나오는군[idʒe ~ga naonuŋun イジェ ~ガ ナオヌングン] やっと本音を吐くね.

제수[弟嫂][tʃe:su チェース] 图 弟の嫁[妻]＝계수(季嫂)[ke:su ケース] **—씨**(氏)[ʃ'i ッシ] 義妹[弟の妻](呼称).

제스처[tʃesɯtʃʰo チェスチョ] gesture 图 ジェスチャー.

＊**제시**[提示][tʃeʃi チェシ] 图 [하他] 提示 ¶증거를 ~하다[tʃɯŋgorɯl ~hada チュンゴルル ~ハダ] 証拠を提示する.

제-시간[—時間][tʃeʃigan チェシガン] 图 定時；定刻 ¶~에 돌아오다[~e toraoda (チェシガ)ネ トラオダ] 定刻に帰る[戻る].

제-아무리[tʃeamuri チェアムリ] 副 いくらなんでも、なんだっても、どんなに[いかに]…(しても) ¶~ 잘난 체해도 별 수 없다[~ tʃallan tʃʰehɛdo pjʌls'u ʌpt'a ~ チャルラン チェヘド ピョルッス オプタ] どんなに偉ぶってもしよ

うがない.

＊**제안**[提案][tʃean チェアン] 图 [하他] 提案 ¶~을 받아드리다[~ɯl padadurida (チェア)ヌル パダドゥリダ] 提案を受けいれる.

제압-하다[制壓—][tʃeapʰada チェーアッパダ] 他 制圧する；圧する；制する ¶적을 ~[tʃʌgɯl ~ チョグル ~] 敵を制圧する.

제야[除夜][tʃeja チェヤ] 图 除夜 ¶~의 종이 울리다[~e tʃoŋi ullida ~エ チョンイ ウルリダ] 除夜の鐘が鳴る.

제약[制約][tʃe:jak チェーヤク] 图 [하他] 制約 ¶~을 받다[(tʃe:jag)ɯl pat'a (チェーヤ)グル パッタ] (時間に)制約される；制約を受ける.

제약[製藥][tʃe:jak チェーヤク] 图 [하自] 製薬 ¶— 회사[(tʃe:ja) kʰwe:sa ~ クェーサ] 製薬会社.

제어[制御][tʃe:ɔ チェーオ] 图 [하他] 制御 ¶자동 — 장치[tʃadoŋ (dʒe:ɔ) dʒaŋtʃʰi チャドン (ジェーオ) ジャンチ] 自動制御装置.

제언[提言][tʃeɔn チェオン] 图 [하他] 提言 ¶적절한 ~[tʃʌktʃ'ɔrhan ~ チョクチョルハン ~] 適切な提言.

＊**제외-하다**[除外—][tʃewehada チェウェハダ] 他 除外する；取りのける；除く ¶명부에서 ~[mjɔŋbueso ~ ミョンブエソ ~] 名簿から除く.

제육[—肉][tʃejuk チェユク] 图 豚肉；蒸した豚肉 **—볶음**[p'ok'um ポックム] 图 豚肉と野菜を混ぜて味をつけ、油でいためた料理 **—편육**(片肉)[pʰjɔnjuk ピョニュク] 图 みそ汁で煮た豚の三枚肉の薄切り.

제의[提議][tʃei チェイ] 图 [하他] 提議 ¶공동 연구를 ~하다[koːŋdoŋ jɔːngurul ~hada コーンドン ヨーングルル ~ハダ] 共同研究を提議する.

제이[第二][tʃe:i チェーイ] 數冠 第二 ¶~의 청춘[~e tʃʰoŋtʃʰun ~エ チョンチュン] 第二の青春 / ~의 고향[~e kohjaŋ ~エ コヒャン] 第二の故郷 **—차 세계 대전**[tʃʰa se:ge dɛːdʒɔn チャ セーゲ デージョン] 图 第2次世界大戦.

＊**제일**[第一][tʃe:il チェーイル] **1** 數冠 第一；最初；一番 ¶건강이 ~이다[kɔ:ŋgaŋi (tʃe:ir)ida コーンガンイ (チェーイ)リダ] 健康が第一だ **2** 副 一番(に)；もっとも ¶~ 좋다[~ tʃoːtʰa

~ チョーッタ] 最もいい / ― 먼저 [~ mɔndʒɔ ~ モンジョ] 一番初めに **―선** [s'ɔn ソン] 名 第一線 **―인-자** [(tʃe:ir) indʒa (チェーイ) リンジャ] 名 第一人者.

***제자**[弟子] [tʃe:dʒa チェージャ] 名 弟子; 教え子; 門弟; 門人 ¶ ~를 기르다 [~rɯl kirɯda ~ルル キルダ] 弟子を育てる.

제-자리[tʃedʒari チェジャリ] 名 ① もとの場所 ¶ ~에 놓다 [~e notʰa ~エ ノッハ] もとの場所に置く ② 自分の席・位置 **―걸음** [gɔrɯm ゴルム] 名 自他 足踏み ¶ 교섭은 ~이다 [kjosɔbɯn ~ida キョソブン ~-(ゴル)ミダ] 交渉は足踏み状態である.

제작[製作] [tʃe:dʒak チェージャク] 名 自他 製作 ¶ 영화 ~ [jɔŋhwa (dʒe:dʒak) ヨンファ (ジェージャク)] 映画製作.

제재[制裁] [tʃe:dʒɛ チェージェ] 名 自他 制裁 ¶ 부당한 ~ [pudaŋhan ~ プタンハン ~] 不当な制裁.

제적[除籍] [tʃe:dʒɔk チェジョク] 名 自他 除籍 ¶ 불량 학생을 ~하다 [pulljaŋ haks'ɛŋɯl (tʃe:dʒɔ)kʰada プルリャン ハクセンウル ~カダ] 不良学生を除籍する.

제전[祭典] [tʃe:dʒɔn チェージョン] 名 祭典; 祭事 ¶ 미의 ~ [mi:e ~ ミーエ ~] 美の祭典.

제정[制定] [tʃe:dʒɔŋ チェージョン] 名 自他 制定 ¶ 헌법의 ~ [hɔ:np'ɔbe ~ ホーンポベ ~] 憲法の制定.

제-정신[―精神] [tʃe:dʒɔŋʃin チェジョンシン] 名 本性; 本心; 正気 ¶ ~이 들다 [~i tɯlda (チェジョンシ)ニ トゥルダ] 正気づく.

***제조**[製造] [tʃe:dʒo チェージョ] 名 自他 製造 ¶ 부품을 ~하다 [pupʰumɯl ~hada ププムル ~ハダ] 部品を製造する **―년월일** [njɔnwɔril ニョヌォリル] 名 製造年月日 **―업** [ɔp オプ] 名 製造業 **―원** [wɔn ウォン] 名 製造元 **―원가** [wɔnk'a ウォンカ] 名 製造原価.

제지[制止] [tʃe:dʒi チェージ] 名 自他 制止 ¶ 출입을 ~하다 [tʃʰuribɯl ~hada チュリブル ~ハダ] 出入りを制止する.

제-집 [tʃedʒip チェジプ] 名 自家; 自宅 ¶ ~에 당도하다 [(tʃedʒib)e taŋdohada (チェジ)ベ タンドハダ] 自家にたどり着く.

제-짝 [tʃetʃ'ak チェッチャク] 名 (対をなすものの) 片方; 片割れ; 連れ ¶ ~을 찾다 [(tʃetʃ'ag)ɯl tʃʰat'a (チェッチャ) グル チャッタ] 自分の対 [連れ] をさがす [求める].

제창[齊唱] [tʃe:tʃʰaŋ チェチャン] 名 自他 斉唱 ¶ 교가의 ~ [kjo:gae ~ キョーガエ ~] 校歌の斉唱.

제창-하다[提唱―] [tʃe:tʃʰaŋhada チェチャンハダ] 他 提唱する; 唱える ¶ 자유 수호를 ~ [tʃaju suhorɯl ~ チャユ スホルル ~] 自由の守護を提唱する.

***제-철** [tʃe:tʃʰɔl チェチョル] 名 (着物・食べ物などの) 適期; 時季; 旬*; 出盛り期; シーズン (season) ¶ ~에 맞는 옷 [(tʃetʃʰɔr)e mannɯn ot (チェチョ) レ マンヌノッ] 時節に似合う着物 / ~의 과일 [(tʃetʃʰɔr)e kwa:il (チェチョ) レ ~ クァーイル] 旬の果物.

제쳐-놓다 [tʃetʃʰɔnotʰa チェチョノッタ] 他 ① 取りのける; よけて置く ② 別に選んで置く ③ 後回しにする; 差し置く ¶ 일을 ~놓고 나가다 [i:rɯl ~nokʰo nagada イールル ~ノッコ ナガダ] 仕事を差し置いて出掛ける.

***제출-하다**[提出―] [tʃe:tʃʰurhada チェチュルハダ] 他 提出する ¶ 서류를 ~ [sɔrjurɯl ~ ソリュルル ~] 書類を提出する.

제치다 [tʃe:tʃʰida チェチダ] 他 のける; 除外する; よける; 取り除く.

제트 [dʒetʰɯ ジェトゥ] jet 名 ジェット **―기** [gi ギ] 名 ジェット機.

제풀-로 [tʃepʰullo チェプルロ] 副 おのずから; ひとりでに ¶ 상처가 ~ 나았다 [saŋtʃʰoga ~ naat'a サンチョガ ~ ナアッタ] 傷がひとりでに治った.

제풀-에 [tʃepʰure チェプレ] 副 ひとりでに; 訳もなく; 自然と ¶ 아기가 ~ 잠들다 [agiga ~ tʃamdɯlda アギガ ~ チャムドゥルダ] 赤ん坊がひとりでに寝入る.

***제품**[製品] [tʃe:pʰum チェープム] 名 製品 ¶ 국내 ~ [kuŋnɛ (dʒe:pʰum) クンネ (ジェーブム)] 国内製品.

제-하다 [tʃehada チェハダ] 他 与変 差し引く ¶ 월급에서 세금을 ~ [wɔlgubesɔ se:gumɯl ~ ウォルグベソ セーグムル ~] 月給から税金を差し引く.

***제한**[制限] [tʃe:han チェーハン] 名 自他 制限 ¶ 수입 ~ [suip (tʃ'e:han) スイ

제휴[提携] [tʃehju チェヒュ] 名 하자 提携 ¶기술 ~[kisul (dʒehju) キスル (ジェヒュ)] 技術提携.

제-힘 [tʃehim チェヒム] 名 自力 ¶~으로 해결하다[~uro hɛːgjɔrhada (チェヒ)ムロ ヘーギョルハダ] 自力で解決する.

젠장(-맞을) [tʃeːndʒaŋ(madʒɯl) チェーンジャン(マジュル)] 感 ちぇっ;うぬっ!しまった; =**젠장-할[칠]** [tʃeːndʒaŋ-hal[tʃhil] チェーンジャンハル[チル]] ¶~, 또 허탕이야[~, tʼo hɔthaŋija ~, ット ホタンイヤ] ちえっ、また失敗か.

젠-체 하다 [tʃentʃhehada チェンチェハダ] 自 여변 気取る; もったいぶる; うぬぼれる ¶젠체하는 말씨[tʃentʃhehanɯn maːlʃʼi チェンチェハヌン マールッシ] 気取った言い方.

젯-날[祭一] [tʃeːnnal チェーンナル] 名 祭日 ='제삿날'.

젯-밥[祭一] [tʃeːtpʼap チェーッパプ] 名 祭祀ぎに供えるご飯 ='제삿밥'.

***조** [tʃo チョ] 名 〈植〉アワ(粟) ¶~밥[~bap ~バプ] アワ飯.

조[條] [tʃʼo チョ] 依名 「さような条件で」という意; …として; …の名目で ¶사례금 ~로[saːregum ~ro サーレグム ~ロ] 謝礼金の名目で.

조[調] [tʃo チョ] 1 名 ① 気品を保つための行動; 気取り ② 曲調; 調べ; 調子 ¶민요~[minjo~ ミニョ~] 民謡調 2 依名 接尾 口振りや身ぶり; 調; 腰; 見幕 ¶흥분~로 말하다[hɯŋbun~ro maːrhada フンブン~ロ マールハダ] 興奮した口調で話す / 시비(是非)~[ʃiːbi~ シービ~] けんか腰 / 애원~[ɛwɔn~ エウォン~] 哀願調.

***조[兆]** [tʃo チョ] 数 兆; 億の万倍.

조가비 [tʃogabi チョガビ] 名 貝殻.

***조각** [tʃogak チョガク] 名 ① 切れ(端) ¶종이 ~[tʃoŋi (dʒogak) チョンイ(ジョガク)] 紙切れ / 나무 ~[namu (tʃʼogak) ナムッ ~] 木の切れ ② かけら; 破片 ¶유리 ~[juri(dʒogak) ユリ(ジョガク)] ガラス割れ[かけら] **一나다** [(tʃogan) nada (チョガン)ナダ] 自 ① 裂ける; 砕ける; 切れ切れになる ¶둘로 ~[tuːllo ~ トゥッルロ ~] 2つに裂ける / 산산~[saːnsan (dʒogannada) サーンサン(ジョガンナダ)] 散々に砕け

る ② 分裂する ¶교리 논쟁으로 ~-난 교회[kjoːri nondʒeŋɯro ~-nan kjoːhwe キョーリ ノンジェンウロ ~-ナン キョーフェ] 教理の論争によって分裂した教会 **一내다** [(tʃogan) nɛda (チョガン)ネダ] 他 割る; 壊す; 砕く; 裂く **一달** [tʼal タル] 名 弦月; 弓張り月; 片割れ月 **一배** [pʼɛ ペ] 名 扁舟舡; 小舟 **一조각** [tʃʼogak チョガク] 副 切れ切れ; ばらばら; こなみじん ¶~ 부서지다[~ puːsɔdʒida ~ プソジダ] こなみじんに[粉々に]砕ける.

***조각[彫刻]** [tʃogak チョガク] 名 彫刻 **一하다** [(tʃoga)kʰada カダ] 他 彫刻する; 彫る; 刻む ¶상아에 ~[saŋae ~ サンアエ ~] 象牙に彫刻する **一가** [(tʃoga)kʼa カ] 名 彫刻家.

조간[朝刊] [tʃogan チョガン] 名 朝刊.

조강지-처[糟糠之妻] [tʃogandʒitʃho チョガンジチョ] 名 糟糠ぞうの妻; 貧苦のときから苦労を共にしてきた妻.

***조개** [tʃogɛ チョゲ] 名 〈動〉貝 **一껍질** [kʼoptʃʼil ッコプチル] 名 貝殻 **一젓** [dʒɔt ジョッ] 名 小さな貝類の塩辛

조갯-살 [tʃogeːsʼal チョゲッサル] 名 〈貝のむき身、その干物.

조객[弔客] [tʃoːgɛk チョーゲク] 名 弔(問)客; 弔いに来る人.

***조건[條件]** [tʃokʼɔn チョコン] 名 条件 ¶불리한 ~[pullihan ~ プッリハン ~] 不利な条件 **一반사** [baːnsa バンサ] 名 〈生〉条件反射 **一부[附]** [bu ブ] 名 条件付き; 条件付け.

조경[造景] [tʃoːgjɔŋ チョーギョン] 名 하타 造園 **一사** [sa サ] 名 造園師.

***조국[祖國]** [tʃoguk チョグク] 名 祖国 **一애** [(tʃogug)ɛ (チョグク)ゲ] 名 祖国愛.

조그마-하다 [tʃogumahada チョグマハダ] 形 여변 やや小さい; やや少ない; =**조그맗다** [tʃogumatʰa チョグマッタ] 形 하변 ¶~-한 체격[~-han tʃhegjok ~-ハン チェギョク] 小さな体格 / ~-한 선물(膳物) [~-han sɔːnmul ~-ハン ソーンムル] ささやかな贈り物 / 조그많게 되다[tʃogumakʼe tweda チョグマッケ トゥェダ] 小さくなる.

조그만 [tʃoguman チョグマン] 略冠 やや小さい[少ない]; 小さな; =**조그마한** [tʃogumahan チョグマハン] ¶~돌[~ toːl ~ トール] 小さい石 / 실수(失手)[~ ʃils'u ~ シルッス] 軽いしくじり.

조그만큼 [tʃoɡɯmankʰɯm チョグマンクム] 副 わずかに; 少し(く); 幾らか ¶영어를 ~ 안다[jɔŋɔrɯl ~ a:nda ヨンオルル ~ アーンダ] 英語を幾らか知っている.

조그매-지다 [tʃoɡɯmɛdʒida チョグメジダ] 自 小さくなる='조그맣게 되다'.

***조금** [tʃoɡɯm チョグム] 副 少し; わずか; ちょっと; 少々; やや ¶돈이 ~ 있다[to:ni ~ it'a トーニ (チョグ)ミッタ] お金が少しある/ 이르다[~ iruda ~ イルダ] 少し早すぎる/ 아주 ~ [adʒu ~ アジュ~] ほんのわずか/ ~만 기다리세요[~man kidarisejo ~マン キダリセヨ] ちょっと[少々]お待ちください **一도** [do ド] 副 (否定の語と共に用いられて)少しも; ちっとも; 全然 ¶~ 몰랐다[~ mollat'a ~ モルラッタ] 少しも[ちっとも]知らなかった **一씩** [ʃ'ik ッシク] 副 少しずつ ¶~ 따뜻해지고 있다[~ t'at'utʰedʒiɡo it'a ~ッタットゥッテジゴ イッタ] 少しずつ暖かくなってきた.

조급-하다 [躁急—][tʃoɡɯpʰada チョグパダ] 形 躁急だ; せっかちだ ¶~-한 성격[~-pʰan sɔŋk'jɔk ~-パン ソーンキョク] 躁急[せっかち]な性格 **조급-히** [tʃoɡɯpʰi チョグピ] 副 躁急に; せっかちに; せわしく; 慌ただしく ¶~ 재촉하다[~ tʃɛtʃʰokʰada ~ チェチョクカダ] せっかちにせきたてる/ ~ 굴지 마라[~ ku:ldʒi mara ~ クールジ マラ] 焦るな.

조급-하다 [早急—][tʃo:ɡɯpʰada チョーグパダ] 形 早急だ; 気早だ ¶일을 너무 ~-하게 처리해선 안된다[i:rɯl nomu ~-pʰaɡe tʃʰɔ:rihɛsɔn andwɛnda イールル ノム ~-パゲ チョーリヘソン アンドゥェンダ] 事をあまり早急に処理してはいけない **조급-히** [tʃo:ɡɯpʰi チョーグピ] 副 早急に; 速く ¶~ 연락하였다[~ jɔllakʰajɔt'a ~ ヨルラクカヨッタ] 早急に連絡を取った.

***조기** [tʃoɡi チョギ] 名 〈魚〉イシモチ(石持・石首魚); グチ; シログチ.

조 기

조기 [弔旗][tʃo:ɡi チョーギ] 名 弔旗 ¶~를 달다[~rɯl talda ~ルル タルダ] 弔旗を掲げる.

조기 [早起][tʃo:ɡi チョーギ] 名 하自 早起き ¶~ 체조[~ tsʰedʒo ~ チェジョ] 早起き体操.

조기 [早期][tʃo:ɡi チョーギ] 名 早期 ¶~ 교육[~ gjo:juk ~ ギョーユク] 早期教育 / ~ 치료[~ tsʰirjo ~ チリョ] 早期治療.

조깅 [dʒoɡiŋ ジョギン] jogging 名 ジョギング.

조-까짓 [tʃok'adʒit チョッカジッ] 冠 あれしきの; たかがあれくらいの ¶~거야 문제없다[~k'ɔja mu:ndʒeɔpt'a ~コヤ ムーンジェオプタ] あれしきのことは問題ない.

조끼[1] [tʃok'i チョッキ] 名 チョッキ; 胴着; ベスト(vest) ¶방탄 ~[paŋtʰan ~ パンタン ~] 防弾チョッキ.

조끼[2] [dʒok'i ジョッキ] jug 名 ジョッキ(ビール用の取っ手つきの大型コップ).

조난 [遭難][tʃo:nan チョーナン] 名 하自 遭難 ¶~ 신호[~ ʃi:nho ~ シーンホ] 遭難信号 / ~-자[~dʒa ~ジャ] 遭難者.

조-다지 [tʃodadʒi チョダジ] 副 あんなに; あれほどまで ¶~ 귀여울까[~kwi:joulk'a ~ クィーヨウルッカ] あんなにかわいいのかな.

조달 [調達][tʃodal チョダル] 名 하自他 調達 ¶자금을 ~-하다[tʃaɡumɯl (tʃodar)hada チャグムル ~ハダ] 資金を調達する.

조-대로 [tʃodɛro チョデロ] 副 あのまま; あのように; あのとおり ¶~ 따라해라[~ t'ara hɛ:ra ~ッタラ ヘーラ] あのとおりまねてしなさい.

조랑-마차 [—馬車][tʃoraŋma:tsʰa チョランマーチャ] 名 小馬が引く馬車.

조랑-말 [tʃoraŋmal チョランマル] 名 小型種の駄馬; 小馬; ポニー(pony).

조래 [tʃorɛ チョレ] 1 副 あのように; あんなわけで ¶~ 놓으니 미음을 사지[~ nouni miumɯl sadʒi ~ ノウニ ミウムル サジ] あのようだから(人に)憎まれるんだ 2 略 あのようだ=**조렇다** [tʃorɔtʰa チョロッタ] 形 하変 ¶그는 늘 ~[kɯnɯn nɯl ~ クヌン ヌル ~] 彼はいつもあのようだ **一도** [do ド] 副 ① あのようでも=**조러하여도** [tʃorɔhajɔdo チョロハヨド] ¶생김새는 ~[sɛŋgimsɛnɯn ~ センギムセヌン ~] 見掛けはああでも(心は優し

い) ②あのようにしても =**조리하여도** [tʃorihajodo チョリハヨド] ¶말은 ~ [ma:run ~ マールン ~] ああは言っても(根はやさしい人だ) **—서** [sɔ ソ] 副 ①あんなわけで ¶~ 믿지 못한다 [~ mitʃ'i mo:thanda ~ ミッチ モッタンダ] あんなわけだから信じられない ②あのようにして; ああして ¶~는 곤란하다 [~nun ko:llanhada ~ コーッランハダ] あのようでは困る **—야** [ja ヤ] 副 ①あのようでなければ…ない ¶형태는 ~ 한다 [hjɔŋthenun ~ handa ヒョンテヌン ~ ハンダ] 形はあのようでなければならない ②あのようにしなければ…しない ¶운전은 ~ 한다 [u:ndʒɔnun ~ handa ウンジョヌン ~ ハンダ] 運転はあのようにしなければならない.

조력[助力][tʃo:rjɔk チョーリョク] 名 하他 助力; 手助け ¶기꺼이 ~하겠네 [kik'ɔi (tʃo:rjɔ)khagenne キッコイ ~カゲンネ] 喜んで手助けするよ.

조령-모개[朝令暮改][tʃorjɔŋmoɡɛ チョリョンモーゲ] 名 하自 朝令暮改 ¶~의 정책 [~e tʃɔŋtʃʰɛk ~エ チョンチェク] 朝令暮改の政策.

조례[朝禮][tʃorje チョレ]名 朝礼; 朝会.

조롱[嘲弄][tʃoroŋ チョロン] 名 하他 嘲弄ぢ; あざけりなぶること; ばかにしてからかうこと; 冷やかし ¶사람을 ~하다 [sa:ramul ~hada サーラムル ~ハダ] 人をばかにしてなぶる.

조롱[鳥籠][tʃoroŋ チョロン] 名 鳥かご =새장 [sɛ:dʒaŋ セージャン].

조롱-박[tʃoroŋbak チョロンバク] 名 ヒサゴ[ヒョウタン]を2つに割って作った水くみ器.

조류[潮流][tʃorju チョリュ] 名 潮流 ¶시대의 ~ [ʃidɛe ~ シデエ ~] 時代の流れ[動き].

조르다[tʃoruda チョルダ] 他 르変 ①締[絞]める; くくる ¶목을 ~ [mogul ~ モグル ~] 首を絞める / 허리띠를 ~ [hɔrit'irul ~ ホリッティルル ~] ベルトを締める ②せがむ; ねだる; せびる ¶사달라고 ~ [sadallago ~ サダルラゴ ~] 買ってくれとせがむ / 용돈을 ~ [joːŋt'onul ~ ヨーントヌル ~] 小遣いをせびる ③催促する; せきたてる ¶빨리 하라고 ~ [p'alli harago ~ ッパルリ ハラゴ ~] 早くしろとせきたてる.

조리[條理][tʃori チョリ] 名 条理; 筋(道); つじつま ¶~가 서지 않는 말 [~ɡa sɔdʒi annun ma:l ~ガ ソジ アンヌン マール] 筋の立たない話.

조리[調理][tʃori チョリ] 名 하他 ①養生; 摂生 ¶병후의 ~ [pjɔːŋhue ~ ピョーンフエ ~] 病後の養生 ②調理 ¶생선을 ~하다 [sɛŋsɔnul ~hada センソヌル ~ハダ] 魚を調理する **—대** [dɛ デ] 名 調理台 **—사**(師) [sa サ] 名 板場; 板前; 料理人[師].

조리[笊籬][tʃoːri チョーリ] 名 研いだ米をよなげるのに使う取っ手のある小形のざる ¶복(福)~ [pok (tʃ'ori) ポク~] 1年の福をもたらすといわれる'조리'.

조리개[tʃorigɛ チョリゲ] 名 ①(写真機などの)絞り ②くくりひも.

조리다[tʃorida チョリダ] 他 煮る; 煮つける; 煮詰める ¶생선을 ~ [sɛŋsɔnul ~ センソヌル ~] 魚を煮つける.

조림[tʃorim チョリム] 名 煮物; 煮つけ; 煮しめ ¶생선 ~ [sɛŋsɔn (dʒorim) センソン (ジョリム)] 魚の煮つけ / 감자~ [kamdʒa dʒorim カムジャ (ジョリム)] イモの煮しめ.

조립[組立][tʃorip チョリプ] 名 하他 組み立て ¶~식 책장 [~ʃik tʃʰɛktʃ'aŋ ~シク チェクチャン] 組立式の本棚.

조마-조마[tʃomadʒoma チョマジョマ] 副 하形 はらはら; ひやひや; いらいら ¶시간에 늦을까봐 ~했다 [ʃigane nudʒulk'abwa ~hɛt'a シガネ ヌジュルッカブァ ~ヘッタ] 時刻に遅れるかと思ってはらはらした.

조만-간[早晩間][tʃo:mangan チョーマンガン] 副 遅かれ早かれ; 近いうちに; そのうち(に); いつかは(きっと) ¶~ 가겠습니다 [~ kagesʼumnida ~ カゲッスムニダ] そのうち行きます.

조만조만-하다[tʃomandʒomanhada チョマンジョマンハダ] 形 여変 かくかく(じかじか) ¶사정이 ~[sa:dʒɔŋi ~ サージョンイ ~] 事情がかくかくじかじかである.

조만-하다[tʃomanhada チョマンハダ] 形 여変 あのくらいだ; 似ている ¶몸집은 ~ [montʃ'ibun ~ モムチブン ~] 体つきは似ている[あの程度だ].

조맘-때[tʃomamt'ɛ チョマムッテ] 名 あれぐらいのころ.

조명[照明][tʃo:mjɔŋ チョーミョン] 名 하他 照明 **—기구** [gigu ギグ] 名

照明器具 **—등**[duŋ ドゥン] 名 照明灯 **—탄**[tʰan タン] 名 照明弾.

조모[祖母][tʃomo チョモ] 名 祖母＝할머니[halmɔni ハルモニ].

조물락-거리다[tʃomollakʼɔrida チョムルラクコリダ] 他 (物を指で)しきりにいじくる; (洗濯物などを)しきりにもむ; ≪'주물럭거리다'≫¶손가락으로 연필을 ~ [sonkʼaraguro jɔnpʰirul ~ ソンカラグロ ヨンピルル ~] 指で鉛筆をしきりにいじくり回す.

조무래기[tʃomurɛgi チョムレギ] 名 ① 子供; ちび; ちんぴら ¶~인 주제에 건방지다[~in tʃudʒee kɔnbandʒida ~イン チュジェエ コンバンジダ] ちびのくせに生意気だ ② こまごました物; がらくた.

조문[弔問][tʃo:mun チョームン] 名 弔問; 弔い **—하다**[hada ハダ] 他 弔問する **—객**[gɛk ゲク] 名 弔問客.

***조미**[調味][tʃomi チョミ] 名 自他 調味 **—료**[rjo リョ] 名 調味料.

조밀[稠密][tʃomil チョミル] 名 稠密ちゅうみつ ¶인구 ~ 지역[ingu (dʒomil) tʃʼijɔk イング (ジョミル) チョク] 人口稠密地域 **—하다**[(tʃomil) hada ハダ] 形 稠密だ; 密集している **—히**[(tʃomir)i (チョミリ)リ] 副 稠密に; ぎっしりと.

조바심[tʃobaʃim チョバシム] 名 自 焦ること; いらだち; 焦燥感 **—나다**[nada ナダ] 自 いらだつ; 焦りを感じる **—치다**[tʃʰida チダ] 自 焦燥にかられる; 気がせく.

조반[朝飯][tʃoban チョバン] 名 朝飯; 朝食; 朝ご飯 **—상**[床][saŋ サン] 名 朝飯のお膳ぜん **—석죽**[夕粥][sɔktʃʼuk ソクチュク] 名 朝はご飯, 夕方はかゆの意味で, 貧しい生活のたとえ.

조부[祖父][tʃobu チョブ] 名 祖父＝할아버지[harabɔdʒi ハラボジ].

조-부모[祖父母][tʃobumo チョブモ] 名 祖父母.

***조사**[調査][tʃosa チョサ] 名 他 調査 ¶실태를 ~하다[ʃiltʰɛrul ~hada シルテルル ~ハダ] 実態を調査する.

***조상**[祖上][tʃosaŋ チョサン] 名 祖先; 先祖; 父祖 ¶~ 대대[~dɛ:dɛ デーデ] 先祖代々 **—굿**[gut グッ] 名 自他 〈民〉祖先をまつる巫女みこの神事 **—숭배**[suŋbɛ スンペ] 名 祖先崇拝.

조생-종[早生種][tʃo:sɛŋdʒoŋ チョーセンジョン] 名 早生わせの品種.

조석[朝夕][tʃosɔk チョソク] 名 ① 朝夕; 朝晩 ¶~으로 노력하다[(tʃosɔg)-uro norjɔkʰada (チョソ)グロ ノリョクハダ] 朝夕努力する ② 朝夕の飯 ¶~을 끓이다[(tʃosɔg)ul kʼurida (チョソ)グルックリダ] 飯を炊く.

***조선**[朝鮮][tʃosɔn チョソン] 名 朝鮮・チョソン ① (古代の)朝鮮 ② (李氏王朝の)朝鮮 ③ (共和国の)朝鮮 **—말**[mal マル] **—어**[ɔ (チョソ)ノ] 名 朝鮮[韓国]語 **—민주주의 인민공화국**[mindʒudʒui inmingoŋhwaguk ミンジュジュイ インミンゴンファグク] 名 朝鮮民主主義人民共和国 **—옷**[ot (チョソ)ノッ] 名 朝鮮[韓国]固有の衣服＝한복(韓服)[ha:nbok ハーンボク] **—종이**[dʒoŋi ジョンイ] 名 朝鮮[韓国]古来の製造法ですいた紙＝한지(韓紙)[ha:ndʒi ハーンジ] **—집**[dʒip ジプ] 名 朝鮮[韓国]の在来式家屋＝한옥(韓屋)[ha:nok ハーノク].

조세[租税][tʃose チョセ] 名 租税; 税.

조소[嘲笑][tʃoso チョソ] 名 他 嘲笑ちょうしょう ¶세인의 ~를 사다[se:ine ~rul sada セーイネ ~ルル サダ] 世人の嘲笑を買う.

조속[早速][tʃo:sok チョーソク] 名 形 速やか; 早急 ¶~한 조치[(tʃo:so)-kʰan tʃotʃʰi ~カン チョチ] 速やかな処置 **—히**[(tʃo:so)kʰi キ] 副 速やかに; 早く ¶~ 완성해라[~ wansoŋhɛra ~ ワンソンヘラ] 早く完成せよ.

조수[助手][tʃo:su チョース] 名 助手 ¶운전 ~[u:ndʒɔn (dʒo:su) ウーンジョン (ジョース)] 運転助手.

조수[潮水][tʃosu チョス] 名 潮水; 潮; うしお; 海水 ¶~의 간만[~e kanman ~エ カンマン] 潮の干満.

조숙-하다[早熟—][tʃo:sukʰada チョースクハダ] **1** 形 早熟だ; ませている ¶~-한 아이[~-kʰan ai ~-カンアイ] ませた子供; ② おませ **2** 自 (穀物などが)早く生長する.

조식[朝食][tʃoʃik チョシク] 名 朝食.

조실-부모[早失父母][tʃo:ʃilbumo チョーシルブモ] 名 自他 幼時に親を亡くすこと.

***조심**[操心][tʃo:ʃim チョーシム] 名 気をつけること; 注意すること; 用心すること ¶불~[pul (dʒoʃim) プル(ジョシム)] 火の用心 / 말을 ~해라[ma:rul ~hɛra マールル ~ヘラ] 言葉を慎みな

조아리다 [tʃoarida チョアリダ] 他 額ずく; (恐縮して)頭を下げる ¶머리를 조아리고 사과(謝過)하다 [mɔrirul tʃoarigo sa:gwahada モリルル チョアリゴ サーグァハダ] 頭を下げて謝る / 불전에 ~[pultʃɔne ~] 仏前に額ずく.

*조약[條約][tʃojak チョヤク] 名 条約 ¶평화 ~[pʰjɔŋhwa dʒojak] ピョンファ (ジョヤク)] 平和条約.

조약-돌[tʃojakt'ol チョヤクトル] 名 さざれ石; くり石; 砂利; (丸い)小石.

조언[助言][tʃo:ɔn チョーオン] 名 助言; 口添え; アドバイス ¶~자 [~dʒa ~ジャ] 助言者.

조업[操業][tʃo:ɔp チョーオプ] 名 하自 操業 **—단축**[t'antʃʰuk タンチュク] 名 操業短縮 **—도**[t'o ト] 名 操業度 **—시간**[ʃ'igan シガン] 名 操業時間.

조예[造詣][tʃo:je チョーイェ] 名 造詣 ¶~가 깊다 [~ga kipt'a ~ガ キプタ] 造詣が深い.

*조용-하다[tʃojoŋhada チョヨンハダ] 形 여変 静かだ; もの静かだ ¶거리가 ~[kɔriga ~ コリガ ~] 通りが静かである / ~-한 사람 [~-han sa:ram ~-ハン サーラム] 温和な人 **조용-히** [tʃojoɲi チョヨンイ] 副 静かに; もの静かに ¶~ 해라 [~ hɛ:ra ~ ヘーラ] 静かにしろ.

조의[弔意][tʃo:i チョーイ] 名 弔意 ¶삼가 ~를 표하다 [samga ~rul pʰjohada サムガ ~ルル ピョハダ] 謹んで弔意を表わす.

조인-하다[調印—][tʃoinhada チョインハダ] 自他 調印する ¶통상 조약에 ~[tʰoŋsaŋ dʒojage ~ トンサン ジョヤゲ ~] 通商条約に調印する.

조작[造作][tʃo:dʒak チョージャク] 名 하他 贋作; 捏造; 作為; からくり; でっち上げ ¶~한 흔적 [(tʃo:dʒa)kʰan hundʒɔk ~カン フンジョク] 作為の跡 / ~이 들통나다 [(tʃo:dʒag)i tultʰoŋnada (チョージャ)ギ トゥルトンナダ] からくりがばれる / 사건을 ~하다 [sa:k'ɔnul (tʃo:dʒa)kʰada サーコヌル ~カダ] 事件を捏造する[でっち上げる].

조작[操作][tʃodʒak チョジャク] 名 하他 操作; 機械などを操って働かせること ¶기계를 ~하다 [kigerul (tʃodʒa)kʰada キゲルル ~カダ] 機械を操作する.

조잘-거리다[tʃodʒalgɔrida チョジャルゴリダ] 自 ① ぺちゃくちゃとしゃべりまくる ② (鳥などが)さえずりたてる ¶~-거리는 참새 떼 [~-gɔrinun tʰamsɛ t'e ~-ゴリヌン チャムセ ッテ] さえずるスズメの群れ.

조잡[粗雜][tʃodʒap チョジャプ] 名 하形 粗雑; (品物の)粗悪; (性格・言行などの)粗暴 ¶~한 그림 [(tʃodʒa)pʰan kurim ~パン クーリム] 粗雑な絵.

조잡-스럽다[tʃodʒaps'urɔpt'a チョジャプスロプタ] 形 ㅂ変 食い意地が張っている; 食いしん坊だ; <'주접스럽다'.

조장[助長][tʃo:dʒaŋ チョージャン] 名 하他 助長 ¶사행심을 ~하다 [sahɛŋʃimul ~hada サヘンシムル ~ハダ] 射幸心を助長する.

*조절-하다[調節—][tʃodʒɔrhada チョジョルハダ] 他 調節する ¶온도를 ~[ondorul ~ オンドルル ~] 温度を調節する.

조정[調停][tʃodʒɔŋ チョジョン] 名 하他 調停 ¶분쟁을 ~하다 [pundʒɛŋul ~-hada プンジェンウル ~ハダ] 紛争を調停する.

조정[調整][tʃodʒɔŋ チョジョン] 名 하他 調整 ¶물가를 ~하다 [mulk'arul ~-hada ムルカルル ~ハダ] 物価を調整する.

조제[調劑][tʃodʒe チョジェ] 名 하自他 調剤; 調合 ¶약을 ~하다 [jagul ~-hada ヤグル ~ハダ] 薬を調剤する.

조조[早朝][tʃo:dʒo チョージョ] 名 早朝 ¶~ 할인 [~ harin ~ ハリン]

早朝割引.

＊조조-하다[躁躁―][tʃodʒohada チョジョハダ] 形 여변 とても焦っている; せわしい ¶~-한 마음[~-han maɯm ~-ハン マウム] 焦る心.

조종[弔鐘][tʃoːdʒoŋ チョージョン] 名 ① 弔鐘; 哀悼の鐘 ¶~이 울리다[~i ullida ~イ ウルリダ] 弔いの鐘が鳴る ② ことの終末.

조종-하다[操縱―][tʃodʒoŋhada チョジョンハダ] 他 操縦する; 操る ¶비행기를 ~[piheŋgirul ~ ピヘンギルル ~] 飛行機を操縦する / 남편을 ~[namphonul ~ ナムピョヌル ~] (後ろから)亭主を操る **조종-사**[tʃodʒoŋsa チョジョンサ] 名 操縦士.

조지다[tʃodʒida チョジダ] 他 ① (緩くならないように)しっかり締める ② 厳しく取り締まる ¶외출을 삼가하도록 ~[weːtʃhurul samgahadorok (tʃʼodʒida) ウェーチュルル サムガハドロク ~] 外出を慎むように厳しく取り締まる ③ したたか殴る; 打ちのめす ¶반항하지 못하게 ~[paːnhaŋhadʒi moːthage ~ パーンハンハジ モータゲ ~] 反抗できないようにひどく殴る / 신세(를) ~[ʃinse(rɯl) dʒodʒida) シンセ(ルル) (ジョジダ)] 一生を台無しにする.

＊조직[組織][tʃodʒik チョジク] 名 하타 組織 ¶조합을 ~하다[tʃohabul (tʃodʒi)khada チョハブル ~カダ] 組合を組織する.

조짐[兆朕][tʃodʒim チョジム] 名 徴候・兆候; 兆し; 前触れ ¶좋은 ~[tʃoːɯn ~ チョーウン ~] よい兆し.

＊조차[dʒotʃha ジョチャ] 助 …さえ; …まで(も); …だに; …ですら ¶이름-못쓴다[irum~ moːsʼunda イルム~ モーッスンダ] 名前だに書けない / 영어 ~ 모른다[jɔŋɔ~ morunda ヨンオ~ モルンダ] 英語ですらわからない.

조찬[粗餐][tʃotʃhan チョチャン] 名 粗餐ᶜᵃⁿ; 粗末な食事; 人に食事を出すときの謙称 ¶~이나마 함께 하고자 합니다[~inama hamkʼe hagodʒa hamnida (チョチャ)ニナマ ハムッケ ハゴジャ ハムニダ] 粗餐を差し上げたく存じます.

조찬[朝餐][tʃotʃhan チョチャン] 名 朝餐ᶜʰᵒᵘ; 朝飯; 朝食; あさげ.

조촐-하다[tʃotʃhorhada チョチョルハダ] 形 여변 ① こぢんまりとしている; こぎれいである ¶~-한 집[~-han tʃip ~-ハン チプ] こぢんまりとした家 ② 質素[端正・素朴]である; つつましい ¶~-한 식사[~-han ʃiksʼa ~-ハン シクサ] 質素な食事 / ~-한 복장[~-han poktsʼaŋ ~-ハン ポクチャン] 端正な服装 / ~-한 생활[~-han seŋhwal ~-ハン センファル] つつましい生活 ③ こざっぱり[すっきり]している ¶~-한 얼굴[~-han ɔlgul ~-ハン オルグル] こざっぱりした顔.

조총련[朝總聯][tʃotʃhoŋnjon チョチョンニョン] 名 朝鮮総連; 朝総連.

＊조치[措置][tʃotʃhi チョチ] 名 하타 措置; 処置; 処理; =조처(措處)[tʃotʃhɔ tʃhɔhada ~ チョチョハダ] ¶응급 ~[ɯːŋgɯp(tʃʼotʃhi) ウーングプ(チョチ)] 応急処置.

＊조카[tʃokha チョカ] 名 甥ᵒᵢ **―딸**[tʼal-tʼal タルタル] 名 姪 **―며느리**[mjɔnuri ミョヌリ] 名 甥の妻 **―뻘**[pʼɔl ッポル] 名 甥・姪に当たる間柄.

조퇴[早退][tʃoːtʰwe チョートゥェ] 名 하자 早退; 早引き[け].

조품[粗品][tʃophum チョプム] 名 粗品; 粗末な品; 人に贈る品物の謙称 ¶~입니다만 받아주세요[~imnidaman padadʒusejo (チョプ)ミムニダマン パダジュセヨ] ほんの粗品ですがお受け取りください.

＊조합[組合][tʃohap チョハプ] 名 하타 ① 組合 ¶노동 (勞動) ~[nodoŋ(dʒohap) ノドン(ジョハプ)] =노조(勞組)[nodʒo ノジョ] 労働組合=労組 **―원**[(tʃohab)wɔn (チョハ)ブォン] 名 組合員 ② 〈数〉 하타 組み合わせ.

조화[弔花][tʃoːhwa チョーファ] 名 弔花.
조화[造花][tʃoːhwa チョーファ] 名 造花.
조화[造化][tʃoːhwa チョーファ] 名 ① 造化; 自然 ¶~의 묘[~e mjo ~エ ミョ] 造化の妙 / 신의 ~[ʃine ~ シネ ~] 神の造化 / 人の力ではどうすることもできない不思議[神妙] ¶무슨 ~인지[musun ~indʒi ムスン ~インジ] どうしてこうなったのか(その訳がわからない) **―(를) 부리다**[(rɯl) purida (ルル) プリダ] 慣 不可思議な変化を起こす ¶날씨가 ~[nalsʼiga ~ ナルッシガ ~] 天候が異変を起こす.

＊조화[調和][tʃohwa チョファ] 名 하자 調和; 釣り合い ¶~의 미[~e miː ~エ ミー] 調和の美 **―롭다**[ropt'a ロプタ] 形 ㅂ변 調和している; 調和

がとれている; 釣り合っている.
조회[朝會][tʃohwe チョフェ] 名 朝礼.
조회[照會][tʃoːhwe チョーフェ] 名 하他 照会; 問い合わせ ¶신원을 ~하다[ʃinwonɯl ~hada シヌォヌル ~ハダ] 身元を照会する.

족두리[tʃokt'uri チョクトゥリ] 名 礼装・伝統的婚礼でかぶる女性[新婦]の冠.

족발[足—][tʃokp'al チョクパル] 名 (食用の)牛・豚の足首.

족벌[族閥][tʃokp'ʌl チョクポル] 名 門閥 ¶~ 정치[~ dʒʌŋtʃhi ~ヂョンチ] 門閥政治.

족보[族譜][tʃokp'o チョクポ] 名 族譜; 家譜; 家系図.

족속[族屬][tʃoks'ok チョクソク] 名 ① 身内; 血縁関係の一門 ② (軽蔑の意を含んで)やから; 連中 ¶그런 돼먹지 않은 ~들[kɯrʌn twɛːmʌktʃ'i anɯn ~t'ɯl クロン トゥェーモクチ アヌン ~トゥル] そんな不逞のやから.

족자[簇子][tʃoktʃ'a チョクチャ] 名 掛け軸[物] ¶~를 걸다[~rɯl kʌːlda ~ルル コールダ] 掛け軸[物]を掛ける.

족제비[tʃoktʃ'ebi チョクチェビ] 名 〈動〉イタチ(鼬).

족족[tʃoːktʃ'ok チョクチョク] 依名 …するといつも; …するたびに; ことごとく ¶보는 ~ 잡아내라[ponɯn ~ tʃ'abanɛra ポヌン ~ チャバネラ] 見つけ次第摘み出せ/하는 ~ 실패하다[hanɯn ~ ʃilpheːhada ハヌン ~ シルペハダ] 事を着けるたびに失敗する.

족집게[tʃoktʃ'ipk'e チョクチプケ] 名 毛抜き **—같다**[gat'a ガッタ] 慣 (事の事情や秘密などを)正確に当てることのたとえ(毛抜きで正確に引き抜くようだ) **—장님**[dʒaːŋnim ジャーンニム] 名 よく当てる盲目の占い師.

족치다[tʃoktʃhida チョクチダ] 他 ① ぶん殴ってひどい目にあわせる ¶몽둥이로 사정없이 ~[moŋduŋiro saːdʒʌŋʌpʃi ~ モンドゥンイロ サージョンオプシ ~] こん棒で容赦なくぶん殴る ② 責める; 責め立てる ¶범인을 ~[pʌːminɯl ~ ポーミヌル ~] 犯人を責め立てる ③ 台無しにする ¶신세(身世)를 ~[ʃinseɯl ~ シンセルル ~] 一生を台無しにする/사업을 ~[saːʌbɯl ~ サーオブル ~] 事業をしくじる.

족탕[足湯][tʃokthaŋ チョクタン] 名 牛の足と膝裏の後ろの肉を煮詰めた汁.

족-하다[足—][tʃokhada チョクァダ] 形 여変 十分だ; 足りる ¶하나로 ~[hanaro ~ ハナロ ~] 1つで足りる **족-히**[tʃokhi チョクヒ] 副 優に; 十分に; 問題なく ¶~ 합격할 수 있다[~ hapk'jʌkhal s'u itʰa ~ ハプキョカルッス イッタ] 問題なく合格できる.

***존경**[尊敬][tʃonɡjʌŋ チョンギョン] 名 하他 尊敬 ¶~하는 이[~hanɯn i ~ハヌン イ] 尊敬する人 **—심**[ʃim シム] 名 尊敬の心.

존댓-말[尊待—][tʃondɛnmal チョンデンマル] 名 敬語[尊敬語・丁寧語]= **존대어**(尊待語)[tʃondɛʌ チョンデオ].

존속[存續][tʃonsok チョンソク] 名 하自 存続 ¶~기간[(tʃonso) k'igan ~キガン] 存続期間.

존안[尊顏][toonan チョナン] 名 尊顔; お顔[顔の尊敬語] ¶~을 뵙다[~ɯl pweːpt'a (チョナ)ヌル ペープタ] ご尊顔を拝する.

존엄[尊嚴][tʃonʌm チョノム] 名 하形 히副 尊厳 ¶법의 ~[pʌbe ~ ポベ ~] 法の尊厳.

***존재**[存在][tʃondʒɛ チョンジェ] 名 存在 ¶위대한 ~[widɛhan ~ ウィデハン ~] 偉大な存在 **—하다**[hada ハダ] 自 存在する; 存する; ある.

***존중-하다**[尊重—][tʃondʒuŋhada チョンジュンハダ] 他 尊重する; 重んじる; 尊[貴]ぶ ¶민의를 ~[minirɯl ~ ミニルル ~] 民意を尊重する.

존칭[尊稱][tʃontʃhiŋ チョンチン] 名 하他 尊称; 敬称.

존함[尊啣・尊銜][tʃonham チョンハム] 名 尊名; お名前 ¶~은 듣고 있습니다[~ɯn tɯkʰo isʰɯmnida (チョンハ)ムン トゥッコ イッスムニダ] ご尊名はうかがっております.

졸깃-졸깃[tʃolɡitʃ'olɡit チョルギッチョルギッ] 副 하形 しこしこと; 粘り気と弾力でかみごたえのあるさま ¶전복의 ~ 씹히는 맛[tʃʌnboɡe ~ ʃ'iphinɯn mat チョンボゲ ~ ッシピヌン マッ] アワビのしこしことした歯ざわり/~하다~(tʃ'olɡi)thada ~タダ] しこしこする.

***졸다**[tʃoːlda チョールダ] 自 己語幹 居眠りする; まどろむ; うとうとする ¶전차 안에서 ~[tʃʌːntʃha anesʌ ~ チ

ョーンチャ アネソ ~] 電車の中で居眠る / 졸면서 운전하다 [tʃo:lmjənsə u:ndʒənhada チョールミョンソ ウーンジョンハダ] うとうとしながら運転する.

졸다²[tʃo:lda チョールダ] 自ㄹ語幹 煮詰まる; 煮えて水分がなくなる ¶찌개가 졸았다 [tʃ'igega tʃorat'a ッチゲガ チョラッタ] なべ物が煮詰まった.

졸도[卒倒][tʃolt'o チョルト] 名ハレ自 卒倒; 昏倒ᄒᆞᆫ ¶그 자리에서 ~하였다 [kɯ tʃarieso ~hajot'a ク チャリエソ ~ハヨッタ] その場で卒倒した.

졸때기[tʃolt'ɛgi チョルッテギ] 名 ① ちっぽけ ¶~ 회사 [~ hwe:sa ~ フェーサ] ちっぽけな会社 ② ちんぴら; 駆け出し ¶~는 상대하지 않겠다 [~nɯn saŋdɛhadʒi ankʰet'a ~ヌン サンデハジ アンケッタ] ちんぴらは相手にしないぞ.

졸라-대다[tʃolladɛda チョルラデダ] 他 (しつこく)ねだる[せがむ] ¶돈을 달라고 ~ [to:nɯl tallago ~ トーヌル タルラゴ ~] お金をくれとしつこくねだる.

졸라-매다[tʃollamɛda チョルラメダ] 他 きつく締める; 締めつける ¶허리띠를 ~ [hoɾit'iɾɯl ~ ホリッティルル ~] 腰帯をぎゅっと締めつける.

졸랑-거리다[tʃollaŋgoɾida チョルランゴリダ] 自 おっちょこちょいに出しゃばる; 軽々しくふるまう ¶~거리는 성격 [~gorinɯn sɔŋk'jək ~ゴリヌン ソーンキョク] おっちょこちょいな性格.

졸렬-하다[拙劣—][tʃolljəɾhada チョルリョルハダ] 形 拙劣だ; つたない; まずい; 下手だ ¶~한 작품 [~-han tʃakpʰum ~-ハン チャクプム] つたない[拙劣な]作品.

*졸리다¹[tʃo:llida チョールリダ] 自 眠い; 眠気がさす; 眠たい ¶몹시 ~ [mo:p'ʃi ~ モープシ ~] 無性に眠い.

졸리다²[tʃollida チョルリダ] 自 ① ねだられる; せがまれる; 催促される; '조르다'「ねだる・せがむ・催促する」の受動 ¶빛에 ~ [pidʒe ~ ピジェ ~] 借金をせがまれる; 借金をせきたてられる ② (首が)絞めつけられる.

졸부[猝富][tʃolbu チョルプ] 名 (にわか)成金 ¶~가 되다 [~ga tweda ~ガ トゥェダ] にわか成金になる.

졸속[拙速][tʃols'ok チョルソク] 名 ハレ形 拙速 ¶~을 피하다 [(tʃols'og)-ɯl pʰi:hada (チョルソ)グル ピーハダ] 拙速を避ける.

졸아-들다[tʃoɾadɯlda チョラドゥルダ] 自ㄹ語幹 減っていく; 縮まる; 少なくなる; 小さくなる; 煮詰まる ¶분량이 ~ [pulljaŋi ~ プルリャンイ ~] 分量が減っていく / 된장국이 ~ [twe:ndʒaŋk'ugi ~ トゥェーンジャンクギ ~] みそ汁が煮詰まる.

졸아-붙다[tʃorabut'a チョラブッタ] 自 焦げつく; 煮詰く; 煮詰まる ¶찌개가 바짝 ~ [tʃ'igega patʃ'ak (tʃ'orabut'a) ッチゲガ パッチャク ~] お汁が焦げつく.

*졸업[卒業][tʃorəp チョロプ] 名 ハレ他 卒業 —논문 [(tʃorəm) nonmun (チョロム)ノンムン] 名 卒業論文 —생 [s'ɛŋ セン] 名 卒業生 —시험 [ʃ'ihəm シホム] 名 卒業試験 —식 [ʃ'ik シク] 名 卒業式 —장 [tʃ'aŋ チャン]・중서 [tʃ'ɯŋsə チュンソ] 名 卒業証書.

졸연-하다[猝然—][tʃorjənhada チョリョンハダ] 形 ㅓ変 卒然[率然]だ; 突然だ; 出し抜けだ; 不意だ **졸연-히** [tʃorjəni チョリョニ] 副 卒然と; 突然に; にわかに; 不意に ¶~[갑자기] 죽다 [~ [kaptʃ'agi] tʃukt'a (チョリョ)ニ[カプチャギ] チュクタ] 卒然と逝く.

졸음[tʃo:rɯm チョールム] 名 眠り ¶~운전 [~ u:ndʒən (チョール) ムーンジョン] 居眠り運転 / ~이 오다 [~i oda (チョール) ミ オダ] 眠けがさす; 眠けをもよおす.

졸이다[tʃoɾida チョリダ] 他 ① 減らす; 煮詰める; ='졸다²'の使役形 ¶생선을 ~ [sɛŋsənɯl ~ センソヌル ~] 魚を煮詰める ② 気遣う; (気を)揉む ¶마음 졸이며 기다렸다 [maɯm dʒoɾimjə kidaɾjət'a マウム ジョリミョ キダリョッタ] 気を揉みながら待った.

졸-장부[拙丈夫][tʃoltʃ'aŋbu チョルチャンプ] 名 小心者; 度量が狭く臆病ᄇᆞᆼᆼな人; 気の小さい男の卑称.

*졸졸[tʃoldʒol チョルジョル] 副 ① さらさら; ちょろちょろ ¶시냇물이 ~ 흐르다 [ʃimɛnmuɾi ~ hɯɾɯda シーネンムリ ~ フルダ] 小川がさらさら流れる ② ちょろちょろ; ぞろぞろ ¶아이들이 ~ 따라오다 [aidɯɾi ~ t'araoda アイドゥリ ~ ッタラオダ] 子供たちがぞろぞろついてくる ③ すらすら ¶책을 ~ 읽다 [tʃʰɛgɯl ~ ikt'a チェグル ~ イクタ] 本をすらすら読む.

졸지[猝地][tʃoltʃ'i チョルチ] 名 にわか; 出し抜け; 突然; 不意 ¶~의 일이

라서 놀랬다[~e i:rirasɔ no:llɛt'a ~ エ イーリラソ ノールレッタ] 突然のことなので驚いた **—에** [e エ] 副 にわかに; 出し抜けに; 突然; 急に ¶ ~ 알거지가 되다[~ algɔdʒiga tweda ~ アルゴジガ トゥェダ] にわかに無一文[裸の身]となる **—풍파**(風波)[pʰuŋpʰa プンパ] 名 (突然の風波の意で)出し抜けに起こる騒動.

좀[tʃom チョム] 名 ①〈虫〉(衣服や紙などを食う)シミ(衣魚); シミむし ¶ ~먹다[~ mɔkt'a ~ モクタ] シミがむしばむ ② 物事に少しずつ知らぬ間に損を与える物や人のたとえ **—이 쑤시다**[i s'uʃida (チョ)ミッスシダ] 慣 (何かをしたくて)むずむずする; じれったくなる.

*좀²[tʃom チョム] 副 ① ちょっと; 少し; 少々; やや; ='조금' ¶ 값이 ~ 비싸다[kapʃ'i ~ pis'ada カプシ ~ ピッサダ] ちょっと値段が高い / 오늘은 ~ 덥다[onuɾum ~ tɔ:pt'a オヌルン ~ トープタ] 今日はやや暑い ② ちょっと; しばらく; まあ ¶ ~ 생각해 보자[~ sɛŋgakʰe bodʒa ~ センガッケ ボジャ] まあ考えてみよう.

좀³[tʃo:m チョーム] 副 いかほど; どんなにか; さぞ; 大いに; よほど ¶ ~ 아팠을까[~ apʰas'ulk'a ~ アパッスルッカ] どんなにか痛かったろう.

*좀-더[tʃomdɔ チョムド] 副 もう少し; もうちょっと; もっと; 今少し ¶ ~ 놀다 가거라[~ no:lda gagoɾa ~ ノールダ ガゴラ] もう少し遊んで行け.

좀-도둑[tʃomt'oduk チョムトドゥク] 名 こそ泥 **—질**[tʃ'il チル] 名 하자 こそ泥を働くこと.

좀-되다[tʃomt'weda チョムトゥェダ] 形 みみっちい; しみったれだ ¶ 좀된 사내[tʃomt'wen sanɛ チョムトゥェンサネ] しみったれな[けちくさい]男.

좀-먹다[tʃommɔkt'a チョムモクタ] 自他 むしばむ ① [虫]が食う ¶ 좀먹은 옷[tʃommɔgun ot チョムモグノッ] むしばんだ服 ② ある物事が少しずつ害を及ぼす[損なう] ¶ 청소년의 마음을 ~-먹는 환경[tʃʰɔŋsonjone maumul ~-mɔŋnun hwaŋgjɔŋ チョンソニョネ マウムル ~-モンヌン ファンギョン] 青少年の情緒をむしばむ環境.

좀-약[—藥][tʃomnjak チョムニャク] 名 シミよけ剤(ナフタリンなど).

*좀-처럼[tʃo:mtʃʰɔɾɔm チョームチョロム] 副 めったに・なかなか(ない) = 좀체(로)[tʃo:mtʃʰe(ɾo) チョームチェ(ロ)] ¶ 이런 기회는 없다[iɾon kihwenun ~ ɔ:pt'a イロン キフェヌン(チョームチョロ)モープタ] こんな機会はめったにない.

좀팽이[tʃompʰeŋi チョムペンイ] 名 ① 体が小さくしみったれな者; 偏狭な人 ② 細々しくだらない物; がらくた.

*좁다[tʃopt'a チョプタ] 形 狭い ¶ 길이 ~[kiɾi ~ キリ ~] 道が狭い[細い] / 마음이 ~[mauɯmi ~ マウミ ~] 心が狭い **—랗다**[ɾatʰa ラッタ] 形 も変 とても狭い ¶ ~-란 길[(tʃop)t'aɾan kil ~ランキル] とても狭い[細い]道.

좁-쌀[tʃops'al チョプサル] 名 ① アワ(粟) ¶ ~밥[~bap ~バプ] アワ飯 ② 非常に小さい物や人のたとえ **—친구**[~ tʃʰingu ~ チング] 小さくて幼い友 **—영감**(令監)[ʃjo:ŋgam リョーンガム] 名 こせこせした老人; 細かいことによく小言をいう老人. 「狭くなる.

좁아-지다[tʃobadʒida チョバジダ] 自 좁히다[tʃopʰida チョピダ] 他 便役 狭める; 縮める; 絞る ¶ 간격을 ~[ka:ngjɔgul ~ カーンギョグル ~] 間隔を狭める.

종¹[tʃoŋ チョン] 名 (ニンニク・ネギなどの)芯[s] ¶ ~이 나오다[~i naoda ~イナオダ] 芯が出る.

종²[tʃoŋ チョン] 名 だいたいの推測 ='종작' ¶ ~잡다[~dʒapt'a ~ジャプタ] だいたいを推し測る.

종³[tʃo:ŋ チョーン] 名 召し使い; 使用人; 小者; 僕も ¶ ~살이[~saɾi ~サリ] 使用人暮らし.

*종[鐘][tʃo:ŋ チョーン] 名 鐘; 鈴; ベル ¶ ~을 치다[~ɯl tʃʰida ~ウル チダ] 鐘を突く[鳴らす] / ~이 울리다[~i ullida ~ イウルリダ] 鐘[ベル]が鳴る.

-종[種][tʃo:ŋ チョーン] 接尾 種; 種類 ¶ 같은 ~[katʰɯn ~ カトゥン ~] 同種 / 재래 ~[tʃɛ:ɾɛ(dʒoŋ) チェーレ(ジョン)] 在来種.

종가[宗家][tʃoŋga チョンガ] 名 宗家; 本家 = 종갓집[tʃoŋgatʃ'ip チョンガッチプ].

종결[終結][tʃoŋgjɔl チョンギョル] 名 하자 終結; しまい; 終わり ¶ 심의를 ~하다[ʃi:miɾul ~hada シーミルル ~ハダ] 審議を終結する.

*종교[宗敎][tʃoŋgjo チョンギョ] 名 宗教 **—계**[ge ゲ] 名 宗教界 **—단체**[dantʃʰe ダンチェ] 名 宗教団体.

종기[腫氣][tʃo:ŋgi チョーンギ] 名 でき

종내 　　　　　　　　　　832　　　　　　　　　　**종업원**

もの; 腫は物; おでき ¶목에 ～가 났다[moge ～ga nat'a モゲ ～ガナッタ] 首に腫れ物ができた.

종내[終乃][tʃoŋnε チョンネ] 副 ついに; 結局; とうとう; 最後まで; ＝끝내[kɯnnε ックンネ] ¶～ 오지 않았다[～ odʒi anat'a ～ オジ アナッタ] とうとう来なかった.

종-내기[種—][tʃo:ŋnεgi チョーンネギ] 名 俗 種類・系統・品種 ¶못된 ～ 같으니[mot't'wen ～ gatʰuni モットゥェン ～ ガトゥニ] できそこないの.

종-다래끼[tʃoŋdarεk'i チョンダレッキ] 名 小かご; 小さい釣りかご.

종달-새[tʃoŋdals'ε チョンダルセ] 名 〈鳥〉ヒバリ ＝**종다리**[tʃoŋdari チョンダリ].

***종래**[從來][tʃoŋnε チョンネ] 名 副 従来; 従前 ¶～의 방침대로[～e paŋtʃʰimdεro ～エ パンチムデロ] 従来の方針どおり.

종료[終了][tʃoŋnjo チョンニョ] 名 하他 終了 ¶시합 ～[ʃihap (tʃ'oŋnjo) シハプ ～] 試合終了.

***종류**[種類][tʃo:ŋnju チョーンニュ] 名 依名 種類; 種 ¶같은 ～의 책[katʰɯn ～e tʃʰεk カトゥン ～エ チェク] 同じ種類の本.

종막[終幕][tʃoŋmak チョンマク] 名 終幕; 大詰め; フィナーレ ¶～을 고하다[(tʃoŋmag)ɯl ko:hada (チョンマ)グル コーハダ] 終幕を告げる.

종말[終末][tʃoŋmal チョンマル] 名 終末; 終わり; しまい ¶～은 비참했다[(tʃoŋmar)ɯn pitʃʰamhεt'a (チョンマ)ルン ピーチャムヘッタ] 終末は悲惨だった **—론**[lon ロン] 名 〈宗〉終末論 **—처리장**[tʃʰo:ridʒaŋ チョーリジャン] 名 終末処理場.

종목[種目][tʃo:ŋmok チョーンモク] 名 種目 ¶경기 ～[kjo:ŋgi (dʒo:ŋmok)キョーンギ (ジョーンモク)] 競技種目.

종-무소식[終無消息][tʃoŋmusoʃik チョンムソシク] 名 ついに何らかの消息もないこと ¶헤어진 후 ～이다[hεodʒin hu: (tʃoŋmusoʃig)ida ヘオジン フー (チョンムソシ)ギダ] 別れた後何の便りもない.

종무-식[終務式][tʃoŋmuʃik チョンムシク] 名 仕事[御用]納め(の式). ↔'시무식'(始務式)「仕事始め(の式)」.

종반[終盤][tʃoŋban チョンバン] 名 終盤; (囲碁などで)寄せ; どん詰まり ¶～을 맞다[～ɯl mat'a (チョンバ)ヌル マッタ] 終盤を迎える.

종발[鍾鉢][tʃoŋbal チョンバル] 名 (おかずを盛る)小型の茶碗ちゃ.

종별[種別][tʃo:ŋbjəl チョーンビョル] 名 하他 種別 ¶～로 나누다[～lo nanuda ～ロ ナヌダ] 種別に分ける; 種別する.

***종사**[從事][tʃoŋsa チョンサ] 名 하自 従事 ¶농업에 ～하다[noŋəbe ～hada ノンオベ ～ハダ] 農業に従事する/교육에 ～하다[kjo:juge ～hada キョーユゲ ～ハダ] 教育に携わる.

종성[終聲][tʃoŋsəŋ チョンソン] 名 〈語〉終声; 末音; ハングルで一音節末に来る子音; ⇨'말음'(末音).

종-소리[鐘—][tʃoŋs'ori チョンソリ] 名 鐘の音.

종속[從屬][tʃoŋsok チョンソク] 名 하自 従属 ¶～적인 지위[～tʃ'ogin tʃiwi ～チョギン チウィ] 従属的な地位.

종손[宗孫][tʃoŋson チョンソン] 名 本家[宗家]の長孫.

종식[終熄][tʃoŋʃik チョンシク] 名 하自 終息 ¶분쟁이 ～했다[pundʒεŋi (tʃoŋʃi)kʰεt'a プンジェンイ ～ケッタ] 紛争が終息した.

종신[終身][tʃoŋʃin チョンシン] 名 하自 ① 終身; 生涯; 一生 ② 臨終 **—토록**[tʰorok トロク] 副 一生涯; 死ぬまで **—고용제**[gojoŋdʒe ゴヨンジェ] 名 終身雇用制 **—보험**[bo:həm ボーホム] 名 終身保険 **—연금**[njəŋgum ニョングム] 名 終身年金 **—회원**[hwe:wən フェーウォン] 名 終身会員.

종씨[宗氏][tʃoŋʃ'i チョンッシ] 名 親戚ではない同姓の人(お互いに呼ぶ語).

종아리[tʃoŋari チョンアリ] 名 ふくらはぎ; 腓ひ; 下腿かた. **—(를)맞다**[(rɯl) mat'a (ルル)マッタ] 慣 (罰として)ふくらはぎをむちで打たれる **—(를)때리다**[(rɯl)t'εrida (ルル)ッテリダ]・**—(를)치다**[(rɯl)tʃʰida (ルル)チダ] 慣 むちでふくらはぎを打つ.

종알-거리다[tʃoŋalgərida チョンアルゴリダ] 自 (不平を)ぶつぶつ言う; つぶやく; (子供や女の子などが独り言のように)何かをつぶやく.〈'중얼거리다'.

종양[腫瘍][tʃo:ŋjaŋ チョーンヤン] 名 〈医〉腫瘍しゅ.

종업[終業][tʃoŋəp チョンオプ] 名 하自他 終業 **—식**[ʃ'ik シク] 名 終業式.

종업-원[從業員][tʃoŋəbwən チョンオ

종용-하다[慫慂—][tʃoŋjoŋhada チョンヨンハダ] 他 慫慂しょうする; そばから誘う; 誘い勧める ¶ 입후보를 ~ [iphuborul ~ イプホルル ~] 立候補を慫慂する.

*__종이__[tʃoŋi チョンイ] 图 紙 ¶ ~ 한 장의 차이(差異)[~ han dʒaŋe tʃhai ~ ハン ジャンエ チャイ] 紙一重の差 **—쪽**[tʃʼok ッチョク] 图 紙切れ **종잇-장**(張)[tʃoŋitsʼaŋ チョンイッチャン] 图 紙の1枚1枚 ¶ ~ 같다[~ gatʼa ~ ガッタ] ① (紙のように)きわめて薄い ② (顔色が)血の気がなく青白い.

*__종일__[終日][tʃoŋil チョンイル] 图 副 終日; 1日中; 朝から晩まで; = '종일토록' **—토록**[tʃoŋilthorok チョンイルトロク] 종일(토록) 내리는 비[tʃoŋil(thoroŋ) nɛrinɯn pi チョンイル(トロン) ネリヌン ビ] 終日の雨.

종자[種子][tʃoŋdʒa チョンジャ] 图 ① 種子; 種 ② (比喩的 蔑さげすめて)血統; ひととなり; 人柄 ¶ 그런 못된 ~ [kɯrɔn motʼwen ~ クロン モットゥェン ~] あんなふらち者.

종작[tʃoŋdʒak チョンジャク] 图 だいたいの推測; 見当; = '종2' ¶ ~을 못 잡겠다[(tʃoŋdʒag)ɯl motʃʼapkʼetʼa (チンジャグ)ル モーッチャプケッタ] (さっぱり)見当がつかない **—없다**[(tʃoŋdʒag)ɔpt'a (チョンジャグ)ゴプタ] 图 はかり知れない; 見当がつかない; 定見がない; 要領を得ていない ¶ ~-없는 말[~-ɔːmnɯn maːl (チョンジャグ)ゴムヌン マール] 要領を得ない言葉 / ~-없는 마음[~-ɔːmnɯn maɯm ~ (チョンジャグ)ゴムヌン マウム] そぞろ心 **—없이**[(tʃoŋdʒag)ɔpʃʼi (チョンジャグ)ゴプシ] 副 定見もなく、あてど(も)なく.

종-잡다[tʃoŋdʒaptʼa チョンジャプタ] 他 だいたいを見し測る; 見当をつける ¶ ~-잡을 수 없는 말[~-dʒabɯl sʼu ɔːmnɯn maːl ~-ジャブルッスオームヌンマール] 取り留めもない[ちぐはぐな]話.

종적[蹤迹·蹤跡][tʃoŋdʒɔk チョンジョク] 图 蹤跡しょうせき; 行方 ¶ ~을 감추다[밟다][(tʃoŋdʒɔg)ɯl kamtʃhuda [paːptʼa] (チョンジョグ)グル カムチュダ [パープタ]] 姿を消す; 行方[足跡]をくらます[さがす].

종전[從前][tʃoŋdʒɔn チョンジョン] 图 従前; 以前; 今まで ¶ ~대로[~dɛro ~デロ] 従前どおり; 前のごとく.

*__종점__[終點][tʃoŋtʃʼɔm チョンチョム] 图 終点; 終着駅 ¶ 버스 ~ [bɔsɯ (dʒoŋtʃʼɔm) ボス (ジョンチョム)] バスの終点.

종종[種種][tʃoːndʒoŋ チョーンジョン] 副 時々; ときたま; たまたま; たびたび; しばしば ¶ ~ 찾아온다[~ tʃha-dʒaonda ~ チャジャオンダ] 時々訪ねて来る / ~ 비가 오다[~ piga oda ~ ビガ オダ] しばしば雨が降る.

종종-걸음[tʃoŋdʒoŋgɔrɯm チョンジョンゴルム] 图 刻み足; 小走り ¶ ~으로 달아났다[~ɯro taranatʼa ~-(ゴル)ムロ タラナッタ] 小走りに逃げ去った **—(을)치다**[(ɯl)tʃhida (チョンジョンゴルムル)チダ] 自 小走りする.

종지[tʃoŋdʒi チョンジ] 图 しょう油やトウガラシみそなどを入れてお膳ぜんにのせる小さな器 **—뼈**[pʼjɔ ッピョ] 图 膝蓋骨しつがい; 膝皿ひざさら.

종착-역[終着驛][tʃoŋtʃhaŋnjɔk チョンチャンニョク] 图 終着駅; ターミナル.

종창[腫脹][tʃoːntʃhaŋ チョーンチャン] 图 腫はれ, むくみ.

종-치다[鐘—][tʃoŋtʃhida チョンチダ] 自 ① 鐘を突く ② 万事休す; 事が成果なく終わる ¶ 그 사람의 사업도 종쳤다[kɯ saːrame saːɔptʼo tʃoŋtʃhɔtʼa ク サーラメ サーオプト チョンチョッタ] その人の事業も駄目になった.

*__종합__[綜合][tʃoŋhap チョンハプ] 图 他 綜合 ¶ ~ 잡지[~ tʃʼaptʃʼi ~ チャプチ] 綜合雑誌 **—개발**[kʼɛbal ケバル] 图 総合開発 **—경제**[kʼjɔŋdʒe キョンジェ] 图 総合経済 **—대학**[tʼɛhak テーハク] 图 総合大学 **—병원**[pʼjɔːŋwɔn ピョーンウォン] 图 総合病院 **—예술**[(tʃoŋham) neːsɯl (チョンハム) ネースル] 图 総合芸術.

종횡[縱橫][tʃoŋhweŋ チョンフェン] 图 縦横 ¶ ~으로 뻗은 철도망[~ɯro pʼɔdɯn tʃhɔltʼomaŋ ~ウロ ッポドゥン チョルトマン] 縦横に走る鉄道網 **—무진**(無盡)[mudʒin ムジン] 图 縦横無尽 ¶ ~의 대활약[~e tɛːhwarjak ~-ムジネ テーファリャク] 縦横無尽の大活躍.

*__좇다__[tʃotʼa チョッタ] 他 ① 追う ¶ 유행을 ~ [juhɛŋɯl ~ ユヘンウル ~] 流行を追う ② (後に)ついて行く ③ (大勢に)従う ¶ 여론을 ~ [jɔːronɯl ~ ヨーロヌル ~] 世論に従う ④ 服従

좇아 가다

する; 服する; (親の意志に)従う.

좇아-가다 [tʃotʃhagada チョチャガダ] 他 (後ろから)ついて行く; (人に)従う.

좇아-오다 [tʃotʃhaoda チョチャオダ] 他 (後ろから)ついて来る; 追って来る.

＊**좋다** [tʃo:tha チョーッタ] **1** 形 ① いい; よい ¶좋은 물건(物件) [tʃo:un mulgən チョーウン ムルゴン] いい品物/기분이 ~ [kibuni ~ キブニ ~] 気持ちがいい [気分が]いい[よい]/경치(景致)가 ~ [kjəŋtʃhiga ~ キョンチガ ~] 景色がよい/집안이 ~ [tʃibani ~ チバニ ~] 家柄がいい/머리가 ~ [məriga ~ モリガ ~] 頭がいい/사이가 ~ [saiga ~ サイガ ~] 仲がよい[いい]/돌아가도 ~ [toragado ~ トラガド ~] 帰ってもよろしい/염치가 ~ [jəmtʃhiga ~ ヨムチガ ~] 恥知らずだ/넉살이 ~ [nəks'ari ~ ノクサリ ~] ずうずうしい/꼴~ [k'ol~(dʒotha)] ッコル(ジョッタ)] いい面の皮だ、いいざまだ ② 好きだ ¶그 여자(女子)가 ~ [ku jədʒaga ~ ク チョジャガ ~] 彼女が好きだ ③ やすい ¶읽기 ~ [ilk'i (dʒotha) イルキ (ジョッタ)] 読みやすい **2** 感 よろしい; よし; 結構だ.

좋아-지다 [tʃo:adʒida チョーアジダ] 自 ① よくなる ¶건강이 ~ [kɔ:ngaŋi ~ コーンガンイ ~] 健康がよくなる ② 好きになる ¶산이 ~ [sani ~ サニ ~] 山が好きになる.

＊**좋아-하다** [tʃo:ahada チョーアハダ] 他 여変 ① うれしがる; 喜ぶ ¶선물(膳物)을 받고 ~ [sɔ:nmurul patk'o ~ ソーンムルル パッコ ~] 贈り物をもらってうれしがる ② 好む ¶독서를 ~ [toks'ɔrul ~ トクソルル ~] 読書を好む ③ 好きだ; 好く ¶~-하는 사람 [~-hanun sa:ram ~-ハヌン サーラム] 好きな人.

좌담 [座談] [tʃwa:dam チュアーダム] 名 하어 座談 ━회 [hwe フェ] 名 座談会.

좌상 [座上] [tʃwa:saŋ チュアーサン] 名 ① 座中; 座席上 ② 座席での頭[長].

＊**좌석** [座席・坐席] [tʃwa:sok チュアーソ ク] 名 座席; 席. ━선 [하어 座禅.

좌선 [坐禪] [tʃwa:sɔn チュアーソン] 名

좌시 [坐視] [tʃwa:ʃi チュアーシ] 名 하어 座視 ¶~할 수 없다 [~hal s'u ɔ:pt'a ~ハル ッス オープタ] 座視するに忍びない.

＊**좌우** [左右] [tʃwa:u チュアーウ] 名 他 左右 ¶左と右 ¶도로 ~에 [to:ro (dʒwa:u)e トーロ (ジュアーウ) エ] 道路の左右に ② そば; 周囲; 辺り ¶~를 살피시오 [~rul salphiʃio ~ルル サルピシオ] 辺りに気をつけなさい ③ 牛耳る ¶정치를 ~ 하다 [tʃəŋtʃhirul ~-hada チョンチルル ~ ハダ] 政治を牛耳る ④ 左翼と右翼; 左派と右派 ¶~ 합작 [~ haptʃ'ak ~ ハプチャク] 左右合作 ━(지)간 ((之)間) [(dʒi) gan (ジ)ガン] 副 とにかく; 何はともあれ ¶~ 물어보자 [~ murɔbodʒa ~ ムロボジャ] とにかく聞いてみよう.

좌우-명 [座右銘] [tʃwa:umjəŋ チュアーウミョン] 名 座右の銘.

좌익 [左翼] [tʃwa:ik チュアーイク] 名 左翼 ¶~ 단체 [~ t'antʃhe ~ タンチェ] 左翼団体 ━수 [s'u ス] 名 〈野〉 左翼手, レフト.

좌절 [挫折] [tʃwa:dʒɔl チュアージョル] 名 하자 挫折 ¶정치 운동에 ~ 하다 [tʃəŋtʃhi u:ndoŋe (tʃwa:dʒɔr) hada チョンチ ウーンドンエ ~ ハダ] 政治運動に挫折する/~감에 시달리다 [~-game ʃidallida ~ガメ シダルリダ] 挫折感にさいなまれる.

좌중 [座中] [tʃwa:dʒuŋ チュアージュン] 名 座中 ¶~을 웃기다 [~ul utk'ida ~ウル ウッキダ] 座中を笑わす.

좌지-우지 [左之右之] [tʃwa:dʒiu:dʒi チュアージウージ] 名 하어 思うままにする[牛耳る]こと; ='좌우' (左右) ¶일국의 운명을 ~ 하다 [ilguge u:nmjəŋul ~ hada イルグゲ ウーンミョンウル ~ハダ] 一国の運命を左右する.

좌천 [左遷] [tʃwa:tʃhɔn チュアーチョン] 名 하어 左遷 ¶지사로 ━되다 [tʃisaro ~dweda チサロ ~ドゥェダ] 支社に左遷される.

좌초 [坐礁] [tʃwa:tʃho チュアーチョ] 名 하어 坐礁; かく座 ¶배가 ~ 했다 [pɛga ~hɛt'a ペガ ~ヘッタ] 船が座礁[かく座]した.

좌충-우돌 [左衝右突] [tʃwa:tʃhuɲu:dol チュアーチュンウードル] 名 左右八方やたらに突きあたる[ぶつかる]こと.

좌측 [左側] [tʃwa:tʃhuk チュアーチュク] 名 左側=왼쪽 [we:ntʃ'ok ウェーンッチョク] ━통행 [thoŋhɛŋ トンヘン] 名 左側通行.

좌파 [左派] [tʃwa:pha チュアーパ] 名 左

좌판 ¶~ 진영[~ dʒi:njoŋ ~ ジーニョン] 左派陣営.

좌판[坐板] [tʃwa:pʰan チュアーパン] 名 ① 地面に敷いて座る板 ② 市場の露店の陳列台.

좌표[座標] [tʃwa:pʰjo チュアーピョ] 名 座標 ① 数 座標 ¶~를 구하다[~-rɯl kuhada ~ルル クハダ] 座標を求める ② 何かの基準 ¶~로 삼다[~ro sa:mt'a ~ロ サームタ] 座標とする.

좌-향좌[左向左] [tʃwa:hjaŋdʒwa チュアーヒャンジュア] 感 左向け左(号令).

좌-회전[左廻轉] [tʃwa:hwedʒɔn チュアーフェジョン] 名 [하][自他]左折 ¶~ 금지[~ gɯ:mdʒi ~ グームジ] 左折禁止.

좍 [tʃwa:k チュアーク] 副 [하][自] ぱっと; 広く拡がるさま ¶소문(所聞)이 ~ 퍼졌다[so:muni ~ pʰɔːdʒɔtt'a ソームニ ~ ポージョッタ] うわさがぱっと拡がった.

좍좍 [tʃwa:kts'wak チュアークチュアーク] 副 [하][自] ① じゃあじゃあ; ざあざあ ¶ 물을 ~ 뒤집어 썼다[murɯl ~ t'widʒibɔss'ɔt'a ムルル ~ トゥイジボッソッタ] 水をざあざあ(と)浴びた ② すらすら; よどみなく ¶논어를 ~ 읽어내리다[nonɔrɯl ~ ilgɔnerida ノノル ~ イルゴネリダ] 論語をよどみなくすらすらと読み下す ③ とめどなく; みるみる広く拡がるさま.

촬촬 [tʃwa:lːdʒwal チュアールジュアル] 副 [하][自] じゃあじゃあ; ざあざあ; そうそう ¶~ 흐르는 냇물[~ hɯrɯnɯn nɛːnmul ~ フルヌン ネーンムル] そうそうたる川の流れ.

***죄**[罪] [tʃwe: チュエー] 名 ① 罪; 悪行 ¶~와 벌[~ wa pɔl ~ワ ポル] 罪と罰 / ~를 범하다[~rɯl pɔːmhada ~ルル ポームハダ] 罪を犯す ② 咎가 ¶남을 속인 ~[namul sogin ~ ナムル ソギン ~] 人をだましたとが ③ 責任; 理由 ¶만아들로 태어난 ~[madadullo tʰɔnan ~ マダドゥルロ テオナン ~] 長男に生まれた責任.

죄과[罪過] [tʃwe:gwa チュエーグア] 名 罪過; 罪; 過ち ¶저지른 ~[tʃɔdʒirɯn ~ チョジルン ~] 犯した罪[過ち].

***죄다**[1] [tʃweda チュエダ] 副 何もかもすべて; すっかり; 皆; 全部 ¶~ 읽었다[~ ilgɔt'a ~ イルゴッタ] すっかり読んだ / ~ 팔렸다[~ pʰalljɔt'a ~ パルリョッタ] 皆売り切れだ.

죄다[2] [tʃwe:da チュエーダ] 他 ① 引き締める ¶고삐를 ~[kop'irul ~ コッピルル ~] 手綱を引き締める / 볼트를 ~[boltʰurul ~ ボルトゥルル ~] ボルトを締める ② (すき間を)詰める; 狭める ¶죄어 앉아라[tʃweɔ andʒara チュエオ アンジャラ] 詰めて座って ③ 気を揉む; 心を焦がす ¶마음을 ~[maumul ~ マウムル ~] 気をもむ.

죄-받다[罪-] [tʃwe:bat'a チュエーバッタ] 自 罰を受ける; 罰が当たる.

***죄송**[罪悚] [tʃwe:soŋ チュエーソン] 名 [하][形] 恐縮; 恐れ多いこと ¶~합니다만…[~hamnidaman ~ハムニダマン] 恐縮ですが; 恐れ入りますが; すみませんが; はばかりながら **—스럽다**[~surɔpt'a スロプタ] 形 [ㅂ變] 恐れ多い **—스레**[sure スレ]・**—히**[i イ] 副 恐れ多く; 恐縮に; すまなく.

죄수[罪囚] [tʃwe:su チュエース] 名 囚人 **—복**[bok ポク] 名 囚人服.

죄-스럽다[罪-] [tʃwe:surɔpt'a チュエースロプタ] 形 [ㅂ變] 恐れ多い; すまない; (どうも)申し訳ない ¶부모님을 속인 것 같아 ~[pumonimul sogin kɔt k'atʰa ~ プモニムル ソギン コッカッタ ~] 父母をだましたようですまない.

죄악[罪悪] [tʃwe:ak チュエーアク] 名 罪悪 **—감**[(tʃwe:a)k'am カム] 名 罪悪感 **—시**[ʃ'i シ] 名 [하][他] 罪悪視.

죄어-들다 [tʃwe:ɔdulda チュエーオドゥルダ] 自 [ㄹ語幹] ① 引き締まる; 食い入る; 食い込む ¶밧줄이 몸에 ~[pa:tʃ'uri mome ~ パーッチュリ モメ ~] 綱が体に食い入る ② 縮む; 縮み込む ③ (胸・息が)詰まる ¶가슴이 ~[kasumi ~ カスミ ~] 胸が詰まる.

죄이다 [tʃweida チュエイダ] 自 締めつけられる; 締まる; ='죄다'「締める」の受動 ¶나사가 꼭 죄이지 않는다[nasaga k'ok tʃ'weidʒi annɯnda ナサガ ッコク チュエイジ アンヌンダ] ねじがかたく締まらない.

죄인[罪人] [tʃwe:in チュエーイン] 名 ① 罪人 ¶~ 취급(取扱)[~ tʰwi:gɯp ~ チュイーグプ] 罪人扱い ② 父母の喪中の人が自身を指して言う語.

죄(를)-주다[罪-] [tʃwe:(rul) dʒuda [tʃuda] チュエー(ルル) ジュダ[チュダ]] 他 罰を与える; 罰する; 苦しめる.

죄-짓다[罪-] [tʃwe:dʒit'a チュエージッタ] 自 [ㅅ變] 罪を犯す ¶죄지은 놈[tʃwe:dʒiun nom チュエージウン ノム]

죄책　罪を犯した者.

죄책[罪責][tʃwe:tʃʰɛk チュエーチェク] 名 罪責 ¶〜감[(tʃwe:tʃʰɛ)k'am 〜カム] 罪責感.

***주**[主][tʃu チュ] 名 主 ① 主人; 持ち主 ② 君主 ③ 頭; 長となるもの ④〈基〉神; キリスト ¶〜 예수 그리스도[〜 je:su kʰɯrisudo 〜 イェースクリスド] 主イエスキリスト ⑤ 主; 重; 主要 ¶〜된 목적[〜dwen moktʃ'ok 〜ドゥェン モクチョク] 主たる目的.

주[株][tʃu チュ] **1** 名 株＝'주식'(株式)・주권(株券)[tʃuk'wɔn チュクォン] ¶〜를 팔아버리다[〜rɯl pʰaraborida 〜ルル パラボリダ] 株を手放す **2** 依名 株券または樹木を数える単位 ¶300〜[sambɛk (tʃ'u) サムベク 〜] 300株.

주[註][tʃu: チュー] 名 注; 注解 ¶〜를 달다[〜rɯl talda 〜ルル タルダ] 注をつける.

주[週][tʃu チュ] 名 週 ¶이번 〜[ibɔn 〜 イボン 〜] 今週／지난 〜[tʃinan 〜 チナン 〜] 先週／다음 〜[taɯm 〜 タウム 〜] 来週.

주가[株價][tʃuk'a チュカ] 名 株価 ¶평균 〜[pʰjɔŋgjun (dʒuk'a) ピョンギュン (ジュカ)] 平均株価 **—지수**[dʒisu ジス] 名 株価指数.

***주간**[週刊][tʃugan チュガン] 名 週刊 **—신문**[ʃinmun シンムン] 名 週刊新聞 **—지**[dʒi ジ] 名 週刊誌; ウィークリー.

주간[畫間][tʃugan チュガン] 名 昼間 **—인구**[ingu (チュガ)ニング] 名 昼間人口.

주거[住居][tʃu:gɔ チューゴ] 名 住居; 住まい ¶〜를 옮기다[〜rɯl omgida 〜ルル オムギダ] 住居を移転する **—하다**[hada ハダ] 自 居住する; 住む **—지**[dʒi ジ] 名 居住地[址].

주거니-받거니[tʃugɔnibatk'ɔni チュゴニバッコニ] 慣 やったりもらったり; さしつきされつ ¶술잔을 〜하다[sultʃ'anɯl 〜hada スルチャヌル 〜ハダ] 杯をやり取りする; 杯をさしつきされつする; お酒を互いに飲みつ酌めつする.

주걱[tʃugɔk チュゴク] 名 ① 飯じゃくし; しゃもじ; ＝밥주걱[paptʃ'ugɔk パプチュゴク] ② 靴べら＝구둣주걱[kudutʃ'ugɔk クドゥッチュゴク] **—턱**[tʰɔk トク] 名 しゃくれたあご.

주검[tʃugɔm チュゴム] 名 しかばね; 死体; ＝송장[so:ŋdʒaŋ ソーンジャン].

***주고-받다**[tʃugobat'a チュゴバッタ] 他 取り交わす; やり取りする ¶편지를 〜[pʰjɔndʒirɯl 〜 ピョーンジルル 〜] 手紙を取り交わす.

주관[主觀][tʃugwan チュグァン] 名 主観 **—적**[dʒɔk ジョク] 名冠 主観的 ¶〜 판단[〜 pʰandan 〜 パンダン] 主観的(な)判断.

***주권**[主權][tʃuk'wɔn チュクォン] 名 主権 **—국**[guk グク] 名 主権国 **—자**[dʒa ジャ] 名 主権者.「そばかす.

주근-깨[tʃugɯnk'ɛ チュグンッケ] 名

주년[周年・週年][tʃunjɔn チュニョン] 名 依名 周年 ¶1〜[il (tʃ'unjɔn) イル 〜] 1周年.

주눅[tʃu:nuk チューヌク] 名 いじけること; 気後れ **—들다**[t'ɯlda トゥルダ] 自 己語幹 いじける; 縮こまる; 臆する ¶〜든 사람[태도]〜t'ɯn saːram [tʰɛ:do] 〜トゥン サーラム [テード] いじけした人[態度] ／ 〜들게 하다[〜 t'ɯlge hada 〜トゥルゲ ハダ] いじけさせる **—좋다**[tʃ'otʰa チョッタ] 形 臆面もない; 厚かましい; ずうずうしい ¶그는 누구앞에서나 〜[kɯnɯn nuguapʰesɔna 〜 クヌン ヌグ アペソナ 〜] 彼は誰の前に出ても悪びれたところがない [気後れしない].「ジュニア.

주니어[dʒunio ジュニオ] 名 junior

***주다**[tʃuda チュダ] 他 ① 与える; やる ¶희망을 〜[himaŋɯl 〜 ヒマンウル 〜] 希望を与える／상을 〜[saŋɯl 〜 サンウル 〜] 褒美をあげる／수당을 〜[sudaŋɯl 〜 スダンウル 〜] 手当を給する／손해를 〜[soːnhɛrɯl 〜 ソーンヘルル 〜] 損害を与える／창피를 〜[tʃʰaŋpʰirɯl 〜 チャンピルル 〜] 恥をかかす／시선[눈길]을 〜[ʃisɔnɯl [nunk'irɯl] 〜 シソヌル [ヌンキルル] 〜] 視線を向ける／마음을 〜[maɯmɯl 〜 マウムル 〜] 心を許す ② くれる; あげる; やる ¶그가 나에게 준 책[kɯga naege tʃun tʃʰɛk チュン チェク] 彼が私にくれた本／내가 그녀에게 준 책[nɛga kɯnjɔege tʃun tʃʰɛk ネガ クニョエゲ チュン チェク] 私が彼女にあげた本.

***주다**[2][dʒuda ジュダ] 補動 …(して)やる; くれる ¶읽어〜[ilgo〜 イルゴ〜] 読んでやる／때려〜[t'ɛrjo〜 ッテリョ〜] 殴ってやる／가르쳐〜[karɯtʃʰo

~ カルチョ~] 教えてやる / 편지를 써~[pʰjəːndʒirul sʼəː~ ピョーンジルルッソ~] 手紙を書いてやる[くれる].

주단[紬緞][tʃudan チュダン] 名 絹織物の総称.

주단[綢緞][tʃudan チュダン] 名「の絹織物.

주도[主導][tʃudo チュド] 名 하他 主導 **—권**[kʼwən クォン] 名 主導権.

주도[周到][tʃudo チュド] 名 하他 周到 ¶용의 ~[joːŋi (dʒudo) ヨーニイ (ジュド)] 用意周到.

*주-**된**[主-][tʃudwen チュドゥェン] 形 おもな; 主たる ¶~ 인물[~ inmul ~ インムル] おもな人物.

주둥아리[tʃuduŋari チュドゥンアリ] 名 俗 ① 口 ¶함부로 ~를 놀리다[hamburo ~rul nollida ハンブロ ~ルル ノルリダ] つまらないことをしゃべる; 軽々しく口を叩たく / ~만 까다[~-man kʼada ~マン ッカダ] 口先ばかりで行動が伴わない ② 鳥のくちばし.

주둥이[tʃuduŋi チュドゥンイ] 名 俗 口; くちばし; =‘주둥아리’ **—싸다**[sʼada ッサダ] 形 慣 口軽い; おしゃべりだ ¶~(가) 싼 것이 탈이다[~ (ga) sʼaŋəsi tʰaːrida ~(カ) ッサンゴシ ターリダ] 口の軽いのが問題だ.

주량[酒量][tʃurjaŋ チュリャン] 名 酒量 ¶~이 늘다[줄다][~i nulda[tʃuːlda] ~イ ヌルダ[チュールダ]] 酒量がふえる[減る].

주렁-주렁[tʃurəŋdʒurəŋ チュロンジュロン] 副 하形 ① ふさふさ; 鈴なりに ¶감이 ~ 열려 있다[kaːmi ~ jəllja itʼa カーミ ~ ヨルリョ イッタ] 柿の実が鈴なりになっている ② ぞろぞろ, ぞろりと ¶아이가 ~ 딸린 과부[aiga ~ tʼallin kwaːbu アイガ ~ ッタルリン クァーブ] ぞろりとこぶつきのやもめ.

주력[注力][tʃuːrjək チューリョク] 名 하自 力を傾ける[注ぐ]こと ¶공부에 ~하다[kəŋbue (tʃurjə)kʰada コンブエ ~カダ] 勉強に力を注ぐ.

주례[主禮][tʃure チュレ] 名 하自他 婚礼の主宰者; 媒酌人 ¶결혼식의 ~를 서다[kjərhonʃige ~rul səda キョルホンシゲ ~ルル ソダ] 婚礼の主宰をする; 媒酌をする **—사**(辭)[sa サ] 名 (結婚式で) 主宰者が述べる祝辞.

*주로[主—][tʃuro チュロ] 副 主に; 主として; 多くは ¶~ 아이들이 모인다[~ aiduri moinda ~ アイドゥリ モインダ] 主に子供らが集まる.

주룩[tʃuruk チュルク] 副 ちょろっ ¶수돗물이 ~하고 나오다[sudonmuri (tʃuru)kʰago naoda スドンムリ ~カゴ ナオダ] 水道の水がちょろっと出る **—주룩**[tʃʼuruk チュルク] 副 ざあざあ ¶~ 비가 오다[~ pʼiga oda ~ ピガオダ] ざあざあと雨が降る.

주류[主流][tʃurju チュリュ] 名 主流; 川の主な流れ; 本流 ¶한강의 ~[haːngaŋe ~ ハーンガンエ ~] 漢江の主流 **—파**[pʰa パ] 名 主流派.

주르르[tʃururu チュルル] 副 ① すうっと; ぱたぱた ¶~ 달려가다[~ talljəgada タルリョガダ] ぱたぱたかけて行く ② じゃあ ¶물이 ~ 새다[muri ~ sɛːda ムリ ~ セーダ] 水がじゃあとぬれる ③ ほろほろ; するり; つるり ¶~ 미끄러지다[~ mikʼurədʒida ~ ミックロジダ] つるりと滑る.

주르륵[tʃururuk チュルルク] 副 하自他 ① じゃあっと; たらたら ¶땀이 ~ 흐르다[tʼami (tʃururu) kʰuruda ッタミ ~ クルダ] 汗がたらたら流れ落ちる ② するっと; つるっと ¶차가 ~ 미끄러지다[tʃʰaga (tʃururuŋ) mikʼurədʒida チャガ (チュルルン) ミックロジダ] 車がするっと滑る.

*주름[tʃurum チュルム] 名 ① しわ ¶~을 펴다[~ul pʰjəda (チュル)ムル ピョダ] 湯のしをかける; しわをなくす ② (衣服の) ひだ; 折り目 ¶스커트의 ~[sukʰəːtʰue ~ スコートゥエ ~] スカートのひだ **—잡다**[dʒapta ジャプタ] 他 ① ひだをとる; 折り目をつける ② 牛耳る ¶정계를 ~[tʃəŋgerul ~ チョンゲルル ~] 政界を牛耳る **—(이)잡히다**[(i)dʒaphida (チュルミ)ジャプピダ] 自 しわが寄る; ひだがつく **—(이)지다**[(i)dʒida (チュルミ)ジダ] 自 しわになる ¶피부가 ~[pʰibuga ~ ピブガ ~] 皮膚がしわむ.

주름-살[tʃurumsʼal チュルムッサル] 名 しわの寄った筋[肌] ¶손에도 ~이 많다[soneːdo (tʃurumsʼar)i maːntʰa ソネド (チュルムッサリ) マーンタ] 手にもしわが多い **—잡다**[dʒapta ジャプタ] 他 (スカートなどの) ひだをつける **—(이)잡히다**[(tʃurumsʼari) dʒaphida (チュルムッサリ) ジャプピダ] 自 しわ[ひだ]が寄る; しわむ ¶옷에 ~[ose ~ オセ ~] 服にしわが寄る **—지다**[dʒi-

주리다 [tʃu:rida チューリダ] 自他 飢える; かつえる; ひもじくなる; 不足・欠乏を感じる ¶ 농민이 굶~ [noŋmini ku:m (dʒurida) ノンミニ クーム(ジュリダ)] 農民が飢える / 애정에 주린 고아 [ɛ:dʒoŋe tʃu:rin koa エージョンエ チューリン コア] 愛情に飢えた孤児.

주막 [酒幕] [tʃumak チュマク] 名 (田舎の)宿屋つきの居酒屋 ━거리 [k'ori コリ] 名 旅籠屋などの通り; 飲み屋通り.

주말 [週末] [tʃumal チュマル] 名 週末; ウイークエンド ━여행 [ljəhɛŋ リョヘン] 名 週末旅行.

*주머니 [tʃumoni チュモニ] 名 ① 財布; 巾着; 袋 ¶ ~ 돈 ~ [toːn (tʃ'umoni) トーン ~] 銭入れ; 財布 ② ポケット, 懐, (転じて)所持金 ¶ ~ 사정(事情) [~ sa:dʒoŋ ~ サージョン] 懐ぐあい / ~가 비다 [든든하다] [~ga pi:da [tundunhada] ~ガ ピーダ [トゥンドゥンハダ]] 懐が寒い [暖かい] ③ 伝統的・風俗的なチュモニ ━돈 [don ドン] 名 巾着のお金; 持ち合わせのお金; ポケットマネー ━밑천 [mitʃʰən ミッチョン] 名 何かのときの用意に財布に入れておくお金; 緊急用のお金 ¶ ~까지 털어서 산 책 [~k'adʒi tʰərəsə san tʃʰɛk ~ッカジ トロソ サン チェク] 緊急用の金まではたいて買った本.

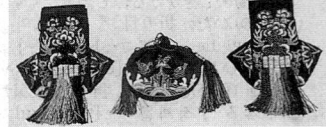

風俗的な '주머니'

주먹 [tʃumək チュモク] 名 こぶし; 握りこぶし; げんこつ ¶ ~을 쥐다 [(tʃumɔg)ul tʃwi:da (チュモ)グル チュイーダ] こぶしを固める [握る] / ~을 먹이다 [(tʃumɔg)ul mɔgida (チュモ)グル モギダ] げんこつ [鉄拳] を食らわす ━구구(九九) [(tʃumɔ)k'ugu ククグ] 名 ① 指折りの計算 ② 大まかな計算 ━다짐 [t'adʒim タジム] 名 해自 ① 腕力沙汰 ② 力ずくで脅かしつけること ━밥 [p'ap パプ] 名 握り飯; お結び; おにぎり ━질 [tʃ'il チル] 名 해自 げんこつで殴ったりこぶしを振り回したり, 後ろで悪口を言うこと ━코 [kʰo コ] 名 だんご鼻.

주모-자 [主謀者] [tʃumodʒa チュモジャ] 名 主謀者.

주목 [朱木] [tʃumok チュモク] 名 〈植〉イチイ(櫟・一位); アララギ(蘭)

*주목 [注目] [tʃu:mok チューモク] 名 해他 注目 ¶ ~을 끌다 [(tʃu:mog)ul k'u:lda (チューモ)グル ックールダ] (注)目を引く / ~을 받다 [(tʃu:mog)ul pat'a (チューモ)グル パッタ] 注目を浴びる / ~할만 하다 [(tʃu:mo)l kʰalman hada ~カルマン ハダ] 注目に値する.

주무르다 [tʃumurɯda チュムルダ] 他 三変 ① こする; いじくる ¶ 시계를 ~ [ʃigerul ~ シゲルル ~] 時計をいじくり回す ② 揉む; あんまする ¶ 어깨를 ~ [ɔk'erul ~ オッケルル ~] 肩をもむ ③ 牛耳る; 丸め込む; 操る ¶ 당을 ~ [taŋul ~ ダンウル ~] 党を牛耳る / 잘 주물러서 승낙시키다 [tʃal dʒumullɔsɔ suŋnakʃ'ikʰida チャル ジュムルロソ スンナクシキダ] よく丸め込んで承諾させる ④ (小麦粉を)こねる.

*주무시다 [tʃumuʃida チュムシダ] 自 お休みになる = '자다' 「眠る・寝る」の尊敬語 ¶ 안녕히 주무세요 [annjəŋi tʃumuseɔ アンニョンイ チュムセヨ] お休みみなさい.

*주문 [注文] [tʃu:mun チューム ン] 名 해他 注文; あつらえ ¶ ~품 [~pʰum ~プム] 注文品 / 하신 물품(物品) [~haʃin mulpʰum ~ハシン ムルプム] 御用命の品.

주문 [呪文] [tʃu:mun チューム ン] 名 呪文 ¶ ~을 외다 [~ul we:da (チューム) ヌル ウェーダ] 呪文を唱える.

주물 [鋳物] [tʃu:mul チューム ル] 名 鋳物 ¶ ~공(工) [~goŋ ~ゴン] 鋳物師; 鋳物職人 / ~가마 [~ gama ~ ガマ] 鋳物の釜 / ~ 공장 [~ goŋdʒaŋ ~ ゴンジャン] 鋳物工場.

주물럭-거리다 [tʃumullɔk'ɔrida チュムルロクコリダ] 他 (物を指で)いじくり回す; (練り粉を)こねくり回す; (洗濯物・薬味をしみこませ軟らかくするため)焼き肉を)もむ.

*주민 [住民] [tʃu:min チューミン] 名 住民 ━등록 [duŋnok ドゥンノク] 名 住民登録 ━세 [se セ] 名 住民税.

주밀 [周密] [tʃu:mil チューミル] 名 해形 해副 周密; 綿密; 周到 ¶ ~한 관찰 [(tʃu:mir)han kwantʃʰal ~ハン クァンチャル] 周密な観察.

주발[周鉢][tʃubal チュバル] 名 (真鍮製の)ご飯用の碗 **—대접**[dɛːdʑɔp デージョプ] 名 (真鍮製の)ご飯用の碗と汁用の平碗.

주방[廚房][tʃubaŋ チュバン] 名 台所; 厨房ちゅう; くりや; 調理場; キッチン ¶ ~장[~dʑaŋ ~ジャン] コック長.

주벽[酒癖][tʃubjɔk チュビョク] 名 酒癖 ¶~이 나쁘다[(tʃubjɔŋ)i napˈuda (チュビョ)ギ ナプッダ] 酒癖が悪い.

*주변[tʃuːbjɔn チュービョン] 名 やり繰り; 甲斐性しょう; 要領; 融通性 ¶~이 없다[~i ɔpˈtˈa ~イ オプッタ] 甲斐性がない; 要領が悪い; 融通がきかない **—머리**[mɔri モリ] 名 やり繰り算段; 甲斐性; ='주변'の俗っぽい語.

주변[周邊][tʃubjɔn チュビョン] 名 周辺 ¶도시의 ~[toʃie ~ トシエ ~] 都市の周辺.

*주부[主婦][tʃubu チュブ] 名 主婦 ¶전업 ~[tʃɔːnɔp (tʃˈubu) チョーノプ ~] 専業主婦.

주빈[主賓][tʃubin チュビン] 名 主賓; 主客 ¶~의 축사[~e tʃʰukˈsˈa (チュビ)ネ チュクサ] 主賓の祝辞.

주뼛-하다[tʃupˈjɔtʰada チュッピョッタダ] 形 여변 ① (先が尖っている ¶~-한 입[~tʰan nip ~タン ニプ] 尖った口先 ② (身の毛がよだって)ぞっとする ¶머리카락이 지금도 ~[mɔrikʰaragi tʃigumdo ~ モリカラギ チグムド ~] 今もぞっとする **卒뼛-주뼛**[tʃˈupˈjɔtʃˈupˈjɔt チュッピョッチュッピョッ] 副 여하 ① しきりに尖らせるさま ¶입술을 — 내밀다[ipsˈurɯl ~(tʃˈupˈjɔn) nɛːmilda イプスルル ~(チュッピョン) ネーミルダ] 口先をつんと尖らす ② こわごわ; 恐る恐る ¶머리카락이 ~ 곤두서다[mɔrikʰaragi ~ kˈondusɔda モリカラギ ~ コンドゥソダ] 身の毛がよだつ ③ おずおず ¶~-하며 묻다[~-(tʃˈupˈjɔt)ʰamjɔ muːtˈa ~タミョ ムーッタ] おずおずと尋ねる.

*주사[注射][tʃuːsa チューサ] 名 他 注射 ¶~를 놓다[맞다][~rɯl notʰa[matˈa] ~ルル ノッタ[マッタ]] 注射する; 注射を打つ[打ってもらう].

주사위[tʃusawi チュサウィ] 名 さい; さいころ ¶~는 던져졌다[~nɯn tɔndʑɔdʑɔtʃˈa ~ヌン トンジョジョッチャ] さいは投げられた; いったん事を始めたからにはあとへは引けない(古代ローマの武将カエサルの故事から).

주색[酒色][tʃusɛk チュセク] 名 酒色; 酒と女 ¶~에 빠지다[(tʃusɛŋ)e pˈaːdʑida (チュセ)ゲッパジダ] 酒色にふける **—잡기**(雜技)[tʃˈapkˈi チャプキ] 名 酒色とばくち; 飲む打つ買う.

주석[朱錫][tʃusɔk チュソク] 名 錫すず.

주석[註釋][tʃuːsɔk チューソク] 名 하他 注釈; 注解 ¶~을 달다[(tʃuːsɔŋ)ɯl taːlda (チューソ)グル タールダ] 注釈をつける.

주선[周旋][tʃusɔn チュソン] 名 周旋; 斡旋あっ; 取り持ち ¶친구의 ~으로[tʃʰingue ~uro チングエ (チュソ)ヌロ] 友人の取り持ちで **—하다**[hada ハダ] 他 周旋する; 取り持つ ¶일자리를 ~[iːltʃˈarirɯl ~ イールチャリルル ~] 勤め口を周旋する.

주섬-주섬[tʃusɔmdʑusɔm チュソムジュソム] 副 하他 1つ1つ; 1枚1枚 ¶~ 거두어 모으다[~ kɔduɔ mouda ~ コドゥオ モウダ] 1つ1つ取り集める / ~ 주워 모으다[~ tʃuwɔ mouda ~ チュウォ モウダ] 1枚1枚拾い集める.

*주소[住所][tʃuːso チューソ] 名 住所; 居所 ¶현~[hjɔːn (dʑuso) ヒョーン(ジュソ)] 現住所.

주술[呪術][tʃuːsul チュースル] 名 呪術 じゅつ; 呪まじい; ~을 외다[(tʃuːsur)ɯl weːda (チュース)ルル ウェーダ] お呪いをする **—사**[saˈ サ] 名 呪い師.

*주스[dʑuːsɯ ジュース] juice 名 ジュース ¶레몬 ~[remon ~ レモン ~] レモンジュース.

주시[注視][tʃuːʃi チューシ] 名 注視; 注目 **—하다**[hada ハダ] 他 注視する; 見詰める ¶정세를 ~[tʃɔŋserul ~ チョンセルル ~] 情勢を注視する.

주식[主食][tʃuːʃik チューシク] 名 主食 ¶쌀을 ~으로 하다[sˈarul (tʃuʃig)uro hada ッサルル (チュシ)グロ ハダ] 米を主食とする.

주식[株式][tʃuʃik チュシク] 名 株式; 株 **—시세**(市勢)[ʃˈise シセ] 名 株式相場 **—시장**[ʃˈiːdʑaŋ シージャン] 名 株式市場 **—회사**[(tʃuʃi) kʰweːsa ~ クェーサ] 名 株式会社. 「昼飯.

주식[晝食][tʃuʃik チュシク] 名 昼食;

주안-상[酒案床][tʃuansˈaŋ チュアンサン] 名 酒と肴さかなの膳立だてて; 酒肴と膳.

주야[晝夜][tʃuja チュヤ] 名 昼夜; 日夜 ¶~를 가리지 않고 일하다[~-rul karidʒi ankʰo irrhada ~ルル カリジ アンコ イールハダ] 昼夜を分かたず に働く.

*****주어-지다**[tʃuɔdʒida チュオジダ] 自 受動 (前提などが)与えられる; 備えられる; 提示される ¶주어진 조건하에…[tʃuɔdʒin tʃok'ɔnhae チュオジン チョコンハエ] 与えられた条件のもとに.

주역[主役][tʃujɔk チュヨク] 名 主役; 立て役 ¶~을 맡다[(tʃujɔg)ul mat'a (チュヨ)グル マッタ] 主役を演ずる.

주연[主演][tʃujɔn チュヨン] 名 自他 主演 ¶~ 배우[~ bɛu ~ ベウ] 主演俳優.

주연[酒宴][tʃujɔn チュヨン] 名 酒宴; 酒盛り ¶~을 베풀다[~ul pepʰulda (チュヨ)ヌル ペプルダ] 酒宴を張る.

주옥[珠玉][tʃuok チュオク] 名 珠玉 ¶~ 같은 작품[(tʃuok)k'atʰɯn tʃakpʰum ~ カトゥン チャクプム] 珠玉のような作品.

*****주요**[主要][tʃujo チュヨ] 名 하形 主要 ¶~한 내용[~han nɛ:joŋ ~ハンネーヨン] 主要な内容.

주워-내다[tʃuwɔnɛda チュウォネダ] 他 拾い出す ¶돌을 ~[to:rul ~ トールル ~] 石を拾い出す.

주워-담다[tʃuwɔdamt'a チュウォダムタ] 他 拾い入れる ¶휴지를 ~[hjudʒirul ~ ヒュジルル ~] 紙くずを拾って(ごみ箱に)入れる.

주워-대다[tʃuwɔdɛda チュウォデダ] 他 (言い訳やうそなどを)並べ立てる ¶거짓말을 ~[kɔdʒinmarul ~ コージンマルル ~] うそ八百を並べ立てる.

주워-듣다[tʃuwɔdɯtt'a チュウォドッタ] 他 ㄷ変 聞きかじる; 小耳に挟む ¶~-들은 이야기[~-dɯrɯn nijagi ~-ドゥルン ニヤギ] 聞きかじった[小耳に挟んだ]話.

주워-먹다[tʃuwɔmɔkt'a チュウォモクタ] 他 拾って食べる; あさって食う ¶밤을 ~[pa:mul ~ パームル ~] クリを拾って食べる.

주워-섬기다[tʃuwɔsɔmgida チュウォソムギダ] 他 (見聞きしたことを)次々と並べ立てる; 枚挙する; まくし立てる.

*****주위**[周圍][tʃuwi チュイ] 名 周囲; 周り ¶~를 돌다[~ul to:lda ~ルル トールダ] 周囲を回る.

주유[注油][tʃu:ju チューユ] 名 하自 注油 ¶차에 ~하다[tʃʰae ~hada チャエ ~ハダ] 車に注油する ─**소**[so ソ] 名 ガソリンスタンド.

*****주의**[主義][tʃui チュイ] 名 主義; イズム(ism) ¶민주 ~[mindʒu (dʒui) ミンジュ(ジュイ)] 民主主義.

*****주의**[注意][tʃu:i チューイ] 名 注意 ¶~를 끌다[~rul k'ɯ:lda ~ルル ックールダ] (人の)注意を引く ─**하다**[hada ハダ] 自他 注意する; 気をつける ¶소매치기에 ~[somɛtʃʰigie ~ ソメチギエ ~] すりに用心する.

*****주인**[主人][tʃuin チュイン] 名 主人; 主・あるじ ¶집 ~[tʃip (tʃ'uin) チプ~] 家の(持ち)主 / 바깥 ~[pak'at (tʃ'uin) パッカッ ~] 男の主人; 旦那ダ\nさん / 안~ [an (tʃ'uin) アン~] 奥さん / 생선 가게 ~[sɛŋsɔn ga:ge ~ センソン ガーゲ ~] 魚屋の主人 / 양반[~nja:ŋban ~ ニャーンバン] ご主人 / 우리집 ~[uridʒip (tʃ'uin) ウリジプ ~] うちの主人 ─**공**[goŋ ゴン] 名 主人公 ─**댁**(宅)[t'ɛk テク] 名 ① 主人の家に対する尊敬語; ご主人宅 ② 奥さま ─**장**(丈)[dʒaŋ ジャン] 名 主人の尊敬語; ご主人さま; 旦那さま.

주일[主日][tʃuil チュイル] 名 〈基〉主の日; 日曜日; = ─**날**[lal ラル] ¶~예배[~ le:bɛ ~ レーベ] 主の日の礼拝 ─**학교**[(tʃuir) hak'jo ~ ハクキョ] 名 日曜学校; (青少年の宗教教育のため)日曜日に開く学校.

*****주일**[週日][tʃuil チュイル] 名 依名 週日; 週; 1週間; ウイークデー.

주입-식[注入式][tʃu:ipʃ'ik チューイプシク] 名 注入式; 詰め込み(方式) ¶~교육[~-(ʃ'i) k'jo:juk ~ キョーユク] 詰め込み教育.

*****주장**[主張][tʃudʒaŋ チュジャン] 名 主張 ─**하다**[hada ハダ] 主張する; 申し立てる; 言い張る ¶권리를 ~[kwɔllirul ~ クォルリルル ~] 権利を主張する ─**삼다**[samt'a サムタ] 他 ① (何かを)主とする ¶도리를 ~[to:rirul ~ トーリルル ~] 道理を重んずる ② (何かを)言い張る.

주장[主將][tʃudʒaŋ チュジャン] 名 主将 ¶유도부의 ~[ju:dobue ~ ユードブエ ~] 柔道部の主将.

주재[主宰][tʃudʒɛ チュジェ] 名 하他 主宰 ¶모임을 ~하다[moimul ~-

주재[tsu:dʒɛ チュージェ] 图 하自 駐在 **—국**[guk グク] 图 駐在国.

***주저**[躊躇][tʃudʒɔ チュジョ] 图 ちゅうちょ ¶ —없이[~ɔpʃ'i オプシ] ちゅうちょなく **—하다**[hada ハダ] 自他 ちゅうちょする; ためらう; 渋る ¶고백(告白)하기를 ~ [ko:bɛkʰagirɯl ~ コーベクカギルル~] 打ち明けるのをためらう **—주저-하다** [dʒudʒɔhada ジュジョハダ] 自他 ぐずぐず・まごまごする.

***주저-앉다**[tʃudʒɔant'a チュジョアンタ] 自 ① 座り込む ¶털썩 ~[tʰɔlsɔk(tʃ'ud dʒɔant'a) トルソク~] べたり[ぺたん]と座る (疲れて)くずおれる ¶풀썩 ~ [pʰulsɔk (tʃ'udʒɔant'a) プルッソク~] へなへなとくずおれる[崩れる] ③ 崩れる ¶지붕이 ~ [tʃibuɲi ~ チブンイ ~] 屋根が崩れる[落ち込む] ④ 中途で止める; 放棄する ¶~-앉지 말고 끝까지 버텨라[~-antʃ'ima:lgo k'ɯtk'adʒi potʰjɔra ~-アンチ マールゴックッカジ ポティョラ] 中途で止めずに最後までがんばりなさい.

주저-앉히다[tʃudʒɔantʃʰida チュジョアンチダ] 他 ① 座らせる; 座り込ませる;='주저앉다'의 使役形 ② (底を)へこませる ③ (仕事を)中途で放棄させる.

주전-거리다[tʃudʒɔngɔrida チュジョンゴリダ] 他 しきりに間食する=**주전부리 하다**[tʃudʒɔnburi hada チュジョンブリ ハダ]

***주전-자**[酒煎子][tʃudʒɔndʒa チュジョンジャ] 图 やかん; 湯沸かし.

주접-들다[tʃudʒɔpt'ulda チュジョプトゥルダ] 自 ㄹ語幹 ① (病気がちで)発育の悪い; 生気がなくなる ¶~-든 아이[~-t'ɯn ai ~-トゥン アイ] 発育の悪い子供 ② 暮らしが貧しくなる.

주접-떨다[tʃudʒɔpt'ɔlda チュジョプトルダ] 自 ㄹ語幹 食い意地を張る; (食べ物に)がつがつする; 意地汚く欲張る.

주접-스럽다[tʃudʒɔps'ɯrɔpt'a チュジョプスロプタ] 形 ㅂ変 ① 食い意地が汚い; 欲張って汚らしい ¶음식에 ~[ɯ:mʃige ~ ウームシゲ~] 食い物に張っている; がつがつ食べる ② (くだらない物にまで)欲張ってふしだらだ **주접-스레**[tʃudʒɔps'ɯre チュジョプスレ] 副 食い意地汚く.

주정[酒酊][tʃudʒɔŋ チュジョン] 图 하自 (酔っぱらって)管を巻くこと; 酒癖の悪いこと; 酒乱 ¶~을 부리다[~-ɯl purid ~ウルプリダ] 酔って管を巻く **—꾼**[k'un ックン] 图 酔っぱらい; 酔いどれ **—뱅이**[bɛɲi ベンイ] 侮 酒癖が悪い人.

주제[tʃudʒe チュジェ] 图 (粗末な)身なり; 格好; 身の程 ¶자기 ~도 모르고 날뛴다[tʃagi ~do morugo nalt'winda チャギ ~ド モルゴ ナルットゥィンダ] 身のほども知らないでしゃばる **—에**[e エ] 副 …(の)くせに ¶돈도 없는 ~ 큰 소리만 친다[to:ndo ɔ:mnɯn ~ kʰunsoriman tʃʰinda トンド オームヌン ~ クンソリマン チンダ] 金もないくせに大きなことを言う **—넘다**[nɔmt'a ノムタ] 形 生意気だ; おこがましい; 身のほど知らずだ ¶~-넘은 소리를 하다[~-nɔmun sorirul hada ~-ノムン ソリルル ハダ] 生意気な[差し出がましい]口をきく / ~-넘은 말입니다마는…[~-nɔmun ma:rimnidamanun ~-ノムン マーリムニダマヌン] おこがましい話ですが… **—사납다**[sanapt'a サナプタ] 形 ㅂ変 (身なりが)粗末でみすぼらしい; 見苦しい; 不格好だ, みっともない.

주제[主題][tʃudʒe チュジェ] 图 主題; テーマ ¶세미나의 ~[seminae ~ セミナエ~] ゼミナールの主題 **—가**[ga ガ] 图 主題歌; テーマソング **—음악**[ɯmak ウマク] 图 主題音楽; テーマミュージック.

***주차**[駐車][tʃu:tʃʰa チューチャ] 图 하自他 駐車; パーキング ¶~ 금지[~ gɯ:mdʒi ~ グームジ] 駐車禁止 **—장**[dʒaŋ ジャン] 图 駐車場.

주책[tʃutʃʰɛk チュチェク] 图 しっかりした考え; 定見; 分別 **—망나니**[(tʃutʰɛŋ) maŋnani (チュチェン)マンナニ] 图 非常識で分別のないならず者 **—바가지**[p'agadʒi パガジ] 图 無定見で軽薄な人 **—떨다**[부리다][t'ɔlda[p'urida] ットルダ[プリダ]] 他 無定見で軽薄に[いやらしく]ふるまう **—없다**[(tʃutʃʰeg)ɔpt'a (チュチェ)オプタ] 形 無定見だ; 見境がない; いやらしく女の子をかまう **—없이**[(tʃutʃʰeg)ɔpʃ'i (チュチェ)ゴプシ] 副 無定見に; 下品でみだりに[いやらしく] ¶~ 굴다[~ku:lda ~クールダ] 下品でいやらしくふるまう **—이다**[(tʃutʃʰeg)ida (チュチェ)ギダ] 形 ='주책없다'.

주체 [tʃutʃʰe チュチェ] 名 하他 手に負えないこと ¶더위를 ~하지 못하다 [tɔwirul ~hadʒi moːtʰada トウィル ル ~ハジ モータダ] 暑さにまいる/~할 수 없이 많은 돈 [~hal suːɔpʃi maːnɯn toːn ~ハル ッス オープシ マーヌン トーン] 手に余るほどある金 **—스럽다** [suɾɔptɕ'a スロプタ] 形 ㅂ변 煩わしい; 手に負えない; 手に余る; やっかいだ ¶~-스러워하다 [~-surɔwɔhada ~-スロウォハダ] 持て余す **—(를) 못하다** [(rɯl) moːtʰada (ル) モータダ] 慣 持て余す; てこずる; 手を焼く ¶일이 밀려 ~ [iːri milljɔ ~ イーリ ミルリョ ~] 仕事がたまっててこずる **주쳇-덩어리** [tʃutʃʰetɔŋɔri チュチェットンオリ] 名 やっかい者.

***주체** [主體][tʃutʃʰe チュチェ] 名 主体 ¶학생을 ~로 한 수업 [haksʼeŋul ~ro han suɔp ハクセンウル ~ロ ハン スオプ] 生徒を主体とした授業 **—사상** [saːsaŋ サーサン] 名 チュチェ思想(朝鮮民主主義人民共和国の思想原理) **—성** [sɔŋ ソン] 名 主体性.

주최 [主催][tʃutʃʰwe チュチェ] 名 하他 主催 ¶~-자 [~dʒa ~ジャ] 主催者.

주춤 [tʃutʃʰum チュチュム] 副 하自他 たじろぐ[しり込みする]さま; たじたじ; ぐずぐず; どぎまぎ ¶그 위세에 ~했다 [kɯ wisee ~hɛtʼa クウィセエ ~ヘッタ] その威勢にたじろいだ **—거리다** [gɔrida ゴリダ] 自 たじたじ[ぐずぐず]する, しり込みする.

주춧-돌 [tʃutʃʰutʼol チュチュットル] 名 礎石.

***주택** [住宅][tʃuːtʰek チューテク] 名 住宅; 住居; 住み家 **—단지** [tʼandʒi タンジ] 名 住宅団地.

주-특기 [主特技][tʃutʰukʼi チュトゥッキ] 名 おもな特技.

주행 [走行][tʃuheŋ チュヘン] 名 하自 走行 ¶~-거리 [~gɔːri ~ゴーリ] 走行距離.

주홍 (-빛) [朱紅 (—)][tʃuhoŋ(pʼit) チュホン(ピッ)] 名 朱色; 緋色らしさ.

주효-하다 [奏效—][tʃuːhjohada チューヒョハダ] 自 奏効する ¶작전이 ~-했다 [tʃaktsʼɔni ~-hɛtʼa チャクチョニ ~-ヘッタ] 作戦が奏効した.

***죽** [粥][tʃuk チュク] 名 (お)かゆ ¶~을 먹다 [(tʃug) ɯl mɔktʼa (チュ)グル モクタ] かゆをする[食べる] / 식은 ~ 먹기 [ʃigɯn (tʃuŋ) mɔkʼi シグン (チュン) モキ] (冷めたかゆを食べる意味で)非常にたやすいこと; 朝飯前 **—끓듯 하다** [kʼɯltʼutʰada ックルトゥッタダ] 慣 ① 気まぐれである; むら気だ; 感情の起伏が激しい ② 怒りに燃える **—을 쑤다** [ɯl sʼuda (チュ)グルッスダ] 慣 かゆを炊く; 事がめちゃめちゃになって大損害を被る.

***죽** [tʃuk チュク] 副 ① ずっと; ずらりと ¶~ 늘어서다 [(tʃuŋ) nɯrɔsɔda (チュン) ヌロソダ] ずらりと並ぶ ② まっすぐ; すっと ¶선을 ~ 긋다 [sɔnul (tʃu) kʼɯtʼa ソヌル ~ クータ] 線をすっと引く ③ ざっと ¶신문을 ~ 훑어보다 [ʃinmunul (tʃu) kʰultʰɔboda シンムヌル ~ クルトボダ] 新聞にざっと目をとおす ④ ぐるっと ¶청중을 한번 ~ 훑어보다 [tʃʰɔŋdʒuŋul hanbɔn (tʃu) kʰultʰɔboda チョンジュンウル ハンボン ~ クルトボダ] 聴衆を一度ぐるっと見渡す ⑤ ぐっと ¶맥주를 ~ 들이마시다 [mɛktʃʼurul ~ tʼurimaʃida メクチュルル ~ トゥリマシダ] ビールをぐっと飲み干す ⑥ ばりばりと ¶종이를 ~ 찢다 [tʃɔŋirul ~ tʃʼitʼa チョンイルル ~ッチッタ] 紙をばりばりと破る ⑦ ずっと ¶~ 좋았다 [~ tʃʼoratʼa ~ チョラッタ] ずっと眠った.

죽겠다 [dʒukʼetʼa ジュクケッタ] 補動 たまらない; (死にそうだの意で)感情が極度に達したことを表わす語 ¶배고파 ~ [pɛgopʰa ~ ペゴパ ~] 腹がへってたまらない / 우스워 ~ [usuwɔ ~ ウスウォ ~] おかしくてたまらない / 좋아 ~ [tʃoːa ~ チョーア ~] この上なくうれしい.

죽는-소리 [tʃuŋnɯn sori チュンヌン ソリ] 名 하自 悲鳴; 泣きごと; 泣きべそ ¶~를 지르다 [~rul tʃirɯda ~ルル チルダ] 悲鳴を上げる / ~ 그만해라 [~ kuman hɛːra ~ クマン ヘーラ] もう泣きべそをかくのはよせ.

죽는-시늉 [tʃuŋnɯn ʃinjuŋ チュンヌン シニュン] 名 하自 (死んだふりの意で)大げさに痛いふりをする[痛がる]こと.

***죽다**[1] [tʃuktʼa チュクタ] 自 ① 死ぬ ¶굶어~ [kulmɔ (dʒukʼa) クルモ(ジュクタ)] 飢え死にする / 얼어~ [ɔrɔ (dʒuktʼa) オロ(ジュクタ)] 凍え死ぬ ② 枯れる ¶나무가 ~ [namuga ~ ナムガ ~] 木が枯れる ③ 消える ¶불이 ~ [puri ~ プリ ~] 火が消える ④ 止まる ¶시계

가 ~[jigega ~ シゲガ ~] 時計が止まる ⑤ (活気などが衰える; しょげる ¶기가 ~[kiga ~ キガ ~] 気疲れする; うちしおれる / 풀이 ~[pʰuri ~ プリ ~] (叱られて)しょげている **죽고 못 살다** [tʃuk'o moːsʼalda チュクコ モーッ サルダ] 慣 (一方だけ生き残っては生きて行けないほど)互いに熱烈に愛し合う **죽을 지경이다** [tʃugɯl tʃʼigjɔŋida チュグル チギョンイダ] 慣 やり切れない; 耐えられない; かなわない; たまらない ¶분해 ~[puːnhɛ ~ プーンヘー ~] くやしくてたまらない **죽자 사자** [tʃukt͡ʃʼa saːdʒa チュクチャ サージャ] 慣 死に物狂いで; 必死になって; 命をかけて ¶~ 도망치다 [~ toːmantʃʰida ~ トーマンチダ] 命からがら逃げる / ~ 일하다 [~ iːrhada ~ イールハダ] 死に物狂いで働く.

죽다² [tʃukt'a チュクタ] 形 ① 落ちこんでてへこんで〕いる ¶모서리가 ~ [mosɔriga ~ モソリガ ~] 角がとれている / 콧날이 ~[kʰonnari ~ コンナリ ~] 鼻筋が低い ② (本来の)味がなくなる=맛이 ~[maʃi ~ マシ ~] ③ 色があせる=색이 ~[sɛgi ~ セギ ~].

죽데기 [tʃukt'egi チュクテギ] 名 製材した残りの屑板(신용にする).

죽마고우[竹馬故友] [tʃuŋmagoːu チュンマゴーウ] 名 竹馬の友; 幼友達.

죽-맞다 [tʃuŋmatʼa チュンマッタ] 自 意気が相通ずる; 気が合う; 馬が合う.

죽부인[竹夫人] [tʃukpuin チュクプイン] 名 竹夫人; 抱きかご.

*죽순[竹筍] [tʃuksʼun チュクスン] 名 竹の子; 筍だけの ¶우후 ~[uːhu(dʒukʼsʼun) ウーフ(ジュクスゥン)] 雨後の筍.

죽어-지내다 [tʃugɔ dʒinɛda チュゴ ジネダ] 自 ① 抑圧された生活をする; 人のいいなりになって暮らす ¶언제까지나 ~-지낼 수는 없다[ɔːndʒekʼaːdʒina ~-dʒinɛl sʼunuːn ɔːpʼta オーンジェッカジナ ~-ジネル ッスヌン オープタ] いつまでも人のいいなりになって暮らすことはできない ② 貧乏に苦しみながら暮らす.

죽여-주다 [tʃugjɔdʒuda チュギョジュダ] 他 俗 ① (非常につらくて・素晴らしくて)たまらない ② 死なせる; 殺そぐ.

죽은-목숨 [tʃugɯn mokʼsʼum チュグン モクスム] 名 ① 生きるすべのない命; 望みない命 ② 自由のない人; 生きがいのない人.

죽을둥-살둥 [tʃugɯltʼuŋsaltʼuŋ チュグルトゥンサルトゥン] 副 死に物狂いで; 必死になって; むやみやたら ¶~ 달아나다[~ taranada ~ タラナダ] 必死になって逃げる.

죽을뻔-살뻔 [tʃugɯlpʼɔnsalpʼɔn チュグルッポンサルッポン] 副 生死の境を幾度も乗り越えて ¶~ 사선을 넘다 [~ saːsɔnɯl nɔːmtʼa ~ サーソヌル ノームタ] 命からがら死線を越える.

죽을-상[一相] [tʃugɯlsʼaŋ チュグルサン] 名 ① 死相 ② 苦しそうな顔つき; 真っ青な顔 ¶~을 하다[~ɯl hada ~ウル ハダ] 苦しそうな顔をする / ~이 되어[~i twɛ ~イ トウェー] 苦しそうな顔になって; 顔を真っ青にして.

*죽음 [tʃugɯm チュグム] 名 死; 死ぬこと ¶삶과 ~[saːmgwa ~ サームグァ ~] 生と死 / ~을 무릅쓰고…[~ɯl murɯpsʼɯgo (チュク)ムル ムルプスゴ] 死を賭として[冒して].

*죽이다 [tʃugida チュギダ] 他 ① 殺す ¶사람을 ~ [saːramɯl ~ サーラムル ~] 人を殺す ② 止まらせる ¶숨을 ~ [suːmul ~ スームル ~] 息を殺す ③ (火を)消す ④ (気勢を)抑える ¶감정을 ~ [kaːmdʒɔŋɯl ~ カームジョンウル ~] 感情を抑える / 기를 ~ [kirul ~ キルル ~] 気勢を抑える; 鼻っ柱をへし折る ⑤ (角を)削(殺)ぐ; 面取りする ¶모난 곳을 ~ [monan kosul ~ モナン コスル ~] 角ばった所を削ぐ; 角を面取りする ⑥ 枯らす ¶나무를 ~ [namurul ~ ナムルル ~] 木を枯らす.

죽자꾸나-하고 [tʃukt͡ʃʼakʼunahago チュクチャックナハゴ] 副 死力を尽くして; 死に物狂いで; 必死に ¶~ 달려들다[~ talljɔdɯlda ~ タルリョドゥルダ] 死に物狂いになって飛びかかる.

죽-죽 [tʃukt͡ʃʼuk チュクチュク] ① ずんずん前へ進むさま ② 乳をちゅうちゅう吸うさま ③ 続けさまに線を引くさま ④ ばりばり(と)紙を裂くさま ⑤ 多くの列を作って立ち並んでいるさま.

죽-치다 [tʃukt͡ʃʰida チュクチダ] 自 蟄居する; 引きこもる; 閉じこもる ¶방에 죽치고 들어앉다[paŋe ~tʃʰigo tɯrɯantʼa パンエ ~チゴ トゥロアンタ] 部屋に閉じこもる.

준-결승[準決勝] [tʃuːngjɔlsʼɯŋ チューンギョルスン] 名 하다自 準決勝.

준공[竣工][tʃu:ngoŋ チューンゴン] 名 [하他] 竣工しゅんこう; 落成 **—식**[ʃik シㇰ] 名 竣工式.　　　　　　　「縮約語.
준-말[tʃu:nmal チューンマㇽ] 名 略語;
*__준비__[準備][tʃu:nbi チューンビ] 名 [하他] 準備; したく; 用意; 備え ¶시험 ~ [ʃihɔm (dʒu:nbi) シホㇺ (ジューンビ)] 試驗準備.
준수-하다[遵守—][tʃu:nsuhada チューンスハダ] 他 遵守する ¶법을 ~ [pɔbuɯl ~ ポブㇽ ~] 法を遵守する.
준엄-하다[峻嚴—][tʃu:nɔmhada チューノㇺハダ] 形 峻嚴しゅんげんだ ¶지나치게 ~ [tʃinatʃhige ~ チナチゲ ~] (部下に対して)峻嚴すぎる **준엄-히**[tʃu:nɔmi チューノミ] 副 峻嚴に; 厳しく.
준-하다[準—][tʃu:nhada チューンハダ] 自 準ずる; 倣う ¶이에 ~ [ie ~ イエ ~] これに準ずる.
*__줄__[¹][tʃul チュㇽ] 1 名 ① ひも・縄・綱などの総称 ¶~다리기 [~darigi ~ダリギ] 綱引き / ~을 치다 [(tʃur)ɯl tʃhida (チュ)ルㇽ チダ] 縄を張る / ~로 묶다 [~lo mukt'a ~ロ ムㇰタ] ひも[縄]で縛る[束ねる] ② 線; ライン ¶~을 긋다 [(tʃur)ɯl kɯːt'a (チュ)ルㇽ クーッタ[チダ]] 線[ライン]を描く[引く]; 棒を引く ③ 列; 行列 ¶~을 짓다 [(tʃur)ɯl tʃiːt'a (チュ)ルㇽ チータ] 列をつくる ④ (人生の代・年の大体の範囲 ¶나이 50 ~에 들다 [nai oːʃip (tʃ'ur)e tɯlda ナイ オーシㇷ゚(チュ)レ トゥㇽダ] 50の坂にさしかかる ⑤ 縁故; 手づる; コネ; (人間関係の)結びつき ¶정계의 ~이 많다 [tʃɔŋgee (dʒur)i maːntha チョンゲエ(チュ)リ マーンタ] 政界にコネが多い 2 依名 列・行・連 ¶1~ [han(dʒul) ハン(ジュㇽ)] 1列 / (글의) 2~ [(ku-re) tu:(dʒul) (クレ) トゥー(ジュㇽ)] (文の)2行 / 굴비 1~ [kulbi han(dʒul) クㇽビ ハン(ジュㇽ)] 日干しイシモチ[干しグチ]の1連.
줄[²][tʃu:l チューㇽ] 名 やすり ¶~로 쓸다 [~lo s'ɯlda ~ロ ッスㇽダ] やすりをかける.
*__줄__[³][tʃul チュㇽ] 依名 ① …だろうと, …(る)と ¶갈 ~ 알았다 [kal (tʃ'ul) arat'a カㇽ ~ アラッタ] 行くだろうと思った / 올 ~ 알았다 [ol (tʃ'ul) arat'a オㇽ ~ アラッタ] 来ると思った ② すべ; 仕方; 方法 ¶쓸 ~을 모르다 [s'ɯl (tʃ'ur)ɯl moruɯda ッスㇽ (チュ)ルㇽ モルダ] 書き方を知らない / 할 ~ 모르다 [hal (tʃ'ul) morɯda ハㇽ ~ モルダ] やり方を知らない; できない.
줄거리[tʃulgɔri チュㇽゴリ] 名 ① 物事の大筋; 要点; (小説などの)あらまし ¶이야기 ~ [ijagi dʒulgɔri] イヤギ (ジュㇽゴリ) 話の筋 / 사건의 ~ [saːk'ɔne ~ サーコネ ~] 事件のあらまし ② 葉の茎・枝; 葉柄・葉脈などの総称.
*__줄곧__[tʃulgot チュㇽゴッ] 副 ずっと; 続けて; 絶えず ¶~ 서 있었다 [~ sɔ is'ɔt'a ~ ソ イッソッタ] (始めから)ずっと立ち通しだった.
*__줄기__[tʃulgi チュㇽギ] 名 ① 〈植〉幹・茎 ¶나무 ~ [namu (dʒulgi) ナム (ジュㇽギ)] 木の幹 ② 流れ; 筋; 脈 ¶물 ~ [mul(tʃ'ulgi) ムㇽ~] 水の流れ; 水柱 / 등 ~ [tɯŋ(tʃ'ulgi) トゥン~] 背筋 / 산 ~ [san(tʃ'ulgi) サン~] 山脈 ③ (にわか雨の)一降り ¶한 ~의 소나기 [han (dʒulgi)e sonagi ハン (ジュㇽギ)エ ソナギ] 一陣のにわか雨 **—차다** [tʃhada チャダ] 形 (勢いが)激しい; たゆみない; 根気強い ¶~-찬 노력 [~-tʃhan nɔrjʌk ~チャン ノリョㇰ] たゆみない努力 / ~-차게 퍼붓는 비 [~-tʃhage phɔbunnɯn pi ~-チャゲ ポブンヌン ピ] 土砂降りに降る雨.
줄-넘기[tʃullɔmk'i チュㇽロㇺキ] 名 縄跳び **—하다** [hada ハダ] 自 縄跳びをする; 縄を跳ぶ.
줄-놓다[tʃullotha チュㇽロッタ] 自 慣 他人と関係を持つ; 手づるをつける.
*__줄다__[tʃu:lda チューㇽダ] 自 [ㄹ語幹] ① (数量が)減る; 少なくなる; 縮む ¶물이 ~ [muri ~ ムリ ~] 水が減る / 손님이 ~ [sonnimi ~ ソンニミ ~] 客足が引く[減る] / 속도가 ~ [sokt'oga ~ ソㇰトガ ~] 速度が落ちる / 옷길이가 ~ [otk'iriga ~ オッキリガ ~] 服の丈が詰まる ② 貧しくなる ¶살림이 점점 ~ [sallimi tʃɔːmdʒɔm ~ サㇽリミ チョーㇺジョㇺ ~] 暮らしがだんだん貧しくなる.　　「[하自] 綱引き.
줄-다리기[tʃuldarigi チュㇽダリギ]
줄-달다[tʃuldalda チュㇽダㇽダ] 1 自 [ㄹ語幹] 列をなす; 引き続く ¶손님이 ~ [sonnimi ~ ソンニミ ~] 客が引き続く 2 他 立て続けにする; 続けざまにする ¶약을 줄달아 먹다 [jagul tʃuldara mɔkt'a ヤグㇽ チュㇽダラ モㇰ

タ] 薬を連用する.

줄달음(-질) [tʃuldarɯm(dʒil)] チュルダルム(ジル)] 名 一息に走ること; まっしぐらに走ること **—하다** [(~dʒir)-hada ハダ] 自 つっ走る **—치다** [tʃida チダ] 自 つっ走る; 一目散に走る.

줄-담배 [tʃuldambɛ チュルダムベ] 名 立て続けにタバコを吸う; チェーンスモーク ¶ ~를 피우다 [~rɯl pʰiuda ~ ルル ピウダ] 続けざまにタバコを吸う.

줄-닿다 [tʃuldatʰa チュルタッタ] 自値 関係が結ばれる; 手づるがつく.

줄-대다 [tʃuldɛda チュルデダ] 自 引き続く; 値 コネをつける ¶ 관람객이 ~-대어 찾아온다 [kwallamgɛgi ~-dɛɔ tʃʰadʒaonda クァルラムゲギ ~-デオ チャジャオンダ] 観客が引きもも切らずやってくる.

줄-무늬 [tʃulmuni チュルムニ] 名 縞模様.

줄-서다 [tʃulsɔda チュルソダ] 自 並ぶ; 列をつくる; 行列する.

*__줄어-들다__ [tʃurɔdɯlda チュロドゥルダ] 自 己語幹 しだいに減る; 少なく[小さく]なる; 縮まる ¶ 물이 ~ [muri ~ ムリ ~] 水が減っていく / 손님이 ~ [sonnimi ~ ソンニミ ~] 客足が引く.

줄어-지다 [tʃurɔdʒida チュロジダ] 自 減っていく; 少なくなる; 縮める.

*__줄이다__ [tʃurida チュリダ] 他 減らす; 少なく[小さく]する; 縮める; 切り詰める ¶ 양을 ~ [jaŋɯl ~ ヤンウル ~] 量を減らす / 수명(壽命)을 ~ [sumjɔŋɯl ~ スミョンウル ~] 寿命を縮める / 경비를 ~ [kjɔŋbirɯl ~ キョンビルル ~] 経費を切り詰める[減らす].

줄-자 [tʃuldʒa チュルジャ] 名 巻き尺.

줄-잡다 [tʃuldʒaptʼa チュルジャプタ] 他 少なく[控え目に・内輪に]見積もる; (話などを)割り引く ¶ ~-잡아서 백만원은 필요(必要)하다 [~-dʒabasɔ pɛŋmanwɔnɯn pʰirjohada ~-ジャバソ ペンマヌォヌン ピリョハダ] 少な目に見積もっても百万ウォンは要る / ~-잡아도 10일은 걸린다 [~-dʒabado ʃibirɯn kɔllinda ~-ジャバド シビルン コルリンダ] 少なくとも10日はかかる.

줄줄 [tʃuldʒul チュルジュル] 副 ① ざあざあ ¶ 비가 ~ 내린다 [piga ~ nɛrida ピガ ~ ネリダ] 雨がざあざあ降る ② だくだくと ¶ 땀이 ~ 흐르다 [tʼami ~ hurruda ッタミ ~ フルダ] 汗がだくだくと流れる ③ どくどくと ¶ 물이 ~ 새다 [muri ~ sɛːda ムリ ~ セーダ] どくどくと水がぬれる ④ だらだらと ¶ 피가 ~ 흐르다 [pʰiga ~ hurruda ピガ ~ フルダ] 血がだらだらと流れる ⑤ ぞろぞろと ¶ 치맛자락을 ~ 끌다 [tʃʰimatʃʼaragɯl ~ kʼɯːlda チマッチャラグル ~ ックールダ] (チマスカートの)裳裾すをぞろぞろと引きずる / 애들이 ~ 따라오다 [ɛːdɯri ~ tʼaraoda エードゥリ ~ ッタラオダ] 子供たちがぞろぞろとついてくる ⑥ すらすらと ¶ 책을 ~ 읽다 [tʃʰegɯl ~ ikʼtʼa チェグル ~ イクタ] 本をすらすらと読む.

줄줄-이 [tʃuldʒuri チュルジュリ] 副 ① 続々と ¶ 사람들이 ~ 모여들다 [saːramdɯri ~ mojɔdɯlda サーラムドゥリ ~ モヨドゥルダ] 人々が続々と押し寄せる ② 幾列にも ¶ ~ 늘어서다 [~ nɯrɔsɔda ~ ヌロソダ] 幾列にもなして立ち並ぶ.

줄-짓다 [tʃuldʒitʼa チュルジッタ] 自 人変 列をなす; 並ぶ; 連なる ¶ ~-지어 서다 [~-dʒiɔ sɔda ~-ジオ ソダ] 立ち並ぶ.

줄-치다 [tʃultʃʰida チュルチダ] 他 ① 線[棒]を引く ② 縄を張る. 「綱渡り.

줄-타기 [tʃultʰagi チュルタギ] 名 해피

줄-타다 [tʃultʰada チュルタダ] 自 ① 綱渡りをする ② 値 縁故に頼る.

줄-팔매 [tʃulpʰalmɛ チュルパルメ] 名 石投げの一種(石をはさんだひもの両端を振り回しながら片方のひもを放して石を飛ばす)

줄-행랑[-行廊] [tʃulhɛŋnaŋ チュルヘンナン] 名 俗 逃げること **—놓다** [notʰa ノッタ] ・**—치다** [tʃʰida チダ] 自 高飛びする; (気配を感じて)逃げる; どろんを決める ¶ 해외로 ~ [hɛːwero ~ ヘーウェロ ~] 海外へ高飛びする.

줌 [tʃuːm チューム] 依名 一握りの分量; 握り ¶ 한 ~의 쌀 [han (dʒum) e sʼal ハン (ジュ) メ ッサル] 一握りの米 / 한 ~의 소금 [han (dʒum) e sogum ハン (ジュ) メ ソグム] ひとつまみの塩.

*__줍다__ [tʃuːptʼa チュープタ] 他 ㅂ変 拾う; 拾い上げる; 拾得する ¶ 지갑을 ~ [tʃigabul ~ チガブル ~] 財布を拾う

줏다 [tʃuːtʼa チュータ] 他 '줍다'の 口語体 ¶ 줏었다 [tʃusɯtʼa チュソッタ] 拾った=주었다 [tʃuɔtʼa チュオッタ].

줏대[主一] [tʃutʼɛ チュッテ] 名 ① 定

見; 主観; 芯` ¶~가 세다[약하다] [~ga se:da[jakʰada] ~ガ セーダ[ヤクカダ]] 芯[意志]が強い[弱い] / ~없는 사람 [~ɔmnun sa:ram ~オムヌン サーラム] 定見[芯]のない人; 骨なし / ~없이 굴다[~ɔpʃ'i ku:lda ~オプシ クールダ] 無定見に[骨なしのように]振るまう ② 中心; 核; (一家の)大黒柱 ¶~가 되는 사람[~ga twenun sa:ram ~ガ トゥェヌン サーラム] 核になる人; 大黒柱.

*중[重][tʃuŋ チューン] 图 〈仏〉僧; 僧侶ˬ; (お)坊さん ¶여자~[jɔdʒa(dʒuŋ) ヨジャ(ジュン)] 尼; 尼僧; 比丘尼ᷓ.

*중[中][tʃuŋ チュン] **1** 图 中 ① 中間; 中位; 中ほど; 普通; 並み ¶~ 정도의 성적[~ dʒɔŋdoe sɔŋdʒɔk ~ ジョンドエ ソンジョク] 中(位)の成績 ② なか; 内; 内部 ¶그 ~에서도[kɯ(dʒuŋ)-esɔdo ク(ジュン)エソド] その中でも **2** (依名) …中; …する間[途中] ¶오늘 ~에[onɯl (dʒuŋ)e オヌル(ジュン)エ] 今日中に.

*중간[中間][tʃuŋgan チュンガン] 图 中間; 真ん中; 中ほど; 中 ¶~ 무역[~ mu:jɔk ~ ムーヨク] 中間貿易 / ~ 정도의 성적[~ dʒɔŋdoe sɔŋdʒɔk ~ ジョンドエ ソンジョク] 中ほどの成績 **―치**[tʃʰi チ] 图 並製; 大きさや品質が中ぐらいのもの.

중개[仲介][tʃuːŋgɛ チューンゲ] 图 하타他 仲介; 斡旋; 仲立ち; 橋渡し ¶~를 부탁하다[~rɯl pu:tʰakʰada ~ルル プータクカダ] 橋渡しを頼む **―업**[ɔp オプ] 图 仲介業; 取り次ぎ営業 **―인**[in イン] 图 仲介人; 仲立ち 仲買; ブローカー.

중견[中堅][tʃuŋgjɔn チュンギョン] 图 中堅 ¶~ 간부[~ ganbu ~ ガンブ] 中堅幹部 **―작가**[dʒak'a ジャクカ] 图 中堅作家.

중계[中継][tʃuŋge チュンゲ] 图 하타他 中継 ¶생~[seŋ(dʒuŋge) セン(ジュンゲ)] 生中継 **―방송**[ba:ŋsoŋ パーンソン] 图 中継放送; 中継.

중고[中古][tʃuŋgo チュンゴ] 图 中古 **―차**[tʃʰa チャ] 图 中古車 **―품**[pʰum プム] 图 中古品.

중과-부적[衆寡不敵][tʃu:ŋgwabudʒɔk チューングァブジョク] 图 하타自 衆寡敵せず; 多勢に無勢(多人数を相手とする少人数に勝ち目はない).

중구-난방[衆口難防][tʃu:ŋgunanbaŋ チューングナンパン] 图 衆口塞ぎ難し(大勢の人の口を塞ぐのは難しいほど皆しゃべりまくること).

*중국[中國][tʃuŋguk チュングク] 图 〈地〉中国 **―말**[(tʃuŋguŋ) mal (チュングン)マル] **・―어**[(tʃuŋguŋ)ɔ (チュング)ゴ] 图 中国語 **―요리**[(tʃuŋguŋ) njori (チュングン)ニョリ] 图 中国料理 **―인**[(tʃuŋgug) in (チュク)ギン] 图 中国人 **―집**[tʃʃip チプ] 图 中国料理店.

중-금속[重金属][tʃuːŋgɯmsok チューングムソク] 图 〈化〉重金属.

*중급[中級][tʃuŋgɯp チュングプ] 图 中級 ¶~ 영어 강좌[(tʃuŋgɯm) nɔŋɔ ga:ŋdʒwa チュングム)ニョンオ ガーンジュァ] 中級英語講座.

*중년[中年][tʃuŋnjɔn チュンニョン] 图 中年 ¶~ 신사[~ ʃi:nsa ~ シーンサ] 中年の紳士 **―기**[gi ギ] 图 中年期.

중-노동[重勞動][tʃuːnodoŋ チューノドン] 图 하타自 重労働.

*중단[中斷][tʃuŋdan チュンダン] 图 하타自他 中断 ¶교섭을 ~하다[kjosɔbɯl ~hada キョソブル ~ハダ] 交渉を中断する[打ち切る].

*중대[重大][tʃuːŋdɛ チューンデ] 하타形 하타副 重大 ¶~한 사건[문제][~han sa:kʰɔn [mu:dʒe] ~ハン サーコン[ムーンジェ]] 重大事件[問題] **―시**[ʃi シ] 图 하타他 重大視; 重視 ¶사태를 ~하다[sa:tʰerɯl ~hada サーテルル ~ハダ] 事態を重視する.

중도[中途][tʃuŋdo チュンド] 图 中途 ¶~ 퇴학[~ tʰwe:hak ~ トゥェーハク] 中途退学.

중도[中道][tʃuŋdo チュンド] 图 中道 ¶~를 걷다[~rɯl kɔːt'a ~ルル コッタ] 中道を行く[歩む] **―정당**[dʒɔŋdaŋ ジョンダン] 图 中道政党 **―파**[pʰa パ] 图 中道派.

중도-금[中渡金][tʃuŋdoguːm チュンドグム] 图 〈経〉内金(あらかじめ代金の一部を支払うこと、また、その金銭).

*중독[中毒][tʃuŋdok チュンドク] 图 中毒; 毒あたり ¶모르핀 ~[morɯpʰin (dʒuŋdok) モルピン (ジュンドク)] モルヒネ中毒 / 알코올 ~[alkʰool (dʒuŋdok) アルコオル(ジュンドク)] アルコール依存症 / 약~[jak (tʃ'uŋdok) ヤク~] 薬まけ / 식~[ʃik (tʃ'uŋdok) シク~] 食中毒; 食あたり **―자**[tʃ'a チャ]

图 中毒者.

중량[重量] [tʃuːŋnjaŋ チューンニャン] 图 重量; 重さ; 目方; =무게[muge ムゲ] ¶ ~을 달다 [~ul talda ~ウル タルダ] 目方を計る / ~이 늘다 [~i nulda ~イ ヌルダ] 目方が増える / ~이 모자라다 [~i moːdʒarada ~イ モージャラダ] 重量[目方]が足りない / ~을 속이다 [~ul sogida ~ウル ソギダ] 重量[目方・目目]をごまかす ―**급** [kˈup クプ] 图 重量級; ヘビー級.

중류[中流] [tʃuːŋnju チュンニュ] 图 中流 ¶ 강의 ~ [kaŋe ~ カンエ ~] 川の中流 / ~ 가정 [~ gadʒɔŋ ~ ガジョン] 中流家庭 ―**사회** [saːhwe サーフェ] 图 中流社会 ―**층**(層) [tsʰɯŋ チュン] 图 中流の社会階層.

*중립[中立] [tʃuːŋnip チューンニプ] 图 하자 中立 ―**국** [kˈuk クク] 图 中立国 ―**지대** [tʃˈidɛ チデ] 图 中立地帯 ―**파** [(tʃuːŋni)pʰa パ] 图 中立派.

*중매[仲媒] [tʃuːŋmɛ チューンメ] 图 하타 媒酌; 結婚の仲立ち ―**결혼** [gjɔrhon ギョルホン] 图 見合い結婚 ―**들다** [dulda ドゥルダ] ―**서다** [sɔda ソダ] 固 結婚の仲立ちをする; 結婚を取り持つ ―**인** [in イン] 图 仲人; 媒酌人;=쥐 **중매 쟁이** [tʃuːŋ-mɛdʒɛŋi チューンメジェンイ].

중반[中盤] [tʃuːŋban チューンバン] 图 中盤 ¶ ~전 [~dʒɔn ジョン] 中盤戦.

중병[重病] [tʃuːŋbjɔŋ チューンビョン] 图 重病; 重患 ¶ ~을 앓다 [~ul altʰa ~ウル アルタ] 重病を患う.

중복[重複] [tʃuːŋbok チューンボク] 图 重複 ¶ ~된 조항 [~tˈwen tʃohaŋ ~トゥェン チョハン] 重複した条項 ―**하다** [(tʃuːŋbo)kʰada カタ] 他 重複する; 重ねる; 他 ダブる;=―**되다** [tˈwed トゥェダ] 固 ¶ 내용이 ~ [nɛːjoŋi ~ ネーヨンイ ~] 内容が重複する / 주문이 ~ [tʃuːmuni ~ チュームニ ~] 注文がダブる.

중산-층[中産層] [tʃuŋsantʰɯŋ チュンサンチュン] 图 中産層.

중상[中傷] [tʃuːŋsaŋ チューンサン] 图 하타 中傷 ¶ 동료를 ~하다 [toŋnjorul ~hada トンニョルル ~ハダ] 同僚を中傷する.

중상[重傷] [tʃuːŋsaŋ チューンサン] 图 하타 重傷; 重手 ¶ ~을 입다 [~ul iptˈa ~ウル イプタ] 重傷を負う.

중생[衆生] [tʃuːŋsɛŋ チューンセン] 图〈仏〉衆生 ¶ ~을 제도하다 [~ul tjɛːdohada ~ウル チェードハダ] 衆生を済度する.

중소 기업[中小企業] [tʃuːŋso giɔp チュンソ ギオプ] 图 中小企業.

중순[中旬] [tʃuːŋsun チュンスン] 图 中旬; 月半ば ¶ 이달 ~께 [idal ~kˈe イダル ~ッケ] 今月の中旬ごろ.

중시-하다[重視―] [tʃuːŋʃihada チューンシハダ] 他 重視する ¶ 사태를 ~ [saːtʰɛrul ~ サーテルル ~] 事態を重視する.

중식[中食] [tʃuːŋʃik チュンシク] 图 昼食; 昼飯; 中食;='점심'(點心).

*중심[中心] [tʃuːŋʃim チューンシム] 图 中心; 定見 ¶ 원의 ~ [wɔne ~ ウォネ ~] 円の中心 / ~ 세력 [~ seːrjɔk ~ セーリョク] 中心勢力 / ~이 없는 사람 [~i ɔːmnun saːram (チュンシ)ミオームヌン サーラム] ふぬけな人 / ~이 있는 사람 [~i innun saːram (チュンシ)ミ インヌン サーラム] 定見のある人.

*중앙[中央] [tʃuːŋaŋ チューンアン] 图 中央 ¶ 과녁의 ~ [kwaːnjɔge ~ クァーニョゲ ~] 的の中央 / ~으로 전근되다 [~ɯro tʃɔːngundweda ~ウロ チョーングンドゥェダ] 中央[首都]に転勤される ―**기관** [gigwan ギグァン] 图 中央機関 ―**난방** [naːnbaŋ ナーンバン] 图 集中暖房; セントラルヒーティング ―**분리대** [bullidɛ ブルリデ] 图 中央分離帯 ―**선** [sɔn ソン] 图 中央線 ―**정부** [dʒɔŋbu ジョンブ] 图 中央政府 ―**집권** [dʒipkˈwɔn ジプクォン] 图 中央集権.

*중얼-거리다 [tʃuːŋɔlgɔrida チュンオルゴリダ] 固 独り言を言う; (ぶつぶつと)つぶやく; むにゃむにゃ言う ¶ 불만스럽게 ~ [pulmansurɔpkˈe ~ プルマンスロプケ ~] 不満そうにつぶやく.

중역[重役] [tʃuːŋjɔk チューンヨク] 图 重役 ―**실** [ʃˈil シル] 图 重役室 ―**회의** [(tʃuːŋɔ)kʰweːi クェーイ] 图 重役会議.

*중요[重要] [tʃuːŋjo チューンヨ] 图 하톙 重要; 大切; 肝要 ¶ ~한 문서 [~han munsɔ ~ハン ムンソ] 重要な文書 / ~한 때에 [~han tˈɛe ~ハン ッテエ] 大事な時に / ~한 것은 [~han kɔsun ~ハン コスン] 肝心なのは ―**시** [ʃi シ] 图 하타 重要視;

중용[中庸] [tʃuŋjoŋ チュンヨン] 名 中庸 ¶~을 지키다[~ɯl tʃikʰida ~ウル チキダ] 中庸を守る.

중위[中位] [tʃuŋwi チュンウィ] 名 中位; 中程度 ¶~의 성적[~e sɔŋdʒɔk ~エ ソンジョク] 中位の成績.

중의[衆意] [tʃuːŋi チューンイ] 名 衆意; 多数の意見 ¶~에 따르다[~e t'aruda ~エッタルダ] 衆意[多数の意見]に従う.

중임[重任] [tʃuːnim チューニム] 名 [하他] ① 重任; 重要な任務 ¶~을 맡다[~ɯl matʼa ~ウル マッタ] 重任を負う ② 再任 ¶회장 직에 ~되다 [hweːdʒaŋ dʒige ~dweda フェージャンジゲ ~ドゥェダ] 会長に再任される.

중재[仲裁] [tʃuŋdʒɛ チュンジェ] 名 [하他] 仲裁; 取り成し ¶싸움을 ~하다 [sʼaumɯl ~hada ッサウムル ~ハダ] けんかの仲裁をする —**인**[in イン] 名 仲裁人; 留め役.

중전[中殿] [tʃuŋdʒɔn チュンジョン] 名 王妃の尊敬語=중궁전(中宮殿) [tʃuŋguŋdʒɔn チュングンジョン] —**마마**(媽媽) [maːma マーマ] 名 王妃殿下.

중절-모(자)[中折帽(子)] [tʃuŋdʒɔlmo(dʒa) チュンジョルモ(ジャ)] 名 中折れ帽子; 中折れ; ソフト.

중점[重點] [tʃuːŋtʃʼɔm チューンチョム] 名 重点 ¶~을 두다[~ɯl tuda ~ウル トゥダ] 重点を置く.

중주[重奏] [tʃuːŋdʒu チューンジュ] 名 [하他] 〈楽〉 重奏 ¶4~[saː(dʒuŋdʒu) サー(ジュンジュ)] 4重奏.

***중지**[中止] [tʃuŋdʒi チュンジ] 名 中止 ¶작업 ~[tʃagɔp (tʃʼuŋdʒi) チャゴブ~] 作業中止 / 사격 ~[sagjɔk (tʃʼuŋdʒi) サギョク ~] 射撃中止; 打ち方止め —**하다**[hada ハダ] 名 中止する; よす; 止める.

중지[衆智] [tʃuːŋdʒi チューンジ] 名 衆知 ¶~를 모으다[~rɯl mouda ~ルル モウダ] 衆知を集める.

중진[重鎭] [tʃuːŋdʒin チューンジン] 名 重鎮 ¶문단의 ~[mundane ~ ムンダネ ~] 文壇の重鎮.

중차-대[重且大] [tʃuːŋtʃʰadɛ チューンチャデ] 名 [하形] 重かつ大; 非常に重大なこと ¶~한 임무[~han iːmmu ~ハン イームム] 重大かつ大なる任務; 非常に重大な任務.

중창[重唱] [tʃuːŋtʃʰaŋ チューンチャン] 名 [하][自他] 〈楽〉 重唱 ¶3~[saːm(dʒuŋtʃʰaŋ) サム(ジュンチャン)] 3重唱.

중책[重責] [tʃuːŋtʃʰɛk チューンチェク] 名 [하他] ① 重責 ¶~을 맡다[(tʃuːŋtʃʰɛg)ɯl matʼa (チューンチェ)グル マッタ] 重責を担う ② 厳しくとがめること.

중-천금[重千金] [tʃuːŋtʃʰɔngɯm チューンチョングム] 名 (重さが千金に値するの意で) 非常に価値の高いこと; あたい千金 ¶장부일언(丈夫一言) ~ [tʃaːŋbuirɔn (dʒuːŋtʃʰɔngɯm) チャーンブイロン (ジューンチョングム)] 男児の一言は千金に値する.

중추[仲秋] [tʃuŋtʃʰu チュンチュ] 名 秋の半ば ① 仲秋; 陰暦の8月 ② [中秋] 中秋; 陰暦8月15日 —**절**[dʒɔl ジョル] 名 陰暦8月15日の節日; 中秋の節; =추석(秋夕) [tʃʰusɔk チュソク].

중-치[中一] [tʃuŋtʃʰi チュンチ] 名 中ぐらいの[並の]品物=중간(中間)치 [tʃuŋgantʃʰi チュンガンチ].

중-키[中一] [tʃuŋkʰi チュンキ] 名 中背; 普通の身長 ¶보통 몸집에 ~의 청년[poːtʰoŋ momtʃʼibe ~e tʃʰɔŋnjɔn ポートン モムチベ ~エ チョンニョン] 中肉中背の青年.

중태[重態] [tʃuːŋtʰɛ チューンテ] 名 重体; 危篤 ¶~에 빠지다[~e pʼaːdʒida ~エッパージダ] 重体[重態]になる.

중-턱[中一] [tʃuŋtʰɔk チュントク] 名 (山・坂などの)中腹 ¶산~[san (dʒuŋtʰɔk) サン(ジュントク)] 山の中腹.

중퇴[中退] [tʃuŋtʰwe チュントゥェ] 名 [하他] 中退; 中途退学 ¶대학을 ~하다[tɛːhagɯl ~hada テーハグル ~ハダ] 大学を中退する.

중-하다[重一] [tʃuːŋhada チューンハダ] 形 [여変] ① 重い; 程度がひどい ¶~-한 병에 걸리다[~-han pjɔːŋe kɔllida ~-ハン ピョーンエ ゴルリダ] 重い病気にかかる / ~-한 벌을 내리다[~-han pɔrɯl nɛrida ~-ハン ボルル ネリダ] 重罰を与える ② 大切だ; 大事だ ¶나에게 ~-한 사람[naege ~-han saːram ナエゲ ~-ハン サーラム] 私にとって大事な人 ③ 重大だ; 重要だ ¶~-한 임무[~-han iːmmu

~-ハン イームム] 重大な任務 **중-히**[tʃuːɲi チューニ] 副 重く; 大事に ¶~ 여기다[~ jɔgida ヨギダ] 重んじる; 大事にする; 重視する.

***중학**[中學][tʃuɲhak チュンハク] 名 中学 **—교**[k'jo キョ] 名 中学校 **—생**[s'ɛŋ セン] 名 中学生.

중화[中華][tʃuɲhwa チュンファ] 名 中華 **—민국**[minguk ミングク] 名 〈地〉 中華民国; 台湾 **—인민 공화국**[inminɡoːɲhwaguk インミンゴーンファグク] 名 〈地〉 中華人民共和国; 中国 **—요리**[jori ヨリ] 名 中華料理.

중환[重患][tʃuːɲhwan チューンファン] 名 重患; 重病 **—자**[dʒa ジャ] 名 重病患者; 病人; 重病人.

쥐¹[tʃwi チュイ] 名 痙攣; しびれ; 引きつけ; こむら返り ¶ 다리에 ~가 나다[tarie ~ga nada タリエ ~ガダ] 足にしびれが来る[こむら返りを起こす]; けいれんが起る.

***쥐**²[tʃwi チュイ] 名 〈動〉 ネズミ ¶ 새앙~[sɛaŋ(dʒwi) セアン(ジュイ)] 二十日ネズミ / 들~[tuːl(tʃ'wi) トゥール~] 野ネズミ **—도 새도 모르게**[do sɛːdo moruɯge ド セード モルゲ] (「ネズミも鳥もわからないように」の意) 誰も知らないうちに; こっそりと ¶ ~ 잡아들이다[~ tʃabadurida ~ チャバドゥリダ] 誰にも気づかれずに捕えて来る.

쥐-구멍[tʃwigumɔŋ チュイグモン] 名 ① ネズミの穴 ②(比喩的に)隠れ場; 逃げ場 ¶ ~이라도 들어가고[찾고] 싶은 심정(心情)이다[~irado tuɯrɔgago[tʃhak'o] ʃiphɯn ʃimdʒɔŋida ~イラド トゥロガゴ[チャッコ] シプン シムジョンイダ] 穴にでも入りたい[さがしたい]気持ちである; 身を隠したいほどに恥ずかしい気持ちである **—(을) 찾다**[(ɯl) tʃhat'a (ウル) チャッタ] 慣 (追いつめられて・恥ずかしくて)隠れ場をさがす.

쥐-꼬리[tʃwik'ori チュイッコリ] 名 ネズミのしっぽ **—만하다**[manhada マンハダ] 形 ほんの少しだ; スズメ[蚊]の涙ほどだ ¶ ~-만한 수입[~-manhan suip ~-マンハン スイプ] スズメ[蚊]の涙ほどの収入.

***쥐다**[tʃwiːda チュイーダ] 他 握る ① 持つ; つかむ ¶ 주먹을 ~[tʃumɔgɯl ~ チュモグル ~] こぶしを握る[つくる] / 막대기를 ~[makt'ɛgirɯl ~ マクテキルル ~] 棒をつかむ / 손에 땀을 ~[sone t'amɯl ~ ソネ タムル ~] 手に汗を握る ②(権利などを)手におさめる; 掌握する ¶ 주도권을 ~[tʃuːdok'wɔnɯl ~ チュドクォヌル ~] 主導権を握る.

쥐-덫[tʃwidɔt チュイドッ] 名 ネズミ取り[落とし](器).　「(の生まれ.

쥐-띠[tʃwit'i チュイッティ] 名 子の年

쥐락-펴락[tʃwiːrakphjɔrak チュイーラクピョラク] 副 하他 ほしいままに; 勝手気ままに; 物事や人を意のままにもて遊ぶように ¶ 모든 일을 혼자서 ~-한다[moːdɯn niːrɯl hondʒasɔ ~-(phjɔra)khanda モードゥン ニールル ホンジャソ ~-カンダ] (団体の)すべてのことを1人で意のままに牛耳る.

쥐방울-만하다[tʃwibaŋulmanhada チュイバンウルマンハダ] 形 여변 慣 体が小さくてかわいらしい ¶ ~-만한 자식(子息)[~-manhan tʃaʃik ~-マンハン チャシク] かわいらしい子.

쥐-불[tʃwibul チュイブル] 名 〈民〉 陰暦正月の最初の子の日に農家でネズミを追い払うために田畑の畔에 放つ火 ¶ ~-을 놓다[~-(bur)ɯl notha ~-(ブル)ル ノッタ] 田畑の畔に火を放つ **—놀이**[놀이][loi[lori] ロイ[ロリ]] 名 하自 田畑の畔に火を放つこと.

쥐-뿔[tʃwip'ul チュイップル] 名 (ネズミの角の意から) 取るに足りないこと[物] **—같다**[gat'a ガッタ] 形 つまらない; ばからしい; 何の取り柄もない ¶ ~-같은 소리 그만둬라[~-gathɯn sori kɯmandwɔra ~-ガトゥン ソリ クマンドゥォラ] つまらない話は止めろ; ばからしいことを言うな **—나다**[lada ラダ] 自 つまらない[突飛な]ことをする **—도 모르다**[do moruda ド モルダ] 慣 何にも知らない ¶ ~-모르면서 까분다[~-morumjɔnsɔ k'abunda ~-モルミョンソ カブンダ] 何も知らぬくせに出しゃばる **—도 없다**[do ɔːpt'a ドオープタ] 慣 全然何もない **—만도 못하다**[mando moːthada マンド モータダ] 慣 つまらない; 取るに足りない.

쥐-새끼[tʃwisɛk'i チュイッセッキ] 名 ① ネズミの子 ②ずる賢い人のたとえ ¶ ~같은 놈[~-gathɯn nom ~ガトゥン ノム] ずる賢いやつ.　「ズミ色; 灰色.

쥐-색[—色][tʃwisɛk チュイセク] 名 ネ

쥐-약[—藥][tʃwijak チュイヤク] 名 猫いらず; ネズミを殺す薬; 殺鼠剤.

쥐어-뜯다 [tʃwiɔt'ut'a チュイオットゥッタ] 他 ① むしる; つかんで引き抜く; むしり取る ¶풀을 ~ [pʰurul ~ プルル ~] 草をむしり取る ② 引き千切る; 引き裂く ¶노트 1장을 ~ [no:tʰu handʒaŋul ~ ノートゥ ハンジャンウル ~] ノート1枚を千切り取る / 포장지를 ~ [pʰodʒaŋdʒirul ~ ポジャンジルル ~] (小包の)包装を引き裂く ③ (悲しみなどで胸を)かきむしる.

쥐어-박다 [tʃwiɔbakt'a チュイオバクタ] 他 (こぶしで)小突く; 強く突き当てる; 殴る ¶볼때기를 ~ [polt'ɛgirul ~ ポルッテギルル ~] ほっぺたを殴る / 옆구리를 ~ [jɔpk'urirul ~ ヨプクリルル ~] わき腹を小突く.

쥐어-짜다 [tʃwiɔtʃ'ada チュイオッチャダ] 他 ① 絞る; 絞り上げる ¶타월을 ~ [tʰaworul ~ タウォルル ~] タオルを絞る[絞り上げる] ② (しきりに)せがむ; せびる; ねだる ¶돈 달라고 ~ [to:n dallago ~ トーン ダルラゴ ~] 金をせがむ[せびる] ③ 絞り出す ¶치약을 ~ [tʃʰijagul ~ チヤグル ~] 歯みがきを絞り出す ④ 絞り上げる ¶세금을 ~ [se:gumul ~ セーグムル ~] 税金を絞り上げる ⑤ (頭を)絞る.

쥐어-흔들다 [tʃwiɔhundulda チュイオフンドゥルダ] 他 ㄹ語幹 ① つかみ揺すぶる ¶멱살을 ~ [mjɔks'arul ~ ミョクサルル ~] 胸ぐらをつかみ揺すぶる ② ほしいままに牛耳る ¶회사를 ~ [hwe:sarul ~ フェーサルル ~] 会社をほしいままに牛耳る.

쥐엄-쥐엄 [tʃwiɔmdʒwiɔm チュイオムジュイオム] 感 (幼子に)にぎにぎをさせる時にかける語; にぎにぎ.

쥐여-지내다 [tʃwijɔdʒinɛda チュイヨジネダ] 自 (人に)押えつけられて暮らす= **쥐여 살다** [tʃwijɔ salda チュイヨ サルダ] ㄹ語幹 ¶마누라에게 ~ [ma:nuraege ~ マーヌラエゲ ~] かかあ天下だ; 奥さんの尻に敷かれている.

쥐-오르다 [tʃwiorɯda チュイオルダ] 自 (手足が)けいれんを起こす; しびれが来る; こむら返りを起こす.

쥐이다 [tʃwiida チュイイダ] 1 自 受動 握られる ¶손에 ~ [sone ~ ソネ ~] 手に握られる 2 他 使役 握らせる ¶아이에게 연필을 ~ [aiege jɔnpʰirul ~ アイエゲ ヨンピルル ~] 子供に鉛筆を握らせる.

쥐-잡듯 (이) [tʃwidʒapt'ut (ji) チュイジャプトゥッ(シ)] 副 하形 (ネズミを捕るようにの意)逃さずに; 残さず; くまなく ¶~ 잡아내다 [~ tʃ'abanɛda ~ チャバネダ] くまなく検挙する.

쥐죽은-듯하다 [tʃwidʒugun duthada チュイジュグン ドゥッタダ] 形 여変 ① (ネズミが死んだようだの意から)しんとする; 静まり返っている ¶장내는 ~ [tʃaŋnɛnun ~ チャンネヌン ~] 場内はしんとして物音ひとつしない ② (驚きや恐れのため)息を殺す **—듯이** [duʃi ドゥシ] 副 しんと; 息を殺して ¶~ 조용하다 [~ tʃoɔŋhada ~ チョヨンハダ] しんと静まり返っている.

쥐치 [tʃwitʃʰi チュイチ] 名 〈魚〉カワハギ.

쥐-포 [—脯] [tʃwipʰo チュイポ] 名 カワハギ(皮剝)の干物.

쥘-손 [tʃwi:lsʰon チュイールソン] 名 取っ手; つまみ; 耳 ¶냄비의 ~ [nɛmbie ~ ネムビエ ~] なべのみみ / 문의 ~ [mune ~ ムネ ~] ドアの取っ手.

즈봉 [dʒubɔŋ ジュボン] 名 ズボン.

즈음 [tʃuum チュウム] 依名 ころ; 際; とき; 折 ¶요~ 한 동안 [jo (dʒuum) handoŋan チュウム ハンドンアン] 近ごろしばらく **—하다** [hada ハダ] 自 여変 臨む; 際する; 当たる ¶이별(離別)에 ~하여 [ibjɔre ~hajo イビョル ~-ハヨ] 別れに臨んで[際して].

***즉** [即] [tʃuk チュク] 副 すなわち; 言い換えれば; つまり ¶서울, ~ 한국의 수도 [soul, ha:ŋuge sudo ソウル, ~ ハーングゲ スド] ソウルすなわち韓国の首都.

즉각 [即刻] [tʃuk'ak チュクカク] 名 副 即刻; 直ちに; すぐ; 即座に; ='즉시'(即時) ¶~ 해결하다 [(tʃuk'a) kʰɛgjɔrhada ~ ケーギョルハダ] 即刻[すぐ]解決する.

즉답 [即答] [tʃukt'ap チュクタプ] 名 하他 即答; 直答 ¶~을 피하다 [(tʃukt'ab)ul pʰi:hada (チュクタ)ブル ピーハダ] 即答を避ける. 「即売.

즉매 [即賣] [tʃuŋmɛ チュンメ] 名 하他

즉사 [即死] [tʃuks'a チュクサ] 名 即死 ¶차에 받혀 ~했다 [tʃʰae patʃʰʰɛt'a チャエ パッチョ ~ヘッタ] 車にはねられて即死した.

즉석 [即席] [tʃuks'ɔk チュクソク] 名 即席; 即座(に); その場(で) ¶~에서 해치우다 [(tʃuks'ɔg)esɔ hɛtʃʰiuda (チュクソ)ゲソ ヘーチウダ] その場でやっ

て退ける **―식품**[ʃˈikpʰum シクプム] 图 インスタント食品. **―연설**[(tʃuks'ʌŋ)njʌnsʌl (チュクソン)ニョーンソル] 图 即席演説. **―요리**[((tʃuks'ʌŋ)njori (チュクソン)ニョリ] 图 即席料理; インスタント料理.

***즉시**[即時][tʃuksʼi チュクシ] **1** 图 即時; 即刻; すぐその時; その場 ¶ 그 ~에는[kɯ ~enɯn ク ~エヌン] すぐその時には **2** 圖 即時に; すぐに; 直ちに; 次第 ¶ ~ 오너라[~ onʌra ~ オノラ] すぐ来い/~ 서라[~ sʌra ~ ソラ] 直ちに止まれ.

즉일[即日][tʃɯgil チュギル] 图 即日; すぐその日; 当日 ¶~ 시행[~ ʃiːhɛŋ ~ シーヘン] 即日施行.

즉효[即效][tʃɯkʰjo チュクキョ] 图 即効 ¶~약[~jak ~ヤク] 即効薬.

즉후[即後][tʃɯkʰu チュクク] 图 直後.

즉흥[即興][tʃɯkʰɯŋ チュククン] 图 即興 **―곡**[gok ゴク] 图 即興曲 **―극**[gɯk グク] 图 即興劇 **―적**[dʒʌk ジョク] 图冠 即興的; 場当りの ¶ ~인 답변[~-(dʒʌg)in tapˈpjʌn ~-(ジョ)ギン タプピョン] 場当たり的な答弁.

즐거움[tʃɯlgʌum チュルゴウム] 图 楽しみ; 楽しさ; 慰み; 快楽 ¶독서의 ~[toks'ɔe ~ トクソエ ~] 読書の楽しみ/인생의 ~[insɛŋe ~ インセンエ ~] 人生の快楽.

***즐겁다**[tʃɯlgʌpˈtˈa チュルゴプタ] 形ㅂ変 ① 楽しい; 愉快だ ¶즐거운 가정[tʃɯlgʌun kadʒʌŋ チュルゴウン カジョン] 楽しい家庭/즐거운 한 때[tʃɯlgʌun han t'ɛ チュルゴウン ハン ッテ] 愉快なひととき ② うれしい ¶즐거운 비명[tʃɯlgʌun piːmjʌŋ チュルゴウン ピーミョン] うれしい悲鳴 **즐거워-하다**[tʃɯlgʌwʌhada チュルゴウォハダ] 他 楽しがる **즐거-이**[tʃɯlgʌi チュルゴイ] 圖 楽しく; 喜んで; 快く ¶~ 놀았다[~ norat'a ~ ノラッタ] 楽しく遊んだ.

***즐기다**[tʃɯlgida チュルギダ] 他 楽しむ; 好む; エンジョイする; (…に)親しむ ¶ 인생을 ~[insɛŋɯl ~ インセンウル ~] 人生を楽しむ[エンジョイする]/자연을 ~[tʃajʌnɯl ~ チャヨヌル ~] 自然に親しむ/술을 ~[surul ~ スルル ~] 酒を好む; 酒をたしなむ/즐겨 먹다[tʃɯlgjʌ mʌktˈa チュルギョ モクタ] 好んで食べる/꽃을 ~[kˈotʰɯl ~ ッコチュル ~] 花を愛でる[愛する].

즐비-하다[櫛比―][tʃɯlbihada チュルビハダ] 形 櫛比ʂ°する; 整然と並んでいる ¶약방이 ~[jakpˈaŋi ~ ヤクパンイ ~] 薬局がずらりと並んでいる.

즙[汁][tʃɯp チュプ] 图 汁 ¶레몬~[remon(dʒɯp) レモン(ジュプ)] レモンの汁; レモンジュース/무~[muː(dʒɯp) ムー(ジュプ)] 大根下ろし **―내다**[(tʃɯm)nɛda (チュム)ネダ] 他 (絞って)汁を出す.

***증가**[增加][tʃɯŋga チュンガ] 图 하自他 増加 ¶자연 ~[tʃajʌn (dʒɯŋga) チャヨン (ジュンガ)] 自然増加.

증감[增減][tʃɯŋgam チュンガム] 图 하自他 増減 ¶수입의 ~[suibe ~ スイベ ~] 収入の増減.

증강[增强][tʃɯŋgaŋ チュンガン] 图 하他 増強 ¶체력의 ~[tʃʰerjʌge ~ チェリョゲ ~] 体力の増強.

***증거**[證據][tʃɯŋgʌ チュンゴ] 图 証拠; 証ぁ゙゙ ¶~를 잡다[~rɯl tʃaptˈa ~ルル チャプタ] 証拠をとらえる/사랑의 ~[saraŋe ~ サランエ ~] 愛の証 **―능력**[nɯŋnjʌk ヌンニョク] 图 証拠能力 **―물**[mul ムル] 图 証拠物(件) **―인멸**[湮滅][inmjʌl インミョル] 图 証拠隠滅.

증권[證券][tʃɯŋkˈwʌn チュンクォン] 图 証券 **―거래소**(去來所)[gʌːrɛso ゴーレソ] 图 証券取引所.

증기[蒸氣][tʃɯŋgi チュンギ] 图 蒸気.

***증대**[增大][tʃɯŋdɛ チュンデ] 图 하自他 増大 ¶수출의 ~[sutʰure ~ スチュレ ~] 輸出の増大.

***증명**[證明][tʃɯŋmjʌŋ チュンミョン] 图 하他 証明; 証ぁ゙ ¶현장 부재 ~[hjʌːndʒaŋ budʒɛ (dʒɯŋmjʌŋ) ヒョーンジャン ブジェ (ジュンミョン)] 現場不在証明; アリバイ(alibi).

증발[蒸發][tʃɯŋbal チュンバル] 图 하自 蒸発 ¶물의 ~[mure ~ ムレ ~] 水の蒸発/배우가 ~했다[pɛuga (tʃɯŋbar)hɛtˈa ペウガ ~ヘッタ] 俳優が蒸発した[行方をくらました].

증빙[證憑][tʃɯŋbiŋ チュンビン] 图 하自他 証憑ʂ゙゙; 証拠 **―서류**[sʌrju ソリュ] 图 証拠書類.

증산[增産][tʃɯŋsan チュンサン] 图 하他 増産 **―계획**[geːhwek ゲーフェク] 图 増産計画. 「状; 症候.

증상[症狀][tʃɯŋsaŋ チュンサン] 图 症

증세[症勢][tʃɯŋse チュンセ] 图 病勢;

증손[曾孫] [tʃɯŋson チュンソン] 名 曾孫ミゥン; ひまご; ひ孫 **―녀**(女) [njʌ ニョ] 名 女のひ孫; ひまご娘.

증식[增殖] [tʃɯŋʃik チュンシク] 名 하自 増殖 ¶자산의 ～[tʃasane ～ チャサネ ～] 資産の増殖.

증액[增額] [tʃɯŋɛk チュンエク] 名 하他 増額 ¶예산의 ～[je:sane ～ イェーサネ ～] 予算の増額.

증언[證言] [tʃɯŋʌn チュンオン] 名 하他 証言 ¶목격자의 ～[mok'jʌktʃ'ae ～ モクキョクチャエ ～] 目撃者の証言.

증여[贈與] [tʃɯŋjʌ チュンヨ] 名 하他 贈与 ¶～를 받다[～rul pat'a ～ルル パッタ] 贈与を受ける.

증오[憎惡] [tʃɯŋo チュンオ] 名 하他 憎悪 ¶～심[～ʃim ～シム] 憎悪の念.

증인[證人] [tʃɯŋin チュンイン] 名 証人 ¶～으로 세우다[～uro seuda (チュンイ)ヌロ セウダ] 証人に立てる.

증정[贈呈] [tʃɯŋdʒʌŋ チュンジョン] 名 하他 贈呈. **│증정**[增訂] 名 하他 増訂.

증정[增訂] [tʃɯŋdʒʌŋ チュンジョン]

증진[增進] [tʃɯŋdʒin チュンジン] 名 하自他 増進 ¶학력의 ～[haŋnjʌge ～ ハンニョゲ ～] 学力の増進.

증회[贈賄] [tʃɯŋhwe チュンフェ] 名 하自 贈賄 **―죄**[tʃ'we チュェ] 名 贈賄罪.

증후[症候] [tʃɯŋhu チュンフ] 名 症候 ¶홍역(紅疫)의 ～[honjʌge ～ ホンヨゲ ～] はしかの症候 **―군**[gun グン] 名 症候群; シンドローム.

*****지** [dʒi ジ] 依存 …(して)から; …(して)以来 ¶헤어진 ～ 3년[heʌdʒin ～ samnjʌn ヘオジン ～ サムニョン] 別れて3年; 訣別スヌスヘツ以来3年.

-지[¹] [dʒi ジ] 接尾 漬け物の意 ¶짠～[tʃ'an～ ッチャン～] 大根の塩漬け/오이～[oi～ オイ～] キュウリの漬け物.

-지[²] [tʃi チ] 語尾 ① 〈否定の語を伴って〉…ない ¶좋～ 않다[tʃo:(tʃʰ)i～ antʰa チョーッ(チ)～ アンタ] よくない/먹～ 못하다[mʌk(tʃ')i mo:tʰada モㇰ～ モータダ] 食べられない ② 〈2つのことを比べて〉…で; …であって ¶감귤이～ 오렌지가 아니다[kamdʒuri(dʒi)～ orendʒiga anida カムギュリ(ジ) オレ ンジガ アニダ] ミカンであって, オレンジではない ③ 〈前の内容を強める〉 ¶보면 알겠～[pomjʌn a:lge(tʃ')i～ ポミョン アールゲッ～] 見たらわかるだろう ④ 〈勧告〉 ¶같이 먹～[katʃʰi mʌk(tʃ')i～ カチ モㇰ～] 一緒に食べようや ⑤ 〈反語〉 ¶그는 누구～?[kɯnun nugu(dʒi) クヌン ヌグ(ジ)] 彼は誰かね / 밖은 춥～[pak'un tʃʰup(tʃ')i～ パックン チュプ～] 外は寒いだろう.

지각[知覺] [tʃigak チガㇰ] 名 하他 ① 知覚; 感覚; 神経 ¶～이 마비되다[(tʃigag)i ma:bidweda (チガギ)マービドゥェダ] 知覚[神経]が麻痺する ② 分別すること; 物心 ③ 理解すること; 感じ取ること **―나다**[(tʃigan)nada (チガン)ナダ] 自 物心[分別]がつく ¶～-날 나이[～-nal lai ～ナㇽ ライ] 分別のつく年ごろ **―들다**[tʃ'ulda トゥルダ] 自 分別がつく **―머리**[(tʃigan)-mʌri (チガン)モリ] 名 '지각'の卑語 ¶～없다[～ʌpt'a ～オㇷ゚タ] ちっとも分別がつかない= '지각없다'の卑語 **―없다**[(tʃigag)ʌpt'a チガゴㇷ゚タ] 存 分別がない ¶～-없는 행동(行動)[(tʃigag)ʌmnun hɛndoŋ チガゴㇺヌン ヘンドン] 無分別なふるまい **―없이**[(tʃigag)-ʌpʃ'i チガゴㇷ゚シ] 副 無分別に.

지각[遲刻] [tʃigak チガㇰ] 名 하自 遅刻 ¶～생[～s'ɛŋ ～セン] 遅刻生.

*****지갑**[紙匣] [tʃigap チガㇷ゚] 名 財布 ¶가죽 ～[kadʒuk (tʃ'igap) カジュㇰ ～] 革の財布.

*****지게** [tʃige チゲ] 名 背負子ショゥィし; チゲ ¶～를 지다[～rul tʃida ～ルㇽ チダ] 背負子を背負う **―꾼**[k'un ックン] 名 背負子で荷物を運ぶ作業員 **―질**[dʒiㇽ ジㇽ] 名 하自 背負子で荷物を運ぶこと **―차**(車) [tʰa チャ] 名 フォークリフト(forklift)

지겟-작대기 [tʃige tʃ'akt'ɛgi チゲッチャㇰテギ] 名 背負子のつっかい棒.

지겹다 [tʃigjʌpt'a チギョㇷ゚タ] 形 ㅂ変 こりごりする; うんざりする; 飽き飽きする; 退屈になる ¶보기만 해도 ～[pogiman hɛ:do ～ ポギマン ヘード ～] 見ただけでもうんざりする.

*****지경**[地境] [tʃ'igjʌŋ] チギョン] 名 ① 地

境 ② 立場; 羽目; 状況 ¶파산할 ~에 이르다[pʰa:sanhal ~e iruda パーサンハル ~エ イルダ] 破産の羽目に陥る ③ …でたまらない ¶더워서 죽을 ~이다[tɔwɔsɔ tʃugul ~ida トウォ ジュグル ~イダ] 暑くてたまらない ④ …ほどだ ¶말이 안 나올 ~이다[ma:ri annaol ~ida マーリ アンナオル ~イダ] 言葉が出ないほどだ.

*지구[地球][tʃigu チグ] 图 地球 ―의[i イ] 图 地球儀 ―촌[tʃʰon チョン] 图 地球村.

*지구[地區][tʃigu チグ] 图 地区 ¶주택 ~[tʃu:tʰɛk (tʃ'igu) チューテク ~] 住宅地区. ― 图 持久力.

지구-력[持久力][tʃigurjɔk チグリョク]

지그시[tʃiguɕi チグシ] 副 ① そっと ¶손을 ~ 잡다[sonul ~ tʃapt'a ソヌル ~ チャプタ] 手をそっと握る ② 静かに ¶― 눈을 감다[~ nunul ka:mt'a ヌヌル カーㇺタ] 静かに目をつむる ③ じっと ¶아픔을 ~ 참다[apʰumul ~ tʃʰa:mt'a アプムル ~ チャーㇺタ] 痛みをじっとこらえる.

*지극[至極][tʃiguk チグク] 图[하]形 至極; 最上; 誠を尽くすこと ¶정성(精誠)이 ~하다[tʃɔŋsɔŋi (tʃ'igu)kʰada チョンソンイ ~カダ] 至誠の限りを尽くす/~한 사랑[(tʃigu)kʰan saraŋ ~カン サラン] この上もない寵愛${}^{ちょう}_{あい}$ ―히[(tʃigu)kʰi キ] 副 至極に; この上なく ¶― 당연하다 ~ taŋjɔnhada ~ タンヨンハダ] 至極当然である.

지근-거리다[tʃigunɡɔrida チグンゴリダ] 自他 ① うるさくねだる; しつこくせがむ ¶돈 달라고 ~[to:n dallaɡo ~ トーン ダルラゴ ~] 金をせがむ ② (ガムなどを)くちゃくちゃかむ ③ (頭が)ずきずきと痛む.

지근덕-거리다[tʃiɡundɔk'ɔrida チグンドッコリダ] 自他 ねちねちとつきまとう; しきりにうるさくねだる; しつこくせがむ ¶~-거리며 따라다니다[~-k'ɔrimjɔ t'aradanida ~-コリミョ ッタラダニダ] ねちねちとつきまとう.

지글-거리다[tʃiɡulɡɔrida チグルゴリダ] 自 ① じりじりとたぎる; 煮詰まる ② (熱病などで体が)かっかとほてる ③ (不安などで)じりじりする; いらいらす る; やきもきする 지글-지글[tʃiɡul-dʒiɡul チグルジグル] 副 自[自] ぐつぐつ; じりじり ¶된장국이 ~ 끓다 [twe:ndʒaŋk'uɡi ~ k'ultʰa トウェーンジャンクギ ~ ックルタ] みそ汁がぐつぐつと煮え立つ.

*지금[只今][tʃiɡum チグㇺ] 1 图 今 ¶~까지[~-k'adʒi ~ッカジ] 今まで/~쯤[~ tʃ'um ッチュㇺ] 今ごろ 2 副 今すぐ; ただ今 ¶― 출발합니다[~ tʃʰulbarhamida ~ チュルバルハムニダ] 今すぐ出発します ―껏[k'ɔt ッコッ] 副 (今の)今まで; 今だに; 今に至るまで; 今もって ¶― 대답(對答)이 없다[~-(k'ɔ) t'ɛ:dabi ɔpt'a ~-テーダビ オㇷ゚タ] 今だに返事がない.

*지급[支給][tʃigup チグㇷ゚] 图[하]能 支給; 支払い ¶여비의 ~[jɔbie ~ ヨビエ ~] 旅費の支給 / 제복을 ~하다[tʃe:boɡul (tʃ'iɡu)pʰada チェーボグル ~パダ] 制服を支給する ―기한[k'ihan キハン] 图 支払期限 ―능력[(tʃiɡum) nuŋnjɔk (チグㇺ) ヌンニョㇰ] 图 支払能力 ―명령[(tʃiɡum) mjɔŋnjɔŋ (チグㇺ) ミョンニョン] 图 支払命令 ―보증[(tʃiɡu) p'o:dʒuŋ ポージュン] 图 支払保証 ―불능[(tʃiɡu)p'u:lluŋ プールルン] 图 支払不能 ―액[(tʃiɡub)ɛk (チグベㇰ) 图 支給額 ―어음[(tʃiɡum)ɔum (チグ)ホウㇺ] 图 支払手形 ―인[(tʃiɡub) in (チグ ビン)] 图 支給人; 支払人 ―조건[tʃ'ok'ɔn チョコン] 图 支払条件.

지급[至急][tʃiɡup チグㇷ゚] 图[하]形[여조] 至急; 火急 ¶~을 요하다[(tʃiɡub)ul johada (チグㇷ゚)ル ヨハダ] 至急[火急]を要する.

지긋지긋-하다[tʃiɡutʃ'iɡutʰada チグッチグッタダ] 形[여조] ① 飽き飽きする; 愛想が尽きる; うんざりする; こりごりする ¶보기만 해도 ~[poɡiman hɛ:do ~ ポギマン ヘード ~] 見ただけでもうんざりする ② 残酷だ; ひどい ¶~-했던 생활[~-tʃ'atʔnot sɛŋhwal ~-テットン センファル] ひどかった生活 지긋지긋-이[(tʃiɡutʃ'iɡu)ɕi (チグッチグ)シ] 副 うんざりするほど.

지긋-하다[tʃiɡutʰada チグッタダ] 形 かなり年輩で落ち着いている ¶나이가 ~-한 신사[naiɡa (tʃiɡu)tʰan ɕi:nsa ナイガ ~-タン シーンサ] かなりの年配の紳士; (貫禄${}^{かん}_{ろく}$がある)中年の紳士.

-지기[dʒiɡi ジギ] 接尾 (番人の意) ¶문~[mun~ ムン~] 門番 / 등대~[tuŋdɛ~ トゥンデ~] 灯台守.

*지껄-이다 [tʃik'ɔrida チッコリダ] 自 口をたたく; しゃべりまくる ¶쓸데없는 말을 ~[s'ult'eomnun ma:rul ~ ッスルテオムヌン マールル ~] 無駄口をたたく / 멋대로 ~ [mɔt'ɛro ~ モッテロ ~] 口まかせにしゃべる.

*지나-가다 [tʃinagada チナガダ] **1** 自 過ぎる ①通る, 過ぎて行く ¶버스가 ~ [bɔsuga ~ ボスガ ~] バスが通る ②経る; 経つ ¶~-간 세월(歲月) [~-gan se:wɔl ~ガン セーウォル ~] 過ぎ(去った)年月 ③(期限などが)過ぎる ¶기한이 ~ [kihani ~ キハニ ~] 期限が切れる **2** 他 ①通り過ぎる ¶숲을 ~ [suphul ~ スプル ~] 森を通り過ぎる ②(立ち寄らないで)素通りする ¶문앞을 ~ [munaphul ~ ムナプル ~] 門前を素通りする.

*지나다 [tʃinada チナダ] **1** 自 ①(時が)経つ; 経る; 過ぎ去る ¶시간이 ~ [ʃigani ~ シガニ ~] 時間が経つ ②(期限などが)過ぎる; 越す ¶기한이 ~ [kihani ~ キハニ ~] 期限が過ぎる **2** 他 通る, 通り過ぎる; 通って行く ¶길을 ~ [kirul ~ キルル ~] 道を通って行く / 지나는 길에 들르다 [tʃinanun kire tullɯda チナヌン キレ トゥルルダ] 通りかけ[通りがかり]に立ち寄る **지나지 않다** [tʃinadʒi antha チナジ アンタ] 自 …に過ぎない ¶임시 방편에 ~ [imʃi baŋphjone ~ イムシ バンピョネ ~] 臨時の方便に過ぎない.

지나-다니다 [tʃinadanida チナダニダ] 他 通る; 往来する; 往き来する ¶한 길에 ~-다니는 사람들 [hangire ~-daninun sa:ramdul ハンギレ ~-ダニヌン サーラムドゥル] 大通りを往来する人々.

지나-오다 [tʃinaoda チナオダ] 自他 ①過ぎて来る; 通って来る ¶학교 앞을 ~ [hak'jo aphul ~ ハクキョ アプル ~] 学校の前を(素)通って来る ②経験する; 歩んで来る ¶~-은 발자취 [~-on paltʃ'atʃhwi ~-オン パルチャチュイ] 歩んで[生きて]来た足跡.

*지나치다 [tʃinatʃhida チナチダ] 自他 形 ①度が過ぎる; 度を越す ¶욕심(慾心)이 ~ [jokʃ'imi ~ ヨクシミ ~] 欲張り過ぎる / 지나치게 공부하다 [tʃinathige koŋbuhada チナチゲ コンブハダ] 勉強をやり過ぎる / 지나친 행동 [tʃinatʃhin hɛndoŋ チナチン ヘンドン] 度を越した行動 ②通り過ぎる ¶극장 앞을 ~ [kukktʃ'aŋaphul ~ ククチャンアプル ~] 劇場の前を通り過ぎる / 한 정거장 ~ [han dʒɔŋgɔdʒaŋ ~ ハン ジョンゴジャン ~] 一駅乗り越す.

지난 [tʃinan チナン] 接頭 過ぎた; 先; 前 **—날** [nal ナル] 名 過ぎし日[日々] ¶~-의 추억(追憶) [~-(nar)e tʃhuɔk ~-(ナ)レ チュオク] 過ぎし日の思い出 **—달** [dal ダル] 名 先月; 前の月 **—밤** [bam バム] 名 ゆうべ; 昨晩; 昨夜 **—번** [bon ボン] 名 この前; この間; 先ごろ ¶~ 모임에서 [~ moimesɔ ~ モイメソ] この間の会合で **—주** [dʒu ジュ] 名 先週 **—해** [hɛ ヘ] 名 昨年; 去年.

지날-결 [tʃinalk'jol チナルキョル] 名 通りがけ; 通りすがり ¶~-에 들르다 [~-k'jore tullɯda ~キョレ トゥルルダ] 通りがけに立ち寄る.

지남-철[指南鐵] [tʃinantʃhɔl チナムチョル] 名 磁石='자석'(磁石).

*지내다 [tʃi:nɛda チーネダ] **1** 自 ①過ごす; 暮らす ¶행복하게 ~ [hɛ:ŋbokhage ~ ヘーンボクハゲ ~] 幸福に暮らす ②交わる; つきあう ¶가깝게 ~ [kak'apk'e ~ カッカプケ ~] 親しくつきあう ③見過ごす; 見逃す ¶다 웃고 지내자 [ta: u:tk'o tʃi:nɛdʒa ター ウッコ チーネジャ] 皆笑って暮らそう; (大したことじゃないのに)皆笑って見逃そう[すまそう] **2** 他 ①(ある経験を)経る ¶기자를 지낸 사람 [kidʒarul tʃi:nɛn sa:ram キジャルル チーネン サーラム] 記者上がりの人 ②(冠婚葬祭を)執り行う; 挙げる ¶장사(葬事) ~ [tʃa:ŋsa (dʒi:nɛda) チャーンサ (ジーネダ)] 葬式を行なう.

지내-듣다 [tʃi:nɛdɯt'a チーネドゥッタ] 他 [ㄷ変] 聞き流す; 聞き捨てる ¶그의 항의를 ~ [kɯe ha:ŋirul ~ クエ ハーンイルル ~] 彼の抗議を聞き流す.

지내-보다 [tʃi:nɛboda チーネボダ] 他 ①(人に)つきあってみる; (物事に)経験してみる ¶사람은[일은] ~-보지 않고는 모른다 [sa:ramun[i:run] ~-bodʒi ankhonun morunda サーラムン[イールン] ~-ボジ アンコヌン モルンダ] 人は[物事は]つきあってみなければ[経験しなくては]わからない ②(気をつけずに)ぼんやりと見過ごす ¶무심

히 ~[muʃimi ~ ムシミ ~] (無関心なことなので)何気なく見過ごす.

지네 [tʃine チネ] 名 〈動〉ムカデ(百足).

지느러미 [tʃinɯrəmi チヌロミ] 名 (魚などの)ひれ ¶가슴 ~[kasɯm (dʒinɯrəmi) カスム(ジヌロミ)] 胸びれ/등 ~[tɯŋ (dʒinɯrəmi) トゥン(ジヌロミ)] 背びれ/꼬리 ~[k'ori (dʒinɯrəmi) ッコリ(ジヌロミ)] 尾びれ.

-지는 [tʃinɯn チヌン] 接尾 …(する)ことは ¶죽~ 않는다 [tʃuk (tʃ'inɯn) annɯnda チュク~ アンヌンダ] 死にはしない/먹~ 못한다 [mɔk (tʃ'inɯn) mo:tʰanda モク~ モータンダ] 食べることはできない; 食べられない.

지능 [知能] [tʃinɯŋ チヌン] 名 知能 ¶~이 높다[낮다][~i nopt'a[nat'a] ~イ ノプタ[ナッタ]] 知能が高い[低い] **—검사** [gə:msa ゴームサ] 名 知能検査 **—지수** [dʒisu ジス] 名 知能指数＝アイキュー(IQ).

***지니다** [tʃinida チニダ] 他 ① (物を身につけて)持つ; 保つ ¶돈을 ~[to:nɯl ~ トーヌル ~] 金を持つ; 金を身につける ② (ある事を)覚えている; 抱く; 持つ ¶원한(怨恨)을 ~[wɔ:nhanɯl ~ ウォーンハヌル ~] 恨みを抱く ③ (人格などを)備える; つける ¶덕을 ~[tɔgɯl ~ トグル ~] 徳を備える.

***지다**[1] [tʃida チダ] 自 負ける; 敗れる ¶싸움에 ~[s'aume ~ ッサウメ ~] 戦に負ける[敗れる]; けんかに負ける.

***지다**[2] [tʃida チダ] 自 ① (日が)暮れる; 沈む; 傾く ¶해가 ~[hɛga ~ ヘガ ~] 日が暮れる/달이 ~[tari ~ タリ ~] 月が傾く (落ちる) ② 散る ¶꽃이 ~[k'otʃʰi ~ ッコッチ ~] 花が散る ③ 取れる; 落ちる; 消える ¶때가 ~[t'ɛga ~ ッテガ ~] 垢がぬける[取れる] ④ 目立つ ¶모가 ~[moga ~ モガ ~] 角が立つ; 角張る ⑤ 流れ出る ¶눈물 ~[nunmul (dʒida) ヌンムル(ジダ)] 涙が流れ出る; 涙ぐむ.

***지다**[3] [tʃida チダ] 他 ① 背負う; 担う ¶짐을 ~[tʃimɯl ~ チムル ~] 荷を負う/등에 ~[tɯŋe ~ トゥンエ ~] 後ろにかつぐ; 背負う ② 負う ¶빚을 ~[pidʒɯl ~ ピジュル ~] 借金を負う/책임을 ~[tʃʰɛgimɯl ~ チェギムル ~] 責任を負う ③ 被る; 着る ¶신세를 ~[ʃinseɾɯl ~ シンセルル ~] 世話[厄介]になる; 面倒をかける.

***지다**[4] [dʒida ジダ] 自 ① (…)なる ¶원수 ~[wɔ:nsu~ ウォーンス~] 仇[敵]になる/장마(가) ~[tʃaŋma (ga) - ~ チャンマ(ガ) 長雨になる ② できる; 生ずる ¶그늘~[kɯnɯl~ クヌル~] 陰が生ずる/얼룩 ~[ɔlluk (tʃ'ida) オルルク(チダ)] むらが生じる; 染みができる; 染みがつく.

***지다**[5] [dʒida ジダ] 補動 ① …なる ¶예뻐~[je:p'ɔ~ イェーッポ~] 美しくなる/미워~[miwɔ~ ミウォ~] みにくくなる/넘어~[nɔmɔ~ ノモ~] 倒れる/높아~[nopʰa~ ノパー~] 高くなる ② …られる ¶주어~[tʃuɔ~ チュオ~] 与えられる/느껴~[nɯk'jɔ~ ヌッキョ~] 感じられる.

-지다 [tʃida チダ] 接尾 …だ; …である; …ている ¶기름~[kirum (dʒida) キルム(ジダ)] 脂っこい; 地味が肥えている/값~[kap (tʃ'ida) カプ~] 高価だ; 高貴である/멋~[mɔ (tʃ'ida) モッ~] すてきだ; 立派である.

지당 [至当] [tʃidaŋ チダン] 名 하形 하副 至当; ごく当然であること ¶~한 처사(處事) [~han tʃʰɔ:sa ~ハン チョーサ] 至当な仕打ち/~한 말씀 [~han ma:ls'ɯm ~ハン マールッスム] ごもっともなお言葉.

지대 [至大] [tʃidɛ チデ] 名 하形 至大 ¶~한 공헌 [~han ko:ŋhɔn ~ハン コーンホン] 至大なる貢献.

지대 [地帶] [tʃidɛ チデ] 名 地帯 ¶산악~ [sanak (tʃ'idɛ) サナク~] 山岳地帯.

***지도** [地圖] [tʃido チド] 名 地図; マップ.

***지도** [指導] [tʃido チド] 名 하他 指導 ¶학습 ~ [haks'ɯp (tʃ'ido) ハクスプ~] 学習指導 **—교수** [gjo:su ギョース] 名 指導教授 **—력** [rjɔk リョク] 名 指導力 **—자** [dʒa ジャ] 名 指導者.

***지독-하다** [至毒—] [tʃidokʰada チドクカダ] 形 여熟 쓰熟 하副 極めて[とても]ひどい; ものすごい; 猛烈だ; 残酷だ ¶~-한 사람 [~-kʰan sa:ram ~-カン サーラム] 残酷な人/~-한 구두쇠 [~-kʰan kuduswe ~-カン クドゥスェ] ひどいしみったれ.

지랄 [tʃiral チラル] 名 하自 ① 分別のない気まぐれな言動 ¶미친 ~ [mitʃʰin ~ ミチン ~] 気がふれたまね/~을 떨다 [(tʃirar)ɯl t'ɔ:lda (チラ)ルル ットールダ] 気がふれたまねを演ずる ② ばかなまね; ばか騒ぎ ¶~-하고 있네

[(tʃirar)hago inne ～ハゴ インネ] ばかなまねをしているね; ばかなまねはするな —**발광**(發狂) [balgwaŋ パルグァン] 名 하자 気が狂うこと; 発狂すること; 荒れ狂うこと ¶그는 ～하며 …[kɯnɯn ～hamjə クヌン ～ハミョ] 彼は荒れ狂ったように(ののしった) —**병**(病) [pʼjəŋ ピョン] 名 俗 〈医〉精神障害.

지렁이 [tʃirəŋi チーロンイ] 名 〈動〉ミミズ ¶～도 밟으면 꿈틀한다[～do palbɯmjən kʼɯmtʰɯrhanda ～ド パルブミョン ックムトゥルハンダ] 諺 ミミズも踏めばうごめく; 一寸の虫にも五分の魂.

지레¹ [tʃire チレ] 名 てこ =**지렛대** [tʃiretʼɛ チレッテ].

지레² [tʃire チレ] 副 前もって; 先だって; あらかじめ ¶～ 겁을 먹다[～ kəbul məktʼa ～ コブル モクタ] 事に先だって怯える —**김치**[gimtʃʰi ギムチ] 名 (越冬用のキムチに先だって漬ける)早めに食べるキムチ —**짐작**(斟酌) [dʒimdʒak ジムジャク] 名 하타 早合点; 早のみ込み; 勝手に推量すること ¶～으로 낭패보다[～-(dʒimdʒag)ɯro napʰɛboda ～-(ジムジャ)グロ ナンペボダ] 早とちりする /—하고 매점(買占)하다[～-(dʒimdʒa)kʰago mɛːdʒəmhada ～カゴ メージョムハダ] (物価が上がると)見越して買い占める.

지뢰[地雷] [tʃirwe チルェ] 名 地雷 —**발**[bat バッ] 名 地雷原 —**탐지기**[tʰamdʒigi タムジギ] 名 地雷探知機.

*지루-하다 [tʃiruhada チルハダ] 形 여변 退屈だ; 飽き飽きする; うんざりする ¶～한 여행[～-han njəhɛŋ ～-ハン ニョヘン] 退屈な旅行 /～한 연설[～-han njəːnsəl ～-ハン ニョーンソル] うんざりする演説.

*지르다¹ [tʃirɯda チルダ] 他 르변 ① 突く; 挿す; 刺す ¶비녀를 ～[pinjərul ～ ピニョルル ～] かんざしを挿す ② 差す ¶빗장을 ～[pitsʼaŋul ～ ピッチャンウル ～] かんぬきを差す[通す・掛ける] ③ 近道する ¶길을 질러가다[kirul tʃilləgada キルル チルロガダ] 近道して行く ④ 起こらせる; つける ¶불을 ～[purul ～ プルル ～] 火をつける[放つ] ⑤ 賭ける ¶관에 돈을 ～[pʰane toːnul ～ パネ トーヌル ～] ばくち[ポット]に金を賭ける.

*지르다² [tʃirɯda チルダ] 他 르변 大声を張り上げる; 叫ぶ ¶소리를 ～[sorirul ～ ソリルル ～] 声を上げる; 大声を出す / 비명을 ～[piːmjəŋul ～ ピーミョンウル ～] 悲鳴を上げる / 고함을 ～[kohamul ～ コハムル ～] 大声で叫ぶ[怒鳴る].

지르르 [tʃirɯrɯ チルル] 하形 副 ① つやつや; すべすべ ¶윤기가 ～ 흐르는 머리[juːnkʼiga ～ hɯrɯnɯn məri ユーンキガ ～ フルヌン モリ] つやつやしい髪 ② びりびり ¶온 몸이 ～하다 [oːn moni ～hada オーン モミ ～ハダ] 全身がびりびりする.

-지를 [dʒirul ジルル] 語尾 (否定・禁止の語を伴う)…では(ない) ¶보～ 마라 [po～ mara ポ～ マラ] 見るな.

지름 [tʃirɯm チルム] 名 〈数〉直径; 差し渡し —**길** [kʼil キル] 名 近道; 早道 ¶한국어[조선어] 학습의 ～ [haːnguɡə[tʃosənə] haksʼɯbe ～ ハーングゴ[チョソノ] ハクスベ ～] 韓国語[朝鮮語]学習の近道.

*지리[地理] [tʃiri チリ] 名 地理 ¶～에 밝다[어둡다] [～-e paktʼa[əduptʼa] ～エ パクタ[オドゥプタ]] 地理に明るい[不案内だ].

지리다 [tʃirida チリダ] **1** 他 (大小便をこらえきれず)漏らす; 垂れる; 失禁する **2** 形 小便臭い ¶지린 냄새가 난다[tʃirin nɛːmsɛga nanda チリン ネームセガ ナンダ] **지린-내** [tʃirinnɛ チリンネ] 名 小便臭いにおい.

*-지마는 [dʒimanɯn ジマヌン] 語尾 …(だ)が; …けれど し; =-**지만** [dʒiman ジマン] ¶먹기는 하～[məkʼinɯn ha～ モクキヌン ハ～] 食べるのは食べるんだが / 키는 크～[kʰinɯn kʰɯ～ キヌン ク～] 背は高いが.

지망[志望] [tʃimaŋ チマン] 名 하타 志望 ¶～자[～-dʒa ～-ジャ] 志望者.

지면[知面] [tʃimjən チミョン] 名 하자 ① 初対面で知り合いになること ② 顔見知り; 顔なじみ; 面識 ¶～이 있는 사이[～-i innɯn sai(チミョ)ニ インヌン サイ] 顔見知りの間柄.

지명[知名] [tʃimjəŋ チミョン] 名 하形 知名 ¶～도가 높다[～-doga noptʼa ～ドガ ノプタ] 知名度が高い.

지명[指名] [tʃimjəŋ チミョン] 名 하타 指名; 名指し ¶～을 받다[～-ul patʼa ～ウル パッタ] 指名を受ける; 指

지목[指目] [tʃimok チモク] 名 하他 指目; 目星をつけること ¶범인으로 ~하다 [pɔ:minuro ~hada ポーミヌロ ~カダ] 犯人だと目星をつける.

지문[指紋] [tʃimun チムン] 名 指紋 ¶~ 찍다 [~ tʃ'ikt'a ~ッチクタ] 指紋を押す/~을 채취(採取)하다 [~ul tʃʰɛ:tʃʰwihada (チム) ヌル チェーチュイハダ] 指紋をとる[押捺ゕゔする].

지물-포[紙物鋪] [tʃimulpʰo チムルポ] 名 紙屋(壁紙・オンドル紙・障子紙などを売る店).

지반[地盤] [tʃiban チバン] 名 地盤 ① 地面; (建築物の)土台 ¶~이 약하다 [~i jakʰada (チバ)ニ ヤクハダ] 地盤がゆるい ② 根拠; 足場 ¶선거의 ~ [sɔ:ŋɡɔe ~ ソーンゴエ ~] 選挙の地盤.

＊**지방**[地方] [tʃibaŋ チバン] 名 地方 ¶산악 ~ [sanak (tʃ'ibaŋ) サナク ~] 山岳地方/~ 학교 [~ hak'jo ~ ハクキョ] 田舎の学校 **一법원**(法院) [bɔbwɔn ボブォン] 名 地方裁判所 = **지법**(地法) [tʃibɔp チボプ] **一색** [sɛk セク] 名 地方色, ローカルカラー **一의회** [uihwe ウィフェ] 名 地方議会.

지방[脂肪] [tʃibaŋ チバン] 名 脂肪 **一과다증** [ɡwa:datsʼuŋ グァーダチュン] 名 脂肪過多症 **一세포** [se:pʰo セーポ] 名 脂肪細胞.

＊**지배**[支配] [tʃibɛ チベ] 名 하他 支配 ¶천하를 ~하다 [tʃʰɔnharul ~hada チョンハルル ~ハダ] 天下を支配する **一계급** [ɡeɡup ゲグプ] 名 支配階級 **一인** [in イン] 名 支配人; マネージャー.

지부럭-거리다 [tʃiburɔk'ɔrida チブロクコリダ] 他 からかう; じらして苦しめる; いじめる ¶공연히 ~ [kɔŋjɔni ~ コンヨニ ~] わけもなくいじめる.

지분-거리다 [대다] [tʃibunɡɔrida [dɛda] チブンゴリダ [デダ]] 自他 意地悪くからかう; 嫌がらせをする ¶여자한테 ~ [jɔdʒahantʰe ~ ヨジャハンテ ~] 女をからかう; 女に嫌がらせをする.

＊**지불**[支拂] [tʃibul チブル] 名 하他 支払い ¶현금으로 ~하다 [hjɔ:nɡɯmuro (tʃibur)hada ヒョーングムロ ~ハダ] 現金で支払う **一기일** [ɡiil ギイル] 名 支払期日 **一기한** [ɡihan ギハン] 名 支払期限 ¶~이 다됐다 [넘었다]

[~i ta:dwɛt'a [nɔtʃ'emɔt'a] ~ (ギハ)ニ タードゥェッタ [ノモッタ]] 支払期限が迫っている [過ぎている] **一인** [(tʃibur)in (チブ)リン] 名 支払人.

＊**지붕** [tʃibuŋ チブン] 名 ① 屋根 ¶기와 [초가(草家)] ~ [kiwa [tʃʰoɡa (dʒibuŋ)] キワ [チョガ] (ジブン)] かわら[わら]ぶきの屋根/~을 이다 [~ul i:da ~ウル イーダ] 屋根をふく ② 覆い.

지사[支社] [tʃisa チサ] 名 支社 ¶~에 근무하다 [~e ku:nmuhada ~エ クーンムハダ] 支社勤務をする.

지상[地上] [tʃisaŋ チサン] 名 地上 ¶~ 30층의 고층 빌딩 [~ samʃiptʃʰɯŋ kotʃʰɯŋ bildiŋ ~ サムシプチュンエ コチュンビルディン] 地上30階の高層ビル/~ 낙원 [~ naɡwɔn ~ ナグォン] 地上の楽園.

지상[紙上] [tʃisaŋ チサン] 名 紙上 ¶~에 보도되다 [~e po:dodweda ~ エ ボードゥェダ] 紙上に報道される.

지-새다 [tʃisɛda チセダ] 1 自 夜が明ける ¶지새는 달 [tʃisɛnun tal チセヌンタル] 有明の月 2 他 ='지새우다'.

지-새우다 [tʃisɛuda チセウダ] 他 (一睡もしないで)夜を明かす; 夜明かしをする ¶뜬눈으로 밤을 ~ [t'unnun-uro pamul ~ ットゥンヌヌロ パムル ~] まんじりともせず一夜を明かす/밤새 울며 ~ [pams'e u:lmjɔ ~ パムセウールミョ ~] 一晩を泣き明かす.

지성[知性] [tʃisɔŋ チソン] 名 知性 **一미** [mi ミ] 名 知性美 **一인** [in イン] 名 知性人.

지성[至誠] [tʃisɔŋ チソン] 名 하形 至誠; この上ない真心 ¶~껏 [~k'ɔt ~ッコッ] 副 真心をこめて; 至誠を尽くして; 精いっぱい ¶~ 부모님을 모시다 [~ pumonimul mo:ʃida ~ プモニムル モーシダ] 真心をこめて父母に仕える **一감천**(感天) [ɡa:mtʃʰɔn ガームチョン] 名 하他 至誠に天が感動すること.

＊**지시**[指示] [tʃiʃi チシ] 名 하他 指示 ¶~를 어기다 [~rul ɔɡida ~ルル オギダ] 指示を背く.

＊**지식**[知識] [tʃiʃik チシク] 名 知識 ¶해박한 ~ [hɛbakʰan ~ ヘバクハン ~] 該博な知識 **一계급** [k'eɡɯp ケグプ] 名 知識階級; インテリゲンチア・インテリ **一산업** [s'a:nɔp サーノプ] 名 知識産業 **一인** [(tʃiʃiɡ)in (チシ)ギン] 名 知識人 **一층** [tʃʰɯŋ チュン] 名

知識層; インテリ.

지신[地神] [tʃiʃin チシン] 名 地の神 **―밟기**[ba:pk'i パープキ] 名 〈民〉 地神祭り(陰暦正月15日前後に地神を慰めて年中無事を祈願する行事).

지아비[tʃiabi チアビ] 名 ① (目上の人に対して)自分の夫を卑下して言う語 ② 昔, お手伝い女性の夫の称.

지어-내다[tʃiɔnɛda チオネダ] 他 作り[こしらえ]出す; 考え出す; でっち上げる ¶문장을 ~[mundʒaŋul ~ ムンジャンウル ~] 文章を作り出す / 거짓말을 ~[kɔːdʒinmarul ~ コージンマルル ~] 話をでっち上げる.

지어미[tʃiɔmi チオミ] 名 (目上の人に)自分の妻を卑下して言う語; 賤妻.

지업-상[紙業商] [tʃiɔps'aŋ チオプサン] 名 紙の生産や売買をする業者; 紙屋.

*__지역__[地域] [tʃiiɔk チヨク] 名 地域 ¶오염 ~[oːjɔm (dʒiɔk) オーヨム (ジヨク)] 汚染地域 **―대표**[t'ɛːpʰjo テーピョ] 名 地域代表 **―방어**[p'aŋɔ パンオ] 名 地域防御; ゾーンディフェンス **―사회**[s'ahwe サフェ] 名 地域社会.

지연[遅延] [tʃiiɔn チヨン] 名 遅延 ¶지금이 ~되었다[tʃigumbi ~ dweɔt'a チグビ ~ ドゥェオッタ] 支払いが遅延された **―이자**[利子] [iːdʒa (チヨ) ニージャ] 名 遅延利息 **―작전**[dʒaktʃʔɔn ジャクチョン] 名 遅延作戦 **―하다**[hada] 自他 遅延する; 引き延ばす.

*__지옥__[地獄] [tʃiok チオク] 名 地獄 ¶교통 ~[kjotʰoŋ (dʒiok) キョトン (ジオク)] 交通地獄 / 시험 ~[ʃihɔm (dʒiok) シホム (ジオク)] 試験地獄.

-지요[dʒijo ジヨ] **・-지**[dʒi ジ] 語尾 …ま[で]しょう; …ますか; …ますよ ¶누구~?[nugu ~ ヌグ~] どなたですか / 아, 좋~[aː, tʃoːtʃʰi (jo) アー, チョーッチ(ヨ)] ああ, いいですとも / 함께 가~[hamk'e ka~ ハムッケ カ~] 一緒に行きましょう.

*__지우개__[tʃiugɛ チウゲ] 名 ① 消しゴム ② 字消し(黒板ふきなど).

지우다¹[tʃiuda チウダ] 他 ① (なかったものを)あらしめる; なす ¶그늘을 ~[kunurul ~ クヌルル ~] 陰をなす[つくる・投じる] ② 特徴づける ¶인상~[insaŋ (dʒiuda) インサン (ジウダ)] 印象づける / 특징을 ~[tʰukdʒiŋul ~ トゥクチンウル ~] 特徴づける.

지우다²[tʃiuda チウダ] 他 ① 絶つ; 引

き離す ¶숨을 ~[suːmul ~ スームル ~] 息を絶つ; 死ぬ ② 落とす; こぼす; たらす ¶눈물을 ~[nunmurul ~ ヌンムルル ~] 涙をこぼす[たらす].

*__지우다³__[tʃiuda チウダ] 他 ① なくす; 消す; 落とす ¶글씨를 ~[kɯlʃʔirul ~ クルッシルル ~] 字を消す / 때를 ~[t'ɛrul ~ ッテルル ~] 垢を落とす[流す・取る] ② 中絶する.

지우다⁴[tʃiuda チウダ] 他 負わす; 背負わす; =지다³[tʃida チダ]「負う; 背負う」の使役形 ¶짐[책임]을 ~[tʃim tʃʰɛgim]ul ~ チ[チェギ]ムル ~] 荷[責任]を負わす / 빚을 ~[pidʒul ~ ピジュル ~] 借金を負わせる.

지원[支援] [tʃiwɔn チウォン] 名 하他 支援 ¶~ 단체[~ dantʃʰe ~ ダンチェ] 支援団体.

지원[志願] [tʃiwɔn チウォン] 名 하他 志願 ¶~자[~dʒa ~ジャ] 志願者 / ~서[~sɔ ~ソ] 志願書.

*__지위__[地位] [tʃiwi チウィ] 名 地位 ¶높은 ~[nopʰun ~ ノプン ~] 高い地位.

「作者.

지은-이[tʃiɯni チウニ] 名 著者; (著)

*__지장__[支障] [tʃidʒaŋ チジャン] 名 支障, 差し障り; 差し支え ¶~이 있다[없다][~i it'a[ɔːpt'a] ~ イ イッタ[オープタ]] 差し支えがある[ない] / ~이 생기다[~i sɛŋgida ~ イ センギダ] 差し支えが生じる; 支障が出る.

지장[指章] [tʃidʒaŋ チジャン] 名 指印; 爪印; 拇印ᵇᵒ ¶~을 찍다[~ul tʃik't'a ~ ウル ッチクタ] 拇印を押す.

지장-보살[地藏菩薩] [tʃidʒaŋbosal チジャンボサル] 名 〈仏〉 地蔵(菩薩ᵇᵒ).

지저귀다[tʃidʒɔgwida チジョグィダ] 自 ① さえずる; (鳥が鳴く ¶종달새가 ~[tʃɔŋdalsʔɛga ~ チョンダルセガ ~] ヒバリがさえずる ② (子供たちが)ぺちゃくちゃぺちゃ; しきりにしゃべりまくる.

*__지저분-하다__[tʃidʒɔbunhada チジョブンハダ] 形 여변 ① 汚らわしい; むさくるしい; きたならしい; みだらだ ¶~-한 이야기[~-han nijagi ~-ハン ニヤギ] 下卑た話 / ~-한 차림[~-han tʃʰarim ~-ハン チャリム] むさくるしい身なり ② 取り乱れて[散らかって]いる; 雑然と[ごちゃごちゃ]している ¶~-한 거리[~-han kɔri ~-ハン コリ] 雑然とした通り.

지적[知的] [tʃitʃʔɔk チチョク] 冠 知

的 **―소유권**[s'o:juk'wən ソーユクゥォン] 名 知的所有権.

***지적-하다**[指摘―][tɕidʑɔkʰada チヂョクカダ] 他 指摘する；指す ¶ 결점을 ～[kjəltɕ'əmul ～ キョルチョムル ～] 欠点を指摘する.

***지점**[支店][tɕidʑəm チヂョム] 名 支店 ¶ ～ 근무(勤務)[～ gɯ:nmu ～ グームム] 支店詰め／～장[～dʑaŋ ～ジャン] 支店長.

***지점**[地點][tɕidʑəm チヂョム] 名 地点 ¶ 통과[반환(返還)] ～[tʰoŋgwa[paːnhwan] (dʑidʑəm) トングァ[パーンファン] (ジジョム) 通過[折り返し]地点.

지정[指定][tɕidʑəŋ チヂョン] 名 하他 指定 ¶ ～석[～sək ～ソㇰ] 指定席.

지조[志操][tɕidʑo チヂョ] 名 志操；(固い)操 ¶ ～를 지키다[～rɯl tɕikʰida ～ルルチキダ] 操を立てる[守る].

지중-해[地中海][tɕidʑuŋhɛ チヂュンヘ] 名〈地〉地中海 **―성 기후**[s'əŋ gihu ソン ギフ] 地中海性気候.

지지[tɕidʑi チジ] 名 感 (幼児に言う)汚いよ＝ ¶ ～다[～da ～ダ] ばっちい.

***지지**[支持][tɕidʑi チジ] 名 하他 支持 ¶ ～자[～dʑa ～ジャ] 支持者.

지지[遲遲][tɕidʑi チジ] 名 하形 遅々；のろのろ ¶ ～한 진행상황[～han tɕiːnhɛŋsaŋhwaŋ ～ハン チーンヘンサンファン] 遅々たる進行状況 **―부진**(不進)[budʑin ブジン] 名 하動 遅々として進まないこと ¶ 일이 ～하다[iːri ～hada イーリ ～ハダ] 仕事が遅々として進まない.

지지난[tɕidʑinan チジナン] **―달**[dal ダル] 名 前々月；先々月 **―밤**[bam バム] 名 一昨晩；おとといの夜[晩] **―번**[bən ボン] 名 この前の前；先般 **―주**[dʑu ジュ] 名 先々週 **―해**[hɛ ヘ] 名 一昨年；先々年；おととし.

지지다[tɕidʑida チジダ] 他 ①(水を少し入れて)煮つめる ②(鉄板に油をひいて)焼く；煎る；いためる ¶ 계란을 ～[keranɯl ～ ケラヌル ～] 卵を煎りつける ③焦がす；焼く ¶ 환부를 ～[hwaːnburɯl ～ ファーンブル ～] 患部を焼く **지지고 볶다**[tɕidʑigo bokt'a チジゴ ボクタ] 1 慣 ①(人を)いびる[痛めつける] ②(髪を)縮らす；パーマをかける 2 他 (食べ物を)煮たり煎[炒]たりする **지지든-볶든**[tɕidʑidɯn bokt'ɯn チジドゥン ボクトゥン]

慣 煮て食おうと焼いて食おうと ¶ ～ 마음대로 해라[～ mauɯmdɛro hɛːra ～ マウㇺデロ ヘーラ] 煮て食おうと焼いて食おうと勝手にしろ.

지지리[tɕidʑiri チジリ] 副 ひどく；あきれるほど；えらく ¶ ～ 고생(苦生)만 하는구나[～ kosɛŋman hanɯːnguna ～ コセンマン ハヌングナ] えらい苦労ばかりしているね／～ 못난 놈[～ moːnnan nom ～ モーンナン ノㇺ] ろくでなし；でくの坊.

지지-배배[tɕidʑibɛbɛ チジベベ] 副 ヒバリの鳴き声；ピーチクパーチク(と).

***지진**[地震][tɕidʑin チジン] 名 地震 ¶ ～피해[～ pʰiːhɛ ～ ピーヘ] 地震の被害 **―해일**(海溢)[hɛːil ヘーイル] 名 津波.

지짐-이[tɕidʑimi チジミ] 名 魚・貝・肉・ネギなどを小麦粉に溶いてフライパンで焼いたものの総称；チヂミ；鉄板焼き；＝'부침개'.

지참[持參][tɕitɕʰam チチャム] 名 하他 持参 ¶ 도시락 ～[toɕirak tɕ'itɕʰam) トシラク ～] 弁当持参 **―금**[gɯm グㇺ] 名 持参金.

지척[咫尺][tɕitɕʰɔk チチョㇰ] 名 咫尺；ごく近い距離 ¶ ～ 지간[～ tɕ'igan ～ チガン] 咫尺の間.

지체[tɕitɕʰe チチェ] 名 門閥や伝来の社会的地位；家柄；体面；威信 ¶ ～ 높은 집안 자식(子息)[～ nopʰun tɕiban dʑaɕik ～ ノプン チバン ジャシㇰ] 誇り高い家柄[名門・名家]の息子.

지체[遲滯][tɕitɕʰe チチェ] 名 하自他 遅滯 ¶ 공사가 ～되다[koŋsaga ～dweda コンサガ ～ドゥェダ] 工事が遅れる **―없이**[ɔps'i オプシ] 副 直ちに；滞りなく；さっそく；透かさず ¶ ～ 철수(撤收)하다[～ tɕʰɔlsʼuhada ～ チョルスハダ] さっさと引き揚げる／～ 지불하다[～ tɕibulhada ～ チブルハダ] 滞りなく支払う.

***지출**[支出][tɕitɕʰul チチュㇽ] 名 하他 支出；出費 ¶ ～을 억제(抑制)하다[(tɕitɕʰur) ɯl ɔktɕ'ehada (チチュㇽ)ルル オクチェハダ] 支出を抑える.

***지치다**[1][tɕitɕʰida チーチダ] 自 くたびれる；弱り切る；疲れる；疲れ果てる；へばばる ¶ 기다림에 ～[kidarime ～ キダリメ ～] 待ち倦もぐ；待ちくたびれる／지친 얼굴[tɕitɕʰin ɔlgul チーチン オㇽグㇽ] 疲れた顔.

지치다[2][tɕitɕʰida チーチダ] 他 (雪・氷

지침[指針] [tʃitʃʰim チチム] 名 指針 ¶~서 [~sɔ ~ソ] 指針書; 手引き.

지키다 [tʃikʰida チキタ] 他 ① 見張る; 番をする ¶짐을 ~ [tʃimul ~ チム ~] 荷物を見張る / 집을 ~ [tʃibul ~ チブル ~] 留守番をする ② 守る; 保つ; 持する; 立てる; 全うする ¶비밀을 ~ [pi:mirul ~ ピーミルル ~] 秘密を守る / 지조(志操)를 ~ [tʃidʒorul ~ チジョルル ~] 操を立てる / 체면을 ~ [tʃʰemjɔnul ~ チェミョヌル ~] 体面を保つ / 분수를 ~ [pu:nsurul ~ プーンスルル ~] 身のほどをわきまえる ③ 守る; 遵守する ¶약속을 ~ [jaks'ogul ~ ヤクソグル ~] 約束を守る **지켜-보다** [tʃikʰjɔboda チキョボダ] 他 見守る; 見つめる; 見届ける ¶임종(臨終)을 ~ [imdʒoŋul ~ イムジョンウル ~] 最期[臨終]を見届ける.

지탄[指彈] [tʃitʰan チタン] 名 하他 指弾; 非難; そしり ¶세상의 ~을 받다 [se:saŋe ~ul pat'a セーサンエ(チタ) ヌル パッタ] 世の指弾を受ける.

지탱-하다[支撐—] [tʃitʰɛŋhada チテンハダ] 自他 長い間支える; 持ちこたえる ¶한 집안의 살림을 ~ [han dʒibane sallimul ~ ハン ジバネ サルリムル ~] 一家の暮らしを支える.

***지팡이** [tʃipʰaŋi チパンイ] 名 杖 ¶~를 짚고 걷다 [~rul tʃipk'o kɔ:t'a ~ルル チプコ コッタ] 杖をついて歩く.

지퍼 [dʒipʰɔ ジポ] zipper 名 ジッパー〈商標名〉; ファスナー(fastener); チャック(chack)〈商標名〉.

지평-선[地平線] [tʃipʰjɔŋsɔn チピョンソン] 名 地平線 ¶~ 너머 [~ nɔmɔ ~ ノモ] 地平線のかなた.

***지폐**[紙幣] [tʃipʰe チペ] 名 紙幣; 札 ¶~ 뭉치 [~ muŋtʃʰi ~ ムンチ] 札束.

지푸라기 [tʃipʰuragi チプラギ] 名 わらくず.

지피다 [tʃipʰida チピダ] 他 (かまどに薪を入れて)火をくべる; たきつける ¶장작을 ~ [tʃaŋdʒagul ~ チャンジャグル ~] 薪をたきつける.

***지하**[地下] [tʃiha チハ] 名 地下 **—경제** [gjɔŋdʒe ギョンジェ] 名 地下経済 **—공작** [goŋdʒak ゴンジャク] 名 地下工作 **—도** [do ド] 名 地下道 **—상가** [saŋga サンガ] 名 地下の商店街 **—수** [su ス] 名 地下水 **—실** [ʃil シル] 名 地下室 **—자원** [dʒawɔn ジャウォン] 名 地下資源 **—조직** [dʒodʒik ジョジク] 名 地下組織 **—철** [tʰɔl チョル] 名 地下鉄 **—층** [tʰuŋ チュン] 名 地階 ¶~의 매점 [~e mɛ:dʒɔm ~エ メージョム] 地下の売店.

지향[志向] [tʃihjaŋ チヒャン] 名 하自他 志向; 意向 ¶통일을 ~하다 [tʰo:ŋirul ~hada トーンイルル ~ハダ] 統一を志向する.

지향[指向] [tʃihjaŋ チヒャン] 名 하自他 指向 ¶기술 입국을 ~하다 [kisuripk'ugul ~hada キスリプクグル ~ハダ] 技術立国を目指す **—없다** [ɔpt'a オプタ] 形 定めがない; 当てがない ¶~-없는 인생 [~-ɔmnun insɛŋ ~オムヌン インセン] 定めない人生 **—없이** [ɔpʃ'i オプシ] 副 定めなく; 当てもなく ¶~ 걷다 [~ kɔ:t'a ~ コッタ] 当てなしに歩く.

***지혜**[智慧・知慧] [tʃihe チヘ] 名 知恵 ¶~를 모으다[빌리다] [~rul mouda[pillida] ~ルル モウダ[ピルリダ]] 知恵を合わせる[借りる] **—로이** [roi ロイ] 副 賢く; 賢明に **—롭다** [ropt'a ロプタ] 形 ㅂ変 知恵がある; 賢い ¶~-로운 사람 [~-roun sa:ram ~-ロウン サーラム] 知恵のある人.

지화자 [tʃihwadʒa チファジャ] 感 歌舞の調子に乗って[勝負に勝って]唱えるはやしことば[歌声].

지휘[指揮] [tʃihwi チフィ] 名 하他 指揮; 指図 ¶오케스트라를 ~하다 [o:kʰesutʰuɾarul ~hada オーケストゥラルル ~ハダ] オーケストラを振る[指揮する] **—관** [gwan グァン] 名 指揮官 **—권** [k'wɔn クォン] 名 指揮権 **—명령** [mjɔ:ŋnjɔŋ ミョーンニョン] 名 指揮命令 **—봉** [boŋ ボン] 名 指揮棒; タクト ¶~을 흔들다 [~ul hundulda ~ウル フンドゥルダ] タクトを振る **—자** [dʒa ジャ] 名 〈楽〉指揮者; コンダクター.

직[職] [tʃik チク] 名 職 ¶여러 ~을 전전하다 [jɔrɔ (dʒig)ul jɔndʒɔ:nhada ヨロ(ジ)グル チョンジョンハダ] いろいろな職を転々とする.

직각[直角] [tʃik'ak チクカク] 名 〈数〉直角 **—삼각형** [samgakʰjɔŋ サムガク

キョン] 图 直角三角形.
직-거래[直去來][tʃik'ɔrɛ チクコレ] 图 하자타 直取り引き. 「工場勞動者.
직공[職工][tʃik'oŋ チクコン] 图 工員;
직능[職能][tʃiŋnɯŋ チンヌン] 图 職能 **—급**[gɯp グプ] 图 職能給 **—대표제**[dɛ:pʰjodʒe デーピョジェ] 图 職能代表制.
직매[直賣][tʃiŋmɛ チンメ] 图 하타 直売 ¶ 산지 ~[sa:ndʒi (dʒiŋmɛ) サーンジ(ジンメ)] 産地直売 **—점**[dʒɔm ジョム] 图 直売店 **—품**[pʰum プム] 图 直売品.
직면[直面][tʃiŋmjɔn チンミョン] 图 하자타 直面 ¶ 위험에 ~하다[wihome ~hada ウィホメ ~ハダ] 危険に直面する.
직무[職務][tʃiŋmu チンム] 图 職務; 仕事; 勤め ¶ ~ 태만[~ tʰɛman ~ テマン] 職務怠慢.
직물[織物][tʃiŋmul チンムル] 图 織物 ¶ ~을 짜다[(tʃiŋmur)ɯl tʃ'ada (チンム)ルルッチャダ] 織物を織る.
직방[直放][tʃikp'aŋ チクパン] 图 效き目が直ちに現われること ¶ ~으로 낫는다[~uro nannɯnda ~ウロ ナンヌンダ] (この薬を飲めば)すぐ治る.
직배[直配][tʃikp'ɛ チクペ] 图 하타 直配 ¶ 산지 ~[sa:ndʒi (dʒikp'ɛ) サーンジ(ジクペ)] 産地直配.
직분[職分][tʃikp'un チクプン] 图 職分; 役目; 分 ¶ ~을 다 하다[~ɯl ta:hada (チクプ)ヌル ター ハダ] 分を尽くす; 役目を果たす.
직선[直線][tʃiks'ɔn チクソン] 图 直線 ¶ ~을 긋다[~ɯl kɯt'a (チクソ)ヌル クッタ] 直線を引く **—거리**[gɔ:ri ゴーリ] 图 直線距離.
직성[直星][tʃiks'ɔŋ チクソン] 图 年齢によってその人の運勢をつかさどるという九つの星 **—(이)풀리다**[(i)pʰullida (イ)プルリダ] (なっかなっ て)気がすむ; 満足する ¶ ~이 풀릴 때까지 이야기하다[~i pʰullil t'ɛk'adʒi ijagihada ~イ プルリル ッテッカジ イヤギハダ] 気がすむまで話し合う.
직송[直送][tʃiks'oŋ チクソン] 图 하타 直送 ¶ 산지 ~[sa:ndʒi (dʒiks'oŋ) サーンジ(ジクソン)] 産地直送.
직업[職業][tʃigɔp チゴプ] 图 職業; 稼業; 職 ¶ ~을 구하다[(tʃigɔb)ɯl ku-hada (チゴ)ブル クハダ] 職を求める

—교육[k'jo:juk キョーユク] 图 職業教育 **—병**[pjɔŋ ピョン] 图 職業病 **—선수**[s'ɔ:nsu ソーンス] 图 職業選手; プロの選手 **—소개소**[s'o-gɛso ソゲソ] 图 職業紹介所 **—여성**[(tʃigɔm) njɔsɔŋ (チゴム) ニョソン] 图 職業女性[婦人] **—의식**[(tʃigɔb)-ɯi:ʃik (チゴ)グィーシク] 图 職業意識 **—훈련**[(tʃigɔ)pʰu:lljɔn プールリョン] 图 職業訓練.
직영[直營][tʃigjɔŋ チギョン] 图 하자타 直営 ¶회사 ~의 식당[hwe:sa (dʒi-gjoŋ)e ʃikt'aŋ フェーサ (ジギョン)エ シクタン] 会社直営の食堂.
직원[職員][tʃigwɔn チグォン] 图 職員 ¶ 사무 ~[sa:mu (dʒigwɔn) サーム(ジグォン)] 事務職員.
직장[職場][tʃikt'ʃaŋ チクチャン] 图 職場; 勤め口; 勤め先 ¶ ~ 결혼[~ gjɔrhon ~ ギョルホン] 職場結婚 / ~을 바꾸다[~ɯl pak'uda ~ウル パックダ] 勤め先を変える / ~에 나가다[~e nagada ~エ ナガダ] 勤めに出かける.
직전[直前][tʃikt'ʃɔn チクチョン] 图 直前 ¶ 출발 ~[tʰulbal (tʃ'ikt'ʃɔn) チュルバル ~] 出発直前[間際].
직접[直接][tʃikt'ʃɔp チクチョプ] **1** 图 直接 ¶ 사고의 ~ 원인[sa:goe (tʃik-tʃ'ɔb) wɔnin サーゴエ (チクチョ)ブォニン] 事故の直接原因 **2** 副 直接(に); じきじき; 直ぢに ¶ ~ 듣다[~ t'ɯt'a ~ トゥッタ] 直接聞く / ~ 전하다[~ tʃ'ɔnhada ~ チョナダ] 直に伝える **—담판**[t'ampʰan タムパン] 图 하자타 直接[直]談判; 直談 ¶ 사장과 ~하다[sadʒaŋgwa ~hada サジャングァ ~ハダ] 社長と直接談判[直談]する.
직책[職責][tʃikt'ʃʰɛk チクチェク] 图 職責; 役 ¶ ~을 다하다[(tʃikt'ʃʰɛg)ɯl ta:-hada (チクチェ)グル ターハダ] 職責を果たす / ~을 맡다[(tʃikt'ʃʰɛg)ɯl mat'a (チクチェ)グル マッタ] 役を受け持つ.
직통[直通][tʃikt'ʰoŋ チクトン] 图 하타 ① 直通 ② (薬が) すぐ効くこと **—전화**[dʒɔ:nhwa ジョーンファ] 图 直通電話.
-직하다[dʒikʰada ジクカダ] **1** 接尾 여변 …のようだ; …(し)そうだ; …らしく見える; …(する)であるく動詞形語尾'ㅁ'に付く〉 ¶ 먹음~[mɔgɯm~ モグム~] おいしそうだ / 있음~[is'ɯm ~ イッスム~] ありそうだ **2** 接尾 여변 かなり[相当]…であるく形容詞の

직함[職銜][tʃikham チクカム] 图 肩書き ¶회장의 ~[hweːdʒaŋe ~ フェージャンエ ~] 会長の肩書き.

직행[直行][tʃikhεŋ チケン] 图하自 直行 ¶~ 열차[~ njəltʃha ~ ニョルチャ] 直行列車 / ~ 버스[~ bəsɯ ~ ボス] ノンストップバス.

***직후**[直後][tʃikhu チクフ] 图 直後; すぐあと ¶조반 ~[tʃoban (dʒikhu) チョバン (ジクフ)] 朝飯の直後.

진[津][tʃin チーン] 图 脂; 소나무[송] ~[sonamu[soŋ](dʒin) ソナム[ソン] (ジン)] 松脂 / 담배의 ~[tambεe ~ タームベエ ~] タバコの脂[ニコチン].

진[陣][tʃin チン] 图 陣 ¶배수 ~[pεːsu (dʒin) ペース(ジン)] 背水の陣 / ~을 치다[~ɯl tʃhida (チ) ヌル チダ] 陣[陣営]を張る / 보도 ~[poːdo (dʒin) ポード(ジン)] 報道陣.

진[dʒiːn ジーン] 图 ジーンズ(jeans) ¶블루 ~[bɯllu~ ブルー~] ブルージーンズ.

-진[dʒin ジン] 略〈否定語の意味を強調〉…では(ない); …くは(ない); ='-지는' ¶좋~ 않다[tʃoː(tʃhin) antha チョーッ(チン) アンタ] よくはない.

진-[tʃin チン] 接頭 ① 「水気のある」の意 ¶~밥[~bap ~バプ] 水気のあるご飯 / ~창[~tʃhaŋ ~チャン] ぬかるみ ② 「濃い」の意 ¶~보라[~bora ~ボラ] 濃い紫 / ~간장[~gandʒaŋ ~ガンジャン] 濃いしょう油.

진가[眞假][tʃinga チンガ] 图 真偽; 真贋 ¶골동품의 ~[kolt'oŋphume ~ コルトンプメ ~] 骨董品の真贋.

진가[眞價][tʃink'a チンカ] 图 真価 ¶~를 발휘하다[~rɯl parhwihada ~ルル パルフィハダ] 真価を発揮する.

진-간장[—醬][tʃingandʒaŋ チンガンジャン] 图 長い間寝かせて濃くなったしょう油; 日増しのしょう油.

진갑[進甲][tʃiːngap チーンガプ] 图 還暦の翌年[満61歳]の誕生日.

진격[進擊][tʃiːngjək チーンギョク] 图自 進擊 ¶~명령[(tʃiːngjəŋ) mjəːŋnjəŋ (チーンギョン) ミョーンニョン] 進擊命令.

진공[眞空][tʃiŋgoŋ チンゴン] 图〈物〉 真空 **—청소기**(淸掃機)[tʃhəŋsogi チョンソギ] 图 真空掃除機; 電気クリーナー **—포장**[phodʒaŋ ポジャン] 图 真空包装; 真空パック.

진-구렁[tʃinguraŋ チングロン] 图 泥沼; ぬかるみ ¶~에 빠지다[~e p'aːdʒida ~エ パージダ] 泥沼にはまり込む; 佾 悪い環境・状態に陥る.

진국[眞—][tʃinguk チングク] 图 ① (水を加えていない)本物の煮汁, またそのような酒やしょう油など ② きまじめな人.

진귀[珍貴][tʃiŋgwi チングィ] 图하形 珍貴; 物珍しいこと ¶~한 선물(膳物)[~han səːnmul ~ハン ソーンムル] 珍しく貴重な贈り物.

진급[進級][tʃiːngɯp チーングプ] 图하自 進級 ¶~이 빠르다[(tʃiːngɯb)i p'aruda (チーンク)ピッパルダ] 進級が早い.

진기[珍奇][tʃingi チンギ] 图하形 珍奇 ¶~한 사전[~han saːk'ən ~ハン サーコン] 珍しい[珍奇な]事件.

진기[珍技][tʃingi チンギ] 图 珍技; 妙技; 珍しい技.

진-날[tʃinnal チンナル] 图 (雨や雪の降る日で)じめじめした日.

진눈-깨비[tʃinnunk'εbi チンヌンッケビ] 图 みぞれ; 雨まじりの雪 ¶~가 오다[~ga oda ~ガオダ] みぞれが降る.

***진단**[診斷][tʃiːndan チーンダン] 图하他 診斷 ¶건강[기업] ~[kəːŋgaŋ (dʒiːndan)[kiəp (tʃiːndan)] コーンガン (ジーンダン)[キオプ (チーンダン)]] 健康[企業]診斷.

***진달래**[tʃindallε チンダルレ] 图〈植〉カラムラサキツツジ **—꽃**[k'ot ッコッ] 图 ツツジの花.

진담[珍談][tʃindam チンダム] 图 珍談; 一話 ¶~으로 웃기다[~ɯro utk'ida (チンタ)ムロ ウッキダ] 珍談で笑わせる.

진담[眞談][tʃindam チンダム] 图 本当の話; 真実の話; 本音 ¶농담을 ~으로 듣다[noːŋdamɯl ~ɯro tɯtt'a ノーンダムル (チンタ)ムロ トゥッタ] 冗談を真に受ける.

진도[進度][tʃiːndo チーンド] 图 進度 ¶~가 더디다[~ga təːdida ~ガトディダ] 進度がおそい.

진도[震度][tʃiːndo チーンド] 图〈地〉震度 ¶~가 강하다[~ga kaŋhada ~ガカンハダ] 震度が強い.

진동[振動] [tʃi:ndoŋ チーンドン] 名 하자 振動 —**공해** [goŋhɛ ゴンヘ] 名 振動公害.

진동-하다[震動—] [tʃi:doŋhada チーンドンハダ] 自他 震動する; 震える; 知れわたる ¶지면이 ～[tʃimʃoni ～ チミョニ ～] 地面が震動する / 명성이 ～[mʃoŋsʃoŋi ～ ミョンソンイ ～] 名声が(都下に)知れわたる[鳴り響く].

진드기[tʃinduɯgi チンドゥギ] 名〈動〉ダニ(壁蝨) =**진디**[tʃindi チンディ].

진득-거리다[tʃinduɯk'ɔrida チンドゥッコリダ] 自① (もちやガムなどが)ねばねばする ② (人の性質が)ねちねちする; しつこい **진득-진득**[tʃinduɯktʃ'induɯk チンドゥックチンドゥック] 副 하자形 ① ねばっこい; ねばねば ¶송진이 묻어 ～하다[soŋdʒini mudɔ ～-(tʃ'induɯ)kʰada ソンジニ ムド ～カダ] (手が)松やにでねばねばしている ② ねちねち ¶～한 아이 [～-(tʃ'induɯ)kʰan ai ～ カン アイ] ねちねちした[しつこい]子供.

진득-하다[tʃinduɯkʰada チンドゥックカダ] 形 여변 ① 粘り気がある ② (態度や行動が)落ち着いている; 我慢づよい ¶그는 언제 봐도 ～[kɯnɯn ɔ:ndʒe bwa:do ～ クヌン オーンジェ ブァード ～] 彼はいつ見ても落ち着いている **진득-이**[tʃinduɯgi チンドゥギ] 副 落ち着いて; じっと ¶아픔을 ～ 참다[apʰumul ～ tʃʰa:mt'a アプムル ～ チャームダ] 痛みをじっとこらえる.

진딧-물[tʃindinmul チンディンムル] 名〈虫〉アブラムシ(油虫) =**진디**[tʃindi チンディ]² ¶～ 내리다[～lɛrida ～ レリダ] アブラムシがつく.

진-땀[津—] [tʃi:nt'am チーンッタム] 名 (苦しいときに出る)脂汗; 冷や汗 ¶～을 빼다[～-ɯl p'ɛ:da (チーンッタ)ムル ッペーダ] 脂汗を流す / ～이 나다[～i nada (チーンッタ)ミ ナダ] 脂汗が出る; 冷や汗をかく.

진-땅[tʃint'aŋ チンッタン] 名 じめじめした地面.

진력[盡力] [tʃi:lljɔk チーッリョク] 名 하자 尽力; 力を尽くすこと ¶입시 공부에 ～하다[ipʃ'igoŋbue (tʃi:lli)kʰada イプシゴンブエ ～カダ] 入試勉強に力を尽くす **—나다**[(tʃi:lljɔŋ)nada (チーッリョン)ナダ] 自 ①(力を出し尽くして)ぐったりする ② うんざりする; 飽き飽きする ¶보기만 해도 ～[pogiman hɛ:do ～ ポギマン ヘード ～] 見ただけでもうんざりする[嫌気が差す].

진로[進路] [tʃi:llo チーッロ] 名 進路; 行く手 ¶태풍의 ～[tʰɛpʰuŋe ～ テプンエ ～] 台風の進路 / 졸업 후의 ～[tʃorɔpʰue ～ チョロプエ ～] 卒業後の進路.

진료[診療] [tʃi:lljɔ チーッリョ] 名 하자他 診療 ¶조기 ～[tʃo:gi (dʒi:lljo) チョーギ (ジーッリョ)] 早期診療.

***진리**[眞理] [tʃilli チッリ] 名 真理 ¶～를 탐구하다[～rul tʰamguhada ～ルル タムグハダ] 真理を探究する.

진-면목[眞面目] [tʃinmjɔnmok チンミョンモク] 名 ① 真面目; 真価 ¶～을 발휘하다[～-(mjɔnmog)ɯl parhwihada ～-(ミョンモ)グル パルフィハダ] 真骨頂[真面目]を発揮するはじめであること; まじめなさま.

진미[珍味] [tʃinmi チンミ] 名 珍味 ¶산해 ～[sanhɛ (dʒinmi) サンヘ (ジンミ)] 山海の珍味.

진-발[tʃinbal チンバル] 名 濡れ足; 泥足.

진-밥[tʃinbap チンバプ] 名 やわらかいご飯; 水っぽいご飯.

진배-없다[tʃinbɛɔpt'a チンベオプタ] 存 異なるところがない; …(も)同然だ; 劣らない ¶새 것이나 ～[sɛgɔʃina ～ セゴシナ ～] 新品と変わりない **진배-없이**[tʃinbɛɔpʃ'i チンベオプシ] 副 (も)同然に; 異なるところなく ¶어제와 ～ 춥다[ɔdʒewa ～ tʃʰupt'a オジェワ ～ チュプタ] 昨日に劣らず寒い.

*** 진보**[進步] [tʃi:nbo チーンボ] 名 하자自 進歩 ¶～적인 사상[～dʒɔgin sa:saŋ ～ジョギン サーサン] 進歩的な思想.

진부-하다[陳腐—] [tʃi:nbuhada チーンブハダ] 形 陳腐だ; 古臭い ¶～-한 표현[～-han pʰjohjɔn ～-ハン ピョヒョン] 陳腐な[古臭い]表現.

진-분홍[津粉紅] [tʃinbunhoŋ チンブンホン] 名 濃い桃色[紅色].

진상[眞相] [tʃinsaŋ チンサン] 名 真相 ¶사건의 ～[sa:k'ɔne ～ サーコネ ～] 事件の真相.

진솔-하다[眞率—] [tʃinsorhada チンソルハダ] 形 真率である; 正直で包み隠し[飾り気]がない ¶～-한 인품(人品)[～-han inpʰum ～-ハン インプム] 真率な人柄.

진수[眞髓] [tʃinsu チンス] 名 神髄[真髄]; エッセンス ¶음악의 ～를 맛보

다[umage ~rul matp'oda ウマゲ ~ルル マッポダ] 音楽の神髄を味わう.

진수-성찬[珍羞盛饌] [tʃinsusəːŋtʃʰan チンスソーンチャン] 图 すばらしいごちそう ¶~을 차려 놓다[~ul tʃʰarjə notʰa ~-(ソーンチャ) ヌル チャリョノッタ] ごちそうをたくさんお膳立てる.

진술-하다[陳述—] [tʃiːnsurhada チーンスルハダ] 他動 陳述する; 述べる ¶ 의견을 ~[uiːgjənul ~ ウィーギョヌル ~] 意見を述べる.

*__진실__[眞實] [tʃinʃil チンシル] 图 形動 真実, 本当; まこと ¶~을 말하다[(tʃinʃir)ul maːrhada (チンシ)ルル マールハダ] 本当を述べる —로[lo ロ] 副 真に; 本当に ¶~ 사랑하다[~ saraŋhada サランハダ] 本当に愛する.

*__진심__[眞心] [tʃinʃim チンシム] 图 真心; 誠意; 本気 ¶~으로 축하하다[~uro tʃʰukʰahada (チンシ)ムロ チュクカハダ] 心から祝う.

진압[鎭壓] [tʃiːnap チーナプ] 图 他動 鎭圧 ¶데모대를 ~하다[demodɛrul (tʃiːna)pʰada デモデルル ~パダ] デモ隊を鎭圧する.

진열[陳列] [tʃiːnjəl チーニョル] 图 他動 陳列 —대[tˈɛ テ] 图 陳列台 —실[ʃil シル] 图 陳列室; ショールーム —장(欌)[tsˈaŋ チャン] 图 陳列棚; ショーケース —창[tʰaŋ チャン] 图 陳列窓; ショーウィンドー; 飾り窓 —품[pʰum プム] 图 陳列品.

진위[眞偽] [tʃinwi チヌィ] 图 真偽 ¶~를 분간하다[~rul punganhada ~ルル プンガンハダ] 真偽を見分ける.

진의[眞意] [tʃini チニ] 图 真意 ¶~를 알고 싶다[~rul aːlgo ʃiptˈa ~ルル アールゴ シプタ] 真意を知りたい.

진입[進入] [tʃiːnip チーニプ] 图 他動 進入 —로[(tʃiːnim)no (チーニム)ノ] 图 進入路 ¶고속 도로의 ~[kosokt'oroe ~ コーソクトーロエ ~] 高速道路の進入路.

진-자리[tʃindzari チンジャリ] 图 ① お産をした場所 ② 赤ん坊の大小便で湿っぽくなった寝床 ③ 人の死んだ場所 ④その場 ¶~에서 해치우다[~esə hɛːtʃʰiuda ~エソ ヘーチウダ] その場でやってしまう.

*__진작__[tʃiːndʒak チーンジャク] 副 ① すでに; とっくに; 以前に; ずっと前に ¶~ 갔어야 했다[(tʃiːndʒa) kˈasˈəja hɛːtˈa ~

~ カッソヤ ヘータ] とっくに行くべきだった ② 前もって; 少し早めに ¶~ 왔으면 만났지[~ waːsˈumjən mannatʃˈi ~ ワッスミョン マンナッチ] もう少し早ければ会えたのに.

진저리[tʃindʒəri チンジョリ] 图 ①(寒さ・恐怖・嫌悪・放尿後などの)震え; 身震い; 胴震い ②こりごり; うんざり —나다[nada ナダ] 自 こりごりする; うんざりする ¶생각만 해도 ~-난다[sɛŋgaŋman hɛːdo ~-nanda センガンマン ヘード ~-ナンダ] 考えただけでもうんざりする —치다[tʃʰida チダ] 自 うんざりして身震いする; 戦慄する; ぞっとする ¶피를 보고 ~-쳤다[pʰirul pogo ~-tʃʰət'a ピルル ポゴ ~-チョッタ] 血を見てぞっと身震いした.

진절-머리[tʃindʒəlməri チンジョルモリ] 图 うんざり; ひどい身震い; '진저리'の強調語 —나다[nada ナダ] 自 うんざりする; 嫌気が差す; 身震いする ¶전화가 길어서 ~-난다[tɕəːnhwa gi kirəsə ~-nanda チョーンファガ キロソ ~-ナンダ] 長電話でうんざりする.

*__진정__[眞正] [tʃindʒəŋ チンジョン] 1 图 形動 真正 ¶~한 민주주의[~han mindʒudʒui ~ハン ミンジュジュイ] 真正なる民主主義 2 副 本当に; まったく ¶~(으로) 그렇습니까?[~-(uro) kurəsˈumnikˈa ~(ウロ) クロッスムニッカ] 本当にそうですか.

*__진정__[眞情] [tʃindʒəŋ チンジョン] 图 真情; 真心 ¶~으로 사랑했다[~uro saraŋhɛtˈa ~ウロ サランヘッタ] 心から愛した.

진정[陳情] [tʃiːndʒəŋ チーンジョン] 图 自動 陳情 ¶정부에 ~하다[tʃəŋbue ~hada チョンブエ ~ハダ] 政府に陳情する —서[sə ソ] 图 陳情書.

진정[鎭定] [tʃiːndʒəŋ チーンジョン] 图 鎭定 —하다[hada ハダ] 他 鎭める; 定める ¶소란(騷亂)을 ~-시키다[soranul ~ʃikʰida ソラヌル ~-シキダ] 騒ぎを鎭める.

진정[鎭靜] [tʃiːndʒəŋ チーンジョン] 图 他自動 鎭靜 ¶흥분을 ~시키다[huŋbunul ~ʃikʰida フンブヌル ~シキダ] 興奮を静める —제[dʒe ジェ] 图 〈醫〉鎭靜剤.

진-종일[盡終日] [tʃiːndʒəŋil チーンジョンイル] 图 副 1日中; 終日; ひねもす ¶~ 놀고 먹다[~ noːlgo məktˈa ~

진주[眞珠][tʃindʒu チンジュ] 名 真珠; パール(pearl). **―목걸이**[mok'ori モクコリ] 名 真珠の首飾り. **―조개**[dʒoge ジョゲ] 名 真珠貝.

***진지**[tʃindʒi チンジ] 名 ご飯; お食事(飯の敬語). **진짓―상**[床][s'aŋ ッサン] 名 お膳. ¶~을 보다[~ɯl poda ~ウル ポダ] (目上の)お膳立てをする.

***진지**[眞摯][tʃindʒi チンジ] 名 하形 真摯;真剣; まじめでひたむきなこと ¶~하게 이야기하다[~hage ijagihada ~ハゲ イヤギハダ] まじめに話す.

***진짜**[眞―][tʃintʃ'a チンッチャ] 名 ① 本物 ¶~ 진주[~ dʒindʒu ~ ジンジュ] 本物の真珠 ② 本当 ¶~ 나이[~ nai ~ ナイ] 本当の年 **―(로)**[(ro) (ロ)] 副 本当に; 本気で ¶~하는 말인가[~ hanɯn ma:ringa ~ ハヌン マーリンガ] 本気で言うのか/~ 미안하다[~ mianhada ~ ミアンハダ] 本当にすまない **―배기**[bɛgi ベギ] 名 俗 本物.

***진찰**[診察][tʃintʃʰal チーンチャル] 名 하他 診察 ¶~을 받다[(tʃi:ntʃʰar) ɯl pat'a (チーンチャr)ルル パッタ] 診察を受ける **―권**[k'wɔn クォン] 名 診察券 **―료**[rjo リョ]・**―비**[bi ビ] 名 診察料・診察費.

진창[tʃintʃʰaŋ チンチャン] 名 ぬかるみ ¶~길[~k'il ~キル] 泥んこの道/~에 빠지다[~e p'a:dʒida ~エ ッパージダ] ぬかるみに足を取られる.

진척[進陟][tʃintʃʰɔk チーンチョク] 名 하自 進捗ちょく; はかどること ¶공사 ~ 상황[kɔŋsa (dʒintʃʰɔk) s'aŋhwaŋ コンサ (ジーンチョク) サンファン] 工事の進捗状況/~이 잘 되고 있다 [(tʃi:ntʃʰɔg)i tʃal dwego it'a (チーンチョ)ギ チャル ドゥェゴ イッタ] よくはかどっている.

***진출**[進出][tʃintʃʰul チーンチュル] 名 하自 進出 ¶결승에 ~하다[kjɔls'ɯŋe (tʃi:ntʃʰur) hada キョルスンエ ~ハダ] 決勝に進出する.

진탕[―宕][tʃintʰaŋ チンタン] 副 思いっきり; うんと; 飽きるほどたくさん ¶~ 마시다[~ maʃida ~ マシダ] 思いっきり飲む **―만탕**[mantʰaŋ マンタン] 副 思う存分; 飽きるまでたくさん.

진통[陣痛][tʃintʰoŋ チントン] 名 하自 陣痛 ¶~이 일어나다[~i irɔnada ~イ イロナダ] 陣痛が起こる.

진통[鎭痛][tʃintʰoŋ チントン] 名 하自他 鎭痛 **―제**[dʒe ジェ] 名〈医〉鎭痛剤.

진퇴[進退][tʃi:ntʰwe チーントゥェ] 名 하自他 進退 ¶~를 함께 하다[~rul hamk'e hada ~ルル ハムッケ ハダ] 進退を共にする **―양난**[兩難][ja:ŋnan ヤーンナン]・**―유곡**[維谷][jugok ユゴク] 名 進退両難; 進退極まって[前進も後退もできず]困難な状態に陥ること.

진품[珍品][tʃinpʰum チンプム] 名 珍品 ¶비장의 ~[pi:dʒaŋe ~ ピージャンエ ~] 秘蔵の珍品.

진품[眞品][tʃinpʰum チンプム] 名 正真の品物; 本物 ¶피카소의 ~ 그림[pʰikʰasoe ~ gɯ:rim ピカソエ ~ グーリム] 本物のピカソの絵.

진-풍경[珍風景][tʃinpʰuŋgjɔŋ チンプンギョン] 名 珍しい風景[見物].

***진-하다**[津―][tʃinhada チンハダ] 形 (液体の濃度・色・化粧などが)濃い; (味が)こってりしている ¶국이 ~ [kugi ~ クギ ~] お汁が濃い/~한 색[~-han sɛk ~-ハン セク] 濃い色/~한 화장[~-han hwadʒaŋ ~-ハン ファジャン] 濃い[厚]化粧.

진학[進学][tʃi:nhak チーンハク] 名 하自 進学 ¶대학에 ~하다[tɛ:hage (tʃinha)kʰada テーハゲ ~カダ] 大学に進学する.

***진행**[進行][tʃi:nhɛŋ チーンヘン] 名 하自他 進行 ¶~ 중인 열차[~ dʒuŋin njɔltʃʰa ~ ジュンイン ニョルチャ]進行中の列車 **―자**[dʒa ジャ] 名 司会者.

진홍[眞紅][tʃinhoŋ チンホン] 名 眞紅; 真っ赤; 深紅色 ¶~색 장미[~sɛk tʃ'aŋmi ~セク チャンミ] 真紅のバラ.

***진-흙**[tʃinhuk チンフク] 名 ① 赤土; 粘土 ¶벽을 ~으로 바르다[pjɔgɯl (tʃinhɯlg) ɯro parɯda (チンフルグ) ウロ パルダ] 壁を赤土で塗る ② 泥 ¶~ 투성이[~ tʰusɔŋi ~ トゥソンイ] 泥だらけ **―길**[(tʃinhɯ)k'il キル] 名 泥んこの道 **―탕**[tʰaŋ タン] 名 ぬかるみ ¶~ 속에 빠지다[~ s'oge p'a:dʒida ~ ソゲッパージダ] ぬかるみにはまる.

진흥[振興][tʃi:nhuŋ チーンフン] 名 하自他 振興 ¶무역의 ~[mu:jɔge ~ ムーヨゲ ~] 貿易の振興.

질[質][tʃil チル] 名 ①(物の)質; 品質

¶ 양보다 ~ [ja:ŋboda ~ ヤーンボダ ~] 量より質 ② (生まれつきの)性質; たち ¶ ~이 나쁜 학생 [(tʃir)i napʼum haksʼɛŋ (チ)リ ナップン ハクセン] たちの悪い学生 ③ 本質.

-질¹ [tʃil チル] [接尾] ① 繰り返す動作や行動の意 ¶ 젓가락 ~ [tʃʌtkʼarak(tʃʼil) チョッカラク ~] 箸の上げ下ろし; 箸づかい / 대패 ~ [tɛ:pʰɛ(dʒil) テーペ(ジル)] かんなかけ ② 職業・役目の軽蔑の意 ¶ 선생 ~ 하다 [sʌnsɛŋ(dʒir) hada ソンセン(ジル) ハダ] 先生をする ③ よくないことをする意 ¶ 도둑 ~ 하다 [toduk(tʃʼir) hada トドゥク~ ハダ] 泥棒を働く; 盗みをする.

-질² [tʃil チル] [語尾] …(する)ことが(できない) 〈否定語の意味を強調〉= '-지를' ¶ 걷 ~ 못한다 [kʌ:(tʃʼil) mo:tʰanda コー~ モータンダ] 歩くことができない / 먹 ~ 못한다 [mʌk(tʃʼil) mo:tʰanda モク~ モータンダ] 食べることができない.

질겁-하다 [tʃilgʌpʰada チルゴパハダ] [自] [여変] びっくり仰天する; ぎくっとする; 肝をつぶす ¶ ~-하여 달아나다 [(tʃʼilgʌ)pʰajʌ taranada ~-パヨ タラナダ] 肝をつぶして逃げる.

질-그릇 [tʃilguruɯt チルグルッ] [名] 釉薬を塗らない土器; 素焼きの土器.

질금-거리다 [tʃilgɯmgʌrida チルグムゴリダ] [自他] (水などが)ちびちびとしみ出る ¶ 눈물을 ~ [nunmurɯl ~ ヌンムルル ~] 涙をにじます **질금-질금** [tʃilgɯmdʒilgɯm チルグムジルグム] [副] [하自他] ちびちび; じくじく ¶ 소변을 ~ 싸다 [so:bjʌnɯl ~ sʼada ソービョヌル ~ ッサダ] 小便をちびちび漏らす.

***질기다** [tʃilgida チルギダ] [形] ① (肉などが)強い; 固い ¶ 쇠고기가 ~ [swe:gogiga ~ スェーゴギガ ~] 牛肉が固い ② (布・紙などが)丈夫だ; 強い ¶ 이 구두는 ~ [i kudunɯn ~ イ クドゥヌン ~] この靴は丈夫だ ③ (気が)粘り強い; しつこい ④ 長持ちする.

질끈 [tʃilkʼɯn チルックン] [副] ぎゅっと; しっかり ¶ 머리띠를 ~ 동여매다 [mʌritʼirul ~ toŋjʌmɛda モリッティルル ~ トンヨメダ] 鉢巻をぎゅっと締める.

질녀 [姪女] [tʃilljʌ チルリョ] [名] 姪 = 조카딸 [tʃokʰatʼal チョカッタル].

질다 [tʃilda チルダ] [形] ① (こねた物や飯が)水っぽい; 軟らかすぎる ¶ 밥이 ~ [pabi ~ パビ ~] ご飯が柔らかい ② ぬかる; どろどろする ¶ 길이 ~ [kiri ~ キリ ~] 道がぬかる[どろどろだ].

질러-가다 [오다] [tʃillʌ gada[oda] チルロガダ[オダ]] [自] 近道をして行く[来る].

질력-나다 [tʃillJʌŋnada チルリョンナダ] [自] すっかり飽きる; 飽き飽きする ¶ 똑같은 일에 ~ [tʼokʼatʰun ni:re ~ ットク カトゥン ニーレ ~] 決まりきった仕事にすっかり飽きる[退屈する].

***질리다** [tʃillida チルリダ] [自] ① 飽き飽きする; 嫌気が差す; 懲りる ¶ 일에 ~ [i:re イーレ ~] 仕事に飽きる ② あっけに取られる; あきれ(返)る; たじろぐ; 参る ¶ 상대의 기세에 ~ [saŋdɛe kisee ~ サンデエ キセエ ~] 相手の気勢にたじろぐ ③ 青ざめる; 血の気が引く ¶ 파랗게 ~ [pʰarakʰe ~ パーラッケ ~] (恐怖に)おびえる; 真っ青になる ④ 突かれる; 蹴られる; = '지르다' の受動 ¶ 가슴패기를 ~ [kasɯmpʰɛgirɯl ~ カスムペギルル ~] 胸を突かれる.

***질문 [質問]** [tʃilmun チルムン] [名] [하他] 質問 ¶ ~은 없습니까? [~ɯn ʌ:psʼumnikʼa (チルム)ヌン オープスムニッカ] 質問はありませんか.

질벅-거리다 [tʃilbʌkʼʌrida チルボッコリダ] [自] どろどろ[じくじく]する ¶ 길이 몹시 ~-거렸다 [kiri mo:pʃi ~-kʼʌrjʌtʼa キリ モーブシ ~-コリョッタ] 道がひどくどろどろとぬかるんでいた.

질병 [疾病] [tʃilbjʌŋ チルビョン] [名] 疾病; 病気 ¶ ~으로 죽다 [~ɯro tʃukt'a ~ウロ チュクタ] 病気で死ぬ.

질부 [姪婦] [tʃilbu チルブ] [名] 甥の妻.

질빵 [tʃilpʼaŋ チルッパン] [名] 背負いひも; 荷物をしばって背負うのに用いるひも.

***질색 [窒塞]** [tʃilsʼɛk チルセク] [名] [하自] ぞっと[ぎょっと]すること; ひどく嫌うこと ¶ 그것은 딱 ~이다 [kɯgʌsɯn tʼak (tʃʼilsʼɛg)ida クゴスン ッタク (チルセ) ギダ] それはまっぴら御免だ / 수학은 ~이다 [su:hagɯn (tʃʼilsʼɛg)ida スーハグン (チルセ) ギダ] 数学は鬼門[苦手]だ / 단 것은 ~이다 [ta:ŋgʌsɯn (tʃʼilsʼɛg)ida ターンゴスン (チルセ) ギダ] 甘い物は大嫌いだ.

***질서 [秩序]** [tʃilsʼʌ チルソ] [名] 秩序 ¶ ~있게 행동하다 [~itkʼe hʌŋdoŋhada ~イッケ ヘンドンハダ] 秩序正しく行動する.

질식[窒息] [tʃilʃ'ik チルシク] 名 하自 窒息 ¶연기에 ~하다 [jɔngie (tʃilʃ'i)-kʰada ヨンギエ ~カダ] 煙にまかれて窒息する —**사** [s'a サ] 名 하自 窒息死.

질의[質疑] [tʃiri チリ] 名 하他 質疑 —**응답** [ɯ:ŋdap ウーンダプ] 名 質疑応答.

질주[疾走] [tʃiltʃ'u チルチュ] 名 하自 疾走 ¶전력으로 ~하다 [tʃɔlljɔguro ~hada チョルリョグロ ~ハダ] 全力で疾走する.

질질 [tʃi:ldʒil チールジル] 副 ① だらだら ¶침을 ~ 흘리다 [tʃʰimɯl ~ hɯllida チムル ~ フルリダ] よだれをだらだら流す ② ずるずる ¶옷자락을 ~ 끌다 [otʃ'aragɯl ~ k'ɯ:lda オッチャラグル ~ ックールダ] すそをずるずる(と)引きずる / 교섭을 ~ 끌다 [kjɔsʌbɯl ~ k'ɯ:lda キョソブル ~ ックールダ] 交渉をずるずる引き延ばす ③ てかてか ¶기름이 ~ 흐르다 [kirɯmi ~ hɯrɯda キルミ ~ フルダ] 油がてかてか光る ④ (鼻汁·涙を)ほろりと.

질책[叱責] [tʃiltʃʰek チルチェク] 名 하他 叱責 ¶엄하게 ~하다 [ɔmhage (tʃiltʃʰe)kʰada オムハゲ ~カダ] 厳しく叱責する.

질척-하다 [tʃiltʃʰɔkhada チルチョクカダ] 形 여変 べとべとしている; どろどろする ¶반죽이 ~ [pandʒugi ~ パンジュギ ~] 練り粉がべとべとしている / 길이 ~ [kiri ~ キリ ~] 道がどろどろだ **질척-거리다** [tʃiltʃʰɔk'ɔrida チルチョクコリダ] 形 여変 べとべと[どろどろ]する ¶땅이 ~ [t'aŋi ~ ッタンイ ~] 地面がどろどろする.

***질투**[嫉妬] [tʃiltʰu チルトゥ] 名 하他 嫉妬と"; ねたみ; 焼きもち ¶~가 나다 [~ga nada ~ガ ナダ] ねたむ; 焼ける / 아내가 ~했다 [anεga ~hεt'a アネガ ~ヘッタ] 妻が焼きもちを焼いた —**심** [ʃim シㇺ] 名 嫉妬心.

질퍽-하다 [tʃilpʰɔkhada チルポクカダ] 形 여変 どろどろ[じくじく]する = **질퍽-거리다** [tʃilpʰɔk'ɔrida チルポクコリダ] ¶눈이 녹아 길이 ~ [nu:ni noga kiri ~ ヌーニ ノガ キリ ~] 雪解けで道がどろどろである.

***짊어-지다** [tʃilmɔdʒida チルモジダ] 他 ① 背負う; 担う; 担ぐ ¶무거운 짐을 ~ [mugɔun tʃimɯl ~ ムゴウン チムル ~] 重荷を背負う ② (負債を)負う ¶빚을 ~ [pidʒɯl ~ ビジュル ~] 借金を背負う ③ (責任を)担う ¶나라의 장래를 ~ [narae tʃaŋnerɯl ~ ナラエ チャンネルル ~] 国の将来を担う.

***짐** [tʃim チㇺ] 名 ① 荷物; 荷 ¶~꾸리기 [~k'urigi ~ックリギ] 荷作り / ~을 싣다[풀다] [~ɯl ʃit'a[pʰulda] (チ)ムル シッタ[プルダ]] 荷を積む[降ろす] / ~을 부치다 [~ɯl putʃʰida (チ)ムル プチダ] 荷物を送る ② 負担; 責任 ¶아이가 ~이 된다 [aiga ~i twenda (チ)ムウェンダ] 子供が荷[負担]になる —**꾼** [k'un クン] 名 担ぎ労働者; 赤帽; ポーター —**삯** [s'ak ッサク] 名 (荷物の)運び賃 —**수레** [sure スレ] 名 荷車 —**스럽다** [surɔpt'a スロプタ] 形 ㅂ変 荷厄介""ぁである; 負担になる ¶~-스러운 부탁 [~-surɔun pu:tʰak ~-スロウン プータク] 荷厄介な依頼 —**짝** [tʃ'ak ッチャク] 名 荷作りした荷物.

***짐승** [tʃimsɯŋ チㇺスン] 名 ① け(だ)もの; 動物 ¶네 발 ~ [ne:bal (dʒim-sɯŋ) ネーバル (ジㇺスン)] 4つ足(の動物) ② 人間らしさのない人をののしる語 ¶이 ~같은 놈! [i ~gatʰɯn nom イ~ガトゥンノㇺ] このけだものめ.

***짐작**[←斟酌] [tʃimdʒak チㇺジャク] 名 推量; 心当たり; 見当; 推し当て; 見込み; にらみ ¶~이 맞았다[빗나갔다] [(tʃimdʒag)i madʒat'a[pinnagat'a] (チㇺジャ)ギ マジャッタ[ピンナガッタ]] 見当[にらみ]が当たっている[外れている] —**하다** [(tʃimdʒa)kʰada カダ] 他 汲くみ取る; 商量する; 目星をつける ¶의중을 ~ [ɯi:dʒuŋɯl ~ ウィージュンウル ~] 意中を汲み取る.

짐짓 [tʃimdʒit チㇺジッ] 副 ① わざなと; 故意に; ことさら(に) ¶~ 모른 체 하다 [(tʃimdʒin) morɯn tʃʰe hada (チㇺジン) モルン チェ ハダ] ことさら(に)知らんふりをする / ~ 못들은 체 하다 [(tʃimdʒin) mo:tʰɯrɯn tʃʰe hada (チㇺジン) モーットゥルン チェ ハダ] わざと聞かないふりをする ② まるで; あたかも.

***집** [tʃip チプ] 1 名 ① 家; うち; 家屋; 住み処ゕ ¶빈 ~ [pi:n(dʒip) ピーン(ジプ)] 空屋 / 살 ~ [sa:l(tʃ'ip) サール~] 住み処 ② 家族; 家庭 ¶집 없는 아이 [(tʃib)ɔmnun ai (チ)ボㇺヌ ナイ] 家なき子 ③ (動物の)巣 ¶거미~ [kɔmi(dʒip) コミ(ジプ)] くもの巣 ④ (刀)のさや ¶칼~ [kʰal(tʃ'ip) カル~] 刀

のさや ⑤ 家内 ¶~에서 찬성하면 [(tʃib)esɔ tʰa:nsɔŋhamjɔn (チ)ベソ チャーンソンハミョン] 家内が賛成したら **2** 依名 ① 軒 ¶1~ [han (dʒip) ハン (ジプ)] 1軒 ② (囲碁の) 目 ¶2~ [tu: (dʒip) トゥー (ジプ)] 2目.

-**집** [tʃip チプ] 接尾 屋 ¶꽃~ [k'o-(tʃ'ip) ッコッ~] 花屋 / 술~ [sul-(tʃ'ip) スル~] 飲み屋 / 빵~ [p'aŋ-(tʃ'ip) ッパン~] パン屋.

집게 [tʃipk'e チプケ] 名 やっとこ; ニッパー **—발** [bal パル] 名 (カニ類のは さみ **—발톱** [baltʰop パルトプ] 名 はさみの爪 **—벌레** [bɔlle ボルレ] 名 〈虫〉ハサミムシ (鋏虫) **—손가락** [sonk'arak ソンカラク] 名 人差し指; 食指.

집-고양이 [tʃipk'ojaŋi チプコヤンイ] 名 飼い猫.

집-구석 [tʃipk'usɔk チプクソク] 名 俗 ① 家の中 ② 家; 家庭 ¶~에만 틀어박혀 있다 [(tʃipk'usɔɡ)eman tʰurɔbakʰjɔ it'a (チプクソ) ゲマン トゥロバクキョ イッタ] 家にばかり閉じこもっている.

집권 [執權] [tʃipk'wɔn チプクォン] 名 하自 執権; 政権を握ること ¶민주당이 ~하다 [mindʒudaŋi ~hada ミンジュダンイ ~ハダ] 民主党が政権を握る **—당** [daŋ ダン] 名 政権を担当する政党; 与党.

집기 [什器] [tʃipk'i チプキ] 名 什器「什物.

집-나다 [tʃimnada チムナダ] 自 ① 売り家が出る ② (囲碁で) 生きる; 目[地] ができる ③ 家から出る.

집-내다 [tʃimnɛda チムネダ] 自 ① (住んでいた) 家を明け渡す ② (囲碁で) 目 [地] をつくる; 生きる.

집념 [執念] [tʃimnjɔm チムニョム] 名 하他 執念 ¶~이 강하다 [~i kaŋhada (チムニョ) ミ カンハダ] 執念深い.

*****집다** [tʃipt'a チプタ] 他 ① 手に取る; 拾い上げる ¶사과를 ~ [saɡwarul ~ サグァルル ~] リンゴを拾い上げる ② つまむ; はさむ ¶젓가락으로 ~ [tʃɔtk'araɡuro ~ チョッカラグロ ~] 箸ではさむ / 안주 (按酒) 라도 집으세요 [andʒurada tʃibusejo アンジュラド チブセヨ] 看かでもおつまみなさい[「つまんで食う」の丁寧語] ③ 指摘する.

*****집단** [集團] [tʃipt'an チプタン] 名 集団; 集まり **—검진** [ɡɔ:mdʒin ゴームジン] 名 集団検診 **—방위** [baŋwi バンウィ] 名 集団防衛 **—생활** [sɛŋhwal センファル] 名 集団生活 **—지도** [dʒi-do ジド] 名 集団指導 **—행동** [hɛŋdoŋ ヘンドン] 名 集団行動.

집-대성 [集大成] [tʃipt'ɛsɔŋ チプテソン] 名 하他 集大成 ¶연구의 ~ [jɔ:nɡue ~ ヨーングエ ~] 研究の集大成.

집-돼지 [tʃipt'wɛdʒi チプトゥェジ] 名 飼い豚.

집-들이 [tʃipt'uri チプトゥリ] 名 新居祝いの宴; 新居に入居すること.

집무 [執務] [tʃimmu チムム] 名 執務 ¶~ 시간 [~ ʃiɡan ~ シガン] 執務時間.

집-문서 [—文書] [tʃimmunsɔ チムムンソ] 名 家屋の権利証書.

집배 [集配] [tʃip'ɛ チプペ] 名 하他 集配 ¶우편물을 ~하다 [upʰjɔnmurul ~hada ウピョンムルル ~ハダ] 郵便物を集配する **—원** [wɔn ウォン] 名 集配員, (番) 留守役.

집-보기 [tʃip'oɡi チプポギ] 名 留守

집-비우다 [tʃip'uda チプピウダ] 他 便役 留守にする.

*****집-사람** [tʃips'aram チプサラム] 名 (自分の妻を謙遜したて) 家内 ¶제 ~입니다 [tʃe ~imnida チェ ~-(サラ)ミムニダ] 僕の家内です.

*****집-세** [—貰] [tʃips'e チプセ] 名 家賃 ¶~가 싸다 [비싸다] [~ɡa s'ada [pis'ada] ~ ガッサダ [ピッサダ]] 家賃が安い [高い].

*****집-안** [tʃiban チバン] 名 ① 家族; 身内 ¶그는 우리 ~이나 다름없다 [kununun uri (dʒiban)ina tarumɔpt'a クヌヌン ウリ (ジパ)ニナ タルモプタ] 彼は身内と変わりがない / ~을 통솔 (統率) 하다 [~ul tʰo:ŋsorhada チバヌル トーンソルハダ] 家を束ねる ② 家柄; 家門; 家筋 ¶~이 좋다 [~i tʃo:tʰa (チパ)ニ チョータ] 家柄がいい ③ 家の中; 家庭 ¶~ 살림을 잘 한다 [~ sallimul tʃarhanda ~ サルリムル チャルハンダ] 家事の切り盛りが上手だ **—간** (間) [ɡan ガン] 名 身内の間柄 **—사람** [s'a:ram サーラム] 名 身内; 家内; 妻 **—싸움** [s'aum ッサウム] 名 内輪もめ ① お家騒動 ② 内争; 内紛 **—일** [nil ニル] 名 家事; 家政 ¶~에 바쁘다 [~-(nir)e papuda ~-(ニ)レ パップダ] 家事に忙しい.

집어-내다 [tʃibɔnɛda チボネダ] 他 ①

집어 넣다

つまみ出す ¶쌀에서 돌을 ~[s'aresɔ toːrul ― ッサレソ トール ~] 米の中から石をつまみ出す ② 指摘する ¶병의 원인을 정확히 ~[pjɔːŋe woninul tɕʰɔːŋhwakʰi ~ ピョーンエ ウォニンヌル チョーンファクキ ~] 病気の原因を的確に指摘する.

집어-넣다[tɕibɔnɛtʰa チボノッタ] 他 ① 投ずる ¶감옥(監獄)에 ~[kamoge ~ カモゲ ~] 獄に投ずる ② 入れる ¶공을 ~[koːŋul ~ コーンウル ~] ボールを入れる ③ 収容する ¶야전 병원에 ~[jaːdʑɔn pjɔŋwɔne p'jɔːŋwɔnwe ~ ヤージョン ピョーンウォネ ~] 野戦病院に収容する ④ 繰り込む ¶비용을 예산에 ~[piːjoŋul jeːsane ~ ピーヨンウル イェーサネ ~] 費用を予算に繰り込む ⑤ (汁に塩を)つまんで入れる.

집어-먹다[tɕibɔmɔkt'a チボモクタ] 他 ① つまんで食べる ¶손가락[젓가락]으로 ~[sonk'arag[tɕɔtk'arag]uro ~ ソンカラ[チョッカラ]グロ ~] 指[箸]でつまんで食べる ② 横領する.

집어-삼키다[tɕibɔsamkʰida チボサムキダ] 他 ① 飲み込む ¶고깃덩어리를 그대로 ~[kogit'ɔŋɔrirul kudɛro ~ コギットンオリルル クデロ ~] 肉切れをそのまま飲み込む ② (人の物を)横取りする ¶남의 재산을 ~[name tɕɛsanul ~ ナメ チェサヌル ~] 人の財産を横取りする.

집어-치우다[tɕibɔtɕʰiuda チボチウダ] 他 ほうり出す; ほうる; 投げ出す; やめる ¶학업을 ~[hagɔbul ~ ハゴブル ~] 学業をほうり出す / 시험을 ~[ɕihɔmul ~ シホムル ~] 試験をほうる[やめる].

집요-하다[執拗―][tɕibjohada チビョハダ] 形 執拗だ; しつこい ¶~-하게 조르다[~-hage tɕɔruda ~-ハゲ チョルダ] しつこくねだる.

집-임자[tɕimnimdʑa チムニムジャ] 名 家のあるじ; 主人; =‘집주인’(主人).

집적-거리다[tɕiptɕ'ɔk'ɔrida チプチョクコリダ] 他 ① (人のことに)お節介をやく; 口出しする; 手出しをする ¶남의 일에 ~-거리지 마라[name iːre ~-k'oridʑi mara ナメ イーレ ~-コリジ マラ] 人のことに口出しをするな[お節介をするな] ② なんでも手をつける[出す]; 食い散らす ¶이것저것 ~[igɔtɕ'ɔgɔt ~ イゴッチョゴッ ~] いろ

いろと手をつける ③ ちょっかいを出す ¶여자를 ~[jɔdʑarul ~ ヨジャルル ~] 女性にちょっかいを出す.

집-주인[―主人][tɕiptɕ'uin チプチュイン] 名 家長; 所帯主; 家のあるじ; 主人.

***집중**[集中][tɕiptɕ'uŋ チプチュン] 名 하타 集中 ¶주의를 ~시키다 [tɕuːirul ~ɕikʰida チューイルル ~シキダ] 注意を集中させる ━호우[hou ホウ] 名 集中豪雨.

집-집[tɕiptɕ'ip チプチプ] 名 家々 ━마다[(tɕiptɕ'im)mada (チプチム)マダ]・━이[(tɕiptɕ'ib)i (チプチブ)ピ] 副 家並み; 軒並み; 家ごとに ¶~ 국기를 달다[~ kuk'irul talda ~ ククキルル タルダ] 家並みに国旗をかかげる.

집착[執着][tɕiptɕʰak チプチャク] 名 하자 執着 ¶돈에 ~하다[toːne tɕiptɕʰa)kʰada トーネ ~カダ] 金に執着する.

집-채[tɕiptɕʰɛ チプチェ] 名 家の1軒全部; 家屋全体 ━같다[gat'a ガッタ] 形 (嵩ばが)家のように大きい ¶~같은 파도(波濤)[~-gatʰun pʰado ~-ガトゥン パド] 山のような大波.

집-치장[―治粧][tɕiptɕʰidʑaŋ チプチジャン] 名 하타 家をきれいに飾ること=**집치레**[tɕiptɕʰire チプチレ].

집-터[tɕiptʰɔ チプト] 名 ① 家の敷地 ② 屋敷のあと; 家跡 ③ 宅地.

집필[執筆][tɕipʰil チプピル] 名 하他 執筆 ━자[tɕ'a チャ] 名 執筆者 ━진[tɕ'in チン] 名 執筆陣.

집합[集合][tɕipʰap チパプ] 名 하자他 集合 ¶~ 장소[~ tɕ'aŋso ~ チャンソ] 集合場所.

***집행**[執行][tɕipʰɛŋ チプペン] 名 하他 執行; 執り行なうこと ¶형을 ~하다 [hjɔŋul ~hada ヒョンウル ~ハダ] 刑を執行する.

집회[集會][tɕipʰwe チプフェ] 名 하자 集会 ¶~의 자유[~e tɕ'aju ~エ チャユ] 集会の自由.

집히다[tɕipʰida チピダ] 自 握られる; 摘まれる; 取(ら)れる; はさまれる ¶손에 집히는 대로 던지다[sone tɕipʰinun dɛro tɔndʑida ソネ チプピヌンデロ トンジダ] 手あたり次第投げつける.

***짓**[tɕiːt チーッ] 名 挙動・行動・動作・しぐさ; 仕業; 事 ¶못된 ~[mɔt't'wen ~ モットゥェン ~] あくどい仕業 / 이놈의 ~이다[inome (tɕiː)ida イノメ (チー)シダ] こいつの仕業である.

짓- [tʃit チッ] [接頭] やたらに; めちゃくちゃに; ひどく ¶ **~누르다** [(tʃin)-nuruda (チン)ヌルダ] やたらに押えつける / **~눌리다** [(tʃin)nullida (チン)ヌルリダ] 押えつけられる / **~밟다** [~-p'ap'a ~パッタ] 踏みつける.

-짓 [tʃʃit チッ] [接尾] 動作[振り]の意 ¶ 몸~ [mom~ モム~] 身ぶり / 손~ [son~ ソン~] 手ぶり; 手まね.

짓-거리 [tʃiːtk'ǝri チーッコリ] [名] [하自] ① 興に乗ってする悪ふざけ ② '짓'「しぐさ・仕業」の俗語.

짓-궂다 [tʃiːtk'ut'a チーックッタ] [形] 意地悪い ¶ ~-궂게 굴다 [~-k'uk'e ku:lda ~-クッケ クールダ] 意地悪をする / ~-궂은 장난 [~-k'udʒun tʃannan ~クジュン チャンナン] 意地悪ないたずら.

짓-누르다 [tʃinnuruda チンヌルダ] [他] [르変] やたらに押えつける ¶ 가슴을 ~ [kasumul ~ カスムル ~] 胸をやたらに[ぐっと]押えつける.

짓-눌리다 [tʃinnullida チンヌルリダ] [自] 押えつけられる; 踏みつけられる; ひしげる; ='짓누르다'の受動 ¶ 무거운 돌에 ~ [muɡǝun toːre ~ ムゴウン トーレ ~] 重い石で押えつけられる.

*짓다 [tʃiːt'a チーッタ] [他] [ㅅ変] ① 縫う; 仕立てる ¶ 양복을 ~ [jaŋboɡul ~ ヤンボグル ~] 洋服を仕立てる ② …顔をする ¶ 울상을 ~ [uːlsʰaŋul ~ ウールサンウル ~] 泣き顔をする ③ 建てる ¶ 새로[다시] ~ [sɛro(taʃi) ~ セロ[タシ] ~] 建て直す ④ 炊く ¶ 밥을 ~ [pabul ~ パブル ~] ご飯を炊く ⑤ 作る ¶ 열을 ~ [jǝrul ~ ヨル ~] 列を作る[成す] / 시를 ~ [ʃirul ~ シルル ~] 詩を作る ⑥ 農作する ¶ 벼농사를 ~ [pjǝnoŋsarul ~ ピョノンサルル ~] 米を栽培する ⑦ (涙を)流す; (嘆息を)つく ¶ 눈물을 ~ [nunmurul ~ ヌンムルル ~] 涙ぐむ / 한숨을 ~ [hansumul ~ ハンスムル ~] 嘆息をつく ⑧ 犯す ¶ 죄를 ~ [tʃweːrul ~ チュェールル ~] 罪を犯す ⑨ 名づける =¶ 이름을 ~ [irumul ~ イルムル ~] ⑩ (結びを)つける ¶ 결말을 ~ [kjǝlmarul ~ キョルマルル ~] 結末[けり]をつける ⑪ 薬を調剤する =¶ 약을 ~ [jaɡul ~ ヤグル ~].

짓-밟다 [tʃitp'apt'a チッパッタ] **1** [他] ① 踏みつける; 踏みにじる ¶ 잔디를 ~ [tʃandirul ~ チャンディルル ~] 芝生を踏みつける ② 蹂躙じゅうりんする ¶ 정조를 ~ [tʃǝndʒorul ~ チョンジョルル ~] 貞操を蹂躙する **2** **짓밟히다** [tʃitp'alpʰida チッパルピダ] [自][他][受動] 踏みにじられる; 蹂躙される.

짓-이기다 [tʃinnigida チンニギダ] [他] ① こね返す; すりつぶす; にじる ¶ 흙을 ~ [hɯ(l)ɡul ~ フ(ル)グル ~] 土をこね返す / 고추와 마늘을 [kotʃʰuwa manurul ~ コチュワ マヌルル ~] ニンニクとトウガラシをすりつぶしてかき混ぜる ② ひどく殴る; めったやたらに打ちのめす; 踏みつける.

징 [tʃiŋ チン] [名] 〈楽〉銅鑼どら; 鉦しょう ¶ ~을 치다 [~ɯl tʃʰida ~ウル チダ] (主に農村の民俗音楽隊で)銅鑼を打つ.

징검-다리 [tʃiŋɡǝmdari チンゴムダリ] [名] (浅瀬などの)飛び石の橋.

징검-돌 [tʃiŋɡǝmtʼol チンゴムトル] [名] ① (浅瀬などの)飛び石(の1つ1つの石) ② 踏み石.

*징그럽다 [tʃiŋɡɯrǝp'a チングロッタ] [形] [ㅂ変] ① いやらしい; (鳥肌がよだつほど)気味が悪い; 吐き気がするほど不快だ ¶ 보기만 해도 ~ [poɡiman hɛːdo ~ ポギマン ヘード ~] 見ただけでも気味が悪い ② (女性の手を握るなど)ずうずうしく・いやらしくふるまう

징글-맞다 [tʃiŋɡulmat'a チングルマッタ] [形] ひどくいやらしい; 気味悪い.

징병 [徴兵] [tʃiŋbjǝŋ チンビョン] [名] 徴兵 **—기피** [ɡipʰi ギピ] [名] 徴兵忌避.

징빙 [徴憑] [tʃiŋbiŋ チンビン] [名] 徴憑ちょうひょう; 証拠 **—서류** [sǝrju ソリュ] [名] 徴憑[証拠]書類.

징얼-거리다 [tʃiŋǝlɡǝrida チンオルゴリダ] [自] (子供が)ぐずる; むずかる ¶ 아기가 졸려서 ~ [aɡiɡa tʃǝːlljǝsǝ ~ アギガ チョールリョソ ~] 赤ん坊が眠くてぐずる.

징역 [懲役] [tʃiŋjǝk チンヨク] [名] 懲役 **—살이** [s'ari サリ] [名][하他] 懲役生活; 服役; 刑務所暮らし.

징용 [徴用] [tʃiŋjoŋ チンヨン] [名][하他] 徴用 ¶ ~되다 [~dweda ~ドゥェダ]

징조[徵兆] [tʃindʒo チンジョ] 名 徵兆; 兆し; 前ぶれ; 徵候; 前逃; 徵しる ¶ 봄의 ~ [pome ~ ポメ ~] 春の兆し.

징후[徵候] [tʃiŋhu チンフ] 名 兆候; 兆し ¶ 대지진의 ~ [tɛ:dʒidʒine ~ テージジネ ~] 大地震の兆候.

****짖다**[tʃit'a チッタ] 自 ① (犬が)ほえる ¶ 개가 시끄럽게 ~ [kɛ:ga ʃik'urɔpk'e ~ ケーガ シックロプケ ~] 犬がやかましくほえる ② (カラス・カササギなどが)鳴き立てる; わめき立てる; ='지껄이다' 「しゃべる」をふざけて言う語.

****짙다**[tʃit'a チッタ] 形 ① 濃い; (色・においなどが)濃厚である ¶ 색이 ~ [sɛgi ~ セギ ~] 色が濃い / 짙은 화장 [tʃitʰɯn hwadʒaŋ チトゥン ファジャン] 厚化粧 / 냄새가 너무 ~ [nɛ:msɛga nɔmu ~ ネームセガ ノム ~] においが強すぎる ② (霧などが)深い ¶ 짙은 안개 [tʃitʰɯn a:ŋɛ チトゥン アーンゲ] 濃い [深い] 霧 / 어둠이 ~ [ɔdumi ~ オドゥミ ~] 闇が深い ③ (草木・眉毛などが)密生している ¶ 짙은 눈썹 [tʃitʰɯn nuns'ɔp チトゥン ヌンッソプ] 濃いまゆげ ④ (液体の濃度が)高い.

짙-푸르다[tʃitpʰurɯda チップルダ] 形 [르変] 濃く青い; 真っ青だ; 青々としている ¶ 짙푸른 바다 [tʃitpʰurɯn pada チプルン パダ] 真っ青な海.

****짚**[tʃip チプ] 名 わら ¶ 보릿 ~ [pori (tʃ)ip ポリッ ~] 麦わら / 볏 ~ [pjɔt (tʃ)ip ピョッ ~] 稲わら **—가리**[k'ari カリ] 名 稲むら; 稲塚; わら束を円錐形に高く積み上げたもの **—단**[t'an タン] 名 わら束 **—세기**[s'egi セギ] **—신**[ʃ'in シン] 名 わらじ; ぞうり.

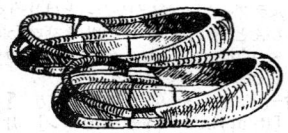

짚세기[짚신]

****짚다**[tʃipt'a チプタ] 他 ① (杖を)つく ¶ 지팡이를 ~ [tʃipʰaŋirul ~ チパンイルル ~] 杖をつく ② (脈を)はかる ¶ 맥을 ~ [mɛgul ~ メグル ~] 脈をとる ③ (床などに)手をつく ¶ 손을 짚고서 사과하다 [sonul tʃipk'oso sa:gwahada ソヌル チプコソ サーグァハダ] 手をついて謝る ④ 推量をする; 推し量る; 言い当てる ¶ 잘못 ~ [tʃalmo (tʃ)ipt'a) チャルモッ ~] 見込み [見当] 違いをする; 当てがはずれる ⑤ 指名する..

짚이다[tʃipʰida チピダ] 自 思い当たる; 心あたりがある ¶ 짚이는 데가 있다 [tʃipʰinun dega it'a チピヌン デガ イッタ] 思い当たる節 [ところ] がある.

짜개다[tʃ'agɛda ッチャゲダ] 他 (固いものを)割る; 裂く; ='쪼개다' ¶ 호두를 ~ [hodurul ~ ホドゥル ~] クルミを割る.

짜개-지다[tʃ'agɛdʒida ッチャゲジダ] 自 割れる; 裂ける; ='쪼개지다'.

짜그라-지다[tʃ'agurad ʒida ッチャグラジダ] 自 ① 押しつぶされる; ぺしゃんこになる; <'찌그러지다' ② やせこける ¶ 고생(苦生)이 많아 몹시 ~ [ko:seŋi ma:na mo:pʃ'i ~ コーセンイ マーナ モープシ ~] 苦労が多くてひどくやせこける.

짜-깁다[tʃ'agipt'a ッチャギプタ] 他 [ㅂ変] 掛けはぎ [掛けつぎ] をする; 編み縫いをして繕う **짜-깁기**[tʃ'agipk'i ッチャギプキ] 名 [하他] 掛けはぎ.

짜내다[tʃ'anɛda ッチャネダ] 他 絞り出す; 絞り取る; (頭を)ひねり出す.

****짜다**[tʃ'ada ッチャダ] 1 他 ① 組み立てる ¶ 책장을 ~ [tʃʰɛktʃ'aŋul ~ チェクチャンウル ~] 本棚を組み立てる ② 組み上げる ¶ 예산안을 ~ [je:sananul ~ イェーサナヌル ~] 予算案を組み上げる / 조를 ~ [tɛorul ~ テオルル ~] 隊伍を組む ④ 絞る ¶ 빨래를 ~ [p'allɛrul ~ ッパルレルル ~] 洗濯物を絞る ⑤ 搾る ¶ 우유를 ~ [ujurul ~ ウユルル ~] 牛乳を搾る ⑥ (頭を)ひねる; 練る; 巡らす ¶ 묘안을 짜내다 [mjo:anul tʃ'anɛda ミョーアヌル ッチャネダ] 妙案をひねり出す / 지혜를 ~ [tʃiherul ~ チヘルル ~] 知恵を巡らす [絞る] / 작전을 ~ [tʃaktʃ'ɔnul ~ チャクチョヌル ~] 作戦を練る ⑦ 編む ¶ 양말을 ~ [jaŋmarul ~ ヤンマルル ~] 靴下を編む ⑧ 泣きじゃくる ¶ 눈물을 질질 ~ [nunmurul tʃi:ldʒil ~ ヌンムルル チールジル ~] しくしくと泣きじゃくる ⑨ (膿などを)押し出す; (にきびを)つぶす **2** 自 (何人かが)ぐるになる; 組む.

짜다[tʃ'ada ッチャダ] 形 ① しょっぱい; 塩辛い; 辛い ¶ 짠 맛 [tʃ'an mat

짜디 짜다

ッチャン マッ] 塩辛い味 / 반찬이 너무 ~[pantsʰani nɔmu ~ パンチャニ ノム ~] おかずが辛すぎる ② けちで渋い ¶돈에 짠 사람[tone tsʰan sa:ram トーネッチャン サーラム] 金にけちな人 ③ (点などが) 辛い ¶점수가 ~[tsʰɔmsˈuga ~ チョムスガ ~] 点が辛い **짜게**[tsʰage ッチャゲ] 副 塩辛く **짜지다**[tsʰadʒida ッチャジダ] 自 塩辛くなる.

짜디-짜다[tsʰaditsʰada ッチャディッチャダ] 形 ひどく塩辛い; ひどく塩臭い.

짜름-하다[tsʰarumhada ッチャルムハダ] 形 [으変] やや短い ¶이 막대는 좀 ~[i maktˈɛnun tsʰom ~ イ マッテヌン チョム ~] この棒はやや短い.

***-짜리**[tsʰari ッチャリ] 接尾 「値するもの」の意 ¶100원 ~ 연필[pɛgwɔn~jɔnpʰil ペグォン~ ヨンピル] 100ウォンの鉛筆 / 이건 얼마 ~요?[igɔn ɔːlma ~jo イゴン オールマー ヨ] これはいくらのですか.

짜릿-하다[tsʰaritʰada ッチャリッタダ] 形 (身体に刺激を受けて) ぴりっとする; (感動のために) じいんとする ¶손발이 ~[sonbari ~ ソンバリ ~] 手足がぴりっとする / 가슴이 ~[kasumi ~ カスミ ~] 胸がじいんとする.

짜부라-지다[tsʰaburadʒida ッチャブラジダ] 自 ① 押しつぶされる; ぺしゃんこになる; へこむ; <'찌부러지다'가 충돌한 차가 ~[tsʰundorhan tsʰaga ~ チュンドルハン チャガ ~] 衝突した車がぺしゃんこになる ② 衰弱する ¶몸이 몹시 ~[momi moːpsʰi ~ モミ モープシ ~] 体が非常に衰弱する.

짜이다[tsʰaida ッチャイダ] 自 ① 釣り合う; 整う ② 組まれる; 編成される.

짜임[tsʰaim ッチャイム] 名 組み立て; 組織; 構成 **-새**[sɛ セ] 名 仕組み; 結構; 体裁; 織り目 ¶문장의 ~[munddʒaŋe ~ ムンジャンエ ~] 文章の体裁.

***짜장-면**[-醬麵][tsʰadʒaŋmjɔn ッチャジャンミョン] 名 ⇨ '자장면'; 肉みそそば.

***짜증**[-症][tsʰadʒɯŋ ッチャジュン] 名 癇癪; 癇; 向かっ腹; 嫌気; (子供の) 虫(気); 思うようにならないのに腹を立てるさま **-나다**[nada ナダ] 自 癇癪が起こる; 苛立つ **-내다**[nɛda ネダ] 他 癇癪を起こす; 腹を立てる ¶그는 툭하면 ~-낸다[kunɯn tʰukʰamjɔn ~-nɛnda クヌン トゥクカミョン ~-ネンダ] 彼はともすると[よく] 神経を苛立てる.

짜-집기[tsʰadʒipkˈi ッチャジプキ] 名 ⇨ '짜깁기'

***짝¹**[tsʰak ッチャク] 名 1組・1対のものの片方 ¶~이 되다[(tsʰag)i tweda (ッチャ) ギトゥェダ] 対になる; 対になす; ペアになる ¶~ 잃은 기러기[(tsʰag)-irɯn kirɔgi (ッチャ) ギルン キロギ] 連れを失った雁, 連れ合いを失った人の淋しさのたとえ / 양말 1~[jaŋmal han~ ヤンマル ハン~] 靴下の片一方.

짝²[tsʰak ッチャク] 依名 1 ① (아무 짝[aːmu tsʰak アームッチャク] 「なんの・なんらの役[ところ] にも」 の形で) ¶아무 ~에도 못쓰겠다[aːmu tsʰag)edo moːsˈɯgetˈa アーム (ッチャ) ゲド モーッスゲッタ] 何の役にも立たない ② (무슨 짝) [꼴][musun tsʰak(kˈol) ムスンッチャク[ッコル]] 「何たるさま[格好]」の形で) ¶이게 무슨 ~인가[ige musun (tsʰag)inga イゲ ムスン (ッチャ) ギンガ] 何たるさまだ 2 ① (牛・豚の) あばら骨[カルビ] の片方全部を数える単位 ¶갈비 1~[kalbi han~ カルビ ハン~] カルビの1そろい ② 果物を詰めた箱・荷物を数える単位 ¶사과 2~[sagwa duː~ サグァ ドゥー~] リンゴ2箱.

짝³[tsʰak ッチャク] 副 ① がちゃんと ¶접시가 ~ 쪼개지다[tsʰɔpsˈiga ~ tsʰo-gɛdʒida チョプシガ ~ ッチョゲジダ] 皿ががちゃんと割れた ② ぱりっと ¶종이를 ~ 찢다[tsʰoŋirɯl ~ tsʰitˈa チョンイルル ~ ッチッタ] 紙をぱりっと引き裂く ③ ぴたっと ¶껌이 ~ 달라붙다[kˈɔmi ~ tˈallabutˈa ッコミ ~ タラブッタ] ガムがぴたっとはりつく ④ ぴんと ¶어깨가 ~ 벌어지다[kˈɛga ~ pɔːrɔdʒida ッケガ ~ ポーロジダ] 肩がぴんと張っている.

짝-[tsʰak ッチャク] 接頭 片方 ¶~눈[(tsʰaŋ)nun (ッチャン)ヌン] 片方の目; 両方の大きさが違う目.

-짝[tsʰak ッチャク] 接尾 ① さげすんだ語 ¶낯~[naː~ ナー~] (顔の) 面 ② 1組・1そろいの中の1つ ¶신발~[sinbal~ シンバル~] 靴の一方.

짝-맞다[tsʰaŋmatˈa ッチャンマッタ] 形 対がそろう; 似合っている **짝-맞추다**[tsʰaŋmatsʰuda ッチャンマッチュ

짝-사랑 [tʃaksʼaraŋ ッチャクサラン] 名 하他 片恋; 片思い; おかぼれ.

짝-수[-數] [tʃaksʼu ッチャクス] 名 偶数.

짝(이)-없다 [tʃʼag(i)ɔptʼa ッチャゴプタ[ッチャグオプタ]] 形 ① 窮[極]まる, この上ない ¶무례하기 ~ [murehagi ~ ムレハギ ~] 無礼窮まる / 부끄럽기 ~ [pukʼurɔpkʼi ~ プックロプキ ~] 恥ずかしい限りである ② むちゃだ; ばかげている ¶ ~-없는 짓 [(tʃʼag)ɔmnuɯn tʃit (ッチャ)ゴムヌン チーッ] ばかげたこと.

짝-짓다 [tʃʼaktʃʼitʼa ッチャクチッタ] 他 人変 ① ペアを組む; つがいにする; 組み合わせる ② めあわせる; 添わせる ¶2사람을 ~-지어주다 [tu: saramul ~-tʃʼiɔdʒuda トゥー サラムル ~-チオジュダ] 連れ添わせる; 2人を結婚させる.

짝-짓기 [tʃʼaktʃʼitki ッチャクチッキ] 名 (動物の)交尾; つるむこと.

짝짜꿍 [tʃʼaktʃʼakʼuŋ ッチャクチャックン] 名 하他 乳飲み子が両手を打つこと.

짝짝-이 [tʃʼaktʃʼagi ッチャクチャギ] 名 不ぞろいになった1組; ちぐはぐ ¶신발이 ~-다 [ʃinbari ~da シンバリ ~ダ] 履物がちぐはぐだ[右左不ぞろいだ].

짝-채우다 [tʃʼaktʃʰeuda ッチャクチェウダ] 他 1ぞろいのものの欠けを充たす; 対にする, 添わせる; めあわせる.

짠- [tʃʼan ッチャン] 接頭 塩辛い **—것** [gɔt ゴッ] 名 塩辛い食べもの **—맛** [mat マッ] 名 塩辛い味 **—물** [mul ムル] 名 海水, 塩気の多い水; 塩辛い物からしみ出た汁 **—지** [dʒi ジ] 名 大根の塩漬け.

짤가닥 [tʃʼalgadak ッチャルガダク] 副 하自他 ① べったり, べたっと ¶ ~ 달라붙다 [~ tʼallabutʼa ~ タルラブッタ] べったりくっつく ② かちゃん(と)(錠前を掛けたり, 金属片がぶつかる音).

짤록-하다 [tʃʼallokhada ッチャルロクカダ] 形 (中間が)ぎゅっと細い; くびれている.

짤막-하다 [tʃʼalmakhada ッチャルマクカダ] 形 여変 (長さが)やや短い; 短めである ¶소매가 ~ [somega ~ ソメガ ~] 袖丈がやや短い **짤막-이** [tʃʼalmagi ッチャルマギ] 副 やや短く; 短めに.

***짧다** [tʃʼaltʼa ッチャルタ] 形 ① 短い ¶짧은 끈 [tʃʼalbun kʼun ッチャルブンックン] 短いひも / 길이가 ~ [kiriga ~ キリガ ~] 長さが短い ② (学識・経験などが)足りない; 浅い ¶식견이 ~ [ʃikʼjɔni ~ シクキョニ ~] 識見が足りない ③ (資金・元手が)少ない; 十分でない; わずかである ¶밑천이 ~ [mitʃʰɔni ~ ミッチョニ ~] 元手が十分でない ④ (食べ物に)やかましい; えり好み[好き嫌い]が激しい ¶입이 짧은 아이 [ibi tʃʼalbun ai イビ ッチャルブン アイ] (食べ物に)好き嫌いの激しい子.

짧아-지다 [tʃʼalbadʒida ッチャルバジダ] 自 短くなる; 縮まる; つづまる ¶해가 ~ [hɛga ~ ヘガ ~] 昼が短くなる.

짬 [tʃʼa:m ッチャーム] 名 ① (物と物の)間; すき間; 間隙 ¶책상 서랍의 ~ [tʃʰeksʼaŋ sɔrabe ~ チェクサン ソラベ ~] 机の引き出しのすき間 / ~이 생기다 [~i sɛŋgida (ッチャー)ミ センギダ] すき間が生じる; 暇ができる ② (時間的に)暇; 間; 合間 ¶일의 ~을 보아 [iːre ~ul poa イーレ (ッチャー) ムル ポア] 仕事の間を見て **—(을) 내다** [(ul) nɛ:da (ッチャームル) ネーダ] 他 ① 暇をつくる ② 暇をこしらえる **—(이) 나다** [(i) nada (ッチャーミ) ナダ] 自 ① すき間ができる ② 手がすく; 暇があく; 暇ができる ¶책읽을 ~ [tʃʰegilgul ~ チェギルグル ~] (ッチャー)ミ ナダ] 本を読む暇がない.

짬뽕 [tʃʼampʼoŋ ッチャムポン] 名 하自他 ちゃんぽん ① めんを肉・魚介・野菜などとともに煮込んだ中華そば ② 俗 違う種類のものを混ぜ合わせること; まぜこぜ ¶맥주와 위스키를 ~으로 마시다 [mɛktʃʼuwa wisɯkhirul ~uro maʃida メクチュワ ウィスキルル ~ウロ マシダ] ビールとウイスキーをちゃんぽんにして飲む.

짬짜미 [tʃʼamtʃʼami ッチャムッチャミ] 名 하他 ① ひそかにとり交わす2人だけの約束・密約; 前もっての打ち合わせ ② (勝負事で)八百長.

짬짬-이 [tʃʼamtʃʼami ッチャムッチャミ] 副 ひまひまに; 合間に; 暇あるごとに ¶ ~ 놀러오게 [~ noːllooge ~ ノールロオゲ] 暇あるごとに遊びに来いよ.

짭짤-하다 [tʃʼaptʃʼarhada ッチャプチャルハダ] 形 여変 ① やや塩辛い ¶맛이 좀 ~ [maʃi tʃom ~ マシ チョム ~] 味がやや塩辛い ② (物が)上等だ; 高

짭 価だ; かなりよい ¶ ~-한 물건 [~-han mulgɔn ~-ハン ムルゴン] かなりよい品物 / 값이 ~ [kapʃ'i ~ カプシ ~] 高価だ ③ (物事がうまくいって) 結構である; まずまずだ ¶ 장사가 ~ [tʃaŋsaga ~ チャンサガ ~] 商売が結構だ.

짭짤-히 [tʃ'aptʃ'ari ッチャプチャリ] 副 ① やや塩辛く ② 結構に; かなりよく.

짭-짭 [tʃ'aptʃ'ap ッチャプチャプ] 副 舌打したり舌鼓を打つさま [音] **―거리다** [k'ɔrida コリダ] 自 舌鼓を打つ **―하다** [(tʃ'aptʃ'a)pʰada パダ] 1 自他 ='짭짭거리다' 2 形 여変 (何か食べたくて) 口寂しい.

짱 [tʃ'aŋ ッチャン] 副 かちゃん; がちゃん ¶ 유리창이 ~ 깨지다 [juritʃʰaŋi ~ k'ɛːdʒida ユリチャンイ ~ ッケージダ] ガラス窓ががちゃんと割れる.

짱구 [tʃ'aŋgu ッチャング] 名 さいづち頭.

짱알-거리다 [tʃ'aŋalgɔrida ッチャンアルゴリダ] 自 (幼児が) むずかる; だだをこねる; <'쩡얼거리다' ¶ 아기가 하루 종일 ~ [agiga haru dʒɔŋil ~ アギガ ハル ジョンイル ~] 赤ん坊が1日中むずかる.

짱짱-하다 [tʃ'aŋtʃ'aŋhada ッチャンッチャンハダ] 形 여変 (見かけや言動が) がっしりしている; 頑丈だ; 丈夫だ.

***-째** [tʃ'ɛ ッチェ] 接尾 ① そのまま; …ごと ¶ 뼈~ 먹다 [p'jɔ~ mɔkt'a ッピョ~ モクタ] 骨ごと食べる / 뿌리 ~ 뽑다 [p'uri ~ p'ɔpt'a ップリ~ ッポプタ] 根ごとに引き抜く; 根こそぎにする ② …目 ¶ 셋~ 딸 [seː~ t'al セー~ッタル] 3番目の娘 ③ …間; …の間 ¶ 열흘~ 소식이 없다 [jɔrhuɯl~ soʃigi ɔːpt'a ヨルフル ~ ソシギ オープタ] 10日間も消息がない.

째깍 [tʃ'ɛkʼak ッチェッカク] 副 하自 ① ぽきん; かちん; かちっ ¶ 나뭇가지가 ~ 부러졌다 [namutkʼadʒiga ~ p'urɔdʒjɔtt'a ナムッカジガ ~ プロジョッタ] 木の枝がぽきんと折れた / 문이 ~ 열렸다 [muni ~ (tʃ'ɛk'aŋ) njɔlljɔtt'a ムニ (ッチェッカン) ニョルリョッタ] ドアがかちゃっと開いた ② 即座に; さっさと ¶ ~ 해치우다 [(tʃ'ɛk'a) kʰɛːtʃʰiuda ~ ケーチウダ] さっさとやってのける.

째다¹ [tʃ'ɛːda ッチェーダ] 自 ① (着物・靴などが小さくて) きつい; 窮屈だ ② (人手・物資が) 足りなくて困る; 詰まる; 窮する ¶ 자금이 ~ [tʃagumi ~ チャグミ ~] 資金に詰まる.

째다² [tʃ'ɛːda ッチェーダ] 他 (切り)裂く; 切開する ¶ 종이를 ~ [tʃɔŋirɯl ~ チョンイルル ~] 紙を裂く / 종기를 ~ [tʃɔːŋgirɯl ~ チョーンギルル ~] 腫[は]れ物を切開する.

째리다 [tʃ'ɛːrida ッチェーリダ] 他 俗 にらむ; にらみつける.

째보 [tʃ'ɛːbo ッチェーボ] 名 口唇裂の人.

째-지다 [tʃ'ɛːdʒida ッチェージダ] 自 ① 裂ける = 째어지다 [tʃ'ɛɔdʒida ッチェオジダ] ② (暮らしに) ひどく窮する ¶ ~-지게 가난하다 [~-dʒige kananhada ~-ジゲ カナンハダ] 食うや食わずの暮らしである; とても貧乏だ.

쩍-소리 [tʃ'ɛksʼori ッチェクソリ] 名 ぐうの音; うんともすんとも(…ない); <'찍소리' ¶ ~-도 못한다 [~-do mɔːtʰanda ~-ド モータンダ] ぐうの音も出ない; うんともすんともいえない.

쩍-쩍 [tʃ'ɛktʃ'ɛk ッチェクチェク] 副 ちゅうちゅう; スズメ・ネズミの鳴き声 **―거리다** [(tʃ'ɛktʃ'ɛ)k'ɔrida コリダ] 自 しきりにちゅうちゅう鳴き立てる.

쩅쩅 [tʃ'ɛŋtʃ'ɛŋ ッチェンチェン] 副 하形 ① かんかん ¶ 볕이 ~ 내리쬐다 [pjɔtʃʰi ~ nɛritʃ'weda ピョチ ~ ネリッチェダ] 太陽[日]がかんかん(と)照りつける ② 氷などの固い物体が割れるときの音; がちゃん.

쩅쩅-거리다 [tʃ'ɛŋtʃ'ɛŋgɔrida ッチェンッチェンゴリダ] 自 (不平を) がみがみ言う; 俗 ごてる ¶ 아내가 자주 ~ [anɛga tʃadʒu ~ アネガ チャジュ ~] 妻がしきりにがみがみ言う.

쩌렁쩌렁-하다 [tʃ'ɔrɔŋtʃ'ɔrɔŋhada ッチョロンッチョロンハダ] 하自他 形 声が立つ; 声がとおる; 朗々たる ¶ ~-한 목소리 [~-han mɔksʼori ~-ハン モクソリ] 朗々たる声 / ~-한 음성 [~-han ɯmsɔŋ ~-ハン ウムソン] よくとおる声.

쩍 [tʃ'ɔk ッチョク] 副 ① ぱくりと ¶ 벽이 ~ 갈라지다 [pjɔgi (tʃ'ɔ) k'alladʒida ピョギ ~ カルラジダ] 壁にぱくりと割れ目ができる ② べったり; ぴたり(と); 粘り気のあるものがくっつくさま ③ おいしそうに舌鼓を打つ音 ④ 広く張ったさま ¶ ~ 벌어진 어깨 [~ p'ɔːrɔdʒin ɔk'ɛ ~ ポーロジン オッケ] 広く張った肩.

-쩍다 [tʃ'ɔkt'a ッチョクタ] 接尾 …のよ

うだ; …(ら)しい ¶수상~[susaŋ~スサン~] 怪しい / 미심~[miːʃim~ミーシム~] 疑わしい; いぶかしい; 不審だ / 겸연~[kjəmjən~ キョミョン~] 気まずい; 面映ゆい.

쩔뚝[쩔룩・쩔름]-거리다 [tʃʼəlʼtuk̚[tʃʼəlluk̚]kərida・tʃʼəllɯmɡərida]] ッチョルットゥク[ッチョルルク]コリダ・[ッチョルルムゴリダ]] 自他 片足をひどく引きずって歩く ¶**쩔름발-이** [tʃʼəllɯmbari ッチョルルムバリ] 名 足の不自由な人.

쩔쩔-매다 [tʃʼəlʼtʃʼəlmɛda ッチョルッチョルメダ] 自 ① (差し迫った困難などで)途方に暮れる; あわてふためく; (暮らし・金などに)窮する; ぴいぴいする ② てんてこ舞いする ¶주문이 쏟아져서 ~[tʃumuni sʼodad͡ʒəsə ~ チュームニッソダジョソ ~] 注文が殺到しててんてこ舞いする ③ (圧倒されて)たじたじとなる; たじろぐ; 閉口する ¶어른 앞에서 ~[ɔːrɯn apʰesɔ ~ オールネペソ ~] 目上の人の前でたじたじとなる.

쩡쩡-거리다 [tʃʼəŋtʃʼəŋɡərida ッチョンッチョンゴリダ] 自 羽振りをきかせる; 羽振りがいい; 威勢をふるう ¶재계에서 ~[tʃɛɡeesɔ ~ チェゲエソ ~] 財界で羽振りがいい.

쩨쩨-하다 [tʃʼetʃʼehada ッチェッチェハダ] 形 여変 ① つまらない; くだらない ② けちだ; しょっぱい; みみっちい; あじけない ¶~한 녀석 [~-han njəsək̚ ~-ハン ニョソク] けち臭いやつ / ~-한 소리 마라 [~-han sori mara ~-ハン ソリ マラ] けちなことを言うな.

쪼가리 [tʃʼoɡari ッチョガリ] 名 かけら; 切れ端 ¶ 破片 ¶헌겁 ~[hɔːŋɡəp̚ ~ ホーンゴブ ~] 布の切れ端.

*쪼개다** [tʃʼoɡɛda ッチョゲダ] 他 割る; 裂く; 分ける ¶사과를 둘로 ~[saɡwarul tuːllo ~ サグァルル トゥルロ ~] リンゴを2つに割る.

쪼개-지다 [tʃʼoɡɛd͡ʒida ッチョゲジダ] 自 ① 割れる; 裂ける ¶수박이 짝하고 ~[suːbaɡi tʃʼakʰaɡo ~ スーバギ ッチャクカゴ ~] スイカがぽかんと割られる ② 別れる; 分けられる ¶나라가 둘로 ~[naraɡa tuːllo ~ ナラガ トゥールロ ~] 国が2つに分かれる.

쪼그라-들다 [tʃʼoɡɯradɯlda ッチョグラドゥルダ] 自 亻語幹 ① 縮む; 縮(こ)まる; しなびる; しわくちゃになる ¶빨면 ~-든다 [pʼalmjən ~-dɯnda ッパルミョン ~-ドゥンダ] 洗うと縮こまる.

쪼그라-뜨리다 [tʃʼoɡɯratʼɯrida ッチョグラットゥリダ] 他 へこませる; つぶす; 縮こませる; ぺしゃんこにする.

쪼그라-지다 [tʃʼoɡɯrad͡ʒida ッチョグラジダ] 自 ① (かさが)縮まる; 小さくなる; へこむ; (つぶれて)ぺちゃんこになる ② (老いぼれて)しわくちゃになる.

쪼그랑-할멈 [tʃʼoɡɯraŋhalmɔm ッチョグランハルモム] 名 しわくちゃばあさん.

쪼그리다 [tʃʼoɡɯrida ッチョグリダ] 他 ① へこませる; 小さくする; 押しつぶす ② (手足・身を)縮める; しゃがむ; うずくまる; かがめる.

쪼다 [tʃʼoːda ッチョーダ] 他 ① (鳥が)つつく; ついばむ ¶부리로 모이를 ~[puriro moirɯl ~ プリロ モイルル ~] くちばしでえさをついばむ ② (のみ・たがねで)刻む[彫る] ¶정으로 돌을 ~[tʃɔːŋɯro toːrɯl ~ チョーンウロ トールル ~] のみで石を切る ③ 俗 間抜け; 腑抜け ¶~같은 놈 [~-ɡatʰɯn nom ~ガトゥン ノム] 腑抜けなやつ.

쪼들리다 [tʃʼodɯllida ッチョドゥルリダ] 自 悩まされる; 揉(も)まれる; 窮する; 苦しむ ¶돈에 ~[toːne ~ トーネ ~] 金に窮する / 빚쟁이에게 ~[pitʼɕ͈ɛŋie ɡe ~ ピッチェンイエゲ ~] 債鬼に責められる / 가난에 ~[kanane ~ カナネ ~] 貧乏に苦しむ.

쪼아-먹다 [tʃʼoamək̚tʼa ッチョアモクタ] 他 ついばんで食べる ¶비둘기가 콩을 ~[pidulɡiɡa kʰoŋɯl ~ ピドゥルギガ コンウル ~] ハトが豆をついばむ.

쪽[1] [tʃʼok̚ ッチョク] 名 (髪を後ろで束ねてかんざしを挿すようにした)婦人の頭.

쪽[2] [tʃʼok̚ ッチョク] 名 (本の)ページ; 面; 頁.

쪽[3] [tʃʼok̚ ッチョク] 名 (割れたものの)かけら.

*쪽**[4] [tʃʼok̚ ッチョク] 名 側; 方; 口 ¶오른[맞은] ~[orɯn[madʑɯn] ~ オルン[マジュン] ~] 右[向こう]側 / 동 ~[toŋ~ トン~] 東の方; 東側.

쪽[5] [tʃʼok̚ ッチョク] 名 (気・力の意で) ―(을) 못 쓰다 [tʃʼoŋ[tʃʼoɡul] moː-sʼuda ッチョン[ッチョグル] モースダ] 慣 ① (ある仕事や人に気圧されて)ぐうの音も出ない; ひどく気後れする ¶상사 앞에서는 ~[saːŋsa apʰesɔnɯn ~ サーンサ アペソヌン ~] 上司の前

ではぐうの音も出ない ② (ひどく気[心]をひかれて)目がかれない ¶만화라면 ~[ma:nhwaramjən ~ マーンファラミョン ~] 漫画ときたら目がない.

쪽-대문[-大門][tʃ'okt'ɛmun ッチョクテムン] 图 母屋に通じるくぐり戸.

쪽-마루[tʃ'oŋmaru ッチョンマル] 图 1・2枚の板を横に敷いた細長い縁側; ぬれ縁.

쪽-문[一門][tʃ'oŋmun ッチョンムン] 图 脇戸ぎど; くぐり戸.

쪽-박[tʃ'okp'ak ッチョクパク] 图 小さいひさご[ふくべ] ━차다[tʃʰada チャダ] 圓 落ちぶれて乞食になる.

쪽-발이[tʃ'okp'ari ッチョクパリ] 图 ① 一本脚のもの ② (牛の足のように)二股になったもの ③ (下駄を履くと足指が二股になるから)日本人の卑称.

쪽-배[tʃ'okp'ɛ ッチョクペ] 图 丸木を割って中をくりぬいて作った船; 丸木船.

쪽-빛[tʃ'okp'it ッチョクピッ] 图 藍色.

쪽-지[一紙][tʃ'oktʃ'i ッチョクチ] 图 紙切れ; 紙切れに書いた手紙やメモ ¶~를 남기다[~rul namgida ~ルル ナムギダ] メモを残す.

쫄깃-쫄깃[tʃ'olgitʃ'olgit ッチョルギッチョルギッ] 副 [하形] しこしこ; (歯でかむと)やや固く弾力性があるさま ¶~ 씹히는 맛[~ ʃ'iphinun mat ~ ッシプヒヌン マッ] (アワビなどの)しこしことした歯ざわり.

쫄딱[tʃ'olt'ak ッチョルッタク] 副 すっかり; 完全に ¶~ 망(亡)하다[(tʃ'olt'aŋ) maŋhada (ッチョルッタン) マンハダ] すっかり滅びる / 비를 ~ 맞다[pirul (tʃ'olt'aŋ) mat'a ピルル (ッチョルッタン) マッタ] 雨にびっしょりぬれる.

쫄리다[tʃ'ollida ッチョルリダ] 圓 ① (ひどく)せがまれる[ねだられる]; 責められる ¶빚쟁이에게 ~[pitʃ'ɛnieɡe ~ ピッチェンイエゲ ~] 借金取りに責められる ② (ひどく)締めつけられる; きりりと縛る[結ば]れる.

쫄쫄[tʃ'oltʃ'ol ッチョルッチョル] 副 ① 줄줄[tʃoldʒol チョルジョル]「さらさら・ちょろちょろ」の強調語 ② ぺこぺこ; 空腹な状態.

쫄쫄-이[tʃ'oltʃ'ori ッチョルッチョリ] 图 ① おっちょこちょいで気の利かない人; 小柄で狭量な人 ② 弾力性があって伸縮自在の肌着.

쫑그리다[tʃ'oŋɡurida ッチョングリダ] ㉻ ① (犬・馬などの)耳をぴんとそばだてる ② (口を)とがらす <쭝그리다 [tʃ'uŋɡurida ッチュングリダ].

쫑긋[tʃ'oŋɡut ッチョングッ] 副 [하形] [하他] つんと; ぴんと; 口をとがらせたり聞き耳をぴんとそばだてるさま **쫑긋-거리다**[tʃ'oŋɡutk'ərida ッチョングッコリダ] ㉻ ① (耳を)ぴくぴくさせる ¶귀를 ~[kwirul ~ クィルル ~] 耳をぴくぴくさせる ② (話を切り出そうとして)口をもぐもぐさせる.

쫑알-거리다[tʃ'oŋalɡərida ッチョンアルゴリダ] 圓 (不平を)しきりにつぶやく; ぶつぶつひとり言をいう.

쫒겨[tʃ'otk'jə ッチッキョ] ━가다[gada ガダ] 圓 追われて行く ━나다[nada ナダ] 圓 追い出される[追われる]; 締め出される ¶공직에서 ~[koŋdʒiɡesə ~ コンジゲソ ~] 公職を追われる / 주인에게 ~[tʃuineɡe ~ チュイネゲ ~] 主人に締め出しを食う; 解雇される ━오다[oda オダ] 圓 追われて来る.

*쫒기다[tʃ'otk'ida ッチョッキダ] 圓 追われる ¶적에게 ~[tʃ'əɡeɡe ~ チョゲゲ ~] 敵に追われる / 일에 ~[i:re ~ イーレ ~] 仕事に追われる.

*쫒다[tʃ'ot'a ッチョッタ] ㉻ 追う ① 追い払う[のける・出す] ¶파리를 ~[pʰa:rirul ~ パーリルル ~] ハエを追い払う ② 追いかける ¶뒤를 ~[twirul ~ トゥィルル ~] 後を追う ③ 従う ¶명령을 ~[mjə:nɲjəŋul ~ ミョーンニョンウル ~] 命令に従う.

쫒아[tʃ'otʃʰa ッチョチャ] ━가다[gada ガダ] ㉻ ① 追いかける ¶소매치기를 ~[somɛtʃʰiɡirul ~ ソメチギルル ~] すりを追いかける ② ついて行く ¶선두를 ~[səndurul ~ ソンドゥルル ~] 先頭について行く ③ つき従う; 追いつく ━내다[nɛda ネダ] ㉻ 追い出す[払う・立てる]; つまみ出す ¶불평분자를 ~[pulpʰjəŋ bundʒarul ~ プルピョン ブンジャルル ~] 不平分子を追い出す ━다니다[danida ダニダ] 圓 ① (後に)ついて歩く; つけ回す ¶여자 애를 끈질기게 ~[jədʒɛ:rul k'wndʒilɡiɡe ~ ジョジャ エールル ックンジルギゲ ~] 女の子をしつこくつけ回す ② あちこち忙しく走り回る=¶여기저기 ~[jəɡidʒəɡi ~ ヨギジョギ ~] ━버리다[bərida ボリダ] ㉻ 追い払う[散らす] ¶군중을 ~[kundʒuŋul ~

クンジュンウル ~] 群衆を追い散らす
―오다 [oda オダ] 他 ① (後に)ついて来る；追って[追いかけて]来る ¶수상한 사나이가 ~ [susaŋhan sanaiga ~ スサンハン サナイガ ~] 怪しげな男が後をつけて来る ② 急ぎ足でやって来る=¶급히 ~ [kupʰi ~ クピ ~].

쫙 [tʃ'wak ッチュアク] 副 (うわさが)ぱっと；(水が)ざあっと；(本を)すらすら ¶소문은 ~ 퍼졌다 [so:munɯn ~ pʰɔ:dʒɔt'a ソームヌン ~ ポージョッタ] うわさはぱっと広まった.

***쬐다** [tʃ'we:da ッチュエーダ] **1** 自 照る；照りつける；= **쪼이다** [tʃ'oida ッチョイダ] の略 ¶해가 ~ [hɛga ~ ヘガ ~] 日が照る **2** 他 当たる；さらす；浴びる；干す ¶불을[불에] ~ [purɯl(pu-re) ~ プルル[プレ] ~] 火に当たる[当てる] / 햇볕을 ~ [hɛtp'jotʰɯl ~ ヘッピョトゥル ~] 日光を浴びる；日向ぼっこをする.

쭈그러 [tʃ'ugurʌ ッチュグロ] **―들다** [dɯlda ドゥルダ] 自 ・**―뜨리다** [t'ɯrida ットゥリダ] 他 ・**―지다** [dʒida ジダ] 自；⇨='쪼그라 들다'・'쪼그라 뜨리다'・'쪼그라지다'.

쭈그렁-이 [tʃ'ugurʌŋi ッチュグロンイ] 名 ① 縮み込んだ[ぺちゃんこになった]もの；しわくちゃのもの；へこんだもの ② しなびた[しわくちゃ]老人，おいぼれ ③ 実入りの悪い穀物の実.

쭈그리다 [tʃ'ugurida ッチュグリダ] 他 ⇨'쪼그리다'.

쭈글-쭈글 [tʃ'ugɯltʃ'ugɯl ッチュグルッチュグル] 副 しわくちゃなさま **―하다** [-(tʃ'ugɯr)hada ハダ] 形 しわくちゃだ，くしゃくしゃだ；しなびている ¶늙어서 ~-한 노인 [nulgɔsɔ ~-han no:in ヌルゴソ ~-ハン ノーイン] 老いぼれてしわくちゃな[しなびた]老人 / 비를 맞아 ~-한 바지 [pirɯl madʒa ~-han padʒi ピルル マジャ ~-ハン パジ] 雨にぬれたくちゃくちゃのズボン.

쭈뼛-하다 [tʃ'up'jʌtʰada ッチュッピョッタダ] 形 ① (物の先が)鋭くとがっている ② 身の毛がよだつ思いだ，ぞっとする **쭈뼛-이** [tʃ'up'jʌtʃi ッチュッピョシ] 副 ① とがって ② ぞっと.

쭉 [tʃ'uk ッチュク] 副 ⇨ 죽 [tʃuk チュク] 「ずらりと・すらすらと・さっと」の強調語.

쭉정-밤 [tʃ'uktʃ'ɔŋbam ッチュクチョンバム] 名 中身のない栗；粃しい栗.

쭉정-이 [tʃ'uktʃ'ɔŋi ッチュクチンイ] 名 粃；皮ばかりで実のない穀類・果実.

쭉-쭉 [tʃ'uktʃ'uk ッチュクチュク] 副 ⇨ 죽 [tʃuk チュク] 「ずっと」の強調語.

***-쯤** [tʃ'um ッチュム] 接尾 …ほど；…くらい；…ころ；…ばかり ¶열흘 전 ~ [jɔrhɯl dʒɔn ~ ヨルフル ジョン ~] 10日前ほど / 얼마 되나 ~ [ɔ:lma ~ twena オールマ ~ トゥェナ] どのくらいになるの / 일곱시 ~ [igopʃ'i ~ イルゴプシ ~] 7時ごろ / 그 ~ 일로 [kɯ ~ i:llo ク(ッチュ) ミールロ] それしきのことで.

쯧쯧 [tʃ'ɯttʃ'ɯt ッチュッチュッ] 感 ちえっちえっ；ああ；可憐・不満・残念の感じがするときに舌打ちをする音.

찌 [tʃ'i ッチ] 名 (釣りの)浮き = 낚시찌 [nakʃ'itʃ'i ナクシッチ] の略.

찌개 [tʃ'igɛ ッチゲ] 名 鍋もの；鍋料理.

찌그러-뜨리다 [tʃ'igurʌt'ɯrida ッチグロットゥリダ] 他 押しつぶす；へこます；ぺちゃんこにする.

찌그러-지다 [tʃ'igurʌdʒida ッチグロジダ] 自 ① つぶれる；(形が)ゆがむ；へこむ ② やせこけてしなびる.

찌그리다 [tʃ'igurida ッチグリダ] 他 ① 押しつぶす；へこませる；(形を)ゆがめる，ぺちゃんこにする ② 目を細める；眉をひそめる；(顔を)しかめる.

찌근덕-거리다 [tʃ'igundʌk'ɔrida ッチグンドクコリダ] 他 しつこくつきまとう[ねだる]；しつこく嫌がらせをする.

찌긋-거리다 [tʃ'igutk'ɔrida ッチグッコリダ] 他 ① (しきりに)目くばせする；ウィンクする ② (合図に)ちょいちょい袖を引く.

찌긋-하다 [tʃ'igutʰada ッチグッタダ] 形 여변 片方の目がややつぶれspecify気味だ；目をちょっとひそめたようだ **찌긋-이** [tʃ'igɯʃi ッチグシ] 副 心持ち目をつむって；細目に.

***찌꺼기** [tʃ'ik'ɔgi ッチッコギ] 名 ① 残りもの；かす；つまらぬもの；くず ¶기름 ~ [kirum ~ キルム ~] 油かす ② 沈んだ滓；沈澱物.

***찌다¹** [tʃ'ida ッチダ] 自 肥える；太る ¶살(이) ~ [sal(sari) ~ サル[サリ] ~] 肉がつく；肥える.

***찌다²** [tʃ'ida ッチダ] **1** 自 蒸し暑い；蒸す ¶찌는 듯한 더위 [tʃ'inun dɯtʰan tʌwi ッチヌン ドゥッタン トウィ] 蒸す[うだる]ような暑さ **2** 他 蒸す；蒸かす ¶고구마[감자]를 ~ [ko:guma

찌들다 [tʃʼidɯlda ッチドゥルダ] 自 己語幹 ① (古くなって)よごれる; 垢[油]じみる; 染み着ける ¶셔츠가 ~[ʃɔːtʃʰɯga ~ ショーチュガ ~] シャツが垢じみる ② (苦労を重ねて)やつれる; くたびれる ¶찌든 얼굴[tʃʼidɯn ɔlgul ッチドゥン オルグル] やつれ顔 / 살림에 ~[sallime ~ サルリメ ~] 所帯じみる; 所帯やつれる.

*찌르다 [tʃʼirɯda ッチルダ] 他三変 突く ① (突き)刺す ¶비수[단도]로 ~[piːsu[taːndo]ro ~ ピース[タンド]ロ ~] あいくちで刺す ② 攻める; つく ¶허를 ~[hɔrul ~ ホルル ~] 虚をつく; 鼻をあかす / 의표를 ~[ɯiːpʰjorul ~ ウィーピョルル ~] 意表をつく; 裏をかく / 약점을 ~[jaktʃʼɔmul ~ ヤクチョムル ~] 弱点をつく / 핵심을 ~[hɛkʃimul ~ ヘクシムル ~] 核心をつく; 核心に触れる ③ においを突く = ¶냄새가 코를 ~[nɛːmsɛga kʰorul ~ ネームセガ コルル ~] ④ 告げ口をする; 密告する ¶경찰에 ~[kjɔːŋtʃʰare ~ キョーンチャレ ~] 警察に告げる ⑤ 資金をつぎ込む = ¶밑천을 ~[mitʃʰɔnul ~ ミッチョヌル ~].

찌르릉 [tʃʼirɯrɯŋ ッチルルルン] 副 하自他 ちりりん; ベルの鳴る音.

찌무룩-하다 [tʃʼimurukʰada ッチムルクカダ] 形 여変 不機嫌だ; ふてくされている ¶~-한 얼굴[~-kʰan ɔlgul ~-カン オルグル] 不機嫌な顔; むっとした顔; しかめっ面 **찌무룩-이** [tʃʼimurugi ッチムルギ] 副 不機嫌に; ふてくされて; むっつりと.

찌부러-지다 [tʃʼiburɔdʒida ッチブロジダ] 自 つぶれる ① 滅びる ¶회사가 ~[hweːsaga ~ フェーサガ ~] 会社がつぶれる ② (形が)くずれる ¶~-진 모자[~-dʒin modʒa ~-ジン モジャ] へこんだ帽子 **찌부러-뜨리다** [tʃʼiburɔtʼurida ッチブロットゥリダ] 他 つぶす; へこませる; ぺちゃんこにする.

찌뿌드드-하다 [tʃʼipʼudɯdɯhada ッチップドゥドゥハダ] 形 여変 ① 体のぐあいが悪い; 体がだるい; けだるくてさっぱりしない ② (顔色などが)さえない; すぐれない ③ (空模様が)どんよりしている; うっとうしい.

찌우다 [tʃʼiuda ッチウダ] 他 肥やす; 太らせる; = ¶살~[sal~ サル~] = '찌다'「肥える; 太る」の使役形.

*찌푸리다 [tʃʼipʰurida ッチプリダ] 1 他 しかめる; しかめっ面をする ¶잔뜩 찌푸린 얼굴[tʃantʼuk tʃʼipʰurin ɔlgul チャントゥク ッチプリン オルグル] 苦り切った顔; 渋っ面; しかめっ面 / 눈살을 ~[nunsʼarul ~ ヌンサルル ~] 眉をひそめる / 오만상(五萬相)을 ~[oːmansaŋul ~ オーマンサンウル ~] 苦々しい表情になる 2 自 どんより曇る ¶잔뜩 찌푸린 날씨[tʃantʼuk tʃʼipʰurin nalʃʼi チャントゥク ッチプリン ナルッシ] どんよりした[どんより曇った]空(模樣).

*찍다¹ [tʃʼikʼtʼa ッチクタ] 他 ① つける ¶꿀을 찍어 먹다[kʼurul tʃʼigɔ mɔkʼtʼa ックルル ッチゴ モクタ] 蜂蜜をつけて食べる ② 押す ¶도장을 ~[todʒaŋul ~ トジャンウル ~] 印章を押す ③ 撮る ¶사진을 ~[sadʒinul ~ サジヌル ~] 写真を撮る ④ 刷る ¶삐라를 ~[pʼirarul ~ ッピラルル ~] ビラを刷る ⑤ 打つ ¶점을 ~[tʃʼɔmul ~ チョムル ~] 点[終止符]を打つ.

찍다² [tʃʼikʼtʼa ッチクタ] 他 ① (ぶち)切る ¶나무를 ~[namurul ~ ナムルル ~] (おので)木を切る ② (札·切符など を)切る ¶표를 ~[pʰjorul ~ ピョルル ~] (改札口で)切符を切る.

찍-소리 [tʃʼikʼsʼori ッチクソリ] 名 ぐうの音. >'쩍소리' ¶~도 못한다[~do moːtʰanda ~ド モータンダ] ぐうの音も出ない; 声も出ない.

찍어-내다 [tʃʼigɔnɛda ッチゴネダ] 他 ① (くしなどで)刺して引き出す ② 刷り上げる; 刷り出す.

찍히다 [tʃʼikʰida ッチクキダ] 自他 '찍다¹·²'の受動 ① (おのなどで)切られる ② (印章などが)押される ③ 刷られる ④ 撮られる.

찐득-거리다 [tʃʼindɯkʼɔrida ッチンドゥクコリダ] 自 ① ねばねばべとつく ② (弾力性があって)なかなか断ち切れ[折れ]ない.

찐-만두 [―饅頭] [tʃʼinmandu ッチンマンドゥ] 名 蒸しギョーザ; あんまん.

찐-빵 [tʃʼinpʼaŋ ッチンッパン] 名 蒸しぱん; あんまん.

*찐-하다 [tʃʼiːnhada ッチーンハダ] 形 여変 (何となく)気にかかる; (侮まれて)心苦しい ¶그냥 보내기가 ~[kɯ-

찔끔 [tʃ'ilk'ɯm ッチルックム] 하자타 튀 ① (水・涙などを)とぎれとぎれにこぼすさま; ちょろちょろ; ほろりと ¶ 눈물을 ~ 흘리다[nunmurɯl ~ hɯllida ヌンムルル ~ フルリダ] 涙をほろりとこぼす ② 雨が少し降ったり止んだりするさま ━거리다 [gərida ゴリダ] 자타 (水・小便・涙などを)ちびちびもらす[もれる] ━찔끔 [tʃ'ilk'ɯm ッチルックム] 튀 하자 少しずつ; ちびちび.

찔끔-하다 [tʃ'ik'ɯmhada ッチルックムハダ] 자타 ① びくっと[ぎょっと]する; たじろぐ; 縮みあがる ② (水・涙を)少し(ずつ)出す[こぼす].

찔레-꽃 [tʃ'illek'ot ッチルレッコッ] 명 ノイバラ(野茨)の花.

찔리다 [tʃ'illida ッチルリダ] 자타 ① 刺さ[突か](れ)る='찌르다'「突く・刺す」の受動 ¶ 가시에 ~ [kaɕie ~ カシエ ~] とげに刺さる ② とがめる ¶ 양심에 ~ [jaŋɕime ~ ヤンシメ ~] 良心がとがめる; 良心のかしゃくを受ける.

찔찔 [tʃ'iltʃ'il ッチルッチル] 튀 ① しくしく ¶ 눈물을 ~ 짜다 [nunmurɯl ~ tʃ'ada ヌンムルル ~ ッチャダ] 涙をしくしく流す ② ぽろぽろ ¶ 지닌 물건을 ~ 흘리다 [tʃinin mulgənɯl ~ hɯllida チニン ムルゴヌル ~ フルリダ] 持った品物をぽろぽろ落とす ③ ずるずる ¶ 코를 ~ 흘리다 [kʰorɯl ~ hɯllida コルル ~ フルリダ] 鼻汁を(だらしなく)ずるずるたらす.

찔찔-거리다 [tʃ'iltʃ'ilgərida ッチルッチルゴリダ] 자 ① だらしなく出歩く ¶ 늘 ~-거리고 돌아다닌다 [nɯl ~-gərigo toradaninda ヌル ~-ゴリゴ トラダニンダ] いつもあちこちをほっつき歩いている ② しくしく泣く.

찜 [tʃ'im ッチム] 명 肉や魚を煮込んだ[蒸した]料理 ¶ 갈비~ [kalbi~ カルビ~] あばら[カルビ]肉の煮物 / 닭~ [tak~ タク~] 鶏肉の蒸し焼き.

찜-질 [tʃ'imdʒil ッチムジル] 명 ① 湿布; 温罨法おんあんぽう ② 温泉・砂風呂による療法 ━하다 [(tʃ'imdʒir) hada ハダ] 자타 湿布する.

찜찜-하다 [tʃ'imtʃ'imhada ッチムッチムハダ] 형 여변 なんとなく気まずい; ばつが悪い; 気にかかる ¶ ~-한 생각이 들다[~-han sɛŋgagi tɯlda ~-ハン センガギ トゥルダ] 気まずい思いがする.

찝찔-하다 [tʃ'iptʃ'irhada ッチプチルハダ] 형 여변 ① やや塩辛い; しょっぱい ② (意のままにならず)不満である; むしゃくしゃする; 気に食わない.

찡 [tʃ'iŋ ッチン] 1 튀 かちん; がちゃん; 氷・固い物が裂ける音 2 튀 하자 (心に強く響く)じいんと ¶ 가슴이 ~ 하다 [kasumi ~hada カスミ ~ハダ] 胸がじいんと熱くなる.

찡그리다 [tʃ'iŋgɯrida ッチングリダ] 타 顔をしかめる; 眉まゆをひそめる ¶ 얼굴을 ~ [ɔlgurɯl ~ オルグルル ~] 顔をしかめる.

찡긋-거리다 [tʃ'iŋgɯtk'ɔrida ッチングッコリダ] 타 しきりに顔や眉をしかめる; 顔や目で合図をする.

찡얼-거리다 [tʃ'iŋɔlgərida ッチンオルゴリダ] 자 (子供が)むずかる; ぐずる.

＊**찢다** [tʃ'it'a ッチッタ] 타 ① (引き)裂く; 破く; 破る ¶ 종이를 ~ [tʃɔŋirɯl ~ チョンイルル ~] 紙を(引き)裂く / 장지를 ~ [tʃandʒirɯl ~ チャンジルル ~] 障子を破る ② (胸が)張り裂く **찢기다** [tʃ'itk'ida ッチッキダ] 자타 수동 破(ら)れる; (引き)裂かれる.

찢어-발기다 [tʃ'idʒɔbalgida ッチジョバルギダ] 타 ずたずたに引き裂く; 八つ裂きにする; ちぎる.

찢어-지다 [tʃ'idʒɔdʒida ッチジョジダ] 자 破れる; 裂ける; 俗 破ける ¶ 옷이 ~ [oɕi ~ オシ ~] 服が破れる / 갈기갈기 ~ [kalgigalgi ~ カルギガルギ ~] ずたずたに裂ける / 가슴이 ~ [kasumi ~ カスミ ~] 胸が張り裂ける.

찧다 [tʃ'itʰa ッチッタ] 타 ① 搗つく ¶ 쌀을 ~ [s'arɯl ~ ッサルル ~] 米をつく ② (尻もちを)つく ¶ 미끄러져 엉덩방아를 ~ [mik'ɯrɔdʒɔ ɔːdɔŋbaŋarɯl ~ ミックロジョ オーンドンバンアルル ~] すべって尻もちをつく ③ (重い物を上げ下ろしして)地をならす ④ しゃべる ¶ 입방아를 ~ [ip'aŋarɯl ~ イプパンアルル ~] 無駄口をたたく ⑤ ぶつける ¶ 코방아를 ~ [kʰop'aŋarɯl ~ コパンアルル ~] 鼻を打ちつける

찧고 까불다 [tʃ'ikʰo k'abulda ッチッコッカブルダ] 관 勝手に人を上げ下ろし[おだてたりけなしたり]してなぶる; 軽率にふるまう.

ㅊ

***차**[車][tɕʰa チャ] 名 車・自動車・電車などの総称 ¶~를 잡다[~rul tɕaptʼa ~ルル チャプタ] 車を拾う / ~를 몰다[~rul moːlda ~ルル モールダ] 車を駆る; 運転する / ~를 타다[~rul tʰada ~ルル タダ] 車に乗る.

***차**[茶][tɕʰa チャ] 名 お茶; 茶; 煮花 ¶녹~[nok~ ノク~] 緑茶 / 보리~[pori~ ポリ~] 麦茶; 麦湯 / 엽~[jɔp~ ヨプ~] 葉茶 / 홍~[hoŋ~ ホン~] 紅茶; ティー / ~를 끓이다[~rul kʼurida ~ルル ックリダ] (お)茶を入れる[沸かす].

***차**[差][tɕʰa チャ] 名 差; 違い ¶1점~[iltɕʼɔm~ イルチョム~] 1点の差 / 견해의 ~[kjɔnhɛe ~ キョーンヘエ ~] 見解の差 / 별로 ~가 없다[pjɔllo ~-ga ɔːptʼa ビョルロ ~ガ オープタ] あまり[大した]差はない.

***차**[次][tɕʰa チャ] 名 ① 依名 ついで(に); (ちょうどその)とき ¶서울 갔던 ~에[sɔul gatʼɔn ~-e ソウル ガットン ~エ] 上京したついでに / 외출하련던 ~에[weːtɕʰurharjɔdɔn ~-e ウェーチュル ハリョドン ~エ] 出かけようとしたときに **②** 接尾 …するため ¶연구 ~ 상경했다[jɔːngu ~ saːŋgjɔŋhɛtʼa ヨーング ~ サーンギョンヘッタ] 研究のため上京した.

차감[差減][tɕʰagam チャガム] 名 差し引き ¶~ 잔액(殘額)[~ dʒanɛk ~ ジャネク] 差し引き残高 ──**하다**[hada ハダ] 他 差し引く; 差し引きする.

***차갑다**[tɕʰagaptʼa チャガプタ] 形 ㅂ変 冷たい; 俗 ひゃっこい ¶손발이 ~[sɔnbari ~ ソンバリ~] 手足が冷たい / 차가운 눈[tɕʰagaun nun チャガウン ヌン] 冷たい目つき **차가워-지다**[tɕʰagawɔdʒida チャガウォジダ] 自 冷たくなる **차가워-하다**[tɕʰagawɔhada チャガウォハダ] 自他 冷たく感じる.

차고[車庫][tɕʰago チャゴ] 名 車庫; ガレージ(garage).

차곡-차곡[tɕʰagoktɕʰagok チャゴクチャゴク] 副 きちんときちんと ¶~ 쌓아 올리다[~ sʼaa ollida ~ ッサア オルリダ] きちんきちんと積み上げる.

차광[遮光][tɕʰaːgwaŋ チャーグァン] 名 헌目 遮光 ─**막**[mak マク] 名 遮光幕;(遮光)カーテン.

***차근-차근**[tɕʰagunt ɕʰagun チャグンチャグン] 副 順々に; きちん(きちん)と; しみじみ ¶~ 계산하다[~ keːsanhada ~ ケーサンハダ] きちんと計算する / ~ 타이르다[~ tʰairuda ~ タイルダ] しみじみ言い聞かす ─**하다**[hada ハダ] 形 丹念[周到]だ; きちょうめんだ; きちんとしている.

차근-하다[tɕʰagunhada チャグンハダ] 形 여갯 (言行が)落ち着いている **차근-히**[tɕʰaguni チャグニ] 副 落ち着いて ¶~ 처리하다[~ tɕʰɔːrihada ~ チョーリハダ] 沈着に処理する.

차기[次期][tɕʰagi チャギ] 名 次期 ¶~ 정권[~ dʒɔŋkʼwɔn ~ ジョンクォン] 次期政権.

「男; 次郎.

차남[次男][tɕʰanam チャナム] 名 次

차내[車內][tɕʰanɛ チャネ] 名 車内 ¶~ 금연[~ guːmjɔn ~ グーミョン] 車内禁煙.

차녀[次女][tɕʰanjɔ チャニョ] 名 次女.

***차다**[1][tɕʰada チャダ] 自 ① 満[充]ちる ¶물이 ~[muri ~ ムリ ~] 水が満ちる / 달이 ~[tari ~ タリ ~] 月が満ちる; 満月になる ② (一定の数に)達する; そろう ¶인원(人員)이 ~[inwɔni ~ イヌォニ ~] 人数がそろう / 정원이 ~[tɕɔːŋwɔni ~ チョーンウォニ ~] 定員に達する ③ 期限になる= ¶기한이 ~[kihani ~ キハニ ~] ④ 満足だ ¶눈에 ~[nune ~ ヌネ ~] 見た目に満足だ; 気に入る / 마음에 차지 않다[maume tɕʰadʒi antʰa マウメ チャジ アンタ] 心が満たされない[不満だ].

***차다**[2][tɕʰada チャダ] 他 ① 蹴る; 蹴飛ばす ¶공을 ~[koːŋul ~ コーングル ~] ボールを蹴る / 엉덩이를 걸어 ~[ɔːŋdɔŋirul kɔdɔ ~ オーンドンイルル コド~] 尻を蹴飛ばす ② 捨てる ¶연인을 ~[jɔːninul ~ ヨーニヌル ~] 恋人を捨てる[振る] ③ 舌打ちする= ¶

혀를 ~ [hjʌrɯl ~ ヒョルル ~].

차다[3] [tʃʰada チャダ] 他 ① 着ける; 下げる ¶ 권총을 ~ [kwʌ:ntʃʰoŋul ~ クォーンチョンウル ~] ピストルを(腰に)着ける[下げる] ② (腕時計・手錠などを)はめる ¶ 수갑(手匣)을 ~ [sugabul ~ スガブル ~] 手錠をかけられる.

차다[4] [tʃʰada チャダ] 形 ① 冷たい ¶ 공기가 ~ [koŋgiga ~ コンギガ ~] 空気が冷たい / 찬 맥주(麥酒) [tʃʰanmɛktʃʰu チャン メクチュ] 冷したビール ② 人情が薄い; 冷淡だ ¶ 마음씨가 ~ [maɯmʃiga ~ マウムッシガ ~] 心が冷たい[冷淡だ].

-차다 [tʃʰada チャダ] 接尾 形 名詞を強調する語 ¶ 힘 ~ [him ~ ヒム~] 力強い; 力に余る / 기운 ~ [kiun ~ キウン~] 元気だ; 力強い.

차단[遮斷] [tʃʰa:dan チャーダン] 名 하[타] 他 遮断 ¶ 교통이 ~ 되다 [kjothoŋi ~ dweda キョトンイ ~ トゥェダ] 交通が遮断される **—기** [gi ギ] (踏み切りの)遮断機; (電気回路の)遮断器.

차도[車道] [tʃʰada チャド] 名 車道 ↔ 인도[indo インド]「人道」・보도 [po:do ポード]「歩道」.

차도[差度・瘥度] [tʃʰado チャド] 名 病気が治る[快方に向かう]程度 ¶ 병세에 ~ 가 있다 [pjʌ:ŋsee ~ ga it'a ピョーンセエ ~ ガ イッタ] 病勢がよくなる[好転する]; 快方に向かう.

차-돌 [tʃʰadol チャドル] 名 ①〈鉱〉石英 ② がっちりして抜け目のない人 **— 박이** [bagi バギ] 名 霜降り; 脂肪が網の目のように入っている牛のヒレ肉.

차등[差等] [tʃʰadɯŋ チャドゥン] 名 差等; 等差; 違い ¶ ~을 매기다 [~ɯl mɛgida ~ウル メギダ] (実績によって)差等をつける.

차디-차다 [tʃʰaditʃʰada チャディチャダ] 形 非常に冷たい.

차-떼기[車—] [tʃʰat'egi チャッテギ] 名 (おもに野菜類などを)トラック1台分を単位として取り引きすること ¶ 배추를 ~로 사다 [pɛ:tʃʰurɯl ~ro sada ペーチュルル ~ロ サダ] 白菜をトラック1台分ひっくるめて買う.

차라리 [tʃʰarari チャラリ] 副 むしろ; いっそ; かえって ¶ ~ 술이나 마시자 [~ surina maʃidʒa ~ スリナ マシジャ] いっそ(のこと)酒でも飲もうや.

차량[車輛] [tʃʰarjaŋ チャリャン] 名 車両 **—검사** [gʌ:msa ゴームサ] 名 車両検査; 車検 **—번호** [bʌnho ボンホ] 名 車の番号.

차려 [tʃʰarjʌ チャリョ] 感 気をつけ[号令].

차례[次例] [tʃʰare チャレ] 名 ① 順番; 順序; 順; 番 ¶ ~로 서다 [~ro sʌda ~ロ ソダ] 順に並ぶ / ~를 기다리다 [~rɯl kidarida ~ルル キダリダ] 順を待つ / ~가 되다 [~ga tweda ~ガ トゥェダ] 順番になる ② (本の)目次 ③ 依名 …回(数); …度 ¶ 두 ~ [tu: ~ トゥー ~] 2回に **—차례** [tʃʰare チャレ] 副 順々に; 順次に; つぎつぎに ¶ 의견을 ~ 말하다 [ɯi:gjʌnɯl ~ ma:rhada ウィーギョヌル ~ マールハダ] 意見を順々に述べる.

차례[茶禮] [tʃʰare チャレ] 名 陰暦の正月元旦・秋夕ᅕᅩᆨ(8月15日)などに執り行なう先祖に対する祭祀사 = 다례(茶禮) [tare タレ] **—(를)지내다** [(rɯl)dʒi:nɛda (ルル)ジーネダ] 慣 茶礼[先祖に対する祭祀]の儀式を行なう.

차륜[車輪] [tʃʰarjun チャリュン] 名 車輪; 車の輪; = 수레바퀴 [surebakʰwi スレバクィ].

차리다 [tʃʰarida チャリダ] 他 ① 用意して膳を整える ¶ 밥상을 ~ [paps'aŋul ~ パプサンウル ~] 膳立てをする; 構える ¶ 새살림을 ~ [sɛsallimul ~ セサルリムル ~] 新所帯を構える ③ 気をつける ¶ 정신을 ~ [tʃʌŋʃinul ~ チョンシヌル ~] 気をしっかり持つ ④ わきまえる ¶ 체통을 ~ [tʃʰethoŋul ~ チェトンウル ~] 身のほどをわきまえる ⑤ 重んずる ¶ 격식을 ~ [kjʌkʃ'igul ~ キョクシグル ~] 格式ばる; 格式を重んずる ⑥ 推し量る ¶ 눈치를 ~ [nuntʃʰirul ~ ヌンチルル ~] 勘で推し量る; 感づく ⑦ (欲望を)満たす ¶ 실속을 ~ [ʃils'ogul ~ シルソグル ~] 実利を図る ⑧ 開く ¶ 가게를 ~ [ka:gerul ~ カーゲルル ~] 店を開く ⑨ 身ごしらえをする; 着飾る; 装う ¶ 곱게 ~ [ko:pk'e ~ コープケ ~] 艶참やかに装う / 화려하게 차려 입다 [hwarjʌhage tʃʰarjʌipt'a ファリョハゲ チャリョイプタ] 晴れやか[はなやか・はでやか]に着飾る ⑩ しっかりさせる ¶ 기운 ~ [kiun ~ キウン ~] 元気を出す.

차림 [tʃʰarim チャリム] 名 姿; 身なり; 服装; 格好 ¶ 등산 ~ [tɯŋsan ~ トゥンサン ~] 山[登山服の]姿 / 잠옷

~[tʃamo(tʃarim) チャモッ ~] 寝巻き姿 / 남자 ~을 한 미인 [namdʒa ~-ul han miːin ナムジャ(チャリ)ムル ハン ミーイン] 男装の麗人 **—새** [sɛ セ] 名 装い; 身なり ¶눈에 띄는 ~ [nune t'iːnun ~ ヌネッティーヌン ~] 目立つ装い / 간편한 ~ [kanpʰjonhan ~ カンピョンハン ~] 簡便な身なり **—표(表)** [pʰjo ピョ] 名 献立表; メニュー=식단(食單) [ʃikt'an シクタン].

***차마** [tʃʰama チャマ] 副 とても; どうしても; とうてい ¶~ 볼 수 없다 [~ pol s'u ɔːptʼa ~ ポルッス オープタ] (とても)見るに忍びない; 見るに見兼ねる.

차-멀미 [車 —] [tʃʰamʌlmi チャモルミ] 名 하自 車酔い.

차명 [借名] [tʃʰaːmjʌŋ チャーミョン] 名 하自 他人の名を借りること ¶~ 예금 [~ jeːgum ~ イェーグム] 他人名義の預金.

차-바퀴 [tʃʰabakʰwi チャバクィ] 名 車輪.

***차별** [差別] [tʃʰabjʌl チャビョル] 名 差別; 差; (分け)隔て ¶~을 두다 [(tʃʰabjɔr)ul tuda (チャビョ)ルル トゥダ] 隔て[差別]をつける **—하다** [(tʃʰabjʌr)hada ハダ] 他 差別하する **—대우** [dɛːu デーウ] 名 差別待遇 **—관세** [gwanseː グァンセ] 名 差別関税.

차분-하다 [tʃʰabunhada チャブンハダ] 形 여変 落ち着いている; 沈着だ; もの静かだ ¶~-한 성격 [~-han sʌːŋk'jʌk ~-ハン ソーンキョク] もの静かな性格 / ~-한 분위기 [~-han punwigi ~-ハン プヌィギ] 落ち着いた雰囲気 **차분-히** [tʃʰabuniː チャブニー] 副 沈着に; 落ち着いて; じっくり(と) ¶~ 생각하다 [~ sɛŋgakhada ~ センガクカダ] じっくり(と)考える.

차비 [車費] [tʃʰabi チャビ] 名 電車賃; 車代; =`찻삯`.

차비 [差備] [tʃʰabi チャビ] 名 하自他 準備し; したく; =채비 [tʃʰɛbi チェビ] ¶겨울 ~ [kjuːl ~ キョウル ~] 越冬準備 / 떠날 ~ [tʼɔnal ~ ットナル ~] 出発のしたく.

차선 [車線] [tʃʰasɔn チャソン] 名 車線 ¶추월 ~ [tʃʰuwʌl ~ チュウォル ~] 追い越し車線.

차액 [差額] [tʃʰaɛk チャエク] 名 差額; マージン ¶~이 생기다 [(tʃʰaɛg)i sɛŋgida (チャエ)ギ センギダ] 差額が生ずる / ~을 먹다 [(tʃʰaɛg)ul mʌk-t'a (チャエ)グル モクタ] マージンを取る.

차양 [遮陽] [tʃʰajaŋ チャヤン] 名 ① 軒に突き出したひさし ② (帽子の)つば.

차-올리다 [tʃʰaollida チャオルリダ] 他 蹴り上げる ¶공을 ~ [koːŋul ~ コーングル ~] ボールを蹴り上げる.

차용 [借用] [tʃʰaːjoŋ チャーヨン] 名 하他 借用 **—금** [gum グム] 名 借(用)金; 借りた金 **—인** [in イン] 名 借用人 **—증(서)** [tʃʼɯŋ(dʒɯŋsɔ)] チュン[ジュンソ] 名 借用証(書).

***차이** [差異] [tʃʰai チャイ] 名 差異; 差; 違い; 隔たり ¶성격의 ~ [sʌːŋk'jʌge ~ ソーンキョゲ ~] 性格の違い / 큰 ~가 없다 [kɯn ~ga ɔːptʼa クン ~ガ オープタ] たいした差異[違い]はない **—점** [tʃʼʌm チョム] 名 差異点.

차익 [差益] [tʃʰaik チャイク] 名 差益 **—금** [(tʃʰai)kʼum クム] 名 差益金 ¶~을 노리는 거래 [~ɯl norinɯn kɔːrɛː ~-(ク) ムル ノリヌン コーレ] 鞘取(引).

차일-피일 [此日彼日] [tʃʰailpʰiːil チャイルピーイル] 副 하自 今日明日と延ばすこと ¶~ 미루기만 한다 [~ mirugiman handa ~ ミルギマン ハンダ] 今日明日と延ばすばかりだ.

차입-하다 [借入 —] [tʃʰaːiphada チャーイプハダ] 他 借り入れる ¶자금을 ~ [tʃagumul ~ チャグムル ~] 資金を借り入れる.

차입-하다 [差入—] [tʃʰaiphada チャイプハダ] 他 差し入れる ¶구치소에 의류를 ~ [kutʃʰisoe wirjurul ~ クチソエ ウィリュルル ~] 拘置所に衣類を差し入れる.

차점 [次點] [tʃʰatʃʼʌm チャッチョム] 名 次点.

차제 [此際] [tʃʰadʒe チャジェ] 名 この際 ¶~에 분명(分明)히 해 두자 [~e punmjɔŋi hɛːdudʒa ~エ プンミョンイ ヘードゥジャ] この際はっきりしておこう.

차조 [tʃʰadʒo チャジョ] 名 〈植〉モチアワ=**차좁쌀** [tʃʰadʒopsʼal チャジョプサル] ¶~밥 [~bap ~パプ] モチアワの飯.

***차지** [tʃʰadʒi チャジ] 名 分け前; (取り)分 ¶나머지는 내 ~다 [namʌdʒi-nun nɛ ~da ナモジヌン ネ ~ダ] 残りはわたしの分だ **—하다** [hada ハダ] 他 占める; 占有する; 領する ¶장소를 ~ [tʃaŋsorul ~ チャンソルル ~] 場所を取る / 승리를 ~ [sɯŋnirul ~ スンニルル ~] 勝ちを占める.

차-지다[1] [tʃʰadʒida チャジダ] 自 冷え

차지다²

る; 冷たくなる ¶밥이 ~[pabi ~ パビ ~] ご飯が冷える.

차지다²[tʃʰadʑida チャジダ] 形 (ご飯・もち・土など)粘り気が多い; 粘っこい; (気性が)しっかりして粘り強い ¶흙이 ~[hu(l)gi ~ フ(ル)ギ ~] 土が粘っこい.

차질[蹉跌・蹉跎・差跌][tʃʰadʑil チャジル] 名 하自 蹉跌ㅅㅅ; 狂い; つまずき; 手違い ¶계획의 ~[ke:hwege ~ ケーフェゲ ~] 計画の狂い / ~을 가져오다[(tʃʰadʑir)ɯl kadʑjoɔda (チャジ)ルル カジョオダ] 蹉跌を来たす.

차-질다 [tʃʰadʑilda チャジルダ] 形 ㄹ語幹 (粘り気が多くて)ねばねばする ¶차진 흙[tʃʰadʑin hɯk チャジン フク] ねばねばする土.

*차차[次次][tʃʰatʃʰa チャチャ] 副 ① だんだん; 次第に; 漸次; ようやく ¶~ 좋아지다[~ tʃoːadʑida ~ チョーアジダ] 漸次よくなる ② せかすことなくゆっくりと ¶이 돈은 ~ 갚아도 좋다[i toːnɯn ~ kapʰado tʃoːtʰa イ トーヌン ~ カパド チョータ] この金はせかずにゆっくりと返してもいいよ.

차출[差出][tʃʰatʃʰul チャチュル] 名 하他 えり抜いて差し出すこと ¶10명 ~ 하다[ʃolmjʌŋ (tʃʰatʃʰur) hada ヨルミョン ~ハダ] 10名差し出す.

차츰[tʃʰatʃʰɯm チャチュム] 副 漸次; 次第に; ~ 밝아지다[~ palgadʑida ~ パルガジダ] 次第に明るくなる **―차츰**[tʃʰatʃʰɯm チャチュム] 副 次第に; 漸次(に); おいおい; だんだん.

차편[車便][tʃʰapʰjʌn チャピョン] 名 車の便 ¶~을 이용하다[~ɯl liːjoŋhada (チャピョ)ヌル リーヨンハダ] 車の便を利用する.

*차표[車票][tʃʰapʰjo チャピョ] 名 (乗り物の)切符; チケット; 乗車券 ¶~를 끊다[~rɯl kʼɯntʰa ~ルル ックンタ] 切符を買う / 왕복 ~[waːŋbok ~ ワーンボク ~] 往復切符.

차후[此後][tʃʰahu チャフ] 名副 この後; 今後 ¶~ 1년간[~ illjʌngan ~ イルリョンガン] 今後1年間.

착[tʃʰak チャク] 副 ① ぴったり; べったり(と) ¶~ 달라붙다[~ tʼallabutʼa ~ タルラブッタ] べったりとくっつく ② ゆったりと ¶~ 버티고 앉아 있다[~ pʼotʰigo andʑa itʼa ~ ポティゴ アンジャ イッタ] ゆったりと構えて座っている ③ しいんと ¶~ 가라앉은 목소리[(tʃʰa) kʼaraandʑɯn moksʼori ~ カラアンジュン モクソリ] しいんと沈んだ声 ④ 垂れ下がっているさま ¶~ 늘어진 버들가지[(tʃʰaŋ) nɯrʌdʑin pʌdɯlgadʑi (チャン) ヌロジン ポドゥルガジ] 垂れ下がった柳の枝.

-착[着][tʃʰak チャク] **1** 依名 着 ¶양복 1~[jaŋbok il~ ヤンボク イル~] 洋服1着 **2** 接尾 ① 着 ¶인천 공항 ~[intʃʰʌn goŋhaŋ ~ インチョン ゴンハン ~] 仁川空港着 ② 到着順 ¶일~으로 골인하다[il(tʃʰag) uro go:llinhada イル(チャ) グロ ゴーリンハダ] 1着でゴールインする.

*착각[錯覚][tʃʰakʼak チャクカク] 名 하自他 錯覚; 勘[思い]違い ¶눈의 ~[nune ~ ヌネ ~] 目の錯覚 / 엉뚱한 ~을 하다[ʌŋtʼuŋhan (tʃʰakʼag) ɯl hada オンットゥンハン (チャクカ)グル ハダ] とんだ勘違いをする.

착란[錯亂][tʃʰaŋnan チャンナン] 名 하形 錯乱 ¶~ 상태[~ saŋtʰɛ ~ サンテ] 錯乱状態.

*착륙[着陸][tʃʰaŋnjuk チャンニュク] 名 하自他 着陸 ¶달 ~[tal ~ タル ~] 月面着陸.

착복[着服][tʃʰakpok チャクポク] 名 하他 着服 ¶공금을 ~하다[koŋgumɯl (tʃʰakpʼo)kʰada コングムル ~カダ] 公金を着服する.

착상[着想][tʃʰaksʼaŋ チャクサン] 名 着想; 思いつき; アイディア ¶기발한 ~[kibarhan ~ キバルハン ~] 奇抜な思いつき **―하다**[hada ハダ] 自他 思いつく.

착색[着色][tʃʰaksʼɛk チャクセク] 名 하他 着色; 彩色 **―유리**[(tʃʰaksʼɛŋ) njuri (チャクセン)ニュリ] 名 着色ガラス.

착석[着席][tʃʰaksʼʌk チャクソク] 名 하自 着席.

착수[着手][tʃʰaksʼu チャクス] 名 着手 **―하다**[hada ハダ] 自他 着手する; 取りかかる ¶연구에 ~[jʌːŋue ~ ヨーングエ ~] 研究に着手する **―금**(金)[gum グム] 名 手付け[手付金] ¶~을 걸다[~ɯl kʌːlda ~ーグムル コールダ] 手付けを打つ.

*착실-하다[着實―][tʃʰaksʼirhada チャクシルハダ] 形 여変 着実だ; まじめだ; まともだ ¶~-한 성격[~-han sʌːŋkʼjʌk ~ーハン ソーンキョク] 着実な性

格 **착실-히**[着實-][tʃʰakʃ'iri チャクシリ] 副 着実に; 十分に; まともに ¶ ~ 살다 [~ sa:lda ~ サールダ] まともに暮らす.

착안[着眼][tʃʰagan チャガン] 名 [하][자] 着眼; 着目 ¶좋은 점에 ~하다[tʃo:-un tʃʌme ~hada チョーウン チョメ ~ハダ] いいところに着眼する **—점**[tʃ'ʌm チョム] 名 着眼点; 目のつけ所 ¶~이 좋다[~i tʃo:tʰa ~-(チョ)ミ チョータ] 着眼点がいい.

착오[錯誤][tʃʰago チャゴ] 名 [하][타] 錯誤; 誤り; 間違い ¶시행 ~[ʃi:hɛŋ ~ シーヘン ~] 試行錯誤.

착용-하다[着用-][tʃʰagjoŋhada チャギョンハダ] 他 着用する; 着る ¶제복을 ~ [tʃe:bogul ~ チェーボグル ~] 制服を着用する.

***착잡-하다**[錯雜-][tʃʰaktʃ'apʰada チャクチャプハダ] 形 [여변] 錯雜[錯綜]している ¶이해 관계가 ~[i:hɛ gwangega ~ イーヘ グァンゲガ ~] 利害関係が錯綜している / ~-한 심정[~pʰan ʃimgjʌŋ ~パン シムギョン] 錯雜した心境 **착잡-히**[tʃʰaktʃ'apʰi チャクチャピ] 副 錯綜して.

착착[tʃʰaktʃʰak チャクチャク] 副 ① べたべた(と) ¶진흙이 ~ 달라붙다[tʃinhu(l)gi ~ t'allabut'a チンフ(ル)ギ ~ タルラブッタ] 泥がべたべたくっつく ② きちんと ¶옷가지를 ~ 개키다 [otk'adʒirul ~-(tʃʰa) k'ɛkʰida オッカジルル ~ ケキダ] 衣類をきちんと畳む / ~ 발맞추어 걷다[~ p'almatʃʰuʌ kʌt'a ~ パルマチュオ コッタ] きちんと足並みをそろえて歩く ③ 着々(と) ¶일이 ~ 진행되었다[iri ~ tʃinhɛŋdwet'a イーリ ~ チーンヘンドウェオッタ] 仕事が着々と進行した.

착취[搾取][tʃʰaktʃʰwi チャクチュイ] 名 [하][타] 搾取 ¶~당하다[~daŋhada ~ダンハダ] 搾取される.

***착-하다**[tʃʰakʰada チャクカダ] 形 [여변] 善良だ; おとなしい ¶착한 아이[tʃʰakʰan ai チャクカナイ] よい子; おとなしい子 / 착한 일[tʃʰakʰan ni:l チャクカン ニール] 良[善]い行ない / 착하디 ~[tʃʰakʰadi ~ チャクカディ ~] ごく善良だ.

찬가[讚歌][tʃʰa:nga チャーンガ] 名 贊歌; 贊美歌 ¶사랑의 ~[saraŋe ~ サランエ ~] 愛の贊歌.

찬-가게[饌-][tʃʰa:nk'age チャーンカゲ] 名 おかずの店; 食料品店.

찬-거리[饌-][tʃʰa:nk'ʌri チャーンコリ] 名 おかずの食材.

찬동[贊同][tʃʰa:ndoŋ チャーンドン] 名 [하][자][타] 贊同 ¶취지에 ~하다[tʃʰwi:dʒie ~hada チュイージエ ~ハダ] 趣旨に贊同する.

***찬란-하다**[燦爛-][tʃʰa:llanhada チャーッランハダ] 形 燦爛として [2A29] いる ¶~-한 햇빛[~-han hɛtp'it ~-ハン ヘッピッ] まばゆい陽光 / ~-한 문화유산[~-han munhwajusan ~-ハン ムンファユサン] 輝かしい文化遺産 **찬란-히**[tʃʰa:llani チャールラニ] 副 燦爛と; きらきらと ¶~ 빛나다[~ pinnada ~ ピンナダ] きらきらと輝く.

찬모[饌母][tʃʰa:nmo チャーンモ] 名 賄い[おかず]を担当する家政婦; 賄い婦.

***찬-물**[tʃʰanmul チャンムル] 名 冷や水; 冷たい水; (お)冷や; 冷水 = 냉수[nɛ:ŋsu ネーンス] **—을 끼얹다**[(tʃʰanmur)ul k'iʌntʃ'a (チャンム)ルル ッキオンタ] 慣 冷水をぶっかける[せっかく順調に行っていることをおじゃんにするとの意]; 水を差す[かける].

찬미[讚美][tʃʰa:nmi チャーンミ] 名 [하][자][타] 贊美 ¶인생을 ~하다[insɛŋul ~hada インセンウル ~ハダ] 人生を贊美する **—가**[ga ガ] 名 ⇨ '찬송가'.

찬-바람[tʃʰanbaram チャンバラム] 名 ① 冷たい風; 冷風; 寒風 ¶~이 몰아치다[~i moratʃʰida (チャンバラ)ミ モラチダ] 寒風吹きすぎる ② 秋風; 木枯らし **—이 일다**[i i:lda (チャンバラ) ミイールダ] 慣 冷たい風が漂う; 雰囲気が冷えびえする[殺伐としている].

찬-밥[tʃʰanbap チャンバプ] 名 冷や飯 **—을 먹이다**[(tʃʰanbab) ul mʌgida (チャンバ)ブルモギダ] 慣 冷や飯を食わせる[冷遇する]; ばかにすることの意].

찬부[贊否][tʃʰa:nbu チャーンブ] 名 贊否 ¶~를 묻다[~rul mu:t'a ~ルル ムーッタ] 贊否を問う.

찬사[讚辭][tʃʰa:nsa チャーンサ] 名 贊辭; ほめ言葉 ¶아낌없는 ~를 보내다[ak'imʌmnun ~rul ponɛda アッキモムヌン ~ルル ポネダ] 惜しみない贊辭を送る.

***찬성**[贊成][tʃʰa:nsʌŋ チャーンソン] 名 [하][자][타] 贊成 ¶대 ~이다[tɛ: ~ida テー ~イダ] 大贊成だ.

찬송-가[讚頌歌][tʃʰa:nsoŋga チャーン

ソンガ] 名〈基〉賛美歌; 神に感謝を捧げイエスの徳をたたえる歌.

찬양-대[讚揚隊][tɕʰa:njaŋdɛ チャーニャンデ] 名〈基〉聖歌隊.

찬양-하다[讚揚―][tɕʰa:njaŋhada チャーニャンハダ] 他 ほめたたえる; 賞する ¶ 효행을 ~ [hjohəŋul ヒョヘンウル ~] 親孝行をほめたたえる.

찬연-하다[燦然―][tɕʰa:njənhada チャーニョンハダ] 形 [여변] 燦然さんとしている; きらきらと光り輝く ¶ ~한 빛 [~-han pit ~-ハン ピッ] 燦然たる光 **찬연-히**[tɕʰa:njəni チャーニョニ] 副 燦然と ¶ ~ 빛나는 다이아몬드 [~ pinnanun daiamondu ~ ピンナヌン ダイアモンドゥ] 燦然と輝くダイヤモンド.

찬-이슬[tɕʰannisɯl チャンニスル] 名 冷たい露; 夜露 ¶ ~ 맞는 놈 [~ mannun nom ~ マンヌン ノム] 夜露にぬれる者; 俗 盗人; 夜盗.

찬장[饌欌][tɕʰa:ntɕaŋ チャーンチャン] 名 茶だんす; (台所の)戸棚; 食器棚.

찬조[贊助][tɕʰa:ndʑo チャーンジョ] 名 [하타] 賛助 **—금**[gɯm グム] 名 賛助金 **—연설**[jə:nsəl ヨーンソル] 名 賛助演説 **—출연**[tɕʰurjən チュリョン] 名 賛助出演 **—회원**[hwe:wən フェーウォン] 名 賛助会員.

찬찬-하다[tɕʰantɕʰanhada チャンチャンハダ] 形 [여변] ①注意深い; 細かい; 綿密だ ¶ ~-하게 살펴보다 [~-hage salpʰjəboda ~-ハゲ サルピョボダ] 注意深く観察する ②(仕事振りや言動が) ゆったりして落ち着いている; 沈着だ ¶ ~-한 성격 [~-han səːŋk'jək ~-ハン ソーンキョク] 沈着な性格 **찬찬-히**[tɕʰantɕʰani チャンチャニ] 副 注意深く; 綿密に ¶ ~ 살펴보다 [~ salpʰjəboda ~ サルピョボダ] 注意深く[じっくりと]見る[観察する].

찬합[饌盒][tɕʰa:nhap チャーンハプ] 名 ①重箱 ②重箱に詰めたおかずや肴さかな.

찬 합

-찮다[tɕʰantʰa チャンタ] 接尾 …しない; …ではない; = 하지 않다 [hadʑi antʰa ハジ アンタ]の略.

찰-[tɕʰal チャル] 接頭 ①「粘り気」の意 ¶ ~벼 [~bjə ~ビョ] もち米 / ~떡 [~t'ək ~ットク] (もち米でつくった) 餅 ⇒ **차-**[tɕʰa チャ] ¶ ~조 [~dʑo ~ジョ]・~찹쌀 [~dʑops'al ~ジョプサル] 糯粟糯米. 「赤貧; 極貧.

찰-가난[tɕʰalganan チャルガナン] 名

찰가닥[tɕʰalgadak チャルガダク] 副 [하자] ①(粘っこいものが) ぴたっと; べたっと(くっつくさま) ②(金物などが) がちゃっと = **찰깍**[tɕʰalk'ak チャルッカク] ¶ 자물쇠가 ~ 잠기다 [tɕamuls'wega ~ tɕ'amgida チャムルスェガ ~ チャムギダ] 錠がぴちゃっとかかる.

찰-거머리[tɕʰalgəməri チャルゴモリ] 名 ①へばりついて離れないヒル(蛭); チスイビル(血吸蛭) ②ねちねちと人にまといついて悩ます人のたとえ.

찰과-상[擦過傷][tɕʰalgwasaŋ チャルグァサン] 名 擦過傷; すり傷.

찰-기[―氣][tɕʰalgi チャルギ] 名 粘り気 ¶ ~있는 떡 [~innun t'ək ~インヌン ットク] 粘り気のあるもち / 가많다 [~ga ma:ntʰa ~ガ マーンタ] (もちなどの)腰が強い.

찰나[利那][tɕʰalla チャルラ] 名 …した途端に; 利那ちゃつな; 瞬間 ¶ 충돌하는 ~에 [tɕʰuŋdorhanun ~e チュンドルハヌン ~エ] 衝突の瞬間; 衝突した途端に.

찰딱[tɕʰalt'ak チャルッタク] 副 べたっと; 粘り気・水気のあるものが強くくっつくさま.

찰-떡[tɕʰalt'ək チャルットク] 名 もち米のもち **—같이**[(tɕʰalt'ə)k'at'a カッタ] 慣 ①べたりとくっついてなかなか離れない ②2人の仲がとても離れがたいほどに愛情が深い **—같이**[(tɕʰalt'ə)-k'atɕʰi カチ] 副 離れがたく; 愛情細やかに **—궁합**(宮合)[(tɕʰalt'ə)-k'uŋhap クンハプ] 名 新婚の仲がむつまじいこと; (結婚する男女の)相性がこの上なくよく合うこと.

찰랑-하다[tɕʰallaŋhada チャルランハダ] 形 [여변] (容器の水が)満ちあふれそうだ; なみなみだ ¶술을 ~-하게 따르다 [surul ~-hage t'aruda スルル ~-ハゲッタルダ] なみなみ(と)酒を注ぐ.

찰-밥[tɕʰalbap チャルバプ] 名 ①もち米の飯; 赤飯 ②こわ飯; おこわ.

찰싹[tɕʰals'ak チャルッサク] 副 [하자]

ぴしゃっ; ぴしゃり; 水面・顔などを平らな物などで軽く打つ音 ¶얼굴을 ~ 때리다[ɔlgurɯl ~ t'ɛrida オルグルル ~ ッテリダ] 顔をぴしゃっとぶつ.

찰찰[tʃʰaltʃʰal チャルチャル] 副 液体が少しずつあふれるさま ¶~ 넘치게 술을 따르다[~ nɔːmtʃʰige surɯl t'aruda ~ ノームチゲ スルル ッタルダ] なみなみと酒を注ぐ.

찰-흙[tʃʰarhuk チャルフク] 名 粘土; ねばつち.

****참**[1][tʃʰam チャム] 名 ① 真実; まこと; 偽りでないこと ¶~과 거짓[~gwa kɔːdʒit ~グァ コージッ] 真実と虚偽 / ~사람[~saram ~サラム] 真人間, 立派な人間 ② 真情; 誠実; 真心.

참[2][tʃʰam チャム] 副感 実に; 本当に; どうも; 何と(も); 果たして; =‘참으로’ ¶~ 예쁘군[~ jeːp'ugun ~ イェーップグン] 本当にきれいだね / ~ 고맙다[~ kɔːmapt'a ~ コーマプタ] どうもありがとう / ~ 크구나[~ kʰɯguna ~ クグナ] 実に大きいな / ~, 미안합니다[~, mianhamnida ~, ミアンハムニダ] どうもすみません.

참-[tʃʰam チャム] 接頭 ① 本当・本物・真実の意 ¶~말[~mal ~マル] 本当の話 / ~뜻[~t'ɯt ~ットゥッ] 本意 / ~마음[~maɯm ~マウム] 真心 ② 上質の意 ¶~먹[~mɔk ~モク] 上質の墨 / ~숯[~sut ~スッ] 堅炭.

참[3][tʃʰam チャム] 依存 何かをするところ[つもり]の意 ¶~하려는 ~에[…harjɔnun ~e …ハリョヌン (チャ)メ]…するところへ / 막 가려는 ~이다[ma k'arjɔnun ~ida マク カリョヌン (チャ)ミダ] ちょうど出発するところだ.

****참가**[參加][tʃʰamga チャムガ] 名 하자 参加 ¶경기에 ~하다[kjɔːŋgie ~hada キョーンギエ ~ハダ] 競技に参加する.

참-가자미[tʃʰamgadʒami チャムガジャミ] 名〈魚〉マガレイ(真鰈).

참-개구리[tʃʰamgɛguri チャムゲグリ] 名〈動〉トノサマガエル(殿様蛙).

참-게[tʃʰamge チャムゲ] 名〈動〉(シナ)モクズガニ((支那)藻屑蟹).

참-견[參見][tʃʰamgjɔn チャムギョン] 名 おせっかい; お世話; 口出し; 手出し ¶쓸데없는 ~마라[s'ult'eɔmnun ~mara ッスルテオムヌン ~マラ] 余計な口出しをするな; いらぬ手出しはよせ; 余計なお世話だ / 말-을 하다[maːl ~ɯl hada マール(チャムギョ)ヌル ハ

ダ] 口を挟む — **하다**[hada ハダ] 他 おせっかいをする; 口出しする; でしゃばる; 手出しする.

****참고**[參考][tʃʰamgo チャムゴ] 名 하자 参考 **—문헌**[munhɔn ムンホン] 名 参考文献 **—서**[sɔ ソ] 名 (学習用の)参考書 **—인**[in イン] 名 参考人.

참관[參觀][tʃʰamgwan チャムグァン] 名 하자 参観 **—인**[in (チャムグァ)ニン] 名 参観人; 選挙の立会人.

****참-기름**[tʃʰamgirum チャムギルム] 名 ゴマ(胡麻)油.

참-깨[tʃʰamk'ɛ チャムッケ] 名〈植〉ゴマ(胡麻) ¶~를 볶다[~rul pokt'a ~ルル ポクタ] ゴマを炒る.

참-나무[tʃʰamnamu チャムナム] 名 ① ブナ科の落葉高木(ナラガシワ(楢柏)などの総称 ② クヌギ(櫟).

****참다**[tʃʰaːmt'a チャームタ] 他 ① 耐える; こらえる; 我慢する; 忍ぶ ¶아픔을 ~[apʰumul ~ アプムル ~] 痛みをこらえる / 노여움을 ~[nɔːjoumul ~ ノーヨウムル ~] 怒りをこらえる[抑える] / 웃음을 ~[usumul ~ ウスムル ~] 笑いを殺す[こらえる] / 눈물을 ~[nunmurul ~ ヌンムルル ~] 涙を抑える ② 辛抱する ¶1시간만 더 참자[han ʃiganman tɔ tʃʰaːmtʃa ハン シガンマン ト チャームチャ] もう少し1時間だけ辛抱して(待って)みましょう **—못해**[motʰe モッテ] 副 たまり[耐え]かねて; 我慢しきれずに ¶~ 때렸다[~ t'ɛrjɔt'a ~ ッテリョッタ] たまりかねて殴りつけた.

참담[慘憺][tʃʰamdam チャムダム] 名 하자 하형 慘憺たる ¶~-한 패배[~-han pʰɛːbɛ ~ハン ペーベ] 慘憺たる敗北 / 고심 ~~[koʃim ~~ コシム ~~] 苦心慘憺.

****참-답다**[tʃʰamdapt'a チャムダプタ] 形 真である; 真実に満ちている; 真にしやかだ ¶~-다운 행복[~-daun hɛːŋbok ~-ダウン ヘーンボク] 真の幸福.

참-돔[tʃʰamdom チャムドム] 名〈魚〉マダイ(真鯛).

참-되다[tʃʰamt'weda チャムトウェダ] 形 真実だ; 誠である; 誠実で実がある ¶~-된 사람[~-t'wen saːram ~-トゥェン サーラム] 真実[誠実]の人.

참-뜻[tʃʰamt'ɯt チャムットゥッ] 名 真意; 真義; 本当の意味 ¶~을 깨닫다[(tʃʰamt'ɯs)ul k'ɛdat'a (チャムッ

トゥ)スルッケダッタ] 真意を悟る.

*참-말[tʃʰammal チャムマル] 名 真実の話; 本当の話 ¶농담을 ~로 듣다[nondamul ~lo tuɾtʼa ノンダムル ~ロ トゥッタ] 冗談を真に受ける **—로**[lo ロ] 副 実に; まことに; 本当に; いかにも ¶~ 훌륭하다[~ hullyuŋhada ~ フルリュンハダ] まことに立派である.

참-맛[tʃʰammat チャムマッ] 名 本当の味; 醍醐味だいご ¶스포츠의 ~[supʰoːtʃʰɯe ~ スポーチュエ ~] スポーツの醍醐味.

참배[參拜][tʃʰambɛ チャムペ] 名 하自 参拜 ¶현충원 ~[hjəːntʃʰuŋwən ~ ヒョーンチュンウォン ~] 顕忠院[国立墓地]の参拜.

참변[慘變][tʃʰambjən チャムビョン] 名 惨たらしい事件や事故; 惨事 ¶눈뜨고 볼 수 없는 ~[nuntʼɯgo pol sʼu ɔːmnɯn ~ ヌンットゥゴ ポルッス オームヌン ~] 目も当てられない惨事.

참사[慘事][tʃʰamsa チャムサ] 名 惨事 ¶예기치 않은 ~[jeːgitʃʰi anɯn ~ イェーギチ アヌン ~] 予期しなかった惨事.

참-사람[tʃʰamsaram チャムサラム] 名 真人間 ¶마음을 고쳐 ~이 되다[maumɯl kotʃʰyə ~i tweda マウムル コチョ (チャムサラ)ミ トゥェダ] 心を入れ変えて真人間[もともな人間]になる.

참-사랑[tʃʰamsaraŋ チャムサラン] 名 純粋な愛情; 真実の愛.

*참-새[tʃʰamsɛ チャムセ] 名 〈鳥〉スズメ ¶~ 떼[~ tʼe ~ ッテ] スズメの群れ **—구이**[gui グイ] 名 スズメの焼き鳥.

*참석[參席][tʃʰamsək チャムソク] 名 하自 参加; 出席; 列席 ¶식에 ~하다[ʃige (tʃʰamsɔ)kʰada シゲ ~カダ] 式に列席する.

참선[參禪][tʃʰamsən チャムソン] 名 하自 〈仏〉参禅; 座禅.

참신-하다[斬新—][tʃʰaːmʃinhada チャームシンハダ] 形 斬新ざんしんだ; 際立って新しい ¶~한 디자인[~-han didʒain ~ハン ディジャイン] 斬新なデザイン.

참여-하다[參與—][tʃʰamjəhada チャミョハダ] 自 参与する; あずかる ¶국정에 ~[kukt͡ʃʼɔŋe ~ ククチョンエ ~] 国政に参与する.

참-외[tʃʰamwe チャムェ] 名 〈植〉マクワウリ.

*참-으로[tʃʰamɯro チャムロ] 副 実に; 本当に; まことに; まったく ¶~ 놀라운 일이다[~ noːllaun niːrida ~ ノールラウン ニーリダ] 実に驚くべきことだ.

참을-성[—性][tʃʰamɯlsʼəŋ チャムルソン] 名 こらえ性; 忍耐力 ¶~이 많다[~i maːntʰa ~イ マーンタ] 辛抱強い; 我慢強い/~이 없다[~i ɔːpt͡sʼa ~イ オーㇷ゚タ] 辛抱[こらえ性]がない.

참작-하다[參酌—][tʃʰamdʒakʰada チャムジャクカダ] 他 参酌する; 斟酌しんしゃくする; 酌量する; 汲くみ入れる ¶정상을 ~[t͡ʃʼɔŋsaŋul ~ チョンサンウル ~] 情状を参酌する.

참조[參照][tʃʰamdʒo チャムジョ] 名 하他 参照 ¶사전을 ~하다[sadʒɔnɯl ~hada サジョヌル ~ハダ] 辞典を参照する.

참-조기[tʃʰamdʒogi チャムジョギ] 名 〈魚〉イシモチ(石首魚・石持); 俗 キングチ(金石魚).

참치[tʃʰamtʃʰi チャムチ] 名 〈魚〉①マグロ[다랑어[taraŋɔ タランオ]]を食用として称する語 ② =방어(魴魚)[baŋə バンオ] 名 〈魚〉ツムブリ.

참패[慘敗][tʃʰampʰɛ チャムペ] 名 하自 惨敗; ぼろ負け ¶~당하다[~daŋhada ~ダンハダ] 惨敗を喫する.

참-하다[tʃʰaːmhada チャームハダ] 形 여変 ① 淑しとやかだ; 慎つつましい ¶~한 색시[~-han sɛːkʃʼi ~ハン セークシ] 淑やかな[慎ましい]娘; 気立てのよい娘 ② こぎれいだ; 適当だ; ちょうど合う; ぴったりだ ¶공부하기에 ~한 방[koŋbuhagie ~-han paŋ コンブハギエ ~ハン パン] 勉強するに適当な部屋/~한 집[~-han tʃip ~ハン チㇷ゚] こぢんまりとした[すっきりした]家 ③ (心が)優しい.

참호[塹壕][tʃʰamho チャムホ] 名 塹壕ざんごう ¶~를 파다[~rɯl pʰada ~ルル パダ] 塹壕を掘る.

참혹-하다[慘酷—][tʃʰamhokʰada チャムホクカダ] 形 残酷だ; むごたらしい; 悲惨だ ¶~한 형벌[(tʃʰamho)-kʰan hjəŋbəl ~カン ヒョンボル] 残酷な刑罰 **참혹-히**[tʃʰamhokʰi チャムホキ] 副 残酷に; 悲惨に.

참화[慘禍][tʃʰamhwa チャムファ] 名 惨禍; 痛ましい災い[災害] ¶전쟁의 ~[t͡ʃʼɔːndʒɛŋe ~ チョーンジェンエ ~] 戦争の惨禍.

참회[懺悔][tʃʰamhwe チャムフェ] 名 하他 懺悔ざんげ ¶죄를 ~하다[tʃwɛːrɯl ~hada チュェール ~ハダ] 罪を懺悔

찹쌀 [tʃhapsʼal チャプサル] 名 もち米 **―고추장(醬)** [gotʃhudʒaŋ ゴチュジャン] 名 もち米でつくったトウガラシみそ **―떡** [tʼɔk ットゥク] 名 もち米のあんも **―밥** [bap パプ] 名 もち米の飯.

찹찹-하다 [tʃhaptʃhaphada チャプチャプハダ] 形 여変 ① (心が)落ち着いている; しんみりしている ¶기분이 ~ [kibuni ~ キブニ ~] 気分が落ち着いていて静かだ ② 積み重ねたものがきちんとしている; きちんと積み重ねる.

찻[車] [tʃhat チャッ] **―간(間)** [kʼan カン] 名 車内 **―길** [kʼil キル] 名 ① 線路; 軌道; レール ② 車道 **―삯** [sʼak サク] 名 車代; 車代; ='차비'(車費).

찻[茶] [tʃhat チャッ] **―값** [kʼap カプ] 名 お茶代; (喫茶店で)飲み物代 **―숟갈** [sʼutkʼal スッカル] 名 茶さじ **―잔(盞)** [tʃʼan チャン] 名 茶わん; 茶飲み **―장(欌)** [tʃʼaŋ チャン] 名 茶だんす **―종(鍾)** [tʃʼoŋ チョン] 名 茶わん; 茶飲みの小さなわん; 湯飲み **―집** [tʃʼip チプ] 名 お茶屋; 喫茶店; =다방(茶房) [tabaŋ タバン].

창 [tʃhaŋ チャン] 名 ① 履物の底裏; 靴底; 底 ¶~같이 하다 [~gari hada ~ガリ ハダ] 底を張りかえる; 靴底をかえる ② 敷革.

***창**[窓] [tʃhaŋ チャン] 名 窓='창문'(窓門) ¶~을 열다[닫다] [~ɯl jɔːlda [tatʼa] ~ウル ヨールダ[タッタ]] 窓を開ける[閉める] / 유리 ~ [juri~ ユリ~] ガラス窓 / 채광(採光) ~ [tʃhɛːgwaŋ~ チェーグァン~] 明り取り **―가** [kʼa カ] 名 窓際 **―턱** [thɔk トク] 名 窓の敷居 **―틀** [thɯl トゥル] 名 窓枠.

창[唱] [tʃhaːŋ チャーン] 名 해自他 ① 歌うこと=가창(歌唱) [katʃhaŋ カチャン] ② 판소리 [phansori パンソリ] (朝鮮王朝時代の庶民が唱劇につけて歌った歌)・잡가(雜歌) [tʃapkʼa チャプカ] (朝鮮時代の末ごろの平民の唱曲)などを節をつけて[調で]歌うこと, またはその歌声.

창[槍] [tʃhaŋ チャン] 名 槍 ¶**―대** [tʼɛːtte ッテッテ] 槍の柄 **―던지기** [dɔndʒigi ドンジギ] 名 槍投げ=투창(投槍) [thutʃhaŋ トゥチャン].

창가[唱歌] [tʃhaːŋga チャーンガ] 名 해自他 唱歌 ¶~를 부르다 [~rul puruda ~ルル プルダ] 唱歌を歌う.

창간[創刊] [tʃhaːŋgan チャーンガン] 名 해他 創刊 **―호** [ho ホ] 名 創刊号.

창고[倉庫] [tʃhaŋgo チャンゴ] 名 倉庫; 蔵[倉] ¶**―지기** [~ dʒigi ~ ジギ] 蔵番 **―료** [rjo リョ] 名 倉庫料.

창공[蒼空] [tʃhaŋgoŋ チャンゴン] 名 蒼空챵; 青空 ¶끝없는 ~ [kʼudɔmnun ~ ックドムヌン ~] 果てのない青空.

***창구**[窓口] [tʃhaŋgu チャング] 名 窓口 ¶**―업무** [~ɔmmu ~オムム] 窓口業務.

창-구멍[窓―] [tʃhaŋkʼumɔŋ チャンクモン] 名 窓・障子の破れ穴.

창극[唱劇] [tʃhaːŋgɯk チャーングク] 名 (판소리 [phansori パンソリ] を中心にして)役者が歌とせりふで演ずる古典劇 **―조(調)** [tʃʼo チョ] 名 '창극(唱劇)'の歌唱法のような節回し; '판소리(唱劇)'の曲調.

창난-젓 [tʃhaŋnandʒɔt チャンナンジョッ] 名 明太魅めのはらわたの塩辛.

창녀[娼女] [tʃhaːŋnjɔ チャーンニョ] 名 娼婦ふ; 売春婦; 遊女 ¶**―로 전락(轉落)하다** [~ro tʃʼɔːllakhada ~ロ チョールラクカダ] 遊女に身を落とす.

창달[暢達] [tʃhaːŋdal チャーンダル] 名 해自他 暢達たつ ¶언론 ~ [ɔllon ~ オルロン ~] 言論の暢達.

창립[創立] [tʃhaːŋnip チャーンニプ] 名 해他 創立 ¶회사를 ~하다 [hwɛːsarul (tʃhaːŋnni) phada フェーサルル ~ パダ] 会社を創立する.

창망[滄茫・蒼茫] [tʃhaŋmaŋ チャンマン] 名 해形 蒼茫ばう; 青々として遠く広いこと ¶**―한 대해** [~han tɛːhɛ ~ハン テーヘ] 蒼茫たる大海.

***창문**[窓門] [tʃhaŋmun チャンムン] 名 窓. ¶~을 제치다 [~ɯl jɔɾɔ dʒetʃhida (チャンム) ヌル ヨロジェチダ] 窓を押し開く.

창백-하다[蒼白―] [tʃhaŋbɛkhada チャンベクカダ] 形 蒼白ぱくだ; 青白い ¶**―한 얼굴** [~―kan ɔlgul ~―カン オルグル] 蒼白な[青白い]顔.

창부[娼婦] [tʃhaːŋbu チャーンブ] 名 娼婦ぷう; 売春婦.

창-살[窓―] [tʃhaŋsʼal チャンサル] 名 連子; 障子などの桟; 窓格子 ¶~끼운 창 [~ kʼiun tʃhaŋ ~ ッキウン チャン] 連子窓.

창설[創設] [tʃhaːŋsɔl チャーンソル] 名 해他 創設 ¶**―멤버** [~ membɔ ~ メンボ] 創設メンバー.

창시[創始] [tʃhaːŋʃi チャーンシ] 名 해他 創始 ¶**―자** [~dʒa ~ ジャ] 創始者.

창안[創案] [tɕʰaːŋan チャーンアン] 名 하他 創案 ¶획기적인 ~ [hwek'idʑɔgin ~ フェクキジョギン ~] 画期的な創案.

창업[創業] [tɕʰaːŋɔp チャーンオプ] 名 하他 創業 **―비**[p'i ピ] 名 創業費.

창연-하다[蒼然―] [tɕʰaŋjɔnhada チャンヨンハダ] 形 여変 蒼然としている ① (色が)青い ② (日が暮れて)うす暗い ③ 色が古びる ¶고색(古色) ~한 사당(祠堂) [koːsɛk ~-han sadaŋ コーセク ~-ハン サダン] 古色蒼然たる祠ほこら; 物さびた社.

창의[創意] [tɕʰaːŋi チャーンイ] 名 하自 創意 ¶~성이 풍부(豊富)하다 [~-sɔŋi pʰuŋbuhada ~-ソンイ プンブハダ] 創意性に富む.

창자 [tɕʰaŋdʑa チャンジャ] 名 小腸の総称; 腸; (はら)わた ¶생선의 ~ [sɛŋsɔne ~ センソネ ~] 魚のわた.

*__창작__[創作] [tɕʰaːŋdʑak チャーンジャク] 名 하他 創作 **―극**[(tɕʰaːŋdʑa)k'ɯk ククッ] 名 創作劇 **―력**[(tɕʰaːŋdʑaŋ)-njɔk (チャーンジャン)ニョク] 名 創作力 **―물**[(tɕʰaːŋdʑaŋ)mul (チャーンジン)ムル] 名 創作物 **―집**[tɕʰip チプ] 名 創作集 **―품**[pʰum プム] 名 創作・文芸品.

*__창조__[創造] [tɕʰaːŋdʑo チャーンジョ] 名 하他 創造 ¶문화 ~ [munhwa ~ ムンファ ~] 文化の創造 **―물**[mul ムル] 名 創造物.

창창[蒼蒼] [tɕʰaŋtɕʰaŋ チャンチャン] 名 하形 ① 蒼々そうそう; 青々としたさま ¶~한 가을 하늘 [~-han kaɯl hanɯl ~-ハン カウル ハヌル] 蒼々たる秋の空 ② 前途がはるかな(有望な)さま; 洋々としている ¶앞길이 ~한 청년 [apk'iri ~-han tɕʰɔŋnjɔn アプキリ ~-ハン チョンニョン] 前途洋々たる青年.

창출[創出] [tɕʰaːŋtɕʰul チャーンチュル] 名 하自他 創出 ¶새로운 문화의 ~ [sɛroun munhwae ~ セロウン ムンファエ ~] 新しい文化の創出.

창-칼 [tɕʰaŋkʰal チャンカル] 名 小刀; 切り出し.

창파[滄波] [tɕʰaŋpʰa チャンパ] 名 滄波そうは; 青い波; 滄浪そうろう.

창포[菖蒲] [tɕʰaŋpʰo チャンポ] 名 〈植〉ショウブ(菖蒲)(の根).

*__창피__[猖披] [tɕʰaŋpʰi チャンピ] 名 恥; 恥辱; 恥ずかしさ ¶~를 당하다 [~-rul taŋhada ~ルル タンハダ] 恥をかく[さらす]; 顔をつぶす / ~를 주다 [~-rul tɕuda ~ルル チュダ] (人前で)恥をかかせる[辱める] **―하다** [hada ハダ]・**―스럽다** [sɯrɔptʰa スロプタ] 形 ㅂ変 恥ずかしい; 見苦しい ¶~-스러운 일이다 [~-surɯun niːrida ~-スロウン ニーリダ] 恥ずかしいことだ.

창해[滄海] [tɕʰaŋhɛ チャンヘ] 名 蒼海そうかい; 広大なる青い海.

창호-지[窓戸紙] [tɕʰaŋhodʑi チャンホジ] 名 障子紙; 朝鮮紙[韓紙]の1つ.

*__찾다__[tɕʰatʼa チャッタ] 他 ① 探[捜]す; 探る ¶범인을 ~ [pɔːminul ~ ポーミヌル ~] 犯人をさがす / 손으로 더듬어 ~ [sonuro tɔdumɔ ~ ソヌロ トドゥモ ~] 手探りでさがす / 동기를 ~ [toːŋgirul ~ トーンギル ~] 動機を探る ② 見つける; さがし出す; 見出す ¶잃었던 책을 ~ [iroʔɔn tɕʰɛgul ~ イロットン チェグル ~] 紛失した本を見つける / 셋집을 ~ [seːtɕʰibul ~ セーチブル ~] 借家を探す / 일자리를 ~ [iːltɕʼarirul ~ イールチャリルル ~] 職を探す ③ 尋ねる; 訪とう; 訪問する ¶은사를 ~ [ɯnsarul ~ ウンサルル ~] 恩師を訪う ④ 引く; 調べる ¶사전(辭典)을 ~ [sadʑɔnul ~ サジョヌル ~] 辞典を引く ⑤ 取り戻す; 引き出す; おろす; 下げる ¶소유권을 ~ [soːjukʼwɔnul ~ ソーユクォヌル ~] 所有権を取り戻す / 예금을 ~ [jeːgumul ~ イェーグムル ~] 預金をおろす; 貯金を下げる ⑥ 要求する; 求める ¶더워서 냉수만 ~ [tɔwɔsɔ nɛːŋsuman ~ トウォソ ネーンスマン ~] 暑いので冷水ばかり求める.

*__찾아-가다__[tɕʰadʑagada チャジャガダ] 他 ① 尋ねる; 訪問する ② 受け取って帰る ¶맡긴 물건을 ~ [matkʼin mulgɔnul ~ マッキン ムルゴヌル ~] 預けたものを受け取って帰る.

찾아-내다 [tɕʰadʑanɛda チャジャネダ] 他 見つける; さがし出す; 発見する ¶동굴을 ~ [toːgurul ~ トーングルル ~] 洞窟を発見する.

찾아-보다 [tɕʰadʑaboda チャジャボダ] 他 ① 訪ねて行く; 会ってみる; 訪問する ¶선배를 ~ [sɔnbɛrul ~ ソンベルル ~] 先輩を訪問する ② さがしてみる ¶사전을 ~ [sadʑɔnul ~ サジョヌル ~] 辞典を引いてみる.

찾아-뵙다 [tɕʰadʑabwept'a チャジャブェプタ] 他 お伺いする; 伺う. **찾아-뵈다** [tɕʰadʑabweda チャジャブェダ] の謙譲語.

***찾아-오다** [tɕʰadʑaoda チャジャオダ] 他 ① 尋[訪]ねて来る ¶ 친구가 ~[tɕʰinuga ~ チングガ ~] 友人が訪ねて来る ② (貸したもの・預けたものを)取り戻す ¶ 화물을 ~ [hwa:murul ~ ファームルル ~] 貨物を引き取って来る / 예금을 ~ [jeːgumul ~ イェーグムル ~] 預金をおろして来る.

찾아-헤매다 [tɕʰadʑahemɛda チャジャヘメダ] 他 探し回る ¶ 아이를 ~ [ai-rul ~ アイルル ~] 子供を探し回る.

채[1] [tɕʰɛ チェー] 名 ① 千切り ¶ ~ 썰다[치다] [~s'ɔlda(tɕʰida) ~ッソルダ(チダ)] 千切りにする ② **채**[2] (荣) [tɕʰɛː チェー] 野菜などを調味したおかず[浸し物] ¶ 무~[mu:(tɕʰɛ) ムー(チェ)] (大根の千切り(おかず) / 나물~[~namul ~ナムル] おひたし[浸し物・ナムル]の総[野]菜料理.

***채**[3] [tɕʰɛ チェ] 依名 ある状態そのまま; まま; なり ¶ 산 ~로 잡다[saːn ~ro tɕʰapt'a サーン ~ロ チャプタ] 生きたまま捕らえる / 입은 ~로 자다[ibun ~ro tɕʰada イブン ~ロ チャダ] 着たなりで寝る[床に着く].

***채**[4] [tɕʰɛ チェ] **1** 接尾 ① 棟; 屋 ¶ 바깥~[pak'at~ パッカッ ~] 離れ屋 / 안~[an~ アン~] 母屋 ② むち; 棒 ¶ 북~[puk~ プク~] 太鼓のばち / 장구~[tɕʰangu~ チャング~] 鼓のばち / 말~[mal~ マル~] 馬のむち **2** 依名 ① 家屋を数える単位; 棟; 軒 ¶ 집 1~[tɕʰipʰan~ チプ パン~] 家1棟[軒] ② 布団単位 ¶ 이불 2~[ibul du:~ イブル ドゥ~] 布団2組み.

***채**[5] [tɕʰɛ チェ] 副 まだ(完全でない); いまだ(及ばない) ¶ ~ 익지 않은 과일 [~ iktɕ'i anun kwa:il ~ イクチ アヌン クァーイル] まだ熟れていない果物.

채광[採光] [tɕʰɛːgwaŋ チェーグァン] 名 ﾊﾐ自 採光 ¶ ~이 잘 되는 방[~i tɕʰal dwenun paŋ ~イ チャル ドウェヌン パン] 採光のいい部屋.

채굴[採掘] [tɕʰɛːgul チェーグル] 名 ﾊﾐ他 採掘 ¶ 금을 ~하다[kumul (tɕʰɛː-gur)hada クムル ~ハダ] 金を採掘する.

***채권**[債券] [tɕʰɛːk'wɔn チェークォン] 名 債券 ¶ ~을 발행하다[~ul par-

heŋhada ~ウル パルヘンハダ] 債券を発行する.

채권[債權] [tɕʰɛːk'wɔn チェークォン] 名 債権 ¶ ~자[~dʑa ~ジャ] 債権者.

채널 [tɕʰɛnɔl チェノル] channel 名 (テレビなどの)チャンネル.

채다[1] [tɕʰɛːda チェーダ] 他 いきなり引っ張る; ひったくる ¶ 낚싯대를 ~[nak-ɕ'itɛrul ~ ナクシッテルル ~] 釣り竿をぐいと引き寄せる / 돈을 ~ [to:nul ~ トーヌル ~] 金をひったくる.

***채다**[2] [tɕʰɛːda チェーダ] 他 いちはやく感づく; 気づく ¶ 눈치~[nuntɕʰi(tɕʰɛ-da) ヌンチ(チェダ)] それとなく気づく.

채다[3] [tɕʰɛːda チェーダ] 自 ① 蹴られる=차이다 [tɕʰaida チャイダ] の略='차다' 「蹴る」の受動 ¶ 구둣발에 ~ [kudutp'are ~ クドゥッパレ ~] 土足で蹴られる ② ひったくられる ③ (恋人に)振られる ¶ 여자에게 ~[jɔdʑaege ~ ヨジャエゲ ~] 女性に振られる.

채단[采緞] [tɕʰɛːdan チェーダン] 名 (結婚に際して)新郎の家から新婦の家に贈る青・紅などのチマ・チョゴリ用の絹織物[織り物].

채무[債務] [tɕʰɛːmu チェーム] 名 債務 ¶ ~를 지다[~rul tɕida ~ルル チダ] 債務を負う.

채비[←差備] [tɕʰɛbi チェビ] 名 準備; 用意; したく; 下ごしらえ; ='차비'(差備) ¶ 외출할 ~[weː-tɕʰurhal ~rul hada ウェーチュルハル ~ル ハダ] よそ行きのしたくをする ─**하다**[hada ハダ] 自 したく(を)する.

채산[採算] [tɕʰɛːsan チェーサン] 名 ﾊﾐ自 採算; 収支を計算すること; 収支が引き合うこと ¶ ~이 맞다[~i mat'a (チェーサ)ニ マッタ] 採算が合う[とれる] / 독립 ~제[toŋnip ~dʑe トンニプ ~ジェ] 独立採算制.

채색[彩色] [tɕʰɛːsek チェーセク] 名 彩色; 彩り ¶ 도자기의 ~이 아름답다[todʑagie (tɕʰɛːsɛg)i arumdapt'a トジャギエ (チェーセ)ギ アルムダプタ] 焼き物の彩りが美しい ─**하다** [(tɕʰɛː-sɛː)kʰada カダ] 自 彩色する; 彩る.

***채소**[菜蔬] [tɕʰɛːso チェーソ] 名 野菜; 蔬菜なぃ; 青物 ¶ ~를 가꾸다[~rul kak'uda ~ルル カックダ] 野菜を作る ─**밭** [bat バッ] 名 野菜畑.

채송-화[菜松花] [tɕʰɛːsoŋhwa チェーソンファ] 名〈植〉マツバボタン(松葉牡丹)

채식[菜食] [tʃʰɛ:ʃik チェーシク] 名 하자 菜食 **—주의자** [tʃʰuidʑa チュイジャ] 名 菜食主義者.

채신[←處身] [tʃʰɛːʃin チェーシン] 名 ① ふるまい; 品行; 身持ち; ='처신'(處身)を下げすんで言う語 ¶ ~이 말이 아니군 [~i ma:ri anigun チェーシンイ マーリ アニグン] 身持ちがなっていない ② 威信; 威嚴 **—머리** [mɔri モリ] 名 '채신'의 俗っぽい語 **—(머리)사납다** [(mɔri) sanapt'a (モリ) サナプタ] 形 ロ変 身持ちが悪くみっともない; ふしだらだ; ぶざまだ **—(머리)없다** [(mɔri)ɔpt'a (チェシ)ノプタ[モリオプタ]] 存 軽はずみで威嚴がない **—(머리)없이** [(mɔri)ɔpʃi (チェシ)ノプシ[モリオプシ]] 副 軽はずみに; だらしなく; ふしだらに.

***채용[採用]** [tʃʰɛ:joŋ チェーヨン] 名 하자 採用 ¶ **~ 시험** [~ ʃihɔm ~ シホム] 採用試驗.

채우다¹ [tʃʰɛuda チェウダ] 他 ① (包むように)身につける; 当てる ② かける ¶ 자물쇠를 ~ [tʃamuls'werul ~ チャムルスェルル ~] 錠前をかける / 단추를 ~ [tantʃʰurul ~ タンチュルル ~] ボタンをはめる / 수갑을 ~ [sugabul ~ スガブル ~] 手錠をはめる.

채우다² [tʃʰɛuda チェウダ] 他 (冷水·水などに)漬ける; 冷やす; さます ¶ 수박을 물에 ~ [su:bagul mure ~ スーバグルムレ ~] スイカを水に浸す[漬ける].

***채우다³** [tʃʰɛuda チェウダ] 他 ① 補う; 埋め合わせる ¶ 머릿수를 ~ [mɔris'urul ~ モリッスルル ~] 頭をそろえる ② 滿たす; 詰める ¶ 술잔을 ~ [sultʃanul ~ スルチャヌル ~] 杯を滿たす ③ 滿たす; 肥やす ¶ 정욕을 ~ [tʃɔŋjogul ~ チョンヨグル ~] 情欲を滿たす / 사복을 ~ [sabogul ~ サボグル ~] 私腹を肥やす ④ (期間を)滿たす ¶ 날짜를 ~ [naltʃ'arul ~ ナルッチャルル ~] 日數を滿たす.

채이다 [tʃʰɛida チェイダ] 受動 ① ひったくられる ② 感づかれる; 悟られる ③ 蹴られる. ⇨ 또 **채다**.

채점[採點] [tʃʰɛ:tʃ'ɔm チェーチョム] 名 하자 採點 ¶ ~이 후하다 [~i hu:hada (チェーチョ)ミ フーハダ] 採點が甘い.

***채집[採集]** [tʃʰɛ:dʑip チェージプ] 名 하자 採集 ¶ 곤충 ~ [kontʃʰuŋ ~ コンチュン ~] 昆蟲採集.

채찍[←чik チェッチク] 名 鞭 ¶ 사랑의 ~ [saraŋe ~ サランエ ~] 愛のむち **—질 [tʃ'il チル] 名 하자 ① むち打ち ¶ ~을 하다 [~-(tʃ)irul hada ~-(チ)ルル ハダ] むち打つ; むちを加える ② せき[励まし]たりすること.

채취[採取] [tʃʰɛ:tʃʰwi チェーチュィ] 名 하자 採取 ¶ 지문을 ~하다 [tʃimunul ~hada チムヌル ~ハダ] 指紋を取る[採取する].　「切りにする.

채-치다 [tʃʰɛ:tʃʰida チェーチダ] 他 千

채-칼[菜—] [tʃʰɛ:kʰal チェーカル] 名 千切り[菜切り]用の器具[包丁].

채택[採擇] [tʃʰɛ:tʰɛk チェーテク] 名 하자 採擇 ¶ 의견을 ~하다 [ɯi:gjɔnɯl (tʃʰɛ:tʰɛ)kʰada ウィーギョヌル ~カダ] 意見を採擇する.

채플 [tʃʰɛpʰɯl チェプル] chapel 名 〈基〉チャペル; 禮拜堂; 敎會(堂).

채화[採火] [tʃʰɛ:hwa チェーファ] 名 하자 レンズで太陽から聖火を採ること.

***책[册]** [tʃʰɛk チェク] 名 本; 書物; 書籍 ¶ ~벌레 [~p'ɔlle ~ポルレ] 本蟲; 本好き / ~을 읽다 [(tʃʰɛg) ul ikt'a (チェ) グル イクタ] 本を讀む **—값** [(tʃʰɛ)k'ap カプ] 副 本の價格[代金].

***책-가방[册—]** [tʃʰɛk'abaŋ チェクカバン] 名 (本を入れる)學生カバン.

책-갈피[册—] [tʃʰɛk'alpʰi チェクカルピ] 名 書物のページの間; しおり.

***책-꽂이[册—]** [tʃʰɛk'odʑi チェクコジ] 名 本立て; 書架; 木柵.

책동[策動] [tʃʰɛkt'oŋ チェクトン] 名 하자 策動; 策略 ¶ 파업(罷業)을 ~하다 [pʰa:ɔbul ~hada パーオブル ~ハダ] ストライキを策動する.

책략[策略] [tʃʰɛŋnjak チェンニャク] 名 策略; はかりごと; 策謀 ¶ ~을 쓰다 [(tʃʰɛŋnjag)ɯl s'uda (チェンニャ)グルッスダ] 策略を用いる[めぐらす].

책망[責望] [tʃʰɛŋmaŋ チェンマン] 名 하자 叱しかり; 咎とがめ ¶ ~을 받다 [~ɯl pat'a ~ウル パッタ] 咎[叱]られる / 너무 ~마라 [nɔmu ~mara ノム ~マラ] あまり咎め立てするなよ[責めるな] **—하다** [hada ハダ] 他 咎める; 詰なじる; 難ずる; 叱責しっせきする.　「名 書目; 書名.

책명[册名] [tʃʰɛŋmjɔŋ チェンミョン]

책-받침[册—] [tʃʰɛkp'atʃʰim チェクパチム] 名 下敷しき.　「本屋; 書店.

***책-방[册房]** [tʃʰɛkp'aŋ チェクパン] 名

책-배낭[冊一][tʃʰɛkp'ɛnaŋ チェクペナン] 名 本入れの背負い袋[リュック].

책-보[冊褓][tʃʰɛkp'o チェクポ] 名 (本を包む)ふろしき.

＊**책-상**[冊床][tʃʰɛks'aŋ チェクサン] 名 机; デスク **―다리**[dari ダリ] 名 하自 膝組ᵠみ; あぐら ¶~를 하다[~-rul hada ～ルル ハダ] あぐらをかく **―보**(褓)[p'o ポ] 名 テーブルクロス.

＊**책임**[責任][tʃʰɛgim チェギム] 名 責任 ¶~을 다하다[~-ul tahada (チェギ) ムル ターハダ] 責任を果たす **~있다**[it'a (チェギ) イッタ] 彨 責任を持つ; 責任がある; …の責任だ **―지다**[dʒida ジダ] 自 責任を負う; 責任を持つ **―감**[gam ガム] 名 責任感.

책자[冊子][tʃʰɛktʃ'a チェクチャ] 名 冊子; 冊書; 書物 ¶소~[so:~ ソー~] パンフレット(pamphlet); 小冊子.

책-잡다[責一][tʃʰɛktʃ'apt'a チェクチャプタ] 他 (人の過失を)咎める; 詰る.

책-잡히다[責一][tʃʰɛktʃ'apʰida チェクチャプピダ] 自受動 咎められる; 詰られる; 責められる.

＊**책장**[冊張][tʃʰɛktʃ'aŋ チェクチャン] 名 本のページ ¶~을 넘기다[~-ul nɔmgida ～ウル ノムギダ] 本をめくる.

책장[冊欌][tʃʰɛktʃ'aŋ チェクチャン] 名 本棚; 書棚; 本箱.

책-제목[冊題目][tʃʰɛktʃ'emok チェクチェモク] 名 本の題目.

책-하다[責一][tʃʰɛkʰada チェクカダ] 他 여変 叱ਊる; 責める; 咎める; 詰る ¶잘못을 ~[tʃalmosul ~ チャルモスル ~] 過ちを咎め立てる / 몹시 ~[mo:pʃ'i ~ モープシ ~] 問い詰める.

챔피언[tʃʰɛmpʰiɔn チェムピオン] 名 チャンピオン(champion).

챙기다[tʃʰɛŋgida チェンギダ] 他 取りまとめる; 取りそろえる; 始末する; 片づける ¶짐을 ~[tʃimul ~ チムル ~] 荷物を取りまとめる / 도구를 ~[to:guruul ~ トーグルル ~] 道具を取りそろえる / 서류를 ~[sɔrjuruul ~ ソリュルル ~] 書類を片づける[整理する] / 저녁을 ~[tʃɔnjɔgul ~ チョニョグル ~] 夕ご飯の準備をする.

＊**처**[妻][tʃʰɔ チョ] 名 妻; 家内; 女房; ワイフ ¶내연의 ~[nɛ:jone ~ ネーヨネ ~] 内縁の妻 **―조카**[dʒokʰa ジョカ] 名 妻の甥ᡨ・姪ᡨ **―족**[dʒokʒok ジョクジョク] 名 妻の一族.

처-[tʃʰɔ チョ] 接頭 やたらに; たくさん; 下品に ¶분을 ~바르다[punuul ~baruda プヌル ～バルダ] おしろいをやたらに(たっぷり)塗りつける / 마구 ~먹다[magu ~mɔkt'a マグ ～モクタ] がつがつ食いまくる; やたらに食う.

처가[妻家][tʃʰɔga チョガ] 名 妻の実家[里] **―댁**(宅)[t'ɛk テク] 名「他人の妻の実家」を尊敬していう語 **―살이**[sari サリ] 名 하自 妻の実家に身を寄せて暮らすこと **처갓-집**[tʃʰɔgatʃ'ip チョガッチプ] = '처가'(妻家).

처남[妻男][tʃʰɔnam チョナム] 名 妻の男兄弟; 義兄・義弟.

처-넣다[tʃʰɔnɔtʰa チョノッタ] 他 突っ込む; 詰め込む; ほうり込む; ぶち込む ¶헛간에 ~[hɔtkʰane ~ ホッカネ ~] 物置にほうり込む.

＊**처녀**[處女][tʃʰɔ:njɔ チョーニョ] 名 処女; 娘; 乙女; きむすめ; 未婚[独身]女性 **―림**[rim リム] 名 処女林; 原始林 **―작**[dʒak ジャク] 名 処女作 **―티**[tʰi ティ] 名 娘らしさ ¶~가 나다[~ga nada ～ガ ナダ] 娘らしくなる.

＊**처량-하다**[凄涼一][tʃʰɔrjaŋhada チョリャンハダ] 彨 凄涼ᓂᦎだ; 凄まじくもの寂しい ② もの悲しく哀れだ ¶~-한 신세[~-han ʃinse ～-ハン シンセ] もの悲しい身の上 / ~-하게 울다[~-hage u:lda ～-ハゲ ウールダ] もの哀れに泣く.

＊**처럼**[tʃʰɔrɔm チョロム] 助 …のように[のごとく]; ほとんど同じく ¶얼음-차갑다[ɔruum~ tʃʰagapt'a オルム～チャガプタ] 氷のように冷たい / 아이~굴다[ai~ ku:lda アイ～ クールダ] 子供のようにふるまう.

＊**처리**[處理][tʃʰɔ:ri チョーリ] 名 하他 処理 ¶사무 ~[sa:mu ~ サーム ~] 事務の処理 / 뒤-[twi:(tʃʰɔri) トゥィ-(チョリ)] 後始末; 後片づけ.

처마[tʃʰɔma チョマ] 名 軒 **―끝**[k'ut ックッ] 名 軒先; 軒端 **―밑**[mit ミッ] 名 軒下 ¶~에서 비를 긋다[~-(mitʰ)esɔ pirul kuut'a ～-テソ ピルル クッタ] 軒下で雨宿りする.

처-마시다[tʃʰɔmaʃida チョマシダ] 他 (酒などを)やたらに飲む.

처-매다[tʃʰɔmɛda チョメダ] 他 (ひもなどで)しっかり巻く[くくる]; 巻き縛る.

처-먹다[tʃʰɔmɔkt'a チョモクタ] 他 むやみやたらに食う; 食らう; = 먹다[mɔk-

처-먹이다 [tʃʰɔmɔgida チョモギダ] 他 俗 むやみやたらに食わせる; 食らわす; '처먹다'の使役形.

처-박다 [tʃʰɔbakt'a チョバクタ] 他 ① やたらに[強く]打ち込む ¶못을 ~ [mosuɯl ~ モスル ~] 釘ᯯを打ち込む ② 押し込む ¶서랍에 처박아 두다 [sɔrabe tʃʰɔbaga duda ソラベ チョバガ ドゥタ] 引き出しに押し込んでおく.

처-박히다 [tʃʰɔbakhida チョバクキダ] 自 受動 押し込められる; 閉じ込もる ¶집에 처박혀 있다 [tʃibe tʃʰɔbakhjit'a チベ チョバクキョ イッタ] 家に閉じ込もっている.

처방 [處方] [tʃʰɔːbaŋ チョーバン] 名 処方 ¶의사의 ~ [ɯisae ~ ウィサエ ~] 医者の処方 ―**전** [dʒɔn ジョン] 名 処方箋ﾎ.

처벌 [處罰] [tʃʰɔːbɔl チョーボル] 名 하他 処罰 ¶~을 받다 [(tʃʰɔːbɔr)ɯl pat'a (チョーボ)ルル パッタ] 処罰を受ける; 処罰される.

처복 [妻福] [tʃʰɔbok チョボク] 名 立派な妻を迎える幸せ[運].「名 妻の両親.

처-부모 [妻父母] [tʃʰɔbumo チョブモ]

*__**처분**__ [處分] [tʃʰɔːbun チョーブン] 名 하他 処分 ¶퇴학 ~ [thwɛːhak ~ トェーハク ~] 退学処分 / 가옥을 ~ 하다 [kaogɯl ~ hada カオグル ~ ハダ] 家屋を処分する.

처사 [處事] [tʃʰɔːsa チョーサ] 名 하自 仕打ち; 処置 ¶부당한 ~ [pudaŋhan ~ プダンハン ~] 不当な仕打ち.

처-삼촌 [妻三寸] [tʃʰɔsamtʃhon チョサムチョン] 名 妻のおじ[伯父・叔父] = **처숙** (妻叔) [tʃʰɔsuk チョスク].

처세 [處世] [tʃʰɔːse チョーセ] 名 하自 処世; 世渡り ―**술** [sul スル] 名 処世術 ¶~이 능한 사람 [~-(sur)i nɯŋhan saːram ~-(ス)リ ヌンハン サーラム] 処世術[世渡り]に長たけた人 ―**훈** [hun フン] 名 処世訓.

처소 [處所] [tʃʰɔːso チョーソ] 名 居所; 住所 ¶~를 옮기다 [~rɯl omgida ~ルル オムギダ] 居所を移す.

처-시하 [妻侍下] [tʃʰɔʃiha チョシハ] 名 かかあ天下; 妻の尻ﾅﾞに敷かれて暮らす夫をあざけていう語; 恐妻家.

처신 [處身] [tʃʰɔːʃin チョーシン] 名 身のふり方; 身持ち ¶~하기가 난처 (難處)하다 [~hagiga naːntʃhɔhada ~ハギガ ナーンチョハダ] 身のふり方に困る ―**사납다** [sanapt'a サナプタ] 他 ㅂ変 身持ちが悪くてだらしない ―**없다** [ɔpt'a (チョーシ)ノプタ] 存 身持ちが軽はずみでみっともない; 大人げない ―**없이** [ɔpʃ'i (チョーシ)ノプシ] 副 大人げなく; 威厳がなく ―**하다** [hada ハダ] 自 身を持する.

처-싣다 [tʃʰɔʃit'a チョシッタ] 他 ㄷ変 荷物をやたらに積み込む ¶볏단을 ~ [pjɔt'anɯl ~ ピョッタヌル ~] 稲束をうんと[いっぱい]積み込む.

처우 [處遇] [tʃʰɔːu チョーウ] 名 하他 処遇; もてなし ¶~를 개선하다 [~rɯl keːsɔnhada ~ルル ケーソンハダ] 処遇[待遇]を改善する.

*__**처음**__ [tʃʰɔɯm チョウム] 名 副 初[始]め; 端ﾊ; 皮切り; 最初 ¶~부터 [~buthɯ ~ブト] 始め[のっけ・はな]から / ~ 뵙겠습니다 [~ bweːpk'esˀɯmnida ~ ブェープケッスムニダ] 初めまして: 初めてお目にかかります / ~ 듣는 이야기 [~ dɯnnɯn nijagi ~ ドゥンヌン ニヤギ] 耳新しい話 / 이번을 ~으로 하여 [ibɔnɯl ~uro hajo イボヌル (チョ)ウロ ハヨ] 今回を皮切りにして.

*__**처자**__ [妻子] [tʃʰɔdʒa チョージャ] 名 妻子.

처자 [處子] [tʃʰɔːdʒa チョージャ] 名 処女; 娘; = '처녀' (處女).

처절 [凄切] [tʃʰɔdʒɔl チョジョル] 名 하形 凄切ﾂ; 身にしみて悲しいこと ¶~한 심정 [(tʃʰɔdʒɔr)han ʃimdʒɔŋ ~ハン シムジョン] 凄切な心情[気持ち].

처절 [悽絶] [tʃʰɔːdʒɔl チョージョル] 名 하形 凄絶ﾂ; 非常にすさまじいさま ¶~한 전투 [(tʃʰɔːdʒɔr)han tʃɔntʰu ~ハン チョーントゥ] 凄絶な戦闘 / ~한 광경 [(tʃʰɔːdʒɔr)han kwaŋgjɔŋ ~ハン クァンギョン] すさまじい光景.

처제 [妻弟] [tʃʰɔdʒe チョジェ] 名 妻の妹; 義妹.

*__**처지**__ [處地] [tʃʰɔːdʒi チョージ] 名 ① 立場 ¶곤란한 ~ [koːllanhan ~ コーッランハン ~] 困難な立場 ② 間柄; 仲 ¶친한 ~ [tʃʰinhan ~ チンハン ~] 親しい仲 ③ 身分; 地位; 分際 ¶학생의 ~로 [haksˀɛɲe ~ro ハクセンエ ~ロ] 学生の分際で.

처-지다 [tʃʰɔːdʒida チョージダ] 自 ① 垂れる ¶앞머리가 ~ [ammɔriga ~ アムモリガ ~] 前髪が垂れる / 처진 버들가지 [tʃʰɔːdʒin pɔdɯlgadʒi チョー

ジン ポドゥルガジ] 垂たれた柳の枝 ② 取り残される ¶혼자 쓸쓸히 ~[hondʒas'uls'uri ～ ホンジャッスルッスリ～] 独り寂しく取り残される ③ 立ち遅れる ¶행군 중에 ~[hɛngun dʒuŋe ～ ヘングン ジュンエ～] 行軍中に立ち遅れる ④ (底に)沈む ⑤ (他と比べて)劣る.

처참[悽惨][tʃʰɔːtʃʰam チョーチャム] 名 悽惨 ¶~한 광경[~han kwaŋdʒɔŋ ～ハン クァンギョン] 凄惨な光景 **—하다**[hada ハダ] 形 凄惨だ; 見る影もない; きわめて惨たらしい **—히**[i (チョーチャ)ミ] 惨たらしく.

처처[處處][tʃʰɔːtʃʰɔ チョーチョ] 名 処々; いたる所, ここかしこ; 所々; =곳곳[kotk'ot コッコッ] ¶시내 ~에[ʃiːne ～e シーネ～エ] 市内いたる所に.

*처치[處置][tʃʰɔːtʃʰi チョーチ] 名 処置; 処理; 始末; 手当て ¶응급 ~[uːŋgup~ ウーングァ~] 応急手当て; 応急処置 / ～ 곤란하다[~ koːllanhada ～ コールランハダ] 始末におえない **—하다**[hada ハダ] 他 処置する; 始末する; 俗 片づける.

*처-하다[處一][tʃʰɔːhada チョーハダ] 自 여変 ① 処する ¶사형에 ~[saːhjɔŋe ～ サーヒョンエ～] 死刑に処する ② 直面する ¶위기에 ~[wigie ～ ウィギエ～] 危機に直面する ③ 置かれる ¶역경에 ~[jɔk'jɔŋe ～ ヨクキョンエ～] 逆境に置かれる ④ 至る ¶난관에 ~[naŋgwane ～ ナングァネ～] 難関に至る.

처형[妻兄][tʃʰɔhjɔŋ チョヒョン] 名 妻の姉; 義姉.

처형[處刑][tʃʰɔːhjɔŋ チョーヒョン] 名 하他 処刑 ¶~되다[~dweda ～ドゥェダ] 死刑に処せられる.

척¹[tʃʰɔk チョク] 副 ① ぺたっと ¶벽에 ~ 붙이다[pjɔge ～ p'utʃʰida ピョゲ～ プチダ] 壁にべたっと張りつける ② だらりと ¶팔을 ~ 늘어뜨리다[pʰarul (tʃʰɔŋ) nurɔt'urida パルル (チョン) ヌロットゥリダ] 腕をだらりと垂らす ③ さっと ¶돈을 ~ 내놓다[toːnul (tʃʰɔŋ) nɛːnotʰa トーヌル (チョン) ネーノッタ] 金をさっと出す ④ ちらっと; ふと(見る) ¶~ 보기에[~ p'ogie ～ ポギエ] ふっと見たところ.

*척²[tʃʰɔk チョク] 副 でんと; 格好つけて ¶~ 버티고 앉다[~ p'ɔtʰigo antʰa ～ ポティゴ アンタ] でんと座る.

*척[隻][tʃʰɔk チョク] 依名 隻 ¶배 2~ [pɛ duː~ ペ ドゥー～] 船2隻

척결[剔抉][tʃʰɔkkjɔl チョクキョル] 名 하他 剔抉 ¶부패를 ~하다[puːpʰɛrul (tʃʰɔk'jɔr)hada プーペルル ～ハダ] 腐敗を剔抉する[暴き出す].

척도[尺度][tʃʰɔkt'o チョクト] 名 尺度; 物差し ¶가치의 ~[katʃʰie ～ カチエ～] 価値の尺度.

척척[tʃʰɔktʃʰɔk チョクチョク] 副 ① てきぱき ¶일을 ~ 해내다[iːrul ~ (tʃʰɔ) kʰɛːnɛda イールル ～ ケーネダ] (任される)仕事をてきぱきと片づける ② しゃきしゃき ¶살림을 ~ 꾸려나가다[sallimul ~ (tʃʰɔ) k'urjɔnagada サルリムル ～ ックリョナガダ] 家を(1人で)しゃきしゃき切りまわす ③ どんどん ¶일이 ~ 진행되다[iːri ~ tʃ'inhɛŋdweda イーリ～ チーンヘンドゥェダ] 仕事がどんどん運ぶ[ずんずん進む] ④ ぴったり ¶~ 손발이 맞다[~ sonbari matʃ'a ～ ソンバリ マッタ] 歩調[息]が合う ⑤ すらすら(と) ¶문제를 ~ 풀다[muːndʒerul ～ pʰulda ムーンジェルル ～ プルダ] 問題をすらすら(と)解く **—박사**[p'aksʰa パクサ] 名 物知り博士.

척추[脊椎][tʃʰɔktʃʰu チョクチュ] 名 脊椎 **—동물**[doːŋmul トーンムル] 名 脊椎動物.

*척-하다[tʃʰɔkhada チョクカダ] 補動 ふりをする='체하다' ¶모르는 ~[morunun ～ モルヌン～] 知らんぷりをする / 점잖은 ~[tʃɔːmdʒanun ～ チョームジャヌン～] (きも)大様にかまえる.

*천[tʃʰɔːn チョーン] 名 布地; 生地; きれ ¶비단 ~[piːdan ～ ピーダン～] 絹(織物)の生地.

천[千][tʃʰɔn チョン] 数 千; 1,000.

천거[薦擧][tʃʰɔːngɔ チョーンゴ] 名 하他 推薦; 推挙 ¶의장으로 ~되다[ɯidʒaŋuro ~dweda ウィジャンウロ～ドゥェダ] 議長に推挙される.

천고-마비[天高馬肥][tʃʰɔngoma:bi チョンゴマービ] 名 天高く馬肥ゆること.

천국[天國][tʃʰɔnguk チョングク] 名 天国; 神の国 ¶보행자 ~[poːhɛŋdʒa ～ ポーヘンジャ～] 歩行者天国.

천금[千金][tʃʰɔngɯm チョングム] 名 千金 ¶일확 ~을 꿈꾸다[irhwak ~ul k'umk'uda イルファク(チョング)ム ックムックダ] 一攫かく千金を夢みる.

천년[千年][tʃʰɔnnjɔn チョンニョン] 名 千年 **—만년**[maːnnjɔn マーンニョン]

천당[天堂][tɕʰondaŋ チョンダン] 图 天国; 神の国; 極楽.

천대[賤待][tɕʰɔːndɛ チョーンデ] 图 하他 ① 冷遇; おろそかな待遇 ② 手荒に扱うこと; ぞんざいに取り扱うこと.

천더기[賤—][tɕʰɔːndəgi チョーンドギ] 图 冷遇される人; 卑しめられる者; 邪魔物に取り扱われる物; =**천덕꾸러기** [tɕʰɔːndəkʼurəgi チョーンドックロギ].

천덕-스럽다[賤—][tɕʰɔːndəksʼurəpʼta チョンドクスロプタ] 图 ㅂ変 見るからに品がなく卑しい.

천도-교[天道敎][tɕʰondogjo チョンドギョ] 图〈宗〉天道教(韓国・朝鮮固有の宗教の1つ; '東学'の精神を受け継ぐ).

***천둥**[tɕʰonduŋ チョンドゥン] 图 雷 ¶~치다[~tɕʰida ~チダ] 雷が鳴る **—번개**[bəŋge ボンゲ] 图 雷と稲妻.

천렵[川獵][tɕʰɔlljəp チョルリョプ] 图 하自 川狩り; 川漁[獵].

천륜[天倫][tɕʰɔlljun チョルリュン] 图 天倫; 父子・兄弟間の道理[倫理] ¶~을 어기다[~ɯl ɔgida (チョルリュ)ヌル オギダ] 天倫に背く.

천리[千里][tɕʰɔlli チョルリ] 图 千里 ¶~길[~kʼil ~キル] 千里の道; 長い道のり / ~ 타향[~ tʰahjaŋ ~ タヒャン](故郷から)遠く離れた他郷 **—마(馬)**[ma マ] 图 千里の駒 **—만리**[maːlli マールリ] 图 千里万里; 極めて遠い距離 **—안**[an アン] 图 千里眼.

천리[天理][tɕʰɔlli チョルリ] 图 天理 ¶~에 어긋나다[~e ɔgɯnnada ~エ オグンナダ] 天理に背く.

천막[天幕][tɕʰɔnmak チョンマク] 图 天幕; テント=텐트[tʰentʰɯ テントゥ] ¶~을 치다[(tɕʰɔnmag)ɯl tɕʰida (チョンマグ)ルル チダ] テントを張る.

***천만¹**[千萬][tɕʰɔnman チョンマン] ① 数 千万 ② 依名 よろずの; もろもろの ¶~가지 걱정[~gadʑi kəktɕʼɔŋ ~ ガジ コクチョン] もろもろの心配 **—금(金)**[gɯm グム] 图 莫大な金銭や財宝 ¶~을 준다 해도 나는 싫다[~ɯl tɕunda hɛːdo nanɯn ɕiltʰa ~グムル チュンダ ヘード ナヌン シルタ] いくら多額の金銭をくれてもおれはいやだ **—년**[njən ニョン] 图 千万年; 千秋万歳 **—리**[(tɕʰɔnmal)li (チョンマル)リ] 图 千万里 ¶~ 머나먼 길[~ mɔːna mən kil ~ モーナモン キル] 千万里極めて遠い道のり **—번(番)**[bən ボン] 图 千万回 **—인**[in (チョンマン)ニン] 图 千万人; 数多い人.

천만²[千萬][tɕʰɔnman チョンマン] 图 千万; その程度の甚だしい意 ¶위험 ~ [wihəm ~ ウィホム ~] 危険千万 / 유감 ~[jugam ~ ユガム~] 遺憾千万.

***천만³**[千萬][tɕʰɔnman チョンマン] 副 全然; 非常に; とんでもない ¶~ 모를 소리[~ morɯl sori ~ モルル ソリ] 全然わけのわからない話 / ~ 다행(多幸)이다[~ dahɛŋida ~ダヘンイダ] 非常に幸いなことだ / ~ 뜻밖이다[~ tʼɯtpʼakʼida ~ ットゥッパクキダ] まったく意外なことだ; 思いもよらないことだ / ~ 부당(不當)하다[~ budaŋhada ~ ブダンハダ] とんでもない[不当千万な]ことだ / ~ 불가(不可)하다[~ bulgahada ~ ブルガハダ] まったくよろしくない[全然理不尽な]ことだ **—에**[e (チョンマ)ネ] 感 どういたしまして; めっそうもない; とんでもない; 意外な事や言葉に対して不同意または謙遜を表わす言葉 **—의 말씀**[~e maːlsʼum (チョンマ)ネ マールッスム] 图 まったく意外な[とんでもない]お言葉 ¶~입니다[~imnida ~-(マールッス)ミムニダ] どういたしまして; (ありがたいなんて)とんでも[めっそうも]ございません.

천명[天命][tɕʰɔnmjəŋ チョンミョン] 图 天命; 天寿; 天運 ¶~을 알다[~ɯl aːlda ~ウル アールダ] 天命を知る; 50歳になること / ~을 다하다[~ɯl taːhada ~ウル ターハダ] 天寿を全うする.

천명[闡明][tɕʰɔːnmjəŋ チョーンミョン] 图 하他 闡明 ¶중외에 ~하다[tɕuŋwee ~hada チュンウェエ ~ハダ] 中外に闡明する.

***천문**[天文][tɕʰɔnmun チョンムン] 图 天文 **—대**[dɛ デ] 图 天文台 **—학**[hak ハク] 图 天文学.

천민[賤民][tɕʰɔːnmin チョーンミン] 图 賤民 **—문학**[munhak ムンハク] 图 賤民の生活状態をテーマとした文学.

천박[淺薄][tɕʰɔːnbak チョーンバク] 图 하形 浅薄; 浅はかなこと ¶~한 생각[(tɕʰɔːnba)kʰan sɛŋgak ~カンセンガク] 浅はかな考え.

천방-지축[天方地軸][tɕʰɔnbaŋdʑitɕʰuk チョンバンジチュク] 1 图 思慮分別なくでたらめにふるまうこと ¶그는 매사(每事)에 ~이다[kɯnɯn mɛːsae

~-(dʒitsʰug)ida クヌン メーサエ ~-(ジチュ)ギタ] 彼は何事にもでたらめにふるまう 2 副 前後をわきまえず; あたふたと; むやみに; むちゃに ¶~-덤벼들다[~ t'ɔmbjɔdulda ~ トムビョドゥルダ] むやみに食ってかかる.

천벌[天罰][tsʰɔnbɔl チョンボル] 名 天罰 ¶~-이 내리다[(tsʰɔnbɔr)i nɛrida (チョンボ)リ ネリダ] 天罰が下る.

천부[天賦][tsʰɔnbu チョンブ] 名 他 天賦 ¶~-의 재능[~e tɕenɯŋ ~エ チェヌン] 天賦の才能 **—인권**[ink'wɔn インクォン] 名 天賦人権.

천부당-만부당[千不當萬不當][tsʰɔnbudaŋ ma:nbudaŋ チョンブダン マーンブダン] 名「とんでもない」の意 ¶~-한 말씀[~han ma:ls'um ~ハン マールッスム] とんでもない話 **—하다**[hada ハダ] 形 とんでもない[不當千萬な]こと だ＝'천만 부당(千萬不當)하다'.

천사[天使][tsʰɔnsa チョンサ] 名 天使、エンゼル ¶백의의 ~ [pɛgie ~ ペギエ ~] 白衣の天使.

천생¹[天生][tsʰɔnsɛŋ チョンセン] 名 副 天性; 天賦; 天生 **—배필**[配匹][bɛ:pʰil ベーピル] 名 天が定めた似合いの夫婦 **—연분**[緣分][njɔnbun ニョンブン] **—인연**[因緣][injɔn イニョン] 名 天が定めた縁 ¶두 사람의 혼인은 ~-이다[tu: sarame honinun ~-ida トゥー サラメ ホニヌン ~-(ニョンブ/イニョン)ニダ] 2人の婚姻は先天的に決まっていた因縁である **—재주**[dʒɛdʒu ジェジュ] 名 天賦の才能.

천생²[天生][tsʰɔnsɛŋ チョンセン] 副 ① 初めから; もとから ¶~- 고생할 팔자[~ kosɛŋhal pʰaltʃ'a ~ コセンハル パルチャ] 初めから苦労する星回り ② ちょうど; そっくり ¶얼굴이 ~ 아버지야[ɔlguri ~ abɔdʒija オルグリ ~ アボジヤ] 顔がおやじそっくりだ ③ やむを得ず ¶~ 집을 팔 수밖에[~ tɕibul pʰal s'ubak'e ~ チブル パル スバッケ] やむを得ないので家を売るしかない.

천석-꾼[千石-][tsʰɔnsɔk'un チョンソックン] 名 米千石取りの大地主[金持ち].

천성[天性][tsʰɔnsɔŋ チョンソン] 名 天性 ¶~-이 정직하다[~i tɕɔ:ŋdʒikʰada ~イ チョーンジクカダ] 根[天性]が正直である.

천수[天壽][tsʰɔnsu チョンス] 名 天寿 ¶~-를 다하다[~rul ta:hada ~ルル ターハダ] 天寿を全うする.

천시[賤視][tsʰɔ:nʃi チョーンシ] 名 他 賤視ぜん、蔑視ぶっ; 見下げること.

천식[喘息][tsʰɔnʃik チョンシク] 名 喘息ぜん ¶~ 환자[(tsʰɔnʃi)kʰwa:ndʒa ~ クァーンジャ] 喘息持ち.

천신-만고[千辛萬古][tsʰɔnʃinma:ngo チョンシンマーンゴ] 名 他 千辛万苦 ¶~-를 거듭하다[~rul kɔdupʰada ~ルルコドゥプハダ] 千辛万苦を重ねる.

천애[天涯][tsʰɔnɛ チョネ] 名 天涯 ¶~-의 고아[~e koa ~エ コア] 天涯の孤児.

천양[天壤][tsʰɔnnjaŋ チョニャン] 名 天壌; 天と地 ¶~-지간(之間)[~-djigan[dʒitsʰa] ~ ジガン[ジチャ]] 天地の間・相違[天地[雲泥]の差].

***천연**[天然][tsʰɔnjɔn チョニョン] 1 名 天然 ¶~-의 양항[요새][~e jaŋhaŋ[josɛ] (チョニョ)ネ ヤンハン[ヨセ]] 天然の良港[要塞] 2 副 そっくり ¶~ 제 아버군[~ tɕe abirogun ~ チェ アビログン] その父親にそっくりだ **—스럽다**[surɔpt'a スロプタ] 形 ロ変 まことしやかだ; 事もなげだ ¶~-스러운 얼굴[~-surɔun ɔlgul ~-スロウン オルグル] けろりとした顔 / ~-스럽게 거짓말을 하다[~-surɔpk'e kɔ:dʒinmarul hada ~-スロプケ コージンマルル ハダ] まことしやかにうそをつく **—하다**[hada ハダ] 形 ① さり気ない ¶~-하게 앉아 있다[~-hage andʒa it'a ~-ハゲ アンジャ イッタ] さり気なく座っている ② そっくりだ **—히**[i (チョニョ)ニ] 副 さり気なく; 事もなげに **—가스**[gasu ガス] 名 天然ガス **—기념물**[ginjɔmmul ギニョムムル] 名 天然記念物 **—색**[sɛk セク] 名 天然色 **—섬유**[sɔmju ソミュ] 名 天然繊維 **—염료**[njɔ:mnjo ニョームニョ] 名 天然染料 **—자원**[dʒawɔn ジャウォン] 名 天然資源 **—조림**[dʒo:rim ジョーリム] 名 天然造林 **—향료**[hjaŋnjo ヒャンニョ] 名 天然香料.

천연덕-스럽다[天然-][tsʰɔnjɔndɔks'urɔpt'a チョニョンドクスロプタ] 形 ロ変 まことしやかだ; 飾り気がない; ='천연스럽다'.

천연-세월[遷延歲月][tsʰɔ:nnjɔnse:wɔl チョーニョンセーウォル] 名 事を終結させないで日にちを延ばしていくこと.

천우-신조[天佑神助][tsʰɔnuʃindʒo チ

ョヌシンジョ] 名 [하][他] 天佑神助てんじょ;
天の助け ¶~로 살아났다[~ro sa-
ranat'a ~ロ サラナッタ] 天祐神助で
助かった.
천운[天運][tʃʰɔnun チョヌン] 名 天運
¶~에 맡기다[~e matk'ida (チョ
ヌ)ネ マッキダ] 天運にまかせる.
천은[天恩][tʃʰɔnun チョヌン] 名 天
恩 ¶~을 입다[~ɯl ipt'a (チョヌ)
ヌル イプタ] 天恩に浴する ――**망극**(罔
極)[maŋguk マングク] 名 [하][形] 君恩
が非常に厚く極りないこと.
천인-공노[天人共怒][tʃʰɔningo:ŋno
チョニンゴーンノ] 名 [하][自] 天人共に
怒る・天人共に許さずの意 ¶~할 살
인[~hal sarin ~ハル サリン] 天人共
に許せざる[とうてい許しがたい]殺人.
천일-기도[千日祈禱][tʃʰɔnilgido チョ
ニルギド] 名 [하][自] 千日間のお祈り.
천일-야화[千一夜話][tʃʰɔnillja:hwa
チョニルリャーファ] 名 千夜一夜物語;
アラビアンナイト.
천자-문[千字文][tʃʰɔndʒamun チョン
ジャムン] 名 千字文; 1,000字からなる
四言古詩250句(習字の手本とされる).
천장[天障][tʃʰɔndʒaŋ チョンジャン]
名 天井 ¶~에서 비가 새다[~esɔ
piga sɛ:da ~エソ ピガ セーダ] 天井
から雨が漏る; ×天정.
천재[天才][tʃʰɔndʒɛ チョンジェ] 名
天才 ¶어학의 ~[ɔhage ~ オハゲ
~] 語学の天才.
천재[天災][tʃʰɔndʒɛ チョンジェ] 名
天災 ――**지변**[dʒibjɔn ジビョン] 名
天災地変.
천적[天敵][tʃʰɔndʒɔk チョンジョク] 名
天敵 ¶개구리의 ~은 뱀이다[kɛgurie
(tʃʰɔndʒɔg)un pɛ:mida ケグリエ (チ
ョンジョ)グン ペーミダ] カエルの天敵
はヘビである.
*__천정__[天井][tʃʰɔndʒɔŋ チョンジョン]
名 天井 ⇨ '천장'(天障) ――**부지**(不
知)[budʒi ブジ] 名 天井知らず ¶~로
물가가 오르다[~ro mulk'aga oru-
da ~ロ ムルカガ オルダ] 天井知らず
に物価が上がる.
*__천주__[天主][tʃʰɔndʒu チョンジュ]
名 〈基〉(天主教の)天主; 主 ――**교**[gjo ギ
ョ] 名 天主教=가톨릭교[katʰollik'jo
カトルリクキョ] ――**교회**[gjo:hwe ギョー
フェ] 名 天主教会; カトリック教会.
*__천지__[天地][tʃʰɔndʒi チョンジ] 名 ①

天地; 天と地 ¶자유 ~[tʃaju ~ チ
ャユ ~] 自由の天地 / 신― [ʃin~ シ
ン~] 新天地 ② きわめて多いこと ¶
먹을 것이 ~다[mɔgɯl k'ɔʃi ~da モ
グル コシ ~ダ] 食べ物がいっぱいある
――**간**(間)[gan ガン] 名 広い世の中 ¶
~에 단 둘뿐이다[~e tan du:lp'un-
ida ~-(ガ)ネ タンドゥール ップニダ]
広い世の中で2人だけだ ――**신명**[ʃin-
mjɔŋ シンミョン] 名 天地神明 ¶~에
맹세코…[~e mɛŋsekʰo ~エ メンセ
コ] 天地神明に誓って… ――**에**[e エ]
感 一体; どうして ¶~ 그런 일이 있
나[~ kɯrɔn ni:ri inna ~ クロン ニー
リ インナ] 一体そんなことがあるものか.
천직[天職][tʃʰɔndʒik チョンジク] 名
天職 ¶~으로 삼다[(tʃʰɔndʒig)uro
sa:mt'a (チョンジ)グロ サームタ] 天職
とする.
천직[賤職][tʃʰɔndʒik チョンジク] 名
賤業せんぎょう; 卑しい職業.
천진-난만[天眞爛漫][tʃʰɔndʒinna:n-
man チョンジンナーンマン] 名 [하][形]
天真爛漫らんまん ¶~한 어린이[~han
ɔrini ~ハン オリニ] 天真爛漫な子供.
천차-만별[千差萬別][tʃʰɔntʃʰama:n-
bjɔl チョンチャマーンビョル] 名 [하][形]
千差万別 ¶사람의 생활 방식은 ~
이다[sa:rame sɛŋhwal baŋʃigun ~-
(manbjɔr)ida サーラメ センファル バ
ンシグン ~-(マーンビョ)リダ] 人の生
活方式は千差万別である.
*__천천-하다__[tʃʰɔ:ntʃʰɔnhada チョーンチ
ョンハダ] 形 [여變] 緩慢だ; ゆっくり
している; ゆったりしている ¶~-한 걸
음걸이[~-han kɔrɯmgɔri ~ハン
コルムゴリ] ゆったりした足どり **천천-**
히[tʃʰɔ:ntʃʰɔni チョーンチョニ] 副 ゆ
るやかに; ゆっくり(と) ¶~ 걷다[~
kɔt'a ~ コッタ] ゆっくり歩く.
천체[天體][tʃʰɔntʃʰe チョンチェ] 名
天体 ――**관측**[gwantʃʰuk グァンチュク]
名 天体観測 ――**망원경**[ma:ŋwɔngjɔŋ
マーンウォンギョン] 名 天体望遠鏡.
천추[千秋][tʃʰɔntʃʰu チョンチュ] 名
千秋; 永遠 ¶하루가 ~같은 심정
(心情)[haruga ~gatʰɯn ʃimdʒɔŋ ハ
ルガ ~ガトゥン シムジョン] 1日千秋
の思い / ~의 한(恨)[~e ha:n ~エ
ハーン] いつまでも忘れられない[千秋
の]恨み.
천층-만층[千層萬層][tʃʰɔntʃʰɯŋ

ma:ntʃʰum チョンチュンマーンチュン] 名 ① 数多くの層 ② 幾重もの重なり.

천치[天痴・天癡][tʃʰontʃʰi チョンチ] 名 精神薄弱 ¶~ 바보[~ ba:bo ~バーボ] とんま; 間抜け.

천태-만상[千態萬象][tʃʰontʰεma:nsaŋ チョンテマーンサン] 名 千態万状; 千差万別[さまざま]の状態.

천파-만파[千波萬波][tʃʰonpʰama:npʰa チョンパマーンパ] 名 千波万波.

천편-일률[千篇一律][tʃʰonpʰjonilljul チョンピョニルリュル] 名 千編一律 ¶~적인 내용[~tʃʼogin nɛ:joŋ ~チョギン ネーヨン] 千編一律の内容.

천품[天稟][tʃʰonpʰum チョンプム] 名 天稟; 天性 ¶뛰어난 ~[t'wionan ~ ットゥィオナン ~] 優れた天稟.

천하[天下][tʃʰonha チョンハ] 名 天下 ¶~에 알려지다[~e alljodʒida ~エ アルリョジダ] 天下[世の中]に知れわたる **一를 얻은 듯**[rul odum dut ルル オドゥンドゥッ] 慣 天下を手に入れたよう(に)[非常に満足して得意になっているの意] ¶~를 얻다[~rul o:t'a ~ルル オータ] 天下[一国の政権]を手に入れる **一없어도**[ops'odo オプソド] 副 なんとしても; どんなことがあっても(必ず); きっと; ぜひとも ¶~ 약속은 지킨다[~ jaks'oɡun tʃikʰinda ~ ヤクソグン チキンダ] どんなことがあっても約束は守る **一없이**[ops'i オプシ] 副 世間にまたとなく, いくら; どうあっても ¶~ 귀여운 자식[~ kwi:joun tʃaʃik ~ クィーヨウン チャシク] またとなく[2人といない]かわいい子 / **一 바쁘더라도**[~ pap'udorado ~ パップドラド] いくら忙しくても **一에**[e エ] 感 なんとまあ, いう; いやはや; 一体全体 ¶~, 고얀 놈(아)[~, ko:jannom(a) ~, コーヤンノム[ノマ]] いやはや不届きな[悪い]やつ(め) **一명창**(名唱)[mjoŋtʰʃaŋ ミョンチャン] 名 天下の歌い手; 世に名立たる歌い手 **一무쌍**[mus'aŋ ムッサン] 名 하形 天下無双 **一무적**[mudʒok ムジョク] 名 天下無敵 **一일색**[ilsʼɛk イルセク] 名 絶世の美人 **一일품**[ilpʰum イルプム] 名 天下一品 **一장사**(壯士)[dʒa:ŋsa ジャーンサ] 名 世にまれな力持ち; 씨름 [ʃ'irum ッシルム]「相撲」の最高位 **一태평**[tʰεpʰjoŋ テピョン] 名 하形 天下太平.

***천-하다**[賤─][tʃʰo:nhada チョーンハダ] 形 여変 卑しい ¶~한 직업[~han tʃigop ~ハン チゴプ] 賤業せん; 卑しい職業 / ~한 말씨[~han ma:lʃ'i ~ハン マールッシ] 下品な言葉遣い.

천혜[天惠][tʃʰonhe チョンヘ] 名 天恵; 天の恵み ¶~의 보고[~e po:go ~エ ポーゴ] 天恵の宝庫.

천황[天皇][tʃʰonhwaŋ チョンファン] 名 ① (日本の)天皇 ② 天帝; 上帝.

천후[天候][tʃʰonhu チョンフ] 名 天候 ¶악~[ak~ アク~] 悪天候.

*철¹[tʃʰol チョル] 名 ① 季節 ¶~에 맞는 옷[(tʃʰor)e mannun ot (チョ)レ マンヌノッ] 季節に合う着物; 季節に応じた衣服 ② 盛りの時期; 適期; 好期; 旬しゅん ¶꽁치의 ~[k'oŋtʃʰie ~ッコンチエ ~] サンマの旬 / 메뚜기도 한~[met'ugido han~ メットゥギド ハン~] 諺 イナゴも一盛り[アザミの花も一盛り]; 人の活動も[人生の運も]その全盛期は短いのたとえ.

*철²[tʰol チョル] 名 物心; 分別, わきまえ ¶~이 들 나이[(tʃʰor)i tull lai (チョ)リ トゥル ライ] 物心がつく年ごろ / ~나다[~lada ~ラダ] 物心がつく; 分別わきまえるようになる.

-철[綴][tʃʰol チョル] 接尾 …綴 ¶신문~[ʃinmun~ シンムン~] 新聞とじ / 서류~[so:rju~ ソーリュ~] 書類とじ.

철갑[鐵甲][tʃʰolgap チョルガプ] 名 ① 鉄甲; 鉄のよろい ② ある物に全体塗りつけること ¶온몸에 진흙 ~을 하다[o:nmome tʃinhuk (tʃʰolgab) ul hada オーンモメ チンフク (チョルガプ)ル ハダ] 全身に泥を塗りたくる **一상어**[s'aŋo サンオ] 名 〈魚〉チョウザメ **一선**[s'on ソン] 名 亀甲船; 鉄船.

철거[撤去][tʃʰolgo チョルゴ] 名 하他 (施設などの) 撤去 **一민**[民] ミン] 行政・軍事上住居を撤去された人々.

철교[鐵橋][tʃʰolgjo チョルギョ] 名 鉄橋.

철근[鐵筋][tʃʰolgɯn チョルグン] 名 鉄筋 **一콘크리트**[kʰonkʰurit'hu コンクリートゥ] 鉄筋コンクリート.

철-길[鐵─][tʃʰo:lk'il チョルキル] 名 鉄道; レール. 「名 綴とひも.

철-끈[綴─][tʃʰolk'un チョルックン]

*철도[鐵道][tʃʰolt'o チョルト] 名 鉄道 ¶~ 건널목[~ gɔ:nnɔlmok ~ ゴーンノルモク] 鉄道の踏切.

철두-철미[徹頭徹尾][tʃʰolt'utʃʰolmi

チョルトゥチョルミ] 名 하形 副 徹頭徹尾; あくまで(も) ¶~한 사람[~han sa:ram ~ハン サーラム] いつも徹底している人 / ~ 반대하다[~ pa:ndɛhada ~ パーンデハダ] あくまで反対する.

철-둑[鐵―][tʃʰolt'uk チョルトゥク] 名 (線路の)築堤.

철-들다[tʃʰoldulda チョルドゥルダ] 自 己語幹 物心[分別]がつく=철나다.

철-따구니[tʃʰolt'aguni チョルッタグニ]・**철-딱서니**[tʃʰolt'aks'oni チョルッタクソニ]・**철-딱지**[tʃʰolt'aktʃ'i チョルッタクチ] 名 俗 物心; 分別; =철.

철-따라[tʃʰolt'ara チョルッタラ] 副 季節に従って.

철로[鐵路][tʃʰollo チョルロ] 名 鉄道.

철마[鐵馬][tʃʰolma チョルマ] 名 汽車(を馬にたとえた語).

철-만나다[tʃʰolmannada チョルマンナダ] 自 シーズンになる; 最盛期を迎える.

철망[鐵網][tʃʰolmaŋ チョルマン] 名 鉄網; 金網; 鉄条網.

철면-피[鐵面皮][tʃʰolmjonpʰi チョルミョンピ] 名 하形 鉄面皮 ¶~한 사나이[~han sanai ~ハン サナイ] ずうずうしい男 / 이 ~야[i ~ja イ ~ヤ] この恥知らずめ.

철모[鐵帽][tʃʰolmo チョルモ] 名 鉄かぶと.

철모[鐵帽][tʃʰolmo チョルモ] 名 鉄帽.

철-모르다[tʃʰolmoruda チョルモルダ] 自 ㄹ変 分別をわきまえない ¶~-모르는 아이[~-morunun ai ~-モルヌナイ] 分別のない子.

철물[鐵物][tʃʰolmul チョルムル] 名 金物; 金具 **—전**(廛)[dʒon ジョン]・**—점**(店)[dʒom ジョム] 名 金物屋.

철벅[tʃʰolbok チョルボク] 副 じゃぶじゃぶ; ぴちゃぴちゃ; 浅い水を踏むさま **—거리다**[(tʃʰolbok)k'orida コリダ] 自他 じゃぶじゃぶする.

철벙[tʃʰolboŋ チョルボン] 副 どぶん; 深い重いものが落ちるさま **—하다**[hada ハダ] 自他 どぶんと落ちる[落とす] **—거리다**[gorida ゴリダ] 自他 どぶんどぶん(と)落ちる[落とす].

철벽[鐵壁][tʃʰolbjok チルビョク] 名 鉄壁 ¶~같은 수비[(tʃʰolbjok)k'atʰun subi ~カトゥン スビ] 鉄壁の守り[守備].

철봉[鐵棒][tʃʰolboŋ チョルボン] 名 鉄の棒; 鉄棒 ¶~ 선수[~ son:su ~ ソーンス] (体操競技の)鉄棒の選手.

철-부지[―不知][tʃʰolbudʒi チョルブジ] 名 (年端もゆかぬ子の)世間知らず; わきまえのない人; 分別のない愚か者 ¶자네는 꽤나 ~군[tʃanenum k'wɛna ~gun チャネヌン ッケナ ~グン] 君はずいぶん世間知らずだね.

철사[鐵絲][tʃʰols'a チョルサ] 名 針金 ¶구리 ~[kuri ~ クリ ~] 銅線.

철-새[tʃʰols'ɛ チョルセ] 名 渡り鳥; 候鳥.

철석[鐵石][tʃʰols'ok チョルソク] 名 鉄石 **—같다**[(tʃʰols'o)k'at'a カッタ] 形 意志や約束などが鉄石のように堅い **—같이**[(tʃʰols'o)k'atʃʰi カチ] 副 鉄石のように堅く **—간장**(肝臟)[(tʃʰols'o)k'a:ndʒaŋ カーンジャン] 名 鉄石心腸; 鉄や石のように堅固な意志.

철수[撤收][tʃʰols'u チョルス] 名 하他 撤收; 撤退 ¶~ 작전[~ dʒaktʃ'on ~ ジャクチョン] 撤收作戦.

철시[撤市][tʃʰolʃ'i チョルシ] 名 하自 市場・店が一斉に門を閉じて休むこと.

철썩[tʃʰols'ok チョルッソク] 副 하自他 ①ぴしゃり; ぴちゃり ¶~ 뺨을 치다[~ p'jamul tʃʰida ~ ッピャムル チダ] ぴしゃりとびんたを張る[打つ] ②ばしゃっ; どどっと ¶파도가 암벽에 ~ 부딪치다[pʰadoga ambjoge ~ p'udittʃʰida パドガ アムビョゲ ~ ブディッチダ] 波が岩壁にばしゃっと砕ける.

철야[徹夜][tʃʰorja チョリャ] 名 하自 徹夜 ¶~ 작업[~ dʒagop ~ ジャゴプ] 徹夜作業.

철-없다[tʃʰoropt'a チョロプタ] 存 頑是ない; 思慮分別がない ¶~-없는 아이[~-omnun ai (チョ)ロムヌナイ] 頑是ない子供 / 나이에 비해 너무 ~[naie pi:hɛ nomu ~ ナイエ ピーヘ ノム ~] 年の割にあまりにも思慮が足りない **철-없이**[tʃʰorops'i チョロプシ] 副 頑是なく; 分別なく; 幼稚に.

철옹성[鐵甕城][tʃʰoroŋsoŋ チョロンソン] 名 金城鉄壁; 非常に防衛の堅い城; 非常に堅固に取り囲んだもの ¶~같은 경비 태세[~gatʰun kjo:ŋbi tʰɛ:se ~ ガトゥン キョーンビ テーセ] 金城鉄壁のごとき警戒態勢.

철완[鐵腕][tʃʰorwan チョラン] 名 鉄腕 ¶~ 투수[~ tʰusu ~ トゥス] 〈野〉鉄腕投手.

철인[哲人][tʃʰorin チョリン] 名 哲人 ¶~ 소크라테스[~ sokʰuratʰesu ~ ソクラテス] 哲人ソクラテス.

철자[綴字][tʃʰoltʃ'a チョルチャ] 名 하自

綴字ᆺ; スペリング; 語のつづり **―법**[pʼɔp ポプ] 图〈語〉(ハングルの)つづり方; 正書法=맞춤법[matʃʰumpʼɔp マチュムポプ] ¶ **~이 틀리다**[~-(pʼɔb)i tʰɯllida ~-(ポ)ピトゥリダ] つづり方を間違える.

***철저-하다**[徹底―][tʃʰɔltʃʼɔhada チョルチョハダ] 圏 徹底している ¶ **~한 채식주의자**[~-han tʃʰɛːʃiktʃʼuidʒa ~-ハン チェーシクチュイジャ] 徹底した菜食主義者 **철저-히**[tʃʼɔtʃʼɔi チョルチョイ] 圖 徹底的に; どこまでも ¶ **~ 조사하다**[~ tʃosahada ~ チョサハダ] 徹底的に調査する.

철조-망[鐵條網][tʃʰɔltʃʼɔmaŋ チョルチョマン] 图 鉄条網 ¶ **~을 치다**[~-ɯl tʃʰida ~ウルチダ] 鉄条網を張り巡らす.

철쭉[tʃʰɔltʃʼuk チョルッチュク] 图〈植〉(クロフネ)ツツジ **―꽃**[(tʃʰɔltʃʼu)kʼot コッ] 图 ツツジの花 **―나무**[(tʃʰɔltʃʼuŋ)namu (チョルッチュン)ナム] 图〈植〉ツツジ.

철창[鐵窓][tʃʰɔltʃʰaŋ チョルチャン] 图 鉄窓; 刑務所; 監獄 **―생활**(生活)[sɛŋhwal センファル] 图 監獄暮らし=감옥살이[kamoksʼari カモクサリ] **―신세**(身勢)[inse シンセ] 图 獄につながれた身; 囹圄ᄼᆃの身.

철책[鐵柵][tʃʰɔltʃʰɛk チョルチェク] 图 鉄柵 ¶ **~을 둘러치다**[(tʃʰɔltʃʰɛg)ɯl tullotʃʰida (チョルチェグ)ル トゥルロチダ] 鉄柵を巡らす.

철천지[徹天之][tʃʰɔltʃʰɔndʒi チョルチョンジ] **―원**(冤)[wɔn ウォン]・**―한**(恨)[han ハン] 图 天までとどく[骨髄に徹する]恨み **―원수**(怨讐)[wɔnsu ウオンス] 图 不俱戴天ᄼᆃᆺの敵.

철철[tʃʰɔltʃʰɔl チョルチョル] 圖 じゃあじゃあ; なみなみ ¶ **물이 ~ 흘러 나온다**[muri ~ hullɔnaonda ムリ ~ フルロナオンダ] 水がじゃあじゃあ流れ出る.

철칙[鐵則][tʃʰɔltʃʰik チョルチク] 图 鉄則 ¶ **금연 ~**[kɯːmjɔn ~ クーミョン ~] 禁煙の鉄則.

철커덕[tʃʰɔlkʰɔdɔk チョルコドク] 圖 하自他 ①べったりと ¶ **~ 달라붙다**[~ tʼallabutʼa ~ タルラブッタ] べったりとくっつく ②がちゃんと ¶ **~ 셔터를 내리다**[~ ʃʰɔtʰɯrul nɛrida ~ ショトルル ネリダ] がちゃんとシャッターをおろす.

철커덩[tʃʰɔlkʰɔdɔŋ チョルコドン] 圖 がたんと ¶ **철문을 ~ 닫다**[tʃʰɔlmunɯl ~ tatʼa チョルムヌル ~ タッタ] 鉄の扉をがたんと閉める **―하다**[hada ハダ] 自他 がたん[がちゃん]とする.

철탑[鐵塔][tʃʰɔltʰap チョルタプ] 图 鉄塔; 高圧送電線などの鉄柱.

철통[鐵桶][tʃʰɔltʰoŋ チョルトン] 图 鉄桶ᄼᆈ ① 鉄製のおけ ② 防備や団結などが堅固で少しのすきまもないこと **―같다**[gatʼa ガッタ] 圏 堅固だ ¶ **~같은 요새**[~-gatʰɯn jose ~ガトゥン ヨセ] 鉄桶のごとき要塞 **―같이**[gatʃʰi ガチ] 圖 堅固に.

철퇴[撤退][tʃʰɔltʰwe チョルトウェ] 图 하自 撤退; 撤収 ¶ **전원 ~하라**[tʃɔnwɔn ~hara チョヌォン ~ハラ] 全員撤退せよ.

철퇴[鐵槌][tʃʰɔltʰwe チョルトウェ] 图 鉄槌ᄼᆒ ¶ **폭력단에게 ~를 가하다**[pʰoŋnjɔktʼanege ~rɯl kahada ポンニョクタネゲ ~ルル カハダ] 暴力団に鉄槌を下す[加える].

철판[鐵板][tʃʰɔlpʰan チョルパン] 图 鉄板 ¶ **~ 구이**[~gui ~グイ] 鉄板焼き **―(을)깔다**[(ɯl)kʼalda (チョルパヌル)ッカルダ] 顔に鉄板を敷く; 慣 恥を恥とも思わない; 厚かましい ¶ **얼굴에 ~을 깐 사람**[ɔlgure ~ɯl kʼan saːram オルグレ(チョルパヌル)ッカン サーラム] 厚顔無恥の人.

철폐[撤廢][tʃʰɔlpʰe チョルペ] 图 하他 撤廃 ¶ **남녀 차별 제도의 ~**[namnjɔ tʃʰabjɔl dʒeːdoe ~ ナムニョ チャビョル ジェードエ ~] 男女の差別制度の撤廃.

철-하다[綴―][tʃʰɔrhada チョルハダ] 他 여変 綴ᆮじる; 綴じ込む; つづる ¶ **문서를 ~**[munsɯrul ~ ムンソルル ~] 文書を綴じる.

***철학**[哲學][tʃʰɔrhak チョルハク] 图 哲学 ¶ **경영의 ~**[kjɔŋjɔŋe ~ キョンヨンエ ~] 経営の哲学 **―자**[tʃʼa チャ] 图 哲学者.

철회[撤回][tʃʰɔrhwe チョルフェ] 图 하他 撤回 ¶ **제안을 ~하다**[tʃeanul ~hada チェアヌル ~ハダ] 提案を撤回する.

첨가[添加][tʃʰɔmga チョムガ] 图 하他 添加 ¶ **식품 ~물**[ʃikpʰum ~mul シクプム ~ムル] 食品添加物.

첨단[尖端][tʃʰɔmdan チョムダン] 图 先端 ¶ **~ 의학**[~ ɯihak (チョムダ)ヌィハク] 先端医学 **―기술**[gisul ギスル] 图 先端技術 **―산업**[saːnɔp

첨 단산업[チョムタンサノーブ] 名 先端産業.

첨벙[tɕʰombəŋ チョムボン] 副 どぶんと ¶물속에 ~ 뛰어들다[mulsʼoge ~ tʼwidulda ムルソゲ ~ ットゥィオドゥルダ] どぶんと水に飛び込む.

첨부[添附][tɕʰombu チョムブ] 名 하他 添付 ¶~ 서류[~ sɔryu ~ ソリュ] 添付書類.

첨삭[添削][tɕʰomsak チョムサク] 名 하他 添削 ¶~ 지도[~ tɕʼido ~ チド] 添削指導.

첨예[尖鋭][tɕʰome チョメ] 名 하形 先鋭 ¶~하게 대립되다[~hage tɛːriptʼweda ~ハゲ テーリプトゥェダ] 先鋭に対立する.

첨잔[添盞][tɕʰomdʑan チョムジャン] 名 하他 酒の入っている杯に酒をつぎ足すこと.

첨지[僉知][tɕʰomdʑi チョムジ] 名 年寄りを見下げて呼ぶ語.

*****첩**[妾][tɕʰɔp チョプ] ① 名 愛人 ¶~을 두다[tɕʰɔbul tuda チョブルトゥダ] 愛人[女]を囲う / 애~[ɛ~ エ~] 愛妾あいしょう ② 代 妾わらわ; 昔, 夫人が自分を指した謙譲語.

첩[貼][tɕʰɔp チョプ] 依名 貼ちょう; 漢方散薬の包み ¶한약 1~[haːnjak kʰan ~ ハーニャク カン ~] 漢薬1貼[20包み]; 1服.

첩경[捷徑][tɕʰɔpkʼjɔŋ チョプキョン] **1** 名 捷径しょうけい ① 近道; 早道 ② 手取り早い方法 ¶외국어를 배우는 ~[weːgugɔrul pɛunun ~ ウェーグゴルル ペウヌン ~] 外国語を学ぶ捷径 **2** 副 多分; おそらく ¶~ 그리 될 게다[~ kuri dwel kʼeda ~クリ ドウェル ケダ] 多分そうなるだろう.

첩보[諜報][tɕʰɔpʼo チョプボ] 名 하他 諜報 ¶~ 기관[~ gigwan ~ ギグァン] 諜報機関 / ~ 활동[~ hwaltoŋ ~ ファルトン] 諜報[スパイ]活動.

첩-약[貼薬][tɕʰɔmnjak チョムニャク] 名 漢薬材を調合して紙に包んだ薬.

첩자[諜者][tɕʰɔpdʑa チョプチャ] 名 諜者ちょうしゃ; 間諜; スパイ.

첩첩[疊疊][tɕʰɔptɕʰɔp チョプチョプ] 名 하形 畳々; 幾重にも重なり合うさま **—산중**(山中)[sʼandʑuŋ サンジュン] 名 深い山奥 **—수심**(愁心)[sʼuʃim スシム] 名 積み重なった心配[悲しみ].

*****첫**[tɕʰɔt チョッ] 接頭 初の; 初めの; 最初の; 第一の **—가을**[kʼaul カウル] 名 初秋; 秋口 **—걸음**[kʼɔrum コルム] 名 第一步; 初步 **—길**[kʼil キル] 名 ① 初めての道 ② 嫁入り[婿入り]の道中 **—나들이**[(tɕʰɔn)naduri (チョン)ナドゥリ] 名 하自 (新妻の)初めての外出 **—날**[(tɕʰɔn)nal (チョン)ナル] 名 初日 ¶공연의 ~[koŋjɔne ~ コンヨネ ~] 公演の初日 / ~밤[~pʼam ~パム] (新婚夫婦の)初夜 / ~밤을 차리다[~pʼamul tɕʰineda ~パムル チーネダ] 新枕にいまくらを交わす **—눈**¹[(tɕʰɔn)nun (チョン)ヌン] 名 初印象 ¶~에 들다[~e tulda ~-(ヌ)ネ トゥルダ] 一目で気に入る / ~에 반하다[~e paːnhada ~(ヌ)ネ パーンハダ] 一目ぼれする **—눈**²[(tɕʰɔn)nun (チョン)ヌン] 名 初雪 **—돌**[(tɕʰɔt)tʼol トル] 名 生まれて最初の誕生日; 初誕生 **—딸**[(tɕʰɔt)tʼal タル] 名 最初に生まれた娘 **—마디**[(tɕʰɔn)madi (チョン)マディ] 名 最初の一言 **—머리**[(tɕʰɔn)mɔri (チョン)モリ] 名 初め; しょっぱな ¶글의 ~[kure ~ クレ ~] 書き出し **—물**[(tɕʰɔn)mul (チョン)ムル] 名 ① 新調の; 初の; さらの ¶~옷[(tɕʰɔnmur)ot (チョンム)ロッ] 新調の服; おろしたての服 ② 初物; 初穂 **—물 지다**[(tɕʰɔn)mul dʑida (チョン)ムル ジダ] 自 ① (その年の)初めての洪水になる ② (果物などが)初めて盛りを迎える **—번**[pʼɔn ポン] 名 第1番 **—사랑**[(tɕʰɔ)sʼaraŋ サラン] 名 初恋 ¶~의 추억(追憶)[~e tɕʰɔk ~エ チョオク] 初恋の思い出 **—새벽**[(tɕʰɔt)sʼɛbjɔk セビョク] 名 早暁; 暁; 明け方 **—서리**[(tɕʰɔt)sʼɔri ソリ] 名 初霜 **—손**[(tɕʰɔt)sʼon ソン] 名 ① 初めて手を出すこと; 最初; 始め ¶~부터[~butʰɔ ~ブトゥ] 始めから / ~을 대다[~ul tɛːda ~ウル テーダ] 初めて手を出す ② 筆頭; 1番目 ¶~에 꼽히다[~e kʼopʰida ~(ソ)ネッコピダ] 1番[筆頭]にあげる **—술**[(tɕʰɔt)sʼul スル] 名 食べ初めの1さじ **—아기**[(tɕʰɔd)agi (チョ)ダギ] 名 初子; 初産児 **—아들**[(tɕʰɔd)adul (チョ)ダドゥル] 名 初めての息子 —

인사(人事) [(tɕʰɔd)insa (チョ)ディンサ] 名 하自 初対面のあいさつ **—인상** [(tɕʰɔd)insaŋ (チョ)ディンサン] 名 第一印象; ファーストインプレッション **—잠** [(tɕʰɔ)tɕ'am チャム] 名 寝入りばなの眠り **—정**(情) [(tɕʰɔ)tɕ'ɔŋ チョンジョン] 名 初の愛情 **—째** [(tɕʰɔ)tɕ'ɛ チェ] **1** 名 ① 長男; 長女 ¶이 아이가 우리집 ~입니다 [i aiga uridʑip ~imnida イ アイガ ウリジプ ~イムニダ] この子がわが家の長男[長女]です ② 第1; 1番(目); 最高 ¶우리 반에서 ~다 [uri banesɔ ~da ウリ バエネソ ~ダ] うちのクラスで1番だ **2** 数 (順序の)1番目; 最初 ¶~, 둘째 [~, tu:ltɕ'ɛ ~, トゥールッチェ] 1番, 2番 **3** 副 もっとも; まず; なによりも先に ¶~ 고려할 일은… [~ korjəhal li:run ~ コリョハル リールン] なによりもまず考慮すべきことは… **—째 가다** [(tɕʰɔ)tɕ'ɛ gada チェ ガダ] 自 (多くの人の中で)一番すぐれている; ぴか一だ ¶회사에서 ~-가는 미인 [hwe:saesɔ ~-ganun mi:in フェーサエソ ~-ガヌン ミーイン] 会社一(番)の美人 **—차**(車) [(tɕʰɔ)tɕʰa チャ] 名 始発列車[バス] **—판** [pʰan パン] 名 手初め; (勝負事の)最初の局 ¶~부터 내내 졌다 [~-butʰɔ nɛːnɛ tɕɔtɕ'a ~ブト ネーネ チョッタ] 初戦から負け続けている **—해** [~-tʰɛ テ] 名 初年(度) ¶입사 ~ [ipsʰa ~ イプサ ~] 入社したその(初)年.

청 [請] [tɕʰɔŋ チョン] 名 하他 ① 請い; 頼み; 願い ¶~을 들어 주다 [~ul turədʑuda ~ウル トゥロジュダ] 請いを受け[聞き]入れる / ~을 넣다 [~ul nɔːtʰa ~ウル ノッタ] 特別に頼む; 願いを申し出る; コネをつける ② 招くこと ¶손님을 ~하다 [sonnimul ~hada ソンニムル ~ハダ] 客を招待する.

청-개구리 [青—] [tɕʰɔŋgɛguri チョンゲグリ] 名 〈動〉アオ[アマ]ガエル(青蛙).

*청결-하다** [清潔—] [tɕʰɔŋgjɔrhada チョンギョルハダ] 形 清潔だ; きれいだ ¶~-한 방 [~-han paŋ ~ハン パン] 清潔な部屋 **청결-히** [tɕʰɔŋgjɔri チョンギョリ] 副 清潔に; きれいに.

청과 [青果] [tɕʰɔŋgwa チョングァ] 名 青果 ¶~ 시장 [~ ɕiːdʑaŋ ~ シージャン] 青果市場.

*청구** [請求] [tɕʰɔŋgu チョング] 名 하他 請求 ¶접대비를 ~하다 [tɕɔpt'ɛbirul ~hada チョプテビルル ~ハダ] 接待費を請求する **—서** [sɔ ソ] 名 請求書 **—액** [ɛk エク] 名 請求額.

청국-장 [清麴醬] [tɕʰɔŋguktɕ'aŋ チョングクチャン] 名 納豆の鍋料理[찌개].

청-기와 [青—] [tɕʰɔŋgiwa チョンギワ] 名 青色の固い瓦.

*청년** [青年] [tɕʰɔŋnjɔn チョンニョン] 名 青年; 若者 ¶믿음직한 ~ [midumdʑikʰan ~ ミドゥムジクカン ~] 頼もしい青年 **—자제**(子弟) [dʑadʑe ジャジェ] 名 前途有望な若者たち.

청동 [青銅] [tɕʰɔŋdoŋ チョンドン] 名 青銅; ブロンズ.

청동-오리 [青銅—] [tɕʰɔŋduŋori チョンドゥンオリ] 名 〈鳥〉マガモ(真鴨)=물오리 [murori ムロリ].

청량 [清涼] [tɕʰɔŋnjaŋ チョンニャン] 名 하形 清涼 **—음료** [ɯːmnjo ウームニョ] 名 清涼飲料.

청렴 [清廉] [tɕʰɔŋnjɔm チョンニョム] 名 하形 清廉 ¶~-한 정치가 [~han tɕɔntɕʰiga ~ハン チョンチガ] 清廉な政治家 **—결백** [gjɔlbɛk ギョルベク] 名 清廉潔白.

청-머루 [青—] [tɕʰɔŋmɔru チョンモル] 名 青色のヤマブドウ.

청명 [清明] [tɕʰɔŋmjɔŋ チョンミョン] 名 하形 清明 ¶~-한 날씨 [~han nalɕ'i ~ハン ナルッシ] 清朗な天気.

청문-회 [聴聞会] [tɕʰɔŋmunhwe チョンムンフェ] 名 聴聞会; 公聴会.

청-바지 [青—] [tɕʰɔŋbadʑi チョンバジ] 名 青色のズボン; (特に)ブルージーンズ; ジーンズパンツ; ジーパン.

청백 [清白] [tɕʰɔŋbɛk チョンベク] 形 하副 清廉潔白 **—리**(吏) [(tɕʰɔŋbɛŋ)ni (チョンベン)ニ] 名 清吏; 清廉潔白な役人.

청백-자 [青白瓷] [tɕʰɔŋbɛktɕ'a チョンベクチャ] 名 白の地に青い釉薬をかけた[青磁と白磁の中間色の]陶磁器.

청부 [請負] [tɕʰɔŋbu チョンブ] 名 하他 請負=도급(都給) [togɯp トグプ] ¶~맡다 [주다] [~matʰa[dʑuda] ~マッタ [ジュダ]] 請け負う [請負に出す] **—살인** [sarin サリン] 名 請負殺人.

청빈 [清貧] [tɕʰɔŋbin チョンビン] 名 하形 清貧 ¶~-하게 살다 [~hage saːlda ~ハゲ サールダ] 清貧に甘んずる.

청-사진 [青写真] [tɕʰɔŋsadʑin チョンサジン] 名 青写真; 未来の計画.

청사-초롱[靑紗―籠][tɕʰɔŋsatɕʰoroŋ チョンサチョロン] 图 赤と青の薄い紗より織りで張った釣り灯籠ﾁﾖｳﾁﾝ=提灯ﾁﾖｳﾁﾝ.

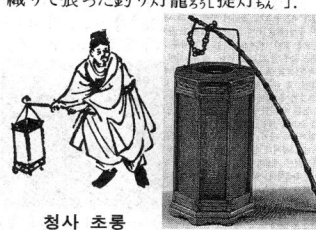

청사 초롱

청산[淸算][tɕʰɔŋsan チョンサン] 图 하他 清算 ¶빚을 ~하다[pidʒul ~-hada ピジュル ハダ] 借金を清算する.

청산-유수[靑山流水][tɕʰɔŋsannjusu チョンサンニュス] 图 立て板に水; 弁舌がさわやかなこと ¶그의 웅변은 ~다[kɯe uŋbjɔnɯn ~da クエ ウンピョヌン ~ダ] 彼の雄弁は立て板に水だ.

청상-과부[靑孀寡婦][tɕʰɔŋsaŋgwa:bu チョサングァーブ] 图 年若い未亡人.

청색[靑色][tɕʰɔŋsɛk チョンセク] 图 青色.

****청소**[淸掃][tɕʰɔŋso チョンソ] 图 하他 清掃; 掃除 **―기**[gi ギ] 图 掃除器 **―부**(夫・婦)[bu ブ] 图 清掃作業員 **―차**[tɕʰa チャ] 图 清掃車.

****청-소년**[靑少年][tɕʰɔŋsonjɔn チョンソニョン] 图 青少年.

청-솔가지[靑―][tɕʰɔŋsolk'adʑi チョンソルカジ] 图 切り取ってまだ乾かない薪ﾀｷｷﾞの松の枝.

청순[淸純][tɕʰɔŋsun チョンスン] 图 하形 清純; 純潔 ¶~한 소녀[~han soːnjɔ ~ハン ソーニョ] 清純な少女.

청승[tɕʰɔŋsɯɯ チョンスゥ] 图 みすぼらしく哀っぽい態度[ふるまい]; 貧乏臭くて見苦しいさま **―궂다**[gut'a グッタ] 图 (貧乏臭い態度で汚らしく)哀れなふりをする ¶~-궂게 사는 구두쇠 영감[~-gutk'e saːnɯn kuduswe jɔːŋgam ~-グッケ サーヌン クドゥスェ ヨーンガム] 金持ちのくせに汚らしく哀れなふりをするしみったれじじい **―맞다**[mat'a マッタ] 图 みすぼらしく[見苦しく]哀れだ **―스럽다**[surɯpt'a スロプタ] 图 ㅂ变 見るからに見苦しく; もの悲しそうだ; うら悲しい **―(을) 떨다**[(ɯl) t'ɔ(ː)lda (ウル)ット(ー)ルダ] 慣 見苦しい[もの悲しい]ふるまいをする ¶아이가 ~-떨며 울고 있다[aiga ~-t'ɔlmjɔ uːlgo it'a アイガ ~-ットルミョ ウールゴ イッタ] 子供がいかにももの悲しそうに泣いている.

청-신호[靑信號][tɕʰɔŋʃinho チョンシンホ] 图 青信号 ¶목표 달성의 ~[mokpʰjo dalsʼɔŋe ~ モクピョ ダルソンエ ~] 目標達成の青信号[よい兆し].

청실-홍실[靑―紅―][tɕʰɔŋʃirhoŋʃil チョンシルホンシル] 图 結納のとき贈り物の結びに使う藍色と赤色の絹糸.

청심-환[淸心丸][tɕʰɔŋʃimhwan チョンシムファン] 图 <漢方>心気の熱[鬱結ｳｯｹﾂ]を解く丸薬.

청아-하다[淸雅―][tɕʰɔŋahada チョンアハダ] 形 清雅だ; 清らかだ ¶~-한 음성[~-han ɯmsɔŋ ~-ハン ウムソン] 清雅な音声.

청약[請約][tɕʰɔŋjak チョンヤク] 图 하他 引受[売買]契約を申請すること.

청어[靑魚][tɕʰɔŋɔ チョンオ] 图 <魚>ニシン(鰊) ¶말린 ~알[mallin ~al マルリン ~アル] 数の子.

청와-대[靑瓦臺][tɕʰɔŋwadɛ チョンワデ] 图 青瓦台[韓国大統領の官邸].

청-요리[淸料理][tɕʰɔŋnjori チョンニョリ] 图 中華料理.

청운[靑雲][tɕʰɔŋun チョンウン] 图 青雲 ¶~-의 뜻[~e t'ɯt (チョウ)ネットゥッ] 青雲の志.

****청자**[靑瓷・靑磁][tɕʰɔndʑa チョンジャ] 图 青磁 ¶고려 ~[korjɔ ~ コリョ ~] 高麗青磁.

청정[淸淨][tɕʰɔŋdʑɔŋ チョンジョン] 图 하形 清浄 ¶~ 야채[~ jaːtɕʰɛ ~ ヤーチェ] 清浄野菜 / ~한 공기[~han koŋgi ~ハン コンギ] 清浄な空気.

고려 청자

청주[淸酒][tɕʰɔŋdʑu チョンジュ] 图 ① 清酒; 澄んだ酒 ② 日本酒=정종(正宗)[tɕʰɔːdʑon チョーンジョン].

청중[聽衆][tɕʰɔːŋdʑuŋ チョーンジュン] 图 聽衆 ¶~을 열광시키다[~ɯl jɔlgwaŋʃikʰida ~ウル ヨルグァンシキダ] 聴衆を熱狂させる.

청진-기[聽診器][tɕʰɔːŋdʑiŋi チョーンジンギ] 图 聽診器.

청천[靑天][tɕʰɔŋtɕʰɔn チョンチョン] 图 青天 **―백일**[bɛgil ベギル] 图 青

청천백일 ¶~하에 모든 것이 드러났다 [~hae mo:dun kɔʃi turɔnat'a ~ ハエ モードゥンコシ トゥロナッタ] 青天白日の下にすべてが暴露された ━**벽력**(霹靂) [bjɔŋnjɔk ピョンニョク] 名 青天の霹靂뜻(青空に突然起こる雷の意); 突然起こる思いがけないできごと.

청첩[請牒] [tʃʰɔŋtʃʰɔp チョンチョプ] 하他 招待 ━**인**[(tʃʰɔŋtʃʰɔb)in (チョンチョ)ビン] 名 招待主(招待状を出す人) ━**장**(狀) [tʃ'aŋ チャン] 名 招待状.

청청백백-**하다**[清清白白一] [tʃʰɔŋtʃʰɔŋbɛkpʰɛkʰada チョンチョンベクペクカダ] 形 非常に清廉潔白である; 清く正しく, 行ないにやましいところがない.

청청-**하다**[青青一] [tʃʰɔŋtʃʰɔŋhada チョンチョンハダ] 形 여변 青々としている ¶~-한 초원 [~-han tʃʰowɔn ~-ハン チョウォン] 青々とした草原.

청청-**하다**[清清一] [tʃʰɔŋtʃʰɔŋhada チョンチョンハダ] 形 여변 声が清く澄んでいる ¶~-한 목소리 [~-han moks'ori ~-ハン モクソリ] きれいな声; 朗々とした声.

청초[清楚] [tʃʰɔŋtʃʰo チョンチョ] 名 하形 히副 清楚한 ¶~한 옷차림 [~-han otʃʰarim ~-ハン オッチャリム] 清楚な身なり.

***청춘**[青春] [tʃʰɔŋtʃʰun チョンチュン] 名 青春 ¶~을 구가하다 [~-ɯl kugahada (チョンチュ) ヌル クガハダ] 青春を謳歌하する.

청취[聴取] [tʃʰɔŋtʃʰwi チョーンチュィ] 名 하他 聴取 ¶~을 [~jul ~ユル] 聴取率 ━**자**[dʒa ジャ] 名 聴取者.

청탁[請託] [tʃʰɔŋtʰak チョンタク] 名 하他 請託 ¶~를 거절하다 [(tʃʰɔŋtʰag)ɯl kɔ:dʒɔrhada (チョンタ)グル コージョルハダ] 請託を断わる.

청포-**묵**[清泡一] [tʃʰɔŋpʰomuk チョンポムク] 名 ヤエナリの澱콩을 を煮て作ったところてん状の食品 =**녹두묵**•**녹말묵**.

***청**-**하다**[請一] [tʃʰɔŋhada チョンハダ] 他 여변 ① 請청ずる; 招く; 頼む ¶손님을 집에 ~ [sonnimɯl tʃibe ~ ソンニムル チベ ~] 客を家に招く ② 請う; 求める ¶면회를 ~ [mjɔ:nhwerul ~ ミョーンフェルル ~] 面会を求める ③ 眠気を呼ぶ ¶잠을 ~ [tʃamul ~ チャムル ~] 眠りを誘う ④ 注文する ¶냉면을 ~ [nɛ:ŋmjɔnɯl ~ ネーンミョヌル ~] 冷麺늇을 注文する.

청혼[請婚] [tʃʰɔŋhon チョンホン] 名 하自 求婚; 結婚の申し込み; プロポーズ.

체[體] [tʃʰe チェ] 名 篩숯る ¶~로 치다 [~-ro tʃʰida ~-ロ チダ] ふるいにかける.

체¹

***체**²[體] [tʃʰe チェ] 依名 …する(ふり); それらしく装うさま ¶못 이기는 ~ [mo:nniginun [mo:diginun] ~ モーンニギヌン [モーディギヌン] ~] 勝てないふり / 잘난 ~마라 [tʃallan ~mara チャルラン ~マラ] 偉そうな顔をするな / 학자인 ~하다 [haktʃ'ain ~hada ハクチャイン ~ハダ] 学者を気取る; 学者ぶる / 젠~하다 [tʃe:n ~hada チェーン ~ハダ] 見えを切る; うぬぼれる; 大きな顔をする.

체격[體格] [tʃʰegjɔk チェギョク] 名 体格 ¶훌륭한 ~ [hulljuŋhan ~ フルリュンハン ~] 立派な体格 / ~이 좋다 [(tʃʰegjɔg)i tʃo:tʰa (チェギョ)ギ チョータ] 体格がよい.

***체결**[締結] [tʃʰegjɔl チェギョル] 名 하他 締結 ¶조약을 ~하다 [tʃojagul (tʃʰegjɔr)hada チョヤグル ~ハダ] 条約を締結する[結ぶ].

***체계**[體系] [tʃʰege チェゲ] 名 体系 ¶학문 ~ [haŋmun ~ ハンムン ~] 学問体系 / ~를 세우다 [~-rɯl seuda ~-ルル セウダ] 体系づける.

체구[體軀] [tʃʰegu チェグ] 名 体軀 ¶당당한 ~ [taŋdaŋhan ~ タンダンハン ~] 堂々たる体軀.

체급[體級] [tʃʰegɯp チェグプ] 名 体重別階級; (ボクシング・レスリング・重量挙げなどでの)重量階級; クラス; 級.

체납[滯納] [tʃʰenap チェナプ] 名 하自他 滞納 ¶소득세를 ~하다 [so:dɯks'erul (tʰena)pʰada ソードゥクセルル ~パダ] 所得税を滞納する.

체념[諦念] [tʃʰenjɔm チェニョム] 名 諦念넘 ━**하다** [hada ハダ] 他 断念する, あきらめる ¶유학을 ~ [~juhagul ~ ユハグル ~] 留学をあきらめる.

체력[體力] [tʃʰerjɔk チェリョク] 名 体力 ¶~을 기르다 [(tʃʰerjɔg)ɯl kirɯda (チェリョ)グル キルダ] 体力を養う.

체류[滯留] [tɕʰerju チェリュ] 名 ㅎㅏ自 滞留; 滞在 ¶장기 ~ [tɕaŋgi ~ チャンギ ~] 長期滞留[滞在].

***체면[體面]** [tɕʰemjɔn チェミョン] 名 体面; 面目; メンツ ¶~ 손상(損傷) [~ soːnsaŋ ~ ソーンサン] 面汚し / ~이 서다 [~i sɔda (チェミョㄴ ソダ)] 顔が立つ / ~을 더럽히다 [~ɯl tɔːrɔpʰida (チェミョ) ヌル トーロピダ] 体面を汚す / ~을 손상(損傷)시키다 [~ɯl soːnsaŋsikʰida (チェミョ) ヌル ソーンサンシキダ] 体面を傷つける — **치레** [tɕʰire チレ] 名 見え.

체벌[體罰] [tɕʰebɔl チェボル] 名 ㅎㅏ他 体罰 ¶~을 주다 [(tɕʰebɔr)ul tɕuda (チェボル チュダ)] 体罰を与える.

체불[滯拂] [tɕʰebul チェブル] 名 ㅎㅏ自他 ① 支払いが遅れること ② 遅配 ¶~노임 [~ loim ~ ロイム] 遅配労賃.

***체온[體溫]** [tɕʰeon チェオン] 名 体温 —**계** [ge ゲ] 名 体温計; 検温計 —**조절** [dʑodʑɔl ジョジョル] 名 体温調節.

***체육[體育]** [tɕʰejuk チェユク] 名 体育 —**관** [kʼwan クァン] 名 体育館; ジム(gym) —**회(會)** [(tɕʰeju)kʰwe クェ] ① 運動会, 体育祭 ② 全国のアマチュアスポーツを統轄する団体.

체인 [tɕʰein チェイン] chain 名 チェーン —**스토어** [sɯtʰoɔ ストオ] ・—**점(店)** [dʑɔm ジョム] 名 チェーンストア (chain store).

체재[滯在] [tɕʰedʑɛ チェジェ] 名 ㅎㅏ自 滞在 ¶~지 [~dʑi ~ ジ] 滞在地.

체재[體裁] [tɕʰedʑɛ チェジェ] 名 ① 体裁; 外見; 形 ¶책의 ~ [tɕʰɛge ~ チェゲ ~] 本の体裁 ② (詩・文章などの)形式; スタイル ③ = '체제'(體制).

***체제[體制]** [tɕʰedʑe チェジェ] 名 体制 ¶반~ [paːn~ パーン~] 反体制 / 정치~ [tɕɔŋtɕʰi~ チョンチ~] 政治体制.

***체조[體操]** [tɕʰedʑo チェジョ] 名 ㅎㅏ他 体操 ¶~ 경기 [~ gjɔːŋgi ~ ギョンギ] 体操競技 / 맨손 ~ [mɛnson ~ メンソン ~] 徒手体操.

***체중[體重]** [tɕʰedʑuŋ チェジュン] 名 体重 ¶~을 달다 [~ɯl talda ~ ウルタルダ] 体重をはかる.

체질[體質] [tɕʰedʑil チェジル] 名 体質 ¶허약(虛弱)한 ~ [hɔjakʰan ~ ホヤクカン ~] ひ弱な体質 —**개선** [gɛːsɔn ゲーソン] 名 体質改善.

체통[體統] [tɕʰetʰoŋ チェトン] 名 (身分や地位にふさわしい)体面・メンツ ¶~을 지키다 [~ɯl tɕikʰida ~ ウルチキダ] 体面を保つ / ~이 말이 아니다 [~i maːri anida ~ イマーリ アニダ] メンツがつぶれる / ~을 잃다 [~ɯl iltʰa ~ ウル イルタ] 体面を失う; 顔をつぶす.

***체포[逮捕]** [tɕʰepʰo チェポ] 名 ㅎㅏ他 逮捕 ¶범인을 ~하다 [pɔːminul ~hada ポーミヌル ~ハダ] 犯人を逮捕する.

체-하다[滯—] [tɕʰehada チェハダ] 自 食もたれする; 食滞する.

***체-하다** [tɕʰehada チェハダ] 補動 …ぶる; それらしい様子[ふり]をする; = '척하다' ¶잘난 ~ [tɕallan ~ チャルラン ~] 偉ぶる; 見識ばる / 모른~ [morɯn ~ モルン ~] 知らんぷりをする; 知らん顔をする / 아는 ~ [aːnɯn ~ アーヌン ~] 知ったかぶりをする / 자는 ~ [tɕanɯn ~ チャヌン ~] 眠ったふりをする; たぬき寝入りをする / 본체 만~ [pontɕʰe man~ ポンチェ マン~] 見ても見なかったふりをする; 無視する / 하는체 만~ [hanɯntɕʰe man~ ハヌンチェ マン~] していないながらしているようなふりをする; 仕事を適当にする.

***체험[體驗]** [tɕʰehɔm チェホム] 名 ㅎㅏ他 体験 ¶~을 살리다 [~ɯl sallida (チェホ) ムル サルリダ] 体験を生かす.

쳐-가다 [tɕʰɔgada チョガダ] 他 (ごみ・糞尿などを)汲み取って行く ¶쓰레기를 ~ [sʼɯregirul ~ ッスレギルル ~] ごみを取り去る [片づける].

쳐-내다 [tɕʰɔnɛda チョネダ] 他 ① 取り除く; さらう ¶우물을 ~ [umurul ~ ウムルル ~] 井戸をさらう ② 打ち飛ばす ¶공을 ~ [koːŋul ~ コーンウル ~] ボールを打ち飛ばす.

쳐-넣다 [tɕʰɔnɔtʰa チョノッタ] 他 投げ込む; ぶち込む ¶감옥(監獄)에 ~ [kamoge ~ カモゲ ~] 牢獄にぶち込む.

쳐-놓고 [tɕʰɔnokʰo チョノッコ] 助 …にして; …として ¶학생 ~ 모를 사람 없다 [hakːsʼɛŋ ~ morul saːram ɔptʼa ハクセン ~ モルル サーラム オプタ] 学生で(それを)わからない者はいないだろう.

***쳐다-보다** [tɕʰɔːdaboda チョーダボダ] 他 見上げる; 見(つめ)る; 眺める ¶하늘을 ~ [hanɯrul ~ ハヌルル ~] 空を見上げる / 얼굴을 뚫어지게 ~ [ɔlgurul tʼurɔdʑige ~ オルグルル ットゥロジゲ ~] 顔を穴のあくほど見つめる.

***쳐-들다** [tɕʰɔːdulda チョードゥルダ] 他

〔ㄹ語幹〕持ち上げる; もたげる ¶머리를 ~ [mɔrirɯl ~ モリルル ~] 頭を持ち上げる / 고개를 ~ [kogɛrul ~ コゲルル ~] 頭をもたげる; 勢力を得る.

처-들어가다 [tʃʰɔdɯrɔgada チョドゥロガダ] 他 攻め込む; 討ち入る ¶적진에 ~ [tʃɔktʃ'ine ~ チョクチネ ~] 敵陣に攻め入る / 친구집에 ~ [tʃʰingudʒibe ~ チングジベ ~] 友の家に不意討ちを食わす.

처-들어오다 [tʃʰɔdɯrɔɔda チョドゥロオダ] 他 攻め込んで来る; 攻め寄せる.

처-박다 [tʃʰɔbakt'a チョバクタ] 他 (泥んこなどに足を)突っ込む.

처-버리다 [tʃʰɔːbɔrida チョーボリダ] 他 取り除く; 掃いて捨てる ¶쓰레기를 ~ [s'ɯregirɯl ~ ッスレギルル ~] ごみを掃き捨てる.

처-보다 [tʃʰɔboda チョボダ] 他 ① 計算してみる; 見積もる; 勘定する ② 試験を受けてみる ③ 占ってみる.

처-부수다 [tʃʰɔbusuda チョブスダ] 他 打ち破る; ぶち壊す ¶적을 ~ [tʃɔgɯl ~ チョグル ~] 敵を撃破する.

처-주다 [tʃʰɔdʒuda チョジュダ] 他 ① 勘定してやる; (値段を適当に)決めてやる ¶만원에 ~ [maːnwɔne ~ マーンヌォネ ~] 1万ウォンにしてやる ② 認めてやる ¶이겼다고 ~ [igjɔtʼago ~ イギョッタゴ ~] 勝ったことにしてやる.

처-죽이다 [tʃʰɔdʒugida チョジュギダ] 他 打ち殺す; 殴り殺す ¶악당을 ~ [aktʼaŋɯl ~ アクタンウル ~] 悪党を打ち殺す.

***초** [tʃʰo チョ] 名 ろうそく ¶~를 켜다 [~rɯl kʰjɔda ~ルル キョダ] ろうそくをともす.

***초**[醋] [tʃʰo チョ] 名 酢 ¶…에 ~를 치다 […e ~rɯl tʃʰida …エ ~ルル チダ] …に酢をかける[加える]; 慣 相手の気勢をそぐ.

***초**[秒] [tʃʰo チョ] 依名 秒 ¶~읽기 [~ilkʼi ~イルキ] 秒読み.

초-[超] [tʃʰo チョ] 接頭 超 ¶~자연 [~dʒajɔn ~ジャヨン] 超自然.

초-[初] [tʃʰo チョ] 接頭 ~봄 [~bom ~ボム] 早春 / ~여름 [~jɔrɯm ~ヨルム] 初夏 / ~하루 [~haru ~ハル] ついたち.

-초[初] [tʃʰo チョ] 接尾 初 ¶내달~ [nɛːdal~ ネーダル~] 来月の掛かり[始め] / 9회~ [kuhwe~ クフェ~] 〈野〉9回の表 / 학년~ [haŋnjɔn~ ハンニョン~] 学年初め.

***초가**(-집)[草家(—)] [tʃʰoga(dʒip) チョガ(ジプ)] 名 わら(ぶき)屋; 草屋.

초 가 집

초-가을[初—] [tʃʰogaul チョガウル] 名 初秋; 早秋.

초-간장[醋—醬] [tʃʰogandʒaŋ チョガンジャン] 名 酢じょう油.

초개(와)-같다[草芥—] [tʃʰogɛ(wa)gatʼa チョゲ(ワ)ガッタ] 形 ちりあくたのようだ; つまらない ¶~(와) 같은 목숨 [~(wa)gathun moksʼum ~(ワ)ガトゥン モクスム] ちりあくたのような命; 鴻毛よりも軽い命. 「名 初冬.

초-겨울[初—] [tʃʰogjɔul チョギョウル]

초계[哨戒] [tʃʰoge チョゲ] 名 哨戒ひょう.

초고[草稿] [tʃʰogo チョゴ] 名 草稿.

초-고추장[醋—醬] [tʃʰogotʃʰudʒaŋ チョゴチュジャン] 名 酢をかけた唐辛子みそ.

초-고층[超高層] [tʃʰogotʃʰɯŋ チョゴチュン] 名 超高層 **─빌딩** [bildiŋ ビルディン] 名 超高層ビル(30階以上のビルディング).

초과[超過] [tʃʰogwa チョグァ] 名 하自他 超過 ¶정원 ~ [tʃɔŋwɔn ~ チョーンウォン ~] 定員超過 **─근무** [guːnmu グーンム] 名 超過勤務; オーバータイム ¶~ 수당 [~ sudaŋ ~ スダン] 超過勤務手当; 超勤手当.

초교[初校] [tʃʰogjo チョギョ] 名 初校 ¶~지(紙) [~dʒi ~ ジ] 初校の刷り.

초급[初級] [tʃʰogɯp チョグプ] 名 初級 ¶~ 일본어 [~ ilbonɔ (tʃʰogɯp) ilbonɔ (チョグプ) ビルボノ] 初級日本語.

초급[初給] [tʃʰogɯp チョグプ] 名 初給; 初任給; =‘초봉’(初俸).

***초기**[初期] [tʃʰogi チョギ] 名 初期 ¶~ 작품 [~ dʒakpʰum ~ ジャクプム] 初期作品.

초-나흘[初—] [tʃʰonahɯl チョナフル] 名 (その月の)4日 **=초나흗날** [tʃʰonahɯnnal チョナフンナル] ¶3월 ~ [samwɔl ~ サムォル ~] 3月4日.

초년[初年] [tʃʰonjɔn チョニョン] 名 初

年 ¶ ~생[~sɛŋ ~セン] 初年生 ━ **고생**(苦生)[k'osɛŋ コセン] 图 若い時になめた苦労.

초-능력[超能力][tɕʰonɯŋnjok チョヌンニョク] 图 超能力.

초-다짐[初─][tɕʰodadʑim チョダジム] 图 하자 (食事前に)空腹感を抑えるため一時しのぎの軽い腹ごしらえ.

초단[初段][tɕʰodan チョダン] 图 初段 ¶ 검도 ~[kɔːmdo ~ コームド ~] 剣道の初段.

초-단파[超短波][tɕʰodanpʰa チョダンパ] 图 超短波 ¶ ~ 방송[~ baːŋsoŋ ~ バーンソン] 超短波放送.

초-닷새[初─][tɕʰodasːɛ チョダッセ] 图 (その月の)5日 = **초닷샛날** [tɕʰodas-sʼennal チョダッセンナル] ¶ 6월 ~ [juwol ~ ユウォル ~] 6月5日.

초-당(파)[超黨(派)][tɕʰodaŋ(pʰa) チョダン(パ)] 图 超党(派) ¶ ~ 외교 [~ weːgjo ウェーギョ] 超党外交.

***초대**[招待][tɕʰodɛ チョデ] 图 하자 招待 ¶ ~받다[~baːtʼa ~バッタ] 招待される ━**권** [kʼwʌn クォン] 图 招待券 ━**석**[sɔk ソク] 图 招待席 ━**연** [jʌn ヨン] 图 客を招いて開く宴会 ━**장**[tɕʼaŋ チャン] 图 招待状.

초-대면[初對面][tɕʰodɛmjʌn チョデミョン] 图 하자 初対面 ¶ ~의 인사(人事)[~e insa (チョデミョ)ネ インサ] 初対面のあいさつ.

초-대작[超大作][tɕʰodɛdʑak チョデジャク] 图 超大作 ¶ 화제의 ~[hwadʑee ~ ファジェエ ~] 話題の超大作.

초등[初等][tɕʰodɯŋ チョドゥン] 图 初等 ━**학교**[haːkʼjo ハッキョ] 图 小学校.

***초 라-하다** [tɕʰorahada チョラハダ] 形 어간 ① みすぼらしい; 貧弱だし; しがない ¶ ~-한 집[~-han tɕip ~-ハン チプ] みすぼらしい家 / ~-한 식사 [~-han ɕiksʼa ~-ハン シクサ] 粗末な食事 / ~-한 생활(生活)[~-han sɛŋhwal ~-ハン センファル] しがない [うらぶれた]暮らし ② 生気がない; つまらない ¶ ~-한 모습[~-han mosɯp ~-ハン モスプ] やつれ果てた姿.

***초래-하다**[招來─][tɕʰorɛhada チョレハダ] 他 招く; 引き寄せる; もたらす ¶ 화(禍)를 ~[hwaːrɯl ~ ファールル ~] 災いを招く / 파국을 ~[pʰaːgugɯl ~ パーググル ~] 破局を来す.

초로[初老][tɕʰoro チョロ] 图 初老;

초로이 ¶ ~의 신사[~e ɕiːnsa ~エ シーンサ] 初老の紳士.

초로[草露][tɕʰoro チョロ] 图 草露 ¶ ~와 같다[~wa kaːtʼa ~ワ カッタ] 露のようにはかない(人生).

***초록**[빛・색][草綠─][tɕʰorok(pʼitʼ-sʼɛk) チョロク(ピッ・セク)] 图 緑; (草)緑色 ¶ 진~[tɕin~ チン~] 深緑.

초롱[tɕʰoroŋ チョロン] 图 依名 (石油などの)ブリキ缶(を数える語).

초롱[一籠][tɕʰoroŋ チョロン] 图 提灯
등롱 ━**같다**[gatʼa ガッタ] 慣 目がさえている; 耳がさとい ¶ ~-같은 눈[~-gatʰɯn nun ~-ガトゥン ヌン] さえている目 ━**초롱-하다**[tɕʰoroŋhada チョロンハダ] 形 (目がきれいに)さえている; 澄んでいる ━**꽃**[kʼotʼ ッコッ] 图〈植〉ホタルブクロ(螢袋) ━**불**[pʼul プル] 图 灯火.

초막[草幕][tɕʰomak チョマク] 图 ① 庵; 草庵; 草屋 ¶ ~을 짓다[(tɕʰo-mag)ɯl tɕiːtʼa (チョマ)グル チーッタ] 庵を結ぶ ② 〈仏〉僧庵.

초-만원[超滿員][tɕʰomanwʌn チョマヌォン] 图 超満員.

초면[初面][tɕʰomjʌn チョミョン] 图 初対面 ¶ ~인 사람[~in saːram (チョミョ)ニン サーラム] 初対面の人.

초목[草木][tɕʰomok チョモク] 图 草木 ¶ 산천 ~[santɕʰʌn ~ サンチョン ~] 山川草木.

초-무침[tɕʰomutɕʰim チョムチム] 图 酢あえ; 酢の物.

초문[初聞][tɕʰomun チョムン] 图 初耳 ¶ 그건 금시 ~이다[kɯgʌn kɯmɕi ~ida クゴン クムシ (チョム)ニダ] それは今初めて聞いだ[初耳だ・耳新しい].

초반[初盤][tɕʰoban チョバン] 图 (碁・将棋・運動競技の)序盤; 緒戦 ¶ ~전 [~dʑʌn ~ジョン] 序盤戦.

***초-밥**[醋─][tɕʰobap チョバプ] 图 寿司 [鮨] ¶ 김・생선・유부 ~ [kiːm・sɛŋsʌn・jubu ~ キーム・センソン・ユブ ~] 巻き寿司・にぎり鮨・いなり鮨.

초벌[初─][tɕʰobʌl チョボル] 图 前ごしらえ ¶ ~ 도배[~ dobɛ ~ ドベ] 下張り / ~ 칠[~ tɕʰil ~ チル] 粗塗り; 下塗り / ~ 그림[~ gɯːrim ~ グーリム] 下絵 / ~ 구이[~gui ~グイ] 素焼き.

***초보**[初步][tɕʰobo チョボ] 图 初歩; 入門; 手始め; 手ほどき ¶ ~-자[~dʑa

초복[初伏][tʃʰobok チョボク] 图 初伏(夏至後の三伏の最初).

초본[抄本][tʃʰobon チョボン] 图 抄本 ¶호적 ~[hoːdʒɔk ~ ホージョク ~] 戸籍抄本.

초-봄[初―][tʃʰobom チョボム] 图 初春; 早春; 春先.

초봉[初俸][tʃʰoboŋ チョボン] 图 初給; 初任給.

초부[樵夫][tʃʰobu チョブ] 图 樵きこり; 樵夫しょうふ.

초빙-하다[招聘―][tʃʰobiŋhada チョビンハダ] 他 招聘しょうへいする; 招く ¶강사를 ~[kaːŋsarɯl ~ カーンサルル ~] 講師を招聘する.

초-사흘[初―][tʃʰosahɯl チョサフル] 图 (その月の)3日 = **초사흘날**[tʃʰosahɯnnal チョサフンナル]・**초삼일**(初三日) [tʃʰosamil チョサミル] ¶4월 ~[saːwɔl ~ サーウォル ~] 4月3日.

초산[初産][tʃʰosan チョサン] 图 他 初産 ¶~은 순산(順産)[난산]이었다[~ɯn suːnsan[nansan]iɔtʼa (チョサ)ヌン スーンサ[ナンサ]ニオッタ] 初産は安産[難産]だった.

초상[初喪][tʃʰosaŋ チョサン] 图 喪中 ¶~을 치르다[~ɯl tʃʰirɯda ~ウル チルダ] 葬儀を行なう —**나다**[nada ナダ] 自 家の者が死ぬ; 喪中である ¶동네에 ~-났다[toːŋnee ~-natʼa トーンネエ ~-ナッタ] 町内に喪中の家(折れ口)が出た —**집**[tʃʼip チプ] 图 喪家.

초상[肖像][tʃʰosaŋ チョサン] 图 肖像 —**권**[kʼwɔn クォン] 图 肖像権 —**화**[hwa ファ] 图 肖像画; ポートレート.

초생-달[初生―][tʃʰosɛŋtʼal チョセンタル] 图 三日月; 新月; = '초승달'.

초석[礎石][tʃʰosɔk チョソク] 图 礎石; 礎 ¶나라의 ~[narae ~ ナラエ ~] 国の礎.

초선[初選][tʃʰosɔn チョソン] 图 初選 ¶~ 의원[~ ɯiwɔn (チョソ) ヌィウォン] 初当選議員.

초성[初聲][tʃʰosɔŋ チョソン] 图 (一音節の)最初に発音される子音; 初声.

초속[秒速][tʃʰosok チョソク] 图 秒速 ¶~ 10미터의 바람[~ ʃimmiːtʰɛ param ~ シムミートエ パラム] 秒速10メートルの風.

초순[初旬][tʃʰosun チョスン] 图 初旬; 上旬 ¶5월 ~[oːwɔl ~ オーウォル ~] 5月初旬.

초승[初―][tʃʰosɯŋ チョスン] 图 (陰曆で)月初め ¶훗달 ~께[huːtʼal ~-kʼe フータル ~ッケ] 来月の初めごろ —**달**[tʼal ッタル] 图 新月; 三日月.

초심[初心][tʃʰoʃim チョシム] 图 初心; 初一念; 初志 —**자**[dʒa ジャ] 图 初心者; 初学者; 素人 ¶~답지 않은 솜씨[~daptʃʼi anɯn somʃʼi ~ダプチ アヌン ソムッシ] 素人離れした腕.

초-아흐레[初―][tʃʰoahɯre チョアフレ] 图 (その月の)9日 = **초아흐렛날**[tʃʰoahɯrennal チョアフレンナル] ¶9월 ~[kuwɔl ~ クウォル ~] 9月9日.

초안[草案][tʃʰoan チョアン] 图 하 他 草案; 下書き; 草稿 ¶연설문의 ~[jɔːnsɔlmune ~ ヨーンソルムネ ~] 演説文の草案.

초야[初夜][tʃʰoja チョヤ] 图 初夜 ¶신혼 ~[ʃinhon ~ シンホン ~] 新婚初夜.

초야[草野][tʃʰoja チョヤ] 图 草野; 片田舎 ¶~에 묻혀 살다[~-e mutʃʰosaːlda ~エ ムチョ サールダ] 草野に埋もれて暮らす.

초-여드레[初―][tʃʰojɔdɯre チョヨドゥレ] 图 (その月の)8日 = **초여드렛날**[tʃʰojɔdɯrennal チョヨドゥレンナル] ¶섣달 ~[sɔːtʼal ~ ソーッタル ~] 12月8日.

초여름[初―][tʃʰojɔrɯm チョヨルム] 图 初夏.

초연-하다[悄然―][tʃʰojɔnhada チョヨンハダ] 形 여변 悄然しょうぜんとしている; しょんぼりとしている **초연-히**[tʃʰojɔni チョヨニ] 副 悄然と(して); しょんぼりと ¶~ 돌아가다[~ toragada ~ トラガダ] 悄然と引き返す.

초연-하다[超然―][tʃʰojɔnhada チョヨンハダ] 形 여변 超然としている; かけ離れている; 物事にこだわらない ¶~-한 태도[~-han tʰɛːdo ~-ハン テード] 超然とした態度 **초연-히**[tʃʰojɔni チョヨニ] 副 超然と(して).

초-열흘[初―][tʃʰojɔrhɯl チョヨルフル] 图 (その月の)10日 = **초열흘날**[tʃʰojɔrhɯllal チョヨルフルラル] ¶동짓달 ~[toŋdʒitʼal ~ トンジッタル ~] 11月10日.

초-엿새[初―][tʃʰojɔsʼɛ チョヨッセ] 图 (その月の)6日 = **초엿샛날**[tʃʰojɔsʼɛnnal チョヨッセンナル] ¶2월 ~[iːwɔl ~ イーウォル ~] 2月6日.

*초원[草原][tʃʰowɔn チョウォン] 图 草原 ¶넓은 ~[nɔlbun ～ ノルブン ～] 広々とした草原.

*초월[超越][tʃʰowɔl チョウォル] 图 [하][自他] 超越 ¶국경을 ~한 사랑[kuk'jɔŋɯl (tʃʰowɔr) han saraŋ ククキョンウル ～ハン サラン] 国境を超越した愛.

초-음속[超音速][tʃʰoumsok チョウムソク] 图 超音速 ¶~ 비행[~ p'ihεŋ ～ ピヘン] 超音速飛行.

초-음파[超音波][tʃʰoumpʰa チョウムパ] 图 超音波 ¶~ 진단[~ dʒiːndan ～ ジーンダン] 超音波診断.

초-이레[初一][tʃʰoire チョイレ] 图 (その月の)7日 = 초이렛날[tʃʰoirennal チョイレンナル] ¶10月 ~[ʃiwɔl ～ シウォル ～] 10月7日.

초-이틀[初一][tʃʰoitʰul チョイトゥル] 图 (その月の)2日 = 초이튿날[tʃʰoitʰunnal チョイトゥンナル] ¶2月 ~[iːwɔl ～ イーウォル ～] 2月2日.

*초인-종[超人鐘][tʃʰoindʒoŋ チョインジョン] 图 呼び鈴; ベル. 「秒読み.

초-읽기[秒一][tʃʰoilk'i チョイルキ] 图

초임[初任][tʃʰoim チョイム] 图 [하][自] 初任 ¶~ 인사(人事)[~ insa (チョイ) ミンサ] 初任のあいさつ ━급[gɯp グプ] 图 初任給.

초입[初入][tʃʰoip チョイプ] 图 入り口; 掛かり; 初[始]め; 口 ¶골목 ~[koːlmok ～ コールモク ～] 路地(の入り)口 / 산길의 ~[sankʼire ～ サンキレ ～] 山道の登り口.

초-자연[超自然][tʃʰodʒajon チョジャヨン] 图 超自然 ¶~의 힘 (tʃʰodʒajo) ne him (チョジャヨ)ネ ヒム] 超自然の力.

초-잡다[草一][tʃʰodʒapʼta チョジャプタ] 他 草する; 草稿を作る; 起草する ¶원안을 ~[wɔnanɯl ～ ウォナヌル ～] 原案を作る.

초장[初場][tʃʰodʒaŋ チョジャン] 图 ① 市が立って[開店して]間もないころ ② 事のし初め; 初手; 初っぱな; のっけ ¶~에 이미 끝나버렸다[~e iːmiʼkʼunnabɔrjɔtʼa ～エ イーミックンナボリョッタ] 出端にもう終わってしまった.

초-장[醋醬][tʃʰodʒaŋ チョジャン] 图 酢を入れて調味したしょう油; 三杯酢.

초-저녁[初一][tʃʰodʒɔnjɔk チョジョニョク] 图 ① 宵の口; 夕暮れ; 宵 ¶~달[~ tʼal ～ タル] 夕月 / 봄의 ~[pome ～ ポメ ～] 春の宵 ② 最初; はな; 序の口 ¶~부터 재수가 없다[~pʼutʰɔ tʃesuga ɔːpʼtʼa ～プト チェスガ オープタ] はなから縁起が悪い.

*초점[焦點][tʃʰotʃʼɔm チョチョム] 图 焦点, フォーカス(focus); ピント ¶~을 맞추다[~ɯl matʃʰuda (チョチョ)ム ル マッチュダ] 焦点を合わせる.

*초조[焦燥][tʃʰodʒo チョジョ] 图 焦燥 ¶~감[~gam ～ガム] 焦燥感 ━하다[hada ハダ] 形 焦燥している; 苛立たしい; いらいらしている ¶~-한 마음[~-han maum ～-ハン マウム] いらいらする気持ち / ~-해지다[~-hedʒida ～-ヘジダ] 苛立ってくる / ~-해 하다[~-hε hada ～-ヘ ハダ] 苛立つ; 焦る; いらいらする.

초주검-되다[初一][tʃʰodʒugɔmdweda チョジュゴムドゥェダ] 自 瀕死の状態になる; 死にかける ¶뭇매를 맞고 ~[munmɛrul matkʼo ～ ムンメルル マッコ ～] ひどく殴られてほとんど死にかける[半死半生になる].

초지[初志][tʃʰodʒi チョジ] 图 初志; 初念; 初一念 ¶~를 관철(貫徹)하다[~rul kwantʃʰɔrhada ～ルル クァンチョルハダ] 初志[初一念・初心]を通す[貫く] ━일관[ilgwan イルグァン] 图 [하][自] 初志一貫[貫徹].

초창-기[草創期][tʃʰotʃʰaŋgi チョチャンギ] 图 草創期.

*초청[招請][tʃʰotʃʰɔŋ チョチョン] 图 招請; 招待 ¶~-되다[~dweda ～ドゥェダ] 呼ばれる ━하다[hada ハダ] 他 招請[招待]する; 呼ぶ ━객[gεk ゲク] 图 招待客 ━장[tʃʼaŋ チャン] 图 招待状; 招請状.

초췌-하다[憔悴一][tʃʰotʃʰwehada チョチュェハダ] 形 憔悴している; (疲労や心労のため)やつれている ¶몹시 ~-해진 얼굴[moːpʼʃi ~-hedʒin ɔlgul モープシ ～-ヘジン オルグル] 憔悴しきった[やつれはてた]顔.

초치[招致][tʃʰotʃʰi チョチ] 图 [하][他] 招致 ¶올림픽의 ~ 운동[olːimpʰige ~ uːndoŋ オルリムピゲ ～ ウーンドン] オリンピックの招致運動.

초콜릿[tʃʰokʰollit チョコルリッ] 图 チョコレート = 초코[tʃʰokʰo チョコ].

초-토[焦土][tʃʰotʰo チョト] 图 焦土 ¶공습으로 ~화(化) 되다[koŋsubɯro ~hwa dweda コンスブロ ～ファ ドゥ

초-파일[初八日][tɕʰopʰail チョパイル] 名〈仏〉陰暦4月8日の釈迦誕生日＝파일(八日)[pʰail パイル].

초판[初―][tɕʰopʰan チョパン] 名 初の局面や時期; 初手; 初め; 초깟바ㅎ ¶ ~부터 세게 나오다[～buthʌ se:ge naoda ～ブト セーゲ ナオダ] 初手から強く出る.

초판[初版][tɕʰopʰan チョパン] 名初版.

초-하루[初―][tɕʰoharu チョハル] 名(その月の)1日＝**초하룻날**[tɕʰoharunnal チョハルンナル] ¶정월 ～[tɕʌŋwʌl ～ チョンウォル ～] 正月1日; 元旦ﾜﾛﾏﾝ.

초행[初行][tɕʰohɛŋ チョヘン] 名 他自 初めて行くこと, またその道 **―길**[k'il キル] 名 初めての道.

촉각[触角][tɕʰok'ak チョクカク] 名〈動〉触角 ¶곤충의 ～[kontɕʰuŋe ～ コンチュンエ ～] 昆虫の触角/～을 곤두세우다[(tɕʰok'ag)ɯl konduseuda (チョクカ)グル コンドゥセウダ] 触角[神経]を逆立てる[とがらす].

촉각[触覚][tɕʰok'ak チョクカク] 名 触覚 ¶～이 예민하다[(tɕʰok'ag)i je:minhada (チョクカ)ギ イェーミンハダ] 触覚が鋭敏だ.

촉감[触感][tɕʰok'am チョクカム] 名 他 触感; 肌触り ¶～이 부드러운 옷[～i pudɯrʌun ot (チョクカ)ミ プドゥロウノッ] 肌触りのよい/柔らかい]肌着.

촉구[促求][tɕʰok'u チョク] 名 他 促すこと ¶주의를 ～하다[tɕuirul ～hada チューイルル ～ハダ] 注意を促す.

촉망[属望・嘱望][tɕʰoŋmaŋ チョンマン] 名 嘱望 ¶장래(將來)가 ～되다[tɕaŋnɛga ～dweda チャンネガ ～ドゥェダ] 将来が嘱望される **―하다**[hada ハダ] 自 嘱望する; 目する.

촉박[促迫][tɕʰokp'ak チョクパク] 名 他形 促迫; 切迫 ¶기일이 ～하다[kiiri (tɕʰokp'a)kʰada キイリ ～カダ] 期日が差し迫っている.

촉-새[tɕʰoks'ɛ チョクセ] 名〈鳥〉アオジ(蒿雀・青鶸) **―부리**[buri ブリ] 名 アオジのくちばし, 副 先のとがったもの.

촉진[促進][tɕʰoktɕ'in チョクチン] 名 他 促進 ¶판매 ～[pʰanmɛ ～ パンメ ～] 販売促進.

촉촉-하다[tɕʰoktɕʰokhada チョクチョクハダ] 形 여動 やや湿っぽい; しっとりとしている ¶땀이 배어 셔츠가 ～[t'ami pɛ:ɔ ɕɔ:tɕʰuga ～ ッタミ ペーオ ショーチュガ ～] 汗ばんでシャツがじっとりと湿っている **촉촉-이**[tɕʰoktɕʰogi チョクチョギ] 副 しっとり(と) ¶～ 비가 내리다[～ piga nɛrida ～ ピガ ネリダ] しとしと雨が降る/～ 젖다[～ tɕ'a ～ チョッタ] しっとり(と)ぬれる.

촉탁[嘱託][tɕʰokthak チョクタク] 名 하他 嘱託 ¶학교의 ～의(사)[hak'joe (tɕʰokthag)ɯi(sa) ハクキョエ (チョクタ)グウィ(サ)] 学校の嘱託医 **―살인**[s'arin サリン] 名 嘱託殺人.

***촌**[村][tɕʰo:n チョーン] ① 名 村; 田舎; 地方 ② 接頭 「田舎臭い」の意 ¶～사람[～s'aram ～ サラム] 田舎者 ③ 接尾 ¶선수～[sɔ:nsu(tɕʰon) ソーンス(チョン)] 選手村.

촌[寸][tɕʰo:n チョーン] 依名 寸 ① 長さの単位 ② 親等; 等親 ¶4～[sa:(tɕʰon) サー(チョン)] いとこ(従兄弟・従姉妹); 4親等.

촌각[寸刻][tɕʰo:ngak チョーンガク] 名 寸刻; 一刻 ¶～을 다투다[(tɕʰo:ngag)ɯl tathuda (チョーンガ)グル タトゥダ] 寸刻を争う.

촌-구석[村―][tɕʰo:nk'usɔk チョーンクソク] 名 田舎の片隅; 片田舎.

촌극[寸劇][tɕʰo:nguk チョーングク] 名 寸劇; ショー; ちょっとした笑い事や事件 ¶～이 있었다[(tɕʰo:ngug)i is'ɔt'a (チョーング)ギ イッソッタ] ちょっとした笑い事があった. 「田舎道; 村道.

촌-길[村―][tɕʰo:nk'il チョーンキル] 名

촌-놈[村―][tɕʰo:nnom チョーンノム] 名 田舎者; 田舎っぺえ ¶～티가 나다[～ thiga nada ～ ティガ ナダ] 田舎っぽく見える.

촌-닭[村―][tɕʰo:nt'ak チョーンタク] 名 (田舎の鶏の意で)田舎者.

촌-뜨기[村―][tɕʰo:nt'ɯgi チョーンットゥギ] 名 田舎っぺ(え); ぼっと出; お上りさん; ＝시골 뜨기[ɕigolt'ɯgi シゴルットゥギ]. 「村落; 村.

촌락[村落][tɕʰo:llak チョーラク] 名

촌-사람[村―][tɕʰo:ns'aram チョーンサラム] 名 田舎人, 田舎者 ¶～ 때를 벗다［～ t'ɛrul pot'a ～ ッテルル ポッタ] 田舎者のあかが抜ける.

촌-색시[村―][tɕʰo:ns'ɛk'i チョーンセクシ] 名 田舎娘; 田舎っぽい娘.

촌수[寸數][tɕʰo:ns'u チョーンッス] 名 親戚の近さを表わす数; 親等 ¶～가

먼 친척[~ga mɔːn tɕʰintɕʰɔk ~ガモーン チンチョク] 遠縁の親類.

*촌-스럽다[村-][tɕʰoːnsʼɯrʌpʼa チョーンスロプタ] 形 [ㅂ変] 田舎臭い; 田舎っぽい; やぼったい ¶ ~-스러운 모습[~-sʼɯrʌun mosɯp ~-スロウンモスプ] 田舎っぽい姿 / ~-스러운 옷차림[~-sʼɯrʌun otɕʰarim ~-スロウン オッチャリム] やぼったい身なり.

촌음[寸陰][tɕʰoːnɯm チョーヌム] 名 寸陰; 寸時 ¶ ~을 아끼다[~ɯl akʼida (チョーヌ)ル アッキタ] 寸陰[寸時]を惜しむ.

촌지[寸志][tɕʰoːndʑi チョーンジ] 名 寸志(進物の上包みなどに書いた文字).

촌-티[村-][tɕʰoːntʰi チョーンティ] 名 田舎っぽさ; 田舎臭い気味 ¶ ~가 나다[~ga nada ~ガ ナダ] 田舎びる; 田舎臭い.

촌평[寸評][tɕʰoːnpʰjʌŋ チョーンピョン] 名 [하他] 寸評; ごく手短な批評 ¶ ~을 가하다[~ɯl kahada ~ウル カハダ] 寸評を加える.

촐랑-거리다[tɕʰollaŋgʌrida チョルランゴリダ] 自 ① (器の水が)しきりに揺れる; ちゃぷちゃぷ揺れる ② 軽率にふるまう; おっちょこちょいに出しゃばる ¶ ~-거리며 돌아다니다[~-gʌrimjʌ toradanida ~-ゴリミョ トラダニダ] ちょこまかと歩き回る **촐랑-이**[tɕʰollaŋi チョルランイ] 名 おっちょこちょい; そそっかしくふるまう人; あわて者.

촐촐-하다[tɕʰoltɕʰolhada チョルチョルハダ] 形 [여変] ややひもじい; ひだるい; <'출출하다' **촐촐-히**[tɕʰoltɕʰori チョルチョリ] 副 ややひもじい思いで.

촘촘-하다[tɕʰomtɕʰomhada チョムチョムハダ] 形 [여変] (織物などの)目がつんでいる; ぎっしりしている; 目が細かい ¶ 올이 ~-한 옷감[oɾi ~-han otkʼam オーリ ~-ハン オッカム] 目のつんだ生地 **촘촘-히**[tɕʰomtɕʰomi チョムチョミ] 副 細かく; ぎっしりと.

촛-농[-膿][tɕʰonnoŋ チョンノン] 名 燭涙しょくるい; ろうそくから燃え流れるろう.

촛-대[-臺][tɕʰotʼɛ チョッテ] 名 燭台しょくだい; ろうそく立て.

*촛-불[tɕʰopʼul チョプル] 名 ろうそくの炎 ¶ ~을 밝히다[(tɕʰopʼur)ul palkʰida (チョプ)ルル パルキダ] ろうそくをともす; 燭しょくを取る.

*총[銃][tɕʰoŋ チョン] 名 銃; 鉄砲 ¶ ~을 쏘다[~ɯl sʼoda ~ウルッソダ] 鉄砲を撃つ/~을 겨누다[~ɯl kjʌnuda ~ウル キョヌダ] 銃を構える **—대**[tʼɛ ッテ] 名 銃床 **—부리**[pʼuri プリ] 名 銃口.

총-[總][tɕʰoːŋ チョーン] 接頭 総; 全部 ¶ ~20권[~iːɕipkʼwʌn ~イーシプクォン] 全20巻.

*총각[總角][tɕʰoːŋgak チョーンガク] 名 未婚の青年; チョンガー ¶ ~ 처녀(處女)[~ tɕʰʌnjʌ ~ チョーニョ] チョンガーと娘; 未婚の男女 **—김치**[(tɕʰoːŋga)kʼimtɕʰi キムチ] 名 '총각무'で葉っぱごと漬けたキムチ; チョンガーキムチ **—무**[(tɕʰoːŋgaŋ)mu (チョーンガン)ム] 名 根っこが太く小さい大根.

총격[銃擊][tɕʰoːŋgjʌk チョーンギョク] 名 [하他] 銃擊 ¶ ~전[~tɕʌn ~チョン] 銃撃戦.

총-결산[總決算][tɕʰoːŋgjʌlsʼan チョーンギョルサン] 名 [하他] 総決算.

총계[總計][tɕʰoːŋge チョーンゲ] 名 [하他] 総計; 総和 ¶ ~를 내다[~rɯl nɛːda ~ルル ネーダ] 総計を出す.

총괄[總括][tɕʰoːŋgwal チョーングァル] 名 [하他] 総括 ¶ 여러 의견을 ~하다[jʌrʌ ɯiːgjʌnɯl (tɕʰoːŋgwar) hada ヨロ ウィーギョヌル ~ハダ] もろもろの意見を総括する.

총기[聰氣][tɕʰoːŋgi チョンギ] 名 聡明そうめいさ; 記憶力 ¶ ~가 나좋다[~ga tɕoːtʰa ~ガ チョーッタ] 記憶力がよい.

총-대리점[總代理店][tɕʰoːŋdɛridʑʌm チョーンデリジョム] 名 総代理店.

총력[總力][tɕʰoːŋnjʌk チョーンニョク] 名 総力; 全力 ¶ ~을 기울이다[(tɕʰoːŋnjʌg)ul kiurida (チョーンニョ)グル キウリダ] 総力を傾ける.

총리[總理][tɕʰoːŋni チョーンニ] 名 ① 総理 ② 国務総理=국무 ~[kuŋmu ~ クンム ~] **—대신**[dɛːɕin デーシン] 名 (内閣)総理大臣.

총-망라[總網羅][tɕʰoːŋmaŋna チョーマンナ] 名 [하他] すべてを網羅すること.

*총명[聰明][tɕʰoːŋmjʌŋ チョーンミョン] 名 [하他形] 聡明そうめい ¶ ~한 아이[~han ai ~ハン アイ] 聡明な子供.

총-사직[總辭職][tɕʰoːŋsadʑik チョーンサジク] 名 [하自] 総辞職 ¶ 내각 ~[nɛːgak ~ ネーガク ~] 内閣総辞職.

총살[銃殺][tɕʰoŋsal チョンサル] 名 [하他] 銃殺 **—형**[(tɕʰoŋsar)hjʌŋ ヒョ

총상[銃傷][tʃʰoŋsaŋ チョンサン] 图 銃傷; 銃創 ¶~을 입다[~ɯl ipt'a ~ウル イプタ] 銃傷を負う.

총선[總選][tʃʰo:nsən チョーンソン] 图 総選挙の略=**총선거**(總選擧)[tʃʰo:nsəngə チョーンソンゴ].

총성[銃聲][tʃʰo:nsən チョンソン] 图 銃声.

총-수입[總收入][tʃʰo:nsuip チョーンスイプ] 图 総収入.

총아[寵兒][tʃʰo:ŋa チョーンア] 图 寵児 ¶문단의 ~[mundane ~ ムンダネ ~] 文壇の寵児.

총-알[銃一][tʃʰoŋal チョンアル] 图 弾丸; 銃弾; 鉄砲玉 ¶~을 재다[~ɯl tɛ:da ~ウル チェダ] 弾をこめる.

총애[寵愛][tʃʰo:ŋɛ チョーンエ] 图 하他 寵愛 ¶~를 받다[~rɯl pat'a ~ルル パッタ] 寵愛を受ける.

총-영사[總領事][tʃʰo:ŋjəŋsa チョーンニョンサ] 图 総領事.

총-예산[總豫算][tʃʰo:ŋnesan チョーンネサン] 图 総予算.

총의[總意][tʃʰo:ŋi チョーンイ] 图 総意 ¶국민의 ~[kuŋmine ~ クンミネ ~] 国民の総意.

***총장**[總長][tʃʰo:ŋdʒaŋ チョーンジャン] 图 総長 ¶대학 ~[tɛ:hak ~ テーハク ~] 大学総長.

총재[總裁][tʃʰo:ŋdʒɛ チョーンジェ] 图 総裁 ¶~당[~taŋ ~タン] 党の総裁.

총-지배인[總支配人][tʃʰo:ŋdʒibɛin チョーンジベイン] 图 総支配人.

총-지휘[總指揮][tʃʰo:ŋdʒihwi チョーンジフィ] 图 하他 総指揮 ¶~자[~dʒa ~ジャ] 総指揮者.

총질-하다[銃][tʃʰoŋdʒirhada チョンジルハダ] 图 射撃・発砲する.

총-채[tʃʰontʃʰɛ チョンチェ] 图 はたき; ちり払い; ダスター ¶~로 털다[~ro tʰo:lda ~ロ トールダ] はたきをかける.

총총[tʃʰontʃʰoŋ チョンチョン] 副 하形 (星が)きらきら ¶별이 ~하다[pjɔ:ri ~hada ビョーリ ~ハダ] 星がきらきら光っている ━**히**[i イ] 副 きらきらと.

총총[葱葱][tʃʰontʃʰoŋ チョンチョン] 副 하形 (木が)うっそうと ¶나무가 ~하게 들어서다[namuga ~hage tɯrɔsəda ナムガ ~ハゲ トゥロソダ] 樹木がうっそうと生い茂る ━**들이**[duri ドゥリ] ━**히**[i イ] 副 うっそうと; 密に; ぎっしり立ち並んで.

총총[叢叢][tʃʰontʃʰoŋ チョンチョン] 하形 ぎっしり立ち並ぶさま; 群がるさま ━**히**[i イ] 副 ぎっしり ¶집들이 ~ 들어서다[tʃipt'uri ~ tɯrɔsəda チプトゥリ ~ トゥロソダ] 家々がぎっしり立ち並ぶ.

총총[忽忽][tʃʰontʃʰoŋ チョンチョン] 副 하形 忽々忽; あわただしいさま; 忙しいさま ━**히**[i イ] 副 あわただしく ¶~ 떠나다[~ t'ənada ~ ットナダ] あわただしく出発する.

총총-걸음[tʃʰontʃʰoŋgərɯm チョンチョンゴルム] 图 急ぎ足=**종종걸음**[tʃoŋdʒoŋgərɯm チョンジョンゴルム]「刻み足・小走り」の強調語.

총칭[總稱][tʃʰo:ŋtʃʰiŋ チョーンチン] 图 하形 総称.　　　　　「銃弾.

총탄[銃彈][tʃʰoŋtʰan チョンタン] 图

총-퇴장[總退場][tʃʰo:ntʰwedʒaŋ チョーントゥェジャン] 图 하自 全員が一時に退場すること.

총판[總販][tʃʰo:ŋpʰan チョーンパン] 图 하他 一手販売=**총판매**(總販賣)[tʃʰo:ŋpʰanmɛ チョーンパンメ].

총평[總評][tʃʰo:ŋpʰjəŋ チョーンピョン] 图 하他 総評; 全般にわたる批評.

총포[銃砲][tʃʰoŋpʰo チョンポ] 图 銃砲 ¶~상[~saŋ ~サン] 銃砲商[店].

총화[總和][tʃʰo:ŋhwa チョーンファ] 图 ① 総和; 総計 ② 全体の和合 ¶국민의 ~[kuŋmine ~ クンミネ ~] 全国民の和合.

총회[總會][tʃʰo:ŋhwe チョーンフェ] 图 総会 ¶주주~[tʃudʒu~ チュジュ~] 株主総会 ━**꾼**[k'un ックン] 图 総会屋.

***촬영**[撮影][tʃʰwarjəŋ チュァリョン] 图 撮影 ¶영화 ~[jəŋhwa ~ ヨンファ ~] 映画撮影 / ~을 금함[~ɯl kɯ:mham ~ウル クームハム] 撮影を禁ず ━**하다**[hada ハダ] 他 撮影する; 撮る.

최강[最強][tʃʰwe:gaŋ チュェーガン] 图 最強 ¶~의 팀[~e tʰi:m ~エ ティーム] 最強のチーム(team).

***최고**[最高][tʃʰwe:go チュェーゴ] 图 最高 ━**가**[격][k'a[gagjək] ッカ[ガギョク]] 图 最高価(格) ━**급**[gɯp グプ] 图 最高級 ━**봉**[boŋ ボン] 图 最高峰 ━**속도**[sokt'o ソクト] 图 最高速度 ━**수준**[sudʒun スジュン] 图 最高水準 ━**조**[dʒo ジョ] 图 最高潮; 絶頂; クライマックス(climax) ¶~에 이르다[~e iruda ~エ イルダ] 最高

潮に達する **—品**[pʰum ブム] 图 最高の品物.

***최근**[最近][tʃʰwe:gɯn チュエーグン] 图 最近 ¶~에 일어난 사건[~e irɔnan sa:k'ɔn (チュエーグ)ネ イロナン サーコン] 最近起こった事件. [多.

최다[最多][tʃʰwe:da チュエーダ] 图 最

최단[最短][tʃʰwe:dan チュエーダン] 图 厖形 最短 ¶~ 거리[~ gɔ:ri ~ ゴーリ] 最短距離.

***최대**[最大][tʃʰwe:dɛ チュエーデ] 图 厖形 最大 ¶국내의 ~ 회사[kuŋnɛe ~ hwe:sa クンネエ ~ フェーサ] 国内最大の会社 **—속력**[soŋnjʌk ソンニョク] 图 最大速力 **—압력**[amnjʌk アムニョク] 图 最大圧力 **—한(도)**[han[ha:ndo]] ハン[ハーンド] 图 副 最大限(度) ¶~ 양보하다[~ ja:ŋbohada ~ ヤーンボハダ] 最大限(度)讓歩する.

최루[催涙][tʃʰweru チュエル] 图 催涙 **—가스**[gasɯ ガス] 图 催涙ガス **—탄**[tʰan タン] 图 催涙弾.

최면[催眠][tʃʰwemjʌn チュエミョン] 图 催眠 ¶~ 상태[~ saŋtʰɛ ~ サンテ] 催眠状態 **—술**[sul スル] 图 催眠術 ¶~을 걸다[~-(sur)ɯl kɔ:lda ~-(ス)ルル ゴールダ] 催眠術をかける.

최상[最上][tʃʰwe:saŋ チュエーサン] 图 最上; 最高 ¶~의 컨디션[~e kʰɔndiʃɔn ~エ コンディション] 最上のコンディション **—급**[gɯp グプ] 图 最上級.

***최선**[最善][tʃʰwe:sʌn チュエーソン] 图 最善 ¶~을 다하다[~-ɯl ta:hada (チュエーソ) ヌルターハダ] 最善を尽くす.

최-선봉[最先鋒][tʃʰwe:sʌnboŋ チュエーソンボン] 图 一番先鋒; 急先鋒.

***최소**[最小][tʃʰwe:so チュエーソ] 图 厖形 最小; ミニマム(minimum) ¶~의 노력, 최대의 효과[~e norjʌk, tʃʰwe:dɛe hjo:k'wa ~エ ノリョク, チュエーデエ ヒョークァ] 最小の努力, 最大の効果 **—한(도)**[han[ha:ndo]] ハン[ハーンド]] 图 副 最小限(度) ¶피해를 ~(으)로 막다[pʰi:hɛrɯl ~(ɯ)ro makt'a ピーヘルル ~-ハヌロ[ハーンドロ] マクタ] 被害を最小にくいとめる **—화(化)**[hwa ファ] 图 他 最小にすること.

최소[最少][tʃʰwe:so チュエーソ] 图 厖形 最少 ¶~의 비용[~e pi:joŋ ~エ ピーヨン] 最少の費用.

***최신**[最新][tʃʰwe:ʃin チュエーシン] 图 最新 ¶~ 유행의 패션[~ juhɛŋe pʰeʃɔn ~ ユヘンエ ペション] 最新流行のファッション **—식**[ʃik シク] 图 最新式 **—형**[hjʌŋ ヒョン] 图 最新型.

최악[最惡][tʃʰwe:ak チュエーアク] 图 厖形 最悪 ¶~의 상태[(tʃʰwe:ag)e saŋtʰɛ (チュエーア)ゲ サーンテ] 最悪の状態.

최-우수[最優秀][tʃʰwe:usu チュエウス] 图 最優秀 ¶~ 선수[~ sɔ:nsu ~ ソーンス] 最優秀選手; MVP.

***최저**[最低][tʃʰwe:dʒɔ チュエージョ] 图 最低 ¶~ 기온[~ gion ~ ギオン] 最低気温 **—가**[k'a ッカ] 图 最低価格 **—임금**[imgɯm イムグム] 图 最低賃金 **—한(도)**[han[ha:ndo]] ハン[ハーンド]] 图 最低限(度).

최적[最適][tʃʰwe:dʒɔk チュエージョク] 图 厖形 最適 ¶~한 환경[(tʃʰwe:dʒɔ)kʰan hwaŋjɔŋ ~カン ファンギョン] 最適な環境.

최종[最終][tʃʰwe:dʒoŋ チュエージョン] 图 最終; 大切り; ラスト(last) ¶~ 단계[~ dange ~ ダンゲ] 最終段階 **—회**[hwe フェ] 图 最終回.

최-첨단[最尖端][tʃʰwe:tʃʰɔmdan チュエーチョムダン] 图 最先端 ¶유행의 ~을 가다[juhɛŋe ~-ɯl kada ユヘンエ (チュエーチョムダ)ヌル カダ] 流行の最先端をゆく.

***최초**[最初][tʃʰwe:tʃʰo チュエーチョ] 图 最初; 一番初め ¶~의 급료[~e kumnjo ~エ クムニョ] 最初の給料.

최하[最下][tʃʰwe:ha チュエーハ] 图 最下; 最低 ¶~의 조건[~e tʃɔk'ɔn ~エ チョコン] 最下の条件 **—급**[gɯp グプ] 图 最下級 **—층**[tʰɯŋ チュン] 图 最下層; 一番下の層.

최혜-국[最惠國][tʃʰwe:heguk チュエーヘグク] 图 最恵国 **—대우**[t'ɛ:u テーウ] 图 最恵国待遇.

***최후**[最後][tʃʰwe:hu チュエーフ] 图 最後; 最期; 最終 ¶~의 발악(發惡)[~e parak ~エ パラク] 最後のあがき / ~를 맞이하다[~-rɯl madʒihada ~-ルル マジハダ] 最期を迎える **—수단**[sudan スダン] 图 最後手段 **—의 만찬[심판]**[e ma:ntʃʰan [ʃi:mpʰan] エ マーンチャン[シームパン]] 最後の晩餐[審判] **—통첩**[tʰoŋtʃʰɔp トンチョプ] 图 最後通牒.

*추가[追加][tʃʰuga チュガ] 图 厖他 追

加 ¶~ 주문[~ dʒuːmun ~ ジューモン] 追加注文.

추격[追擊][tɕʰugjʌk チュギョク] 名 하他 追擊; 追い討ち ¶적을 ~하다 [tɕʌgul (tɕʰugjʌk)kʰada チョグル ~カダ] 敵を追撃する.

***추구**[追求][tɕʰugu チュグ] 名 하他 追求 ¶행복을 ~하다 [hɛːŋbogul ~hada ヘーンボグル ~ハダ] 幸福を追求する.

추구[追究][tɕʰugu チュグ] 名 하他 (学問・真理などの)追究・追窮.

추궁[追窮][tɕʰuguŋ チュグン] 名 하他 追及 ¶책임을 ~하다 [tɕʰɛgimul ~hada チェギムル ~ハダ] 責任を追及する.

추근-추근[tɕʰuguntɕʰugun チュグンチュグン] 副 하形 (性質や言動が)ねちねち; しつこく ¶~ 따지고 들다[~ t'adʑigo tulda ~ ッタジゴ トゥルダ] ねちねちと問いただす / ~ 따라다니다 [~ t'aradanida ~ ッタラダニダ] しつこくつきまとう ー**히**[i (チュグンチュグ)ニ] 副 ねちねち(と); しつこく.

추근추근-하다[tɕʰuguntɕʰugunhada チュグンチュグンハダ] 形 여変 ① とてもしつこい ② とても湿っている ¶옷이 너무 ~[oʃi nʌmu ~ オシ ノム ~] 衣服がとても湿っている.

추기-경[樞機卿][tɕʰugigjʌŋ チュギギョン] 名 <基> 枢機卿; カーディナル.

추기다[tɕʰugida チュギダ] 他 ① そそのかす; 煽る; けしかける; 扇動する ¶때려 부수라고 ~[t'ɛrjʌ busurago ~ ッテリョ ブスラゴ ~] たたきつぶせとけしかける / 한창 ~[hantɕʰaŋ ~ ハンチャン ~] 盛んにアジる ② 煽てる ¶뛰어난 솜씨라면서 ~[t'wiʌnan somʃ'iramjʌnsʌ ~ ットゥィオナン ソムッシラミョンソ ~] すばらしい腕前だと煽てる.

추녀[tɕʰunjʌ チュニョ] 名 軒; ひさし ー**마루**[maru マル] 名 隅棟.

추다[1][tɕʰuda チュダ] 他 煽てる; わざとほめたたえる **추어-대다**[tɕʰuʌdɛda チュオデダ] 他 ほめちぎる ¶제일이니하고 ~[tɕeːirini hago ~ チェーイリニハゴ ~] 一番だのとほめちぎる.

***추다**[2][tɕʰuda チュダ] 他 舞う; 踊る ¶춤을 ~[tɕʰumul ~ チュムル ~] 舞いを舞う; 踊りを踊る.

추다[3][tɕʰuda チュダ] 他 (物を)くまなく探す; (探し出そうとして)引っかき回す ¶서랍을 (들)추어 찾다[sʌrabul (tul)tɕʰuʌ tɕʰat'a ソラブル (トゥル)チュオ チャッタ] 引き出しをひっかき回して探す.

추대[推戴][tɕʰudɛ チュデ] 名 하自他 推戴 ¶총재로 ~되다[tɕʰoːŋdʑɛro ~dweda チョーンジェロ ~ドゥェダ] 総裁に推戴される.

추도[追悼][tɕʰudo チュド] 名 하他 追悼 ¶~사[~sa ~サ] 追悼の辞.

추돌[追突][tɕʰudol チュドル] 名 하他 追突 ¶~ 사고[~ saːgo ~ サーゴ] 追突事故.

추락[墜落][tɕʰurak チュラク] 名 하自 墜落 ¶비행기 ~ 사고[pihɛŋgi ~ saːgo ピヘンギ ~ サーゴ] 飛行機の墜落事故.

추렴[←出斂][tɕʰurjʌm チュリョム] 名 하他 拠出; 金品を出し合うこと; 割り勘 ¶비용을 ~하다[piːjoŋul ~hada ピーヨンウル ~ハダ] 費用を出し合う / 술~[sul~ スル~] 割り勘で酒を飲むこと(割り勘→韓国では小切手や手形の「割引交換」の意味で使われている).

***추리**[推理][tɕʰuri チュリ] 名 하他 推理 ー**소설**[soːsʌl ソーソル] 名 推理小説.

추리다[tɕʰuri チュリダ] 他 選び出す; 抜き出す; 要約する ¶알이 굵은 것으로 ~[ari kuːlgun kʌsuro ~ アリ クールグン コスロ ~] 粒の大きいのを選び出す / 요점을 ~[joʨ'ʌmul ~ ヨチョムル ~] 要点を抜き出す.

추모[追慕][tɕʰumo チュモ] 名 하他 追慕 ¶가고 없는 벗을 ~하다[kago ʌːmnun pʌsul ~hada カゴ オームヌン ポスル ~ハダ] 亡き友を追慕する.

추문[醜聞][tɕʰumun チュムン] 名 醜聞; スキャンダル(scandal).

추방[追放][tɕʰubaŋ チュバン] 名 하他 追放; 放逐 ¶악서를 ~하다[aks'ʌrul ~hada アクソルル ~ハダ] 悪書を追放する.

추상[抽象][tɕʰusaŋ チュサン] 名 抽象 ー**예술**[neːsul ネースル] 名 抽象芸術.

추상[秋霜][tɕʰusaŋ チュサン] 名 秋の冷たい霜; 秋霜 ー**같다**[gat'a ガッタ] 形 非常に厳しい ¶명령이 ~[mjʌːŋnjʌŋi ~ ミョーンニョンイ ~] 命令が非常に厳しい ー**같이**[gatɕʰi ガチ] 副 秋霜のように; 非常に厳しく.

추상-하다[追想-][tɕʰusaŋhada チュサンハダ] 他 追想する; 思いしのぶ

옛일을 ~[je:nniruɫ ~ イェーンニルル ~] 昔のことを思いしのぶ.

***추석**[秋夕][tɕʰusok チュソク] 图 陰暦の8月15日, 祖先を祭る節日(お盆); 仲秋の節 = 한가위 [hangawi ハンガウィ] (家族が故郷に帰って先祖の墓参りや祭祀を行ない, その年の農作を祝う)

***추세**[趨勢][tɕʰuse チュセ] 图 趨勢; 成り行き; 動向 ¶시대의 ~[ʃidɛe ~ シデエ ~] 時代の趨勢.

추수[秋收][tɕʰusu チュス] 图 하자 秋の収穫・刈り入れ; 秋の取り入れ; = 가을걷이 [kaɯlgədʑi カウルゴジ] ¶~를 끝내다 [~rɯl k'ʉnnɛda ~ルルックンネダ] 秋の取り入れを終える — **감사절** [名msadʑəl ガームサジョル] 图 〈基〉(収穫)感謝祭.

추스르다[tɕʰusɯrɯda チュスルダ] 他 르変 ① 物をきちんと取りそろえる ② 取りまとめる ¶마무리를 잘 ~[mamurirɯl tɕal ~ マムリルル チャル ~] 仕上げをうまく取りまとめる ③ (揺り)動かす ¶몸을 추스르지 못한다 [momɯl tɕʰusɯrɯdʑi mo:tʰanda モムル チュスルジ モッタンダ] 体を(ろくに)動かせない ④ ほめそやす; おだてる.

추신[追伸・追申][tɕʰuʃin チュシン] 图 하타 追伸.

추심-어음[推尋—][tɕʰuʃimɯɯm チュシモウム] 图 取り立て手形.

추악-하다[醜惡—][tɕʰuakʰada チュアクカダ] 形 醜悪だ; 醜く汚らわしい ¶~-한 모습 [~kʰan mosɯp ~カン モスプ] 醜悪な姿.

추어[鰍魚][tɕʰuə チュウ] 图 〈魚〉ドジョウ = 미꾸라지 [mik'uradʑi ミックラジ] — **탕**(湯) [tʰaŋ タン] 图 ドジョウ汁; ドジョウ入りのあつもの.

추어-내다[tɕʰuənɛda チュオネダ] 他 ① 探し出す ② あばき出す = 들추어 내다 [tɯltɕʰuə nɛda トゥルチュオ ネダ] ¶남의 과거를 ~ [name kwa:gərɯl ~ ナメ クァーゴル ~] 人の過去をあばき出す.

추어-대다[tɕʰuədɛda チュオデダ] 他 ほめちぎる; おだてる; ⇨ '추다'.

추어-올리다[tɕʰuəollida チュオオルリダ] 他 ① 取り上げる; 引っ張り上げる ¶그물을 ~ [kumurɯl ~ クムルル ~] 網を引っ張り上げる ② 持ち上げる; 押し[ゆすり]上げる ¶아이를 ~ [airɯl ~ アイルル ~] 子をゆすり上げる ③ ほめる; ほめちぎる; おだてる; ¶머리가 좋다고 ~ [məriga tʃo:tʰago ~ モリガ チョータゴ ~] 頭がいいとほめちぎる; ×'추켜세우다[올리다]'.

추어-주다[tɕʰuədʑuda チュオジュダ] 他 おだてる; ほめちぎる ¶일을 잘했다고 ~ [i:rɯl tɕarhɛt'ago ~ イール チャルヘッタゴ ~] 仕事をよくやったとほめちぎる.

***추억**[追憶][tɕʰuək チュオク] 图 하타 追憶; 思い出 ¶~에 잠기다 [(tɕʰuəg)e tɕamgida (チュオ)ゲ チャムギダ] 追憶にふける.

추워-하다[tɕʰuwəhada チュウォハダ] 自 여変 寒がる ¶두텁게 입고도 [tutʰəpk'e ipk'odo ~ トゥトプケ イプコド ~] 厚着をしても寒がる / ~-지다 [~-dʑida ~-ジダ] 寒くなる; 冷える.

추월[追越][tɕʰuwəl チュウォル] 图 追い越し ¶~ 금지 [~ gɯ:mdʑi ~ グームジ] 追い越し禁止 —**하다** [hada ハダ] 他 追い越す.

***추위**[tɕʰuwi チュイ] 图 寒さ ¶~가 대단하다 [~ga tɛ:danhada ~ガ テーダンハダ] 寒さが厳しい / ~가 풀리다 [~ga pʰullida ~ガ プルリダ] 寒さが和らぐ —(를)**타다** [(rɯl)tʰada (ルル)タダ] 自 (大変)寒がる; 寒さに弱い.

추이[推移][tɕʰui チュイ] 图 하자 推移 ¶사태의 ~를 지켜보다 [sa:tʰee ~rɯl tɕikʰjəboda サーテエ ~ルル チキョボダ] 成り行きの推移を見守る.

추인[追認][tɕʰuin チュイン] 图 하타 追認 ¶의회에서 ~되었다 [ɯihweesə ~dweət'a ウィフェエソ ~ドゥェオッタ] 議会で追認された.

추잡-하다[醜雜—][tɕʰudʑapʰada チュジャプハダ] 形 여変 猥雑だ; 卑猥だ; みだらだ ¶행실(行實)이 ~ [hɛŋʃiri ~ ヘンシリ ~] 身持ちが猥雑だ / ~-한 이야기 [~-pʰan nijagi ~-パンニヤギ] みだらな話; 汚い話; わいせつな話 **추잡-스럽다** [tɕʰudʑaps'ɯrəp'a チュジャプスロプタ] 形 ㅂ変 (言行が) 品がない; 卑猥だ; みだらだ ¶~-스러운 짓 [~-s'ɯrəun tɕi:t ~-スロウン チーッ] みだらな行為 / ~-스럽게 굴다 [~-s'ɯrəpk'e ku:lda ~-スロプケ クールダ] 下品にふるまう.

추저분-하다[醜—][tɕʰudʑəbunhada チュジョブンハダ] 形 여変 乱雑で汚わしい; 不潔だ; 汚い ¶~-한 얼굴 [~-

추적[追跡] [tʃʰudʒɔk チュジョク] 名 하他 追跡 ¶범인을 ~하다[pɔminul (tʃʰudʒɔk)kʰada ポーミヌル ~カダ] 犯人を追跡する.

추접-하다[tʃʰudʒɔpʰada チュジョパダ] 形 여配 言行が乱雑で汚らわしい; わいせつで汚らしい; 不潔だ, いやらしい; = '추저분하다' = **추접-스럽다** [tʃʰudʒɔpsɯɾtɕpʰa チュジョプスロプタ] 形 ㅂ変 너무 ~[nɔmu ノム ~] あまりにも汚らしい.

추정[推定] [tʃʰudʒɔŋ チュジョン] 名 하他 推定 ¶~ 연령[~ njɔlljɔŋ ~ ニョルリョン] 推定年齢.

추종[追従] [tʃʰudʒoŋ チュジョン] 名 하他 追従 ¶타의 ~을 불허하다[tʰae~ul purhɔhada タエ ~ ウル プルホハダ] 他の追従[追随]を許さない / 여론(輿論)에 ~하다[jɔ:rone ~hada ヨーロネ ~ハダ] 世論に追従する.

추지다[tʃʰudʒida チュジダ] 形 水気がある; 湿っぽい; 濡れている.

추진[推進] [tʃʰudʒin チュジン] 名 하他 推進 ¶도시 계획을 ~하다[tɔʃi ɡe:hweɡul ~hada トシ ゲーフェグル ~ハダ] 都市計画を推進する.

추징[追徴] [tʃʰudʒiŋ チュジン] 名 하他 追徴 ¶세금(税金)의 ~[se:ɡume ~ セーグメ ~] 税の追徴 **—금**[ɡum グム] 名 追徴金.

추천[推薦] [tʃʰutɕʰɔn チュチョン] 名 推薦; 推挙 **—하다**[hada ハダ] 他 推薦する; 薦める ¶양서를 ~[jaŋsɔɾul ~ ヤンソルル ~] 良書を推薦する **—서**[sɔ ソ] 名 推薦書 **—장**[tɕaŋ チャン] 名 推薦状.

추첨[抽籤] [tʃʰutɕʰɔm チュチョム] 名 하自他 抽選; くじ引き ¶~을 하다[~ɾul hada (チュチョ) ムル ハダ] くじを引く **—권**[kwɔn クォン] 名 富札; 抽選券.

추출[抽出] [tʃʰutɕʰul チュチュル] 名 하他 抽出 ¶표본 ~[pʰjobon ~ ピョボン ~] 標本抽出; サンプリング.

추측[推測] [tʃʰutɕʰɯk チュチュク] 名 하他 推測; 推量; 推し量[測]ること ¶~컨대 [(tʃʰutɕʰɯ)kʰɔndɛ ~コンデ] 推測するに; さだめし; さぞかし.

추켜-들다[tʃʰukʰjɔdɯlda チュキョドゥルダ] 他 ㄹ語幹 持ち上げる; 高く掲げる ¶등불을 ~[tɯŋpʼurul ~ トゥンプルル ~] 明かりを高く掲げる.

추켜-세우다[tʃʰukʰjɔseuda チュキョセウダ] 他 ① つり上げる ¶눈썹을 ~[nunsʼɔbul ~ ヌンソプル ~] 眉をつり上げる ② ⇨ '추어올리다'「ほめる・おだてる」= '치켜세우다'.

추켜-올리다[tʃʰukʰjɔollida チュキョオルリダ] 他 ゆすり上げる ¶아이를 ~[airul ~ アイルル ~] 子をゆすり上げる.

추켜-잡다[tʃʰukʰjɔdʒapʼa チュキョジャプタ] 他 つかむ; つまみ上げる ¶멱살을 ~[mjɔksʼarul ~ ミョクサルル ~] 胸ぐらをつかむ / 치맛 자락을 ~[tʃʰima tʃʼaragul ~ チマッ チャラグル ~] スカートのすそをつまみ上げる.

추키다[tʃʰukʰida チュキダ] 他 ① たくし上げる; (着物のずれを)ゆすり上げる ¶바지춤을 ~[padʒitɕʰumul ~ パジチュムル ~] ズボンの帯をたくし上げる ② (値段を)高くつり上げる ③ そそのかす; おだてる.

추태[醜態] [tʃʰutʰɛ チュテ] 名 醜態 ¶~를 부리다[~rul purida ~ルル プリダ] 醜態を演じる[見せる].

추파[秋波] [tʃʰupʰa チュパ] 名 秋波; 色目; 流し目; ウインク ¶~를 던지다[~rul tɔndʒida ~ルル トンジダ] 秋波を送る; 色目を使う; ウインクをする.

추풍-낙엽[秋風落葉] [tʃʰupʰuŋnagjɔp チュプンナギョプ] 名 ① 秋風に散る落ち葉 ② 勢力などが落ち葉の散るように急激に衰えることのたとえ.

추-하다[醜—] [tʃʰuhada チュハダ] 形 ① 不潔で汚い; 醜い; 見苦しい ¶얼굴이 ~[ɔlɡuri ~ オルグリ ~] 顔が醜い / 복장이 ~[pɔktɕʼaŋi ~ ポクチャンイ ~] 服装が見苦しい[見すぼらしい] ② (根性が)野卑だ; 下品だ.

추행[醜行] [tʃʰuhɛŋ チュヘン] 名 하自 醜行 ¶강제(強制) ~[ka:ŋdʒe ~ カーンジェ ~] 力ずくの醜行 / 파렴치한 ~[pʰa:rjɔmtɕʰihan ~ パーリョムチハン ~] 破廉恥な醜行.

추호[秋毫] [tʃʰuho チュホ] 名 わずか; いささか; ほんの少し ¶~의 결점도 없다[~e kjɔltɕʼɔmdo ɔ:pʼtʼa ~エ キョルチョムド オープタ] わずかの欠点もない.

추후[追後] [tʃʰuhu チュフ] 名 副 この次; 追って; 後ほど ¶결정은 ~ 통지함[kjɔltɕʼɔŋun ~ tʰoŋdʒiham キョル

チョンウン ~ トンジハム] 決定は後ほど通知する.

축[軸][tʃʰuk チュク] 名 軸; 心棒 ¶수레바퀴의 ~[surebakʰwie ~ スレバクィエ ~] 車の軸 / 팽이의 ~[pʰɛŋie ~ ペンイエ ~] こまの心棒.

축[1][tʃʰuk チュク] 依名 部類; 仲間; グループ ¶~에 들다[tʃʰuge tulda (チェ)ゲ トゥルダ] 数[部類]に入る; 仲間に入る / 젊은 ~에도 못가다 [tʃəlmun (tʃʰug)edo moːtkˈida チョルムン (チュ)ゲド モーッキダ] 若者グループにも入らない.

축[2][tʃʰuk チュク] 副 だらりと; だらっと ¶~ 늘어진 버들가지 [(tʃʰuŋ) nurədʒin pədɯlgadʒi (チュン) ヌロジン ポドゥルガジ] だらりと垂れ下がった柳の枝　**축축**[tʃʰuktʃʰuk チュクチュク] 副 だらりだらりと; ぶらり.

축가[祝歌][tʃʰukˈa チュクカ] 名 祝歌; 祝い歌.

축객[祝客][tʃʰukˈɛk チュクケク] 名 祝いの客.

***축구**[蹴球][tʃʰukˈu チュック] 名 フットボール; サッカー ¶~ 시합[~ ʃihap ~ シハブ] サッカー試合[ゲーム] / 미식(美式)~[miːʃik~ ミーシク~] アメリカンフットボール.

축―나다[縮一][tʃʰuŋnada チュンナダ] 自 ① 減る; 足りなくなる ¶쌀이 ~[sˈari ~ ッサリ ~] お米が減る ② 衰弱する ¶몸이 ~[momi ~ モミ ~] 体が衰える.

축―내다[縮一][tʃʰuŋnɛda チュンネダ] 他 足りなくする; 減らす.

축대[築臺][tʃʰuktˈɛ チュクテ] 名 (石垣・土塀など)高く築き上げた土台.

축배[祝杯][tʃʰukpˈɛ チュクペ] 名 祝杯; 乾杯 ¶~를 들다[~rul tulda ~ルル トゥルダ] 祝杯[乾杯]を上げる.

축복[祝福][tʃʰukpˈok チュクポク] 名 하自他 祝福 ¶~을 받다[(tʃʰukpˈog)ul patˈa (チュクポ)グル パッタ] 祝福を受ける.

축사[祝辭][tʃʰuksˈa チュクサ] 名 하自 祝辭 ¶~를 하다[~rul hada ~ル ハダ] 祝辞を述べる.

축산[畜産][tʃʰuksˈan チュクサン] 名 畜産 **―업**[ˈəp (チュクサ)ノプ] 名 畜産業.

축소[縮小][tʃʰuksˈo チュクソ] 名 하自他 縮小 ¶군비 ~[kunbi ~ クンビ ~] 軍備縮小.

축연[祝宴][tʃʰugjon チュギョン] 名 祝宴 ＝**축하연**[祝賀宴][tʃʰukʰajon チュクカヨン] ¶~에 참석하다[~e tʃʰamsˈokʰada (チュギョ)ネ チャムソクカダ] 祝宴に列する.

축원[祝願][tʃʰugwon チュグォン] 名 하自他 願い; 祈り **―문**(文)[mun ムン] 名 願い祈る旨を書いた文章.

축음―기[蓄音機][tʃʰugɯmgi チュグムギ] 名 蓄音機 ¶~를 틀다[~rul tʰulda ~ルル トゥルダ] 蓄音機をかける.

축의―금[祝儀金][tʃʰugigɯm チュギグム] 名 祝儀; 祝いのお金.

축이다[tʃʰugida チュギダ] 他 濡らす; 湿らせる; 湿す; 潤す ¶목을 ~[mogul ~ モグル ~] のどを潤す / 빨래를 ~[pˈallɛrul ~ ッパルレルル ~] 洗濯物を濡らす.

축재[蓄財][tʃʰuktʃˈɛ チュクチェ] 名 하自他 蓄財 ¶부정 ~[pudʒoŋ ~ プジョン ~] 不正蓄財.

축적[蓄積][tʃʰuktʃˈok チュクチョク] 名 하他 蓄積 ¶자본 ~[tʃabon ~ チャボン ~] 資本蓄積.

축전[祝典][tʃʰuktʃˈon チュクチョン] 名 祝典; フェスティバル ¶성대한 ~[sɔŋdɛhan ~ ソンデハン ~] 盛大な祝典.

축전[祝電][tʃʰuktʃˈon チュクチョン] 名 祝電 ¶~를 치다[~ul tʃʰida (チュクチョ) ヌル チダ] 祝電を打つ.

***축제**[祝祭][tʃʰuktʃˈe チュクチェ] 名 祝祭; お祭り; 大学祭.

축축―하다[tʃʰuktʃʰukhada チュクチュクカダ] 形 여変 湿っている; 湿っぽい; じめじめする ¶~한 공기[~ kʰan koŋgi ~ カン コンギ] 湿っぽい空気 / 땅이 ~[tˈaŋi ~ ッタンイ ~] 土がじめじめする / 웃이 ~[oʃi ~ オシ ~] 衣服がしとしとする　**축축―이**[tʃʰuktʃʰugi チュクチュギ] 副 じめじめと; しっとり; じとじとと; しっぽり ¶땀으로 등이 ~ 젖다[tˈamuro tɯŋi ~ tʃətˈa ッタムロ トゥンイ ~ チョッタ] 汗で背がしっぽり濡れる.

축출[逐出][tʃʰuktʃʰul チュクチュル] 名 하他 追い出すこと ¶클럽으로부터 ~되다[kʰullɔbɯrobutʰo ~dwɛda クルロブロブト ~ ドゥェダ] クラブから追い出される.

축포[祝砲][tʃʰukpʰo チュクポ] 名 祝砲.

***축하**[祝賀][tʃʰukʰa チュクカ] 名 하他

祝賀; 祝い ¶신년 ～[ʃinnjɔn ～ シンニョン ～] 新年のお祝い / ～연[～jɔn ～ヨン] 賀宴; 祝賀の酒盛り / 생일을 ～하다[sɛŋirul ～hada センイルル ～ハダ] 誕生日を祝う / ～합니다[～hamnida ～ハムニダ] おめでとう(ございます) / 진심(眞心)으로 ～드립니다[tʃinʃimuro ～dɯrimnida チンシムロ ～ドゥリムニダ] 心からお祝い申し上げます.

춘몽[春夢][tʃʰunmoŋ チュンモン] 名 春夢; 春の夜[昼寝]の夢, 転じてはかない人生のたとえ ¶일장 ～[iltʃaŋ ～ イルチャン ～] 一場の夢.

춘부-장[椿府丈·春府丈][tʃʰunbudʒaŋ チュンブジャン] 名 他人の父親に対する敬称; 父御; 父君.

춘추[春秋][tʃʰuntʃʰu チュンチュ] 名 春秋 ① 春と秋 ② 目上の人の年齢の敬称; お年 ¶～가 높다[～ga nopt'a ～ガ ノプタ] 春秋高し ③ 歳月; 歴史(の本) **—복**[bok ボク] 名 合い服.

춘-하-추-동[春夏秋冬][tʃʰunhatʃʰudoŋ チュンハチュドン] 名 春夏秋冬.

***춘향-전**[春香傳][tʃʰunhjaŋdʒɔn チュンヒャンジョン] 名 春香伝; 朝鮮王朝時代の代表的小説の1つ(身分の低い妓生の上がりの娘成春香と身分の高い両班の息子李夢龍が春香の貞節を守る曲折を経てついに結ばれるというロマンス小説).

춘화(도)[春畫(圖)][tʃʰunhwa(do) チュンファ(ド)] 名 春画; 枕絵; ポルノ.

출가[出家][tʃʰulga チュルガ] 名 自 出家 ①〈仏〉俗世を捨て仏門に入ること ～하려어 ～하다[ɔrjʌsʌ ～hada オリョソ ～ハダ] 幼くして僧籍に入る ②〈基〉世を離れ修道院に入ること.

출가[出嫁][tʃʰulga チュルガ] 名 嫁入ること ¶～시키다[～ʃikʰida ～シキダ] 嫁がせる **—하다**[hada ハダ] 自 嫁入りする; 嫁ぐ; 嫁に行く **—외인(外人)**[we:in ウェーイン] 名 嫁いだ娘は他人に外ならぬこと. 「他 刊行.

출간[出刊][tʃʰulgan チュルガン] 名 他

출고[出庫][tʃʰulgo チュルゴ] 名 他 出庫; 倉出[蔵出]し **—전표**[dʒɔnpʰjo ジョンピョ] 名 出庫伝票.

***출구**[出口][tʃʰulgu チュルグ] 名 他 出口 ¶비상 ～[pi:saŋ ～ ピーサン ～] 非常口 ↔ 입구[ipk'u イプク]「入口」.

출국[出國][tʃʰulguk チュルグク] 名 自 出国 ¶～ 절차[～ tʃʰɔltʃʰa ～ チョルチャ] 出国手続き.

***출근**[出勤][tʃʰulgɯn チュルグン] 名 自 出勤 ¶～ 시간[～ ʃigan ～ シガン] 出勤時間. ↔결근[kjɔlgɯn キョルグン]「欠勤」·퇴근[tʃʰwe:gɯn トゥェーグン]「退勤」.

출납[出納][tʃʰullap チュルラプ] 名 他 出納; 出し入れ ¶금전 ～[kɯmdʒɔn ～ クムジョン ～] 金銭の出納 / 상품의 ～[saŋpʰume ～ サンプメ ～] 商品の出し入れ.

출동[出動][tʃʰulton チュルトン] 名 自 出動 ¶긴급 ～[kingɯp ～ キングプ ～] 緊急出動 / ～ 명령[～ mjɔŋnjɔŋ ～ ミョーンニョン] 出動命令.

출두[出頭][tʃʰultu チュルトゥ] 名 出頭 ¶법정에 ～하다[poptʃʰɔŋe ～-hada ポプチョンエ ～ハダ] 法廷に出頭する.

출렁-거리다[tʃʰullɔŋgɔrida チュルロンゴリダ] 自 ① 水がだぶだぶと揺れる ② 大波がざぶりざぶりと揺れる.

출렁-이다[tʃʰullɔŋida チュルロンイダ] 自 大きく波打つ.

출마[出馬][tʃʰulma チュルマ] 名 出馬 ¶선거에 ～하다[sɔ:ngɔe ～hada ソーンゴエ ～ハダ] 選挙に出馬する.

***출발**[出發][tʃʰulbal チュルバル] 名 自他 出発 ¶～지[～tʃ'i ～チ] 出発地; 発地 / 새벽에 ～하다[sɛbjɔge (tʃʰulbar)-hada セビョゲ ～ハダ] 未明に出立する / 인생의 첫 ～[insɛŋe tʃʰɔ～ インセンエ チョッ～] 人生の門出.

출산[出産][tʃʰuls'an チュルサン] 名 他 出産; お産 ¶～ 휴가[～ hjuga ～ ヒュガ] 産休.

***출생**[出生][tʃʰuls'eŋ チュルセン] 名 出生; 生まれ ¶서울 ～[sɔul ～ ソウル ～] ソウル生まれ **—하다**[hada ～ハダ] 自 出生する; 生まれる **—률**[njul ニュル] 名 出生率 **—신고(申告)**[ʃingo シンゴ] 名 自他 出生届け.

***출석**[出席][tʃʰuls'ɔk チュルソク] 名 他 出席 ¶～ 인원(人員)[(tʃʰuls'ɔg) inwɔn (チュルソ)ギヲォン] 出席人数.

출세[出世][tʃʰuls'e チュルセ] 名 自 出世 ¶입신 ～[ipʃin～ イプシン ～] 立身出世 / 서민(庶民)에서 ～하다[sɔ:mineso ～hada ソーミネソ ～ハダ] 庶民より身を起こす.

***출신**[出身][tʃʰulʃin チュルシン] 名 出

身; 上がり ¶서울 ~[soul ~ ソウル~] ソウル出身 / 학자 ~[haktʃʼa ~ ハクチャ ~] 学者上がり / 어디 ~입니까?[ɔdi ~imnikʼa オディ (チュルシ)ニムニッカ] どこの出身ですか.

출연[出演][tʃʰurjɔn チュリョン] 名 하자 出演 ¶찬조 ~[tʃʰa:ndʒo チャーンジョ ~] 賛助出演 / ~료[~njo ~ニョ] 出演料; ギャランティー.

출옥[出獄][tʃʰurok チュロク] 名 하자 出獄 ¶가~[ka:~ カー~] 仮出獄.

***출입**[出入][tʃʰurip チュリプ] 名 하자타 出入り ¶~ 금지[~ kʼɯmdʒi ~ クㇺジ] 立ち入り禁止 / ~증[~tʃɯŋ ~ チュン] 通門証; 門鑑 **—구**[kʼu ク] 名 出入り口; 戸口; ゲート **—국 관리**[kʼukʼwaːlli ククァーㇽリ] 名 出入国管理 **—문**[mun ムン] 名 通用門.

출자[出資][tʃʰultʃʼa チュㇽチャ] 名 하자 出資 **—금**[gɯm グㇺ] 名 出資金.

***출장**[出張][tʃʰultʃʼaŋ チュㇽチャン] 名 하자 出張 ¶~처(處)[~tʃʰɔ ~チョ] 出張先.

출전[出戰][tʃʰultʃʼɔn チュㇽチョン] 名 하자 (戦いに)出ること; (競技に)出場 ¶대회에 ~하다[tɛ:hwee ~hada テーフェエ ~ハダ] 大会に出場する.

출제[出題][tʃʰultʃʼe チュㇽチェ] 名 하자 出題 ¶문제를 ~하다[mu:ndʒerul ~hada ムーンジェルル ~ハダ] 問題を出題する.

출중[出衆][tʃʰultʃʼuŋ チュㇽチュン] 名 하자형 出色; 出群; 抜群; 俗 ぴか一; 衆に抜きんでること ¶~한 솜씨[~han somʃʼi ~ハン ソムッシ] 出色のできばえ / ~한 인물[~han inmul ~ハン インムㇽ] 衆に秀でた[抜きんでた]人物 **—나다**[nada ナダ] 形 衆に抜きんでている; 衆に秀でる ¶그녀의 용모는 ~[kunjoe joŋmonun ~ クニョエ ヨンモヌン ~] 彼女の器量は抜きんでている[容貌がきわだっている].

출처[出處][tʃʰultʃʼɔ チュㇽチョ] 名 出処・出所; でどころ ¶소문(所聞)의 ~[so:mune ~ ソームネ ~] うわさの出所 / ~를 캐다[~rul kʰɛ:da ~ルㇽ ケーダ] 根処を問いただす / ~를 밝히다[~rul palkʰida ~ルㇽ パㇽキダ] 出処を明らかにする.

출출-하다[tʃʰultʃʰurhada チュㇽチュㇽハダ] 形 여변 ややひもじい; ひだるい ¶아침을 조금 먹었더니 ~[atʃʰimul tʃogum mɔgɔtʼɔni ~ アチムㇽ チョグㇺ モゴットニ ~] 朝食を少ししか食べなかったのでひもじい感じがする.

출타[出他][tʃʰultʰa チュㇽタ] 名 하자 外出; 他出 ¶아침부터 ~중이다[atʃʰimbutʰɔ ~dʒuŋida アチㇺプト ~ジュンイダ] 朝から外出中だ.

***출판**[出版][tʃʰulpʰan チュㇽパン] 名 하자타 出版 ¶책을 ~하다[tʃʰɛgul ~hada チェグㇽ ~ハダ] 本を出版する **—계약**[ɡeːjak ゲーヤク] 名 出版契約 **—권**[kʼwɔn クォン] 名 (出)版権 **—물**[mul ムㇽ] 名 出版物 **—사**[sa サ] 名 出版社.

출품[出品][tʃʰulpʰum チュㇽプㇺ] 名 하자타 出品 ¶전시회에 ~하다[tʃɔːnʃihwee ~hada チョーンシフェエ ~ハダ] 展示会に出品する.

출하[出荷][tʃʰurha チュㇽハ] 名 하자타 出荷 ¶과일을 ~하다[kwaːirul ~hada クァーイルㇽ ~ハダ] 果物を出荷する **—량**[rjaŋ リャン] 名 出荷量.

출항[出航][tʃʰurhaŋ チュㇽハン] 名 하자 出航 ¶~ 시간[~ sigan ~ シガン] 出航時間.

출항[出港][tʃʰurhaŋ チュㇽハン] 名 하자 出港 ¶~ 절차(節次)[~ dʒɔltʃʰa ~ ジョㇽチャ] 出港手続き.

출현[出現][tʃʰurhjɔn チュㇽヒョン] 名 하자 出現 ¶신제품의 ~[ʃindʒepʰume ~ シンジェプメ ~] 新製品の出現.

출혈[出血][tʃʰurhjɔl チュㇽヒョㇽ] 名 하자 出血 ¶내~[nɛː~ ネー~] 内出血 / ~ 서비스[~ sɔːbisu ~ ソービス] 出血サービス **—수출**[sutʃʰul スチュㇽ] 名 出血輸出.

출회[出廻][tʃʰurhwe チュㇽフェ] 名 하자 出回ること ¶푸성귀가 ~하다[pʰusɔŋɡwiga ~hada プソングィガ ~ハダ] 野菜が出回る.

***춤**[tʃʰum チュㇺ] 名 舞; 踊り; 舞踊; ダンス ¶탈~[tʰaːl~ タール~] 仮面踊り / 사자~[saːdʒa~ サージャ~] 獅子舞 / 사교~[saɡjo~ サギョ~] 社交ダンス **—(을) 추다**[(tʃʰumuul) tʃʰuda (チュムㇽ) チュダ] 自 (踊りを)

탈 춤

踊る; (舞いを)舞う ¶노래하며 ~ [noreɦamjɔ ~ ノレハミョ ~] 歌いながら踊る / 한 곡 추다 [han gok tʃʰuda ハン ゴク チュダ] 一差し舞う / 남의 장단(長短)에 ~ [name tʃandane ~ ナメ チャンダネ ~] 人の取る拍子に合わせて踊る[主体性がなく人の言うがままに躍る] **―곡** [gok ゴク] 名 舞曲; 舞踏曲.

***춤다** [tʃʰupt'a チュプタ] 形 [ㅂ変] 寒い; 寒気がする; 冷たい ¶추운 겨울 날씨 [tʃʰuun kjoul lalʃ'i チュウン キョウル ラルッシ] 寒い冬の天気 / 으스스 ~ [ususuɯ ~ ウスス ~] うすら寒い / 아침은 몹시 ~ [atʃʰimun mo:pʃ'i ~ アチムン モㇷ゚シ ~] 朝はひどく冷え込む.

충격 [衝撃] [tʃʰuŋgjɔk チュンギョク] 名 [하自] 衝撃; ショック ¶충돌시의 심한 ~ [tʃʰundolʃ'ie ʃiːmhan ~ チュンドルシエ シームハン ~] 衝突の時のはげしい衝撃 / 큰 ~을 받다 [kʰun (tʃʰuŋgjɔk)ɯl pat'a クン (チュンギョク)グル パッタ] 大きなショックを受ける **―시험** [ʃ'ihɔm シホム] 名 衝撃試験 **―요법** [(tʃʰuŋgjɔŋ) njɔp'ɔp (チュンギョン) ニョポㇷ゚] 名 衝撃療法.

***충고** [忠告] [tʃʰuŋgo チュンゴ] 名 [하他自] 忠告; 忠言 ¶~를 받아들이다[무시하다] [~rɯl padadɯrida[muʃihada] ~ルル パダドゥリダ[ムシハダ]] 忠告を(受け)入れる[無視する].

충당-하다 [充當―] [tʃʰuŋdaŋhada チュンダンハダ] 他 充当する; 当てる ¶생활비에 ~ [sɛŋhwalbie ~ センファルビエ ~] 生活費に当てる.

***충돌** [衝突] [tʃʰuŋdol チュンドル] 名 [하自] 衝突 ¶~ 사고 ~ sa:go ~ サーゴ] 衝突事故 / 의견이 ~하다 [ɯi:gjɔni (tʃʰuŋdor)hada ウィーギョニ ~ハダ] 意見が衝突する.

충동 [衝動] [tʃʰuŋdoŋ チュンドン] 名 [하他] 衝動 ¶~을 억제하다 [~ɯl ɔkt'ʃehada ~ウル オクチェハダ] 衝動を抑える **―구매**(購買) [gumɛ グメ] 名 衝動買い **―질** [dʒil チル] 名 [하他] そそのかす[けしかける]こと; 教唆ᵏᵘʳᵒᵘ.

충만 [充満] [tʃʰuŋman チュンマン] 名 [하形] 充満 ¶정력이 ~하다 [tʃɔŋŋjɔgi ~hada チョンニョギ ~ハダ] 精力が満ちている.

***충분** [充分] [tʃʰuŋbun チュンブン] 名 [하形] 十分; 充分 ¶그것으로 ~하다 [kɯgɔsɯro ~hada クゴスロ ~ハ ダ] それで十分である / ~치 못하다 [~tʃʰi mo:tʰada ~チ モータダ] 不十分だ **―히** [i (チュンブ ニ)] 副 十分に ¶~ 설명하다 [~ sɔlmjɔŋhada ~ ソルミョンハダ] 十分に説明する.

충성 [忠誠] [tʃʰuŋsɔŋ チュンソン] 名 [하自] [스形] 忠誠 ¶~을 맹세하다 [~ul mɛŋsehada ~ウル メンセハダ] 忠誠を誓う.

충실 [充實] [tʃʰuŋʃil チュンシル] 名 [하形] 充実 ¶~한 생활 [(tʃʰuŋʃir) han sɛŋhwal ~ハン センファル] 充実した生活.

***충실-하다** [忠實―] [tʃʰuŋʃirhada チュンシルハダ] 形 忠実だ ¶직무에 ~ [tʃiŋmue ~ チンムエ ~] 職務に忠実である **충실-히** [tʃʰuŋʃiri チュンシリ] 副 忠実に ¶~ 이행하다 [~ iːɦeŋhada ~ イーヘンハダ] 忠実に履行する.

충심 [衷心] [tʃʰuŋʃim チュンシム] 名 衷心; 真心 ¶~으로 감사하다 [~uro ka:msahada (チュンシ)ムロ カームサハダ] 衷心より感謝する / ~으로 성공을 빕니다 [~uro sɔŋgoŋɯl piːmnida (チュンシ)ムロ ソンゴンウル ピームニダ] 心から成功をお祈りします.

충원 [充員] [tʃʰuŋwɔn チュンウォン] 名 [하他] 充員 ¶부족한 인원(人員)을 ~하다 [pudʒokhan inwɔnɯl ~hada プジョクハン イヌォヌル ~ハダ] 不足数を充員する.

충전 [充電] [tʃʰuŋdʒɔn チュンジョン] 名 [하他] 充電; 蓄電 ¶축전지에 ~하다 [tʃʰuktʃ'ɔndʒie ~hada チュクチョンジエ ~ハダ] 蓄電池に充電する.

충족 [充足] [tʃʰuŋdʒok チュンジョク] 名 [하形] [하他] 充足 ¶욕망을 ~시키다 [jɔŋmaŋɯl ~ʃ'ikʰida ヨンマンウル ~シキダ] 欲望を充足させる / ~한 생활 [(tʃʰuŋdʒo)kʰan sɛŋhwal ~カン センファル] 満ち足りた生活.

충충-하다 [tʃʰuŋtʃʰuŋhada チュンチュンハダ] 形 (水や色が)どんよりしている; くすんでいる; 冴えない ¶색깔이 ~ [sɛk'ari ~ セッカリ ~] 色合いがどんよりしている **충충-히** [tʃʰuŋtʃʰuŋi チュンチュンイ] 副 どんより; くすんで.

충치 [蟲齒] [tʃʰuŋtʃʰi チュンチ] 名 虫歯 ¶~가 생기다 [~ga sɛŋgida ~ガ センギダ] 虫歯になる / ~을 빼다 [~rul p'ɛːda ~ルルッペーダ] 虫歯を抜く.

충혈 [充血] [tʃʰuŋhjɔl チュンヒョル] 名 充血 ¶~된 눈 [(tʃʰuŋhjɔr)dwen

nun ~ドゥェン ヌン] 充血した目.

췌장[膵臓][tʃʰwe:dʒaŋ チュェージャン] 名 膵臓ぞう.

취객[醉客][tʃʰwi:gɛk チューィーゲク] 名 醉客; 醉っ払い.

*__취급__[取扱][tʃʰwi:gɯp チューィーグプ] 하他 (取り)扱い ¶~ 주의[~ tʃʼu:i ~ チューイ] 取り扱い注意 / 노인 ~ [no:in ~ ノーイン ~] 老人扱い.

취기[醉氣][tʃʰwi:gi チューィーギ] 名 酒気; 醉い ¶~가 돌다[~ga to:lda ~ガ トールダ] 醉いが回る / ~가 깨다[~ga kʼɛ:da ~ガ ッケーダ] 醉い[酒気]が覚める.

취득[取得][tʃʰwi:dɯk チューィードゥク] 名 하他 取得 ¶부동산 ~[pudoŋsan ~ プドンサン ~] 不動産取得.「集落.

취락[聚落][tʃʰwi:rak チューィーラク]

취로[就勞][tʃʰwi:ro チューィーロ] 名 하自 就労 **—사업**[sa:ɔp サーオプ] 名 失業者・細民のために政府が起こす各種の公共事業.

*__취미__[趣味][tʃʰwi:mi チューィーミ] 名 趣味 ¶독서의 ~[toks'ʌe ~ トクソエ ~] 読書の趣味 / 그림의 ~[kɯːrime ~ クーリメ ~] 絵の興味 / 다양(多樣)한 ~[tajaŋhan ~ タヤンハン ~] 広い趣味[好み].「하自 炊事.

취사[炊事][tʃʰwi:sa チューィーサ] 名

*__취소__[取消][tʃʰwi:so チューィーソ] 名 取り消し ¶계약의 ~[ke:jage ~ ゲーヤゲ ~] 契約の取り消し **—하다**[hada ハダ] 他 取り消す; 取りやめる.

취약[脆弱][tʃʰwi:jak チューィーヤク] 名 하形 脆弱じゃく ¶~점(點)[~tʃʌm ~ チョム] 弱み / ~성[s'ʌŋ ~ ソン] 脆弱性.

취업[就業][tʃʰwi:ɔp チューィーオプ] 名 하自 就業 **—규칙**[kʼjutʃʰik キュチク] 名 就業規則.

*__취임__[就任][tʃʰwi:im チューィーイム] 就任 ¶~식[~ʃik ~シク] 就任式 **—하다**[hada ハダ] 自 就任する; 就く ¶교장으로 ~[kjo:dʒaŋuro ~ キョージャンウロ ~] 校長に就任する.

취입[吹入][tʃʰwi:ip チューィーイプ] 하他 吹き込み; 吹き入れ ¶신곡을 ~하다[ʃingogul (tʃʰwi:i)pʰada シンゴグル ~ハダ] 新曲を吹き込む.

취재[取材][tʃʰwi:dʒɛ チューィージェ] 名 하自他 取材 ¶신문 기사를 ~하다[ʃinmun gisarul ~hada シンムン ギサルル ~ハダ] 新聞記事を取材する.

취중[醉中][tʃʰwi:dʒuŋ チューィージュン] 名 酒に醉っている間 ¶~에 실수(失手)하다[~e ʃils'uhada ~エ シルッスハダ] 醉って過ちを犯す.

취지[趣旨][tʃʰwi:dʒi チューィージ] 名 趣旨; 旨; 趣 ¶~를 설명하다[~rul sʌlmjʌŋhada ~ルル ソルミョンハダ] 趣旨[旨]を説明する / 말씀하시는 ~는…[ma:ls'umhaʃinun ~nun マールッスムハシヌン ~ヌン] お話の趣は(よくわかりました).

*__취직__[就職][tʃʰwi:dʒik チューィージク] 名 하自 就職 ¶~ 시험[~ʃihʌm ~ シホム] 就職試験 / ~난[(tʃʰwi:dʒiŋ)-nan (チューィージン)ナン] 就職難.

취침[就寢][tʃʰwi:tʃʰim チューィーチム] 名 하自 就寢; 就床 ¶~ 시간[~ ʃigan ~ シガン] 就寢時間.

취하[取下][tʃʰwi:ha チューィーハ] 名 하他 取り下げ; 願い下げ ¶고소 ~[ko:so ~ コーソ ~] 告訴の取り下げ.

*__취-하다__[醉—][tʃʰwi:hada チューィーハダ] 自여変 醉う ¶술에 ~[sure スレ ~] 酒に醉う / 묘기에 ~[mjo:gie ~ ミョーギエ ~] 妙技に醉う / 잠에 ~[tʃame ~ チャメ ~] ねじれる.

*__취-하다__[取—][tʃʰwi:hada チューィーハダ] 他여変 取る ¶영양을 ~[jʌŋjaŋul ~ ヨンヤンウル ~] 栄養を取る / 포즈를 ~[pʰo:dʒurul ~ ポージュル ~] ポーズを取る[作る] / 연락을 ~[jʌllagul ~ ヨルラグル ~] 連絡を取る[つける] / 응급 조치를 ~[uːŋgupt͡sʼotʃʰirul ~ ウーングプ チョチルル ~] 応急処置を取る[施す].「醉漢.

취한[醉漢][tʃʰwi:han チューィーハン] 名

취항[就航][tʃʰwi:haŋ チューィーハン] 名 하自 就航 ¶파리 항로에 ~하다[pʰari ha:ŋnoe ~hada パリ ハンノエ ~ハダ] パリ航路に就航する.

취향[趣向][tʃʰwi:hjaŋ チューィーヒャン] 名 趣向 ¶재미있는 ~[tʃɛmiinnun ~ チェミインヌン ~] 面白い趣向.

측[側][tʃʰɯk チュク] **1** 依名 …の側; 部類; 仲間; グループ ¶젊은 ~에 끼다[tʃʌlmun (tʃʰɯg)e kʼida チョルムン (チュ)ゲッキダ] 若者グループに入る **2** 接尾 …側 ¶학교~[hak'jo~ ハクキョ~] 学校側.「側近.

측근[側近][tʃʰɯk'ɯn チュククン] 名

측량[測量][tʃʰɯŋnjaŋ チュンニャン] 名 하他 測量 ¶토지 ~[tʰodʒi~ ト

측면 [側面] [tʃʰɯŋmjɔn チュンミョン] 名 ① 側面=옆면[jɔmmjɔn ヨムミョン] ¶~에서 본 그림[~esɔ pon kɯ:rim (チュンミョ)ネソ ポン クーリム] 側面から見た図 ② 一面 ¶희극적인 ~이 있다[higɯktʃʼɔgin ~i itʼa ヒグクチョギン (チュンミョ)ニ イッタ] 喜劇的な一面がある.

측백-나무 [側柏-] [tʃʰɯkpʼɛŋnamu チュクペンナム] 名 〈植〉コノテガシワ.

측은-하다 [惻隠-] [tʃʰɯgɯnhada チュグンハダ] 形 惻隠の情を催す; 哀れと同情する; 哀れみ痛ましく思う ¶~한 마음[~-han maɯm ~-ハン マウム] 惻隠の情[哀れむ気持ち] **측은-히** [tʃʰɯgɯni チュグニ] 副 惻隠に; 哀れに ¶~ 여기다[~ jogida ~ ヨギタ] かわいそうに思う.

측정 [測定] [tʃʰɯktʃʼɔŋ チュクチョン] 名 하다 測定 ¶거리를 ~하다[kɔ:rirɯl ~hada コーリルル ~ハダ] 距離を測定する[測る].

층 [層] [tʃʰɯŋ チュン] **1** 名 層 ¶학생~[haksʼɛŋ~ ハクセン~] 学生層 / 공기의 ~[kongie ~ コンギエ ~] 空気の層 **2** 依名 重; 層; 階 ¶5~탑[o:~tʰap オー~タプ] 5重の塔 / 건물 2~[kɔ:nmul i:~ コーンムル イー~] 建物の2階 ─(**이**) **나다** [지다] [~(i) nada[dʒida] ~(イ) ナダ[ジダ]] 慣 (年齢・物の)等差が生じる.

층계 [層階] [tʃʰɯŋge チュンゲ] 名 階段; きざはし ¶~를 오르다[~rɯl orɯda ~ル オルダ] 階段を上る[上がる].

층층 [層層] [tʃʰɯŋtʃʰɯŋ チュンチュン] 名 層々; 幾重の層 ─**이** [i イ] 副 層[階]ごとに; 幾重も; 幾重にも ¶돌을 ~ 쌓아 올리다[to:rɯl ~ sʼaaollida トールル ~ ッサアオルリダ] 石を幾層にも積み上げる ─**다리** [dari ダリ] 名 はしご段; 階段 ─**대**(臺) [dɛ デ] 名 階段 ─**시하**(侍下) [ʃi:ha シーハ] 名 父母・祖父母と共に暮らしていて, かしずくべき人が多いこと.

치¹ [tʃʰi チ] 依名 寸; 長さの単位 ¶2자 3~[tu:dʒa se:~ トゥージャ セー~] 2尺3寸 / 한~ 앞도 모르는 세상(世上) [han~ apt'o morɯnɯn se:saŋ ハン~ アプト モルヌン セーサン] 一寸先は闇の世.

치² [tʃʰi チ] 依名 ① やつ; 이 [i イ]「人・方」の卑語 ¶유~[kɯ~ ク~] そいつ; それ / 저~[tʃɔ~ チョ~] あいつ; あれ / 젊은 ~[tʃɔlmun ~ チョルムン ~] 若いやつ ② …分・物 ¶석달~ 이자[sɔ:ktʼal~ i:dʒa ソークタル~ イージャ] 3か月分の利子 / 어제 ~ 신문[ɔdʒe ~ ʃinmun オジェ~ シンムン] 昨日の(分の)新聞.

치- [tʃʰi チ] 接頭 上に向くことを表わす語 ¶~받다[~batʼa ~バッタ] 突き上げる / 눈을 ~뜨다[nunɯl ~tʼɯda ヌヌル ~ットゥダ] 上目をつかう.

-치 [tʃʰi チ] 接尾 ① 強調の意 ¶놓~다[no~da ノ~ッタ] 逃す / 넘~다[nɔm~da ノム~ッタ] あふれる ② 勘; 気配; そぶり ¶눈~[nun~ ヌン~] センス; 勘 / 눈~가 빠르다[nun~ga pʼarɯda ヌン~ガッパルダ] 勘が早い.

-치 [tʃʰi チ] 略 …で(ない); -하지(않다) [hadʒi(antʰa) ハジ(アンタ)]の略 ¶분명~ 않다[punmjɔŋ~ antʰa プンミョン~ アンタ] 明らかでない.

치 [歯] [tʃʰi チ] 名 歯 ─**가 떨리다** [ga tʼɔllida ガットルリダ] 慣 (怒りや悔しさで・うんざりして)歯ぎしりする; 身を震わせる ─**를 떨다** [rɯl tʼɔ:lda ルットールダ] 慣 ① 非常にけちで出し渋る ② 非常に悔しかったりうんざりしたりして歯が震える[歯ぎしりする].

치-감다 [tʃʰigamtʼa チガムタ] 他 (上向きに)巻き上げる ~**-감고 내리 감는다** [~-gamkʼo nɛri gamnɯnda ~-ガムコ ネリ ガムヌンダ] 慣 全身を絹の衣裳で上に巻き下に巻いて包む[婦女子の過度なぜいたくやおしゃれのたとえ].

치고 [tʃʰigo チゴ] 助 …で; …ならば; …として(は); =**치고-는** [tʃʰigonɯn チゴヌン]・**치고-서**(**는**) [tʃʰigosɔ(nɯn) チゴソ(ヌン)] ¶값싼 물건~ 쓸만해요[kapsʼan mulgon~ sʼulmanhɛjo カプサン ムルゴン~ ッスルマンヘヨ] 安物にしては割合に使えるね / 젊은 사람~ 점잖다[tʃɔlmun sa:ram ~ tʃɔ:mdʒantʰa チョルムン サーラム~ チョームジャンタ] 若い人にしては落ち着いている.

***치과** [歯科] [tʃʰikʼwa チックァ] 名 歯科 ─**의사** [uisa ウィサ] 名 歯科医.

치근-거리다 [tʃʰigɯngɔrida チグンゴリダ] 自他 ① ねちねちとつきまとう ② うるさくねだる.

치근덕-거리다 [tʃʰigɯndɔkʼɔrida チグ

-**치기** [tʰigi チギ] [接尾] 打ち; 遊び ¶돈~ [toːn トーン~] 銭打ち / 화투~ [hwatʰu~ ファトゥ~] 花札遊び.

치기-배 [一輩] [tʰigibɛ チギベ] [名] すり・かっぱらいなどのこそ泥棒のやから.

치다¹ [tʰida チダ] [自] ① (風・吹雪などが)強く吹きまくる ¶눈보라가 ~ [nuːnboraga ヌーンボラガ~] 吹雪が吹き荒ぶ ② 波が打つ; 荒れる ¶파도가 ~ [pʰadoga パドガ~] 波打つ ③ 雷が落ちる=¶벼락~ [pjʌrak~ ピョラク~] ④ 霜がおりる=¶서리~ [sʌri~ ソリ~].

*치다² [tʰida チダ] [他] ① 打つ; 殴る, たたく ¶주먹으로 ~ [tʃumʌguro ~ チュモグロ~] こぶしで殴る / 못을 ~ [mosul モスル~] くぎを打つ / 책상을 ~ [tʃɛksʼaŋul ~ チェクサンウル~] テーブルをたたく ② (音を出すために)たたいて鳴らす, ひく ¶북을 ~ [pugul ~ プグル~] 太鼓を打つ[たたく] / 종을 ~ [tʃoŋul ~ チョンウル~] 鐘を打つ[突く; 鳴らす] / 피아노를 ~ [pʰianorul ~ ピアノルル~] ピアノをひく ③ もちをつく=¶떡을 ~ [tʼʌgul ~ ットグル~] ④ (敵を)討つ ¶적군을 ~ [tʃʌkʼunul ~ チョックヌル~] 敵軍を打[討]つ ⑤ (まりを)つく ¶공을 ~ [koːŋul ~ コーングル~] まりをつく / 당구(撞球)를 ~ [taŋgurul ~ タングルル~] 球をつく / 탁구(卓球)를 ~ [tʰakʼurul ~ タックルル~] ピンポンをする ⑥ (手足や羽などを)強く振る ¶헤엄~ [heʌm ~ ヘオム~] 泳ぐ / 활개 ~ [hwalgɛ~ ファルゲ~] 大手を振る; おごりたかぶる ⑦ 刈る; はさみを入れる; 摘む ¶가지를 ~ [kadʒirul ~ カジルル~] 枝を刈る ⑧ (小刀で表皮などを)削る, 削そぐ ¶생밤을 ~ [sɛŋbamul ~ センバムル~] 生栗の渋皮を削ぐ ⑨ (野菜を)千切りにする ¶무를 채~ [muːrul tʃʰɛː ~ ムールル チェー~] 大根を千切りにする ⑩ (手段を)取る ¶히트를 ~ [hiːtʰɯrul ~ ヒットゥルル~] ヒットする.

치다³ [tʰida チダ] [他] ① (印を)つける; (線を)引く ¶밑줄을 ~ [mitsʼurul ~ ミッチュルル~] アンダーラインを引く / 묵화를 ~ [mukʰwarul ~ ムックァルル~] 黒絵を描く ② 占う ¶점을 ~ [tʃʌmul ~ チョムル~] 占いをする; 占う ③ 試験を受ける=¶시험을 ~ [ʃihʌmul ~ シホムル~].

치다⁴ [tʰida チダ] [他] ① 叫ぶ ¶소리(를) ~ [sori(rul) ~ ソリ(ルル)~] 大声で叫ぶ ② (わざと)気勢を張る ¶허풍(을) ~ [hʌpʰuŋ(ul) ~ ホプン(ウル)~] 駄ぼらを吹く ③ ふざける ¶장난을 ~ [tʃaŋnanul ~ チャンナヌル~] いたずらをする ④ 身震いをする=¶진저리 ~ [tʃindʒʌri ~ チンジョリ~].

치다⁵ [tʰida チダ] [他] ① (液・粉などを)(ふり)かける; 注ぐ ¶소금(을) ~ [sogum(ul) ~ ソグム(ウル)~] 塩を(ふり)かける / 기계에 기름을 ~ [kigee kirumul ~ キゲエ キルムル~] 機械に油を注ぐ / 초를 ~ [tʃʰorul ~ チョルル~] 酢を入れる [振りかける] ② (篩ふるいで)ふるう ¶모래를 체로 ~ [morɛrul tʃʰero ~ モレルル チェロ~] 砂をふるう.

*치다⁶ [tʰida チダ] [他] ① (幕・網などを)かける; 張る; 吊る ¶그물을 ~ [kumurul ~ クムルル~] 網をかける[張る] / 발을 ~ [paːrul ~ パールル~] すだれをかける ② 巡らす ¶담을 ~ [tamul ~ タムル~] 垣を巡らす ③ 囲む ¶철조망을 ~ [tʃʰoltʃʼomaŋul ~ チョルチョマンウル~] 鉄条網で囲む / 병풍을 ~ [pjʌŋpʰuŋul ~ ピョンプンウル~] 屏風びょうぶを立てる / 커튼을 ~ [kʰɔːtʰɯnul ~ コートゥヌル~] カーテンをおろす.

*치다⁷ [tʰida チダ] [他] ① (動物が子を)産む ¶개가 새끼를 ~ [kɛga sɛkʼirul ~ ケーガ セッキルル~] 犬が子を産む ② (家畜を)飼う ¶돼지[누에]를 ~ [twɛːdʒi[nue]rul ~ トゥェージ[ヌエ]ルル~] 豚[蚕]を飼う ③ (蜜蜂みつばちが蜜を)作る ¶꿀을 ~ [kʼurul ~ ックルル~] 蜜をつくる ④ 客を置く; 泊らせる ¶하숙을 ~ [haːsugul ~ ハースグル~] 下宿人を置く; 下宿屋をする / 손님을 ~ [sonnimul ~ ソンニムル~] お客を泊める[もてなす].

치다⁸ [tʰida チダ] [他] ① 清掃する, 取り除く ¶눈을 ~ [nuːnul ~ ヌーヌル~] 雪を掻かく / 수채를 ~ [sutʃʰerul ~ スチェルル~] 下水を浚さらう ② (ぞうきんを)かける; (拭ふき掃除を)する ¶걸레를 ~ [kʌllerul ~ コルレルル~] ぞうきんをかける; ぞうきんで拭く ③

片づける; 整頓する ¶ 방(房)을 ~[paŋul ~ パンウル ~] 部屋を片づける ④ '치우다'「片づける」の略 ¶ 쓰레기를 ~[suregirul ~ ッスレギルル ~] ごみを捨てる.

치다⁹ [tɕʰida チダ] 他 ① (前もって)…とする; 見なす; 見立てる; 見積もる ¶ 찬성으로 ~[tɕʰaːnsəŋuro ~ チャーンソンウロ ~] 賛成と見なす / 대강 ~[tɛːgaŋ ~ テーガン ~] 大体見積もる / 죽은 셈치고 일하다 [tɕugun seːmtɕʰigo iːrhada チュグン セームチゴ イールハダ] 死んだ積もりで働く / 이긴 것으로 ~[igin kəsuro ~ イギン コスロ ~] 勝ったことにしておく ② 取り扱う ¶ 바보로 ~[paboro ~ パボロ ~] ばか扱いをする ③ 値段をつける=¶ 값을 ~[kaps'ul ~ カプスル ~].

치다¹⁰ [tɕʰida チダ] 他 轢く ¶ 사람을 치고 달아나다 [빵소니~][saːramul tɕʰigo taranada[p'ensoni~] サーラムル チゴ タラナダ[ッペンソニ~]] 轢き逃げ(を)する.

-치다 [tɕʰida チダ] 接尾 ①〈動詞をつくる〉¶ 합~[hap~ ハプ~] 合わせる / 해~[hɛː~ ヘー~] 害する ②〈強調〉¶ 놓~[no~ ノッ~] 逃がす / 넘~[nəːm~ ノーム~] あふれる / 지나~[tɕina~ チナ~] 度が過ぎる.

치다꺼리 [tɕʰidak'əri チダッコリ] 名 하他 ① 処理; 切り回し[盛り]; (事を)やりのけること ¶ 손님 ~[sonnim ~ ソンニム ~] 客のもてなし ② (人の)世話を焼くこと; 面倒を見ること ¶ 남편 ~[nampʰjən ~ ナムピョン ~] 夫の世話 / 아이들 ~를 하다 [aidul ~rul hada アイドゥル ~ルル ハダ] 子供たちの面倒を見る[世話を焼く] / 사건의 뒤~를 떠맡다 [saːk'əne twiː~rul t'əmat'a サーコネ トゥィー~ルル ットマッタ] 事件の後始末を引き受ける.

치-달다 [tɕʰidat'a チダッタ] 自 ㄷ変 ① 駆け上がる ¶ 곧바로 ~[kotp'aro ~ コッパロ ~] 真っすぐ駆け上がる ② 勢いよく突っ走る ③ (感情などが)込み上げる ¶ 분노가 ~[puːnnoga ~ プーンノガ ~] 激しい怒りが込み上げる.

치대다 [tɕʰidɛda チデダ] 他 ① 洗濯物を(板などに押しつけて)もみ洗いにする=¶ 빨래를 ~[p'allɛrul ~ ッパルレルル ~] ② (粉を)ねりあわせてこねる=¶ 반죽을 ~[pandʑugul ~ パンジュグル ~] ③ 上の方に[上向きに]当てる ④ 下から支える.

치도-곤 [治盗棍][tɕʰidogon チドゴン] 名 ①〈史〉杖刑ᵛᵃᵏᵉ に用いるこん棒の一種 ② ひどい[さんざんな]目にあうこと ¶ ~맞다 [~matɕ'a ~マッタ] ひどい目にあう / ~을 안기다 [먹이다] [~ul aŋgida[məgida] (チドゴン)ヌル アンギダ[モギダ]] さんざんな[こっぴどい]目にあわせる.

치-뜨다 [tɕʰit'uda チットゥダ] 他 上目使いをする; 目をむく.

-치레 [tɕʰire チレ] 接尾 名 하他 ① 飾りつけ; 装い ¶ 옷~[oːt ~ オッ~] 着飾り / 겉~[kə~ コッ~] 上べ飾り; 見てくれ ② 見掛けだけをよくすること ¶ 인사(人事)~[insa~ インサ~] 上べだけを装うこと; 上べのあいさつ.

***치료** [治療][tɕʰirjo チリョ] 名 하他 治療 ¶ 눈을 ~하다 [nunul ~hada ヌヌル ~ハダ] 目を治療する.

치르다 [tɕʰiruda チルダ] 他 으変 ① 支払う ¶ 값을 ~[kaps'ul ~ カプスル ~] 代金を(支)払う ② ある仕事をしとげる ¶ 시험을 ~[ɕihəmul ~ シホムル ~] 試験を実施する / 초상(初喪)을 ~[tɕʰosaŋul ~ チョサンウル ~] 葬式を行なう[済ませる] / 손님을 ~[sonnimul ~ ソンニムル ~] 客をもてなす ③ 食べる ¶ 조반을 ~[tɕobanul ~ チョバヌル ~] 朝食を済ませる.

치마 [tɕʰima チマ] 名 婦人用の裳ᵐ —**폭**(幅)[pʰok ポク] 名 布を継ぎ合せて作ったチマの幅

치맛-바람 [tɕʰimatp'aram チマッパラム] 名 ① 裳裾ᵐᵒˢᵘᵒ から起こる風 ② 女性の出しゃばった行為[教育ママ的な行為]

치맛-자락 [tɕʰimatɕ'arak チマッチャラク] 名 裳裾; チマの裾.

치 마

치명 [致命][tɕʰiːmjəŋ チーミョン] 名 하自 生命にかかわるさま **—상**[saŋ サン] 名 致命傷 ¶ ~을 입다 [~ul ipt'a ~ウル イプタ] 致命傷を受ける.

치밀 [緻密][tɕʰimil チミル] 名 하形 히副 緻密ᶜᵇᵘ ¶ ~한 계획 [(tɕʰimir) han keːhwek ~ハン ゲーフェク] 緻密な計画.

***치-밀다** [tɕʰimilda チミルダ] 1 自

치-받다 [tʃhibat'a チバッタ] [ㄹ語幹] ① (下から上へ)突き上がる ¶죽순(竹筍)이 치밀고 올라오다 [tʃuks'uni tʃhimilgo ollaoda チュクスニ チミルゴ オルラオダ] たけのこが突き上げて出る ② 込み上げる ¶슬픔이 ~ [sulphumi ~ スルプミ ~] 悲しみが込み上げる **2** 他 突き上げる; 押し上げる.

치-받다 [tʃhibat'a チバッタ] 自他 (上に向いて)突き上がる[上げる]; 押し上げる, 支え上げる.

치-받치다 [tʃhibatʃhida チバッチダ] **1** 自 ① 吹き上がる ¶불길이 ~ [pulk'iri ~ プルキリ ~] 火炎が吹き上がる ② 込み上げる ¶억울함이 ~ [ɔgurhami ~ オグルハミ ~] くやしさが込み上げる ③ 突き上げる ¶숨이 턱까지 ~ [su:mi thɔk'adʒi ~ スーミ トクカジ ~] 息があごまでつかえる; 息苦しくなる **2** 他 押し上げて支える ¶막대로 ~ [makt'ɛro ~ マクテロ ~] 棒で支え上げる.

치사 [恥事] [tʃhisa チサ] 名 하形 ㅅ形 言動がいやしくてけち臭いこと; さもしげ ¶~하게 굴다 [~hage ku:lda ~ハゲ クールダ] さもしげにふるまう.

치사 [致謝] [tʃhi:sa チーサ] 名 하他 感謝の意を表わすこと.

치사 [致死] [tʃhi:sa チーサ] 名 하他 致死 ¶과실 ~ [kwa:ʃil ~ クァーシル ~] 過失致死.

치-솟다 [tʃhisot'a チソッタ] 自 ① 立ち上がる; つき上がる ¶연기가 ~ [jɔngiga ~ ヨンギガ ~] 煙が立ちのぼる ② (感情が)わき上がる ¶울분이 ~ [ulbuni ~ ウルブニ ~] 憤[いきどお]りが込み上げる.

치수 [-數] [tʃhis'u チッス] 名 尺・寸の数; 寸法; サイズ ¶양복 ~를 재다 [jaŋbok ~rɯl tʃɛ:da ヤンボク ~ル チェーダ] 洋服の寸法をとる.

치신 [tʃhi:ʃin チーシン] 名 '처신'(處身)「身持ち」の卑語='채신' ¶~이 말이 아니다 [~i ma:ri anida (チーシン) マーリ アニダ] 身持ちが話にならない — (머리) 사납다 [(mɔri) sanapt'a (モリ) サナプタ] 形 ㅂ変 身持ちが悪くてだらしない — (머리) 없다 [(mɔri) ɔpt'a (チーシン) ノプタ [(チーシン) モリ オプタ]] 慣 身持ちが軽はずみでみっともない; 大人げない — 없이 [ɔp'i (チーシン) ノプシ] 副 大人げなく; 威厳がなく.

치아 [齒牙] [tʃhia チア] 名 歯牙[しが]; 人の歯([이[イ])「歯」を上品にいう語).

*__치안__ [治安] [tʃhian チアン] 名 하自他 治安 ¶~을 유지하다 [~ɯl judʒihada (チア) ヌル ユジハダ] 治安を維持する.

*__치약__ [齒藥] [tʃhijak チヤク] 名 歯磨き粉; 練り歯磨き.

치어다-보다 [tʃhiɔdaboda チオダボダ] 他 見上げる; 仰ぎ見る; ='쳐다보다' ¶얼굴을 ~ [ɔlgurɯl ~ オルグルル ~] 顔を見上げる.

치열 [熾烈] [tʃhijol チヨル] 名 하形 熾烈[しれつ] ¶~한 경쟁 [(tʃhijor) han kjɔ:ndʒɛŋ ~ハン キョーンジェン] 熾烈な競争 — 하게 [(tʃhijor) hage ハゲ] 副 熾烈に; 激しく.

치외-법권 [治外法權] [tʃhiwebɔp-k'wɔn チウェボプクォン] 名 治外法權.

*__치욕__ [恥辱] [tʃhijok チヨク] 名 恥辱; 恥; 辱め ¶~을 씻다[당하다・참다] [(tʃhijog)ɯl ʃ'it'a[taŋhad・tʃha:mt'a] (チヨ) グル ッシッダ[タンハダ・チャームタ] 恥をすすぐ[恥を受ける[辱められる]・恥辱を耐え忍ぶ].

*__치우다__¹ [tʃhiuda チウダ] 他 ① 移す; 捨てる ¶전화를 ~ [tʃɔ:nhwarɯl ~ チョーンファルル ~] 電話を移す / 쓰레기를 ~ [s'ɯregirɯl ~ ッスレギルル ~] ごみを捨てる ② 片づける; 整頓する ¶방을 ~ [paŋɯl ~ パンウル ~] 部屋を片づける[整頓する] / 연장을 ~ [jɔndʒaɯl ~ ヨンジャンウル ~] 道具をしまう ③ 俗 嫁がせる ¶딸을 ~ [t'arɯl ~ ッタルル ~] 娘を嫁がせる.

치우다² [tʃhiuda チウダ] 補動 …(っ)てしまう ¶먹어 ~ [mɔgɔ ~ モゴ ~] 食べてしまう / 해 ~ [hɛ:~ ヘー~] やってしまう.

*__치우-치다__ [tʃhiutʃhida チウチダ] 自 (一方に)偏る; 偏する ¶--친 생각 [~-tʃhin sɛŋgak ~-チン センガク] 偏った考え / 감정에 ~ [ka:mdʒɔŋe ~ カームジョンエ ~] 感情的になる.

치이다¹ [tʃhiida チイダ] 自 ① かかる ¶덫에 ~ [tɔtʃhe ~ トチェ ~] わなにかかる ② 轢[ひ]かれる ¶차에 ~ [tʃhae ~ チャエ ~] 車に轢かれる.

치이다² [tʃhiida チイダ] 自 受動 (代金が)掛かる ¶비싸게 ~ [pis'age ~ ピッサゲ ~] 高くつく / 한 개 만원씩 ~ [han gɛ ma:nwɔnʃ'ik ~ ハンゲ マーヌォンッシク ~] 1個につき1万ウォン掛かる.

치자 [梔子] [tʃhi:dʒa チージャ] 名 〈植〉

치장 クチナシの実(漢方では山梔子として利尿剤・目薬などに用いられ, また染料にも用いる) **―나무** [namu ナム] 图〈植〉クチナシ **―색** [sɛk セク] 图 クチナシの色(クチナシの実で染めた, 紅色を帯びた濃い黄色).

치장 [治粧] [tɕʰidʑaŋ チジャン] 图 하他 飾ること; 化粧すること; おめかし; 身じたく; 装い ¶몸~을 하다 [mom~ɯl hada モム ~ウル ハダ] 身なりを飾る / 곱게 ~한 아가씨 [koːpkʼe ~han agaɕʼi コープケ ~ハン アガッシ] 美しく装ったお嬢さん.

치정 [癡情] [tɕʰidʑɔŋ チジョン] 图 痴情 ¶~살인 [~sarin ~サリン] 痴情殺人.

치졸 [穉拙・稚拙] [tɕʰidʑol チジョル] 图形 稚拙に; つたないさま ¶~한 그림 [(tɕʰidʑor)han kɯːrim ~ハン クーリム] 稚拙な絵 / 하는 짓이 ~하다 [hanɯn tɕiːɕi (tɕʰidʑor)hada ハヌン チーシ ~ハダ] やり方が稚拙である.

치중 [置重] [tɕʰiːdʑuŋ チージュン] 图 하自 重点を置くこと ¶통상 촉진에 ~하다 [tʰoŋsaŋ tɕʰoktɕʼine ~hada トンサン チョクチネ ~ハダ] 通商促進に重点を置く.

치질 [痔疾] [tɕʰidʑil チジル] 图 〖医〗痔[疾].

치켜-세우다 [tɕʰikʰjɔseuda チキョセウダ] 他 煽てる; ほめたたえる ¶침이 마르게 ~ [tɕʰimi marɯge ~ チミ マルゲ~] 口を極めてほめたてる.

치키다 [tɕʰikʰida チキダ] 他 (下から)引き上げる; からげる ¶바지를 ~ [padʑirɯl ~ パジルル ~] ズボンを引き上げる.

치통 [齒痛] [tɕʰitʰoŋ チトン] 图 歯痛 ¶~이 나다 [~i nada ~イ ナダ] 歯痛になる.

치하 [致賀] [tɕʰiːha チーハ] 图 하他 祝賀・称賛の意を述べる[ほめたたえる]こと ¶우수 선수를 ~하다 [usu sɔːnsurɯl ~hada ウス ソーンスルル ~ハダ] 優秀選手をほめたてる.

치한 [癡漢] [tɕʰihan チハン] 图 痴漢 ¶~한테 당하다 [~hantʰe taŋhada ~ ハンテ タンハダ] 痴漢に遭う / ~ 조심(操心) [~ dʑoːɕim ~ ジョーシム] 痴漢に注意.

칙살-맞다 [tɕʰiksʼalmatʼa チクサルマッタ] 形 しぶりが憎らしくけち臭い ¶부자(富者)인데도 ~-맞게 굴다 [puːdʑaindedo ~-matkʼe kuːlda プージャ インデド ~-マッケ クールダ] 金持ちのくせにけち臭くふるまう **칙살-부리다** [tɕʰiksʼalburida チクサルブリダ] 自 けち臭いことをする **칙살-스럽다** [tɕʰiks'alsɯrɔpʼa チクサルスロプタ] 形 ㅂ変 けち臭い; みみっちい; 汚い.

칙칙-하다 [tɕʰiktɕʰikhada チクチクハダ] 形 色がくすんでいる ¶~한 색 [~ -kʰan sɛk ~ーカン セク] くすんだ色.

친- [親] [tɕʰin チン] 接頭 ①〈親族を称するとき〉「直系・まことの」の意; …実の ¶~부모 [~bumo ~ブモ] 実の父母 / ~동생 [~doŋsɛŋ ~ドンセン] 実の弟[妹] / ~딸 [~tʼal ~ッタル] 実の娘 ② 「親しい・近い」の意; 親… ¶~여 세력 [~jɔ seːrjɔk (チ)ニョセーリョク] 親与党勢力 / ~일파 [~ilpʰa (チ)ニルパ] 親日派 **―아버지** [abɔdʑi (チ)ナボジ] 图 実父 **―어머니** [ɔmɔni (チ)ノモニ] 图 実母; 生みの母 **―자식** [子息] [dʑaɕik ジャシク] 图 実子; 生みの子 **―할머니** [halmɔni ハルモニ] 图 (父方の)祖母 **―할아버지** [harabɔdʑi ハラボジ] 图 (父方の)祖父 **―형제** [hjɔŋdʑe ヒョンジェ] 图 実の兄弟.

친가 [親家] [tɕʰinga チンガ] 图 実家=「친정」(親庭) ②〈仏〉僧の俗家.

친교 [親交] [tɕʰingjo チンギョ] 图 親交.

***친구** [親舊] [tɕʰingu チング] 图 ① 友達; 親友; 友人 ¶둘도 없는 ~ [tuːldo ɔːmnɯn ~ トゥールド オームヌン ~] 無二の親友 / 소꿉 ~ [sokʼup ~ ソックプ ~] おさななじみ / 여자 ~ [jɔdʑa ~ ヨジャ ~] ガールフレンド ② 同輩やその下の人を親しみを込めて呼ぶ語; 君; やつ ¶참 재미있는 ~로군 [tɕʰam tɕemiinnɯn ~rogun チャム チェミインヌン ~ログン] (その人は)とても面白いやつだなあ.

친근 [親近] [tɕʰingɯn チングン] 图 하形 親近; 近くて親しいこと ¶~감 [~gam ~ ガム] 親近感.

친목 [親睦] [tɕʰinmok チンモク] 图 하形 親睦 ¶~회 [(tɕʰinmo)kʰwe クェ] 親睦会 **―계** (契) [(tɕʰinmo)kʰje クェ] 图 親睦を図るための頼母子記講[契].

***친밀** [親密] [tɕʰinmil チンミル] 图 하形 親密 ¶~한 사이 [(tɕʰinmir)han sai ~ハン サイ] 親密な間柄[仲] **―히** [(tɕʰinmir)i (チンミ)リ] 副 親密に.

친분 [親分] [tɕʰinbun チンブン] 图 親密なよしみ[情]; 親交 ¶~을 맺다

[~ɯl mɛt'a (チンブ ヌルメッタ] よしみを結ぶ[日本語の「親分」の意はない].

친서[親書][tʃʰinsɔ チンソ] 名 하他 親書 ¶대통령의 ~ [tɛ:tʰoŋnjoŋe ~ テートンニョンエ ~] 大統領の親書.

친선[親善][tʃʰinsʌn チンソン] 名 親善 ¶~ 경기(競技)[~ gjʌ:ŋgi ~ ギョーンギ] 親善試合 / ~ 사절[~ sa:dʒʌl ~ サージョル] 親善使節.

친-손녀[손자][親孫女[孫子]][tʃʰinsonnjʌ[sondʒa] チンソンニョ[ソンジャ]] 名 (女の[男の)内孫.

친숙[親熟][tʃʰinsuk チンスク] 名 하形 히副 極めて親しく心安い ¶~해지다 [(tʃʰinsu)kʰɛdʒida ~ケジダ] 非常に親しくなる.

친애[親愛][tʃʰinɛ チネ] 名 하他 親愛 ¶~하는 벗이여[~hanun pʌːʃijʌ ~ ハヌン ポーシヨ] 親愛する友よ.

친우[親友][tʃʰinu チヌ] 名 親友.

친일[親日][tʃʰinil チニル] 名 親日 ¶ ~ 정책[~ dʒʌŋtʃʰɛk ~ ジョンチェク] 親日政策 / ~파[~pʰa ~パ] 親日派.

*친절[親切][tʃʰindʒʌl チンジョル] 名 하形 스形 親切 ¶~한 사람[(tʃʰindʒʌr)han sa:ram ~ハン サーラム] 親切な人 / 매우 ~하다 [mɛu (tʃʰindʒʌr)hada メウ ~ハダ] とても親切だ **─히** [(tʃʰindʒʌr)i (チンジョ)リ] 副 親切に ¶~ 가르치다[~ karɯtʃʰida ~ カルチダ] 親切に教える.

*친정[親庭][tʃʰindʒʌŋ チンジョン] 名 嫁いだ女性の里; 実家 **─댁**(宅)[t'ɛk テク] 名 '친정'の尊敬語 **─살이**[sari サリ] 名 하自 嫁いだ女性が実家に帰って暮らすこと **─식구**(食口)[ʃik'u シック] 名 実家の家族.

친족[親族][tʃʰindʒok チンジョク] 名 親族; 親類; 身寄り.

친지[親知][tʃʰindʒi チンジ] 名 親しい知り合い.

*친척[親戚][tʃʰintʃʰʌk チンチョク] 名 親戚; 親戚; 身内 ¶~뻘이 된다[~p'ʌri twɛnda ~ッポリ トゥェンダ] 親戚に当たる.

친친[tʃʰi:ntʃʰin チーンチン] 副 くるく る; ぐるぐる ¶붕대 ~ 감다[puŋdɛrul ~ ka:mt'a プンデルル ~ カームタ] 包帯をぐるぐると巻く.

*친-하다[親─][tʃʰinhada チンハダ] **1** 形 여変 親しい ¶~한 사이[~-han sai ~-ハン サイ] 親しい間柄 **2** 自他 親しく交わる; 親しくする ¶~하지 않는 것이 좋다[~-hadʒi annɯn kʌʃi tʃoːtʰa ~-ハジ アンヌン コシ チョータ] (あの人とはあまり)親しくしない方がいい **친-히**[tʃʰini チニ] 副 親しく; 自ら; 手ずから ¶~ 보시다 [~ poʃida ~ ボシダ] 親しくごらんになる / ~ 만드시다[~ mandɯʃida ~ マンドゥシダ] 手ずからおつくりになる / ~ 쓰신 편지[~ s'ɯʃin pʰjʌːndʒi ~ ッスシン ピョーンジ] 自ら書かれた手紙.

친해-지다[tʃʰinhɛdʒida チンヘジダ] 自 親しくなる ¶그와 ~[kɯwa ~ クワ ~] 彼と親しくなる.

*칠[漆][tʃʰil チル] 名 하他 ① 漆＝옻칠 [otʃʰil オッチル] ② 塗料; ペンキ; 塗り ¶페인트~[pʰeintʰɯ ~ ペイントゥ~] ペンキ塗り / ~이 벗겨지다 [(tʃʰir)i pʌtk'jʌdʒida (チ)リ ポッキョジダ] 塗りがはげる ③ 汚れ; しみ.

*칠[七][tʃʰil チル] 数 7; 七(つ); ＝일곱 [ilgop イルゴプ] ¶~년[~ljʌn ~ リョン] 7年. 漢 漆逢.

칠-그릇[漆─][tʃʰilgɯrut チルグルッ]

칠기[漆器][tʃʰilgi チルギ] 名 ① 漆器; 塗り物 ＝'칠그릇' ② 漆塗りの(木製の)器 ＝**칠목기**(漆木器)[tʃʰilmok'i チルモクギ].

칠럼-거리다[tʃʰillʌmgʌrida チルロムゴリダ] 自 揺れて[あふれて]こぼれる.

칠렁-하다[tʃʰillʌŋhada チルロンハダ] 形 여変 (器に水がが)なみなみとしている; いっぱいだ ¶물을 ~-하게 붓다 [murul ~-hage puːt'a ムルル ~-ハゲ プッタ] 水をなみなみと注ぐ.

칠면-조[七面鳥][tʃʰilmjʌndʒo チルミョンジョ] 名 〈鳥〉七面鳥.

칠보[七寶][tʃʰilbo チルボ] 名 ①〈仏〉七宝; 7種の宝 ② 七宝焼 ＝**칠보 공예**(工藝)[tʃʰilbo goŋe チルボ ゴンエ]の略 [銅・銀・金などの下地に琺瑯ほうろうを焼きつける金属工芸の技法] **─단장**(丹粧)[dandʒaŋ ダンジャン] 名 하自 いろいろな金銀珠玉で身を飾ること.

칠분-도[七分搗][tʃʰilbundo チルブンド] 名 (米の)七分づき.

칠삭-둥이[七朔─][tʃʰils'aktuŋi チルサクトゥンイ] ＝-동이(童─)[t'oŋi トンイ] 名 ① 7か月目に生まれた月足らずの子 ② 間抜け; 愚かな人; ＝칠뜨기(七─)[tʃʰilt'ɯgi チルットゥギ].

칠석[七夕][tʃʰils'ʌk チルソク] 名 七夕; 陰暦7月7日の夜の星まつり(牽牛星けんぎゅうせい

[彦星ミニ]が天の川を渡って織女星[織り姫]と年に一度だけ夜の夜に会うという伝説から) ¶ ~물이 지다[(tʃʰils'ɔŋ)-muri tʃida (チルソン) ムリ チダ] 慣 七夕の日に雨が降って洪水になる.

칠성[七星][tʃʰils'ɔŋ チルソン] 名 北斗七星 ¶ ~님께 빌다[~nimk'e pi:lda ~ニムッケ ピールダ] 北斗七星[〈仏〉七元星君]の神さまに祈る.

칠순[七旬][tʃʰils'un チルスン] 名 七旬 ① よわい70歳 ¶ ~ 잔치[~ dʒantʃʰi ~ ジャンチ] 七旬の祝宴 ② 70日.

***칠십**[七十][tʃʰilsʼip チルシプ] 数 70 ¶ ~ 노인[(tʃʰiʃ'im) no:in (チルシム) ノーイン] 70歳の老人.

***칠월**[七月][tʃʰirwɔl チルォル] 名 7月.

칠일[七日][tʃʰiril チリル] 名 7日(間).

칠-장이[漆匠一][tʃʰildʒaŋi チルジャンイ] 名 塗師匠; ペンキ屋; 塗装工.

칠전-팔기[七顚八起][tʃʰilts'ɔnpʰalgi チルチョンパルギ] 名 名詞 七転び八起き; 多くの困難を経ること.

칠첩 반상[七一飯床][tʃʰilthʃɔp'ansaŋ チルチョプパンサン] 名 ご飯・汁など基本料理の外、7種類の食器を一そろいにして7種のおかずを添えた食膳.

칠칠-하다[tʃʰiltʃʰirhada チルチルハダ] 形 여変 ① (野菜などが)すくすくと伸びている ¶ ~-한 배추[~-han pɛːtʃʰu ~ーハン ペーチュ] よく伸びた白菜 ② (動作が)てきぱきしている; 機敏だ ¶ 솜씨가 ~[somʃ'iga ~ ソムッシガ ~] 手際がてきぱきしている ③ こぎれいだ; こざっぱりしている ¶ ~-않은 사람이군[~-tʃʰanum saːramigun ~-チャヌン サーラミグン] うす汚い人だな.

***칠판**[漆板][tʃʰilpʰan チルパン] 名 黒板=흑판[hukpʰan フクパン] ¶ ~ 지우개[~ dʒiugɛ ~ ジウゲ] 黒板消し / ~을 지우다[~-ɯl tʃiuda (チルパヌル チウダ)] 黒板をふく.

칠-하다[漆一][tʃʰirhada チルハダ] 他 여変 塗る ¶ 페인트를 ~[pʰeintʰu-rɯl ~ ペイントゥルル ~] ペンキを塗る / 구두약을 ~[kuduiagɯl ~ クドゥヤグル ~] 靴墨を塗る / 약을 바르다[jagɯl parɯda ~ ヤグル パルダ] 薬を塗る.

칠흑[漆黒][tʃʰirhɯk チルフク] 名 漆黒; 真っ黒 ¶ ~같은 어둠[(tʃʰirhɯ)-kʼatʰɯn ɔdum ~カトゥン オドゥム] 漆黒のやみ / ~ 같은 머리[(tʃʰirhɯ)kʼa-tʰɯn mɔri ~カトゥンモリ] 真っ黒な髪.

칡[tʃʰik チク] 名 〈植〉クズ(葛) —**덤불**[tʼɔmbul トムブル] 名 クズのつるが茂ったくさむら —**덩굴**[tʼɔŋgul トングル] 名 クズのつる.

***침**[tʃʰim チム] 名 つば; つばき; =타액(唾液)[tʰaːɛk ターエク] ¶ ~을 뱉다[~-ɯl pɛtʼa (チ) ムル ペッタ] つばを吐く —**발린 말**[ballin maːl パルリン マール] ① 名 つばを塗られた言葉 ② 慣 口先だけのうまい話 —**(을)삼키다**[(ɯl) samkʰida (チムル) サムキダ] ① 自 つばを飲み込む ② 慣 ひどく食べたがる; 非常に欲しがる —**(을)튀기다**[(ɯl) tʰwigida (チムル) トゥィギダ] ① 自 鍼を打ってもらう —**(을)흘리다**[(ɯl) hullida (チムル) フルリダ] ① 自 よだれを垂らす; つばを流す ② 慣 欲しがる; うらやましがる.

침[針][tʃʰim チーム] 名 針 ① 時計の針 ② 草木のとげ=가시[kaʃi カシ].

***침**[鍼][tʃʰim チム] 名 鍼ミ、 ¶ ~ 놓다[주다][~ notʰa[dʒuda] ~ノッタ[ジュダ] 鍼を打つ —**맞다**[matʼa マッタ] 自 鍼を打ってもらう.

침공[侵攻][tʃʰimgoŋ チムゴン] 名 하他 侵攻 ¶ 적의 ~을 막다[tʃɔge ~ɯl maktʼa チョゲ ~ウル マクタ] 敵の侵攻を防ぐ.

침구[鍼灸][tʃʰimgu チムグ] 名 〈漢医〉鍼灸ポ、 —**술**[sul スル] 名 鍼灸術.

침낭[寢囊][tʃʰiːmnaŋ チームナン] 名 寝袋; スリーピングバッグ.

침-담그다[沈一][tʃʰimdamgɯda チムダムグダ] 他 渋抜きのためカキを塩水に浸す.

***침대**[寢臺][tʃʰiːmdɛ チームデ] 名 寝台; ベッド —**차**[tʃʰa チャ] 名 寝台車.

***침략**[侵略][tʃʰimnjak チムニャク] 名 하他 侵略 ¶ ~ 전쟁[~ tʃʼɔːndʒɛŋ ~ チョーンジェン] 侵略戦争.

침례-교[浸禮教][tʃʰimnegjo チムネギョ] 名 〈基〉浸礼教; バプテスト教会(Baptist church); プロテスタントの教派の1つ.「まくら木.

침목[枕木][tʃʰiːmmok チームモク] 名

침몰[沈沒][tʃʰimmol チムモル] 名 하自 沈没 ¶ 배가 ~했다[pɛga (tʃʰimmor)-hɛtʼa ペガ ~ヘッタ] 船が沈没した.

***침묵**[沈默][tʃʰimmuk チムムク] 名 하自 沈黙 ¶ ~을 깨다[(tʃʰimmug)ɯl kʼɛː-

침묵 da (チムム)グルッケーダ] 沈黙を破る / ~을 지키다[(tʃʰimmuɡ)ɯl tʃikʰida (チムム)グル チキダ] 沈黙を守る.

침범[侵犯][tʃʰimbɔm チムボム] 图 [하他] 侵犯 ¶영공을 ~하다[jɔŋɡoŋ-ɯl ~hada ヨンゴンウル ~ハダ] 領空を侵犯する.

침봉[針峰][tʃʰi:mboŋ チームボン] 图 (生け花で)剣山.

침소-봉대[針小棒大][tʃʰi:msoboŋdɛ チームソボンデ] [하自他][慣] 針小棒大 ¶~해서 소문(所聞)을 내다[~hɛsɔ so:munɯl nɛ:da ~ヘソ ソームヌル ネ-ダ] 針小棒大にして言いふらす.

침수[浸水][tʃʰimsu チムス] 图 [하自] 浸水 ¶~ 가옥[~ ɡaok ~ ガオク] 浸水家屋.

침식[寝食][tʃʰi:mʃik チームシク] 图 [하自] 寝食 ¶~을 같이하다[(tʃʰi:mʃiɡ)ɯl katʃʰihada (チームシ)グル カチハダ] 寝食を共にする.

침실[寝室][tʃʰi:mʃil チームシル] 图 寝室; 寝間.

침엽-수[針葉樹][tʃʰi:mjɔpsʰu チーミョプス] 图 〈植〉針葉樹.

침울[沈鬱][tʃʰimul チムル] 图 [하形] 沈鬱ᇰᇰ; 陰鬱 ¶~한 표정[(tʃʰimur)han pʰjodʒɔŋ ~ハン ピョジョン] 沈鬱な表情 / ~한 분위기[(tʃʰimur)han punwiɡi ~ハン プヌィギ] 陰鬱な雰囲気.

***침입**[侵入][tʃʰimip チミプ] 图 [하自他] 侵入 ¶가택 ~[katʰɛk ~ カテク ~] 家宅侵入 —**자**[tʃʼa チャ] 侵入者.

침-쟁이[鍼—][tʃʰimdʒɛŋi チムジェンイ] 图 [俗] 鍼医ᄻᆞᆯ를 下げすんで呼ぶ語.

침전[沈澱][tʃʰimdʒɔn チムジョン] 图 —**물**[mul ムル] 图 沈澱物.

침-질[鍼—][tʃʰimdʒil チムジル] 图 [하自] 鍼術ᄻᆞᆯ를 施すこと.

***침착**[沈着][tʃʰimtʃʰak チムチャク] 图 [하形] 沈着; 落ち着いていること ¶~한 행동[(tʃʰimtʃʰa)kʰan hɛŋdoŋ ~カン ヘンドン] 落ち着いた行動 / ~한 대응[(tʃʰimtʃʰa)kʼan tɛ:ɯŋ ~カン テーウン] 沈着な対応.

침체[沈滯][tʃʰimtʃʰe チムチェ] 图 [하自] 沈滯 ¶경기가 ~하다[kjɔŋɡiɡa ~hada キョンギガ ~ハダ] 景気が沈滯する.

침침-하다[沈沈—][tʃʰimtʃʰimhada チムチムハダ] 形 [여変] ①うす暗い; 曇っている ¶날씨가 ~[nalʃʼiɡa ~ ナルッシガ ~] 天気がどんより曇っている / 방안이 ~[paŋani ~ パンアニ ~] 部屋の中がうす暗い ② (目が)かすんでいる; ぼうっとして見える ¶눈이 ~ [nuni ~ ヌニ ~] 目がかすんで見える.

침통[沈痛][tʃʰimtʰoŋ チムトン] 图 [하形] 沈痛 ¶~한 표정으로 말하다[~-han pʰjodʒɔŋɯro ma:rhada ~ハン ピョジョンウロ マールハダ] 沈痛な面持ち[表情]で話す —**히**[i イ] 副 沈痛に.

침투[浸透][tʃʰimtʰu チムトゥ] 图 [하自] 浸透 ¶~ 작용[~ dʒaɡjoŋ ~ ジャギョン] 浸透作用.

침팬지[tʃʰimpʰɛndʒi: チムペンジー] chimpanzee 图 〈動〉チンパンジー.

침하[沈下][tʃʰimha チムハ] 图 [하自] 沈下; 沈降 ¶지반이 ~하다[tʃibani ~hada チバニ ~ハダ] 地盤が沈下する.

침해[侵害][tʃʰimhɛ チムヘ] 图 [하他] 侵害 ¶프라이버시가 ~되다[pʰɯraibɔʃiɡa ~dweda プライボシガ ~ドウェダ] プライバシーが侵害される.

침-흘리개[tʃʰimhɯlliɡɛ チムフルリゲ] いつもよだれを垂らしている人.

칩[tʃʰip チプ] chip 图 チップ ① (トランプ・ルーレットで)賭けに使う札 ② 木材の小片; パルプの原料 ③ 野菜の薄切り ¶포테이토[カムジャ] ~[pʰotʰeitʰo(kamdʒa)~ ポテイト(カムジャ)~] ポテトチップ ④ (集積回路の)チップ.

칩거-하다[蟄居—][tʃʰipkʼɔhada チプコハダ] 自 蟄居ᄻᆞᆯ를する ¶시골에 ~[ʃiɡore ~ シゴレ ~] 田舎に蟄居する.

***칫-솔**[歯—][tʃʰisʼol チッソル] 图 歯ブラシ —**질**[dʒil ジル] 图 [하自] 歯ブラシで歯を磨くこと.

칭송[稱頌][tʃʰiŋsoŋ チンソン] 图 [하他] ほめたたえること ¶그의 ~이 자자하다[kɯe ~i tʃadʒahada クエ ~イ チャジャハダ] 彼の称賛の声が高い.

칭얼-거리다[tʃʰiŋɔlɡɔrida チノルゴリダ] 自 むずかる; だだをこねる.

***칭찬**[稱讚][tʃʰiŋtʃʰan チンチャン] 图 [하他] 称賛 ¶~의 말[~e ma:l ~エ マール] 称賛の言葉 / 극구 ~하다[kɯkʼu ~hada ククク ~ハダ] 口をきわめて称賛する[ほめたたえる].

칭-하다[稱—][tʃʰiŋhada チンハダ] [他] [여変] 称する; 言う; 呼ぶ.

칭호[稱號][tʃʰiŋho チンホ] 图 称号 ¶그는 명예 박사의 ~를 받았다[kɯnɯn mjɔŋebaksʼae ~rɯl padatʼa クヌン ミョンエバクサエ ~ルル パダッタ] 彼は名誉博士の称号を受けた.

ㅋ

카 [kʰaː カー] car 名 カー ¶미니~ [mini~ ミニ~] ミニカー **―스테레오** [sutʰereo ステレオ] 名 カーステレオ **―페리** [pʰeri ペリ] 名 カーフェリー.

카네기홀 [kʰaːnegi hoːl カーネギ ホール] Carnegie Hall 名 カーネギーホール(ニューヨーク市の演奏会場).

카네이션 [kʰaːneiʃon カーネイション] carnation 名〈植〉カーネーション.

카니발 [kʰaːnibal カーニバル] carnival 名 カーニバル; 謝肉祭.

카드 [kʰaːdɯ カードゥ] card 名 カード ¶크레디트 ~ [kʰɯreditʰɯ ~ クレディトゥ ~] クレジットカード **―놀이** [nori ノリ] 名 カードプレー; トランプ遊び **―섹션** [sekʃʼon セクション] 名 カードセクション.

카디건 [kʰaːdigon カーディゴン] cardigan 名 カーディガン; 前あきでボタン留めのセーター.

카랑카랑(-하다) [kʰaraŋkʰaraŋ(hada) カランカラン(ハダ)] 形 ① 晴れ渡って寒い; 冷え冷え ② 声音が甲高く透き通っている; りんりんと; きんきんと ¶~-하게 야무진 음성(音聲) [~-hage jamudʒin ɯmsoŋ ~-ハゲ ヤムジン ウムソン] きんきん[りんりん]とよく響く声 ③ なみなみと ¶술을 ~-하게 따르다 [surɯl ~-hage tʼarɯda スルル ~-ハゲ ッタルダ] 酒をなみなみとつぐ.

카레 [kʰare カレ] curry 名 カレー **―라이스** [raisɯ ライス] 名 カレーライス; ライスカレー.

카리스마 [kʰarisɯma カリスマ] 名 カリスマ; 超人的な能力[資質]

*카메라 [kʰamera カメラ] camera 名 カメラ; 写真機 ¶TV ~ [tʰiːbiː ~ ティービー ~] テレビカメラ **―맨** [mɛn メン] 名 カメラマン **―앵글** [ɛŋgɯl エングル] 名 カメラアングル **―워크** [wɔːkʰɯ ウォーク] 名 撮影技術; カメラワーク.

카멜레온 [kʰamelleon カメルレオン] chameleon 名〈動〉カメレオン; カメレオン科の爬虫類の総称(環境に応じて体色を変化させる).

카무플라주 [kʰamupʰɯllaːdʒu カムプラージュ]〈フ〉camouflage 名 하他 カムフラージュ; 偽装・変装などで人目をごまかすこと; カモフラージュ.

카바레 [kʰabare カバレ]〈フ〉cabaret 名 キャバレー; ナイトクラブ.

카세트 [kʰasetʰɯ カセットゥ] cassette 名 カセット **―테이프** [tʰeipʰɯ テイプ] 名 カセットテープ.

카운슬러 [kʰaunsɯllɔ カウンスルロ] counsellor 名 カウンセラー; 相談員.

카운슬링 [kʰaunsɯlliŋ カウンスルリン] counselling 名 カウンセリング; 臨床心理学の立場から, 悩み事の相談に応じ, 助言・指導すること.

카운터 [kʰauntʰɔ カウントㇷ゚] counter 名 (銀行・ホテル・飲食店などでの)カウンター **―블로** [bullo ブルロ] 名 (ボクシングで) カウンターブロー(counter-blow) **―=펀치** [pʰɔntʃʰi ポンチ] 名 (ボクシングで) カウンターパンチ(counterpunch); 相手の攻撃の瞬間に, 逆に打撃を加えること, また, その打撃.

카운트 [kʰauntʰɯ カウントゥ] count 名 하自他 カウント ¶볼~ [boːl~ ボール~] ボールカウント / 풀~ [pʰul~ プル~]〈野〉フルカウント **―다운** [daun ダウン] 名 カウントダウン; 秒読み **―아웃** [(kʰaunth)aut (カウン)タウッ] 名 カウントアウト.

카이저 수염 [kʰaidʒɔsujɔm カイジョスヨム]〈ド〉Kaiser- 名 カイゼルひげ; 両端の跳ね上がった八の字形の口ひげ.

카지노 [kʰadʒino カジノ]〈フ〉casino 名 カジノ; 賭博𝑏ば場; 遊技場.

카탈로그 [kʰatʰallogɯ カタロッグ] catalogue 名 カタログ.

카테고리 [kʰatʰegori カテゴリ] category;〈ド〉Kategorie 名〈哲〉カテゴリー; 範疇はんちゅう ¶~-로 나누다 [~ro nanuda ~ロ ナヌダ] カテゴリーに分ける.

카톨릭 [kʰatʰollik カトルリㇰ] catholic 名〈基〉カトリック **―교** [(kʰatʰolli)kʼjo キョ] 名 カトリック教 **―교회당** [(kʰatʰolli)kʼjoːhwedaŋ キョーフェダン] **・―성당**(聖堂) [sʼɔːŋdaŋ ソーンダン]

ン] 图 カトリック教会堂[聖堂].

카투사 [kʰathusa カトゥサ] 图 駐韓米軍に配属されている韓国軍人(KATUSA) (Korean Augmentation Troops to the United States Army).

카페 [kʰaphe カペ] 〈フ〉cafe 图 カフェー; 喫茶店 **―오레** [ore オレ] 图 カフェオレ(〈フ〉café au lait) (喫茶店などで) コーヒーと温いミルクとを等量に入れた飲み物 **―테리아** [theria テリア] 图 カフェテリア(cafeteria); 客が好みの料理を自分で食卓に運ぶ形式の食堂.

카펫 [kʰa:phet カーペット] carpet 图 カーペット; じゅうたん.

카피 [kʰaphi カピ] capy 图 ① 複写すること; 写し; 複製 ¶~를 뜨다 [~rɯl t'ɯda ~ルル ットゥダ] コピーを取る ② 広告の文章 **―라이터** [raithə ライト] 图 コピーライター; 広告の文案を作成する人 **―라이트** [raithɯ ライトゥ] 图 コピーライト; 著作権; 略号 ⓒ.

각각-거리다 [kʰakhak'ɔrida カクカクコリダ] 圊 げえっ[があっ]とする; 喉にひっかかったものを吐き出そうとする音.

칵테일 [kʰaktheil カクテイル] cocktail 图 カクテル; 各種の洋酒に果汁・シロップ・氷片などを入れて混ぜ合わせたもの **―광선** [gwaŋsɔn グァンソン] 图 カクテル光線; 野球場などの照明に使う光線; 昼光色に近くするために、水銀・白熱灯・ナトリウム灯などの光線を混ぜたもの **―글라스** [gɯlla:sɯ グルラース] 图 カクテルグラス **―드레스** [durɯ:sɯ ドゥレス] 图 カクテルドレス; 女性用の略式礼装(カクテルパーティーなどに着る) **―라운지** [raundʒi ラウンジ] 图 カクテルラウンジ; 簡単な形式のバーを備えた談話室 **―파티** [pha:thi パーティー] 图 カクテルパーティー; カクテルを主とした立食式の宴会.

칸 [kʰan カン] ① 图 四方を囲った線の中 ② (依名) 間; 家の間数を数える語 ¶ 한 ~ 방 [han ~ baŋ ハン ~バン] 1間の部屋.

칸-막이 [kʰanmagi カンマギ] 图 他自他 仕切り; 間仕切り ¶~ 커튼 [~ kʰɔ:tʰɯn ~ コートゥン] 仕切りのカーテン.

칸초네 [kʰantʃʰone カンチョネ] 〈イ〉canzone 图〈楽〉カンツォーネ; イタリアの大衆的な歌曲.

칸트 [kʰanthɯ カントゥ] Kant カント[ドイツの哲学者].

***칼** [kʰal カル] 图 (刀・包丁・ナイフなどの)刃物 ¶~을 갈다 [(kʰar)ɯl ka:lda (カ)ルル カールダ] 刀を研ぐ / 부엌~ [puɔ~ プオク~] 包丁 / 싸움 [~s'aum ~ッサウム] 刀剣での戦い.

***칼-국수** [kʰalguks'u カルグクス] 图 包丁で細長く切り刻んだ手打ちうどん.

칼-끝 [kʰalk'ɯt カルックッ] 图 刃先; 切っ先; 太刀先 ¶~이 날카롭다 [(kʰalk'ɯth)i nalkʰaropt'a (カルック)チ ナルカロプタ] 刃先が鋭どい.

***칼-날** [kallal カルラル] 图 (刃物の)刃; 白刃 ¶~이 무디다 [(kʰallar)i mudida (カルラ)リ ムディダ] 刃が鈍い.

칼럼 [kʰallom カルロム] column 图 コラム; 新聞・雑誌などの短評欄 **―니스트** [nisɯthɯ ニストゥ] 图 コラムニスト; コラムの記事を書く人.

칼로리 [kʰallori カルロリ] calorie 图 (依名) カロリー ¶~가 많다 [적다] [~ga ma:ntʰa [tʃɔ:kt'a] ~ガ マーンタ [チョークタ]] カロリーが多い[少ない].

칼리지 [kʰallidʒi カルリジ] college 图 カレッジ; 単科大学 ¶이튼 (Eton) ~ [i:tʰɯn ~ イートゥン ~] イートンカレッジ.

칼-맞다 [kʰalmat'a カルマッタ] 圊 刀剣で切られる; 刃物で刺される.

칼-부림 [kʰalburim カルブリム] 图 他自 刃物を振り回すこと ¶말다툼에서 비롯된 ~ [ma:ldatʰɯmesɔ pirot'wen ~ マールダトゥメソ ピロッテン ~] 口論から始まった刃傷沙汰 **―소동(騷動)** [sodoŋ ソドン] 图 刃物三昧; 刃傷沙汰先.

칼-자국 [kʰaltʃ'aguk カルチャグク] 图 切り傷; 切り目; 刻み目 ¶~이 있는 얼굴 [(kʰaltʃ'agug)i innɯn ɔlgul (カルチャグ)ギ インヌン オルグル] 切り傷のある顔 / ~을 내다 [(kʰaltʃ'agug)ɯl nɛ:da (カルチャグ)グル ネーダ] 刻み目[切り目]をつける.

칼-자루 [kʰaltʃ'aru カルチャル] 图 ① (刀剣の)柄 ¶~에 손을 대다 [~e sonɯl tɛ:da ~エ ソヌル テーダ] 柄に手をかける ② 実権; 力 ¶~를 쥔 사람 [~rɯl tʃwi:n sa:ram ~ルル チュィーン サーラム] 実権を握っている人; 相手より有利な立場にある人.

칼-질 [kʰaldʒil カルジル] 图 他自 ① 刃物で切ったり削ったり刻んだりするこ

칼집 [kʰaltʃip 칼チプ] 名 (刀の)鞘 ¶~에서 칼을 뽑다 [(kʰaltʃ'ib) esɔ kʰarul p'opt'a (カルチ)ベソ カルル ポプタ] 刀の鞘を払う.

칼-춤 [kʰaltʃʰum カルチュム] 名 剣舞 ¶~을 추다 [~ul tʰuda (カルチュ)ムル チュダ] 剣舞を舞う.

칼칼-하다 [kʰalkʰarhada カルカルハダ] 形 여変 ① のどがからからだ ② ひりひりと辛い.

***캄캄-하다** [kʰamkʰamhada カムカムハダ] 形 여変 ① 真っ暗だ ¶~-한 밤 [~-han pam ~-ハン パム] 真っ暗やみの夜 ② 前途が暗い ¶앞길이 ~ [apk'iri ~ アプキリ ~] お先が真っ暗だ; 前途が暗い ③ (知識などに)暗い; 疎い ¶컴퓨터에 관해서는 ~ [kʰɔmpʰju:tʰɔe kwanhɛsɔnɯn ~ コムピュートエ クァンヘソヌン ~] コンピューターに関しては何も知らない ④ 知るすべてが全然ない; (通信などが)途絶える ¶소식(消息)이 ~ [soʃigi ~ ソシギ ~] 便りが全然ない; 音沙汰がない **캄캄-해지다** [kʰamkʰamhɛdʒida カムカムヘジダ] 自 暗くなる.

캄플라지 [kʰampʰulla:dʒi カムプルラージ] 〈フ〉comouflage 名 하他 カムフラージュ; 偽装; ='카무플라주'.

캐-내다 [kʰɛ:nɛda ケーネダ] 他 ① 掘り出す ② (内容·秘密などを)探り出す.

***캐다** [kʰɛ:da ケーダ] 他 ① (埋もれているものを)掘る ¶석탄을[감자를] ~ [sɔkthanul [kamdʒarul] ~ ソクタヌル[カムジャルル] ~] 石炭[芋]を掘る ② 探り出す; 問いただす; 突きとめる ¶비밀을 ~ [pi:mirul ~ ピーミルル ~] 秘密を探り出す / 이유를 ~ [i:jurul ~ イーユルル ~] 理由を問いただす / 근원(根源)을 ~ [kunwɔnul ~ クヌォヌル ~] 元を尋ねる[明かす].

캐디 [kʰɛdi ケディ] caddie 名 ゴルファーについて, 道具を運んだり, プレーの手助けをしたりする人.

캐러밴 [kʰɛrɔbɛn ケロベン] caravan 名 キャラバン; 隊商.

캐럴 [kʰɛrɔl ケロル] carol 名 キャロル; ¶크리스마스 ~ [kʰɯrisumasu ~ クリスマス ~] クリスマスキャロル.

캐럿 [kʰɛrɔt ケロッ] carat 依名 カラット ¶다이아몬드 1~ [daiamondɯ il ~ ダイアモンドゥ イル~] ダイヤモンド1カラット.

캐리커쳐 [kʰɛrikʰɔtʃʰɔ ケリコチョ] caricature 名 カリカチュア;諷刺画;戯画.

캐릭터 [kʰɛriktʰɔ ケリクト] character 名 キャラクター ① 性格 ② 小説·漫画などの登場人物.

캐-묻다 [kʰɛ:mut'a ケームッタ] 他 ㅂ変 聞きただす; 問い詰める; ='캐어묻다' ¶사실을 ~ [sa:ʃirul ~ サーシルル ~] 事実を聞きただす.

캐비닛 [kʰɛbinit ケビニッ] cabinet 名 キャビネット.

캐비아 [kʰɛbia ケビア] cabiar 名 キャビア; チョウザメの卵の塩漬け.

캐비지 [kʰɛbidʒi ケビジ] cabbage 名 〈植〉キャベツ; 玉菜.

캐스터 [kʰɛsutʰɔ ケスト] caster 名 ① (テレビニュースなどの)キャスター; 報道員; 解説者 ② (スパイスの)カスター; キャスター; 塩·こしょう·芥子·ソースなどを入れてテーブルに載せておく器具.

캐스트 [kʰɛsutʰɯ ケストゥ] cast 名 キャスト; (演劇·映画などの)配役.

캐스팅 보트 [kʰɛsutʰiŋ bo:tʰɯ ケスティン ボートゥ] casting vote 名 キャスチングボート; カスティングボート ¶~를 쥐다 [~rul tʃwi:da ~ルル チュィーダ] キャスチングボートを握る.

캐시 [kʰɛʃi ケシ] cash 名 キャッシュ; 現金 ¶~ 카드 [~ kʰa:dɯ ~ カードゥ] キャッシュカード.

캐어-묻다 [kʰɛɔmut'a ケオムッタ] 他 ㄷ変 根掘り葉掘り聞きただす; 問い詰める ¶죄상을 ~ [tʃwe:saŋul ~ チュェーサンウル ~] 罪状を聞きただす.

캐주얼 [kʰɛdʒuɔl ケジュオル] casual 名 カジュアル ¶~ 웨어 [~ wɛɔ ~ ウェオ] カジュアルウェア.

캐처 [kʰɛtʃʰɔ ケチョ] catcher 名 〈野〉キャッチャー; 捕手.

캐치 [kʰɛtʃʰi ケチ] catch 名 하自他 キャッチ **―볼** [bo:l ホール] 名 キャッチボール **―프레이즈** [pʰɯreidʒɯ プレイジュ] 名 キャッチフレーズ.

캐피털리즘 [kʰɛpʰitʰɔllidʒɯm ケピトルリジュム] capitalism 名 〈経〉キャピタリズム; 資本主義.

캑캑-거리다 [kʰɛkkʰɛk'ɔrida ケクケクコ

リタ] 自 (のどにつかえたものを吐き出すために)かっかっと声を張り上げる.

캔디 [kʰɛndi ケンデイ] candy 名 キャンデー; アイスキャンデーの略.

캔버스 [kʰɛnbʌsɯ ケンボス] canvas 名 キャンバス; カンバス油絵を描くのに用いる画布.

캔슬 [kʰɛnsɯl ケンスル] cancel 名 하他 キャンセル; 取り消し.

캘리코 [kʰɛlliko ケリィコ] calico 名 キャラコ; 薄くて光沢のある平織りの白い綿布=옥양목(玉洋木) [ogjaŋmok オギャンモク]

캘린더 [kʰɛllindʌ ケルリンド] calendar 名 カレンダー, こよみ.

캠퍼스 [kʰɛmpʰʌsɯ ケムポス] campus 名 キャンパス; 大学などの構内・学内.

캠페인 [kʰɛmpʰein ケムペイン] campaign 名 キャンペーン; 会社・政治・営業の活動のための組織的な運動や宣伝 ¶ ~을 펼치다 [~ɯl pʰjʌltɕʰida (ケムペイ) ヌル ピョルチダ] キャンペーンを張る[繰り広げる].

캠프 [kʰɛmpʰɯ ケムプ] camp 名 하自 キャンプ; 野営 ━생활 [sɛŋhwal センファル] 名 キャンプ生活 ━촌 [tɕʰon チョン] 名 キャンプ村 ━파이어 [pʰaiʌ パイオ] 名 キャンプファイア.

캠핑 [kʰɛmpʰiŋ ケムピン] camping 名 하自 キャンピング; 野営; テント[キャンプ]生活 ¶ ~가다 [~gada ~ガダ] キャンプに行く.

캡 [kʰɛp ケプ] cap 名 キャップ; 縁なし帽子; 万年筆・瓶などのふた.

캡션 [kʰɛpɕʌn ケプション] caption 名 (新聞などの)キャプション; 記事; 見出し, 説明文 ¶ 사진에 ~을 달다 [sadʑine ~ɯl talda サジネ (ケプション) ヌル タルダ] 写真に説明文をつける.

캡슐 [kʰɛpɕuːl ケプシュル] capsule 名 カプセル=갑셀 [kʰapsˀel カプセル] ¶ 우주 ~ [uːdʑu ~ ウージュ ~] 宇宙カプセル / 타임 ~ [tʰaim ~ タイム ~] タイムカプセル.

캡틴 [kʰɛptʰin ケプティン] captain 名 キャプテン; 首領; 長; 船長; 主将.

캥거루 [kʰɛŋgʌru ケンゴル] kangaroo 名 〈動〉カンガルー.

커녕 [kʰʌnjʌŋ コニョン] 助 (…は)さておいて; …どころか ¶ 짐승(은)~ 새도 못잡았다 [tɕimsɯŋ(ɯn) ~ sɛːdo moːtɕʰabatˀa チムスン(ウン) ~ セード モッチャバッタ] 獣どころか, 鳥も捕れなかった / 정직하기(는) ~ 거짓말쟁이다 [tɕʌːŋdʑikʰagi(nɯn) ~ kʌːdʑinmaldʑɛŋida チョーンジクカギ(ヌン) ~ コージンマルジェンイダ] 正直どころか大うそつきである.

커닝 [kʰʌniŋ コニン] cunning 名 하他 カンニング; チーティング(cheating)〈米国〉; 試験時に不正な行為をすること.

*커-다랗다 [kʰʌːdaratʰa コーダラッタ] 形 ㅎ変 (とても)大きい ¶ 커다란 눈 [kʰʌːdaran nun コーダラン ヌン] 大きい目.

커다래-지다 [kʰʌːdarɛdʑida コーダレジダ] 自 (とても)大きくなる ¶ 놀라서 눈이 ~ [noːllaso nuni ~ ノールラソ ヌニ ~] びっくりして目がまん丸くなる.

커리큘럼 [kʰʌrikʰjullʌm コリキュルロム] curriculum 名 カリキュラム; 教育課程.

커머셜 [kʰʌmʌːɕʌl コモーショル] commercial 名 コマーシャル; 商業上; 商業的 ━메시지 [meɕidʑi メシジ] 名 コマーシャルメッセージ; テレビ・ラジオの広告放送; CM ━송 [soŋ ソン] 名 コマーシャルソング; テレビ・ラジオなどから流される広告用の歌; CMソング.

커뮤니케이션 [kʰʌmju:nikʰeiɕʌn コミューニケイション] communication 名 コミュニケーション; 言葉などによる意思・情報の伝達 ¶ 매스 ~ [mɛsɯ ~ メス ~] マスコミュニケーション; マスコミ=매스컴 [mɛsɯkʰʌm メスコム].

커미션 [kʰʌmiɕʌn コミション] commission 名 コミッション; 仲介の手数料.

커버 [kʰʌbʌ コボ] cover 名 하他 カバー ¶ ~를 씌우다 [~rɯl ɕˀiuda ~ルル ッシウダ] カバーをかける / 결점을 ~하다 [kjʌltɕʌmɯl ~hada キョルチョムル ~ハダ] 欠点をカバーする.

커브 [kʰʌːbɯ コーブ] curve 名 カーブ ¶ 급을 틀다 [kɯpɯl tʰɯlda クプルトゥルダ] (車で)急カーブを切る / 아웃~ [aut~ アウッ~] アウトカーブ / 인~ [in~ イン~] インカーブ.

*커-지다 [kʰʌdʑida コジダ] 自 大きくなる; 広がる; 成長する ¶ 사업이 ~ [saːʌbi ~ サーオビ ~] 事業が広がる[成長する] / 키가 ~ [kʰiga ~ キガ ~] 背が伸びる.

커터 [kʰʌtʰʌ コト] cutter 名 カッター; 切る道具; 刃物; 裁断機.

커트 [kʰʌtʰɯ コトゥ] cut 名 하他 カッ

ト=**'컷'** ① 切ること ② (野球で)カッティング=**커팅**[kʰɔtʰiŋ コティン] ③ 小さな挿し絵や写真=**'컷'** ④ 映画の一場面 **—라인**[rain ライン] 图 カットライン; 切り捨てる線; 及落線; 合格圏の最低線 ¶ ～ 선상에 있다[～ sɔnsaŋe it'a ～ ソンサンエ イッタ] 及落線上にある.

커튼 [kʰɔ:tʰun コートゥン] curtain 图 カーテン; 窓掛け ¶ ～을 치다[～ul tɕʰida (コートゥ)ヌル チダ] カーテンを閉める[引く].

커틀릿 [kʰɔtʰullit コトゥルリッ] cutlet 图 〈料理〉 カツレツ; カツ; 薄切り肉を揚げた料理 ¶ 비프[포크] ～ [bi:pʰu[pʰo:kʰu] ビーフ[ポーク] ～] ビーフ[ポーク]カツレツ.

커플 [kʰɔpʰul コプル] couple 图 カップル; 夫婦・恋人同士など男女の1組 ¶ 잘 어울리는 ～ [tɕar ɔullinun ～ チャロウルリヌン ～] お似合いのカップル.

＊커피 [kʰɔ:pʰi コーピ] coffee 图 コーヒー ¶ 냉(冷)～ [nɛ:ŋ～ ネーン～] アイスコーヒー / 블랙～로 마시다[bullɛ～ro maɕida ブルレク～ロ マシダ] ブラックコーヒーで飲む **—세트** [setʰu セトゥ] 图 コーヒーセット **—숍** [ɕɔp ショプ] 图 コーヒーショップ; 喫茶店 **—포트** [pʰotʰu ポトゥ] 图 コーヒーポット.

-컨대 [kʰɔndɛ コンデ] 語尾 …するに=하건대[haɡɔndɛ ハゴンデ] ¶ 곰곰이 생각～ [ko:mɡomi sɛŋɡa～ コームゴミ センガク～] つらつら考えるに / 원～ 무사하기를 [wɔ:n～ musahaɡirul ウォーン～ ムサハギルル] 願わくは無事であらんことを.

컨디셔너 [kʰɔndiɕɔnɔ コンディショノ] conditioner 图 コンディショナー; 調節装置; エアコンディショナーの略; エアコン=에어컨[eɔkʰɔn エオコン].

컨디션 [kʰɔndiɕɔn コンディション] condition 图 コンディション; 調子 ¶ 몸의 ～이 좋다[나쁘다][mome ～i tɕo:tʰa[nap'uda] モメ (コンディショ)ニ チョータ[ナップダ]] 体のコンディションがいい[体調が悪い].

컨설턴트 [kʰɔnsɔltʰɔntʰu コンソルトントゥ] consultant 图 コンサルタント; 経営顧問 **—엔지니어** [endʑinio エンジニオ] 图 コンサルタントエンジニア; 技術顧問.

컨테이너 [kʰɔntʰeinɔ コンテイノ] container 图 コンテナ.

컨트롤 [kʰɔntʰuro:l コントゥロール] control 图 하他 コントロール; 管理; 支配; 統制; 制御; 調節; 〈野〉制球力 ¶ ～이 좋은 투수 [(contʰuro:r)i tɕo:un tʰusu (コントゥロー)リ チョーウン トゥス] コントロールのよい投手.

컨트리 클럽 [kʰɔntʰuri kʰullɔp コントゥリクルロプ] country club 图 カントリークラブ.

컬러 [kʰɔllɔ コルロ] color 图 カラー **—사진** [sadʑin サジン] 图 カラー写真 **—필름** [pʰillum ピルルム] 图 カラーフィルム.

컬렉션 [kʰɔllekɕɔn コルレクション] collection 图 コレクション; 収集(品).

컬컬-하다 [kʰɔlkʰɔrhada コルコルハダ] 形 여変 ① のどがひどく渇いて冷たいものが飲みたい; のどがからからだ ¶ 목이 ～하니 맥주 한잔 하세 [moɡi ～hani mɛktɕ'u handʑan hase モギ ～ハニ メクチュ ハンジャン ハセ] のどがからからに渇いたからビールでも1杯飲もう ② (味が)ひりひりと辛い ③ (声に)渋味がある ¶ ～한 목소리 [～han mok-s'ori ～ハン モクソリ] しわがれてにごった声 ④ (性格が)さっぱりしている.

컴백 [kʰɔmbɛk コムベク] 图 하自 カムバック; 復帰; 返り咲き.

＊컴컴-하다 [kʰɔmkʰɔmhada コムコムハダ] 形 여変 ① 暗い; 真っ暗だ; '캄캄하다' より ¶ ～한 지하실 [～-han tɕihaɕil ～-ハン チハシル] 暗い地下室 ② 腹黒い ¶ 속이 ～한 사람 [so:ɡi ～-han sa:ram ソーギ ～-ハン サーラム] 腹黒い人 ③ 暗澹然としている.

＊컴퓨터 [kʰɔmpʰju:tʰɔ コムピュート] computer 图 コンピューター **—그래픽스** [ɡurɛpʰiks'u グレピクス] 图 コンピューターグラフィックス **—바이러스** [bairɔsu バイロス] 图 コンピューターウイルス; コンピューターのデータを破壊する目的で侵入してくるプログラム.

＊컵 [kʰɔp コプ] cup 图 カップ; コップ ¶ 우승～ [usuŋ～ ウスン～] 優勝カップ / ～라면 [(kʰɔm)namjɔn (コム)ナミョン] カップヌードル / 월드～ [wɔ:ldu～ ウォルドゥ～] ワールドカップ / 잔술 [tɕansul チャンスル] コップ酒.

컷 [kʰɔt コッ] cut 图 하他 カット ① 切断 ¶ 검열에서 ～되다 [kɔ:mjɔresɔ ～t'weda コーミョレソ ～トゥェダ] 検閲

でカットされる / 머리를 ~하다 [moriruːl (kʰo)tʰada モリルル ~タダ] 髪をカットする ② 小さな挿し絵や写真 ③ 映画の一場面; ショット(shot) ④ (卓球・野球・テニスなどで)球をななめに打ち切ること ━ラ인 [(kʰɔn)rain (コン)ライン] 图 カットライン; 及落線.

케이블 [kʰeibuɾl ケイブル] cable 图 ケーブル ¶해저 ~ [hɛːdʒɔ ~ ヘージョ ~] 海底ケーブル ━카 [kʰaː カー] 图 ケーブルカー(car).

케이스 [kʰeisu ケイス] case 图 ケース ① 場合; 出来事; 事例 ¶테스트 ~ [tʰesutʰɯ ~ テストゥ ~] テストケース; 試験台; 判例として定着するような訴訟事件 / ~ 바이 ~ [~ bai ~ ~ バイ ~] ケースバイケース ② 容器; 入れ物; 箱.

케이-오 [kʰeioː ケイオー] KO 图 ケーオー; ノックアウト=녹카웃 [nokʰaut ノクカウッ] ━승 [sɯŋ スン] 图 ケーオー勝ち.

*케이크 [kʰeikʰɯ ケイク] cake 图 ケーキ; 洋菓子.

케일 [kʰeil ケイル] kale 图 〈植〉ケール (キャベツに似た野菜).

케첩 [kʰetʃʰɔp ケチョプ] ketchup 图 ケチャップ.

케케-묵다 [kʰekʰemukta ケケムクタ] 形 古臭い; 陳腐だ; 時代遅れである ¶~-묵은 생각 [~-mugɯn sɛngak ~-ムグン センガク] 古臭い[陳腐な]考え / ~-묵은 제조 방식 [~-mugɯn tʃedʒo baŋʃik ~-ムグン チェージョ バンシク] 時代遅れの製造方式.

켕기다 [kʰeŋgida ケンギダ] **1** 自 ① 張りつめる; ぴんと張る ¶밧줄이 팽팽하게 ~ [paːtsʼuri pʰɛŋpʰɛŋhage ~ パーッチュリ ペンペンハゲ ~] 綱がぴんと張られる ② (なんとはなしに)気にかかる; 気後れする; 気がひける ¶마음속으로 사뭇 ~ [maɯm sogɯro samut ~ マウムソグロ サムッ ~] 心中どうも気がひける ③ 互いに張り合う **2** 他 引っ張る; ぴんと張る ¶줄을 바짝 ~ [tʃurɯl patsʼak ~ チュルル パッチャク ~] ロープをぴんと(引っ)張る.

켜 [kʰjɔ キョ] 图 (重なった物の)層; 重ね ¶세~로 쌓다 [seː~ro sʼatʰa セー~ロ ッサッタ] 3層に積む **켜켜-이** [kʰjɔkʰjoi キョキョイ] 副 重ね重ねに; 層ごとに.

켜-내다 [kʰjɔnɛda キョネダ] 他 (繭から糸を)紡ぎ出す.

*켜다 [kʰjɔda キョダ] 他 ① つける; ともす; (マッチを)擦る ¶불을 ~ [purɯl ~ プルル ~] 火をともす [つける] / 라디오를 ~ [radiorɯl ~ ラディオルル ~] ラジオをつける ② (のこぎりで)挽く ¶제목을 ~ [tʃemogɯl ~ チェモグル ~] 材木を挽く ③ (弦楽器などを)弾く; かき鳴らす ¶바이올린을 ~ [baiollinɯl ~ バイオリヌル ~] バイオリンを弾く ④ (繭から糸を)紡ぐ ⑤ (水・酒などを)一気に飲む; あおる; 飲みほす ¶술 한잔 ~ [sur handʒan ~ スル ハンジャン ~] 1杯の酒を飲みほす; 酒をひと息にあおる ⑥ 背伸び・あくびをする ¶크게 기지개를 ~ [kʰɯge kiːdʒigɛrɯl ~ クゲ キージゲルル ~] (両腕をあげて)大きく伸びをする.

켜이다 [kʰjɔida キョイダ] 自 '켜다' ②⑤の受動 ¶물이 ~ [muri ~ ムリ ~] 水を飲まされる.

켜-지다 [kʰjɔdʒida キョジダ] 自 ① つく; ともる ¶전등불이 ~ [tʃɔndɯŋp'uri ~ チョーンドゥンプリ ~] 電灯がつく[ともる] / 켜지지 않는다 [kʰjɔdʒidʒi annɯnda キョジジ アンヌンダ] (火・マッチなどが)つかない ② (のこぎりで)挽かれる ③ (楽器が)弾かれる.

*켤레 [kʰjolle キョルレ] 依名 …足; …組 ¶구두 1~ [kudu han~ クドゥ ハン~] 靴1足 / 양말 2~ [jaŋmal duː ~ ヤンマル ドゥー~] 靴下2足.

*코¹ [kʰo コ] 图 ① 鼻 ¶납작~ [napts'a~ ナプチャク~] あぐら鼻 / 들창~ [tultʃʰaŋ~ トゥルチャン~] しし鼻 / ~가 막히다 [~ga makʰida ~ガ マクキダ] はなが詰まる ② 洟る; 鼻汁; 鼻水 ¶~를 흘리다 [~rɯl hɯllida ~ルル フルリダ] はなを垂らす / ~를 훌쩍거리다 [~rɯl hultʃ'ɔkʼɔrida ~ルル フルチョクコリダ] はなをすする / ~를 풀다 [~rɯl pʰulda ~ルル プルダ] はなをかむ ━가 납작해지다 [ga napts'akʰɛdʒida ガ ナプチャクケジダ] 慣 恥をかく; 面目をつぶす[失う] ━가 높다 [ga noptʼa ガ ノプタ] 慣 鼻に掛ける; 傲慢だ; 得意さまである; 鼻高々だ ━가 빠지다 [ga pʼaːdʒida ガ パージダ] 慣 心配事で意気消沈する ━가 세다 [ga seːda ガ セーダ] 慣 鼻っ柱が強い; 鼻息が荒い ━를 맞대다 [rɯl matʼɛda ルル マッテダ] 慣 鼻を

つき合わせる；非常に近くより合う．

코²[kʰo 그] 图 ① 物の突き出た先；つま先 ¶구두~[kudu~ クドゥ~] 靴のつま先 ② 編み目 ¶~가 성기다[~ga sɔŋgida ~ガ ソンギダ] 編み目があらい / ~를 늘리다[~rɯl nɯllida ~ルル ヌルリダ] 増し目をする．

-코[kʰo 그] 接尾 …して ¶결~[kjɔl~ キョル~] 決して / 맹세~[mɛŋse~ メンセ~] 誓って．

코-감기[-感氣][kʰogamgi コガムギ] 图〈医〉鼻風邪 ¶~에 걸리다[~e kɔllida ~エ コルリダ] 鼻風邪をひく．

코-골다[kʰogolda コゴルダ] 自 己語幹 いびきをかく ¶~고는 사람[~-gonɯn sa:ram ~-ゴヌン サーラム] いびきをかく人 / 드렁드렁 ~[tɯrɔŋdɯrɔŋ ~ トゥロンドゥロン ~] 高いびきをかく．

코-끝[kʰok'ɯt コックッ] 图 鼻面；鼻先 ¶~에 종기(腫氣)가 났다[(kʰok'ɯ)the tɕoŋgiga nat'a ~テチョーンギガ ナッタ] 鼻先にできものができた / ~도 안 보인다[볼 수 없다][(kʰok'ɯ)t'o an boinda[pol s'u ɔ:pt'a] ~-ト アン ボインダ[ポル ッス オープタ]] 鼻先も見ることができない；全然姿を見せない；音沙汰がない．

＊코끼리[kʰok'iri コッキリ] 图〈動〉ゾウ（象）¶인도 ~[indo ~ インド ~] インド象 / ~ 비스킷[~ bisukʰet ~ ビスケッ] 象のビスケット．㊣ 食べものが少なくて足りないこと．「コニャック．

코냑[kʰonjak コニャク]〈フ〉cognac 图

코너[kʰo:nɔ コーノ] corner 图 コーナー ¶~를 돌다[~rɯl to:lda ~ルル トールダ] コーナーを回る ━킥[kʰik キク] 图 コーナーキック．

코-대답[-對答][kʰodɛdap コデダプ] 图 하自 (誠意のない)鼻であしらう答え；鼻先でする答え．

코-딱지[kʰot'aktɕ'i コッタクチ] 图 鼻くそ ¶~를 후비어 내다[~rɯl hubiɔneda ~ルル フビオ ネダ] 鼻くそをほじくり出す．

코-떼다[kʰot'eda コッテダ] 自 鼻を折られる；顔をつぶされる；恥をかく．

코러스[kʰo:rɔsɯ コーロス] chorus 图 コーラス；合唱；合唱曲；合唱団．

코르덴[kʰorɯden コルデン] corded velveteen 图 コールテン ¶~ 바지[~ badʑi ~ バジ] コールテンのズボン．

코르셋[kʰorɯset コルセッ] corset 图 コルセット ① 女性用の下着の1つ ② 医療器具の1つ．

코르크[kʰorɯkʰɯ コルク] cork 图 コルク ━마개[magɛ マゲ] 图 コルク栓．

코리아[kʰoria コリア] Korea・Corea 图 大韓民国・韓国(ROK)；朝鮮民主主義人民共和国(PRK)．

코린-내[kʰorinnɛ コリンネ] 图 ① 物の腐ったにおい ② (足などの)むれる臭気 =고린내[korinnɛ コリンネ]．

코-맹이[kʰomɛŋmɛŋi コメンメンイ] 图 鼻づまりの人；鼻声の人をあざけていう語 =코머거리[kʰomɔgɔri コモゴリ]．

코먹은 소리[kʰomɔgɯn sori コモグン ソリ] 图 鼻づまりの声；鼻声；=코멘 소리[kʰomen sori コメン ソリ] ¶감기(感氣)로 ~가 나다[ka:mgiro ~ga nada カームギロ ~ガ ナダ] 風邪で鼻づまりの声になる．

코멘트[kʰomentʰɯ コメントゥ] comment 图 하他 コメント；説明；論評 ¶노~[no:~ ノー~] ノーコメント．

코묻은 돈[kʰomudɯn to:n コムドゥン トーン] 图 子供らのこづかい銭．

코뮈니케[kʰomwinikʰe コミュニケ]〈フ〉communiqué 图 コミュニケ；(国際会議の経過などについての)公式声明 ¶공동 ~[ko:ŋdoŋ ~ コーンドン ~] 共同コミュニケ．

코미디[kʰomidi コミディ] comedy 图 コメディー；喜劇 ━언[ɔn オン] 图 コメディアン；喜劇俳優．

코믹[kʰomik コミク] comic 图 하形 ① コミック ¶~한 연극[(kʰomi)kʰan njɔ:nguk ~ カン ニョーングク] コミックな芝居 ② 漫画．

코-밑[kʰomit コミッ] 图 ① 鼻の下 ② 非常に近い所や時間．

코-바늘[kʰobanɯl コバヌル] 图 かぎ針 ━뜨기[t'ɯgi ットゥギ] かぎ針編み．

코발트-색[-色][kʰobaltʰusɛk コバルトゥセク] 图 コバルト色；空色 **코발트-블루**[kʰobaltʰɯbullu: コバルトゥブルー] 图 コバルトブルー；鮮やかな濃青色．

코-방귀[kʰobaŋgwi コバングィ] 图 ① 人を小ばかにしてふふんと鼻を鳴らすこと ② 人の忠告や意見をせせら笑うこと ¶~만 뀌다[~man k'wi:da ~マン ックィーダ] 鼻であしらう；冷たく扱う．

코방아-찧다[kʰobaŋa tɕ'itʰa コバンア ッチッタ] 自 ①（うつ伏せに倒れて）地面

코-배기 [kʰobɛgi コベギ] 名 鼻がずば抜けて大きい人をからかって言う語 ¶양~[jaŋ~ ヤン~] 西洋人; 外国人.

코-빼기 [kʰop'ɛgi コッペギ] 名 鼻の卑語 ¶~도 볼 수 없다[~do pol s'uɔːpt'a ~ド ポルス オㇷ゚タ] 鼻っ面も見えない; 全然顔出しもしない.

코뿔-소 [kʰop'ulsʼo コップルソ] 名 〈動〉サイ(犀) = 무소[muso ムソ].

코스트 [kʰosuɯtʰɯ コストゥ] 名 コスト ¶생산~[sɛŋsan~ センサン~] 生産コスト.

코-싸쥐다 [kʰosʼadʒwida コッサジュィダ] 自 (ひどく恥をかいたりやりこめられたりして)まわとに顔が上げられない.

코알라 [kʰoalla コアㇽラ] koala 名 〈動〉コアラ; こもりぐま.

코-앞 [kʰoap コアㇷ゚] 名 ① 鼻先; 目の前 ¶~에 들이대다[(kʰoapʰ)e twuridɛda (コア)ペトゥリデダ] 鼻に突きつける/~에 두다[(kʰoapʰ)e tuda (コア)ペトゥダ] 目の前に置く ② 目前に迫ること ¶마감 기일이 ~에 닥쳐오다[magam giiri (kʰoapʰ)e taktʃʰooda マガム ギイリ (コア)ペタクチョオダ] 締め切りの期日が目前に迫る.

***코-웃음** [kʰousɯm コウスㇺ] 名 冷笑; 嘲笑; 鼻笑い **—치다** [tʃʰida チダ] 自他 冷笑する; あざ笑う; せせら笑う.

코-쟁이 [kʰodʒɛŋi コジェンイ] 名 (鼻が大きい)西洋人をふざけていう語.

코-주부 [—主簿] [kʰodʒubu コジュブ] 名 鼻の大きい人の別の呼び名.

코코넛 [kʰokʰonɔt ココノッ] 〈フ〉coconut 名 ココナッツ; (コ)ヤシの実.

코코-야자 [—椰子] [kʰokʰoja:dʒa ココヤージャ] 名 〈植〉ヤシの木.

코-털 [kʰotʰɔl コトㇽ] 名 鼻毛 ¶~을 뽑다[(kʰotʰɔr)ɯl p'opt'a (コト)ルㇽ ッポㇷ゚タ] 鼻毛を抜く.

코펠 [kʰopʰel コペㇽ] 〈ド〉Kocher コッヘル; 登山用の組立式炊事用具.

코-피 [kʰopʰi コピ] 名 鼻血 ¶~를 흘리다[~rɯl hɯllida ~ルㇽ フㇽリダ] 鼻血を流す. 「(幼児が)ねんねする.

코-하다 [kʰo:hada コーハダ] 自 여変

코-홀리개 [kʰohullige コフㇽリゲ] 名 はな垂らし; (幼い子供の)はな垂れ.

콕 [kʰok コㇰ] 副 하自 ① ちくりと ¶바늘로 ~ 찌르다[panullo ~ tʃ'iruda パヌㇽロ ~ ッチㇽダ] 針でちくりと刺す ② こつんと ¶새가 부리로 ~ 쪼다[sɛːga puriro ~ tʃ'oːda セーガ プリロ ~ ッチョーダ] 鳥がくちばしでこつんとつつく ③ つんと ¶악취가 코를 ~ 찌르다[aktʃʰwiga kʰorɯl ~ tʃ'iruda アクチュィガ コルㇽ ~ ッチㇽダ] 悪臭がつんと鼻をつく.

콕-콕 [kʰokkʰok コㇰコㇰ] 副 하自 ① (突いたり刺したりする)ぐっぐっと ② (鳥がくちばしで)こつこつと ③ (尖ったもので突き刺す)ぷすっぷすっと; ぽつんぽつんと ④ (臭いなどが鼻を)つんつんと ⑤ (関節炎などで)ずきずき; ちくちく ¶뼈마디가 ~ 쑤시다[p'jɔmadiga ~ s'uʃida ッピョマディガ ~ ッスシダ] 骨っ節がずきずきうずく.

콘서트 [kʰonsɔ:tʰɯ コンソートゥ] concert 名 〈楽〉コンサート; 演奏会 **—홀**[ho:l ホーㇽ] 名 コンサートホール.

콘센트 [kʰonsentʰɯ コンセントゥ] 名 コンセント; プラグの差し込み.

콘택트 렌즈 [kʰontʰɛktʰɯ lendʒɯ コンテクトゥ レンジュ] contact lens 名 コンタクトレンズ.

콘테스트 [kʰontʰesɯtʰɯ コンテストゥ] contest 名 コンテスト; コンクール ¶스피치 ~[supʰiːtʃʰi ~ スピーチ ~] スピーチコンテスト.

콜드-게임 [kʰoldɯgeim コㇽドゥゲイㇺ] called game 名 〈野〉コールドゲーム.

콜드-크림 [kʰoːldɯ kʰuriːm コーㇽドゥクリーㇺ] cold cream 名 コールドクリーム. 「料水の1つ).

콜라 [kʰolla コㇽラ] cola 名 コーラ(飲

콜레스테롤 [kʰollesɯtʰeroːl コㇽレステローㇽ] cholesterol 名 〈医〉コレステロール; コレステリン.

콜록 [kʰollok コㇽロㇰ] 副 하自 ごほん; 咳の音 **—거리다** [(kʰollo)k'orida コㇽロッコリダ] 自 ごほんごほんと咳をする; 咳上げる; 咳込む ¶감기들어 ~[kaːmgidurɔ ~ カームギドゥロ ~] 風邪を引いてごほんごほんと咳をする.

콜-택시 [kʰoːltʰɛkʃʼi コーㇽテクシ] call taxi 名 電話で呼び出すタクシー.

콤비 [kʰombi コㇺビ] 名 コンビ; コンビネーション(combination)の略; (2つのものの)組み合わせ ¶명~[mjɔŋ~ ミョン~] 名コンビ/**콤비네이션 샐러드** [kʰombineiʃɔn sɛllɔdɯ コㇺビネイション セㇽロドゥ] コンビネーションサラダ.

콤팩트 [kʰompʰɛktʰɯ コㇺペクトゥ]

compact 형[하형] コンパクト ¶~ 거울 [~ gəul ~ ゴウル] コンパクトの鏡 **—디스크** [disɯkʰɯ ディスク] コンパクトディスク; CD.

콤플렉스 [kʰompʰulleksʰɯ コムプルレクス] complex 명 コンプレックス ① 〈心〉抑圧されて無意識下に残る感情の複合 ② インフェリオリティーコンプレックス (inferiority complex)の略; 劣等感 ¶ 영어에 ~가 있다 [jəŋəe ~ga it'a ヨンオエ ~ガ イッタ] 英語にコンプレックスがある ③ 〈建〉集合ビル.

콧-구멍 [kʰotk'uməŋ コックモン] 명 鼻孔; 鼻の穴 **—만 하다** [man hada マン ハダ] 관 鼻の穴ほどだ; (穴や空間などが)きわめて[とても]狭い.

콧-김 [kʰotk'im コッキム] 명 鼻息 ¶~이 세다 [~i se:da (コッキ)ミ セーダ] 鼻息が荒い; 관 意気込みが激しい; 関係が密接で影響力が大きい.

콧-날 [kʰonnal コンナル] 명 鼻筋; 鼻梁ぴりょう ¶~이 오똑한 미인 [(kʰonnar)i ot'ukʰan mi:in (コンナ)リ オットゥクカン ミーイン] 鼻筋の通った美人.

콧-노래 [kʰonnorɛ コンノレ] 명 鼻歌 ¶~를 부르다 [~rul purɯda ~ルル プルダ] 鼻歌を歌う.

*콧-대 [kʰot'ɛ コッテ] 명 鼻柱; 鼻っぱしら **—(가) 높다** [(ga) nopt'a (カ ノ)プタ] 관 鼻が高い; 傲慢だ **—(가) 세다** [(ga) se:da (カ セーダ] 관 鼻柱が強い; 強情で意地っぱりだ **—(를) 꺾다** [(rul) k'əkt'a (ルル) ッコクタ] 관 鼻柱をくじく; しゅんとさせる **—(를) 세우다** [(rul) seuda (ルル) セウダ] 관 鼻にかける; 傲慢な態度を見せる.

콧-등 [kʰot'uŋ コットゥン] 명 鼻の背; 鼻筋 ¶~이 세다 [~i se:da ~イ セーダ] 鼻柱が強い; 鼻息が荒い / 말의 ~을 어루만지다 [mare ~ɯl əruman dʒida マレ ~ウル オルマンジダ] 馬の鼻面をなでる.

*콧-물 [kʰonmul コンムル] 명 鼻水; 鼻汁; 洟な ¶~을 흘리다 [(kʰonmur)ɯl hullida (コンム)ルル フルリダ] はな[水っぱな]を垂らす / ~을 훌쩍거리다 [(kʰonmu)rul hultʃ'ək'ərida (コンム)ルル フルチョクコリダ] はな[水っぱな]をすする.

콧-방울 [kʰotp'aŋul コッパンウル] 명 小鼻; 鼻翼 ¶~을 벌름거리다 [(kʰot-p'aŋur)ul pəllumgərida (コッパンウ)]
ルル ポルルムゴリダ] 小鼻をうごめかす.

콧-병 [—病] [kʰotp'jəŋ コッピョン] 명 鼻の病気.

콧-소리 [kʰos'ori コッソリ] 명 鼻声 ¶~로 말하다 [~ro ma:rhada ~ロ マールハダ] 鼻声で言う / ~를 내다 [~rul nɛ:da コッソリルル ネーダ] 鼻声を出す.

콧-수염 [—鬚髯] [kʰos'ujəm コッスヨム] 명 口ひげ ¶~을 기르다 [~ɯl kiruda (コッスヨ)ムル キルダ] 口ひげをはやす.

콧-잔등(이) [kʰotʃ'andɯŋ(i) コッチャンドゥン(イ)] 명 鼻筋の少しへこんだ部分=코허리 [kʰohəri コホリ]の卑語.

*콩 [k'oŋ コン] 명 〈植〉豆; 大豆 ¶~을 볶다 [~ɯl pokt'a ~ウル ポクタ] 豆を炒る / ~을 심다 [~ɯl ʃi:mt'a ~ウル シームタ] 豆を植える.

콩-가루 [kʰoŋk'aru コンカル] 명 黄な粉; 豆の粉; =콩고물 [kʰoŋk'omul コンコムル] **—(가) 되다** [(ga) dweda (カ ドゥェダ] 砕けて粉々になる.

콩-강정 [kʰoŋgaŋdʒəŋ コンガンジョン] 명 炒り豆を水飴で固めた菓子.

*콩-국 [kʰoŋk'uk コンクク] 명 煮た大豆を擂りつぶしてしぼった汁; 豆乳 **콩-국수** [kʰoŋguks'u コングクス] 명 豆乳に麺類麺を入れた食べ物; 豆乳麺.

콩-기름 [kʰoŋgirum コンギルム] 명 豆[大豆]油.

콩-깍지 [kʰoŋk'aktʃ'i コンッカクチ] 명 大豆のさや; 豆がら ¶~를 벗기다 [~rul pətk'ida ~ルル ポッキダ] 豆を剥く. 「명 豆粕か.

콩-깻묵 [kʰoŋk'ɛnmuk コンッケンムク] *콩-나물 [kʰoŋnamul コンナムル] 명 豆もやし ¶~ 교실 [~ gjo:ʃil ~ ギョーシル] すし詰めの教室 **—국** [k'uk クク] 명 大豆もやし入りの汁 **—밥** [bap バプ] 명 大豆もやし入りの飯 **—죽** [dʒuk ジュク] 명 大豆もやし入りのかゆ.

콩-밥 [kʰoŋbap コンバプ] 명 ① 豆混ぜご飯 ② 俗 刑務所の囚人用の飯 **—먹다** [(kʰoŋbam) mək't'a (コンバム) モクタ] 관 俗 刑務所暮らしをする; 臭い飯を食う.

콩-밭 [kʰoŋbat コンバッ] 명 大豆畑 ¶~에서 두부를 찾는다 [(kʰoŋba)tʰesə tuburul tʰannunda ~テソ トゥブルル チャンヌンダ] 속 豆畑で豆腐を求める; 非常にせっかちな人のたとえ.

콩-버무리 [kʰoŋbəmuri コンボムリ]

콩-볶듯 [kʰoŋbokt'ut コンボクトゥッ] 副 하자타형 ① (豆を炒るように)乱射する銃声のたとえ; ぱちぱちと; ぱんぱんと ② 人をいじめて苦しめるさま; しつこく; 執拗に ③ せっかちで短気にふるまうさま; せかせかと.

콩-설기 [kʰoŋsəlgi コンソルギ] 名 米の粉に豆を幾段も重ね入れて蒸したもち.

콩소메 [kʰoŋsome コンソメ] 〈フ〉consommé 名〈料理〉コンソメ.

콩-알 [kʰoŋal コンアル] 名 ① 豆粒 ② ごく小さいもののたとえ ¶ 간이 ~만해지다 [ka:ni ~ manhɛdʑida カーニ ~ マンヘジダ] 肝が豆のように小さくなる; 肝を冷やす ③ 鉄砲玉; 銃弾.

콩-엿 [kʰoŋjət コンニョッ] 名 炒った豆を混ぜこんだ飴.

콩-잎 [kʰoŋnip コンニプ] 名 豆の葉.

콩-자반 [一佐飯] [kʰondʑaban コンジャバン] 名 黒豆のしょう油煮 ¶ ~ 반찬 [~ bantɕʰan ~ バンチャン] 煮豆のおかず.

콩-죽 [一粥] [kʰondʑuk コンジュク] 名 豆粥; ふやかした大豆を碾きその汁に米を入れて炊いたお粥.

콩-찰떡 [kʰontɕʰalt'ək コンチャルットク] 名 もち米の粉に, 黒豆を幾段も重ね入れて蒸したもち.

콩튀듯-팥튀듯 [kʰontʰwidutpʰatʰwidut コントゥィドゥッパットゥィドゥッ] 副 하자타 (大豆や小豆が炒られて弾けるように) ひどく怒って激しく地団駄を踏むさま; 飛び上がらんばかりに逆上するさま; 怒り狂って; かっかとなって.

콩트 [kʰontʰɯ コントゥ] 〈フ〉conte 名 コント; 掌編; 短編小説; 小話.

콩팥 [kʰoŋpʰat コンパッ] 名 ① 大豆と小豆 ②〈生〉腎臓 =신장 [ʑi:ndʑaŋ シーンジャン].

콱 [kʰwak クァク] 副 ① つんと; ぷすっと ¶ 단도로 ~ 찌르다 [ta:ndoro ~ tɕ'iruda ターンドロ ~ ッチルダ] 短刀でぶすっと突く ② むっと ¶ 악취가 코를 ~ 찌르다 [aktɕʰwiga kʰorɯl ~ tɕ'iruda アクチュィガ コルル ~ ッチルダ] 悪臭がむっと鼻をつく ③ ぐっと ¶ 숨이 ~ 막히다 [su:mi (kʰwaŋ) makʰida スーミ (クァン) マクヒダ] 息がぐっと詰まる ④ すっかり詰まるさま ¶ 하수관이 ~ 막히다 [ha:sugwani (kʰwaŋ) makʰida ハースグァニ (クァン) マクヒダ] 下水管が詰まっている / 말문이 ~ 막히다 [ma:lmuni (kʰwaŋ) makʰida マールムニ (クァン) マクヒダ] 物がまったく言えない; まったく返事につかえる.

콱콱-거리다 [kʰwakkʰwakk'ərida クァククァクコリダ] 自 (においが)つんつん(とつく); (息が)ぐっと詰まる.

쾀콸 [kʰwalkʰwal クァルクァル] 하자 副 ① どくどくと ¶ 피가 ~ 흐르다 [pʰiga ~ hurɯda ピガ ~ フルダ] 血がどくどくと流れ出る ② ざあざあと ¶ 물이 ~ 흐르다 [muri ~ hurɯda ムリ ~ フルダ] 水がざあざあ(と)流れる **―거리다** [gərida ゴリダ] 自 (水などが)ざあざあと流れ出る.

쾅 [kʰwaŋ クァン] 하자 副 どん; どかん(大砲・爆発の音); どしん(重い物の落ちる音).

쾅-쾅 [kʰwaŋkʰwaŋ クァンクァン] 副 하자타 ① どかんどかん(爆発する音) ② とんとん(と) ¶ 문을 ~ 두드리다 [munɯl ~ tudurida ムヌル ~ トゥドゥリダ] 戸をとんとん(と)たたく ③ どしんどしん(重い物がしきりに落ちるさま) **―거리다** [gərida ゴリダ] 自他 どかんどかん(と)音が鳴る; とんとんとたたく; どしんどしん(と)落ちるさま.

쾌 [kʰwɛ クェ] 依名 干しスケトウダラ(明太)20匹を1単位として数える語; 連.

쾌감 [快感] [kʰwɛgam クェガム] 名 快感 ¶ ~을 느끼다 [~ ɯl nukʼida (クェガ) ムル ヌッキダ] 快感を覚える.

쾌거 [快擧] [kʰwɛgə クェゴ] 名 快挙 ¶ 근래의 드문 ~ [kɯllɛe tumun ~ クールレエ トゥムン ~] 近来稀有な快挙.

쾌-남아 [快男兒] [kʰwɛnama クェナマ] 名 快男兒; 快男子.

쾌락 [快樂] [kʰwɛrak クェラク] 名 하자형 快樂 ¶ ~에 빠지다 [(kʰwɛrag)e pʼa:dʑida (クェラ)ゲッパージダ] 快樂にふける.

쾌락 [快諾] [kʰwɛrak クェラク] 名 하자타 快諾 ¶ 원조를 ~ 하다 [wɔ:ndʑorɯl (kʰwɛra)kʰada ウォーンジョルル ~ カダ] 援助を快諾する.

쾌보 [快報] [kʰwɛbo クェボ] 名 快報; 朗報 ¶ ~에 접하다 [~e tɕəpʰada ~ エ チョプハダ] 快報に接する.

쾌속 [快速] [kʰwɛsok クェソク] 名 하자형 快速 **―선** [s'ɔn ソン] 名 快速船 **―정** [tɕ'ɔŋ チョン] 名 快速艇 **―력**

쾌승[快勝][(kʰwɛsɯŋ)tɕʌk] 名 [하자] 快勝 ¶쾌승 소식(消息)[〜soɕik 〜 ソシク] 快勝のお知らせ.

쾌유[快癒][kʰwɛju クェユ] 名 [하자] 快癒; 全癒; 全快 ¶〜를 빌다[〜rul piːlda 〜ルル ピールダ] 快癒を祈る.

쾌재[快哉][kʰwɛdʑɛ クェジェ] 名 快哉; 痛快なこと ¶〜를 부르다[〜rul puruda 〜ルル プルダ] 快哉を叫ぶ.

쾌적[快適][kʰwɛdʑʌk クェジョク] 名 [하자] 快適; 心地よいこと ¶〜한 날씨[(kʰwɛdʑʌ)kʰan nalɕʼi 〜カン ナルッシ] 快適な日和.

쾌지나칭칭 나네[kʰwɛdʑinatɕʰintɕʰinnane クェジナチンチン ナネ] 名 〈楽〉韓国東南部地方[慶尚道]の民謡(のはやしことば).

쾌청[快晴][kʰwɛtɕʰʌŋ クェチョン] 名 [하자] 快晴 ¶〜한 가을 하늘[〜han kaɯl hanɯl 〜ハン カウル ハヌル] 晴れやかな秋空.

*쾌활[快活][kʰwɛhwal クェファル] 名 快活 ¶〜한 성격(性格)[(kʰwɛhwar)han sʌŋkʼjʌk 〜ハン ソンキョク] 快活な気性 ━하다[(kʰwɛhwar)hada 〜ハダ] 形 快活[陽気]である.

쾌-히[快一][kʰwɛi クェイ] 副 愉快に; 快く; さっぱりと; 気持ちよく ¶〜 승낙하다[〜 sɯŋnakʰada 〜 スンナクハダ] 快く承諾する.

쾨쾨-하다[kʰwekʰwehada クェクェハダ] 形 [여변] ①(腐って)臭いにおいがする; かび臭い ¶〜한 냄새[〜-han nɛːmsɛ 〜ハン ネームセ] 臭いにおい/〜-한 이야기[〜-han nijagi 〜ハン ニヤギ] かび臭い話/쾨쾨묵다[kʰwekʰwemukt͈a クェクェムクタ] 古臭くなる ②やり方が汚らしい.

쿠데타[kʰudetʰa クデタ] 名 クーデター ¶〜를 일으키다[〜rul irɯkʰida 〜ルル イルキダ] クーデターを起こす.

쿠렁-쿠렁[kʰurʌŋkʰurʌŋ クロンクロン] 副 [하자] だぶだぶ; すかすか; 袋などの中身が詰まり切らず余分のあるさま ¶바지가 〜하다[padʑiga 〜 hada パジガ 〜ハダ] ズボンがだぶだぶである.

쿠리다[kʰurida クリダ] 形 (糞·屁のにおいのように)臭い.

쿠린-내[kʰurinnɛ クリンネ] 名 悪息; 嫌なにおい; ='구린내'.

쿠션[kʰuɕʌn クション] cushion 名 クッション ¶〜이 좋은 의자[〜i tɕoːun ɯidʑa (クショ)ニ チョーウン ウィジャ] クッションのよい椅子. 「キング.

쿠킹[kʰukʰiŋ クキン] cooking 名 クッ

쿠폰[kʰuːpʰon クーポン] 名 クーポン ―권[kʼwʌn クォン] 名 クーポン券 ―제[dʑe ジェ] 名 クーポン制.

쿡¹[kʰuk クク] cook 名 コック; 料理人.

쿡²[kʰuk クク] 副 ふすっと; ぐっと; 物を強く突き刺すさま ¶칼로 〜 찌르다[kʰallo 〜 tɕʼiruda カルロ 〜 ッチルダ] 刀でふすっと刺す.

쿡-쿡[kʰukkʰuk ククク] 副 [하자] ①ふすっふすっと ¶쌀부대를 〜 찌르다[sʼalpʼudɛrɯl 〜 tɕʼiruda ッサルプデルル 〜 ッチルダ] 米袋をふすっふすっと突き刺す ②こつこつと ¶새가 부리로 〜 쪼다[sɛːga puriro 〜 tɕʼoda セーガ プリロ 〜 ッチョーダ] 鳥がくちばしでこつこつとつつく ③ちくちく[きりきり] ¶배가 〜 쑤시다[pɛga 〜 sʼuɕida ペガ 〜 ッスシダ] 腹がちくちく痛む.

쿨러[kʰuːllo クールロ] cooler 名 クーラー; 冷房[冷却]装置.

쿨렁[kʰullʌŋ クルロン] 副 [하자] ①ぼちゃん(器の液体が揺れる音) ②ぼこんと; ぶくっと(張り物に空気が入って膨れ上がったさま) ━거리다[ɡʌrida コリダ] 自 ①ぼちゃんぼちゃんと音を立てる ¶통 속의 술이 〜[tʰoŋ soge suri 〜 トン ソゲ スリ 〜] たるの酒がぼちゃんぼちゃんと音を立てる ②ぼこんぼこん[ぶくっぶくっ]と膨れ上がる.

쿨룩[kʰulluk クルルク] 副 [하자] ごほん(老人や病弱な人が苦しく咳を上げる音).

쿨쿨¹[kʰulkʰul クルクル] 副 どくどく(液体が広い穴から勢よく流れ出るさま).

*쿨쿨²[kʰuːlkʰul クールクル] 副 [하자] ぐうぐう; 熟睡している人の寝息·いびき.

쿵[kʰuŋ クン] 副 [하자] ①どしん; どすん(重いものが落ちる音) ¶〜하고 넘어지다[〜hago nʌmʌdʑida 〜ハゴ ノモジダ] どすんと倒れる; すってんころぶ ②どん; どおん(太鼓や大砲の音がひびき渡るさま).

쿵더쿵[kʰuŋdʌkʰuŋ クンドクン] 副 [하자] ごとんごとん; どしんどしん; '쿵덕'を旋律的に表わす言葉 ━쿵더

- **쿵덕** [kʰuŋdɔk クンドク] 副 自他 どんどこどんどこ; どしんどしん.
- **쿵덕** [kʰuŋdɔk クンドク] 副 하自 ごとん(杵舂で臼をつく音) **―쿵덕** [kʰuŋdɔk クンドク] 副 하自他 ごっとんごっとん.
- **쿵 쾅** [kʰuŋkʰwaŋ クンクァン] 하自他 どんどん(鉄砲・大砲などの音が入りまじってとどろく音) **―거리다** [gɔrida ゴリダ] 自他 ① どたんばたんする(足音・物音が大きいさま) ② どんちゃん騒ぎをする ③ 大小の暴音が続けて鳴る.
- **쿵쿵** [kʰuŋkʰuŋ クンクン] 副 하自他 ① どしんどしん; どんどんと(重いものが続けて落ちる音) ② どんどん(太鼓を static さまに鳴らす音) ③ どおんどおん(遠くからしきりに聞える大砲の音) ④ どきんと(ショックで心臓の鼓動が激しいさま) ¶심장이 ~ 뛴다 [ʃimdʒaŋi ~ t'winda シムジャンイ~ ットゥィンダ] 胸がどきんとする **―거리다** [gɔrida ゴリダ] 自他 どしんどしん[どんどん](と)音がする[音を立てる].
- **쿼터** [kʰwɔːtʰɔ クォート] quarter 名 クオーター; 4分の1 ¶제2~ [tʃeːi~ チェーイ] 第2クオーター **―백** [bɛk ベク] 名 クオーターバック; (アメリカンフットボールで)攻撃側の後衛[攻撃の中枢] **―타임** [tʰaim タイム] 名 (バスケットボールの)クオータータイム.
- **퀀셋** [kʰwɔnset クォンセッ] Quonset 名 クオンセット(米国海軍基地の名から); かまぼこ兵舎・客舎・倉庫.
- **퀄퀄** [kʰwɔlkʰwɔl クォルクォル] 副 하自 だくだく; どくどく; (液体が勢いよく流れ出るさま).
- **쿵** [kʰwɔŋ クォン] 副 하自 ① どん; どかん(爆発する音) ② どしんと(重いものが落ちる音) **―쿵** [kʰwɔŋ クォン] 副 하自他 どかんどかん; どしんどしん.
- **퀭-하다** [kʰweŋhada クェンハダ] 形 (病気などで)目が落ちくぼんで精気がない ¶~-한 눈 [~-han nun ~-ハン ヌン] 元気のない落ちくぼんだ目.
- **퀴즈** [kʰwidʒɯ クィジュ] quiz 名 クイズ ¶~를 풀다 [~-rɯl pʰulda ~-ルル プルダ] クイズを解く **―쇼** [ʃoː ショー] 名 クイズショー **―프로** [pʰuro プロ] 名 クイズ番組.
- **퀴퀴-하다** [kʰwikʰwihada クィクィハダ] 形 여變 (腐ったり蒸れたりして)かび臭い; (臭気が)むっとする; 嫌な においがする. 「女王.
- **퀸** [kʰwiːn クィーン] queen 名 クイーン;
- **큐** [kʰju: キュー] cue 名 キュー ① (玉突きの)棒 ¶~를 잡다 [~-rɯl tʃaptʰa ~-ルル チャプタ] キューを握る ② (放送で)演技・進行などを告げる合図 ¶~를 보내다 [~-rɯl ponɛda ~-ルル ポネダ] キューを出す.
- ***크기** [kʰɯgi クギ] 名 サイズ; 大きさ; …大 ¶모자의 ~ [modʒae ~ モジャエ ~] 帽子のサイズ / 주먹만한 ~ [tʃumɔŋmanhan ~ チュモンマンハン ~] 握りこぶしほどの大きさ; こぶし大 / 각의 ~를 재다 [kage ~-rɯl tʃɛːda カゲ ~-ルル チェーダ] 角の大きさを測る **크게** [kɯge クゲ] 副 大いに.
- ***크나-크다** [kʰɯnakʰɯda クナクダ] 形 非常に大きい; 重大だ; 大変だ; **크나-큰** [kʰɯnakʰɯn クナクン] 形 非常に大きい; 巨大な; 大変な; 偉大な ¶~ 집 [~ tʃip ~ チプ] 非常に大きな家 / ~ 잘못 [~ tʃalmot ~ チャルモッ] 重大な誤り / ~ 비용 [~ piːjɔŋ ~ ピーヨン] 大変な費用 / ~ 재산 [~ tʃɛsan ~ チェサン] 巨大な財産 / ~ 인물 [~ inmul ~ インムル] 偉大な人物.
- **크낙-새** [kʰɯnaksʼɛ クナクセ] 名 〈鳥〉キタタキ(木叩).
- ***크다¹** [kʰɯda クダ] 形 으變 ① 大きい ¶집이 ~ [tʃibi~ チビ~] 家が大きい / 5는 3보다 ~ [oːnɯn sambɔda ~ オーヌン サムボダ ~] 5は3より大きい [多い] / 큰 소리 [kʰɯn sori クン ソリ] 大きな声 / 크게 떠들다 [kʰɯge t'ɯdulda クゲッドゥルダ] 大いに騒ぐ ② 高い ¶키가 ~ [kʰiga ~ キガ ~] 背[丈]が高い ③ (範囲が)広い ¶마음이 큰 사람 [maɯmi kʰɯn saːram マウミ クン サーラム] 心の広い[大きい]人 / 도량이 ~ [toːrjaŋi ~ トーリャンイ ~] 度量が広い ④ 重い ¶책임이 ~ [tʃʰɛgimi ~ チェギミ ~] 責任が重い / 죄가 ~ [tʃwɛːga ~ チュェーガ ~] 罪が重い ⑤ 太い ¶담이 ~ [taːmi ~ ターミ ~] 肝が太い ⑥ はなはだしい; ひどい; 激しい ¶의견이 크게 대립되다 [ɯiːgjɔni kʰɯge tɛːript'wɛda ウィーギョニ クゲ テーリプトゥェダ] 意見が激しく対立する ⑦ (音が)大きい.
- ***크다²** [kʰɯda クダ] 自 으變 育つ; 成長する; 伸びる; 大きくなる; 長ずる ¶커감에 따라 [kʰɔgame t'ara コガメッタ

크디 크다 [kʰɯdikʰɯda クディクダ] ラ] 成長するに[長ずるに]従って/쑥쑥 ~ [s'uks'u ~ ッスクス ~] すくすく伸びる/커서 무엇이 될래 [kʰɔsʌmuʃi twellɛ コソ ムオシ トゥウェルレ] 大きくなったら何になるの.

크디-크다 [kʰɯdikʰɯda クディクダ] 形 非常に[極めて]大きい.

크래커 [kʰɯrɛkʰɔ クレコ] cracker 名 クラッカー ¶치즈 ~ [tʃʰi:dʒɯ ~ チーズ ~] チーズクラッカー.

크러셔 [kʰɯrʌʃɔ クロショ] crusher 名 クラッシャー; 粉砕機.

크러치 [kʰɯrʌtʃʰi クロチ] crutch 名 (ボートのオールを支える金具の)クラッチ.

크레디트 [kʰɯreditʰɯ クレディトゥ] credit 名 クレジット; 信用 —카드 [kʰa:dɯ カードゥ] 名 クレジットカード.

크레용 [kʰɯrejoŋ クレヨン]〈フ〉crayon 名 クレヨン ¶~을 칠하다 [~ɯl tʃʰirhada ~ウル チルハダ] クレヨンを塗る.

크레인 [kʰɯrein クレイン] crane 名 クレーン; 起重機 ¶~으로 들어올리다 [~ɯro turɔollida (クレイ)ヌロ トゥロオルリダ] クレーンでつり上げる.

크레파스 [kʰɯrepʰasɯ クレパス] 名 クレパス —화(畫) [hwa ファ] 名 クレパスで描いた絵.

크로스워드 퍼즐 [kʰɯrosɯwɔ:dɯ pʰɔdʒɯl クロスウォードゥ ポジュル] crossword puzzle 名 クロスワードパズル.

크로켓 [kʰɯrokʰet クロケッ]〈フ〉croquette 名 (料理の)コロッケ.

***크리스마스** [kʰɯrisɯmasɯ クリスマス] Christmas; Xmas 名 クリスマス; ノエル —선물(膳物) [sɔ:nmul ソーンムル] 名 クリスマスの贈り物[プレゼント] —이브 [i:bɯ イーブ] 名 クリスマスイブ; 聖夜 —송 [soŋ ソン] 名 クリスマスソング —카드 [kʰa:dɯ カードゥ] 名 クリスマスカード —캐럴 [kʰɛrɔl ケロル] 名 クリスマスキャロル (carol) —트리 [tʰɯri: トゥリー] 名 クリスマスツリー —파티 [pʰa:tʰi パーティ] 名 クリスマスパーティ(party).

크리스천 [kʰɯrisutʃʰɔn クリスチョン] Christian 名〈基〉クリスチャン.

크리스털 [kʰɯristʰɔl クリストル] crystal 名 クリスタル —글라스 [gɯllasɯ グルラス] 名 クリスタルグラス.

크리켓 [kʰɯriket クリケッ] cricket 名 〈体〉クリケット; 野球の祖型とされる, イギリスの国民的競技.

크림 [kʰɯri:m クリーム] cream 名 クリーム ¶아이스~ [aisɯ~ アイス~] アイスクリーム/화장용 ~ [hwadʒaŋjoŋ ~ ファジャンヨン ~] 化粧用クリーム/~빵 [~p'aŋ ~ッパン] クリームパン.

큰- [kʰɯn クン] —누나 [nuna ヌナ] 名 (男の方からみて)大きい姉さん; 一番上の姉; '큰누이'의 幼児語 —누이 [nui ヌイ] 名 (男の方からみて)大姉 —따님 [t'anim ッタニム] 名 '큰딸'의 敬語 —딸 [t'al ッタル] 名 長女 —며느리 [mjɔnuri ミョヌリ] 名 長男の嫁 —매부 [mɛbu メブ] 名 大姉の夫 —사위 [sawi サウィ] 名 長女の婿 —손(孫女) [sonnjɔ ソンニョ] 名 一番年上の孫娘 —손자(孫子) [sondʒa ソンジャ] 名 一番年上の孫 —아가씨 [agaʃ'i (ク)ナガッシ] 名 嫁が一年上の小姑ぅ゚ぅ゙゠[夫の妹]を呼ぶ語 —아기 [agi (ク)ナギ] 名 ① 年ごろの娘 ② 長女の愛称 —아들 [adɯl (ク)ナドゥル] 名 長男 —아버지 [abɔdʒi (ク)ナボジ] 名 伯父 —아씨 [aʃ'i (ク)ナッシ] 名 既婚の長女または長男の嫁を使用人が呼ぶ語 —아이 [ai (ク)ナイ] 名 長男・長女の愛称 = 큰애 [[kʰɯnɛ クネ] —어머니 [ɔmɔni (ク)ノモニ] 名 伯母 —언니 [ɔnni (ク)ノンニ] 名 (女の方からみて)一番年上の姉; (弟が)一番年上の兄を呼ぶ語 = '큰형' —오빠 [op'a (ク)ノッパ] 名 (妹が)一番年上の兄を呼ぶ語 —조카 [dʒokʰa ジョカ] 名 長兄の長男 = 장질(長姪) [tʃaŋdʒil チャンジル]・장조카 [tʃaŋdʒokʰa チャンジョカ] —처남(妻男) [tʃʰɔnam チョナム] 名 妻の男兄弟のうち一番上の人 —할머니 [halmɔni ハルモニ] 名 祖父の長兄の妻 —할아버지 [harabɔdʒi ハラボジ] 名 祖父の長兄 —형(兄) [hjɔŋ ヒョン] 名 長兄; 大兄 —형수(兄嫂) [hjɔŋsu ヒョンス] 名 長兄の妻.

큰-곰 [kʰɯngom クンゴム] 名 〈動〉ヒグマ(羆) —별자리 [bjɔ:ltʃ'ari ビョールチャリ] 名 〈天〉(星座の)おおくま座.

큰-기침 [kʰɯngitʃʰim クンギチム] 名 自 (人気を知らせたり威厳を示すため, または心を落ち着かせるための)大きい咳払ばらい.

큰-길 [kʰɯngil クンギル] 名 大通り;

表通り **―가**[k'a カ] 图 街路沿い.
큰-놈[kʰunnom クンノム] 图 ① 1人前に育った男 ② 㑅 長男 ③ 大きいもの.
큰-눈[kʰunnun クンヌン] 图 大雪 ¶〜이 올 듯하다[〜i ol tʼuttada (クンヌ) ニ オル トゥッタダ] 大雪になりそうだ.
큰-댁[一宅][kʰundɛk クンデク] 图 本家; 宗家; 他人の本妻; = '큰집'.
큰-돈[kʰundon クンドン] 图 大金= 거금(巨金) [kɔːgum コーグム] ¶〜을 벌다[〜ul pɔːlda (クンド) ヌル ポールダ] 大金をもうける.
큰-마음[kʰunmaɯm クンマウム] 图 ① 広い心; 寛大な心 ② 一大決心; 奮発; 思いきる心 ¶〜 먹고 팁을 주다[〜 mɔkʼo tʰibul tsʼuda 〜 モクォ ティブル チュダ] 奮発してチップをはずむ ③ 大望 **―먹다**[mɔkt'a モクタ] 慣 一大決心をする; 寛大な心を持つ.
큰-말[kʰunmal クンマル] 图〈語〉語感の大きい語; 陰性母音(ㅓ, ㅜ, ㅡなど)で成り立つ語 ¶'누렇다'＞'노랗다'「黄色い」 / '꺼멓다'＞'까맣다'「黒い」.↔'작은 말'
*****큰-물**[kʰunmul クンムル] 图 大水; 洪水 **―지다[나다]**[dʒida[nada] ジダ[ナダ]] 自 大水[洪水]になる.
큰-방[一房][kʰunbaŋ クンバン] 图 ①（広くて）大きい部屋; 大部屋 ② 家で一番目上の女性が住まう部屋.
큰-불[kʰunbul クンブル] 图 大火; 大火事; 大火災 ¶〜이 되다[(kʰunbur)i tweda (クンブ) リ トゥェダ] 大火[大火事]になる **―놓다**[lotʰa ロッタ] 自 ① 大火を起こす ② 大きい獣を捕らえるための銃を撃つ.
큰-비[kʰunbi クンビ] 图 大雨; 豪雨.
큰-사람[kʰunsaram クンサラム] 图 ① 大きい人; 背の高い人 ② 偉い人; 大物; 大人.
큰-사랑[一舎廊][kʰunsaraŋ クンサラン] 图 ① 広い客室[応接間]; 大広間 ② 最年長者の居間.
큰-살림[kʰunsallim クンサルリム] 图 하自 大規模の所帯[世帯].
큰-상[一床][kʰunsaŋ クンサン] 图 ① 宴会などで豪華な料理で主賓をもてなす膳 ② 大きな食卓 **―(을)받다**[(ul) patʼa (ウル) パッタ] 自 (結婚・還暦の祝いのときに)膳を主人公が受ける **―물림**[mullim ムルリム] 图 結婚式後新郎が受けた大きな膳の残り物を包んで実家に送ること.
*****큰-소리**[kʰunsori クンソリ] 图 하自 ① 大声 ¶〜를 지르다[〜rul tɕiruda 〜ルル チルダ] 大声で叫ぶ ② 怒鳴り声; 大きく叱る声 ¶저 집에서는 〜가 그치지 않는다[tɕɔ tɕibesɔnun 〜ga kutɕʰidʑi annunda チョ チベソヌン 〜ガ クチジ アンヌンダ] あの家では怒鳴り声が絶えない ③ 大言; 大口; 高言; 大言壮語; 法螺 ¶〜를 탕탕 치다[〜rul tʰaŋtʰaŋ tɕʰida 〜ルル タンタン チダ] 大きなことを吹きまくる ④（鼻たかだかに）自慢すること **―치다**[tɕʰida チダ] 自 ① 大言を吐く; 法螺を吹く; 大口をたたく; 事を成した後にこれ見よがしに大言を言う ¶그런 일쯤은 내게 맡기라고 〜[kurɔn niːltɕʼumun nɛge matkʼirago 〜] クロン ニールッチュムン ネゲ マッキラゴ 〜] それぐらいのことならおれに任せと大言を吐く ② 大声で怒鳴る.
큰-손[kʰunson クンソン] 图 大手(筋) ¶증권가(證券街)의 〜[tsuŋkʼwɔngae 〜 チュンクォンガエ 〜] 相場の大手.
큰-손님[kʰunsonnim クンソンニム] 图 ① 貴賓; 賓客 ② 大勢のお客.
큰-스님[kʰunsɯnim クンスニム] 图 大和尚; 生き仏のような高僧.
*****큰-일¹**[kʰunil クニル] 图 大変[重大]なこと; とんだこと ¶그것은 〜이다[kugɔsɯn 〜ida クゴスン (ク二) リダ] それは大変(なこと)だ / 〜을 저지르다[(kʰu nir)ul tɕɔdʑiruda (ク二)ルル チョジルダ] 大変なことをでかす; とんだしくじりをする **―나다**[(kʰunil)lada (ク二ル) ラダ] 大変なことになる; 難しい問題が生じる.
큰-일²[kʰunil クニル] 图 大事; 大行事 ¶〜 앞의 작은 일[(kʰunnir) apʰe tɕaːgun nil (クンニ) ラペ チャーグン ニル] 大事前の小事 / 〜을 하다[(kʰunnir)ul hada (クンニ)ルル ハダ] 大事をなす / 〜이 닥쳐오다[(kʰunnir)i taktɕʰɔoda (クンニ) リ タクチョオダ] 大行事が迫る **―(을)치르다**[(kʰunnirul) tɕʰiruda (クンニル) チルダ] 慣 (結婚・葬儀など重要な儀式の)大行事を行なう.
큰-절¹[kʰundʑɔl クンジョル] 图 하自 (結婚のときや夫の両親に初めてまみえるときなどに)女性がする最も丁寧なお

큰 절² [kʰɯndʒəl クンジョル] 名 (末寺に対して) 本山; 本寺; 大きな寺.

*큰-집 [kʰɯndʒip クンジプ] 名 ① 本家; 宗家=종가(宗家) [tʃoŋga チョンガ] ② 長兄の家 ③ 愛人やその子孫が本妻やその子孫の家を呼ぶ語 ④ 刑務所の隠語 ¶ ~에 들어가다 [(kʰɯndʒib)e tɯrəgada (クンジブ)エ トゥロガダ] 刑務所に入る ② 大きな構えの家 ━━드나들 듯 [t'ɯnadɯl dɯt トゥナドゥル ドゥッ] 慣 自分の本家に出入りするようだ; いかにもなれた素振りでしか出入りするさまのたとえ.

큰-칼 [kʰɯnkʰal クンカル] 名 太刀; 大刀; むかし, 重罪人の首にはめる大きな首枷.

큰코-다치다 [kʰɯnkʰodatʃʰida クンコダチダ] 自動 ひどい (大変な) 目にあう.

큰-판 [kʰɯnpʰan クンパン] 名 大開帳された賭博場; 大げんかなどの現場; 大きく構えた場; 盛大にやること.

클라리넷 [kʰɯllarinet クルラリネッ] clarinet 名 〈楽〉クラリネット.

클라이맥스 [kʰɯllaimɛksʰɯ クルライメクス] climax 名 クライマックス ¶ 이야기는 ~에 이르다 [ijaginɯn ~e irɯda イヤギヌン ~エイルダ] 話はクライマックスに至る.

클라이밍 [kʰɯllaimiŋ クルライミン] climbing 名 他動 〈登山〉クライミング ¶ 록 ~ [rok ~ ロク ~] ロッククライミング (rock-climbing).

클래스 [kʰɯllɛsʰɯ クルレス] class 名 クラス; 組 ¶ ~ 대항 토론회 [~ dɛhaŋ tʰoːronhwe ~ デーハン トーロンフェ] クラス対抗討論会 / 하이 ~ [hai~ ハイ~] ハイクラス (high-class).

클래식 [kʰɯllɛʃik クルレシク] classic 名 形動 クラシック ━━음악 [(kʰɯllɛʃig)ɯmak (クルレシ)グマク] 名 クラシック音楽.

클랙슨 [kʰɯllɛksʰɯn クルレクスン] klaxon 名 クラクション; (車の) 警笛 ¶ ~을 울리다 [~ɯl ullida クラクスヌル ウルリダ] クラクションを鳴らす.

클러치 [kʰɯllətʃʰi クルロチ] clutch 名 (自動車などの) クラッチ; 回転軸によって動力を伝える装置.

클럽 [kʰɯlləp クルロプ] club 名 クラブ ¶ ~에 입회하다 [(kʰɯlləb)e ipʰwehada (クルロベ)イプフェハダ] クラブに入会する / 나이트 [골프] ~ [naitʰɯ[golpʰɯ] ~ ナイトゥ[ゴルフ] ~] ナイト [ゴルフ] クラブ ━━활동 [(kʰɯllɔ)pʰwalt'oŋ プァルトン] 名 クラブ活動.

클레임 [kʰɯlleim クルレイム] claim 名 〈経〉クレーム ¶ ~을 붙이다 [~ɯl putʰida (クルレイ)ムル プチダ] クレームを付ける.

클로버 [kʰɯllobə クルロボ] clover 名 〈植〉クローバー; うまごやし; =토끼풀 [tʰok'ipʰul トッキプル] ¶ 네 잎 ~ [neːip ~ ネーイプ ~] 四つ葉のクローバー.

클로즈 [kʰɯllodʒɯ クルロージュ] cloth 名 クロース ¶ 테이블 ~ [tʰeibɯl ~ テイブル ~] テーブルクロース.

클로즈-업 [kʰɯllodʒɯəp クルロージュオプ] close-up 名 他動 クローズアップ ① 写真・映画などの大写し; アップ ¶ ~된 화면 [~t'wen hwaːmjən ~ トゥェン ファーミョン] 大写しの画面 ② 特に大きく取り上げること ¶ 교육 문제가 ~되다 [kjoːjuŋ muːndʒega ~t'weda キョーユン ムーンジェガ ~トゥェダ] 教育問題がクローズアップされる.

클리닉 [kʰɯllinik クルリニク] clinic 名 クリニック ① 診療所 ② 臨床授業.

클리닝 [kʰɯlliːniŋ クルリーニン] 名 自動 クリーニング ¶ 드라이 ~ [dɯrai ~ ドゥライ ~] ドライクリーニング.

클린-업 [kʰɯlliːnɔp クルリーノプ] cleanup 名 他動 〈野〉クリーンアップ; クリーンナップ ━━트리오 [tʰɯrio トゥリオ] 名 クリーンアップトリオ; (野球で) 走者の一掃を期待される3・4・5番の打者.

클린-히트 [kʰɯlliːn hitʰɯ クルリーンヒットゥ] clean hit 名 クリーンヒット ① (野球で) 見事な安打 ② 仕事などが見事に大成功を収めること.

클립 [kʰɯllip クルリプ] clip 名 クリップ ¶ 서류를 ~으로 끼우다 [sərjurɯl (kʰɯllib)ɯro k'iuda ソリュルル (クルリ)ブロ ッキウダ] 書類をクリップで留める.

큼직-하다 [kʰɯmdʒikʰada クムジクカダ] 形 여変 かなり [相当に・結構] 大きい; 大ぶりだ; 俗 でかい ¶ 몸집이 ~ [momtʃ'ibi ~ モムチビ ~] 体が大ぶりだ / ~한 돌 [~kʰan toːl ~カン トール] かなり大きな石 **큼직-이**

[kʰumdʒigi クムジギ] 副 かなり[相当に]大きく;広く **큼직-큼직** [kʰumdʒikʰumdʒik クムジククムジク] 副 하형 すべて大きいさま ¶ 광고를 ~ 하게 내다 [kwa:ŋgorul ~ -(kʰumdʒi) kʰagenɛːda クァーンゴルル ~ カゲ ネーダ] 広告をでかでかと出す.

쿵쿵 [kʰuŋkʰuŋ クンクン] 副 하자 くんくん;くすんくすん(病気や癖などで鼻を鳴らす音) **—거리다** [ɡɔrida ゴリダ] 名 くんくんとしきりに鼻を鳴らす.

***키**¹ [kʰi キ] 名 ① 背;背丈;身長;身丈 ¶ ~가 크다 [작다] [~ga kʰuda [tʃaːkt'a] ~ ガ クダ [チャークタ]] 背丈が高い [低い] / ~ 대보기를 하다 [~dɛbogirul ~ デボギルル ハダ] 背くらべをする / 도토리 ~ 재기 [totʰori ~dʒɛgi トトリ ~ジェギ] ドングリの背くらべ ② 高さ ¶ 나무의 ~ [namue ~ ナムエ ~] 木の高さ.

키² [kʰi キ] 名 舵 ¶ ~ 를 잡다 [~rul tʃapt'a ~ ルル チャプタ] (船の)舵を取る;物事を導いて進める / ~ 잡이 [~dʒabi ~ジャビ] 舵取り;舵手.

키³ [kʰi キ] 名 箕 ¶ ~ 로 까불다 [~ro k'abulda ~ ロッカブルダ] 箕であおる[ふるう].

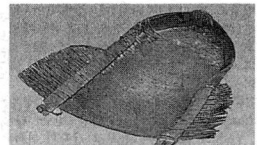

키³

***키** [kʰi: キー] key 名 キー;鍵 ¶ 마스터 ~ [masutʰɔ ~ マストー ~] マスターキー; **친가키—보드** [boːdɯ ボードゥ] 名 キーボード;① 鍵盤;また、鍵盤楽器の総称 ② パソコン・ワープロなどの入力装置 **—스테이션** [sɯtʰeiʃɔn ステイション] 名 キーステーション;親局; **키—局** [woːdɯ ウォードゥ] 名 キーワード ① 手がかりとなる重要な語句 ② (コンピューターなどで)情報検索用の見出し語 **—펀처** [pʰɔntʃʰɔ ポンチョ] 名 キーパンチャー **—포인트** [pʰointʰɯ ポイントゥ] 名 キーポイント;主眼点;要点.

키-꺾다리 [kʰikkʼɔktari キッコクタリ] 名 ⇨ '키다리.' 「のっぽ.

키-다리 [kʰidari キダリ] 名 背高;俗

키-순 [—順] [kʰisun キスン] 名 背の順 ¶ ~ 으로 서다 [~ɯro sɔda キスヌロ ソダ] 背の順に並ぶ.

키스 [kʰisɯ キス] kiss 名 하자 キス;接吻;口づけ ¶ 작별(作別) ~ 를 하다 [tʃakpʼjɔl ~ rul hada チャクピョル ~ ルル ハダ] 別れのキスをする.

***키우다** [kʰiuda キウダ] 他 ① 育てる;成長させる;飼育する;栽培する ¶ 어린애를 ~ [ɔrinɛrul ~ オリネルル ~] 子供を育てる / 금붕어를 ~ [kɯmbuŋɔrul ~ クムブンオルル ~] 金魚を飼う / 금(金)이야 옥(玉)이야 ~ [kɯmija ogija ~ クミヤ オギヤ ~] 蝶よ花よと育てる ② 養う ¶ 음악의 재능을 ~ [ɯmage tʃɛnɯŋul ~ ウマゲ チェヌンウル ~] 音楽の才能を養う ③ (財産などを)大きくする;ふやす;(能力・勢力などを)伸ばす.

키-조개 [kʰidʒogɛ キジョゲ] 名〈貝〉タイラギ(玉珧);二枚貝.

킥 [kʰik キク] kick 名 하자 キック ¶ 코너 ~ [kʰoːnɔ ~ コーナー ~] コーナーキック.

킥 [kʰik キク] 副 하자 くすっ;堪えきれずにくすっと笑いを漏らすさま ¶ ~ 웃다 [(kʰig) uːt'a (キ) グータ] くすっと笑う **킥킥—거리다** [kʰikkʰikʼɔrida キクキクコリダ] 自 くすくす笑う.

킥-복싱 [kʰikbokʃʼiŋ キクボクシン] kick-boxing 名 キックボクシング;タイ式ボクシング.

킥-오프 [kʰigopʰɯ キゴプ] kickoff 名 하他 (サッカーやラグビーで)キックオフ;試合開始や再開の際にボールをけること = 시축(始蹴) [ʃitʃʰuk シーチュク].

킬로 [kʰillo キルロ] 依名 接頭 キロ ¶ ~ 수 [~su ~ス] キロ数 **—그램** [gɯrɛm グレム] 依名 キログラム **—미터** [miːtʰɔ ミート] 依名 キロメートル;キロ.

킬킬-거리다 [kʰilkʰilɡɔrida キルキルゴリダ] 自 しきりにくすくす[くっくっ]笑う = 낄낄거리다 [kʼilkʼilɡɔrida ッキルッキルゴリダ] の激語.

킷-값 [kʰitkʼap キッカプ] 名 背丈が大きいだけの働き ¶ ~ 을 하다 [~sʼɯl hada ~スル ハダ] (大きい)背丈だけの働き[背丈に見合った仕事]をする.

킹 [kʰiŋ キン] king 名 キング;王様 **—사이즈** [saidʒɯ サイジュ] 名 キングサイズ(king-size);特大型;大判.

킹킹-거리다 [kʰiŋkʰiŋɡɔrida キンキンゴリダ] 自他 (傷の痛みで)うんうんとうなる;(子供が)ああんとむずかる.

ㅌ

타[他][tʰa タ] 名 他; ほか; 他人; べつ; よそ; (自分以外の)人 ¶〜의 모범이 되다[〜e mobomi tweda 〜エモボミ トゥェダ] 他の模範となる.

타[打][tʰa タ] 依名 ダース ¶양말 1〜[jaŋmal han 〜 ヤンマル ハン 〜] 靴下1ダース.

타개[打開][tʰa:gɛ ターゲ] 名 하他 打開 ¶위기를 〜하다[wigirul 〜hada ウィギルル 〜ハダ] 危機を打開する —책[tʰɛk チェク] 名 打開策.

*****타격**[打擊][tʰa:gjɔk ターギョク] 名 하他 打擊 ¶〜을 받다[(tʰa:gjɔg)ul patʼa (ターギョ)グル パッタ] 打擊を受ける —률[(tʰa:gjɔŋ)njul (ターギョン)ニュル] 名〈野〉打擊率 —순[sʼun スン] 名〈野〉打順; バッティングオーダー.

타결[妥結][tʰa:gjɔl ターギョル] 名 하自 妥結 ¶교섭이 〜되었다[kjosɔbi (tʰa:gjɔr)dwɛɔtʼa キョソビ ドゥェオッタ] 交渉が妥結された.

타계[他界][tʰage タゲ] 名 하自 他界 ¶조부는 작년에 〜하셨다[tʃobunun tʃaŋnjɔne 〜haʃtʼa チョブヌン チャンニョネ 〜ハショッタ] 祖父は昨年他界した.

*****타고-나다**[tʰagonada タゴナダ] 自他 生まれつく; 先天的に持って生まれる ¶〜난 성격[〜nan sɔːŋkʼjɔk 〜ナン ソーンキョク] 生まれつきの性格.

타-고장[他—][tʰagodʒaŋ タゴジャン] 名 他鄕; よそ(の地方)

타관[他官・他關][tʰagwan タグァン] 名 他鄕=`타향`(他鄕) ¶〜사람[〜 saːram 〜 サーラム] 他鄕の人 —타다[tʰada タダ] 自 他鄕暮らしになじめない.

타교[他校][tʰagjo タギョ] 名 他校 ¶〜생[〜sɛŋ 〜セン] 他校生.

타국[他國][tʰaguk タグク] 名 他國 ¶〜땅[〜tʼaŋ 〜ッタン] 他國の地.

타기[唾棄][tʰa:gi ターギ] 名 하他 唾棄; 唾을を吐き捨ての意, 転じて, 軽蔑して嫌うこと; まったく問題にしないこと ¶〜해야 할 소생(所行)[hɛjahal soːhɛŋ 〜ヘヤ ハル ソーヘン] 唾棄すべき所業.

타-내다[tʰanɛda タネダ] 他 (目上の人から金品を)せがんでもらう; ねだる ¶용돈을 〜[joːŋtʼonul 〜 ヨーントヌル 〜] 小遣いをせがんでもらう[せびる].

*****타다**[1][tʰada タダ] 自 ① 燃える; 燃ける ¶초가 〜[tʃʰoga 〜 チョガ 〜] ろうそくが燃える ② 焦げる ¶밥이 〜[pabi 〜 パビ 〜] ご飯が焦げる ③ 日焼けする ¶볕에 탄 얼굴[pjɔtʰe tʰan ɔlgul ピョテ タン オルグル] 日焼けした顔 ④ (胸が) 焦がれる ¶애가 〜[ɛːga 〜 エーガ 〜] 胸が焦がれる / 속이 〜[soːgi 〜 ソーギ 〜] 気が焦る ⑤ 渇く ¶목이 〜[mogi 〜 モギ 〜] のどが渇く / 논바닥이 〜[nonpʼadagi 〜 ノンパダギ 〜] たんぼが干からびる.

*****타다**[2][tʰada タダ] 他 ① (乗りものに)乗る ¶버스를 〜[bɔsurul 〜 ボスル 〜] バスに乗る ② 登る ¶나무를 〜[namurul 〜 ナムル 〜] 木に登る ③ 渡る ¶줄을 〜[tʃurul 〜 チュルル 〜] 綱渡りをする / 그네를 〜[kuːnerul 〜 クーネルル 〜] ぶらんこに乗る ④ 滑る ¶썰매를 〜[sʼɔlmerul 〜 ッソルメルル 〜] そりで滑る / 스케이트를 〜[sukʰeitʰurul 〜 スケイトゥルル 〜] スケートをする / 얼음을 〜[ɔrumul 〜 オルムル 〜] 氷滑りをする ⑤ 機会を利用する ¶…을 틈타[…ul tʰumtʰa …ウル トゥムタ] …に乗じて / 틈을 〜[tʰumul 〜 トゥムル 〜] すき[機会]に乗じる.

*****타다**[3][tʰada タダ] 他 混ぜる; 入れる; 割る ¶약을 〜[jagul 〜 ヤグル 〜] 薬を混ぜる / 물에 설탕을 〜[mure sɔltʰaŋul 〜 ムレ ソルタンウル 〜] 水に砂糖を入れる / 술에 물을 〜[sure murul 〜 スレ ムルル 〜] 酒に水を割る; 酒を水増しする.

*****타다**[4][tʰada タダ] 他 ① (財産・月給・配給・ボーナス・賞金・賞などを)もらう; 受ける ¶우등상을 〜[uduŋsaŋul 〜 ウドゥンサンウル 〜] 優等賞をもらう ② 天から授かる; 恵まれる ¶복을 〜[pogul 〜 ポグル 〜] 福を授かる.

타다⁵ [tʰada タダ] 他 ① (髪を左右に)分ける ¶ 가르마를 ~ [karumarul ~ カルマルル ~] 髪を分ける ② (スイカ・ヒョウタンなどを)割る; 挽ぴく ¶ 수박을 ~ [su:bagul ~ スーバグル ~] スイカを割る / 박을 ~ [pagul ~ パグル ~] フクベを挽く ③ (ひきうすで)碾ぴく ¶ 콩을[팥을] ~ [kʰoŋul[pʰatʰul] ~ コンウル[パトゥル] ~] 豆[小豆]をひく ④ (鋤で)溝をきる.

***타다**⁶ [tʰada タダ] 他 ① (楽器を)弾く; 演奏する ¶ 비파를 ~ [pipʰarul ~ ピパルル ~] 琵琶を弾く ② (綿花・古綿などを)綿打ち弓で打つ; 綿弓にかける.

타다⁷ [tʰada タダ] 他 ① (毒気に)かぶれる ¶ 옻을 ~ [otʃʰul ~ オチュル ~] 漆にかぶれる ② (感情が)鋭敏である ¶ 부끄럼 ~ [puk'urom ~ ブックロム ~] はにかむ; 恥ずかしがる ③ 季節負けする ¶ 여름을 ~ [jorumul ~ ヨルムル ~] 夏負け[夏ばて・夏やせ]する.

타당[妥當][tʰa:daŋ ターダン] 名 하形 妥当 **—성**[s'oŋ ソン] 名 妥当性 ¶ ~이 없다 [~i o:pt'a ~イ オープタ] 妥当性を欠く.

타도[打倒][tʰa:do タード] 名 하他 打倒 ¶ 내각 ~ [nɛ:gak ~ ネーガク ~] 内閣打倒.

타락[墮落][tʰa:rak ターラク] 名 하自 堕落 ¶ ~한 생활 [(tʰa:ra)kʰan seŋhwal ~ カン センファル] 堕落した生活.

타래[tʰarɛ タレ] 依名 糸などのかせを数える単位; …巻; かせ; 束 ¶ 실 1 ~ [ʃi:l han ~ シール ハン ~] 糸1束.

타래-박[tʰarɛbak タレバク] 名 釣瓶ぺの1つ; 井戸の水をくみあげるため, 竿鍔や長い棒をくくりつけたつるべ.

타령[打令][tʰa:rjoŋ ターリョン] 名 ① 〈楽〉 曲調の1つ ¶ 방아 ~ [paŋa ~ パンア ~] 臼搗²つき歌 ② 同じことを口癖のように繰り返して話すこと; 決まり文句; 愚痴 ¶ 돈 ~ [to:n (tʰarjoŋ) トーン(タリョン)] 金だ, 金だとの口癖 / 만나면 술 ~이야 [mannamjon sul-(tʰarjoŋ)ija マンナミョン スル(タリョン) イヤ] 会えば酒, 酒だと口癖さ; 会えば決まって酒の話だ.

타박[tʰa:bak ターバク] 名 하他 あらさがし; ひどくけなすこと; けち[難癖]をつけること ¶ 하는 일마다 ~이다 [hanun ni:lmada (tʰa:bag)ida ハヌン ニールマダ (ターバギ)ギダ] することなすことにけちをつける[けなしてばかりいる].

타박[打撲][tʰa:bak ターバク] 名 하他 打撲 **—상**[s'aŋ サン] 名 打撲傷.

타박타박-하다[tʰabaktʰabakʰada タバクタバクハダ] 形 여변 食べ物などがねばり気や水気がなくてぱさぱさしている ¶ 찐 고구마가 ~ [tʃ'in ko:gumaga ~ ッチン コーグマガ ~] 蒸したサツマイモがぱさぱさする.

타사[他社][tʰasa タサ] 名 他社.

타산[打算][tʰa:san ターサン] 名 하他 打算 ¶ 이해(利害) ~ [i:hɛ ~ イーへ ~] 損得勘定 **—적**[dʒok ジョク] 名 冠 打算的 ¶ ~인 인간 [~-(dʒoŋ)-in ingan ~-(ジョ)ギン インガン] 打算的な人間.

타산지-석[他山之石][tʰasandʒisok タサンジソク] 名 他山の石 ¶ ~으로 삼다 [~-(soŋ)uro sa:mt'a ~-(ソ)グロ サームタ] 他山の石とする.

타석[打席][tʰasok ターソク] 名 打席.

타살[他殺][tʰasal タサル] 名 하自他 他殺 ¶ ~ 혐의 [~ hjomi ~ ヒョミ] 他殺の疑い.

타성[惰性][tʰa:soŋ ターソン] 名 惰性 ¶ ~에서 벗어나다 [~eso posonada ~エソ ポソナダ] 惰性から抜け出す.

타수[打數][tʰa:su タース] 名 打数.

타순[打順][tʰa:sun タースン] 名 打順.

타-오르다[tʰaoruda タオルダ] 自 르变 ① (火が)燃え上がる ② 胸を焦がす ③ (感情・情熱が)燃える ¶ 타오르는 정열 [tʰaorunun tʃoŋnjol タオルヌン チョンニョル] 燃える情熱 / 타오르는 분노 [tʰaorunun pu:nno タオルヌン プーンノ] 燃え立つ憤怒.

타워[tʰawɔ タウォ] tower 名 タワー.

타월[tʰawɔl タウォル] towel 名 タオル ¶ ~ 천의 잠옷 [~tʃʰone tʃamot ~チョネ チャモッ] タオルのパジャマ.

타율[打率][tʰa:jul ターユル] 名 打率.

타의[他意][tʰai タイ] 名 他意 ¶ ~는 없다 [~nun ɔ:pt'a ~ヌノープタ] 他意はない.

타이[tʰai タイ] tie 名 タイ ① ネクタイの略 ② タイ記録 ¶ ~로 끝나다 [~ro k'unnada ~ロックンナダ] タイに終わる **—스코어**[sukʰoo スコオ] 名 タイスコア; (運動競技で)同点.

***타-이르다**[tʰairuda タイルダ] 他 르变 教え論す; たしなめる; 言い聞かせる ¶ 도리(道理)를 ~ [to:rirul ~ トーリル

타이머 [tʰaimɔ 타이모] timer 图 タイマー ¶~가 달린 라디오 [~ga tallin radio ~ガ タルリン ラディオ] タイマー付きラジオ.

타이밍 [tʰaimiŋ 타이밍] timing 图 タイミング ¶~을 놓치다 [~ul notʃʰida ~ウル ノッチダ] タイミングをはずす.

타이어 [tʰaiɔ 타이오] tire 图 タイヤ ¶~가 펑크났다 [~ga pʰɔŋkʰunat'a ~ガ ポンクナッタ] タイヤがパンクした.

타이츠 [tʰaitʃʰɯ 타이츠] tights 图 タイツ; 腰・脚部全体に密着する運動着.

타이트 [tʰaitʰɯ 타이트] tight 图 하形 タイト ① 密着 ¶~스커트 [~sukʰɔ:tʰɯ ~ スコートゥ] タイトスカート ② 緊密 ¶~한 스케줄 [~han sukʰedʒu:l ~ハン スケジュル] タイトスケジュール.

타이틀 [tʰaitʰɯl 타이트율] title 图 タイトル ① 書名; 映画の字幕 ② 肩書; 称号 ③ 選手権 ¶~방어(防禦) [~baŋɔ ~バンオ] タイトル防衛 **一매치** [metʃʰi メチ] 图 タイトルマッチ.

타인 [tʰain 타인] 他人 图 他人; 人; よその人 ¶~명의 [~ mjɔŋi ~ミョンイ] 他人の名義 **一자본** [dʒabon ジャボン] 图 他人資本.

타임 [tʰaim 타임] time 图 タイム ¶~을 재다 [~ul tʃɛ:da (タイ)ムル チェーダ] タイムを測る[取る] **一리코더** [rikʰɔ:dɔ リコード] 图 タイムレコーダー; 従業員の勤務時間を記録する装置 **一머신** [mɔʃin 모신] 图 タイムマシン **一스위치** [suwitʃʰi 스위치] 图 タイムスイッチ='타이머'「タイマー」 **一아웃** [aut (タイ)マウッ] 图 タイムアウト **一업** [ɔp (タイ)モプ] 图 タイムアップ **一캡슐** [kʰɛpʃul ケプシュル] 图 タイムカプセル.

타임스 [tʰainsɯ 타임스] Times 图 タイムズ ¶런던 ~ [lɔndon ~ ロンドン ~] ロンドンタイムズ.

타입 [tʰaip 타입] type 图 タイプ.

타자 [tʰa:dʒa 타자] 打者 图 〈野〉打者; バッター ¶대(代)~ [tɛ:~ テー~] ピンチヒッター; 代打 / 선두~ [sɔndu ~ ソンドゥ ~] 先頭打者.

***타자** [tʰa:dʒa 타자] 打字 图 하他 타이プを打つこと.

타작 [打作] [tʰa:dʒak タージャク] 图 하他 ① 脱穀; 穀粒を穂から取り離すこと ② 地主と小作人が決めた割合によって収穫物を分ける小作制度 ¶반~ [pan (tʰadʒak) パン(タジャク)] 等分に分けること.

타점 [打點] [tʰa:tʃʰɔm 타춈] 图 打点.

타조 [駝鳥] [tʰa:dʒo 타조] 图 〈鳥〉 ダチョウ(駝鳥).

타종 [打鐘] [tʰa:dʒoŋ 타종] 图 하他 鐘を打つこと **一신호** [ʃinho 신호] 图 鐘による信号.

타죽다 [tʰadʒukt'a 타죽다] 国 焼死する.

타지다 [tʰadʒida 타지다] 国 縫い目がほどける ¶옷이 ~ [oʃi ~ 오시 ~] 服の縫い目がほどける.

타진 [打診] [tʰa:dʒin 타진] 图 하他 打診 ① 指でたたいて診察すること ② 相手の意向を探ること ¶의향을 ~하다 [ui:hjaŋul ~hada ウィーヒャンウル ~ハダ] (先方の)意向を打診する.

타진 [打盡] [tʰa:dʒin 타진] 图 하他 打尽 ¶일망 ~하다 [ilman ~hada イルマン ~ ハダ] 一網打尽にする.

타파 [打破] [tʰa:pʰa 타파] 图 하他 打破 ¶미신을 ~하다 [miʃinul ~hada ミーシヌル ~ハダ] 迷信を打破する.

타합 [打合] [tʰa:hap 타합] 图 打ち合わせ; 下相談 **一하다** [(tʰa:ha)pʰada ~パダ] 他 打ち合わせる.

타향 [他鄕] [tʰahjaŋ 타향] 图 よその土地; 他郷; 他国 ¶~에서 병들다 [~esɔ pjɔ:ŋdɯlda ~エソ ピョーンドゥルダ] 他郷で病む **一살이** [sari サリ] 图 하自 他郷暮らし; 客地生活.

타협 [妥協] [tʰahjɔp 타합] 图 妥協; 折り合い **一하다** [(tʰa:hjɔ)pʰada パダ] 国他 妥協する; 折り合う ¶ユ 정도(程度)에서 ~합시다 [kɯ dʒɔŋdoesɔ (tʰa:hjɔ)pʰapʃ'ida ク ジョンドエソ ~パプシダ] その辺で妥協しましょう **一안** [(tʰa:hjɔp)an (ターヒョ)パン] 图 妥協案 **一정치** [tʃ'ɔntʃʰi チョンチ] 图 妥協政治.

***탁** [tʰak 탁] 副 ① ごつんと ¶머리를 ~ 때리다 [mɔrirul ~ t'ɛrida モリル ~ッテリダ] 頭をごつんと殴る ② ぽんと ¶무릎을 ~ 치다 [murubul ~ tʃʰida ムルブル ~ チダ] ぽんとひざを打つ ③ ぱあんと ¶풍선이 ~ 터지다 [pʰuŋsɔni ~ tʰɔ:dʒida プンソニ ~ トージダ] 風船がぱあんと破裂する ④

すっと ¶ 힘이 ~ 풀리다[himi ~ pʰullida ヒミ ~ プルリダ] 力がすっと抜ける ⑤ ぱあっと ¶ ~ 트인 시야[~ tʰɯin ɕi:ja ~ トゥイン シーヤ] ぱあっと広くなった視野; すっきりした視野 ⑥ ぐっと ¶숨이 ~ 막히다 [su:mi (tʰaŋ) makʰida スーミ (タン) マクキダ] 息がぐっと詰まる ⑦ ぺっと(唾을吐くさま).

*탁구[卓球][tʰak'u タック] 名 卓球; ピンポン —공[goŋ ゴン] 名 ピンポン球 —대[dɛ デ] 名 [卓球]台.

탁류[濁流][tʰaŋnju タンニュ] 名 濁流 ① 濁った水流 ¶ ~가 소용돌이치다 [~ga sojoŋdoritɕʰida ~ガ ソヨンドリチダ] 濁流が渦巻く ② 悪い風潮; 無頼漢 ¶ ~에 휩쓸리지 않도록 [~e hwips'ɯllidʑi antʰorok ~エ フィプスルリジ アントロク] 濁流に巻き込まれないように(気をつける).

탁발[托鉢][tʰakp'al タクパル] 名 自他 〈仏〉托鉢たく; 僧尼が修行のために経文を唱えながら家々を巡り, 米や銭などの施しを鉢に受けること —승[sɯŋ スン] 名 托鉢僧.

탁본[拓本][tʰakp'on タクポン] 名 自他 拓本; 石摺ﾘ ¶ ~을 뜨다[~ɯl t'ɯda (タクポ) ヌルットゥダ] 拓本をとる.

탁상[卓上][tʰaks'aŋ タクサン] 名 卓上 —공론[goŋnon ゴンノン] 名 机上の空論 —시계[ɕige シゲ] 名 置き時計 —연설[jənsəl ニョーンソル] 名 卓上演説; テーブルスピーチ —전화[dʑɔ:nhwa ジョーンファ] 名 卓上電話.

탁송[託送][tʰaks'oŋ タクソン] 名 自他 託送 —수화물[suhwamul スファムル] 託送手荷物.

탁아-소[託兒所][tʰagaso タガソ] 名 [託兒所].

탁월[卓越][tʰagwəl タグォル] 名 自形 卓越 ¶ ~한 재능[(tʰagwəɾ)han tɕɛnɯŋ ~ハン チェヌン] 卓越した才能.

탁음[濁音][tʰagɯm タグム] 名 〈語〉有声音 [鼻音(ㄴ・ㅁ・ㅇ)と流音(ㄹ)] (日本語の濁点付けの濁音とは違う)

*탁자[卓子][tʰaktɕ'a タクチャ] 名 卓子; 机; 食卓; テーブル.

탁주[濁酒][tʰaktɕ'u タクチュ] 名 濁酒; 濁り酒; どぶろく; 俗 白馬ぱ.

탁-탁[tʰaktʰak タクタク] 1 副 ① ぱたぱた(と) ¶먼지를 ~ 털다[mənd͡ʑirɯl ~ tʰə:lda モンジルル ~ トールダ] ちりをぱたぱた(と)はたく ② ぺっぺっと ¶침을 ~ 뱉다[tɕʰimɯl ~ p'ɛ:t'a チムル ~ ペーッタ] ぺっぺっと唾を吐く 2 副 한타 ぱちぱち ¶숯불이 ~ 튀다[sutp'uri ~ tʰwida スップリ ~ トゥィダ] 炭火がぱちぱちと飛び散る / 콩이 ~ 튀다[kʰoŋi ~ tʰwida コンイ ~ トゥィダ] 豆がぱちぱちとはじける.

*탁-하다[濁—][tʰakʰada タカダ] 形 [여좌] ① 濁っている ¶물이[공기가] ~[muri[koŋgiga] ~ ムリ[コンギガ] ~] 水が[空気が]濁っている / 탁한 세상(世上)[tʰakʰan se:saŋ タカン セーサン] 濁った世の中 / 탁한 빛깔[tʰakʰan pitk'al タクカン ピッカル] くすんだ色 ② (人がはっきりせず)ずぼらだ; 陰気だ 탁해-지다[tʰakʰɛd͡ʑida タクケジダ] 自 ① 濁って[汚れて]くる ② (性格が)陰気になる ③ (声ががらがらになる ¶감기(感氣)로 목소리가 ~ [ka:mgiro moks'origa ~ カームギロ モクソリガ ~] 風邪でだみ声である.

탄광[炭鑛][tʰa:ngwaŋ ターングァン] 名 炭鉱 ¶ ~ 노동자[~ nodoŋd͡ʑa ~ ノドンジャ] 炭鉱労働者.

탄도[彈道][tʰa:ndo タンード] 名 弾道 —미사일[misail ミサイル] 名 弾道ミサイル =—유도탄[judotʰan ユドタン] 誘導弾; 弾道弾.

탄두[彈頭][tʰa:ndu タンードゥ] 名 弾頭 ¶핵 ~[hɛk (tʰandu) ヘク(タンドゥ)] 核弾頭. 『弾薬帯; 保弾帯.

탄-띠[彈—][tʰa:nt'i タンッティ] 名

탄력[彈力][tʰa:lljək タールリョク] 名 弾力 ¶ ~을 잃은 피부[(tʰa:lljəg)ɯl irɯn pʰibu (タールリョ)グル イルン ピブ] 弾力のなくなった皮膚 / ~있게 대처(對處)하다[(tʰa:lljəg)itk'e tɕətɕʰəhada (タールリョ)ギッケ テーチョハダ] 弾力のある処置をとる; 融通性をもって[臨機応変に]対処する —성[s'əŋ ソン] 名 弾力性 ¶ ~있는 피부[~ innɯn pʰibu ~ インヌン ピブ] 張りのある肌 / ~있는 사고 방식(思考方式)[~ innɯn sago baŋɕik ~ インヌン サゴ バンシク] 弾力性に富む考え方.

탄로[綻露][t'a:llo タールロ] 名 自他 (秘密や悪事が)露見すること[ばれる]こと ¶비밀이 ~되다[나다][pi:miri ~ -dweda[nada] ピーミリ ~ドゥェダ[ナダ]] 秘密がばれる.

탄복[歎服][tʰa:nbok ターンボク] 名 自他 感心; 感服.

탄산[炭酸][tʰa:nsan ターンサン] 名

〈化〉炭酸 **―가스**[gasɯ ガス] 名 炭酸ガス　**―소다**[so:da ソーダ] 名 炭酸ソーダ　**―수**[su ス] 名 炭酸水.

탄생[誕生][tʰa:nsɛŋ ターンセン] 名 하自 誕生　**―석**[sɔk ソク] 名 誕生石　**―일**[il イル] 名 誕生日.

탄성[彈性][tʰa:nsɔŋ ターンソン] 名〈物〉弾性.

탄성[嘆聲・歎聲][tʰa:nsɔŋ ターンソン] 名 嘆声; 嘆く声; ため息をもらす声; 感嘆の声 ¶ ~을 지르다[~ɯl tɕiruda ~ウル チルダ] 嘆声をあげる / ~을 내다[~ɯl nɛ:da ~ウル ネ:ダ] 嘆声をもらす.

탄소[炭素][tʰa:nso ターンソ] 名 炭素　**―섬유**[sɔmju ソミュ] 名 炭素繊維.

*__탄식__[歎息・嘆息][tʰa:nɕik ターンシク] 名 하自他 嘆息; ため息; 嘆くこと ¶ 하늘을 쳐다보고 장~하다[hanurɯl tɕʰɔ:dabogo tɕaŋ(tʰanɕi)kʰada ハヌルル チョーダボゴ チャン(タンシク)カダ] 天を仰いで長嘆息する.

탄신[誕辰][tʰa:nɕin ターンシン] 名 誕辰; (目上の人の)誕生日. 「丸; たま.

탄-알[彈―][tʰa:nal ターナル] 名 弾

*__탄압__[彈壓][tʰa:nap タ ーナプ] 名 하他 弾圧 ¶ 언론을 ~하다[ɔllonɯl(tʰa:na)pʰada オルロヌル ~パダ] 言論を弾圧する.

탄약[彈藥][tʰa:njak ターニャク] 名 弾薬 ¶ ~을 재다[(tʰa:njag)ɯl tɕɛ:da (ターニャグ)ル チェーダ] 弾薬を込める.

탄원[歎願][tʰa:nwɔn ターヌォン] 名 하他 嘆願　**―서**[sɔ ソ] 名 嘆願書.

탄창[彈倉][tʰa:ntɕʰaŋ ターンチャン] 名 (ピストルなどの)弾倉.

탄탄[坦坦][tʰa:ntʰan ターンタン] 名 하形 하副 坦々だん; 道や土地などが平らであること　**―대로**(大路)[dɛ:ro デーロ] 坦々(たる)大道; 順調な道のり.

탄탄-하다[tʰa:ntʰanhada タンタンハダ] 形 여잡 堅固だ; 堅牢勞だ; がっしりしている; 確実だ ¶ ~한 건물[~-han kɔnmul ~-ハン コーンムル] がっしりした建物 / ~한 사람[~-han sa:ram ~-ハン サーラム] しっかり屋.

탄피[彈皮][tʰa:npʰi ターンピ] 名 薬莢だ.

탄핵[彈劾][tʰa:nhɛk ターンヘク] 名 하他 弾劾　**―소추권**[s'otɕʰuk'wɔn ソチュククォン] 名 弾劾訴追権.「弾丸.

탄환[彈丸][tʰa:nhwan ターンファン] 名

탄흔[彈痕][tʰa:nhɯn ターンフン] 名 弾痕だん.

*__탈__[tʰa:l タール] 名 仮面 ① 面; マスク ¶ 도깨비~[tok'ɛbi(tʰal) トッケビ(タル)] 鬼の面 ② 本心を包み隠した顔　**―을 벗다**[(tʰa:r)ɯl pɔt'a (ター)ルル ポッタ] 仮面を脱ぐ; 本心・本性をあらわす; 本来の姿をさらけ出す　**―을 쓰다**[(tʰa:r)ɯl s'ɯda (ター)ルルッスダ] 慣 ① 仮面をつける[かぶる]; (偽善の)仮面をかぶる; 猫をかぶる ② (姿・態度が)誰かにそっくりだ.

탈¹

*__탈²__[頉][tʰa:l タール] 名 ① 事故; 変死; 故障 ¶ ~없이 돌아오다[(tʰa:r)ɔps'i toraoda (ター)ロプシ トラオダ] 無事に帰る ② 病気; 祟たり ¶ 배~이 나다[pɛ(tʰar)i nada ペ(タ)リ ナダ] 腹痛を起こす / 뒤~이 무섭다[twi(tʰar)i musɔpt'a トゥィ(タ)リ ムソプタ] あとのたたりが恐ろしい ③ 言い掛かり; けち; 難癖; 欠点 ¶ ~을 잡다[(tʰa:r)ɯl tɕapt'a (ター)ルル チャプタ] あらさがしする; 弱みを握る; 言い掛かり[因縁・けち]をつける; クレームをつける / 그것이 ~이다[kɯgɔɕi (tʰa:r)ida クゴシ (ター)リダ] それが欠点だ.

탈-것[t'alk'ɔt タルコッ] 名 乗りもの.

탈고[脫稿][tʰalgo タルゴ] 名 하他 脱稿.

탈곡[脫穀][tʰalgok タルゴク] 名 하自 脱穀　**―기**[k'i キ] 名 脱穀機.

탈-나다[頉―][tʰa:llada タールラダ] 自 ① 故障[事故]が生ずる; 悪い方へ進む ② 体に異常が生ずる; 病気にかかる.

탈-내다[頉―][tʰa:llɛda タールレダ] 他 故障・事故を起こす. 「仮面劇.

탈-놀음[tʰa:llorum タールロルム] 名

탈당[脫黨][tʰalt'aŋ タルタン] 名 하自 脱党 ¶ ~ 성명을 내다[~ sɔŋmjɔŋɯl nɛ:da ~ ソンミョンウル ネーダ] 脱党の声明を出す.

탈락[脫落][tʰallak タルラク] 名 하自 ① 脱落; 抜け落ちること ¶ 예선에서 ~됐다[je:sɔnesɔ (tʰalla)kʰɛt'a イェーソネソ ~ケッタ] 予選で落ちた ② 〈語〉合成語の形成に際して一方の母音・子

音または音節が省略されること ¶ 버들나무[podɯllamu ポドゥルラム] →버드나무[podunamu ポドゥナム]「柳」.

탈모[脱毛][tʰalmo タルモ] 图 [하自] 脱毛 **—제**[dʒe ジェ] 图 脱毛剤 **—증**[tsʼɯŋ チュン] 图 脱毛症.

탈모[脱帽][tʰalmo タルモ] 图 [하自] 脱帽.

탈-바가지[tʰa:lpʼagadʒi タールパガジ] 图 ① ヒサゴ[フクベ]で作った能面、または仮面 ② 俗 '탈'「仮面」③ 俗 鉄かぶと；ファイバー(fiber).

탈-바꿈[tʰa:lbakʼum タールバックム] 图 [하自]〈虫〉変態；形を変えること ¶ 완전 ～[wandʒɔn ～ ワンジョン ～] 完全変態.

탈법[脱法][tʰalpʼɔp タルボプ] 图 [하自] 脱法 ¶ ～ 행위[(tʰalpʼɔ) pʰɛŋwi ～ ペンウィ] 脱法行為.

탈상[脱喪][tʰalsʼaŋ タルサン] 图 [하自] 除喪じょもう；親の3年の喪が明けること.

탈색[脱色][tʰalsʼɛk タルセク] 图 [하他] 脱色；色抜き.

탈선[脱線][tʰalsʼɔn タルソン] 图 [하自] 脱線 ¶ ～ 사고[～ sa:go ～ サーゴ] 脱線事故 / ～ 행위[～ hɛŋwi ～ ヘンウィ] 脱線行為；非行.

탈세[脱税][tʰalsʼe タルセ] 图 [하自他] 脱税 ¶ ～액[～ɛk ～エク] 脱税額.

탈수[脱水][tʰalsʼu タルス] 图 [하自] 脱水 **—기**[gi ギ] 图 脱水機 **—증**[tsʼɯŋ チュン] 图 脱水症状.

탈-없다[頃—][tʰa:rɔptʼa ターロプタ] 存 つつがない ① (ものごとに)差し障りや事故がない；順調である；無事だ ② 病がない；元気だ；健康だ **탈-없이**[tʰa:rɔpsʼi ターロプシ] 副 つつがなく；差し障りなく；順調に；無事に ¶ ～ 지내다[～ tɕiːnɛda ～ チーネダ] つつがなく暮らす.

탈옥[脱獄][tʰarok タロク] 图 [하自] 脱獄；ろう破り **—수**[sʼu ス] 图 脱獄囚.

탈의[脱衣][tʰari タリ] 图 [하自] 脱衣 **—실**[ɕil シル] 图 脱衣室 **—장**[dʒaŋ ジャン] 图 脱衣場.

탈자[脱字][tʰaltsʼa タルチャ] 图 脱字；落字；欠字.

탈주[脱走][tʰaltsʼu タルチュ] 图 [하自] 脱走 ¶ 집단 ～[tɕipʼtʼan ～ チプタン ～] 集団脱走.

탈지[脱脂][tʰaltsʼi タルチ] 图 [하自他] 脱脂 **—면**[mjɔn ミョン] 图 脱脂綿 **—분유**[bunju ブニュ] 图 脱脂粉乳.

탈진[脱尽][tʰaltsʼin タルチン] 图 [하自] 脱力；気力が尽きること.

탈출[脱出][tʰaltsʰul タルチュル] 图 [하自他] 脱出；脱去 ¶ 국외에 ～하다[kugwee ～hada クグェエ ～ハダ] 国外に脱出する.

***탈-춤**[tʰa:ltɕʰum タールチュム] 图 仮面の舞；仮面劇[舞踏]；両班ヤ˚ン[貴族・官僚]や破戒僧に対するやゆ・諷刺ºを ユーモラスな仮面踊りで演じる朝鮮王朝時代の伝統民俗劇 ¶ ～을 추다[～ɯl tɕʰuda (タールチュ)ムル チュダ] 仮面の舞を踊る.

탈 춤

탈취[奪取][tʰaltsʰwi タルチュィ] 图 奪取 **—하다**[hada ハダ] 他 奪取する；奪い取る；乗っとる ¶ 회사를 ～[hwe:sarɯl ～ フェーサルル ～] 会社を乗っとる.

탈취[脱臭][tʰaltsʰwi タルチュィ] 图 [하自] 脱臭 **—제**[dʒe ジェ] 图 脱臭剤.

탈탈[tʰaltʰal タルタル] 副 ① [하自他] (疲れて)くたくた ¶ 혼자 ～ 걸어가다[hondʒa ～ kɔrɔgada ホンジャ ～ コロガダ] くたくたになって独りで歩いて行く ② ばたばた ¶ 먼지를 ～ 털다[mondʒirɯl ～ tʰɔːlda モンジルル ～ トールダ] ほこりをばたばたとはたく ③ ごっそり ¶ 가진 돈을 ～ 털리다[kadʒin toːnɯl ～ tʰɔllida カジン トーヌル ～ トルリダ] 持ち金をごっそりはたかれる.

탈퇴[脱退][tʰaltʰwe タルトゥェ] 图 [하自] 脱退 ¶ 조합을 ～하다[tɕohabɯl ～hada チョハブル ～ハダ] 組合を脱退する.

탈피[脱皮][tʰalpʰi タルピ] 图 [하自] 脱皮 ¶ 구태로부터의 ～[kuːtʰɛrobutʰɛ ～ クーテロブトエ ～] 旧態からの脱皮.

탈환[奪還][tʰarhwan タルファン] 图 [하他] 奪還；奪回；奪い返すこと ¶ 진지를 ～하다[tɕindʒirɯl ～hada チンジルル ～ハダ] 陣地を奪還する.

***탐**[貪][tʰam タム] 图 貪欲どん；貪ぼることǎ；がつがつすること.

탐구[探求][tʰamgu タムグ] 图 [하他] 探求 ¶ 평화의 ～[pʰjɔŋhwae ～ ピョ

탐구[探究][tʰamgu タムグ] 名 他 探究; 真理・本質を探り明らかにすること ¶진리의 ~[tɕillie ~ チルリエ ~] 真理の探究 / 학문의 ~[haŋmune ~ ハンムネ ~] 学問の探究.

탐-나다[貪—][tʰamnada タムナダ] 自 欲が出る; 欲しい; 手に入れたくなる ¶~-나는 책[~-nanɯn tɕʰɛk ~-ナヌン チェク] とても欲しい本 / ~-나는 드레스[~-nanɯn dɯresɯ ~-ナヌン ドゥレス] 非常に気に入ったドレス.

탐-내다[貪—][tʰamnɛda タムネダ] 他 欲しがる; 欲する; むさぼる ¶남의 물건을 ~[name mulgʌnɯl ~ ナメ ムルゴヌル ~] 人の物を欲しがる.

탐닉-하다[耽溺—][tʰamnikʰada タムニクハダ] 自 耽溺する; 耽る; 溺れる ¶주색에 ~[tɕusɛge ~ チュセゲ ~] 酒色に溺れる[ふける].

탐독[耽讀][tʰamdok タムドク] 名 他 耽読; 読み耽ること ¶소설을 ~하다[soːsʌrɯl (tʰamdo)kʰada ソーソルル ~カダ] 小説を耽読する.

탐문[探聞][tʰammun タムムン] 名 他 探聞; 探り聞くこと ¶~ 수사[~ susa ~ スサ] 聞き込み捜査.

탐미[耽美][tʰammi タムミ] 名 他自 耽美 —**파**[pʰa パ] 名 耽美派.

탐방[探訪][tʰambaŋ タムバン] 名 他 探訪 —**기**[gi ギ] 名 探訪記 —**기사**[gisa ギサ] 名 探訪記事 —**기자**[gidʑa ギジャ] 名 探訪記者.

탐사[探査][tʰamsa タムサ] 名 他 探査 ¶자원을 ~하다[tɕawʌnɯl ~hada チャウォヌル ~ハダ] 資源を探査する.

탐색[探索][tʰamsɛk タムセク] 名 他 探索 ¶범인의 행방(行方)을 ~하다[pʌːmine hɛŋbaŋɯl (tʰamsɛ)kʰada ポーミネ ヘンバンウル ~カダ] 犯人の行方を探索する.

***탐-스럽다**[貪—][tʰamsɯrʌpta タムスロプタ] 形 ㅂ変 ふくよかで見栄えがする; 心[目]がひかれるほど好ましい; 欲をそそるほど見事だ; 欲しくなるほどよい ¶익은 사과가 ~[igɯn sagwaga ~ イグン サグァガ ~] 熟れたリンゴはおいしそうだ.

탐욕[貪慾][tʰamjok タミョク] 名 貪欲; 胴欲 —**스럽다**[sɯrʌpta スロプタ] 形 ㅂ変 貪欲だ ¶~-스러운 성격[~-sʼɯrʌun sʌːŋkʼjʌk ~-スローウン ソーンキョク] 貪欲な性格 —**가**(家)[kʼa カ] 名 貪欲者; 欲張り.

탐정[探偵][tʰamdʑʌŋ タムジョン] 名 他 探偵 —**가**(家)[ga ガ] 名 探偵(家) —**꾼**[kʼun ックン] 名 探偵屋 —**소설**[soːsʌl ソーソル] 名 探偵小説.

탐조-등[探照燈][tʰamdʑodɯŋ タムジョドゥン] 名 探照灯; サーチライト ¶~으로 비추다[~ɯro pitɕʰuda ~ウロ ピチュダ] 探照灯で照らす.

탐지[探知][tʰamdʑi タムジ] 名 他 探知 ¶기밀을 ~하다[kimirɯl ~hada キミルル ~ハダ] 機密を探知する —**기**[gi ギ] 名 探知機 ¶전파 ~[tɕʌːnpʰa ~ チョーンパ ~] 電波探知機.

탐탁-하다[tʰamtʰakʰada タムタクハダ] 形 여変 好ましい; 気に入る; 頼もしい; 申し分ない **탐탁-스럽다**[tʰamtʰaksʼɯrʌpta タムタクスロプタ] 形 ㅂ変 好ましい; 気に入る **탐탁치 않다**[tʰamtʰaktɕʰi antʰa タムタクチ アンタ] 形 好ましくない; ぞっとしない; 気に入らない ¶양식은 별로 ~[jaŋɕigɯn pjʌllo ~ ヤンシグン ピョルロ ~] 洋式はあまり気に入らない **탐탁-히**[tʰamtʰakʰi タムタクキ] 副 好ましく.

탐탐[耽耽][tʰamtʰam タムタム] 副 他形 耽々 ¶호시~ 기회를 노리다[hoɕi~ kihwerɯl norida ホーシ~ キフェルル ノリダ] 虎視耽々と機会をねらう.

탐-하다[貪—][tʰamhada タムハダ] 他 여変 貪る; 欲張る; (食べ物に)がつがつする ¶폭리를 ~[pʰoŋnirɯl ~ ポンニルル ~] 暴利を貪る.

탐험[探險][tʰamhʌm タムホム] 名 他 探検 ¶남극 ~대[namguk ~dɛ ナムグク ~デ] 南極探検隊 —**가**[ga ガ] 名 探検家[者].

***탑**[塔][tʰap タプ] 名 塔 ¶사리~[sari~ サリ~] 舍利塔 / 송신~[soːŋɕin~ ソーンシン~] 送信塔 / 상아~[saŋa~ サンア~] 象牙の塔.

탐승[搭乘][tʰapsʼɯŋ タプスン] 名 하자 搭乗 **―객**[gɛk ゲク] 名 搭乗客 **―권**[kʼwɔn クォン] 名 搭乗券.

***탓**[tʰat タッ] 名 ① 理由; せい; わけ; ゆえ; ため ¶ ― 이다[nɛ (tʰa)ʃida ネ(タ)シダ] 私のせい[ため]である / 남의 ―으로 돌리다[name (tʰas)uro tollida ナメ(タ)スロ トルリダ] 人のせいにする ② (ある結果を)恨むこと; 責めること ¶ 너무 ― 하지 마시오 [nɔmu (tʰa)tʰadʑi maʃio ノム～タジ マシオ] あまり責めないでください / 누구를 ― 하랴[nugurul (tʰa)tʰarja ヌグルル ～タリャ] 誰を恨もうか[誰も恨まないの意] **―하다**[(tʰa)tʰada タダ] 他 (ある結果・失敗・不成功などを)恨む; 咎める; 詰る; せいにする.

탕[tʰaŋ タン] 副 ① ばん; どん ¶ 권총을 ～ 쏘다[kwɔːntsʰoŋul ～ sʼoda クォーンチョンウル ～ ッソダ] ピストルをばんと撃つ ② からんと ¶ ～ 비어 있다 [～ piɔ itʼa ～ ピオ イッタ] からんと空いている.

***탕**[湯][tʰaːŋ ターン] 1 接尾 ① 汁物 ¶ 곰 ― [koːm ～ コーム～] 肉汁 ② 煎じ薬 ¶ 쌍화(雙和) ― [sʼaŋhwa～ ッサンファ～] 疲労回復の煎薬 2 名 湯; 風呂や温泉などの浴場 ¶ 남[여] ～[nan[jɔ]～ ナム[ヨ]～] 男[女]湯 / 목욕 ～[mogjok～ モギョク～] 風呂.

탕감[蕩減][tʰaːŋgam ターンガム] 名 하자 (借金・借財を)帳消し[帳引き・棒引き]にすること ¶ 빚을 ～하다[pidʑul ～hada ビジュル～ハダ] 借金を棒引きにする.

탕관[湯罐][tʰaːŋgwan ターングァン] 名 薬を煎じる(鉄製・素焼きの)器 = ¶ 약(藥) ― [jak(tʰaŋgwan) ヤク(タングァン)].

탕-국물[湯―][tʰaːŋkʼunmul ターンクンムル] 名 スープの汁.

탕수-육[糖水肉][tʰaŋsujuk タンスユク] 名 中華料理の1つ; 酢豚[肉てんぷらのあん掛け].

탕약[湯藥][tʰaːŋjak ターンヤク] 名 煎薬; 煎じ薬; **=탕제**(湯劑)[tʰaːŋdʑe ターンジェ].

탕진[蕩盡][tʰaːŋdʑin ターンジン] 名 하자 蕩尽; 身代をはたくこと; 財産を使い果たすこと ¶ 가산을 ～하다 [kasanul ～hada カサヌル ～ハダ] 家産[身代]をつぶす; 家産を使い果たす.

탕-탕[tʰaŋtʰaŋ タンタン] 副 하자 大言壮語するさま; ぽんぽん ¶ 큰 소리만 ～치다[kʰɯn soriman ～tʃʰida クン ソリマン ～チダ] 大きなことばかり吹きまくる[ぬかす].

태고[太古][tʰɛgo テゴ] 名 太古; 大昔.
태교[胎教][tʰɛgjo テキョ] 名 胎教.
태국[泰國][tʰɛguk テグク] 名 〈地〉 タイ(王国)の中国語読み.
태권[跆拳][tʰɛkʼwɔn テクォン] 名 韓国・朝鮮の固有武術[拳法´ß・護身術]の1つ[手で打ち足で蹴`る武術](空手[唐手]に似ているが空手より足の蹴り技が多い) **―도**(道)[do ド] 名 武道[スポーツ]としてのテコンドー.

태권도

태극[太極][tʰɛguk テグク] 名 〈哲〉 太極 ① (東洋哲学で)万物の生じる宇宙の本体・根元(天と地が分かれる以前の原始状態) ②(易学で)陰陽に分かれる以前の万物の状態 ③万物の根元を絵で表わした象徴 **―기**[(tʰɛgu)kʼi キ] 名 太極旗; 大韓民国の国旗 **―선**(扇)[sʼɔn ソン] 名 太極の図柄の扇.

태기[胎氣][tʰɛgi テギ] 名 懐妊の兆し.
태-갈[態―][tʰɛːkʼal テーッカル] 名 ① 格好と色彩 ② 驕慢な態度 **―나다**[lada ラダ] 自 着こなしがよい; しゃれている **―스럽다**[sɯrɔpʼtʰa スロプタ] 形 ㅂ変 驕慢だ **―스레**[sɯre スレ] 副 驕慢に.

태껸[tʰɛkʼjɔn テッキョン] 名 柔軟な動作を取りながら瞬間的に手ぶり・足蹴りして相手を制圧する韓国固有の伝統(護身)武術.

***태도**[態度][tʰɛːdo テード] 名 態度; 身ぶり; 素振り; 様子; 身がまえ; 物腰 ¶ ～가 건방지다[～ga kɔnbaŋdʑida ～ガ コンバンジダ] 態度が生意気だ / ～가 이상하다[～ga iːsaŋhada ～ガ イーサンハダ] 様子がおかしい.

태동[胎動][tʰɛdoŋ テドン] 名 하자 胎動 ① 胎児の動き ② 内部のかすかな動

태두[泰斗] [tʰedu テドゥ] 名 泰斗; 権威者 ¶ 물리학의 ~ [mullihage ~ ムルリハゲ ~] 物理学の泰斗.

태만[怠慢] [tʰeman テマン] 名 하形 하自 怠慢 ¶ 직무에 ~하다 [tʃinmue ~hada チンムエ ~ハダ] 職務に怠慢だ.

태몽[胎夢] [tʰemoŋ テモン] 名 妊娠の兆しとなる夢 ¶ ~을 꾸다 [~ul kʼuda ~ウルックダ] 妊娠の兆しとなる夢を見る.

태무[殆無] [tʰemu テム] 名 하形 ほとんどないこと.

태반[太半・殆半] [tʰeban テバン] 名 大半; ほとんど; 半分以上 ¶ 일의 ~은 끝났다 [iːre ~un kʼunnɛtʼa イーレ (テバ)ヌン ックンネッタ] 大半の仕事は終えた.

태-부족[太不足] [tʰebudʒok テブジョク] 名 하形 非常に足りないこと.

*태산[泰山] [tʰesan テサン] 名 泰山; 高く大きく立派な山 ━같다 [gatʼa ガッタ] 形 山積みだ; 非常に大きい[多い] ¶ 일이 ~ [iːri ~ イーリ ~] 仕事が山積みだ / 걱정이 ~ [kɔktʃɔŋ ~ コクチョンイ ~] 非常に心配だ.

*태생[胎生] [tʰesɛŋ テセン] 名 하自 ① 生まれ ¶ 서울 ~ [soul ~ ソウル ~] ソウル生まれ ② 〈生〉〈植〉胎生.

태세[態勢] [tʰɛːse テーセ] 名 態勢; 身構え ¶ ~를 갖추다 [~rul katʃʰuda ~ルル カッチュダ] 態勢を整える / 싸울 ~를 취하다 [sʼaul ~rul tʃʰwiːhada ~ルル チュィーハダ] けんかの身構えをする; 戦う姿勢をとる.

태아[胎兒] [tʰea テア] 名 胎児 ¶ ~를 유산(流産)시키다 [~rul jusanʃikʰida ~ルル ユサンシキダ] 胎児を流す.

*태양[太陽] [tʰejaŋ テヤン] 名 太陽 ¶ 해가 ~에 뜨다[지다] [~i tʼuda[tʃida] ~イットゥダ[チダ]] 太陽が昇る[沈む] / 민족의 ~ [mindʒoge ~ ミンジョゲ ~] 民族の太陽.

*태어-나다 [tʰeɔnada テオナダ] 自 生まれ(落ち)る; 出生する ¶ 서울에서 ~ [soureso ~ ソウレソ ~] ソウルで出生する / ~-난 곳 [~-nan kot ~-ナン コッ] 生まれ(たところ); 出生地 / ~-난 이래 [~-nan iːre ~-ナンイーレ] 生まれ落ちてこのかた / 다시 ~ [taʃi ~ タシ ~] 生まれ変わる.

태업[怠業] [tʰɛɔp テオプ] 名 怠業; サボタージュ; サボ ¶ ~ 전술을 취하다 [~ tʃʼɔːnsurul tʃʰwiːhada ~ チョンスルル チュィーハダ] 怠業戦術をとる ━하다 [hada パダ] 自 怠業する; 俗 サボる.

태-없다 [tʰɛːɔptʼa テーオプタ] 存 ① (高い地位にありながら)高ぶらない; 気取らない; 謙遜である ② 不格好だ; やぼだ ━없이 [tʰɛːɔpʃʼi テーオプシ] 副 ① 高ぶらずに ② やぼに.

*태연[泰然] [tʰejon テヨン] 名 泰然; 平気; 平然 ¶ ~한 태도 [~han tʰɛːdo ~ハン テード] 泰然とした態度 / ~한 얼굴 [~han olgul ~ハン オルグル] さらぬ顔; 平気な[何食わぬ]顔 / ~하게 말하다 [~hage maːrhada ~ハゲ マールハダ] 事もなげに言う ━하다 [hada ハダ] 形 泰然としている; 平気だ; つれない ¶ 남은 무어라 해도 나는 ~ [namun muɔra hɛːdo nanun ~ ナムン ムオラ ヘードナヌン ~] 人は何と言おうと私は平気だ ━히 [i (テヨ)ニ] 副 泰然[平然]と; 平気に; 事もなげに; 恬として ━스럽다 [surɔptʼa スロプタ] 形 ㅂ変 泰然[平然]としている; 平気だ; てんとしている ━스러이 [surɔi スロイ] 副 平然と; 事もなげに ¶ ~ 거짓말을 하다 [~ kɔːdʒinmarul hada ~ コージンマルル ハダ] 平然とうそをつく ━자약 [dʒajak ジャヤク] 名 하形 泰然自若 ¶ ~하다 [~-(dʒaja)kʰada ~カダ] 落ち着き払っている; 泰然自若としている.

*태우다[tʰeuda テウダ] 他 ① (火で)燃やす; 焼く ¶ 쓰레기를 ~ [sʼuregirul ~ ッスレギルル ~] ごみを焼く[燃やす] ② (皮膚を)日に焼く ¶ 햇볕에 살갗을 ~ [hetpʼjotʰe salkʼatʃʰul ~ ヘッピョテ サルカチュル ~] 日に肌を焼く ③ 焦がす ¶ 밥을 ~ [pabul ~ パブル ~] ご飯を焦がす ④ 気をもむ; 思い悩む[焦がす] ¶ 애를 ~ [ɛːrul ~ エールル ~] 焦らす; 気をつかう[もむ] / 사랑으로 가슴을 ~ [saraŋuro kasumul ~ サランウロ カスムル ~] 恋に胸を焦がす / 속을 ~ [soːk ~ ソーク ~] 胸を焦がす; いらだたせる.

*태우다[2] [tʰeuda テウダ] 他 (車などに)乗せる ¶ 차에 ~ [tʃʰae ~ チャエ ~] 車に乗せる / 아이를 목말 ~ [airul moŋmal ~ アイルル モンマル ~] 子供

태자[太子][tʰɛdʑa テジャ] 名〈史〉太子=황태자(皇太子)[hwaŋtʰɛdʑa ファンテジャ] **―비**[bi ビ] 名 皇太子妃.

태초[太初·泰初][tʰɛtɕʰo テチョ] 名 太初; 天地創造の時.

태클[tʰɛkʰul テクル] tackle 名[하]他 タックル ¶ 맹렬한 ~[mɛːŋnjərhan ~ メーンニョルハン ~] 猛烈なタックル.

태평[太平·泰平][tʰɛpʰjəŋ テピョン] 名[하]形 ① 平和 ¶ 천하 ~[tɕʰənha~ チョンハ~] 天下太平/온 나라가 ~하다[oːn naraga ~hada オーン ナラガ ~ハダ] 国中が太平である ② のんき; 気楽; おおらか ¶ 무사(無事) ~한 사람이다[musa ~han saːramida ムサ ~ハン サーラミダ] のんき[気楽]な人だ ③ 安らかであるさま ¶ ~한 나날[~han nanal ~ ハン ナナル] 安らか[泰平]な日々 **―히**[i ヒ] 副 ① 太平に ② のんきに; 気楽に **―스럽다**[sɯrəpʰt'a スロプタ] 形[ㅂ変] 太平である; のんきだ **―스러이**[sɯrəi スロイ] 副 太平に; のんきに ¶ ~ 앉아 있다[~ andʑa it'a ~ アンジャ イッタ] のんきに座っている **―가**(歌)[ga ガ] 名 太平の時を謳歌おうする歌 **―성대**(聖代)[səːŋdɛ ソーンデ] 名 太平の御代よ **―성사**(盛事)[səːŋsa ソーンサ] 名 太平の時代のよろこばしいこと **―세계**(世界)[seːge セーゲ] 名 太平な世の中 **―소**(簫)[so ソ] 名〈楽〉唐人笛=날라리[nallari ナルラリ]; チャルメラ(〈ポ〉charamela) **―연월**(烟月)[njənwəl ニョヌォル] 名 太平で安楽な歳月.

*__태평-양__[太平洋][tʰɛpʰjəŋjaŋ テピョンヤン] 名〈地〉太平洋 **―전쟁**[dʑəːndʑɛŋ ジョーンジェン] 名 太平洋戦争.

*__태풍__[颱風][tʰɛpʰuŋ テプン] 名 台風 ¶ ~ 경보 ~[gjəːŋbo ~ ギョーンポ] 台風警報/~ 주의보 ~[dʑuːibo ~ ジューイボ] 台風注意報/~의 눈[~e nun ~エ ヌン] 台風の目/~에 휩쓸리다[~e hwipsʼullida ~エ フィプスルリダ] 台風に見舞われる.

*__택시__[tʰɛkɕʼi テクシ] taxi 名 タクシー ¶ 개인 ~[kɛːin ~ ケーイン ~] 個人タクシー/~ 타는 곳[~tʰanɯn kot ~ タヌン コッ] タクシー乗り場/~를 잡다[~rul tɕʰaptʼa ~ルル チャプタ] タクシーを拾う/~를 타다[~rul tʰada ~ルル タダ] タクシーに乗る/~를 세우다[~rul seuda ~ルル セウダ] タクシーをとめる **―드라이버**[dɯraibə ドゥライボ] **・―기사**(技士)[gisa ギサ] 名 タクシードライバー **―미터**[miːtʰə ミートォ] 名 タクシーメーター.

택일[擇一][tʰɛgil テギル] 名 択一; 選一 ¶ 양자 ~[jaːŋdʑa ~ ヤーンジャ ~] 両者択一 **―하다**[(tʰɛgir) hada ハダ] 自 (2者のうちで)1つを選ぶ.

택일[擇日][tʰɛgil テギル] 名[하]自 吉日を選ぶこと; 日取り.

택지[宅地][tʰɛktɕʼi テクチ] 名 宅地 ¶ ~ 조성[~ dʑosəŋ ~ ジョソン] 宅地造成.

*__택-하다__[擇―][tʰɛkʰada テクカダ] 他[여変] 選ぶ; 取る; 採択する ¶ 둘 중에 하나를 ~[tuːl dʑuŋe hanarul ~ トゥール ジュンエ ハナルル ~] 2つのうち1つを選ぶ.

탤런트[tʰɛlləntʰu テルロントゥ] 名 タレント ① 才能; 技量 ② 芸能人.

탭-댄스[tʰɛpdɛnsɯ テプデンス] tap dance 名 タップダンス.

탯-줄[胎―][tʰɛtɕʼul テッチュル] 名〈生〉へその緒 ¶ ~을 끊다[(tʰɛtɕʼur)ɯl k'untʰa (テッチュ)ルル ックンタ] へその緒を切る.

탱고[tʰɛŋgo テンゴ] tango 名 タンゴ ¶ ~를 추다[~rul tɕʰuda ~ルル チュダ] タンゴを踊る.

탱자[tʰɛŋdʑa テンジャ] 名 カラタチ(枳殻)の実 **―나무**[namu ナム] 名〈植〉カラタチ.

탱커[tʰɛŋkʰə テンコ] tanker 名 タンカー; 油槽船; 油送船.

탱크[tʰɛŋkʰɯ テンク] tank 名 ① タンク ¶ 가스 ~[gasɯ ~ ガス ~] ガスタンク ② 戦車 **―로리**[roːri ローリ] 名 タンクローリー(lorry); ガソリンなどを運搬するタンクをつけた貨物自動車.

탱탱[tʰɛŋtʰɛŋ テンテン] 副[하]形 張っているさま; はち切れそうなさま ¶ 공기가 ~하게 차 있는 축구공[koŋgiga ~ hage tɕʰa innɯn tɕʰukʼugəŋ コンギガ ~ハゲ チャ インヌン チュックゴン] 空気がいっぱいつまっているサッカーボール.

탱화[幀畫][tʰɛŋhwa テンファ] 名〈仏〉描いて壁にかける仏像; 仏画.

*__터__[tʰə ト] 名[接尾] ① 敷地; 台地; 場所 ¶ 빈 ~[piːn~ ピーン~] 空き地/일 ~[iːl~ イール~] 仕事場/성 ~

[sɔŋ~ ソン~] 城址じょう / 나루~ [naru~ ナル~] 渡し場 ② (物事の)基; 土台; 基礎 ¶생활의 ~ [sɛnhware~ センファレ~] 生活の基礎 **—가 세다** [ga se:da ガ セーダ] 慣 地相が悪い; その場で災いが起こりやすい.

※터² [tʰɔ²] 依名 ① 予定; つもり; はず (普通次に来る'이'が結び付いて'테'になる; 터이다=테다 [tʰeda テダ]) ¶할~이다 [hal ~ida ハル ~イダ] =할 테다 [hal tʰeda ハル テダ] するつもりだ / 틀림없을 테지 [tʰullimɔpsɯl tʰedʑi トゥリモプスル テジ] 間違いない(だろう) ② …のくせに; それなのに ¶돈도 없는 ~에 [to:ndo ɔ:mnun ~eト ウンド オームヌン ~エ] 金もないくせに.

터³ [tʰɔ³] 名 間柄='터수' ¶친한 ~에 [tɕʰinhan ~e チンハン ~エ] 親しい間柄で / 잘 아는 ~에 [tɕar a:nun ~e チャラーヌン ~エ] よく知っている間柄で.

*****터널** [tʰɔnɔl トノル] tunnel 名 トンネル ¶해저 ~ [hɛ:dʑɔ ~ ヘージョ ~] 海底トンネル.

*****터-놓다** [tʰɔnotʰa トノッタ] 他 ① (さえぎるものを)取りのけする; 開ける ¶뚝을 ~ [t'ugul ~ ットゥグル ~] 堰등を切り落とす / 수문을 ~ [sumunul ~ スムヌル ~] 水門を開ける ② (禁じたことを)解く; 解除する ③ 別わけ隔てなくつきあい; 打ち明ける; 腹を割る; 気を許し合う ¶속을 ~-놓고 이야기하다 [so:gul ~-nokʰo ijagihada ソーグル ~-ノッコ イヤギハダ] 腹を割って話す / ~-놓고 지내는 사이 [~-nokʰo tɕʰi:nɛnun sai ~-ノッコ チーネーヌン サイ] 気が置けない間柄. 「固めする.

터-다지다 [tʰɔdadʑida トダジダ] 自地

터-닦다 [tʰɔdakt'a トダクタ] 自 ① 地ならしをする; 敷地をならす ② (物事の)土台を固める.

터덕-터덕 [tʰɔdɔktʰɔdɔk トドクトドク] 副 하자他 ① とぼとぼと(歩く) ¶~집으로 돌아가다 [~ tɕʰiburo toragada ~ チブロ トラガダ] とぼとぼと家に帰る ② やっと; どうにかこうにか(暮らす) ③ あえぎあえぎ(もがきながら進む).

털덜-터덜 [tʰɔldɔltʰɔdɔl トドルトドル] 副 하자他 とぼとぼと(歩く); がたがたと(空車が音を立てて通るさま).

터득 [攄得] [tʰɔ:dɯk トードゥッ] 名 하他 体得; 会得; 悟ること ¶진리를 ~하다 [tɕʰilliruɭ (tʰo:dɯ) kʰada チルリルル ~カダ] 真理を悟る.

터-뜨리다 [tʰɔt'ɯrida トットゥリダ] 他 爆発させる; 破裂させる; ぶっ放す ¶풍선을 ~ [pʰuŋsɔnul ~ プンソヌル ~] 風船を割る / 웃음을 ~ [usumul ~ ウスムル ~] (笑い)を噴き出す / 샴페인을 ~ [ɕampʰeinul ~ シャムペイヌル ~] シャンペンを抜く.

*****터무니** [tʰɔmuni トムニ] 名 ① 土台[礎]の跡 ② 根拠 **—없다** [ɔpt'a オプタ] 根拠がない; 途轍もない; 途方もない; とんでも[滅相も]ない **—없는** [ɔmnun オムヌン] 形 とんでもない; 途方もない ¶~ 값 [~ kap ~ カプ] とんでもない値段 / ~ 계획 [~ ke:hwek ~ ケーフェク] 途方もない計画 / ~ 거짓말 [~ kɔ:dʑinmal ~ コージンマル] でたらめなうそ / ~ 소문(所聞) [~ so:mun ~ ソームン] とんでもないうわさ / ~ 값을 매기다 [~ kaps'ɯl mɛgida ~ カプスル メギダ] 法外な値をつける / ~ 소리를[말을] 하다 [~ soriruɭ[ma:rul] hada ~ ソリルル[マールル] ハダ] 途方もないこと[とんでもない話]を言う **—없이** [ɔpɕ'i オプシ] 副 途方[とてつ]もなく; むやみに; 法外に ¶~ 비싸다 [~ pis'ada ~ ピッサダ] むやみに高い.

터미널 [tʰɔ:minɔl トーミノル] terminal 名 ターミナル ¶고속 버스 ~ [kosokbɔsu ~ コソクボス ~] 高速バスターミナル.

터벅-터벅 [tʰɔbɔktʰɔbɔk トボクトボク] 副 하자自 とぼとぼ; てくてく ¶~ 걸어가다 [~(tʰɔbɔ) k'ɔrɔgada ~ コロガダ] てくてくと歩いて行く.

터벅터벅-하다 [tʰɔbɔktʰɔbɔkʰada トボクトボクカダ] 形 여変 (食べ物に粘り気や水気がなく)ぱさぱさする; かすかすする ¶찐 감자가 ~ [tɕ'in kamdʑaga ~ ッチン カムジャガ ~] 蒸しイモがぱさぱさする.

터부 [tʰɔbu: トブー] taboo 名 タブー; 禁忌; 禁制 ¶그것은 ~로 되어 있다 [kuɡɔsun ~ro twe: it'a クゴスン ~ロ トゥェオ イッタ] それはタブーになっている.

터부룩-하다 [tʰɔburukʰada トブルクカダ] 形 여変 (髪の毛や草木などが)ぼうぼうと生えている; もじゃもじゃしている ¶수염이 ~ [sujɔmi ~ スヨミ

터수 [tʰɔsu トス] 名 ① 暮らし向き; 生活の程度や状態 ¶사는 ~가 넉넉하지 않다[sa:nɯn ~ga nɔŋnɔkʰadʑi antʰa サーヌン ~ガ ノンノクカジ アンタ] 暮らし向きが楽でない ② 付き合い; 関係; 間柄 ¶친한 ~[tʰinhan ~ チンハン ~] 親しい間柄.

터울 [tʰoul トウル] 名 兄弟の年の差; 年違い ¶2살 ~로 낳다[tu: sal ~lo natʰa トゥーサル ~ロ ナッタ] 2つ違いに(子を)産む / ~이 잦다[(tʰour) itɕatɕa (トウ)リ チャッタ] 年の差が少ない / 1살 ~이다[han sal (tʰour)-ida ハン サル (トウ)リダ] 年子だ.

터-잡다 [tʰɔdʑaptˀa トジャプタ] 自 ① (敷地・場所などを)定める ② 土台・基礎が固まる **터-잡히다** [tʰɔdʑapʰida トジャプピダ] 自 ① (敷地・場所などが)定まる ② (土台・基礎などが)固まる.

터전 [tʰɔdʑɔn トジョン] 名 基盤; 拠り所 ¶삶의 ~[sa:lme サールメ ~] 生活の基盤 / 생활의 ~을 잃다[sɛŋhware ~ɯl iltʰa センファレ (トジョ) ヌル イルタ] 生活の拠り所を失う.

터-주 [-dʑu] [tʰɔdʑu トジュ] 名〈民〉(家の)守り神; 敷地の地神[主] **터줏-대감** (大監) [tʰɔdʑutˀɛgam トジュッテーガム] 名 (その土地や団体などでの)氏神・主; 古株; 古頭・最古参を戯れに言う語 ¶이 직장의 ~[i tɕiktɕaŋe ~ イ チクチャンエ ~] この職場の古株.

터-주다 [tʰɔdʑuda トジュダ] 他 ① (塞がったものを)取り除く; 開けてやる ¶막힌 물꼬를 ~[makʰin mulkˀorul ~ マクキン ムルッコルル ~] 塞がった水の出入口を開けてやる ② (禁じたことを)解く; 解除する.

***터-지다** [tʰɔ:dʑida トージダ] 自 ① (事が)突発[勃発]する; 起こる ¶전쟁이 ~[tɕɔ:ndʑɛŋi ~ チョーンジェンイ ~] 戦争が起こる[始まる] ② 割れる; (張り)裂ける; 爆発[破裂]する ¶이마가 ~[imaga ~ イマガ ~] 額が割れる / 포탄이 ~[pʰotʰani ~ ポータニ ~] 砲弾が破裂する / 가슴이 터질 것 같다[kasumi tʰɔ:dʑil kˀot katˀa カスミ トージル コッ カッタ] 胸が張り裂ける思いだ ③ 破れる; 壊れる; 崩れる ¶둑이 ~[tugi ~ トゥギ ~] 堰が切れる ④ ばれる ¶비밀이 ~[pi:miri ~ ピーミリ ~] 秘密がばれる ⑤ 俗 ぶん殴られる; たたかれる ¶깡패에게 얻어 ~[kˀapʰɛege ɔdɔ ~ ッカンペエゲ オドー ~] ごろつきにぶん殴られる ⑥ (感情が)爆発する ¶분통(憤痛)이 ~[puntʰoŋi ~ プーントンイ ~] 怒りが爆発する; 癇癪ᆞが破裂する / 울음이 ~[urumi ~ ウルミ ~] わっと泣き出す / 웃음이 터져 나오다[usumi tʰɔ:dʑɔ naoda ウスミ トージョ ナオダ] 笑いが噴き出る ⑦ (声・歌などが)沸き上がる; 起こる ¶박수가 ~[paksˀuga ~ パクスガ ~] 拍手が沸き起こる / 함성(喊聲)이 ~[ha:msɔŋi ~ ハームソンイ ~] 喊声があがる ⑧ (鼻血などが)突然出る; 噴き出る ¶코피가 ~[kʰopʰiga ~ コピガ ~] 鼻血が噴き出る ⑨ (縫い目が)ほころびる ¶양복 주머니가 ~[jaŋbok tɕʰumɔniga ~ ヤンボク チュモニガ ~] 洋服のポケットがほころびる ⑩ (幸福・運などが)一度に訪れる; 開ける ¶운이 ~[u:ni ~ ウーニー ~] 運が開ける.

터치 [tʰɔtɕʰi トチ] touch 名 한자他 タッチ ¶배턴 ~[bɛtʰɔn ~ ベトン ~] バトンタッチ **—다운** [daun ダウン] 名 한자 タッチダウン **—라인** [lain ライン] 名 タッチライン **—아웃** [aut アウッ] 名 한他 タッチアウト.

***턱¹** [tʰɔk トク] 名 ① あご ¶아래 ~[arɛ ~ アレ ~] 下あご; おとがい / 위 ~[wi ~ ウィ ~] 上あご / ~이 빠지다[(tʰɔg) i pˀa:dʑida (トㇰ)ギッパージダ] あごがはずれる; 笑いこける ② 平面から少しつき出た所 ¶길에 ~이 지다[kire (tʰɔg) i tɕida キレ (トㇰ) ギチダ] 道路に段差がつく **—수염** [sˀujɔm スヨㇺ] 名 あごひげ.

턱² [tʰɔk トク] 名 (めでたいときの)おごり; もてなし; ご馳走ᆞᆞᆞ ¶생남(生男) ~[sɛŋnam ~ センナㇺ ~] 男の子の出産を祝うおごり / 한 내시오[han (tʰɔŋ) nɛ:ɕio ハン (トン) ネーシオ] 一杯おごりなさい.

턱³ [tʰɔk トク] 名 ① 理由; わけ; 道理; はず ¶그럴 ~이 있나[kɯrul (tʰɔg) i inna クロル (トㇰ) ギインナ] そんなわけはあるまい ② (それ)くらい; 程度 ¶아직 그 ~인가[adʑi kˀɯ (tʰɔg) inga アジク (トㇰ) ギンガ] まだそれくらいなのか.

턱⁴ [tʰɔk トク] 副 ① ばたっと ¶~ 쓰러지다[~ sˀurɔdʑida ~ ッスロジダ]

턱걸이

ばたっと倒れる ② ぎゅっと ¶손을 ~ 잡다[sonnul ~ t'apt'a ソヌル ~ チャプタ] 手をぎゅっと握る ③ ほっと ¶마음을 ~ 놓다[maɯmul (thoŋ) notha マウムル (トン) ノッタ] ほっと安心する ④ ぐっと ¶숨이 ~ 막히다[su:mi (thoŋ) makhida スーミ (トン) マクキダ] 息がぐっと詰まる ⑤ すっと ¶앞으로 ~ 나서다[aphɯro (thoŋ) nasəda アプロ (トン) ナソダ] すっと前に進み出る ⑥ でんと ¶~ 버티고 서다[~ p'əthigo səda ~ ポティゴ ソダ] でんと構えて立つ.

턱-걸이 [thəkk'əri トクコリ] 图 困自 ① 懸垂 ② けんか・相撲などで相手のあごを押してつき倒す技 ③ 人に頼って暮らすこと; 居候 ¶~로 지내다[~ro tɕi:nɛda ~ロ チーネダ] 人に頼って暮らす; 身を寄せている ④ 俗 (合格・昇進・昇給などの)裏工作; 根回し ⑤ 俗 かろうじて合格すること ¶~로 입학했다[~ ro iphakhɛt'a ~ロ イパクケッタ] やっとのことで入学した.

턱-없다 [thəɡəpt'a トゴプタ] 퐈 ① とんでもない; 途方もない; べらぼうだ; むちゃだ; ばかばかしい; 理不尽である ② (身分)不相応だ **턱-없는** [thəɡ-ɔmnɯn トゴムヌン] 形 とんでもない; 途方もない ¶~ 소리 하지 마라[~ sori hadʑi mara ~ ソリ ハジ マラ] とんでもないことをいうな; めちゃくちゃをいうな/ ~ 짓을 하다[~ tɕi:sɯl hada ~ チースル ハダ] むちゃなことをする/ ~ 변명[~ pjə:nmjəŋ ~ ピョンミョン] 理不尽な弁明 **턱-없이** [thəɡəpɕ'i トゴプシ] 副 むちゃ[めちゃくちゃ]に; むやみに; 法外に ¶~ 비싸다[~ pis'ada ~ ピッサダ] むやみに高い/ ~ 싸다[~ s'ada ~ ッサダ] 滅法[法外]に安い.

턱-지다 [thəktɕ'ida トクチダ] 自 段差がつく; 段になる; 丘ができる.

턱-짓 [thəktɕ'it トクチッ] 图 困自 あごで意思を表わす振り; あご使い.

턱-턱 [thəkthək トクトク] 副 ① てきぱき ¶일을 ~ 해내다[i:rul ~ (thoŋ) kʰɛ:nɛda イール ~ ケーネダ] 仕事をてきぱき(と)やりとげる ② ぐっぐっ(と) ¶숨이 ~ 막히다[su:mi ~ (thoŋ) makhida スーミ ~ (トン) マクキダ] 息がぐっぐっ(と)詰まる ③ ぺっぺっ(と) ¶침을 ~ 뱉다[tɕhimul ~ p'ɛ:t'a チムル ~ ペーッタ] 唾をぺっぺっとはく ④ ばたばたと ¶먼지를 ~ 털다[mɔndʑirul ~ thɔ:lda モンジルル ~ トールダ] ほこりをばたばたと払う.

턴 [thɔ:n トーン] turn 图 ターン ¶유(U) ~[ju:~ ユー~] ユーターン **—테이블** [theibul テイブル] 图 ターンテーブル.

***털** [thɔl トル] 图 ① 毛 ② 毛羽 ③ 髪の毛 ¶머리~[mɔri~ モリ~] 髪の毛/ ~이 많다[(thɔr)i ma:ntha (ト)リ マーンタ] 毛深い ④ 羽毛 ⑤ 羊毛; 毛糸; ウール ⑥ 植物の表面に生じる毛に似たもの(タンポポの綿毛など).

털-가죽 [thɔlgadʑuk トルガジュク] 图 毛皮 =모피[mophi モピ].

털-갈다 [thɔlgalda トルガルダ] 自 毛が生え代わる **털-갈이** [thɔlgari トルガリ] 图 困自 毛が抜け代わること.

털-게 [thɔlge トルゲ] 图 〈動〉ケガニ (毛蟹).

털-구멍 [thɔlk'umɔŋ トルクモン] 图 毛穴.

털-끝 [thɔlk'ut トルクッ] 图 ① 毛の先 ② 些細なもの; 毛頭; ちっとも —**만큼도 없다** [(thɔlk'ɯn) mankhɯmdo ɔ:pt'a (トルクン)マンクムド オープタ] 慣 ちっともない ¶毛頭ない ¶양심이라곤 ~[jaŋɕimiragon ~ ヤンシミラゴン ~] 良心なんてちっともない/ 그런 일은 ~[kɯrən ni:rɯn ~ クロン ニールン ~] そんなことは毛頭ない.

털-내의 [thɔllei トルレイ] 图 毛織り[ウール]の肌着.

***털다** [thɔ:lda トールダ] 他 ㄹ語幹 ① はたく; 払い除ける; たたき落とす ¶먼지를 ~[mɔndʑirul ~ モンジルル ~] ほこり[ごみ]をはたく/ 물방울을 ~ [mulp'aŋurul ~ ムルパンウルル ~] しずくを振り落す ② (財物を)全部出す; 使い果たす ¶호주머니를 ~ [hodʑumɔnirul ~ ホジュモニルル ~] 財布の底をはたく ③ (心を)ぶちまける ¶속을 털어놓고 이야기하다[so:gul thɔrɔnokho ijagihada ソーグル トロノッコ イヤギハダ] 腹を割って話す ④ (泥棒などが金品を掠め取る[かっさらう]) ¶빈집을 ~ [pi:ndʑibul ~ ピーンジブル ~] 空き巣を荒らす.

털럭-거리다 [thɔllɔkk'ɔrida トルロクコリダ] 自 がたがた(と)揺れる ¶시골 버스가 ~ [ɕigol bɔsuga ~ シゴル ボスガ ~] 田舎のバスががたがたと揺れる.

털리다 [thɔllida トルリダ] ① 自 受動

(ほこりなどが)落ちる; 取れる; (泥棒に)ごっそりやられる; (ばくちで)有り金をすっかり巻き上げられる=¶ (도박으로) 있는 돈을 몽땅 ~[(tobaguro) innun to:nɯl mont'aŋ ~] (トバグロ) インヌン トーヌル モンッタン ~] / 도둑에게 돈을 ~ [todugege to:nɯl ~ トドゥゲゲ トーヌル ~] 泥棒に持ち金をさらわれる ② 他 使役 はたかせる; ふるい払わせる.

털-모자[-帽子][tʰɔlmodʒa トルモジャ]

털-목도리[tʰɔlmokt'ori トルモクトリ] 名 毛皮や毛糸編みの襟巻き.

털-방석[-方席][tʰɔlbaŋsok トルバンソク] 名 羽毛作りの座布団; 毛糸で編んだ座布団.

털보[t'ɔlbo トルボ] 名 ひげの濃い人・毛深い人の別称.

털-복숭아[tʰɔlboksuŋa トルボクスンア] ① 6月の桃 ② 毛深い人の別称.

털-셔츠[tʰɔlʃɔ:tʰu トルショーチュ] 名 ウールのシャツ.

털-수건[-手巾][tʰɔlsugɔn トルスゴン] 名 タオル.

털-신[tʰɔlʃin トルシン] 名 毛や毛皮でつくった防寒靴.

털-실[tʰɔlʃil トルシル] 名 毛糸; ウール ¶ ~로 뜨개질하다[~lo t'ɯgɛdʒirhada ~ロットゥゲジルハダ] 毛糸で編み物をする.

털썩[tʰɔls'ɔk トルッソク] 副 하自 ① ぺたりと ¶ ~ 주저앉다[~ tʃ'udʒɔant'a ~ チュジョアンタ] ぺたりと座る ② どっかり(と) ¶ 짐을 ~ 내려놓다[tʃimɯl (tʰɔls'ɔŋ) nɛrjonotʰa チムル (トルッソン) ネリョノッタ] 荷物をどっかり(と)下ろす.

***털어-놓다**[tʰɔrɔnotʰa トロノッタ] 他 (秘密や悩みなどを)打ち明ける; ぶちまける ¶ 사정을 ~[sa:dʒɔŋɯl ~ サージョンウル ~] 事情を打ち明ける / 마음 속을 ~[maɯm sogɯl ~ マウムソグル ~] 胸を打ち明かす[ぶちまける].

털어-먹다[tʰɔrɔmɔkt'a トロモクタ] 他 使い果たす; なくす; はたく ¶ 재산을 ~[tʃɛsanɯl ~ チェサヌル ~] 身代をはたく.

털-옷[tʰɔrot トロッ] 名 毛皮作りの衣服; 毛織物.

털-장갑[-掌匣][tʰɔldʒaŋgap トルジャンガプ] 名 毛(糸)の手袋.

털터리[tʰɔltʰɔri トルトリ] 名 一文なし; すかんぴん; = 빈털터리[pintʰɔltʰɔri ピーントルトリ].

털털[tʰɔltʰɔl トルトル] 副 ① 하自他 疲れきってとぼとぼ歩くさま; (車などが)がたがた ② ぱたぱたと ¶ 먼지를 ~ 털다[mɔndʒirɯl ~ tʰɔ:lda モンジルル ~ トルダ] ほこりをぱたぱたとはたく.

털털-이[tʰɔltʰɔri トルトリ] 名 ① さっくばらんで気どらない人; 身なりや行動に無頓着な人; 大らかな人 ② (おん)ぼろ車; がた自動車.

털털-하다[tʰɔltʰɔrhada トルトルハダ] 形 여변 ① (性質が)さっくばらんでややこしくない; 大様だ; 大らかだ; 大まかで庶民的である ¶ ~한 성격[~-han sɔ:ŋk'jɔk ~-ハン ソーンキョク] 大らか[大様]な性格 / ~한 사나이 [~-han sanai ~-ハン サナイ] 大まかで庶民的な男 ② (品質が)普通並みである ¶ ~한 것을 택하다[~-han kɔsɯl tʰɛkhada ~-ハン コスル テクカダ] (贅沢な品より)並みのものを選ぶ.

텀벙[tʰɔmbɔŋ トムボン] 副 하自 どぶん; ぱちゃん(と深い水に落ちこむさま).

텁석[tʰɔps'ɔk トプソク] 副 ぎゅっと; ぱくりと ¶ 손을 ~ 쥐다[sonnɯl ~ tʃ'wi:da ~ チュィーダ] 手をぎゅっと握る / 고양이가 쥐를 ~ 물었다[kojaŋiga tʃwirɯl (tʰɔps'ɔŋ) murɔt'a コヤンイガ チュイルル (トプソン) ムロッタ] ネコがネズミにぱくりとかみついた.

텁수룩-하다[tʰɔps'urukhada トプスルクハダ] 形 여변 (髪の毛やひげが)ほうほうしている; もじゃもじゃだ ¶ ~한 머리[~-kʰan mɔri ~-カン モリ] ぼさぼさの髪の毛 **텁수룩-이**[tʰɔps'urugi トプスルギ] 副 もじゃもじゃと; ぼうぼうと; ぼさぼさと ¶ 수염이 ~ 나다[sujɔmi ~ nada スヨミ ~ ナダ] ひげがもじゃもじゃに生える.

텁지근-하다[tʰɔptʃ'igɯnhada トプチグンハダ] 形 여변 (口当たり・舌ざわりが)さっぱりしない; 味がすっきりしない.

텁텁-하다[tʰɔptʰɔphada トプトプハダ] 形 여변 ① 舌ざわり・口当たりがよくない=¶ 입이 ~[ibi ~ イビ ~] / 맛이 ~[maʃi ~ マシ ~] 味がすっきりしない ② (目がかすんで)はっきりしない; どんよりしている ③ (性格が)さっくばらんだ; 大まかで人つきあいがよい; 庶民的である ¶ ~한 성격[~-pʰan sɔ:ŋk'jɔk ~-パン ソーンキョク] 庶民的な性格 ④ (天気が)どんよりしてむさくるしい **텁텁-이**[tʰɔptʰɔbi トプト

비] 名 庶民的な人; 細かいことにこだわらず大まかな人.

텃-밭 [tʰɔtp'at トッパッ] 名 敷地に付いている畑; 家の近所の畑.

텃-새 [tʰɔsʼɛ トッセ] 名 留鳥; 季節的に移動しない鳥↔철새 [tʰɔlsʼe チョルセ].

텃-세 [—勢] [tʰɔsʼe トッセ] 名 하自 地元風; 先に居着いた者が地元風を吹かして後から来た人を軽んじる[土地の者だといばる]こと ¶한 두달 먼저 왔다고 ~가 심하다 [han du:dal mɔndʒɔ wat'ago ~ga ɕi:mhada ハン ドゥーダル モンジョ ワッタゴ ~ガ シームハダ] 1, 2か月先に居着いたくせにやたらに地元風を吹かす.

***텅** [tʰɔŋ トン] **1** 副 がらんと ¶~ 빈방 [~ bi:nbaŋ ビーンバン] がらんとした部屋 —**텅**[1] [tʰɔŋ トン] 副 がらんと; がらがら ¶지갑이 ~ 비었다 [tɕigabi ~ biot'a チガビ ~ ビオッタ] 財布がからがらだ **2** 副 하自 どん, ずどん(鉄砲などの音) —**텅**[2] [tʰɔŋ トン] 副 하自 ずどんずどん; どんどん; どたばた(鉄砲の音・床を鳴らす音).

텅텅[3] [tʰɔŋtʰɔŋ トントン] 副 하自 でかでか(と) ¶큰 소리만 ~ 친다 [kʰun soriman ~ tɕʰinda クン ソリマン ~ チンダ] でかでかと大口をたたく.

***테**[1] [tʰe テ] 依名 ① 予定; つもり; はず; '터'+'이' の縮約 ¶할 ~다 [hal ~da ハル ~ダ] するつもりだ ② (…する)つもり[はず]だから = **테니** [tʰeni テニ] ¶갈 ~니 [kal ~ni カル ~ニ] 行くつもりだから ③ (…する)つもりだから = **테니까** [tʰenik'a テニッカ] ¶볼 ~니까 [pol ~nikʼa ポル ~ニッカ] 見るつもりだから ④ (…する)つもりなら; …したければ; = **테면** [tʰemjɔn テミョン] ¶할 ~면 하게 [hal ~mjɔn hage ハル ~ミョン ハゲ] するつもりならやれよ ⑤ (…する)はずなのに = **텐데** [tʰende テンデ] ¶추울 텐데 [tɕʰuul tʰende チュウル テンデ] 寒いはずなのに.

테[2] [tʰe テ] **1** 名 ① 籠; 輪 ¶독에 ~를 두르다 [toge ~rul turuda トゲ ~ル トゥルダ] かめに籠をはめる ② へり; 縁; 枠; つば ¶~가 넓은 모자 [~ga nɔlbun modʒa ~ガ ノルブン モジャ] つばの広い帽子 / 안경~ [a:ŋgjɔŋ~ アーンギョン~] めがねの縁 ③ '테두리' の略 **2** 依名 かせ; かせ糸を数える語.

테너 [tʰenɔ テノ] tenor 名 〈楽〉 テナー; テノール; 男声の最高音域(歌手).

***테니스** [tʰenisɯ テニス] tennis 名 テニス ¶~ 코트 [~ kʰo:tʰɯ ~ コートゥ] テニスコート / ~를 치다 [~rul tɕʰida ~ルル チダ] テニスをやる.

***테두리** [tʰeduri テドゥリ] 名 ① 枠; 縁; へり; 輪 ¶~가 달린 모자 [~ga tallin modʒa ~ガ タルリン モジャ] 縁のついた帽子 / 금 ~ [kɯm ~ クム ~] 金覆輪 ② 範囲; 限度; 輪郭 ¶예산의 ~ 안에서 [je:sane ~ anesɔ イェーサネ ~ アネソ] 予算の枠内で / 이야기의 ~ [ijagie ~ イヤギエ ~] 話の輪郭 ③ 概要; アウトライン ¶계획의 ~ [ke:hwege ~ ケーフェゲ ~] 計画の概要 ④ 箍; 桶のまわりにはめる竹や金属の輪 = 略 '테'.

테이블 [tʰeibul テイブル] table 名 テーブル; 机, 卓 —**매너** [mɛnɔ メノ] 名 テーブルマナー.

테이프 [tʰeipʰɯ テイプ] tape 名 テープ ¶~를 끊다 [~rul k'untʰa ~ルル ックンタ] テープを切る[ゴールインする] —**리코더** [rikʰo:dɔ リコード] 名 テープレコーダー.

테크니션 [tʰekʰɯniʃɔn テクニション] technician 名 テクニシャン; 技巧家 [派]; 専門技術者.

테크니컬 [tʰekʰɯnikʰɔl テクニコル] technical 名 テクニカル —**녹아웃** [no-kʰaut ノカウッ] 名 テクニカルノックアウト (knockout); TKO —**메리트** [meritʰɯ メリトゥ] 名 テクニカルメリット (merit); フィギュアスケートの自由演技の採点基準の1つ; 技術点[アーティスティックインプレッション (artistic impression)・芸術点] —**텀** [tʰɔ:m トーム] 名 テクニカルターム (term); 専門用語・術語 —**파울** [pʰaul パウル] 名 テクニカルファウル (foul).

텍스트 [tʰeksɯtʰɯ テクストゥ] text 名 テキスト; 本文; 原典; 脚本; 上演台本 —**북** [buk ブク] 名 テキスト(ブック); 教科書; 教本.

텐트 [tʰentʰɯ テントゥ] tent 名 テント ¶~를 치다[걷다] [~rul tɕʰida [kɔ-t'a] ~ルル チダ[コッタ]] テントを張る[たたむ].

***텔레비전** [tʰellebidʒɔn テルレビジョン] television 名 テレビ; テレビジョン.

텔레폰 [tʰellepʰon テルレポン] telephone

名 テレフォン.

토[tʰo ト] 名 漢文を読むときに, 漢字に書き添えて読むハングルの部分; 送り仮名を振る部分.

토건[土建][tʰogon トゴン] 名 土建 ¶~업[~ɔp (トゴ)ノプ] 土建業／~업자[~ɔptʃ'a (トゴ)ノプチャ] 土建社.

토관[土管][tʰogwan トグァン] 名 土管 ¶~을 묻다[~ɯl mut'a (トグァ)ヌル ムッタ] 土管を埋める.

토굴[土窟][tʰogul トグル] 名 土窟ど; 土を掘った穴; 土の洞穴.

토기[土器][tʰogi トギ] 名 土器; 土焼き; かわらけ; 素焼き; 瓦器ぎ ¶빗살무늬 ~[pis'al muni ~ ピッサル ムニ ~] 櫛目文ん土器(日本では縄文式土器) **―장**[匠][(이)][dʒaŋ(i) ジャン(イ)] 名 陶工 **―점**(店)[dʒɔm ジョム] 名 陶器売り場=옹기전(甕器廛)[oːŋgidʒɔn オーンギジョン]

***토끼**[tʰok'i トッキ] 名〈動〉ウサギ(兎) ¶~가 깡충깡충 뛰어다니다[~ga k'aŋtʃʰuŋk'aŋtʃʰuŋ t'wiɔdanida ~ ガッカンチュンッカンチュン ットゥィオダニダ] ウサギがぴょんぴょん(と)はね回る／집[산]~[tʃip[san] ~ チプ[サン] ~] 飼い[野]ウサギ **―뜀**[t'wim ッ トゥィム] 名 ウサギ跳び **―띠**[t'i ッティ] 名 卯うの年生まれ **―사냥**[sanjaŋ ~ニャン] 名 하他 ウサギ狩り **―집**[dʒip ジプ] 名 ウサギ小屋 **―털**[tʰɔl トル] 名 ウサギの毛 **―풀**[pʰul プル] 名〈植〉クローバー=클로버[kʰɯlloʌɔ クルロボ] **―해**[hɛ ヘ] 名 卯の年.

토너먼트[tʰoːnɔmɔntʰɯ] tournament 名 トーナメント.

토닥-거리다[tʰodak'ɔrida トダクコリダ] 自他 ① とんとんと音を立てる ② 軽くたたく, またその音 ¶아이 등을 ~[ai dɯŋɯl ~ アイ ドゥンウル ~] 子供の背中を軽くたたく ③ (子供たちが言い合いをする; けんかをする.

토담[土―][tʰodam トダム] 名 土の壁; 土塀 ¶~을 두르다[~ɯl turuda (トダ)ムル トゥルダ] 土塀を巡らす **―집**[tʃ'ip チプ] 名 土壁の家.

***토대**[土臺][tʰodɛ トデ] 名 土台 ① 建築物の基礎; 土で築いた台 ¶~가 든든하다[~ga tundunhada ~ガトゥンドゥンハダ] 土台が堅固だ ② (物事の)基本・基盤 ¶경험을 ~로 삼다 [kjɔŋhɔmɯl ~ro saːmt'a キョンホムル ~ロ サームタ] 経験を土台とする.

토라지다[tʰoradʒida トラジダ] 自 ① 胃がもたれる ② すねる; 膨れる; ふて腐れる; 仲違な<いする ¶토라져서 일도 안한다[tʰoradʒɔsɔ ildo anhanda トラジョソ イールド アンハンダ] すねて仕事もせずにふて腐れている／토라져서 서로 말도 안한다[tʰoradʒɔsɔ sɔro maːldo anhanda トラジョソ ソロ マールド アンハンダ] (2人は)仲違いして互いに口も利かない／토라져서 누워 버리다[tʰoradʒɔsɔ nuwɔ bɔrida トラジョソ ヌウォ ボリダ] ふて寝をする.

토란[土卵][tʰoran トラン] 名〈植〉サトイモ(里芋); 芋 **―국**[k'uk ククヮ] 名 サトイモ汁(秋夕チュに食べる) **―줄기**[dʒulgi ジュルギ] 名 (食用にする)芋幹みが(干したもの); 芋茎だ(葉柄).

토로[吐露][tʰoːro トーロ] 名 吐露 **―하다**[hada ハダ] 他 吐露する; 吐く ¶의견을 ~[ɯigjɔnɯl ~ ウィーギョヌル ~] 意見を吐露する／심정을 ~[ʃimdʒɔŋɯl ~ シムジョンウル ~] 心情を吐く.

***-토록**[tʰorok トロク] 接尾 …のように; …まで; …ほどと ¶이~ 풍부한 과일[i~pʰuŋbuhan kwaːil イ~ プンブハン クァーイル] このように[これほど]豊富な果物／영원(永遠)~ 전해지리라[jɔːŋwɔn~ tʃ'ɔnhɛdʒirira ヨーンウォン~チョンヘジリラ] いつまでも[永遠に]伝わるであろう.

토론[討論][tʰoːron トーロン] 名 하他 討論; 議論 ¶활발한 ~[hwalbarhan ~ ファルバルハン ~] 活発な討論／~을 끝내다[~ɯl k'ɯnnɛda (トーロ)ヌル ックンネダ] 討論を打ち切る.

토리[tʰori トリ] **1** 名 糸おだまきに巻いたもの **2** 依名 糸巻きを数える単位 ¶색실 2 ~[sɛkʃ'il duː ~ セクシルドゥー ~] 色糸2巻き **―실**[ʃil シル] 名 おだまきの糸; 丸く巻いた糸.

***토마토**[tʰomatʰo トマト] tomato 名〈植〉トマト **―케첩**[kʰetʃʰɔp ケチョプ] 名 トマトケチャップ.

***토막**[tʰomak トマク] **1** 名 ① 切れ; 小切れ; 切れ端; きれっぱし ¶나무~[namu ~ ナム ~] 木の[棒]切れ／반~[paːn ~ パーン ~] 半切れ／고등어의 ~[kodɯŋɔ ~ コドゥンオエ ~] サバの切り身 ② (言葉・文・歌などの)区切り; ひとくさり ¶한 ~의

이야기 [han (tʰomag)e ijagi ハン(トマ)ゲ イヤギ] ひとくさりの物語 / 유행가 한 ~[juhɛŋga han ~ ユヘンガ ハン ~] 流行歌の一区切り **2** 依名 切れ; 片; くさり; 切れ端を数える語 ¶생선 한 ~[sɛsʌn han ~ センソン ハン ~] 魚の1切れ / 역사의 한 ~[jɔksʌe han ~ ヨクサエ ハン ~] 歴史のひとこま **—내다** [(tʰomaŋ) nɛda (トマン) ネダ] **·치다** [tʰida チダ] 他 輪切り[ぶつ切り]にする; 小切れに切る; ずたずたに切る ¶생선을 ~-치다 [sɛŋsʌnɯl ~-tʃida センソヌル ~-チダ] 魚を切り身にする **—고기** [(tʰoma) k'ogi コギ] 切りの肉 **—극** [(tʰoma) k'ɯk ククク] 名 寸劇=촌극 [tʃʰo:ŋguk チョーングク] **—나무** [(tʰomaŋ) namu (トマン) ナム] 名 棒切れ.

토막 [土幕] [tʰomak トマク] 名 穴蔵 **—민** [(tʰomaŋ) min (トマン) ミン] 名 穴蔵に住む人たち.

토목 [土木] [tʰomok トモク] 名 土木 **—건축** [(tʰomo) k'ɔ:ntʃʰuk コーンチュク] 名 土木建築 **—공사** [(tʰomo)-k'oŋsa コンサ] 名 土木工事 **—공학** [(tʰomo) k'oŋhak コンハク] 名 土木工学 **—기사** [(tʰomo) k'isa キサ] 名 土木技師 **—사업** [s'a:ɔp サーオプ] 名 土木事業.

토박이 [土—] [tʰobagi トバギ] 名 〈俗〉土地っ子; 生え抜き; =본토(本土)박이 [pontʰobagi ポントバギ] ¶서울 ~ [sɔul ~ ソウル ~] 生粋のソウル人 [ソウルっ子].

토벌 [討伐] [tʰobʌl トボル] 名 他 討伐; 征伐 ¶~대 [~t'ɛ ~テ] 討伐隊.

토사 [土砂] [tʰosa トサ] 名 土砂; 土と砂 ¶~의 유출 [~e jutʃʰul ~エ ユチュル] 土砂の流出.

토사 [吐瀉] [tʰo:sa トーサ] 名 他自 吐瀉と; 吐き下し; 嘔吐ぉ˚と下痢 ¶~가 나다 [~ga nada ~ガ ナダ] 吐瀉する **—곽란** [(癨乱) [gwaŋnan グァンナン] 名 吐瀉霍乱så; 急性胃炎.

토산 [土産] [tʰosan トサン] 名 土産 **—물** [物] [mul ムル] **·—품** [品] [pʰum プム] 名 土産; 土地の産物; 特産品. (日本語の(お)土産のように「贈物」の意味はない).

토속 [土俗] [tʰosok トソク] 名 土俗; 土地の風俗 **—주** [tʃʰu チュ] 名 土地独特な方法でかもした伝統的な酒.

토스터 [tʰo:sutʰʌ トースタ] toaster 名 トースター. 「トースト.

토스트 [tʰo:sutʰɯ トーストゥ] toast 名

토실—토실 [tʰoʃiltʰoʃil トシルトシル] 副 形 まるまる; ぽちゃぽちゃ; ふっくらと肉付きのよいさま ¶~한 아기 [~-(tʰoʃir) han agi ~ハン アギ] まるまるとした赤ちゃん / 얼굴이 ~하다 [olguri ~(tʰoʃir) hada オルグリ ~ハダ] 顔がぽっちゃりしている.

토양 [土壌] [tʰojaŋ トヤン] 名 土壌 ¶~이 기름지다 [~i kirumdʒida ~イ キルムジダ] 土壌[土地]が肥えている.

***토요** [土曜] [tʰojo トヨ] 名 土曜 **—일** [il イル] 名 土曜日.

***토의** [討議] [tʰo:i トーイ] 名 他 討議 ¶~에 부치다 [~e putʃʰida ~エ プチダ] 討議に付する.

토인 [土人] [tʰoin トイン] 名 ① 土着の人 ② 野蛮人.

토일렛 [tʰoillet トイルレッ] toilet 名 トイレ; イレット; 便所 **—페이퍼** [pʰeipʰʌ ペイパ] 名 トイレットペーパー.

토정—비결 [土亭祕訣] [tʰodʒʌŋbi:gjʌl トージョンビーギョル] 名 毎年の運勢を占う韓国特有の占い本[朝鮮王朝時代, 土亭李之菡ᄒᆞᆷ의 著作という].

토종 [土種] [tʰodʒoŋ トジョン] 名 その土地産の種, また, その地特産の品種 ¶~닭 [~t'ak ~タク] 地鳥 **—벌** [bʌl ボル] 名 (養蜂語)[西洋の蜂생]に対する)韓国・朝鮮在来の蜂.

***토지** [土地] [tʰodʒi トジ] 名 土地 ① 土; 土壌 ¶비옥한 ~ [pi:okhan ~ ピーオクカン ~] 肥沃ょくな[肥えた]土地 / 토박(土薄)한 ~ [tʰobakʰan ~ トバクカン ~] やせた土 ② 地面; 地所 (敷地・耕作など) ¶탐나는 ~ [tʰamnanun ~ タムナヌン ~] 手に入れたい地所 / ~를 경작(耕作)하다 [~rul kjɔŋdʒakʰada ~ルル キョンジャクカダ] 土地を耕す / ~ 분할(分割) [~ bunhal ~ ブンハル] 地割り.

토착 [土着] [tʰotʃʰak トチャク] 名 他 土着 **—민** [(tʰotʃʰaŋ) min (トチャン) ミン] 名 土着民 **—화** [(tʰotʃʰa) k'wa クァ] 名 土着化 ¶민주주의의 ~ [mindʒudʒuie ~ ミンジュジュイエ ~] 民主主義の土着化.

토픽 [tʰopʰik トピク] topic 名 話題; トピック ¶해외 ~ [hɛ:we ~ ヘーウェ

토-하다 [tʰoːhada トーハダ] 他 여変 ① 吐く; 吐き出す; 戻す ¶약을 ~ [jagul ~ ヤグル ~] 薬を戻す/토할 것 같다 [tʰohal k'ot kat'a トハル コッ カッタ] 吐き気がする ② (心の内を)口に出して言う; 吐露する; 吐く ¶열변을 ~ [jəlbjənul ~ ヨルビョヌル ~] 熱弁をふるう; 舌端火を吐く/실(實)~ [jil ~] 本音を吐く; 泥を吐く; 白状する; 자백(自白)하다 [tjabɛkʰada チャベクカダ]

톡톡-하다 [tʰoktʰokʰada トクトクカダ] 形 여変 ① 汁が煮詰まって濃い ② 織り目が細かく少し厚い ③ (暮らしや財産が)充実して豊かだ ¶~하게 한잔 사게 [~kʰage han dʑan sage ~ーカゲ ハンジャン サゲ] たっぷり1杯おごれよ ④ (小言などが)きつい; ひどい **톡톡-히** [tʰoktʰokʰi トクトクヒ] 副 非常に多く; ずいぶん; たっぷり ¶돈을 ~ 벌다 [toːnul ~ pəːlda トーヌル ~ ポールダ] お金をたっぷり儲ける.

톨 [tʰol トル] 名 依名 クリ(栗)などの個々の粒(を数える単位) ¶밤 한 ~ [paːm han ~ パーム ハン ~] クリ1粒.

톨-게이트 [tʰoːlgeitʰɯ トールゲイトゥ] tollgate 名 トールゲート; 料金所.

톱¹ [tʰop トプ] 名 のこ(ぎり) ¶실~ [jiːl~ シール~] 糸のこ/~으로 나무를 켜다 [(tʰob) uro namurul kʰjəda (ト)プロ ナムルル キョダ] のこで木を切る[引く].

톱² [tʰop トプ] top 名 トップ ¶~ 뉴스 [(tʰom) njuːsɯ (トム) ニュース] トップニュース.

톱-날 [tʰomnal トムナル] 名 のこの目; のこぎりの歯 ¶~을 세우다 [(tʰomnar)-ul seuda (トムナ)ルル セウダ] のこの目を立てる.

톱-니 [tʰomni トムニ] 名 のこぎりの歯 ¶~가 무디다 [~ga mudida ~ガ ムディダ] のこの目がつぶれている ─**바퀴** [bakʰwi バキュィ] 名 歯車; ギヤ.

톱-매니지먼트 [tʰommɛnidʑiməntʰɯ トムメニジモントゥ] top management 名 トップマネージメント; 最高経営層.

톱-밥 [tʰopap トプパプ] 名 のこくず.

톱-질 [tʰoptɕ'il トプチル] 名 하自 のこぎりで木材などを切ること; こびき.

톳 [tʰot トッ] 1 名 海苔約40枚・100枚の束 2 依名 海苔の束を数える単位.

통¹ [tʰoŋ トン] 名 ① (ズボンの股ま・袖そなどの)幅 ② 腰回り; 脚の太さ ③ 度量; きも; 腹 ¶~이 크다 [~i kʰuda ~イ クダ] 度量が大きい; 図太い; 大胆だ; 太っ腹だ.

통² [tʰoŋ トン] 1 名 (中身の詰んだ白菜・フクベ・スイカ・カボチャなどの)玉; 大きさ 2 依名 それを数える単位; 株; 玉; 個 ¶배추 한 ~ [peːtɕʰu han ~ ペーチュ ハン ~] 白菜1株/수박 2 ~ [suːbak t'uː ~ スーバク トゥー ~] スイカ2個 3 依名 反物を数える単位; 反; 匹[定말] ¶당목(唐木) 한 ~ [taŋmokʰan ~ タンモク カン ~] 金巾な킨1疋.

통³ [tʰoŋ トン] 依名 ① グル; 仲間 ¶한 ~이 되다 [han ~i tweda ハン ~ イトゥェダ] グルになる ② (ある物事の複雑な)渦中・周辺・最中 ¶싸움 ~에 휩쓸리다 [s'aum ~e hwips'ullida ッサウム ~エ フィプスルリダ] けんかの渦中に巻き込まれる ③ はずみ; せい ¶넘어지는 ~에 [nəməɟinun ~e ノモジヌン ~エ] 倒れたはずみで.

통⁴ [tʰoŋ トン] 副 ① 全部; すっかり; =온통 [oːntʰoŋ オーントン] ¶~으로 [~uro ~ウロ] すっかり; 丸のままで/~구이 [~gui ~ーグイ] 丸焼き ② 全然; まったく; からきし; さっぱり; まるきり ¶술은 ~ 못한다 [surun ~ moːtʰanda スルン ~ モータンダ] 酒はからきし駄目だ/~ 모르겠다 [~ moruget'a ~ モルゲッタ] さっぱりわからない/~ 몰랐다 [~ mollat'a ~ モルラッタ] まったく知らなかった.

통⁵ [tʰoŋ トン] 副 空の桶やや小太鼓などをたたいて出す音; ごん; どん.

통[桶] [tʰoŋ トン] 1 名 桶籃; 担桶; 樽; 缶 ¶물~ [mul~ ムル~] 水桶/~으로 물을 긷다 [~uro murul kiːt'a ~ウロ ムルル キーッタ] 桶で水をくむ 2 依名 桶などにつまったものを数える単位; 桶; 樽; 缶 ¶술 한 ~ [sul han ~ スル ハン ~] 酒1樽.

통[筒] [tʰoŋ トン] 名 筒; 管 ¶대나무 ~ [tɛnamu ~ テナム ~] 竹の筒.

통[通] [tʰoŋ トン] 1 依名 手紙・文書などを数える単位; 通 ¶한 ~의 편지(便紙) [han ~e pʰjəːndʑi ハン ~ エ ピョーンジ] 1通の手紙 2 接尾 …通 ¶정보~ [tɕəŋbo~ チョンポ~] 情報通/경제~ [kjəŋdʑe~ キョンジェ~] 経済通/미국~ [miːguk~ ミーグク~] アメリカ通/소식~에 의하면

[soʃik-e uihamjɔn ソシク 〜エ ウィハミョン] 消息筋によると.

통감[痛感][tʰoːŋgam トーンガム] 名 [하他] 痛感 ¶책임을 〜하다 [tʃʰegimul 〜hada チェギムル 〜ハダ] 責任を痛感する.

통-감자[tʰoŋgamdʒa トンガムジャ] 名 丸のままのジャガイモ.

통-것[tʰoŋkʼɔt トンコッ] 名 丸のままのもの; 欠けたものがない丸ごとのもの.

*__통계__[統計][tʰoːŋge トーンゲ] 名 統計 ¶〜를 잡다 [〜rul tʃaptʼa 〜ルル チャプタ] 統計を取る **―도표** [dopʰjo ドピョ] 名 統計図表; 統計グラフ **―숫자** [suːtʃʼa スーッチャ] 名 統計数 **―연감** [jɔŋgam ヨンガム] 名 統計年鑑.

통고[通告][tʰoŋgo トンゴ] 名 [하他] 通告 ¶〜를 받다 [〜rul patʼa 〜ルル パッタ] 通告を受ける.

통-고추[tʰoŋgotʃʰu トンゴチュ] 名 丸のままのトウガラシ.

통곡[痛哭][tʰoːŋgok トーンゴク] 名 [하自] 痛哭ःः; ひどく泣きわめくこと.

통곡[慟哭][tʰoːŋgok トーンゴク] 名 [하自] 慟哭ːː; 大きな声をあげて悲しく泣くこと ¶유해 앞에서 〜하다 [juhɛ apʰeso (tʰoːŋgo)kʰada ユヘアペソ 〜カダ] 遺体の前で慟哭する.

*__통과__[通過][tʰoŋgwa トングァ] 名 [하自他] 通過 ¶검사를 〜하다 [kɔːmsarul 〜hada コームサルル 〜ハダ] 検査に通過する / 시험에 〜하다 [ʃihome 〜hada シホメ 〜ハダ] 試験にパスする / 예선을 〜하다 [jeːsɔnul 〜hada イェーソヌル 〜ハダ] 予選を通る / 버젓이 〜하다 [pɔdʒɔʃi 〜hada ポジョシ 〜ハダ] 罷まかり通る.

통관[通關][tʰoŋgwan トングァン] 名 [하自他] 通関 ¶〜절차 [〜dʒɔltʃʰa 〜ジョルチャ] 通関手続き **―업** [ɔp (トングァ)ノプ] 名 通関業を代行する営業.

*__통근__[通勤][tʰoŋgun トングン] 名 [하自] 通勤 ¶〜버스 [〜bɔsɯ 〜ボス] 通勤バス.

통-기타[筒―][tʰoŋgitʰa トンギター] 名 共鳴箱のある普通のギターの俗称.

통-김치[tʰoŋgimtʃʰi トンギムチ] 名 白菜や大根の株漬けのキムチ.

통-나무[tʰoŋnamu トンナム] 名 丸太; 丸木; ごろた ¶〜로 받치다 [〜ro patʃʰida 〜ロ パッチダ] 丸太で支える **―배** [bɛ ベ] 名 丸木船.

통념[通念][tʰoŋnjɔm トンニョム] 名 通念 ¶사회 〜 [sahwe 〜 サフェ 〜] 社会通念.

통달[通達][tʰoŋdal トンダル] 名 [하自他] 通達; 精通; 熟達 ¶수개 국어에 〜하다 [suːgɛ guɡɔe (tʰoŋdar)hada スーゲ グゴエ 〜ハダ] 数か国語に熟達する / 각 기관에 〜하다 [ka kʼigwane (tʰoŋdar)hada カク キグァネ 〜ハダ] 各機関に通達する.

통-닭[tʰoŋdak トンダク] 名 丸のままの鶏ɲɟ(焼き) ¶〜 구이 [(tʰoŋda) kʼui 〜 クイ] 鶏の丸焼き / 〜 튀김 [〜 tʰwigim 〜 トゥィギム] 鶏の丸揚げ.

통-대구[―大口][tʰoŋdɛgu トンデグ] 名 干しダラ; 棒ダラ.

통독[通讀][tʰoŋdok トンドク] 名 [하他] 通読 ¶삼국지를 〜하다 [samguktʃʼirul (tʰoŋdo)kʰada サムグクチルル 〜カダ] 三国志を通読する.

통렬[痛烈][tʰoːŋnjɔl トーンニョル] 名 [하自形] 痛烈 ¶〜한 비난 [(tʰoːŋnjɔr)han piːnan 〜ハン ピーナン] 痛烈な非難 **―히** [(tʰoːŋnjɔr)i (トーンニョ)リ] 副 痛烈に ¶〜 비판하다 [〜 piːpʰanhada 〜 ピーパンハダ] 痛烈に批判する.

통례[通例][tʰoŋne トンネ] 名 通例 ¶그것은 〜로 되어 있다 [kugɔsun 〜ro twɛe itʼa クゴスン 〜ロ トゥェオ イッタ] それは通例になっている.

통로[通路][tʰoŋno トンノ] 名 通路; ルート ¶좁은 〜 [tʃobun 〜 チョブン 〜] 狭い通路 / 외교 〜 [weːgjo 〜 ウェーギョ 〜] 外交ルート.

통-마늘[tʰoŋmanul トンマヌル] 名 (小片に分けてない)丸ごとのニンニク.

통문[通文][tʰoŋmun トンムン] 名 回覧される通知文; 回し状.

통-밀어[tʰoŋmirɔ トンミロ] 副 ひっくるめて; おしなべて; 全部で; あれこれ区別なく平均して; ＝'통틀어' ¶ 얼마요? [〜 ɔːlmajo オールマヨ] ひっくるめていくらですか.

통-바지[tʰoŋbadʒi トンバジ] 名 幅広のズボン.

통-발[筒―][tʰoŋbal トンバル] 名 海にしかけて魚をとるわな; 筌ᄴᆞᆨ; やな.

통보[通報][tʰoŋbo トンボ] 名 [하他] 通報 ¶기상 〜 [kisaŋ 〜 キサン 〜] 気象通報.

통-보리[tʰoŋbori トンボリ] 名 丸麦.

통-사정[通事情][tʰoŋsadʒɔŋ トンサジョン] 名 [하自] 自分の苦情を人に訴え

통상[通常][tʰoŋsaŋ トンサン] 名 通常 **—복**[bok ボク] 名 普段着; カジュアル=캐주얼[kʰɛdʒuəl ケジュオル].

***통상**[通商][tʰoŋsaŋ トンサン] 名 하自 通商 **—조약**[dʒojak ジョヤク] 名 通商条約 **—협정**[hjɔptɕʰjɔŋ ヒョプチョン] 名 通商協定.

통석[痛惜][tʰoːŋsɔk トーンソク] 名 하形 痛惜; 心から惜しむこと.

통설[通說][tʰoŋsɔl トンソル] 名 通説 ¶~에 따르다[(tʰoŋsɔr)e t'aruda (トンソ)レッタルダ] 通説に従う.

통-성명[通姓名][tʰoŋsɔŋmjɔŋ トンソンミョン] 名 하自 互いに名のりあうこと; 初対面のあいさつを交わすこと.

통-속[通俗 トンソク] 名 ① 気脈を通じる一味; グル; 秘密団体 ¶한 ~이 되어[han (tʰoŋsʼog)i twɛ ハン(トンソ)ギ トゥェオ] グルになって / 그 놈도 한 ~이다[kɯ nomdo han (tʰoŋsog)ida クノムドハン(トンソ)ギダ] そいつも一味だ ② 密約; 企て.

통속[通俗][tʰoŋsok トンソク] 名 通俗 **—극**[(tʰoŋso)kʼɯk ククク] 名 通俗劇 **—문학**[(tʰoŋsoŋ) munhak (トンソン)ムンハク] 名 通俗文学 **—소설**[sʼoːsɔl ソーソル] 名 通俗小説 **—적**[tɕʼɔk チョク] 名 冠 通俗的 ¶~이다[~-(tɕʼɔg)ida ~-(チョ)ギダ] 通俗的だ; 俗っぽい.

통솔[統率][tʰoːŋsol トーンソル] 名 統率 ¶~력[~ljɔk ~リョク] 統率力; リーダーシップ **—하다**[(tʰoːŋsor)hada ハダ] 他 統率する; 統べる ¶부하를 ~[puharɯl ~ プハルル ~] 部下を統率する / 집안을 ~[tɕibanɯl ~ チバヌル ~] 家を束ねる.

***통신**[通信][tʰoŋɕin トンシン] 名 하他 通信; コミュニケーション ¶교통 ~[kjotʰoŋ ~ キョトン ~] 交通通信 / ~위성[~ wisɔŋ (トンシ) ヌィソン] 通信衛星 **—교육**[gjoːjuk キョーユク] 名 通信教育 **—사**[(社)[saː サ] 名 通信社 **—사**[使)[saː サ] 名 〈史〉通信使; 朝鮮朝廷から日本に差し遣わした外交文化使節[1876年(高宗13年)に修信使と改称] **—판매**[pʰanmɛ パンメ] 名 通信販売; メールオーダー; 通販.

통역[通譯][tʰoŋjɔk トンヨク] 名 하他 通訳 ¶동시 ~[toːɲɕi ~ トーンシ ~] 同時通訳.

통용[通用][tʰoŋjoŋ トンヨン] 名 通用 ¶~화폐[~ hwaːpʰe ~ ファーペ] 通用貨幣 **—하다**[hada ハダ] 自 通用する; 通ずる **—문**[mun ムン] 名 通用門 **—어**[ɔː オ] 名 一般に通用する言葉.

***통일**[統一][tʰoːɲil トーンイル] 名 하他 統一 ¶정신을 ~하다[tɕʼɔŋɕinɯl (tʰoːɲir)hada チョンシヌル ~ハダ] 精神を統一する **—국가**[guk'a グクカ] 名 統一国家 **—안**[(tʰoːɲir) an (トーニ)ラン] 名 統一案 **—천하**[tɕʰɔnha チョンハ] 名 統一天下.

통장[通帳][tʰoŋdʒaŋ トンジャン] 名 通帳; 通い(帳) ¶저금 ~[tɕʼɔːgɯm ~ チョーグム ~] 貯金通帳.

통절[痛切][tʰoːŋdʒɔl トーンジョル] 名 하形 痛切; 切実 ¶간절한 소원(所願)[kaːndʒɔrhan soːwɔn カーンジョルハン ソーウォン] 痛切な(切なる)願い **—히**[(tʰoːŋdʒɔr)i (トーンジョ)リ] 痛切に ¶~ 느끼다[~ nukʼida ~ ヌッキダ] 痛切に感じる.

통정-하다[通情—][tʰoŋdʒɔŋhada トンジョンハダ] 自 ① (男女が)情を通ずる; 密通する ② '통사정(通事情)하다「苦情を訴える」の略 ③ 통심정(通心情) 하다[tʰoŋɕimdʒɔŋhada トンシムジョンハダ]「互に心を通いあう」の略 ④ (世間一般の)人情などに通達する.

***통제**[統制][tʰoːŋdʒe トーンジェ] 名 하他 統制; コントロール ¶출입을 ~하다[tɕʰuribɯl ~hada チュリブル ~ハダ] 出入を統制する **—구역**[gujɔk グヨク] 名 統制区域 **—력**[rjɔk リョク] 名 統制力.

***통-조림**[桶—][tʰoŋdʒorim トンジョリム] 名 缶詰 ¶쇠고기 ~[swɛːgogi ~ スェーゴギ ~] 牛肉の缶詰; 牛缶 / ~을 따다[~ɯl tʼada (トンジョリ)ムルッタダ] 缶詰をあける **—통**[tʰoŋ トン] 名 缶詰の缶.

통증[痛症][tʰoːŋtɕʼɯŋ トーンチュン] 名 痛みのある症状; 痛み ¶심한 ~을 느끼다[ɕiːmhan ~ɯl nukʼida シームハン ~ウル ヌッキダ] ひどい痛みを感ずる.

***통지**[通知][tʰoŋdʒi トンジ] 名 하他 通知; 知らせ; 報知 ¶합격 ~[hapkʼjɔk ~ ハプキョク ~] 合格の通知 / 슬픈 ~[sɯlpʰɯn ~ スルプン ~] 悲報 / 채용 ~[tɕʰɛːjoŋ ~ チェーヨン ~] 採

통째(-로) [thoŋt͡ɕʻɛ(ro) トンッチェ(ロ)] 副 丸ごと; 丸[塊]のまま ¶~ 먹다 [~ mɔkt'a ~ モクタ] 丸ごと食べる / ~ 삶다 [~ sa:mt'a ~ サームタ] 丸のまま煮る; 丸煮にする.

통찰 [洞察] [thoŋt͡ɕʻal トンチャル] 名 하他 洞察; 透察; 通察; 察し **—력** [ljɔk リョク] 名 洞察力; 読み ¶~이 있다 [~-(ljɔg)i it'a ~-(リョ)ギイッタ] 洞察力がある; 読みが深い.

통첩 [通牒] [thoŋt͡ɕʻɔp トンチョプ] 名 하他 通牒 ¶최후 ~ [t͡ɕʻʰwe:hu ~] 最後通牒.

통촉 [洞燭] [thoŋt͡ɕʻok トンチョク] 名 하他 諒察 ¶부디 ~하시기를 [pu:di (thoŋt͡ɕʻok)khaɕigirɯl プーディ ~カシギルル] 何とぞ諒察のほどを.

통치 [通治] [thoŋt͡ɕʻi トンチ] 名 하他 1つの薬で万病に効き目があること ¶만병(萬病)~ [ma:nbjɔŋ ~ マーンビョン ~] 万病に効くこと.

통치 [統治] [tho:ŋt͡ɕʻi トーンチ] 名 統治 ¶~자 [~d͡ʑa ~ジャ] 統治者 **—하다** [hada ハダ] 他 統治する; 治める **—권** [k'wɔn クォン] 名 統治権.

통-치마 [筒—] [thoŋt͡ɕʻima トンチマ] 名 筒状に縫い合わせたチマ[スカート].

통칭 [通稱] [thoŋt͡ɕʻiŋ トンチン] 名 通称; 俗称 ¶~으로 부르다 [~-ɯro puruda ~ウロ プルダ] 通り名で呼ぶ.

통쾌 [痛快] [tho:ŋkʻwɛ トーンクェ] 하形 痛快 ¶~한 홈런 [~han ho:mrɔn ~ハン ホームロン] 痛快なホームラン **—감**(感) [gam ガム] 名 痛快な気持ち[感じ] **—히** [i イ] 副 痛快に.

통탄 [痛嘆] [thoŋtʻan トンタン] 名 하他 痛嘆 ¶~할 일이다 [~hal li:rida ~ハル リーリダ] 痛嘆すべきことである.

통-통¹ [thoŋtʻoŋ トントン] 1 副 (小さな蒸気船が)ぽんぽん ¶~배 [~bɛ ~ベ] ぽんぽん蒸気 2 名 하自動 (床などを踏み鳴らしの)どんどん.

통-통² [thoŋtʻoŋ トントン] 副 하形 ① 丸々と ¶~한 아기 [~han agi ~ハン アギ] 丸々とした赤ん坊 ② ふっくらと ¶~하게 살진 사람 [~hage salt͡ɕ'in sa:ram ~ハゲ サルッチン サーラム] ふっくらと肥えた人 ③ ぷっと ¶발목이 부었다 [palmogi puɔt'a パルモギ プオッタ] 足首がぷっとはれた **—히** [i イ] 副 丸々と; ふっくらと; ぷっと.

*통-틀어 [thoŋtʻɯrɔ トントゥロ] 副 ひっくるめて; 全部で; 通じて ¶~ 얼마요? [~ ɔ:lmajo ~ オールマヨ] ひっくるめていくらですか.

통-폐합 [統廢合] [tho:ŋpʻʰehap トーンペハプ] 名 하他 企業などを廃合して1つにすること.

통풍 [通風] [thoŋpʻʰuŋ トンプン] 名 하自 通風; 風通し **—장치** [d͡ʑaŋt͡ɕʻʰi ジャンチ] 名 通風装置.

**통-하다 [通—] [thoŋhada トンハダ] 自他 여変 ① 通じる; 通ずる; 通う ¶사방으로 ~ [sa:baŋuro ~ サーバンウロ ~] 四方に通じる / 전류를 ~ [t͡ɕʻɔ:lljurul ~ チョールリュルル ~] 電流を通じる / 전류가 ~ [t͡ɕʻɔ:lljuga ~ チョールリュガ ~] 電流が通う / 공기가 ~ [koŋgiga ~ コンギガ ~] 空気が通う ② (文意が)通る; 了解される; 知らせる ¶말이 통하는 사람 [ma:ri thoŋhanɯn sa:ram マーリ トンハヌン サーラム] 話せる人 / 뜻이 ~ [t'ɯɕi ~ ットゥシ ~] 意味が通る / 이야기가 ~ [ijagiga ~ イヤギガ ~] 話が通じる ③ 相通ずる; 通う ¶마음이 ~ [maɯmi ~ マウミ ~] 心が通う / 밀통(內通)する ¶정을 ~ [t͡ɕʻɔŋɯl ~ チョンウル ~] 情を通じる / 적과 ~ [t͡ɕʻɔk'wa ~ チョックァ ~] 敵(方)と通じる[内通する] ⑤ 認められる ¶억지가 ~ [ɔkt͡ɕ'iga ~ オクチガ ~] 無理が通る[利く] ⑥ 全体にわたる ¶1년을 통하여 [illjɔnɯl thoŋhaj イルリョヌル トンハヨ] 1年(中)を通じて ⑦ (間に)介する; (…を)経る; 通す ¶신문을 통해 [ɕinmunɯl thoŋhɛ シンムヌル トンヘ] 新聞を通じて.

통학 [通學] [thoŋhak トンハク] 名 하自 通学 ¶자전거 ~ [t͡ɕʰad͡ʑɔŋgɔ ~ チャジョンゴ ~] 自転車通学.

통한 [痛恨] [thoŋhan トンハン] 名 하他 痛恨 ¶~의 눈물 [~e nunmul (トーンハ)ネ ヌンムル] 痛恨の涙.

통할 [統轄] [tho:ŋhal トーンハル] 名 하他 統轄 ¶전군을 ~ 하다 [t͡ɕʻɔŋunɯl (thoŋhar)hada チョングヌル ~ハダ] 全軍を統轄する.

통합 [統合] [thoŋhap トーンハプ] 名 하他 統合 ¶모자(母子) 회사가 되다 [mo:d͡ʑa hwe:saga ~t'wɛda モージャ フェーサガ ~トゥェダ] 親子会社が統合する.

통행[通行] [tʰoŋɦeŋ トンヘン] 名 하자동他 通行; 行き来 ¶좌측 ~ [tɕʰwa:-tɕʰuk ~ チュアーチュク ~] 左側通行 / 일방 ~ [ilbaŋ ~ イルバン ~] 一方[片側]通行 **—금지**[gɯ:mdʑi グームジ] 名 通行禁止; 通行止め; 通せん坊 **—료**[njo ニョ] 名 通行料 **—세**[s'e セ] 名 通行税 **—인**[in イン] 名 通行人 **—증**[tɕ'ɯŋ チュン] 名 通行証.

통혼[通婚] [tʰoŋɦon トンホン] 名 하자 ① 結婚の意思を打診すること ② 両家の間で婚姻関係を結ぶこと.

***통화**[通貨] [tʰoŋɦwa トンファ] 名 通貨; サーキュレーション(circulation) **—관리**[gwalli グァルリ] 名 通貨管理 **—량**[rjaŋ リャン] 名 通貨量.

***통화**[通話] [tʰoŋɦwa トンファ] **1** 名 하자 通話 ¶~가 안된다[~ga andwenda ~ガ アンドゥェンダ] 通話が不能だ / ~중[~dʑuŋ ~ジュン] 通話中 **2** 依名 …通話 ¶한 ~ 3분이내[han ~ sambun inɛ ハン ~ サムブ ニネ] 1通話3分以内.

퇴각[退却] [tʰwe:gak トゥェーガク] 名 하자他 退却 ¶후방으로 ~하다[hu:baŋɯro (tʰwe:ga)kʰada フーバンウロ ~カダ] 後方へ退却する / 부대를 ~ 시키다[pudɛrɯl ~ʃ'ikʰida プデルル ~シキダ] 部隊を引き上げる.

퇴거[退去] [tʰwe:go トゥェーゴ] 名 退去; 立ち退き ¶~를 명하다[~rɯl mjɔ:ŋɦada ~ル ミョーンハダ] 退去を命じる; 立ち退き申し渡す **—하다**[hada ハダ] 自 退去する; 立ち退く; 引き下がる; 引き払う.

***퇴근**[退勤] [tʰwe:gɯn トゥェーグン] 名 하자 退勤; 引け ¶회사의 ~ 시간[hwe:sae ~ ʃigan フェーサエ ~ シガン] 会社の引け時 / ~ 무렵의 혼잡[~ murjɔbe honʥap ~ ムリョベ ホンジャプ] 退勤の混雑.

퇴로[退路] [tʰwe:ro トゥェーロ] 名 退路 ¶~를 차단하다[~rɯl tɕʰa:danɦada ~ル チャーダンハダ] 退路を遮断する / ~를 끊다[~rɯl k'ɯntʰa ~ルル ックンタ] 退路を絶つ.

퇴물[退物] [tʰwe:mul トゥェームル] 名 ① 目上から譲り受けた物; お下がり ② 返品された物 ③ 職から退いた人を見下げて言う語; くずれ; あがり.

퇴박—맞다[退—] [tʰwe:baŋmat'a トゥェーバンマッタ] 自 (気に入らないで)退けられる; 断わられる ¶그의 의견은 ~-맞았다[kɯe ɰi:gjɔnɯn ~-madʑat'a クエ ウィーギョヌン ~-マジャッタ] 彼の意見は退けられた.

퇴보[退步] [tʰwe:bo トゥェーボ] 名 하자 退步 ¶기술이 ~하다[kisuri ~hada キスリ ~ハダ] 技術が退步する[後戻りする].

퇴비[堆肥] [tʰwe:bi トゥェービ] 名 堆肥; 積み肥 ¶~ 증산[~ dʑɯŋsan ~ ジュンサン] 堆肥増産.

퇴사[退社] [tʰwe:sa トゥェーサ] 名 하자 ① 会社の退勤 ¶일곱 시에 ~하다[ilgop ʃ'ie ~hada イルゴプ シエ ~ハダ] 7時に退社する ② 退職 ¶~를 결심하다[~rɯl kjɔlʃ'imɦada ~ルル キョルシムハダ] 退社を決心する.

퇴색[退色・褪色] [tʰwe:sɛk トゥェーセク] 名 退色; 色焼け; 色変わり ¶~한 모자[(tʰwe:sɛ)kʰan modʑa ~カン モジャ] 退色した帽子 **—하다**[(tʰwe:sɛ)kʰada カダ] 自 退色する; 褪せる; 色焼けする; 白ける; 褪ぎめる ¶옷이 ~[oʃi ~ オシ ~] 服の色が褪める; 衣服が色焼けする / ~-한 양복[~-kʰan jaŋbok ~-カン ヤンボク] 色の褪せた洋服 / 사진이 ~[sadʑini ~] 写真が色褪せる[焼ける].

***퇴원**[退院] [tʰwe:wɔn トゥェーウォン] 名 하자 退院 ¶병이 완쾌되어 ~하다[pjɔ:ŋi wankʰwɛdɯɔ ~hada ピョーンイ ワンクェドゥェオ ~ハダ] 病気が全快して退院する.

퇴임[退任] [tʰwe:im トゥェーイム] 名 하자 退任 ¶~ 인사(人事)[~ insa (トゥェーイ) ミンサ] 退任のあいさつ.

퇴장[退場] [tʰwe:dʑaŋ トゥェージャン] 名 하자 退場 ① 조용히 ~하여 주세요[tɕojoŋi ~hajo tɕusejo チョヨンイ ~ハヨ チュセヨ] お静かに退場願います ② 競技途中反則などで退くこと ¶5반칙(反則) ~[o:bantɕʰik ~ オーバンチク~] ファイブファウルの退場.

퇴조[退潮] [tʰwe:dʑo トゥェージョ] 名 하자 退潮 ¶경기의 ~[kjɔŋgie ~ キョンギエ ~] 景気の退潮 / ~의 조짐[~e tɕodʑim ~エ チョジム] 退潮の兆し.

퇴직[退職] [tʰwe:dʑik トゥェージク] 名 하자 退職; 退社 ¶정년 ~[tɕɔŋnjɔn ~ チョンニョン ~] 停年退職 **—금**[(tʰwe:dʑi)k'ɯm クム] 名 退職金 ¶

퇴진[退陣][tʰweːdʒin トゥェージン] 名 하자 退陣 ¶수뇌부의 ~ [sunwebue ~ スヌェブエ~] 首脳部の退陣(辞職).

퇴-짜[退一][tʰweːtʃ'a トゥェーッチャ] 名 ① 退けられたこと; 拒絶されること; 品質の悪い不合格品として退けられること ② 〈史〉上納した麻布や木綿の質が悪くて「退」の字が押されてつき返された物 **━놓다**[notʰa ノッタ] 他 ① 上納する物[贈物]などをつき返す ② 拒絶する; ひじ鉄砲を食わせる; つっぱねる; はねつける ¶남의 부탁(付託)을 ~ [name puːtʰagul ~ ナメ プータグル ~] 人の願いをつっぱねる **━맞다**[maːtʼa マッタ] 自 ① 上納した物[贈物]などがつき返される ② 拒絶される; はね返される; 振られる; ひじ鉄砲を食わされる ¶그녀한테 ~ [kɯnjɔhantʰe ~ クニョハンテ ~] 彼女に振られる.

퇴치[退治][tʰweːtʃʰi トゥェーチ] 名 하타 ① 退治 ¶해충을 ~ 하다[hɛːtʃʰuŋul ~hada ヘーチュンウル ~ハダ] 害虫を退治する ② 追放; 根絶 ¶결핵 ~ [kjɔrhɛk ~ キョルヘク ~] 結核追放[根絶].

퇴폐[頹廢][tʰwepʰe トゥェペ] 名 하자 退廃; 頹唐뇌당; 廃退 ¶~ 풍조[~pʰuŋdʒo ~ プンジョ] 退廃した風潮.

퇴피[退避][tʰweːpʰi トゥェーピ] 名 하자 退避 ¶~ 명령[~ mjɔːŋnjɔŋ ~ ミョーンニョン] 退避命令.

***퇴학**[退學][tʰweːhak トゥェーハク] 名 하자타 退学; 退校 ¶~ 당하다[~t'aŋhada ~タンハダ] 退学に処せられる / ~시키다[~ʃ'ikʰida ~シキダ] 退校させる.

퇴화[退化][tʰweːhwa トゥェーファ] 名 하자 退化 ¶문명의 ~ [munmjɔŋe ~ ムンミョンエ ~] 文明の退化.

툇-마루[退一][tʰweːnmaru トゥェーンマル] 名 〈建〉 部屋の上り口の外に付け足した縁側; (日本の)ぬれ縁.

투[套][tʰu トゥ] 名 (依名) ① 慣例化された事柄; くせ; やり口; しぐさ ¶말-가 나쁘다[maːl~ga napʼuda マールーガ ナップダ] 言葉つき[しゃべり方·話しぶり]が悪い / 읽는 ~ [iŋnɯn ~ インヌン ~] 読み振り ② 事の法式·格式·樣式 ¶편지-의 문장[pʰjɔːndʒi~e mundʒaŋ ピョーンジ〜エ ムンジャン] 書簡樣式の文章 ③ 物事のやり方; 手並み ¶하는 ~가 몹시 어색하다[hanɯn ~ga moːpʃi ɔːsɛkhada ハヌン ~ガ モープシ オーセクカダ] 手並みがひどくぎこちない.

투[tʰuː トゥー] 名 ツー ¶ ~다운 [~daun ~ダウン] ツーダウン / ~런 [~rɔn ~ロン] ツーラン **━스텝**[~sutʰep ~ステプ] 名 ツーステップ **━피스**[pʰiːsu ピース] ツーピース[(婦人服などで)上着とスカートが2つで1そろいのもの.

투견[鬪犬][tʰugjɔn トゥギョン] 名 하자 鬪犬 ¶~ 대회[~ dɛːhwe ~ デーフェ] 鬪犬大会.

투계[鬪鷄][tʰuge トゥゲ] 名 하자 鬪鷄; 鶏合わせ.

투고[投稿][tʰugo トゥゴ] 名 하자타 投稿 ¶신문에 ~ 하다[ʃinmune ~hada シンムネ ~ハダ] 新聞に投稿する.

투과[透過][tʰugwa トゥグヮ] 名 하자 透過 ¶빛이 ~ 하다[pitʃʰi ~hada ピチ~ハダ] 光が透過する / 유리는 빛을 ~ 시킨다[jurinɯn pitʃʰul ~ʃikʰinda ユリヌン ピチュル ~シキンダ] ガラスは光を通す.

투구[tʰugu トゥグ] 名 かぶと ¶ ~ 끈 [~k'un ~ッ クン] かぶとの緒.

투구[投球][tʰugu トゥグ] 名 하자 〈野〉 投球; ピッチング ¶전력 ~ [tʃʰɔlljɔk ~ チョルリョク ~] 全力投球. **투구**

투기[投機][tʰugi トゥギ] 名 하자 投機 ¶~심[~ʃim ~シム] 投機心; 山気 / ~를 하다[~rul hada ~ルル ハダ] 山をかける[張る] **━거래**(去來)[ɡɔːrɛ ゴーレ] 名 投機取り引き **━꾼**[kʼumッックン] 名 投機師 **━사업**[saːɔp サーオプ] 名 投機事業; 相場 ¶~에 돈을 대다[~-(saːdɛ)e toːnul tɛːda ~-(サーオ)ベ トーヌル テーダ] 相場を張る.

투기[鬪技][tʰugi トゥギ] 名 하자 鬪技; 力·技の優劣を取り組んで競うこと(ボクシング·レスリングなど) ¶~장 [~dʒaŋ ~ジャン] 鬪技場.

투덜-거리다[tʰudɔlgɔrida トゥドルゴリ

ダ] 톁 不平を鳴らす；ぶつぶつ言う ¶월급이 적다고 ~ [wɔlgɯbi tʃɔ:kt'ago ~ ウォルグビ チョークタゴ ~] 月給が少ないと不平を鳴らす **투덜-투덜** [tʰudəltʰudəl トゥドルトゥドル] 副 하자 ぶつぶつ；ぐずぐず ¶뒤에서 ~하다 [twi:esʌ ~-(tʰudʌr)hada トゥィーエソ ~ハダ] 陰でぶつぶつ言う.

투망 [投網] [tʰumaŋ トゥマン] 名 하자 投網ミデ ¶~질 [~dʒil ~ジル] 網打ち／~을 던지다 [~ɯl tɔndʒida ~ウル トンジダ] 投網を打つ.

투매 [投賣] [tʰumɛ トゥメ] 名 投げ売り；捨て売り **—하다** [hada ハダ] 他 乱売する；投げる；たたき売る ¶상품을 ~ [saŋpʰumɯl ~ サンプムル ~] 商品を捨て売りする.

***투명** [透明] [tʰumjʌŋ トゥミョン] 名 하형 透明 ¶~한 유리 [~han njuri ~ハン ニュリ] 透明なガラス／~한 가을 하늘 [~han kaɯl hanɯl ~ハン カウル ハヌル] 透き通った秋の空／반(半)~한 황갈색(黃褐色) [pa:n ~han hwaŋgals'ɛk パーン~ハン ファンガルセク] 飴色 ᄒᄐ.

투박-스럽다 [tʰubaks'ɯrʌpt'a トゥバクスロプタ] 形 ㅂ変 ① 厚ぼったく不格好だ；粗悪に見える ¶~-스러운 양복 [~-s'ɯrʌun jaŋbok ~-スロウン ヤンボク] 厚ぼったい[やぼったい・粗悪な]洋服 ② ぶっきらぼうだ；そっ気ない ¶~-스럽게 대답하다 [~-s'ɯrʌpk'e tɛ:daphada ~-スロプケ テーダプハダ] ぶっきらぼうに答える.

투박-하다 [tʰubakhada トゥバクカダ] 形 여변 ① 格好がよくない；粗悪だ；やぼったい；格好は悪いが丈夫だ ¶~-한 옷차림 [~-han otʃʰarim ~-カン オッチャリム] やぼったい身なり ② (言動が)ぶっきらぼうだ；無愛想だ ¶~-한 말투 [~-han ma:ltʰu ~-カン マールトゥ] ぶっきらぼうな話し方.

투병 [鬪病] [tʰubjʌŋ トゥビョン] 名 하자 鬪病 ¶~생활 [~ sɛŋhwal ~ センファル] 鬪病生活.

투사 [鬪士] [tʰusa トゥサ] 名 鬪士 ¶개혁 운동의 ~ [kɛ:hjʌg u:ndoŋe ~ ケーヒョグ グーンドンエ ~] 改革運動の鬪士.

투서 [投書] [tʰusʌ トゥソ] 名 하자타 投書 ¶시장 앞으로 ~하다 [ʃi:dʒaŋ apʰɯro ~hada シージャン アプロ ~ハダ] 市長あてに投書する.

투석 [投石] [tʰusɔk トゥソク] 名 하자 投石；石投げ ¶~전이 벌어졌다 [~-tʃʌni pɔ:rɔdʒʌt'a ~チョニ ポーロジョッタ] 投石戦が起こった.

*-**투성이** [tʰusʌŋi トゥソンイ] 接尾 …だらけ；…まみれ；…みどろ ¶피~ [pʰi~ ピ~] 血だらけ／먼지~ [mɔndʒi~ モンジ~] ほこりだらけ／땀~ [t'am~ ッタム~] 汗みどろ／빚~ [pi(tʰusʌŋi) ピッ~] 借金だらけ／오자~ [o:tʃ'a~ オーチャ~] 誤字だらけ／모순~ [mosun~ モスン~] 矛盾だらけ／상처~ [saŋtʃʰɔ~ サンチョ~] 傷だらけ／흙~ [huk~ フク~] 泥だらけ.

투수 [投手] [tʰusu トゥス] 名 〈野〉投手；ピッチャー ¶선발 ~ [sɔnbal ~ ソンバル ~] 先発投手／구원(救援)~ [ku:wɔn ~ クーウォン ~] リリーフピッチャー(a relief pitcher)／교체(交替)[~ gjotʃʰe ~ ギョチェ] 投手リレー(relay)／주전 ~ [tʃudʒɔn ~ チュジョン ~] 主戦投手；エース.

투숙 [投宿] [tʰusuk トゥスク] 名 하자 投宿 ¶~객 [(tʰusu)k'ɛk ~ケク] 泊まり客[投宿者]／여관에 ~하다 [jɔgwane (tʰusu)kʰada ヨグァネ ~カダ] 旅館に泊まる[投宿する・投ずる].

투시 [透視] [tʰuʃi トゥシ] 名 하자타 透視 ¶~력 [~rjɔk ~リョク] 透視力.

투신 [投身] [tʰuʃin トゥシン] 名 하자 ① (ある事に)身を投げること ¶실업계에 ~하다 [jirɔpk'ee ~hada シロプケエ ~ハダ] 実業界に身を投ずる ② 身投げ ¶강에 ~ 자살하다 [kaŋe ~ dʒasarhada カンエ ~ ジャサルハダ] 川に身を投げる／~자살 [~ dʒasal ~ ジャサル] 投身自殺.

투실-투실 [tʰuʃiltʰuʃil トゥシルトゥシル] 副 하형 丸々(と)；むくむく(と) ¶~살이 오른 아기 [~ sari orɯn agi ~ サリ オルン アギ] 丸々と肥えた赤ん坊.

투약 [投藥] [tʰujak トゥヤク] 名 하자 投藥 ¶환자에게 ~하다 [hwa:ndʒaege (tʰuja)kʰada ファーンジャエゲ ~カダ] 患者に投藥する.

투어 [tʰuɔ トゥオ] tour 名 ツアー ¶스키 ~ [sɯkhi: ~ スキー ~] スキーツアー. **투어리스트** [tʰuɔrisɯtʰɯ トゥオリストゥ] 名 ツーリスト(tourist)；旅行者；観光客.

투옥 [投獄] [tʰuok トゥオク] 名 投獄 ¶

억울한 죄로 ~되었다 [ɔgurhan tɕwe:ro ~t'weot'a オグルハン チューロ ~ トェオッタ] 無実の罪で投獄された **―하다** [(tʰuo)kʰada カダ] 他 投獄する; 獄に投げ込む[投ずる].

투우 [投牛] [tʰuu トゥウ] 名 자 闘牛 **―사** [sa サ] 名 闘牛士; マタドール(《ス》matador) **―장** [dʑaŋ ジャン] 名 闘牛場.

투-원반 [投圓盤] [tʰuwonban トゥウォンバン] 名 (陸上競技の)圓盤投げ.

투입 [投入] [tʰuip トゥイプ] 名 자他 投入 ¶ 자본을 ~하다 [tɕabonɯl (tʰui)-pʰada チャボヌル ~パダ] 資本を投入する[投ずる・つぎ込む].

투자 [投資] [tʰudʑa トゥジャ] 名 자他 投資 ¶ ~가 [~ga ~ガ] 投資家 / 주식(株式)에 ~하다 [tɕuɕige ~hada チュシゲ ~ハダ] 株に投資する.

*__투쟁__ [鬪爭] [tʰudʑɛŋ トゥジェン] 名 鬪爭 ¶ 임금 인상(賃金引上) ~ [i:mgɯm insaŋ ~ イームグ ミンサン ~] 賃上げ 闘争 / ~ 정신 [~ dʑoŋɕin ~ ジョンシン] 闘魂 **―하다** [hada ハダ] 自 闘爭[爭鬪]する; 爭う ¶ 노사가 서로 ~ [nosaga sɔro ~ ノサガ ソロ ~] 労使が相爭う.

투전-꾼 [鬪牋―] [tʰudʑɔnk'un トゥジョンックン] 名 博打打ち['투전'=韓国の賭博道具の1つ]の常習賭博者.

투정 [tʰudʑɔŋ トゥジョン] 名 不平や苦情を言うこと; だだをこねること ¶ 음식 ~을 하다 [u:mɕik ~ɯl hada ウームシク ~ウル ハダ] 食べ物に不平や苦情を言う / ~만 부리다 [~man purida ~マン プリダ] 文句ばかり言う **―하다** [hada ハダ] 他 ねだる; すねる; だだをこねる **―질** [dʑil ジル] 名 자他 (幼兒などが)だだをこねること ¶ 돈 달라고 ~하다 [to:n dallago ~-(dʑir)hada トーン ダルラゴ ~ハダ] 金をねだってだだをこねる.

투지 [鬪志] [tʰudʑi トゥジ] 名 鬪志; 鬪魂 ¶ ~가 넘치다 [~ga nɔ:mtɕʰida ~ガ ノームチダ] 鬪志がみなぎる / 불굴의 ~ [pulgure ~ プルグレ ~] 不屈の鬪魂[鬪志].

투창 [投槍] [tʰutɕʰaŋ トゥチャン] 名 자他 (陸上競技の)投げやり; やり投げ.

투척 [投擲] [tʰutɕʰɔk トゥチョク] 名 자他 投擲; 投げうつこと ¶ 수류탄을 ~하다 [surjutʰanɯl (tʰutɕʰɔ)kʰada スリュタヌル ~カダ] 手榴弾を投擲する **―경기** [(tʰutɕʰɔ)k'jɔ:ŋgi キョーンギ] 名 投擲競技(円盤投げ・砲丸投げなど).

투철 [透徹] [tʰutɕʰɔl トゥチョル] 名 자形 副 透徹 ¶ ~한 이론 [(tʰutɕʰɔr)-han i:ron ~ハン イーロン] 透徹した理論 / 애국심에 ~하다 [ɛ:gukɕ'ime (tʰutɕʰɔr)hada エーグクシメ ~ハダ] 愛国心に徹する.

투-포환 [投砲丸] [tʰupʰohwan トゥポファン] 名 (陸上競技の)砲丸投げ.

*__투표__ [投票] [tʰupʰjo トゥピョ] 名 자他 投票 ¶ 무기명 ~ [mugimjɔŋ ~ ムギミョン ~] 無記名投票 / 인기 ~ [ink'i ~ インキ~] 人気投票 **―권** [k'wɔn クォン] 名 投票權 ¶ ~을 행사하다 [~ɯl hɛŋsahada ~(クォ)ヌル ヘンサハダ] 投票權を行使する **―소** [so ソ] 名 投票所 ¶ ~ 참관인(參觀人) [~ tɕʰamgwanin ~ チャムグァニン] 投票所立会人 **―(용)지** [(jo:ŋ)dʑi (ヨーン)ジ] 名 投票(用)紙 **―율** [jul ユル] 名 投票率 ¶ ~이 낮다 [~-(jur)i nat'a ~-(ユ)リ ナッタ] 投票率が低い **―함** (函) [ham ハム] 名 投票箱.

투항 [投降] [tʰuhaŋ トゥハン] 名 投降 **―하다** [hada ハダ] 自 投降する; 投ずる ¶ 적에게 ~ [tʰɔgege ~ チョゲゲ ~] 敵に下る; 敵軍に投ずる.

투-해머 [投―] [tʰuhɛmɔ トゥヘモ] 名 (陸上競技の)ハンマー投げ.

투혼 [鬪魂] [tʰuhon トゥホン] 名 鬪魂 ¶ 불굴의 ~ [pulgure ~ プルグレ ~] 不屈の鬪魂.

*__툭__ [tʰuk トゥク] 副 **1** ① ぷつんと; ぽきっと ¶ 실이 ~ 끊어지다 [jiri (tʰu) k'unodʑida シーリ ~ックノジダ] 糸がぷつんと切れる ② ごつんと ¶ 문턱에 ~ 걸려 너머지다 [muntʰoge (tʰu) k'ɔllj ɔnɔmɔdʑida ムントゲ ~ コルリョ ノモジダ] 敷居にごつんとつまずいて倒れる ③ ぴょんと ¶ 토끼가 ~ 뛰어나오다 [tʰok'iga ~ tʰwiɔnaoda トッキガ ~ トゥィオナオダ] ウサギがぴょんと跳び出て来る **2** 副 ① ぷくっと ¶ ~ 불거진 이마 [~ p'ulgɔdʑin ima ~ プルゴジン イマ] ぷくっと[高く]突き出た 額 ② ぴしゃっと ¶ ~ 쏘아불이다 [~-s'oabutɕʰida ~ ッソアプチダ] ぴしゃっと言い放す ③ とんと ¶ ~ 치다 [~-tɕʰida ~ チダ] とんと打つ.

툭-탁 [tʰuktʰak トゥクタク] 副 하自他
① かちかち(と); 固い物が軽くふれあう音 ② てきぱき(と); 物事が素早くはかどるさま ¶청소를 ~ 해치우다 [tɕʰɔŋsorɯl (tʰuktʰa)kʰɛːtɕʰiuda チョンソルル ケーチウダ] 清掃をてきぱき片づける.

툭-하면 [tʰukʰamjɔn トゥクカミョン] 副 ともすれば; どうかすると; きまって; ちょっとしたことにすぐ ¶~ 결석한다 [~ kjɔlsʼɔkʰanda ~ キョルソクカンダ] ともすると欠席する / ~ 잘 운다 [~ tɕar uːnda ~ チャルーンダ] ちょっとしたことにもすぐ泣く / ~ 칼부림이다 [~ kʰalburimida ~ カルプリミダ] どうかすると刃物三昧϶に及ぶ.

툰-드라 [tʰundɯra トゥンドゥラ] 〈地〉ツンドラ(〈ロ〉tundra); 凍原.

퉁겨-지다 [tʰuŋɡjɔdʑida トゥンギョジダ] 自 ① (組み合ったものが)はずれる; 抜け出る ¶뼈가 ~ [pʼjɔɡa ~ ッピョガ ~] 骨がはずれる[脱臼ᠷᠷする] ② (隠していたものが意外に)あらわれる; ばれる; 見つかる ¶숨겨진 것이 ~ [sumɡjɔdʑin kɔɕi ~ スムギョジン コシ ~] 隠していたものがばれる ③ (見込み・期待が)はずれる.

퉁구스-족[一族] [tʰuŋɡɯsudʑok トゥングスジョク] 名 ツングース(族).

퉁기다 [tʰuŋɡida トゥンギダ] 他 ① (支えているものや組んだものを)はずす; はねる; はじけさせる ¶받침대를 ~ [patɕʰimtʼɛrul ~ パッチムテルル ~] つっかい棒をはずす ② (骨組みを)はじけさせる; 脱臼ᠷᠷさせる ③ (機会を)逃がす; 逸する.

퉁명-스럽다 [tʰuŋmjɔŋsɯrɔptʼa トゥンミョンスロプタ] 形 ㅂ変 (言動が)ぶっきらぼうだ; つっけんどんだ; 無愛想だ; 木で鼻をくくる〈動詞的〉 ¶~-스러운 대답 [~-surɔun tɛːdap ~-スロウン テーダプ] つっけんどんな返事 / ~-스러운 말투 [~-surɔun maːltʰu ~-スロウン マールトゥ] ぶっきらぼうな言葉つき / ~-스럽게 [~-surɔpkʼe ~-スロプケ] ぷいと; つっけんどんに.

퉁소 [tʰuŋso トゥンソ] 名 〈楽〉퉁소(洞簫) [tʰoŋso トンソ] 洞簫ᠷᠷ[尺八に似た笛].

퉁 소

퉁탕-거리다 [tʰuŋtʰaŋɡɔrida トゥンタンゴリダ] 自他 どたんばたんと音を出す ¶마루에서 ~-거리며 뛰놀다 [marues⊃ ~-ɡorimjɔ tʼwinolda マルエソ ~-ゴリミョ ットゥィノルダ] 床をどたんばたん踏みならしながらはしゃぎ回る.

퉁퉁 [tʰuŋtʰuŋ トゥントゥン] 副 하形 ぶくぶく ¶~하게 살찐 사람 [~haɡe saltɕʼin saːram ~ハゲ サルッチン サーラム] ぶくぶく(と)太った人.

튀각 [tʰwiɡak トゥィガク] 名 油で揚げたコンブ(昆布) **─산자(饊子)** [sʼaːndʑa サーンジャ] 名 もち米の粉をコンブの片方だけ衣をつけて揚げたおかず.

튀기 [tʰwiːɡi トゥィーギ] 名 俗 混血児; 動物の雑種.

***튀기다¹** [tʰwiɡida トゥィギダ] 他 ① 油で揚げる ¶감자를 기름에 ~ [kamdʑarɯl kirume ~ カムジャルル キルメ ~] ジャガイモを油で揚げる ② (穀粒に熱を加えて)はじけさせる ¶옥수수를 ~ [oksʼusurul ~ オクススルル ~] トウモロコシを炒ってはじけさせる; ポップコーンをつくる.

***튀기다²** [tʰwiɡida トゥィギダ] 他 ① 跳ねる; はねとばす; 飛ばす; 飛び散らす ¶흙탕물을 ~ [huktʰaŋmurul ~ フクタンムルル ~] 泥水を飛ばす ② はじく; はじきとばす; 跳ねる ¶손가락을 ~ [sonkʼaraɡul ~ ソンカラグル ~] 指をはじく.

***튀김** [tʰwiɡim トゥィギム] 名 てんぷら; 揚げ物; フライ ¶~ 냄비 [~ nɛmbi ~ ネムビ] 揚げ鍋ᠷᠷ / 새우 ~ [sɛu ~ セウ ~] エビのてんぷら / ~ 덮밥 [~ dɔpʼap ~ ドパプ] 天どん / 영계 ~ [jɔŋɡe ~ ヨンゲ ~] ひなどりの空揚げ / 야채(野菜) ~ [jaːtɕʰɛ ~ ヤーチェ ~] 精進揚げ / 여러 가지 야채(野菜) ~ [jɔrɔ ɡadʑi jaːtɕʰɛ ~ ヨロ カジ ヤーチェ ~] 五色揚げ / 굴 ~ [kul ~ クル ~] カキフライ.

***튀다** [tʰwida トゥィダ] 自 ① はじける; はねる; はずむ ¶공이 ~ [koːŋi ~ コーンイ ~] ゴムまりがはずむ / 군밤이 ~ [kuːnbami ~ クーンバミ ~] (火鉢で焼きクリがはじける / 콩이 튀는 소리 [kʰoŋi tʰwinun sori コンイ トゥィヌン ソリ] 豆のはぜる音 ② 飛ぶ; 飛び散る ¶흙탕물[물방울]이 ~ [huktʰaŋmur[mulpʼaŋuri]i ~ フクタンムリ[ムルパンウリ] ~] 泥[滴]が飛ぶ / 불

똥이 ~ [pult'oŋi ~ プルトンイ ~] 火花が飛び散る ③ 逃げる; 飛ぶ ¶ 도둑이 ~ [toduɡi ~ トドギ ~] 泥棒が逃げる / 범인이 서울로 ~ [pɔ:mini sɔullo ~ ポーミニ ソウルロ ~] 犯人がソウルに飛ぶ.

튀어-나오다 [tʰwiɔnaoda トゥィオナオダ] 自 跳ね出る; 飛び出す[出る] ¶ 아이가 불쑥 ~ [aiga puls'uk ~ アイガ プルスク ~] (露地から)子供がひょっこり飛び出る.

튜너 [tʰju:nɔ ティューノ] tuner 名 チューナ ¶ FM ~ [epʰwem ~ エプエム ~] FMチューナー.

튜브 [tʰju:bɯ ティューブ] tube 名 チューブ ¶ 자전거 ~ [tɕadʑɔŋɡɔ ~ チャジョンゴ ~] 自転車(の)チューブ / ~에 든 치약(齒藥) [~e tun tʰijak ~エ トゥン チヤク ~] チューブ入りの歯みがき; 練り歯みがき.

튤립 [tʰju:llip ティュールリプ] tulip 名〈植〉チューリップ.

*****트다¹** [tʰɯda トゥダ] 自[으変] ① 発芽する; 芽が出る; 芽ぐむ ¶ 싹이 ~ [s'aɡi ~ ッサギ ~] もえ出る / 나무의 움이 ~ [namue u:mi ~ ナムエ ウーミ ~] 木の芽がもえ出る ② (夜が)明ける; 明けそめる; 白む ¶ 먼동이 ~ [mɔ:ndoŋi ~ モーンドンイ ~] 東の空が白む; 夜が明ける ③ ひび割れる; 裂ける; 割れる; (寒さなどに肌が)あかぎれする; 荒れる ¶ 가뭄으로 논바닥이 ~ [kamumuro nonp'adaɡi ~ カムムロ ノンパダギ ~] 日照りで田んぼがひび割れる / 손등이 ~ [sont'uŋi ~ ソントゥンイ ~] 手の甲があかぎれする [手にあかぎれが切れる] / 얼굴이 ~ [ɔlɡuri ~ オルグリ ~] 顔の肌が荒れる.

*****트다²** [tʰɯda トゥダ] 他[으変] ① 開く; 相通ずるようにする ¶ 길을 ~ [kirul ~ キルル ~] 道を開く / 거래(去來)를 ~ [kɔ:rɛrul ~ コーレルル ~] 取り引きを始める ② 敬語使いを止めて君づけにする; 親しくする ¶ 트고 지내는 사이 [tʰɯɡo tɕi:nɛnun sai トゥゴ チーネヌン サイ] 君・僕で呼びあう間柄 / 트고 지냅시다 [tʰɯɡo tɕi:nɛpɕ'ida トゥゴ チーネプシダ] ざっくばらんに[親しく]付き合いましょう.

트랙 [tʰɯrɛk トゥレク] track 名 トラック **—경기** [(tʰɯrɛ) k'jɔ:ŋɡi キョーンギ] 名 トラック(競技).

트랙터 [tʰɯrɛktʰɔ トゥレクト] tractor 名 トラクター =견인차(牽引車) [kjɔnintɕʰa キョニンチャ].

트랜스 [tʰɯrɛnsɯ トゥレンス] trans 名 トランス; 変圧器.

트랜지스터 [tʰɯrɛndʑisɯtʰɔ トゥレンジスト] transistor 名 トランジスター **— 라디오** [radio ラディオ] 名 トランジスターラジオ.

트랩 [tʰɯrɛp トゥレプ] trap 名 トラップ ¶ 비행기의 ~ [pihɛŋɡie ~ ピヘンギエ ~] 飛行機のタラップ.

트러블 [tʰɯrɔbɯl トゥロブル] trouble 名 トラブル ¶ ~을 일으키다 [(tʰɯrɔbɯr)-ul irukʰida (トゥロブ)ルル イルキダ] トラブルを引き起こす.

트럭 [tʰɯrok トゥロク] truck 名 トラック; 貨物自動車.

트럼펫 [tʰɯrɔmpʰet トゥロムペッ] trumpet 名〈楽〉トランペット.

트럼프 [tʰɯrɔmpʰɯ トゥロムプ] trump 名 トランプ.

트렁크 [tʰɯrɔŋkʰɯ トゥロンク] trunk 名 トランク.

트레이너 [tʰɯreinɔ トゥレイノ] trainer 名 トレーナー.

트레이닝 [tʰɯreiniŋ トゥレイニン] training 名 トレーニング.

트레일러 [tʰɯreillɔ トゥレイルロ] trailer 名 トレーラー.

트레킹 [tʰɯrɛkʰiŋ トゥレキン] trekking 名 トレッキング.

트로피 [tʰɯropʰi トゥロピ] trophy 名 トロフィー.

트롤리 [tʰɯrolli トゥロルリ] trolley 名 トロリー **—버스** [bɔsɯ ボス] トロリーバス.

트리오 [tʰurio トゥリオ]〈イ〉trio 名 トリオ ① 〈楽〉三重奏; 三重唱 ¶ 피아노 ~ [pʰiano ~ ピアノ ~] ピアノトリオ ② 舞曲や行進曲の中間部 ③ 3人組 ¶ 크린 업 ~ [kʰuri:n ɔp ~ クリーノプ ~]〈野〉クリーンアップトリオ.

트릭 [tʰɯrik トゥリク] trick 名 トリック; ずるい策略; ごまかし ¶ ~을 쓰다 [(tʰɯriɡ)ul s'uda (トゥリ)グッスダ] トリックを用いる[使う] / ~에 걸리다 [(tʰɯriɡ)e kɔllida (トゥリ)ゲコルリダ] トリックにひっかかる.

트림 [tʰɯrim トゥリム] 名 おくび; 俗 げっぷ ¶ ~이 나오다 [~i naoda (トゥリ)ミ ナオダ] げっぷが出る **—하다** [hada ハダ] 自 げっぷをする; おくびを出す.

트릿-하다 [tʰɯritʰada トゥリッタダ]

트위스트 [tʰɯwisutʰɯ トゥイストゥ] twist 图 ツイスト.

트윈 [tʰɯwin トゥウィン] twin 图 ツイン ¶~ 베드 [~ bedɯ ~ ベドゥ] ツインベッド / ~ 룸 [~ru:m ~ルーム] ツインルーム.

트이다 [tʰɯida トゥイダ] 自 '트다²'의 受動 ① 開ける; 通じる ¶길이 ~ [kiri ~ キリ ~] 道が開ける ② 広々としている ¶시계가 활짝 ~ [ʃi:gega hwaltʃ'ak ~ シーゲガ ファルッチャク ~] 視界が広々と開ける ③ (運が)よくなる; 向く; 開ける ¶운이 ~ [u:ni ~ ウーニ ~] 運が向く [開ける] / 앞길이 ~ [apk'iri ~ アプキリ ~] 前途が開ける ④ 人情に通じ物わかりがよい; さばける ¶속이 트인 사람 [so:gi tʰɯin sa:ram ソーギ トゥイン サーラム] 開けた [さばけた] 人; 了見の広い人 ⑤ 文明・繁華の状態が進む ¶트인 세상 [tʰɯin se:saŋ トゥイン セーサン] 開けた世 ⑥ 悟る; 思いつく.

*트집 [tʰɯdʒip トゥジプ] 图 ① 割れ目; 裂け目; すき間; 故障; 障害 ¶~이 생기다 [(tʰɯdʒib)i seŋgida (トゥジ)ビ センギダ] 障害が起こる ② (人のあらを探して)けちをつけること; 言いがかり; 難癖; 雅 いちゃもん **—나다** [(tʰɯdʒim)nada (トゥジム)ナダ] 自 割れ目が生じる **—잡다** [tʃ'apt'a チャプタ] 他 けち [言いがかり・文句] をつける ¶~을 잡아 내쫓다 [(tʰɯdʒib)ɯl tʃaba nɛ:tʃ'ot'a (トゥジ)ブル チャバ ネーッチョッタ] 言いがかりをつけて追い出す / ~-잡아 값을 깎다 [~-dʒaba kaps'ɯl k'akt'a ~-ジャバ カプスル ッカクタ] けちをつけて値切る **—쟁이** [tʃ'ɛŋi チェンイ] 图 けちばかりつける人.

특가 [特價] [tʰɯk'a トゥッカ] 图 特価 ¶~ 판매 [~ pʰanmɛ ~ パンメ] 特価販売 / ~품 [~pʰum ~プム] 特価品.

특강 [特講] [tʰɯk'aŋ トゥッカン] 图 하自 特別の講義 ¶문학 ~ [~munhak ~ ムンハク ~] 文学の特別講義.

특권 [特權] [tʰɯk'wɔn トゥッコォン] 图 特権 ¶면책 ~ [mjo:ntʃʰɛk ~ ミョーンチェク ~] 免責特権.

특근 [特勤] [tʰɯk'ɯn トゥックン] 图 하自 時間外勤務; 超過勤務 **—수당** [sudaŋ スダン] 图 超過勤務手当.

특급 [特急] [tʰɯk'ɯp トゥックプ] 图 特急 ¶~ 열차 [(tʰɯk'ɯm) njoltʃʰa (トゥックム) ニョルチャ] 特急列車.

특기 [特技] [tʰɯk'i トゥッキ] 图 特技 ¶~를 살리다 [~rɯl sallida ~ルル サルリダ] 特技を生かす.

특기 [特記] [tʰɯk'i トゥッキ] 图 하他 特記 ¶~ 사항 [~ sa:haŋ ~ サーハン] 特記事項.

특등 [特等] [tʰɯkt'ɯŋ トゥクトゥン] 图 特等 ¶~석 [~sɔk ~ソク] 特等席 / ~품 [~pʰum ~プム] 特等品 **—실** [ʃil シル] 图 特等室.

특례 [特例] [tʰɯŋne トゥンネ] 图 特例 ¶~로서 인정하다 [~roso indʒɔŋhada ~ロソ インジョンハダ] 特例として認める **—법** [[p'ɔp ポプ] 图 特別法.

특매 [特賣] [tʰɯŋmɛ トゥンメ] 图 하他 特売 ¶~품 [~pʰum ~プム] 特売品.

특명 [特命] [tʰɯŋmjoŋ トゥンミョン] 图 特命 **—전권 대사** [dʒɔnk'wɔn dɛ:sa ジョンクォン デーサ] 图 特命全権大使.

***특별** [特別] [tʰɯkp'jɔl トゥクピョル] 图 하形 特別; 格別 ¶~ 서비스 [~ sɔ:bisu ~ ソービス] 特別サービス / ~한 주의를 요한다 [(tʰɯkp'jɔr) han tʃu:irɯl johanda ~ハン チューイルル ヨハンダ] 格別な注意を要する / 재주가 ~나다 [tʃɛdʒuga ~lada チェジュガ ~ラダ] 才能が抜群である / ~ 취급을 하다 [~ tʃʰwi:gɯbɯl hada ~ チュイーグブル ハダ] 別段の扱いをする **—히** [(tʰɯkp'ɔr)i (トゥクピョ)リ] 副 特別に; 格別に; わざわざ ¶~ 정해 놓은 장소 [~ tʃɔ:ŋhe noun tʃaŋso ~ チョーンヘ ノウン チャンソ] 特別に定めておいた場所 / ~ 부탁(付託)할 일이 있다 [~ pu:tʰakʰal li:ri it'a ~ プータカル リーリ イッタ] 折り入って頼みたいことがある / ~와 주셔서 감사합니다 [~ wa tʃuʃɔsɔ ka:msahamnida ~ ワ チュショソ カームサハムニダ] わざわざお越しくださいましてありがとうございます **—방송** [ba:ŋsoŋ バンソン] 图 特別放送 **—석** [sɔ ソク] 图 特別席 **—시** [ʃi シ] 图 特別市 **—회원** [hwe:-

특보[特報][tʰɯkpʼo トゥクポ] 名 特報 ¶선거 ~[sɔːŋgʏ ソーンゴ~] 選挙特報.

특사[特使][tʰɯksʼa トゥクサ] 名 特使 ¶대통령 ~[tɛːtʰoŋɲjɔŋ ~ テートンニョン ~] 大統領特使.

특사[特赦][tʰɯksʼa トゥクサ] 名 〈法〉特赦 **─령**[rjɔŋ リョン] 名 特赦令.

특산[特産][tʰɯksʼan トゥクサン] 名 特産 ¶~물[~mul ~ムル] 特産物.

*특색[特色][tʰɯksʼɛk トゥクセク] 名 特色 ¶~을 이루다[(tʰɯksʼɛg)ɯl iruda (トゥクセ)グル イルダ] 特色をなす/~있는 문장[(tʰɯksʼɛg)innɯn mundʑaŋ (トゥクセ)ギンヌン ムンジャン] 色彩[特色]のある文章.

특선[特選][tʰɯksʼɔn トゥクソン] 名 する他 特選 ¶~작(품)[~dʑak(pʰum) ~ジャク(プム)] 特選作(品).

특설[特設][tʰɯksʼɔl トゥクソル] 名 する他 特設 ¶~링[~riŋ ~リン] 特設リング(ring).

*특성[特性][tʰɯksʼɔŋ トゥクソン] 名 特性; 特質; キャラクター ¶국민적 ~[kuŋmindʑɔk ~ クンミンジョク ~] 国民的特性.

*특수[特殊][tʰɯksʼu トゥクス] 名 する形 特殊 ¶~한 재능[~han tɕɛnɯŋ ~ ハン チェヌン] 特殊な才能 **─성**[sɔŋ ソン] 名 特殊性.

특실[特室][tʰɯksʼil トゥクシル] 名 (ホテルなどの)特別[特等]室.

특약[特約][tʰɯɡjak トゥギャク] 名 する自他 特約 ¶~점[~tɕʼɔm ~チョム] 特約店.

특용[特用][tʰɯɡjoŋ トゥギョン] 名 する自他 特用 ¶~작물[~ dʑaŋmul ~ ジャンムル] 特用作物.

특유[特有][tʰɯɡju トゥギュ] 名 する形 特有 ¶마늘 ~의 냄새[manɯl ~e nɛːmsɛ マヌル ~エ ネームセ] ニンニク特有のにおい **─성**[sɔŋ ソン] 名 特有性.

특이[特異][tʰɯɡi トゥギ] 名 する形 特異 ¶~한 재능[~han tɕɛnɯŋ ~ ハン チェヌン] 特異な才能/~(한) 체질[~ (han) tɕʰedʑil ~ (ハン) チェジル] 特異(な)体質/~한 맛[~han mat ~ハン マッ] 乙な味; 独特の味 **─성**[sɔŋ ソン] 名 特異性.

특전[特典][tʰɯktɕʼɔn トゥクチョン] 名 特典 ¶회원의 ~[hwɛːwɔne ~ フェーウォネ ~] 会員の特典.

특전[特電][tʰɯktɕʼɔn トゥクチョン] 名 特電 ¶로이터 ~[roitʰɔ ~ ロイト ~] ロイター(Reuter)特電.

특정[特定][tʰɯktɕʼɔŋ トゥクチョン] 名 する他 特定 ¶~한 상품[~han saŋpʰum ~ ハン サンプム] 特定な商品 **─인**[in イン] 名 特定人.

특제[特製][tʰɯktɕʼe トゥクチェ] 名 する他 特製 ¶~품[~pʰum ~プム] 特製品.

특종[特種][tʰɯktɕʼoŋ トゥクチョン] 名 特種とくしゅ **─기사**[gisa ギサ] 名 特種とくしゅ(の記事).

특주[特酒][tʰɯktɕʼu トゥクチュ] 名 ① 特別の方法で醸した酒; 銘酒 ② 濾過ろしないで米粒の浮いているどぶろく=동동주[toŋdoŋdʑu トンドンジュ].

특진[特診][tʰɯktɕʼin トゥクチン] 名 する他 総合病院で患者の要請によって特定の医者[専門医]が診療すること.

특진[特進][tʰɯktɕʼin トゥクチン] 名 する自 特進 ¶2계급 ~[iːɡeɡɯp ~ イーゲグァ ~] 2階級特進.

특질[特質][tʰɯktɕʼil トゥクチル] 名 特質 ¶미국인의 ~[miːɡuɡine ~ ミーグギネ ~] 米国人のキャラクター.

특집[特輯][tʰɯktɕʼip トゥクチプ] 名 特集 ¶~호[(tʰɯktɕʼi)pʰo ~ポ] 特集号.

*특징[特徴][tʰɯktɕʼiŋ トゥクチン] 名 特徴 ¶~있는 얼굴[~innɯn ɔlɡul ~インヌン オグル] 特徴のある顔 **─짓다**[dʑitʼa ジッタ] 他 人変 特徴づける ¶그 시대를 ~-짓는 사상[kɯ ɕidɛrɯl ~-dʑinnɯn saːsaŋ ク シデルル ~-ジンヌン サーサン] その時代を特徴づける思想 **─지어지다**[dʑiɔdʑida ジオジダ] 自 受動 特徴づけられる.

특채[特採][tʰɯktɕʰɛ トゥクチェ] 名 する他 特別採用.

특출[特出][tʰɯktɕʼul トゥクチュル] 名 する形 特出 ¶~(한)인물[(tʰɯktɕʼur)han inmul ~ハン インムル] 特出した人物.

특파[特派][tʰɯkpʰa トゥクパ] 名 する他 特派 **─원**[wɔn ウォン] 名 特派員.

특품[特品][tʰɯkpʰum トゥクプム] 名 特別によい品質; 飛び切り上等の品.

특필[特筆][tʰɯkpʰil トゥクピル] 名 する他 特筆 ¶~할 만한 사건[(tʰɯkpʰir)hal manhan saːkʼɔn ~ハル マンハン サーコン] 特筆すべき事件[出来事]/대서 ~하다[tɛːsɔ (tʰɯkpʰir)-hada テーソ ~ハダ] 特筆大書[大書

특허[特許][tʰukkʰɔ トゥッコ] 名[한他] 特許 ¶~를 얻다[~rɯl ɔt'a ~ルル オッタ] 特許を取る **—권**[k'wɔn クォン] 名 特許権 **—등록**[dɯŋnok ドゥンノク] 名 特許登録 **—발명**[balmjəŋ バルミョン] 名 特許発明 **—법**[p'ɔp ポプ] 名 特許法 **—심판**[ɕimpʰan シームパン] 名 特許審判 **—청**[tɕʰɔŋ チョン] 名 特許庁 **—출원**[tɕʰurwɔn チュルォン] 名 特許出願 **—침해**[tɕʰiːmɛ チームへ] 名 特許侵害 **—품**[pʰum プム] 名 特許品.

특혜[特惠][tʰukkʰe トゥッケ] 名 特恵 ¶~ 무역[~ mu:jok ~ムーヨク] 特恵貿易 / ~를 주다[~rɯl tɕuda ~ルルチュダ] 特恵を与える **—관세**[gwanse グァンセ] 名 特恵関税 **—국 대우**[guk t'ɛːu グク テーウ] 名 特恵国待遇.

특활[特活][tʰukkʰwal トゥックァル] 名 特別(教育・学習)活動の略.

특효[特效][tʰukkʰjo トゥッキョ] 名 特効 ¶신경통에 ~가 있다[ɕiŋɡjɔŋtʰoŋe ~ga it'a シンギョントンエ ~ガ イッタ] 神経痛に特効がある **—약**[jak ヤク] 名 特効薬; 秘薬.

*__특-히__[特—][tʰukkʰi トゥッキ] 副 特に; 特別に; ことさら; ことに; とりわけ ¶~ 마음에 드는 작품[~ maɯme tɯnɯn tɕakpʰum ~ マウメトゥヌン チャクプム] 特に気に入る作品 / ~ 뛰어나다[~ t'wionada ~ ットゥィオナダ] ことにすぐれている.

*__튼튼-하다__[tʰɯntʰɯnhada トゥントゥンハダ] 形 [여za] ① (体が)丈夫だ; がっちりしている; 健やかだ; 壮健だ ¶~-하게 자라다[~-hage tɕarada ~-ハゲ チャラダ] 丈夫に(健やかに)育つ / ~-한 몸[~-han mom ~-ハン モム] がっちりした体つき ② (物が)堅固だ, 頑丈だ ¶~-한 책상[~-han tɕʰɛksaŋ ~-ハン チェクサン] 頑丈な机 **튼튼-히**[tʰɯntʰɯni トゥントゥニ] 副 丈夫に; 堅固に; 頑丈に.

*__틀__[tʰɯl トゥル] 名 ① (形を作る)型 ¶~에 부어 주조(鑄造)하다[(tʰɯr)e puɔ tɕuːdʑohada (トゥ)レ プオ チュージョハダ] 型に入れて鋳る / ~에 박힌 교육[(tʰɯr)e pakʰin kjoːjuk (トゥ)レ パクキン キョーユク] 型にはまった教育 ② (物の)枠; 縁 ¶사진~[saːdʑin~ サージン~] 写真の額 / 창~[tɕʰaŋ~ チャン~] 窓枠 ③ 機械 ¶재봉(裁縫)~[tɕɛboŋ~ チェボン~] ミシン ④ (人の)貫禄ᨉᨈ; 威儀 ¶사장으로서의 ~이 잡히다[sadʑaŋɯrosɔe (tʰɯr)i tɕapʰida サジャンウロソエ(トゥ)リ チャプピダ] 社長としての貫禄がつく **—에 맞추다**[(tʰɯr)e matɕʰuda (トゥ)レ マッチュダ] 慣 型にはめる; 機械的・形式的に流れる; 格式ばる **—이 잡히다**[(tʰɯr)i tɕapʰida (トゥ)リ チャプピダ] 慣 (舞踊・演技などが)型にはまる; 堂に入る.

틀니[tʰɯlli トゥルリ] 名 取りはずしのできる入れ歯; 義歯.

*__틀다__[tʰɯlda トゥルダ] 他 [ㄹ語幹] ① ねじる; ひねる; よじる ¶나사를 ~[nasarɯl ~ ナサルル ~] ねじを回す[締める] / 손목을 ~[sonmogɯl ~ ソンモグル ~] 手首をねじる / 몸을 ~[momɯl ~ モムル ~] 体をひねる ② (機械・装置などを)動かす ¶라디오를 ~[radiorɯl ~ ラディオルル ~] ラジオをつける / 수도 꼭지를 ~[sudo k'oktɕ'irɯl ~ スド ッコクチルル ~] 蛇口をひねる / 전축을 ~[tɕɔːntɕʰugul ~ チョーンチュグル ~] 電蓄をかける ③ 方向を変える= ¶ 방향을 ~[paŋhjaŋɯl ~ パンヒャンウル ~] ④ (事を)妨げる; 邪魔をする ¶계획을 ~[keːhwegul ~ ケーフェグル ~] 計画の邪魔をする; 計画を妨げる ⑤ (鳥が)巣をつくる ¶참새가 둥지를 ~[tɕʰamsɛga tuŋdʑirɯl ~ チャムセガ トゥンジルル ~] スズメが巣をつくる.

*__틀리다__[tʰɯllida トゥルリダ] 自 ① 間違える; 違う; 合わない; 狂う ¶답이 ~[tabi ~ タビ ~] 答えが違う / 계산이 ~[keːsani ~ ケーサニ ~] 計算が合わない ② (事が)すっかり駄目になる ¶이젠 틀렸어[idʑen tʰɯlljɔs'ɔ イジェン トゥルリョッソ] もう駄目だ ③ 仲違ᨉᨈいする; 不和になる ¶친구 사이가 틀려지다[tɕʰingu saiga tʰɯlljɔdʑida チング サイガ トゥルリョジダ] 友達と不和になる ④ 誤っている; 正しくない ¶마음 가짐이 틀렸다[maɯm gadʑimi tʰɯlljɔt'a マウム ガジミ トゥルリョッタ] 心構えがなっていない.

*__틀림__[tʰɯllim トゥルリム] 名 (間)違い; 誤り; 相違 ¶~이 있을 리가 없다[~i is'ɯlliga ɔːpt'a (トゥルリ)ミ イ

틀어 넣다

ッスルリガ オープタ] 間違いがあるはずがない **一없다** [ɔpt'a (トゥルリ) モプタ] 형 間違いない; 違いない; 確かだ ¶거의 ~ [kɔːi ~ コーイ ~] まず間違いない / 솜씨는 ~ [somʃ'inɯn ~ ソムッシヌン ~] 腕は確かだ / ~없는 물건 [~ɔmnɯn mulgon ~オムヌン ムルゴン] 確かな品 **一없이** [ɔpʃ'i (トゥルリ) モプシ] 부 間違いなく; てっきり; さだめし; きっと; 確かに; 正に ¶ ~ 그는 온다 [~ kɯnɯn onda ~ クヌン オンダ] きっと[間違いなく]彼は来る / ~ 그것이다 [~ kɯgɔʃida ~ クゴシダ] てっきりそれに違いない.

틀어-넣다 [tʰɯrɔnɔtʰa トゥロノッタ] 他 押し込む; 詰め込む; ねじ入れる.

틀어-막다 [tʰɯrɔmakt'a トゥロマクタ] 他 ① (詰め込んで穴を)ふさぐ; 封じ込む; 詰める ¶구멍을 ~ [kumɔŋɯl ~ クモンウル ~] 穴をふさぐ[詰める] ② (言動の自由を)封ずる; 押し止める; 口止めをする ¶입을 ~ [ibɯl ~ イブル ~] 口を封じ込む ③ 負債を埋め合わせる ¶빚을 내어 빚을 ~ [pidʒɯl nɛːɔ pidʒɯl ~ ピジュル ネーオ ピジュル ~] 借金して負債を埋め合わせる.

틀어-박다 [tʰɯrɔbakt'a トゥロバクタ] 他 ① (小さい穴に無理に)押し込める[込む]; つっ込む; ねじ込む ② (物を)しまい込んだままほったらかしておく.

틀어-박히다 [tʰɯrɔbakʰida トゥロバッキダ] 自 閉じこもる; 引きこもる; くすぶる ¶집에 ~ [tʃibe ~ チベ ~] 家に閉じこもる[引きこもる] / 서재에 ~ [sɔdʒɛe ~ ソジェエ ~] 書斎にこもる.

틀어-쥐다 [tʰɯrɔdʒwida トゥロジュイダ] 他 ① 握りしめる; しっかりつかむ ¶고삐를 ~ [kop'irɯl ~ コッピルル ~] 手綱をしっかりつかむ ② すっかり手中におさめる; すべてを自分の勢力圏内に入れる ¶이 단체를 ~ [i tantʃʰerɯl ~ イ タンチェルル ~] この団体を手中におさめる.

틀어-지다 [tʰɯrɔdʒida トゥロジダ] 自 ① 横に曲がる; 反れる ¶왼쪽으로 ~ [weːntʃ'ogɯro ~ ウェーンッチョグロ ~] 左側に反れる ② よじれる; よれる; ねじれる ¶각목이 ~ [kaŋmogi ~ カンモギ ~] 角木がねじれる / 성격이 틀어진 사람 [sɔːŋk'jɔgi tʰɯrɔdʒin saːram ソーンキョギ トゥロジン サーラム] 性格のねじけた人 ③ 仲違いになる ¶그와는 틀어졌다 [kɯwanɯn tʰɯrɔdʒɔtʃ'a クワヌン トゥロジョッタ] 彼とは仲違いした ④ (計画・仕事などが)食い違う; 駄目になる; 狂う; 失敗する ¶계획이 ~ [keːhwegi ~ ケーフェギ ~] 計画が狂う / 예상이 ~ [jeːsaŋi ~ イェーサンイ ~] 予想[見込み]がはずれる[狂う] / 일이 ~ [iːri ~ イーリ ~] 事[仕事]が駄目になる.

***틈** [tʰɯm トゥム] 名 ① すき間; 空き間; 割れ目; 裂け目 ¶문~ [mun ~ ムン ~] 戸のすき間 / 물샐~ 없는 경계 [mulsɛl ~ ɔmnɯn kjɔːŋge ムルセル (トゥ) モムヌン キョーンゲ] 水も漏らさぬ警戒 ② 暇; 手間; 間 ¶잠잘 ~ 도 없다 [tʃamdʒal ~do ɔpt'a チャムジャル ~ド オプタ] 寝る暇[間]もない / ~만 있으면 [~man isʼɯmjɔn ~マン イッスミョン] 折[暇]さえあれば / ~이 있으면 [~i isʼɯmjɔn (トゥ) ミイッスミョン] 暇があれば / ~을 노리다 [~ɯl nɔrida (トゥ) ムル ノリダ] すき[機会]をねらう ③ 不和; ひび; 間隙 ¶부부 사이에 ~이 생기다 [pubu saie ~i seŋgida プブ サイエ (トゥ) ミセンギダ] 夫婦の間にひびが入る.

틈-나다 [tʰɯmnada トゥムナダ] 自 ① 手[間]があく; 暇ができる ¶겨우 틈이 났다 [kjɔu tʰɯmi nat'a キョウトゥミ ナッタ] ようやく暇ができた ② すき間ができる ¶ ~-난 곳에서 가스가 새다 [~-nan kɔsesɔ gasɯga sɛːda ~-ナン コセソ ガスガ セーダ] すき間からガスがもれる ③ 不和になる; ひびが入る; 仲違いする ¶서로 ~-난 사이 [sɔro ~-nan sai ソロ ~-ナン サイ] お互いに仲違いした間柄.

틈-내다 [tʰɯmnɛda トゥムネダ] 自 ① 暇をつくる; 都合をつける ¶ ~-내어 찾아 뵙다 [~-nɛɔ tʰadʒa bwept'a ~-ネオ チャジャ ブェプタ] 暇をつくって訪ねる ② すき間をつくる; 間合いをあける.

틈-바구니 [tʰɯmbaguni トゥムバグニ] 名 '틈' '「すき間」の俗っぽい語 ¶ 2사람의 ~에 끼어서 난처해지다 [tuːsarame ~e k'iɔsɔ naːntʃʰɔhedʒida トゥー サラメ ~エ ッキオソ ナーンチョヘジダ] 2人の中に挟まって閉口する.

틈-새(기) [tʰɯmsɛ (gi) トゥムセ(ギ)] 名 ごく狭いすき間; はざま ¶상자의 ~ [saŋdʒae ~ サンジャエ ~] 箱の狭

いすき間 / ～ 바람[～ baram ～ バラム] すき間風 **─시장**(市場)[ji:dʒaŋ シージャン] 名 不景気の中でごく狭いすき間の景気をねらう市場.

틈-타다 [tʰɯmtʰada トゥムタダ] 他 (機会などを)利用する; …に乗じる; …に付け込む; …に投ずる ¶야음을 ~-타서[ja:ɯmɯl ~-tʰasɔ ヤーウムル ～-タソ] 夜陰に乗じて / 기회를 ~-타서[kihwerɯl ~-tʰasɔ キフェルル ～-タソ] チャンスをつかんで / 약점(弱點)을 ~[jaktʃ'ɔmɯl ～-ヤクチョムル ～] 弱みに付け込む.

틈틈-이 [tʰɯmtʰɯmi トゥムトゥミ] 副 すき間ごとに; 暇あるごとに; ひまなまに; …の片手間に ¶가구 ～ 낀 먼지[kagu ～ k'i:n mɔndʒi カグ ～ ッキーン モンジ] 家具のすき間ごとにたまったごみ / ～ 하는 일[～ hanɯn ni:l ～ ハヌン ニール] 片手間の仕事 / 일하는 ～ 공부하다[i:rhanɯn ～ koŋbuhada イールハヌン ～ コンブハダ] 仕事の合間[片手間]に勉強する.

틔우다 [tʰiuda ティウダ] 他 ① 開かす; 開ける; 通じさせる; (仕切りなどを) 取り除く, (穴などを) 明かす; ＝'트이다'「開ける・悟る」の使役形 ¶길을 ～[kirɯl ～ キルル ～] 道を開ける ② 分からせる; 目覚めさせる; 悟らせる.

***티**[tʰi ティ] 名 ① ごみ; ほこり; ちり ¶눈에 ～가 들어가다[nune ～ga tɯrɔgada ヌネ ～ガ トゥロガダ] 目にごみが入る ② 小さな傷; 欠点 ¶옥에 ～[oge ～ オゲ ～] 玉に傷 / ～ 없는 어린이들[～ ɔmnɯn ɔrinidɯl ～ オムヌン オリニドゥル] いたいけな[汚れがない・あどけない]子供ら.

티[tʰi ティ] 名 接尾 気配; 気振り; 素振り; 振り; 風 ¶학자 ～를 내다[haktʃ'a ~rɯl nɛ:da ハクチャ ～ルル ネダ] 学者風を吹かせる; 学者ぶる / 관료 ～[kwalljo ～ クァルリョ ～] 官僚の臭味 / 어른[촌] ～가 나다[ɔ:rɯn[tʃʰo:n]~ga nada オールン[チョーン]～ガ ナダ] 大人[田舎]びる / 잘난 ～도 안 내다[tʃallan ～do an nɛda チャルラン～ド アンネダ] 偉ぶらない.

티격-나다 [tʰigjɔŋnada ティギョンナダ] 自 仲違ないする; ひびが入る ¶～-난 사이[～-nan sai ～-ナン サイ] 仲違いした間柄.

티격-태격 [tʰigjɔktʰɛgjɔk ティギョクテギョク] 副 形 自 反目していがみ合うさま; 言い争うさま; なんだかんだと ¶만나기만 하면 ～한다[mannagiman hamjɔn ~-(tʰɛgjɔ) kʰanda マンナギマン ハミョン ～-カンダ] 会うたびになんだかんだと言い争う.

***티끌**[tʰik'ɯl ティックル] 名 ちり; ごみ; あくた; ほこり ¶양심 따위는 ～ 만큼도 없다[jaŋʃim t'awinɯn ～-mankʰɯmdo ɔ:pt'a ヤンシム ッタウィヌン ～-マンクムド オープタ] 良心なんか毛頭ない / ～ 모아 태산(泰山)이다[～ moa tʰɛsanida ～ モア テサニダ] 諺 ちりも積もれば山となる.

티눈 [tʰinun ティヌン] 名 (手足にできる)魚の目 ¶발가락에 ～이 생겼다[palk'arage ～i sɛŋgjɔtʃ'a パルカラゲ (ティヌ)ニ センギョッタ] 足指に魚の目ができた.

티-셔츠 [tʰi:ʃɔ:tʃʰɯ ティーショーチュ] T-shirts 名 ティーシャツ.

티-없다 [tʰiɔpt'a ティオプタ] 存 曇りがない; 汚れがない ¶～-없는 어린이[～-ɔmnɯn ɔrini ～-オムヌン オリニ] 汚れがない[いたいけな]子供 **티-없이** [tʰiɔpʃ'i ティオプシ] 汚れなく; きれいに ¶～ 맑은 가을 하늘[～ malgɯn kaɯl hanɯl ～ マルグン カウル ハヌル] きれいに澄みわたった秋の空.

티적-거리다 [tʰidʒɔk'ɔrida ティジョクコリダ] 他 嫌がらせを言いながらしつこくうるさがらせる; 言いがかりをつける; 因縁をつける.

티켓 [tʰikʰet ティケッ] ticket 名 チケット.

틴 [tʰi:n ティーン] teen 名 ティーン ¶하이 ～[hai ～ ハイ ～] ハイティーン **─에이저** [eidʒɔ (ティ-)ネイジョ] 名 ティーンエージャー.

팀 [tʰi:m ティーム] team 名 チーム ¶우승 ～[usɯŋ ～ ウスン ～] 優勝チーム **─워크** [wɔ:kʰɯ ウォーク] 名 チームワーク **─파울** [pʰaul パウル] 名 チームファウル.

팁 [tʰip ティプ] tip 名 チップ; 茶代; 心づけ ¶～을 주다[(tʰib)ɯl tʃuda (ティ)プル チュダ] チップをやる[切る].

팅팅 [tʰiŋtʰiŋ ティンティン] 副 自形 膨れ上がったさま; ぶくぶく ¶～ 살찌다[～ saltʃ'ida ～ サルッチダ] ぶくぶく太る / 물로 ～ 불었다[mullo ～ purɔt'a ムルロ ～ プロッタ] 水でぶくぶくしている.

파

파[pʰa 파] 名〈植〉ネギ ¶왕[대]~[waŋ[tɛ:]~ ワン[テー]~] 太ネギ/양~[jaŋ~ ヤン~] タマネギ/실~[ɕi:l~ シール~] 細ネギ/한 단[~han dan ~ ハン ダン] ネギ1束.

파[破][pʰa: パー] 名 ① 壊れもの；傷もの ② 人の欠点 ¶남의 ~를 잡다[name ~rɯl tɕapt'a ナメ ~ルル チャプタ] 人の弱みを握る.

파격[破格][pʰa:gjŏk パーギョク] 名 하自他 破格 ¶~적인 대우[~tɕʰŏgin tɛ:u ~ チョギン テーウ] 破格の待遇.

***파견**[派遣][pʰagjŏn パギョン] 名 派遣 ―**하다**[hada ハダ] 他 派遣する；遣わす；差し向ける ¶특사를 ~[tʰɯks'arɯl ~ トゥクサルル ~] 特使を遣わす[派遣する].

파경[破鏡][pʰa:gjŏŋ パーギョン] 名 破鏡；離婚 ¶~의 슬픔[~e sɯlpʰɯm ~エ スルプム] 破鏡の嘆.

파계-승[破戒僧][pʰa:gesɯŋ パーゲスン] 名〈仏〉破戒僧.

파고다[pʰagoda パゴダ] 名 仏塔；パゴダ；タイ・ミャンマーなどに見られる仏塔(pagoda).

파고-들다[pʰagodɯlda パゴドゥルダ] 自他 ㄹ変幹 ① 深く入り込む ¶군중 속으로 ~[kundʑuŋ so:gɯro ~ クンジュン ソーグロ ~] 群衆の中に入り込む ② 深く染み込む ¶찬 기운이 등골로 ~[tɕʰan kiuni tɯŋk'ollo ~ チャン キウニ トゥンコルロ ~] 冷気が背骨に深く染みとおる ③ 食い込む；食い入る ¶국제 시장에 ~[kuktɕ'e ɕi:dʑaŋe ~ ククチェ シージャンエ ~] 国際市場に食い込む ④ (物事を)深く追求する；究明する；掘り下げる ¶수학만 ~[su:haŋman ~ スーハンマン ~] 数学だけを深く研究する.

***파괴**[破壊][pʰa:gwe パーグェ] 名 破壊 ―**하다**[hada ハダ] 他 破壊する；壊す；俗 ぶち壊す ¶자연을 ~[tɕajŏnɯl ~ チャヨヌル ~] 自然を破壊する.

파국[破局][pʰa:guk パーグク] 名 하自他 破局 ¶~에 직면하다[(pʰa:gug)e tɕiŋmjŏnhada (パーグ)ゲ チンミョンハダ] 破局に直面する.

파급[波及][p'agɯp パグプ] 名 하自 波及 ¶전국에 ~되다[tɕŏnguge ~t'weda チョングゲ ~トゥェダ] 全国に波及する.

파기[破棄][pʰa:gi パーギ] 名 하他 破棄 ¶계약을 ~하다[ke:jagɯl ~hada ケーヤグル ~ハダ] 契約を破棄する.

파-김치[pʰagimtɕʰi パギムチ] 名 ネギのキムチ ─(**가**) **되다**[(ga) tweda (ガ) トゥェダ] 慣 (塩漬けされてくたっとなるネギのように)疲れてへたばる.

파-나다[破―][pʰa:nada パーナダ] 自 (品物が破損して)使えなくなる；傷がつく；壊れる ¶수송 도중에 파난 사과[susoŋ do:dʑuŋe pʰa:nan sagwa スソン ドージュンエ パーナン サグァ] 輸送中にいたんだリンゴ.

파-나물[pʰanamul パナムル] 名 (お総菜として)ネギのあえもの[お浸し].

파-내다[pʰanɛda パネダ] 他 掘り出す；ほじくり出す ¶석탄을 ~[sŏkt'anɯl ~ ソクタヌル ~] 石炭を掘り出す.

파는-곳[pʰanɯngot パヌンゴッ] 名 売り場 ¶표－[pʰjo~ ピョ~] 切符売り場.

***파다**[pʰada パダ] 他 ①(地・穴などを)掘る；うがつ ¶우물을 ~[umurɯl ~ ウムルル ~] 井戸を掘る ② 彫る；刻む ¶도장을 ~[todʑaŋul ~ トジャングル ~] 印章を彫る ③ (衣服の襟ぐりを)刳る；えぐる ¶블라우스의 목을 깊이 ~[bullausɯe mogul kipʰi ~ ブルラウスエ モグル キピ ~] ブラウスのえりぐりを深くえぐる ④ 深く究める；掘り下げる ¶진상을 ~[tɕinsaŋul ~ チンサンウル ~] 真相を究める.

파다-하다[頗多―][pʰadahada パダハダ] 形 여変 すこぶる多い ¶그러한 예는 ~[kɯrŏhan je:nɯn ~ クロハン イェーヌン ~] そのような例はいくらでもある.

파다-하다[播多―][pʰadahada パダハダ] 形 여変 うわさが広まっている；= ¶소문(所聞)이 ~[so:muni ~ ソームニ ~] **파다-히**[pʰadai パダイ] 副

広く; あまねく ¶소문이 ~ 퍼졌다 [so:muni ~ pʰɔ:dʒtɕʰa ソームニ ～ ポージョッタ] うわさがぱっと広まった.

파닥-거리다 [pʰadak'ərida パダクコリダ] 自他 ① (小鳥が) ばたばた羽ばたく ② (小さな魚が) ぴちぴちはねる ③ (旗が) はためく = **파닥이다** [pʰadagida パダギタ].

*__파도__[波濤] [pʰada パド] 名 波; 波濤 ¶~가 거칠다 [~ga kɔtɕʰilda ~ガ コチルダ] 波が荒い / ~치다 [~tɕʰida ~チダ] 波打つ.

파동 [波動] [pʰadoŋ パドン] 名 波動 ¶정치 ~ [tɕɔŋtɕʰi ~ チョンチ ~] 政治波動 / 석유(石油) ~ [sɔgju ~ ソギュ ~] オイルショック.

파란 [波瀾] [pʰaran パラン] 名 波乱; 波瀾 ¶~ 많은 일생 [~ ma:nun ils'ɛŋ ~ マーヌン イルセン] 波瀾に富んだ一生 / ~을 일으키다 [~ul irukʰida (パラ) ヌル イルキダ] 波瀾を起こす —**곡절** [gokt͡ɕ'ɔl ゴクチョル] 名 波瀾曲折 —**만장** [ma:ndʒaŋ マーンジャン] 名 하形 波瀾万丈 ¶~한 생애 [~han sɛŋɛ ~ハン センエ] 波瀾万丈の生涯.

파랄림픽 [pʰaralimpʰik パラルリムピク] 名 国際身体障害者スポーツ大会; パラリンピック (Paralympic).

파랑 [pʰaraŋ パラン] 名 青; 青色 [緑とも言う]; 青い染料 —**새** [sɛ セ] 名 ① (吉兆の象徴とされる) 青い鳥 ② 〈鳥〉ブッポウソウ (仏法僧) —**이** [i イ] 名 青色のもの —**콩** [kʰoŋ コン] 名 青い大豆.

파랑 [波浪] [pʰaraŋ パラン] 名 波浪; 波 ¶~ 주의보 [~ dʒu:ibo ~ ジューイポ] 波浪注意報.

*__파랗다__[pʰa:ratʰa パーラッタ] 形 ㅎ変 ① 青い; 鮮やかに青い ¶파란 하늘 [pʰa:ran hanul パーラン ハヌル] 青い空 / 파란 잎 [pʰa:ran nip パーラン ニプ] 青い葉 ② 若々しい ¶파랗게 젊다 [pʰa:rakʰe tɕɔ:mt'a パーラッケ チョームタ]. <'퍼렇다'.

파래 [pʰarɛ パレ] 名 〈植〉アオノリ (青海苔).

파래-지다 [pʰa:rɛdʒida パーレジダ] 自 ① 青くなる; 青ばむ ¶나뭇잎이 ~ [namunnipʰi ~ ナムンニピ ~] 木の葉が青ばむ ② 青ざめる; 青白くなる ¶얼굴이 ~ [ɔlguri ~ オルグリ ~] 顔が青くなる [青ざめる・青白くなる] / 겁을 먹고 ~ [kɔbul mɔk'o ~ コブルモッコ ~] おじ気づいて青ざめる.

파-렴치 [破廉恥] [pʰa:rjɔmtɕʰi パーリョムチ] 名 하形 破廉恥; 恥知らず ¶~한 행위 (行爲) [~han hɛŋwi ~ハン ヘンウィ] 破廉恥な行ない.

파르르 [pʰarurɯ パルル] 副 ① はたはた ¶문풍지가 ~ 떨다 [munpʰuŋdʒiga ~ t'ɔ:lda ムンプンジガ ~ ットールダ] 戸の目張りがはたはた震える ② ぐつぐつ; ぐらぐら ¶찌개가 ~ 끓어오르다 [tɕ'igɛga ~ k'uɾɔoruda ッチゲガ ~ ックロオルダ] 煮物がぐつぐつ沸き立つ ③ ぷんぷん ¶갑자기 ~ 성을 냈다 [kapt͡ɕ'agi ~ sɔ:ŋul nɛt'a カプチャギ ~ ソーンウル ネーッタ] 急にぷんぷん腹を立てる ④ めらめら ¶낙엽이 ~ 타오르다 [nagjɔbi ~ tʰaoruda ナギョビ ~ タオルダ] 落ち葉がめらめら燃え上がる ⑤ ぶるぶる ¶참새가 ~ 떨다 [tɕʰamsɛga ~ t'ɔ:lda チャムセガ ~ ットールダ] スズメがぶるぶる震える.

파르스름-하다 [pʰarusurumhada パルスルムハダ] 形 여変 薄く青味がかっている. <'푸르스름하다'.

파릇-하다 [pʰarutʰada パルッタダ] 形 여変 青みがかっている; 薄く青い

파릇-파릇 [pʰarutpʰarut パルッパルッ] 名 하形 青々と ¶~하게 새싹이 돋아나다 [~-(pʰaru)tʰage sɛs'agi todanada ~タゲ セッサギ トダナダ] 青々と芽を出す.

*__파리__[pʰa:ri パーリ] 名 〈虫〉ハエ; 俗 ハイ —**날리다** [nallida ナルリダ] 慣 (暇でハエを追い払うの意で) 商売が上がったりである; 客足が遠い —**목숨** [moks'um モクスム] 名 ① ハエの命 ② はかない命; 虫けらのような命 —**채** [tɕʰɛ チェ] 名 ハエたたき.

파리-하다 [pʰarihada パリハダ] 形 여変 やつれて青白い ¶~-하게 시들어가다 [~-hage ɕidurəgada ~-ハゲ シドゥロガダ] 青白くしおれる [衰える].

파-먹다 [pʰamɔkt'a パモクタ] 他 ① (中身を) えぐって [ほじくって] 食べる ¶떡의 소만 ~ [t'ɔge soman ~ ットゲ ソマン ~] もちのあんだけをほじくって食べる ② (虫が) 食う; むしばむ ¶벌레가 과일을 ~ [pollega kwa:irul ~ ポルレガ クァーイルル ~] 虫が果物を食う ③ 食い尽くす; 使い果たす ¶자식이 부모의 재산을 ~ [tɕaɕigi pumoe tɕɛsanul ~ チャシギ プモエ チェサヌ

파면 980 **파운드**

ル~] 息子が親の財産を食い尽くす.

파면[罷免] [pʰa:mjən パーミョン] 图 [하他] 罷免 ¶~되다 [~dweda ~ドゥェダ] 罷免になる; 俗 くびになる.

파멸[破滅] [pʰa:mjəl パーミョル] 图 [하自] 破滅 ¶일신(一身)의 ~을 초래(招来)하다 [ilʃine (pʰa:mjər)ul tʃʰorɛhada イルシネ (パーミョ)ルル チョレハダ] 自ら身の破滅を招く.

파문[波紋] [pʰamun パムン] 图 波紋 ¶~을 일으키다 [~ɯl irukʰida ~ヌル イルキダ] 波紋を起こす / 정계에 ~을 던지다 [tʃəŋgee ~ɯl təndʒida チョンゲエ (パム)ヌル トンジダ] 政界に波紋を投げかける.

***파-묻다** [pʰamut'a パムッタ] 他 ① 埋める; 埋める ¶보물을 땅에 ~ [po:murul t'aŋe ~ ポームルル ッタンエ ~] 宝ものを地中に埋める / 어머니 가슴에 얼굴을 ~ [ɔmɔni gasume olgurul ~ オモニ ガスメ オルグルル ~] 母の胸に顔を差し付ける[うずめる] ② 隠す; 葬る ¶어둠 속에 ~ [ɔdum so:ge ~ オドゥム ソーゲ ~] 闇のなかに葬る.

파-묻히다 [pʰamutʃʰida パムチダ] 自 埋もれる; 埋まる; 埋められる ¶집이 눈에 ~ [tʃibi nu:ne ~ チビ ヌーネ ~] 家が雪に埋もれる.

파벌[派閥] [pʰabəl パボル] 图 派閥 ¶~싸움 [~ s'aum ~ ッサウム] 派閥争い.

파병[派兵] [pʰabjəŋ パビョン] 图 派兵 ¶해외에 ~하다 [hɛ:wee ~hada ヘーウェエ ~ハダ] 海外に派兵する.

파-뿌리 [pʰap'uri パップリ] 图 ① ネギの根 ② 白髪 ¶검은 머리가 ~가 되도록 부부가 해로(偕老)하다 [kɔmun mɔriga ~ga twedorok p'ubuga hɛrohada コムン モリガ ~ガ トゥェドロク ププガ ヘロハダ] 黒髪が共白髪になるまで夫婦がむつまじく連れ添って生きる.

파삭-하다 [pʰasakʰada パサクハダ] 形 (すっかり乾いて)壊れやすい; 脆い; ぱさぱさしている **파삭-파삭** [pʰasakpʰasak パサクパサク] 副 [하形] ぱさぱさ; ぼくぼく; かさかさ ¶흙이 ~해지다 [hulgi ~ (pʰasa)kʰedʒida フルギ ~ケジダ] (日照りで)土がぼくぼくになる.

파산[破産] [pʰa:san パーサン] 图 [하自] 破産 ¶~에 직면(直面)하다 [~e tʃiŋmjənhada (パーサ)ネ チンミョンハダ] 破産に瀕する **—선고** [sɔŋgo ソンゴ] 图 破産宣告 **—절차** [節次) [dʒɔltʃʰa ジョルチャ] 图 破産手続き.

파생[派生] [pʰasɛŋ パセン] 图 [하自] 派生 ¶~적인 문제 [~dʒɔgin mu:ndʒe ~ジョギン ムーンジェ] 派生的問題.

파손[破損] [pʰa:son パーソン] 图 破損 **—하다** [hada ハダ] 图 [他] 破損する; 傷つける; 損ずる ¶유리창을 ~ [juritʃʰaŋul ~ ユリチャンウル ~] 窓ガラスを壊す[破損する].

파수[把守] [pʰasu パス] 图 [하他] 見張ること, またその人 **—보다** [boda ボダ] 他 見張る; 番をする **—꾼** [k'un ックン] 图 番人; 見張り **—막**(幕) [mak マク] 图 番人の詰め所; 番人小屋 **—병** [bjəŋ ビョン] 图 警備兵; 番兵; = 보초병 (歩哨兵) [po:tʃʰobjəŋ ポーチョビョン].

파스너 [pʰasɯnɔ パスノ] fastener 图 ファスナー; チャック; ジッパー.

파슬리 [pʰa:sulli パースルリ] parsley 图 〈植〉パセリ; オランダセリ.

파시[波市] [pʰaʃi パシ] 图 海上で開かれる魚市.

파시스트 [pʰaʃisutʰɯ パシストゥ] fascist 图 ファシスト **—당** [daŋ ダン] 图 ファシスト党.

***파악[把握]** [pʰaak パアク] 图 把握 ¶인원 ~ [inwɔn ~ イヌォン ~] 人員把握 **—하다** [(pʰaa)kʰada カダ] 他 把握する; つかむ ¶요점을 ~ [jotʃ'ɔmul ~ ヨチョムル ~] 要点を押さえる / 대의를 ~ [tɛ:irul ~ テーイルル ~] 大意をつかむ.

파안 대소[破顔大笑] [pʰa:andɛso パーアンデーソ] 图 [하自他] 破顔大笑; 顔をほころばせて大きく笑うこと.

파약[破約] [pʰa:jak パーヤク] 图 [하自他] 破約 ¶협정을 ~하다 [hjəptʃ'əŋul (pʰa:ja)kʰada ヒョプチョンウル ~カダ] 協定を破約する.

파업[罷業] [pʰa:ɔp パーオプ] 图 罷業; ストライキ; スト ¶~이 일어나다 [(pʰa:ɔb)i irɔnada (パーオ)ビ イロナダ] ストが起こる **—하다** [(pʰa:ɔ)pʰada パダ] 自 罷業する; ストライキをする.

파열-음[破裂音] [pʰa:jərum パーヨルム] 图 〈語〉破裂音.

파우더 [pʰaudɔ パウドー] powder 图 パウダー; こな; 粉末.

파운데이션 [pʰaundeiʃɔn パウンデイション] foundation 图 ファンデーション.

파운드 [pʰaundɯ パウンドゥ] pound 依名 ポンド ① イギリスの貨幣単位

(£) ②ヤードポンド法の質量単位(lb).

파울[phaul パウル] foul 图 ファウル
─라인[lain ライン] 图 ファウルライン
─볼[bo:l ボール] 图 ファウルボール
─플라이[phɯllai プルライ] 图 ファウルフライ

파워[phawɔ パウォ] power 图 パワー ¶블랙 ~[bullɛk ~ ブルレク ~] ブラックパワー.

파이버[phaibɔ パイボ] fiber 图 ファイバー; 繊維.

파이어[phaiɔ パイオ] fire 图 自他 ファイア ¶캠프 ~[khɛmphɯ ~ ケムプ ~] キャンプファイア.

파이어니어[phaiɔniɔ パイオニオ] pioneer 图 パイオニア; 先駆者; 開拓者.

파이트[phaithɯ パイトゥ] fight 图 ファイト; 戦闘; 試合 **─머니**[mɔni モニ] 图 ファイトマネー.

파이팅[phaithiŋ パイティン] fighting 感 頑張れ; ファイト **─스피릿**[sɯphirit スピリッ] 图 ファイティングスピリット; 闘志; ファイト.

파인더[phaindɔ パインド] finder 图 (カメラの)ファインダー.

파인애플[phainɛphɯl パイネプル] pineapple 图 パイナップル; パイン.

파인 플레이[phain phɯllei パイン プレイ] fine play 图 ファインプレー.

파일[←八日][phail パイル] 图 〈仏〉釈迦^{さま}誕生日の陰暦 4 月 8 日; 팔일(8日)[pharil パリル].

파일[phail パイル] file 图 ファイル **─북**[buk ブク] 图 ファイルブック.

파자마[phadʒama パジャマ] pajamas 图 パジャマ; 寝間着.

파장[波長][phadʒaŋ パジャン] 图 波長 ¶~을 맞추다[~ɯl matsʰuda ~ ウル マッチュダ] 波長を合わせる.

파장[罷場][phaːdʒaŋ パージャン] 图 自他 ①市を仕舞うこと ¶~이라 값이 싸다[~ira kapsʰi s'ada ~イラ カプシ ッサダ] 市が終わるころで価格が安い ②大勢の人が集まっていたことがお仕舞いになること, またその時 ③試験[昔の科場][kwadʒaŋ クァジャン]「役人の任用試験場」・白日場[pɛgiltsʰaŋ ペギルチャン]「詩文作りの公開コンテスト」が終わること, またその時.

파-전[─煎][phadʒɔn パジョン] 图 〈料理〉細く切ったたくさんの太ネギに小麦粉のころもを被せて, フライしたネギのおこのみ焼きの一種.

파종[播種][phadʒoŋ パジョン] 图 自他 播種^{はしゅ}; 種まき; 種下ろし ¶밭에 ~하러 가다[patʰe ~harɔ gada パテ ~ハロ ガダ] 畑に種まきに行く.

파-죽음[phadʒugɯm パジュグム] 图 (ひどく殴られたり疲れたりして)へとへとに(くたくた)になること ¶~이 되어 돌아오다[~i twɛɔ toraoda ~イ ドゥェオ トラオダ] へとへとになって帰って来る.

파죽지-세[破竹之勢][phaːdʒuktsʰise パージュクチセ] 图 破竹の勢い ¶~로 무찔러 나가다[~ro mutsʰillɔ nagada ~ロ ムッチルロ ナガダ] 破竹の勢いで踏みにじって行く.

파지[破紙][phaːdʒi パージ] 图 ほご; かみくず; 破れ ¶~가 나오다[~ga naoda ~ガ ナオダ] 破れが出る.

파직[罷職][phaːdʒik パージク] 图 自他 罷免; 免職 ¶횡령이 탄로나서 ~되었다[hwɛŋnjoŋi taːllonasɔ ~t'wɛɔt'a フェンニョンイ タールロナソ ~トゥェオッタ] 横領が発覚して罷免された.

파초[芭蕉][phatsʰo パチョ] 图 〈植〉バショウ(芭蕉).

***파출**[派出][phatsʰul パチュル] 图 自他 派出 **─부**[buː ブ] 图 派出婦; お手伝い **─소**[so ソ] 图 交番; 派出所.

파충-류[爬蟲類][phatsʰuŋnju パチュンニュ] 图 〈動〉ハチュウ(爬虫)類 ¶~의 화석[~e hwasɔk ~エ ファソク] ハチュウ類の化石. 「キング; 駐車.

파킹[phaːkhiŋ パーキン] parking 图 パー
파탄[破綻][phaːtʰan パータン] 图 自他 破綻^{はたん} ¶경제적인 ~[kjɔŋdʒedʒɔgin ~ キョンジェジョギン ~] 経済的な破綻.

파트[phaːtʰɯ パートゥ] part 图 **─타임**[tʰaim タイム] 图 パートタイム ¶~으로 일하다[~ɯro iːrhada ~-(タイ)ムロ イールハダ] パートタイムで働く.

파트너[phaːtʰɯnɔ パートゥノ] partner 图 パートナー. 「パパイア.
파파야[phaphaja パパヤ] papaya 图 〈植〉
파편[破片][phaːphjɔn パーピョン] 图 破片; 割れ; 欠け ¶유리 ~[juri ~ ユリ ~] ガラスの破片.

파-하다[罷─][phaːhada パーハダ] 自他 어変 (事を)終える; 終わる ¶회합(會合)이 ~[hwɛːhabi ~ フェーハビ ~] 会議が終わる / 일을 파하고 돌아가다[iːrɯl phaːhago toragada イ

파헤치다 ―ルル パーハゴ トラガダ] 仕事を終えて[済ませて]帰る / 극장이 ~ [kɯktɕ'aŋi ~ ククチャンイ ~] 劇場が跳ねる.

파-헤치다 [pʰahetɕʰida パヘチダ] 他 ① (他人の不正・秘密などを)暴く; 深く調べる ¶ 부정을 ~ [pudʒoŋɯl ~ プジョンウル ~] 不正を暴く ② 中の物を取り出す; 掘り返す ¶ 땅을 ~ [t'aŋɯl ~ ッタンウル ~] 土を掘り返す.

파혼 [破婚] [pʰa:hon パーホン] 名 하自也 破婚 ¶2 사람은 ~되었다 [tu: saramun ~dwɛot'a トゥー サラムン ~ドゥェオッタ] 2人は破婚になった.

팍 [pʰak パク] 副 ① ごつんと; ぶすっと ¶ 주먹으로 ~ 내지르다 [tɕumogɯro (pʰaŋ) nɛ:dʒiruda チュモグロ (パン) ネージルダ] こぶしでごつんと突く ② ばったり ¶ 맥없이 ~ 고꾸라지다 [mɛgopɕ'i (pʰa) k'ok'uradʒida メゴプシ ~ コックラジダ] 力なくばったり倒れる.

팍삭 [pʰaks'ak パクサク] 副 하他 ① ぺたんと ¶ ~ 주저앉다 [~ tɕ'udʒoant'a ~ チュジョアンタ] ぺたんと座り込む ② ばさっと ¶ 오래된 기와가 ~ 내려앉다 [orɛdwen kiwaga (pʰaks'ak) nɛrjoant'a オレドゥェン キワガ (パクサン) ネリョアンタ] 古びた瓦がばさっと崩れ落ちる.

팍팍-하다 [pʰakpʰakhada パクパクカダ] 形 여変 ① 喉がつまるほどぱさぱさしている; 非常にだるい ② 疲れきって足が重い; だるい.

***판** [pʰan パン] 1 名 場; 場面; 幕; 段; 所 ¶ 네가 나설 ~이 아니다 [nega nasol ~i anida ネガ ナソル (パ)ニ アニダ] 君の出る幕じゃない / ~이 벌어지다 [~i borodʑida ~イ ポーロジダ] 場が開かれる / ~을 깨다 [~ɯl k'ɛ:da (パ) ヌルッケーダ] (その場の)興を冷ます 2 依名 勝負事の回数を数える単位 ¶ 바둑 한 ~ [paduk han ~ パドゥク カン ~] 碁1局.

판 [板] [pʰan パン] 1 名 ① 板 ¶ 빨래~ [p'allɛ~ ッパルレ~] 洗濯板 ② 盤 ¶ 바둑~ [paduk~ パドゥク~] 碁盤 2 依名 (卵30個入りの)盤 ¶ 계란 한 ~ [keran han ~ ケラン ハン ~] 卵盤1つ.

판 [版] [pʰan パン] 名 版 ① 印刷版 ¶ ~을 짜다 [~ɯl tɕ'ada (パ) ヌルッチャダ] 版を組む ② 本を印刷した回数 ¶ ~을 거듭하다 [~ɯl kodɯpʰada (パ) ヌル コドゥプパダ] 版を重ねる 판에 박은 [pʰane pagun パネ パグン] 慣 型にはめたようにどれも同じの意 ¶ ~ 듯이 [~ dɯɕi ~ ドゥシ] 型のとおり / ~ 듯한 사람 [~ dɯtʰan sa:ram ~ ドゥッタン サーラム] 非常によく似ている人 / ~ 듯한 인사 [~ dɯtʰan insa ドゥッタン インサ] 紋切り型のあいさつ / ~ 듯한 잔소리 [~ dɯtʰan tɕansori ~ ドゥッタン チャンソリ] お決まりの小言.

판-가름 [pʰangarɯm パンガルム] 名 하他 是非や優劣を決めること ¶ 누가 옳은가 ~하자 [nuga orɯnga ~hadʑa ヌガ オルンガ ~ハジャ] 誰が正しいか是非を明らかにしよう ―**나다** [nada ナダ] 自 是非や優劣が決まる ¶ 승부가 ~ [sɯŋbuga ~ スンブガ ~] 勝負が分かれる; 勝負がつく.

판-검사 [判検事] [pʰangomsa パンゴムサ] 名 判事と検事.

***판결** [判決] [pʰandʑol パンギョル] 名 하他 判決 ¶ 무죄 ~ [mudʑwe ~ ムジュェ ~] 無罪判決 ―**례** [le レ] 名 判例 ―**문** [mun ムン] 名 判決文.

판공-비 [辦公費] [pʰangoŋbi パンゴンビ] 名 公務の処理に要する費用.

판국 [一局] [pʰanguk パングク] 名 ① 事件が起こった局面・場面・時局・場 ¶ 집안이 망해가는 ~ [tɕibani maŋhɛganɯn ~ チバニ マンヘガヌン ~] 一家が滅びて行く局面 ② 陰陽道でいう敷地や墓地の位置・地形.

판권 [版權] [pʰank'wʌn パンクォン] 名 版権 ¶ ~을 양도하다 [~ɯl ja:ŋdohada ヌル ヤーンドハダ] 版権を譲り渡す ―**소유** [so:ju ソーユ] 名 版権所有 ―**장** [張] [tɕ'aŋ チャン]・**페이지** [pʰeidʑi ペイジ] 名 奥付; 版権証書. 「売禁止の略.

판금 [販禁] [pʰangɯm パングム] 名 販

판-나다 [pʰannada パンナダ] 自 ① けりがつく; 結末がつく; 勝負が決まる ¶ 싸움이 ~ [s'aumi ~ ッサウミ ~] 争いのけりがつく ② (財産や金が)すっかりなくなる; 身代をたたむ; (会社が)倒産[破産]する ¶ 장사 밑천이 ~ [tɕaŋsa mitɕʰoni ~ チャンサ ミッチョニ ~] 商売の元手がすっかりなくなる.

판-다르다 [pʰandarɯda パンダルダ] 形 르変 まったく違う; 甚だしく変わっている; 大いに異なる; ='판이(判異)하다' ¶ 생각했던 바와는 판이 다르

다 [sɛŋgakʰɛt'on bawanun pʰani taruda センガクケットン バワヌン パニタルダ] 予想とは全然違う.

***판단**[判斷][pʰandan パンダン] 名 하他 判断 ¶~의 기준 [~e kidʒun (パンダ)ネ キジュン] 判断の基準 —**력**[njɔk ニョク] 名 判断力 ¶~이 있다 [없다] [~-(nj ɔg) i it'a:[pt'a] ~-(ニョ)ギ イッタ[オープタ]] 判断力がある[ない].

판도[版圖][pʰando パンド] 名 版図 ¶재계의 ~가 크게 달라지다 [tʃɛgeɛ ~-ga kʰuge talladʒida チェゲエ ~ガ クゲ タルラジダ] 財界の版図が大きく変わる.

판독[判讀][pʰandok パンドク] 名 하他 判読 ¶필름을 ~하다 [pʰillumul (pʰando)kʰada ピルルムル ~カダ] フィルムを判読する.

판-돈[pʰant'on パントン] 名 賭博場の掛け金 —**떼다**[t'eda ッテダ] 自 てら銭をとる ¶~-떼는 사람 [~-t'enun sa:ram ~-ッテヌン サーラム] 胴元; 胴親; 賭博場を開いててら銭をとる人.

판례[判例][pʰalle パルレ] 名 判例 —**법**[p'ɔb ポプ] 名 判例法.

판로[販路][pʰallo パルロ] 名 販路; さばき口; 売れ口 ¶~를 확장하다 [~rul hwaktʃ'aŋhada ~ルル ファクチャンハダ] 販路を拡張する / ~가 없다 [~ga ɔ:pt'a ~ガ オープタ] さばけ口がない.

***판매**[販賣][pʰanmɛ パンメ] 名 하他 販売 ¶독점 ~ [toktʃ'ɔm ~ トクチョム ~] 一手販売 / 예약 ~ [je:jak ~ イェーヤク ~] 予約販売 / 통신 ~ [tʰoŋʃin ~ トンシン ~] 通信販売 —**가(격)**[k'a (gjɔk) ッカ(ギョク)] 名 販売価(格) —**고**[go ゴ] 名 販売高 —**금지**[gɯ:mdʒi グームジ] 名 販売禁止='판금'(販禁) —**소**[so ソ] 名 販売所 —**액**[ɛk エク] 名 販売額 —**원**[wɔn ウォン] 名 販売員; 売り子; 中売り; 売人 —**점**[dʒɔm ジョム] 名 販売店 —**회사**[hwe:sa フェーサ] 名 販売会社.

판명[判明][pʰanmjɔŋ パンミョン] 名 하他 判明 ¶사실이 ~되다 [sa:ʃiri ~dweda サーシリ ~ドゥェダ] 事実が判明する.

판무[辦務][pʰanmu パンム] 名 (機関などで)事務処理をすること —**관**[gawn グァン] 名 弁務官.

판-박이[版—][pʰanbagi パンバギ] 名 ① 印刷すること[その書物] ② そっくりのもの; 型通りのもの; お決まり ¶옆얼굴은 어머니 ~다 [jɔbɔlguruɯn ɔmɔni ~da ヨボルグルン オモニ ~ダ] 横顔は母にそっくりだ ③ 移し絵; 押し絵; =~그림 [~ gɯ:rim ~ グーリム].

판별[判別][pʰanbjɔl パンビョル] 名 하他 判別 ¶선악을 ~하다 [sɔ:nagul (pʰanbjɔr) hada ソーナグル ~ハダ] 善悪を判別する.

판사[判事][pʰansa パンサ] 名 判事.

판상[辦償][pʰansaŋ パンサン] 名 하他 弁償 ① 負債を弁済すること ② 他人に与えた損害[罪]を金品で支払うこと.

판-설다[pʰansɔlda パンソルダ] 形 ㄹ語幹 (事情に)疎い; (物事に)不慣れだ ¶처음의 일이라 ~ [tʃʰɔumei:rira ~ チョウメ イーリラ ~] 初めての仕事なので場慣れしていない.

판-세[—勢][pʰans'e パンセ] 名 成り行き; 情勢; 形勢.

***판-소리**[pʰans'ori パンソリ] 名 하自 〈楽〉パンソリ; 韓国特有の'창극'(唱劇)に合わせて, その語り物に節をつけて歌う民俗芸能の1つ(春香歌チュニャン・沈清歌シムチョン・興夫歌フンブなどがある).

판소리

판연-하다[判然—][pʰanjɔnhada パニョンハダ] 形 여変 判然としている; はっきりしている ¶논지가 ~ [nondʒiga ~ ノンジガ ~] 論旨がはっきりしている / ~-하지 않다 [~-hadʒi antʰa ~-ハジ アンタ] 判然としない **판(연)-히**[pʰan (jɔn) i パ(ニョ)ニ] 副 判然と; ~다르다 [~ taruda ~ タルダ] はっきり違う; 明らかに異なる.

판-유리[板琉璃][pʰannjuri パンニュリ] 名 板ガラス.

판이-하다[判異—][pʰanihada パニハダ] 形 まったく違う; 大いに異なる ¶

판자

~-한 성격 [~-han sɔ:ŋkjɔk ~-ハンソンキョク] まったく違う性格.

판자[板子][pʰandʒa パンジャ] 名 ① 板 ¶얇게 켠 ~[jalkʰe kʰjɔn ~ ヤルケキョン ~] 殺ぎ板 ② 松の板=송판(松板)[soŋpʰan ソンパン] **—촌**(村)[tɕʰon tɕʰon] バラックの集落

판잣-집[pʰandʒatɕʰip パンジャッチプ] 名 バラック; (板張りの)粗末な仮小屋; 掘っ建ての粗末な小屋.

판정[判定][pʰandʒɔŋ パンジョン] 名 他 ¶判定 ~을 내리다[~ul nɛrida ~ウル ネリダ] 判定を下す **—승**[sɯŋ スン] 名 判定勝ち.

판제[辨濟][pʰandʒe パンジェ] 名 他 弁済.「ボール紙; 厚紙.

판지[板紙][pʰandʒi パンジ] 名 板紙;

판-짜다[pʰantɕ'ada パンチャダ] 他 派を成す; 徒党を組む.

판-차리다[pʰantɕʰarida パンチャリダ] 他 場を設ける.

판촉[販促][pʰantɕʰok パンチョク] 名 販売促進の略 ¶~활동을 하다[(pʰantɕʰo)kʰwalt'oŋul hada ~クァルトンウル ハダ] 販売促進の活動をする.

판-치다[pʰantɕʰida パンチダ] 自 ① (その分野で)最も抜きんでる[上手だ]; 最も優れる; 最も秀でる ¶씨름판에서 ~[ɕ'irumpʰanesɔ ~ ッシルムパネソ ~] ッシルム場[土俵]で最も抜きんでる[上手だ] ② (ある分野で)意のままに勢力を振るう; 牛耳る; 幅を利かせる ¶부정 부패가 ~[pudʒɔŋ bu:pʰɛga ~ プジョン プーペガ ~] 不正や腐敗が横行する[はびこる].

판판[pʰanpʰan パンパン] 副 まったく; 全然 ¶전과는 ~ 다르다[tɕɔŋwanɯn ~ taruda チョングァヌン ~ タルダ] 以前とはまったく違う.

판판-이[pʰanpʰani パンパニ] 副 いつも; しょっちゅう; ことごとに ¶내기에 ~지다[nɛ:gie ~ tɕida ネーギエ ~ チダ] 賭けにしょっちゅう負ける.

판판-하다[pʰanpʰanhada パンパンハダ] 形 여변 平たい; 平坦だ **판판-히**[pʰanpʰani パンパニ] 副 平たく.

판형[判型·版型][pʰanhjɔŋ パンヒョン] 名 〈印〉判型.

판화[版畵][pʰanhwa パンファ] 名 版画 ¶~를 박다[~rul pakt'a ~ルル パクタ] 版画を刷る.

＊**팔**[pʰal パル] 名 腕; 手 ¶~다리[~

dari ~ダリ] 手足 / ~에 매달리다 [(pʰar)e mɛdallida (パ)レ メーダルリダ] 腕にすがる / ~을 끼다[(pʰar)ul k'ida (パ)ルル ッキダ] 腕を組む **팔을 걷고 나서다**[pʰarul kɔtk'o nasɔda パルル コッコ ナソダ]・**팔을 걷어 붙이다**[pʰarul kɔdɔ butɕʰida パルル コドブチダ] 慣 (腕をまくり上げてかかる[上げる]の意で)積極的に乗り出す.

＊**팔**[八][pʰal パル] 数 8; 八; 8つ.

팔각[八角][pʰalgak パルガク] 名 八角 **—기둥**[(pʰalga)k'iduŋ キドゥン] 名 八角柱 **—당**[t'aŋ タン] 名 八角堂 **—정**[tɕ'ɔŋ チョン] 名 八角の亭 **—형**[(pʰalga)kʰjɔŋ キョン] 名 八角形.

팔-걸이[pʰalgɔri パルゴリ] 名 ① (椅子の)ひじ掛け ② (相撲の技の1つ)手で相手の足をとって押し倒す技 **—의자**[uidʒa ウィジャ] 名 ひじ掛け椅子.

팔구[八九][pʰalgu パルグ] 数 8と9; 8か9 **—십**[ɕip シプ] 数 80から90あたり **—월**[wɔl ウォル] 名 8月か9月.

팔-꿈치[pʰalk'umtɕʰi パルックムチ] 名 肘 ¶~로 밀어 제치다[~ro mirɔdʒetɕʰida ~ロ ミロ ジェチダ] 肘で押しのける.

팔-난봉[pʰallanboŋ パルランボン] 名 放蕩者; 道楽者; ならず者.

＊**팔다**[pʰalda パルダ] 他 ㄹ語幹 ① 売る ¶싸게 ~[s'age ~ ッサゲ ~] 安く売る / 싸구려로 팔아 버리다[s'agurjɔro pʰarabɔrida ッサグリョロ パラボリダ] 二束三文で売り飛ばす ② 騙る; 名を売る ¶친구의 이름을 ~[tɕʰingue irumul ~ チングエ イルムル ~] 友人の名をかたる ③ 目をそらす=¶한눈을 ~[ha:n nunul ~ ハーン ヌヌル ~] ④ 米・麦などを買う(穀類に限り反対にいう) ¶양식(糧食)[쌀] 팔러 가다[jaŋɕik[s'al] pʰallɔ gada ヤンシク[ッサル] パルロ ガダ] 穀物[米]を買いに行く ⑤ 裏切る; 背く; 売る ¶양심을 ~[jaŋɕimul ~ ヤンシムル ~] 良心を売る / 친구를 ~[tɕʰingurul ~ チングルル ~] 友を裏切る ⑥ (名声を)売る; 広める; 鳴らす ¶노래로 이름을 ~[norɛro irumul ~ ノレロ イルムル ~] 歌で名を売る ⑦ 体を売る; 売春する ¶몸을 ~[momul ~ モムル ~] 身を売る.

팔-다리[pʰaldari パルダリ] 名 手足; 腕と脚 **—뼈**[p'jɔ ッピョ] 名 手足の骨.

팔달[八達][pʰalt'al パルタル] 名 하自 ① 道が八方に通じること ¶~ 사통 ~ [sa:tʰoŋ ~ サートン ~] 四通八達 ② あらゆることに通じること; 広く物事に精通していること.

팔도[八道][pʰalt'o パルト] 名 ① 朝鮮王朝時代の行政区域[京畿・忠清・慶尚・全羅・江原・黄海・平安・咸鏡の各道] ② 全国; 全土 **—강산**(江山)[gaŋsan ガンサン] 名 全国の山河 **—명산**(名山)[mjəŋsan ミョンサン] 名 全国の名山.

팔-등신[八等身][pʰalt'ɯŋʃin パルトゥンシン] 名 八等身 ¶~ 미인 [~ mi:in ~ ミーイン] 八等身の美人.

팔딱[pʰalt'ak パルッタク] 副 하自他 ぴょんと; ぱっと(飛び[跳ね]あがるさま) ¶내를 — 뛰어 넘다 [nɛ:rul ~ t'wiə nəmt'a ネールル ~ ットゥィオ ノムタ] 小川をぴょんと飛び越える.

팔뚝[pʰalt'uk パルットゥック] 名 前腕; 小手 **—시계** [ʃige シゲ] 名 腕時計.

팔랑[pʰallaŋ パルラン] 副 하자 ひらひら; ひらっと; ぱらりと(風になびくさま) ¶나뭇잎이 ~ 떨어지다 [namunnipʰi ~ t'ərədʑida ナムンニピ ~ ットロジダ] 木の葉がぱらりと散る **—개비** [gɛbi ゲビ] 名 風車; おっちょこちょい; 落ち着きのない人.

***팔리다**[pʰallida パルリダ] 自 ① 売れる ¶책이 잘 ~ [tʃʰegi tʃal ~ チェギ チャル ~] 本がよく売れる ② 気を奪われる ¶노는 데 정신이 ~ [no:nun de tʃəŋʃini ~ ノーヌンデ チョンシニ ~] 遊びに気を奪われる.

팔림-새[pʰallimsɛ パルリムセ] 名 売れ行き ¶~가 시원찮다[~ga ʃiwəntʃʰantʰa ~ガ シウォンチャンタ] 売れ行きが思わしくない.

팔만-대장경[八萬大藏經][pʰalmandɛ:dʑaŋgjəŋ パルマンデージャンギョン] 名〈仏〉高麗大蔵経の称; 仏力で外敵を打ち退けるため1236~1251年にかけて完成した大蔵経; 経板の数81,258に及ぶ. 現在韓国南部の海印寺に保管中.

팔매[pʰalmɛ パルメ] 名 つぶて **—질** [dʑil ジル] **—치기**[tʃʰigi チギ] 名 하自 つぶてを打つこと; (小石などを)力いっぱい遠くへ投げること.

팔면[八面][pʰalmjən パルミョン] 名 八面 ① 各方面 ② 8つの平面 **—부지**(不知)[budʑi ブジ] 名 全然知らない人 **—체**[tʃʰe チェ] 名 八面体.

팔-모[八一][pʰalmo パルモ] **—기둥**[gidɯŋ ギドゥン] 名 八角柱 **—정**[dʑəŋ ジョン] 名 八角形の亭.

***팔목**[pʰalmok パルモク] 名 手首 **—시계**[ʃige シゲ] 名 腕時計.

팔방[八方][pʰalbaŋ パルバン] 名 八方 ¶사방~으로 연락하다[sa:baŋ~uro jəllakʰada サーバン~ウロ ヨルラクカダ] 四方八方に連絡をとる **—미인**[mi:in ミーイン] 名 八方美人(日本語のように軽蔑を込めた語としては用いられない).

팔-베개[pʰalbegɛ パルベゲ] 名 하自 手まくら; ひじ[腕]まくら ¶~하고 낮잠자다[~hago natʃ'amdʑada ~ハゴ ナッチャムジャダ] ひじまくらで昼寝する.

팔삭[八朔][pʰals'ak パルサク] 名 八朔ほっさく; 旧暦8月朔日 **—동이**[t'uŋi トゥンイ] 名 ① 8か月目に生まれた月足らずの子 ② 間抜け; とんま.

팔순[八旬][pʰals'un パルスン] 名 80(歳) ¶~을 바라보다[~ul paraboda (パルス) ヌル パラボダ] 齢よわい80に手が届く.

팔-심[pʰals'im パルシム] 名 前腕の力 ¶~이 세다[~i se:da (パルシ) ミ セーダ] 腕力[腕っ節]が強い.

***팔십**[八十][pʰals'ip パルシプ] 冠 数 80; 八十 ¶~세[~s'e ~ セ] 80歳; 傘寿.

팔-씨름[pʰals'irum パルッシルム] 名 하自 腕相撲.

팔아-먹다[pʰaramək'ta パラモクタ] 他 売る; '팔다'の俗っぽい語 ① 売ってしまう; 売り払う[渡す]; 売り込む; 売り飛ばす ¶가짜를 ~[ka:tʃ'arul ~ カーッチャルル ~] にせ物を売り付ける / 정보를 ~ [tʃəŋborul ~ チョンボルル ~] 情報を売り込む / 몸을 ~ [momul ~ モムル ~] 春を売る[ひさぐ] ② 売り食いをする ¶~먹는 생활[~~məŋnun sɛŋhwal ~~モンヌン センファル] 売り食いの生活 ③ (穀物を)買って食う ¶쌀을 ~[s'arul ~ ッサルル ~] 米を買って食う.

***팔월**[pʰarwəl パルオル] 名 8月.

-팔이[pʰari パリ] 接尾 …売り(子) ¶신문 ~ [jinmun~ シンムン~] 新聞売り / 껌 ~ [k'əm~ ッコム~] ガム売り.

***팔자**[八字][pʰaltʃ'a パルチャ] 名 一生の運; 星回り; 運勢; 定め; 身分 ¶타고난 ~[tʰagonan ~ タゴナン ~] もって生まれた運命[星回り] / ~가 좋

다 [~ga tʃoːtʰa ~ガ チョーッタ] 星回りがいい; 恵まれている / ~ 좋으시군요 / ~ dʒoːuɕigunnjo ~ ジョーウシグンニョ] いいご身分ですね **—(가)늘어지다** [(ga)nɯrɔdʑida (ガ)ヌロジダ] 慣 運の巡り合わせがよくなる; 結構なご身分になる **—(가)세다** [(ga)seːda [sa:napt'a] (ガ)セーダ サーナプタ] 慣 数奇な運命を背負っている **—(를)고치다** [(rɯl)gotɕʰida (ル)ゴチダ] 慣 身分を改める ① 再嫁する ② 成り上がりになる[貧しかった者が突然金持ちになったり偉くなったりする] **—에 없다** [e ɔːpt'a エ オープタ] 慣 分不相応だ; 思いがけない幸運だ **—땜** [t'ɛm ッテム] 名[하El] 何か辛い目にあい、その代わりに悪運を免れるようになること; 厄落としになるような困難な体験をしたときに使う語 **—타령**(打令) [tʰaːrjɔŋ ターリョン] 名 自分の不運を嘆くこと.

팔자-걸음[八字—] [pʰaltɕ'a gɔrɯm パルチャ ゴルム] 名 外股で歩くこと.

팔-재간[—才幹] [pʰaltɕ'ɛgan パルチェガン] 名 相撲で腕を使う技.

팔-죽지 [pʰaltɕ'uktɕ'i パルチュクチ] 名 二の腕; 肩とひじの間の部分; 上膊.

팔-짓 [pʰaltɕ'it パルチッ] 名[하El] 手振り.

팔짝 [pʰaltɕ'ak パルッチャク] 副 ① さっと、ぱっと、ぴょんと(軽く飛び上がるさま) ¶개구리가 ~ 뛰다[kɛguriga ~ t'wida ケグリガ ~ ットゥィダ] カエルがぴょんと飛ぶ ② さっと、ぱっと(戸や窓を急に開けるさま) **—뛰다** [t'wida ットゥィダ] 慣 滅相もないと[とんでもないと]強く否認する; (意外な喜びで)跳び上がる. ⇐'펄쩍'.

****팔짱** [pʰaltɕ'aŋ パルッチャン] 名 腕組み **—꽂다** [k'ot'a ッコッタ] 自 腕を組む **—끼다** [k'ida ッキダ] 自 腕を組む; 手をこまねく ¶~을 끼고 보다[~ɯl k'igo poda ~ウル ッキゴ ボダ] 手をこまねいて眺める / ~을 끼고 생각에 잠기다[~ɯl k'igo sɛŋgage tɕamgida ~ウル ッキゴ センガゲ チャムギダ] 腕組みをして考えこむ **—(을)지르다** [(ɯl) dʑirɯda (ウル)ジルダ] 慣 手をこまねく.

팔찌 [pʰaltɕ'i パルッチ] 名①腕輪=팔가락지 [pʰalgaraktɕ'i パルガラクチ]の略 ② (弓を射るときの)籠手; 鞆.

팔팔 [pʰalpʰal パルパル] 副 ① ぐらぐら ¶물이 ~ 끓는다[muri ~ k'ɯllunda ムリ ~ ックルルンダ] 水がぐらぐらたぎる ② ぴょんぴょん; ぱたぱた; きびきび(小さいものが勢いよく動くさま) ③ かっか(熱いさま) ¶감기(感氣)로 몸이 ~ 끓다[kaːmgiro momi ~ k'ɯltʰa カームギロ モミ ~ ックルタ] 風邪でひどい熱だ/ 방이 ~ 끓는다[paŋi ~ k'ɯllunda パンイ ~ ックルルンダ] (オンドル)部屋がすごく熱い **—뛰다** [t'wida ットゥィダ] 慣 (無実の罪をきせられたときなど、飛び上がるほど)強く否定する; びっくりして飛び上がる. ⇐'펄펄 뛰다' **—하다** [(pʰalpʰar) hada ハダ] 形[여変] ① せっかちだ; 短気である ② 生き生きしている; ぴんぴん[きびきび]している ¶~-한 청년 [(pʰalpʰar) han tɕʰɔŋnjɔn ~ハン チョンニョン] きびきびした青年.

팔푼-이 [pʰalpʰuni パルプニ] 名 出来そこない; 間抜け; とんま.

팝 뮤직[pʰam mjuːdʑik パム ミュージク] pop music 名 (アメリカの)ポピュラー音楽;軽音楽;ポップス(pops) ='팝스'.

팝-송 [pʰaps'oŋ パプソン] pop song 名 ポップソング; 流行歌; ポップス (pops) = **팝스** [pʰaps'ɯ パプス].

팝 아트 [pʰabaːtʰu パパートゥ] pop art 名 ポップアート; 〈美〉1960年代にニューヨークで興った美術運動(広告など日常的なものを主題とする).

팝-콘 [pʰapkʰoːn パプコーン] popcorn 名 ポップコーン; はじけさせたトウモロコシの実に塩味をつけた食べ物.

팡파르 [pʰaŋpʰaːrɯ パンパール] 〈フ〉fanfare 名 ファンファーレ.

팡파-지다 [pʰaŋpʰadʑida パンパジダ] 形 平たくて横に広がっている; 平べったい; 丸く横太りしている ¶~-진 논밭 [~-dʑin nonbat ~-ジン ノンバッ] 平たくて横に広がった田畑.

팡파짐-하다 [pʰaŋpʰadʑimhada パンパジムハダ] 形[여変] 丸みを帯びて平べったく広い ¶그의 얼굴은 ~ [kɯɰe ɔlgurɯn ~ クエ オルグルン ~] 彼の顔は丸みを帯びて平べったい /~-한 엉덩이 [~-han ɔːndɔŋi ~-ハン オンドンイ] 平べったく横に広がった[横太りした]お尻.

****팥** [pʰat パッ] 名 〈植〉アズキ(小豆) **—가루** [k'aru カル] 名 アズキのさらしあん; アズキを煮てつくった粉 **—고물** [k'omul コムル] 名 アズキを蒸してつ

ぶした粉 ¶떡에 ~을 묻히다[t'ɔgɛ ~-(k'omur)uɪ mutʃʰida ットケ ~-(コム)ルル ムチダ] もちにアズキ粉をまぶす **—단자**(團子)[(pʰa)t'andʒa タンジャ] 名 アズキ団子 **—떡**[(pʰa)-t'ɔk トク] 名 アズキもち **—밥**[p'ap パプ] 名 アズキ飯; 赤飯 **—소**[(pʰa)s'o ソ] 名 アズキのあん(こ) ¶~를 넣은 떡[~ruɪl nɔːun t'ɔk ~ルル ノーウンットク] あんこもち **—죽**[(pʰa)tʃ'uk チュク] 名 アズキがゆ **—편**[pʰjɔn ピョン] 名 アズキ汁を小麦粉(寒天)に混ぜ蜂蜜などをかけて煮たようかん類の菓子.

패[牌][pʰɛ ペ] 名 ①牌だ; 札 ¶붉은 ~[pulguɪn ~ プルグン ~] 赤札 ② 組; やから; 連中; ともがら ¶싸움[깡]~[s'aum[k'aŋ]~ ッサウム[ッカン]~] 暴力団 / 두 ~로 가르다[tuː ~ro karuɪda トゥー ~ロ カルダ] 2組に分ける / 젊은 ~들[tʃɔlmuɪn ~duɪl チョルムン ~ドゥル] 若い連中.

패가[敗家][pʰɛːga ペーガ] 名 하自 破産すること; 身代をつぶすこと **—망신**(亡身)[maŋʃin マンシン] 名 하自 身代をつぶし身を滅ぼすこと.

패―거리[牌―][pʰɛgori ペゴリ] 名 俗 やから; 連中; 徒党.

패군[敗軍][pʰɛːgun ペーグン] 名 敗軍 **—지**-**장**(之將)[dʒidʒaŋ ジジャン] 名 敗軍の将 ¶~은 병법(兵法)을 논하지 않는다[~uɪn pjɔŋ'ppʌbuɪdʒi nonhadʒi annuɪnda ~ウン ピョンポブル ノンハジ アンヌンダ] 敗軍の将、兵を語らず.

패권[覇權][pʰɛːk'wɔn ペークォン] 名 覇権 ¶~을 쥐다[~uɪl tʃwiːda ペークォ) ヌル チュィーダ] 覇権を握る.

패기[覇氣][pʰɛːgi ペーギ] 名 覇気; 意気込み ¶~가 있다[없다][~ga it'a[ɔːpt'a] ~ガ イッタ[オープタ]] 覇気がある[ない].

패―나다[覇―][pʰɛːnada ペーナダ] 自 (囲碁で)劫になる.

패다[¹][pʰɛda ペダ] 自 (稲などの)穂が出る ¶벼 이삭이 ~[pjɔ isagi ~ ピョ イサギ ~] 稲の穂が出る.

패다[²][pʰɛda ペダ] 他 ぶん殴る; 殴りつける; たたく ¶사람을 마구 ~[saːramuɪl magu ~ サーラムル マグ ~] 人をむちゃくちゃに殴る.

패다[³][pʰɛːda ペーダ] 他 (斧で薪まなどを)割る ¶장작을 ~[tʃaŋdʒaguɪl ~ チャンジャグル ~] 薪を割る.

패다[⁴][pʰɛːda ペーダ] 1 自受動 掘[えぐ]られる; しゃくれる; へこむ; 彫られる ¶길이 ~[kiri ~ キリ ~] 道がへこむ 2 他使役 掘らせる; えぐらせる; 彫らせる ¶인부(人夫)에게 땅을 ~[inbuege t'aŋuɪl ~ インブエゲッタンウル ~] 労務員に地面を掘らせる.

패랭이[pʰɛrɛŋi ペレンイ] 名 ①〈史〉竹編みの笠だ[身分の低い人や親の喪に服している人が被なる] ② **—꽃**[k'ot ッコッ] 名〈植〉セキチク; ナデシコ(撫子).

패랭이

패러독스[pʰɛrɔdoksɯ ペロドクス] paradox 名 パラドックス; 逆説.「貝類.

패류[貝類][pʰɛːrju ペーリュ] 名〈動〉

패륜[悖倫][pʰɛːrjun ペーリュン] 名 하自 하形 破倫 **—아**[a (ペーリュ)ナ] 名 人間として行うべき道に背いた者.

패망[敗亡][pʰɛːmaŋ ペーマン] 名 하自 敗亡 ¶부패로 ~했다[puːpʰɛro ~-hɛt'a プーペロ ~ヘッタ] (その国は)腐敗がはびこって滅んだ.

패물[佩物][pʰɛːmul ペームル] 名 ① 装身具 ② 노리개[norigɛ ノリゲ]=金・銀・宝石などで作った婦人用の装飾品.

***패배**[敗北][pʰɛːbɛ ペーベ] 名 하自 敗北 ¶~시키다[~ʃikʰida ~シキダ] 敗北させる; 破る.

패색[敗色][pʰɛːsɛk ペーセク] 名 敗色; 負け色; 負けそうな気配 **—이 짙다**[(pʰɛːsɛg)i tʃit'a (ペーセ)ギ チッタ] 慣 敗色が濃い.

패설[悖說・詖說][pʰɛːsɔl ペーソル] 名 하自 道理にはずれた言葉 ¶음담(淫談)~[umdam ~ ウムダム ~] 卑猥びなな話; 猥談.

패션[pʰɛʃɔn ペション] fashion 名 ファッション **—모델**[model モデル] 名 ファッションモデル **—쇼**[ʃoː ショー] 名 ファッションショー.

패소[敗訴][pʰɛːso ペーソ] 名 하自 敗

訴 ¶원고가 ~되다 [wongoga ~-dweda ウォンゴガ ～ドゥェダ] 原告の敗訴となる.

패스[pʰɛsɯ ペス] pass 图 パス ① 無料入場[乗車]券・定期券 ¶우대 ~ [ude~ ウデ~] 優待パス ② 合格; 通過 **—하다**[hada 하다] 自他 ① 合格[通過]する ② ボールを味方に渡す **—포트**[pʰo:tʰɯ ポートゥ] 图 パスポート; 旅券.

패습[悖習][pʰɛ:sup ペースプ] 图 道理に悖ぼる風習やくせ; 悪習.

패-싸움[牌—][pʰɛs'aum ペッサウム] 图 하他 徒党を組んでするけんか.

패-싸움[覇—][pʰɛ:s'aum ペーッサウム] 图 하他 (囲碁での)劫あらそい.

패-쓰다[覇—][pʰɛ:s'ɯda ペーッスダ] 自 으変 ① 巧妙な手段で危機を逃れる ② (囲碁で)劫にする.

패자[敗者][pʰɛ:dʒa ページャ] 图 敗者 ¶부활전 [~ buhwalt∫'ɔn ～ ブーファルチョン] 敗者復活戦.

패자[覇者][pʰɛ:dʒa ページャ] 图 覇者 ¶전국 시대의 ~ [t∫ɔːnguk ∫idɛ ~ チョーングク シデエ ~] 戦国時代の覇者 /올림픽의 ~ [ollimpʰige ~ オルリムピゲ~] オリンピックの覇者.

패잔-병[敗残兵][pʰɛ:dʒanbjɔŋ ページャンビョン] 图 敗残兵.

패-잡다[牌—][pʰɛdʒapt'a ペジャプタ] 博打ばくちで親になる.

패전[敗戰][pʰɛ:dʒɔn ページョン] 图 하自 敗戦 ¶~국 [~guk ~グク] 敗戦国 **—투수**[tʰusu トゥス] 图〈野〉敗け投手.

패총[貝塚][pʰɛ:t∫ʰoŋ ペーチョン] 图 貝塚 = 조개무지 [t∫ogɛmudʒi チョゲムジ].

패키지[pʰɛkʰidʒi ペキジ] package 图 パッケージ ¶~ 투어 [~ tʰuɔ ~ トゥオ] パッケージツアー.

패킹[pʰɛkʰiŋ ペキン] packing 图 하他 パッキング; 荷造り.

패턴[pʰɛtʰɔn ペトン] pattern 图 パターン; パタン.

패퇴[敗頹][pʰɛ:tʰwe ペートゥェ] 图 하自 廃退 ¶~적인 문학 [~dʒɔgin munhak ~ジョギン ムンハク] 廃退的な文学.

패트롤[pʰɛtʰɯrol ペトゥロル] patrol 图 하自 パトロール ¶~카 [~kʰa: ~カー] パトロールカー.

패-하다[敗—][pʰɛ:hada ペーハダ] 自 여変 ① 敗れる; 負ける ¶어이없이 ~ [ɔiɔp∫'i ~ オイオプシ ~] あっけなく[思いがけなく]敗れる[取りこぼす] ② 破産する; 身代限りになる; 滅びる ③ やつれる; やせ衰える.

패혈-증[敗血症][pʰɛ:hjɔlt∫'ɯŋ ペーヒョルチュン] 图〈医〉敗血症.

팩[pʰɛk ペク] 副 ばたり; ばったり ¶~쓰러지다 [~ s'ɯrɔdʒida ~ ッスロジダ] ばったりと倒れる.

팩스[pʰɛks'ɯ ペクス] fax 图 ファックス.

팩시밀리[pʰɛk∫'imilli ペクシミルリ] facsimile 图 ファクシミリ.

__팬__[pʰɛn ペン] fan 图 ファン ¶프로 야구의 ~ [pʰɯro ja:gue ~ プロ ヤーグエ ~] プロ野球のファン[常連].

팬[pʰɛn ペン] pan 图 フライ ¶~ [pʰɯrai ~ プライ~] フライパン.

팬지[pʰɛndʒi ペンジ] pansy 图〈植〉パンジー; サンシキスミレ(三色菫).

팬츠[pʰɛnt∫ʰɯ ペンチュ] pants 图 パンツ; ズボン ¶~를 입다 [~rɯl ipt'a ~ルル イプタ] パンツをはく.

팬-케이크[pʰɛnkʰeikʰɯ ペンケイク] pancake 图 パンケーキ.

팬터마임[pʰɛntʰɔmaim ペントマイム] pantomime 图 パントマイム; 無言劇.

__팬티__[pʰɛntʰi ペンティ] panty 图 パンティー; パンツ **—스타킹**[suːtʰakʰiŋ スタキン] 图 パンティーストッキング.

팸플릿[pʰɛmpʰɯllit ペムプルリッ] pamphlet 图 パンフレット.

팻-말[牌—][pʰɛnmal ペンマル] 图 立て札; 高札 ¶~을 세우다 [(pʰɛnmar)-ɯl seuda (ペンマ)ルル セウダ] 立て札を立てる.

팽[pʰɛŋ ペン] 副 하自 ① くるっと(早くひと回りするさま) ② くらっと(急に目まいがするさま) ③ じいんと(目頭が熱くなるさま).

팽개-질[pʰɛŋgɛdʒil ペンゲジル] 图 하自 投げ出す仕草; 放りっ投げること; (仕事を)ほったらかしにしておくこと.

팽개-치다[pʰɛŋgɛt∫ʰida ペンゲチダ] 他 なげうつ ① 投げ棄てる; 放っり出す ¶편지를 ~ [pʰjɔːndʒirɯl ~ ピョーンジルル ~] 手紙をなげうつ ② (中途で)放る; なげやりにする; ほったらかす ¶일을 중도에서 ~ [iːrɯl t∫uŋdoesɔ ~ イールル チュンドエソ ~] 物事をなげやりにする / 공부를 ~ [koŋburɯl ~ コンブルル ~] 勉強を放る.

팽이[pʰɛŋi ペンイ] 图 こま ¶~를 돌

리다[~rul tollida ~ルル トルリダ]
こまを回す **—채**[tʃʰɛ チェ] 名 こまの
むち **—치기**[tʰigi チギ] 名 他自 (む
ちで打って回す)こま回し.

***팽창**[膨脹][pʰɛntʃʰaŋ ペンチャン] 名
他自 膨脹 ¶ 도시[인구]의 ~[toʃi
[iŋgu]e ~ トシ[イングエ ~] 都市
[人口]の膨脹.

팽팽-하다[pʰɛŋpʰɛŋhada ペンペンハ
ダ] 形 여変 ① ぴんと張っている ¶ 빨
랫줄이 ~[p'allɛtʃ'uri ~ ッパルレッチ
ュリ ~] 洗い物の干しひもがぴんと張
っている ② (両側の勢力が)釣り合っ
ている; 五分五分だ; 伯仲している ¶
~-한 승부[~-han suŋbu ~-ハン
スンブ ~] 持ち合い[伯仲した]勝負 ③
(性質が)偏狭だ; けち臭い ④ (過不
足なく)ぎりぎりだ; きゅうきゅうだ **팽
팽-히**[pʰɛŋpʰɛŋi ペンペンイ] 副 ぴん
と; 張り切って; ぎりぎりに.

팽팽-하다[膨膨—][pʰɛŋpʰɛŋhada ペ
ンペンハダ] 形 여変 膨れている; い
っぱい膨れ上がっている; 腫れている
팽팽-히[pʰɛŋpʰɛŋi ペンペンイ] 副
ふっくらと; ぴんと; ぷっと.

퍅-퍅[pʰjakpʰjak ピャクピャク] 副 ①
ばたばた; ぱたぱた; 体力のない人が力
尽きて倒れるさま ② しつこく ¶ ~ 대
들다[~ t'ɛːdulda ~ テードゥルダ]
しつこくつっかかる / ~ 쏘다[~ s'oda
~ ッソダ] (正しいことを)ずけずけ言
う; 露骨に言う.

퍅-하다[愎—][pʰjakhada ピャクカダ]
形 여変 (性質が)偏屈で怒りっぽい.

퍼-내다[pʰɔnɛda ポネダ] 他 汲くみ出
す[取る]; すくい出す ¶ 물을 ~[mu-
rul ~ ムルル ~] 水を汲み出す.

퍼덕-이다[pʰɔdɔgida ポドギダ] 自他
① (鳥が羽を)ばたつかせる; ばたばた
する ② (魚が)ぴちぴち跳ねる ③ (旗・
洗濯物などが)風にはためく.

퍼더덕[pʰɔdɔdɔk ポドドク] 副 他自
(鳥が羽を)ばたばた・(魚が)ぴちぴちす
る音 **—거리다**[(pʰɔdɔdɔk)k'ɔrida コ
リダ] 自 しきりにばたばた[ぴちぴち]さ
せる.

퍼떡-거리다[pʰɔt'ɔk'ɔrida ポットクコ
リダ] 自他 (鳥が羽を)ばたばた・(魚
が)ぴちぴち音を出す.

퍼-뜨리다[pʰɔt'urida ポットゥリダ]
他 広める; 普及する; 言い触らす; ま
き散らす ¶ 소문(所聞)을 ~[soːmun-
ul ~ ソームヌル ~] うわさをまき散ら
す[立てる] / 남의 흉을 ~[name
hjuŋul ~ ナメ ヒュンウル ~] 人の悪
口を言い触らす.

퍼뜩[pʰɔt'uk ポットゥク] 副 他形 ①
はっと; ふと; 急に思いつくさま ¶ ~
정신(精神)이 들다[~ tʃʰɔŋʃini tulda
~ チョンシニ トゥルダ] はっと気がつ
く; 気を取り戻す ② さっと; 早く ¶
~ 다녀오너라[~ t'anjɔnɔra ~ タ
ニョオノラ] 早く行って来い.

퍼렇다[pʰɔrɔtʰa ポロッタ] 形 ㅎ変
ひどく青い; 青々としている ¶ 아직
매실(梅實)은 ~[adʒiŋ mɛʃirun ~
アジン メシルン ~] まだ梅の実は青い.

퍼레이드[pʰɔreidɯ ポレイドゥ] parade
名 パレード ¶ ~를 벌이다[~rul pɔː-
rida ~ルル ポーリダ] パレードを繰り広
げる.

퍼레-지다[pʰɔːredʒida ポーレジダ] 自
青ざめる; 青くなる.

퍼머넌트[pʰɔːmɔnɔntʰu ポーモノント
ゥ] permanent 名 パーマネント **—웨
이브**[weibu ウェイブ] 名 パーマネン
トウェーブ; 略 パーマ= **파마**[pʰaːma
パーマ].

퍼-먹다[pʰɔmɔkta ポモクタ] 他 ①
(ご飯などを)すくって食べる ¶ 밥을 숟
가락으로 ~[pabul sutk'araguro ~
パブル スッカラグロ ~] ご飯をスプーン
ですくって食べる ② やたらに多く食べ
る; がつがつ食う; かき込む ¶ 그렇게
퍼먹으면 체한다[kurɔkʰe pʰɔmɔg-
umjon tʃʰehanda クロッケ ポモグミョ
ン チェハンダ] そんなにがつがつき込
んだら食もたれするよ.

*퍼-붓다**[pʰɔbutʰa ポブッタ] 1 自
人変 (雨・雪などが)降り注ぐ; 激しく
降りしきる ¶ 퍼붓는 비[pʰɔbunnun
pi ポブンヌン ビ] どしゃ降りの雨 **2** 他
① (暴言・非難などを)浴びせる; どや
しつける ¶ 통렬한 비난을 ~[tʰoːŋ-
njɔrhan piːnanul ~ トーンニョルハン
ピーナヌル ~] 痛烈な非難を浴びせる
② (器などに)汲くみ入れる; 注ぎ込む.

퍼석(-퍼석)[pʰɔsɔk(pʰɔsɔk) ポソク(ポ
ソク)] 副 他形 ばさばさ; かさかさ ¶ 이
빵은 ~-하다[i p'aŋun ~-(pʰɔsɔ)-
kʰada イッパンウン ~-カダ] このパンは
ばさばさしている.

*퍼센트**[pʰɔsentʰu ポセントゥ] per-
cent 依名 パーセント='프로' **퍼센**

티지 [pʰɔsentʰidʒi ポセンティジ] percentage 名 パーセンテージ.

퍼스트 [pʰɔːsɯtʰɯ ポーストゥ] first 名 ファースト **―레이디** [reidi レイディ] 名 ファーストレディー **―베이스** [beisɯ ベイス] 名〈野〉ファーストベース.

퍼-올리다 [pʰɔollida ポオルリダ] 他 汲くみ上げる ¶ 물을 ~ [murɯl ~ ムルル ~] 水を汲み上げる.

퍼즐 [pʰɔdʒɯl ポジュル] puzzle 名 パズル ¶ 수학 ~ [suːhak ~ スーハク ~] 数学パズル.

***퍼-지다** [pʰɔːdʒida ポージダ] 自 ① 広がる; 広くなる; 張る ¶ 나뭇가지가 ~ [namutk'adʒiga ~ ナムッカジガ ~] 木の枝が茂る / 퍼진 어깨 [pʰɔːdʒinok'ɛ ポージン オッケ] 広く張った肩 ② 広く行き渡る; 広まる; 広がる ¶ 불이 사방으로 ~ [puri saːbaŋuro ~ プリ サーバンウロ ~] 火が四方に広がる / 소문(所聞)이 ~ [soːmuni ~ ソームニ ~] うわさが立つ / 감기(感氣)가 ~ [kaːmgiga ~ カームギガ ~] 風邪がはやる ③ 増える; 栄える; 繁栄する ¶ 자손이 ~ [tʃasoni ~ チャソニ ~] 子孫が繁栄する ④(ご飯がほどよく)蒸れる; 伸びる ¶ 밥이 ~ [pabi ~ パビ ~] ご飯がよく蒸れる / 모밀국수가 ~ [momilguksʼuga ~ モミルグクスガ ~] そばが伸びる ⑤(酒や毒などが)利く; 回る ¶ 술 기운이 빨리 ~ [sul kʼiuni pʼalli ~ スルキウニ ッパリ ~] 酒の回りが早い ⑥ (伝染病が)蔓延する.

***퍽**[1] [pʰɔk ポク] 副 とても; すごく; 非常に; たいへん ¶ ~ 덥다 [~ tʼɔːptʼa ~ トープタ] とても暑い / ~ 춥다 [~ tʃʰuptʼa ~ チュプタ] たいへん寒い / ~ 훌륭한 사람 [~ hulljuŋhan saːram ~ フルリュンハン サーラム] どえらい人; とても立派な人.

퍽[2] [pʰɔk ポク] 副 ① ぶすっと ¶ 단도로 ~ 찌르다 [taːndoro ~ tʃʼiruda ターンドロ ~ ッチルダ] 短刀でぶすっと刺す ② ばったり ¶ ~ 쓰러지다 [~ sʼɯrɔdʒida ~ ッスロジダ] ばったり倒れる.

퍽석 [pʰɔksʼɔk ポクソク] 副 하 形 ① ベたりと ¶ ~ 주저앉다 [~ tʃʼudʒɔantʼa ~ チュジョアンタ] べたりと座り込む ② どさっと ¶ 흙담이 ~ 내려앉다 [huktʼami (pʰɔksʼɔŋ) nɛrjɔantʼa フクタミ (ポクソン) ネリョアンタ] 土塀がどさっと崩れる.

퍽-퍽 [pʰɔkpʰɔk ポクポク] 副 ① ぶすっぶすっと ¶ ~ 찌르다 [~ tʃʼiruda ~ ッチルダ] ぶすっぶすっと刺す ② ばたばたと ¶ ~ 쓰러지다 [~ sʼɯrɔdʒida ~ ッスロジダ] ばたばたと倒れる ③ ぼっずぼっと ¶ 눈 속에 ~ 빠지다 [nuːnsoge ~ pʼaːdʒida ヌーンソゲ ~ ッパージダ] 雪の中にずっずぼっとはまる ④ どっさり ¶ 쌀을 ~ 퍼내다 [sʼarul ~ pʰɔnɛda ッサルル ~ ポネダ] 米をどっさりすくい出す.

퍽퍽-하다 [pʰɔkpʰɔkhada ポクポクハダ] 形 여変 ①(食べ物が水気が足りなくてのどに詰まるほど)ぱさぱさしている ② 疲れて足がだるい= ¶ 다리가 ~ [tariga ~ タリガ ~].

편편-하다 [pʰɔnpʰɔnhada ポンポンハダ] 形 여変 平たい; 平坦だ ¶ ~-한 들판 [~-han tuːlpʰan ~-ハン トゥールパン] 平坦な野原.

펄떡 [pʰɔltʼɔk ポルトク] 副 하自他 ① ぽんと; ぴょんと(軽く跳ぶさま) ¶ ~ 일어나다 [(pʰɔltʼɔg) irɔnada (ポルットゥ) ギロナダ] ぴょんと跳ね起きる ② どきどき; どきんと(激しく脈打つさま) **―거리다** [(pʰɔltʼɔ)kʼɔrida コリダ] 自他 ① ぽんと跳ぶ(跳ねる) ② 脈がどきんと打つ **―펄떡** [pʰɔltʼɔk pʰɔltʼɔk ポルトク ポルトク] 副 하自他 ① ぴちぴち(と); ぴんぴん(と) ¶ 물고기가 ~ 뛰다 [mulkʼogiga ~ tʼwida ムルコギガ ~ ットゥィダ] 魚がぴんぴんと跳ねる ② どきどきんと.

펄럭 [pʰɔllɔk ポルロク] 副 하自他 ばたばた; ひらひら(風になびくさま) **―거리다** [(pʰɔllɔ)kʼɔrida コリダ] 自他 はたはた[ひらひら]する ¶ 옷자락이 ~ [otʃʼaragi ~ オッチャラギ ~] 裾が ひらひらと **―이다** [(pʰɔllɔg)ida (ポルロ)ギダ] 自他 ひるがえる; なびく; はためく ¶ 국기가 바람에 ~ [kukʼiga parame ~ ククキガ パラメ ~] 国旗が風にはためく **―펄럭** [pʰɔllɔk pʰɔllɔk ポルロク] 副 하自他 はたはたと; ひらひらと ¶ 깃발이 ~ 나부끼다 [kitpʼari ~-(pʰɔllɔŋ) nabukʼida キッパリ ~-(ポルロン) ナブクキダ] 旗が(風に)はたはたとなびく.

펄썩 [pʰɔlsʼɔk ポルッソク] 副 하自 ① ぱっと ¶ 먼지가 ~-나다 [mɔndʒiga (pʰɔlsʼɔŋ)nada モンジガ (ポルッソン)ナダ] ほこりがぱっと立つ ② へたへたと; へたっと ¶ ~ 주저앉다 [~ tʃʼudʒɔantʼa

펄쩍 [pʰəltɕ'ɔk 폴ㅉㅓㄱ] 副 [하自他] ぱっと; さっと(急に跳び上がるさま) —**뛰다** [t'wida ットウィダ] 慣 ① (意外な事態や無実のとがめを受けて)とんでもないと否む ② (思いがけずうれしいことに出会って跳び上がる; 非常に喜ぶ

*****펄펄** [pʰəlpʰəl 폴폴] 副 ① ぐらぐら ¶물이 ~ 끓다 [muri ~ k'ultʰa 무리 ~ ックルタ] 湯がぐらぐらとたぎる ② ぴちゃぴちゃ ¶~ 뛰는 잉어 [~ t'winun iŋə ~ ットウィヌン イノ] ぴちゃぴちゃ跳ねるコイ ③ かっか ¶몸이 ~ 끓다 [momi ~ k'ultʰa モミ ~ ックルタ] 体がかっかとほてる ④ はたはた; ひらひら ¶벚꽃이 ~ 떨어지다 [potk'otɕʰi ~ t'ɔrɔdʑida ポッコチ ~ ットロジダ] 桜がひらひらと散る —**뛰다** [t'wida ットウィダ] 慣 (無実なとがめや不当な扱いを受けて)とんでもないと強く否定する; 驚いて跳び上がる ¶속은 것을 알고 ~ [sogunguseul a:lgo ~ ソグン ゴスル アールゴ ~] だまされたことを知って跳び上がるほど驚く —**하다** [(pʰɔlpʰɔr)hada ハダ] 形 [여변] ① 短気でせっかちだ ② 元気がいい; 生き生き[ぴんぴん]としている.

펑 [pʰəŋ 퐁] 副 ① ぱあん ¶풍선이 ~ 터지다 [pʰuŋsəni ~ tʰɔdʑida プンソニ ~ トージダ] 風船がぱあんと割れる ② ぽっかり; ぽこんと(大きな穴がぽかっと開いているさま).

펑크 [pʰəŋkʰɯ 퐁크] puncture 名 俗 パンク —**나다** [nada ナダ] 自 俗 ① タイヤなどが破れる ② 計画などに手違いが生じる ③ 衣服などが古びて穴があく.

펑-퍼지다 [pʰəŋpʰədʑida 퐁포지다] 形 丸みを帯びて平たく横に広がる.

펑퍼짐-하다 [pʰəŋpʰədʑimhada 퐁포지ㅁ하다] 形 [여변] 平べったい; 丸みを帯びて平たく広がっている ¶~-한 가슴 [~-han kasum ~-ハン カスㅁ] 平べったい胸.

펑-펑 [pʰəŋpʰəŋ 퐁퐁] 副 [하自他] ① じゃあじゃあ(と) ¶수돗물이 ~ 쏟아지다 [sudonmuri ~ s'odadʑida スドンムリ ~ ッソダジダ] 水道の水がじゃあじゃあと流れ出る ② ざあざあ; こんこん ¶비가 ~ 쏟아지다 [piga ~ s'odadʑida ピガ ~ ッソダジダ] 雨がざあざあ降る / 눈이 ~ 내리다 [n:uni ~ nɛrida ヌーニ ~ ネリダ] 雪がこんこんと降る ③ ぽんぽん ¶불꽃이 ~ 터져오르다 [pulk'otɕʰi ~ tʰɔ:dʑɔoruda プルッコチ ~ トージョオルダ] 花火がぽんぽん上がる ④ どんどん ¶돈을 ~ 쓰다 [to:nɯl ~ s'uda トーヌル ~ ッスダ] お金をどんどん浪費する.

페넌트 레이스 [pʰenəntʰɯ reisɯ ペノントゥ レイス] pennant race 名 ペナントレース.

페널티 [pʰenəltʰi 페널티] penalty 名 ペナルティー.

페달 [pʰedal 페달] pedal 名 ペダル ¶자전거의 ~ [tɕadʑəngəe ~ チャジョンゴエ ~] 自転車のペダル.

페더 [pʰedɔ 페도] feather 名 フェザー —**급** [gɯp 그ㅍ] 名 フェザー級.

페리-보트 [pʰeribo:tʰɯ 페리보ートゥ] ferryboat 名 フェリーボート.

페미니즘 [pʰeminidʑɯm 페미니즈ㅁ] feminism 名 フェミニズム.

페어 플레이 [pʰeɔ pʰullei 페오 프ㄹ레이] fair play 名 フェア プレー.

페이스 [pʰeisɯ 페이스] pace 名 ペース ¶자기(自己) ~를 지키다 [tɕagi ~-rɯl tɕikʰida チャギ ~-ルル チキダ] 自分のペースを守る.

페이지 [pʰeidʑi 페이지] page 名 ページ ¶~를 넘기다 [~-rɯl nəmgida ~-ルル ノムギダ] ページをめくる.

페이퍼 [pʰeipʰɔ 페이포] paper 名 ペーパ.

페인트 [pʰeintʰɯ 페인트] feint 名 フェイント ¶~ 모션 [~ mo:ɕɔn ~ モーション] フェイントモーション.

펜 [pʰen 펜] pen 名 ペン —**대** [t'ɛ ッテ] 名 ペン軸 —**촉**(鏃)[tɕʰok チョク] 名 ペン先.

펜스 [pʰensɯ 펜스] fence 名 フェンス ¶오버 ~ [o:bɔ ~ オーボ ~] オーバーフェンス.「ポーツの」フェンシング.

펜싱 [pʰenɕiŋ 펜싱] fencing 名 (ス

펜-클럽 [pʰen kʰɯlləp 펜크ㄹ로ㅂ] P.E.N.club 名 ペンクラブ.

펜팔 [pʰenpʰal 펜팔] penpal 名 ペンパル; 文通仲間.

펜-화[—畫][pʰenhwa 펜화] 名 ペン画.

펭귄 [pʰeŋgwin 펭귄] 名 ⟨鳥⟩ ペンギン(penguin).

펴-내다 [pʰjəneda 표ㅕ네다] 他 ① (畳んだ物を)広げて出す ② 発行する ¶시집을 ~ [ɕidʑibɯl ~ シジブル ~] 詩集を発行する **펴낸-이** [pʰjənɛni 표ㅕ네니] 名 発行者.

*****펴다** [pʰjəda 표ㅕダ] 他 ① 広げる; 開

く; あける ¶신문을 ~ [ʃinmunɯl ~ シンムヌル ~] 新聞を広げる / 우산을 ~ [u:sanɯl ~ ウーサヌル ~] 傘を開く / 책을 ~ [tɕʰegɯl ~ チェグル ~] 本をあける ② 伸ばす; まっすぐにする ¶허리를 ~ [hɔriɾɯl ~ ホリルル ~] 腰を伸ばす / 철사를 ~ [tɕʰɔlsa'arɯl ~ チョルサルル ~] 針金をまっすぐにする ③ 広げる; 張る ¶날개를 ~ [nalgɛɾɯl ~ ナルゲルル ~] 翼を広げる / 가슴을 ~ [kasɯmɯl ~ カスムル ~] 胸を張る ④ 敷く ¶자리를 ~ [tɕaɾiɾɯl ~ チャリルル ~] 床を敷く ⑤ のびのびと暮らす=¶기를 펴고 살다 [kiɾɯl pʰjɔgo sa:lda キルル ピョゴ サールダ] / 허리를 펴고 살다 [hɔɾiɾɯl pjɔgo sa:lda ホリルル ピョゴ サールダ] 腰を伸ばして楽に暮らす / 팔다리를 쭉 펴고 살다 [pʰaldaɾiɾɯl tɕʰuk pʰjɔgo sa:lda パルダリルル チュク ピョゴ サールダ] 手足を伸ばして安心に暮らす ⑥ 勢力を伸ばす・張る ¶세력을 ~ [se:ɾjɔgɯl ~ セーリョグル ~].

*펴-지다 [pʰjɔdʑida ピョジダ] 自 ① (畳んでいた物が)広がる; 開く ¶우산이 ~ [u:sani ~ ウーサニ ~] 傘が開く ② (しわ・曲がった物が)伸びる.

*편[便] [pʰjɔn ピョン] 名 ① 組; 仲間; 方; 側 ¶우리~ [uɾi~ ウリ~] 味方 / 미국~에 서다 [mi:guk~e sɔda ミーグク(ピョ)ネ ソダ] アメリカ側に立つ ② 人伝듯=인편(人便) [inpʰjɔn インピョン] ¶인~으로 보내다 [in~ɯɾo ponɛda イン(ピョ)ヌロ ボネダ] 人伝に(人に託して)送る ③ (交通などの)便 ¶항공~ [ha:ŋgoŋ~ ハーンゴン~] 航空便 ④ (物事をいくつかに分けて考えるときの)一方; …ほう ¶착실한 ~이다 [tɕʰakɕ'iɾhan ~ida チャクシルハン (ピョ)ニダ] まじめなほうです.

편-가르다 [便—] [pʰjɔngaɾɯda ピョンガルダ] 自他 三変 (ゲームをするために)組みに分ける; 組みを作る; 敵味方に組み分ける 편-갈리다 [pʰjɔngallida ピョンガルリダ] 受動 組に分けられる.

편견 [偏見] [pʰjɔngjɔn ピョンギョン] 名 偏見 ¶~을 갖다[버리다][~ɯl kat'a[pɔɾida] (ピョンギョ)ヌル カッタ [ボリダ]] 偏見を持つ[捨てる].

편곡 [編曲] [pʰjɔngok ピョンゴク] 名 하自他 〈楽〉編曲.

편도 [片道] [pʰjɔ:ndo ピョーンド] 名 片道 ¶~ 승차권 [~ sɯŋtɕʰak'wɔn スンチャクウォン] 片道乗車券. ↔왕복(往復) [wa:ŋbok ワーンボク].

편도-선 [扁桃腺] [pʰjɔndosɔn ピョンドソン] 名 〈医〉扁桃腺 ¶~염 [~njɔm ~ニョム] 扁桃腺炎.

편두-통 [偏頭痛] [pʰjɔndutʰoŋ ピョンドゥトン] 名 〈医〉偏頭痛.

편-들다 [便—] [pʰjɔndɯlda ピョンドゥルダ] 他 ㄹ語幹 ① 肩を持つ ② 味方にして助太刀[力添えを]する; 味方する.

편력 [遍歴] [pʰjɔ:lljɔk ピョールリョク] 名 하自他 遍歴 ¶여러 나라를 ~하다 [jɔɾɔnaɾaɾɯl (pʰjɔ:lljɔ)kʰada ヨロナラルル ~カダ] 諸国を遍歴する.

*편리 [便利] [pʰjɔlli ピョルリ] 名 하形 便利 ¶~한 시설 [~han ɕi:sɔl ~ハン シーソル] 便利な施設. 「名 片面.

편면 [片面] [pʰjɔ:nmjɔn ピョーンミョン]

편모 [偏母] [pʰjɔmmo ピョンモ] 名 独り身の母親 —슬하 (膝下) [sɯɾha スルハ] ・—시하 (侍下) [ɕi:ha シーハ] 母独り身の膝元 ¶~-슬하에서 자라다 [~-sɯɾhaesɔ tɕaɾada ~スルハエソ チャラダ] 母独り身の元で育つ.

편물 [編物] [pʰjɔnmul ピョンムル] 名 編み物; ニット ~기계 [~kige ~ キゲ] 機械編み / ~을 하다 [(pʰjɔnmur)ɯl hada (ピョンム)ルル ハダ] 編み物をする=뜨개질하다 [t'ɯgedʑiɾhada ットゥゲジルハダ].

편법 [便法] [pʰjɔnp'ɔp ピョンボプ] 名 便法 ¶~을 쓰다 [(pʰjɔnp'ɔb)ɯl s'ɯda (ピョンボ)ブルッスダ] 便法を使う.

편성 [編成] [pʰjɔnsɔŋ ピョンソン] 名 하他 編成 ¶예산을 ~하다 [je:sanɯl ~hada イェーサヌル ~ハダ] 予算を編成する.

편수 [編修] [pʰjɔnsu ピョンス] 名 하他 編修 ¶교과서의 ~ [kjo:gwasɔe ~ キョーグァソエ] 教科書の編修 —관 [gwan グァン] 名 教科書の編修を担当する公務員; 編修官.

편승 [便乗] [pʰjɔnsɯŋ ピョンスン] 名 便乗 —하다 [hada ハダ] 自 便乗する ① 乗せてもらう ¶친구의 차에 ~ [tɕʰinguɛ tɕʰae ~ チングエ チャエ ~] 友人の車に乗せてもらう ② 機会に乗ずる ¶시대의 흐름에 ~ [ɕidɛɛ hɯɾɯme ~ シデエ フルメ ~] 時代の流れに乗ずる.

편식 [偏食] [pʰjɔnɕik ピョンシク] 名

[하][타] 偏食 ¶~을 고치다[(pʰjɔnʃig)ɯl kotʃʰida (ピョンシ)グル コチダ] 偏食を直す.

편-싸움[便—][pʰjɔns'aum ピョンッサウム]・**편-쌈**[pʰjɔns'am ピョンッサム] [名][하][타] 組みに分かれてけんかや勝負ごとをすること.

***편안-하다**[便安—][pʰjɔnanhada ピョナンハダ] [形] 無事だ; 安らかだ; 楽だ ¶~-하게 지내다[~-hage tʃiːnɛda ~-ハゲ チーネダ] 無事にすごす/ 부모를 ~-하게 해드리다[pumorɯl ~-hage hɛːdurida プモルル ~-ハゲ ヘードゥリダ] 親を楽にさせる **—히**[i (ピョナ)ニ] [副] 無事に; 楽に ¶~ 자다[~ tʃada ~ チャダ] 安らかに眠る.

편안해-지다[便安—][pʰjɔnanhɛdʒida ピョナンヘジダ] [自] 楽になる; 安らかになる ¶마음이 ~[maɯmi ~ マウミ ~] 心が楽になる.

편안하-하다[便安—][pʰjɔnanhɛhada ピョナンヘハダ] [自][타] 楽に思う; 安らかに思う ¶마음 ~[maɯm ~ マウム ~] 心安らかに思う.

편애[偏愛][pʰjɔnɛ ピョネ] [名][하][타] 偏愛; えこひいき ¶장남을 ~-하다[tʃaːŋnamɯl ~hada チャーンナムル ~ハダ] 長男を偏愛する.

편역-들다[pʰjɔnjɔkt'ɯlda ピョニョクトゥルダ] [他][ㄹ語幹](えこ)ひいきする=역성들다[jɔksɔŋdɯlda ヨクソンドゥルダ].

편육[片肉][pʰjɔːnjuk ピョーニュク] [名] 〈料理〉煮た牛肉の薄切り.

편의[便宜][pʰjɔni ピョニ] [名][하][形] 便宜 ¶~를 도모하다[~rɯl tomohada ~ルル トモハダ] 便宜を図る **—주의**[dʒui ジュイ] [名] 便宜主義; 御都合主義 **—점(店)**[dʒɔm ジョム] コンビニエンスストア.

편이[便易][pʰjɔni ピョニ] [名][하][形] 便利でたやすいこと ¶다루기에 ~한 기계[tarugie ~han kige タルギエ ~ハン キゲ] 取り扱いやすい機械.

편익[便益][pʰjɔnik ピョニク] [名] 便益 ¶~을 주다[(pʰjɔnig)ɯl tʃuda (ピョニ)グル チュダ] 便益を与える **—하다**[(pʰjɔni)kʰada カダ][形] 便利でもある.

편입[編入][pʰjɔnip ピョニプ] [名][하][타] 編入 ¶~ 시험[~ ʃ'imch ~ シホㅁ] 編入試験/ ~-생[~-s'ɛŋ ~-セン] 編入生.

편자[編者][pʰjɔndʒa ピョンジャ] [名] 編者; 編纂者; 編集者 ¶사전의 ~[sadʒɔne ~ サジョネ ~] 辞典の編者.

편저[編著][pʰjɔndʒɔ ピョンジョ] [名] [하][타] 編著; 編集して著すこと[著作物].

편주[扁舟・片舟][pʰjɔndʒu ピョンジュ] [名] 扁舟슌; 小舟 ¶일엽(一葉)~[irjɔp~ イリョプ~] 一葉の扁舟.

편중[偏重][pʰjɔndʒuŋ ピョンジュン] [名] 偏重 ① **—하다¹**[hada ハダ] [形] 偏って重い ② 一方に偏ること; 偏って一方ばかり重んずること **—하다²**[hada ハダ] [自][他] 偏る; 偏重する ¶학력에만 ~[haŋnjɔgeman ~ ハンニョゲマン ~] 学歴だけに偏重する.

***편지**[片紙・便紙][pʰjɔːndʒi ピョーンジ] [名] 手紙; 書簡 ¶~를 부치다[~-rɯl putʃʰida ~ルル プチダ] 手紙を出す **—하다**[hada ハダ] 手紙を出す **—지(紙)**[dʒi ジ] [名] 便箋쎌.

***편집**[編輯][pʰjɔndʒip ピョンジㄺ] [名] [하][타] 編集 ¶~자[~tʃ'a ~ チャ] 編集者/ ~을 담당하다[(pʰjɔndʒib)ɯl tamdaŋhada (ピョンジ)ブル タムダンハダ] 編集を担当する.

편-짓다[片—][pʰjɔːndʒit'a ピョーンジッタ] [他][ㅅ變] ① (木材を)用途によって選ㅈり分ける ② (高麗人参を)大小のものに選ㅈり分けて一定の数量にする.

편-짜다[便—][pʰjɔntʃ'ada ピョンッチャダ] [自] (勝負をするため)組み分けする; 組を組む; チームを編成する.

편-짝[便・偏—][pʰjɔntʃ'ak ピョンッチャク] [依名] 相手となる組のどちらかの一方=[略]'편'(便)'조'(組).

편차[偏差][pʰjɔntʃʰa ピョンチャ] [名] 偏差 ¶~가 생기다[~-ga sɛŋgida ~ガ センギダ] 偏差が生じる/ ~가 심하다[~-ga ʃiːmhada ~ガ シームハダ] 偏差が甚だしい.

***편찬**[編纂][pʰjɔntʃʰan ピョンチャン] [名] [하][타] 編纂슌 ¶사전을 ~-하다[sadʒɔnɯl ~-hada サジョンヌル ~ハダ] 辞典を編纂する.

***편-찮다**[便—][pʰjɔntʃʰantʰa ピョンチャンタ] [形] 편하지 아니하다[pʰjɔnhadʒi anihada ピョンハジ アニハダ] の略 ① 安らかでない ¶앉은 자리가 ~[andʒɯn tʃ'ariga ~ アンジュン チャリガ~] 座り心地がよくない ② 病んでいる; 加減が悪い; 体の具合がよくない ¶속이 ~[soːgi ~ ソーギ ~] お腹の具合が悪い/ 어디 편찮습니까?[ɔdi pʰjɔntʃʰans'ɯmnik'a オディ ピョンチャンスムニッ

カ) どこかお加減[具合]が悪いのですか.

편찮다[phjɔntʃhana ピョンチャナ] 接頭 具合悪い **―지다**[dʒida ジダ] 自 具合が悪くなる; 安らかでなくなる ¶ 더~[tə ~ ト ~] もっと具合が悪くなる **―하다**[hada ハダ] 自 (体の)具合[調子]が悪そうにする ¶ 무척 ~[mutʃhɔk ~ ムチョク ~] たいへんお加減が悪そうなようすです.

편취[騙取][phjɔntʃhwi ピョンチュイ] 名 하다 騙取だ; 騙し取り ¶ 금전을 ~하다[kumdʒənul ~hada クムジョヌル ~ハダ] 金銭をだまし取る.

편친[偏親][phjɔntʃhin ピョンチン] 名 片親 ¶ ~ 슬하(膝下)에서 자라다[~ sɯrhaesə tʃarada ~ スルハエソ チャラダ] 片親の元で育つ.

편파[偏頗][phjɔnpha ピョンパ] 名 하다形 偏頗; 不公平; えこひいき **―성**(性)[sɔŋ ソン] 名 偏って不公平な性質や特性 ¶ 보도의 ~[po:doe ~ ポードエ ~] 報道のえこひいき **―적**[dʒək ジョク] 名 偏頗的 ¶ ~인 보도[~-(dʒək)in po:do ~-(ジョ)ギン ポード] 偏った報道 / ~인 심판[~-(dʒək)in ʃi:mphan ~-(ジョ)ギン シームパン] 偏頗の審判.

편편-찮다[便便―][phjɔnphjɔntʃhantha ピョンピョンチャンタ] 形 居心地が悪い; 安らかでない; 煩わしい ¶ 객지(客地)에서의 잠자리는 ~[kɛktʃiesə tʃamtʃ'arinɯn ~ ケクチエソエ チャムチャリヌン ~] 旅先での寝床は寝心地が悪い.

편편-하다[便便―][phjɔnphjɔnhada ピョンピョンハダ] 形 여変 ① (何事もなく)安らかである; 和やかだ ¶ ~하게 지내다[~hage tʃi:neda ~ハゲ チーネダ] 無事に暮らす ② (物の表面が)平たい ¶ ~한 땅[~-han t'aŋ ~-ハン ッタン] 平たい地面.

편평[扁平][phjɔnphjɔŋ ピョンピョン] 名 하다形 하다副 扁平 ~; 平たい[平っぽい] こと ¶ 가슴이 ~하다[kasumi ~hada カスミ ~ハダ] 胸が平べったい.

＊편-하다[便―][phjɔnhada ピョンハダ] 形 여変 ① 安らかだ; 気楽だ; 楽だ ¶ 마음이 ~[maumi ~ マウミ ~] 心が安らかだ / 생활이 ~[sɛŋhwari ~ センファリ ~] 生活が楽だ ② しやすい; たやすい; 便利だ ¶ 쓰기 ~[s'ɯgi ~ ッスギ ~] 使いやすい / 교통이 ~[kjothoŋi ~ キョトンイ ~] 交通の便がいい **편-히**[phjɔni ピョニ] 副 安らかに; 楽に; ゆったり ¶ ~ 잠들다[~ tʃamdɯlda ~ チャムドゥルダ] 安らかに眠る / 의자에 ~ 앉다[ɯidʒae ~ ant'a ウィジャエ ~アンタ] いすにゆったり[楽に]掛ける[座る].

편협[偏狭・褊狭][phjɔnhjəp ピョンヒョプ] 名 하다形 偏狭 ¶ ~한 성격[(phjɔnhjə)phan sɔ:ŋk'jɔk ~-パン ソーンキョク] 偏狭な性格.

펼쳐-지다[phjɔltʃhədʒida ピョルチョジダ] 自 広がる ¶ 경치가 눈앞에 ~[kjəntʃhiga nunaphe ~ キョンチガ ヌナペ ~] 景色が目前に広がる.

＊펼치다[phjɔltʃhida ピョルチダ] 他 広げる; 延べる; 敷く ¶ 지도를 ~[tʃidorɯl ~ チドルル ~] 地図を広げる.

＊평[評][phjə:ŋ ピョーン] 名 하다他 評; 評判; 批評 ¶ ~이 좋다[~i tʃo:tha ~イ チョータ] 評判がいい.

＊평[坪][phjɔŋ ピョン] 依名 坪 ¶ 땅 ~ 수를 재다[t'aŋ ~s'urɯl tʃɛ:da ッタン ~ッスルル チェーダ] 地坪を測る.

-평[平][phjɔŋ ピョン] 接頭 平 ¶ ~교사[~gjosa ~ギョサ] 平教師 / ~사원[~sawɔn ~サウォン] 平社員.

＊평가[評價][phjə:ŋk'a ピョーンカ] 名 하다他 評価 ¶ 자산을 ~하다[tʃasanɯl ~hada チャサヌル ~ハダ] 資産を評価する / 실력을 높이 ~해주다[ʃilljogɯl nophi ~hedʒuda シルリョグル ノピ ~ヘジュダ] 実力を買ってやる.

＊평균[平均][phjəŋgjun ピョンギュン] 名 하다他 平均; 均し; 並み ¶ ~ 만원의 벌이[~ ma:nwɔne pɔ:ri ~ マーヌォネ ポーリ] 均して1万ウォンのもうけ / ~ 이상의 실력[~ i:saŋe ʃilljɔk (ピョンギュ)ニーサンエ シルリョク] 並み以上の実力 **―값**[k'ap カプ] 名 平均値; 平均数 **―대**[dɛ デ] 名 平均台 **―속도**[sokt'o ソクト] 名 平均速度 **―수명**[sumjəŋ スミョン] 名 平均寿命 **―수준**[sudʒun スジュン] 名 平均水準 **―연령**[njəlljəŋ ニョルリョン] 名 平均年齢 **―점**[tʃ'ɔm チム] 名 平均点 **―치**[tʃhi チ] 名 平均値.

평년[平年][phjəŋnjən ピョンニョン] 名 平年 **―작**[dʒak ジャク] 名 平年作 = 略 **평작**(平作)[phjəŋdʒak ピョンジャク].

평당[坪當][phjɔŋdaŋ ピョンダン] 名 坪当たり ¶ ~ 시가[~ ʃik'a ~ シッ

カ] 坪当たりの時価.
- **＊평등**[平等][pʰjɔŋduŋ ピョンドゥン] 名 하形 平等 ¶남녀 ~[namnjɔ ~ ナムニョ ~] 男女平等 / 불~[pul~ プル~] 不平等.
- **평론**[評論][pʰjɔːnnon ピョーンノン] 名 하他 評論 ¶시사 ~[ʃisa ~ シサ ~] 時事評論 —가[ga ガ] 名 評論家 ¶경제 ~[kjɔŋdʒe~ キョンジェ~] 経済評論家 —집[dʒip ジプ] 名 評論集.
- **＊평면**[平面][pʰjɔŋmjɔn ピョンミョン] 名 平面 ¶~적인 관찰(觀察)[~dʒɔgin kwantʃʰal ~ジョギン クァンチャル] 平面的な見方.
- **평민**[平民][pʰjɔŋmin ピョンミン] 名 平民; 小民; 常民 ¶~ 출신(出身)이다 ~ tʃʰulʃ'inida ~ チュルシニダ] 生まれは平民である.
- **평방**[平方][pʰjɔŋbaŋ ピョンバン] 名 平方＝제곱[tʃegop チェゴプ] ¶3~미터[sam~ [tʃegom]mitʰɔ サム~[チェゴム]ミート] 3平方メートル.
- **＊평범**[平凡][pʰjɔŋbɔm ピョンボム] 名 하形 平凡; 並み; 月並み; 尋常; 常 ¶~한 디자인[~han didʒain ~ハン ディジャイン] 平凡な[ありきたりの]デザイン / ~한 문구[~han munkʼu ~ハン ムンク] 月並みな文句 —히[i (ピョンボ)ミ] 副 平凡に; 月並みに ¶~ 차려 입다[~ tʃʰarjɔ ipt'a ~ チャリョ イプタ] 月並みの服装をする.
- **평복**[平服][pʰjɔŋbok ピョンボク] 名 平服; ふだん着 ¶~ 차림으로 외출(外出)하다[~ tʃʰarimuro we:tʃʰurhada ~チャリムロ ウェーチュルハダ] ふだん着のままで出かける.
- **평-사원**[平社員][pʰjɔŋsawɔn ピョンサウォン] 名 平社員.
- **평상**[平床・平牀][pʰjɔŋsaŋ ピョンサン] 名 木製の寝台の一種.
- **평상**[平常][pʰjɔŋsaŋ ピョンサン] 名 平常; つね日ごろ; '평상시'(平常時)の略 ¶~ 상태[~ saŋtʰɛ ~ サンテ] 平常の状態 —복(服)[bok ボク] 名 ふだん着; カジュアル(casual) —시[ʃi シ] 名 平常時; ふだん; 日ごろ ¶~대로의 복장[~ dɛroe poktʃ'aŋ ~ デロエ ポクチャン] ふだんのままの服装.
- **＊평생**[平生][pʰjɔŋsɛŋ ピョンセン] 1 名 一生 ¶~ 소원(所願)[~ so:wɔn ~ ソーウォン] 一生の願い 2〈副詞的に〉一生; 生涯 ¶~ 독신으로 지내다

[~ tokʃ'inuro tʃiːnɛda ~ トクシヌロ チーネダ] 生涯独身で通す —교육[gjoːjuk ギョーユク] 名 生涯教育 —토록[tʰorok トロク] 副 一生涯; 命あるまで; いつまでも(日本語の「平生」は「つね日ごろ・ふだん・平常」の意味).

- **＊평소**[平素][pʰjɔŋso ピョンソ] 名 平素; つね日ごろ; ふだん ¶~대로의 영업[~ dɛroe jɔŋɔp ~デロエ ヨンオプ] 平素どおりの営業 / ~의 마음가짐[~e mauɯmgadʒim ~エ マウムガジム] つね日ごろの心がけ / ~ 생각하고 있던 일[~ sɛŋgakhago itʼɔn niːl ~ センガクカゴ イットン ニール] ふだん思っていたこと.
- **평시**[平時][pʰjɔŋʃi ピョンシ] 名 平素; ふだん; '평상시'の略.
- **평-시조**[平時調][pʰjɔŋʃidʒo ピョンシジョ] 名 ①시조(時調)[韓国固有の定型詩]の形式の1つ ②시조(時調)の唱法の1つ(全体としてなだらかな音調で詠唱する).
- **평안**[平安][pʰjɔŋan ピョンアン] 名 하形 하副 平安 ¶~을 빌다[~uɯl piːlda ~ウル ピールダ] 平安を祈る.
- **＊평야**[平野][pʰjɔŋja ピョンヤ] 名 平野.
- **＊평양**[平壤][pʰjɔŋjaŋ ピョンヤン] 名〈地〉平壤(朝鮮民主主義人民共和国の首都).
- **평영**[平泳][pʰjɔŋjɔŋ ピョンヨン] 名 平泳ぎ.
- **평온**[平穩][pʰjɔŋon ピョンオン] 名 하形 하副 平穩 ¶~ 무사[~ musa ~ ムサ] 平穩無事 / 세상이 ~해졌다[seːsaŋi ~hɛdʒɔtʼa セーサンイ ~ヘジョッタ] 世の中が穏やかに[静かに]なった.
- **평이**[平易][pʰjɔŋi ピョンイ] 名 하形 平易; わかりやすいさま ¶~한 문장[~han mundʒaŋ ~ハン ムンジャン] 平明な[わかりやすい]文章.
- **평일**[平日][pʰjɔŋil ピョンイル] 名 平日; ふだん; つね日ごろ.
- **평정**[平靜][pʰjɔŋdʒɔŋ ピョンジョン] 名 하形 하副 平靜 ¶~을 유지(維持)하다[~ɯl judʒihada ~ウル ユジハダ] 平靜を保つ / 마음의 ~을 잃다[mauɯm ~ɯl ilthʼa マウム ~ウル イルタ] 心を取り乱す; 心の平靜を失う.
- **평준**[平準][pʰjɔŋdʒun ピョンジュン] 名 하他 平準 —화[hwa ファ] 名 하他 平準化 ¶교육의 ~ 정책[kjoːjuge ~ dʒɔŋtʃʰɛk キョーユゲ ~ ジョンチェク] 教育の平準化政策.

평지[平地][pʰjɔŋdʑi ピョンジ] 名 平地; 평らな土地 **―낙상**(落傷)[nakśaŋ ナクサン] 名 自 (平坦な地面で倒れてけがをするとの意で)思わぬ不幸にであうことのたとえ **―돌 출**(突出)[doltʃʰul ドルチュル] 名 自 (平地に山がそびえるとの意で)貧しく身分の低い家柄から立派な人物が出ることのたとえ **―풍파**(風波)[pʰuŋpʰa プンパ] 名 (平地に波瀾が起こることの意で)意外な紛争が起こることのたとえ ¶ 공연히 ~를 일으키다[koŋjoni ~rul irukʰida コンヨニ ~ルル イルキダ] いたずらにあらぬ諍いを起こす.

평탄[平坦][pʰjɔŋtʰan ピョンタン] 名 自 形 ① 平坦な ¶ ~한 길[~han kil ~ハン キル] 平坦な道 ② 物事が順調にはかどること ¶ 사업의 앞날은 ~하다[saːɔbe amnarun ~hada サーオベ アムナルン ~ハダ] 事業の前途は順調である ③ 心の穏やかなこと.

평판[評判][pʰjɔːŋpʰan ピョーンパン] 名 他 ① 評判; 世間の人の批評; うわさ ¶ ~이 좋다[~i tʃotʰa (ピョーンパ)ニ チョーッタ] 評判がいい; 人受けがいい / ~이 나쁘다[~i napˈɯda (ピョーンパ)ニ ナップダ] 評判が悪い ② 世に広く知られること; 名声 ¶ ~이 나다[~i nada (ピョーンパ)ニ ナダ] 評判が立つ / ~이 높다[~i noptʼa (ピョーンパ)ニ ノプタ] 名高い.

평평-하다[平平―][pʰjɔŋpʰjɔŋhada ピョンピョンハダ] 形 ヨ変 平らたい; 平坦な ¶ ~한 길[~han kil ~ハン キル] 平らな道 / ~하게 하다[~hage hada ~ハゲ ハダ] 平たくする; 平める.

평-하다[評―][pʰjɔːŋhada ピョーンハダ] 他 ヨ変 評する; 批評する.

평행[平行][pʰjɔŋhɛŋ ピョンヘン] 名 自 形 平行 ¶ ~봉[~boŋ ポン] 名 平行棒 **―선**[sɔn ソン] 数 平行線.

평형[平衡][pʰjɔŋhjɔŋ ピョンヒョン] 名 自 形 平衡 ¶ ~을 유지(維持)하다[~ɯl judʑihada ~ウル ユジハダ] 平衡[平均]を保つ.

***평화**[平和][pʰjɔŋhwa ピョンファ] 名 自 形 平和 ¶ 가정의 ~[kadʑɔŋe ~ カジョンエ ~] 家庭の平和 **―(스)로이**[(sɯ)roi (ス)ロイ] 副 平和に **―(스)롭다**[(sɯ)roptʼa (ス)ロプタ] 形 ㅂ変 平和だ; 安らかだ; 静かでのどかだ **―공세**[攻勢][goːŋse ゴーンセ] 名 平和攻勢 **―공존**[goːŋdʑon ゴーンジョン] 名 平和共存 **―봉사단**(奉仕團)[boːŋsadan ボーンサダン] 名 平和部隊 **―조약**[dʑojak ジョヤク] 名 平和条約 **―통일**[tʰoːŋil トーンイル] 名 平和統一.

***폐**[肺][pʰeː ペー] 名〈生〉肺 = '허파'.

***폐**[弊][pʰeː ペー] 名 ㅅ形 ①'폐단'(弊端)「煩わしく面倒なこと」の略; 弊(害) ② 迷惑; 世話; やっかい ¶ ~스러운 일[~surɔun niːl ~スロウン ニール] やっかいなこと / ~가 많았습니다[~ga manaśumnida ~ガ マナッスムニダ] お世話になりました; ご迷惑をおかけいたしました.

폐-[弊][pʰeː ペー] 接頭 弊; 自分に関する物・事をへりくだして言う語 ¶ ~사[~sa ~サ] 弊社 / ~점[~dʑɔm ~ジョム] 弊店.

폐가[廢家][pʰeːga ペーガ] 名 自 廃家.

폐간[廢刊][pʰeːgan ペーガン] 名 自 他 廃刊 ¶ 잡지가 ~되다[tʃaptʃiga ~dweda チャプチガ ~ドゥェダ] 雑誌が廃刊になる.

폐강[閉講][pʰeːgaŋ ペーガン] 名 自 他 閉講・廃講 **―되다**[dweda ドゥェダ] 自 閉講になる.

폐-결핵[肺結核][pʰeːgjɔrhɛk ペーギョルヘク] 名〈医〉肺結核; 肺病.

폐경-기[閉經期][pʰeːgjɔŋgi ペーギョンギ] 名 閉経期.

폐광[廢鑛][pʰeːgwaŋ ペーグァン] 名 自 他 廃鉱 **―되다**[dweda ドゥェダ] 自 廃鉱になる.

폐교[閉校・廢校][pʰeːgjo ペーギョ] 名 自 他 閉校・廃校 ¶ 경영난으로 ~되다[kjɔŋjɔŋnanɯro ~dweda キョンヨンナヌロ ~ドゥェダ] 経営難で廃校になる.

폐기[廢棄][pʰeːgi ペーギ] 名 他 廃棄 ¶ ~ 처분[~ tʃʰɔbun ~ チョーブン] 廃棄処分 **―물**[mul ムル] 名 廃棄物.

폐-끼치다[弊―][pʰeːkˈitʃʰida ペーッキチダ] 自 迷惑をかける; 世話になる ¶ 그때는 폐를 끼쳤습니다[kɯtʼɛnɯn pʰeːrɯl kˈitʃʰɔsˈɯmnida クッテヌン ペールル ッキチョッスムニダ] その折[節]はお世話になりました / 남에게 ~-끼치지 마라[namege ~-kˈitʃʰidʑi mara ナメゲ ~-ッキチジ マラ] 人に迷惑をかけるな.

폐농[廢農][pʰeːnoŋ ペーノン] 名 自

廃農; 農業をやめること.
폐단[弊端] [pʰe:dan ペーダン] 名 煩わしく面倒なこと; 弊害 ¶종래(從來)의 ~을 없애다[tɕoŋnɛɛ ~ɯl o:ps'ɛda チョンネエ (ペーダ) ヌル オーブセ] 今までの弊害をなくす.
폐렴[肺炎] [pʰe:rjɔm ペーリョム] 名 肺炎.
폐막[閉幕] [pʰe:mak ペーマク] 名 하타 閉幕 ¶박람회가 ~되었다[paŋnamhwega ~t'wɛot'a パンナムフェガ ～トウェオッタ] 博覧会が閉幕となった.
폐문[閉門] [pʰe:mun ペームン] 名 하자 閉門 ¶~ 시간[~ ɕigan ~シガン] 閉門時刻.
폐물[廢物] [pʰe:mul ペームル] 名 ① 廃物 ¶~ 이용[(pʰe:mur) i:joŋ (ペーム) リーヨン] 廃物利用 ② (からかって) 役立たず; くず ¶~ 인간[(pʰe:mur) ingan (ペーム) リンガン] 人間のくず.
폐백[幣帛] [pʰe:bɛk ペーベク] 名 ① 新婦が新郎の父母[舅姑]に初対面の儀式で贈るナツメ・干肉ほしなど ¶~을 드리다[(pʰe:bɛg)ul tɯrida (ペーベ) グル トゥリダ] 贈る品物を進上する儀式を行なう ② 婚礼の前に新郎が新婦に贈る青紅の綵緞(采緞)[tɕʰɛ:dan チェーダン]「絹織物・緞子」③ 礼儀を尽くして恩師・目上の人に贈る品物 ④ 幣帛; 昔, 神前に供える物[白苧ちょ・白い苧麻からむし].
폐병[肺病] [pʰe:p'jɔŋ ペービョン] 名 肺病.
폐부[肺腑] [pʰe:bu ペーブ] 名 肺腑はい ¶~를 찌르다[~rul tɕ'iruda ~ルルッチルダ] 肺腑をえぐる[突く]; 深く感動させる; 急所を突く/~에 새기다[~e sɛgida ~エ セギダ] 肺腑に刻む; 銘記して忘れない.
폐사[弊社]] [pʰe:sa ペーサ] 名 弊社.
폐사[斃死] [pʰe:sa ペーサ] 名 하자 (動物などが) ばったり倒れ死ぬこと ¶전염병으로 닭들이 ~하다[tɕɔnjɔmp'jɔŋuro takt'uri ~hada チョニョムビョンウロ タクトゥリ ~ハダ] 伝染病でニワトリがばたばた倒れ死ぬ.
폐쇄[閉鎖] [pʰe:swɛ ペースェ] 名 하자 閉鎖 ¶~된 사회[~dwen sahwe ~ドゥェン サフェ] 閉鎖社会/출입구를 ~하다[tɕʰuripk'urul ~hada チュリプクルル ~ハダ] 出入口を閉鎖する.
폐수[廢水] [pʰe:su ペース] 名 廃水 ¶공장 ~[koŋdʑaŋ ~ コンジャン ~] 工場廃水.

폐-스럽다[弊—] [pʰe:surɔpt'a ペースロプタ] 形 ㅂ変 煩わしい; 面倒くさい.
폐-스러이 [pʰe:surɔi ペースロイ] 副 煩わしく; 面倒臭く.
폐습[弊習] [pʰe:suɯp ペースプ] 名 弊習; 悪い習慣[しきたり] ¶~을 타파하다[(pʰe:sub)ul tʰa:pʰahada (ペースブル ターパハダ)] 弊習を打破する.
폐암[肺癌] [pʰe:am ペーアム] 名 肺癌がん.
폐업[閉業・廢業] [pʰe:ɔp ペーオプ] 名 하자 閉業[閉店]; 廃業 ¶~ 신고(申告)[~ ɕingo ~シンゴ] 廃業届.
폐유[廢油] [pʰe:ju ペーユ] 名 廃油 ¶~ 방출(放出)[~ ba:ntɕʰul ~ バーンチュル] 廃油の垂れ流し.
폐인[廢人] [pʰe:in ペーイン] 名 廃人 ¶~처럼 되다[~tɕʰɔrɔm tweda ~チョロム トゥェダ] 廃人同様になる.
폐일언-하고[蔽一言—] [pʰe:irɔnhago ペーイロンハゴ] 慣 一言でいえば; とにかく ¶~ 다시 만나자[~ taɕi mannadʑa ~ タシ マンナジャ] とにかく改めて会うことにしよう. 「〈生〉 肺(臓).
폐장[肺臓] [pʰe:dʑaŋ ページャン] 名
폐장[閉場] [pʰe:dʑaŋ ページャン] 名 하자 閉場 ¶~ 시간[~ ɕigan ~ シガン] 閉場時間.
폐점[閉店] [pʰe:dʑɔm ページョム] 名 하자 閉店 ¶이제 ~이다[idʑe ~-ida イジェ (ページョ) ミダ] もう看板だ [閉店時間だ].
***폐지[廢止]** [pʰe:dʑi ページ] 名 하자 廃止 ¶검인[kɔ:min ~ コーミン ~] 検印廃止.
폐차[廢車] [pʰe:tɕʰa ペーチャ] 名 하자 廃車 ¶자동차의 ~[tɕadɔntɕʰae ~ チャドンチャエ ~] 自動車の廃車.
폐품[廢品] [pʰe:pʰum ペープム] 名 廃品; くずもの ¶~ 처리[~ tʰɔ:ri ~ チョーリ] お払い/~ 활용[~ hawarjoŋ ~ ファリョン] 廃品活用/~ 회수[~ hwesu ~ フェス] 廃品回収.
폐풍[弊風] [pʰe:pʰuŋ ペープン] 名 弊風; 悪風 ¶~을 고치다[~ɯl kotɕʰida ~ウル コチダ] 弊風を改める.
폐하[陛下] [pʰe:ha ペーハ] 名 陛下 ¶황제 ~[hwaŋdʑe ~ ファンジェ ~] 皇帝陛下.
폐-하다[廢—] [pʰe:hada ペーハダ] 他 여変 ① 廃する ¶허례를 ~[hɔrerul ~ ホレルル ~] 虚礼を廃する ② 中止する ¶학업을 ~[hagɔbul ~ ハゴブ

ル ~] 学業を中止する[やめる] ③ 断つ; やめる ¶식음(食飲)을 ~[sigumul ~ シグムル ~] 食事を断つ.

폐해[弊害][pʰeːɦɛ ペーヘ] 图 弊害 ¶마약의 ~[maːjage ~ マーヤゲ ~] 麻薬の弊害.

폐허[廢墟][pʰeːɦɔ ペーホ] 图 廃墟 ¶전후의 ~[tʃɔːnɦue ~ チョーンフエ ~] 戦後の廃墟 / ~가 되다[~ga tweda ~ガトゥェダ] 廃墟と化す.

폐회[閉會][pʰeːɦwe ペーフェ] 하自動 閉会 ¶~를 선언하다[~rul sɔnɔnhada ~ルル ソノンハダ] 閉会を宣言する ━**사**[sa サ] 图 閉会の辞 ━**식**[ʃik シク] 图 閉会式.

포[脯][pʰo ポ] 图 干肉・乾肉やや干し魚の総称 ¶육(肉)~[juk~ ユク~] 干(し)肉='포육'(脯肉) / 대구(大口)~[tɛgu~ テグ~] ひだら; 干しだら.

-포[pʰo ポ] 接尾 余り; (期)間 ¶달~나 된다[tal~na twenda タル~ナ トゥェンダ] ひと月余りにもなる; 1か月間にもなる.

***포개다**[pʰogɛda ポゲダ] 他 折り重ねる; 積み重ねる ¶다리를 ~[tarirul ~ タリルル ~] 脚を折り重ねる; 足を組む / 신문을 겹쳐 ~[ʃinmunul kjɔptʃʰɔ ~ シンムヌル キョプチョ ~] 新聞を積み重ねる.

포격[砲擊][pʰoːgok ポーギョク] 图 하他 砲撃 ¶적의 ~[tʃɔge ~ チョゲ ~] 敵の砲撃.

포경[包莖][pʰoːgjɔŋ ポーギョン] 图 〈医〉包茎 ¶~ 수술[~ susul ~ ススル] 包茎手術.

포경[捕鯨][pʰoːgjɔŋ ポーギョン] 图 하自 捕鯨 ━**선**[sɔn ソン] 图 捕鯨船.

포고[布告][pʰoːgo ポーゴ] 图 하他 布告 ¶선전 ~[sɔndʒɔn~ ソンジョン~] 宣戦布告.

포괄[包括][pʰoːgwal ポーグァル] 图 하他 包括 ¶~적으로 말하다[~tʃʰɔguro maːrhada ~チョグロ マールハダ] 包括的に述べる.

포교[布教][pʰoːgjo ポーギョ] 图 하他 布教 ¶~에 종사하다[~e tʃoŋsahada ~エ チョンサハダ] 布教に従事する.

포구[浦口][pʰogu ポグ] 图 浦; 入り江; 湾の入口; 潟.

***포근-하다**[pʰogunhada ポグンハダ] 形 여変 ① 暖かい ¶~한 날씨[~han nalʃʰi ~~ハン ナルッシ] 暖かい[穏やかな]天気 ② ふんわりしている ¶~한 이불[~~han nibul ~~ハン ニブル] ふかふかの[ふんわりした]布団 ③ なごやかだ; のどかだ ¶~한 분위기 [~~han punwigi ~~ハン プヌィギ] なごやかな雰囲気 **포근-히**[pʰoguniポグニ] 副 柔[軟]らかく; 暖かく.

***포기**[pʰogi ポギ] **1** ~ 나누기[~ nanugi ~ ナヌギ] 株分け **2** 依名 株; 本 ¶배추 한 ~[pɛːtʃʰu han ~ ペーチュ ハン ~] 白菜1株.

***포기**[拋棄][pʰoːgi ポーギ] 图 하他 放棄 ¶권리를 ~하다[kwɔllirul ~~hada クォルリルル ~~ハダ] 権利を放棄する / 시합을 ~하다[ʃihabul ~~hada シハブル ~~ハダ] 試合を投げ出す / 시험을 ~하다[ʃihɔmul ~~hada シホムル ~~ハダ] 試験を振る.

포닥[pʰodak ポダク] 副 ①(鳥が羽を)ぱたぱた ②(魚が尾を)ぴちぴち ━**거리다**[(pʰoda)kʼɔrida コリダ] 自他 ぱたぱた[ぴちぴち]する[させる].

포대[布袋][pʰodɛ ポデ] 图 布袋; 布の袋; =자루[tʃaru チャル].

포대[包袋][pʰodɛ ポデ] 图 袋; 紙・布・皮の袋 =부대(負袋)[pudɛ プデ] ¶시멘트 ~[ʃimentʰɯ ~ シメントゥ ~] セメント袋.

포대[砲臺][pʰoːdɛ ポーデ] 图 砲台.

포대기[pʰodɛgi ポデギ] 图 ねんねこ; ねんねこばんてん; おくるみ.

포도[捕盗][pʰoːdo ポード] 图 하自 泥棒を捕らえること[朝鮮王朝時代の語].

***포도**[葡萄][pʰodo ポド] 图 〈植〉ブドウ ¶~주(酒)[~dʒu ~ジュ] ワイン.

포동-포동[pʰodonpʰodon ポドンポドン] 副 하形 まるまると太っているさま; ふっくらと愛らしいさま ¶~(하게) 살찐 아기[~(hage) saltʃʼin agi ~(ハゲ) サルッチン アギ] むくむく[まるまる](と)太った赤ん坊.

***포로**[捕虜][pʰoːro ポーロ] 图 捕虜; とりこ; 生け捕り ¶~ 송환[~ soːŋhwan ~ ソーンファン] 捕虜送還 / 사랑의 ~가 되다[saraŋe ~ga tweda サランエ ~ガ トゥェダ] 恋のとりこになる.

포르노(그라피)[pʰorɯno(gɯrapʰi) ポルノ(グラビ)] pornography 图 ポルノ(グラフィー); 春画.

포만[飽滿][pʰoːman ポーマン] 图 하形 飽満; 飽食.

포말[泡沫][pʰomal ポマル] 名 泡沫ほう; 泡 **—유리**[njuri ニュリ] 泡沫ガラス.

포목[布木][pʰomok ポモク] 名 麻布と木綿 **—상**[sʼaŋ サン] 名 反物商 **—점**(店)[tʃʼɔm チョム] 名 反物屋.

포문[砲門][pʰomun ポームン] 名 砲門 ¶ ~을 열다[~ɯl jɔːlda(ポム) ヌルダ] ① 砲門[戦端]を開く; 大砲を撃つ ② 相手を攻撃する言葉を発する.

포물-선[抛物線][pʰoːmulsʼɔn ポームルソン] 名〈数〉放物線.

포박[捕縛][pʰoːbak ポーバク] 名 捕縛 **—하다**[(pʰoːba)kʰada カダ] 他 捕縛する; 縛する ¶ 도둑을 ~[todugɯl ~ トドゥグル ~] 泥棒を捕縛する.

포병[砲兵][pʰoːbjɔŋ ポービョン] 名 砲兵 ¶ ~ 진지[~ dʒindʒi ~ ジンジ] 砲兵陣地 **—대**[dɛ デ] 名 砲兵隊.

포복[匍匐][pʰobok ポボク] 名 하자 匍匐ほふく; 腹ばうこと; 腹を地につけてはうこと ¶ ~ 전진하다[~ tʃʼɔndʒinhada ~ チョンジンハダ] 匍匐前進する.

포부[抱負][pʰoːbu ポーブ] 名 抱負 ¶ ~가 크다[~ga kʰɯda ~ガ クダ] 抱負が大きい.

포삭-하다[pʰosakʰada ポサクハダ] 形 여의 砕け[壊れ]やすい; もろい; ほろほろだ; =「푸석하다」.

포상[褒賞][pʰoːsaŋ ポサン] 名 하자 褒賞 ¶ ~을 주다[~ɯl tʃuda ~ウル チュダ] 褒賞を与える.

포석[布石][pʰoːsɔk ポーソク] 名 하자 布石; 布局 ¶ 바둑의 ~[paduge ~ パドゥゲ ~] 囲碁の布石 / 선거를 위한 ~[sɔːngɔrul wihan ~ ソーンゴルル ウィハン ~] 選挙への布石.

포섭[包攝][pʰoːsɔp ポーソプ] 名 하자 包摂 ¶ 유력자를 ~하다[juːrjɔktʃʼarul (pʰoːsɔ)pʰada ユーリョクチャルル ~パダ] 有力者を抱き込む / 사람은 척추 동물에~된다[saːramun tʃʰoktʃʰu doːmure ~tʼwenda サーラムン チョクチュ ドーンムレ ~トゥェンダ] 人間は脊椎動物に包摂される.

포성[砲聲][pʰoːsɔŋ ポーソン] 名 砲声 ¶ 은은한 ~[unɯnhan ~ ウヌンハン ~] 殷々たる砲声.

포수[砲手][pʰoːsu ポース] 名 ① 猟師; 狩人 ② 砲手; 火砲を発射する兵士.

포수[捕手][pʰoːsu ポース] 名〈野〉捕手; キャッチャー(catcher) = 캐처 [kʰɛtʃʰɔ ケチョ].

포스터[pʰosɯtʰɔ ポスト] poster 名 ポスター **—컬러**[kʰɔllɔ コルロ] 名 ポスターカラー.

포스트[pʰosɯtʰɯ ポストゥ] post 名 ポスト; 部署; 地位; 職; 郵便(箱) **—카드**[kʰaːdɯ カードゥ] ポストカード.

포승[捕繩][pʰoːsɯŋ ポースン] 名 捕り縄; 縄 ¶ 범인을 ~으로 묶다[pɔːminul ~ɯro muktʼa ポーミヌル ~ウロ ムクタ] 犯人に捕り縄をかける.

포식[飽食][pʰoːʃik ポーシク] 名 飽食 **—하다**[(pʰoːʃi)kʰada カダ] 他 飽食する; たらふく食べる; 食い飽きる.

포악[暴惡][pʰoːak ポーアク] 名 하形 스形 暴悪 ¶ ~한 범인[(pʰoːa)kʰan poːmin ~カン ポーミン] 暴悪な犯人.

포옹[抱擁][pʰoːoŋ ポーオン] 名 抱擁 ¶ 아내를 ~하다[anɛrul ~hada アネルル ~ハダ] 妻を抱擁する.

포용[包容][pʰoːjoŋ ポーヨン] 名 하자 包容 ¶ ~력[~njɔk ~ニョク] 包容力.

포위[包圍][pʰoːwi ポーウィ] 名 包囲 **—하다**[hada ハダ] 他 包囲する; 取り囲む; とりこめる; 巻く ¶ 성을 ~[sɔŋul ~ ソンウル ~] 城を巻く; 城を取り囲む **—망**[maŋ マン] 名 包囲網 ¶ 적의 ~을 뚫다[tʃʼɔge ~ul tʼultʰa チョゲ ~ウル トゥルタ] 敵の囲みを破る.

포유[哺乳][pʰoːju ポーユ] 名 하자 哺乳にゅう **—동물**[doːŋmul ドーンムル] 哺乳動物.

포육[脯肉][pʰojuk ポユク] 名 干し肉. 「干肉・乾肉ほし」

***포장**[布帳][pʰodʒaŋ ポジャン] 名 幕; 幌とばり; 帳とばり; カーテン **—마차**[maːtʃʰa マーチャ] 名 ほろ馬車; 屋台.

포장[包裝][pʰodʒaŋ ポジャン] 名 하자 包装; 荷造り; パッキング **—지**[dʒi ジ] 名 包装紙; 掛け紙.

포장[鋪裝][pʰodʒaŋ ポジャン] 名 하자 鋪装 **—도로**[doːro ドーロ] 名 鋪装道路.

포장[褒章][pʰodʒaŋ ポジャン] 名 褒章; 功績のあった人に国から授与される記章.

포장[褒奬][pʰodʒaŋ ポジャン] 名 하자 報奨; 善行・努力・勤労に報い, ほめ励ますこと **—금**[gɯm グム] 名 報奨金.

포즈[pʰoːdʒu ポージュ] pose 名 ポーズ ¶ ~를 취하다[~rul tʰwiːhada ~ル チゥィーハダ] ポーズを取る.

포착[捕捉][pʰoːtʃak ポーチャク] 名 捕捉そく **—하다**[(pʰoːtʃʰa)kʰada カダ]

포커[pʰoːkʰɔ ポーコ] poker 名 ポーカー **―페이스**[pʰeisɯ ペイス] 名 ポーカーフェース(face); 内心を巧みに隠して装う, 平気な[無表情な]顔つき(ポーカーをする際, 持ち札を相手に読まれることのないよう表情を隠すことから).

포켓[pʰokʰet ポケッ] pocket 名 ポケット **―머니**[(pʰokʰen)mɔni (ポケン)モニ] 名 ポケットマネー **―북**[buk ブク] 名 ポケットブック.

포크[pʰoːkʰɯ ポーク] pork 名 ポーク ¶~ 커틀릿(cutlet) [~ kʰɔtʰɯllit ~ コトゥルリッ] ポークカツ.

포크 댄스[pʰoːkʰɯ dɛnsɯ ポーク デンス] folk dance 名 フォークダンス.

포크 송[pʰoːkʰɯ soŋ ポーク ソン] folk song 名 フォークソング.

포탄[砲彈][pʰoːtʰan ポータン] 名 砲弾 ¶~이 터지다[~i tʰɔːdʒida (ポータ)ニ トージダ] 砲弾が破裂する.

포탈[逋脱][pʰoːtʰal ポータル] 名 하他 脱税; 税金を逃れること ¶세금을 ~하다[seːgɯmɯl (pʰoːtʰar)hada セーグムル ~ハダ] 税金を逃れる.

포트[pʰotʰɯ ポトゥ] pot 名 ポット ¶커피 ~[kʰɔːpʰi コーピ~] コーヒーポット.

포풀러[pʰopʰjullɔ ポプュルロ] popular 名 하形 ポピュラー **―뮤직**[mjuːdʒik ミューヂク] 名 ポピュラーミュージック **―송**[soŋ ソン] 名 ポピュラーソング.

포플러[pʰopʰullɔ ポプルロ] poplar 名 〈植〉ポプラ=미루나무[mirunamu ミルナム].

포학[暴虐][pʰoːhak ポーハク] 名 하形 暴虐 ¶~한 군주[(pʰoːha)kʰan kundʒu ~カン クンヂュ] 暴虐な君主.

*포함[包含][pʰoham ポハム] 名 包含 ¶~되다[~dweda ~ドゥェダ] 含まれる; 含まれる; 込める **―시키다**[~ʃikʰida ~シキダ] 含める **―하다**[hada ハダ] 自 包含する; 含む; 込める ¶세금을 ~[seːgɯmɯl ~ セーグムル ~] 税金を含む.

포화[砲火][pʰoːhwa ポーファ] 名 砲火 ¶~를 퍼붓다[~rul pʰɔbutʰa ~ルル ポブッタ] 砲火を浴びせる.

포화[飽和][pʰoːhwa ポーファ] 名 하自 飽和 **―상태**[saŋtʰɛ サンテ] 名 飽和状態 ¶인구가 ~에 이르다[inguga ~e iruda イングガ ~エ イルダ] 人口が飽和状態に至る.

포환[砲丸][pʰoːhwan ポーファン] 名 砲丸 ¶투(投)~[tʰuː トゥ~] 砲丸投げ **―던지기**[dɔndʒigi ドンジギ].

포획[捕獲][pʰoːhwek ポーフェク] 名 捕獲 ¶**―량**[(pʰoːhweŋ)njaŋ (ポーフェン)ニャン] 捕獲量 **―하다**[(pʰoːhwe)kʰada カダ] 他 捕獲する; 取る ¶코끼리를 ~[kʰokʼiriruɭ ~ コッキリルル ~] 象を捕獲する.

포효[咆哮][pʰoːhjo ポーヒョ] 名 咆哮 ¶사자의 ~[saːdʒae ~ サージャエ ~] 獅子との咆哮 **―하다**[hada ハダ] 自 咆哮する; 哮る; 哮り立つ; 吠ほえる.

***폭**[幅][pʰok ポク] **1** 名 ① 幅; 幅員 ¶강~[kaŋ ~ カン ~] 川幅/~이 넓다[좁다][(pʰog)i nɔlda[tʃopta] (ポ)ギ ノルタ[チョプタ]] 幅が広い[狭い] ② (知識·事業などの)範囲; 間口 ¶~넓은 사람[(pʰoŋ)nɔlbun saːram (ポン)ノルブン サーラム] 間口が広い人; 度量の大きい人 **2** 依名 幅を·の·掛け軸·絵または紙·反物·板などを数える語 ¶한 ~의 그림 [han (pʰog)e kɯːrim (ポ)ゲ クーリム] 1幅の絵画/1~과 4~[han~k'wa neː~] ハン~クァ ネー~] (布の幅)1幅ぷと4幅ぷ/12~치마[jɔltʼu~ tʃʰima ヨルトゥ~ チマ] 12幅のチマ[反物を継ぎ合わせて作ったチマ[婦人用の裳ᵇ·スカート]の幅] **3** 接尾 …幅; 範囲 ¶행동~[hɛŋdoŋ~ ヘンドン~] 行動の範囲.

폭[1][pʰok ポク] 依名 ① 割; 程度; 割合 ¶노력한 ~치고는[norjɔkhan ~ tʰigonun ノリョカン ~チゴヌン] 努力の割には(結果がよくない) / 이틀~은 되겠지[itʰul (pʰog)un tweɡetʃʼi イトゥル (ポ)グン トゥェゲッチ] 2日分ぐらいにはなるだろう / 절반 ~도 된다[tʃʰulban ~tʼo andwendana チョルバン ~ト アンドゥェンダ] 半分程度にもならない ② …(した)つもり; …(した)わけ ¶먹은 ~으로 치자[mɔgɯn (pʰog)uro tʃʰidʒa モグン (ポ)グロ チジャ] (食べなくても)食べたつもりにしておこう / 창피만 당한 ~이다[tʃʰaŋpʰiman taŋhan (pʰog)ida チャンピマン タンハン (ポ)ギダ] (得るところはなく)恥ばかりかいたわけだ.

폭[2][pʰok ポク] 副 ① ぐっすり ¶~ 잠 들었다[~ tʃʼamdurɔtʼa ~ チャムドゥ

ロッタ] ぐっすり寝込んだ ② すっぽり ¶이불을 ~ 덮다[iburul ~ t'ɔpt'a イブルル ~ トプタ] 布団をすっぽりかぶる ③ じっくり ¶고기를 ~ 삶다[kogirul ~ s'a:mt'a コギルル ~ サームタ] 肉をじっくり煮込む ④ ふすっと ¶송곳으로 ~ 찌르다[so:ŋgosuro ~ tʃ'iruda ソーンゴスロ ~ ッチルダ] きりでふすっと刺す ⑤ ずぼっと ¶진흙에 ~ 빠지다[tʃinhulge ~ p'a:dʒida チンフルゲ ~ ッパージダ] ぬかるみにずぼっとはまる ⑥ ばったり ¶~ 쓰러지다[~ s'urɔdʒida ~ ッスロジダ] ばったり倒れる; つんのめる.

폭격[爆擊][pʰok'jɔk ポクキョク] 名 하他 爆擊 ¶무차별 ~ [mutʃʰabjɔl ~ ムチャビョル ~] 無差別爆擊 / 융단(絨緞) ~ [juŋdan ~ ユンダン ~] じゅうたん爆擊 —**기**[k'i キ] 名 爆擊機.

폭군[暴君][pʰok'un ポククン] 名 暴君; タイラント (tyrant).

폭도[暴徒][pʰokt'o ポクト] 名 暴徒 ¶~를 진압하다[~rul tʃinapʰada ~ルル チーナッパダ] 暴徒を鎮圧する.

*****폭동**[暴動][pʰokt'oŋ ポクトン] 名 暴動 ¶~이 일어나다[~i irɔnada ~イ イロナダ] 暴動が起こる.

폭등[暴騰][pʰokt'uŋ ポクトゥン] 名 하自 暴騰; 奔騰 ¶쌀값 ~ [s'alk'ap ~ ッサルカプ ~] 米価暴騰 / 물가가 ~하다[mulk'aga ~hada ムルカガ ~ハダ] 物価が奔騰する.

폭락[暴落][pʰoŋnak ポンナク] 名 하自 暴落 ¶주가 ~ [tʃuk'a ~ チュカ ~] 株価暴落 / 시세(時勢)가 ~ 되었다[ʃisega ~t'wɔt'a シセガ ~ トゥェオッタ] 瓦落뜨[がら落ち]が来た.

*****폭력**[暴力][pʰoŋnjɔk ポンニョク] 名 暴力 ¶~을 휘두르다[(pʰoŋnjɔg) ɯl hwiduruda (ポンニョ)グル フィドゥルダ] 暴力を振るう —**단**[t'an タン] 名 暴力団 —**배**[p'ɛ ペ] 名 暴力を振るう不良な輩なか; 俗 ぐれん隊.

폭로[暴露][pʰoŋno ポンノ] 名 暴露 ¶~기사[~gisa ~ギサ] 暴露記事 —**하다**[hada ハダ] 名 他 暴露する; 暴く; ばらす; すっぱ抜く ¶비밀을 ~하다[pi:mirul ~hada ピーミルル ~ハダ] 秘密をばらす[すっぱ抜く].

폭리[暴利][pʰoŋni ポンニ] 名 暴利 ¶매점매석(買占賣惜)으로 ~를 얻다[mɛ:dʒɔmmɛ:sɔguro ~rul ɔ:t'a メージョムメーソグロ ~ルル オータ] 買い占め売り惜しみで暴利を得る.

*****폭발**[暴發][pʰokp'al ポクパル] 名 하自 暴発 ¶감정이 ~하다[ka:mdʒɔŋi (pʰokp'ar)hada カームジョンイ ~ハダ] 感情が暴発する.

폭발[爆發][pʰokp'al ポクパル] 名 하自 爆発 ¶핵 ~ [hɛk ~ ヘク ~] 核爆発 —**적**[dʒɔk ジョク] 名 爆発的 ¶~인 인기[~-(dʒɔg)in ink'i ~-(ジョ)ギン インキ] 爆発的な人気.

폭사[爆死][pʰoks'a ポクサ] 名 하自 爆死 ¶공습으로 ~했다[koŋsubɯro ~hɛt'a コンスブロ ~ヘッタ] 空襲で爆死した.

폭삭[pʰoks'ak ポクサク] 副 하自 ① すっかり ¶호박이 ~ 곪았다[ho:bagi (pʰoks'a) k'orat'a ホーバギ ~ コラッタ] カボチャがすっかり腐った / 물을 ~ 엎지르다[murul ~ ɔptʃ'iruda ムルル ~ オプチルダ] 水をすっかりこぼす ② どさっと ¶흙담이 ~ 무너지다[huk'tami (pʰoks'aŋ) munɔdʒida フクタミ (ポクサン) ムノジダ] 土塀がどさっと崩れる ③ ばたっと ¶~ 주저앉다[~ tʃ'udʒɔant'a ~ チュジョアンタ] ばたっと座り込む ④ ばさっと ¶지붕이 ~ 내려앉다[tʃibuŋi (pʰoks'aŋ) nɛrjɔant'a チブンイ (ポクサン) ネリョアンタ] 屋根がばさっと崩れ落ちる.

폭설[暴雪][pʰoks'ɔl ポクソル] 名 (にわかの)大雪; 豪雪; どか雪.

폭소[爆笑][pʰoks'o ポクソ] 名 하自 爆笑 ¶~가 터지다[~ga tʰɔ:dʒida ~ガ トージダ] 爆笑が沸き起こる.

폭식[暴食][pʰokʃ'ik ポクシク] 名 하他 暴食 ¶폭음 ~ [pʰogum ~ ポグム ~] 暴飲暴食.

폭신-하다[pʰokʃ'inhada ポクシンハダ] 形 여変 ふかふかしている; ふわりとしている; 柔くて弾力性がある ¶~-한 이불[~-han nibul ~-ハン ニブル] ふかふかとした布団.

폭약[爆藥][pʰogjak ポギャク] 名 爆薬 ¶~고[~k'o ~コ] 爆薬庫.

폭언[暴言][pʰogɔn ポゴン] 名 하自 暴言 ¶~을 퍼붓다[~ul pʰɔbut'a (ポゴ)ヌル ポブッタ] 暴言を浴びせる.

폭염[暴炎][pʰogjɔm ポギョム] 名 酷暑.

폭우[暴雨][pʰogu ポグ] 名 暴雨; 激しく降る雨. 「暴飲.

폭음[暴飲][pʰogum ポグム] 名 하他

폭음[爆音][pʰoguɯm ポグム] 图 爆音 ¶요란한 ~[joranhan ~ ヨランハン ~] ごうごうたる爆音.

폭정[暴政][pʰoktʃʼɔŋ ポクチョン] 图 暴政 ¶~을 하다[~ɯl hada ~ウル ハダ] 暴政をしく.

폭주[暴走][pʰoktʃʼu ポクチュ] 图 自 暴走 ¶~하는 트럭[~hanɯn tʰɯrɔk ~ハヌン トゥロク] 暴走するトラック/~족[~dʒɔk ~ジョク] かみなり族.

폭주[暴酒][pʰoktʃʼu ポクチュ] 图 自 暴飲(する酒); 鯨飲.

폭주[輻輳·輻湊][pʰoktʃʼu ポクチュ] 图 自 輻湊[輻輳]する; ラッシュ(rush) ¶기사가 ~하다[kisaga ~hada キサガ ~ハダ] 記事がふくそうする/교통이 ~하다[kjotʰoŋi ~hada キョトンイ ~ハダ] 交通が混雑する.

폭죽[爆竹][pʰoktʃʼuk ポクチュク] 图 爆竹 ¶~ 놀이[(pʰoktʃʼuŋ) nori (ポクチュン) ノリ] 爆竹の遊び.

***폭탄**[爆彈][pʰoktʰan ポクタン] 图 爆弾 ¶~ 성명[~ sɔŋmjɔn ~ ソンミョン] 爆弾声明.

폭투[暴投][pʰoktʰu ポクトゥ] 图 他 〈野〉暴投; ワイルドピッチ.

폭파[爆破][pʰokpʰa ポクパ] 图 爆破 ¶~ 작업[~ dʒagɔp ~ ジャゴプ] 爆破作業.

***폭포(수)**[瀑布(水)][pʰokpʰo(su) ポクポ(ス)] 图 瀑布; 滝.

폭-폭[pʰokpʰok ポクポク] 副 <'푹푹' ① ぶすりぶすりと ¶~ 찌르다[~ tʃʼiruda ~ ッチルダ] ぶすりぶすりと突き刺す ② ずきんずきん ¶상처가 ~ 쑤신다[saŋtʃʰɔga ~ sʼuʃinda サンチョガ ~ ッスシンダ] 傷がずきんずきん(と)うずく ③ 十分に ¶닭을 ~ 삶다[ta(l)gul ~ sʼa:mtʼa タ(ル)グル ~ サームタ] 鶏を十分にゆでる.

***폭풍**[暴風][pʰokpʰuŋ ポクプン] 图 暴風; 嵐 **-경보 —우**[u ウ] 图 暴風雨; 嵐 **-주의보**[dʒu:ibo ジューイボ] 图 暴風注意報.

폭행[暴行][pʰokʰɛŋ ポケン] 图 暴行 ¶~ 사건[~ sa:kʼɔn ~ サーコン] 暴行事件/~을 당하다[~ɯl taŋhada ~ウル タンハダ] (不良に)暴行される/~을 가하다[~ɯl kahada ~ウル カハダ] 暴行を加える/~을 하다[~ɯl hada ~ウル ハダ] 暴行を働く **—하다**[hada ハダ] 自 暴行する.

***표**[票][pʰjo ピョ] 图 票; 切符; チケット(ticket); 券 ¶전-~[tʃɔn~ チョン~] 伝票/버스-~[bɔsɯ~ ボス~] バスの切符/차-~[tʃʰa~ チャ~] 乗車券/꼬리-~[kʼori~ ッコリ~] 荷札/가격-~[kagjɔk~ カギョク~] 価札.

***표**[標][pʰjo ピョ] 图 他 標; 印; 目印; 札; マーク; 特徴 ¶별-~[pjɔ:l~ ピョール~] 星印/~를 하다[~rɯl hada ~ルル ハダ] 目印をつける/그 작품은 ~가 난다[kɯ tʃakpʰumun ~ga nanda ク チャクプムン ~ガ ナンダ] その作品には特徴がある.

표결[票決][pʰjogjɔl ピョギョル] 图 他 票決; 投票で決めること.

표결[表決][pʰjogjɔl ピョギョル] 图 他 表決 ¶박수로 ~하다[paks'uro (pʰjogjɔr) hada パクスロ ~ハダ] 拍手で表決する/~에 부치다[(pʰjogjɔr)e putʃʰida (ピョギョ)レ プチダ] 表決に付す.

표고[pʰjogo ピョゴ] 图 〈植〉シイタケ(椎茸) **=-버섯**[bɔsɔt ポソッ] ¶봄에 나는 ~[pome nanɯn ~ ポメ ナヌン ~] 春のシイタケ[春子].

표구[表具][pʰjogu ピョグ] 图 他 表具 **—사**[sa サ] 图 表具師; 表具屋.

***표기**[表記][pʰjogi ピョギ] 图 他 表記 **—법**[pʼɔp ポプ] 图 表記法.

표-끊다[票—][pʰjok'ɯntʰa ピョックンタ] 自 切符を買う.

표-나다[表—][pʰjonada ピョナダ] 自 目につく; 目立つ ¶머리가 표나게 크다[mɔriga pʰjonage kʰuda モリガ ピョナゲ クダ] 頭が目立って大きい.

표류[漂流][pʰjorju ピョリュ] 图 **—하다**[hada ハダ] 自 漂流する; 漂う ¶배가 ~[pɛga ~ ペガ ~] 船が漂流する.

표리[表裏][pʼjori ピョリ] 图 表裏; 裏表 ¶~ 일체[~ iltʃʰe ~ イルチェ] 表裏一体/~가 있는 사람[~ga innɯn sa:ram ~ガ インヌン サーラム] 裏表のある人; 陰日向のある人.

***표면**[表面][pʰjomjɔn ピョミョン] 图 表面; 上向き; うわべ ¶~상의 이유[~saŋe i:ju ~サンエ イーユ] 表面上[表向き]の理由.

표명[表明][pʰjomjɔŋ ピョミン] 图 他 表明 ¶사의를 ~하다[sairul ~hada サイルル ~ハダ] 辞意を表明する.

표방[標榜][pʰjobaŋ ピョバン] 图 他

標榜[ひょう] ¶민주주의를 ~하다[mindʒudʒuirɯl ~hada ミンジュジュイルル ~ハダ] 民主主義を標榜する.

표백[漂白][pʰjobɛk ピョベク] 图 漂白; さらし **—하다**[(pʰjobɛ)kʰada カダ] 他 漂白する; さらす ¶빨래를 ~[p'allɛrɯl ~ ッパルレルル ~] 洗濯物をさらす **—분**[p'un プン] 图 さらし[漂白]粉; クロールカルキ **—제**[tʃ'e チェ] 图 漂白剤. [ヒョウ(豹)].

표범[豹—][pʰjobɔm ピョボム] 图〈動〉

표본[標本][pʰjobon ピョボン] 图 標本; 見本; サンプル; 手本 ¶~ 조사[~ dʒosa ~ ジョサ] 標本調査 / 교육자의 ~[kjoːdʒuktʃ'ae ~ キョーヂュクチャエ ~] 教育者の標本[手本] / ~을 빼내다[~ɯl p'ɛːnɛda (ピョボ)ヌルッペーネダ] サンプルする.

***표시**[表示][pʰjoɕi ピョシ] 图 表示 ¶품질 ~[pʰuːmdʒil ~ プームジル ~] 品質表示 **—하다**[hada ハダ] 他 表示する; 示す; 申し入れる; 印をする ¶선을 그어 ~-해 두다[sɔnɯl kɯɯ ~-hɛ duda ソヌル クオ ~-ヘ ドゥタ] 線を引いて印をしておく.

표시[標示][pʰjoɕi ピョシ] 图 標示; 目印 ¶도로 ~[toːro ~ トーロ ~] 道路標示 **—하다**[hada ハダ] 他 標示する; 印をつける.

표어[標語][pʰjoɔ ピョオ] 图 標語; モットー; スローガン ¶친절 봉사를 ~로 내걸다[tʃʰindʒɔl boːŋsarɯl ~ro nɛːgɔlda チンヂョル ボーンサルル ~ロ ネーゴルダ] 親切なサービスをスローガンに掲げる.

표연-하다[飄然—][pʰjojɔnhada ピョヨンハダ] 形 여변 飄然^{ぜん}としている; ふらりと来たり, 去ったりする **표연-히**[pʰjojɔni ピョヨニ] 副 飄然と; ふらりと ¶~ 길을 떠나다[~ kirɯl t'ɔnada ~ キルル ットナタ] 飄然と旅路にのぼる.

표적[標的][pʰjodʒɔk ピョジョク] 图 標的; 的; 狙い; ターゲット ¶~을 쏘다[(pʰjodʒɔŋ)ɯl s'oda (ピョジョ)グルッソダ] 標的を射る / ~에 명중하다[(pʰjodʒɔŋ)e mjɔːŋdʒuŋhada (ピョジョ)ゲ ミョーンジュンハダ] 的に命中する.

표절[剽竊][pʰjodʒɔl ピョジョル] 图 하他 剽竊^{せつ}; 焼き直し; 盗作 ¶~한 학설[작품][(pʰjodʒɔr)han haksʼɔl [tʃakpʰum] ~ハン ハクソル[チャクプム]] 剽竊[盗作]した学説[作品].

***표정**[表情][pʰjodʒɔŋ ピョジョン] 图 表情; 顔(つき); 顔色; 面持ち ¶슬픈 ~[sɯlpʰɯn ~ スルプン ~] 悲しい表情 / 긴장된 ~[kindʒaŋdwen ~ キンジャンドウェン ~] 緊張した顔つき / ~을 짓다[~ɯl tʃit'a ~ウル チッタ] 表情をつくる / ~을 읽다[~ɯl ikt'a ~ウル イクタ] 表情を読み取る.

표제[標題・表題][pʰjodʒe ピョジェ] 图 表題[標題]; タイトル; 題目; 見出し ¶신문의 ~[ɕinmune ~ シンムネ ~] 新聞の見出し / ~를 붙이다[~rɯl putʰida ~ルル プチダ] タイトルをつける **—어**[ɔ オ] 图 見出し語.

표주-박[瓢—][pʰjodʒubak ピョジュバク] 图 瓢箪^{たん}; ひさご(乾燥させて容器として用いる).

***표준**[標準][pʰjodʒun ピョジュン] 图 標準 ¶~ 치수[~tʃʰisʼu ~ チッス] 標準サイズ / ~을 정하다[~ɯl tʃɔːŋhada (ピョジュ) ヌル チョーンハダ] 標準を定める **—어[말]**[ɔ[mal] (ピョジュ)ノ[ピョジュンマル]] 图 標準語.

표지[表紙][pʰjodʒi ピョジ] 图 表紙 ¶책 ~[tʃʰɛk~ チェク~] 本の表紙.

표지[標識][pʰjodʒi ピョジ] 图 하他 標識; 印; 目印 ¶교통 ~[kjotʰoŋ ~ キョトン ~] 交通標識. ×표식.

표창[表彰][pʰjotʃʰaŋ ピョチャン] 图 하他 表彰 ¶~받다[~batʼa ~ バッタ] 表彰される **—장**[tʃʼaŋ チャン] 图 表彰状.

***표-하다**[表—][pʰjohada ピョハダ] 1 他 表わす; 示す; 表する ¶경의를 ~[kjoːŋirɯl ~ キョーンイルル ~] 敬意を表する 2 [標—] 他 記す; 印をつける.

***표현**[表現][pʰjohjɔn ピョヒョン] 图 表現 ¶솔직한 ~[soltʃʼikʰan ~ ソルチカン ~] 率直な表現 **—하다**[hada ハダ] 他 現[表]わす; 言い表わす **—력**[njɔk ニョク] 图 表現力 **—미**[mi ミ] 图 表現美.

푯말[標—][pʰjonmal ピョンマル] 图 標識の杭^{くい} ¶~을 박다[(pʰjonmar)ɯl pakt'a (ピョンマ)ルル パクタ] 標識の杭を打つ.

푸근-하다[pʰugunhada プグンハダ] 形 여변 ①ぽかぽか暖かい ¶~-한 겨울 날씨[~-han kjɔul lalɕ'i ~-ハン

キョウル ラッシ] ぽかぽか暖かい冬の日和 ② 穏やかだ ¶ ~-한 분위기 [~-han punwigi ~-ハン プヌィギ] 穏やかな雰囲気 ③ 豊かだ ¶ ~-한 농촌 살림 [~-han nontʃʰon sallim ~-ハン ノンチョン サルリム] 豊かな農村暮らし.

푸네기 [pʰunegi プネギ] 名 近い身内 ¶제 ~만 아는 사람 [tʃe ~man a:nun sa:ram チェ ~マン アーヌン サーラム] 自分の身内だけを願ってよその者は構わない人.

푸념 [pʰunjɔm プニョム] 名 自 ① 苦情をこぼすこと; 繰り言; 泣き言; 愚痴 ¶노인의 ~ [no:ine ~ ノーイネ ~] 老人の繰り言 / ~을 늘어놓다 [~ul nurɔnotʰa (プニョム) ムル ヌロノッタ] 泣き言を並べる; 愚痴をこぼす ②〈民〉巫女ネが自分の身に神霊が乗り移る神降ろしの舞の際, 鬼神の口を借りて祈願者を怒鳴って叱りつける口寄せ.

*****푸다** [pʰuda プダ] 他 ① (水など液体を)汲む; 汲み取る; すくう ¶물을 ~ [murul ~ ムルル ~] 水を汲む / 오물(汚物)을 ~ [o:murul ~ オームルル ~] 汚穢ネを汲み取る ② (飯・穀類を)よそう; すくい取る ¶밥을 공기에 ~ [pabul kongie ~ パブル コンギエ ~] ご飯をわんによそう / 쌀을 퍼내다 [s'arul pʰɔ:nɛda ッサルル ポーネダ] 米をすくい取る.

푸닥-거리 [pʰudak'ɔri プダクコリ] 名 自 巫女¿の厄払い行事.

*****푸-대접** [一待接] [pʰudedʒɔp プデジョプ] 名 他 冷遇; 冷たいもてなし ¶ ~을 받다 [(pʰudedʒɔb)ul pat'a (プデジョプ)ル パッタ] 冷遇される.

푸르께-하다 [pʰuruk'ehada プルッケハダ] 形 青みがかっている.

*****푸르다** [pʰuruda プルダ] 形 러変 ① 青い ¶푸른 하늘 [pʰurun hanul プルン ハヌル] 青い空 / 푸른 기 [pʰurun k'i プルン キ] 青み ② 気勢が鋭い; 剣幕が激しい ¶서슬이 ~ [sɔ:suri ~ ソスリ ~] すごい剣幕[気勢]だ.

푸르디-푸르다 [pʰurudipʰuruda プルディプルダ] 形 러変 真っ青だ.

푸르락붉으락-하다 [pʰuru rakp'ulgurakhada プルラクプルグラクハダ] 自 (非常に興奮して顔色が)青くなったり赤くなったりする.

푸르무레-하다 [pʰurumurehada プルムレハダ] 形 여変 くすんで青みがかかっている; 青さがさえない.

푸르스름-하다 [pʰuruswrumhada プルスルムハダ] 形 여変 青みがかっている; やや青い ¶ ~-해지다 [~-hedʒi da ~-ヘジダ] 青ばむ. 「青い色.

푸른-빛 [pʰurunbit プルンビッ] 名

푸릇-푸릇 [pʰuruɯtpʰurut プルプルッ] 副 하形 点々と青く; 青々 ¶새싹이 ~ 돋는다 [sɛs'agi ~-(pʰuru t'onnunda セッサギ ~ トンヌンダ] 新芽が青々と芽生える.

푸만-하다 [←飽滿一] [pʰumanhada プマンハダ] 形 여変 (食べすぎて)腹っぱいだ; 胃がもたれる.

푸석-하다 [pʰusɔkhada プソクハダ] 形 여変 ① ばさばさしてもろい; 砕けやすい ¶ 푸석돌 [pʰusɔkt'ol プソクトル] もろい石 ② (顔や肌につやがなく)むくんでいる.

푸성귀 [pʰusɔŋgwi プソングィ] 名 野菜; 青菜; 青物; 菜っ葉 ¶ ~ 시장 [~ ʃi:dʒaŋ ~ シージャン] 青物市 / ~ 장수 [~ dʒaŋsu ~ ジャンス] 八百屋ネ.

푸줏-간 [一廚間] [pʰudʒutk'an プジュッカン] 名 肉屋 = 고깃간 [kogitk'an コギッカン].

푸지다 [pʰudʒida プジダ] 形 豊富である; たっぷりあっておいしそうに見える; どっさりあって見目よい ¶음식이 ~ [u:mʃigi ~ ウームシギ ~] ごちそうがたっぷりある / 푸지게 먹다 [pʰudʒige mɔkt'a プジゲ モクタ] たっぷり食べる.

*****푸짐-하다** [pʰudʒimhada プジムハダ] 形 여変 (食べ物や品物などが)たっぷりあってにぎにぎしい; 豊富である ¶잔치가 ~ [tʃantʃʰiga ~ チャンチガ ~] 宴会のごちそうがたっぷりあってにぎやかだ / 밥상을 ~-하게 차리다 [pap s'aŋul ~-hage tʃʰarida パプサンウル ~-ハゲ チャリダ] お膳をにぎわす[たっぷり調える]. **푸짐-히** [pʰudʒimi プジミ] 副 ① たっぷりと ② にぎやかに.

*****푹** [pʰuk プク] 副 ① すっぽり ¶이불을 ~ 쓰다 [iburul ~ s'uda イブルル ~ ッスダ] 布団をすっぽりかぶる ② ぐっすり ¶잠이 ~ 들다 [tʃami ~ t'ulda チャミ ~ トゥルダ] ぐっすり寝入る ③ すっかり ¶김치가 ~ 익었다 [kim tʃʰiga ~ igɔt'a キムチガ ~ イゴッタ] キムチがすっかり漬かって味がついた ④ ぶすっと ¶ ~ 찌르다 [~ tʃ'iruda ~ ッチルダ] ぶすっと突き刺す ⑤ ずぼっ

と ¶수렁에 ～ 빠지다[suroŋe ～ p'a:dʒida スロンエ ～ ッパージダ] 泥沼にずぼっとはまる ⑥ ばたっと ¶～ 쓰러지다[～ s'urɔdʒida ～ ッスロジダ] ばたっと倒れる ⑦ じっくり; 十分に ¶～ 삶다[～ s'a:mt'a ～ サームタ] じっくり煮込む; 十分にゆでる.

폭석 [pʰuksʼɔk プクソク] 副 하자 ① ほろぼろと(腐ったさま) ② べたりと(くずおれるさま) ③ どさっと ¶～ 내려앉다[(pʰuksʼɔŋ) nɛrjɔantʼa (プクソン) ネリョアンタ] どさっと崩れ落ちる.

폭신-하다 [pʰuksʼinhada プクシンハダ] 形 여변 ふくよかだ; ふかふかしている

폭신-폭신 [pʰuksʼinpʰuksʼin プクシンプクシン] 副 하자形 ふかふか; ふわふわ ¶～한 이불[침대][～han nibul[tʃʰimdɛ] ～ハン ニブル[チームデ]] ふんわりした布団[ベット].

폭-폭 [pʰu:kpʰuk プークプク] 副 ① ふすふす(と) ¶구멍을 ～ 뚫다[kumɔŋul ～ tʼultʰa クモヌル ～ ットゥルタ] ぶすぶす(と)穴をあける ② 十分に ¶콩을 ～ 삶다[kʰoŋul ～ sʼa:mtʼa コンウル ～ サームタ] 豆を十分に煮る ③ むしむし; むんむん ¶～ 찌는 무더운 날[～ tʃʼinɯn mudɔun nal ～ ッチヌン ムドウンナル] むし(むしする)暑い日.

*푼[←分] [pʰun プン] 依名 ① <昔の金銭の単位>文 ¶동전(銅錢) 한～[toŋdʒɔn han ～ トンジョン ハン ～] 銭1文 ② <尺度の単位>分¯ ¶두치 닷～[tu:tʃʰi dat～ トゥーチ ダッ～] 2寸5分 ③ <比率の単位>分¯ ¶1할 3～[irhal sam～ イルハル サム～] 1割3分 ④ <重量の単位>分¯ ¶한돈 5～[handon dat～ ハンドン ダッ～] 1匁5分.

푼-거리 [pʰu:ŋɔri プーンゴリ] 名 分売; ばら売り ¶～ 나무[～ namu ～ ナム] 小束にしてばら売りする薪¯=**푼나무** [pʰu:nnamu プーンナム].

푼-내기 [pʰu:nnɛgi プーンネギ] 名 小銭の賭¯け事.

푼-돈 [pʰu:ntʼon プーントン] 名 小銭; はした金; ばら銭 ¶～을 모으다[～ul mouda (プーント) ヌル モウダ] 小銭をためる.

푼수 [←分數] [pʰu:nsu プーンス] 名 ① 程度; 分 ② 人柄; 人となり; 身のほど; 分際 ¶그 일을 해낼만한 ～가 못된다[kɯ i:rul hɛ:nɛlmanhan ～ga mo:tʼwenda クイールル ヘーネルマンハン ～ガ モートウェンダ] その仕事をやり遂げるだけの柄じゃない/～를 떨다[～rul tʼ:ɔlda ～ルル トールダ] 身のほども知らずにそそっかしくふるまう; 分別がなくてばかなことを仕出かす/～에 맞다[～e matʼa ～エ マッタ] 程度に合う; ほどよい.

푼-어치 [pʰu:nɔtʃʰi プーノチ] 名 はした金で勘定ができるぐらいの品物.

푼푼-이 [pʰu:npʰuni プーンプニ] 副 1銭2銭と; わずかずつ ¶～ 모아 저금하다[～ moa tʃɔ:gɯmhada ～ モア チョーグムハダ] 小遣銭をためて貯金する; 少しずつためて貯金する.

푼푼-하다 [pʰunpʰunhada プンプンハダ] 形 여변 ゆとりがある; ふくよかだ; 十分だ ¶～-한 생활[～-han sɛnhwal ～-ハン センファル] ゆとりのある暮らし **푼푼-히** [pʰunpʰuni プンプニ] 副 十分に; ふくよかに.

*풀¹ [pʰul プル] 名 ① 糊¯ ¶～을 쑤다[(pʰur)ul sʼuda (プルル)ッスダ] 糊をつくる/～을 먹이다[(pʰur)ul mɔgida (プルル モギダ] 糊づけをする/～ 개다[～ geda ～ ゲダ] 糊を練る ② '풀기「糊気・元気」'の略 ¶～이 죽다[(pʰur)i tʃukt'a (プリ チュクタ] 糊気が弱い; 気がくじかれて元気がない.

*풀² [pʰul プル] 名 草 ¶～이 나다[(pʰur)i nada (プリ ナダ] 草が生える/～ 뽑다[(pʰur)ul pʼoptʼa (プルル ッポプタ] 草を取る[むしる] /～ 뜯다[(pʰur)ul tʼutʼa (プルルットゥッタ] つみ草をする.

풀 [pʰul プル] full 名 フル ¶～ 코스[～ kʰo:sɯ ～ コース] フルコース/～ 스피드[～ supʰi:dɯ ～ スピードゥ] フルスピード.

풀 [pʰu:l プール] pool 名 プール ¶실내～ [jillɛ ～ シルレ～] 室内プール.

풀-기 [←氣] [pʰulkʼi プルキ] 名 ① 糊気¯ ¶～가 없다[～ga ɔ:ptʼa ～ガ オープタ] 糊気がない ② 元気; 活気 ¶젊은 애가 통 ～가 없다[tʃɔlmun ɛ:ga tʰoŋ ～ga ɔ:ptʼa チョルムン エーガ トン ～ガ オープタ] 若い者がまったく元気がない.

*풀다 [pʰulda プルタ] 他 ㄹ語幹 ① 解く ¶매듭을 ～[mɛduburul ～ メドゥブル ～] 結び目を解く/경계를 ～[kjɔ:ŋgerul ～ キョーンゲルル ～] 警戒を解く/수학 문제를 ～[su:haŋ mu:ndʒerul ～ スーハン ムーンジェルル ～] 数学の問

풀려지다

題を解く ② はずす ¶단추를 ~[tantɕʰurul ~ タンチュルル ~] ボタンをはずす ③ 下ろす ¶짐을 ~[tɕimul ~ チムル ~] 積み荷を下ろす ④ 広げる ¶보따리를 ~[pot'arirul ~ ポッタリルル ~] 包みを広げる ⑤ ほどく ¶머리를 ~[mɔrirul ~ モリルル ~] 髪をほどく ⑥ 晴らす ¶숙원(宿願)을 ~[sugwɔnul ~ スグォヌル ~] 宿恨を晴らす ⑦ 交[混]ぜる ¶계란을 ~[keranul ~ ケラルル ~] 卵を交ぜる ⑧ かむ ¶코를 ~[kʰorul ~ コルル ~] 鼻をかむ ⑨ (人を動員[配置]する.

풀려-지다 [pʰulljɔdʑida プリリョジダ] 自 ① 結び目がほどけてくる=¶매듭이 ~[mɛdubi ~ メドゥビ ~] ② 和らいでくる ③ (怒り・恨み・疑い・誤解がなくなってくる; 晴れてくる.

***풀리다** [pʰullida プリダ] 自 ① 解ける ¶허리띠가 ~[hɔrit'iga ~ ホリッティガ ~] 帯が解ける / 얼음이 ~[ɔrumi ~ オルミ ~] 氷が解ける / 노여움이 ~[nojɔumi ~ ノーヨウミ ~] 怒りが解ける / 문제가 ~[mundʑega ~ ムーンジェガ ~] 問題が解ける ② ほぐれる ¶엉킨 것이 ~[ɔŋkʰin kɔɕi ~ オンキン コシ ~] もつれがほぐれる / 기분이 ~[kibuni ~ キブニ ~] 気分がほぐれる ③ ゆるむ ¶마음이 ~[maumi ~ マウミ ~] 気持ちがゆるむ ④ 和らぐ ¶추위가 ~[tɕʰuwiga ~ チュウィガ ~] 寒さが和らぐ ⑤ 晴れる ¶원한(怨恨)이 ~[wɔːnhani ~ ウォーンハニ ~] 恨みが晴れる ⑥ 溶ける ¶설탕이 물에 ~[sɔltʰaŋi mure ~ ソルタンイ ムレ ~] 砂糖が水に溶ける.

풀-매기 [pʰulmɛgi プルメギ] 名 [하自] 草取り; 草むしり; 除草; =김매기 [kiːmmɛgi キームメギ] 田畑での除草.

풀-먹이다 [pʰulmɔgida プルモギダ] 糊のづけをする ¶-먹인 옷 [~-mɔgin ot ~-モギノッ] 糊気のある着物.

풀무 [pʰulmu プルム] 名 鞴ぎ —질 [dʑil ジル] 名 [하自] ふいごで風を起こすこと.

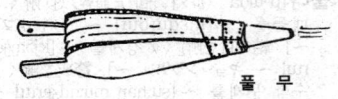

풀 무

풀-밭 [pʰulbat プルバッ] 名 草地; 草原; 草むら.

풀-벌레 [pʰulbɔlle プルボルレ] 名 草むらにすむ昆虫.

풀-빛 [pʰulpit プルピッ] 名 草色=풀색(色) [pʰulsʼɛk プルセク]. 草やぶ.

풀-숲 [pʰulsʼup プルスプ] 名 草むら;

풀썩 [pʰulsʼɔk プルソク] 副 [하自] ① ぱっと ¶먼지가 ~나다 [mɔndʑiga (pʰulsʼɔŋ) nada モンジガ (プルッソン) ナダ] ほこりがぱっと立つ ② ぺたんと(座る).

풀-쑤다 [pʰulsʼuda プルスダ] 自 ① 糊をつくる ② (財産を)蕩尽する [使い果たす]; 身上をつぶす.

풀쑥 [pʰulsʼuk プルスク] 副 だしぬけに; にゅっと; ひょいと ¶~ 말을 걸다 [(pʰulsʼuŋ) maːrul kɔːlda (プルッスン) マールル コールダ] だしぬけに話しかける / ~ 손을 내밀다 [~ sʼonul nɛːmilda ~ ソヌル ネーミルダ] にゅっと手を出す.

풀어-내다 [pʰurɔneda プロネダ] 他 ① 解く; 解きほぐす ¶엉킨 실을 ~ [ɔŋkʰin ɕiːrul ~ オンキン シールル ~] もつれた糸を解きほぐす ② 解き明かす ¶힘든 문제를 ~ [himdun muːndʑerul ~ ヒムドゥン ムーンジェルル ~] 難しい問題を解き明かす.

풀어-놓다 [pʰurɔnotʰa プロノッタ] 他 ① 解き放す; 放つ; 釈放する ¶개를 ~ [kɛːrul ~ ケールル ~] 犬を解き放す / 죄인을 ~ [tɕweːinul ~ チュエーイヌル ~] 罪人を釈放する ② (秘密裡に)配置する ¶형사를 ~ [hjɔŋsarul ~ ヒョンサルル ~] 刑事を方々へ配置する ③ (荷物などを)解く; ほどいて置く.

풀어-지다 [pʰurɔdʑida プロジダ] 自 ① ほどける; ほぐれる ¶매듭이 ~ [mɛdubi ~ メドゥピ ~] 結び目がほどける ② 晴れる ¶원한(怨恨)이 ~ [wɔːnhani ~ ウォーンハニ ~] 恨みが晴れる ③ 溶ける ¶물에 [mure ~ ムレ ~] 水に溶ける ④ 伸びる ¶국수가 ~ [kuksʼuga ~ ククスガ ~] うどんが伸びる ⑤ 暖かくなる ¶날씨가 ~ [nalɕʼiga ~ ナルッシガ ~] 天気が暖かくなる[和らぐ] ⑥ 緊張がゆるむ= ¶긴장이 ~ [kindʑaŋi ~ キンジャンイ ~].

풀어-헤치다 [pʰurɔhetɕʰida プロヘチダ] 他 ① 解いて広げる ¶소포를 ~ [soːpʰorul ~ ソーポルル ~] 小包を解いて広げる ② はだける ¶가슴을 ~ [kasumul ~ カスムル ~] 胸元をは

だける.

*풀이 [pʰuri プリ] 名 하他 解くこと; 解釈; (解)答 ¶다음 문제를 ~하라 [taum mu:ndʒerul ~hara タウム ムーンジェルル ~ハラ] 次の問題を解釈せよ; 次の問題の解答を求めよ.

-풀이 [pʰuri プリ] 接尾 晴らすこと; 解くこと ¶살~[sal~ サル~] (巫女さんの)厄払い / 액~하다 [ɛk~hada エク~ハダ] 厄払いをする / 화~[hwa:~ ファー~] 腹いせ / 기분~[kibun~ キブン~] 気晴らし; 憂さ晴らし.

풀-잎 [pʰullip プルリプ] 名 草の葉 ¶~소리 [~ s'ori ~ ソリ] 草の葉音 — 피리 [pʰiri ピリ] 草笛.

풀-장 [—場] [pʰu:ldʒaŋ プールジャン] pool 名 プール; 水泳場.

풀-죽다 [pʰuldʒukt'a プルジュクタ] 自 ① 糊気ゖが弱くなる ¶~죽은 옷 [~-dʒugun ot ~-ジュグノッ] 糊気が弱くなった[糊がきいていない]着物 ② (気が)めいる; 萎れる; しょげ返る ¶돈을 잃고 ~[to:nul ilkʰo ~ トーヌル イルコ ~] 金をなくして萎れる.

풀-칠 [—漆] [pʰultsʰil プルチル] 하自 ① 糊ぃづけ ¶종이에 ~하다 [tʃoŋie (pʰultʃʰir)hada チョンイエ ~ハダ] 紙に糊をつける[ぬる] ② 糊口きを [やっと飢え]をしのぐこと; 口過ぎ ¶겨우 입에 ~하다 [kjou ibe (pʰultsʰir)hada キョウ イベ ~ハダ] やっと口に糊する; 辛うじて糊口をしのぐ / 입에 ~하기 어렵다 [ibe (pʰultsʰir)hagi ɔrjɔpt'a イベ ~ハギ オリョプタ] 口[あご]が干上がる; 糊口をしのぎ難くなる.

풀풀 [pʰulpʰul プルプル] 副 ① ぴょんぴょん ¶~ 뛰다 [~ t'wida ~ットゥィダ] ぴょんぴょん跳ねる ② ちらちらと ¶눈이 ~ 날다 [nu:ni ~ nalda ヌーニ ~ ナルダ] 雪がちらちらと飛び散る ③ ばらばらと ¶불티가 ~ 뛰다 [pultʰiga ~ tʰwida プルティガ ~ トゥィダ] 火の紛がばらばらと降る[飛び散る].

*품¹ [pʰum プム] 名 ① 上衣の胸幅; 胸と上衣との間隙ゖ ¶~이 솔다 [~i so:lda (プ)ミ ソールダ] 上衣の胸幅が狭い / ~이 넓다 [~i nɔlt'a (プ)ミ ノルタ] 上衣の胸幅が広い ② 身幅 ¶~이 좁은 옷 [~i tʃobun ot (プ)ミ チョブノッ] 身幅の狭い服 ③ 懐 ¶엄마~에 안기다 [ɔmma ~e angida オムマ (プ)メ アンギダ] 母の懐[胸]に抱かれる / ~에 넣다 [~e nɔ:tʰa (プ)メ ノーッタ] 懐に入れる.

*품² [pʰum プム] 名 手間; 手数; 努力 ¶~이 들다 [~i tulda (プ)ミ トゥルダ] 手間がかかる / ~을 사다[팔다] [~ul sada[pʰalda] (プ)ムル サダ[パルダ]] 労力をまず提供してもらう[手間仕事をする・労賃をもらって働く].

품³ [pʰum プム] 依名 …つき; …振り ¶말하는 ~ [ma:rhanun ~ マールハヌン ~] ことばつき / 술 마시는 ~ [sulmaʃinun ~ スルマシヌン ~] 飲みっぷり.

품 [品] [pʰu:m プーム] 名 品質・品格・品位の略 ¶~이 낮다 [~i nat'a (プ)ー ナッタ] 品質が劣る; 下品だ.

품-값 [pʰumk'ap プムカプ] 名 労賃; 労銀; =‘품삯’ ¶~이 비싸다 [~ʃ'i pis'ada ~シ ピッサダ] 労賃が高い.

품-갚다 [pʰumgapt'a プムガプタ] 自 労力の見返りに労力を提供する 품-갚음 [pʰumgapʰum プムガプム] 名 하自 労力の見返り[報い].

품격 [品格] [pʰu:mk'jɔk プームキョク] 名 品格; 風柄; 品位 ¶~이 떨어지다 [(pʰu:mk'jɔg)i t'ɔrɔdʒida (プームキョ)ギットロジダ] 品格が下がる / ~이 높다 [(pʰu:mk'jɔg)i nopt'a (プームキョ)ギ ノプタ] 気高い; 品がよい.

품귀 [品貴] [pʰu:mgwi プームグィ] 名 하形 品枯れ; 品薄; 品切れ ¶~ 상태(狀態)가 되다 [~ saŋtʰɛga tweda ~ サンテガ トゥェダ] 品枯れ[品切れ]になる.

*품다¹ [pʰu:mt'a プームタ] 他 ① 抱く ¶알을 ~ [arul ~ アルル ~] 卵を抱く; 卵を暖める ② 持つ; 抱く; 含む ¶원한(怨恨)을 ~ [wɔ:nhanul ~ ウォーンハヌル ~] 恨みを持つ[抱く] / 큰 뜻을 ~ [kʰun t'usul ~ クントゥスル ~] 大志[大望]を抱く / 노염을 ~ [no:jɔmul ~ ノーヨムル ~] 怒りを含む.

품다² [pʰumt'a プムタ] 他 (たまり水を)続けざまにくみ出す ¶물을 품어내다 [murul pʰumɔnɛda ムルル プモネダ] 水をくみ出す.

품-돈 [pʰumt'on プムトン] 名 労賃.

품명 [品名] [pʰu:mjɔŋ プームミョン] 名 品名.

품목 [品目] [pʰu:mmok プームモク] 名 品目 ¶영업 ~ [jɔŋɔp ~ ヨンオプ ~] 営業品目.

품사[品詞][pʰuːmsa プームサ] 名〈語〉品詞.

품-삯[pʰumsʼak プムサク] 名 労賃; 手間賃; 手間代; 賃銭 ¶~을 받다 [(pʰumsʼag)ul patʼa (プムサ)グル パッタ] 手間代を取る.

품성[品性][pʰuːmsɔŋ プームソン] 名 品性 ¶~을 기르다 [~ɯl kirɯda ~ウル キルダ] 品性を養う.

품성[稟性][pʰuːmsɔŋ プームソン] 名 稟性ひん; 天性 ¶~이 훌륭한 사람 [~i hulljuŋhan saːram ~イ フルリュンハン サーラム] 稟性の立派な人.

품-속[pʰumsʼok プムソク] 名 懷; 懷中; 胸(のうち) ¶~에 집어 넣다 [(pʰumsʼog)e tɕibɔ nɔtʰa (プムソ)ゲ チボノッタ] 懷にしまい込む.

품신[稟申][pʰuːmɕin プームシン] 名〈下他〉上申.

품-안[pʰuman プマン] 名 懷; 懷中 ¶어린애를 ~에 안다 [ɔrinɛrɯl ~e antʼa オリネルル (プマ)ネ アンタ] 子供を胸に抱く.

품-앗이[pʰumaɕi プマシ] 名〈下自〉野良[きつい]仕事の助け合い; 互いに自分の労力を提供し合ってそのお返しとして相手の労力を提供してもらう助け合い.

*__품위__[品位][pʰuːmwi プームィ] 名 品位; 柄; 品; 品格; 見識 ¶~가 있다 [~ga itʼa ~ガ イッタ] 上品だ; ノーブルだ / ~ 없다 [~ga ɔːpʼta ~ガ オープタ] 下品だ / ~를 높이다 [~rɯl nopʰida ~ルル ノビダ] 品位を高める.

품의[稟議][pʰuːmi プーミ] 名〈下他〉稟議ひん; 伺い —서 [sɔ ソ] 名 稟議書.

품절[品切][pʰuːmdʑɔl プームジョル] 名〈下他〉品切れ —되다 [dweda ドゥェダ]〈下自〉品切れになる.

품종[品種][pʰuːmdʑoŋ プームジョン] 名 品種 ¶~ 개량 [~ gɛːrjaŋ ~ ゲーリャン] 品種改良.

*__품질__[品質][pʰuːmdʑil プームジル] 名 品質; 品柄; 質ち —관리 [gwalli グァルリ] 名 品質管理 —표시 [pʰjoɕi ピョシ] 名 品質表示.

품-팔다[pʰumpʰalda プムパルダ]〈己語幹〉手間仕事をする; 労賃をもらって働く **품-팔이**[pʰumpʰari プムパリ] 名〈下自〉日雇い労働; 賃仕事 ¶~꾼 [~kʼun ~ックン] 自由労働者.

품평[品評][pʰuːmpʰjɔŋ プームピョン] 名〈下他〉品評; 品定め; 品題 —회 [hwe フェ] 名 品評会.

품-하다[稟—][pʰuːmhada プームハダ]〈下他〉上申する; 申し上げる.

품행[品行][pʰuːmhɛŋ プームヘン] 名 品行; 行跡; 行狀; 身持ち; 素行; 身性[身狀] ¶~이 나쁘다 [~i napʼɯda ~イ ナップダ] 素行[品行]が悪い / ~이 나쁜 남자 [~i napʼun namdʑa ~イ ナップン ナムジャ] 身持ちの悪い男.

풋-[pʰut プッ]〈接頭〉新しい物; 未熟なもの ¶~것 [~kʼɔt コッ] 走り; 初物 / ~열매 [(pʰun) njɔlmɛ (プン)ニョルメ] 花落ち —감 [kʼam カム] 青い柿 —고추 [kʼotɕʰu コチュ] 名 青トウガラシ —과일 [kʼwail クァイル] 名 未熟の果物 —김치 [kʼimtɕʰi キムチ] 春・秋の初物の大根や白菜で漬けたキムチ —나물 [(pʰun) namul (プン)ナムル] 名 春の若葉, またそのあえもの —대추 [tʼɛtɕʰu テチュ] 名 ① 干していないナツメ ② 未熟のナツメの実 —사과 [sʼagwa サグァ] 十分に熟していないリンゴ —콩 [kʰoŋ コン] 名 まだ十分に実らない莢の中の豆; 枝豆.

풋-내[pʰunnɛ プンネ] 名 (新芽・若葉などの)青くさいにおい; (比喩的に)未熟な, または幼稚なこと ¶~는 애송이 [~nanun ɛsoŋi ~ナヌン エソンイ] 青臭い若造.

풋-내기[pʰunnɛgi プンネギ] 名 ① 新米; 初心者; 青二才; 素人; 新人 ¶~ 기자 [~ gidʑa ~ ギジャ] 新米[駆け出し]の記者 / 아직 ~ 다 [adʑik ~da アジク ~ダ] まだ青二才だ ② 慎重さを欠き血気にはやる人.

풋-사랑[pʰusʼaraŋ プッサラン] 名 ① 幼い頃の恋 ② 気まぐれのはかない恋; 仮初めの恋; 淡い恋 ¶하룻밤의 ~ [haruʔpʼame ~ ハルッパメ ~] 一夜の淡い恋.

풋-잠[pʰutɕʼam プッチャム] 名 寝ついたばかりの浅い眠り; うたた寝; 仮眠.

풍[風][pʰuŋ プン] 名 法螺ほ; うそ; = 허풍(噓風) [hɔpʰuŋ ホプン] ¶~을 마구 떨다 [~ɯl magu tʼːlda ~ウル マグットールダ] 法螺を吹(きま)く(る); おおげさに言う.

풍격[風格][pʰuŋkʼjɔk プンキョク] 名 風格; 人柄; おもむき ¶선비다운 ~ [sɔnbidaun ~ ソンビダウン ~] 学者にふさわしい風格.

*__풍경__[風景][pʰuŋgjɔŋ プンギョン] 名 風景; 景色 ¶전원 ~ [tɕɔnwɔn ~

チョヌォン ~] 田園風景 / 시골 ~ [ʃigol ~ シゴル ~] 田舎の景色 **―화** [hwa ファ] 图 風景画.

풍경[風磬][pʰuŋgjəŋ プンギョン] 图 (寺などの軒につり下げる)小さな鐘状の風鈴; 風鐸 ¶ 처마끝의 ~이 울리다[tʃʰəmak'utʰe ~i ullida チョマックテ ~イ ウルリダ] 軒端の風鈴が鳴る **―소리**[s'ori ソリ] 图 風鈴の音.

풍경

풍금[風琴][pʰuŋgɯm プングム] 图 〈楽〉風琴; オルガン.

풍기[風紀][pʰuŋgi プンギ] 图 風紀 ¶ ~ 문란[~ mu:llan ~ ムールラン] 風紀紊乱びん.

***풍기다**[pʰuŋgida プンギダ] 自他 ① におわす; (においを)漂わす ¶ 향기를 ~[hjaŋgirul ~ ヒャンギルル ~] 香りを漂わす / 악취를 ~[aktʃʰwirul ~ アクチュィルル ~] 悪臭を放つ ② (鶏が驚いて)四方に飛び散る; 散らす.

***풍년**[豊年][pʰuŋnjən プンニョン] 图 豊年; 当たり年 ¶ ~이 들다[~i tulda (プンニョ)ニ トゥルダ] 農作物が豊かに実る; 豊作になる **―거지**[gə:dʒi ゴージ] 图 多くの人が利得を得ているのに、自分だけが貧乏籤を引いた人のこと; 豊年乞食ごき **―기근**[饑饉][gigun ギグン] 图 豊年に穀物の価格があまり安くて農民の打撃が大きな現象.

풍덩[pʰuŋdəŋ プンドン] 副 하自 どぶん; 重いものが水に落ちこむ音[さま].

풍뎅이[pʰuŋdeŋi プンデンイ] 图〈虫〉コガネムシ(黄金虫).

풍란[風蘭][pʰuŋnan プンナン] 图〈植〉フウラン(風蘭).

풍랑[風浪][pʰuŋnaŋ プンナン] 图 ① 風浪 ¶ ~과 싸우다[~gwa s'auda ~グァッサウダ] 風浪と戦う ② 苦労.

풍력[風力][pʰuŋnjək プンニョク] 图 ① 風力; 風勢 ② ある人の威力 **―계**[k'e ケ] 图〈気〉風力計 **―발전**[p'altɕ'ən パルチョン] 图 風力発電.

풍로[風爐][pʰuŋno プンノ] 图 こんろ; 七輪[七厘]; 風炉 ¶ 석유 ~[sɔgju ~ ソギュ ~] 石油こんろ.

풍류[風流][pʰuŋnju プンニュ] 图 風流; 風雅; 数寄; 花鳥風月 ¶ ~객(客)[gɛk ゲク] 風流人 / ~를 즐기다[~rul tɕulgida ~ルル チュルギダ] 風流を嗜たなむ / ~를 좋아하다[~rul tɕo:ahada ~ルル チョーアハダ] 数寄を好む.

풍만[豊満][pʰuŋman プンマン] 图 하形 豊満 ¶ ~한 육체[~han juktɕʰe ~ハン ユクチェ] 豊満な肉体.

풍모[風貌][pʰuŋmo プンモ] 图 風貌ぼう; 風采さいと容貌 ¶ 당당한 ~ [taŋdaŋhan ~ タンダンハン ~] 堂々たる風貌.

풍문[風聞][pʰuŋmun プンムン] 图 風聞; うわさ; 風説; 風の便り ¶ 근거없는 ~[kungɔ:mnun ~ クンゴオムヌン ~] より所のないうわさ.

풍물[風物][pʰuŋmul プンムル] 图 ① 風物; 景物 ¶ ~시[~ʃi ~シ] 風物詩 / 전원의 ~[tɕɔnwəne ~ チョヌォネ ~] 田園の風物 ② 〈楽〉農楽ノンに用いる楽器「囃子ばや物」の総称; 歌と踊りの流し芸能人たちの出し物の一種 ③ 農楽のもとの語 **―장이**[dʑaŋi ジャンイ] 图 農楽に用いる楽器を作る職人.

풍미[風味][pʰuŋmi プンミ] 图 ① 風味 ¶ ~있는 요리[~innun njori ~インヌン ニョリ] 風味ある料理 ② (人柄の)上品さ; 優雅さ; 人柄が粋いきで雅がやかなこと; 風雅であること.

풍미[風靡][pʰuŋmi プンミ] 图 하自他 風靡ひ ¶ 일세를 ~ 하다[ils'erul ~-hada イルセルル ~ハダ] 一世を風靡する.

***풍부**[豊富][pʰuŋbu プンブ] 图 豊富 ¶ ~한 자원[~han tɕawən プンブハン チャウォン] 豊富な資源 / ~한 재능[~han tɕɛnɯŋ ~ハン チェヌン] 豊かな才能 **―하다**[hada ハダ] 形 豊富だ; 豊かだ **―히**[i イ] 副 豊かに.

풍비-박산[風飛雹散][pʰuŋbibaks'an プンビパクサン] 图 하自 四方に飛び散ること; 散り散りになること.

풍상[風霜][pʰuŋsaŋ プンサン] 图 風霜; 風雪 ¶ 모진 ~을 겪다[mo:dʑin ~ul kjəkt'a モージン ~ウル キョクタ] きびしい風霜を経る; きびしい苦労や困難にあう.

풍선[風扇][pʰuŋsən プンソン] 图 ① 煽あいで風を起こす器具(扇風機など) ② 風を起こして穀物を吹き分ける農具 = 唐箕とう = **풍구**[pʰuŋgu プング].

풍선[風船][pʰuŋsɔn プンソン] 图 風船; 風船玉 ¶~이 터지다[~i tʰɔ:dʑida (プンソ)ニ トージダ] 風船玉が割れる[張り裂ける].

풍설[風雪][pʰuŋsɔl プンソル] 图 風雪; 吹雪ふぶき; =눈바람[nu:np'aram ヌーンパラム] ¶~을 무릅쓰고[(pʰuŋsɔr)ul murɯps'ɯgo (プンソ)ルル ムルプスゴ] 風雪を冒して(進軍する).

풍설[風說][pʰuŋsɔl プンソル] 图 風說; うわさ; ='풍문'(風聞) ¶~을 퍼뜨리다[(pʰuŋsɔr)ul pʰɔ:t'urida (プンソ)ルル ポートゥリダ] 風説を立てる[流す].

풍성[豊盛][pʰuŋsəŋ プンソン] 图 [하形] 豊かで多いこと、ふんだんにあること ¶~한 자금[~han tɕagum ~ハン チャグム] 豊かな[ふんだんにある]資金 ― **풍성**[pʰuŋsəŋ プンソン] 副 [하形] [히副] あり余るほど多い; とても豊かに. ―**히**[i イ] 副 ふんだんに; 豊かに.

***풍속**[風俗][pʰuŋsok プンソク] 图 風俗 ¶~ 습관[~ sʼɯpkʼwan ~ スプクァン] 風俗習慣 ―**도**(圖)[t'o ト]・―**화**[(pʰuŋsok)hwa クァ] 图 風俗画 ―**범**(犯)[p'ɔm ポム]・―**사범**(事犯)[s'a:bɔm サーボム] 图 風俗犯(罪) ―**소설**[s'o:sɔl ソーソル] 图 風俗小説 ―**영업**[(pʰuŋsoŋ)njɔŋɔp (プンソン)ニョンオプ] 图 風俗営業.

풍수[風水][pʰuŋsu プンス] 图 風水; 陰陽道で風土や水勢を見きわめて、住居・埋葬の地を占い定める説 ―**도**(圖)[do ド] 图 風水説による地勢図 ―**설**[sɔl ソル] 图 風水説; 風水に関する学說 ―**쟁이**[dʑɛŋi ジェニ] 图 地相見の俗称 =지관(地官)[tɕigwan チグァン] ―**지리**(地理)[dʑiri ジリ] 图 地形・方位・五行などで吉凶を判断して住居・埋葬の地を決める学說.

***풍습**[風習][pʰuŋsɯp プンスプ] 图 風習; 習わし; しきたり ¶진기(珍奇)한 ~[tɕingihan ~ チンギハン ~] 珍しい風習.

풍악[風樂][pʰuŋak プンアク] 图 宮廷などで奏でられる伝統的音楽 ¶~을 잡히다[올리다][(pʰuŋaŋ)ɯl tɕapʰida[ullida] (プンア)グル チャプヒダ[ウルリダ]] 楽を奏でる; 音楽を演奏させる.

풍악-산[楓嶽山][pʰuŋaks'an プンアクサン] 图 秋の金剛山[kumgaŋsan クムガンサン]の別称.

풍어[豊漁][pʰuŋɔ プンオ] 图 豊漁; 大漁 ¶꽁치가 ~다[k'oŋtɕʰiga ~da ッコンチガ ~ダ] サンマが豊漁だ.

풍요[豊饒][pʰuŋjo プンヨ] 图 [하形] 豊饒ほうじょう; あり余るほど豊かなこと ¶~한 사회[生活][~han sahwe[seŋhwal] ~ハン サフェ[センファル]] 豊かな社会[暮らし](*日本語の「豊饒」は土地が肥沃で作物が豊かに実ることの意) ¶~로운 땅[~roun t'aŋ ~ロウン ッタン] 豊饒な土地[豊地].

풍운[風雲][pʰuŋun プンウン] 图 風雲 ¶~의 뜻[~e t'ɯt (プンウ)ネットゥッ] 風雲の志 ―**아**[a (プンウ)ナ] 图 風雲児.

풍월[風月][pʰuŋwɔl プンウォル] 图 [하自] 風月 ¶~을 벗삼다[(pʰuŋwɔr)ul pɔs'amt'a (プンウォ)ル ポッサムタ] 風月を友とする.

풍자[諷刺][pʰuŋdʑa プンジャ] 图 風刺 ¶~적인 만화[~dʑɔgin ma:nhwa ~ジョギン マーンファ] 風刺的(な)漫画 ―**하다**[hada ハダ] 他 風刺する; 皮肉る ¶정치를 ~[tɕɔŋtɕʰirul ~ チョンチルル ~] 政治を皮肉る.

풍작[豊作][pʰuŋdʑak プンジャク] 图 豊作; 上作; 満作 ¶~의 해[(pʰuŋdʑag)e hɛ (プンジャ)ゲ ヘ] 豊作の年/농작물(農作物)의 ~과 흉작(凶作)[noŋdʑaŋmure (pʰuŋdʑa)k'wa hjuŋdʑak noŋジャンムレ ~クァ ヒュンジャク] 作物の出来と不出来.

풍조[風潮][pʰuŋdʑo プンジョ] 图 風潮 ¶세상 ~에 따르다[se:saŋ ~e t'aruda セーサン ~エッタルダ] 世の風潮に従う.

풍족[豊足][pʰuŋdʑok プンジョク] 图 [하形] 豊かで不足のないこと ¶~한 생활[(pʰuŋdʑo)kʰan sɛŋhwal ~カン センファル] 豊かな暮らし[生活].

풍지-박산[風─電散][pʰuŋdʑibaks'an プンジバクサン] 图 [하自] 四方に飛び散ること='풍비박산'(風飛電散).

풍차[風車][pʰuŋtɕʰa プンチャ] 图 ① 風車 ② 風車ぼうし ③ 唐箕とうみ='풍구'.

풍채[風采][pʰuŋtɕʰɛ プンチェ] 图 風采ふうさい; 恰幅かっぷく ¶~가 좋다[~ga tɕo:tɕʰa ~ガ チョーッチャ] 恰幅[風格]がよい.

풍취[風趣][pʰuŋtɕʰwi プンチュィ] 图 風趣; 趣; 風致 ¶~있는 경치(景致)[~innɯn kjɔŋtɕʰi ~インヌン キョンチ] 趣のある景色.

풍치[風致][pʰuntʃʰi プンチ] 名 風致 ① 趣のある景色 ¶~를 해치다[~-rul hɛːtʃʰida ~ルル ヘーチダ] 風致を害する ② 趣; 味わい ¶~를 더하다 [~rul təhada ~ルル トハダ] 風致を増す; 趣を添える.

풍치[風齒][pʰuntʃʰi プンチ] 名〈医〉神経症による歯痛; 歯周炎.

***풍토**[風土][pʰuntʰo プント] 名 風土 **—기**[gi ギ] 名 風土記 **—병**[pʲoŋ ピョン] 名 風土病 **—색**[sɛk セク] 名 風土色.

풍파[風波][pʰunpʰa プンパ] 名 風波 ① 荒れ; 波風 ¶~가 일다[~ga iːlda ~ガ イールダ] 風波が立つ ② 争い; 揉めごと; いざこざ ¶가정에 ~가 일다[kadʑɔŋe ~ga iːlda カジョンエ ~ガ イールダ] 家庭にいざこざが立つ / ~가 끊이지 않다[~ga k'ɯnidʑi antʰa ~ガ クニジ アンタ] もめごとが絶えない / 평지를 일으키다[pʲəŋdʑi~rul irukʰida ピョンジールル イルキダ] 平地に波瀾を起こす[もめごとを起こす] ③ (人生の)苦難; 荒波 ¶세상 ~에 시달리다[seːsaŋ ~e ʃidallida セーサン ~エ シダルリダ] 浮き世の荒波にもまれる.

풍향[風向][pʰuŋhjaŋ プンヒャン] 名 風向; 向き **—계**[ge ゲ] 名 風向計.

풍화[風化][pʰuŋhwa プンファ] 名自 風化 **—작용**[dʑagjoŋ ジャギョン] 名 風化作用.

퓨즈[pʰjuːdʑɯ ピュージュ] fuse 名 ヒューズ ¶~가 끊어지다[~ga k'ɯnədʑida ~ガ ックノジダ] ヒューズが飛ぶ[切れる].

퓰리처-상[—賞][pʰjuritʃʰosaŋ ピュリチョサン] Pulitzer Prize 名 ピュリッツァー賞; ジャーナリズム・文学・音楽の各分野で優れた業績をあげた人に毎年贈られる賞[アメリカの新聞経営者 Pulitzer (1847~1911)の遺言により創設].

프라이[pʰɯrai プライ] fry 名他 フライ ¶새우 ~[sɛu ~ セウ ~] エビフライ / 계란 ~[keran ~ ケラン ~] 目玉焼き **—팬**[pʰɛn ペン] 名 フライパン.

프락치[pʰɯraktʃʰi プラクチ]〈ロ〉 fraktsiya 名 フラクション(fraction); 左翼政党が労働組合や大衆団体の中に設ける小規模な党員組織・分派.

프랑스[pʰɯraŋsɯ プランス] 名〈地〉フランス(France).

프래그머티즘[pʰɯrɛgumətʰidʑɯm プレグモティジュム] pragmatism 名〈哲〉プラグマチズム; 実用主義.

프런트[pʰɯrənthɯ プロントゥ] front 名 (ホテルの)フロント.

프레임[pʰɯreim プレイム] frame 名 フレーム.

프렌치 드레싱[pʰɯrentʃʰi dɯreʃiŋ プレンチ ドゥレシン] French dressing 名 フレンチドレッシング.

***프로**[pʰɯro プロ] pro ① プログラム(program)の略; 番組 ¶방송[교양] ~[paːŋsoŋ[kjoːjaŋ] ~ パーンソン[キョーヤン] ~] 放送[教養]番組[プロ] ② プロダクションの略 ③ プロレタリア(ート)の略 ¶~ 문학[~ munhak ~ ムンハク] プロ文学 ④ プロフェッショナルの略; 職業的 ¶~ 야구[~ jaːgu ~ ヤーグ] プロ野球 ⑤ プロパガンダの略 ⑥ パーセントの略; %.

프로그램[pʰɯrogɯrɛm プログレム] program 名 プログラム; 番組.

프로덕션[pʰɯrodəkʃʼən プロドクション] production 名 プロダクション.

프로듀서[pʰɯrodjuːsə プロデューソ] producer 名 プロデューサー; PD.

프로페셔널[pʰɯropʰeʃənəl プロペショノル] professional 名 プロフェッショナル.

프로펠러[pʰɯropʰellə プロペルロ] propeller 名 プロペラ ¶~ 비행기[~ biheŋgi ~ ピヘンギ] プロペラ飛行機.

프로포즈[pʰɯropʰoːdʑɯ プロポージュ] propose 名自他 プロポーズ.

프로필[pʰɯropʰil プロピル] profile 名 プロフィール; 横顔; 人物評.

프루츠[pʰɯruːtʃʰɯ プルーチュ] fruits 名 フルーツ; 果物 **—펀치**[pʰəntʃʰi ポンチ] 名 フルーツポンチ.

프리[pʰɯriː プリー] free 名 フリー **—랜서**[rɛnsə レンソ] 名 フリーランサー(free lancer); フリーランス(free lance) **—배팅**[bɛtʰiŋ ベティン] 名〈野〉フリーバッティング.

프리미엄[pʰɯrimiəm プリミオム] premium 名 プレミアム ¶~을 부치다 [~ɯl putʃʰida (プリミオ)ムル プチダ] プレミアムをつける.

프린트[pʰɯrintʰɯ プリントゥ] print 名他 プリント; 印刷(物).

프릴[pʰɯril プリル] frill 名 (衣裳の)フリル.

플라스틱[pʰɯllasɯtʰik プルラスティク] plastic 名 プラスチック **—공해**[k'oŋhɛ コンヘ] 名 プラスチック公害.

플라워 [pʰullawɔ プルラウォ] flower 图 フラワー; 花 **—디자인** [didʒain ディジャイン] 图 フラワーデザイン.

플라타너스 [pʰullatʰanɔsɯ プルラタノス] platanus 图 〈植〉プラタナス.

플라토닉 러브 [pʰullatʰonik lɔbɯ プルラトニク ロブ] platonic love 图 プラトニックラブ; 純粋で精神的な恋愛.

플래시 [pʰullɛʃi プルレシ] flash 图 フラッシュ **¶~를 터뜨리다** [~rɯl tʰɔt'urida ~ルル トゥットゥリダ] フラッシュをたく **—라이트** [raitʰɯ ライトゥ] 图 フラッシュライト.

플래카드 [pʰullɛkʰa:dɯ プルレカードゥ] placard 图 プラカード.

플랜 [pʰullɛn プルレン] plan 图 プラン **¶~을 짜다[세우다]** [~ɯl tʃ'ada [seuda] (プルレ) ヌル ッチャダ[セウダ]] プランを練る[立てる].

플랫폼 [pʰullɛtpʰo:m プルレッポーム] platform 图 プラットホーム.

플러그 [pʰullɔgɯ プルログ] plug 图 プラグ.

플러스 [pʰullɔsɯ プルロス] plus 图 [하他] プラス.

플레어 [pʰullɛɔ プルレオ] flare 图 フレア; フレヤー **—스커트** [sɯkʰɔːtʰɯ スコートゥ] 图 フレアスカート.

플레이 [pʰullei プルレイ] play 图 プレー **¶파인 ~** [pʰain ~ パイン ~] ファインプレー.

＊**피¹** [pʰi ピ] 图 ① 血; 血液 **¶~가 나다** [~ga nada ~ガナダ] 血が出る/ **~를 흘리다** [~rɯl hɯllida ~ルル フルリダ] 血を流す/ **~투성이가 되다** [~tʰusɔŋiga tweda ~トゥソンイガ トゥェダ] 血まみれになる ② 血筋; 血統 **¶~는 물보다 진하다** [~nɯn mulboda tʃinhada ~ヌン ムルボダ チンハダ] 血は水より濃い ③ 血気 **¶~가 끓다** [~ga k'ultʰa ~ガ ックルタ] 血がわく ④ 犠牲; 努力 **¶~의 대가** [~e tɛːk'a ~エテーッカ] 血[努力·犠牲]の代価 **—가 마르다** [ga marɯda ガ マルダ] 慣 (血が乾くの意); 非常に苦しい, やきもきする **—가 맺히다** [ga mɛtʃhida ガ メッチダ] 慣 内出血する; 大変な苦労をする **—가 통하다** [ga tʰoŋhada ガ トンハダ] 慣 血が通う; 人間美がある **—도 눈물도 없다** [do nunmuldo ɔːpt'a ド ヌンムルド オーㇷ゚タ] 慣 血も涙もない **—를 나누다** [rɯl nanuda ルル ナヌダ] 慣

血を分ける **—를 말리다** [rɯl mallida ルル マルリダ] 慣 非常に苦しめる; 思い焦がれる **—를 보다** [rɯl poda ルル ポダ] 慣 血を見る; (争いごとで)死傷者が出る; 大きな損害をうける.

피² [pʰi ピ] 图 〈植〉ヒエグサ(稗草).

피³ [pʰi ピ] 副 [하自] あざける[冷笑する]声; ふん **¶~ 웃다** [~ uːt'a ~ ウッタ] (軽蔑然として)ふんと笑う.

피겨 [pʰigjɔ ピギョ] figure 图 フィギュア **—스케이팅** [sɯkʰeitʰiŋ スケイティン] 图 フィギュアスケーティング.

피격[被擊] [pʰiːgjɔk ピーギョク] 图 [하自] 襲撃·射擊を受けること **—되다** [t'weda トゥェダ] 图 襲撃·射擊される.

피고[被告] [pʰiːgo ピーゴ] 图 〈法〉被告 **¶~석** [~sɔk ~ソク] 被告席 **—인** [in イン] 图 被告人.

피-고름 [pʰigorum ピゴルム] 图 血膿 ぅぷ.

피곤[疲困] [pʰigon ピゴン] 图 疲労; くたびれ疲れること **¶~한 몸** [~han mom ~ハン モム] 疲れた体/ **~을 풀다** [~ɯl pʰulda (ピゴ) ヌル プルダ] 疲れを抜く[取る] **—하다** [hada ハダ] 形 疲れている; くたびれている.

피골-상접[皮骨相接] [pʰigolsaŋdʒɔp ピゴルサンジョプ] 图 [하形] やせこけて皮と骨ばかりになること.

피-나다 [pʰinada ピナダ] 自 ① 血が出る ② 大変な苦労をする **¶피나게 번 돈** [pʰinage pɔːm tom ピナゲ ポーン トン] 身を削ってもうけた金.

＊**피난[避難]** [pʰiːnan ピーナン] 图 [하自] 避難 **—민** [min ミン] 图 避難民 **—살이** [sari サリ] 图 [하自] 避難生活 **—처(處)** [tʃʰɔ チョ] 图 避難所.

피날레 [pʰinalle ピナルレ] 〈イ〉finale 图 フィナーレ.

피넛 [pʰiːnɔt ピーノッ] 图 ピーナッツ.

피-눈물 [pʰinunmul ピヌンムル] 图 血涙, 血の涙 **¶~을 흘리다** [~-(nunmur)ɯl hɯllida ~-(ヌンム)ルル フルリダ] 血の涙をしぼる[流す] **—나다** [lada ラダ] 图 ① 非常に悲しい[恨めしい] ② 非常に辛い.

＊**피다¹** [pʰida ピダ] 自 ① (花などが)咲く; 開く **¶매화꽃이 ~** [mɛhwak'otʃi ~ メファッコチ ~] 梅の花が咲く/ **꽃이 반쯤 ~** [pɔtk'otʃhi pantʃ'um ~ ポッコチ パーンッチュム ~] 桜の花が開きになる/ **꽃이 한창 ~** [k'otʃhi hantʃʰaŋ ~ ッコチ ハンチャン ~] 花

が咲き誇る ② (火が)起こる；燃える；つく ¶화롯불이 ~[hwa:rotpʼuri ~ ファーロップリ ~] 火鉢の火が起こる ③ (容貌が)ひときわ美しくなる ¶한창 핀 처녀(處女)[hantʃhaŋ phin tʃʼɔ:nja ハンチャン ピン チョーニョ] 花盛りの娘 ④ (雲などが)沸き上がる；立ちのぼる ¶구름이 피어오르다 [kurumi phiɔoruda クルミ ピオオルダ] 雲が沸き上がる ⑤ (暮らし向きが)よくなる；豊かになる ¶살림이 좀 피었다 [sallimi tʃom phiɔtʼa サルリミ チョム ピオッタ] 暮らしがやや楽になった ⑥ かびが生える＝¶곰팡이가 ~[ko:mphaŋiga ~ コームパンイガ ~]

피다²[phi:da ピーダ] 他 ① (におい・ほこり・煙を)立てる；匂(臭)わす；'피우다'の略 ¶냄새를 ~[nɛ:msɛrul ~ ネームセルル ~] 匂(臭)わせる / 먼지를 ~[mɔndʒirul ~ モンジルル ~] ほこりを立てる ② 吸う ¶담배를 ~[ta:mbɛrul ~ タームベルル ~] タバコを吸う.

피둥-피둥[phiduŋphiduŋ ピドゥンピドゥン] 副形動 ① 小太りでつやつやしているさま ¶살이 ~졌다 [sari ~tʃʼɔtʼa サリ ~ッチョッタ] むっちり太っている / 피부가 ~하다 [phibuga ~hada ピブガ ~ハダ] 皮膚がぱんぱんだ ② にくらしく横柄で図太いさま ¶~놀기만 한다 [~ no:lgiman handa ~ノールギマン ハンダ] (何もしないで)にくらしくのらりくらり遊んでばかりいる.

피-땀[phitʼam ピッタム] 名 ① 血のような脂汗；非常な骨折りや苦労 ② 血と汗 ¶~의 결정[~e kjɔltʃʼɔŋ (ピッタ)メ キョルチョン] 血と汗の結晶.

피-똥[phitʼoŋ ピットン] 名 血便.

피뜩[phitʼuk ピットゥク] 副 ちらつくさま；ちらっと；ちらり；ふと；ひょいと ¶~ 귓결에 들었다 [(phit'uk) k'witkjɔre tuwrɔtʼa ~ クィッキョレ トゥロッタ] ちらりと耳にした / ~ 쳐다보니까 [~ tʃhɔ:dabonikʼa ~ チョーダボニッカ] ふと見あげると / ~ 좋은 생각이 떠올랐다 [~ tʃho:un sɛŋgagi tʼollatʼa ~ チョーウン センガギ ットルラッタ] ひょいといい考えが思い浮かんだ.

피라미[phirami ピラミ] 名〈魚〉オイカワ(追川)；ハヤ(鮠)；ハエ(関西方言).

피라미드[phiramidɯ ピラミドゥ] Pyramid 名 ピラミッド.

피란[避亂][phi:ran ピーラン] 名 疏開；(戦争・内乱を)避けて住まいを移すこと；避難 ¶~가다 [~gada ~ガダ] 避難[疏開]する ―민[min ミン] 名 避難民 ―살이[sari サリ] 名 避難生活 ―지(地)[dʒi ジ] 名 ―처 (處)[tʃʰɔ チョ] 名 避難[疏開]地.

피란-되다[被拉―][phi:raptʼweda ピーラプトゥェダ] 自 拉致される.

피력[披瀝][phirjɔk ピリョク] 名 他 披瀝 ¶~하다 ―진심을(phirjɔk)kʰada チンシムル~カダ] 真心を打ち明ける.

피로[披露][phi:ro ピロ] 名 他 披露；お披露目 ¶결혼 ~연[kjɔrhon ~jɔn キョロホン ~ヨン] 結婚披露宴.

*피로[疲勞][phi:ro ピロ] 名 他形 疲労，くたびれ；疲れ ¶정신적 ~[tʃɔŋsindʒɔk ~ チョンシンジョク ~] 気疲れ.

피뢰-침[避雷針][phi:rwetʃʰim ピールェチム] 名 避雷針；雷よけ.

피륙[phirjuk ピリュク] 名 反物；生地；切れ地；布地 ¶~점(店)[~tʃʼɔm ~チョム] 反物屋.

*피리[phiri ピリ] 名〈楽〉笛；縦笛；〈児〉ぴりぴり ¶~를 불다 [~rul pu:lda ~ルル プールダ] 笛を吹く.

피리

피마-자[萞麻子][phimadʒa ピマジャ] 名 萞麻子 ―유[ju ユ] 名 ひまし油.

피망[phimaŋ ピマン] 名〈植〉ピーマン.

피-맺히다[phimɛtʃhida ピメッチダ] 自 ① 内出血する；血がにじむ；青痣をなる ② (怨みor悲しみが)胸[骨身]に染みる；骨に徹する ¶피맺힌 사연(事緣)[phimɛtʃʰin sa:jɔn ピメッチン サーヨン] 悲痛窮まる曰く；つらいいきさつ.

피-바다[phibada ピバダ] 名 血の海 ¶온통 ~를 이루고 있다 [o:nthoŋ ~rul irugo itʼa オーントン ~ルル イルゴ イッタ] 一面血の海になっている.

피-범벅[phibɔmbɔk ピボムボク] 名 血だらけ；血まみれ.

피보험-자[被保險者][phi:bohɔmdʒa ピーボホムジャ] 名 被保険者 ¶~의 부담금[~e pu:damgum ~エ プーダムグム] 被保険者の負担金.

피복[被服][phi:bok ピーボク] 名 被服；衣服 ¶~비[~pʼi ~ピ] 被服費.

피복[被覆] [pʰiːbok ピーボク] 名 하他 被覆. ¶ ~된 와이어 [~t'wen waiə ~トゥェン ワイオ] 被覆されたワイヤ(wire). **―선**[sən ソン] 名 被覆線.

***피부**[皮膚] [pʰibu ピブ] 名 皮膚; 肌; 生皮; 地. ¶ ~가 주름지다 [~ga tɕuruumdʑida ~ガ チュルムジダ] 皮膚がしわばむ / ~가 거칠어지다 [~ga kətɕʰirədʑida ~ガ コチロジダ] 地[肌]が荒れる / ~를 손질하다 [~rul sondʑirhada ~ル ソンジルハダ] 皮膚を磨く **―과**[k'wa クァ] 名 皮膚科.

피-비린내 [pʰibirinnɛ ピビリンネ] 名 ① 血なまぐささ; 血のにおい. ¶ ~(가) 나다 [~(ga) nada ~(ガ) ナダ] 血なまぐさい ② 非常に殺伐とした気配. ¶ ~나는 사건 [~nanun saːk'ən ~ナヌン サーコン] 血なまぐさい事件.

피살[被殺] [pʰiːsal ピーサル] 名 하自 殺害されること. **―되다**[dweda ドゥェダ] 自 被動 殺される.

피-상속인[被相續人] [pʰiːsaŋsogin ピーサンソギン] 名 被相続人.

피상-적[皮相的] [pʰisaŋdʑək ピサンジョク] 名 冠 皮相的; 通り一遍の. ¶ ~인 견해 [~(dʑəŋ)ɛ kjənhɛ ~(ジョ)ギン キョンヘ] 皮相的な見解.

피서[避暑] [pʰiːsə ピーソ] 名 하自 避暑; 暑気払い; 暑さ凌ぎ. ¶ ~하러 가다 [~harə gada ~ハロ ガダ] 避暑に行く. **―지**[dʑi ジ] 名 避暑地.

피-선거권[被選擧權] [pʰiːsəngəːk'wən ピーソンゴクォン] 名 被選挙権.

피소[被訴] [pʰiːso ピーソ] 名 하自 訴えられること. **―되다**[dweda ドゥェダ] 自 訴えられる; 襲われること.

피습[被襲] [pʰiːsup ピースプ] 名 하自.

피신[避身] [pʰiːɕin ピーシン] 名 하自 身[難]を避けること; 身を隠すこと.

피아[彼我] [pʰiːa ピーア] 名 彼我; 相互. ¶ ~의 세력이 백중하다 [~e seːrjəgi pɛktɕ'uŋhada ~エ セーリョギ ペクチュンハダ] 彼我の勢力が伯仲する.

***피아노** [pʰiano ピアノ] 名 ピアノ. ¶ ~ 독주[연주] [~ doktɕ'u[jənʑu] ~ ドクチュ[ヨンジュ]] ピアノ独奏[演奏].

피앙세 [pʰiaŋse ピアンセ] 名 ①〈フ〉 fiancée フィアンセ(女性)(男性は fiancé) ② 婚約者; いいなずけ.

피어-나다 [pʰiənada ピオナダ] 自 ① 花が咲き始める[咲く] = ¶ 꽃이 ~ [k'otɕʰi ~ ッコチ ~] ② (苦しい生活が) よくなりかける. ¶ 살림이 ~ [sallimi ~ サルリミ ~] 暮らし向きがよくなる ③ (消えかかった火が起こりかける. ¶ 숯불이 ~ [sutpʰuri ~ スップリ ~] 炭火が起こりかける ④ (青白い顔に)生気がよみがえる; 生きかえる. ¶ 얼굴이 활짝 ~ [ɔlguri hwaltɕ'ak ~ オルグリ ファルッチャク ~] 顔色が生き生きとよみがえる ⑤ (気絶した人が)息を吹きかえす ⑥ (子供たちが)健やかになる.

*****피우다** [pʰiuda ピウダ] 他 '피다'「咲く; 火が起こる; におわす」の使役形 ① 花を咲かせる = ¶ 꽃을 ~ [k'otɕʰul ~ ッコチュル ~] ② 火を起こす = ¶ 불을 ~ [purul ~ プルル ~] ③ タバコを吸う ~ [taːmbɛrul ~ タームベルル ~] ④ (騒ぎなどを)起こす; (ある行動を)する; 弄する; 怠ける; ずるける. ¶ 소란을 ~ [soranul ~ ソラヌル ~] 騒ぎ立てる / 꾀를 ~ [k'werul ~ ックェルル ~] ずるける / 게으름을 ~ [keurumul ~ ケウルムル ~] 怠ける / 난봉을 ~ [nanboŋul ~ ナンボンウル ~] 浮気をする; 酒色におぼれる ⑤ (ほこり・におい・煙などを)立てる; 匂[臭]わす; 漂わす. ¶ 먼지를 ~ [məndʑirul ~ モンジルル ~] ほこりを立てる / 술냄새를 ~ [sullɛmsɛrul ~ スルレムセルル ~] 酒のにおいを臭わす. 「名 被疑者.

피의-자[被疑者] [pʰiːidʑa ピーイジャ]

피임[避姙] [pʰiːim ピーイム] 名 하自 避妊. ¶ 먹는 ~ 약 [mɔŋnun ~njak モンヌン ~ニャク] 経口避妊薬.

피자 [pʰidʑa ピジャ] 〈イ〉 pizza 名 ピザ; ピッツア; ピザパイ.

피장-파장 [pʰidʑaŋpʰadʑaŋ ピジャンパジャン] 名 お互いさま; おあいこ. ¶ 분하기는 ~ 이다 [puːnhaginun ~ida プーンハギヌン ~イダ] 悔しいのはお互いさまだ / 이것으로 ~ 이 되겠지 [igəsuro ~i tweget̚ɕ'i イゴスロ ~イ トゥェゲッチ] これでおあいこになるだろう.

*****피차**[彼此] [pʰiːtɕʰa ピーチャ] 名 副 ① あれ(と)これ ② お互い; どちらも. ¶ ~ (매)일반 (一般)이다 [~ (mɛ)ilbanida ~ (メ)イルバニダ] お互いさまだ / ~ 마찬가지다 [~ matɕʰaŋgadʑida ~ マチャンガジダ] お互いさまだ / ~ 통하다 [~ tʰoŋhada ~ トンハダ] お互いに相通ずる. **―간**[gan ガン] 双方(の間); 双方とも.

피처 [pʰitʃɔ ピチョ] pitcher 名〈野〉ピッチャー; 投手; 略 ピー ¶ ~앞 땅볼(ball) [~ap t'aŋp'ol ~アァッタンポル] ピーゴロ.

피-투성이 [pʰitʰusoŋi ピトゥソンイ] 名 血まみれ; 血だらけ; 血だるま ¶ ~가 되다 [~ga tweda ~ガトゥェダ] 血まみれる; 血まみれになる / ~의 싸움 [~e s'aum ~エッサウム] 血まみれの苦闘 [闘い].

피트 [pʰitʰɯ ピートゥ] feet 依名 フィート [30.48cm].

피폐 [疲弊] [pʰipʰe ピペ] 名 하다 疲弊 ¶ 재정 ~ [tʃɛdʒɔŋ ~ チェジョン ~] 財政の疲弊.

피폭 [被爆] [pʰi:pʰok ピーポク] 名 하다 被爆 ¶ ~자 [~tʃ'a ~チャ] 被爆者.

*__피-하다__ [避—] [pʰi:hada ピーハダ] 自他 여변 避ける; 逃れる; よける; 隠れる ¶ 사람을 ~ [sa:ramul ~ サーラムル ~] 人を避ける / 남의 눈을 ~ [name nunul ~ ナメ ヌヌル ~] 人目を避ける / 차를 ~ [tʃharul ~ チャルル ~] 車をよける / 비를 ~ [pirul ~ ピルル ~] 雨をよける.

*__피해__ [被害] [pʰi:hɛ ピーヘ] 名 하다自 被害 ¶ ~자 [~dʒa ~ジャ] 被害者 / ~를 입다 [~rul ipt'a ~ルル イプタ] 害をこうむる **—망상** [ma:ŋsaŋ マーンサン] 名〈医〉被害妄想.

피혁 [皮革] [pʰihjɔk ピヒョク] 皮革; 革; レザー(leather) ¶ ~ 제품 [~ tʃ'e:pʰum ~ チェープム] 皮革製品.

픽 [pʰik ピク] 副 하다自 ① ばったり ¶ ~쓰러지다 [~ s'ɯrɔdʒida ~ッスロジダ] ばったり倒れる ② ぶっつり ¶ 줄이 ~ 끊어지다 [tʃuri ~ k'ɯnodʒida チュリ ~ ックノジダ] なわがぷっつり切れる ③ ぷっと ¶ ~ 웃다 [(pʰig) u:t'a (ピ)グータ] ぷっと(あざけり)笑う ④ しゅうっ ¶ 공기가 ~ 새다 [koŋgiga ~ s'ɛ:da コンギガ ~ セーダ] 空気がしゅうっと抜ける.

픽션 [pʰikʃɔn ピクション] fiction 名 フィクション.

핀둥-거리다 [pʰinduŋgorida ピンドゥンゴリダ] 自 ぶらぶら[のらくら]する; ごろつく ¶ 대학을 나와 ~ [tɛ:hagul nawa ~ テーハグル ナワ ~] 大学を出てぶらぶらする.

*__핀잔__ [pʰindʒan ピンジャン] 名 하다他 面責; 俗 剣突く ¶ 아는 척하다가 ~만 받았다 [a:nun tʃʰokʰadaga ~man padat'a アーヌン チョクカダガ ~マン パダッタ] 知ったかぶりをして剣突くを食わされた **—먹다[맞다]** [mɔkt'a [mat'a] モクタ[マッタ]] 自 面責される; 剣突くを食う **—주다** [dʒuda ジュダ] 他 面責する; 剣突くを食わす.

필 [匹] [pʰil ピル] 依名 匹; 頭; 牛・馬などを数える単位 ¶ 소 2~ [so du:~ ソ ドゥー~] 牛2頭[匹].

필 [疋] [pʰil ピル] 依名 匹[疋₅]; 反; 反物・漁具の網を数える単位 ¶ 포목 2~ [pʰomok t'u:~ ポモク トゥー~] 反物2疋.

필 [筆] [pʰil ピル] 依名 筆; 田畑・林野・宅地などの一区画 = 필지(筆地) [pʰiltʃ'i ピルチ] ¶ 임야 2~ [imja du:~ イミャ ドゥー~] 林野2筆.

*__필경__ [畢竟] [pʰilgjɔŋ ピルギョン] 副 畢竟₉₆₀; 結局; しょせん; つまり ¶ ~ 마찬가지다 [~ matʃʰaŋgadʒida ~ マチャンガジダ] しょせん同じことだ.

필기 [筆記] [pʰilgi ピルギ] 名 하다他 筆記 ¶ 노트에 ~하다 [no:tʰɯe ~hada ノートゥエ ~ハダ] ノートを取る **—시험** [ʃihɔm シホム] 名 筆記試験 **—장** [tʃ'aŋ チャン] 名 筆記帳; 帳面; ノートブック.

필담 [筆談] [pʰilt'am ピルタム] 名 하다自他 筆談 ¶ 외국인과 ~하다 [we:gugingwa ~hada ウェーグギングァ ~ハダ] 外国人と筆談する.

필독 [必讀] [pʰilt'ok ピルトク] 名 하다他 必読 ¶ ~의 책 [(pʰilt'og)e tʃʰɛk (ピルト)ゲチェク] 必読の本.

필드 [pʰi:ldɯ ピールドゥ] field 名 フィールド ¶ ~워크 [~wɔ:kʰɯ ~ウォーク] フィールドワーク(fieldwork); 実地調査 **—경기** [gjɔ:ŋgi ギョーンギ] 名 フィールド競技 **—하키** [hakʰi ハキ] 名 フィールドホッケー.

*__필름__ [pʰillɯm ピルルム] film 名 フィルム ¶ ~영화 [~jɔŋhwa ~ ヨンファ ~] 映画フィルム.

필리핀 [pʰillipʰin ピルリピン] 名〈地〉フィリピン(Philippines).

필링 [pʰilliŋ ピルリン] feeling 名 フィーリング.

필명 [筆名] [pʰilmjɔŋ ピルミョン] 名 筆名; ペンネーム.

필방 [筆房] [pʰilbaŋ ピルバン] 名 筆屋.

필사 [必死] [pʰils'a ピルサ] 名 하다自 必死; 懸命; 命がけ; 捨て身 **—적인** [dʒɔgin ジョギン] 形 必死の; 懸命の; 捨て身の; 死に物狂いの ¶ ~ 노

필생[畢生][pʰilsʼɛŋ 필쎙] 图 畢生 늴; 終生; 一生 ¶~의 일[~e iːl ~エ イール] 畢生の仕事 / ~의 사업[~e saːɔp ~エ サーオプ] 終生[生涯]の事業 / ~의 대작[~e tɛːdʒak ~エ テージャク] 畢生の大作.

필수[必須][pʰilsʼu 필쑤] 图 必須 ¶~ 조건[~ dʒokʼon ~ ジョコン] 必須條件 **—과목**[gwamok グァモク] 图 必須科目.

필수[必需][pʰilsʼu 필쑤] 图 必需 **—품**[pʰum プム] 图 必需品.

필순[筆順][pʰilsʼun 필쑨] 图 筆順.

필승[必勝][pʰilsʼɯŋ 필씅] 图 必勝 ¶~의 신념[~e ʃinnjɔm ~エ シンニョム] 必勝の信念 **—하다**[hada ハダ] 国 必ず勝つ.

필시[必是][pʰilʃʼi 필씨] 副 必ず; 恐らく; 多分; さだめし; さぞかし; きっと ¶ 그럴 것이다[~ kɯrɔl kʼɔʃida ~ クロル コシダ] 必ず(や)そうであろう / ~ 추웠었겠지[~ tʃʰuwɔsʼɔtkʼetʃʼi ~ チュウォッソッケッチ] さだめし寒かったことだろう.

필연[必然][pʰirjɔn ピリョン] **1** 图 必然 ¶~의 귀결[~e kwigjɔl ピリョ)ネ クィーギョル] 必然の歸結 / 죽음 은 ~이다[tʃugɯmɯn ~ida チュグムン (ピリョ)ニダ] 死は必然だ **2** 副 必ず(や); きっと; **= 필연코**[pʰirjɔnkʰo ピリョンコ] ¶ 이번에야말로 ~ 합격해야지[ibɔnejamallo ~ hapkʼjɔkʰɛjadʒi イボネヤマルロ ~ ハプキョクケヤジ] 今度こそはきっと合格してみせる **—성**[sʼɔŋ ソン] 图 必然性 **—적**[dʒɔk ジョク] 冠 图 必然的 ¶~ 판단[~ pʰandan ~ パンダン] 必然的判断.

***필요**[必要][pʰirjo ピリョ] 图 必要 ¶~한 물건[~han mulgɔn ~ハン ムルゴン] 必要な物 / ~ 없는 간섭[~ ɔmnɯn kansɔp ~オムヌン カンソプ] 不要な干涉 / 돈 따위는 ~없다[toːn tʼawinɯn ~ɔptʼa トーン ッタウィヌン ~オプタ] 金などは要らない / …을 ~로 하다[…ɯl ~ro hada …ウル ~ロ ハダ] …を必要とする; …を要する / 겸인을 ~로 한다[kɔːminɯl ~ro handa コーミヌル ~ロ ハンダ] 檢印を要する / 설명할 ~가 없다[sɔlmjɔnhal ~ga ɔːptʼa ソルミョンハル ~ガ オープタ] 說明する必要がない **—하다**[hada ハダ] 形 必要だ; 要る ¶ 돈이 ~[toːni ~ トーニ ~] お金が必要だ **—경비**[gjɔŋbi ギョンビ] 图 必要經費 **—성**[sʼɔŋ ソン] 图 必要性.

필자[筆者][pʰiltʃʼa ピルチャ] 图 筆者; 書き手 ¶~ 미상[~ miːsaŋ ~ ミーサン] 筆者未詳.

필적[匹敵][pʰiltʃʼɔk ピルチョク] 图 匹敵; 比肩 ¶ 명인에 ~할만한 실력[mjɔŋine (pʰiltʃʼɔ)kʰalmanhan ʃillj ɔk ミョンイネ ~カルマンハン シルリョク] 名人に匹敵する実力 / 그에 ~할 자는 없다[kɯe (pʰiltʃʼɔ)kʰal tʃʼanɯn ɔːptʼa クエ ~カル ジャヌノープタ] 彼に匹敵する[かなう]ものはない **—하다**[(pʰiltʃʼɔ)kʰada カダ] 国他 匹敵する; (立ち)並ぶ; 比肩する.

필적[筆跡][pʰiltʃʼɔk ピルチョク] 图 筆跡; 手跡; 書き振り; 筆の跡; 手 ¶~ 감정[(pʰiltʃʼɔ) kʼamdʒɔŋ ~ カムジョン] 筆跡鑑定 / 같은 ~[katʰɯn ~ カトゥン ~] 同筆 / 이것은 그의 ~이다[igɔsɯn kɯe (pʰiltʃʼɔg)ida イゴスン クエ (ピルチョ)ギダ] これは彼の手[筆跡]である.

필진[筆陣][pʰiltʃʼin ピルチン] 图 筆陣 ① 論陣 ¶ 당당한 ~을 펴다[taŋdaŋhan ~ɯl pʰjɔda タンダンハン (ピルチ)ヌル ピョダ] 堂々たる筆陣を張る ② 執筆者の陣容[顔触れ].

필체[筆體][pʰiltʃʰe ピルチェ] 图 書體=글씨체[kɯlʃʼitʃʰe クルッシチェ].

필치[筆致][pʰiltʃʰi ピルチ] 图 筆致 ① 筆遣い ¶ 강한 ~[kaŋhan ~ カンハン ~] 強い筆致 / ~가 거칠다[~ga kɔtʃʰilda ~ガ コチルダ] 筆が荒い ② 文または字の書き振り.

필터[pʰiltʰɔ ピルト] filter 图 フィルター ¶ 카메라의 ~[kʰamerae ~ カメラエ ~] カメラのフィルター.

필통[筆筒][pʰiltʰoŋ ピルトン] 图 筆立て; 筆箱; 筆入れ; 鉛筆立て; 筆筒.

필-하다[畢—][pʰirhada ピルハダ] 他 여조 すませる; 終える ¶ 검사를 ~[kɔːmsarɯl ~ コームサルル ~] 檢査をすませる / 등기를 ~[tɯŋgirɯl ~ トゥンギルル ~] 登記をすませる.

필하모니[pʰilhaːmoni ピルハーモニ] 〈ド〉Philharmonie 图〈音〉フィルハー

필화[筆禍][pʰirhwa ピルファ] 名 筆禍 ¶ ~ 사건 [~ sa:kʼɔn ~ サーコン] 筆禍事件.

필휴[必携][pʰirhju ピルフュ] 名 必携 ¶ ~서 [~sɔ ~ソ] 必携書.

필-히[必一][pʰiri ピリ] 副 必ず; きっと ¶ ~ 등록할 것 [~ tɯŋnokhal kʼɔt ~ トゥンノクカル コッ] (期日内に)必ず登録すること.

핍박[逼迫][pʰipʼak ピプパク] 名 하自他 逼迫 ¶ 매우 ~해진 재정 [mɛu (pʰipʼa)kʰɛdʒin tʃɛdʒɔŋ メウ〜ケジン チェジョン] 非常に逼迫した財政 / 온갖 ~을 이겨내다 [oːŋgat (pʰipʼag)ɯl igjɔnɛda オーンガッ (ピパッ)グル イギョネダ] あらゆる圧迫に打ちかつ.

핏기[一氣][pʰitkʼi ピッキ] 名 血の気; 血色 ¶ 얼굴에 ~가 돌다 [ɔlgure ~ga toːlda オルグレ〜ガ トールダ] 顔に血の気がさす **—(가)가시다** [(ga)kaʃida (ガ)カシダ] **—(를)잃다** [(rɯl) iltʰa (ルル)イルタ] 慣 血の気が引く [失せる]; 顔が青白くなる.

핏대[pʰitɛ ピッテ] 名 (太い)血管; 血筋; 青筋 ¶ 이마에 ~를 세우다 [imae ~rɯl seuda イマエ〜ルル セウダ] 額に青筋を立てて怒る **—가 서다** [ga sɔda ガ ソダ] 慣 (青筋を立てて)激怒する **—(를)올리다** [(rɯl) ollida (ルル)オルリダ] 慣 青筋を立ててかんかん怒る ¶ ~-를 올리고 화를 내다 [~-rɯl olligo hwaːrɯl nɛːda 〜-ルル オルリゴ ファールル ネーダ] 青筋を立てて怒る.

핏-덩이[pʰitʼɔŋi ピットンイ]·**핏-덩어리**[pʰitʼɔŋɔri ピットンオリ] 名 ① 血の塊 ② 生まれたばかりの赤子.

핏-발[pʰitpʼal ピッパル] 名 血走ること; 充血 ¶ ~이 선 눈 [(pʰitpʼar)i sɔn nun (ピッパリ)ソン ヌン] 血走った目 **—(이)삭다** [(pʼari) saktʼa (パリ)サクタ] 慣 充血が取れる; 鬱血が散る **—(이)서다** [(pʼari) sɔda (パリ)ソダ] 慣 血走る; 充血する.

핏-빛[pʰitpʼit ピッピッ] 名 血のように真っ赤な色; 血の色.

핏-자국[pʰitʃʼaguk ピッチャグク] 名 血痕; 血のついたあと ¶ 셔츠에 ~이 있다 [ɔːtʃʰɯe (pʰitʃʼagug)i itʼa シ ョーチュエ (ピッチャグ)ギ イッタ] シャツに血痕がある.

핏-줄[pʰitʃʼul ピッチュル] 名 ① 血管 ② 血統; 血(筋); 血のつながり ¶ ~은 속일 수 없다 [(pʰitʃʼur)un sogilsʼu ɔːptʼa (ピッチュ)ルン ソギルッス オープタ] 血のつながり[血(筋)]は争えない / ~을 이어받다 [(pʰitʃʼur)ul iɔbatʼa (ピッチュ)ルル イオバッタ] 血筋を引く.

핏-줄기[pʰitʃʼulgi ピッチュルギ] 名 ① 血管; ほとばしる血潮 ② 血統; 血脈.

핑[pʰiŋ ピン] 副 ① ぐるり; くるっと ¶ 눈알이 ~ 돌다 [nunari ~ toːlda ヌナリ〜 トールダ] 目玉がぐるりと回る ② ぐらっと ¶ 정신이 ~돌며 어지럽다 [tʃɔŋʃini ~tɔːlmjɔ ɔdʒirɔptʼa チョンシニ〜トールミョ オジロプタ] 頭がぐらっとして目まいがする ③ じいんと ¶ 눈물이 ~ 돌다 [nunmuri ~ toːlda ヌンムリ〜 トールダ] 涙がじいんとにじむ.

***핑계**[pʰiŋɡe ピンゲ] 名 하自他 言い訳; 口実; 弁解; 託 (かこ) つけ; 言い草; 逃げ口上 ¶ 그럴듯한 ~ [kɯrɔltʼutʰan ~ クロルトゥッタン〜] もっともらしい口実 / ~를 만들다 [~rɯl mandulda 〜ルル マンドゥルダ] 口実を作る / ~를 대다 [~rɯl tɛːda 〜ルル テーダ] 逃げ口上を言う[使う] / ~를 늘어놓다 [~rɯl nurɔnotʰa 〜ルル ヌロノッタ] 言い訳を並べる **—삼다** [saːmtʼa サームタ] 自 事寄せる; 託ける; 口実[言い訳]にする ¶ 병을 ~ [pjɔːŋɯl ~ ピョーンウル〜] 病気を口実にする.

핑글-핑글[pʰiŋɡɯlpʰiŋɡɯl ピングルピングル] 副 하自 ぐるぐる(回るさま).

핑-핑[pʰiŋpʰiŋ ピンピン] 副 ① ぐるぐる(回るさま) ② くらくら ¶ 눈이 ~ 돌다 [nuni ~ toːlda ヌニ〜トールダ] 目がくらくらする ③ ぴゅんぴゅん ¶ 총알이 ~ 날아가다 [tʃʰoŋari ~ naragada チョンアリ〜 ナラガダ] 弾丸がぴゅんぴゅん飛んで行く.

핑핑-하다[pʰiŋpʰiŋhada ピンピンハダ] 形 여変 ① (綱などが)ぴんと張っている; 張り切っている ② (双方)どっこいどっこいだ; 似たりよったりだ ③ (物が)張り裂けんばかりだ; ぴんぴんしている;=`팽팽하다' ¶ 얼굴이 ~ [ɔlguri ~ オルグリ〜] 顔が(肉づきがよく)ぴんぴんしている **핑핑-히**[pʰiŋpʰiŋi ピンピンイ] 副 ぴぃんと(引っ張る).

ㅎ

하객[賀客][haːgɛk ハーゲク] 名 お祝の客; 祝賀の客.

하계[夏季][haːge ハーゲ] 名 夏季; 夏の季節 = '하기'(夏期).

*__하고__[hago ハゴ] 助 …と ¶책→종이[tɕʰɛ(kʰago) tɕoŋi チェク(カゴ) チョンイ] 本と紙/친구→놀다[tɕʰinguːnoːlda チング~ ノールダ] 友達と遊ぶ.

하고-많다[hagomantʰa ハゴマンタ] 形 とても[非常に]多い ¶~-많은 사람들 중에[~-manun saːramdul ジュンエ] 数ある人の中で; そんなに大勢の中から.

하교[下校][haːgjo ハーギョ] 名 [하団] 下校↔등교(登校)[tuŋgjo トゥンギョ]「登校」.

하구[河口][hagu ハグ] 名 河口; 川じり; = 강어귀[kaŋəgwi カンオグィ].

하-극상[下剋上][haːguks'aŋ ハーグクサン] 名 [하団] 下克上; 地位の下の者が上の者をしのぎ, 威勢を振るうこと ¶~의 풍조[~e pʰundʑo ~エ プンジョ] 下克上の風潮.

하급[下級][haːgɯp ハーグブ] 名 下級; 下っ端 ¶~관리 = k'walli ~ クァルリ] 下級官吏; 属僚 **—관청**(官廳)[k'wantɕʰəŋ クァンチョン] 名 下級役所 **—법원**(法院)[(haːuɯ)pʼəbwən ポボォン] 名 下級裁判所 **—생**[sʼɛŋ セン] 名 下級生 **—심**[ɕʼim シム] 名 下級審.

하기[夏期][haːgi ハーギ] 名 夏期 ¶~강습[~ gaːŋsɯp ~ ガーンスプ] 夏期講習 **—대학**[dɛːhak デーハク] 名 夏期大学 **—방학**(放學)[baŋhak バンハク] 名 夏休み = 여름 방학[jərum baŋhak ヨルム バンハク] **—학교**(學校)[hakʼjo ハクキョ] 名 サマースクール **—휴가**[hjuga ヒュガ] 名 暑中休暇.

하기는[haginɯn ハギヌン] 副 そういえば; 実のところ; 実は; もっとも; = **하긴**[hagin ハギン] ¶~ 그렇기도 하다[~ kurokʰido hada ~ クロッキドハダ] そういえばそれもそうだ.

하기야[hagija ハギヤ] 副 そりゃ(そうなんだが); そうはいうものの; もっとも; 実のところをいえば ¶~ 열심히 하면 될 수 있지[~ jəlɕʼimi hamjən twel sʼu itɕʼi ~ ヨルシミ ハミョン ヅェル ッス イッチ] そりゃ[もっとも]熱心にやらなければできないことでもない.

*__하나__[hana ハナ] **1** 数 1; 一; 1つ ¶모자 ~[modʑa ~ モジャ ~] 帽子1つ/~ 더[~ də ~ ド] もう1つ **2** 名 1つ ¶세계는 ~[seːgenun ~ セーゲヌン ~] 世界は1つ/~도 모른다[~do morɯnda ~ド モルンダ] 1つも[全然]知らない **—가득**[gadɯk ガドゥク] 副 いっぱい ¶사람이 ~ 차 있다[saːrami ~ tɕʰa itʼa サーラミ ~ チャ イッタ] 人でいっぱいだ **—같이**[gatɕʰi ガチ] 副 一様に ¶모두가 우수하다[moduga ~ usuhada モドゥガ ~ ウスハダ] 皆が一様に優秀である **—둘**[dul ドゥル] 副 1つ2つ ¶벚꽃이 ~ 피기 시작했다[pətkʼotɕʰi ~ pʰigi ɕiːdʑakhɛtʼa ポッコチ ~ ピギ シージャクケッタ] 桜がちらほら咲き始めた **—하나**[hana ハナ] 副 ① 1つずつ; いちいち; 1つ1つ; 逐次 ¶물건(物件)을 ~ 세다[mulgənul ~ seːda ムルゴヌル ~ セーダ] 品物を1つ1つ数える/~ 검토하다[~ kəːmtʰohada ~ コームトハダ] 逐一検討する ② 漏れなく; みんな; 全部 ¶~ 열거하다[~ jəlgəhada ~ ヨルゴハダ] 漏れなく列挙する.

하나[hana ハナ] 副 そうだが; しかし; だが; けれども; とは言え; = '하지만' ¶~ 나는 싫다[~ nanun ɕiltʰa ~ ナヌン シルタ] しかし私は嫌だ.

하나-님[hananim ハナニム] 名 〈基〉キリスト教[新教]の唯一神.

하녀[下女][haːnjə ハーニョ] 名 女中.

*__하느님__[hanɯnim ハヌニム] 名 ① 〈基〉(キリスト教[旧教]の)神; 天主; ゴッド(God) = '하나님' ¶전지 전능하신 ~[tɕəndʑi dʑənnɯŋhaɕin ~ チョンジ ジョンヌンハシン ~] 全知全能の神/~을 믿다[찬양(讚揚)하다] [~ul mitʼa(tɕʰaːnjaŋhada) (ハヌニ)ムル ミッタ[チャーニャンハダ]] 神を信

じる[称える] ② 〈宗〉天の神; (宗教的信仰の対象としての)神; 上帝.

하늘 [hanɯl ハヌル] 图 ① 空; 天 ¶푸른 ~ [pʰurun ~ プルン ~] 青い空 / ~을 날다 [(hanur)ɯl nalda (ハヌ)ルル ナルダ] 空を飛ぶ / ~을 찌르는 듯한 [(hanur)ɯl tɕʰirunɯndutʰan (ハヌ)ルル ッチルヌンドゥッタン] 天を衝ʰくような ② 神; 神様 ¶~의 도움 [(hanɯ)e toum (ハヌ)レ トウム] 天の助け / ~같이 믿다 [~gatʰi mitʼa ~ガチ ミッタ] 固く信じて疑わない / ~에 맹세하다 [(hanur)e mɛŋsehada (ハヌ)レ メンセハダ] 天に誓う ─**과 땅** [gwa tʼaŋ グァ ッタン] 慣 天と地 ~의 차이(差異) [~e tɕʰai ~エ チャイ] 天と地ほどの[大きな]差 ─**높은 줄 모른다** [nopʰɯn dʑul morunda ノプン ジュル モルンダ] 慣 空の[天]高いのを知らない; あたるべからざる気勢で居丈高に振るまう ─**에 맡기다** [(hanur)e matkʼida (ハヌ)レ マッキダ] 慣 天に任せる; 運命に任す ─**을 지붕 삼다** [(hanur)ɯl tɕibuŋ samtʼa (ハヌ)ルル チブンサムタ] 慣 天を屋根にする ② 野宿する ② さすらいの身になる ─**이 노랗다[캄캄하다]** [(hanur)i noːratʰa[kʰamkʰamhada] (ハヌ)リ ノーラッタ[カムカムハダ]] 慣 天が黄色い[暗い] ① 疲れはてて気力がない / ショックを受けてくらっとする ② (状況が)絶望的だ ─**나라** [lara ララ] 图 〈基〉天国 ─**빛** [pitɕʼ ピッ] 图 空色; 薄い青色.

하늘-거리다 [hanɯlɡorida ハヌルゴリダ] 自 ゆらゆらと(と)揺らぐ.

하늘-다람쥐 [hanuldaramdʑwi ハヌルダラムジュイ] 图 〈動〉ムササビ; モモンガ; ＝날다람쥐 [naltʼaramdʑwi ナルタラムジュイ].

하늘-소 [hanɯlsʼo ハヌルソ] 图 〈虫〉カミキリムシ(髪切虫).

하늘-지기 [hanɯldʑigi ハヌルヂギ] 图 〈植〉テンツキ(天衢).

하늘하늘-하다 [hanɯrhanɯrhada ハヌルハヌルハダ] 形 여変 やわらかく脆ᵛい; ぐにゃぐにゃしている.

하늬-바람 [hanibaram ハニバラム] 图 (農村・漁村で)西の風.

하니 [hani ハニ] 副 (そう)だから; それゆえ; そうしたら; ＝그러하니 [kɯrohani クロハニ]の略 ¶~ 네가 참아라 [~ nega tɕʰamara ~ ネガ チャマラ] だから君が辛抱するのだ.

하니까 [hanikʼa ハニッカ] 副 だから; そう言うから; そうするから; そうしたら ¶~ 네가 먼저 사과해라 [~ nega mondʑo saːgwahera ~ ネガ モンジョ サーグァヘラ] だから君が先に謝れた.

하다¹ [hada ハダ] 1 他 여変 ① する; やる; なす ¶독서를 ~ [toksʼorul ~ トクソルル ~] 読書をする / 해보다 [hɛːboda ヘーボダ] やってみる / 하면 된다 [hamjon twenda ハミョン トゥェンダ] なせば成る ② …を勤める; 従事する; 営む ¶서점(書店)을 ~ [sodʑomɯl ~ ソジョムル ~] 本屋をする ③ …にする ¶행복하게 ~ [hɛːŋbokʰage ~ ヘーンボクハゲ ~] 幸福にする ④ 〈他の動詞の代用をする〉 ¶점심(點心)을 ~ [tɕʌmʃimɯl ~ チョムシムル ~] 昼飯を食べる / 한잔 ~ [handʑan ~ ハンジャン ~] 1杯やる / 영어를 ~ [jʌŋɔrɯl ~ ヨンオルル ~] 英語を話す / 거짓말을 ~ [koːdʑinmarɯl ~ コージンマルル ~] 嘘をつく 2 自 여変 する ① 成す; 行なう ¶어떻게 할 작정인가 [ʌtʼɔkʰe hal tɕʼaktɕʼoŋinga オットケ ハル チャクチョンインガ] どうするつもりかね ② 価する ¶10만원 하는 구두 [ʃimmanwon hanɯn kudu シムマヌォン ハヌン クドゥ] 10万ウォンする靴 ③ いう ¶좋다고 ~ [tɕoːtʰago ~ チョータゴ ~] よいという ④ 思う ¶그곳에 있나 해서 [kɯ gose inna hɛːso クゴセインナ ヘーソ] そこにいるかと思って ⑤ 決定する; 決める ¶집을 사기로 했다 [tɕibɯl sagiro hɛtʼa チブル サギロ ヘータ] 家を買うことにした ⑥ (その時に)なる ¶월말쯤 해서 만나자 [wolmaltɕʼɯm hɛːso mannadʑa ウォルマルッチュム ヘーソ マンナジャ] 月末ごろになって会おう ⑦ …であるので; …するので[…고 하여 [go hajo ゴハヨ]; …고 해서 [go hɛːso ゴヘーソ]の形で] ¶재미도 있고 하여 [tɕɛmido itkʼo hajo チェミド イッコ ハヨ] 面白くもあるので / 기력도 빠지고 해서 [kirjʌktʼo pʼadʑigo hɛːso キリョクト ッパジゴ ヘーソ] 力も尽きたので.

하다² [hada ハダ] 補 여変 ① **…려고 하다** [rjogo hada リョゴ ハダ] …しようとする ¶일을 하~ [iːrul haː~ イールル ハー~] 仕事をしようとする ② …

(으)면 한다 [(ɯ)mjɔn handa] (ウ)ミョン ハンダ […ならば[すれば]…いと思う; …したい ¶ 만나 보았으면 한다 [manna poas'ɯmjɔn handa マンナ ポアッスミョン ハンダ] 会ってみたいものだ ③ **…게 하다** [ge hada ゲ ハダ] …させる ¶ 가~ [ka~ カ~] 行かせる ④ **…도록 하다** [dorokhada ドロクハダ] …せる ¶ 책임지~ [tɕhɛgimdʑi~ チェギムジ~] 責任を負わせる ⑤ **…야 한다** [ja handa ヤ ハンダ] …ねばならない; …すべきだ ¶ 마음이 고와~ [maɯmi ko:wa~ マウミ コーワ~] 心がきれいでなければならない ⑥ **…기도 한다** [gido handa ギド ハンダ] …することもある ¶ 많이 먹~ [ma:ni mɔ(k'ido handa) マーニ モク(キド ハンダ)] 多く食べるときもある; (よく)たくさん食べるね.

하다[3] [hada ハダ] [補形][여変] ① **…기도 한다** [gido hada ギド ハダ] とても; 非常に ¶ 물이 맑~ [muri mal(k'ido hada) ムリ マル(キド ハダ)] 水がとてもきれいだなあ; 水が何と清いことか / 곱~ [ko:p(k'ido hada) コープ(キド ハダ)] ほんとにきれいなことか ② **…기만 하다** [giman hada ギマン ハダ] 実に; とても ¶ 예쁘~ [je:p'ɯ~ イェープ~] 実に美しい.

-하다 [hada ハダ] [接尾] ① ⟨名詞に付く⟩ ¶ 운동~ [u:ndoŋ~ ウーンドン~] 運動する ② ⟨形容詞に付く⟩ ¶ 얌전~ [jamdʑɔn~ ヤムジョン~] おとなしい; しとやかだ ③ ⟨副詞に付く⟩ ¶ 번쩍번쩍~ [pɔntɕ'ɔkp'ɔtɕ'ɔ(khada) ポンチョクポンチョク(カダ)] ぴかぴかする ④ ⟨形容詞形語尾に付く⟩ ¶ 기뻐~ [kip'ɔ~ キッポ~] うれしがる; 喜ぶ ⑤ ⟨依存名詞に付く⟩ ¶ 모른체~ [moruntɕhe~ モルンチェ~] 知らぬふりをする / 이길 듯~ [igil t'ɯ(thada) イギル トゥッ(タダ)] 勝てそうだ.

하다가 [hadaga ハダガ] [副] たまには; ときには; まれには ¶ ~(는) 재미있는 일도 있다 [~(nɯn) tɕɛmiinnɯn ni:ldo it'a ~(ヌン) チェミインヌン ニールド イッタ] 面白いこともある.

하다-못해 [hadamothɛ ハダモッテ] [副] ① どうにもしようがなくて; 仕方なく ¶ ~ 도망쳤다 [~ tomaŋtɕhɔt'a ~ トマンチョッタ] 仕方なく逃げた ② せめて; どうにもならなければ ¶ ~ 날품팔이라도 해서 [~ nalphumpharirado hɛ:sɔ ~ ナルプムパリラド ヘーソ] どうにもならなければ日雇い労働でもして / ~ 엽서라도 주면 [~ jɔps'ɔrado tɕumjɔn ~ ヨプソラド チュミョン] せめて葉書でもくれれば(安心するのに).

하더라도 [hadɔrado ハドラド] [副] …ではあるが; …としても; …からとして ¶ 아름답다 ~ [arɯmdapt'a ~ アルムダプタ ~] 美しくはあるが; 美しいとしても / 열이 내렸다 ~ [jɔri nɛrjɔt'a ~ ヨリ ネリョッタ ~] 熱が下がったからとして / 누가 ~ [nuga ~ ヌガ ~] 誰がしても(駄目だ).

*하도 [hado ハド] [副] とても; あまり ¶ ~ 사랑스럽기에 [~ saraŋsɯpk'ie ~ サランスロプキエ] とても愛らしいので / 걸어서 다리가 아프다 [~ kɔrɔsɔ tariga aphɯda ~ コロソ タリガ アプダ] あまり歩いたので足が痛い.

하-도급 [下都給] [ha:dogɯp ハードグプ] [名] 下請け=「하청」(下請) ¶ ~을 맡다 [(ha:dogɯb)ɯl mat'a (ハードグブ)ル マッタ] 下請けを引き受ける.

하도롱-지 [—紙] [hadoroŋdʑi ハドロンジ] [名] ハトロン紙.

하드-보드 [ha:dɯbodɯ ハードゥボードゥ] hardboard [名] ハードボード.

하드-트레이닝 [ha:dɯthreiniŋ ハードゥトゥレイニン] hard training [名] ハードトレーニング; 猛練習; 猛訓練.

하등 [下等] [ha:dɯŋ ハードゥン] [名] 下等 ¶ ~품 [~phum ~プム] 下等品.

하등 [何等] [hadɯŋ ハドゥン] [名][副] なんら; 何の; 少しも ¶ ~ 관계가 없다 [~ kwangega ɔ:pt'a ~ クァンゲガ オープタ] なんら関係がない / ~의 이유도 없다 [~e i:judo ɔ:pt'a ~エ イーユド オープタ] 何の理由もない.

하락 [下落] [ha:rak ハーラク] [名][하自] 下落 ¶ 주가가 ~하다 [tɕuk'aga ha:ra(k)hada チュッカガ ハーラカダ] 株価が下落する / 인기가 ~되다 [ink'iga ~t'wɛda インキガ ~トゥェダ] 人気が落ちる.

하례 [賀禮] [ha:re ハーレ] [名][하自] 祝賀の礼式; 祝いのあいさつ(をすること) ¶ 신년 ~회[식] [ɕinnjɔn ~hwe[ɕik] シンニョン ~フェ[シク]] 新年お祝いの会[式].

*하루 [haru ハル] [名] ① 1日 ¶ ~ 종일 [~ dʑoŋil ~ ジョンイル] 1日中; ひ

もすがら ② ある日 ¶～は 바닷가에 나갔다[～nun padatk'ae nagat'a ~ ヌン パダッカエ ナガッタ] ある日海辺に行った ③ (月の)初めの日; ついたち; 1日 ④ 昼間 **—같이**[gat∫hi ガチ] 副 長い歳月を変わりなく ¶10년을 ～[∫imnjɔnul ～ シムニョヌル ～] 10年1日のごとく **—건너**[cʌnnʌ ゴンノ]・**—걸러**[gʌllʌ ゴルロ] 副 1日おきに; 隔日に ¶ ～ 찾아오다[～ t∫ha-dʒaoda ～ チャジャオダ] 1日おきに訪ねて来る **—바삐**[bap'i バッピ] 副 1日でも早く **—아침**[at∫him アチム] 名 ① 突然; にわか; 一朝(一夕) ¶～에 없어지다[～e ʌ:ps'ɔdʒida ～-(アチ)メ オープソジダ] 突然消えてなくなる/～에 이루어지다[～e iruɔdʒida ～-(アチ)メ イルオジダ] 一朝にして成る ② ある日の朝; ある朝 **—치**[t∫hi チ] 名 1日分 **—하루**[haru ハル] 副 1日1日; その日その日 ～ 달라지다[～ talladʒida ～ タルラジダ] 日に日に[日増しに]変わる.

하루-살이[harusari ハルサリ] 名 ① 〈虫〉カゲロウ ② 命がきわめて短いことのたとえ ¶～ 인생[～ insɛŋ ～ インセン] カゲロウみたいに短い人生; はかない人生 / ～ 목숨[～ moks'um ～ モクスム] はかない命 / ～꾼[～k'un ～ックン] (見下げて)その日暮らしの者.

하루-종일[一終日][harudʒoŋil ハルジョンイル] 名 1日中; 終日 ¶～ 놀았다[～ norat'a ～ ノラッタ] 1日中遊んだ.

하룻-강아지[harutk'aŋadʒi ハルッカンアジ] 名 ① 生まれて間もない子犬 ② 若くて未熟な[浅い知識の]者; 青二才; 初歩者 ¶～ 범 무서운 줄 모른다[～ pɔ:m musɔun dʒul morunda ～ ポーム ムソウン ジュル モルンダ] 諺 生まれたばかりの子犬は虎を怖がらない; 無知が恐れを知らない; 知らぬが仏.

하룻-길[harutk'il ハルッキル] 名 1日で行ける道のり.

하룻-날[harunnal ハルンナル] 名 初めの日; ついたち; (月の)1日.

하룻-밤[harutp'am ハルッパム] 名 ① ある日の晩 ② 一晩; 一夜 ¶～ 유숙(留宿)하다[～ jusukhada ～ ユスクカダ] 一晩泊まる / ～ 풋사랑[～ phus'araŋ ～ プッサラン] 一夜のうたかたの[淡い]恋.

하류[下流][ha:rju ハーリュ] 名 下流 ① 川下; 川の裾など; 下手 ② 下流階級.

하마[河馬][hama ハマ] 名 〈動〉カバ.

하마터면[hamathɔmjɔn ハマトミョン] 副 すんでのところで[ことに]; ややもすれば; まかり間違えば; 危うく ¶～ 죽을 뻔 했다[～ tʃugul p'ɔn hɛ:t'a ～ チュグル ッポン ヘータ] すんでのことに死ぬところだった.

하명[下命][ha:mjɔŋ ハーミョン] 名 하自他 下命; 用命 ¶～을 기다리다[～ul kidarida ～ウル キダリダ] ご下命を待つ.

하물[荷物][hamul ハムル] 名 荷物.

*하물며**[hamulmjɔn ハムルミョン] 副 いわんや; まして; なおさら ¶개도 은혜(恩惠)를 안다, ～ 인간(人間)에 있어서랴[kɛ:do unherul a:nda, ～ ingane is'ɔsɔrja ケード ウンヘルル アーンダ, ～ インガネ イッソソリャ] 犬も恩を知る, いわんや人間においてをや.

하-바리[下一][ha:bari ハーバリ] 名 (組織などで)一番下っ端の者; ひら.

하-반기[下半期][ha:baŋi ハーバンギ] 名 下半期; 下期 ¶～ 결산[～ gjɔls'an ～ ギョルサン] 下半期の決算.

하-반신[下半身][ha:banʃin ハーバンシン] 名 下半身.

하복[夏服][ha:bok ハーボク] 名 夏服.

하사[下賜][ha:sa ハーサ] 名 下賜 ¶～금[～gum ～グム] 下賜金 / ～품[～phum ～プム] 下賜品 **—하다**[hada ハダ] 他 下賜する; 下げ渡す; 授ける.

하사-관[下士官][ha:sagwan ハーサグァン] 名 下士官 ¶주번 ～[t∫ubɔn ～ チュボン ～] 週当番の下士官.

하산[下山][ha:san ハーサン] 名 하自 下山 ① 山から下りること ② 山から下ろすこと ¶목재를 ～하다[moktʃɛrul ～hada モクチェルル ～ハダ] 木材を山から下ろす.

하선[下船][ha:sɔn ハーソン] 名 하自他 下船↔승선(乘船)[suŋsɔn スンソン].

*하소연**[ha:sojɔn ハーソヨン] 名 하他 哀訴; 懇願; 事情を述べてねんごろに嘆き訴えること ¶딱한 입장을 ～하다[t'akhan iptʃ'aŋul ～hada ッタッカン イプチャンウル ～ハダ] 苦しい立場を哀訴する.

하수[下水][ha:su ハース] 名 下水 **—관**[gwan グァン] 名 下水管 **—구**(溝)

하수 [gu グ] 图 下水の流れる溝(水); ¶ ~가 막히다 [~ga makhida ~ガマクキタ] 下水[どぶ]が支える[詰まる] **—도** [do ド] 图 下水道 ¶ ~ 공사 [~ gongsa ~ ゴンサ] 下水道工事.

하수 [下手] [ha:su ハース] 图 (囲碁などで)強い棋士より弱いこと[人].

하수-인 [下手人] [ha:suin ハースイン] 图 下手人 ¶ 살인 사건의 ~ [sarin sa:k'one ~ サリン サーコネ ~] 殺人事件の下手人.

*하숙 [下宿] [ha:suk ハースク] 图 하目 下宿; 安宿 ¶ ~을 하다 [(ha:sug) ɯl hada (ハース)グル ハダ] 下宿する / ~을 치다 [(ha:sug) ɯl tɕhida (ハース)グル チダ] 下宿させる / ~을 구(求) 하다 [(ha:sug) ɯl kuhada (ハース)グル クハダ] 下宿をさがす **—방**(房) [p'aŋ パン] 图 下宿部屋 **—비**(費) [p'i ピ] 图 下宿代 **—생** [s'ɛŋ セン] 图 下宿生; 下宿している学生 **—인** [(ha:sug)in (ハース)ギン] 图 下宿人 **—집** [tɕ'ip チプ] 图 下宿屋.

하순 [下旬] [ha:sun ハースン] 图 下旬 ¶ 내달 ~경 [nɛ:dal ~gjoŋ ネーダル ~ギョン] 来月の下旬ごろ.

하시 [何時] [haʃi ハシ] 图 いつ; どんな時 ¶ ~를 막론하고 [~ rul maŋnonhago ~ルル マンノンハゴ] 時にこだわらずいつでも.

하야 [下野] [ha:ja ハーヤ] 图 下野 ¶ ~ 성명 [~ sɔŋmjɔŋ ~ ソンミョン] 下野声明 **—하다** [hada ハダ] 自 下野する; 野に下る ¶ 책임지고 ~ [tɕhɛgimdʑigo ~ チェギムジゴ ~] 責任を負って下野する.

하양 [hajaŋ ハヤン] 图 ① 白色; 白色の染料(絵の具) ② 白いもの.

*하얗다 [ha:jatha ハーヤッタ] 形 ㅎ変 真っ白だ; とても白い ¶ 머리가 ~ [mɔriga ~ モリガ ~] 髪が真っ白だ **하얀** [ha:jan ハーヤン] 形 白い ¶ ~ 손수건 [~ sons'ugɔn ~ ソンスゴン] 白いハンカチ.

하얘-지다 [ha:jɛdʑida ハーイェジダ] 自 白くなる; 蒼白(そうはく)(になる ¶ 얼굴 빛이 ~ [ɔlgul p'itɕhi ~ オルグル ピチ ~] 顔色が蒼白(になる.

하여-간 [何如間] [hajɔgan ハヨガン] 副 とにかく; いずれにせよ; どっちみち; どうせ; = 여하간(如何間) [johagan ヨハガン] ¶ ~ 해 보자 [~ hɛ:bodʑa

~ ヘーボジャ] とにかくやってみよう.

하여금 [hajɔgɯm ハヨグム] 副 …をして(…せしめる) ¶ 나로 ~ 말하게 한다면 [naro ~ ma:rhage handamjɔn ナロ ~ マールハゲ ハンダミョン] 私をして言わしめれば.

*하여-튼(지) [何如一] [hajɔthɯn (dʑi) ハヨトゥン(ジ)] 副 とにかく⇨'하여간'.

하역 [荷役] [ha:jɔk ハヨク] 图 하他 荷役; 荷物の上げ下ろし ¶ ~업 [(ha:jɔg)ɔp (ハヨ)ゴプ] 荷役業 **—부**(夫) [p'u プ] 图 荷役労働者; 仲仕.

하염-없다 [hajɔmɔpt'a ハヨモプタ] 佂 ① 心がうつろである; むなしい ② 止めど(も)ない; 限りない **하염-없이** [hajɔmɔpʃ'i ハヨモプシ] 副 心うつろに; とめどもなく ¶ ~ 눈물이 흐르다 [~ nunmuri hɯrɯda ~ ヌンムリ フルダ] とめどもなく涙が流れる.

하염직-하다 [hajɔmdʑikhada ハヨムジクカダ] 形 やれそうだ; やりがいがある; する価値がある ¶ ~한 국가적 사업 [~ khan kuk'adʑɔk s'a:ɔp ~ーカン ククカジョク サーオプ] やりがいのある国家的事業.

하오 [下午] [ha:o ハーオ] 图 午後.

하옥 [下獄] [ha:ok ハーオク] 图 下獄; 入獄 **—하다** [(ha:o)khada カダ] 他 入獄させる.

하위 [下位] [ha:wi ハーウィ] 图 下位 ¶ 성적은 ~이다 [sɔŋdʑɔgɯn ~ida ソンジョグン ~イダ] 成績は下位である / ~ 관리(官吏) [~ gwalli ~ グァルリ] 下位の役人; 下級職公務員.

하의 [下衣] [ha:i ハーイ] 图 (ズボンなど)下半身に着用する衣服; 下着; ↔상의(上衣) [sa:ŋi サーンイ] 「上衣」.

하의 [夏衣] [ha:i ハーイ] 图 夏服; 夏物.

하이킹 [haikhiŋ ハイキン] 图 하自 ハイキング ¶ ~ 코스 [~ khо:sɯ ~ コース] ハイキングコース.

하이-테크 [haithekhɯ ハイテク] high-tech 图 ハイテク ¶ ~ 산업 [~ sa:nɔp ~ サーノプ] ハイテク産業.

하인 [下人] [ha:in ハーイン] 图 〈史〉使用人; お手伝い; 召し使い **—배**(輩) [bɛ ベ] 图 召し使いたち.

하자 [瑕疵] [hadʑa ハジャ] 图 瑕疵(かし); 欠点; 傷 ¶ 조그만 ~도 없다 [tɕоgɯman ~do ɔ:pt'a チョグマン ~ドオープタ] 少しの瑕疵もない.

하잘것-없다 [hadʑalk'ɔdʑpt'a ハジャル

コドブタ] 접 つまらない; くだらない; 取るに足らない ¶~-없는 일로 화내다 [~-ɔmnɯn ni:llo hwa:nɛda (ハジャルコ) ドムヌン ニールロ ファーネダ] つまらないことで[に]腹を立てる **하잘것-없이** [hadʒalk'ɔdɔp'i ハジャルコドプシ] 副 つまらなく; ばからしく.

하절[夏節][ha:dʒɔl ハージョル] 名 夏季; 夏の季節; 夏期.

하-종가[下終價][ha:dʒoŋk'a ハージョンカ] 名 (その日の相場で)最低限度まで下がった株価.

하주[荷主][hadʒu ハジュ] 名 荷主.

하중[荷重][hadʒuŋ ハジュン] 名 荷重 ¶~을 지탱하다 [~ɯl tɕitʰɛŋhada ~ウル チテンハダ] 荷重にたえる.

하지[夏至][ha:dʑi ハージ] 名 夏至 **하짓-날** [ha:dʑinnal ハージンナル] 名 夏至の日.

***하지만**[hadʑiman ハジマン] 副 しかし; だが; だけれども; だって ¶~ 졸리는 걸요 [~ tɕo:llinɯn kɔljo ~ チョールリヌン コルリョ] だって眠いんですもの.

하직[下直][ha:dʑik ハージク] 名 하自 いとま乞い; 別れのあいさつ ¶아버님께 ~을 하다 [abɔnimk'e (ha:dʑi)-ɯl ko:hada アボニムッケ (ハージ) グル コーハダ] 父上に別れのあいさつを告げる/고향을 ~ 하다 [kohjaŋɯl (ha:dʑi)-kʰada コヒャンウル ~カダ] 故郷を捨てる/세상을 ~ 하다 [se:saŋɯl (ha:dʑi)-kʰada セーサンウル ~カダ] 世を去る; 死ぬ.

하차[下車][ha:tɕʰa ハーチャ] 名 하自他 ① 下車 ¶도중 ~ [to:dʑuŋ ~ トージュン ~] 途中下車. ↔승차(乘車) [sɯŋ-tɕʰa スンチャ]「乘車」② 荷下ろし.

하찮다[hatɕʰantʰa ハチャンタ] 形 つまらない; 取るに足りない; 大したことでない ¶하찮게 생각하다 [hatɕʰaŋkʰe sɛŋgakʰada ハチャンケ センガクカダ] 大したことはないと思う/하찮은 선물 [hatɕʰanɯn sɔnmul ハチャヌン ソンムル] つまらない贈り物.

***하천**[河川][hatɕʰɔn ハチョン] 名 河川; 川; 小川 ¶~ 부지(敷地) [~bu:dʑi ~ブージ] 河川敷.

하청[下請][ha:tɕʰɔŋ ハーチョン] 名 下請け ¶~ 공장 [~ goŋdʑaŋ ~ ゴンジャン] 下請け工場/~을 주다 [~ɯl tɕuda ~ウル チュダ] 下請けさせる **—인** [in イン] 名 下請人.

하체[下體][ha:tɕʰe ハーチェ] 名 ① 体の下半身 ② 男女の陰部.

하층[下層][ha:tɕʰɯŋ ハーチュン] 名 下層 ¶~의 지질 [~e tɕidʑil ~エ チジル] 下層の地質 **—계급** [gegɯp ゲグプ] 名 下層階級 **—사회** [sahwe サフェ] 名 下層社会.

하-치[下—][ha:tɕʰi ハーチ] 名 下等品.

하키[hakʰi ハキ] hockey 名 ホッケー ¶아이스 ~ [aisɯ ~ アイス ~] アイスホッケー.

하트[ha:tʰɯ ハートゥ] heart 名 ハート ¶~형 [~hjɔŋ ~ヒョン] ハート形.

***하품**[hapʰum ハプム] 名 あくび ¶~을 하다 [~ɯl hada (ハプ) ムル ハダ] あくびをする/~을 꾹 참다 [~ɯl k'uk tɕʰa:mt'a (ハプ) ムル ックク チャームタ] あくびをかみ殺す[こらえる].　「下品.

하품[下品][ha:pʰum ハープム] 名 下等品;

하프[ha:pʰɯ ハープ] half 名 ハーフ **—백** [bɛk ベク] 名 ハーフバック(halfback); 中衛 **—센터** [sentʰɔ セント] 名 センターハーフ; (ホッケーなどで)中衛の位置; またその選手 **—타임** [tʰa-im タイム] 名 ハーフタイム(half time).

***하필**[何必][hapʰil ハピル] 副 何で; こともあろうに; とりわけ; よりによって; どうして; 何の必要があって ¶~ 이면 일요일에 비가 오다니 [(hapʰir)-imjɔn irjoire piga odani (ハピ) リミョン イリョイレ ピガ オダニ] (日もあろうに)とりわけ日曜日に雨が降るとは.

하하[haha ハハ] **1** 副 하自 はは ¶~ 웃다 [~ u:t'a ~ ウータ] ははと笑う **2** 感 ああ ¶~, 이거 큰일났군 [~, igɔ kʰɯnillak'un ~, イゴ クニルラックン] ああ, これは大変だ/~, 그랬었군 [~, kɯrɛs'ɔk'un ~, クレッソックン] はあ, そうだったか.

하학[下學][ha:hak ハーハク] 名 하自 ① 放課; 終業 ¶~ 시간 [~ ʃigan ~ シガン] 放課時間 ② 初歩の学問.

하한[下限][ha:han ハーハン] 名 下限 ¶~선 [~sɔn ~ソン] 下限線 **—가(價)** [k'a カ] 名 〈経〉ストップ安.

하행[下行][ha:hɛŋ ハーヘン] 名 하自 下行 ① 下りて行くこと ② 下り **—열차** [njɔltɕʰa ニョルチャ] 名 下り列車.

하향[下向][ha:hjaŋ ハーヒャン] 名 하自 下向き ① 下に向かうこと ② 衰えていくこと ¶생산성의 ~ 추세 [sɛŋ-sans'ɔŋe ~ tɕʰuse センサンソンエ ~

チュセ] 生産性の下向き趨勢. ③ 物価が下落すること ¶物価の ~ 조정[mulk'ae ~ dʒodʒɔŋ ムルカエ ~ ジョジョン] 価の値下げ調整.

하향[下鄕][ha:hjaŋ ハーヒャン] 名 自他 ① 下向; 都落ち ¶관직을 그만두고 ~하다[kwandʒigɯl kɯmandugo ~hada クァンジグル クマンドゥゴ ~ハダ] 官職を辞めて田舎に下る ② 故郷へ帰ること.

하회[下回][ha:hwe ハーフェ] 名 ① 次の順番; 次回 ② 目上の人からの返答; 結果 ¶사장의 ~가 궁금하다[sadʒaŋe ~ga kuŋgumhada サジャンエ ~ガ クングムハダ] 社長のご返事[結果]が気遣わしい.

하회-하다[下廻一][ha:hwehada ハーフェハダ] 自 下回る ¶평년작을 ~[pʰjəŋnjondʒagɯl ~ ピョンニョンジャグル ~] 平年作を下回る.

하후-상박[下厚上薄][ha:husa:ŋbak ハーフサーンバク] 名 自他 (待遇が)比較的下に厚く上に薄いこと.

학[學][hak ハク] 1 名 学; 学問 2 接尾 学 ¶사회~[sahwe~ サフェ~] 社会学 / 철~[tʃʰɔr~ チョル~] 哲学.

****학**[鶴][hak ハク] 名 〈鳥〉ツル(鶴).

학계[學界][hak'e ハケ] 名 学界 ¶~소식[~ soʃik ~ ソシク] 学界便り.

학과[學科][hak'wa ハクァ] 名 学科 **―목**[mok モク] 名 学科目.

****학교**[學校][hak'jo ハクキョ] 名 学校 ¶초등(初等) ~[tʃʰodɯŋ ~ チョドゥン ~] 小学校 / 중 ~[tʃuŋ~ チュン~] 中学校 / 고등~[kodɯŋ~ コドゥン~] 高等学校 / 전문대학(專門大學)[tʃɔnmundɛ:hak チョンムンデーハク] (2・3年制)の短期大学 / 대 ~[tɛ:~ テー~] (総合)大学 **―급식**[gɯpʃik グプシク] 名 学校給食 **―신문**[ʃinmun シンムン] 名 学校新聞.

학구[學究][kak'u ハク] 名 学究 ¶~적(的)인 사람[~dʒɔgin sa:ram ~ジョギン サーラム] 学究肌の人.

학군[學群][kak'un ハクン] 名 学群; 入学試験制度により地域別に設定した中・高校の学校群.

학군단[學軍團][hak'undan ハクンダン] 名 学生軍事教育団; ROTC.

학급[學級][hak'ɯp ハクプ] 名 学級; クラス **―담임**[t'amim タミム] 名 学級担任.

학기[學期][hak'i ハクキ] 名 学期 ¶신~[ʃin~ シン~] 新学期 **―말 고사**(考査)[시험][mal go:sa[ʃihɔm] マルゴーサ[シホム]] 名 学期末試験.

****학년**[學年][haŋnjon ハンニョン] 名 学年 ¶몇~이에요?[mjo(tʰaŋnjon)iejo ミッ(タンニョ)ニエヨ] 何年生ですか..

학대[虐待][hakt'ɛ ハクテ] 名 他 虐待; 虐げること ¶동물을 ~하다[to:ŋmurɯl ~hada トーンムルル ~ハダ] 動物を虐げる.

학력[學力][haŋnjok ハンニョク] 名 学力 ¶~ 검사[(haŋnjo)k'ɔ:msa ~ コームサ] 学力検査[テスト]; アチーブメントテスト(achievement test).

학력[學歷][haŋnjok ハンニョク] 名学歴

학령[學齡][haŋnjoŋ ハンニョン] 名 学齢 **―아동**[adoŋ アドン] 名 学齢児童.

학명[學名][haŋmjoŋ ハンミョン] 名 ① 学名 ¶곤충의 ~[kontʃʰuŋe ~ コンチュンエ ~] 昆虫の学名 ② 学者としての名声; 評判 ¶~을 크게 떨치다[~ɯl kʰɯge t'ɔ:ltʃʰida ~ウル クゲットールチダ] 学問上の名声を高く挙げる.

****학문**[學問][haŋmun ハンムン] 名 他 学問 ¶~의 자유[~e tʃaju (ハンム)ネ チャユ] 学問の自由 / ~이 있는 사람[~i innɯn sa:ram (ハンム)ニ インヌン サーラム] 学のある人 / ~에 힘쓰다[~e hims'uda (ハンム)ネ ヒムッスダ] 手習に励む.

학번[學番][hakp'on ハクポン] 名 ① 学籍番号 ② 大学の入学年度 ¶8・2~[pʰari~ パリ~] 1982年度入学.

학벌[學閥][hakp'ɔl ハクポル] 名 学閥 ¶~의 폐해[(hakp'ɔr)e pʰe:hɛ (ハクポ)レ ペーヘ] 学閥の弊害.

학보[學報][hakp'o ハクポ] 名 学報 ① 学術の報告 ② 大学の雑誌や新聞.

학부[學府][hakp'u ハクプ] 名 学府 ¶최고~[tʃʰwe:go ~ チェーゴ ~] 最高学府.

학부[學部][hakp'u ハクプ] 名 ① 学部 ¶문~[mun~ ムン~] 文学部.

학-부모[學父母][hakp'umo ハクプモ] 名 就学中の児童や学生の父母.

학-부형[學父兄][hakp'uhjɔŋ ハクプヒョン] 名 (就学中の児童や学生の)保護者 **―회**[hwe フェ] 名 PAT.

****학비**[學費][hakp'i ハクピ] 名 学費 ¶~를 벌다[~rɯl pɔ:lda ~ルル ポル

학사[學士] [haks'a ハクサ] 名 学士 ① 大学学部の卒業者の称号 ¶ 법~[pɔ-(pʰaks'a) ポ/(パクサ)] 法学士 ② 学術研究に専念する人.

학살[虐殺] [haks'al ハクサル] 名 하他 虐殺 ¶ 양민을 ~하다 [jaŋminul (haks'ar)hada ヤンミヌル ~ハダ] 良民を虐殺する.

*__학생[學生]__ [haks'ɛŋ ハクセン] 名 学生 ① (小学校から大学までの)学生; 生徒 ② 学芸を習う人 ③ 官職につかずに亡くなった人の銘旌・位牌 などに記す尊称 —**과** [k'wa クァ] 名 学生課 —**복** [bok ボク] 名 学生服 —**신문** [ʃinmun シンムン] 名 学生新聞 —**운동** [u:ndoŋ ウーンドン] 名 学生運動 —**증** [tʃ'ɯŋ チュン] 名 学生証.

학설[學説] [haks'ɔl ハクソル] 名 学説 ¶ ~을 세우다 [(haks'ɔr)ɯl seuda (ハクソ)ルル セウダ] 学説を立てる.

학수-고대[鶴首苦待] [haks'ugodɛ ハクスゴデ] 名 하他 (鶴のように)首を長くして待ちわびること ¶ 희소식(喜消息)을 ~하다 [hisoʃigɯl ~hada ヒソシグル ~ハダ] 吉報を待ち焦がれる[鶴首して待ちわびる].

학술[學術] [haks'ul ハクスル] 名 学術 —**강연회** [ga:ŋjɔnhwe ガーンヨンフェ] 名 学術講演会 —**논문** [lonmun ロンムン] 名 学術論文 —**단체** [dantʃʰe ダンチェ] 名 学術団体 —**원** [(haks'ur)-wɔn (ハクス)ルォン] 名 学術院(日本の学士院に相当する).

*__학습[學習]__ [haks'ɯp ハクスプ] 名 하他 学習 —**서** [s'ɔ ソ] 名 学習書; 学習参考書 —**장** [tʃ'aŋ チャン] 名 学習帳; ワークブック —**지도 요령** [tʃ'ido jorjɔŋ チド ヨリョン] 名 学習指導要領 —**활동** [(haks'ɯ)pʰwalt'oŋ プァルトン] 名 学習活動.

학식[學識] [haks'ik ハクシク] 名 学識 ¶ 높은 ~ [nopʰɯn ~ ノプン ~] 高い学識.

학업[學業] [hagɔp ハゴプ] 名 学業 ¶ ~ 성적 ~ s'ɔŋdʒɔk ~ ソンジョク] 学業成績. 「学校による縁故.

학연[學緣] [hagjɔn ハギョン] 名 出身

학예[學藝] [hage ハゲ] 名 学芸 —**회** [hwe フェ] 名 学芸会.

학용품[學用品] [hagjoŋpʰum ハギョンプム] 名 学用品.

학우[學友] [hagu ハグ] 名 学友 ¶ 친한 ~ [tʃʰinhan ~ チンハン ~] 親しい学友 —**회** [hwe フェ] 名 学友会.

*__학원[學院]__ [hagwɔn ハグォン] 名 ① 学院 ¶ 요리 ~ [jori ~ ヨリ ~] 料理学校 ② 講習所; 予備校.

학위[學位] [hagwi ハグィ] 名 学位 ¶ 박사 ~를 따다 [paks'a ~rul t'ada パクサ ~ルル ッタダ] 博士の学位を取る —**논문** [nonmun ノンムン] 名 学位論文 —**수여** [suɪʃɔ スヨ] 名 学位の授与.

*__학자[學者]__ [haktʃ'a ハクチャ] 名 学者 ¶ 저명한 ~ [tʃɔ:mjɔŋhan ~ チョーミョンハン ~] 著名な学者 / 사이비(似而非) ~ [sa:ibi ~ サーイビ ~] えせ学者.

학자[學資] [haktʃ'a ハクチャ] 名 学資 —**금** [gɯm グム] 名 学資金.

학장[學長] [haktʃ'aŋ ハクチャン] 名 学長(日本の学部長に相当する).

학적[學籍] [haktʃ'ɔk ハクチョク] 名 学籍 —**부** [p'u プ] 名 学籍簿.

*__학점[學點]__ [haktʃ'ɔm ハクチョム] 名 (大学での学科履修計算の)単位 ¶ ~을 따다 [~ɯl t'ada (ハクチョ)ムル ッタダ] 単位を取る.

학정[虐政] [haktʃ'ɔŋ ハクチョン] 名 虐政; 苛政 ¶ ~에 시달리다 [~e ʃidallida ~エ シダルリダ] 虐政に苛まれる[苦しめられる].

학제[學制] [haktʃ'e ハクチェ] 名 学制 ¶ ~ 개편 [~ gɛ:pʰjɔn ~ ゲーピョン] 学制改編.

학질[瘧疾] [haktʃ'il ハクチル] 名 〈医〉 マラリア; おこり —**떼다** [t'eda ッテダ] 自 ① マラリアを直す ② やっと苦しいことやうるさいことを免れる ③ ひどい目にあう;冷や汗を流す; = 학을 떼다 [hagɯl t'e:da ハグル ッテーダ] —**모기** [mo:gi モーギ] 名 〈虫〉 マラリア蚊.

학창[學窓] [haktʃʰaŋ ハクチャン] 名 学窓 ¶ ~ 생활 [~ sɛŋhwal ~ センファル] 学窓生活 / ~ 시절(時節) [ʃidʒɔl シジョル] 学窓時代.

학-춤[鶴—] [haktʃʰum ハクチュム] 名 鶴の舞い(国の慶事・悪鬼を払う儀式として鶴の仮面をかぶって踊る宮中舞踊の1つ].

학칙[學則] [haktʃik ハクチク] 名 学則 ¶ ~ 위반 [(haktʃʰig) wiban (ハクチ)グィバン] 学則違反.

학파[學派] [hakpʰa ハクパ] 名 学派.

학풍[學風][hakpʰuŋ ハクプン] 名 学風 ¶아카데믹한 ~[akʰademikʰan ~] アカデミックな学風.

학형[學兄][hakhjʌŋ ハクキョン] 名 学兄; 学友相互の敬称(手紙文などに).

학회[學會][hakʰwe ハククェ] 名 学会 ¶역사 ~[jʌksʼa ~ ヨクサ ~] 歷史学会.

＊한[han ハン] 冠 ① 1; 一; 1つの ¶~개[~ gɛ ~ ゲ] 1個 / ~ 사람[~ saram ~ サラム] 1人 ② 同じ; 同一の ¶~ 학교의 선배[~ hak'jœ sʌnbɛ ~ ハクキョエ ソンベ] 同じ学校の先輩 ③ おおよそ; 約; ほぼ; 大体 ¶~ 열흘 정도면 끝나네[~ njʌrhɯl tsʌŋdomjʌn k'unnane ~ ニョルフル チョンドミョン ックンナネ] おおよそ10日くらいなら終わるよ / ~ 10개[~ njʌlk'ɛ ~ ニョルケ] 約10個 ④ ある ¶~ 나라[~nara ~ ナラ] ある国家; 同一の国家.

한-[han ハン] 接頭 ① 大きい ¶~길[~gil ~ キル] 大通り ② (空間的に)正しい; 真の; (時間的に)真; 盛り ¶~여름[~njʌrɯm ~ ニョルム] 真夏 / ~복판[~bokpʰan ~ ボクパン] 真ん中 ③ いっぱい; 満ちている ¶~사발[~sabal ~ サバル] おわんいっぱい.

＊한[限][ha:n ハーン] 1 名 한하다 ① 限り; 限度(内) ¶~없이 멀다[~ʌpsʼi mo:lda (ハー)ノプシ モールダ] 限りなく遠い / 욕심(慾心)에는 ~이 없다[jokʃʼimenɯn ~i ʌ:pt'a ヨクシメヌン (ハー)ニ オープタ] 欲には限りがない / 눈물이 ~없이 흐르다[nunmuri ~ ʌpsʼi hɯrɯda ヌンムリ (ハー)ノプシ フルダ] 涙が止めどもなく流れる ② 限界; 境界 ③ 期限 ¶7月 ~[tsʰirwʌr(han) チルウォル(ハン)] 7月限り ④ 制限 ¶입장자는 여성에 ~한다[iptsʼaŋdʒanɯn njʌsʌŋe ~handa イプチャンジャヌンニョソンエ ~ハンダ] 入場者は女性に限る 2 依名 …まで; 限り ¶될 수 있는 ~[twel sʼu innɯn ~ トゥェルッス インヌン ~] できる限り / 죽는 ~이 있어도[tsuŋnɯn ~i isʼodo チュンヌン (ハー)ニ イッソド] 死に至るとも; 命を賭けても 3 接尾 まで; 限り ¶5日~[o:ir(han) オーイル(ハン)] 5日まで.

＊한[恨][ha:n ハーン] 名 한하다 ① 恨み; 怨念恣=원한(怨恨)[wʌ:nhan ウォーンハン] ¶~을 품다[~ɯl pʰu:mt'a (ハー)ヌル プームタ] 恨みを抱く / ~을 풀다[~ɯl pʰulda (ハー)ヌルプルダ] 恨みを晴らす[解く] ② 成就し得ない心の嘆き; 恨み嘆くこと; やるせなさ; ='한탄'(恨歎) ¶천추의 ~[tsʰʌntsʰue ~ チョンチュエ ~] 千秋の恨み / ~이 되다[~i tweda (ハー)ニトゥェダ] 恨みになる; 恨めしがる; 残念に思う.

-한[漢][han ハン] 接尾 漢; 男 ¶악~[a(kʰan) アク(カン)] 悪漢 / 괴~[kwe:~ クェー~] 怪漢 / 취~[tsʰwi:~ チュイー~] 酔漢.

＊한가[閑暇・閒暇][hanga ハンガ] 名 閑暇; ひま ¶~한 때[~han t'ɛ ハン ッテ] ひまな時 **—로이**[roi ロイ] 副 のんびりと **—롭다**[ropt'a ロプタ] 形 ㅂ変 のんびりしている; ひまである **—하다**[hada ハダ] 形 여変 ひまだ.

한-가득[hangadɯk ハンガドゥク] 副 ぎっしり一杯に.

＊한-가운데[hangaunde ハンガウンデ] 名 真ん中; 中心; 中央 ¶방 ~[paŋ ~ パン ~] 部屋の真ん中 / 길 ~[kil ~ キル ~] 道路の中央.

한-가위[hangawi ハンガウィ]・**한-가윗날**[hangawinnal ハンガウィンナル] 名 中秋; 旧暦の8月15日; =추석(秋夕)[tsʰusʌk チュソク].

한-가을[hangaɯl ハンガウル] 名 盛秋; 取り入れの忙しい秋半ば=¶ 추수(秋收)에 바쁜 ~[tsʰusue papʼɯn ~ チュスエ パップン ~].

한-가지[hangadʒi ハンガジ] 名 同じ; 同一; 一緒 ¶이거나 그거나 다 ~ 다[igʌna kɯgʌna ta: ~da イゴナ クゴナ ク ゴナ タ ~ダ] これもそれも皆同じだ.

한갓[hangat ハンガッ] 副 単に; ただ; それだけで ¶ 그것은 ~ 공상에 지나지 않는다[kɯgʌsɯn ~ k'oŋsaŋe tsʼinadʒi annɯnda クゴスン ~ コンサンエ チナジ アンヌンダ] それは単なる空想に過ぎない.

한갓-지다[hangatsʼida ハンガッチダ] 形 閑静だ; もの静かで奥まっている ¶ 잠시도 ~-진 때가 없다[tsʼa:msido ~tʃin t'ɛga ʌ:pt'a チャームシド ~チン ッテガ オープタ] (出入りする人が多くてしばしも静かな時がない.

한-강[漢江][ha:ŋgaŋ ハーンガン] 名 ①〈地〉漢江〔韓国中部のソウルを通じて, 黄海に注ぐ川の名〕②(転じて)水浸し ¶수도관이 터져 길이 ~이

되었다 [sudogwani tʰɔːdʑɔ kiri ~i twɛtʼa スドグァニ トージョ キリ ～イトゥエッタ] 水道管が破れて通りが水浸しになった[(まるで)大きな川だった].

한-걱정 [hangɔktʃʼɔŋ ハンゴクチョン] 名 形他 ひと心配; 大きな心配 ¶~덜었다 [~ tɔːrɔtʼa ~ トーロッタ] (心配事が過ぎ去って)ひと安心した.

한-걸음 [hangɔrɯm ハンゴルム] 名 一歩; ひと足; ひと歩み ¶~ 늦다 [~ nutʼa ~ ヌッタ] ひと足遅い ━에 [e (ハンゴル) メ] 副 ひと走りに; すぐさま ¶~ 달려가다 [~ talljɔgada ~ タルリョガダ] ひと走りに駆けつける.

한-겨울 [hangjɔul ハンギョウル] 名 真冬; ひと冬 ¶~의 추위 [(hangjɔur)e tɕʰuwi (ハンギョウル)レ チュウィ] 真冬の寒さ.

*한결 [hangjɔl ハンギョル] 副 ひとしお; 一層; はるかに ¶이쪽 것이 ~ 낫다 [itɕʼokʼɔɕi ~ natʼa イッチョクコシ ~ ナッタ] こっちの方がはるかによい.

*한결-같다 [hangjɔlgatʼa ハンギョルガッタ] 形 始終同じぐあいだ; ひたすらである; 一途々である ¶마음이 ~ [maumi ~ マウミ ~] 心が一途だ / ~ 같은 소망(所望) [~-gatʰɯn somaŋ ~-ガトゥン ソーマン] 一途な願い **한결-같이** [hangjɔlgatɕʰi ハンギョルガチ] 副 等しく; 一様に; ひたすら; 一途に; ひたむきに ¶~ 친절한 가게 / ~ 반대하다 [~ tɕʰindʑɔrhan kaːge ~ チンジョルハン カーゲ ~ ~ paːndɛhada ~ パーンデハダ] 相変わらず親切な店 / 皆等しく反対する.

*한계 [限界] [haːnge ハーンゲ] 名 限界; リミット (limit) ¶~선 [~ sɔn ~ ソン] 限界線.

한-고비 [hangobi ハンゴビ] 名 山場; 境目の局面; 峠 ¶병은 ~ 넘겼다 [pjɔːŋɯn ~ nɔmgjɔtʼa ビョーンウン ~ ノムギョッタ] 病はひと峠を越した.

한-구석 [hangusɔk ハングソク] 名 一方の隅; 片隅; 一隅 ¶방 ~ [paŋ ~ パン ~] 部屋の片隅.

*한국 [韓國] [haːnguk ハーングク] 名 韓国 ① 〈地〉大韓民国 ② 〈史〉大韓帝国 ━어 [(haːnguɡ)ɔ (ハーングク)ゴ] 名 韓国語 ━요리 [(haːnguŋ)njori (ハーングン)ニョリ] 名 韓国料理 ━인 [(haːnguɡ)in (ハーングク)ギン] 韓国人=한인 (韓人) [haːnin ハーニン].

한-군데 [hangunde ハングンデ] 名 (ある)一定の場所; ひと所; 一か所 ¶금붕어가 ~ 모여 있다 [kɯmbuŋɔga ~ mojɔ itʼa クムブンオガ ~ モヨ イッタ] 金魚がひと所に集まっている.

한-귀 [hangwi ハングィ] 名 片方の耳 ¶~로 흘리다 [~ro hɯllida ~ロ フルリダ] 聞き流す.

한-근심 [hangɯnɕim ハングンシム] 名 大きな心配 ¶~ 놓았다 [~ noatʼa ~ ノアッタ] ひと安心した.

*한글 [hangɯl ハングル] 名 ハングル(大いなる文字の意); 韓国固有の文字; 訓民正音 ᄒᆞᆫᄆᆞᆫᄌᆞᅌᅳᆷ; (共和国では) 조선글 [tɕʼosɔnɡɯl チョソングル]「朝鮮の文字」 ━날 [lal ラル] 名 ハングルの頒布記念日; 1446年朝鮮王朝の世宗 [seːdʑoŋ セージョン]大王が訓民正音を制定頒布したのを記念する日(10月9日).

한기 [寒氣] [hangi ハンギ] 名 ① 寒気; 寒さ ¶~가 누그러지다 [~ga nugɯrɔdʑida ~ガ ヌグロジダ] 寒気がゆるむ ② 寒け; 悪寒 ¶~가 들다 [~ga tɯlda ~ガ トゥルダ] 悪寒がする.

한-길 [hangil ハンギル] 名 大通り; 表通り ¶~에서 놀면 안 된다 [(haŋir)esɔ noːlmjɔn an dwɛnda (ハンギリ)レソ ノールミョン アン ドゥェンダ] 大通りで遊んではいけないよ.

*한꺼번-에 [hankʼɔbɔne ハンッコボネ] 副 一度に; いっぺんに; ひとまとめに ¶일을 ~ 해치우다 [iːrɯl ~ hɛːtɕʰiuda イールル ~ ヘーチウダ] 仕事を一度にやってしまう / 수당을 ~ 받다 [sudaŋɯl ~ patʼa スダンウル ~ パッタ] 手当をひとまとめにもらう.

한-껏 [限—] [haːnkʼɔt ハーンッコッ] 副 できる限り; 力の限り; 精一杯; 思い切り ¶~ 노력하다 [~-(kʼɔn) norjɔkʰada ~-(ッコン) ノリョクカダ] 精一杯努力する.

한-끼 [hankʼi ハンッキ] 名 一度の食事 ¶~의 식사를 대접하다 [~e ɕiksaːrɯl tɛːdʑɔpʰada ~エ シクサルル テージョプハダ] 一度の食事をもてなす.

한-나절 [hannadʑɔl ハンナジョル] 名 昼下がり; 半日 ¶~을 허비하다 [(hannadʑɔr)ɯl hɔbihada (ハンナジョ)ルル ホビハダ] 半日をつぶす.

한-날 [hannal ハンナル] 名 副 同じ日 ━한시 (一時) [hanɕi ハンシ] 名 同じ日同じ時刻; 同日同時 ¶~에 떠났다

[~e t'ɔnat'a ~エットナッタ] 同日同時間に出発した.

한-낮 [hannat ハンナッ] 名 真昼; 白昼 ¶ ~의 햇살[(hannadʒ)e hɛs'al (ハンナ)ジェ ヘッサル] 真昼の日差し.

한낱 [hannat ハンナッ] 副 一介の; 単なる; つまらない ¶ ~ 평교사에 지나지 않다 [~ pʰjɔŋgjosae tʃinadʒi antʰa ~ ピョンギョサエ チナジ アンタ] 単なる平教師に過ぎない.

한-눈[hannun ハンヌン] 名 一目 ① 一度(だけ)見ること; ちょっと見ること ¶ ~에 반하다 [~e pa:nhada (ハンヌ)ネ パーンハダ] 一目で惚れる / ~에 알아차리다 [~e aratʃʰarida (ハンヌ)ネ アラチャリダ] 一目で見抜く ② 一度に見えること ¶ ~에 보이다 [~e poida (ハンヌ)ネ ポイダ] 一目で見渡せる.

한눈² [ha:nnun ハーンヌン] 名 よそ見; よそ目; わき見; わき目 ━(을) 팔다 [(ha:nnunɯl) pʰalda (ハーンヌヌル) パルダ] 慣 よそ見(を)する, わき見をする[振る] ¶ ~가 넘어지다 [~ga nɔmɔdʒida ~ガノモジダ] よそ見をしていて転ぶ.

한-다리 [handari ハンダリ] 名 片脚 ¶ ~로 서다 [~ro sɔda ~ロ ソダ] 片あしで立つ ━걸치다 [gɔltʃʰida ゴルチダ] 慣 関係を持つ; 加担する.

한다-한 [handahan ハンダハン] 冠 いわれのある, れっきとした; =**한다고 하는** [handago hanun ハンダゴ ハヌン] ¶ ~ 집안 [~ tʃiban ~ チバン] ひとかどの[れっきとした]家柄.

한달음-에 [handarume ハンダルメ] 副 ひと走りで; 一気に(走って) ¶ ~ 달려오다 [~ talljooda ~ タルリョオダ] 一気に駆けつけて来る.

한담[閑談・閒談] [handam ハンダム] 名 한自 閑談 ① 気ままにのんびり話をすること ② それほど肝要でない話 ━설화[屑話] [sɔrhwa ソルファ] 名 暇つぶしの雑談.

한-더위 [handɔwi ハンドウィ] 名 夏の最も暑い時期; 盛暑; 酷暑.

한-덩어리 [handɔŋɔri ハンドンオリ] 名 ①かたまり; 一丸 ¶ ~가 되어 [~ga twɛɔ ~ガ トゥェオ] 一丸となって.

*한-데¹ [hande ハンデ] 名 ひと所; 一か所; 同じ所 ¶ ~ 모여 있다 [~ mojit'a ~ モヨイッタ] 一か所に集まっている / ~ 합치다 [~ haptʃʰida ~ ハプチダ] 一所になる; 1つに合わせる.

한-데² [ha:nde ハーンデ] 名 屋外; 露天; 露地 ¶ ~서 잠을 자다 [~sɔ tʃamul tʃada ~ソ チャムル チャダ] 露地で寝る; 野宿する / ~에 내놓아라 [~e nɛ:noara ~ネーノアラ] 屋外に出して置け ━아궁이 [aguŋi アグンイ] 名 屋外のたき口 ━우물 [umul ウムル] 名 垣根の外にある井戸 **한뎃-뒷간**(間) [ha:ndet'wi:tk'an ハーンデットゥィーックァン] 名 垣根の外にあるかわや[便所] **한뎃-부엌** [ha:ndetp'uɔk ハーンデップオク] 名 屋外に離してかまをかけた台所 **한뎃-잠** [handet'ʃam ハンデッチャム] 名 露宿; 野宿.

*한도[限度] [ha:ndo ハーンド] 名 限度 ¶ ~를 넘다 [~rɯl nɔ:mt'a ~ルル ノームタ] 限度を越える / ~에 이르다 [~e irɯda ~エイルダ] 限度に達する.

한-돌 [handol ハンドル] 名 ① 1周年; 1年目; ② 丸1日.

한-돌림 [handollim ハンドルリム] 名 ① 順番に回る一巡り ② 一回り; 1周.

한-동갑[一同甲] [handoŋgap ハンドンガプ] 名 同齢; 同じ年.

한-동기[一同氣] [handoŋgi ハンドンギ] 名 (同じ父母の)兄弟姉妹 ¶ ~간 [~gan ~ガン] 兄弟姉妹の間柄.

한-동안 [handoŋan ハンドンアン] 名 いっとき, 一時; しばらく(の間) ¶ ~은 행복했었다 [~un hɛ:ŋbokʰɛs'ɔt'a (ハンドンア)ヌン ヘーンボケッソッタ] 一時は幸福であった[幸せだった].

한-되다[恨—] [ha:ndweda ハーンドゥェダ] 自 恨みとして残る; 残念[遺憾]だ ¶ 그때 실수한 것이 지금도 한이 된다 [kut'ɛ ʃils'uhan kɔʃi tʃigumdo ha:ni twenda クッテ シルスハン コシ チグムド ハーニ トゥェンダ] あの時しくじったのが今でも残念だ.

*한-두 [handu ハンドゥ] 冠 1・2; 1つまたは2つぐらい ¶ ~ 사람 [~ saram ~ サラム] 1人か2人; 一両人 / ~ 해 [~ hɛ ~ ヘ] 一両年.

한-둘 [handul ハンドゥル] 数 1・2; 1つか2つ ¶ ~쯤 없어도 된다 [~tʃ'um ɔps'ɔdo twenda ~ッチュム オープソド トゥェンダ] 1つか2つぐらいなくてもかまわない.

한들-거리다 [handulgɔrida ハンドゥルゴリダ] 自他 軽く揺れる **한들-한들** [handulhandul ハンドゥルハンドゥ

한-때 [hantʼɛ ハンッテ] 图 ひととき; 一時; しばらく ¶ ~의 잘못[~e tʃalmot ~エ チャルモッ] 一時の誤り / 휴식(休息)의 ~ [hjuʃige ~ ヒュシゲ] 憩いのひととき.

한랭[寒冷][hallɛŋ ハルレン] 图 动形 寒冷 **—전선** [dʒɔnsɔn ジョンソン] 图 寒冷前線.

한량[限量][ha:lljaŋ ハールリャン] 图 限られた分量 **—없다** [ɔptʼa オプタ] 存 限りない; はかり知れない ¶ 부모의 은혜(恩惠)는 ~ [pumoe ɯnhenɯn ~ プモエ ウンヘヌン ~] 親の恩ははかり知れない **—없이** [ɔpʃʼi オプシ] 副 限りなく.

한량[閑良][halljaŋ ハルリャン] 图 ① お金をよく使いよく遊ぶ人; 遊興をよくする人 ② 〈史〉遊んで暮らせる両班; 武官任用試験に通らなかった武人.

*한류[寒流][hallju ハルリュ] 图 寒流.

한-마디 [hanmadi ハンマディ] 图 动自 一言 ¶ ~로 말하면… [~ro ma:rhamjɔn ~ロ マールハミョン] 一言でいえば…

한-마음 [hanmaɯm ハンマウム] 图 一心 ① 心を1つに合わせること ¶ 한 뜻으로 [~ han tʼɯsɯro ~ ハン ットゥスロ] 心を1つに合わせて; 一致団結して ② 〈仏〉あらゆる事物は心が集積された塊であるの意.

한-목 [hanmok ハンモク] 副 一緒に; 一度にみな; まとめて ¶ 빚을 ~에 다 갚다 [pidʒɯl (hanmog)e ta: gaptʼa ピジュル (ハンモ)ゲタ- ガプタ] 借金を一度にみな返す / 식료품을 ~에 사다 [ʃinnjophʉmɯl (hanmog)e sada シンニョプフムル (ハンモ)ゲ サダ] 食料品をまとめて買う.

한-몫 [hanmok ハンモク] 图 分け前; 割り当て; 取り分; 一口; 一役 ¶ ~주다 [~ tʃʼuda ~ チュダ] 割り前をやる / ~ 끼다 [(hanmo)kʼida ~ ッキダ] 分け前に与える; 一口乗る **—보다[잡다]** [pʼoda[tʃʼaptʼa] ボダ[チャプタ]] 慣 大きな利益を得る ¶ 주식(株式)으로 ~ [tʃuʃigɯro ~ チュシグロ ~] 株で一儲けする.

*한문[漢文][ha:nmun ハーンムン] 图 漢文; 漢字 **—학** [hak ハク] 图 漢文学.

*한물[hamul ハンムル] 图 ① (野菜・果物・魚類の)旬; 出盛り; 盛んな出回り; 一盛り ¶ 수박도 ~ 지났다[su:baktʼo ~ dʒinatʼa スーバクト ~ ジナッタ] スイカも一盛り[旬]が過ぎた **—가다** [gada ガダ] 自 旬[盛り]が過ぎる ¶ 유행이 ~ [juhɛŋi ~ ユヘンイ ~] 流行[はやり]が下火になる / ~간 과일 [~gan kwa:il ~ガン クァーイル] 旬をはずれた果物 **—지다**[dʒida ジダ] 自 盛りになって豊富に出回る.

한물² [hanmul ハンムル] 图 大水; 洪水 **—지다²** [dʒida ジダ] 自 大水になる.

한-미 [韓美][ha:nmi ハーンミ] 图 韓米; 韓国と米国.

한-민족 [漢民族][ha:nmindʒok ハーンミンジョク] 图 漢民族; 中国国民の大部分を占める民族.

한-민족 [韓民族][ha:nmindʒok ハーンミンジョク] 图 韓民族; 韓国[朝鮮]の民族; =배달 민족 [pɛ:dal mindʒok ペーダル ミンジョク].

한-밑천 [hanmitʃʰɔn ハンミッチョン] 图 まとまった相当な資金; 一財産 ¶ ~ 잡다 [~ dʒaptʼa ~ ジャプタ] 一儲けする; 一財産できる[つくる].

한-바닥 [hanbadak ハンバダク] 图 繁華街, その中心地 ¶ 서울 종로 ~ [soul dʒoŋno ~ ソウル ジョンノ ~] ソウル鐘路のちまた[通り].

한-바퀴 [hanbakʰwi ハンバクィ] 图 一回り; 一巡り; 1周 ¶ ~ 돌다 [~ dolda ~ ドルダ] 一回りする.

*한-바탕 [hanbatʰaŋ ハンバタン] 图 副 一幕; ひとしきり; 一度(大きく) ¶ ~ 연설하다 [~ jɔ:nsɔrhada ~ ヨーンソルハダ] 一席ぶつ[演説をする] / 비가 ~ 내리다 [piga ~ nɛrida ピガ ~ ネリダ] 雨がひとしきり降る.

한-반도 [韓半島][ha:nbando ハーンバンド] 图 〈地〉朝鮮半島.

한발 [旱魃][ha:nbal ハーンバル] 图 旱魃; 日照り ¶ 극심(極甚)한 ~ [kɯkʃʼimhan ~ ククシムハン ~] はなはだしい旱魃.

한-밤(중) [-(中)][hanbam(tʃʼuŋ) ハンバム(チュン)] 图 真夜中; 深夜; 夜更け ¶ ~의 침입자 [~e tʃʰimiptʃʼa ハンバメ [ハンバムチュンエ] チミプチャ] 真夜中の侵入者.

한-방 [一放][hanbaŋ ハンバン] 图 一発 ¶ ~ 쏘다 [~ sʼoda ~ ッソダ] 一発打つ / ~ 놓다 [~ notʰa ~ ノッタ] 一発ぶっぱなす.

한-방[一房] [hanbaŋ ハンバン] 名 ① 同じ部屋; 同室 ¶~의 친구(親舊)[~e tɕʰingu ~エ チング] 同室の友 / ~을 쓰다[~ul s'ɯda ~ウル ッスダ] 同室する ② 部屋中; 部屋いっぱい ¶~ 가득하다[~ gadukʰada ~ ガドゥクハダ] 部屋中いっぱいだ.

한방[漢方] [ha:nbaŋ ハーンバン] 名 漢方 **—약**[njak ニャク] 名 漢方薬 **—의**[ɯi ウィ] 名 漢方医.

한방[韓方] [hanbaŋ ハンバン] 名 ① 中国から伝わって韓国で発達した医術 ② 韓方医の処方.

한-배 [hanbɛ ハンベ] 名 ① 同じ腹から生まれた, または同時にふ化させした動物の子 ⑫ 同腹; 一腹 ¶~ 형제[~ hjɔŋdʑe ~ ヒョンジェ] 一腹兄弟.

*한-번[一番] [hanbɔn ハンボン] 副 一度; 1回; 一ぺん ¶한 달에 ~ [han darɛ ~ ハン ダレ ~] 月に一度 / ~ 마셔 보자[~ maɕjʌ bodʑa ~ マショ ボジャ] ひとつ飲んでみよう / ~ 해 보다[~ hɛː boda ~ ヘー ボダ] 一度やってみる / ~만 읽다[~man ikt'a ~ マン イクタ] 1回だけ読む / ~ 보여주게[~ pojʌdʑuge ~ ポヨジュゲ] ちょっと見せてくれ.

한복[韓服] [ha:nbok ハーンボク] 名 韓国固有の衣裳; 韓国服; =조선(朝鮮)옷[tɕosʌnot ̚ チョソンノッ] ¶~ 차림[~ tɕʰarim ~ チャリム] 韓国服の姿なり.

*한-복판[hanbokpʰan ハンボクパン] 名 真ん中; ただ中; 真ったた中 ¶길 ~ [kil ~ キル ~] 往来の真ん中 / 바다 ~ [pada ~ パダ ~] 海の真ったた中.

한불[韓佛] [ha:nbul ハンブル] 名·韓 仏; 韓国(語)とフランス(語).

한사-코[限死—] [ha:nsakʰo ハーンサコ] 副 命がけで; 心死に; 是が非でも; どうしても; あくまでも ¶~ 반대하다[~ pa:ndɛhada ~ パーンデハダ] あくまでも反対する / ~ 떠나다[~ t'ʌnada ~ ットナダ] 是が非でも出発する.

한산[閑散・閒散] [hansan ハンサン] 名 形動 閑散; ひっそりしていること ¶~ 한 거리[~han kʌri ~ハン コリ] 閑散とした通り.

한성[漢城] [ha:nsʌŋ ハーンソン] 名〈地〉ソウルの古称[朝鮮王朝のソウル].

한-세상[一世上] [hansesaŋ ハンセサン] 名 ① 一生(涯) ¶~을 편히 지내다[~ul pʰjʌni tɕineda ~ウル ピョニ チーネダ] 一生を楽に暮らす ② ゆたかな一時 ¶언제나 ~ 만날까[ɔːndʑena ~ mannalk'a オーンジェナ ~ マンナルッカ] 何時になったら豊かに暮らせる日「わが世の春」が来ようか.

한-세월[閑歳月・閒歳月] [hansewʌl ハンセウォル] 名 暇な年月; のんびりと暮らす歳月 ¶~을 보내다[~ul ponɛda (ハンセウォル)ルル ボネダ] 暇な年月を送る.

한-소큼 [hansok'ɯm ハンソックム] 副 ぐらっと(一度沸き上がるさま).

한-속 [hansok ハンソク] 名 ① 同じ心 ② 同じ意図; 同じ気持ち ¶그들은 모두 ~이다 [kuduɾun modu (hansog)ida クドゥルン モドゥ (ハンソ)ギダ] 彼らはみんな同じ心[気持ち]だ.

한손-놓다 [hansonnotʰa ハンソンノッタ] 自 仕事が一段落つく; 一応片づく ¶그들은 ~ 놓았다 [kuduɾun ~-noat'a クドゥルン ~-ノアッタ] 彼らは仕事を一応片付いた.

한손-접다 [hansondʑʌpt'a ハンソンジョプタ] 他 (競技や勝負事などで)優れた人が弱い人のためにハンディキャップを負担してやる.

한솥-밥 [hansotp'ap ハンソッパプ] 名 (同じ釜の飯の意で)生活を共にすること ¶~을 먹고 자랐다[~-(p'ab)ɯl mʌk'o tɕʰaɾat'a ~ノッパブル モクコ チャラッタ] 同じ釜の飯を食って育った; 生活を共にしてきた.

한-수 [hansu ハンス] 名 一段; 一枚 ¶~ 높다[~ nopt'a ~ ノプタ] 一枚上手だ.

한-술 [hansul ハンスル] 名 一さじ; わずかな食べ物 ¶~도 먹지 못하다[~-do mʌktɕ'i moːtʰada ~ド モクチ モータダ] 一さじも食べられない / ~ 밥에 배부르랴[~ babe pebuɾuɾja ~ バベ ペブルリャ] 諺 一さじの飯で腹いっぱいになろうか[ちょっとの努力だけで満足な効果を期待することはできない] **—더 뜨다**[do t'uda ドットゥダ] 慣 一際いきり立つ ① 止めるともっと激しく出る ② やり方が当の相手よりもっと甚だしい; 満足せずさらに欲を出す.

*한-숨 [hansum ハンスム] 名 ① 嘆息; ため息 ② ひと息; 一呼吸 ¶~ 놓다[~ notʰa(dollida) ~ ノッタ[ドリダ]] ほっとひと息つく ③ 一休み; 一眠り ¶~ 쉬자[~ ɕwidʑa

한시 1031 한잔

~ シュィジャ] 一休みしよう / ~ 자자[~ dʒadʒa ~ ジャジャ] 一眠りしよう **—쉬다[짓다]** [ʃwida[dʒit'a] シュィダ[ジッタ]] ため息をつく **—에**[e (ハンス) ㅈ] 一息に; 一気に ¶~써버리다[~ s'ɔbɔrida ~ ッソボリダ] 一息に書きあげる.

한-시[一時] [hanʃi ハンシ] 名 ① 寸時; しばらく; 一刻 ¶~가 바쁘다[급하다][~ga pap'uda[kup^hada] ~ガ パップダ[クプパダ]] 一刻を争うほど忙しい[急だ] ② 同じ時刻 ¶한날 ~에[hannal ~e ハンナル ~エ] 同じ日の同じ時刻に(生まれた).

한-시름 [hanʃirum ハンシルム] 名 大きな心配事 **—놓다** [not^ha ノッタ] 個 (心配事が過ぎ去って)一安心する.

한식[寒食] [hanʃik ハンシク] 名 寒食[冬至から105日目の日(4月5日から6日ごろ)] (この日に墓参りをする).

한식[韓式] [ha:nʃik ハーンシク] 名 韓国(の様)式 ¶~ 가옥(家屋)[(ha:nʃi)-k'aok ~ カオク] 韓国様式の家.

한식[韓食] [ha:nʃik ハーンシク] 名 韓国式の食べ物=한국 요리(韓國料理) [ha:nguŋ nori ハーングン ニョリ] ¶~집[~tʃ'ip ~チプ] 韓国式飲食店.

한-식경[一食頃] [hanʃik'jɔŋ ハンシクキョン] 名 (一度の食事をとる時間の意で)しばらく; ごく短い時間; =일식경(一食頃) [ilʃik'jɔŋ イルシクキョン].

*__한심-하다[寒心—]__ [hanʃimhada ハンシムハダ] 形 ヨ変 情けない; 嘆かわしい; あきれる ¶~-하기 짝이 없다[~-hagi tʃ'agi ɔ:pt'a ~ハギッチャギ オープタ] とても情けない; 寒心に堪えない **한심-스럽다** [hanʃimsurɔpt'a ハンシムスロプタ] 形 ㅂ変 情けない気がする ¶~-스러운 남자(男子)[~-suroun namdʒa ~-スロウン ナムジャ] 情けない男.

한-아름 [hanarum ハナルム] 名 ① (樹木・束などの)ひと抱えの太さ[量].

한약[漢藥・韓藥] [ha:njak ハーニャク] 名 漢[韓]薬; 漢[韓]方薬 **—국(방)** (局(房))[(ha:nja)k'uk[(ha:njak)p'aŋ] クク[パン]] 名 漢[韓]方薬局 **—재** [tʃ'ɛ チェ] 名 漢[韓]方薬の材料.

한양[漢陽] [ha:njaŋ ハーニャン] 名 ソウルの古称.

*__한-없다[限—]__ [ha:nɔpt'a ハーノプタ] 冠 限りがない; 限りない; 果てしない ¶말을 하려면 ~[ma:rul harjmjɔn ~ マールル ハリョミョン ~] 話そうとすれば限りがない **한-없이** [ha:nɔpʃ'i ハーノプシ] 副 限りなく; 果てしなく ¶눈물이 ~ 흐르다[nunmuri ~ huruda ヌンムリ ~ フルダ] 涙が止めどもなく流れる / ~ 좋은 사람[~ tʃo:un sa:ram ~ チョーウン サラム] 底抜けのお人よし. 「真夏; 夏季.

한-여름 [hannjɔrum ハンニョルム] 名

한-영[韓英] [ha:njɔŋ ハーニョン] 名 韓英; 韓国(語)と英国[英語].

한-옆 [hannjɔp ハンニョプ] 名 片側; 片隅; 一隅 ¶~으로 비켜 서다[(hannjɔp^h)uro pik^hjɔ sɔda (ハンニョプ) プロ ピキョソダ] 片隅の方へ避けて立つ.

한옥[韓屋] [ha:nok ハーノク] 名 韓国の在来式家屋; 朝鮮家屋.

한우[韓牛] [ha:nu ハーヌ] 名 韓国・朝鮮在来種の牛.

한의[漢醫・韓醫] [ha:n(ɯ)i ハーヌィ[ハーニ]] 名 漢[韓]方医の略 **—사**(師) [sa サ] 名 漢[韓]医(師) **—원**(院) [wɔn ウォン] 名 漢[韓]方医院.

한-일[韓日] [ha:nil ハーニル] 名 韓日; 韓国(語)と日本(語) **—사전** [sadʒɔn サジョン] 名 韓日辞典.

한-입 [hannip ハンニプ] 名 ① 一口; 1つの口 ¶~에 먹다[(hannib)e mɔkt'a (ハンニ)ベ モクタ] 一口に食べる ② 1人(の口) ¶~으로 두 말하기[(hannib)uro tu: marhagi (ハンニ)プロトゥー マルハギ] 二枚舌.

*__한자[漢字]__ [ha:ntʃ'a ハーンチャ] 名 漢字 **—어** [ɔ オ] 名 漢字の語; 漢語.

한-자리 [handʒari ハンジャリ] 名 ① 同じ場所[席] ¶~에 모이다[~e moida ~エ モイダ] 同じ場所に集まる / ~앉다[~ant'a ~アンタ] 同席する ② ある地位[役職] ¶~ 얻다[~ ɔ:tt'a ~ オッタ] ある官職を得る **—하다** [hada ハダ] 自俗 重要な地位[職位]に就く[上る] **한자릿-수**(數) [handʒaris'u ハンジャリッス] 名 ひと桁の数; 1から9までの数.

*__한-잔[一盞]__ [handʒan ハンジャン] 名 ·自 一献; 一盞 ① (酒・お茶などの)1杯 ② 少し飲む酒; 酒のふるまい ¶~ 기울이다[하다][~ giurida[hada] ~ ギウリダ[ハダ]] 1杯[一盞を]傾ける[飲む] / ~ 대접(待接)하다[~ dɛ:dʒɔp^hada ~ デージョプパダ]

一献差し上げる; 1杯もてなす; 一席ふるまう **―걸치다** [gɔːltʃʰida ゴールチダ] 自 1杯ひっかける **―내다** [nɛda ネダ] 自 1杯おごる **―술** [sul スル] 自 1杯の[わずかな]お酒.

한-잠 [handʒam ハンジャム] 名 ① 深い眠り; 熟睡 ¶ ~ 들다 [~ dulda ~ ドゥルダ] 深い眠りにおちる ② 一睡; 一眠り; 一寝入り ¶ ~자고 출발하자 [~dʒago tʃʰulbarhadʒa ~ジャゴ チュルバルハジャ] 一眠りして出発しよう.

한적 [閑寂・閒寂] [handʒɔk ハンジョク] 名 하形 閑寂; もの静か; ひっそりとしてもの寂しいこと ¶ ~한 시골 길 [(handʒɔ)kʰan ʃigol kʼil ~カン シゴルキル] もの寂しい田舎道 **―히** [(handʒɔ)kʰi キ] 副 ひっそりと.

한적 [閑適] [handʒɔk ハンジョク] 名 하形 静かに心を安んじるさま ¶ ~하게 살다 [(handʒɔ)kʰage saːlda ~カゲ サールダ] 静かにのんびりと暮らす.

****한정** [限定] [haːndʒɔŋ ハーンジョン] 名 **―하다** [hada ハダ] 他 限定する ¶ 인원수(人員數)를 ~ [inwɔnsurul ~ イヌォンスルル ~] 人員を限定する **―판** [pʰan パン] 名 限定版.

한-줄기 [handʒulgi ハンジュルギ] 名 ① 一筋; 一条 ¶ ~ 강 [~ gaŋ ~ ガン] 一筋の川 ② 1つの同じ系統.

한-줌 [handʒum ハンジュム] 名 一握り; 1つかみ ¶ ~의 모래 [~e morɛ (ハンジュ) メレ] 一握りの砂.

한-중 [韓中] [haːndʒuŋ ハーンジュン] 名 韓中; 韓国(語)と中国(語).

한-중간 [―中間] [handʒuŋgan ハンジュンガン] 名 真ん中; 最中; 胴中 ¶ ~에서 자르다 [~esɔ tʃaruda (ハンジュンガ) ネソ チャルダ] (大根を)胴中から切る.

한즉 [handʒuk ハンジュク] 副 (そう)だから; それゆえに; =그러[그리]한즉 [kurɔ[kuri]handʒuk クロ[クリ]ハンジュク]の略 ¶ ~ 절약하여라 [~ tʃɔrjakʰajɔra ~ チョリャクカヨラ] だから節約しなさい.

한증 [汗蒸] [haːndʒuŋ ハーンジュン] 名 蒸し風呂 ¶ ~같은 더위 [~gatʰun tɔwi ~ガトゥン トウィ] 蒸し風呂のような暑さ **―막**(幕) [**―탕**(湯)] [mak[tʰaŋ] マク[タン]] 名 蒸し風呂.

한지 [韓紙] [haːndʒi ハーンジ] 名 楮초の繊維を原料として韓国・朝鮮古来の製造法で漉いた紙[障子紙など].

한직 [閑職] [haːndʒik ハンジク] 名 閑職 ¶ ~으로 좌천되다 [(handʒig) uro tswaːtʃʰɔndweda (ハンジ)グロ チュアーチョンドゥェダ] 閑職に左遷される.

한-집안 [handʒiban ハンジバン] 名 ① 同じ家の内、一家内; 一家 ¶ ~의 주인 [~e tʃuin (ハンジバ)ネ チュイン] 一家の主人 ② 親類; 親戚 **―간**(間) [gan ガン] 名 親しい[近い]親族の間柄 **―식구**(食口) [ʃikʼu シクク] 名 一家族; 同じ家系の者.

한-쪽 [hantʃʼok ハンッチョク] 名 一方; 片方; 片側 ¶ ~ 귀 [(hantʃʼo) kʼwi ~クィ] 片方の耳 / ~으로 치우치다 [(hantʃʼog) uro tʃʰiutʃʰida (ハンッチョ) グロ チウチダ] 一方に偏る.

한-차례 [hantʃʰarɛ ハンチャレ] 名 ひとしきり; ひとわたり; 一度; 一とおり; 一応 ¶ 비가 ~ 내리다 [piga ~nɛrida ピガ ~ ネリダ] 雨がひとしきり降る / ~ 훑어보다 [~ hultʰɔboda ~ フルトボダ] ひとわたり目を通す / ~ 돌다 [~ doːlda ~ ドールダ] 一回りする.

****한-참** [hantʃʰam ハンチャム] 副 ① しばらく; やや長い時間[期間] ¶ ~ 만일세 [~ manilsʼe ~ マニルセ] しばらく(振り)だね / ~ 있다가 [~ itʼaga ~ (チャ) ミッタガ] しばらくして ② はるかに; ずっと ¶ 그는 ~ 선배이다 [kununun ~ sɔnbɛida クヌン ~ ソンベイダ] 彼ははるかに先輩である.

****한창** [hantʃʰaŋ ハンチャン] **1** 名 盛り; 真っ盛り; たけなわ; 真最中 ¶ 꽃이 ~이다 [kʼotʃʰi ~ida ~ッコチ ~イダ] 花が真っ盛りだ / ~ 일할 때다 [~ iːrhal tʼɛda ~ イールハル ッテダ] まさに働き盛りだ / 선거전이 ~이다 [sɔːngɔdʒɔni ~ida ソーンゴジョニ ~イダ] 選挙戦がたけなわである **2** 副 盛んに; 大変活気を帯びて; 非常に; 最も ¶ ~ 바쁜 철이다 [~ bapʼun tʃʰɔrida ~ パップン チョリダ] 最も忙しい時だ **―나이** [nai ナイ] 名 盛りの年ごろ; 若盛り ¶ 남자(男子)의 ~ [namdʒae ~ ナムジャエ ~] 男盛り / 여자(女子)[~e jɔdʒa ~エ ヨジャ] 若盛りの女性 **―때** [tʼɛ ッテ] 名 元気旺盛の時; 働き盛り(の年齢); 血気盛りの時; 出花 ¶ ~의 젊은이 [~e tʃɔlmuni ~エ チョルムニ] 働き盛りの若者.

한천 [寒天] [hantʃʰɔn ハンチョン] 名

① 寒天; ところてん; =우무[umu ウム] ② 寒空; 冬の空.

한-철[hantʃʰol ハンチョル] 名 ① (春夏秋冬の)1つの季節; 一季 ¶이 해안은 여름 ~ 뿐입니다[i hɛ:anun jɔrum ~ p'unimnida イ ヘーアヌン ヨルム ~ ップニムニダ] この海岸は夏場だけです ② 一時(期) ¶유행도 ~ 이다[juhɛŋdo (hantʃʰor)ida ユヘンド (ハンチョ)リダ] 流行も一時である ③ 最盛期; 盛り ¶아이스크림은 여름이 ~ 이다[aisukʰuri:mun jɔrumi (hantʃʰor)ida アイスクリームン ヨルミ (ハンチョ)リダ] アイスクリームは夏がはやりだ/메뚜기도 ~ [met'u:gido (hantʃʰor)ida メットゥギド (ハンチョ)リダ] 諺 (イナゴも夏が盛りだの意で)何事も盛りは短い.

****한-층**[—層][hantʃʰɯŋ ハンチュン] 副 一層; もっと; さらに; なお; ひとしお; 一段; 一際; 目立って ¶ ~ 더워지다[~ tɔwɔdʒida ~ トウォジダ] 一層暑くなる/~ 돋보이다[~ totp'oida ~ トッポイダ] ぐっと引き立つ/~ 더예쁘다[~ dɔ je:p'uda ~ ドィェーップダ] (彼女は)ひとしお美しい.

한-치[hantʃʰi ハンチ] 名 ① 1寸 ② (転じて)極めて短い距離 ¶ ~ 를 못본다[~ rul mo:tp'onda ~ ルル モーッポンダ] (真っ暗で)1寸先も見えない[識見が浅いことのたとえ].

한-칼[hankʰal ハンカル] 名 ① 一刀 ¶ ~ 에 베어 버리다[(hankʰar)e pe:ɔ bɔrida (ハンカ)レ ペーオ ボリダ] 一刀のもとに切り捨てる ② 一刀で切り出した肉の一塊; (肉などの)一切れ.

한탄[恨歎][ha:ntʰan ハーンタン] 名 恨み嘆くこと; 嘆き ¶ ~ 할 만한[~ hal manhan ~ ハル マンハン] 嘆かわしい **—하다**[hada ハダ] 他 嘆く; 嘆ずる ¶불운한 신세(身世)를 ~ [purunhan ʃinserul ~ プルンハン シンセルル ~] 不運な身の上を嘆く; 不運を嘆ずる.

한-탕[hantʰaŋ ハンタン] 名 俗 (物事を)一発[一仕事・一件]やってのけること ¶우리 ~ 해볼까[uri ~ hɛ:bolk'a ウリ ~ ヘーボルッカ] おい、一発やってみるか.

****한-턱**[hantʰɔk ハントク] 名 한自 (人にご馳走ゔすること; もてなすこと; おごること **—내다**[(hantʰɔŋ)nɛda (ハ

ントン)ネダ] 自 おごる; ご馳走する ¶술을 ~ -ㄹ까?[surul ~ -nɛlk'a スルル ~ -ネルッカ] 酒をおごろうか **—먹다**[(hantʰɔŋ)mɔkt'a (ハントン)モクタ] 自 (人に)おごってもらう; ご馳走になる **—쓰다**[s'uda ッスダ] 自 一杯おごる; おうばん振るまいをする ¶친구에게 ~ [tʃʰinguege ~ チングエゲ ~] 友人におうばん振るまいをする.

****한테**[hantʰe ハンテ] 助 …のところに; …に; …から; …へ; …えげ[ege エゲ]の通俗的な語 ¶너~ 주겠다[nɔ~ tʃuget'a ノ~ チュゲッタ] お前にくれてやろう/너~ 갔었다[nɔ~ kas'ɔt'a ノ~ カッソッタ] 君のところに行ったんだ **—로**[ro ロ] 助 …のところへ; …に; …へ ¶형~ 갔다[hjɔŋ~ kat'a ヒョン~ カッタ] 兄のところに行った **—서**[sɔ ソ] 助 …から ¶아내~ 온 편지(便紙)[anɛ~ on pʰjɔndʒi アネ~ オン ピョンジ] 家内からの手紙.

한-통속[hantʰoŋs'ok ハントンソク] 名 同じ仲間; 相通じる仲間; 俗 グル; 1つ穴(のムジナ); さくら; ='한패' ¶모두 ~ 이다[modu (hantʰoŋsog)ida モドゥ (ハントンソ)ギダ] みんながグルだ/그들은 어차피 ~ 이다[kuduɾun ɔtʃʰapʰi (hantʰoŋsog)ida クドゥルン オチャピ (ハントンソ)ギダ] 彼らはどうせ1つ穴のムジナである.

한통-치다[hantʰoŋtʃʰida ハントンチダ] 他 1つにまとめる; 統合する ¶ ~ -쳐서 셈하다[~ -tʃʰɔsɔ se:mhada ~ -チョソ セームハダ] (1つに)まとめて勘定する.

한-파[寒波][hanpʰa ハンパ] 名 寒波 ¶ ~ 의 내습[~e nɛ:sɯp ~エ ネースプ] 寒波の襲来.

한-판[hanpʰan ハンパン] 名 一勝負; 1回の賭がけ; 一局; 一丁; 一番 ¶바둑 ~ 두다[paduk (kʰanpʰan) duda パドゥク (カンパン) ドゥダ] 碁を一局打つ/승부[~ suŋbu ~ スンブ] 一番勝負.

한-패[hanpʰɛ ハンペ] 名 一味; 仲間; 連中; グル ¶적과 ~ [tʃɔk'wa ~ チョックァ ~] 敵の一味/~ 가 되어[~ ga twɛɔ ~ガ トゥェオ] グルになって/~ 가 되다[~ga tweda ~ガ トゥェダ] 仲間になる; 腹を合わせる.

****한-편**[—便][hanpʰjɔn ハンピョン] 1 名 ① 一方; 一辺; 片方 ¶ ~ 에 서

다[~e sɔda (ハンピョ)ネ ソダ] 一方に立つ ② 同じ仲間[組]・味方 ¶그와 나는 ~이었다[kɯwa nanɯn ~iɔt'a クワ ナヌン (ハンピョ)ニオッタ] (競技で)彼と僕は味方であった **2** 圓 一方では; 1つには; と同時に; 且つは; かたわら ¶ ~ 이렇게도 생각된다[~ irɔkhedo sɛŋgakt'wenda ~ イロッケド センガクトゥェンダ] 他面こうも考えられる / ~ 놀라고 ~ 기뻐하다[~ no:llago ~ kip'ɔhada ~ ノーラゴ ~ キッポハダ] 且つは驚き且つは喜ぶ / 일하는 ~ 공부하다[irhanɯn ~ koŋbuhada イールハヌン ~ コンブハダ] 仕事のかたわらに勉強する.

*한-평생[一平生][hanphjɔŋsɛŋ ハンピョンセン] 图 一生; 一生涯; = 일평생[ilphjɔŋsɛŋ イルピョンセン] ¶ ~을 바쳤다[~ɯl patsʰɔt'a ~ウル パチョッタ] 一生涯を(祖国のために)ささげた.

*한-푼[hanphun ハンプン] 图 1文 ¶ ~도 없다[~do ɔ:pt'a ~ ド オープタ] 1文[1銭]もない / 돈 ~ 안 낸다[to:n ~ an nɛnda トーン ~ アンネンダ] 鐚1文出さない.

한-풀[hanphul ハンプル] 图 元気・根気・意気(込み)・覇気などの一端 **—꺾이다**[k'ɔk'ida ッコッキダ] ・ **—죽다**[dʒukt'a ジュクタ] 圓 覇気がなくなる; 意気がくじける; しおたれる; へこたれる; がっくりする ¶시험에 떨어져 ~ [ʃihome t'ɔdʒɔ ~ シホメ ットロジョ] 試験に落ちてがっくりする.

한(을)-풀다[恨—][ha:n (ɯl) phulda ハーン(ーヌル)プルダ] 图語幹 ① 恨みを晴らす ② 思い込んだことを成し遂げる; 宿望がかなう ¶해묵은 ~ [hɛmugɯn ~ ヘムグン ~] 長年の宿望がかなう **한-풀이**[ha:npuri ハーンプリ] 图 他自 恨み晴らし **—하다**[~ hada ~ ハダ] 恨みを(晴らし)解く.

*한-하다[限—][ha:nhada ハーンハダ] 自 女変 限る ¶여성에 ~ [jɔsɔŋe ~ ヨソンエ ~] (入場者は)女性に限る.

한해[旱害][ha:nhɛ ハーンヘ] 图 干害; 日照りによる被害 ¶ ~를 입다[~rɯl ipt'a ~ル イプタ] 干害を被る.

한해-살이[hanhɛsari ハンヘサリ] 图 〈植〉 一年生 **—풀**[~phul ~プル] 一年草 / ~ 식물[~ ʃiŋmul ~ シンムル] 一年生植物.

한-허리[hanhɔri ハンホリ] 图 ある長さの中央; 真ん中 ¶ ~를 자르다[~-rɯl tʃarɯda ~ルル チャルダ] 真ん中を切る.

할[割][hal ハル] 依名 割; 掛け ¶5~(할인)[o:~ (harin) オー~(ハリン)] 5割引 / 정가의 8~로 팔다[tʃɔ:ŋk'ae phar(hal)lo phalda チョーンカエ パル(ハル)ロ パルダ] 定価の8掛けで売る.

할거[割據][halgɔ ハルゴ] 图 하自 割拠 ¶군웅 ~ [kunuŋ~ クヌン ~] 群雄割拠.

할당[割當][halt'aŋ ハルタン] 图 割り当て; 分け前; 取り前; 配当 ¶ ~액[~ɛk ~エク] 割り当て額 / 기부금의 ~ [kibugume ~ キブグメ ~] 寄付金の割り当て **—하다**[~ hada ~ ハダ] 他 割り当てる; あてがう; 当てる; 振り当てる; 賦する ¶일을 ~ [i:rɯl ~ イール ~] 仕事をあてがう[割り当てる] **—량**[~njaŋ ニャン] 图 割り当て量.

할듯-할듯[halt'ɯthalt'ɯt ハルットゥッタルトゥッ] 圓 하他 しようとしよう と; … しそうで; しきりに何かしそうなさま ¶말을 ~하면서[ma:rɯl (halt'ɯthalt'ɯ) thamjɔnsɔ マールル ~タミョンソ] 今にも話をしそうで(しない).

할딱-거리다[halt'ak'ɔrida ハルッタッコリダ] 自他 ①息を切らす; 息を弾ませる; あえぐ; ぜいぜいする; = 할딱이다[halt'agida ハルッタギダ] ¶ ~-거리며 오르다[~-k'ɔrimjɔ orɯda ~-コリミョ オルダ] あえぎながら(坂道を)登って行く ② (靴などが大きくて)脱げそうになる ¶신이 커서 ~ [ʃin khɔsɔ ~ シニ コソ ~] 靴が大きすぎてぶかぶかと引きずる.

할똥-말똥[halt'oŋmalt'oŋ ハルットンマルットン] 圓 하他 ためらって; ぐずぐずと; するのやらしないのやら; 気乗りがせずにためらうさま.

할-말[halmal ハルマル] 图 言うべきこと; 言いたい話; 申し分; 言い分 ¶ ~이 있으면 해봐라[(halmar)i is'ɯmjɔn hɛ:bwara (ハルマ)リ イッスミョン ヘーブァラ] 言い分[文句]があったら言ってみろ **—없다** [(halmar)ɔpt'a (ハルマ)ロプタ] 形 面目がない; 弁明の余地がない **—없이** [(halmar)ɔps'i (ハルマ)ロプシ] 圓 面目なく; 言い訳なく; 文句なく.

*할머니[halmɔni ハルモニ] 图 おばあさん; 祖母 **할머–님**[halmɔnim ハルモ

할미꽃 [halmik'ot ハルミッコッ] 名 〈植〉オキナグサ(翁草).

할복[割腹] [halbok ハルボク] 名 自 割腹; 切腹; 腹切り ¶〜자살 [〜tɕ'asal 〜チャサル] 割腹自殺.

할부[割賦] [halbu ハルブ] 名 他 割賦; 賦仏い **—금** [gɯm グム] 名 賦金 **—상환** [saŋhwan サンファン] 名 割賦償還 **—판매** [pʰanmɛ パンメ] 名 割賦販売.

***할 수 없다** [hal s'uːpt'a ハルスオプタ] 句 いたし方ない; (どうすること)もできない ¶운명이니 〜 [uːnmjəŋ-ini 〜ウーンミョンイニ〜] 運命だから仕方がない **할 수 없이** [hal s'uːpʃ'i ハルスオプシ] 副 いたし方なく; 詮方なく; やむを得ず ¶〜 떠맡다 [〜 t'omatʰa 〜ットマッタ] やむを得ず引き受ける.

할쑥하다 [halsʼukʰada ハルススカダ] 形 (顔に血の気がなく)やつれて青くなっている.<'헐쑥하다'.

***할아버지** [harabədʑi ハラボジ] 名 ① おじいさん; 祖父 ② 年とった男性の敬称; おじいさま **할아버-님** [harabonim ハラボニム] 名 おじいさま **할아범** [harabəm ハラボム] 名 ① じじ(い); 身分の低い年老いた男性 ② じいさん; 自分の祖父の謙称 **할아비** [harabi ハラビ] 名 じいさん; じじ(い); おじいさんの卑語.

할애[割愛] [harɛ ハレ] 名 他 割愛; 惜しみながら割く[与える]こと ¶지면을 〜하다 [tɕimjənɯl 〜hada チミョヌル 〜ハダ] 紙面を割愛する[割く] / 시간을 〜하다 [ʃiganɯl 〜hada シガヌル 〜ハダ] 時間を割く.

***할인[割引]** [harin ハリン] 名 割引 ¶어음〜 [ɔɯm 〜 オウム〜] 手形割引 **—하다** [hada ハダ] 他 割引をする; 割り引く; 割る ¶어음을 〜 [ɔɯmɯl 〜 オウムル〜] 手形を割る **—권** [k'wɔn クォン] 名 割引券; 割札 **—료** [njo ニョ] 名 割引料 **—어음** [ɔɯm (ハリ)ノウム] 名 割引手形 **—율** [njul ニュル] 名 割引率.

할 작정이다[—作定—] [hal tɕaktɕ'əŋida ハル チャクチョンイダ] 自 …するつもりだ ¶어떻게 할 작정인가? [ɔt'ɔkʰe hal tɕaktɕ'əŋinga オットケ ハル チャクチョンインガ] どうするつもりなのか.

할증[割増] [haltɕ'ɯŋ ハルチュン] 名 割増し ¶요금이 〜된다 [joːgu-mi 〜dwenda ヨーグミ 〜ドゥェンダ] 料金は割増しになる **—금** [gɯm グム] 名 割増し金; プレミアム.

할짝-거리다 [haltɕ'ak'ɔrida ハルッチャクコリダ] 他 (舌先で)軽くなめる; ちびりちびりとなめる; ぺろりとなめる.<할쭉거리다 [haltɕ'uk'ɔrida ハルッチュクコリダ] **할짝-할짝** [haltɕ'akhaltɕ'ak ハルッチャクハルッチャク] 副 他 ぺろぺろ; ちびりちびり ¶〜 접시를 핥다 [〜 tɕ'əpʃ'irɯl haltʰa 〜 チョプシルル ハルタ] ぺろぺろと皿をなめる.

할쭉-하다 [haltɕ'ukʰada ハルッチュクカダ] 形 (여変) やせこけている; 憔悴しょうすいしている; げっそりやつれている.<헐쭉하다 [hɔltɕ'ukʰada ホルッチュクカダ].

할퀴다 [halkʰwida ハルクィダ] 他 引っ掻かく; 掻いて傷つける ¶손톱으로 〜 [sontʰoburo 〜 ソントブロ 〜] つめで引っ搔く **할퀴이다** [halkʰwiida ハルクィイダ] 自 受動 引っ搔かれる.

***핥다** [haltʰa ハルタ] 他 なめる ¶엿을 〜 [josul 〜 ヨスル 〜] 飴をなめる.

핥아-먹다 [haltʰamɔkt'a ハルタモクタ] 他 ① なめる; なめて食べる; しゃぶる ¶고양이가 물을 〜 [kojaŋiga murul 〜 コヤンイガ ムルル 〜] 猫が水をなめる ② まきあげる; (人のものを)少しずつだまし取る.

함[函] [haːm ハーム] 1 名 ① 着物や品物などを入れる木箱 ② 婚礼直前に新郎の家から結納品を入れて新婦の家に送る箱(新郎の友人たちが運んで新婦の家で心づけを要求する) 2 接尾 箱 ¶투표 〜 [tʰupʰjo 〜 トゥピョ〜] 投票箱.

함구[緘口] [hamgu ハムグ] 名 自 箝口かんこう; 緘黙かんもく; 口固め[止め] **—령** [rjəŋ リョン] 名 箝口令 ¶〜을 내리다 [〜ɯl nɛrida 〜ウル ネリダ] 箝口令を敷く **—무언(無言)** [mɯɔn ムオン] 名 口を閉じて言葉のないこと.

***함께** [hamk'e ハムッケ] 副 一緒に; 共に; 互いに; もろともに ¶〜 가다 [〜 kada 〜 カダ] 一緒に行く / 〜 쓰러지다 [〜 s'ɯrɔdʑida 〜 ッスロジダ]

함대 共倒れする **―되다** [dweda ドゥェダ] 自 一緒になる **―하다** [hada ハダ] 他 共にする ¶행동을 ~[hɛŋdoŋul ~ ヘンドンウル ~] 行動を共にする/생사를 ~[sɛŋsarul ~ センサルル ~] 生死を共にする.

함대[艦隊][ha:mdɛ ハームデ] 名 艦隊 ¶~ 사령관[~ sarjoŋgwan ~ サリョングァン] 艦隊司令官.

함락[陷落][ha:mnak ハームナク] 名 하自他 ① 陷落; 陷沒 ¶지반의 ~[tʃibane ~ チバネ ~] 地盤の陷沒 ② 攻め落とすこと; 占領すること; 陷れること ¶성을 ~시키다[sɔŋul ~ʃikhida ソンウル ~シキダ] 城を陷れる[攻め落とす].

함량[含量][hamnjaŋ ハムニャン] 名 含量='함유량'(含有量) ¶비타민의 ~[bithamine ~ ビタミネ ~] ビタミンの含量.

함몰[陷沒][ha:mmol ハームモル] 名 하自他 陷沒; 陷落 ¶도로의 ~[toroe ~ トーロエ ~] 道路の陷沒/일가가 ~되다[ilgaga ~dweda イルガガ ~ドゥェダ] 一家が陷る[滅亡する].

함박-꽃[hambak'ot ハムバッコッ] 〈植〉① オオヤマレンゲ(大山蓮華)の花 ② シャクヤク(芍藥)の花.

함박-눈[hambaŋnun ハムバンヌン] 名 ぼたん雪; 綿雪 ¶~이 내리다[~i nɛrida ~イ ネリダ] ぼたん雪が降る.

*함부로[hamburo ハムブロ] 副 むやみに; やたらに; みだりに; むちゃに; めったに ¶남의 말을 ~ 믿다[name ma:rul ~ mit'a ナメ マールル ~ ミッタ] 人の言うことをむやみに信じる/~ 약속하지 마라[~ jaks'okhadʒi mara ~ ヤクソクカジ マラ] みだりに約束をするな/~ 덤비다[~ tɔmbida ~ トムビダ] やたらにかかって来る/~ 말하는게 아니다[~ ma:rhanunge anida ~ マールハヌンゲ アニダ] めったなことを言うものではない.

함빡[hamp'ak ハムッパク] 副 ① たっぷり; うんと ¶아침 공기를 ~ 들어 마시다[atʃhim goŋgirul ~ t'urɔ maʃida アチㇺ ゴンギルㇽ ~ トゥロマシダ] 朝の空気をうんと吸いこむ ② びっしょり; ぐっしょり; 十分に. <흠뻑[hump'ɔk フムッポク] ¶비에 ~ 젖다[pie ~ tʃ'ɔt'a ピエ ~ チョッタ] 雨にびっしょりぬれる.

함석[hamsɔk ハムソク] 名 トタン **―지붕** [tʃibuŋ チブン] 名 トタンぶきの屋根.

함성[喊聲][ha:msɔŋ ハームソン] 名 喊声; 鬨の声; 吶喊の声 ¶~을 지르다[~ul tʃiruda ~ウル チルダ] 喊声をあげる.

함수[函數][hamsu ハームス] 名 〈数〉関数.

함양[涵養][hamjaŋ ハミャン] 名 하他 涵養 ¶도덕심을 ~하다[to:dɔkʃimul ~hada トードクシムル ~ハダ] 道德心を涵養する[育てる].

함유[含有][hamju ハミュ] 名 含有 ¶철분을 ~한 물[tʃhɔlbunul ~han mul チョルブヌル ~ハン ムル] 鉄分を含有している[含んでいる]水 **―하다** [hada ハダ] 他 含有する; 含む **―량** [rjaŋ リャン] 名 含有量; 含量.

함자[銜字][hamtʃ'a ハムチャ] 名 人の名前の敬語; お名前(の字) ¶~를 말씀해 주십시오[~rul ma:ls'umhɛdʒuʃipʃio ~ルル マールッスメ ジュシプシオ] お名前をおっしゃってください.

*함정[陷穽][ha:mdʒɔŋ ハームジョン] 名 ① 陷穽; 落とし穴; わな ¶~을 놓다[~ul notha ~ウル ノッタ] わなを仕掛ける ② (人を陷れる) 計略; 策略; わな ¶~에 빠지다[~ e p'adʒida ~ エッパジダ] わなに落ちる; 計略にひっかかる[陷る].

함지[hamdʒi ハムジ] 名 ① 木をくり抜いて作った大きな容器; くりばち ② 〈鉱〉砂金の選別に用いる容器 **―박** [bak パク] 名 丸木をくり抜いて作った縁のない丸くやや大きな容器.

함진-아비[函―][ha:mdʒinabi ハームジナビ] 名 結婚前, 花嫁に贈る結納の長持ちを新郎と共に担いで行く人(おもに新郎の友人たちが担いでいって饗応を受けたり, 酒代をせびったりする).

함축[含蓄][hamtʃhuk ハムチュク] 名 하他 含蓄; 含み ¶~된 말[~t'wen ma:l ~トゥェン マール] 含まれている言葉 **―미**(美)[(hamtʃhuŋ)mi (ハムチュン)ミ] 名 深みのある美しさ ¶시문학의 ~[ʃimunhage ~ シムンハゲ ~] 詩文學の深みのある美し **―성** [s'ɔŋ ソン] 名 含蓄性 ¶~ 있는 말 [~ innun ma:l ~ インヌン マール] 含蓄のある言葉.

함포[艦砲][ha:mpho ハームポ] 名 艦砲 ¶~ 사격[~ sagjɔk ~ サギョク] 艦砲射擊.

함흥 차사[咸興差使] [hamhɯŋtʃʰasa ハムフンチャサ] 慣 使いに行って帰って来ない人や消息のない人のたとえ; 鉄砲玉; 梨のつぶて; (〈史〉朝鮮王朝の初代王李成桂ᅵᄊᆞᆼ계が譲位後, 咸興ᄒᆞᆷᄒᆞᆼの別宮にいるとき, 父である李成桂のもとに遣わした太宗(第5王子・第3代目)の使臣が殺されて帰って来ない故事から).

*합격[合格] [hapk'jʌk ハプキョク] 名 하自 合格 ¶~자[~tʃ'a ~チャ] 合格者 / 심사에 ~하다 [ji:msae (hapk'jʌ)-kʰada シームサエ ~カダ] 審査に合格する ─율[(hapk'jʌŋ) njul (ハプキョン)ニュル] 名 合格率 ─증[tʃ'ɯŋ チュン] 名 合格証.

*합계[合計] [hapk'e ハプケ] 名 하他 合計; 締(め)高 ¶~를 내다[~rɯl nɛ:da ~ルル ネ─ダ] 締高[合計]を出す / ~해서 얼마요[~hɛsʌ ʌ:lmajo ~ヘソ オールマヨ] 締めていくらですか.

합기-도[合氣道] [hapk'ido ハプキド] 名 (スポーツの)合気道.

*합니다-체[─體] [hamnidatʃʰe ハムニダチェ] 名 〈言〉(日本語の「です体」に対応)~です(か); 文末の丁寧表現の言葉 ¶학교입니다[입니까?] [hak'jo-imnida[imnik'a] ハクキョイムニダ[イムニッカ]] 学校です[ですか].

*합당[合當] [hapt'aŋ ハプタン] 名 適当 ¶~한 방법[~han paŋbʌp ~ハンパンボプ] 適当な方法 / ~한 값[~-han kap ~ハン カプ] ほどよい値段・値ごろ ─하다[hada ハダ] 形 適当だ; 当を得る.

합동[合同] [hapt'oŋ ハプトン] 名 하自他 合同 ¶~ 연설회[~ jʌ:nsʌrhwe ~ヨーンソルフェ] 合同演説会 ─리사이틀[risaitʰɯl リサイトゥル] 名 ジョイントリサイタル(joint recital) ─콘서트[kʰɔnsʌ:tʰɯ コンソートゥ] 名 ジョイントコンサート(joint concert).

합류[合流] [hamnju ハムニュ] 名 하自 合流; 落ち合い ¶~점[~tʃ'ʌm ~チョム] 合流点 / 두 강줄기가 ~하다 [tu: gaŋtʃ'ulgiga ~hada トゥー ガンチュルギガ ~ハダ] 2つの川が落ち合う.

*합리[合理] [hamni ハムニ] 名 하形 合理 ─적[dʒʌk ジョク] 名 冠 合理的 ¶~인 사고 방식(思考方式) [~-(dʒʌg)-in sago baŋsik ~-(ジョ)ギン サゴ バンシク] 合理的な考え方 ─주의[dʒui ジュイ] 名 合理主義 ─화[hwa ファ] 名 하他 合理化.

합법[合法] [hap'ɔp ハプポプ] 名 하形 合法 ─성[s'ʌŋ ソン] 名 合法性 ─적[tʃ'ʌk チョク] 名 冠 合法的 ─주의[tʃ'ui チュイ] 名 合法主義 ─화[(hap'ɔ)pʰwa プァ] 名 하他 合法化.

합병[合倂] [hap'jʌŋ ハプピョン] 名 하自他 合併; 併合 ¶회사를 ~하다 [hwe:sarɯl ~hada フェーサルル ~ハダ] 会社を合併する ─증[tʃ'ɯŋ チュン] 名 合併症; 余病.

합본[合本] [hap'on ハプボン] 名 하自他 合本; 合冊 ¶~ 발행하다[~ barhɛŋhada ~ バルヘンハダ] 合本して発行する.

합산[合算] [hap'san ハプサン] 名 合計.

합석[合席] [haps'ɔk ハプソク] 名 하自他 合い席; 相席 ¶~을 부탁합니다 [(haps'ɔg) ɯl pu:tʰakʰamnida (ハプソ)グル プータクカムニダ] 相席でお願いします.

합선[合線] [haps'ʌn ハプソン] 名 하自 短絡; ショート ¶~해서 퓨즈가 나갔다 [~hɛsʌ pʰju:dʒɯga nagat'a ~ヘソ ピュージュガ ナガッタ] ショートでヒューズが飛んだ.

*합성[合成] [haps'ʌŋ ハプソン] 名 하自他 合成 ─사진[sadʒin サジン] 名 合成写真 ─섬유[sʌmju ソミュ] 名 合成繊維 ─세제[se:dʒe セージェ] 名 合成洗剤 ─수지[sudʒi スジ] 名 合成樹脂; プラスチック ─어[ɔ:ʌ オ オ] 名 合成語 = 복합어(複合語) [pokhabʌ ポクカボ] ─화법[hwap'ɔp ファポプ] 名 合成画法; モンタージュ.

합세[合勢] [haps'e ハプセ] 名 하自 加勢すること; 力を合わせること.

합숙[合宿] [haps'uk ハプスク] 名 하自 合宿 ¶~소[~s'o ~ソ] 合宿所; トレーニングキャンプ.

*합승[合乘] [haps'ɯŋ ハプスン] 名 하他 相乗り; 乗り合い ¶~ 택시 [~tʰɛkʃ'i ~テクシ] タクシーの相乗り / ~ 택시 [~ tʰɛkʃ'i ~ テクシ] 相乗りのタクシー.

합심[合心] [hap'im ハプシム] 名 하自 心を合わせること ¶~하여 일하다 [~hajʌ irhada ~ハヨ イールハダ] 心を合わせて働く.

*합의[合意] [habi ハビ] 名 하他 合意 ¶~ 이혼[~ ihon ~ イホン] 合意離婚.

합의[合議] [habi ハビ] 名 合議; 申し合わせ ¶~ 사항[~ sa:haŋ ~ サー

ハン] 申し合わせ事項 **―하다** [hada ハダ] 他 申し合わせる.

합작[合作][haptʃ'ak ハプチャク] 名 하他 合作 **―영화** [(haptʃ'aŋ) njəŋhwa (ハプチャン) ニョンファ] 名 合作映画.

합장[合掌][haptʃ'aŋ ハプチャン] 名 하他 合掌 ¶ ~ 예배 [~ je:bɛ ~ イェーベ] 合掌礼拝.

합주[合奏][haptʃ'u ハプチュ] 名 하自他 合奏; アンサンブル; = 협주(協奏) [hjəptʃ'u ヒョプチュ] **―곡** [gok ゴク] 名 合奏曲 **―단** [dan ダン] 名 合奏団; アンサンブル.

합죽-선[合竹扇][haptʃ'uks'ən ハプチュクソン] 名 薄い竹切れを接ぎ合わせて作った骨に韓紙[朝鮮紙]を張り合わせた折り畳み式の扇子.

합죽-이[haptʃ'ugi ハプチュギ] 名 歯が抜けて口や頬ぽのくぼんだ人; すぼんだ口.

합죽-하다[haptʃ'ukhada ハプチュクハダ] 形 여変 歯が抜けて口や頬ぽがくぼんでいる[すぼまっている] **합죽-거리다** [haptʃ'uk'ərida ハプチュクコリダ] 他 (歯の抜けた老人などが)唇のへこんだ口をもぐもぐする; もぐもぐかむ.

합죽-할미[haptʃ'ukhalmi ハプチュクハルミ] 名 歯がみな抜けて頬ぽと唇が落ちくぼんだばあさん; 歯抜けばあさん.

합중-국[合衆國][haptʃ'uŋguk ハプチュングク] 名 (アメリカ)合衆国.

*합창[合唱][haptʃhaŋ ハプチャン] 名 하他 合唱; アンサンブル; コーラス ¶ 2부 ~ [i:bu ~ イーブ ~] 2部合唱 **―곡** [gok ゴク] 名 合唱曲 **―단** [dan ダン] 名 合唱団.

합치[合致][haptʃhi ハプチ] 名 하自 合致 ¶ 사실과 ―하다 [sa:ʃilgwa ~hada サーシルグァ ~ハダ] 事実と合致する **―되다** [dweda ドゥェダ] 自 合致する.

*합-치다[合―][haptʃhida ハプチダ] 自他 ① 合わせる; 合する; 合わせて計算する; '합하다'の強調語 ¶ 전부를 ~ [tʃənburul ~ チョンブルル ~] 全部を合わせる ② 取り混ぜる; まとめる ¶ 재료를 한데 ~ [tʃɛrjorul hande ~ チェリョルル ハンデ ~] 材料を取り混ぜる / 하나로 ~ [hanaro ~ ハナロ ~] ひとまとめにする ③ 力を合わせる =¶ 힘을 ~ [himul ~ ヒムル ~] **합쳐-지다** [haptʃhodʒida ハプチョジダ]

自 受動 合わせられる; 合わさる.

합판[合板][haphan ハプパン] 名 合板; ベニヤ板.

*합-하다[合―][haphada ハプハダ] 自他 合する; 合わせる; 混ぜる; 混ざる ¶ 마음을 ~ [maumul ~ マウムル ~] 心を合わせる; 腹を合わせる **합해-지다** [haphɛdʒida ハプヘジダ] 自 受動 ① 合わされる; 合わせられる; 合計される ② 取り混ぜられる.

핫- [hat ハッ] 接頭 1 「綿入れ」の意 **―바지** [p'adʒi パジ] 名 ① 綿入れのズボン [パジ] ② 俗 田舎っぺい; 学のない愚かな人 **―옷** [(had)ot (ハン)ドッ] 名 綿入れの衣服, 綿入れ; 布子 **―이불** [(han)nibul (ハン)ニブル] 名 綿入れの布団 **2** 「配偶者がある」の意 ¶ ~ 어미 [(had)ɔmi (ハン)ドミ] 名 夫のある女性.

핫-뉴스[hannju:suɯ ハンニュース] hot news 名 ホットニュース.

핫-도그[hat'ogu ハットグ] hot dog 名 ホットドッグ.

핫-라인[hanrain ハンライン] hot line 名 ホットライン.

핫 머니[hanmɔni ハンモニ] hot money 名 〈経〉ホットマネー.

핫-케이크[hatkheikhuɯ ハッケイク] hot cake 名 ホットケーキ.

핫-팬티[hathɛnthi ハッペンティ] hot panty 名 ホットパンツ(hot pants).

항간[巷間][ha:ŋgan ハーンガン] 名 巷間ぷぇ; 巷ちた; 世間; 市井ち ¶ ~ に て広まる 소문(所聞) [~e t'ɔdonuɯn so:mun (ハーンガ ネットドヌン ソームン] ちまたのうわさ.

항거[抗拒][ha:ŋgɔ ハーンゴ] 名 하自 抗拒 ¶ ~ 불능 [~ bullɯŋ ~ ブルルン] 抗拒不能 **―하다** [hada ハダ] 自 抗拒する; 抗ぁする; 抗する ¶ 권세에 ~ [kwɔnsee ~ クォンセエ ~] 権勢に抗う.

항고[抗告][ha:ŋgo ハーンゴ] 名 하他 〈法〉抗告 **―심** [ʃim シム] 名 抗告審.

*항공[航空][ha:ŋgoŋ ハーンゴン] 名 航空 ¶ 국제 ~ [kuktʃ'e ~ ククチェ ~] 国際航空 / 민간 ~ [mingan ~ ミンガン ~] 民間航空 **―권** [k'wɔn クォン] 名 航空券 **―기** [gi ギ] 名 航空機 **―모함** [mo:ham モーハム] 名 航空母艦; 母艦; 空母 **―사진** [sadʒin サジン] 名 航空写真 **―우편** [uphjɔn ウピョン] 名 航空郵便; エアメール

―편[phjɔn ピョン] 图 航空便.

***항구**[恒久][haŋgu ハング] 图 하形 恒久 **―적**[dʒɔk ジョク] 图 冠 恒久的 ¶～인 평화[～-(dʒɔg)in phjɔŋhwa～-(ジョ)ギン ピョンファ] 恒久の平和.

***항구**[港口][ha:ŋgu ハーング] 图 港口, 港; 船着き **―도시**[都市][doʃi ドシ] 图 港町.

항균－성[抗菌性][ha:ŋgjuns'ɔŋ ハーングュンソン] 图 抗菌性 ¶～ 물질[～ multʃ'il ～ ムルチル] 抗菌性物質.

항렬[行列][haŋnjol ハンニョル] 图 血族間の世系関係を表わす語; 同一世数[항렬]の男性は名前の一字に同じ漢字を持つ ¶사촌(四寸)끼리는 같은 ～이다[sa:tʃhonk'irinun kathuun (haŋnjor)ida サーチョンッキリヌン カトゥン (ハンニョ)リダ] いとこ同士は同じ世数である **―자**(字)[tʃ'a チャ] 图 世数関係[항렬]を一目でわかるよう, 名前の一字に共通して織り込む漢字=돌림자[tollimtʃ'a トルリムチャ].

***항로**[航路][ha:ŋno ハーンノ] 图 航路; 船路; ライン ¶정기 ～[tʃɔ:ŋgi ～ チョーンギ ～] 定期航路.

항만[港灣][ha:ŋman ハーンマン] 图 港湾 ¶～ 노동자[～ nodoŋdʒa ～ ノドンジャ] 港湾労働者 / ～ 시설[～ ʃi:sɔl ～ シーソル] 港湾施設.

항명[抗命][ha:ŋmjɔŋ ハーンミョン] 图 하自 抗命 **―죄**[tʃ'we チュェ] 图 抗命罪.

항목[項目][ha:ŋmok ハーンモク] 图 項目 ¶～마다 검토하다[(ha:ŋmoŋ)mada kɔ:mthohada (ハーンモン)マダ コームトハダ] 項目ごとに検討する.

항문[肛門][haŋmun ハンムン] 图 〈生〉肛門둁.

항변[抗辯][ha:ŋbjɔn ハーンビョン] 图 하他 抗弁 ¶강력(強力)히 ～하다[kaŋnjɔkhi ～hada カンニョクヒ ～ハダ] 強く抗弁する.

***항복**[降伏・降服][haŋbok ハンボク] 图 降伏・降服; 降参 ¶무조건 ～[mudʒok'ɔn ～ ムジョコン ～] 無条件降伏 **―하다**[(haŋbo)khada カダ] 自 降伏する; 下[降]る.

***항상**[恒常][haŋsaŋ ハンサン] 副 常に; いつも; 日常; 日ごろ; 年中 ¶～ 바쁘다[～ pap'uda ～ パップダ] 年中忙しい / ～ 늦다[～ nɯt'a ～ ヌッタ] いつも遅れる.

항생 물질[抗生物質][ha:ŋsɛŋ multʃ'il ハーンセンムルチル] 图 〈生〉抗生物質.

항생－제[抗生劑][ha:ŋsɛŋdʒe ハーンセンジェ] 图 抗生剤.

항설[巷説][ha:ŋsɔl ハーンソル] 图 巷説둁; 世間のうわさ; 風説. 「恒星.

항성[恒星][haŋsɔŋ ハンソン] 图 〈天〉

항소[抗訴][ha:ŋso ハーンソ] 图 하自 〈法〉控訴 **―권**[k'wɔn クォン] 图 控訴権 **―법원**(法院)[bɔbwɔn ボブォン] 图 控訴裁判所 **―심**[ʃim シム] 图 控訴審.

항시[恒時][haŋʃi ハンシ] **1** 图 常時; 普通の時 **2** 副 常に; いつも; =늘[nɯl ヌル] ¶～명랑한 사람[～ mjɔŋnaŋhan sa:ram ～ ミョンナンハン サーラム] いつもほがらかな人.

***항아리**[缸―][haŋari ハンアリ] 图 壺둁; 小がめ ¶꿀～[단지][k'ul～ [t'andʒi] ックル～[タンジ] 蜜둁の壺 / 물～[독][mul～ [t'ok] ムル～[トク] 水がめ.

항아리·
단지

***항의**[抗議][ha:ŋi ハーンイ] 图 抗議 ¶～를 제기(提起)하다[～rul tɕegihada ～ルル チェギハダ] 抗議を申し込む **―하다**[hada ハダ] 自他 抗議する; プロテスト(protest)する; 物申す ¶심판의 판정에 ～[ʃi:mphane phandʒɔŋe ～ シームパネ パンジョンエ ～] 審判の判定に抗議する.

항일[抗日][ha:ŋil ハーンイル] 图 하自 抗日; 日本に対する抵抗 ¶～ 운동[(ha:ŋir) u:ndoŋ (ハーンイ)ルーンドン] 抗日運動.

항쟁[抗爭][ha:ŋdʒɛŋ ハーンジェン] 图 하自 抗争 ¶무력 ～[mu:rjɔk (kha:ŋdʒɛŋ)] ムーリョク (カーンジェン)] 武力抗争.

항해[航海][ha:ŋhɛ ハーンヘ] 图 하自 航海; 渡海 ¶처녀(處女) ～[tʃhɔ:njɔ ～ チョーニョ ～] 初めての航海.

***해¹[hɛ ヘ] **1** 图 日 ① 太陽 ¶～가 뜨다[지다][～ga t'uda [tʃida] ～ガ トゥダ[チダ] 日が昇る[沈む] ② 日

光; 日差し ¶ ~가 들다[~ga tuilda ~ガトゥルダ] 日が差す[当たる] / ~가 잘 든다[~ga tɕal dunda ~ガ チャル ドゥンダ] 日当たりがいい ③ 昼; 日(中) ¶ ~가 길다[짧다][~ga ki:lda(tɕ'alt͡ɕue) ~ガ キールダ[ッチャルタ]] 昼[日]が長い[短い] **2** [依名] 年; とし ¶ 새 ~[sɛ ~ セ ~] 新年 / 올 ~[or ~ オル ~] 今年 / 지난 ~[tɕinan ~ チナン ~] 去年.

해²[hɛ ヘ] [依名] …もの ¶ 내 ~[nɛ ~ ネ ~] 私のもの / 뉘 ~냐?[nwi ~ nja ヌィ ~ニャ] 誰のものかね / 네 ~다[ne ~da ネ ~ダ] お前のものだよ.

해³[hɛ: ヘー] [略] …して; 作って; 하여[hajo ハヨ]の略 ¶ 밥을 ~먹다[pabul ~ mokt'a パブル ~モクタ] ご飯を炊いて食べる / 옷을 ~입다[osul ~ipt'a オスル ~イプタ] 着物を作って着る.

해-[hɛ ヘ] [接頭] その年の; 当年の; 新しい; 初の ¶ ~콩[~khoŋ ~コン] 初物の豆 / ~팥[~phat ~パッ] 初物のアズキ. ⇨햇[hɛt ヘッ].

***해**[hɛ: ヘー] [名] [하他] 害 ¶ 음주의 ~[umdʑue ~ ウムジュエ ~] 飲酒の害 / ~를 입다[~rul ipt'a ~ルル イプタ] 害を被る.

해갈[解渴][hɛ:gal ヘーガル] [名] [하自] ① 渇きをいやすこと ② 雨が降って不足を免れること ③ 企業体などで窮乏していた資金の流通がよくなること. 「あか.

해감[hɛgam ヘガム] [名] 水の澱み; 水の

해-거름[hɛgorum ヘゴルム] [名] 日が西に沈むころ; 日暮れ; たそがれ.

해-거리[hɛgori ヘゴリ] [名] ① 隔年; 1年おき ② 果樹が1年おきにしておくと果物がたくさん実る性質; 隔年結果.

‡해결[解決][hɛ:gjəl ヘーギョル] [名] [하他] 解決 ¶ ~짓다[~dʑit'a ~ジッタ] 解決をつける; 解決する / 사건이 ~나다[sa:k'ɔni ~lada サーコニ ~ラダ] 事件が片づく / 원만(圓滿)하게 ~ 하다[wɔnmanhage (hɛ:gjəl)hada ウォンマンハゲ ~ハダ] (仲に立って)丸くおさめる; 円滑に解決する **—책**[tɕhɛk チェク] 解決策.

해고[解雇][hɛ:go ヘーゴ] [名] 解雇; くび; お払い箱 ¶ 불황으로 ~ 당했다[purhwaŋuro ~ daŋhɛt'a プルファンウロ ~ ダンヘッタ] 不況で解雇された[くびになった] **—하다**[hada ハダ] [他] 解雇する; くびを切る; くびにする ¶ 종업원을 ~ [tɕoŋɔbwɔnul ~ チョンオボヌル ~] 従業員を解雇する.

해골[骸骨][hɛgol ヘゴル] [名] 骸骨 ¶ ~처럼 여위다[~tɕhorom jowida ~チョロム ヨウィダ] 骸骨のようにやせる **—바가지**[p'agadʑi パガジ] **・—박**[p'ak パク] [名] '해골'の俗っぽい語.

해괴[駭怪][hɛgwe ヘグェ] [名] [하形] 非常に奇怪なこと; 怪けしからぬこと ¶ ~한 일[~han ni:l ~ハン ニール] 非常に奇怪な出来事 / 그런 ~한 짓을 하다니[kurɔn ~han tɕ'isul hadani クロン ~ハン チースル ハダニ] そんなばかげたことを仕出かすとは **—망측**(罔測)[maŋtɕhuk マンチュク] [하形] 非常に奇怪で怪しからぬこと[想像がつかないこと] ¶ ~한 이야기[~-(maŋtɕhu)khan nijagi ~カン ニヤギ] 非常に奇怪でいやらしい話.

해구[海狗][hɛ:gu ヘーグ] [名] 〈動〉オットセイ=물개[mulk'ɛ ムルケ] **—신**(腎)[ʃin シン] [名] 雄オットセイの生殖器(強壮剤に使われると言う).

해군[海軍][hɛ:gun ヘーグン] [名] 海軍 ¶ ~ 장교[~ dʑa:ŋgjo ~ ジャーンギョ] 海軍将校 **—기지**[gidʑi ギジ] [名] 海軍基地 **—사관**(학교)[sa:gwan (hak'jo) サーグァン(ハクキョ)] [名] 海軍士官(学校).

해금[奚琴][hɛgum ヘグム] [名] 〈楽〉奚琴(けいきん); 胡弓[鼓弓](こきゅう); =깡깡이[k'aŋk'aŋi ッカンッカンイ].

해금

해금[解禁][hɛ:gum ヘーグム] [名] [하他] 解禁 ¶ 기사를 ~ 하다[kisarul ~-hada キサルル ~ハダ] 記事を解禁する.

해끄무레-하다[hɛk'umurehada ヘックムレハダ] [形] ととのっていて(色が)やや白い. <'희끄무레하다' ¶ ~-한 얼굴[~-han olgul ~-ハン オルグル] 白みがかった顔.

해끔-하다[hɛk'umhada ヘックムハダ]

해끗 해끗 [hɛk'utʰɛk'ut ヘックッテックッ] 副 하形 白色がまばらなさま; てんてんと白いさま.〈'희끗희끗'.

해난[海難][hɛnan ヘーナン] 名 海難 ¶~ 사고[~ sa:go ~ サーゴ] 海難事故 **—구조**[gu:dʒo グージョ] 名 海難救助.

해-내다[hɛ:nɛda ヘーネダ] 他 ① 成し遂げる; やり抜く; やってのける ¶난공사를 거뜬히 ~[nangoŋsarɯl kɔt'ɯni ~ ナンゴンサルル コットゥニ ~] 難工事を立派に成し遂げる/ 끝까지 ~[k'ɯtk'adʒi ~ ックッカジ ~] しまいまでやり通す[やり抜く]/ 훌륭히 ~[hulljuŋi ~ フルリュンイ ~] 立派にやってのける[やりこなす] ② (相手を)やっつける; やり込める; 打ち負かす.

해-넘이[hɛnʌmi ヘノミ] 名 日没; 日暮れ. ↔'해돋이'.

해녀[海女][hɛnjʌ ヘーニョ] 名 海女ᅟᅡ.

해-님[hɛ(n)nim ヘ(ン)ニム] 名 日; 児 おひさま; 今日様; おてんとうさま.

해 달[海獺][hɛ:dal ヘーダル] 名〈動〉ラッコ(猟虎).

해답[解答][hɛ:dap ヘーダプ] 名하他 解答; 答え **—집**[tʃ'ip チプ] 名解答集.

*해당[該當][hɛdaŋ ヘダン] 名 하自 該当; 相当 ¶~ 사항 없음[~ sa:haŋ ɔps'ɯm ~ サーハン オプスム] 該当事項無し/그것에 ~하는 영어는 없다[kɯgɔse ~hanɯn jɔŋʌnɯn ʌ:pt'a クゴセ ~ハヌン ヨンオヌン ノープタ] それに相当する英語はない **—란**[nan ナン] 名 該当欄 **—자**[dʒa ジャ] 名 該当者.

해당-화[海棠花][hɛ:daŋhwa ヘーダンファ] 名〈植〉海棠ᅟᅩᅮ; ハマナス.

해-대다[hɛ:dɛda ヘーデダ] 他 ① くってかかる; (腹いせに)やりこめる; やっつける ¶홧김에 ~[hwa:tk'ime ~ ファーツキメ ~] 腹立ちまぎれにやっつける/ 욕을 마구 ~[jogul magu ~ ヨグル マグ ~] 悪口を言い散らす ② 仕事をまとめて早く片づける = ¶일을 마구 ~[i:rɯl magu ~ イールル マグ ~].

해독[害毒][hɛ:dok ヘードク] 名 害毒 ¶사회에 ~을 끼치다[sahwee (hɛ:dog)ɯl k'itʃʰida サフェエ (ヘード) グルッキチダ] 社会に害毒を及ぼす.

해독[解毒][hɛ:dok ヘードク] 名 하自他 解毒; 毒消し ¶~제[~tʃ'e ~チェ] 解毒剤/ ~ 작용[~ tʃ'agjoŋ ~ チャギョン] 解毒作用 **—약**[(hɛ:doŋ) njak (ヘードン) ニャク] 名 毒消し; 解毒薬.

해독[解讀][hɛ:dok ヘードク] 名 解読 **—하다**[(hɛ:do) kʰada カダ] 他 解読する; 読み解く ¶고전을 ~[ko:dʒonɯl ~ コージョヌル ~] 古典を解読する.

해-돋이[hɛdodʒi ヘドジ] 名 日出; 日の出; 有り明け; 御来光 ¶설날의 ~[sɔ:llare ~ ソールラレ ~] 初日の出.

해동[解凍][hɛ:doŋ ヘードン] 名 하自他 解凍; 解氷 ¶냉동 식품을 ~하다[nɛ:ŋdoŋ ʃikpʰumul ~hada ネーンドンシク プムル ~ハダ] 冷凍食品を解凍する.

해득[解得][hɛ:dɯk ヘードゥク] 名 하他 会得; 修得 ¶영문 ~자[jɔŋmun ~tʃ'a ヨンムン ~ チャ] 英文を修得[会得]した人.

*해라-체[一體][hɛ:ratʃʰe ヘーラチェ] 名〈言〉下称; 地の文や子供に使う言葉遣い ¶앉아라[andʒara アンジャラ] 座れ / 가라[kara カラ] 行け.

해라-하다[hɛ:rahada ヘーラハダ] 自 行け・来いなど目下に対するぞんざいな[下称の]言葉遣いで話す.

해로[偕老][hɛ:ro ヘーロ] 名 하自 偕老ᅟᅩᅮ; 共白髪ᅟᅩᅮᅮᅮ ¶백년을 ~하다[pɛŋnjɔnɯl ~hada ペンニョヌル ~ハダ] 百年偕老を全うする; 共白髪まで添い遂げる.

*해-롭다[害—][hɛ:ropt'a ヘーロプタ] 形 ㅂ変 有害だ; 害になる ¶담배는 몸에 ~[ta:mbɛnɯn mome ~ タームベヌン モメ ~] タバコは体に悪い **해로-이**[hɛ:roi ヘーロイ] 副 有害に.

해롱-거리다[hɛroŋgɔrida ヘロンゴリダ] 自 へらへらふざける; じゃらつく

해롱-해롱[hɛroŋhɛroŋ ヘロンヘロン] 副하自 しきりにじゃらつくさま; へらへら ¶그는 ~ 까불다[kɯnɯn ~ k'abulda クヌン ~ ッカブルダ] 彼はしきりにへらへらふざける.

*해류[海流][hɛ:rju ヘーリュ] 名 海流 ¶~를 타다[~rɯl tʰada ~ルル タダ] 海流に乗る **—도**[do ド] 名 海流図.

해 리[海狸][hɛ:ri ヘーリ] 名〈動〉海狸ᅟᅩᅮ; ウミダヌキ; ビーバー(beaver).

해리[海里][hɛ:ri ヘーリ] 名 カイリ(海里)(1,852メートル).

해-마다[hɛmada ヘマダ] 副 毎年; 年ごとに; 歳々; 年々 ¶~ 있는 사건[~ innɯn sa:k'ɔn ~ インヌン サー

해-말갛다 [hɛmalgatʰa ヘマルガッタ] 形 [ㅎ変] (肌色が)白く透き通っている; (顔色が)白く明るい. <'희멀겋다'.

해말쑥-하다 [hɛmalsʼukʰada ヘマルッスクカダ] 顔色が白くてすっきりしている[さっぱり澄んでいる]. <'희멀쑥하다'.

해-맑다 [hɛmakt'a ヘマクタ] 形 白くて清い[明るい]; 白くすっきりしている.

해머 [hɛmɔ ヘモ] hammer 名 —**던지기** [dɔndʒigi ドンジギ] 名 ハンマー投げ=**-투(投)해머** [tʰuhɛmɔ トゥヘモ].

*해-먹다** [hɛːmkt'a ヘーモクタ] 他 ① こしらえて食べる ¶밥을 ~ [pabul ~ パブル ~] ご飯を炊いて食べる ② 俗 (金品を)着服する; 横領する; せしめる; ちょろまかす ¶수해 의연금을 ~ [suhɛ ɯijɔngumul ~ スヘ ウィーヨングムル ~] 水害義捐金を着服する ③ (ある事を)生業として暮らす ¶밭일을 해먹고 산다 [pannirul hɛːmk'o sanda~ パンニルル ヘーモクコ サーンダ] 畑仕事をして暮らす ④ 人に害を及ぼす; つぶす ¶형네 논밭을 ~ [hjʌŋne nonbatʰul ~ ヒョンネ ノンバトゥル ~] 兄の田畑を売りとばす ⑤ 俗 やる; 仕事をする; 働く ¶이래서야 어디 해먹겠나? [irɛsʌja hɛːmk'enna ~ イレソヤ オディ ヘーモクケンナ] これではどうにもしようがないじゃないか[仕事をやってられない].

해명[解明] [hɛːmjʌŋ ヘーミョン] 名 解明 ¶진상 ~에 나서다 [tʃinsaŋ ~e nasʌda チンサン ~エ ナソダ] 真相の解明に乗りだす —**하다** [hada ハダ] 他 解明する; 解き明かす ¶원인을 ~ [wɔninul ~ ウォニヌル ~] 原因を解明する.

해몽[解夢] [hɛːmoŋ ヘーモン] 名 夢解き; 夢合わせ; 夢判じ; 夢占(い); 夢の吉凶を解くこと ¶꿈보다 ~이 좋다 [k'umboda ~i tʃoːtʰa ックムボダ ~イ チョータ] 諺 夢より夢占いがよい (物事の良し悪しは説明いかんによるものだとの意) —**하다** [hada ハダ] 自他 夢を判ずる.

해-묵다 [hɛmukt'a ヘムクタ] 自 ① 年を越す; 越年する ② (仕事が)次の年に繰り越しになる ③ 古くなる ¶해묵은 원한(怨恨) [hɛmugun wɔːnhan ヘムグン ウォーンハン] 古い[積年の]恨み.

해-묵히다 [hɛmukʰida ヘムクキダ] 他 [使役] 年を越させる; (仕事を)次の年に繰り越す ¶해 묵힌 쌀 [hɛ mukʰin s'al ヘ ムクキン ッサル] 古米.

해물[海物] [hɛːmul ヘームル] 名 '해산물'(海産物)の略.

해(가)-바뀌다 [hɛ(ga) b'ak'wida ヘ(ガ) バックィダ] 自 年が改まる.

*해-바라기** [hɛbaragi ヘバラギ] 名 〈植〉ヒマワリ(向日葵); 日輪草.

해-바라지다 [hɛbaradʒida ヘバラジダ] 形 (口や壺などの縁などが)不格好に広く開いている. <'헤벌어지다'.

해박[該博] [hɛbak ヘバク] 名 該博 ¶~한 지식 [(hɛba)kʰan tʃiɕik ~カンチシク] 該博な知識 —**하다** [(hɛba)-kʰada カダ] 形 該博だ; 広く物事に通じている.

해발[海拔] [hɛːbal ヘーバル] 名 海抜; 標高 —**고도** [godo ゴド] 名〈地〉海抜高度.

해방[解放] [hɛːbaŋ ヘーバン] 名 [하他] 解放 ¶노예 ~ [noje ~ ノイェ ~] 奴隷解放 —**둥이** [duŋi ドゥンイ] 名 1945年(日本統治から解放された年)生まれの人.

해변[海邊] [hɛːbjʌn ヘービョン] 名 海辺; 浜辺; ビーチ; 海ぎわ ¶~가 [~k'a ~ッカ] 海辺; 浜; 磯=/파도치는 ~ [pʰadotʃʰinɯn ~ パドチヌン ~] 波打つ浜辺 —**식물** [ɕiŋmul シンムル] 名 海浜植物 —**학교** [hak'jo ハクキョ] 名 臨海学校.

해병[海兵] [hɛːbjʌŋ ヘービョン] 名 海兵 —**대** [dɛ デ] 名 海兵隊; 陸戦隊.

해-보다 [hɛːboda ヘーボダ] 他 やってみる; 試してみる; 試みる; =하여 보다 [hajʌ boda ハヨ ボダ]の略 ¶시험삼아 ~ [ɕihʌmsama ~ シホㇺサマ ~] 試しにやってみる.

해-보다[害―] [hɛːboda ヘーボダ] 他 害を受ける; 損を被る.

해부[解剖] [hɛːbu ヘーブ] 名 [하他] 解剖; 腑分け ¶시체(屍體)를 ~하다 [ɕiːtʃʰerul ~hada シーチェルル ~ハダ] 死体を解剖する —**학** [hak ハク] 名 解剖学.

해빙[解氷] [hɛːbiŋ ヘービン] 名 [하他] 解氷; 雪解け; 国際間の緊張緩和.

해산[解産] [hɛːsan ヘーサン] 名 [하自]

お産; 分娩꽃; 出産 ¶~달[~t'al ~タル] 産月; 臨月 /~할 기미가 있다[~hal kimiga it'a ~ハル キミガ イッタ] 産気づく **—구완[바라지]**[guwan[p'aradʒi] グワン[パラジ]] 名하他 分娩の世話をすること.

*해산-[解散][hɛ:san ヘーサン] 名하自他 解散 ¶군중을 ~시키다[kundʒuŋul ~ʃikʰida クンジュヌル ~シキダ] 群衆を解散させる.

*해산-물[海産物][hɛ:sanmul ヘーサンムル] 名 海産物; 海の幸.

해삼[海參][hɛ:sam ヘーサム] 名〈動〉ナマコ(海鼠) ¶~ 창자 젓[~ tʃʰaŋdʒa dʒɔt ~ チャンジャ ジョッ] ナマコの腸の塩辛; このわた.

해상[海上][hɛ:saŋ ヘーサン] 名 海上; 洋上 **—경찰**[gjɔ:ŋtʃʰal ギョーンチャル] 名 海上警察 **—권**[k'wɔn クォン] 名 海上権 **—법**[p'ɔp ポプ] 名 海上法; 海商法 **—보험**[bo:hɔm ボーホム] 名 海上保険 **—봉쇄**[boŋswɛ ボンスェ] 名 海上封鎖 **—운송**[u:nsoŋ ウーンソン] 名 海上運送.

해석[解析][hɛ:sɔk ヘーソク] 名하他 解析 ¶데이터를 ~하다[teitʰɔrul (hɛ:sɔ)kʰada テイトルル ~カダ] データを解析する.

*해석[解釋][hɛ:sɔk ヘーソク] 名 解釈; 解義 ¶영문 ~[jɔŋmun ~ ヨンムン ~] 英文解釈 **—하다**[(hɛ:sɔ)kʰada ~カダ] 解釈する; 釈する; 取る; 解する ¶고문을 ~[ko:munɯl ~ コームヌル ~] 古文を解釈する / 나쁘게 ~[nap'ɯge ~ ナップゲ ~] 悪く取る / 선의로 ~[sɔ:niro ~ ソーニロ ~] 善意に解する.

해설[解說][hɛ:sɔl ヘーソル] 名하他 解説 ¶뉴스 ~[nju:sɯ ~ ニュース ~] ニュース解説 / 뉴스 ~자[nju:sɯ ~tʃa ニュース ~チャ] ニュースキャスター(newscaster)= 뉴스 캐스터[nju:sɯ kʰɛsɯtʰɔ ニュース ケスト].

해소[解消][hɛ:so ヘーソ] 名하他 解消 ¶교통난 ~[kjɔtʰoŋnan ~ キョトンナン ~] 交通難の解消.

해송[海松][hɛ:soŋ ヘーソン] 名 ① 海辺の松 ②〈植〉クロマツ(黒松).

해수[咳嗽][hɛsu ヘス] 名 咳꽃 **—병**[p'jɔŋ ピョン] 名〈漢医〉咳のひどい症状.

해수[海水][hɛ:su ヘース] 名 海水 **—욕**[jok ヨク] 名하自 海水浴 ¶~복[~p'ok ~ポク] 海水着; 水着 /~장[~tʃaŋ ~チャン] 海水浴場 /~을 하다[(hɛ:sujog)ul hada (ヘースヨグ)ル ハダ] 海水浴をする.

해-시계[—時計][hɛ:sige ヘシゲ] 名 日時計.

해쓱-하다[hɛs'ɯkʰada ヘッスクハダ] 形 여変 (顔が)青白い; 青ざめている; 青い; 蒼白하다 ¶과로로 얼굴이 ~해졌다[kwa:roro ɔlguri ~kʰɛdʒɔt'a クァーロロ オルグリ ~ケジョッタ] 過労で顔が青白くなった.

해악[害惡][hɛ:ak ヘーアク] 名 害悪 ¶~을 끼치다[(hɛ:ag)ɯl k'itʃʰida (ヘーア)グル ッキチダ] 害悪を及ぼす.

*해안[海岸][hɛ:an ヘーアン] 名 海岸; ビーチ; = 바닷가[padatk'a パダッカ] ¶~선[~sɔn ~ソン] 海岸線.

해약[解約][hɛ:jak ヘーヤク] 名하他 解約; キャンセル(cancel); 破約; 契約解除 ¶보험을 ~하다[po:hɔmul (hɛ:ja)kʰada ポーホムル ~カダ] 保険を解約する.

해양[海洋][hɛ:jaŋ ヘーヤン] 名 海洋 **—경찰대**[gjɔ:ŋtʃʰalt'ɛ ギョーンチャルテ] 名 海上警察隊 = 해경(海警)[hɛ:gjɔŋ ヘーギョン] **—기상대**[gisaŋdɛ ギサンデ] 名 海洋気象台 **—성 기후**[s'ɔŋ gihu ソン ギフ] 名 海洋性気候.

해어-지다[hɛɔdʒida ヘオジダ] 自 すり減る; すり切れる; ほころぶ; = '해지다' ¶~진 구두[~dʒin kudu ~ ジン クドゥ] すり切れた靴.

해역[海域][hɛ:jɔk ヘーヨク] 名 海域.

해열[解熱][hɛ:jɔl ヘーヨル] 名하自 解熱 **—제**[tʃ'e チェ] 名 解熱剤; 熱冷まし.

해오라기[hɛoragi ヘオラギ] 名〈鳥〉シラサギ= 백로(白鷺)[pɛŋno ペンノ].

*해외[海外][hɛ:we ヘーウェ] 名 海外 ¶~ 여행[~ jɔhɛŋ ~ ヨヘン] 海外旅行 /~ 유학[~ juhak ~ ユハク] 海外留学 **—무역**[mu:jɔk ムーヨク] 名 海外貿易; 外国貿易.

*해요-체[—體][hɛ:jotʃʰe ヘーヨチェ] 名〈言〉日本語の「ます体」に対応; 文末の丁寧表現の言葉. **—하다**(?)[kajo カヨ] 行きます(か) / 있어요(?)[is'ɔjo イッソヨ] あります(か); います(か).

해운[海運][hɛ:un ヘーウン] 名 海運 ¶~ 회사[~ hwe:sa ~ フェーサ]

해이[解弛][hɛ:i ヘーイ] 名 [하I] 弛緩; 緩み; 弛みなみ; だらけること ¶정신이 ~해지다[tʃɔŋini ~hɛdʒida チョンシニ ~ヘジダ] 精神がだらける.

해일[海溢][hɛ:il ヘーイル] 名 [하I] 〈地〉津波; 高潮 ¶~이 일어나다[(hɛ:ir)i ironada (ヘーイ)リ イロナダ] 津波が起こる.

해임[解任][hɛ:im ヘーイム] 名 [하I自他] 解任; 解職; 免職 ¶부장이 ~되다[pudʒaŋi ~dweda プジャンイ ~ドゥェダ] 部長が解任される.

해장[←解酲][hɛ:dʒaŋ ヘージャン] 名 [하I自] 迎え酒を飲むこと ━국[k'uk クク] 迎え酒を飲むとき[酔い覚まし]の汁物 ━술[s'ul スル] 名 迎え酒.

해저[海底][hɛ:dʒɔ ヘージョ] 名 海底 ¶~터널[~ tʰɔnɔl ~ トノル] 海底トンネル ━유전[judʒɔn ユジョン] 名 海底油田 ━전선[dʒɔnsɔn ジョーンソン] 名 海底電線 ━탐험[tʰamhɔm タムホム] 名 海底探検 ━화산[hwa:san ファーサン] 名 海底火山.

해적[海賊][hɛ:dʒɔk ヘージョク] 名 海賊 ━선[s'ɔn ソン] 名 海賊船 ━판[pʰan パン] 名 海賊版.

해-전[―前][hɛdʒɔn ヘジョン] 名 日没前; 日暮れ前 ¶~에 돌아오도록 해라[~e toraodoro kʰɛ:ra (ヘージョ)ネトラオドロク ケーラ] 日暮れまでには帰るようにしなさい.

해전[海戰][hɛ:dʒɔn ヘージョン] 名 [하I自] 海戰.

해제[解除][hɛ:dʒe ヘージェ] 名 [하I他] 解除 ¶무장 ~[mu:dʒaŋ ~ ムージャン ~] 武裝解除 / 계약 ~[ke:ja(kʰɛ:dʒe) ケーヤク(ケージェ)] 契約の解除.

해조[海藻][hɛ:dʒo ヘージョ] 名 〈植〉海藻; 藻; =바닷말[padanmal パダンマル].

해-주다[hɛ:dʒuda ヘージュダ] 他 してやる=하여 주다[hajo dʒuda ハヨ ジュダ] ¶심부름을 ~[ʃi:mburumul ~ シームブルムル~] 使いを代わりにしてやる.

해죽[hɛdʒuk ヘジュク] 副 にこっ; にこっと; にっと; 滿足して笑うさま ¶~ 웃다[(hɛdʒuɡ) u:t'a (ヘジュ)グッタ] にっと笑う ━거리다¹[(hɛdʒu)-k'ɔrida コリダ] 自 (うれしそうに)しきりににこにこする ━해죽[(hɛdʒu)-kʰɛdʒuk (ヘジュク)ケジュク] 副 [하I自] にこにこと.

해죽-거리다²[hɛdʒuk'ɔrida ヘジュックコリダ] 自 (幼児が)短い両手を振って歩く.

해-지다[hɛ:dʒida ヘージダ] 自 すり減る; すり切れる; ほころぶ; ='해어지다' ¶양말이 ~[jaŋmari ~ ヤンマリ ~] 靴下が切れる / 옷이 ~[oʃi ~ オシ ~] 服がほころぶ.

해직[解職][hɛ:dʒik ヘージク] 名 [하I他] 解職; 免職 ¶사원을 ~ 처분하다[sawɔnul ~ tʃʰɔ:bunhada サウォヌル ~ チョーブンハダ] 社員を解職処分する.

해질-녘[hɛdʒilljɔk ヘジルリョク] 名 日暮れどき; 夕方; 夕暮れ; 暮れ方 ¶~이 되다[(hɛdʒilljɔɡ)i tweda (ヘジルリョ)ギトゥェダ] 暮れ方になる.

해쭉[hɛt'uk ヘッチュク] 副 (滿足して)そっとかわいらしく笑うさま='해죽'の強調語.

해체[解體][hɛ:tʃʰe ヘーチェ] 名 解體 ¶~ 수리[~ suri ~ スリ] 解體修理 ━되다[dweda ドゥェダ] 自 解體する; 解體される ━하다[hada ハダ] 自他 解體する; ばらす; 取りはずす ¶~하여 운반하다[~hajo u:nbanhada ~ハヨ ウーンバンハダ] 取りはずして運搬する. 「海草」

해초[海草][hɛ:tʃʰo ヘーチョ] 名 〈植〉

해충[害蟲][hɛ:tʃʰuŋ ヘーチュン] 名 〈動〉害蟲 ¶~의 구제[~e kudʒe ~エ クジェ] 害蟲の驅除 / 사회의 ~[sahwee ~ サフェエ ~] 社会の害蟲.

*해-치다[害―][hɛ:tʃʰida ヘーチダ] 他 ① 害する; 損ずる; 損ねる ¶건강을 ~[kɔ:ŋaŋul ~ コーンガンウル ~] 健康を損なう ② (人を)傷つける; あやめる; 殺す ¶사람을 ~[sa:ramul ~ サーラムル ~] 人を傷つける[殺す].

해-치우다[hɛ:tʃʰiuda ヘーチウダ] 他 ① やってのける; 捻る ¶수월하게 ~[suwɔrhage ~ スウォルハゲ ~] たやすくやってのける / 간단(簡單)히 ~[kandani ~ カンダニ ~] 軽く捻る ② (邪魔になる対象を)取り除く; 殺す; 片づける ¶적의 보초를 ~[tʃɔge po:tʃʰorul ~ チョゲ ポーチョルル ~] 敵の歩哨を片づける.

해-코지[害―][hɛ:kʰodʒi ヘーコジ] 名 [하I自] 人を傷つける[損ねる]ふるまい ¶남을 ~할 사람이 아니다[namul ~hal s'a:rami anida ナムル ~ハル サーラミ アニダ] 他人を損ねるものじゃない.

해탈[解脫][hɛ:tʰal ヘータル] 图 <하자> 解脫; 〈仏〉俗世の煩惱から解放され迷いの苦惱からぬけ出し, 悟りを開くこと.

해태[hɛ:tʰɛ ヘーテ] 图 獬豸^{かいち}; 是非·善惡をわきまえるという傳說上の動物(獅子に似ているが頭の眞ん中に一本の角が生えているという).

해 태

해태[海苔][hɛ:tʰɛ ヘーテ] 图 〈植〉ノリ(海苔) = 김 [ki:m キーム].

해파리[hɛ:pʰari ヘーパリ] 图 クラゲ(水母) (腔腸^{こうちょう}動物のハチクラゲの總稱).

해표[海豹][hɛ:pʰjo ヘーピョ] 图 〈動〉アザラシ, カイヒョウ(海豹).

해프닝[hɛpʰuniŋ ヘプニン] happening 图 ハプニング.

해피 엔드[hɛpʰi endɯ ヘピ エンドゥ] happy ending 图 ハッピーエンド.

해학[諧謔][hɛhak ヘハク] 图 諧謔^{かいぎゃく}, ユーモア; しゃれ ¶ ~를 아는[모르는] 사람 [(hɛhag)ɯl a:nɯn[morɯnɯn] sa:ram (ヘハ)グル アーヌン[モルヌン] サーラム] 諧謔を解する[解しない]人 **—가**[(hɛha)k'a カ] 图 諧謔家; ユーモアのある人, ユーモリスト **—극**[(hɛha)k'ɯk クク] 图 諧謔劇 **—문학**[(hɛhaŋ)munhak (ヘハン)ムンハク] 图 諧謔文學 **—소설**[s'o:sɔl ソーソル] 图 諧謔小說 = 유머 (humor) 소설 [ju:mɔ so:sɔl ユーモ ソーソル].

***해협**[海峽][hɛ:hjɔp ヘーヒョプ] 图 〈地〉海峽; 瀨戶; 水道.

해후 (상봉)[邂逅(相逢)][hɛ:hu(saŋboŋ) ヘーフ(サンボン)] 图 邂逅^{かいこう}, 思いがけぬ巡り会い; 出会い **—하다**[hada ハダ] 国 邂逅する; 巡り会う; 出会う ¶ 옛 친구와 ~ [je: tʃʰinguwa ~ イェーッ チングワ ~] 舊友に邂逅する.

***핵**[核][hɛk ヘク] 图 核 ¶ 세포~ [se:pʰo~ セーポ~] 細胞核 / 원자~ [wɔndʒa~ ウォンジャ~] 原子核 **—가족**[(hɛ)k'adʒok カジョク] 图 核家族 **—무기**(武器)[(hɛŋ)mugi (ヘン)ムギ] 图 核兵器 **—무장**[(hɛŋ)mudʒaŋ (ヘン)ムジャン] 图 核武裝 **—물리학**[(hɛŋ)mullihak (ヘン)ムルリハク] 图 〈物〉核物理學 **—반응**[p'anɯŋ パヌン] 图 核反應 **—발전소**[p'altʃʰɔnso パルチョンソ] 图 核發電所 **—보유국**[p'ojuguk ポユグク] 图 核保有國 **—분열**[p'unjɔl プニョル] 图 核分裂 **—사찰**[s'atʃʰal サチャル] 图 核查察 **—실험**[ʃ'irhɔm シルホム] 图 核實驗 **—에너지**[(hɛg)enɔdʒi (ヘ)ゲノジ] 图 核エネルギー **—연료**[(hɛŋ)njɔlljo (ヘン)ニョルリョ] 图 核燃料 **—우산**[(hɛg)usan (ヘグ)サン] 图 核の傘 **—융합**[(hɛŋ)njuŋhap (ヘン)ニュンハプ] 图 核融合 **—전쟁**[tʃ'ɔndʒɛŋ チョンジェン] 图 核戰爭 **—탄두**[tʰandu タンドゥ] 图 核彈頭 **—폐기물**[pʰegimul ペギムル] 图 核廢棄物 **—폭발**[pʰokp'al ポクパル] 图 核爆發 **—폭탄**[pʰoktʰan ポクタン] 图 核爆彈 **—확산 방지 조약**[(hɛ)kʰwaks'an baŋdʒi dʒojak (ヘ)クヮクサン バンジ ジョヤク] 图 核擴散防止條約; 核不擴散條約; NPT.

***핵심**[核心][hɛkʃ'im ヘクシム] 图 核心; 正鵠^{せい}(「せいこう」は慣用讀み) ¶ 당의 ~ 인물 [taŋe ~ inmul タンエ ~ インムル] 黨の核心人物 / ~을 찌르다 [~ɯl tʃ'irɯda (ヘクシ)ムルッチルダ] 核心を突く; 圖星を刺す **—체**[tʃʰe チェ] 图 核心體 ① 核心となる部分 ② 〈物〉(原子核が分裂してエネルギーを放出する)原子爐の中心部.

핸드[hendɯ ヘンドゥ] hand 图 ハンド **—백**[bɛk ベク] 图 ハンドバッグ **—볼**[bo:l ボール] 图 ハンドボール **—북**[buk ブク] 图 ハンドブック.

***핸들**[hendɯl ヘンドゥル] handle 图 ハンドル ¶ ~을 잡다 [(hendɯr)ɯl tʃapt'a (ヘンドゥ)ルル チャプタ] ハンドルをとる[握る].

핸디캡[hendikʰep ヘンディケプ] handicap 图 ハンディキャップ ¶ ~이 붙다 [(hendikʰɛb)i put'a (ヘンディケ)ビ プッタ] ハンディキャップがつく.

핸섬[hensɔm ヘンソム] handsome 图 <하형> ハンサム; 男前.

핼금 [핼끔] - 거리다[hɛlgɯm[hɛlk'ɯm]gorida ヘルグム[ヘルックム]ゴリダ] 他 しきりに橫目を使ってちらっと見る.

핼로[hɛllo ヘルロ] hallo 感 ハロー; もし「もし.

핼쑥-하다 [hɛls'ukʰada ヘルッスクカダ] 形 여변 やつれている; 顔色が青ざめている ¶ ~-한 얼굴 [(hɛls'u)kʰan olgul ~-カン オルグル] 青白いやつれた顔 / ~-해지다 [(hɛls'u)kʰɛdʒida ~-ケジダ] やつれて青ざめる.

햄 [hɛm ヘム] 图 ハム ¶ ~ 샌드위치 [~sɛndɯwitɕʰi ~センドゥウィチ] ハムサンド(イッチ).

햄버거 [hɛmbɔgɔ ヘムボゴ] hamburger 图 ハンバーガー.

햄버그 [hɛmbɔgɯ ヘムボグ] hamburg 图 ハンバーグ(ステーキ) = 햄버그스테이크 [hɛmbɔgɯstʰeikʰɯ ヘムボグステイク].

햄-샐러드 [hɛmsɛllɔdɯ ヘムセルロドゥ] 图 ハムサラダ.

햄-에그 [hɛmegɯ ヘメグ] 图 (ham and eggs) ハムエッグ.

햅-쌀 [hɛps'al ヘプサル] 图 新米 一밥 [bap パプ] 图 新米で炊いたご飯.

햇- [hɛt ヘッ] 接頭 新…; 今年産の; 初物の ¶ ~송이 [(hɛ)s'oŋi ~ソンイ] 走りの松茸 / ~보리 [~p'ori ~ポリ] (その年の)初麦 / ~감자 [~k'amdʑa ~カムジャ] 新ジャガ.

햇-것 [hɛtk'ɔt ヘッコッ] 图 走り; 初物 ¶ 시장에 ~이 나돈다 [ɕiːdʑaŋe (hɛtk'ɔ)i nadonda シージャンエ (ヘッコ)イ ナドンダ] 市場に初物が出回る.

햇-곡(식) [一穀(食)] [hɛtk'ok(ɕ'ik) ヘッコク(シク)] 图 新穀.

햇-병아리 [hɛtp'jɔŋari ヘッピョンアリ] 图 ① その年にふかしたひよこ ② 新人; 新米; 駆け出し; = 풋내기 [pʰunnɛgi プンネギ] ¶ ~ 기자 [~ gidʑa ~ ギジャ] 駆け出しの記者.

*****햇-볕** [hɛtp'jɔt ヘッピョッ] 图 日差し; 照り; 天日; 陽光; 日光; 日 ¶ 쨍쨍 내리쬐는 ~ [tɕ'ɛŋtɕ'ɛŋ nɛritɕ'wenun ~ ッチェンッチェン ネリッチュェヌン ~] かんかんと照りつける日差し / ~에 말리다 [(hɛtp'jɔ)tʰe mallida ~テ マルリダ] 天日に干す / ~을 쬐다 [(hɛtp'jɔ)tʰɯl tɕ'weːda ~ トゥルッチュェーダ] 日光を浴びる / ~에 타다 [(hɛtp'jɔ)tʰe tʰada ~テ タダ] 日に焼ける.

*****햇-빛** [hɛtp'it ヘッピッ] 图 日光; 日の光; 陽光; 日差し ¶ ~이 눈부시다 [(hɛtp'i)tɕʰi nunbuɕida ~チ ヌンブシダ] 日光がまぶしい / ~이 스며들다 [(hɛtp'i)tɕʰi sɯmjɔdɯlda ~チ スミ

ョドゥルダ] 日の光が差し込む / ~을 보다 [(hɛtpi)tɕʰɯl poda ~チュル ポダ] 陽光を見る / ~이 세다 [약하다] [(hɛtp'i)tɕʰi seːda(jakʰada) ~ チ セーダ(ヤクカダ)] 日差しが強い[弱い].

햇-살 [hɛs'al ヘッサル] 图 日差し; 陽光 ¶ 따가운 ~ [t'agaun ~ ッタガウン ~] 焼けつく日差し.

햇-수 [一數] [hɛs'u ヘッス] 图 年数; 年の数; 数え年; 足掛け ¶ ~가 갈수록… [~ga kalsurok ~ガ カルッスロク] 年数がたつにつれて… / 금년이면 ~로 3년이다 [kɯmnjɔnimjɔn ~ro samnjɔnida クムニョニミョン ~ロ サムニョニダ] 今年で足掛け3年である.

행 [行] [hɛŋ ヘン] 图 行 ¶ ~을 바꾸다 [~ɯl pak'uda ~ウル パックダ] 行を替える.

-행 [行] [hɛŋ ヘン] 接尾 …行き ¶ 서울 ~ 열차 [sɔur ~ njɔltɕʰa ソウル~ ニョルチャ] ソウル行き列車.

행 [幸] [hɛːŋ ヘーン] 图 幸; 幸い ¶ 불행을 막론하고 [~burhɛŋɯl maŋnonhago ~ブルヘンウル マンノンハゴ] 幸不幸を問わず.

행각 [行脚] [hɛŋgak ヘンガク] 图 하자 行脚 ① ある目的をもって方々を歩き回ること ¶ 사기 ~ [sagi ~ サギ ~] 詐欺行脚 ② 〈仏〉 僧が諸国を巡り歩いて修行すること.

행간 [行間] [hɛŋgan ヘンガン] 图 行間 ¶ ~을 넓히다 [좁히다] [~ɯl nɔlpʰida(tɕopʰida) (ヘンガ)ヌル ノルピダ[チョピダ]] 行間を広げる[狭める] **一을 읽다** [ɯl ikt'a (ヘンガ) ヌル イクタ] 慣 行間を読み取る; 文にあらわれていない筆者の本意を読んで理解する.

행객 [行客] [hɛŋgɛk ヘンゲク] 图 行客; 旅人; = 나그네 [nagɯne ナグネ].

행군 [行軍] [hɛŋgun ヘングン] 图 하자 行軍 ¶ 강~ [kaŋ~ カン~] 強行軍.

행낭 [行囊] [hɛŋnaŋ ヘンナン] 图 郵(便)袋; 行囊.

*****행동** [行動] [hɛŋdoŋ ヘンドン] 图 行動; 行ない; ふるまい; 挙動; 仕業 ¶ ~파 [~pʰa ~パ] 行動派 / ~이 수상하다 [~i susaŋhada ~イ ススァンハダ] 挙動が怪しい / ~이 비열하다 [~i piːjɔrhada ~イ ピーヨルハダ] 仕業がいやしい **一하다** [hada ハダ] 自 行動する; ふるまう ¶ 제멋대로 ~ [tɕemɔt'ɛro ~ チェモッテロ ~] 自分勝

手にふるまう **―거지**(擧止) [gɔːdʒi ゴージ] 名 立ち居ふるまい; 身のこなし; 物腰; 行儀 ¶~가 점잖다 [~ga tʃəmdʒantʰa ~ガ チョームジャンタ] 立ち居ふるまいが上品である; 行儀がよい.

행락[行樂] [hɛŋnak ヘンナク] 名 하자 行楽 ¶~철 [~tʃʰɔl ~チョル] 行楽シーズン.

행랑[行廊] [hɛŋnaŋ ヘンナン] 名 伝統的屋敷で表門の両脇についている部屋 **―것** [kʼɔt コッ] 名 むかし、門脇部屋に住む使用人を卑しんで言う語 **―방**(房) [pʼaŋ パン] 名 表門の両脇についている部屋 **―살이** [sari サリ] 名 むかし、門脇部屋を借りて住み付き主家の手助けをしながら暮らす生活 **―아범** [abɔm アボム] 名 むかし、門脇部屋に住む下男 **―어멈** [ɔmɔm オモム] 名 むかし、門脇部屋に住むお手伝い.

행려[行旅] [hɛŋnjɔ ヘンニョ] 名 하자 行旅; 旅 [旅人] **―병자** [bjɔŋdʒa ビョンジャ] 名 旅行 [行路] 病者.

*행렬**[行列] [hɛŋnjɔl ヘンニョル] 名 하자 行列 ¶등불~ [tɯŋpʼul ~ トゥンプル ~] ちょうちん行列 / 시위~ [ʃiːwi ~ シーウィ ~] 示威 [デモ] 行列.

행로[行路] [hɛŋno ヘンノ] 名 行路 ① 道筋; 道路 ② 世渡り ¶인생 ~ [inːsɛŋ ~ インセン ~] 人生行路.

*행방**[行方] [hɛŋbaŋ ヘンバン] 名 行方; 方向 ¶~을 감추다 [~ɯl kamtʃʰuda ~ウル カムチュダ] 行方をくらます **―불명** [bulmjɔŋ ブルミョン] 名 行方不明 ¶~이 된 애견 [~i twenɛːgjɔn ~イ トゥェン エーギョン] 行方不明になった愛犬.

행보[行步] [hɛŋbo ヘンボ] 名 하자 行歩; 歩行; 歩み ¶~가 느리다 [~ga nɯrida ~ガ ヌリダ] 歩みがのろい.

*행복**[幸福] [hɛːŋbok ヘーンボク] 名 하형 幸福; 幸せ; 幸い; 幸う ¶한 일생 ~ [(hɛːŋbo)kʰan ilsʼɛŋ ~ カン イルセン] 幸福な一生 **―스럽다** [sʼɯrɔpʼtʼa スロプタ] 形 幸福だ.

행-불행[幸不幸] [hɛːŋburhɛŋ ヘーンブルヘン] 名 幸不幸 ¶인생의 ~ [inːsɛŋe ~ インセンエ ~] 人生の幸不幸.

행사[行使] [hɛŋsa ヘンサ] 名 하타 行使 ¶실력 ~ [ʃilljɔk (kʰɛŋsa) シルリョク (ケンサ)] 実力行使.

*행사**[行事] [hɛŋsa ヘンサ] 名 하자 行事; 催し ¶기념 ~ [kinjɔm ~ キニョム ~] 記念行事.

행상[行商] [hɛŋsaŋ ヘンサン] 名 하자 行商; 旅商い; 旅あきんど ¶잡화를 ~하다 [tʃapʰwarɯl ~hada チャパルル ~ハダ] 雑貨を行商する **―인** [in イン] 名 行商人.

행색[行色] [hɛŋsɛk ヘンセク] 名 ① 行動する態度 ② 旅立ちのいでたち [身なり]; 旅装 ¶~이 초라하다 [(hɛŋsɛg)i tʃʰorahada (ヘンセ)ギ チョラハダ] 旅立ちの身なりがみすぼらしい.

행선[行先] [hɛŋsɔn ヘンソン] 名 行く先 ¶~을 모르다 [~ɯl morɯda ~ウル モルダ] 行く先がわからない **―지**(地) [dʒi ジ] 名 行く先; 旅先; 目的地 ¶~를 미리 알려 주세요 [~rɯl miri alljɔ dʒusejo ~ルル ミリ アルリョ ジュセヨ] 行く先を前もって知らせてください. 「感星.

행성[行星] [hɛŋsɔŋ ヘンソン] 名 〈天〉

*행세**[行世] [hɛŋse ヘンセ] 名 하자 ① 処世; 世渡り ¶사람답게 ~하라 [saːramdapkʼe ~hara サーラムダプケ ~ハラ] 人間らしく処世せよ ② (関係のない者が)あたかも当事者のようにふるまうこと; ふり; 成り済ますこと ¶박사 ~을 하다 [paksʼa ~rul hada パクサ ~ルル ハダ] 博士のふりをする.

행세[行勢] [hɛŋse ヘンセ] 名 하자 権勢を振るうこと; 羽振りをきかすこと ¶~하는 집안 [~hanɯn tʃiban ~ハヌン チバン] 権勢を振るう家柄.

행실[行實] [hɛːŋʃil ヘーンシル] 名 行ない; 品行; 嗜みなみ; 身持ち ¶~을 삼가다 [(hɛːŋʃir)ɯl samgada (ヘーンシ)ルル サムガダ] 行ないを慎む / ~이 좋다 [(hɛːŋʃir)i tʃoːtʰa (ヘーンシ)リ チョーッタ] 品行がいい / ~이 좋은 사람 [(hɛːŋʃir)i tʃoːɯn saːram (ヘーンシ)リ チョーウン サーラム] 嗜みのよい人 / ~이 나쁜 사람 [(hɛːŋʃir)i napʼɯn saːram (ヘーンシ)リ ナップン サーラム] 身持ちのよくない [悪い] 人.

행여 (나) [幸―] [hɛːŋjɔ(na) ヘーンヨ(ナ)] 副 幸いに; もしや; もしかしたら; ひょっとすると; あるいは ¶~ 잘못되면 어쩌나 [~ tʃalmotʼwemjɔn ɔtʃʼɔna ~ チャルモットゥェミョン オッチョナ] もし駄目だったらどうしよう.

*행운**[幸運] [hɛːŋun ヘーンウン] 名 幸運; 幸い; 幸せ ¶~을 빌다 [~ɯl piːlda (ヘーンウ)ヌル ピールダ] 幸運を

祈る **—아**[a (ヘーンウ)ナ] 名 幸運児; 果報者.

*__행위__[行爲][hɛŋwi ヘンウィ] 名 行爲; 行ない; しぐさ ¶용기있는 ~[joːŋgi-innun ~ ヨーンギインヌン ~] 勇気のある行為 / 부끄러운 ~[puk'urɔun ~ プックロウン ~] 恥ずかしい行い.

__행인__[行人][hɛŋin ヘンイン] 名 行人; 通行人 ¶~이 드문 고갯길[~i tumun kogetk'il (ヘンイ)ニ ドゥムン コゲッキル] 人通りのまばらな峠道.

__행장__[行裝][hɛŋdʒaŋ ヘンジャン] 名 行装; 旅じたく; 旅装 ¶~을 챙기다 [~ul tɕʰɛŋgida ~ウル チェンギダ] 旅じたくを整える.

*__행정__[行政][hɛŋdʒɔŋ ヘンジョン] 名 行政 ¶~력[~ njɔk ~ ニョク] 行政力 / ~ 구역[~ gujɔk ~ グヨク] 行政区域 / ~ 수완[~ suwan ~ スワン] 行政手腕 __—관__[gwan グァン] 名 行政官 __—관청__[gwantɕʰɔŋ グァンチョン] 名 行政官庁 __—구역__[guhwek グフェク] 名 行政区画 __—기관__[gigwan ギグァン] 名 行政機関 __—법__[p'ɔp ボプ] 名 行政法 __—법원__(法院)[bɔbwɔn ボボォン] 名 行政裁判所 __—소송__[sosoŋ ソソン] 名 行政訴訟 __—처분__[tɕʰɔːbun チョーブン] 名 行政処分 __—학__[hak ハク] 名 行政学 __—협정__[hjɔptɕ'ɔŋ ヒョプチョン] 名 行政協定.

*__행주__[hɛŋdʒu ヘンジュ] 名 布巾ﾌｷﾝ __—치다__[tɕʰida チダ] 布巾掛けをする; 布巾で拭く __—질__[dʒil ジル] 하他 布巾掛け; 布巾で食器などを拭くこと __—치마__[tɕʰima チマ] 名 前掛け; エプロン.

*__행진__[行進][hɛŋdʒin ヘンジン] 名 하自 行進 ¶시위 ~[ʃiːwi ~ シーウィ ~] 示威[デモ]行進 __—곡__[gok ゴク] 名〈楽〉行進曲; マーチ ¶결혼(結婚) ~[kjɔrhon ~ キョルホン ~] ウエディングマーチ.

__행차__[行次][hɛŋtɕʰa ヘンチャ] 名 하自 (目上の人の)お出かけ; お出まし ¶임금님의 ~[iːmgumnime ~ イームグムニメ ~] 国王のお出まし.

__행패__[行悖][hɛŋpʰe ヘンペ] 名 하自 道理に逆らう行ない; 狼藉ﾛｳｾﾞｷ; 乱暴な振るまい ¶~를 부리다[~rul purida ~ルル プリダ] 狼藉を働く.

__행포__[行暴][hɛŋpʰo ヘンボ] 名 하自 乱暴な行ない ¶~를 부리다[~rul purida ~ルル プリダ] 乱暴を働く.

*__행-하다__[行—][hɛŋhada ヘンハダ] 他 行なう; 実行する; なす; 果たす; やる; 施す ¶인술을 ~[insurul ~ インスルル ~] 仁術を行なう / 수술을 ~ [susurul ~ ススルル ~] 手術を施す.

*__행해-지다__[行—][hɛŋhedʒida ヘンヘジダ] 自 行なわれる ¶결혼식이 ~[kjɔrhonʃigi ~ キョルホンシギ ~] 結婚式が行なわれる.

__향__[香][hjaŋ ヒャン] 名 ① 香; 香り; よいにおい ② 線香; 薫物ﾀｷﾓﾉ; 香木 ¶~을 피우다[~ul pʰiuda ~ウル ピウダ] 香をたく __—불__[p'ul プル] 名 香火.

__향가__[鄕歌][hjaŋga ヒャンガ] 名 新羅中期から高麗初期まで民間に流行した固有の古代詩歌(25首が伝わっている).

*__향긋-하다__[hjaŋguthada ヒャングッタダ] 形 여変 芳しい; 香ばしい ¶국화의 ~한 냄새[kukʰwae ~-tʰan nɛːmse クックァエ ~-タン ネームセ] 菊の芳しいにおい / 커피의 ~한 냄새[kʰɔːpʰie ~-tʰan nɛːmse コービエ ~-タン ネームセ] コーヒーの香ばしい香り / ~한 꽃[~-tʰan k'ot ~-タン ッコッ] かぐわしい花 __향긋-이__[hjaŋguʃi ヒャングシ] 副 かぐわしく; かすかに ¶~ 풍기는 꽃향기[~ pʰuŋginun k'otʰjaŋgi ~ プンギヌン ッコッチャンギ] かすかに漂う花の香り.

*__향기__[香氣][hjaŋgi ヒャンギ] 名 香気; におい; 香り; 薫り ¶~가 나다[~ga nada ~ガ ナダ] におう; 香る / 짙은 꽃[~ nopʰun k'ot ~ ノプンッコッ] 香気の強い[香り高い]花 __—로이__[roi ロイ] 副 香しく; 香ばしく; におやかに __—롭다__[ropt'a ロプタ] 形 ㅂ変 芳しい; 香ばしい; かぐわしい.

__향-나무__[香—][hjaŋnamu ヒャンナム] 名〈植〉イブキ(伊吹); ビャクシン.

__향-내__[—냄새][香—][hjaŋnɛ[nɛmse] ヒャンネ[ネムセ]] 名 香り; 香気; 香臭 ¶~가 나다[~ga nada ~ガ ナダ] 香りがにおう; 香気が漂う.

__향년__[享年][hjaːŋnjɔn ヒャーンニョン] 名 享年; 行年 ¶ 90세[~ guʃipsʼe ~ グシプセ] 享年90歳.

__향락__[享樂][hjaːŋnak ヒャーンナク] 名 하他 享楽 ¶~에 빠지다[(hjaːŋnag) e p'aːdʒida (ヒャーンナ)ゲッパージダ] 享楽にふける.

__향로__[香爐][hjaŋno ヒャンノ] 名 香炉.

향료[香料][hjaŋnjo ヒャンニョ] 名 香料 ¶천연 ~ [tɕʰənjən ~ チョニョン ~] 天然香料 / 합성 ~ [hapsʼəŋ ~ ハプソン ~] 合成香料.

***향상**[向上][hjaːŋsaŋ ヒャーンサン] 名 하자 向上;(水準などの)底上げ ¶눈부신 ~ [nunbuɕin ~ ヌンブシン ~] 目覚ましい向上 / 영어 실력이 ~되다[jəŋə ɕillyəgi ~dweda ヨンオ シルリョギ ~ドゥェダ] 英語の実力が向上する;英語が上達する.

향수[香水][hjaŋsu ヒャンス] 名 香水 ¶~를 바르다[뿌리다][~rul paruda[pʼurida] ~ルル パルダ[ップリダ]] 香水をつける[振りかける].

향수[郷愁][hjaŋsu ヒャンス] 名 郷愁;里ごころ;ノスタルジア(nostalgia) ¶~에 젖다[~e tɕət'a ~エ チョッタ] 郷愁にひたる.

향신-료[香辛料][hjaŋɕinnjo ヒャンシンニョ] 名 香辛料;スパイス(spice).

향연[饗宴][hjaːŋjən ヒャーンヨン] 名 饗宴きょうえん ¶~을 베풀다[~ul pepʰulda ~ウル ペプルダ] 饗宴を張る[催す].

향응[饗應][hjaːŋɯŋ ヒャーンウン] 名 하他 供応;もてなし ¶~을 받다[~ul patʼa ~ウル パッタ] 供応を受ける.

***향토**[郷土][hjantʰo ヒャント] 名 郷土;ふるさと;故郷;郷里 ¶~ 자랑[~ dʑaːraŋ ~ ジャーラン] お国自慢;郷土の誇り **―문학** [munhak ムンハク] 名 郷土文学 **―색**[sɛk セク] 名 郷土色;ローカルカラー(local color) **―애**[ɛ エ] 名 郷土愛 **―예술** [jeːsul イェースル] 名 郷土芸術.

***향-하다**[向―][hjaːnhada ヒャーンハダ] 自他 向かう;向く;向ける ¶얼굴을 위로 ~ [əlguru̇ɾ wiro ~ オルグルル ウィロ ~] 顔を上に向ける / 뒤로 ~ [twiːro ~ トゥィーロ ~] 後ろを向く / 마주 ~ [madʑu ~ マジュ ~] 向かい合う;相対する / 서울로 ~ [səullo ~ ソウルロ ~] ソウルに向かう[行く].

향학[向學][hjaːŋhak ヒャーンハク] 名 하他 向学 **―심**[ɕim シム] 名 向学心 **―열**[(hja:ŋhaŋ)njəl (ヒャーンハン)ニョル] 名 向学熱;向学の熱意.

향후[向後][hjaːŋhu ヒャーンフ] 名 副 向後;今後;この後 ¶~ 1개월[~ ilgɛwəl ~ イルゲウォル] 今後こう1か月.

허[虚][hə ホ] 名 虚;すき ¶~와 실[~wa ɕil ~ワ シル] 虚と実 / 적의 ~를 찌르다[tɕʼige ~rul tɕʼiruda チョゲ ~ルル ッチルダ] 敵の虚[不意]を突く / ~를 노리다[~rul norida ~ルル ノリダ] すきをねらう.

허[hə ホ] 感 ほう;はあ;へえ ¶~,사실(事實)인가?[~, saːɕiriŋga ~, サーシリンガ] ほう、本当かね.

***허가**[許可][hɔga ホガ] 名 許可;許し ¶영업 ~ [jəŋəp(pʰəga) ヨンオプ(ポガ)] 営業許可 / ~ 없이[~ ɔpɕʼi ~ オプシ] 許しなく **―하다**[hada ハダ] 他 許可する;許す ¶입학을 ~ [ipʰagɯl ~ イパグル ~] 入学を許す **―장** [tɕʼaŋ チャン] 名 許可状 **―증**[tɕʼɯŋ チュン] 名 許可証.

허겁[虚怯][hɔgəp ホゴプ] 名 하形 臆病おくびょう ¶~을 떨다[(həgəb)ul tʼəːlda (ホゴプ)ブル ットールダ] (心がしっかりせず)びくびくする;おどおどする.

허겁-지겁[həgəpˌtɕigəp ホゴプチゴプ] 副 하他 あたふたと;いそいそと;ひどくあわてふためくさま ¶놀라서 ~ 달아나다[noːllaso ~ tʼaranada ノーラソ ~ タラナダ] おどろいてあたふたと逃げる.

허공[虚空][hɔgoŋ ホゴン] 名 虚空;空;宙 ¶~으로 사라지다[~ɯro saradʑida ~ウロ サラジダ] 虚空[空]に消える / 발이 ~에 뜨다[pari ~e tʼuda パリ ~エ ットゥダ] 足が宙に浮く.

허구[許久][hɔgu ホグ] 名 하形 久しい間 ¶~한 나날[~han nanal ~ハン ナナル] 長い年月.

허구[虚構][hɔgu ホグ] 名 하他 虚構;偽り;作りごと ¶~에 찬 이야기[~e tɕʰan nijagi ~エ チャン ニヤギ] 虚構だらけの話.

허기[虚飢][hɔgi ホギ] 名 飢え;ひもじさ **―지다**[dʑida ジダ] 自 ① ひどくひもじい;ひもじくて元気がない ¶몹시 ~ [moːpɕʼi ~ モープシ ~] ひどくひもじい ②(…に)飢える;渇望する.

허깨비[hək'ɛbi ホッケビ] 名 ① 幻影;幻覚;まぼろし ② 思ったより案外軽い[重みのない]もの ③ 鬼;怪物.

***허다**[許多][hɔda ホダ] 名 하形 数多いこと;許多(数多)あること ¶~한 전례(前例)[~han tɕʰəlle ~ハン チョルレ] 数多の先例 / ~한 곤란을 겪다[~han koːllanul kjəkʼtʼa ~ハン コールラヌル キョクタ] かずかずの困難を経る **―히**[i イ] 副 数多く;たくさん;数多 ¶주변에 ~ 널려 있다[tɕubjəne

~ nɔlljo it'a チュビョネ ~ ノルリョイッタ］周辺にいくらでも転がっている．

허덕-거리다 [hʌdʌkʼʌrida ホドクコリダ] 自 ① 苦闘する；あくせくする；苦しむ ¶일에 ~[ire ~ イーレ ~] 仕事できりきり舞う[苦闘する] / 돈을 모으려고 ~[tɔːnul mourjogo ~ トーヌル モウリョゴ ~] 金を溜めようとあくせくする ② あえぐ；ぴいぴいする ¶~-거리면서 언덕을 오르다 [~-kʼorimjʌnsʌ ʌndʌgul oruda ~-コリミョンソ オンドグル オルダ] あえぎながら坂をのぼる ③（赤ちゃんが手足を）ばたつかせる；ばたばたする．

*허덕-이다 [hʌdʌgida ホドギダ] 自 ① あえぐ；苦しむ ¶가난에 ~ [kanane ~ カナネ ~] 貧しさ[窮乏]にあえぐ ②（幼い子が手足を）ばたつかす **허덕-허덕** [hʌdʌkʰʌdʌk ホドクコドク] 副 하自 ① あえぎ[苦しむ]さま；あえぎあえぎ；ふうふう；あっぷあっぷ ¶경영이 ~-하다 [kjʌŋjʌŋi ~-(kʰʌdʌ)kʰada キョンヨンイ ~-（コドク）カダ] 経営があっぷあっぷの状態である ②（幼児が手足を）ばたばた(と)．

허덕-지덕 [hʌdʌktʃidʌk ホドクチドク] 副 あえぎあえぎ；じたばた **—하다** [(hʌdʌktʃidʌ)kʰada カダ] 自 疲れ果ててあえぐ；あくせくする．

허둥-거리다 [hʌduŋɡʌrida ホドゥンゴリダ] 自 あわてふためく；じたばたする；うろたえる；あたふたする；うろうろ[おろおろ]する ¶~-거리며 달려가다 [~-ɡʌrimjʌ talljʌgada ~-ゴリミョ タルリョガダ] あたふたと駆けつける / 먼저 가려고 ~ [mʌndʒʌ garjʌgo ~ モンジョ ガリョゴ ~] 先を競ってあがく．

*허둥-지둥 [hʌduŋdʒiduŋ ホドゥンジドゥン] 副 あわてふためくさま；そそくさと；あたふた ¶~ 도망치다 [~ tomaŋtʰida ~ トマンチダ] あたふた(と)[すたこら(と)]逃げ出す / 풍을 꾳으며 / ~ 나가다 [~ nagada ~ ナガダ] そそくさと出かける **—하다** [hada ハダ] 自 そそくさとする；おろおろする ¶꾸중을 듣고 ~ [kʼudʒuŋul tutkʼo ~ ックジュンウル トゥッコ ~] 怒鳴られておろおろする．

허드레 [hʌdure ホドゥレ] 名 さして大切でないもの；たやすく使えるもの；がらくた **—꾼** [kʼun ックン] 名 下回り；下働き；用務員 **허드렛-물** [hʌdurennmul ホドゥレンムル] 名（飲用以外の）雑用の水；使い水 **허드렛-일** [hʌdurennnil ホドゥレンニル] 名 雑役；重要でない仕事．

*허락 [許諾] [hʌrak ホラク] 名 하他 承諾；許し ¶사정이 ~하면 [saːdʒoŋi (hʌra)kʰamjʌn サージョンイ ~カミョン] 事情が許せば / 몸을 ~하다 [moːmul (hʌra)kʰada モムル ~カダ] 肌[体]を許す．

허례 [虛禮] [hʌre ホレ] 名 虚礼 ¶~-허식 [~ hʌʃik ~ ホシク] 虚礼虚飾．

허름-하다 [hʌrumhada ホルムハダ] 形 여変 ① 安めだ；安い ¶~-한 값으로 사다 [~-han kapsʼuro sada ~-ハン カプスロ サダ] 安値で買う ② 粗末だ；みすぼらしい；古びている ¶옷차림이 ~ [otʃʰarimi ~ オッチャリミ ~] 身なりがみすぼらしい．

‡**허리** [hʌri ホリ] 名 ① 腰 ¶~를 삐다 [~rul pʼjoda ~ルルッピョダ] ぎっくり腰になる；腰を挫く ② ある物の中間部分 ¶산 ~까지 오르다 [san ~kʼadʒi oruda サン ~ッカジ オルダ] 山の中腹まで登る ③ 衣服の腰にあたる部分 **—끈** [kʼun ックン] 名 腰ひも **—를 잡다** [rul tʃapt'a ルル チャプタ] 慣 (腰をつかむの意で)ひどく笑うさま；こっけいだ ¶~를 잡고 웃다 [~rul tʃapkʼo uːtʼa ~ルル チャプコ ウーッタ] あまりにもおかしくて[こっけいで]腹をかかえて笑う **—(를) 펴다** [(rul) pʰjʌda (ルル) ピョダ] 慣 楽な姿勢で休む；心配なく休む **—질러** [dʒillʌ ジルロ] 副 中間の所に；真ん中を切って ¶운동장을 ~ 가다 [uːndoŋdʒaŋul ~ gada ウーンドンジャンウル ~ ガダ] 運動場を横切る **—춤** [tʃʰum チュム] 名 (ズボンなどの)腰の内側 ¶지갑을 ~에 넣다 [tʃigabul ~e nɔːtʰa チガブル (ホリ)チュメ ノーッタ] 財布を腰の所に差しこむ **—통** [tʰoŋ トン] 名 腰回り；ウエスト(waist) **허릿-심** [hʌriʃʼim ホリッシム] 名 ① 腰の力 ¶~이 세다 [~i seːda (ホリッシ)ミ セーダ] 腰が強い ② 矢の中間部分[腰]の固さ[強弱]．

허리-띠 [hʌritʼi ホリッティ] 名 (腰)帯；腰ひも；ベルト ¶~를 풀다 [~rul pʰulda kʼuruda] [~ルル プルダ ックルダ] 帯を解く；慣 安心する / ~가 풀리다 [~ga pʰullida ~ガ プルリダ] 帯が解ける / ~를 매다 [~~

허망 [虛妄] [hɔmaŋ ホマン] 图 虚妄; 虚誕; 偽り ¶~한 꿈 [~han k'um ~ハン ックム] 徒夢ホムム/일이 ~하게 끝나다 [i:ri ~hage k'unnada イーリ ~ハゲ ックンナダ] 事があっけなく終わってしまう **—스럽다** [surɔpt'a スロプタ] 厖 [ㅂ変] あっけなくむなしい **—하다** [hada ハダ] 厖 偽りで頼りにならない; あっけなくむなしい.

허무 [虛無] [hɔmu ホム] 图 虚無; はかないこと ¶~한 세상(世上) [~han se:saŋ ~ハン セーサン] はかない世の中 **—하다** [hada ハダ] 厖 はかない; 空[虚]しい ¶~한 인생 [~han insɛŋ ~ハン インセン] むなしい人生 **—감** [gam ガム] 图 虚無感 **—맹랑**(孟浪) [mɛŋnaŋ メンナン] 图 [하形] 偽りが多くて信じられないこと; まったくでたらめであること ¶~한 소문 [~han so:mun ~ハン ソームン] 根拠のないうわさ **—주의** [dʒui ジュイ] 图 虚無主義; ニヒリズム.

허물[1] [hɔmul ホムル] 图 ① 肌の薄い膜 ② (蛇・セミなどの) ぬけがの外皮; 抜け殻 ③ 傷(跡) **—벗다**[1] [bɔt'a ボッタ] 囲 ① 肌の皮がむける[薄い膜がはがれる] ② (蛇・セミなどが)脱皮する.

*허물**[2] [hɔmul ホムル] 图 ① 過失; 過ち; とが; 罪 ¶그에게는 ~이 없다 [kwegenum (hɔmur)i ɔ:pt'a クエゲヌン (ホム)リ オープタ] 彼には過ちがない/누구의 ~도 아니다 [nugue ~do anida ヌグエ ~ド アニダ] 誰の罪でもない/~을 씌우다 [(hɔmur)ɯl ʃ'iuda (ホム)ルル ッシウダ] 罪をかぶせる ② 欠点; あら; ='흠' ¶~이 없는 사람 [(hɔmur)i ɔ:mnɯn sa:ram (ホム)リ オームヌン サーラム] 欠点[とが]のない人 **—(을) 벗다**[2] [(hɔmurɯl) bɔt'a (ホムルル) ボッタ] 罪名や汚名をすすぐ; 晴れの身となる.

*허물다 [hɔmulda ホムルダ] 囲 [ㄹ語幹] 崩す; 取り壊す ¶집을 ~ [tʃibɯl ~ チブル ~] 家を取り壊す/산을 ~ [sanɯl ~ サヌル ~] 山を崩す.

허물어-뜨리다 [hɔmurɔt'ɯrida ホムロットゥリダ] 囲 うち壊す; うち砕く; 壊してしまう; つぶしてしまう.

허물어-지다 [hɔmurɔdʒida ホムロジダ] 囲 壊れる; 崩れる ¶돌담이 ~ [to:ldami ~ トールダミ ~] 石垣が崩れる.

허물-없다 [(hɔmur)ɔpt'a (ホム)ロプタ] 厖 隔てない; 心安い ¶~-없는 친구 [(hɔmur)ɔmnun tʃʰingu (ホム)ロムヌン チング] 気安い友 **허물-없이** [(hɔmur)ɔpʃ'i (ホム)ロプシ] 剾 心安立てて; 隔てなく; 気安く; 打ち解けて ¶~ 이야기하다 [~ ijagihada ~ イヤギハダ] 打ち解けて話す.

허벅-다리 [hɔbɔkt'ari ホボクタリ] 图 もものつけ根 **허벅-살** [hɔbɔks'al ホボクサル] 图 もものつけ根の内側の肉; もも肉 **허벅지** [hɔbɔktʃ'i ホボクチ] 图 もものつけ根の内側 ¶~까지 빠지다 [~k'adʒi p'a:dʒida ~ッカジ ッパージダ] もものつけ根までぬかる. ('허벅다리'=太もも[넓적다리 [nɔptʃ'ɔkt'ari ノプチョクタリ]]の上部; 足のつけ根部分に近い)

허벅허벅-하다 [hɔbɔkhɔbɔkhada ホボクコボクカダ] 厖 [여変] (リンゴや煮た芋などが水気や粘り気がなく)かすかすだ; ぱさぱさする.

허비 [虛費] [hɔbi ホビ] 图 無駄遣い; 空費; 浪費 **—하다** [hada ハダ] 囲 無駄遣いする; 浪費する; 費やす ¶돈을 ~ [to:nul ~ トーヌル ~] 金を無駄遣いする/시간을 ~ [ʃiganul ~ シガヌル ~] 時間を費やす[空費する].

허사 [虛事] [hɔsa ホサ] 图 無駄な事; 無為; 徒労; 俗 ='헛일' ¶~로 끝나다 [~ro k'unnada ~ロ ックンナダ] 徒労に終わる/~가 되다 [~ga tweda ~ガトゥェダ] ふい[流れ]になる.

허세 [虛勢] [hɔse ホセ] 图 虚勢; 強がり; からいばり **—부리다** [burida ブリダ] 囲 虚勢を張る; 見えを張る; 力む; 強がりを見せる.

허송 [虛送] [hɔsoŋ ホソン] 图 [하他] 時をむなしく[無為に]過ごすこと ¶~ 세월 [~ se:wɔrul hada ~ セーウォルル ハダ] 無為に歳月を送る.

*허수아비 [hɔsuabi ホスアビ] 图 ① かかし ② 実権のない人; あやつり人形; 傀儡クヮィラィ ¶사장은 ~에 지나지 않는다 [sadʒaŋnun ~e tʃinadʒi annunda

サジャンウン ～エ チナジ アンヌンダ] 社長は(ただ)あやつり人形に過ぎない.

허술-하다[hɔsurhada ホスルハダ] 形 여변 ① すたれている; さびれている ¶ ～-한 초가집[～-han tʃʰogadʒip ～-ハン チョガジプ] すたれた草ぶきの家 ② みすぼらしい; 粗末だ ¶ ～-한 옷차림[～-han otʃʰarim ～-ハン オッチャリム] みすぼらしい身なり ③ おろそかだ; 手薄だ; お粗末だ; 不用心だ ¶ 준비가 ～[tʃunbiga ～ チューンビガ ～] 準備がおろそかだ/경비가 ～[kjɔŋbiga ～ キョーンビガ ～] 警備が手薄だ/～-한 계획[～-han ke:hwek ～-ハン ケーフェク] お粗末な計画 ④ (結んだものや縛ったものが)緩んでいる; 緩い ¶ ～-하게 꾸린 이삿짐[～-hage k'urin isatʃ'im ～-ハゲ ックリン イサッチム] 緩く縛った引っ越し荷物 **허술-히**[hɔsuri ホスリ] 副 さびれて; みすぼらしく; おろそかに.

허스키[hɔsɯkʰi ホスキ] husky 名 하形 ハスキー ¶ ～-보이스[～ boisu ～ ボイス] ハスキーボイス.

허식[虛飾][hɔʃik ホシク] 名 하自 虛飾; 飾り; 見え ¶ ～이 없는 사람[(hɔʃig)i ɔ:mnɯn sa:ram (ホシ)ギ オームヌン サーラム] 飾り(気)のない人/～을 버리다[(hɔʃig)ɯl pɔrida (ホシ)グル ポリダ] 虛飾を捨てる/～을 부리다[(hɔʃig)ɯl purida (ホシ)グル プリダ] 見えを張る.

허실[虛實][hɔʃil ホシル] 名 虛實 ¶ 일의 ～을 가리다[i:re (hɔʃir)ɯl ka:rida イーレ (ホシ)ルル カリダ] 事の虛實をより分ける.

허심-탄회[虛心坦懷][hɔʃimtʰa:nhwe ホシムターンフェ] 名 하形 虛心坦懷 ¶ ～-하게 이야기하다[～-hage ijagihada ～-ハゲ イヤギハダ] 虛心坦懷[何のわだかまりもなく]話し合う.

허약[虛弱][hɔjak ホヤク] 名 하形 虛弱; ひ弱いこと ¶ ～-한 체질[(hɔja)kʰan tʃʰedʒil ～-カン チェジル] 虛弱な[ひ弱い]体質.

허영[虛榮][hɔjɔŋ ホヨン] 名 虛榮; 見え; 見えっ張り ¶ ～에 찬 사람[～e tʃʰan sa:ram ～エ チャン サーラム] 見えっ張りの人/～을 부리다[～ɯl purida ～ウル プリダ] 虛榮[見え]を張る **—심**[ʃim シム] 名 虛榮心 ¶ ～이 강하다[～i kaŋhada ～-(シ)ミ カンハダ] 虛榮心が強い.

허옇다[hɔ:jɔtʰa ホーヨッタ] 形 ㅎ変 真っ白い; 白い; (髪の毛などが)灰色だ. ＞'하얗다'.

허예-지다[hɔ:jedʒida ホーイェジダ] 自 白む; 白ける ¶ 머리가 ～[mɔriga ～ モリガ ～] 白髮が増える. ＞'하얘지다'.

***허용-하다**[許容][hɔjoŋ ホヨン] 名 하他 許容; 許し ¶ ～ 범위[～ bɔ:mwi ～ ボームィ] 許容範圍/관람을 ～-하다[kwallamɯl ～-hada クァルラムル ～-ハダ] 觀覽を許す.

허우적-거리다[hɔudʒɔk'ɔrida ホウジョックコリダ] 自 しきりにもがく[足搔く]; じたばた[あっぷあっぷ]する ¶ 물에 빠져 ～[mure p'a:dʒɔ ～ ムレッ パージョ ～] 水におぼれてあっぷあっぷ[じたばた]する. ×허위적거리다.

허울[hɔul ホウル] 名 外見; うわべ; 見かけ ¶ ～ 좋은 말[～ dʒoun ma:l ～ ジョウン マール] 體裁のいい言葉/～뿐인 사장[～-p'unin sadʒaŋ ～プニン サジャン] 飾り物の社長.

허위[虛僞][hɔwi ホウィ] 名 虛僞; 噓; 偽り ¶ ～ 신고[～ ʃingo ～ シンゴ] 虛僞の申告.

허적-거리다[hɔdʒɔk'ɔrida ホジョックコリダ] 他 積み重ねた物をしきりに取り散らかす **허적-이다**[hɔdʒɔgida ホジョギダ] 他 積み重ねた物を取り散らかす; (整頓されていた物を)ひっかき回す.

***허전-하다**[hɔdʒɔnhada ホジョンハダ] 形 여변 もの足りない; 心細い; 寂しい ¶ 호주머니가 ～[hodʒumɔniga ～ ホジュモニガ ～] 懷が心細い[寂しい]/친구가 가고 나니 ～[tʃʰinguga kago nani ～ チングガ カゴ ナニ ～] 友達が帰ってしまって何となく寂しい/속이 ～[so:gi ～ ソーギ ～] 腹が減っている.

허점[虛點][hɔtʃ'ɔm ホチョム] 名 弱点; 弱み ¶ ～을 노리다[～ɯl norida ～ウル ノリダ] 弱みをねらう.

허정-거리다[hɔdʒɔŋgɔrida ホジョンゴリダ] 自 よろめく; ふらふらする ¶ 다리가 ～[tariga ～ タリガ ～] (気力が抜けて)足がふらふらする.

허청-대고[hɔtʃʰɔŋdego ホチョンデゴ] 副 むやみやたらに; 向こう見ずに; 無鉄砲に ¶ ～ 장사를 시작했다[～ tʃaŋsarɯl ʃi:dʒakʰet'a ～ チャンサルル シージャクケッタ] (何の經験もなく)向こう見ずに商賣を始めた.

허탈[虛脫][hɔtʰal ホタル] 图 허形 虚脱 ¶~감[~gam ～ガム] 虚脱感 / ~ 상태[~ saŋtʰɛ ～ サンテ] 虚脱状態. 気抜け状態.

***허탕**[hɔtʰaŋ ホタン] 图 徒労; 無駄骨; ×헛탕 —짚다[dʒipt'a] 圄 (過って)無駄骨を折る; 徒労になる; 当てがはずれる —치다[tʃʰida チダ] 圄 徒労に終わる; (釣り・狩猟などで)あぶれる; すかたんをくらう ¶낚시에서 ~-쳤다[naks'ieso ～-tʃʰɔt'a ナクシエソ ～-チョッタ] 釣りに行ったがすっかりあぶれた / 빚 받으러 갔으나 ~-쳤다[pit p'aduɾo kas'una ～-tʃʰɔt'a ピッ パドゥロ カッスナ ～-チョッタ] 借金を取りに行ったが無駄足だった.

허튼[hɔtʰun ホトゥン] 冠 (名詞の前に付いて)でたらめな; いいかげんな; つまらない ¶~ 말만 늘어 놓다[~ ma:lman nuɾɔ notʰa ～ マールマン ヌロ ノッタ] つまらない話ばかりならべ立てる —**계집**[ge:dʒip ゲージプ] 图 尻軽な女性; ふしだらな女性 —**맹세**[mɛŋse メンセ] 图 でたらめな誓い —**소리**[sori ソリ] 图 いいかげんな話; でたらめな言葉 ¶~를 하다[~ɾul hada ～ルル ハダ] 与太を飛ばす / ~ 마라[~ mara ～ マラ] つまらないと言うな —**수작**(酬酌)[sudʒak スジャク] 图 口任せ; 出任せ; でたらめなしぐさ[言動] ¶그의 말은 모두 ~이다[kɯe ma:ɾɯn modu ～-(sudʒaɡ)-ida クエ マールン モドゥ ～-(スジャ)ギダ] 彼の言うことはみな出任せだ.

***허파**[hɔpʰa ホパ] 图 肺(臓) ¶~에 바람 들다[~e paɾam dulda ～エ パラム ドゥルダ] (肺に風が詰まったの意で)でたらめにふるまったり, つまらないことにけらけら笑う人をあざける言葉.

***허풍**[虛風][hɔpʰuŋ ホプン] 图 法螺; らっぱ; 誇張 ¶그의 말은 거의 ~이다[kɯe ma:ɾɯn kɔi ～-ida クエ マールン コイ～イダ] 彼の話はほとんどがほらだ[彼の話には掛け値がある] —**떨다**[t'ɔlda ットルダ] ・—**치다**[tʃʰida チダ] 圄 ほら[らっぱ]を吹く; 大ぶろしきを広げる —**선**(扇)[sɔn ソン] 图 ① 鞴의 1つ ② —**선-이**[sɔni ソニ] 图 ほら吹き ¶그는 ~니가 믿을 수 없다[kɯnun ~nik'a miduls'ɯ ɔ:pt'a クヌン ～ニッカ ミドゥルッス オープタ] 彼はほら吹きだから信用できない.

허-하다[虛—][hɔhada ホハダ] 形 ① 中身ががつうろだ; がっちりしていない ¶뱃속이 ~[pɛs'ogi ～ ペッソギ ～] 空腹だ ② 〈漢医〉 虚弱だ ¶체질이 ~[tʃʰedʒiɾi ～ チェジリ ～] 体質が虚弱だ[無気力だ].

허허-바다[hɔhɔbada ホホバダ] 图 びょうびょうたる大海; 大海原.

허허-벌판[hɔhɔbɔlpʰan ホホボルパン] 图 果てしない[広々とした]大平原.

허황[虛荒][hɔhwaŋ ホファン] 图 허形 荒唐無稽だ; でたらめ ¶~-된 이야기[~-dwen nijagi ～-ドゥェン ニヤギ] 雲をつかむような話; 荒唐無稽の話.

헌[hɔ:n ホーン] 冠 古い; よれよれの ¶~ 건물[~ kɔnmul ～ コンムル] 古い建物 / ~ 옷[~ ot (ホー)ノッ] 古着 / ~ 양복[~ njaŋbok ～ ニャンボク] よれよれの背広[着古しの洋服] / ~ 책[~ tʃʰɛk ～ チェク] 古本.

헌-것[hɔ:ngɔt ホーンゴッ] 图 古物; 傷物 ¶새것보다 ~이 더 좋다[sɛgɔtp'oda (hɔ:ŋgɔn)i dɔ tʃotʰa セゴッポダ (ホーンゴ)シ ド チョータ] 新品より古物がいい.

헌-계집[hɔ:ngedʒip ホーンゲジプ] 图 ① 離婚した女性 ② ふしだらな女性.

헌금[獻金][hɔ:ngum ホーングム] 图 허自他 献金 ¶정치 ~[tʃɔŋtʃʰi ～ チョンチ ～] 政治献金.

헌납[獻納][hɔ:nnap ホーンナプ] 图 허自他 献納 —**금**[k'um クム] 图 献納金.

헌-데[hɔ:nde ホーンデ] 图 はれもの; できもの; できものの部位; =부스럼[pusuɾɔm プスロム].

***헌법**[憲法][hɔ:np'ɔp ホーンポプ] 图 憲法 —**재판소**[tʃ'ɛpʰanso チェパンソ] 图 憲法裁判所.

헌병[憲兵][hɔ:nbjɔŋ ホーンビョン] 图 憲兵; エムピー(MP) ¶~대[~dɛ ～デ] 憲兵隊.

헌신[獻身][hɔ:nʃin ホーンシン] 图 허自 献身 ¶사회 사업에 ~-하다[sahwe sa:ɔbe ～hada サフェ サーオベ ～ハダ] 社会事業に献身する / ~-적인 사랑[~dʒɔgin saɾaŋ ～ジョギン サラン] 献身的の愛.

헌-신짝[hɔ:nʃintʃ'ak ホーンシンチャク] 图 弊履; 古臭い履き物 ¶~-버리듯하다[~ p'oɾidutʰada ～ ポリドゥッタダ] (弊履を棄てるごとく)惜しげなく捨てる —**같다**[(hɔ:nʃintʃ'a)k'a-

tʰa カッタ] 形慣 値打ちがない; 捨てても惜しくない **―같이** [(hɔnjin-tʃ'a)k'atʃʰi カチ] **副慣** 惜しみなく.

헌집-고치기 [hɔndʒipk'otʃʰigi ホージプコチギ] **名** (古家直しの意で)手をつけ始めたらきりがないばかりか面倒になることのたとえ.

헌-짚신 [hɔndʒips'in ホーンジプシン] **名** よれよれのわらじ ¶ **―도 짝이 있다** [~do tʃ'agi it'a ~ドッチャギ イッタ] **諺** よれよれのわらじも対をなす[割れ鍋にも綴じ蓋た。どんな人にも配偶者があること].

헌칠-하다 [hɔntʃʰirhada ホンチルハダ] **形 여変** (背が)高くすらっとしてよく釣り合っている; 均衡がよくとれている.

헌팅 [hɔntʰiŋ ホンティン] hunting **名** ハンティング; 狩り.

헌혈[獻血] [hɔːnhjɔl ホーンヒョル] **名 하自** 献血 ¶ **― 운동** [(hɔːnhjɔ) uːndoŋ (ホーンヒョ)ルーンドン] 献血運動.

헌화[獻花] [hɔːnhwa ホーンファ] **名 하自** (英霊に)献花.

헐-값[歇―] [hɔlk'ap ホルカプ] **名** 安値; 廉価; 捨て値; たたき値 ¶ **―으로 팔아 치우다** [~s'uro pʰara tʃʰiuda ~スロ パラ チウダ] 捨て値で売り払う.

헐겁다 [hɔlgɔpt'a ホルゴプダ] **形 ㅂ変** 緩い ¶ **바지가 ~** [padʒiga ~ パジガ ~] ズボンが緩い[だぶだぶだ] / **볼트가 헐거워졌다** [poltʰɯga hɔlgɔwɔdʒɔt'a ポルトゥガ ホルゴウォジョッタ] ボルトが甘くなった(緩くなった).

헐다[1] [hɔːlda ホールダ] **自形 ㄹ語幹** ① ただれる ¶ **상처가 ~** [saŋtʃʰɔga ~ サンチョガ ~] 傷口がただれる ② 古びる; 朽ちる; ぼろぼろになる ¶ **헐고 좀이 슨 옷가지** [hɔːlgo tʃomi sɯn otk'adʒi ホールゴ チョミ スン オッカジ] 古びて虫の食った衣類 ③ ('헌'の形で)古い ¶ **헌 옷** [hɔːnot ホーノッ] 古着.

***헐다**[2] [hɔːlda ホールダ] **他 ㄹ語幹** 壊す; 崩す ¶ **담을 ~** [tamul ~ タムル ~] 垣根[塀]を崩す / **만원짜리를 ~** [maːnwɔntʃ'ariɾul ~ マーヌォンッチャリルル ~] 1万ウォン札を崩す.

헐다[3] [hɔːlda ホールダ] **他 ㄹ語幹** 中傷する; けなす; あげつらう ¶ **남을 ~** [namul ~ ナムル ~] 人を中傷する.

헐떡-이다 [hɔltɔgida ホルトギダ] **自他** ① あえぐ; 息切れする ② (靴が大きくて)だぶつく **헐떡-거리다** [hɔltɔk'ɔrida ホルトッコリダ] **自他** しきりにあえぐ; 息をはずませる; ふうふう言う ¶ **―거리며 언덕길을 오르다** [~k'ɔrimjɔ ɔndɔk'irɯl orɯda ~コリミョ オンドクキルル オルダ] あえぎながら坂道を登って行く **헐떡-헐떡** [hɔlt'ɔkʰɔlt'ɔk ホルトッコルトッ] **副自他** ① あえぎあえぎ ② だぶだぶ.

헐-뜯다 [hɔːlt'ɯt'a ホールットゥッタ] **他** 中傷する; そしる; 人をけなす; (あらをさがして)こきおろす ¶ **돌아서서 남을 ~** [torasɔsɔ namul ~ トラソソ ナムル ~] 陰で人をそしる[中傷する] / **작품을 ~** [tʃakpʰumul ~ チャクプムル ~] 作品をこきおろす.

헐렁-하다 [hɔlləŋhada ホルロンハダ] **形 여変** 緩い; だぶだぶだ; だぶつく ¶ **옷이 ~** [oʃi ~ オシ ~] 衣服がだぶだぶである **헐렁-거리다** [hɔlləŋɡɔrida ホルロンゴリダ] **自** ① ひどく緩い; だぶつく; ぶかぶかする ¶ **구두가 커서 ~** [kuduga kʰɔsɔ ~ クドゥガ コソ ~] 靴が大きくてだぶつく ② (言動が)軽々しく振るまうさま; うわつく; ふらふらする **헐렁-이** [hɔlləŋi ホルロンイ] **名** (軽蔑的に)軽率な人; うわつき者; おっちょこちょい.

헐레-벌떡 [hɔllebɔlt'ɔk ホルレボルトッ] **副 하自** 息がはずむさま; 息せき切って; あえぎあえぎ ¶ **― 달려오다** [~ t'alljoda ~ タルリョオダ] 息せき切って駆けつける **―거리다** [(hɔllebɔlt'ɔ)k'ɔrida コリダ] **自** (急ぎ足で歩いて)息をはずませる; 息を切らしてふうふう[はあはあ]言う **―이다** [(hɔllebɔlt'ɔɡ)ida (ホルレボルット)ギダ].

헐리다 [hɔllida ホルリダ] **自他** 壊される; 崩される; '헐다'の受動 ¶ **집이 ~** [tʃibi ~ チビ ~] 家がつぶされる.

헐-벗다 [hɔːlbɔt'a ホールボッタ] **自他** ① ぼろをまとう; 衣服に窮する ¶ **헐벗은 아이들** [hɔːlbɔsɯn aidul ホールボスン アイドゥル] ぼろをまとった子供たち ② 生活が貧しい ③ (山が)はげる ¶ **헐벗은 산** [hɔːlbɔsɯn san ホールボスン サン] はげ山.

헐쑥-하다 [hɔls'ukʰada ホルッスクハダ] **形 여変** (衰弱して)血の気がない; 青ざめている; やつれている; ='헬쑥하다'.

헐-하다[歇―] [hɔrhada ホルハダ] **形 여変** ① (値段が)安い ¶ **헐하게 사다** [hɔrhage sada ホルハゲ サダ] 安

く買う ② きびしくない; 軽い ¶험한 벌 [hɔrhan pɔl ホルハン ポル] きびしくない罰 ③ たやすい; 簡単だ ¶다른 일보다 ~ [tarun ni:lboda ~ タルン ニールボダ ~] 他の事よりたやすい.

험난[險難] [hɔ:mnan ホームナン] 名 하形 險難 ¶~한 산길 [~han sank'il ~ハン サンキル] 険しい山道 / 모든 ~을 참다 [mo:dun ~ ul tɕʰa:mt'a モードゥン (ホームナ) ヌル チャームタ] あらゆる險難をしのぐ.

험담[險談] [hɔ:mdam ホームダム] 名 하他 悪口; 中傷; そしり言; 陰言; 陰口 ¶친구의 ~을 하다 [tɕʰingue ~ul hada チングエ (ホームダ) ムル ハダ] 友人の陰口をきく[たたく].

험상[險狀] [hɔ:msaŋ ホームサン] 名 하形 險悪なさま ━궂다 [gut'a グッタ] 形 險悪だ; すごく険しい; 荒々しい ¶~-궂게 생긴 사나이 [~-guk'e sɛngin sanai ~-グッケ センギン サナイ] 険しい顔つきの男 / 날씨가 ~ [nalɕ'iga ~ ナルッシガ ~] 天気が荒れ模様だ ━스럽다 [surɔpt'a スロプタ] 形 ㅂ変 險悪だ ¶~-스런 얼굴 [~-surɔn ɔl-gul ~-スロン オルグル] 険しい顔.

험악[險悪] [hɔ:mak ホーマク] 名 하形 険悪; 険しいさま ¶~한 날씨 [~han nalɕ'i ~カン ナルッシ] 悪天候 / ~한 산 [(hɔ:ma)kʰan san ~カン サン] 険しい山 / ~한 눈초리 [(hɔ:ma)kʰan nuntɕʰori ~カン ヌンチョリ] 険悪な目つき / 회의 분위기가 ~해지다 [hwe:i bunwigiga (hɔ:ma)kʰɛdʑida フェーイ ブヌィギガ ~ケジダ] 会議の雰囲気が荒れる[険悪だ] ━스럽다 [s'urɔpt'a スロプタ] 形 ㅂ変 険しい; ひどく険悪だ.

험준[險峻] [hɔ:mdʑun ホームジュン] 名 하形 険峻; 険しく高いこと ¶~한 산길 [~han sank'il ~ハン サンキル] 険しい[険峻な]山道.

****험-하다**[險—] [hɔ:mhada ホームハダ] 形 여変 ① (地勢・天候が)険しい ¶길이 ~ [kiri ~ キリ ~] 道が険しい / 날씨가 ~ [nalɕ'iga ~ ナルッシガ ~] 悪天候だ ② (顔つき・言動などが)険悪だ; とげとげしい; 荒い ¶험한 얼굴 [hɔ:mhan ɔlgul ホームハン オルグル] 険悪な顔つき / 입이 ~ [ibi ~ イビ ~] 言葉遣いが荒々しい[乱暴だ・とげとげしい] ③ 成り行きが荒れ模様だ ¶험한 분위기 [hɔ:mhan pun-wigi ホームハン ブヌィギ] ただならぬ[険しい]雰囲気 ④ (衣食などが)見苦しい ¶험한 꼴 [hɔ:mhan k'ol ホームハン コル] 見苦しいさま ⑤ (仕事などの)危険だ; きつい ¶험한 일 [hɔ:mhan ni:l ホームハン ニール] 危険な仕事.

험수룩-하다 [hɔps'urukhada ホプスルクカダ] 形 여変 ① (髪・ひげが伸びて)ぼうぼうとしている ② 身なりがみすぼらしい= ¶옷차림이 ~ [otɕʰarimi ~ オッチャリミ ~].

헛- [hɔt ホッ] 接頭 むなしい…; 無駄…; 偽り(の)… ¶~수고 [(hɔ)s'ugo ~スゴ] 徒労 / ~일 [(hɔn)nil (ホン)ニル] 無駄ごと; 徒事 / ~소문 [(hɔ)-s'omun ~ソムン] 根も葉もないうわさ.

헛-간[—間] [hɔtk'an ホッカン] 名 (戸のない)物置き小屋; 納屋.

헛-갈리다 [hɔtk'allida ホッカルリダ] 自 (入り混じって)見分けがつかない; 区別がつけにくい; 紛れる ¶비슷비슷해서 ~ [pisutpʰisutʰɛsɔ ~ ピスッピスッテソ ~] 似たりよったりで見分けがつかない. =헷갈리다.

헛-걸음 [hɔtk'ɔrum ホッコルム] 名 無駄足 ━하다 [치다] [hada [tɕʰida] ハダ チダ] 自 無駄足を踏む ¶그녀가 없어서 ~했다 [쳤다] [kɯnjɔga ɔp-s'ɔsɔ ~hɛt'a [tɕʰɔtt'a] クニョガ オプソソ ~ヘッタ [チョッタ]] 彼女が留守で無駄足を踏んだ.

헛-것 [hɔtk'ɔt ホッコッ] 名 ① 無駄ごと; いたずらごと; 無益なこと; 役に立たないこと; 徒事 ¶만나 봐야 ~이다 [manna bwaja (hɔtk'ɔ)ɕida マンナ ブァヤ (ホッコ)シダ] 会ってみても無益だ / 말짱 ~이다 [maltɕ'aŋ (hɔt-k'ɔ)ɕida マルッチャン (ホッコ)シダ] とんでもない無駄ごとだ ② まぼろし; 幻影; ='허깨비'.

헛-고생[—苦生] [hɔtk'osɛŋ ホッコセン] 名 하自 甲斐のない苦労; 無駄骨; 骨折り損 ━하다 [~ul ha-da ~ウル ハダ] 無駄骨を折る.

헛-구역[—嘔逆] [hɔtk'ujɔk ホックヨク] 名 空吐き気; 空嘔えづき ━질 [tɕ'il チル] 名 하自 (しきりに)空嘔をすること.

헛-기침 [hɔtk'itɕʰim ホッキチム] 名 空咳からせき; 咳払い ━하다 [hada ハダ] 自 (空)咳をする; 咳払いする.

헛-노릇 [hɔnnorut ホンノルッ] 名 無

헛-농사 [―農事] [hɔnnoŋsa ホンノンサ] 名 (収穫がなかったり分け前が少なくなった)無駄な農作.

헛다리-짚다 [hɔtˈaridʒipt'a ホッタリジプタ] 自 ① 空くじを引く; 期待が外れる; 見当違いをする ¶ 열심히 했지만 ~-짚었다 [jɔlʃimi hɛːtʃiman ~-dʒipʰɔtˈa ヨルシミ ヘーッチマン ~-ジポッタ] 一生懸命にしたものの当てが外れた ② しくじる; やり損なう ③ 無駄足になる; 無駄骨を折る.

헛-돈 [hɔtˈon ホットン] 名 無駄金.

헛-돌다 [hɔtˈolda ホットルダ] 自 (ㄹ語幹) 空回りする; 空転する ¶ 바퀴가 ~ [pakʰwiga ~ パクィガ ~] 車輪が空転する / 회담이 ~ [hweːdami ~ フェーダミ ~] 会談が空回りする.

***헛-되다** [hɔtˈweda ホットウェダ] 形 ① むなしい; 甲斐がない; 無駄だ ¶ 모든 노력이 ~ [moːdɯn norɔgi ~ モードゥン ノリョギ ~] すべての努力が無駄に終わる ② でたらめで信じられない ¶ 헛된 이야기 [hɔtˈwen nijagi ホットウェン ニヤギ] むなしい話 **헛-되이** [hɔtˈwei ホットウェイ] 副 むなしく; 甲斐なく ¶ 인생을 ~ 보내다 [insɛŋɯl ~ ponɛda インセンウル ~ ボネダ] 人生をむなしく送る[無駄に過ごす].

헛된-말 [hɔtˈwenmal ホットウェンマル] 名 荒唐で信じられない話; 空言.

헛-듣다 [hɔtˈɯtˈa ホットゥッタ] 他 (ㄷ変) ① 聞き損なう; 聞き違える ¶ 헛듣고 한 이야기 [hɔtˈukˈo han nijagi ホットゥッコ ハン ニヤギ] 聞き間違えて伝えた話 ② 聞き流す; そらで聞く.

헛-들리다 [hɔtˈɯllida ホットゥルリダ] 自 あらぬものが聞こえる; 幻聴する ¶ 불지도 않은 바람 소리가 헛들렸다 [puːldʒido anɯn param s'origa hɔtˈɯlljɔtˈa プールジド アヌン パラム ソリガ ホットゥルリョッタ] 吹きもせぬ風の音が聞こえた; 風の音を聞いたと思ったが幻聴だった.

헛-디디다 [hɔtˈidida ホッティディダ] 他 踏みはずす; 踏み損なう ¶ 발을 ~ [parul ~ パルル ~] 足を踏みはずす.

헛물-켜다 [hɔnmulkʰjɔda ホンムルキョダ] 自 骨折り損をする; ばかを見る ¶ ~-켜지 말고 돌아 가거라 [~-kʰjɔdʒi maːlgo tora gagɔra マールゴ トラ ガゴラ] 無駄骨をせず帰れよ.

헛-발 [hɔtˈpal ホッパル] 名 ① 踏みはずした足 ② 空蹴りした足 **―질** [dʒil ジル] 名 (하)自 狙いが外れた足蹴り ¶ 저 선수는 ~-이 많다 [tʃɔ sɔːnsunun ~-(dʒir)i maːntʰa チョ ソーンスヌン ~-(ジ)リ マーンタ] あの選手はしょっちゅう空蹴りばかりだ.

헛-방 [―放] [hɔtˈpaŋ ホッパン] 名 ① 的をはずれた射撃 ② 空砲 ③ 無駄な[信じられぬ]話 **―놓다** [notʰa ノッタ] 自 ① あてはずれの射撃をする ② 空砲を撃つ ③ 無駄口をたたく; ほらを吹く.

헛-방귀 [hɔtˈpaŋgwi ホッパングィ] 名 (においも音もない)から屁; 透かし屁.

헛-배 [hɔtˈpɛ ホッペ] 名 食べずに張る腹 **―부르다** [burɯda ブルダ] 自(르変) ① (ガスがたまって)食べずに腹が張る ② 実利はなく気持ちだけが満足だ.

헛-보다 [hɔtˈpoda ホッポダ] 他 ① 見間違える; 見そこなう; 見誤る ¶ 사람을 ~ [saːramul ~ サーラムル ~] 人違いする ② 間違えて判断する.

헛-보이다 [hɔtˈpoida ホッポイダ] 自 あらぬものが見える; 誤って見える ¶ 열에 떠서 ~ [jɔrɛ tˈɔː ~ ヨレット ~] 熱にうかれてあらぬものが見える.

헛-소리 [hɔsˈori ホッソリ] 名 ① (病人の)うわごと ¶ 고열로 ~를 하다 [kojɔllo ~rul hada コヨルロ ~ルル ハダ] 高熱でうわごとを言う ② たわごと; 虚言 ¶ ~를 늘어놓다 [~rul nurɔnotʰa ~ルル ヌロノッタ] 虚言を並べる **―하다** [hada ハダ] 自 ① たわごとを言う ② そらごとを言う.

헛-소문 [―所聞] [hɔsˈomun ホッソムン] 名 根も葉もないうわさ; デマ ¶ ~을 퍼뜨리다 [~ul pʰɔtˈurida (ホッソム)ヌル ポットゥリダ] デマを流す.

헛-손질 [hɔsˈondʒil ホッソンジル] 名 (하)自 ① 無意識にする手振り ② 余計な手入れ; 無駄な[いたずらにする手触り] ③ 殴り損なった手振り; 空振り.

***헛-수고** [―手苦] [hɔsˈugo ホッスゴ] 名 (하)自 徒労; 無駄骨折り; 手間損; くたびれ儲け ¶ 아무리 설득해도 ~였다 [aːmuri sɔltˈukʰedo ~jɔtˈa アームリ ソルトゥクケド ~ヨッタ] いくら説得しても無駄骨だった.

헛-웃음 [hɔdusum ホドゥスム] 名 ① つくり笑い ② そら笑い; 嘘笑い.

헛-일 [hʌnnil ホンニル] 名 ㅎ自 無駄なこと;徒労;やり甲斐のないこと ¶모두 ~이다 [modu (hʌnnir) ida モドゥ(ホンニリ)リダ] みんな無駄なことだ.

헛-잠 [hʌtʃ'am ホッチャム] 名 ① 空寝;たぬき寝入り ② うたた寝;まどろみ.

헛-잡다 [hʌtʃ'apt'a ホッチャプタ] 他 ① 取り損なう;つかみ損なう ¶철봉을 헛잡아 떨어지다 [tʃhʌlboŋɯl hʌtʃ'aba t'ɔrɔdʒida チョルボンウル ホッチャバットロジダ] 鉄棒をつかみ損なって落ちる ② 間違えて他人を捕まえる ¶도둑을 ~ [todugɯl ~ トドゥグル ~] 泥棒と間違えて他人を捕まえる.

헛-짚다 [hʌtʃ'ipt'a ホッチプタ] 他 ① 踏みはずす;踏み誤る;='헛디디다' ② 見当違いをする;しくじる;空くじを引く;='헛다리 짚다'.

힁겁-지겁 [hɯŋgʌptʃ'igʌp ホンゴプチゴプ] 副 ㅎ自 (喜んで)小おどりするさま;有頂天になるさま ¶~ 뛰어갔다 [~ t'wiɔgat'a ~ ットゥィオガッタ] 有頂天になって走り帰った.

***힁겊** [hɔ:ŋgʌp ホーンゴプ] 名 布切れ;布の切れ端.

헝클다 [hʌŋkhɯlda ホンクルダ] 他 ㄹ語幹 (物事を)もつれさせる;絡ませる;(髪などを)乱れさせる **헝클리다** [hʌŋkhɯllida ホンクルリダ] 受動 絡まれる;もつれ合う.

헝클어-지다 [hʌŋkhɯrɔdʒida ホンクロジダ] 自 ① (糸などが)もつれる;絡み合う;こんがらかる ¶실이 ~ [ʃiri ~ シーリ ~] 糸がもつれる[絡む;絡まる] ② 乱れる ¶~진 머리 [~dʒin mɔri ~ジン モリ] 乱れた髪/머리카락이 ~ [mɔrikharagi ~ モリカラギ ~] 髪がもつれる ③ (心が)平静でなくなる ¶~진 마음 [~dʒin maɯm ~ジン マウム] 心の乱れ.

헤드 [hedɯ ヘドゥ] head 名 ヘッド **―라이트** [laithɯ ライトゥ] 名 ヘッドライト **―라인** [lain ライン] 名 ヘッドライン **―코치** [khotʃhi コーチ] 名 ヘッドコーチ **―폰** [pho:n ポーン] 名 ヘッドフォン

헤뜨러-지다 [het'ɯrɔdʒida ヘットゥロジダ] 自 ① 散らかされる ② 散る;散らばる ¶쌀이 ~ [s'ari ~ ッサリ ~] 米粒が散らばる.

헤뜨리다 [het'ɯrida ヘットゥリダ] 他 ① 散らかす ¶새가 모이를 ~ [sɛga moirɯl ~ セーガ モイルル ~] 鳥が餌を散らかす ② 取り散らす ¶방안을 헤뜨려 놓다 [paŋanɯl het'ɯrjɔ nothʌ パンアヌル ヘットゥリョ ノッタ] 部屋の中を取り散らかす.

***헤-매다** [hemɛda ヘメダ] 自他 ① さまよう;放浪する;流れ歩く;俗 ほっつき歩く ¶거리를 ~ [kɔrirɯl ~ コリルル ~] 街をさまよう ② 踏み迷う;迷う ¶산길을 ~ [sank'irɯl ~ サンキルル ~] 山道を踏み迷う ③ 探し歩く;漁きる ¶애인(愛人)을 찾아 ~ [ɛ:inɯl thadʒa ~ エーイヌル チャジャ ~] 恋人を探し歩く ④ 落ち着かない;気が散る ¶마음이 ~ [maɯmi ~ マウミ ~] 気がふわふわである.

헤-먹다 [hemʌkt'a ヘモクタ] 形 (ねじなどが)ゆるい[ばかになっている].

헤-무르다 [hemurɯda ヘムルダ] 形 르変 (性格が)もろくしっかりしていない;軟弱である ¶헤무른 아이 [hemurun ai ヘムルン アイ] 軟弱な子供.

헤-묽다 [hemukt'a ヘムクタ] 形 (糊や・かゆなどが)緩い;粘り気がない;もくどろどろだ;ふにゃふにゃだ ¶풀이 헤묽어서 잘 붙지 않는다 [phuri hemulgɔsɔ tʃal butʃ'i annɯnda プリ ヘムルゴソ チャル ブッチ アンヌンダ] のりが緩くてくっつきが悪い.

헤벌어-지다 [hebɔrɔdʒida ヘボロジダ] 形 しまりなく開いている ¶~진 입 [~dʒin nip ~ジン ニプ] だらしなく開いている口.

헤벌쭉-하다 [hebɔltʃ'ukhada ヘボルッチュクカダ] 形 여変 (穴や口などが)無様に[不格好に]大きく開いている;あんぐり・ぽかんと口を開けてしまりなく笑う ¶입을 ~하게 벌린 채 웃고 있다 [ibɯl ~khage pɔ:llin tʃhɛ u:tk'o it'a イブル ~カケ ポールリン チェ ウーッコ イッタ] 口をあんぐりと開けたまま笑っている.

***헤아리다** [he:arida ヘーアリダ] 他 ① (数を)数える;計算する ¶입장객을 ~ [iptʃ'aŋgɛgɯl ~ イプチャンゲグル ~] 入場客を数える ② 推し量る;くみ取る;熟考する ¶상대방の 마음을 ~ [saŋdɛbaŋe maɯmɯl ~ サンデバンエ マウムル ~] 相手の心を推し量る.

헤어-나다 [heɔnada ヘオナダ] 自他 抜け出す;抜け出る;免れる;しのぐ ¶곤경(困境)에서 ~ [ko:ŋgjɔŋesɔ ~

コーンギョンエソ ~] 苦境から抜け出る / 어려운 처지(處地)에서 ~ [ɔrjoun tɕʰɔːdʑieso オリョウン チョージエソ ~] 困った破目を免れる.

*헤어-지다 [heɔdʑida ヘオジダ] 自 ① 別れる; 離別する ¶부부가 ~ [pubuga ~ ププガ ~] 夫婦が別れる; 離婚する ② (皮膚に)ひびが入る; 荒れる, 裂ける ¶손등이 ~ [sontɯŋi ~ ソントゥンイ ~] 手の甲にひびが入る[切れる] / 살갗이 ~ [salkʼatɕʰi ~ サルカチ ~] 肌が荒れる / 입술이 ~ [ipsʼuri ~ イプスリ ~] 唇が裂ける[破れる] ③ 散る; 散らばる ¶뿔뿔이 ~ [pʼulpʼuri ~ ップルップリ ~] ちりぢりばらばらになる.

*헤엄 [heɔm ヘオム] 名 하自 泳ぎ; 水泳 ¶~을 잘 친다 [~ɯl tɕal tɕʰinda (ヘオ) ムル チャル チンダ] 泳ぎが上手だ ─치다 [tɕʰida チダ] 自 泳ぐ.

헤-지다 [heːdʑida ヘージダ] 自 '헤어지다'の略; 別れる, 裂ける, 散る.

헤집다 [hedʑiptʼa ヘジプタ] 他 ① 掘り散らす; ほじくる, ほじくり返す; ひっかき散らす ¶닭이 흙을 ~ [ta(l)gi hɯ(l)gɯl ~ タ(ル)ギ フ(ル)グル ~] 鶏が土をほじくる ② かき分ける ¶사람들을 헤집고 앞으로 나서다 [saːramdɯrɯl hedʑipkʼo apʰɯro nasɔda サーラムドゥルル ヘジプコ アプロ ナソダ] 人垣をかき分けて前に出る.

*헤치다 [hetɕʰida ヘチダ] 他 ① 掘り返す; 暴く ¶무덤을 파~ [mudɔmɯl pʰa~ ムドムル パ~] 墓を暴く ② 散らす; 解散させる ¶경찰이 대모대를 ~ [kjɔːŋtɕʰari dɛmodɛrul ~ キョーンチャリ デモデルル ~] 警察がデモ隊を散らす ③ 裾などを開く ¶가슴을 풀어 ~ [kasumɯl pʰuro ~ カスムル プロ ~] 胸元をはだける ④ かき分ける; 押し分ける ¶풀숲을 ~ [pʰulsʼupʰɯl ~ プルスプル ~] 草むらをかき分ける / 인파(人波)를 ~ [inpʰarul ~ インパル ~] 人込みをかき分ける ⑤ 切り抜ける ¶난국을 헤쳐 나가다 [nangugul hetɕʰɔ nagada ナンググル ヘチョ ナガダ] 難局を切り抜ける[克服する].

헤프다 [heːpʰɯda ヘープダ] 形 ① (口が軽い; おしゃべりだ ¶입이 ~ [ibi ~ イビ ~] 口が軽い; 口数が多い ② もろい; すり減りやすい ¶비누가 ~ [pinuga ~ ピヌガ ~] せっけんがよく減る[もろい] ③ (身持ち・金遣いなどが)荒い; 乱暴だ ¶씀씀이가 ~ [sʼɯmsʼɯmiga ~ ッスムッスミガ ~] 金遣いが荒い / 몸가짐이 좀 ~ [momgadʑimi tɕom ~ モムガジミ チョム ~] やや身持ちがよくない 헤피 [hɛːpʰi ヘーピ] 副 ぞんざいに; 不経済に; 無駄に ¶돈을 쓰다 [toːnul ~ s'uda トーヌル ~ ッスダ] 金を無駄に使う.

헬-기 [─機] helgi ヘルギ] 名 ヘリ; ヘリコプターの略.

헬렐레 [hellelle ヘルレルレ] 副 하自 (酒酔い・疲れなどで)身を支えられないさま; ぐでんぐでん; ぐたり ¶술에 취해서 ~ 해졌다 [sure tɕʰwiːhɛsɔ ~ hɛdʑɔtɕʼa スレ チュィーヘソ ~ ヘジョッタ] 酒に酔ってぐでんぐでんになった.

헬리콥터 [hellikʰoptʰɔ ヘリコプト] helicopter 名 ヘリコプター; ヘリ.

헬리-포트 [hellipʰoːtʰu ヘルリポートゥ] heliport 名 ヘリポート.

헬멧 [helmet ヘルメッ] helmet 名 ヘルメット.

*헷-갈리다 [hetkʼallida ヘッカルリダ] 自 ① (物事が)もつれる; 入り乱れる; こんがらがる ② 気が散る; 気が錯乱する ¶소란해서 정신이 ~ [soranhɛsɔ tɕɔŋɕini ~ ソランヘソ チョンシニ ~] 騒がしくて気が散る ③ 糸口がつかめない; 見当や判断がつかない ¶비슷비슷해서 ~ [pisɯtpʼisɯtʰɛsɔ ~ ピスッピスッテソ ~] 似たりよったりで見分けがつかない ④ (道が)分かれている.

헹-가래 [hɛŋgarɛ ヘンガレ] 名 胴上げ ─치다 [tɕʰida チダ] 他 胴上げをする.

*헹구다 [henguda ヘングダ] 他 ゆすぐ; すすぐ; 洗い落とす ¶빨래를 ~ [pʼalːɛrul ~ ッパルレルル ~] 洗濯物をゆすぐ / 입을 ~ [ibul ~ イブル ~] (食事後)口をすすぐ.

*혀 [hjɔ ヒョ] 名 舌; 俗 べろ ¶~가 짜릿하다 [~ga tɕʼaritʰada ~ ガッチャリッタダ] 舌がぴりっとする / ~가 깔깔하다 [~ga kʼalkʼarhada ~ ガッカルッカルハダ] 舌が荒れる / ~가 꼬부라지다 [~ga kʼoburadʑida ~ ガッコブラジダ] 舌がもつれる; ろれつが回らない ─고부랑이 [kʼoburaŋi ッコブランイ] 名 舌もつれする人 ─(가) 짧다 [(ga)tɕʼaltʼa (ガッ)チャルタ] 自 舌足らずである; 言葉が不明瞭だ ─짤배기 [tɕʼalbɛgi ッチャルベギ] 名 舌足らずでㄹ[riul リウル]の発音がまずい人

~ 소리[~ sori ~ ソリ] 舌足らずの言葉 **―를 굴리다**[rɯl ku:lida ルル クーリダ] 慣 ① 舌をよく動かす ② rの発音をする; 巻き舌になる **―를 내두르다**[rɯl nɛ:duruda ルル ネードゥルダ] 慣 ひどく驚く; ひどく感心する; 舌を巻く **―를 내밀다**[rɯl nɛ:milda ルル ネーミルダ] 慣 舌を(ぺろりと)出す ① 陰でそしったり, あざけったりする動作 ② 自分の失敗を恥じる動作 **―를 놀리다**[rɯl nollida ルル ノルリダ] 慣 うっかりとしゃべる; 舌の根を動かす ¶함부로 혀를 놀리지 마라 [hamburo hjərɯl nollidʒi mara ハンブロ ヒョルル ノルリジ マラ] むやみに舌の根を動かすな **―를 차다**[rɯl tʃʰada ルル チャダ] 慣 舌打ちする ¶못마땅하여 ~[mo:nmat'aŋhajə ~ モーンマッタンハヨ ~] 気にくわず舌打ちする.

혁대[革帶][hjəkt'ɛ ヒョクテ] 名 革帯; 皮帯; バンド; 男子の革ベルト.

***혁명**[革命][hjəŋmjəŋ ヒョンミョン] 名 하自他 革命 ¶프랑스 ~[pʰɯraŋsu ~ プランス ~] フランス革命.

***혁신**[革新][hjəkʃ'in ヒョクシン] 名 하自他 革新 ¶기술 ~[kisul ~ キスル ~] 技術革新; イノベーション.

혁혁[赫赫][hjəkʰjək ヒョクキョク] 副 하形 光り輝くさま ¶~한 공로[(hjək-kʰjək)kʰan koŋno ~カン コンノ] 輝かしい功労 **―히**[(hjəkʰjək)kʰi キ] 副 輝かしく.

현격[懸隔][hjə:ŋgjək ヒョーンギョク] 名 하形 懸隔; かけ離れていること; 隔たり ¶~한 차이[(hjə:ŋgjə)kʰan tʃʰai ~カン チャイ] 格段の差; けた違い **―히**[(hjə:ŋgjək)kʰi キ] 副 懸隔して; かけ離れて.

***현관**[玄關][hjəŋgwan ヒョングァン] 名 玄関 **―문**[mun ムン] 名 玄関の門.

***현금**[現金][hjəŋgɯm ヒョーングム] 名 げんなま; キャッシュ ¶~ 지급(支給)[~ dʒigɯp ~ジグプ] 現金払い **―가**[k'a カ] 名 現金正価 **―거래**(去來)[gə:rɛ ゴーレ] 名 現金取引 **―계산**(計算)[ge:san ゲーサン] 名 現金勘定 **―매매**[mɛmɛ メメ] 名 現金売買 **―인출기**(引出機)[intʃʰulgi ヒョークプ)ミンチュルギ] 名 現金自動預け払い機; ATM **―판매**(販賣)[pʰan-mɛ パンメ] 名 現金売り.

현기-증[眩氣症][hjə:ŋgitʃ'ɯm ヒョーン-ギチュン] 名 目まい ¶~이 나다[~i nada ~イナダ] 目まいがする.

***현대**[現代][hjə:ndɛ ヒョーンデ] 名 現代; 今の時代 ¶~ 여성[~ jəsəŋ ~ ヨソン] 現代女性 **―문**[mun ムン] 名 現代文 **―문학**[munhak ムンハク] 名 現代文学 **―인**[in イン] 名 現代人 **―적**[dʒək ジョク] 冠 現代的 **―전**[dʒəŋ ジョン] 名 現代戦 **―판**[pʰan パン] 名 現代版 **―화**[hwa ファ] 名 現代化.

***현명**[賢明][hjənmjəŋ ヒョンミョン] 名 賢明 ¶~한 조치(措置)[~han tʃotʃʰi ~ハン チョチ] 賢明な処置 **―하다**[hada ハダ] 形 賢明だ; 賢い ¶~한 사람[~-han sa:ram ~ハン サーラム] 賢い人 **―히**[i イ] 副 賢明に.

현모[賢母][hjənmo ヒョンモ] 名 賢母 ¶~ 양처[~ jaŋtʃʰə ~ ヤンチョ] 良妻賢母.

현무[玄武][hjənmu ヒョンム] 名 ① 北天にある七つ星の総称 ② (東方の青竜・西方の白虎びゃっこ・南方の朱雀じゃくとともに)北方の神, また水の神(亀かめに蛇が巻きついたものを形とする).

현물[現物][hjə:nmul ヒョーンムル] 名 現物 **―가격**[k'agjək カギョク] 名 現物価格 **―거래**(去來)[gə:rɛ ゴーレ] 名 하自 現物取引; 略 現物 **―급여**[gɯbjə グビョ] 名 現物給与; 物給 **―매매**[mɛmɛ メメ] 名 하自他 現物売買 **―인도**(引渡)[indo (ヒョーンム)リンド] 名 現物渡し **―지급**[dʒigɯp ジグプ] 名 現物支給 **―출자**[tʃʰultʃ'a チュルチャ] 名 現物出資.

현미[玄米][hjənmi ヒョンミ] 名 玄米; 黒米 ¶~ 밥[~bap ~バプ] 玄米食 **―빵**[~p'aŋ ~ッパン] 玄米パン.

현미-경[顯微鏡][hjə:nmigjəŋ ヒョーンミギョン] 名 顕微鏡 **―사진**[sadʒin サジン] 名 顕微鏡写真.

***현상**[現狀][hjə:nsaŋ ヒョーンサン] 名 現状 **―유지**[njudʒi ニュジ] 名 하他 現状維持 **―타파**[tʰa:pʰa ターパ] 名 하他 現状打破.

***현상**[現象][hjə:nsaŋ ヒョーンサン] 名 現象 ¶자연 ~[tʃajən ~ チャヨン ~] 自然現象.

현상[現像][hjə:nsaŋ ヒョーンサン] 名 하他 現像 ¶필름을 ~하여 인화(印畵)하다[pʰillumɯl ~hajə inhwa-hada ピルルムル ~ハヨ インファハダ]

フィルムを現像して焼き付ける.
현상[懸賞][hjɔːnsaŋ ヒョーンサン] 图 懸賞する ¶~에 응모하다[~e ɯːŋmohada ~エ ウーンモハダ] 懸賞に応募する —**광고**[gwaːŋgo グァーンゴ] 图 懸賞広告 —**금**[gɯm グム] 图 懸賞金 —**모집**[modʒip モジプ] 图[하]他 懸賞募集.

현수-막[懸垂幕][hjɔːnsumak ヒョーンスマク] 图 垂れ幕(횡단막[hwendanmak フェンダンマク]「横断幕」).

현-시점[現時點][hjɔːnʃijʌm ヒョーンシチョム] 图 現時点; 現在の時点 ¶~의 국내 정세[~e kunnɛ dʒʌŋse (ヒョーンシチョ)メ クンネ ジョンセ] 現時点の国内情勢.

***현실**[現實][hjɔːnʃil ヒョーンシル] 图 現実 —**도피**[doph i ドピ] 图 現実逃避 —**성**[sʼʌŋ ソン] 图 現実性 ¶~이 없는 계획[~i ɔːmnɯn ke:hwek ~イ オームヌン ケーフェク] 現実性のない計画 —**적**[tʃʼʌk チョク] 图冠 現実的 ¶~인 생활 태도[~-(tʃʼʌg)in sɛnhwal tʰɛːdo ~-(チョ)ギン センファル テード] 現実的(な)生活態度.

현악[絃樂][hjʌnak ヒョナク] 图〈楽〉弦楽 ¶—**합주**[(hjʌna) khaptʃʼu ~カプチュ] 弦楽合奏 —**기**[kʼi キ] 图 弦楽器; 弾き物 —**사중주**[sʼaːdʒuŋdʒu サージュンジュ] 图 弦楽四重奏.

현안[懸案][hjʌnan ヒョーナン] 图 懸案 ¶양국간의 ~ 문제[jaːŋgukʼane muːndʒe ヤーングカネ ムーンジェ] 両国間の懸案問題.

현역[現役][hjʌːnjʌk ヒョーニョク] 图 現役 ¶—**장교**[~ tʃʼaːŋgjo ~ チャーンギョ] 現役将校 / ~ 선수[~ sʼʌːnsu ~ ソーンス] 現役選手 / ~을 물러나다[(hjʌːnjʌg)ɯl mullʌnada (ヒョーニョ)グル ムルロナダ] 現役を退く.

현장[現場][hjʌːndʒaŋ ヒョーンジャン] 图 現場 ¶사고 ~[~ saːgo ~ サーゴ~] 事故現場 / 공사 ~[koŋsa ~ コンサ ~] 工事現場 —**감독**[gamdok ガムドク] 图 現場監督 —**검증**[gʌːmdʒɯŋ ゴームジュン] 图 現場検証 —**부재 증명**[budʒɛ dʒɯŋmjʌŋ プジェ ジュンミョン] 图 現場不在証明; アリバイ(alibi) —**생중계**[sɛndʒuŋge センジュンゲ] 图 現場からの生中継.

***현재**[現在][hjʌːndʒɛ ヒョーンジェ] 图 現在 ¶~ 수량(數量)[금액(金額)][~ suːrjaŋ[gɯmɛk] ~ スーリャン[グメク]] 現在高; 現高; あり高 / 3월 1일 ~[samwʌr iril ~ サムォリリル ~] 3月1日現在.

***현저**[顯著][hjʌːndʒɔ ヒョーンジョ] 图 顯著 ¶~한 사실[~han saːʃil ~ハン サーシル] 顯著な事実 —**하다**[hada ハダ] 形 顯著だ; 著しい ¶~-하게 부족하다[~-hage pudʒokhada ~-ハゲ プジョクハダ] 著しく不足する —**히**[i イ] 副 顯著に; めっきり ¶~-여위다[~ jʌwida ~ ヨウィダ] めっきりやせる.

현존[現存][hjʌːndʒon ヒョーンジョン] 图[하]自 現存 ¶~ 인물[~ inmul (ヒョーンジョ)ニンムル] 現存する人物.

현-주소[現住所][hjʌːndʒuso ヒョーンジュソ] 图 現住所.

현지[現地][hjʌːndʒi ヒョーンジ] 图 現地 ¶~ 방송[~ baːŋsoŋ ~ バンソン] 現地放送 / ~ 보도[~ boːdo ~ ボード] 現地報道 / ~ 조사[~ dʒosa ~ ジョサ] 現地調査 —**답사**[dapsʼa ダプサ] 图 現地踏査.

현직[現職][hjʌːndʒik ヒョーンジク] 图 現職 ¶~ 교사(教師)[(hjʌːndʒi) kʼjoːsa ~ キョーサ] 現職の教員.

현찰[現札][hjʌːntʃʰal ヒョーンチャル] 图 現金(主として紙幣).

현충-사[顯忠祠][hjʌːntʃʰunsa ヒョーンチュンサ] 图 忠烈をあがめて建てた祠(主に李舜臣[iːsunʃin イースンシン] 将軍の忠節を追慕するために建てた祠堂を指す).

현충-일[顯忠日][hjʌːntʃʰunil ヒョーンチュニル] 图 国土防衛に命をささげた人々の忠烈をたたえて霊を慰める記念日(6月6日).

현판[懸板][hjʌːnpʰan ヒョーンパン] 图 扁額; 絵や文字などを刻んで門戸の上や壁に掲げる板.

현품[現品][hjʌːnpʰum ヒョーンプム] 图 現品; 現物 ¶~을 보고 사다[~ɯl pogo sada (ヒョーンプ)ムル ポゴ サダ] 現品を見て買う.

현해탄[玄海灘][hjʌnhɛtʰan ヒョンヘタン] 图〈地〉玄海灘.

현행[現行][hjʌːnhɛŋ ヒョーンヘン] 图[하]自他 現行 —**범**[bʌm ボム] 图 現行犯 ¶~으로 체포하다[~ɯro tʃʰepohada ~-(ボ)ムロ チェポハダ] 現行犯として逮捕する —**법**[pʼɔp ポ

현행법[現行法][hjɔnhɛŋpɔp ヒョーンヘンポプ] 图 現行法.

현혹[眩惑][hjɔ:nhok ヒョーンホク] 图 眩惑げん; 目がくらんで惑うこと; 人の目をくらまし惑わすこと —되다[t'weda トゥェダ] 自目がくらむ; 惑う; 惑わされる ¶甘言に~[kamɔne ~ カモネ ~] 甘言に眩惑される —시키다[ʃ'ikʰida シキダ] 他 迷わす; 迷わせる; 惑わす —하다[(hjɔ:nho)kʰada カダ] 自他 眩惑する; 惑わす.

현황[現況][hjɔ:nhwaŋ ヒョーンファン] 图 現況 ¶貿易~[mu:ɔk (kʰjɔ:nhwaŋ) ムーヨク(キョーンファン)] 貿易の現況.

혈관[血管][hjɔlgwan ヒョルグァン] 图 血管; 血脈; 血脈 —주사[dʒu:sa ジューサ] 图 血管注射.

혈기[血氣][hjɔlgi ヒョルギ] 图 血気; 血の気; 客気 ¶젊은이의 ~[tʃɔlmunie ~ チョルムニエ~] 若者のはやり気 —왕성(旺盛)[waŋsɔŋ ワンソン] 하形 血気盛り=¶~할 때[~hal t'ɛ ~ハルッテ] / ~한 사람[~han sa:ram ~ハン サーラム] 血気盛んな人.

혈당[血糖][hjɔlt'aŋ ヒョルタン] 图血糖.

혈맥[血脈][hjɔlmɛk ヒョルメク] 图 血脈; 血統; 血筋 —상통(相通)[s'aŋtʰoŋ サントン] 图 血縁関係にあること; 同族であること.

혈맹[血盟][hjɔlmɛŋ ヒョルメン] 图 하自 血盟 ¶~을 맺은 사이[~ɯl mɛdʒɯn sai ~ウル メジュン サイ] 血盟の間柄.

혈색[血色][hjɔls'ɛk ヒョルセク] 图 血色; 顔色 ¶~이 좋다[(hjɔls'ɛg)i tʃo:tʰa (ヒョルセ)ギ チョーッタ] 顔色がいい.

혈서[血書][hjɔls'ɔ ヒョルソ] 图 血書; 血書き ¶~를 쓰다[~rɯl s'uda ~ルル ッスダ] 血書をしたためる.

혈안[血眼][hjɔran ヒョラン] 图 血眼けつ・まなこ ¶~이 되어 찾아 다니다[~i twea tʃʰadʒadanida (ヒョラ)ニ トゥェオ チャジャダニダ] 血眼になって捜し回る.

*혈압[血壓][hjɔrap ヒョラプ] 图〈生〉血圧 ¶~이 높다[(hjɔrab)i nopt'a (ヒョラ)ビ ノプタ] 血圧が高い / ~을 재다[(hjɔrab)ɯl tʃɛ:da (ヒョラ)ブルチェーダ] 血圧を計る.

혈액[血液][hjɔrɛk ヒョレク] 图 血液 —검사[(hjɔrɛ)k'ɔ:msa コームサ] 图 血液検査 —순환[s'unhwan スンファ ン] 图 血液循環; 血行 —은행[(hjɔrɛg) unhɛŋ (ヒョレ) グンヘン] 图 血液銀行 —형[(hjɔrɛ)kʰjɔŋ キョン] 图 血液型.

혈연[血緣][hjɔrjɔn ヒョリョン] 图 血縁; 血族 —관계[gwaŋge グァンゲ] 图 血縁関係; 続き柄.

혈육[血肉][hjɔrjuk ヒョリュク] 图 血肉; 血筋; 骨肉 ¶~지간(之間)[~tʃ'igan ~チガン] 血肉の間柄.

혈족[血族][hjɔltʃ'ok ヒョルチョク] 图 血族; 血縁; 血筋 —친(親)[tʃʰin チン] 图 6親等以内の血族.

혈통[血統][hjɔltʰoŋ ヒョルトン] 图 血統; 血筋; 家系; 家階; 流れ ¶~이 좋은 집안[~i tʃo:ɯn tʃiban ~イ チョーウン チバン] 血統のよい家系 / ~이 좋은 개[~i tʃo:ɯn kɛ: ~イ チョーウン ケー] 血筋のよい犬 / 명문의 ~[mjɔŋmune ~ ミョンムネ~] 名門の流れ.

혈투[血鬪][hjɔltʰu ヒョルトゥ] 图 하自 血まみれの戦い; 血戦.

혈혈-단신[孑孑單身][hjɔrhjɔldanʃin ヒョルヒョルダンシン] 图 頼るもののない独りの身; 天涯孤独.

혈흔[血痕][hjɔrhɯn ヒョルフン] 图 血痕けっこん ¶사고 현장에 남은 ~[sa:go hjɔ:ndʒaŋe namɯn ~ サーゴ ヒョーンジャンエ ナムン ~] 事故の現場に残った血痕.

혐오[嫌惡][hjɔmo ヒョモ] 图 하他 嫌悪 ¶~의 정을 품다[~e tʃɔŋɯl pʰu:mt'a ~エ チョンウル プームタ] 嫌悪の情を抱く —감[gam ガム] 图 嫌悪感.

혐의[嫌疑][hjɔmi ヒョミ] 图 하自他 嫌疑; 容疑; 疑い; 疑い嫌うこと ¶~자[~dʒa ~ジャ] 容疑者 / ~를 걸다[~rɯl kɔ:lda ~ルル コールダ] 嫌疑をかける / ~가 사린[sarin ~ サリン ~] 殺人の疑い —스럽다[sɯrɔpt'a スロプタ] 形 ㅂ変 疑わしい —쩍다[tʃ'ɔkt'a ッチョクタ] 形 疑わしい(点がある).

협곡[峽谷][hjɔpk'ok ヒョプコク] 图峡谷.

협공[挾攻][hjɔpk'oŋ ヒョプコン] 图 하他 挟攻; 挟撃; 挟み撃ち ¶~작전[~ dʒaktʃ'ɔn ~ ジャクチョン] 挟撃作戦 / ~ 당하다[~ daŋhada ~ ダンハダ] 挟み撃ちにあう.

*협동[協同][hjɔpt'oŋ ヒョプトン] 图 하自 協同 —기업[giɔp ギオプ] 图 協同企業 —생활[sɛŋhwal センファル]

협동생활 —작업 [dʒagɔp ジャゴブ] 图 協同作業 **—정신** [dʒɔŋʃin ジョンシン] 图 協同精神 **—조합** [dʒohap ジョハブ] 图 協同組合.

***협력[協力]** [hjɔmnjʌk ヒョムニョク] 图 协力 ¶~자~[tʃ'a ~ チャ] 協力者 / 서로~하다[sɔro (hjɔmnjɔk)-kʰada ソロ ~カダ] お互に協力し合う.

협박[脅迫] [hjɔp'ak ヒョプパク] 图 他 脅迫; 脅しつけること ¶ 칼로~하다 [kʰallo (hjɔp'a)kʰada カルロ ~カダ] 刃物で脅迫する **—장**[tʃ'aŋ チャン] 图 脅迫状 **—죄**[tʃ'we チュェ] 图 脅迫罪.

협상[協商] [hjɔpsʼaŋ ヒョプサン] 图 他 協商; 交渉; 話し合い, 图 渡り ¶ 3국 ~[samgu (kʰɔps'aŋ) サムグ(キョプサン)] 3国協商 / ~을 벌이다[~ɯl pɔːrida ~ウル ポーリダ] 渡りをつける / ~이 성립되다[~i sɔŋnipt'weda ~イ ソンニプトウェダ] 話し合いがまとまる.

협소[狭小] [hjɔps'o ヒョプソ] 图 他形 狭小 ¶ ~한 국토[~han kuktʰo ~ハン ククト] 狭小な国土 / 집이 ~하다[tʃibi ~hada チビ ~ハダ] 家が大変狭い.

협심-증[狭心症] [hjɔpʃ'imtʃ'ɯŋ ヒョプシムチュン] 图 〈医〉狭心症.

협약[協約] [hjɔbjak ヒョビャク] 图 他 協約 ¶ 노동 ~[nodoŋ ~ ノドン~] 労働協約 / ~을 맺다[(hjɔbjag)ɯl mɛt'a (ヒョビャ)グル メッタ] 協約を結ぶ.

협의[協議] [hjɔbi ヒョビ] 图 他 協議; 和議; 相談 ¶ 대책을 ~하다[tɛːtʃʰegɯl ~hada テーチェグル ~ハダ] 対策を協議する / 사전(事前)~[saːdʒɔn ~ サージョン ~] 下打ち合わせ; 根回し **—이혼** [iːhon イーホン] 图 協議離婚.

협잡[挾雑] [hjɔptʃ'ap ヒョプチャプ] 图 ごまかすこと; いかさま; 俗 いんちき ¶ ~ 도박[~ t'obak ~ トバク] いかさま賭博ばく **—하다** [(hjɔptʃ'a)pʰada パダ] 他 ごまかす; いんちきをする[やる] **—꾼**[k'un ックン] 图 詐欺師; いんちき屋; いかさま師; ペテン師 **—배(輩)** [(hjɔptʃ'a)p'ɛ ペ] 图 詐欺師連中 **—질**[tʃ'il チル] 图 他自 詐欺 ¶ ~하다[~ (tʃ'ir)hada ~ ハダ] 詐欺(騙だり)を働く; いんちきをする.

***협정[協定]** [hjɔptʃ'ɔŋ ヒョプチョン] 图 他 協定 ¶ 노사간의 ~[nosa-gane ~ ノサガネ~] 労間の協定.

협조[協助] [hjɔptʃ'o ヒョプチョ] 图 他自他 協助; 助け合い.

협조[協調] [hjɔptʃ'o ヒョプチョ] 图 他他 協調 ¶ 노사(勞使)~[nosa ~ ノサ ~] 労資[使]協調.

협주-곡[協奏曲] [hjɔptʃ'ugok ヒョプチュゴク] 图 〈楽〉協奏曲; コンチェルト ¶ 피아노 ~[pʰiano ~ ピアノ ~] ピアノコンチェルト.

협찬[協賛] [hjɔptʃʰan ヒョプチャン] 图 他 協賛 ¶ ~을 얻다[~ɯl ɔːtʼa (ヒョプチャ)ヌル オーッタ] 協賛を得る.

***협회[協會]** [hjɔpʰwe ヒョプフェ] 图 協会; ソサエティー ¶ 저작가 ~[tʃɔːdʒaka ~ チョージャクカ ~] 著作家協会.

혓-바늘 [hjɔtp'anɯl ヒョッパヌル] 图 舌苔ぜっ; 舌の吹き出物.

혓-바닥 [hjɔtp'adak ヒョッパダク] 图 ① 舌の中央 ② 俗 「혀」「舌」. 「舌音」

혓-소리 [hjɔs'ori ヒョッソリ] 图 〈語〉

***형[兄]** [hjɔŋ ヒョン] **1** 图 (弟から見て) 兄; お兄さん ¶ 둘째 ~[tuːltʃʼɛ ~ トゥールッチェ ~] 中の兄; 仲兄 / 큰 ~[kʰɯn~ クン~] 長兄 **2** 代 兄貴にい; 兄貴; 同年輩・先輩の敬称 ¶ 김~[kim~ キム~] 金兄; 金さん.

형[刑] [hjɔŋ ヒョン] 图 刑; '형벌'の略 ¶ ~을 살다[~ɯl saːlda ~ウル サールダ] 服役する / ~을 감면하다[~ɯl kaːmmjʌnhada ~ウル カームミョンハダ] 刑を減免する.

***형광[螢光]** [hjɔŋgwaŋ ヒョングァン] 图 蛍光 **—도료** [dorjo ドリョ] 图 蛍光塗料 **—등(燈)** [dɯŋ ドゥン] 图 蛍光灯 **—물질** [multʃʼil ムルチル] 图 蛍光物質 **—염료** [njɔːmnjo ニョームニョ] 图 蛍光染料 **—판** [pʰan パン] 图 蛍光板.

형기[刑期] [hjɔŋgi ヒョンギ] 图 刑期 ¶ 3년 ~을 마치다[samnjʌn ~rul matʃʰida サムニョン ~ルル マチダ] 3年の刑を終える.

***형-님[兄—]** [hjɔŋnim ヒョンニム] 图 ① (弟から見て) 兄; お兄さん; 俗 兄貴 ② 弟の妻が兄の妻を, また夫の姉に対する呼びかけの語; お姉さん.

형무-소[刑務所] [hjɔŋmuso ヒョンムソ] 图 刑務所=교도소(矯導所)[kjoːdoso キョードソ]の旧称.

형벌[刑罰] [hjɔŋbɔl ヒョンボル] 名 刑罰 ¶ ~을 받다 [(hjɔŋbɔr) ul pat'a (ヒョンボ)ルル パッタ] 刑罰を受ける; 刑罰を科せられる ─**하다** [(hjɔŋbɔr)-hada ハダ] 他 刑する; 罰する.

형법[刑法] [hjɔŋp'ɔp ヒョンポプ] 名 刑法. ─**학**[(c)phak パク] 名 刑法学.

***형부**[兄夫] [hjɔŋbu ヒョンブ] 名 (妹の立場から) 姉の夫; 義兄.

***형사**[刑事] [hjɔŋsa ヒョンサ] 名 ① 刑法の適用を受けるべきこと ¶ ~문제 [~ mu:ndʒe ~ ムーンジェ] 刑事問題 ② 刑事巡査; 私服 ¶ 사복~ [sabo (khɔŋsa) サボク(キョンサ)] 私服(刑事) ─**범** [bɔm ボム] 名 刑事犯 ─**보상** [bo:saŋ ボーサン] 名 刑事補償 ─**사건** [sa:k'ɔn サーコン] 名 刑事事件 ─**소송** [sosoŋ ソソン] 名 刑事訴訟; 刑訴 ─**책임** [tʃhɛgim チェギム] 名 刑事責任 ─**처분** [tʃhɔbun チョーブン] 名 刑事処分 ─**피고인** [phi:goin ピーゴイン] 名 刑事被告人.

형상[形狀・形相] [hjɔŋsaŋ ヒョンサン] 名 形状; 形; 形相 ¶ 여러 가지 ~ [cɔrɔ gadʒi ~ ヨロ ガジ ~] いろいろな形状.

형설[螢雪] [hjɔŋsɔl ヒョンソル] 名 蛍雪 ¶ ~의 공을 쌓다 [(hjɔŋsɔr)e koŋul s'atha (ヒョンソ)レ コンウル ッサッタ] 蛍雪の功を積む.

***형성**[形成] [hjɔŋsɔŋ ヒョンソン] 名 形成 ¶ 자아의 ~ [tʃaae ~ チャアエ ~] 自我の形成 ─**하다** [hada ハダ] 自他 形成する; 形作る; 成り立つ ¶ 하나의 학설을 ~ [hanae haks'ɔrul ~ ハナエ ハクソルル ~] 1つの学説を立てる ─**기** [gi ギ] 名 形成期 ¶ 인격의 ~ [ink'jɔge ~ インキョゲ ~] 人格の形成期.

형세[形勢] [hjɔŋse ヒョンセ] 名 ① 暮らし向き; 生活状況 ¶ ~가 말이 아니다 [~ ga ma:ri anida ~ ガ マーリ アニダ] 暮らし向きが非常にみじめだ [ひどい] ② 形勢; 情勢; 成り行き; 旗色 ¶ ~가 불리해지다 [~ ga pullihɛdʒida ~ ガ プルリヘジダ] 形勢が不利になる / 지금 ~로는 [tʃigum ~ronun チグム ~ロヌン] 目下の成り行きでは / ~가 좋지 않다 [~ ga tʃotʃhi antha ~ ガ チョーッチ アンタ] 旗色がよくない ③ 山の形や地勢.

***형수**[兄嫂] [hjɔŋsu ヒョンス] 名 兄嫁; 義姉 ─**님** [nim ニム] 名 お姉さん.

*form식**[形式] [hjɔŋʃik ヒョンシク] 名 形式; 型(式) ¶ 새로운 ~ [sɛroun ~ セロウン ~] 新しい形式 / ~만 차리다 [(hjɔŋʃiŋ) man tʃharida (ヒョンシン)マン チャリダ] 形式ばる / 좌담의 ~으로 이야기하다 [tʃwa:dame ~ (hjɔŋʃig) uro ijagihada チュアーダメ (ヒョンシ)グロ イヤギハダ] 座談の形で話す / ~을 타파(打破)하다 [(hjɔŋʃig) ul tha:phahada (ヒョンシ)グル ターパハダ] 型を破る / ~을 갖추다 [(hjɔŋʃig) ul katʃhuda (ヒョンシ)グル カッチュダ] 形を整える; 形式をつくろう / ~에 얽매이다 [(hjɔŋʃig) e ɔŋmɛida (ヒョンシ)ゲ オンメイダ] 形式にとらわれる ─**미** [(hjɔŋʃiŋ) mi (ヒョンシン)ミ] 名 形式美 ─**적** [tʃɔk チョク] 名 冠 形式的 ─**주의** [tʃ'ui チュイ] 名 形式主義 ─**화** [(hjɔŋʃi) khwa クァ] 名 自他 形式化.

형언─하다[形言─] [hjɔŋɔnhada ヒョンオンハダ] 他 (言葉で) 言い表わす; 名状する ¶ 무어라 ~-할 수 없는 고초(苦楚)를 겪다 [muɔra ~-hal s'u ɔ:mnun kotʃhorul kjɔkt'a ムオラ ~-ハルッス オームヌン コチョルル キョクタ] 何とも名状し難い辛酸をなめる / ~-하기 힘들다 [~-hagi himdulda ~-ハギ ヒムドゥルダ] 言い表わし難い.

형용[形容] [hjɔŋjoŋ ヒョンヨン] 名 自他 形容 ¶ 무어라 ~ 할 수 없는 [muɔra ~-hal s'u ɔ:mnun ムオラ ~-ハルッス オームヌン] 何とも形容し難い ─**사** [sa サ] 名 〈語〉 形容詞.

***형제**[兄弟] [hjɔŋdʒe ヒョンジェ] 名 ① 兄弟 ¶ 우애(友愛)가 있는 ~ [u:ɛga innun ~ ウーエガ インヌン ~] むつまじい兄弟 / ~간(間) [~gan ~ガン] 兄弟間; 兄弟の間柄 / 이복(異腹) ~ [i:bo (khjɔŋdʒe) イーボク(キョンジェ)] まま兄弟 ② =동기(同氣) [tɔŋgi トンギ] 「兄弟姉妹」 ③ 〈宗〉 信徒の呼称 ─**애** [ɛ エ] 名 兄弟愛 ─**자매** [dʒamɛ ジャメ] 名 兄弟姉妹; 連枝.

형체[形體] [hjɔŋtʃhe ヒョンチェ] 名 形体; 姿; 形 ¶ ~ 없는 괴도 [~ga ɔ:mnun kwe:do ~ ガ オームヌン クェード] 姿なき怪盗 / 그림자도 ~도 안 보인다 [kuːrimdʒado ~do an boinda クーリムジャド ~ド アン ボインダ] 影も形も見えない.

***형태**[形態] [hjɔŋthɛ ヒョンテ] 名 形態

¶ 정치의 ~[tʃɔŋtʃhie ~ チョンチエ ~] 政治の形態/~를 바꾸다[~rɯl pak'uda ~ルル パックダ] 形態を変える/~가 변하다[~ga pjɔːnhada ~ガ ピョーンハダ] 形態が変わる.

형편[形便][hjɔŋphjɔn ヒョンピョン] 名 ① 成り行き; 都合; 具合; 次第 ¶~에 따르다[~e t'arɯda (ヒョンピョ)ネ ッタルダ] 成り行きに任かせる/~에 따라서는[~e t'arasɯnɯn (ヒョンピョ)ネ ッタラソヌン] 次第によっては/~이 좋으실 때[~i tʃoːɯʃil t'ɛ (ヒョンピョ)ニ チョーウシル ッテ] ご都合のよろしい時 ② 暮らし向き; 事情 ¶~이 어렵다[~i ɔrjɔp'a (ヒョンピョ)ニ オリョプタ] 暮らし向きが苦しい/가정 ~[kadʒʌŋ ~ カジョン ~] 家庭の事情[暮らし向き] **—없다**[ɔpt'a (ヒョンピョ)ノプタ] 存 思わしくない; つまらない; よくない; 見すぼらしい ¶~없는 물건[~ɔmnɯn mulgɔn (ヒョンピョ)ノムヌン ムルゴン] つまらない品物/성적이 ~[sɔŋdʒɔgi ~ ソンジョギ ~] 成績が非常に悪い/솜씨가 ~[somʃ'iga ~ ソムッシガ ~] 腕はかた落ちである/차림새가 ~[tʃharimsɛga ~ チャリムセガ ~] 身なりが見すぼらしい **—없이**[ɔpʃ'i (ヒョンピョ)ノプシ] 副 むちゃくちゃに; 形なしに; ひどく ¶~ 붐빈다[~ pumbinda ~ プムビンダ] めちゃくちゃに[ひどく]込んでいる/옷이 ~ 되었다[oʃi ~ twɛt'a オシ ~ トゥェオッタ] (雨で)服が形なしになった.

형형-색색[形形色色][hjɔŋhjɔŋsɛksʼɛk ヒョンヒョンセクセク] 名 色とりどり; さまざま ¶ ~의 옷차림[~-(sɛks'ɛg)e otʃharim ~-(セクセ)ゲ オッチャリム] 色とりどりの装い[服装].

혜성[彗星][heːsɔŋ ヘーソン] 名 彗星 ¶~과 같이[~-gwa katʃhi ~グァ カチ] 彗星のごとく(文壇に登場する).

***혜택**[惠澤][heːthɛk ヘーテク] 名 恵沢; 恵み; 恩恵 ¶문명의 ~[munmjɔŋe ~ ムンミョンエ ~] 文明の恵み.

호[戶][hoː ホー] 1 戸籍上の家; 戸 2 (依名) 家を数える語; 戸 ¶만~[maːn~ マーン~] 1万戸.

호[號][hoː ホー] 1 名 号; 名前; 雅名 ¶~를 붙이다[~rɯl putʃhida ~ルル プチダ] 号をつける 2 (依名) ① (雜誌などの)号 ¶3월~[samwɔr(ho) サムォル(ホ)] 3月号 ② (絵画の大きさの)号 ¶100~ 그림[pɛ(kho) gɯːrim ペク(コ) グーリム] 100号の絵.

-호[湖][ho ホ] 接尾 …湖 ¶미시간~[miʃigan~ ミシガン~] ミシガン湖.

호가[呼價][hokʼa ホッカ] 名 呼び値 ¶~대로 사다[~dɛro sada ~デロ サダ] 呼び値で買う.

호각[號角][hoːgak ホーガク] 名 呼び子; 呼び笛 ¶~을 불다[(hoːgag)ɯl puːlda (ホーガ)グル プールダ] 呼び子を鳴らす; 呼び笛を吹く.

***호감**[好感][hoːgam ホーガム] 名 好感; 好意 ¶~을 갖다[주다][~ɯl katʼa [tʃuda] (ホーガ)ムル カッタ[チュダ]] 好感を持つ[与える]/~이 가다[~i kada (ホーガ)ミ カダ] 好ましい.

호강[hogaŋ ホガン] 名 (하)(自) ぜいたく; 奢ごり; 親のおかげで・親孝行の子供のおかげで豪奢ぜいな暮らしをすること ¶부모 덕에 ~을 하다[pumo dɔge ~-ɯl hada プモ ドゲ ~ウル ハダ] 親のおかげでぜいたくな暮らしをする **—스럽다**[sɯrɔpt'a スロプタ] 形 (ㅂ変) ぜいたくだ ¶~스럽게 자라다[~-sɯrɔpʼke tʃarada ~スロプケ チャラダ] 何不自由なくぜいたくに育つ.

호걸[豪傑][hogɔl ホゴル] 名 豪傑 ¶~ 웃음[(hogɔr)usɯm (ホゴ)ルスム] 豪傑笑い/~ 기질(氣質)[~ gidʒil ~ キジル] 豪傑肌/~의 사나이[(hogɔr)e sanai (ホゴ)レ サナイ] 剛の男 **—풍**[phuŋ プン] 名 豪傑風[肌].

호-경기[好景氣][hoːgjɔŋgi ホーギョンギ] 名 好景気; 好況 ¶작금의 ~[tʃakkɯme ~ チャックメ ~] 昨今の好況.

호구[戶口][hoːgu ホーグ] 名 戸口; 戸数と人口 ¶~ 조사[~ dʒosa ~ ジョサ] 戸口[戸別]調査.

호구[糊口][hogu ホグ] 名 (하)(自) 糊口ぅ; (口をのりするの意で)暮らしを立てること; 生計 **—지책**(之策)[지계(之計)][dʒitʃhek[dʒige] ジチェク[ジゲ]] 名 糊口の策 ¶당장의 ~도 어렵다[taŋdʒaŋe ~tʼo[do] ɔrjɔpt'a タンジャンエ ~ト[ド] オリョプタ] 当座の口のしのぎにも困る.

호국[護國][hoːguk ホーグク] 名 (하)(自) 護国 ¶~의 영령[(hoːgug)e jɔŋnjɔŋ (ホーグ)ゲヨンニョン] 護国の英霊.

호기[好機][hoːgi ホーギ] 名 好機; チャンス ¶~ 도래[~ doːrɛ ~ ドーレ

好機到来 / 물실(勿失) ~[mulʃʼil ~ ムルシル ~] 奇貨おくべし; 好機を逸すべからず / ~를 잡다[~rɯl tʃapʼa ~ルル チャプタ] チャンスをとらえる.

호기-심[好奇心][hoːgiʃim ホーギシム] 图 好奇心; 好き心 ¶~이 강한 아이[~i kaŋhan ai (ホーギシ)ミ カンハン アイ] 好奇心の強い子 / ~에도 정도가 있다[~edo tʃoŋdoga itʼa (ホーギシ)メド チョンドガ イッタ] 物好きにもほどがある.

호도[胡桃][hodo ホド] 图 クルミ=「호도」.

호도깝-스럽다[hodokʼapsʼɯrɔpʼtʼa ホドッカプスロプタ] 形 軽率でせっかちだ.

호되다[hodweda ホドウェダ] 形 ひどい; 厳しい; 手強い ¶호된 비판[hodwen piːpʰan ホドウェン ピーパン] 手痛い[厳しい]批判 / 호되게 꾸짖다[hodwege kʼudʒitʼa ホドウェゲ ックジッタ] 手ひどく叱る.「호도」(胡桃).

호두[胡—][hodu ホドゥ] 图 クルミ=

호들갑[hodɯlgap ホドゥルガプ] 图 軽はずみにふるまうしぐさ **—스럽다**[sʼɯrɔpʼtʼa スロプタ] 形 圧変 軽はずみだ; 大げさだ ¶~-스러운 몸짓[~-sʼɯrɔun momtʼʃit ~-スロウン モムチッ] 大仰なしぐさ[身振り] / ~-스러운 여자[~-sʼɯrɔun njɔdʒa ~-スロウン ニョジャ] そそっかしい女性 **—(을)떨다[부리다]**[(hodɯlgabɯl)tʼɔːlda [pʼurida[purida]] (ホドゥルガブル)トールダ[プリダ] 自 やたらに軽はずみ[大げさ]にふるまう ¶주책없이 ~[tʃutʃʰɛgɔpʼʃʼi ~ チュチェゴプシ ~] 見境なくやたらにそそっかしくふるまう.

호-떡[胡—][hotʼɔk ホットク] 图 焼いた中国式のパン; 小麦粉をこねて平たく円形にしてアズキや砂糖のあんを入れ, 鉄板などで焼いたもの ¶~ 집에 불난 것 같다[~ tʃʼibe pullangɔt katʼa ~ チベ プルランゴッ カッタ] 謡 中国人のパン屋に火が出たようだ[ひどく騒々しいことのたとえ].

호락-호락[horakʰorak ホラクコラク] 副 ① おいそれと; むざむざ(と); やすやす(と) ¶~ 넘어가다[~-(kʰorɔŋ) nɔmɔgada ~-(コラン) ノモガダ] むざむざ(と) ひっかかる / ~은 안된다 [~-(kʰorag)ɯn andwenda ~-(コラ)グン アンドウェンダ] おいそれと(は)できない ② 性格が甘くてくみしやすいさま **—하다**[(horakʰora)kʰada

カダ] 形 ① おいそれと行く; たやすい ② くみしやすい; 甘い.

*호랑[虎狼][horaŋ ホーラン] 图 虎狼ᶜᵒ; トラとオオカミ; 欲張りで残忍な者 **—나비**[nabi ナビ] 图 〈虫〉アゲハチョウ(揚羽蝶) **—이**[i イ] 图 ①〈動〉トラ(虎) ¶종이 ~[tʃoŋi ~ チョンイ ~] 張り子の虎; (転じて)性質が猛々しく恐ろしい人 / ~ 담배 먹을 적[~ daːmbɛ mɔgɯl tʃʼɔk ~ ダームベ モグル チョク] 虎がタバコを吸っていたころ[昔々大昔のたとえ] / ~도 제 말하면 온다[~-do tʃe maːrhamjɔn onda ~-ド チェ マールハミョン オンダ] 虎も自分の話をすればやって来る[うわさをすれば影がさす] ② 非常に恐ろしい人 ¶~ 선생님[~ sɔnsɛŋnim ~ ソンセンニム] 恐ろしい先生.

호령[號令][hoːrjɔŋ ホーリョン] 图 下他 ① 号令 ¶천하에 ~하다[tʃʰɔnhae ~hada チョンハエ ~ハダ] 天下に号令する ② 大声で怒鳴りつけること.

호롱-불[horoŋpʼul ホロンプル] 图 石油の油つぼに付けた灯火ᵗᵒ=등잔불[tɯŋdʒanpʼul トゥンジャンプル]「灯火」.

호루라기[horuragi ホルラギ] 图 呼び子; 呼び笛; ホイッスル.

호루루[horuru ホルル] 图 下自他 呼び笛の音; ぴいぴい; ぴりぴり.

호르르[horɯrɯ ホルル] 副 下自 ① ばたばた; ひょいと ¶참새가 ~ 날아오르다[tʃʰamsɛga ~ naraorɯda チャムセガ ~ ナラオルダ] スズメがひょいと飛び立つ ② ふわっと; めらめら ¶종이가 ~ 타 버렸다[tʃoŋiga ~ tʰa bɔrjɔtʼa チョンイガ ~ タ ポリョッタ] 紙がめらめらと燃えてしまった.

호리다[horida ホリダ] 他 誘惑する; 惑わす; だます; たぶらかす ¶사내를 ~[sanɛrul ~ サネルル ~] 男を惑わす[誘惑する].

호리-병[葫—瓶][horibjɔŋ ホリビョン] 图 (容器としての)ひさご; ひょうたん **—박**[bak バク] 图 〈植〉ヒョウタン.

호리병 박

호리호리-하다 [horihorihada ホリホリハダ] [形][여변] (背丈が)すらっとしている; すんなり(と)している; ほっそり(と)している ¶ ~-한 미인 mi:in ~-ハン ミーイン] ほっそりとした美人 / ~-한 몸매 [~-han mommɛ ~-ハン モムメ] すらりとした体つき.

호명 [呼名] [homjɔŋ ホミョン] [名][하자] 名を呼ぶこと ¶ ~-된 분 [~-dwen pun ~ドウェン プン] 名前を呼ばれた方.

호미 [homi ホミ] [名] 草取り用の手くわ.

*호박 [ho:bak ホーバク] [名] ①〈植〉カボチャ; ズッキーニ; (애호박 [ɛhobak エホバク] 「細長い未熟のカボチャ」がふつう料理に使われる) ② 醜い女性をあざける語; おかめ ¶ ~같은 여자 [(ho:ba)k'atʰɯn njɔdʒa ~カットゥン ニョジャ] カボチャに目鼻 **—고지** [(ho:ba)k'odʒi コジ] カボチャを薄く切って干したもの **—꽃** [(ho:ba)k'ot コッ] カボチャの花; きれいでない女性のこと; お多福 ¶ ~-도 꽃이냐? [~t'o k'otʃʰinja ~ト コッチニャ] カボチャの花も花かきれいでない女も女性と言えるのか.

애호박　　　　호박

호박 [琥珀] [ho:bak ホーバク] [名]〈鉱〉琥珀珠 ¶ ~ 단추 [~ t'antʃʰu ~ タンチュ] 琥珀のボタン **—단**(緞) [t'an ダン] [名] 琥珀織; つやのある薄地の絹の平織; タフタ **—색** [s'ɛk セク] [名] 琥珀色.

호반 [湖畔] [hoban ホバン] [名] 湖畔 ¶ ~-의 여관(旅館) [~e jɔgwan (ホバ)ネ ヨグァン] 湖畔の宿.

호별 [戸別] [ho:bjɔl ホービョル] [名] 戸別; 軒別 **—방문** [ba:ŋmun バーンムン] [名][하자] 戸別訪問.

호비다 [hobida ホビダ] [他] ① (穴の中を)ほじくる ② (真相などを)暴き出す.

호사-가 [好事家] [ho:saga ホーサガ] [名] 好事家; 物好き(な人).

호사-다마 [好事多魔] [ho:sadama ホーサダマ] [名][하자] 好事魔多し; よいことにはとかく邪魔が入りがちだ.

호사-스럽다 [豪奢—] [hosasɯrɔpt'a ホササロプタ] · **호사-롭다** [hosaropt'a ホサロプタ] [形][ㅂ변] 豪奢ごうしゃだ ¶ ~-스러운 생활 [~-sɯrɔun sɛŋhwal ~-スロウン センフヮル] 豪奢な生活.

호상 [好喪] [ho:saŋ ホーサン] [名] 長生きして幸福な一生を終えた人の葬儀.

호색 [好色] [ho:sɛk ホーセク] [名][하자] 好色 **—가** [k'a カ] [名] 好色家 **—한** [(ho:sɛ)kʰan カン] [名] 好色漢.

*호소 [呼訴] [hoso ホソ] [名] 事情を訴えること [hada ハダ] [他] 訴える; 呼び掛ける; 愁訴する ¶ 눈물로 ~ [nunmullo ~ ヌンムルロ ~] 涙で訴える **—문** [mun ムン] [名] (何かを)訴える文; アピール; 要請文.

호송 [護送] [ho:soŋ ホーソン] [名][하자] 護送; エスコート ¶ 죄수(罪囚) ~차 [tʃwe:su ~tʃʰa チュエース ~チャ] 囚人護送車.

*호수 [湖水] [hosu ホス] [名]〈地〉湖水; 湖 ¶ 호숫가 [hosuk'a ホスッカ] 湖畔.

호스트 [hosutɯ ホストゥ] host [名] ホスト; 男の主人.

호스티스 [hosɯtʰisɯ ホストゥィス] hostess [名] ホステス; 女主人.

호시-탐탐 [虎視眈眈] [ho:ʃitʰamtʰam ホーシタムタム] [名][하자] 虎視眈々こしたんたん ¶ ~ 엿보다 [~ jɔ:tp'oda ~ ヨーッポダ] 虎視眈々見守る.

호식 [好食] [ho:ʃik ホーシク] [名][하자] ① よい食べ物; よい食べ物を食べること ¶ 딸 덕에 ~-하다 [tal dɔge (ho:ʃi)kʰada ッタル ドゲ ~カダ] 娘のおかげでおいしいものを食べる ② 食べ物を好むこと; よく食べること.

호신 [護身] [ho:ʃin ホーシン] [名][하자] 護身 ¶ ~-용 권총 [~-njoŋ kwɔ:ntʃʰoŋ ~-ニョン クォーンチョン] 護身用拳銃 **—술** [sul スル] [名] 護身術.

호언 [豪言] [hoɔn ホオン] [名][하자] 豪語; 大言 ¶ ~ 장담(壯談) [~ dʒaŋdam ~ ジャンダム] 大言壮語; 高言 / ~ 장담하다 [~ dʒaŋdamhada ~ ジャンダムハダ] 大口をたたく; 大きなことを言う; 大言壮語を吐く.

호연지-기 [浩然之氣] [ho:jɔndʒigi ホーヨンジギ] [名] 浩然こうぜんの気 ¶ ~-를 기르다 [~rɯl kirɯda ~ルル キルダ] 浩然の気を養う.

호외 [號外] [ho:we ホーウェ] [名] 号外 ¶ 신문의 ~ [ʃinmune ~ シンムネ ~] 新聞の号外.

호우 [豪雨] [hou ホウ] [名] 豪雨; 大雨

¶집중 ~ [tɕiptɕuŋ ~ チブチュン ~] 集中豪雨 **—경보** [gjɔːŋbo ギョーンポ] 名 豪雨警報 **—주의보** [dʒuːibo ジューイボ] 名 豪雨[大雨]注意報.

호위[護衛][hoːwi ホーウィ] 名 하他 護衛 ¶ **—병**[~bjɔŋ ~ビョン] 護衛兵 / **~을 붙이다**[~rɯl putɕʰida ~ルル プチダ] 護衛をつける.

호응[呼應][houŋ ホウン] 名 하自 呼応 ¶캠페인에 ~하다 [kʰempʰeine ~hada ケムペイネ ~ハダ] キャンペーンに呼応する.

***호의**[好意][hoːi ホーイ] 名 好意 ¶남의 ~를 저버리다[name ~rɯl tɕɔbɔrida ナメ ~ルル チョボリダ] 人の好意を無にする **—적** [dʒɔk ジョク] 冠名 好意的 ¶ **—반응**[~ pʼaːnɯŋ ~ パーヌン] 好意的反応.

호의-호식[好衣好食][hoːihoːʃik ホーイホーシク] 名 하自 よい衣服をまといよい食べ物を食べること, またそのような暮らし[豊かな・ぜいたくな生活].

호인[好人][hoːin ホーイン] 名 好人物; お人好し; 善良な人 ¶비길데 없는 ~ [pigilʼteʼ eːmnɯn ~ ピギルテ オームヌン ~] 無類の好人物.

***호적**[戶籍][hoːdʒɔk ホージョク] 名 戶籍 **—등본** [tʼɯŋbon トゥンボン] 名 戶籍謄本 **—초본** [tɕʰobon チョボン] 名 戶籍抄本.

호-적수[好敵手][hoːdʒɔksʼu ホージョクス] 名 好敵手 ¶바둑의 ~ [paduge ~ パドゥゲ ~] 碁の好敵手.

호전[好戰][hoːdʒɔn ホージョン] 名 好戰 ¶ **—적인 태도**[~dʒɔgin tʰeːdo ~ジョギン テード] 好戰的(な)態度.

호전[好轉][hoːdʒɔn ホージョン] 名 하自 好転 ¶**사태가 ~되다**[saːtʰɛga ~dweda サーテガ ~ドゥェダ] 事態が好転する.

호젓-하다[hodʒɔtʰada ホジョッタダ] 形 여変 静かでもの寂しい; ひっそりしている; 深閑としている ¶ **—한 뒷골목**[~-tʰan twiːtkʼolmok ~-タン トゥィーッコルモク] ひっそりした裏通り.

호젓-이[hodʒɔʃi ホジョシ] 副 ひっそりと, 寂しく ¶**혼자 ~ 살다**[hondʒa ~ saːlda ホンジャ ~ サールダ] 1人でひっそり(と)暮らす.

호조[好調][hoːdʒo ホージョ] 名 好調; 快調 ¶ **~를 보이다**[~rɯl poida ~ルル ポイダ] 好調な成り行きである.

호-조건[好條件][hoːdʒokʼɔn ホージョコン] 名 好條件 ¶ **~으로 계약하다** [~uro keːjakʰada (ホージョコン)ヌロ ケーヤクダ] 好条件で契約する.

호주[戶主][hoːdʒu ホージュ] 名 戶主 **—권** [kʼwɔn クォン] 名 戶主權.

호주[濠洲][hoːdʒu ホジュ] 名 豪州; オーストラリア.

***호-주머니**[hodʒumɔni ホジュモニ] 名 ふところ; かくし; 懷中; ポケット ¶ **~ 돈**[~ don ~ ドン] ポケットマネー / **~가 비었다**[~ga piːɔtʼaʼ [tudukʰada] ~ガ ピーオッタ[トゥドゥクダ] ふところが寒い・寂しい・しけている[暖い].

호청[hotɕʰɔŋ ホチョン] 名 (布団・枕などの)覆い; カバー(cover).

호출[呼出][hotɕʰul ホチュル] 名 하他 呼び出し; お呼び立て ¶ **~에 응하다** [(hotɕʰur)e ɯːŋhada (ホチュ)レ ウーンハダ] 呼び出しに応じる **—부호** [buːho ブーホ] 名 呼び出し符号; コールサイン(call sign).

호칭[呼稱][hotɕʰiŋ ホチン] 名 하他 呼称; 称号 ¶ **~을 생략(省略)하다** [~ul sɛŋnjakʰada ~ウル センニャクダ] 呼称を略する.

호쾌[豪快][hokʰwe ホクェ] 名 하形 豪快 ¶ **~한 홈런**[~han hoːmrɔn ~ハン ホームロン] 豪快なホームラン.

***호텔**[hotʰel ホテル] 名 ホテル ¶ **—프론트** [~ pʰɯrontʰɯ ~ プロントゥ] ホテルのフロント.

호통[hotʰoŋ ホトン] 名 하自 ⓐ (非常に怒って)大声で怒鳴ること・叱りつけること; ⓑ けんつく ¶**아버지한테 ~ 맞다**[abɔdʒihantʰe ~ matʼa アボジハンテ ~ マッタ] 父に怒鳴られる **—치다**[tɕʰida チダ] 自 怒鳴る; 怒鳴りつける; けんつくを食わす ¶**몹시 ~**[moːpʃi ~ モープシ ~] どやしつける.

호평[好評][hoːpʰjɔŋ ホーピョン] 名 하他 好評 ¶ **~을 받다**[~ul pat'a ~ウル パッタ] 好評を博する.

호형 호제[呼兄呼弟][hohjɔŋhodʒe ホヒョンホジェ] 名 하自他 親しい友の間で兄と弟と呼びあうこと ¶**그와는 ~하는 사이다**[kɯwanɯn ~hanɯn saːida クワヌン ~ハヌン サイダ] 彼とは兄弟のように親しい間柄である.

호혜[互惠][hoːhe ホーヘ] 名 互惠 ¶ **—정신**[~ dʒɔŋʃin ~ ジョンシン] 互

恵の精神 **—관세** [gwanse グァンセ] 名 互恵関税.

호호[hoho ホホ] 副 하111 ほほ; (おもに女性が)軽く笑うときの声 ¶~하고 웃다 [~hago u:t'a ~ハゴ ウーッタ] ほほと笑う.

호-호[ho:ho ホーホ] 副 하111他 ほうほうと; ふうふうと; 口をすぼめて息を吹くさま ¶언 손을 ~ 불다 [ɔ:n sonul ~ pu:lda オーン ソヌル ~ プールダ] かじかんだ手にはあっと[ほうほうと]息を吹きかける.

호호 백발[皓皓白髪][ho:hobɛkp'al ホーホベクパル] 名 真っ白い白髪(の老人).

***호화**[豪華][hohwa ホファ] 名 하形 豪華 **—롭다** [ropt'a ロプタ] 形 ㅂ変 豪華である; ぜいたくで派手だ ¶**—로운 저녁** [~-roun tʃɔ:thɛk ~-ロウン チョーテク] 豪華な邸宅 **—로이** [roi ロイ] 副 豪華に **—찬란**(燦爛) [tʃha:llan チャーラン] 名 하形 豪華絢爛 **—판**[pʰan パン] 名 豪華版; デラックス ¶~ 연회 [~ njɔ:nhwe ~ ニョーンフェ] デラックスな宴会.

호환[互換][ho:hwan ホーファン] 名 하111他 互換 **—성**[sɔŋ ソン] 名 互換性 ¶~이 있는 부품 [~i innun pupʰum ~イ インヌン ププム] 互換性のある部品.

호황[好況][ho:hwaŋ ホーファン] 名 好況 ¶뜻밖의 ~을 보이다 [t'utp'ak'e ~ul poida ットゥッパッケ ~ウルポイダ] 意外の好況を呈する.

***호흡**[呼吸][hohup ホフプ] 名 呼吸 ¶심~ [ʃi:m~ シーム~] 深呼吸 / 인공~ [ingoŋ~ インゴン~] 人工呼吸 / ~이 맞다 [(hohuib)i mat'a (ホフプ)ビマッタ] 呼吸が合う; 気が合う **—하다** [(hohu)pʰada パダ] 自 呼吸する; 息をする.

***혹** [hok ホク] 名 こぶ; 俗 たんこぶ ¶~떼다 [~ t'eda ~ッテダ] (たん)こぶを取る; こぶを切る / 머리에 ~이 생기다 [mɔrie (hog)i sɛŋgida モリエ (ホ)ギ センギダ] (棍棒 등に打たれて)頭にたんこぶができた / ~이 딸린 여자 [(hog)i t'allin njɔdʒa (ホ)ギッタルリン ニョジャ] こぶつきの[子供のある]女性 / ~ 떼러 갔다 ~ 붙여 온다 [~ t'erɔ gat'a ~ p'utʃʰjɔ onda ~ッテロ ガッタ ~ プチョ オンダ] 諺 こぶをとりに行ったがこぶをつけてくる; ミイラ取りがミイラになる(利益を得るつもりで行ったのに害をこうむること).

혹 [或][hok ホク] 副 ① いつか; 時たま; 時折; '혹시'(或時)の略 ¶~ 그를 만나더라도 [(ho) k'urul manadɔrada ~ クルル マンナドラド] いつか彼に会っても ② もし(かする)と; あるいは; 万一; '혹시'(或是)の略 ¶~ 그럴지도 모른다 [(ho) k'urɔltʃido morunda ~ クロルチド モルンダ] あるいはそうかもしれない ③ たまには; まれに; 간혹(間或)[ka:nhok カーンホク]の略 ¶~은 결근할 수도 있다 [(hog)un kjɔlgunhal s'udo it'a (ホ)グン キョルグンハル ッスド イッタ] たまには欠勤することもある.

혹독[酷毒][hokt'ok ホクトク] 名 하形 きわめてひどいこと; 甚だしいこと ¶~한 추위 [(hokt'o)kʰan tʃʰuwi ~カンチュイ] きびしい[ひどい・甚だしい]さ; 酷寒 / ~한 비판 [(hokt'o) kʰan pi:pʰan ~カン ピーパン] 手厳しい批評; 酷評 **—히** [(hokt'o)kʰi キ] 副 ひどく; むごく; 痛烈に; 残酷に.

혹-몰라[或—][hoŋmolla ホンモルラ] 副 もしかしたら[すると]; ひょっとしたら; あるいは ¶~ 오게 될지 [~ oge dwe:ltʃi ~ オゲ ドゥェルチ] あるいは来るかもしらん.

혹-부리 [hokp'uri ホクプリ] 名 顔にこぶのある人 ¶~ 영감 [~ jɔ:ŋgam ~ ヨーンガム] こぶじいさん.

혹사-하다[酷使—][hoks'ahada ホクサハダ] 他 酷使する; こき使う ¶종업원을 ~ [tʃoŋɔpbwɔnul ~ チョンオプヲヌル ~] 従業員を酷使する.

혹서[酷暑][hoks'ɔ ホクソ] 名 酷暑; 厳暑; ひどい暑さ.

혹성[惑星][hoks'ɔŋ ホクソン] 名 〈天〉='행성'(行星); 惑星(日本の用語).

***혹시**[或是][hokʃi ホクシ] 副 万一; もしかしたら; ひょっとしたら; あるいは ¶~ 실패하더라도 [~ ʃilpʰɛhadɔrado ~ シルペハドラド] 万一失敗しても **—나** [na ナ] 副 もしや ¶~하고 생각하여 [~hago sɛŋgakʰajo ~ハゴ センガクカヨ] もしやと思って.

혹시[或時][hokʃ'i ホクシ] 副 時たま; たまに; =간혹 [ka:nhok カーンホク].

***혹은**[或—][hogun ホグン] 副 または; もしくは; もしや; それとも ¶~ 강하게 ~ 약하게 [~ kaŋhage

~ jakʰage ~ カンハゲ ~ ヤクカゲ] あるいは強くあるいは弱く.

혹자[或者][hoktʃ'a ホクチャ] **1** 名 ある者 ¶~가 말하기를 [~ga maːrhagirɯl ~ガ マールハギルル] ある人が言う / する. **2** 副 あるいは＝'혹시'(或是).

혹평[酷評][hokpʰjoŋ ホクピョン] 名 他 酷評 ¶~을 받다 [~ɯl pat'a ~ウル パッタ] 酷評を浴びる [受ける].

혹-하다[惑—][hokʰada ホクカダ] 自 変 すっかりほれ込む; おぼれて夢中になる; 惑わされる ¶돈이라면 혹한다 [toːniramjʌn hokʰanda トーニラミョン ホクカンダ] 金といえば飛びつく [夢中になる].

혹한[酷寒][hokʰan ホクカン] 名 酷寒 ¶영하(零下) 30도의 ~ [jʌŋha samʃipt'oe ~ ヨンハ サムシプトエ ~] 氷点下30度の酷寒.

*혼[魂][hon ホン] 名 魂; 精神; 霊魂.

혼기[婚期][hoŋi ホンギ] 名 婚期 ¶~를 놓치다 [~rɯl notʃʰida ~ルル ノッチダ] 婚期を逃す [逸する] / ~가 차다 [~ga tʃʰada ~ガ チャダ] 婚期に達する.

혼-꾸멍[魂—][honk'umʌŋ ホンックモン] 名 俗 '혼'(魂) ¶~(이) 나다 [~(i) nada ~(イ) ナダ] ⇨ '혼나다' 「ひどい目にあう」 / ~(을) 내다 [~(ɯl) nɛːda ~(ウル) ネーダ] ⇨ '혼내다' 「ひどい目にあわせる」.

*혼-나다[魂—][honnada ホンナダ] 自 ① ひどい [こわい・さんざんな] 目にあう; とんだ [えらい] 目にあう ¶폭우를 만나 ~ [pʰoguruɯl manna ~ ポグルル マンナ ~] (山の中で)暴雨にうたれひどい目にあう ② 俗 魂消ずる; 肝をつぶす; びっくり仰天する; 驚く ③ ひどく叱られる; 大目玉を食う [食らう].

*혼-내다[魂—][honnɛda ホンネダ] 他 便役 ひどい目にあわせる; ぎょっとさせる; やりこめる; 取っちめる ¶혼내주다 [honnɛ dʒuda ホンネ ジュダ] こらしめる; 目に物を言わせる / 건방진 놈을 ~ [kʌnbaŋdʒin nomɯl ~ コンバンジン ノムル ~] 生意気なやつを取っちめる [こらしめる].

혼담[婚談][hondam ホンダム] 名 縁談 ¶~이 이루어지다 [~i irucʌdʒida (ホンダ)ミ イルオジダ] 縁談がまとまる.

혼돈[混沌・渾沌][hoːndon ホーンドン] 名 他形 混沌 ¶~ 상태에 빠지다 [~ saŋtʰɛe p'aːdʒida ~ サンテエ ッパージダ] 混沌状態に陥る **—세계** [seːge セーゲ] 名 混沌とした世界.

*혼동[混同][hoːndoŋ ホーンドン] 名 他 混同 ¶공사를 ~ 하다 [koŋsarɯl ~hada コンサルル ~ハダ] 公私を混同する / ~하기 쉬운 글자 [~hagi ʃwiun kɯltʃ'a ~ハギ シュィウン クルチャ] 紛らわしい文字.

*혼란[混亂][hoːllan ホーッラン] 名 他形 混乱 ¶머리가 ~ 하다 [mʌriga ~hada モリガ ~ハダ] 頭が混乱している / 질서의 ~ [tʃilsʼʌe ~ チルッソエ ~] 秩序の乱れ [混乱].

혼례[婚禮][holle ホルレ] 名 婚礼; 婚儀 ¶~를 올리다 [~rɯl ollida ~ルル オルリダ] 婚礼を挙げる **—복** [bok ボク] 名 婚礼の服 **—식** [ʃik シク] 名 結婚式.

혼례식　　　혼례복

혼미[昏迷][honmi ホンミ] 名 他形 昏迷 ¶~ 상태에 빠지다 [~ saŋtʰɛe p'aːdʒida ~ サンテエ ッパージダ] 昏迷状態に陥る.

혼백[魂魄][honbɛk ホンベク] 名 魂魄; 死者の魂; 霊魂; ＝넋 [nʌk ノク].

혼비-백산[魂飛魄散][honbibɛks'an ホンビペクサン] 名 他自 (魂魄が飛び散るの意)ひどく驚いて肝をつぶすこと ¶~하여 도망치다 [~hajʌ tonaŋtʃʰida ~ハヨ トマンチダ] びっくり仰天して逃げ出す. 「関すること.

혼사[婚事][honsa ホンサ] 名 結婚に

혼선[混線][hoːnsʌn ホーンソン] 名 他自 混線 ¶이야기가 ~을 빚다 [ijagiga ~ɯl pit'a イヤギガ (ホーンソ)ヌル ピッタ] 話が混線する [混線を引き起こす] / 전화가 ~되어 [tʃʌːnhwaga ~dwe チョーンファガ ~ドゥェオ] 電話が混線して(聞きとれない).

혼성[混成][hoːnsʌŋ ホーンソン] 名 他自 混成 ¶~ 팀 [~ tʰiːm ~ ティーム] 混成チーム.

혼수[昏睡][honsu ホンス] 名 他自 昏睡 ¶~ 상태 [~ saŋtʰɛ ~ サンテ] 昏睡状態.

혼수[婚需][honsu ホンス] 名 結婚に必要な物品や費用.

혼숙[混宿][ho:nsuk ホーンスク] 名 하自 幾人かの男女が同宿すること.

혼식[混食][ho:nʃik ホーンシク] 名 하自 混食 ¶~은 건강에 좋다[(ho:nʃiɡ)un kɔ:ngane tjo:tʰa (ホーンシグ)ン コーンガンエ チョーッタ] 混食は健康によい.

혼신[渾身][ho:nʃin ホーンシン] 名 渾身 ¶~의 힘을 다하여[~e himuul ta:hajo (ホーンシ)ネ ヒムル ターハヨ] 渾身の力をしぼって.

혼약[婚約][honjak ホニャク] 名 하自 婚約=약혼(約婚)[jakʰon ヤクォン].

혼연[渾然][ho:njon ホーニョン] 名 하形 渾然뜻 ¶~한 결합[~han kjɔrhap ~ハン キョルハプ] 渾然たる結合 **—히**[i (ホーニョ)ニ] 副 渾然と ¶~융화하다[~ juŋhwahada ~ ユンファハダ] 渾然と融和する **一일체**[iltʃʰe (ホーニョ)ニルチェ] 名 渾然一体.

혼용[混用][ho:njoŋ ホーニョン] 名 하他 混用 ¶한글과 한자의 ~[hanɡulgwa hantʃʼae ~ ハングルグァ ハンチャエ ~] ハングルと漢字の混用.

혼인[婚姻][honin ホニン] 名 하自 婚姻; 結婚 **—신고**(申告)[ʃingo シンゴ] 名 婚姻届.

****혼자**[hondʒa ホンジャ] 名 副 独り(で); 1人; ただ1人で ¶단 ~ タン ~] 1人ぼっち / ~서[~sɔ ~ソ] 1人で / ~ 살다[~ sa:lda ~ サールダ] 1人暮らしをする / ~ 힘으로[~ himuro ~ ヒムロ] 自力で **一되다**[dweda ドゥェダ] 自 1人身になる

혼잣-말[hondʒanmal ホンジャンマル] 名 하自 独り言 ¶~로 투덜거리다[~lo tʰudɔlɡorida ~ロ トゥドゥルゴリダ] 独り言をぶつぶつ言う.

혼잡[混雜][ho:ndʒap ホーンジャプ] 名 混雜 ¶러시 아워의 ~[rɔʃi awoe ~ ロシ アウォエ ~] ラッシュアワーの混雜 **—하다**[(ho:ndʒa)pʰada バダ] 形 混雜している; 込み合っている; ごたごたしている ¶~한 곳[~pʰan kot ~パン コッ] ごたごたした所.

혼전[混戰][ho:ndʒɔn ホーンジョン] 名 하自 混戰 ¶~ 상태[~ saŋtʰɛ ~ サンテ] 混戰状態.

혼절[昏絶][hondʒɔl ホンジョル] 名 하自 昏絶뜻; 気絶.

혼쭐-나다[魂—][hontʃʼullada ホンチュルラダ] 自 ① ひどい目にあう; 取っちめられる; 魂消える; ='혼나다' ¶~나서 소리도 못 질렀다[~-lasɔ sorido mo:tʃʼillɔtʼa ~-ラソ ソリド モーッ チルロッタ] あまりたまげて声も出なかった ② (あまりの立派さに)気が遠くなるほどうっとりする.

혼처[婚處][hontʃʰɔ ホンチョ] 名 嫁入り相手; 結婚にふさわしい相手(方)[家系] ¶~가 생기다[나다][~ɡa sɛŋɡida[nada] ~ガ センギダ[ナダ]] ふさわしい結婚相手ができる[現われる].

혼탁[混濁・渾濁][ho:ntʰak ホーンタク] 名 混濁 **—하다**[(ho:ntʰa)kʰada カダ] 形 混濁している; 濁っている; (社会が)乱れている ¶~한 물[~-kʰan mul ~-カン ムル] 濁った水 / ~한 세상[~-kʰan se:saŋ ~-カン セーサン] 混濁の世; 乱れた世の中.

***혼합**[混合][ho:nhap ホーンハプ] 名 混合 ¶물과 기름은 ~되지 않는다[mulɡwa kirumuun ~tʼwedʒi annuunda ムルグァ キルムン ~トゥェジ アンヌンダ] 水と油は混ざらない **—하다**[(ho:nha)pʰada パダ] 自他 混合する; かき混ぜる ¶물과 밀가루를 ~[mulɡwa milkʼaruruul ~ ムルグァ ミルカルルル ~] 水と小麦粉をかき混ぜる **—복식**(複式)[pʼokʃik ポクシク] 名 (テニスや卓球などで)混合ダブルス.

혼혈-아[混血兒][ho:nhjora ホーンヒョラ] 名 混血兒=튀기[tʰwigi トゥィギ].

홀-[hol ホル] 接頭 単独の; 1つだけの ¶~몸[~mom ~モム] 1人身; 独身 / ~아비[(hor) abi (ホ)ラビ] 男やもめ / ~수[~sʼu ~ッス] 奇数.

***홀가분-하다**[holɡabunhada ホルガブンハダ] 形 여変 ① (気持ちが)軽い; さっぱりしている ¶마음이 ~[maumi ~ マウミ ~] 心が軽い ② 身軽だ; 簡単だ; 軽い ¶~한 옷차림[~-han otʃʰarim ~-ハン オッチャリム] 身軽なこしらえ[服装] / ~한 독신자[~-han tokʃʼindʒa ~-ハン トクシンジャ] 身軽な独身者 ③ 甘い; 手ごわい相手ではない ¶~하게 보아서는 안되는 팀[~-hage poasɔnuun andwenun tʰi:m ~-ハゲ ポアソヌン アンドゥェヌン ティーム] 甘くみてはいけないチーム ④ たやすい; 造作もない.

홀딱[holtʼak ホルッタク] 副 ① すっかり

全部 ¶옷을 ~ 벗다[osul ~ p'ɔt'a オスル ~ ポッタ] 着物をすっかり脱ぐ; まっ裸になる / 가진 돈을 ~ 날리다 [kadʒin toːnul ~ holt'aŋ) nallida カジント-ヌル (ホルッタン) ナルリダ] あり金をすっかり[全部]使い果たす ② ぞっこん; まんまと ¶~ 반하다[~ p'aːnhada ~ パーンハダ] 見惚れる; ぞっこんほれ込む / ~ 속았다[~ s'ogat'a ~ ソガッタ] まんまとだまされた ③ ひらりと; ころっと ¶~ 뛰어넘다[~ t'wiɔnɔmt'a ~ ットゥイオノムタ] ひらりと跳び越える / ~ 뒤집히다[~ t'widʒipʰida ~ トゥイジピダ] ころっとひっくり返る.

흘랑[hollaŋ ホルラン] 副 ① さっと; すっかり ¶옷을 ~ 벗어버리다[osul ~ pɔsɔbɔrida オスル ~ ポソボリダ] 着物をさっと脱ぎ捨てる / 머리가 ~ 벗어진 이마[mɔriga ~ pɔsɔdʒin ima モリガ ~ ポソジン イマ] 髪の毛がすっかりはげ上がった額 ② くるっと; するっと ¶배가 ~ 뒤집히다[pɛga ~ twidʒipʰida ペガ ~ トゥイジピダ] 船がくるっとひっくり返る / 자루를 ~ 뒤집다[tʃarurul ~ twidʒipt'a チャルルル ~ トゥイジプタ] 袋をするっと裏返す.

*흘로[hollo ホルロ] 副 1人(で); 1人きり; 孤立して; ぽつねんと ¶~ 살아가는 나날[~ saraganun nanal ~ サラガヌン ナナル] 1人で暮らす日々 / ~ 서 있다[~ sɔ itʼa ~ ソ イッタ] ぽつねんとたたずんでいる ━되다[dweda ドゥェダ] 自 1人身になる.

흘리다[hollida ホルリダ] 自 ① 引き込む; 魅惑される; '호리다'の受動 ¶미모에 ~[miːmoe ~ ミーモエ ~] 美貌(ぼう)の虜(とりこ)になる ② 惑わされる ¶여우에 ~[joue ~ ヨウエ ~] キツネにだまされる[惑わされる].

흘-몸[holmom ホルモム] 图 (配偶者や兄弟がいない、まだ妊娠していない)1人身; 独身 ¶~이 아니다[~i anida ~イ アニダ] 身ごもっている.

*흘-수[一數][hols'u ホルッス] 图 奇数=기수[kisu キス].

흘시[忽視][holtʃʼi ホルシ] 图 하他 ① 無視; 軽視; 蔑視(べっし) ¶사람을 ~하는 태도[saːramul ~ hanun tʰɛːdo サーラムル ~ ハヌン テード] 人を無視する態度 ② おろそかに見下すこと.

흘-아비[horabi ホラビ] 图 男やもめ ¶~ 살림[~ sallim ~ サルリム] (男の)やもめ暮らし; 〈敬称〉**흘아버니**[horaboni ホラボニ].

흘-어미[horɔmi ホロミ] 图 やもめ; 未亡人=과부(寡婦)[kwaːbu カープ]; 〈敬称〉**흘어머니**[horɔmɔni ホロモニ].

흘연-히[忽然—][horjɔn hi ホリョニ] 副 忽然(こつぜん)と; 突然に ¶~ 나타나다[~ natʰanada ナタナダ] 忽然と現われる / ~ 사라지다[~ saradʒida ~ サラジダ] 忽然と[消えうせる].

흘짝[holtʃʼak ホルッチャク] 副 ① ごくり(と) ¶술을 ~ 마시다[surul (holtʃʼaŋ) maʃida スルル (ホルッチャン) マシダ] 酒をごくりと飲み込む ② ぴょんと ¶새가 ~ 날아들다 (holtʃʼaŋ) naradulda セーガ (ホルッチャン) ナラドゥルタ] 鳥がぴょんと飛び込む ③ すうと; 鼻をすするさま ━거리다[(holtʃʼa)k'ɔrida コリダ] ・━이다[(holtʃʼag)ida (ホルッチャ) ギタ] 他 ① ちびりちびり飲む ② ぴょんぴょんと跳ねる ③ (鼻水を)すする; しくしく泣く ¶코를 ~-거리며 울다[kʰorul ~-k'ɔrimjɔ uːlda コルル ~-コリミョ ウールタ] 鼻をすすりながら泣く.

흘쭉-하다[holtʃʼukhada ホルッチュクカダ] 形 여変 ① 体がほっそりしている ¶~-한 체격[~-kʰan tʃʰegjɔk ~-カン チェギョク] ほっそりした体 ② 先が細長い; 先がほっそりしている ¶끝이 ~-한 작대기[k'utʃʰi ~-kʰan tʃakt'ɛgi ックチ ~-カン チャクテギ] 先の細長い棒切れ ③ (病気や疲労などで)やつれている; げっそりやせる ¶얼굴이 ~-해지다[ɔlguri ~-kʰɛdʒida オルグリ ~-ケジタ] 顔がげっそりやせる ④ へこんでいる ¶~-해진 배[~-kʰɛdʒin pɛ ~-ゲジン ペ] へこんだ腹 **흘쭉-이**[holtʃʼugi ホルッチュギ] 图 やせっぽち.

흘쳐-매다[holtʃʰɔmɛda ホルチョメダ] 他 しっかりくくり締める; 固く結ぶ.

흘치다[holtʃʰida ホルチダ] 他 (ほどけないように)しっかり[固く]縛りつける.

흘-하다[忽—][horhada ホルハダ] 形 軽率だ; 軽はずみだ; そこつだ ¶일을 너무 ~-하게 처리했다[iːrul nɔmu ~-hage tʃʰɔrihɛtʼa イールル ノム ~-ハゲ チョーリヘッタ] 事をあまり軽率に始末した.

흘흘[hoːrhol ホールホル] 副 ① ふわふわ ¶새털이 ~ 날다[sɛtʰɔri ~ lalda

セートリ ～ ラルダ] 羽毛がふわふわと飛ぶ ②ちょろちょろ ¶촛불이 ～ 타다 [tɕʰotpʼuri ～ tʰada チョップリ ～ タダ] ろうそくの炎がちょろちょろ燃える ③ちびりちびり ¶홍차를 ～ 마시다 [hontɕʰarɯl ～ maɕida ホンチャルル ～ マシダ] 紅茶をちびりちびり飲む.

홈 [hom ホム] 名 溝; 切り込み ¶문지방에 ～을 파다 [muntɕʼibaŋe ～ɯl pʰada ムンチバンエ ～ウル パダ] 敷居に溝を彫る.

홈 [ho:m ホーム] 名 ホーム **―드라마** [dɯrama ドゥラマ] 名 ホームドラマ **―드레스** [dɯresɯ ドゥレス] 名 ホームドレス **―런** [rɔn ロン] 名 〈野〉ホームラン **―스틸** [sɯtʰiːl スティール] 名 〈野〉ホームスチール **―스펀** [supʰɔn スポン] 名 ホームスパン **―식** [ɕik シク] 名 ホームシック; ノスタルジア **―팀** [tʰiːm ティーム] 名 ホームチーム.

홈-통 [一桶] [homtʰoŋ ホムトン] 名 樋 といᵉ, かけひ; (障子などの枠の上下に長く彫った)溝 ¶지붕에 ～을 달다 [tɕibuŋe ～ɯl talda チブンエ ～ウル タルダ] 屋根に雨どいをつける.

***홉** [←合] [hop ホプ] 依名 容量の単位; 合(1升の10分の1).

홍당-무 [紅唐―] [hoŋdaŋmu ホンダンム] 名 ①〈植〉ニンジン(人参); アカダイコン(赤大根) ②赤面 ¶～가 되다 [～ga twedʑa ～ガ トゥェダ] 顔が真っ赤になる; 赤面する.

홍도 [紅桃] [hoŋdo ホンド] 名 紅桃 **―나무** [namu ナム] 名 〈植〉紅桃; 紅色の花の咲く桃の木(鑑賞用).

홍두깨 [hoŋdukʼɛ ホンドゥッケ] 名 綾巻ᵃʸᵃᵐᵃᵏⁱ; 砧ᵏⁱⁿᵘᵗᵃで布を打つとき, 布を巻き付けておく円い棒.

홍등 [紅燈] [hoŋdɯŋ ホンドゥン] 名 紅灯; 赤い灯火 **―가** [街] [ga ガ] 名 紅灯の巷ᶜʰᵒᵐᵃᵗᵃ; 花柳界; 色町; 遊郭.

홍보 [弘報] [hoŋbo ホンボ] 名 하他 広報 ¶～ 활동 [～ hwalʼtoŋ ～ ファルトン] 広報活動.

홍삼 [紅蔘] [hoŋsam ホンサム] 名 紅蔘ᶜʰᵒⁿˢᵃᵐ; 高麗人参ⁿⁱⁿᵈʑⁱⁿの根を蒸して乾燥した強壮剤・抗疲労・抗ストレスの漢方薬.

홍수 [洪水] [hoŋsu ホンス] 名 洪水; 大水 ¶～가 나다 [～ga nada ～ガ ナダ] 大水が出る / 실업자의 ～ [ɕirɔpʑʼae ～ シロプチャエ ～] 失業者の洪水 **―경보** [gjɔːŋbo ギョーンボ] 名 洪水警報.

홍시 [紅柿] [hoŋɕi ホンシ] 名 熟して軟らかくなった柿ᵏᵃᵏⁱ; 熟柿ᵈʑᵘᵏᵘˢʰⁱ.

홍-실 [紅―] [hoŋɕil ホンシル] 名 赤い糸.

홍안 [紅顔] [hoŋan ホンアン] 名 紅顔 ¶～의 미소년 [～e misonjɔn ～エ ミーソニョン] 紅顔の美少年.

홍어 [洪魚] [hoŋɔ ホンオ] 名 〈魚〉ガンギエイ(ガンギエイ科の軟骨魚).

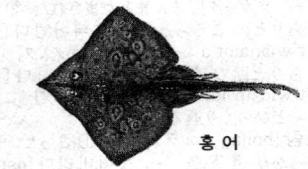

홍 어

홍역 [紅疫] [hoŋjɔk ホンヨク] 名 〈医〉はしか; 麻疹ᵐᵃˢʰⁱⁿ; 紅熱.

홍엽 [紅葉] [hoŋjɔp ホンヨプ] 名 紅葉; もみじ.

홍옥 [紅玉] [hoŋok ホンオク] 名 紅玉 ①ルビー ②リンゴの品種の1つ.

홍익 [弘益] [hoŋik ホンイク] 名 하他 ①大きな利益 ②広益; 益を広めること **―인간** [人間] [hoŋ(ig)inɡan (ホン)イ)ギンガン] 名 広く人間社会に利益を与えること; 古代朝鮮(始祖・檀君ᵈᵃⁿɡᵘⁿ)の建国理念.

홍-일점 [紅一點] [hoŋiltɕʼɔm ホンイルチョム] 名 紅一点 ¶입선자 중의 ～ [ipsʼɔndʑa dʑuŋe ～ イプソンジャ ジュンエ ～] 入選者中の紅一点.

홍조 [紅潮] [hoŋdʑo ホンジョ] 名 紅潮 ①朝日に赤く輝く海の波 ②恥ずかしさで赤らんだ顔色 ¶뺨에 ～를 띠며 말하다 [pʼjame ～rɯl tʼimjɔ maːrhada ッピャメ ～ルル ッティミョ マールハダ] 赤らんだ顔色をして話す ③酔った顔色 ④月経の別称.

***홍차** [紅茶] [hoŋtɕʰa ホンチャ] 名 茶; ティー.

홍합 [紅蛤] [hoŋhap ホンハプ] 名 〈貝〉イガイ(貽貝)(イガイ科の二枚貝).

홑- [hot ホッ] 名 接頭 一重または単一を表わす語; 単層.

홑-겹 [hotkʼjɔp ホッキョプ] 名 一重.

홑-껍데기 [hotkʼɔptʼeɡi ホッコプテギ] 名 ① 一重仕立ての表皮 ②(縫い合わせていない)袷ᵃʷᵃˢᵉ用の表地.

홑-몸 [honmom ホンモム] 名 ①独り身; 単身 ②妊娠していない女性の体 ¶그녀는 ～이 아니다 [kɯnjɔnɯn ～i anida クニョヌン (ホンモ)ミ アニダ] 彼女は

ただの体ではない[身ごもっている].
- **홑-옷**[hodot ホドッ] 图 単衣ひとえの服.
- **홑-이불**[honnibul ホンニブル] 图 一重の掛け布団; 布団のカバー.
- **홑-적삼**[hotʃʼɔksʼam ホッチョクサム] 图 (男性用の) 単衣ひとえのチョゴリ[上衣].
- **홑-치마**[hotʃhima ホッチマ] 图 単衣ひとえのチマ; 下着のズボン・チマ['고쟁이'・'속치마']をはかずに着るチマ.
- ***화**[火][hwa: ファー] 图 ① 怒り; 立腹; 憤り ¶ ~를 잘 내는 사람[~rul tʃal lɛ:nun sa:ram ～ルル チャル レーヌン サーラム] 怒りっぽい人 / ~가 치밀다[복받치다] [~ga tʃhimilda [pokpʼatʃhida] ～ガ チミルダ[ポクパッチダ]] 怒りが込み上げる; 頭に来る; はらわたが煮えくり返る ② '화기'(火氣)の略.
- ***화**[禍][hwa: ファー] 图 災い; 災難 ¶ ~를 면하다[~rul mjɔ:nhada ～ルル ミョーンハダ] 災いを免れる / ~를 입다[~rul ipt'a ～ルル イプタ] 災いを被る.
- ***화가**[畫家][hwa:ga ファーガ] 图 画家; 絵描き ¶ 서양 ~[sɔjaŋ ~ ソヤン ～] 西洋画家 / ~를 좋아하다[~rul tʃo:ahada ～ルル チョーアハダ] 絵描きが好きだ / ~의 모임 [~e moim ～エ モイム] 画人の集い / 유명(有名)한 ~[ju:mjɔŋhan ~ ユーミョンハン ～] 名高い画師.
- **화교**[華僑][hwagjo ファギョ] 图 華僑きょう ¶ ~의 상술[~e saŋsul ～エ サンスル] 華僑の商才.
- **화구**[火口][hwa:gu ファーグ] 图 ① 火口; 焚たき口 ② 火炎を吹き出す口 ③ (火山の) 火口 ―**호**[ho ホ] 图 火口湖.
- **화구**[畵具][hwa:gu ファーグ] 图 画具; 画材; 絵の道具.
- **화근**[禍根][hwa:gɯn ファーグン] 图 禍根 ―**거리**[kʼɔri コリ] 图 禍根のもとになるもの[こと]; 災いの種.
- **화급**[火急][hwa:gɯp ファーグプ] 图 하形 火急 ¶ ~한 통지(通知) [(hwa:gɯ)pʰan tʰoŋdʒi ～パン トンジ] 火急な知らせ ―**히**[(hwagɯ)pʰi ピ] 副 火急に ¶ ~ 연락하다[~ jɔllakhada ～ ヨルラクハダ] 大急ぎで連絡する.
- **화기**[火氣][hwa:gi ファーギ] 图 ① 火気 ¶ ~ 엄금[~ ɔmgɯm ～ オムグム] 火気厳禁 ② 怒気.
- **화기**[和氣][hwagi ファギ] 图 和気 ―**애애**[ɛɛ エエ] 图 하形 和気あいあい ¶ ~한 분위기[~han punwigi ～ハン プヌィギ] 和気あいあいの雰囲気.
- **화끈**[hwak'un ファックン] 副 하形 ① かっかと; ふわっと ¶ 난로가 ~ 달아오르다[nalloga ~ taraoruda ナルロガ ～ タラオルダ] ストーブがかっかと燃える ② 体がかっかと火照るさま ¶ 몸이 ~하다[momi ~hada モミ ～ハダ] 体がかっかと火照る ―**거리다**[gɔrida ゴリダ] 自 しきりに火照る; ほかほかする ¶ 입 안이 ~[ibani ~ イパニ ～] 口の中がひりつく.
- ***화-나다**[火―][hwa:nada ファーナダ] 自 腹が立つ; しゃくにさわる; 怒る ¶ 공연(空然)히 ~[koŋjɔni ~ コンヨニ ～] 無性に[何となく]腹が立つ / ~난 얼굴로 말하다[~-nan ɔlgullo ma:rhada ～-ナン オルグルロ マールハダ] 怒った顔で話す / 머리 끝까지 ~[mɔri k'utk'adʒi ~ モリ ックッカジ ～] 怒り心頭に発する.
- ***화-내다**[火―][hwa:nɛda ファーネダ] 自 怒る; 腹を立てる ¶ 몹시 ~[mo:pʃi ~ モープシ ～] 真っ赤になって怒る.
- **화냥-년**[hwanjaŋnjɔn ファニャンニョン] 图 夫以外の男性と密通した女; 姦婦ぷ ―**-질**[~-dʒil ～-ジル] 图 姦淫かん.
- **화닥닥**[hwadakt'ak ファダクタク] 副 하自 ① 慌ただしく; ぱっと; ばたばたっと ¶ ~ 뛰어나갔다[~ t'wiɔnagat'a ～ットゥィオナガッタ] 慌ただしく飛び出した ② さっと; いっきに ¶ ~ 해치우다[(hwadakt'a) khe:tʃhiuda ～ ケーチウダ] さっと片づける.
- **화단**[花壇][hwadan ファダン] 图 花壇; 花園.
- **화단**[畵壇][hwa:dan ファーダン] 图 画壇 ¶ ~의 대가[~e tɛ:ga ファーダ) ネ テーガ] 画壇の大家.
- **화대**[花代][hwadɛ ファデ] 图 ① 茶代; チップ ② 花代; 揚げ代; 玉代.
- **화덕**[火―][hwa:dɔk ファードク] 图 ① 炭火を使う大きな火鉢 ② 屋外で使う粘土のかまど ③ 暖炉.
- **화-딱지**[火―][hwa:t'aktʃi ファータクチ] 图 俗 かんしゃく; 怒り ¶ ~가 나다[~-ga nada ～ガ ナダ] しゃくにさわる; 頭に来る.
- **화랑**[畵廊][hwa:raŋ ファーラン] 图 画廊; ギャラリー(gallery).
- ***화랑**[花郎][hwaraŋ ファラン] 图 〈史〉新羅時代(562~732)の青少年の修養

団体やその中心人物 **一도(徒)**[do ド] 名 ファランの衆徒 **一도(道)**[do ド] 名 ファランの実践道徳.

*화려[華麗][hwarjʌ ファリョ] 名 하形 華麗; 派手 ¶ 〜한 옷차림[〜han otɕʰarim 〜ハン オッチャリム] 華麗な装い; 派手やかな身なり.

*화력[火力][hwa:rjʌk ファーリョク] 名 火力 ¶ 〜이 세다[약하다][(hwa:rjʌg)i se:da[jakʰada] (ファリョ)ギ セータ[ヤッカダ]] 火力が強い[弱い] **一발전소**[p'altɕʰʌnso パルチョンソ] 名 火力発電所.

화로[火爐][hwa:ro ファーロ] 名 火鉢;「火炉」

화류[花柳][hwarju ファリュ] 名 花柳 **一계**[ge ゲ] 名 花柳界; 色町.

화면[畫面][hwa:mjʌn ファーミョン] 名 画面 ¶ 〜이 밝다[어둡다][〜i pakt'a[ʌdupt'a] (ファーミョ)ニ パクタ[オドゥプタ]] (テレビの)画面が明るい[暗い].

*화목[和睦][hwamok ファモク] 名 하形 和睦; 和合; むつまじいこと ¶ 〜한 가정[(hwamo)kʰan kadʑʌŋ 〜カン カジョン] むつまじい[和やかな]家庭.

화-무십일홍[花無十日紅][hwamusibirhoŋ ファムシビルホン] 慣 (10日も持つ赤い花はないという意で) 一度栄えれば必ずまもなく衰えること; 奢る者は久しからず; 満つれば欠くる世の習い.

화문-석[花紋席][hwamunsʌk ファムンソク] 名 花ござ.

*화물[貨物][hwa:mul ファームル] 名 貨物 ¶ 〜 발송[〜 bals'oŋ 〜 バルソン] 荷送り / 〜 수송[〜 susoŋ 〜 スソン] 貨物の輸送 **一선**[s'ʌn ソン] 名 貨物船.

화백[畫伯][hwa:bɛk ファーベク] 名 画伯.

화병[火病][hwa:p'jʌŋ ファーピョン] 名 気病み; 怒りを抑えすぎて起こる病気; 울화병(鬱火病)[urhwap'jʌŋ ウルファピョン]の略.

화병[花瓶][hwabjʌŋ ファビョン] 名 花瓶 = 꽃병[k'otp'jʌŋ ッコッピョン].

화보[畫報][hwa:bo ファーボ] 名 画報.

*화분[花盆][hwabun ファブン] 名 植木鉢.

화사[華奢][hwasa ファサ] 名 하形 派手で豪華なこと ¶ 〜한 옷차림[〜han otɕʰarim 〜ハン オッチャリム] 派手な装い[身なり] / 연약(軟弱)한 몸매[jʌnjakhan mommɛ ヨーニャックン モムメ] 華奢な体つき.

*화산[火山][hwa:san ファーサン] 名 火山 ¶ 활[사]〜[hwar[sa:]〜 ファル[サー]〜] 活[死]火山.

*화살[hwasal ファサル] 名 矢 ¶ 〜이 꽂히다[(hwasar)i k'otɕʰida (ファサリ)ッコッチダ] 矢が刺さる **一촉**(鏃)[tɕʰok チョク] 名 鏃;矢先 **一표**(標)[pʰjo ピョ] 名 矢印.

화상[火傷][hwa:saŋ ファーサン] 名 火傷; やけど ¶ 〜을 입다[〜ɯl ipt'a 〜ウル イプタ] やけどをする[負う].

화상[畫像][hwa:saŋ ファーサン] 名 ① 画像; 肖像画 ¶ 〜을 그리다[〜ɯl kɯ:rida 〜ウル クーリダ] 画像を描く ② 俗 顔 ③ (テレビの)画像.

화색[和色][hwasɛk ファセク] 名 明るい和やかな顔色[表情] ¶ 얼굴에 〜 이 돌다[ʌlgure (hwasɛg)i to:lda オルグレ (ファセ)ギ トールダ] 顔が明るい; 顔に血の色がさす.

화석[化石][hwa:sʌk ファーソク] 名 化石 ¶ 파충류의 〜[pʰatɕʰuŋnjue 〜 パチュンニュエ 〜] 爬虫類の化石.

화성[火星][hwa:sʌŋ ファーソン] 名 火星 ¶ 〜인[〜in 〜イン] 火星人.

화소[畫素][hwa:so ファーソ] 名 画素; テレビなどで画像を構成する単位要素.

화수-회[花樹會][hwasuhwe ファスフェ] 名 同姓同貫の氏族の親睦会.

화술[話術][hwasul ファスル] 名 話術 ¶ 뛰어난 〜[t'wiʌnan 〜 ットゥィオナン 〜] すぐれた話術.

화식[和食][hwaɕik ファシク] 名 和食; 日本食 = 일식(日食)[ilɕ'ik イルシク].

화신[化身][hwa:ɕin ファーシン] 名 化身 ¶ 악마의 〜[aŋmae 〜 アンマエ 〜] 悪魔の化身.

화신[花信][hwaɕin ファシン] 名 花信; 花だより ¶ 각지의 〜[kaktɕ'ie 〜 カクチエ 〜] 各地の花だより.

화실[畫室][hwa:ɕil ファーシル] 名 画室; アトリエ.

화씨[華氏][hwaɕ'i ファッシ] 名 華氏 (F) ¶ 〜 온도계[〜 ondoge 〜 オンドゲ] 華氏温度計.

화약[火藥][hwa:jak ファーヤク] 名 火薬 **一고**[k'o コ] 名 火薬庫.

화염[火焰][hwa:jʌm ファーヨム] 名 火炎; ほのお ¶ 〜에 휩싸이다[〜e hwips'aida (ファーヨ)メ フィプサイダ] 火炎に包まれる **一방사기**[baŋsagi バンサギ] 名 火炎放射器 **一병**[p'jʌŋ

ピョン] 图 火炎瓶.

*화요-일[火曜日][hwa:joil ファーヨイル] 图 火曜日.

화원[花園][hwawɔn ファウォン] 图「花園；花屋.

화음[和音][hwaɯm ファウム] 图〈楽〉和音；ハーモニー(harmony).

화의[和議][hwai ファイ] 图 하自他 和議 ¶~가 성립되다[~ga sɔŋnipt'weda ~ガ ソンニプトゥェダ] 和議が成立する.

화이트[hwaithɯ ファイトゥ] white 图 ホワイト ─하우스[hausɯ ハウス] ホワイトハウス(White House) =백악관[pɛgak'wan ペガックァン]「白亜館」.

*화장[化粧][hwad3aŋ ファジャン] 图 하他 化粧 ¶신부[~[ʃinbu ~シンブ] 花嫁化粧 / 짙은[엷은~][tʃithɯn jo:lbɯn] ~ チトゥン[ヨールブン]~] 厚[薄]化粧 / 얼굴[~ɔlgul ~オルグル] ~ 顔のこしらえ / ~을 지우다[~ɯl tʃiuda ~ウル チウダ] 化粧を落とす ─기(氣)[k'i ッキ] 图 化粧っ気；化粧した跡形 ─대[dɛ デ] 图 化粧台 ─도구[do:gu ドーグ] 图 化粧道具 ─비누[binu ビヌ] 图 化粧せっけん ─수[su ス] 图 化粧水；スキンローション ─실[ʃil シル] 图 化粧室；お手洗い；トイレ ─지[dʒi ジ] 图 ちり紙；トイレットペーパー；ティッシュペーパー ─품[phum プム] 图 化粧品.

화장[火葬][hwa:dʒaŋ ファージャン] 图 하他 火葬；茶毘다비 ¶유해(遺骸)를 ~하다[juherɯl ~hada ユヘルル ~ハダ] 亡骸망해를 茶毘[火葬]に付する ─장(場)[터][dʒaŋ[thɔ] ジャン[ト]] 图 火葬場.

*화재[火災][hwa:dʒɛ ファージェ] 图 火災；火事 ¶~ 예방[~ je:baŋ ~ イェーバン] 火事[火災]予防；火除け ─경보기(警報器)[gjɔ:ŋboɡi ギョーンボギ] 图 火災報知器 ─보험[bo:hɔm ボーホム] 图 火災保険.

화적[火賊][hwa:dʒɔk ファージョク] 图 盗賊の群れ ─질[tʃil チル] 图 하自他 盗賊が群れをなして財産を強奪すること.

화전[火煎][hwadʒɔn ファジョン] 图 もち米・小麦・キビなどの粉をこねて平たくし、ツツジ・菊の花びらを付けてフライパンで焼いたもの［ライパンで焼いて花びらの型押しとかしる菓子].

*화제[話題][hwadʒe ファジェ] 图 話題 ¶~에 오르다[~e oruda ~エ オルダ] 話題にのぼる / ~가 되다[~-ga tweda ~ガ トゥェダ] 評判になる / ~로 삼다 [~ro sa:mt'a ~ロ サームタ] 話をまな板にのせる 화젯-거리[hwadʒetk'ɔri ファジェッコリ] 图 話題の種 ¶~가 되다[~ga tweda ~ガ トゥェダ] ①(町の)評判になる ②(世間の)言いぐさになる.

화창[和暢][hwatʃhaŋ ファチャン] 图 하形 (天気や心が)のどかでうららかなこと ¶~한 봄날[~han pomnal ~ハン ポムナル] のどかな春の日 / ~한 기분[~han kibun ~ハン キブン] うららかな気分.

화채[花菜][hwatʃhɛ ファチェ] 图 蜂蜜꿀や砂糖で味つけした五味子の汁に果物・花びら・松の実を浮かべた冷たい飲み物；韓国式フルーツポンチ.

화첩[畫帖][hwa:tʃhɔp ファーチョプ] 图 画帖；画集；スケッチブック.

*화초[花草][hwatʃhɔ ファチョ] 1 图 観賞用草花 ¶~를 심다[~rɯl ʃi:mt'a ~ルル シームタ] 草花を植える 2 接頭 きれいな…；飾りの…；遊びの… ¶~ 기생(妓生)[~ gi:sɛŋ ~ ギーセン] 芸なしの美人妓生.

화촉[華燭][hwatʃhok ファチョク] ①色をそめたろうそく ②華燭화촉；婚礼の灯火；結婚の美称 ¶~(을) 밝히다[(hwatʃhogul) p'alkhida (ファチョグル) パルキダ] 華燭の典[結婚式]をあげる ─동방(洞房)[t'o:ŋbaŋ トーンバン] 图 新郎と新婦が初夜を過ごす部屋.

화톳-불[hwathotp'ul ファトップル] 图 かがり(火)；焚たき火 ¶~을 놓다[(hwathotp'ur)ul notha (ファトップル)ルル ノッタ] かがり火をたく[据える].

*화투[花鬪][hwathu ファトゥ] 图 하自 花札；花ガルタ ¶~ 놀이[치기][~ nori[tʃhigi] ~ ノリ[チギ]] 花合わせ ─치다[tʃhida チダ] 自 花札で遊ぶ；花札を引く[する]；花札を切る.

*화폐[貨幣][hwa:phe ファーペ] 图 貨幣 ─가치[gatʃhi ガチ] 图 貨幣価値 ¶~가 떨어지다[~ga t'ɔrɔdʒida ~ガットロジダ] 貨幣価値が下がる.

화-풀이[火─][hwa:phuri ファープリ] 图 하自 腹いせ ¶처자에게 마구 ~ 하였다[tʃhɔdʒaege magu ~hajɔt'a チョジャエゲ マグ ~ハヨッタ] 妻や子に当たり散らした[うっぷん晴らしをした].

화풍[畫風][hwa:phuŋ ファープン] 图

화필 ¶ 사실적인 ~ [sasilt͡ʃʼogin ~] サシルチョギン ~] 写実的な画風.

화필[畫筆][hwa:pʰil ファービル] 名 画筆; 絵筆.

화-하다[化—][hwa:hada ファーハダ] 自[여变] ① …に変わる, …に秀でる ¶ 그림에 화한 사람[kɯːrime hwa:han sa:ram クーリメ ファーハン サーラム] 絵に熟達した人 ② 化する ¶ 돌로 ~ [to:llo トールロ~]石に化する / 현대 ~ [hjɔ:ndɛ ~ ヒョーンデ~] 現代化する.

***화학**[化學][hwa:hak ファーハク] 名 化学 **—공업**[(hwa:ha)k'ɔŋɔp コンオブ] 名 化学工業 **—무기**[(hwa:haŋ) mu:gi (ファーハン) ムーギ] 名 化学兵器 **—반응**[pʼa:nɯŋ パーヌン] 名 化学反応 **—비료**[pʼiːrjo ピーリョ] 名 化学肥料 **—섬유**[sʼɔmju ソムュ] 名 化学繊維; 化繊 **—요법**[(hwa:haŋ)njɔpʼɔp (ファーハン)ニョボブ] 名 化学療法 **—작용**[t͡ʃʼagjoŋ チャギョン] 名 化学作用 **—조미료**[t͡ʃʼomirjo チョミリョ] 名 化学調味料 **—합성**[(hwa:ha)kʰapsʼɔŋ カプソン] 名 化学合成.

화합[和合][hwahap ファハブ] 名 하自 和合 ¶ 부부가 서로 ~하다 [pubuga sɔro (hwaha)pʰada ププガ ソロ ~パダ] 夫婦相和する / 이웃끼리 ~하다 [iutkʼiri (hwaha)pʰada イウッキリ ~パダ] 隣同士折り合う; 隣同士が仲よくする.

화해[和解][hwahɛ ファヘ] 名 하自他 ① 和解; 仲直りすること ¶ 쌍방을 ~ 시키다[sʼaŋbaŋul ~ɕikʰida ッサンバングル ~シキダ] 双方を和解させる[仲直りさせる] ② 訴訟の当事者が互いに讓歩して争いを取り下げること; 示談.

화혼[華婚][hwahon ファホン] 名 他人の結婚の美称; ご結婚.

화환[花環][hwahwan ファファン] 名 花輪.

화훼[花卉][hwahwe ファフェ] 名 花卉 **—단지**[dand͡ʒi ダンジ] 名 花卉団地 **—원예**[wɔne ウォネ] 名 花卉園芸.

확[hwak ファク] 副 하自他 ① ひゅうっ, びゅう ¶ 바람이 ~ 불다[parami ~ pʼuːlda パラミ ~ プールダ] 風がびゅうと吹く ② ぱっと ¶ 불이 ~ 타오르다[puri ~ tʰaoruda プリ ~ タオルダ] 火がぱっと燃え上がる ③ すぼっと ¶ 물을 ~ 뿌리다[murul ~ pʼurida ムル ~ ップリダ] 水をすぼっと振りかける ④ ぐいと ¶ ~ 당기다[~ tʼaŋgida ~ タンギダ] ぐいと引っぱる ⑤ どっと ¶ 눈물이 ~ 쏟아지다[nunmuri ~ sʼodad͡ʑida ヌンムリ ~ ッソダジダ] 涙がどっとわき出る ⑥ がらりと ¶ 분위기가 ~ 달라지다[punwigiga ~ tʼalladʑida プヌィギガ ~ タルラジダ] 雰囲気ががらりと変わる.

확고[確固][hwakʼo ファクコ] 名 確固 ¶ ~한 결심[~han kjɔlɕʼim ~ハン キョルシム] 確固たる決心 / ~한 증거[~han t͡ʃɯŋgɔ ~ハン チュンゴ] 確かな証拠 **—하다**[hada ハダ] 形 確固としている; しっかりしている **—히**[i イ] 副 確固として **—부동**[budoŋ ブドン] 名[形] 確固不動 ¶ ~한 신념[태도][~han ɕinnjɔm[tʰɛ:do] ~ハン シーンニョム[テード]] 確たる信念[確固不動な態度].

확답[確答][hwakt'ap ファクタブ] 名 하他 確答 ¶ ~을 받다[피하다][(hwakt'ab)ul patʼa[pʰi:hada] (ファクタ)ブル パッタ[ピーハダ]] 確答を得る[避ける].

***확대**[擴大][hwaktʼɛ ファクテ] 名 하他 ① 拡大 ¶ 생산의 ~[sɛŋsane ~ センサネ ~] 生産の拡大 / 사건이 ~되었다[sa:kʼɔni ~dwetʼa サーコニ ~ドゥェオッタ] 事件が拡がった ② (写真の)引き伸ばし **—경**[gjɔŋ ギョン] 名 拡大鏡, 虫眼鏡 ¶ ~으로 보다[~uro poda ~ウロ ポダ] 虫眼鏡[ルーペ]で見る **—율**[jul ユル] 名 拡大率.

***확률**[確率][hwaŋnjul ファンニュル] 名 〈数〉確率 ¶ 당선될 ~이 높다[낮다][taŋsondwel (hwaŋnju)i nop'tʼa[natʼa] タンソンドゥェル (ファンニュ)リ ノプタ[ナッタ]] 当選の確率が高い[低い].

***확립**[確立][hwaŋnip ファンニブ] 名 하自他 確立 ¶ 제도의 ~[t͡ʃeːdoe ~ チェードエ ~] 制度の確立.

***확보**[確保][hwakpʼo ファクポ] 名 하他 確保 ¶ 자금을 ~하다[t͡ʃagumul ~hada チャグムル ~ハダ] 資金を確保する.

확산[擴散][hwaksʼan ファクサン] 名 하他 拡散 ¶ 핵 ~ 방지[hɛ(kʰwaksʼan) band͡ʒi ヘク(クァクサン) バンジ] 核拡散防止.

확성-기[擴聲器][hwaksʼɔŋgi ファクソンギ] 名 拡声器.

***확신**[確信][hwakʼɕʼin ファクシン] 名 하他 確信 ¶ ~을 얻다[~ɯl ɔːtʼa

(ファクシ) ヌル オーッタ] 確信を得る ━犯 [bɔm ボㇺ] 名 〈法〉確信犯.

*확실[確實] [hwakʃ'il ファクシㇽ] 名 하形 確実; 確か ¶ ~한 계획 [(hwakʃ'ir)han ke:hwek ~ハン ケーフェㇰ] 確かな計画 / ~한 방법 [(hwakʃ'ir)han paŋbɔp ~ハン パンボㇷ゚] 確実な方法 ━히 [(hwakʃ'ir)i (ファクシ) リ] 副 確実に; 確かに; はっきりと ¶ ~말하다 [~ ma:rhada ~マールハダ] 確ｶﾞと述べる ━성 [s'ɔŋ ソン] 名 確実性 ━시 [ʃ'i シ] 名 하形 確実視.

확약[確約] [hwagjak ファギャㇰ] 名 하他 確約 ¶ 재회를 ~하다 [tʃɛ:hwerul (hwagja)khada チェーフェルㇽ ~カダ] 再会を確約する.

확언[確言] [hwagɔn ファゴン] 名 하他 確言 ¶ 틀림없다고 ~했다 [thɯllimɔpt'ago ~hɛt'a トゥㇽリモㇷ゚タゴ ~ヘッタ] 間違いないと確言した.

확연[確然] [hwagjɔn ファギョン] 名 하形 確然 ¶ ~치 않은 대답 [~tʃi anɯn tɛ:dap ~チ アヌン テーダㇷ゚] 確然としない返事 ━히 [i (ファギョ)ニ] 副 はっきりと.

*확인[確認] [hwagin ファギン] 名 하他 確認 ¶ ~된 사실 [~dwen sa:ʃil ~ドゥェン サーシㇽ] 確認された事実.

*확장[擴張] [hwaktʃ'aŋ ファクチャン] 名 하他 拡張 ¶ 사업을 ~하다 [sa:ɔbul ~hada サーオブㇽ ~ハダ] 事業を広げる.

*확정[確定] [hwaktʃ'ɔŋ ファクチョン] 名 하他 確定 ¶ 범위를 ~하다 [pɔ:mwirul ~hada ポームィルㇽ ~ハダ] 範囲を確定する ━신고 [ʃingo シンゴ] 名 確定申告 ━판결 [phangjɔl パンギョㇽ] 名 〈法〉確定判決.

확증[確證] [hwaktʃ'ɯŋ ファクチュン] 名 하他 確証 ¶ ~이 없다 [~i ɔ:pt'a ~イ オーㇷ゚タ] 確証がない.

확충[擴充] [hwaktʃhuŋ ファクチュン] 名 하他 拡充 ¶ 시설 ~ [ʃi:sɔl ~ シーソㇽ ~] 施設の拡充.

확-확 [hwakhwak ファックァㇰ] 副 하自 ① ひゅうびゅう ¶ 바람이 ~ 불다 [parami ~ p'ulda パラミ ~ プーㇽダ] 風がびゅうびゅうと吹く ② ぼうぼう(と) ¶ ~ 타오르는 불길 [~ thaorɯnɯn pulk'il ~ タオルヌン プㇽキㇽ] ぼうぼうと燃え上がる炎 ③ かっかと ¶ 얼굴이 ~ 달아 오르다 [ɔlguri ~ t'ara oruda オㇽグリ ~ タラ オルダ] 顔がかっかと火照ってくる.

환각[幻覺] [hwa:ngak ファーンガㇰ] 名 幻覚 ¶ ~을 일으키다 [(hwa:ngag)ul irɯkhida (ファーンガ)グㇽ イルキダ] 幻覚を起こす ━제 [tʃ'e チェ] 名 幻覚剤.

*환갑[還甲] [hwa:ngap ファーンガㇷ゚] 名 還暦; 本卦ｶﾞえ還ｶﾞり [数え年61歳] ━날 [(hwa:ngam)nal (ファーンガㇺ)ナㇽ] 名 還暦になる年の誕生日 ━잔치 [tʃ'antʃhi チャンチ] 名 還暦祝い.

환-거래[換去來] [hwa:ngɔrɛ ファーンゴレ] 名 하自 為替の取り引き.

**환경[環境] [hwaŋgjɔŋ ファンギョン] 名 環境 ¶ ~이 나쁘다 [~i nap'ɯda ~イ ナㇷ゚タ] 環境が悪い ━오염 [o:jɔm オーヨㇺ] 名 環境汚染 ━위생 [wisɛŋ ウィセン] 名 環境衛生 ━정화 [dʒɔŋhwa ジョンファ] 名 環境浄化.

환관[宦官] [hwa:ngwan ファーングァン] 名 〈史〉宦官ｶﾝ; むかし, 去勢されて宮中に仕えた男の役人=내시(內侍) [nɛ:ʃi ネーシ].

환기[喚起] [hwa:ŋi ファーンギ] 名 하他 喚起 ¶ 주의를 ~시키다 [tʃu:irul ~ʃikhida チューイルㇽ ~シキダ] 注意を喚起する.

환기[換氣] [hwa:ŋi ファーンギ] 名 하自 換気; 通風 ¶ ~통 [~thoŋ ~トン] 換気筒, 通気孔 / ~가 잘 되다 [~ga tʃal dweda ~ガ チャㇽ ドゥェダ] 風通しがよい; 換気がよい.

환담[歡談] [hwandam ファンダㇺ] 名 하自 歓談 ¶ 친구들과 ~하다 [tʃhingudulgwa ~hada チングドゥㇽグァ ~ハダ] 友達と楽しく話し合う.

환대[歡待] [hwandɛ ファンデ] 名 하他 歓待 ¶ 손님을 ~하다 [sonnimɯl ~hada ソンニムㇽ ~ハダ] お客さんを歓待する.

환등-기[幻燈機] [hwa:ndɯŋgi ファーンドゥンギ] 名 幻灯機; スライドプロジェクター(slide projector).

환락[歡樂] [hwallak ファㇽラㇰ] 名 하自 歓楽 ¶ ~에 빠지다 [(hwallag)e p'a:dʒida (ファㇽラグ)ゲッパージダ] 歓楽におぼれる ━가 [k'a カ] 名 歓楽街; 花柳界.

환멸[幻滅] [hwa:nmjɔl ファーンミョㇽ] 名 幻滅 ¶ ~의 비애 [(hwa:nmjɔr)e pi:ɛ (ファーンミョ)レ ピーエ] 幻滅の

悲哀 **—감**[gam ガム] 名 幻滅感.

환불[還拂][hwanbul ファンブル] 名 他(料金などを)払い戻すこと ¶세금을 ~하다 [se:gumuul (hwanbur) hada セーグムル ~ハダ] 税金を払い戻す.

환산[換算][hwa:nsan ファーンサン] 名 他 換算 ¶엔을 달러로 ~ [enul dalloro ~ トエヌル ダルロロ ~] 円をドルに換算する.

환상[幻想][hwa:nsaŋ ファーンサン] 名 幻想; 空想; ファンタジー ¶~을 품다 [~ul pʰuːmtʼa ~ウル プームタ] 幻想を抱く **—곡**[gok ゴク] 名 幻想曲; ファンタジア; ファンタジー.

환상[幻像][hwa:nsaŋ ファーンサン] 名〈心〉幻像; 幻; 幻影 ¶~을 그리다 [~ul kuː:rida ~ウル クーリダ] 幻をえがく.

환상[環狀][hwansaŋ ファンサン] 名 環状 ¶~ 도로 [~ do:ro ~ ドーロ] 環状道路.

환생[還生][hwansɛŋ ファンセン] 名 自 転生; 生き返ること; 輪廻ɴ.

환성[喚聲][hwa:nsoŋ ファーンソン] 名 喚声 ¶와!하고 ~을 지르다 [wa:hago ~ul tʃiruda ワーハゴ ~ウル チルダ] どっと喚声をあげる.

환성[歡聲][hwansoŋ ファンソン] 名 歓声 ¶~을 올리다 [~ul ollida ~ウル オルリダ] 歓声をあげる.

환송[歡送][hwansoŋ ファンソン] 名 他 歓送 ¶~ 인파 [~ inpʰa ~ インパ] 歓送の人波 **—회**[hwe フェ] 名 歓送会; 壮行会.

환송[還送][hwansoŋ ファンソン] 名 他 差し戻すこと; 送還; 送り返すこと; =반송(返送) [pa:nsoŋ パーンソン].

환수[還收][hwansu ファンス] 名 他 還収; 他人の手に渡ったものを取り戻すこと.

환승[換乘][hwa:nsɯŋ ファーンスン] 名 自 乗り換え.

환-시세[換時勢][hwa:nʃise ファーンシセ] 名〈経〉為替相場; 為替レート; =‘환율’(換率).

환심[歡心][hwanʃim ファンシム] 名 歓心 **—(을)사다**[(ul)sada (ファンシムル)サダ] 自 取り入る; 歓心を買う; 機嫌を取る ¶그녀의 ~ [kuɯnjʌe ~ クニョエ ~] 彼女の歓心を買う.

환약[丸藥][hwanjak ファニャク] 名 丸薬 ¶~ 2알 [~ tu:al ~ トゥーアル] 丸薬2粒.

환-어음[換—][hwa:nʌɯm ファーノウム] 名 為替手形.

환언[換言][hwa:nʌn ファーノン] 名 他自 換言; 別言 ¶~하면 [~hamjʌn ~ハミョン] 換言すれば; 言いかえれば.

환영[幻影][hwa:njʌŋ ファーニョン] 名 幻影; 幻 ¶~을 좇다 [~ul tʃotʼa ~ウル チョッタ] 幻を追う.

***환영**[歡迎][hwa:njʌŋ ファーニョン] 名 他自 歓迎 ¶진심(眞心)으로 ~합니다 [tʃinʃimuro ~hamnida チンシムロ ~ハムニダ] 心から歓迎いたします **—사**[sa サ] 名 歓迎の辞 **—연**[jʌn ヨン] 名 歓迎の宴 **—회**[hwe フェ] 名 歓迎会.

환원[還元][hwanwʌn ファヌォン] 名 他自 還元 ¶원래(元來)의 상태로 ~하다 [wʌllɛ saŋtʰɛro ~hada ウォルレェ サンテロ ~ハダ] 元の状態に戻す / 이익을 사회에 ~하다 [i:igul sahwee ~hada イーイグル サフェエ ~ハダ] 利益を社会に還元する.

환율[換率][hwa:njul ファーニュル] 名〈経〉為替相場; 為替レート; =‘환시세’(換時勢).

***환자**[患者][hwa:ndʒa ファーンジャ] 名 患者 ¶외래 ~ [we:rɛ ~ ウェーレ ~] 外来患者 / 입원 ~ [ibwʌn ~ イブォン ~] 入院患者.

환장[換腸][hwa:ndʒaŋ ファーンジャン] 名 自他 気がおかしくなること ¶~할 지경이다 [~hal tʃigjʌŋida ~ハル チギョンイダ] 気がおかしくなりそうだ / 돈만 보면 ~한다 [to:nman pomjʌn ~handa トーンマン ポミョン ~ハンダ] 金さえ見れば目の色が変わる.

환-쟁이[hwa:ndʒɛŋi ファーンジェンイ] 名 三文画家.

환전[換錢][hwa:ndʒʌn ファーンジョン] 名 他 ① 両替 ② 有価証券などを現金にかえること ③ 為替手形によって送る金 **—상**[saŋ サン] 名 両替屋.

***환절-기**[換節期][hwa:ndʒʌlgi ファーンジョルギ] 名 季節の変わり目.

환풍-기[換風器][hwa:npʰuŋgi ファーンプンギ] 名 換気扇; 扇風機; ファン.

***환-하다**[hwa:nhada ファーンハダ] 形 여변 ① 明るい ¶달빛이 ~ [talpʼitʃʰi ~ タルピチ ~] 月が明るい ② 広々している; 見通しがいい ¶집 앞이 ~ [tʃibapʰi ~ チバピ ~] 家の前が広々

している/앞길이 ~ [apk'iri ~ アプキリ ~] 前途遼遠だ; 前途洋々たり; 前途の見通しがいい ③ 精通している; 詳しい ¶서울 지리에 ~ [soul tɕirie ~ ソウル チリエ ~] ソウルの地理に詳しい ④ 透けて見える。 明らかだ ¶불을 보듯 ~ [purul podut ~ プルル ポドッ ~] 火を見るより明らかだ ⑤ 立派だ; すっきりしている; 晴れやかだ ¶얼굴이 ~ [ɔlguri ~ オルグリ ~] 顔が晴れやかだ **환-히** [hwa:ni ファーニ] 副 ① 明々と ¶~ 비추다 [~ pitɕʰuda ~ ピチュダ] 明々と照らす/살이 ~ 비치다 [sari ~ pitɕʰida ~ サリ ~ ピチダ] 肌が透けて見える ② 広々と ¶~ 펼쳐지는 전원 ~ pʰjʌltɕʰʌdʑinun tɕʌnwʌn ~ ピョルチョジヌン チョヌォン] 広々と展開する田園 ③ 明らかに; よく; はっきりと ¶그의 속은 ~ 알고 있다 [kɯe so:gɯn ~ a:lgo it'a クエ ソーグン ~ アールゴ イッタ] 彼の心中はよくわかっている **환해-지다** [hwa:nhɛdʑida ファーンヘジダ] 自 明るくなる。

환호[歡呼][hwanho ファンホ] 名 ㉠自 歡呼 —성 [sɔŋ ソン] 名 歓呼の声 ~을 올리다 [~ ul ollida ~ ウル オルリダ] 歓呼の声をあげる.

환희[歡喜][hwani ファニ] 名 歓喜 ~의 눈물을 흘리다 [~e nunmurul huillida ~エ ヌンムルル フリリダ] 歓喜の涙を流す.

*활 [hwal ファル] 名 ① 弓 ¶~을 쏘다 [(hwar)ul s'oda (ファ)ルル ッソダ] 弓を射る ② 絃楽器の弓 ③ 綿打ち弓.

활개[hwalgɛ ファルゲ] 名 ① 広げた羽・翼 ② 広げた両腕; 大手 —젓다 [dʑʌt'a ジョッタ] 自 歩く際、両手を振る —치다 [tɕʰida チダ] 自 ① 羽ばたく ② 大手を振って歩く; 意気揚々とふるまう; 横行する ¶~치고 다닌다 [~tɕʰigo taninda ~チゴ タニンダ] 威張って歩く/소매치기가 ~ [somɛtɕʰigiga ~ ソメチギガ ~] スリが横行する **활갯-짓** [tɕʰit (ファルゲッ) チッ] 名 ㉠自 ① 歩きながら大手を振る動作 ② 羽ばたき.

활극[活劇][hwalgɯk ファルグク] 名 活劇; アクションドラマ ¶서부 ~ [sɔbu ~ ソブ ~] 西部活劇; ウエスタン.

*활기[活氣][hwalgi ファルギ] 名 活気 ¶~를 띠다 [~ul t'ida ~ルル ッティダ] 活気を帯びる; 活気づく/~를 잃다 [~rul iltʰa ~ルル イルタ] 活気を失う; 油が切れる.

활달[豁達・闊達][hwalt'al ファルタル] 名 하形 闊達だ ¶~한 인물 [(hwalt'ar)han inmul ~ハン インムル] 闊達な人物/~한 성품 [(hwalt'ar)han sɔ:pʰum ~ハン ソーンプム] 闊達な人柄.

*활동[活動][hwalt'oŋ ファルトン] 名 하自 活動 ¶취재 ~ [tɕʰwi:dʑɛ ~ チュィージェ ~] 取材活動.

활딱[hwalt'ak ファルッタク] 副 ① すっかり; つるっと ¶옷을 ~ 벗다 [osul ~ p'ɔt'a オスル ~ ポッタ] 服をすっかり脱いでしまう/~ 벗겨진 머리 [~ p'ɔtk'jʌdʑin mɔri ~ ポッキョジン モリ] つるっとはげ上がった頭 ② くるっと ¶~ 뒤집히다 [~ t'widʑipʰida ~ トゥィジピダ] くるっとひっくり返る.

활력[活力][hwalljʌk ファルリョク] 名 活力 ¶~을 불어넣다 [(hwalljɔg)ul purɔnɔtʰa (ファルリョ)グル プロノッタ] 活力を与える —소 [s'o ソ] 名 活力素 ¶~가 떨어졌다 [~ga t'ɔrɔdʑjɔt'a ~ガットロジョッタ] 油が切れた.

활로[活路][hwallo ファルロ] 名 活路; 血路 ¶~를 열다 [~rul jɔ:lda ~ル ヨールダ] 活路を開く.

*활발[活潑][hwalbal ファルバル] 名 하形 活発 ¶~한 움직임 [(hwalbar)han umdʑigim ~ハン ウムジギム] 活発な動き.

활보[闊歩][hwalbo ファルポ] 名 ㉠自 闊歩 ¶대로를 ~하다 [tɛ:rorul ~hada テーロルル ~ハダ] 大路を闊歩する.

활-시위[hwalʃiwi ファルシウィ] 名 弓の弦; 弓弦 ¶~ 소리 [~ sori ~ ソリ] 弦音弦.

*활약[活躍][hwarjak ファリャク] 名 ㉠自 活躍 ¶눈부신 ~ [nunbuʃin ~ ヌンプシン ~] 目覚ましい活躍.

활어[活魚][hwarɔ ファロ] 名 活魚; 生き魚; 生け魚 ¶~ 요리 [~ jori ~ヨリ] 活魚料理.

*활용[活用][hwarjoŋ ファリョン] 名 活用 —하다 [hada ハダ] 自他 活用する; 生かす ¶폐물을 ~ [pʰe:murul ~ ペームルル ~] 廃物を生かす.

활자[活字][hwaltɕ'a ファルチャ] 名 活字 —본 [bon ボン] 名 活字本 —체 [tɕʰe チェ] 名 活字体.

활주-로[滑走路][hwalts'uro ファルチュロ] 名 滑走路.

활짝[hwalts'ak ファルッチャク] 副 ① (戸などを)すっかり開け放したさま ¶창을 ~ 열다[tʰwŋul (hwalts'aŋ) njəːlda チャンウル (ファルッチャン) ニョルダ] 窓を一杯開け放す ② 広々と ¶ ~ 트인 전망(展望)[~ tʰwin tɕɔːnmaŋ ~ トゥイン チョーンマン] 広々と開けた眺め ③ からりと ¶ ~ 개이다[(hwalts'a)kʼɛːida ~ ケーイダ] からりと晴れる ④ ぱあっと ¶꽃이 ~ 피었다[kʼotɕʰi ~ pʰiətʼa ~ ピオッタ] 花がぱあっと咲いた ⑤ さわやかに笑うさま ¶ ~ 웃다[(hwalts'aɡ) uːtʼa (ファルッチャ) グーッタ] にっこり笑う.

활활[hwaːrhwal ファールファル] 副 ① ぼうぼう(と); 炎々と ¶ ~ 타오르다[~ tʰaoruda ~ タオルダ] ぼうぼうと[かっかと]燃え上がる; 炎々と燃え立つ ② ひらひら(と) ¶ ~ 부채질을 하다[~ putɕʰɛdʑirul hada ~ プチェジルル ハダ] ひらひらうちわをあおぐ ③ すいすいと ¶갈매기가 ~ 날고 있다[kalmɛɡiɡa ~ nalɡo itʼa カルメギガ ~ ナルゴ イッタ] カモメがすいすいと飛んでいる ④ するすると ¶옷을 ~ 벗다[osul ~ pətʼa オスル ~ ポッタ] 服をするすると脱ぐ.

활황[活況][hwarhwaŋ ファルファン] 名 活況 ¶ ~ 을 띠다[~ ul tʼida ~ ウル ッティダ] 活況を帯びる.

홧-김에[火—][hwaːtkʼime ファーッキメ] 副 腹立ちまぎれに; 腹いせに ¶ ~ 서방질한다 ~[~ səbaŋdʑirhanda ~ ソバンジルハンダ] 諺 腹立ちまぎれに不貞を働く[憤りのあまり前後の分別を失うことのたとえ].

홧-홧[hwatʰwat ファットゥァッ] 副 हि形 かっかと ¶얼굴이 ~ 달아오르다[ɔlɡuri ~-(tʰwa) tʼaraoruda オルグリ ~ タラオルダ] 顔がかっかと火照る.

황[黃][hwaŋ ファン] 名 黃; 黃色.

황-고집[黃固執][hwaŋɡodʑip ファンゴジプ] 名 意地っ張り; ひどくかたくなで意地の強いこと, また, そんな人.

황공[惶恐][hwaŋɡoŋ ファンゴン] 名 हि形 恐れかしこまること ¶~하옵게도[~haopkʼedo ~ハオプケド] かしこくも; 恐れ多くも.

황금[黃金][hwaŋɡum ファングム] 名 黃金; 金 ¶~빛 불상[~pʼit pʼulsʼaŋ ~ピッ プルサン] 金色の仏像 / ~빛 들판[~pʼit tʼulpʰan ~ピッ トゥルパン] 実った稲穂の野原 **—만능**[manːnuŋ マーンヌン] 名 お金万能 **—색**[sɛk セク] 名 黃金色; 山吹(色) **—시대**[jidɛ シデ] 名 黃金時代.

*황급[遑急][hwaŋɡup ファングプ] 名 हि形 慌て急ぐこと **—히**[(hwaŋɡu)pʰi ヒ] 副 慌てて ¶~ 달려가다[~ talljəɡada ~ タルリョガダ] 慌てて駆けつける.

황당[荒唐][hwaŋdaŋ ファンダン] 名 हि形 荒唐 **—무계**[muɡe ムゲ] 名 हि形 荒唐無稽; でたらめ.

황량[荒涼][hwaŋnjaŋ ファンニャン] 名 हि形 荒涼 ¶~한 사막[~han saːmak ~ハン サマク] 荒涼とした砂漠.

황막[荒漠][hwaŋmak ファンマク] 名 हि形 荒漠; 荒れて果てしないさま ¶~한 벌판[(hwaŋma)kʰan pəlpʰan ~カン ポルパン] 荒れ野.

황망[慌忙][hwaŋmaŋ ファンマン] 名 हि形 忙しくて慌てふためくこと ¶~한 기분[~han kibun ~ハン キブン] 慌ただしい気分.

황무-지[荒蕪地][hwaŋmudʑi ファンムジ] 名 荒蕪地; 荒れ地; 荒野.

황비[皇妃][hwaŋbi ファンビ] 名 皇妃; 皇后.

*황-새[hwaːŋsɛ ファーンセ] 名〈鳥〉コウノトリ(鸛) **—걸음**[ɡərum ゴルム] 名 大股歩き; 闊歩.

황색[黃色][hwaŋsɛk ファンセク] 名 黃色 **—인종**[(hwaŋsɛɡ)indʑoŋ (ファンセ)ギンジョン] 名 黃色人種.

황성[荒城][hwaŋsəŋ ファンソン] 名 荒城 ¶~ 옛터[~ jeːtʰə ~ イェーット] 荒城の古跡.

*황-소[hwaŋso ファンソ] 名 ① 大きい牡牛; 飴牛. =황우(黃牛)[hwaŋu ファンウ] ② 強力・大食漢・愚鈍な大男のたとえ **—걸음**[ɡərum ゴルム] 名 ① 牛歩; のろい歩み ② ゆっくりではあるが根気よく着実な行動の比喩.

*황송[惶悚][hwaŋsoŋ ファンソン] 名 恐れすくむこと ¶~하게도[~haɡedo ~ハゲド] かしこくも / ~하게 여기다[~haɡe jɔɡida ~ハゲ ヨギダ] 恐縮に思う **—하다**[hada ハダ] 形 恐縮している.

황실[皇室][hwaŋʑil ファンシル] 名 皇室.

황야[荒野][hwaŋja ファンヤ] 名 荒野 ¶서부의 ~[səbue ~ ソブエ ~] 西

부의 荒野.

***황제**[皇帝][hwandʒe ファンジェ] 名 皇帝. 「名 皇族.
황족[皇族][hwandʒok ファンジョク]
황천[黄泉][hwantʃhɔn ファンチョン] 名 黄泉; 黄泉ぢ; 幽界; 冥土"; =저승[tʃɯsɯŋ チュスン] **—객**[gɛk ゲク] 名 黄泉の客 ¶~이 되다[~-(gɛg)i tweda ~-(ゲ)ギ トゥェダ] 黄泉の客となる; 死ぬ **—길**[k'il キル] 名 黄泉路ˇ; 闇路ˇ ¶~로 떠나다[~-lo t'ɔnada ~-ロッタナダ] 闇路におもむく; 死ぬ.
황-태자[皇太子][hwantʰedʒa ファンテジャ] 名 皇太子 **—비**[bi ビ] 名 皇太子妃.
황폐[荒廃][hwanpʰe ファンペ] 名 하他 荒廃 ¶~한 토지[~han tʰodʒi ~ハントジ] 荒廃した土地; 荒れ地.
황혼[黄昏][hwanhon ファンホン] 名 ① 黄昏ˇ; たそがれ; 夕暮れ ¶~의 거리[~e kɔri (ファンホ)ネ コリ] たそがれの街 ② 盛りが過ぎて衰退する時期 ¶인생의 ~기[insɛŋe ~gi インセンエ ~ギ] 人生のたそがれどき.
***황홀**[恍惚・慌惚・怳惚][hwanhol ファンホル] 名 形動 恍惚ˇˇ **—감**[~-gam ~ガム] 恍惚感 / ~한 기분[(hwanhor)han kibun ~ハン キブン] 夢心地; うっとりした心持ち / **—해지다**[(hwanhor)hɛdʒida ~ヘジダ] うっとり[恍惚と]してくる / **—해 하다**[(hwanhor)hɛ hada ~ヘ ハダ] うっとりする **—경**[gjɔŋ ギョン] 名 恍惚の境地; 法悦境ˇˇˇ ¶~에 잠기다[~e tʃamgida ~エ チャムギダ] うっとりするような喜びの境[法悦境]に浸る.
황후[皇后][hwanhu ファンフ] 名 皇后.
홰-치다[hwɛtʃhida フェチダ] 自 羽ばたく ¶닭이 울면서 ~[talgi u:lmjɔnsɔ ~ タルギ ウールミョンソ ~] ニワトリが鳴きながら羽ばたく; 夜明けを告げる.
홱[hwɛk フェク] 副 ① さっと ¶~ 지나가다[~ tʃʰinagada ~ チナガダ] さっと通り過ぎる ② ぽんと ¶~ 던지다[~ t'ɔndʒida ~ トンジダ] ぽんと投げる ③ ふっと ¶~ 불을 끄다[~ p'urul k'uda ~ プルル ックダ] 火をふっと吹き消す.
횃불[hwɛtp'ul フェップル] 名 かがり火; 松明ˇˇ; 炬火ˇˇ ¶~을 켜다[(hwɛtp'ur)ɯl kʰjɔda (フェップ)ルル キョダ] 松明をともす.
횅-하다[hwɛŋhada フェンハダ] 形 여变 明るい; すっと通る ¶지리에 ~[tʃirie ~ チリエ ~] 地理に明るい / ~-하게 뚫리다[~-hage t'ullida ~-ハゲットゥルリダ] (道が)すっと通じる.
***회**[膾][hwe: フェー] 名 刺身; なます ¶도미 ~[to:mi(hwe) トーミ(フェ)] タイの刺身 / ~를 치다[~rul tʃʰida ~ルル チダ] 刺身にする; なますを作る.
***회**[回][hwe フェ] 依名 回 ¶1~[ir~ イル~] 1回.
회갑[回甲][hwegap フェガプ] 名 還暦.
회개[悔改][hwe:gɛ フェーゲ] 名 하他 悔い改めること ¶죄를 ~하다[tʃwe:rul ~hada チュェールル ~ハダ] 罪を悔い改める.
회견[會見][hwe:gjɔn フェーギョン] 名 하自 会見 ¶기자 ~[kidʒa ~ キジャ ~] 記者会見.
***회계**[會計][hwe:gje フェーゲ] 名 하他 会計 **—감사**[gamsa ガムサ] 名 会計監査 **—사**[sa サ] 名 会計士.
회고[回顧][hwego フェゴ] 名 하他 回顧 **—록**[~rok ~ロク] 回顧録.
회고[懐古][hwego フェゴ] 名 하自 懐古 **—담**[dam ダム] 懐古談.
회관[會館][hwe:gwan フェーグァン] 名 会館.
회교[回教][hwegjo フェギョ] 名 回教; マホメット教; イスラム教.
회기[會期][hwe:gi フェーギ] 名 会期 ¶국회의 ~[kukʰwee ~ ククフェエ ~] 国会の会期.
***회담**[會談][hwe:dam フェーダム] 名 하自 会談 ¶수뇌 ~[sunwe ~ スヌェ ~] 首脳会談.
회답[回答][hwedap フェダプ] 名 하他 回答; 返事 ¶구두로 ~하다[ku:duro (hweda)pʰada クードゥロ ~パダ] 口頭で回答する.
회동[會同][hwe:doŋ フェードン] 名 하自 会同; 会合 ¶관계자와의 ~[kwangedʒawae ~ クァンゲジャワエ ~] 関係者との会同.
회동그라-지다[hwedoŋguradʒida フェドングラジダ] 自 急にふらつきながら転倒する; ひっくり返る; ぶっ倒れる ¶미끄러져 ~[mik'urɔdʒɔ ~ ミックロジョ ~] 滑ってぶっ倒れる. <'휘둥그러지다'.
회동그랗다[hwedoŋguratʰa フェドン

グラッタ] [形][ㅎ変] ① 驚いたり恐れて目を大きく見開いている ② 引っ掛かることがない; 気にかかることがない; 身軽い ③ (仕事が)きれいに片づいている.

회람[回覧][hweram フェラム] [名][하他] 回覧 ¶~판[~pʰan ~パン] 回覧板.

회랑[回廊][hweraŋ フェラン] [名] 回廊; 母屋の手前にある長い廊下[長屋].

회로[回路][hwero フェロ] [名] ① 〈物〉回路 ¶전기 ~[tʃɔ:ngi ~チョーンギ~] 電気回路 ② 帰路; 帰り道.

***회복**[回復][hwebok フェボク] [名] 回復 ¶명예 ~[mjɔŋe ~ミョンエ~] 名誉回復 **—되다**[t'weda トゥェダ] [自] 回復する; 回復される; たち直る **—하다**[(hwebo)kʰada カダ] [他] 回復する; 取り戻す.

회복[恢復][hwebok フェボク] [名][하他] 回復 ¶병이 ~되다[pjɔ:ŋi ~t'weda ピョーンイ~トゥェダ] 病気が回復する.

회부[回附][hwebu フェブ] [名] 回付 **—하다**[hada ハダ] [他] 回付する; 付する ¶징계에 ~[tʃiŋgee ~ チンゲエ~] 懲戒に回付する.

회비[會費][hwe:bi フェービ] [名] 会費 ¶동창회 ~[toŋtʃʰaŋhwe ~ トンチャンフェ~] 同窓会費.

***회사**[會社][hwe:sa フェーサ] [名] 会社 ¶무역 ~[mu:jɔ(kʰwe:sa) ムーヨク(クェーサ)] 貿易会社 **—원**[wɔn ウォン] [名] 会社員.

회상[回想][hwesaŋ フェサン] [名] 回想 **—하다**[hada ハダ] [他] 回想する; しのぶ; 思い出す **—록**[nok ノク] [名] 回想録.

회색[灰色][hwesek フェセク] [名] 灰色 ¶~ 인생[(hwesɛg)insɛŋ (フェセギ)ンセン] 灰色の人生 **—분자**[p'undʒa プンジャ] [名] 灰色分子; 灰色の人物.

회수[回收][hwesu フェス] [名] 回収 ¶자본의 ~[tʃabone ~ チャボネ~] 資本の回収 **—하다**[hada ハダ] [他] 回収する; 取り戻す.

회수-권[回數券][hwesuk'wɔn フェスクォン] [名] 回数券.

회식[會食][hwe:ʃik フェーシク] [名][하他] 会食 ¶임원 일동이 ~하다[i:mwɔn ilt'oŋi (hwe:ʃi)kʰada イームォン イルトンイ~カダ] 役員一同が会食する.

회신[回信][hweʃin フェシン] [名][하自他] 回信; 返信.

회심[會心][hwe:ʃim フェーシム] [名] 会心 ¶~작[~dʒak ~ジャク] 会心の作.

회심-곡[回心曲][hweʃimgok フェシムゴク] [名] 〈仏〉善行をすすめるための歌.

회오리-바람[hweoribaram フェオリバラム] [名] つむじ風; 竜巻.

***회원**[會員][hwe:wɔn フェーウォン] [名] 会員 ¶종신 ~[tʃoŋʃin ~ チョンシン~] 終身会員 **—국**[guk グク] [名] 会員国; 加盟国.

***회의**[會議][hwe:i フェーイ] [名][하他] 会議 ¶편집 ~[pʰjɔndʒi (pʰwe:i) ピョンジプ(プェーイ)] 編集会議.

회의[懷疑][hwei フェイ] [名][하他] 懷疑 ¶~를 품다[~rul pʰu:mt'a ~ルル プームタ] 懷疑を抱く. 「[名] 会長.

***회장**[會長][hwe:dʒaŋ フェージャン]

***회장**[會場][hwe:dʒaŋ フェージャン] [名] 会場 ¶전시 ~[tʃɔ:nʃi ~ チョーンシ~] 展示会場.

***회전**[回轉][hwedʒɔn フェジョン] [名] 回転 ¶~ 의자[~ uidʒa (フェジョ)ヌィジャ] 回転椅子 **—하다**[hada ハダ] [自][他] 回転する; 回る **—목마**[moŋma モンマ] [名] 回転木馬 **—무대**[mu:dɛ ムーデ] [名] 回り舞台 **—문**[(門)] [mun ムン] [名] 回転ドア.

회진[回診][hwedʒin フェジン] [名][하自他] (医者の)回診.

회초리[hwetʃʰori フェチョリ] [名] (教育用の)細いむち.

회춘[回春][hwetʃʰun フェチュン] [名][하自他] 回春 ¶~의 기쁨[~e kip'um (フェチュ)ネ キップム] 回春の喜び.

회충[蛔蟲][hwetʃʰuŋ フェチュン] [名] 〈動〉回虫 **—약**[njak ニャク] 虫下し.

회포[懷抱][hwepʰo フェポ] [名] 懷抱; 心に抱いている思い・考え ¶~를 풀다[~rul pʰulda ~ルル プルダ] 平素の気持ちを晴らす; 懷抱を開く.

회피[回避][hwepʰi フェピ] [名] 回避 ¶책임 ~[tʃʰɛgim ~ チェギム~] 責任回避 **—하다**[hada ハダ] [他] 回避する; 避ける.

회한[悔恨][hwe:han フェーハン] [名] [하他] 悔恨 ¶~의 눈물[~e nunmul (フェーハ)ネ ヌンムル] 悔恨の涙.

회합[會合][hwe:hap フェーハプ] [名] 会合 ¶~을 거듭하다[(hwe:hab)ul kɔdɯpʰada (フェーハ)ブル コドゥプパダ] 会合を重ねる **—하다**[(hwe:ha)pʰada パダ] [自] 会合する; 会する; 集う ¶쌍방의 대표가 ~[s'aŋbaŋe tɛ:-

pʰjoga ～ ッサンバンエ テーピョガ ～] 双方の代表が会合する.

*회화[會話][hwe:hwa フェーファ] 名 하自 会話 ¶영어 ～[jɔŋɔ ～ ヨンオ ～] 英(語の)会話.

회화[繪畵][hwe:hwa フェーファ] 名 絵画; 絵.

획[畫][hwek フェク] 名 画; 字画 ¶～이 굵은[가는] 글자[(hweg)i ku:lgɯn[kanɯn] kɯltɕ'a (フェ)ギ クールグン[カヌン] クルチャ] 字(画)の太い[細い]文字.

*획[hwek フェク] 副 ① さっと ¶～지나가다[～ tɕ'inagada ～ チナガダ] さっと通り過ぎる ② くるっと ¶～ 돌리다[～ t'ollida ～ トルリダ] くるっと回す ③ 強い風がぴゅうっと吹く ④ 腕・手などをぽいっと振り放す.

획기-적[劃期的][hwek'idʑɔk フェクキジョク] 名 冠 画期的 ¶～인 발명[(hwek'idʑɔg)in palmjɔŋ (フェクキジョ)ギン パルミョン] 画期的な発明.

*획득[獲得][hwekt'ɯk フェクトゥック] 名 하他 獲得 ¶지식의 ～[tɕiɕige ～ チシゲ ～] 知識の獲得.

획수[畫數][hweks'u フェクス] 名 画数 ¶～ 색인[～ sɛgin ～ セギン] 画引き索引.

획순[畫順][hweks'un フェクスン] 名 字画の順序; 筆順.

획일-적[劃一的][hwegiltɕ'ɔk フェギルチョク] 名 冠 画一的 ¶～으로 다루다[(hwegiltɕ'ɔg)uro taruda (フェギルチョ)グロ タルダ] 画一的に扱う.

횟-감[膾―][hwe:tk'am フェーッカム] 名 なますや刺身の材料.

횟수[回數][hwes'u フェッス] 名 回数 ¶～를 거듭하다[～rɯl kɔdupʰada ～ルル コドゥプパダ] 回数を重ねる.

횡격-막[橫隔膜][hweŋgjɔŋmak フェンギョンマク] 名 〈生〉横隔膜.

*횡단[橫斷][hweŋdan フェンダン] 名 横断 ¶태평양 ～[tʰɛpʰjɔŋjaŋ ～ テピョンヤン ～] 太平洋横断 **―하다**[hada ハダ] 他 横断する; 横切る ¶도로를 ～[to:rorɯl ～ トーロルル ～] 道を横切る **―막**[mak マク] 名 横断幕; プラカード **―면**[mjɔn ミョン] 名 横断面 **―보도**[bo:do ボード] 名 横断歩道 **―비행**[bihɛŋ ビヘン] 名 横断飛行 **―철도**[tɕʰɔlt'o チョルト] 名 横断鉄道.

횡령[橫領][hweŋnjɔŋ フェンニョン] 名 하他 横領 ¶공금 ～[koŋgɯm ～ コングム ～] 公金横領.

횡사[橫死][hweŋsa フェンサ] 名 横死; 変死; 非命の死 **―하다**[hada ハダ] 自 横死する; 横死を遂げる.

횡선[橫線][hweŋsɔn フェンソン] 名 横線 **―수표**[supʰjo スピョ] 名 横線小切手; 線引小切手.

횡설-수설[橫說竪說][hweŋsɔl susɔl フェンソル スソル] 名 条理の立たないでたらめな話; 横説竪説; しどろもどろにしゃべること ¶～하는 답변[～-(susɔr)hanun tap'jɔn ～ハヌン タプピョン] しどろもどろの答弁 / ～하지 마라[～-(susɔr)hadʑi mara ～ハジ マラ] 世迷まい言をいうな; でたらめなことを言うなよ.

횡재[橫財][hweŋdʑɛ フェンジェ] 名 하自 思いがけない財物にありつくこと, また, その物; 拾い物; めっけもの; 掘り出し物 ¶땅값 폭등으로 큰 ～를 했다[t'aŋk'a pʰokt'uŋuro kʰun ～rɯl hɛt'a ッタンカプ ポクトゥンウロ クン ～ルル ヘッタ] 地価の暴騰で思いがけない財運にありついた.

횡-적[橫的][hweŋtɕ'ɔk フェンチョク] 名 冠 ある事物と横にかかわるさま ¶～ 관계[(hweŋtɕ'ɔ) k'waŋge ～ クァンゲ] 横のつながり; 横の関係.

횡포[橫暴][hweppʰo フェンポ] 名 하形 横暴 ¶～를 부리다[～rɯl purida ～ルル プリダ] 横暴なふるまいをする.

횡행[橫行][hweŋhɛŋ フェンヘン] 名 하自 横行 ¶불량배가 ～하는 밤거리[pulljaŋbɛga ～hanɯm pamk'ɔri プルリャンベガ ～ハヌン パムコリ] 不良グループの横行する夜の街.

*효과[效果][hjo:k'wa [hjo:gwa] ヒョークァ[ヒョーグァ]] 名 効果; 効き目 ¶～가 있다[～ga it'a ～ ガ イッタ] 効果がある / ～ 만점(滿點)[～ ma:ntɕ'ɔm ～ マーンチョム] 効果100パーセント / 약이 ～있다[jagi ～it'a ヤギ ～イッタ] 薬が効く.

효녀[孝女][hjo:njɔ ヒョーニョ] 名 孝女; 孝行娘.

효능[效能][hjo:nɯŋ ヒョーヌン] 名 効能; 効き目; 効き ¶약의 ～[jage ～ ヤゲ ～] 薬の効能; 薬の働き / ～이 있다[없다][～i it'a[ɔ:pt'a] ～ イイッタ[オープタ]] 効き目がある[ない].

*효도[孝道][hjo:do ヒョード] 名 하自 孝道; 親に仕える道; (親)孝行 ¶부

모에게 ~를 다하다[pumoege ~rul ta:hada プモエゲ ~ルル ターハダ] 父母に孝行を尽くす **―를 보다**[rul poda ルル ポダ] 自 子女らの孝行を受ける.

***효력**[效力][hjo:rjɔk ヒョーリョク] 名 効力; 効き目 ¶ ~이 있다[(hjo:rjɔŋ)i it'a (ヒョーリョ)ギ イッタ] 効きがよい; 効き目がある; 効く; (法律上)有効である.

효부[孝婦][hjo:bu ヒョーブ] 名 孝行心の厚い嫁; 夫の父母によく尽くす嫁.

효성[孝誠][hjo:sɔŋ ヒョーソン] 名形 親に仕える真心; 厚い孝心 ¶ ~이 지극(至極)하다[~ i tʃigukhada ~ イ チグクハダ] 真心を尽くして父母に孝行する.

효소[酵素][hjo:so ヒョーソ] 名〈化〉酵素 ¶ 발효 ~[parhjo ~ パルヒョ ~] 発酵酵素.

효시[嚆矢][hjoʃi ヒョシ] 名 嚆矢 ① かぶら矢 ② 物事の初め ¶ 근대시의 ~[kɯndɛʃie ~ クーンデシエ ~] 近代詩の嚆矢.

효심[孝心][hjo:ʃim ヒョーシム] 名 孝心; 孝行心.

효용[效用][hjo:joŋ ヒョーヨン] 名 効用 ¶ 약의 ~[jage ~ ヤゲ ~] 薬の効用.

효율[效率][hjo:jul ヒョーユル] 名 効率 ¶ 높은 ~을 올리다[nophɯn (hjo:jur)-ul ollida ノプン (ヒョーユ)ルル オルリダ] 高い効率をあげる.

효자[孝子][hjo:dʒa ヒョージャ] 名 孝子; 親孝行な子; 親思い ¶ 그는 ~다[kɯnɯn ~da クヌン ~ダ] 彼は親孝行(な子)だ[親思いである] **―문**(門)[mun ムン] 名 親孝行をたたえてその家や村の前に立てる旌門(旌門) [tʃɔŋmun チョンムン]「赤い門」**―비**[bi ビ] 名 孝子をたたえて立てる碑.

효행[孝行][hjo:hɛŋ ヒョーヘン] 名 孝行 ¶ ~을 다하다[~ul ta:hada ~ ウル ターハダ] 孝行を尽くす.

효험[效驗][hjo:hɔm ヒョーホム] 名 効験; 効き目; 効能 ¶ 인삼의 ~[insame ~ インサメ ~] 高麗人参の効き目 / 약의 ~이 나타나다[jage ~i nathanada ヤゲ (ヒョーホ)ミ ナタナダ] 薬の効能が現われる **―을 보다**[ul poda (ヒョーホ)ムル ポダ] 自 効き目[効験]を得る.

***후**[後][hu: フー] 名 後・あと・のち; 次 ¶ 10년 ~[ʃimnjɔn (hu) シムニョン(フ)] 10年後 / 흐린 ~에 맑음[hurin ~e malgum フリン ~エ マルグム] 曇りのち晴れ.

후각[嗅覺][hugak フガク] 名 嗅覚; 臭覚 ¶ ~을 자극하다[(hugag)ul tʃaguk-hada (フガ)グル チャグクハダ] 嗅覚を刺激する.

후견-인[後見人][hu:gjɔnin フーギョニン] 名〈法〉後見人.

후계-자[後繼者][hu:gedʒa フーゲジャ] 名 後継者; 跡継ぎ; 跡取り.

후광[後光][hu:gwaŋ フーグァン] 名 後光; 背光 ¶ 아버지의 ~을 업다[abɔdʒie ~ul ɔpt'a オボジエ ~ウル オプタ] 父の後光を浴びる.

후기[後記][hu:gi フーギ] 名該他 後記; あとがき ¶ 편집 ~[phjɔndʒi (phu:gi) ピョンジプ (プーギ)] 編集後記.

후끈[huk'ɯn フックン] 副該形 ぼかぼか; かっと; 熱でほてるさま ¶ 방안이 ~하다[paŋani ~hada パンアニ ~ハダ] 部屋の空気がぼかぼかしている **―거리다**[gɔrida ゴリダ] 自 ぼかぼかする; かっかとほてる **―달다**[dalda ダルダ] 自己語幹 ① かっかと熱くほてる ② 苛立っている; 息巻いている ¶ 그는 ~달아 있다[kɯnɯn ~dara it'a クヌン ~ダラ イッタ] 彼は怒りでかっとなっている.

후년[後年][hu:njɔn フーニョン] 名 後年; 後世 ¶ ~에 가서 후회할 것이다[~e kasɔ hu:hwehal k'ɔʃida (フーニョ)ネ カソ フーフェハル コシダ] 後年になって後悔するだろう.

후다닥[hudadt'ak フダダク] 副 ① あたふたと; がばっと; どたばたと ¶ ~ 도망치다[~ t'omaŋthida ~ トマンチダ] あたふたと逃げる / ~ 일어나다[(hudakt'ag) irɔnada (フダクタ)ギロナダ] がばっと跳ね起きる ② さっさと; ぱたぱたと ¶ 숙제를 ~ 끝내다[sukt'ʃerul (hudakt'a) k'ɯnnɛda スクチェルル ~ックンネダ] 宿題をさっさと終える.

후대[厚待][hu:dɛ フーデ] 名該他 厚遇; 優遇; 手厚くもてなすこと.

후덕[厚德][hu:dɔk フードク] 名該形 厚徳; 徳行の厚い・慈しみ深いこと.

후두[喉頭][hudu フドゥ] 名〈生〉喉頭 **―암**[am アム] 名〈医〉喉頭がん **―염**[jɔm ヨム] 名〈医〉喉頭炎.

후들-거리다[hudɯlgɔrida フドゥルゴリダ] 自他 ① (犬などが)身ぶるいす

る ② (憤りや恐ろしさのために)ぶるぶる震える; わななく; おののく ¶분한 나머지 몸이 ~ [puːnhan namɔdʒi momi ~ プーンハン ナモジ モミ ~] 憤りのあまり体がぶるぶる震える **후들-후들** [hudɯlhudɯl フドゥルフドゥル] 副 하자타 わなわな ¶무서워서 ~ 떨다 [musɔwɔsɔ ~ t'ɔːlda ムソウォソ ~ ットールダ] 怖くてわなわな震える.

후딱 [hut'ak フッタク] 副 素早く; さっと ¶~ 해치우다 [(hut'a) kʰɛːtɕʰiuda ~ ケーチウダ] 素早く[さっと]やってのける.

후레-아들[자식] [一子息] [hure adul [dʒaʃik] フレ アドゥル[ジャシク]] 名 不作法なやつ; 無礼なやつ.

후려-갈기다 [hurjɔgalgida フリョガルギダ] 他 俗 ぶん殴る; 殴りつける; 張り飛ばす ¶주먹으로 ~ [tʃumɔgɯro ~ チュモグロ ~] 拳でぶん殴る / 따귀를 ~ [t'aːgwirul ~ ッターグィルル ~] 横っ面を張り飛ばす.

후려-내다 [hurjɔnɛda フリョネダ] 他 (甘言で)奪い取る; たぶらかす; 巻き上げる; おびき出す.

후려-치다 [hurjɔtɕʰida フリョチダ] 他 ぶん殴る; 殴り飛ばす ¶힘껏 ~ [himk'ɔt ~ ヒムッコッ ~] 力いっぱい殴り飛ばす.

***후련-하다** [hurjɔnhada フリョンハダ] 形 여변 さっぱり[すっきり]する; せいせいした気分になる; 透く ¶가슴이 ~ [kasɯmi ~ カスミ ~] 胸が透く / 기분이 ~ [kibuni ~ キブニ ~] 気持ちがさっぱり[すっきり]する.

후렴 [後斂] [huːrjɔm フーリョム] 名 〈楽〉繰り返し; リフレイン(refrain).

후리후리-하다 [hurihurihada フリフリハダ] 形 여변 すらりとしている; すんなりとしている ¶~-한 체구 [~ han tɕʰegu ~ハン チェグ] すんなりとした体つき.

후문 [後門] [huːmun フームン] 名 後門; 裏門.

후문 [後聞] [huːmun フームン] 名 後聞; 後日のうわさや評判.

후미 [後尾] [huːmi フーミ] 名 後尾 ¶배의 ~ [pɛe ~ ペエ ~] 船の後尾 / 행렬의 ~ [hɛŋnjɔre ~ ヘンニョレ ~] 行列の殿.

후미-지다 [humidʒida フミジダ] 形 ① 入り江が深い ¶해안이 후미져 있다 [hɛːani humidʒɔ itʼa ヘーアニ フミジョ イッタ] 海岸が入り江になっている ② 奥まる; へんぴだ ¶후미진 방 [humidʒin paŋ フミジン パン] 奥まった部屋.

***후반** [後半] [huːban フーバン] 名 後半 ¶~전 [~dʒɔn ~ジョン] 後半戦.

후반전 [後半戰] [huːban dʒɔn フーバン ジョン] 名 하자타 後半戦.

후발 [後發] [huːbal フーバル] 名 하자타 後発 ¶~대 [~t'ɛ ~テ] 後発隊↔선발대(先發隊) [sɔnbaltʼɛ ソンバルテ].

후방 [後方] [huːbaŋ フーバン] 名 後方 **—교란** [ɡjoran ギョラン] 名 後方攪乱 **—근무** [kɯːnmu グーンム] 名 後方勤務.

***후배** [後輩] [huːbɛ フーベ] 名 後輩 ¶대학의 2년 ~ [tɛːhage iːnjɔn ~ テーハゲ イーニョン ~] 大学の2年後輩.

***후보** [候補] [huːbo フーボ] 名 候補 ¶입~ [i(pʰubo) イプ(ブポ)] 立候補.

후불 [後拂] [huːbul フーブル] 名 하타 後払い; 後金; ↔前金＝선불(先拂) [sɔnbul ソンブル].

후비다 [hubida フビダ] 他 ほじくる; えぐる; 俗 ほじる ¶귀를 ~ [kwirul ~ クィルル ~] 耳をほじくる.

후사 [後事] [huːsa フーサ] 名 後事 ¶~를 부탁하다 [~rul puːtʰakʰada ~ルル プータクカダ] 後事を託す.

후사 [後嗣] [huːsa フーサ] 名 後嗣; 後継ぎ ¶~가 끊기다 [~ga kʼɯnkʰida ~ガックンキダ] 後継ぎが絶える.

후사 [厚謝] [huːsa フーサ] 名 하자 厚謝; 深謝.

후생 [厚生] [huːsɛŋ フーセン] 名 厚生 ¶복리 ~ [poŋni ~ ポンニ ~] 福利厚生 **—시설** [ʃiːsɔl シーソル] 名 厚生施設.

후세 [後世] [huːse フーセ] 名 後世; 後代 ¶이름을 ~에 남기다 [irɯmɯl ~e namgida イルムル ~エ ナムギダ] 名を後世にとどめる.

후속 [後續] [huːsok フーソク] 名 하자타 後続 ¶~ 조치 [~ tɕʼotɕʰi ~ チョチ] 後続措置.

후손 [後孫] [huːson フーソン] 名 子孫; 後裔 ¶~이 끊기다 [~i kʼɯnkʰida ~ イックンキダ] 後が絶える.

후송 [後送] [huːsoŋ フーソン] 名 하자타 後送 ¶~ 병원 [~ bjɔːŋwɔn ~ ビョーンウォン] 後送病院.

후술 [後述] [huːsul フースル] 名 하자자타 後述 ¶자세한 것은 ~한다 [tɕasehan kɔsɯn (huːsur)handa チャセハン コ

스ン ~ハンダ] 詳しいことは後述する.
후식[後食] [hu:ʃik フーシク] 名 하他 ① デザート='디저트' ② 後で食べること.
후예[後裔] [hu:je フーイェ] 名 後裔.
후원[後援] [hu:wɔn フーウォン] 名 하他 後援 ¶ ~자 [~dʒa ~ジャ] 後援者; サポーター ━회 [hwe フェ] 名 後援会.
후유-증[後遺症] [hu:jutʃ'ɯŋ フーユチュン] 名 後遺症.
후의[厚意・厚誼] [hu:i フーイ] 名 厚意; 厚情; 厚誼 ¶~에 감사드립니다 [~e ka:msadɯrimnida ~エ カームサドゥリムニダ] 厚意[厚誼]に感謝する.
후일[後日] [hu:il フーイル] 名 後日; またの日 ¶~에 대비하다 [(hu:ir)e tɛ:bihada (フーイ)レ テービハダ] 後日に備える /~담 [~t'am ~タム] 後日談.
후임[後任] [hu:im フーイム] 名 後任 ¶~자 [~dʒa ~ジャ] 後任者.
후자[後者] [hu:dʒa フージャ] 名 後者.
후진[後進] [hu:dʒin フージン] 名 自 後進 ① (車などの)後退; バック ¶차를 ~시키다 [tʃʰarɯl ~ʃikʰida チャルル ~シキダ] 車を戻す[バックさせる] ② 後輩 ¶~에게 길을 터 주다 [~ege kirɯl tʰɔ dʒuda (フージ)ネゲ キルル トジュダ] 後進に道を開く.
후처[後妻] [hu:tʃʰɔ フーチョ] 名 後妻; 後添い ¶~를 얻다 [~rɯl ɔ:t'a ~ルル オーッタ] 後妻をめとる.
***후추**[hutʃʰu フチュ] 名 胡椒ちょうの実
후춧-가루[hutʃʰutk'aru フチュッカル] 名 胡椒の粉(末).
후탈[後頉] [hu:tʰal フータル] 名 後腐れ.
후텁지근-하다[hutʰɔptʃ'igɯnhada フトプチグンハダ] 形 여変 ひどく蒸し暑い; むんむんする ¶~-한 날씨 [~-han nalʃ'i ~-ハン ナルッシ] 蒸し暑くうっとうしい天気.
후퇴[後退] [hu:tʰwe フートゥェ] 名 後退; 後戻り ¶경기의 ~ [kjɔŋgie ~ キョンギエ ~] 景気の後退 ━하다 [hada ハダ] 自 後退する; 退く; 引きのく.
***후-하다**[厚一] [hu:hada フーハダ] 形 여変 ① 人情深い; 厚い ¶인심이 ~ [inʃimi ~ インシミ ~] 人情が厚い ② 寛大である; 甘い ¶점수가 ~ [tʃɔmsuga ~ チョムスガ ~] 点が甘い **후-히** [hu:i フーイ] 副 手厚く; 厚く ¶~ 대접하다 [~ tɛ:dʒɔphada ~ テージョプハダ] 手厚くもてなす.

후환[後患] [hu:hwan フーファン] 名 後患 ¶~을 없애다 [~ɯl ɔ:ps'ɛda (フーファ) ヌル オープセダ] 後患を絶つ.
***후회**[後悔] [hu:hwe フーフェ] 名 하他 後悔; 悔い; 悔やみ ¶경솔한 행동을 ~하다 [kjɔŋsolhan hɛndoŋɯl ~-hada キョンソルハン ヘンドンウル ~ハダ] 軽はずみな行動を悔いる ━막급(莫及) [mak'up マクプ] 名 後悔及ばず ¶~이다 [~-(mak'ɯb)ida ~-(マクブ)ビダ] 後悔先に立たず.
훈계[訓戒] [hu:nge フーンゲ] 名 하他 訓戒; 戒め ¶~를 내리다 [~rul nɛ-rida ~ルル ネリダ] 訓戒を垂れる ━방면 (ba:nmjɔn バーンミョン] 名 訓戒し放免すること; 略 훈방(訓放) [hu:nbaŋ フーンバン].
훈기[薰氣] [hungi フンギ] 名 ① 暖かい気; 温もり ② 蒸気などによる温い気 =훈김 [hungim フンギム].
***훈련**[訓練] [hu:lljɔn フーッリョン] 名 하他 訓練; トレーニング ¶직업 ~를 받다 [tʃigɔp (pʰu:lljɔn)ɯl pat'a チゴプ (プールリョ)ヌル パッタ] 職業訓練を受ける.
***훈민-정음**[訓民正音] [hu:nmindʒɔ:ŋɯm フーンミンジョーンウム] 名 訓民正音くんみん; 朝鮮王朝4代世宗せジョン大王によって創制された28種の韓国文字の名称(1446年公布);ハングル(韓国)・チョソングル(共和国)と呼ばれている.

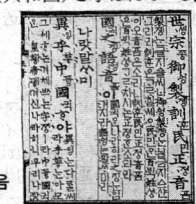

훈민 정음

훈수[訓手] [hu:nsu フーンス] 名 自他 (囲碁・将棋で)横から手を教えてやること.
훈장[勳章] [hundʒaŋ フンジャン] 名 勳章 ¶문화 ~ [munhwa ~ ムンファ ~] 文化勳章 ━감 [k'am カム] 名 勳章もの.
훈제[燻製・薰製] [hundʒe フンジェ] 名 하他 薰製 ¶~ 연어 [~ ɔnɔ ~ ヨノ] 薰製のサケ ━품 [pʰum プム] 薰製品.
훈훈-하다[薰薰一] [hunhunhada フンフンハダ] 形 여変 ① 暖かい; ぽかぽか

훌떡 [hultˀok フルットク] 副 ① すっかり; さっと ¶ 머리가 ~ 벗겨졌다 [moriga ~ pˀotkˀpadʒida モリガ ~ ポッキョジョッタ] 頭がすっかりはげた / 옷을 ~ 벗다 [osul ~ pˀotˀa オスル ~ ボッタ] 服をさっと脱ぐ ② がらっと ¶ 보트가 ~ 뒤집히다 [botʰuga ~ tˀwidʒipʰida ボートゥガ ~ トゥィジプピダ] ボートががらっとひっくり返る.

훌렁 [hulloŋ フルロン] 副 ① つるっと ¶ 머리가 ~ 벗어지다 [moriga ~ posodʒida モリガ ~ ポソジダ] 頭がつるっとはげ上がる ② すっぽり ¶ 옷을 ~ 벗기다 [osul ~ potkˀida オスル ~ ポッキダ] 着物をすっぽり脱がせる ③ ごろりと ¶ 잔디에 ~ 뒹굴다 [tʃandie ~ twiŋgulda チャンディエ ~ トゥィングルダ] 芝生にごろりと寝転ぶ **─거리다** [gorida ゴリダ] 自 **・─하다** [hada ハダ] 形 ① だぶだぶである ¶ ~-한 바지 [~-han padʒi ~-ハン パジ] だぶだぶなズボン (ネジなどが) ゆるゆるだ.

*훌륭**-하다** [hulljuŋhada フルリュンハダ] 形 [여변] ① 立派だ ¶ ~-한 저택 [~-han tʃotʰɛk ~-ハン チョーテク] 立派な邸宅 ② 優れている; すばらしい ¶ ~-한 성적 [~-han soŋdʒok ~-ハン ソンジョク] すばらしい成績 ¶ 偉い ¶ ~-한 사람이 되다 [~-han sa:rami tweda ~-ハン サーラミ トゥェダ] 偉い人になる / ~-해 지다 [~-ɦɛ dʒida ~-ハン ヘ ジダ] 立派になる **훌륭-히** [hulljuŋi フルリュンイ] 副 立派に; 見事に; 十分に.

훌쩍[1] [hultʃˀok フルッチョク] 副 ① ひょいと ¶ ~ 뛰어넘다 [~ tˀwiomnomtˀa ~ ットゥィオノムタ] ひょいと跳び越える ② ペろっと ¶ 술을 ~ 마시다 [surul (hultʃˀoŋ) maʃida スルル (フルッチョン) マシダ] 酒をぺろっと飲みほす ③ 鼻汁を吸い込むさま ④ すすり泣くさま **─이다** [ida イダ] **[거리다]** [(hultʃˀoŋ) ida (hultʃˀo) kˀorida] (フルッチョン) ギダ [コリダ] 自他 (鼻水をすすりながら) しくしく泣く; ちびりちびりと飲む.

훌쩍[2] [hultʃˀok フルッチョク] 副 ためらわずに飄然ひょうぜんと立ち去るさま; ふらりと; 飄然と ¶ 집을 나가다 [tʃibul (hul-tʃˀoŋ) nagada チブル (フルッチョン) ナガダ] 飄然と家を出る.

*훑다 [hultˀa フルタ] 他 しごく; 抜く; はぎ取る; 取り出す; 隅々まで調べる ¶ 벼이삭을 ~ [pjoisagul ~ ピョイサグル ~] 稲の穂をしごく.

훑어-보다 [hultʰoboda フルトボダ] 他 じろっと見る ¶ 서류를 대충 ~ [sorjurul tɛtʃʰuŋ ~ ソリュルル テチュン ~] 書類にざっと目を通す.

훔쳐-내다 [humtʃʰoenɛda フムチョネダ] 他 ① 水気などをふき取る; ぬぐい落とす ¶ 먼지를 ~ [mondʒirul ~ モンジルル ~] ほこりをふき取る ② 盗み取る[出す]; 抜き取る; かすめ取る ¶ 서류를 ~ [sorjurul ~ ソリュルル ~] 書類を盗み出す.

훔쳐-먹다 [humtʃʰomokˀta フムチョモクタ] 他 盗み食いする; くすねる.

훔쳐-보다 [humtʃʰoboda フムチョボダ] 他 ① のぞき見する ¶ 문틈으로 ~ [muntʰumuro ~ ムントゥムロ ~] 門の透き間からのぞき見する ② 盗み見る ¶ 남의 답안을 ~ [name tabanul ~ ナメ タバヌル ~] 人の答案を盗み見る.

*훔치다 [humtʃʰida フムチダ] 他 ① 拭ふく; ぬぐう ¶ 마루를 ~ [marurul ~ マルルル ~] 床をふく ② 盗む; くすねる; かすめる; 俗 失敬する ¶ 남의 지갑을 ~ [name tʃigabul ~ ナメ チガブル ~] 人の財布を盗む.

훗-날 [後─] [hu:nnal フーンナル] 名 次の日; 後日 ¶ ~로 미루다 [~-lo mi-ruda ~ロ ミルダ] 後日に譲る.

훤칠-하다 [hwontʃʰirhada フォンチルハダ] 形 [여변] すらりとしている; すんなりとしている ¶ ~-한 키 [~-han kʰi ~-ハンキ] すらりとした背丈.

*훤**-하다** [hwo:nhada フォーンハダ] 形 [여변] ① ほのぼのとしている ¶ 훤하게 밝아 온다 [hwo:nhage palga onda フォーンハゲ パルガ オンダ] ほのぼのと夜が明ける ② 広々としている ¶ 앞이 ~ [apʰi ~ アピ ~] 前が広々としている ③ 精通している ¶ 역사에 ~ [joks'ae ~ ヨクサエ ~] 歴史に精通している ④ すっきりしている ¶ ~-한 얼굴 [~-oguri ~ オルグリ ~] 顔つきがすっきりしている **훤해지다** [hwo:nhɛdʒida フォーンヘジダ] 自 (夜が) 白んでくる **훤-히** [hwo:ni フォーニ] 副 ほのぼのと; 広々と; 明るく.

‡휠씬 [hwɔlʃ'in フォルッシン] 副 はるかに; ずっと; ぐっと; よほど ¶ ~ 못하다[~ moːtʰada ~ モータダ] はるかに劣る / ユ보다 ~ 좋다[kɯboda ~ tʃoːtʰa クボダ ~ チョータ] それよりずっとよい.

휠-휠 [hwɔːrhwɔl フォールフォル] 副 ① ぼうぼう ¶ 불이 ~ 타오르다 [puri ~ tʰaoruda プリ ~ タオルダ] 火がぼうぼう燃え上がる ② ふわふわ(大きな鳥がゆうゆう飛ぶさま) ③ さっと ¶ 옷을 ~ 벗다[osɯl ~ pɔtʰa オスル ~ ポッタ] 服をさっと脱ぐ.

훼방 [毀謗] [hweːbaŋ フェーバン] 名 [하며] 妨害; 邪魔すること **―놓다**[놓다] [notʰa[nolda] ノッタ[ノルダ] 他 邪魔[妨害]する **―꾼** [k'un ックン] 名 邪魔者; 妨害する人.

훼손 [毀損] [hweːson フェーソン] 名 毀損 ¶ 명예 ~ [mjɔŋe ~ ミョンエ ~] 名誉毀損 **―하다** [hada ハダ] 自他 毀損する; 傷つける.

휑-하다 [hweŋhada フェンハダ] 形 [여변] ① 精通している; 通達している; 知り尽くしている ¶ 휑하게 알고 있다 [hweŋhage aːlgo itʰa フェンハゲ アールゴ イッタ] 詳しく知り尽くしている ② 穴が大きく開いている ¶ 휑하게 뚫린 구멍 [hweŋhage t'ullin kumɔŋ フェーンハゲ ットゥルリン クモン] ぽこっと開いている穴 ③ 目がくぼんで生気がない ¶ 휑하게 들어간 눈 [hweŋhage tɯrɔgan nun フェンハゲ トゥロガン ヌン] ぽこっとへこんだ目.

휘-갈기다 [hwigalgida フィガルギダ] 他 ① (振り回して)ぶん殴る ② 書き殴る; 書き散らす ¶ 기사를 ~ [kisarul ~ キサルル ~] 記事を書き殴る.

휘-감기다 [hwigamgida フィガムギダ] 自 ぐるぐると巻かれる; 巻きつく; 絡まる; 絡みつく; ='휘감다'の受動 ¶ 덩굴 풀이 ~ [tɔŋgul pʰuri ~ トングル プリ ~] つる草が絡まる.

휘-감다 [hwigamt'a フィガムタ] 他 ぐるぐる巻きつける; 絡む ¶ 팔에 붕대를 ~ [pʰare pundɛrul ~ パレ プンデルル ~] 腕に包帯を巻きつける.

휘-날리다 [hwinallida フィナルリダ] 1 自 ① (ひらひらと)ひるがえる; (風に)なびく ¶ 깃발이 바람에 ~ [kitpʼari parame ~ キッパリ パラメ ~] 旗が風になびく ② (雪・花びらなどが)乱れ飛ぶ; 飛び散る; 散らばる ¶ 눈보라가 ~ [muːnboraga ~ ヌーンボラガ ~] 吹雪が吹きすさぶ 2 他 ① ひるがえす; なびかせる ¶ 스카프를 바람에 ~ [sukʰaːpʰurul parame ~ スカープルル パラメ ~] スカーフを風になびかせる ② (名声を)とどろかす; (名を)揚げる ¶ 명성을 세계에 ~ [mjɔŋsɔŋul seːgeː ~ ミョンソンウル セーゲエ ~] 名声を世界にとどろかす.

휘-늘어지다 [hwinɯrɔdʒida フィヌロジダ] 自 だらりと垂れる ¶ 버들 가지가 ~ [podul gadʒiga ~ ポドゥル ガジガ ~] ヤナギの枝が垂れ下がる.

‡휘다 [hwida フィダ] 1 自 曲がる; たわむ ¶ 허리가 ~ [hɔriga ~ ホリガ ~] 腰が曲がる / 눈으로 가지가 ~ [nuːnɯro kadʒiga ~ ヌーヌロ カジガ ~] 雪で枝がたわむ 2 他 曲げる; たわめる ¶ 철사를 ~ [tʰɔlsʼarul ~ チョルサルル ~] 針金を曲げる.

휘-덮다 [hwidɔpʰa フィドプタ] 他 覆いかぶせる; 覆う **휘-덮이다** [hwidɔpʰida フィドピダ] 自[受動] 覆われる.

휘-돌다 [hwidolda フィドルダ] 自他 [ㄹ語幹] ぐるぐる回る **휘-돌리다** [hwidollida フィドルリダ] 他[使役] ぐるぐる回す.

‡휘-두르다 [hwidurɯda フィドゥルダ] 他 [르変] ① 振り回す ¶ 칼을 ~ [kʰarul ~ カルル ~] 刀を振り回す ② (人を)牛耳る; 支配する ¶ 남편을 ~ [nampʰjɔnul ~ ナムピョヌル ~] 亭主を尻に敷く ③ (勢力などを)振るう; 振り回す ¶ 권세를 ~ [kwɔnserul ~ クォンセルル ~] 権勢を振るう.

휘둘러-보다 [hwidullɔboda フィドゥルロボダ] 他 しきりにあたりを見回す.

휘둥그래-지다 [hwiduŋgɯredʒida フィドゥングレジダ] 自 驚いて目を大きく見張る・見開く ¶ 놀라서 눈이 ~ [noːllaso nuni ~ ノールラソ ヌニ ~] 驚いて目を大きく見開く.

휘둥그러-지다 [hwiduŋgɯrɔdʒida フィドゥングロジダ] 自 ひっくり返る.

휘-말다 [hwimalda フィマルダ] 他 [ㄹ語幹] (紙などを)ぐるぐる巻く.

휘말려-들다 [hwimalljɔdɯlda フィマルリョドゥルダ] 自[ㄹ語幹] 巻き込まれる ¶ 분쟁에 ~ [pundʒeŋe ~ プンジェンエ ~] 紛争に巻き込まれる.

휘말리다 [hwimallida フィマルリダ] 自

휘몰다 [hwimolda フィモルダ] 他 ① せき立てる ② 追い立てる ③ 走らせる.

휘-몰아치다 [hwimorat͡ɕʰida フィモラチダ] 自 吹きまくる; 吹きすさぶ ¶바람이 휘몰아치는 들판 [parami hwimorat͡ɕʰinɯn tɯːlpʰan パラミ フィモラチヌン トゥールパン] 風が吹きすさぶ野原.

***휘발-유** [揮發油] [hwiballju フィバルリュ] 名 ガソリン.

휘어-잡다 [hwiədʑapt'a フィオジャプタ] 他 ① 曲げてつかむ; ぎゅっとつかむ ② (人を)従わせる; 制御する; 支配する; 頭を押さえる ¶종업원들을 ~ [t͡ɕoŋəbwəndurul ~ チョンオブォンドゥルル ~] 従業員の頭を押さえる.

휘어-지다 [hwiədʑida フィオジダ] 自 曲がる; しなう; たわむ ¶낚싯대가 ~ [nakɕitʼɛga ~ ナクシッテガ ~] 釣竿が曲がる[しなう].

휘영청 [hwijəŋt͡ɕʰəŋ フィヨンチョン] 副 (月が) 限無く明るいさま; 皎々[皓々]と ¶~ 달이 밝다 [~ tari pakt'a タリ パクタ] こうこうと月が明るい.

휘우뚱 [hwiutʼuŋ フィウットゥン] 副 하自 よろめく[よろける]さま ━━**거리다** [gərida ゴリダ] 自 よろめく; ぐらつく ¶배가 ~ [pɛga ~ ペガ ~] 船がぐらつく.

휘-젓다 [hwidʑət'a フィジョッタ] 他 人変 ① かき混ぜる; かき回す; 混ぜあわせる ¶숟가락으로 ~ [sutkʼaraguro ~ スッカラグロ ~] さじでかき混ぜる ② 大手を振る ③ かき乱す ¶책상 서랍을 ~ [t͡ɕʰɛksaŋ sərabul ~ チェクサン ソラブル ~] 机の引き出しをかき乱す.

휘청-거리다 [hwit͡ɕʰəŋgərida フィチョンゴリダ] 自 ① (足元が) ひょろひょろする; ふらつく ¶다리가 ~ [tariga ~ タリガ ~] 足がふらつく[ひょろひょろする] ② しなやかに揺れる; (枝などが) ひょろひょろする ③ (酒に酔って) 千鳥足になる.

***휘-파람** [hwipʰaram フィパラム] 名 口笛 ¶~을 불다 [~ ɯl puːlda フィパラ) ムル プールダ] 口笛を吹く ━━**새** [sɛ セ] 名 〈鳥〉 ウグイス (鶯).

휘황찬란-하다 [輝煌燦爛―] [hwihwaŋt͡ɕʰaːllanhada フィファンチャールランハダ] 形 여変 ① まばゆいばかりに輝いている; きらびやかで美しい; 絢爛豪華だ ② (ふるまいが) けばけばしく悪知恵にたけて信頼できない.

휨-싸다 [hwips'ada フィプサダ] 他 包む; 覆う; 取り囲む ¶불길이 집을 ~ [pulk'iri t͡ɕibul ~ プルキリ チブル ~] 火炎が家を覆う.

휨-싸이다 [hwips'aida フィプサイダ] 自 受動 包まれる; (恐怖などに) 覆われる ¶화염에 ~ [hwaːjəme ~ ファーヨメ ~] 火炎に包まれる / 공포에 ~ [koŋpʰoe ~ コンポエ ~] 恐怖に覆われる.

***휨-쓸다** [hwips'ulda フィプスルダ] 他 ㄹ語幹 ① (風・波・洪水などが) 荒らす; 襲う ¶홍수가 부락을 ~ [hoŋsuga puragul ~ ホンスガ プラグル ~] 大水が集落を荒らす ② さらう; 席捲する ¶인기를 ~ [ink'irul ~ インキルル ~] 人気をさらう ③ のさばる; はびこる ¶불량배가 ~ [pulljaŋbɛga ~ プルリャンベガ ~] 不良がのさばる.

휨-쓸리다 [hwips'ullida フィプスルリダ] 自 受動 荒らされる; 襲われる; 押し流される; 巻き込まれる; 飲まれる ¶사건에 ~ [saːk'ʌne ~ サーコネ ~] 事件に巻き込まれる / 파도에 ~ [pʰadoe ~ パドエ ~] 波に飲まれる / 감정에 ~ [kaːmdʑəŋe ~ カームジョンエ ~] 感情に流される.

***휴가** [休暇] [hjuga ヒュガ] 名 休暇; 休み ¶여름 ~ [jərɯm ~ ヨルム ~] 夏休み / 유급 ~ [juːgu (pʰjuga) ユーグプ (ピュガ)] 有給休暇.

휴간 [休刊] [hjugan ヒュガン] 名 하他 休刊.

휴강 [休講] [hjugaŋ ヒュガン] 名 하自 休講.

***휴게** [休憩] [hjuge ヒュゲ] 名 하自 休憩; 休み ¶~실 [~ɕil ~ シル] 休憩室.

휴관 [休館] [hjugwan ヒュグァン] 名 하自 休館.

휴교 [休校] [hjugjo ヒュギョ] 名 하自 休校.

휴대 [携帶] [hjudɛ ヒュデ] 名 하他 携帯 ━━**식량** [ɕiŋnjaŋ シンニャン] 名 携帯食糧 ━━**품** [pʰum プム] 名 携帯品 ━━**전화[폰]** [dʑəːnhwa (pʰon)] ジョーンファ [ポン]] 携帯電話.

휴면 [休眠] [hjumjən ヒュミョン] 名 하自 休眠 ¶~ 상태 [~ saŋtʰɛ ~ サンテ] 休眠状態.

*휴식[休息] [hjuʃik ヒュシク] 名 休息 ¶~을 취하다 [(hjuʃig) ɯl tʃʰwi:hada (ヒュシ)グル チュィーハダ] 休息をとる.

휴양[休養] [hjujaŋ ヒュヤン] 名 [하][自][他] 休養 **—지** [dʒi ジ] 名 休養地.

휴업[休業] [hjuɔp ヒュオプ] 名 [하][自] 休業 ¶임시 ~ [imʃi ~ イムシ ~] 臨時休業.

*휴일[休日] [hjuil ヒュイル] 名 休日.

휴전[休戰] [hjudʒɔn ヒュジョン] 名 [하][自] 休戰 **—선** [sɔn ソン] 名 休戰線; 休戰ライン **—협정** [hjɔptʃ'ɔŋ ヒョプチョン] 名 休戰[停戰]協定.

*휴지[休紙] [hjudʒi ヒュジ] 名 ちり紙; 紙くず; 鼻紙; 反故紙 **—통** [tʰoŋ トン] 名 ごみ箱; 紙くずかご; くず入れ **—화(化)** [hwa ファ] 名 [하][自][他] (約束・条約などが)役に立たなくなること; 反故になること ¶약속을 ~하다 [jaks'ogɯl ~hada ヤクソグル ~ハダ] 約束を反故にする.

휴직[休職] [hjudʒik ヒュジク] 名 [하][自] 休職 **—급** [k'ɯp クプ] 名 休職中の職員に与える給与.

휴진[休診] [hjudʒin ヒュジン] 名 休診.

휴학[休學] [hjuhak ヒュハク] 名 [하][自] 休学 ¶~ 신고(申告) [~ ʃingo ~ シンゴ] 休学届.

휴회[休會] [hjuhwe ヒュフェ] 名 [하][他] 休会 ¶~가 되다 [~ga tweda ~ガ トゥェダ] 休会になる.

*흉 [hjuŋ ヒュン] 名 ① 傷; 傷跡 ¶~이 있는 얼굴 [~i innɯn ɔlgul ~イインヌン オルグル] 傷のある顔 ② 欠点 ¶~을 보다 [~ɯl poda ~ウル ポダ] 欠点をあげつらう; 陰口をきく; 悪口を言う / ~을 잡다 [~ɯl tʃapt'a ~ウル チャプタ] 粗探しをする.

흉계[凶計] [hjuŋge ヒュンゲ] 名 悪巧み ¶~에 빠지다[걸리다] [~e p'a:dʒida [kɔllida] ~エ パージダ [コルリダ]] 悪巧みにかかる.

흉금[胸襟] [hjuŋgɯm ヒュングム] 名 胸襟 ¶~을 털어놓다 [~ɯl tʰɔronotʰa (ヒュング)ムル トロノッタ] 胸襟を開ける.

흉기[凶器] [hjuŋgi ヒュンギ] 名 凶器 ¶자동차는 달리는 ~다 [tʃadoŋtʃʰanɯn tallinɯn ~da チャドンチャヌン タルリヌン ~ダ] 自動車は走る凶器だ.

*흉내 [hjuŋnɛ ヒュンネ] 名 まね; 模倣 ¶~쟁이 [~ dʒɛŋi ~ ジェンイ] ものまねの上手な人 **—내다** [nɛda ネダ] 他 まねる; まねをする ¶남의 목소리를 ~ [name moks'orirɯl ~ ナメ モクソリルル ~] 人の声をまねる.

*흉년[凶年] [hjuŋnjɔn ヒュンニョン] 名 凶年; 凶作の年 ¶~이 들다 [~i tɯlda (ヒュンニョ)ニ トゥルダ] 凶年になる **—거지** [gɔ:dʒi ゴージ] 名 凶年の乞食 ¶[環境が不利なときには努力しても報われることが少ないとのたとえ].

흉물[凶物] [hjuŋmul ヒュンムル] 名 凶悪な人; 性格の陰険な人 **—떨다** [t'ɔlda ットルダ] 自 [己語幹] 真面目なふりをして陰険で凶悪にふるまう; 凶悪な行為をする **—스럽다** [s'ɯrɔpt'a スロプタ] 形 [ㅂ變] ① (性格・行動が)陰険である; 凶悪だ ② (姿やかたちが)ぞっとするほど醜く奇怪である.

*흉보다 [hjuŋboda ヒュンボダ] 他 人の欠点をあげつらう; 悪口[陰口]を言う.

흉악[凶惡] [hjuŋak ヒュンアク] 名 [스][形] 凶惡 ¶~범(犯) [~p'ɔm ~ポム] 凶惡犯(人) **—하다** [(hjuŋa)kʰada カダ] 形 凶惡だ **—망측(罔測)** [maŋtʃʰɯk マンチュク] 名 [하][形] [스][形] 計り知れないほど凶悪なこと.

흉어[凶漁] [hjuŋɔ ヒュンオ] 名 凶漁; 不漁 ¶청어의 ~ [tʃʰɔŋɔe ~ チョンオエ ~] ニシンの不漁.

흉-업다 [hjuŋɔpt'a ヒュンオプタ] 形 [ㅂ變] 醜い; 見苦しい; 不体裁だ.

흉작[凶作] [hjuŋdʒak ヒュンジャク] 名 凶作; 不作 ¶~의 해 [(hjuŋdʒag)e hɛ (ヒュンジャ)ゲ ヘ] 凶作の年.

흉-잡다 [hjuŋdʒapt'a ヒュンジャプタ] 他 (人の)欠点をほじくる; 粗深しをする; けなす; けちをつける.

흉-잡히다 [hjuŋdʒapʰida ヒュンジャプピダ] 自 [受動] (人から)欠点をつかまれる; けちをつけられる; 粗をほじくられる.

흉측[凶測] [hjuŋtʃʰuk ヒュンチュク] 名 [하][形] [스][形] ① (容貌등が)ぞっとするほど醜いさま ¶~한 모습 [(hjuŋtʃʰɯ)kʰan mosɯp ~カン モスプ] ぞっとするようらしい姿 ② 陰険で腹黒いこと ¶심보가 ~하다 [ʃimp'oga (hjuŋtʃʰɯ)kʰada シムポガ ~カダ] 根性が陰険で腹黒い.

흉탄[凶彈] [hjuŋtʰan ヒュンタン] 名 凶彈 ¶~에 쓰러지다 [~e s'ɯrɔdʒida (ヒュンタ)ネッスロジダ] 凶彈に倒れる.

흉-터 [hjuŋtʰo ヒュント] 图 傷跡; 残痕ぎ.

흉-하다[凶—][hjuŋhada ヒュンハダ] 形 [여변] ① 悪い; よくない; 似合わない ¶빛깔이 ~[pitk'ari ~ ピッカリ] 色がよくない ② 不吉だ; 忌まわしい ¶흉한 꿈[hjuŋhan k'um ヒュンハン ックム] 忌まわしい夢 ③ 醜い; 見苦しい; みっともない ¶옷차림이 ~[otsʰarimi ~ オッチャリミ ~] 身なりが見苦しい/흉터가 ~[hjuŋtʰoga ~ ヒュントガ ~] 傷跡が目障りだ ④ (心が)陰険だ ⑤ 縁起が悪い; いい縁でない.

흉한[兇漢][hjuŋhan ヒュンハン] 图 凶漢 ¶~에게 습격 당하다[~ege sɯpk'jok t'aŋhada (ヒュンハ)ネゲ スプキョク タンハダ] 凶漢に襲われる.

흉허물-없다[hjuŋhomurɔpt'a ヒュンホムロプタ] 存 心安い; 気兼ねがない; 気が置けない; 昵懇どの間柄である ¶~-없는 사이[~ɔmnɯn sai ~ロムヌン サイ] じっこんの間柄

흉허물-없이 [hjuŋhomurɔpɕ'i ヒュンホムロプシ] 副 心安立てに; 心安く; 気兼ねなく ¶~ 돈을 꾸다[~ tonɯl k'uda ~ トーヌル ックダ] 気兼ねなく金を借りる/~ 용건을 부탁하다[~jo:ŋk'ɔnɯl pu:tʰakʰada ~ ヨーンコヌル ブータクカダ] 心安立てて用を頼む/~ 사귀고 있다[~ sagwigo it'a ~ サグィゴ イッタ] 気兼ねなく[親しく]付きあっている.

흉흉-하다[洶洶—] [hjuŋhjuŋhada ヒュンヒュンハダ] 形 [여변] ① 荒波が立っている ② (人心が乱れて)ざわめいている; 落ち着かない; びくびく[恟々きょう]している ¶인심이 ~[inɕimi ~ インシミ ~] 人心がひどく動揺している.

흐-느끼다 [hɯnɯk'ida フヌッキダ] 自 すすり[むせび]泣く; むせぶ; しゃくり上げる ¶비보를 듣고 ~[pi:borɯl tɯtk'o ~ ピーボルル トゥッコ ~] 悲報に接してすすり泣く/아이가 흐느껴 울고 있다[aiga hɯnɯk'jɔ u:lgo it'a アイガ フヌッキョ ウールゴ イッタ] 子供がしゃくり上げている.

흐느적-거리다 [hɯnɯdʑɔk'ɔrida フヌジョクコリダ] 自 (枝·葉などが)ゆらゆらする; しきりに揺らぐ ¶버들이 바람에 ~[podɯri parame ~ ポドゥリ パラメ ~] 柳が風にゆらゆらする.

흐늘-거리다 [hɯnɯlgɔrida フヌルゴリダ] 自 ① ふにゃふにゃする; ぐにゃぐにゃである ¶물에 젖어 종이가 ~ [mure tɕɔdʑɔ tɕoŋiga ~ ムレ チョジョ チョンイガ ~] 水に濡れて紙がふにゃふにゃになる ② ぶらぶら暮らす ③ 垂れてぶらつく; ゆらめく; ゆらゆらする ④ (地震で家が)ぐらぐらする.

흐늘흐늘-하다 [hɯnɯrhɯnɯrhada フヌルフヌルハダ] 形 ふにゃふにゃ[ぐにゃぐにゃ]している ¶~-하게 삶다 [~-hage sa:mt'a ~-ハゲ サームタ] ふにゃふにゃに煮る.

*__**흐려-지다**__ [hɯrjɔdʑida フリョジダ] 自 曇る; 濁る; 惚ぼける ¶눈이 ~[nuni ~ ヌニ ~] 目が濁る[陰る]/머리가 ~[mɔriga ~ モリガ ~] 頭がぼける.

*__**흐르다**__ [hɯrɯda フルダ] 自 [르変] ① 流れる ¶강물이 ~[kaŋmuri ~ カンムリ ~] 川が流れる/땀이 ~[t'ami ~ ッタミ ~] 汗が流れる ② 時が経つ ¶세월이 ~[se:wɔri ~ セーウォリ ~] 歳月が流れる ③ (望ましくない方向に)傾く; 偏る; 走る ¶감정에 ~[ka:mdʑɔŋe ~ カームジョンエ ~] 感情に流れる ④ 広がる; 漂う ¶침묵이 ~ [tɕʰimmugi ~ チムムギ ~] 沈黙が漂う[流れる] ⑤ (顔が)つやつやと光る.

*__**흐리다**__¹ [hɯrida フリダ] 他 ① ぼかす; (言葉を)濁す ¶말끝을 ~[ma:lk'ɯtʰɯl ~ マールックトゥル ~] 言葉じりをぼかす[濁す] ② (水を)濁す; 濁らす ¶우물 물을 ~[umul murɯl ~ ウムル ムルル ~] 井戸水を濁らす ③ (一家·団体などの名を)汚す.

*__**흐리다**__² [hɯrida フリダ] 形 ① はっきりしない; ぼんやりしている; (記憶などが)薄れる ¶정신이 ~[tɕɔŋɕini ~ チョンシニ ~] 気がぼうっとしている ② 濁っている; (ガラスが)曇っている ¶물이 ~[muri ~ ムリ ~] 水が濁っている ③ 薄暗い; ぼんやりしている ¶불빛이 ~[pulp'itɕʰi ~ プルピチ ~] 灯火がぼんやりしている ④ (視力や聴力が)衰える; ぼうっとする ⑤ 曇る ¶날이 ~[nari ~ ナリ ~] 空が曇る.

흐리멍덩-하다 [hɯrimɔŋdɔŋhada フリモンドンハダ] 形 [여변] ぼんやりしている; はっきりしない ¶~-한 눈[~-han nun ~-ハン ヌン] どんよりした目/셈이 ~[se:mi ~ セーミ ~] 勘定がはっきりしない.

흐리터분-하다 [hɯritʰɔbunhada フリ

트븐하다] 形 ① 不明瞭だ; ぼんやりしている; はっきりしない ¶~-한 날씨 [~-han naʎʃi ~-ハン ナルッシ] ぼんやりした[うっとうしい]天気 ② ずぼらだ; 煮え切らない; さっぱりしない ¶~-한 사람 [~-han saːram ~-ハン サーラム] ずぼらな人; 煮え切らない人.

흐릿-하다 [hurithada フリッタダ] 形 (記憶が)うすぼんやりしている; ぼやけている; かすんでいる ¶~-한 날씨 [~-than naʎʃi ~-タン ナルッシ] 少し曇っている天気 / 글씨가 ~ [kuɯʎʃiga ~ クルッシガ ~] 字がぼやけている.

흐물-흐물 [huɯmurhuɯmul フムルフムル] 副 하形 どろどろ; ぐじゃぐじゃ; ぐじぐじ; 十分に煮えたり熟れたりして軟らか過ぎるさま.

* **흐뭇-하다** [huɯmuthada フムッタダ] 形 여変 満足だ; 微笑ましい; 心温まる ¶~-한 이야기 [~-han nijagi ~-タン ニヤギ] 微笑ましい話 / ~-한 느낌 [~-than nuk'im ~-タン ヌッキム] 心温まる思い / 후뭇해 지다 [하다] [humuthɛ dʒida [hada] フムッテジダ[ハダ]] 満ち足りてくる[満足に思う·満足がる].

흐지-부지 [huɯdʒibudʒi フジブジ] 副 하他 ぼやけて; うやむや; 曖昧に ¶말을 ~ 얼버무리다 [maːrul ~ ɔlbɔmurida マールル ~ オルボムリダ] 話をうやむやに濁す / ~되다 [~dwɛda ~ドゥェダ] 立ち消えになる / 일이 도중에서 ~되다 [iːri toːdʒuŋesɔ ~dwɛda イーリ トージュンエソ ~ドゥェダ] 仕事が半ちく[中途はんぱ]になる.

흐트러-뜨리다 [huthuɯrɔt'uɯrida フトゥロットゥリダ] 他 かき散らす; 散らかす; かき乱す; 崩す; 狂わす ¶방을 ~ [paŋul ~ パンウル ~] 部屋を散らかす[かき乱す] / 머리를 ~ [mɔrirul ~ モリルル ~] 髪を振り乱す / 자세를 ~ [tʃaːserul ~ チャーセルル ~] 姿勢を崩す / 순서를 ~ [suːnsɔrul ~ スーンソルル ~] 順を狂わす.

* **흐트러-지다** [huɯthuɯrɔdʒida フトゥロジダ] 自 散らばる; 散り散りになる; 乱れる ¶~-진 머리 [~-dʒin mɔri ~-ジン モリ] 乱れた髪 / 대열이 ~ [tɛjɔri ~ テヨリ ~] 隊列が崩れる / 마음이 ~ [maumi ~ マウミ ~] 心が乱れる.

흑막 [hɯŋmak フンマク] 名 内幕; 内情; 裏 ¶사건의 ~ [saːk'ɔne ~ サーコネ ~] 事件の裏. (「裏で計画·指示する·操る人」の意味はない).

흑-맥주 [黑麥酒] [hɯŋmɛktʃu フンメクチュ] 名 黒ビール.

* **흑백** [黑白] [hɯkp'ɛk フクペク] 名 黒白 ① 黒色と白色 ② 是と非·善と悪·正と邪 ¶~-을 분명히 하다 [(hɯkp'ɛg)-ɯl punmjɔŋi hada (フクペ) グル プンミョンイ ハダ] 白黒をはっきりさせる.

흑색 [黑色] [hɯks'ɛk フクセク] 名 黒色; ブラック ¶~ 잉크 [(hɯks'ɛg) iŋkhɯ (フクセ) ギンク] 黒インキ ─**선전** [s'ɔndʒɔn ソンジョン] 名 政治的な悪宣伝 ─**인종** [(hɯks'ɛg) indʒoŋ (フクセ) ギンジョン] 名 黒人種.

흑심 [黑心] [hɯkʃim フクシム] 名 腹黒い心; 陰険でよこしまな心 ¶~-을 품다 [~ɯl phuːmt'a (フクシ) ムル プームタ] 陰険な心を抱く.

흑인 [黑人] [hɯgin フギン] 名 黒人 ─**영가** [njɔŋga ニョンガ] 名 黒人霊歌.

* **흑자** [黑字] [hɯktʃ'a フクチャ] 名 黒字.↔적자 (赤字) [tʃɔktʃ'a チョクチャ] ─**재정** [dʒɛdʒɔŋ ジェジョン] 名 黒字財政.

흑판 [黑板] [hɯkphan フクパン] 名 黒板 = 칠판 (漆板) [tʃhilphan チルパン].

흑-흑 [hɯkhɯk フククク] 副 하自 ① (悲しい余り)すすり泣くさま; しゃくり上げるさま; しくしく ¶~ 느껴 운다 [~-(khɯŋ) nuk'jɔ uːnda ~-(クン) ヌッキョ ウーンダ] しゃくり上げる ② ひどい寒さに息切れがする.

흔들-거리다 [hɯndulgɔrida フンドゥルゴリダ] 自 ぶらつく; 揺れる; ぐらつく; ゆらゆら [ぐらぐら] する ¶이가 ~ [iga ~ イガ ~] 歯がぐらつく.

* **흔들다** [hɯndɯlda フンドゥルダ] 他 (으語幹) ① (手などを)振る; 揺する; 揺る ¶손을 ~ [sonul ~ ソヌル ~] 手を振る / 나뭇가지를 ~ [namutk'adʒirul ~ ナムッカジルル ~] 木の枝を揺する [(風が)木の枝を揺れる] ② 揺り動かす; ゆさぶる ¶마음을 흔들어 놓다 [maumul hɯndurɔ notha マウムル フンドゥロ ノッタ] 心を揺り動かす.

* **흔들리다** [hɯndɯllida フンドゥルリダ] 自 揺れ動く = '흔들다'の受動 ① 揺れる ¶차가 몹시 ~ [tʃhaga moːpʃ'i ~ チャガ モープシ ~] 車がひどく揺れる ② 揺らめく ¶촛불이 ~ [tʃhotp'uri ~

チョップリ ~] ろうそくの灯が揺らめく ③ ぐらつく ¶ 결심이 ~[kjɔlʃimi ~ キョルシミ ~] 決心がぐらつく〔揺らぐ〕.

흔들-의자[—椅子][hundɯrwidʒa フンドゥルィジャ] 图 揺り椅子ᵢ.

*__흔적__[痕跡・痕迹][hundʒɔk フンジョク] 图 痕跡ニュッ; 跡形; 跡; 残痕ッフ; 名残ッニッ ¶ 사람이 지나간 ~[sa:rami tʃinagan ~ サーラミ チナガン ~] 人の通った痕跡 / ~도 없다[~t'o ɔ:pt'a ~ト オープタ] 跡形もない.

흔쾌[欣快][hunkʰwɛ フンクェ] 图 [하形] 欣快ウゥ; 喜ばしく気持ちのよいこと ¶ ~하기 짝이 없다[~hagi tʃagi ɔ:pt'a ~ハギ ッチャギ オープタ] 欣快の至りである; 欣快に堪えない ━히 [i イ] 副 欣快に; 喜んで; 気持ちよく ¶ ~ 승낙하다[~ sɯŋnakʰada ~ スンナカダ] 喜んで承諾する.

*__흔-하다__[hɯnhada フンハダ] 形 [여変] ① ありふれている ¶ 흔한 꽃[hɯnhan k'ot フンハン ッコッ] ありふれた花 ② 得やすい ¶ 흔한 책[hɯnhan tʃʰɛk フンハン チェク] 得やすい本; ありふれた本 ━히 [hɯni フニ] 副 ごくみなに; 俗に; よく; 多く ¶ ~ 있는 잘못[~ innɯn tʃalmot ~ イッヌン チャルモッ] よくある間違い.

흔해-빠지다[hɯnhɛp'adʒida フンヘッパジダ] 自 ごくありふれている ¶ ~-빠진 물건[~-p'adʒin mulgɔn ~-ッパジン ムルゴン] 非常にありふれた品物.

흘겨-보다[hɯlgjɔboda フルギョボダ] 他 横目でにらむ; 横目でじろっと見る; ='흘기다'.

흘긋[hɯlgɯt フルグッ] 副 [하自他] ① ちらり ¶ ~ 보다[~ p'oda ~ ボダ] 尻目ㅥにかける; ちらりと見る ② ちらっと ¶ 뒷모습이 ~ 보이다[twi:nmosubi ~ p'oida トゥィーンモスビ ~ ボイダ] 後ろ姿がちらっと見える.

*__흘기다__[hɯlgida フルギダ] 他 (横目で)にらむ; にらみつける ¶ 아이들에게 눈을 흘겼다[aidɯrege nunɯl hɯlgjɔt'a アイドゥレゲ ヌヌル フルギョッタ] 子供たちを横目でにらみつけた.

흘깃-거리다[hɯlgitk'ɔrida フルギッコリダ] 自他 しきりにちらりとにらむ.

흘끔[hɯlk'ɯm フルックム] 副 きょろりと ¶ ~ 곁눈질하다[~ kjɔnnundʒirhada ~ キョンヌンジルハダ] きょろりと見る.

흘끗[hɯlk'ɯt フルックッ] 副 [하自他] ちらっと ¶ ~ 쳐다보다[~ tʃʰɔ:daboda ~ チョーダボダ] ちらっとにらむ.

흘러-가다[hɯllɔgada フルロガダ] 自 流れる ¶ 구름이 ~[kurɯmi ~ クルミ ~] 雲が流れる.

흘러-나오다[hɯllɔnaoda フルロナオダ] 自 流れ出る ¶ 바위 틈에서 샘물이 ~[pawi tʰɯmesɔ sɛ:mmuri ~ パウィ トゥメソ セームムリ ~] 岩の透き間から泉が流れ出る.

흘러-내리다[hɯllɔnɛrida フルロネリダ] 自 流れる; 下がる; 流れ落ちる ¶ 눈물이 ~[nunmuri ~ ヌンムリ ~] 涙が流れ落ちる / 바지가 ~[padʒiga ~ パジガ ~] ズボンがずり落ちる.

*__흘리다__[hɯllida フルリダ] 他 ① 流す ¶ 눈물을 ~[nunmurɯl ~ ヌンムルル ~] 涙を流す ② こぼす; 漏ゎらす; (漢ほを)垂らす ¶ 밥을 ~[pabul ~ パブル ~] ご飯をこぼす ③ 落とす; 失う; 紛失する ¶ 동전(銅錢)을 ~[toŋdʒɔnɯl ~ トンジョヌル ~] コインを落とす ④ (字体を)崩す ¶ 글씨를 흘려 쓰다[kɯlʃ'irɯl hɯlljɔ s'ɯda クルッシルル フルリョ ッスダ] 字を崩して書く ⑤ 聞き流す ¶ 흘러 들은 이야기[hɯllɔ dɯrɯn nijagi フルロ ドゥルルン ニヤギ] 空聞きの話.

흘림[hɯllim フルリム] 图 崩し書き; 草書 ━체[tʃʰe チェ] 图 草書体.

*__흙__[hɯk フク] 图 土; 土壤 ¶ ~-담[~t'am ~タム] 土塀 / ~ 먼지 [(huŋ) mɔndʒi (フン) モンジ] 土ほこり; 土煙.

흙-구덩이[hɯk'udɔŋi フククドンイ] 图 地面のくぼみ; 土を掘ってできた穴.

흙-내[hɯŋnɛ フンネ] 图 土のにおい ¶ ~가 나다[~ga nada ~ガ ナダ] 泥臭い; 土臭い ━말다[mat'a マッタ] 自 (植物が)根づく.

흙-더미[hɯkt'ɔmi フクトミ] 图 盛り土 ¶ ~속에 파묻히다[~soge pʰamutʃʰida ~ソゲ パムッチダ] 土砂の山に埋められる.

흙-덩이[hɯkt'ɔŋi フクトンイ] 图 土の塊; 土くれ.

흙-손[hɯkson フクソン] 图 こて; 土ごて; かなべら.

흙-장난[hɯktʃ'aŋnan フクチャンナン] 图 [하自] 土遊び; 泥んこ遊び.

흙-칠[hɯktʃʰil フクチル] 图 [하自他] 泥の汚れ ¶ 옷에 ~하다[ose (hɯktʃʰir)-hada オセ ~ハダ] 服を泥で汚す.

흙-탕(물) [hɯkthaŋ(mul) フクタン(ムル)] 名 泥水・泥んこの溜まり水 ¶ ~에 잠기다 [~e(mure) tɕamgida ~エ[ムレ] チャムギダ] 泥水に浸かる.

흙-투성이 [hɯkthusɔŋi フクトゥソンイ] 名 泥だらけ; 土まみれ ¶ ~가 되다 [~ga tweda ~ガ ドゥェダ] 泥[土]まみれになる.

*__흠__[欠] [hɯːm フーム] 名 ① 傷; 傷跡 ¶ 얼굴에 ~이 지다 [ɔlgure ~i tɕida オルグレ (フー) ミ チダ] 顔に傷がつく / 명성에 ~이 가다 [mjɔŋsɔŋe ~i kada ミョンソンエ (フー) ミ カダ] 名声に傷(疵)つく ② 品物のひびや欠けたところ; 品物の傷(疵) ¶ ~이 있는 사기 그릇 [~i innun sagi gurut (フー) ミ インヌン サギ グルッ] ひびのある瀬戸物 / 사과에 ~이 많다 [sagwae ~i mantha サグァエ (フー) ミ マーンタ] リンゴに傷が多い ③ 欠点; 粗; 欠陥 ¶ 남의 ~을 들춰내다 [name ~ul tultɕhwɔnɛda ナメ (フー) ムル トゥルチウォネダ] 人の粗探しをする.

흠-내다[欠—] [hɯːmnɛda フームネダ] 他 傷つける; ひびを入れる.

흠-뜯다[欠—] [hɯːmt'ɯt'a フームットゥッタ] 他 けちをつける ¶ 남을 흠 뜯는 사람 [namul hɯːm t'ɯnnɯn saːram ナムル フーム ットゥンヌン サーラム] 他人にけちをつける人; 人の悪口をいう人.

흠모[欽慕] [hɯmmo フムモ] 名 [하他] 欽慕ᵈᵉᵏ; 敬い慕うこと ¶ ~의 정이 생기다 [~e tɕɔŋi sɛŋgida ~エ チョンイ センギダ] 欽慕の情がわく.

흠뻑 [hɯmp'ɔk フムッポク] 副 ① うんと; たっぷり; どっさり; 豊富で満ち足りるさま ¶ 젖을 ~ 빨다 [tɕɔdʑul ~ p'alda チョジュル ~ ッパルダ] 乳をたっぷり飲む ② びっしょり; すっかり; 雨にぬれるさま ¶ 비에 ~ 젖다 [pie ~ tɕɔt'a ピエ ~ チョッタ] 雨でびっしょりぬれる; びしょぬれになる ③ 思う存分; 心ゆくまで ¶ 행복감에 ~ 젖다 [hɛŋbok'ame ~ tɕɔt'a ヘーンボクカメ ~ チョッタ] 幸福感に満ち足りる[浸る].

흠-잡다[欠—] [hɯːmdʑapt'a フームジャプタ] 他 欠点をつかみ出す; けちをつける ¶ 흠잡을 데가 없다 [hɯːmdʑabul t'ega ɔːpt'a フームジャブル テガ オープタ] 欠点のつかみが(全然)ない; けちをつけるところが(まったく)ない.

흠-지다[欠—] [hɯːmdʑida フームジダ] 自 傷がつく; 欠ける; ひびが入る ¶ 흠진 물건을 팔다 [hɯːmdʑin mulgɔnul phalda フームジン ムルゴヌル パルダ] 傷(疵)ものを売る.

흠-집[欠—] [hɯːmtɕ'ip フームチプ] 名 傷(のあるところ); 傷跡; 欠点; 粗 ¶ ~이 있는 꽃병 [hɯːmtɕ'ibi innun k'otp'jɔŋ (フームチ) ビ イッヌン ッコッピョン] 傷ものの花瓶.

흠칫 [hɯmtɕhit フムチッ] 副 びくっと; 驚いたり怖ろしく気づいて首や肩をすくめるさま ━하다 [(hɯmtɕhi)thada タダ] 自他 びくっと・びくびくする ¶ 놀라서 몸을 ~ [noːllasɔ momul ~ ノールラソ モムル ~] 驚いてびくっとする.

*__흡사__[恰似] [hɯps'a フプサ] 하形 副 히副 ① あらゆる[非常によく]似ていること; そっくりなさま ¶ 얼굴이 ~하다 [ɔlguri ~hada オルグリ ~ハダ] 顔がよく似ている ② まるで ¶ ~ 사진 같다 [~ sadʑingat'a ~ サジンガッタ] (この絵は)まるで写真のようだ.

*__흡수__[吸收] [hɯps'u フプス] 名 하他 吸收 ¶ 실업자를 ~하다 [ɕirɔpt͡ɕ'arul ~hada シロプチャルル ~ハダ] 失業者を吸収する.

흡연[吸煙] [hɯbjɔn フピョン] 名 하自 喫煙 ¶ ~실 [~ɕil ~シル] 喫煙室.

흡족[洽足] [hɯptɕ'ok フプチョク] 名 하形 히副 十分; 満足 ¶ ~한 생활 [(hɯptɕ'o)khan sɛŋhwal ~カン センファル] 満ち足りた暮らし / ~하게 비가 왔다 [(hɯptɕ'o)khage piga wat'a ~カゲ ピガ ワッタ] 十分に雨が降った / ~해 지다 [하다] [(hɯptɕ'o)khe dʑida[hada] ~ケ ジダ[ハダ]] 十分満たされるようになる(満足に思う).

*__흥__[興] [hɯːŋ フーン] 名 興; 興趣 ¶ ~에 젖다 [~e tɕɔt'a ~エ チョッタ] 興に乗る / ~을 돋구다[깨다] [~ul totk'uda[k'ɛːda] ~ウル トッグダ[ケーダ]] 興を添える[冷ます] ━에 띄다 [e t'ida エッティーダ] 慣 興趣の余り浮き浮きする; 浮かれる.

흥건-하다 [hɯŋgɔnhada フンゴンハダ] 形 여変 ① (水などがい)いっぱい溜まっている; 満ちあふれている ¶ 논에 물이 ~ [none muri ~ ノネ ムリ ~] 水が田にいっぱい溜まっている ② (食べ物に)汁が多い __흥건-히__ [hɯŋgɔnhi フンゴニ] 副 じっとり ¶ 땀이 ~ 배다 [t'ami ~ pɛːda ッタミ ~ ペーダ] じ

っとり(と)汗ばむ.

흥-겨이 [huŋgjoi フンギョイ] 副 面白く.

흥-겹다 [興—] [hu:ŋgjɔpt'a フーンギョプタ] 形 ㅂ変 陽気だ; 楽しい; 興に乗って気が浮き浮きするほど面白い ¶흥겹게 놀다 [hu:ŋgjɔpk'e no:lda フーンギョプケ ノールダ] 興に乗って楽しく遊ぶ / 흥겨워하다 [hu:ŋgjɔwɔhada フーンギョウォハダ] 興がる; 楽しがる.

***흥(이)-나다** [興—] [hu:ŋ(i) nada フーン(イ) ナダ] 自 興がわく; 興に乗る ¶흥(이)나서 춤을 추다 [hu:ŋ(i) nasɔ tʃʰumul tʃʰuda フーン(イ) ナソ チュムル チュダ] 興に乗って踊る.

흥망 [興亡] [huŋmaŋ フンマン] 名 興亡 **―성쇠** [sɔ:ŋswe ソーンスェ] 名 興亡[栄枯]盛衰; 浮き沈み.

***흥미** [興味] [hu:ŋmi フーンミ] 名 興味 ¶~를 끌다 [~rul k'u:lda ~ルル ックールダ] 興味を引く / ~를 잃다 [~rul iltʰa ~ルル イルタ] 興味を失う **―진진** [dʒindʒin ジンジン] 名 하形 興味津々 ¶사건의 전개가 ~하다 [sa:k'ɔne tʃɔ:ŋgɛga ~hada サーコネ チョーンゲガ ~ハダ] 事件の展開が興味津々だ.

***흥부-전** [興夫傳] [huŋbudʒɔn フンブジョン] 名 朝鮮王朝中期の古代小説の1つ; けちん坊の兄(놀부")と善良で人情深い弟(흥부")との勧善懲悪の物語.

***흥분** [興奮] [huŋbun フンブン] 名 興奮 ¶~한 청중 [~han tʃʰɔ:ŋdʒuŋ ~ハン チョーンジュン] 興奮した聴衆 **―하다** [hada ハダ] 自 興奮する; 気が立つ; 上がる ¶몹시 ~ [mo:pʃ'i ~ モープシ ~] のぼせ上がる.

흥성 [興盛] [huŋsɔŋ フンソン] 名 하自 興盛; 繁盛 ¶장사가 ~하다 [tʃaŋsaga ~hada チャンサガ ~ハダ] 商売が繁盛する.

흥얼-거리다 [huŋɔlgɔrida フンオルゴリダ] 自 ① 興に乗って鼻歌を歌う; 口ずさむ ¶콧노래로 ~ [kʰonnorɛro ~ コンノレロ ~] ふんふんと鼻歌を歌う ② ぶつぶつつぶやく ¶혼자서 ~ [hondʒasɔ ~ ホンジャソ ~] 1人でつぶやく.

흥정 [huŋdʒɔŋ フンジョン] 名 하他 (売買・交渉などで)駆け引き; 話し合い ¶~을 잘한다 [~ul tʃarhanda ~ウル チャルハンダ] 駆け引きが上手だ / ~이 서툴다 [~i sɔ:tʰulda ~イ ソートゥルダ] 駆け引きが下手だ; 駆け引きにうとい / ~한 값 [~han k'ap ~ハン カプ] 折れ合った値段 ② 売買; 取り引き ¶~이 잘 되었다 [~i tʃal dwestʼa ~イ チャル ドゥェオッタ] 取り引きがうまくいった **―꾼** [k'un ックン] 名 ① 仲立ち(人) ② 駆け引きの上手な人 **―붙이다** [butʃʰida ブチダ] 他 仲立ちをする.

흥청-거리다 [huŋtʰɔŋgɔrida フンチョンゴリダ] 自 ① 興に乗って気ままに遊ぶ; にぎわう ¶~거리며 놀다 [~~gɔrimjɔ no:lda ~~ゴリミョ ノールダ] 夢中になって浮かれ遊ぶ; 興に乗って気ままに遊ぶ / 밤 축제로 ~ [pam tʃʰuktʃ'ero ~ パム チュクチェロ ~] 夜祭で金・物などがあり余って惜しみなく使いまくる ¶경기가 좋아 ~ [kjɔŋgiga tʃɔ:a ~ キョンギガ チョーア ~] 好景気で金や物を惜しみなく使いまくる ③ 弾力的に揺れる ¶버들 가지가 바람에 ~ [podul gadʒiga parame ~ ポドゥル ガジガ パラメ ~] 柳の枝がふらふらと風に揺れる **흥청-흥청** [huŋtʃʰɔŋhuŋtʃʰɔŋ フンチョンフンチョン] 副 하自 ふんだんに ¶돈을 ~ 마구 뿌리다 [to:nul ~ magu p'urida トーヌル ~ マグ ップリダ] 金をふんだんにまき散らす.

흥청-망청 [huŋtʃʰɔŋmaŋtʃʰɔŋ フンチョンマンチョン] 副 하自 ① 興に乗じて存分に楽しむさま ¶~ 놀고 마시다 [~ no:lgo maʃida ~ ノールゴ マシダ] 浮かれ興じて遊び飲む ② 金・物などを惜しみなく使うさま; ふんだんに ¶돈을 ~ 쓰다 [to:nul ~ s'uda トーヌル ~ッスダ] 金をふんだんに使う.

흥-취 [興趣] [hu:ŋtʃʰwi フーンチュィ] 名 興趣; 趣; 味わい ¶자연의 ~를 살리다 [tʃajone ~rul sallida チャヨネ ~ルル サルリダ] 自然の趣を生かす.

흥-타령 [—打令] [huŋtʰarjɔŋ フンタリョン] 名 歌の句が終わるごとに흥이라いう合いの手を入れる俗謡の一種.

흥-하다 [興—] [huŋhada フンハダ] 自 여変 興る; 栄える ¶나라가 ~ [na-raga ~ ナラガ ~] 国が興る.

흥행 [興行] [huŋhɛŋ フンヘン] 名 하他 興行 ¶장기 ~ [tʃaŋgi ~ チャンギ ~] 長期興行 / ~의 최종일(最終日) [~e tʃʰwe:dʒoŋil ~エ チュェージョンイル] 千秋楽; 楽日 **―권** [k'wɔn クォン] 名 興行権 **―물** [mul ムル] 名 興

行物 **―사**[sa サ] 图 興行師; プロモーター **―장**[dʒaŋ ジャン] 图 興行場.

흩-날리다[hɯnnallida フンナルリダ]
1 自 飛び散る; 舞い散る ¶낙엽이 바람에 ~[nagjɔbi parame ~ ナギョビ パラメ ~] 落ち葉が風に舞い散る **2** 他 飛ばす ¶비누 방울을 ~[pinu p'aŋurɯl ~ ピヌ パンウルル ~] シャボン玉を飛ばす.

흩다[hut'a フッタ] 他 (集まったものを)散らす ¶경찰이 군중을 ~[흩어버리다・흩뜨리다][kjɔŋtʃhari kundʒuŋɯl ~ [hutʰɔbɔrida・hutʼɯrida] キョーンチャリ クンジュンウル ~[フットボリダ・フットゥリダ]] 警察が群衆を散らす[追い散らす].

흩-뜨리다[hutʼɯrida フットゥリダ] 他 散らかす; 散らす; 乱す ¶머리카락을 ~[mɔrikʰaragɯl ~ モリカラグル ~] 髪を散らかす[散らす・乱す].

흩어-뿌리기[hutʰɔp'urigi フトップリギ] 图 種を散らしまきにすること.

***흩어-지다**[hutʰɔdʒida フトジタ] 自 ① 散らばる ¶종이 조각이 바람에 ~[tʃoŋi dʒogagi parame ~ チョンイ ジョガギ パラメ ~] 紙切れが風に散らばる ② (散り)広がる ¶지점이 전국에 흩어져 있다[tʃidʒɔmi hutʰɔdʒɔ it'a チジョミ フトジョ イッタ] 支店が(全国に)広がっている ③ (民心が)乱れる.

희곡[戲曲][higok ヒゴク] 图 戯曲 ¶~ 작가 ~ tʃ'ak'a ~ チャクカ] 戯曲作家.

희귀[稀貴][higwi ヒグィ] 图 [하形] 珍しくて貴重なこと ¶~한 책[~han tʃʰɛk ~ハン チェク] 珍しい本.

희극[喜劇][higɯk ヒグク] 图 喜劇; コメディー ¶~ 영화[(higɯŋ) (ヒグン) ニョンファ] 喜劇映画 **―배우**[p'ɛu ペウ] 图 喜劇俳優[役者]; コメディアン(comedian).

희끄무레-하다[hik'ɯmurehada ヒックムレハダ] 形 白みがかっている; ほの白い ¶~한 얼굴[~-han ɔlgul ~-ハン オルグル] 白みがかった顔 / 동쪽 하늘이 ~하게 밝아 오다[toŋtʃ'ok kʰanuri ~-hage palga oda トンチョク カヌリ ~-ハゲ パルガ オダ] 東の空がほの白く明け始めた.

희끔-하다[hik'ɯmhada ヒックムハダ] 形 真っ白で清潔だ.

희끗-희끗[hik'ɯtʰik'ɯt ヒックッティックッ] 副 [하形] 白い点が散らばっているさま; 点々と白く ¶머리가 ~-하다[mɔriga ~-(tʰik'ɯ)tʰada モリガ ~-タダ] 髪が点々と白い; 白髪混じり[ごま塩頭]だ.

*희다[hida ヒダ] 形 白い; 白色である ¶눈이 ~[nuːni ~ ヌーニ ~] 雪が白い / 흰 셔츠[hin ʃɔtʃʰɯ ヒン ショーチュ] 白いシャツ / 흰 옷감[hin otk'am ヒノッカム] 無色の生地.

희대[稀代][hidɛ ヒデ] 图 希代; 希世 ¶~의 사기꾼[~e sagik'un ~エサギックン] 希代の詐欺師 **―미문**[mimun ミームン] 图 希代未聞.

희떱다[hit'ɔpt'a ヒットプタ] 形 [ㅂ変] ① 見えを張っている ¶희떱게 굴다[hit'ɔpk'e kuːlda ヒットプケ クールダ] 見えを張っている; からいばりしている ② 気前がいい; 金離れがいい ¶돈 씀씀이가 ~[toːn s'ums'ɯmiga ~ トーン ッスムッスミガ ~] (金づかいが)気前がいい ③ 横柄だ; 尊大だ ¶너무 희떱게 굴지 마라[nomu hit'ɔpk'e kuːldʒi mara ノム ヒットプケ クールジ マラ] あまり尊大ぶるな.

희랍[希臘][hirap ヒラプ] 图 ギリシアの漢字音表記=그리스[gɯriːsɯ グリース] (Greece) ¶~ 신화[문화][~ ʃ'inhwa [(hiram) munhwa] ~ シンファ[(ヒラム) ムンファ]] ギリシアの神話[文化].

희로[희노] 애락[喜怒哀樂][hiro (hino) ɛrak ヒロ[ヒノ] エラク] 图 喜怒哀楽; 喜びと怒りと悲しみと楽しみ, すなわち人間のあらゆる感情.

희롱[戲弄][hiroŋ ヒロン] 图 戯れてもて弄ぶこと; 戯だけ ¶운명에 ~당하다[uːnmjɔŋe ~daŋhada ウーンミョンエ ~ダンハダ] 運命にもてあそばれる **―하다**[hada ハダ] 他 冷やかす; からかう; ふざける; 戯れる; もて弄ぶ ¶젊은 여자를 ~[tʃɔlmɯn njɔdʒarul ~ チョルムン ニョジャルル ~] 若い女性をからかう[冷やかす].

희-맑다[himakt'a ヒマクタ] 形 白く澄んでいる; 透き通るように白い ¶희맑은 얼굴[himalgɯn ɔlgul ヒマルグン オルグル] 透き通るように白い顔.

*희망[希望][himaŋ ヒマン] 图 [하他] 希望; 見込み; 望み ¶~자[~dʒa ~ジャ] 希望者 / 한 가닥의 ~[han gadage ~ ハン ガダゲ ~] 一縷の望み / 아직도 ~이 있다[adʒikt'o ~i it'a

アジクト ～イ イッタ] まだ見込み[可能性]はある / ～곡[～gok ～ゴク] リクエスト曲.

희-멀겋다[himəlgəthа ヒモルゴッタ] 形 ㅎ変 (顔色が) 白く澄んでいる.

희멀쑥-하다[himəlsʼukhada ヒモルッスクカダ] 形 여変 顔色が白くすっきりしている[きれいだ]. >'해말쑥하다'.

*희미[稀微][himi ヒミ] 名 하形 かすかなこと; ぼんやりすること ¶ ～한 빛[～han pit ～ハン ピッ] かすかな光 / ～하게 기억하고 있다[～hage kiəkhago it'a ～ハゲ キオクカゴ イッタ] ぼんやりと記憶している / ～해지다[～hɛdʒida ～ヘジダ] かすかになる; かすんでくる; ぼんやりする.

*희박[稀薄][hibak ヒバク] 名 하形 希薄 ¶ 산소가 ～하다[sansoga (hiba)khada サンソガ ～カダ] 酸素が希薄だ / 가능성이 ～하다[ka:nɯŋsəŋi (hiba)khada カーヌンソンイ ～カダ] (成功の) 可能性が薄い[少ない].

희번덕-거리다[hibəndəkʼərida ヒボンドッコリダ] 他 ① ぎょろぎょろさせる ¶ 눈을 ～거리며 노려보다[nunul ～kʼərimjə norjəboda ヌヌル ～コリミョ ノリョボダ] 目をきらめかしながらにらみつける ② きらきらさせる.

희번드르르-하다[hibəndurɯrɯhada ヒボンドゥルルハダ] 形 여変 ① 白くてつやつやしている ¶ ～하게 잘 차려입다[～hage tʃal tʃharjəipt'a ～ハゲ チャル チャリョイプタ] これ見よがしに着飾っている ② 外見が派手だ; けばけばしい ③ (話が) もっともらしい ¶ ～하게 말은 그럴듯하나[～hage ma:rɯn kurəlt'ɯthana ～ハゲ マールン クロルドゥッタナ] 言葉はもっともらしいが (まったく中身はない).

희보[喜報][hibo ヒボ] 名 喜ばしい知らせ; 吉報; 朗報.

희-부옇다[hibujəthа ヒブヨッタ] 形

희비[喜悲][hibi ヒビ] 名 悲喜; 喜びと悲しみ ¶ ～가 엇갈리다[～ga ətk'allida ～ガ オッカルリダ] 悲喜こもごもである / ～가 엇갈리는 인생[～ga ətk'allinɯn insɛŋ ～ガ オッカルリヌン インセン] 泣き笑いの(交錯する)人生.

희-뿌옇다[hip'ujəthа ヒップヨッタ] 形 ㅎ変 ぼうっと白い; ほの白い; '희부옇다'の強調語 **희뿌예-지다**[hip'ujedʒida ヒップイェジダ] 自 ぼうっ と白くなる; ほの白くなる.

희사[喜捨][hisa ヒサ] 名 하他 喜捨 ¶ 큰 돈을 ～하다[kɯn tonɯl ～hada クン トヌル ～ハダ] 大金を喜捨する[寄付する].

희색[喜色][hisɛk ヒセク] 名 喜色; うれしそうな顔つき ¶ ～을 나타내다[(hisɛg)ul nathanɛda (ヒセグ)ル ナタネダ] 喜びの色を現わす **―만면**[(hisɛŋ)ma:nmjən (ヒセン)マーンミョン] 名 하自 喜色満面.

*희생[犠牲][hisɛŋ ヒセン] 名 하自他 犠牲 ¶ ～ 정신[～ dʒəŋʃin ～ ジョンシン] 犠牲精神 **―물(物)**[mul ムル] 名 いけにえ **―자**[dʒa ジャ] 名 犠牲者 **―타**[tha タ] 名 〈野〉犠打.

희소[稀少][hiso ヒソ] 名 하形 希少 ¶ 매우 ～한 물건[mɛu ～han mulgən メウ ～ハン ムルゴン] 窮めてまれな品物.

희-소식[喜消息][hisoʃik ヒソシク] 名 吉報; 朗報 ¶ 합격의 ～[hapkjəge ～ ハプキョゲ ～] 合格の朗報.

희수[稀壽][hisu ヒス] 名 70歳の称; 古希. 「喜寿.

희수[喜壽][hisu ヒス] 名 77歳の称;

희어-지다[hiəʑida ヒオジダ] 自 白くなる ¶ 머리가 ～[məriga ～ モリガ ～] 髪が白くなる.

희-짓다[戯―][hidʒit'a ヒジッタ] 他 妨げる; 邪魔する ¶ 남의 일을 희짓고만 다닌다[name i:rɯl hidʒitkʼoman taninda ナメ イールル ヒジッコマン タニンダ] 人のすることを邪魔ばかりしている.

*희한[稀罕][hihan ヒハン] 名 하形 非常に珍しい[まれな]こと ¶ ～한 물건[～han mulgən ～ハン ムルゴン] 珍しい物 / ～한 일도 있다[～han ni:ldo it'a ～ハン ニールド イッタ] 摩訶不思議なこともあるものだ / ～한 사람[～han sa:ram ～ハン サラム] 変な人; 変わった人.

희희-낙락[喜喜樂樂][hihinaŋnak ヒヒナンナク] 名 하自 非常に喜んで楽しむこと ¶ ～하며 놀다[～(naŋna)khamjə no:lda ～カミョ ノールダ] 喜々として戯れる. 「クマ(白熊).

흰-곰[hingom ヒンゴム] 名 〈動〉シロ

흰-나비[hinnabi ヒンナビ] 名 〈虫〉白いチョウ類の総称.

흰-둥이[hinduŋi ヒンドゥンイ] 名 白人; 色の白い人や動物.

흰-떡 [hint'ɔk ヒントッ] 名 うるち米で作った白い棒状のもち.

흰-머리 [hinmori ヒンモリ] 名 白髪 ¶~를 뽑다[~rɯl p'opt'a ～ルル ッポプタ] 白髪を抜く.

흰-밥 [hinbap ヒンパプ] 名 白米のご飯.

흰-빛 [hinbit ヒンビッ] 名 白い色; 白色.

흰-색 [—色] [hinsɛk ヒンセク] 名 白色.

흰-소리 [hinsori ヒンソリ] 名 [하자] からいばりの話; ほら; 大言壮語 ¶~(를) 치다[~(rɯl) tʃʰida ～(ルル) チダ] 大言する; 大ぼらを吹く.

흰-수작 [—酬的] [hinsudʒak ヒンスジャク] 名 [하자] からいばりの言動; 大きいこと ¶~ 떨지 마라[~ t'ɔːldʒi mara ～ ットルジ マラ] 大きいことを言うな.

흰-쌀 [hins'al ヒンッサル] 名 白米.

흰-엿 [hinnjɔt ヒンニョッ] 名 白飴ୢ୰.

흰-옷 [hinot ヒノッ] 名 (染色していない)白い服; 白衣; 白無垢୰; 浄衣୶୰.

흰-자(위) [hindʒa(wi) ヒンジャ(ウィ)] 名 ① 卵白; (卵の)白身 ②〈生〉白目(眼球の白い部分).

흰-죽 [—粥] [hindʒuk ヒンジュク] 名 白かゆ; 白米のおかゆ ¶~을 쑤다[hindʒug)ul s'uda (ヒンジュグ)ル ッスダ] 白かゆを炊く.

흰-쥐 [hindʒwi ヒンチュィ] 名 シロネズミ; 白いドブネズミの変種(実験用).

횡-하다 [hiːŋhada ヒーンハダ] 形 [여변] (疲労・驚愕ｷｮｳ・頭痛などで頭が)くらくらする; ぼうっとする; 頭が重い.

*-히 [(h)i イ[ヒ]] 接尾 '-하다'[hada ハダ] 形容詞の語幹について副詞を作る語; …に; …と; …く ¶분명~ [punmjɔŋi プンミョンイ] はっきり / 조용~ [tʃʰojoŋi チョヨンイ] 静かに.

*-히- [hi ヒ] 接尾 動詞の被動形・使役動詞にする語 ¶먹~다 [mɔkʰida モクキダ] 食われる / 닫~다 [tatʃʰida タッチダ] 締まる / 업~다 [ɔpʰida オプヒダ] 背負われる / 앉~다 [antʃʰida アンチダ] 座らせる.

히뜩 [hit'uk ヒットゥク] 副 ① ちらっと ¶~ 돌아보다 [~ t'oraboda ～ トラボダ] ちらっと見返る[振りかえる] ② ころりと; ばったり ¶~ 나자빠지다 [(hit'uŋ) nadʒap'adʒida (ヒットゥン) ナジャッパジダ] ころりと転ぶ **—거리다** [(hit'u)k'ɔrida コリダ] 自 ちらちらと見返る.

히쭉 [hitʃ'uk ヒッチュク] 副 満足げにちょっと笑うさま; にたっと; にたりと; にやりと; = **히죽** [hidʒuk ヒジュク] ¶그는 ~ 웃었다 [kɯnɯn (hitʃ'ug) usɔt'a クヌン (ヒッチュ) グソッタ] 彼はにやりと笑った **—거리다** [(hitʃ'u)-k'ɔrida コリダ] 自 にやにやする[笑う] ¶~-거리지 마! [~-k'ɔridʒi maː ～-コリジ マー] にやにやするな **—이** [(hitʃ'ug)i (ヒッチュ)ギ] 副 じっと; にたり; にやりと ¶~ 웃다 [~ ut'a ～ ウーッタ] にたりと笑う. 「暖房器.

히터 [hitʰɔ ヒート] heater 名 ヒーター;

히트 [hitʰɯ ヒトゥ] hit 名 [하자] ヒット ①〈野〉安打 ② 当たり; 命中; 大成功 ¶소설の 대히트 [sosɔre tɛːhitʰɯ ソーソレ テーヒトゥ] 小説の大当たり **—송** [soŋ ソン] 名 ヒットソング; ヒット曲.

힌두-교 [—教] [hindugjo ヒンドゥギョ] Hindu 名 ヒンズー教.

힌트 [hintʰɯ ヒントゥ] hint 名 ヒント ¶~를 주다 [~rɯl tʃuda ～ルル チュダ] ヒントを与える.

*힐끔 [hilk'ɯm ヒルックム] 副 ちらっと = **힐금** [hilgɯm ヒルグム] ¶~ 쳐다보다 [~ tʃʰɔːdaboda ～ チョーダボダ] ちらっと横目で見る.

힐끗 [hilk'ɯt ヒルックッ] 副 ① ちらっと; ちらりと ¶그의 뒷모습이 ~ 눈에 띄었다 [kɯe twiːnmosɯbi (hilk'um) nune tʼiːt'a クエトウィーンモスビ (ヒルックン) ヌネッティーオッタ] 彼の後ろ姿がちらりと見えた ② じろりと ¶~ 둘러보다 [(hilk'ɯ) t'ulloboda ～ トゥルロボダ] じろりと見回す.

힐난-하다 [詰難—] [hillanhada ヒルランハダ] 他 難詰する; 詰ねる ¶날카롭게 ~ [nalkʰaropk'e ～ ナルカロプケ ～] するどく難詰する / 부정 행위를 ~ [pudʒɔŋ hɛŋwirul ～ プジョン ヘンウィルル ～] 不正行為を詰ねる.

힐문-하다 [詰問—] [hilmunhada ヒルムンハダ] 他 詰問する; 詰ねる; きびしく問い詰める; 責めただす ¶용의자를 ~ [joŋidʒarɯl ～ ヨンイジャルル ～] 容疑者を詰問する.

힐책 [詰責] [hiltʃʰɛk ヒルチェク] 名 [하타] 詰責; 問い詰めて責めること ¶호되게 ~ 당하다 [hodwege ~ t'aŋhada ホドゥェゲ ～ タンハダ] こっぴどく詰責される.

*힘 [him ヒム] 名 ① 力; 体力 ¶~이 세다 [약하다] [~i seːda [jakʰada] …

(ヒ)ミ セーダ[ヤクヤダ]] 力が強い[弱い] / ~ 내다[~ nɛda ~ ネダ] 力を出す / ~이 다하다[~i ta:hada (ヒ)ミ ターハダ] 力が尽きる / ~이 장사(壯士)다[~i tʃaŋsada (ヒ)ミ チャンサダ] 非常な力持ちだ ②〈物〉作用; 働き ¶증기의 ~[tʃuŋgie ~ チュンギエ ~] 蒸気の力 ③ 能; 力量 ¶~이 자라는 한[~i tʃaranun ha:n (ヒ)ミ チャラヌン ハーン] 力の及ぶ限り ④ 助け ¶~이 되어 주다[~i twœdʒuda (ヒ)ミ トゥェオ ジュダ] 力になってやる ⑤ 精力; 元気 ¶~ 없이[~ɔpʃi (ヒ)モプシ] 力なく ⑥ 暴力 ¶~에 호소하다[~e hosohada (ヒ)メ ホソハダ] 暴力[腕力]に訴える —(에)겹다[(hime) gjɔpt'a (ヒメ)ギョプタ] 形 ㅂ変 力に余る ¶~-겨운 일[~-gjɔun ni:l ~-ギョウン ニール] 力に余る仕事.

힘-겨룸 [himgjɔrum ヒムギョルム] 名 하自 力くらべ.

***힘-껏** [him k'ɔt ヒムッコッ] 副 力いっぱい; 精いっぱい; 力の限り ¶~ 해보다[~-(k'ɔ)tʰɛːboda ~-(ッコッ)テーボダ] 力いっぱいやってみる / ~ 공부하다[~ k'oŋbuhada ~ コンブハダ] 精いっぱい勉強する.

힘-꼴 [himk'ol ヒムッコル] 名 ① 腕っ節 ¶~이나 쓴다[(himk'or)ina s'unda (ヒムッコ)リナッスンダ] 腕っ節が強い ② '힘''力'の卑下語 —**쓰다** [s'uda ッスダ] 他 腕っ節[力]をふるう.

힘-닿다 [himdatʰa ヒムダッタ] 自 力が及ぶ ¶힘닿는 한[himdannun ha:n ・ヒムダンヌン ハーン] 力の及ぶ限り.

***힘-들다** [himdulda ヒムドゥルダ] 自 ㄹ語幹 ① 力が要る; 骨が折れる ¶힘든 일[himdun ni:l ヒムドゥン ニール] 骨の折れる仕事 / 참기 ~[tʃʰa:mk'i ~ チャームキ ~] 耐え難い / 힘들여 키운 자식(子息)[himdurjɔ kʰiun tʃaʃik ヒムドゥリョ キウン チャシク] 苦労して育てた子 ③ 難しい; しにくい; 大変だ ¶이해하기 ~[i:hɛhagi ~ イーヘハギ ~] 理解に苦しむ; 理解しがたい; 悟るのに骨が折れる / 보기 ~[pogi ~ ボギ ~] 会いにくい / 자, 이제부터가 ~[tʃa:, idʒebutʰɔga ~ チャー, イジェブトガ ~] さあ, これからが大変だ.

힘-들이다 [himdurida ヒムドゥリダ] 他 ① 力をこめる; 力を入れる ② 努める; 苦労する; 精出す ¶힘들여 작성한 계획[himdurjɔ tʃaks'ɔŋhan ke:hwek ヒムドゥリョ チャクソンハン ケーフェク] 苦労して作った計画.

힘-부치다 [himbutʃʰida ヒムブチダ] 形 力に余る; 力が及ばない; 手に負えない ¶힘부치는 일[himbutʃʰinun ni:l ヒムブチヌン ニール] 力に余る仕事.

***힘-쓰다** [hims'uda ヒムッスダ] 自 으変 ① 尽力する; 力をつくす; 精出す ¶오로지 공부에만 ~[orodʒi koŋbueman ~ オロジ コンブエマン ~] ひたすら勉強に精を出す ② 助ける; 手助けする ¶내가 좀 힘써 주지[nɛga tʃom hims'ɔdʒudʒi ネガ チョム ヒムッソ ジュジ] 私が少し手助けしてあげよう ③ 努める; 励む; がんばる ¶성공에 ~[sɔŋgoŋe ~ ソンゴンエ ~] 成功に努める / 묵묵히 일에 ~[muŋmukhi i:re ~ ムンムクキ イーレ ~] 黙々と仕事に励む.

힘-없다 [himɔpt'a ヒモプタ] 形 力や気力がない; 元気がない; 能力がない; 無能だ **힘-없이** [himɔpʃi ヒモプシ] 副 力なく; 元気なく.

힘-입다 [himipt'a ヒミプタ] 自 負う; 人の恩恵をこうむる; 人の助けを受ける; 世話をかける ¶그에게 힘입은 바가 크다[kuege himibun baga kʰuda クエゲ ヒミブン バガ クタ] 彼の助力によるところが大きい.

힘-있다 [himit'a ヒミッタ] 形 ① 力がある[強い]; 元気がある ② 能力がある.

힘-주다 [himdʒuda ヒムジュダ] 自 ① 力を集中する ② 力む; 強調する ¶~-주어 말하다[~-dʒuɔ ma:rhada ~-ジュオ マールハダ] 強調して話す.

힘-줄 [himtʃ'ul ヒュチュル] 名 〈生〉① 腱; 筋 ¶발의 ~을 다치다[pare (himtʃ'ur)ul tatʃʰida パレ (ヒムチュ)ルル タチダ] 足の筋を痛める ② 血管・血脈などの通称 ③ 筋肉繊維 = 심줄[ʃimtʃ'ul シムチュル].

힘-줌말 [himdʒummal ヒムジュムマル] 名 強調語; 強勢語.

힘-차다 [himtʃʰada ヒムチャダ] 形 ① とても力強い; 非常に元気だ ¶힘찬 박수 소리[himtʃʰan paks'u sori ヒムチャン パクス ソリ] 力強い拍手の音 ② 力[手]に余る; 骨が折れる ¶힘찬 일[himtʃʰan ni:l ヒムチャン ニール] 手に余る仕事.

付録

- 日本語 - 韓国・朝鮮語基本リスト　*1103*
- 韓国・朝鮮語基礎漢字リスト　*1231*
- 日韓漢字音訓リスト　*1242*
- 用言(語幹+語尾)活用リスト　*1281*

■ 日本語−韓国・朝鮮語基本リスト

*用例と意味のヒントとして日本語を（　）の中に示した．

あ

ああ 感 아[a ア]; 아이고[aigo アイゴ]; 副 (いつも)저렇게[tʃɔrɔkhe チョロッケ]

アート 아트[a:tɯ アートゥ]

愛 사랑[saraŋ サラン]; (愛情)애정[ε:dʒɔŋ エージョン]

アイ・エム・エフ 아이엠에프[aiemephɯ アイエㇺエフ]; IMF; 国際通貨基金.

相変わらず (健康は)여전히[jɔdʒɔni ヨジョニ]; (愛情は)변함없이[pjɔ:nhamɔpɕ'i ピョーンハモㇷ゚シ]

愛嬌 애교[ε:gjo エーギョ]; 媚びる)아양[ajaŋ アヤン]; (おどける)익살[iks'al イクサル]

あいさつ 인사[insa インサ]; (言葉)인사말[insamal インサマル]

愛情 애정[ε:dʒɔŋ エージョン]; (愛)사랑[saraŋ サラン]

合図 (信号)신호[ɕinho シンホ]; 사인[sain サイン]

アイスクリーム 아이스크림[aisɯkhɯrim アイスクリㇺ]

アイスコーヒー 냉커피[nε:ŋkhɔ:phi ネーンコーピ]

愛する 사랑하다[saraŋhada サランハダ]

愛想 (人当たりがいい)붙임성[putʃhimsɔŋ プチㇺソン]; (尽きる)정나미[tʃɔŋnami チョンナミ]

間 (木立ちの)사이[sai サイ]; (話をする)틈[thɯm トゥㇺ]; (長い)동안[toŋan トンアン]; (2つのものの)가운데[kaunde カウンデ]

間柄 (2人の)사이[sai サイ]; (彼との)관계[kwange クァンゲ]

愛着 애착[ε:tɕhak エーチャク]

あいつ 그 녀석[kɯ njɔɕɔk クニョソク]; 저 녀석[tʃɔ njɔɕɔk チョニョソク]; 그 놈[kɯ nom クノㇺ]; 저 놈[tʃɔ nom チョノㇺ]

相次いで 잇따라[i:t'ara イーッタラ]

相づち 맞장구[matʃ'aŋgu マッチャング]

相手 (話)상대[saŋdɛ サンデ]; (相手方)상대편[saŋdɛphjɔn サンデピョン]; (立場)상대방[saŋdɛbaŋ サンデバン]

アイデア 아이디어[aidiɔ アイディオ]

愛読 애독[ε:dok エードク]

あいにく (先約がある)마침[matʃhim マチㇺ]; (暇がなかった)공교롭게[koŋgjoropk'e コンギョロㇷ゚ケ]

相乗り 합승[haps'ɯŋ ハプスン]

相反する (意見が)상반되다[saŋbandweda サンバントゥェダ]

あいまいだ (答えが)모호하다[mohohada モホハダ]; (返事が)애매하다[ε:mεhada エーメハダ]

愛らしい (少女が)사랑스럽다[saraŋsɯrɔpt'a サランスロㇷ゚タ]; (子供が)귀엽다[kwi:jɔpt'a クィーョㇷ゚タ]; (花が)예쁘다[je:p'ɯda イェーップダ]

アイロン 다리미[tarimi タリミ]

合う (ぴったり)맞다[mat'a マッタ]; (話が)일치하다[iltʃhihada イルチハダ]; (体質に)알맞다[a:lmat'a アールマッタ]; (ドレスが)어울리다[ɔullida オウㇽリダ]

会う, 遭う (友達と)만나다[mannada マンナダ]; (先輩と)마주치다[madʒutʃhida マジュチダ]; (火事に)당하다[taŋhada タンハダ]; (泥棒に)맞다[mat'a マッタ]; (出会う)(君に)보다[poda ボダ]

アウト 아웃[aut アウッ]

喘ぐ (高熱で)헐떡이다[hɔlt'ɔgida ホㇽットギダ]; (生活難に)허덕이다[hɔdɔgida ホドギダ]

あえて (主張する)감히[ka:mi カーミ]; (言えば)굳이[kudʒi クジ]

和える (酢で)무치다[mutʃhida ムチダ]; (みそで)버무리다[pɔmurida ボムリダ]

青 파랑[pharaŋ パラン]

青い (空が)푸르다[phɯrɯda プルダ]; (新緑が)파랗다[pha:ratha パーラッタ]

仰ぐ (師と)우러러보다[urɔrɔboda ウロロボダ]; (空を)쳐다보다[tʃhɔ:daboda チョーダボダ]

青菜 푸성귀[phusɔŋgwi プソングィ]

青二才 풋내기[phunnεgi プンネギ]

煽る (相場を)부채질하다[putʃhɛdʒir-

付

hada プチェジルハダ］; （催促する）（借金を）재촉하다［tʃʌtʃʰokʰada チェチョクカダ］; （競争心を）부추기다［puːtʃʰugida プーチュギダ］

赤 빨강［p'algaŋ ッパルガン］

垢 때［t'ɛ ッテ］

赤い （バラの花が）빨갛다［p'aːlgatʰa ッパールガッタ］; （血の色が）붉다［pukt'a プクタ］

赤子 갓난아기［kannanagi カンナナギ］

赤字 적자［tʃʌkt'ʃa チョクチャ］

赤信号 적신호［tʃʌkʃinho チョクシンホ］

赤ちゃん 아기［agi アギ］; 애기［ɛgi エギ］; 갓난아기［kannanagi カンナナギ］

アカトンボ 고추잠자리［kotʃʰudʒamdʒari コチュジャムジャリ］

垢ぬける （身なり）세련되다［seːrjʌndweda セーリョンドゥェダ］

明かり （月の）빛［pit ピッ］; （町の）불(빛)［pul(p'it) プル(ピッ)］; （窓の）등불［tɯŋp'ul トゥンプル］

上がる （坂を）오르다［oruda オルダ］; （階段を）올라가다［ollagada オルラガダ］

明るい （電灯が）밝다［pakt'a パクタ］; （外は）환하다［hwaːnhada ファーンハダ］; （性格が）명랑하다［mjʌŋnaŋhada ミョンナンハダ］

赤ん坊 아기［agi アギ］; 갓난아기［kannanagi カンナナギ］

秋 가을［kaɯl カウル］

空き （座席の）빈 자리［piːn dʒari ピーンジャリ］; （空席）공석［koŋsʌk コンソク］

空き車 빈 차［piːn tʃʰa ピーン チャ］

飽き飽きしている （退屈だ）지루하다［tʃiruhada チルハダ］

飽き飽きする （嫌気が差す）(長い演説に)질리다［tʃillida チルリダ］

明らかだ （勝負は）뻔하다［p'ɔːnhada ッポーンハダ］; （証拠は）분명하다［punmjʌŋhada プンミョンハダ］; （効果は）뚜렷하다［t'urjʌtʰada ットゥリョッタダ］

あきらめる （断念する）(不可能だと)단념하다［tannjʌmhada タンニョムハダ］; （放棄する）(相続を)포기하다［pʰoːgihada ポーギハダ］; （諦念する）(進学を)체념하다［tʃʰenjʌmhada チェニョムハダ］

飽きる （聞き）싫증나다［ʃiltɕ'ɯŋnada シルチュンナダ］

あきれ返る （彼のうそには）어이 없다［ɔi ɔpt'a オイ オプタ］

あきれる （あまりのことに）어이 없어지다［ɔi ɔpsʰʌdʒida オイ オプソジダ］; （物も言えないほど）기가 막히다［kiga makʰida キガ マクキダ］

悪 （社会の）악［ak アク］; （劇の）(悪役)악역［agjʌk アギョク］

開く （ドアが）열리다［jʌllida ヨルリダ］; （目が）뜨이다［t'uida ットゥイダ］

空く （びんが）비다［piːda ピーダ］; （時間が）나다［nada ナダ］

悪意 악의［agi アギ］

悪質 악질［aktʃ'il アクチル］

握手 악수［aksʰu アクス］

アクション 액션［ɛkʃ'ʌn エクション］

アクセサリー 액세서리［ɛksʰesʌri エクセソリ］

アクセント 악센트［aksʰentʰɯ アクセントゥ］

悪人 （わるもの）나쁜 사람［nap'ɯn saːram ナップン サーラム］; 악인［agin アギン］

あくび 하품［hapʰum ハプム］

悪魔 악마［aŋma アンマ］

あくまで(も) （2人だけの秘密だ）어디까지나［ɔdik'adʒina オディッカジナ］; （反対する）끝까지［k'ɯtk'adʒi ックッカジ］

あぐら 책상다리［tʃʰɛksʰaŋdari チェクサンダリ］

明け方 （朝明け）새벽녘［sʰɛbjʌŋnjʌk セビョンニョク］; （夜明け）동틀녘［toŋtʰɯlljʌk トントゥルリョク］

揚げ物 튀김［tʰwigim トゥィギム］

明ける （夜が）밝다［pakt'a パクタ］; （白む）새다［sʰɛːda セーダ］; （年が）바뀌다［pak'wida パックィダ］

空ける （箱を）비우다［piuda ピウダ］; （穴を）뚫다［t'ulthʰa ッツルタ］

開ける （ドアを）열다［jɔːlda ヨールダ］

あげる （高い所に）올리다［ollida オルリダ］; （手を）들다［tɯlda トゥルダ］; （月給を）인상하다［insʰaŋhada インサンハダ］; （声を）지르다［tʃiruda チルダ］; （声を張り）외치다［weːtʃʰida ウェーチダ］; （物を）주다［tʃuda チュダ］; （てんぷらを）튀기다［tʰwigida トゥィギダ］

あご 턱［tʰɔk トク］

憧れる （憧憬する）동경하다［toːŋgjʌŋhada トーンギョンハダ］

朝 아침［atʃʰim アチム］

アサ(麻) 삼［sam サム］; （麻布）삼베［sambe サムベ］

浅い （川が）얕다［jatʰa ヤッタ］

アサガオ 나팔꽃［napʰalk'ot ナパルッ

あざける (人の失敗を)비웃다[piːutʼa ピーウッタ]; (嘲笑する)(みんなの前で)조소하다[tʃosohada チョソハダ]

あさって 모레[moːre モーレ]

朝寝 늦잠[nɯtʃʼam ヌッチャム]

浅はかだ (考えが)얕다[jatʼa ヤッタ]; (浅薄だ)(知識が)천박하다[tʃʰoːnbakʰada チョーンバクカダ]

朝日 (昇る)아침 해[atʃʰim hɛ アチムヘ]; (差す)아침 햇살[atʃʰim hɛsʼal アチムヘッサル]

浅ましい (情けない)(世の中が)한심스럽다[hansimsɯropʼta ハンシムスロプタ]; (悲惨だ)(運命が)비참하다[piːtʃʰamhada ピーチャムハダ]; (卑劣な根性が)비열하다[piːjorhada ピーヨルハダ]; (けち臭い)(考えが)치사하다[tʃʰisahada チサハダ]

欺く (だます)(敵を)속이다[sogida ソギダ]; (欺瞞する)(国民を)기만하다[kimanhada キマンハダ]

鮮やかだ (色が)선명하다[sonmjonghada ソンミョンハダ]; (緑が)산뜻하다[santʼutʰada サンットゥッタダ]

朝夕 조석[tʃosok チョソク]; 아침 저녁[atʃʰim dʒonjok アチム ジョニョク]

アザラシ〈海豹〉 해표[hɛːpʰjo ヘーピョ]; 바다 표범[pada pʰjobom パダ ピョボム]

あざ笑う (あざける)비웃다[piːutʼa ピーウッタ]; (嘲笑する)조소하다[tʃosohada チョソハダ]

足 발[pal パル]

脚 다리[tari タリ]; (足)발[pal パル]; (訪問)방문[paːŋmun パーンムン]

味 (甘い)맛[mat マッ]; (面白味)(話の)재미[tʃɛmi チェミ]; (趣の)풍류の[fɯŋnju フンニュ]; (の)멋[mot モッ]

アジ〈鯵〉 전갱이[tʃoŋgɛŋi チョンゲンイ]

アジア 아시아[aʃia アシア]; (亜細亜)아세아[asea アセア]

味気ない (話が)재미없다[tʃɛmiopʼta チェミオプタ]; (人生が)무미하다[mumihada ムミハダ]; (暮らしが)따분하다[tʼabunhada ッタブンハダ]

アジサイ 수국[suguk スグク]; (紫陽花)자양화[tʃaːjaŋhwa チャーヤンファ]

あした 내일[nɛil ネイル]; (明日)명일[mjoŋil ミョンイル]; 共 레일[reil レイル]

アジる (扇動する)(ストライキを)선동하다[sondoŋhada ソンドンハダ]; (組合員を)부추기다[putʃʰugida プーチュギダ]

味わう (料理を)맛보다[matpʼoda マッポダ]; (吟味する)(詩を)음미하다[ɯmmihada ウムミハダ]; (経る)(苦しみを)겪다[kjokʼta キョクタ]

あす〈明日〉 내일[nɛil ネイル]; 명일[mjoŋil ミョンイル]

預かる (荷物を)맡다[matʼa マッタ]; (保管する)(かばんを)보관하다[pogwanhada ポグァンハダ]

アズキ〈小豆〉 팥[pʰat パッ]

預ける (荷物を)맡기다[matkʼida マッキダ]; (委任する)(先輩に下駄を)위임하다[wiimhada ウィイムハダ]

アスター 애스터[ɛsutʰo エスト]; (エゾギク)과꽃[kwaːkʼot クァーッコッ]

汗 땀[tʼam ッタム]

焦る (やきもきする)안달하다[andarhada アンダルハダ]; (時間がなくて)초조해 하다[tʃʰodʒohɛ hada チョジョヘハダ]

あせる (色が)바래다[paːrɛda パーレダ]; (退色する)(服の色が)퇴색하다[tʰweːsɛkʰada トゥェーセカダ]

あそこ 저기[tʃogi チョギ]; 저쪽[tʃotʃʼok チョッチョク]; 거기[kogi コギ]

遊び (子供の)놀이[nori ノリ]; (いたずら)장난[tʃaŋnan チャンナン]; (娯楽)오락[oːrak オーラク]

遊ぶ (友達と)놀다[noːlda ノールダ]; (紅灯の巷に)놀아나다[noranada ノラナダ]

あたい (値)값[kap カプ]; (価格)가격[kagjok カギョク]; (価値)가치[katʃʰi カチ]

与える (金を)주다[tʃuda チュダ]; (損害を)입히다[ipʰida イピダ]; (害を)끼치다[kʼitʃʰida ッキチダ]

あたたかい (気候が)따뜻하다[tʼatʼutʰada ッタットゥッタダ]; (ほかほかだ)(スープが)따스하다[tʼasɯhada ッタスハダ]; (オンドルの部屋が)따끈하다[tʼakʼɯnhada ッタックンハダ]

温める (スープを)데우다[teuda デウダ]; (ご飯を)따뜻하게 하다[tʼatʼutʰagɛ hada ッタットゥッタゲハダ]

あだな 별명[pjolmjoŋ ピョルミョン]

頭 머리[mori モリ]; (頭脳)두뇌[tunwe トゥヌェ]

新しい (記憶に)새롭다[sɛropʼta セロプタ]; (新)새[sɛ セ]

辺り (周辺)주변[tɕubjɔn チュビョン]; (付近)부근[puːgɯn プーグン]; (近所)근처[kɯːntɕʰɔ クーンチョ]

当たり前だ (当然だ)당연하다[taŋjɔnhada タンヨンハダ]; (天罰を受けて)마땅하다[mat'aŋhada マッタンハダ]

当たる (ボールが頭に)맞다[mat'a マッタ]; (日が)들다[tɯlda トゥルダ]; (難局に)당하다[taŋhada タンハダ]; (食べ物が)체하다[tɕʰehada チェハダ]; (風に)쐬다[s'weːda ッスェーダ]

あちこち 여기저기[jɔgidʑɔgi ヨギジョギ]

あちら 저쪽[tɕɔtɕ'ok チョッチョク]; 저리[tɕɔri チョリ]; 저기[tɕɔgi チョギ]

熱い (おふろが)뜨겁다[t'ɯgɔpt'a ットゥゴプタ]; (お茶)뜨거운[t'ɯgɔun トゥゴウン]

暑い (うだるように)덥다[tɔːpt'a トープタ]; (部屋)더운[tɔun トウン]

厚い (壁が)두껍다[tuk'ɔpt'a トゥッコプタ]; (板)두꺼운[tuk'ɔun トゥッコウン]

篤い (友情の)두텁다[tutʰɔpt'a トゥトプタ]; (情)두터운[tutʰoun トゥトウン]

扱う (事件を)다루다[taruda タルダ]; (取り扱う)(子供扱いをする)취급하다[tɕʰwiːguphada チュイーグパダ]

悪化する (病状が)악화하다[akʰwahada アックワハダ]

厚かましい 뻔뻔하다[p'ɔnp'ɔnhada ッポンッポンハダ]; (男)뻔뻔스러운[p'ɔnp'ɔnsɯrɔun ッポンッポンスロウン]

暑さ 더위[tɔwi トウィ]

あっさり (片づける)간단히[kandani カンダニ]; (あきらめる)깨끗이[k'ɛk'ɯsi ッケックシ]; (あっさりしたデザイン)산뜻하게[santʉtʰage サンットゥッタゲ]

幹旋 (就職の)알선[alsʔɔn アルソン]; (仕事の)주선[tɕusɔn チュソン]

圧倒 압도[aptʔo アプト]

圧迫 압박[apʔak アプパク]

集まる (人が)모이다[moida モイダ]; (集合する)(駅に)집합하다[tɕiphaphada チパパダ]

集める (ごみを)모으다[moɯda モウダ]; (集合させる)(子供たちを)집합시키다[tɕiphapsʔikhida チパプシキダ]

あつらえる (注文する)(ドレスを)주문하다[tɕuːmunhada チューンハダ]; (洋服を)맞추다[matɕʰuda マッチュダ]

……宛て (手紙などで)……앞[-ap -アプ]

当てる (答えを)맞히다[matɕhida マッチダ]; (手を)대다[tɛːda テーダ]

後 (人の)뒤[twi トゥィー]; (その)후[hu フー]; (電話する)나중[naːdʑuŋ ナージュン]

跡 (あし)자국[tɕaguk チャグク]; (消した)흔적[hundʑɔk フンジョク]

後始末 (仕事の)뒷정리[twiːtɕʰɔŋri トゥィーッチョンニ]; (借金の)뒤처리[twiːtɕʰɔri トゥィーチョリ]; (食事後の)설거지[sɔlgɔdʑi ソルゴジ]

後継ぎ 대를 잇는 사람[tɛːrɯl iːnnɯn saːram テールイーンヌン サーラム]; (相続者)상속자[saŋsoktɕ'a サンソクチャ]; (後継者)후계자[huːgedʑa フーゲジャ]

アドバイス 어드바이스[ɔdɯbaisɯ オドゥバイス]; (助言)조언[tɕoːɔn チョーオン]

後払い 후불[huːbul フーブル]

アトリエ (美術)아틀리에[atʰɯllie アトゥルリエ]

穴 구멍[kumɔŋ クモン]

アナウンサー 아나운서[anaunsɔ アナウンソ]「ジャンオ」

アナゴ (鰻)장어[(puːŋ)dʑaŋɔ (プーン)]

あなた (お前)당신[taŋʃin タンシン]; (恋人の君)그대[kɯdɛ クデ]

侮る (軽視する)(事態を)경시하다[kjɔŋʃihada キョンシハダ]; (相手を)깔보다[k'alboda ッカルボダ]; (人を)업신여기다[ɔːpʃʔinnjɔgida オープシンニョギダ]

兄 (弟から)형[hjɔŋ ヒョン]; (妹から)오빠[opʔa オッパ]

アニメーション 애니메이션[ɛnimeiʃɔn エニメイション]; (動画)동화[toːŋhwa トーンファ]

姉 (妹から)언니[ɔnni オンニ]; (弟から)누나[nuːna ヌーナ]

あの 저[tɕɔ チョ]; 그[kɯ ク]

あのう 저[tɕɔ チョ]「タ」

あのようだ 저렇다[tɕɔrɔtʰa チョロッタ]

アパート 아파트[apʰatʰɯ アパトゥ]

暴く (暴露する)(秘密を)폭로하다[phoŋnohada ポンノハダ]; (欠点を)들추어내다[tɯltɕʰuɔnɛda トゥルチュオネダ]

暴れる (馬が)날뛰다[naltʔwida ナルットゥィダ]; (政界で大いに)설치다

[sɔltʃihada ソルチダ]
アヒル〈家鴨〉 오리 [ori オリ]; 집오리 [tʃibori チボリ]
浴びる (水を)끼얹다 [kiɔntʃa ッキオンタ]; (煙・水を)뒤집어쓰다 [twidʒibɔsˈuda トゥィジボッスダ]
アフターサービス 애프터서비스 [ɛpʰutʰɔsɔːbisɯ エプトソービス]
危ない (危険だ)(子供のいたずらが)위험하다 [wihɔmhada ウィホムハダ]; (命が)위태롭다 [witʰɛropˈta ウィテロプタ]
油 기름 [kirɯm キルム] 「カ」
アフリカ 아프리카 [apʰɯrikʰa アプリ
あぶる (魚を)굽다 [kuːpˈta クープタ]; (火鉢で手を)쬐다 [tʃwɛːda ッチュェーダ]
あふれる (川が)넘치다 [nɔːmtʃʰida ノームチダ]; (群衆が道に)많다 [maːntʰa マーンタ]
あほう 바보 [paːbo パーボ]; 천치 [tʃʰɔntʃʰi チョンチ]
甘い (味が)달다 [talda タルダ]; (子供に)무르다 [murɯda ムルダ]; (点数が)후하다 [huːhada フーハダ]; (ねじが)헐겁다 [hɔlgɔpˈta ホルゴプタ]
甘える (新婦が新郎に)어리광부리다 [ɔrigwaŋburida オリグァンブリダ]; (子供が母親に)응석부리다 [ɯŋsɔkˈpˈurida ウンソクプリダ]
あまがさ (雨傘) 우산 [uːsan ウーサン]
余す (弁当を)남기다 [namgida ナムギダ]; (小遣い銭を)남겨두다 [namgjɔduda ナムギョドゥダ]
甘み 단맛 [tanmat タンマッ]
余り (食事の) 나머지 [namɔdʒi ナモジ]; (喜びの)…한 나머지 […han namɔdʒi …ハン ナモジ]
余り(…ない) (よくない)그다지 [kɯdadʒi クダジ]; (面白くない)별로 [pjɔllo ビョルロ] 「(ナ)」
あまりに 너무(나) [nɔmu(na) ノム
余る (費用が)남다 [naːmˈta ナームタ]; (身に)넘치다 [nɔːmtʃʰida ノームチダ]; (6尺に)넘다 [nɔːmˈta ノームタ]; (手に)벅차다 [pɔkˈtʃʰada ポクチャダ]
網 (窓に張る)망 [maŋ マン]; (魚をとる)그물 [kɯmul クムル]
編む (毛糸を)뜨다 [tˈɯda ットゥダ]; (論文集を)엮다 [jɔkˈta ヨクタ]
雨 비 [pi ビ]
飴 엿 [jɔt ヨッ]

怪しい (物音が)괴상하다 [kwesaŋhada クェサンハダ]; (男が)수상하다 [suːsaŋhada スサンハダ]; (行動が)이상하다 [iːsaŋhada イーサンハダ]
操る (操縦する)(船を)조정하다 [tʃodʒɔŋhada チョジョンハダ]; (英語を自由に)잘 구사하다 [tʃal gusahada チャル グサハダ]
誤り (過ち)잘못 [tʃalmot チャルモッ]; (失策)실수 [jilsˈu シルッス]
誤る (判断が)잘못되다 [tʃalmotˈweda チャルモッツゥェダ]; (しくじる)(扱い方を)실수하다 [jilsˈuhada シルッスハダ]
謝る (無礼を)사과하다 [saːgwahada サーグァハダ]; (泣いて)빌다 [piːlda ビールダ]
荒い, 粗い (細工が)거칠다 [kɔtʃʰilda コチルダ]; (波が)거세다 [kɔseda コセダ]; (網の目が)성기다 [sɔŋgida ソンギダ]; (粒が)굵다 [kukˈta ククタ]
洗う (手を)씻다 [ʃiˈta ッシッタ]; (シャツを)빨다 [pˈalda パルタ]
あらかじめ (お知らせする)미리 [miri ミリ]; (準備する)사전에 [saːdʒɔne サージョネ]
荒らす (暴風雨が村を)휩쓸다 [hwipˈsˈulda フィプッスルダ]; (部屋を)어지럽게 하다 [ɔdʒiɔpˈkˈe hada オジロプケ ハダ]
争う (友達と)다투다 [tatʰuda タトゥダ]; (優劣を)겨루다 [kjɔruda キョルダ]; (兄弟と)싸우다 [sˈauda ッサウダ]
新たに 새로 [sɛro セロ]
改める (変更する)(住所を) 변경하다 [pjɔːngjɔŋhada ビョーンギョンハダ]; (悪習を)고치다 [kotʃʰida コチダ]
あらまし (大綱) 대강 [tɛːgaŋ テーガン]; (あらすじ)(小説の)줄거리 [tʃulgɔri チュルゴリ]
あらゆる (人々)모든 [moːdɯn モードゥン]; (手段)온갖 [oːngat オーンガッ]
あらわす (喜びを顔に)나타내다 [natʰanɛda ナタネダ]; (姿を)드러내다 [tɯrɔnɛda トゥロネダ]; (表現する)(感情を文章に)표현하다 [pʰjohjɔnhada ピョヒョンハダ]
現われる (恋人が夢に)나타나다 [natʰanada ナタナダ]; (効果がドゥロナ)다 [tɯrɔnada トゥロナダ]
アリ(蟻) 개미 [kɛːmi ケーミ]
あり余る (物資が)남아돌다 [namaːdolda ナマードルダ]

ありえない (失敗は)있을 수 없다[i-sʼul sʼu ɔpt'a イッスル ッス オープタ]

ありがたい (感謝する)감사하다[ka:msahada カームサハダ]; (どうも)고맙다[ko:mapt'a コーマプタ]

ありがとうございます (ご親切に)고맙습니다[ko:mapsʼumnida コーマプスムニダ]; (感謝します)(ご好意に)감사합니다[ka:msahamnida カームサハムニダ]

ありさま (何という)꼴[k'ol ッコル]; (情けない)모양[mojaŋ モヤン]; (足を踏む場所もない)상태[saŋtʰɛ サンテ]; (暮らしの)형편[hjəŋpʰjən ヒョンピョン]

ありったけ (金をはたく)있는 그대로 모두[innun kudero modu インヌン クデロ モドゥ]; (ぶちまける)죄 다[tʃweːda チュェーダ]; (全部)(焼けてしまった)모조리[modʒori モジョリ]

ありのまま (語る)있는 그대로[innun kudero インヌン クデロ]

或る (日・時)어느[ɔnɯ オヌ]; (人)어떤[ɔ'tən オットン]

在る (住む)(アメリカに)있다[it'a イッタ]; (存在する)존재하다[tʃondʒɛhada チョンジェハダ][-イダ]

(…で)ある (彼は学生で)-이다[-ida]

あるいは (ペン・筆)혹은[hoɡɯn ホグン]; (雨になるかも知れない)혹시[hokʃʼi ホクシ]; (雨・雪)또는[t'oːnɯn ットヌン]; (そうかも知れない)어쩌면[otʃʼɔmjən オッチョミョン]

ある限り (の力を出す)있는 한[innun han インヌン ハン]; (の知恵を絞り出す)한껏[haːnk'ɔt ハーンッコッ]

歩く (急いで)걷다[kɔːt'a コータ]; (歩いて行く)(駅まで)걸어가다[kɔrɔɡada コロガダ]

主 (主人)주인[tʃuin チュイン]; (持ち主)임자[iːmdʒa イームジャ]

アルゼンチン 아르헨티나[arɯ hentʰina アルヘンティナ]

アルバム 앨범[ɛlbɔm エルボム]

アルファベット 알파벳[alpʰabet アルパベッ]

アルプス 알프스[alpʰɯsɯ アルプス]

あれ 저것[tʃɔɡɔt チョゴッ]; 그것[kɯɡɔt クゴッ]

あれえ 아이고[aiɡo アイゴ]; 어[ɔ オ]; (女性が)어머나[ɔmɔna オモナ]

あれこれ 이것저것[iɡɔtʃʼɔɡɔt イゴッチョゴッ]; (いろいろ)여러가지[jɔrɔɡadʒi ヨロガジ]

あれほど 그토록[kɯtʰorok クトロク]

荒れる (天気が)거칠어지다[kɔtʃʰirɔdʒida コチロジダ]; (海が)사나워지다[saːnawɔdʒida サーナウォジダ]

泡 (石けんの)거품[kɔpʰum コプム]; (気泡)(ガラスの中の)기포[kipʰo キポ]

アワ(粟) 조[tʃo チョ]; 좁쌀[tʃopsʼal チョプッサル]

合わさる (手が)합쳐지다[haptʃʰɔdʒida ハプチョジダ]

合わせる (歩調を)맞추다[matʃʰuda マッチュダ]; (力を)합치다[haptʃʰida ハプチダ]; (合わせて見る)(答えを)맞추어 보다[matʃʰuɔ boda マッチュオ ボダ]

あわただしい (年の暮れは)분주하다[pundʒuhada プンジュハダ]; (あわただしくはいってくる)초급하다[tʃoɡɯpʰada チョグパダ]

泡立つ (波が)거품이 일다[kɔpʰumi iːlda コプミ イールダ]

粟立つ (肌が)소름끼치다[soːrɯmkʼitʃʰida ソールムッキチダ]

あわてる (突然の来客に)허둥지둥하다[hɔduŋdʒiduŋhada ホドゥンジドゥンハダ]; (秘密がばれて)당황해 하다[taŋhwaŋhɛ hada タンファンヘ ハダ]; (あわててかけつける)서두르다[sɔdurɯda ソドゥルダ]

アワビ(鮑・鰒) 전복[tʃɔnbok チョンボク]

哀れだ (かわいそうだ)(親を失って)불쌍하다[pulsʼaŋhada プルッサンハダ]; (気の毒だ)가엾다[kaːjɔpt'a カーヨプタ]

安易 안이[ani アニ]

案外 (結果)뜻밖에[t'utpʼakʼe ットゥッパケ]; (利口者だ)제법[tʃebɔp チェボプ]; (売れゆき)의외로[ɯiːwero ウィーウェロ]

暗記 암기[aːmɡi アームギ]

暗号 암호[aːmho アームホ]

暗算 암산[aːmsan アームサン]

暗示 암시[aːmʃi アームシ]

安心する (話を聞いて)안심하다[anʃimhada アンシムハダ]; (元気だから)마음(이) 놓이다[maɯm(i) noida マウム[マウミ] ノイダ]

アンズ(杏) 살구(나무)[salɡu(namu) サルグ(ナム)]

安全 안전[andʒɔn アンジョン]

あんな (小説が書きたい)저러한[tʃərəhan チョロハン]; (人は嫌いだ)저런[tʃərən チョロン]; (状態)그런[kɯrən クロン]

案内 안내[a:nnɛ アーンネ]

い

胃 위[wi ウィ]; (胃腸)위장[widʒaŋ ウィジャン]

いい[良い] (気持ちが)좋다[tʃo:tha チョータ]; 〈反語として〉(ひどい・いい面の皮だ)나쁘다[nap'uda ナップダ]・꼴 좋다[k'ol dʒo:tha ッコル ジョータ]

いいえ (いや)아니오[anio アニオ]; (違います)(学生ですか)아닙니다[animnida アニムニダ]

いい加減 (湯)알맞은[a:lmadʒɯn アールマジュン]; (適当な)(温度)적당한[tʃ'ɔkt'aŋhan チョクタンハン]

言い訳 (口実)(もっともらしい)핑계[pʰiŋge ピンゲ]; (口実)(病気の)구실[kuʃil クシル]

委員 위원[wiwɔn ウィウォン]

言う (話す)(電話で)말하다[ma:rhada マールハダ]; (告ぐ)(青少年に)이르다[iruda イルダ]

言うまでもなく (英語は)말할 것도 없이[ma:rhal k'ɔt'o ɔ:pʃ'i マールハル コット オープシ]

家 집[tʃip チプ]

いえ(否) 아니오[anio アニオ]; 아뇨[anjo アニョ]

イカ<烏賊> 오징어[odʒiŋɔ オジンオ]

以下 이하[i:ha イーハ]

以外 (バス)이외[i:we イーウェ]; (領海)밖[pak パク]

意外に (順調だった)뜻밖에[t'utp'ak'e ットゥッパクケ]; (時間がかかった)의외로[ui:wero ウィーウェロ]

いかが 어떻게[ɔt'ɔkhe オットッケ]

いかがですか 어떻습니까?[ɔt'ɔs'ɯnik'a オットッスムニッカ]

医学 의학[uihak ウィハク]

生かす (経験を)살리다[sallida サルリダ]; (活用する)(廃物を)활용하다[hwarjoŋhada ファリョンハダ]

いかで (いかがで)어떻게 해서[ɔt'ɔkhɛ:sɔ オットッケ ヘーソ]; (どうして)어찌하여[ɔtʃ'ihaje オッチハヨ]; (何で)왜[wɛ: ウェー]; (なぜ)어찌[ɔtʃ'i オッ

チ]; (何とかして)어떻게든[ɔt'ɔkhedɯn オットッケドゥン]

いかな (どんな)어떤[ɔt'ɔn オットン]; (さすがの)아무리 해도[a:muri hɛːdo アームリ ヘード]

いかなる (どのような)어떠한[ɔt'ɔhan オットハン]; (どんな)어떤[ɔt'ɔn オットン]

いかなる意味においても (結果は同じだ)어느 의미에 서나[ɔnɯ ɯi:mie:sɔna オヌ ウィーミエソナ]

いかに (どのようにして)어떻게[ɔt'ɔkhe オットッケ]; (どんなに)아무리[a:muri アームリ]; (どれほど)얼마나[ɔ:lmana オールマナ]

いかほど (どれぐらい)얼마나[ɔ:lmana オールマナ]; (どれぐらい)얼 마 만큼[ɔ:lmamankʰɯm オールママンクム]

怒り (込み上げる)화[hwa: ファー]; (解ける)성[sɔ:ŋ ソーン]; (買う)노여움[no:joum ノーヨウム]

怒る (天も)화내다[hwa:nɛda ファーネダ]; (腹を立てる)성내다[sɔ:ŋnɛda ソーンネダ]; (烈火のごとく)노하다[no:hada ノーハダ]

遺憾 유감[jugam ユガム]

胃癌がん 위암[wiam ウィアム]

息 숨[su:m スーム]; (呼吸)호흡[hohup ホフプ]

粋 멋[mɔt モッ]

行き 갈 때[kal t'ɛ カルッテ], ↔(帰り)올 때[ol t'ɛ オルッテ]

····行 (ソウル)····행[-hɛŋ -ヘン]

意義 의의[uii:i ウィーイ]; 뜻[t'ɯt トゥッ]

勢い (水の)힘[him ヒム]; (気勢)(堂々たる)기세[kise キセ]

生きがい 사는 보람[sa:nɯn poram サーヌン ポラム]

生き返る (記憶が)되살아나다[twesaranada トゥェサラナダ]; (死者が)소생하다[sosɛŋhada ソセンハダ]

いきさつ (経緯)경위[kjɔŋwi キョンウィ]

行き過ぎる (下りる駅を)지나치다[tʃinatʃʰida チナチダ]

行きつけの店 단골 가게[집][tangol ga:ge[tʃ'ip] タンゴル ガーゲ[チプ]]

いきなり (胸ぐらをとる)갑자기[kaptʃ'agi カプチャギ]; (現われた)느닷없이[nɯdadɔpʃ'i ヌダドプシ]; (泣き出す)별안간[pjɔraŋgan ピョランガン]

生き残る (戦火のなかで)살아남다[sa-

生き物 (生物) (調べる) 생물 [sɛŋmul センムル]; (動物) (飼う) 짐승 [tɕimsɯŋ チムスン]
イギリス 영국 [jɔŋguk ヨングク]
生きる (100歳まで) 살다 [sa:lda サールダ]; (学問に) 지내다 [tɕi:nɛda チーネダ]
行く (学校へ) 가다 [kada カダ]
育児 육아 [juga ユガ]
幾つ (同じものか) 몇 [mjət ミョッ]; (何個) (ありますか) 몇 개 [mjət k'ɛ ミョッケ]; (何歳) (坊や) 몇 살 [mjə s'al ミョッ サル]
幾つか 몇 개 [mjət k'ɛ ミョッケ]
幾度 몇 번 [mjət p'ɔn ミョッ ポン]
幾ら 〈疑問〉(値段は) 얼마 [ɔ:lma オールマ]; 〈譲歩〉(努力しても) 아무리 [a:muri アームリ]
幾らか (多少) 조금 [tɕogɯm チョグム]; (若干) (足りない) 약간 [jak'an ヤクガン]
池 못 [mot モッ]; 연못 [jɔnmot ヨンモッ]
いけない (休んでは) 안된다 [andwenda アンドェンダ]; (悪い) (うそつきで) 좋지 않다 [tɕo:tɕhi antha チョーチ アンタ]
生け花 꽃꽂이 [k'otk'odʑi ッコッコジ]
意見 (多数の) 의견 [ɯi:gjɔn ウィーギョン]; (考え) (いい) 생각 [sɛŋgak センガク]
以後 (以降) (5時) 이후 [i:hu イーフ]; (今後) (見せしめに) 앞으로 [aphɯro アプロ]
囲碁 바둑 [paduk パドゥク]
いざとなると (気が失せる) 막상 하려면 [maks'aŋ harjɔmjɔn マクサン ハリョミョン]
勇ましい (勇敢だ) (兵士) 용감하다 [jo:ŋgamhada ヨーンガムハダ]
遺産 유산 [jusan ユサン]
石 (小) 돌 [to:l トール]; (敷く) 돌멩이 [to:lmeŋi トールメンイ]
意志 (強い) 의지 [ɯi:dʑi ウィージ]; (神の) 뜻 [t'ɯt ットゥッ]
意思 (自分の) 의사 [ɯi:sa ウィーサ]
意地 (通す) 고집 [kodʑip コジプ]; (男の) 오기 [o:gi オーギ]; (根性) (悪い) 심술 [ɕimsul シムスル]
維持 유지 [judʑi ユジ]
意識 의식 [ɯi:ɕik ウィーシク]
いじめる (弟を) 괴롭히다 [kwerophida クェロプヒダ]; (いびる) (姑が嫁を) 들볶다 [tɯlbokt'a トゥルボクタ]
ranamt'a サラナムタ]
医者 의사 [ɯisa ウィサ]
移住 이주 [idʑu イジュ]
衣装 (花嫁) 의상 [ɯisaŋ ウィサン]; (馬子にも) 옷 [ot オッ]
以上 이상 [i:saŋ イーサン]
異常だ (変だ) (性格) 이상하다 [i:saŋhada イーサンハダ]; (まともでない) 정상이 아니다 [tɕɔ:ŋsaŋi anida チョーンサンイ アニダ]; (本気でない) 제정신이 아니다 [tɕedʑɔŋɕini anida チェジョンシニ アニダ]
意地悪 (根性) 심술 [ɕimsul シムスル]; (人) 심술꾸러기 [ɕimsulk'urɔgi シムスルックロギ]
椅子 의자 [ɯidʑa ウィジャ]
泉 샘 [se:m セーム]
いずれ (どうせ) (人は死ぬ) 어차피 [ɔtɕhaphi オチャピ]; (結局は) (わかることだ) 결국 [kjɔlguk キョルグク]; (近く) (またうかがいます) 머지 않아 [mɔ:dʑiana モージアナ]; 代 (どちら) 어느 것 [ɔnɯ gɔt オヌ ゴッ]
遺跡 유적 [judʑɔk ユジョク]
以前 (6時) 이전 [i:dʑɔn イージョン]; (もと) (海だった) 전 [tɕɔn チョン]; (行ったことがある) 그전 [kɯdʑɔn クジョン]
依然として 여전히 [jɔdʑɔnɦi ヨジョニ]
忙しい 바쁘다 [pap'ɯda パップダ]
急がせる (出発を) 재촉하다 [tɕɛtɕhokhada チェチョクカダ]; (仕事を) 서두르게 하다 [sɔdurɯge hada ソドゥルゲ ハダ]
急ぐ 서두르다 [sɔdurɯda ソドゥルダ]
遺族 유족 [judʑok ユジョク]; (遺家族) 유가족 [jugadʑok ユガジョク]
板 (囲う) 판자 [phandʑa パンジャ]; (張る) 널빤지 [nɔ:lp'andʑi ノールッパンジ]
痛い (頭が) 아프다 [aphɯda アプダ]
偉大だ (人物) 위대하다 [widɛhada ウィデハダ]
痛々しい (白い包帯が) 애처롭다 [ɛtɕhɔropt'a エチョロプタ]; (気の毒だ) (見るにも) 딱하다 [t'akhada ッタクカダ]
抱く (胸に) 안다 [a:nt'a アーンタ]; (大志を) 품다 [phu:mt'a プームタ]
いたずら 장난 [tɕaŋnan チャンナン]
いたずらっ子 장난꾸러기 [tɕaŋnank'urɔgi チャンナンックロギ]
いただきます 잘 먹겠습니다 [tɕal mɔk'es'ɯmnida チャル モクゲッスムニダ]

頂く (得る)얻다[ɔ:t'a オーッタ]; (頭に)이다[ida イダ]; (食べる)먹다[mɔkt'a モクタ]; (指導者として)모시다[mo:ʃida モーシダ]

痛み 아픔[apʰɯm アプム]; (苦痛)고통[kotʰoŋ コトン]

痛む (腹が)아프다[apʰɯda アプダ]; (傷が)쑤시다[s'uʃida ッスシダ]

傷む (本が)상하다[saŋhada サンハダ]

炒める (冷や飯を)볶다[pokt'a ポクタ]; (鉄板に油をひいて野菜を)지지다[tʃidʒida チジダ]

至る (行きつく・達する)(山頂に)이르다[iruda イルダ]; (着く)(目的地に)닿다[ta:tʰa ターッタ]; (到着する)(列車が)도착하다[to:tʃʰakʰada トーチャクカダ]

いたわる (病人を)돌보다[to:lboda トールボダ]; (社員を)위로하다[wirohada ウィロハダ]

一 (1)일[il イル]; 하나[hana ハナ]

位置 (家の)위치[witʃʰi ウィチ]; (地位・立場)(課長の)지위[tʃiwi チウィ]・자리[tʃari チャリ]

一月 (1月)일월[irwol イルォル]; 정월[tʃʌŋwʌl チョンウォル]

イチゴ 딸기[t'a:lgi ッタールギ]

一時 (当時)일시[ilʃi イルシ]; (あのとき)한 때[han t'ɛ ハン ッテ]; (午前)한 시[han ʃi ハン シ]

著しい (変化が)두드러지다[tudɯrɔdʒida トゥドゥロジダ]; (進歩が)현저하다[hjɔ:ndʒɔhada ヒョーンジョハダ]

一度 (1回)한 번[han bɔn ハン ボン]・한 차례[han tʃʰare ハン チャレ]

一日 (1日)하루[haru ハル]; 일일[iril イリル]

一年 (1年)일년[illjon イルリョン]; 한 해[han hɛ ハン ヘ]

市場 (マーケット)(青物の)시장[ʃi:dʒaŋ シージャン]; (市)(立つ)장[tʃaŋ チャン]

一番 (最初)(列車の)첫번째[tʃʰɔtp'ɔntʃʰe チョッポンッチェ]; (最も)(世界で가장[kadʒaŋ カジャン]; (第一・最も)(健康が)제일 [tʃe:il チェーイル]

一部 (一部分)(研究の)일부[ilbu イルブ]; (1冊・一そろい)한 부[han bu ハン ブ]

一枚 (紙)한 장[han dʒaŋ ハン ジャン]

イチョウ(銀杏) 은행나무[unhɛŋnamu ウンヘンナム]

胃腸 위장[widʒaŋ ウィジャン]

一流 일류[illju イルリュ]

いつ (ですか)언제[ɔ:ndʒe オーンジェ]; (来でもかまわない)어느 때[ɔnɯ t'ɛ オヌッテ]

いつか (以前に)(言ったとおり)이전에[i:dʒɔne イージョネ]; (一緒に一杯やりましょう)언제[ɔ:ndʒe オーンジェ]; (かつて)(来た道)언젠가[ɔ:ndʒenga オーンジェンガ]

五日 (5日)오일[o:il オーイル]; 닷새[ta-s'ɛ タッセ]; 초닷샛날[tʃʰodas'ɛnnal チョダッセンナル]

一切 (すべて)(財産の)일체[iltʃʰe イルチェ];=일절[iltʃ'ɔl イルチョル]; (まったく)(知らない)전혀[tʃɔnhjɔ チョンヒョ]

一週間 일주일[iltʃ'uil イルチュイル]

一生 (人間の)일생[ils'ɛŋ イルセン]; (一生涯)(忘れられない)(한) 평생(동안) [(ha:n) pʰjɔŋsɛŋ(t'oŋan)] (ハーン)ビョンセン(トゥンアン)

一生懸命 (働く)열심히[jɔlʃ'imi ヨルシミ]; (勤勉に)(勉強する)부지런히[pudʒirɔni プジロニ]; (うまずたゆまず)(努力する)꾸준히[k'udʒuni ックジュニ]

一緒に (みな)같이[katʃʰi カチ]; (共に)(暮らす)함께[hamk'e ハムッケ]

一層 (ひとしお)(ひどくなる)한층[hantʃʰɯŋ ハンチュン]; (よい)한결[hangjɔl ハンギョル]; (うれしい)더욱[tɔuk トゥク]

一体 (全体)도대체[todɛtʃʰe トデチェ]; (元来)(世間と言うものは)원래[wollɛ ウォルレ]; 名(夫婦)일체[iltʰe イルチェ]

一致 일치[iltʃʰi イルチ]

五つ (の)다섯[tasʌt タソッ]; 오[o: オー]

一定 일정[iltʃ'ɔŋ イルチョン]

言ってみれば (言わば)말하자면[ma:rhadʒamjon マールハジャミョン]

一点 (紅)일점[iltʃ'ɔm イルチョム]; (入選作品)한 점[han dʒɔm ハン ジョム]

一等 일등[ilt'ɯŋ イルトゥン]

いつの間にか (はや)(10年の歳月)어느새[ɔnɯsɛɛɛ オヌセ]; (月日はゆく川の水のように)어느덧[ɔnɯdɔt オヌドッ]

いっぱい (実が)가득[kaduk カドゥク]; (たくさん)많이[ma:ni マーニ]; (たっぷり)(食べる)잔뜩[tʃant'uk チャンットゥク]

一杯 (帰りに)한 잔[han dʒan ハン ジャン]; (水)한 그릇[han gɯrɯt ハン グルッ]

一般的 일반적 [ilbandʒɔk イルバンジョク]
一匹 한 마리 [han mari ハン マリ]
一方 한편 [hanpʰjʌn ハンピョン]
いつまで(も) 언제까지(나) [ɔ:ndʒek'adʒi(na) オーンジェッカジ(ナ)]
いつも (話ちゅうだ) 늘 [nuɯl ヌㇽ]; (ほがらかな顔) 언제나 [ɔ:ndʒena オーンジェナ]; (常に) (気をつける) 항상 [haŋsaŋ ハンサン]
いつものように 언제나처럼 [ɔ:ndʒenatʃʰʌrʌm オーンジェナチョロム]
偽り (うそ) 거짓 [kɔ:dʒit コージッ]; (虚言) 거짓말 [kɔ:dʒinmal コージンマル]
偽る (ごまかす) (事実を)속이다 [sogida ソギダ]; (うそをつく) (名前を) 거짓말하다 [kɔ:dʒinmarhada コージンマルハダ]
糸 실 [sil シㇽ]
井戸 우물 [umul ウムㇽ]
いとこ 사촌 [sa:tʃʰon サーチョン]; (父の姉妹の子) 고종(사촌) [kodʒoŋ コジョン]; (母の姉妹の子) 이종(사촌) [idʒoŋ イジョン]
営む (生活を) 영위하다 [jʌŋwihada ヨンウィハダ]; (経営する) (出版業を) 경영하다 [kjʌŋjʌŋhada キョンヨンハダ]
以内 (1時間) 이내 [i:nɛ イーネ]; (5日) 안 [an アン]
いなか〈田舎〉 시골 [ʃigol シゴㇽ]
稲妻 번개 [pʌŋgɛ ポンゲ]
犬 개 [kɛ: ケー]
犬死る 개죽음 [kɛ:dʒugum ケージュグㇺ]
稲 벼 [pjʌ ピョ]
居眠る 졸다 [tʃo:lda チョールダ]
イノシシ 멧돼지 [met'wɛdʒi メットウェジ]
命 (人の) 목숨 [moks'um モクスㇺ]; (生命) (恩人) 생명 [sɛŋmjʌŋ センミョン]; (寿命) (長い) 수명 [sumjʌŋ スミョン]
祈る (幸運を) 빌다 [pi:lda ピールダ]; (祈願する) (安全を) 기원하다 [kiwʌnhada キウォンハダ]; (祈禱する) (神に) 기도하다 [kidohada キドハダ]; (無事を) 바라다 [parada パラダ]
威張る (自分の博識を) 뽐내다 [p'omnɛda ッポㇺネダ]; (偉そうにふるまう) (その程度のことで) 잘난 체하다 [tʃallan tʃʰehada チャルラン チェハダ]
違反 위반 [wiban ウィバン]
いびきをかく 코를 골다 [kʰorul ko:lda コルㇽ コールダ]
衣服 (着物) 옷 [ot オッ]; 의복 [ɰibok ウィボク]
今 (すぐに) (行きます) 지금 [tʃigum チグㇺ]; (今すぐ) (出掛けます) 이제 [idʒe イジェ]; (少し前) (着いたばかりだ) 방금 [paŋgum パングㇺ]; (たった今) (食べたばかりだ) 막 [mak マク]
居間 거실 [kʌʃil コシㇽ]
今ごろ (今じぶん) (着いているだろう) 지금쯤 [tʃigumtʃ'um チグㇺッチュㇺ]; (来年の) 이맘때 [imamt'ɛ イマㇺッテ]
今さら (今になって) (嫌だと言えない) 이제 와서 [idʒe wasɔ イジェ ワソ]; (あらたに) (注意するまでもない) 새삼스럽게 [sɛsamsurʌpk'e セサㇺスロプケ]
戒める (訓戒する) (将来を) 훈계하다 [hu:ngehada フーンゲハダ]; (警戒する) (辺りを) 경계하다 [kjɔ:ŋgehada キョーンゲハダ]; (軽く) 벌주다 [pʌldʒuda ポㇽジュダ]; (子供のいたずらを) 금하다 [kuːmhada クーㇺハダ]
いまだに (まだ) (手紙がつかない) 아직 [adʒik アジク]; (忘れられない) 아직까지도 [adʒik'adʒido アジクカジド]
今に (見ろ) 이제 [idʒe イジェ]; (後悔するぞ) 언젠가 [ɔ:ndʒenga オーンジェンガ]; (早晩) (解散されるだろう) 조만간 [tʃo:mangan チョーマンガン]
今にも (雨が降り出しそうだ) 당장에라도 [taŋdʒaŋerado タンジャンエラド]; (泣き出しそうだ) 이내 [inɛ イネ]; (駆けつける) 곧 [kot コッ]
今まで (食べたことがない) 지금까지 [tʃigumk'adʒi チグㇺッカジ]; (いったいどこにいたのだ) 여태껏 [jʌtʰɛk'ʌt ヨテッコッ]
意味 (単語の) 뜻 [t'ɯt ットゥッ]; (勝利の) 의미 [ɰimi ウィーミ]
移民 이민 [imin イミン]; (移住) 이주 [idʒu イジュ]
妹 여동생 [jʌdoŋsɛŋ ヨドンセン]; (男性から) 누이동생 [nuidoŋsɛŋ ヌイドンセン]; (兄から) 동생 [toŋsɛŋ トンセン]; (男性から見て姉・妹) 누이 [nui ヌイ]
いや 아니 [ani アニ]
嫌がる 싫어하다 [sirʌhada シロハダ]
嫌気がさす (単調な作業に) 싫증나다 [ʃiltʃ'ɯŋnada シㇽチュンナダ]
卑しい (下品だ) (言葉遣いが) 천하다 [tʃʰɔ:nhada チョーンハダ]; (言動が) 상스럽다 [saŋsurʌpt'a サンスロプタ]
嫌だ (タバコが) 싫다 [ʃiltʰa シㇽタ]
いやに (変に) (うかれている) 이상하게 [i:saŋhage イーサンハゲ]; (ひどく) (暑い日だ) 대단히 [tɛ:dani テーダニ]
いやらしい (みだりだ) (女性を見る目つ

きかり 징그럽다 [tɕiŋɡɯrɔpt'a チングロプタ]; (吐き気を催す)(におい) 메스껍다 [mesɯk'ɔpt'a メスッコプタ]; (いかがわしい)(行動) 추잡하다 [tɕudʑaphada チュジャパダ]; (いとわしい)(彼のやり方は嫌だ)[ilthɑ シルタ]・불쾌하다 [pulkʰwɛhada プルクェハダ]

いよいよ 의욕 (ますます)(はげしくなってきた) 점점 [tɕɔːmdʑɔm チョームジョム]; (悪くなった) 더욱더 [tɔukt'ɔ トウクト]; (とうとう)(試合が始まった) 드디어 [tɯdiɔ トゥディオ]

意欲 의욕 [ɰijok ウィーヨク]

以来 (学校を出た) 이래 [iːrɛ イーレ]; (お別れして) 이후 [iːhu イーフ]

依頼 (弁護士に) 의뢰 [ɰirwe ウィルェ]; (就職) 부탁 [puːthak プータク]

いらいらしている (気持ちが) 초조하다 [tɕhodʑohada チョジョハダ]

いらいらする (気があせる)(思うとおりにならなくて) 애타다 [ɛːthada エータダ]; (気がもめる)(人が気をもむのを知らずに) 속타다 [sokthada ソークタダ]; (時間がなくて) 초조해 하다 [tɕhodʑohɛ hada チョジョヘ ハダ]; (神経質な子供) 신경질(이) 나다 [ɕinɡjɔŋdʑil(dʑiri) lada[nada] シンギョンジル[ジリ] ラダ[ナダ]]

いらっしゃいませ 어서 오십시오 [ɔsɔ oɕipɕio オソ オシプシオ]

いらっしゃる (おられる)(どちらに) 계시다 [keːɕida ケーシダ]; (行かれる)(どちらへ) 가시다 [kaɕida カシダ]; (来られる)(どちらから) 오시다 [oɕida オシダ]

いらない (不要だ・必要がない) 필요없다 [pʰirjoɔpt'a ピリョオプタ]; (不要だ・役に立たない) 소용없다 [soːjoŋɔpt'a ソーヨンオプタ]; (無用だ)(必配は) 쓸데 없다 [s'ɯltɛɔpt'a ッスルテオプタ]

入り口 입구 [ipk'u イプク]

居る (人が5人) 있다 [it'a イッタ]

炒る (豆を) 볶다 [pokt'a ポクタ]; (豆腐を) 지지다 [tɕidʑida チジダ]

要る (費用が) 들다 [tɯlda トゥルダ]; (資金が) 필요하다 [pʰirjohada ピリョハダ]

入れ替える (客を) 바꾸어 넣다 [pak'uɔ nɔtha パックオ ノッタ]; (お茶を) 갈아 넣다 [kara nɔtha カラ ノッタ]

入れ替わる (交代する)(投手を) 교대하다 [kjodɛhada キョデハダ]; (選手を) 교체하다 [kjotɕhehada キョチェハダ]

入れ違う (手紙を) 잘못 넣다 [tɕalmon nɔtha チャルモン ノッタ]

入れる (手に) 넣다 [nɔtha ノータ]; (お湯に蜜を) 타다 [thada タダ]

色 빛 [pit ピッ]; 색 [sɛk セク]; 빛깔 [pitk'al ピッカル]; 색깔 [sɛk'al セッカル]; (色彩) 색채 [sɛktɕhɛ セクチェ]

いろいろ 여러가지 [jɔrɔɡadʑi ヨロガジ]; 갖가지 [katk'adʑi カッカジ]

岩 바위 [pawi パウィ]

祝う 축하하다 [tɕhukhahada チュクカハダ]

イワシ(鰯) 정어리 [tɕɔːŋɔri チョンオリ]

言わば 말하자면 [maːrhadʑamjɔn マールハジャミョン]

いわゆる 소위 [soːwi ソーウィ]; 이른바 [irɯnba イルンバ]

印鑑 인감 [inɡam インガム]; (印章) 도장 [todʑaŋ トジャン]

陰気だ (顔) 음울하다 [ɯmurhada ウムルハダ]; (天気) 음침하다 [ɯmtɕhimhada ウムチムハダ]

インク 잉크 [iŋkhɯ インク]

印刷する 인쇄하다 [inswɛhada インスェハダ]; (刷る)(名刺を) 찍다 [tɕ'ikt'a ッチクタ]

印象 인상 [insaŋ インサン]

インスタント 인스턴트 [insɯthɔnthɯ インストントゥ]

インタビュー 인터뷰 [inthɔbju イントブユ]

インテリ 인텔리 [inthelli インテルリ]

イントネーション 억양 [ɔɡjaŋ オギャン]

インフレ 인플레 [inpʰɯlle インプルレ]

引用 인용 [injoŋ イニョン]

陰陽 음양 [ɯmjaŋ ウミャン]

陰暦 음력 [ɯmnjok ウムニョク]

う

ウール 울 [uːl ウール]

上 위 [wi ウィ]; 우 [u ウ]

ウエートレス 웨이트레스 [weithɯresɯ ウェイトゥレス]

ウエスト 웨이스트 [weisɯthɯ ウェイストゥ]; (腰回り) 허리(둘레) [hɔri(dulle) ホリ(ドゥルレ)]

ウェディング 웨딩 [wediŋ ウェディン]; (結婚(式)) 결혼(식) [kjɔrhon(ɕik) キョルホン(シク)]

飢える (何日も) 굶다 [kumt'a クムタ]; (愛情に) 굶주리다 [kumdʑurida クムジュリダ]

植える (木を) 심다 [ɕiːmt'a シームタ]

ウォン (貨幣単位) 원 [wɔn ウォン]

うがい (歯磨き) 양치질 [jaŋtʃʰidʑil ヤンチジル]; (口をすすぐこと) 입가심 [ipk'aʃim イプカシム]

伺う (問う) (先生に) 여쭙다 [jɔ:tʃupt'a ヨーッチュプタ]; (尋ねる・問う) (ご機嫌を) 묻다 [mu:t'a ムータ]; (訪ねる) (お宅に) 찾아뵙다 [tʃʰadʑabwept'a チャジャブェプタ]

窺う (内部を) 엿보다 [jɔ:tp'oda ヨーッポダ]; (顔色を) 살피다 [salpʰida サルピタ]

浮かぶ (船が) 뜨다 [t'ɯda ットゥダ]; (現われる) (幸せそうな笑みが) 나타나다 [natʰanada ナタナダ]; (頭に) 떠오르다 [t'ɔoruda ットオルダ]

受かる (合格する) (試験に) 합격하다 [hapk'jɔkʰada ハプキョカダ]; (大学に) 붙다 [put'a ブッタ]

浮き上がる (潜水艦が) 떠오르다 [t'ɔoruda ットオルダ]; (現われる) (夜道が白く) 나타나다 [natʰanada ナタナダ]; (出世する) (重役に) 출세하다 [tʃʰuls'ehada チュルセハダ]

浮き浮き (夏休みで) 들썽들썽 [tɯls'ɔŋduls'ɔŋ トゥルッソンドゥルッソン]; (浮き浮きする) (お祭り気分で) 들뜨다 [tɯlt'ɯda トゥルットゥダ]

浮き草 부평초 [pupʰjɔŋtʃʰo プピョンチョ]

浮き世 (はかない世) (浮草のような) 뜬세상 [t'ɯn se:saŋ ットゥン セーサン]; (はかない・無常な世) 덧없는 세상 [tɔdɔmnɯn se:saŋ トドムヌン セーサン]; (俗世(間)) 속세 [soks'e ソクセ]

浮く (舟が) 뜨다 [t'ɯda ットゥダ]; (妙案が) 떠오르다 [t'ɔoruda ットオルダ]; (歯が) 들뜨다 [tɯlt'ɯda トゥルットゥダ]

ウグイス 휘파람새 [hwipʰaramsɛ フィパラムセ]; (コウライウグイス) 꾀꼬리 [k'wek'ori ックェッコリ]

受け入れる (納品を) 받아들이다 [padadɯrida パダドゥリダ]

請負 청부 [tʃʰɔŋbu チョンブ]; 도급 [togɯp トグプ]

承る (ご意見を) 듣다 [tɯt'a トゥッタ]; (ご用命を) 삼가 받다 [samga bat'a サムガ バッタ]

受け継ぐ (継承する) (そのあとを) 계승하다 [ke:sɯŋhada ケースンハダ]; (伝統を) 이어받다 [iɔbat'a イオバッタ]

受付 (願書の) 접수 [tʃɔps'u チョプス]; (受付場所) 접수처 [tʃɔps'utʃʰɔ チョプスチョ]

受け取る (手紙を) 받다 [pat'a パッタ]; 수취하다 [sutʃʰwihada スチュィハダ]

受け持つ (クラスを) 맡다 [mat'a マッタ]; (担当する) (営業を) 담당하다 [tamdaŋhada タムダンハダ]

受ける (お金を) 받다 [pat'a パッタ]; (試験を) 보다 [poda ポダ]

動かす (体を) 움직이다 [umdʑigida ウムジギダ]; (動かせる) (機械を) 움직이게 하다 [umdʑigige hada ウムジギゲ ハダ]

動く (電車が) 움직이다 [umdʑigida ウムジギダ]; (歯が) 흔들리다 [hundullida フンドゥルリダ]

ウサギ (兎) 토끼 [tʰok'i トッキ]

ウシ (牛) 소 [so ソ]

ウジ (蛆) 구더기 [kudɔgi クドギ]

失う (なくす) (財産を) 잃다 [iltʰa イルタ]; (喪失する) (資格を) 상실하다 [saŋʃirhada サンシルハダ]; (取り逃がす) (チャンスを) 놓치다 [notʃʰida ノッチダ]

後ろ 뒤 [twi: トゥィー]; (後ろ側) 뒤쪽 [twi:tʃ'ok トゥィーッチョク]

渦 소용돌이 [sojɔŋdori ソヨンドリ]

薄い (本が) 얇다 [jalt'a ヤルタ]; (板が) 엷다 [jɔlt'a ヨルタ]; (利が) 박하다 [pakʰada パクハダ]; (味が) 싱겁다 [ʃiŋgɔpt'a シンゴプタ]; (色が) 연하다 [jɔ:nhada ヨーンハダ]; (興味が) 적다 [tʃɔ:kt'a チョークタ]

うずく (傷口が) 쑤시다 [s'uʃida ッスシダ]; (全身が) 욱신거리다 [ukʃ'iŋgɔrida ウクシンゴリダ]

うずくまる (道端に) 웅크리다 [uŋkʰurida ウンクリダ]; (姿勢) 쪼그리다 [tʃ'ogurida ッチョグリダ]

薄暗い (辺りは) 어둑하다 [ɔdukʰada オドゥクカダ]; (部屋は) 어두컴컴하다 [ɔdukʰɔmkʰomhada オドゥコムコムハダ]

渦巻く (急流が) 소용돌이치다 [sojɔŋdoritʃʰida ソヨンドリチダ]

埋める (ちりを) 묻다 [mut'a ムッタ]; (空白を) 채우다 [tʃʰɛuda チェウダ]; (穴を) 메우다 [meuda メウダ]

嘘 거짓말 [kɔ:dʑinmal コージンマル]

嘘つき 거짓말쟁이 [kɔ:dʑinmaldʑɛɲi コージンマルジェンイ]

歌 노래 [norɛ ノレ]

歌う (鼻歌を) 노래하다 [norɛhada ノレハダ]; (歌を) 노래부르다 [norɛburuda ノレブルダ]

疑う 의심하다 [wiʃimhada ウィシムハダ]

内 (胸の)속 [so:k ソーク]; (家の)안 [an アン]; (部屋の)가운데 [kaunde カウンデ]; (以内)(2, 3日の)이내 [i:nɛ イーネ]

家 집 [tʃip チプ]; (私の)우리 집 [uri dʒip ウリ ジプ]

打ち明ける (本心を)털어놓다 [tʰɔrɔnotʰa トロノッタ]; (告白する)(罪を)고백하다 [ko:bekʰada コーベクハダ]

打ち合わせ (協議)(対策の)협의 [hjɔbi ヒョビ]; (相談)(会議進行の)의논 [winon ウィノン]

宇宙 우주 [u:dʒu ウージュ]

うちわ 부채 [put:ʃʰɛ プーチェ]

打つ (殴る)(げんこつで)치다 [tʃʰida チダ]; (頭を)부딪치다 [puditʃʰida プディッチダ]; (ほおを)때리다 [t'erida ッテリダ]; (くぎを)박다 [pakt'a パクタ]

撃つ (鉄砲を)쏘다 [s'oda ッソダ]

うっかり (約束を忘れた)깜박 [k'ambak ッカムバク]; (何気なく)(秘密を漏らした)무심코 [muʃimkʰo ムシムコ]

美しい (絵のように)아름답다 [arwmdaptʰa アルムダプタ]; (きれいだ)(女性の肌が)곱다 [ko:pt'a コープタ]

写す (本を)베끼다 [pek'ida ペッキダ]; (模する)(ピラミッドを)본뜨다 [pont'wda ポンットゥダ]; (写真を)찍다 [tʃ'ikt'a ッチクタ]

映す (鏡に顔を)비추다 [pitʃʰuda ピチュダ]; (投影する)(画面をスクリーンに)투영하다 [tʰujɔŋhada トゥヨンハダ]

移す (席を)옮기다 [omgida オムギダ]; (持っていく)(視線を)가져가다 [kadʒɔgada カジョガダ]; (移動する)(軍部隊を)이동하다 [idoŋhada イドンハダ]

訴える (告訴する)(加害者を)고소하다 [ko:sohada コーソハダ]; (アピールする)(大衆に)호소하다 [hosohada ホソハダ]

うっとうしい (薄暗い)(洞窟の中が)침침하다 [tʃʰimtʃʰimhada チムチムハダ]; (すっきりしない)(天気が)언짢다 [ɔntʃ'antʰa オンッチャンタ]; (煩わしい)(髪がのびて)귀찮다 [kwitʃʰantʰa クィチャンタ]; (憂鬱う つ)(気分が)울적다 [ultʃ'ɔkhada ウルチョクハダ]

うつぶせる (うつぶす)(机に)엎드리다 [ɔpt'wrida オプトゥリダ]; (うつむく)고개숙이다 [kogɛsugida コゲスギダ]; (ふせる)(コップを)엎어놓다 [ɔpʰonotʰa オポノッタ]

うつむく・うつむけ(にな)る 머리[고개](를) 숙이다 [mɔri[kogɛ](rwl) sugida モリ[コゲ](ルル) スギダ]

写る (写真に)찍히다 [tʃ'ikʰida ッチクキダ]; (よく写真に)박히다 [pakʰida パクキダ]

映る (水に月が)비치다 [pitʃʰida ピチダ]; (似合う)(ネクタイがよく)어울리다 [ɔullida オウルリダ]

移る (会社を)옮아가다 [olmagada オルマガダ]; (病気が)옮다 [o:mt'a オームタ]; (変わる)(心が)변하다 [pjɔ:nhada ピョーンハダ]

うつわ (食器・茶碗)그릇 [kwrwt クルッ]; (容器)용기 [joŋgi ヨンギ]

腕 팔 [pʰal パル]; (腕前)솜씨 [somʃ'i ソムッシ]; (技量)기량 [kirjaŋ キリャン]

腕前 솜씨 [somʃ'i ソムッシ]; (技量)기량 [kirjaŋ キリャン]

疎い (疏遠だ)(交際が)소원하다 [sowonhada ソウォンハダ]; (お互いに仲が)사이가 멀다 [saiga mɔ:lda サイガ モールダ]; (世事に)물정에 어둡다 [multʃ'ɔŋe ɔduptʰa ムルチョンエ オドゥプタ]

うどん 우동 [udoŋ ウドン]; 가락국수 [karak'uks'u カラクックス]

ウナギ(鰻) 뱀장어 [pɛ:mdʒaŋɔ ペームジャンオ]; (かば焼き・どんぶり)장어 [tʃaŋɔ チャンオ]

うなずく (そのとおりだと)수긍하다 [sugwŋhada スグンハダ]; (軽く)끄덕이다 [k'wdɔgida ックドギダ]

うなる (苦しくて)끙끙거리다 [k'wŋk'wŋgɔrida ックンックンゴリダ]; (患者が)신음하다 [ʃinwmhada シヌムハダ]; (猛獣が)으르렁거리다 [wrwrɔŋgɔrida ウルロンゴリダ]; (車・風などが)윙윙거리다 [wiŋwiŋgɔrida ウィンウィンゴリダ]

うぬぼれる (自慢する)(名人だと)자만[자랑]하다 [tʃaman[tʃaraŋ]hada チャマン[チャラン]ハダ]; (天才だと)우쭐거리다 [utʃ'ulgɔrida ウッチュルゴリダ]

うね 이랑 [iraŋ イラン]; 밭이랑 [panniraŋ パンニラン]

奪う (財布を)빼앗다 [p'ɛat'a ッペアッタ]; (盗む)(金を)훔치다 [humtʃʰida フムチダ]; (心をとらえる)(心を)끌다 [k'w:lda ックールダ]

ウマ(馬) 말 [mal マル]

うまい (リンゴが)맛있다 [maʃit'a/ma-

うまく (墓に)埋められる[mutʃhida ムッチダ]; (上手だ)(歌が)よくできる[tʃarhada チャルハダ]; (絵が)お上手だ[somʃ'iga tʃɔːtʰa ソムッシガ チョータ]

うまく 잘 [tʃal チャル]

埋まる (墓に)묻히다[mutʃhida ムッチダ]; (道が雪に)파묻히다[pʰamutʃhida パムッチダ]; (空席が)메워지다[mewodʒida メウォジダ]

生まれ -생 [-sɛŋ -セン]; (出生)태어남[tʰɛɔnam テオナム]; (育ち)태생[tʰɛsɛŋ テセン]; (出身)출신[tʃʰulʃ'in チュルシン]; (素性)가문[kamun カムン]; (出生)출생[tʃʰulsʼɛŋ チュルセン]; (十二支の)(年)띠[tʼittʼi ッティ]

生まれつき (先天)선천적으로[sɔntʃʰɔndʒɔɡwro ソンチョンジョグロ]; (天性)천성[tʃʰɔnsɔŋ チョンソン]

生まれつきの 타고난 [tʰaɡonan タゴナン]

生まれる (誕生する)태어나다[tʰɛɔnada テオナダ]; (生じる)(希望が)생기다[sɛŋɡida センギダ]

海 바다 [pada パダ]

膿 (のう)농[noŋ ノン]; 고름[korum コルム]

海辺 해변[hɛːbjɔn ヘービョン]; 바닷가[padatkʼa パダッカ]

生む (男の子を)낳다[natʰa ナッタ]; (動物が子を)치다[tʃʰida チダ]

ウメ(梅) 매화나무[mehwanamu メファナム]; 매실[mɛʃil メシル]

うめく (病人が)신음하다[ʃinumhada シヌムハダ]; (傷の痛みで)끙끙거리다[kʼuŋkʼuŋɡɔrida ックンックンゴリダ]

埋める (骨を)묻다[mutʼa ムッタ]; (胸に顔を)파묻다[pʰamutʼa パムッタ]; (席を)메우다[meuda メウダ]

敬う (恭敬する)(目上の人を)공경하다[koŋɡjɔŋhada コンギョンハダ]; (尊敬する)(師を)존경하다[tʃɔnɡjɔŋhada チョンギョンハダ]

うようよ (ドジョウが)우물우물[umurumul ウムルムル]; (ウジが)우글우글[uɡuruɡul ウグルグル]

裏 (後ろ)(家の)뒤[twi トゥィー]; (裏面)(ディスクの)뒷면[twiːnmjɔn トゥィーンミョン]; (裏地)(すその)안[an アン]; (腹の)속[soːk ソーク]

裏表 (紙の)안팎[anpʰak アンパク]; (裏表のない人)표리[pʰjori ピョリ]

裏返す (靴下を)뒤집다[twidʒiptʼa トゥィジプタ]

裏切る (背信する)(味方を)배신하다[pɛːʃinhada ペーシンハダ]; (背反する)(友達を)배반하다[pɛːbanhada ペーバンハダ]

占う (運勢を)점치다[tʃɔmtʃhida チョムチダ]

裏話 (演劇界の)숨은 이야기[sumun nijaɡi スムン ニヤギ]; (秘話)(外交)비화[piːhwa ピーファ]

恨み (怨望원)원망[wɔːnmaŋ ウォーンマン]; (怨恨원한)원한[wɔːnhan ウォーンハン]; (晴らす)한[haːn ハーン]

恨む (怨望원하다)(他人を)원망하다[wɔːnmaŋhada ウォーンマンハダ]; (怨恨원을)(抱く)원한을 품다[wɔːnhanul pʰuːmtʼa ウォーンハヌル プームタ]

憾む (遺憾に思う)(その点について)유감으로 여기다[juɡamuro jɔɡida ユガムロ ヨギダ]; (後悔する)(軽率を)후회하다[huːhwehada フーフェハダ]

うらやましい (友達が)부럽다[purɔptʼa プロプタ]; (彼の成功が)샘이 나다[sɛːmi nada セーミ ナダ]

うらやむ (友人の合格を)부러워하다[purɔwɔhada プロウォハダ]; (羨望선망する・うらやましく思う)선망하다[sɔːnmaŋhada ソーンマンハダ]

売り切れる (在庫品が)다 팔리다[taː pʰallida ターパルリダ]; (チケットが売り切れ)매진되다[mɛːdʒindweda メージンドゥェダ]

売り込む (品物を)팔다[pʰalda パルダ]; (売り渡す)(機密を)팔아 넘기다[pʰara nɔmɡida パラ ノムギダ]

売り場 파는 곳[pʰanun kot パヌン コッ]; 매장[mɛːdʒaŋ メージャン]

売る (安く)팔다[pʰalda パルダ]

潤す (のどを)축이다[tʃʰuɡida チュギダ]; (家計を)윤택하게 하다[juntʰɛkʰaɡe hada ユーンテクカゲ ハダ]

うるさい (やかましい)(ピアノが)시끄럽다[ʃikʼwrɔptʼa シックロプタ]; (わずらわしい)(長い髪が)귀찮다[kwitʃhantʰa クィチャンタ]; (問題が)까다롭다[kʼadaroptʼa ッカダロプタ]; (煩雑だ)(仕事が)번거롭다[pɔnɡɔroptʼa ポンゴロプタ]; (子供たちが)성가시다[sɔŋɡaʃida ソンガシダ]

憂い (地震の)우려[urjɔ ウリョ]; (愁心)(沈む)수심[suʃim スシム]; (悩み)(前途の)근심[kwnʃim クンシム]

うれしい (合格に)기쁘다[kipʼuda キップダ]; (会えて)반갑다[panɡaptʼa パンガプタ]

売れる (よく)팔리다 [pʰallida パルリダ]
うろうろする (町中を)서성거리다 [sosʌŋgʌrida ソソンゴリダ]; (熊などが)어슬렁거리다 [ɔsɯllʌŋgʌrida オスルロンゴリダ]
うろこ (魚の)비늘 [pinɯl ピヌル]
うろたえる (秘密がばれて)허둥거리다 [hʌduŋgʌrida ホドゥンゴリダ]; (突然の客に)당황해 하다 [taŋhwaŋhɛ hada タンファンヘ ハダ]
浮気する (夫の出張中に)바람피우다 [parampʰiuda パラムピウダ]
噂 소문 [so:mun ソームン]; (風聞・風説)풍문 [pʰuŋmun プンムン]
上回る (出産率が死亡率を)상회하다 [sa:ŋhwehada サーンフェハダ]; (予想を)웃돌다 [ut'olda ウットルダ]
運 (縁起)재수 [tʃɛsu チェス]; 운 [u:n ウーン]; (運勢)팔자 [pʰaltʃ'a パルチャ]; (星回り)운수 [u:nsu ウーンス]
うんざりする (お説教で)지겹다 [tʃigjʌpt'a チギョプタ]; (見ただけでも)싫증나다 [ʃiltʃ'ɯŋnada シルチュンナダ]; (雨雨で)지긋지긋하다 [tʃigɯptʃ'igɯtʰada チグッチグッタダ]; (長電話で)넌더리나다 [nʌndʌrinada ノンドリナダ]
運勢 운수 [u:nsu ウーンス]; 운세 [u:nse ウーンセ]
運送 운송 [u:nsoŋ ウーンソン]
運賃 운임 [u:nim ウーニム]
運転 운전 [u:ndʒʌn ウーンジョン]
運転手 운전수 [u:ndʒʌnsu ウーンジョンス]; 운전 기사 [u:ndʒʌn gisa ウーンジョン ギサ]
運動 운동 [u:ndoŋ ウーンドン]
運命 운명 [u:nmjʌŋ ウーンミョン]

え

柄 (ほうきの)자루 [tʃaru チャル]; (傘の)손잡이 [sondʒabi ソンジャビ]
絵 그림 [kɯ:rim クーリム]
エアメール 에어 메일 [ɛʌ meil エオ メイル]; (航空郵便)항공 우편 [ha:ŋgoŋ upʰjʌn ハーンゴン ウピョン]
えい (かけ声) 얏 [jat ヤッ]
永遠の 영원한 [jʌ:ŋwʌnhan ヨーンウォンハン]
映画 영화 [jʌŋhwa ヨンファ]
映画館 영화관 [jʌŋhwagwan ヨンファグァン]; (劇場)극장 [kɯktʃ'aŋ ククチャン]
栄華 영화 [jʌŋhwa ヨンファ]
永久に (永遠に)영원히 [jʌ:ŋwʌni ヨーンウォニ]; 영구히 [jʌ:ŋgui ヨーングイ]
影響 영향 [jʌ:ŋhjaŋ ヨーンヒャン]
営業 영업 [jʌŋʌp ヨンオプ]
英語 영어 [jʌŋʌ ヨンオ]
栄光 영광 [jʌŋgwaŋ ヨングァン]
英国 영국 [jʌŋguk ヨングク]「ュクォン]
永住権 영주권 [jʌ:ŋdʒuk'wʌn ヨーンジ
衛生 위생 [wisɛŋ ウィセン]
衛星 위성 [wisʌŋ ウィソン]
映像 영상 [jʌŋsaŋ ヨンサン]「ク]
英文学 영문학 [jʌŋmunhak ヨンムンハ
英文法 영문법 [jʌŋmunp'ʌp ヨンムンポブ]
英雄 영웅 [jʌŋuŋ ヨンウン]
栄誉 영예 [jʌŋe ヨンエ]; (名誉)명예 [mjʌŋe ミョンエ]
栄養 영양 [jʌŋjaŋ ヨンヤン]
ええ (返事)예 [je イェ]; 네 [ne ネ]
笑顔 웃는 얼굴 [u:nnɯn ʌlgul ウーンヌ ノルグル]
描く (人物を)그리다 [kɯ:rida クーリダ]; (描写する) (風景を)묘사하다 [mjo:sahada ミョーサハダ]
駅 역 [jʌk ヨク]
液体 액체 [ektʃʰe エクチェ]
えくぼ 보조개 [podʒogɛ ポジョゲ]
えぐる (くりぬく) (傷口を)도려내다 [torjʌnɛda トリョネダ]; (心を痛める) (胸を)에다 [e:da エーダ]
エゴイスト 에고이스트 [egoisɯtʰɯ エゴイストゥ]
エコノミー 이코노미 [ikʰonomi イコノミ]「ケ]
エゴマ (荏胡麻) 들깨 [tɯlk'e トゥル
餌 (動物の)먹이 [mʌgi モギ]; (鳥の)모이 [moi モイ]; (魚釣りの)미끼 [mik'i ミッキ]
エジプト 이집트 [idʒiptʰɯ イジプトゥ]
会釈 (軽くお辞儀をすること)가벼운 인사 [kabjʌun ninsa カビョウン ニンサ]
エスカレーター 에스컬레이터 [esɯ-kʰʌlleitʌ エスコルレイト]
えせ (似而非)사이비 [saibi サイビ]「イオピア]
枝 가지 [kadʒi カジ]
エチオピア 에티오피아 [etʰiopʰia エテ
エチケット 에티켓 [etʰikʰet エティケッ]; (礼節・礼儀)예절 [jedʒʌl イェジョル]
エッセー 에세이 [esei エセイ]
閲覧室 열람실 [jʌllamʃil ヨルラムシル]
えと(干支) 간지 [kandʒi カンジ]; (十二支の年) (生まれ)띠 [t'i ッティ]
エネルギー 에너지 [enʌdʒi エノジ]

絵の具 그림 물감[kɯːrim mulkʼam クーリム ムルカム]

絵葉書 그림 엽서[kɯːrim njɔpsʼɔ クーリム ニョプソ]

エビ(蝦) 새우[sɛu セウ]　　　　「ン」

エプロン 에이프런[eipʰɯrɔn エイプロン]

えへん(咳払いの声) 어험[ɔhɔm オホム]

絵本 그림책[kɯːrimtʃʰɛk クーリムチェク]

獲物 잡은 것[tʃabɯn kɔt チャブン コッ]; (狩猟の対象としての) 사냥감[sanjaŋkʼam サニャンカム]

偉い(偉大だ)(人物)위대하다[widɛhada ウィデハダ]; (立派だ)(人)훌륭하다[hulljuŋhada フルリュンハダ]; (すばらしい)(母)장하다[tʃaŋhada チャンハダ]; (奇特だ)(行ない)기특하다[kitʰukhada キトゥクカダ]; (高い)(地位が)높다[nopt'a ノプタ]

選ぶ(品を)고르다[korɯda コルダ]; (選び抜く)(選手を)뽑다[pʼopt'a ッポプタ]; (日を)택하다[tʰɛkʰada テカダ]; (選択する)(ドイツ語を)선택하다[sɔːntʰɛkʰada ソーンテクカダ]; (選り分ける)(不良品を)가리다[karida カリダ]

襟(シャツの)깃[kit キッ]; (正す)옷깃[otkʼit オッキッ]

エリート 엘리트[ellitʰɯ エルリトゥ]

選り分ける(不良品を)골라내다[koːllanɛda コールラネダ]

得る(資格を)얻다[ɔt'a オッタ]; (権力を)잡다[tʃapt'a チャプタ]; (許可を)받다[pat'a パッタ]; (志を)이루다[iruda イルダ]; (意を)깨닫다[kʼɛdat'a ッケダッタ]　　「リゴントゥ」

エレガント 엘리건트[elligɔntʰɯ エルリゴントゥ]

エレクトロニクス 엘렉트로닉스[ellektʰɯroniksʼɯ エルレクトゥロニクス], 일렉트로닉스[illektʰɯroniksʼɯ イルレクトゥロニクス]

エレベーター 엘리베이터[ellibeitʰɔ エルリベイトッ]; (昇降機)승강기[sɯŋgaŋgi スンガンギ]

円 원[wɔn ウォン]; (丸い輪・句点)동그라미[toŋgɯrami トングラミ]

縁(巡り合わせ)(不思議な)연[jɔn ヨン]; (仏教の因縁)(前世での)인연[injɔn イニョン]; (夫婦の)(良縁)연분[jɔnbun ヨンブン]

円貨 엔화[enhwa エンファ]

宴会 연회[jɔːnhwe ヨーンフェ]; (祝宴)잔치[tʃantʃʰi チャンチ]

円滑だ(仲が)원활하다[wɔnhwarhada ウォンファルハダ]　　　　「ル」

縁側 툇마루[tʰweːnmaru トゥェーンマル]

沿岸 연안[jɔnan ヨナン]

延期 연기[jɔngi ヨンギ]

演技 연기[jɔːngi ヨーンギ]

縁起が悪い 재수(가) 나쁘다[없다][tʃɛsu(ga) napʼɯda[ɔːpt'a] チェス(ガ) ナップダ[オープタ]]; (不吉だ)(縁起の悪い知らせ)불길하다[pulgirhada プルギルハダ]

園芸 원예[wɔne ウォネ]

演芸 연예[jɔːne ヨーネ]

演劇 연극[jɔːngɯk ヨーングク]

演習 연습[jɔːnsɯp ヨーンスプ]

円熟 원숙[wɔnsuk ウォンスク]

援助 원조[wɔːndʒo ウォーンジョ]

演じる(主役を)맡다[matʼa マッタ]; (失策を)저지르다[tʃɔdʒirɯda チョジルダ]

エンジン 엔진[endʒin エンジン]

演説 연설[jɔːnsɔl ヨーンソル]

演奏 연주[jɔːndʒu ヨーンジュ]

遠足 소풍[sopʰuŋ ソプン]

延長 연장[jɔːndʒaŋ ヨーンジャン]

煙突 굴뚝[kultʼuk クルットゥク]

鉛筆 연필[jɔnpʰil ヨンピル]

円満だ 원만하다[wɔnmanhada ウォンマンハダ]

遠慮する(丁重に断わる)(出席を)사양하다[sajaŋhada サヤンハダ]; (控える)(タバコを)삼가다[samgada サムガダ]

お

尾 꼬리[kʼori ッコリ]

老い(忘れる)늙음[nulgɯm ヌルグム]; (老齢)(身)노령[noːrjɔŋ ノーリョン]

甥 조카[tʃokʰa チョカ]; (男から姉妹の息子)생질[sɛŋdʒil センジル]; (男から姉妹の娘)생질녀[sɛŋdʒiljɔ センジルリョ]

おい 어이[ɔi オイ]; 이봐[ibwa イブァ]

追いかける(犯人を)쫓아가다[tʃʼotʃʰagada ッチョチャガダ]; (流行を)뒤쫓다[twitʃʼotʼa トゥィーッチョッタ]

追い越し禁止 추월금지[tʃʰuwɔlgɯːmdʒi チュウォルグームジ]

追い越す(車・先輩を)앞지르다[aptʃʼirɯda アプチルダ]; (前の車を)추월하다[tʃʰuwɔrhada チュウォルハダ]

おいしい 맛있다[maʃitʼa/maditʼa マシ

追い出す (野菜畑からニワトリを)내쫓다[nɛ:tʃ'ot'a ネーッチョッタ]; (追い払う)(部屋から)쫓아내다[tʃ'otʃʰanɛdaッチョチャネダ]

生い立つ (成長する)(子供が)성장하다[sɔŋdʒaŋhada ソンジャンハダ]; (若い芽が)자라나다[tʃaranada チャラナダ]

追いつく (稼ぐに追いつく貧乏なし)따라잡다[t'aradʒapt'a ッタラジャプタ]; (先発隊に)따라붙다[t'arabut'a ッタラブッタ]

於いて (その点に)…-에 있어서[-e is'ɔsɔ -エ イッソソ]; (学校に)…-에서[-esɔ -エソ]

おいでになる (学校へ)가시다[kaʃida カシダ]; (こちらに)오시다[oʃida オシダ]; (いらっしゃる)(教室に)계시다[ke:ʃida ケーシダ]; (部屋から)나오시다[naoʃida ナオシダ]; (出かける)(外へ)나가시다[nagaʃida ナガシダ]

負い目 (負担)(感じる)부담[pu:dam プーダム]; (借り)(償う)빚[pit ピッ]

老いる (年)늙다[nukt'a ヌクタ]

王 (君主)임금[i:mgum イームグム]; (国王)왕[waŋ ワン]

追う (追いかける)(泥棒を)쫓다[tʃ'ot'a ッチョッタ]; (従う)(先例を)따르다[t'aruda ッタルダ]

負う (背負う)(赤ん坊を)업다[ɔpt'a オプタ]; (しょいこむ)(責任を)지다[tʃida チダ]; (こうむる)(傷を)입다[ipt'a イプタ]; (担ぐ)(荷物を)짊어지다[tʃilmɔdʒida チルモジダ]

応援 (母校チームの)응원[ɯ:ŋwɔn ウーンウォン]; (援助)(友人の)도움[toumトウム]

扇 쥘부채[tʃwi:lbutʃʰɛ チュィールブチェ]

欧州 구주[kudʒu クジュ]; (ヨーロッパ)유럽[ju:rɔp ユーロプ]

応ずる (注文に)응하다[ɯ:ŋhada ウーンハダ]; (承諾する)(事後)승낙하다[sɯŋnakʰada スンナクカダ]; (答える)(質問に)대답하다[tɛ:dapʰada テーダプハダ] 「シル]

応接室 응접실[ɯ:ŋdʒɔpʃ'il ウーンジョプ

応対 응대[ɯ:ŋdɛ ウーンデ]

横断歩道 횡단 보도[hweŋdan bo:do フェンダン ボード]

往復 왕복[wa:ŋbok ワーンボク]

欧米 구미[kumi クミ]

応募 응모[ɯ:ŋmo ウーンモ]

応用問題 응용 문제[ɯ:ŋjoŋ mu:ndʒe ウーンヨン ムーンジェ]

往来 (車の)왕래[wa:ŋnɛ ワーンネ]; (交際の)내왕[nɛ:waŋ ネーワン]

終える (大学を)마치다[matʃʰida マチダ]; (仕事を)끝내다[k'ɯnnɛda ックンネダ]

大雨 큰 비[kʰɯn bi クン ビ]; (豪雨)(注意報)호우[hou ホウ]

覆い 덮개[tɔpk'ɛ トプケ]; 씌우개[ʃ'iugɛ ッシウゲ]

多い (問題が)많다[ma:ntʰa マーンタ]

大いに (喜ぶ)크게[kʰɯge クゲ]; (食べる)많이[ma:ni マーニ]; (惜しむ)아주[adʒu アジュ]

覆う (荷物を)덮다[tɔpt'a トプタ]; (ぬれぎぬを)씌우다[ʃ'iuda ッシウダ]

大方 (大半)(出席した人の)태반[tʰɛ-ban テバン]; (大部分)(聴衆の)대부분[tɛ:bubun テーブブン]; (おそらく)(そうだろう)아마[ama アマ]; (大体)(完成した)대체로[tɛ:tʃʰero テーチェロ]

オオカミ (狼) 이리[iri イリ]; 늑대[nɯ:kt'e ヌークテ]

大きい (背丈が)크다[kʰɯ da クダ]; (多い)(年をとる)많다[ma:ntʰa マーンタ]

大きさ 크기[kʰɯgi クギ]

大きな (音)큰[kʰɯn クン]; (非常に大きい)(希望)커다란[kʰɔ:daran コーダラン]

大きに (とても)(寒い)매우[mɛu メウ]; (非常に)(重大な事件)대단히[tɛ:dani テーダニ]; (とても)(暑い)몹시[mo:pʃ'i モープシ]

多く (人々)많은[ma:nɯn マーヌン]; (大方)(初心者は)대개[tɛ:gɛ テーゲ]; (大体)(失敗する)대체로[tɛ:tʃʰero テーチェロ]; (秋に行われる)흔히[hɯni フニ]

オーケストラ 오케스트라[o:kʰesɯ-tʰɯra オーケストゥラ]

オーストラリア 오스트레일리아[o-sɯtʰɯreillia オストゥレイルリア]; (豪州)호주[hodʒu ホジュ]

大勢 여러 [많은] 사람[jɔrɔ[ma:nɯn] saram ヨロ[マーヌン] サラム]

大通り 큰 길[kʰɯn kil クン キル]; 한길[hangil ハンギル] 「イ]

オートバイ 오토바이[o:tʰobai オートバ

大幅に (増やす)대폭으로[tɛ:pʰogɯro テーポグロ]

オーブン (天火) 오븐 [obɯn オブン]

オープン 오픈 [o:pʰun オープン]

大晦日 섣달 그믐 [sɔt'al gɯmɯm ソータル グムム]

大昔 먼 옛날 [mɔːn jenal モーン イェンナル]

大物 (釣り上げる)대짜 [tɛːt'ʃ'a テーッチャ]; (大立て物)(財界の)거물 [kɔːmul コームル]

おおやけ (公的)(発言) 공적 [kontʃ'ok コンチョク]; (公共)(施設) 공공 [koŋgoŋ コンゴン]; (国家)(財産) 국가 [kuk'a クッカ]

おおよそ (大概) 대개 [tɛːgɛ テーゲ]; (大略) 대략 [tɛːrjak テーリャク]; (大綱・大概) 대강 [tɛːgaŋ テーガン]; (おおまかに)대충 [tɛtʃʰuŋ テチュン]; (およそ) 무릇 [murɯt ムルッ]

丘 언덕 [ɔndɔk オンドク]; (丘陵)구릉 [kurɯŋ クルン]

お母さん 어머니 [ɔmɔni オモニ]

お返し (答礼)답례(품) [tamne(pʰum) タムネ(プム)]

おかげ (君の)덕택 [tɔkt'ʰɛk トクテク]; (勉強した)덕분 [tɔkp'un トクプン]; (努力した)때문 [t'ɛmun ッテムン]

おかしい (面白い)(話)우습다 [uːsɯpt'a ウースプタ]; (疑わしい)(素振りが)수상하다 [susaŋhada ススアンハダ]; (変だ)(体の具合が)이상하다 [iːsaŋhada イーサンハダ]

犯す (罪を)범하다 [pɔːmhada ポームハダ]

侵す (侵犯する)(国境を)침범하다 [tʃʰimbɔmhada チムボムハダ]; (侵害する)(人権を)침해하다 [tʃʰimhɛhada チムヘハダ]

おかず 반찬 [pantʃʰan パンチャン]

お上さん (女主人)안주인 [antʃ'uin アンチュイン]; (女房)마누라 [maːnura マーヌラ]; (妻)처 [tʃʰɔ チョ]

拝む (拝礼する)(神前に)배례하다 [pɛːrehada ペーレハダ]; (ひれ伏して)절하다 [tʃʰɔrhada チョルハダ]

小川 시내 [ʃiːnɛ シーネ]; 개울 [kɛul ケウル]

沖 앞바다 [ap'ada アプパダ]; 난바다 [nanbada ナンバダ]

⋯おき(に) (5分)⋯간격 [-gaŋjɔk -ガンギョク]; (1日)⋯걸러 [-gɔllɔ -ゴルロ]; (2メートル)⋯마다 [-mada -マダ]

補う (学費の足しに)보태다 [potʰɛda ポテダ]; (埋めあわせる)(赤字を)메우다 [meuda メウダ]; (補充する)(不足を)보충하다 [poːtʃʰuŋhada ポーチュンハダ]; (損害を)벌충하다 [pɔltʃʰuŋhada ポルチュンハダ]

お客さん 손님 [sonnim ソンニム]

起きる (朝早く)일어나다 [irɔnada イロナダ]; (立ち上がる)(椅子から)일어서다 [irɔsɔda イロソダ]; (起こる)(風が)일다 [iːlda イールダ]; (生じる)(事故が)생기다 [sɛŋgida センギタ]; (覚める)(眠りから)깨다 [k'ɛːda ッケーダ]

奥 (山の)속 [soːk ソーク]; (のどの)안 [an アン]

億 億 억 [ɔk オク]

置く (わきに)두다 [tuda トゥダ]; (本を机に)놓다 [notʰa ノッタ]

奥さん (夫人)부인 [puin プイン]; (恩師・目上の)사모님 [samonim サモニム]; (おばさん)(隣の)아주머니 [adʒumɔni アジュモニ]

贈り物 선물 [sɔːnmul ソーンムル]

送る (荷物を)보내다 [ponɛda ポネダ]; (手紙を)부치다 [putʃʰida プチダ]

贈る (人形を)선물하다 [sɔːnmurhada ソーンムルハダ]; (時計を)선사하다 [sɔːnsahada ソーンサハダ]

おくれる (知能が)뒤떨어지다 [twiːt'ɔrɔdʒida トゥィートロジダ]; (歩くのがおそくて)처지다 [tʃʰɔːdʒida チョージダ]; (学校に)늦다 [nɯt'a ヌッタ]; (電車が)늦어지다 [nɯdʒɔdʒida ヌジョジダ]; (開発が)뒤지다 [twiːdʒida トゥィージダ]

臆病者 겁쟁이 [kɔptʃ'ɛŋi コプチェンイ]

桶 통 [tʰoŋ トン]

於ける (家庭に)⋯에 있어서의 [-e isːɔːsɛɛ -エ イッソソエ]; (話す場合に)⋯에 경우의 [-e kjɔŋue -エ キョンウエ]

お焦げ 누룽지 [nurɯŋdʒi ヌルンジ]

起こす (体を)일으키다 [irɯkʰida イルキダ]; (立てる)(背を)세우다 [seuda セウダ]; (寝た子を)깨우다 [k'ɛuda ッケウダ]

怠る (勉強を)게을리하다 [kɛɯllihada ケウルリハダ]

行ない (行為)행위 [hɛŋwi ヘンウィ]; (行動)행동 [hɛŋdoŋ ヘンドン]

行なう (する)(研究を)하다 [hada ハダ]; (実施する)(調査を)실시하다 [ʃilʃʰihada シルシハダ]; (挙行する)(式を)거행하다 [kɔːhɛŋhada コーヘンハダ]; (なす)(会議を)행하다 [hɛŋhada

行なわれる (運動会が)행해지다 [hɛŋhɛdʑida ヘンヘジダ]; (実施される)(調査が)실시되다 [ʃilʃi'idweda シルシドゥェダ]; (挙行される)(式が)거행되다 [kɔːhɛŋdweda コーヘンドゥェダ]

怒る 화내다 [hwaːnɛda ファーネダ]; 성내다 [sɔːŋnɛda ソーンネダ]; 노하다 [noːhada ノーハダ]

起こる (事件が)일어나다 [irɔnada イロナダ]; (発生する)(偶発的に)발생하다 [palsˈɛŋhada パルセンハダ]; (疑いが)생기다 [sɛŋgida センギダ]; (生じる)(風が)일다 [iːlda イールダ]; (突然起こる)(戦争が)터지다 [thɔːdʑida トージダ]

おごる 한턱 내다 [hantʰɔŋ nɛda ハントン ネダ]; (買ってやる[くれる])사주다 [sadʑuda サジュダ]

おさえつける (頭を)누르다 [nurɯda ヌルダ]; (鎮圧する・鎮める)(暴動を)진압하다 [tʃiːnapʰada チーナプハダ]

おさえる (石で)누르다 [nurɯda ヌルダ]; (相手を)억누르다 [ɔŋnurɯda オンヌルダ]

幼い (子供)어리다 [ɔrida オリダ]; (幼稚だ)(考え方が)유치하다 [jutʃhihada ユチハダ]

収まる (収拾がつく)(争いが)수습되다 [susɯpt'weda ススプトゥェダ]; (鎮まる)(騒ぎが)가라앉다 [karaantˈa カラアンタ]

収める (金を金庫に)넣다 [nɔːtʰa ノーッタ]; (会費を)받다 [patˈa パッタ]; (勝利を)거두다 [kɔduda コドゥダ]

治める (国を)다스리다 [tasɯrida タスリダ]; (収拾する)(紛争を)수습하다 [susɯpʰada ススパダ]

納める (税金を)바치다 [patʃhida パチダ]; (納入する)(電気料を)납입하다 [nabipʰada ナビプハダ]

修める (学を)닦다 [takt'a タクタ]; (修養する)(精神を)수양하다 [sujaŋhada スヤンハダ]

おじ (父の長兄)큰아버지 [kʰɯnabɔdʑi クナボジ]; (父の弟)작은아버지 [tʃagɯnabɔdʑi チャグナボジ]; (父方のおじ)삼촌 [samtʃʰon サムチョン]; (母方のおじ)외삼촌 [weːsamtʃʰon ウェーサムチョン]

惜しい (命が)아깝다 [akˈapt'a アッカプタ]; (名残惜しい)(別れが)아쉽다 [aʃwiptˈa アシュィプタ]; (退学すると)섭섭하다 [sɔpsˈɔpʰada ソプソプタ]

おじいさん (父方の祖父)할아버지 [harabɔdʑi ハラボジ]; (母方の祖父)외할아버지 [weːharabɔdʑi ウェーハラボジ]

押入れ 붙박이장 [putpˈagidʑaŋ プッパギジャン]; 벽장 [pjɔktʃˈaŋ ピョクチャン]

教え子 (弟子)제자 [tʃeːdʑa チェージャ]

教える (英語を)가르치다 [karɯtʃhida カルチダ]; (教えてやる)(家を)일러주다 [illɔdʑuda イルロジュダ]

おじぎ 절 [tʃˈɔl チョル]; (あいさつ)인사 [insa インサ]

怖じける (怖がる)겁먹다 [kɔmmɔktˈa コムモクタ]; (恐れる)두려워하다 [turjɔwɔhada トゥリョウォハダ]

おじさん 아저씨 [adʑɔtsˈi アジョッシ]

押し出し (野球・相撲で)밀어내기 [mirɔnɛgi ミロネギ]

押し出す (溶岩が)치솟다 [tʃhisotˈa チソッタ]; (歯磨きを)짜내다 [tʃˈanɛda ッチャネダ]; (土俵の外へ)밀어내다 [mirɔnɛda ミロネダ]

押しつける (壁に)밀어붙이다 [mirɔbutʃhida ミロブチダ]; (いやな仕事を)떠맡기다 [tˈɔmatkˈida ットマッキダ]

おしっこ 오줌 [odʑum オジュム]

推し量る (推測する)추측하다 [tʃhutˈhɯkʰada チュチュクカダ]; (推量する)(相手の胸中を)헤아리다 [hearida ヘアリダ]; (彼女の意向を)짐작하다 [tʃimdʑakhada チムジャクカダ]

おしまい (終わり)끝 [kˈut ックッ]; (けり・終わり)끝장 [kˈutʃˈaŋ ックッチャン]; (最後・終わり)마지막 [madʑimak マジマク]

惜しむ (友の死を)아까워하다 [akˈawɔhada アッカウォハダ]; (別れを)아쉬워하다 [aʃwiwɔhada アシュィウォハダ]; (時間を)아끼다 [akˈida アッキダ]

おしゃべり 수다 [suːda スーダ]; (人)수다쟁이 [suːdadʑɛŋi スーダジェンイ]

おしゃれ (化粧・おめかし)치장 [tʃhidʑaŋ チジャン]; (おしゃれすること)멋부림 [mɔtpˈurim モップリム]; (人)멋쟁이 [mɔtʃˈɛŋi モッチェンイ]

お嬢さん (娘さん)아가씨 [agaʃˈi アガッシ]; (令嬢)(お宅の)따님 [tˈanim ッタニム]

お食事 진지 [tʃiːndʒi チーンジ]
雄 수 [su ス]; 수컷 [sukʰot スコッ]
押す (車を) 밀다 [milda ミールダ]; (ベルを) 누르다 [nuruda ヌルダ]; (判を) 찍다 [tʃikt'a ッチクタ]
お世辞 (おべっか) (上役に) 아첨 [atʃʰom アチョム]; (甘い空世辞) 발림말 [pallimmal パルリムマル]
汚染 오염 [oːjom オーヨム]
遅い (帰りが) 늦다 [nwt'a ヌッタ]; (仕事が) 더디다 [todida トディダ]; (足が) 느리다 [nurida ヌリダ]
襲う (波が) 덮치다 [toptʃʰida トプチダ]; (襲撃する) (敵を) 습격하다 [swpk'jokʰada スプキョクカダ]; (台風が) 휩쓸다 [hwips'ulda フィプスルダ]
おそらく (多分) (来ないだろう) 아마 [ama アマ]; (きっと) (許すまい) 어쩌면 [otʃ'omjon オッチョミョン]
恐れる (蛇を) 무서워하다 [musowohada ムソウォハダ]; (死を) 두려워하다 [turjowohada トゥリョウォハダ]; (訓育主任を) 겁내다 [komnɛda コムネダ]
恐ろしい (鬼が) 무섭다 [musopt'a ムソプタ]; (暗い所が) 두렵다 [turjopt'a トゥリョプタ]
お互い 서로 [soro ソロ]; (相互間) 상호간 [saŋhogan サンホガン]; (相方) 피차 [pʰiːtʃʰa ピーチャ]
お宅 댁 [tɛk テク]
穏やかだ (温和だ) 온화하다 [onhwahada オンファハダ]
陥る (穴に) 빠지다 [p'aːdʒida ッパージダ]; (陥落する・落ちる) (城が) 함락되다 [haːmnakt'weda ハームナクトウェダ]
落ち着いている (沈着だ) 침착하다 [tʃʰimtʃʰakʰada チムチャクカダ]
落ち着く (気分が) 가라앉다 [karaant'a カラアンタ]; (安定する) (物価が) 안정되다 [andʒoŋdweda アンジョンドウェダ]
落ち葉 낙엽 [nagjop ナギョプ]
お茶 차 [tʃʰa チャ]
落ちる (木から) 떨어지다 [t'oroːdʒida ットロジダ]; (川に) 빠지다 [p'aːdʒida ッパージダ]
お使い 심부름 [ʃiːmburum シームブルム]
おっしゃる 말씀하시다 [maːls'wmhaʃida マールッスムハシダ]
夫 남편 [nampʰjon ナムピョン]
お通夜 밤샘 [pamsɛm パムセム]
お釣り (釣り銭) 거스름돈 [kosurumt'on コスルムトン]
音 소리 [sori ソリ]
お父さん 아버지 [abodʒi アボジ]
弟 남동생 [namdoŋsɛŋ ナムドンセン]; (弟・妹) 동생 [toŋsɛŋ トンセン]
脅かす (威嚇する) (ピストルで) 위협하다 [wihjopʰada ウィヒョプハダ]; (脅迫する) (殺すぞと) 협박하다 [hjopʼakʰada ヒョプパクカダ]
おとぎ話 (昔話) 옛날 이야기 [jeːnnal lijagi イェーンナル リヤギ]; (童話) 동화 [toːŋhwa トーンファ]
男 (男子) 남자 [namdʒa ナムジャ]; (一人前の) 사나이 [sanai サナイ]
男の子 사내아이 [sanɛai サネアイ]
男前 (風格がある男) 남자다운 풍채 [namdʒadaun pʰuŋtʃʰɛ ナムジャダウン プンチェ]; (すてきな男) 멋쟁이 남자 [motʃ'ɛŋi namdʒa モッチェンイ ナムジャ]
男らしい 남자답다 [namdʒadapt'a ナムジャダプタ]; 사내답다 [sanɛdapt'a サネダプタ]
音沙汰 (消息) 소식 [soʃik ソシク]; (便り) 기별 [kibjol キビョル]
お年 연세 [jonse ヨンセ]; 囲년세 [njonse ニョンセ]
陥れる (窮地に) 빠뜨리다 [p'aːt'wrida ッパートゥリダ]; (落とし穴に) 빠지게 하다 [p'aːdʒige hada ッパージゲ ハダ]
落とす (涙を) 떨어뜨리다 [t'orot'wrida ットロットゥリダ]; (名薄から名前を) 빠뜨리다 [p'aːt'wrida ッパートゥリダ]
脅す (威嚇する) 위협하다 [wihjopʰada ウィヒョプハダ]; (脅迫する) 협박하다 [hjop'akʰada ヒョプパクカダ]
訪れる (訪問する) 방문하다 [paːnmunhada パーンムンハダ]; (会いに行く) (旧友に) 찾아가다 [tʃʰadʒagada チャジャガダ]; (訪れて来る) (友達が) 찾아오다 [tʃʰadʒaoda チャジャオダ]
おととい 그저께 [kwdʒokʼe クジョッケ]
おととし (一昨年) 재작년 [tʃɛːdʒaŋnjon チェージャンニョン]; 그러께 [kwrokʼe クロッケ]
おとな 어른 [oːrum オールン]; (成人) 성인 [soŋin ソンイン]
おとなしい (お宅のお嬢さんは) 얌전하다 [jamdʒonhada ヤムジョンハダ]; (うちの子供は) 순하다 [suːnhada スーンハダ]; (気品がある) (あの人は) 점잖다 [tʃ'oːmdʒantʰa チョームジャンタ]

踊り (舞)춤 [tʃʰum チュㇺ]; (舞踊)무용 [muːjoŋ ムーヨン]

劣る (品質が)뒤떨어지다 [twiːtʼɔrɔdʑida トゥィートロジダ]

踊る (舞を舞う)춤(을) 추다 [tʃʰum(ɯl) tʃʰuda チュㇺ(チュムㇽ) チュダ]

躍る (飛び跳ねる)(馬が)뛰어오르다 [tʼwiɔrɯda ットゥィオㇽダ]; (わくわくする)(胸が)설레다 [sɔlleda ソㇽレダ]

衰える (衰弱する)(健康が)쇠약해지다 [swejakʰedʑida スェヤクケジダ]; (衰退する)(工業が)쇠퇴하다 [swetʰwehada スェトゥェハダ]; (弱まる)(台風が)약해지다 [jakʰedʑida ヤクヘジダ]

驚く (びっくりする)(急のことで)놀라다 [noːllada ノーㇽラダ]; (驚愕ぎょうする)(急死の報に)경악하다 [kjɔŋakʰada キョンアクカダ]

おなか 배 [pɛ ペ]

同じだ (見本と)같다 [katʼa カッタ]; (今も昔も)마찬가지다 [matʃʰangadʑida マチャンガジダ]; (同様だ)(兄弟と)다름없다 [tarɯmɔpʼta タルモㇷ゚タ]

おなじみ (親しい間柄)친한 사이 [tʃʰinhan sai チンハン サイ]

おなら 방귀 [paːŋgwi パーングィ]

鬼 (鬼神)귀신 [kwiːɕin クィーシン]; (お化け)도깨비 [tokʼɛbi トッケビ] 「パㇷ゚]

おにぎり 주먹밥 [tʃumɔkpʼap チュモク

おのおの 각각 [kakʼak カッカㇰ]

自ずから (ひとりでに)(頭が下がる)저절로 [tʃɔdʑɔllo チョジョㇽロ]; (自然に)(病気が治る)자연히 [tʃajɔnçi チャヨニ]

おば (父の長兄の妻)(큰어머니 [kʰɯnɔmɔni クノモニ]; (父の弟の妻)작은어머니 [tʃagɯnɔmɔni チャグノモニ]; (母の姉妹)이모 [imo イモ]; (父の姉妹)고모 [komo コモ]; (隣の)아주머니 [adʑumɔni アジュモニ]

おばあさん (父の母)할머니 [halmɔni ハㇽモニ]; (母の母)외할머니 [weːhalmɔni ウェーハㇽモニ]

お化け 도깨비 [tokʼɛbi トッケビ]; (鬼神)귀신 [kwiːɕin クィーシン]; (幽霊)유령 [jurjoŋ ユリョン]

おばさん (隣の)아주머니 [adʑumɔni アジュモニ]; (親しく呼ぶ語)아줌마 [adʑumma アジュンマ]

おはようございます (ゆっくりお休みになりましたか)안녕히 주무셨습니까? [annjɔŋi tʃumuɕʼɔsʼɯmnikʼa アンニョ

ンイ チュムショッスㇺニッカ]; 안녕하십니까? [annjɔŋhaɕimnikʼa アンニョンハシㇺニッカ]

帯 띠 [tʼi ッティ]; (ベルト・腰帯)허리띠 [hɔritʼi ホリッティ]

覚える (暗記する)(九九の段を)외우다 [weuda ウェウダ]; (記憶する)(はっきり)기억하다 [kiɔkhada キオクカダ]; (感じる)(悲みを)느끼다 [nɯkʼida ヌッキダ]

溺れる (水に)빠지다 [pʼaːdʑida ッパージダ]; (溺死で する)(海で)익사하다 [iksʼahada イクサハダ]

お前 (対等・目下の)너 [nɔ ノ]; (目下の)(君)자네 [tʃane チャネ]

おまけ 덤 [tɔːm トーㇺ]; (景品)경품 [kjɔːŋpʰum キョーンプㇺ]

おみやげ (贈り物・プレゼント)선물 [sɔːnmul ソーンムㇽ]

おむつ 기저귀 [kidʑɔgwi キジョグィ]

おめでたい 경사스럽다 [kjɔːŋsasɯrɔpʼa キョーンサスロプタ]

おめでとうございます (お祝い申し上げます)(お誕生日)축하합니다 [tʃʰukʰahamnida チュクカハㇺニダ]

お目にかかる 뵙다 [pweːpʼta プェープタ]; ⟨만나다「会う」の謙譲形⟩만나뵙다 [mannabwepʼta マンナブェㇷ゚タ]

思い (考え・追想・感じ)생각 [sɛŋgak センガㇰ]; (気分)기분 [kibun キブン]; (感じ)(こわい)느낌 [nɯkʼim ヌッキㇺ]; (追想)(楽しい)마음 [maɯm マウㇺ]; (願い)(達する)뜻 [tʼut ットゥッ]

重い (荷物が)무겁다 [mugɔpʼa ムゴプタ]; (のろい)(動作が)느리다 [nɯrida ヌリダ]; (重要だ)(事が)중요하다 [tʃuːŋjohada チューンヨハダ]

思い出させる 상기시키다 [saːŋgiɕikʰida サーンギシキダ]

思い出す (用事を)생각나다 [sɛŋgaŋnada センガンナダ]; (想起する)(若いころを)상기하다 [saːŋgihada サーンギハダ]

思い出 (追想)(幼いころの)추억 [tʃʰuɔk チュオㇰ]; (回想)(学生時代の)회상 [hwesaŋ フェサン]

思いどおりに (仕事がいかない)제대로 [tʃedɛro チェデロ]; (事が進む)생각대로 [sɛŋgakʼtʼɛro センガㇰテロ]; (ならない)마음대로 [maɯmdɛro マウㇺデロ]

思う (悪く)생각하다 [sɛŋgakʰada センガクカダ]; (不満に)여기다 [jɔgida ヨ

思う存分 (飲んだ)실컷[jilkʰɔt シルコッ]; (食べた)마음껏[maɯmk'ɔt マウムッコッ]

面影 모습[mosɯp モスプ]

重苦しい (息苦しい)(胸が)답답하다[tapt'apʰada タプタプハダ]; (腹具合が)갑갑하다[kapk'apʰada カプカプハダ]

重さ 무게[muge ムゲ]; (重量)중량[tʃuːŋnjaŋ チューンニャン]

面白い (この小説は)재미있다[tʃɛmiit'a チェミイッタ]; (パーティーは)흥겹다[hɯːŋgjɔpt'a フーンギョプタ]; (おかしい)(話)우습다[uːsupt'a ウースプタ]

おもちゃ 장난감[tʃaŋnank'am チャンナンカム]; (玩具)완구[wangu ワーング]

表 (紙の)겉[kɔt コッ]; (家の)바깥쪽[pak'atʃ'ok パッカッチョク]; (感情の)겉면[kɔnmjɔn コンミョン]; (野球の)초[tʃʰo チョ]

主に 주로[tʃuro チュロ]

趣 (ある景色の)멋[mɔt モッ]; (情趣)(深山の)정취[tʃɔŋtʃʰwi チョンチュイ]

赴く (任地へ)가다[kada カダ]; (東京へ)향하다[hjaːŋhada ヒャーンハダ]

思わず (無意識に・知らず)(笑い出す)나도 모르게[nado morɯge ナドモルゲ]; (うっかり)(悲鳴をあげる)엉겁결에[ɔŋgɔpk'jɔre オンゴプキョレ]

親 (父母)부모[pumo プモ]; (父と母)어버이[ɔbɔi オボイ]

親子 (父母と子供)부모와 자식[pumowa tʃaʃik プモワ チャシク]

おやすみなさい 안녕히 주무십시오[annjɔŋi tʃumuʃipʃ'io アンニョンイ チュムシプシオ]

おやつ (間食)간식[kaːnʃik カーンシク]

親分 (頭目)두목[tumok トゥモク]; (かしら)우두머리[udumɔri ウドゥモリ]

親指 (手の)엄지 손가락[ɔmdʒi sonk'arak オムジ ソンカラク]; (足の)엄지 발가락[ɔmdʒi balk'arak オムジ パルカラク]

泳ぐ 헤엄치다[heɔmtʃʰida ヘオムチダ]

およそ (大概)대개[tɛːgɛ テーゲ]; (大体)대체[tɛːtʃʰe テーチェ]

及び 및[mit ミッ]; 과[gwa グァ]; 와[wa ワ]

及ぶ (いたる)(会議は深夜に)이르다[irɯda イルダ]; (ゆきわたる)(被害が全国に)미치다[mitʃʰida ミチダ]

及ぼす (効果を)미치다[mitʃʰida ミチダ]; (迷惑を)끼치다[k'itʃʰida ッキチダ]

オランダ 네덜란드[nedɔllandɯ ネドルランドゥ]; (和蘭)화란[hwaran ファラン]

折 (時)(おついでの)때[t'ɛːtʈe]; (時期)(草木の茂る)시기[ʃigi シギ]; (機会)(またとない)기회[kihwe キフェ]; (季節)(寒さの)계절[keːdʒɔl ケージョル]

おりる (幕が)내리다[nɛrida ネリダ]; (放棄する)(勝負を)포기하다[pʰoːgihada ポーギハダ]; (山から)내려오다[nɛrjɔoda ネリョオダ]

オリンピック 올림픽[ollimpʰik オルリムピク]

折る (紙を)접다[tʃɔpt'a チョプタ]; (木の枝を)꺾다[k'ɔkt'a ッコクタ]; (足の骨を)부러뜨리다[purɔt'ɯrida プロットゥリダ]; (腰を)굽히다[kupʰida クピダ]; (指を)꼽다[k'opt'a ッコプタ]

織る (布を)짜다[tʃ'ada ッチャダ]

居る (家に)있다[it'a イッタ]

俺 나[na ナ]; 내[nɛ ネ]

お礼 (謝礼)(行く)사례[saːre サーレ]; (お礼を申し上げること)감사의 인사[kaːmsae insa カームサェ インサ]

折れる (枝が)부러지다[purɔdʒida プロジダ]; (道が)꺾어지다[k'ɔk'ɔdʒida ッココジダ]; (妥協する)(相手が)타협하다[tʰahjɔpʰada タヒョプハダ]; (我が折れる)꺾이다[k'ɔk'ida ッコッキダ]

愚かだ 어리석다[ɔrisɔkt'a オリソクタ]

卸売り 도매[tomɛ トメ]

下ろす (幕を)내리다[nɛrida ネリダ]; (乗客を)내려 놓다[nɛrjɔ notʰa ネリョ ノッタ]; (貨物を)부리다[purida プリダ]

終わり (いちばん終わり)끝[k'ɯt ックッ]; (最後)마지막[madʒimak マジマク]; (終末)(告げる)종말[tʃoŋmal チョンマル]; (おしまい)(すべてのことが)끝장[k'ɯtʃ'aŋ ックッチャン]

終わる (掛け声だけに)그치다[kɯtʃʰida クチダ]; (仕事が終わる)끝나다[k'ɯnnada ックンナダ]; (すむ)다하다[taːhada ターハダ]; (学校は3時に)마치다[matʃʰida マチダ]

恩 은혜[ɯnhe ウンヘ]

恩返し 은혜 갚음[ɯnhe gapʰɯm ウンヘ ガプム]; (報恩)보은[poːɯn ポーウン]

音楽 음악[ɯmak ウマク]

温厚だ (紳士)온후하다[onhuhada オ

温室 onsil オンシル
恩人 은인 [unin ウニン]
音声 음성 [umsɔŋ ウムソン]
温泉 온천 [ontʃʰɔn オンチョン]
音痴 음치 [umtʃʰi ウムチ]
温度 온도 [ondo オンド]
オンドリ 수탉 [sutʰak スタク]
オンドル(温突) 온돌 [ondol オンドル]
女 여자 [jɔdʒa ヨジャ]; 囲 녀자 [njɔdʒa ニョジャ]
女の子 여자 아이 [jɔdʒa ai ヨジャ アイ]; (蔑視ﾃﾞ・親しい言葉で)(娘) 계집애 [ke:dʒibɛ ケージベ]
おんぶ 어부바 [ɔbuba オブバ]
おんぶする 업다 [ɔptʰa オプタ]
温和だ 온화하다 [onhwahada オンファハダ]

か

カ(蚊) 모기 [mo:gi モーギ]
科 과 [kwa クァ]
課 과 [kwa クァ]
…-か (疑問) (行こうか) …-ㄹ까? [-lk'a -ルッカ]; (病気のせいか) …-ㄴ지 [-ndʒi -ンジ]
ガ(蛾) 나방 [nabaŋ ナバン] 「ｲ」
…-が (犬が)…-가 [-ga -ガ]; (山が)…-이 [-i -イ]
母ちゃん 엄마 [ɔmma オムマ]
カーテン 커튼 [kʰɔ:tʰɯn コートゥン]
カード 카드 [kʰa:du カードゥ]
会 (集まり)(催す)모임 [moim モイム]; (会合)(忘年)회 [hwe フェ]; (団体)(結成する)단체 [tantʃʰe タンチェ]
甲斐が (苦労した)보람 [poram ポラム]
貝 조개 [tʃogɛ チョゲ]
…-回 (何) …-번 [-bɔn -ボン]; (9回表) …-회 [-hwe -フェ]
…-階 (3階建て) …-층 [-tʃʰɯŋ -チュン]
害 해 [hɛ-]
…-外 (予想) …-외 [-we -ウェ]
害悪 해악 [hɛ:ak ヘーアク]
会員 회원 [hwe:wɔn フェーウォン]
開会式 개회식 [kɛhweʃik ケフェシク]
改革 개혁 [kɛ:hjɔk ケーヒョク]
海岸 해안 [hɛ:an ヘーアン]; (海辺) 바닷가 [padak'a パダッカ]
会議 회의 [hwe:i フェーイ]
階級 계급 [kegɯp ケグプ]
買い切り 매절 [mɛ:dʒɔl メージョル]
海軍 해군 [hɛ:gun ヘーグン]

会計 회계 [hwe:ge フェーゲ]
解決 해결 [hɛ:gjɔl ヘーギョル]
カイコ(蚕) 누에 [nue ヌエ]
解雇 해고 [hɛ:go ヘーゴ]
外交 외교 [we:gjo ウェーギョ]
外国 외국 [we:guk ウェーグク]
外国語 외국어 [we:gugɔ ウェーグゴ]; 외국말 [we:gunmal ウェーグンマル]
外国人 외국인 [we:gugin ウェーグキン]; 외국 사람 [we:guk s'aram ウェーグク サラム]
開催 개최 [kɛtʃʰwe ケチュェ]
解散 해산 [hɛ:san ヘーサン]
開始 개시 [kɛʃi ケシ]; (始め・始まり) 시작 [ʃi:dʒak シージャク]
外資 외자 [we:dʒa ウェージャ]
買い占め 매점 [mɛ:dʒɔm メージョム]; 사재기 [sadʒɛgi サジェギ]
会社 회사 [hwe:sa フェーサ]
解釈 해석 [hɛ:sɔk ヘーソク]
外出 외출 [we:tʃʰul ウェーチュル]
会場 회장 [hwe:dʒaŋ フェージャン]
外食 외식 [we:ʃik ウェーシク]
外食する 외식하다 [we:ʃikhada ウェーシクカダ]; 사먹다 [samɔkt'a サモクタ]
害する (健康を) 해치다 [hɛ:tʃʰida ヘーチダ]; (人の感情を) 상하게 하다 [saŋhage hada サンハゲ ハダ]
解説 해설 [hɛ:sɔl ヘーソル]
会談 회담 [hwe:dam フェーダム]
階段 계단 [kedan ケダン]
会長 회장 [hwe:dʒaŋ フェージャン]
回転 회전 [hwedʒɔn フェジョン]
ガイド 가이드 [gaidɯ ガイドゥ]
回答 회답 [hwedap フェダプ]
解答 해답 [hɛ:dap ヘーダプ]
街道 가도 [ka:do カード]
街頭 가두 [ka:du カードゥ]
該当 해당 [hɛdaŋ ヘダン]
概念 개념 [kɛ:njɔm ケーニョム]
開発 개발 [kɛbal ケバル]
会費 회비 [hwe:bi フェービ]
回復 회복 [hwebok フェボク]
介抱 병구완 [pjɔ:ŋguwan ビョーングワン]; (看護) 간호 [kanho カンホ]
解放 해방 [hɛ:baŋ ヘーバン]
買物 쇼핑 [ʃopʰiŋ ショピン]; 물건사기 [mulgɔnsagi ムルゴンサギ]; (市場に行って買物すること) 장보기 [tʃaŋbogi チャンボギ]
外来語 외래어 [we:rɛɔ ウェーレオ]
街路樹 가로수 [karosu カロス]

会話　회화 [hwe:hwa フェーファ]
買う　(本を)사다 [sada サダ]
飼う　(犬を)기르다 [kiruda キルダ]; (家畜・蚕を)치다 [tɕʰida チダ]
帰す　(子供を家に)돌려보내다 [tolljoboneda トゥルリョボネダ]; (学生を家に) 돌아가게 하다 [toragage hada トラガゲ ハダ]
返す　(借金を)갚다 [kapt'a カプタ]; (本を)돌려주다 [tolljodʑuda トゥルリョジュダ]
かえって　(損をした)오히려 [ohirjo オヒリョ]; (むしろ)(あきらめるほうがいい)차라리 [tɕʰarari チャラリ]; (遅くなった)도리어 [torio トリオ]
省みる　(わが身を)돌이켜 보다 [torikʰjoboda トリキョボダ]; (反省する)(過去の過ちを)반성하다 [pa:nsoŋhada パーンソンハダ]
顧みる　(歴史を)뒤돌아보다 [twi:doraboda トゥィードラボダ]; (家族を)돌보다 [to:lboda トールボダ]; (振り返る)(学生時代を)돌이키다 [torikʰida トリキダ]
カエル (蛙)　개구리 [kɛguri ケグリ]
返る　(もとに)되돌아가다 [twedoragada トゥェドラガダ]; (正気に)되돌아오다 [twedoraoda トゥェドラオダ]
帰る　(家に)돌아가다 [toragada トラガダ]; (実家に)돌아오다 [toraoda トラオダ]; (帰って行く)(職場で家に)들어가다 [turogada トゥロガダ]; (帰って来る)(外出先から家に)들어오다 [turooda トゥロオダ]
代える, 替える　(手形を現金に)바꾸다 [pak'uda パックダ]; (部品を)갈다 [kalda カルダ]
変える　(顔色を)바꾸다 [pak'uda パックダ]; (席を)옮기다 [omgida オムギダ]; (変更する)(期日を)변경하다 [pjo:ngjoŋ hada ピョーンギョンハダ]
顔　얼굴 [olgul オルグル]; (面)낯 [nat ナッ]
顔色　안색 [ansɛk アンセク]; 얼굴빛 [olgulp'it オルグルピッ]
香り　(花の)향기 [hjaŋgi ヒャンギ]; (いい) 향내 [hjaŋnɛ ヒャンネ]
画家　화가 [hwa:ga ファーガ]
抱える　(赤ん坊を)안다 [a:nt'a アーンタ]; (包みを)껴안다 [k'joant'a ッキョアンタ]; (借金を)떠맡다 [t'omatʰa トマッタ]; (大勢の家族を)거느리다 [konurida コヌリダ]

価格　(値段)(販売)가격 [kagjok カギョク]; (値)(呼び)값 [kap カプ]
化学　화학 [hwa:hak ファーハク]
科学　과학 [kwahak クァハク]
かかし　허수아비 [hosuabi ホスアビ]
かかと　발꿈치 [palk'umtɕʰi パルックムチ]
鏡　거울 [koul コウル]
かがむ　(体を)굽히다 [kupʰida クピダ]
かがめる　(身を)굽히다 [kupʰida クピダ]; (膝を)구부리다 [kuburida クブリダ]
輝く　(朝日が)빛나다 [pinnada ピンナダ]; (きらめく)(星が)반짝이다 [pantɕ'agida パンッチャギダ]
係　(担当)(図書の)담당 [tamdaŋ タムダン]; (案内)계 [ke ケ]
かかる　(月が中天に)걸리다 [kollida コルリダ]; (かける)(タオルを肩に)걸치다 [ko:ltɕʰida コールチダ]; (お金が)들다 [tulda トゥルダ]; (鍵が)잠기다 [tɕamgida チャムギダ]
罹る　(病気に)걸리다 [kollida コルリダ]; (ひく・なる)(風邪を)들다 [tulda トゥルダ]
かかわる　(関係する)(生命に)관계되다 [kwangedweda クァンゲドゥェダ]; (関連する)(時間に)관련되다 [kwalljondweda クァンリョンドゥェダ]
カキ (柿)　감 [ka:m カーム]
カキ (牡蠣)　굴 [kul クル]
垣　(울타리 [ultʰari ウルタリ]; (塀)(土)담 [tam タム]
鍵　열쇠 [jo:ls'we ヨールスェ]
書き下ろす　(小説を)새로 쓰다 [sɛro s'uda セロッスダ]
書留　등기 [tuŋgi トゥンギ]
書き取り　받아 쓰기 [pada s'ɯgi パダッスギ]
垣根　(囲い・垣根)울타리 [ultʰari ウルタリ]; (塀・垣)(石)담 [tam タム]
かき回す　(ひしゃくで汁鍋などを)휘젓다 [hwidʑot'a フィジョッタ]; (スプーンでコーヒーを)젓다 [tɕo:t'a チョーッタ]
(...する)限り　(力のある)...는 한 [-nɯn han -ヌン ハン]; (限りのない)끝 [k'ut ックッ]
限りない　(母の愛情)끝없다 [k'ɯdopt'a ックドプタ]; (悲しみ)한없다 [ha:nopt'a ハーノプタ]
限る　(希望者は女性に)한하다 [ha:nhada ハーンハダ]; (限定する)(人数を)한정하다 [ha:ndʑoŋhada ハーンジョンハ

核 (家族) 핵 [hɛk ヘク]; (核心)(人物) 핵심 [hɛkʃ'im ヘクシム]

格 (身分の) 격 [kjɔk キョク]; (格式) 격식 [kjɔkʃ'ik キョクシク]

欠く (礼儀を) 없다 [ɔ:pt'a オープタ]; (不足する)(判断力を) 부족하다 [pudʒokʰada プジョクカダ]; (理性を) 결하다 [kjɔrhada キョルハダ]

書く (字を) 쓰다 [s'ɯda ッスダ]; (日記を) 적다 [tʃɔkt'a チョクタ]

搔く (頭を) 긁다 [kɯkt'a ククタ]; (ひっかく)(顔を) 할퀴다 [halkʰwida ハルクィダ]

嗅ぐ (においを) 맡다 [mat'a マッタ]

学位 학위 [hagwi ハグィ]

核家族 핵가족 [hɛk'adʒok ヘクカジョク]

格言 격언 [kjɔgɔn キョゴン]

覚悟 각오 [kago カゴ]

各自 각자 [kaktʃ'a カクチャ]

確実だ (当選は) 확실하다 [hwakʃ'irhada ファクシルハダ]

学者 학자 [haktʃ'a ハクチャ]

学習 학습 [haks'ɯp ハクスプ]

革新 혁신 [hjɔkʃ'in ヒョクシン]

核心 핵심 [hɛkʃ'im ヘクシム]

確信 확신 [hwakʃ'in ファクシン]

隠す (年を) 숨기다 [sumgida スムギダ]; (鍵を) 감추다 [kamtʃʰuda カムチュダ]

学生 학생 [haks'ɛŋ ハクセン]

拡大 확대 [hwakt'ɛ ファクテ]

各地 각지 [kaktʃ'i カクチ]

拡張 확장 [hwaktʃ'aŋ ファクチャン]

確定 확정 [hwaktʃ'ɔŋ ファクチョン]

カクテギ (キムチの) 깍두기 [k'akt'ugi ッカクトゥギ]

カクテル 칵테일 [kʰaktʰeil カクテイル]

獲得 획득 [hwekt'ɯk フェクトゥク]

確認 확인 [hwagin ファギン]

学年 학년 [haŋnjɔn ハンニョン]

革命 혁명 [hjɔŋmjɔŋ ヒョンミョン]

学問 학문 [haŋmun ハンムン]

確立 확립 [hwaŋnip ファンニプ]

確率 확률 [hwaŋnjul ファンニュル]

学力 학력 [haŋnjɔk ハンニョク]

学歴 학력 [haŋnjɔk ハンニョク]

隠れる 숨다 [su:mt'a スームタ]

かくれんぼう 숨바꼭질 [sumbak'oktʃ'il スムバッコクチル]

賭け 내기 [nɛgi ネギ]

陰 (木の) 그늘 [kɯnɯl クヌル]; (戸の) 뒤 [twi: トゥィー]

影 (人) 그림자 [kɯrimdʒa クリムジャ]; (姿)(鏡にうつった) 모습 [mosɯp モスプ]; (星) 빛 [pit ピッ]

崖 낭떠러지 [naŋt'ɔrɔdʒi ナンットロジ]; (絶壁) 절벽 [tʃɔlbjɔk チョルビョク]

駆け足 달음박질 [tarɯmbaktʃ'il タルムバクチル]; 달리기 [talligi タルリギ]

家系 가계 [kage カゲ]

家系図 족보 [tʃokp'o チョクポ]

掛け算 곱셈 [kops'ɛm コプセム]; 곱하기 [kopʰagi コパギ]

…か月 …개월 [-gɛwɔl -ゲウォル]

掛け値 에누리 [enuri エヌリ]

駆け引き (政治的の) 흥정 [hɯŋdʒɔŋ フンジョン]; (交渉)(事前) 교섭 [kjosɔp キョソプ]

掛け布団 이불 [ibul イブル]

かけら (紙) 조각 [tʃogak チョガク]; (破片)(ガラスの) 파편 [pʰapʰjɔn パーピョン]

欠ける (メンバーが) 빠지다 [p'a:dʒida ッパージダ]; (足りない)(方角が) 모자라다 [mo:dʒarada モージャラダ]; (月が) 이지러지다 [idʒirɔdʒida イジロジダ]

掛ける (帽子を) 걸다 [kɔ:lda コールダ]; (はしごを) 걸치다 [kɔ:ltʃʰida コールチダ]; (数を) 곱하다 [k'opʰada コパダ]; (費用を) 들이다 [tɯrida トゥリダ]; (鍵を) 잠그다 [tʃamgɯda チャムグダ]; (迷惑を) 끼치다 [k'itʃʰida ッキチダ]

賭ける (ビールを) 내기하다 [nɛgihada ネギハダ]; (競馬に金を) 걸다 [kɔ:lda コールダ]

駆ける (道を) 달리다 [tallida タルリダ]; (運動場を) 뛰다 [t'wida ットゥィダ]

陰る (日が) 그늘지다 [kɯnɯldʒida クヌルジダ]; (表情が) 흐려지다 [hɯrjɔdʒida フリョジダ]

かげろう 아지랑이 [adʒiraŋi アジラン「イ」

加減 (スピードの) 조절 [tʃodʒɔl チョジョル]; (乗除) 가감 [kagam カガム]; (ほろ酔い) …한 듯함 […-han dutʰam …ハン ドゥッタム]; (具合・状態)(湯) 정도 [tʃɔŋdo チョンド]

過去 과거 [kwa:gɔ クァーゴ]

籠 바구니 [paguni パグニ]

囲い (塀・垣)(石) 담장 [tamdʒaŋ タムジャン]; (垣) 울타리 [ultʰari ウルタリ]

囲む (垣根で) 둘러싸다 [tullɔs'ada トゥルロッサダ]; (包囲する)(敵を) 포위하다 [pʰo:wihada ポーウィハダ]; (城

過言ではない 과언이 아니다 [kwa:ni anida クァーオニ アニダ]

傘 (雨) 우산 [u:san ウーサン]; (日) 양산 [jaŋsan ヤンサン]

かさかさ (音が) 바삭바삭 [pasakp'asak パサクパサク]; (手が荒れて) 거칠거칠 [kotʃhilgotʃhil コチルゴチル]

風車 풍차 [phuntʃha プンチャ]; 바람개비 [paramgɛbi パラムゲビ]

カササギ (鵲) 까치 [ka:tʃhi ッカーチ]

重なる (仕事が) 겹치다 [kjɔptʃhida キョプチダ]; (ぴったり) 포개지다 [phogɛdʒida ポゲジダ]; (失敗が) 거듭되다 [kɔdupt'weda コドゥプトゥェダ]

重ねる (新聞紙を) 겹치다 [kjɔptʃhida キョプチダ]; (布団を) 포개다 [phogɛda ポゲダ]; (積む) (本を) 쌓다 [s'atha ッサッタ]; (積み重ねる) (れんがを) 쌓아올리다 [s'aaollida ッサアオルリダ]; (繰り返す) (年を) 거듭하다 [kɔduphada コドゥプハダ]

かさばる (荷物が) 부피가 커지다 [puphiga khɔdʒida プピガ コジダ]; (膨れる) (気球が) 부풀다 [puphulda ププルダ]

飾り (装飾) (造花の) 장식 [tʃaŋʃik チャンシク]; (見せかけ) 겉치레 [kotʃhire コッチレ]; (虚飾) 허식 [hɔʃik ホシク]

飾る (華やかに) 꾸미다 [k'umida ックミダ]; (おめかしをする) (身なりを) 치장하다 [tʃhidʒaŋhada チジャンハダ]; (装飾する) (花で) 장식하다 [tʃaŋʃikhada チャンシクダ]

火山 화산 [hwasan ファサン]

菓子 과자 [kwadʒa クァジャ]

火事 불 [pul プル]; (火災) 화재 [hwa:dʒɛ ファージェ]

家事 (家の中の仕事) 집안일 [tʃibannil チバンニル]; (家事) 가사 [kasa カサ]

賢い (賢明だ) (判断) 현명하다 [hjɔnmjɔŋhada ヒョンミョンハダ]; (しっかりしている) (言動が) 똑똑하다 [t'okt'okhada ットクトクハダ]; (善良だ) (性格が) 어질다 [ɔdʒilda オジルダ]; (知恵がある) (要領に) 슬기롭다 [sɯlgiropt'a スルギロプタ]; (怜悧だ・利口だ) 영리하다 [jɔŋnihada ヨーンニハダ]

貸し出す (貸してやる) (カメラを) 빌려주다 [pilljɔdʒuda ピルリョジュダ]; (貸し出す) (本を) 대출하다 [tɛ:tʃhurhada テーチュルハダ]

過失 과실 [kwa:ʃil クァーシル]

歌手 가수 [kasu カス]

カジュアル 캐주얼 [khɛdʒuɔl ケジュオル]

箇所 (数) -군데 [-gunde -グンデ]; (2) -개소 [-gɛso -ゲソ]

かしら 우두머리 [udumɔri ウドゥモリ]; (頭) 머리 [mɔri モリ]; (頭目) 두목 [tumok トゥモク]

かじる (パンを) 베물다 [pe:mulda ペームルダ]; (ネズミが) 갉다 [kakt'a カクタ]; (フランス語を) 조금 알다 [tʃogum a:lda チョグム アールダ]

カシワ (柏) 떡갈나무 [t'ɔk'allamu ットッカルラム]

かす (おり) (たまる) 앙금 [aŋgum アングム]; (残り) 찌꺼기 [tʃ'ik'ɔgi ッチッコギ]

貸す (貸してやる) (カメラを) 빌려주다 [pilljɔdʒuda ピルリョジュダ]; (お金を) 꾸어주다 [k'uɔdʒuda ックオジュダ]; (貸してくる・借りる) (本を) 빌리다 [pillida ピルリダ]

数 수 [su: スー]; 수효 [su:hjo スーヒョ]

ガス 가스 [gasɯ ガス]

かすかだ (遠くの船が) 희미하다 [himihada ヒミハダ]; (記憶が) 어렴풋하다 [ɔrjɔmphuthada オリョムプッタダ]

霞 안개 [a:ngɛ アーンゲ]

かすむ (遠くの山が) 흐리다 [hurida フリダ]; (空が) 안개가 끼다 [a:ngɛga k'ida アーンゲガ ッキダ]

風 바람 [param パラム]

風邪 감기 [ka:mgi カームギ]

稼ぐ (学費を) 벌다 [pɔ:lda ポールダ]

数える (数を) 세다 [se:da セーダ]; (日数を) 헤아리다 [hearida ヘアリダ]

家族 (核) 가족 [kadʒok カジョク]; (5人) 식구 [ʃik'u シク]

ガソリン (揮発油) 휘발유 [hwiballju フィバルリュ]; 가솔린 [gasollin ガソルリン]

方 (人の敬称) (お方) 분 [pun プン]; (方向) (南の) 쪽 [tʃ'ok ッチョク]; (北方の窓) 편 [phjɔn ピョン]; (道なき方に) 곳 [kot コッ]

…方 (住所で) (宅) ….댁 [-dɛk -デク]; (たち) …(あなた) -분들 [-bundɯl -ブンドゥル]; (一方) …(父・相手) -쪽・편 [-tʃ'ok・phjɔn -ッチョク・ピョン]; (読み) ….법 [-bɔp -ポプ]

肩 어깨 [ɔk'ɛ オッケ]

型 (石膏등) 틀 [thɯl トゥル]; (鋳) 형

かたい [hjɔŋ ヒョン]; (洋裁)本[pon ポン]; (フォーム) (踊りの)폼[pʰo:m ポーム]; (しきたり)형식[hjɔŋsik ヒョンシク]; (タイプ・パターン)형[hjɔŋ ヒョン]

かたい (意志が)굳다[kut'a クッタ]; (石が)단단하다[tandanhada タンダンハダ]; (表情が)딱딱하다[t'akt'akʰada ッタクタクハダ]; (肉が)질기다[tʃilgida チルギダ]; (堅固だ)(守備が)견고하다[kjəngohada キョンゴハダ]; (強ㅠい)(ご飯が)되다[twe:da トゥェーダ]

……難い (攻めるに)……하기 어렵다[-hagi ɔrjɔpt'a -ハギ オリョプタ]; (いたしかたない)……할 수 없다[-hal s'uɔ:pt'a -ハルス オプタ]

肩書 직함[tʃikʰam チクハム]; (称号)칭호[tʃʰiŋho チンホ]

がたがた (音が)달가닥달가닥[talgadakt'algadak タルガダクタルガダク]

かたき (あだ)원수[wɔ:nsu ウォーンス]; (ライバル)적[tʃɔk チョク]

堅苦しい (雰囲気が)딱딱하다[t'akt'akʰada ッタクタクハダ]; (対話が)거북하다[kɔ:bukʰada コーブクハダ]

形 (姿・格好)(変わった)모양[mojaŋ モヤン]; (様式)형식[hjɔŋsik ヒョンシク]

片づける (洗濯物を)거두다[kɔduda コドゥダ]; (整頓する)(机を)정돈하다[tʃɔ:ŋdonhada チョーンドンハダ]; (整理する)(食器を)정리하다[tʃɔ:ŋnihada チョーンニハダ]; (部屋を)치우다[tʃʰiuda チウダ]; (雪を)치다[tʃʰida チダ]; (布団を)걷어치우다[kɔdɔtʃʰiuda コドチウダ]

刀 칼[kʰal カル]

かたまり 덩어리[tɔŋɔri トンオリ]

固まる 굳어지다[kudɔdʒida クドジダ]

片道 편도[pʰjɔ:ndo ピョーンド]

傾く (船が)기울다[kiulda キウルダ]

傾ける (首を)기울이다[kiurida キウリダ]

固める (地盤を)굳히다[kutʃʰida クチダ]; (土を踏んで)다지다[tadʒida タジダ]

かたよる (重さが一方に)치우치다[tʃʰiutʃʰida チウチダ]; (左に)기울다[kiulda キウルダ]

語る (一様に)말하다[ma:rhada マールハダ]; (心のうちを)이야기하다[ijagihada イヤギハダ]

価値 가치[katʃʰi カチ]; (値)값[kap カプ]; (値打ち)값어치[kabɔtʃʰi カボチ]

かちかち (時計が)재깍재깍[tʃɛk'akt'ʃɛk'ak チェッカクチェッカク]; 똑딱똑딱[t'okt'akt'okt'ak ットクタクトクタク]

家畜 가축[katʃʰuk カチュク]

勝つ (試合に)이기다[igida イギダ]; (勝利する)승리하다[suŋnihada スンニハダ]

……月 ……월[-wɔl -ウォル]

カツオ 가다랭이[kadarɛŋi カダレンイ]

学科 학과[hak'wa ハクァ]

学会 학회[hakʰwe ハクェ]

がっかりする (失望する)(無責任な発言に)실망하다[ʃilmaŋhada シルマンハダ]; (落胆する)(不合格で)낙담하다[nakt'amhada ナクタムハダ]

学期 학기[hak'i ハクキ]

楽器 악기[ak'i アクキ]

学級 학급[hak'up ハクプ]; (組・クラス)반[pan パン]

担ぐ (荷物を)지다[tʃida チダ]; (肩に)메다[me:da メーダ]

括弧 괄호[kwalho クァルホ]; 묶음표[muk'umpʰjo ムクムピョ]

格好 (姿)(すてきな)모습[mosɯp モスプ]; (形)(髪の)모양[mojaŋ モヤン]; (外見)(みっともない)볼품[polpʰum ポルプム]; (さま)(何たる)꼴[k'ol ッコル]

学校 학교[hak'jo ハクキョ]

各国 각국[kak'uk カクク]; (いろいろな)여러 나라[jɔrɔ nara ヨロ ナラ]

合唱 합창[haptʃʰaŋ ハプチャン]

かつて (もと)(作家だった)일찍이[iltʃʰigi イルッチギ]; (以前)(見た映画だ)전에[tʃɔne チョネ]

勝手に 마음대로[maɯmdɛro マウムデロ]; 멋대로[mɔt'ɛro モッテロ]

活動 활동[hwalt'oŋ ファルトン]

活発だ (動作が)활발하다[hwalbarhada ファルバルハダ]

カップル 커플[kʰɔpʰul コプル]; (2人[2つ]ずつ)(夫婦)쌍쌍[s'aŋs'aŋ ッサンッサン]

活躍 활약[hwarjak ファリャク]

活用 활용[hwarjoŋ ファリョン]

かつら 가발[ka:bal カーバル]

糧 (糧食)양식[jaŋsik ヤンシク]; (食糧)식량[ʃiŋnjaŋ シンニャン]

仮定 가정[ka:dʒɔŋ カージョン]

過程 과정[kwa:dʒɔŋ クァージョン]

家庭 가정[kadʒɔŋ カジョン]; (家内)집안[tʃiban チバン]

角 (柱の)모서리[mosɔri モソリ]; (曲

蚊取り線香 모기향 [moːgihaŋ モーギヒャン]
家内(妻) 집사람 [tʃipsʼaram チプサラム]
叶なう (願いが)이루어지다 [iruːdɛɟida イルオジダ]
適なう (理に)맞다 [matʼa マッタ]; (目的に)들어맞다 [turɔmatʼa トゥロマッタ]
敵なう (彼にかなう者) 미치다 [mitʃhida ミチダ]; (彼にかなうこと) 할 수 있다 [hal sʼu itʼa ハル ッス イッタ]
悲しい (非常に)슬프다 [sɯlpʰuda スルプダ]; (うら悲しい)(虫の音が)구슬프다 [kusɯlpʰuda クスルプダ]; (恨めしい)(冷遇を受けて)서럽다 [sɔːrɔptʼa ソーロプタ]
悲しむ (死を)슬퍼하다 [sɯːlpʰɔhada スルポハダ]; (子を失って)서러워하다 [sɔːrɔwɔhada ソーロウォハダ]
かなづち 쇠망치 [swemaŋtʃhi スェマンチ]; (泳げない人) 맥주병 [mɛktʃuːpʼjɔŋ メクチュピョン]
必ず (約束したことは)반드시 [pandɯɕi パンドゥシ]; (きっと)(来る) 꼭 [kʼokʼ ッコッ]
かなり (暑い) 제법 [tʃebɔp チェボプ]; (面白い)꽤 [kʼwɛ ックェ]; (難しい) 상당히 [saŋdaŋi サンダンイ]
カニ(蟹) 게 [keː ケー]
加入 가입 [kaip カイプ]
金 (わずかの)돈 [toːn トーン]; (鉄)(たらい) 쇠 [swe スェ]; (金属)(食器)금속 [kɯmsok クムソク]
鐘 종 [tʃoŋ チョン]
金持ち 부자 [puːdʒa プージャ]
兼ねる (監督がコーチを)겸하다 [kjɔmhada キョムハダ]; (その値段では買い)…하기 어렵다 [-hagi ɔrjɔptʼa -ハギ オリョプタ]
可能だ (実行)가능하다 [kaːnɯŋhada カーヌンハダ]
彼女 그 여자 [kɯ jɔdʒa ク ヨジャ]; 그녀 [kɯnjɔ クニョ]
カバー 커버 [kʰɔbɔ コボ]; (覆い) 씌우개 [sʼiugɛ ッシウゲ]「カームッサダ」
かばう (弱い者を)감싸다 [kaːmsʼada カバン 가방 [kabaŋ カバン]
かび 곰팡이 [koːmpʰaŋi コームパンイ]
花瓶 꽃병 [kʼotpʼjɔŋ ッコッピョン]; 화병 [hwabjɔŋ ファビョン]
株 (草木の)그루 [kɯru クル]; (ハクサイの)포기 [pʰogi ポギ]; (株券の)주

[tʃu チュ] 「シク クェーサ」
株式会社 주식 회사 [tʃuɕikhweːsa チュ
かぶせる (カバーを)씌우다 [sʼiuda ッシウダ]; (土を)덮다 [tɔptʼa トプタ]
カプセル 캡슐 [kʰɛpʃul ケプシュル]
かぶる (帽子を)쓰다 [sʼɯda ッスダ]; (波を)뒤집어 쓰다 [twidʒibɔsʼɯda トゥィジボッスダ]
壁 벽 [pjɔk ピョク]
貨幣 화폐 [hwaːpʰe ファーペ]
カボチャ 호박 [hoːbak ホーバク]
釜 (電気の飯)솥 [sot ソッ]
窯 (陶器)가마 [kama カマ]
構う (かまうな)(人のことに) 상관마라 [saŋgwanmara サングァンマラ]; (かまいません)(入っても)괜찮다 [kwɛntʃʰantʰa クェンチャンタ]; (おかまいなく)(どうぞ염려 마시고 [jɔːmnjɔmaɕigo ヨームニョマシゴ]
構える (家を)마련하다 [marjɔnhada マリョンハダ]; (一家を)꾸미다 [kʼumida ックミダ]; (店を)차리다 [tʰarida チャリダ]; (平気に態度を取る다 [tʰɛːdorul tʃʰwiːhada テードルル チュィーハダ]; (銃を)겨누다 [kjɔnuda キョヌダ]
かまど 부뚜막 [putʼumak プットゥマク]
構わない (入っても)괜찮다 [kwɛntʃʰantʰa クェンチャンタ]
我慢する (1日酒を)참다 [tʃʰaːmtʼa チャームタ]; (痛さを)견디다 [kjɔndida キョンディダ]
神 (唯一絶対の)신 [ɕin シン]; (全知全能の)하느님 [hanɯ nim ハヌニム]; (プロテスタントの)하나님 [hananim ハナニム]
紙 종이 [tʃoŋi チョンイ]
髪 머리 [mɔri モリ]; (髪の毛)머리카락 [mɔrikʰarak モリカラク] 「トン」
紙くずかご 휴지통 [hjudʒithoŋ ヒュジトン]
かみそり 면도칼 [mjɔːndokʰal ミョーンドカル]; 면도기 [mjɔːndogi ミョーンドギ]
雷 벼락 [pjɔrak ピョラク]; 천둥 [tʃʰɔndun チョンドゥン]
ガム (チューインガムの)껌 [kʼɔm ッコム]
カムフラージュ 카무플라주 [kʰamupʰulladʒu カムプルラジュ]; 캄플라지 [kʰampʰulladʒi カムプルラジ]
かむ (かみつく)(犬が人を)물다 [mulda ムルダ]; (かみくだく)(食物をよく)씹다 [ʃʼiptʼa ッシプタ]

カメ(亀) 거북 [kɔbuk コブク]
カメラ 카메라 [kʰamera カメラ]; (写真機)사진기 [sadʒingi サジンギ]
仮面 가면 [ka:mjɔn カーミョン]; (面)탈 [tʰa:l タール]
仮面劇 탈춤 [tʰa:ltʃʰum タールチュム]
カモ(鴨) 오리 [ori オリ]
かも知れない (あすは雨になる)‥‥지도 모른다 [‥‥dʒido morunda ‥‥ジド モルンダ]
醸す (酒を)빚다 [pit'a ピッタ]; (醸造する)(酒・しょう油などを)양조하다 [jaŋdʒohada ヤンジョハダ]
カモメ(鴎) 갈매기 [kalmɛgi カルメギ]
がやがや (騒ぐ)와글와글 [wagɯrwagɯl ワグルァグル]; 와자그르 [wak͈ɯ'agɯrɯ ワクチャグル]
粥ゆ 죽 [tʃuk チュク]
かゆい (背中が)가렵다 [karjɔpt'a カリョプタ]
通う (学校に)다니다 [tanida タニダ]; (往来する)(激しく)내왕하다 [nɛ:waŋhada ネーワンハダ]
火曜日 화요일 [hwa:joil ファーヨイル] 화요일날 [hwa:joillal ファーヨイルラル]
殻 (豆の)깍지 [k'aktʃ'i ッカクチ]; (卵の)껍질 [k'ɔptʃ'il ッコプチル]
空から(からっぽ)(コップが)빔 [pi:m ピーム]; (車)빈 [pi:n ピーン]
‥‥から (より)(学校)‥‥에서 [-esɔ -エソ]; (に・より)(友達)‥‥에게서 [-egesɔ -エゲソ]; (あと)‥‥서 [-sɔ -ソ]; (より)(1時)‥‥부터 [-butʰɔ -ブト]; (会社)‥‥에서부터 [-esɔbutʰɔ -エソブト]; (先生)‥‥한테서 [-hantʰesɔ -ハンテソ]
柄 (模様)(花)무늬 [muni ムニ]; (体つき)(大きい)몸집 [momtʃ'ip モムチプ]; (体格)(小さい)체격 [tʃʰegjɔk チェギョク]; (品位)품위 [pʰu:mwi プームィ]
辛い (キムチが)맵다 [mɛpt'a メプタ]; (塩辛い)(味が)짜다 [tʃ'ada ッチャダ]
からかう (嘲弄する)(人を)조롱하다 [tʃoroŋhada チョロンハダ]; (もてあそぶ)(子供を)놀리다 [nollida ノルリダ]
からし 겨자 [kjɔdʒa キョジャ]
カラス(烏) 까마귀 [k'amagwi ッカマグィ]
ガラス 유리 [juri ユリ]
空世辞 겉치레말 [kɔtʃʰiremal コッチレマル]; 빈말 [pi:nmal ピーンマル]
体 몸 [mom モム]; (身体)신체 [ʃintʃʰe シンチェ]
空っぽだ (財布が)비다 [pi:da ピーダ]; (頭が)비어 있다 [piɔ it'a ピオ イッタ]
絡む (巻きつく)(つたが)휘감기다 [hwigamgida フィガムギダ]; (釣り糸が)얽히다 [ɔlkʰida オルキダ]
狩り 사냥 [sanjaŋ サニャン]
仮に (たとえ)가령 [ka:rjɔŋ カーリョン]; (万一・もしも)만일 [ma:nil マーニル]; (万が一にも)만약 [ma:njak マーニャク]
借りる (本を)빌다 [pi:lda ピールダ]; (力を)빌리다 [pillida ピルリダ]; (お金を)꾸다 [k'uda ックダ]
刈る (髪を)깎다 [k'akt'a ッカクタ]; (稲を)베다 [pe:da ペーダ]
軽い (荷物が)가볍다 [kabjɔpt'a カビョプタ]
カルビ 갈비 [kalbi カルビ]
彼 그 [kɯ ク]; 그 사람 [kɯ sa:ram クサーラム]; (彼氏)그이 [kɯi クイ]・남자친구 [namdʒa tʃʰingu ナムジャ チング]
カレイ(鰈) 가자미 [kadʒami カジャミ]
カレーライス 카레라이스 [kʰareraisɯ カレライス]
枯れる (花が)시들다 [ʃidulda シドゥルダ]; (木の葉が)마르다 [maruda マルダ]; (生気を失う)(枯れた松の木)죽다 [tʃukt'a チュクタ]
涸れる (水が)마르다 [maruda マルダ]
嗄れる (声が)쉬다 [ʃwi:da シュィーダ]; (怒鳴りすぎて声が)잠기다 [tʃamgida チャムギダ]
カレンダー (暦こよみ)달력 [talljɔk タルリョク]; (日めくり)일력 [illjɔk イルリョク]; 캘린더 [kɛllindɔ ケルリンド]
辛うじて (逃れる)간신히 [kanʃini カンシニ]; (やっと)(完成した)겨우 [kjou キョウ]
川 (漢江)강 [kaŋ カン]; (小川)시내 [ʃi:nɛ シーネ]; (流れ・小川)내 [nɛ: ネー]; (下水路・どぶ・小川)개천 [kɛ:tʃʰɔn ケチョン]
皮 (牛の)가죽 [kadʒuk カジュク]; (表皮)(ミカンの)껍질 [k'ɔptʃ'il ッコプチル]
‥‥側 (会社)‥‥측 [-tʃʰuk -チュク]; (右)‥‥쪽 [-tʃ'ok -ッチョク]; (向う)‥‥편 [-pʰjɔn -ピョン]
かわいい (少女が)귀엽다 [kwi:jɔpt'a クィーヨプタ]; (花が)예쁘다 [je:p'uda イェーップダ]; (人形が)이쁘다 [i:p'uda イーップダ]; (孫娘が)사랑스럽다 [saraŋsurɔpt'a サランスロプタ]
かわいそうだ (孤児が)불쌍하다 [pulʃ'aŋhada プルッサンハダ]; (親をなくした子供が)가엾다 [ka:jɔpt'a カーヨプ

乾かす (洗濯物を)말리다[mallida マルダ]; (哀れに思う)딱하다[t'akʰada ッタクカダ] 「リダ」

乾かす (洗濯物を)말리다[mallida マルダ]

乾く (洗濯物が)마르다[maruda マルダ]; (乾燥する)(空気が)건조하다[kondʒohada コンジョハダ]

交わす (話を)주고 받다[tʃugobat'a チュゴ バッタ]; (交換する)(便りを)교환하다[kjohwanhada キョファンハダ]

川辺 강가[kaŋk'a カンカ]; 강변[kaŋbjʌn カンビョン]

瓦 기와[kiwa キワ]

代わり (身がわり)(父の)대신[tɛːʃin テーシン]; (代用)(ガラスの)대용[tɛːjoŋ テーヨン]

代わる (代理する)(父に)대신하다[tɛːʃinhada テーシンハダ]; (入れかわる)(首相に)바뀌다[pak'wida パックィダ]

変わる (情勢が)변하다[pjʌnhada ピョンハダ]; (考えが)달라지다[talladʒida タルラジダ]

缶 깡통[k'aŋtʰoŋ ッカントン]

勘 (直感)감[kaːm カーム]; (センス)눈치[nuntʃʰi ヌンチ]; (肉感)육감[juk'am ユクカム]

‥‥間 (5日)‥‥간[-gan -ガン]

ガン (雁) 기러기[kirʌgi キロギ]

癌 암[am アム]

考え 생각[sɛŋgak センガク]

考え方 (思考)(古臭い)사고 방식[sago baŋʃik サゴ バンシク] 「カダ」

考える 생각하다[sɛŋgakʰada センガクカダ]

間隔 간격[kaːŋdʒʌk カーンギョク]

感覚 감각[kaːmgak カームガク]

かんかん (怒って)노발대발[noːbaldɛːbal ノーバルデーバル]; (火が)활활[hwaːrhwal ファールファル]; (太陽が)쨍쨍[tʃ'ɛŋtʃ'ɛŋ ッチェンッチェン]

観客 관객[kwangɛk クァンゲク]

環境 환경[hwangjʌŋ ファンギョン]

関係 관계[kwange クァンゲ]

歓迎 환영[hwanjʌŋ ファニョン]

感激 감격[kaːmgjʌk カームギョク]

管弦楽 관현악[kwaːnhjʌnak クァーンヒョナク]

頑固だ (性質)고집스럽다[kodʒipsʉrʌpt'a コジプスロプタ]; (老人)완고하다[wangohada ワンゴハダ]

観光 관광[kwangwaŋ クァングァン]

韓国 한국[haːnguk ハーングク]

韓国語 한국말[haːnguŋmal ハーングンマル]; 한국어[haːngugʌ ハーングゴ]

韓国人 한국 사람[haːnguk s'aram ハーングク サラム]; 한국인[haːngugin ハーングキン]

看護師 간호사[kanhosa カンホサ]

観察 관찰[kwantʃʰal クァンチャル]

監視 감시[kamʃi カムシ]

漢字 한자[haːntʃ'a ハーンチャ]; (漢文)한문[haːnmun ハーンムン]

感じ (暖かい)느낌[nuk'im ヌッキム]; (暗い)감[kaːm カーム]; (印象)(悪い)인상[insaŋ インサン]

感謝 감사[kaːmsa カームサ]

監修 감수[kamsu カムス]

観衆 관중[kwandʒuŋ クァンジュン]

願書 원서[wʌːnsʌ ウォーンソ]

感傷 감상[kaːmsaŋ カームサン]

鑑賞 감상[kaːmsaŋ カームサン]

勘定 (計算)셈[sɛːm セーム]; (計算)계산[keːsan ケーサン]; (会計)회계[hweːge フェーゲ]

感情 감정[kaːmdʒʌŋ カームジョン] 「キダ」

感じる (痛みを)느끼다[nuk'ida ヌッ]

関心 관심[kwanʃim クァンシム]

感心する (感服する)감복하다[kaːmbokʰada カームボクカダ]; (感嘆する)감탄하다[kaːmtʰanhada カームタンハダ]

感心だ (奇特だ)(子供が)기특하다[kitʰukhada キトゥクカダ] 「ンハン」

関する (公害に)관한[kwanhan クァ]

歓声 환성[hwansʌŋ ファンソン]

完成 완성[wansʌŋ ワンソン]

関税 관세[kwanse クァンセ]

間接的 간접적[kaːndʒʌptʃ'ʌk カーンジョプチョク] 「ジョンハダ」

完全だ 완전하다[wandʒʌnhada ワン]

感想 감상[kaːmsaŋ カームサン]

乾燥する 건조하다[kondʒohada コンジョハダ]

簡単だ 간단하다[kandanhada カンダンハダ]; (たやすい)쉽다[ʃwiːpt'a シュィープタ]

勘違い (錯覚)착각[tʃʰak'ak チャクカク]

勘違いする (錯覚する)착각하다[tʃʰak'akʰada チャクカクカダ]; (考え違いする)잘못 생각하다[tʃalmot s'ɛŋgakʰada チャルモッ センガクカダ]

缶詰 통조림[tʰoŋdʒorim トンジョリム]

感動 감동[kaːmdoŋ カームドン]

監督 감독[kamdok カムドク]

かんな 대패[tɛːpʰe テーペ]

カンニング 커닝[kʰʌniŋ コニン]

乾杯 건배 [kɔnbɛ コンベ]
芳しい (新茶)향기롭다 [hjaŋgiropt'a ヒャンギロプタ]; (茶の香りが)향긋하다 [hjaŋgɯthada ヒャングッタダ]; (成績は)훌륭하다 [hulljuŋhada フルリュンハダ]; (結果は)좋다 [tʃoːtha チョータ]
かんばつ (旱魃)한발 [haːnbal ハーンバル]; 가뭄 [kamum カムム]
がんばる (徹夜で)버티다 [pɔthida ポティダ]; (がんばれ)힘내라 [himnɛra ヒムネラ]; (力を出す)힘쓰다 [himsʼɯda ヒムッスダ]; (努力する)(試験に受かるよう)노력하다 [nɔrjɔkhada ノリョクハダ]
看板 간판 [kanphan カンパン]
看病 간병 [kanbjɔŋ カンビョン]; (看護)간호 [kanho カンホ]
漢文 한문 [haːnmun ハーンムン]
漢方薬 한약 [haːnjak ハーニャク]
管理 관리 [kwaːlli クァールリ]
簡略 간략 [kalljak カルリャク]
完了 완료 [walljo ワルリョ]
還暦 환갑 [hwaːngap ファーンガプ]; 회갑 [hwegap フェガプ]
緩和 완화 [waːnhwa ワーンファ]

き

木 나무 [namu ナム]; (樹木)수목 [sumok スモク]
気 기 [ki キ]; (精神)(失う)정신 [tʃɔŋʃin チョンシン]; (気持ち)(ない)생각 [sɛŋgak センガク]; (気配)(秋の)기운 [kiun キウン]; (心)(静める)마음 [maɯm マウム]; (用心)(つける)조심 [tʃoʃim チョシム]; (心配)(なる)걱정 [kɔktʃʼɔŋ コクチョン]
気合い 기합 [kihap キハプ]; (負け)기세 [kise キセ]
気圧 기압 [kiap キアプ]
キーパンチャー 키 펀처 [khiː phɔntʃhɔ キー ポンチョ]
黄色 노란색 [noransɛk ノランセク]; 노랑 [noraŋ ノラン]
黄色い 노랗다 [noːratha ノーラッタ]
議員 의원 [ɯiwɔn ウィウォン]
消える (火が)꺼지다 [kʼɔːdʒida ッコージダ]; (姿が)사라지다 [saradʒida サラジダ]; (消えてなくなる)(くやしい思いが)스러지다 [sɯrɔdʒida スロジダ]; (痛みが)없어지다 [ɔːpsʼɔdʒida オープソジダ]; (においが)가시다 [kaʃida カシダ]
記憶 기억 [kiok キオク]
気落ち (落胆)낙담 [naktʼam ナクタム]; (するな)낙심 [naktʃʼim ナクシム]
気温 기온 [kion キオン]
帰化 귀화 [kwiːhwa クィーファ]
機会 기회 [kihwe キフェ]; (チャンス)찬스 [tʃhansɯ チャンス]
機械 기계 [kige キゲ]
議会 의회 [ɯihwe ウィフェ]
着替える (着物を)갈아 입다 [kara ipt'a カラ イプタ]
気がかりだ (あすの天気が)마음에 걸리다 [maɯme kɔllida マウメ コルリダ]; (母の病状が)궁금하다 [kuŋgɯmhada クングムハダ]
気が気でない (気をもむ)(いらいらする)조마조마하다 [tʃomadʒomahada チョマジョマハダ]
期間 기간 [kigan キガン]
危機 위기 [wigi ウィギ]
聞き取る (真意を)알아 듣다 [ara dɯtʼa アラ ドゥッタ]
効き目 효능 [hjoːnɯŋ ヒョーヌン]; (効験)효험 [hjoːhɔm ヒョーホム]
企業 기업 [kiɔp キオプ]
聞き分ける (区分する)(虫の声を)분간하다 [punganhada プンガンハダ]
キク (菊) 국화 [kukhwa ククァ]
効く (薬の)효력이 있다 [hjoːrjɔgi itʼa ヒョーリョギ イッタ]; (薬がよく)듣다 [tɯtʼa トゥッタ]
聞く (音を)듣다 [tɯtʼa トゥッタ]; (問う・尋ねる)(わけ・道を)묻다 [muːtʼa ムータ]
危険 위험 [wihɔm ウィホム]
期限 기한 [kihan キハン]
機嫌 (気分)(悪い)기분 [kibun キブン]; (気持ち)(取る)비위 [piːwi ピーウィ]
危険だ (曲芸は)위험하다 [wihɔmhada ウィホムハダ]; (危ない)(山道は)위태롭다 [witheropt'a ウィテロプタ]
気候 기후 [kihu キフ]
機構 기구 [kigu キグ]
記号 기호 [kiho キホ]
聞こえる (音楽が)들리다 [tullida トゥルリダ]
帰国 귀국 [kwiːguk クィーグク]
気さくだ (言葉遣いが)싹싹하다 [sʼakʼsʼakhada ッサクサクァダ]; (人柄が)털털하다 [thɔlthɔrhada トルトルハダ]
刻む (文字を)새기다 [sɛgida セギダ];

（ネギを）刻む[sʼɔːlda ッソールダ]
岸 （辺）가[ka: カー]；（水際）물가[mulkʼa ムルカ]；（川辺）강가[kaŋkʼa カンカ]；（海辺）바닷가[padatkʼa パダッカ]
キジ（雉）꿩[kʼwɔŋ ックォン]
記事 기사[kisa キサ]
生地 옷감[otkʼam オッカム]
技師 기사[kisa キサ]
儀式 의식[ɯiʃik ウィシク]
期日 기일[kiil キイル]
議事堂 의사당[ɯisadaŋ ウィサダン]
汽車 기차[kitʃʰa キチャ]
記者 기자[kidʑa キジャ]
貴社 귀사[kwiːsa クィーサ]
技術 기술[kisul キスル]
基準 기준[kidʑun キジュン]
気性 （品性）（下劣な）성품[sɔːŋpʰum ソーンプム]；（性分）（一度やるといったら必ずやる）성미[sɔːŋmi ソーンミ]；（性質）（怒りっぽい）성질[sɔːŋdʑil ソーンジル]；（気立て）（負けず嫌いの）기질[kidʑil キジル]
気象 （観測）기상[kisaŋ キサン]；（気性）（進取の）기상[kisaŋ キサン]；（気立て）（しっかりした）기질[kidʑil キジル]
鬼神 귀신[kwiʃin クィーシン]
キス 키스[kʰisɯ キス]；（接ぷん）입맞춤[immatʰʰum イムマチュム]；（ちゅう）（幼児の）뽀뽀[pʼopʼo ッポッポ]
傷 （けが）（手の）상처[saŋtʃʰɔ サンチョ]；（欠点）（茶わんの）흠[hɯːm フーム]；（傷跡）（首の）흉[hjuŋ ヒュン]；（小さな傷）（玉の）티[tʰi ティ]
築く （城を）쌓다[sʼatʰa ッサッタ]；（築き上げる）（堤防を）쌓아 올리다[sʼaa ollida ッサア オルリダ]
傷つく （兵士が）상처를 입다[saŋtʃʰɔrɯl iptʼa サンチョルル イプタ]；（机が）흠나다[hɯːmnada フームナダ]；（手を）다치다[tatʃʰida タチダ]；（心が傷）하다[saŋhada サンハダ]
傷つける （ナイフで手を）다치게 하다[tatʃʰige hada タチゲ ハダ]；（他人の気持ちを）상하게 하다[saŋhage hada サンハゲ ハダ]
絆 （因縁）인연[injɔn イニョン]；（紐帯）유대[judɛ ユデ]
帰省 귀성[kwiːsɔŋ クィーソン]
犠牲 희생[hisɛŋ ヒセン]
季節 계절[keːdʑɔl ケージョル]；（冬）철[tʃʰɔl チョル]
着せる （服を）입히다[ipʰida イピダ]

基礎 기초[kitʃʰo キチョ]
競う （競争する）경쟁하다[kjɔːŋdʑɛŋhada キョーンジェンハダ]；（争う）（技を）겨루다[kjɔruda キョルダ]
規則 규칙[kjutʃʰik キュチク]
北 북[puk プク]；（北方）북쪽[puktʃʼok プクチョク]
ギター 기타[gitʰaː ギター]
期待 기대[kidɛ キデ]
気体 기체[kitʃʰe キチェ]
鍛える （体を）단련하다[talljɔnhada タルリョンハダ]
気立て 마음씨[maɯmʃʼi マウムッシ]
汚い （足）더럽다[tɔːrɔptʼa トーロプタ]；（汚らしい）（服装が）지저분하다[tʃidʑɔbunhada チジョブンハダ]；（卑劣な）（勝ち方が）비열하다[piːjɔrhada ピーヨルハダ]
貴重だ （時間は）귀중하다[kwiːdʑuŋhada クィージュンハダ]
きちょうめんだ （彼女は）꼼꼼하다[kʼomkʼomhada ッコムッコムハダ]；（きまじめだ）（彼は）고지식하다[kodʑiʃikhada コジシクハダ]
きちんと （身なりを）말쑥이[malsʼugi マルッスギ]；（きっちり）（支払う）어김없이[ɔgimɔpʃʼi オギモプシ]；（畳む）깔끔히[kʼalkʼumi ッカルックミ]
きつい （つらい）（仕事が）고되다[kodweda コドゥェダ]；（靴が）꼭 끼다[kʼo kʼida ッコ ッキダ]；（しかられた）엄하다[ɔmhada オムハダ]；（性質が）다부지다[tabudʑida タブジダ]
喫煙 끽연[kʼigjɔn ッキギョン]；흡연[hɯbjɔn フビョン]
きっかけ （機会）（解決の）실마리[ʃiːlmari シールマリ]；（契機）（病気の）계기[keːgi ケーギ]
キック （サッカーなどの）킥[kʰik キク]
気づく （自分の欠点に）깨닫다[kʼɛdatʼa ッケダッタ]；（嗅ぎつける）（秘密を）눈치채다[nuntʃʰitʃʰeda ヌンチチェダ]；（嫌がる気配に）알아채다[aratʰɛda アラチェダ]
喫茶店 다방[tabaŋ タバン]；찻집[tʃʰatʃʼip チャッチプ]；（コーヒーショップ）커피 숍[kʰɔːpʰi ʃop コーピ ショプ]
ぎっしり （箱に）가득[kadɯk カドゥク]
きっちり （詰める）꽉[kʼwak ックァク]；（した服）꼭[kʼok ッコク]
切手 우표[upʰjo ウピョ]
きっと （必ず）（できる）반드시[pandɯʃi

バンドゥシ］；（確かに）（行くよ）꼭 [k'okッコック]

キツネ（狐）여우 [jou ヨウ］；（ずる賢い人）간사한 사람 [kansahan sa:ram カンサハン サーラム]

きっぱり（断わる）딱 잘라서 [t'ak tʃ'allasɔ ッタク チャルラソ］；（手を切る）단호히 [tanhoi タンホイ]

切符 표 [pʰjo ピョ］；차표 [tʃʰapʰjo チャピョ]

規定 규정 [kjudʒɔŋ キュジョン]

気転（機知・ウイット）기지 [kidʒi キジ］；（才覚・とんち）재치 [tʃɛtʃʰi チェチ]

軌道 궤도 [kwe:do クェード]

気取る（歩きかた）거드름빼다 [kɔːduɾump'eda コードゥルムッペダ］；（虚勢を張る）허세부리다 [hɔseburida ホセブリダ］；（学者を）젠체하다 [tʃentʃʰehada チェンチェハダ]

記入 기입 [kiip キイプ]

記入する 기입하다 [kiiphada キイプパダ］；（書き込む）적어넣다 [tʃɔɡɔnɔtʰa チョゴノッタ]

絹 비단 [pi:dan ピーダン]

記念 기념 [kinjɔm キニョム]

きのう 어제 [ɔdʒe オジェ］；어저께 [ɔdʒɔk'e オジョッケ]

機能 기능 [kinɯŋ キヌン]

技能 기능 [kinɯŋ キヌン]

きのこ 버섯 [pɔsɔt ポソッ]

気の毒だ（親を亡くして）딱하다 [t'akʰada ッタカダ］；（哀れな話）가엾다 [ka:jɔpt'a カーヨプタ］；（身の上）불쌍하다 [puls'aŋhada プルッサンハダ]

牙 엄니 [ɔ:mni オームニ]

厳しい（警戒が）엄하다 [ɔmhada オムハダ］；（厳格だ）엄격하다 [ɔmk'jɔkʰada オムキョクカダ］；（甚だしい）（暑さ）심하다 [ʃi:mhada シームハダ]

気分（読書する）기분 [kibun キブン］；（好き嫌いの気持ち）비위 [pi:wi ピーウイ］；（心持ち）마음 [maɯm マウム]

規模 규모 [kjumo キュモ]

希望 희망 [himaŋ ヒマン]

基本 기본 [kibon キボン]

気前（善心）（気前のよいこと）선심 [sɔnʃim ソンシム］；（厚い気立て）후한 기질 [hu:han kidʒil フーハン キジル]

気まぐれ 변덕 [pjɔːndɔk ピョーンドク]

決まる（定まる）（方針が）정해지다 [tʃɔːŋhedʒida チョーンヘジダ］；（決定される）（当選者が）결정되다 [kjɔltʃɔŋdweda キョルチョンドゥェダ]

君（対等・目下のお前に）너 [nɔ ノ］；（対等・目下の）자네 [tʃane チャネ］；（あなた）당신 [taŋʃin タンシン］；（彼氏）그대 [kudɛ クデ]

気味が悪い（身の毛がよだつほどいやらしい）（蛇革のベルトは）징그럽다 [tʃiŋɡurɔpt'a チングロプタ］；（気持ちが悪い）（地震が頻繁で）기분이 나쁘다 [kibuni nap'uda キブニ ナップダ]

奇妙だ（風習）기묘하다 [kimjohada キミョハダ］；（不可思議だ）（自然の摂理は）이상하다 [i:saŋhada イーサンハダ]

義務 의무 [ui:mu ウィーム]

気難しい（性格）까다롭다 [k'adaropt'a ッカダロプタ]

キムチ 김치 [kimtʃʰi キムチ]

決める（定める）（心を）정하다 [tʃɔːŋhada チョーンハダ］；（決定する）결정하다 [kjɔltʃɔŋhada キョルチョンハダ]

肝 간 [ka:n カーン］；（肝臓）간장 [ka:ndʒaŋ カーンジャン]

気持ち（心がまえ）（引き締める）마음 [maɯm マウム］；（何かをしたい気分・気持ち）생각 [sɛŋɡak センガク］；（愉快な）기분 [kibun キブン]

疑問 의문 [uimun ウィムン]

客 손님 [sonnim ソンニム]

逆（反対）（方向）반대 [pa:ndɛ パーンデ］；（輸入）역 [jɔk ヨク]

逆に（さかさまに）（読む）거꾸로 [k'ɔk'uro ッコックロ］；（反対に）（これとは）반대로 [pa:ndɛro パーンデロ]

逆転 역전 [jɔktʃ'ɔn ヨクチョン]

きゃしゃだ（か細い・か弱い）（体つき）가날프다 [kanjalpʰɯda カニャルプダ］；（ほっそりして優雅だ）（新羅の芸術作品は）섬세하다 [sɔmsehada ソムセハダ]

キャスト 캐스트 [kʰɛsutʰɯ ケストゥ］；（配役）배역 [pe:jɔk ペーヨク]

キャッシュ 캐시 [kʰɛʃi ケシ］；（現金）현금 [hjɔŋɡum ヒョングム]

キャッチ 캐치 [kʰɛtʃʰi ケチ]

キャッチャー〈野〉캐쳐 [kʰɛtʃʰɔ ケチョ]

キャベツ 양배추 [jaŋbɛtʃʰu ヤンベチュ］；캐비지 [kʰɛbidʒi ケビジ]

キャラクター 캐릭터 [kʰɛriktʰɔ ケリクト]

ギャラリー 갤러리 [ɡɛllɔri ゲルロリ]

ギャランティー 개런티 [ɡɛrɔntʰi ゲロンティ]

キャリアウーマン 캐리어 우먼 [kʰɛria umɔn ケリオ ウモン]

キャンセル 캔슬 [kʰɛnsɯl ケンスル］；

(破約)해약 [hɛ:jak ヘーヤク]; (取り消し)취소 [tɕʰwi:so チューィーソ]　「ポス」
キャンパス キャンパス [kʰɛmpʰɔsɯ ケムパス]
キャンプ キャンプ [kʰɛmpʰɯ ケンプ]
キャンペーン キャンペイン [kʰɛmpʰein ケムペイン]
九 (9)구 [ku ク]; 아홉 [ahop アホプ]
休暇 휴가 [hjuga ヒュガ]
休会 휴회 [hjuhwe ヒュフェ]
休学 휴학 [hjuhak ヒュハク]
救急車 구급차 [ku:gɯptɕʰa クーグプチャ]
窮屈だ (狭苦しい)(部屋が)비좁다 [pi:dʑopt'a ピージョプタ]; (苦しい)(この服はタイトで)갑갑하다 [kapk'apʰada カプカプハダ]; (気まずい)(父の前だと)거북하다 [kɔ:bukʰada コーブカダ]
休憩 휴게 [hjuge ヒュゲ]; (休息)휴식 [hjuɕik ヒュシク]　「クカダ」
急激だ 급격하다 [kɯk'jɔkʰada クプキョクカダ]
急行 급행 [kɯpʰɛŋ クパェン]
休日 휴일 [hjuil ヒュイル]
九十 (90)구십 [kuɕip クシプ]; 아흔 [ahun アフン]
救助 구조 [ku:dʑo クージョ]
球場 구장 [kudʑaŋ クジャン]; (野球場)야구장 [ja:gudʑaŋ ヤーグジャン]
休息 휴식 [hjuɕik ヒュシク]
急だ 급하다 [kɯpʰada クパダ]; (危急だ)위급하다 [wigɯpʰada ウィグパダ]
急に (突然)(現われた)별안간 [pjɔraŋgan ピョランガン]; (にわかに)(雨が降り出した)갑자기 [kaptɕ'agi カプチャギ]; (急いで)(駆けつける)급히 [kɯpʰi クピ]; (突然に)(事故が起こった)돌연히 [torjɔni トリョニ]
牛肉 소고기 [sogogi ソゴギ]; 쇠고기 [swe:gogi スェーゴギ]; (ビーフ)비프 [bi:pʰɯ ビープ]　「kʰɯ ミルク」
牛乳 우유 [uju ウユ]; (ミルク)밀크 [mil-
キューバ〈地〉쿠바 [kʰu:ba クーバ]
キュウリ 오이 [oi オイ]
給料 (俸給)봉급 [po:ŋgɯp ポーングプ]; (月給)월급 [wɔlgɯp ウォルグプ]; 급료 [kɯmnjo クムニョ]
清い (水)깨끗하다 [k'ɛk'ɯtʰada ッケッケックッタダ], (空気)맑다 [makt'a マクタ]
今日 (本日)오늘 [onɯl オヌル]; (こんにち)금일 [kɯmil クミル]
行 (5行目)줄 [tɕul チュル]; (1行おき)행 [hɛŋ ヘン]
器用だ (才・才能などがある)재주(가)있다 [tɕɛdʑu(ga) it'a チェジュ(ガ)イッタ]

教育 교육 [kjo:juk キョーユク]
教会 (キリスト教の)교회 [kjo:hwe キョーフェ]; (キリスト教の礼拝堂)예배당 [jebɛdaŋ イェベダン]; (カトリックの聖堂)성당 [sɔ:ŋdaŋ ソーンダン]
境界 경계 [kjɔŋge キョンゲ]
教科書 교과서 [kjo:gwasɔ キョーグァソ]
競技 경기 [kjɔ:ŋgi キョーンギ]
行儀 예절 [jedʑɔl イェジョル]
供給 공급 [ko:ŋgɯp コーングプ]
境遇 처지 [tɕʰɔ:dʑi チョージ]
恐慌 공황 [ko:ŋhwaŋ コーンファン]
共産主義 공산주의 [ko:ŋsandʑui コーンサンジュイ]
教師 교사 [kjo:sa キョーサ]; (教員)교원 [kjo:wɔn キョーウォン]
行事 행사 [hɛŋsa ヘンサ]
教室 교실 [kjo:ɕil キョーシル]
教授 교수 [kjo:su キョース]
恐縮です 죄송합니다 [tɕwe:soŋhamnida チュェーソンハムニダ]
興ずる (楽しむ)(トランプに)즐기다 [tɕɯlgida チュルギダ]; (興に乗って楽しがる)(老人たちは)흥겨워하다 [hɯ:ŋgjəwɔhada フーンギョウォハダ]
強制 강제 [ka:ŋdʑe カーンジェ]; (強要)강요 [ka:ŋjo カーンヨ]
競争 경쟁 [kjɔ:ŋdʑɛŋ キョーンジェン]
兄弟 형제 [hjɔŋdʑe ヒョンジェ]
強調 강조 [ka:ŋdʑo カーンジョ]
共通 공통 [ko:ŋtʰoŋ コーントン]
協定 협정 [hjɔptɕ'ɔŋ ヒョプチョン]
共同 공동 [ko:ŋdoŋ コーンドン]
脅迫 협박 [hjɔp'ak ヒョプパク]
恐怖 공포 [ko:ŋpʰo コーンポ]
興味 (音楽の)흥미 [hɯ:ŋmi フーンミ]; (面白み)(魚釣りの)재미 [tɕɛmi チェミ]
教養 교양 [kjo:jaŋ キョーヤン]
協力 협력 [hjɔmnjɔk ヒョムニョク]
強烈だ (真夏の太陽が)강렬하다 [ka:ŋnjɔrhada カンニョルハダ]　「グク」
共和国 공화국 [ko:ŋhwaguk コーンファ
許可 허가 [hɔga ホガ]; (許し)(父の)허락 [hɔrak ホラク]
漁業 어업 [ɔ:ɔp オオプ]
曲 (ピアノ)곡 [kok コク]; (旋律)(美しい)가락 [karak カラク]
拒絶 거절 [kɔ:dʑɔl コージョル]
漁村 어촌 [ɔtɕʰon オチョン]; (海辺の村)갯마을 [kɛnmaul ケンマウル]
きょとんと (ぼうっと)(気を失う)멍하니

[cɔːŋhani モーンハニ]; (ぼやっと)(眺める)어리둥절히 [ɔriduŋdʒɔri オリドゥンジョリ]

去年 (昨年)작년 [tʃaŋnjʌn チャンニョン]; 지난해 [tʃinanhɛ チナンヘ]

拒否 거부 [kɔːbu コーブ]

距離 거리 [kɔːri コーリ]

きょろきょろ 두리번두리번 [turibʌn-duribʌn トゥリボンドゥリボン]

嫌いだ (酒は)싫다 [ʃiltʰa シルタ]「ハダ」

嫌う (勉強を)싫어하다 [ʃirʌhada シロハダ]

気楽だ (暮らす)편하다 [pʰjʌnhada ピョンハダ]; (のんきだ)(人)태평하다 [tʰɛpʰjʌŋhada テピョンハダ]

霧 안개 [aːngɛ アーンゲ]

義理 의리 [wiːri ウィーリ]

切り替える (方針を)바꾸다 [pakʼuda パックダ]; (更新する)(証明書を)갱신하다 [kɛːŋʃinhada ケーンシンハダ]

切りがない (限りない)(欲望には)한이 없다 [haːni ɔːpʼtʼa ハーニ オープタ]; (果てしない)(海)끝이 없다 [kʼɯ tʃiːpʼtʼa ックチ オープタ]

きりきり (痛い)쑥쑥 [sʼuksʼuk ッスクスク]; (腹が痛む)쿡쿡 [kʰukʰuk ククク]

切り捨てる (大根のはしを)잘라 버리다 [tʃalla bʌrida チャルラ ボリダ]

切り抜く (えぐり取る)(傷口を)도려내다 [torjʌ nɛda トリョ ネダ]; (切り取る)(雑誌の絵を)오려 내다 [orjʌ nɛda オリョ ネダ]

気力 (失う)기력 [kirjʌk キリョク]; (気迫)(圧倒される)기백 [kibɛk キベク]

キリン (麒麟)기린 [kirin キリン]

切る (ナイフで指を)베다 [peːda ペーダ]; (糸を)끊다 [kʼɯntʰa ックンタ]; (紙を)자르다 [tʃarɯda チャルダ]; (肉を)썰다 [sʼɔːlda ッソールダ]

着る (洋服を)입다 [ipʼtʼa イプタ]

きれいだ (美しい)(花が)아름답다 [arɯmdapʼtʼa アルムダプタ]; (清い)(水が)깨끗하다 [kʼɛkʼɯtʰada ッケックッタダ]; (声が)곱다 [koːpʼtʼa コープタ]; (人形が)예쁘다 [jeːpʼuda イェープダ]

切れ端 (布の)자투리 [tʃatʰuri チャトゥリ]; (木の)토막 [tʰomak トマク]

切れる (傷つく)(指先を)베이다 [peida ペイダ]; (台風で電線が)잘라지다 [tʃalladʑida チャルラジダ]; (ひもが)끊어지다 [kʼɯnʌdʑida ックノジダ]; (尽きる)(品物が)떨어지다 [tʼɔrʌdʑida ットロジダ]; (期間が)끝나다 [kʼɯnnada ックンナダ]

キロ (単位)킬로 [kʰillo キロロ]

記録 기록 [kirok キロク]

議論 의론 [wiron ウィロン]; (論議)논의 [noni ノニ]

際立つ (美しさが)두드러지다 [tudɯrʌdʑida トゥドゥロジダ]; (成績が)뛰어나다 [tʼwiɔnada ットゥィオナダ]

極まりない (甚だしい)(危険)(-기) 짝이 없다 [(-gi) tʃʼagi ɔːpʼtʼa (-ギ) ッチャギ オープタ]

金 (黄金)금 [kɯm クム]; (姓・一部の地名で)김 [kim キム]

銀 은 [ɯn ウン]

禁煙 금연 [kɯːmjʌn クーミョン]

銀河 은하(수) [ɯnha(su) ウンハ(ス)]

金額 금액 [kɯmɛk クメク]

緊急 긴급 [kingɯp キングプ]

銀行 은행 [ɯnhɛŋ ウンヘン]

禁止 금지 [kɯːmdʑi クームジ]

近所 (付近)근처 [kɯːntʃʰɔ クーンチョ]; (隣)(家)이웃(집) [iut(iutʃʼip) イウッ(チプ)]

禁ずる (出入りを)금하다 [kɯːmhada クームハダ]; (禁止する)(通行を)금지하다 [kɯːmdʑihada クームジハダ]

金属 금속 [kɯmsok クムソク]; (金物)쇠붙이 [swebutʃʰi スェブチ]

近代 근대 [kɯːndɛ クーンデ]

緊張 긴장 [kindʑaŋ キンジャン]

均等だ (賃金が)균등하다 [kjundɯŋhada キュンドゥンハダ]; (均一だ)(高さが)고르다 [korɯda コルダ]

筋肉 근육 [kɯnjuk クニュク]

勤勉だ (こまめに働く)부지런하다 [pudʑirʌnhada プジロンハダ]; (まめまめしい)근면하다 [kɯːnmjʌnhada クーンミョンハダ]

勤務 근무 [kɯːnmu クーンム]

金融 금융 [kɯmjuŋ/kɯmnjuŋ クミュン/クムニュン]

金曜日 금요일 [kɯːmjoil クミョイル]; 금요일날 [kɯːmjoillal クミョイルラル]

緊要だ (安全が)긴요하다 [kinjohada キニョハダ]

勤労奉仕 근로 봉사 [kɯllo boːŋsa クールロ ボーンサ]

く

区 구 [ku ク]
句 구 [ku ク]

具合 (状態・調子)(機械の)상태 [saŋtʰɛ サンテ]; (体の)컨디션 [kʰɔndiʃʌn コンディション]; (都合)(悪い)형편 [hjʌŋpʰjʌn ヒョンビョン]

悔い改める (悔いる)(自分の過ちを)뉘우치다 [nwiutʃʰida ヌィウチダ]; (過去の罪を)회개하다 [hwe:gɛhada フェーゲハダ]

食い縛る (歯を)이를 악물다 [irɯl aŋmulda イルル アンムルダ]

クイズ 퀴즈 [kʰwidʒɯ クィジュ]

食い違う (主張が)어긋나다 [ɔgɯnnada オグンナダ]; (意見が)엇갈리다 [ʌtk'allida オッカルリダ]

ぐいっと (つかむ)홱 [hwɛk フェク]; (飲む)꿀떡 [k'ultʔʌk ックルトク]

悔いる (自分の過ちを)후회하다 [huhwehada フーフェハダ]; (過去の罪を)뉘우치다 [nwiutʃʰida ヌィウチダ]

食う (飯を)먹다 [mʌkt'a モクタ]

空間 공간 [koŋgan コンガン]

空気 공기 [koŋgi コンギ]

空港 공항 [koŋhaŋ コンハン]

偶数 짝수 [tʃ'aks'u ッチャクス]; 우수 [u:su ウース]

空席 (会場の)빈자리 [pi:ndʒari ピーンジャリ]; (重要な地位の)공석 [koŋsʌk コンソク]

偶然に (会った)우연히 [ujʌni ウヨニ]

空想 공상 [koŋsaŋ コンサン]

空腹 공복 [koŋbok コンボク]; (すき腹)시장 [ʃidʒaŋ シジャン]

空腹だ (腹がすいている)배고프다 [pɛgopʰɯda ペゴプダ]; (朝飯を抜かしたので)시장하다 [ʃidʒaŋhada シジャンハダ]

クーラー 쿨러 [kʰullʌ クルロ]; (冷房装置)냉방 장치 [nɛ:ŋbaŋ dʒaŋtʃʰi ネーンバン ジャンチ]

九月 (9月)구월 [kuwʌl クウォル]

茎 줄기 [tʃulgi チュルギ]

釘 못 [mot モッ]

括る (荷物を)묶다 [mukt'a ムクタ]

草 풀 [pʰul プル]

臭い (息が)구리다 [kurida クリダ]; (溝などからのにおいが)고약하다 [ko:jakʰada コーヤクハダ]; (怪しい)(あいつはどうも)수상하다 [susaŋhada ススンハダ]

鎖 쇠사슬 [swesasɯl スェサスル]

腐る (魚が)썩다 [s'ʌkt'a ッソクタ]; (内が腐る・心がひどく痛む)속 썩다 [so:k s'ʌkt'a ソーク ッソクタ]; (卵が

상하다 [saŋhada サンハダ]

櫛 빗 [pit ピッ]

くじ 제비 [tʃebi チェビ]

くじく (足首を)삐다 [p'i:da ッピーダ]; (勢い・力を)누루다 [nuruda ヌルダ]; (強さを)꺾다 [k'ɔkt'a ッコクタ]

クジャク (孔雀) 공작(새) [ko:ŋdʒak(s'ɛ) コーンジャク(セ)]

くしゃみ 재채기 [tʃɛtʃʰɛgi チェチェギ]

苦情 (不平)(持ち込む)불평 [pulpʰjʌŋ プルピョン]; (不満)(訴える)불만 [pulman プルマン]

クジラ (鯨) 고래 [korɛ コレ]

苦心 고심 [koʃim コシム]

屑 (パン)부스러기 [pusɯrʌgi プスロギ]; (工場の)쓰레기 [s'ɯregi ッスレギ]

屑入れ 쓰레기통 [s'ɯregitʰoŋ ッスレギトン]; 휴지통 [hjudʒitʰoŋ ヒュジトン]

ぐずぐずする (のろのろ)꾸물거리다 [k'umulgʌrida ックムルゴリダ]; (もたもた)우물쭈물하다 [umultʃ'umurhada ウムルッチュムルハダ]

くすぐったい (足の裏が)간지럽다 [kandʒirʌpt'a カンジロプタ]; (照れ臭い)겸연쩍다 [kjʌmjʌntʃ'ʌkt'a キョミョンッチョクタ]

くすぐる (わきの下を)간질이다 [kandʒirida カンジリダ]; = 간지럽히다 [kandʒirʌpʰida カンジロピダ]

崩す (丘を)무너뜨리다 [munʌt'ɯrida ムノットゥリダ]; (お金を)헐다 [hʌ:lda ホールダ]

薬 약 [jak ヤク]

薬指 약손가락 [jaks'onk'arak ヤクソンカラク]; 무명지 [mumjʌndʒi ムミョンジ]

崩れる (崖が)무너지다 [munʌdʒida ムノジダ]; (壁が)허물어지다 [hʌmurʌdʒida ホムロジダ]

癖 버릇 [pʌrɯt ポルッ]; (習癖)습관 [sɯpk'wan スプクァン] 「テービョン」

糞 똥 [t'oŋ ットン]; (大便)대변 [tɛ:bjʌn

砕く (岩を)부수다 [pusuda プスダ]; (氷を)깨뜨리다 [k'ɛt'ɯrida ッケットゥリダ]

砕ける (波が)부서지다 [pusʌdʒida プソジダ]; (ガラスが)깨지다 [k'ɛdʒida ッケージダ] 「チュシダ」

くださる (貴重な本を)주시다 [tʃuʃida

くたびれる (疲れる)지치다 [tʃi:tʃʰida チーチダ]; (へとへとになる)녹초가 되다 [noktʃʰoga twɛda ノクチョガ トゥェダ]

果物 과일 [kwa:il クァーイル]

くだらない (話)시시하다 [iʃʃihada シシハダ]; (人間)쓸모없다 [s'ɯlmoopt'aッスルモオプタ]

下る (気温が)내리다 [nɛrida ネリダ]; (山を)내려가다 [nɛrjogada ネリョガダ]; (命令が)내려오다 [nɛrjooda ネリョオダ]

口 입 [ip イプ]; ㊟ 주둥이 [tʃuduŋi チュドゥンイ]; (人の)말 [ma:l マール]

くちばし (鳥·獣の)부리 [puri プリ]·주둥이 [tʃuduŋi チュドゥンイ]

唇 입술 [ips'ul イプスル]

口調 어조 [ɔ:dʒo オージョ]; (口振り)말투 [ma:lthu マールトゥ]

靴 구두 [kudu クドゥ]; (革)신 [ʃin シン]; (履き物)신발 [ʃinbal シンバル]

靴下 양말 [jaŋmal ヤンマル]

ぐっすり (眠る)푹 [phuk プク]

ぐったり (体が)나른히 [narɯni ナルニ]

ぐったりとする (疲れて)녹초가 되다 [noktʃhoga tweda ノクチョガトウェダ]

くっつく 붙다 [put'a ブッタ]

くっつける 붙이다 [puthida プチダ]

クッパ 국밥 [kukp'ap ククパプ]　　　「キ」

靴磨き 구두닦기 [kududak'i クドゥダク]

くつろぐ (温泉で)편히 쉬다 [phjoni ʃwi:da ピョニ シュィーダ]; 편안히 쉬다 [phjɔnani ʃwi:da ピョナニ シュィーダ]

くどい (長ったらしい)(話が)장황하다 [tʃaŋhwaŋhada チャンファンハダ]

国 (国家)나라 [nara ナラ]; (故郷)고향 [kohjaŋ コヒャン]

配る (答案用紙を)나누다 [nanuda ナヌダ]; (財産を)나누어주다 [nanuɔdʒuda ナヌオジュダ]; (資料を)배포하다 [pɛ:phohada ペーポハダ]

首 목 [mok モク]; 고개 [kogɛ コゲ]

首飾り 목걸이 [mok'ori モクコリ]

首筋 목덜미 [mokt'ɔlmi モクトルミ]

工夫 (アイディア)궁리 [kuŋni クンニ]; (考案)고안 [koan コアン]; (考え)생각 [sɛŋgak センガク]; (研究)연구 [jɔ:ngu ヨーング]

区別 구별 [kubjɔl クビョル]

くぼむ (道が)움푹 패다 [umphuk phɛ:da ウムプクペーダ]

クマ(熊) 곰 [ko:m コーム]

組 (クラス)반 [pan パン]; (グループ)패 [phɛ ペ]; (セット)세트 [sethɯ セトゥ]

組合 조합 [tʃohap チョハプ]

組み合わせる (鉄骨を)짜 맞추다 [tʃ'a matʃhuda ッチャ マッチュダ]

組み替える (日程を)고쳐 짜다 [kotʃhjɔ tʃ'ada コチョッチャダ]

組み立てる (部品を)조립하다 [tʃoriphada チョリパダ]

汲む (水を)푸다 [phuda プダ]

組む (足場を)짜다 [tʃ'ada ッチャダ]; (2人で)짝이 되다 [tʃ'agi tweda ッチャギ トウェダ]; (腕を)끼다 [k'ida ッキダ]

雲 구름 [kurum クルム]

クモ(蜘蛛) 거미 [kɔmi コミ]

曇り 흐림 [hurim フリム]

曇る 흐리다 [hurida フリダ]; (急に空が)흐려지다 [hurjɔdʒida フリョジダ]

悔しい (負けて)분하다 [pu:nhada プーンハダ]; (ばかにされて)억울하다 [ɔgurhada オグルハダ]

くよくよする (無駄に苦しむ)쓸데없이 괴로워하다 [s'ɯlt'e ɔpʃi kwerowohada ッスルテオプシ クェロウォハダ]; (悩む)고민하다 [kominhada コミンハダ]; (呻きいたり力むの声の)(うんうんなる)끙끙거리다 [k'ɯŋk'ɯŋgɔrida ックンックンゴリダ]

位 (位階) 图 지위 [tʃiwi チウィ]; (品格)(作品の)품격 [phu:mk'jɔk プームキョク]; **くらい·ぐらい** 剾 (ほど)(10人)쯤 [tʃ'ɯm ッチュム]; (程度)(10分)정도 [tʃɔŋdo チョンド]; (ばかり)(少し)가량 [ka:rjaŋ カーリャン]

暗い (空が)어둡다 [ɔdupt'a オドゥプタ]

グラウンド 그라운드 [guraundɯ グラウンドゥ]; (運動場)운동장 [u:ndoŋdʒaŋ ウーンドンジャン]

ぐらぐら (揺れて)흔들흔들 [hɯndɯrhundɯl フンドゥルフンドゥル]; (戸ががたがたと)근들근들 [kundulgundul クンドゥルグンドゥル]; (沸いて)부글부글 [pugulbugul プグルブグル]

暮らし (生活)생활 [sɛŋhwal センファル]; (暮らし向き)(慎しい)살림 [sallim サルリム]

クラシック 클래식 [khɯllɛʃik クルレシク]

クラス (組)반 [pan パン]; (学級)학급 [hak'ɯp ハクプ]; 클래스 [khɯllɛsɯ クルレス]

暮らす (幸せに)살다 [sa:lda サールダ]; (生活する·暮らしている)생활하다 [sɛŋhwarhada センファルハダ]

グラス 글라스 [gullasɯ グルラス]

ぐらつく (歯が)흔들리다 [hundullida フンドゥルリダ]

クラブ 클럽 [khɯllɔp クルロプ]　　「ク」

グラフ グレプ [gɯrɛpʰɯ グレプ]
グラフィック 그래픽 [gɯrɛpʰic グレピク]
比べる (比較する)(AとBとを)비교하다 [piːgjohada ピーギョハダ]; (昨年に)비기다 [pigida ピギダ]; (…に比べて)(年齢に)비하다 [pihada ピーハダ]; (互いに背を)견주다 [kjɔndʒuda キョンジュダ]
グラム 그램 [gɯrɛm グレム]
クリ〈栗〉 밤 [paːm バーム]
クリーニング (洗濯)세탁 [seːtʰak セータク]; 클리닝 [kʰɯlliniŋ クルリニン]
クリーム 크림 [kʰɯriːm クリーム]
繰り返す (過ちを)되풀이하다 [twepʰurihada トゥェプリハダ]; (反復する)(失敗を)반복하다 [paːnbokhada パーンボクハダ]; (重なる)(災難が)거듭하다 [kɔdɯpʰada コドゥプハダ]
繰り返すまでもなく (とやかく言う必要がなく)두말할 것도 없이 [tuːmarhal kʼotʼo ɔːpɕʼi トゥーマルハル コット オープシ]
クリスマス 크리스마스 [kʰɯrisɯmasɯ クリスマス]; (聖誕祭)성탄절 [sɔːŋtʰandʒɔl ソーンタンジョル]
来る (観光客が)오다 [oda オダ]
狂う (気が)미치다 [mitɕʰida ミチダ]; (故障する)(機械が)고장나다 [koːdʑaŋnada コージャンナダ]; (順序が)뒤바뀌다 [twibakʼwida トゥィバックィダ]
グループ 그룹 [gɯrup グルプ]
くるくる (駅の回りを)뱅뱅 [pɛŋbɛŋ ペンベン]; (風車が)뱅글뱅글 [pɛŋgɯlbɛŋgɯl ペングルベングル]
ぐるぐる (水車が)빙빙 [piŋbiŋ ピンビン]; (包帯を)둘둘 [tuldul トゥルドゥル]; (回転椅子を)빙글빙글 [piŋgɯlbiŋgɯl ピングルピングル]
苦しい (気持ち)괴롭다 [kweropʼtʼa クェロプタ]; (苦痛だ)(のどが痛くて)고통스럽다 [kotʰoŋsɯrɔpʼtʼa コトンスロプタ]; (息が)답답하다 [tapʼtʼapʰada タプタプハダ]
苦しむ (借金で)괴로워하다 [kwerowɔhada クェロウォハダ]; (病に)시달리다 [ɕidallida シダルリダ]; (骨折る)고생하다 [kosɛŋhada コセンハダ]
苦しめる (親の心を)괴롭히다 [kweropʰida クェロプヒダ]
車 차 [tɕʰa チャ]; (車輪)(自動車の)바퀴 [pakʰwi パクィ]

クルミ〈胡桃〉 호두 [hodu ホドゥ]
クレジットカード 크레디트 카드 [kʰɯreditʰɯ kʰaːdɯ クレディトゥ カードゥ]; 신용 카드 [ɕiːnjoŋ kʰaːdɯ シーニョン カードゥ]
くれる (ニワトリにえさを)주다 [tɕuda チュダ]
暮れる (日・年が)저물다 [tɕɔmulda チョムルダ]; (日が)해가 지다 [hɛga tɕida ヘガ チダ]
黒 검정 [kɔmdʑɔŋ コムジョン]
黒い (髪)검다 [kɔːmtʼa コームタ]; (瞳ひとみが)까맣다 [kʼaːmatʰa ッカーマッタ]; (石炭)꺼멓다 [kʼɔːmɔtʰa ッコーモッタ]
苦労 (骨折り)(ありとあらゆる)고생 [koːsɛŋ コセン]; (ご苦労さま)수고 [suːgo スーゴ]; (気苦労)(親の)애 [ɛː エー]
くろうと (専門家)전문가 [tɕɔnmunga チョンムンガ]; 프로 [pʰɯro プロ]
クローズアップ 클로즈업 [kʰɯllodʑɯɔp クルロジュオプ]
グローブ 글러브 [gɯllɔbɯ グルロブ]
黒字 흑자 [hɯktɕʼa フクチャ]
クロダイ〈黒鯛〉 감성돔 [kamsɔŋdom カムソンドム]
クワ〈桑〉 뽕 [pʼoŋ ッポン]; 뽕나무 [pʼoŋnamu ッポンナム]
鍬くわ 괭이 [kwɛŋi クェンイ]
くわえる (口に)물다 [mulda ムルダ]
加える (速力を)더하다 [tɔhada トハダ]; (与える)(損を)가하다 [kahada カハダ]; (1に2を)보태다 [potʰɛda ポテダ]
詳しい (子細だ)(解説)자세하다 [tɕasehada チャセハダ]; (詳細だ)(計画)상세하다 [saŋsehada サンセハダ]; (細密だ)(地図)세밀하다 [seːmirhada セーミルハダ]; (明るい)(地理に)환하다 [hwaːnhada ファーンハダ]; (精通する)(政治に)정통하다 [tɕɔŋtʰoŋhada チョントンハダ]
企てる (計画する)(攻撃を)계획하다 [keːhwekʰada ケーフェクハダ]; (企図する)(自殺を)기도하다 [kidohada キドハダ]
加わる (荷担する)(討論に)가담하다 [kadamhada カダムハダ]; (仲間入りする)(一行に)끼다 [kʼida ッキダ]; (負担力が)더해지다 [tɔhɛdʑida トヘジダ]
……君 ……군 [-gun -グン]
軍 군 [kun クン]
軍事 군사 [kunsa クンサ]
群衆 군중 [kundʑuŋ クンジュン]

軍隊 군대 [kundɛ クンデ]
ぐんと (力の限り)(努力する) 힘껏 [himk'ɔt ヒムッコッ]; (ぐっと)(押す) 꽉 [k'wak ックァク]
軍備縮小 군비 축소 [kunbi tʃʰuks'o クンビ チュクソ]
訓練 훈련 [hu:lljɔn フールリョン]

け

毛 (鳥の)털 [tʰɔl トル]
刑 형 [hjɔŋ ヒョン]; (刑罰)형벌 [hjɔŋbɔl ヒョンボル]
芸 (芸能・技芸)예능 [je:nɯŋ イェーヌン]; (才能・技量) 재간 [tʃɛgan チェガン]; (才知・才能) 재주 [tʃɛdʒu チェジュ]
経営 경영 [kjɔŋjɔŋ キョンヨン]
経過 경과 [kjɔŋgwa キョングァ]
警戒 경계 [kjɔ:ŋge キョーンゲ]
計画 계획 [ke:hwek ケーフェク]
警官 (警察官)경찰관 [kjɔ:ŋtʃʰalgwan キョーンチャルグァン]; (巡査) 순경 [suŋgjɔŋ スンギョン]
景気 경기 [kjɔŋgi キョンギ]
経験する (苦労を)경험하다 [kjɔŋhɔmhada キョンホムハダ]; (経る)(試練を)겪다 [kjɔkt'a キョクタ]
けいこ (練習)(舞台の)연습 [jɔ:nsɯp ヨーンスプ]; (学習)(踊りの)학습 [haks'ɯp ハクスプ]; (レッスン) 레슨 [le-sɯn レスン]
敬語 경어 [kjɔ:ŋo キョーンオ]; (丁寧語・尊敬語)존대어 [tʃondɛɔ チョンデオ]; =존댓말 [tʃondɛ:nmal チョンデーンマル]; (尊敬語) 높임말 [nopʰimmal ノピムマル]
傾向 경향 [kjɔŋhjaŋ キョンヒャン]
経済 경제 [kjɔŋdʒe キョンジェ]
警察 경찰 [kjɔ:ŋtʃʰal キョーンチャル]
計算 계산 [ke:san ケーサン]; (勘定・支払い)(掛け金の)셈 [se:m セーム]
掲示 게시 [ke:ʃi ケーシ]
形式 형식 [hjɔŋʃik ヒョンシク]
芸術 예술 [je:sul イェースル]
敬称 경칭 [kjɔ:ŋtʃʰiŋ キョーンチン]; (尊称) 존칭 [tʃontʃʰiŋ チョンチン]「クカダ」
継続する 계속하다 [ke:sokʰada ケーソ]
軽率だ (言動が)경솔하다 [kjɔŋsorhada キョンソルハダ]
携帯 휴대 [hjudɛ ヒュデ]
毛糸 털실 [tʰɔlʃil トルシル]
芸能 예능 [je:nɯŋ イェーヌン]

刑罰 형벌 [hjɔŋbɔl ヒョンボル]
経費 경비 [kjɔŋbi キョンビ]
軽蔑する (人を)경멸하다 [kjɔŋmjɔrhada キョンミョルハダ]; (さげすむ)(相手方を)얕보다 [jatp'oda ヤッポダ]
刑務所 교도소 [kjo:doso キョードソ]; (監獄) 감옥 [kamok カモク]
契約 계약 [ke:jak ケーヤク]
形容詞 형용사 [hjɔŋjoŋsa ヒョンヨンサ]
計理士 (公認会計士)공인 회계사 [koŋin hwe:gesa コンイン フェーゲサ]
敬礼 경례 [kjɔ:ŋne キョーンネ]
経歴 경력 [kjɔŋnjɔk キョンニョク]
敬老 경로 [kjɔ:ŋno キョーンノ]
ケーキ 케이크 [kʰeikʰɯ ケイク]
ゲーム 게임 [geim ゲイム]
けが (負傷)(足の)부상 [pu:saŋ プーサン]; (切り傷)상처 [saŋtʃʰɔ サンチョ]
外科 외과 [we:k'wa ウェークァ]
汚す (純真な心を)더럽히다 [tɔ:rɔpʰida トーロピダ]; (毀損させる・傷つける)(名誉を)훼손시키다 [hwe:sonʃikʰida フェーソンシキダ]
汚れる (よごれる)(靴が)더러워지다 [tɔ:rɔwɔ:dʒida トーロウォジダ]; (傷つけられる)(名誉・貞操を)더럽혀지다 [tɔ:rɔpʰjɔdʒida トーロピョジダ]
毛皮 모피 [mopʰi モピ]
劇 연극 [jɔ:ŋguk ヨーングク]
劇場 극장 [kɯktʃ'aŋ ククチャン]
今朝 오늘 아침 [onɯratʃʰim オヌラチム]
景色 (春)경치 [kjɔŋtʃʰi キョンチ]; (風景)(田園)풍경 [pʰuŋgjɔŋ プンギョン]
消しゴム 고무 [gomu ゴム]; (黒板消し・消しゴム)지우개 [tʃiuge チウゲ]
下宿 하숙 [ha:suk ハースク]
化粧する (厚・薄)화장하다 [hwadʒaŋhada ファジャンハダ]
消す (火を)끄다 [k'ɯda ックダ]; (文字を)지우다 [tʃiuda チウダ]
削る (鉛筆を)깍다 [k'akt'a ッカクタ]; (削除する)(文章を)삭제하다 [saktʃ'ehada サクチェハダ]
桁 〈建〉(橋の)도리 [tori トリ]; (計算の)자릿수 [tʃaris'u チャリッス]; (格・タイプ)(人物の)격 [kjɔk キョク]・틀 [tʰɯl トゥル]
けち (しみったれ)구두쇠 [kuduswe クドゥスェ]; (けちん坊) 노랑이 [noraŋi ノランイ]; (けちで利己的な人) 깍쟁이 [k'aktʃ'ɛŋi ッカクチェンイ]
けちだ (金に)인색하다 [insɛkʰada イン

セクカダ]； (金持ちで)짜다 [tʃ'ada ッチャダ]
けち臭い (人) 인색하다 [insɛkʰada インセクカダ]； (みみっちい)(奴ぅ) 쩨쩨하다 [tʃ'etʃ'ehada ッチェッチェハダ]
決意 결의 [kjɔri キョリ]
血液 혈액 [hjɔrɛk ヒョレク]
結果 결과 [kjɔlgwa キョルグァ]
欠陥 결함 [kjɔrham キョルハム]
月給 월급 [wɔlgɯp ウォルグプ]
結局 결국 [kjɔlguk キョルグク]
欠勤 결근 [kjɔlgɯn キョルグン]
結構だ (よろしい)(それで)좋다 [tʃo:tʰa チョータ]； (なかなかいい)(腕前)괜찮다 [kwentʃʰantʰa クェンチャンタ]； (充分だ)(食事はもう)됐다 [twɛ:t'a トウェッタ]
結婚 결혼 [kjɔrhon キョルホン]
結婚式 결혼식 [kjɔrhonʃik キョルホンシク]
傑作 걸작 [kɔltʃ'ak コルチャク]
決して 결코 [kjɔlkʰo キョルコ]； (絶対に)절대로 [tʃɔlt'ɛro チョルテロ]
月謝 월사금 [wɔls'agɯm ウォルサグム]
決勝 결승 [kjɔls'ɯŋ キョルスン]
決心 결심 [kjɔlʃ'im キョルシム]
決心する (固く)결심하다 [kjɔlʃ'imhada キョルシムハダ]； (心に決める)(野球選手になろうと)마음 먹다 [maɯm mɔkt'a マウム モクタ]
欠席 결석 [kjɔls'ɔk キルソク]
決定 결정 [kjɔltʃ'ɔŋ キルチョン]
欠点 (作品の)결점 [kjɔltʃ'ɔm キョルチョム]； (他人の)흉 [hjuŋ ヒュン]； (欠陥)(商品の)흠 [hɯ:m フーム]
潔白だ 결백하다 [kjɔlbɛkʰada キョルベクカダ]
げっぷ 트림 [tʰɯrim トゥリム]
月曜日 월요일 [wɔrjoil ウォリョイル]； 월요일날 [wɔrjoillal ウォリョイルラル]
結論 결론 [kjɔllon キョルロン]
けなげだ (奇特だ)(心がけ)기특하다 [kitʰɯkʰada キトゥカダ]； (立派だ・殊勝だ)(孝行心が)갸륵하다 [kja:rɯkʰada キャールクダ]
けなす (そしる)(裏で人を)헐뜯다 [hɔ:lt'ɯt'a ホールトゥッタ]； (誹謗ひぼうする)(人の作品を)비방하다 [pibaŋhada ピバンハダ]； (悪口を言う)(ひどく)욕하다 [jokʰada ヨクカダ]
気配 (春の)기색 [kisɛk キセク]； (変な)낌새 [k'imsɛ ッキムセ]
下品だ (言葉遣いが)천하다 [tʃʰɔ:nha-da チョーンハダ]； (人の)품위가 없다

[pʰu:mwiga ɔ:pt'a プームィガ オープタ]
煙たい (煙が目に入って)맵다 [mɛpt'a メプタ]； (たき火が)냅다 [nɛpt'a ネプタ]
煙 연기 [jɔngi ヨンギ]
獣 짐승 [tʃimsɯŋ チムスン]
ケヤキ(欅) 느티나무 [nutʰinamu ヌティナム]
下痢 설사 [sɔls'a ソルサ]
蹴る (ボールを)차다 [tʃʰada チャダ]
けれども (だけど)(僕は行けない)그렇지만 [kurɔtʃʰiman クロッチマン]； (しかし)(誠実だ)하지만 [hadʒiman ハジマン]； (しかし・だが)(失敗した)그러나 [kurɔna クロナ]
険しい (山が)험하다 [hɔ:mhada ホームハダ]
券 권 [kwɔn クォン]
…軒 (農家1)…채 [-tʃʰɛ -チェ]
権威 권위 [kwɔnwi クォヌィ]
原因 원인 [wɔnin ウォニン]
減員 감원 [ka:mwɔn カームォン]
嫌悪 혐오 [hjɔmo ヒョモ]
けんか (夫婦)싸움 [s'aum ッサウム]； (争い)(口)다툼 [tatʰum タトゥム]
限界 한계 [ha:nge ハーンゲ]
見学 견학 [kjɔ:nhak キョーンハク]
玄関 현관 [hjɔŋgwan ヒョングァン]； (門のところ)문간 [munk'an ムンカン]
元気だ (健康だ)건강하다 [kɔ:ŋgaŋha-da コーンガンハダ]
研究 연구 [jɔ:ngu ヨーング]
元気を出す 기운을 내다 [kiunɯl nɛ:-da キウヌル ネーダ]
献金 헌금 [hɔ:ngɯm ホーングム]
現金 현금 [hjɔ:ngɯm ヒョーングム]
言語 언어 [ɔnɔ オノ]
健康 건강 [kɔ:ŋgaŋ コーンガン]
原稿 원고 [wɔngo ウォンゴ]
げんこつ 주먹 [tʃumɔk チュモク]
検査 검사 [kɔ:msa コームサ]
現在 현재 [hjɔ:ndʒɛ ヒョーンジェ]
検察 검찰 [kɔ:mtʃʰal コームチャル]
検事 검사 [kɔ:msa コームサ]
原子 원자 [wɔndʒa ウォンジャ]
原始 원시 [wɔnʃi ウォンシ]
現実 현실 [hjɔ:nʃil ヒョーンシル]
研修 연수 [jɔ:nsu ヨーンス]
懸賞 현상 [hjɔ:nsaŋ ヒョーンサン]
現象 현상 [hjɔ:nsaŋ ヒョーンサン]
減少 감소 [ka:mso カームソ]
原寸大 (実物どおりの寸法)실물 크기 [ʃilmul kʰɯgi シルムル クギ]
建設 건설 [kɔ:nsɔl コーンソル]
原則 원칙 [wɔntʃʰik ウォンチク]

謙遜する (態度が)겸손해 하다 [kjəmsonhɛ hada キョムソンヘ ハダ]
現代 현대 [hjəndɛ ヒョーンデ]
建築 건축 [kəːntʃhuk コーンチュク]
限度 한도 [haːndo ハーンド]
見当がつく 짐작이 가다 [tʃimdʒagi kada チムジャギ カダ]
見当がはずれる (予想がはずれる)예상이 빗나가다 [jeːsaŋi pinnagada イェーサンイ ピンナガダ]
現場 현장 [hjəndʒaŋ ヒョーンジャン]
見物 구경 [kuːgjəŋ クーギョン]
権利 권리 [kwəlli クォルリ]
原理 원리 [wəlli ウォルリ]
原料 원료 [wəlljo ウォルリョ]
権力 권력 [kwəlljək クォルリョク]
言論 언론 [əllon オルロン]

こ

子 (子供)아이 [ai アイ]; (親と子の)자식 [tʃasik チャシク]; (坊や・動物の子)새끼 [sɛkʼi セッキ]
‥‥個 (みかん2)‥‥개 [-gɛ -ゲ]
‥‥後 (食事の)‥‥후 [-huː -フー]; (その)‥‥뒤 [-twi -トゥィー]
五 (5)오 [oː オー]; 다섯 [tasət タソッ]
碁 바둑 [paduk パドゥク]
恋 (愛(情))사랑 [saraŋ サラン]; (恋愛)연애 [jəːnɛ ヨーネ]
コイ (鯉) 잉어 [iːŋə イーンオ]
濃い (お化粧が)짙다 [tʃitʼa チッタ]; (ゴマ油が)진하다 [tʃinhada チンハダ]
語彙 어휘 [əːhwi オーフィ]
恋しい 그립다 [kɯriptʼa クリプタ] 「ダ」
恋する 사랑하다 [saraŋhada サランハ
恋人 애인 [ɛːin エーイン]; 연인 [jəːnin ヨーニン]
請う (面会を)청하다 [tʃhəŋhada チョンハダ]; (要請する)(出馬を)요청하다 [jotʃhəŋhada ヨチョンハダ]; (願う)(ご指示を)바라다 [parada パラダ]; (謝る)(許しを)빌다 [piːlda ピールダ]
行為 행위 [hɛŋwi ヘンウィ]
好意 (示す)호의 [hoːi ホーイ]; (好感)(与える)호감 [hoːgam ホーガム]
合意 합의 [habi ハビ]
幸運 행운 [hɛːŋun ヘーンウン]
光栄 영광 [jəŋgwaŋ ヨングァン]
公園 공원 [koŋwən コンウォン]
講演 강연 [kaːŋjən カーンヨン]
効果 효과 [hjoːgwa ヒョーグァ]

後悔 후회 [huːhwe フーフェ]
航海 항해 [haːŋhɛ ハーンヘ]
公害 공해 [koŋhɛ コンヘ]
郊外 교외 [kjowe キョウェ]
合格 합격 [hapkʼjək ハプキョク] 「ロファ」
豪華だ 호화롭다 [hohwaroptʼa ホファ
交換 교환 [kjohwan キョファン]
好感 호감 [hoːgam ホーガム]
抗議 항의 [haːŋi ハーンイ]
講義 강의 [kaːŋi カーンイ]
高級 고급 [kogɯp コグプ]
工業 공업 [koŋəp コンオプ] 「ク」
交響楽 교향악 [kjohjaŋak キョヒャンア
航空便 항공편 [haːŋgoŋphjən ハーンゴンピョン]
合計 합계 [hapkʼe ハプケ]
貢献 (世界平和に)공헌 [koːŋhən コーンホン]; (寄与すること)(社会に大きく)이바지 [ibadʒi イバジ]
口実 구어 [kuːə クーオ]
孝行 (親)효행 [hjoːhɛŋ ヒョーヘン]; (孝道)(年老いた母に)효도 [hjoːdo ヒョード]
広告 광고 [kwaːŋgo クァーンゴ]
口座 계좌 [keːdʒwa ケージュア]
講座 강좌 [kaːndʒwa カーンジュア]
交際する (男女が)교제하다 [kjodʒehada キョジェハダ]; (つきあう)(友達と)사귀다 [sagwida サグィダ]
交差点 (十字路・四つ角)네거리 [neːgəri ネーゴリ]; 교차점 [kjotʃhatʃʼəm キョチャチョム]
講師 강사 [kaːŋsa カーンサ]
工事 공사 [koŋsa コンサ]
公式 공식 [koŋʃik コンシク]
口実 (病気の)구실 [kuːʃil クーシル]; (言い訳)(物価高の)핑계 [phiŋge ピンゲ]
公衆 (電話)공중 [koŋdʒuŋ コンジュン]; (大衆)(一般)대중 [tɛːdʒuŋ テージュン]
講習 강습 [kaːŋsɯp カーンスプ]
交渉 교섭 [kjosəp キョソプ]
工場 공장 [koŋdʒaŋ コンジャン]
構造 구조 [kudʒo クジョ]
交代 교대 [kjodɛ キョデ]
紅茶 홍차 [hoŋtʃha ホンチャ]
交通 교통 [kjothoŋ キョトン]
肯定 긍정 [kɯːŋdʒəŋ クーンジョン]
行動 (自由)행동 [hɛŋdoŋ ヘンドン]; (仕業)짓 [tʃiːt チーッ]
高等学校 고등 학교 [kodɯŋ hakʼjo コドゥン ハクキョ]
後輩 후배 [huːbɛ フーベ]

交番 파출소 [pʰatʃʰulsʼo パチュルソ]
幸福だ （幸せだ）행복하다 [hɛːŋbokʰada ヘーンボクカダ]
興奮 흥분 [huŋbun フンブン]
公平 공평 [koŋpʰjoŋ コンピョン]
候補 후보 [huːbo フーボ]
肛門 항문 [haŋmun ハンムン]; 똥구멍 [tʼoŋkʼumʌŋ ットンクモン]
(コウライ)ウグイス 꾀꼬리 [kʼwekʼori ックェッコリ]
合理 합리 [hamni ハムニ]
交流 교류 [kjorju キョリュ]
効力 효력 [hjoːrjʌk ヒョーリョク]
声 （音声）목소리 [moksʼori モクソリ]; （気配・響き）소리 [sori ソリ]
越える （山を）넘다 [nʌːmtʼa ノームタ]; （渡る）（川を）건너다 [kʌːnnʌda コーンノダ]; （越す・過ごす）（年を）넘기다 [nʌmgida ノムギダ]
肥える （馬）살찌다 [saltʃʼida サルッチダ]
コース 코스 [kʰoːsɯ コーウス]
コート 코트 [kʰoːtʰɯ コートゥ]
コーナー 코너 [kʰoːnʌ コーノ]
コーヒー 커피 [kʰʌːpʰi コーピ]
氷 얼음 [ʌrɯm オルム]; （欠き氷）빙수 [piŋsu ピンス]
凍る （池の水が）얼다 [ʌːlda オールダ]
ゴール 골 [goːl ゴール]
誤解 오해 [oːhɛ オーヘ]
焦がす （魚・胸を）태우다 [tʰɛːuda テーウダ]
五月 (5月) 오월 [oːwʌl オーウォル]
ご機嫌 （心気）(斜め) 심기 [ʃimgi シムギ]; （気分）(上) 기분 [kibun キブン]; （伺い）문안 [munan ムナン]
小切手 수표 [supʰjo スピョ]
呼吸 （深）호흡 [hohɯp ホフプ]; （息）숨 [suːm スーム]
呼吸する 호흡하다 [hohɯpʰada ホフプパダ]; （息をする）숨을 쉬다 [suːmul ʃwiːda スームル シュィーダ]
故郷 고향 [kohjaŋ コヒャン]
……国 （先進）……국 [-guk -グク]
漕ぐ （ボートを）젓다 [tʃʌːtʼa チョーッタ]
国外 국외 [kugwe クグェ]
国語 국어 [kugʌ クゴ]
国際 국제 [kuktʃʼe ククチェ]
国際電話 국제 전화 [kuktʃʼe dʒʌːnhwa ククチェ ジョーンファ]
国際連合 유엔 [juːen ユーエン]; 국제 연합 [kuktʃʼe jʌnhap ククチェ ヨンハプ]
黒人 흑인 [hɯɡin フギン]
国籍 국적 [kuktʃʼʌk ククチョク]

国内 국내 [kuŋnɛ クンネ]
告白 고백 [koːbɛk コーベク]
黒板 칠판 [tʃʰilpʰan チルパン]
告別 고별 [koːbjʌl コービョル]
国防 국방 [kukpʼaŋ ククパン]
国民 국민 [kuŋmin クンミン]
極楽 극락 [kuŋnak クンナク]
ご苦労 （ご苦労さま）수고 [suːɡo スーゴ]; （迷惑をかけること）폐 [pʰe ペー]
苔 이끼 [ikʼi イッキ]
焦げる （ご飯が）눋다 [nuːtʼa ヌータ]; （魚が）타다 [tʰada タダ]
ここ 여기 [jʌɡi ヨギ]; 이곳 [igot イゴッ]
午後 오후 [oːhu オーフ]; （下午）하오 [haːo ハーオ]
凍える （寒さで体が）얼다 [ʌːlda オールダ]; （手が）곱다 [koptʼa コプタ]
心地 （気分）(酔い) 기분 [kibun キブン]; （心情）(生きた) 심정 [ʃimdʒʌŋ シムジョン]; （感じ）느낌 [nɯkʼim ヌッキム]
小言 （言う）잔소리 [tʃansori チャンソリ]; （お小言）(食う) 꾸중 [kʼudʒuŋ クッジュン]; （叱られること）꾸지람 [kʼudʒiram ックジラム]
九つ(の) (9つ) 아홉 [ahop アホプ]
心 （精神・気持ち）마음 [maɯm マウム]; （まごころ）정성 [tʃʌŋsʌŋ チョンソン]; （精神）정신 [tʃʌŋʃin チョンシン]
心得 알아 두어야 할 것 [ara duʌja hal kʼot アラ ドゥオヤ ハル コッ]; （注意事項）(登山の) 주의 사항 [tʃuːi saːhaŋ チューイ サーハン]
心得る （理解する）(学生の本分を) 이해하다 [iːhɛhada イーヘハダ]
心がけ （普段の）마음 가짐 [maɯm gadʒim マウム ガジム]
志 （青雲の）뜻 [tʼɯt ットゥッ]; （大志）(抱く) 대망 [tɛːmaŋ テーマン]
志す （大きな夢を）큰 꿈을 가지다 [kʰɯn kʼumul kadʒida クン ックムル カジダ]; （画家になることを）뜻하다 [tʼɯtʰada ットゥッタダ]; （学問に）뜻을 두다 [tʼɯsul tuda ットゥスル トゥダ]
心根 （やさしい）마음씨 [maɯmʃʼi マウムッシ]; （気立て）마음결 [maɯmkjʌl マウムキョル]
試みる （登山を）시도하다 [ʃiːdohada シードハダ]; （能力測定を）해 보다 [hɛːboda ヘーボダ]
心持ち （気持ち）기분 [kibun キブン]
快い （気持ちがいい）기분이 좋다 [kibuni tʃoːtʰa キブニ チョーッタ]; （楽し

い・愉快だ) 즐겁다 [tʃɯlgɔptʼa チュル ゴプタ]; (爽快だ) 상쾌하다 [saːŋ-kʰwɛhada サーンクェハダ]; (涼しい) 시원하다 [ʃiwɔnhada シウォンハダ]

ございます (こちらにたくさん) 있습니다 [isˈumnida イッスムニダ]

小雨 (こぬか雨) 보슬비 [posɯlbi ポスルビ]; (細雨) 가랑비 [karaŋbi カランビ]; (細かく霧のように降る雨) 이슬비 [isɯlbi イスルビ]

腰 허리 [hɔri ホリ]

腰掛け 걸상 [kɔːlsʼaŋ コールサン]; (椅子の) 의자 [widʒa ウィジャ]

腰掛ける (ベンチに) 걸터 앉다 [kɔːl-tʰantʼa コールタンタ]; (座る)(椅子に)앉다 [antʼa アンタ]

乞食 거지 [kɔːdʒi コージ]; (物ごい) 걸인 [kɔrin コリン]

五十 (50) 오십 [oːʃip オーシプ]; 쉰 [ʃwiːn シューィーン]

御主人 (ご主人さま) 주인님 [tʃuinnim チュインニム]; (夫君・ご亭主) 부군 [pugun プグン]

故障する (機械が) 고장나다 [koːdʒaŋ-nada コージャンナダ]

こしらえる (料理を) 만들다 [mandɯlda マンドゥルダ]; (仕[支]度・準備する)(夕飯を) 준비하다 [tʃuːnbihada チューンビハダ]

個人 개인 [kɛːin ケーイン]

越す (山を) 넘다 [nɔːmtʼa ノームタ]; (渡る)(川を) 건너다 [kɔːnnɔda コーンノダ]

濾す (どぶろくを) 거르다 [kɔrɯda コルダ]; (スープを布巾で) 받다 [patʼa パッタ]; (濾過させる)(汚水を) 여과시키다 [jɔːgwaʃikʰida ヨーグァシキダ]

こする (手で) 문지르다 [mundʒirɯda ムンジルダ]; (目を) 비비다 [pibida ピビダ]

個性 개성 [kɛːsɔŋ ケーソン]

戸籍 호적 [hoːdʒɔk ホージョク]

小銭 잔돈 [tʃandon チャンドン]

午前 오전 [oːdʒɔn オージョン]; (上午) 상오 [saːŋo サーンオ]

こそこそ (逃げ出す) 살금살금 [salgumsalgum サルグムサルグム]; (話す) 소곤소곤 [sogonsogon ソゴンソゴン]

ごそごそ (リスが) 바스락바스락 [pasurakpʼasurak パスラクパスラク]

答え (返事) 대답 [tɛːdap テーダプ]; (解答) 답 [tap タプ]

答える 대답하다 [tɛːdapʰada テーダプハダ]

ごちそう (おいしい食べ物) 맛있는 음식 [maʃinɯn[madinnɯn] uːmʃik マシヌン[マディンヌン] ウームシク]; (豪華なごちそう) 성찬 [sɔːŋtʃʰan ソーンチャン]

こちら 이곳 [igot イゴッ]; 이쪽 [tʃʼok イッチョク]; 여기 [jogi ヨギ]

誇張する (事件を) 과장하다 [kwaː-dʒaŋhada クァージャンハダ]

こぢんまりとした (やや小さくてこぢんまりとした) 자그맣고 아담한 [tʃaː-gumakʰo aːdamhan チャーグマッコアーダムハン]

こつ (秘訣) 비결 [piːgjɔl ピーギョル]; (要領) 요령 [jorjɔŋ ヨリョン]

国家 국가 [kukʼa ククカ]

国会 국회 [kukʰwe ククェ]

小遣い 용돈 [joːŋtʼon ヨーントン]

国旗 국기 [kukʼi ククキ]

こっけいだ 우습다 [uːsɯptʼa ウースプタ]

国交 국교 [kukʼjo ククキョ]

こつこつ (勉強する) 꾸준히 [kʼudʒuniッ クジュニ]; (貯金する) 또박또박 [tʼo-baktʼobak ットバクトバク]

こっそり (そっと)(逃げる) 살짝 [sal-tʃʼak サルッチャク]; (ひそかに)(忍び込む) 몰래 [mollɛ モルレ]

小包 소포 [soːpʰo ソーポ]

コップ 컵 [kʰɔp コプ]; (杯) 잔 [tʃan チャン]

事 (早く行く) 것 [kɔt コッ]; (事柄)(いい) 일 [iːl イール]

…ごと(に) (教室) ….마다 [-mada マダ]

事柄 (都合によって) 사정 [saːdʒɔŋ サージョン]; (内容によって) 내용 [nɛːjoŋ ネーヨン]

孤独だ 고독하다 [kodokʰada コドクハダ]

今年 금년 [kɯmnjɔn クムニョン]; 올해 [orhe オルヘ]

異なる (意見が) 다르다 [tarɯda タルダ]; (性格が) 판이하다 [pʰanihada パニハダ]

言葉 말 [maːl マール]; (言語) 언어 [ɔnɔ オノ]

子供 아이 [ai アイ]; 어린이 [ɔrini オリニ]; 어린애 [ɔrinɛ オリネ]; (子) 자식 [tʃaʃik チャシク]

諺 속담 [soktʼam ソクタム]

断わる (協力を) 거절하다 [kɔːdʒɔrhada コージョルハダ]; (謝絶する)(面会を) 사절하다 [saːdʒɔrhada サージョルハダ]; (了解を得る)(欠席を前もって) 양해를 얻다 [jaŋhɛrɯl ɔːtʼa ヤンヘルル オーッタ]

粉 가루 [karu カル]; (粉末)분말 [punmal プンマル]

この 이 [i イ]; 이것 [igʌt イゴッ]

このごろ 요즈음 [jodʒɯum ヨジュウム]

この前 (先日)요전에 [jodʒone ヨジョネ]; (先ごろ・この間)지난번에 [tʃinanbʌne チナンボネ]; (この間・先だって)저번에 [tʃʌbʌne チョーボネ]

好み (趣味)(合う)취미 [tʃʰwi:mi チュィーミ]; (嗜好どう)(合う)기호 [ki:ho キーホ]; (趣向)(女性)취향 [tʃʰwi:hjaŋ チュィーヒャン]

好む (映画を)좋아하다 [tʃo:ahada チョーアハダ]; (楽しむ)(スポーツを)즐기다 [tʃɯlgida チュルギダ]; (愛する)(花を)사랑하다 [saraŋhada サランハダ]

このように 이렇게 [irʌkʰe イロッケ]; (こう)(なっても)이리 [iri イリ]

好んで (本を読む)즐겨 [tʃɯlgjʌ チュルギョ]; (結婚した相手)좋아서 [tʃo:asʌ チョーアソ]

拒む (拒絶する)(要求を)거절하다 [kʌ:dʒʌrhada コージョルハダ]; (拒否する)(申し出を)거부하다 [kʌ:buhada コーブハダ]

ご飯 밥 [pap パプ]; (お食事)진지 [tʃi:ndʒi チーンジ]

コピー 코피 [kʰopʰi コピ]; 카피 [kʰapʰi カピ]; (写し)복사 [poks'a ポクサ]

媚びる (へつらう)(社長に)아첨하다 [atʃʰomhada アチョムハダ]; (上司に)알랑거리다 [allaŋgʌrida アルランゴリダ]; (おもねる)(権力に)아부하다 [abuhada アブハダ]

ご無沙汰 (便りが久しく絶えること)격조 [kjʌktʃ'o キョクチョ]; (便りのないこと)무소식 [musosjik ムソシク]

こぶし 주먹 [tʃumʌk チュモク]

古墳 고분 [ko:bun コーブン]

ゴボウ(牛蒡) 우엉 [uʌŋ ウオン]

こぼす (涙を)흘리다 [hɯllida フルリダ]; (水を)엎지르다 [ʌptʃ'irɯda オプチルダ]; (スープを)쏟다 [s'ot'a ッソッタ]; (不平を言う)(愚痴を)불평하다 [pulpʰjoŋhada プルピョンハダ]

こぼれる (水が)넘치다 [nʌmtʃʰida ノームチダ]; (涙が)흘러 내리다 [hɯllʌnɛrida フルロネリダ]

こま〈独楽〉 팽이 [pʰɛŋi ペンイ]

ゴマ(胡麻) 참깨 [tʃʰamk'ɛ チャムッケ]

ゴマ油 참기름 [tʃʰamgirum チャムギルム]

細かい (粒)잘다 [tʃalda チャルダ]; (些細な)(こと)작다 [tʃa:kt'a チャークタ]; (子細な)(事情)자세하다 [tʃasehada チャセハダ]; (些少ちよな)(つまらないこと)사소하다 [sasohada サソハダ]

ごまかす (親を)속이다 [sogida ソギダ]; (話を)얼버무리다 [ʌlbʌmurida オルボムリダ]

困る (窮する)(生活に)궁해지다 [kuŋhedʒida クンヘジダ]; (困難だ)(返事に)곤란하다 [ko:llanhada コールランハダ]; (苦しい立場におかれる)난처하다 [nantʃʰohada ナンチョハダ]

ごみ (ちり)쓰레기 [s'ɯregi ッスレギ]; (目に)먼지 [mʌndʒi モンジ]

込み上げる (悲しみが)복받치다 [pokp'atʃʰida ポクパッチダ]; (激しく込み上げる)(憤りが)치밀다 [tʃʰimilda チミルダ]

コミック 코믹 [kʰomik コミク]

混む (人が)붐비다 [pumbida プムビダ]; (ぎっしり詰まる)꽉 들어차다 [k'wakt'ɯrʌtʃʰada ックァクトゥロチャダ]

ゴム 고무 [gomu ゴム]

小麦 밀 [mil ミル]; 소맥 [so:mɛk ソーメク]

小麦粉 (メリケン粉)밀가루 [milk'aru ミルカル]; 소맥분 [so:mɛkp'un ソーメクプン]

米 쌀 [s'al ッサル]

ごめんなさい 미안합니다 [mianhamnida ミアンハムニダ]; 죄송합니다 [tʃʰwe:soŋhamnida チュェーソンハムニダ]; (失礼します)실례합니다 [ʃillehamnida シルレハムニダ]

子守歌 자장가 [tʃadʒaŋga チャジャンガ]

顧問 고문 [komun コムン]

小屋 (粗末な家)오막살이 [omaks'ari オマクサリ]; (小さく粗末な家)오두막집 [odumaktʃ'ip オドゥマクチプ]

小指 (手の)새끼손가락 [sɛk'isonk'arak セッキソンカラク]; (足の)새끼발가락 [sɛk'ibalk'arak セッキパルカラク]

御用 (用件)용건 [jo:ŋk'ʌn ヨーンコン]; (用事)볼일 [po:llil ポールリル]

暦 달력 [talljʌk タルリョク]; (日めくり)일력 [illjʌk イルリョク]

こらえる (怒りを)참다 [tʃʰa:mt'a チャームタ]; (痛みを)견디다 [kjʌndida キョンディダ]

娯楽 오락 [o:rak オーラク]

ゴリラ 고릴라 [gorilla ゴリルラ]

凝る (血が)엉기다 [ʌŋgida オンギダ]; (凝固する)응고하다 [ɯ:ŋgohada ウー

ゴルフ 골프 [golpʰɯ ゴルプ]
これ 이것 [igot イゴッ]; (このこと)이 일 [i i:l イ イール]
これから 이제부터 [idʒebutʰɔ イジェブト]; (将来) 앞으로 [apʰɯro アプロ]
これからの 앞으로의 [apʰɯroe アプロエ]; (今後の)금후의 [kɯmhue クムフエ]; (将来の)장래의 [tʃaŋnɛe チャンネエ]
コレクション 콜렉션 [kʰollekʃʼɔn コルレクション]; (収集)수집 [sudʒip スジブ]
これまで 지금까지 [tʃigɯmk'adʒi チグムッカジ]
頃 (3時)경 [kjɔŋ キョン]; (時分)(日暮れ)무렵 [murjɔp ムリョブ]; (5時)쯤 [tʃʼɯm ッチュム]; (仕事を終える)즈음 [tʃɯɯm チュウム]
転がる (ボールが)구르다 [kurɯda クルダ]; (転がって行く)굴러가다 [kullɔgada クルロガダ]
ころころ (ボールが)데굴데굴 [tegult'egul テグルテグル]
ごろごろ (雷が)우르르 [urɯrɯ ウルル]; (雷で)빈둥빈둥 [pindɯŋbindɯŋ ピンドゥンビンドゥン]
殺す 죽이다 [tʃugida チュギダ]; (殺害する)살해하다 [sarhɛhada サルヘハダ]
転ぶ (つまずいて)넘어지다 [nɔmɔdʒida ノモジダ]; (滑って)자빠지다 [tʃʼap'adʒida チャッパジダ]
怖い (雷が)무섭다 [musɔpt'a ムソプタ]; (あとが)두렵다 [turjɔpt'a トゥリョプタ]; (死ぬのが)겁나다 [kɔmnada コムナダ]
強ぃい (布が)질기다 [tʃilgida チルギダ]; (ご飯が)되다 [twe:da トゥェーダ]; (口ひげが)세다 [se:da セーダ]
怖がる (死を)무서워하다 [musɯwɔhada ムソウォハダ]; (父親を)두려워하다 [turjɔwɔhada トゥリョウォハダ]
壊す (砕く)(家を)부스다 [pusɯda プスダ]; (割る)(皿を)깨뜨리다 [k'ɛt'ɯrida ッケットゥリダ]; (割る)(茶わんを)깨다 [k'ɛ:da ッケーダ]; (塀を)헐다 [hɔ:lda ホールダ]; (壊す)(ラジオを)망가뜨리다 [maŋgat'ɯrida マンガットゥリダ]
壊れる (砕ける)(粉々に)부서지다 [pusɔdʒida プソジダ]; (割れる)(コップが)깨지다 [k'ɛ:dʒida ッケージダ]; (故障する)(テレビが)고장나다 [ko:dʒaŋnada コージャンナダ]; (崩れる)(塀が)헐어지다 [hɔrɔdʒida ホロジダ]; (壊れる)(ラジオが)망가지다 [maŋgadʒida マンガジダ]
今回 이번 [ibɔn イボン]
根気 (根)근기 [kɯngi クンギ]; (やり抜く)끈기 [k'ɯngi ックンギ]
根拠 근거 [kɯngɔ クンゴ] 「ール」
コンクール 콩쿠르 [kʰoŋkʰu:rɯ コンクール]
コンクリート 콘크리트 [kʰonkʰɯri:tʰɯ コンクリートゥ]
今月 이달 [idal イダル]; 이번달 [ibɔnt'al イボンタル]
今後 금후 [kɯmhu クムフ]; (以後)이후 [i:hu イーフ]
コンサート 콘서트 [kʰonsɔ:tʰɯ コンソートゥ]; (演奏会)연주회 [jɔ:ndʒuhwe ヨーンジュフェ]
混雑している (交通が)혼잡하다 [ho:ndʒapʰada ホージャプハダ]; (複雑で)(内容が)복잡하다 [poktʃʼapʰada ポクチャプハダ]
今週 이번 주 [ibɔn tʃʼu イボン チュ]; 금주 [kɯmdʒu クムジュ]
根性 근성 [kɯnsɔŋ クンソン]
献立 식단 [ʃikt'an シクタン]; 메뉴 [menju メニュ]
今度 이번에 [ibɔne イボネ]; (この次の)이 다음 [i daɯm イ ダウム]
今度の 이번 [ibɔn イボン]; (次の)다음 [taɯm タウム]
こんな 이런 [irɔn イロン]; 이러한 [irɔhan イロハン]
こんなに 이토록 [itʰorok イトロク]
困難 곤란 [ko:llan コールラン]; (難しいこと)어려움 [ɔrjoumtʃʼ オリョウム]
今日 금일 [kɯmil クミル]; 오늘 [onɯl オヌル]
こんにちは 안녕하십니까? [annjɔŋhaʃimnika アンニョンハシムニッカ]
コンパクト 콤팩트 [kʰompʰɛktʰɯ コムペクトゥ]
今晩 (今夜)오늘 밤 [onɯl p'am オヌルパム]; (今晩)오늘 저녁 [onɯl tʃʼɔnjɔk オヌル チョニョク]
こんばんは 안녕하십니까? [annjɔŋhaʃimnik'a アンニョンハシムニッカ]
コンピュータ 컴퓨터 [kʰompʰju:tʰɔ コムプュートー]; (電算機)전산기 [tʃʼɔ:nsangi チョーンサンギ]
昆布 다시마 [taʃima タシマ]

コンプレックス 콤플렉스[kʰompʰɯl-leks'ɯ コムプルレクス]
コンマ 콤마[kʰomma コムマ]; 코머[kʰomɔ コモ]; (句読点)구두점[kudutʃʼɔm クドゥチョム]; (小数点)소수점[soːsutʃʼɯm ソースチョム]
今夜 오늘 밤[onɯl pʼam オヌル パム]; (今晩)오늘 저녁[onɯl tʃʼɔnjɔk オヌル チョニョク]
婚約 약혼[jakʰon ヤクコン]
混乱 혼란[hoːllan ホーッラン]

さ

差 (相違)(意見の)차이[tʃʰai チャイ]; (雲泥の)차[tʃʰa チャ]
座 (席)(座る)자리[tʃari チャリ]; (座席)좌석[tʃwaːsɔk チュアーソク]
さあ (帰ろう)자[tʃa チャ]; (入りなさい)어서[ɔsɔ オソ]; (どうかな)글쎄[kɯlsʼe クルッセ]
サーカス 서커스[sɔːkʰɔsɯ ソーコス]; (曲芸)곡예[koge コゲ]
サーキュレーション 서큘레이션[sɔːkʰjulleiʃɔn ソークュレイション]; (循環)순환[sunhwan スンファン]; (通貨)통화[tʰoŋhwa トンファ]; (発行部数)(新聞の)발행 부수[parhɛŋ busu パルヘン ブス]
サークル 서클[sɔːkʰɯl ソークル]
ざあざあ (雨が)쏴쏴[sʼwaːsʼwa ッスァースァ]
サービス 서비스[sɔːbisɯ ソービス]; (奉仕)봉사[poːŋsa ポーンサ]
サーブ 서브[sɔːbɯ ソーブ]
サーフィン 서핑[sɔːpʰiŋ ソーピン]
…-歳 …-세[-se -セ]; …-살[-sal -サル]
再会 재회[tʃɛːhwe チェーフェ]
災害 재해[tʃɛhɛ チェヘ]
在学 재학[tʃɛːhak チェーハク]
最近 (景気動向)최근[tʃʰweːgɯn チュェーグン]; (近ごろ)(流行)요즈음[joːdʒɯɯm ヨジュウム]; (近ごろの)(青年)요새[josɛ ヨセ]
歳月 세월[seːwɔl セーウォル]
最後 (勝利)최후[tʃʰweːhu チュェーフ]; (日曜日)마지막[madʒimak マジマク]; (まで見る)끝[kʼut ックッ]
在庫 재고[tʃɛːgo チェーゴ]
最高 최고[tʃʰweːgo チュェーゴ]
再婚 재혼[tʃɛːhon チェーホン]
財産 재산[tʃɛsan チェサン]

最終 최종[tʃʰweːdʒoŋ チュェージョン]
最初 (経験)최초[tʃʰweːtʃʰo チュェーチョ]; (いちばん初めに)(来た人)맨 처음[mɛːn tʃʰɔːum メーン チョーウム]
最小 최소[tʃʰweːso チュェーソ]
サイズ 사이즈[saidʒɯ サイジュ]; (大きさ)크기[kʰɯgi クギ]
財政 재정[tʃɛdʒɔŋ チェジョン]
最善 최선[tʃʰweːsɔn チュェーソン]
催促 재촉[tʃɛtʃʰok チェチョク]
最大 최대[tʃʰweːdɛ チュェーデ]
採択 채택[tʃʰɛːtʰɛk チェーテク]
最中 (食事の)중[tʃuŋ チュン]; (途中)(運動会の)도중[toːdʒuŋ トージュン]
採点 채점[tʃʰɛːtʃʼɔm チェーチョム]
才能 (語学の)재능[tʃɛnɯŋ チェヌン]; (才)(弁舌の)재주[tʃɛdʒu チェジュ]
栽培する (促成)재배 하다[tʃɛːbɛhada チェーベハダ]; (野菜を)가꾸다[kakʼuda カックダ]
裁判 재판[tʃʰɛpʰan チェパン]
裁判所 법원[pɔbwɔn ポブォン]
財布 지갑[tʃigap チガプ]
細胞 세포[seːpʰo セーポ]
歳末 세밑[seːmit セーミッ]
採用 채용[tʃʰɛːjoŋ チェーヨン]
材料 재료[tʃɛrjo チェリョ]
幸い (不幸中の)다행[tahɛŋ タヘン]; (幸運)(健勝)행운[hɛːŋun ヘーンウン]
サイン 사인[sain サイン]; (署名)서명[sɔːmjɔŋ ソーミョン]
…-さえ (自分の名前)…-조차[-dʒotʃʰa -ジョチャ]; (雨)…-까지[-kʼadʒi -ッカジ]; (これ)…-만[-man -マン]
遮る (言葉を)막다[makʼa マクタ]; (幕で)가리다[karida カリダ]
冴える (寒くなる)추워지다[tʃʰuwɔdʒida チュウォジダ]; (音・頭が)맑아지다[malgadʒida マルガジダ]
竿 장대[tʃaŋtʼɛ チャンテ]
坂 (緩やかな)비탈(길)[pitʰal(kʼil) ピタル(ッキル)]; (急な)고갯(길)[kogɛt(kʼil) コゲッ(キル)]
境 경계[kjɔŋge キョンゲ]
栄える (繁盛する)(店が)번창하다[pɔntʃʰaŋhada ポンチャンハダ]; (繁栄する)(会社が)번영하다[pɔnjɔŋhada ポニョンハダ]
逆さに (逆さまに)(落ちる)거꾸로[kʼɔkʼuro ッコックロ]; (反対に)반대로[paːndɛro パーンデロ]
さがす (人を)찾다[tʃʰatʼa チャッタ]

さかずき / 差し上げる

(職を)求다하다[kuhada クハダ]
さかずき 술잔[sultʃan スルチャン]
逆立ち 물구나무 서기[mulgunamu sɔgi ムルグナム ソギ]
肴 안주[andʒu アンジュ]
魚 (生物)물고기[mulk'ogi ムルコギ]; (食べ物)생선[sɛŋsɔn センソン]
さかのぼる (川を)거슬러 올라가다[kɔsɯllɔ ollagada コスルロ オルラガダ]; (遡及する)(賃上げを)소급하다[sogɯphada ソグプハダ]
酒屋 술가게[sulk'age スルカゲ]; (酒類販売業)주류 판매업[tʃurju phanmɛɔp チュリュ パンメオプ]
逆らう (背く)(親に)거역하다[kɔːjɔkhada コーヨクハダ]; (反抗する)(親に)반항하다[panhaŋhada パーンハンハダ]
盛り 한창(때)[hantʃhaŋ(t'ɛ) ハンチャン(ッテ)]
下がる (熱が)내리다[nɛrida ネリダ]; (1階に)내려가다[nɛrjɔgada ネリョガダ]; (下りてくる)(山から)내려오다[nɛrjɔoda ネリョオダ]
盛んだ (活発だ)(論議が)활발하다[hwalbarhada ファルバルハダ]; (野球が)성하다[sɔːŋhada ソーンハダ]; (アルバイトが)성행하다[sɔːŋhɛŋhada ソーンヘンハダ]; (繁盛する)(スポーツ産業が)번창하다[pɔntʃhaŋhada ポンチャンハダ]; (はやる)(サッカーが)유행하다[juhɛŋhada ユヘンハダ]
先 (端)(筆の)끝[k'ɯt ックッ]; (前)(の人)앞[ap アプ]; (お先に)(失礼します)먼저[mɔndʒɔ モンジョ]
さきおととい 그끄저께[kɯk'ɯdʒɔk'e クックジョッケ]
さきおととし 그끄러께[kɯk'ɯrɔk'e クックロッケ]
先に (真っ先に)먼저[mɔndʒɔ モンジョ]; (まず先に)(説明いたします)우선[usɔn ウソン]
先払い 선불[sɔnbul ソンブル]
作業 작업[tʃagɔp チャゴプ]
咲く (桜の花が)피다[phida ピダ]
裂く (魚の腹を)가르다[karɯda カルダ]; (紙を)찢다[tʃ'it'a ッチッタ]
割く (メスで上皮を)가르다[karɯda カルダ]; (腫れ物を)째다[tʃ'ɛːda ッチェーダ]; (時間を)할애하다[harɛhada ハレハダ]
索引 색인[sɛgin セギン]; (インデックス)인덱스[indeks'ɯ インデクス]

昨日 어제[ɔdʒe オジェ]
作者 작자[tʃaktʃa チャクチャ]; (著者)저자[tʃɔːdʒa チョージャ]; (作者)지은이[tʃiɯni チウニ]
作成する (レポートを)작성하다[tʃaks'ɔŋhada チャクソンハダ]
昨年 작년[tʃaŋnjɔn チャンニョン]; (去年)지난 해[tʃinan hɛ チナン ヘ]
作品 작품[tʃakphum チャクプム]
作文 작문[tʃaŋmun チャンムン]; (つづり方)글짓기[kɯldʒik'i クルジッキ]
作物 ((農)作物) (농)작물[(noŋ)dʒaŋmul (ノン)ジャンムル]
昨夜 어젯밤[ɔdʒetp'am オジェッパム]; 어젯저녁[ɔdʒetʃɔnjɔk オジェッチョニョク]; (昨晩)간밤[kanbam カンバム]・지난 밤[tʃinan bam チナン バム]
サクラ(桜) (桜花)벚꽃[pɔtk'ot ポッコッ]; 벚나무[pɔnnamu ポンナム]
さくらんぼ 버찌[pɔtʃ'i ポッチ]
探る (動静を)살피다[salphjɔboda サルピョボダ]; (手探りで)더듬어 찾다[tɔdɯmɔ tʃhat'a トドゥモ チャッタ]
ザクロ (石榴の実)석류[sɔŋnju ソンニュ]
酒 술[sul スル]; (お酒)약주[jaktʃ'u ヤクチュ]
サケ(鮭) 연어[jɔnɔ ヨノ]
さげすむ (見くびる)(相手方を)얕보다[jatp'oda ヤッポダ]; (侮る)(人を)업신여기다[ɔːpʃ'innjɔgida オープシンニョギダ]
叫ぶ (大声で)외치다[wetʃhida ウェーチダ]; (大声を出す)지르다[tʃirɯda チルダ]; (平和を)부르짖다[purɯ-dʒit'a プルジッタ]
裂ける (布が)찢어지다[tʃ'idʒɔdʒida ッチジョジダ]; (服が)터지다[thɔːdʒida トージダ]
避ける (人目を)피하다[phiːhada ピーハダ]
下げる (値段を)내리다[nɛrida ネリダ]; (頭を)숙이다[sugida スギダ]; (温度を)낮추다[natʃhuda ナッチュダ]
支える (柵を)받치다[patʃhida パッチダ]; (柱で)버티다[pɔthida ポティダ]; (一家を)지탱하다[tʃithɛŋhada チテンハダ]
捧げる 바치다[patʃhida パチダ]
ささやく 속삭이다[soks'agida ソクサギダ]
匙 숟가락[sutk'arak スッカラク]
差し上げる (お礼を)드리다[tɯrida トゥリダ]; (食事を)올리다[ollida オルリダ]; (仏前に供物を)바치다[pa-

付

差し入れる (口を)[tʃida パチダ]; (グラスを)쳐들다 [tʃidːdulda チョードゥルダ]
差し入れる (ポケットに手を)집어 넣다 [tʃibʌ nɔtʰa チボ ノッタ]; (拘禁されている者に)(弁当を)차입하다 [tʃaiphada チャイプパダ]
差し替える (口絵を)바꾸다 [pakʼuda パックダ]; (花瓶の花を)갈아 꽂다 [kara kʼotʼa カラ コッタ]
差し障り (支障)지장 [tʃidʒaŋ チジャン]; (障害)장애 [tʃaŋɛ チャンエ]
刺身 회 [hwe: フェー]; (魚の)생선회 [sɛŋsʌnhwe センソンフェ]
査証 사증 [satsɯŋ サチュン]; (ビザ)비자 [bidʒa ビジャ]
刺す (針で)찌르다 [tʃʼiruda ッチルダ]
指す (東を)가리키다 [karikʰida カリキダ]
差す (朝日が)비치다 [pitʃʰida ピチダ], (赤みが)나타나다 [natʰanada ナタナダ]・띠다 [tʼida ッティダ]; (潮が満ちてくる)밀려오다 [milljʌoda ミルリョオダ]; (気が)걸리다 [kʌllida コルリダ]; (嫌気が)나다 [nada ナダ], (傘を)쓰다 [sʼuda ッスダ]
注さす (水を)붓다 [puːtʼa プーッタ]; (一杯酒を)따르다 [tʼaruda ッタルダ]
挿す (花瓶に花を)꽂다 [kʼotʼa ッコッタ]
さすが (やはり)(参った)역시 [jʌkʃʼi ヨクシ]; (いかにも)(立派だ)과연 [kwːajʌn クァーヨン]
授ける (授与する)(賞状を)수여하다 [sujʌhada スヨハダ]; (伝授する)(秘伝を)전수하다 [tʃʌnsuhada チョンスハダ]; (褒美を)주다 [tʃuda チュダ]
さすらう (彷徨う する)(当てもなく)방황하다 [paŋhwaŋhada パンファンハダ]; (放浪する)(荒野を)방랑하다 [paːŋnaŋhada パーンナンハダ]
座席 좌석 [tʃwaːsɔk チュアーソク]; (席・地位)자리 [tʃari チャリ]
させる (お使いを)시키다 [ʃikʰida シキダ]
さぞ (間違いなく)틀림없이 [tʰɯllimʌpʃʼi トゥルリモプシ]
誘う (勧誘する)(入会を)권유하다 [kwʌːnjuhada クォーニュハダ]; (食事に)권하다 [kwʌːnhada クォーンハダ]; (呼び出す)(友達を)불러내다 [pullʌnɛda プルロネダ]
定め (規程)(法の)규정 [kjudʒʌŋ キュジョン]; (運命)(女の)운명 [uːnmjʌŋ ウーンミョン]; (宿命)(人の世の)숙명 [suŋmjʌŋ スンミョン]
定める (方針を)정하다 [tʃʌːŋhada チョーンハダ]
札 (紙幣)지폐 [tʃiphe チペ]
…冊(巻) …권 [-gwʌn -グォン]
作家 작가 [tʃakʼa チャクカ]
サッカー 축구 [tʃʰukʼu チュクク]
さっき (先ほど)(出会いました)아까 [akʼa アッカ]; (前の)(本)앞서 [apsʼʌ アプソ]
ざっくばらんに (話し合う)터놓고 [tʰʌnokʰo トノッコ]
さっさと (家へ帰る)빨리 [pʼalli ッパルリ]; (歩け)빨랑빨랑 [pʼallaŋpʼallaŋ ッパルランッパルラン]
雑誌 잡지 [tʃaptʃʼi チャプチ]
察する (推し測る)(彼女の心を)추측하다 [tʃʰutsʰukʰada チュチュクカダ]; (母親の苦しみを)헤아리다 [hearida ヘアリダ]
さっそうと (歩く)씩씩하게 [ʃʼikʃʼikʰage ッシクシクカゲ]; (堂々と)(登場する)당당하게 [taŋdaŋhage タンダンハゲ]
さっそく (お伺いします)곧 [kot コッ]; (申し込んでおこう)당장 [taŋdʒaŋ タンジャン]; (お届けいたします)즉시 [tʃɯkʃʼi チュクシ]
ざっと (50ぐらい)대충 [tɛtʃʰuŋ テチュン]; (目を通す)죽 [tʃuk チュク]
サツマイモ 고구마 [koːguma コーグマ]
里 (田舎)시골 [ʃigol シゴル], (故郷)고향 [kohjaŋ コヒャン]; (実家)친정 [tʃʰindʒʌŋ チンジョン]
砂糖 설탕 [sʌltʰaŋ ソルタン]
悟る (真理を)깨닫다 [kʼɛdatʼa ッケダッタ]
サナギ (蛹) 번데기 [pʌndegi ポンデギ]
サバ (鯖) 고등어 [kodɯŋʌ コドゥンオ]
砂漠 사막 [samak サマク]
裁く (是非を弁ずる)(事件を)시비를 가리다 [ʃiːbirɯl karida シービル カリダ]; (判決する)(罪を)판결하다 [pʰanɡjʌrhada パンギョルハダ]
寂しい (花も散って)쓸쓸하다 [sʼɯlsʼɯrhada ッスルッスルハダ]; (孤独だ)(友達がいなくて)외롭다 [weropʼa ウェロプタ]; (懐が)허전하다 [hʌdʒʌnhada ホジョンハダ・クスルダ]
さびる (包丁が)녹슬다 [noksʼɯlda ノクスルダ]
座布団 방석 [paŋsʌk パンソク]
差別 차별 [tʃʰabjʌl チャビョル]
さほど (変わっていない)별로 [pjʌllo ピョルロ]; (寒くない)그다지 [kɯdadʒi

‥‥様 (殿) ‥‥귀하 [-kwiha -クィハ]; (宛) ‥‥앞 [-ap -アプ]; (様) ‥‥님 [-nim -ニム]
さまざまな (人種) 여러가지 (의) [jɔrɔgadʒi(e) ヨロガジ(エ)]; (生き方) 갖가지 [katk'adʒi カッカジ]
覚ます (眠りを) 깨우다 [k'ɛuda ッケウダ]; (目を) 깨다 [k'ɛ:da ッケーダ]
妨げる (妨害する) (安眠を) 방해하다 [paŋhɛhada パンヘハダ]
さまよう (吹雪の中を) 헤매다 [hemɛda ヘメダ]; (彷徨はする) (当てもなく) 방황하다 [paŋhwaŋhada パンファンハダ]
寒い (うすら) 춥다 [tʃʰupt'a チュプタ]; (気候が) 차다 [tʃʰada チャダ]
寒さ 추위 [tʃʰuwi チュウィ]
冷める (お茶が) 식다 [ʃikt'a シクタ]
覚める (目が) 깨다 [k'ɛ:da ッケーダ]
褪さめる (色が) 바래다 [pa:rɛda パーレダ]; (退色する) (生地が) 퇴색하다 [tʰwe:sɛkʰada トゥェーセクカダ]
作用 작용 [tʃagjoŋ チャギョン]
さようなら (行く人に[居残る人に]) 안녕히 가십시오[계십시오] [annjɔŋi kaʃipʃ'io[ke:ʃipʃ'io] アンニョンイ カシプシオ[ケーシプシオ]
皿 접시 [tʃɔpʃ'i チョプシ]
皿洗い (食後の後片づけ) 설거지 [sɔlgɔdʒi ソルゴジ]; (皿洗い) 접시 닦기 [tʃɔpʃ'i dak'i チョプシ ダクキ]
再来月 다음다음 달 [taɯmdaɯm t'al タウムダウム タル]
再来週 다음다음 주 [taɯmdaɯm tʃ'u タウムダウム チュ]
再来年 다음다음 해 [taɯmdaɯm hɛ タウムダウム ヘ]; 후년 [hu:njɔn フーニョン]
さらさら (小川が) 졸졸 [tʃoldʒol チョルジョル]; (砂が) 보슬보슬 [posɯlbosɯl ポスルボスル]
さらす (日光に) 쬐다 [tʃ'e:da ッチェーダ]; (洗濯物を雨に) 맞히다 [matʃʰida マッチダ]; (木綿を) 바래다 [pa:rɛda パーレダ]; (恥を) 드러내다 [tɯrɔnɛda トゥロネダ]
サラダ 샐러드 [sɛllɔdɯ セルロドゥ]
更に (その上に) (雨も降ってきた) 그 위에 [kɯ wie クウィエ]; (ますます) (強くなってきた) 더욱 [tɔuk トウク]; (もっと) (速く走る) 더 [tɔ ト]
サラリーマン 샐러리맨 [sɛllɔrimɛn セルロリメン]; (月給取り) 월급쟁이 [wɔlgɯpʃ'ɛŋi ウォルグプチェンイ]
サル (猿) 원숭이 [wɔ:nsuŋi ウォーンスン]
去る (故郷を) 떠나다 [t'ɔnada ットナダ]
ざる 소쿠리 [sokʰuri ソクリ]
サルビア 샐비어 [sɛlbiɔ セルビオ]; 깨꽃 [k'ɛk'ot ッケッコッ]
騒がしい (車の音が) 시끄럽다 [ʃik'ɯrɔpt'a シックロプタ]; (街が) 떠들썩하다 [t'ɔdɯlsʼɔkʰada ットゥドゥルッソクカダ]
騒 (騒動) 소동 [sodoŋ ソドン]; (騒乱) 소란 [soran ソラン]; (大騒ぎ) 야단 [jadan ヤダン]
騒ぐ (教室で) 떠들다 [t'ɔdɯlda ットドゥルダ]
爽さわやかだ (爽快さうだ) (気分が) 상쾌하다 [saːŋkʰwɛhada サーンクェハダ]; (弁舌が) 시원하다 [ʃiwɔnhada シウォンハダ]; (風が) 산뜻하다 [santt'ɯtʰada サンットゥッタダ]
触る (絵に) 만지다 [mandʒida マンジダ]; (触れる) (高圧線に) 닿다 [ta:tʰa タータッ]; (肩に) 대다 [tɛ:da テーダ]
三 (3) 삼 [sam サム]; 셋 [se:t セーッ]
桟 창살 [tʃʰaŋsal チャンサル]
‥‥さん (氏) ‥‥씨 [-ʃ'i -ッシ]; (さん) ‥‥님 [-nim -ニム]; (先生・さん) ‥‥선생 (님) [-sɔnsɛŋ(nim) -ソンセン(ニム)]
三一運動 (三一独立運動) 삼일 운동 [samiru:ndoŋ サミルーンドン]
参加 참가 [tʃʰamga チャムガ]; (参席) 참석 [tʃʰamsɔk チャムソク]
山河 산하 [sanha サンハ]; (山川) 산천 [santʃʰɔn サンチョン]
三角 삼각 [samgak サムガク]; 세모 [se:mo セーモ]
三角形 삼각형 [samgakʰjɔŋ サムガクキョン]; 세모꼴 [se:mok'ol セーモッコル]
三月 (3月) 삼월 [samwɔl サムォル]
産業 산업 [sa:nɔp サーノプ]
残金 잔금 [tʃaŋgɯm チャングム]; (残額) 잔액 [tʃanɛk チャネク]
サングラス (色めがね) 색안경 [sɛgangjɔŋ セガンギョン]; 선글라스 [sɔngullasɯ ソングルラス]
参考 참고 [tʃʰamgo チャムゴ]
三国志 삼국지 [samguktʃ'i サムグクチ]
山菜 산채 (나물) [santʃʰɛ(namul) サンチェ(ナムル)]
三十 (30) 삼십 [samʃip サムシプ]; 서른 [sɔrɯn ソルン]
参照 참조 [tʃʰamdʒo チャムジョ]
算数 산수 [sa:nsu サーンス]

賛成 찬성 [tʃʰaːnsɔŋ チャーンソン]
サンドイッチ 샌드위치 [sɛnduwitʃʰi センドゥウィチ]
残念だ (遺憾だ)(雨で中止となって) 유감스럽다 [jugamsurɔpt'a ユガムスロプタ]; (惜しい)(負けて)아깝다 [ak'apt'a アッカプタ]
散歩 (散策)(文学)산책 [saːntʃʰɛk サーンチェク]; (散歩)(公園の)산보 [saːnp'o サーンボ]
サンマ 꽁치 [k'oŋtʃʰi ッコンチ]
山脈 산맥 [sanmɛk サンメク]; 산줄기 [santʃulgi サンチュルギ]
散薬 (粉薬)가루약 [karujak カルヤク]; (散薬)산약 [saːnjak サーニャク]

し

四 (4)사 [saː サー]; 넷 [nɛːt ネーッ]
詩 시 [ʃi シ]   [サー]
死 (生と)죽음 [tʃugum チュグム]・사 [saː
…-氏 …-씨 [-ʃi -ッシ]
…-市 …-시 [-ʃiː -シー]
字 글 [kul クル]; (文字)글자 [kultʃa クルチャ]; (筆跡)글씨 [kulʃ'i クルッシ]
…-時 …-시 [-ʃi -シ]
地 (바닥) [t'aŋ (p'adak) ッタン(パダク)
試合 (競技)경기 [kjɔːŋgi キョーンギ]; (試合)시합 [ʃihap シハプ]
仕上げ 마무리 [mamuri マムリ]; (最後の手入れ)끝손질 [k'ɯsʼondʒil ックッソンジル]
しあさって 글피 [kulpʰi クルピ]
幸せ (幸福)행복 [hɛːŋbok ヘーンボク]; (巡り合わせ)운(수) [uːn (su) ウーン(ス)]
辞意 사의 [sai サイ]   [エムソン]
シーエムソング 시엠송 [ʃiːemsoŋ シー
シイタケ 표고 [pʰjogo ピョゴ]; 표고버섯 [pʰjogobɔsɔt ピョゴボソッ]
虐げる (虐待する)(動物を)학대하다 [haktʼɛhada ハクテハダ]; (いじめる)(子犬を)못살게 굴다 [moːsʼalge kuːlda モーッサルゲ クールダ]
シーツ 시트 [ʃiːtʰɯ シートゥ]
ジーパン 청바지 [tʃʰɔŋbadʒi チョンバジ]
強いて (わざわざ)(急ぐことはない)구태여 [kutʰɛjɔ クテヨ]; (むりに)(参加しなくともよい)억지로 [ɔktʃ'iro オクチロ]; (おして)(行くことはない)굳이 [kudʒi クジ]   [カーンヨハダ]
強いる (強要する)강요하다 [kaːŋjohada

仕入れる (仕込む)사들이다 [sadurida サドゥリダ]; (買い入れる)매입하다 [mɛːipʰada メーイプハダ]
子音 자음 [tʃaum チャウム]
しいんと (静まり返っている)쥐죽은 듯이 [tʃwidʒugun duʃi チュィジュグンドゥシ]
じいんと (胸にくる)짜릿하게 [tʃ'aritʰage ッチャリッタゲ]   「スチョ]
ジェスチュア 제스처 [dʒesutʃʰɔ ジェ
支援 지원 [tʃiwɔn チウォン]
塩 소금 [sogum ソグム]
潮 (海水)바닷물 [padanmul パダンムル]; (潮水)조수 [tʃosu チョス]; (好機・潮時)(それを)계기 [keːgi ケーギ]
塩辛 젓 [tʃɔt チョッ]; 젓갈 [tʃɔtkʼal チョッカル]
塩辛い (みそ汁が)짜다 [tʃʼada ッチャダ]
塩漬け 소금절이 [sogumdʒɔri ソグムジョリ]
塩焼き 소금구이 [sogumgui ソグムグイ]
しおれる (花が)시들다 [ʃidulda シドゥルダ]
シカ(鹿) 사슴 [sasum サスム]
…-しか(ない) (だだをこねるのでやる)…-밖에 (없다) [-pakʼe ‑ːpt'a] -パクケ (オープタ)
司会者 사회자 [saːhwedʒa サーフェジャ]; (会の進行者)진행자 [tʃiːnhɛŋdʒa チーンヘンジャ]
四角 사각 [saːgak サーガク]; 네모 [neːmo ネーモ]
資格 자격 [tʃagjɔk チャギョク]
四角い (机)네모지다 [neːmodʒida ネーモジダ]; =네모나다 [neːmonada ネーモナダ]
四角形 사각형 [saːgakʰjɔŋ サーガクキョン]; 네모꼴 [neːmokʼol ネーモッコル]
仕掛ける (装置する)(花火を)장치하다 [tʃaŋtʃʰihada チャンチハダ]; (準備する)(仕事を)준비하다 [tʃuːnbihada チューンビハダ]; (質問を)하려고 하다 [harjɔgo hada ハリョゴ ハダ]
しかし 그러나 [kurɔna クロナ]; (けれども)그렇지만 [kurɔtʃʰiman クロッチマン]; (しかし・だが)하지만 [hadʒiman ハジマン]; (ところで・さて)그런데 [kurɔnde クロンデ]
仕方 (方法)방법 [paŋbɔp パンボプ]; (やり方)법 [pɔp ポプ]; (方法・仕方)(よい方法)수 [suː ス]
しかたない (何と言われても)할 수 없

다 [hal s'u ɔ:pt'a ハル ッス オーㇷ゚タ]; (かわいそうでも)어쩔 수 없다 [ɔ'ʃʧɔl s'u ɔ:pt'a オッチョルッス オーㇷ゚タ]
しかたなく (タクシーに乗った)할 수 없이 [hal s'u:pʃi ハル ッス オーㇷ゚シ]; (やむをえず)어쩔 수 없이 [ɔ'ʃʧɔl s'u ɔ:pʃi オッチョルッス オーㇷ゚シ]
四月 (4月)사월 [sa:wɔl サーウォル]
しがみつく (お母さんに)매달리다 [mɛ:dallida メーダルリダ]
しかめる (痛くて顔を)찡그리다 [tʃ'iŋgurida ッチングリダ]; (顔・まゆを)찌푸리다 [tʃ'ipʰurida ッチプリダ]
しかも (それに)게다가 [kedaga ケダガ]; (その上に)더구나 [toguna トグナ]
しかる (子供を)꾸짖다 [k'udʒit'a ックジッタ]; (彼女を)나무라다 [namurada ナムラダ]; (しかりつける)야단치다 [ja:dantʃʰida ヤーダンチダ]
時間 시간 [ʃigan シガン]
式 식 [ʃik シク]; (儀典・儀式)의식 [wiʃik ウィシク]
四季 사계(절) [sa:ge(dʒɔl) サーゲ(ジョル)]; 사철 [sa:tʃʰɔl サーチョル]
敷き (したじき)받침 [patʃʰim パッチム]・깔개 [k'algɛ ッカルゲ 「ッテ」]
時期 (とき)시기 [ʃigi シギ]; (折)때 [t'ɛ]
しきたり (習わし・慣例)관례 [kwa:lle クァールレ]; (先例)선례 [sɔlle ソルレ]
支給 지급 [tʃigɯp チグㇷ゚]
至急 지급 [tʃigɯp チグㇷ゚]
事業 사업 [sa:ɔp サーオㇷ゚]
仕切り 칸막이 [kʰanmagi カンマギ]; (決算)결산 [kjɔls'an キョルサン]
しきりに (たびたび)자주 [tʃadʒu チャジュ]; (ひっきりなしに)자꾸 [tʃak'u チャック]
資金 자금 [tʃagɯm チャグㇺ]
敷く (布団を)깔다 [k'alda ッカルダ]
仕草 (仕方)하는 [hanun チ:ヌ]짓 [tʃi:t ハヌン チーッ]; (身振り)몸짓 [momdʒit モㇺジッ]; (演じること)연기 [jɔ:ngi ヨーンギ]
仕組み (構造)(社会の)구조 [kudʒo クジョ]; (組み立て)(機械の)짜임 [tʃ'a:im ッチャーイㇺ]; (方法・企て)방법 [paŋbɔp パンボㇷ゚]
刺激 자극 [tʃa:gɯk チャーグク]
茂っている (雑草が生い)무성하다 [musɔŋhada ムソンハダ 「ジダ」]
茂る (青葉が)우거지다 [ugɔdʒida ウゴジダ]
試験 시험 [ʃihɔm シホㇺ]

資源 자원 [tʃawɔn チャウォン]
事件 사건 [sa:k'ɔn サーコン]
自己 자기 [tʃagi チャギ]; (自身)자신 [tʃaʃin チャシン]
事故 사고 [sa:go サーゴ]
志向 지향 [tʃihjaŋ チヒャン]
事項 사항 [sa:haŋ サーハン]; (項目)항목 [ha:ŋmok ハーンモク]
仕事 (野良)일 [i:l イール]; (今日の)할일 [ha:llil ハールリル]; (作業)(夜間のお仕事)작업 [tʃagɔp チャゴㇷ゚]
仕込む (訓練する)(芸を)가르치다 [karutʃʰida カルチダ]; (しつける)(犬に芸を)길들이다 [kildɯrida キルドゥリダ]; (買い入れる)(商品を)사들이다 [sadɯrida サドゥリダ]; (醸造する)(酒を)담그다 [tamguda タムグダ]
しこり 응어리 [ɯŋɔri ウンオリ]
時刻 시각 [ʃigak シガク]
地獄 지옥 [tʃiok チオク]
指示 지시 [tʃiʃi チシ]
支持 지지 [tʃidʒi チジ]
事実 (既成)사실 [sa:ʃil サーシル]; 副 (本当に)정말로 [tʃɔ:ŋmallo チョーンマルロ]
支出 지출 [tʃitʃʰul チチュル]
辞書 사전 [sadʒɔn サジョン]
事情 사정 [sa:dʒɔŋ サージョン]
時事 시사 [ʃisa シサ]
辞職 사직 [sadʒik サジク]
自叙伝 자서전 [tʃasodʒɔn チャソジョン]
自信 자신 [tʃaʃin チャシン]
自身 자신 [tʃaʃin チャシン]; (自己)자기 [tʃagi チャギ]; (自分)저 [tʃɔ チョ]
…(し)次第 (言いなり)…는 대로 [-nɯn dɛro - ヌン デロ]
地震 지진 [tʃidʒin チジン]
静かだ (海)조용하다 [tʃojoŋhada チョヨンハダ]; (場内)잠잠하다 [tʃa:mdʒamhada チャㇺジャㇺハダ]; (静まり返っている)잔잔하다 [tʃa:ndʒanhada チャンジャンハダ]; (月夜)고요하다 [kojohada コヨハダ]
しずく 물방울 [mulp'aŋul ムルパンウル]
システム 시스템 [ʃisɯtʰem システㇺ]; (組織)조직 [tʃodʒik チョジク]; (体系)체계 [tʃʰege チェゲ]
沈む (海に)가라앉다 [karaant'a カラアンタ]; (月が)지다 [tʃida チダ]; (涙に)잠기다 [tʃamgida チャㇺギダ]
姿勢 자세 [tʃa:se チャーセ]

施設 시설 [ʃi:sɔl シーソル]

自然 자연 [tʃajən チャヨン]; 副 (自然に) 자연히 [tʃinjəni チャヨニ]; (ひとりでに・おのずから) 절로 [tʃollo チョルロ]

思想 사상 [sa:saŋ サーサン]

……(し) そうだ (今夜は雪になり) ……ㄹ 것 같다 [-l k'ət kat'a -ルコッカッタ]

子孫 자손 [tʃason チャソン]

下 (坂の) 아래 [arɛ アレ], (椅子の) 밑 [mit ミッ]

舌 혀 [hjə ヒョ]

……(し) たい (外国に留学) ……고 싶다 [-go ʃipt'a -ゴ シプタ]

時代 시대 [ʃidɛ シデ]; (青春) 시절 [ʃidʒɔl シジョル]

次第に (成績がよくなる) 점점 [tʃɔ:mdʒɔm チョームジョム]; (病状がよくなる) 차차 (로) [tʃʰatʃʰa(ro) チャチャ(ロ)]

……(し) たいのは山々だが (お伺いしたいのは) ……고 싶은 마음은 간절하지만 [-go ʃipʰɯn maɯmɯn ka:ndʒɔrhadʒiman -ゴ シプン マウムン カーンジョルハジマン]; (行きたいのは) ……고 싶은 마음은 굴뚝 같지만 [-go ʃipʰɯn maɯmɯn ku:lt'uk'at'ʃiman -ゴ シプン マウムン クールトゥクカッチマン]

慕う (故国を) 그리워하다 [kɯriwəhada クリウォハダ]; (恋い慕う) (人) 사모하다 [samohada サモハダ]

従う (父に) 따르다 [t'arɯda ッタルダ]; (行列に) 따라가다 [t'aragada ッタラガダ]

従って 따라서 [t'arasɔ ッタラソ]; 그러므로 [kɯrɔmuro クロムロ]

下着 (肌着) 속옷 [so:got ソーゴッ]; (下着) 내복 [nɛ:bok ネーボク]

仕[支]度 (準備) 준비 [tʃu:nbi チューンビ]; (用意) 마련 [marjən マリョン]; (買い入れ・こしらえ・備えること) (食べ物の) 장만 [tʃaŋman チャンマン]

自宅 자택 [tʃatʰɛk チャテク]; 자기 집 [tʃagi dʒip チャギ ジプ]

……(し) たことがある (この小説を読んだこと) ……아[-어] 본 일[적]이 있다 [-a[-ɔ]bon ni:ri[tʃ'ɔgi] it'a -ア[-オ]ボン ニーリ[チョギ] イッタ]

……(し) たことがない (外国へ行ったこと) ……아[-어] 본 일[적]이 없다 [-a[-ɔ]bon ni:ri[tʃ'ɔgi] ɔpt'a -ア[-オ]ボン ニーリ[チョギ] オプタ]

親しい (友達) 친하다 [tʃʰinhada チンハダ]; (間柄) 사이 좋다 [sai dʒo:tʰa サイ ジョーッタ]

親しく (みずから) (話し掛ける) 친히 [tʃʰini チニ]; (指導する) 몸소 [momso モムソ]; (訪問する) 손수 [sonsu ソンス]; (行って見る) 실지로 [ʃiltʃ'iro シルチロ]

親しむ (友と) 친하다 [tʃʰinhada チンハダ]; (好む) (読書に) 좋아하다 [tʃɔ:ahada チョーアハダ]; (楽しむ) (スポーツに) 즐기다 [tʃɯlgida チュルギダ]

滴る (汗が) 떨어지다 [t'ɔrɔdʒida ットロジダ]

七 (7) 칠 [tʃʰil チル]; 일곱 [ilgop イルゴプ]

七月 (7月) 칠월 [tʃiruəl チルォル]

市長 시장 [ʃi:dʒaŋ シージャン]

質 질 [tʃil チル]; (品質) 품질 [pʰu:mdʒil プームジル]; (性質) 성질 [sɔ:ŋdʒil ソーンジル]

しっかり (ひもを) 꼭 [k'ok ッコク]; (会社が) 튼튼히 [tʰɯntʰɯni トゥントゥニ]; (土台が) 단단히 [tadani タンダニ]

実技 실기 [ʃilgi シルギ]

失業 실업 [ʃirɔp シロプ]

実況 실황 [ʃirhwaŋ シルファン]

実業 실업 [ʃirɔp シロプ]

しつけ (家庭教育) (厳しい) 가정 교육 [kadʒəŋ gjo:juk カジョン ギョーユク]; (訓育) (学校の) 훈육 [hu:njuk フーニュク]

実験 실험 [ʃirhɔm シルホム]

実現 실현 [ʃirhjən シルヒョン]

しつこい (質問) 집요하다 [tʃibjohada チビョハダ]; (セールスマン) 끈덕지다 [k'ɯndɔktʃ'ida ックンドクチダ]

実行 실행 [ʃirhɛŋ シルヘン]

実際 실제 [ʃiltʃ'e シルチェ]; 副 (本当に) 정말로 [tʃɔ:ŋmallo チョーンマルロ]

実情 실정 [ʃiltʃ'ɔŋ シルチョン]

実践 실천 [ʃiltʃʰɔn シルチョン]

質素だ 검소하다 [kɔ:msohada コームソハダ]

嫉妬 질투 [tʃiltʰu チルトゥ]; (嫉妬・ねたみ・負けん気) 샘 [sɛ:m セーム]; (嫉妬心・強情) 강짜 [kaŋtʃ'a カンッチャ]

じっと 가만히 [kamani カマニ]

実に 실로 [ʃillo シルロ]; (まことに・まったく) 참으로 [tʃʰamuro チャムロ]

実は 실은 [ʃirun シルン]; (事実・本当に) 사실은 [sa:ʃirun サーシルン]

失敗 실패 [ʃilpʰe シルペ]; (失策) 실수 [ʃils'u シルッス]

実費 실비 [ʃilbi シルビ]

湿布 찜질 [tʃ'imdʒil ッチムジル]

実物 실물 [ʃilmul シルムル]

しっぽ 꼬리 [k'ori ッコリ]
質問 질문 [tʃilmun チルムン]
失礼 실례 [ille シルレ]
失恋 실연 [iriʌn シリョン]
実録 실록 [illok シルロク]
…‐(し)ている (テレビを見て)…‐고 있다 [-go it'a -ゴ イッタ]; (独りで残って)…‐아 [-어] 있다 [-a[-ɔ] it'a -ア[-オ] イッタ]; (お父さんに似て)…‐았 [-었]다 [-at'[-ɔt']a -アッ[-オッ]タ]
…‐(し)ているところだ (文を書いている)…‐고 있는 중이다 [-go innɯn tʃuŋida -ゴ インヌン チュンイタ]
…‐(し)ておく (知って・話して)…‐아 [-어] 두다 [놓아 [-ɔ] duda [notʰa] -ア[-オ] ドゥダ [ノッタ]]
…‐(し)てから (お茶を飲んで)…‐고 나서 [-go nasɔ -ゴ ナソ]; (…した後で)(映画を見て) -한 후에 -ハン フーエ; (…した後で)(食事をして)…‐한 다음에 [-han daumɛ ハン ダウメ]
…‐(し)てください (お書きになって)…‐아 [-어] 주십시오 [주세요] [-a [-ɔ] tʃuʃipʃ'io [tʃusejo] -ア[-オ] チュシプシオ[チュセヨ]]
…‐(し)てしまう (書いて)…‐아 [-어] 버리다 [-a[-ɔ] bɔrida -ア[-オ] ボリダ]; (…しまった)(壊れて) -고 말았다 [-go marat'a -ゴマラッタ]
…‐(し)てはいけない (テレビを見ては)…‐아서는 [어서는] 안 된다 [못쓰다] [-asɯnɯn [-ɔsɯnɯn] andwenda [mo:s'ɯda] -アソヌン[-オソヌン] アン ドゥェンダ[モーッスダ]]
…‐(し)てばかりいる (食べて)…‐기만 한다 [-giman handa -ギマン ハンダ]
…‐(し)てみる (読んで)…‐아 [-어] 보다 [-a [-ɔ] boda -ア[-オ] ボダ]
…‐(し)てもいい[かまわない] (行かなくても)…‐아도 [-어도] 좋다 [괜찮다] [-ado [-ɔdo] tʃo:tʰa [kwɛntʃʰantʰa] -アド[-オド] チョータ [クェンチャンタ]]
…‐(し)てやる[くれる] (本を買って)…‐아 [-어] 주다 [-a[-ɔ] dʒuda -ア[-オ] ジュダ]
指定 지정 [tʃidʒʌŋ チジョン]
指摘 지적 [tʃidʒʌk チジョク]
事典 사전 [sa:dʒʌn サージョン]
辞典 사전 [sadʒʌn サジョン]
自転車 자전거 [tʃadʒʌŋgʌ チャジョンゴ]

指導 지도 [tʃido チド]
児童 아동 [adoŋ アドン]; (幼稚園・小学校の子供) 어린이 [ɔrini オリニ]
自動車 자동차 [tʃadoŋtʃʰa チャドンチャ]; (車) 차 [tʃʰa チャ]
しとやかだ (おとなしい) (あの子は) 얌전하다 [jamdʒʌnhada ヤムジョンハダ]; (貞淑だ)(妻) 정숙하다 [tʃuŋsukʰada チョンスクハダ]; (優雅だ)(婦人) 우아하다 [uahada ウアハダ]
品 (物) 물건 [mulgʌn ムルゴン]; (商品) 상품 [saŋpʰum サンプム]; (人柄) 품위 [pʰu:mwi プームィ]
しない (何の仕事も) 하지 않다 [hadʒi antʰa ハジ アンタ]; 안 하다 [an hada アン ハダ]
…‐(し)ないでください (触らないで)…‐지 마십시오 [마세요] [-dʒi maʃipʃ'io [masejo] -ジ マシプシオ[マセヨ]]
…‐(し)ながら (テレビを見)…‐면서 [-mjʌnsɔ -ミョンソ]; -며 [-mjɔ -ミョ]
…‐(し)なければならない (ここにいなければ)…‐아야 [-어야] 한다 [-aja[-ɔja] handa -アヤ[-オヤ] ハンダ]; (熱心に勉強)…‐아야 [-어야] 된다 [-aja [-ɔja] twenda -アヤ[-オヤ] トゥェンダ]; (タバコをやめ)…‐아야 [-어야] 겠다 [-aja[-ɔja] get'a -アヤ[-オヤ] ゲッタ]; (必ず行か)…‐지 않으면 안 된다 [-dʒi anɯmjʌn an dwenda -ジ アヌミョン アン ドゥェンダ]
品物 물품 [mulpʰum ムルプム]; (商品) 상품 [saŋpʰum サンプム]
しなやかだ (動作が) 유연하다 [jujʌnhada ユヨンハダ]
次男 차남 [tʃʰanam チャナム]; 둘째 아들 [tu:ltʃʃɛ adɯl トゥールッチェ アドゥル]
しにくい (理解)하기 어렵다 [hagi ɔrjʌptʼa ハギ オリョプタ]; (仕事) 하기 힘들다 [hagi himdɯlda ハギ ヒムドゥルダ]
死ぬ (病気で) 죽다 [tʃukt'a チュクタ]
しのぐ (堪え忍ぶ)(飢えを) 참고 견디다 [tʃʰa:mk'o kjʌndida チャームコ キョンディダ]; (防ぐ・遮る)(雨露を) 막다 [makt'a マクタ]; (追い越す)(先輩を) 능가하다 [nɯŋgahada ヌンガハダ]
忍ぶ (避ける)(人の目を) 피하다 [pʰi:hada ピーハダ]; (耐える)(苦痛を) 참다 [tʃʰa:mt'a チャームタ]; (飢えを) 견디다 [kjʌndida キョンディダ]
偲ぶ (故郷を) 그리워하다 [kɯriwʌha-

支配 지배 [tɕibɛ チベ]
芝居 연극 [jɔːŋguk ヨーングク]
しばしば 자주 [tɕadʑu チャジュ]
芝生 잔디밭 [tɕandibat チャンディバッ]
支払う (料金を)지불하다 [tɕiburhada チブルハダ]; (部屋代を)치르다 [tɕʰiruda チルダ]; (税金を)물다 [muːlda ムールダ]
しばらく 잠깐 [tɕamk'an チャムッカン]; 잠시 [tɕaːmɕi チャームシ]; (当分)당분간 [taŋbungan タンブンガン]
縛る (荷物を)묶다 [mukt'a ムクタ]; (犬を)매다 [mɛːda メーダ]; (時間に)얽매다 [ɔŋmɛda オンメダ]
私費 사비 [ɕabi サビ]; (自費)자비 [tɕabi チャビ]
字引 (辞典)사전 [sadʑɔn サジョン]
しびれる (手が)저리다 [tɕɔrida チョリダ]; (麻痺する)(右半身が)마비되다 [maːbidweda マービドゥェダ]
渋い (柿などが)떫다 [t'ɔːlt'a ットールタ]; (柄の着物)수수하다 [susuhada ススハダ]
しぶき 물보라 [mulbora ムルボラ]
自分 내 [nɛ ネ]; (自己)자기 [tɕagi チャギ]; (自身)자신 [tɕaɕin チャシン]; (私)저 [tɕɔ チョ]; (自ら)스스로 [susuro ススロ]
紙幣 지폐 [tɕipʰe チペ]
死亡 사망 [saːmaŋ サーマン]
志望 지망 [tɕimaŋ チマン]
絞る (タオルを)짜다 [tɕ'ada ッチャダ]
資本 자본 [tɕabon チャボン]
島 섬 [sɔm ソム]
姉妹 자매 [tɕamɛ チャメ]
しまう (終える)(演説を)끝내다 [k'ɯnnɛda ックンネダ]; (仕事を)마치다 [matɕʰida マチダ]; (授業を)파하다 [pʰaːhada パーハダ]; (片づける)(本を)챙기다 [tɕʰeŋgida チェンギダ]; (道具を)치우다 [tɕʰiuda チウダ]
始末 (経緯)경위 [kjɔŋwi キョンウィ]; (始終)자초지종 [tɕatɕʰodʑidʑoŋ チャチョジジョン]
閉まる (ドアが)닫히다 [tatɕʰida タッチダ]
締まる (ねじがきっちり)꼭 죄이다 [k'ok tɕ'weida ッコク チュェイダ]; (緊張する)(身が)긴장되다 [kindʑaŋdweda キンジャンドゥェダ]; (倹約する)(生活を)아끼다 [ak'ida アッキダ]
自慢 자랑 [tɕaːraŋ チャーラン]
染み 얼룩 [ɔlluk オルルク] 「スハダ」
地味だ (色が)수수하다 [susuhada ス
染みる (汗に)배다 [pɛːda ペーダ]; (寒さが身に)스미다 [sumida スミダ]
市民 시민 [ɕiːmin シーミン]
事務 사무 [saːmu サーム]
事務所 (オフィス)사무실 [saːmuɕil サームシル]; 사무소 [saːmuso サームソ]
氏名 (姓名)성명 [sɔːŋmjɔŋ ソーンミョン]; (名前)이름 [irum イルム]
使命 사명 [saːmjɔŋ サーミョン]
指名 지명 [tɕimjɔŋ チミョン]
締め切り 마감 [magam マガム]
締めくくる (袋を)단단히 묶다 [tandanhi mukt'a タンダニ ムクタ]; (縄で)동여 매다 [toŋjɔ mɛda トンヨ メダ]
じめじめする (空気)축축하다 [tɕʰuktɕʰukhada チュクチュクハダ]; (つゆ)구질구질하다 [kudʑilgudʑirhada クジルグジルハダ]; (性格)음울하다 [umurhada ウムルハダ]
示す (方向を)가리키다 [karikʰida カリキダ]; (表わす)나타내다 [natʰanɛda ナタネダ]; (見せる)보이다 [poida ポイダ]; (表示する)표시하다 [pʰjoɕihada ピョシハダ] 「チャジハダ」
占める (多数を)차지하다 [tɕʰadʑihada
閉める (窓を)닫다 [tatʼa タッタ]
湿る (空気が)습기차다 [sɯpk'itɕʰada スプキチャダ]; (夜露で)젖다 [tɕɔt'a チョッタ]
締める (ひもを)죄다 [tɕweːda チュェーダ]; (ねじを)조르다 [tɕoruda チョルダ]; (水道の栓を)잠그다 [tɕamguda チャムグダ]; (ネクタイを)매다 [mɛːda メーダ]; (帳簿を)마감하다 [magamhada マガムハダ]
霜 서리 [sɔri ソリ]
地元 그 고장 [kɯ kodʑaŋ ク コジャン]; 그 지방 [kɯ tɕibaŋ ク チバン]
霜柱 서릿발 [sɔritp'al ソリッパル]
霜焼け 동상 [toːŋsaŋ トーンサン]
指紋 지문 [tɕimun チムン]
……車 (自動)……차 [-tɕʰa -チャ]; (自転)……거 [-gɔ -ゴ]
ジャーナリスト 저널리스트 [tɕɔːnɔllisutʰɯ チョーノルリストゥ]; (記者)기자 [kidʑa キジャ] 「ダン」
シャーマン (巫女?)무당 [muːdaŋ ムー
社員 사원 [sawɔn サウォン]
釈迦 석가 [sɔkʼa ソクカ]; (釈迦牟

社会 | 主演

尼) 석가모니 [sɔk'amoni ソクカモニ]
社会 사회 [sahwe サフェ]
社会主義 사회주의 [sahwedʒui サフェジュイ]
ジャガイモ 감자 [kamdʒa カムジャ]
しゃがむ (すくめる)(体を) 웅크리다 [uŋkʰurida ウンクリダ]; (かがむ) 쭈그리다 [tʃʼugurida ッチュグリダ]
市役所 시청 [ʃiːtʃʰɔŋ シーチョン]
弱点 약점 [jaktʃʼɔm ヤクチョム]
釈放 석방 [sɔkpʼaŋ ソクパン]
酌量 참작 [tʃʰamdʒak チャムジャク]
車庫 차고 [tʃʰago チャゴ]
社交 사교 [sagjo サギョ]
車掌 차장 [tʃʰadʒaŋ チャジャン]
写真 사진 [sadʒin サジン]
ジャズ 재즈 [dʒɛdʒɯ ジェジュ]
…–(し)やすい (読み)…-기 쉽다 [-gi ʃwiːptʼa -ギ シュィープタ]
ジャスミン 재스민 [dʒɛsɯmin ジェスミン]
社長 사장 [sadʒaŋ サジャン]
シャツ 셔츠 [ʃɔːtʃʰɯ ショーチュ]; 샤쓰 [ʃasʼɯ シャッス]
借金 빚 [pit ピッ]
しゃっくり 딸꾹질 [tʼalkʼuktʃʼil ッタルッククチル]
しゃべる (話す)(うっかり) 말하다 [maːrhada マールハダ]; (よく) 지껄이다 [tʃikʼɔrida チッコリダ]
邪魔する (妨害する)(仕事を) 방해하다 [paŋhɛhada パンヘハダ]
邪魔になる (妨害になる)(勉強の) 방해(가) 되다 [paŋhɛ(ga) dweda パンヘ(ガ) ドゥェダ]; (つきまといになる)(の ら犬が) 거치적거리다 [kɔtʃʰidʒɔkʼɔrida コチジョクコリダ]
ジャム 잼 [dʒɛm ジェム]; 쨈 [tʃʼɛm ッチェム]
車輪 (輪) 바퀴 [pakʰwi パクィ]; 차륜 [tʃʰarjun チャリュン]
洒落る (おどける)(とばす) 익살 [iksʼal イクサル]; (冗談) 농담 [noːŋdam ノーンダム]; (ユーモア) 유머 [juːmɔ ユーモ]
謝礼 사례 [saːre サーレ]
じゃんけんぽん 가위 바위 보 [kawibawibo カウィバウィボ]
シャンプー 샴푸 [ʃampʰu シャムプ]
ジャンボリー 잼보리 [dʒɛmbori ジェムボリ]
十 (10) 십 [ʃip シプ]; 열 [jɔl ヨル]
週 주 [tʃu チュ]
銃 총 [tʃʰoŋ チョン]
自由 자유 [tʃaju チャユ]
周囲 (建物の) 주위 [tʃuwi チュウィ]; (周り)(胸) 둘레 [tulle トゥルレ]
十一月 (11月) 십일월 [ʃibirwɔl シビルォ]
集会 집회 [tʃipʰwe チプフェ]; (集まり) 모임 [moim モイム]
収穫 수확 [suhwak スファク]
十月 (10月) 시월 [ʃiwɔl シウォル]
週間 주간 [tʃugan チュガン]; (週)주일 [tʃuil チュイル]
習慣 습관 [sɯpkʼwan スプクァン]
周期 주기 [tʃugi チュギ]
宗教 종교 [tʃoŋgjo チョンギョ]
集合 집합 [tʃipʰap チプハプ]
修士 석사 [sɔksʼa ソクサ]
充実 충실 [tʃʰuŋʃil チュンシル]
住所 주소 [tʃuːso チューソ]
重傷 중상 [tʃuːŋsaŋ チューンサン]
修飾 수식 [suʃik スシク]
就職 취직 [tʃʰwiːdʒik チュィージク]
ジュース 주스 [dʒuːsɯ ジュース]
修正 수정 [sudʒɔŋ スジョン]
修繕 수선 [susɔn スソン]
渋滞 (停滞)(車の) 정체 [tʃɔŋtʃʰe チョンチェ]; (遅滞)(事務の) 지체 [tʃitʃʰe チチェ]
重大だ (責任が) 중대하다 [tʃuːŋdɛhada チューンデハダ]
住宅 주택 [tʃuːtʰɛk チューテク]
終点 종점 [tʃoŋtʃʼɔm チョンチョム]
しゅうと 시아버지 [ʃiabɔdʒi シアボジ]
柔道 유도 [juːdo ユード]
しゅうとめ 시어머니 [ʃiɔmɔni シオモニ]
十二月 (12月) 십이월 [ʃibiwɔl シビウォル]; (陰暦の師走) 섣달 [sɔtʼal ソッタル]
十二支 십이지 [ʃibidʒi シビジ]
収入 수입 [suip スイプ]
就任 취임 [tʃʰwiːim チュィーイム]
…周年 …주년 [-tʃunjɔn -チュニョン]
十分だ (お金は) 넉넉하다 [nɔŋnɔkʰada ノンノクハダ]; (充分だ)(1人で) 충분하다 [tʃʰuŋbunhada チュンブンハダ]
十分に 충분히 [tʃʰuŋbuni チュンブニ]
週末 주말 [tʃumal チュマル]
住民 주민 [tʃuːmin チューミン]
重要だ 중요하다 [tʃuːŋjohada チューンヨハダ]
修理する (直す)(時計を) 고치다 [kotʃʰida コチダ]; (車を修理する) 수리하다 [surihada スリハダ]
終了 종료 [tʃoŋnjo チョンニョ]
重量 중량 [tʃuːŋnjaŋ チューンニャン]
収賄 수회 [suhwe スフェ]
主演 주연 [tʃujɔn チュヨン]

酒宴 주연 [tʃujon チュヨン]
主観 주관 [tʃugwan チュグァン]
主義 주의 [tʃui チュイ]
儒教 유교 [jugjo ユギョ]
授業 수업 [suɔp スオㇷ゚]
塾 입시 학원 [ipʃ'ihagwon イㇷ゚シハグォン]
祝日 축일 [tʃʰugil チュギル]; (節句) 명절 [mjɔndʒɔl ミョンジョル]
熟す (柿が) 익다 [ikt'a イクタ]; (考えが) 무르익다 [muruukt'a ムルイクタ]
宿題 숙제 [suktʃ'e スクチェ]
祝福 축복 [tʃʰukp'ok チュクポク]
宿命 숙명 [suŋmjoŋ スンミョン]
熟練 숙련 [suŋnjon スンニョン]
主権 주권 [tʃuk'wɔn チュクォン]
受験 수험 [suhɔm スホㇺ]
受講 수강 [sugaŋ スガン]
主催 주최 [tʃutʃʰwe チュチュェ]
取材 취재 [tʃʰwi:dʒe チュイージェ]
趣旨 취지 [tʃʰwi:dʒi チュイージ]
手術 수술 [susul ススル]
首相 수상 [susaŋ スサン]
受賞・授賞 수상 [susaŋ スサン]
主人 주인 [tʃuin チュイン]
主題 주제 [tʃudʒe チュジェ]
手段 수단 [sudan スダン]; 수 [su ス]
主張 주장 [tʃudʒaŋ チュジャン]
出勤 출근 [tʃʰulguun チュルグン]
出身 출신 [tʃʰulʃ'in チュルシン]
出席 출석 [tʃʰuls'ɔk チュルソク]
出張 출장 [tʃʰultʃ'aŋ チュルチャン]
出発する 출발하다 [tʃʰulbarhada チュルバルハダ]; (発つ)(パリを) 떠나다 [t'ɔ:nada ットナダ]
出版 출판 [tʃʰulpʰan チュルパン]; (刊行) 출간 [tʃʰulgan チュルガン]
首都 수도 [sudo スド]
ジュニア 주니어 [dʒunio ジュニオ]
主婦 주부 [tʃubu チュブ]
趣味 취미 [tʃʰwi:mi チュイーミ]
寿命 수명 [sumjɔŋ スミョン]
需要 수요 [sujo スヨ]
狩猟 수렵 [surjɔp スリョㇷ゚]; (狩り)(キジ) 사냥 [sanjaŋ サニャン]
酒量 주량 [tʃurjaŋ チュリャン]
種類 종류 [tʃo:ŋnju チョーンニュ]; (種) (いろいろ) 가지 [kadʒi カジ]
手腕 수완 [suwan スワン]
順 (順番) 차례 [tʃʰare チャレ]; (順序) 순 (서) [su:n (sɔ) スーン(ソ)]
瞬間 순간 [sungan スンガン]
巡査 순경 [sungjɔŋ スンギョン]

順序 순서 [su:nsɔ スーンソ]; (順番) 차례 [tʃʰare チャレ]
純粋だ (動機が) 순수하다 [sunsuhada スンスハダ]
順調だ (経過は) 순조롭다 [su:ndʒoropt'a スーンジョロㇷ゚タ]
準備 (仕度) 준비 [tʃu:nbi チューンビ]; (用意) 마련 [marjon マリョン]; (買い入れ・こしらえ・備えること)(食べ物の) 장만 [tʃaŋman チャンマン]
使用 사용 [sa:joŋ サーヨン]
情 정 [tʃɔŋ チョン]
錠 자물쇠 [tʃamuls'we チャムルスェ]
消化 소화 [sohwa ソファ]
消火 소화 [sohwa ソファ]
紹介 소개 [sogɛ ソゲ]
生涯 (教育) 생애 [sɛŋɛ センエ]; (終身)(会員) 평생 [pʰjɔŋsɛŋ ピョンセン]
障害 장애 [tʃaŋɛ チャンエ]
奨学金 장학금 [tʃa:ŋhak'um チャーンハックㇺ]
正月 (1月)(陰暦のむつき)정월 [tʃɔŋwol チョンウォル]; (陰暦の元日) 설 [sɔːl ソール]; (陰暦のお正月の日) 설날 [sɔ:l-lal ソールラル]
小学校 (初等) 초등 학교 [tʃʰodɯŋ hak'jo チョドゥン ハッキョ]
将棋 장기 [tʃa:ŋgi チャーンギ]
乗客 승객 [suŋgɛk スンゲク]
商業 상업 [saŋɔp サンオㇷ゚]
状況 (現場の) 상황 [saŋhwaŋ サンファン]; (暮らし向き)(生活) 형편 [hjɔŋpʰjɔn ヒョンピョン]
賞金 상금 [saŋgum サングㇺ]
上下 위아래 [wiarɛ ウィアレ]; 상하 [sa:ŋha サーンハ]
証券 증권 [tʃɯŋk'wɔn チュンクォン]
証言 증언 [tʃɯŋɔn チュンオン]
条件 조건 [tʃok'ɔn チョコン]
証拠 증거 [tʃɯŋgɔ チュンゴ]
正午 정오 [tʃɔ:ŋo チョーンオ]
条項 조항 [tʃohaŋ チョハン]
障子 장지 [tʃaŋdʒi チャンジ]; (引き戸) 미닫이 [midadʒi ミダジ]
常識 상식 [saŋʃik サンシㇰ]
正直だ 정직하다 [tʃɔ:ŋdʒikʰada チョーンジクカダ]
乗車 승차 [suŋtʃʰa スンチャ]
乗車券 승차권 [suŋtʃʰak'wɔn スンチャクォン]
上述のように 상술한 바와 같이 [sa:ŋsurhan bawa gatʃʰi サーンスルハン バワ ガチ]; 위에서 말한 것과 같이 [wiesɔ ma:rhan kɔtk'wa gatʃʰi ウィ

エソ マールハン コックァ ガチ]
少女 소녀 [so:njʌ ソーニョ]
少々 (塩を加える)조금 [tʃogum チョグム]; (お待ちください) 잠깐 [tʃamk'an チャムッカン]
少々のこと 사소한 일 [sasohan ni:l サソハン ニール]
生じる (生える)(芽が) 나다 [nada ナダ]; (事情が) 생기다 [sɛŋgida センギダ]
上手だ (話し)잘하다 [tʃarhada チャルハダ]; (熟練している)(ピアノ)능숙하다 [nuŋsukʰada ヌンスクハダ]; (腕前がいい) 솜씨 있다 [somʃ'i it'a ソムッシ イッタ]
称する (天才と)칭하다 [tʃʰiŋhada チンハダ]; (々と呼ぶ)(アルプスを魔の山と)일컫다 [ilkʰʌt'a イルコッタ]
小説 소설 [so:sʌl ソーソル]
消息 소식 [soʃik ソシク]
招待 초대 [tʃʰodɛ チョデ]
状態 상태 [saŋtʰɛ サンテ]
承諾 승낙 [suŋnak スンナク]
冗談 농담 [no:ŋdam ノーンダム]
承知しました (はい,) 알겠습니다 [a:lges'umnida アールゲッスムニダ]; (委細)알았습니다 [aras'umnida アラッスムニダ]
承知する (存じ)알다 [a:lda アールダ]
焼酎 ちゅう 소주 [sodʒu ソジュ]
象徴 상징 [saŋdʒiŋ サンジン]; (シンボル)심벌 [ʃimbʌl シムボル]
商店 상점 [saŋdʒʌm サンジョム]
焦点 초점 [tʃʰotʃ'ʌm チョチョム]
上等品 (高級品)고급품 [koɡupʰum コグプム]
…(し)ようと思う (外国へ留学)…려고 한다 [-rjʌgo handa -リョゴ ハンダ]; (結婚を)…고자 한다 [-godʒa handa -ゴジャ ハンダ]
…(し)ようと思ったら (成功)…려면 [-rjʌmjʌn -リョミョン]; (彼が来る)…려니 [-rjʌni -リョニ]
…(し)ようと思っていたところだ (研修旅行を)…려던 참이다 [-rjʌdʌn tʃʰamida -リョドン チャミダ]
衝突 충돌 [tʃʰuŋdol チュンドル]
場内 장내 [tʃaŋnɛ チャンネ]
証人 증인 [tʃuŋin チュンイン]
情熱 정열 [tʃʌŋnjʌl チョンニョル]
少年 소년 [so:njʌn ソーニョン]
商売 장사 [tʃaŋsa チャンサ]
消費 소비 [sobi ソビ]

商品 상품 [saŋpʰum サンプム]
上品だ (品がある)점잖다 [tʃʌ:mdʒantʰa チョームジャンタ]; (身なり)고상하다 [kosaŋhada コサンハダ]; (服装)품위(가) 있다 [pʰu:mwi(ga) it'a プームィ(ガ) イッタ]
勝負 승부 [su:ŋbu スーンブ]
丈夫だ (子供が)튼튼하다 [tʰɯntʰɯnhada トゥントゥンハダ]; (健康だ)(体が)건강하다 [kʌ:ŋgaŋhada コーンガンハダ]; (机が)단단하다 [tandanhada タンダンハダ]
小便 소변 [so:bjʌn ソービョン]; (尿)오줌 [odʒum オジュム]
情報 정보 [tʃʌŋbo チョンボ]
消防署 소방서 [sobaŋsʌ ソバンソ]
証明 증명 [tʃɯŋmjʌŋ チュンミョン]
照明 조명 [tʃo:mjʌŋ チョーミョン]
条約 조약 [tʃojak チョヤク]
しょう油 간장 [kandʒaŋ カンジャン]
将来 장래 [tʃaŋnɛ チャンネ]; (未来)앞날 [amnal アムナル]; (将来・今後)앞으로 [apʰɯro アプロ]; (今後)장차 [tʃaŋtʃʰa チャンチャ]
勝利 승리 [sɯ:ŋni スーンニ]
省略 생략 [sɛŋnjak センニャク]
常連 (客)단골 손님 [tangolsonnim タンゴル ソンニ厶]; 단골 [tangol タンゴル]
じょうろ 물뿌리개 [mulp'urigɛ ムルップリゲ]
女学生 여학생 [jʌhaks'ɛŋ ヨハクセン]
女学校 여학교 [jʌhak'jo ヨハクキョ]
ジョギング 조깅 [dʒogiŋ ジョギン]; (ランニング)달리기 [talligi タルリギ]
職業 직업 [tʃigʌp チゴプ]
食事 식사 [ʃiks'a シクサ]
食堂 식당 [ʃikt'aŋ シクタン]
食品 식품 [ʃikpʰum シクプム]
植物 식물 [ʃiŋmul シンムル]
食料 식품 [ʃikpʰum シクプム]
食糧 식량 [ʃiŋnjaŋ シンニャン]
しょげる (入試に失敗して)기(가) 죽다 [ki(ga) dʒukt'a キ(ガ) ジュクタ]; (しかられて) 풀(이) 죽다 [pul [puri] dʒukt'a プル[プリ] ジュクタ]
女子 여자 [jʌdʒa ヨジャ]; 囲 녀자 [njʌdʒa ニョジャ]
助詞 조사 [tʃo:sa チョーサ]
助手 조수 [tʃo:su チョース]; (大学教授の)조교 [tʃo:gjo チョーギョ]
徐々に (ゆっくり) 천천히 [tʃʰʌntʃʰʌnhi チョーンチョニ]; (徐々に)서서히 [sʌ:-

sɔi ソーソイ]；（次第に）점차 [tʃɔːmtʃha チョームチャ]；（だんだんに）점점 [tʃɔːmdʒɔm チョームジョム]
女性 여성 [jɔsɛŋ ヨソン]；（女子）여자 [jɔdʒa ヨジャ]；囲 녀자 [njɔdʒa ニョジャ]
書籍 서적 [sɔdʒɔk ソジョク]；（本）책 [tʃhɛk チェク]
所属 소속 [soːsok ソーソク]
所帯 세대 [seːdɛ セーデ]；（家庭）가정 [kadʒɔŋ カジョン]；（生活）살림 [sallim サルリム]
初対面 초대면 [tʃodɛmjɔn チョデミョン]
処置 처치 [tʃhɔtʃhi チョーチ]
食器 식기 [ʃik'i シクキ]；（器）그릇 [kuɾuːt クルッ]
ショック 쇼크 [ʃokhɯ ショク]；（衝撃）충격 [tʃhuŋgjɔk チュンギョク]
しょっちゅう（しばしば・たびたび）자주 [tʃadʒu チャジュ]；（いつも）언제나 [ɔːndʒena オーンジェナ]；（いつも・常に）늘 [nul ヌル]
ショッピング 쇼핑 [ʃophiŋ ショピン]
所得 소득 [soːduk ソードゥク]
署名 서명 [sɔːmjɔŋ ソーミョン]；사인 [sain サイン]
所有 소유 [soːju ソーユ]
白髪（白い髪）흰 머리 [hin mɔri ヒンモリ]；（白髪）백발 [pɛkp'al ペクパル]
知らせる（急を）알리다 [allida アルリダ]
知らない 모르다 [moruda モルダ]
しらばくれる（知らぬふりをする）모르는 체하다 [morunum tʃhehada モルヌンチェハダ]；（猫をかぶる）시치미 떼다 [ʃitʃhimi t'eda シチミッテダ]
調べる（実態を）조사하다 [tʃosahada チョサハダ]；（探る）알아보다 [araboda アラボダ]；（点検する）점검하다 [tʃɔːmgɔmhada チョームゴムハダ]；（研究する）연구하다 [jɔːnguhada ヨーングハダ]；（辞典を）찾다 [tʃhatʃ'a チャッタ]
尻り 엉덩이 [ɔːndɔŋi オーンドンイ]
知り合い 아는 사람 [aːnun saːram アーヌン サーラム]；（旧知の間柄）아는 사이 [aːnun sai アーヌン サイ]；（親しい知り合い）친지 [tʃhindʒi チンジ]
退く（後ろに）물러서다 [mullɔsɔda ムルロソダ]；（下がる）（目上の人の前から）물러나다 [mullɔnada ムルロナダ]
資料 자료 [tʃarjo チャリョ]
汁（みそ）국 [kuk クク]；（出し汁）국물 [kuŋmul クンムル]；（レモンの）즙 [tʃɯp チュプ]

知る（わかる）알다 [aːlda アールダ]；（感づく・悟る）깨닫다 [k'ɛdatʰa ッケダッタ]
しるし 표 [phjo ピョ]；（表示）표시 [phjoʃi ピョシ]；（兆し）조짐 [tʃodʒim チョジム]；（記号）기호 [kiho キホ]
記す 적다 [tʃɔkt'a チョクタ]；（記録する）기록하다 [kirokhada キロクハダ]
シルム（相撲）씨름 [ʃ'irum ッシルム]
じれったい（はがゆい）안타깝다 [anthak'apt'a アンタッカプタ]；（いらだたしい）애타다 [ɛːthada エータダ]；（もどかしくなる）감질나다 [kamdʒillada カムジルラダ]
ジレンマ 딜레마 [dillema ディルレマ]
白（白色）흰색 [hinsɛk ヒンセク]；（白）하양 [hajaŋ ハヤン]
城 성 [sɔŋ ソン]
白い 희다 [hida ヒダ]；（真っ白だ）하얗다 [haːjathʰa ハーヤッタ]
しろうと（青二才）풋내기 [phunnɛgi プンネギ]；（まったくの素人）생무지 [sɛŋmudʒi センムジ]；（初心者）초심자 [tʃhoʃimdʒa チョシムジャ]
じろじろ（横目で）힐끗힐끗 [hilk'ɯtʰilk'ɯt ヒルックティルックッ]
しわ（目じりの）주름 [tʃurum チュルム]；（しわの筋）（老人の）주름살 [tʃurumsʼal チュルムサル]；（ズボンの）구김살 [kugimsʼal クギムサル]
しわがれる（声が）목쉬다 [mokʃ'wida モクシュィダ]
仕業（所業）（けしからぬ）소행 [soːhɛŋ ソーヘン]；（ふるまい）（あくどい）짓 [tʃiːt チーッ]；「[ʃimdʒi シムジ]
芯・心 심 [ʃim シム]；（灯心）심지
新…… 새…… [sɛ- セ-]；신…… [ʃin- シン-]；……人 [-in -イン]；……사람 [-saːram -サーラム]
侵害 침해 [tʃhimhɛ チムヘ]
人格 인격 [ink'jɔk インキョク]
新刊 신간 [ʃingan シンガン]
神経 신경 [ʃingjɔŋ シンギョン]
真剣だ（真摯に）（表情）진지하다 [tʃindʒihada チンジハダ]
人権 인권 [ink'wɔn インクォン]
信仰 신앙 [ʃiːnaŋ シーナン]；（信心）（深い）믿음 [midum ミドゥム]
進行 진행 [tʃinhɛŋ チーンヘン]
信号 신호 [ʃiːnho シーンホ]；（信号機）신호기 [ʃiːnhogi シーンホギ]；（信号灯・シグナル）신호등 [ʃiːnhoduŋ シーンホドゥン]

人口 인구 [ingu イング]
人工 인공 [ingoŋ インゴン]
申告 신고 [jingo シンゴ]
深刻だ 심각하다 [ʃimgakʰada シムガクカダ]
新婚 신혼 [ʃinhon シンホン]
審査 심사 [ʃi:msa シームサ]
診察 진찰 [tʃi:ntʃʰal チーンチャル]
紳士 신사 [ʃi:nsa シーンサ]
真実 진실 [tʃinʃil チンシル]
進出 진출 [tʃi:ntʃʰul チーンチュル]
新春 신춘 [ʃintʃʰun シンチュン]; (初春)초봄 [tʃʰobom チョボム]; (新年)새해 [sɛhɛ セヘ]
信じる 믿다 [mit'a ミッタ]; (信用する)신용하다 [ʃi:njoŋhada シーニョンハダ]
申請 신청 [ʃintʃʰoŋ シンチョン]
人生 인생 [insɛŋ インセン]
親戚 친척 [tʃʰintʃʰok チンチョク]
親切だ 친절하다 [tʃʰindʒorhada チンジョルハダ]
新鮮だ 신선하다 [ʃinsonhada シンソンハダ]; (みずみずしい)싱싱하다 [ʃiŋʃiŋhada シンシンハダ]
親善 친선 [tʃʰinson チンソン]
心臓 심장 [ʃimdʒaŋ シムジャン]
腎臓 신장 [ʃindʒaŋ シンジャン]; 콩팥 [kʰoŋpʰat コンパッ]
身体 신체 [ʃintʃʰe シンチェ]; (体)몸 [mom モム]
身長 신장 [ʃindʒaŋ シンジャン]; (背丈)키 [kʰi キ]
慎重に 신중히 [ʃi:ndʒuɲi シーンジュンイ]
信念 신념 [ʃi:nɲom シーンニョム]
新年 새해 [sɛhɛ セヘ]; 신년 [ʃinɲon シンニョン]
真の (真実の)(愛)참다운 [tʃʰamdaun チャムダウン]; (本物の)(真珠)진짜의 [tʃjintʃ'ae チンッチャエ]
心配 (お金の)걱정 [koktʃ'oŋ コクチョン]; (配慮・気遣い)(健康の)염려 [jo:mɲjo ヨームニョ]; (懸念・気がかり)(母の)근심 [kɯnʃim クンシム]
新版 신판 [ʃinpʰan シンパン]
審判 심판 [ʃi:mpʰan シームパン]
人物 (重要)인물 [inmul インムル]; (人柄)(温和な)인품 [inpʰum インプム]; (人品・人柄)사람 [sa:ram サーラム]
新聞 신문 [ʃinmun シンムン]
進歩 진보 [tʃi:nbo チーンボ]
辛抱 (辛抱強さ)참을성 [tʃʰamɯls'oŋ チャムルソン]; (忍耐力)인내력 [innɛrjok インネリョク]

新米 (新入り)신참(자) [ʃintʃʰam(dʒa) シンチャム(ジャ)]
親友 친우 [tʃʰinu チヌ]; (友達)친구 [tʃʰingu チング]; (友)벗 [pot ポッ]
信用 신용 [ʃi:njoŋ シーニョン]
信頼 신뢰 [ʃi:llwe シーンルェ]
心理 심리 [ʃi:mɲi シームニ]
真理 진리 [tʃilli チルリ]
審理 심리 [ʃi:mɲi シームニ]
侵略 침략 [tʃʰimnjak チムニャク]
新緑 신록 [ʃillok シルロク]
人類 인류 [illju イルリュ]
進路 진로 [tʃi:llo チーッロ]

す

巣 둥지 [tuŋdʒi トゥンジ]; (住み処)집 [tʃip チプ]; (ねぐら)보금자리 [pogɯmdʒari ポグムジャリ]; (巣窟)소굴 [sogul ソグル]
酢 (食用の酢)식초 [ʃiktʃʰo シクチョ]; (酢)초 [tʃʰo チョ]
素- (飾らない)(足)맨- [mɛn- メン-]; (見すぼらしい)(浪人)초라한 [tʃʰorahan チョラハン]; (とても)(早い)몹시 [mo:pʃi モープシ]; (そのまま)(とおり)그냥 [kɯɲaŋ クニャン]
図 (絵)그림 [kɯrim クーリム]; (図画)화 [hwa ファ]; (図面)도(면) [to(mjon) ト(ミョン)]; (形)꼴 [k'ol ッコル]; (さま)모습 [mosɯp モスプ]
…ず (何も食べ)-않고 [-ankʰo -アンコ]
素足 맨발 [mɛnbal メンバル]
粋 (芸術の)정수 [tʃoŋsu チョンス]
水泳 수영 [sujoŋ スヨン]; (泳ぎ)헤엄 [heom ヘオム]
スイカ 수박 [su:bak スーバク]
吸いがら 꽁초 [k'oŋtʃʰo ッコンチョ]
吸い込む (吸い入れる)(湿気を)빨아들이다 [p'aradɯrida ッパラドゥリダ]; (新鮮な空気を)들이마시다 [tɯrimaʃida トゥリマシダ]
水産 수산 [susan ススサン]
水準 수준 [sudʒun スジュン]
スイセン(水仙) 수선(화) [suson(hwa) スソン(ファ)]
推薦 추천 [tʃʰutʃʰon チュチョン]
スイッチ 스위치 [sɯwitʃʰi スウィチ]
水田 논 [non ノン]
水道 수도 [sudo スド]
ずいぶん (すごく)(面白い)퍽 [pʰok ポク]; (かなり)(難しい問題)꽤 [k'wɛ ッ

クェ]; (とても)(寒い)매우[mɛu メウ]; (相当に)(強い相手)상당히[saŋdaɲi サンダンイ]

水平線 수평선[supʰjɔŋsʌn スピョンソン]

睡眠 수면[sumjʌn スミョン]; (眠り)잠[tʃam チャム]

水曜日 수요일[sujoil スヨイル]; 수요일날[sujoillal スヨイルラル]

推理 추리[tʃʰuri チュリ]

吸う (乳を)빨다[p'alda ッパルダ]; (タバコを)피우다[pʰiuda ピウダ]; (新鮮な空気を)들이마시다[tɯrimaʃida トゥリマシダ]; (汁を)마시다[maʃida マシダ]; (息を)들이쉬다[turiʃwida トゥリシュィダ]

数学 수학[su:hak スーハク]

数字 숫자[su:tʃ'a スーッチャ]

図々しい (やつ)뻔뻔스럽다[p'ʌnp'ʌnsɯrʌpt'a ッポンッポンスロプタ]; (厚かましい)낯두껍다[nat'uk'ʌpt'a ナットゥッコプタ]

スーパーマーケット 슈퍼마켓[ʃu:pʰɔma:kʰet シューポマーケッ]

末 (苦労の)끝[k'ɯt ックッ]; (終わり)(今月の)말[mal マル]

末っ子 막내[maŋnɛ マンネ]

据える (机を)놓다[notʰa ノッタ]; (膳を)차리다[tʃʰarida チャリダ]; (上座に)앉히다[antʃʰida アンチダ]; (腰を)차분히 하다[tʃʰabuni hada チャブニハダ]; (目を)지켜보다[tʃikʰjʌboda チキョボダ]

スカート (洋装の)치마[tʃʰima チマ]; 스커트[sɯkʰɔ:tʰɯ スコートゥ]

姿 모습[mosɯp モスプ]

ずきずき (傷が)욱신욱신[ukʃ'inukʃ'in ウクシヌクシン]

好きだ (サッカーが)좋아하다[tʃo:ahada チョーアハダ]; (彼女が)좋다[tʃo:tʰa チョーッタ]

スキー 스키[sɯkʰi: スキー]

透き通る (透明だ)(ガラスが)투명하다[tʰumjʌŋhada トゥミョンハダ]; (川の水底まで)비쳐 보이다[pitʃʰʌ boida ピチョ ボイダ]; (声・音が)맑다[mak't'a マクタ]

すき間 틈[tʰɯm トゥム]; 빈틈[pi:ntʰɯm ピーントゥム]; 「ンドゥル]

スキャンダル 스캔들[sɯkʰɛndɯl スケ

過ぎる (通過する)(自動車が)지나다[tʃinada チナダ]; (越える)(丘を)넘다[nɔ:mt'a ノームタ]

すく (手が)비다[pi:da ピーダ]; (腹が)배고프다[pɛgopʰuda ペゴプダ]

救う (救済する)(難民を)구(제)하다[ku:(dʒe) hada クー(ジェ)ハダ]; (命を)건지다[kɔndʒida コンジダ]

すくう (スプーンで)뜨다[t'uda ットゥダ]; (おたまで汁を)떠내다[t'ɔnɛda ットネダ]; (網で)건지다[kɔndʒida コンジダ]

すぐ (行きます)곧[kot コッ]; (出かけた)즉시[tʃukʃ'i チュクシ]; (ごく近く)(そば)바로[paro パロ]; (今すぐ)(倒れそうだ)금방[kumbaŋ クムバン]

少ない (経験が)적다[tʃɔ:kt'a チョークタ]

少なくとも 적어도[tʃɔgɔdo チョゴド]

少なくない (食料が)적지 않다[tʃɔ:kt'ʃ'i antʰa チョークチ アンタ]

優れている (勝る)(これより品質が)낫다[na:t'a ナータ]; (優秀だ)(成績が)우수하다[usuhada ウスハダ]; (音感が)뛰어나다[t'wiɔnada ットゥィオナダ]

スケート 스케이트[sɯkʰeitʰɯ スケイトゥ]; (スケーティング)스케이팅[sɯkʰeitʰiŋ スケイティン]　　「ョンテ]

スケトウダラ 명태[mjʌŋtʰɛ ミ

すごい (美人)굉장하다[kwɛŋdʒaŋhada クェンジャンハダ]; (恐ろしい)(顔)무섭다[musʌpt'a ムソプタ]

少し (ほんの)조금[tʃogɯm チョグム]; (ちょっと)(足りない)좀[tʃom チョム]

少しも (気にならない)조금도[tʃogɯmdo チョグムド]; (全然)(出来ない)전혀[tʃʌnhjʌ チョンヒョ]

過ごす (暮らす)(独身で)지내다[tʃi:nɛda チーネダ]; (送る)(歳末を)보내다[ponɛda ポネダ]

すし 초밥[tʃʰobap チョバプ]

筋 (川の)줄기[tʃulgi チュルギ]; (織物などの)줄[tʃul チュル]

筋道 (事理)사리[sa:ri サーリ]; (条理)조리[tʃori チョリ]; (道理)도리[to:ri トーリ]

鈴 방울[paŋul パンウル]

すすぐ (口を)가시다[kaʃida カシダ]; (洗濯物を)헹구다[heŋguda ヘングダ]

涼しい (風)시원하다[ʃiwʌnhada シウォンハダ]; (秋の風)서늘하다[sɔnɯrhada ソヌルハダ]; (海辺の風)선선하다[sɔnsɔnhada ソンソンハダ]

進む (先頭に立って)나아가다[naagada ナアガダ]; (前進する)전진하다[tʃʌn-

スズメ (雀) 참새 [tʃʰamsɛ チャムセ]
進める (前進させる) 전진시키다 [tʃəndʒinsikʰida チョンジンシキダ]; (はかどらせる) 진행하다 [tʃiːnhɛŋhada チーンヘンハダ]; (進捗させる) 진척시키다 [tʃiːntʃʰəkʃikʰida チーンチョクシキダ]
勧める (食事を) 권하다 [kwɔːnhada クォーンハダ]; (奨励する) (混食を) 장려하다 [tʃaŋnjɔhada チャンニョハダ]; (勧誘する) (保険加入を) 권유하다 [kwɔːnjuhada クォーニュハダ]
薦める (推薦する) (代表に) 추천하다 [tʃʰutʃʰɔnhada チュチョンハダ]; (薦挙する) (立候者に) 천거하다 [tʃʰːngɔhada チョーンゴハダ]
すすり泣く (激しく) 흐느끼다 [hɯnɯkʼida フヌッキダ]
裾 옷자락 [otʃʼarak オッチャラク]
スタイル 스타일 [sutʰail スタイル]; (格好) 모양 [mojaŋ モヤン]; (様式) 양식 [jaŋsik ヤンシク]; (体つき) 몸매 [mommɛ モムメ]
スタッフ 스텝 [sutʰɛp ステプ]; (幹部) 간부 [kanbu カンブ]; (担当者) 담당자 [tamdaŋdʒa タムダンジャ]
スタミナ 스태미나 [sutʰɛmina ステミナ]; (精力) 정력 [tʃɔŋnjɔk チョンニョク]; (根気) 끈기 [kʼɯngi ックンギ]
スタンド 스탠드 [sutʰɛndɯ ステンドゥ]
スタンバイ 스탠드 바이 [su tʰɛndɯ bai ステンドゥ バイ]
スタンプ 스탬프 [sutʰɛmpʰɯ ステムプ]
スチュワーデス 스튜어디스 [sutʰjuɔdisɯ スティュオディス]; (女性乗務員) 여성 승무원 [jɔsɔŋ sɯŋmuwɔn ヨソン スンムウォン]
……ずつ (パンを半分) ……씩 [-ʃʼik -ッシ]
頭痛 두통 [tutʰoŋ トゥトン]
すっかり (全部) (奪われた) 모조리 [modʒori モジョリ]; (全部) (脱ぐ) 몽땅 [mɔŋtʼaŋ モンッタン]; (売り切れた) 죄 다 [tʃwe:da チュエーダ]; (みんな) (行こう) 다 [taː ター-]; (一面に) (曇った) 온통 [ontʰoŋ オントン]; (片っいた) 싹 [sʼak ッサク]
ずっと (ずいぶん) (美しい) 훨씬 [hwɔlʃin フォルッシン]; (ずいと) (奥へ入る) 쭉 [tʃʼuk ッチュク]; (ずっと) (雨が降り続いた) 계속 [keːsok ケーソク]
酸っぱい (みかん) 시다 [ʃida シダ]; (梅干しは) 시큼하다 [ʃikʰɯmhada シクムハダ]

すてきだ (素晴らしい) (着物) 멋지다 [mɔtʃida モッチダ]; (しゃれた) (洋服) 근사하다 [kɯːnsahada クーンサハダ]
すでに (とっくに) (日が暮れた) 벌써 [pɔlsʼɔ ポルッソ]; (もはや) (手遅れだ) 이미 [imi イミ]
捨てる (ごみを) 버리다 [pɔrida ポリダ]
ストーブ (火鉢) 난로 [nallo ナルロ]; 스토브 [sutʰoːbɯ ストーブ]
ストライキ (罷業) 파업 [pʰaːɔp パーオプ]
砂 모래 [morɛ モレ]
素直だ (おとなしい) (うちの子供は) 순하다 [suːnhada スーンハダ]; (純真だ) (彼女は) 순진하다 [sundʒinhada スンジンハダ]
スナック 스낵 [sunɛk スネク]
すなわち 즉 [tʃɯk チュク]; (つまり) 곧 [kot コッ]
すねる (友達の言葉に) 삐치다 [pʼiːtʃʰida ッピーチダ]; (世を) 등지다 [tɯŋdʒida トゥンジダ]; (不満で) 토라지다 [tʰoradʒida トラジダ]
頭脳 (明晰だ) 두뇌 [tunwɛ トゥヌェ]; (頭) (いい) 머리 [mɔri モリ]
スパゲッティ 스파게티 [supʰagetʰi スパゲティ]
素早い (動作が) 재빠르다 [tʃɛpʼarɯda チェッパルダ]
素晴らしい (立派だ) (この絵は) 훌륭하다 [hulljuŋhada フリュンハダ]; (甚だしい) (成功) 굉장하다 [kweŋdʒaŋhada クェンジャンハダ]; (見事だ) (衣装) 멋지다 [mɔtʃida モッチダ]
スピード 스피드 [supʰiːdɯ スピードゥ]; (速度) 속도 [sokt'o ソクト]
スプーン (さじ) 숟가락 [sutkʼarak スッカラク]; 스푼 [supʰun スプン]
すべすべ (肌が) 매끈매끈 [mɛkʼɯnmɛkʼɯn メックンメックン]
すべて (成功した) 모두 [modu モドゥ]; (全部) (終わった) 전부 [tʃɔnbu チョンブ]; (みんな) 다 [taː ター]
すべての 모든 [moːdɯn モードゥン]
滑る (足が) 미끄러지다 [mikʼɯrɔdʒida ミックロジダ]; (スケートで) 타다 [tʰada タダ]
スポーツ 스포츠 [spʰoːtʃʰɯ スポーチュ]; (運動) 운동 [uːndoŋ ウーンドン]
ズボン (洋服の) 바지 [padʒi バジ]; 즈봉 [dʒɯboŋ ジュボン]
スマートだ 스마트하다 [sumaːtʰɯha-

住まい (お宅) 댁 [tɛk テク]; (生活) 생활 [sɛŋhwal センファル]; (暮らし) 살이 [sari サリ]

済ます (宿題を) 끝내다 [k'ɯnnɛda ックンネダ]; (仕事を) 마치다 [matɕʰida マチダ]; (返済する) (借金を) 갚다 [kapt'a カプダ]

すまない (本当に) 미안하다 [mianhada ミアンハダ]

墨 먹 [mɔk モク]

隅 구석 [kusɔk クソク]

すみません (ご迷惑をかけて) 미안합니다 [mianhamnida ミアンハムニダ]; (どうも) 죄송합니다 [tɕwe:soŋhamnida チュェーソンハムニダ]

住む (ソウルに) 살다 [sa:lda サールダ]

済む (終わる) (食事が) 끝나다 [k'ɯnnada ックンナダ]; (完了する) (準備が) 다 되다 [ta: dweda ター ドゥェダ]

澄む (池の水が) 맑아지다 [malgadʑida マルガジダ]

相撲 (ﾏﾏ) 씨름 [ɕ'irum ッシルム]

すやすや (赤ん坊が) 새근새근 [sɛgunsɛgun セグンセグン]

……-すら (…できえ) (子供で) …-조차 (도) [-dʑotɕʰa (do) -ジョチャ(ド)]; (…でも) (あの人で) …-까지도 [-k'adʑido -ッカジド]

すらすら (読める) 척척 [tɕʰɔktɕʰɔk チョクチョク]; (解いた) 술술 [su:lsul スールスル]

すり 소매치기 [somɛtɕʰigi ソメチギ]

する (勉強を) 하다 [hada ハダ]

(……に) する (楽しみに) ……-(로) 삼다 [-(ro) sa:mt'a -(ロ) サームタ]; (なかったことに) ……-(로) 하다 [-(ro) hada -(ロ) ハダ]

ずるい (狡猾ずるい) 교활하다 [kjohwarhada キョファルハダ]

……-(する)かも知れない (雨が降る) ……-ㄹ지도 모른다 [-ltɕ'ido morunda -ルチド モルンダ]

……-(する) ことにする (出発する) ……-기로 한다 [-giro handa -ギロ ハンダ]

……-(する) ことになる (心配する) ……-게 되다 [-ge tweda -ゲ トウェダ]

……-(する)しかない (行くしか) ……-ㄹ 수 밖에 없다 [-l s'u bak'e ɔpt'a -ルッス パクゲ オプダ]

……-(する)そうだ (勉強する) ……-ㄴ다고 한다 [-ndago handa -ンダゴ ハンダ]

……-(する)たびに (成功する) ……-ㄹ 때마다 [-l t'ɛmada -ルッテマダ]

……-(する)ために (食べる) ……-기 위해서 [-gi wihɛsɔ -ギ ウィヘソ]

……-(する)だけだ (うわさ) ……-ㄹ 뿐이다 [-l p'unida -ル ップニダ]

……-(する)つもりだ (出発する) ……-ㄹ 작정[생각]이다 [-l tɕaktɕ'ɔŋ[sɛŋgag]ida -ル チャクチョンイダ[センガギダ]]

すると (そこで) 그러자 [kɯɾɔdʑa クロジャ]; (それでは) 그렇다면 [kɯɾɔtʰamjɔn クロッタミョン]; (それなら) 그러면 [kɯɾɔmjɔn クロミョン]; (ところが) 그랬더니 [kɯɾɛt'ɔni クレットニ]

……-すると (よく見ると) ……-니까 [-nik'a -ニッカ]; (霜がおりると) ……-더니 [-dɔni -ドニ]

鋭い (刃物) 날카롭다 [nalkʰaropt'a ナルカロプダ]

……-(する)ところだった (車にひかれる) ……-ㄹ 뻔 했다 [-l p'ɔn hɛt'a -ル ッポン ヘッタ]

……-(する)途中で (帰る) ……-는 길에 [-nun gire -ヌン ギレ]; (ご飯を食べている) ……-다가 [-daga -ダガ]

……-(する)につれて (時間が経つに) ……-ㅁ에 따라 [-me t'ara -メッタラ]

……-(する)はずだ (間に合う) ……-ㄹ 테다 [-l tʰeda -ル テダ]; (明るい)-ㄹ 것이다 [-l k'ɔɕida -ル コシダ]

……-(する)前に (出発する) ……-기 전에 [-gi dʑɔne -ギ ジョネ]

……-(する)や (食事が終わる) ……-자마자 [-dʑamadʑa ジャマジャ]; (家を出ると) ……-자 [-dʑa -ジャ]

ずれ (相違) (意見の) 차이 [tɕʰai チャイ]; (骨の) 어긋남 [ɔgunnam オグンナム]

擦れ違う (列車が) 스쳐 지나가다 [sutɕʰɔ dʑinagada スチョ ジナガダ]

ずれる (足の骨が) 어긋나다 [ɔgunnada オグンナダ]; (はずれる) (話が) 빗나가다 [pinnagada ピンナガダ]

座る (椅子に) 앉다 [ant'a アンタ「タ」]

澄んでいる (空気が) 맑다 [makt'a マクタ]

すんなりした (体つき) 날씬한 [nalɕ'inhan ナルッシンハン]; (手足) 매끈한 [mɛk'ɯnhan メックンハン]

寸法 치수 [tɕʰisu チス]; 길이 [kiri キリ]; (サイズ) 사이즈 [saidʑɯ サイジュ]・크기 [kʰɯgi クギ]

せ

背 (背丈) 키 [kʰi キ]; 등 [tɯŋ トゥン]

姓	
姓	성(씨) [sɔːŋ(ʃ'i) ソーン(ッシ)]
性	성 [sɔːŋ ソーン]; 섹스 [seksɯ セクス]
(…の)せい	(年の)…탓 [-tʰat -タッ]; (お前の)…때문 [-t'ɛmun -ッテムン]
精一杯	(働く)힘껏 [himk'ɔt ヒムッコッ]; (せいぜい)(食べて行くのが)고작 [kodʑak コヂャク]
成果	성과 [sɔŋk'wa ソンクァ]
正解	정답 [tɕɔːŋdap チョーンダプ]
性格	성격 [sɔːŋk'jɔk ソーンキョク]
正確だ	(この時計は)정확하다 [tɕɔːŋhwakʰada チョーンファクカダ]
生活	생활 [sɛŋhwal センファル]
税関	세관 [seːgwan セーグァン]
世紀	세기 [seːgi セーギ]
正義	정의 [tɕɔːŋi チョーンイ]
請求	청구 [tɕʰɔŋgu チョング]
税金	세금 [seːgɯm セーグム]
清潔だ	(台所が)청결하다 [tɕʰɔŋgjɔrhada チョンギョルハダ]; (部屋が)깨끗하다 [k'ɛk'utʰada ッケックッタダ]
政権	정권 [tɕɔŋk'wɔn チョンクォン]
制限	제한 [tɕeːhan チェーハン]
成功	성공 [sɔŋgoŋ ソンゴン]
税込み	세금 포함 [seːgɯm pʰoham セーグム ポハム]
製作	제작 [tɕeːdʑak チェージャク]
生産	생산 [sɛŋsan センサン]
政治	정치 [tɕɔŋtɕʰi チョンチ]
性質	성질 [sɔːŋdʑil ソーンジル]
青春	청춘 [tɕʰɔŋtɕʰun チョンチュン]
聖書	(聖経)성경 [sɔːŋgjɔŋ ソーンギョン]; (聖書)성서 [sɔːŋsɔ ソーンソ]
正常	정상 [tɕɔːŋsaŋ チョーンサン]「ョン」
青少年	청소년 [tɕʰɔŋsonjɔn チョンソニ]
精神	정신 [tɕɔŋʃin チョンシン]
成人	성인 [sɔŋin ソンイン]
正数	양수 [jaŋsu ヤンス]; 정수 [tɕɔːŋsu チョーンス]
せいぜい	(たかだか)(続いても3日だ)고작 [kodʑak コジャク]; (歩いても10分ぐらい)기껏해야 [kik'ɔtʰɛja キッコッテヤ]; (できるだけ)(努力する)힘껏 [himk'ɔt ヒムッコッ]
成績	성적 [sɔŋdʑɔk ソンジョク]
製造	제조 [tɕeːdʑo チェージョ]「ジャ」
生存者	생존자 [sɛŋdʑondʑa センジョン]
ぜいたくだ	(暮らしが)사치스럽다 [satɕʰisɯrɔpt'a サチスロプタ]
成長	성장 [sɔŋdʑaŋ ソンジャン]
生徒	(学生)학생 [hakS'ɛŋ ハクセン]
制度	제도 [tɕeːdo チェード]

正答	정답 [tɕɔːŋdap チョーンダプ]
政党	정당 [tɕɔŋdaŋ チョンダン]「ダン」
聖堂	(カトリックの)성당 [sɔːŋdaŋ ソーンダン]
青年	청년 [tɕʰɔŋnjɔn チョンニョン]
成年	성년 [sɔŋnjɔn ソンニョン]
生年月日	생년월일 [sɛŋnjɔnwɔril センニョヌォリル]
製品	제품 [tɕeːpʰum チェープム]
政府	정부 [tɕɔŋbu チョンブ]
生物	생물 [sɛŋmul センムル]
性別	성별 [sɔːŋbjɔl ソーンビョル]
生命	생명 [sɛŋmjɔŋ センミョン]
声明	성명 [sɔŋmjɔŋ ソンミョン]
姓名	성명 [sɔːŋmjɔŋ ソーンミョン]
西洋	서양 [sojaŋ ソヤン]
整理	정리 [tɕɔŋni チョンニ]「ニ ヒュガ」
生理休暇	생리 휴가 [sɛŋni hjuga センニ ヒュガ]
成立	성립 [sɔŋnip ソンニプ]
勢力	세력 [seːrjɔk セーリョク]
セーター	스웨터 [suwetʰo スウェト]
セール	세일 [seil セイル]
セールスマン	세일즈맨 [seildʑumɛn セイルジュメン]; (外交販売員)외판원 [weːpʰanwɔn ウェーパヌォン]
背負う	(負う)(責任を)지다 [tɕida チダ]; (担う)(荷物を)짊어지다 [tɕilmodʑida チルモジダ]; (担ぐ)(バックパックを)메다 [meːda メーダ]; (しょう)(子供を)업다 [ɔpt'a オプタ]
世界	세계 [seːge セーゲ]
せがむ	(ねだる)(小遣いを)조르다 [tɕoruda チョルダ]; (しつこくねだる)(お金をくれと)졸라대다 [tɕolladɛda チョルラデダ]
咳	기침 [kitɕʰim キチム]
席	자리 [tɕari チャリ]; (座席)좌석 [tɕwaːsɔk チュアーソク]「ャ」
赤十字	적십자 [tɕʰɔkʃ'iptɕ'a チョクシプチ]
急き立てる	(催促する)재촉하다 [tɕeːtɕʰokʰada チェチョクカダ]
石炭	석탄 [sɔktʰan ソクタン]
赤道	적도 [tɕɔkt'o チョクト]
責任	책임 [tɕʰɛgim チェギム]「ム」
咳払い	헛기침 [hɔtk'itɕʰim ホッキチ]
赤飯	팥밥 [pʰatp'ap パッパプ]
石油	석유 [sɔgju ソギュ]
世間	(世の中)세상 [seːsaŋ セーサン]
…-(せ)ざるを得ない	(読ま)…-지 않을 수 없다 [-dʑi anɯl s'u ɔpt'a -ジ アヌルス オプタ]
世代	세대 [seːdɛ セーデ]
せっかく	(わざわざ)(来てくれたのに)모

처럼 [motʰorom モチョロム]; (来ることはない)일부러 [ilburo イルブロ]
せっかちだ (性格が) 조급 하다 [tɕogɯpʰada チョグパダ]; (気が短い) (気性が) 급하다 [kɯpʰada クパダ]
節句 명절 [mjɔŋdʑɔl ミョンジョル]
セックス 섹스 [seksɯ セクス]
設計 설계 [sɔlge ソルゲ]
石けん 비누 [pinu ビヌ]
摂氏 섭씨 [sɔpʃi ソプシ]
接する (つながる) (庭に) 접하다 [tɕɔpʰada チョプハダ]; (会う) (客と) 만나다 [mannada マンナダ]
絶対に 절대로 [tɕɔltʼɛro チョルテロ]
説得 설득 [sɔltʼuk ソルトゥク]
切に 간절히 [kaːndʑɔri カーンジョリ]
設備 설비 [sɔlbi ソルビ]
説明 설명 [sɔlmjɔŋ ソルミョン]
節約する (時間を)절약하다 [tɕɔrjakʰada チョリャクハダ]; (惜しむ) (お金を)아끼다 [akʼida アッキダ]
背中 등 [tɯŋ トゥン]
是非 (必ず)(来てください)꼭 [kʼok コク]; (どうぞ)(お願いします)제발 [tɕeːbal チェーバル]; (是非とも)(ご成功なさいますよう)아무쪼록 [aːmutɕʼorok アームッチョロク]; (是非)(わきまえる)시비 [ɕiːbi シービ]
背広 (洋服)양복 [jaŋbok ヤンボク]; (紳士服)신사복 [ɕiːnsabok シーンサボク]
狭い (部屋が)좁다 [tɕopt'a チョプタ]
迫る (近づく)(期日が)다가오다 [tagaoda タガオダ]; (出発が)닥치다 [taktɕʰida タクチダ]
セミ(蟬) 매미 [mɛːmi メーミ]
せめて (少なくとも)(私だけには)적어도 [tɕogodo チョゴド]; (気持ちだけでも)하다못해 [hadamotʰe ハダモッテ]
攻める (攻撃する)(敵を)공격하다 [koːŋgjokʰada コーンギョクハダ]
責める (非行を)꾸짖다 [kʼudʑitʼa ックジッタ]; (失策を)나무라다 [namurada ナムラダ]
セメント 시멘트 [ɕimentʰɯ シメントゥ]
せりふ 대사 [tɛsa テサ]
セルフサービス 셀프 서비스 [selpʰɯ sɔːbisɯ セルプ ソービス]
ゼロ (零)영 [jɔŋ ヨン]; (数字が並んでいるときの)공 [koŋ コン]; 제로 [dʑero ジェロ]
せわしい (試験の準備に)바쁘다 [papʼɯda パップダ]

世話する (母のない子供の)돌보다 [toːlboda トールボダ]; (老人の)보살피다 [posalpʰida ポサルピダ]; (病人の)시중(을) 들다 [ɕidʑuŋ(ɯl) dɯlda シジュン(ウル) ドゥルダ]; (手伝う)(仕事の)도와주다 [towadʑuda トワジュダ]
世話になる (金銭上の)신세(를) 지다 [ɕinse(rɯl) dʑida シンセ(ルル) ジダ]; (やっかいをかける)(友人の)폐(를) 끼치다 [pʰeː(rɯl) kʼitɕʰida ペー(ルル) ッキチダ]
千 천 [tɕʰon チョン]
栓 마개 [magɛ マゲ]
線 선 [sɔn ソン]; 금 [kɯm クム]; 줄 [tɕul チュル]
膳 밥상 [papsʼaŋ パプサン]
全-・・・ (全身)온-・・・ [on- オン-]; (全世界)전-・・・ [tɕɔn- チョン-]
全額 전액 [tɕɔnɛk チョネク]
洗顔 세수 [seːsu セース]
選挙 선거 [sɔːngo ソーンゴ]
先月 지난달 [tɕinandal チナンダル]
宣言 선언 [sɔnon ソノン]
前後 전후 [tɕɔnhu チョンフ]; 앞뒤 [aptʼwi アプトゥィ]
専攻 전공 [tɕoŋgoŋ チョンゴン]
全国 전국 [tɕoŋguk チョングク]
洗剤 세제 [seːdʑe セージェ]
先日 지난날 [tɕinannal チナンナル]
選手 선수 [sɔːnsu ソーンス]
先週 지난주 [tɕinandʑu チナンジュ]
全集 전집 [tɕɔndʑip チョンジプ]
選出 선출 [sɔːntɕʰul ソーンチュル]
全勝 전승 [tɕɔndʑin チョンスン]
前進 전진 [tɕɔndʑin チョンジン] 「ク」
先進国 선진국 [sɔndʑinguk ソンジング]
扇子 부채 [putɕʰe プチェ]
センス 센스 [sensɯ センス]
先生 선생님 [sɔnsɛŋnim ソンセンニム]; 선생 [sɔnsɛŋ ソンセン]
全然 (知らない)전혀 [tɕʰɔnhjɔ チョンヒョ]; (なっていない)전연 [tɕɔnjɔn チョニョン]
先祖 선조 [sɔndʑo ソンジョ]; (祖先)조상 [tɕosaŋ チョサン]
戦争 전쟁 [tɕɔːndʑɛŋ チョーンジェン]
全体 전체 [tɕɔntɕʰe チョンチェ]
洗濯 세탁 [seːtʰak セータク]; 빨래 [pʼallɛ ッパルレ]
選択 선택 [sɔːntʰɛk ソーンテク]
センチ(メートル) (単位)센티(미터) [sentʰi (miːtʰo) センティ(ミートゥ)]

宣伝 선전 [sɔndʑʌn ソンジョン]
銭湯 (風呂)(대중)목욕탕 [(tɛːdʑuŋ) mogjokthaŋ (テージュン) モギョクタン]
先導 선도 [sɔndo ソンド]
扇動 선동 [sɔndoŋ ソンドン]
善導 선도 [sɔndo ソンド]
専任 전임 [tɕʌnim チョニム]
栓抜き 마개따개 [magɛt'agɛ マゲッタゲ]; 병따개 [pjʌŋt'agɛ ピョンッタゲ]
先輩 선배 [sʌnbɛ ソンベ]
選抜 선발 [sɔːnbal ソーンバル]
全部 (いくらですか) 전부 [tɕʌnbu チョンブ]; (終わりました) 모두 [modu モドゥ]; (使い果たす) 다 [ta: ター]
ゼンマイ (薇) 고비 [kobi コビ]
専務 전무 [tɕʌnmu チョンム]
洗面 세수 [seːsu セース]
専門 전문 [tɕʌnmun チョンムン]
全力 전력 [tɕʌlljʌk チョルリョク]
先例 선례 [sɔlle ソルレ]

そ

そいつ 그놈 [kɯnom クノム]; 그 녀석 [kɯ njʌsk ク ニョソク]
僧 중 [tɕuːŋ チューン]; (僧侶ᣮ) 승려 [sɯŋnjʌ スンニョ]
沿う (方針に) 따르다 [t'arɯda ッタルダ]; (川に)따라가다 [t'aragada ッタラガダ]
ゾウ (象) 코끼리 [khok'iri コッキリ]
増加する (人口が)증가하다 [tɕɯŋgahada チュンガハダ]; (増える)(体重が)늘다 [nɯlda ヌルダ]
送金 송금 [soːŋgɯm ソーングム]
雑巾 걸레 [kʌlle コルレ]
総計 총계 [tɕhoːŋge チョーンゲ]
総合 종합 [tɕoŋhap チョンハプ]
捜査 수사 [susa スサ]
操作 조작 [tɕodʑak チョジャク]
相殺 상쇄 [saŋswɛ サンスェ]; 상계 [saŋge サンゲ]
掃除 청소 [tɕhʌŋso チョンソ]
葬式 장례(식) [tɕaŋnje(ɕik) チャンネ(シ ゴ]
総選挙 총선거 [tɕhoːnsʌngʌ チョーンソンゴ]
想像 상상 [saːŋsaŋ サーンサン]
そうだ 그렇다 [kɯrʌtha クロッタ]; (勝ち)…같다 [-gatha -ガッタ]; (うれし)…모양이다 [-mojaŋida -モヤンイダ]; (雪が降り)…듯 하다 [-dutthada -ドゥッタダ]; (中止する)…고 한다 [-go handa -ゴ ハンダ]
相談 상담 [saŋdam サンダム]; (話し合い)의논 [ɯinon ウィノン]; (協議)상의 [saŋi サンイ]
装置 장치 [tɕaŋtɕhi チャンチ]
そうです 그렇습니다 [kɯrɔsʼɯmnida クロッスムニダ]; (うれし)…(할)것 같습니다 [- (hal) k'ɔt k'asʼɯnida -(ハル)コッ カッスムニダ]
相当に 상당히 [saŋdaŋi サンダンイ]
相場 시세 [ɕise シセ]
属する 속하다 [sokhada ソクダ]
速度 속도 [sokt'o ソクト]
そこ 거기 [kʌgi コギ]
底 (海の)밑 [mit ミッ]; (川の)바닥 [padak パダク]; (靴の)밑바닥 [mitp'adak ミッパダク]
祖国 조국 [tɕoguk チョグク]
そこで (だから)그래서 [kɯrɛsɔ クレソ]; (さて・ところで) 그런데 [kɯrʌnde クロンデ]
損う (破損する)(机を)파손하다 [phaːsonhada パーソンハダ]; (器物を)부수다 [pusuda プスダ]; (品位を)손상시키다 [soːnsaŋɕikhida ソーンサンシキダ]; (おぼれ)…할 뻔하다 [-hal p'ɔnhada -ハル ッポンハダ]
組織 조직 [tɕodʑik チョジク]
素質 (芸術家の)소질 [sodʑil ソジル]; (資質)자질 [tɕadʑil チャジル]; (生まれつきのたち)바탕 [pathaŋ パタン]
そして (それから)그리고 [kɯrigo クリゴ]; (それで)그래서 [kɯrɛsɔ クレソ]
祖先 조상 [tɕosaŋ チョサン]
注ぐ (コップに牛乳を)붓다 [puːt'a プーッタ]; (涙を)흐르다 [hɯrɯda フルダ]; (水を)따르다 [t'arɯda ッタルダ]
そそっかしい (軽率にふらふら行動する)덜렁덜렁하다 [tʌllʌŋdʌllʌŋhada トルロンドルロンハダ]; (軽率に)경솔하다 [kjʌŋsorhada キョンソルハダ]
そそのかす (教唆する)교사하다 [kjoːsahada キョーサハダ]; (けしかける)부추기다 [putɕhugida プーチュギダ]
そそる (味覚を)돋우다 [toduda トドゥダ]; (興味を)자아내다 [tɕaanɛda チャアネダ]
育つ (子供が)자라다 [tɕarada チャラダ]; (子供が大きくなる) 크다 [kʰɯda クダ]; (すくすく育つ)자라나다 [tɕaranada チャラナダ]
育てる (子供を)기르다 [kirɯda キル

そちら (あります)거기 [kɔgi コギ]; (参ります)그곳 [kugot クゴッ]; (行きます)그쪽 [kuːtʃʼok クッチョク]

卒業 졸업 [tʃɔrɔp チョロプ]

そっくりだ (父親)꼭 닮았다 [kʼok tʼalmatʼa ッコク タルマッタ]

そっと (入ってきた)살짝 [saltʼʃak サルッチャク]; (近づく)조용히 [tʃojoŋi チョヨンイ]

袖^{そで} 소매 [somɛ ソメ]

外 (垣根の)밖 [pak パク]; (屋外)바깥 [pakʼat パッカッ]; (表)겉 [kɔt コッ]

備える (万一に)대비하다 [tɛːbihada テービハダ]; (必需品を)갖추다 [katʃʰuda カッチュダ]; (よい素質を)지니다 [tʃinida チニダ]

その (人)그 [ku ク]; (あの)(人)저 [tʃɔ チョ]

その上 (それに)게다가 [kedaga ケダガ]; (しかも)더구나 [tɔguna トグナ]; (なおかつ)또한 [tʼohan ットハン]

そのまま 그대로 [kudɛro クデロ]; 그냥 [kunjaŋ クニャン]

そのように 그렇게 [kurɔkʰe クロッケ]; (そんなに)그리 [kuri クリ]

そば 곁 [kjɔt キョッ]; (わき)옆 [jɔp ヨプ]; (付近)근처 [kuːntʃʰɔ クーンチョ]

蕎麦^{そば} 메밀 [memil メミル]; (料理の)메밀 국수 [memil guksʼu メミル グクス]

そびえる (高層ビル)솟다 [sotʼa ソッタ]; (高峰)우뚝 솟다 [utʼuk sʼotʼa ウットゥク ソッタ]

祖父 할아버지 [harabɔdʒi ハラボジ]; (祖父)조부 [tʃobu チョブ]

ソファー 소파 [sopʰa ソパ]

祖母 할머니 [halmɔni ハルモニ]; (祖母)조모 [tʃomo チョモ]

素朴だ 소박하다 [sobakʰada ソバクカダ]

粗末だ (食べ物の)변변치 않다 [pjɔnbjɔntʃʰiantʰa ピョンビョンチ アンタ]; (粗雑だ)(計画の)조잡하다 [tʃodʒaphada チョジャプハダ]

染まる (赤く)물들다 [muldulda ムルドゥルダ]

背く (命令に)거역하다 [kɔːjɔkʰada コーヨクカダ]; (約束に)어기다 [ɔgida オギダ]; (光を)등지다 [tuŋdʒida トゥンジダ]

染める (髪の毛を)물들이다 [muldurida ムルドゥリダ]; (染色する)(布を)염색하다 [jɔːmsɛkʰada ヨームセクカダ]

そよそよ (春風が)산들산들 [sandulsandul サンドゥルサンドゥル]; (そよ吹く)살랑살랑 [sallaŋsallaŋ サルランサルラン]

空 하늘 [hanul ハヌル]

剃^そる (ひげを)깎다 [kʼaktʼa ッカクタ]

それ 그것 [kugot クゴッ]

それから (そして)그리고 [kurigo クリゴ]; (その後で)그리고 나서 [kurigo nasɔ クリゴ ナソ]

それしき 그까짓 [kukʼadʒit クッカジッ]; (それくらい)그쯤 [kutʃʼum クッチュム]

それぞれ (各自)각자 [kaktʃʼa カクチャ]; (おのおの)각각 [kakʼak カクカク]; (各人)각기 [kakʼi カクキ]

それで (そこで)그래서 [ku rɛsɔ クレソ]; (ところで)그런데 [kurɔnde クロンデ]

それでなくとも 그렇지 않아도 [kurɔtʃʰi anado クロッチ アナド]

それでは (そうすれば)그러면 [kurɔmjɔn クロミョン]; (それなら)그럼 [kurɔm クロム]

それでも (そうしても)그래도 [ku rɛdo クレド]; 그런데도 [kurɔndedo クロンデド]

それとも (さもなければ)아니면 [animjɔn アニミョン]; (あるいは)혹은 [hogun ホグン]; (もしくは)또는 [tʼonun ットヌン]; (さもないと)(遅刻するよ)그렇지 않으면 [kurɔtʃʰi anumjɔn クロッチ アヌミョン]

それなら (そうだとすれば)그러면 [kurɔmjɔn クロミョン]; (それでは)그렇다면 [kurɔtʰamjɔn クロッタミョン]

それほど (そんなに)그렇게 [kurɔkʰe クロッケ]; (あれほど)그토록 [kutʰorok クトロク]; (さほど)그리 [kuri クリ]; (たいして)그다지 [kudadʒi クダジ]

それ故 그러므로 [kurɔmuro クロムロ]

そろう (条件が)갖추어지다 [katʃʰudʒida カッチュオジダ]; (集まる)(全員が)모이다 [moida モイダ]; (足並みが)맞다 [matʼa マッタ]

そろえる (列を)맞추다 [matʃʰuda マッチュダ]; (商品を)갖추다 [katʃʰuda カッチュダ]

そろそろ (出かける)슬슬 [suːlsul スールスル]; (12時だ)곧 [kot コッ]

そわそわする (待ちどおしくて)들썽들썽하다 [tulsʼɔŋdulsʼɔŋhada トゥルッソンドゥルッソンハダ]

損 (損害) 손해 [soːnhɛ ソーンヘ]; (損失) 손실 [soːnʃil ソーンシル]
損害 (損害) 손해 [soːnhɛ ソーンヘ]; (損傷) 손상 [soːnsaŋ ソーンサン]; (破損) 파손 [pʰason パソン]
尊敬する (先生) 존경하다 [tʃoŋgjɔŋhada チョンギョンハダ]
存在 존재 [tʃondʒɛ チョンジェ]
損失 손실 [soːnʃil ソーンシル]
そんな 그런 [kɯrʌn クロン]; (そのような) 그러한 [kɯrʌhan クロハン]

た

他 타 [tʰa タ]; (他人) 남 [nam ナム]
田 논 [non ノン]
ターミナル 터미널 [tʰɔːminɔl トーミノル]
タイ(鯛) 도미 [toːmi トーミ]
題 (題目) 제목 [tʃemok チェモク]; (表題) 표제 [pʰjodʒe ピョジェ]
第… 제… [tʃe- チェー]
体育 체육 [tʃʰejuk チェユク]
第一 제일 [tʃeːil チェーイル]; (最初) 첫째 [tʃʰɔːtʃʼɛ チョーッチェ]
体温 체온 [tʃʰeon チェオン]
大会 대회 [tɛːhwe テーフェ]
大学 (総合大学) 대학교 [tɛːhakʼjo テーハクキョ]; (単科大学) 대학 [tɛːhak テーハク]
代金 대금 [tɛːgɯm テーグム]
大工 목수 [moksʼu モクス]
退屈しのぎ (字を書く) 심심풀이 [ʃimʃimpʰuri シムシムプリ]
退屈だ (雨で) 따분하다 [tʼabunhada ッタブンハダ]; (長い話) 지루하다 [tʃiruhada チルハダ]
対決 대결 [tɛːgjɔl テーギョル]
体験 체험 [tʃʰehʌm チェホム]
体言 체언 [tʃʰeɔn チェオン]
太鼓 북 [puk プク]
対抗 대항 [tɛːhaŋ テーハン]
ダイコン(大根) 무 [muː ムー]; 무우 [muu ムウ]
対策 대책 [tɛːtʃʰɛk テーチェク]
大使館 대사관 [tɛːsagwan テーサグァン]
大事だ (重要だ) 중요하다 [tʃuːŋjohada チューンヨハダ]; (貴重だ) 소중하다 [soːdʒuŋhada ソージュンハダ]
たいした (人気) 굉장한 [kweŋdʒaŋhan クェンジャンハン]; (美人) 대단한 [tɛːdanhan テーダンハン]
体質 체질 [tʃʰedʒil チェジル]

たいして (それほど) 그다지 [kɯdadʒi クダジ]; (さほど) 별로 [pjɔllo ビョルロ]
大衆 대중 [tɛːdʒuŋ テージュン]
体重 체중 [tʃʰedʒuŋ チェジュン]; 몸무게 [mommuge モムムゲ]
大丈夫だ (地震でも) 괜찮다 [kwentʃʰantʰa クェンチャンタ]; (平気だ) 걱정없다 [kɔktʃʼɔŋɔpʼtʼa コクチョンオプタ]; (問題ない) 문제없다 [munːdʒeɔpʼtʼa ムーンジェオプタ]
大臣 장관 [tʃaŋgwan チャーングァン]
ダイズ(大豆) 콩 [kʰoŋ コン]
対する (敵と) 대하다 [tɛːhada テーハダ]
大西洋 대서양 [tɛːsɔjaŋ テーソヤン]
体積 부피 [pupʰi プピ]
大切だ (重要だ) (健康) 중요하다 [tʃuːŋjohada チューンヨハダ]; (きわめて大切だ) (体) 소중하다 [soːdʒuŋhada ソージュンハダ]; (貴重だ) (命) 귀중하다 [kwiːdʒuŋhada クィージュンハダ]
体操 체조 [tʃʰedʒo チェジョ]
大体 대체(로) [tɛːtʃʰe (ro) テーチェ(ロ)]; (大綱) 대강 [tɛːgaŋ テーガン]; (大概) 대개 [tɛːgɛ テーゲ]
タイツ 타이츠 [tʰaitʃʰɯ タイチュ]
たいてい (ほとんど・ざっと・大綱) 대강 [tɛːgaŋ テーガン]; (大概) 대개 [tɛːgɛ テーゲ]; (大部分・おおよそ) 대부분 [tɛːbubun テーブブン]
態度 태도 [tʰɛːdo テード] 「ン」
大統領 대통령 [tɛːtʰoŋnjɔŋ テートンニョ
タイトル 타이틀 [tʰaitʰɯl タイトゥル]
代表 대표 [tɛːpʰjo テーピョ]
だいぶ (割合に・かなり) 제법 [tʃebʌp チェボプ]; (相当に) 상당히 [saŋdaŋi サンダンイ]; (まあまあ) 어지간히 [ɔdʒigani オジガニ]; (かなり・よほど) 꽤 [kʼwɛ ックェ]
台風 태풍 [tʰɛpʰuŋ テプン] 「ヤン」
太平洋 태평양 [tʰɛpʰjoŋnjaŋ テピョンニ
大変 (非常に・とても) 대단히 [tɛːdani テーダニ]; (とても・非常に) 매우 [mɛu メウ]; (とても・ひどく) 몹시 [moːpʃi モープシ]; (非常に・すごく) (面白い) 퍽 [pʰʌk ポク]; (かなり・よほど) 꽤 [kʼwɛ ックェ] 「[tʼoŋ ットン]
大便 대변 [tɛːbjɔn テービョン]; (糞) 똥
大変だ (雨が降らないと) 큰일이다 [kʰɯnirida クニリダ]; (火事を起こしては) 큰일나다 [kʰɯnillada クニルラダ]; (演奏は) 대단하다 [tɛːdanhada

テーダンハダ]
逮捕 체포[tʃʰepʰo チェポ]
タイマー 타이머[tʰaimɔ タイモ]
たいまつ 횃불[hwɛtpʼul フェップル]
タイム 타임[tʰaim タイム]
タイヤ 타이어(바퀴)[tʰaiɔ(bakʰwi) タイオ(バクィ)]
対訳 대역[tɛːjɔk テーヨク]
代役 대역[tɛːjɔk テーヨク]
ダイヤモンド 다이아몬드[daiamondɯ ダイアモンドゥ]; (金剛石)금강석 [kumgaŋsɔk クムガンソク]
ダイヤル 다이얼[daiɔl ダイオル]
太陽 태양[tʰɛjaŋ テヤン]; 해[hɛ ヘ]
平らだ (地面が)평평하다[pʰjɔŋpʰjɔŋhada ピョンピョンハダ]
平らげる (料理を)다 먹어치우다[ta:mɔgɔtʃʰiuda ターモゴチウダ]; (平定する) (敵を) 평정하다[pʰjɔːŋdʒɔŋhada ピョーンジョンハダ]; (鎮圧する)(暴動を)진압하다[tʃiːnapʰada チーナプハダ]
大陸 대륙[tɛːrjuk テーリュク]
対立 대립[tɛːrip テーリプ]
体力 체력[tʃʰerjɔk チェリョク]
対話 대화[tɛːhwa テーファ]
田植え 모내기[monɛgi モネギ]
絶えず 끊임없이[kʼɯnimɔpʼi ックニモプシ]; (いつも)항상[haŋsaŋ ハンサン]
絶え間なく (努力する)끊임없이 [kʼɯnimɔpʼi ックニモプシ]
絶える (音信が)끊어지다[kʼɯnɔdʒida ックノジダ]
耐える (寒さに)견디다[kjɔndida キョンディダ]; (持ち堪える)지탱하다[tʃitʰɛŋhada チテンハダ]; (痛みに)참다[tʃʰaːmtʼa チャームタ]
倒す (花瓶を)넘어뜨리다[nɔmɔtʼɯrida ノモットゥリダ]; (斧で木を)쓰러뜨리다[sʼɯrɔtʼɯrida ッスロットゥリダ]; (打倒する)(新政府を)타도하다[tʰaːdohada タードハダ]; (足を掛けて)자빠뜨리다[tʃapʼatʼɯrida チャッパットゥリダ]
タオル (手ぬぐい)수건[suːgɔn スーゴン]; 타월[tʰawɔl タウォル]
倒れる (前に)넘어지다[nɔmɔdʒida ノモジダ]; (政府が)쓰러지다[sʼɯrɔdʒida ッスロジダ]; (王政が)무너지다[munɔdʒida ムノジダ]; (横綱が)지다 [tʃida チダ]
タカ(鷹) 매[mɛː メー]
…-だが (大事)…-지만[-dʒiman -ヂマ

高い (山が)높다[nɔpʼta ノプタ]; (値が)비싸다[pʼisʼada ピッサダ]
互い (理解)서로[sɔro ソロ]; (利益)쌍방[sʼaŋbaŋ ッサンバン]
互いに (迷惑だ)서로[sɔro ソロ]「ダ]
高める (効率を)높이다[nopʰida ノピ
耕す (畑を)갈다[kaːlda カールダ]
宝 보물[poːmul ポームル]
だから (ですから)그러니까[kɯrɔnikʼa クロニッカ]; (それで)그래서[kɯrɛsɔ クレソ]; (なので・するから)때문에 [tʼɛmune ッテムネ]; (それで)그러기에[kɯrɔgie クロギエ]「カ]
…-だから (故障)…-니까[-nikʼa -ニッ
宝くじ 복권[pokʼwɔn ポックォン]
炊く (ご飯を)짓다[tʃiːtʼa チーッタ]
焚く (まきを)때다[tʼɛda ッテダ]; (ふろを)데우다[teuda テウダ]; (香を)피우다[pʰiuda ピウダ]
抱く (赤ん坊を)안다[antʼa アンタ]; (野心を)품다[pʰuːmtʼa プームタ]
たくさん 많이[maːni マーニ]
タクシー 택시[tʰɛkʃi テクシ]
宅配 택배[tʰɛkpʼɛ テクペ]
たくましい (堂々としている)늠름하다 [nuːmnɯmhada ヌームヌムハダ]; (壮健だ)건장하다[kɔːndʒaŋhada コーンジャンハダ]
蓄える (貯蓄する)저축하다[tʃɔːtʃʰukʰada チョーチュクハダ]; (備蓄する)비축하다[pitʃʰukʰada ピーチュクハダ]
タケ(竹) 대[tɛ テ]; 대나무[tɛnamu テナム]
…-だけ (私)…-만[-man -マン]; (君)…-뿐[-pʼun -ップン]; (苦労する)…-따름[-tʼarum -ッタルム]
竹の子 죽순[tʃuksʼun チュクスン]
凧 연[jɔn ヨン]
タコ(蛸) 문어[munɔ ムノ]; 낙지[naktʃʼi ナクチ]
確かだ 확실하다[hwakʃʼirhada ファクシルハダ]; (間違いない)틀림없다[tʰɯllimɔpʼta トゥルリモプタ]
確かに (確実に)확실히[hwakʃʼiri ファクシリ]; (間違いなく)틀림없이[tʰɯllimɔpʼi トゥルリモプシ]
確かめる (確認する)확인하다[hwaginhada ファギンハダ]
たじたじとなる (父親の前で)쩔쩔매다 [tʃʼɔltʃʼɔlmɛda ッチョルッチョルメダ]
足す (2に5を)더하다[tɔhada トハダ]; (学費に)보태다[potʰɛda ポテダ]; (加

える)(速力を)가하다[kahada カハダ]
出す (力を)내다[nɛ:da ネーダ]; (夏服を)꺼내다[k'ɔ:nɛda ッコーネダ]; (植木ばちを)내놓다[nɛ:notʰa ネーノッタ]; (手紙を)부치다[putʃʰida プチダ]
多数 다수[tasu タス]
助かる (奇跡的に)살아나다[saranada サラナダ]
助け (仕事の)도움[toum トウム]; (救助)구조[ku:dʒo クージョ]
助ける (老人を)돕다[toːpt'a トープタ]; (手伝う)(仕事を)거들다[kɔːdɯlda コードゥルダ]; (救う)(命を)구하다[ku:hada クーハダ]; (助けて!)살려 줘요[salljo dʒwɔjo サルリョ ジュオヨ]
訪ねる (史跡を)찾다[tʃʰat'a チャッタ]; (訪問する)(家を)방문하다[pa:ŋmunhada パーンムンハダ]
尋ねる (道を)묻다[mu:t'a ムーッタ]; (母を)찾다[tʃʰat'a チャッタ]
ただ 공짜[kontʃ'a コンッチャ]; (無料)무료[murjo ムリョ]; 거저[kɔdʒɔ コジョ]; (普通)보통[po:tʰoŋ ボートン]; 그냥[kɯnjaŋ クニャン]
唯 (ひたすら)오직[odʒik オジク]; 오로지[orodʒi オロジ]; (もっぱら)그저[kɯdʒɔ クジョ]
ただいま (目下)지금[tʃigɯm チグム]; (今すぐ)금방[kɯmbaŋ クムバン]; (ほんの少し前・たった今)방금[paŋgɯm パングム]; 이제[idʒe イジェ]; (帰宅時のあいさつ語)다녀왔습니다[tanjowasʼumnida タニョワッスムニダ]
たたえる (優勝を)칭찬하다[tʃʰintʃʰanhada チンチャンハダ]
戦う (敵と)싸우다[s'auda ッサウダ]; (労使が)다투다[tatʰuda タトゥダ]
たたく (太鼓を)치다[tʃʰida チダ]; (ドアを)두드리다[tudɯrida トゥドゥリダ]; (頭を)때리다[t'ɛrida ッテリダ]
ただし 단[tan タン]; 단지[tandʒi タンジ]; (ただし)다만[tamna タマン]
正しい (姿勢は)바르다[paruda パルダ]; (判断は)올바르다[olbaruda オルバルダ]; (法律的に)옳다[oltʰa オルタ]; (答えは)맞다[mat'a マッタ]
正しく 바로[paro パロ]; (座る)바르게[paruge パルゲ]
正す (誤字を)고치다[kotʃʰida コチダ]; (姿勢を)바로잡다[parodʒapt'a パロジャプタ]
直ちに 바로[paro パロ]; (すぐ)곧[kot コッ]; (即時)즉시[tʃɯkʃ'i チュクシ]

畳む (布団を)개다[kɛ:da ケーダ]; (傘を)접다[tʃɔpt'a チョプタ]
漂う (他国を)떠돌다[t'ɔdolda ットドルダ]; (戦雲が)감돌다[ka:mdolda カームドルダ]
質 질[tʃil チル]; (本質)천성[tʃʰɔnsɔŋ チョンソン]; (品質)품질[pʰu:mdʒil プームジル]
‥‥達 (子供)‥‥들[-dɯl - ドゥル]
立ち上がる (椅子から)일어서다[irɔsɔda イロソダ]; (平和運動に)일어나다[irɔnada イロナダ]
立ち止まる (店先に)멈춰 서다[mɔmtʃʰwɔ sɔda モムチュォ ソダ]
立ち退く (後ろに)물러가다[mullɔgada ムルロガダ]; (退去する)퇴거하다[tʰweːgɔhada トゥェーゴハダ]
立場 (強硬な)입장[ipt'ʃaŋ イプチャン]; (お互いの)처지[tʃʰɔ:dʒi チョージ]
たちまち 금방[kɯmbaŋ クムバン]; (すぐ)곧[kot コッ]; 금세[kɯmse クムセ]; (突然)갑자기[kaptʃ'agi カプチャギ]
立つ 서다[sɔda ソダ]; (立ち上がる)일어서다[irɔsɔda イロソダ]; (起き上がる)일어나다[irɔnada イロナダ]
発つ (パリを)떠나다[t'ɔnada ットナダ]
経つ (月日が)지나다[tʃinada チナダ]; (経過する)경과하다[kjɔŋgwahada キョングァハダ]
断つ (糸を)끊다[k'untʰa ックンタ]
タックル 태클[tʰɛkʰɯl テクル]
達者だ (上手だ)(英語が)능숙하다[nɯŋsukʰada ヌンスクハダ]; (健康だ)(お父さんは)건강하시다[kɔːŋaŋhaʃida コーンガンシハダ]
達する (成熟期に)이르다[irɯda イルダ]; (到達する)(山頂に)도달하다[to:darhada トーダルハダ]; (危険水位に)미치다[mitʃʰida ミチダ]
たった 단[tan タン]; 단지[tandʒi タンジ]
たった今 (ほんの少し前)방금[paŋgɯm パングム]; 막[mak マク]
タッチ 터치[tʰɔtʃʰi トチ]
たっぷり (筆に墨を)듬뿍[tɯmp'uk トゥムップク]; (飯を)잔뜩[tʃant'ɯk チャンットゥック]; (思う存分・飽きるほど)실컷[ʃilkʰɔt シルコッ]
縦 세로[sero セロ]
建坪 건평[kɔːnpʰjɔŋ コーンピョン]
建て前 (原則)원칙[wɔntʃʰik ウォンチク]
建物 건물[kɔːnmul コーンムル]
立てる (柱を)세우다[seuda セウダ]

建てる (家を)짓다 [tʃiːt'a チータ]

たとえ 비록 [pirok ピロㇰ]; (よしんば・仮に) 가령 [kaːrjoŋ カーリョン]

たとえば 예를 들면 [jeːrɯl dɯlmjon イェールル ドゥルミョン]; 예컨대 [jeːkʰondɛ イェーコンデ]

たとえる (美人を花に)비기다 [pigida ピギダ]; (比喩する)(人生を旅に)비유하다 [piːjuhada ピーユハダ]

たどりつく (達する・到達する)(頂上に)당도하다 [taŋdohada タンドハダ]; (やっとたどりつく)(結論に)간신히 이르다 [kansini irɯda カンシニ イルダ]

棚 선반 [sonban ソンバン]

たなおろし (在庫調べ)재고 조사 [tʃɛːgodʒosa チェーゴ ジョサ]「ヤギ」

谷 산골짜기 [sankʼoltʃ'agi サンコルッチ]

他人 남 [nam ナㇺ]; 타인 [tʰain タイン]

タヌキ(狸) 너구리 [noguri ノグリ]

種 씨 [tʃ'i ッシ]; (種子)종자 [tʃoŋdʒa チョンジャ]

楽しい (青春は)즐겁다 [tʃɯlgopʼa チュルゴㇷ゚タ]; (興に乗って)흥겹다 [hɯːŋgjopʼa フーンギョㇷ゚タ]

楽しむ 즐기다 [tʃɯlgida チュルギダ]

頼み (願い)부탁 [puːtʰak プータㇰ]; (依頼)의뢰 [ɯirwe ウィルェ]; (請い・願い)청 [tʃʰoŋ チョン]; (頼り)의지 [ɯidʒi ウィジ]

頼む (依頼する・願う)부탁하다 [puːtʰakʰada プータカダ]; (念入りに頼む)당부하다 [taŋbuhada タンブハダ]

頼もしい (青年)믿음직하다 [midɯmdʒikʰada ミドゥムジカダ]

束 (花)다발 [tabal タバㇽ]; (書類)묶음 [mukʼɯm ムックㇺ]

タバコ 담배 [taːmbɛ タームベ]; (煙草)연초 [jontʃʰo ヨンチョ]

旅 (旅行)여행 [johɛŋ ヨヘン]「ン」

たび (時)때 [tʼɛ ッテ]; (折)번 [bon ボ

たびたび 자주 [tʃadʒu チャジュ]

ダブル 더블 [dobul ドブル]

ダブる 겹치다 [kjoptʃʰida キョㇷ゚チダ]

ダブルス(複試合) 복식 경기 [pokʃikʼjoːŋgi ポㇰシㇰ キョーンギ]

たぶん (おそらく)아마 [ama アマ]

食べ物 음식 [ɯːmʃik ウームシㇰ]; 먹을 것 [mogɯl kʼot モグㇽ コッ]

食べる 먹다 [moktʼa モㇰタ]; (いただく)들다 [tɯlda トゥㇽダ]; (召し上がる)드시다 [tɯːʃida トゥーシダ]・잡수시다 [tʃapsʼuʃida チャㇷ゚スシダ]

球 공 [koːŋ コーン]

弾 (鉄砲玉)총알 [tʃʰoŋal チョンアㇽ]; (弾丸)탄환 [tʰanhwan タンファン]

卵 (鳥・魚・虫の)알 [al アㇽ]; (鶏卵)계란 [keran ケラン]・달걀 [talgjal タㇽギャㇽ]

だまされる (詐欺師に)속다 [soktʼa ソㇰタ]; (甘い言葉に)넘어가다 [nomogada ノモガダ]

魂 (心)넋 [nok ノㇰ]; (精神)얼 [ɔːl オール]; (魂)혼 [hon ホン]

だます (人を)속이다 [sogida ソギダ]

たまたま (ふと・偶然に)우연히 [ujoni ウヨニ]; (ちょうど)마침 [matʃʰim マチㇺ]

黙って 잠자코 [tʃamdʒakʰo チャムジャコ]; (じっと)가만히 [kamani カマニ]

黙っている 잠자코 있다 [tʃamdʒakʰo itʼa チャムジャコ イッタ]; 가만 있다 [kaman itʼa カマン イッタ]; (口をつぐんで)입(을) 다물고 있다 [ipʼamulgo ibul tamulgo itʼa イㇷ゚タムㇽゴ イㇷ゚ル タムㇽゴ イッタ]

たまに 가끔 [kakʼɯm カックㇺ]; (偶然に)어쩌다가 [otʃʼodaga オッチョダガ]; (時々)이따금 [itʼagum イッタグㇺ]

タマネギ 양파 [jaŋpʰa ヤンパ]

たまらない (頭が痛くて)견딜 수 없다 [kjondil sʼu optʼa キョンディルㇽ ッス オㇷ゚タ]; (悔しくて)참을 수 없다 [tʃʰamul sʼu optʼa チャムㇽ ッス オㇷ゚タ]; (会いたくて)죽겠다 [tʃukʼetʼa チュㇰケッタ]

たまる (水が)괴다 [kweːda クェーダ]; (積もる)(ごみに)쌓이다 [sʼaida ッサイダ]; (仕事が)밀리다 [millida ミㇽリダ]; (金が)모이다 [moida モイダ]

ダム 댐 [dɛm デム]「-ッテムン」

(…–の)ため (病気)…–때문 [-tʼɛmun

ためいき 한숨 [hansum ハンスㇺ]

試す (試みる)(再起を)시도하다 [ʃiːdohada シードハダ]; (腕前を)시험해 보다 [jihomhɛ boda シホムヘ ボダ]

駄目だ (動いては)안 된다 [an dwenda アン ドゥェンダ]; (たばこを吸っては)못쓴다 [moːsʼɯnda モーッスンダ]

(…–する)ために 〈理由・原因〉(怠けた)…–기 때문에 [-gi tʼɛmune -ギッテムネ]; 〈目的〉(生きる)…–기 위하여 [-gi wihajo -ギ ウィハヨ]

(…–の)ために 〈理由・原因〉…–기 때문에 [-gi tʼɛmune -ギッテムネ];

ためらう（返事を）망설이다 [mansɔrida マンソリダ]; （ちゅうちょする）주저하다 [tʃudʒohada チュジョハダ]
ためる（金を）모으다 [moɯda モウダ]; （貯蓄する）저축하다 [tʃɔ:tʃhukhada チョーチュクハダ]; （貯金する）저금하다 [tʃɔ:gɯmhada チョーグムハダ]; （持ち越す）(仕事を)미루다 [miruda ミルダ]
保つ（維持する）(安静を)유지하다 [judʒihada ユジハダ]
たやすい 쉽다 [ʃwi:pt'a シュィープタ]
便り（消息）소식 [soʃik ソシク]
頼りない（彼では）미덥지 못하다 [midɔptʃ'i mo:thada ミドプチ モーッタダ]; （信頼できない）신뢰되지 않다 [ʃi:lwedwedʒi antha シーㇽレ ドウェジ アンタ]; （信じがたい）믿음직스럽지 못하다 [midɯmdʒiks'urɔptʃ'i mo:thada ミドゥムジクスロプチ モーッタダ]; （身の上）의지할 데 없다 [ɯidʒihal t'e ɔpt'a ウィージハㇽ テ オプタ]
頼る（杖に）의지하다 [ɯidʒihada ウィジタラ]
タラ（鱈）대구 [tɛgu テグ]
たらい 대야 [tɛja テヤ]
だらしない（服装が）단정하지 못하다 [tandʒɔŋhadʒi mo:thada タンジョンハジ モーッタダ]
垂らす（すだれを）달다 [talda タㇽダ]; （ひもを）늘어뜨리다 [nɯrɔt'ɯrida ヌロットゥリダ]; （汗を）흘리다 [hɯllida フㇽリダ]
足りない（認識が）모자라다 [mo:dʒarada モージャラダ]; （不足する）부족하다 [pudʒokhada プジョクハダ]
足りる（1人で）족하다 [tʃokhada チョクハダ]; （十分だ）충분하다 [tʃhuŋbunhada チュンブンハダ]
だるい（体が）나른하다 [narɯnhada ナルンハダ]
誰（誰）뉘 [nwi ヌィ]; （誰ですか）누구 [nugu ヌグ]; （誰(で)も）아무 [a:mu アーム]
誰か 누구 [nugu ヌグ]; 누군가 [nugunga ヌグンジ]
誰でも 누구든지 [nugudɯndʒi ヌグドゥンジ]
誰も（…ない）아무도(…없다) [a:mudo(…ɔ:pt'a) アームド(…オープタ)]
…だろう（来ない）…것이다 [-k'ɔʃida コシダ]; （来る）…겠지 [-getʃ'i ゲッチ]
単位 단위 [tanwi タヌィ]; （大学修了における）학점 [haktʃ'ɔm ハクチョム]

単価 단가 [tank'a タンカ]
段階 단계 [tange タンゲ]
弾劾 탄핵 [tha:nhɛk ターンヘク]
探求 탐구 [thamgu タムグ]
団結 단결 [tangjɔl タンギョㇽ]
探検 탐험 [thamhɔm タムホㇺ]「ナンマㇽ」
単語 단어 [tanɔ タノ]; 낱말 [nanmal
男子 남자 [namdʒa ナムジャ]「ハダ」
単純だ 단순하다 [tansunhada タンスン
男女 남녀 [namnjɔ ナムニョ]
誕生 탄생 [tha:nsɛŋ ターンセン]
誕生日 생일 [sɛŋil センイㇽ]; （おじいさんの）생신 [sɛŋʃin センシン]
たんす 옷장 [otʃ'aŋ オッチャン]; （茶・洋服）장(농) [tʃa:ŋ(noŋ) チャーン(ノン)]
ダンス 댄스 [dɛnsɯ デンス]; （社交）춤 [tʃhum チュㇺ]
男性 남성 [namsɔŋ ナムソン]; （男子）남자 [namdʒa ナムジャ]
団体 단체 [tantʃhe タンチェ]
だんだん（近くなる）점점 [tʃɔ:mdʒom チョームジョㇺ]; （よくなる）차차 [tʃhatʃha チャーチャ]; （次第に）점차 [tʃɔ:mtʃha チョームチャ]
担当 담당 [tamdaŋ タムダン]
担任 담임 [tamim タミㇺ]「チㇽ」
蛋白質 단백질 [tanbɛktʃ'il タンベクダンピング 덤핑 [dɔmphiŋ ドㇺピン]
探訪 탐방 [thambaŋ タムバン]
暖房 난방 [na:nbaŋ ナーンバン]「ㇾ」
タンポポ 민들레 [mindɯlle ミンドゥㇽ反物 옷감 [otk'am オッカㇺ]
鍛練 단련 [talljɔn タㇽリョン]
暖炉 난로 [na:llo ナーㇽロ]
談話 담화 [tamhwa タムファ]

ち

地（地面・大地）땅 [t'aŋ ッタン]; （地方）고장 [kodʒaŋ コジャン]
血 피 [phi ピ]
地位 지위 [tʃiwi チウィ]; （ポスト）(専務の)자리 [tʃari チャリ]
地域 지역 [tʃijɔk チヨク]
小さい（靴が）작다 [tʃa:kt'a チャークタ]; （被害が）(少ない)적다 [tʃɔ:kt'a チョークタ]; （幼ない）어리다 [ɔrida オリダ]
チーズ 치즈 [tʃhi:dʒɯ チージュ]
チーム 팀 [thi:m ティーㇺ]
知恵［知慧］지혜 [tʃihe チヘ]; （才知）(先人の)슬기 [sɯlgi スㇽギ]
チェーン店［ストア］체인점[스토어]

チェックアウト チェックアウト [tʃhekʰɯ aut チェクアウッ]

チェックイン 체크인 [tʃhekʰɯin チェクイン]

チェロ 첼로 [tʃhello チェルロ]

地下 지하 [tʃiha チハ]

近い (海に)가깝다 [kak'apt'a カッカプタ]

違い (相違)차이 [tʃhai チャイ]; (異なること)다름 [tarɯm タルム]; (間違い)틀림 [tʰɯllim トゥルリム]

誓う (固く)다짐하다 [tadʒimhada タジムハダ]; (心に)맹세하다 [mɛŋsehada メンセハダ]

違う (異なる)다르다 [taruda タルダ]; (間違う)틀리다 [tʰullida トゥルリダ]

近く 가까이 [kak'ai カッカイ]; (近所)근처 [kɯːntʃho クーンチョ]; (もうじき)멀지 않아 [mɔːldʒi ana モールジ アナ]

近ごろ 요즘 [jodʒɯm ヨジュム]; (最近)최근 [tʃhweːgɯn チュェーグン]

近づく (近寄る)(車が)다가오다 [tagaoda タガオダ]; (先生に)다가가다 [tagagada タガガダ]; (頂上に)가까워지다 [kak'awɔdʒida カッカウォジダ]; (接近する)접근하다 [tʃɔpk'ɯnhada チョプクンハダ]; (親しむ)(社長に)친해지다 [tʃhinhɛdʒida チンヘジダ]; (似る)(本物に)닮다 [tamt'a タムタ]

近づける (机を窓に)가까이 하다 [kak'aihada カッカイハダ]

誓って 맹세코 [mɛŋsekʰo メンセコ]; (決して・必ず)결코 [kjɔlkʰo キョルコ]

地下鉄 지하철 [tʃihatʃhɔl チハチョル]

近道 지름길 [tʃirumk'il チルムキル]; 가까운 길 [kak'aun kil カッカウン キル]

力 힘 [him ヒム]

地球 지구 [tʃigu チグ]

ちくちく (針で)쿡쿡 [kʰukʰuk ククク]; (目が)따끔따끔 [t'ak'ɯmt'ak'ɯm ッタックムッタックム]

遅刻 지각 [tʃigak チガク]

遅刻する 지각하다 [tʃigakʰada チガクハダ]; (遅れる)늦다 [nɯt'a ヌッタ]

知識 지식 [tʃiʃik チシク]

知人 (知り合い)아는 사람 [aːnɯn saːram アーヌン サーラム]

地図 지도 [tʃido チド]

知性 지성 [tʃisɔŋ チソン]

父 아버지 [abɔdʒi アボジ]

乳 젖 [tʃɔt チョッ]

縮む (寿命が)줄다 [tʃuːlda チュールダ]; (布地が)줄어들다 [tʃurɔdɯlda チュロドゥルダ]

地中海 지중해 [tʃidʒuŋhɛ チジュンヘ]

秩序 질서 [tʃilsɔ チルソ]

ちっとも (まったく)전혀 [tʃɔnhjɔ チョンヒョ]; (少しも)조금도 [tʃogɯmdo チョグムド]; 잠시도 [tʃaːmʃido チャームシド]

チップ 팁 [tʰip ティプ]

ちっぽけな 조그마한 [tʃogumahan チョグマハン]; (つまらない)하찮은 [haːtʃhanun ハチャヌン]

ちなみに (付け加えて)(言う)덧붙여서(말하다) [tɔtp'utʃhɔsɔ (maːrhada) トップッチョソ (マールハダ)]; (これと関連して)이와 관련하여 [iwa kwalljɔnhajɔ イワ クァルリョンハヨ]; (何かをやりかけたついでに)내 친 김에 [nɛːtʃhin gime ネーチン ギメ]

知能 지능 [tʃinɯŋ チヌン]

ちび 꼬마 [k'oma ッコマ]

乳房 유방 [jubaŋ ユバン]

地方 지방 [tʃibaŋ チバン]

チマ (スカート)치마 [tʃhima チマ]

ちまた (市井)항간 [haːŋgan ハーンガン]; (分かれ道)갈림길 [kallimk'il カルリムキル]

茶 차 [tʃha チャ]; (葉茶・麦茶)엽차 [jɔptʃha ヨプチャ]・보리차 [poritʃha ポリチャ]

チャーハン (いためご飯・焼き飯)복음밥 [poːk'ɯmbap ポックムバプ]

茶色 (褐色)갈색 [kalsʼɛk カルセク]

茶碗 (ご飯)공기 [koŋgi コンギ]; (ご飯)밥그릇 [papk'ɯrɯt パプクルッ]; (紅茶)찻잔 [tʃhatʃ'an チャッチャン]

‥‥ちゃん (男の子)‥‥아 [-a -ア]; (姉)‥‥야 [-ja -ヤ]

チャンス 찬스 [tʃhansɯ チャンス]; (機会)기회 [kihwe キフェ]

ちゃんと (しかと)똑똑하게 [t'okt'okʰage ットクトクハゲ]; (あきらかに)분명히 [punmjɔŋi ブンミョンイ]; (着実に)착실하게 [tʃhakʃ'irhage チャクシルハゲ]; (正しく)바르게 [parɯ ge パルゲ]; (確実に)확실히 [hwakʃ'iri ファクシリ]; (正確に)정확하게 [tʃɔːŋhwakʰage チョーンファクハゲ]

チャンネル 채널 [tʃhɛnɔl チェノル]

チャンピオン 챔피언 [tʃhɛmphiɔn チェムピオン]; (優勝者)우승자 [usɯŋdʒa ウスンジャ]

‥‥中 (来月)‥‥중 [-dʒuŋ -ジュン]

注意 주의 [tʃu:i チューイ]; (用心) 조심 [tʃo:ʃim チョーシㇺ]
中央 중앙 [tʃuŋaŋ チュンアン]
中学校 중학교 [tʃuɲhak'jo チュンハクキョ]
中間 중간 [tʃuŋgan チュンガン]
中継放送 중계 방송 [tʃuŋge ba:ŋsoŋ チュンゲ パーンソン]
忠告 충고 [tʃʰuŋgo チュンゴ]
中国 중국 [tʃuŋguk チュングㇰ]
仲裁 중재 [tʃuŋdʒɛ チュンジェ]
駐在 주재 [tʃu:dʒɛ チュージェ]
中止 중지 [tʃuŋdʒi チュンジ]
忠実 충실 [tʃʰuŋʃil チュンシㇽ]
注射 주사 [tʃu:sa チューサ]
駐車場 주차장 [tʃu:tʃʰadʒaŋ チューチャジャン]
中旬 중순 [tʃuŋsun チュンスン]
抽象 추상 [tʃʰusaŋ チュサン]
中小企業 중소기업 [tʃuŋsogiɔp チュンソギオㇷ゚]
昼食 점심 [tʃɔ:mʃim チョーㇺシㇺ]
中心 중심 [tʃuŋʃim チュンシㇺ]
ちゅうちょなく (答える・承諾する) 주저 없이 [tʃudʒɔɔpʃ'i チュジョオㇷ゚シ]
注目 주목 [tʃu:mok チューモㇰ]
中毒 중독 [tʃuŋdok チュンドㇰ]
注文 주문 [tʃu:mun チュームン]
注文する (外国に本を) 주문하다 [tʃu:munhada チュームンハダ]; (うどんを) 시키다 [ʃikʰida シキダ]
チョーク 분필 [punpʰil プンピㇽ]
調査 조사 [tʃosa チョサ]
調子 (具合) 상태 [saŋtʰɛ サンテ]; (リズム) 장단 [tʃaŋdan チャンダン]; (語調) 어조 [ɔdʒo オジョ]; (具合) 컨디션 [kʰɔndiʃɔn コンディション]
長所 장점 [tʃaŋtʃ'ɔm チャンチョㇺ]
頂上 정상 [tʃɔŋsaŋ チョンサン]; (山の) 산꼭대기 [sank'okt'ɛgi サンッコㇰテギ]
朝食 아침 (밥) [atʃʰim (p'ap) アチㇺ(パㇷ゚)]
朝鮮 囲 조선 [tʃosɔn チョソン]; (韓) 한국 [ha:nguk ハーングㇰ]
朝鮮語 (韓国語) 한국말 [ha:ngukmal ハーングンマㇽ]; 囲 조선말 [tʃosɔnmal チョソンマㇽ]; 한국어 [ha:ngugɔ ハーングゴ]; 囲 조선어 [tʃosɔnɔ チョソノ]
朝鮮人 (韓国人) 한국 사람 [ha:nguk s'a:ram ハーングㇰ サーラㇺ]; 囲 조선 사람 [tʃosɔn sa:ram チョソン サーラㇺ]; 한국인 [ha:ngugin ハーングギン]; 囲 조선인 [tʃosɔnin チョソニン]
ちょうだいする (贈り物を) 받다 [pat'a パッタ]
チョウチョ(ウ) 나비 [nabi ナビ]

提灯 ちょうちん (祭りの) 제등 [tʃeduŋ チェドゥン]; (灯籠) 초롱 [tʃʰoroŋ チョロン]; (灯火) 등불 [tuŋp'ul トゥンプㇽ]
ちょうど (折よく・ほどよく) 마침 [matʃʰim マチㇺ]; (きっちり) 꼭 [k'ok ッコㇰ]; (かっきり) 똑 [t'ok ットㇰ]; (ちょうど) 마치 [matʃʰi マチ]; (たった今) 방금 [paŋgum パングㇺ]; (ちょうどそのとき) 막 [mak マㇰ]; (かっきり) 정각 [tʃɔ:ŋgak チョーンガㇰ]
長男 장남 [tʃaŋnam チャンナㇺ]; 맏아들 [madadul マダドゥㇽ]
調味料 조미료 [tʃomirjo チョミリョ]
……丁目 (鐘路2)……가 [-ga -ガ]
調和 조화 [tʃohwa チョファ]
貯金 저금 [tʃɔ:gum チョーグㇺ]
直接 직접 [tʃiktʃ'ɔp チクチョㇷ゚] [ルリッ]
チョコレート 초콜릿 [tʃʰokʰollit チョコ
著者 저자 [tʃɔ:dʒa チョージャ]; (作者) 지은이 [tʃiuni チウニ]
貯蓄 저축 [tʃɔ:tʃʰuk チョーチュㇰ]
ちょっと (かなり) 좀 [tʃom チョㇺ]; (わずか) 조금 [tʃogum チョグㇺ]; (若干) 약간 [jak'an ヤッカン]; (しばらく) 잠깐 [tʃamk'an チャムッカン]; (しばし) 잠시 [tʃa:mʃi チャーㇺシ]
ちょっぴり 조금 [tʃogum チョグㇺ]
散らし 삐라 [p'ira ッピラ]
散らす (撒き散らす) 흩날리다 [hunnallida フンナㇽリダ]; (散らかす・乱す) 흩뜨리다 [hut'urida フットゥリダ]
ちらりと (見る) 흘긋 [hulgut フルグッ]
塵 ちり (ほこり) 먼지 [mɔndʒi モンジ]; (ごみ) 쓰레기 [s'uregi ッスレギ]; (ちり) 티끌 [tʰik'ul ティックㇽ]
地理 지리 [tʃiri チリ]
ちり紙 휴지 [hjudʒi ヒュジ]
治療 치료 [tʃʰirjo チリョ]
散る (子供たちが) 흩어지다 [hutʰɔdʒida フトジダ]; (花が) 지다 [tʃida チダ]
賃金 임금 [i:mgum イーㇺグㇺ]
沈没 침몰 [tʃʰimmol チㇺモㇽ]
沈黙 침묵 [tʃʰimmuk チㇺムㇰ]
陳列 진열 [tʃi:njɔl チーニョㇽ]

つ

ツアー 투어 [tʰuɔ トゥオ]; (団体旅行) 여행 [jɔhɛŋ ヨヘン]
つい (思わず) 그만 [kuman クマン]; (うっかり) 깜빡 [k'amp'ak ッカㇺッパㇰ]; (思わず) 무심코 [muʃimkʰo ムシㇺコ];

(ちょっと) 조금 [tʃogɯm チョグム]
つい (対の) 한 쌍 [han s'aŋ ハンッサン]; (一そろい) 한 벌 [han bəl ハンボル]
ついたち 초하루 [tʃʰoharu チョハル]; (その月の1日) 일일 [ilil イリル]; 초룻날 [tʃʰoharunnal チョハルンナル]
(…に) ついて (対して) …-(에) 대하여 [대해서] [-(e) tɛːhajo[tɛːhɛsɔ] -(エ) テーハヨ[テーヘソ]]; (関する) …-(에) 관하여 [관해서] [-(e) kwanhajo[kwanhɛsɔ] -(エ) クァンハヨ[クァンヘソ]]
ついでに (町に出た) 하는 길에 [hanun gire ハヌン ギレ]; (仕事の) 하는 김에 [hanun gime ハヌン ギメ]
ついに (とうとう・結局) 드디어 [tɯdiɔ トゥディオ]・마침내 [matʃʰimnɛ マチムネ]; (いまだに) 끝내 [k'ɯnnɛ ックンネ]; (とうとう) 끝끝내 [k'ɯtk'ɯnnɛ ックックンネ]
追放 추방 [tʃʰubaŋ チュバン]
費やす 쓰다 [s'ɯda ッスダ]; (消費する) 소비하다 [sobihada ソビハダ]; (浪費する) 낭비하다 [naːŋbihada ナーンビハダ]
通貨 통화 [tʰoŋhwa トンファ]
通過 통과 [tʰoŋgwa トングァ]
通学する 통학하다 [tʰoŋhakʰada トンハクハダ]; (通う) (徒歩で) 다니다 [tanida タニダ]
通勤する 통근하다 [tʰoŋgunhada トングンハダ]; (通う) (自転車で) 다니다 [tanida タニダ]
通行 통행 [tʰoŋhɛŋ トンヘン]
通じる (道が) 통하다 [tʰoŋhada トンハダ]
通信 통신 [tʰoŋsin トンシン]
通知 통지 [tʰoŋdʒi トンジ]
ツーピース 투피스 [tʰuːpʰiːsɯ トゥーピース]
通訳 통역 [tʰoŋjɔk トンヨク]
杖 지팡이 [tʃiphaŋi チパンイ]
使う (機械を) 쓰다 [s'ɯda ッスダ]; (使用する) 사용하다 [saːjoŋhada サーヨンハダ]; (働かせる) (助手を) 부리다 [purida プリダ]
支える (言葉が) 막히다 [makʰida マクヒダ]; (胸が) 메다 [meːda メーダ]; (たまる) (仕事が) 밀리다 [millida ミルリダ]
仕える (父母に) 모시다 [moːʃida モーシダ]
捕まえる (鳥を) 잡다 [tʃapt'a チャプタ]; (犯人を) 붙잡다 [putʃ'apt'a プッチャプタ]

捕まる (泥棒が) 잡히다 [tʃapʰida チャプヒダ]; (警察に) 붙잡히다 [putʃ'apʰida プッチャプヒダ]
つかむ (襟首を) 잡다 [tʃapt'a チャプタ]; (腕を) 붙잡다 [putʃ'apt'a プッチャプタ]; (手に) 쥐다 [tʃwiːda チュィーダ]
疲れている 피곤하다 [pʰigonhada ピゴンハダ]; (疲労する) 피로하다 [pʰirohada ピロハダ]; (疲れてだるい) 고단하다 [kodanhada コダンハダ]
疲れる (仕事に) 지치다 [tʃiːtʃʰida チーチダ]; 피곤해지다 [pʰigonhɛdʒida ピゴンヘジダ]
月 달 [tal ダル]; 월 [wɔl ウォル]
次 다음 [taɯm タウム]
つきあう (交わる) (友達として) 사귀다 [sagwida サグィダ]・(彼と) 교제하다 [kjodʒehada キョジェハダ]
次々と (事故が) 잇달아 [itt'ara イッタラ]
次の (列車) 다음 [taɯm タウム]
月日 월일 [wɔril ウォリル]; (日付け) 날짜 [naltʃ'a ナルッチャ]; (歳月) 세월 [seːwɔl セーウォル]
尽きる (燃料が) 바닥나다 [padaŋnada パダンナダ]; (道が끝나다 [kɯnnada ックンナダ]; (命が) 다하다 [taːhada ターハダ]
つく (くっつく) 붙다 [put'a プッタ]; (ごみが) 묻다 [mut'a ムッタ]; (身に) 들러붙다 [tɯːllobut'a トゥルロブッタ]; (根が내리다 [nɛrida ネリダ]; (しみが) 지다 [tʃida チダ]; (傷が) 나다 [nada ナダ]; (目に) 띄다 [t'ida ッティダ]
就く (座に) 오르다 [orɯda オルダ]; (眠りに) 들다 [tɯlda トゥルダ]
着く (到着する) (目的地に) 도착하다 [toːtʃʰakʰada トーチャクハダ]; (頭が天井に) 닿다 [taːtʰa タータ]
突く (やりで) 찌르다 [tʃ'irɯda ッチルダ]; (棒で) 치다 [tʃʰida チダ]; (杖を) 짚다 [tʃipt'a チプタ]
継ぐ 잇다 [iːt'a イータ]; 이어받다 [iobat'a イオバッタ]
次ぐ (社長に) 다음가다 [taɯmgada タウムガダ]; (旗艦に) 뒤따르다 [twiːt'arɯda トゥィーッタルダ]
注ぐ (水を) 붓다 [puːt'a プッタ]; (酒を) 따르다 [t'arɯda ッタルダ]
机 책상 [tʃʰɛks'aŋ チェクサン]
尽くす (力を) 다하다 [taːhada ターハダ]; (社会のために) 애쓰다 [ɛːs'ɯda エーッスダ]

償う (弁償する)갚다[kapt'a カプタ]; (補償する)보상하다[po:saŋhada ポーサンハダ]; (賠償する)배상하다[pɛsaŋhada ペサンハダ]

作る 만들다[mandulda マンドゥルダ]; (家を建てる・ご飯を炊く)짓다[tʃi:t'a チータ]

繕う (網を)깁다[ki:pt'a キープタ]; (声を)가다듬다[kadadumt'a カダドゥムタ]; (体位を)세우다[seuda セウダ]

漬け物 김치[kimtʃhi キムチ]

つける (のりで)붙이다[putʃhida プチダ]; (染みを)묻히다[mutʃhida ムッチダ]; (口紅を)바르다[paruda パルダ]; (点数を)매기다[mɛgida メギダ]; (傷を)내다[nɛ:da ネーダ]; (カスを)켜다[kʰjɔda キョダ]; (火を)지르다[tʃiruda チルダ]

漬ける 담그다[tamguda タムグダ]; (塩漬けにする)절이다[tʃɔrida チョリダ]

告げる (伝える)알리다[allida アルリダ]; 고하다[ko:hada コーハダ]

都合 (家の)사정[sa:dʒɔŋ サージョン]; (万事)형편[hjɔŋpʰjɔn ヒョンピョン]; (自分の便の)[pʰjoni ピョニ]

伝える (ニュースを)전하다[tʃɔnhada チョンハダ]; (伝播する)전파하다[tʃɔnpʰahada チョンパハダ]; (情報を)알리다[allida アルリダ]

伝わる (うわさが)전해지다[tʃɔnhɛdʒida チョンヘジダ]; (古から)전해 내려오다[tʃɔnhɛ nɛrjooda チョンヘ ネリョオダ]

土 (土壌)흙[huʎk フク]; (大地)땅[t'aŋ ッタン]

続く (続けられる)계속되다[ke:sokt'weda ケーソクトゥェダ]; (継続する)계속하다[ke:sokʰada ケーソクハダ] 「ソ」

続けて 계속해서[ke:sokʰesɔ ケーソクケソ]

続ける (継続する)계속 하다[ke:sokʰada ケーソクハダ]

慎む (言動を)삼가다[samgada サムガダ]

包み (弁当)꾸러미[k'urɔmi ックロミ]; (衣類)보따리[pot'ari ポッタリ]

包む (包装紙で)싸다[s'ada ッサダ]; (取り巻く)(ふろしきに)둘러싸다[tulɔs'ada トゥルロッサダ]; (包装する)포장하다[pʰodʒaŋhada ポジャンハダ]

努める (食べようと)애쓰다[ɛ:s'uda エーッスダ]; (学習に)힘쓰다[hims'uda ヒムッスダ]; (努力する)노력하다[norjokʰada ノリョクハダ]

勤める (勤務する)(会社に)근무하다[kɯ:nmuhada クーンムハダ]; (働く)일하다[i:rhada イールハダ]

綱 밧줄[patʃ'ul パッチュル]

つなぐ (糸を)잇다[i:t'a イータ]; (犬を)매다[mɛ:da メーダ]; (連結する)연결하다[jɔngjɔrhada ヨンギョルハダ]

綱ひき 줄다리기[tʃuldarigi チュルダリギ]

津波 해일[hɛ:il ヘーイル]

常に (ふだん)늘[nuɭ ヌル]; (いつも)항상[haŋsaŋ ハンサン]; (しょっちゅう・いつも)언제나[ɔ:ndʒena オーンジェナ]; (いつでも)언제든지[ɔ:ndʒedundʒi オーンジェドゥンジ]

角 뿔[p'ul ップル]

唾 침[tʃhim チム]

ツバメ(燕) 제비[tʃe:bi チェービ]

粒 (豆・米の)알[al アル]

潰す (ジャガイモを)으깨다[uk'ɛda ウッケダ]; (箱を)부수다[pusuda プスダ]; (時間を)메우다[meuda メウダ]

つぶやく (1人で)중얼거리다[tʃuŋɔlgɔrida チュンオルゴリダ]

潰れる (トマトが)찌부러지다[tʃ'iburɔdʒida ッチブロジダ]; (店が)망하다[maŋhada マンハダ]; (顔が)깎이다[k'ak'ida ッカクキダ]; (卵が)깨지다[k'ɛdʒida ッケージダ]

坪 평[pʰjɔŋ ピョン]

壺 (水)항아리[haŋari ハンアリ]; (はちみつの)단지[tandʒi タンジ]; (インク)병[pjɔŋ ピョン]; (墨)통[tʰoŋ トン] 「オリ」

つぼみ 꽃봉오리[k'otp'oŋori ッコッポンオリ]

妻 (家内)아내[anɛ アネ]; 처[tʃhɔ チョ]; 집사람[tʃips'aram チプサラム]

つまずく (けつまずく)(石に)발이 걸려 넘어지다[pari kɔllj nɔmɔdʒida パリ コルリョ ノモジダ]; (挫折する)좌절하다[tʃwa:dʒɔrhada チュアージョルハダ]

つまむ (指で)집다[tʃipt'a チプタ]

つまようじ 이쑤시개[is'uʃigɛ イッスシゲ]

つまらない (話の筋が)재미 없다[tʃɛmiɔpt'a チェミオプタ]; (役に立たない)쓸데없다[s'ultʰeɔpt'a ッスルテオプタ]; (くだらない)시시하다[ʃiʃihada シシハダ]; (取るに足らない)하찮다[hatʃhantʰa ハチャンタ]

つまり (すなわち)즉[tʃuk チュク]; (要するには)요컨대[jokʰɔndɛ ヨコンデ]; (結局)결국[kjɔlguk キョルグク]; (言い換えれば)다시 말하면[taʃi ma:rha-

mjɔn タシ マールハミョン]
詰まる (ふさがる)막히다 [makʰida マ キダ]; (ぎっしり)꽉 차다 [k'wak tʃʰada ックァクチャダ]
罪 죄 [tʃwe: チュエー]
摘む (花を)따다 [t'ada ッタダ]
積む (山と)쌓다 [s'atʰa ッサタ]; (貨物を)싣다 [ʃit'a シッタ]
爪 (手の)손톱 [sontʰop ソントプ]; (足の)발톱 [paltʰop パルトプ]
つめ切り 손톱 깎이 [sontʰop k'ak'i ソントプ カクキ]
詰め込む (カバンに)꽉 채우다 [k'wak tʃʰɛuda ックァク チェウダ]; (注入する)(知識を)주입하다 [tʃuːipʰada チューイプハダ]; (押し込む)(乗客を)밀어넣다 [miro notʰa ミロ ノッタ]
冷たい (風が)차다 [tʃʰada チャダ]・차갑다 [tʃʰagapt'a チャガプタ]; (冷淡だ)냉하다 [nɛːndʒəŋhada ネーンジョンハダ]; (気候が)쌀쌀하다 [s'als'arhada ッサルッサルハダ]; (夜風が)싸늘하다 [s'anurhada ッサヌルハダ]
詰める (瓶に油を)채워 넣다 [tʃʰwɛwɔ notʰa チェウォ ノッタ]; (いっぱいに)채우다 [tʃʰɛuda チェウダ]; (幅を)줄이다 [tʃʰurida チュリダ]; (詰めて座る)죄다 [tʃwe:da チュエーダ]
つもり (はず)터 [tʰɔ ト]; (帰る)예정 [jedʒɔŋ イェジョン]; (どうする)작정 [tʃaktʃ'ɔŋ チャクチョン]; (考え)생각 [sɛŋgak センガク]
積もる (雪が)쌓이다 [s'aida ッサイダ]; (見積もる)어림잡다 [ɔrimdʒapt'a オリムジャプタ]
つや (光沢)광택 [kwaŋtʰɛk クァンテク]; 윤기 [juːnk'i ユーンキ]
つやつやした (床が)반들반들한 [pandɯlbandɯrhan パンドゥルバンドゥルハン]
露 이슬 [isɯl イスル]
梅雨 장마 [tʃaŋma チャンマ]
強い (力が)세다 [se:da セーダ]; (寒さに)강하다 [kaŋhada カンハダ]; (体が)튼튼하다 [tʰɯntʰɯnhada トゥントゥンハダ]; (酒が)독하다 [tokʰada トクハダ]
辛い (仕事が)고통스럽다 [kotʰoŋsɯrɔpt'a コトンスロプタ]; (別れるのは)괴롭다 [kweropt'a クェロプタ]; (苦い経験)쓰라리다 [s'ɯrarida ッスラリダ]
⋯⋯づらい (聞き)거북하다 [kɔːbukʰada

コープクカダ]
貫く (矢が的を)꿰뚫다 [k'wet'ultʰa ックェトゥルタ]; (貫通する)관통하다 [kwaːntʰoŋhada クァーントンハダ]; (貫徹する)(志を)관철하다 [kwaːntʃʰorhada クァーンチョルハダ]
連らねる (出店を)늘어놓다 [nurəonotʰa ヌロノッタ]; (自動車が)줄지어 서 있다 [tʃuldʒiɔ sɔ it'a チュルジオ ソ イッタ]
釣り 낚시(질) [nakʃ'i(dʒil) ナクシ(ジル)]
ツル(鶴) 학 [hak ハク]; 두루미 [turumi トゥルミ]
蔓 덩굴 [tɔŋgul トングル]
つるす (提灯 等を)매달다 [mɛːdalda メーダルダ]
連れ 동행 [toŋhɛŋ トンヘン]; (同伴者)동반자 [toŋbandʒa トンバンジャ]
連れる (子供を)데리다 [terida テリダ]; (伴奏に)따르다 [t'aruda ッタルダ]
つんと (鼻が)오똑 [ot'ok オットク]; (新芽が)뾰족이 [p'jodʒogi ッピョジョギ]

て

手 손 [son ソン]; (腕)팔 [pʰal パル]
⋯⋯-で (工場)⋯⋯에서 [-esɔ -エソ]; (船)⋯⋯로 [-ro -ロ]; (1日)⋯⋯에 [-e -エ]
出会い 만남 [mannam マンナム]
出会う (友人に)만나다 [mannada マンナダ]
手当たり次第に (食べる)닥치는 대로 [taktʃʰinun dɛro タクチヌン デロ]
提案 제안 [tʃean チェアン]
定員 정원 [tʃɔːŋwɔn チョーンウォン]
庭園 정원 [tʃɔŋwɔn チョンウォン]
定価 정가 [tʃɔːŋk'a チョーンカ]
定期 정기 [tʃɔːŋgi チョーンギ]
定義 정의 [tʃɔːŋi チョーンイ]
提供 제공 [tʃegoŋ チェゴン]
抵抗 저항 [tʃɔːhaŋ チョーハン]
提出 제출 [tʃetʃʰul チェチュル]
定食 정식 [tʃɔːŋʃik チョーンシク]
訂正 정정 [tʃɔːŋdʒɔŋ チョンジョン]; 바로잡기 [parodʒapk'i パロジャプキ]
訂正する 정정하다 [tʃɔːŋdʒɔŋhada チョンジョンハダ]; (直す)바로잡다 [parodʒapt'a パロジャプタ]; (正す)(文章を)고치다 [kotʃʰida コチダ]
定着 정착 [tʃɔːŋtʃʰak チョーンチャク]
程度 정도 [tʃɔŋdo チョンド]
丁寧だ (言葉遣い)공손하다 [koŋson-

定年退職 hada コンソンハダ; (丁重だ)정중하다[tɕʌ:ndʑuŋhada チョーンジュンハダ]
定年退職 정년 퇴직[tɕʌŋnjʌn tʰwe:dʑik チョンニョン トゥェージク]
出入り 출입[tɕʰurip チュリプ]
手入れ 손질[sondʑil ソンジル]
データ 데이터[deitʰʌ デイト]; (情報)정보[tɕʌŋbo チョンボ]
デート 데이트[deitʰɯ デイトゥ]
テーブル 테이블[tʰeibɯl テイブル]; (机)탁자[tʰaktɕ'a タクチャ]
テーマ 테마[tʰe:ma テーマ]; (主題)주제[tɕudʑe チュジェ]
出かける (外国に)나가다[nagada ナガダ]; (会社に)가다[kada カダ]; (夫婦同伴で)외출하다[we:tɕʰurhada ウェーチュルハダ]; (旅行に)나서다[nasʌda ナソダ]
手紙 편지[pʰjʌ:ndʑi ピョーンジ]
手軽い (仕事)손쉽다[sonʃwiptʰa ソンシュプタ]; 간단하다[kandanhada カンダンハダ]
敵 적[tɕʌk チョク]
…的 (政治)…적[-dʑʌk -ジョク]
できあがる (完成する)완성하다[wansʌŋhada ワンソンハダ]; (洋服が)다 되다[ta: dweda タードゥェダ]; (酒を飲んで)취하다[tɕʰwi:hada チュィーハダ]
テキスト 텍스트[tʰeks'ɯtʰɯ テクストゥ]; (教材)교재[kjo:dʑɛ キョージェ]; (教科書)교과서[kjo:gwaso キョーグヮソ]; (原文)원문[wʌnmun ウォンムン]
適切だ (表現)적절하다[tɕʌktɕ'ʌrhada チョクチョルハダ]
適当だ (温度)적당하다[tɕʌktɑŋhada チョクタンハダ]; (合う)알맞다[a:lmatɕa アールマッタ]; (ふさわしい)마땅하다[matɕaŋhada マッタンハダ]
…できない (長生き)…지 못한다[-dʑi motʰanda -ジ モータンダ]; (簡単には)…ㄹ 수 없다[-l s'u ʌptɕa -ルッス オプタ]; (運転)…ㄹ 줄 모르다[-l tɕ'ul moruda -ル チュル モルダ]
できる (バターは牛乳から)만들어지다[mandurɔdʑida マンドゥロジダ]; (仕度が)다 되다[ta: dweda タードゥェダ]; (駅が)생기다[sɛŋgida センギダ]; (利用)할 수 있다[hal s'u itɕa ハルッス イッタ]
…できる (誰にも利用)…ㄹ 수 있다[-l s'u itɕa -ルッス イッタ]; (運転が)…ㄹ 줄 안다[-l tɕ'ur a:nda -ル チュ ラーンダ]
できるだけ (なるべく)되도록[twedorok トゥェドロク]; (できる限り)될 수 있는 한[twel s'u innɯn han トゥェルッス インヌン ハン]
手際 (成果)(すばらしい)성과[sʌŋk'wa ソンクァ]; (すぐれた細工の)솜씨[somʃ'i ソムッシ]; (腕前)수완[suwan スワン]
出口 출구[tɕʰulgu チュルグ]; 나가는 곳[naganɯn kot ナガヌン コッ]
手首 손목[sonmok ソンモク]
てこ 지레[tɕire チレ]
テコンドー 태권도(跆拳道)[tʰɛk'wondo テクォンド]
デザート 디저트[didʑɔ:tʰɯ ディジョートゥ]
デザイン 디자인[didʑain ディジャイン]
弟子 제자[tɕe:dʑa チェージャ]
でしゃばる (人のことに)나서다[nasʌda ナソダ]; (彼は何でも)참견하다[tɕʰamgjʌnhada チャムギョンハダ]
手順 (順序)(式の)순서[su:nsʌ スーンソ]; (手続き)절차[tɕʌltɕʰa チョルチャ]
…です (学校)…ㅂ니다[-mnida -ムニダ]; (やりたい)…습니다[-sɯmnida -スムニダ]
手数 (手間・努力)품[pʰum プム]
テスト (試験)시험[ʃihʌm シホム]; 테스트[tʰesɯtʰɯ テストゥ]
でたらめ 엉터리[ʌŋtʰʌri オントリ]
手帳 수첩[sutɕʰʌp スチョプ]
鉄 철[tɕʰʌl チョル]; 쇠[swe スェ]
哲学 철학[tɕʰʌrhak チョルハク]
手作り 수작[sudʑak スジャク]; (手製)수제[sudʑe スジェ]
手伝う (仕事を)돕다[to:ptɕa トープタ]; (家事を)거들다[kʌ:dɯlda コードゥルダ]
手続き 절차[tɕʌ:ltɕʰa チョルチャ]
鉄道 철도[tɕʰʌlt'o チョルト]
デッドボール 데드 볼[dedɯ bo:l デドゥ ボール]
デッドライン 데드 라인[dedɯ lain デドゥ ライン]
鉄板焼き 철판 구이[tɕʰʌlpʰan gui チルパン グイ]
鉄砲 총[tɕʰoŋ チョン]
徹夜する (看病で)밤(을) 새우다[pam(ɯl) sɛuda パム(パムル) セウダ]
手並み (ピアノの)솜씨[somʃ'i ソムッシ]
テニス 테니스[tʰenisɯ テニス]; (庭球)정구[tɕʌŋgu チョング]

手荷物 수하물 [suhamul スハムル]
手のひら 손바닥 [sonp'adak ソンパダク]
では (そうすれば・すると) 그러면 [kɯrɔmjɔn クロミョン]; (それなら) 그럼 [kɯrɔm クロム]; (それなら・それでは) 그렇다면 [kɯrɔtʰamjɔn クロッタミョン]
デパート (百貨店) 백화점 [pɛkʰwadʒɔm ペックァジョム]
手配 (式典の) 준비 [tʃuːnbi チューンビ]; (犯人の) 수배 [subɛ スベ]
出入り 출입 [tʃʰurip チュリプ]
…ではないかと思う (学生) …가[-이] 아닌가 하다 [-ga[-i] aninga hada -ガ[-イ] アニンガハダ]
手引き (入門書) 입문서 [immunsɔ イムムンソ]; (案内・指針) 길잡이 [kildʒabi キルジャビ]
手袋 장갑 [tʃaːŋgap チャーンガプ]
手ぶら 빈손 [piːnson ピーンソン]
手振り 손짓 [sontʃ'it ソンチッ]
手本 (習字の) 본 [pon ポン]; (かがみ) 본보기 [ponbogi ポンボギ]・모범 [mobom モボム]
手間 품 [pʰum プム]; (労力) 노력 [norjɔk ノリョク]; (合い間・暇)(買物をする) 짬 [tʃ'aːm ッチャーム]
出迎え 마중 [madʒuŋ マジュン]
出迎える (駅に) 마중나가다 [madʒuŋnagada マジュンナガダ]
でも (けれども) 그래도 [kɯrɛdo クレド]; (だが) 그렇지만 [kɯrɔtʃʰiman クロッチマン]; (だけど) 하지만 [hadʒiman ハジマン]
デモ 데모 [demo デモ]; (示威) 시위 [ʃiːwi シーウィ]
デュエット 듀엣 [djuet ディュエッ]
寺 절 [tʃɔl チョル]
照らす (月光が野原を) 비추다 [pitʃʰuda ピチュダ]
デラックス 디럭스 [dirɔksɯ ディロクス]
照る (日が)비치다 [pitʃʰida ピチダ]
出る (新聞に) 나다 [nada ナダ]; (部屋から) 나가다 [nagada ナガダ]; (涙が) 나오다 [naoda ナオダ]; (人前に) 나서다 [nasɔda ナソダ]; (現われる)(星が) 나타나다 [natʰanada ナタナダ]; (昇る)(日が) 뜨다 [t'ɯda ットゥダ]; (芽が)돋다 [tot'a トッタ]
照れくさい (ほめられて) 쑥스럽다 [s'uksɯrɔpt'a ッスクスロプタ]; (きまりが悪い) 멋쩍다 [mɔtʃ'ɔkt'a モッチョクタ]
テレビ 텔레비전 [tʰellebidʒɔn テルレビジョン]; 티브이 [tʰiːbɯi ティーブイ]
テレフォン 텔레폰 [tʰellepʰon テルレポン]
天 하늘 [hanɯl ハヌル]
点 점 [tʃɔm チョム]
天下 천하 [tʃʰɔnha チョンハ]
展開 전개 [tʃɔngɛ チョーンゲ]
天気 날씨 [nalʃ'i ナルッシ]; 일기 [ilgi イルギ]
電気 전기 [tʃɔngi チョーンギ]
天気予報 일기 예보 [ilgi jeːbo イルギイェーボ]
天国 천국 [tʃʰɔnguk チョングク]; 하늘나라 [hanɯl lara ハヌル ララ]
天才 천재 [tʃʰɔndʒɛ チョンジェ]
天使 천사 [tʃʰɔnsa チョンサ]
展示 전시 [tʃɔːnʃi チョーンシ]
電車 전차 [tʃɔːntʃʰa チョーンチャ]; (電鉄) 전철 [tʃɔːntʃʰol チョーンチョル]
天井 천장 [tʃʰɔndʒaŋ チョンジャン]
電信 전신 [tʃɔnʃin チョンシン]
伝説 전설 [tʃɔnsɔl チョンソル]
伝染 전염 [tʃɔnjɔm チョニョム]
電送 전송 [tʃɔnsoŋ チョンソン]
天地 천지 [tʃʰɔndʒi チョンジ]; (上と下) 위아래 [wiare ウィアレ]
電池 전지 [tʃʰɔndʒi チョーンジ]
電鉄 전철 [tʃɔːntʃʰol チョーンチョル]
テント (天幕) 천막 [tʃʰɔnmak チョンマク]; 텐트 [tʰentʰɯ テントゥ]
伝統 전통 [tʃɔntʰoŋ チョントン]
電灯 전등 [tʃɔːndɯŋ チョーンドゥン]
電波 전파 [tʃɔːnpʰa チョーンパ]
天火 오븐 [oːbun オーブン]
展望 전망 [tʃɔːnmaŋ チョーンマン]
電報 전보 [tʃɔːnbo チョーンボ]
展覧会 전람회 [tʃɔːllamhwe チョールラムフェ]
電力 전력 [tʃɔːlljɔk チョールリョク]
電話 전화 [tʃɔːnhwa チョーンファ]
電話帳 전화 번호부 [tʃɔːnhwa bɔnhobu チョーンファ ボンホブ]

と

戸 (ドア・門・扉) 문 [mun ムン]; (窓) 창문 [tʃʰaŋmun チャンムン]
…と (共に)(友達) …와 [-wa -ワ]; (弟)…과 [-gwa -グァ]; (誰)…하고 [-hago -ハゴ]; (誰)…랑 [-raŋ -ラン]; (と言う)(信じる)…고 [-go -ゴ]; (フランス)…라고 [-rago -ラゴ]

度 (度数)도[to ト]; (程度)정도[tʃʌŋdo チョンド]; (限度)한도[ha:ndo ハーンド]; (回数)횟수[hwesu フェッス]

ドア (門・戸・扉)문[mun ムン]; 도어[doɔ ドオ]

問い 물음[murɯm ムルム]; (質問)질문[tʃilmun チルムン]

ドイツ (独逸)독일[togil トギル]

トイレ (化粧室)화장실[hwadʒaŋil ファジャンシル]; (便所)변소[pjʌnso ピョンソ]

トイレットペーパー 화장지[hwadʒandʒi ファジャンジ]; (ちり紙)휴지[hjudʒi ヒュジ]

塔 탑[tʰap タプ]

問う (責任を)묻다[mu:t'a ムーッタ]

銅 구리[kuri クリ]

…道 …도[-do - ド]

どう (どのように)어떻게[ʌt'ɔkʰe オットッケ]; (どんなに・いくら)아무리[a:muri アームリ]

答案 답안[taban タバン]; (答案用紙)답안지[tabandʒi タバンジ]

同意 동의[toŋi トンイ]

どういたしまして 천만의 말씀입니다[tʃʰʌnmane ma:ls'ɯimnida チョーンマネ マールッスミムニダ]; 천만에요[tʃʰʌnmanejo チョンマネヨ]; 별말씀을 (다하십니다)[pjʌlmals'ɯmɯl (ta:haʃimnida) ピョルマルッスムル (ターハシムニダ)]; 뭘요[mwɔ:lljo ムォールリョ]

統一 통일[tʰoŋil トンイル]

どうか (どうぞ)부디[pudi プディ]; (なにとぞ)제발[tʃe:bal チェーバル]; (是非とも)아무쪼록[a:mutʃ'orok アームッチョロク]

トウガラシ(唐辛子) 고추[kotʃʰu コチュ]

登記 등기[tɯŋgi トゥンギ]

同期生 동기생[toŋgisɛŋ トンギセン]

動機 동기[to:ŋgi トーンギ]

道義 도의[to:i トーイ]

等級 등급[tɯŋgɯp トゥングプ]

同級生 동급생[toŋgɯps'ɛŋ トングプセン]

道具 도구[to:gu トーグ]; (大工の)연장[jʌndʒaŋ ヨンジャン]

峠 고개[koge コゲ]

統計 통계[tʰo:ŋge トーンゲ]

動作 동작[to:ŋdʒak トーンジャク]

東西 동서[toŋsɔ トンソ]

投資 투자[tʰudʒa トゥジャ]

当時 당시[taŋʃi タンシ]

動詞 동사[to:ŋsa トーンサ]

同時 동시[toŋʃi トンシ]

陶磁器 도자기[todʒagi トジャギ]

どうして (どのようにして)어떻게[ʌt'ɔkʰe オットッケ]; (なぜ)어째서[ʌtʃ'ɛsɔ オッチェソ]; (なにゆえ)왜[wɛ ウェー]

どうしても (どうでも)아무리 해도[a:muri hɛ:do アームリ ヘード]; (是非とも)꼭[k'ok ッコク]

登場 등장[tɯŋdʒaŋ トゥンジャン]

同情 동정[toŋdʒʌŋ トンジョン]

どうせ 어차피[ʌtʃʰapʰi オチャピ]; (せっかく)이왕에[iwaŋe イワンエ]; (もうすでに)기왕에[kiwaŋe キワンエ]

どうせなら (同じことなら)이왕이면[iwaŋimjʌn イワンイミョン]

当選 당선[taŋsʌn タンソン]

当然 당연히[taŋjʌni タンヨニ]; (当たり前に)마땅히[mat'aŋi マッタンイ]

当然だ 당연하다[taŋjʌnhada タンヨンハダ]; (当たり前だ)마땅하다[mat'aŋhada マッタンハダ]

どうぞ 어서[ɔsɔ オソ]; (どうか)부디[pudi プディ]; (なにとぞ)제발[tʃe:bal チェーバル]; (是非とも)아무쪼록[a:mutʃ'orok アームッチョロク]

到着 도착[to:dʒʌi トーチャク]

とうてい 도저히[to:dʒʌi トージョイ]

どうでも (とにかく)아무튼[amutʰɯn アムトゥン]; (どうしても)아무리 해도[a:muri hɛ:do アームリ ヘード]

尊い (貴重だ)(命は)귀중하다[kwi:dʒuŋhada クィージュンハダ]

貴い (高貴だ)고귀하다[kogwihada コグィハダ]

とうとう 드디어[tɯdiɔ トゥディオ]; (ついに)마침내[matʃʰimnɛ マチムネ]; (ついに)끝끝내[k'ɯtk'ɯnnɛ ックックンネ]

堂々と 당당하게[tadaŋhage タンダンハゲ]; 떳떳하게[t'ɔt'ɔtʰage ットットッタゲ]

道徳 도덕[to:dʌk トードク]

どうにか 그럭저럭[kɯrɔktʃ'ɔrɔk クロクチョロク]; 그런대로[kɯrʌndero クロンデロ]; (なんとか)어떻게든[ʌt'ɔkʰedɯn オットッケドゥン]

どうにも 아무리 해도[a:muri hɛ:do アームリ ヘード]; (どうしても)아무래도[a:murɛdo アームレド]; (まったく)도무지[tomudʒi トムジ]

投票 투표[tʰupʰjo トゥピョ]

豆腐 두부[tubu トゥブ]

動物 동물 [toːŋmul トーンムル]
どうも (どうしても) 아무래도 [aːmurɛdo アームレド]; (まったく) 도무지 [tomudʑi トムジ]; (とても) 매우 [mɛu メウ]; (本当に) 정말 [tɕʌŋmal チョーンマル]; (どうやら) 어쩐지 [ʌtɕʌndʑi オッチョンジ]
トウモロコシ 옥수수 [oksʼusu オクスス]; 강냉이 [kaŋnɛŋi カンネンイ]
東洋 동양 [toŋjaŋ トンヤン]
同様 마찬가지 [matɕʰaŋgadʑi マチャンガジ]
道路 도로 [toːro トーロ]; (道)길 [kil キル]
討論 토론 [tʰoːron トーロン]
十(の) (10)열 [jʌl ヨル]; 십 [ɕip シプ]
遠い (会社が)멀다 [mʌːlda モールダ]; (耳が)먹다 [mʌkʼta モクタ]
十日 (10日)십일 [ɕibil シビル]; 초열흘날 [tɕʰojʌrhɯllal チョヨルルラル]; 열흘 [jʌrhɯl ヨルル]
遠く (出かける)멀리 [mʌːlli モールリ]; (遠くの)(山)먼 곳 [mʌːn kot モーンコッ]
通す (電気を)통하게 하다 [tʰoŋhage hada トンハゲ ハダ]; (貫いて通す)(山道を)뚫다 [tʼultʰa トゥルタ]
通り (街・町)거리 [kʌri コリ]; (並木)길 [kil キル]
……どおり (従来の)……대로 [-dɛro -デロ]
通り過ぎる (店の前を)지나다 [tɕinada チナダ]; (夕立が)지나가다 [tɕinagada チナガダ]; (うっかりして駅を)지나치다 [tɕinatɕʰida チナチダ]
通る (バスが)통하다 [tʰoŋhada トンハダ]; (通過する)(列車が鉄橋を)통과하다 [tʰoŋgwahada トングァハダ]; (バスが)지나가다 [tɕinagada チナガダ]; (銀座を)지나다 [tɕinada チナダ]; (合格する)(試験に)합격하다 [hapkʼjokhada ハプキョクカダ]
都会 도회지 [tohwedʑi トフェジ]
とがめる (たしなめる)(不注意を)나무라다 [namurada ナムラダ]; (責める)(怠慢を)책망하다 [tɕʰɛŋmaŋhada チェンマンハダ]
時 때 [tʼɛ ッテ]; (時間)시간 [ɕigan シガン]; (時期)시기 [ɕigi シギ]
時々 (時たま)가끔 [kakʼɯm カックム]; (時折)때때로 [tʼɛtʼɛro ッテッテロ]
時には (時としては)때로는 [tʼɛronɯn ッテロヌン]; (場合によっては)경우에 따라서는 [kjʌŋue tʼarasʌnɯn キョンウエッタラソヌン]
度胸 (肝っ玉)배짱 [pɛtɕʼaŋ ペッチャン]; (胆気)담력 [taːmnjʌk タームニョク]
とぎれる (消息が)끊어지다 [kʼɯnʌdʑida ックノジダ]; (人の往来が)끊기다 [kʼɯnkʰida ックンキダ]
得 (利益)이익 [iːik イーイク]; (利得)이득 [iːdɯk イードゥク]; (何の得にもならない)득 [tɯk トゥク]
徳 (積む・養う)덕 [tʌk トク]; (徳望)덕망 [tʌŋmaŋ トンマン]
溶く (絵具を)풀다 [pʰulda プルダ]; (練る)(小麦粉を水で)개다 [kɛːda ケーダ]
解く (包みを)풀다 [pʰulda プルダ]
研ぐ (刀を)갈다 [kaːlda カールダ]; (米を)씻다 [ɕʼitʼa ッシッタ]
毒 독 [tok トク] 「ゴルソンニム」
得意先 단골 손님 [taŋgol sonnim タンゴル ソンニム]
独裁 독재 [toktɕɛ トクチェ]
独自 독자 [toktɕa トクチャ]
読者 독자 [toktɕa トクチャ]
読書 독서 [toksʌ トクソ]
特色 특색 [tʰɯksɛk トゥクセク]
独身 독신 [toksʼin トクシン]; (独身・未婚の男性)총각 [tɕʰoŋgak チョンガク]; (独身・未婚の女性)처녀 [tɕʰʌːnjʌ チョーニョ]
特選 특선 [tʰɯksʼʌn トゥクソン]
独占 독점 [toktɕʼʌm トクチョム]
ドクター 닥터 [daktʰʌ ダクト]
特徴 특징 [tʰɯktɕʼiŋ トゥクチン]
特定 특정 [tʰɯktɕʼʌŋ トゥクチョン]
得点 득점 [tɯktɕʼʌm トゥクチョム]
特に 특히 [tʰɯkhi トゥッキ] 「ウォン」
特派員 특파원 [tʰɯkpʰawʌn トゥクパウォン]
特別 특별 [tʰɯkpʼjʌl トゥクピョル]
特約 특약 [tʰɯgjak トゥギャク]
独立 독립 [toŋnip トンニプ]
刺 가시 [kaɕi カシ]
時計 시계 [ɕige シゲ]
溶ける (雪が)녹다 [nokʼta ノクタ]
解ける (帯が)풀리다 [pʰullida プルリダ]
どこ 어디 [ʌdi オディ]
どこか 어디 [ʌdi オディ]; 어딘가 [ʌdinga オディンガ]; 어딘지 [ʌdindʑi オディンジ] 「[de デ]」
所 (高い)곳 [kot コッ]; (女性らしい)데
ところが (ところで・さて)그런데 [kɯrʌnde クロンデ]; (だが・しかし)그러나 [kɯrʌna クロナ]; (そうしたところ)그랬더니 [kɯrɛtʼʌni クレットニ]
ところで 그런데 [kɯrʌnde クロンデ]

登山 등산[tuŋsan トゥンサン]
年 (新しい)해[hɛ ヘ]; (新)년[njɔn ニョン]; (齢)나이[nai ナイ]
都市 도시[toʃi トシ]
⋯⋯として (代表)⋯(으)로[-(ɯ)ro -(ウ)ロ]; (学者)⋯(으)로서[-(ɯ)rosʌ -(ウ)ロソ]
図書館 도서관[tosɔgwan トソグァン]
年寄り 늙은이[nɯlgɯmi ヌルグニ]; (老人)노인[no:in ノーイン]
閉じる (門を)닫다[tat'a タッタ]; (門が)닫히다[tatʃhida タッチダ]; (本を)덮다[tɔpt'a トプタ]; (目を)감다[ka:mt'a カームタ]; (口を)다물다[tamulda タムルダ]
土台 토대[thoɛ トデ]
土地 (敷地)토지[thodʒi トジ]; (敷地・地面・土・土壌)땅[t'aŋ ッタン]
途中 (仕事の)도중[to:dʒuŋ トージュン]; (⋯⋯する途中で)(学校に行く)⋯⋯길에[-kire -キレ]
どちら (どちら側)어느 쪽[ɔnɯtʃ'ok オヌッチョク]; (どれ)어느 것[ɔnɯgɔt オヌゴッ]; (どこ)어디[ɔdi オディ]; (どなた)어느 분[ɔnɯ pun オヌ ブン]
特急 특급[thuk'ɯp トゥックプ]
特許 특허[thuukhɔ トゥッコ]
嫁ぐ 시집가다[ʃidʒipk'ada シジプカダ]
突然 (いきなり)갑자기[kaptʃ'agi カプチャギ]; 돌연[torjɔn トリョン]; (にわかに)별안간[pjɔraŋgan ピョランガン]
取っ手 손잡이[sondʒabi ソンジャビ]
とても 아주[adʒu アジュ]; 매우[mɛu メウ]; (非常に・すごく)퍽[phɔk ポク]; (非常に)대단히[tɛ:dani テーダニ]; (とうてい)도저히[to:dʒɔi トージョイ]; (お腹が)몹시[mo:pʃ'i モープシ]; (草花が)무척[mutʃhɔk ムチョク]; (あまりにも)하도[hado ハド]; (すごく)(値段が)되게[twe:ge トゥェーゲ]
届く (手に)닿다[ta:tha タータッ]; (着く)도착하다[to:tʃhakhada トーチャカダ]; (およぶ)미치다[mitʃhida ミチダ]
届ける (手紙を)보내다[ponɛda ボネダ]; (配達する)(牛乳を)배달하다[pɛ:darhada ペーダルハダ]; (警察に)신고하다[ʃingohada シンゴハダ]
滞る (車が)밀리다[millida ミルリダ]・정체하다[tʃɔŋtʃhehada チョンチェハダ]; (停滞する)정체되다[tʃɔŋtʃhedweda チョンチェドゥェダ]
整える (列を)정돈하다[tʃʌ:ŋdonhada チョーンドンハダ]; (旅装を)갖추다[katʃhuda カッチュダ]; (夕食を)차리다[tʃharida チャリダ]; (顔を)꾸미다[k'umida ックミダ]; (身なりを)다듬다[tadɯmt'a タドゥムタ]
とどめる (足を)멈추다[mɔmtʃhuda モムチュダ]; (止める)(車を)정지시키다[tʃɔŋdʒiʃikhida チョンジシキダ]
どなた 어느 분[ɔnɯ bun オヌ ブン]; (どちら様)어디[ɔdi オディ]
隣 이웃[iut イウッ]; (席)옆[jɔp ヨプ]
怒鳴る 고함치다[kohamtʃhida コハムチダ]; 호통치다[hothoŋtʃhida ホトンチダ]
とにかく 어쨌든[ɔtʃ'ɛt'un オッチェットゥン]; (いずれにせよ)하여간[hajʌgan ハヨガン]; 하여튼[hajʌthun ハヨトゥン]; (ともかく)좌우간[tʃwa:ugan チュアーウガン]; 아무튼[amuthun アムトゥン]
どの 어느[ɔnɯ オヌ]; 어떤[ɔt'ɔn オットン]; (どんな)무슨[musun ムスン]
どのような 어떤[ɔt'ɔn オットン]
どのように 어떻게[ɔt'ɔkhe オットッケ]; (どうやって)어찌[ɔtʃ'i オッチ]
賭博(とばく) 도박[tobak トバク]; 노름[norum ノルム]
飛び上がる (鯉が水の上に)뛰어오르다[t'wiɔruda ットゥィオオルダ]
飛び出す (部屋から)뛰어나가다[t'wiɔnagada ットゥィオナガダ]; (庭に)뛰어나오다[t'wiɔnaoda ットゥィオナオダ]; (目玉が)튀어나오다[thwiɔnaoda トゥィオナオダ]
扉 (ドア・戸・門)문[mun ムン]; (本の)속표지[so:kphjodʒi ソークピョジ]
とぶ (鳥が)날다[nalda ナルダ]; (カエルが)뛰다[t'wida ットゥィダ]; (泥が)튀다[thwida トゥィダ]
溝(どぶ) 도랑[toraŋ トラン]; (下水路)개천[kɛtʃhɔn ケチョン]
徒歩 도보[tobo トボ]
乏しい (不足する)부족하다[pudʒo-khada プジョクカダ]; (足りない)모자라다[mo:dʒarada モージャラダ]
とぼとぼ (疲れた足どりで)(歩く)터벅터벅[thɔbɔkthɔbɔk トボクトボク]
トマト 토마토[thomatho トマト]
とまる (ストップ)멈추다[mɔmtʃhuda モムチュダ]; (息が)멎다[mʌtʃ'a モッタ]; (時計が)서다[sɔda ソダ]; (鳥が)앉다[ant'a アンタ]
泊まる (宿屋に)머무르다[mɔmuruda

モムルダ］; （ホテルに）泊まる[mɔmul-da モムルダ］; （友人の家に）泊る[mukt'a ムクタ]

富 부[pu: プー]; （財産）재산[tɕɛsan チェサン]; （財貨）재화[tɕɛhwa チェファ]

弔う お悔やみを言う (遺族を) 문상하다 [mu:nsaŋhada ムーンサンハダ］; （冥福を祈る）명복을 빌다[mjɔŋ-bogul pi:lda ミョンボグル ピールダ]

止める （車を）세우다[seuda セウダ］・멈추다[mɔmtɕhuda モムチュダ］; （けんかを）말리다[mallida マルリダ]

泊める （友人を家に）머무르게 하다 [mɔmuruge hada モムルゲハダ］; （旅人を一晩）재우다[tɕɛuda チェウダ]

友達 친구[tɕhiŋu チング］, 동무[tɔŋ-mu トンム］, (友)벗[pɔt ポッ]

伴う （同伴する）（妻を）동반하다[tɔŋ-banhada トンバンハダ］; （妹を）데리고 가다[terigo kada テリゴ カダ］; （母に）따라가다[t'aragada ッタラガダ]

共に （いっしょに）함께[hamk'e ハムッケ］; （そろって）같이[katɕhi カチ]

共働き 맞벌이[matp'ori マッポリ]

土曜日 토요일[thojoil トヨイル］; 토요일 날[thojoillal トヨイルラル]

トラ(虎) 범[pɔ:m ポーム］, 호랑이 [ho:raŋi ホーランイ]

捕らえる (腕を) 잡다[tɕapt'a チャプタ］; （犯人を）붙잡다[putɕ'apt'a プッチャプタ]

とりあえず （すぐに）우선[usɔn ウソン］; （まず）먼저[mɔndzɔ モンジョ]

取り扱う （危険物を）취급하다[tɕhwi:-guphada チュィーグプハダ］; （機械を）다루다[taruda タルダ]

取り入れる （彼の意見を）받아들이다 [padadurida パダドゥリダ］; （農作物を）거두다[kɔduda コドゥダ]

取り替える （電球を）바꾸다[pak'uda パックダ］; （水を）갈다[kalda カルダ]

取り消す （契約を）취소하다[tɕhwi:-sohada チュィーソハダ]

取り締まる （交通違反を）단속하다 [tansokhada タンソクカダ] ［コーネダ］

取り出す （書類を）꺼내다[k'ɔ:nɛda ッコーネダ]

鳥肌が立つ 소름(이) 끼치다[so:rum (i) k'itɕhida ソールム[ソールミ]ッキチダ]

取次店 중간 도매상[tɕuŋgan domɛsaŋ チュンガン ドメサン]

取りつける （電話を）달다[talda タルダ］; （設置する）（アンテナを）설치하다[sɔltɕhihada ソルチハダ]

取り除く （除去する）（患部を）제거하다 [tɕegɔhada チェゴハダ］; （なくす）（不安を）없애다[ɔ:ps'ɛda オープセダ]

取り引き 거래[kɔ:rɛ コーレ]

取り分 몫[mok モク]

取り巻く （囲む）（敵を）둘러싸다[tul-lɔs'ada トゥルロッサダ］; （城を）에워싸다[ewɔs'ada エウォッサダ]

努力 노력[norjɔk ノリョク]

ドリル 드릴[duril ドゥリル]

取る （自由行動を）취하다[tɕhwi:hada チュィーハダ］; （帽子を）벗다[pɔt'a ポッタ］; （ハンドルを）잡다[tɕapt'a チャプタ］; （塩を）집다[tɕipt'a チプタ］; （雑草を）뽑다[p'opt'a ッポプタ］; （資格を）따다[t'ada ッタダ]

撮る （写真を）찍다[tɕikt'a ッチクタ]

どれ 어느 것[ɔnɯ gɔt オヌ ゴッ]

ドレス 드레스[durɛsɯ ドゥレス]

どれほど （どのくらい）얼마나[ɔ:lmana オールマナ］; （どんなに）아무리[a:muri アームリ]

泥 진흙[tɕinhɯk チンフク]

泥棒 도둑[toduk トドゥク]

富んでいる （豊富である）（資源が）풍부하다[phuŋbuhada プンブハダ]

とんでもございません 천만의 말씀입니다[tɕhɔnmane ma:ls'ɯmimnida チョンマネ マールスミムニダ]

とんでもない （思い違い）엉뚱하다 [ɔŋt'uŋhada オントゥンハダ］; （誤解）터무니없다[thɔmuniɔpt'a トムニオプタ］; （知らなかったって,）천만에요[tɕhɔnmanejo チョンマネヨ]

どんどん （病気が）자꾸[tɕak'u チャック］; （仕事が）척척[tɕhɔktɕhɔk チョクチョク］; （質問が）잇달아[i:t'ara イータラ］; （水が）속속[soks'ok ソクソク]

どんな （どのような・ある）어떤[ɔt'ɔn オットン］; （何の）무슨[musɯn ムスン］; （何の）아무[a:mu アーム］; （いかなる）아무런[a:murɔn アームロン]

どんなに （どれほど）아무리[a:muri アームリ］; （どのくらい）얼마나[ɔ:lmana オールマナ]

トンネル 터널[thɔnɔl トノル]

どんぶり 사발[sabal サバル]
どんぶり物 덮밥[tɔp'ap トプパプ]
トンボ 잠자리[tʃamdʒari チャムジャリ]
問屋 도매상[tomɛsaŋ トメサン]

な

名 이름[irɯm イルム]; (名称) 명칭[mjɔŋtʃhiŋ ミョンチン]
ない (意味하여 없다[ɔ:pt'a オープタ]
(…では)ない (言う)…아니다[-anida -アニダ]; (行か)…않다[-antha -アンタ]
内科 내과[nɛ:k'wa ネークァ]
内外 내외[nɛ:we ネーウェ], 안뜰[anphak アンパク]
内閣 내각[nɛ:gak ネーガク]
ないしょ (秘密) 비밀[pi:mil ピーミル]; (内密) 은밀[unmil ウンミル]; (生計) 살림살이[sallimsari サルリムサリ]
内線 구내 전화선[kunɛ dʒɔ:nhwasɔn クネ ジョーンファソン]
内蔵 내장[nɛ:dʒaŋ ネージャン]
内臓 내장[nɛ:dʒaŋ ネージャン]
ナイト ゲーム 나이트 게임[naithɯ geim ナイトゥ ゲイム] 「[khal カル]
ナイフ 나이프[naiphɯ ナイプ]; 칼
内容 내용[nɛ:joŋ ネーヨン]
苗 모[mo モ]; 모종[modʒoŋ モジョン]
なお (いっそう) 더욱[tɔuk トウク]; (その上に) 더구나[tɔguna トグナ]; (今もなお) 여전히[jodʒʌnɦi ヨジョニ]; (まだ) 아직[adʒik アジク]; (やはり) 역시[jʌkʃi ヨクシ]
直す (姿勢を)고치다[kotʃhida コチダ]; (正す)(誤りを)바로잡다[parodʒapt'a パロジャプタ]
治す (病気を)고치다[kotʃhida コチダ]; (治療する)(けがを)치료하다[tʃhirjohada チリョハダ]
直る (悪い癖が)고쳐지다[kotʃhʌdʒida コチョジダ]; (誤りが)바로잡히다[parodʒaphida パロジャプピダ]
治る (病気が)낫다[nat'a ナッタ]
中 (家の)안[an アン]; (箱の)속[so:k ソーク]; (部屋の)가운데[kaunde カウンデ]; (乗客の)중[tʃuŋ チュン]
仲 (恋)사이[sai サイ]; (夫婦の)관계[kwaŋge クァンゲ]
長い (足が)길다[ki:lda キールダ]; (年月)오래다[orɛda オレダ] 「アン]
長い間 오랫동안[orɛt'oŋan オレットン

長生きする 오래 살다[orɛ sa:lda オレサールダ]; (長寿)장수하다[tʃaŋsuhada チャンスハダ]
長く 오래[orɛ オレ]
長さ 길이[kiri キリ]
流す (汗を)흘리다[hullida フルリダ]・(洗い落とす)(背中を)씻어내다[ʃ'isɔnɛda ッシソネダ]
仲違いする 사이가 나빠지다[saiga nap'adʒida サイガ ナッパジダ]
仲立ち (仲介)(営業の)중개[tʃuŋgɛ チュンゲ]; (周旋)(交渉の)주선[tʃusɔn チュソン]; (媒酌・仲人)(結婚の)중매(인)[tʃuŋmɛ(in) チュンメ(イン)]
仲直り (和解)화해[hwahɛ ファヘ]
なかなか (かなり)꽤[k'wɛ ックェ]; (とても)좀처럼[tʃɔmtʃhʌrʌm チョムチョロム]; (案外)제법[tʃebʌp チェボプ]; (かなりよく)곧잘[kotʃ'al コッチャル]; (相当に)상당히[saŋdaŋi サンダンイ]; (かなり)어지간히[ʌdʒigani オジガニ]
なかば 절반[tʃʌlban チョルバン]; (中間)중간[tʃuŋgan チュンガン]; (中途)중도[tʃuŋdo チュンド]
仲間 (会社の)동료[toŋnjo トンニョ]; (旅の)동무[toŋmu トンム]; (連中)한패[hanphɛ ハンペ]; (飲み)친구[tʃhingu チング]
中身 (瓶の)속[so:k ソーク]; (松の実の)알맹이[almɛŋi アルメンイ]; (内容)(話の)내용[nɛ:joŋ ネーヨン]
眺め (展望)(ホテルの)전망[tɔ:nmaŋ チョーンマン]; (景色)(見渡す)경치[kjʌŋtʃhi キョンチ]
眺める (遠く)보다[poda ボダ]; (港を)바라보다[paraboda パラボダ]; (天井を)쳐다보다[tʃhjɔ:daboda チョーダボダ]; (窓外の景色を)내다보다[nɛ:daboda ネーダボダ]
中指 (手の)가운뎃손가락[kaundɛs'onk'arak カウンデッソンカラク]; (足の)가운뎃발가락[kaundɛtp'alk'arak カウンデッパルカラク]
仲良し 사이 좋음[sai dʒoɯm サイ ジョウム]; (親友)친한 친구[tʃhinhan tʃhingu チンハン チング]
流れ (川の)흐름[hurum フルム]
流れる (川が)흐르다[huruda フルダ]
泣き虫 울보[u:lbo ウールボ]
泣く, 鳴く (鳥が)울다[u:lda ウールダ]
慰める 위로하다[wirohada ウィロハダ]
なくす (ノートを)잃다[iltha イルタ];

(事故を)없애다 [ɔ:ps'ɛda オープセダ]; (父親を)여의다 [jida ヨイダ]
無くなる (財産が)없어지다 [ɔ:ps'ɔdʒida オープソジダ]
亡くなる (父が)돌아가시다 [toragaʃida トラガシダ]
なぐる (顔を)때리다 [t'ɛrida ッテリダ]; (げんこつで)치다 [tɕʰida チダ]; (たたく)패다 [pʰeda ペダ]
嘆く (死を)슬퍼하다 [sulpʰɔhada スルポハダ]; (恨み嘆く)(不運を)한탄하다 [ha:ntʰanhada ハーンタンハダ]
投げる (石を)던지다 [tɔndʒida トンジダ]
仲人 중매인 [tɕuŋmɛin チュンメイン]
なごやかだ (肌が)부드럽다 [pudɯrɔpt'a プドゥロプタ]; (性格が)온화하다 [onhwahada オンファハダ]; (仲むつまじい)(家庭の雰囲気が)화목하다 [hwamokʰada ファモクハダ]
なごり惜しい (別れるのは)섭섭하다 [sɔps'ɔpʰada ソプソプハダ]; (桜ももう終わりで)아쉽다 [aʃwipt'a アシュイプタ]
情け (人情)인정 [indʑɔŋ インジョン]
情けない (連敗とは)한심스럽다 [hanʃimsɯrɔpt'a ハンシムスロプタ]; (不人情だ)(夫の仕打ちが)몰인정하다 [morindʑɔŋhada モリンジョンハダ]
情け深い 인정이 많다 [indʑɔŋi ma:ntʰa インジョンイ マーンタ]; 정이 깊다 [tɕɔŋi kipt'a チョンイ キプタ]
ナシ(梨) 배 [pɛ ペ]
なし遂げる (大事を)이룩하다 [irukʰada イルクハダ]
なし遂げられる (大事業が)이루어지다 [irudʑida イルオジダ]
ナス(茄子) 가지 [kadʒi カジ]
なぜ (何で)왜 [wɛː ウェー]; (どんな)어떻게 [ɔt'ɔkʰe オットッケ]; (どうして)어째서 [ɛːsʑ'ɔtɕʰɛsɔ オッチェソ]
なぜならば 왜냐하면 [wɛːnjahamjɔn ウェーニャハミョン]
なぞ 수수께끼 [susuk'ek'i ススッケッキ]
名高い (有名だ)유명하다 [juːmjɔŋhada ユーミョンハダ]
なだめる (子供を)달래다 [tallɛda タルレダ]
なだれ (雪) (눈)사태 [(nuːn)satʰɛ (ヌーン)サテ]
夏 여름 [jɔrɯm ヨルム]
懐かしい (故郷が)그립다 [kɯript'a クリプタ]; (客)반갑다 [pangapt'a パンガプタ]
名付ける 이름(을) 짓다 [irɯm(ɯl) dʒiːt'a イルム[イルムル] ジータ]
納得する (母性愛の力を)납득하다 [napt'ukhada ナプトゥクハダ]
ナツメ(棗) 대추 [tɛːtɕʰu テーチュ]
なつメロ 흘러간 옛노래 [hɯllɔgannjɛnnorɛ フルロガン ニェーンノレ]
夏休み (学校の)여름 방학 [jɔrɯm baŋhak ヨルムパンハク]; (職場の夏の休暇[バカンス])여름 휴가 [jɔrɯm hjuga ヨルム ヒュガ]
ナデシコ(撫子) 패랭이꽃 [pʰɛrɛŋi k'ot ペレンイッコッ]
撫でる (頭を)쓰다듬다 [s'udadɯmt'a ッスダドゥムタ]; (あごひげを)어루만지다 [ɔrumandʑida オルマンジダ]
…など (鉛筆)…등 [-dɯŋ -ドゥン]; (おまえ)…따위 [-t'awi -ッタウィ]; (これ)…들 [-dɯl -ドゥル]
七十 (70)칠십 [tɕʰilʃip チルシプ]; 일흔 [ilhun イルン]
七つ(の) 일곱 [ilgop イルゴプ]; 칠 [tɕʰil チル]
斜めだ (柱が)비스듬하다 [pisɯdɯmhada ピスドゥムハダ]
何 무엇 [muɔt ムオッ], 뭣 [mjɔt ミョッ]; (何の)무슨 [musɯn ムスン]
何か 뭔가 [mwɔːnga ムォーンガ]; 무엇인가 [muɔʃinga ムオシンガ]
何も 아무것도 [aːmugɔt'o アームゴット]
何よりだ 무엇보다 좋다 [mutɕpʼoda tɕɔtʰa ムオッポダ チョータ]
何よりも 무엇보다(도) [mutɕpʼoda(do) ムオッポダ(ド)]
七日 (7日)칠일 [tɕʰiril チリル]; 초이렛날 [tɕʰoirennal チョイレンナル]; 이레 [ire イレ]
菜の花 (アブラナ(の花))유채(꽃) [juːtɕʰɛ(k'ot) ユチェ(ッコッ)]
なびく 나부끼다 [nabuk'ida ナブッキダ]
鍋 냄비 [nɛmbi ネムビ]
生の (魚)날- [nal- ナル-]; (ビール)생- [sɛŋ- セン-]; (あくびが出た)손 [sɔn ソン]
生意気だ (新入りのくせに)건방지다 [kɔnbandʑida コンバンジダ]
名前 이름 [irɯm イルム]
生菓子 생과자 [sɛŋgwadʑa セングァジャ]
怠ける (宿題を)게으름 피우다 [kɯrumpʰiuda ケウルムピウダ]; (仕事を)게을리하다 [kɯullihada ケウルリハダ]
ナマコ 해삼 [hɛːsam ヘーサム]
なまビール 생맥주 [sɛŋmɛktɕʰu センメクチュ]
生放送 생방송 [sɛŋbaŋsoŋ センバンソン]

訛なまり 사투리 [sa:tʰuri サートゥリ]
波 (さざ)물결 [mulk'jɔl ムルキョル]; (荒)파도 [pʰado パド]
並木 (街路樹)가로수 [karosu カロス]
涙 눈물 [nunmul ヌンムル]
ナムル (和えもの)나물 [namul ナムル]
滑らかだ (道が)미끄럽다 [mik'ɯropt'a ミックロプタ]; (表面が)미끈미끈하다 [mik'ɯnmik'ɯnhada ミックンミックンハダ]; (円滑だ)(会議が)원활하다 [wɔnhwarhada ウォンファルハダ]
なめる (唇を)핥다 [haltʰa ハルタ]; (苦しみを)겪다 [kjɔkt'a キョクタ]; (人を)깔보다 [k'alboda ッカルボダ]; (あめを)빨다 [p'alda ッパルダ]; (味噌を)맛보다 [matp'oda マッポダ]
悩み (心の)고민 [komin コミン]; (心配)(仕事の)걱정 [kɔktʃ'ɔŋ コクチョン]
悩む (恋に)고민하다 [kominhada コミンハダ]; (貧困に)괴로워하다 [kwerowɔhada クェロウォハダ]
…なら …-(라)면 [-(ra)mjɔn -(ラ)ミョン]
習う (英語を)배우다 [pɛuda ペウダ]; (技術を)익히다 [ikʰida イクキダ]
鳴る (ベルが)울리다 [ullida ウルリダ]
並ぶ (横に)나란히 서다 [narani sɔda ナラニ ソダ]; (買う人が)줄(을) 서다 [tʃul(tʃurɯl) sɔda チュル[チュルル] ソダ]; (乗客が)줄(을) 짓다 [tʃul(tʃurɯl) tʃit'a チュル[チュルル] チータ]; (一列に)늘어서다 [nɯrɔsɔda ヌロソダ]
並べる (まくらを)나란히 하다 [narani hada ナラニ ハダ]; (机を)나란히 놓다 [narani notʰa ナラニ ノッタ]; (文句を)늘어놓다 [nɯrɔnotʰa ヌロノッタ]
成り行き (趨勢すうせい)(自然の)추세 [tʃʰuse チュセ]; (経過)(今後の)경과 [kjɔŋgwa キョングァ]
成る (願いが)이루어지다 [iruɔdʒida イルオジダ]; (功)이루다 [iruda イルダ]; (できる)할 수 있다 [hal s'u it'a ハルッス イッタ]
鳴る (鐘が)울리다 [ullida ウルリダ]
(…に)なる (学者に)…-(가・이) 되다 [-(ga・i) tweda -(ガ・イ) トゥェダ]
なるべく (できるだけ)되도록 [twedorok トゥェドロク]; (可及的)가급적 [kagɯptʃ'ɔk カグプチョク]; (できるかぎり)될 수 있는 한 [twel s'u innɯn ha:n トゥェルッス インヌン ハーン]
なるべくなら 되도록이면 [twedorogimjɔn トゥェドロギミョン]; (可能なら)가능하다면 [ka:nɯŋhadamjɔn カーヌンハダミョン]
なるほど 과연 [kwa:jɔn クァーヨン]; (本当に)정말 [tʃɔŋmal チョンマル]
馴なれる 길들다 [kildulda キルドゥルダ]
熟なれる (漬け物が)잘 익다 [tʃarikt'a チャリクタ]; (キムチが)맛들다 [mat'ulda マットゥルダ]
慣れる (外国の生活に)익숙해지다 [iks'ukʰedʒida イクスケジダ]; (早起きに)습관이 되다 [supk'wani tweda スプクァニ トゥェダ]; (使い)익다 [ikt'a イクタ]
縄 (綱・ロープ)밧줄 [patʃ'ul パッチュル]; (なわ)새끼 [sɛk'i セッキ]; (ひも)끈 [k'ɯn ックン]
なわとび 줄넘기 [tʃullʌmk'i チュルロムキ]
何回 몇 번 [mjɔtʃ p'ɔn ミョッ ポン]
何時 몇 시 [mjɔtʃ ʃi ミョッ シ] 「ガン」
何時間 몇 시간 [mjɔtʃ ʃigan ミョッ シ
なんだかんだ言っても 뭐니뭐니 해도 [mwɔ:nimwɔ:ni hɛ:do ムォーニムォーニ ヘード]
なんでも 무엇이든지 [muɔʃidɯndʒi ムオシドゥンジ]; 아무거나 [a:mugɔna アームゴナ]
なんと (いかに)어떻게 [ɔt'ɔkʰe オットッケ]; (何と)뭐라고 [mwɔ:rago ムォーラゴ]; (どうして)어쩌면 이렇게 [ɔtʃ'ɔmjɔn irɔkʰe オッチョミョン イロッケ]
何度 몇 번 [mjɔtʃ p'ɔn ミョッ ポン]
なんとはなしに 왠지 모르게 [wɛndʒi morɯge ウェンジ モルゲ]
何月 며칠 [mjɔtʃʰil ミョチル]
何人 몇 사람 [mjɔ s'aram ミョッ サラム]; (何名)몇 명 [mjɔtʃ mjɔŋ ミョッ ミョン]; (何名様)몇 분 [mjɔtʃ p'un ミョッ プン]
何年 몇 년 [mjɔtʃ njɔn ミョッ ニョン]; (いくとせ)몇 해 [mjɔtʰe ミョッテ]
ナンバー 넘버 [nɔmbɔ ノムボ]
何番 몇 번 [mjɔtʃ p'ɔn ミョッ ポン]
南米 남미 [nammi ナムミ]

に

二 (2)이 [i: イー]; 둘 [tu:l トゥール]; 두 [tu: トゥー]
…に (場所に)…-에 [-e -エ]; …-로 [-ro -ロ]; (人に)…-에게 [-ege -エゲ]; (目上の人に)…-께 [-k'e -ッケ]; …-가

似合う (韓服によく)어울리다 [ɔullida オウルリダ]; (上着が)잘 맞다 [tʃal matʼa チャル マッタ]

兄さん (弟から)형 [hjoŋ ヒョン]; (妹から)오빠 [opʼa オッパ]

煮える (イモが)익다 [iktʼa イクタ]; (スープが)끓다 [kʼulthʰa ックルタ]; (豆が)삶아지다 [salmadʒida サルマジダ]

におい (生ぐさい)내 [nɛ ネ]; (不快な)냄새 [nɛːmsɛ ネームセ]; (香り)(バラの)향기 [hjaŋgi ヒャンギ]

‥‥において (東京)‥‥에서 [-esɔ -エソ]; (その点)‥‥에 있어서 [-e isʼɔ -エ イッソソ]

におう (ガスが)냄새(가) 나다 [nɛːmsɛ(ga) nada ネームセ(ガ) ナダ]; (梅の香りが)향기(가) 나다 [hjaŋgi(ga) nada ヒャンギ(ガ) ナダ]

‥‥における (家庭)‥‥에 있어서의 [-e isʼɔsɔe -エ イッソソエ]

苦い (コーヒー)쓰다 [sʼuda ッスダ]; (不機嫌な)(顔)언짢다 [ontʃʼantʰa オンッチャンタ]; (つらい)(経験)쓰라리다 [sʼurarida ッスラリダ]

‥‥に限って (10名)‥‥에 한해(서) [-e haːnhɛ(sɔ) -エ ハーンヘ(ソ)]

‥‥にかけて (夏から秋)‥‥에 걸쳐(서) [-e kɔːltʃʰɔ(sɔ) -エ コールチョ(ソ)]

逃がす (鳥を)놓아주다 [noadʒuda ノアジュダ]; (チャンスを)놓치다 [notʃʰida ノッチダ]

二月 (2月)이월 [iːwɔl イーウォル]

苦手だ (辛い物は)질색이다 [tʃilsʼɛgida チルセギダ]; (英語は)서투르다 [sɔːtʰuruda ソートゥルダ]

似通う (性格が)서로 닮다 [sɔro tamtʼa ソロ タムタ]; (ストーリーが)비슷하다 [pisutʰada ピスッタダ]

‥‥に関して (この件)‥‥에 관해서 [대해서] [-e kwanhɛsɔ[tɛːhɛsɔ] -エ クァンヘソ[テーヘソ]]

‥‥に関する (公害)‥‥에 관한[대한] [-e kwanhan[tɛːhan] -エ クァンハン[テーハン]]

賑やかだ (繁華だ)(商店街は)번화하다 [pɔnhwahada ポンファハダ]; (騒がしい)(外が)떠들썩하다 [tʼɔdulsʼɔkʰada ットゥルッソクカダ]

握りこぶし 주먹 [tʃumɔk チュモク]

握る (こぶしを)쥐다 [tʃwiːda チュイーダ]; (ボールを)잡다 [tʃaptʼa チャプタ]; (掌握する)(実権を)장악하다 [tʃaŋakʰada チャンアクカダ]「サル」

肉 (牛)고기 [kogi コギ]; (貝の身)살 [sal]

憎い (あいつが)밉다 [miptʼa ミプタ]; (仕打ちが)얄밉다 [jaːlmiptʼa ヤールミプタ]

憎しみ 미움 [mium ミウム]; (憎悪)증오 [tʃuŋo チュンオ]

肉体 육체 [juktʃʰe ユクチェ]

憎む (彼を)미워하다 [miwɔhada ミウォハダ]; (嫌う)싫어하다 [ʃirohada シロハダ]; (罪を)증오하다 [tʃuŋohada チュンオハダ]

肉屋 정육점 [tʃɔŋjuktʃʼɔm チョンユクチョム]; 고깃간 [kogitkʼan コギッカン]; 푸줏간 [pʰudʒutkʼan プジュッカン]

憎らしい (憎い)밉다 [miptʼa ミプタ]; (運命が)얄밉다 [jalmiptʼa ヤルミプタ]; (憎たらしい)(顔つき)밉살스럽다 [mipsʼalsɯrɔptʼa ミプサルスロプタ]

逃げる (犯人が)도망가다 [tomaŋgada トマンガダ]; (囚人が)도망치다 [tomaŋtʃʰida トマンチダ]; (小鳥がかごから)달아나다 [taranada タラナダ]

にこにこ (うれしくて)싱글벙글 [ʃiŋgulbɔŋgul シングルボングル]; (受かって)싱글싱글 [ʃiŋgulʃiŋgul シングルシングル]; (赤ん坊が)벙글벙글 [pɔŋgulbɔŋgul ボングルボングル]

濁る (空気が)탁해지다 [tʰakʰedʒida タケジダ]; (水が)흐려지다 [hɯrjɔdʒida フリョジダ]

‥‥に際して (卒業)‥‥에 즈음하여 [-e tʃɯɯmhajɔ -エ チュウムハヨ]

西 서쪽 [sɔtʃʼok ソッチョク]

虹 무지개 [mudʒigɛ ムジゲ]

にじむ (インクが)번지다 [pɔːndʒida ポーンジダ]; (汗が)배다 [pɛːda ペーダ]; (涙が)어리다 [ɔrida オリダ]

二十 (20)이십 [iːʃip イーシプ]; 스물 [sumul スムル]

‥‥に過ぎない (夢)‥‥에 지나지 않다 [-e tʃinadʒi antʰa -エ チナジ アンタ]

にせ (偽物)가짜 [katʃʼa カーッチャ]; (模造)모조 [modʒo モジョ]

にせもの (人物・品物)가짜(인물・물건) [katʃʼa (inmul・mulgɔn) カーッチャ(インムル・ムルゴン)]; (偽造品)위조품 [widʒophum ウィジョプム]

似たりよったりだ (どれも)엇비슷하다 [ɔtpʼisutʰada オッピスッタダ]

‥‥日 ‥일 [-il -イル]

日時 시일 [ʃiil シイル]; 일시 [ilʃʼi イルシ]

日曜日 일요일 [irjoil イリョイル]; 일요일날 [irjoillal イリョイルラル]
日記 일기 [ilgi イルギ]
日光 (日差し) 햇빛 [hɛtp'it ヘッピッ]; 일광 [ilgwaŋ イルグァン]
にっこり (少女は)생긋 [sɛŋɡɯt セングッ]; (にこやかに)방긋 [paŋɡɯt パングッ]
日数 (出発)날짜 [naltʃ'a ナルッチャ]; (出席)일수 [ils'u イルス]
日程 (スケジュール)일정 [iltʃ'ɔŋ イルチョン]; (日程表)일정표 [iltʃ'ɔŋpʰjo イルチョンピョ]
似ている (母に)닮았다 [talmat'a タルマッタ]; (性格が)비슷하다 [pisɯtʰada ピスッタダ]; (似通っている)근사하다 [kɯnsahada クーンサハダ]
担う (荷物を)짊어지다 [tʃilmɔdʒida チルモジダ]; (担ぐ)메다 [me:da メーダ]; (責任を)지다 [tʃida チダ]
鈍い (頭が)둔하다 [tu:nhada トゥーンハダ]; (包丁の刃が)무디다 [mudida ムディダ]; (動作が)느리다 [nɯrida ヌリダ]
日本 일본 [ilbon イルボン]
日本語 일본어 [ilbonɔ イルボノ]; 일본말 [ilbonmal イルボンマル]
日本人 일본 사람 [ilbon sa:ram イルボンサーラム]; 일본인 [ilbonin イルボニン]
…にも拘わらず (忠告をした)…에도 불구하고 [-edo pulguhago -エド プルグハゴ 「ムル]
荷物 짐 [tʃim チム]; 하물 [ha:mul ハー
入院 입원 [ibwɔn イブォン]
入学 입학 [ipʰak イプハク]
入国手続き 입국 절차 [ipk'uk tʃ'ɔltʃʰa イプクク チョルチャ]
入試 입시 [ipʃ'i イプシ]; (入学試験)입학 시험 [ipʰak ʃ'ihɔm イプハク シホム]
入社同期 입사 동기 [ips'a doŋgi イプサ ドンギ]
入場 입장 [iptʃ'aŋ イプチャン]
ニュース 뉴스 [nju:sɯ ニュース]; (報道)보도 [po:do ボード]; (消息・便り・知らせ)소식 [soʃik ソシク]
入選 입선 [ips'ɔn イプソン]
入門 입문(서) [immun(sɔ) イムムン]
ニューヨーク 뉴욕 [nju:jok ニューヨク]
入力 입력 [imnjɔk イムニョク]; (インプット)인풋 [inpʰut インプッ]
尿 오줌 [odʒum オジュム]
女房 마누라 [manura マヌラ]; (家内・妻)아내 [anɛ アネ]

にらむ (的を)노려보다 [norjɔboda ノリョボダ]; (にらみつける)째리다 [tʃ'ɛ:rida ッチェーリダ]
似る (親に)닮다 [tamt'a タムタ]; (性格が)비슷하다 [pisɯtʰada ピスッタダ]
煮る (煮詰める)(魚を)조리다 [tʃorida チョリダ]; (煮込む)(肉を)고다 [ko:da コーダ]; (イモを)삶다 [sa:mt'a サームタ]; (汁を)끓이다 [k'ɯrida ックリダ]
庭 뜰 [t'ɯl ットゥル]; (広場・庭)마당 [madaŋ マダン]; (庭園)정원 [tʃɔŋwɔn チョンウォン]
にわか雨 소나기 [sonagi ソナギ]
ニワトリ (鶏) 닭 [tak タク]
…人 -사람 [-sa:ram -サーラム]; (名)-명 [-mjɔŋ -ミョン]; (お方)-분 [-bun -ブン]
人気 인기 [ink'i インキ]
人形 인형 [inhjɔŋ インヒョン]
人間 인간 [ingan インガン]; (人)사람 [sa:ram サーラム]
人情 인정 [indʒɔŋ インジョン]
妊娠 임신 [i:mʃin イームシン]
ニンジン 당근 [taŋgɯn タングン]; 홍당무 [hoŋdaŋmu ホンダンム]; (朝鮮人参)인삼 [insam インサム]
ニンニク 마늘 [manɯl マヌル]
任務 임무 [immu イムム]
任命 임명 [immjɔŋ イムミョン]

ぬ

…ぬ (良からぬ)…않다 [-antʰa -アンタ]; (他ならぬ)…아니다 [-anida -アニダ]; (忘れられぬ)…없다 [-ɔ:pt'a -オープタ]
ぬいぐるみ 봉제 완구 [poŋdʒe wa:ngu ボンジェ ワーング]
縫う (傷口を)꿰매다 [kwe:mɛda ックェーメーダ]; (ほころびを)깁다 [ki:pt'a キープタ]; (ミシンで)바느질하다 [panɯdʒirhada パヌジルハダ]
ぬか 겨 [kjɔ キョ]
抜かす (順番を)빠뜨리다 [p'a:t'ɯrida ッパートゥリダ]; (省く)(朝飯を)거르다 [kɔruda コルダ]
ぬかるみ 진흙탕 [tʃinhɯktʰaŋ チンフクタン]; 진창 [tʃintʰaŋ チンチャン]
抜き (わさび)뺌 [p'ɛ:m ッペーム]; (昼飯)(省くこと)거름 [kɔrɯm コルム]
抜き取る (雑草を)뽑아내다 [p'obanɛda ッポバネダ]; (とげを)빼내다 [p'ɛ:nɛ-

抜く (栓を)뽑다[p'opt'a ッポプタ]；(取り除く)(しみを)빼다[p'ɛ:da ッペーダ]；(選び出す)(よいものを)골라내다[ko:llanɛda コールラネダ]

脱ぐ (洋服を)벗다[pot'a ポッタ]

ぬくい (部屋が)따스하다[t'asuhada ッタスハダ]；(あたたかい)(今日は)따뜻하다[t'at'utʰada ッタトゥッタダ]

拭ぅ (拭き取る)(汗を)닦다[t'akt'a ッタクタ]；(清める)(汚名を)씻다[ʃ'it'a ッシッタ]

抜ける (毛が)빠지다[p'a:dʒida ッパージダ]；(トンネルを)빠져나가다[p'a:dʒɔnagada ッパージョナガダ]；(離脱する)(組織から)이탈하다[itʰarhada イタルハダ]；(疲れが)가시다[kaʃida カシダ]

盗む (お金を)훔치다[humtʃʰida フムチダ]；(泥棒する)도둑질하다[toduktʃirhada トドゥクチルハダ]

布 천[tʃʰɔ:n チョーン]

沼 늪[nup ヌプ]

濡らす (タオルを)적시다[tʃɔkʃ'ida チョクシダ]

塗る (色を)칠하다[tʃirhada チルハダ]

ぬるい (生暖かい)(お茶が)미지근하다[midʒigɯnhada ミジグンハダ]

ぬるむ (ぬるくなる)뜨뜻해지다[t'ɯt'utʰɛdʒida ットゥットゥッテジダ]

ぬれぎぬ 누명[nu:mjɔŋ ヌーミョン]；(冤罪)무고한 죄[mugohan tʃwe: ムゴハン チュエー]

濡れる (雨に)젖다[tʃɔt'a チョッタ]

ね

音 소리[sori ソリ]

根 (草木の)뿌리[p'uri ップリ]；(根本)근본[kɯnbon グンボン]

値上げ 가격 인상[kagjɔginsaŋ カギョギンサン]

値打ち (価値)가치[katʃʰi カチ]；값어치[kabɔtɕʰi カボチ]

姉さん (弟から)누나[nu:na ヌーナ]；(妹から)언니[ɔnni オンニ]；(夫の弟から)형수[hjɔŋsu ヒョンス]

願い (一生の)소원[so:wɔn ソーウォン]；(願望)(父母の切なる)바람[param パラム]；(お願い)부탁[pu:tʰak プータク]

願わしい (望ましい)바람직하다[paramdʒikʰada パラムジクハダ]

願う (望む)(平和を)원하다[wɔ:nhada ウォーンハダ]；(望む)바라다[parada パラダ]；(祈る)(合格を)빌다[pi:lda ピールダ]；(頼む)(援助を)부탁하다[pu:tʰakhada プータクハダ]

ネギ 파[pʰa パ]

ネクタイ 넥타이[nektʰai ネクタイ]

ネコ (猫) 고양이[kojaŋi コヤンイ]

根こそぎ (すっかり)(流された)송두리째[soŋduritʃ'ɛ ソンドゥリッチェ]；(盗まれた)몽땅[moŋt'aŋ モンッタン]

根こそぎにする (雑草を)뿌리채 뽑다[p'uritʃʰɛ p'opt'a ップリチェッポプタ]

寝言 잠꼬대[tʃamk'odɛ チャムッコデ]

値下げ 가격 인하[kagjɔginha カギョギンハ]

ねじ 나사[nasa ナサ]

ねじる (腕を)비틀다[pi:tʰulda ピートゥルダ]；(体を)꼬다[k'o:da ッコーダ]

ネズミ (鼠) 쥐[tʃwi チュィ]

ねた (記事などの)기삿거리[kisatk'ɔri キサッコリ]；(磁器の)소재[sodʒɛ ソジェ]；(料理などの)재료[tʃɛrjo チェリョ]

ねたむ (友達の成功を)질투하다[tʃiltʰuhada チルトゥハダ]；(美しいのを)샘내다[sɛ:mnɛda セームネダ]

値段 (あたい・値打ち・価値)값[kap カプ]；(価格)가격[kagjɔk カギョク]

熱 열[jɔl ヨル]

熱意 열의[jɔri ヨリ]

ネックレス 네크리스[nekʰurisu ネクリス]；(首飾り)목걸이[mok'ɔri モクコリ]

熱心だ (勉強に)열심이다[jɔlʃ'imida ヨルシミダ]

熱心に (説く)열심히[jɔlʃ'imi ヨルシミ]

寝床 (入る)잠자리[tʃamdʒari チャムジャリ]；(敷く)이부자리[ibudʒari イブジャリ]

ねばねばする (粘土質の土)끈적끈적하다[k'undʒɔk'undʒɔkʰada ックンジョックンジョクハダ]

粘り強い (もちが)매우 차지다[mɛutʰadʒida メウチャジダ]；(説得する)끈덕지다[k'undɔktʃ'ida ックンドクチダ]

値引き (割引)할인[harin ハリン]

寝坊 (朝寝坊)늦잠[nutʃam ヌッチャム]；(人)늦잠꾸러기[nutʃam k'urɔgi ヌッチャムックロギ]

ねまき 잠옷[tʃamot チャモッ]

眠い (疲れて)졸리다[tʃɔ:llida チョールリダ]

眠り (深い)잠[tʃam チャム]

眠る (ぐっすり)(寝る)자다[tʃada チャダ]；(1日中)잠자다[tʃamdʒada チャムジャダ]；(寝入る)(深く)잠들다[tʃamdulda チャムドゥルダ]

ねらう (すきを)노리다[norida ノリダ]; (的を)겨냥하다[kjɔːnjaŋhada キョーニャンハダ]
練り 반죽[pandʒuk パンジュク]
寝る (早く)자다[tʃada チャダ]; (金が)묵다[mukt'a ムクタ]; (風邪で)눕다[nuːpt'a ヌープタ]
‥‥年 ‥‥년 [-njʌn -ニョン]
年賀状 연하장[jʌnhatʃ'aŋ ヨンハチャン]
年月日 연월일[jʌnwʌlil ヨヌォリル]
年金 연금[jʌnɡɯm ヨングム]
年中 연중[jʌndʒuŋ ヨンジュン]; (いつも)언제나[ɔːndʒena オーンジェナ]; (常に)항상[haŋsaŋ ハンサン]
年初 연초[jʌntʃʰo ヨンチョ]
年代 연대[jʌnde ヨンデ]
年度 연도[jʌndo ヨンド]
年輩 연배[jʌnbɛ ヨンベ]
年末 연말[jʌnmal ヨンマル]; (歳末)세밑[seːmit セーミッ]
年末年始 연말연시[jʌnmalljʌnʃi ヨンマルリョンシ]
燃料 연료[jʌlljo ヨルリョ]
年齢 연령[jʌlljʌŋ ヨルリョン]; (年)나이[nai ナイ]
年齢層 연령층[jʌlljʌŋtʃʰɯm ヨルリョンチュン]

の

野 들[tɯːl トゥール]; (野原)들판[tɯːlpʰan トゥールパン]
‥‥の (私・君)‥‥의 [-e -エ]
脳 뇌[nwe ヌェ]
農家 농가[noŋga ノンガ]
農業 농업[noŋɔp ノンオプ]; 농사[noŋsa ノンサ]
農作業 농사[noŋsa ノンサ]
農作物 농작물[noŋdʒaŋmul ノンジャンムル]
脳出血 뇌출혈[nwetʃʰurhjʌl ヌェチュルヒョル]
農村 농촌[noŋtʃʰon ノンチョン]
農繁期 농번기[noŋbʌngi ノンボンギ]
農民 농민[noŋmin ノンミン]
農薬 농약[noŋjak ノンヤク]
能率 능률[nɯŋnjul ヌンニュル]
能力 능력[nɯŋnjʌk ヌンニョク]
ノート 노트[noːtʰɯ ノートゥ]; 공책[koŋtʃʰɛk コンチェク]
逃す (機会を)놓치다[notʃʰida ノッチダ]
軒 처마[tʃʰoma チョマ]
退のける (石を)치우다[tʃʰiuda チウダ]
のこぎり 톱[tʰop トプ]

残す (仕事を)남기다[namgida ナムギダ]
残り 나머지[namɔdʒi ナモジ]
残る (会社に)남다[naːmt'a ナームタ]
乗せる (車に)태우다[tʰɛuda テウダ]
載せる (荷物を)싣다[ʃiːt'a シータ]; (棚に)얹다[ɔnt'a オンタ]; (頭に)이다[ida イダ]; (掲載する)(新聞に)게재하다[keːdʒehada ケージェハダ]
除く (脂を)빼다[p'ɛːda ッペーダ]; (取り除ける)(不安を)제거하다[tʃegʌhada チェゴハダ]; (除外する)(未成年者を)제외하다[tʃewehada チェウェハダ]
のぞく (望遠鏡を)들여다보다[tɯrjʌdaboda トゥリョダボダ]; (かぎ穴から)엿보다[jɔːtp'oda ヨーッポダ]
望ましい (願がわしい)바람직하다[paramdʒikhada パラムジクハダ]
望む (幸福を)바라다[parada パラダ]; (願う)(成功を)원하다[wɔːnhada ウォーンハダ]; (希望する)(結婚に)희망하다[himaŋhada ヒマンハダ]; (眺める)(富士山を)바라보다[paraboda パラボダ]
臨む (面する)(海に)면하다[mjɔːnhada ミョーンハダ]; (出席する)(試験に)임하다[imhada イムハダ]; (対する)(部下に)대하다[tɛːhada テーハダ]
(‥‥に)臨んで (その場に)(‥‥に)임하여[-(e) imhajʌ -(エ) イムハヨ]
後 후[huː フー]; 뒤[twiː トゥィー]
ノック 노크[nokʰɯ ノク]
のど 목[mok モク]
‥‥のに ‥‥ㄴ데[-nde -ンデ]; (約束した)‥‥는데[-nunde -ヌンデ]; (暇な)‥‥는데도[-ndedo -ンデド]
ののしる (相手を)욕하다[jokhada ヨクハダ]
のばす (勢力を)뻗치다[p'ɔtʃʰida ッポッチダ]; (しわを)펴다[pʰjʌda ピョダ]; (ゴムひもを)늘이다[nɯrida ヌリダ]; (期限を1日)미루다[miruda ミルダ]; (髪を)기르다[kiruda キルダ]
野原 (野)들[tɯːl トゥール]; (平野・野原)들판[tɯːlpʰan トゥールパン]; (原)벌[pʌl ポル]; (広い野原)벌판[pʌlpʰan ポルパン]
のびる (枝が)뻗다[p'ɔːt'a ッポッタ]; (ゴムひもが)늘어나다[nɯrʌnada ヌロナダ]; (会議が)길어지다[kirʌdʒida キロジダ]; (生長する)(背が)자라다[tʃarada チャラダ]; (クズの蔓が)벋다[pʌt'a ポッタ]; (学力が)늘다[nɯlda ヌルダ]; (延期される)(期日が)연기되

述べる　(言う)(事実を)말하다[ma:rhada マールハダ]; (陳述する)(意見を)진술하다[tʃi:nsurhada チーンスルハダ]; (叙述する)(次のように)서술하다[sɔ:surhada ソースルハダ]; (記述する)(文語体で)기술하다[kisurhada キスルハダ]

のぼせる　(上気する)(暑さで)상기되다[sa:ŋgidweda サーンギドゥェダ]; (熱中する)(野球に)열중하다[jɔltʃ'uŋhada ヨルチュンハダ]; (女性に)빠지다[p'a:dʒida ッパージダ]

上り　(列車の)상행[sa:ŋhεŋ サーンヘン]

上り坂　오르막길[orumak'il オルマクキル]; 오르막[orumak オルマク]

のぼる　(山に)오르다[oruda オルダ]; (木に)올라가다[ollagada オルラガダ]; (太陽が)돋다[tot'a トッタ]; (月が)뜨다[t'ɯda ットゥダ]; (達する)(70歳に)달하다[tarhada タルハダ]

ノミ(蚤)　벼룩[pjɔruk ピョルク]

…のみ　(彼のみ)…-만[-man -マン]; (待つのみ)…-뿐[-p'un -ップン]; (ただあ)…-따름[-t'arum -ッタルム]

飲み込む　(丸薬を)삼키다[samkhida サムキダ]; (ビールを)마시다[maʃida マシダ]

飲み過ぎる　(酒を)과음하다[kwa:umhada クァーウムハダ]

のみならず　(学者として)뿐(만) 아니라[p'un(man) anira プン(マ)ナニラ]

飲み水　(水)물[mul ムル]; (食用水)식수[ʃiks'u シクス]; (飲料水)음료수[ɯ:mnjosu ウームニョス]

飲み物　마실 것[maʃil k'ɔt マシルコッ]; (飲料水)음료수[ɯ:mnjosu ウームニョス]

飲み屋　술집[sultʃ'ip スルチブ]

飲む　(水を)마시다[maʃida マシダ]; (薬を)먹다[mɔkt'a モクタ]; (こらえる)(涙を)삼키다[samkhida サムキダ]

糊　풀[phul プル]

海苔　김[ki:m キーム]

乗り換える　(船に)갈아타다[karathada カラタダ]; (バスに)바꿔 타다[pak'wɔ thada パックォ タダ]・환승하다[hwa:nsɯŋhada ファーンスンハダ]

乗り場　타는 곳[thanɯn got タヌンゴッ]

海苔の巻き物　김밥[ki:mp'ap キームパブ]

乗り物　(交通機関)교통 기관[kjothoŋ gigwan キョトン ギグァン]; 탈것[thalk'ɔt タルコッ]

乗る　(電車に)타다[thada タダ]

載る　(新聞に)실리다[ʃillida シルリダ]

のろい　(仕事が)느리다[nɯrida ヌリダ]; (足が)더디다[tɔdida トディダ]; (鈍い)(頭の回転が)둔하다[tu:nhada トゥーンハダ]

呪い　(呪詛ルン)저주[tʃɔ:dʒu チョージュ]

のろのろ　(歩く)느릿느릿[nɯrinnɯrit ヌリンヌリッ]

のんきだ　(性格が)무사태평하다[musathεphjɔŋhada ムサテピョンハダ]; (人がにぶい)느긋하다[nɯgɯthada ヌグッタダ]

のんびり　(気楽に)편안히[phjɔnani ピョナニ]; (暮らす)느긋하게[nɯgɯthage ヌグッタゲ]; (田園風景)한가롭게[hangaropk'e ハンガロプケ]

のんべえ　술고래[sulgorε スルゴレ]

は

刃　날[nal ナル]; (やいば)칼날[khallal カルラル]

葉　잎[ip イプ]; (葉っぱ)잎사귀[ipsʼagwi イプサグィ]

歯　이[i イ]; (齒)이빨[ip'al イッパル]; 치[tʃhi チ] 「은[-ɯn -ウン]」

…は　(私)…는[-nɯn -ヌン]; (人)…

場　(共通の)자리[tʃari チャリ]; (おおやけの)장소[tʃaŋso チャンソ]

場合　(雨天の)경우[kjɔŋu キョンウ]; (成功した)때[t'ε ッテ]; (料理する)데[de デ]; (別れると言う)마당[madaŋ マダン]

パーセント　퍼센트[phɔ:senthɯ ポーセントゥ]; 프로[phuro プロ]

パーティー　파티[pha:thi パーティ]; (祝宴)잔치[tʃantʃhi チャンチ] 「ノ」

パートナー　파트너[pha:thɯnɔ パートゥ

ハーフタイム　하프 타임[ha:phɯ thaim ハープ タイム]

灰　재[tʃε チェ]

肺　폐[phε: ペー]; 허파[hɔpha ホパ]

はい　네[ne ネ]; 예[je: イェー]

…一杯　(お酒一杯)…-잔[-dʒan -ジャン]

倍　배[pε: ペー]; 곱[kop コプ]

灰色　회색[hwesεk フェセク]

肺炎　폐렴[phe:rjɔm ペーリョム] 「リン」

バイオリン　바이올린[baiollin バイオル

廃棄物　폐기물[phe:gimul ペーギムル]

廃業　폐업[phe:ɔp ペーオプ]

ばいきん 세균 [se:gjun セーグュン]; 박테리아 [baktʰeria パクテリア]
ハイキング 하이킹 [haikʰiŋ ハイキン]; (遠足) 소풍 [sopʰuŋ ソプン]
灰皿 재떨이 [tʃɛt'ɔri チェットリ]
廃止 폐지 [pʰe:dʒi ページ]
歯医者 (歯科医) 치과 의사 [tʃʰik'wa uisa チクァ ウィサ]
賠償 배상 [pɛsaŋ ペサン]
廃水 폐수 [pʰe:su ペース]
配達 배달 [pɛ:dal ペーダル]
売店 매점 [mɛ:dʒɔm メージョム]
俳優 배우 [pɛu ペウ]
入る (泥棒が) 들다 [tulda トゥルダ]; (部屋に) 들어가다 [turɔgada トゥロガダ]; (列車が) 들어오다 [turɔoda トゥロオダ]; (中庭に) 들어서다 [turɔsɔda トゥロソダ]
パイロット (飛行士) 비행사 [pihɛŋsa ピヘンサ]; (操縦士) 조종사 [tʃodʒoŋsa チョジョンサ]; 파일럿 [pʰaillɔt パイルロッ]
這う (赤ん坊が) 기다 [kida キダ]
ハエ 파리 [pʰa:ri パーリ]
生える (草が) 나다 [nada ナダ]; (新芽が) 돋다 [tot'a トッタ]; (苗木が) 자라나다 [tʃaranada チャラナダ]
映える (もみじが夕日に) 빛나다 [pinnada ピンナダ]; (礼装が) 훌륭하다 [hulljuŋhada フルリュンハダ]; (見栄がする) (人の物が) 돋보이다 [t'otp'oida トッポイダ]
墓 무덤 [mudɔm ムドム]; 묘 [mjo: ミョー]; (墓の尊敬語) 산소 [sanso サンソ]
馬鹿が 바보 [pa:bo パーボ]
はがき (葉書) 엽서 [jɔps'ɔ ヨプソ]
はがす (切手を) 떼다 [t'e:da ッテーダ]; (布団を) 벗기다 [pɔtk'ida ポッキダ]
はかどる (進捗する) (工事が) 진척되다 [tʃi:ntʃʰɔkt'weda チーンチョクトゥェダ]
はかない (人生) 덧없다 [tɔdɔpt'a トドプタ]; (恋) 허무하다 [hɔmuhada ホムハダ]
ばかばかしい (とんでもない) 어처구니 없다 [ɔtʃʰɔguniɔpt'a オチョグニオプタ]; (あきれる) 어이 없다 [ɔi ɔpt'a オイ オプタ]; (つまらない) 시시하다 [ʃiʃihada シシハダ]; (はなはだしい) 엄청나다 [ɔmtʃʰɔŋnada オムチョンナダ]
墓参り 성묘 [sɔŋmjo ソンミョ]
ばからしい (忠告するのは) 어리석다 [ɔrisɔkt'a オリソクタ]
秤 저울 [tʃɔul チョウル]
測る, 量る (距離を) 재다 [tʃɛ:da チェーダ]; (目方を) 달다 [talda タルダ]
計る, 図る (自殺を) 꾀하다 [k'wehada ックェハダ]; (解決を) 도모하다 [tomohada トモハダ]
吐く (血を) 토하다 [tʰo:hada トーハダ]
掃く (庭を) 쓸다 [s'ulda ッスルダ]
履く (靴を) 신다 [ʃi:nt'a シーンタ]; (ズボンを) 입다 [ipt'a イプタ]
博愛 박애 [pagɛ パゲ]
爆音 폭음 [pʰogum ポグム]
ハクサイ (白菜) 배추 [pɛ:tʃʰu ペーチュ]
博士 박사 [paks'a パクサ]
拍手 박수 [paks'u パクス]
白状 자백 [tʃabɛk チャベク]
爆弾 폭탄 [pʰoktʰan ポクタン]
ばくち 노름 [norum ノルム]
バクテリア 박테리아 [baktʰeria バクテリア]; (細菌) 세균 [se:gjun セーグュン]
爆発 폭발 [pʰokp'al ポクパル]
博覧会 박람회 [paŋnamhwe パンナムフェ]
白蓮 백련 [pɛŋnjɔn ペンニョン]
暴露 폭로 [pʰoŋno ポンノ]
はげ頭 대머리 [tɛ:mɔri テーモリ]
激しい (風雨が) 심하다 [ʃi:mhada シームハダ]; (波が) 세차다 [se:tʃʰada セーチャダ]; (競争率が) 격심하다 [kjɔkʃimhada キョクシムハダ]; (往来が) 잦다 [tʃat'a チャッタ]
バケツ 바께쓰 [pak'es'u パッケッス]; 양동이 [jaŋdoŋi ヤンドンイ]; 물통 [muthoŋ ムルトン]
はげむ (精を出す) (仕事に) 힘쓰다 [hims'uda ヒムッスダ]; (研究に) 전심하다 [tʃɔnʃimhada チョンシムハダ]
はげる (塗りが) 벗겨지다 [potk'jɔdʒida ポッキョジダ]; (頭が) 벗어지다 [pɔsɔdʒida ポソジダ]
化ける (キツネが女に) 둔갑하다 [tu:ngapʰada トゥーンガパハダ]; (変装する) (警察官に) 변장하다 [pjɔ:ndʒaŋhada ピョーンジャンハダ]
箱 (ダンボール) 상자 [saŋdʒa サンジャ]; (宝石) 함 [ham ハム]; (ボックス) 박스 [baks'u バクス]
運ぶ (荷物を) 나르다 [naruda ナルダ]; (足を) 옮기다 [o:mgida オームギダ]; (仕事を) 진척시키다 [tʃi:ntʃʰɔkʃikʰida チーンチョクシキダ]; (試合を) 진행시키다 [tʃi:nhɛŋʃikʰida チーンヘンシキダ]

はさみ 가위 [kawi カウィ]
はさむ (川を) 끼다 [k'ida ッキダ]; (しおりを本に) 끼우다 [k'iuda ッキウダ]; (指で) 집다 [tʃipt'a チプタ]
端 (ひもの) 끝 [k'ɯt ックッ]; (椅子の) 가장자리 [ka:dʒaŋdʒari カージャンジャリ]
箸 젓가락 [tʃɔtk'arak チョッカラク]; 젓갈 [tʃɔtk'al チョッカル]
橋 다리 [tari タリ]
恥 (恥ずかしさ) 부끄러움 [puk'ɯrɔum プックロウム]; (一家の) 수치 [sutʃʰi スチ]; (ひどい) 치욕 [tʃʰijok チヨク]「ダ」
はじく (指で) 튀기다 [tʰwigida トゥィギ
はしご 사닥다리 [sadakt'ari サダクタリ]
始まる (新学期が) 시작되다 [ʃi:dʒakt'weda シージャクトゥェダ]; (講演が) 시작하다 [ʃi:dʒakʰada シージャクハダ]
はじめ (生まれて) 처음 [tʃʰɔum チョウム]; (仕事の) 시작 [ʃi:dʒak シージャク]
初めて 처음으로 [tʃʰɔumuro チョウムロ]; (知る) 비로소 [piroso ピロソ]
初めての (経験) 첫 [tʃʰɔt チョッ]
(……を) 始めとして (首相を) (……을 [를]) 비롯해서 [-(ɯl[rɯl]) pirotʰesɔ -(ウル[ルル]) ピロテソ]
(……を) 始めとする (社長を) (……을 [를]) 비롯한 [(ɯl[rɯl]) pirotʰan -(ウル[ルル]) ピロッタン]「シージャクカダ」
始める (仕事を) 시작하다 [ʃi:dʒakʰada
場所 (集合) 장소 [tʃaŋso チャンソ]; (近い) 곳 [kot コッ]; (機械を設置すべき) 자리 [tʃari チャリ]; (広い) 터 [tʰɔ ト]
柱 기둥 [kiduŋ キドゥン]
走る (車が) 달리다 [tallida タルリダ]; (馬が) 뛰다 [t'wida ットゥィダ]
恥じる (良心に) 부끄러워하다 [puk'ɯrɔwɔhada プックロウォハダ]
バス 버스 [bɯsɯ ボス]
恥ずかしい (見合をするのは) 부끄럽다 [puk'ɯrɔpt'a プックロプタ]; (落第して) 창피하다 [tʃʰaŋpʰihada チャンピハダ]; (家名に) 수치스럽다 [sutʃʰisurɔpt'a スチスロプタ]; (ほめられて) 쑥스럽다 [s'uksɯrɔpt'a ッスクスロプタ]
はずがない, はずはない (そんな) ……턱이 없다 [tʰɔgi ɔ:pt'a トギ オープタ]; (有る) ……리 없다 [ri ɔ:pt'a リ オープタ]
はずす (額を) 떼다 [t'e:da ッテーダ]; (栓を) 빼다 [p'ɛ:da ッペーダ]; (めがねを) 벗다 [pɔt'a ポッタ]; (ボタンを) 끄르다 [k'urɯda ックルダ]; (空ける) (席を) 비우다 [piuda ピウダ]

はずだ (行く) ……것이다 [k'ɔʃida コシダ]; (出発した) ……터이다 [tʰɔida トイダ]
パスポート (旅券) 여권 [jɔk'wɔn ヨクォン]
はずれる (戸が) 빠지다 [p'a:dʒida ッパージダ]; (ねらいが) 빗나가다 [pinnagada ピンナガダ]; (道に) 어긋나다 [ɔgunnada オグンナダ]
パセリ 파슬리 [pʰa:sɯlli パースルリ]
馳せる (馬を) 달리다 [tallida タルリダ]; (犬を) 달리게 하다 [tallige hada タルリゲ ハダ]; (名声を) 떨치다 [t'ɔltʃʰida ットルチダ]
パソコン 퍼스널 컴퓨터 [pʰɔ:sɯ nɔl kʰɔmpʰju:tʰɔ ポースノル コムプュート]; (P.C.) 피시 [pʰi:ʃi ピーシ]
旗 (なびく) 깃발 [kitp'al キッパル]; (かかげる) 기 [ki キ]
肌 (きれいな) 살결 [salk'jɔl サルキョル]; (皮膚) (白い) 피부 [pʰibu ピブ]
バター 버터 [bɔtʰɔ バト]
裸 (まっ裸) 알몸 [almom アルモム]; (裸体) 나체 [na:tʃʰe ナーチェ]; (赤) 발가숭이 [palgasuŋi パルガスンイ]「トリ」
はたき 먼지떨이 [mɔndʒit'ori モンジット
はたく (ちりを) 떨다 [t'ɔ:lda ットールダ]; (ほこりを) 털다 [tʰɔ:lda トールダ]; (顔を) 치다 [tʃʰida チダ]; (ほおを) 때리다 [t'ɛrida ッテリダ]
畑 밭 [pat パッ]
畑作 밭농사 [pannoŋsa パンノンサ]
はだし 맨발 [mɛnbal メンバル]
はたして (やはり) (そうだ) 역시 [jɔkʃ'i ヨクシ]; (やっぱり) (そうだ) 과연 [kwa:jɔn クァーヨン]; (本当に) (晴れるだろうか) 정말로 [tʃɔːŋmallo チョンマルロ]
果たす (機能を) 다하다 [ta:hada ターハダ]; (なし遂げる) (主役を) 해내다 [hɛ:nɛda ヘーネダ]; (達成する) (目的を) 달성하다 [tals'ɔŋhada タルソンハダ]; (完遂する) (任務を) 완수하다 [wansuhada ワンスハダ]; (履行する) (約束を) 이행하다 [i:hɛŋhada イーヘンハダ]
はたち (20歳) 스무 살 [sunu sal スムサル]; 이십 세 [i:ʃip s'e イーシプ セ]; (20) 이십 [i:ʃip イーシプ]
働く (工場で) 일하다 [i:rhada イールハダ]; (作用する) (重力が) 작용하다 [tʃagjoŋhada チャギョンハダ]
八 (8) 팔 [pʰal パル]; 여덟 [jɔdɔl ヨドル]
ハチ (蜂) 벌 [pɔːl ボール]

八月 (8月)팔월[pʰarwʌl パルォル]

八十 (80)팔십[pʰalʃʼip パルシプ]; 여든[jʌdun ヨドゥン]

鉢巻き 머리띠[mʌriťi モリッティ]

はちみつ (벌)꿀[(pɔːl)kʼul (ポール)ックル]

罰 벌[pʌl ポル]

発音 발음[paɾum パルム]

二十日 (20日)이십일[iːʃibil イーシビル]; 스무 날[sumu nal スム ナル]

はっきり (意識が)뚜렷이[ťurjʌʃʼi ットゥリョシ]; (発音を)똑똑히[ťokťokʰi ットクトクキ]; (責任の所在を)분명히[punmjʌŋi プンミョンイ]; (参加を)명확히[mjʌŋhwakʰi ミョンファクキ]; (態度が)확실히[hwakʃʼiri ファクシリ]

はっきりしている (発音が)똑똑하다[ťokťokʰada ットクトクカダ]; (印象が)뚜렷하다[ťurjʌťhada ットゥリョッタダ]

バッグ 백[bɛk ベク]; 가방[kabaŋ カバン]

バックナンバー 백넘버[bɛŋnʌmbɔ ベンノムボ]

パッケージ 패키지[pʰɛkʰidʒi ペキジ]

発見 발견[palgjʌn パルギョン]

初恋 첫사랑[tʃʰʌsʼaraŋ チョッサラン]

発行 발행[paɾhɛŋ パルヘン]

発酵 발효[paɾhjo パルヒョ]　「ハダ」

罰する (生徒を)벌하다[pʌɾhada ポルハダ]

発生 발생[palsʼɛŋ パルセン]

バッター 배터[bɛťʌ ベト]; (打者)타자[tʰaːdʒa タージャ]

バッターボックス (打席)배터 박스[bɛťʌ baksʼu ベト バクス]

発達 발달[palťal パルタル]

バッテリー 배터리[bɛťʌri ベトリ]

発展 발전[palʃʼʌn パルチョン]

発表 발표[paɾpʰjo パルピョ]

発明 발명[palmjʌŋ パルミョン]　「ハダ」

派手だ 화려하다[hwarjʌhada ファリョハダ]

ハト (鳩)비둘기[pidulgi ピドゥルギ]

花 꽃[kʼot ッコッ]　「コンムル」

鼻 코[kʰo コ]; (はな水)콧물[kʰonmul コンムル]

話 이야기[ijagi イヤギ]; 얘기[jeːgi イェーギ]; (言葉)말[maːl マール]; (お話・お言葉)말씀[maːlsʼum マールスム]; (うわさ)소문[soːmun ソーモン]; (相談)상담[saŋdam サンダム]; (わけ)사리[saːri サーリ]

話しかける (英語で)말을 걸다[maːrul kʌːlda マールル コールダ]

放す (鳥を)놓다[notʰa ノッタ]; (魚を川に)놓아주다[noadʒuda ノアジュダ]; (犬を)풀어주다[pʰuɾʌdʒuda プロジュダ]

話す (経験を)이야기하다[ijagihada イヤギハダ]; (電話で)말하다[maːrhada マールハダ]

離す (目を)떼다[ťeːda ッテーダ]; (引き)놓다[notʰa ノッタ]

話せる (英語が)말할 수 있다[maːrhal sʼu itʼa マールハル ッス イッタ]; (フランス語なら)말할 줄 안다[maːrhal tʃʼur aːnda マールハル チュ ラーンダ]; (彼とはよく)말이 잘 통한다[maːri tʃal tʰoŋhanda マーリ チャル トンハンダ]

はなはだしい (誤解が)대단하다[tɛːdanhada テーダンハダ]; (病気が)심하다[ʃiːmhada シームハダ]

花火 불꽃[pulkʼot プルッコッ]; (花火大会)불꽃놀이[pulkʼonnori プルッコンノリ]

花札 화투[hwatʰu ファトゥ]　「ン」

花見 꽃구경[kʼotkʼugjʌŋ ッコックギョ

花婿 신랑[ʃillaŋ シルラン]

華やかだ (服装が)화려하다[hwarjʌhada ファリョハダ]

花嫁 (새)색시[(sɛ) sɛːkʃʼi (セ)セークシ]; (新婦)신부[ʃinbu シンブ]

離れる (ベースから足が)떨어지다[ťʌɾʌdʒida ットロジダ]; (あるところから)떠나다[ťʌnada ットナダ]

放れる (犬がひもから)풀리다[pʰullida プルリダ]; (矢がつるを)떠나다[ťʌnada ットナダ]

はにかむ (娘が)수줍어하다[sudʒubʌhada スジュボハダ]

跳ねる (馬が)뛰어오르다[ťwiɔɾuda ットゥィオオルダ]; (カエルが)뛰다[ťwida ットゥィダ]; (飛び散る)(水が)튀다[tʰwida トゥィダ]

羽 (つばさ)날개[nalgɛ ナルゲ]; (羽毛)(鳥の)깃털[kitʰʌl キットル]

母 어머니[ʌmʌni オモニ]; (母上)어머님[ʌmʌnim オモニム]・모친[moːtʃʰin モーチン]

幅 (川の)폭[pʰok ポク]; (道路の)너비[nʌbi ノビ]; (机の)나비[nabi ナビ]; (部屋の)넓이[nʌlbi ノルビ]

省く (議題の一部を)없애다[ɔːpsʼɛda オープセダ]; (出費を)줄이다[tʃuɾida チュリダ]; (細かい説明は)생략하다[sɛŋnjakʰada センニャクカダ]

歯ブラシ 칫솔 [tʃʰits'ol チッソル]
浜辺 갯가 [kɛtk'a ケッカ]; (海辺) 바닷가 [padatk'a パダッカ]
歯磨き 양치질 [jantʃʰidʒil ヤンチジル]; 이닦기 [idak'i イダクキ]
歯磨き粉 치약 [tʃʰijak チヤク]
はめる (戸を) 끼우다 [k'iuda ッキウダ]; (手袋を) 끼다 [k'ida ッキダ]; (ボタンを) 채우다 [tʃʰɛuda チェウダ]; (敵を) 속이다 [sogida ソギダ]
早い (起きるにはまだ) 이르다 [iruda イルダ]; (結婚はまだ・走るのが) 빠르다 [p'aruda ッパルダ]
速い (足が) 빠르다 [p'aruda ッパルダ]
早く (朝) 일찍 [iltʃ'ik イルッチク]; (夫に別れて) 일찍이 [iltʃ'igi イルッチギ]
速く (歩く) 빨리 [p'alli ッパルリ]
林 숲 [sup スプ]; 수풀 [supʰul スプル]
はやまる (仕事を) 서두르다 [sɔduruda ソドゥルダ]; (予定が) 빨라지다 [p'alladʒida ッパルラジダ]
はやめる (速度を) 빨리하다 [p'allihada ッパルリハダ]; (時間を) 앞당기다 [apt'aŋgida アプタンギダ]; (足を) 재촉하다 [tʃɛtʃʰokhada チェチョクカダ]
はやる (流行する) (サッカーが流行하다 [juhɛŋhada ユヘンハダ]
腹 배 [pɛ ペ]
バラ (薔薇) 장미 (꽃) [tʃaŋmi (k'ot) チャンミ (ッコッ)]
払う (ほこりを) 털다 [tʰɔ:lda トールダ]; (代金を) 치르다 [tʃʰiruda チルダ]; (支払う)(税金を) 지불하다 [tʃiburhada チブルハダ]; (小枝を) 치다 [tʃʰida チダ]
腹が立つ 화나다 [hwa:nada ファーナダ]
はらから 겨레 [kjɔre キョレ]; (同胞) (海外の) 동포 [toŋpʰo トンポ]
腹黒い (政治家) 속이 검다 [so:gi kɔ:mt'a ソーギ コームタ]
はらはらする (守備が) 조마조마하다 [tʃomadʒomahada チョマジョマハダ]
腹を立てる 화내다 [hwa:nɛda ファーネダ]; 성내다 [sɔ:ŋnɛda ソーンネダ]
バランス 밸런스 [bɛllɔnsɯ ベルロンス]; (均衡) 균형 [kjunhjɔŋ キュンヒョン]
針 바늘 [panul パヌル]
鍼 침 [tʃʰim チム]
針金 철사 [tʃʰɔls'a チルサ]
春 봄 [pom ポム]
張る (ロープ) 치다 [tʃʰida チダ]; (根が) 뻗다 [p'ɔt'a ッポッタ]; (勢力を) 뻗치다 [p'ɔtʃʰida ッポッチダ]; (乳が) 부풀다 [pupʰulda ププルダ]; (綱がぴんと) 팽팽하다 [pʰɛŋpʰɛŋhada ペンペンハダ]
貼る (切手を) 붙이다 [putʃʰida プチダ]
はるかに (山が) 아득하게 [adukhage アドゥクカゲ]; (高い) 훨씬 [hwɔlʃ'in フォルッシン]
腫れる (足が) 붓다 [pu:t'a ブータ]
晴れる (空が) 개다 [kɛ:da ケーダ]
晩 (夜) 밤 [pam パム]; (夕方) 저녁 [tʃɔnjɔk チョニョク]
番 (順序) 순서 [su:nsɔ スーンソ]; (順番) 차례 [tʃʰare チャレ]; 번 [pɔn ポン]; (見張り) (倉庫の) 망을 봄 [maŋul pom マヌル ポム]; (当番) (掃除) 당번 [daŋbon ダンボン]
パン 빵 [p'aŋ ッパン]
範囲 범위 [pɔ:mwi ポームィ]
繁栄 번영 [pɔnjɔŋ ポニョン]
ハンカチ 손수건 [sons'ugɔn ソンスゴン]
反響 반향 [pa:nhjaŋ パーンヒャン]
パンク 펑크 [pʰɔŋkʰu ポンク]
番組 프로 [pʰuro プロ]
ハングル 한글 [hangul ハングル]
版権 판권 [pʰank'wɔn パンクォン]
反抗 반항 [pa:nhaŋ パーンハン]
番号 번호 [pɔnho ポンホ]
犯罪 범죄 [pɔ:mdʒwe ポームジュェ]
万歳 만세 [ma:nse マーンセ]
反射 반사 [pa:nsa パンサ]
反する (意思に) 반하다 [pa:nhada パーンハダ]; (違反する) (法規に) 어긋나다 [ɔgunnada オグンナダ]
反省 반성 [pa:nsɔŋ パーンソン]
ばんそうこう 반창고 [pantʃʰaŋgo パンチャンゴ]
パンソリ 판소리 [pʰans'ori パンソリ]
反対 반대 [pa:ndɛ パンデ]
判断 판단 [pʰandan パンダン]
番地 번지 [pɔndʒi ポンジ]
パンツ 팬츠 [pʰɛntʃʰu ペンチュ]
パンティー ストッキング 팬티 스타킹 [pʰɛntʰi sɯtʰakhiŋ ペンティ スタキン]
ハンディキャップ 핸디캡 [hɛndikʰɛp ヘンディケプ]
バンド 밴드 [bɛndu ベンドゥ]
半島 반도 [pa:ndo パンード]
半導体 반도체 [pa:ndotʃʰe パーンドチェ]
ハンドル 핸들 [hɛndul ヘンドゥル]
犯人 범인 [pɔ:min ポーミン]
晩年 만년 [ma:nnjɔn マーンニョン]
バンパー 범퍼 [bɔmpʰɔ ポムポ]
ハンバーガー 햄버거 [hɛmbɔ:gɔ ヘムボーゴ]

ハンバーグ 햄버그 [hɛmbɔːgɯ ヘムボーグ]
販売 판매 [pʰanmɛ パンメ]
パンフレット 팜플렛 [pʰampʰɯllet パムプルレッ]
半分 (半)반 [paːn パーン]; (折半)절반 [tɕɔlban チョルバン]
判明 판명 [pʰanmjɔŋ パンミョン]

ひ

非 (他人の)잘못 [tɕalmot チャルモッ]; (不正)(選挙)부정 [pudʑɔŋ プジョン]
日 (子供の)날 [nal ナル]; (朝)해 [hɛ ヘ]; (日光)볕 [pjɔt ピョッ]
火 불 [pul プル]
美 미 [miː ミー]
日当たりがいい (この部屋は)양지바르다 [jaŋdʑibarɯda ヤンジバルダ]
ヒーター 히터 [hiːtʰɔ ヒート]
秀でる (文筆に)뛰어나다 [t'wiɔnada ットゥィオナダ]; (衆に)빼어나다 [p'ɛɔnada ッペオナダ]
ピーナッツ (落花生)땅콩 [t'aŋkʰoŋ ッタンコン]; 피넛 [pʰinɔt ピーノッ]
ビーバー 비버 [biːbɔ ビーボ]; (うみだぬき)해리 [hɛːri ヘーリ]
ビーフ 비프 [biːpʰɯ ビープ]; (牛肉)쇠고기 [swe:gogi スェーゴギ]
ビール 맥주 [mɛktɕʰu メクチュ]
冷える (体が)차가워지다 [tɕʰagawɔdʑida チャガウォジダ]; (寒くなる)(11月になって)추워지다 [tɕʰuwɔdʑida チュウォジダ]; (愛情が)식다 [ɕikt'a シクタ]; (気候が)쌀쌀하다 [s'als'arhada ッサルッサルハダ]
被害 피해 [pʰiːhɛ ピーヘ]
比較的 비교적 [piːgjodʑɔk ピーギョジョク]
東 동쪽 [toŋtɕ'ok トンッチョク]
ぴかぴか (床が)반짝반짝 [pantɕ'akp'antɕ'ak パンッチャクパンッチャク]; (靴が)번쩍번쩍 [pontɕ'okp'ontɕ'ok ポンッチョクポンッチョク]
光 (月の)빛 [pit ピッ]; (一点の)불(빛) [pul(p'it) プル(ピッ)]
光る (太陽が)빛나다 [pinnada ピンナダ]; (星が)반짝이다 [pantɕ'agida パンッチャギダ]; (雷で空が)번쩍거리다 [p'ɔntɕ'ɔk'ɔrida ポンッチョクコリダ]
…‐匹 (犬1)…‐마리 [-mari -マリ]
引きあげ (引き上げ)(税金の)인상 [insaŋ インサン]; (引き揚げ)(船体の)인양 [injaŋ イニャン]; (撤収)(軍隊の)철수 [tɕʰɔlsu チョルス]; (帰還)(母国に)귀환 [kwiːhwan クィーファン]
引き受ける (役員を)맡다 [mat'a マッタ]; (仕事を1人で)떠맡다 [t'ɔmat'a ットマッタ]; (責任を)책임지다 [tɕʰɛgimdʑida チェギムジダ]
引き潮 썰물 [s'ɔlmul ッソルムル]
引きずる (すそを)끌다 [k'uːlda ックール]
引き出し 서랍 [sɔrap ソラプ]
引き出す (話を)꺼내다 [k'ɔnɛda ッコネダ]; (答えを)끌어 내다 [k'ɯːrɔnɛda ックーロネダ]
引きつける (身近に)끌어 당기다 [k'ɯːrɔdaŋgida ックーロダンギダ]
引き続き 계속 [keːsok ケーソク]
引き連れる (部下を)데리다 [terida テリダ]; (妻子を)거느리다 [kɔnɯrida コヌリダ]
引き止める (辞職を)만류하다 [mallju-hada マルリュハダ]; (けんかを)말리다 [mallida マルリダ]
卑怯だ 비겁하다 [piːgɔpʰada ピーゴプハダ]
引く (車を)끌다 [k'ɯːlda ックールダ]; (子供の手を)이끌다 [ik'ulda イックルダ]; (綱を)당기다 [taŋgida タンギダ]; (線を)긋다 [kɯːt'a クータ]; (くじを)뽑다 [p'opt'a ッポプタ]; (風邪を)들다 [tɯːlda トゥルダ]; (8から3を)빼다 [p'ɛːda ッペーダ]; (カーテンを)치다 [tɕʰida チダ]; (字引き・辞書を)찾다 [tɕʰat'a チャッタ]
弾く (ギターを)타다 [tʰada タダ]; (ピアノを)치다 [tɕʰida チダ]; (バイオリンを)켜다 [kʰjɔda キョダ]
引き伸ばす (写真を)확대하다 [hwakt'ɛhada ファクテハダ]; (ゴムひもを)잡아늘이다 [tɕabanɯrida チャバヌリダ]
低い (山が)낮다 [nat'a ナッタ]
ピクニック (野遊び)야유회 [jaːjuhwe ヤーユフェ]; (遠足)소풍 [sopʰuŋ ソプン]; 피크닉 [pʰikʰɯnik ピクニク]
轢く (車が子供を)치다 [tɕʰida チダ]; (ひかれる)(車に)치이다 [tɕʰiida チイダ]
卑屈だ (態度が)비굴하다 [piːgurhada ピーグルハダ]
ひげ 수염 [sujɔm スヨム]
悲劇 비극 [piːgɯk ピーグク]
否決 부결 [puːgjɔl プーギョル]
飛行機 비행기 [pihɛŋgi ピヘンギ]
膝 무릎 [murɯp ムルプ]

ビザ (査証) 사증[satʃʼɯŋ サチュン]; 비자[bidʑa ビジャ]
久しぶりです 오래간만입니다[orɛganmanimnida オレガンマニムニダ]
久しぶりに (会った人)오래간만에[orɛganmane オレガンマネ]
肘 팔꿈치[pʰalkʼumtʃʰi パルックムチ]
美術 미술[miːsul ミースル]
秘書 비서[piːsɔ ピーソ]
非常口 비상구[piːsaŋgu ピーサング]
美人 미인[miːin ミーイン]
額 이마[ima イマ]
浸す (水に足を)담그다[tamgɯda タムグダ]; (手を)잠그다[tʃamgɯda チャムグダ]; (タオルを)적시다[tʃɔkʃʼida チョクシダ]
左 (曲がる)왼쪽[weːntʃʼok ウェーンッチョク]; (向かって)왼편[weːnpʰjɔn ウェーンピョン]; (左側) 좌측[tʃwaːtʃʰuk チューアーチュク]; (左翼) 좌익[tʃwaːik チューアーイク]
左利き(の人) 왼손잡이[weːnsondʑabi ウェーンソンジャビ]
引っかかる (綱がくいに)걸리다[kɔllida コルリダ]; (まんまと)속다[sokta ソクタ]
ひつぎ 관[kwan クァン]
ピックアップ 픽업[pʰigɔp ピゴプ]
ビッグニュース 빅 뉴스[biŋ njuːsɯ ビン ニュース]
ひっくり返す (順序を)뒤집다[twidʑiptʼa トゥィジプタ]; (計画を)뒤엎다[twiɔptʼa トゥィオプタ]
ひっくり返る (船が)뒤집히다[twidʑipʰida トゥィジプピダ]; (あおむけに)자빠지다[tʃapʼadʑida チャッパジダ]
びっくりする (驚く)(깜짝) 놀라다[(kʼamtʃʼaŋ) noːllada (ッカムッチャン) ノールラダ]
日付け 날짜[naltʃʼa ナルッチャ]
引っ越す (新居に)이사하다[isahada イサハダ]; (田舎へ)이사가다[isagada イサガダ]
引っ込む (部屋に)들어박히다[tʰɯrɔbakʰida トゥロパクキダ]; (会長をやめて)물러나다[mullɔnada ムルロナダ]
ヒツジ (羊) 양[jaŋ ヤン]
ひっそり (静かに)고요히[kojoi コヨイ]; (森の中は)쥐죽은 듯이[tʃwidʑugɯn dɯʃi チュィジュグン ドゥシ]
ぴったり (計算が合う)꼭[kʼok ッコク]; (戸を閉める)꽉[kʼwak ックァク]

ヒット 히트[hitʰɯ ヒトゥ]
必読 필독[pʰilʼtok ピルトク]
引っ張る (車を)끌다[kʼɯlda ックールダ]; (野球部に)끌어 들이다[kʼɯːrɔduurida ックーロ ドゥリダ]; (ゴムひもを)잡아 당기다[tʃaba daŋgida チャバ ダンギダ]
必要 필요[pʰirjo ピリョ]
必要だ (品物が)필요하다[pʰirjohada ピリョハダ]; (役に立つ)(中学生に)소용되다[soːjoŋdweda ソーヨンドゥェダ]
否定 부정[puːdʑɔŋ プージョン]
日照り (早魃の)한발[haːnbal ハーンバル]; 가뭄[kamum カムム]
人 사람[saːram サーラム]; (人間)인간[ingan インガン]; (他人)남[nam ナム]
ひどい (過酷だ)(処置)가혹하다[kaːhokʰada カーホクハダ]; (寒さ)모질다[moːdʑilda モージルダ]; (風雨)심하다[ʃiːmhada シームハダ]; (暑さ)지독하다[tʃidokʰada チドクハダ]
人柄 (人格)인격[inkʼjok インキョク]; (人品)(ゆかしい)인품[inpʰum インプム]
一言 한마디[hanmadi ハンマディ]
人指し指 집게 손가락[tʃipkʼe sonkʼarak チプケ ソンカラク]
等しい (長さが)같다[kaːtʼa カッタ]
一つ (1つ)하나[hana ハナ]; 일[il イル]
一つの (1つの)한[han ハン]; 일[il イル]
人手 남의 손[name son ナメ ソン]
人々 사람들[saːramdul サーラムドゥル]
瞳 눈동자[nuntʼondʑa ヌントンジャ]; (黒目)눈[nun ヌン]
人目 남의 눈[name nun ナメ ヌン]
1人・独り (1人で旅行)혼자[hondʑa ホンジャ]; (娘・息子)외동[wedoŋ ウェドン]; (独身)(暮らし)독신[tokʃʼin トクシン]
独り占めする (もうけを)독차지하다[toktʃʰadʑihada トクチャジハダ]; (独占する)(市場を)독점하다[toktʃʼɔmhada トクチョムハダ]
ひとりで 혼자서[hondʑasɔ ホンジャソ]; 홀로[hollo ホルロ]
ひとりでに 저절로[tʃɔdʑɔllo チョジョロ]
1人息子 외아들[weadɯl ウェアドゥル]
ひな 새끼 새[sɛkʼi sɛː セッキ セー]; (ひよこ)병아리[pjɔŋari ピョンアリ]
日なた 양지[jaŋdʑi ヤンジ]
非難 비난[piːnan ピーナン]
避難 피난[pʰiːnan ピーナン]

皮肉る (人を)비꼬다 [pi:k'oda ピーッコダ]; (世相を)빈정거리다 [pindʒɔŋɡɔrida ピンジョンゴリダ]

避妊 피임 [pʰi:im ピーイム]

ひねくれる (性格が)비뚤어지다 [pit'urodʒida ピットゥロジダ]; (枝が)뒤틀리다 [twitʰullida トゥィトゥルリダ]

ひねる (手首を)비틀다 [pi:tʰulda ビートゥルダ]; (栓を)틀다 [tʰulda トゥルダ]; (髪を)꼬다 [k'o:da ッコーダ]

日の出 해돋이 [hɛdodʒi ヘドジ]; (日出)일출 [iltʃʰul イルチュル]

ヒバリ 종달새 [tʃoŋdals'ɛ チョンダルセ]; 종다리 [tʃoŋdari チョンダリ]

響く (音が)울리다 [ullida ウルリダ]

批評 비평 [pi:pʰjɔŋ ピーピョン]

ビビンバ 비빔밥 [pibimp'ap ピビムパプ]

皮膚 피부 [pʰibu ピブ]

暇 (遊ぶ)틈 [tuum トゥム]; (手紙を書く)시간 [ʃigan シガン]

暇だ 한가하다 [hangahada ハンガハダ]

ひ孫 증손 [tʃuŋson チュンソン]; 증손자 [tʃuŋsondʒa チュンソンジャ]; (女のひ孫)증손녀 [tʃuŋsonnjɔ チュンソンニョ]

ヒマワリ 해바라기 [hɛbaragi ヘバラギ]

秘密 비밀 [pi:mil ピーミル]

紐 (靴)끈 [k'un ックン]; (条件)(融資につく)조건 [tʃok'ɔn チョコン]

百 (100)백 [pɛk ペク]

百年 (100年)백년 [pɛŋnjɔn ペンニョン]

白蓮 백련 [pɛŋnjɔn ペンニョン]

冷やす (頭を)식히다 [ʃikʰida シクキダ]; (ビールを)차게 하다 [tʃʰage hada チャゲ ハダ]

百科事典 백과사전 [pɛk'wasa:dʒɔn ペクァサージョン]

費用 비용 [pi:joŋ ピーヨン]

表 표 [pʰjo ピョ]

秒 초 [tʃʰo チョ]

病院 병원 [pjɔ:ŋwɔn ピョーンウォン]

病気 (やまい)병 [pjɔ:ŋ ピョーン]; (ご病気)(父の)병환 [pjɔ:ŋhwan ピョーンファン]

表現 표현 [pʰjohjɔn ピョヒョン]

拍子 박자 [paktʃ'a パクチャ]

表紙 표지 [pʰjodʒi ピョジ]

標識 표지 [pʰjodʒi ピョジ]

描写 묘사 [mjo:sa ミョーサ]

標準 표준 [pʰjodʒun ピョジュン]

表情 표정 [pʰjodʒɔŋ ピョジョン]

平等 평등 [pʰjɔŋduɯŋ ピョンドゥン]

病人 (患者)환자 [hwandʒa ファンジャ]

評判 (評)(人の)평 [pʰjɔ:ŋ ピョーン]; 평판 [pʰjɔ:ŋpʰan ピョーンパン]

びょうぶ 병풍 [pjɔŋpʰuŋ ピョンプン]

標本 표본 [pʰjobon ピョボン]「[kɔt コッ]

表面 표면 [pʰjomjɔn ピョミョン]; 겉

病歴 병력 [pjɔ:ŋnjɔk ピョーンニョク]

評論 평론 [pʰjɔ:ŋnon ピョーンノン]

ひょっとしたら 혹시 [hokʃ'i ホクシ]

日和 (天気)(明日の)일기 [ilgi イルギ]; (よい)날씨 [nalʃ'i ナルッシ]

開く (口を)열다 [jɔ:lda ヨールダ]; (戸が)열리다 [jɔllida ヨルリダ]; (傘が)퍼지다 [pʰjɔdʒida ピョジダ]; (つぼみが)퍼다 [pʰjɔda ピョダ]; (点数から)벌어지다 [pɔ:rɔdʒida ポーロジダ]; (病院を)차리다 [tʃʰarida チャリダ]; (咲く)(花が)피다 [pʰida ピダ]

平たい (表面が)평평하다 [pʰjɔŋpʰjɔŋhada ピョンピョンハダ]; (お盆が)납작하다 [naptʃ'akʰada ナプチャクハダ]

ヒラメ(平目) 넙치 [nɔptʃʰi ノプチ]; 광어 [kwa:ŋɔ クァーンオ]

ひらめく (稲妻が)번쩍이다 [pɔntʃ'jɔgida ポンッチョギダ]; (旗が)나부끼다 [nabuk'ida ナブッキダ]

ひりひりする (辛くて口の中が)얼얼하다 [ɔrɔrhada オロルハダ]

昼 낮 [nat ナッ]; (昼食)점심 [tʃɔ:mʃim チョームシム]

ヒル(蛭) 거머리 [kɔ:mɔri コーモリ]

ビル 빌딩 [bildiŋ ビルディン]

昼間 낮 [nat ナッ]

昼休み 점심 시간 [tʃɔ:mʃim ʃigan チョームシム シガン]

広い (海が)넓다 [nɔlt'a ノルタ]

疲労 피로 [pʰiro ピロ]

拾う (石を)줍다 [tʃu:pt'a チューブタ]; (囲)(手帳を)줏다 [tʃu:t'a チューッタ]; (佳作を)뽑아내다 [p'obanɛda ッポバネダ]; (タクシーを)잡다 [tʃ'apt'a チャプタ]; (命を)건지다 [kɔndʒida コンジダ]

披露宴 피로연 [pʰirojɔn ピロヨン]

広がる (うわさが)퍼지다 [pʰɔ:dʒida ポージダ]; (道路が)넓어지다 [nɔlbɔdʒida ノルボジダ]

広げる (道路を)넓히다 [nɔlpʰida ノルピダ]; (傘を)퍼다 [pʰjɔda ピョダ]; (本を)펼치다 [pʰjɔltʃʰida ピョルチダ]

広場 광장 [kwa:ŋdʒaŋ クァーンジャン]

秘話 비화 [pi:hwa ピーファ]

瓶 병 [pjɔŋ ピョン]

品位 품위 [pʰuːmwi プームィ]
貧血 빈혈 [pinhjɔl ピンヒョル]
貧弱 빈약 [pinjak ピニャク]
ヒント 힌트 [hintʰɯ ヒントゥ]
貧乏 가난 [kanan カナン]
貧乏だ 가난하다 [kananhada カナンハダ]
貧民 빈민 [pinmin ピンミン]

ふ

不… 불… [pul- プル-]; (不可能)불가능 [pulganɯŋ プルガヌン]; (不利)불리 [pulli プルリ]; 부…[pu- プ-]; (ㄷ・ㅅで始まる言葉につく)(不動)부동 [pudoŋ プドン]; (不正)부정 [pudʒʌŋ プジョン]
ファースト 퍼스트 [pʰʌːsɯtʰɯ ポーストゥ]
ファウル 파울 [pʰaul パウル]
ファッション 패션 [pʰɛʃɔn ペション]
ファン 팬 [pʰɛn ペン]
不安 불안 [puran プラン]
フィリピン 필리핀 [pʰilliphin ピルリピン]
フィルム 필름 [pʰillum ピルルム]
フィンランド 핀란드 [pʰillandɯ ピルランドゥ]
風景 풍경 [pʰuŋgjɔŋ プンギョン]
風船 풍선 [pʰuŋsɔn プンソン]
風俗 풍속 [pʰuŋsok プンソク]
風土 풍토 [pʰuŋtʰo プント]
封筒 봉투 [poŋtʰu ポントゥ]
夫婦 부부 [puːbu プーブ]
風流 풍류 [pʰuŋnju プンニュ]
プール 풀장 [pʰuːldʒaŋ プールジャン]; (水泳場)수영장 [sujɔŋdʒaŋ スヨンジャン]
笛 피리 [pʰiri ピリ]
増える (財産が)늘다 [nɯlda ヌルダ]; (体重が)늘어나다 [nɯrʌnada ヌロナダ]; (収入が)많아지다 [maːnadʒida マーナジダ]; (水が)불어나다 [purʌnada プロナダ]; (増加する)(人口が)증가하다 [tʃɯŋgahada チュンガハダ]
深い (川が)깊다 [kiptʼa キプタ]「ェハダ」
不快だ 불쾌하다 [pulkʰwɛhada プルク
深さ 깊이 [kipʰi キピ]「イ」
不可思議 불가사의 [pulgasai プルガサ
不可能 불가능 [pulganɯŋ プルガヌン]
ぶかぶか (タバコを)뻐끔뻐끔 [pʼɔ-kʼump'ɔk'ɯm ッポックムッポックム]; (浮かんで)둥실둥실 [tuŋʃildunʃil トゥンシルドゥンシル]
武器 (兵器)무기 [muːgi ムーギ]

吹き出す (温泉が)솟다 [sotʼa ソッタ]; (水を)뿜어 내다 [pʼumʌ nɛda ップモネダ]; (ちりを)불어 내다 [purʌ nɛda プロ ネダ]
不況 불황 [purhwaŋ プルファン]
付近 (現場)부근 [puːgɯn プーグン]; (家の)근처 [kɯːntʃʰʌ クーンチョ]
服 옷 [ot オッ]
福 복 [pok ポク]
吹く (風が)불다 [puːlda プールダ]
拭ふく (机を)닦다 [taktʼa タクタ]; (水を)훔치다 [humtʃʰida フムチダ]
不遇 불우 [puru プル]「ャプハダ」
複雑だ 복잡하다 [poktʃʼapʰada ポクチ
副詞 부사 [puːsa プーサ]
福祉 복지 [poktʃʼi ポクチ]
複試合 (ダブルス)복식 경기 [pokʃʼi-kjɔŋgi ポクシク キョンギ]
復習 복습 [poksʼɯp ポクスプ]
復讐 복수 [pokʼsu ポクス]
服従 복종 [poktʃʼoŋ ポクチョン]
復職 복직 [poktʃʼik ポクチク]
服装 (改まった)복장 [poktʃʼaŋ ポクチャン]; (派手な)옷차림 [otʃʰarim オッチャリム]「プグルプグル」
ぶくぶく (泡が)부글부글 [pugɯlbugɯl
含む (税金を)포함하다 [pʰohamhada ポハムハダ]
ふくれる (もちが)부풀다 [pupʰulda プ プルダ]; (叱られるとすぐ)뾰로통해지 다 [pʼjorotʰoŋhɛdʒida ッピョロトンヘ ジダ]「poŋdʒi ポンジ」
袋 (お米)자루 [tʃaru チャル]; (紙)봉지
ふけ 비듬 [pidɯm ピドゥム]
不景気 불경기 [pulgjɔŋgi プルギョンギ]
老ふける (老いる)늙다 [nɯktʼa ヌクタ]; (年取る)나이를 먹다 [nairɯl mʌktʼa ナイルル モクタ]「ポジダ」
更ける (夜が)깊어지다 [kipʰʌdʒida キ
耽ふける (熱中する)(読書に)열중하다 [jɔl-tʃʼuŋhada ヨルチュンハダ]; (物思いに) 몰두하다 [moltʼuhada モルトゥハダ]; (道楽に)빠지다 [pʼaːdʒida ッパージダ]
不幸だ (一生)불행하다 [purhɛŋhada プルヘンハダ]
不公平 불공평 [pulgoŋpʰjɔŋ プルゴンピ
不合理 불합리 [purhamni プルハムニ]
夫妻 내외 [nɛːwe ネーウェ]
負債 부채 [puːtʃʰɛ プーチェ]
不在 부재 [pudʒɛ プジェ]
塞ふさがる (詰まる)(下水管が)막히다 [makʰida マクキダ]; (満ちる)(座席

不作 흉작 [hjuŋdʒak ヒュンジャク]

塞ぐ (耳を)막다 [makt'a マクタ]; (つむぐ)(口を)다물다 [tamulda タムルダ]; (埋める)(穴を)메우다 [meuda メウダ]; (満たす)(腹を)채우다 [tʃʰɛuda チェウダ]; (遮断する)(道を)가로막다 [karo makt'a カロ マクタ]; (憂鬱になる)(気が)우울해지다 [uurhɛdʒida ウウルヘジダ]

ふざける (子供が)까불다 [k'abulda ッカブルダ]; (授業中に)장난치다 [tʃaŋnantʃʰida チャンナンチダ]

ふさわしい (服装に)어울리다 [ɔullida オウルリダ]; (年に)걸맞다 [kɔlmat'a コルマッタ]; (年相応に)알맞다 [a:lmat'a アールマッタ]

無事だ (暮らし)무사하다 [musahada ムサハダ]; (勤め)탈없다 [tʰa:rɔpt'a ターロプタ]; (お変わりはない)별고없다 [pjɔlgoopt'a ピョルゴオプタ]

不思議だ (人物)이상하다 [i:saŋhada イーサンハダ]; (現象)불가사의하다 [pulgasaihada プルガサイハダ]・신기하다 [ʃiŋgihada シンギハダ]

不自然 부자연 [pudʒajɔn プジャヨン]・어색함 [ɔ:sɛkʰam オーセクカム]

不自由 부자유 [pudʒaju プジャユ]; (不便)불편 [pulpʰjɔn プルピョン]「プン」

不十分 불충분 [pultʃʰuŋbun プルチュン]

侮辱 모욕 [mojok モヨク]

夫人 부인 [puin プイン]; (奥様)사모님 [samonim サモニム]

婦人 부인 [puin プイン]; (女性)여성 [jɔsɔŋ ヨソン]

不信任決議 불신임결의 [pulʃ'inimgjɔri プルシニムギョリ]

襖 (引き戸)미닫이 [midadʒi ミダジ]; (障子)장지 [tʃaŋdʒi チャンジ]

不正 부정 [pudʒɔŋ プジョン]

防ぐ (風を)막다 [makt'a マクタ]; (敵を)방어하다 [paŋɔhada パンオハダ]

伏せる (顔を)숙이다 [sugida スギダ]; (身を)엎드리다 [ɔpt'urida オプトゥリダ]; (隠す)(名前を)숨기다 [sumgida スムギダ]

不足を言う (不平を言う)불평을 하다 [pulpʰjɔŋuɯl hada プルピョンウル ハダ]

不足している (人手が)부족하다 [pudʒokʰada プジョクカダ]; (お金が)모자라다 [mo:dʒarada モージャラダ]

蓋 (かぶせ蓋)뚜껑 [t'uk'ɔŋ ットゥッコン]; (覆い・カバー)덮개 [tɔpk'ɛ トプケ]; (栓)마개 [magɛ マゲ]

ブタ (豚) 돼지 [twɛ:dʒi トウェージ]

舞台 무대 [mu:dɛ ムーデ]

再び (忠告する)다시 [taʃi タシ]

2つ 둘 [tu:l トゥール]; 이 [i: イー]

2つの 두 [tu: トゥー]; 이 [i: イー]

2人 두 사람 [tu:saram トゥー サラム]

2人で 둘이서 [tu:risɔ トゥーリソ]

負担 부담 [pu:dam プーダム]

普段 (心がけ)평소 [pʰjɔŋso ピョンソ]; (日ごろ)(起きる)평상시 [pʰjɔŋsaŋʃi ピョンサンシ]; (平素)(使わない)평시 [pʰjɔŋʃi ピョンシ]

縁 (へり)(机の)가장자리 [ka:dʒaŋdʒari カージャンジャリ]; (帽子の)테두리 [tʰeduri テドゥリ]; (めがね)테 [tʰe テ]; (川の)가 [k'a カ]

不注意 부주의 [pudʒui プジュイ]

普通 보통 [po:tʰoŋ ポートン]

二日 (2日)이일 [i:il イーイル]; 초이튿날 [tʃʰoitʰunnal チョイトゥンナル]; 이틀 [itʰɯl イトゥル]

物価 물가 [mulk'a ムルカ]

ぶつかる (壁に)부딪다 [pudit'a プディッタ]; (柱に)부딪치다 [puditʃʰida プディッチダ]; (困難に)부닥치다 [pudaktʃʰida プダクチダ]; (旧友と)마주치다 [madʒutʃʰida マジュチダ]; (衝突する)(真正面に)충돌하다 [tʃʰuŋdorhada チュンドルハダ]

仏教 불교 [pulgjo プルギョ]

不都合だ (不便だ)(その時間は)불편하다 [pulpʰjɔnhada プルピョンハダ]; (苦しい)(立場が)난처하다 [nantʰɔhada ナンチョハダ]

沸騰 비등 [pi:dɯŋ ピードゥン]

沸騰する (お湯が)끓어오르다 [k'ɯrɔoruda ックロオルダ]

物理 물리 [mulli ムルリ]

筆 붓 [put プッ]

太い (足が)굵다 [kukt'a ククタ]; (胆っ玉が)크다 [kʰɯda クダ]

ブドウ 포도 [pʰodo ポド]

不動産 부동산 [pudoŋsan プドンサン]

ふところ 품 [pʰum プム]

太る (豚のように)살찌다 [saltʃ'ida サルッチダ]; (体がぶくぶくと)뚱뚱해지다 [t'uŋt'uŋhɛdʒida ットゥンットゥンヘジダ]

布団 (掛け布団と敷き布団)(たたむ)이

フナ (鮒) 붕어 [puːŋɔ プーノオ]

船便 (荷物を)선편 [sɔnpʰjɔn ソンピョン]; (島に行く)배편 [pɛpʰjɔn ペピョン]

船酔い 뱃멀미 [pɛnmɔlmi ペンモルミ]

船 배 [pɛ ペ]

腐敗 부패 [puːpʰɛ プーペ]

不平等 불평등 [pulpʰjɔŋdɯŋ プルピョンドゥン]

吹雪 눈보라 [nuːnbora ヌーンボラ]

部分 부분 [pubun ププン]

不平 불평 [pulpʰjɔŋ プルピョン]

不便だ (交通が)불편하다 [pulpʰjɔnhada プルピョンハダ]

父母 (両親)부모 [pumo プモ]

不満だ 불만이다 [pulmanida プルマニダ]

踏み切り (鉄道線路などの)건널목 [kɔːnnɔlmok コーンノルモク]

踏み台 발판 [palpʰan パルパン]

不眠症 불면증 [pulmjɔntʃʼɯŋ プルミョンチュン]

踏む (人の足を)밟다 [paːptʼa パープタ]; (手続きを)거치다 [kɔtʃʰida コチダ]

不明 불명 [pulmjɔŋ プルミョン]

不名誉 불명예 [pulmjɔŋe プルミョンエ]

麓 기슭 [kisuk キスク]

増やす (数量を)늘리다 [nɯllida ヌルリダ]; (貯金を)늘려 나가다 [nɯlljɔnagada ヌルリョナガダ]; (お金を)불리다 [pullida プルリダ]

冬 겨울 [kjɔul キョウル]

不要だ (説明は)필요없다 [pʰirjoɔptʼa ピリョオプタ]; (役に立たない・無駄だ) (その工事は)소용없다 [soːjoŋɔptʼa ソーヨンオプタ]

フライパン 프라이팬 [pʰɯraipʰɛn プライペン]

ぶら下がる (鉄棒に)매달리다 [mɛdallida メーダルリダ]

ブラシ 솔 [soːl ソール]

プラス 플러스 [pʰɯllʌsɯ プルロス]

ブラック 블랙 [pɯllɛk プルレク]

フラッシュ 플래시 [pɯllɛʃi プルレシ]

プラットホーム 플랫폼 [pʰɯlletpʰoːm プレッポーム]; (乗降場)승강장 [sɯŋgaŋdʒaŋ スンガンジャン]

ぶらぶら (腕を)흔들흔들 [hɯndɯrhɯndɯl フンドゥルフンドゥル]; (歩く)어슬렁어슬렁 [ɔsɯllɔŋɔsɯllɔŋ オスルロンオスルロン]; (大学を出て)빈둥빈둥 [pinduŋbinduŋ ピンドゥンビンドゥン]

フラワー 플라워 [pʰɯllawɔ プルラウォ]

プラン 플랜 [pʰɯllɛn プルレン]

ぶらんこ 그네 [kɯːne クーネ]

フランス 프랑스 [pʰɯraŋsɯ プランス]

フリー 프리 [pʰɯriː プリー]

振り返る (びっくりして)뒤돌아보다 [twiːdoraboda トゥィードラボダ]; (学生時代を)돌이키다 [torikʰida トリキダ]

振り子 (時計)흔들이 [hɯndɯri フンドゥリ]; (運動)진자 [tʃiːndʒa チーンジャ]

不良 불량 [pulljaŋ プルリャン]

武力 무력 [muːrjɔk ムーリョク]

ふりをする (見て見ない)체 하다 [tʃʰe hada チェ ハダ]

プリント 프린트 [pʰɯrintʰɯ プリントゥ]

降る (雨・雪が)내리다 [nɛrida ネリダ]; (降り出す)(雨・雪が)오다 [oda オダ]

振る (手を)흔들다 [hɯndɯlda フンドゥルダ]; (バットを)휘두르다 [hwiduruda フィドゥルダ]

古い (考え)낡다 [naktʼa ナクタ]; (事件)오래되다 [orɛdweda オレドゥェダ]; (車)헌 [hɔːn ホーン]

震える (体が)떨리다 [tʼɔllida ットルリダ]; (窓が)흔들리다 [hɯndɯllida フンドゥルリダ]

ふるさと (故郷)고향 [kohjaŋ コヒャン]; (地元)고장 [kodʒaŋ コジャン]

ぶるぶる (恐ろしくて)벌벌 [pɔːlbɔl ポールボル]; (手が)부들부들 [pudɯlbudɯl プドゥルブドゥル]; (寒くて)덜덜 [tɔldɔl トルドル]

フルベース 풀 베이스 [pʰul beisɯ プル ベイス]

振る舞う (勝手に)행동하다 [hɛŋdoŋhada ヘンドンハダ]; (男らしく)처신하다 [tʃʰɔsinhada チョーシンハダ]

古めかしい (洋館)예스럽다 [jeːsɯrɔptʼa イェースロプタ]; (旧式だ)(考え)구식이다 [kuːʃigida クーシギダ]

プレー 플레이 [pʰɯllei プルレイ]

ブレーキ 브레이크 [bɯreikʰɯ ブレイク]; (制動機)제동기 [tʃeːdoŋgi チェードンギ]

プレーヤー 플레이어 [pʰɯlleiɔ プルレイオ]

プレゼント (贈り物・土産)선물 [sɔːnmul ソーンムル]; 프레젠트 [pʰɯredʒentʰɯ プレゼントゥ]

プレミアム 프레미엄 [pʰɯremiɔm プレミオム]

触れる (手・肩が)닿다 [taːtʰa タータ]; (手を)대다 [tɛːda テーダ]

風呂⇒**沐浴** [mogjok モギョク]; 욕탕 [joktʰaŋ ヨクタン]; (ふろ場)욕실 [jokʃʼil ヨクシル]; (女・男)탕 [tʰaŋ タン]

不老 불로[pullo プルロ]
付録 부록[puːrok プーロク]
ふろしき 보자기[podʑagi ポジャギ]
ブロック 블록[buɯllok ブルロク]
風呂に入る 목욕하다[mogjokhada モギョクハダ] 　　　　　　　　　[ピル]
プロフィール 프로필[pʰɯropʰil プロ
風呂屋 (銭湯)목욕탕[mogjokthaŋ モギョクタン] 　　　　　　　[ゥ]
フロント 프런트[pʰɯrəntʰɯ プロント]
不渡り 부도[pudo プド]
…分 (2時5分)…분[-bun -ブン]
文 (文・文字)글[kɯl クル]; (文章)문장[mundʑaŋ ムンジャン]
雰囲気 분위기[punwigi プヌィギ]
文化 문화[munhwa ムンファ]
文学 문학[munhak ムンハク] 　　[ェ]
文化財 문화재[munhwadʑɛ ムンファジ
文芸 문예[mune ムネ]
文献 문헌[munhɔn ムンホン]
文豪 문호[munho ムンホ]
文章 문장[mundʑaŋ ムンジャン]; (文・文字)글[kɯl クル]
分譲 분양[punjaŋ プニャン]
紛争 분쟁[pundʑɛŋ プンジェン]
分担 분담[pundam プンダム]
分断 분단[pundan プンダン]
文壇 문단[mundan ムンダン]
文法 문법[munpʼɔp ムンポプ]
文房具 문방구[munbaŋgu ムンバング]
文明 문명[munmjəŋ ムンミョン]
分野 분야[punja プニャ]
分離 분리[pulli プルリ]
分類 분류[pullju プルリュ]
分裂 분열[punjəl プニョル]

へ

屁 (おなら)방귀[paːŋgwi パーングィ]
…へ (会社)…로[-ro -ロ]; (南)…으로[-ɯro -ウロ]; (ソウル駅)…에[-e -エ]
ペア (対・仲間)짝[tɕʼak ッチャク]; (対・組)쌍[sʼaŋ ッサン]; 페어[pʰeɔ ペオ]
兵 병[pjəŋ ピョン]
塀 (れんが)담[tam タム]; (垣根・囲い)울타리[ulthari ウルタリ]
平穏 평온[pʰjəŋon ピョンオン]
陛下 폐하[pʰeːha ペーハ]
閉会 폐회[pʰeːhwe ペーフェ]
弊害 폐해[pʰeːhɛ ペーヘ]
平気だ (なんでもない)아무렇지도 않다[aːmurətɕʰido antʰa アームロッチド アンタ]; (寒くても)괜찮다[kwentɕʰantʰa クェンチャンタ]; (泰然としている)(地震でも)태연하다[tʰejənhada テヨンハダ]; (落第しても)걱정 없다[kɔktɕʼɔŋɔptʼa コクチョンオプタ]
兵器 무기[muːgi ムーギ]
平均 평균[pʰjəŋgjun ピョンギュン]
並行 병행[pjəːŋhɛŋ ピョーンヘン]
米国 미국[miːguk ミーグク]
閉鎖 폐쇄[pʰeːswɛ ペースェ]
平日 평일[pʰjəŋil ピョンイル]; (ふだん)보통 날[poːtʰoŋ nal ポートン ナル]; (平素)평소[pʰjəŋso ピョンソ]
弊社 폐사[pʰeːsa ペーサ]
弊習 폐습[pʰeːsɯp ペースプ]
兵隊 군대[kundɛ クンデ]; (兵士)병사[pjəŋsa ピョンサ]
平凡だ (服装が)평범하다[pʰjəŋbɔmhada ピョンボムハダ]
平野 평야[pʰjəŋja ピョンヤ]
兵力 병력[pjəŋnjɔk ピョンニョク]
平和 평화[pʰjəŋhwa ピョンファ]
平和だ (世界)평화롭다[pʰjəŋhwaropt'a ピョンファロプタ]; (戦争のない)평화스럽다[pʰjəŋhwasɯrɔptʼa ピョンファスロプタ]
ページ 페이지[pʰeidʑi ペイジ]; (本の頁・面)쪽[tɕʼok ッチョク]
ペーパー 페이퍼[pʰeiphɔ ペイポ]
べからず (花をとる)…하지 말라[hadʑi malla ハジ マルラ]; (許す)할 수 없다[hal sʼu ɔːptʼa ハルッス オープタ]
へこむ (ぶつかって車体が)우그러들다[ugɯrədɯlda ウグロドゥルダ]; (重みで床むが)움푹 들어가다[umpʰuk tʼɯrɔgada ウムプク トゥロガダ]
へそ 배꼽[pɛkʼop ペッコプ]
下手だ (字が)서투르다[sɔːtʰurɯda ソートゥルダ]; (勉強が)못하다[moːtʰada モータダ]
隔たる (距離が)떨어지다[tʼɔrɔdʑida ットロジダ]; (遠くなる)(心が)멀어지다[mɔːrɔdʑida モーロジダ]
隔てる (挟む)(川を)사이에 두다[saie tuda サイエ トゥダ]; (仕切る)(びょうぶで)칸을 막다[kʰanɯl maktʼa カヌル マクタ]
ぺちゃんこに (車が)납작하게[napt͡ɕʼakhage ナプチャクカゲ] 　　[タルダ]
別だ (見ると聞くのでは)다르다[taruda
別荘 별장[pjɔltɕʼaŋ ピョルチャン]

ベッド (寝台) 침대 [tɕʰiːmdɛ チームデ]
別に (用はない) 별로 [pjɔllo ピョルロ]; (部屋を) 따로 [t'aro ッタロ]; (処分する) 달리 [talli タルリ]
別々に (取る) 따로 [t'aro ッタロ]; (帰る) 따로따로 [t'arot'aro ッタロッタロ]; (払う) 각각 [kak'ak カクカク]
へつらう (上役に) 아부하다 [abuhada アブハダ]
ベトナム 베트남 [betʰɯnam ベトゥナム]
紅 (朱) 주홍색 [tɕuhoŋsɛk チュホンセク]
ヘビ (蛇) 뱀 [pɛːm ペーム]
部屋 방 [paŋ パン]
減らす (数量を) 덜다 [tɔːlda トールダ]; (人数を) 줄이다 [tɕurida チュリダ]
減る (体重が) 줄다 [tɕuːlda チュールダ]; (収益が) 적어지다 [tɕɔgɔdʑida チョゴジダ]; (人口が) 줄어들다 [tɕurɔdɯlda チュロドゥルダ]; (靴が) 닳다 [taltʰa タルタ]
ベル 벨 [bel ベル]; (鐘) 종 [tɕoŋ チョン]
ベルギー 벨기에 [belgie ベルギエ]
ベルト (腰帯・腰ひも) 허리띠 [hɔriːt'i ホリッティ]; 벨트 [beltʰɯ ベルトゥ]
ヘルメット 헬멧 [helmet ヘルメッ]
ペン 펜 [pʰen ペン]
変化 변화 [pjɔːnhwa ピョーンファ]
弁解 변명 [pjɔːnmjɔŋ ピョーンミョン]
勉強 공부 [koŋbu コンブ]
ペンクラブ (PEN Club) 펜클럽 [pʰenkʰɯllɔp ペンクルロプ]
偏見 편견 [pʰjɔngjɔn ピョンギョン]
弁護士 변호사 [pjɔːnhosa ピョーンホサ]
変更 변경 [pjɔːngjɔŋ ピョーンギョン]
弁済 변제 [pjɔːndʑe ピョーンジェ]
返事 (答え) 답 [tap タプ]; (答え)(聞く) 대답 [tɛːdap テーダプ]; (返書・返信) (出す) 답장 [taptɕ'aŋ タプチャン]; (回答)(遅くなる) 회답 [hwedap フェダプ]
編集 편집 [pʰjɔndʑip ピョンジプ]
便所 변소 [pʰjɔnso ピョンソ]; (トイレ) 화장실 [hwadʑaŋʃil ファジャンシル]
弁償 변상 [pjɔːnsaŋ ピョーンサン]
変じる (形が) 변하다 [pjɔːnhada ピョーンハダ]; (方針が) 바뀌다 [pak'wida パックィダ]
編成 편성 [pʰjɔnsɔŋ ピョンソン]
変だ (気分が) 이상하다 [iːsaŋhada イーサンハダ]; (怪しい)(変な男) 수상하다 [susaŋhada スサンハダ]
編著 편저 [pʰjɔndʑɔ ピョンジョ]
返答 (答え) 대답 [tɛːdap テーダプ]; (回答) 회답 [hwedap フェダプ]
弁当 도시락 [toʃirak トシラク]
返品 반품 [paːnpʰum パーンプム]
弁理士 변리사 [pjɔːllisa ピョールリサ]
便利だ (地下鉄が) 편리하다 [pʰɔllihada ピョルリハダ]
弁論 변론 [pjɔːllon ピョールロン]

ほ

帆 돛 [tot トッ]
穂 이삭 [isak イサク]
保育園 보육원 [poːjugwɔn ポーユグォン]
ボイコット 보이콧 [boikʰot ボイコッ]
母音 모음 [moːɯm モーウム]
ポイント 포인트 [pʰointʰɯ ポイントゥ]
(…の)方 (南の) ……쪽 [-tɕ'ok -ッチョク]; (君の) ……편 [-pʰjɔn -ピョン]; (東京) ……방면 [-paŋmjɔn -パンミョン]
法 법 [pop ポプ]; (方法) 방법 [paŋbɔp パンボプ]
坊 (お坊さん) 스님 [sɯnim スニム]; (坊や) 아기 [agi アギ]
棒 (棒切れ) 막대기 [makt'ɛgi マクテギ]; (棍棒) 몽둥이 [moŋduŋi モンドゥンイ]
防衛 방위 [paŋwi パンウィ]
貿易 무역 [muːjɔk ムーヨク]
法王 (カトリックの) 교황 [kjoːhwaŋ キョーファン]
崩壊 붕괴 [puŋgwe プングェ]
妨害 방해 [paŋhɛ パンヘ]
ほうき 비 [pi ピ]; (ほうきの柄) 빗자루 [pitɕ'aru ピッチャル]
放棄 포기 [pʰoːgi ポーギ]
封建 봉건 [poŋgɔn ポンゴン]
方言 방언 [paŋɔn パンオン]; (訛り) 사투리 [satʰuri サートゥリ]
冒険 모험 [moːhɔm モーホム]
方向 방향 [paŋhjaŋ パンヒャン]
暴行 폭행 [pʰokhɛŋ ポクヘン]
報告 보고 [poːgo ポーゴ]
豊作 풍작 [pʰuŋdʑak プンジャク]
坊さん 스님 [sɯnim スニム]
奉仕 봉사 [poːŋsa ポーンサ]
防止 방지 [paŋdʑi パンジ]
帽子 모자 [modʑa モジャ]
放射能 방사능 [paːŋsanɯŋ パーンサヌン]
報酬 보수 [poːsu ポース]
報償 보상 [poːsaŋ ポーサン]
褒賞 포상 [pʰosaŋ ポサン]
方針 방침 [paŋtɕʰim パンチム]
宝石 보석 [poːsɔk ポーソク]

ホウセンカ(鳳仙花) 봉선화 [poːŋsɔnhwa ポーンソンファ]; 봉숭아 [poːŋsuŋa ポーンスンア]

放送 방송 [paːŋsoŋ パーンソン]

法則 법칙 [pɔptɕʰik ポプチク]

包帯 붕대 [puŋdɛ プンデ]

包丁 식칼 [ɕikʰal シクカル]; 부엌칼 [puɔkʰal プオクカル]

膨張 팽창 [pʰɛŋtɕʰaŋ ペンチャン]

法廷 법정 [pɔptɕʼɔŋ ポプチョン]

報道 보도 [poːdo ポード]

豊年 풍년 [pʰuŋnjɔn プンニョン]

忘年 망년 [maŋnjɔn マンニョン]

褒美 (賞)상 [saŋ サン]; (賞品)상품 [saŋpʰum サンプム]

抱負 포부 [pʰoːbu ポーブ]

暴風 폭풍 [pʰokpʰuŋ ポクプン]

報復 보복 [poːbok ポーボク]

豊富だ 풍부하다 [pʰuŋbuhada プンブハダ]

方法 (やりかた)방법 [paŋbɔp パンボプ]; (泳げる)줄 [tɕʼul チュル]; (よい)수 [sʼu ッス]

ほうぼう (尋ねる)여기저기 [jɔgidʑɔgi ヨギジョギ]; (歩く)여러 곳 [jɔrɔ got ヨロ ゴッ]; (手紙が来る)여러 군데 [jɔrɔ gunde ヨロ グンデ]

葬る (埋葬する) (死者を) 매장하다 [mɛdʑaŋhada メジャンハダ]

方面 방면 [paŋmjɔn パンミョン]

訪問 방문 [paːŋmun パーンムン]

訪問する (家庭を) 방문하다 [paːŋmunhada パーンムンハダ]; (訪ねて行く) (旧友に)찾아가다 [tɕʰadʑagada チャジャガダ]

暴落 폭락 [pʰoŋnak ポンナク]

法律 법률 [pɔmnjul ポムニュル]

暴力 폭력 [pʰoŋnjɔk ポンニョク]

ホウレンソウ 시금치 [ɕigɯmtɕʰi シグムチ]

ほえる (犬が)짖다 [tɕitʼa チッタ]

頬 뺨 [pʼjam ッピャム]; 볼 [pol ポル]

ボート 보트 [boːtʰɯ ボートゥ]

ボーナス 보너스 [boːnɔsɯ ボーノス]

ホーム 홈 [hoːm ホーム]

ホームドラマ 홈드라마 [hoːmdɯrama ホームドゥラマ]

ホームラン 홈런 [hoːmrɔn ホームロン]

ボール 볼 [boːl ポール]; 공 [koːŋ コーン]

ボールペン 볼펜 [boːlpʰen ポールペン]

(…の)ほか (予想)…외 [-we -ウェ]; (我慢する) …밖에 (없다) [-bake (ɔːptʼa) -バケ (オープタ)]

ほかの (方法) 다른 [tarɯn タルン]; (誰かほかの人) 딴 [tʼan ッタン]

朗らかだ (明朗だ) (性格) 명랑하다 [mjɔŋnaŋhada ミョンナンハダ]

補給 보급 [poːgɯp ポーグプ]

僕 나 [na ナ]

牧場 목장 [moktɕʼaŋ モクチャン]

ボクシング (拳闘) 권투 [kwɔːntʰu クォーントゥ]; 복싱 [bokɕʼiŋ ボクシン]

牧畜 목축 [moktɕʰuk モクチュク]

ほくろ (斑点)점 [tɕʼɔm チョム]; 사마귀 [saːmagwi サーマグィ]

ポケット (内)주머니 [tɕumɔni チュモニ]; (ズボンの)호주머니 [hodʑumɔni ホジュモニ]; 포켓 [pʰokhet ポケッ]

保健 보건 [poːgɔn ポーゴン]

保険 보험 [poːhɔm ポーホム]

保護 보호 [poːho ポーホ]

母校 모교 [moːgjo モーギョ]

母国 모국 [moːguk モーグク]

誇らしい (優勝が)자랑스럽다 [tɕaːraŋsɯrɔptʼa チャーランスロプタ]

ほこり 먼지 [mɔndʑi モンジ]

誇り 자랑 [tɕaːraŋ チャーラン]; (矜持) (学生としての) 긍지 [kɯːŋdʑi クーンジ]

誇る (伝統を)자랑하다 [tɕaːraŋhada チャーランハダ]; (才能を)뽐내다 [pʼomnɛda ッポムネダ]

星 별 [pjɔːl ピョール]

欲しい (本が)갖고 싶다 [katkʼo ɕiptʼa カッコ シプタ]; (はっきり言って)바라다 [parada パラダ]; (お金が)탐나다 [tʰamnada タムナダ]

星影 별빛 [pjɔːlpʼit ピョールピッ]

ほじくる (耳を) 후비다 [hubida フビダ]; (歯を)쑤시다 [sʼuɕida ッスシダ]

保守 보수 [poːsu ポース]

補充 보충 [poːtɕʰuŋ ポーチュン]

募集 모집 [modʑip モジプ]

補助 보조 [poːdʑo ポージョ]

保証 보증 [poːdʑuŋ ポージュン]

保障 보장 [poːdʑaŋ ポージャン]

補償 보상 [poːsaŋ ポーサン]

干す (日に)말리다 [mallida マルリダ]

ポスター 포스터 [pʰosɯtʰɔ ポスト]

母性愛 모성애 [moːsɔŋɛ モーソンエ]

細い (線が)가늘다 [kanɯlda カヌルダ]

細長い (ひも)가늘고 길다 [kanɯlgo kiːlda カヌルゴ キールダ]

細め 가늚 [kanɯm カヌム]

保存 보존 [poːdʑon ポージョン]

菩提樹 보리수 [porisu ポリス]

ホタル(蛍) 개똥벌레 [kɛtʼoŋbʌlle ケー

ボタン ッ トンボルレ]; 반딧불이 [panditp'uri パンディップリ]
ボタン (牡丹) 목단 [mokt'an モクタン]; 모란 [moran モラン]
ボタン 단추 [tantʃʰu タンチュ]
墓地 묘지 [mjo:dʒi ミョージ]
歩調 (合わせる) 보조 [po:dʒo ポージョ]; (足どり) 걸음걸이 [kɔrɯmgɔri コルムゴリ]
北極星 북극성 [puk'uks'ɔŋ プククソン]
ボックス (ボール) 박스 [baksɯ バクス]; (木箱) 상자 [sandʒa サンジャ]
没収 몰수 [mols'u モルス]
没する (死ぬ) 죽다 [tʃukt'a チュクタ]; (太陽が) 지다 [tʃida チダ]; (隠す) (姿を) 감추다 [kamtʃʰuda カムチュダ]; (足を取られる) (ぬかるみに) 빠지다 [p'a:dʒida ッパージダ]
ホットコーヒー 핫 커피 [hat kʰo:pʰi ハットコーピ]
ホットドッグ 핫 도그 [hat'ogɯ ハットグ]
ホットパンツ 핫 팬츠 [hat pʰentsʰɯ ハットペンチュ]
ホテル 호텔 [hotʰel ホテル]
(……) ほど (これ) ……만큼 [-mankʰɯm -マンクム]; (どれ) ……정도 [-tʃɔŋdo -チョンド]; (10分歩く) ……쯤 [-tʃ'ɯm -ッチュム]; (蛇) ……처럼 [-tʃʰɔrɔm -チョロム]
歩道 (人道) 인도 [indo インド]; (横断) 보도 [po:do ポード]
歩道橋 육교 [juk'jo ユクキョ]
解ほく (包みを) 풀다 [pʰulda プルダ]
仏 부처 [putʃʰɔ プチョ]
解ほける (帯が) 풀리다 [pʰullida プルリダ]; (結び目が) 풀어지다 [pʰurɔdʒida プロジダ]
ほとんど (ほぼ) 거의 [kɔi コイ]; (大方) 대개 [tɛ:gɛ テーゲ]; (たいてい) 대부분 [tɛ:bubun テーブブン]; (おおよそ) 거지반 [kɔdʒiban コジバン]
骨 뼈 [p'jo ッピョ]
骨組み (がっちりとした建物の) 뼈대 [p'jɔdɛ ッピョデ]; (骨格) (たくましい) 골격 [kolgjɔk コルギョク]
ほほえましい (満ち足りている) (心が) 흐뭇하다 [hɯmutʰada フムッタダ]
ほほえみ 미소 [miso ミソ]
ほほえむ (にっこりと) 미소 (를) 짓다 [miso(rɯl) dʒi:t'a ミソ(ルル) ジータ]
誉れ 명예 [mjɔŋe ミョンエ]
褒める (子供を) 칭찬하다 [tʃʰiŋtʃʰanhada チンチャンハダ]

掘る (土を) 파다 [pʰada パダ]; (石炭を) 캐다 [kʰɛ:da ケーダ]
彫る (板に名前を) 새기다 [sɛgida セギダ]; (彫刻する) (仏像を) 조각하다 [tʃogakʰada チョガクカダ]; (印章を) 파다 [pʰada パダ]
ほれる (一目ぼれする) 반하다 [pa:nhada パーンハダ]
滅びる (帝国が) 망하다 [maŋhada マンハダ]
ホワイトハウス 화이트 하우스 [hwa-itʰɯ hausɯ ファイトゥ ハウス]; (白亜館) 백악관 [pɛgak'wan ペガククァン]
本 책 [tʃʰɛk チェク]
本気 (本心) 진심 [tʃinʃim チンシム]
本国 본국 [ponguk ポングク]; (故国) 고국 [koguk コグク]; (母国) 모국 [mo:guk モーグク]
盆栽 분재 [pundʒɛ プンジェ]
本棚 (本箱) 책장 [tʃʰɛktʃ'aŋ チェクチャン]; (書棚) 서가 [sɔga ソガ]; (本立て) 책꽂이 [tʃʰɛk'odʒi チェクコジ]
本当に (困った) 정말 (로) [tʃɔ:ŋmal(lo) チョーンマル(ロ)]; (頼む) 진정 [tʃindʒɔŋ チンジョン]; (そうする気か) 진짜 (로) [tʃintʃ'a(ro) チンッチャ(ロ)]; (まことに) 참으로 [tʃʰamuro チャムロ]; (とても) 참 (말) [tʃʰam(mal) チャム(マル)]; (実に) 사실 [sa:ʃil サーシル]
ほんの (ちょっと) 불과 [pulgwa プルグァ]; (つまらない) 그저 [kɯdʒɔ クジョ]; (少し) 아주 [adʒu アジュ]
本能 본능 [ponnɯŋ ポンヌン]
本場 본고장 [pongodʒaŋ ポンゴジャン]
本物 진짜 [tʃintʃ'a チンッチャ]
本屋 책방 [tʃʰɛkp'aŋ チェクパン]; (書店) 서점 [sɔdʒɔm ソジョム]
翻訳 번역 [pɔnjɔk ポニョク]
ぼんやり (記憶) 희미하게 [himihage ヒミハゲ]; (見える) 어렴풋이 [ɔrjɔmpʰuʃi オリョムプシ]; (時間を過ごした) 멍하니 [mɔ:ŋhani モーンハニ]; (見ている) 멍청히 [mɔŋtʃʰɔŋi モンチョンイ]; (空を眺める) 시름없이 [ʃirɯmɔpʃ'i シルモプシ]
本来 (元来) 본래 [pollɛ ポルレ]; (元・根) 본디 [pondi ポンディ]

ま

間 (木の) 사이 [sai サイ]; (間隔) (詰める) 간격 [kaŋgjɔk カンギョク]
まあ (女性が驚いて) 어머 [ɔmɔ オモ]・어

머나[ɔmɔnɑ オモナ]
マーク 마크[maːkʰu マーク]; (印)(犬の)표[pʰjo ピョ]; (記号)(地図)기호[kiho キホ]; (商標)(トレード)상표[saŋpʰjo サンピョ]
マーケット 마켓[maːkʰet マーケッ]; (市場)시장[jiːdʒaŋ シージャン]
まあまあだ(出来映えは)그저 그렇다[kɯdʒɔ kɯrʌtʰa kɯdʒɔ kɯrʌtʰa]
…枚(紙1)…장[-dʒaŋ -ジャン]
毎朝(6時に起きる)매일 아침[mɛːir atʃʰim メーイ ラチム]; (歯を磨く)아침마다[atʃʰimmada アチムマダ]
迷子 미아[mia ミア]; (道に迷った子供)길 잃은 애[kir irɯn ɛː キリルン エー]
毎週 매주[mɛːdʒu メージュ]; (週ごと)주마다[tʃumada チュマダ]
毎月 매월[mɛːwɔl メーウォル]; 매달[mɛːdal メーダル]; (月ごと)달마다[talmada タルマダ]
毎度 매번[mɛːbɔn メーボン]
マイナス 마이너스[mainɔsɯ マイノス]
毎日 매일[mɛːil メーイル]; (日ごと)날마다[nalmada ナルマダ]; 맨날[mɛːnːnal メーンナル]
毎年 매년[mɛːnjɔn メーニョン]; (年ごと)해마다[hɛmada ヘマダ]
毎晩 매일 밤[mɛːil pʼam メーイル パム]; (晩ごと)밤마다[pammada パムマダ]
埋没 매몰[mɛmol メモル]
参る(行く)가다[kada カダ]; (来る)(行って)오다[oda オダ]; (参拝する)(墓に)참배하다[tʃʰambɛhada チャムベハダ]; (降伏する)(敵に)항복하다[haŋbokʰada ハンボクハダ]; (飽きる)(泣く子供に)질리다[tʃillida チリルダ]
舞う(舞を)춤추다[tʃʰumtʃʰuda チュムチュダ]; (舞い散る)(落葉が)흩날리다[hunnallida フンナリダ]
前(家の)앞[ap アプ]; (1週間)전[tʃɔn チョン]; (以前)(生まれる)이전[iːdʒɔn イージョン]
前払い 선불[sɔnbul ソンブル]
前もって(あらかじめ)(承諾を得る)미리[miri ミリ]; (事前)(通告する)사전에[saːdʒɔne サージョネ]
任せる(経営を)맡기다[matkʼida マッキダ]
まかなう(調達する)(経費を)조달하다[tʃodarhada チョダルハダ]; (準備する)(費用を)마련하다[marjɔnhada マリョンハダ]; (やりくりする)(家計を)꾸리다[kʼurida ックリダ]; (提供する)(食事を)제공하다[tʃegoŋhada チェゴンハダ]
曲がる(釘が)구부러지다[kuburɔdʒida クブロジダ]; (腰が)꼬부라지다[kʼoburadʒida ッコブラジダ]; (足が内側に)굽다[kupt'a クプタ]; (左へ)돌다[toːlda トールダ]
紛れる(玄人と)헷갈리다[hetkʼallida ヘッカルリダ]
幕(舞台の)막[mak マク]; (張る)장막[tʃaŋmak チャンマク]; (出る)자리[tʃari チャリ]
巻く(包帯を)감다[kamtʼa カームタ]; (地図を)말다[malda マルダ]; (首にタオルを)두르다[turɯda トゥルダ]
播く(種を)뿌리다[pʼurida ップリダ]
撒く(水を)뿌리다[pʼurida ップリダ]
まくら 베개[pegɛ ペゲ]
マグロ(鮪)다랑어[taraŋɔ タランオ]; (食用の)참치[tʃʰamtʃʰi チャムチ]
マクワウリ 참외[tʃʰamwe チャムェ]
負ける(試合に)지다[tʃida チダ]; (敗北する)(予選で)패배하다[pʰɛːbɛhada ペーベハダ]
曲げる(針金を)구부리다[kuburida クブリダ]; (信念を)굽히다[kupʰida クピダ]
孫 손자[sondʒa ソンジャ]; (孫娘)손녀[sonnjɔ ソンニョ]
真心(こもった贈り物)진심[tʃinʃim チンシム]; (精誠・誠意)정성[tʃɔŋsɔŋ チョンソン]
まごつく(道に迷って)당황해 하다[taŋhwaŋhɛhada タンファンヘハダ]; (どうしていいのか)망설이다[maŋsɔrida マンソリダ]
誠(真実)(うそと)진실[tʃinʃil チンシル]; (誠意)(尽くす)성의[sɔŋi ソンイ]
勝る(健康は富に)낫다[naːtʼa ナータ]; (優れている)(相手に)뛰어나다[tʼwiɔnada ットゥィオナダ]
まさか 설마[sɔlma ソルマ]
摩擦 마찰[maːtʃʰal マーチャル]
混ざる(米に麦が)섞이다[sɔkʼida ソキダ]
交えて(演説にユーモアを)섞어서[sɔkʼɔsɔ ソクオソ]; (ひざを)맞대고[matʼɛgo マッテゴ]
真面目だ(真摯に)(話)진지하다[tʃindʒihada チンジハダ]; (誠実だ)(人柄)성실하다[sɔŋʃirhada ソンシルハダ]; (着実だ)(生活)착실하다[tʃʰakʼʃirhada チャクシルハダ]

魔術 마술 [ma:sul マースル]
魔女 마녀 [ma:njʌ マーニョ]
混じる （米の中に麦が）섞이다 [sʌk'ida ソキダ]
増す （人口が）늘다 [nulda ヌルダ]; （興味が）많아지다 [ma:nadʒida マーナジダ]; （人数を）늘리다 [nullida ヌルリダ]; （役員を）늘이다 [nu rida ヌリダ]; （苦労を）더하다 [tʌhada トハダ]
‥‥ます （困り）‥‥ㅂ니다 [-mnida -ムニダ]; （食べ）‥‥습니다 [-sumnida -スムニダ]
まず （真っ先に）먼저 [mʌndʒʌ モンジョ]; （第一に）우선 [usʌn ウソン]
まずい （料理）맛（이）없다 [maʃi ʌ:pt'a madʌpt'a] マシ オープタ [マドプタ]; （気まずい）거북하다 [kʌbukhada コーブクハダ]; （苦しい）（立場）난처하다 [nantʃhʌhada ナンチョハダ]; （歌は）서투르다 [sʌ:thuruda ソートゥルダ]
貧しい （暮らし）가난하다 [kananhada カナンハダ]; （貧弱だ）（知識が）빈약하다 [pinjakhada ピニャクハダ]
ますます （恋心が）더욱더 [tʌukt'ʌ トゥクト]; （増える）점점 [tʃʌ:mdʒʌm チョームジョム]
混ぜご飯 （ビビンバ）비빔밥 [pibimp'ap ピビンパプ]
混ぜる （米に麦を）섞다 [sʌkt'a ソクタ]
又 （失敗した）또 [t'o ット]; （実力もある）또한 [t'ohan トハン]; （会いましょう）다시 [taʃi タシ]; （優勝した）또다시 [t'odaʃi ットダシ]
まだ （眠っている）아직 [adʒik アジク]; （お元気だ）아직도 [adʒikt'o アジクト]
瞬く間に （一瞬のうちに）눈 깜짝할 사이에 [nun k'amtʃ'akhal saie ヌン カムッチャクカル サイエ]; （平らげる）순식간에 [sunʃik'ane スンシクカネ]
または （雨・雪）또는 [t'onun ットヌン]; （塩・しょう油）혹은 [hogun ホグン]
街 거리 [kʌri コリ]
町 （市内）시내 [ʃi:nɛ シーネ]; （行政区画の）동 [toŋ トン]; （町内・村）동네 [to:ŋne トーンネ]
待合室 （出会い[待ち合わせ]場所）만남의 장소 [manname tʃaŋso マンナメ チャンソ]
間違い （計算の）잘못 [tʃalmot チャルモッ]; （答えの）틀림 [thullim トゥルリム]; （失策）실수 [ʃils'u シルスウ]
間近い （山のてっぺんが）아주 가깝다 [adʒu kak'apt'a アジュ カッカプタ]

間違える （計算を）잘못하다 [tʃalmo-thada チャルモッタダ]; （答えが）틀리다 [thullida トゥルリダ]; （しくじる）실수하다 [ʃils'uhada シルスハダ]
マツ（松） 솔 [sol ソル]; 소나무 [sonamu ソナム]
‥‥末 （学期）‥‥말 [-mal -マル] 「ダ」
待つ （人を）기다리다 [kidarida キダリ]
真っ赤だ 새빨갛다 [sɛp'algatha セッパルガッタ]
真っ暗だ 캄캄하다 [khamkhamhada カムカムハダ]
真っ黒い 새까맣다 [sɛk'amatha セッカマッタ]
まつげ 속눈썹 [so:ŋnuns'ʌp ソーンヌンソプ]
マッコリ （どぶろく）막걸리 [mak'olli マッコルリ] 「ッタ」
真っ青だ 새파랗다 [sɛpharatha セパラッタ]
真っ先に （最初）맨먼저 [mɛ:nmʌndʒʌ メーンモンジョ]; （いちばん前）（行列の）맨앞에 [mɛ:naphe メーナペ]
抹殺 말살 [mals'al マルッサル] 「ッタ」
真っ白だ 새하얗다 [sɛhajatha セハヤッタ]
まっすぐ （進む）곧바로 [kotp'aro コッパロ]; （寄り道をしないで）곧장 [kotʃ'aŋ コッチャン]; （線を）바로 [paro パロ]; （白状する）똑바로 [t'okp'aro ットクパロ]
まっすぐだ （立つ）곧다 [kot'a コッタ]; （置く）바르다 [paruda パルダ]
まったく （考えない）전혀 [tʃʌnhjʌ チョンヒョ]; （同じだ）완전히 [wandʒʌnhi ワンジョニ]; （別世界だ）아주 [adʒu アジュ]; （利口な子だ）참으로 [tʃhamuro チャムロ]; （ひどいやつだ）정말（로） [tʃʌ:nmal(lo) チョーンマル（ロ）]
マツタケ（松茸） 송이（버섯）[soŋi (bʌsʌt) ソンイ（ポソッ）]
マッチ 성냥 [sʌŋnjaŋ ソンニャン]
全うする （完遂する）（任務を）완수하다 [wansuhada ワンスハダ]; （天寿を）다하다 [ta:hada ターハダ]
松葉 솔잎 [sollip ソルリプ]
祭り （祭礼）제사 [tʃesa チェーサ]; （祝祭）축제 [tʃhuktʃ'e チュクチェ]
‥‥まで （3時）‥‥까지 [-k'adʒi -ッカジ]
的 （射る）과녁 [kwa:njʌk クァーニョク]; （標的）표적 [phjodʒʌk ピョジョク]
窓 （ガラス）창 [tʃhaŋ チャン]; （開ける）창문 [tʃhaŋmun チャンムン]
惑う （当惑する）（彼に断わられて）당혹하다 [taŋhokhada タンホクタダ]; （魅

感する)(クラシックに)매혹되다[mɛhokt'weda メホクトゥェダ]; (苦心する)(処置に)고심하다[koɕimhada コɕムハダ]; (陥る)(恋に)빠지다[p'a:dʑida ッパージダ]
窓際 창가[tɕʰaŋk'a チャンカ]
窓口 창구[tɕʰaŋgu チャング]
まとめる (ひと所に集める)(荷物を)모으다[mouda モウダ]; (整理する)(考えを)정리하다[tɕʌŋnihada チョンニハダ]; (結末をつける)(話を)매듭짓다[mɛduptɕ'itɕ'a メドゥプチッタ]; (総合する)(知識を)종합하다[tɕoŋhaphada チョンハブダ]
まないた 도마[toma トマ]
学ぶ (先生に)배우다[pɛuda ペウダ]; (勉強する)(英語を)공부하다[koŋbuhada コンブハダ]
間に合う (1,000円あれば)족하다[tɕokʰada チョクカダ]; (時間に)대다[tɛ:da テーダ]
免れる (罪を)면하다[mjɔ:nhada ミョーンハダ]; (脱け出す)(苦しい生活から)벗어나다[pɔsɔnada ポソナダ]
真似 (人の)흉내[hjuŋnɛ ヒュンネ]; (死んだ)시늉[ɕinjuŋ シニュン]; (ばかな)짓[tɕ'it チーッ]
招く (招待する)(家に)초대하다[tɕʰodɛhada チョデハダ]; (もたらす)(幸福を)가져오다[kadʑooda カジョオダ]; (災難を)초래하다[tɕʰorɛhada チョレハダ]; (差し招く)(手で)손짓하여 부르다[sondʑitʰajʌ puruda ソンジッタョ プルダ]
真似る (歌を)흉내내다[hjuŋnɛnɛda ヒュンネネダ]
麻痺 마비[ma:bi マービ]
まぶしい (太陽が)눈부시다[nunbuɕida ヌンブɕダ]
まぶた 눈까풀[nunk'apʰul ヌンッカプル]; 눈꺼풀[nunk'ɔpʰul ヌンッコプル]
マフラー 목도리[mokt'ori モクトリ]; 머플러[mɔpʰullʌ モプルロ]
魔法使い 마법사[ma:bɔps'a マーボブサ]; 요술사[josulsa ヨスルサ] 「ョン」
魔法びん 보온병[po:onbjɔŋ ポーオンビ
まぼろし 환상[hwa:nsaŋ ファーンサン]
(…の)まま (靴の)…채[-tɕʰɛ -チェ]; (見た)…대로[-dɛro -デロ]; (むかし)…그대로[-kudɛro -クデロ]
マメ(豆) 콩[kʰoŋ コン]
まもなく (すぐ)곧[kot コッ]; (やがて)멀지 않아[mɔ:ldʑi ana モールジ アナ]
守る (約束を)지키다[tɕikʰida チキダ]
麻薬 마약[majak マヤク] 「ゴチ」
マユ(繭) (누에)고치[(nue) gotɕʰi (ヌエ)
眉毛 눈썹[nuns'ɔp ヌンッソプ]
迷う (選択に)망설이다[maŋsʌridda マンソリダ]; (道に)헤매다[hemɛda ヘメダ]; (陥る)(女性に)빠지다[p'a:dʑida ッパージダ]
真夜中 (深夜)한밤[hanbam ハンバム]; (夜更け)(勉強する)한밤중[hanbamtɕ'uŋ ハンバムチュン]
マラソン 마라톤[marathon マラトン]
丸 (正解に)동그라미[toŋgurami トングラミ]; (数字の)공[koŋ コン]
丸い (月が)둥글다[tuŋgulda トゥングルダ]; (背中が)굽다[kupt'a クプタ]; (円満だ)(人柄が)원만하다[wʌnmanhada ウォンマンハダ]
丸木 통나무[tʰoŋnamu トンナム]
まるごと (焼いた)통째(로)[tʰoŋtɕ'ɛ(ro) トンッチェ(ロ)]
まるっきり (毎年練習しても)도무지[tomudʑi トムジ]; (この問題は)전혀[tɕʌnhjʌ チョンヒョ]
まるで (全く)(覚えがない)전혀[tɕʌnhjʌ チョンヒョ]; (話せない)통[tʰoŋ トン]; (全然)(駄目だ)전연[tɕʌnjʌn チョニョン]; (夢のようだ)마치[matɕʰi マチ]; (絵のようだ)꼭[k'ok ッコク]
回す (こまを)돌리다[tollida トルリダ]; (びょうぶを)두르다[turuda トルダ]; (車を自宅に)보내다[ponɛda ポネダ]
周り (木の)둘레[tulle トゥルレ]; (周囲)(池の)주위[tɕuwi チュウィ]; (近所)(家の)근처[kɯ:ntɕʰʌ クーンチョ]
回る(風車が)돌다[to:lda トールダ]
万 만[ma:n マーン]
万一 만일[ma:nil マーニル]; (もしも)만약[ma:njak マーニャク]
満員 만원[ma:nwɔn マーヌォン]
漫画 만화[ma:nhwa マーンファ]
満月 만월[ma:nwʌl マーヌォル]; (十五夜の月)보름달[porɯmt'al ポルムタル]
まんじゅう 만두[mandu マンドゥ]
満足だ (生活に)만족하다[ma:ndʑokʰada マーンジョクカダ]; (心が)흐뭇하다[humutʰada フムッタダ]
マンツーマン 맨투맨[mɛntʰumɛn メントゥメン]; (1対1)일대일[ilt'ɛil イルテイル]
満点 만점[ma:ntɕ'ɔm マーンチョム]

真ん中 (湖の)가운데 [kaunde カウンデ]; (庭の)한가운데 [hangaunde ハンガウンデ]; (往来の)한복판 [hanbokpʰan ハンボクパン]

万年筆 만년필 [ma:nnjɔnpʰil マーンニョンピル]

マンホール 맨홀 [mɛnhol メンホル]

マンモス 매머드 [mɛmɔdɯ メモドゥ]

み

身 (からだ)몸 [mom モム]; (身体)신체 [ʃintɕʰe シンチェ]; (自分)자신 [tɕaʃin チャシン]; (身分)신분 [ʃinbun シンブン]; (身のほど・身に余る)분수 [pu:nsu プーンス]; (立場)입장 [iptɕ'aŋ イプチャン]; (立場)처지 [tɕʰɔ:dʑi チョージ]

実 열매 [ʝɔmɛ ヨルメ]

見合い (結婚)맞선(봄) [mas'ɔn(bom) マッソン(ボム)]

見上げる (山の頂上を)쳐다보다 [tɕʰɔ:daboda チョーダボダ]; (仰ぎ見る)(師と)우러러보다 [urɔrɔboda ウロロボダ]

見える (海が)보이다 [poida ポイダ]

見送り 배웅 [pɛ:uŋ ペーウン]; 전송 [tɕɔ:nsoŋ チョーンソン]

見送る 배웅하다 [pɛ:uŋhada ペーウンハダ]; 전송하다 [tɕɔ:nsoŋhada チョーンソンハダ]

磨く (歯を)닦다 [takt'a タクタ]; (玉を)갈다 [ka:lda カールダ]

見方 (問題の)보기 [pogi ポギ]; (地図の)보는 법 [ponɯn pɔp ポヌン ポプ]; (見解)(常識的な)견해 [kjɔ:nhe キョーンヘ]

味方 자기 편 [tɕagi pʰjɔn チャギ ピョン]; 우리 편 [uri pʰjɔn ウリ ピョン]

ミカン(蜜柑) 귤 [kjul キュル]

幹 나무줄기 [namudʑulgi ナムジュルギ]

右 오른 쪽 [orɯn tɕ'ok オルン ッチョク]; (右側)우측 [u:tɕʰɯk ウーチュク]

見下す (見くびる)(人を)얕보다 [jat'p'oda ヤッポダ]; (見くびる・なめる)(相手を)깔보다 [k'alboda ッカルボダ]

巫女 무당 [mu:daŋ ムーダン]

見事だ (演技が)훌륭하다 [hulljuŋhada フルリュンハダ]

見込みがある (勝つ)가망이 있다 [ka:maŋi it'a カーマンイ イッタ]; (有望だ)유망하다 [ju:maŋhada ユーマンハダ]

未婚 미혼 [mi:hon ミーホン]

岬 곶 [kot コッ]; 갑 [kap カプ]

見下げる (相手を)멸시하다 [mjɔlʃihada ミョルシハダ]; (人を)업신여기다 [ɔ:pɕ'innjɔgida オープシンニョギダ]

短い (ひもが)짧다 [tɕ'alt'a ッチャルタ]

惨めだ (生活が)비참하다 [pi:tɕʰamhada ピーチャムハダ]

未収 미수 [mi:su ミース]

未熟だ (運転の腕が)미숙하다 [mi:sukʰada ミースクハダ]; (仕事がまだ)서투르다 [sɔ:tʰurɯda ソートゥルダ]

ミシン 미싱 [miʃiŋ ミシン]; 재봉틀 [tɕɛbɔŋtʰɯl チェボントゥル]

ミス(失敗) 잘못 [tɕalmot チャルモッ]; (失策)실수 [ʃils'u シルッス]

水 물 [mul ムル]

湖 호수 [hosu ホス]

みずから (反省する)스스로 [sɯsɯro ススロ]; (行なう)몸소 [momso モムソ]

水着 수영복 [sujɔŋbok スヨンボク]

水玉 물방울 [mulp'aŋul ムルパンウル]

水っぽい 싱겁다 [ʃiŋgɔpt'a シンゴプタ]

見捨てる (妻子を)돌보지 않다 [to:lbodʑi antʰa トールボジ アンタ]; (故郷を)버리다 [pɔrida ポリダ]

みすぼらしい (身なりなどが)천하다 [tɕʰɔ:nhada チョーンハダ]; (身なりの男)초라하다 [tɕʰorahada チョラハダ]

水虫 무좀 [mudʑom ムジョム]

店 가게 [ka:ge カーゲ]; (商店)상점 [saŋdʑɔm サンジョム]

見せる (顔を)보이다 [poida ポイダ]; (写真を)보여주다 [pojɔdʑuda ポヨジュダ]

みそ 된장 [twe:ndʑaŋ トゥェーンジャン]

溝 (どぶ)도랑 [toraŋ トラン]; (窓枠の)홈 [hom ホム]; (ひび)(夫婦の間に)틈 [tʰum トゥム]

みそ汁 된장국 [twe:ndʑaŋk'uk トゥェーンジャンクク]

…みたいだ (夢)…같다 [-gat'a -ガッタ]; (君)…비슷하다 [-bisɯtʰada -ビスッタダ]

満たす (腹を)채우다 [tɕʰɛuda チェウダ]

乱れる (髪が)흐트러지다 [hɯtʰɯrɔdʑida フトゥロジダ]; (風紀が)문란해지다 [mu:llanhɛdʑida ムーツランヘジダ]; (心が)어수선해지다 [ɔsusɔnhɛdʑida オスソンヘジダ]; (世が)어지러워지다 [ɔdʑirɔwɔdʑida オジロウォジダ]

道 길 [kil キル]

導く (事業を成功に)이끌다 [ik'ɯlda イックルダ]; (案内する)(客間に)안내하

満ちる　多[a:nnɛhada アーンネハダ]
満ちる　(月が)차다[tʃʰada チャダ]; (喜びに)가득차다[kaduktʃʰada カドゥクチャダ]
三日　(3日)삼일[samil サミル]; 초사흘날[tʃʰosahɯnnal チョサフンナル]; 사흘[sahɯl サフル]
見つかる　(先生に)들키다[tulkʰida トゥルキダ]; (発見される)(遺物が)발견되다[palgjəndwɛda パルギョンドゥェダ]
見つける　(さがす)(仕事を)찾다[tʃʰat'a チャッタ]; (落とし物を)찾아 내다[tʃʰadʒa nɛda チャジャ ネダ]; (発見する)(誤りを)발견하다[palgjənhada パルギョンハダ]
密航　밀항[mirhaŋ ミルハン]
密告　밀고[milgo ミルゴ]
密着　밀착[miltʃʰak ミルチャク]
三つ　(3つ)셋[sɛ:t セーッ]; 삼[sam サム]
三つの　(3つの)세[se: セー]; 석[sɔ:k ソーク]; 삼[sam サム]
密度　밀도[milt'o ミルト]
みっともない　(姿)보기 안 좋다[pogi an dʒotʰa ポギ アン ジョック]; (顔)보기 싫다[pogi ʃiltʰa ポギ シルタ]; (真似ば)꼴사납다[k'ols'anapt'a ッコルサナプタ]; (服装)꼴불견이다[k'olbulgjənida ッコルブルギョニダ]
密入国　밀입국[miripk'uk ミリプクク]
密封　밀봉[milboŋ ミルボン]
密閉　밀폐[milpʰe ミルペ]
密貿易　밀무역[milmujək ミルムヨク]
見詰める　(一点を)응시하다[ɯɲʃihada ウーンシハダ]; (注視する)(現実を)주시하다[tʃu:ʃihada チューシハダ]; (じっと)뚫어지게 보다[t'uɾədʒige boda ットゥロジゲ ボダ]
見積もり　견적[kjə:ndʒək キョーンジョク]
見積もる　(経費を)견적하다[kjə:ndʒəkʰada キョーンジョクカダ]; (内輪に)어림잡다[ərimdʒapt'a オリムジャプタ]
密輸　밀수[mils'u ミルッス]
密輸出　밀수출[mils'utʃʰul ミルッスチュル]
未定　미정[mi:dʒəŋ ミージョン]
見通し　전망[tʃə:nmaŋ チョーンマン]
認める　(必要と)인정하다[indʒəŋhada インジョンハダ]
緑色　녹색[noks'ɛk ノクセク]; (草色)초록색[tʃʰoroks'ɛk チョロクセク]
皆　(すべて・全部)모두[modu モドゥ]; (みんな・全部)다[ta: ター]
皆さん　(皆様)여러분[jərəbun ヨロブン]

見直す　(彼の実力を)달리 보다[talliboda タルリ ボダ]; (答案を)다시 보다[taʃi boda タシ ボダ]
港　항구[ha:ŋgu ハーング]
南　남쪽[namtʃ'ok ナムッチョク]
見習い　견습[kjə:nsɯp キョーンスプ]; (修習)수습[susɯp ススプ]; (見習工)견습공[kjə:nsɯp pk'oŋ キョーンスプコン]; (見習生)견습생[kjə:nsɯps'ɛŋ キョーンスプセン]; (見習い社員)수습사원[susɯp s'awən ススプ サウォン]
身なり　옷차림[otʃʰarim オッチャリム]
見慣れる　(顔)낯익다[nannikt'a ナンニクタ]; (景色)눈익다[nunnikt'a ヌンニクタ]
醜い　(顔つきや身なりが)밉다[mipt'a ミプタ]; (顔が)보기 싫다[pogi ʃiltʰa ポギ シルタ]; (傷跡が)보기 흉하다[pogi hjuŋhada ポギ ヒュンハダ]
見抜く　(人の心を)꿰뚫어 보다[k'wet'urəboda ックェットゥロボダ]; (看破する)(相手の策略を)간파하다[kanpʰahada カンパハダ]
峰　봉우리[poŋuri ポンウリ]
身の上　(話)신세[inse シンセ]; (相談)신상[ʃinsaŋ シンサン]; (運命)(占う)운명[u:nmjəŋ ウーンミョン]
見逃す　(見損なう)(チャンスを)기회를 놓치다[kihwerul notʃʰida キフェルル ノッチダ]; (見送る)못보고 지나치다[mo:tp'ogo tʃinatʃʰida モッポゴ チナチダ]; (見過す)눈감아 주다[nungama dʒuda ヌンガマ ジュダ]
実る　(柿などが)익다[ikt'a イクタ]; (稲が)여물다[jəmulda ヨムルダ]; (ミカンが)열리다[jəlida ヨルリダ]
見晴らし　(展望)전망[tʃə:nmaŋ チョーンマン]
見張り　(監視(員))감시(인)[kamʃi(in) カムシ(イン)]; 망보기[maŋbogi マンボギ]
身ぶり　몸짓[momdʒit モムジッ]
身分　신분[ʃinbun シンブン]
未亡人　(寡婦)과부[kwa:bu クァーブ]; 미망인[mi:maŋin ミーマンイン]
見本　(サンプル)견본[kjə:nbon キョーンボン]; (手本)(学者としての)본보기[ponbogi ポンボギ]
見舞い　(暑中)문안[mu:nan ムーナン]; (病気の)문병[mu:nbjəŋ ムーンビョン]
耳　귀[kwi クィ]
ミミズ　지렁이[tʃiːɾəŋi チーロンイ]

耳鳴り 귀울음 [kwiurum クィウルム]
脈 맥 [mɛk メク]
みやげ (贈り物) 선물 [sɔːnmul ソーンム]
都 서울 [soul ソウル]; (首都) 수도 [sudo スド]
身寄り (親戚) 친척 [tɕʰintɕʰok チンチョク]; (親族・親類) 친족 [tɕʰindʑok チンジョク]; (身寄り) 의지할 곳[사람] [widʑihal got[saːram] ウィジハル ゴッ[サーラム]]
未来 미래 [miːrɛ ミーレ]
ミリ (単位) 밀리 [milli ミルリ]
魅力 매력 [mɛrjok メリョク]
見る (花を) 보다 [poda ポダ]
(…・して) みる (食べて) …(-아, -어) 보다 [(-a, -ɔ) boda (-ア, -オ) ボダ]
ミルク 밀크 [milkʰu ミルク]
未練 (別れた妻に) 미련 [miːrjon ミーリョン]; (未練さ) (目つき) 아쉬움 [aɕwium アシュィウム]
魅惑 매혹 [mɛhok メホク]
見渡す (水平線を) 바라 보다 [para boda パラ ボダ]; (聴衆を) 둘러 보다 [tullɔ boda トゥルロ ボダ]
民意 민의 [mini ミニ]
民営 민영 [minjoŋ ミニョン]
民間 민간 [mingan ミンガン]
民芸品 민예품 [minepʰum ミネプム]
民権 민권 [minkʷon ミンクォン]
民主主義 민주주의 [mindʑudʑui ミンジュジュイ]
民族 민족 [mindʑok ミンジョク]
みんな (すべて・全部) (何んかね) 모두 [modu モドゥ]; (全部・すべて・すっかり) (いっしょに行こう) 다 [taː ターー]
民謡 민요 [minjo ミニョ]
民話 (民譚ﾀﾝ) 민담 [mindam ミンダム]; (民間説話) 민간 설화 [mingan sɔrhwa ミンガン ソルファ]

む

無 무 [mu ム]
無為 무위 [miwi ムウィ]
六日 (6日) 육일 [jugil ユギル]; 초엿샛날 [tɕʰojsʼɛnnal チョヨッセンナル]; 엿새 [jɔsʼɛ ヨッセ]
無意識 무의식 [muwiɕik ムウィシク]
無意味 무의미 [muwimi ムウィミ]
向かい合う (道を挟んで) 마주 보다 [madʑuboda マジュボダ]; (強敵に) 마주 서다 [madʑusɔda マジュソダ]; (食膳ｾﾞﾝに) 대하다 [tɛːhada テーハダ]
向かう (東京に) 향하다 [hjaːŋhada ヒャーンハダ]; (机に対して) 대하다 [tɛːhada テーハダ]; (近づく) (春に) 다가오다 [tagaoda タガオダ]; (敵に) 맞서다 [masʼoda マッソダ]
迎える (新年を) 맞다 [matʼa マッタ]; (駅で友人を) 맞이하다 [madʑihada マジハダ]; (お客を) 마중하다 [madʑuŋhada マジュンハダ]
昔 옛날 [jeːnnal イェーンナル]; 예전 [jeːdʑon イェージョン]
昔話 옛이야기 [jeːnnijagi イェーンニヤギ]; (おとぎばなし) 옛날 이야기 [jeːnallijagi イェーナルリヤギ]; (経験談) 경험담 [kjɔŋhomdam キョンホムダム]
むかつく (胸が) 메스껍다 [mesuːkʼopʼt'a メスッコプタ]; (しゃくにさわる) 화(가) 나다 [hwaː(ga) nada ファー(ガ)ナダ]・열받다 [jɔlbatʼa ヨルバッタ]
無感覚 무감각 [mugamgak ムガムガク]
無関係 무관계 [mugwange ムグァンゲ]
無関心 무관심 [mugwanɕim ムグァンシム]
向き (方向) (南) 방향 [paŋhjaŋ パンヒャン]; (女性) 알맞음 [almadʑum アルマジュム]; (傾向) (すぐ弱気になる) 경향 [kjɔŋhjaŋ キョンヒャン]
ムギ (麦) 보리 [pori ポリ]
無期限 무기한 [mugihan ムギハン]
麦茶 보리차 [poritɕʰa ポリチャ]
無窮 무궁 [muguŋ ムグン]
無気力 무기력 [mugirjok ムギリョク]
麦わら (帽子) 밀짚 [miltɕʼip ミルチプ]
向く (南に) 향하다 [hjaːŋhada ヒャーンハダ]; (適している) (仕事に) 적합하다 [tɕʰokhapʰada チョクカパダ]
剥く (皮を) 벗기다 [potkʼida ポッキダ]; (ミカンを) 까다 [kʼada ッカダ]
報いる (功に) 보답하다 [poːdapʰada ポーダプハダ]; (恩に) 갚다 [kapʼa カプタ]
ムクゲ (木槿) 무궁화 [muguŋhwa ムグンファ]
向ける (目を) 돌리다 [tollida トルリダ]
無限 무한 [muhan ムハン]
婿 사위 [sawi サウィ]
惨い (悲惨だ) 비참하다 [piːtɕʰamhada ピーチャムハダ]
向こう (海の) 저쪽 [tɕɔtɕʼok チョッチョク]; (川の) 건너 [kɔːnnɔ コーンノ]; (岸の) 건너편 [kɔːnɔpʰjon コーンノピョン]
無効 무효 [muhjo ムヒョ]
無罪 무죄 [mudʑwe ムジュェ]

虫 벌레[pɔlle ポルレ]
蒸し暑い (梅雨時は)무덥다[mudɔpt'a ムドプタ]
無視する (人の意見を)무시하다[muʃihada ムシハダ]
無試験 무시험[muʃihɔm ムシホム]
虫歯 충치[tʃʰuntʃʰi チュンチ]
矛盾 모순[mosun モスン]
無常 무상[musaŋ ムサン]
無条件 무조건[mudʒokɔn ムジョコン]
無職 무직[mudʒik ムジク]
むしろ (そっちよりこれのほうが)오히려[ohirjɔ オヒリョ]; (名よりも実を)차라리[tʃʰarari チャラリ]
筵 (わらむしろ)(編む) 멍석[mɔŋsɔk モンソク]; (敷く)거적[kɔdʒɔk コジョク]
蒸す (うだるように暑い) 무덥다[mudɔpt'a ムドプタ]; (蒸し暑い)찌다[tʃ'ida ッチダ]; (イモを)찌다[tʃ'ida ッチダ]
難しい (問題が)어렵다[ɔrjɔpt'a オリョプタ]; (ややこしい)(解決が)까다롭다[k'adaropt'a ッカダロプタ]
息子 아들[adɯl アドゥル]; (子・子供)자식[tʃaʃik チャシク]
結ぶ (帯を)매다[mɛ:da メーダ]; (縁を)맺다[mɛt'a メッタ]; (2点を)잇다[i:t'a イータ]
娘 (1人)딸[t'al ッタル]; (お嬢さん)아가씨[agaʃ'i アガッシ]; (未婚の女性)처녀[tʃʰɔ:njɔ チョーニョ]
無責任 무책임[mutʃʰɛgim ムチェギム]
無線 무선[musɔn ムソン]
無駄足 헛걸음[hɔtk'ɔrum ホッコルム]
無駄口 쓸데없는 말[s'ulte ɔmnum ma:l ッスルテ オムヌン マール]; (雑談)잡담[tʃapt'am チャプタム]
無駄だ (努力)쓸데없다[s'ulte ɔpt'a ッスルテオプタ]; (終わる)헛되다[hɔt'weda ホットゥエダ]; (役に立たない・不要だ)소용없다[so:joŋɔpt'a ソーヨンオプタ]; (必要がない)필요없다[pʰirjoɔpt'a ピリョオプタ]
無駄遣い 낭비[na:ŋbi ナーンビ]
鞭 (馬の)채찍[tʃʰɛtʃ'ik チェッチク]; (愛の)매[mɛ メ]
夢中になる (熱中する)(美少女に)열중하다[jɔltʃ'uŋhada ヨルチュンハダ]; (英語の勉強に)몰두하다[molt'uhada モルトゥハダ]; (金もうけに)정신없다[tʃɔŋʃinɔpt'a チョンシノプタ]
六つ(の) (6つの)여섯[jɔsɔt ヨソッ];

육・륙・뉵・융[juk/rjuk/njuk/juŋ ユク/リュク/ニュク/ユン]
むつまじい (親密だ)(2人が)정답다[tʃɔŋdapt'a チョンダプタ]; (夫婦の仲が)사이(가) 좋다[sai(ga) dʒo:tʰa サイ(ガ) ジョータ]
無抵抗 무저항[mudʒɔhaŋ ムジョハン]
無鉄砲だ (無謀だ)(計画)무모하다[mumohada ムモハダ]
無頓着 (無関心・平気)(生活に)무관심[mugwanʃim ムグァンシム]
むなしい (空虚だ)공허하다[koŋhɔhada コンホハダ]; (無駄だ)(努力)헛되다[hɔt'weda ホットゥエダ]; (虚無だ)(人生は)허무하다[hɔmuhada ホムハダ]
胸 (広い)가슴[kasum カスム]; (ふところ)(母の)품[pʰum プム]
胸焼け (胸痛)가슴앓이[kasumari カスマリ]; (心がちくちく痛む)가슴이 쓰림[kasumi s'urim カスミ ッスリム]
無能(力) 무능(력)[munuŋ(njɔk) ムヌン(ニョク)]
無名 무명[mumjɔŋ ムミョン]
むやみに (木を切る)함부로[hamburo ハムブロ]; (腹が立つ)괜히[kwɛ:ni クェーニ]
村 마을[maɯl マウル]
群がる (アリが)떼지어 모이다[t'edʒi moida ッテジオ モイダ]; (群がり集まる)(労働者が)군집하다[kundʒipʰada クンジプハダ]
紫色 보라빛[porap'it ポラピッ]; 보라색[porasɛk ポラセク]
無理をする(仕事に)무리를 하다[muri rul hada ムリルル ハダ]
無理だ (今は)무리이다[muriida ムリイダ]; (その仕事は)무리하다[murihada ムリハダ]
無理に (酒を)억지로[ɔktʃ'iro オクチロ]; (頼む)무리하게[murihage ムリハゲ]
無料で (入場)무료로[murjoro ムリョロ]; (もらう)공짜로[koŋtʃ'aro コンッチャロ]; (ただで)거저[kɔdʒɔ コジョ]; (差し上げる)그냥[kɯnjaŋ クニャン]
群れ (スズメの)떼[t'e ッテ]; (犬の)무리[muri ムリ]
蒸れる (ご飯が)뜸들다[t'umdulda ットゥムドゥルダ]; (会場が人いきれで)찌다[tʃ'ida ッチダ]
むんむんする (車内が人いきれで)후터분하다[hutʰɔbunhada フトブンハダ];

(暖房の教室が)후끈후끈하다[huk'ɯnhuk'ɯnhada フックンフックンハダ]

め

…奴め (ばかな)…놈[-nom -ノム];(こいつ)…녀석[-njəsʌk -ニョソク]
目 눈[nun ヌン];(碁の)집[tɕip チプ]
…目 (2番)…째[-tɕ'ɛ -ッチェ]
芽 (新)싹[s'ak ッサク];(吹く)움[u:m ウーム]
目当て (目印)(学校を)목표[mokpʰjo モクピョ];(目的)(彼女の)목적[moktɕ'ʌk モクチョク]
姪 (兄弟の娘)조카딸[tɕokʰat'al チョカッタル];질녀[tɕilljʌ チルリョ]
名画 명화[mjʌŋhwa ミョンファ]
明快 명쾌[mjʌŋkʰwɛ ミョンクェ]
明確 명확[mjʌŋhwak ミョンファク]
明記 명기[mjʌŋgi ミョンギ]
迷宮 미궁[mi:guŋ ミーグン]
名曲 명곡[mjʌŋgok ミョンゴク]
名言 명언[mjʌŋʌn ミョンオン]
名作 명작[mjʌŋdʑak ミョンジャク]
名山 명산[mjʌŋsan ミョンサン]
名詞 명사[mjʌŋsa ミョンサ]
名刺 명함[mjʌŋham ミョンハム]
名所 명소[mjʌŋso ミョンソ]
命ずる 명하다[mjʌ:ŋhada ミョーンハダ];(命令する)명령하다[mjʌ:ŋnjʌŋhada ミョーンニョンハダ]
迷信 미신[mi:ɕin ミーシン]
名人 명인[mjʌŋin ミョンイン]
名声 명성[mjʌŋsʌŋ ミョンソン]
名物 명물[mjʌŋmul ミョンムル]
名簿 명부[mjʌŋbu ミョンブ]
名門 명문[mjʌŋmun ミョンムン]
名誉 명예[mjʌŋe ミョンエ]
命令 명령[mjʌ:ŋnjʌŋ ミョーンニョン]
迷惑 폐[pʰe: ペー]
迷惑だ (面倒だ)귀찮다[kwitɕʰantʰa クィチャンタ];(やっかいだ)성가시다[sʌŋgaɕida ソンガシダ]
迷惑をかける 폐(를) 끼치다[pʰe:(rɯl) k'itɕʰida ペー(ルル) ッキチダ]
目上 손윗사람[sonwis'aram ソヌィッサラム];윗사람[wis'aram ウィッサラム]
メートル (単位)미터[mi:tʰʌ ミート]
眼鏡 안경[a:ngjʌŋ アーンギョン]
恵まれる (福を受ける)(新年おめでとう)복받다[pokp'at'a ポクパッタ];(文才に)타고나다[tʰagonada タゴナダ];(豊かだ)(天然資源に)풍족하다[pʰundʑokhada プンジョカダ]
恵み (慈悲)(深い人)자비[tɕabi チャビ];(慈善)자선[tɕasʌn チャソン]
芽ぐむ 싹트다[s'aktʰɯda ッサクトゥダ];움트다[u:mtʰuda ウームトゥダ]
めくる (トランプを)젖히다[tɕʌtɕʰida チョッチダ];(本のページを)넘기다[nʌmgida ノムギダ];(布団を)벗기다[pʌtk'ida ポッキダ]
巡る (名所を)돌다[to:lda トールダ];(川や山を)둘러싸다[tullʌs'ada トゥルロッサダ]
目覚ましい (成長)눈부시다[nunbuɕida ヌンブシダ];(発展)놀랍다[no:llaptʰa ノールラプタ]
目覚まし時計 (自鳴鐘)자명종[tɕamjʌŋdʑoŋ チャミョンジョン];따르릉시계[t'arɯrɯŋ ɕige ッタルルン シゲ]
目覚める (眠りから)깨다[k'ɛ:da ッケーダ];(自分の使命に)깨닫다[k'edat'a ッケダッタ];(性に)눈뜨다[nunt'ɯda ヌンットゥダ]
飯 (ご飯)밥[pap パプ];(食事)식사[ɕiks'a シクサ]
召し上がる 잡수다[tɕaps'uda チャプスダ];잡수시다[tɕaps'uɕida チャプスシダ];드시다[tɯɕida トゥシダ]
目下 손아랫사람[sonarɛs'aram ソナレッサラム];아랫사람[arɛs'aram アレッサラム]
目印 (持ち物の)표시[pʰjoɕi ピョシ];(通路の)표지[pʰjodʑi ピョジ];(ポストの)표적[pʰjodʑʌk ピョジョク]
雌 암[am アム];암컷[amkʰʌt アムコッ]
珍しい (出来事)드물다[tumulda トゥムルダ];(宝)진기하다[tɕingihada チンギハダ];(おもちゃ)희한하다[hihanhada ヒハンハダ];(植物)희귀하다[higwihada ヒグィハダ]
目立つ (汚れが)눈에 띄다[nune t'ida ヌネ ッティダ];(背が)두드러지다[tudɯrʌdʑida トゥドゥロジダ];(服装が)돋보이다[totp'oida トッポイダ]
メダル 메달[medal メダル]
めちゃくちゃ 엉망(진창)[ʌŋmaŋ(dʑintɕʰaŋ) オンマン(ジンチャン)]
目つき (するどい)눈초리[nuntɕʰori ヌンチョリ];(やさしい)눈매[nunmɛ ヌンメ]
めったに (笑わない)좀처럼[tɕo:m-

tʃʰorom チョームチョロム]; (読まない) 거의 [koi コイ]
減亡 멸망 [mjʌlmaŋ ミョルマン]
めでたい (合格して) 경사스럽다 [kjʌŋ-sasɯrʌpt'a キョンサスロプタ]
メニュー 메뉴 [menju メニュ]; (献立表) 식단 [ʃikt'an シクタン]
目の前 눈앞 [nunap ヌナプ]
目端 눈치 [nuntʃʰi ヌンチ]
めまい 현기증 [hjʌŋgitʃ'ɯŋ ヒョーンギチュン]; 어지럼증 [ʌdʒirʌmtʃ'ɯŋ オジロムチュン]
メモ 메모 [memo メモ]
目盛り 눈금 [nunk'ɯm ヌンクム]
面 (顔) 얼굴 [ʌlgul オルグル]; 탈 [tʰal タル]; (仮面) 가면 [ka:mjʌn カーミョン]
面会 면회 [mjʌ:nhwe ミョーンフェ]
免許 면허 [mjʌ:nhʌ ミョーンホ]
免除 면제 [mjʌ:ndʒe ミョーンジェ]
免税 면세 [mjʌ:nse ミョーンセ]
面積 면적 [mjʌ:ndʒʌk ミョーンジョク]; 넓이 [nʌlbi ノルビ]
面接 면접 [mjʌ:ndʒʌp ミョーンジョプ]
面倒くさい (辞書を引くのは) 귀찮다 [kwitʃʰantʰa クィチャンタ]; (子供) 성가시다 [sʌŋgaʃida ソンガシダ]; (ややこしい) (問題が) 까다롭다 [k'adaropt'a ッカダロプタ]
面倒くさがる (手紙出すのを) 귀찮아하다 [kwitʃʰanahada クィチャナハダ]
面倒だ (手続き) 귀찮다 [kwitʃʰantʰa クィチャンタ]; (事) 성가시다 [sʌŋgaʃida ソンガシダ]; (ややこしい) (解決が) 까다롭다 [k'adaropt'a ッカダロプタ]
メンドリ (雌鳥) 암탉 [amtʰak アムタク]; (雌) 암컷 [amkʰʌt アムコッ]
面目 면목 [mjʌ:nmok ミョーンモク]

も

喪 (忌み) 상 [saŋ サン]; (服する) 복 [pok ポク]
藻 말 [mal マル]; (水草) 수초 [sutʃʰo スチョ]
…-も (柳) ….-도 [-do -ド]; (さえ) (猿) ….-조차 [-dʒotʃʰa -ジョチャ]
もう (既に) (正午か) 벌써 [pʌls'ʌ ポルッソ]; (すんだ) 이미 [imi イミ]; (駄目だ) 이제 [idʒe イジェ]; (更に) 더 [tʌ ト]; (幾もなく) 곧 [kot コッ]; (仕事も) 멀지않아 [mʌ:ldʒiana モールジアナ]
儲かる (1万円) 벌리다 [pʌ:llida ポール

리다]; (商売) 벌이가 되다 [pʌ:riga tweda ポーリガ トゥェダ]
設ける (席を) 마련하다 [marjʌnhada マリョンハダ]; (設置する) (事務所を) 설치하다 [sʌltʃʰihada ソルチハダ]
儲ける (金を) 벌다 [pʌlda ポルダ]
申し上げる (ご案内を) 말씀드리다 [ma:ls'ɯmdɯrida マールッスムドゥリダ]; (ご両親に) 아뢰다 [arweda アルェダ]; (先生に) 여쭈다 [jʌ:tʃ'uda ヨーッチュダ]
申し込み (申込(書)) 신청(서) [ʃintʃʰʌŋ(sʌ) シンチョン(ソ)]
申し込む (予約を) 신청하다 [ʃintʃʰʌŋhada シンチョンハダ]; (抗議を) 제기하다 [tʃegihada チェギハダ]
申し分ない 나무랄 데 없다 [namural t'e ʌpt'a ナムラルテ オプタ]
申し訳ない (すまない) (まったく) 미안하다 [mianhada ミアンハダ]; (手紙の返事が遅れて) 죄송하다 [tʃwe:soŋhada チュェーソンハダ]
盲人 맹인 [mɛŋin メンイン]; 소경 [so:gjʌŋ ソーギョン]; 장님 [tʃa:ŋnim チャーンニム]
申す (一言) 말씀드리다 [ma:ls'ɯmdɯrida マールッスムドゥリダ]; (ご案内)…-해 드리겠습니다 [-hɛ tɯrigés'ɯmida -ヘ トゥリゲッスムニダ]
盲点 맹점 [mɛŋtʃʌm メンチョム]
盲目 (恋いは) 맹목 [mɛŋmok メンモク]; (失明したの) 먼눈 [mʌ:nnun モーンヌン]
猛烈 맹렬 [mɛŋnjʌl メンニョル]
燃え上がる (夜空に炎が) 타오르다 [tʰaoruda タオルダ]
燃える (薪が) 타다 [tʰada タダ]; (向学心に) 불타다 [pultʰada プルタダ]
目次 (本の) 차례 [tʃʰare チャレ]; (総) 목차 [moktʃʰa モクチャ]
目的 목적 [moktʃ'ʌk モクチョク]
黙認 묵인 [mugin ムギン]
目標 목표 [mokpʰjo モクピョ]
木曜日 목요일 [mogjoil モギョイル]; 목요일날 [mogjoillal モギョイルラル]
潜る (クジラが海に) 잠겨 들다 [tʃamgjʌdɯlda チャムギョドゥルダ]; (潜水する) (海底に) 잠수하다 [tʃamsuhada チャムスハダ]; (地下に) 숨어 들다 [su:mʌdɯlda スーモドゥルダ]
木蓮 목련 [moŋnjʌn モンニョン]
目録 목록 [moŋnok モンノク]
もくろむ (企てる) (大もうけを) 기도하다

[kidohada キドハダ]; (一攫千金を)꾀하다[k'wehada ックェハダ]
文字 문자[muntɕ'a ムンチャ]; (字)글자[kulɕ'a クルチャ]; (書かれた文字)글씨[kulɕ'i クルッシ]
もし(も) 만약[ma:njak マーニャク]; (かりに・万一)만일[ma:nil マーニル]; (あるいは)혹시[hokɕ'i ホクシ]
もしもし 여보세요[joboseio ヨボセヨ]
持たせる (気を)가지게 하다[kadʑige hada カジゲ ハダ]; (与える)(お金を)주다[tɕuda チュダ]
もたらす (幸運を)가져오다[kadʑooda カジョオダ]; (悪い結果を)초래하다[tɕʰorɛhada チョレハダ]
もたれる (壁に)기대다[ki:dɛda キーデダ]; (胃が)체하다[tɕʰehada チェハダ]
もち 떡[t'ɔk ットク]
用いる (下剤を)쓰다[s'ɯda ッスダ]; (使用する)(建築に)사용하다[sa:jɔŋhada サーヨンハダ]
持ち出す (テーブルを)끌어 내다[k'ɯ:rɔneda ックーローネダ]; (書類を)꺼 내다[k'ɔ:nɛda ッコーネダ]
持ち主 (建物の)소유자[so:judʑa ソーユジャ]; (土地の)임자[i:mdʑa イームジャ]; (店の)주인[tɕuin チュイン]
持ち物 (所持品)소지품[so:dʑipʰum ソージプム]; (携帯品)휴대품[hjudɛpʰum ヒュデプム]
もちろん 물론[mullon ムルロン]
持つ (カバンを)들다[tɯlda トゥルダ]; (愛情を)가지다[kadʑida カジダ]; (握る)(しっかり)쥐다[tɕwi:da チュイーダ]; (担任する)(クラスを受け持つ)담임하다[tamimhada タミムハダ]
もったいない (惜しい)(時間が)아깝다[ak'apt'a アッカプタ]; (過分な)(お言葉)과분하다[kwa:bunhada クァーブンハダ]
……(を)もって (手を)……으로[-ɯro ウロ]; (これを)……으로써[-ɯros'ɔ ウロッソ]
もってこい (仕事)꼭 알맞음[k'ɔk almadʑɯm ッコク アルマジュム]; (場所)안성맞춤[ansɔŋmatɕʰum アンソン マッチュム]
もっと (食べたい)더[tɔ ト]; (早く)더욱[tɔuk トウク]; (美しく見える)한층[hantɕʰɯŋ ハンチュン]
尤も (しかし)다만[taman タマン]; (ただし)단[tan タン]
最も (重要な問題)가장[kadʑaŋ カジャン]; (背が高い)제일[tɕeil チェーイル]
もっぱら (勉強ばかり)오로지[orodʑi オロジ]; (ひとえに)오직[odʑik オジク]; (評判)한결같이[haŋgjɔlgatɕʰi ハンギョルガチ]
もてなし (接待)접대[tɕɔpt'ɛ チョプテ]; (待遇すること)대접[tɛ:dʑɔp テージョプ]
もてなす (接待する)대접하다[tɛ:dʑɔpʰada テージョプハダ]
モデル 모델[model モデル]
元 (根源)(農は国の)근본[kɯnbon クンボン]; (起こり)(生命の)기원[ki:wɔn キウォン]; (原因)(けんかの)원인[wɔnin ウォニン]
元金 (資(本)金)자(본)금[tɕa(bon)-gum チャ(ボン)グム]; 원금[wɔngɯm ウォングム]
戻す (本を)돌려 주다[tolljɔdʑuda トルリョジュダ]; (返還する)반환하다[pa:nhwanhada パーンファンハダ]
基づく (資料に)의거하다[ɯigɔhada ウィゴハダ]; (事実に)기인되다[ki-indweda キインドゥェダ]
元手 (商売の)밑천[mitɕʰɔn ミッチョン]; (資金)자금[tɕagɯm チャグム]
元通り 원상태[wɔnsaŋtʰɛ ウォンサンテ]
元値 원가[wɔnk'a ウォンカ]
求める (答えを)구하다[kuhada クハダ]; (案内を)청하다[tɕʰɔŋhada チョンハダ]; (職を)찾다[tɕʰat'a チャッタ]
元々 (すぐれていた)본디[pondi ポンディ]; (美人であった)원래[wɔllɛ ウォルレ]
戻る (学校から)돌아 오다[toraoda トラオダ]; (席に)돌아 가다[toragada トラガダ]
者 (そんな)자[dʑa ジャ]; (北村という)사람[sa:ram サーラム]; (若い)것[gɔt ゴッ]
物 (品物)물건[mulgɔn ムルゴン]; (新しい)것[gɔt ゴッ]
物語 (長い)이야기[ijagi イヤギ]; (伝説)전설[tɕɔnsɔl チョンソル]
物心がつく 철(이) 들다[tɕʰɔldɯlda/tɕʰori tɯlda チョルドゥルダ/チョリ トゥルダ]
物ごと (事物)(道理を知る)사물[sa:mul サームル]; (事ごと)(勤勉だ)매사[mɛ:sa メーサ]; (世事)세상사[se:saŋsa セーサンサ]

物差し (測る) 자[tʃa チャ]; (考え方の) 기준 [kidʒun キジュン]; (自分の) 척도 [tʃʰokt'o チョクト]

ものすごい (美人) 굉장하다 [kweŋdʒaŋhada クェンジャンハダ]; (人気) 대단하다 [tɛ:danhada テーダンハダ]

物足りない (ちょっと足りない) (説明が) 약간 부족이다 [jak'an pudʒogida ヤッカン プジョギダ]; (どこか惜しい) 어딘지 아쉽다 [ɔdindʒi aʃwipt'a オディンジ アシュィプタ]

物まね 흉내 [hjuŋnɛ ヒュンネ]

もはや (がまんができない) 이젠 [idʒen イジェン]; (夜明けが近い) 벌써 [pɔls'ɔ ポルッソ]; (手遅れだ) 이미 [imi イミ]; (今となっては) 인제 [indʒe インジェ]

もみじ 단풍 [tanpʰuŋ タンプン]

揉む (手を) 비비다 [pibida ピビダ]; (肩を) 주무르다 [tʃumuruda チュムルダ]; (気を) 애태우다 [etʰɛuda エテウダ]

木綿 (糸) 무명 [mumjɔŋ ムミョン]; (わた) 솜 [so:m ソーム]

モモ (桃) 복숭아 [poks'uŋa ポクスンア]

燃やす (火を) 태우다 [tʰɛuda テウダ]; (情熱を) 불태우다 [pultʰɛuda プルテウダ]

模様 (花) 무늬 [muni ムニ]; (ようす) (成功した) 모양 [mojaŋ モヤン]

催す (会を) 개최하다 [kɛtʃʰwehada ケチュェハダ]; (文学会が) 주최하다 [tʃutʃʰwehada チュチュェハダ]; (便意を) 마렵다 [marjɔpt'a マリョプタ]

貰う (サインを) 받다 [pat'a パッタ]; (小遣いを) 얻다 [ɔ:t'a オーッタ]

漏らす (あかりを) 새게 하다 [sɛ:ge hada セーゲ ハダ]; (秘密を) 누설하다 [nu:sɔrhada ヌーソルハダ]; (小便を) 싸다 [s'ada ッサダ]

森 숲 [sup スプ]; (茂み) 수풀 [supʰul スプル]

盛る (ご飯を) (수북이) 담다 [(subugi) ta:mt'a (スブギ) タームタ]

漏れる (ガスが) 새다 [sɛ:da セーダ]; (試験問題が) 누설되다 [nu:sɔldweda ヌーソルドゥェダ]

もろい (弱い) (情に) 약하다 [jakʰada ヤクハダ]; (堅固でない) (この建物は) 든든하지 못하다 [tuɯnduɯnhadʒi mo:tʰada トゥンドゥンハジ モータダ]; (壊れやすい) (地震に) 부서지기 쉽다 [pusɔdʒigi ʃwi:pt'a プソジギ シュィープタ]; (割れやすい) (瀬戸物は) 깨지기 쉽다 [k'ɛ:dʒigi ʃwi:pt'a ッケージギ シュィープタ]

門 (正門) 대문 [tɛ:mun テームン]; (ドア) 문 [mun ムン]

門外漢 문외한 [munwehan ムヌェハン]

文句 (言いぶん) (君に) 할 말 [hal mal ハル マル]; (不満) (何の) 불만 [pulman プルマン]; (不平) (夫に) 불평 [pulpʰjɔŋ プルピョン]; (異議) (申し立てる) 이의 [i:i イーイ]

問責 문책 [mu:ntʃʰek ムーンチェク]

門前払い 문전 박대 [mundʒɔn bakt'ɛ ムンジョン パクテ]

問題 문제 [mu:ndʒe ムーンジェ]

悶着 (起こす) 말썽 [ma:ls'ɔŋ マールッソン]; (紛争) (絶えない) 분쟁 [pundʒeŋ プンジェン]

問答 문답 [mu:ndap ムーンダプ]

文無し (一文無し) 무일푼 [muilpʰun ムイルプン]; (すかんぴん) 빈 털터리 [pi:ntʰɔltʰɔri ピーントルトリ]

や

野 (野原) 들(판) [tul(pʰan) トゥル(パン)]; (民間) 민간 [mingan ミンガン]; (野党) 야 [ja: ヤー]

矢 화살 [hwasal ファサル]

‥‥ (新聞·雑誌) ‥‥ -(이)나 [-(i)na -(イ)ナ]; (バナナ・リンゴ) ‥‥ -(이)랑 [-(i)raŋ -(イ)ラン]

‥‥屋 (店) (魚) ‥‥-가게 [-ga:ge -ガーゲ]; (屋) (焼き肉) ‥‥-집 [-dʒip -ジプ]; (人) (八百) ‥‥-장수 [-dʒaŋsu -ジャンス]

八百屋 채소 가게 [tʃʰɛ:so ga:ge チェーソ ガーゲ]

やがて (来るだろう) 곧 [kot コッ]; (帰って来た) 이윽고 [iɯk'o イウッコ]

やかましい (騒音) (電車が) 시끄럽다 [ʃik'urɔpt'a シックロプタ]; (機械の音が) 요란하다 [joranhada ヨランハダ]; (ややこしい) (手続きが) 까다롭다 [k'adaropt'a ッカダロプタ]

やから (一族) 일족 [iltʃ'ok イルチョク]; (仲間) 무리 [muri ムリ]; (連中) 패거리 [pʰɛgɔri ペゴリ]

夜間 야간 [ja:gan ヤーガン]

やかん 주전자 [tʃudʒɔndʒa チュジョンジャ]

ヤギ (山羊) 염소 [jɔmso ヨムソ]

焼き芋 군 고구마 [ku:n goguma クーン ゴグマ]

焼きとり （〈새〉꼬치구이）[(sɛ:)k'otʃʰigui セーッコチグイ]
焼き飯 （チャーハン・いためご飯）볶음밥 [pok'ump'ap ポックムパプ]
焼きもち 구운 떡 [kuun t'ɔk クウンットク]・（しっと）질투 [tʃiltʰu チルトゥ]
焼き物 （陶器）도자기 [todʒagi トジャギ]
野球 야구 [ja:gu ヤーグ]
夜業 야업 [ja:ɔp ヤーオプ]；（夜なべ）밤일 [pamnil パムニル]
夜勤 야근 [ja:gun ヤーグン]
役 （職責）（就く）직책 [tʃiktʃʰɛk チクチェク]；（任務）（重大な）임무 [immu イムム]；（(配)役）（母の）(배)역 [(pɛ:)jɔk (ペー)ヨク]；（役割）（仲裁の）역할 [jɔkʰal ヨクカル]
約-… 약- [jak- ヤク-]
焼く （魚を）굽다 [ku:pt'a クープタ]；（ごみを）태우다 [tʰɛuda テウダ]
役員 임원 [imwɔn イムォン]
訳語 （適切な）역어 [jɔgɔ ヨゴ]；（翻訳した言葉）번역한 말 [pɔnjɔkʰan ma:l ポニョクカン マール]
やくざ 깡패 [k'aŋpʰɛ ッカンペ]
訳者 역자 [jɔktʃ'a ヨクチャ]
役所 관청 [kwantʃʰɔŋ クァンチョン]
訳す （翻訳する）（日本語に）번역하다 [pɔnjɔkʰada ポニョクカダ]；（英文に）옮기다 [omgida オムギダ]
約束 약속 [jaks'ok ヤクソク]
役立つ （有用だ）（暮らしに）유용하다 [ju:joŋhada ユーヨンハダ]；（知識が）도움이 되다 [toumi tweda トウミ トゥェダ]
役人 （官吏）관리 [kwalli クァルリ]；（公務員）공무원 [koŋmuwɔn コンムウォン]
厄払い 액땜 [ɛkt'ɛm エクテム]；（厄落とし）액막이 [ɛŋmagi エンマギ]
薬品 약품 [jakpʰum ヤクプム]
役目 （任務）（親の）임무 [immu イムム]；（職務）（果たす）직무 [tʃiŋmu チンム]；（役割）（引き受ける）역할 [jɔkʰal ヨクカル]
役割 （務め）（親の）구실 [kuʃil クシル]；（重要な）역할 [jɔkʰal ヨクカル]；（任務）（重大な）임무 [immu イムム]；（背役）（自分の）배역 [pɛ:jɔk ペーヨク]
夜景 야경 [ja:gjɔŋ ヤーギョン]
やけど 화상 [hwa:saŋ ファーサン]
焼ける （肌が）타다 [tʰada タダ]；（魚が）구워지다 [kuwɔdʒida クウォジダ]；（鉄板が）달다 [talda タルダ]
妬ける （嫉妬〈〜〉する）（あまりもてるので）질투나다 [tʃiltʰunada チルトゥナダ]；（ねたむ）（人の昇進に）샘나다 [sɛ:mnada セームナダ]
夜行列車 야간 열차 [ja:gan njɔltʃʰa ヤーガン ニョルチャ]
野菜 야채 [ja:tʃʰɛ ヤーチェ]；（蔬菜〈きぃ〉・青物）채소 [tʃʰɛ:so チェーソ]
易しい （問題）쉽다 [ʃwi:pt'a シュィープタ]；（わかりやすい）（説明）알기 쉽다 [a:lgi ʃwi:pt'a アールギ シュィープタ]
優しい （情が深い）（息子）다정하다 [tadʒɔŋhada タジョンハダ]；（親しい）（心）정답다 [tʃɔŋdapt'a チョンダプタ]；（にこやかだ）（ひとみ）상냥하다 [saŋnjaŋhada サンニャンハダ]；（温順だ）（娘）온순하다 [onsunhada オンスンハダ]
ヤシ （椰子）야자 나무 [ja:dʒa namu ヤージャ ナム]
養う （育てる）（子を）기르다 [kiruda キルダ]；（扶養する）（妻子を）부양하다 [pujaŋhada プヤンハダ]
野心 야심 [ja:ʃim ヤーシム]
安い （物価が）싸다 [s'ada ッサダ]
易い （読み）쉽다 [ʃwi:pt'a シュィープタ]
休み （休憩）휴게 [hjuge ヒュゲ]；（休息）휴식 [hjuʃik ヒュシク]；（休暇）휴가 [hjuga ヒュガ]；（休日）휴일 [hjuil ヒュイル]；（欠席）결석 [kjɔls'ɔk キョルソク]；（欠勤）결근 [kjɔlgun キョルグン]；（学校の夏・冬休み）방학 [pa:ŋhak パーンハク]
休む （ゆっくり）쉬다 [ʃwi:da シュィーダ]；（休日）노는 날 [no:nun nal ノーヌンナル]；（欠席する）결석하다 [kjɔls'ɔkhada キョルソクカダ]；（欠勤する）결근하다 [kjɔlgunhada キョルグンハダ]；（寝る）（お休みなさい）주무시다 [tʃumuʃida チュムシダ]・자다 [tʃada チャダ]
やせ衰える （衰弱する）쇠약해지다 [swejakhɛdʒida スェヤクケジダ]
やせる （体が）마르다 [maruda マルダ]；（やせ細る）야위다 [jawida ヤウィダ]；（5キロも）살 빠지다 [sal p'adʒida サルッパジダ]
屋台 （ほろ馬車）포장 마차 [pʰodʒaŋ ma:tʃʰa ポジャン マーチャ]
やたらに （むやみ）함부로 [hamburo ハムブロ]；（金を使う）마구 [magu マグ]；（食べる）무턱대고 [mutʰɔkt'ɛgo ムトゥクテゴ]；（忙しい）괜히 [kwe:ni クェー

家賃 집세[tɕips'e チプセ]
八つ(の) (8つ)여덟[jɔdɔl ヨドル]; 팔[pʰal パル]
厄介だ (小言が)귀찮다[kwitɕʰantʰa クィチャンタ]; (子供が)성가시다[sɔŋgaɕida ソンガシダ]
薬局 약국[jak'uk ヤックク]
やっつける (一気に)해치우다[hɛːtɕʰiuda ヘーチウダ]; (悪徳業者を)혼내주다[honɛdʑuda ホンネジュダ]; (うちまかす)(敵を)패배시키다[pʰɛːbɛɕikʰida ペーベシキダ]
やっと (できあがった)겨우[kjəu キョウ]; (終えた)간신히[kanɕini カンシニ]; (間に合った)가까스로[kak'asɯro カッカスロ]
やっぱり 역시[jəkɕ'i ヨクシ]
やつら (嫌いな)놈들[nomdɯl ノムドゥル]; (悪い)자식들[tɕaɕikt'ɯl チャシクトゥル]
宿 숙소[suks'o スクソ]
野党 야당[jaːdaŋ ヤーダン]
雇う 고용하다[kojoŋhada コヨンハダ]
宿屋 (旅人の宿)여인숙[jəinsuk ヨインスク]; (旅館)여관[jəgwan ヨグァン]
ヤナギ(柳) 버들[pədɯl ポドゥル]; 버드나무[pədɯnamu ポドゥナム]
屋根 지붕[tɕibuŋ チブン]
屋根裏 다락방[tarakp'aŋ タラクパン]
やはり (うそだった)역시[jəkɕ'i ヨクシ]; (本当だった)과연[kwaːjən クァーヨン]
野蛮人 야만인[jaːmanin ヤーマニン]
やぶ (草むら)덤불[tɔmbul トムブル]; (茂る)수풀[supʰul スプル]
破る (紙を)찢다[tɕ'it'a ッチッタ]; (割る)(ガラスを)깨다[k'ɛːda ッケーダ]; (背く)(約束を)어기다[əgida オギダ]
破れかぶれ (自暴自棄)자포자기[tɕapʰodʑagi チャポジャギ]
破れる (障子が)찢어지다[tɕ'idʑədʑida ッチジョジダ]; (縁談が)깨지다[k'ɛːdʑida ッケージダ]; (失敗する)(恋に)실패하다[ɕilpʰɛhada シルペハダ]
敗れる (負ける)(試合で)지다[tɕida チダ]; (敗北する)(予選で)패배하다[pʰɛːbɛhada ペーベハダ]
やぼったい (服装)촌스럽다[tɕʰoːnsɯrəpt'a チョーンスロプタ]
山 산[san サン]; (頂点)(試合の)고비[kobi コビ]; (予想)(当たる)예상[jeːsaŋ イェーサン]

病 병[pjəːŋ ピョーン]
山奥 깊은 산 속[kipʰɯn san soːk キプン サン ソーク]
山崩れ 산사태[sansatʰɛ サンサテ]
山すそ 산기슭[sank'isɯk サンキスク]
山びこ 메아리[meari メアリ]
山盛りに (ご飯を)수북이 담은[subugi tamɯn スブギ タムン]
闇 어둠[ɔdum オドゥム]
闇取引 암거래[aːmgərɛ アームゴレ]
止む (雨が)그치다[kɯtɕʰida クチダ]; (風が)멎다[mətɕ'a モッタ]
病む (胸を)앓다[altʰa アルタ]; (病気にかかる)병들다[pjəːŋdɯlda ピョーンドゥルダ]
止める (話を)그만두다[kɯmanduda クマンドゥダ]; (動作を)그치다[kɯtɕʰida クチダ]; (食べて)말다[maːlda マールダ]
辞める (会社を)그만두다[kɯmanduda クマンドゥダ]
やや (寒い)약간[jak'an ヤッカン]; (少し)(失望した)조금[tɕogum チョグム]
ややこしい (複雑だ)(内容が)복잡하다[poktɕ'apʰada ポクチャパダ]; (問題が)까다롭다[k'adarəpt'a ッカダロプタ]
やゆ (人を)야유[jaju ヤユ]; (嘲弄)(選手を)조롱[tɕoroŋ チョロン]
やり 창[tɕʰaŋ チャン]
やりかた (方法)(いろいろな)방법[paŋbəp パンボプ]
やりくり (家計の)변통[pjəːntʰoŋ ピョーントン]; (うまい)주변[tɕuːbjən チューピョン]
やり手 (手腕家)(たいした)수완가[suwanga スワンガ]; (働き手)(優れた)일꾼[iːlk'un イールックン]
やり直す 다시하다[taɕihada タシハダ]
やる (与える)(小遣いを)주다[tɕuda チュダ]; (行なう)(試合を)하다[hada ハダ]; (行かせる)(学校に)보내다[ponɛda ポネダ]
やるせない (思い)안타깝다[antʰak'apt'a アンタッカプタ]; (切ない)(恋に)애절하다[ɛdʑərhada エジョルハダ]
やわらかい (人当たりが)부드럽다[pudɯrəpt'a プドゥロプタ]; (柿が)무르다[murɯda ムルダ]; (牛肉が)연하다[jəːnhada ヨーンハダ]
ヤング 영[jəŋ ヨン]; (若者)젊은이[tɕəlmuni チョルムニ]

ゆ

油 (石)유 [ju ユ]; (ゴマ)기름 [kirɯm キルム]
湯 (温水)더운 물 [tour mul トウン ムル]; (風呂の)목욕 물 [mogjoŋ mul モギョン ムル]
唯一の (友)유일한 [juirhan ユイルハン]
遺言 유언 [juɔn ユオン]
誘引 유인 [juin ユイン]
憂うつだ (気分)우울하다 [uurhada ウウルハダ]
有益だ (社会に)유익하다 [juːikhada ユーイクハダ]
優越感 우월감 [uwɔlgam ウウォルガム]
遊園地 유원지 [juwɔndʒi ユウォンジ]
誘拐 유괴 [jugwe ユグェ]
有害だ (人体に)유해하다 [huːɛhada ユーヘハダ]; (健康に)해롭다 [hɛːrop-t'a ヘーロプタ]
夕方 저녁 [tʃɔnjɔk チョニョク]
夕刊 석간 [sɔk'an ソクカン]
勇敢だ (青年)용감하다 [joːŋgamhada ヨーンガムハダ]
勇気 용기 [joːŋgi ヨーンギ]
遊戯 유희 [juhi ユヒ]; (遊び)놀이 [nori ノリ]
遊興 유흥 [huhuŋ ユフン]
夕暮れ 해질 녘 [hɛdʒilljɔk ヘジルリョク]
遊撃戦 유격전 [jugjɔktʃ'ɔn ユギョクチョン]; (ゲリラ戦)게릴라전 [kelilladʒɔn ケリルラジョン] 「ジャ」
有権者 유권자 [juːk'wɔndʒa ユークォンジャ]
友好 우호 [uːho ウーホ]
有効だ (契約は)유효하다 [juːhjohada ユーヒョハダ]; (効果的だ)효과적이다 [hjoːgwadʒɔgida ヒョーグァジョギダ]
夕刻 (夕暮れ時)저녁 때 [tʃɔnjɔk t'ɛ チョニョク テ]; (暮れ方)저녁 무렵 [tʃɔnjɔŋ murjɔp チョニョン ムリョプ]
有罪 유죄 [juːdʒwe ユージュェ]
有志 유지 [juːdʒi ユージ]
勇士 용사 [joːŋsa ヨーンサ]
優秀だ (成績が)우수하다 [usuhada ウスハダ]; (優れている)(音感が)뛰어나다 [t'wiɔnada ットゥィオナダ]
優勝 우승 [usuŋ ウスン]
友情 (あつい)우정 [uːdʒɔŋ ウージョン]; (友誼)(にあつい)우의 [uːi ウーイ]
夕食 저녁 [tʃɔnjɔk チョニョク]; (夕ご飯)(炊く)저녁밥 [tʃɔnjɔkp'ap チョニョクパプ]; (夕食)저녁 식사 [tʃɔnjɔk ʃiks'a チョニョク シクサ]
友人 우인 [uːin ウーイン]; (友達・親友)친구 [tʃhingu チング]
遊説 유세 [juse ユセ]
優先 우선 [usɔn ウソン]
郵送 우송 [usoŋ ウソン]
夕立 소나기 [sonagi ソナギ]
優等生 우등생 [uduŋsɛŋ ウドゥンセン]
誘導弾 유도탄 [judothan ユドタン]; (ミサイル)미사일 [misail ミサイル]
有能 유능 [juːnɯŋ ユーヌン]
夕日 석양 [sɔgjaŋ ソギャン]
郵便 우편 [uphjɔn ウピョン]; (郵便物)우편물 [uphjɔnmul ウピョンムル]
郵便局 우체국 [utʃheguk ウチェグク]
郵便番号 우편 번호 [uphjɔn bɔnho ウピョン ボンホ]
ゆうべ 어제 저녁 [ɔdʒɛ dʒɔnjɔk オジェ ジョニョク]; (昨夜)어젯밤 [ɔdʒet-p'am オジェッパム]
有名だ 유명하다 [juːmjɔŋhada ユーミョンハダ]; (名が知られる)(世界的音楽家で)이름(이) 나다 [irɯm(i) nada イルム[イルミ] ナダ]; (名がある)(作家で)이름(이) 있다 [irɯm(i) itʼa イルミ ッタ[イルミ イッタ]]
夕焼け (空は)저녁놀 [tʃɔnjɔŋnol チョニョンノル]; =저녁노을 [tʃɔnjɔŋnoul チョニョンノウル]
有利 유리 [juːri ユーリ]
有料 유료 [juːrjo ユーリョ]
有力 유력 [juːrjɔk ユーリョク]
幽霊 유령 [jurjɔŋ ユリョン]
誘惑 유혹 [juhok ユホク]
故 (わけ)(なく)이유 [iːju イーユ]; (あること)까닭 [k'adak ッカダク]; (…ため)(あなた)때문 [t'ɛmun ッテムン]; (由来)(ある人)내력 [nɛrjɔk ネリョク]; (事情)(あって)사정 [saːdʒɔŋ サージョン]
床 마루 [maru マル]
愉快だ (気分)유쾌하다 [juːkhwɛhada ユクェハダ]; (楽しい)(1日)즐겁다 [tʃ'ɯlgɔpt'a チュルゴプタ]
ゆがく (野菜を)데치다 [tɛːtʃhida テーチダ]
歪む (ネクタイが)비뚤어지다 [pit'urɔdʒida ピットゥロジダ]; (顔が)일그러지다 [ilgɯrɔdʒida イルグロジダ]
雪 눈 [nuːn ヌーン]
…行き (ソウル)…행 [-hɛŋ -ヘン] 「ム」
雪合戦 눈싸움 [nuːnsʼaum ヌーンッサウ

行き来 (往来)왕래 [wa:ŋnɛ ワーンネ］; (つきあい)교제 [kjodʒe キョジェ]
雪景色 설경 [sɔlgjɔŋ ソルギョン]
行き先 행선지 [hɛŋsɔndʒi ヘンソンジ]
雪だるま 눈사람 [nu:ns'aram ヌーンッサラム]
雪解け 눈석임 [nu:nsɔgim ヌーンソギム］; 눈이 녹음 [nu:ni nogum ヌーニノグム］; (解氷)해빙 [hɛ:biŋ ヘービン]
行く (学校へ)가다 [kada カダ]
行方 행방 [hɛŋbaŋ ヘンバン］; (行き先)행선지 [hɛŋsɔndʒi ヘンソンジ]
湯気 김 [ki:m キーム]
輸血 수혈 [suhjɔl スヒョル]
輸出 수출 [sutʃʰul スチュル]
濯ぐ (皿を)헹구다 [heŋguda ヘングダ]
揺する (木を)흔들다 [huɯnduɯlda フンドゥルダ]
譲る (譲歩する)(席을)양보하다 [ja:ŋbohada ヤーンボハダ］; (譲渡する)(家屋을)양도하다 [ja:ŋdohada ヤーンドハダ］; (譲り渡す)넘겨주다 [nɔmgjɔdʒuda ノムギョジュダ]
輸送 수송 [susoŋ スソン]
豊かだ (豊饒ﾌﾟんだ)(社会가)풍요하다 [pʰuŋjohada プンヨハダ］; (豊富だ)(資源가)풍부하다 [pʰuŋbuhada プンブハダ］; (暮らしが)넉넉하다 [nɔŋnɔkʰada ノンノクカダ]
ユダヤ人 유태인 [jutʰɛin ユテイン]
油断 방심 [pa:ŋʃim パーンシム]
ゆっくり 천천히 [tʰɔ:ntʃʰoni チョーンチョニ]
ゆったり (くつろぐ)느긋하게 [nuɯguɯtʰage ヌグッタゲ］; (暮らし)넉넉히 [nɔŋnɔkʰi ノンノクキ］; (着物)낙낙히 [naŋnakʰi ナンナクキ]
ゆでる (野菜を)데치다 [te:tʃʰida テーチダ］; (卵を)삶다 [sa:mt'a サームタ]
ゆとり 여유 [jɔju ヨユ]
ユニバーサル 유니버설 [juniboːsɔl ユニボーソル]
ユニホーム 유니폼 [junipʰo:m ユニポーム]
輸入 수입 [suip スイプ]
指 (手の)손가락 [sonk'arak ソンカラク］; (足の)발가락 [palk'arak パルカラク]
指折り (数える)손꼽아 [sonk'oba ソンッコバ]
指差す (東の方を)가리키다 [karikʰida カリキダ]
指輪 (結婚)반지 [pandʒi パンジ］; (2つの輪)가락지 [karaktʃ'i カラクチ]

弓 활 [hwal ファル]
夢 꿈 [k'um ックム]
夢にも 꿈에도 [k'umedo ックメド］; (少しも)조금도 [tʃogumdo チョグムド]
夢見る (幸福を)꿈을 꾸다 [k'umɯl k'uda ックムルックダ]
由来 유래 [jurɛ ユレ]
揺らめく (風に炎が)흔들거리다 [hundɯlgɔrida フンドゥルゴリダ]
ユリ (百合)나리 [nari ナリ］; 백합(꽃) [pɛkʰap(k'ot) ペクカプ(ッコッ)]
揺りかご 요람 [joram ヨラム]
ゆるい (ねじが)헐겁다 [hɔlgɔpt'a ホルゴプタ］; (ズボンが)헐렁하다 [hɔllɔŋhada ホルロンハダ］; (帯が)느슨하다 [nuswunhada ヌスンハダ］; (傾斜が)완만하다 [wa:nmanhada ワーンマンハダ］; (テンポが)느리다 [nuɯrida ヌリダ］; (おかゆが)묽다 [mukt'a ムクタ]
許し (許可)허가 [hɔga ホガ］; (承諾)허락 [hɔrak ホラク］; 용서 [jɔŋsɔ ヨンソ]
許す (許可する)(営業을)허가하다 [hɔgahada ホガハダ］; (外出을)허락하다 [hɔrakʰada ホラクハダ］; (過失을)용서하다 [jɔŋsɔhada ヨンソハダ]
ゆるむ (ねじが)헐거워지다 [hɔlgɔwɔdʒida ホルゴウォジダ］; (帯가)느슨해지다 [nuɯsuɯnhɛdʒida ヌスンヘジダ]
ゆるめる (ベルトを)늦추다 [nuɯtʃʰuda ヌッチュダ］; (緩和する)(警戒을)완화하다 [wa:nhwahada ワーンファハダ]
ゆるやかだ (緩慢だ)(カーブが)완만하다 [wa:nmanhada ワーンマンハダ］; (川の流れが)느릿하다 [nuɯritʰada ヌリッタダ]
揺れる (船が)흔들리다 [huɯnduɯllida フンドゥルリダ]
結わえる (ひもで)매다 [mɛ:da メーダ］; (束に)묶다 [mukt'a ムクタ]

よ

夜 밤 [pam パム]
世 세상 [se:saŋ セーサン]
夜明け 새벽 [sɛbjɔk セビョク］; (明け方)새벽녘 [sɛbjɔŋnjɔk セビョンニョク]
良い (景色が)좋다 [tʃo:tʰa チョーッタ］; (品質が)낫다 [na:t'a ナーッタ]
宵の口 초저녁 [tʃʰodʒɔnjɔk チョジョニョク]
宵やみ 초저녁의 어두움 [tʃʰodʒɔnjɔge ɔduum チョジョニョゲ オドゥウム］; (夕

暮れ 땅거미 [t'aŋɔmiɛ ッタンゴミ]

酔う (酒に)취하다 [tɕʰwi:hada チュイーハダ]; (車に)멀미하다 [mɔlmihada モルミハダ]

用意 (準備)(食事の)준비 [tɕu:nbi チューンビ]; (お金の)마련 [marjɔn マリョン]

容易な (問題)용이한 [jɔŋihan ヨンイハン]; (たやすい)(仕事)손쉬운 [sonʃwiun ソンシュィウン]

要因 요인 [join ヨイン]
要求 요구 [jogu ヨグ]
用件 용건 [jo:ŋk'ɔn ヨーンコン]
要件 요건 [jok'nɔ ヨコン]

ようこそ 잘 [tʃal チャル]

洋裁 양재 [jaŋdʒɛ ヤンジェ]
用紙 용지 [jo:ŋdʒi ヨーンジ]
要旨 요지 [jodʒi ヨジ]
養子 양자 [ja:ŋdʒa ヤーンジャ]

用事 (急な)볼일 [po:llil ポールリル]; (家の)할일 [ha:llil ハールリル]

幼児 유아 [jua ユア]; 어린아이 [ɔrinai オリナイ]

容赦 용서 [jɔŋsɔ ヨンソ]

洋食 양식 [jaŋʃik ヤンシク]

用心 조심 [tɕo:ʃim チョーシム]; (注意)주의 [tɕu:i チューイ]

様子 (苦しい)모양 [mojaŋ モヤン]; (状態)(病人の)상태 [saŋtʰɛ サンテ]; (格好)(みすぼらしい)모습 [mosɯp モスプ]; (暮らし向き)(家庭の)형편 [hjɔŋpʰjɔn ヒョンピョン]

要する (注意を)요하다 [johada ヨハダ]; (必要とする)(費用を)필요로 하다 [pʰirjoro hada ピリョロ ハダ]

要するに 요컨대 [jokʰɔndɛ ヨコンデ]; (結局)결국 [kjɔlguk キョルグク]

養成 양성 [ja:ŋsɔŋ ヤーンソン]

要素 요소 [joso ヨソ]

……ようだ (子供の)……같다 [-gat'a -ガッタ]; (寒い)……듯하다 [-dutʰada -ドゥッタダ]; (雪になる)……모양이다 [-mojaŋida -モヤンイダ]

要地 요지 [jodʒi ヨジ]

幼稚園 유치원 [jutɕʰiwɔn ユチウォン]

幼稚だ (やり方が)유치하다 [jutɕʰihada ユチハダ]

要点 요점 [jotʃ'ɔm ヨチョㇺ]

幼年時代 유년 시대 [junjɔn ʃidɛ ユニョン シデ]

(……の)ように (子供の)……처럼 [-tɕʰɔrɔm -チョロㇺ] 「ヤンボク」

洋服 (衣服)옷 [ot オッ]; 양복 [jaŋbok

養分 양분 [ja:ŋbun ヤーンブン]

羊毛 양모 [jaŋmo ヤンモ]; 양털 [jaŋtʰɔl ヤントル]

要望 요망 [jomaŋ ヨマン]

要約 요약 [jojak ヨヤク]

ようやく (完成した)겨우 [kjɔu キョウ]; (出来た)비로소 [piroso ピロソ]; (たどりついた)가까스로 [kak'asɯro カッカスロ]; (間に合った)간신히 [kanʃini カンシニ]

ヨーロッパ 유럽 [ju:rɔp ユーロプ]; 구라파 [kurapʰa クラパ]

余暇 여가 [jɔga ヨガ]; (暇)(遊ぶ)틈 [tʰɯm トゥㇺ]

予感 예감 [je:gam イェーガㇺ]

予期 예기 [je:gi イェーギ]; (予想)예상 [je:saŋ イェーサン]

夜霧 밤안개 [pamaŋɛ パマンゲ]

よぎる (車が)지나가다 [tʃinagada チナガダ]; (不安が心を)스치다 [sɯtʃʰida スチダ]

よく (うまく, ようこそ)잘 [tʃal チャル]; (非常に)몹시 [mo:pʃ'i モープシ]; (たびたび)자주 [tʃadʒu チャジュ]; (十分に)충분히 [tʃʰuŋbuni チュンブニ]

翌朝 다음날 아침 [taɯmnar atʰim タウㇺナ ラチㇺ]

浴室 욕실 [jokʃ'il ヨクシㇽ]

翌日 다음날 [taɯmnal タウㇺナㇽ]; 이튿날 [itʰɯnnal イトゥンナㇽ]

翌週 다음주 [taɯmtʃ'u タウㇺチュ]

翌年 다음해 [taɯmhɛ タウㇺヘ]; 이듬해 [idɯmhɛ イドゥㇺヘ]

欲張る (金銭に)욕심부리다 [jokʃ'imburida ヨクシㇺブリダ]

欲望 욕망 [joŋmaŋ ヨンマン]

余計 (余分)여분 [jɔbun ヨブン]; (無駄)쓸데없음 [s'ɯlt'eɔps'ɯm ッスㇽテオプスㇺ]; (もっと)더욱 [tɔuk トウク]; (一層)한층 [hantʃʰuŋ ハンチュン]

よける (車を)피하다 [pʰi:hada ピーハダ]; (車を道路のわきに)비키다 [pi:kʰida ピーキダ]

横 (長さ)가로 [karo カロ]; (顔)옆 [jɔp ヨプ]; (机の)곁 [kjɔt キョッ] 「キ」

横書き 가로쓰기 [karos'ɯgi カロッス

汚す (着物を)더럽히다 [tɔ:rɔpʰida トーロピダ]

横たわる (ベッドに)눕다 [nu:pt'a ヌープタ]; (困難が가로 놓이다 [karo noida カロ ノイダ]

黄取り 가로챔 [karotʃʰɛm カロチェム]
汚れ (ズボンの)더러움 [mɔːru mu トーロウム]; (汚れた物)더러워진 것 [tɔːrɔwɔdʒin kɔt トーロウォジン コッ]
汚れる (手が)더러워지다 [tɔːrɔwɔdʒida トーロウォジダ]
予算 예산 [jeːsan イェーサン]
よしみ (友誼ぎ)(結ぶ)우의 [uːi ウーイ]; (友情)우정 [uːdʒɔŋ ウージョン]; (情誼じょう)(昔の)정의 [tʃɔŋi チョンイ]
予習 예습 [jeːsɯp イェースプ]
よじる (体を)비꼬다 [piːkˀoda ピーッコダ]; (腕を)비틀다 [piːtʰɯlda ピートゥルダ]
よそ (見るな)딴 곳 [tˀan gɔt ッタン ゴッ]; (問題)딴 [tˀan ッタン]; (子)남의 집 [name tʃip ナメ チプ]
予想 예상 [jeːsaŋ イェーサン]
装い (身なり)(春の)옷차림 [otʃʰarim オッチャリム]; (盛飾)장식 [tʃaŋʃik チャンシク]; (新装)단장 [tandʒaŋ タンジャン]; (おめかし)치장 [tʃʰidʒaŋ チジャン]
装う (飾る)(店を)꾸미다 [kˀumida ックミダ]; (派手に)차리다 [tʃʰarida チャリダ]; (手入れをする)(庭園を)단장하다 [tandʒaŋhada タンジャンハダ]; (化粧する)(顔を)치장하다 [tʃʰidʒaŋhada チジャンハダ]; (貧乏を)체하다 [tʃʰehada チェハダ]; (平気を)가장하다 [kaːdʒaŋhada カージャンハダ]
よそ見する 한눈 팔다 [hannun pʰalda ハンヌン パルダ]
よだれ 군침 [kuːntʃʰim クーンチム]
よちよち (赤ん坊が)아장아장 [adʒaŋadʒaŋ アジャンアジャン]
四日 (4日)사일 [saːil サーイル]; 초나흗날 [tʃʰonahɯnnal チョナフンナル]; 나흘 [nahɯl ナフル]
四つ角 네거리 [neːgɔri ネーゴリ]; 사거리 [saːgɔri サーゴリ]
四つ (4つ)넷 [neːt ネーッ]; 사 [saː サー]
四つの (4つの)네 [neː ネー]; 넉 [nɔk ノーク]; 사 [saː サー]
酔っぱらい 술 취한 사람 [sul tʃʰwihan saːram スル チュィハン サーラム]; (酒癖の悪い人)주정뱅이 [tʃuːdʒɔŋbɛŋi チュージョンベンイ]
夜露 밤이슬 [pamisul パミスル]
予定 예정 [jeːdʒɔŋ イェージョン]
与党 여당 [jɔːdaŋ ヨーダン]
夜通し 밤새도록 [pamsɛdorok パムセドロク]

夜中 밤중 [pamtʃuŋ パムチュン]
世の中 세상 [seːsaŋ セーサン]; (社会)사회 [sahwe サフェ]
予備 예비 [jeːbi イェービ]
呼びかける (大声で)부르다 [purɯda プルダ]
予備校 입시 학원 [ipʃi hagwɔn イプシ ハグォン]
呼び出し 호출 [hotʃʰul ホチュル]
呼び出す (電話で)불러내다 [pullɔnɛda プルロネダ]
呼び鈴 초인종 [tʃʰoindʒoŋ チョインジョン]; (ベル)벨 [bel ベル]
呼ぶ (名前を)부르다 [purɯda プルダ]; (招待する・招く)(家に)초대하다 [tʃʰodɛhada チョデハダ]; (称する)(名人と)일컫다 [ilkʰɔtˀa イルコッタ]
余分 여분 [jɔbun ヨブン]
予報 예보 [jeːbo イェーボ]
予防 예방 [jeːbaŋ イェーバン]
よほど (相当の)(学者)상당히 [saŋdaŋi サンダンイ]; (かなり)(寒い)꽤 [kˀwɛ ックェ]; (ほどよい)(お人好し)어지간히 [ɔdʒigani オジガニ]
よみがえる (記憶が)되살아나다 [twesaranada トゥェサラナダ]; (蘇生する)(人工呼吸で)소생하다 [sosɛŋhada ソセンハダ]
読み書き 읽고 쓰기 [ilkˀo sˀɯgi イルコ ッスギ]; 읽기와 쓰기 [ilkˀiwa sˀɯgi イルキワ ッスギ]
読み切り (1回で完結する読み物)한번 읽고 끝내기 [hanbɔn ilkˀo kˀɯnnɛgi ハンボン イルコ ックンネギ]
夜道 밤길 [pamkˀil パムキル]
読み物 읽을 거리 [ilgɯlkˀɔri イルグルコリ]
読む (本を)읽다 [ikˀtˀa イクタ]; (新聞を)보다 [poda ポダ]
嫁 며느리 [mjɔnɯri ミョヌリ]; (花嫁)색시 [sɛːkʃi セークシ]
夜目 밤눈 [pamnun パムヌン]
嫁入り 시집감 [ʃidʒipkˀam シジプカム]
ヨモギ(蓬) 쑥 [sˀuk ッスク]
予約 예약 [jeːjak イェーヤク]
余裕 여유 [jɔju ヨユ]
……より (山)……보다 [-boda -ボダ]; (から)(3時)……부터 [-butʰɔ -ブト]; (そうする)……수밖에 [-subakˀe -スバッケ]; (ソウル駅)……에서부터 [-esɔbutʰɔ -エソブト]
夜 밤 [pam パム]
(……に)よる (病気に)……(에) 의하다

寄る [-(e) uihada -(エ) ウィハダ]; (不注意に)…(에) 기인하다 [-(e) kiinhada -(エ) キインハダ]; (職務怠慢に)…(에) 말미암다 [-(e) malmiamt'a -(エ) マルミアムタ]; (方針に)…(에) 따르다 [-(e) t'aruda -(エ) ッタルダ]

寄る (近づく)(そばに) 다가서다 [tagasɔda タガソダ]; (立ち寄る)(友人の家に) 들르다 [tullɯda トゥルルダ]; (片寄る)(内側に) 기울다 [kiulda キウルダ]; (集まる)(会場に) 모이다 [moida モイダ]; (つもる)(顔にしわが刻まれる) 잡히다 [tʃaphida チャプピダ]; (年が) 들다 [tulda トゥルダ]; (もたれかかる)(柱に) 기대다 [ki:dɛda キーデダ]

喜び 기쁨 [kip'um キップム]

喜ぶ (合格を) 기뻐하다 [kip'ɔhada キッポハダ]; (うれしがる)(手紙を読んで) 즐거워하다 [tʃulgɔwɔhada チュルゴウォハダ]; (ほめられて) 좋아하다 [tʃo:ahada チョーアハダ]

よろしい (景色が) 좋다 [tʃo:tha チョータ]; (差し支えない)(この程度で) 괜찮다 [kwɛntʃhantha クェンチャンタ]

よろしく (適切に)(取り計らう) 적절히 [tʃɔktʃ'ɔri チョクチョリ]; (よしなに)(頼むよ) 종도록 [tʃo:thorok チョートロク]; (お伝えください) 안부 전해 주십시오 [anbu tʃɔnhe dʒuʃipʃ'io アンブチョンヘ ジュシプシオ]; (お願いします) 잘 부탁합니다 [tʃal pu:thakhamnida チャル プータクカムニダ]

よろめく (酔っぱらって) 비틀거리다 [pithulgɔrida ピトゥルゴリダ]; (石につまずいて) 휘청거리다 [hwitʃhɔŋgɔrida フィチョンゴリダ]

よろよろ (病後で足が) 비틀비틀 [pithulbithul ピトゥルビトゥル]

弱い (風が) 약하다 [jakhada ヤッカダ]; (体が) 허약하다 [hɔjakhada ホヤッカダ]; (足りない)(数字に) 모자라다 [mo:dʒarada モージャラダ]

世渡り (処世) 처세 [tʃhɔ:se チョーセ]

弱虫 (出来そこない) 못난이 [mo:nnani モーンナニ]; (臆病者) 겁쟁이 [kɔptʃ'ɛŋi コプチェンイ]

弱る (気力が) 약해지다 [jakhɛdʒida ヤッケジダ]; (衰弱する)(体力が) 쇠약해지다 [swejakhɛdʒida スェヤッケジダ]

四 (4) 사 [sa: サー]; 넷 [ne:t ネーッ]

四十 (40) 사십 [sa:ʃip サーシプ]; 마흔 [mahun マフン]

ら

…等 (彼)…들 [-dul -ドゥル]; (佐藤)…등 [-duŋ -ドゥン]; (おまえ)…-따위 [-t'awi -ッタウィ]

ラーメン 라면 [ramjɔn ラミョン]

ライオン 사자 [sadʒa サジャ]

ライオンズ クラブ 라이온즈 클럽 [laiondʒu khullɔp ライオンジュ クルロプ]

来月 내달 [nɛdal ネダル]; (次の月) 다음달 [tauɯmt'al タウㇺタル]

来週 내주 [nɛdʒu ネジュ]; (次の週) 다음주 [tauɯmtʃ'u タウㇺチュ]

来春 내년 봄 [nɛnjon bom ネーニョン ボㇺ]

ライター 라이터 [raithɔ ライト]; (作家) 작가 [tʃak'a チャッカ]

ライト 라이트 [raithɯ ライトゥ]; (右) 오른쪽 [orɯntʃ'ok オルンチョク]

来年 내년 [nɛnjon ネニョン]; (次の年) 다음해 [tauɯmhe タウㇺヘ]

ライバル (好敵手) 맞적수 [matʃ'ɔks'u マッチョクス]; 맞수 [mas'u マッス]; 라이벌 [raibɔl ライボル]

ライフ 라이프 [laiphu ライプ]

ライラック 라일락 [laillak ライルラク]

楽だ (安楽)(旅行が) 편하다 [phjɔnhada ピョンハダ]; (たやすい)(仕事が) 쉽다 [ʃwi:pt'a シューㇷ゚タ]

楽園 낙원 [nagwɔn ナグォン]

落書き 낙서 [naks'ɔ ナクソ]

落語 만담 [ma:ndam マーンダㇺ]

落第 낙제 [naktʃ'e ナクチェ]

楽に (どうぞ) 편히 [phjɔni ピョニ]; (勝てる) 쉽게 [ʃwi:pk'e シューイプケ]

楽々 (容易に)(解ける) 쉽게 [ʃwi:pk'e シューイプケ]; (気楽に)(暮らす) 편히 [phjɔni ピョニ]

…らしい〈類似〉(学者)…답다 [-dapt'a -ダプタ]; (遅い)…같다 [-gat'a -ガッタ]; (疲れている)…듯하다 [-duthada -ドゥッタダ]; (晴れる)…모양이다 [-mojaŋida -モヤンイダ]

…らしい〈伝聞〉(うわさ)…고 한다 [-go handa -ゴ ハンダ]

ラジオ 라디오 [radio ラディオ]

羅針盤 나침반 [natʃhimban ナチㇺバン]

拉致 납치 [naptʃhi ナプチ]

楽観 낙관 [nak'wan ナックァン]

ラッシュ 러시 [rɔʃi ロシ]

らっぱ 나팔 [naphal ナパル]

ラップタイム 랩 타임 [lap thaim レプ タイㇺ]

ラテン 라틴 [ratʰin ラティン]　「ン」
らでん (工芸品) 나전 [nadʒon ナジョン]
ラバ (驟馬) 노새 [nose ノセ]
ラブレター (恋文) 연애 편지 [jɔːnɛ pʰjɔːndʒi ヨーネ ピョーンジ]; 러브 레터 [lɔbɯ letʰɔ ロブレト]
ランキング 랭킹 [raŋkʰiŋ レンキン]; (順位) 순위 [suːnwi スーヌィ]
ランチ 런치 [rɔntʃʰi ロンチ]; 점심 [tʃɔːmʃim チョームシム]
ランニング 러닝 [rɔniŋ ロニン]
乱暴だ (運転が) 난폭하다 [naːnpʰokʰada ナーンポクハダ]; (荒い) (気性が) 거칠다 [kɔtʃʰilda コチルダ]
乱用・濫用 남용 [naːmjoŋ ナーミョン]

り

リード 리드 [liːdɯ リードゥ]; (勝ちこし) 앞섬 [apsʼɔm アプソム]
利益 이익 [iːik イーイク]
理解 이해 [iːhɛ イーヘ]
利害 이해 [iːhɛ イーヘ]
力点 역점 [jɔktʃʼɔm ヨクチョム]
力む 힘주다 [himdʒuda ヒムジュダ]
力量 역량 [jɔŋnjaŋ ヨンニャン]
陸 육지 [juktʃʼi ユクチ]; 뭍 [mut ムッ]
陸揚げする (貨物を) 양륙하다 [jaŋnjukʰada ヤンニュクカダ]
陸軍 육군 [jukʼun ユククン]
陸上競技 육상 경기 [juksʼaŋ ɡjɔːŋɡi ユクサン ギョーンギ]
理屈 (道理) (合わない) 도리 [toːri トーリ]; (合う) 이치 [iːtʃʰi イーチ]; (こじつけ) 억지 [ɔktʃʼi オクチ]; (口実) (つける) 구실 [kuʃil クシル]; (言い訳) (言う) 핑계 [pʰiŋɡe ピンゲ]
理屈っぽい (何かと口実をつける) 이유가 많다 [iːjuɡa maːntʰa イーユガ マーンタ]; (うるさい) 말이 많다 [maːri maːntʰa マーリ マーンタ]
利口だ (かしこい) 똑똑하다 [tʼokʼtʼokʰada ットクトクハダ]; (怜悧がだ) 영리하다 [jɔŋnihada ヨンニハダ]
離婚 이혼 [ihon イホン]
リサーチ 리서치 [risɔːtʃʰi リソーチ]
リザーブ 리저브 [ridʒɔːbɯ リジョーブ]
リサイタル 리사이틀 [risaitʰɯl リサイトゥル]　「ン ガジョク」
離散一家 이산 가족 [isan ɡadʒok イサン
利子 이자 [iːdʒa イージャ]
リズム 리듬 [ridɯm リドゥム]

理性 이성 [iːsɔŋ イーソン]
理想 이상 [iːsaŋ イーサン]
利息 이자 [iːdʒa イージャ]
率 (比率) 비율 [pijul ピユル]; 율 [jul ユル]; 률 [rjul リュル]; (率先) 솔 [sol ソル]
立候補 입후보 [ipʰubo イプホボ]
立体 입체 [iptʃʰe イプチェ]
リットル 리터 [litʰɔ リト]
立派だ (成績が) 훌륭하다 [hulljuŋhada フルリュンハダ]; (堂々としている) (体格が) 당당하다 [taŋdaŋhada タンダンハダ]; (十分だ) (理由が) 충분하다 [tʃuŋbunhada チュンブンハダ]
リップスティック 립스틱 [lipsɯtʰik リプスティク]
理念 이념 [iːnjɔm イーニョム]
リハーサル 리허설 [rihɔːsɔl リホーソル]
リバイバル 리바이벌 [ribaibɔl リバイボル]
理髪店 이발소 [iːbalsʼo イーバルソ]
リハビリ (再活) (社会復帰すること・リハビリテーション) 재활 [tʃɛːhwal チェーファル]
リビング 리빙 [libiŋ リビン]
理不尽な (不当な) (要求) 부당한 [pudaŋhan プダンハン]; (不合理な) (やり方) 불합리한 [purhamnihan プルハムニハン]; (法外な) (値段) 터무니없는 [tʰɔmuniɔmnɯn トムニオムヌン]
リペート 리베이트 [ribeitʰɯ リベイトゥ]
裏面 이면 [iːmjɔn イーミョン]
略語 약어 [jaɡɔ ヤゴ]; (縮約語) 준말 [tʃuːnmal チューンマル]
略図 약도 [jaktʼo ヤクト]
略奪 약탈 [jaktʰal ヤクタル]
略歴 약력 [jaŋnjɔk ヤンニョク]
理由 이유 [iːju イーユ]; (わけ) (どういう) 까닭 [kʼadak ッカダク]
留意 유의 [jui ユイ]
流会 유회 [juhwe ユフェ]
留学 유학 [juhak ユハク]
流行 유행 [juhɛŋ ユヘン]
隆盛 융성 [juŋsɔŋ ユンソン]
流通 유통 [jutʰoŋ ユトン]
留任 유임 [juim ユイム]
流用 유용 [jujoŋ ユヨン]
量 양 [jaŋ ヤン]; 량 [rjaŋ リャン]
利用 이용 [iːjoŋ イーヨン]
領域 영역 [jɔŋjɔk ヨンヨク]
了解 양해 [jaŋhɛ ヤンヘ]
領海 영해 [jɔŋhɛ ヨンヘ]
両替 환전 [hwaːndʒon ファーンジョン]

料金 요금 [jo:gɯm ヨーグム]; (高い)값 [kap カプ]
領空 영공 [jɔŋgoŋ ヨンゴン]
了見 (考え)(悪い)생각 [sɛŋgak センガク]; (所存)(狭い)소견 [so:gjɔn ソーギョン]
両国 양국 [ja:ŋguk ヤーングク]
猟師 사냥꾼 [sanjaŋk'un サニャンックン]
漁師 고기잡이 [kogidʒabi コギジャビ]; (漁民) 어부 [ɔbu オブ]
領事館 영사관 [jɔŋsagwan ヨンサグァン]
良識 양식 [jaŋʃik ヤンシク]
領収書 영수증 [jɔŋsudʒɯŋ ヨンスジュン]
了承 (承諾)(済み)승낙 [sɯŋnak スンナク]; (了解)(相対の)양해 [jaŋhɛ ヤンヘ]
両親 (父母)부모 [pumo プモ]; 어버이 [ɔbɔi オボイ]
良心 양심 [jaŋʃim ヤンシム]
両手 양손 [ja:ŋson ヤーンソン]
領土 영토 [jɔŋtʰo ヨント]
両方 (立場) 양쪽 [ja:ntʃ'ok ヤーンッチョク]; (双方)(意見)쌍방 [s'aŋbaŋ ッサンバン]; (2人とも)(悪い) 둘 다 [tu:l da: トゥール ダー]
料理 요리 [jori ヨリ]; (食べ物)음식 [ɯ:mʃik ウームシク]; 園 료리 [rjori リョリ]
旅館 여관 [jɔgwan ヨグァン]
旅券 여권 [jɔk'wɔn ヨクォン]
旅行 여행 [jɔhɛŋ ヨヘン]
旅費 여비 [jɔbi ヨビ]; (路銀)노자 [no:dʒa ノージャ]
りりしい (若者)씩씩하다 [ʃ'ikʃ'ikʰada ッシクシクカダ]; (態度)늠름하다 [nɯ:mnɯmhada ヌームヌムハダ]
履歴書 이력서 [i:rjɔks'ɔ イーリョクソ]
理論 이론 [i:ron イーロン]
輪郭 윤곽 [jungwak ユングァク]
リンゴ 사과 [sagwa サグァ]
隣国 이웃 나라 [iun nara イウン ナラ]
臨時 임시 [imʃi イムシ]
倫理 윤리 [julli ユルリ]

る

累 (及ぼす)누 [nu: ヌー]; (迷惑)(かける)폐 [pʰe: ペー]
類 (魚貝)류 [rju: リュー]; (類例)(ない作品)유례 [ju:re ユーレ]
累計 누계 [nu:ge ヌーゲ]
類型 유형 [ju:hjɔŋ ユーヒョン]
類似 유사 [ju:sa ユーサ]
類推 유추 [ju:tʃʰu ユーチュ]
類例 유례 [ju:re ユーレ]
ルームクーラー 룸 쿨러 [ru:m kʰu:llɔ ルーム クールロ]
ルール 룰 [ru:l ルール]
累次 (災難) 누차 [nu:tʃʰa ヌーチャ]
留守 부재 [pudʒe プジェ]
留守にする 집을 비우다 [tʃibɯl piuda チブル ピウダ]
留守番する 집을 보다[지키다] [tʃibɯl poda[tʃikʰida] チブル ポダ[チキダ]]
流布 유포 [jupʰo ユポ]
ルポルタージュ 르포르타주 [rɯ pʰorɯtʰa:dʒɯ ルポルタージュ]; (ルポ)르포 [rɯpʰo ルポ]

れ

令 (下す)영 [jɔŋ ヨーン]; (命令)(攻撃の)명령 [mjɔ:ŋnjɔŋ ミョーンニョン]
礼 (尽くす)예 [je イェ]; (礼儀)(わきまえる)예의 [jei イェイ]
例 예 [je イェ]; (先例)전례 [tʃɔlle チョルレ]; (慣例)관례 [kwa:lle クァールレ]; (定例)여느 때 [jɔnɯtɛ ヨヌッテ]; (実例)실례 [ʃille シルレ]; (例の件)그 [kɯ ク]
零 (れい・ゼロ)(2対)영 [jɔŋ ヨン]; (007)공 [koŋ コン]
霊 (乗り移る)혼 [hon ホン]; (霊魂)(不滅)영혼 [jɔŋhon ヨンホン]
零下 영하 [jɔŋha ヨンハ]
例外 예외 [je:we イェーウェ]
霊感 영감 [jɔŋgam ヨンガム]; 인스피레이션 [insupʰireiʃɔn インスピレイション]
礼儀 (作法)예의 [jei イェイ]; (礼節)(知らない)예절 [jedʒɔl イェジョル]
冷却 냉각 [nɛ:ŋgak ネーンガク]
冷遇 냉대 [nɛ:ŋdɛ ネーンデ]
霊験 영험 [jɔŋhɔm ヨンホム]; (あらたかだ)영검 [jɔŋgɔm ヨンゴム]
冷酷 냉혹 [nɛ:ŋhok ネーンホク]
霊魂 영혼 [jɔŋhon ヨンホン]
零細企業 영세 기업 [jɔŋse giɔp ヨンセ ギオプ]
例示 예시 [je:ʃi イェーシ]
零時 영시 [jɔŋʃi ヨンシ]
礼式 (かなっている)예식 [jeʃik イェシク]; (礼法)(かなった動作)예법 [jep'ɔp イェポプ]
冷笑 냉소 [nɛ:ŋso ネーンソ]

令状 영장 [jɔ:ŋtʃ'aŋ ヨーンチャン]
令嬢 (令愛)영애 [jɔːŋɛ ヨーンエ]
冷静だ (沈着だ) (行動)침착하다 [tʃʰimtʃʰakʰada チムチャクカダ]; (判断)냉정하다 [nɛːŋdʒɔŋhada ネーンジョンハダ]
冷蔵庫 냉장고 [nɛːŋdʒaŋgo ネーンジャンゴ]
令息 영식 [jɔːŋʃik ヨーンシク]
冷淡だ (仕打ち)냉담하다 [nɛːŋdamhada ネーンダムハダ]; (冷ややかだ) (性格)쌀쌀하다 [s'als'arhada ッサルッサルハダ]; (冷静だ) (態度)냉정하다 [nɛːŋdʒɔŋhada ネーンジョンハダ]
冷暖房 냉난방 [nɛːŋnanbaŋ ネーンナンバン]
冷凍 냉동 [nɛːŋdoŋ ネーンドン]
冷房 냉방 [nɛːŋbaŋ ネーンバン]
レーザー 레이저 [reidʒɔ レイジョ]
レール 레일 [reil レイル]; (軌道)궤도 [kweːdo クェード]
レーンコート (雨着)비옷 [piot ピオッ]; 레인코트 [reinkʰoːtʰɯ レインコートゥ]
歴史 역사 [jɔksːa ヨクサ]
歴代 역대 [jɔkt'ɛ ヨクデ]
レコード 레코드 [rekʰoːdɯ レコードゥ]; (音盤)음반 [umban ウムバン]; (記録)기록 [kirok キログ]
レセプション 리셉션 [risepʃ'ɔn リセプション]
列 줄 [tʃul チュル]
列車 열차 [jɔltʃʰa ヨルチャ]
レフェリー 레퍼리 [repʰɔri レポリ]
レフト 레프트 [repʰɯtʰɯ レプトゥ]; (左・左側)왼쪽 [weːntʃ'ok ウェーンッチョク]; (左手)왼손 [weːnson ウェーンソン]; (左翼手) (野球の)좌익수 [tʃwaːiksːu チュアーイクス]
レポート 리포트 [ripʰoːtʰɯ リポートゥ]; (報告)보고 [poːgo ポーゴ]; (報告書)보고서 [poːgosɔ ポーゴソ]; (記事)기사 [kisa キサ]; (学生の論文)논문 [nonmun ノンムン]
恋愛 연애 [jɔːnɛ ヨーネ]
れんが 벽돌 [pjɔkt'ol ピョクトル]
連休 연휴 [jɔnhju ヨンヒュ]
レンギョウ 개나리 [kɛːnari ケーナリ]
連合 연합 [jɔnhap ヨンハプ]
連日 연일 [jɔnil ヨニル]
連中 (仲間)동료 [toŋnjo トンニョ]; (やから)패거리 [pʰɛgɔri ペゴリ]
連勝 연승 [jɔnsɯŋ ヨンスン]
連想 연상 [jɔnsaŋ ヨンサン]
練習 연습 [jɔːnsɯp ヨーンスプ]
レンズ 렌즈 [lendʒɯ レンジュ]
連続 연속 [jɔnsok ヨンソク]
連帯 연대 [jɔndɛ ヨンデ]　　　　「—
レンタカー 렌터카 [rentʰɔkʰaː レントカ
練炭 연탄 [jɔːntʰan ヨーンタン]
連絡 연락 [jɔllak ヨルラク]
連絡船 연락선 [jɔllaksːʼɔn ヨルラクソン]
連立内閣 연립 내각 [jɔllim nɛːgak ヨルリム ネーガク]

ろ

ロイヤルティー 로열티 [rojɔltʰi ロヨルティ]
労 (労苦) (部下の)노고 [nogo ノゴ]; (ご苦労) (仲介の)수고 [suːgo スーゴ]
ろうあ(聾啞) 농아 [noŋa ノンア]
労役 노역 [nojok ノヨク]
老化 노화 [noːhwa ノーファ]
廊下 복도 [poktˈo ポクト]
労組 노조 [nodʒo ノジョ]
老後 노후 [noːhu ノーフ]
老人 노인 [noːin ノーイン]; (年寄り)늙은이 [nulguni ヌルグニ]
ろうそく 초 [tʃʰo チョ]; 양초 [jaŋtʃʰo ヤンチョ]
漏電 누전 [nuːdʒɔn ヌージョン]
労働 노동 [nodoŋ ノドン]
労働運動 노동 운동 [nodoŋ uːndoŋ ノドン ウーンドン]
労働者 노동자 [nodoŋdʒa ノドンジャ]; (働く人)일꾼 [iːlkˈun イールックン]
労働力 노동력 [nodoŋnjok ノドンニョク]
朗読 낭독 [naːŋdok ナーンドク]; (朗唱)낭송 [naːŋsoŋ ナーンソン]
浪人 재수생 [tʃɛːsusɛŋ チェースセン]
浪費 낭비 [naːŋbi ナーンビ]
老母 노모 [noːmo ノーモ]
朗報 낭보 [naːŋbo ナーンボ]
労力 (無駄な)노력 [norjok ノリョク]; (骨折り) (がいがある)수고 [suːgo スーゴ]; (労働力) (安い)노동력 [nodoŋnjok ノドンニョク]; (人手) (足りない)일손 [iːlsːon イールソン]
老齢 노령 [noːrjɔŋ ノーリョン]
老練 노련 [noːrjɔn ノーリョン]
ローマ字 로마자 [roːmadʒa ローマジャ]
六 (6)여섯 [jɔsːɔt ヨソッ]; 육 [juk ユク]; 囲 륙 [rjuk リュク]; 융 [juŋ ユン]
録音 녹음 [nogɯm ノグム]

録画 녹화[nokʰwa ノクゥア]
六月 (6月)유월[juwʌl ユウォル]
六十 (60)육십[jukʃ'ip ユクシプ]; 예순[jesun イェスン]; 囲 륙십[rjukʃ'ip リュクシプ]
ろくでなし 변변치 않은[쓸모없는] 사람[pjʌnbjʌntʃʰi anɯn[s'ɯlmoɔnnɯn] sa:ram ピョンビョンチ アヌン[ッスルモオムヌン] サーラム]
ロケット 로켓[rokhet ロケッ]
露骨な (描写)노골적인[nogoltʃ'ogin ノゴルチョギン] 「(キル)
路地 골목(길)[ko:lmok (k'il) コールモク
露地 노지[nodʒi ノジ]; (空き地)한데(땅)ハーンデ(ッタン)]
露出 노출[notʃʰul ノチュル]
ロボット 로봇[robot ロボッ]
ロマンチック 로맨틱[romɛntʰik ロマンティク]
ロングラン 롱 런[loŋ rʌn ロン ロン]
論述 논술[nonsul ノンスル] 「ハダ]
論ずる (文学を)논하다[nonhada ノン
論説 논설[nonsʌl ノンソル]
論壇 논단[nondan ノンダン]
論点 논점[nontʃ'om ノンチョム]
論評 논평[nonpʰjʌŋ ノンピョン]
論文 논문[nonmun ノンムン]
論理的 논리적[nollidʒʌk ノルリジョク]

わ

…わ (いいお天気だ)…군요[-gunnjo -グンニョ]; (寒い)…요[-jo -ヨ]
輪 (リング)(耳)고리[gori ゴリ]; (円形)(なる)원형[wʌnhjʌŋ ウォンヒョン]
…羽 (カラス1)…마리[-mari -マリ]
ワープロ 워드 프로세서[wɔ:dɯ pʰɯrosesʌ ウォードゥ プロセソ]
ワールドカップ 월드 컵[wɔ:ldɯkhʌp ウォールドゥコプ]
ワールドシリーズ 월드 시리즈[wɔ:ldɯ ʃiri:dʒɯ ウォールドゥシリージュ]
歪曲 왜곡[wɛgok ウェゴク]
ワイシャツ 와이셔츠[waiʃʌ:tʃʰɯ ワイショーチュ]
わいせつ 외설[we:sʌl ウェーソル]
わいだん (卑猥な話)음담(패설)[umdam (pʰɛ:sʌl) ウムダム(ペーソル)]
ワイフ 와이프[waipʰɯ ワイプ]; (妻)처[tʃʰʌ チョ]
ワイヤ 와이어[waiʌ ワイオ]
賄賂 뇌물[nwemul ヌェムル]

ワイン 포도주[pʰododʒu ポドジュ]
我が (我の)나의[nae ナエ]; (我々の)우리(의)[uri(e) ウリ(エ)]
若い 젊다[tʃʌ:mt'a チョームタ]
若返る 젊어지다[tʃʌlmʌdʒida チョルモジダ]
我が国 우리 나라[uri nara ウリ ナラ]
沸かす (湯を)끓이다[k'ɯrida ックリダ]; (ふろを)데우다[teuda テウダ]; (熱狂させる)(聴衆を)열광시키다[jʌlgwaŋʃikʰida ヨルグァンシキダ]
若造 풋내기[pʰunnegi プンネギ]
分(か)ち書き 띄어 쓰기[t'ɯi s'ɯgi ッティオッスギ]
若手 (まかせる)젊은 축[tʃʌlmun tʃʰuk チョルムン チュク]; (起用する)젊은이[tʃʌlmuni チョルムニ]
若菜 봄나물[pomnamul ポムナムル]
わがままだ (利己的だ)(人)이기적이다[i:gidʒʌgida イーギジョギダ]; (自分勝手に)(行動する)제멋대로 굴다[tʃemʌt'ɛro ku:lda チェモッテロ クールダ]; (勝手気ままだ)(育つ)버릇없다[pʌrudʌpt'a ポルドプタ] 「ム]
我が身 자기(몸)[tʃagi(mom) チャギ(モワカメ 미역[mijʌk ミヨク]
若芽 새싹[sɛs'ak セッサク]
若者 젊은이[tʃʌlmuni チョルムニ]; (青年)청년[tʃʰʌŋnjʌn チョンニョン]
わからず屋 벽창호[pjʌktʃʰaŋho ピョクチャンホ]
わからない (よく)모르다[moruda モルダ]; (聞き取れない)(話を)못 알아듣다[mo:d aradu t'a モーダラドゥッタ]
わかる (知る)(事実を)알다[a:lda アールダ]; (さとる)(意味を)깨닫다[k'ɛdat'a ッケダッタ]; (聞き分ける)(真意を)알아듣다[aradut'a アラドゥッタ]
別れ (離別の)(夫婦の)이별[ibjʌl イビョル]; (夫と)헤어짐[hedʒim ヘオジム]
別れる (離れる)(妻と)헤어지다[he:odʒida ヘオジダ]; (離別する)(夫婦が)이별하다[ibjʌrhada イビョルハダ]
分かれる (党が2つに)갈라지다[kalladʒida カルラジダ]; (道が2つに)갈리다[kallida カルリダ]; (2組に)나누어지다[nanuʌdʒida ナヌオジダ]
脇 (抱える)겨드랑이[kjʌdɯraŋi キョドゥラン イ]; (シャツの)옆구리[jʌpk'uri ヨプクリ]; (目)곁[kjʌt キョッ]; (机の)옆[jʌp ヨプ]

沸き上がる (煮え立つ)(湯が)끓어 오르다[k'ɯro oruda ックロ オルダ]; (雲が)피어 오르다[pʰio oruda ピオ オルダ]; (喚声が)터져 나오다[tʰɔːdʑɔ naoda トージョ ナオダ]

わきまえる (識別・分別する)식별[분별]하다[ɕikp'jɔr[punbjɔr]hada シクピョル[プンビョル]ハダ]; (善悪を)가리다[karida カリダ]; (黒白を)분간하다[punganhada プンガンハダ]

脇道 (横道)옆길[jɔpk'il ヨプキル]; (抜け道)샛길[sɛːtk'il セーッキル]

脇目 (よそ見)한눈[haːnnun ハーンヌン]; 곁눈질[kjɔnnundʑil キョンヌンジル]

枠 (黒いテープの)테두리[tʰeduri テドゥリ]; (窓の)틀[tʰɯl トゥル]; (縁)(めがねの)테[tʰe テ]

沸く (お湯が)끓다[k'ɯltʰa ックルタ]; (煮立つ)(ふろが)뜨거워지다[t'ɯɡɔwɔdʑida ットゥゴウォジダ]

湧く (清水が)솟다[sotʰa ソッタ]; (温泉が)솟아 나다[sosanada ソサナダ]

惑星 행성[hɛŋsɔŋ ヘンソン]

ワクチン 백신[pɛkʃ'in ペクシン]

訳 (どういう)까닭[k'adak ッカダク]; (理由)(遅れた)이유[iːju イーユ]; (いきさつ)(深い)사정[saːdʑɔŋ サージョン]

分け前 (取り分・割り前)(多い)몫[mok モク]; (配当)(利益金の)배당[pɛːdaŋ ペーダン]

分ける (果物を)나누다[nanuda ナヌダ]; (根を)가르다[karɯda カルダ]

ワゴン 왜건[wɛɡɔn ウェゴン]

技 (技術)(運転の)기술[kiːsul キースル]; (技芸)(競う)기예[kiːje キーイェ]; (柔道・相撲などで)수[su ス]

業 (仕業)(あくどい)짓[tʃiːt チーッ]; (所行)(誰の)소행[soːhɛŋ ソーヘン]

わざと (故意に)(出なかった)고의로[koːiro コーイロ]; (知らん顔をする)일부러[ilburɔ イルブロ]

災い (禍)(こうむる)화[hwaː ファー]; (災難)(不意の)재난[tʃɛnan チェナン]; (災殃)(とんだ)재앙[tʃɛaŋ チェアン]

わざわざ (会いに行く)일부러[ilburɔ イルブロ]; (せっかく)(出かけた)모처럼[motʃʰɔrɔm モチョロム]; (強いて)(する必要がない)구태여[kutʰɛjɔ クテヨ]

ワシ(鷲) 독수리[toks'uri トクスリ]

わずか (差)불과[pulgwa プルグァ]; (少し)(残り)조금[tʃoɡum チョグム]

わずかだ (お米が)얼마 안 되다[ɔːlma an dweda オールマ アン ドゥェダ]; (とても少ない)(つまらないこと)사소하[sasohada サソハダ]; (少ない)(経験が)적다[tʃɔːkt'a チョークタ]

わずかに (少し)(右へ寄る)조금[tʃoɡum チョグム]; (若干)(お金が)약간[jak'an ヤクカン]

患う (胸を)앓다[altʰa アルタ]; (病気になる)(先月から)병이 나다[pjɔːŋi nada ビョーンイナダ]

煩わしい (仕事が)번거롭다[pɔŋɡɔropt'a ポンゴロプタ]; (問題が)귀찮다[kwitʃʰantʰa クィチャンタ]

忘れ物 잊은 물건[idʑɯn mulgɔn イジュン ムルゴン]; (遺失物)유실물[juɕilmul ユシルムル]

忘れる (恩を)잊다[itʰa イッタ]; (いやなことを)잊어버리다[idʑɔbɔrida イジョボリダ]

腸 (内臓)내장[nɛːdʑaŋ ネージャン]; (はらわた)(牛の)창자[tʃʰandʑa チャンジャ]

綿 솜[soːm ソーム]

話題 화제[hwadʑe ファジェ]; (話の種)이야깃 거리[jagitk'ɔri イヤギッコリ]

わだかまる (心に)응어리지다[ɯŋɔridʑida ウンオリジダ]; (不信の念が)도사리다[tosarida トサリダ]

私 나[na ナ]; 내[nɛ ネ]; 저[tʃɔ チョ]; 제[tʃe チェー]

私たち 우리[uri ウリ]; 우리들[uridɯl ウリドゥル]

私ども 저희[tʃɔhi チョヒ]

渡し船 나룻배[narutp'ɛ ナルッペ]

渡す (船で人を)건네다[kɔːnneda コーンネダ]; (荷物を)건네주다[kɔːnnedʑuda コーンネジュダ]; (伝える)(手紙を)전하다[tʃɔːnhada チョーンハダ]; (犯人を警察に)넘기다[nɔmgida ノムギダ]; (お金を)주다[tʃuda チュダ]; (板を)걸치다[kɔːltʃʰida コールチダ]

綿雪 함박눈[hambaknun ハムバンヌン]

渡り (橋)건널[kɔːnnɔm コーンノム]; (渡し場)나루터[narutʰɔ ナルト]; (舶来)…에서 건너온[-esɔ kɔːnnɔon -エソ コーンノオン]; (渡り歩く労働者)뜨내기[tunɛgi ットゥネギ]

渡り歩く (さまよい歩く)(あちこちを)떠돌아 다니다[t'ɔdora danida ットドラ

渡る

ダニダ］；（転々とする）（各地を）전전하다 [tɕɔːndʑɔnhada チョーンジョンハダ］

渡る （川を）건너다 [kɔːnnɔda コーンノダ］；（家が人手に）넘어가다 [nɔmɔgada ノモガダ］；（10年に）걸치다 [kɔːltɕʰida コールチダ］；（及ぶ）（細部に）이르다 [iruda イルダ］

わっしょい （이）영차 [(i) jɔŋtɕʰa (イ)ヨンチャ］

話頭 말머리 [maːlmɔri マールモリ］

罠 올가미 [olgami オルガミ］；（落とし穴）덫 [tɔt トッ］；（陥穽）함정 [haːmdʑɔŋ ハームジョン］

わななく （恐ろしさに）떨다 [tʼɔːlda ットールダ］；（全身が）떨리다 [tʼollida ットリダ］

ワニ（鰐） 악어 [agɔ アゴ］

わびしい （ものさびしい）（山里の景色）쓸쓸하다 [sʼulsʼurhada ッスルッスルハダ］；（1人住まい）적적하다 [tɕʰɔktɕʼɔkhada チョクチョクカダ］

詫びる （ご無沙汰を）사과하다 [saːgwahada サーグァハダ］；（過ちを）사죄하다 [saːdʑwehada サージュェハダ］

わめく （叫ぶ）（大声で）외치다 [weːtɕʰida ウェーチダ］；（声を張りあげて）부르짖다 [purudʑitʼa ププルジッタ］；（泣き）울부짖다 [ulbudʑitʼa ウルブジッタ］

藁 짚 [tɕip チプ］

笑い 웃음 [usum ウスム］

笑う （にこにこ）웃다 [utʼa ウーッタ］

わらじ 짚신 [tɕipɕin チプシン］

ワラビ 고사리 [kosari コサリ］

わらぶきの家 초가집 [tɕʰogadʑip チョガジプ］

わらべ 어린이（들）[ɔrini(dul) オリニ(ドゥル)］

割(り) （割り当て）할당 [haltʼaŋ ハルタン］；（水割り）물탐 [multʰam ムルタム］；（割合）비율 [piːjul ピーユル］

割合 （比率）비율 [piːjul ピーユル］；（割合に）비교적 [piːgjodʑɔk ピーギョジョク］；（涼しい）제법 [tɕjebɔp チェボプ］；（意外に）順調だ）뜻밖에 [tʼɯtpʼakʼe ットゥッパケ］

割(り)勘 각자 부담 [kaktɕʼa buːdam カクチャ ブーダム］

割(り)切る （考え）(깨끗이) 받아들이다 [(kʼɛkʼɯɕi) padadɯrida (ッケックシ) パダドゥリダ］

割(り)切れる （9は3で）나누어지다 [naːnuɔdʑida ナヌオジダ］；（納得）납득되다 [naptʼuktʼweda ナプトゥクトゥェダ］

割(り)算 나눗셈 [nanusʼem ナヌッセム］

割付 레이아웃 [leiauthɯ レイアウトゥ］

割りばし 소독저 [sodoktɕʼɔ ソドクチョ］

割引 할인 [harin ハリン］

割(り)増し 할증 [haltɕʼɯŋ ハルチュン］

割る （薪を）빠개다 [pʼagɛda ッパゲダ］；（スイカを）쪼개다 [tɕʼogeda ッチョゲダ］；（ガラスを）깨뜨리다 [kʼɛtʼɯrida ッケットゥリダ］；（額を）깨다 [kʼɛːda ッケーダ］；（水を）타다 [tʰada タダ］；（数字を）나누다 [nanuda ナヌダ］

悪い （頭が）나쁘다 [napʼuda ナップダ］；（人が）못 되다 [moːtʼweda モートゥェダ］

悪口 （たたく）욕 [jok ヨク］；（浴びせる）욕설 [joksʼɔl ヨクソル］；（憎まれ口）악담 [aktʼam アクタム］

ワルツ 왈츠 [waltɕʰɯ ワルチュ］

悪ふざけ 못된 장난 [moːtʼwen tɕaŋnan モートゥェン チャンナン］

我 나 [na ナ］；우리 [uri ウリ］

我知らず 나도 모르게 [nado morɯge ナド モルゲ］；（無意識に）무의식중에 [muiɕiktɕʼuŋe ムイシクチュンエ］

割れ目 금 [kɯm クム］

我ら 우리(들) [uri(dul) ウリ(ドゥル)］

割れる （皿が）깨지다 [kʼɛːdʑida ッケージダ］；（額が）터지다 [tʰɔːdʑida トージダ］；（薪が）쪼개지다 [tɕʼogedʑida ッチョゲジダ］；（地面が）갈라지다 [kalladʑida カルラジダ］；（分裂する）（党が）분열되다 [punjoldweda プニョルドウェダ］；（夫婦の仲が）금이 가다 [kɯmi kada クミ カダ］；（秘密が）드러 나다 [tɯrɔ nada トゥロ ナダ］

我々 우리(들) [uri(dul) ウリ(ドゥル)］

腕章 완장 [waːndʑaŋ ワーンジャン］

ワンダフル 원더풀 [wɔndɔpʰul ウォンドプル］

わんぱく （いたずらっ子）장난 꾸러기 [tɕaŋnan kʼurɔgi チャンナン ックロギ］；（やんちゃ坊主）개구쟁이 [kɛgudʑɛŋi ケグジェンイ］

ワンピース 원피스 [wɔnpʰiːsu ウォンピース］

ワンマンカー 원맨카 [wɔnmɛn kʰaː ウォンメン カー］；（1人の運転バス）나홀로 운전 버스 [nahollo uːndʑɔn bɔsɯ ナ ホルロ ウーンジョン ボス］

を

…を （手紙）…를 [-rɯl -ルル］；（新聞）…을 [-ɯl -ウル］

■韓国・朝鮮語基礎漢字リスト

* ：印は長音，(ː)は長音，または短音に発音する．
* ( )は日本語漢字，韓国でもたびたび用いられている．

●가	kam カム	gɛːŋ ゲーン	ge ゲ	景	固	●과
ka カ	gam ガム	(갱)	揭(掲):	傾	姑	kwa クァ
ga ガ	甘	kjɔŋ キョン	憩:	孤	gwa グァ
可:	敢:	gjɔŋ ギョン	經(経)	苦	戈
加	減:	更(更)	輕(軽)	故:	瓜
佳:	感:		●격	境:	枯	果:
架	監	●거	kjɔk キョク	慶:	庫	科
家	鑑	kɔ コ	gjɔk ギョク	鏡:	高	誇:
假(仮):		gɔ ゴ	格	競:	稿	過(過):
街	●갑	去	隔(隔)	警:	鼓	寡
暇	kap カプ	巨:	激	驚	顧(顧)	課
嫁	gap ガプ	居	擊(撃)		
歌	甲	拒:		●경	●곡	●곽
價(価)		距:	●견	kjɔŋ キョン	kok コク	kwak クァク
	●강	擧(挙):	kjɔn キョン	gjɔŋ ギョン	gok ゴク	gwak グァク
●각	kaŋ カン		gjɔn ギョン	(갱)	曲	郭
kak カク	gaŋ ガン	●거	犬	kɛːŋ ケーン	谷
gak ガク	江	kɔ コ	見:	gɛːŋ ゲーン	哭	●관
各	降:	gɔ ゴ	肩(肩)	更(更)	穀(穀)	kwan クァン
却	姜	(차)	堅			gwan グァン
角	剛	tɕʰa チャ	牽	●계	●곤	官
刻	康	車	絹	ke ケ	kon コン	冠
脚	強・強(ː)		遣(遣)	ge ゲ	gon ゴン	貫(ː)
閣	綱	●건		戒:	困	慣
覺(覚)	鋼	kɔn コン	●결	系:	坤	管:
	講(講):	gɔn ゴン	kjɔl キョル	季:	昆	寬(寛)
●간		件	gjɔl ギョル	屆・届		館(館)
kan カン	●개	建(建)	決	係:	●골	關(関)
gan ガン	kɛ ケ	乾	缺(欠)	契(契):	kol コル	觀(観)
干	gɛ ゲ	健(健):	結	界:	gol ゴル	
刊	介:		潔(潔)	癸:	骨	●광
肝:	改:	●걸		計:		kwaŋ クァン
姦	皆	kɔl コル	●겸	桂	●공	gwaŋ グァン
看	個	gɔl ゴル	kjɔm キョム	啓(啓):	koŋ コン	光
間(ː)	開	乞	gjɔm ギョム	械:	goŋ ゴン	狂
幹	慨(概):	傑	兼(兼)	階	工	胱
簡	蓋:		謙(謙)	溪(渓)	公(公)	廣(広):
	概(概):	●검		繼(継):	孔:	鑛(鉱):
●갈		kɔm コム	●경	鷄(鶏)	功	
kal カル	●객	gɔm ゴム	kjɔŋ キョン		共(ː)	●괘
gal ガル	kɛk ケク	儉(倹)	gjɔŋ ギョン	●고	攻:	kwɛ クェ
渴(渇)	gɛk ゲク	劍(剣)	京	ko コ	供:	gwɛ グェ
喝(喝)	客	檢(検)	徑(径)	go ゴ	空(空)	卦
褐(褐)			耕(耕)	古:	恐:	掛
	●갱	●게	頃	考	恭	
●감	kɛːŋ ケーン	ke ケ	硬	告(告):	貢:	●괴

韓国・朝鮮語基礎漢字リスト

kwe クェ	●국	歸(帰)	勤(勤)	幾	nak ナク	naŋ ナン
gwe グェ	kuk クク	謹(謹):	期	(락)	娘
怪:	guk グク	●귀	棄	rak ラク	
拐(拐)	局	kwi クィ	欺	(악)	●낭
塊(塊)	國(国)	gwi グィ	旗	ak アク	naŋ ナン
壞(壊):	菊	(구)	畿	樂(楽)	(랑)
		ku ク	器		raŋ ラン
●교	●군	gu グ	機	●난	浪
kjo キョ	kun クン	(규)	騎	nan ナン	狼
gjo ギョ	gun グン	禁:		暖(暖):	郞(郎)
巧	君	今	●긴	難(難):	朗(朗):
交(交)	軍	琴	kin キン		廊(廊)
郊	郡	禽	gin ギン	●난	
校(校)	群	錦:	緊	nan ナン	●내
教(教):		襟:		(란)	nɛ ネ
較	●굴	龜(亀)	●규	ran ラン	乃
橋	kul クル		kju キュ	卵:	內(内):
矯:	gul グル	●금	gju ギュ	亂(乱):	耐:
	屈	kum クム	叫	蘭(蘭)	
●구	窟	gum グム	圭	欄(欄)	●내
ku ク		(김)	規		nɛ ネ
gu グ	●궁	kim キム		●날	(래)
九	kuŋ クン	金	●금	nal ナル	rɛ レ
久:	guŋ グン		kum クム	(랄)	來(来)
口:	弓	●급	gum グム	ral ラル	
丘	宮	kup クプ	(금)	刺	●냉
句	窮	gup グプ	kum クム	辣	nɛŋ ネン
求		及(及)	gum グム		(랭)
究	●권	急	金	●남	rɛŋ レン
具(具)	kwɔn クォン	級(級)		nam ナム	冷:
拘	gwɔn グォン	給	●긍	男	
狗	券(券)		kuŋ クン	南	●녀
俱(俱)	卷(巻):	●균	guŋ グン		njo ニョ
區(区)	拳(拳)	kjun キュン	肯:	●나	(여)
救	勸(勧)	gjun ギュン		na ナ	jo ヨ
球	權(権)	(귀)	●기	(라)	女
構(構)		gu ク	ki キ	ra ラ	
歐(欧)	●궐	gu グ	gi ギ	裸:	●년
舊(旧):	kwɔl クォル	龜(亀)	己	羅	njɔn ニョン
驅(駆)	gwɔl グォル		企:		(연)
鷗	厥	●극	忌	●낙	jɔn ヨン
		kuk クク	技	nak ナク	年
●구	●궤	guk グク	汽	諾	
ku ク	kwe クェ	克	基		●념
gu グ	gwe グェ	極	奇	nap ナプ	njɔm ニョム
(귀)	軌:	劇	祈(祈)	納(納)	(염)
kwi クィ			紀		jɔm ヨム
gwi グィ	●귀	●근	記	●납	念:
(균)	kwi クィ	kun クン	起	nap ナプ	
kjun キュン	gwi グィ	gun グン	基	(랍)	●녕
gjun ギュン	鬼:	斤	旣(既)	rap ラプ	njɔŋ ニョン
龜(亀)	貴:	近(近):	飢(飢)	拉	(령)
		根			
		僅		●낭	

韓国・朝鮮語基礎漢字リスト

rjɔŋ リョン	(뢰)	單(単)	德(德)	洞:	樂(楽)	冷:
寧	rwe ルェ	短(:)	凍:			
●노	酪	團(団)	桐	●도	●란	●략
no ノ	雷	端	動:	to ト	ran ラン	rjak リャク
奴		壇	童	do ド	(난)	(약)
努	●뇨	檀	銅	刀	nan ナン	jak ヤク
怒:	njo ニョ	斷(断):	到:	到	卵:	掠
	(요)		度:		亂(乱):	略
●노	jo ヨ	●달	挑	●두	蘭(蘭)	
no ノ	尿	tal タル	倒:	tu トゥ	欄(欄)	●량
(로)		dal ダル	島	du ドゥ		rjaŋ リャン
ro ロ	●누	達(達)	徒	斗	●랄	(양)
老:	nu ヌ		桃	豆	ral ラル	jaŋ ヤン
勞(労)	(루)	●담	逃	頭	(날)	良
路:	ru ル	tam タム	途(途)		nal ナル	兩(両)
露:	淚(涙):	dam ダム	都(都)	●둔	刺	涼(涼)
爐(炉)	累:	淡:	陶	tun トゥン	辣	梁
	漏:	談	渡:	dun ドゥン		諒
●녹	樓(楼)	潭	盗(盗)	鈍:	●람	糧
nok ノク		擔(担)	圖(図)		ram ラム	
(록)	●능		跳	●득	(남)	●려
rok ロク	nɯŋ ヌン	●답	道(道):	tuuk トゥク	nam ナム	rjɔ リョ
鹿	能	tap タプ	稻(稲)	duuk ドゥク	濫	(여)
祿(禄)		dap ダプ	導(導):	得	藍	jɔ ヨ
綠(緑)	●능	畓			覽(覧)	旅(旅)
錄(録)	nɯŋ ヌン	踏	●독	●등		慮:
	(릉)		tok トク	tuŋ トゥン	●랍	勵(励)(:)
●논	rɯŋ ルン	●당	dok ドク	duŋ ドゥン	rap ラプ	麗(:)
non ノン	陵	taŋ タン	毒	登	(납)	
(론)		daŋ ダン	督	等:	nap ナプ	●력
ron ロン	●니	唐	獨(独)	燈(灯)	拉	jɔk リョク
論	ni ニ	堂	篤			(역)
	泥	當(当)	讀(読)	●라	●랑	jɔk ヨク
●농		糖		ra ラ	raŋ ラン	力
noŋ ノン	●다	黨(党)	●돈	(나)	(낭)	曆(暦)
農	ta タ		ton トン	na ナ	naŋ ナン	歷(歴)
濃	da ダ	●대	don ドン	裸	浪	
	多	tɛ テ	豚	羅	狼	●련
●농		dɛ デ	敦		郎(郎):	rjɔn リョン
noŋ ノン	●다	大:		●락	朗(朗):	(연)
(롱)	ta タ	代:	●돌	rak ラク	廊(廊)	jɔn ヨン
roŋ ロン	da ダ	待:	tol トル	(낙)		連(連)
弄:	(차)	帶(帯)	dol ドル	nak ナク	●래	憐
	tʰa チャ	貸:	突(突)	洛	rɛ レ	蓮(蓮)
●뇌	茶	隊(隊)	乭	絡	(내)	練(練)
nwe ヌェ		對(対):		落	nɛ ネ	聯(連)
惱(悩)	●단	臺(台)	●동		來(来)	鍊
腦(脳)	tan タン		toŋ トン	●락		鍊:
	dan ダン	●덕	doŋ ドン	rak ラク	●랭	戀(恋):
●뇌	丹	tɔk トク	冬	(낙)	rɛŋ レン	
nwe ヌェ	但:	dɔk ドク	同	nak ナク	(냉)	●렬
	段		東	ak アク	nɛŋ ネン	rjɔl リョル

付

(열) jɔl ヨル 列 劣 烈 裂	綠(緑) 錄(録) ●론 ron ロン (논) non ノン 論	柳(:) 流 留 類(類):	李: 里: 梨: 理: 裏: 履:	●망 maŋ マン 亡(亡): 忙(忙) 妄(妄) 忘(忘)	●모 mo モ 毛: 母: 矛 某:	默(黙) ●문 mun ムン 文(文) 門: 問:
●렴 rjɔm リョム (염) jɔm ヨム 廉(廉)	●롱 roŋ ロン (농) noŋ ノン 弄:	●륙 rjuk リュク (육) juk ユク 六 陸	離 ●린 rin リン (인) in イン 隣	望(望) 網(網) ●매 mɛ メ 毎(毎): 妹: 埋	帽: 募 貌 慕: 模 暮: 謀	聞: ●물 mul ムル 勿 物
●령 rɔŋ リョン (영) jɔŋ ヨン 令 零 領 嶺 靈(霊)	●뢰 rwe ルェ 賴(頼) ●뢰 rwe ルェ (뇌) nwe ヌェ 賂 雷	●륜 rjun リュン (윤) jun ユン 倫 輪 ●률 rjul リュル (율) jul ユル 律 栗	梅(梅) 媒 買: 賣(売): ●맥 mɛk メク 脈(脈) 麥(麦)	●림 rim リム (임) im イム 林 臨 ●립 rip リプ (입) ip イプ 立	●목 mok モク 木 目 沐 牧 睦 ●몰 mol モル 沒(没)	●미 mi ミ 未: 米: 尾: 味: 眉 美: 迷(迷) 微(微) 謎
●령 rjɔŋ リョン (녕) njɔŋ ニョン 寧	●료 rjo リョ (요) jo ヨ 了: 料	●륭 rjuŋ リュン (융) juŋ ユン jul ユル (솔) sol ソル 率(率)	●마 ma マ 馬: 麻 摩 磨	●맹 mɛŋ メン 孟: 盲(盲) 猛: 盟	●몽 moŋ モン 夢: 蒙	●민 min ミン 民 敏(敏) 憫
●례 re レ (예) je イェ 例: 禮(礼)	●룡 rjoŋ リョン (용) joŋ ヨン 龍(竜)	●릉 rjuŋ リュン (융) juŋ ユン 隆(隆)	●막 mak マク 莫 幕 漠	●면 mjɔn ミョン 免(免): 勉 面: 眠 綿 麵	●묘 mjo ミョ 卯: 妙: 苗: 描: 墓:	●밀 mil ミル 密 蜜
●로 ro ロ (노) no ノ 老: 勞(労) 路: 露: 爐(炉)	●루 ru ル (누) nu ヌ 涙(涙): 累: 漏: 樓(楼)	●리 ri リ (이) i イ 吏(吏): 利:	●만 man マン 晩: 萬(万): 慢: 滿(満)(:) 漫: 蠻(蛮)	●멸 mjɔl ミョル 滅 ●명 mjɔŋ ミョン 名 命: 明	●무 mu ム 武: 茂: 務: 無 貿: 舞: 霧:	●박 pak パク bak パク 朴 拍 泊 迫(迫) 舶 博(博) 薄(薄)
●록 rok ロク (녹) nok ノク 鹿 祿(禄)	●류 rju リュ (유) ju ユ	●말 mal マル 末	●명 mjɔŋ ミョン 冥 銘 鳴	●묵 muk ムク 墨	●반 pan パン ban バン 反:	

半(半):	bɛk ベク	●별	boŋ ボン	●분	sak サク
返(返):	白	pjʌl ピョル	奉:	pun プン	削(削)
叛(叛):	百	bjʌl ピョル	封	bun ブン	朔
班	伯	別	逢(逢)	分(分)	●빈	●산
斑			峯(峰)	奔	pin ピン	san サン
般	●번	●병	蜂	盆(盆)	bin ビン	山
飯(飯)	pʌn ポン	pjʌŋ ピョン	鳳	粉(粉)	頻	産(産):
盤:	bʌn ボン	bjʌŋ ビョン		紛(紛)	賓(賓)	散:
	番	丙(丙)	●부	焚		傘
●발	煩	兵	pu プ	雰(雰):	●빙	算(算)
pal パル	繁	倂:	bu ブ	噴:	piŋ ピン	酸
bal バル	飜・翻	炳	夫	墳:	biŋ ビン	
拔(抜)		病:	父(父)	憤:	氷	●살
發(発)	●벌	並(並)	否:	奮:	聘	sal サル
髮(髪)	pʌl ポル	瓶	扶			(쇄)
	bʌl ボル		府	●불	●사	swɛ: スェー
●방	伐	●보	附:	pul プル	sa サ	殺
paŋ パン	罰	po ポ	負:	bul ブル	士:	
baŋ バン	閥	bo ボ	赴:	弗	巳:	●삼
方		步	浮(浮)	佛(仏)	仕	sam サム
妨	●범	保	部	拂(払)	史(史):	三
邦(邦)	pʌm ポム	報:	副:		司	參・蔘(参)
防	bʌm ボム	普	符	●불	四:	森
房(房)	凡	補	婦(婦)	pul プル	寺	
放:	犯:	譜:	富:	bul ブル	死:	●상
芳:	汎:	寶(宝):	腐	(부)	似:	saŋ サン
倣:	範:		膚	pu プ	私	上:
訪:		●복	簿(簿)	bu ブ	邪	床
傍	●법	pok ポク	不	不	沙	狀(状)
	pʌp ポプ	bok ボク			事	尙(尚)
●배	bʌp ボプ	卜	●부	●붕	使	相
pɛ ペ	法	伏	pu プ	puŋ プン	社(社):	桑
bɛ ベ		服	bu ブ	buŋ ブン	祀	商
杯	●벽	腹	(불)	朋(朋)	舍(舎)	常
拜(拝):	pjʌk ピョク	福(福)	pul プル	崩(崩)	思	祥(祥)
背:	bjʌk ビョク	複	bul ブル		査	喪
倍:	碧		不	●비	砂	象
配:	壁	●복		pi ピ	射	傷
培		pok ポク	●부	bi ビ	師	想:
排	●변	bok ボク	pu: プー	比:	捨(捨)	詳:
裹・裴	pjʌn ピョン	(부)	bu: ブー	妃:	斜	像
輩	bjʌn ビョン	pu: プー	(복)	批:	蛇	裳
	辨(弁):	bu: ブー	pok ポク	肥:	斯	賞
●배	邊(辺)	復	bok ボク	非	絲(糸)	償
bɛ ベ	辯(弁)		復	卑:	詞	霜
(북)	變(変):	●본		飛	詐	
puk プク		pon ポン	●북	祕(秘):	寫(写)	●새
buk ブク	●변	bon ボン	puk プク	婢	賜:	sɛ: セー
北	pjʌn ピョン	本	buk ブク	備:	謝:	(색)
	(편)		(배)	悲	辭(辞)	sɛk セク
●백	pʰjʌn ピョン	●봉	bɛ ベ	費:		塞
pɛk ペク	便(便)	poŋ ポン	北	碑	●삭	

●색 sɛk セク 色 索	善: 選(選): 線 禪(禅) 鮮	●세 se: セー (설) sɔl ソル 說(説)	頌(頌): 誦: ●쇄 swe: スェ 刷: 碎(砕): 鎖(鎖):	熟 ●순 sun スン 旬 巡(巡) 盾 殉 純	●식 ʃik シク 式 食 息 飾(飾) 植 識	●아 a ア 牙 兒(児) 我 阿 芽
●색 sɛk セク (새) sɛ: セー 塞	●설 sɔl ソル 舌 設 雪(雪)	●소 so ソ 小: 少: 召 所(所):	●쇄 swɛ: スェー (살) sal サル 殺	脣(唇) 順: 瞬 ●술 sul スル 戌	●신 ʃin シン 申 伸 臣 辛 信:	亞(亜): 雅 餓(餓): ●악 ak アク 握
●생 sɛŋ セン 生	●설 sɔl ソル (세) se: セー 說(説)	昭 消(消) 笑: 素(:) 掃(掃) 遣 疎	swe スェ 衰(衰) ●수 su ス 手	述(述) 術(術) ●숭 suŋ スン 崇	娠 神(神) 晨 紳: 愼(慎) 新	嶽(岳) ●악 ak アク (오) o: オー
●생 sɛŋ セン (성) sɔŋ ソン 省	說(説) ●섭 sɔp ソプ 涉 燮(変) 攝(摂)	訴 燒(焼) 蘇 騷(騒) ●속	水 囚 收(収) 守 秀	●습 sup スプ 習(習) 拾 濕(湿)	●실 ʃil シル 失 室 實(実)	惡(悪) ●악 ak アク (락)
●서 sɔ ソ 西 序: 徐 書 庶: 敍(叙): 暑(暑): 署(署): 緒(緒)	●성 sɔŋ ソン 成 姓: 性: 城 星 盛 聖(聖): 誠 聲(声)	sok ソク 束 俗 速(速) 粟 屬(属) 續(続) ●손 son ソン	受 帥 首 垂 修 殊 授 隋(随) 須	襲 ●승 suŋ スン 升 承 昇 乘(乗) 勝(勝): 僧(僧)	●심 ʃim シム 心 沈: 甚: 深 尋(尋) 審:	rak ラク (낙) nak ナク 樂(楽) ●안 an アン 安 岸 案: 眼:
●석 sɔk ソク 夕 石 昔 析 席 惜 碩 錫 釋(釈)	●성 sɔŋ ソン (생) sɛŋ セン 省 ●세 se セ 世: 洗: 貰: 細: 稅(税): 勢: 歲(歳):	孫 損: ●솔 sol ソル (률) rjul リュル (율) jul ユル 率(率) ●송 soŋ ソン 宋: 松: 送(送): 訟:	愁 睡 壽(寿) 需 數(数): 誰 輸(輸) 樹 獸(獣) ●숙 suk スク 叔 宿 淑 肅(粛)	●시 ʃi シ 市: 矢: 示: 侍: 始: 施: 是: 時: 視(視): 試: 詩	●십 ʃip シプ 十 拾 ●쌍 s'aŋ ッサン 雙(双) ●씨 ʃ'i ッシ 氏	雁(:) 顏(顔) ●암 am アム 岩 暗: 癌 巖(巌) ●압 ap アプ 押 鴨 壓(圧)

●선
sɔn ソン
仙
先
宣
旋
船(船)

●앙	jaŋ ヤン	rjo リョ	連(連)	詠:	ok オク	尿
aŋ アン	(량)	旅(旅)	憐	榮(栄)	玉	●요
央	rjaŋ リャン	慮	練(練)	影:	屋	jo ヨ
仰:	良	勵(励)(:)	聯(聯)	營(営)	獄	(뇨)
	兩(両)	麗(:)	蓮(蓮)			njo ニョ
●애	涼(涼)		鍊(錬):	●영	●온	(묘)
ε エ	梁	●여	戀(恋)	joŋ ヨン	on オン	rjo リョ
哀	量	jo ヨ		(령)	溫(温)	料
涯	諒	(녀)	●열	rjoŋ リョン	穩(穏)	
愛:	糧	njo ニョ	jol ヨル	令		●욕
		女	悅(悦)	零	●옹	jok ヨク
●액	●어		熱	領	oŋ オン	浴
εk エク	ɔ オ	●역	閱(閲)	嶺	翁(翁)	辱
厄	於	jok ヨク		靈(霊)		慾・欲(欲)
液	魚	亦	●열		●와	
額	御:	役	jol ヨル	●예	wa ワ	●용
	漁	易	(렬)	je イェ	瓦	joŋ ヨン
●야	語:	逆(逆)	rjol リョル	e エ	臥:	用:
ja ヤ		疫	列	預		勇
也:	●억	域	劣	銳(鋭)	●완	容
夜:	ɔk オク	譯(訳)	烈	豫(予):	wan ワン	庸
耶	抑	驛(駅)	裂	藝(芸):	完	
野:	億			譽(誉):	緩(緩):	●용
	憶	●역	●염			joŋ ヨン
●약		jok ヨク	jom ヨム	●예	●왈	(룡)
jak ヤク	●언	(력)	炎	je イェ	wal ワル	rjoŋ リョン
若	ɔn オン	rjok リョク	染:	e エ	曰	龍(竜)
約	言	力	鹽(塩)	(례)		
弱(弱)	焉	曆(暦)		re レ	●왕	●우
藥(薬)	諺(諺):	歷(歴)	●염	例:	waŋ ワン	u ウ
			jom ヨム	禮(礼)	王	又(又):
●약	●엄	●연	(렴)		往	于
jak ヤク	ɔm オム	jon ヨン	rjom リョム	●오		友:
(략)	嚴(厳)	延(延)	廉(廉)	o オ	●외	尤
rjak リャク		捐		五:	we ウェ	牛
略	●업	沿(沿)	●염	午:	外	右:
掠	ɔp オプ	宴	jom ヨム	伍:	畏	宇
	業	研(研):	(념)	汚		羽(羽)
●양		軟	njom ニョム	吳(呉)	●요	雨:
jaŋ ヤン	●여	然	念:	吾	jo ヨ	郵
羊	jo ヨ	硯:		娛(娯):	凹	偶
洋	予:	煙(煙)	●엽	烏	要(要)	遇(遇):
陽	如	鉛(鉛)	jop ヨプ	傲	搖(揺)	愚
揚	汝	演	葉	誤(誤):	腰(腰)	憂
楊	余	緣(縁)			遙(遥)	優
樣(様)	與(与):	燃	●영	●오	謠(謡)	
養:	餘(余)	燕	joŋ ヨン	o: オー	曜(曜)	●운
壤(壌)	輿:		永:	(악)		un ウン
孃(嬢)		●연	迎(迎)	ak アク	●요	云
讓(譲):	●여	jon ヨン	泳:	惡(悪)	jo ヨ	運(運)
	jo ヨ	(련)	英		(뇨)	韻:
●양	(려)	rjon リョン	映:	●옥	njo ニョ	

●웅 uŋ ウン 雄 熊	猶(猶) 裕 愈(愈) 遊(遊) 維	rjul リュル (舎) sol ソル 率(率)	ui ウィ (이) i イ 宜 義	人 仁 引: 印 因	刺: 姉 姿(姿) 者(者) 茲	障 奬(奨): 藏(蔵) 醬(醤) 贓
●원 wɔn ウォン 元 怨: 院 原 員 圓(円) 援(援): 遠(遠): 園 源 願:	誘 遺(遺) 儒 ●유 ju ユ (류) rju リュ 柳(:) 流 留 類(類)(:)	●융 juŋ ユン 融 ●륭 juŋ ユン (륭) rjuŋ リュン 隆(隆) ●은 ɯn ウン 恩 銀	意: 議 ●이 i イ 二: 已: 以: 而 耳: 異: 移 貳(弍):	忍(忍) 姻 寅 認(認) ●인 in イン (린) rin リン 隣 ●일 il イル 一	恣 紫 慈 資(資)(:) ●작 tʃak チャク dʒak ジャク 作 昨 酌 爵(爵) ●잔 tʃan チャン dʒan ジャン	●재 tʃɛ チェ dʒɛ ジェ 才 再: 在: 材 災 財 裁: 載: ●쟁 tʃɛŋ チェン
●월 wɔl ウォル 月 越	●륙 juk ユク 肉 育	隱(隠) ●을 ul ウル 乙	●이 i イ (리) ri リ	日 逸(逸) 壹(壱)	殘(残) ●잠 tʃam チャム	dʒɛŋ ジェン 爭(争) ●저
●위 wi ウィ 危 位 委 威 爲(為) 胃 僞(偽) 偉 圍(囲) 違(違) 慰 緯 衞(衛)	●륙 juk ユク (륙) rjuk リュク 六 陸 ●윤 jun ユン 尹 潤: ●윤 jun ユン (륜) rjun リュン 倫 輪	●음 ɯm ウム 吟 音 陰 淫 飮 ●읍 ɯp ウプ 邑 泣 ●응 ɯŋ ウン 應(応):	吏: 利: 李 里 梨 理 裏 履: 離 ●이 i イ (의) ui ウィ 宜 義 意:	●임 im イム 壬 任 賃 潛(潜) 蠶(蚕) ●임 im イム (림) rim リム 林 臨 ●입 ip イプ 入	dʒam ジャム 暫: 潛(潜) 蠶(蚕) ●잡 tʃap チャプ dʒap ジャプ 雜(雑) ●장 tʃaŋ チャン dʒaŋ ジャン 丈(丈) 壯(壮): 長 莊(荘) 將(将)	tʃɔ チョ dʒɔ ジョ 低: 底: 抵: 著(著): 貯: ●적 tʃɔk チョク dʒɔk ジョク 赤 的 寂 笛 賊 跡 摘 滴 敵 適(適) 積
●유 ju ユ 幼 由 有: 酉 乳(乳) 油 幽 柔 唯 悠	●율 jul ユル (률) rjul リュル 律 栗 ●율 jul ユル (률)	●의 ui ウィ 衣 矣 依 疑 儀 醫(医) ●의	議 ●익 ik イク 匿 益(益) 翊 溺(溺) 翼(翼) ●인 in イン	ip イプ (립) rip リプ 立 ●자 tʃa チャ dʒa ジャ 子 字 自	帳 張 章 場 掌: 粧 葬: 腸 裝(装):	績 蹟 籍(籍) ●전

tɕɔn チョン	庭	燥	住:	贈(贈)	집	참
dʑɔn ジョン	政		走:	證(証)	tɕip チプ	tɕʰam チャム
田	訂	●족	周(周)		dʑip ジプ	站:
全	貞	tɕok チョク	宙	●지	執	參(参)
典:	停	dʑok ジョク	注:	tɕi チ	集	斬
前(前)	情(情)	足	柱	dʑi ジ		慘(惨)
專(專)	淨(浄)	族	洲	之	●징	
展:	頂		株	支	tɕiŋ チン	●창
電:	程(程)	●존	酒	止	dʑiŋ ジン	tɕʰaŋ チャン
傳(伝)	精(精)	tɕon チョン	晝(昼)	地	徵(徴)	昌
錢(銭):	靜(静)	dʑon ジョン	週(週)	池	懲(懲)	倉
戰(戦):	鄭:	存	註	至		唱
轉(転):	整	尊(尊)	駐	志	●차	窓
				枝	tɕʰa チャ	創:
●절	●제	●졸	●죽	知	次(次)	脹:
tɕɔl チョル	tɕe チェ	tɕol チョル	tɕuk チュク	持	此	滄
dʑɔl ジョル	dʑe ジェ	dʑol ジョル	dʑuk ジュク	指	借	蒼
折	弟:	卒	竹	紙	差	暢
絶	制:	拙		智		
節(節)	帝:		●준	誌	●차	●채
	除	●종	tɕun チュン	遲(遅)	tɕʰa チャ	tɕʰɛ チェ
●절	祭:	tɕoŋ チョン	dʑun ジュン		(거)	采(采):
tɕɔl チョル	第:	dʑoŋ ジョン	俊:	●직		彩(彩)
dʑɔl ジョル	堤	宗	準:	kɔ コ	●차	採(採):
(체)	提	從(従)	遵(遵)	gɔ ゴ	tɕʰa チャ	菜(菜):
tɕʰe チェ	齊(斉)	終(終)		車	(다)	債:
切	際	種	●중	直	ta タ	
	製	綜	tɕuŋ チュン	織	da ダ	●책
●점	濟(済)	縱(縦)	dʑuŋ ジュン	職	茶	tɕʰɛk チェク
tɕɔm チョム	諸(諸)	鍾	中			冊(冊)
dʑɔm ジョム	題	鐘	仲	●진	●착	責
占			重:	tɕin チン	tɕʰak チャク	策
店:	●조	●좌	衆:	dʑin ジン	捉	
漸:	tɕo チョ	tɕwa チュア		辰:	着	●처
點(点)	dʑo ジョ	dʑwa ジュア	●즉	珍	錯	tɕʰɔ チョ
	弔:	左:	tɕuk チュク	陣		妻
●접	兆	佐:	dʑuk ジュク	振	●찬	處(処):
tɕɔp チョプ	早:	坐:	卽(即)	眞(真)	tɕʰan チャン	悽
dʑɔp ジョプ	助:	座:		陳:	贊(賛):	
接	祖(祖)		●즙	診:	篡:	●척
蝶	租	●죄	tɕup チュプ	進(進):	讚(讃):	tɕʰɔk チョク
	曹	tɕwe チュェ	dʑup ジュプ	盡(尽):		尺
●정	條(条)	dʑwe ジュェ	汁	震:	●찰	斥
tɕɔŋ チョン	組	罪		鎭(鎮):	tɕʰal チャル	拓
dʑɔŋ ジョン	造(造)		●증		札	戚
丁	鳥	●주	tɕuŋ チュン	●질	察	
井	朝	tɕu チュ	dʑuŋ ジュン	tɕil チル	擦	●천
正:	照	dʑu ジュ	症:	dʑil ジル		tɕʰɔn チョン
廷(廷)	趙:	主	曾(曽)	疾		千
定:	操(:)	州	蒸	秩		天
征	潮	朱	憎(憎)	質		川
亭	調(調)	舟	增(増)			淺(浅):

付

泉 踐(践): 賤(贱): 遷(迁): 薦: ●철 tsʰɔl チョル 凸 哲 徹 鐵(鉄) ●첨 tsʰɔm チョム 尖 添 ●첩 tsʰɔp チョプ 妾 貼 諜 ●청 tsʰɔŋ チョン 青(青) 清(清) 晴(晴) 請(请) 聽(聴): 廳(庁) ●체 tsʰe チェ 替 滯 體(体) 遞(逓) ●체(절) tsʰe チェ (tsʰɔl チョル) 切 ●초 tsʰo チョ 初 抄 肖(肖) 招 秒	草 焦 醋 超 礎 ●촉 tsʰok チョク 促 燭 觸(触) ●촌 tsʰon チョン 寸: 村: ●총 tsʰoŋ チョン 銃 總(総) 聰(聡) ●최 tsʰwe チュェ 崔: 最: 催: ●추 tsʰu チュ 抽 秋 追(追) 推 醜 ●축 tsʰuk チュク 丑 畜 祝(祝) 逐(逐) 軸 蓄 築 縮 蹴 ●춘 tsʰun チュン 春	●출 tsʰul チュル 出 ●충 tsʰuŋ チュン 充 忠 衝 蟲(虫) ●취 tsʰwi チュィ 吹: 取: 臭(臭): 就: 趣: 醉(酔): ●측 tsʰuk チュク 側 測 ●층 tsʰuŋ チュン 層(層) ●치 tsʰi チ 治 值 恥 致: 稚: 置: 齒(歯): ●칙 tsʰik チク 則 ●친 tsʰin チン 親 ●칠 tsʰil チル 七 漆	●침 tsʰim チム 沈 枕 侵(侵) 浸(浸): 針: 寢(寝): ●칭 tsʰiŋ チン 稱(称) ●쾌 kʰwɛ クェ 快 ●타 tʰa タ 他 打 妥(妥): 墮(堕): ●탁 tʰak タク 托 卓 託 琢 濁 濯(濯) ●탄 tʰan タン 炭: 彈(弹): 嘆(嘆): 歎(歎): 誕(誕): ●탈 tʰal タル 脫(脱) 奪 ●탐 tʰam タム 探 貪 ●탑	tʰap タプ 塔 ●탕 tʰaŋ タン 湯(:) ●태 tʰɛ テ 太 台 怠 殆 泰 態: ●택 tʰɛk テク 宅 擇(択) 澤(沢) ●토 tʰo ト 土 吐: 兎: 討: ●통 tʰoŋ トン 通(通) 痛: 統: ●퇴 tʰwe トゥェ 退(退): ●투 tʰu トゥ 投 透(透) 闘(闘) ●특 tʰuk トゥク 特 ●파 pʰa パ 把	波 派(派) 破: 頗 播 罷: ●판 pʰan パン 判(判) 板 版 販 ●팔 pʰal パル 八 ●패 pʰɛ ペ 貝: 敗: ●편 pʰjɔn ピョン 片: 遍(遍) 篇(篇) 編(編) ●편(변) pʰjɔn ピョン (변) pjɔn ピョン 便(便) ●평 pʰjɔŋ ピョン 平(平) 評(評) ●폐 pʰe ペ 肺: 閉: 幣(幣): 弊(弊): 廢(廃): 蔽(蔽): ●포 pʰo ポ	包(包)(:) 布(:) 抱(抱): 胞(胞) 捕: 浦: 砲(砲) 飽(飽)(:) ●포 pʰo: ポー (폭) pʰok ポク 暴 ●폭 pʰok ポク 幅 爆 ●폭(포) pʰok ポク (포) pʰo: ポー 暴 ●표 pʰjo ピョ 表 票 漂 標 ●품 pʰum プム 品: ●풍 pʰuŋ プン 風 諷: 豊(豊) ●피 pʰi ピ 皮 彼: 疲 被: 避(避): ●필

pʰil ピル	抗:	虛(虛)	●혜	化(化):	回	輝
匹	巷(巷):		he ヘ	火	灰(灰)	
必	恒	●헌	兮	禾	梅(梅):	●휴
畢	降	hɔn ホン	彗:	花(花)	會(会)	hju ヒュ
筆	航	軒	惠(恵):	和	懷(懐):	休
	港(港)	憲(憲):		華		攜(携)
●하	項:	獻(献):	●호	貨(貨):	●획	
ha ハ			ho ホ	話(話):	hwek フェク	●흉
下:	●항	●험	互:	靴(靴)	劃(画)	hjuŋ ヒュン
何	haŋ ハン	hɔm ホム	戶(戸)(:)	禍(禍)	獲	凶
河	(행)	險(険):	乎			胸
夏	hɛŋ ヘン	驗(験):	好	●화	●획	
荷	行		呼	hwa: ファ-	hwek フェク	●흑
賀		●혁	虎	(획)	(화)	huk フク
	●해	hjɔk ヒョク	胡	hwek フェク	hwa: ファ-	黑(黒)
●학	hɛ ヘ	革	浩	畫(画)	畫(画)	
hak ハク	亥:	嚇	毫			●흠
學(学)	海(海):		湖	●확	●횡	hum フム
鶴	奚:	●현	號(号)(:)	hwak ファク	hweŋ フェン	欠:
	害(害):	hjɔn ヒョン	豪	確	橫(横)	
●한	解:	玄	護:	擴(拡)		●흡
han ハン	該	弦		穫	●효	hup フプ
汗		絃	●혹		hjo ヒョ	吸(吸)
旱	●핵	現:	hok ホク	●환	孝:	
限:	hɛk ヘク	賢	或	hwan ファン	效(効):	●흥
恨:	核	縣(県):	惑	丸	曉(暁):	huŋ フン
寒(寒)		懸	酷(酷)	幻:		興:
閑	●행	顯(顕):		患:	●후	
漢(漢):	hɛŋ ヘン		●혼	換	hu フ	●희
韓:	幸	●혈	hon ホン	煥	厚:	hi ヒ
		hjɔl ヒョル	昏	還(還)	侯	希
●할	●행	穴(穴)	婚	環(環)	後:	姬(姫)
hal ハル	hɛŋ ヘン	血	混:	歡(歓)	候	喜:
割(割)	(항)	魂	魂		喉	稀
	haŋ ハン			●활		熙(熙)
●함	行	●협	●홀	hwal ファル	●훈	噫
ham ハム		hjɔp ヒョプ	hol ホル	活	hun フン	禧
含	●향	協	忽	滑	訓:	戲(戯)(:)
函(函):	hjaŋ ヒャン	峽(峡)			勳(勲)	
咸	向:	脅	●홍	●황		●힐
陷(陥):	香		hoŋ ホン	hwaŋ ファン	●훼	hil ヒル
	鄕(郷)	●형	弘	況:	hwe フェ	詰
●합	響(響)	hjɔŋ ヒョン	洪	皇	毁:	
hap ハプ		兄	紅	荒(荒)		
合	●허	亨	虹	黃(黄)	●휘	
	hɔ ホ	刑			hwi フィ	
●항	許	形	●화	●회	揮	
haŋ ハン		螢(蛍)	hwa ファ	hwe フェ	彙	

● 日本語漢字を韓国・朝鮮語で読み発音する──

■日韓漢字音訓リスト

* ( )は韓国・朝鮮語漢字、ほかの漢字は両国ほぼ同じ.
* カタカナは音読み、ひらがなは訓読みを示す / 発音記号・カナ付きは語頭だけ示す.

あ

ア
- 亜(亞) 아[a ア]
- 阿 아[a ア]
- 啞 아[a ア]

アイ
- 哀 애[ɛ エ]
- 愛 애[ɛː エー]
- 藍 남[nam ナム]
- 람[ram ラム]

あい
- 相 상[saŋ サン]

あいだ
- 間 간[ka(ː)n カ(ー)ン]

あう
- 会(會) 회[hwe フェー]
- 合 합[hap ハプ]
- 遭(遭) 조[tʃo チョ]

あえて
- 敢 감[kaːm カーム]

あお
- 青(靑) 청[tʃʰɔŋ チョン]

あおい
- 葵 규[kju キュ]

あおぐ
- 仰 앙[aːŋ アーン]

あおる
- 煽 선[sɔn ソン]

あか
- 赤 적[tʃɔk チョク]

あかす
- 明 명[mjɔŋ ミョン]
- 飽(飽) 포[pʰo ポ]

あかつき
- 暁(曉) 효[hjo ヒョ]

あがる, あげる
- 上 상[saːŋ サーン]
- 挙(擧) 거[ko コ]
- 揚 양[jaŋ ヤン]

あき
- 秋 추[tʃʰu チュ]

かきなう
- 商 상[saŋ サン]

あきる
- 飽(飽) 포[pʰo ポ]

あきれる
- 呆 매[mɛ メ]

アク
- 悪(惡) 악[ak アク]
- 오[oː オー]
- 握 악[ak アク]

あく
- 明 명[mjɔŋ ミョン]
- 空(空) 공[koŋ コン]
- 開 개[kɛ ケ]

あご
- 顎 악[ak アク]

あさ
- 麻(麻) 마[ma マ]
- 朝(朝) 조[tʃʰo チョ]

あざ
- 字 자[tʃa チャ]

あさい
- 浅(淺) 천[tʃʰɔːn チョーン]

あざむく
- 欺 기[ki キ]

あざやか
- 鮮 선[sɔn ソン]

あし
- 足 족[tʃok チョク]
- 脚 각[kak カク]

あじ, あじわう
- 味 미[mi ミ]

あずかる, あずける
- 預 예[je イェー]

あせ
- 汗 한[han ハン]

あせる
- 焦 초[tʃʰo チョ]

あぜ
- 畦 휴[hju ヒュ]

あそぶ
- 遊(遊) 유[ju ユ]

あたい
- 価(價) 가[ka カ]
- 値 치[tʃʰi チ]

あたえる
- 与(與) 여[jɔ ヨ]

あたたか
- 温(溫) 온[on オン]

- 暖(暖) 난[nam ナーン]

あたま
- 頭 두[tu トゥ]

あたらしい
- 新 신[ʃin シン]

あたり
- 辺(邊) 변[pjɔn ピョン]

あたる
- 当(當) 당[taŋ タン]

アツ
- 圧(壓) 압[ap アプ]
- 斡 알[al アル]

あつい
- 厚 후[huː フー]
- 暑(暑) 서[sɔː ソー]
- 熱 열[jɔl ヨル]

あつかう
- 扱(扱) 급[kɯp クプ]

あつまる, あつめる
- 集 집[tʃip チプ]

あてる
- 充 충[tʃʰuŋ チュン]
- 当(當) 당[taŋ タン]

あと
- 後 후[huː フー]
- 跡 적[tʃɔk チョク]

あな
- 穴(穴) 혈[hjɔl ヒョル]

あなどる
- 侮(侮) 매[mɛ メー]

あに
- 兄 형[hjɔŋ ヒョン]

あね
- 姉 자[tʃʰa チャ]

あばく, あばれる
- 暴 폭[pʰok ポク]
- 포[pʰoː ポー]

あびせる, あびる
- 浴 욕[jok ヨク]

あぶない
- 危 위[wi ウィ]

あぶら
- 油 유[ju ユ]
- 脂 지[tʃi チ]

あま
- 天 천[tʃʰɔn チョン]

雨	우 [u: ウー]	或	혹 [hok オク]	慰	위 [wi ウィ]
尼	이 [i イ]	あるく		緯	위 [wi ウィ]
	니 [ni ニ]	歩	보 [po: ポー]	い	
あまい, あまえる		あわ		井	정 [tʃɔŋ チョン]
甘	감 [kam カム]	泡(泡)	포 [pʰo ポ]	いう	
あます, あまる		粟	속 [sok ソク]	云	운 [un ウン]
余(餘)	여 [jɔ ヨ]	あわい		言	언 [ɔn オン]
あみ		淡	담 [tam タム]	いえ	
網	망 [maŋ マン]	あわせる		家	가 [ka カ]
あむ		合	합 [hap ハプ]	いえども	
編(編)	편 [pʰjɔn ピョン]	併(倂)	병 [pjɔŋ ピョン]	雖	수 [su ス]
あめ		あわてる		いおり	
天	천 [tʃʰɔn チョン]	慌	황 [hwaŋ ファン]	庵	암 [am アム]
雨	우 [u: ウー]	あわれ, あわれむ		いかす, いきる	
あや		哀	애 [ɛ エ]	生	생 [sɛŋ セン]
綾	능 [nɯŋ ヌン]	アン		いかり	
	릉 [rɯŋ ルン]	安	안 [an アン]	錨	묘 [mjo ミョ]
あやうい		案	안 [a:n アーン]	いかる	
危	위 [wi ウィ]	暗	암 [a:m アーム]	怒	노 [no: ノー]
あやしい		闇	암 [a:m アーム]	イキ	
怪	괴 [kwe: クェー]	あんず		域	역 [jɔk ヨク]
あやつる		杏	행 [hɛ:ŋ ヘーン]	いき	
操	조 [tʃo(:) チョ(ー)]			息	식 [ʃik シク]
あやまち			い		いきおい
過(過)	과 [kwa: クァー]			勢	세 [se: セー]
あやまる		イ		いきどおる	
誤(誤)	오 [o: オー]	已	이 [i イ]	憤	분 [pu:n プーン]
謝	사 [sa: サー]	以	이 [i: イー]	イク	
あらい		伊	이 [i イ]	育	육 [juk ユク]
荒(荒)	황 [hwaŋ ファン]	衣	의 [ɯi ウィ]	郁	욱 [uk ウク]
粗	조 [tʃo チョ]	位	위 [wi ウィ]	いく	
あらう		囲(圍)	위 [wi ウィ]	行	행 [hɛŋ ヘン]
洗	세 [se: セー]	医(醫)	의 [ɯi ウィ]	幾	기 [ki キ]
あらし		依	의 [ɯi ウィ]	いくさ	
嵐	남 [nam ナム]	委	위 [wi ウィ]	戦(戰)	전 [tʃɔ:n チョーン]
	람 [ram ラム]	易	역 [jɔk ヨク]	いけ	
あらそう			이 [i イ]	池	지 [tʃi チ]
争(爭)	쟁 [tʃɛŋ チェン]	威	위 [wi ウィ]	いこい, いこう	
あらた		為(爲)	위 [wi ウィ]	憩	게 [ke ケ]
新	신 [ʃin シン]	胃	위 [wi ウィ]	いさぎよい	
あらたまる		尉	위 [wi ウィ]	潔(潔)	결 [kjɔl キョル]
改	개 [kɛ: ケー]	異	이 [i イ]	いささか	
あらわす		移	이 [i イ]	些	사 [sa サ]
表	표 [pʰjo ピョ]	偉	위 [wi ウィ]	いさむ	
著(著)	저 [tʃɔ: チョー]	椅	의 [ɯi ウィ]	勇	용 [jo:ŋ ヨーン]
現	현 [hjɔ:n ヒョーン]	萎	위 [wi ウィ]	いし	
あり		彙	휘 [hwi フィ]	石	석 [sɔk ソク]
蟻	의 [ɯi ウィ]	意	의 [ɯi: ウィー]	いしずえ	
ある			이 [i イ]	礎	초 [tʃʰo チョ]
有	유 [ju: ユー]	違(違)	위 [wi ウィ]	いずくんぞ	
在	재 [tʃɛ: チェー]	維	유 [ju ユ]	焉	언 [ɔn オン]
あるいは		遺(遺)	유 [ju ユ]	いずみ	

泉	천 [tʃʰɔn チョン]	稲(稻)	도 [to ト]	隠(隱)	은 [un ウン]
いそがしい		いのしし		韻	운 [u:n ウーン]
忙	망 [maŋ マン]	猪(猪)	저 [tʃɔ チョ]		
いそぐ		いのち		**う**	
急	급 [kɯp クプ]	命	명 [mjo:ŋ ミョーン]		
いた		いのる		ウ	
板	판 [pʰan パン]	祈(祈)	기 [ki キ]	右	우 [u: ウー]
いたい		禱	도 [to ト]	宇	우 [u: ウー]
痛	통 [tʰo:ŋ トーン]	いばら		羽(羽)	우 [u: ウー]
いだく		茨(茨)	자 [tʃa チャ]	雨	우 [u: ウー]
抱(抱)	포 [pʰo: ポー]	いま		烏	오 [o オ]
いたす		今	금 [kɯm クム]	う	
致	치 [tʃʰi: チー]	いましめる		卯	묘 [mjo: ミョー]
いただき		戒	계 [ke: ケー]	うい	
頂	정 [tʃɔŋ チョン]	いまわしい, いむ		初	초 [tʃʰo チョ]
いただく		忌	기 [ki キ]	憂	우 [u ウ]
戴	대 [tɛ テ]	いも		うえ	
頂	정 [tʃɔŋ チョン]	芋	우 [u ウ]	上	상 [sa:ŋ サーン]
いたむ		いもうと		うえる	
悼	도 [to ト]	妹	매 [mɛ メ]	飢(飢)	기 [ki キ]
痛	통 [tʰo:ŋ トーン]	いや, いやしい		植	식 [ʃik シク]
傷	상 [saŋ サン]	卑	비 [pi: ピー]	うお	
いたる		いやしくも		魚	어 [ɔ オ]
至	지 [tʃi チ]	苟	구 [ku ク]	うかがう	
到	도 [to: トー]	いる		伺	사 [sa サ]
イチ		入	입 [ip イプ]	うかぶ, うく	
一	일 [il イル]	居	거 [kɔ コ]	浮(浮)	부 [pu プ]
壱(壹)	일 [il イル]	要(要)	요 [jo ヨ]	うかる	
いち		射	사 [sa サ]	受	수 [su ス]
市	시 [ʃi: シー]	鋳(鑄)	주 [tʃʰu: チュー]	うぐいす	
いちじるしい		いろ		鶯	앵 [ɛŋ エン]
著(著)	저 [tʃɔ: チョー]	色	색 [sɛk セク]	うけたまわる	
イツ		いろどる		承	승 [sɯŋ スン]
逸(逸)	일 [il イル]	彩(彩)	채 [tʃʰɛ チェー]	うける	
いつ, いつつ		いわ		受	수 [su ス]
五	오 [o: オー]	岩	암 [am アム]	請(請)	청 [tʃʰɔŋ チョン]
いつくしむ		いわう		うごく, うごかす	
慈	자 [tʃa チャ]	祝(祝)	축 [tʃʰuk チュク]	動	동 [to:ŋ トーン]
いつわる		いわく		うさぎ	
偽(僞)	위 [wi ウィ]	曰	왈 [wal ワル]	兎(兔)	토 [tʰo ト]
いと		イン		うし	
糸(絲)	사 [sa サ]	引	인 [in イン]	丑	축 [tʃʰuk チュク]
いとなむ		尹	윤 [jun ユン]	牛	우 [u ウ]
営(營)	영 [jɔŋ ヨン]	印	인 [in イン]	うじ	
いどむ		因	인 [in イン]	氏	씨 [ʃ'i ッシ]
挑	도 [to ト]	姻	인 [in イン]	うしなう	
いな		員	원 [wɔn ウォン]	失	실 [ʃil シル]
否	부 [pu: プー]	殷	은 [ɯn ウン]	うしろ	
いぬ		院	원 [wɔn ウォン]	後	후 [hu: フー]
犬	견 [kjɔn キョン]	淫	음 [ɯm ウム]	うす	
戌	술 [sul スル]	陰	음 [ɯm ウム]	臼	구 [ku ク]
いね, いな		飲(飮)	음 [u:m ウーム]	うず	

渦	와[wa ワ]	埋	매[mɛ メ]	営(營)	영[jɔŋ ヨン]	
うすい		うやうやしい		詠	영[jɔːŋ ヨーン]	
薄(薄)	박[pak パク]	恭	공[koŋ コン]	裔	예[je イェ]	
うそ		うやまう		影	영[jɔːŋ ヨーン]	
嘘	허[hɔ ホ]	敬	경[kjɔːŋ キョーン]	鋭(銳)	예[je: イェー]	
うた, うたう		うら		叡	예[je: イェー]	
歌	가[ka カ]	浦	포[pʰo ポ]	衛(衞)	위[wi ウィ]	
うたい, うたう		裏	이[i: イー]	嬰	영[jɔŋ ヨン]	
謡(謠)	요[jo ヨ]		리[ri: リー]	えがく		
うたがう		うらなう		描	묘[mjo: ミョー]	
疑	의[ɯi ウィ]	占	점[tʃɔm チョム]	エキ		
うち		うらむ		易	이[i イ]	
内	내[nɛ ネー]	怨	원[wɔːn ウォーン]		역[jɔk ヨク]	
ウツ		恨	한[haːn ハーン]	疫	역[jɔk ヨク]	
鬱	울[ul ウル]	うり		益(益)	익[ik イク]	
うつ		瓜	과[kwa クァ]	液	액[ɛk エク]	
打	타[tʰa ター]	うる		駅(驛)	역[jɔk ヨク]	
討	토[tʰo トー]	売(賣)	매[mɛ: メー]	えだ		
撃(擊)	격[kjɔk キョク]	得	득[tɯk トゥク]	枝	지[tʃi チ]	
うつくしい		うるおう, うるおす, うるむ		エツ		
美	미[mi: ミー]	潤	윤[juːn ユーン]	悦(悅)	열[jɔl ヨル]	
うつす, うつる		うるし		越	월[wɔl ウォル]	
写(寫)	사[sa サ]	漆	칠[tʃʰil チル]	謁(謁)	알[al アル]	
映	영[jɔŋ ヨン]	うるわしい		閲(閱)	열[jɔl ヨル]	
移	이[i イ]	麗	여[jɔ(:) ヨ(-)]	えのき		
うったえる			려[rjɔ(:) リョ(-)]	榎	가[ka カ]	
訴	소[so ソ]	うれい, うれえる		えむ		
うつわ		愁	수[su ス]	笑	소[so: ソー]	
器	기[ki キ]	憂	우[u ウ]	えらい		
うで		うれしい		偉	위[wi ウィ]	
腕	완[waːn ワーン]	禧	희[hi ヒ]	えらぶ		
うとい, うとむ		うれる		選(選)	선[sɔːn ソーン]	
疎	소[so ソ]	売(賣)	매[mɛ: メー]	えり		
うながす		熟	숙[suk スク]	衿	금[kɯm クム]	
促	촉[tʃʰok チョク]	ウン		襟	금[kɯm クーム]	
うね		運(運)	운[uːn ウーン]	える		
畝	묘[mjo: ミョー]	雲	운[un ウン]	得	득[tɯk トゥク]	
うばう				獲	획[hwek フェク]	
奪	탈[tʰal タル]		え	エン		
うぶ				円(圓)	원[wɔn ウォン]	
産(產)	산[saːn サーン]	エ		延(延)	연[jɔn ヨン]	
うま		絵(繪)	회[hwe: フェー]	沿(沿)	연[jɔn ヨン]	
馬	마[ma: マー]	え		炎	염[jɔm ヨム]	
うみ		江	강[kaŋ カン]	宴	연[jɔːn ヨーン]	
海(海)	해[hɛ ヘー]	重	중[tʃuːŋ チューン]	援(援)	원[wːɔn ウォーン]	
膿	농[noŋ ノン]	柄	병[pjɔŋ ビョン]	園	원[wɔn ウォン]	
うむ, うまれる		エイ		煙(煙)	연[jɔn ヨン]	
生	생[sɛŋ セン]	永	영[jɔːŋ ヨーン]	猿	원[wːɔn ウォーン]	
産(產)	산[saːn サーン]	泳	영[jɔːŋ ヨーン]	遠(遠)	원[wːɔn ウォーン]	
うめ		英	영[jɔŋ ヨン]	鉛(鉛)	연[jɔn ヨン]	
梅(梅)	매[mɛ メ]	映	영[jɔːŋ ヨーン]	塩(鹽)	염[jɔm ヨム]	
うめる, うまる		栄(榮)	영[jɔŋ ヨン]	厭	염[jɔːm ヨーム]	

お

オ
- 汚 　오 [oː オー]

お
- 小 　소 [soː ソー]
- 尾 　미 [mi ミ]
- 雄 　웅 [uŋ ウン]
- 緒(緒) 　서 [sɔː ソー]

おい
- 甥 　생 [sɛŋ セン]

おいて
- 於 　어 [ɔ オ]

おいる
- 老 　노 [noː ノー]
- 　　　로 [roː ロー]

オウ
- 王 　왕 [waŋ ワン]
- 凹 　요 [jo ヨ]
- 央 　앙 [aŋ アン]
- 応(應) 　응 [ɯːŋ ウーン]
- 往 　왕 [waːŋ ワーン]
- 旺 　왕 [waːŋ ワーン]
- 押 　압 [ap アプ]
- 欧(歐) 　구 [ku ク]
- 殴(毆) 　구 [ku ク]
- 桜(櫻) 　앵 [ɛŋ エン]
- 翁(翁) 　옹 [oŋ オン]
- 奥(奧) 　오 [oː オー]
- 横(横) 　횡 [hweŋ フェン]
- 嘔 　구 [ku ク]

おう
- 生 　생 [sɛŋ セン]
- 負 　부 [puː プー]
- 追(追) 　추 [tʃʰu チュ]

おうぎ
- 扇(扇) 　선 [sɔn ソン]

おえる
- 終(終) 　종 [tʃoŋ チョン]

おお, おおきい, おおいに
- 大 　대 [tɛː テー]

おおい
- 多 　다 [ta タ]

おおう
- 覆 　복 [pok ポク]
- 蔽(蔽) 　폐 [pʰe ペ]

おおかみ
- 狼 　낭 [naːŋ ナーン]
- 　　　랑 [raːŋ ラーン]

おおせ
- 仰 　앙 [aːŋ アーン]

おおやけ
- 公(公) 　공 [koŋ コン]

おか
- 丘 　구 [ku ク]
- 岡 　강 [kaŋ カン]

おかす
- 犯 　범 [pɔːm ポーム]
- 侵 　침 [tʃʰim チム]
- 冒 　모 [moː モー]

おがむ
- 拝(拜) 　배 [pɛ ペー]

おき
- 沖 　충 [tʃʰuŋ チュン]

おぎなう
- 補 　보 [poː ポー]

おきる
- 起 　기 [ki キ]

オク
- 屋 　옥 [ok オク]
- 億 　억 [ɔk オク]
- 憶 　억 [ɔk オク]
- 臆 　억 [ɔk オク]

おく
- 奥(奧) 　오 [oː オー]
- 置 　치 [tʃʰiː チー]

おくらす
- 遅(遲) 　지 [tʃi チ]

おくる
- 送(送) 　송 [soː ソーン]
- 贈(贈) 　증 [tʃɯŋ チュン]

おくれる
- 後 　후 [huː フー]
- 遅(遲) 　지 [tʃi チ]

おけ
- 桶 　통 [tʰoŋ トン]

おこす
- 起 　기 [ki キ]
- 興 　흥 [hɯŋ フーン]

おごそか
- 厳(嚴) 　엄 [ɔm オム]

おこたる
- 怠 　태 [tʰɛ テ]

おこなう
- 行 　행 [hɛŋ ヘン]

おこる
- 怒 　노 [noː ノー]
- 起 　기 [ki キ]
- 興 　흥 [hɯŋ フーン]

おさえる
- 抑 　억 [ɔk オク]
- 押 　압 [ap アプ]

おさない
- 幼 　유 [ju ユ]

おさまる, おさめる
- 収 　수 [su ス]
- 治 　치 [tʃʰi チ]
- 修 　수 [su ス]
- 納(納) 　납 [nap ナプ]

おしい, おしむ
- 惜 　석 [sɔk ソク]

おしえる, おそわる
- 教(教) 　교 [kjoː キョー]

おす
- 押 　압 [ap アプ]
- 推 　추 [tʃʰu チュ]
- 雄 　웅 [uŋ ウン]

おそい
- 遅(遲) 　지 [tʃi チ]

おそう
- 襲 　습 [sɯp スプ]

おそれ
- 虞 　우 [u ウ]

おそろしい, おそれる
- 恐 　공 [koːŋ コーン]

おだやか
- 穏(穩) 　온 [oːn オーン]

おちいる, おとしいれる
- 陥(陷) 　함 [haːm ハーム]

おちる, おとす
- 落 　낙 [nak ナク]
- 　　　락 [rak ラク]

オツ
- 乙 　을 [ul ウル]

おっと
- 夫 　부 [pu プ]

おと
- 音 　음 [ɯm ウム]

おとうと
- 弟 　제 [tʃeː チェー]

おどかす, おどす
- 脅 　협 [hjɔp ヒョプ]

おとこ
- 男 　남 [nam ナム]

おとずれる
- 訪 　방 [paːŋ パーン]

おどり, おどる
- 踊 　용 [joŋ ヨン]

おとる
- 劣 　열 [jɔl ヨル]

おどる
- 躍(躍) 　약 [jak ヤク]

おとろえる

衰(衰)	쇠[swe スェ]
おどろく, おどろかす	
驚	경[kjɔŋ キョン]
おなじ	
同	동[toːŋ トーン]
おに	
鬼	귀[kwiː クィー]
おの	
斧	부[pu プ]
おのおの	
各	각[kak カク]
おのれ	
己	기[ki キ]
おび, おびる	
帯(帶)	대[tɛː テー]
おびやかす	
脅	협[hjɔp ヒョプ]
おぼえる	
覚(覺)	각[kak カク]
おぼれる	
溺(溺)	익[ik イク]
おも	
主	주[tʃu チュ]
面	면[mjɔːn ミョーン]
おもい	
重	중[tʃuːŋ チューン]
おもう	
思	사[sa サ]
おもて	
表	표[pʰjo ピョ]
面	면[mjɔːn ミョーン]
おもむき	
趣	취[tʃʰwiː チュィー]
おもむく	
赴	부[puː プー]
おや	
親	친[tʃʰin チン]
およぐ	
泳	영[jɔːŋ ヨーン]
およぶ, および	
及(及)	급[kɯp クプ]
おり, おれる	
折	절[tʃɔl チョル]
おりる	
下	하[haː ハー]
降	강[kaːŋ カーン]
おる	
折	절[tʃɔl チョル]
織	직[tʃik チク]
おろか	
愚	우[u ウ]
おろし	

卸	사[sa サ]
おろす	
下	하[haː ハー]
卸	사[sa サ]
降	강[kaːŋ カーン]
おわる	
終(終)	종[tʃoŋ チョン]
オン	
音	음[ɯm ウム]
恩	은[ɯn ウン]
温(溫)	온[on オン]
穏(穩)	온[oːn オーン]
おん	
御	어[ɔː オー]
おんな	
女	여[jɔ ヨ]
	녀[njɔ ニョ]

か

カ	
下	하[haː ハー]
化(化)	화[hwa ファ]
火	화[hwaː ファー]
加	가[ka カ]
可	가[ka カ]
仮(假)	가[kaː カー]
何	하[ha ハ]
花(花)	화[hwa ファ]
価(價)	가[kaː カー]
佳	가[kaː カー]
果	과[kwaː クァー]
河	하[ha ハ]
苛	가[ka カ]
架	가[ka カ]
科	과[kwa クァ]
夏	하[haː ハー]
家	가[ka カ]
荷	하[haː ハー]
華	화[hwa ファ]
菓	과[kwa クァ]
貨(貨)	화[hwaː ファー]
渦	와[wa ワ]
過(過)	과[kwaː クァー]
嫁	가[ka カ]
暇	가[kaː カー]
禍(禍)	화[hwaː ファー]
靴(靴)	화[hwa ファ]
嘉	가[ka カ]
寡	과[kwaː クァー]
歌	가[ka カ]
箇	개[kɛ ケ]

稼	가[ka カ]
課	과[kwa クァ]
霞	하[ha ハ]
か	
日	일[il イル]
香	향[hjaŋ ヒャン]
蚊	문[mun ムン]
ガ	
我	아[a ア]
画(畫)	화[hwaː ファー]
(劃)	획[hwek フェク]
芽	아[a ア]
臥	와[wa ワ]
賀	하[haː ハー]
蛾	아[a ア]
雅	아[a ア]
餓(餓)	아[a ア]
駕	가[ka カ]
カイ	
介	개[kɛː ケー]
回	회[hwe フェ]
灰(灰)	회[hwe フェ]
会(會)	회[hweː フェー]
快	쾌[kʰwɛ クェ]
戒	계[ke ケ]
改	개[kɛː ケー]
乖	괴[kwe クェ]
怪	괴[kwe クェ]
拐	괴[kwe クェ]
悔(悔)	회[hwe フェ]
海(海)	해[hɛː ヘー]
潰	궤[kwe クェー]
界	계[ke ケ]
皆	개[kɛ ケ]
械	계[ke ケ]
絵(繪)	회[hweː フェー]
開	개[kɛ ケ]
階	계[ke ケ]
塊	괴[kwe クェ]
解	해[hɛː ヘー]
壊(壞)	괴[kweː クェー]
	회[hweː フェー]
懐(懷)	회[hwe フェ]
諧	해[hɛ ヘ]
かい	
貝	패[pʰɛ ペ]
ガイ	
外	외[we ウェー]
劾	핵[hɛk ヘク]
咳	해[hɛ ヘ]
害(害)	해[hɛː ヘー]
涯	애[ɛ エ]

街	가 [ka: カー]	拘	구 [ku ク]	架	가 [ka カ]
概(槪)	개 [kɛ: ケー]	かき		掛	괘 [kwɛ クェ]
該	해 [hɛ ヘ]	垣	원 [wɔn ウォン]	駆(驅)	구 [ku ク]
概(槪)	개 [kɛ: ケー]	柿	시 [ʃi シ]	懸	현 [hjɔ:n ヒョーン]
骸	해 [hɛ: ヘー]	かぎ		かご	
かいこ		鈎	구 [ku ク]	籠	농 [noŋ ノン]
蚕(蠶)	잠 [tʃam チャム]	鍵	건 [kɔ:n コーン]	籠	롱 [roŋ ロン]
かう		かぎる		かこう	
交(交)	교 [kjo キョ]	限	한 [ha:n ハーン]	囲(圍)	위 [wi ウィ]
買	매 [mɛ: メー]	カク		かさ	
飼(飼)	사 [sa サ]	各	각 [kak カク]	傘	산 [sa:n サーン]
かえす		角	각 [kak カク]	かさ, かぜ	
返(返)	반 [pa:n パーン]	拡(擴)	확 [hwak ファク]	風	풍 [pʰuŋ プン]
帰(歸)	귀 [kwi: クィー]	画(畫)	화 [hwa: ファー]	かさなる, かさねる	
かえって		(劃)	획 [hwek フェク]	重	중 [tʃu:ŋ チューン]
却	각 [kak カク]	革	혁 [hjɔk ヒョク]	かざる	
かえで		格	격 [kjɔk キョク]	飾(飾)	식 [ʃik シク]
楓	풍 [pʰuŋ プン]	核(核)	핵 [hɛk ヘク]	かしこい	
かえりみる		殻(殼)	각 [kak カク]	賢	현 [hjɔ:n ヒョーン]
省	성 [sɔŋ ソン]	郭	곽 [kwak クァク]	かしら	
	생 [sɛŋ セン]	覚(覺)	각 [kak カク]	頭	두 [tu トゥ]
顧(顧)	고 [ko コ]	較(較)	교 [kjo キョ]	かしわ	
かえる		隔(隔)	격 [kjɔk キョク]	柏	백 [pɛk ペク]
代	대 [tɛ: テー]	閣	각 [kak カク]	かす	
返(返)	반 [pa:n パーン]	確	확 [hwak ファク]	貸	대 [tɛ: テー]
変(變)	변 [pjɔ:n ピョーン]	獲	획 [hwek フェク]	かず, かぞえる	
帰(歸)	귀 [kwi: クィー]	嚇	혁 [hjɔk ヒョク]	数(數)	수 [su: スー]
換	환 [hwa:n ファーン]		하 [ha ハ]		삭 [sak サク]
替	체 [tʃʰe チェ]	穫	확 [hwak ファク]	かせぐ	
かお		かく		稼	가 [ka カ]
顔(顔)	안 [an アン]	欠	흠 [huɯ:m フーム]	かた	
かおる		欠(缺)	결 [kjɔl キョル]	方	방 [paŋ パン]
香	향 [hjaŋ ヒャン]	書	서 [sɔ ソ]	片	편 [pʰjɔn ピョン]
薫(薰)	훈 [hun フン]	搔	소 [so ソ]	形	형 [hjɔŋ ヒョン]
馨	형 [hjɔŋ ヒョン]	ガク		肩(肩)	견 [kjɔn キョン]
かかえる		学(學)	학 [hak ハク]	型	형 [hjɔŋ ヒョン]
抱(抱)	포 [pʰo: ポー]	岳(嶽)	악 [ak アク]	潟	석 [sɔk ソク]
かかげる		楽(樂)	악 [ak アク]	かたい	
掲(揭)	게 [ke: ケー]		락 [rak ラク]	固	고 [ko コ]
かがみ			낙 [nak ナク]	堅	견 [kjɔn キョン]
鏡	경 [kjɔ:ŋ キョーン]		요 [jo ヨ]	硬(硬)	경 [kjɔŋ キョン]
かがやく		額	액 [ɛk エク]	難(難)	난 [nan ナン]
輝	휘 [hwi フィ]	かくす, かくれる			란 [ran ラン]
かかり		隠(隱)	은 [un ウン]	かたき	
係	계 [ke ケ]	かげ		仇	구 [ku ク]
掛	괘 [kwɛ クェ]	陰	음 [uɯm ウム]	かたち	
かかる		影	영 [jɔ:ŋ ヨーン]	形	형 [hjɔŋ ヒョン]
係	계 [ke: ケー]	がけ		かたな	
架	가 [ka カ]	崖	애 [ɛ エ]	刀	도 [to ト]
掛	괘 [kwɛ クェ]	かける		かたまり	
懸	현 [hjɔ:n ヒョーン]	欠	흠 [huɯ:m フーム]	塊	괴 [kwe クェ]
かかわる		欠(缺)	결 [kjɔl キョル]	かたまる	

固	고[ko コ]	黴	미[mi ミ]	からだ	
かたむく		かぶ		体(體)	체[tʃʰe チェ]
傾	경[kjɔŋ キョン]	株	주[tʃu チュ]	からむ, からまる	
かたよる		かぶと		絡	낙[nak ナク]
偏(偏)	편[pʰjɔn ピョン]	兜	두[tu トゥ]		락[rak ラク]
かたる, かたらう			도[to ト]	かり	
語	어[ɔ オ]	かべ		仮(假)	가[ka: カー]
かたわら		壁	벽[pjɔk ピョク]	狩	수[su ス]
傍	방[pa:ŋ パーン]	かま		かりる	
カツ		釜	부[pu プ]	借	차[tʃʰa: チャー]
括	괄[kwal クァル]	窯	요[jo ヨ]	かる	
活	활[hwal ファル]	鎌(鎌)	겸[kjɔm キョム]	刈	예[je イェ]
喝(喝)	갈[kal カル]	かまう, かまえる		狩	수[su ス]
渇(渴)	갈[kal カル]	構	구[ku ク]	駆(驅)	구[ku ク]
割(割)	할[hal ハル]	かみ		かるい	
滑	활[hwal ファル]	上	상[sa:ŋ サーン]	軽(輕)	경[kjɔŋ キョン]
褐(褐)	갈[kal カル]	神(神)	신[ʃin シン]	かれ	
轄(轄)	할[hal ハル]	紙	지[tʃi チ]	彼	피[pʰi: ピー]
かつ		髪(髪)	발[pal パル]	かれる, からす	
且	차[tʃʰa チャ]	かみなり		枯	고[ko: コー]
勝(勝)	승[suŋ スン]	雷	뇌[nwe ヌェ]	かわ	
かつぐ			뢰[rwe ルェ]	川	천[tʃʰɔn チョン]
担(擔)	담[tam タム]	かむ		皮	피[pʰi ピ]
かつて		咬	교[kjo キョ]	河	하[ha ハ]
曾	증[tʃɯŋ チュン]	かめ		革	혁[hjɔk ヒョク]
かて		亀(龜)	귀[kwi クィ]	かわ, がわ	
糧	양[jaŋ ヤン]		구[ku ク]	側	측[tʃʰuk チュク]
	량[rjaŋ リャン]		균[kjun キュン]	かわく	
	냥[njaŋ ニャン]	かも		渇(渴)	갈[kal カル]
かど		鴨	압[ap アプ]	乾	건[kɔn コン]
角	각[kak カク]	かもす		かわす	
門	문[mun ムン]	醸(釀)	양[ja:ŋ ヤーン]	交(交)	교[kjo キョ]
かなえ		かもめ		かわる	
鼎	정[tʃɔŋ チョン]	鷗	구[ku ク]	代	대[tɛ: テー]
かなしい, かなしむ		かや		変(變)	변[pjɔ:n ピョーン]
悲	비[pi: ピー]	茅	모[mo モ]	換	환[hwa:n ファーン]
かなでる		かゆ		替	체[tʃʰe テェ]
奏	주[tʃu: チュー]	粥	죽[tʃuk チュク]	かわや	
かならず		かゆい		厠	측[tʃʰuk チュク]
必	필[pʰil ピル]	痒	양[jaŋ ヤン]	かわら	
かに		かよう		瓦	와[wa ワ]
蟹	해[hɛ ヘ]	通(通)	통[tʰoŋ トン]	カン	
かね, かな		から		干	간[kan カン]
金	금[kum クム]	空(空)	공[koŋ コン]	刊	간[kan カン]
	김[kim キム]	唐	당[taŋ タン]	甘	감[kam カム]
*김は姓・一部の地名に限る.		殻	각[kak カク]	奸	간[kan カン]
鐘	종[tʃoŋ チョン]	がら		汗	한[ha:n ハーン]
かねる		柄	병[pjɔŋ ピョン]	缶(罐)	관[kwan クァン]
兼(兼)	겸[kjɔm キョム]	からい		完	완[wan ワン]
かの		辛	신[ʃin シン]	肝	간[ka:n カーン]
彼	피[pʰi: ピー]	からす		函	함[ha:m ハーム]
かび		烏	오[o オ]	官	관[kwan クァン]

姦	간 [ka:n カーン]	顔(顏)	안 [an アン]	ギ		
堪	감 [kam カム]	願	원 [wɔ:n ウォーン]	技	기 [ki キ]	
巻(卷)	권 [kwɔn クォン]	かんがえる		宜	의 [ɯi ウィ]	
看	간 [kan カン]	考	고 [ko コ]	偽(僞)	위 [wi ウィ]	
陥(陷)	함 [ha:m ハーム]	かんばしい		欺	기 [ki キ]	
乾	건 [kɔn コン]	芳	방 [paŋ パン]	義	의 [ɯi: ウィー]	
勘	감 [kam カム]	かんむり			이 [i イ]	
患	환 [hwa:n ファーン]	冠	관 [kwan クァン]	疑	의 [ɯi ウィ]	
貫	관 [kwa:n クァーン]			儀	의 [ɯi ウィ]	
喚	환 [hwa:n ファーン]		き	戯(戲)	희 [hi ヒ]	
冠	관 [kwan クァン]			擬	의 [ɯi ウィ]	
寒(寒)	한 [han ハン]			犠(犧)	희 [hi ヒ]	
換	환 [hwa:n ファーン]	キ		魏	위 [wi ウィ]	
敢	감 [ka:m カーム]	己	기 [ki キ]	議	의 [ɯi ウィ]	
棺	관 [kwan クァン]	企	기 [ki キ]	きいろい		
款	관 [kwan クァン]	危	위 [wi ウィ]	黄(黃)	황 [hwaŋ ファン]	
菅	관 [kwan クァン]	机	궤 [kwe クェ]	きえる		
間	간 [ha(:)n カ(ー)ン]	気(氣)	기 [ki キ]	消(消)	소 [so ソ]	
閑	한 [han ハン]	岐	기 [ki キ]	キク		
勧(勸)	권 [kwɔ:n クォーン]	希	희 [hi ヒ]	菊	국 [kuk クク]	
寛(寬)	관 [kwa:n クァーン]	忌	기 [ki キ]	きく		
幹	간 [kan カン]	汽	기 [ki キ]	利	이 [i: イー]	
	알 [al アル]	奇	기 [ki キ]		리 [ri: リー]	
感	감 [ka:m カーム]	祈(祈)	기 [ki キ]	効(效)	효 [hjo ヒョー]	
漢	한 [ha:n ハーン]	季	계 [ke: ケー]	聞	문 [mun ムン]	
慣	관 [kwa:n クァーン]	紀	기 [ki キ]	聴(聽)	청 [tɕhɔŋ チョン]	
監	감 [kam カム]	軌	궤 [kwe: クェー]	きざし, きざす		
管	관 [kwan クァン]	既(旣)	기 [ki キ]	兆	조 [tɕo チョ]	
関(關)	관 [kwan クァン]	帰(歸)	귀 [kwi: クィー]	きざむ		
歓(歡)	환 [hwan ファン]	記	기 [ki キ]	刻	각 [kak カク]	
緩(緩)	완 [wa:n ワーン]	起	기 [ki キ]	きし		
憾	감 [ka:m カーム]	飢(飢)	기 [ki キ]	岸	안 [an アン]	
還(還)	환 [hwa:n ファーン]	鬼	귀 [kwi: クィー]	きず		
館(館)	관 [kwan クァン]	基	기 [ki キ]	傷	상 [saŋ サン]	
環(環)	환 [hwa:n ファーン]	寄	기 [ki キ]	きずく		
檻	간 [kan カン]	規	규 [kju キュ]	築	축 [tɕhuk チュク]	
韓	한 [ha:n ハーン]	喜	희 [hi ヒ]	きせる, きる		
簡	간 [kan カン]	幾	기 [ki キ]	着	착 [tɕhak チャク]	
観(觀)	관 [kwa:n クァーン]	揮	휘 [hwi フィ]	きそう		
艦	함 [ha:m ハーム]	期	기 [ki キ]	競	경 [kjɔ:ŋ キョーン]	
鑑	감 [kam カム]	棋	기 [ki キ]	きた		
かん		貴	귀 [kwi クィ]	北	북 [puk プク]	
神(神)	신 [ɕin シン]	棄	기 [ki キ]		배 [bɛ ベ]	
ガン		旗	기 [ki キ]	きたえる		
丸	환 [hwan ファン]	器(器)	기 [ki キ]	鍛	단 [tan タン]	
含	함 [ham ハム]	輝	휘 [hwi フィ]	きたす, きたる		
岸	안 [an アン]	機	기 [ki キ]	来(來)	내 [nɛ: ネー]	
玩	완 [wa:n ワーン]	毀	훼 [hwe: フェー]		래 [rɛ: レー]	
眼	안 [a:n アーン]	騎	기 [ki キ]	きたない		
雁・鴈	안 [an アン]	き		汚	오 [o: オー]	
頑(頑)	완 [wan アン]	木	목 [mok モク]	キチ		
癌	암 [am アム]	生	생 [sɛŋ セン]	吉	길 [kil キル]	
		黄(黃)	황 [hwaŋ ファン]			

キツ			拠(據)	거 [kɔ: コー]	業	업 [ɔp オㇷ゚]
喫(喫)	끽 [k'ik ッキㇰ]		挙(擧)	거 [kɔ: コー]	凝	응 [ɯ:ŋ ウーン]
詰	힐 [hil ヒㇽ]		虚(虛)	허 [hɔ ホ]	キョク	
きつね			許	허 [hɔ ホ]	曲	곡 [kok コㇰ]
狐	호 [ho ホ]		距	거 [kɔ: コー]	旭	욱 [uk ウㇰ]
きぬ			ギョ		局	국 [kuk クㇰ]
絹	견 [kjɔn キョン]		魚	어 [ɔ オ]	極	극 [kɯk クㇰ]
きば			御	어 [ɔ: オー]	ギョク	
牙	아 [a ア]		漁	어 [ɔ オ]	玉	옥 [ok オㇰ]
きびしい			きよい, きよめる		きらう	
厳(嚴)	엄 [ɔm オㇺ]		清(淸)	청 [tʃhɔŋ チョン]	嫌(嫌)	혐 [hjɔm ヒョㇺ]
きまる, きめる			キョウ		きり	
決	결 [kjɔl キョㇽ]		凶	흉 [hjuŋ ヒュン]	桐	동 [toŋ トン]
きみ			共	공 [ko:ŋ コーン]	錐	추 [tʃhu チュ]
君	군 [kun クン]		叫	규 [kju キュ]	霧	무 [mu ム]
きも			兇	흉 [hjuŋ ヒュン]	きる	
肝	간 [ka:n カーン]		杏	행 [hɛŋ ヘン]	切	절 [tʃɔl チョㇽ]
キャク			狂	광 [kwaŋ クァン]		체 [tʃhe チェ]
却	각 [kak カㇰ]		京	경 [kjɔŋ キョン]	きわ	
客	객 [kɛk ケㇰ]		享	향 [hja:ŋ ヒャーン]	際	제 [tʃe チェ]
脚	각 [kak カㇰ]		供	공 [ko:ŋ コーン]	きわまる, きわめる	
ギャク			協	협 [hjɔp ヒョㇷ゚]	極	극 [kɯk クㇰ]
虐(虐)	학 [hak ハㇰ]		況	황 [hwaŋ ファン]	窮	궁 [kuŋ クン]
逆(逆)	역 [jɔk ヨㇰ]		怯	겁 [kɔp コㇷ゚]	きわめる	
キュウ			俠	협 [hjɔp ヒョㇷ゚]	窮	궁 [kuŋ クン]
九	구 [ku ク]		峡(峽)	협 [hjɔp ヒョㇷ゚]	キン	
久	구 [ku: クー]		狭(狹)	협 [hjɔp ヒョㇷ゚]	斤	근 [kɯn クン]
及(及)	급 [kɯp クㇷ゚]		恐	공 [ko:ŋ コーン]	均	균 [kjun キュン]
弓	궁 [kuŋ クン]		恭	공 [koŋ コン]	近(近)	근 [kɯ:n クーン]
丘	구 [ku ク]		胸	흉 [hjuŋ ヒュン]	欣	흔 [hɯn フン]
旧(舊)	구 [ku: クー]		脅	협 [hjɔp ヒョㇷ゚]	金	금 [kɯm クㇺ]
休	휴 [hju ヒュ]		強	강 [ka(:)ŋ カ(-)ン]		김 [kim キㇺ]
吸(吸)	흡 [hɯp フㇷ゚]		教(敎)	교 [kjo: キョー]	*김は姓・一部の地名に限る.	
朽	후 [hu フ]		郷(鄕)	향 [hja:ŋ ヒャーン]	菌	균 [kjun キュン]
求	구 [ku ク]		卿	경 [kjɔŋ キョン]	勤(勤)	근 [kɯ:n クーン]
究	구 [ku ク]		喬	교 [kjo キョ]	琴	금 [kɯm クㇺ]
泣	읍 [ɯp ウㇷ゚]		僑	교 [kjo キョ]	欽	흠 [hɯm フㇺ]
急(急)	급 [kɯp クㇷ゚]		竟	경 [kjɔŋ キョン]	筋	근 [kɯn クン]
級(級)	급 [kɯp クㇷ゚]		境	경 [kjɔŋ キョン]	僅	근 [kɯn クン]
糾	규 [kju キュ]		嬌	교 [kjo キョ]	禁	금 [kɯ:m クーㇺ]
宮	궁 [kuŋ クン]		橋	교 [kjo キョ]	緊	긴 [kin キン]
救	구 [ku: クー]		矯	교 [kjo: キョー]	錦	금 [kɯ:m クーㇺ]
球	구 [ku ク]		鏡	경 [kjɔ:ŋ キョーン]	謹(謹)	근 [kɯ:n クーン]
給	급 [kɯp クㇷ゚]		競	경 [kjɔ:ŋ キョーン]	襟	금 [kɯ:m クーㇺ]
窮	궁 [kuŋ クン]		響(響)	향 [hja:ŋ ヒャーン]	禽	금 [kɯm クㇺ]
ギュウ			驚	경 [kjɔŋ キョン]	ギン	
牛	우 [u ウ]		饗	향 [hja:ŋ ヒャーン]	吟	음 [ɯm ウㇺ]
キョ			ギョウ		銀	은 [ɯn ウン]
去	거 [kɔ: コー]		行	행 [hɛŋ ヘン]		
巨	거 [kɔ: コー]			항 [haŋ ハン]	く	
居	거 [kɔ コ]		仰	앙 [a:ŋ アーン]		
拒	거 [kɔ: コー]		暁(曉)	효 [hjo: ヒョー]	ク	

日韓漢字音訓リスト

九	구 [ku ク]
区(區)	구 [ku ク]
句	구 [ku ク]
狗	구 [ku ク]
苦	고 [ko コ]
駆(驅)	구 [ku ク]

グ

| 具(具) | 구 [ku ク] |
| 愚 | 우 [u ウ] |

くいる

| 悔(悔) | 회 [hwe: フェー] |

クウ

| 空(空) | 공 [koŋ コン] |

くう, くらう

| 食 | 식 [ʃik シク] |

グウ

偶	우 [u ウ]
遇(遇)	우 [u ウ]
隅	우 [u ウ]

くき

| 茎(莖) | 경 [kjɔŋ キョン] |

くぎ

| 釘 | 정 [tʃɔŋ チョン] |

くさ

| 草 | 초 [tʃʰo チョ] |

くさい

| 臭(臭) | 취 [tʃʰwi: チューイ] |

くさり

| 鎖(鎖) | 쇄 [swɛ: スェー] |

くさる, くさらす

| 腐 | 부 [pu: プー] |

くし

串	천 [tʃʰɔn チョン]
	관 [kwan クァン]
	곶 [kot コッ]

くじら

| 鯨 | 경 [kjɔŋ キョン] |

くず

| 屑 | 설 [sɔl ソル] |
| 葛 | 갈 [kal カル] |

くずす, くずれる

| 崩(崩) | 붕 [puŋ プン] |

くすり

| 薬(藥) | 약 [jak ヤク] |

くせ

| 癖 | 벽 [pjɔk ピョク] |

くだ

| 管 | 관 [kwan クァン] |

くだく, くだける

| 砕(碎) | 쇄 [swɛ: スェー] |

くだる, くだす

| 下 | 하 [ha: ハー] |

| 口 | 구 [ku ク] |

くちばし

| 嘴 | 취 [tʃʰwi チュイ] |

くちびる

| 脣 | 순 [sun スン] |
| 唇 | 진 [tʃin チーン] |

くちる

| 朽 | 후 [hu フ] |

クツ

| 屈 | 굴 [kul クル] |
| 掘 | 굴 [kul クル] |

くつ

| 靴(靴) | 화 [hwa ファ] |

くつがえす, くつがえる

| 覆 | 복 [pok ポク] |

くに

| 国(國) | 국 [kuk クク] |

くばる

| 配 | 배 [pɛ: ペー] |

くび

| 首 | 수 [su ス] |

くま

| 熊 | 웅 [uŋ ウン] |

くみ, くむ

| 組 | 조 [tʃo チョ] |

くむ

| 酌(酌) | 작 [tʃak チャク] |

くも

| 雲 | 운 [un ウン] |

くもる

| 曇 | 담 [tam タム] |

くやしい, くやむ

| 悔(悔) | 회 [hwe: フェー] |

くら

倉	창 [tʃʰaŋ チャン]
蔵(藏)	장 [tʃaːŋ チャーン]
鞍	안 [aːn アーン]

くらい

| 位 | 위 [wi ウィ] |
| 暗 | 암 [am アム] |

くらす, くれる

| 暮 | 모 [mo: モー] |

くらべる

| 比 | 비 [pi: ピー] |

くり

| 栗 | 율 [jul ユル] |
| | 률 [rjul リュル] |

くる

来(來)	내 [nɛ ネ]
	래 [rɛ レ]
繰	조 [tʃo チョ]

くるう

| 狂 | 광 [kwaŋ クァン] |

くるしい, くるしむ

| 苦 | 고 [ko コ] |

くるま

| 車 | 차 [tʃʰa チャ] |
| | 거 [kɔ コ] |

くれない

| 紅 | 홍 [hoŋ ホン] |

くろ, くろい

| 黒 | 흑 [hɯk フク] |

くわ

| 桑 | 상 [saŋ サン] |

くわえる, くわわる

| 加 | 가 [ka カ] |

くわしい

| 詳 | 상 [saŋ サン] |

くわだてる

| 企 | 기 [ki キ] |

クン

君	군 [kun クン]
訓	훈 [huːn フーン]
勲(勳)	훈 [hun フン]
薫(薰)	훈 [hun フン]

グン

軍	군 [kun クン]
郡	군 [kuːn クーン]
群	군 [kun クン]

け

け

| 毛 | 모 [mo モ] |

ゲ

| 下 | 하 [ha: ハー] |

ケイ

兄	형 [hjɔŋ ヒョン]
刑	형 [hjɔŋ ヒョン]
形	형 [hjɔŋ ヒョン]
系	계 [ke ケ]
茎(莖)	경 [kjɔŋ キョン]
係	계 [ke: ケー]
型	형 [hjɔŋ ヒョン]
契(契)	계 [ke: ケー]
計	계 [ke: ケー]
径(徑)	경 [kjɔŋ キョン]
恵(惠)	혜 [he へー]
桂	계 [ke: ケー]
啓(啓)	계 [ke ケ]
掲(揭)	계 [ke: ケー]
渓(溪)	계 [ke ケ]
経(經)	경 [kjɔŋ キョン]

蛍(螢)	형 [hjəŋ ヒョン]
卿	경 [kjəŋ キョン]
敬	경 [kjə:ŋ キョーン]
景	경 [kjəŋ キョン]
軽(輕)	경 [kjə:n キョーン]
傾	경 [kjəŋ キョン]
携	휴 [hju ヒュ]
罫	괘 [kwɛ: クェー]
継(繼)	계 [ke: ケー]
慶	경 [kjə:ŋ キョーン]
憩	게 [ke ケ]
頸	경 [kjəŋ キョン]
警	경 [kjə:ŋ キョーン]
鶏(鷄)	계 [ke ケ]

ゲイ
芸(藝)	예 [je: イェー]
迎(迎)	영 [jəŋ ヨン]
鯨	경 [kjəŋ キョン]

ゲキ
劇	극 [kuk クク]
撃(擊)	격 [kjək キョク]
激	격 [kjək キョク]

けがす, けがれる
| 汚 | 오 [o: オー] |

けす
| 消(消) | 소 [so ソ] |

けずる
| 削(削) | 삭 [sak サク] |

けた
| 桁 | 형 [hjəŋ ヒョン] |
| | 항 [haŋ ハン] |

ケツ
欠	흠 [hɯ:m フーム]
欠(缺)	결 [kjəl キョル]
穴(穴)	혈 [hjəl ヒョル]
血	혈 [hjəl ヒョル]
決	결 [kjəl キョル]
結	결 [kjəl キョル]
傑	걸 [kəl コル]
潔(潔)	결 [kjəl キョル]

ゲツ
| 月 | 월 [wəl ウォル] |

けむり, けむる
| 煙(煙) | 연 [jən ヨン] |

けもの
| 獣(獸) | 수 [su ス] |

ける
| 蹴 | 축 [tʃuk チュク] |

けわしい
| 険(險) | 험 [hɔ:m ホーム] |

ケン
犬	견 [kjən キョン]
件	건 [kən コン]
見	견 [kjən キョン]
券(券)	권 [kwən クォン]
肩(肩)	견 [kjən キョン]
建	건 [kə:n コーン]
研(研)	연 [jə:n ヨーン]
県(縣)	현 [hjə:n ヒョーン]
倹(儉)	검 [kɔ:m コーム]
健	건 [kə:n コーン]
兼(兼)	겸 [kjəm キョム]
剣(劍)	검 [kɔ:m コーム]
軒	헌 [hən ホン]
堅	견 [kjən キョン]
険(險)	험 [hɔ:m ホーム]
牽	견 [kjən キョン]
圏(圈)	권 [kwə:n クォーン]
検(檢)	검 [kɔ:m コーム]
嫌(嫌)	혐 [mɔɟm ヒョム]
献(獻)	헌 [hɔ:n ホーン]
絹	견 [kjən キョン]
遣(遣)	견 [kjən キョン]
権(權)	권 [kwən クォン]
賢	현 [hjə:n ヒョーン]
憲(憲)	헌 [hɔ:n ホーン]
謙(謙)	겸 [kjəm キョム]
繭	견 [kjən キョン]
顕(顯)	현 [hjə:n ヒョーン]
験(驗)	험 [mɔn ホム]
懸	현 [hjə:n ヒョーン]

ゲン
元	원 [wən ウォン]
幻	환 [hwa:n ファーン]
玄	현 [hjəŋ ヒョン]
言	언 [ən オン]
弦	현 [hjən ヒョン]
限	한 [ha:n ハーン]
原	원 [wən ウォン]
現	현 [hjə:n ヒョーン]
減	감 [ka:m カーム]
源	원 [wən ウォン]
厳(嚴)	엄 [ɔm オム]

こ

コ
戸(戶)	호 [ho: ホー]
古	고 [ko: コー]
呼	호 [ho ホ]
固	고 [ko コ]
孤	고 [ko コ]
弧	호 [ho ホ]
故	고 [ko コ]
枯	고 [ko コ]
胡	호 [ho ホ]
個	개 [kɛ ケ]
庫	고 [ko コ]
湖	호 [ho ホ]
雇(雇)	고 [ko コ]
誇	과 [kwa: クァー]
鼓	고 [ko コ]
滸	호 [ho ホ]
顧(顧)	고 [ko コ]

こ
子	자 [tʃa チャ]
小	소 [so: ソー]
木	목 [mok モク]
粉	분 [pun プン]
黄(黃)	황 [hwaŋ ファン]

ゴ
五	오 [o: オー]
互	호 [ho: ホー]
午	오 [o: オー]
后	후 [hu フ]
呉(吳)	오 [o オ]
吾	오 [o オ]
後	후 [hu: フー]
娯(娛)	오 [o: オー]
悟	오 [o オ]
御	어 [ɔ: オー]
碁	기 [ki キ]
語	어 [ɔ オ]
誤(誤)	오 [o: オー]
護	호 [ho: ホー]

こい
恋(戀)	연 [jə:n ヨーン]
濃	농 [noŋ ノン]
鯉	이 [i イ]
	리 [ri リ]

コウ
工	공 [koŋ コン]
口	구 [ku: クー]
公(公)	공 [koŋ コン]
孔	공 [ko:ŋ コーン]
功	공 [koŋ コン]
巧	교 [kjo キョ]
広(廣)	광 [kwa:ŋ クァーン]
甲	갑 [kap カプ]
交(交)	교 [kjo キョ]
光	광 [kwaŋ クァン]
后	후 [hu フ]
向	향 [hja:ŋ ヒャーン]
好	호 [ho: ホー]
江	강 [kaŋ カン]
考	고 [ko コ]

行	행 [hɛŋ ヘン]	こう		超	초 [tʃʰo チョ]
	항 [haŋ ハン]	乞	걸 [kɔl コル]	こたえ, こたえる	
坑	갱 [kɛŋ ケン]	神(神)	신 [jin シン]	答	답 [tap タプ]
孝	효 [hjo: ヒョー]	恋(戀)	연 [jɔ:n ヨーン]	コツ	
抗	항 [haŋ ハン]	請(請)	청 [tʃʰɔŋ チョン]	骨	골 [kol コル]
攻	공 [ko:ŋ コーン]	ゴウ		こと	
更(更)	경 [kjɔŋ キョン]	号(號)	호 [ho ホ]	言	언 [ɔn オン]
	갱 [kɛŋ ケン]	合	합 [hap ハプ]	事	사 [sa: サー]
肛	항 [haŋ ハン]	拷	고 [ko コ]	殊	수 [su ス]
宏	굉 [kweŋ クェン]	剛	강 [kaŋ カン]	異	이 [i: イー]
効(效)	효 [hjo: ヒョー]	豪	호 [ho ホ]	琴	금 [kɯm クム]
幸	행 [hɛ:ŋ ヘーン]	こうむる		ことぶき	
拘	구 [ku ク]	被	피 [pʰi ピ]	寿(壽)	수 [su ス]
杭	항 [haŋ ハン]	こえ, こわ		ことわざ	
肯	긍 [kɯ:ŋ クーン]	声(聲)	성 [sɔŋ ソン]	諺(諺)	언 [ɔn オン]
侯	후 [hu フ]	こえる		ことわる	
厚	후 [hu: フー]	肥	비 [pi ピ]	断(斷)	단 [tan タン]
恒	항 [haŋ ハン]	越	월 [wɔl ウォル]	こな	
洪	홍 [hoŋ ホン]	超	초 [tʃʰo チョ]	粉	분 [pun プン]
皇	황 [hwaŋ ファン]	こおり		この	
紅	홍 [hoŋ ホン]	氷	빙 [piŋ ピン]	此	차 [tʃʰa チャ]
荒(荒)	황 [hwaŋ ファン]	こおる, こごえる		このむ	
郊	교 [kjo キョ]	凍	동 [toŋ トン]	好	호 [ho: ホー]
香	향 [hjaŋ ヒャン]	こがす, こげる		こばむ	
候	후 [hu: フー]	焦	초 [tʃʰo チョ]	拒	거 [kɔ: コー]
校	교 [kjo キョ]	コク		こま	
浩(浩)	호 [ho ホ]	克	극 [kɯk クク]	駒	구 [ku ク]
耕(耕)	경 [kjɔŋ キョン]	告(告)	고 [ko: コー]	こまか, こまかい	
航	항 [ha:ŋ ハーン]	谷	곡 [kok コク]	細	세 [se: セー]
貢	공 [ko:ŋ コーン]	刻	각 [kak カク]	こまる	
降	강 [ka:ŋ カーン]	国(國)	국 [kuk クク]	困	곤 [ko:n コーン]
高	고 [ko コ]	哭	곡 [kok コク]	こむ, こめる	
康	강 [kaŋ カン]	黒(黑)	흑 [hɯk フク]	込	입 [ip イプ]
黄(黃)	황 [hwaŋ ファン]	穀(穀)	곡 [kok コク]		*日本国字
港(港)	항 [ha:ŋ ハーン]	酷(酷)	혹 [hok ホク]	こめ	
項	항 [haŋ ハン]	ゴク		米	미 [mi ミ]
慌(慌)	황 [hwaŋ ファン]	獄	옥 [ok オク]	こやし, こやす	
硬	경 [kjɔŋ キョン]	ここの, ここのつ		肥	비 [pi: ピー]
絞	교 [kjo キョ]	九	구 [ku ク]	こよみ	
溝(溝)	구 [ku ク]	心	심 [ʃim シム]	暦(曆)	역 [jɔk ヨク]
鉱(鑛)	광 [kwaŋ クァン]	こころざし		こりる	
綱	강 [kaŋ カン]	志	지 [tʃi チ]	懲	징 [tʃiŋ チン]
構(構)	구 [ku ク]	こころみる		こる	
敲	고 [ko コ]	試	시 [ʃi シ]	凝	응 [ɯ:ŋ ウーン]
酵	효 [hjo ヒョ]	こころよい		これ	
稿	고 [ko コ]	快	쾌 [kʰwɛ クェ]	之	지 [tʃi チ]
興	흥 [hɯ:ŋ フーン]	こし		ころ	
衡	형 [hjɔŋ ヒョン]	腰	요 [jo ヨ]	頃	경 [kjɔŋ キョン]
鋼	강 [kaŋ カン]	興	여 [jɔ: ヨー]	ころがる, ころぶ	
講(講)	강 [ka:ŋ カーン]	こす		転(轉)	전 [tʃɔ:n チョーン]
購(購)	구 [ku ク]	越	월 [wɔl ウォル]	ころす	
鴻	홍 [hoŋ ホン]			殺	살 [sal サル]

		鎖	쇄 [swɛ: スェー]	細	세 [se: セー]	昨	작 [tʃak チャク]
ころも		菜(荣)	채 [tʃʰɛ: チェー]	索	색 [sɛk セク]
衣	의 [ɯi ウィ]	斎(齋)	재 [tʃe チェ]	策	책 [tʃʰɛk チェク]
こわい		最	최 [tʃʰwe:チュェー]	酢	초 [tʃʰo チョ]
怖	포 [pʰo ポ]	裁	재 [tʃe チェ]		작 [tʃak チャク]
こわす, こわれる		債	채 [tʃʰɛ チェ]	搾	착 [tʃʰak チャク]
壊(壞)	괴 [kwe: クェー]	催	최 [tʃʰwe チュェ]	錯	착 [tʃʰak チャク]
コン		歳(歲)	세 [se: セー]	さく
今	금 [kɯm クム]	載	재 [tʃɛ: チェー]	咲(咲)	소 [so ソ]
困	곤 [ko:n コーン]	際	제 [tʃɛ: チェー]	割(割)	할 [hal ハル]
坤	곤 [kon コン]	塞	새 [sɛ セ]	さくら
昆	곤 [kon コン]	ザイ		桜(櫻)	앵 [ɛŋ エン]
恨	한 [ha:n ハーン]	在	재 [tʃɛ: チェー]	さけ
昏	혼 [hon ホン]	材	재 [tʃɛ チェ]	酒	주 [tʃu チュ]
根	근 [hɯn クン]	剤(劑)	제 [tʃɛ チェ]	さける, さく
婚	혼 [hon ホン]	財	재 [tʃɛ チェ]	裂	열 [jɔl ヨル]
混	혼 [ho:n ホーン]	罪	죄 [tʃwe:チュェー]		렬 [rjɔl リョル]
痕	흔 [hɯn フン]	さいわい		さける
紺	감 [kam カム]	幸	행 [hɛ:ŋ ヘーン]	避(避)	피 [pʰi: ピー]
魂	혼 [hon ホン]	さえぎる		さけぶ
墾	간 [ka:n カーン]	遮(遮)	차 [tʃʰa: チャー]	叫	규 [kju キュ]
懇	간 [ka:n カーン]	さお		さげる
		竿	간 [kan カン]	下	하 [ha: ハー]
さ		さか		提	제 [tʃe チェ]
		坂	판 [pʰan パン]	ささえる
サ		阪	판 [pʰan パン]	支	지 [tʃi チ]
左	좌 [tʃwa:チュアー]	逆(逆)	역 [jɔk ヨク]	ささる
佐	좌 [tʃwa:チュアー]	酒	주 [tʃu チュ]	刺	자 [tʃa チャ]
査	사 [sa サ]	さかい		さじ
砂	사 [sa サ]	境	경 [kjɔŋ キョン]	匙	시 [ʃi シ]
唆	사 [sa サ]	さかえる		さす
差	차 [tʃʰa チャ]	栄(榮)	영 [jɔŋ ヨン]	刺	자 [tʃa: チャー]
詐	사 [sa サ]	さがす		指	지 [tʃi チ]
鎖(鎖)	쇄 [swɛ: スェー]	捜	수 [su ス]	挿(插)	삽 [sap サプ]
ザ		さがす, さぐる		差	차 [tʃʰa チャ]
坐	좌 [tʃwa:チュアー]	探	탐 [tʰam タム]	さずける, さずかる
座	좌 [tʃwa:チュアー]	さかずき		授	수 [su ス]
サイ		杯	배 [pɛ ペ]	さそう
才	재 [tʃɛ チェ]	さかな		誘	유 [ju ユ]
再	재 [tʃɛ: チェー]	魚	어 [ɔ オ]	さだまる, さだめる
災	재 [tʃɛ チェ]	さからう		定	정 [tʃɔ:ŋ チョーン]
斉(齊)	제 [tʃe チェ]	逆(逆)	역 [jɔk ヨク]	さち
妻	처 [tʃʰɔ チョ]	さかる, さかん		幸	행 [hɛ:ŋ ヘーン]
采(采)	채 [tʃʰɛ: チェー]	盛	성 [sɔ:ŋ ソーン]	サツ
砕(碎)	쇄 [swɛ: スェー]	さがる		札	찰 [tʃʰal チャル]
宰	재 [tʃɛ チェ]	下	하 [ha: ハー]	冊(册)	책 [tʃʰɛk チェク]
栽	재 [tʃɛ: チェー]	さき		刷	쇄 [swɛ: スェー]
崔	최 [tʃʰwe チュェ]	先	선 [sɔn ソン]	殺(殺)	살 [sal サル]
彩(彩)	채 [tʃʰɛ: チェー]	崎	기 [ki キ]	(サイ)	쇄 [swɛ:スェー]
採(採)	채 [tʃʰɛ: チェー]	サク		察	찰 [tʃʰal チャル]
済(濟)	제 [tʃe チェ]	作	작 [tʃak チャク]	撮	찰 [tʃʰwal チュアル]
祭	제 [tʃe チェ]	削(削)	삭 [sak サク]	擦	찰 [tʃʰal チャル]

ザツ		賛(贊)	찬[tʃʰaːn チャーン]	誌	지[tʃi チ]
雑(雜)	잡[tʃap チャプ]	餐	찬[tʃʰan チャン]	賜	사[saː サー]
さと		ザン		諸(諸)	자[tʃaː チャー]
里	이[i イ]	残(殘)	잔[tʃan チャン]	ジ	
	리[ri リ]	暫	잠[tʃaːm チャーム]	示	시[ʃiː シー]
さとす				地	지[tʃi チ]
諭(諭)	유[ju ユ]	**し**		字	자[tʃa チャ]
さとる				寺	사[sa サ]
悟	오[o オ]	シ		次(次)	차[tʃʰa チャ]
さばく		子	자[tʃa チャ]	耳	이[iː イー]
裁	재[tʃɛ チェ]	之	지[tʃi チ]	而	이[i イ]
さび, さびしい		士	사[sa サ]	自	자[tʃa チャ]
寂	적[tʃʌk チョク]	支	지[tʃi チ]	似	사[saː サー]
さま		止	지[tʃi チ]	児(兒)	아[a ア]
様(樣)	양[jaŋ ヤン]	氏	씨[ʃ'i ッシ]	事	사[saː サー]
さます, さめる		仕	사[sa サ]	侍	시[ʃiː シー]
冷	냉[nɛːŋ ネーン]	史(史)	사[saː サー]	治	치[tʃʰi チ]
	랭[rɛːŋ レーン]	司	사[sa サ]	持	지[tʃi チ]
覚(覺)	각[kak カク]	四	사[saː サー]	時	시[ʃi シ]
さまたげる		市	시[ʃi シ]	痔	치[tʃʰi チ]
妨	방[paŋ パン]	矢	시[ʃi シ]	滋	자[tʃa チャ]
さむい		旨	지[tʃi チ]	慈	자[tʃa チャ]
寒(寒)	한[han ハン]	死	사[sa サ]	辞(辭)	사[sa サ]
さむらい		糸(絲)	사[saː サー]	爾	이[i イ]
侍	시[ʃiː シー]	至	지[tʃi チ]	磁	자[tʃaː チャー]
さら		伺	사[sa サ]	璽	새[sɛ セ]
皿	명[mjʌŋ ミョン]	志	지[tʃi チ]	しあわせ	
更(更)	경[kjʌŋ キョン]	私	사[sa サ]	幸	행[hɛːŋ ヘーン]
	갱[kɛːŋ ケーン]	使	사[saː サー]	しいたげる	
さる		刺	자[tʃaː チャー]	虐(虐)	학[hak ハク]
猿	원[wɔːn ウォーン]	始	시[ʃiː シー]	しいる	
去	거[kɔː コー]	姉	자[tʃa チャ]	強(強)	강[kaːŋ カーン]
さわ		枝	지[tʃi チ]	しお	
沢(澤)	택[tʰɛk テク]	祉(祉)	지[tʃi チ]	塩(鹽)	염[jʌm ヨム]
さわぐ		肢	지[tʃi チ]	潮	조[tʃo チョ]
騒(騷)	소[so ソ]	姿(姿)	자[tʃaː チャー]	しか	
さわる		思	사[sa サ]	鹿	녹[nok ノク]
触(觸)	촉[tʃʰok チョク]	指	지[tʃi チ]		록[rok ロク]
障	장[tʃaŋ チャン]	施	시[ʃiː シー]	シキ	
サン		師	사[sa サ]	式	식[ʃik シク]
三	삼[sam サム]	紙	지[tʃi チ]	織	직[tʃik チク]
山	산[san サン]	脂	지[tʃi チ]	識	식[ʃik シク]
参(參)	삼[sam サム]	紫	자[tʃa チャ]		지[tʃi チ]
	참[tʃʰam チャム]	視(視)	시[ʃiː シー]	しく	
桟(棧)	잔[tʃan チャン]	詞	사[sa サ]	敷	부[puː プー]
蚕(蠶)	잠[tʃam チャム]	歯(齒)	치[tʃʰi チ]	ジク	
惨(慘)	참[tʃʰam チャム]	嗣	사[sa サ]	竺	축[tʃʰuk チュク]
産(產)	산[saːn サーン]	試	시[ʃiː シー]	軸	축[tʃʰuk チュク]
傘	산[saːn サーン]	詩	시[ʃi シ]	しげる	
散	산[saːn サーン]	資	자[tʃa(ː) チャ(ー)]	茂	무[mu ム]
算	산[saːn サーン]	雌	자[tʃa チャ]	しこうして	
酸	산[san サン]	飼(飼)	사[sa サ]	而	이[i イ]

しずか, しずめる		しま		主(主)	주 [tʃu チュ]
静(靜)	정 [tʃɔŋ チョン]	島	도 [to ト]	守	수 [su ス]
しずく		縞	호 [ho ホ]	朱	주 [tʃu チュ]
滴	적 [tʃɔk チョク]	しまる, しめる		取	취 [tʃʰwi チュィ]
しずめる		閉	폐 [pʰe ペー]	狩	수 [su ス]
鎮(鎭)	진 [tʃiːn チーン]	絞	교 [kjo キョ]	首	수 [su ス]
しずむ, しずめる		締	체 [tʃʰe チェ]	殊	수 [su ス]
沈	침 [tʃʰim チム]	しみ, しみる		珠	주 [tʃu チュ]
した		染	염 [jɔːm ヨーム]	酒	주 [tʃu チュ]
下	하 [haː ハー]	しめす		腫	종 [tʃoŋ チョン]
舌	설 [sɔl ソル]	示	시 [jiː シー]	種	종 [tʃoŋ チョン]
したう		湿(濕)	습 [sɯp スプ]	趣	취 [tʃʰwiː チュィー]
慕	모 [moː モー]	しめる		ジュ	
したがう		占	점 [tʃɔm チョム]	寿(壽)	수 [su ス]
従(從)	종 [tʃoŋ チョン]	湿(濕)	습 [sɯp スプ]	受	수 [su ス]
したしい		しも		授	수 [su ス]
親	친 [tʃʰin チン]	下	하 [haː ハー]	需	수 [su ス]
したたる		霜	상 [saŋ サン]	儒	유 [ju ユ]
滴	적 [tʃɔk チョク]	シャ		樹	수 [su ス]
シチ		写(寫)	사 [sa サ]	シュウ	
七	칠 [tʃʰil チル]	社(社)	사 [sa サ]	囚	수 [su ス]
シツ		車	차 [tʃʰa チャ]	収(收)	수 [su ス]
叱	질 [tʃil チル]		거 [kɔ コ]	州	주 [tʃu チュ]
失	실 [ʃil シル]	者(者)	자 [tʃa チャ]	舟	주 [tʃu チュ]
室	실 [ʃil シル]	舎(舍)	사 [sa サ]	秀	수 [su ス]
疾	질 [tʃil チル]	奢	사 [sa サ]	周(周)	주 [tʃu チュ]
執	집 [tʃip チプ]	射	사 [sa サ]	宗	종 [tʃoŋ チョン]
湿(濕)	습 [sɯp スプ]	捨(捨)	사 [sa サ]	拾	습 [sɯp スプ]
漆	칠 [tʃʰil チル]	赦	사 [saː サー]	(ジュウ)十	십 [ʃip シプ]
膝	슬 [sɯl スル]	斜	사 [sa サ]	秋	추 [tʃʰu チュ]
嫉	질 [tʃil チル]	煮(煮)	자 [tʃa チャ]	臭(臭)	취 [tʃʰwi チュィ]
質	질 [tʃil チル]		저 [tʃɔ チョ]	修	수 [su ス]
ジツ		遮(遮)	차 [tʃʰaː チャー]	執	집 [tʃip チプ]
実(實)	실 [ʃil シル]	謝	사 [saː サー]	終(終)	종 [tʃoŋ チョン]
しな		瀉	사 [sa サ]	羞	수 [su ス]
品	품 [pʰuːm プーム]	ジャ		習(習)	습 [sɯp スプ]
しぬ		邪	사 [sa サ]	週(週)	주 [tʃu チュ]
死	사 [saː サー]	蛇	사 [sa サ]	就	취 [tʃʰwiː チュィー]
しの		シャク		衆	중 [tʃuːŋ チューン]
篠	소 [so ソ]	勺(勺)	작 [tʃak チャク]	集	집 [tʃip チプ]
しのぶ		尺	척 [tʃʰɔk チョク]	愁	수 [su ス]
忍(忍)	인 [in イン]	借	차 [tʃʰaː チャー]	酬	수 [su ス]
しば		酌(酌)	작 [tʃak チャク]	醜	추 [tʃʰu チュ]
芝	지 [tʃi チ]	錫	석 [sɔk ソク]	襲	습 [sɯp スプ]
柴	시 [ʃi シ]	釈(釋)	석 [sɔk ソク]	讐・讎	수 [su ス]
しばる		爵(爵)	작 [tʃak チャク]	ジュウ	
縛	박 [pak パク]	ジャク		十	십 [ʃip シプ]
しぶい		若	약 [jak ヤク]	汁	즙 [tʃɯp チュプ]
渋(澁)	삽 [sap サプ]	弱(弱)	약 [jak ヤク]		집 [tʃip チプ]
しぼる		寂	적 [tʃɔk チョク]	充	충 [tʃʰuŋ チュン]
絞	교 [kjo キョ]	シュ		住(住)	주 [tʃuː チュー]
搾	착 [tʃʰak チャク]	手	수 [su ス]	拾	십 [ʃip シプ]

(シュウ)	習	습[sɯp スプ]	暑(暑)	서[sɔː ソー]	晶	정[tʃoŋ チョン]
	柔	유[ju ユ]	署(署)	서[sɔː ソー]	焼(燒)	소[so ソ]
	重	중[tʃuːn チューン]	緒(緒)	서[sɔ ソ]	焦	초[tʃʰo チョ]
	従(從)	종[tʃoŋ チョン]	諸(諸)	제[tʃe チェ]	粧	장[tʃaŋ チャン]
	渋(澁)	삽[sap サプ]	ジョ		詔	소[so ソ]
	銃	총[tʃʰoŋ チョン]	女	여[jɔ ヨ]	硝(硝)	초[tʃʰo チョ]
	獣(獸)	수[su ス]		녀[njɔ ニョ]	証(證)	증[tʃɯŋ チュン]
	縦(縱)	종[tʃoŋ チョン]	如	여[jɔ ヨ]	象	상[saŋ サン]
しゅうと			助	조[tʃoː チョー]	奨(奬)	장[tʃaːŋ チャーン]
	舅	구[ku ク]	序	서[sɔ ソ]	照	조[tʃoː チョー]
しゅうとめ			叙(敍)	서[sɔ ソ]	詳	상[saŋ サン]
	姑	고[ko コ]	徐	서[sɔ ソ]	彰	창[tʃʰaŋ チャン]
シュク			除	제[tʃe チェ]	障	장[tʃaŋ チャン]
	叔	숙[suk スク]	ショウ		衝	충[tʃʰuŋ チュン]
	祝(祝)	축[tʃʰuk チュク]	小	소[soː ソー]	賞	상[saŋ サン]
	宿	숙[suk スク]	升	승[sɯŋ スン]	償	상[saŋ サン]
	淑	숙[suk スク]	少	소[soː ソー]	礁	초[tʃʰo チョ]
	粛(肅)	숙[suk スク]	召	소[so ソ]	鍾	종[tʃoŋ チョン]
	縮	축[tʃʰuk チュク]	正	정[tʃɔːŋ チョーン]	醤(醬)	장[tʃaːŋ チャーン]
ジュク			生	생[sɛŋ セン]	鐘	종[tʃoŋ チョン]
	塾	숙[suk スク]	匠	장[tʃaŋ チャン]	ジョウ	
	熟	숙[suk スク]	床	상[saŋ サン]	上	상[saːŋ サーン]
シュツ			庄	장[tʃaŋ チャン]	丈(丈)	장[tʃaːŋ チャーン]
	出	출[tʃʰul チュル]	抄	초[tʃʰo チョ]	冗	용[joŋ ヨン]
ジュツ			肖(肖)	초[tʃʰo チョ]	条(條)	조[tʃo チョ]
	述(述)	술[sul スル]	妾	첩[tʃʰɔp チョプ]	状(狀)	상[saŋ サン]
	術(術)	술[sul スル]	尚(尙)	상[saŋ サン]		장[tʃaŋ チャン]
シュン			承	승[sɯŋ スン]	乗(乘)	승[sɯŋ スン]
	俊	준[tʃuːn チューン]	招	초[tʃʰo チョ]	城	성[sɔŋ ソン]
	春	춘[tʃʰun チュン]	昇	승[sɯŋ スン]	浄(淨)	정[tʃoŋ チョン]
	舜	순[sun スン]	松	송[soŋ ソン]	剰(剩)	잉[iːŋ イーン]
	駿	준[tʃuːn チューン]	沼	소[so ソ]	常	상[saŋ サン]
	瞬	순[sun スン]	宵(宵)	소[so ソ]	情(情)	정[tʃɔŋ チョン]
ジュン			昌	창[tʃʰaːŋ チャーン]	場	장[tʃaŋ チャン]
	巡(巡)	순[sun スン]	昭	소[so ソ]	畳(疊)	첩[tʃʰɔp チョプ]
	旬	순[sun スン]	省	성[sɔŋ ソン]	蒸	증[tʃɯŋ チュン]
	盾	순[sun スン]		생[sɛŋ セン]	縄(繩)	승[sɯŋ スン]
	准	준[tʃuːn チューン]	将(將)	장[tʃaːŋ チャーン]	壌(壤)	양[jaŋ ヤン]
	殉	순[sun スン]	消(消)	소[so ソ]	嬢(孃)	양[jaŋ ヤン]
	純	순[sun スン]	渉(涉)	섭[sɔp ソプ]	錠	정[tʃoŋ チョン]
	循	순[sun スン]	症	증[tʃɯŋ チュン]	譲(讓)	양[jaːŋ ヤーン]
	閏	윤[juːn ユーン]	祥(祥)	상[saŋ サン]	醸(釀)	양[jaːŋ ヤーン]
	順	순[suːn スーン]	称(稱)	칭[tʃʰiŋ チン]	ショク	
	準	준[tʃuːn チューン]	笑	소[soː ソー]	色	색[sɛk セク]
	潤	윤[juːn ユーン]	唱	창[tʃʰaːŋ チャーン]	食	식[ʃik シク]
	遵(遵)	준[tʃun チュン]	娼	창[tʃʰaːŋ チャーン]	植	식[ʃik シク]
ショ			商	상[saŋ サン]	殖	식[ʃik シク]
	処(處)	처[tʃʰɔː チョー]	章	장[tʃaŋ チャン]	飾(飾)	식[ʃik シク]
	初	초[tʃʰo チョ]	紹	소[so ソ]	蜀	촉[tʃʰok チョク]
	所	소[soː ソー]	訟	송[soŋ ソーン]	触(觸)	촉[tʃʰok チョク]
	書	서[sɔ ソ]	勝(勝)	승[sɯŋ スン]	嘱(囑)	촉[tʃʰok チョク]
	庶	서[sɔː ソー]	掌	장[tʃaŋ チャン]	織	직[tʃik チク]

日韓漢字音訓リスト

慎(愼)	신 [ʃiːn シーン]
新	신 [ʃin シン]
審	심 [ʃiːm シーム]
震	진 [tʃiːn チーン]
薪	신 [ʃin シン]
親	친 [tʃʰin チン]
鍼	침 [tʃʰim チム]

ジン
人	인 [in イン]
刃(刄)	인 [in イン]
仁	인 [in イン]
壬	임 [im イム]
尺(盡)	진 [tʃiːn チーン]
迅(迅)	신 [ʃiːn シーン]
甚	심 [ʃiːm シーム]
陣	진 [tʃiːn チーン]
尋(尋)	심 [ʃim シム]
腎	신 [ʃiːn シーン]

しんがり
| 殿 | 전 [tʃɔːn チョーン] |

す

ス
須	수 [su ス]
州	주 [tʃu チュ]
巣(巢)	소 [so ソ]
酢	초 [tʃʰo チョ]

ズ
| 図(圖) | 도 [to ト] |

スイ
水	수 [su ス]
吹	취 [tʃʰwiː チューイー]
垂	수 [su ス]
炊	취 [tʃʰwiː チューイー]
帥	수 [su ス]
粋(粹)	수 [su ス]
衰(衰)	쇠 [swe スェ]
彗	혜 [he ヘー]
推	추 [tʃʰu チュ]
酔(醉)	취 [tʃʰwiː チューイー]
遂(遂)	수 [su ス]
睡	수 [su ス]
穂(穗)	수 [su ス]
錘	추 [tʃʰu チュ]
	수 [su ス]

イ
随(隨)	수 [su ス]
	수 [su ス]
	서 [sɔː ソー]
	수 [su ス]

すい
| 酸 | 산 [san サン] |

スウ
枢(樞)	추 [tʃʰu チュ]
崇	숭 [suŋ スン]
数(數)	수 [su ː スー]
趨	추 [tʃʰu チュ]

すう
| 吸 | 흡 [hɯp フプ] |

すえ
| 末 | 말 [mal マル] |

すえる
| 据 | 거 [kɔ コ] |

すかす, すける
| 透(透) | 투 [tʰu トゥ] |

すがた
| 姿(姿) | 자 [tʃa: チャー] |

すぎ
| 杉 | 삼 [sam サム] |

すく
| 好 | 호 [ho: ホー] |
| 透(透) | 투 [tʰu トゥ] |

すくう
| 救 | 구 [ku: クー] |

すぐれる
| 優 | 우 [u ウ] |

すけ
| 助 | 조 [tʃoː チョー] |

すこし, すくない
| 少 | 소 [soː ソー] |

すごす, すぎる
| 過(過) | 과 [kwaː クァー] |

すこぶる
| 頗 | 파 [pʰa パ] |

すこやか
| 健 | 건 [kɔːn コーン] |

すじ
| 筋 | 근 [kɯn クン] |

すず
鈴	영 [jɔŋ ヨン]
	령 [rjɔŋ リョン]
錫	석 [sɔk ソク]

すずしい
| 涼 | 양 [jaŋ ヤン] |
| | 량 [rjaŋ リャン] |

すずめ
| 雀 | 작 [tʃak チャク] |

すすめる
進(進)	진 [tʃiːn チーン]
勧(勸)	근 [kɯn クン]
薦	천 [tʃʰɔːn チョーン]

すずり

日韓漢字音訓リスト

訓/音	漢字	韓音
	硯	연 [joːn ヨーン]
すたる, すたれる	廃(廢)	폐 [pʰeː ペー]
すでに	已	이 [i イ]
	既(旣)	기 [ki キ]
すてる	捨(捨)	사 [sa サ]
すな	砂	사 [sa サ]
すなわち	即(卽)	즉 [tɕuk チュク]
すべる	滑	활 [hwal ファル]
	統	통 [tʰoːŋ トーン]
すみ	炭	탄 [tʰaːn ターン]
	隅	우 [u ウ]
	墨	묵 [muk ムク]
すみやか	速(速)	속 [sok ソク]
すむ, すまう	住(住)	주 [tɕu チュー]
すむ, すます	済(濟)	제 [tɕe チェ]
	澄	징 [tɕiŋ チン]
する	刷	쇄 [swɛː スェー]
する, すれる	擦	찰 [tɕʰal チャル]
するどい	鋭(銳)	예 [je イェー]
すわる	坐	좌 [tɕwaː チュア—]
	座	좌 [tɕwaː チュア—]
	据	거 [kɔ コ]
スン	寸	촌 [tɕʰoːn チョーン]

せ

訓/音	漢字	韓音
セ	世	세 [seː セー]
	施	시 [ɕi シー]
せ	背	배 [pɛː ペー]
	畝	묘 [mjo ミョー]
	瀬(瀬)	뇌 [nwe ヌェ]
		뢰 [rwe ルェ]
ゼ	是	시 [ɕi シー]
セイ	井	정 [tɕʌŋ チョン]
	世	세 [seː セー]
	正	정 [tɕʌːŋ チョーン]
	生	생 [sɛŋ セン]
	成	성 [sʌŋ ソン]
	西	서 [sɔ ソ]
	声(聲)	성 [sʌŋ ソン]
	制	제 [tɕeː チェー]
	姓	성 [sʌːŋ ソーン]
	征	정 [tɕʌŋ チョン]
	性	성 [sʌŋ ソン]
	青(靑)	청 [tɕʰʌŋ チョン]
	斉(齊)	제 [tɕe チェ]
	政	정 [tɕʌŋ チョン]
	星	성 [sʌŋ ソン]
	牲	생 [sɛŋ セン]
	省	성 [sʌŋ ソン]
		생 [sɛŋ セン]
	逝(逝)	서 [sɔː ソー]
	清(淸)	청 [tɕʰʌŋ チョン]
	凄	처 [tɕʰɔ チョ]
	棲	서 [sɔ ソ]
	盛	성 [sʌːŋ ソーン]
	婿(壻)	서 [sɔ ソ]
	晴(晴)	청 [tɕʰʌŋ チョン]
	勢	세 [seː セー]
	聖(聖)	성 [sʌːŋ ソーン]
	誠	성 [sʌŋ ソン]
	精(精)	정 [tɕʌŋ チョン]
	製	제 [tɕeː チェー]
	誓	서 [sɔː ソー]
	静(靜)	정 [tɕʌŋ チョン]
	請(請)	청 [tɕʰʌŋ チョン]
	整	정 [tɕʌːŋ チョーン]
ゼイ	税(稅)	세 [seː セー]
セキ	夕	석 [sok ソク]
	斥	척 [tɕʰʌk チョク]
	石	석 [sɔk ソク]
	赤	적 [tɕʌk チョク]
	昔	석 [sɔk ソク]
	析	석 [sɔk ソク]
	席	석 [sɔk ソク]
	脊	척 [tɕʰʌk チョク]
	隻	척 [tɕʰʌk チョク]
	惜	석 [sɔk ソク]
	戚	척 [tɕʰʌk チョク]
	責	책 [tɕʰɛk チェク]
	跡	적 [tɕʌk チョク]
	積	적 [tɕɔk チョク]
	績	적 [tɕɔk チョク]
	藉	자 [tɕa チャ]
	籍	적 [tɕɔk チョク]
せき	咳	하
	関(關)	관 [kwan クァン]
セツ	切	절
	折	절 [tɕ]
	拙	졸 [tɕ]
	窃(竊)	절 [tɕ]
	接	접 [tɕɔ]
	設	설 [sɔl]
	雪(雪)	설 [sɔl]
	摂(攝)	섭 [sɔp]
	節(節)	절 [tɕɔl]
	説(說)	설 [sɔl ソル]
	(-ゼイ)	세 [seː]
	截	절 [tɕɔl チ]
ゼツ	舌	설 [sɔl ソル]
	絶(絕)	절 [tɕɔl チョ]
ぜに	銭(錢)	전 [tɕʌːn チョ]
せばめる, せまい	狭(狹)	협 [hjʌp ヒ]
せまる	迫(迫)	박 [pak パク]
せみ	蝉	선 [sʌn ソン]
せめる	攻	공 [koːŋ コ]
	責	책 [tɕʰɛk チ]
せり	芹	근 [kɯn ク]
せる	競	경 [kjɔːŋ キョン]
セン	千	천 [tɕʰʌn]
	川	천 [tɕʰʌn]
	仙	선 [sʌn]
	占	점 [tɕʌm]
	先	선 [sʌn]
	尖	첨 [tɕʰʌm]
	宣	선 [sʌn]
	専(專)	전 [tɕ]
	扇(扇)	선 [sɔ]
	染	염 [jɔ]
	泉	천 [tɕ]
	浅(淺)	천 [tɕ]
	洗	세 [ɕ]
	穿	천 [

栓(栓)	전 [tɕɔn チョン]	蘇	소 [so ソ]	贈(贈)	증 [tɕɯŋ チュン]
閃	섬 [sɔm ソム]	ソウ		そうろう	
腺	선 [sɔn ソン]	双(雙)	쌍 [s'aŋ ッサン]	候	후 [hu フ]
煎	전 [tɕɔn チョン]	壮(壯)	장 [tɕaːŋ チャーン]	そえる	
旋	선 [sɔn ソン]	早	조 [tɕoː チョー]	添	첨 [tɕʰɔm チョム]
船(船)	선 [sɔn ソン]	争(爭)	쟁 [tɕɛŋ チェーン]	ソク	
戦(戰)	전 [tɕɔːn チョーン]	宋	송 [soːŋ ソーン]	仄	측 [tɕʰɯk チュク]
羨	선 [sɔːn ソーン]	走	주 [tɕuː チュー]	即(卽)	즉 [tɕɯk チュク]
践(踐)	천 [tɕʰɔːn チョーン]	宗	종 [tɕoŋ チョン]	束	속 [sok ソク]
箋	전 [tɕɔːn チョーン]	奏	주 [tɕu チュ]	足	족 [tɕok チョク]
銭(錢)	전 [tɕɔːn チョーン]	相	상 [saŋ サン]	促	촉 [tɕʰok チョク]
銑	선 [sɔn ソン]	草	초 [tɕʰo チョ]	則	칙 [tɕʰik チク]
撰	선 [sɔːn ソーン]	荘(莊)	장 [tɕaŋ チャン]		즉 [tɕɯk チュク]
	찬 [tɕʰaːn チャーン]	送(送)	송 [soːŋ ソーン]	息	식 [ɕik シク]
潜(潛)	잠 [tɕam チャム]	倉	창 [tɕʰaŋ チャン]	捉	착 [tɕʰak チャク]
線	선 [sɔn ソン]	捜(搜)	수 [su ス]	速(速)	속 [sok ソク]
賎	천 [tɕʰɔːn チョーン]	挿(插)	삽 [sap サプ]	側	측 [tɕʰɯk チュク]
薦	천 [tɕʰɔːn チョーン]	桑	상 [saŋ サン]	惻	측 [tɕʰɯk チュク]
選(選)	선 [sɔːn ソーン]	掃(掃)	소 [soː ソー]	測	측 [tɕʰɯk チュク]
遷(遷)	천 [tɕʰɔːn チョーン]	曹	조 [tɕo チョ]	ゾク	
繊(纖)	섬 [sɔm ソム]	巣(巢)	소 [so ソ]	俗	속 [sok ソク]
鮮	선 [sɔn ソン]	爽	상 [saːŋ サーン]	族	족 [tɕok チョク]
せん		窓	창 [tɕʰaŋ チャン]	属(屬)	속 [sok ソク]
腺	선 [sɔn ソン]	創	창 [tɕʰaːŋ チャーン]	続(續)	속 [sok ソク]
ゼン		喪	상 [saːŋ サーン]	賊(賊)	적 [tɕɔk チョク]
全(全)	전 [tɕɔn チョン]	葬	장 [tɕaːŋ チャーン]	そこ	
前(前)	전 [tɕɔn チョン]	装(裝)	장 [tɕaŋ チャン]	底	저 [tɕɔː チョー]
善	선 [sɔːn ソーン]	僧(僧)	승 [sɯŋ スン]	そこなう	
喘	천 [tɕʰɔːn チョーン]	想	상 [saːŋ サーン]	損	손 [soːn ソーン]
然	연 [jɔn ヨン]	層(層)	층 [tɕʰɯŋ チュン]	そそぐ	
禅(禪)	선 [sɔn ソン]	総(總)	총 [tɕʰoːŋ チョーン]	注	주 [tɕu チュー]
漸	점 [tɕɔːm チョーム]	遭(遭)	조 [tɕo チョ]	そそのかす	
膳	선 [sɔːn ソーン]	槽	조 [tɕo チョ]	唆	사 [sa サ]
		聡(聰)	총 [tɕʰoːŋ チョーン]	そだつ, そだてる	
		噪	조 [tɕo チョ]	育	육 [juk ユク]
そ		操	조 [tɕo(ː) チョ(-)]	卒	졸 [tɕol チョル]
		燥	조 [tɕo チョ]	率(率)	솔 [sol ソル]
ソ		霜	상 [saŋ サン]	そと	
阻	조 [tɕo チョ]	叢	총 [tɕʰoŋ チョン]	外	외 [weː ウェー]
俎	조 [tɕo チョ]	騒(騷)	소 [so ソ]	そなえる	
祖(祖)	조 [tɕo チョ]	藻	조 [tɕo チョ]	供	공 [koːŋ コーン]
租	조 [tɕo チョ]	そう		備	비 [piː ピー]
素	소 [so(ː) ソ(-)]	沿(沿)	연 [jɔn ヨン]	その	
措	조 [tɕo チョ]	添	첨 [tɕʰɔm チョム]	基	기 [ki キ]
粗	조 [tɕo チョ]	ゾウ		園	원 [wɔn ウォン]
組	조 [tɕo チョ]	造(造)	조 [tɕoː チョー]	そむく	
疏	소 [so ソ]	象	상 [saŋ サン]	背	배 [pɛː ペー]
疎	소 [so ソ]	像	상 [saŋ サン]	そめる	
塑	소 [so ソ]	増(增)	증 [tɕɯŋ チュン]	初	초 [tɕʰo チョ]
楚	초 [tɕʰo チョ]	憎(憎)	증 [tɕɯŋ チュン]	染	염 [jɔm ヨーム]
遡	소 [so ソ]	蔵(藏)	장 [tɕaːŋ チャーン]	そら	
蔬	소 [so ソ]	臓(臟)	장 [tɕaːŋ チャーン]		
礎	초 [tɕʰo チョ]				

空(空)	공[koŋ コン]	鯛	조[tʃo チョ]	竹	죽[tʃuk チュク]	

そる, そらす
　反　　반[paːn パーン]
ソン
　村　　촌[tʃʰoːn チョーン]
　孫　　손[son ソン]
　損　　손[soːn ソーン]
　遜　　손[son ソン]
ソン, ゾン
　存　　존[tʃon チョン]
　尊(尊)　존[tʃon チョン]

た

タ
　他　　타[tʰa タ]
　多　　다[ta タ]
　汰　　태[tʰɛ テ]
た
　手　　수[su ス]
　田　　전[tʃon チョン]
ダ
　打　　타[tʰaː ター]
　兌　　태[tʰɛ テ]
　妥(妥)　타[tʰaː ター]
　陀　　타[tʰaː ター]
　唾　　타[tʰaː ター]
　蛇　　사[sa サ]
　堕(堕)　타[tʰaː ター]
　駄　　태[tʰɛ テ]
タイ
　太　　태[tʰɛ テ]
　対(對)　대[tɛː テー]
　体(體)　체[tʃʰɛ チェ]
　待　　대[tɛː テー]
　怠　　태[tʰɛ テ]
　耐　　내[nɛː ネー]
　胎　　태[tʰɛ テ]
　退(退)　퇴[tʰweː トゥェー]
　帯(帶)　대[tɛː テー]
　泰　　태[tʰɛː テー]
　堆　　퇴[tʰwe トゥェ]
　頽　　퇴[tʰwe トゥェ]
　袋　　대[tɛ テ]
　逮(逮)　체[tʃʰe チェ]
　替　　체[tʃʰe チェ]
　貸　　대[tɛː テー]
　隊(隊)　대[tɛ テ]
　滞(滯)　체[tʃʰe チェ]
　態　　태[tʰɛː テー]
　腿(腿)　퇴[tʰweː トゥェー]
たい

　大　　대[tɛː テー]
　代　　대[tɛː テー]
　台(臺)　대[tɛ テ]
　第　　제[tʃe チェー]
　醍　　제[tʃe チェ]
　題　　제[tʃe チェ]
だいだい
　橙　　등[tɯŋ トゥン]
たいら
　平(平)　평[pʰjoŋ ピョン]
たえる
　耐　　내[nɛː ネー]
　堪　　감[kam カム]
　絶(絕)　절[tʃol チョル]
たおす, たおれる
　倒　　도[toː トー]
たか
　鷹　　응[ɯŋ ウン]
たかい
　高　　고[ko コ]
たがやす
　耕　　경[kjoŋ キョン]
たから
　宝(寶)　보[poː ポー]
たき
　滝(瀧)　롱[roŋ ロン]
たきぎ
　薪　　신[ʃin シン]
タク
　宅　　택[tʰɛk テク]
　托　　탁[tʰak タク]
　択(擇)　택[tʰɛk テク]
　卓　　탁[tʰak タク]
　拓　　척[tʃʰɔk チョク]
　　　　탁[tʰak タク]
　託　　탁[tʰak タク]
　啄　　탁[tʰak タク]
　濯(濯)　탁[tʰak タク]
　炊　　취[tʃʰwiː チュィー]
ダク
　諾　　낙[nak ナク]
　濁　　탁[tʰak タク]
だく
　抱(抱)　포[pʰoː ポー]
たくみ
　巧　　교[kjo キョ]
たくわえる
　蓄　　축[tʃʰuk チュク]
たけ

たけ, だけ
　丈(丈)　장[tʃaːŋ チャーン]
　岳(嶽)　악[ak アク]
たこ
　蛸　　초[tʃʰo チョ]
たしか, たしかめる
　確　　확[hwak ファク]
たす, たりる, たる
　足　　족[tʃok チョク]
だす
　出　　출[tʃʰul チュル]
たすける
　助　　조[tʃoː チョー]
たずさえる
　携　　휴[hju ヒュ]
たずねる
　訪　　방[paːŋ パーン]
　尋(尋)　심[ʃim シム]
ただ
　只　　지[tʃi チ]
　唯　　유[ju ユ]
たたかう
　戦(戰)　전[tʃoːn チョーン]
　闘(鬪)　투[tʰu トゥ]
たたく
　叩　　고[ko コ]
ただし
　但　　단[taːn ターン]
ただしい, ただす
　正　　정[tʃɔːŋ チョーン]
ただちに
　直　　직[tʃik チク]
たたみ, たたむ
　畳(疊)　첩[tʃʰɔp チョプ]
ただよう
　漂　　표[pʰjo ピョ]
たちばな
　橘　　귤[kjul キュル]
タツ
　達(達)　달[tal タル]
たつ
　立　　입[ip イプ]
　　　　립[rip リプ]
　辰　　진[tʃiːn チーン]
　辛　　신[ʃiːn シーン]
　竜(龍)　용[joŋ ヨン]
　　　　룡[rjoŋ リョン]
　建　　건[kɔːn コーン]
　断(斷)　단[taːn ターン]
　裁　　재[tʃɛ チェ]
　絶　　절[tʃol チョル]

ダツ		黙(默) 묵[muk ムク]	談 담[tam タム]
脱(脱) 탈[tʰal タル]	たまわる		壇 단[tan タン]
奪 탈[tʰal タル]	賜 사[sa: サー]		
たっとい, たっとぶ	たみ		ち
尊(尊) 존[tɕon チョン]	民 민[min ミン]		
貴 귀[kwi: クィー]	ため		チ
たて	為(爲) 위[wi ウィ]		地 지[tɕi チ]
盾 순[sun スン]	ためす		池 지[tɕi チ]
縦(縦) 종[tɕoŋ チョン]	試 시[ɕi シ]		治 치[tɕʰi チ]
たてまつる	験(驗) 험[hɔ:m ホーム]		知 지[tɕi チ]
奉 봉[po:ŋ ポーン]	ためる		値 치[tɕʰi: チー]
たてる	矯 교[kjo: キョー]		恥 치[tɕʰi チ]
立 입[ip イㇷ゚]	たもつ		致 치[tɕʰi: チー]
립[rip リㇷ゚]	保 보[po: ポー]		智 지[tɕi チ]
建 건[kɔ:n コーン]	たやす		遅(遲) 지[tɕi チ]
たとえる	絶 절[tɕɔl チョル]		痴(癡) 치[tɕʰi チ]
例 예[je: イェー]	たより		稚 치[tɕʰi チ]
례[re: レー]	便 편[pʰjon ピョン]		置 치[tɕʰi: チー]
たな	たよる		ち
棚(棚) 붕[puŋ プン]	頼(賴) 뢰[rwe ルェ]		千 천[tɕʰon チョン]
たに	たらす, たれる		血 혈[hjɔl ヒョル]
谷 곡[kok コク]	垂 수[su ス]		乳(乳) 유[ju ユ]
たぬき	たる		ちいさい
狸 리[ri リ]	樽 준[tɕum チュン]		小 소[so: ソー]
たね	だれ		ちかい
種 종[tɕo(:)ŋ チョ(ー)ン]	誰 수[su ス]		近(近) 근[kɯ:n クーン]
たのしい	たわむれる		ちかう
楽(樂) 악[ak アク]	戯(戲) 희[hi(:) ヒ(ー)]		誓 세[se: セー]
낙[nak ナク]	たわら		서[sɔ: ソー]
락[rak ラク]	俵 표[pʰjo ピョ]		ちがう, ちがえる
たのむ, たのもしい	タン		違(違) 위[wi ウィ]
頼(賴) 뢰[rwe ルェ]	丹 단[tan タン]		ちから
たば	担(擔) 담[tam タム]		力 역[jɔk ヨク]
束 속[sok ソク]	単(單) 단[tan タン]		력[rjɔk リョク]
たび	炭 탄[tʰa:n ターン]		ちぎる
度 도[to: トー]	胆(膽) 담[ta:m タール]		契(契) 계[ke: ケー]
旅(旅) 여[jɔ ヨ]	探 탐[tʰam タム]		チク
려[rjɔ リョ]	淡 담[tam タム]		竹 죽[tɕuk チュク]
たべる	蛋 단[tan タン]		畜 축[tɕʰuk チュク]
食 식[ɕik シク]	短 단[ta:n ターン]		逐(逐) 축[tɕʰuk チュク]
たま	痰 담[ta:m タール]		蓄 축[tɕʰuk チュク]
玉 옥[ok オク]	嘆(嘆・歎) 탄[tʰa:n ターン]		築 축[tɕʰuk チュク]
球 구[ku ク]	端 단[tan タン]		ちち
弾(彈) 탄[tʰa:n ターン]	誕 탄[tʰa:n ターン]		父 부[pu プ]
霊(靈) 영[jɔŋ ヨン]	鍛 단[tan タン]		乳(乳) 유[ju ユ]
령[rjɔŋ リョン]	ダン		ちぢむ, ちぢめる
たまご	団(團) 단[tan タン]		縮 축[tɕʰuk チュク]
卵 난[na:n ナーン]	男 남[nam ナム]		チツ
란[ra:n ラーン]	段 단[tan タン]		秩 질[tɕil チル]
たましい	断(斷) 단[tan タン]		窒 질[tɕil チル]
魂 혼[hon ホン]	弾(彈) 탄[tʰa:n ターン]		膣 질[tɕil チル]
だまる	暖(暖) 난[na:n ナーン]		ちまた

巷(巷)	항[ha:ŋ ハーン]	澄	징[tʃiŋ チン]	次(次)	차[tʃʰa チャ]
チャ		蝶	접[tʃɔp チョプ]	つきる, つかす	
茶	차[tʃʰa チャ]	調(調)	조[tʃo チョ]	尽(盡)	진[tʃi:n チーン]
	다[ta タ]	聴(聽)	청[tʃʰɔ:ŋ チョーン]	つく	
チャク		懲(懲)	징[tʃiŋ チン]	突(突)	돌[tol トル]
着	착[tʃʰak チャク]	寵	총[tʃʰo:ŋチョーン]	つく, つける	
嫡	적[tʃɔk チョク]	チョク		付	부[pu: プー]
チュウ		直	직[tʃik チク]	就	취[tʃʰwi:チュイー]
中	중[tʃuŋ チュン]	勅(敕)	칙[tʃʰik チク]	着	착[tʃʰak チャク]
仲	중[tʃuŋ チュン]	ちる, ちらす		つぐ	
虫(蟲)	충[tʃʰuŋ チュン]	散	산[sa:n サーン]	次(次)	차[tʃʰa チャ]
沖	충[tʃʰuŋ チュン]	チン		接	접[tʃɔp チョプ]
宙	주[tʃu チュ]	沈	침[tʃʰim チム]	継(繼)	계[ke: ケー]
忠	충[tʃʰuŋ チュン]		심[ʃim シム]	つくえ	
抽	추[tʃʰu チュ]		＊姓のときは심	机	궤[kwe クェ]
注	주[tʃu: チュー]	珍	진[tʃin チン]	つくす	
昼(晝)	주[tʃu チュ]	朕(朕)	짐[tʃi:m チーム]	尽(盡)	진[tʃi:n チーン]
柱	주[tʃu チュ]	陳	진[tʃi:n チーン]	つぐなう	
紐	뉴[nju ニュ]	賃	임[i:m イーム]	償	상[saŋ サン]
	유[ju ユ]	鎮(鎭)	진[tʃi:n チーン]	つくる	
衷	충[tʃʰuŋ チュン]			作	작[tʃak チャク]
註	주[tʃu: チュー]		つ	造(造)	조[tʃo: チョー]
鋳(鑄)	주[tʃu: チュー]			つくろう	
駐	주[tʃu: チュー]	つ		繕	선[sɔn ソン]
躊	주[tʃu チュ]	津	진[tʃi:n チーン]	つげる	
チョ		ツイ		告(告)	고[ko: コー]
著(著)	저[tʃɔ: チョー]	対(對)	대[tɛ: テー]	つたう, つたえる, つたわる	
貯	저[tʃɔ: チョー]	追(追)	추[tʃʰu チュ]	伝(傳)	전[tʃɔn チョン]
緒(緒)	서[sɔ: ソー]	墜(墜)	추[tʃʰu チュ]	つち	
チョウ		ついやす, ついえる		土	토[to ト]
丁	정[tʃɔŋ チョン]	費	비[pi: ピー]	つちかう	
弔	조[tʃo: チョー]	ツウ		培	배[pɛ: ペー]
庁(廳)	청[tʃʰɔŋ チョン]	通(通)	통[tʰoŋ トン]	つつ	
兆	조[tʃo チョ]	痛	통[tʰo:ŋ トーン]	筒	통[tʰoŋ トン]
町	정[tʃɔŋ チョン]	つえ		つづく, つづける	
長	장[tʃaŋ チャン]	杖	장[tʃaŋ チャン]	続(續)	속[sok ソク]
挑	도[to ト]	つか		つつしむ	
帳	장[tʃaŋ チャン]	塚	총[tʃʰoŋ チョン]	慎(愼)	신[ʃi:n シーン]
張	장[tʃaŋ チャン]	つかう		謹(謹)	근[kɯ:n クーン]
彫(彫)	조[tʃo チョ]	使	사[sa: サー]	つつみ	
眺	조[tʃo チョ]	遣(遣)	견[kjɔn キョン]	堤	제[tʃe チェ]
釣	조[tʃo: チョー]	仕	사[sa サ]	つづみ	
頂	정[tʃɔŋ チョン]	つかまえる		鼓	고[ko コ]
鳥	조[tʃo チョ]	捕	포[pʰo: ポー]	つつむ	
朝(朝)	조[tʃo チョ]	つかる, つける		包(包)	포[pʰo(:) ポ(-)]
脹	창[tʃʰaŋ チャン]	漬	지[tʃi チ]	つづる	
超	초[tʃʰo チョ]	つかれる		綴	철[tʃʰɔl チョル]
腸	장[tʃa:ŋ チャーン]	疲	피[pʰi ピ]	つどう	
跳	조[tʃo チョ]	つき		集	집[tʃip チプ]
徴(徵)	징[tʃiŋ チン]	月	월[wɔl ウォル]	つとめる	
嘲(嘲)	조[tʃo チョ]	つぎ		努	노[no ノ]
潮(潮)	조[tʃo チョ]			務	무[mu: ムー]

勤(勤)	근[kɯːn クーン]	つり, つる			敵	적[tʃɔk チョク]
つな		釣	조[tʃo チョ]	テツ		
綱	강[kaŋ カン]	つる		迭(迭)	질[tʃil チル]
つね		吊	조[tʃo チョ]	哲	철[tʃʰol チョル]
常	상[saŋ サン]	弦	현[hjʌn ヒョン]	鉄(鐵)	철[tʃʰol チョル]
つの		蔓	만[man マン]	徹	철[tʃʰol チョル]
角	각[kak カク]	鶴	학[hak ハク]	撤	철[tʃʰol チョル]
募	모[moː モー]	つるぎ		てら	
つばき		剣(劍)	검[kɔːm コーム]	寺	사[sa サ]
椿	춘[tʃʰum チュン]	つれる		てる, てらす	
つばさ		連(連)	연[jʌn ヨン]	照	조[tʃoː チョー]
翼(翼)	익[ik イク]		련[rjʌn リョン]	でる	
つばめ				出	출[tʃʰul チュル]
燕	연[jʌn ヨン]	**て**		テン	
つぶ				天	천[tʃʰʌn チョン]
粒	입[ip イプ]	て		典	전[tʃɔːn チョーン]
	립[rip リプ]	手	수[su ス]	店	점[tʃɔːm チョーム]
つぼ		テイ		点(點)	점[tʃɔːm チョーム]
坪(坪)	평[pʰjʌŋ ピョン]	丁	정[tʃʌŋ チョン]	展	전[tʃɔːn チョーン]
壺	호[ho ホ]	低	저[tʃɔː チョー]	添	첨[tʃʰʌm チョム]
つま		呈(呈)	정[tʃʌŋ チョン]	転(轉)	전[tʃɔːn チョーン]
妻	처[tʃʰɔ チョ]	廷(廷)	정[tʃʌŋ チョン]	貼	첩[tʃʰʌp チョプ]
つみ		弟	제[tʃe チェー]	篆	전[tʃɔːn チョーン]
罪	죄[tʃweː チュェー]	定	정[tʃɔːŋ チョーン]	デン	
つむ		底	저[tʃɔː チョー]	田	전[tʃʌn チョン]
詰	힐[hil ヒル]	邸	저[tʃɔː チョー]	伝(傳)	전[tʃʌn チョン]
摘	적[tʃɔk チョク]	亭	정[tʃʌŋ チョン]	殿	전[tʃɔːn チョーン]
積	적[tʃɔk チョク]	帝	제[tʃe チェー]	電	전[tʃɔːn チョーン]
錘	추[tʃʰu チュ]	訂	정[tʃʌŋ チョン]	澱	전[tʃɔːn チョーン]
つむぐ		貞	정[tʃʌŋ チョン]		
紡	방[paŋ バン]	庭(庭)	정[tʃʌŋ チョン]	**と**	
つめたい		逓(遞)	체[tʃʰe チェ]		
冷	냉[nɛːŋ ネーン]	停	정[tʃʌŋ チョン]	ト	
	랭[rɛŋ レン]	偵	정[tʃʌŋ チョン]	斗	두[tu トゥ]
つめる, つめる		啼	제[tʃe チェ]	吐	토[tʰoː トー]
詰	힐[hil ヒル]	堤	제[tʃe チェ]	杜	두[tu トゥ]
つもる		提	제[tʃe チェ]	肚	두[tu トゥ]
積	적[tʃɔk チョク]	程(程)	정[tʃʌŋ チョン]	兎(兔)	토[tʰo ト]
つや		挺	정[tʃʌŋ チョン]	妬	투[tʰu トゥ]
艶(艷)	염[jɔːm ヨーム]	艇(艇)	정[tʃʌŋ チョン]	徒	도[to ト]
つゆ		締	체[tʃʰe チェ]	途(途)	도[to ト]
露	노[no ノ]	鄭	정[tʃɔːŋ チョーン]	都(都)	도[to ト]
	로[ro ロ]	諦	체[tʃʰe チェ]	渡	도[toː トー]
つよい, つよまる		デイ		登	등[tɯŋ トゥン]
強・(强)	강[ka(ː)ŋ カ(ー)ン]	泥	니[ni ニ]	塗	도[to ト]
つら			이[i イ]	と	
面	면[mjɔːn ミョーン]	テキ		十	십[ʃip シプ]
つらい		的	적[tʃɔk チョク]	戸	호[ho ホ]
辛	신[ʃin シン]	笛	적[tʃɔk チョク]	ド	
つらぬく		摘	적[tʃɔk チョク]	土	토[tʰo ト]
貫	관[kwaːn クァーン]	滴	적[tʃɔk チョク]	奴	노[no ノ]
		適(適)	적[tʃɔk チョク]	努	노[no ノ]

度	도 [to: トー]	胴	동 [to:ŋ トーン]	凸	철 [tʃʰɔl チョル]
怒	노 [no: ノー]	動	동 [to:ŋ トーン]	突(突)	돌 [tol トル]

トウ

刀	도 [to ト]	堂	당 [taŋ タン]	**とつぐ**	
斗	두 [tu トゥ]	童	동 [to:ŋ トーン]	嫁	가 [ka カ]
冬(冬)	동 [toŋ トン]	道(道)	도 [to: トー]	届(届)	계 [ke ケ]
灯(燈)	등 [tɯŋ トゥン]	働	통 [tʰo:ŋ トーン]	**とどこおる**	
当(當)	당 [taŋ タン]	銅	동 [toŋ トン]	滞	체 [tʃʰe チェ]
投	투 [tʰu トゥ]	導(導)	도 [to: トー]	**ととのう, ととのえる**	
豆	두 [tu トゥ]	**とうげ**		調	조 [tʃo チョ]
到	도 [to: トー]	峠	상 [saŋ サン]	整	정 [tʃɔ:ŋ チョーン]
東	동 [toŋ トン]	**とうとい, とうとぶ**		**とどろく**	
逃(逃)	도 [to トー]	尊(尊)	존 [tʃon チョン]	轟	굉 [kweŋ クェン]
倒	도 [to: トー]	貴	귀 [kwi: クィー]	**となえる**	
凍	동 [to:ŋ トーン]	**とお**		唱	창 [tʃʰa:ŋ チャーン]
唐(唐)	당 [taŋ タン]	十	십 [ʃip シプ]	**となり**	
島	도 [to ト]	**とおい**		隣	인 [in イン]
桃	도 [to ト]	遠(遠)	원 [wɔ:n ウォーン]		린 [rin リン]
討	토 [tʰo トー]	**とおる, とおす**		**との, どの**	
套	투 [tʰu トゥ]	通(通)	통 [tʰoŋ トン]	殿	전 [tʃɔ:n チョーン]
透(透)	투 [tʰu トゥ]	**とき**		**とびら**	
党(黨)	당 [taŋ タン]	時	시 [ʃi シ]	扉	비 [pi ピ]
悼	도 [to: トー]	**トク**		**とぶ**	
淘	도 [to ト]	匿	익 [ik イク]	飛	비 [pi ピ]
盗(盜)	도 [to ト]	特	특 [tʰɯk トゥク]	跳	도 [to ト]
逗(逗)	두 [tu トゥ]	得	득 [tɯk トゥク]	**とぼしい**	
陶	도 [to ト]	督	독 [tok トク]	乏	핍 [pʰip ピプ]
塔	탑 [tʰap タプ]	徳(德)	덕 [tɔk トク]	**とまる, とめる**	
搭	탑 [tʰap タプ]	篤	독 [tok トク]	止	지 [tʃi チ]
棟	동 [toŋ トン]	**とく**		泊	박 [pak パク]
湯	탕 [tʰa(:)ŋ タ(ー)ン]	溶	용 [joŋ ヨン]	留	유 [ju ユ]
痘	두 [tu トゥ]	解	해 [hɛ ヘー]		류 [rju リュ]
登	등 [tɯŋ トゥン]	説(說)	설 [sɔl ソル]	**とみ, とむ**	
等	등 [tɯ:ŋ トゥーン]	**とぐ**		富	부 [pu プー]
答	답 [tap タプ]	研(研)	연 [jɔ:n ヨーン]	**とむらう**	
筒	통 [tʰoŋ トン]	**ドク**		弔	조 [tʃo: チョー]
統	통 [tʰo:ŋ トーン]	毒	독 [tok トク]	**とも**	
稲(稻)	도 [to ト]	独(獨)	독 [tok トク]	友	우 [u: ウー]
董	동 [toŋ トン]	読(讀)	독 [tok トク]	共	공 [ko:ŋ コーン]
踏	답 [tap タプ]	**とげる**		供	공 [ko:ŋ コーン]
鄧	등 [tɯŋ トゥン]	遂(遂)	수 [su ス]	**ともえ**	
糖(糖)	당 [taŋ タン]	**とこ**		巴	파 [pʰa パ]
頭	두 [tu トゥ]	床	상 [saŋ サン]	**ともなう**	
謄(謄)	등 [tɯŋ トゥン]	常	상 [saŋ サン]	伴(伴)	반 [pʰa:n パーン]
藤(藤)	등 [tɯŋ トゥン]	**ところ**		**どもる**	
闘(鬪)	투 [tʰu トゥ]	所	소 [so: ソー]	吃	흘 [hɯl フル]
騰(騰)	등 [tɯŋ トゥン]	**とし**		**とら**	
とう, とい		年	연 [jɔn ヨン]	虎	호 [ho: ホー]
問	문 [mu:n ムーン]		년 [njɔn ニョン]	寅	인 [in イン]
ドウ		**とじる**		**とらえる**	
同	동 [to:ŋ トーン]	閉	폐 [pʰe: ペー]	捕	포 [pʰo: ポー]
洞	동 [to:ŋ トーン]	綴	철 [tʃʰɔl チョル]	捉	착 [tʃʰak チャク]
		トツ			

とり	仲	중 [tʃuŋ チュン]
酉　　유 [ju ユ]	ながい	
鳥　　조 [tʃo チョ]	永　　영 [jɔ:ŋ ヨーン]	
とりで	長　　장 [tʃaŋ チャン]	
砦　　채 [tʃʰɛ チェ]	なかば	
とる	半(牛)　반 [pa:n パーン]	
取　　취 [tʃʰwi:チュイー]	ながめる	
捕　　포 [pʰo ポー]	眺　　조 [tʃo チョ]	
執　　집 [tʃip チプ]	ながれる, ながす	
採(採)　채 [tʃʰɛ チェー]	流　　유 [ju ユ]	
撮　　촬 [tʃʰwal チュアル]	류 [rju リュ]	
どろ	なく	
泥　　이 [i イ]	泣　　읍 [ɯp ウプ]	
니 [ni ニ]	鳴　　명 [mjɔŋ ミョン]	
トン	なぐさめる	
屯　　둔 [tun トゥン]	慰　　위 [wi ウィ]	
敦　　돈 [ton トン]	なぐる	
豚　　돈 [ton トン]	殴(殴)　구 [ku ク]	
とん	なげく	
問　　문 [mu:n ムーン]	嘆(嘆・歎)　탄 [tʰa:n ターン]	
ドン	なげる	
呑　　탄 [tʰa:n ターン]	投　　투 [tʰu トゥ]	
貪　　탐 [tʰam タム]	なごやか, なごむ	
鈍　　둔 [tu:n トゥーン]	和　　화 [hwa ファ]	
緞　　단 [tan タン]	なさけ	
曇　　담 [ta:m ターム]	情(情)　정 [tʃɔŋ チョン]	
	なし	
な	梨　　이 [i イ]	
	리 [ri リ]	
ナ	なす	
那　　나 [na ナ]	成　　성 [sɔŋ ソン]	
奈　　나 [na: ナー]	なぞ	
奈[何]　내 [nɛ ネ]	謎　　미 [mi ミ]	
な	なだ	
名　　명 [mjɔŋ ミョン]	灘(灘)　탄 [tʰa:n ターン]	
菜(菜)　채 [tʃʰɛ: チェー]	なつ	
ナイ	夏　　하 [ha: ハー]	
内(內)　내 [nɛ: ネー]	なつかしい, なつく, なつける	
ない	懐(懷)　회 [hwe フェ]	
亡(亡)　망 [maŋ マン]	なな, ななつ	
無　　무 [mu ム]	七　　칠 [tʃʰil チル]	
なえ	ななめ	
苗　　묘 [mjo: ミョー]	斜　　사 [sa サ]	
なえる	なに	
萎　　위 [wi ウィ]	何　　하 [ha ハ]	
なお	なべ	
尚(尙)　상 [saŋ サン]	鍋　　과 [kwa クァ]	
なおる, なおす	なま	
治　　치 [tʃʰi チ]	生　　생 [sɛŋ セン]	
直　　직 [tʃik チク]	なまける	
なか	怠　　태 [tʰɛ テ]	
中　　중 [tʃuŋ チュン]	なまり	

鉛(鉛)　연 [jɔn ヨン]	
なみ	
並(竝)　병 [pjɔ:ŋ ピョーン]	
波　　파 [pʰa パ]	
浪　　낭 [na:ŋ ナーン]	
랑 [raŋ ラン]	
なみだ	
涙(淚)　누 [nu: ヌー]	
루 [ru ル]	
なめらか	
滑　　활 [hwal ファル]	
なやむ	
悩(惱)　뇌 [nwe ヌェ]	
ならう	
倣　　방 [pa:ŋ パーン]	
習(習)　습 [sɯp スプ]	
ならす	
鳴　　명 [mjɔŋ ミョン]	
慣　　관 [kwa:n クァーン]	
ならぶ	
並(竝)　병 [pjɔ:ŋ ピョーン]	
なり	
也　　야 [ja: ヤー]	
なる	
成　　성 [sɔŋ ソン]	
鳴　　명 [mjɔŋ ミョン]	
なれる	
慣　　관 [kwa:n クァーン]	
なわ	
苗　　묘 [mjo: ミョー]	
縄(繩)　승 [sɯŋ スン]	
ナン	
南　　남 [nam ナム]	
軟　　연 [jɔ:n ヨーン]	
難(難)　난 [nan ナン]	
란 [ran ラン]	
なん	
何　　하 [ha ハ]	

に

ニ	
二　　이 [i: イー]	
尼　　니 [ni ニ]	
이 [i イ]	
弐(貳)　이 [i: イー]	
に	
荷　　하 [ha ハ]	
にい	
新　　신 [jin シン]	
にがい, にがる	
苦　　고 [ko コ]	

日本語	漢字	韓国語音
にぎる	握	악 [ak] アク
ニク	肉	육 [juk] ユク
にくむ, にくい	憎(憎)	증 [tʃɯŋ] チュン
にげる, にがす	逃(逃)	도 [to] ト
にごる, にごす	濁	탁 [tʰak] タク
にし	西	서 [sɔ] ソ
にじ	虹	홍 [hoŋ] ホン
にしき	錦	금 [kɯːm] クーム
にじゅう	廿(廿)	입 [ip] イプ
にせ	偽(偽)	위 [wi] ウィ
ニチ	日	일 [il] イル
になう	担(擔)	담 [tam] タム
		걸 [kɔl] コル
にぶい, にぶる	鈍	둔 [tuːn] トゥーン
ニュウ	入	입 [ip] イプ
	乳(乳)	유 [ju] ユ
ニュウ, ジュウ	柔	유 [ju] ユ
ニョウ	尿	요 [jo] ヨ
		뇨 [njo] ニョ
にる	似	사 [sːa] サー
にる, にやす	煮(煮)	자 [tʃa] チャ
		저 [tʃɔ] チョ
にれ	楡	유 [ju] ユ
にわ	庭(庭)	정 [tʃɔŋ] チョン
にわとり	鶏(鷄)	계 [ke] ケ
ニン	人	인 [in] イン
	任	임 [iːm] イーム
	妊	임 [iːm] イーム
	忍(忍)	인 [in] イン
	認(認)	인 [in] イン

ぬ

日本語	漢字	韓国語音
ぬう	縫(縫)	봉 [poŋ] ポン
ぬか	糠	강 [kaŋ] カン
ぬく, ぬかす	抜(拔)	발 [pal] パル
ぬぐ, ぬげる	脱(脫)	탈 [tʰal] タル
ぬぐう	拭	식 [ʃik] シク
ぬし	主	주 [tʃu] チュ
ぬすむ	盗(盜)	도 [to] ト
ぬの	布	포 [pʰo(ː)] ポ(ー)
ぬま	沼	소 [so] ソ
ぬる	塗	도 [to] ト

ね

日本語	漢字	韓国語音
ね	子	자 [tʃa] チャ
	音	음 [ɯm] ウム
	根	근 [kɯn] クン
	値	치 [tʃʰiː] チー
ネイ	寧(寧)	녕 [njɔŋ] ニョン
		영 [jɔŋ] ヨン
ねがう	願	원 [wɔːn] ウォーン
ねぎ	葱	총 [tʃʰoŋ] チョン
ねこ	猫	묘 [mjoː] ミョー
ねずみ	鼠	서 [sɔː] ソー
ネツ	捏	날 [nal] ナル
	熱	열 [jɔl] ヨル
ねばる	粘	점 [tʃɔm] チョム
ねむる	眠	면 [mjɔn] ミョン
ねる	寝(寢)	침 [tʃʰiːm] チーム
	練(練)	연 [jɔːn] ヨーン
		련 [rjɔːn リョーン]
ネン	年	연 [jɔn] ヨン
		년 [njɔn] リョン
	念	염 [jɔːm] ヨーム
	捻	념 [njɔm] ニョム
	粘	점 [tʃɔm] チョム
	燃	연 [jɔn] ヨン
ねんごろ	懇	간 [kaːn] カーン

の

日本語	漢字	韓国語音
の	之	지 [tʃi] チ
	野	야 [ja] ヤー
ノウ	悩(惱)	뇌 [nwe] ヌェ
	納(納)	납 [nap] ナプ
	能	능 [nɯŋ] ヌン
	脳(腦)	뇌 [nwe] ヌェ
	農	농 [noŋ] ノン
	濃	농 [noːŋ] ノーン
	囊	낭 [naŋ] ナン
のがす, のがれる	逃(逃)	도 [to] ト
のき	軒	헌 [hɔn] ホン
のこぎり	鋸	거 [kɔː] コー
のこる, のこす	残(殘)	잔 [tʃan] チャン
のせる	乗(乘)	승 [sɯŋ] スン
	載	재 [tʃɛː] チェー
のぞく	除	제 [tʃe] チェ
のぞむ	望(望)	망 [maːŋ] マーン
	臨	임 [im] イム
		림 [rim] リム
のたまわく	曰	왈 [wal] ワル
のち	後	후 [huː] フー
ののしる	罵	매 [mɛː] メー
のばす, のびる	伸	신 [ʃin] シン
	延(延)	연 [jɔn] ヨン

のべる		
延	연 [jɔn ヨン]	
述(述)	술 [sul スル]	
のぼる		
上	상 [sa:ŋ サーン]	
昇	승 [sɯŋ スン]	
登	등 [tɯŋ トゥン]	
のみ		
蚤	조 [tʃo: チョー]	
のむ		
呑	탄 [tʰa:n ターン]	
飲(飮)	음 [ɯ:m ウーム]	
のり		
糊	호 [ho ホ]	
のる		
乗(乘)	승 [sɯŋ スン]	
載	재 [tʃɛ: チェー]	
のろう		
呪	주 [tʃu: チュー]	

は

ハ		
巴	파 [pʰa パ]	
把	파 [pʰa パ]	
波	파 [pʰa パ]	
派(派)	파 [pʰa パ]	
破	파 [pʰa: パー]	
播	파 [pʰa: パー]	
覇	패 [pʰɛ: ペー]	
霸	패 [pʰɛ: ペー]	
は		
刃(刄)	인 [in イン]	
羽(羽)	우 [u: ウー]	
葉	엽 [jɔp ヨプ]	
歯(齒)	치 [tʃʰi チ]	
端	단 [tan タン]	
バ		
馬	마 [ma: マー]	
婆	파 [pʰa パ]	
罵	매 [mɛ: メー]	
ば		
場	장 [tʃaŋ チャン]	
ハイ		
佩	패 [pʰɛ: ペー]	
拝(拜)	배 [pɛ: ペー]	
杯(盃)	배 [pɛ ペ]	
背	배 [pɛ: ペー]	
肺	폐 [pʰe ペ]	
胚	배 [pɛ ペ]	
俳	배 [pɛ ペ]	
配	배 [pɛ: ペー]	
徘	배 [pɛ ペ]	
排	배 [pɛ: ペー]	
敗	패 [pʰɛ: ペー]	
廃(廢)	폐 [pʰe: ペー]	
輩	배 [pɛ ペ]	
はい		
灰(灰)	회 [hwe フェ]	
バイ		
貝	패 [pʰɛ: ペー]	
売(賣)	매 [mɛ: メー]	
倍	배 [pɛ: ペー]	
梅(梅)	매 [mɛ メ]	
培	배 [pɛ: ペー]	
陪	배 [pɛ: ペー]	
媒	매 [mɛ メ]	
買	매 [mɛ: メー]	
煤	매 [mɛ メ]	
賠	배 [pɛ ペ]	
はいる		
入	입 [ip イプ]	
はえ		
蠅	승 [sɯŋ スン]	
はえ, はえる		
栄(榮)	영 [jɔŋ ヨン]	
はえる		
生	생 [sɛŋ セン]	
映	영 [jɔ:ŋ ヨーン]	
はか		
墓	묘 [mjo: ミョー]	
ばかす, ばける		
化	화 [hwa: ファー]	
はがね		
鋼	강 [kaŋ カン]	
はかり		
秤(秤)	칭 [tʃʰiŋ チン]	
はかる		
図(圖)	도 [to ト]	
計	계 [ke: ケー]	
測	측 [tʃʰɯk チュク]	
量	양 [jaŋ ヤン]	
	량 [rjaŋ リャン]	
諮	자 [tʃa: チャー]	
謀	모 [mo モ]	
はぎ		
萩	추 [tʃʰu チュ]	
ハク		
白	백 [pɛk ペク]	
伯	백 [pɛk ペク]	
帛	백 [pɛk ペク]	
拍	박 [pak パク]	
泊	박 [pak パク]	
迫(迫)	박 [pak パク]	
剥	박 [pak パク]	
舶	박 [pak パク]	
博(博)	박 [pak パク]	
薄(薄)	박 [pak パク]	
箔	박 [pak パク]	
魄	백 [pɛk ペク]	
はく		
吐	토 [tʰo: トー]	
掃	소 [so: ソー]	
履	이 [i: イー]	
	리 [ri: リー]	
穿	천 [tʃʰɔ:n チョーン]	
佩	패 [pʰɛ: ペー]	
はぐ		
剥	박 [pak パク]	
接	접 [tʃɔp チョプ]	
バク		
麦(麥)	맥 [mɛk メク]	
莫	막 [mak マク]	
幕	막 [mak マク]	
漠	막 [mak マク]	
駁	박 [pak パク]	
暴	폭 [pʰok ポク]	
縛(縛)	박 [pak パク]	
瀑	폭 [pʰok ポク]	
爆	폭 [pʰok ポク]	
はげ		
禿	독 [tok トク]	
はげしい		
激	격 [kjɔk キョク]	
はげむ		
励(勵)	여 [jɔ ヨ]	
	려 [rjɔ リョ]	
はこ		
函	함 [ha:m ハーム]	
箱	상 [saŋ サン]	
はこぶ		
運(運)	운 [u:n ウーン]	
はさむ		
挟(挾)	협 [hjɔp ヒョプ]	
はし		
端	단 [tan タン]	
箸(箸)	저 [tʃɔ チョ]	
橋	교 [kjo キョ]	
はじ, はじる		
恥	치 [tʃʰi チ]	
はしご		
梯	제 [tʃe チェ]	
はじめ, はじめて, はつ		
初	초 [tʃʰo チョ]	
はじめる		

日韓漢字音訓リスト

始	시 [ʃi: シー]	
はしら		
柱(柱)	주 [tʃu チュ]	
はしる		
走	주 [tʃu: チュー]	
はずす, はずれる		
外	외 [we: ウェー]	
はずむ		
弾(彈)	탄 [tʰa:n ターン]	
はた		
旗	기 [ki キ]	
端	단 [tan タン]	
機	기 [ki キ]	
はだ		
肌	기 [ki キ]	
膚	부 [bu プ]	
はだか		
裸	나 [na: ナー]	
	라 [ra: ラー]	
はたけ, はた		
畑	→밭 [pat パッ]	
	＊日本国字	
はたらく		
働	→일하다 [i:rhada イールハダ]	
	＊日本国字	
ハチ		
八	팔 [pʰal パル]	
はち		
蜂	봉 [poŋ ポン]	
鉢	발 [pal パル]	
ハツ		
発(發)	발 [pal パル]	
髪(髮)	발 [pal パル]	
バツ		
伐	벌 [pɔl ポル]	
抜(拔)	발 [pal パル]	
罰	벌 [pɔl ポル]	
閥	벌 [pɔl ポル]	
はて, はてる, はたす		
果	과 [kwa: クァー]	
はと		
鳩	구 [ku ク]	
はな		
花	화 [hwa ファ]	
華	화 [hwa ファ]	
鼻	비 [pi: ピー]	
はなし, はなす		
話	화 [hwa ファ]	
はなす, はなれる		
離	이 [i イ]	
	리 [ri リ]	

はなつ, はなす, はなれる		
放	방 [paŋ パン]	
はなはだ		
甚	심 [ʃi:m シーム]	
はね		
羽(羽)	우 [u: ウー]	
はねる		
跳	도 [to ト]	
はは		
母	모 [mo: モー]	
はば		
幅	폭 [pʰok ポク]	
はばむ		
阻	조 [tʃo チョ]	
はぶく		
省	성 [sɔŋ ソン]	
	생 [sɛŋ セン]	
はま		
浜(濱)	빈 [pin ピン]	
はやい, はやめる		
早	조 [tʃo: チョー]	
速(速)	속 [sok ソク]	
はやし		
林	임 [im イム]	
	림 [rim リム]	
はやす		
生	생 [sɛŋ セン]	
はら		
原	원 [wɔn ウォン]	
腹	복 [pok ポク]	
はらう		
払(拂)	불 [pul プル]	
はり		
針	침 [tʃʰi:m チーム]	
梁	양 [jaŋ ヤン]	
	량 [rjaŋ リャン]	
鍼	침 [tʃʰim チム]	
はる		
春	춘 [tʃʰun チュン]	
張	장 [tʃaŋ チャン]	
貼	첩 [tʃʰɔp チョプ]	
はるか		
遥(遙)	요 [jo ヨ]	
はれる, はらす		
晴(晴)	청 [tʃʰɔŋ チョン]	
ハン		
凡	범 [pɔ:m ポーム]	
反	반 [pa:n パーン]	
半(半)	반 [pa:n パーン]	
氾	범 [pɔ:m ポーム]	
犯	범 [pɔ:m ポーム]	
帆	범 [pɔ:m ポーム]	

汎	범 [pɔ:m ポーム]	
判(判)	판 [pʰan パン]	
坂	판 [pʰan パン]	
阪	판 [pʰan パン]	
泛	범 [pɔ:m ポーム]	
版	판 [pʰan パン]	
叛	반 [pa:n パーン]	
班	반 [pan パン]	
畔(畔)	반 [pan パン]	
般	반 [pan パン]	
販	판 [pʰan パン]	
飯(飯)	반 [pan パン]	
搬	반 [pan パン]	
煩	번 [pɔn ポン]	
頌	반 [pan パン]	
幡	번 [pɔn ポン]	
潘	반 [pan パン]	
範	범 [pɔ:m ポーム]	
繁(繁)	번 [pɔn ポン]	
藩	번 [pɔn ポン]	
パン, バン		
伴(伴)	반 [pa:n パーン]	
板	판 [pʰan パン]	
バン		
晩(晚)	만 [ma:n マーン]	
番	번 [pɔn ポン]	
蛮(蠻)	만 [man マン]	
盤	반 [pan パン]	

ひ

ヒ		
比	비 [pi: ピー]	
皮	피 [pʰi ピ]	
妃	비 [pi: ピー]	
否	부 [pu: プー]	
屁	비 [pi ピ]	
批	비 [pi: ピー]	
彼	피 [pʰi: ピー]	
披	피 [pʰi ピ]	
泌	비 [pi ピ]	
肥	비 [pi: ピー]	
非	비 [pi: ピー]	
卑	비 [pi: ピー]	
飛	비 [pi ピ]	
疲	피 [pʰi ピ]	
秘(祕)	비 [pi: ピー]	
被	피 [pʰi: ピー]	
悲	비 [pi: ピー]	
扉(扉)	비 [pi ピ]	
費	비 [pi: ピー]	
碑	비 [pi ピ]	

罷	파 [pʰa: パー]	額	액 [ɛk エク]	ヒョウ		
誹	비 [pi ピ]	ひだり		苗	묘 [mjo: ミョー]	
避(避)	피 [pʰi: ピー]	左	좌 [tʃwa: チュァー]	秒	초 [tʃʰo チョ]	
ひ		ひたる, ひたす		病	병 [pjɔ:ŋ ピョーン]	
日	일 [il イル]	浸	침 [tʃʰi:m チーム]	描	묘 [mjo: ミョー]	
火	화 [hwa: ファー]	ヒツ		猫	묘 [mjo: ミョー]	
氷	빙 [piŋ ピン]	匹	필 [pʰil ピル]	廟	묘 [mjo: ミョー]	
灯(燈)	등 [tɯŋ トゥン]	必	필 [pʰil ピル]	ひら		
ビ		泌	비 [pi ピ]	平(平)	평 [pʰjɔŋ ピョン]	
尾	미 [mi ミ]	畢	필 [pʰil ピル]	ひらく		
眉	미 [mi ミ]	筆	필 [pʰil ピル]	開	개 [kɛ ケ]	
美	미 [mi: ミー]	ひつじ		ひる		
備	비 [pi: ピー]	羊	양 [jaŋ ヤン]	昼(晝)	주 [tʃu チュ]	
媚	미 [mi ミ]	ひと		干	간 [kan カン]	
琵	비 [pi ピ]	人	인 [in イン]	ひるがえる		
微(微)	미 [mi ミ]	ひとしい		翻(翻)	번 [pɔn ポン]	
鼻(鼻)	비 [pi: ピー]	等	등 [tɯ:ŋ トゥーン]	ひろい		
ひいでる		ひとつ, ひと		広(廣)	광 [kwa:ŋ クァーン]	
秀	수 [su ス]	一	일 [il イル]	ひろう		
ひえる, ひやす, ひや		ひとみ		拾	습 [sɯp スプ]	
冷	냉 [nɛ:ŋ ネーン]	瞳	동 [to:ŋ トーン]	ヒン		
	랭 [rɛŋ レン]	ひとり		牝	빈 [pin ピン]	
ひかえ, ひかえる		独(獨)	독 [tok トク]	品	품 [pʰu:m プーム]	
控	공 [ko:ŋ コーン]	ひな		浜(濱)	빈 [pin ピン]	
ひがし		雛	추 [tʃʰu チュ]	貧	빈 [pin ピン]	
東	동 [toŋ トン]	ひのき		賓(賓)	빈 [pin ピン]	
ひかり		檜	회 [hwe: フェー]	頻(頻)	빈 [pin ピン]	
光	광 [kwaŋ クァン]	ひびく		ビン		
ひき		響	향 [hjaŋ ヒャン]	便	편 [pʰjɔn ピョン]	
匹	필 [pʰil ピル]	ひま		敏(敏)	민 [min ミン]	
ひきいる		暇	가 [ka: カー]	瓶	병 [pjɔŋ ピョン]	
率	솔 [sol ソル]	ひめ		憫	민 [min ミン]	
ひく		姫(姬)	희 [hi: ヒー]			
弾(彈)	탄 [tʰa:n ターン]	媛(媛)	원 [wɔn ウォン]	ふ		
ひく, ひける		ひめる				
引	인 [i:n イーン]	秘(祕)	비 [pi: ピー]	フ		
ひくい		ひも		不	부 [pu プ]	
低	저 [tʃɔ: チョー]	紐	유 [ju ユ]		불 [pul プル]	
ひこ			뉴 [nju ニュ]	夫	부 [pu プ]	
彦(彥)	언 [ɔ:n オーン]	ヒャク		父	부 [pu プ]	
ひざ		百	백 [pɛk ペク]	付	부 [pu: プー]	
膝	슬 [sɯl スル]	ヒョウ		布	포 [pʰo(:) ポ(-)]	
ひさしい		氷	빙 [piŋ ピン]	扶	부 [pu プ]	
久	구 [ku: クー]	表	표 [pʰjo ピョ]	芙	부 [pu プ]	
ひし		俵	표 [pʰjo ピョ]	府	부 [pu プ]	
菱	능 [nɯŋ ヌン]	票	표 [pʰjo ピョ]	腑	부 [pu プ]	
	릉 [rɯŋ ルン]	評(評)	평 [pʰjɔ:ŋ ピョーン]	怖	포 [pʰo ポ]	
ひじ		馮	빙 [piŋ ピン]	阜	부 [pu プ]	
肘	주 [tʃu チュ]	漂	표 [pʰjo ピョ]	附	부 [pu: プー]	
ひそむ		標	표 [pʰjo ピョ]	計	부 [pu: プー]	
潜(潛)	잠 [tʃam チャム]	ひょう		負	부 [pu: プー]	
ひたい		豹	표 [pʰjo ピョ]	赴	부 [pu: プー]	

浮(浮)	부 [pu ブ]		로 [ro: ロー]	降	강 [ka:ŋ カーン]
婦(婦)	부 [pu ブ]	更(更)	경 [kjɔŋ キョン]	ふるい		
符	부 [pu: ブー]	ふき		古	고 [ko: コー]
富	부 [pu: ブー]	房	방 [paŋ パン]	ふるう		
普	보 [po: ポー]	ふし		震	진 [tʃi:n チーン]
腐	부 [pu: ブー]	節(節)	절 [tʃɔl チョル]	奮	분 [pu:n プーン]
敷	부 [pu: ブー]	ふす		ふれる		
膚	부 [bu ブ]	伏	복 [pok ポク]	触(觸)	촉 [tʃʰok チョク]
賦	부 [pu: プー]	ふせる, ふせぐ		フン		
譜	보 [po: ポー]	防	방 [paŋ パン]	分	분 [pun プン]
ブ		ふた		粉	분 [pun プン]
侮(侮)	모 [mo モ]	二	이 [i: イー]	紛	분 [pun プン]
武	무 [mu: ムー]	双(雙)	쌍 [s'aŋ ッサン]	雰	분 [pun プン]
部	부 [pu ブ]	蓋	개 [kɛ: ケー]	噴	분 [pu:n プーン]
葡	포 [pʰo ポ]	ふだ		墳	분 [pu:n プーン]
舞	무 [mu: ムー]	札	찰 [tʃʰal チャル]	憤	분 [pu:n プーン]
撫	무 [mu: ムー]	ぶた		奮	분 [pu:n プーン]
フウ		豚	돈 [ton トン]	糞	분 [pun プン]
封	봉 [poŋ ポン]	ふたたび		プン		
風	풍 [pʰuŋ プン]	再	재 [tʃɛ: チェー]	分	분 [pun プン]
ふえ		ふたつ		文	문 [mun ムン]
笛	적 [tʃɔk チョク]	二	이 [i: イー]	聞	문 [mu:n ムーン]
ふえる, ふやす		ふち				
殖	식 [ʃik シク]	淵	연 [jɔn ヨン]	**へ**		
増(増)	증 [tʃɯŋ チュン]	縁(緣)	연 [jɔn ヨン]			
ふかい		フツ		へ		
深	심 [ʃi:m シーム]	仏(佛)	불 [pul プル]	屁	비 [pi ピ]
ふかす		払(拂)	불 [pul プル]	ベ		
更(更)	경 [kjɔŋ キョン]	沸	비 [pi: ピー]	辺(邊)	변 [pjɔn ピョン]
フク		ブツ		ヘイ		
伏	복 [pok ポク]	仏(佛)	불 [pul プル]	丙(丙)	병 [pjɔ:ŋ ピョーン]
服(服)	복 [pok ポク]	物	물 [mul ムル]	平(平)	평 [pʰjɔŋ ピョン]
副	부 [pu: プー]	ふで		兵	병 [pjɔŋ ピョン]
幅	폭 [pʰok ポク]	筆	필 [pʰil ピル]	併(併)	병 [pjɔ:ŋ ピョーン]
復	부 [pu: プー]	ふとい, ふとる		並(竝)	병 [pjɔ:ŋ ピョーン]
	복 [pok ポク]	太	태 [tʰɛ テ]	柄	병 [pjɔ:ŋ ピョーン]
福(福)	복 [pok ポク]	ふところ		陛	폐 [pʰe: ペー]
腹	복 [pok ポク]	懐(懷)	회 [hwe フェ]	閉	폐 [pʰe: ペー]
複	복 [pok ポク]	ふね, ふな		敝	폐 [pʰe: ペー]
覆(覆)	복 [pok ポク]	舟	주 [tʃu チュ]	幣(幣)	폐 [pʰe: ペー]
ふく		船(船)	선 [sɔn ソン]	弊(弊)	폐 [pʰe: ペー]
吹	취 [tʃʰwi: チュイー]	ふみ		餅(餅)	병 [pjɔŋ ピョン]
拭	식 [ʃik シク]	文	문 [mun ムン]	塀(塀)	병 [pjɔŋ ピョン]
噴	분 [pu:n プーン]	ふむ		ベイ		
ふくむ, ふくめる		踏	답 [tap タプ]	米	미 [mi ミ]
含	함 [ham ハム]	ふもと		ページ		
ふくらむ		麓	녹 [nok ノク]	頁	혈 [hjɔl ヒョル]
膨	팽 [pʰɛŋ ペン]		록 [rok ロク]	ヘキ		
ふくろ		ふゆ		壁	벽 [pjɔk ピョク]
袋	대 [tɛ テ]	冬(冬)	동 [toŋ トン]	碧	벽 [pjɔk ピョク]
ふける		ふる, ふるう		僻	벽 [pjɔk ピョク]
老	노 [no: ノー]	振	진 [tʃi:n チーン]	劈	벽 [pjɔk ピョク]

癖	벽 [pjʌk ピョク]	墓	묘 [mjo: ミョー]	帽(帽)	모 [mo モ]
へだてる		慕	모 [mo: モー]	棒	봉 [po:ŋ ポーン]
隔	격 [kjʌk キョク]	暮	모 [mo: モー]	貿	무 [mu: ムー]
ベツ		簿(簿)	부 [pu: プー]	榜	방 [pa:ŋ パーン]
別	별 [pjʌl ピョル]	ホウ		貌	모 [mo モ]
蔑	멸 [mjʌl ミョル]	方	방 [paŋ パン]	暴	폭 [pʰok ポク]
べに		包(包)	포 [pʰo: ポー]		포 [pʰo: ポー]
紅	홍 [hoŋ ホン]	芳	방 [paŋ パン]	膨	팽 [pʰɛŋ ペン]
へび		邦	방 [paŋ パン]	謀	모 [mo モ]
蛇	사 [sa サ]	奉	봉 [po:ŋ ポーン]	ほうおう	
へる		宝(寶)	보 [po: ポー]	鳳	봉 [po:ŋ ポーン]
経(經)	경 [kjʌŋ キョン]	抱(抱)	포 [pʰo: ポー]	ほうむる	
減	감 [ka:m カーム]	放	방 [pa:ŋ パーン]	葬	장 [tʃa:ŋ チャーン]
ヘン		朋(朋)	붕 [puŋ プン]	ほお, ほほ	
片	편 [pʰjʌn ピョン]	法	법 [pʌp ポプ]	頬	협 [hjʌp ヒョプ]
辺(邊)	변 [pjʌn ピョン]	泡(泡)	포 [pʰo ポ]	ほか	
返(返)	반 [pa:n パーン]	胞(胞)	포 [pʰo ポ]	外	외 [we: ウェー]
扁	편 [pʰjʌn ピョン]	倣	방 [pa:ŋ パーン]	ほがらか	
変(變)	변 [pjʌ:n ピョーン]	俸	봉 [po:ŋ ポーン]	朗	낭 [na:ŋ ナーン]
偏(偏)	편 [pʰjʌn ピョン]	峰(峯)	봉 [poŋ ポン]		랑 [raŋ ラン]
遍(遍)	편 [pʰjʌn ピョン]	砲(砲)	포 [pʰo ポ]	ホク	
篇	편 [pʰjʌn ピョン]	崩(崩)	붕 [puŋ プン]	北	북 [puk プク]
編(編)	편 [pʰjʌn ピョン]	萌	맹 [mɛŋ メン]		배 [pɛ: ペー]
ベン		訪	방 [pa:ŋ パーン]	ボク	
弁(辯)	변 [pjʌ:n ピョーン]	逢	봉 [po:ŋ ポーン]	卜	복 [pok ポク]
弁(辨)	변 [pjʌ:n ピョーン]	報	보 [po: ポー]	朴	박 [pak パク]
弁(瓣)	판 [pʰan パン]	彭	팽 [pʰɛŋ ペン]	牧	목 [mok モク]
弁(辦)	판 [pʰan パン]	豊(豐)	풍 [pʰuŋ プン]	僕	복 [pok ポク]
便	변 [pjʌn ピョン]	飽(飽)	포 [pʰo: ポー]	墨(墨)	묵 [muk ムク]
勉	면 [mjʌ:n ミョーン]	抛	포 [pʰo: ポー]	ほこ	
娩	만 [man マン]	繃	붕 [puŋ プン]	戈	과 [kwa クァ]
		鳳	봉 [po:ŋ ポーン]	矛	모 [mo モ]
ほ		蓬(蓬)	봉 [poŋ ポン]	戟	극 [kuk クク]
		褒	포 [pʰo ポ]	ほこる	
ホ		鋒	봉 [poŋ ポン]	誇	과 [kwa: クァー]
步(步)	보 [po: ポー]	縫(縫)	봉 [poŋ ポン]	ほし	
保	보 [po: ポー]	ボウ		星	성 [sʌŋ ソン]
捕	포 [pʰo: ポー]	亡(亡)	망 [maŋ マン]	ほしい, ほっする	
浦	포 [pʰo ポ]	乏	핍 [pʰip ピプ]	欲(慾)	욕 [jok ヨク]
補	보 [po: ポー]	忙(忙)	망 [maŋ マン]	ほす	
舗(舖)	포 [pʰo ポ]	坊	방 [paŋ パン]	干	간 [kan カン]
ほ		妨	방 [paŋ パン]	ほそい	
火	화 [hwa ファー]	忘(忘)	망 [maŋ マン]	細	세 [se: セー]
帆	범 [pʌ:m ポーム]	肪	방 [paŋ パン]	ほたる	
穂(穗)	수 [su ス]	防	방 [paŋ パン]	蛍(螢)	형 [hjʌŋ ヒョン]
ボ		房(房)	방 [paŋ パン]	ボツ	
戊	무 [mu: ムー]	冒(冒)	모 [mo: モー]	没(沒)	몰 [mol モル]
母	모 [mo: モー]	某	모 [mo: モー]	勃	발 [pal パル]
牡	무 [mu ム]	剖	부 [pu プ]	渤	발 [pal パル]
	모 [mo モ]	紡	방 [paŋ パン]	ほど	
募	모 [mo モ]	望(望)	망 [ma:ŋ マーン]	程	정 [tʃʌŋ チョン]
菩	보 [po ポ]	傍	방 [paŋ パン]	ほとけ	

仏(佛)	불[pul プル]
ほどこす
施	시[ʃi: シー]

ほね
| 骨 | 골[kol コル] |

ほのお
| 炎(焰) | 염[jɔm ヨム] |

ほまれ
| 誉(譽) | 예[je: イェー] |

ほめる
| 褒 | 포[pʰo ポ] |

ほら
| 洞 | 동[to:ŋ トーン] |

ほり
| 堀 | 굴[kul クル] |
| 濠 | 호[ho ホ] |

ほる
| 彫 | 조[tʃo チョ] |
| 掘 | 굴[kul クル] |

ほろびる
| 滅 | 멸[mjɔl ミョル] |

ホン
本	본[pon ポン]
奔	분[pun プン]
翻(翻)	번[pɔn ポン]

ボン
凡(凡)	범[pɔ:m ポーム]
盆	분[pun プン]
梵	범[pɔ:m ポーム]

ま

マ
麻(麻)	마[ma: マー]
摩	마[ma: マー]
磨(磨)	마[ma: マー]
魔(魔)	마[ma: マー]

ま
目	목[mok モク]
真(眞)	진[tʃin チン]
馬	마[ma: マー]
間	간[ka(:)n カ(ー)ン]

マイ
毎(毎)	매[mɛ: メー]
妹	매[mɛ メ]
枚	매[mɛ メ]
埋	매[mɛ メ]
邁	매[mɛ: メー]

まいる
| 参(參) | 참[tʃʰam チャム] |

まう,まい
| 舞 | 무[mu: ムー] |

まえ
| 前(前) | 전[tʃɔn チョン] |

まかす
| 任 | 임[i:m イーム] |
| 負 | 부[pu: プー] |

まかなう
| 賄 | 회[hwe: フェー] |

まがる,まげる
| 曲 | 곡[kok コク] |

まき
| 牧 | 목[mok モク] |
| 巻(卷) | 권[kwɔn クォン] |

まぎらす,まぎれる
| 紛 | 분[pun プン] |

マク
| 幕 | 막[mak マク] |
| 膜 | 막[mak マク] |

まく
巻(卷)	권[kwɔn クォン]
蒔	시[ʃi シ]
撒	살[sal サル]

まくら
| 枕 | 침[tʃʰi:m チーム] |

まける
| 負 | 부[pu: プー] |

まご
| 孫 | 손[son ソン] |

まこと
| 誠 | 성[sɔŋ ソン] |

まさ
| 正 | 정[tʃɔ:ŋ チョーン] |

まさる
| 勝(勝) | 승[sɯːŋ スーン] |

まじる,まぜる
| 交(交) | 교[kjo キョ] |
| 混 | 혼[ho:n ホーン] |

ます
| 升 | 승[sɯŋ スン] |
| 増(增) | 증[tʃɯŋ チュン] |

まずしい
| 貧 | 빈[pin ピン] |

また
又(又)	우[u ウ]
亦	역[jɔk ヨク]
股	고[ko コ]

またたく
| 瞬 | 순[sun スン] |

またぐ
| 跨 | 과[kwa クァ] |

まち
| 町 | 정[tʃɔŋ チョン] |
| 街 | 가[ka: カー] |

マツ
末	말[mal マル]
抹	말[mal マル]
沫	말[mal マル]
茉	말[mal マル]

まつ
| 松 | 송[soŋ ソン] |
| 待 | 대[tɛ: テー] |

まったく
| 全 | 전[tʃɔn チョン] |

まつり,まつる
| 祭 | 제[tʃe: チェー] |

まつりごと
| 政 | 정[tʃɔŋ チョン] |

まと
| 的 | 적[tʃɔk チョク] |

まど
| 窓 | 창[tʃʰaŋ チャン] |
| 惑 | 혹[hok ホク] |

まなこ
| 眼 | 안[a:n アーン] |

まなぶ
| 学(學) | 학[hak ハク] |

まぬかれる
| 免 | 면[mjɔ:n ミョーン] |

まねく
| 招 | 초[tʃʰo チョ] |

まぼろし
| 幻 | 환[hwa:n ファーン] |

まめ
| 豆 | 두[tu トゥ] |

まもる
| 守 | 수[su ス] |

まゆ
| 眉 | 미[mi ミ] |
| 繭 | 견[kjɔn キョン] |

まよう
| 迷(迷) | 미[mi: ミー] |

まるい,まるめる
| 丸 | 환[hwan ファン] |
| 円(圓) | 원[wɔn ウォン] |

まわり
| 周 | 주[tʃu チュ] |

まわる,まわす
| 回 | 회[hwe フェ] |

マン
万(萬)	만[ma:n マーン]
満(滿)	만[ma:n マーン]
慢	만[man マン]
漫	만[ma:n マーン]
瞞	만[man マン]

饅	만[man マン]	みちびく		務	무[muː ムー]
		導(導)	도[toː トー]	無	무[mu ム]
み		ミツ		夢	몽[moːŋ モーン]
		密	밀[mil ミル]	霧	무[muː ムー]
ミ		みつ		むかう	
未	미[miː ミー]	蜜	밀[mil ミル]	向	향[hjaːŋ ヒャーン]
味	미[mi ミ]	みつぐ		むかえる	
魅	매[mɛ メ]	貢	공[koːŋ コーン]	迎(迎)	영[jɔŋ ヨン]
み		みっつ, みつ, み		むかし	
身	신[ʃin シン]	三	삼[sam サム]	昔	석[sɔk ソク]
実(實)	실[ʃil シル]	みとめる		むぎ	
みがく		認(認)	인[in イン]	麦(麥)	맥[mɛk メク]
磨(磨)	마[maː マー]	みどり		むく, むける	
みき		碧	벽[pjɔk ピョク]	向	향[hjaːŋ ヒャーン]
幹	간[kan カン]	緑(綠)	녹[nok ノク]	むくいる	
みぎ			록[rok ロク]	報	보[poː ポー]
右	우[uː ウー]	翠(翠)	취[tʃʰwi チュィー]	むくげ	
みこ		みな		槿	근[kɯn クン]
巫	무[muː ムー]	皆	개[kɛ ケ]	むこ	
みことのり		みなと		婿(壻)	서[sɔ ソ]
詔	조[tʃo チョー]	港(港)	항[haːŋ ハーン]	むし	
	소[so ソ]	みなみ		虫(蟲)	충[tʃʰuŋ チュン]
みさお		南	남[nam ナム]	むす, むらす	
操	조[tʃo(ː) チョ(ー)]	みなもと		蒸	증[tʃɯŋ チュン]
みさき		源	원[wɔn ウォン]	むずかしい	
岬	갑[kap カプ]	みにくい		難(難)	난[nan ナン]
みささぎ		醜	추[tʃʰu チュ]		란[ran ラン]
陵	능[nɯŋ ヌン]	みね		むすぶ	
	릉[rɯŋ ルン]	峰(峯)	봉[poŋ ポン]	結	결[kjɔl キョル]
みじかい		みのる		むすめ	
短	단[taːn ターン]	実(實)	실[ʃil シル]	娘	낭[naŋ ナン]
みじめ		みみ			랑[raŋ ラン]
惨(慘)	참[tʃʰam チャム]	耳	이[iː イー]	むっつ, むつ, むい, む	
みず		みや		六	육[juk ユク]
水	수[su ス]	宮	궁[kuŋ クン]		륙[rjuk リュク]
みずうみ		ミャク		むち	
湖	호[ho ホ]	脈	맥[mɛk メク]	笞	태[tʰɛ テ]
みずから		みやこ		鞭	편[pʰjɔn ピョン]
自	자[tʃa チャ]	都	도[to ト]	むね	
みせ		ミョウ		胸	흉[hjuŋ ヒュン]
店	점[tʃɔːm チョーム]	妙	묘[mjo ミョー]	棟	동[toŋ トン]
みぞ		みる		むら	
溝	구[ku ク]	見	견[kjɔːn キョーン]	村	촌[tʃʰoːn チョーン]
みたす, みちる		診	진[tʃiːn チーン]	群	군[kuːn クーン]
満	만[maːn マーン]	ミン		むらさき	
みだす, みだれる		民	민[min ミン]	紫	자[tʃaː チャー]
乱(亂)	난[naːn ナーン]	眠	면[mjɔn ミョン]	むれ	
	란[raːn ラーン]			群	군[kuːn クーン]
みち		**む**		むれる	
道(道)	도[toː トー]			蒸	증[tʃɯŋ チュン]
路	노[noː ノー]	ム		群	군[kuːn クーン]
	로[ro ロ]	矛	모[mo モ]	むろ	

室	실 [ʃil シル]	茂	무 [mu ム]	者(者)	자 [tʃa チャ]	
		模	모 [mo モ]	もも		
め		も		桃	도 [to ト]	
め		喪	상 [saŋ サン]	もよおす		
女	여 [jɔ ヨ]	藻	조 [tʃo チョ]	催	최 [tʃʰwe チュェ]	
	녀 [njɔ ニョ]	モウ		もり		
目	목 [mok モク]	毛	모 [mo モ]	守	수 [su ス]	
芽	아 [a ア]	妄(妄)	망 [maːŋ マーン]	森	삼 [sam サム]	
眼	안 [aːn アーン]	孟	맹 [mɛːŋ メーン]	もる		
牝	빈 [pin ピン]	盲(盲)	맹 [mɛŋ メン]	盛	성 [sɔːŋ ソーン]	
雌	자 [tʃa チャ]	耗(耗)	모 [mo モ]	もる, もれる, もらす		
奴	노 [no ノ]	猛	맹 [mɛːŋ メーン]	漏	누 [nuː ヌー]	
メイ		網	망 [maŋ マン]		루 [ru ルー]	
名	명 [mjɔŋ ミョン]	蒙	몽 [moŋ モン]	モン		
命	명 [mjɔːŋ ミョーン]	朦	몽 [moŋ モン]	門	문 [mun ムン]	
明	명 [mjɔŋ ミョン]	もうける		紋	문 [mun ムン]	
迷(迷)	미 [miː ミー]	設	설 [sɔl ソル]	問	문 [muːn ムーン]	
冥	명 [mjɔŋ ミョン]	もうす		悶	민 [min ミン]	
盟	맹 [mɛŋ メン]	申	신 [ʃin シン]	もんめ		
酩	명 [mjɔŋ ミョン]	もえる, もやす		匁	문 [mun ムン]	
銘	명 [mjɔŋ ミョン]	燃	연 [jɔn ヨン]	→ [몬메] [monme モンメ]		
鳴	명 [mjɔŋ ミョン]	モク				*日本国字
めい		木	목 [mok モク]			
姪	질 [tʃil チル]	目	목 [mok モク]	**や**		
めかけ		黙(默)	묵 [muk ムク]			
妾(愛人)	첩 [tʃʰɔp チョプ]	もぐる		ヤ		
めぐむ		潜(潛)	잠 [tʃam チャム]	也	야 [ja ヤー]	
恵(惠)	혜 [he ヘー]	もしくは		冶	야 [ja ヤー]	
めぐる		若	약 [jak ヤク]	夜	야 [ja ヤー]	
巡(巡)	순 [sun スン]	もち		野	야 [ja ヤー]	
めし		餅(餠)	병 [pjɔŋ ピョン]	爺	야 [ja ヤー]	
飯(飯)	반 [pan パン]	もちいる		や		
めす		用	용 [joːŋ ヨーン]	矢	시 [ʃi シ]	
召	소 [so ソ]	もつ		哉	재 [tʃɛ チェ]	
牝	빈 [pin ピン]	持	지 [tʃi チ]	屋	옥 [ok オク]	
雌	자 [tʃa チャ]	もっとも		家	가 [ka カ]	
めずらしい		最	최 [tʃʰweː チュェー]	ヤク		
珍	진 [tʃin チン]	もっぱら		厄	액 [ɛk エク]	
メツ		専(專)	전 [tʃɔn チョン]	役	역 [jɔk ヨク]	
滅	멸 [mjɔl ミョル]	もと		約	약 [jak ヤク]	
メン		下	하 [haː ハー]	訳(譯)	역 [jɔk ヨク]	
免(免)	면 [mjɔːn ミョーン]	元	원 [wɔn ウォン]	薬(藥)	약 [jak ヤク]	
面	면 [mjɔːn ミョーン]	本	본 [pon ポン]	躍(躍)	약 [jak ヤク]	
棉	면 [mjɔn ミョン]	もと, もとい		やく, やける		
綿	면 [mjɔn ミョン]	基	기 [ki キ]	焼(燒)	소 [so ソ]	
緬	면 [mjɔn ミョン]	もどす, もどる		やさしい		
麺	면 [mjɔn ミョン]	戻(戾)	여 [jɔ ヨ]	易	이 [iː イー]	
			려 [rjɔ リョ]	優	우 [u ウ]	
も		もとめる		やしなう		
		求	구 [ku ク]	養	양 [jaːŋ ヤーン]	
モ		もの		やしろ		
		物	물 [mul ムル]	社(社)	사 [sa サ]	

やすい					
安	안 [an アン]	佑	우 [uː ウー]	ヨ	
易	이 [iː イー]	祐(祐)	우 [uː ウー]	与(與)	여 [jo: ヨー]
やすむ, やすまる, やすみ		有	유 [juː ユー]	予(豫)	예 [je: イェー]
休	휴 [hju ヒュ]	邑	읍 [ɯp ウㇷ゚]	余(餘)	여 [jɔ ヨ]
やせる		勇	용 [joːŋ ヨーン]	誉(譽)	예 [je: イェー]
痩	수 [su ス]	幽	유 [ju ユ]	預	예 [je: イェー]
やっつ, やつ, や		悠	유 [ju ユ]	興	여 [jo: ヨー]
八	팔 [pʰal パル]	郵	우 [u ウ]	よ	
やど, やどす		裕	유 [ju ユ]	世	세 [se: セー]
宿	숙 [suk スク]	猶(猶)	유 [ju ユ]	代	대 [tɛ: テー]
やとう		遊(遊)	유 [ju ユ]	夜	야 [ja: ヤー]
雇	고 [ko コ]	雄	웅 [uŋ ウン]	よい	
やなぎ		誘	유 [ju ユ]	良	양 [jaŋ ヤン]
柳	유 [ju(:) ユ(ー)]	憂	우 [u ウ]		량 [rjaŋ リャン]
	류 [rju リュ]	融	융 [juŋ ユン]	善	선 [sɔ:n ソーン]
やぶ		優	우 [u ウ]	宵(宵)	소 [so ソ]
藪	수 [su ス]	ゆう		酔(醉)	취 [tɕʰwi: チュイー]
やぶれる		夕	석 [sɔk ソク]	ヨウ	
破	파 [pʰa: パー]	結	결 [kjɔl キョル]	夭	요 [jo: ヨー]
敗	패 [pʰɛ: ペー]	ゆえ		幼	유 [ju ユ]
やま		故	고 [ko コ]	用	용 [joːŋ ヨーン]
山	산 [san サン]	ゆか		羊	양 [jaŋ ヤン]
やまい, やむ		床	상 [saŋ サン]	妖	요 [jo ヨ]
病	병 [pjɔːŋ ピョーン]	ゆき		洋	양 [jaŋ ヤン]
やめる		雪(雪)	설 [sɔl ソル]	要(要)	요 [jo ヨ]
辞(辭)	사 [sa サ]	ゆく		容	용 [joŋ ヨン]
やり		行	행 [hɛŋ ヘン]	窈	요 [jo: ヨー]
槍	창 [tɕʰaŋ チャン]	逝(逝)	서 [sɔ: ソー]	庸	용 [joŋ ヨン]
やわらかい		ゆする, ゆさぶる, ゆすぶる		痒	양 [jaŋ ヤン]
柔	유 [ju ユ]	揺(搖)	요 [jo ヨ]	揚	양 [jaŋ ヤン]
軟	연 [jɔ:n ヨーン]	ゆずる		揺(搖)	요 [jo ヨ]
やわらげる		譲(讓)	양 [ja:ŋ ヤーン]	葉	엽 [jɔp ヨㇷ゚]
和	화 [hwa ファ]	豊(豐)	풍 [pʰuŋ プン]	遥(遙)	요 [jo ヨ]
		ゆび		陽	양 [jaŋ ヤン]
ゆ		指	지 [tɕi チ]	楊	양 [jaŋ ヤン]
		ゆみ		溶	용 [joŋ ヨン]
ユ		弓	궁 [kuŋ クン]	腰(腰)	요 [jo ヨ]
由	유 [ju ユ]	ゆめ		様(樣)	양 [jaŋ ヤン]
油	유 [ju ユ]	夢	몽 [mo:ŋ モーン]	踊	용 [joŋ ヨン]
喩	유 [ju ユ]	ゆる, ゆらぐ, ゆれる		窯	요 [jo ヨ]
愉(愉)	유 [ju ユ]	揺(搖)	요 [jo ヨ]	養	양 [ja:ŋ ヤーン]
諭(諭)	유 [ju ユ]	ゆるい		擁	옹 [o:ŋ オーン]
輸(輸)	수 [su ス]	緩(緩)	완 [wa:n ワーン]	謡(謠)	요 [jo ヨ]
癒(癒)	유 [ju ユ]	ゆるす		曜(曜)	요 [jo: ヨー]
ゆ		許	허 [hɔ ホ]	よう	
湯	탕 [tʰa(:)ŋ タ(ー)ン]	ゆるむ		八	팔 [pʰal パル]
ユイ		弛	이 [i イ]	酔(醉)	취 [tɕʰwi: チュイー]
唯	유 [ju ユ]	緩(緩)	완 [wa:n ワーン]	ヨク	
ユウ				抑	억 [ɔk オク]
友	우 [uː ウー]	**よ**		沃	옥 [ok オク]
右	우 [uː ウー]			浴	욕 [jok ヨク]
				欲(慾)	욕 [jok ヨク]

翌(翌)	익[ik イク]		락[rak ラク]		리[ri リ]
翼(翼)	익[ik イク]	楽(樂)	악[ak アク]	裏(裡)	이[i: イー]
よこ			낙[nak ナク]		리[ri リ]
横(橫)	횡[hweŋ フェン]		락[rak ラク]	履	이[i: イー]
よごす, よごれる			요[jo ヨ]		리[ri リ]
汚	오[o: オー]	酪	낙[nak ナク]	羅	이[i イ]
よし			락[rak ラク]		리[ri リ]
由	유[ju ユ]	ラツ		離	이[i イ]
よせる		辣	날[nal ナル]		리[ri リ]
寄	기[ki キ]		랄[ral ラル]	リキ	
よそおう		ラン		力	역[jɔk ヨク]
装(裝)	장[tʃaŋ チャン]	乱(亂)	난[na:n ナーン]		력[rjɔk リョク]
よっつ, よつ, よん, よ			란[ran ラン]	リク	
四	사[sa: サー]	卵	난[na:n ナーン]	陸	육[juk ユク]
よぶ			란[ran ラン]		륙[rjuk リュク]
呼	호[ho ホ]	嵐	남[nam ナム]	リツ	
よむ			람[ram ラム]	立	입[ip イプ]
詠	영[jɔ:ŋ ヨーン]	覧(覽)	남[nam ナム]		립[rip リプ]
読(讀)	독[tok トク]		람[ram ラム]	律	율[jul ユル]
よめ		濫	남[na:m ナーム]		률[rjul リュル]
嫁	가[ka カ]		람[ram ラム]	率(率)	율[jul ユル]
よる		藍	남[nam ナム]		률[rjul リュル]
夜	야[ja: ヤー]		람[ram ラム]	リャク	
因	인[in イン]	蘭(蘭)	난[nan ナン]	略	약[jak ヤク]
寄	기[ki キ]		란[ran ラン]		략[rjak リャク]
よろこぶ		欄(欄)	난[nan ナン]	掠	약[jak ヤク]
喜	희[hi ヒ]		란[ran ラン]		략[rjak リャク]
よわい, よわめる		爛	난[nan ナン]	リュウ	
弱(弱)	약[jak ヤク]		란[ran ラン]	柳	유[ju(:) ユ(ー)]
		鑑	남[na:m ナーム]		류[rju リュ]

ら

			람[ram ラム]	流	유[ju ユ]
ラ		**り**			류[rju リュ]
拉	납[nap ナプ]			留	유[ju ユ]
	랍[rap ラプ]	リ			류[rju リュ]
裸	나[na: ナー]	吏(吏)	이[i: イー]	溜	유[ju ユ]
	라[ra ラ]		리[ri リ]		류[rju リュ]
羅	나[na ナ]	利	이[i: イー]		뉴[nju ニュ]
	라[ra ラ]		리[ri リ]	竜(龍)	용[joŋ ヨン]
ライ		李	이[i: イー]		룡[rjoŋ リョン]
来(來)	내[nɛ ネ]		리[ri リ]	粒	입[ip イプ]
	래[rɛ レ]	里	이[i: イー]		립[rip リプ]
雷	뇌[nwe ヌェ]		리[ri リ]	隆(隆)	융[juŋ ユン]
	뢰[rwe ルェ]	俚	이[i イ]		륭[rjuŋ リュン]
頼(賴)	뇌[nwe ヌェ]		리[ri リ]	硫	유[ju ユ]
	뢰[rwe ルェ]	狸	이[i イ]		류[rju リュ]
ラク			리[ri リ]	劉	유[ju ユ]
洛	낙[nak ナク]	梨	이[i イ]		류[rju リュ]
	락[rak ラク]		리[ri リ]	リョ	
絡	낙[nak ナク]	理	이[i: イー]	旅(旅)	여[jɔ ヨ]
	락[rak ラク]		리[ri リ]		려[rjɔ リョ]
落	낙[nak ナク]	痢	이[i: イー]	慮(慮)	노[no ノ]
					로[ro ロ]

慮	여 [jɔ ヨ]	力	역 [jɔk ヨク]	怜	영 [joːŋ ヨーン]
	려 [rjɔ リョ]		력 [rjɔk リョク]		령 [rjɔŋ リョン]
リョウ		緑(綠)	녹 [nok ノク]	戻(戾)	여 [jɔ ヨ]
了	요 [joː ヨー]		록 [rok ロク]		려 [rjɔ リョ]
	료 [rjo リョ]	リン		励(勵)	여 [jɔ(ː) ヨ(ー)]
両(兩)	양 [jaːŋ ヤーン]	林	임 [im イム]		려 [rjɔ リョ]
	량 [rjaŋ リャン]		림 [rim リム]	例	예 [je イェー]
良	양 [jaŋ ヤン]	厘	이 [i イ]		례 [re レ]
	량 [rjaŋ リャン]		리 [ri リ]	茘	여 [jɔ ヨ]
亮	양 [jaŋ ヤン]	倫	윤 [jun ユン]	鈴	영 [joŋ ヨン]
	량 [rjaŋ リャン]		륜 [rjun リュン]		령 [rjɔŋ リョン]
料	요 [jo ヨ]	綸	윤 [jun ユン]	零	영 [joŋ ヨン]
	료 [rjo リョ]		륜 [rjun リュン]		령 [rjɔŋ リョン]
	뇨 [njo ニョ]		뉸 [njun ニュン]	霊(靈)	영 [joŋ ヨン]
涼	양 [jaŋ ヤン]	淋	임 [iːm イーム]		령 [rjɔŋ リョン]
	량 [rjaŋ リャン]		림 [rim リム]	隷	예 [je イェー]
諒	양 [jaŋ ヤン]	輪	윤 [jun ユン]		례 [re レ]
	량 [rjaŋ リャン]		륜 [rjun リュン]	嶺	영 [joŋ ヨン]
猟(獵)	엽 [jɔp ヨプ]	凛	늠 [nuːm ヌーム]		령 [rjɔŋ リョン]
	렵 [rjɔp リョプ]		름 [rɯm ルム]	齢(齡)	영 [joŋ ヨン]
凌	능 [nɯŋ ヌン]	燐	인 [in イン]		령 [rjɔŋ リョン]
	릉 [rɯŋ ルン]	隣	인 [in イン]	麗	여 [jɔ(ː) ヨ(ー)]
陵	능 [nɯŋ ヌン]		린 [rin リン]		려 [rjɔ リョ]
	릉 [rɯŋ ルン]	臨	임 [im イム]	レキ	
稜	능 [nɯŋ ヌン]		림 [rim リム]	暦(曆)	역 [jɔk ヨク]
	릉 [rɯŋ ルン]	鱗	인 [in イン]		력 [rjɔk リョク]
梁	양 [jaŋ ヤン]		린 [rin リン]	歴(歷)	역 [jɔk ヨク]
	량 [rjaŋ リャン]				력 [rjɔk リョク]
	냥 [njaŋ ニャン]	**る**		轢	역 [jɔk ヨク]
量	양 [jaŋ ヤン]				력 [rjɔk リョク]
	량 [rjaŋ リャン]	ルイ		レツ	
	냥 [njaŋ ニャン]	涙(淚)	누 [nuː ヌー]	列	열 [jɔl ヨル]
僚	요 [jo ヨ]		루 [ru ル]		렬 [rjɔl リョル]
	료 [rjo リョ]	累	누 [nuː ヌー]	劣	열 [jɔl ヨル]
	뇨 [njo ニョ]		루 [ru ル]		렬 [rjɔl リョル]
瞭	요 [jo ヨ]	塁(壘)	누 [nu ヌ]	烈	열 [jɔl ヨル]
	료 [rjo リョ]		루 [ru ル]		렬 [rjɔl リョル]
	뇨 [njo ニョ]	類(類)	유 [juː ユー]	裂	열 [jɔl ヨル]
寮	요 [jo ヨ]		류 [rju リュ]		렬 [rjɔl リョル]
	료 [rjo リョ]	縷	누 [nuː ヌー]	レン	
漁	어 [ɔ オ]		루 [ru ル]	恋(戀)	연 [jɔːn ヨーン]
領	영 [joŋ ヨン]				련 [rjɔn リョン]
	령 [rjɔŋ リョン]	**れ**		蓮(蓮)	연 [jɔn ヨン]
寮	요 [jo ヨ]				련 [rjɔn リョン]
	료 [rjo リョ]	レイ		連(連)	연 [jɔn ヨン]
療	요 [jo ヨ]	令	영 [joŋ ヨン]		련 [rjɔn リョン]
	료 [rjo リョ]		령 [rjɔŋ リョン]	廉(廉)	염 [jɔm ヨム]
糧	양 [jaŋ ヤン]	礼(禮)	예 [je イェ]		렴 [rjɔm リョム]
	량 [rjaŋ リャン]		례 [re レ]	煉	연 [jɔːn ヨーン]
りょう		冷	냉 [nɛːŋ ネーン]		련 [rjɔn リョン]
竜(龍)	용 [joŋ ヨン]		랭 [rɛŋ レン]	練(練)	연 [jɔːn ヨーン]
リョク					련 [rjɔn リョン]

日本語	漢字	韓国語読み
	錬(鍊)	연 [jɔːn ヨーン]
		련 [rjɔn リョン]
	聯(連)	연 [jɔn ヨン]
		련 [rjɔn リョン]

ろ

日本語	漢字	韓国語読み
ロ	呂	여 [jɔː ヨー]
		려 [rjɔ リョ]
	炉(爐)	노 [no ノ]
		로 [ro ロ]
	路	노 [noː ノー]
		로 [ro ロ]
	魯	노 [no ノ]
		로 [ro ロ]
	盧	노 [no ノ]
		로 [ro ロ]
	濾	여 [jɔː ヨー]
		려 [rjɔ リョ]
	蘆	노 [no ノ]
		로 [ro ロ]
	櫓	노 [no ノ]
		로 [ro ロ]
	露	노 [no ノ]
		로 [ro ロ]
ロウ	老	노 [noː ノー]
		로 [ro ロ]
	労(勞)	노 [no ノ]
		로 [ro ロ]
	弄	농 [noːŋ ノーン]
		롱 [roŋ ロン]
	牢	뇌 [nwe ヌェ]
		뢰 [rwe ルェ]
	郎(郎)	낭 [naŋ ナン]
		랑 [raŋ ラン]
	朗(朗)	낭 [naːŋ ナーン]
		랑 [raŋ ラン]
	浪	낭 [naːŋ ナーン]
		랑 [raŋ ラン]
	廊	낭 [naŋ ナン]
		랑 [raŋ ラン]
	狼	낭 [naːŋ ナーン]
		랑 [raŋ ラン]
	陋	누 [nuː ヌー]
		루 [ru ル]
	楼(樓)	누 [nu ヌ]
		루 [ru ル]
	漏	누 [nuː ヌー]
		루 [ru ル]
	臘	납 [nap ナプ]
		랍 [rap ラプ]
	蠟	납 [nap ナプ]
		랍 [rap ラプ]
	籠	농 [noŋ ノン]
		롱 [roŋ ロン]
	聾	농 [noŋ ノン]
		롱 [roŋ ロン]
ロク	六	육 [juk ユク]
		륙 [rjuk リュク]
	肋	늑 [nuuk ヌク]
		륵 [ruuk ルク]
	勒	늑 [nuuk ヌク]
		륵 [ruuk ルク]
	録(錄)	녹 [nok ノク]
		록 [rok ロク]
	禄(祿)	녹 [nok ノク]
		록 [rok ロク]
	鹿	녹 [nok ノク]
		록 [rok ロク]
ロン	論	논 [non ノン]
		론 [ron ロン]

わ

日本語	漢字	韓国語読み
ワ	和	화 [hwa ファ]
	倭	왜 [wɛ ウェ]
	話	화 [hwa ファ]
わ	輪	윤 [jun ユン]
		륜 [rjun リュン]
ワイ	歪	왜 [wɛ ウェ]
	猥	외 [weː ウェー]
	賄	회 [hwe フェー]
わかい	若	약 [jak ヤク]
わかす, わく	沸	비 [piː ピー]
わかる, わかつ, わける		
	分	분 [pun プン]
わかれる		
	分	분 [pun プン]
	別	별 [pjɔl ピョル]
わき	脇	협 [hjɔp ヒョプ]
ワク	惑	혹 [hok ホク]
わく	涌	용 [joːŋ ヨーン]
	湧	용 [joːŋ ヨーン]
わけ	訳(譯)	역 [jɔk ヨク]
わざ	技	기 [ki キー]
	業	업 [ɔp オプ]
わざわい	災	재 [tjɛ チェ]
わし	鷲	취 [tɕʰwiː チュィー]
わずらわしい	煩	번 [pɔn ポン]
わすれる	忘(忘)	망 [maŋ マン]
わた	棉	면 [mjɔn ミョン]
	綿	면 [mjɔn ミョン]
わたくし, わたし		
	私	사 [sa サ]
わたる, わたす		
	渡	도 [toː トー]
わに	鰐	악 [ak アク]
わらう	笑	소 [so ソー]
わらび	蕨	궐 [kwɔl クォル]
わらべ	童	동 [toːŋ トーン]
わる, わり	割(割)	할 [hal ハル]
わるい	悪(惡)	악 [ak アク]
われ, わ	我	아 [aː アー]
ワン	椀(碗)	완 [wan ワン]
	湾(灣)	만 [man マン]
	腕	완 [wan ワン]

■ 用言(語幹+語尾)活用リスト

● 語幹+語尾(基本形)
  나는 [nanɯn ナヌン]「私は」(主格)
  형은 [hjɔŋɯn ヒョンウン]「兄は」
  누가 [nuga ヌガ]「誰が」(主格)
  제가 [tʃega チェガ]「私が」 ＊「私が」は「제가」になります.
  이것이 [igɔʃi イゴシ]「これが」
  너를 [nɔrɯl ノルル]「君を」(目的)
  책을 [tʃʰɛgɯl チェグル]「本を」
  너와 [nɔwa ノワ]「君と」(羅列)
  너하고 [nɔhago ノハゴ]「君と」 ＊「하고」はパッチムの有無に関係なく用いる.
  형과 [hjɔŋgwa ヒョングァ]「兄と」
  형하고 [hjɔŋhago ヒョンハゴ]「兄と」
  종이로 [tʃoŋiro チョンイロ]「紙で」(手段)
  물로 [mullo ムルロ]「水で」、×물으로. ＊パッチム「ㄹ」では「로」を用いる.
  톱으로 [tʰobɯro トブロ]「のこぎりで」
  공원에서 [koŋwonɛɔ コンウォネソ]「公園で」「公園から」(場所)
  나의 [nae ナエ]「私の」(所有)
  한시에 [hanʃie ハンシエ]「1時に」(限定)
  너도 [nɔdo ノド]「君も」(同格)
  친구에게 [tʃʰinguege チングエゲ]「友達に」 ＊「에게」・「한테」は生き物に用いる.
  친구한테 [tʃʰinguhantʰe チングハンテ]「友達に」 └その以外では「에」を用いる.

● 動詞・形容詞・存在詞の基本形
  먹다 [mɔkt'a モクタ]「食べる」→**먹고** [mɔk'o モッコ]「食べて」→**먹어** [ɔgɔmɔgɔ]「食べて」→**먹으니** [mɔguni モグニ]「食べると」.
  신다 [ʃin:t'a シーンタ]「履く」→**신고** [ʃink'o シンコ]「履いて」→**신어** [ʃinɔ シノ]「履いて」→**신으니** [ʃinuni シヌニ]「履くと」・「履くので」.
  믿다 [mit't'a ミッタ]「信じる」→**믿고** [mitk'o ミッコ]「信じて」→**믿어** [midɔ ミド]「信じて」→**믿으니** [miduni ミドゥニ]「信じるから」.
  넘다 [nɔ:mt'a ノームタ]「越[超]える」→**넘고** [nɔmk'o ノムコ]「越えて」→**넘어** [nɔmɔ ノモ]「越えて」→**넘으니** [nɔmuni ノムニ]「越えると」.
  입다 [ipt'a イプタ]「着る」→**입고** [ipk'o イプコ]「着て」→**입어** [ibɔ イボ]「着て」→**입으니** [ibuni イブニ]「着ると」.
  웃다 [u:t'a ウーッタ]「笑う」→**웃고** [u:tk'o ウーッコ]「笑って」→**웃어** [usɔ ウソ]「笑って」→**웃으니** [usuni ウスニ]「笑うので」.
  찾다 [tʃʰat'a チャッタ]「さがす」→**찾고** [tʃʰak'o チャッコ]「さがして」→**찾아** [tʃʰadʒa チャジャ]「さがして」→**찾으니** [tʃʰadʒuni チャジュニ]「さがしたら」・「さがすと」.
  좇다 [tʃot'a チョッタ]「従う」→**좇고** [tʃotk'o チョッコ]「従って」・「追って」→**좇아** [tʃotʃʰa チョチャ]「従って」→**좇으니** [tʃotʃʰuni チョチュニ]「従うと」・「追うので」.
  깎다 [k'akt'a ッカクタ]「削る」→**깎고** [k'ak'o ッカクコ]「削って」→**깎아** [k'ak'a ッカクガ]「削って」→**깎으니** [k'ak'uni ッカククニ]「削るので」・「削ると」.
  앉다 [ant'a アンタ]「座る」→**앉고** [ank'o アンコ]「座って」→**앉아** [andʒa アンジャ]「座って」→**앉으니** [andʒuni アンジュニ]「座ると」.
  늙다 [nukt'a ヌクタ]「年老いる」→**늙고** [nulk'o ヌルコ]「年取って」→**늙어** [nulgɔ ヌルゴ]「年取って」→**늙으니** [nulguni ヌルグニ]「年取ったから」.
  서다 [sɔda ソダ]「立つ」→**서고** [sɔgo ソゴ]「立って」→**서** [sɔ ソ]「立って」→**서니** [sɔni ソニ]立つと」.
  보내다 [ponɛda ポネダ]「送る」→**보내고** [ponɛgo ポネゴ]「送って」→**보내어** [ponɛɔ

付

用言(語幹+語尾)活用リスト

ポネオ」・보내 [ponɛ ポネ]「送って」→보내니 [ponɛni ポネニ]「送ると」.
뛰다 [t'wida ットゥィダ]「走る」→**뛰고** [t'wigo ットゥィゴ]「走って」→**뛰어** [t'wiɔ ットゥィオ]「走って」→**뛰니** [t'wini ットゥィニ]「走ると」.
보다 [poda ポダ]「見る」→**보고** [pogo ポゴ]「見て」→**보아** [poa ポア]・**봐** [pwa: プァー]「見て」→**보니** [poni ポニ]「見ると」.
주다 [tʃuda チュダ]「与える」→**주고** [tʃugo チュゴ]「与えて」→**주어** [tʃuɔ チュオ]・**줘** [tʃwɔ: チュオー]「与えて」→**주니** [tʃuni チュニ]「与えると」.
기다 [kida キダ]「這う」→**기고** [kigo キゴ]「這って」→**기어** [kiɔ キオ]「這って」→**기니** [kini キニ]「這うので」.
가다 [kada カダ]「行く」→**가고** [kago カゴ]「行って」→**가** [ka カ]「行って」→**가니** [kani カニ]「行くので」.
오다 [oda オダ]「来る」→**오고** [ogo オゴ]「来て」→**와** [wa ワ]「来て」→**오니** [oni オニ]「来るので」.
되다 [tweda トゥェダ]「できる」・「なる」→**되고** [twego トゥェゴ]「できて」・「なって」→**되어** [tweɔ トゥェオ]・**돼** [twɛ: トゥェー]「できて」・「なって」→**되니** [tweni トゥェニ]「できると」・「なるので」.
같다 [kat'a カッタ]「同じだ」→**같고** [katk'o カッコ]「同じで」→**같아** [katʰa カタ]「同じで」→**같으니** [katʰuni カトゥニ]「同じから」.
높다 [nopt'a ノプタ]「高い」→**높고** [nopk'o ノプコ]「高くて」→**높아** [nopʰa ノパ]「高くて」→**높으니** [nopʰuni ノプニ]「高いので」.
많다 [ma:ntʰa マーンタ]「多い」→**많고** [ma:nkʰo マーンコ]「多くて」→**많아** [ma:na マーナ]「多くて」→**많으니** [manuni マヌニ]「多いので」.
젊다 [tʃɔ:mt'a チョームタ]「若い」→**젊고** [tʃɔ:mk'o チョームコ]「若くて」→**젊어** [tʃɔlmɔ チョルモ]「若くて」→**젊으니** [tʃɔlmuni チョルムニ]「若いので」.
넓다 [nɔlt'a ノルタ]「広い」→**넓고** [nɔlk'o ノルコ]「広くて」→**넓어** [nɔlbɔ ノルボ]「広くて」→**넓으니** [nɔlbuni ノルブニ]「広いので」.
비싸다 [pis'ada ピッサダ]「(値が)高い」→**비싸고** [pis'ago ピッサゴ]「高くて」→**비싸** [pis'a ピッサ]「高くて」→**비싸니** [pis'ani ピッサニ]「高いので」.
세다 [se:da セーダ]「強い」→**세고** [se:go セーゴ]「強くて」→**세어** [se:ɔ セオ]・**세** [se:セー]「強くて」→**세니** [seni セニ]「強いので」・「強いから」.
희다 [hida ヒダ]「白い」→**희고** [higo ヒゴ]「白くて」→**희어** [ciɔ ヒオ]「白くて」→**희니** [hini ヒニ]「白いので」・「白いから」.
고되다 [kodweda コドゥェダ]「つらい」→**고되고** [kodwego コドゥェゴ]「つらくて」→**고되어** [kodweɔ コドゥェオ]・**고돼** [kodwɛ コドゥェ]「つらくて」→**고되니** [kodweni コドゥェニ]「つらいので」・「つらいから」.
있다 [it'a イッタ]「ある」・「いる」→**있고** [itk'o イッコ]「あって」・「いて」→**있어** [is'ɔ イッソ]「あって」・「いて」→**있으니** [is'uni イッスニ]「あるので」・「いるので」.
없다 [ɔ:pt'a オープタ]「ない」→**없고** [ɔ:pk'o オープコ]「なく」→**없어** [ɔps'ɔ オプソ]「なく」→**없으니** [ɔps'uni オプスニ]「ないので」.

● 子音変則動詞

ㄷ変 **걷다** [kɔt'a コッタ]「歩く」→**걸어** [kɔrɔ コロ]「歩いて」→**걸으니** [kɔruni コルニ]「歩くので」→**걸었다** [kɔrɔt'a コロッタ]「歩いた」.
깨닫다 [k'ɛdat'a ッケダッタ]「悟る」→**깨달아** [k'ɛdara ッケダラ]「悟って」→**깨달으니** [k'ɛdaruni ッケダルニ]「悟ると」→**깨달았다** [k'ɛdarat'a ッケダラッタ]「悟った」.
듣다 [tɯt'a トゥッタ]「聞く」→**들어**「聞いて」→**들으니** [turuni トゥルニ]「聞いたら」→**들었다** [turɔt'a トゥロッタ]「聞いた」.
묻다 [mu:t'a ムーッタ]「問う」・「尋ねる」・「聞く」→**물어**「尋ねて」・「聞いて」→**물으니** [muruni ムルニ]「尋ねたら」・「聞いたら」→**물었다** [murɔt'a ムロッタ]「尋ねた」・「聞いた」・「伺った」.

싣다 [ʃiːtʼa シータッ]「積む」・「載せる」→**실어** [ʃirɔ シロ]「積んで」・「載せて」→**실으니** [ʃiruni シルニ]「積んだら」・「載せると」→**실었다** [ʃirɔtʼa シロッタ]「積んだ」・「載せた」．

ㅂ変 **굽다** [kuːptʼa クープタ]「焼く」→**구워** [kuwɔ クウォ]「焼いて」→**구우니** [kuuni クウニ]「焼くので」→**구웠다** [kuwɔtʼa クウォッタ]「焼いた」．

깁다 [kiːptʼa キープタ]「繕う」・「継ぎ当てる」→**기워** [kiwɔ キウォ]「繕って」→**기우니** [kiuni キウニ]「繕うので」→**기웠다** [kiwɔtʼa キウォッタ]「繕った」．

눕다 [nuːptʼa ヌープタ]「横たわる」→**누워** [nuwɔ ヌウォ]「横たわって」→**누우니** [nuuni ヌウニ]「横たわるので」→**누웠다** [nuwɔtʼa ヌウォッタ]「横たわった」．

돕다 [toːptʼa トープタ]「助ける」・「手伝う」・「手助けする」→**도와** [towa トワ]「手助けして」・「助けて」→**도우니** [touni トウニ]「助けるので」→**도왔다** [towatʼa トワッタ]「助けた」・「手伝った」．

밉다 [miptʼa ミプタ]「憎い」→**미워** [miwɔ ミウォ]「憎らしくて」→**미우니** [miuni ミウニ]「憎いので」→**미웠다** [miwɔtʼa ミウォッタ]「憎たらしかった」．

뵙다 [pweːptʼa プェープタ]「お目にかかる」→**뵈어** [pweɔ プェオ]「お目にかかって」・「お目にかかれて」→**뵈니** [pweːni プェーニ]「お目にかかると」→**뵈었다** [pwetʼa プェオッタ]「お目にかかった」．

줍다 [tʃuːptʼa チュープタ]「拾う」→**주워** [tʃuwɔ チュウォ]「拾って」→**주우니** [tʃuuni チュウニ]「拾ったので」→**주웠다** [tʃuwɔtʼa チュウォッタ]「拾った」．

人変 **긋다** [kɯːtʼa クータッ]「(線を)引く」→**그어** [kɯɔ クオ]「引いて」→**그으니** [kɯɯni クウニ]「引くので」→**그었다** [kɯtʼa クオッタ]「引いた」．

낫다 [naːtʼa ナータッ]「治る」→**나아** [naa ナア]「治って」→**나으니** [nauni ナウニ]「治るので」→**나았다** [naatʼa ナアッタ]「治った」．

잇다 [iːtʼa イータッ]「(糸を)つなぐ」・「結ぶ」→**이어** [iɔ イオ]「つないで」・「結んで」→**이으니** [iuni イウニ]「つなぐと」・「結ぶので」→**이었다** [itʼa イオッタ]「つないだ」・「結んだ」．

짓다 [tʃiːtʼa チータッ]「(ご飯を)炊く」・「建てる」→**지어** [tʃiɔ チオ]「炊いて」・「建てて」→**지으니** [tʃiɯni チウニ]「炊くと」・「建てるので」→**지었다** [tʃitʼa チオッタ]「炊いた」・「建てた」．

ㄹ語幹 **갈다** [kaːlda カールダ]「替える」・「耕す」・「研ぐ」・「磨く」・「(墨を)する」→**갈아** [kara カラ]「替えて」・「耕いて」・「研いで」・「磨いて」・「すって」→**가니** [kaːni カーニ]「替えると」・「耕すと」・「研ぐと」・「磨くと」・「するので」→**갈았다** [karatʼa カラッタ]「替えた」・「耕した」・「研いだ」・「磨いた」・「すった」．

놀다 [noːlda ノールダ]「遊ぶ」・「休む」→**놀아** [nora ノラ]「遊んで」・「休んで」→**노니** [noːni ノーニ]「遊んでいるから」・「ぶらぶらするので」→**놀았다** [noratʼa ノラッタ]「遊んだ」・「休んだ」．

돌다 [toːlda トールダ]「回る」→**돌아** [tora トラ]「回って」→**도니** [toːni トーニ]「回るので」→**돌았다** [toratʼa トラッタ]「回った」．

만들다 [mandɯlda マンドゥルダ]「つくる」→**만들어** [mandɯrɔ マンドゥロ]「つくって」→**만드니** [mandɯni マンドゥニ]「つくるので」→**만들었다** [mandɯrɔtʼa マンドゥロッタ]「つくった」．

불다 [puːlda プールダ]「吹く」→**불어** [purɔ プロ]「吹いて」→**부니** [puːni プーニ]「吹くと」→**불었다** [purɔtʼa プロッタ]「吹いた」．

살다 [saːlda サールダ]「生きる」→**살아** [sara サラ]「生きて」→**사니** [saːni サーニ]「生きるので」→**살았다** [saratʼa サラッタ]「生きた」．

울다 [uːlda ウールダ]「泣く」→**울어** [urɔ ウロ]「泣いて」→**우니** [uːni ウーニ]「泣くので」→**울었다** [urɔtʼa ウロッタ]「泣いた」．

알다 [aːlda アールダ]「知る」・「わかる」→**알아** [ara アラ]「知って」・「わかって」→**아니**

用言(語幹+語尾)活用リスト

[aːni アーニ]「知るので」・「わかると」→**알았다** [aratʼa アラッタ]「知った」・「わかった」.
말다 [maːlda マールダ]「やめる」→(補動)(하다)**마다** [(hada)mada (ハダ)マダ]「…しないで」→**마다**(하다)[maːda(hada) マーダ(ハダ)]「嫌がって」→**마지**(않습니다)[maːdʒi(ansɯmnida) マージ(アンスㇺニダ)]「やみ(ません)」→(하지)**마라** [(hadʒi)mara (ハジ)マラ]「しないで」→(하지)**말아라** [(hadʒi)marara (ハジ)マララ]「してはならない」→(하지)**마(아)** [(hadʒi)maː(a) (ハジ)マー(ア)]「やめて」.

●母音変則動詞

(으変)**끄다** [kʼɯda ックダ]「(火を)消す」→**꺼** [kʼɔ ッコ]「消して」→**끄니** [kʼɯni ックニ]「消すので」→**껐다** [kʼɔtʼa ッコッタ]「消した」.

따르다 [tʼarɯda ッタルダ]「従う」・「注ぐ」→**따라** [tʼara ッタラ]「従って」・「注いで」→**따르니** [tʼarɯni ッタルニ]「従うので」・「注ぐので」→**따랐다** [tʼaratʼa ッタラッタ]「従った」・「注いだ」.

뜨다 [tʼɯda ットゥダ]「浮かぶ」→**떠** [tʼɔ ット]「浮かんで」→**뜨니** [tʼɯni ットゥニ]「浮かんだので」→**떴다** [tʼɔtʼa ットッタ]「浮かんだ」.

쓰다 [sʼɯda ッスダ]「書く」・「使う」→**써** [sʼɔ ッソ]「書いて」・「使って」→**쓰니** [sʼɯni ッスニ]「書くと」・「使うと」→**썼다** [sʼɔtʼa ッソッタ]「書いた」・「使った」.

잠그다 [tʃamgɯda チャムグダ]「かける」・「(水に)つける」→**잠가** [tʃamga チャムガ]「かけて」・「つけて」→**잠그니** [tʃamgɯni チャムグニ]「かけるので」・「つけるので」→**잠갔다** [tʃamgatʼa チャムガッタ]「かけた」・「つけた」.

트다 [tʰɯda トゥダ]「(芽が)出る」→**터** [tʰɔ ト]「出て」→**트니** [tʰɯni トゥニ]「出るので」→**텄다** [tʰɔtʼa トッタ]「(芽が)出た」.

(르変)**가르다** [karɯda カルダ]「分ける」→**갈라** [kalla カルラ]「分けて」→**가르니** [karɯni カルニ]「分けると」→**갈랐다** [kallatʼa カルラッタ]「分けた」.

기르다 [kirɯda キルダ]「育てる」・「飼う」→**길러** [killɔ キルロ]「育てて」・「飼って」→**기르니** [kirɯni キルニ]「育てると」・「飼うので」→**길렀다** [killɔtʼa キルロッタ]「育てた」・「飼った」.

누르다 [nuːrɯda ヌールダ]「押す」・「押さえる」→**눌러** [nullɔ ヌルロ]「押して」・「押さえて」→**누르니** [nurɯni ヌルニ]「押すので」・「押さえると」→**눌렀다** [nullɔtʼa ヌルロッタ]「押した」・「押さえた」.

두르다 [turɯda トゥルダ]「巻く」・「囲む」→**둘러** [tullɔ トゥルロ]「巻いて」・「囲んで」→**두르니** [turɯni トゥルニ]「巻くので」・「囲むと」→**둘렀다** [tullɔtʼa トゥルロッタ]「巻いた」・「囲んだ」.

마르다 [marɯda マルダ]「乾く」・「やせる」→**말라** [malla マルラ]「乾いて」・「やせて」→**마르니** [marɯni マルニ]「乾いたので」・「やせるので」→**말랐다** [mallatʼa マルラッタ]「乾いた」・「やせた」.

모르다 [morɯda モルダ]「わからない」・「知らない」→**몰라** [molla モルラ]「わからなくて」・「知らなくて」→**모르니** [morɯni モルニ]「わからないので」・「知らないので」→**몰랐다** [mollatʼa モルラッタ]「わからなかった」・「知らなかった」.

부르다 [purɯda プルダ]「呼ぶ」・「歌う」→**불러** [pullɔ プルロ]「呼んで」・「歌って」→**부르니** [purɯni プルニ]「呼ぶので」・「歌うので」→**불렀다** [pullɔtʼa プルロッタ]「呼んだ」・「歌った」.

오르다 [orɯda オルダ]「登る」・「上がる」→**올라** [olla オルラ]「登って」・「上がって」→**오르니** [orɯni オルニ]「登ると」・「上がると」→**올랐다** [ollatʼa オルラッタ]「登った」・「上がった」.

이르다 [irɯda イルダ]「言う」・「告げる」→**일러** [illɔ イルロ]「言いつけて」→**이르니** [irɯni イルニ]「言いつけてるので」→**일렀다** [illɔtʼa イルロッタ]「言いつけた」.

자르다 [tʃaruda チャルダ]「切る」→**잘라** [tʃalla チャルラ]「切って」→**자르니** [tʃaruni チャルニ]「切るので」→**잘랐다** [tʃallatʼa チャルラッタ]「切った」.

조르다 [tʃoruda チョルダ]「締める」・「せがむ」→**졸라** [tʃolla チョルラ]「締めて」・「せがんで」→**조르니** [tʃoruni チョルニ]「締めると」・「せがむので」→**졸랐다** [tʃollatʼa チョルラッタ]「締めた」・「せがんだ」.

흐르다 [hɯrɯda フルダ]「流れる」→**흘러** [hɯllʌ フルロ]「流れて」→**흐르니** [hɯrɯni フルニ]「流れるので」→**흘렀다** [hɯllʌtʼa フルロッタ]「流れた」.

러変 이르다 [irɯda イルダ]「至る」・「なる」・「着く」・「わたる」→**이르러** [irɯrʌ イルロ]「至って」・「なって」・「着いて」・「わたって」→**이르니** [irɯni イルニ]「至ると」・「なると」・「着くと」・「わたるので」→**이르렀다** [irɯrʌtʼa イルロッタ]「至った」・「なった」・「着いた」・「わたった」.

우変 푸다 [pʰuda プダ]「汲む」・「すくう」・「よそう」→**퍼** [pʰʌ ポ]「くみ上げて」・「すくい取って」・「よそって」→**푸니** [pʰuni プニ]「くむので」・「すくうので」・「よそうから」→**펐다** [pʰʌtʼa ポッタ]「くんだ」・「すくった」・「よそった」.

●子音変則形容詞

ㅂ変 가깝다 [kakʼaptʼa カッカプタ]「近い」→**가까워** [kakʼawʌ カッカウォ]「近かくて」→**가까우니** [kakʼauni カッカウニ]「近いので」→**가까웠다** [kakʼawʌtʼa カッカウォッタ]「近かった」.

가볍다 [kabjʌptʼa カビョプタ]「軽い」→**가벼워** [kabjʌwʌ カビョウォ]「軽くて」→**가벼우니** [kabjʌuni カビョウニ]「軽いので」→**가벼웠다** [kabjʌwʌtʼa カビョウォッタ]「軽かった」.

간지럽다 [kandʒirʌptʼa カンジロプタ]「くすぐったい」→**간지러워** [kandʒirʌwʌ カンジロウォ]「くすぐったくて」→**간지러우니** [kandʒirʌuni カンジロウニ]「くすぐったいので」→**간지러웠다** [kandʒirʌwʌtʼa カンジロウォッタ]「くすぐったかった」.

고맙다 [ko:maptʼa コーマプタ]「ありがたい」→**고마워** [ko:mawʌ コーマウォ]「ありがたくて」→**고마우니** [komauni コマウニ]「ありがたいので」→**고마웠다** [ko:mawʌtʼa コーマウォッタ]「ありがたかった」.

곱다 [ko:ptʼa コープタ]「きれいだ」→**고와** [ko:wa コーワ]「美しくて」→**고우니** [kouni コウニ]「きれいなので」・「美しいので」→**고왔다** [ko:watʼa コーワッタ]「美しかった」・「きれいだった」.

괴롭다 [kweroptʼa クェロプタ]「苦しい」・「つらい」→**괴로워** [kwerowʌ クェロウォ]「苦しくて」・「つらくて」→**괴로우니** [kwerouni クェロウニ]「苦しいので」・「つらいので」→**괴로웠다** [kwerowʌtʼa クェロウォッタ]「苦しかった」・「つらかった」.

귀엽다 [kwi:jʌptʼa クィーヨプタ]「かわいい」→**귀여워** [kwi:jʌwʌ クィーヨウォ]「かわいくて」→**귀여우니** [kwi:jʌuni クィーヨウニ]「かわいいので」→**귀여웠다** [kwi:jʌwʌtʼa クィーヨウォッタ]「かわいかった」.

까다롭다 [kʼadaroptʼa ッカダロプタ]「ややこしい」・「気難しい」→**까다로워** [kʼadarowʌ ッカダロウォ]「ややこしく」・「気難しく」→**까다로우니** [kʼadarouni ッカダロウニ]「ややこしくて」・「気難しいので」→**까다로웠다** [kʼadarowʌtʼa ッカダロウォッタ]「ややこしかった」・「気難しかった」.

날카롭다 [nalkʰaroptʼa ナルカロプタ]「鋭い」→**날카로워** [nalkʰarowʌ ナルカロウォ]「鋭くて」→**날카로우니** [nalkʰarouni ナルカロウニ]「鋭いので」→**날카로웠다** [nalkʰarowʌtʼa ナルカロウォッタ]「鋭かった」.

더럽다 [tʌ:rʌptʼa トーロプタ]「汚い」→**더러워** [tʌ:rʌwʌ トーロウォ]「汚くて」→**더러우니** [tʌ:rʌuni トーロウニ]「汚いので」→**더러웠다** [tʌ:rʌwʌtʼa トーロウォッタ]「汚かった」.

덥다 [tʌ:ptʼa トープタ]「暑い」→**더워** [tʌ:wʌ トーウォ]「暑くて」→**더우니** [tʌuni トウ

ニ]「暑いので」→**더웠다**[tɔːwɔtʼa トーウォッタ]「暑かった」.
- **두껍다**[tukʼɔptʼa トゥッコプタ]「厚い」→**두꺼워**[tukʼʌwɔ トゥッコウォ]「厚くて」→**두꺼우니**[tukʼʌuni トゥッコウニ]「厚いので」→**두꺼웠다**[tukʼʌwɔtʼa トゥッコウォッタ]「厚かった」.
- **두렵다**[turjɔptʼa トゥリョプタ]「恐ろしい」・「怖い」→**두려워**[turjʌwɔ トゥリョウォ]「恐ろしくて」・「怖くて」→**두려우니**[turjʌuni トゥリョウニ]「恐ろしいので」・「怖いから」→**두려웠다**[turjʌwɔtʼa トゥリョウォッタ]「恐ろしかった」・「怖かった」.
- **뜨겁다**[tʼɯgɔptʼa ットゥゴプタ]「熱い」→**뜨거워**[tʼɯgʌwɔ ットゥゴウォ]「熱くて」→**뜨거우니**[tʼɯgʌuni ットゥゴウニ]「熱いので」→**뜨거웠다**[tʼɯgʌwɔtʼa ットゥゴウォッタ]「熱かった」.
- **맵다**[mɛptʼa メプタ]「辛い」→**매워**[mɛwɔ メウォ]「辛くて」→**매우니**[mɛuni メウニ]「辛いので」→**매웠다**[mɛwɔtʼa メウォッタ]「辛かった」.
- **무겁다**[mugɔptʼa ムゴプタ]「重い」→**무거워**[mugʌwɔ ムゴウォ]「重くて」→**무거우니**[mugʌuni ムゴウニ]「重いので」→**무거웠다**[mugʌwɔtʼa ムゴウォッタ]「重かった」.
- **무덥다**[mudɔptʼa ムドプタ]「蒸し暑い」→**무더워**[mudʌwɔ ムドウォ]「蒸し暑くて」→**무더우니**[mudʌuni ムドウニ]「蒸し暑いので」→**무더웠다**[mudʌwɔtʼa ムドウォッタ]「蒸し暑かった」.
- **밉다**[miptʼa ミプタ]「憎い」→**미워**[miwɔ ミウォ]「憎くて」→**미우니**[miuni ミウニ]「憎いので」→**미웠다**[miwɔtʼa ミウォッタ]「憎かった」.
- **부끄럽다**[pukʼɯrɔptʼa プックロプタ]「恥ずかしい」→**부끄러워**[pukʼɯrʌwɔ プックロウォ]「恥ずかしくて」→**부끄러우니**[pukʼɯrʌuni プックロウニ]「恥ずかしいので」→**부끄러웠다**[pukʼɯrʌwɔtʼa プックロウォッタ]「恥ずかしかった」.
- **부드럽다**[pudɯrɔptʼa プドゥロプタ]「柔らかい」→**부드러워**[pudɯrʌwɔ プドゥロウォ]「柔らかくて」→**부드러우니**[pudɯrʌuni プドゥロウニ]「柔らかいので」→**부드러웠다**[pudɯrʌwɔtʼa プドゥロウォッタ]「柔らかかった」.
- **부럽다**[purɔptʼa プロプタ]「うらやましい」→**부러워**[purʌwɔ プロウォ]「うらやましくて」→**부러우니**[purʌuni プロウニ]「うらやましいので」→**부러웠다**[purʌwɔtʼa プロウォッタ]「うらやましかった」.
- **사납다**[saːnaptʼa サーナプタ]「猛々しい」・「荒々しい」→**사나워**[saːnawɔ サーナウォ]「猛々しくて」→**사나우니**[saːnauni サーナウニ]「猛々しいので」・「荒々しいので」→**사나웠다**[saːnawɔtʼa サーナウォッタ]「猛々しくて」・「荒々しかった」.
- **새롭다**[sɛroptʼa セロプタ]「新しい」→**새로워**[sɛrowɔ セロウォ]「新しくて」→**새로우니**[sɛrouni セロウニ]「新しいので」→**새로웠다**[sɛrowɔtʼa セロウォッタ]「新しかった」.
- **쉽다**[wiːptʼa シュィープタ]「やさしい」・「たやすい」→**쉬워**[ʃwiwɔ シュィウォ]「やさしくて」→**쉬우니**[ʃwiuni シュィウニ]「やさしいので」・「たやすいので」→**쉬웠다**[ʃwiwɔtʼa シュィウォッタ]「やさしかった」.
- **시끄럽다**[ʃikʼɯrɔptʼa シックロプタ]「やかましい」・「騒々しい」→**시끄러워**[ʃikʼɯrʌwɔ シックロウォ]「やかましくて」・「騒々しくて」→**시끄러우니**[ʃikʼɯrʌuni シックロウニ]「やかましいので」・「騒がしくて」→**시끄러웠다**[ʃikʼɯrʌwɔtʼa シックロウォッタ]「やかましかった」・「騒がしかった」.
- **싱겁다**[ʃiŋgɔptʼa シンゴプタ]「(味が)薄い」→**싱거워**[ʃiŋgʌwɔ シンゴウォ]「薄くて」→**싱거우니**[ʃiŋgʌuni シンゴウニ]「薄いので」→**싱거웠다**[ʃiŋgʌwɔtʼa シンゴウォッタ]「薄かった」.
- **아깝다**[akʼaptʼa アッカプタ]「惜しい」→**아까워**[akʼawɔ アッカウォ]「惜しくて」→**아까우니**[akʼauni アッカウニ]「惜しいので」→**아까웠다**[akʼawɔtʼa アッカウォッタ]「惜しかった」.
- **아름답다**[arɯmdaptʼa アルムダプタ]「美しい」→**아름다워**[arɯmdawɔ アルムダウォ]「美しくて」→**아름다우니**[arɯmdauni アルムダウニ]「美しいので」→**아름다웠다**[arɯmdawɔtʼa アルムダウォッタ]「美しかった」.

어둡다 [ɔdupt'a オドゥプタ]「暗い」→**어두워** [ɔduwɔ オドゥウォ]「暗くて」→**어두우니** [ɔduuni オドゥウニ]「暗いので」→**어두웠다** [ɔduwɔt'a オドゥウォッタ]「暗かった」.
어렵다 [ɔrjɔpt'a オリョプタ]「難しい」→**어려워** [ɔrjɔwɔ オリョウォ]「難しくて」→**어려우니** [ɔrjɔuni オリョウニ]「難しいので」→**어려웠다** [ɔrjɔwɔt'a オリョウォッタ]「難しかった」.
우습다 [u:supt'a ウースプタ]「おかしい」→**우스워** [usuwɔ ウスウォ]「おかしくて」→**우스우니** [usuuni ウスウニ]「おかしいので」→**우스웠다** [usuwɔt'a ウスウォッタ]「おかしかった」.
즐겁다 [tʃɯlgɔpt'a チュルゴプタ]「楽しい」→**즐거워** [tʃɯlgɔwɔ チュルゴウォ]「楽しくて」→**즐거우니** [tʃɯlgɔuni チュルゴウニ]「楽しいので」→**즐거웠다** [tʃɯlgɔwɔt'a チュルゴウォッタ]「楽しかった」.
춥다 [tʃʰupt'a チュプタ]「寒い」→**추워** [tʃʰuwɔ チュウォ]「寒くて」→**추우니** [tʃʰuuni チュウニ]「寒いので」→**추웠다** [tʃʰuwɔt'a チュウォッタ]「寒かった」.
해롭다 [hɛropt'a ヘーロプタ]「有害である」→**해로워** [hɛrowɔ ヘロウォ]「有害で」→**해로우니** [hɛrouni ヘロウニ]「有害なので」→**해로웠다** [hɛrowɔt'a ヘロウォッタ]「有害であった」.

⎡人変⎦ **낫다** [nat'a ナータ]「よい」・「優れている」・「勝る」・「ましである」→**나아** [naa ナア]「ましであって」→**나으니** [nauni ナウニ]「よりよいので」・「勝るので」→**나았다** [naat'a ナアッタ]「よりはましであった」・「優れていた」.

⎡ㄹ語幹⎦ **가늘다** [kanɯlda カヌルダ]「細い」・「細かい」→**가늘어** [kanɯrɔ カヌロ]「細くて」→**가느니** [kanɯ ni カヌニ]「細いので」・「細かいので」→**가늘었다** [kanɯrɔt'a カヌロッタ]「細かった」.
거칠다 [kɔtʃʰilda コチルダ]「粗い」・「荒い」→**거칠어** [kɔtʃʰirɔ コチロ]「粗くて」・「荒くて」→**거치니** [kɔtʃʰini コチニ]「粗いので」・「荒いので」→**거칠었다** [kɔtʃʰirɔt'a コチロッタ]「粗かった」・「荒かった」.
기울다 [kiulda キウルダ]「傾いている」→**기울어** [kiurɔ キウロ]「傾いて」→**기우니** [kiuni キウニ]「傾くので」→**기울었다** [kiurɔt'a キウロッタ]「傾いた」.
길다 [ki:lda キールダ]「長い」→**길어** [kirɔ キロ]「長くて」→**기니** [ki:ni キーニ]「長いので」→**길었다** [kirɔt'a キロッタ]「長かった」.
달다 [talda タルダ]「甘い」→**달아** [tara タラ]「甘くて」→**다니** [tani タニ]「甘いので」→**달았다** [tarat'a タラッタ]「甘かった」.
둥글다 [tuŋgɯlda トゥングルダ]「まるい」→**둥글어** [tuŋgɯrɔ トゥングロ]「まるくて」→**둥그니** [tuŋguni トゥングニ]「まるいので」→**둥글었다** [tuŋgɯrɔt'a トゥングロッタ]「まるかった」.
멀다 [mɔ:lda モールダ]「遠い」→**멀어** [mɔ:rɔ モーロ]「遠くて」→**머니** [mɔ:ni モーニ]「遠いので」→**멀었다** [mɔ:rɔt'a モロッタ]「遠かった」.
어질다 [ɔdʒilda オジルダ]「善良だ」→**어질어** [ɔdʒirɔ オジロ]「善良で」→**어지니** [ɔdʒini オジニ]「善良なので」→**어질었다** [ɔdʒirɔt'a オジロッタ]「善良だった」.

⎡ㅎ変⎦ **그렇다** [kɯrɔtʰa クロッタ]「そうだ」→**그래** [kɯrɛ クレ]「そのようにして」→**그러니** [kɯrɔni クロニ]「そうなので」→**그랬다** [kɯrɛt'a クレッタ]「そうした」.
까맣다 [k'a:matʰa ッカーマッタ]「真っ黒だ」→**까매** [k'a:mɛ ッカーメ]「真っ黒くて」→**까마니** [k'a:mani ッカーマニ]「真っ黒いので」→**까맸다** [k'a:mɛt'a ッカーメッタ]「真っ黒かった」→<**꺼멓다** [k'ɔ:mtɕʰa ッコーモッタ]→**꺼메** [k'ɔ:me ッコーメ]→**꺼머니** [k'ɔ:mɔni ッコーモニ]→**꺼멨다** [k'ɔ:mɛt'a ッコーメッタ].
노랗다 [no:ratʰa ノーラッタ]「黄色い」→**노래** [no:rɛ ノーレ]「黄色くて」→**노라니** [no:rani ノーラニ]「黄色いので」→**노랬다** [no:rɛt'a ノーレッタ]「黄色だった」→<**누렇다** [nu:rtɕʰa ヌーロッタ]→**누레** [nu:re ヌーレ]→**누러니** [nu:rɔni ヌーロニ]→

用言(語幹+語尾)活用リスト

누렜다 [nu:ret'a ヌーレッタ].
보얗다 [po:jatʰa ポーヤッタ]「かすんでいる」・「ぼやけている」→보얘 [po:jɛ ポーイェ]「かすんで」・「ぼやけて」→보야니 [po:jani ポーヤニ]「かすんでいるので」・「ぼやけているので」→보얬다 [po:jɛt'a ポーイェッタ]「かすんでいた」・「ぼやけていた」→＜부옇다 [pu:jotʰa プーヨッタ]→부예 [pu:je プーイェ]→부여니 [pu:joni プーヨニ]→부옜다 [pu:jet'a プーイェッタ].
빨갛다 [p'a:lgatʰa ッパールガッタ]「赤い」→빨개 [p'a:lgɛ ッパールゲ]「赤くて」→빨가니 [p'a:lgani ッパールガニ]「赤いので」→빨갰다 [p'a:lgɛt'a ッパールゲッタ]「赤かった」→＜뻘겋다 [p'ɔ:lgotʰa ッポールゴッタ]→뻘게 [p'ɔ:lge ッポールゲ]→뻘거니 [p'ɔ:lgoni ッポールゴニ]→뻘겠다 [p'ɔ:lget'a ッポールゲッタ].
어떻다 [ɔt'otʰa オットッタ]「どうだ」→어떤 [ɔt'on オットン]・어떠한 [ɔt'ohan オットハン]「どんな」→어때요 [ɔt'ɛjo オッテヨ]「どうですか」→어떠니 [ɔt'oni オットニ]「どうだい」→어땠습니까 [ɔt'ɛs'umnik'a オッテッスムニッカ]「どうでしたか」.
이렇다 [irotʰa イロッタ]「こうだ」→이래 [irɛ イレ]「かくして」→이러니 [ironi イロニ]「こうだから」→이랬다 [irɛt'a イレッタ]「このようにした」.
저렇다 [tʃorotʰa チョロッタ]「あのようだ」→저래 [tʃorɛ チョレ]「あのようで」→저러니 [tʃoroni チョロニ]「あのようだから」→저랬다 [tʃorɛt'a チョレッタ]「あのようだった」.
파랗다 [pʰa:ratʰa パーラッタ]「青い」→파래 [pʰa:rɛ パーレ]「青くて」→파라니 [pʰa:rani パーラニ]「青いので」→파랬다 [pʰa:rɛt'a パーレッタ]「青かった」→＜퍼렇다 [pʰɔ:rotʰa ポーロッタ]→퍼레 [pʰɔ:re ポーレ]→퍼러니 [pʰɔ:roni ポーロニ]→퍼렜다 [pʰɔ:ret'a ポーレッタ].
하얗다 [ha:jatʰa ハーヤッタ]「真っ白だ」→하얘 [ha:jɛ ハーイェ]「真っ白くて」→하야니 [ha:jani ハーヤニ]「真っ白なので」→하얬다 [ha:jɛt'a ハーイェッタ]「真っ白だった」→＜허옇다 [hɔ:jotʰa ホーヨッタ]→허예 [hɔ:je ホーイェ]→허여니 [hɔ:joni ホーヨニ]→허옜다 [hɔ:jet'a ホーイェッタ].

＊「꺼메」・「꺼멨다」は「꺼매」・「꺼맸다」、「누레」・「누렜다」は「누래」・「누랬다」、「뻘게」・「뻘겠다」は「뻘개」・「뻘갰다」、「퍼레」・「퍼렜다」は「퍼래」・「퍼랬다」に変化して書くこともある.

● 母音変則形容詞

[으変] 기쁘다 [kip'ɯda キップダ]「うれしい」→기뻐 [kip'ɔ キッポ]「うれしくて」→기쁘니 [kip'ɯni キップニ]「うれしいので」→기뻤다 [kip'ot'a キッポッタ]「うれしかった」.
나쁘다 [nap'ɯda ナップダ]「悪い」→나빠 [nap'a ナッパ]「悪くて」→나쁘니 [nap'ɯni ナップニ]「悪いから」→나빴다 [nap'at'a ナッパッタ]「悪かった」→나빠졌다 [nap'adʒot'a ナッパジョッタ]「悪くなった」.
바쁘다 [pap'ɯda パップダ]「忙しい」→바빠 [pap'a パッパ]「忙しくて」→바쁘니 [pap'ɯni パップニ]「忙しいから」→바빴다 [pap'at'a パッパッタ]「忙しかった」→바빠졌다 [pap'adʒot'a パッパジョッタ]「忙しくなった」.
슬프다 [sɯlpʰɯda スルプダ]「悲しい」→슬퍼 [sɯlpʰɔ スルポ]「悲しくて」→슬프니 [sɯlpʰɯni スルプニ]「悲しいので」→슬펐다 [sɯlpʰot'a スルポッタ]「悲しかった」→슬퍼졌다 [sɯlpʰodʒot'a スルポジョッタ]「悲しくなった」.
쓰다 [s'ɯda ッスダ]「苦い」→써 [s'ɔ ッソ]「苦くて」→쓰니 [s'ɯni ッスニ]「苦いので」→썼다 [s'ɔt'a ッソッタ]「苦かった」→써졌다 [s'ɔdʒot'a ッソジョッタ]「苦くなった」.
아프다 [apʰɯda アプダ]「痛い」→아파 [apʰa アパ]「痛くて」→아프니 [apʰɯni アプニ]「痛いから」→아팠다 [apʰat'a アパッタ]「痛かった」→아파졌다 [apʰadʒot'a アパジョッタ]「痛くなった」.

예쁘다 [je:p'ɯda イェーップダ]「きれいだ」・「かわいい」→**예뻐** [je:p'ɔ イェーッポ]「かわいくて」→**예쁘니** [je:p'ɯni イェーップニ]「かわいいので」→**예뻤다** [je:p'ɔt͡ɕ'a イェーッポッタ]「美しくしかった」→**예뻐졌다** [je:p'ɔd͡ʑɔt͡ɕ'a イェーッポジョッタ]「きれいになった」.

크다 [kʰɯda クダ]「大きい」→**커** [kʰɔ コ]「大きくて」→**크니** [kʰɯni クニ]「大きいので」→**컸다** [kʰɔt͡ɕ'a コッタ]「大きいかった」→**커졌다** [kʰɔd͡ʑɔt͡ɕ'a コジョッタ]「大きくなった」.

[르変] **고르다** [korɯda コルダ]「平均している」→**골라** [kolla コルラ]「等しくて」→**고르니** [korɯni コルニ]「等しいので」→**골랐다** [kollat'a コルラッタ]「そろっていた」.
다르다 [tarɯda タルダ]「異なっている」→**달라** [talla タルラ]「異なって」→**다르니** [tarɯni タルニ]「別なので」→**달랐다** [tallat'a タルラッタ]「異なっていた」.
빠르다 [p'arɯda ッパルダ]「速い」→**빨라** [p'alla ッパルラ]「速くて」→**빠르니** [p'arɯni ッパルニ]「速いので」→**빨랐다** [p'allat'a ッパルラッタ]「速かった」.
이르다 [irɯda イルダ]「早い」→**일러** [illɔ イルロ]「早くて」→**이르니** [irɯni イルニ]「早いので」→**일렀다** [illɔt'a イルロッタ]「早かった」.

[러変] **노르다** [norɯda ノルダ]「黄色い」・「鮮やかな黄色だ」→**노르러** [norɯrɔ ノルロ]「黄色くて」→**노르니** [norɯni ノルニ]「黄色いので」→**노르렀다** [norɯrɔt'a ノルロッタ]「黄色だった」→**노르러지다** [norɯrɔd͡ʑida ノルロジダ] = **노래지다** [no:rɛd͡ʑida ノーレジダ]「黄色くなる」.
누르다 [nurɯda ヌルダ]「黄色い」・「黄金色だ」→**누르러** [nurɯrɔ ヌルロ]「黄色くて」→**누르니** [nurɯni ヌルニ]「黄色いので」→**누르렀다** [nurɯrɔt'a ヌルロッタ]「黄金色だった」→**누르러지다** [nurɯrɔd͡ʑida ヌルロジダ] = **누레지다** [nu:red͡ʑida ヌーレジダ]「黄金色になる」.
푸르다 [pʰurɯda プルダ]「青い」→**푸르러** [pʰurɯrɔ プルロ]「青くて」→**푸르니** [pʰurɯni プルニ]「青いので」→**푸르렀다** [pʰurɯrɔt'a プルロッタ]「青かった」→**푸르러지다** [pʰurɯrɔd͡ʑida プルロジダ] = **퍼레지다** [pʰɔ:red͡ʑida ポーレジダ] > **파래지다** [pʰa:rɛd͡ʑida パーレジダ]「青くなる」.

●存在詞(現在→過去)
있다 [it'a イッタ]「ある」・「いる」→**있습니다** [is'ɯmnida イッスムニダ]・**있어요** [is'ɔjo イッソヨ]「あります」・「います」→**있었다** [is'ɔt'a イッソッタ]「あった」・「いた」→**있었습니다** [is'ɔs'ɯmnida イッソッスムニダ]・**있었어요** [is'ɔs'ɔjo イッソッソヨ]「ありました」・「いました」.
없다 [ɔ:pt'a オープタ]「ない」・「いない」→**없습니다** [ɔ:psɯmnida オープスムニダ]・**없어요** [ɔ:ps'ɔjo オープソヨ]「ありません」→**없었다** [ɔ:ps'ɔt'a オープソッタ]「なかった」・「いなかった」→**없었습니다** [ɔ:ps'ɔs'ɯmnida オープソッスムニダ]・**없었어요** [ɔ:ps'ɔs'ɔjo オープソッソヨ]「ありませんでした」.

●尊敬形(基本形→尊敬形)
있다 [it'a イッタ]「いる」→**계시다** [ke:ɕida ケーシダ]・**계십니다** [ke:ɕimnida ケーシムニダ]・**계셔요** [ke:ɕɔjo ケーショヨ]・**계세요** [ke:sejo ケーセヨ]「いらっしゃる」→**안 계시다** [an ge:ɕida アン ゲーシダ]・**안 계십니다** [an ge:ɕimnida アン ゲーシムニダ]・**안 계셔요** [an ge:ɕɔjo アン ゲーショヨ]・**안 계세요** [an ge:sejo アン ゲーセ

用言(語幹+語尾)活用リスト

ヨ]「いらっしゃらない」.
하다[hada ハダ]「する」→**하시다**[haʃida ハシダ]・**하십니다**[haʃimnida ハシムニダ]「される」→**하셔요**[haʃɔjo ハショヨ]・**하세요**[hasejo ハセヨ]「してください」.
먹다[mɔkt'a モクタ]「食べる」・**마시다**[maʃida マシダ]「飲む」→**잡수시다**[tʃaps'wʃida チャプスシダ]・**잡수십니다**[tʃaps'wʃimnida チャプスシムニダ]・**드시다**[twʃida トゥシダ]・**드십니다**[twʃimnida トゥシムニダ]「召し上がる」→**잡수셔요**[tʃaps'uʃɔjo チャプスショヨ]・**잡수세요**[tʃaps'usejo チャプスセヨ]・**드셔요**[twʃɔjo トゥショヨ]・**드세요**[twsejo トゥセヨ]「召し上がってください」.
말하다[ma:rhada マールハダ]「話す」→**말씀하시다**[ma:rs'wmhaʃida マールッスムハシダ]・**말씀하십니다**[ma:ls'wmhaʃimnida マールッスムハシムニダ]「おっしゃる」→**말씀하셔요**[ma:ls'wmhaʃɔjo マールッスムハショヨ]・**말씀하세요**[ma:ls'wm-hasejo マールッスムハセヨ]「おっしゃってください」.
자다[tʃada チャダ]「寝る」→**주무시다**[tʃumuʃida チュムシダ]・**주무십니다**[tʃumuʃimnida チュムシムニダ]「お休みになる」→**주무셔요**[tʃumuʃɔjo チュムショヨ]・**주무세요**[tʃumusejo チュムセヨ]「お休みなさい」.

● **「하다」の活用(変則用言)**
[여変] **하다**[hada ハダ]「する」→**하여**[hajɔ ハヨ]・**해**[hɛː ヘー]「して」→**하여서**[hajɔsɔ ハヨソ]・**해서**[hɛːsɔ ヘーソ]「するので」→**하여도**[hajɔdo ハヨド]・**해도**[hɛːdo ヘード]「しても」→**하여라**[hajɔra ハヨラ]・**해라**[hɛːra ヘーラ]「しなさい」→**하였다**[hajɔt'a ハヨッタ]・**했다**[hɛːt'a ヘッタ]「した」.

● **「하다」の活用(基本(現在)形→丁寧形→過去→未来→命令→可能・不可能)**
하다[hada ハダ]「する」→**합니다**[hamnida ハムニダ]「します」→**하였다**[hajɔt'a ハヨッタ]・**했다**[hɛːt'a ヘッタ]「した」→**하였습니다**[hajɔs'wmnida ハヨッスムニダ]・**했습니다**[hɛːs'wmnida ヘッスムニダ]「しました」→**하겠다**[haget'a ハゲッタ]「する」→**하겠습니다**[hages'wmnida ハゲッスムニダ]「します」→**하여라**[hajɔra ハヨラ]・**해라**[hɛːra ヘーラ]「せよ・しなさい」→**하십시오**[haʃipʃ'io ハシプシオ]・**하세요**[hasejo ハセヨ]・**해요**[hɛːjo ヘーヨ]「してください」→**할 수 있다**[없다][hal s'u it'a[ɔːpt'a] ハルッス イッタ[オープタ]]「できる[できない]」→**할 수 있습니다**[없습니다][hal s'u is'wmnida[ɔːps'wmnida] ハルッス イッスムニダ[オープスムニダ]]「できます[できません]」→**하지 못합니다**[hadʒi moːtʰamnida ハジ モータムニダ]「できません」.

● **「하다」の活用(進行→希望→勧誘→否定)**
하다[hada ハダ]「する」→**하고 있다**[hago it'a ハゴ イッタ]「している」→**하고 있습니다**[hago is'wmnida ハゴ イッスムニダ]「しています」→**하고 싶다**[hago ʃipt'a ハゴ シプタ]「したい」→**하고 싶습니다**[hago ʃips'wmnida ハゴ シプスムニダ]「したいです」→**할까요?**[halk'ajo ハルッカヨ]「しましょうか」→**하지 말까요?**[hadʒi maːlk'ajo ハジ マールッカヨ]「しないようにしましょうか」→**합시다**[hapʃida ハプシダ]「しましょう」→**하지 맙시다**[hadʒi maːpʃ'ida ハジ マープシダ]「しないようにしましょう」→**하지 않다**[hadʒi antʰa ハジ アンタ]・**안 하다**[an hada アン ハダ]「しない」→**하지 않습니다**[hadʒi ans'wmnida ハジ アンッスムニダ]・**안 합니다**[an hamnida アン ハムニダ]・**안 해요**[an hɛːjo アン ヘーヨ]「しません」.

朱信源(チュ シヌォン)
ソウル大学校卒業
(株)法文社法律学辞典主宰
ハルリム(翰林)インターナショナル
(Hollym International pub,.)・
イングリッシュスターディセンター
(English Study Center)代表を経て
現，シルロク(実録)インターナショナル
(SILROC International)代表
標準 日韓・韓日コンパクト辞典(2008年)
　　(白帝社刊)

標準 韓国語辞典
2005年　5月30日　　初版発行
2017年　6月30日　　6刷発行

朱信源 ── 編著

佐藤康夫 ── 発行者
白　帝　社 ── 発行所

〒171-0014　東京都豊島区池袋 2-65-1
http://www.hakuteisha.co.jp
TEL : 03-3986-3271　FAX : 03-3986-3272

組版──アートメディア・SILROC

定価は箱に表示してあります．
ISBN 978-4-89174-592-9
ⓒ Shinwon Chu & Unyoung Chu 2005. Printed in KOREA

朝鮮半島全図 / 조선반도전도

1:5,000,000

0 50 100 150km

조선민주주의인민공화국
朝鮮民主主義人民共和国

- 동조선만 / 東朝鮮湾
- 동해 / 東海(日本海)
- 서조선만 / 西朝鮮湾

주요 지명 (道)
- 함경북도 / 咸鏡北道
- 함경남도 / 咸鏡南道
- 량강도 / 兩江道
- 자강도 / 慈江道
- 평안북도 / 平安北道
- 평안남도 / 平安南道
- 황해북도 / 黃海北道

中国側
- 중화인민공화국 / 中華人民共和国
- 지린성 / 吉林省
- 랴오닝성 / 遼寧省
- 옌볜조선족자치주 / 延辺朝鮮族自治州
- 장바이조선족자치현 / 長白朝鮮族自治県

주요 도시: 평양, 함흥, 원산, 개성, 신의주, 청진, 혜산, 강계, 남포 등